wrp
Wettbewerb in Recht und Praxis

GeschGehG
Geschäftsgeheimnisgesetz

Herausgegeben von

Dr. Joerg Brammsen
Privatdozent
an der Universität Bayreuth

und

Dr. Simon Apel
Rechtsanwalt, Mannheim, und Lehrbeauftragter
an der Universität Mannheim

Bearbeitet von

Dr. Simon Apel; PD Dr. Joerg Brammsen; Serpil Dilbaz, LL.B.;
Dr. Jonathan Drescher; Dr. Julia Exner-Kuhn; Prof. Dr. Kristian Fischer;
Dr. Steffen Henn; Dr. Christian Peter Hille; Dr. Raphael Höll;
Dr. Arnd-Christian Kulow; Dr. André Reinhard; Dr. Moritz Schroeder;
Dr. Julian Slawik, LL.M. (Cambridge); Dr. Ben Steinbrück, MJur
(Oxford); Alexander Stolz, LL.M. (Dresden/Exeter); Dr. Florian Winzer

Fachmedien Recht und Wirtschaft | dfv Mediengruppe | Frankfurt am Main

Zitiervorschlag: Brammsen/Apel/*Bearbeiter*, GeschGehG

Bibliografische Information der Deutschen Nationalbibliothek
Die Deutsche Nationalbibliothek verzeichnet diese Publikation in der Deutschen Nationalbibliografie; detaillierte bibliografische Daten sind im Internet über http://dnb.de abrufbar.

ISBN 978-3-8005-1680-3

© 2022 Deutscher Fachverlag GmbH, Fachmedien Recht und Wirtschaft, Frankfurt am Main

Der Verlag im Internet: www.ruw.de

Das Werk einschließlich aller seiner Teile ist urheberrechtlich geschützt. Jede Verwertung außerhalb der engen Grenzen des Urheberrechtsgesetzes ist ohne Zustimmung des Verlages unzulässig und strafbar. Das gilt insbesondere für Vervielfältigungen, Bearbeitungen, Übersetzungen, Mikroverfilmungen und die Einspeicherung und Verarbeitung in elektronischen Systemen.

Druckvorstufe: Lichtsatz Michael Glaese GmbH, 69502 Hemsbach

Druck und Verarbeitung: Kösel GmbH & Co. KG, 87452 Altusried-Krugzell

Printed in Germany

Vorwort

Neue Gesetze bedeuten – zumindest in der deutschen Rechtslandschaft – neue Kommentare (vgl. nur *Kästle-Lamparter*, Welt der Kommentare, 2016, S. 86). Das Gesetz zum Schutz von Geschäftsgeheimnissen (GeschGehG), das die Geschäftsgeheimnis-Richtlinie (EU) 2016/943 im April 2019 in deutsches Recht umsetzte, ist hier keine Ausnahme. Da es aber den zuvor in Deutschland strafrechtlich durch §§ 17ff. UWG aF definierten und durch ein hierum konstruiertes Zivilrecht (insbesondere Vertrags- und Deliktsrecht) bestimmten Geschäftsgeheimnisschutz (unter Wegfall der früher gesondert im Gesetz genannten Kategorie des Betriebsgeheimnisses) in ein primär zivilrechtlich ausgestaltetes System überführt und zudem einige genuin zivilprozessuale Regelungen hinzugefügt hat, gibt es genügend Bedarf für eine eingehende Durchdringung und Erläuterung. Dies gilt umso mehr, als der Geschäftsgeheimnisschutz in der unternehmerischen Praxis seit geraumer Zeit stetig immer wichtiger wird, wodurch sich automatisch seine Relevanz für die juristische, insbesondere wirtschaftsrechtliche Beratung erhöht. Vor diesem Hintergrund hat sich der vorliegende Kommentar zum Ziel gesetzt, das GeschGehG eingehend und umfassend fachübergreifend zu erläutern. Hierbei soll eine profunde wissenschaftliche Bearbeitung mit einer prägnanten, praxistauglichen Kommentierung vereint werden. Gewähr hierfür bietet ein Team von Autorinnen und Autoren, die, obgleich wissenschaftlich sehr gut ausgewiesen, fast alle als Praktikerinnen und Praktiker tätig sind.

Die Herausgeber möchten sich bei allen Autorinnen und Autoren für Ihren großen Einsatz sowie die Geduld bedanken, die die Arbeit an einem gemeinsamen Werk dieses Umfangs in einem Team dieser Größe von allen Beteiligten fordert, der Erstherausgeber darüber hinaus bei dem Mitarbeiterteam der RW-Teilbibliothek der Universität Bayreuth für seine inzwischen langjährige Unterstützung bei einer zunehmend anwachsenden Materialrecherche.

Auf Seiten des Verlags schulden wir Dank nicht nur Herrn Thorsten Kutschke, der sofort bereit war, das Buch in das Programm zu nehmen, sondern auch den kundigen Lektorinnen Frau Tanja Brücker und Frau Nadine Grüttner, die sich um das Manuskript sehr verdient gemacht haben. Frau Claudia Peschke danken wir dafür, dass sie in allen übrigen verlagsbezogenen Fragen zu dem Projekt ein offenes Ohr und eine helfende Hand bot. Allen Genannten und dem Verlag danken wir ebenfalls für die Geduld, mit der das Entstehen dieses Buches begleitet wurde und dass die Herausgeber und Autorinnen und Autoren stets alle Freiräume hatten.

Vorwort

Im Interesse dieser Freiräume haben die Herausgeber auch davon abgesehen, Meinungsverschiedenheiten zwischen einzelnen Bearbeitern zu nivellieren. Im Sinne des wissenschaftlichen Diskurses ist dies weder angebracht noch erforderlich. Wo möglich, wird auf abweichende Auffassungen an anderer Stelle im Werk hingewiesen. Das Werk ist im Wesentlichen auf dem Stand Ende Juli 2021. Später veröffentlichte Literatur und Rechtsprechung konnte nur noch vereinzelt berücksichtigt werden.

Bayreuth und Mannheim im Oktober 2021   Die Herausgeber

Bearbeiter

Dr. Simon Apel	Rechtsanwalt, SZA Schilling, Zutt & Anschütz Rechtsanwaltsgesellschaft mbH, Mannheim; Lehrbeauftragter an der Universität Mannheim
PD Dr. Joerg Brammsen	Privatdozent an der Universität Bayreuth, Bayreuth
Serpil Dilbaz, LL.B.	Rechtsanwältin, SZA Schilling, Zutt & Anschütz Rechtsanwaltsgesellschaft mbH, Mannheim
Dr. Jonathan Drescher	Rechtsanwalt, SZA Schilling, Zutt & Anschütz Rechtsanwaltsgesellschaft mbH, Mannheim
Dr. Julia Exner-Kuhn	Rechtsanwältin und Fachanwältin für Strafrecht, LEITNER & KOLLEGEN, München
Prof. Dr. Kristian Fischer	Rechtsanwalt, SZA Schilling, Zutt & Anschütz Rechtsanwaltsgesellschaft mbH, Mannheim; apl. Professor an der Universität Mannheim
Dr. Steffen Henn	Rechtsanwalt und Fachanwalt für Gewerblichen Rechtsschutz, SZA Schilling, Zutt & Anschütz Rechtsanwaltsgesellschaft mbH, Mannheim
Dr. Christian Peter Hille	Rechtsanwalt, Gelsenkirchen-Buer
Dr. Raphael Höll	Rechtsanwalt, Oppenländer Rechtsanwälte Partnerschaft mbB, Stuttgart
Dr. Arnd-Christian Kulow	Rechtsanwalt, Jordan & Wagner Rechtsanwaltsgesellschaft mbH, Stuttgart
Dr. André Reinhard	Rechtsanwalt und Fachanwalt für Arbeitsrecht, SZA Schilling, Zutt & Anschütz Rechtsanwaltsgesellschaft mbH, Mannheim
Dr. Moritz Schroeder	Rechtsanwalt, Bird & Bird LLP, Düsseldorf
Dr. Julian Slawik, LL.M. (Cambridge)	Syndikusrechtsanwalt, München
Dr. Ben Steinbrück, MJur (Oxford)	Rechtsanwalt, Partner, SZA Schilling, Zutt & Anschütz Rechtsanwaltsgesellschaft mbH, Mannheim; Lehrbeauftragter an der Universität Trier
Alexander Stolz, LL.M. (Dresden/Exeter)	Rechtsanwalt, SZA Schilling, Zutt & Anschütz Rechtsanwaltsgesellschaft mbH, Mannheim
Dr. Florian Winzer	Richter, Landgericht Frankfurt am Main

Bearbeiterverzeichnis

Einleitung

A. Geschäftsgeheimnisschutz – Daten und Fakten — Joerg Brammsen

B. Gesetzliche Entwicklung des Geschäftsgeheimnisschutzes in Deutschland — Julian Slawik

C. Europarechtliche Grundlagen und internationales Recht — Simon Apel

D. Geschäftsgeheimnisse im Rechtsverkehr — Julian Slawik

E. Geheimhaltungsschutz im Arbeitsverhältnis — André Reinhard

F. Geschäftsgeheimnisse aus der Perspektive des Law and Economics — Christian Peter Hille

G. Kryptographischer Geschäftsgeheimnisschutz — Arnd-Christian Kulow

Abschnitt 1 Allgemeines

§ 1 Anwendungsbereich — Joerg Brammsen

§ 2 Begriffsbestimmungen — Joerg Brammsen

§ 3 Erlaubte Handlungen — Joerg Brammsen

§ 4 Handlungsverbote — Joerg Brammsen

§ 5 Ausnahmen — Joerg Brammsen

Abschnitt 2 Ansprüche bei Rechtsverletzungen

§ 6 Beseitigung und Unterlassung — Moritz Schroeder/ Jonathan Drescher

§ 7 Vernichtung; Herausgabe; Rückruf; Entfernung und Rücknahme vom Markt — Moritz Schroeder/ Jonathan Drescher

§ 8 Auskunft über rechtsverletzende Produkte; Schadensersatz bei Verletzung der Auskunftspflicht — Steffen Henn

§ 9 Anspruchsausschluss bei Unverhältnismäßigkeit — Steffen Henn

§ 10 Haftung des Rechtsverletzers — Simon Apel/ Serpil Dilbaz

§ 11 Abfindung in Geld — Moritz Schroeder/ Jonathan Drescher

§ 12 Haftung des Inhabers eines Unternehmens — Alexander Stolz

§ 13 Herausgabeanspruch nach Eintritt der Verjährung — Alexander Stolz

Bearbeiterverzeichnis

§ 14 Missbrauchsverbot — Alexander Stolz

Abschnitt 3 Verfahren in Geschäftsgeheimnisstreitsachen
Vorbemerkungen zu §§ 15 ff.

A. Geheimnisschutz im Zivilprozess — Florian Winzer
B. Geheimnisschutz im öffentlichen Recht — Kristian Fischer
C. Geheimnisschutz im Strafprozess — Julia Exner-Kuhn
Vorbemerkung zu § 15 — Ben Steinbrück/ Raphael Höll

§ 15 Sachliche und örtliche Zuständigkeit; Verordnungsermächtigung — Ben Steinbrück/ Raphael Höll

§ 16 Geheimhaltung — Ben Steinbrück/ Raphael Höll

§ 17 Ordnungsmittel — Ben Steinbrück/ Raphael Höll

§ 18 Geheimhaltung nach Abschluss des Verfahrens — Ben Steinbrück/ Raphael Höll

§ 19 Weitere gerichtliche Beschränkungen — Ben Steinbrück/ Raphael Höll

§ 20 Verfahren bei Maßnahmen nach den §§ 16 bis 19 — Ben Steinbrück/ Raphael Höll

§ 21 Bekanntmachung des Urteils — Simon Apel

§ 22 Streitwertbegünstigung — Alexander Stolz

Abschnitt 4 Strafvorschriften
§ 23 Verletzung von Geschäftsgeheimnissen

    I. Allgemeines — Joerg Brammsen /Jonathan Drescher

    II. Das Deliktskonzept des § 23 GeschGehG — Joerg Brammsen /Jonathan Drescher

    III. Die einzelnen Straftatbestände des § 23 Abs. 1–3 GeschGehG

        1. Die Betriebsspionage — Joerg Brammsen

        2. Die eigeneröffnete Geheimnishehlerei (§ 23 Abs. 1 Nr. 2) — Jonathan Drescher

        3. Der Geheimnisverrat (§ 23 Abs. 1 Nr. 3) — Joerg Brammsen

4. Die fremderöffnete Geheimnishehlerei
   (§ 23 Abs. 2) .... Jonathan Drescher

5. Die Verwertung von Vorlagen (§ 23 Abs. 3) ... Joerg Brammsen

IV. Strafschärfende Qualifikation, Versuch und
    Beihilfehandlungen von Medienschaffenden
    (§ 23 Abs. 4–6) .... Joerg Brammsen

   1. Strafschärfende Qualifikationen (§ 23 Abs. 4) ... Joerg Brammsen

   2. Versuch (§ 23 Abs. 5) .... Joerg Brammsen

   3. Beihilfenhandlungen von Medienschaffenden
      (§ 23 Abs. 6) .... Jonathan Drescher

V. Zusätzliche Haftungserweiterung:
   Auslandstaten und sog. „versuchte Beteiligung"
   (§ 23 Abs. 7) .... Joerg Brammsen

VI. Strafantrag (§ 23 Abs. 8) .... Joerg Brammsen

Inhaltsverzeichnis

Vorwort	V
Bearbeiter	VII
Bearbeiterverzeichnis	IX
Abkürzungsverzeichnis	XXI

Einleitung A
Geschäftsgeheimnisschutz – Daten und Fakten 1

    I.   Daten und Fakten zur heutigen Lage 3
    II. Forschungsstand 19
    III. Resümee 21

Einleitung B
Gesetzliche Entwicklung des Geschäftsgeheimisschutzes in Deutschland 23

    I.   Der Zeitraum bis zum UWG von 1896 25
    II. Die (Wieder-)Einführung des Schutzes von Geschäftsgeheimnissen im UWG von 1896 29
    III. Die weitere Entwicklung bis zum GeschGehG 43
    IV. Das GeschGehG 52

Einleitung C
Europarechtliche Grundlagen und internationales Recht 57

    I.   Einleitung und Unionskompetenz 61
    II.   Der Weg zur Richtlinie (EU) 2016/943 68
    III. Inhalt der Richtlinie und der Erwägungsgründe 77
    IV. Verhältnis zwischen Richtlinie und GeschGehG 97
    V.   Abweichungen zwischen der Richtlinie und dem GeschGehG: Ein Überblick 101
    VI. Geschäftsgeheimnisse und Völkerrecht 104
    VII. Geschäftsgeheimnisse und internationales Privatrecht 106

Einleitung D
Geschäftsgeheimnisse im Rechtsverkehr 114

    I.   Überblick: Vorgaben und Auswirkungen des GeschGehG 116
    II. Vereinbarungen zum Schutz der Vertraulichkeit 118
    III. Verträge über Geschäftsgeheimnisse 131
    IV. Vollstreckung 136

Inhaltsverzeichnis

    V.   Gesamtrechtsnachfolge................................... 138
    VI. Geschäftsgeheimnisse in der gesellschaftsrechtlichen
         Kompetenzordnung...................................... 138

Einleitung E
Geheimhaltungsschutz im Arbeitsverhältnis.......................... 149

    I.   Vorbemerkung 151
    II.   Geheimhaltungspflichten im Arbeitsverhältnis 151
    III. Änderungen durch das Geschäftsgeheimnisgesetz im Arbeits-
        verhältnis... 157
    IV. Mitbestimmungsrechte des Betriebsrats beim Geheimnisschutz 168
    V.   Spezielle Geheimhaltungspflichten 169

Einleitung F
Geschäftsgeheimnisse aus der Perspektive des Law and Economics 182

    I.   Einführung in die ökonomische Analyse des Rechts 185
    II.   Begründung des Schutzes von Geschäftsgeheimnissen 188
    III. Ökonomische Analyse des Erfordernisses von Geheim-
        haltungsmaßnahmen..................................... 199
    IV. Ökonomische Analyse des Reverse Engineering.............. 204
    V.   Bedeutung der ökonomischen Analyse des Rechts............ 209

Einleitung G
Kryptographischer Geschäftsgeheimnisschutz........................ 212

    I.   Einführung.. 214
    II.   Grundlegende Begrifflichkeiten 216
    III. Entwicklungsphasen der Kryptographie 216
    IV. Der praktische Einsatz von Kryptographie zum Geheimnis-
        schutz im Unternehmen 232
    V.   Ausblick: Post-Quanten-Kryptographie 240
    VI. Resümee.. 241

Abschnitt 1
Allgemeines

§ 1 Anwendungsbereich... 243

    I.   Einführung.. 247
    II.   Entstehungsgeschichte 248
    III. Schutzziel, Schutzgut und Schutzgegenstand................ 249
    IV. Der Vorrang öffentlich-rechtlicher Regelungen (Abs. 2) 256
    V.   Der verbesonderte Privatgeheimnisverrat gem. § 203 StGB
        (Abs. 3 Nr. 1).. 262

	VI.	Die Informations-, Meinungs- und Pressefreiheit (Abs. 3 Nr. 2).	264
	VII.	Sozialpartnerschaftliche Autonomie und Vertragshoheit (Abs. 3 Nr. 3)	266
	VIII.	Der Vorrang des Individual- und Kollektivarbeitsrechts (Abs. 3 Nr. 4)	269
§ 2	**Begriffsbestimmungen**		279
	I.	Einführung	287
	II.	Entwicklungsgeschichtlicher Abriss	289
	III.	Das Geschäftsgeheimnis (§ 2 Nr. 1)	290
	IV.	Der Inhaber des Geschäftsgeheimnisses (§ 2 Nr. 2)	366
	V.	Der Rechtsverletzer (§ 2 Nr. 3)	372
	VI.	Das rechtsverletzende Produkt (§ 2 Nr. 4)	376
	VII.	Unstimmigkeiten und Reformbedarf	386
§ 3	**Erlaubte Handlungen**		389
	I.	Einführung	393
	II.	Entwicklungsgeschichtlicher Abriss	394
	III.	Normzweck und Systematik	397
	IV.	Das „insbesondere" Erlangen des § 3 Abs. 1	400
	V.	Die „allgemein" erlaubten Handlungen des § 3 Abs. 2	437
	VI.	Reform	460
§ 4	**Handlungsverbote**		461
	I.	Einführung	464
	II.	Entwicklungsgeschichtlicher Abriss	466
	III.	Normzweck und Systematik	469
	IV.	Die einzelnen Handlungsverbote	472
	V.	Prozessuales	529
§ 5	**Ausnahmen**		530
	I.	Einführung	533
	II.	Entwicklungsgeschichtlicher Abriss	534
	III.	Normzweck und Systematik	536
	IV.	Anwendungsfragen: Auslegung, Geltung und Konnexität des § 5	541
	V.	Die Ausnahmen des § 5	545
	VI.	Darlegungs- und Beweislast	592

Abschnitt 2
Ansprüche bei Rechtsverletzungen

§ 6	**Beseitigung und Unterlassung**		595
	I.	Allgemeines	602
	II.	Gemeinsame Voraussetzungen	611

Inhaltsverzeichnis

	III.	Beseitigung und Unterlassung	621
	IV.	Darlegungs- und Beweislast	698
	V.	Beweisbeschaffung	703
	VI.	Verjährung	720
	VII.	Alt- und Übergangsfälle	721
	VIII.	Konkurrenzen	722

§ 7 **Vernichtung; Herausgabe; Rückruf; Entfernung und Rücknahme vom Markt** 724
    I. Allgemeines 725
    II. Gemeinsamer Anwendungsrahmen 731
    III. Vernichtung oder Herausgabe von Informationsträgern (Nr. 1) . 736
    IV. Ansprüche bezüglich rechtsverletzender Produkte (Nr. 2–5) ... 741
    V. Verhältnis zu sonstigen Regelungen 749
    VI. Prozessuales 750

§ 8 **Auskunft über rechtsverletzende Produkte; Schadensersatz bei Verletzung der Auskunftspflicht** 757
    I. Allgemeines 758
    II. Auskunftsanspruch nach § 8 Abs. 1 761
    III. Schadensersatzanspruch nach § 8 Abs. 2 768
    IV. Prozessuales 770

§ 9 **Anspruchsausschluss bei Unverhältnismäßigkeit** 772
    I. Allgemeines 773
    II. Voraussetzungen 777
    III. Darlegungs- und Beweislast 783

§ 10 **Haftung des Rechtsverletzers** 784
    I. Normzweck und Kontext 786
    II. Historische Entwicklung 788
    III. Völkerrechtliche und europarechtliche Vorgaben 792
    IV. Tatbestandsvoraussetzungen 795
    V. Rechtsfolge: Schaden und Schadens(ersatz)berechnung 803
    VI. Verhältnis zu weiteren Ansprüchen aus dem GeschGehG 836
    VII. Beweislast 837
    VIII. Verjährung 838
    IX. Konkurrenzen 839
    X. Prozessuale Durchsetzung des Anspruchs 842

§ 11 **Abfindung in Geld** 845
    I. Allgemeines 846
    II. Materielle Voraussetzungen (§ 11 Abs. 1) 853
    III. Höhe der Abfindung (§ 11 Abs. 2) 858

	IV.	Ausübung und Rechtsfolge	859
	V.	„Lizenz"?	861
	VI.	Verhältnis zu § 9 GeschGehG	863
	VII.	Verhältnis zu Aufbrauch- und Umstellungsfristen	864
	VIII.	Prozessuales	865
§ 12	Haftung des Inhabers eines Unternehmens		869
	I.	Normzweck und Kontext	870
	II.	Richtlinienvorgaben und Historie	877
	III.	Anspruch gegen den Unternehmensinhaber (§ 12 Satz 1)	878
	IV.	Haftung bei Verletzung der Auskunftspflicht (§ 12 Satz 2)	892
	V.	Darlegungs- und Beweislast und Prozessuales	893
§ 13	Herausgabeanspruch nach Eintritt der Verjährung		894
	I.	Normzweck und Kontext	895
	II.	Richtlinienvorgaben und Historie	902
	III.	Restschadensersatzanspruch (§ 13 Satz 1)	902
	IV.	Verjährung des Restschadensersatzanspruchs (§ 13 Satz 2)	910
	V.	Darlegungs- und Beweislast und Prozessuales	911
§ 14	Missbrauchsverbot		912
	I.	Normzweck und Kontext	913
	II.	Richtlinienvorgaben und Historie	918
	III.	Missbrauchsschranke (§ 14 Satz 1)	920
	IV.	Aufwendungsersatzanspruch (§ 14 Satz 2)	926
	V.	Verhältnis zu anderen Ersatzansprüchen (§ 14 Satz 3)	928
	VI.	Darlegungs- und Beweislast und Prozessuales	929

Abschnitt 3
Verfahren in Geschäftsgeheimnisstreitsachen

Vorbemerkungen zu §§ 15 ff.			931
A.	Zivilprozess: „status quo" des Geheimnisschutzes und Besonderheiten im arbeitsgerichtlichen Verfahren		931
	I.	Geheimnisschutz im Zivilprozess	932
	II.	Besonderheiten des Geheimnisschutzes im arbeitsgerichtlichen Verfahren	942
B.	Der Schutz von Geschäftsgeheimnissen im öffentlichen Recht		945
	I.	Einführung	945
	II.	Rechtsquellen des öffentlich-rechtlichen Geheimnisschutzes	946
	III.	Facetten des öffentlich-rechtlichen Geheimnisschutzes	950
	IV.	Inhalt des öffentlich-rechtlichen Geheimnisschutzes	952
	V.	Prozessuale Implikationen des öffentlich-rechtlichen Geheimnisschutzes	955

Inhaltsverzeichnis

C. **Strafprozess und Schutz des Betriebs- und Geschäftsgeheimnisses**. 959
    I. Das Spannungsverhältnis 959
    II. Der strafprozessuale Schutz von Betriebs- und Geschäftsgeheimnissen. 960
    III. Der materiell-rechtliche Geheimnisschutz im Strafverfahren... 965
    IV. Fazit 966

Vorbemerkung zu § 15 – Anwendungsbereich und Ausnahmen 967
    I. Defizite der bisherigen Rechtslage........................ 968
    II. Unionsrechtliche Vorgaben 970
    III. Grundkonzeption des prozessualen Geheimnisschutzes nach §§ 15 ff.. 973
    IV. Rechtspolitische Würdigung 978

§ 15 Sachliche und örtliche Zuständigkeit; Verordnungsermächtigung . 981
    I. Vorbemerkung 982
    II. Sachliche Zuständigkeit (Abs. 1) 983
    III. Örtliche Zuständigkeit (Abs. 2)........................... 984
    IV. Internationale Zuständigkeit 986
    V. Konzentrationsermächtigung (Abs. 3)..................... 988

§ 16 Geheimhaltung.. 989
    I. Vorbemerkung 990
    II. Anwendungsbereich 992
    III. Einstufungsverfahren (Abs. 1)............................ 1002
    IV. Rechtsfolgen der Einstufung (Abs. 2) 1006
    V. Akteneinsichtsrecht Dritter (Abs. 3) 1010

§ 17 Ordnungsmittel 1013
    I. Vorbemerkung 1013
    II. Anwendung der Ordnungsmittel.......................... 1015
    III. Verhältnis zu zivil- und strafrechtlichen Sanktionen 1017

§ 18 Geheimhaltung nach Abschluss des Verfahrens................... 1018
    I. Vorbemerkung 1018
    II. Fortbestehen des Offenlegungs- und Nutzungsverbots (Satz 1) . 1020
    III. Ausnahme: Wegfall der Geheimnisqualität (Satz 2).......... 1020

§ 19 Weitere gerichtliche Beschränkungen........................... 1025
    I. Vorbemerkung 1026
    II. Einschränkung der Beteiligungsrechte (Abs. 1)............... 1028
    III. Ausschluss der Öffentlichkeit (Abs. 2 Nr. 1) 1043
    IV. Beschränkte Akteneinsicht (Abs. 2 Nr. 2).................... 1045
    V. Geheimnisschutz im Zwangsvollstreckungsverfahren (Abs. 3) . 1046

§ 20	Verfahren bei Maßnahmen nach den §§ 16 bis 19	1049
	I. Vorbemerkung	1050
	II. Zeitpunkt der Anordnungen (Abs. 1)	1052
	III. Gewährung rechtlichen Gehörs (Abs. 2)	1053
	IV. Glaubhaftmachung (Abs. 3)	1055
	V. Kennzeichnungserfordernisse (Abs. 4)	1058
	VI. Gerichtliche Entscheidung und Rechtsmittel (Abs. 5)	1059
	VII. Gerichtszuständigkeiten (Abs. 6)	1060
§ 21	Bekanntmachung des Urteils	1061
	I. Regelungsgegenstand	1062
	II. Tatbestandsvoraussetzungen	1069
	III. Vorläufige Vollstreckbarkeit und Zeitpunkt	1077
	IV. Rechtsfolgen	1077
§ 22	Streitwertbegünstigung	1079
	I. Normzweck und Kontext	1081
	II. Richtlinienvorgaben und Historie	1090
	III. Anordnung der Herabsetzung des Streitwerts (§ 22 Abs. 1)	1091
	IV. Weitere Anordnungsfolgen (§ 22 Abs. 2)	1104
	V. Zulässigkeit des Antrags (§ 22 Abs. 3 Satz 1 bis 3)	1106
	VI. Beteiligung des Gegners (§ 22 Abs. 3 Satz 4)	1108
	VII. Rechtsmittel	1109
	VIII. Verfassungsmäßigkeit	1111

Abschnitt 4
Strafvorschriften

§ 23	Verletzung von Geschäftsgeheimnissen	1115
	I. Allgemeines	1121
	II. Das Deliktskonzept des § 23 GeschGehG	1126
	III. Die einzelnen Straftatbestände des § 23 Abs. 1–3 GeschGehG	1136
	IV. Strafschärfende Qualifikationen, Versuch und Beihilfehandlungen von Medienschaffenden (§ 23 Abs. 4–6)	1199
	V. Zusätzliche Haftungserweiterung: Auslandstaten und sog. „versuchte Beteiligung" (§ 23 Abs. 7)	1212
	VI. Strafantrag (§ 23 Abs. 8)	1231

Anhang: Richtlinie (EU) 2016/943 des Europäischen Parlaments und des Rates 1243

Sachverzeichnis 1269

Abkürzungsverzeichnis

aA	anderer Ansicht
aaO	am angegebenen Ort
Abk.	Abkommen
abl.	ablehnend
ABl.	Amtsblatt
ABl. EG	Amtsblatt der Europäischen Gemeinschaften (Jahr, Nummer und Seite)
Abs.	Absatz
Abschn.	Abschnitt
Ackermann/Heine/*Bearbeiter*	Ackermann/Heine (Hrsg.), Wirtschaftsstrafrecht der Schweiz. Hand- und Studienbuch, 2013
AcP	Archiv für civilistische Praxis (Zeitschr.)
ADI	Actas de Derecho Industrial (Zeitschr.)
aE	am Ende
AETR	Europäisches Übereinkommen über die Arbeit des im internationalen Straßenverkehr beschäftigten Fuhrpersonals
AEUV	Vertrag über die Arbeitsweise der Europäischen Union
aF	alte Fassung
AfP	Archiv für Medien und Kommunikationsrecht (früher Presserecht; Zeitschr.)
AG	Aktiengesellschaft; Amtsgericht; Die Aktiengesellschaft (Zeitschr.)
AGG	Allgemeines Gleichbehandlungsgesetz
AgV	Arbeitsgemeinschaft der Verbraucherverbände
Ahrens/*Bearbeiter*	Der Wettbewerbsprozess, 8. Aufl. 2017
Ahrens/Spätgens	Einstweiliger Rechtsschutz und Vollstreckung in UWG-Sachen, 4. Aufl. 2001
AIG	Gesetz über steuerliche Maßnahmen bei Auslandsinvestitionen der deutschen Wirtschaft (Auslandsinvestitionsgesetz)
AktG	Aktiengesetz
Alexander	Wettbewerbsrecht mit Schutz von Geschäftsgeheimnissen, 2. Aufl. 2019
A/L/G/*Bearbeiter*	Ann/Loschelder/Grosch (Hrsg.), Praxishandbuch Know-how-Schutz, 2010
All E. R.; All ER	All England Law Reports
Alt.	Alternative
amtl.	amtlich
Amtl. Begr.	Amtliche Begründung

Abkürzungsverzeichnis

AmV	Amsterdamer Vertrag
ÄndBek.	Änderungsbekanntmachung
Anh.	Anhang
Anl.	Anlage
Anm.	Anmerkung
AnwBl.	Anwaltsblatt (Zeitschr.)
AO	Abgabenordnung
AöR	Archiv des öffentlichen Rechts
AP	Nachschlagewerk des Bundesarbeitsgerichts. Arbeitsrechtliche Praxis (AP) Entscheidungssammlung (1950 ff.)
ArbEG	Arbeitnehmererfindungsgesetz (ArbnErfG)
ArbG	Arbeitsgericht
ArbGeb	Der Arbeitgeber (Jahr und Seite)
ArbGG	Arbeitsgerichtsgesetz
AR-Blattei	Arbeitsrechtsblattei
ArbNErfG	Gesetz über Arbeitnehmererfindungen
ArbRB	Der Arbeits-Rechts-Berater (Zeitschr.)
ArbSchG	Arbeitsschutzgesetz
arg.	argumentum
Arnold/Günther/*Bearbeiter*	Arnold/Günther (Hrsg.), Arbeitsrecht 4.0, 2018
A/R/R/*Bearbeiter*	Achenbach/Ransiek/Rönnau (Hrsg.), Handbuch Wirtschaftsstrafrecht, 5. Aufl. 2019
ARSP	Archiv für Rechts- und Sozialphilosophie
Art.	Artikel
AsiG	Arbeitssicherheitsgesetz
A/S/M/Bearbeiter	Assmann/Schneider/Mülbert (Hrsg.), Wertpapierhandelsrecht, 7. Aufl. 2019
AT	Allgemeiner Teil
AuA	Arbeit und Arbeitsrecht (Zeitschr.)
Auer-Reinsdorff/Conrad/*Bearbeiter*	Auer-Reinsdorff/Conrad (Hrsg.), Handbuch IT- und Datenschutzrecht, 3. Aufl. 2019
Aufl.	Auflage
AÜG	Arbeitnehmerüberlassungsgesetz
AuR	Arbeit und Recht (Zeitschr.)
AWD	Außenwirtschaftsdienst des Betriebs-Beraters
Az.	Aktenzeichen
AZG	Arbeitszeitgesetz
B. U. J. Sci. & Tech. L.	Boston University Journal of Science and Technology Law

B/B/K/S/*Bearbeiter*	Berens/Brauner/Knauer/Strauch (Hrsg.), Due Diligence bei Unternehmensakquisitionen, 8. Aufl. 2019
B/D/S/*Bearbeiter*	Büscher/Dittmer/Schiwy (Hrsg.), Gewerblicher Rechtsschutz Urheberrecht Medienrecht, Kommentar, 4. Aufl. 2020
B/D/Z/*Bearbeiter*	Binz/Dörndorfer/Zimmermann, Gerichtskostengesetz, Gesetz über Gerichtskosten in Familiensachen, Justizvergütungs- und -entschädigungsgesetz, 5. Aufl. 2021
B/H/K/C/*Bearbeiter*	Blanke/Hayen/Kunz/Carlson, EBRG, 3. Aufl. 2019
B/K/S/T/*Bearbeiter*	Bittmann/Köhler/Seeger/Tschakert, Handbuch der strafrechtlichen Vermögensabschöpfung, 2020
B/L/H/A/G/ *Bearbeiter*	Baumbach/Lauterbach/Hartmann/Anders/Gehle, Zivilprozessordnung, 78. Aufl. 2020
BAG	Bundesarbeitsgericht
BAGE	Entscheidungen des Bundesarbeitsgerichts
BAnz.	Bundesanzeiger (Jahr und Seite)
Bartenbach	Patentlizenz- und Know-how-Vertrag, 7. Aufl. 2013
Bartenbach/Volz	Arbeitnehmererfindungsgesetz, 6. Aufl. 2019
Baudenbacher	Lauterkeitsrecht, Kommentar zum Gesetz gegen den unlauteren Wettbewerb, 2001
Bauer/Diller	Wettbewerbsverbote, 8. Aufl. 2019
Baumbach/Hueck/ *Bearbeiter*	Baumbach/Hueck, GmbHG, 21. Aufl. 2017
BayObLG	Bayerisches Oberstes Landesgericht
BayObLGSt	Entscheidungen des Bayerischen Obersten Landesgerichts in Strafsachen
BayObLGZ	Entscheidungen des Bayerischen Obersten Landesgerichts in Zivilsachen
BB	Der Betriebs-Berater (Zeitschr.)
BB (AWD)	Betriebs-Berater, Außenwirtschaftsdienst (Jahr und Seite)
BBiG	Berufsbildungsgesetz
Bd.	Band
BddW	Blick durch die Wirtschaft
BDSG	Bundesdatenschutzgesetz
Beater	Unlauterer Wettbewerb, 2011
BeckOF	Beck'sche Online-Formulare
BeckOK BGB/ *Bearbeiter*	Hau/Poseck (Hrsg.), Beck'scher Online-Kommentar BGB, 59. Edition, Stand: 1.8.2021
BeckOK DesignR/*Bearbeiter*	Vohwinkel (Hrsg.), Beck'scher Online-Kommentar Designrecht, 8. Edition, Stand: 15.5.2021

Abkürzungsverzeichnis

BeckOK Gesch-GehG/*Bearbeiter*	Fuhlrott/Hiéramente (Hrsg.), Beck'scher Online-Kommentar Geschäftsgeheimnisgesetz, 8. Edition, Stand: 15.6.2021
BeckOK GG/ *Bearbeiter*	Epping/Hillgruber (Hrsg.), Beck'scher Online-Kommentar Grundgesetz, 47. Edition, Stand: 15.5.2021
BeckOK GmbHG/ *Bearbeiter*	Ziemons/Jaeger/Pöschke, Beck'scher Online-Kommentar GmbHG, 48. Edition, Stand: 1.5.2021
BeckOK GVG/ *Bearbeiter*	Graf (Hrsg.), Beck'scher Online-Kommentar GVG, 11. Edition, Stand: 15.5.2021
BeckOK InfoMedienR/*Bearbeiter*	Gersdorf/Paal (Hrsg.), Beck'scher Online-Kommentar Informations- und Medienrecht, 32. Edition, Stand: 1.5.2021
BeckOK KostenR/*Bearbeiter*	Dörndorfer/Wendtland/Gerlach/Diehn (Hrsg.), Beck'scher Online-Kommentar Kostenrecht, 34. Edition, Stand: 1.7.2021
BeckOK MarkenR/ *Bearbeiter*	Kur/von Bomhard/Albrecht (Hrsg.), Beck'scher Online-Kommentar Markenrecht, 26. Edition, Stand: 1.7.2021
BeckOK MietR/ *Bearbeiter*	Schach/Schultz/Schüller (Hrsg.), Beck'scher Online-Kommentar Mietrecht, 25. Edition, Stand: 1.8.2021
BeckOK PatR/ *Bearbeiter*	Fitzner/Lutz/Bodewig (Hrsg.), Beck'scher Online-Kommentar Patentrecht, 20. Edition, Stand: 15.4.2021
BeckOK StPO/ *Bearbeiter*	Graf (Hrsg.), Beck'scher Online-Kommentar StPO mit RiStBV und MiStr, 40. Edition, Stand: 1.7.2021
BeckOK UrhR/ *Bearbeiter*	Ahlberg/Götting/Lauber-Rönsberg (Hrsg.), Beck'scher Online-Kommentar Urheberrecht, 31. Edition, Stand: 1.5.2021
BeckOK UWG/ *Bearbeiter*	Fritzsche/Münker/Stollwerck (Hrsg.), Beck'scher Online-Kommentar UWG, 12. Edition, Stand: 1.5.2021
BeckRS	Beck-Rechtsprechung
Begr.	Begründung
Bekl.	Beklagte(r)
Benkard	Patentgesetz, Gebrauchsmustergesetz, 11. Aufl. 2015
ber.	berichtigt
Berlit	Wettbewerbsrecht, 10. Aufl. 2017
Berneke/*Bearbeiter*	Berneke/Schüttpelz, Die einstweilige Verfügung in Wettbewerbssachen, 4. Aufl. 2018
BerufsO	Berufsordnung
Beschl.	Beschluss
betr.	betreffend
BetrVG	Betriebsverfassungsgesetz
BFH	Bundesfinanzhof
BGB	Bürgerliches Gesetzbuch
BGB-InfoV	BGB-Informationspflichtenverordnung

BGBl.	Bundesgesetzblatt
BGE	Entscheidungen des Schweizerischen Bundesgerichts, Amtliche Sammlung
BGH	Bundesgerichtshof
BGHR	BGH-Rechtsprechung Strafsachen 1987 ff.
BGHSt	Entscheidungen des Bundesgerichtshofs in Strafsachen (Band und Seite)
BGHZ	Entscheidungen des Bundesgerichtshofs in Zivilsachen
BIM	Building Information Modeling
BImSchG	Bundes-Immissionsschutzgesetz
Bitkom	Bundesverband Informationswirtschaft, Telekommunikation und neue Medien e. V.
BKA	Bundeskriminalamt
BKartA	Bundeskartellamt
Bl. (PMZ)	Blatt für Patent-, Muster- und Zeichenwesen (Jahr und Seite)
BMJV	Bundesministerium für Justiz und Verbraucherschutz
BnotO	Bundesnotarordnung
BORA	Berufsordnung für Rechtsanwälte
Böttger/*Bearbeiter*	Böttger (Hrsg.), Wirtschaftsstrafrecht in der Praxis, 2. Aufl. 2015
BPatG	Bundespatentgericht
BPersVG	Bundespersonalvertretungsgesetz
BR	Bundesrat
BRAGO	Bundesrechtsanwaltsgebührenordnung
Brammsen	Lauterkeitsstrafrecht, 2020
Brandau/Rehaag	IP-Strafrecht. Praxishandbuch, 2017
BRAO	Bundesrechtsanwaltsordnung
BR-Drs.	Bundesrats-Drucksache
Brettel/Schneider	Wirtschaftsstrafrecht, 3. Aufl. 2021
BRG	Betriebsrätegesetz
BSG	Bundessozialgericht
BSK-StGB/ *Bearbeiter*	Niggli/Wiprächtiger (Hrsg.), Basler Kommentar Strafrecht II, Art. 111–392 StGB, 3. Aufl. 2013
BSK-UWG/ *Bearbeiter*	Hilty/Arpagaus (Hrsg.), Basler Kommentar – Bundesgesetz gegen den unlauteren Wettbewerb (UWG), 2013
Bspr.	Besprechung
bspw.	beispielsweise
BStatG	Bundesstatistikgesetz
BStBl.	Bundessteuerblatt

Abkürzungsverzeichnis

B/S/W/*Bearbeiter*	Busche/Stoll/Wiebe (Hrsg.), TRIPs Internationales und europäisches Recht des geistigen Eigentums, 2. Aufl. 2013
BT	Bundestag; Besonderer Teil
BT-Drs.	Bundestags-Drucksache
BT-PlPr	Bundestag-Plenarprotokolle
Bühring/*Bearbeiter*	Gebrauchsmustergesetz, 9. Aufl. 2021
Büscher/*Bearbeiter*	Büscher (Hrsg.), Gesetz gegen den unlauteren Wettbewerb, 2019
Busse/Keukenschrijver/*Bearbeiter*	PatG Patentgesetz, 9. Aufl. 2020
BV	Gesellschaft mit beschränkter Haftung nach niederländischem Recht
BVerfG	Bundesverfassungsgericht
BVerfGE	Entscheidungen des Bundesverfassungsgerichts
BVerwG	Bundesverwaltungsgericht
BYOD	Bring Your Own Device
bzgl.	bezüglich
bzw.	beziehungsweise
Calliess/Ruffert/*Bearbeiter*	Calliess/Ruffert (Hrsg.), EUV/AEUV, 5. Aufl. 2016
Cass.	Cour de Cassation, Paris
CB	Compliance-Berater (Betriebsberater compliance Zeitschr.)
CC	Code Civil
CCZ	Corporate-Compliance-Zeitschr.
CDE	Cahiers de droit européen
CEEP	Europäischer Verband der öffentlichen Arbeitgeber und Unternehmen Centre Européen des Entreprises à participation publique et des entreprises d'intérêt économique général (Europäischer Zentralverband der öffentlichen Wirtschaft)
Cepl/Voß/*Bearbeiter*	Prozesskommentar zum Gewerblichen Rechtsschutz, 2. Aufl. 2018
CML Rev./CMLR	Common Market Law Review (Zeitschr.)
Col. J. Eur. L.	Columbia Journal of European Law (Zeitschr.)
Conrad/Grützmacher/*Bearbeiter*	Recht der Daten und Datenbanken im Unternehmen, 2014
CR	Computer und Recht (Zeitschr.)
Cri	Computer und Recht International (Zeitschr.)
D/K/K/W/*Bearbeiter*	Däubler/Kittner/Klebe/Wedde, BetrVG, 16. Aufl. 2018

Däubler/*Bearbeiter*	Däubler (Hrsg.), Tarifvertragsgesetz, 4. Aufl. 2016
Dauses/Ludwigs/ *Bearbeiter*	Dauses/Ludwigs (Hrsg.), Handbuch des EU-Wirtschaftsrechts, Stand: März 2019
DB	Der Betrieb (Zeitschr.)
DBGM	Deutsches Bundesgebrauchsmuster
DBP	Deutsches Bundespatent
ders.	derselbe
DFG	Deutsche Freiwillige Gerichtsbarkeit (Jahr und Seite)
dgl.	dergleichen
DGWR	Deutsches Gemein- und Wirtschaftsrecht (Jahr und Seite)
dh.	das heißt
dies.	dieselbe, dieselben
Diss.	Dissertation
DJ	Deutsche Justiz (Jahr und Seite)
DJT	Deutscher Juristentag
DJZ	Deutsche Juristenzeitung (Zeitschr.)
DMBilG	D-Markbilanzgesetz
DÖV	Die Öffentliche Verwaltung (Zeitschr.)
DR	Deutsches Recht (Jahr und Seite)
Dreier/Schulze/ *Bearbeiter*	Dreier/Schulze (Hrsg.), Urheberrechtsgesetz (UrhG), 6. Aufl. 2018
DRiG	Deutsches Richtergesetz
DrittelbG	Drittelbeteiligungsgesetz
DRiZ	Deutsche Richterzeitung (Zeitschr.)
Drs.	Drucksache
DRZ	Deutsche Rechtszeitschrift (Jahr und Seite)
DSB	Datenschutzberater (Zeitschr.)
DS-GVO	Datenschutz-Grundverordnung
DSW	Deutscher Schutzverband gegen Wirtschaftskriminalität
DTSA	Defend Trade Secrets Act
DuD	Datenschutz und Datensicherung
DVBl.	Deutsches Verwaltungsblatt (Zeitschr.)
DVO	Durchführungsverordnung
DZWir	Deutsche Zeitschr. für Wirtschaftsrecht
EASA	European Advertising Standards Alliance, Brüssel
E/B/F-W/*Bearbeiter*	Ekey/Bender/Fuchs-Wissemann, Markenrecht, 4. Aufl. 2020
EBRG	Europäisches Betriebsräte Gesetz
ECG-E	E-Commerce-Gesetz-Entwurf
ecolex	Ecolex. Fachzeitschrift für Wirtschaftsrecht

Abkürzungsverzeichnis

E-Crime	Electronic Crime
EEA	Economic Espionage Act
EEC	European Economic Community
EFTA	European Free Trade Association (Europäische Freihandelsassoziation)
EG	Vertrag zur Gründung der Europäischen Gemeinschaft (Amsterdamer Fassung); Europäische Gemeinschaft
EGB	Europäischer Gewerkschaftsbund
EGBGB	Einführungsgesetz zum Bürgerlichen Gesetzbuch
EGMR	Europäischer Gerichtshof für Menschenrechte
EGStGB	Einführungsgesetz zum Strafgesetzbuch
EGV	Vertrag zur Gründung der Europäischen Gemeinschaft (Maastrichter Fassung)
Einf.	Einführung
Einl.	Einleitung
E.I.P.R.	European Intellectual Property Review
E/J/F/M/*Bearbeiter*	Eichmann/Jestaedt/Fink/Meiser (Hrsg.), Designgesetz · Gemeinschaftsgeschmacksmusterverordnung, 6. Aufl. 2019
EKMR	Europäische Kommission für Menschenrechte
ELR	European Law Report
ELRev.	European Law Review
Emmerich/Lange	Unlauterer Wettbewerb, 11. Aufl. 2019
EMRK	Konvention zum Schutz der Menschenrechte und Grundrechte – Europäische Menschenrechtskonvention – vom 4.11.1950
endg.	endgültig
Engels	Patent-, Marken- und Urheberrecht, 10. Aufl. 2018
EntgTranspG	Entgelttransparenzgesetz
EnWG	Energiewirtschaftsgesetz
EPÜ	Europäisches Patentübereinkommen
Erbs/Kohlhaas/ *Bearbeiter*	Erbs/Kohlhaas (Begr.), Strafrechtliche Nebengesetze, Loseblatt-Kommentar (Stand 224. Lief. 2019)
ErfK/*Bearbeiter*	Müller-Glöge/Preis/ Schmidt (Hrsg.), Erfurter Kommentar zum Arbeitsrecht, 21. Aufl. 2021
Erg.	Ergebnis
Erl.	Erläuterung
Erman/*Bearbeiter*	von Grunewald (Hrsg.), BGB, 15. Aufl. 2017
ERPL	Europa en Review of Private Law (Zeitschr.)

E/R/S/T/*Bearbeiter*	Esser/Rübenstahl/Saliger/Tsambikakis (Hrsg.), Wirtschaftsstrafrecht. Kommentar mit Steuerstrafrecht und Verfahrensrecht, 2017
Erwgrd.	Erwägungsgrund
etc.	et cetera
ETrG	Europäisches Transportgesetz
EU	Europäische Union
EUAHiR	EU-Amtshilferichtlinie
EuArbR/*Bearbeiter*	Franzen/Gallner/Oetker (Hrsg.), Kommentar zum europäischen Arbeitsrecht, 3. Aufl. 2020
EuG	Gericht erster Instanz der Europäischen Gemeinschaften
EuGH	Gerichtshof der Europäischen Gemeinschaften
EuGH Slg.	Gerichtshof der Europäischen Gemeinschaft (Sammlung der Rechtsprechung des Gerichtshofs)
EuGRZ	Europäische Grundrechte-Zeitschr.
EuGVO	Verordnung (EG) Nr. 44/2001 des Rates vom 22.12.2000 über die gerichtliche Zuständigkeit und die Anerkennung und Vollstreckung von Entscheidungen in Zivil- und Handelssachen
EuGVÜ	Brüsseler Übereinkommen über die gerichtliche Zuständigkeit und die Vollstreckung von Entscheidungen in Zivil- und Handelssachen vom 27.9.1968
EuGVVO	siehe EuGVO
EuR	Europarecht (Zeitschr.)
Eur. Bus. L. Rev.	European Business Law Review
EUREDIA	Revue Européenne de droit bancaire et financier
EuZW	Europäische Zeitschr. für Wirtschaftsrecht
EvBl.	Österr. Juristenzeitung, Evidenzblatt der Rechtsmittelentscheidungen
EWG	Europäische Wirtschaftsgemeinschaft
EWGV	Vertrag zur Gründung der Europäischen Wirtschaftsgemeinschaft
EWiR	Entscheidungen zum Wirtschaftsrecht (Zeitschr.)
EWIV	Europäische wirtschaftliche Interessenvereinigung
EWIV-AG	EWIV-Ausführungsgesetz
EWR	Vertrag über einen einheitlichen Wirtschaftsraum
EWS	Europäisches Wirtschafts- und Steuerrecht (Zeitschr.)
EzA	Entscheidungen zum Arbeitsrecht
F. Supp.	Federal Supplement
f., ff.	folgende Seite bzw. Seiten

Abkürzungsverzeichnis

FAO	Fachanwaltsordnung
F/B/O/*Bearbeiter*	Fezer/Büscher/Obergfell (Hrsg.), UWG Lauterkeitsrecht, Band 2, §§ 3a–20 UWG, Anhang zu § 3 Abs. 3 UWG. Kommentar, 3. Aufl. 2016
FernAbsG	Fernabsatzgesetz
Fezer, MarkenG	Fezer, Markenrecht, 4. Aufl. 2009
FGG	Reichsgesetz über die Angelegenheiten der freiwilligen Gerichtsbarkeit
F/H/S/*Bearbeiter*	Forgó/Helfrich/Schneider (Hrsg.), Betrieblicher Datenschutz, Rechtshandbuch, 3. Aufl. 2019
FinDAG	Finanzdienstleistungsaufsichtsgesetz
Fischer, StGB	Strafgesetzbuch mit Nebengesetzen, 68. Aufl. 2021
Fitting ua./*Bearbeiter*	Fitting/Engels/Schmidt/Trebinger/Linsenmaier, Handkommentar zum BetrVG, 30. Aufl. 2020
FIW-Schriftenreihe	Schriftenreihe des Forschungsinstituts für Wirtschaftsverfassung und Wettbewerb eV, Köln
FK-GWB/*Bearbeiter*	Jaeger/Pohlmann/Riger/Schroeder (Hrsg.), Frankfurter Kommentar zum Kartellrecht, Loseblatt, Stand November 2013
FLF	Finanzierung Leasing Factoring (Jahr und Seite)
Fn.	Fußnote
Fritzsche	Unterlassungsanspruch und Unterlassungsklage, 2000
Fromm/Nordemann/*Bearbeiter*	Fromm/Nordemann (Begr.), Urheberrecht, 12. Aufl. 2018
FS	Festschrift
F.T.C.	Federal Trade Commission
FTD	Financial Times Deutschland (Zeitung)
G/H/N/*Bearbeiter*	Grabitz/Hilf/Nettesheim (Hrsg.), Kommentar zum Recht der Europäischen Union, Loseblatt, Stand: 70. Aufl. 2020
G/J/W/*Bearbeiter*	Graf/Jäger/Wittig (Hrsg.), Wirtschafts- und Steuerstrafrecht. Kommentar, 2. Aufl. 2017
G/K/K/*Bearbeiter*	Geiger/Kahn/Kotzur, EUV/AEUV, 5. Aufl. 2010
G/K/R/*Bearbeiter*	Gercke/Kraft/Richter, Arbeitsstrafrecht Strafrechtliche Risiken und Risikomanagement, 3. Aufl. 2021
G/L/D/*Bearbeiter*	Gloy/Loschelder/Danckwerts (Hrsg.), Handbuch des Wettbewerbsrechts, 5. Aufl. 2019
G/M/V/*Bearbeiter*	Götting/Meyer/Vormbrock (Hrsg.), Gewerblicher Rechtsschutz und Wettbewerbsrecht, Praxishandbuch, 2. Aufl. 2020
G/S/H/*Bearbeiter*	von der Groeben/Schwarze/Hatje (Hrsg.), Europäisches Unionsrecht, 7. Aufl. 2015

G/T/E/*Bearbeiter*	von der Groeben/Thiesing/Ehlermann (Hrsg.), Kommentar zum EU/EG-Vertrag, 5. Aufl. 1997/98
GA	Generalanwalt
GA. J. Int'l & Comp. L.	Georgia Journal of International and Comparative Law
GBl.	Gesetzblatt
GbR	Gesellschaft bürgerlichen Rechts
GebrMG	Gebrauchsmustergesetz
Geimer/Schütze/*Bearbeiter*	Geimer/Schütze, Europäisches Zivilverfahrensrecht, 3. Aufl. 2010
gem.	gemäß
GemSortV	Gemeinschaftliche Sortenschutzverordnung
GenG	Genossenschaftsgesetz
GeolDG	Geologiedatengesetz
GeschGehG	Geschäftsgeheimnisgesetz
GeschmMG	Geschmacksmustergesetz
GesRZ	Der Gesellschafter. Zeitschrift für Gesellschafts- und Unternehmensrecht
GewA (GewArch)	Gewerbearchiv (Zeitschr.)
GewO	Gewerbeordnung
GG	Grundgesetz
ggf.	gegebenenfalls
GK-BetrVG/*Bearbeiter*	Wiese/Kreutz/Oetker/Raab/Weber/Franzen/Gutzeit/Jakobs, Betriebsverfassungsgesetz, Gemeinschaftskommentar, Band II: §§ 74–132, 11. Aufl. 2018
GKG	Gerichtskostengesetz
GK-UWG/*Bearbeiter*	Jacobs/Lindacher/Teplitzky (Hrsg.), UWG – Großkommentar zum Gesetz gegen den unlauteren Wettbewerb mit Nebengesetzen, Loseblatt, 1. Aufl. 1991 ff.
GK-UWG/*Bearbeiter*	Teplitzky/Peifer/Leistner (Hrsg.), Großkommentar zum Gesetz gegen den unlauteren Wettbewerb mit Nebengesetzen, Band 2, §§ 4–7, 2. Aufl. 2013, Band 3, §§ 8–20, Register, 2. Aufl. 2015
GK-UWG/*Bearbeiter*	Peifer (Hrsg.), Großkommentar zum UWG, Band 1, Einleitung; §§ 1–3, 3. Aufl. 2021
GmbH	Gesellschaft mit beschränkter Haftung
GmbHG	Gesetz betreffend die Gesellschaften mit beschränkter Haftung
GmbHR	GmbH-Rundschau (Band und Seite)
GMBl.	Gemeinsames Ministerialblatt
GmS-OBG	Gemeinsamer Senat der obersten Gerichtshöfe des Bundes

Abkürzungsverzeichnis

GMV	Verordnung über die Gemeinschaftsmarke
Gola/*Bearbeiter*	Gola (Hrsg.), Datenschutz-Grundverordnung, 2. Aufl. 2018
Götting/Kaiser/ Bearbeiter	Götting/Kaiser (Hrsg.), Wettbewerbsrecht und Wettbewerbsprozessrecht, 2. Aufl. 2016
Graf/*Bearbeiter*	Graf, RiStBV und MiStra Kommentar, 2015 [Richtlinien für das Strafverfahren und das Bußgeldverfahren (RiStBV) und Anordnung über Mitteilungen in Strafsachen (MiStra)]
GRC/GRCh	Charta der Grundrechte der Europäischen Union
Groß	Der Lizenzvertrag, 11. Aufl. 2015
GRUR	Gewerblicher Rechtsschutz und Urheberrecht (Zeitschr.)
GRUR Int.	Gewerblicher Rechtsschutz und Urheberrecht, Internationaler Teil (bis 2019) /Journal of European and International IP Law (ab 2020)
GRUR-Prax	Gewerblicher Rechtsschutz und Urheberrecht Praxis im Immaterialgüter- und Wettbewerbsrecht
GRUR-RR	Gewerblicher Rechtsschutz und Urheberrecht-Rechtsprechungs-Report (Zeitschrift)
GrZS	Großer Zivilsenat beim Bundesgerichtshof
GS	Großer Senat
GSZ	Zeitschrift für das gesamte Sicherheitsrecht
GVBl.	Gesetz- und Verordnungsblatt
GVG	Gerichtsverfassungsgesetz
GWB	Gesetz gegen Wettbewerbsbeschränkungen
GWR	Gesellschafts- und Wirtschaftsrecht
H/H/H/*Bearbeiter*	Habersack/Henssler/Hanau, Mitbestimmungsrecht, 4. Aufl. 2018
H/O/K/*Bearbeiter*	Harte-Bavendamm/Ohly/Kalbfus (Hrsg.), GeschGehG Gesetz zum Schutz von Geschäftsgeheimnissen, Kommentar, 1. Aufl. 2020
H/S/H/*Bearbeiter*	Hoeren/Sieber/Holznagel, Handbuch Multimedia-Recht, 56. Lf. 2021
Haedicke/Timmann/ *Bearbeiter*	Haedicke/Timmann (Hrsg.), Handbuch des Patentrechts, 2. Aufl. 2020
HalbLSchG	Halbleiterschutzgesetz
HansOLG	Hanseatisches Oberlandesgericht
Harte/Henning/ *Bearbeiter*	Harte-Bavendamm/Henning-Bodewig (Hrsg.), Gesetz gegen den unlauteren Wettbewerb (UWG). Kommentar, 4. Aufl. 2016
Hbl.	Handelsblatt (Zeitung)
Hdb.	Handbuch

Heizmann/Loacker/*Bearbeiter*	Heizmann/Loacker (Hrsg.), UWG Bundesgesetz gegen den unlauteren Wettbewerb. Kommentar, 2018
Hellmann	Wirtschaftsstrafrecht, 5. Aufl. 2018
Henn/Pahlow/*Bearbeiter*	Henn/Pahlow (Hrsg.), Patentvertragsrecht, 6. Aufl. 2017
HGB	Handelsgesetzbuch
HinweisgeberRL	s. auch Whistleblower-Richtlinie (WBRL)
HK-MarkenG/*Bearbeiter*	Ekey/Bender/Fuchs-Wissemann (Hrsg.), Heidelberger Kommentar zum Markenrecht, 4. Aufl. 2020
HK-UrhR/*Bearbeiter*	Dreyer/Kotthoff/Meckel/Hentsch, Heidelberger Kommentar zum Urheberrecht, 4. Aufl. 2018
HK-UWG/*Bearbeiter*	Ekey/Klippel/Kotthoff, Heidelberger Kommentar zum Wettbewerbsrecht, 2. Aufl. 2005
hL	herrschende Lehre
hM	herrschende Meinung
Hoppe/Oldekop/*Bearbeiter*	Geschäftsgeheimnisse, 2021
HRRS	Höchstrichterliche Rechtsprechung zum Strafrecht – Internetzeitung
Hrsg.	Herausgeber
Hs.	Halbsatz
Hüffer/Koch/*Bearbeiter*	Hüffer/Koch Hrsg.), Aktiengesetz, 15. Aufl. 2021
Hümmerich/*Bearbeiter*	Hümmerich/Lücke/Mauer (Hrsg.) Arbeitsrecht, 9. Aufl. 2018
I.P.Q.	Intellectual Property Quarterly
I/G-T/C/*Bearbeiter*	Illert/Ghassemi-Tabar/Cordes, Handbuch Vorstand und Aufsichtsrat, 2018
IA	Immaterialgüterrecht Aktuell, Elektronische Publikationen der Wettbewerbszentrale
ICC	International Chamber of Commerce
ICLQ	International Comparative Law Quarterly
idF	in der Fassung
idR	in der Regel
idS	in diesem Sinne
iErg/iE	im Ergebnis
ieS	im engeren Sinne
IFG	Informationsfreiheitsgesetz
iHv.	in Höhe von

Abkürzungsverzeichnis

IIC	International Review of Industrial Property and Copyright Law
Ingerl/Rohnke	Markengesetz, Gesetz über den Schutz von Marken und sonstigen Kennzeichen, 3. Aufl. 2010
insbes.	insbesondere
InsO	Insolvenzordnung
InTeR	Zeitschr. für Innovations- und Technikrecht
IP kompakt	Infodienst zum gewerblichen Rechtsschutz (Zeitschr.)
IPRax	Praxis des Internationalen Privat- und Verfahrensrechts (Zeitschr.)
IPRB	Der IP-Rechts-Berater (Zeitschr.)
IPRspr.	Die deutsche Rechtsprechung auf dem Gebiet des internationalen Privatrechts (Sonderheft der Zeitschr. für ausländisches und internationales Privatrecht)
iRd.	im Rahmen des/der
iSd.	im Sinne des/der
iSe.	im Sinne eines/einer
iSv.	im Sinne von
ITRB	IT-Rechts-Berater (Zeitschr.)
iVm.	in Verbindung mit
IWRZ	Zeitschr. für Internationales Wirtschaftsrecht
iwS	im weiteren Sinne
iZw.	im Zweifel
JA	Juristische Arbeitsblätter (Zeitschr.)
Jarass/*Bearbeiter*	Charta der Europäischen Grundrechte, 4. Aufl. 2021
JarbSchG	Jugendarbeitsschutzgesetz
JAS	International Accounting Standards
Jauernig/*Bearbeiter*	Stürner (Hrsg.), Bürgerliches Gesetzbuch, 18. Aufl. 2021
Jauernig/Hess	Jauernig, Zivilprozessrecht, 30. Aufl. 2011
JBl.	Juristische Blätter (Zeitschr.)
JIPLP/JIPITEC	Journal of Intellectual Property Law & Practice (Zeitschr.)
JM	juris. Die Monatszeitschrift
JR	Justizrat; Juristische Rundschau (Zeitschr.)
Jur. Bl./JBl.	Juristische Blätter
Jura	Juristische Ausbildung (Zeitschr.)
JurBüro	Das Juristische Büro (Zeitschr.)
juris PK-UWG/ *Bearbeiter*	Ullmann (Hrsg.), juris Praxiskommentar UWG – Gesetz gegen den unlauteren Wettbewerb, 5. Aufl. 2021
juris PR-StrafR	Juris Praxis Report Strafrecht
JuS	Juristische Schulung (Zeitschr.)

JW	Juristische Wochenschrift (Zeitschr.)
JZ	Juristenzeitung (Zeitschr.)
K&R	Kommunikation und Recht (Zeitschr.)
K/B/F/*Bearbeiter*	Köhler/Bornkamm/Feddersen, Gesetz gegen den unlauteren Wettbewerb mit GeschGehG · PAngV · UKlaG · DL-InfoV, 39. Aufl. 2021
K/K/K/*Bearbeiter*	Këllezi/Kilpatrick/Kobel (Hrsg.), Abuse of Dominant Position and Globalization & Protection and Disclosure of Trade Secrets and Know How, 2017
K/S/S/*Bearbeiter*	Kreutziger/Schaffner/Stephany (Hrsg.), BewG Bewertungsgesetz Kommentar, 4. Aufl. 2018
Kap.	Kapitel
KG	Kammergericht
KJ	Kritische Justiz
KK-StPO/*Bearbeiter*	Hannich (Hrsg.), Karlsruher Kommentar zur Strafprozessordnung, 8. Aufl. 2019
KPMG	KPMG AG, Wirtschaftsprüfungsgesellschaft
Kraßer/Ann	Patentrecht, 7. Aufl. 2016
KriPoZ	Kriminalpolitische Zeitung
krit.	kritisch
KSchG	Kündigungsschutzgesetz
Kühling/Buchner/ *Bearbeiter*	Kühling/Buchner (Hrsg.), Datenschutz-Grundverordnung / BDSG, 3. Aufl. 2020
Kühnen Hdb. PatV	Handbuch der Patentverletzung, 13. Aufl. 2021
Küttner/*Bearbeiter*	Röller (Hrsg.), Personalbuch 2021, 28. Aufl. 2021
KWG	Kreditwesengesetz
L/M/R/*Bearbeiter*	Loewenheim/Meessen/Riesenkampff (Hrsg.), Kartellrecht, Bd. 1, Europäisches Recht, 4. Aufl. 2020
L/W/G/*Bearbeiter*	Leupold/Wiebe/Glossner (Hrsg.), IT-Recht Recht, Wirtschaft und Technik der digitalen Transformation, 4. Aufl. 2021
La. L. Rev.	Louisiana Law Review
Lackner/Kühl	Kühl/Heger (Bearb.), StGB Strafgesetzbuch Kommentar, 29. Aufl. 2018
LAG	Landesarbeitsgericht
Langen/Bunte	Kommentar zum deutschen und europäischen Kartellrecht, 13. Aufl. 2018
Lfg.	Lieferung
LFGB	Lebensmittel- und Futtermittelgesetzbuch
LG	Landgericht

Abkürzungsverzeichnis

lit.	litera, Buchstabe
LK-StGB/*Bearbeiter*	Cirener/Radtke/Rissing-van Saan/Rönnau/Schluckebier (Hrsg.), Leipziger Kommentar Strafgesetzbuch, Band 6 (§§ 69–79b), 13. Aufl. 2019
LM/LMK	Kommentierte BGH-Rechtsprechung Lindenmaier-Möhring (Zeitschr.)
LMBG	Lebensmittelgesetz
Loewenheim/*Bearbeiter*	Loewenheim (Hrsg.), Handbuch des Urheberrechts, 2. Aufl. 2010
Losebl.	Loseblattsammlung
Loth/Bearbeiter	Loth (Hrsg.), Gebrauchsmustergesetz, 2. Auf. 2017
Löwe-Rosenberg/*Bearbeiter*	StPO, 27. Aufl. 2016 ff.
LPG	Landespressegesetz
LRE	Sammlung lebensmittelrechtlicher Entscheidungen
LS	Leitsatz
LugÜ	Übereinkommen über die gerichtliche Zuständigkeit und die Vollstreckung gerichtlicher Entscheidungen in Zivil- und Handelssachen vom 16.9.1988
Lutter/Hommelhoff/*Bearbeiter*	Lutter/Hommelhoff, GmbH-Gesetz, 20. Aufl. 2020
M/H/L/S/Bearbeiter	Michalski (Begr.)/Heidinger/Leible/J. Schmidt (Hrsg.), GmbHG Kommentar Band II § 35–88 GmbHG EGGmbHG, 3. Aufl. 2017
M/S/H/*Bearbeiter*	Martinek/Semler/Habermeier (Hrsg.), Handbuch des Vertriebsrechts, 3. Aufl. 2010
M/S/W/*Bearbeiter*	Minkoff/Sahan/Wittig (Hrsg.), Konzernstrafrecht, Handbuch für die Unternehmens- und Anwaltspraxis, 1. Aufl. 2020
MA	Markenartikel (Zeitschr.)
MAH Wirtschafts-StrafR/*Bearbeiter*	Volk/Beukelmann (Hrsg.), Münchener Anwaltshandbuch Verteidigung in Wirtschafts- und Steuerstrafsachen, 3. Aufl. 2020
MAH-GewRS/*Bearbeiter*	Hasselblatt (Hrsg.), Münchener Anwaltshandbuch Gewerblicher Rechtsschutz, 5. Aufl. 2017
Marquette Int. Prop. L. Rev.	Marquette Intellectual Property Law Review
maW	mit anderen Worten
Mayer/Kroiß/*Bearbeiter*	Rechtsanwaltsvergütungsgesetz: RVG, 8. Aufl. 2021
MD	Mitteilungsdienst Verband sozialer Wettbewerb (Zeitschr.)

MDR	Monatsschrift für Deutsches Recht (Zeitschr.)
MDStV	Mediendienste-Staatsvertrag
mE	meines Erachtens
Melullis	Handbuch des Wettbewerbsprozesses, 3. Aufl. 2000
Mes	Patentgesetz – Gebrauchsmustergesetz, 5. Aufl. 2020
Meyer-Goßner/Schmitt	Strafprozessordnung mit GVG und Nebengesetzen, 63. Aufl. 2020
MgVG	Gesetz über die Mitbestimmung der Arbeitnehmer bei einer grenzüberschreitenden Verschmelzung
MHdB ArbR/*Bearbeiter*	Kiel/Lunk/Oetker (Hrsg.), Münchener Handbuch zum Arbeitsrecht, 4. Aufl. 2018
mind.	mindestens
MitbestErgG	Mitbestimmungsergänzungsgesetz
MitbestG	Mitbestimmungsgesetz
Mitt.	Mitteilungen deutscher Patentanwälte (Zeitschr.)
MittBl. (MBl.)	Mitteilungsblatt der Deutschen Vereinigung für gewerblichen Rechtsschutz und Urheberrecht (Jahr, Nummer und Seite)
MK-AktG/*Bearbeiter*	Goette/Habersack/Kalss (Hrsg.), Münchener Kommentar zum Aktiengesetz, 5. Aufl. 2021
MK-BGB/*Bearbeiter*	Münchener Kommentar zum BGB, 8. Aufl. 2018 ff.
MK-GmbHG/*Bearbeiter*	Fleischer/Goette (Hrsg.), Münchener Kommentar zum GmbHG, Band 3, §§ 53–88, 3. Aufl. 2018
MK-HGB/*Bearbeiter*	Schmidt/Ebke (Hrsg.), Münchener Kommentar zum HGB, 5. Aufl. 2016 ff.
MK-StGB/*Bearbeiter*	Joecks/Miebach (Hrsg.), 3. Aufl. 2019; Münchener Kommentar zum Strafgesetzbuch Band 1, §§ 1–37 (Bandredakteur: von Heintschel-Heinegg), 3. Aufl. 2017; Band 7, Nebenstrafrecht II (Bandredakteur: Schmitz), 3. Aufl. 2019
MK-StPO/*Bearbeiter*	Knauer/Kudlich/Schneider (Hrsg.), Münchener Kommentar zur StPO, 2. Aufl. 2021
MK-UWG/*Bearbeiter*	„Heermann/Schlingloff (Hrsg.), Münchener Kommentar zum Lauterkeitsrecht, Band 1, Grundlagen und unionsrechtlicher Rahmen des Lauterkeitsrechts, §§ 1–7 UWG, 3. Aufl. 2020; Band 2, §§ 5–20 UWG, 2. Aufl. 2014
MK-ZPO/*Bearbeiter*	Münchener Kommentar zur ZPO, 5. Aufl. 2016 ff.
MMR	Multi Media & Recht (bis 1/2020)/Zeitschr. für IT-Recht und Recht der Digitalisierung (ab 2/2020)
Momsen/Grützner/*Bearbeiter*	Momsen/Grützner (Hrsg.), Wirtschafts- und Steuerstrafrecht. Handbuch für die Unternehmens- und Anwaltspraxis, 2. Aufl. 2020

Abkürzungsverzeichnis

Moos/*Bearbeiter*	Moos (Hrsg.), Datenschutz und Datennutzung, 3. Aufl. 2021
Moritz/Dreier/ *Bearbeiter*	Moritz/Dreier (Hrsg.), Rechtshandbuch zum E-Commerce, 2. Aufl. 2005
Möschel	Recht der Wettbewerbsbeschränkungen, 5. Aufl. 2000
Mot.	Motive zum BGB
MPI	Max-Planck-Institut für Innovation und Wettbewerb
MTV	Manteltarifvertrag
Müller-Gugenberger/ *Bearbeiter*	Müller-Gugenberger (Hrsg.), Wirtschaftsstrafrecht (Handbuch des Wirtschaftsstraf- und -ordnungswidrigkeitenrechts), 7. Aufl. 2021
Musielak/Voit/ *Bearbeiter*	Musielak (Hrsg.), Kommentar zur Zivilprozessordnung, 17. Aufl. 2020
MuW	Markenschutz und Wettbewerb (Zeitschr.)
mwN	mit weiteren Nachweisen
myops	myops. Berichte aus der Welt des Rechts (Zeitschr.)
N&R	Netzwirtschaften und Recht (Zeitschr.)
NABEG	Netzausbaubeschleunigungsgesetz Übertragungsnetz
Nachw.	Nachweis(e)
Nägele/Apel/ *Bearbeiter*	Nägele/Apel (Hrsg.), BeckOF IT- und Datenrecht, 2. Ed. 2020
NDA	Non Diclosure Agreement
Nebel/Diedrich/ *Bearbeiter*	GeschGehG, Geschäftsgeheimnisgesetz Kommentar, 2019
Neuner	BGB AT, 12. Aufl. 2020
nF	neue Fassung
NJ	Neue Justiz (Zeitschr.)
NJOZ	Neue juristische Online-Zeitschr.
NJW	Neue Juristische Wochenschrift (Zeitschr.)
NJW-CoR	Computerreport der NJW (Zeitschr.)
NJWE-WettbR	NJW-Entscheidungsdienst Wettbewerbsrecht (Zeitschr.)
NJW-RR	NJW- Rechtssprechungs-Report Zivilrecht (Zeitschr.)
NK-ASStrafR/ *Bearbeiter*	Parigger/Helm/Stevens-Bartol (Hrsg.), Nomos Kommentar Arbeits- und Sozialstrafrecht, 1. Aufl. 2021
NK-StGB/*Bearbeiter*	Kindhäuser/Neumann/Paeffgen (Hrsg.), Nomos Kommentar Strafgesetzbuch, 5. Aufl. 2017
NK-UWG/*Bearbeiter*	Götting/Nordemann (Hrsg.), Nomos Kommentar UWG, Handkommentar, 3. Aufl. 2016
NK-Wiss/*Bearbeiter*	Leitner/Rosenau (Hrsg.), Nomos Kommentar Wirtschafts- und Steuerstrafrecht, 2017

Nordemann	Wettbewerbsrecht Markenrecht, 11. Aufl. 2012
NotVO	Notverordnung
Nr./Nrn.	Nummer/n
NStZ	Neue Zeitschr. für Strafrecht
NStZ-RR	Neue Zeitschr. für Strafrecht – Rechtsprechungs-Report
NuR	Natur und Recht (Zeitschr.)
NVersZ	Neue Zeitschr. für Versicherung und Recht (Jahr und Seite)
NVwZ	Neue Zeitschr. für Verwaltungsrecht
NVwZ-RR	Neue Zeitschr. für Verwaltungsrecht – Rechtsprechungs-Report
NWVBl.	Nordrhein-Westfälische Verwaltungsblätter
NZA	Neue Zeitschr. für Arbeitsrecht
NZA-RR	Neue Zeitschr. für Arbeitsrecht – Rechtsprechungs-Report
NZG	Neue Zeitschr. für Gesellschaftsrecht
NZI	Neue Zeitschr. für das Recht der Insolvenz und Sanierung
NZKart	Neue Zeitschrift für Kartellrecht
NZWiSt	Neue Zeitschr. für Wirtschafts-, Steuer- und Unternehmensstrafrecht
o. Ä.	oder Ähnliche(s)
öAT	Zeitschr. für das öffentliche Arbeits- und Tarifrecht
Obergfell/Hauck/*Bearbeiter*	Obergfell/Hauck (Hrsg.), Lizenzvertragsrecht, 2017
ÖBl.	Österreichische Blätter für gewerblichen Rechtsschutz und Urheberrecht (Zeitschr.)
Ohly/Sosnitza/*Bearbeiter*	Ohly/Sosnitza (Hrsg.), Gesetz gegen den unlauteren Wettbewerb Kommentar, 7. Aufl. 2016
ÖJZ	Österreichische Juristenzeitung (Zeitschr.)
OLG	Oberlandesgericht
OLGE	Entscheidungen der Oberlandesgerichte einschließlich freiwillige Gerichtsbarkeit
OLG-NL	OLG-Rechtsprechung Neue Länder (Zeitschr.)
OLGR	OLG-Rechtsprechung
OLG-Rp.	OLG-Report
OLGSt.	Entscheidung der Oberlandesgerichte zum Straf- und Strafverfahrensrecht
OLGZ	Entscheidungen der Oberlandesgerichte in Zivilsachen einschließlich der freiwilligen Gerichtsbarkeit (1965–1994; seitdem: FGPrax)
ÖOGH	Österreichischer Oberster Gerichtshof

Abkürzungsverzeichnis

Ordo.	Jahrbuch für die Ordnung von Wirtschaft und Gesellschaft (Jahr und Seite)
Otto AT/BT	Grundkurs Strafrecht. Allgemeine Strafrechtslehre, 7. Aufl. 2004; Die einzelnen Delikte, 7. Aufl. 2005
OVG	Oberverwaltungsgericht
OWiG	Gesetz über Ordnungswidrigkeiten
ÖZW	Österreichische Zeitschr. für Wirtschaftsrecht
P/A/F/*Bearbeiter*	Pierson/Ahrens/Fischer, Recht des geistigen Eigentums (Gewerblicher Rechtsschutz, Urheberrecht, Wettbewerbsrecht), 4. Aufl. 2018
P/N/H/*Bearbeiter*	Pechstein/Nowak/Häde (Hrsg.), EUV/GRC/AEUV, 2017
Paal/Pauli	DS-GVO – BDSG, 3. Aufl. 2020
Palandt/*Bearbeiter*	Bürgerliches Gesetzbuch, 80. Aufl. 2021
PAngV	Preisangabenverordnung
PatAnwO	Patentanwaltsordnung
PatG	Patentgesetz
PatV	Patentverletzung
PersVG	Personalvertretungsgesetz
PinG	Privacy in Germany; Datenschutz und Compliance
Preis/*Bearbeiter*	Der Arbeitsvertrag, 6. Aufl. 2020
ProdHaftG	Gesetz über die Haftung für fehlerhafte Produkte (Produkthaftungsgesetz)
Prop. Ind.	La Propriété Industrielle Zeitschr. des Internationalen Büros zum Schutz des gewerblichen Eigentums
PrPG	Produktpirateriegesetz
PStR	Praxis Steuerstrafrecht (Zeitschr.)
PublG	Publizitätsgesetz
PVÜ	Pariser Verbandsübereinkunft zum Schutz des gewerblichen Eigentums
PWC	PricewaterhouseCoopers
QMJIP	Queen Mary Journal of Intellectual Property
RabattG	Rabattgesetz
RabelsZ	Zeitschr. für ausländisches und internationales Privatrecht (Band u. Seite)
RAW	Recht Automobil Wirtschaft
RdA	Recht der Arbeit (Zeitschr.)
RDC	Revista de derecho communitario europeo (Zeitschr.)
RdE	Recht der Energiewirtschaft (Zeitschr.)
RDi	Recht Digital

RDV	Recht der Datenverarbeitung (Zeitschr.)
RdW	Recht der Wirtschaft (Zeitschr.)
Rec. des Cours	Recueil des Cours
RefE	Referentenentwurf
RegBegr.	Regierungsbegründung
RegE	Regierungsentwurf
Reinfeld	Das neue Gesetz zum Schutz von Geschäftsgeheimnissen, 2019
Rev. cr. dr. int. pr.	Revue critique de droit international privé
Rev. dr. UE	Revue du droit de l'Union Européenne
Rev. esp. der. int.	Revista española de derecho internacional
Rev. Marché com.	Revue du Marché Commun
RG	Reichsgericht
RGBl.	Reichsgesetzblatt
RGRK/*Bearbeiter*	BGB – RGRK. Das Bürgerliche Gesetzbuch mit besonderer Berücksichtigung der Rechtsprechung des Reichsgerichts und des Bundesgerichtshofes, 12. Aufl. 1975–1999
RGSt	Entscheidungen des Reichsgerichts in Strafsachen
R/GvW/H/*Bearbeiter*	Röhricht/Graf von Westphalen/Haas (Hrsg.), HGB, 5. Aufl. 2019
RGZ	Entscheidungen des Reichsgerichts in Zivilsachen
Richardi/*Bearbeiter*	Betriebsverfassungsgesetz mit Wahlordnung, 16. Aufl. 2018
Riesenhuber/*Bearbeiter*	Riesenhuber (Hrsg.), Europäische Methodenlehre, 3. Aufl. 2014
RiStBV	Richtlinien für das Strafverfahren und die Bußgeldverfahren
Riv. dir. int. priv. proc.	Rivista di diritto internazionale privato e processuale
RIW	Recht der internationalen Wirtschaft (Zeitschr.)
RL	Richtlinie
RL 2004/48/EG – Enforcement-RL	Richtlinie 2004/48/EG des Europäischen Parlamentes und des Rates vom 29. April 2004 zur Durchsetzung der Rechte des geistigen Eigentums
RL 2005/29/EG – UGP-RL	Richtlinie 2005/29/EG des Europäischen Parlamentes und des Rates vom 11. Mai 2005 über unlautere Geschäftspraktiken von Unternehmen gegenüber Verbrauchern im Binnenmarkt
RL 2016/943/EU – Know-how-RL	Richtlinie 2016/943/EU des Europäischen Parlaments und des Rates vom 8.6.2016 über den Schutz vertraulichen Know-hows und vertrauliche Geschäftsinformationen (Geschäftsgeheimnisse)

Abkürzungsverzeichnis

RL 2019/1937/EU – Whistleblower-RL	Richtlinie 2019/1937/EU des Europäischen Parlaments und des Rates vom 23.10.2019 zum Schutz von Personen, die Verstöße gegen das Unionsrecht melden (s. auch Hinweisgeber-Richtlinie)
RLPI	Revista La Propiedad Immaterial
RMC	Revue du Marché commun et de l'Union européenne
R/M/G/*Bearbeiter*	Rengeling/Middeke/Gellermann (Hrsg.), Handbuch des Rechtsschutzes in der EU, 3. Aufl. 2014
RMUE	Revue du Marché Unique Européen
Rn.	Randnummer(n)
Rosenthal/Leffmann	Kommentar zum Gesetz gegen den unlauteren Wettbewerb, 9. Aufl. 1969
Rotsch/*Bearbeiter*	Rotsch (Hrsg.), Criminal Compliance Handbuch, 2015
Rspr.	Rechtsprechung
RStV	Rundfunkstaatsvertrag 2010 (13. Rundfunkänderungsvertrag)
RTDE	Revue trimestrielle de droit européen
S.	Seite
s.	siehe
SA	Société Anonyme, Aktiengesellschaft nach französischem Recht
Sachs/*Bearbeiter*	Sachs (Hrsg.), Grundgesetz, 7. Aufl. 2014
Sassenberg/Faber/*Bearbeiter*	Sassenberg/Faber (Hrsg.), Rechtshandbuch Industrie 4.0 und Internet of Things, 2. Aufl. 2020
S/B/H/S/*Bearbeiter*	Schwarze/Becker/Hatje/Schoo (Hrsg.), EU-Kommentar, 3. Aufl. 2012
S/B/S/*Bearbeiter*	Stelkens/Bonk/Sachs (Hrsg.), Verwaltungsverfahrensgesetz, 9. Aufl. 2018
SCEBG	Gesetz über die Beteiligung der Arbeitnehmer und Arbeitnehmerinnen in einer Europäischen Genossenschaft (SCE-Beteiligungsgesetz)
Schack	Urheber- und Urhebervertragsrecht, 9. Aufl. 2019
Schaub/*Bearbeiter*	Schaub (Begr.)/Koch/Linck ua., Arbeitsrechts-Handbuch, 19. Aufl. 2021
Schilken	Zivilprozessrecht, 6. Aufl. 2010
Schoch	IFG Informationsfreiheitsgesetz Kommentar, 2. Aufl. 2016
Scholz/*Bearbeiter*	Scholz, Kommentar zum GmbH-Gesetz GmbHG, III. Band §§ 53–88 Anh. § 64 Gesellschafterdarlehen EGGmbHG, 12. Aufl. 2021
Schönke/Schröder/*Bearbeiter*	Schönke/Schröder (Hrsg.), Strafgesetzbuch Kommentar, 30. Aufl. 2019

Schricker/Loewen-heim/*Bearbeiter*	Loewenheim (Hrsg.), Urheberrecht Kommentar, 6. Aufl. 2020
Schulte/*Bearbeiter*	Schulte (Hrsg.), Patentgesetz mit EPÜ, Kommentar, 10. Aufl. 2017
SEBG	Gesetz über die Beteiligung der Arbeitnehmer in einer Europäischen Gesellschaft (SE-Beteiligungsgesetz)
Seibt	Beck'sches Formularbuch Mergers & Acquisitions, 2018
Semler/Stengel	Umwandlungsgesetz, 4. Aufl. 2017
S/H/T/*Bearbeiter*	Ströbele/Hacker/Thiering (Hrsg.), Markengesetz, 12. Aufl. 2018
SJZ	Schweizerische Juristen-Zeitung
SK-StPO/*Bearbeiter*	Systematischer Kommentar zur StPO und zum GVG, 5. Aufl. 2015 ff.
Slg.	Sammlung; siehe auch EuGH Slg.
Soehring/Hoene	Presserecht, 6. Aufl. 2019
sog.	so genannte(n/r/s)
SortG/SortenSchG	Sortenschutzgesetz
Spindler/Stilz/*Bearbeiter*	Spindler/Stilz (Hrsg.), Kommentar zum Aktiengesetz, Band 2: §§ 150–410, SpruchG, SE-VO, 4. Aufl. 2019
SprAuG	Sprecherausschussgesetz
Srl	Società a Responsabilità Limitata, Gesellschaft mit beschränkter Haftung nach italienischem Recht
Schemmel/Ruhmannseder/Witzigmann	Hinweisgebersysteme, 2012
S/S/W/*Bearbeiter*, StGB	Satzger/Schluckebier/Widmaier, StGB Strafgesetzbuch Kommentar, 5. Aufl. 2021
S/S/W/*Bearbeiter*, StPO	Satzger/Schluckebier/Widmaier, StPO, Strafprozessordnung mit GVG und EMRK, Kommentar, 4. Aufl. 2020
SSt	Entscheidungen des österreichischen Obersten Gerichtshofes in Strafsachen und Disziplinarangelegenheiten
Staudinger/*Bearbeiter*	Staudinger, Kommentar zum Bürgerlichen Gesetzbuch, 13 ff. Aufl. 1993 ff.
Stein/Jonas/*Bearbeiter*	Stein/Jonas (Hrsg.), Kommentar zur Zivilprozessordnung, 23. Aufl. 2014 ff.
StGB	Strafgesetzbuch
StoffR	Zeitschr. für Stoffrecht
StPO	Strafprozessordnung
str.	streitig
StraFo	Strafverteidiger Forum (Zeitschr.)
Streinz/*Bearbeiter*	Streinz (Hrsg.), EUV/AEUV Kommentar, 3. Aufl. 2018

Abkürzungsverzeichnis

StrlSchV	Strahlenschutzverordnung
StV	Strafverteidiger (Zeitschr.)
SÜG	Sicherheitsüberprüfungsgesetz
S/W/W/*Bearbeiter*	Specht-Riemenschneider/Werry/Werry (Hrsg.), Datenrecht in der Digitalisierung, 2020
SZW	Schweizerische Zeitschr. für Wirtschaftsrecht
TDG	Teledienstegesetz
Teplitzky/*Bearbeiter*	Teplitzky, Wettbewerbsrechtliche Ansprüche und Verfahren, 12. Aufl. 2019
Thüsing/Braun/ *Bearbeiter*	Thüsing/Braun (Hrsg.), Tarifrecht, 2. Aufl. 2016
Tiedemann	Wirtschaftsstrafrecht, 5. Aufl. 2017
TRIPS	Agreement on Trade-Related Aspects of Intellectual Property Rights (Übereinkommen über handelsbezogene Aspekte der Rechte des geistigen Eigentums)
Tschöpe/*Bearbeiter*	ArbeitsrechtsHandbuch, 11. Aufl. 2019
TTVO	Technologietransferverordnung
TVG	Tarifvertragsgesetz
TzBfG	Teilzeit- und Befristungsgesetz
u.	und
ua.	und andere/unter anderem
UAbs	Unterabsatz
uam.	und andere/s mehr
Ubg	Die Unternehmensbesteuerung
UFITA	Archiv für Urheber-, Film-, Funk- und Theaterrecht (Band und Seite)
UfR	Ugeskrift for Retsvaesen
U/H/L/*Bearbeiter*	Ulmer/Habersack/Löbbe (Hrsg.), GmbHG Großkommentar, Band III, §§ 53–88, 2. Aufl. 2016
UIG	Umweltinformationsgesetz
UKlaG	Unterlassungsklagengesetz
UMV	Unionsmarkenverordnung
UmwG	Umwandlungsgesetz
unzutr.	unzutreffend
UrhG	Urheberrechtsgesetz
Urt.	Urteil
usw.	und so weiter
UTSA	Uniform Trade Secrets Act
uU	unter Umständen

UWG	Gesetz gegen den unlauteren Wettbewerb
v.	von, vom, versus
VAG	Versicherungsaufsichtsgesetz
VersR	Versicherungsrecht
Verw	Verwaltung
VerwArch	Verwaltungsarchiv
VG	Verwaltungsgericht
VGH	Verwaltungsgerichtshof
vgl.	vergleiche
VIG	Verbraucherinformationgesetz
VIZ	Zeitschrift für Vermögens- und Investitionsrecht
VO	Verordnung
Vorb/Vorbem.	Vorbemerkung(en)
VorstOG	Vorstandsvergütungs-Offenlegungsgesetz
VRS	Verkehrsrechtssammlung (Zeitschrift)
VuR	Verbraucher und Recht (Zeitschr.)
VVDStRL	Veröffentlichungen der Vereinigung der Deutschen Staatsrechtslehrer
VwGO	Verwaltungsgerichtsordnung
vW/T/*Bearbeiter*	Graf von Westphalen/Thüsing (Hrsg.), Vertragsrecht und AGB-Klauselwerke, 46. Ergänzung Oktober 2020
VwVfG	Verwaltungsverfahrensgesetz
VwZG	Verwaltungszustellungsgesetz
vzbv.	Verbraucherzentrale Bundesverband
WA	Wettbewerbsrecht Aktuell, Elektronische Publikationen der Wettbewerbszentrale
Walz/*Bearbeiter*	Walz (Hrsg.), Beck'sches Formularbuch Zivil-, Wirtschafts- und Unternehmensrecht, 4. Aufl. 2018
Wandtke/Bullinger/ *Bearbeiter*	Wandtke/Bullinger (Hrsg.), Praxiskommentar Urheberrecht, 5. Aufl. 2019
Warn.	Rechtsprechung des Reichsgerichts, hrsg. von Warneyer
wbl	Wirtschaftsrechtliche Blätter (Zeitschr.)
WBl.	Wirtschaftsblätter (Zeitschr.)
WBRL	Whistleblowing-Richtlinie
WBZ	Wettbewerbszentrale (= Zentrale zur Bekämpfung unlauteren Wettbewerbs e. V.)
Westermann	Handbuch Know-how-Schutz, 2007
WiB	Wirtschaftsrechtliche Beratung (Zeitschr.)

Abkürzungsverzeichnis

Wiebe/Kodek/*Bearbeiter*	Wiebe/Kodek (Hrsg.), Gesetz gegen den unlauteren Wettbewerb, Kommentar, 2009
Wieczorek/Schütze/*Bearbeiter*	Wieczorek/Schütze (Hrsg.), Zivilprozessordnung und Nebengesetze, 5. Aufl. 2020
Wiedemann/*Bearbeiter*	Wiedemann, Handbuch des Kartellrechts, 3. Aufl. 2016
WiKG	Gesetz zur Bekämpfung der Wirtschaftskriminalität
WIPO	World Intellectual Property Organization
WiStG	Wirtschaftsstrafgesetz
wistra	Zeitschr. für Wirtschafts- und Steuerstrafrecht
WiVerw	Wirtschaft und Verwaltung (Zeitschr.); Wirtschaftsverwaltung
WiWo	Wirtschaftswoche (Zeitschr.)
W/J/S/*Bearbeiter*	Wabnitz/Janovsky/Schmitt (Hrsg.), Handbuch des Wirtschafts- und Steuerstrafrechts, 5. Aufl. 2020
W/K/S/*Bearbeiter*	Wißmann/Kleinsorge/Schubert, Mitbestimmungsrecht, 5. Aufl. 2017
WLR	Weekly Law Reports
WM	Wertpapiermitteilungen (Zeitschr.)
wN	weitere Nachweise
WPg	Die Wirtschaftsprüfung (Zeitschr.)
WpHG	Wertpapierhandelsgesetz
WPNR	Weekblad voor Privaatrecht, Notarisambt en Registratie
WPO	Wirtschaftsprüferordnung
WRP	Wettbewerb in Recht und Praxis (Zeitschr.)
WRV	Weimarer Verfassung (Verfassung des Deutschen Reichs)
WTO	World Trade Organisation (Welthandelsorganisation)
WuB	Entscheidungssammlung zum Wirtschafts- und Bankrecht
WuM	Wohnungswirtschaft und Mietrecht (Zeitschr.)
Wurzer/Kaiser/*Bearbeiter*	Wurzer/Kaiser (Hrsg.), Handbuch Internationaler Know-how-Schutz, 2011
WuW	Wirtschaft und Wettbewerb (Zeitschr.)
WuW/E	Wirtschaft und Wettbewerb-Entscheidungssammlung
WZG	Warenzeichengesetz
Yb. Eur. L.	Yearbook of European Law
Yb. PIL	Yearbook of Private International Law
zahlr.	zahlreich(e)
Zak	Zivilrecht aktuell (Zeitschr.)
ZAW	Zentralverband der deutschen Werbewirtschaft ZAW eV

zB	zum Beispiel
ZBB	Zeitschr. für Bankrecht und Bankwirtschaft (Jahr und Seite)
ZBl	Österreichisches Zentralblatt für die juristische Praxis (Zeitschr.)
ZD	Zeitschr. für Datenschutz
Zeitschr.	Zeitschrift
ZERP	Zentrum für Europäische Rechtspolitik
ZESAR	Zeitschr. für europäisches Sozial- und Arbeitsrecht
ZEuP	Zeitschr. für Europäisches Privatrecht
ZEuS	Zeitschr. für Europäische Studien
ZfL	Zeitschrift für Lebensrecht
ZfRV	Zeitschr. für Rechtsvergleichung, Internationales Privatrecht und Europarecht
ZfWG	Zeitschr. für Wett- und Glücksspielrecht
ZGE	Zeitschr. für Geistiges Eigentum/Intellectual Property Journal
ZGR	Zeitschr. für Unternehmens- und Gesellschaftsrecht
ZHR	Zeitschr. für das gesamte Handels- und Wirtschaftsrecht
Ziff.	Ziffer
ZInsO	Zeitschr. für das gesamte Insolvenzrecht
ZIP	Zeitschr. für Wirtschaftsrecht
ZIS	Zeitschr. für Internationale Strafrechtsdogmatik – www.zis-online.com
ZJS	Zeitschr. für das Juristische Studium – www.zjs-online.com
ZK-IPRG/*Bearbeiter*	Girsberger/Heini/Keller (Hrsg.), Zürcher Kommentar zum IPRG. Kommentar zum Bundesgesetz über das Internationale Privatrecht vom 18.12.1987, 2. Aufl. 2004
ZLR	Zeitschr. für das gesamte Lebensmittelrecht
ZNE	Zeitschr. für Neues Energierecht
Zöller/*Bearbeiter*	Zöller (Begr.), Zivilprozessordnung, 33. Aufl. 2020
ZPO	Zivilprozessordnung
ZRFC	Zeitschr. für Risk, Fraud & Compliance
ZRP	Zeitschr. für Rechtspolitik (Jahr und Seite)
ZS	Zivilsenat
ZSR	Zeitschr. für Schweizerisches Recht
ZStR	Schweizerische Zeitschr. für Strafrecht
ZStW	Zeitschr. für die gesamte Strafrechtswissenschaft
zT.	zum Teil
ZugabeVO	Zugabeverordnung
ZUM	Zeitschr. für Urheber- und Medienrecht

Abkürzungsverzeichnis

ZUM-RD	Zeitschr. für Urheber- und Medienrecht/Film und Recht – Rechtsprechungsdienst
ZUR	Zeitschr. für Umweltrecht
zust.	zustimmend
zutr.	zutreffend
ZvertriebsR	Zeitschr. für Vertriebsrecht
ZVglRWiss	Zeitschr. für Vergleichende Rechtswissenschaft
ZVP	Zeitschr. für Verbraucherpolitik (Band und Seite)
ZWeR	Zeitschr. für Wettbewerbsrecht
ZWH	Zeitschr. für Wirtschaftsstrafrecht und Haftung im Unternehmen
ZZP	Zeitschr. für Zivilprozess
ZZP Int.	Zeitschr. für Zivilprozess – Internationaler Teil

Einleitung A

Geschäftsgeheimnisschutz – Daten und Fakten

Schrifttum: *Ambrosch*, Großbritannien, in: Oehler (Hrsg.), Der strafrechtliche Schutz des Geschäfts- und Betriebsgeheimnisses in den Ländern der Europäischen Gemeinschaft sowie in Österreich und der Schweiz, Bd. 2, 1978, S. 129; *Amstutz*, Dateneigentum, AcP 2018, 438; *Apel/Kaulartz*, Rechtlicher Schutz von Machine Learning-Modellen, RDi 2020, 24; *Bakowitz*, Informationsherrschaft im Kartellrecht, 2018; *Bitkom* (Hrsg.), Spionage, Sabotage und Datendiebstahl: Wirtschaftsschutz in der Industrie, 2018 (https://www.bitkom.org/sites/default/files/file/import/181008-Bitkom-Studie-Wirtschaftsschutz-2018-NEU.pdf); *Boerger*, Zur Schutzfunktion des Wirtschaftsstrafrechts, 2018; *Borges/Meents*, Cloud Computing, 2016; *Bormann/Ludwig*, Geheimschutz in der Wirtschaft, DÖV 2020, 1061; *Born*, Unternehmen am Pranger?! – Öffentliche Äußerungen von Datenschutzbehörden im Zusammenhang mit Bußgeldverfahren, K&R 2021, 13; *Bottke*, Strafrechtswissenschaftliche Methodik und Systematik bei der Lehre vom strafbefreienden und strafmildernden Täterverhalten, 1979; *Brammsen*, „Durchlöcherter" Bestandsschutz – Wirtschaftsgeheimnisse im 21. Jahrhundert, ZIP 2016, 2193; *Breitenbach*, Steuer-CDs, 2017; *Büdenbender*, Die Veröffentlichung unternehmerischer regulatorischer Daten durch die Bundesnetzagentur im Energierecht, RdE 2020, 221; *Bundeskriminalamt* (BKA, Hrsg.), Wirtschaftsspionage und Konkurrenzausspähung: eine Analyse des aktuellen Forschungsstandes, Studie 2014; *Busching*, Der Schutz »privater« Informationen bei Cloud Computing, 2019; *Buxbaum/Cooter*, Keeping Secrets, in: FS Ch. Kirchner, 2014, S. 681; *Canaris*, Systemdenken und Systembegriff in der Jurisprudenz, 2. Aufl. 1983; *Conrad/Fechtner*, IT-Outsourcing durch Anwaltskanzleien nach der Inkasso-Entscheidung des EuGH und dem BGH, Urteil vom 7.2.2013, CR 2013, 137; *Cornelius*, Cloud Computing für Berufsgeheimnisträger, StV 2016, 380; *Corporate Trust* (Hrsg.), Studie: Industriespionage: Cybergeddon der deutschen Wirtschaft durch NSA & Co.?, 2014 (https://www.corporate-trust.de/pdf/CT-Studie-2014_DE.pdf); *ders.*, Future Report, 2019; *Daimagüler*, Nebenklage im Wirtschaftsstrafverfahren, wistra 2017, 180; *Drescher*, Industrie- und Wirtschaftsspionage in Deutschland, 2019; *Fleischer*, Wirtschaftsspionage: Phänomenologie – Erklärungsansätze – Handlungsoptionen, 2016; *Freund*, Zur Übermittlung von sich im Besitz der Kommission befindlichen Dokumenten an nationale Gerichte – Anmerkungen zum Mitteilungsentwurf über den Schutz vertraulicher Informationen, GRUR Int. 2019, 1161; *Friedlaender*, Der strafrechtliche Schutz des Geschäfts- und Betriebsgeheimnisses, 1903; *Grünewald*, Die (Re) Kommunalisierung in der Energieverteilung, 2016; *Haedicke*, Zweckbindung und Geheimnisschutz bei Auskunfts- und Rechnungslegungsansprüchen, GRUR 2020, 785; *Hambach/Berberich*, Ausnutzen von Softwarefehler straffrei? – der Gesetzgeber ist gefragt! ZfWG 2017, 60; *Hauck*, Besichtigungsanspruch und Geheimnisschutz im Patentrecht und (Software-)Urheberrecht nach Inkrafttreten des GeschGehG, GRUR 2020, 817; *Heldmann*, Dienstliche Nutzung privater Endgeräte (BYOD) und privater Gebrauch betrieblicher Kommunikationsmittel, 2015; *Hennrich*, Cloud Computing, 2016; *Herm*, Die Phönizier, 1973; *Hillenbrand*, Der Begriff des Betriebs- und Geschäftsgeheimnisses, 2017; *Hof*, Wettbewerb im Zunftrecht, 1983; *Hofer/Weiß*, Wirtschafts- und Industriespionage, 2016; *Hornkohl/Melzer*, Prozessualer Geheimnisschutz im Kartellschadensersatzrecht nach der 10. GWB-Novelle – eine Novelle ohne Novellierung, NZKart 2021, 214; *Hruschka*, Verhaltensregeln und Zurechnungsregeln, Rechtstheorie 22 (1991), 449; *Janke*, Kompendium Wirtschaftskriminalität, 2008; *Johnson/Kierkus/Barton*, The Economic Espionage Act and Trade Secret Theft: The Insider Threat, I.P.Q. 2017, 152; *Kahler*, Outsourcing im öffentlichen Sektor und § 203 Abs. 2 StGB, CR 2015, 153; *Karikari*, Big Data in der Automobilindustrie, 2018; *Kerkmann/Proelß*, Der Schutz von

Einl. A Geschäftsgeheimnisschutz – Daten und Fakten

Geschäftsgeheimnissen im Beihilferecht, VerwArch 2017, 52; *Kilchling*, Wirtschaftsspionage und Konkurrenzausspähung – Herausforderungen für Staat und Wirtschaft, GSZ 2020, 57; *Kluge*, Topf Secret – Zum (rechtlichen) Stand der Dinge, ZLR 2019, 518, 524 ff.; *Kochheim*, Cybercrime und Strafrecht in der Informations- und Kommunikationstechnik, 2015; *Kort*, Strafbarkeitsrisiken des Datenschutzbeauftragten nach § 203 StGB beim IT-Outsourcing, insbesondere in datenschutzrechtlich „sichere" Drittstaaten, NStZ 2011, 193; *KPMG* (Hrsg.), Studie e-Crime: Computerkriminalität in der deutschen Wirtschaft, 2015, https://home.kpmg.com/content/dam/kpmg/pdf/2015/03/e-crime-studie-2015.pdf; *dies.*, Tatort Deutschland: Wirtschaftskriminalität in Deutschland 2016, 2016, https://assets.kpmg. com/content/dam/kpmg/pdf/2016/07/wirtschaftskriminalitaet-2016-2-KPMG.pdf; *dies.*, Wirtschaftskriminalität in Deutschland, 2020; *Kroker*, Wege zur Verbreitung technologischer Kenntnisse zwischen England und Deutschland in der zweiten Hälfte des 18. Jahrhunderts, 1971; *Lederer*, Open Data Informationsöffentlichkeit unter dem Grundgesetz, 2015; *Liebl*, Schaden – Eine ökonomische Analyse, in: Tuck/Liebl (Hrsg.), Industriespionage des Ostens, 1988, S. 103; *Lück/Penski*, Aus Anlass von „Topf Secret": Antragsbezogener Informationszugang als staatliches Informationshandeln? DÖV 2020, 506; *Maier*, Der Schutz von Betriebs- und Geschäftsgeheimnissen im schwedischen, englischen und deutschen Recht, 1998; *McGuire*, Der Schutz von Know-how im System des Immaterialgüterrechts, GRUR 2016, 1000; *Melzer*, § 33g GWB: Offenlegung versus Geheimnisschutz, 2020; *Merk*, Der Gedanke des gemeinen Besten in der deutschen Staats- und Rechtsentwicklung, 1934; *Th. Meurer*, Die Zulässigkeit der Abwerbung von Mitarbeitern unter lauterkeits- und vertragsrechtlichen Gesichtspunkten, 2012; *Müller*, Cloud Computing, 2020; *ders.*, Cloud Computing, DuD 2017, 371; *Müllmann*, Auswirkungen der Industrie 4.0 auf den Schutz von Betriebs- und Geschäftsgeheimnissen, WRP 2018, 1177; *Nathusius*, Wirtschaftsspionage – Gefahren, Strukturen und Bekämpfung, 2001; *Nienaber*, Bedeutung und Schutz von Geschäftsgeheimnissen im Mittelstand, 2019; *Otto*, Methode und System in der Rechtswissenschaft, ARSP 55 (1969), 493; *PricewaterhouseCoopers* (Hrsg.), Wirtschaftskriminalität in der analogen und digitalen Wirtschaft, 2016 (https://www.pwc.de/de/risiko-management/assets/studie-wirtschaftskriminalitaet-2016.pdf); *dies.*, Wirtschaftskriminalität 2018 Mehrwert von Compliance – forensische Erfahrungen, 2018 (https://www.pwc.de/de/risk/pwc-wikri-2018.pdf); *Psaroudakis*, Trade Secrets in the Cloud, E.I.P.R. 2016, 344; *Reinholz/Kraushaar*, Geistiges Eigentum, Leistungsschutzrechte und Geheimnisschutz beim Building Information Modeling (BIM), K&R 2020, 788; *Rody*, Der Begriff und die Rechtsnatur von Geschäfts- und Betriebsgeheimnissen unter Berücksichtigung der Geheimnisschutz-Richtlinie, 2019; *Rombach*, Geheimniskartelle oder effektive Durchsetzung kartellrechtlicher Schadensersatzansprüche in camera? GRUR 2021, 334; *Roper*, Trade Secret Theft, Industrial Espionage, and the China Threat, 2014; *Schaaf*, Industriespionage, 2009; *Scheja*, Schutz von Algorithmen in Big Data Anwendungen, CR 2018, 485; *Scheuner*, Die Staatszwecke und die Entwicklung der Verwaltung im deutschen Staat des 18. Jahrhunderts, in: GS Conrad, 1979, S. 467; *P. Schmid*, Der gesetzliche Schutz der Fabrik- und Geschäftsgeheimnisse in Deutschland und im Ausland, 1907; *ders.*, Zur Geschichte des Musterschutzes, ZfgewR Bd. 2 (1893), 70; *Schwarz*, Industriespionage, 1937; *Schluep*, Über das innere System des neuen schweizerischen Wettbewerbsrechts, in: FS Giger, 1989, S. 561; *Sendzik*, Der „Datendiebstahl", 2014; *Slawik*, Die Entstehung des deutschen Modells zum Schutz von Unternehmensgeheimnissen, 2017; *Söbbing*, Fundamentale Rechtsfragen von künstlicher Intelligenz (AI Law), in 2019; *Söhner*, Insiderhandel und Marktmanipulation durch Geheimdienste – Informationen in Zeiten von PRISM und ihre Nutzung, KJ 2015, 56; *Staffler*, Industrie 4.0 und wirtschaftlicher Geheimnisschutz, NZWiSt 2018, 269; *Stancke*, Grundlagen des Unternehmensdatenschutzrechts – gesetzlicher und vertraglicher Schutz unternehmensbezogener Daten im privaten Wirtschaftsverkehr, BB 2013, 1418; *Stender-Vorwachs/Steege*, Wem gehören unsere Daten? NJOZ 2018, 1361; *Surblytė*, Data Mobility at the Intersection of Data, Trade Secret Protection and the Mobility of Employees in the Digital Economy, GRUR Int. 2016, 1121; *Taeger* (Hrsg.), Big Data & Co, 2014; *Ulfkotte*, Wirtschaftsspionage, 2001; *Voigt*, Weltweiter Datenzugriff durch US-Behörden, MMR 2014, 158; *Weber*, Industriespionage als technologischer Transfer in der Frühindustrialisierung Deutschlands, Technikgeschichte Bd. 42 (1975), S. 287; *Wicker*, Cloud Computing und staatlicher Strafanspruch, 2016; *Wiebe/Schur*, Ein Recht an industriellen Daten im verfassungsrechtlichen Spannungsverhältnis zwischen Eigentumsschutz, Wettbewerbs- und Informationsfreiheit, ZUM 2017, 461; *Zech*, „Industrie 4.0" – Rechtsrahmen für eine Datenwirtschaft im digitalen Binnenmarkt, GRUR 2015, 1151; *Zimmermann*, Frühe Beispiele aus der Welt der gewerblichen Eigentumsrechte, GRUR 1967, 173.

Übersicht

	Rn.		Rn.
I. Daten und Fakten zur heutigen Lage	1	b) Aktuelle Angriffsweisen	15
1. Historischer Exkurs	1	aa) Faktische Zugriffsmethoden	15
2. Aktuelle Bedeutung	7	bb) Erlaubte Zugriffe	16
a) Gesamtvolkswirtschaftliche Schäden	8	c) Exemplifikationen	20
b) Individuelles Schadensspektrum	10	d) Ausblick	21
3. Aktuelle Gefahrensituation	12	II. Forschungsstand	22
a) Vielfalt der Angriffsziele	13	1. Rückblick	22
		2. Entwicklung	23
		III. Resümee	24

I. Daten und Fakten zur heutigen Lage

1. Historischer Exkurs

Geschäftsgeheimnisse, Betriebsspionage und Geheimnisverrat sind seit alters her bekannte Phänomene, die über die Jahrtausende hinweg wellenmäßig mehr und mehr an Verbreitung und Verfeinerung gewonnen haben. Gleichwohl hat sich ihre praktische Bedeutung über die verschiedensten Epochen hinweg doch sehr lange in engen Grenzen gehalten, um dann in den letzten 150 Jahren im Zuge der rapide anwachsenden Industrialisierung sowie der sich immer mehr entfaltenden Globalisierung und Technisierung schließlich auch weltweit zu verbreiten. Waren es anfangs im **Altertum** nur wenige bekannte Fälle wie die der Phönizier oder der Japaner, die den Ägyptern das Verfahren der Glasherstellung und dem syrischen Ugarit das Geheimnis der Purpurherstellung[1] bzw. den Chinesen das Geheimnis der Seidengewinnung[2] entwendeten, so erlebte der Geheimnisschutz nach längerer Stagnation im Gefolge des Niedergangs des Römischen Reiches und der Völkerwanderungen mit dem heraufziehenden **Mittelalter** seine erste Expansionsphase. 1

---

[1] *Drescher*, S. 27; *Herm*, S. 114 f.
[2] Capital 12/1985, 116; Spiegel 12/1972, 48; *Drescher*, S. 26; *Janke*, S. 263. Die Angaben schwanken stark – zwischen 1500, 300 und 140 v. Chr.

Einl. A Geschäftsgeheimnisschutz – Daten und Fakten

2 Kannten die vorherigen urbanen oder territorialen Herrschaftsgebilde (mit fragwürdiger Ausnahme der äußerst umstrittenen spätrömischen *actio servi corrupti*[3]) keine bislang bekanntgewordenen einschlägig bezogenen Umgangs- bzw. Zuordnungsregeln, so änderte sich im Gefolge der wachsenden mediävalen Verstädterung Mittel- und Nordeuropas die Situation grundlegend. Es waren die berufsständischen Vorgaben der **Zünfte und Gilden**, die mit Wander- und Auswanderverboten für bestimmte Handwerkszweige,[4] Abwerbeverboten[5] und Geboten, Arbeitsgeräte, Werkzeuge und Rohmaterialien nicht Orts- oder Zunftfremden zugänglich zu machen,[6] die seinerzeit dominierende vornehmlich regionale Versorgungswirtschaft abzusichern suchten. Dieser Trend fand mit dem Niedergang des spätmittelalterlichen Personenverbandsstaats und dem Verlust der politischen Macht der Zünfte seit dem 15. Jahrhundert sein langsames Ende: Zunehmend eingeengt durch kaiserliche Edikte, Reichsabschiede, Reichspolizeiverordnungen und das Privilegienwesen verloren ihre wettbewerbsregelnden Satzungen beständig an Wirkung und waren schließlich seit dem **dreißigjährigen Krieg** kaum noch von verhaltenssteuernder Kraft.[7]

3 Unter den desolaten Zuständen der damaligen Nachkriegswirtschaft konnte die längst überfällige Reformbewegung in den erstarkenden **Kleinstaaten** des zersplitterten Reiches einsetzen. Politisch geprägt vom **Absolutismus**, dem Kameralismus, dem Merkantilismus, zugleich materiell maßgeblich ausgerichtet auf den alleinigen Staatszweck „Gemeinwohl"[8] wurden im Gefolge von England[9] vornehmlich im deutschsprachigen Raum, aber auch in Frankreich[10] zwecks verstärkter Förderung von Industrie und (primär: Außen-)Handel erstmals strafrechtliche Normen zum

---

3 In dieser Korrumpierungsklage wegen fremdtäterschaftlicher Wissensvermittlung durch fremde oder eigene Sklaven sieht *A. Arthur Schiller*, Columbia Law Review 1930 (30. Band), S. 837 ff., 843 einen Beweis römischrechtlichen Geheimnisschutzes; dezidiert ablehnend *Kamperman Sanders*, The ‚Actio Servi Corrupti' from the Roman Empire to the Globalised Economy, in: Health/Kamperman Sanders (Hrsg.), Employees, Trade Secrets and restrictive Convenants, 2017, S. 3, 4; s. auch *Drescher*, S. 26.
4 Als spätes Beispiel das Auswanderverbot der Lübecker Paternostermacher (Bernsteindreher) von 1385: „So we van der paternostermaker ampte ut desser stad wandert undre in andren landen edder steden dat ampte ovet, den schal men na der tet hir nicht steden to des amptes werke"; *Schwarz*, S. 5 ff. mw. Bsp.
5 Zum damaligen „Abmieten, Abspenstigmachen, Entspannen oder Entfremden" *Schwarz*, S. 10 ff.; *Ziekow*, Freiheit und Bindung des Gewerbes, 1992, S. 149 ff. Spektakulärstes neuzeitliches Beispiel: Der Wechsel des Einkaufs- und Produktionsvorstands Ignacio Lopez von General Motors zu VW (WiWo 15/1993, S. 124 f.); s. auch OLG Hamburg, GRUR-RR 2020, 18 ff. Aktuelle Risikoschätzungen: *PWC*, Studie 2016, S. 35 ff.
6 Beispielhaft das Verbot der Berliner Wollenweber von 1295: „Pretera statuimus quod nullus aliis extra fraternitatem videlicet monialibus aut aliunde venientibus sua instrumenta concedat"; *Schwarz*, S. 7 f.
7 Komprimiert dazu *Hof*, S. 249 ff.
8 Zu den Entwicklungsstadien *Scheuner*, GS Conrad, S. 467 ff., und *Merk*, S. 54 ff.
9 England hatte bereits ab dem 14., vermehrt aber erst ab Mitte des 17. Jahrhunderts strafbewehrte Geheimnisschutznormen etabliert; Nachweise zu einschlägigen Gesetzen bei *Ambrosch*, S. 129 ff.
10 Zusammenstellungen bei *Friedlaender*, S. 30 f.; *Kroker*, S. 91 ff.; *Th. Meurer*, S. 37 ff.; *Schmid*, ZfgewR Bd. 2 (1893), 70 ff.; *Schwarz*, S. 19 f.

I. Daten und Fakten zur heutigen Lage **Einl. A**

Schutz von Geschäftsgeheimnissen erlassen. Zumeist an bestimmte Gewerbezweige gerichtet, enthielten die einschlägigen Reskripte und Verordnungen dem Zunftrecht vielfach nachempfundene Auswanderungs-, Export-, Gebrauchs-, Kooperations-, Mitteilungs- und Verleitungsverbote,[11] die neben einer ungebrochenen Fortsetzung in der Erstreckung der Strafbarkeit auf den Auslandsverrat und fremde Auslandsspionage in § 148 Teil II Titel 20 ALR 1794 ihren vorläufig **ersten Höhepunkt** erlebten.[12] Konträr dazu hatte sich die eigene Auslandsspionage zur wohl wichtigsten Wirtschaftsförderungsmaßnahme entwickelt, die viele Kleinstaaten nach Kräften zu forcieren suchten.[13] Als prägnantes Beispiel wird hier nur auf die (1787 gescheiterten) Spionageversuche des *Frhr. vom Stein* in England verwiesen[14] – ein Land, das auch in späteren Jahrzehnten das bevorzugte Ziel insbesondere deutscher (Stahl-)Industriespionage sein sollte.[15]

Waren die bisherigen Normen mehr auf die Abwehr der Auslandsspionage gerichtet,[16] so erlebte der bisherige primär kollektivistisch fundierte Geheimnisschutz mit dem Durchbruch der **Gewerbefreiheit** im Gefolge der französischen Revolution eine schrittweise Umkehrung hin zum Schutz vor vornehmlich inländisch-privater Ausspähung und Kenntnisverbreitung in Gestalt von Individualschutzdelikten.[17] Anknüpfend an das als Vermögensdelikt eingeordnete[18] Verratsdelikt des Art. 418 code pénal 1810 eröffnete das Königreich **Bayern** bereits **1813** die nunmehrige partikulargesetzliche „Normierungswelle" mit der Etablierung gleich zweier Schutznormen gegen Ausspähung und Entwendung (Art. 396 f. StGB).[19] Ähnliche **Strafvorschriften**, die sich zumeist nur geringfügig in Anwendungsbereich und Täterkreis voneinander unterschieden, entstanden in den Folgejahrzehnten in einer ganzen Reihe von **Partikularstaaten** in deutschen Ländern,[20] aber nicht überall.[21] Sie eröffneten den Geheimnisinhabern den Weg zu einem eigenständigen Geschäftsgeheimnisschutz, der allerdings in den nachfolgenden Jahrzehnten in allen Partikularstaaten keine sehr große Resonanz fand – ganz im Gegensatz wiederum

4

---

11 Zusammenstellungen bei *Kroker*, S. 99 ff.; *Schmid*, ZfgewR Bd. 2 (1893), 144; *Schwarz*, S. 16 ff.; *Zimmermann*, GRUR 1967, 173, 177.
12 Aktuelle Staatsschutznormen sind ua. Art. 411, 5–8 code pénal, § 124 öst. StGB, Art. 273 schweiz. StGB, § 1839 Abs. 3 US-EEA 1996.
13 Eingehender *Kroker*, S. 128 ff.; *Weber*, Technikgeschichte 42 (1975), 287 ff.; *Johnson/Kierkus/Barton*, I.P.Q. 2017, 152 ff.
14 Näher dazu *Weber*, Technikgeschichte 42 (1975), 301 f.
15 Vgl. *Drescher*, S. 31 f. sowie *Schaaf*, S. 14 f. zum Vorgehen der späteren „Stahlbarone" *Hoesch* und *Krupp*.
16 Resultat ihrer merkantilistischen Ausrichtung; statt vieler *Slawik*, S. 133 ff., 148 f. mwN.
17 Zu dieser Neuausrichtung zuletzt *Slawik*, S. 150 ff.
18 Im III. Buch 2. Titel 2. Kap. (Gegen das Eigentum) 2. Abschnitt: Betrügereien. Einschlägige Einordnungen in den Partikularstrafgesetzen benennt *Slawik*, S. 77.
19 Eingehender zu ihnen *P. Schmid*, S. 39 ff.; *Schwarz*, S. 23 ff.; *Slawik*, S. 56 ff., 78 ff.
20 Ausführlichere Darstellungen bei *Finger*, Der Geheimnisbruch, in: Birkmeyer/van Calker/Mayer (Hrsg.), Vergleichende Darstellung des deutschen und ausländischen Strafrechts BT Bd. 8, 1906, S. 293, 308 ff., *Schwarz*, S. 25 ff. und *Slawik*, S. 62 ff.
21 Ohne strafrechtlichen Geheimnisschutz blieben Bremen, Hessen, Lübeck, Mecklenburg, Oldenburg, Preußen, Schaumburg-Lippe und Waldeck.

Einl. A Geschäftsgeheimnisschutz – Daten und Fakten

zu **England**, das nahezu zeitgleich unter dem Einfluss des Liberalismus statt auf Strafrechts- auf **Zivilrechtsschutz** „umgestiegen" war.[22]

5 Die strafrechtliche Bestandssicherung unternehmensbezogener Geheimheit sollte sich bis über die dritte **Millenniumswende** hinaus als verlässliches „Minimalrefugium" eines Geschäftsgeheimnisschutzes erweisen. Zwar wurde er von einem anfänglich ebenso zersplitterten wie umstrittenen Patentschutz und einem den Freihandel präferierenden Preußen unterbrochen, deren diesbezüglich lückenhafte Ausgestaltung erst für 20 Jahre das heimische Strafgesetz, sodann für weitere 25 Jahre auch das spätere Reichsstrafrecht von 1871 „negativ" prägte.[23] Noch während seiner Hochphase erlebte der Trend zur gesetzlichen „Freigabe" der Geheimnisse im Gefolge der Gründerkrise, der reichseinheitlich strafgeschützten Etablierung gewerblicher Schutzrechte, dem politischen Kurswandel zum Wirtschaftsinterventionismus uam. eine wirkmächtige Rückkehr zur Tradition der vorunitarischen Zeit[24] – in Gestalt der Strafnormen der §§ 9 f. UWG 1896 bzw. der §§ 17 ff. UWG 1909.[25] Die folgenden Weimarer, nationalsozialistischen und bundesrepublikanischen Jahrzehnte kulminierten dann, abgesehen von zahlreichen spektakulären Fällen wie jenen der „I. G. Farben", der „Surete", „Opel/VW (Lopez)", „Enercon", „Kirch/Breuer" oder „Heraeus"[26] und einem beständigen **Ausbau** weiterer nebenstrafrechtlicher Schutznormen,[27] in einer breiten nationalstaatlichen Verbreitung, die den strafrechtszentrierten Geschäftsgeheimnisschutz bis zur Jahrtausendwende nahezu weltweit etablierten.[28]

6 Dergestalt etabliert, entwickelten sich unter seiner Ägide auf inter- wie auf supranationaler Ebene zunehmend zivilistisch inspirierte Unitarisierungsbestrebungen,

---

22 Zahlreiche Belege zum seinerzeitigen „Schwenk" zum *breach of confidence*-Ansatz bei *Hillenbrand*, S. 85 ff.
23 Das preußische StGB von 1851, Vorbild des StGB für den Norddeutschen Bund 1870 und über dieses auch für das RStGB 1871, enthielt wie seine Nachfolger keine geschäftsgeheimnisschützenden Strafvorschriften; zu den vielfältigen Hintergründen dieser „Regelungslücke" *Slawik*, S. 158 ff., 203 ff.
24 Zur (Re-)Implementierung des Geschäftsgeheimnisstrafrechts im UWG eingehend *Slawik*, S. 226–429, 494 ff.
25 Bemerkenswert ist, dass in etwa zeitgleich England zu einem (nunmehr verstärkenden) Strafrechtsschutz zurückkehrte; vgl. *Ambrosch*, S. 134 f., 173 f., 179.
26 Nachweise zu diesen und anderen bedeutsamen Fällen bei *Brammsen*, ZIP 2016, 2193, 2195, 2198; *Janke*, S. 266 ff.; *Nathusius*, S. 4 ff., 11 ff. Zum Ausmaß ausländischer Wirtschaftsspionage im Gefolge des ersten Weltkriegs *W. Fischer*, Die feindliche Handels- und Industriespionage und der wirtschaftliche Landesverrat, 1922, S. 66 ff.; *Schwarz*, S. 46 ff.; *Stranders*, Die Wirtschaftsspionage der Entente, 1929, S. 66 ff.
27 Aktuell ua. die §§ 404 AktG, 120 BetrVG, 22a BStatG, 43 f. EBRG, 95b EnWG, 14 EWIV-AG, 151 GenG, 85 GmbHG, 5 GrenzkraftwerkeG, 333 HGB (auch iVm. §§ 335b, 340m, 341 HGB und § 47 DMBilG), 55a und b KWG, 34 MgVG, 19 PublG, 47 SCEBG, 45 SEBG, 237a und b SGB IX, 35 SprAuG, 315 UmwG, 17 ff. UWG, 138 VAG, 133b und c WPO; s. auch § 85a SGB X iVm. § 35 Abs. 4 SGB I sowie *Stancke*, BB 2013, 1418, 1420 ff.
28 *Anderson/Turner*, Report on Trade Secrets for the European Commission, in: Hogan Lovells International LLP (Hrsg.), Study on Trade Secrets and Parasitic Copying (Look-alikes) MARKT/2010/20/D, abgeschlossen am 23.9.2011 und veröffentlicht am 13.1.2012 unter: ec.europa.eu/internal_market/iprenforcement/docs/trade/201201-study_en.pdf (Stand: 31.8.2012).

die den arg rudimentären Rechtsgüterschutz der Geschäftsgeheimnisse nach dem Vorbild des Immaterialgüterrechts umfassender auszugestalten trachteten.[29] Der vorläufige Abschluss dieser Entwicklung erfolgte in drei Schritten: (1) Der Umwandlung des früheren „Billigkeitsaspekts" der Geheimhaltungsmaßnahmen einer „obligation of confidence"[30] in ein neues inhaltskonformes Güterkonstituens sowie (2) im Anschluss an die einflussreiche Einstufung als strafrechtlich geschütztes **„gegenstandsähnliches"** *property*-**Vermögensgut** im Fall Carpenter/United States.[31] Die Vollendung vollzog sodann (3) die primär vom **TRIPS**-Abkommen (von anderen Modellvorhaben[32] weniger) nachhaltig vorangetriebene Entwicklung mit der detailliert ausgeformten **Know-how-RL 2016/943/EU**,[33] deren zivilistisch geprägter Rechtsrahmen das GeschGehG mit leichten Modifizierungen in das bundesdeutsche Recht überführte.[34] Dergestalt vornehmlich auf überindividuelle Interessen (Binnenmarktangleichung, Art. 114 AEUV)[35] gegründet und „anharmonisiert"[36] steht zu erwarten, dass die gem. Art. 18 der Richtlinie RL 2016/943/EU anstehenden Berichte die praktische Bedeutung des rechtlichen Geschäftsgeheimnisschutzes auch zahlenmäßig deutlich transparenter werden lassen.

2. Aktuelle Bedeutung

Welche tatsächlichen Ausmaße Wirtschaftsspionage und Geheimnisverrat in den modernen wettbewerbsorientierten Industrieländern angenommen haben, ist für Deutschland, ebenso aber auch für viele andere (außer-)europäische Staaten nicht konkret zu ermitteln. Es **fehlt** nicht nur **an** abgestimmt gebietsübergreifend erstellten nationalen wie internationalen **Statistiken**, selbst beschränkt allein auf das Strafrecht lässt sich das einschlägige Tataufkommen mangels einheitlicher Datenerfassung, ungeklärter Dunkelziffer und geringer Aufklärungsquoten nicht mit hinreichender Genauigkeit angeben.[37] Wie schon zu Beginn des vergangenen Jahr-

---

29 Erste Ansätze bereits in der Pariser Verbandsübereinkunft zum Schutze des gewerblichen Eigentums von 1883; vgl. *Brammsen*, Lauterkeitsstrafrecht, Vor §§ 17–19 Rn. 9 mwN.
30 Prägnant dargestellt von *Hillenbrand*, S. 125 ff., 140 ff., 188 ff.
31 488 U.S. 19 (1987). Dazu und zur US-property-Konzeption, die vermögensstrafrechtlichen Geheimnisschutz als „gegenstandsähnliche" Verkörperung dem Vorbild des Sacheigentums entlehnt, prägnant *Boerger*, S. 259 ff.
32 Zum TRIPS-Abkommen, den WIPO Model Provisions und dem Modellgesetz des Europarates zum Schutz von Fabrikations- und Handelsgeheimnissen komprimiert *Brammsen*, Lauterkeitsstrafrecht, Vor §§ 17–19 Rn. 10–13 mwN.
33 Richtlinie 2016/943 EU vom 8. Juni 2016 über den Schutz vertraulichen Know-hows und vertraulicher Geschäftsinformationen (Geschäftsgeheimnisse) vor rechtswidrigem Erwerb sowie rechtswidriger Nutzung und Offenlegung, ABl. EG 2016 Nr. L 157, 1 ff.
34 Vgl. GeschGehG vom 18.4.2019, BGBl. I, 466 ff.
35 Know-how-RL 2016/943/EU, Erwgrd. 22, 36.
36 Mindestharmonisierung steht außer Streit; vgl. Art. 1 UAbs. 2 RL 2016/943/EU.
37 Näher zu den verschiedenen Angaben *Drescher*, S. 54 ff.; *Maier*, S. 31 ff.; s. auch Antwort der Bundesregierung auf eine Große Anfrage der SPD-Fraktion zur Wirtschaftsspionage, BT-Drs. 13/8368, S. 3 f. und *Kilchling*, GSZ 2020, 57, 58 f.

Einl. A Geschäftsgeheimnisschutz – Daten und Fakten

hunderts[38] so vermitteln die Fallzahlen der bundesdeutschen polizeilichen Kriminalstatistik auch heutzutage kaum einen gesicherten Überblick über den Umfang der tatsächlichen Bedrohung bzw. Schädigung der Unternehmen: Sie stagnieren seit Jahrzehnten konstant im mittleren bzw. unteren **dreistelligen** Bereich.[39] Ähnliches scheint für die Schweiz zu gelten, die für die Jahre 2000–2005 lediglich 364 Verratsfälle benennt.[40] Und auch neue Unternehmensstudien berichten über auffallend konstante bzw. sogar sinkende Schadens- und Verdachtsquoten sowohl privaten wie staatlichen Geheimnisbruchs.[41]

a) Gesamtvolkswirtschaftliche Schäden

8   Schon seit Längerem werden die jährlichen Schäden, die der bundesdeutschen Wirtschaft durch staatlich betriebene Industriespionage entstehen, konstant hoch eingeschätzt,[42] was zahlreiche Beispiele nachrichtendienstlich gesteuerter Wirtschaftsspionage während der früheren deutschen Doppelstaatlichkeit[43] als auch seitens befreundeter Staaten bis heute zu bestätigen scheinen.[44] Größenmäßig exakter erfassbar wird das aktuelle Bedrohungsszenario erst, wenn einmal die allein für **Deutschland** insgesamt geschätzten jährlichen **Schadenssummen** in den Blick genommen werden: Sie bewegen sich mehrheitlich in einer Spanne von 5–25 Mrd. EUR,[45] nach neueren Schätzungen (mit Dunkelziffer) sogar bis hin zu 55 Mrd. EUR.[46] Für die **USA** wurde eine ähnliche Schadenssumme (über 45 Mrd. Dollar) bereits um die Jahrtausendwende errechnet und inzwischen auf 250 Mrd. Dollar er-

---

38 In den beiden Jahrzehnten vor und nach dem ersten Weltkrieg bewegten sie sich um die 80–90 bzw. zwischen 24 und 101 Fällen; vgl. *Eb. Schmidt*, Bedarf das Betriebsgeheimnis eines verstärkten Schutzes? in: Verhandlungen des 36. Deutschen Juristentages (DJT), Bd. 1, Gutachten, 1930, S. 101, 112 ff., 117.

39 In den Jahren 2009–2019 betrugen die Straftaten nach § 17 UWG 646, 500, 525, 425, 397, 394, 397, 322, 297 und 285 Fälle; Bundeskriminalamt Polizeiliche Kriminalstatistik 2010–2019 (Sach-Schlüsselnummer 715300 und 715400) https://www.bka.de/Publikationen; s. auch *Drescher*, S. 54 und MK-StGB/*Hohmann*, § 23 GeschGehG Rn. 4. Ältere Zahlen (seit 1994) bei *Fleischer*, S. 11 ff.; W/J/S/*Möhrenschlager*, Kap. 16 Rn. 5.

40 Vgl. Ackermann/Heine/*Schwarz*, § 19 Rn. 9.

41 Vgl. *KPMG*, 2020, S. 11, 15 ff.; *PWC*, Studie 2018, S. 16 ff.; *Corporate Trust*, 2019, S. 21, 69; 2014, S. 13 ff., 67 ff.; s. auch *Drescher*, S. 55 f.

42 Hbl. v. 16./17./18.11.2018, Nr. 222, 25; 21.7.2014, Nr. 137, 22; WiWo 6/2017, S. 30; 45/2013, S. 18; *Nathusius*, S. 20 ff., 37 ff.; (aus den USA) *Roper*, S. 87 f., 245 ff., 261 f.; *Corporate Trust*, 2014, S. 11, 13, 67 ff.; zurückhaltender *BKA*, S. 57 ff.; *Drescher*, S. 90 f.; *Ernst&Young*, Datenklau, 2018, S. 10 f.

43 Prägnant *Nehring*, Gerbergasse 18, 3/2017, Heft 84, S. 8 ff.

44 Neuere Beispiele: WiWo 42/2018, S. 80 ff.; 28/2013, S. 58 ff.; Hbl. v. 15.3.2019, Nr. 12, 32 ff.; 9.3.2017, Nr. 49, 11; 17.8.2015, Nr. 156, 48; 28.1.2015, Nr. 19, 26 f.; 1.12.2014, Nr. 231, 8; 14.4.2014, Nr. 73, 17; s. auch BVerfG, NVwZ 2014, 1652 Rn. 181 ff.; https://www.pwc.com/gsiss 2015, S. 2; *Drescher*, S. 46 ff., 167 ff.; *Kochheim*, Rn. 223 ff.

45 *BKA*, S. 6, 89 (einstelliger Mrd.-Betrag); *Corporate Trust*, 2014, S. 8, 23, 73 (11,8 Mrd. EUR); ABZ 2/2015, 17; Hbl. v. 21.7.2014, Nr. 137, 22; WiWo 45/2013, S. 18; *Bitkom*, S. 25; *Brammsen* ZIP 2016, 2193, 2194 f.; *Drescher*, S. 91; *Tiedemann*, WiStR, Rn. 876.

46 Hbl. v. 26.4.2016, Nr. 80, 6; WiWo 23/2018, S. 44; 52/2017, S. 16; *BKA*, S. 50 ff.; *Bitkom*, S. 25; *Corporate Trust*, 2019, S. 11; *Drescher*, S. 54; *Janke*, S. 265.

höht.⁴⁷ **Weltweit** schätzt eine Studie der Beratungsgesellschaft Pricewaterhouse-Coopers schon für das Erhebungsjahr 2013 die Schäden bei Geheimnisverlust auf 749 Mrd. bis 2,2 Bill. Dollar.⁴⁸

Der für die bundesrepublikanische Wirtschaft bezifferte Maximalschaden von 55 Mrd. EUR erscheint selbst bei zehnfacher Dunkelziffer **deutlich zu hoch** gegriffen, insbesondere wenn der Fokus einmal stärker auf den Mittelstand gerichtet wird.⁴⁹ Dies belegt bereits eine einfache Überschlagsrechnung in Anlehnung an die Fallzahlen der obigen polizeilichen Kriminalstatistiken (→ Rn. 7 Fn. 39). Wird hier die nicht eben geringe Gesamtsumme auf 4.000–7.500 Straftaten angesetzt,⁵⁰ so ergibt sich daraus bei partiell abgestufter Aufteilung der 50 Mrd. EUR in sechs willkürlich gegriffene Schadensstufen von 250, 125, 50, 25, 12,5 Mio. EUR und darunter folgende Beispielrechnung – 50 Fälle mit 200, 80 Fälle mit 125, 100 Fälle mit 50,⁵¹ 200 Fälle mit 25 und 800 Fälle mit 12,5 Mio. EUR Schadenshöhe – für die verbleibenden maximal 6.250 Schadensfälle eine Restsumme von 15 Mrd. EUR mit einem Durchschnittsschaden von ca. 2,4–5,35 Mio. EUR. In den vergangenen drei Jahrzehnten ist eine jährliche Deliktsquote von über 400 Fällen mit einem Mindestschaden von 25, 50, 125 und 200 Mio. EUR selbst unter Einbeziehung etwaiger Zivilverfahren nie auch nur annähernd bekannt geworden. Aus allen publik gewordenen Fällen lassen sich deutschland- wie europaweit pro Jahr maximal 100 Fälle mit bis zu 100 Mio. EUR Einzelschaden identifizieren. Es ist daher angemessen, unter Einbeziehung einer gleichanteilig hohen Schadenssumme für nachrichtendienstliche Industriespionage die alljährliche **Gesamtschadenssumme** auf **15–25 Mrd. EUR** zu reduzieren. Dies erscheint besser vertretbar, zumal mitunter einbezogene Plagiate und Patentverletzungen⁵² häufig auf bloßer Nachahmung beruhen.

b) Individuelles Schadensspektrum

Auch im Hinblick auf die individuellen (geschätzten) Schadensummen bestehen erhebliche Unklarheiten. Hier zeigt sich eine deutliche **Steigerungsquote**. Wurde vor 30 Jahren noch für 1998 ein Durchschnittsschaden von 1 Mio. DM angenommen,⁵³ bestätigte bereits zur Jahrtausendwende eine US-amerikanische Studie, dass die be-

---

47 American Society for Information Security (ASIS), vgl. Hbl. v. 4.7.2000, Nr. 126, 26; *Johnson/Kierkus/Barton*, I.P.Q. 2017, 152, 154.
48 Vgl. https://www.pwc.com/gsiss 2015, S. 11; s. auch Hbl. v. 22.4.2015, Nr. 64, 4 f.; 21.7.2014, Nr. 137, 22.
49 *Nienaber*, Rn. 100 ff., 125 ff., 373 ff.
50 Dies entspricht etwa der Verfünffachung aller einschlägigen eindeutigen und hinzukommenden konkreten Verdachtsfälle der *PWC*, Studie 2016, S. 16 ff. Von mindestens 4000 Fällen geht auch *Drescher*, S. 91 aus.
51 Diese Schadensgruppe ist den in der *PWC*, Studie 2016, S. 16, 36 erwähnten 115 „gravierenden" Schadensfällen nachempfunden. Massenmedial nachweisbar sind die Gesamtzahl und Schadenshöhe allerdings für keinen Berichtszeitraum.
52 *Bitkom*, S. 25; *Corporate Trust*, 2014, S. 22, 29 (11,8 Mrd. EUR ohne Einbeziehung).
53 Tuck/Liebl/*Liebl*, 1988, S. 109. So unverändert zuletzt auch noch für das Jahr 2014 die Studien von *BKA*, S. 54 f. und *Corporate Trust*, 2014, S. 8, 23; s. auch *Drescher*, S. 85 ff.

Einl. A Geschäftsgeheimnisschutz – Daten und Fakten

fragten Unternehmen erlittene Ausspähungsschäden auf 15–50 Mio. Dollar je Angriff festsetzten.[54] Neue Berechnungen[55] und neuere Fälle wie „A2Mac1/GWM",[56] „Enercon/Kenetech",[57] „Heraeus und Lanxess", „Mitec/Ford",[58] „Nippon Steel/Posco",[59] „Oracle/SAP",[60] „Opel/VW",[61] „Renault",[62] „Thyssen Krupp",[63] „Vietz/CNPC",[64] „Vodafone Deutschland",[65] „VW/FAW"[66] ergeben, dass die betroffenen Unternehmen durchaus ein- bis dreistellige Millionenverluste hatten[67] bzw. insolvent wurden.[68] Daran anknüpfend kann eine Schadens(ersatz-)summe zwischen 1 Mio. und 1 Mrd. EUR angesetzt werden, wobei die **Verlustquote** bis zu 10 Mio. EUR prozentual absolut dominiert.[69]

11 Die große Anzahl neuerer Fälle[70] verdeutlicht, dass die kriminelle Erlangung und Ausbeutung fremder Wirtschaftsgeheimnisse ein kostenreduzierender Faktor ist, der unter ökonomischen Gesichtspunkten zunehmend akzeptabel erscheint.[71] Wenn

---

54 American Society for Information Security (ASIS), Hbl. v. 4.7.2000, Nr. 126, 26.
55 *Janke*, S. 266 ff.; *Nathusius*, S. 4 ff.
56 Hbl. v. 9.1.2013, Nr. 6, 14.
57 Hbl. v. 25.1.2011, Nr. 17, 26; *Schaaf*, S. 19; *Ulfkotte*, S. 35 ff.
58 WiWo 47/2015, S. 40; Hbl. v. 30./31.10.2009, Nr. 210, 12; OLG Jena, BeckRS 2015, 20226.
59 Financial Times Deutschland v. 26.4.2012, S. 6; GRUR Int. 2017, 639.
60 Hbl. v. 23.3.2007, Nr. 59, 17; 25.11.2010, Nr. 229, 20 f.; WiWo 48/2010, S. 95 f.
61 Zu diesem Fall *Nathusius*, S. 7 ff. Das LG Darmstadt hat das gegen Lopez u. A. betriebene Strafverfahren gegen Zahlung von 590.000,- DM endgültig eingestellt; Hbl. v. 28.7.1998, Nr. 142, 15.
62 Hbl. v. 6.1.2011, Nr. 4, 24 f.; 19.1.2011, Nr. 13, 22.
63 *Corporate Trust*, 2019, S. 10.
64 Hbl. v. 29.9.2008, Nr. 189, 18; WiWo 8/2009, S. 68 ff.
65 Hbl. v. 13./14.9.2013, Nr. 177, 20.
66 Hbl. v. 27./28.7.2012, Nr. 144, 3, 8; WiWo 28/2013, S. 58, 60.
67 Aktuell: ASML/Xtal, Börsenzeitung 12.4.2019, Nr. 72, 9; Heraeus/Biomet, GRUR Int. 2018, 600 ff.; Schaumstoffsysteme, OLG Stuttgart, WRP 2021, 242 Rn. 25; Waymo/Uber, WiWo 7/2018, S. 46; s. auch die Fälle AMSC/Sinovel, https://de.wikipedia.org/wiki/Si novel sowie Enercon, Opel (Rn. 10) oder Ferrari (Fn. 90) und die Zusammenstellungen bei *Janke*, S. 266 ff. und *Nathusius*, S. 4 ff.
68 ZB Geis-Kugellager Schweinfurt, WiWo 27/2005, S. 68; Mifa, Hbl. v. 2.–5.10.2014, Nr. 190, 19.
69 Durchschnittsschaden nach Unternehmensgröße: *Corporate Trust*, 2014, S. 8, 23: 0,01-1,2 Mio. EUR; *Drescher*, S. 85 ff., 91: 0,3 Mio. EUR; *KPMG*, e-Crime, S. 16: 0,61 Mio. EUR; *PWC*, Studie 2018, S. 21: 7,23 Mio. EUR. Laut *KPMG*, 2020, S. 15 kann eine stark ansteigende Zahl von Unternehmen (35 %) die Schadenshöhe nur schwer bemessen.
70 Aldi Süd/Lidl, WiWo 15/2019, S. 16, 18, 22; AMSC/Sinovel, https://de.wikipedia.org/wiki/Si novel; Bosch, WiWo 35/2016, S. 16, 18; 36/2016, S. 37; Compware Medical, Hbl. v. 28.11.2018, Nr. 230, 20 f.; Dyson/Bosch, FAZ v. 25.10.2012, Nr. 249, 14; Heraeus/Biomet, GRUR Int. 2018, 600 ff.; Himax, OGH Taiwan, GRUR Int. 2018, 576; Koenig&Bauer/Hebenstreit Metal Decorating, WiWo 14/2018, S. 50 f.; Lanxess, Hbl. v. 16./17./18.11.2018, Nr. 222, 25; Mars, Hbl. v. 25.5.2020, Nr. 99, 46; Nike, WiWo 51/2014, S. 13; Procter&Gamble/Unilever, WiWo 21/2004, S. 80; Rieder Faserbeton, WiWo 25/2010, S. 44, 48; Waymo/Uber, Hbl. v. 30.8.2019, Nr. 166, 27; WiWo 7/2018, S. 46.
71 Zuletzt zur Autobranche WiWo 23/2018, S. 66 ff.; Beiersdorf/Ave+Edam v. 12. Apr. 2021, vgl. www.businessinsider.de/gruenderszene/health/nutzt-beiersdorf-know-how-von-startups-ave-edam-b/?utm_source=rss&utm_medium=rss&utm_campaign=nutzt-beiersdorf-know-how-von-startups-ave-edam-b. Volkswirtschaftlich ist der Nutzen ersparter Entwicklungskosten in staatlich gelenkten Wirtschaften natürlich ungleich höher.

I. Daten und Fakten zur heutigen Lage **Einl. A**

zudem bedacht wird, dass sowohl schon vor über drei Jahrzehnten ebenso wie noch heutzutage mehr als die Hälfte aller Verfahren eingestellt, auf den Privatklageweg verwiesen oder mit Geldstrafen von 90–250 Tagessätzen sanktioniert wurde,[72] verwundert es nicht, dass das Ernten „fremder Früchte" in manchen Bereichen (nicht immer aus betriebswirtschaftlichen Erwägungen heraus) zu einem verbreiteten Verhalten geworden ist.[73] Mitunter geht es sogar gänzlich unentgeltlich, beispielsweise durch Aneignung fremden (Haus-)Mülls oder „entsorgter" Prototypen.[74]

3. Aktuelle Gefahrensituation

Gesteigerter Aufmerksamkeit bedürfen Geschäftsgeheimnisse vor allem aus zwei Gründen:[75] wegen ihrer immensen Vielfältigkeit und ihrer besonderen **Anfälligkeit** für immer neue Angriffsweisen. Neue zukunftsträchtige Industrien und die inzwischen nahezu überall einzusetzenden **Informationstechnologien**[76] formen ein unerschöpfliches Gefahrenbündel, dessen Gefährdungspotenzial durch die Themenbereiche „Big Data"[77] und „Industrie 4.0"[78] auf eine höhere Stufe gehoben wird. 12

a) Vielfalt der Angriffsziele

Die Angriffsziele der unerlaubten Erlangung, Offenlegung und Nutzung fremder geheimer Kenntnisse expandieren gleichsam spiegelbildlich leicht zeitverschoben zur jeweiligen wirtschaftlichen Entwicklung mit zunehmender Geschwindigkeit. Waren **früher** technische Geheimnisse der chemischen, pharmazeutischen oder Maschinenbauindustrie die bevorzugten Angriffsziele privatseitig betriebener Spionagetätigkeit,[79] so sind in den letzten Jahrzehnten eine ganze Reihe **neuer** 13

---

72 *Brammsen*, Lauterkeitsstrafrecht, Vor §§ 17–19 Rn. 7; *Kilchling*, GSZ 2020, 57, 59 f., beide mwN.
73 Zur Autobranche WiWo 23/2018, S. 66 ff.; s. auch *Hambach/Berberich*, ZfWG 2017, 60 ff.
74 Zum „Trash Trawling" als alternativer Informationsbeschaffung Hbl. v. 4.7.2000, Nr. 126, 26; WiWo 14/2018, S. 50 f.; 21/2004, S. 80; *Schaaf*, S. 55 f.; zur Aneignung „entsorgter" Lehrwerkstatt-Prototypen *Denzer*, Hbl. v. 2.2.1998, Nr. 22, 45; s. auch BGH(Z), GRUR 2009, 1075 Rn. 1, 20 ff. – Betriebsbeobachtung.
75 Anschaulich *Brandau*/Rehaag, Kap. 2 Rn. 143 ff.; komprimierter *McGuire*, GRUR 2016, 1000 f.
76 Eingehender *Brammsen*, ZIP 2016, 2193, 2197 ff.; *Drescher*, S. 98 ff., 105 ff.; *Kochheim*, Rn. 180 ff., 243 ff.; s. auch BVerfGE 120, 274, 303 ff.
77 Dazu einführend: *Amstutz*, AcP 2018, 438 ff.; *Karikari*, S. 1 ff., 25 ff., 216 ff.; *Scheja*, CR 2018, 485 ff.; *Stender-Vorwachs/Steege*, NJOZ 2018, 1361 ff.; *Wiebe/Schur*, ZUM 2017, 461 ff.; *Zech*, GRUR 2015, 1151 ff.; gebietsübergreifend *Taeger* (Hrsg.), Big Data & Co, 2014; *Lederer*, S. 226 ff. und passim; *Otte et al.*, Von Data Mining bis Big Data, 2020, S. 33 f. u. passim.
78 Statt vieler beispielhaft *Müllmann*, WRP 2018, 1177 ff.; *Söbbing*, S. 1 ff., 28 ff., 41 ff.; *Staffler*, NZWiSt 2018, 269 ff.
79 Koenig&Bauer/Hebenstreit Metal Decorating, WiWo 14/2018, S. 50 f.; Procter&Gamble/Unilever, WiWo 21/2004, S. 80; Unilever/Dove, Hbl. v. 28.4.2004, Nr. 82, 16; s. auch ÖOGH, WRP 2021, 503 Rn. 2 ff. – Flüsteraggregat; OLG Stuttgart, WRP 2021, 242 Rn. 2 ff., 110 ff. – Schaumstoffsysteme; OLG Düsseldorf, BeckRS 2020, 188 Rn. 51 ff. – Spritzgießwerkzeuge; Nordbayerischer Kurier v. 26.4.2019, Nr. 97, 8.

Einl. A Geschäftsgeheimnisschutz – Daten und Fakten

Dienstleistungs-, Industrie- und Produktionsbereiche hinzugekommen:[80] Der Anlagen- und Betonbau,[81] die Datenbank-, Steuerungs- und Prüftechnik,[82] die Finanzbranche,[83] die Material-, Medizin-[84] und Umwelttechnik,[85] der Energiesektor mit der Solar- und Windenergie,[86] die Beschichtungs- und Biotechnologie[87] sowie die Produkte, Produktionen und Geschäftsmethoden der Flugzeug-[88] und Audioindustrie.[89] **Insbesondere** sind es aber die Fahr(zeug)-,[90] die Computer-[91] und die Telekommunikationsindustrie,[92] die aktuell den „Spionagemarkt" absolut dominieren. Mit ihren hohen Entwicklungskosten und einem regelmäßig begrenzten Nutzungszeitraum stellen heute Computerprogramme (auch für maschinelles Lernen),[93] Mikrochips,[94] Diagnosetests,[95] Kodierverfahren[96] uam. neben den klassischen Bran-

---

80 Komprimierter Überblick auch bei *Drescher*, S. 79 ff.
81 *Bitkom*, S. 17; OLG Hamm, WRP 2021, 223 Rn. 158, 160 – Stopfaggregate; Lanxess, Hbl. v. 16./17./18.11.2018, Nr. 222, 25; Nippon Steel/Posco, GRUR Int. 2017, 639; Rieder Faserbeton, WiWo 25/2010, S. 44, 48; s. auch BGH(Z), GRUR 2010, 536 Rn. 47 ff. – Modulgerüst II. Beispielhaft zur Einbeziehung von Gebäudedatenmodellen (Building Information Modeling, BIM) *Reinholz/Kraushaar*, K&R 2020, 788, 796 ff.
82 AMSC/Sinovel, https://de.wikipedia.org/wiki/Sinovel; Bosch (Fn. 70); s. auch BGH, wistra 2017, 101 Rn. 29 ff.; OLG Stuttgart, Die Justiz 2016, 382 Rn. 11 ff.; Hbl. v. 8.9.2010, Nr. 173, 54; WiWo 25/2010, S. 44 ff.
83 Hbl. v. 10.12.2019, Nr. 238, 28 f.; 28.1.2010, Nr. 19, 66; WiWo 25/2010, S. 44, 46; *KPMG*, e-Crime, S. 13 f.
84 Compware Medical (Fn. 70); S-Cape/Eizo Nanao, Hbl. v. 19.5.2014, Nr. 95, 18; BGH(Z), GRUR 2018, 1161 Rn. 28 ff. – Hohlfasermembran II.; BGH(Z), WRP 2018, 424 ff. u. 429 ff. – Knochenzement I u. II; BGH(Z), GRUR 2012, 1048 Rn. 13 ff. – Movicol.
85 Hbl. v. 28.1.2010, Nr. 19, 66; WiWo 25/2010, S. 44, 47.
86 AMSC/Sinovel, https://de.wikipedia.org/wiki/Sinovel; Enercon (Fn. 57); Hbl. v. 23./24.7.2010, Nr. 140, 20 f., 24 f.
87 Hbl. v. 7.10.2002, Nr. 192, 10.
88 Airbus, WiWo 25/2010, S. 44, 48.
89 Clearaudio, WiWo 43/2011, S. 102 f.
90 *Bitkom*, S. 17; A2Mac1/GWM (Fn. 56); Bosch (Fn. 70); Daimler/Yaxing-Benz, WiWo 51/2004, S. 46, 48 f.; Ferrari/McLaren, Hbl. v. 14.9.2007, Nr. 178, 28; Mitec/Ford (Fn. 58); Opel/VW (Fn. 61); Renault (Fn. 62); VW/FAW (Fn. 66); Erlkönige, Hbl. v. 1.11.2004, Nr. 212, 13; PKW-Kennzeichnung „Scheibengravur", Spiegel 46/1994, 250 ff.; Fahrrad „Mifa/Hero Cycles", Hbl. v. 2.–5.10.2014, Nr. 190, 19.
91 Uni Data/IT Competence, SZ v. 31.3.2001, Nr. 76, 63; Oracle/SAP (Fn. 60); Toshiba/Lexar Media, Hbl. v. 29.3.2005, Nr. 60, 14. Weitere Fälle: Hbl. v. 10./11.1.2014, Nr. 7, 52 f.; 7.7.2011, Nr. 129, 23; SZ v. 18.7.2012, 20.
92 Himax, OGH Taiwan, GRUR Int. 2018, 576; Huawei, Hbl. v. 26.8.2010, Nr. 164, 28; Lucent, Hbl. v. 4./5.5.2001, Nr. 86, 24; NTT Docomo, GRUR Int. 2017, 601 ff. Weitere Fälle: OLG Karlsruhe, WRP 2016, 751 Rn. 26 ff.; Hbl. v. 10./11.1.2014, Nr. 7, 52 f.; 7.7.2011, Nr. 129, 23; 5.2.2010, Nr. 25, 27; SZ v. 18.7.2012, 20.
93 Zu ihrem Geheimnischarakter BGH, BeckRS 2016, 17444 Rn. 36; OLG Stuttgart, BeckRS 2016, 52686 Rn. 11; schweiz. BGE, 111 IV 74, 79 f. Zu sog. „Machine Learning-Modellen" prägnant *Apel/Kaulartz*, RDi 2020, 24 ff. mwN.
94 Hbl. v. 5.2.2010, Nr. 25, 27; 29.3.2005, Nr. 60, 14; 9.3.2005, Nr. 48, B6.
95 Zu seltsamen Verhaltensweisen bei der Entwicklung eines Testverfahrens für den Hepatitis C Virus *v. Kekule*, Die Zeit 44/1989, 88.
96 ZB bei PKW-Kennzeichnungssystemen, Spiegel 46/1994, 250 ff.

I. Daten und Fakten zur heutigen Lage **Einl. A**

chen Chemie, Gesundheit, Pharma und Handel[97] das mit Abstand größte Kontingent dar.[98] Trotz dieser unübersehbaren Techniklastigkeit finden immer wieder aber auch **„klassische" Geschäftsgeheimnisse** wie Geschäftsunterlagen das Interesse unbefugter Dritter.[99] Spionage- und Verratsfälle wie „Amazon-Bibliofind",[100] „Bankhaus Oddo Seydler/Yoc AG",[101] „Bombardier",[102] „Carto Travel/Mair DuMont",[103] „CeWe Color/medienfabrik Gütersloh",[104] „Coca-Cola",[105] „Kirch/Breuer",[106] „Mars" (Fn. 70), „MLP/Simon",[107] „Nike" (Fn. 70), „Opel/VW" (Fn. 61), „Oracle/SAP" (Fn. 60), „Pfleiderer/Noe",[108] „Rundstedt/Kienbaum",[109] „S-Cape/Eizo Nanao" (Fn. 84), „Siemens/Dassault",[110] „Software AG",[111] „Transrapid"[112] und „TWL (Technische Werke Ludwigshafen)"[113] sind dafür ein recht beredtes Beispiel.[114]

Das Interesse der nachrichtendienstlich organisierten **Industriespionage fremder Staaten** liegt traditionell schwerpunktmäßig auf der Rüstungs-, Luft- und Raumfahrtindustrie oder Energieunternehmen.[115] Neue „Geschäftsfelder" wie die Auto- und Computerindustrie, die Finanzbranche, Lasertechnologie, Telekommunikation und – besonders aktuell – die Pharmaindustrie (Stichwort: Covid-19) werden daneben zunehmend verstärkt zur Beschaffung von „High-Tech-Wissen" einbezogen,[116] was letztlich auch die bundesdeutsche Auflistung der schutzrelevanten „kritischen Infrastrukturen" Energie, Informationstechnik, Telekommunikation, Transport,

14

---

97 Heraeus/Biomet, GRUR Int. 2018, 600 ff.; Lanxess, Hbl. v. 16./17./18.11.2018, Nr. 222, 25.
98 *Bitkom*, S. 17; *Corporate Trust*, 2014, S. 8, 17.
99 Eingehend zu Bedeutung und Schutz von Geschäftsgeheimnissen im Mittelstand *Nienaber*, Rn. 115 ff., 225 ff. u. passim.
100 Hbl. v. 7.3.2001, Nr. 47, 27.
101 WiWo 40/2015, S. 71.
102 WiWo 51/2004, S. 48 ff.; Hbl. v. 17.8.2005, Nr. 158, 16.
103 Hbl. v. 22.12.2004, Nr. 249, 15.
104 NRhZ – Flyer 56 v. 8.8.2006.
105 Hbl. v. 6.2.2007, Nr. 26, 10; 15.12.2006, Nr. 243, K 8.
106 BGH, NJW 2006, 830 ff.; s. auch LG Düsseldorf, NStZ-RR 2011, 84, 85; Hbl. v. 28.1.2014, Nr. 19, 26 f.
107 Hbl. v. 8.7.2003, Nr. 128, 16.
108 Hbl. v. 23.1.2008, Nr. 16, 17.
109 Hbl. v. 2.2.2012, Nr. 24, 5.
110 Hbl. v. 4.9.2008, Nr. 172, 11.
111 WiWo 44/2020, S. 52 ff.
112 WiWo 51/2004, S. 46 ff.; 50/2004, S. 8.
113 WiWo 44/2020, S. 52, 54; https://eh-cybercrime/2020/09/09/cybersicherheit-in-unternehmen/.
114 Zu den Angriffsbereichen Einkauf, Vertrieb, Finanzen und Personal komprimiert *Bitkom*, S. 20 f.; *Corporate Trust*, 2014, S. 9, 26 f.; *Drescher*, S. 77; *Ernst&Young*, 2018, S. 15; *KPMG*, e-Crime, S. 31 und Tatort, S. 16 f.; zum US-EEA *Johnson/Kierkus/Barton*, I.P.Q. 2017, 152, 162. Aktuell OLG Stuttgart, WRP 2021, 242 Rn. 176 ff. – Schaumstoffsysteme; LAG Frankfurt, ECLI:DE:LAGHE:2020:0527.18SA1109.19.00, Rn. 56 f.; Mars (Fn. 70) und Hbl. v. 10.12.2019, Nr. 238, 28 f.; Nordbayerischer Kurier v. 26.4.2019, Nr. 97, 8.
115 Verfassungsschutzbericht 2016, 265; 2014, 144 f., 231; Hbl. v. 28.1.2015, Nr. 19, 26 f.
116 WiWo 38/2020, S. 8; Verfassungsschutzbericht 2016, 261, 265; Hbl. v. 2./3.5.2014, Nr. 84, 15; *Drescher*, S. 184 ff.; *KPMG*, e-Crime, S. 17 ff.; *Söhner*, KJ 2015, 56 ff.; *Ulfkotte*, S. 75 ff.

Einl. A Geschäftsgeheimnisschutz – Daten und Fakten

Verkehr, Wasser, Ernährung, Gesundheit, Finanz- und Versicherungswesen bestätigt.[117] Hier finden mitunter auch „Joint Ventures" als operative Geschäftsmodelle Verwendung, vor allem in osteuropäischen, asiatischen und „Dritte-Welt-Ländern".[118] Ihnen treten verstärkt verdeckte Gefahrenquellen in Gestalt ausländischer Produktprüfungsverfahren oder die zunehmend befürwortete Lizenzierung von geheimem Know-how an „rechtskreisfremde" Konkurrenz hilfreich zur Seite.[119] So verwundert es nicht, dass die Ausnutzung fremder Geschäftsgeheimnisse ungeachtet ihrer Gegenständlichkeit inzwischen extrem verbreitet ist – allseits herrscht Hochkonjunktur. Staatlicherseits kann ihnen inzwischen nur noch durch ein zunehmend wachsendes Wirtschaftssicherheitsrecht von (Export-, Investitions-, Personal- und sonstigen) Kontroll- und Prüfungsverfahren, Schutzhilfen usw. begegnet werden, dessen Ausmaß sich dem der Unternehmensbetreiber immer mehr anpasst.[120]

b) Aktuelle Angriffsweisen

aa) Faktische Zugriffsmethoden

15 In allen Bereichen des Dienstleistungsgewerbes, der Warenproduktion, des Vertriebs, der Freizeitindustrie usw. finden sich heute eine Vielzahl datenspeichernder, datenübertragender und datenverarbeitender Geräte, die zahllose **Angriffswege** auf fremde geheime Datenbestände eröffnen.[121] Deren „unentgeltliche Abtretung" muss keineswegs eingefordert werden,[122] es geht viel einfacher und unauffälliger. Zum eigentlichen „Einfallstor" der Daten- und Wirtschaftsspionage ist nämlich, gestützt von und im Verbund mit der mobilen Telekommunikation, erst das Internet geworden:[123] **Abrufen**, Kopieren und Auswerten gespeicherter Daten,[124] **Anzapfen** und Mitschneiden von Gesprächen und Datenübermittlungen (auch mittels Keylogger, Trojaner-Software etc.),[125] **Aufzeichnen** und Rekonstruieren elektronischer

---

117 Vgl. §§ 4 ff. BSI-KritisVO 2016 idF 1. BSI-KritisÄndVO v. 21.6.2017 (BGBl. I, 1903 ff.).
118 *Hofer/Weiß*, S. 57 ff.
119 CCC-Gütesiegel, WiWo 8/2009, S. 68, 72; Daimler/Yaxing-Benz (Fn. 90); VW/FAW (Fn. 66); Vietz/CNPC (Fn. 64); s. auch *Buxbaum/Cooter*, in: FS Ch. Kirchner, S. 681, 687 ff.
120 Einen aktuellen Überblick über das breite Spektrum additiven staatlichen Geschäftsgeheimnisschutzes geben *Borman/Ludwig*, DÖV 2020, 1061 ff.
121 Neuere Schätzungen: *Bitkom*, S. 15 ff.; *Ernst&Young*, Datenklau 2017, S. 14 f.; *PWC*, 2018, S. 19 ff.
122 Aktuell VW/Prevent, Hbl. v. 19./21.8.2016, Nr. 160, 1, 6 f.; s. auch WiWo 47/2015, S. 40 und 4/2015, S. 50 ff.
123 Instruktiv Hbl. v. 20.10.2014, Nr. 201, 19; 15.2.2012, Nr. 34, 20 f.; WiWo 28/2013, S. 58.
124 *Bitkom*, S. 15; WiWo 27/2011, S. 78 f.; 43/2011, S. 102; Hbl. v. 11./12.2.2011, Nr. 30, 4; BVerfGE 120, 274, 304 ff.; OLG Hamburg, GRUR-RR 2020, 18, 19 f., 21 f. Rn. 7.
125 Hbl. v. 2.3.2004, Nr. 43, 13 (RFID-Funkchips); 16.4.2008, Nr. 74, B6 (GPS-Funkwanzen); 23./24.7.2010, Nr. 140, 24 f. (USB-Sticks); 11.8.2011, Nr. 154, 20 f. (GPRS-Handy); 13./14.9.2013, Nr. 177, 14 (Bluetooth-Handy); WiWo 41/2005, S. 66 f. (Blackberry); 29/2012, S. 42 f.; 49/2010, S. 88 (Smartphone); 28/2013, S. 58 ff.

I. Daten und Fakten zur heutigen Lage **Einl. A**

Abstrahlungen (etwa von Bildschirmterminals),[126] **Ausspähen** von (Kredit-)Kundendateien,[127] „**Cloud-Computing**"[128] (ins außereuropäische Ausland),[129] (auch staatliches) „**Hacken**" und Verwanzen[130] einschließlich Datendiebstahl und Darknet-Handel,[131] **Kenntnisverschaffen** und -verwerten bei verdeckter (Fernwartungs-) Schadstoffsoftware,[132] **Privatnutzung** von Diensthardware und umgekehrt,[133] „**Outsourcing**" von Datenverarbeitungsvorgängen,[134] „**Social** media accounts"[135] und vieles andere mehr bieten ein riesiges Reservoir für unauffällige externe Zugriffsmöglichkeiten.[136] Der klassische **Sachdiebstahl** von Gegenständen wie Festplatten, Handys, Laptops, Notebooks, Musterprozessoren und dergleichen hat deswegen heute allenfalls eine untergeordnete Bedeutung.[137]

bb) Erlaubte Zugriffe

Neben dem vermehrten Auftreten neuer wertversprechender Angriffsziele und dem in etwa zeitgleichen Entstehen immer variantenreicherer datentechnischer Zugriffsmöglichkeiten hat sich in den letzten Jahrzehnten ein weiterer folgenträchtiger Gefahrenherd entwickelt, dessen Verbreitung längst die Dimensionen „faktischer" Geheimheitsdurchbrechungen erreicht hat. Angesprochen sind damit jene in den verschiedensten Ausgestaltungen anzutreffenden Berechtigungen, die anderen Per- 16

---

126 WiWo 49/2010, S. 87; Hbl. v. 11.12.2006, Nr. 239, 10 („Kraftwerk-Power Monitoring"); BVerfGE 120, 274, 310.
127 Hbl. v. 10.12.2019, Nr. 238, 28 f.; 2./3./4.8.2019, Nr. 147, 26 f. (Capital One); 23.11.2017, Nr. 226, 5 (Yahoo); 10./11.10.2014, Nr. 195, 29 (JP Morgan Chase); 8.5.2014, Nr. 88, 36 f. (Target).
128 *Drescher*, S. 120 ff.; Hbl. v. 2.7.2013, Nr. 124, 1, 4 f.; WiWo 30/2017, S. 68 ff. Zum „Cloud-Computing" *Borges/Meents*, §§ 1 f., 6 ff.; *Busching*, S. 7 ff., 22 ff.; *Hennrich*, S. 42 ff., 84 ff. u. passim; *Müller*, S. 33 ff., 48 ff.; *ders.*, DuD 2017, 371 ff.; (speziell zu § 203 StGB) *Cornelius*, StV 2016, 380 ff.; *Müller*, S. 229 ff.; *Wicker*, S. 35 ff., 99 ff., 241 ff. Zu Schutzmaßnahmen *Psaroudakis*, E.I.P.R. 2016, 344 ff.
129 *Borges/Meents*, §§ 15 f.; *Voigt*, MMR 2014, 158 ff.
130 Instruktiv BVerfGE 120, 274, 301 ff.; Hbl. v. 2.1.2020, Nr. 1, 27; 10.12.2019, Nr. 238, 28 f.; 19.8.2019, Nr. 158, 8 f.; 2./3./4.8.2019, Nr. 147, 26 f.; 15.8.2018, Nr. 156, 18 f.; 9.8.2017, Nr. 152, 16 f.; WiWo 50/2019, S. 75 ff.; 43/2019, S. 53 ff.; 19/2018, S. 38 ff.; 9/2018, S. 60 ff.; 51/2016, S. 17 ff.; *Drescher*, S. 107 ff.; *Schaaf*, S. 19 ff.
131 Anschaulich WiWo 44/2020, S. 52 ff.
132 *Bitkom*, S. 15 f., 19 f.; Hbl. v. 20.10.2014, Nr. 201, 19; 13./14.9.2013, Nr. 177, 14; WiWo 28/2013, S. 58 ff.; 21/2011, S. 64 ff.
133 Sog. „Bring your own device"; zu den Gefahren *Drescher*, S. 112 ff. und *Heldmann*, S. 15 ff., 80 ff. mwN.
134 Beispielhafte Angriffe: Hbl. v. 3.12.2018, Nr. 233, 53 (Marriott-Datenbank); 18.5.2010, Nr. 96, 24 (Sony-Datenbank); s. auch *Buxbaum/Cooter*, in: FS Ch. Kirchner, S. 681 ff. zu Unternehmenskooperationen und *Sendzik*, S. 121 ff. Zur Parallelproblematik bei § 203 StGB weiterführend *Conrad/Fechtner*, CR 2013, 137 ff.; *Kahler*, CR 2015, 153 ff.; *Kort*, NStZ 2011, 193 ff.
135 Stichwort: Who owns your follower? erläuternd *Surblytė*, GRUR Int. 2016, 1121 ff.
136 Ausführliche Zusammenstellungen: BVerfGE 120, 274, 301 ff.; MK-StGB/*Graf*, 3. Aufl. 2017, § 202a Rn. 82 ff., 89 ff.
137 Hbl. v. 8.9.2010, Nr. 173, 54; 12./13.8.2005, Nr. 155, K3; 12.4.1990, Nr. 73, 23; WiWo 24/2015, S. 78 f.; 12/2004, S. 86; 32/1997, S. 58; 12/1991, S. 126.

Einl. A Geschäftsgeheimnisschutz – Daten und Fakten

sonen Zugang zu fremdseitig zugeordneten Geheimheiten gestatten. In nahezu allen Rechtsgebieten bzw. Lebensgebieten in immens vielfältigen Erscheinungsformen vertreten, haben sie inzwischen eine Häufigkeit erreicht, die es rechtfertigt, von einem nur noch „durchlöcherten" oder sogar ausgeschlossenen Geheimnisschutz zu reden.[138]

17 An anderer Stelle bereits systematisch vorgeordnet in einerseits administrative Zugangs- und Verwertungsbefugnisse und andererseits privatseitige absolute oder relative Informations-, Transparenz- und Umsetzungsrechte dargestellt, ergeben sie in ihrer Gesamtheit ein kaum noch überschaubares Konvolut von Zugriffsregeln, das den grundrechtlich gewährleistenden Geschäftsgeheimnisschutz (→ § 1 Rn. 19) auszuhöhlen droht. Auf ihre dortigen Zusammenstellungen ist schon aus Raumgründen zu verweisen.[139] Ihnen sind zur weiteren Abrundung und Aktualisierung der Bandbreite der ungebrochenen gesetzgeberischen Umformungs- bzw. Neuordnungsbestrebungen einige besonders gewichtige Neuerungen hinzuzufügen.

18 Absoluter Vorrang bzw. die Tabellenspitze gebührt dabei den Einfügungen des GeschGehG zum sog. „Reverse Engineering" öffentlich verfügbarer, dh. in den Verkehr gebrachter oder rechtmäßig und ohne Erlangungsverbot besessener Produkte oder Gegenstände (§ 3 Abs. 1 Nr. 2) und des „Whistleblowing" (§ 5). Gegründet entweder auf „Innovationsförderung" oder ein „allgemeines öffentliches Interesse" entziehen beide Freistellungen den betroffenen Geheimnisinhabern mit unspezifizierten Generalisierungen jeglichen Rechtsschutz, erklären den Wissensvorsprung mithin allseitig (§ 5 Nr. 1, 2) oder partiell (§ 5 Nr. 3) für vogelfrei. Gleichermaßen genereller Freistellung erfreuen sich nunmehr: Anprangerungen festgestellter Hygienemängel unter Namensnennung[140] durch die öffentliche Verwaltung bei noch nicht einmal abgeschlossenen Verfahren (begrenzt auf eine halbjährige Zeitspanne),[141] die über vorgeschaltete „Compliance-Zwänge"[142] eröffnete Möglichkeit zur hoheitlichen „Indienstnahme" privater Ermittlungshelfer bei „Internal Investigations"[143] oder die ungebrochen fragwürdigen[144] Praktiken im Umgang mit entwendeten Bankdaten (nunmehr in „Cum-ex-Geschäften").[145]

---

138 *Brammsen*, ZIP 2016, 2193: „Durchlöcherter Bestandsschutz".
139 Vgl. *Brammsen*, ZIP 2016, 2193, 2198 ff.; s. auch *Drescher*, S. 117 ff.
140 Kritisch zu den damit verbundenen Grundrechtseingriffen *Born*, K&R 2021, 13, 15 ff.
141 Vgl. § 40 LFGB idF des 1. Gesetzes zur Änderung des LFGB vom 13.3.2019, der sich inzwischen bereits ersten „Aushebelungsbestrebungen" seitens der Online-Plattform „Topf Secret" ausgesetzt sieht; vgl. OVG Münster, BeckRS 2020, 33891; BeckRS 2020, 292 Rn. 24 ff., 60 ff.; *Kluge*, ZLR 2019, 518, 524 ff.; *Lück/Penski*, DÖV 2020, 506, 510 ff., beide mwN. Zu Parallelen im Tierschutzrecht vgl. OVG Lüneburg v. 24.10.2017 – 10 LA 90/16 – juris (Rn. 17 ff., 26 ff.).
142 Die Gefahren frühzeitiger vorvertraglicher Kenntnisweitergaben an mögliche künftige externe (Sonder-)Berater veranschaulicht der Fall „VW/Freeh"; vgl. Hbl. v. 7./8./9.2.2020, Nr. 27, 63.
143 Zu dieser Einspannung *privater Ermittlungshelfer in staatliche* Ermittlungstätigkeiten BVerfG, NJW 2018, 2395 m. Anm. *Brammsen*, EWiR 2018, 669 f.; zu möglichen datenschutzrechtlichen Konsequenzen im Arbeitsrecht (Reichweite der Anonymität) anschaulig LAG Baden-Württemberg, NZA-RR 2019, 242 Rn. 160 ff., 178 ff. m. zust. Anm. *Fuhlrott*, NZA-RR 2019, 251, 252.
144 *Breitenbach*, S. 56 ff., 128 ff., 308 ff.; zuletzt FG Köln, BeckRS 2020, 41019 Rn. 85 ff.
145 *Sarazin/Seitz*, Hbl. v. 26.3.2019, Nr. 60, 30.

I. Daten und Fakten zur heutigen Lage **Einl. A**

Weniger spektakulär, gleichwohl aber nicht weniger bedeutsam, sind jene zahlen- 19
mäßig deutlich überwiegenden Neuregelungen, die sich auf Berichtspflichten usw.
verschiedenster Geheimnisinhaber beziehen. So haben etwa die Banken im Zuge
erweiterter Publizitäts- und Transparenzpflichten wiederum „gegenständliche"
Ausklammerungen, die den Kreis ihrer geschützten Institutsdaten weiter reduzieren
(§§ 289b–f HGB). Ähnlich „gemeinfrei" gestellt sind Emissionsdaten,[146] worunter
auch Prüfstandbedingungen gehören sollen.[147] Umfangreichere Ergänzungen als
diese hier sog. „Erga-omnes-Freigaben"[148] haben dagegen den Kreis individuell-situativer
Zugangsberechtigungen erheblich expandieren lassen.

c) Exemplifikationen

Derartige inhaltlich zumeist exakt begrenzte Zugangsberechtigungen bzw. -ver- 20
pflichtungen einzelner bestimmt benannter Personen(kreise) oder Institutionen betreffen
vornehmlich Erläuterungen und Gesetzesänderungen zu folgenden Bereichen:[149]

– **Akteneinsicht** und -auskunft nach der StPO (§§ 406e, 475 ff.),[150] im (europäischen)
  Beihilfe-,[151] Kartell- und Vergabeverfahren (§§ 33g Abs. 6, 89b Abs. 6 f.,
  165 GWB,[152] § 5 VgV = 5 SektVO = 4 KonzVgV) und im Kapitalmarktrecht
  (Art. 54 Abs. 1 RL 2004/39/EG);[153]
– behördliche oder gerichtliche **Abwägungspflichten** in Kartell- (§ 33g Abs. 3
  iVm. § 89b Abs. 7 GWB) oder anderen Verfahren;[154]
– amtliche (Entscheidungs-)**Veröffentlichungen**, zB §§ 9, 13 NABEG;
– **Auskunfts-, Beschwerde-, Einsichts- und Verbreitungsrechte** „interner" Dritter,
  zB Beschäftigter gem. §§ 10, 12 Abs. 1 u. 2 EntgTranspG;
– **behördliche** oder **gerichtliche** Auskunfts-, **Offenlegungs- oder Vorlagerechte**,
  zB gem. § 10 Abs. 2 BImSchG, § 50c Abs. 1, 2, § 165 Abs. 3 GWB sowie der

---

146 OVG Berlin-Brandenburg, NVwZ 2019, 1372 Rn. 58 ff. Zur Einordnung von Brennofenabgaswerten VGH Mannheim, BeckRS 2017, 107154 Rn. 38 ff., 52 ff.
147 So OVG Berlin-Brandenburg, NVwZ 2019, 1372 Rn. 53, 60; becklink 2012710.
148 Zu ihrer Konturierung näher *Brammsen*, ZIP 2016, 2193, 2199; s. auch *Drescher*, S. 118 f.
149 Wie hier auch *Drescher*, S. 119 f.
150 Dazu: OLG Frankfurt, GWR 2016, 171 Rn. 28 ff.; OLG Rostock, BeckRS 2017, 117335 Rn. 20 ff., 40 f.; *Bakowitz*, S. 172 ff., 206 ff.; *Daimagüler*, wistra 2017, 180, 183 f.
151 Zum Beihilferecht der EU-BeihilfeverfahrensO 734/2013 näher *Kerkmann/Proelß*, VerwArch 2017, 52 ff.
152 OLG Düsseldorf, BeckRS 2020, 188 Rn. 20 (Negativbescheid); s. auch LG Hannover, NZKart 2021, 127, 129; VG Köln, NZKart 2020, 555 ff.; *Hornkuhl/Melzer*, NZKart 2021, 214, 217; *Melzer*, S. 59 ff.
153 Dazu restriktiv EuGH, WM 2018, 1211 Rn. 31 ff., 46.
154 § 5 Abs. 3 Satz 1 Nr. 3 SchadRegProtAG; § 9 Abs. 1 Nr. 3 UIG (dazu OVG Berlin-Brandenburg, NVwZ 2019, 1372 Rn. 61 ff.); LG Hannover, NZKart 2021, 127, 128 f. – Altbatterien; *Freund*, GRUR Int. 2019, 1161; *Hornkuhl/Melzer*, NZKart 2021, 214, 216 ff.; *Melzer*, S. 65 ff., 200 ff.; *Rombach*, GRUR 2021, 334 ff.

Einl. A Geschäftsgeheimnisschutz – Daten und Fakten

internationalen Rechtshilfe, zB Pretrial Discovery- oder Disclosure Verfahren;[155]
- energie-, post- und telekommunikationsrechtliche (Abruf-)**Bereitstellungs**-, Auskunfts-, Austausch-, Berichts-, Offenlegungs- und **Vorlagepflichten** der Diensteanbieter, Netzbetreiber und Aufsichtsbehörden ua. gem. § 31 Abs. 1 ARegV; § 21a EnWG; §§ 8, 21 Abs. 1–3 NABEG; § 10a StromStG;[156]
- journalistische, presserechtliche oder parlamentarische **Anfragen**;[157]
- Auskunfts-, Beschlagnahme-, Einsichts- und Rückrufrechte etc. (vermeintlich) **Verletzter** oder involvierter Dritter (zB Nebenintervenienten), auch im neuen Geschäftsgeheimnisgesetz;[158]
- **Zugang** zu Beitragsbemessungen oder Rabattvereinbarungen in Krankenkassensachen.[159]

d) Ausblick

21 Die zunehmende Häufigkeit entsprechender Zugangs- oder Zugriffsstreitigkeiten verbreitet die innergesellschaftliche Transparenz und Akzeptanz politischer, behördlicher oder betrieblicher Abläufe, zeigt jedoch in Gestalt von Personal- und Sachkosten durchaus auch **negative Begleitkosten**. Diesen Spagat zwischen singulärer „Informationsfreigabe" und anfallender Gemeinkostenlasten ausgewogen austarieren lässt sich nicht durch den gesetzgeberischen Ausbau in die eine oder die andere Richtung oder die „Indienstnahme" privater Hilfsakteure bewältigen. Als Ausdruck einer privat- wie staatsseitig zu konstatierenden, innergesellschaftlich prosperierenden Misstrauenskultur ist er nicht rein einseitig präferierend, sondern nur ausgewogen in **praktischer Konkordanz** zu lösen. Andernfalls droht das Ge-

---

[155] Zu Letzterem BGHSt 22, 222, 228; BayObLG, BeckRS 2020, 31524 Rn. 25 ff.; US Court of Appeals (3.rd Circuit) GRUR Int. 2011, 359 ff. – Heraeus v. Esschem, „Knochenzement I"; US Court of Appeals (7.th Circuit) GRUR Int. 2011, 361 ff. – Heraeus v. Biomet, „Knochenzement II".
[156] BGH, RdE 2019, 116 Rn. 24 ff.; OLG Düsseldorf, RdE 2018, 140 Rn. 46 ff.; OLG Brandenburg, Beschl. v. 10.7.2017 – 6 Kart 1/17 (juris Rn. 51 ff.); bemerkenswert restriktiv BGH, NZWiSt 2017, 79 Rn. 3 ff., 8 ff.; *Grünewald*, S. 267 ff.; vertiefend *Büdenbender*, RdE 2020, 221 ff.
[157] Anfragen zu Staatsunternehmen bzw. -behörden: EUGH, GRUR 2019, 209 Rn. 34 ff. – NKBM; BVerfG, NVwZ 2018, 51 Rn. 195 ff., 261 ff. – Deutsche Bahn; BVerwG, WM 2020, 1308 Rn. 16 f., 23 f. und VGH Kassel, NVwZ 2020, 1372 Rn. 26 ff. – Bafin; OVG Berlin-Brandenburg, BeckRS 2019, 33176 Rn. 5 ff. – BMVI; OVG Münster v. 28.1.2019 – 15 B 624/18 (juris Rn. 13 f., 30 ff.) – Bundesrechnungshof; VGH Mannheim, NVwZ 2018, 30 Rn. 50 ff. – Stuttgart 21. Zum Thema „Geländewagen" VG Köln, BeckRS 2016, 44365; zum Informationsfreiheitsrecht OVG Weimar, AfP 2020, 425 Rn. 9 ff. Zur Informationsbeschaffung der Medien der gleichnamige Beitrag von *Gurlit*, AfP 2020, 9 ff.
[158] BGH, WM 2021, 705 Rn. 8 ff., 15 ff.; OLG Düsseldorf, GRUR-RR 2021, 97 Rn. 28 ff., 40 ff. – Servicemodul; OLG Köln, WRP 2017, 728 Rn. 13 ff., 20 ff. – Quellcode; LG München I, MMR 2020, 717 Rn. 6. Zu Beschränkungen ÖOGH, EvBl-LS 2018/24.
[159] Vgl. BGH, WM 2021, 705 Rn. 8 ff., 15 ff.; OVG Münster, BeckRS 2018, 32182 Rn. 60 ff., 96 ff.; s. auch §§ 7 f. GeschGehG.

schäftsgeheimnis unter dem Dominat öffentlicher Interessen seinen jetzt schon löcherigen Bestandsschutz schrittweise bis zur Bedeutungslosigkeit zu verlieren.

II. Forschungsstand

1. Rückblick

Obwohl Geheimnisverrat und Wirtschaftsspionage kein branchenspezifisches Phänomen sind und ihre Normierung inzwischen auf eine vielhundertjährige Tradition zurückblicken kann, nehmen dogmatische Arbeiten zu dieser Problematik in dem breiten Spektrum rechtswissenschaftlicher Abhandlungen nur einen schmalen Raum ein. Zwar hat der deutsche Geschäftsgeheimnisschutz im Verlaufe des 20. Jahrhunderts mancherlei Verbesserungen und erhebliche Erweiterungen erfahren,[160] umfassendere Aufarbeitung jedoch erstmals im Vorfeld und Gefolge der Know-how-RL 2016/943/EU mit dem nunmehrigen Geschäftsgeheimnisgesetz (GeschGehG) vom 26.4.2019. Dieser bemerkenswerte Umstand findet seine Erklärung in dem anhaltend **unkoordinierten Nebeneinander** von zivil-, öffentlich- und strafrechtlichen Vorschriften, hat der Schutz von Geschäftsgeheimnissen doch erst nur bruchstückhaft und in Verbindung mit anderen Geheimnissen Aufnahme in das nationale Recht gefunden. Dabei war es durchweg das **Strafrecht** mit seinen vielfältigen Regelungen in mehr oder weniger abseits gelegenen Vorschriften anderer Rechtsgebiete, etwa im AktG, im BetrVG, im PublG, im SGB IX oder im UWG,[161] welches sich so schrittweise über die Jahrzehnte zur „**Stammheimat**" des Geheimnisschutzes entwickeln konnte. Dergestalt wirkmächtig „vorprogrammiert" orientierten sich die Darstellungen oftmals an den wettbewerbsbezogenen Aspekten des Geheimnisschutzes, während die übrigen gesetzlichen Regelungen in der Diskussion allenfalls am Rande angesprochen wurden. Zudem wurde die (heute in den §§ 203 f. festgeschriebene) Nähe zum strafgesetzlichen Privatgeheimnisschutz zu einem jahrzehntelangen Hindernis für eine ausschließlich dem Geschäftsgeheimnis zugewandte Betrachtung: Eindeutig im Vordergrund des allgemeinen wie auch des gesamten rechtswissenschaftlichen Interesses stehend, hat die überfällige Aufarbeitung der gesetzgeberischen Lücken im Schutz des allgemeinen Persönlichkeitsrechts und seiner speziellen Ausformulierungen die gesonderte Erörterung eines gebietsübergreifend angelegten Rechtsschutzes ungewollt erschwert und zur Ausnahme werden lassen.

22

2. Entwicklung

Erst in den letzten vier Jahrzehnten gelang es dem Thema Geschäftsgeheimnisschutz, stärker in den Fokus des Rampenlichts zu treten. Während die „**erste Welle**"

23

---

160 Strafrechtlich zuletzt in größerem Umfang durch das 2. WiKG vom 15.5.1986 (BGBl. I, 721 ff.), das die lauterkeitsrechtlichen Geschäftsgeheimnisdelikte der §§ 17 ff. UWG teilweise grundlegend umgestaltete.
161 Vgl. die Nachweise in Fn. 27.

Einl. A   Geschäftsgeheimnisschutz – Daten und Fakten

in den 1990er Jahren mit knapp 30 einschlägigen Monographien noch recht übersichtlich verlief,[162] entwickelte sich im Gefolge der Digitalisierung und Globalisierung seit der **Millenniumswende** eine wahre **Flut** von mehr als 130 Werken. Dabei ist das anfänglich noch dominierende Strafrecht[163] längst durch spezielle Arbeiten zu nahezu allen **Rechtsbereichen** verdrängt worden, an deren Spitze inzwischen unangefochten Schriften zum Informations(freiheits-)recht stehen.[164] Daneben reicht, ausgehend von der Rechtsgeschichte,[165] das Verfassungs-[166] und das (allgemeine) Verwaltungs(verfahrens)recht,[167] das Spektrum über das Arbeits-,[168] das Finanz- und Kapitalmarktrecht,[169] das Gesellschafts-,[170] das Kartell-,[171] das Umwelt-,[172] das öffentliche Wirtschafts-[173] und das allgemeine Zivilrecht[174] hinaus in das gesamte Schieds-,[175] Straf-[176] und Zivilverfahrensrecht,[177] Aufarbeitungen zum ausländischen,[178] europäischen[179] und supranationalen Recht[180] bis hin zur Rechtsvergleichung[181] und aus betriebswirtschaftlicher Sicht.[182] Zu diesen eher übergreifend angelegten kommen nunmehr verstärkt andere Werke hinzu, die sich vornehmlich mit **Einzelfragen** wie dem Geheimnisbegriff,[183] einzelnen Tathandlun-

---

162 Vgl. die für 1990–1999 im Literaturverzeichnis angegebenen themenspezifischen Schriften.
163 *Nathusius*, 2001; *Ulfkotte*, 2001; *Lux*, 2002; *Krutisch*, 2004; *Aldoney Ramirez*, 2009; *Schaaf*, 2009; *Wawrzinek*, 2010; *Föbus*, 2011; *Sendzik*, 2014; *Kochheim*, 2015; *Hofer/Weiß*, 2016; *Schumann*, 2016; *Breitenbach*, 2017; *Carl/Kilchling/Knickmeier/Wallwaey*, 2017; *Drescher*, 2019.
164 *Kugelmann*, 2001; *Pohl*, 2002; *Partsch*, 2002; *Rossi*, 2004; *Püschel*, 2006; *Roth*, 2006; *Griebel*, 2007; *Häusermann*, 2009; *Siben*, 2009; *Perwin*, 2010; *Pfaff*, 2010; *Hong*, 2011; *Kloepfer*, 2011; *Haas*, 2012; *Zech*, 2012; *Hercher*, 2013; *Boddenberg*, 2015; *Dürr*, 2015; *Lederer*, 2015; *Prinz*, 2015; *Wolf*, 2015; *Jung*, 2018.
165 *Stechow*, 2002; *Slawik*, 2017.
166 *Glöckner*, 2005; *Beyerbach*, 2012; *Goldhammer*, 2012; *Kuhn*, 2015; *Wolf*, 2015; *Cha*, 2016; *Gajeck*, 2018.
167 *Jansen*, 2002; *Palm*, 2002; *Schüly*, 2006; *Frank*, 2008; *Benedikt*, 2013.
168 *Weber*, 2000; *Wickihalder*, 2004; *Wodtke/Richters*, 2004; *Schauenburg*, 2011; *Rieble*, 2012; *Schwipper*, 2012; *Roßnagel/Hentschel*, 2016; *Blume*, 2018.
169 *Glück*, 2005; *Fischer*, 2012; *Petsch*, 2012; *Spindler*, 2012; *Rudkowski*, 2016.
170 *Karasu*, 2003; *Selbach*, 2015.
171 *Eberz*, 2000; *Richrath*, 2001; *Simon*, 2005; *Kehl*, 2006; *Sanner*, 2014; *Melzer*, 2020.
172 *Tege*, 2000; *Pisani*, 2001; *Fischer*, 2003; *Schmillen*, 2003; *Strohmeyer*, 2003; *Thurnherr*, 2003; *Wagenknecht*, 2005; *Willbrand*, 2006; *Rinke*, 2009.
173 *Hausberg*, 2004; *Zykan*, 2004.
174 *Saß*, 2002; *Kalbfus*, 2011; *Fischer*, 2012; *Dorner*, 2013; *Wagner*, 2016.
175 *Geiben*, 2001; *Ritz*, 2007; *Sawang*, 2010; *Seegers*, 2014; *Kahlert*, 2015.
176 *Spellerberg*, 2006; *Gstöhl*, 2008; *Stein*, 2013; *Schumann*, 2016.
177 *Rausch*, 2010; *Ann/Hauck/Maute*, 2011; *Gniadek*, 2011; *Siebert*, 2011; *Stäuber*, 2011; *Götz*, 2012; *Bahner*, 2013; *Malmström*, 2013; *Liarakos*, 2013; *Götz*, 2014; *Wrede*, 2014; *Winzer*, 2018.
178 *Meitinger*, 2001; *Shan*, 2001; *Schramböck*, 2001; *Böttcher*, 2004; *Stückelberger*, 2004; *Viskorf*, 2004; *Sehirali*, 2004; *Paul*, 2009; *Häusermann*, 2009; *Stäuber*, 2011; *Sieben*, 2012; *Liarakos*, 2013.
179 *Wewers*, 2003; *Meltzians*, 2004; *Spellerberg*, 2006; *Wiese*, 2018.
180 *Meili*, 2000; *Reger*, 2000; *Müller*, 2003; *Ibbeken*, 2004; *Sasdi*, 2001.
181 *Mola Galvan*, 2001; *Sehirali*, 2004; *Hillenbrand*, 2017.
182 *Nienaber*, 2019.
183 *Hillenbrand*, 2017; *Rody*, 2019.

gen[184] oder aktuellen Themen wie Discovery,[185] Due Diligence,[186] Outsourcing,[187] Reverse Engineering,[188] oder momentan besonders dem Whistleblowing[189] befassen. Begleitet von einer wachsenden Anzahl Praxishandbücher[190] ist das Thema „Geschäftsgeheimnisschutz" so binnen weniger Jahrzehnte aus dem Schatten eines juristischen „Stiefkind-Daseins"[191] heraus in das grelle Licht des allgemeinen Interesses getreten.

III. Resümee

Gleichwohl gilt: Das strafrechtliche wie das außerstrafrechtliche Geschäftsgeheimnisrecht ist dessen ungeachtet allenfalls in Ansätzen und Randbereichen systematisiert und auf eine einheitliche dogmatische Grundlage gestellt. Noch immer werden die Anwendungsbereiche der schutzgewährenden Vorschriften nicht klar voneinander abgegrenzt, bleiben auffällige Überschneidungen und Wiederholungen unbeanstandet.[192] Durchweg erschöpfen sich die Darstellungen in der **Erörterung von Einzelproblemen** bzw. Einzelbereichen und verkennen vorhandene Beziehungszusammenhänge. Deshalb wird die Auseinandersetzung um die geheimniskonstituierenden Merkmale oft auch in Adaption an die Parallelproblematik beim Privatgeheimnis geführt und dringt nicht zu den Kernfragen der Existenzberechtigung des subjektiven Begriffselements vor. Ähnliche Mängel weist die **Schutzgutdiskussion** auf: Stark an bereichsspezifischen Besonderheiten der jeweiligen „Heimatgesetze" orientiert, konzentriert sie sich nicht auf ein gemeinsames deliktsprägendes (Kern-)Rechtsgut und wendet den verfassungsrechtlichen Vorgaben kaum die gebotene Beachtung zu. **Unerörtert** bleibt weiterhin die Frage nach den Charakteristika der einzelnen tatbestandlich verbotenen Handlungen, der Täter und ihrer Tatmotive[193] oder den Gemeinsamkeiten bzw. Unterschieden der enumerativ aufgezählten Erlangungs-, Weitergabe- und Nutzungserlaubnisse. Gleiches gilt auch nach der Etablierung des neuen „Stammgesetzes" für weitere Einzelfragen zu den verschiedenen Ansprüchen, ihrer prozessualen Ausgestaltung

---

184 *Weidener*, 2004; *Greco*, 2010; *Schuldt*, 2011; *Vlantas*, 2014.
185 *Ibbeken*, 2004; *Meyer*, 2013; *Adler*, 2014; *Brandt*, 2015; *Reiling*, 2016.
186 *Eggenberger*, 2001; *Angersbach*, 2002; *Peters*, 2002; *Zirngibl*, 2003; *Koch*, 2006; *Bussian*, 2008; *Kerger*, 2014; *Resch*, 2015; *Selbach*, 2015; *Peters*, 2016.
187 *Bohnstedt*, 2005; *Gutmann*, 2007; *Sosna*, 2015.
188 *Kochmann*, 2009; *Schweyer*, 2012; *Klein*, 2019.
189 *Deiseroth*, 2001; *Leisinger*, 2003; *Hartung*, 2006; *Schult*, 2008; *Donato*, 2009; *Lutterbach*, 2011; *Schemmel/Ruhmannseder/Witzigmann*, 2012; *Brungs*, 2016; *Edwards*, 2017; *Kreis*, 2017; *Niermann*, 2019; *Schenkel*, 2019; *Schweizer*, 2019; *Sixt*, 2020; *Redder*, 2020.
190 *Ann/Loschelder/Grosch*, 2010; *Westermann*, 2007; *Wurzer/Kaiser*, 2011; *Kersten/Klett*, 2014; *Kurz*, 2019.
191 *Ann*, Know-how – Stiefkind des Geistigen Eigentums, GRUR 2007, 39 ff.
192 Selbst im Strafrecht; vgl. nur § 203 Abs. 1 Nr. 3 einer- und §§ 404 Abs. 1 Nr. 2 AktG, 151 Abs. 1 Nr. 1 GenG, 19 Abs. 1 PublG, 315 Abs. 1 Nr. 2 UmwG, 138 Abs. 1 Nr. 1 VAG andererseits.
193 Verdienstvoll dazu jüngst *Drescher*, S. 123 ff.

Einl. A Geschäftsgeheimnisschutz – Daten und Fakten

und verfahrensrechtlichen Schutzvarianten[194] – „angemessene Geheimhaltungsmaßnahmen" im Unterlassungsverfahren eröffnen mit der Dringlichkeit und Glaubwürdigkeit erneut ein „altes" Hauptthema.[195] Insgesamt ist die Forschung nicht über bestenfalls teilweise befriedigende Erkenntnisse hinausgekommen und überall macht sich das Fehlen einer übergeordneten und systematisierenden Ausrichtung bemerkbar. Die Verästelungen, aber auch die Zusammenhänge des nunmehr „mindestharmonisierten" Geheimnisschutzes sind weiterhin mehr schemenhaft erahnt als erfasst – sie haben sich nur stärker in das Zivilrecht „verlagert".

25 Die Struktur der Geschäftsgeheimnisse und ihres rechtlichen Schutzes kann allerdings nicht durch eine bloß kompilatorische und in austauschbarer Reihenfolge stattfindende **eklektische Kommentierung** einzelner Vorschriften aufgedeckt werden. Es bedarf vielmehr eines normen- und gesetzeübergreifenden Ansatzes, der in Übereinstimmung mit den unrechtsbezogenen Grundsätzen und Instituten der allgemeinen Straf-, Verwaltungs- und Zivilrechtslehre ein erweiterungsfähiges System entwickelt,[196] das der inneren Verbundenheit der bereichsspezifischen Regelungsmaterie Rechnung trägt. Nur wenn alle einschlägigen Vorschriften so nach einheitlichen Einteilungsprinzipien geordnet werden, dass diese gleichzeitig und im Einklang mit den „Bausteinen" der jeweiligen Allgemeinen Teile den Rahmen und die Koordinaten des **Ordnungsgefüges** bilden, nur dann können die Eigentümlichkeiten der Geschäftsgeheimnisdelikte offenbart werden, ohne zugleich einzelne, teilweise bereits bekannte Aspekte zu sehr in den Vordergrund zu rücken oder allgemeine Grundlagen zu vernachlässigen. Dann erhellt die systematische und einheitlichen Kriterien folgende Analyse Gemeinsamkeiten und verborgene Zusammenhänge, ermöglicht die Bildung kleinerer, genau umrissener Untergruppen und überwindet den Pragmatismus der bisherigen gesetzlichen Einzelfallregelungen. Nicht die noch so vollständige Abarbeitung von Einzelproblemen, erst die bruchlose Einordnung in eine Einheit schaffende **Systematik** liefert verlässliche Vorgaben für die jeweilige Rechtsanwendung, für künftige Gesetzgebungsvorhaben und für die im Interesse eines möglichst effektiven und gleichartigen Geheimnisschutzes dringend notwendige Rechtsangleichung bzw. Rechtsvereinheitlichung.

---

[194] Vgl. nur (gesetzesübergreifend) zu Auskunfts-, Besichtigungs- und Rechnungslegungsansprüchen zuletzt *Hauck*, GRUR 2020, 817 ff. und *Haedicke*, GRUR 2020, 785 ff.; zu verfahrensrechtlichen Verschwiegenheitsverpflichtungen OLG Düsseldorf, GRUR-RR 2021, 97 Rn. 24 ff., 40 ff. – Servicemodul.

[195] Vgl. nur OLG Hamm, WRP 2021, 223 Rn. 152 ff. – Stopfaggregate; OLG München, WRP 2019, 1375 Rn. 15 ff.; ÖOGH v. 10.1.2020 – 9ObA7/20Z; LAG Düsseldorf, GRUR-RS 2020, 23408 – PU-Schaum.

[196] Eingehender zum Denken in offenen (und beweglichen) Systemen *Bottke*, S. 104 ff.; *Canaris*, S. 62 ff., 74 ff.; *Otto*, ARSP 55 (1969), 493, 508 ff.; *Schluep*, in: FS Giger, S. 561 ff. Ein schönes, denn extrem seltenes Musterbeispiel strukturellen Denkens bietet *Hruschka*, Rechtstheorie 22 (1991), 449 ff.

Einleitung B

Gesetzliche Entwicklung des Geschäftsgeheimisschutzes in Deutschland

Schrifttum: *Alexander-Katz*, Die unredliche Konkurrenz, 1892; *André*, Ob es rathsam ist, das Strafgesetzbuch dahin zu ergänzen, daß der Verrath von Geschäfts- und Fabrikgeheimnissen als Vergehen strafbar ist. Gutachten erstattet für den 19. Deutschen Juristentag 1888, Verhandlungen des 19. Deutschen Juristentages 1888, Bd. 1, S. 71; *Ann*, Know-how – Stiefkind des Geistigen Eigentums?, GRUR 2007, 39; *ders.*, EU-Richtlinie zum Schutz vertraulichen Know-hows – Wann kommt das neue deutsche Recht, wie sieht es aus, was ist noch offen?, GRUR-Prax 2016, 465; *Brammsen*, Reformbedürftig! – Der Regierungsentwurf des neuen Geschäftsgeheimnisschutzgesetzes, BB 2018, 2446; *Brunstein*, Der Schutz des Fabriks- und Geschäftsgeheimnisses. Vortrag gehalten im Niederösterreichischen Gewerbeverein am 25. Februar 1887, 1887; *Damme*, Der Schutz der Geschäfts- und Betriebsgeheimnisse, Preußische Jahrbücher 1895, S. 62; *Dannecker*, Der Schutz von Geschäfts- und Betriebsgeheimnissen, BB 1987, 1614; *Dumont*, Happy End für ein Stiefkind? – Regierungsentwurf zur Umsetzung der Know-how-Richtlinie, BB 2018, 2441; Eingabe des Vereins Deutscher Ingenieure an das Königlich Preußische Ministerium für Handel und Gewerbe betr. den Schutz des Fabrikgeheimnisses vom 18. October 1886, Zeitschrift des Vereins Deutscher Ingenieure 1886, S. 950; *Forkel*, Zur Übertragbarkeit geheimer Kenntnisse, in: FS Schnorr von Carolsfeld, 1972, S. 105; *Freudenstein*, Ueber den Schutz gewerblicher und technischer Geheimnisse durch die Gesetzgebung, Archiv für Strafrecht 1884, S. 265; *Friedlaender*, Der strafrechtliche Schutz des Geschäfts- und Betriebsgeheimnisses, 1903; *E. Hauck*, Wirtschaftsgeheimnisse – Informationseigentum kraft richterlicher Rechtsfortbildung?, 1987; *R. Hauck*, Geheimnisschutz im Zivilprozess – was bringt die neue EU-Richtlinie für das deutsche Recht?, NJW 2016, 2218; *ders.*, Was lange währt ... – Das Gesetz zum Schutz von Geschäftsgeheimnissen (GeschGehG) ist in Kraft, GRUR-Prax 2019, 223; *Hauß*, Gesetz zur Bekämpfung des unlauteren Wettbewerbs. Vom 27. Mai 1896, 1896; *Kalbfus*, Die EU-Geschäftsgeheimnis-Richtlinie. Welcher Umsetzungsbedarf besteht in Deutschland?, GRUR 2016, 1009; *Katz*, Ergänzung des Reichs-Strafgesetzbuch durch Bestrafung des Verraths an Geschäfts- und Fabrikgeheimnissen. Vortrag gehalten im Verein zur Beförderung des Gewerbefleißes, Sitzungsberichte des Vereins zur Beförderung des Gewerbefleißes 1888, S. 285; *ders.*, Der unlautere Wettbewerb (Concurrence déloyale). Vortrag, gehalten im Deutschen Verein für den Schutz des gewerblichen Eigentums am 29. Februar 1892, Zeitschrift für gewerblichen Rechtsschutz 1892, S. 7, 20; *ders.*, Der Verrat der Fabrik- und Geschäftsgeheimnisse. Vortrag, gehalten in der juristischen Gesellschaft zu Berlin, Zeitschrift für gewerblichen Rechtsschutz 1892, S. 81; *Keller*, Der strafrechtliche Schutz des Betriebs- und Geschäftsgeheimnisses, 1905; *Kesper-Biermann*, Einheit und Recht, 2009; *Klippel*, Historische Wurzeln und Funktionen von Immaterialgüter- und Persönlichkeitsrechten im 19. Jahrhundert, ZNR 1983, 132; *Kohler*, Geschäftsgeheimniß. Verletzung und Versuch der Verletzung, Aus dem Patent- und Industrierecht 1889, S. 91; *ders.*, Der unlautere Wettbewerb, 1914; *Kohlrausch*, Industriespionage, ZStW 1929, 30; *Kraßer*, Grundlagen des zivilrechtlichen Schutzes von Geschäfts- und Betriebsgeheimnissen sowie von Know-how, GRUR 1977, 177; *Lejeune*, Das Geschäftsgeheimnisgesetz. Anmerkungen zur Umsetzung der EU-Richtlinie 2016/943, ITRB 2018, 140; *Lubszynski*, Die bisherigen Wirkungen und die Reformbedürftigkeit des deutschen Wettbewerbsgesetzes, Unlauterer Wettbewerb 1904/05, S. 69; *Mayer*, Die concurrence déloyale. Ein Beitrag aus dem französischen Rechte vom geistigen Eigenthum, Zeitschrift für das gesamte Handelsrecht 1881,

Einl. B Gesetzliche Entwicklung des Geschäftsgeheimisschutzes in Deutschland

S. 363; *McGuire*, Know-how: Stiefkind, Störenfried oder Sorgenkind? Lücken und Regelungsalternativen vor dem Hintergrund des RL-Vorschlages, GRUR 2015, 424; *Mes*, Arbeitsplatzwechsel und Geheimnisschutz, GRUR 1979, 584; *Nastelski*, Der Schutz des Betriebsgeheimnisses, GRUR 1957, 1; *Ohly*, Der Geheimnisschutz im deutschen Recht: heutiger Stand und Perspektiven, GRUR 2014, 1; *ders.*, Das neue Geschäftsgeheimnisgesetz im Überblick, GRUR 2019, 441; *Oppenhoff*, Die strafbare Verletzung fremder Geheimnisse, 1928; *Ortloff*, Zum Schutze der Geschäftsgeheimnisse. Ein wirthschaftlicher wie strafrechtlicher Vorschlag, Jahrbuch für Gesetzgebung, Verwaltung und Volkswirthschaft 1883, 229; *ders.*, Zur Wahrung des Geschäftsgeheimnisses, Neuste Nachrichten und Münchener Anzeiger 1885, Nr. 136, S. 1; Nr. 140, S. 9; Nr. 143/145, S. 2; *ders.*, Zum Schutze der Geschäftsgeheimnisse, Deutsche Industrie-Zeitung 1885, S. 231; *ders.*, Das Individualrecht auf Bewahrung der Geschäftsgeheimnisse, Archiv für Theorie und Praxis des Allgemeinen Deutschen Handels- und Wechselrechts 1886, S. 229; *Passarge*, Der Entwurf eines Gesetzes zum Schutz von Geschäftsgeheimnissen (GeschGehG) – Das Gegenteil von gut gemacht ist gut gemeint, CB 2018, 144; *Peukert*, Güterzuordnung als Rechtsprinzip, 2008; *ders.*, „Sonstige Gegenstände" im Rechtsverkehr, in: Unkörperliche Güter im Zivilrecht, hrsg. v. Stefan Leible u. a., 2011, S. 95; *Pieper*, Der Erfindungsschutz und die Reform der Patentgesetze. Amtlicher Bericht über den Internationalen Patent-Congress zur Erörterung der Frage des Patentschutzes, 1873; *Reuling*, Ueber den Rechtsschutz von Fabrikations- und Geschäftsgeheimnissen, Die chemische Industrie 1895, S. 344; *Schmid*, Der gesetzliche Schutz der Fabrik- und Geschäftsgeheimnisse in Deutschland und im Auslande, 1907; *Schmidt*, Bedarf das Betriebsgeheimnis eines verstärkten Schutzes?, Verhandlungen des 36. Deutschen Juristentages, Bd. 1, 1930, S. 101; *F. Schuler*, Der Verrat von Betriebsgeheimnissen, 1912; *H. Schuler*, Die Concurrence déloyale, 1895; *Schwarz*, Industriespionage, 1937; *Schramm*, Betriebsspionage und Geheimnisverrat, 1930; *Seligsohn*, Geheimnis und Erfindungsbesitz, 1921; *v. Siemens,*: Denkschrift des Aeltestencollegiums der Berliner Kaufmannschaft an den Königl. Preuss. Minister für Handel, Gewerbe und öffentliche Arbeiten, Annalen des Deutschen Reichs für Gesetzgebung, Verwaltung und Volkswirtschaft, Bd. 2, 1869, S. 42; *Simon*, Die Concurrence Déloyale. Ihr Begriff und ihre Behandlung im Civil- und Strafrecht, 1894; *Slawik*, Die Entstehung des deutschen Modells zum Schutz von Unternehmensgeheimnissen, 2017; *v. Stechow*, Das Gesetz zur Bekämpfung des unlauteren Wettbewerbs vom 27. Mai 1896, 2002; *Wischermann/Nieberding*, Die institutionelle Revolution, 2004.

Übersicht

	Rn.
I. Der Zeitraum bis zum UWG von 1896	1
1. Der Schutz von Geschäftsgeheimnissen in den Strafgesetzbüchern der deutschen Staaten	1
2. Das Reichsstrafgesetzbuch von 1871 und das Ende des Schutzes für Geschäftsgeheimnisse	5
II. Die (Wieder-)Einführung des Schutzes von Geschäftsgeheimnissen im UWG von 1896	9
1. Der Weg zur gesetzlichen Lösung	10
2. Die einzelnen Diskussionspunkte	16
a) Vereinbarkeit mit der Gesetzgebung zum Schutz des Geistigen Eigentums	17
b) Die rechtswissenschaftliche Grundlage des Schutzes von Geschäftsgeheimnissen	22
c) Systematische Stellung im UWG	26
d) Geheimnisschutz und Arbeitnehmerinteressen	31
e) Die Gründe für die Wahl eines strafrechtlichen Schutzes	36

	Rn.		Rn.
III. Die weitere Entwicklung bis zum GeschGehG..............	40	b) Das Bürgerliche Gesetzbuch und der Schutz von Geschäftsgeheimnissen....	52
1. Der begrenzte Ausbau des strafrechtlichen Schutzes.....	41	3. Die Diskussion über die Grundlagen des Schutzes von Geschäftsgeheimnissen.......	56
a) Die UWG-Reform des Jahres 1909..............	41	a) Die Diskussion bis zum Zweiten Weltkrieg.........	56
b) Die Verordnung des Reichspräsidenten zum Schutze der Wirtschaft (1932)......	44	b) Das Dücko-Geheimverfahren-Urteil und die folgende Diskussion.......	59
c) Die Änderungen durch das Zweite Gesetz zur Bekämpfung der Wirtschaftskriminalität (1986)........	46	IV. Das GeschGehG...............	61
		1. Die Ausgangslage...........	61
d) Die UWG-Reformen der Jahre 2004 und 2008.......	48	2. Gesetzgebungsverfahren und gesetzliche Lösung...........	65
2. Der zivilrechtliche Schutz.....	49	3. Das neue Gesetz in der rechtshistorischen Perspektive......	71
a) Die Suche nach Alternativen zum gesetzlichen Ausbau des strafrechtlichen Schutzes.............	49		

I. Der Zeitraum bis zum UWG von 1896

1. Der Schutz von Geschäftsgeheimnissen in den Strafgesetzbüchern der deutschen Staaten

Der Schutz von Geschäftsgeheimnissen durch im individuellen Interesse erlassene **1** Normen reicht bis zum **Anfang des 19. Jahrhunderts** zurück. Beginnend mit dem **bayerischen Strafgesetzbuch von 1813**, das in seinem Art. 396 eine Bestimmung zum Schutz gegen ein Eindringen in fremde Geschäftsgeheimnisse enthielt,[1] nahm eine große Zahl der Gesetzgeber der im 19. Jahrhundert entstehenden **Strafgesetzbücher der souveränen deutschen Staaten** in diese Gesetzeswerke derartige Normen auf.[2] Typischerweise wurde ein Schutz sowohl gegen ein **Eindringen** in fremde Geheimnisse wie auch gegen deren **Verrat** (insbes. durch Arbeitnehmer) gewährleistet.[3] Entsprechende **zivilrechtliche Bestimmungen** existierten **nicht**.[4]

---

1 Hierzu *Slawik*, S. 59 ff.
2 Hierzu *Friedlaender*, S. 165 ff.; *Schmid*, S. 39 ff.; *Schwarz*, S. 22 ff.; *v. Stechow*, S. 57 ff.; eingehend *Slawik*, Kap. 2.
3 So zB Art. 285 und 320 des ab dem Jahre 1852 in Kraft gesetzten sog. Thüringischen Strafgesetzbuchs (Strafgesetzbuch für das Großherzogtum Sachsen-Weimar-Eisenach, die Herzogtümer Sachsen-Meiningen, Sachsen-Coburg-Gotha, Anhalt-Dessau und Köthen, und die Fürstentümer Schwarzburg-Rudolfstadt, Schwarzburg-Sonderhausen und Reuß jüngere Linie, im Folgenden zit. nach Sammlung der deutschen Strafgesetzbücher, hrsg. v. *Melchior Stenglein*, Bd. 3, 1858:
„Art. 285 Eindringen in fremde Geheimnisse.
Wer unbefugter und eigenmächtiger Weise an einen Anderen gerichtete Briefe, oder Urkunden, Handelsbücher oder sonstige Papiere eines Anderen, welche geheim gehalten zu werden pflegen, eröffnet, liest, abschreibt, oder abschreiben läßt, oder sich in gleicher Weise Kenntniß von geheimen

Einl. B   Gesetzliche Entwicklung des Geschäftsgeheimisschutzes in Deutschland

2   Die Aktivitäten der Gesetzgeber erklären sich vor dem Hintergrund der sich im **19. Jahrhundert** vollziehenden **Veränderungen im Wirtschaftsleben**, die sowohl zu einer **größeren Relevanz** wie auch zu einer stärkeren Gefährdung von Geschäftsgeheimnissen führten[5]: Wissen, dessen Gewinnung regelmäßig privat finanziert wurde, stellte in der sich industrialisierenden Wirtschaft in zunehmendem Maße den entscheidenden Produktionsfaktor dar. Die Güterproduktion verlagerte sich von noch eher persönlich geprägten Produktionsformen (Werkstatt, Verlag, Heimarbeit, Manufaktur) in die – kapitalistisch organisierten und arbeitsteilig arbeitenden – neuartigen Fabriken, deren Belegschaft und sonstige Größe stetig wuchsen. Auf den zunehmend von Zollschranken befreiten, durch neue Transport- und Kommunikationsmittel immer engen verbundenen und transparenter werdenden Märkten herrschte ein intensiver werdender Wettbewerb. Damit existierte *erstens* eine größere Zahl von wettbewerbsrelevanten Geschäftsgeheimnissen, die verraten werden konnten, *zweitens* mehr Wissensträger, die als potenzielle Verräter in Frage kamen, sowie *drittens* mehr Wettbewerber, die mögliche Nachfrager für Geschäftsgeheimnisse darstellten. Hier griffen die Gesetzgeber zugunsten der Unternehmer ein und schützen Geschäftsgeheimnisse in deren privaten Interesse.

3   Eine **individuelle Schutzrichtung** der Normen zum Geheimnisschutz war eine **revolutionäre Neuerung**.[6] Sie fällt in den Kontext des sich im 19. Jahrhundert vollziehenden Wandels der wirtschaftspolitischen Überzeugungen weg von der auf den Staat bezogenen, dirigistischen Wirtschaftspolitik des Merkantilismus hin zu der des Liberalismus, die die individuelle (unternehmerische) Freiheit in den Vordergrund stellte. Auch der merkantilistisch-absolutistische Staat hatte als Geschäftsgeheimnisse begreifbare Positionen geschützt.[7] So war im **Allgemeinen Landrecht für die Preußischen Staaten (1794)** mit § 148 ALR eine einschlägige Norm ent-

---

Einrichtungen eines Anderen bei einem Gewerbebetriebe verschafft, ist auf Antrag des Betheiligten mit Gefängniß bis zu sechs Wochen oder verhältnismäßiger Geldbuße und, wenn der Thäter die Absicht hatte, jemandem zu schaden, oder sich oder einem Dritten einen rechtswidrigen Vortheil zu verschaffen, mit Gefängniß bis zu vier Monaten oder verhältnismäßiger Geldbuße zu bestrafen."
„Art. 320 Verletzung pflichtmäßiger Verschwiegenheit.
Staatsdiener und andere öffentlich angestellte Personen, ingleichen Privatdiener und Personen, welche in Fabriken oder anderen gewerblichen Unternehmungen beschäftigt sind, werden mit Gefängniß bis zu vier Monaten oder mit verhältnismäßiger Geldstrafe belegt, wenn sie dasjenige, was ihnen vermöge ihres Amtes, ihrer Stellung oder ihres Dienstes bekannt oder anvertraut ist und sie geheim zu halten verpflichtet sind, an Andere mittheilen."

4   Eingehend zu den Gründen für das Fehlen zivilrechtlichen Schutzes *Slawik*, S. 121 ff.
5   Eingehend zu den sich verändernden ökonomischen Rahmenbedingungen und den Auswirkungen auf den Schutz von Geschäftsgeheimnissen *Slawik*, S. 95 ff.
6   Zum Übergang vom Geschäftsgeheimnisschutz im Rahmen deren merkantilistischen Wirtschaftspolitik zu ihrem Schutz im individuellen Interesse in den Strafgesetzbüchern der deutschen Staaten *Slawik*, Kap. 3.
7   Eingehend hierzu *Slawik*, S. 134 ff.

halten.⁸ Diese Bestimmung war noch klar durch die Wirtschaftspolitik des Merkantilismus motiviert.⁹ Da nach den im Merkantilismus herrschenden Vorstellungen der Wohlstand des eigenen Staates nur auf Kosten anderer Staaten vergrößert werden konnte (und sollte), und der Staat sich daher im Wettbewerb mit anderen Staaten befand, waren alle Staaten bestrebt, die eigene Exportwirtschaft nach Kräften zu stärken und derart so viel ausländisches Geld wie möglich in das eigene Land fließen zu lassen; umgekehrt sollte ein Abfluss einheimischen Geldes in das konkurrierende Ausland durch eine möglichst umfangreiche inländische Güterproduktion vermieden werden. Der merkantilistisch-absolutistische Staat wachte daher sehr aufmerksam (und unter Androhung von drakonischen Strafen) darüber, dass „seine" wettbewerbsrelevanten Geschäftsgeheimnisse nicht von seinen **Untertanen** an das **Ausland weitergegeben** wurden.¹⁰ Entsprechend war die geheimnisschützende Bestimmung des § 148 im strafrechtlichen Teil des Allgemeinen Landrechts im dritten Abschnitt mit der Überschrift „Von Verbrechen gegen die äußere Sicherheit des Staates", und dort als „Dritte Classe der Landesverrätherey", eingeordnet.

Im Laufe des 19. Jahrhunderts wurde der Staat durch den aufkommenden Liberalismus zunehmend zugunsten der freien (wirtschaftlichen) Aktivität der – nunmehr Grundrechtsträger gewordenen – Bürger zurückgedrängt und auf die Setzung und Gewährleistung der Rahmenordnung beschränkt. Hiermit ging eine Privatisierung der Verfügungsrechte einher;¹¹ diese Entwicklung ist auch für den Bereich des Geistigen Eigentums nachweisbar.¹² Auch die **Privatisierung** von **Geschäftsgeheimnissen** durch den Erlass von Normen mit individueller Schutzrichtung durch die Gesetzgeber der Strafgesetzbücher der deutschen Staaten fällt in diesen Kontext.¹³ Die neuartige individuelle Schutzrichtung und die damit verbundene Abkehr von merkantilistischen Erwägungen werden an verschiedenen Veränderungen deutlich: Die neuen Bestimmungen waren systematisch völlig anders eingeordnet als noch § 148 ALR; auch wenn die Stellung im Einzelfall sehr schwankte – sie konnte insbes. Bezüge zum Schutz des persönlichen (Geheimnis-)Bereichs, zum Eigentums- oder Vermögensschutz oder zu Pflichtverletzungen in besonderen aufwei-

4

---

8 „§ 148. Wer Fabrikenvorsteher, Bediente oder Arbeiter, zum Auswandern verleitet, und ihnen dabey behülflich ist, oder sonst Fabriken- und Handlungsgeheimnisse Fremden verräth; ingleichen wer seinem Vaterlande andre Vortheile dieser Art zugunsten fremder Staaten vorsätzlich entzieht, der hat vier bis achtjährige Festungs- oder Zuchthausstrafe verwirkt." (Zit. nach: Allgemeines Landrecht für die Preußischen Staaten von 1794, hrsg. v. *Hans Hattenhauer*, 1994).
9 *Slawik*, S. 150 f.
10 *Slawik*, S. 148 f. (mwN zum Schutz von Geschäftsgeheimnissen im Rahmen der merkantilistischen Wirtschaftspolitik).
11 Hierzu *Wischermann/Nieberding*, S. 51 ff.
12 *Wischermann/Nieberding*, S. 137 ff.; eingehend zur „Privatisierung" des Schutzes Geistigen Eigentums zu jener Zeit *Dölemeyer/Klippel*, Der Beitrag der deutschen Rechtswissenschaft zur Theorie des gewerblichen Rechtsschutzes und Urheberrechts, in: FS zum hundertjährigen Bestehen der Deutschen Vereinigung für gewerblichen Rechtsschutz und Urheberrecht und ihrer Zeitschrift, Bd. 1, 1991, S. 185 ff.
13 Eingehend hierzu *Slawik*, S. 152 ff.

Einl. B   Gesetzliche Entwicklung des Geschäftsgeheimisschutzes in Deutschland

sen[14] –, fehlte doch überall ein Bezug zu staatlichen Interessen. Weiter war der Verrat an das Ausland tatbestandlich nirgends erfasst. Schließlich waren die Bestimmungen als Antragsdelikte ausgestaltet;[15] hiermit lag die Entscheidung über die Strafverfolgung (nur) in den Händen von Privatpersonen.

2. Das Reichsstrafgesetzbuch von 1871 und das Ende des Schutzes für Geschäftsgeheimnisse

5   Der Schutz von Geschäftsgeheimnissen in den Strafgesetzbüchern der deutschen Staaten war **nicht von Dauer**.[16] Nach der Gründung des Deutschen Reiches wurde im Jahre **1871** das Reichsstrafgesetzbuch in Kraft gesetzt. Dieses enthielt keine Bestimmungen zum Schutz von Geschäftsgeheimnissen.[17] Da es in diesem Bereich als abschließende Regelung verstanden wurde, war ein Rückgriff auf die einschlägigen Normen der (subsidiär weitergeltenden) Strafgesetzbüchern der einzelnen deutschen Staaten versperrt.[18] Geschäftsgeheimnisse genossen daher nach verbreiteter Auffassung auf dem Gebiet des Deutschen Reiches **keinen strafrechtlichen Schutz mehr**.

6   Die **Gründe** für das Fehlen von Normen zum Schutz von Geschäftsgeheimnissen sind in der Entstehungsgeschichte des Reichsstrafgesetzbuches von 1871 zu suchen.[19] Das Gesetzeswerk war ursprünglich als Strafgesetzbuch für den Norddeutschen Bund konzipiert worden, wurde nach der Reichsgründung 1871 jedoch (mit nur wenigen Änderungen) als Strafgesetzbuch für das Deutsche Reich in Kraft gesetzt.[20] Dem Strafgesetzbuch für den Norddeutschen Bund hatte seinerseits das **Strafgesetzbuch für die preußischen Staaten von 1851** als Vorbild gedient.[21] Auch dieses hatte keine Normen zum Schutz von Geschäftsgeheimnissen enthalten,[22] sodass sich das Vorbild des preußischen Strafgesetzbuchs über das Strafgesetzbuch für den Norddeutschen Bund[23] hin zum Reichsstrafgesetzbuch[24] fortsetzte.

7   Zu erklären ist das Fehlen von Normen zum Schutz von Geschäftsgeheimnissen in diesen Gesetzbüchern vor dem Hintergrund ihrer Entstehung in **Preußen** und der dort herrschenden wirtschaftspolitischen Vorstellungen.[25] In Preußen hatte die Freihandelsbewegung einen beherrschenden Einfluss auf die theoretische und praktische Wirtschaftspolitik gewonnen.[26] Ihr Ziel war die Überwindung der Wirtschaftspolitik des merkantilistisch-absolutistischen Staates durch eine umfassende Ver-

---

14 *Slawik*, S. 75 ff.
15 *Slawik*, S. 73.
16 Eingehend zum Folgenden *Slawik*, Kap. 4.
17 *Slawik*, S. 221.
18 *Slawik*, S. 221 ff.
19 Eingehend *Slawik*, 204 ff.
20 Zur Entstehung des Reichsstrafgesetzbuches *Kesper-Biermann*, S. 235 ff.
21 Zur Entstehung des Strafgesetzbuches für den Norddeutschen Bund *Kesper-Biermann*, S. 235 ff.
22 *Slawik*, S. 207 ff.
23 *Slawik*, S. 215 ff.
24 *Slawik*, S. 220 ff.
25 Eingehend *Slawik*, S. 160 ff.
26 *Slawik*, S. 168 ff. mwN zur Freihandelsbewegung und ihrem Einfluss in Preußen.

wirklichung der **individuellen (Gewerbe-)Freiheit** der Bürger. Eine „überschießende Tendenz" hatte im Bereich des **Geistigen Eigentums** zur Folge, dass die Freihändler in Gesetzen zu seinem Schutz, insbes. im **Patentrecht**, lediglich die Gewerbefreiheit einschränkende Privilegien erblickten und derartige Bestimmungen daher als Überbleibsel merkantilistischer Wirtschaftspolitik vehement bekämpften.[27] Es entstand die sog. **Patentkontroverse**, eine mit großem publizistischem Engagement geführte Auseinandersetzung zwischen den auf eine vollständige Beseitigung aller bestehender Patentgesetze drängenden Patentgegnern und den Befürwortern des Patentschutzes.[28]

Die Gegner des Patentschutzes begründeten ihre Forderung nach seiner **Abschaffung** nicht zuletzt mit seiner **Verzichtbarkeit**. Sie – und in ihren Reihen insbes. der Nationalökonom *Albert Eberhard Friedrich Schäffle*[29] – argumentierten, der gesetzliche Erfindungsschutz sei nicht notwendig, weil bereits ein **natürlicher Patentschutz mittels Geheimhaltung** existiere.[30] Eine Erfindung könne zunächst als Geschäftsgeheimnis ausgebeutet werden; hier bestehe zunächst ein **(natürliches) Monopol**, was dem Erfinder automatisch einen für seine Belohnung ausreichenden Pioniergewinn garantiere. Durch ein späteres Bekanntwerden des Geheimnisses, etwa durch einen Verrat eines Arbeitnehmers, werde das Monopol sodann auf natürliche Weise wieder **abgebaut**; ein gesetzgeberisches Eingreifen zugunsten des Erfinders beziehungsweise Unternehmers sei daher nicht notwendig. Vor diesem Hintergrund erstaunt es nicht, dass im Einflussbereich der Antipatentbewegung **keine gesetzliche Absicherung der Geheimhaltung** erfolgte.[31]

8

II. Die (Wieder-)Einführung des Schutzes von Geschäftsgeheimnissen im UWG von 1896

Mit dem Gesetz zur Bekämpfung des unlauteren Wettbewerbs von **1896** wurde ein Schutz für Geschäftsgeheimnisse **wieder eingeführt**. Vorausgegangen war eine intensive, vielschichtige und vor allem kontroverse Debatte über die Berechtigung eines Schutzes, seinen Umfang und seine rechtswissenschaftlichen Grundlagen. Zeitgenossen beschrieben die Frage des Schutzes der Geschäftsgeheinisse daher rückblickend als den „schwierigsten und meist umstrittenen Punkt"[32] im Gesetzgebungsverfahren des UWG von 1896 und das Ergebnis als „Schwergeburt"[33].

9

---

27 *Klippel*, ZNR 1983, 132, 139.
28 *Slawik*, S. 174 ff., 228 ff. mwN zur Patentkontroverse.
29 Eingehend zu den Überlegungen Schäffles *Slawik*, S. 186 ff.; s. zu *Schäffle* auch den Artikel „Schäffle, Albert Eberhard Friedrich" von *Hederer*, in: Apel/Pahlow/Wießner, Biographisches Handbuch des Geistigen Eigentums, 2017, S. 250 ff.
30 *Slawik*, S. 182 ff.
31 *Slawik*, S. 204 ff.
32 *Hauß*, S. 32.
33 Bericht der VI. Kommission zur Vorberatung des Entwurfs eines Gesetzes zur Bekämpfung des unlauteren Wettbewerbs, Aktenstück Nr. 192, Sten. Ber. Verhandlungen des Reichstages, 9. Leg., 4. Sess. 1895/97, Anl. Bd. 2, S. 1196, 1208.

Einl. B Gesetzliche Entwicklung des Geschäftsgeheimisschutzes in Deutschland

1. Der Weg zur gesetzlichen Lösung

10 Ihren **Anfang** nahm die Diskussion über die (Wieder-)Einführung eines Schutzes für Geschäftsgeheimnisse zu Beginn der 1880er Jahre.[34] Der thüringische Landgerichtsrat **Herrmann Ortloff** forderte im Jahre 1883 in einem Pionieraufsatz,[35] dem er zeitnah noch drei weitere einschlägige Publikationen folgen ließ,[36] vehement ein Tätigwerden des Gesetzgebers.[37] *Ortloff* beklagte eine fühlbare „Lücke in der Gesetzgebung", die durch das Außerkrafttreten der Normen zum Geheimnisschutz der Strafgesetzbücher der deutschen Staaten entstanden sei.[38] In der Folge habe sich ein „Geschäftszweig perfider Spekulation" mit dem Zweck, „Geschäftsgeheimnisse zu entlocken, zu entführen" und „zum Handels- und Exportzweig" zu machen, gebildet.[39] Diese unhaltbaren Zustände wollte er schnellstens durch einen einzuführenden strafrechtlichen Schutz für Geschäftsgeheimnisse beseitigt sehen.[40] Der Schutz sollte durch eine **Ergänzung** des **Reichsstrafgesetzbuches** erfolgen und sich an der ehemals in *Ortloffs* thüringischen Heimat vorhandenen gesetzlichen Lösung (vgl. → Rn. 1), einer „insoweit ausreichend gewesenen Gesetzgebung",[41] orientieren.

11 Schnell erhob sich **Widerspruch** gegen die von *Ortloff* erhobenen Forderungen: *Gustav Freudenstein* veröffentlichte im Jahre 1884 eine umfangreiche Gegenschrift;[42] der **Verein Deutscher Ingenieure (VDI)** formulierte im Jahre 1886 seine ablehnende Haltung in einer in seiner Mitgliedszeitschrift veröffentlichten und vielbeachten Eingabe an das Königlich Preußische Ministerium für Handel und Gewerbe.[43] Aus Sicht der Kritiker sprach gegen einen Schutz insbes. seine Unvereinbarkeit mit den Zielsetzungen des Reichspatentgesetzes von 1871 (unten → Rn. 17 ff.), die hierdurch hervorgerufenen ungerechtfertigten Beeinträchtigung des freien Wettbewerbs (→ Rn. 21) sowie (vorrangig zu beachtende) gegenläufigen Arbeitnehmerinteressen (→ Rn. 31 ff.).

12 Anderenorts erfuhr das Gesetzgebungsverlangen **Unterstützung**: Gewerbliche Interessenverbände, namentlich der Verband keramischer Gewerke in Deutschland

---

[34] Eingehend zur Diskussion über den Schutz von Geschäftsgeheimnissen in den 1880er Jahren *Slawik*, Kap. 6.
[35] *Ortloff*, Jahrbuch für Gesetzgebung, Verwaltung und Volkswirthschaft 1883, S. 229 ff.
[36] *Ortloff*, Neuste Nachrichten und Münchener Anzeiger 1885, Nr. 136, S. 1; Nr. 140, S. 9; Nr. 143/145, S. 2; *ders.*, Deutsche Industrie-Zeitung 1885, S. 231 f.; *ders.*, Archiv für Theorie und Praxis des Allgemeinen Deutschen Handels- und Wechselrechts 1886, S. 229 ff.
[37] Eingehend zum Diskussionsbeitrag Ortloffs *Slawik*, S. 266 ff.
[38] *Ortloff*, Jahrbuch für Gesetzgebung, Verwaltung und Volkswirthschaft 1883, S. 229, 231.
[39] *Ortloff*, Neuste Nachrichten und Münchener Anzeiger 1885, Nr. 136, S. 1.
[40] *Ortloff*, Jahrbuch für Gesetzgebung, Verwaltung und Volkswirthschaft 1883, S. 229, 232 ff.
[41] *Ortloff*, Archiv für Theorie und Praxis des Allgemeinen Deutschen Handels- und Wechselrechts 1886, S. 333.
[42] *Freudenstein*, Archiv für Strafrecht 1884, S. 265 ff.; hierzu *Slawik*, S. 285 ff.
[43] Eingabe des Vereins Deutscher Ingenieure an das Königlich Preußische Ministerium für Handel und Gewerbe betr. den Schutz des Fabrikgeheimnisses vom 18. October 1886, Zeitschrift des Vereins Deutscher Ingenieure 1886, S. 950; hierzu *Slawik*, 299 ff.

II. Die (Wieder-)Einführung des Schutzes von Geschäftsgeheimnissen   **Einl. B**

und der Verein zur Wahrung der Interessen der chemischen Industrie Deutschlands (einer der einflussreichsten wirtschaftlichen Interessenverbände des Kaiserreichs), agierten schnell intensiv für den Geheimnisschutz und versuchten mit Petitionen den Gesetzgeber zum Handeln zu bewegen.[44] Im Jahre 1887 veröffentlichte *Josef Ludwig Brunstein* einen detaillierten Diskussionsbeitrag, in dem er für den Schutz von Geschäftsgeheimnissen eintrat.[45] Auch der **19. Deutsche Juristentag** (DJT) im Jahre 1888 diskutierte die aktuelle Frage des Schutzes der Geschäftsgeheimnisse[46] – und kam zu dem Ergebnis, es sei „rathsam, das Strafgesetzbuch dahin zu ergänzen, daß der Verrath an Geschäfts- und Fabrikgeheimnissen als Vergehen unter dem Gesichtspunkt der Untreue strafbar sei".[47] Der führende Patentrechtler *Josef Kohler*[48] sah im strafrechtlichen Schutz von Geschäftsgeheimnissen wenig später „ein dringendes Postulat der deutschen Gesetzgebung".[49]

Zu einer Aktivität des Gesetzgebers kam es jedoch (noch) nicht. Zwar hatte die Regierung des deutschen Reiches Erhebungen zur Frage des Schutzes von Geschäftsgeheimnissen (insbes. durch die Befragung von Handelskammern) angestellt.[50] Da sich hier jedoch weit auseinandergehende Vorstellungen über die Notwendigkeit und die Berechtigung eines Schutzes gezeigt hatten, sah die Regierung in den 1880er Jahren von der Erarbeitung eines Gesetzentwurfes ab.[51] Auch aus einer Diskussion der Thematik im Reichstag im Jahre 1885 ergaben sich keine gesetzgeberischen Schritte.[52]   **13**

Anfang der **1890er Jahre** gewann die Debatte jedoch wieder an Dynamik.[53] Dem französischen Vorbild der Bekämpfung der Concurrence Déloyale folgend, wurde auch in Deutschland immer stärker ein Einschreiten des Gesetzgebers gegen den unlauteren Wettbewerb gefordert.[54] Da die Verletzung von Geschäftsgeheimnissen im französischen Recht als Fallgruppe der **Concurrence Déloyale** anerkannt war, wurde unter Verweis hierauf nunmehr auch in Deutschland ihr gesetzlicher Schutz propagiert.[55]   **14**

Infolge starken öffentlichen und parlamentarischen Drucks, endlich gegen den unlauteren Wettbewerb vorzugehen, erarbeitete die Regierung des Deutschen Reiches   **15**

---

44 Hierzu *Slawik*, S. 278 ff.
45 *Brunstein,* Der Schutz des Fabriks- und Geschäftsgeheimnisses. Vortrag gehalten im Niederösterreichischen Gewerbeverein am 25. Februar 1887; hierzu *Slawik,* S. 304 ff.
46 *Slawik,* S. 309 ff.
47 Verhandlungen des 19. Deutschen Juristentages (DJT) 1888, S. 246 f.
48 Zu *Josef Kohler* s. den Artikel „Kohler, Josef" von *Pahlow,* in: Apel/Pahlow/Wießner, Biographisches Handbuch des Geistigen Eigentums, 2017, S. 165 f.
49 *Kohler,* Aus dem Patent- und Industrierecht 1889, S. 91, 92.
50 Eingehend *Slawik,* S. 287 ff.
51 Hierzu *Slawik,* S. 307 ff.
52 Hierzu *Slawik,* S. 307 ff.
53 Eingehend zur Wiederaufnahme der Diskussion in den 1890er Jahren und dem Weg zur gesetzlichen Lösung im UWG von 1896 *Slawik,* Kap. 7.
54 Eingehend *v. Stechow,* S. 72 ff.
55 Hierzu *Slawik,* S. 326 ff. sowie Rn. 26 ff.

Einl. B   Gesetzliche Entwicklung des Geschäftsgeheimisschutzes in Deutschland

zwei Entwürfe für ein Gesetz zur Bekämpfung des unlauteren Wettbewerbes.[56] In beiden waren strafrechtliche Normen zum Schutz von Geschäftsgeheimnissen vorgesehen.[57] Das Gesetz zur Bekämpfung des unlauteren Wettbewerbs wurde sodann am 13. und 14.12.1895 in erster Lesung im Reichstag beraten[58] und sodann zur weiteren Beratung an eine Kommission überwiesen.[59] Der von dieser überarbeite Entwurf wurde sodann am 16. und 17.4.1896 in zweiter und am 7. und 8. Mai in dritter Lesung im Reichstag beraten und verabschiedet.[60] Im am 1.7.1896 in Kraft getretenen **UWG von 1896** waren die **Straftatbestände** zum Schutz von Geschäftsgeheimnissen – dort bezeichnet als **Betriebs- und Geschäftsgeheimnisse**[61] – in den **§§ 9 und 10**[62] enthalten.[63] Die Bestimmungen waren als **Antragsdelikte** ausgestaltet.[64] Auch ein **zivilrechtlicher Schadensersatzanspruch** war als Ergänzung des strafrechtlichen Schutzes[65] vorgesehen.[66]

2. Die einzelnen Diskussionspunkte

16   Auf dem Weg zur gesetzlichen Lösung waren insbes. die folgenden – (zeitlose) Grundfragen des Geschäftsgeheimisschutzrechts darstellenden – Punkte Gegenstand einer (kontroversen) Debatte:

---

56 Eingehend zum Gesetzgebungsverfahren des UWG von 1896 *v. Stechow*, S. 155 ff.
57 *Slawik*, S. 339 ff.; *v. Stechow*, S. 268 ff.
58 *v. Stechow*, S. 162.
59 *v. Stechow*, S. 163.
60 *v. Stechow*, S. 163 f.
61 Zu dieser Terminologie *Slawik*, S. 22, 342 ff.
62 „§. 9. Mit Geldstrafe bis zu dreitausend Mark oder mit Gefängniß bis zu einem Jahre wird bestraft, wer als Angestellter, Arbeiter oder Lehrling eines Geschäftsbetriebes Geschäfts- oder Betriebsgeheimnisse, die ihm vermöge des Dienstverhältnisses anvertraut oder sonst zugänglich geworden sind, während der Geltungsdauer des Dienstverhältnisses unbefugt an Andere zu Zwecken des Wettbewerbes oder in der Absicht, dem Inhaber des Geschäftsbetriebes Schaden zuzufügen, mittheilt.
Gleiche Strafe trifft denjenigen, welcher Geschäfts- oder Betriebsgeheimnisse, deren Kenntniß er durch eine der in Absatz 1 bezeichneten Mittheilungen oder durch eine gegen das Gesetz oder die guten Sitten verstoßende eigene Handlung erlangt hat, zu Zwecken des Wettbewerbes unbefugt verwerthet oder an Andere mittheilt.
Zuwiderhandlungen verpflichten außerdem zum Ersatze des entstandenen Schadens. Mehrere Verpflichtete haften als Gesammtschuldner."
„§. 10. Wer zum Zwecke des Wettbewerbs es unternimmt, einen Anderen zu einer unbefugten Mittheilung der in § 9 Absatz 1 bezeichneten Art zu bestimmen, wird mit Geldstrafe bis zu zweitausend Mark oder mit Gefängniß bis zu neun Monaten bestraft."
(Zit. nach: Gesetz zur Bekämpfung des unlauteren Wettbewerbes vom 27. Mai 1896, Reichsgesetzblatt 1896, S. 145 ff.)
63 Zur endgültigen Ausgestaltung der Bestimmungen *Slawik*, S. 348 ff.
64 *Slawik*, S. 346 f.
65 Zu den Gründen der Dominanz des strafrechtlichen Schutzes Rn. 36 ff.
66 *Slawik*, S. 347.

II. Die (Wieder-)Einführung des Schutzes von Geschäftsgeheimnissen

a) Vereinbarkeit mit der Gesetzgebung zum Schutz des Geistigen Eigentums

Zum Zeitpunkt der Kontroverse über die (Wieder-)Einführung eines Schutzes für Geschäftsgeheimnisse hatte das Deutsche Reich eine ganze Reihe (neuer) Gesetze zum Schutz des Geistigen Eigentums in Kraft gesetzt.[67] Mit Blick auf diese bestehende Gesetzgebung bestand (insbes.) darüber Uneinigkeit, ob durch den Geheimnisschutz eine Schutzalternative zu diesen Gesetzen geschaffen werden sollte und ob der gesetzliche Schutz hierdurch auf bisher nicht geschützte Positionen ausgedehnt werden dürfe.[68]

Die Frage der Eröffnung einer **Schutzalternative** betraf insbes. das Verhältnis des Geheimnisschutzes zum Reichspatentgesetz von 1877. Im Falle einer Einführung eines Schutzes für Geschäftsgeheimnisse konnte ein Erfinder zwischen zwei gesetzlichen Schutzmöglichkeiten – Patentierung oder Geheimhaltung – wählen. Die Schaffung einer solchen Alternativität wurde jedoch (teilweise) als dem Zweck des Patentschutzes zuwiderlaufend **abgelehnt**.[69]

Die Gründe für die Ablehnung werden vor dem Hintergrund der **Patentkontroverse** verständlich. Die im Deutschen Patentschutzverein unter Führung von *Werner von Siemens* organisierte Propatentbewegung[70] hatte ihren – sich im Reichspatentgesetz von 1877 manifestierenden – Erfolg nicht zuletzt aufgrund eines Wechsels in der argumentativen Legitimierung des Patentschutzes errungen.[71] Dieser war von ihnen nicht mehr mit der (eher theoretischen) naturrechtlichen Lehre vom Geistigen Eigentum begründet worden (wo ein Anspruch des Erfinders auf gesetzlichen Schutz gemäß der Arbeitstheorie als Folge seiner individuellen Leistung propagiert worden war), sondern sie hatten den **Patentschutz** (pragmatisch) als **volkswirtschaftliches Zweckinstrument** gerechtfertigt. Den wichtigen volkswirtschaftlichen Nutzen des Patents sahen die Patentfreunde insbes. in der Beseitigung der als innovationsfeindlich gebrandmarkten geheimen Ausbeutung von Erfindungen. So hatte Siemens es auf dem internationalen Patentkongress 1873[72] als das „hauptsächlichste und wichtigste Argument für die Patentgesetzgebung" bezeichnet, dass sie das Mittel sei, „dieses gefährliche Unkraut, das Fabriksgeheimniss, welches durch seine Ueberwucherung die Industrie um Jahrhunderte, vielleicht Jahrtausende zurückgehalten" habe, „zu beseitigen und auszurotten".[73] Ein (zeitlich begrenzter)

---

67 1871 war das Gesetz betreffend das Urheberrecht an Schriftwerken, Abbildungen, musikalischen Kompositionen und dramatischen Werken in Kraft getreten. 1874 folgten das Marken-, 1876 das Musterschutzgesetz und 1877 – nach der Entscheidung der Patentkontroverse – das Reichspatentgesetz. Hinzu kamen 1894 das Gesetz zum Schutz der Warenbezeichnungen sowie das Gebrauchsmusterschutzgesetz von 1891 und die Patentgesetznovelle aus demselben Jahr.
68 Eingehend dazu *Slawik*, Kap. 8.
69 *Slawik*, S. 407 ff.
70 Zur Formation und Agitation der Propatentbewegung *Slawik*, S. 228 ff. mwN zur einschlägigen Literatur.
71 Zur gewandelten Argumentation der Propatentbewegung, insbes. zum Ziel der Beseitigung von Geschäftsgeheimnissen *Slawik*, S. 233 ff.
72 Hierzu *Slawik*, S. 231 mwN.
73 *v. Siemens*, in: Pieper, S. 47 ff.

Einl. B Gesetzliche Entwicklung des Geschäftsgeheimnisschutzes in Deutschland

rechtlicher Schutz durch ein mit einer Veröffentlichungspflicht verbundenes **Patent** sollte einen **Anreiz** für Erfinder darstellen, ihre geheimen Erfindungen **offenzulegen** (Offenbarungstheorie).[74] Ein alternativer gesetzlicher Schutz für Geschäftsgeheimnisse war geeignet, diesen Anreiz zur Patentierung abzuschwächen; die Forderung stieß daher bei vielen ehemaligen Protagonisten des Deutschen Patentschutzvereines auf Unverständnis und strikte Ablehnung. So begründete *Wilhelm André*,[75] der dem deutschen Juristentag 1888 ein umfangreiches Gutachten zur Frage des Schutzes von Geschäftsgeheimnissen erstattete,[76] seine Ablehnung der geforderten Gesetzgebung unter anderem damit, dass der Gesetzgeber, wenn er einen alternativen gesetzlichen Schutzmechanismus zur Patentierung eröffne, „mit sich selbst in Widerspruch" käme.[77]

20 Aus Sicht der **Befürworter** eines Schutzes von Geschäftsgeheimnissen war die Eröffnung eines **alternativen Schutzmechanismus** für Erfindungen hingegen eines der wesentlichen Ziele des Gesetzgebungsverlangens. Eine solche Alternative war aus ihrer Sicht gerechtfertigt und geboten, weil das existierende Patentrecht nicht immer einen für den Erfinder befriedigenden Schutz bot.[78] Dies wurde insbes. von der chemischen Industrie vorgebracht, die im Bereich des Schutzes chemischer Stoffe (vehement) das unzureichende Funktionieren des Patentschutzes beklagte und ihre Erfindungen daher durch die (gesetzlich abzusichernde) Geheimhaltung schützen wollte.[79]

21 Neben der Frage eines Konkurrenzverhältnisses war auch umstritten, ob die Gesetzgebung auf dem Gebiet des Geistigen Eigentums durch den Geheimnisschutz auf bisher nicht geschützte Positionen **ausgedehnt** werden sollte.[80] Aufgrund der Vielgestaltigkeit von Geschäftsgeheimnissen lief eine Einführung ihres Schutzes darauf hinaus, dass (sehr viel) bisher gemeinfreies Wissen einen gesetzlichen Schutz erhielt.[81] Die **Befürworter eines Geheimnisschutzes** sahen dies als notwendig und folgerichtig an. Sie argumentierten, bestehende Schutzlücken im Bereich des Geistigen Ei-

---

74 Zum Beispiel *von Siemens* wie folgt erläutert „[...] den Urheber einer Erfindung durch sein eigenes Interesse zur Veröffentlichung derselben zu nöthigen [...] dies ist die wahre, rationelle Grundlage eines zweckmäßigen Patentgesetzes. Das Patent ist nach dieser Anschauungsweise ein wirklicher Contract zwischen Staat und Erfinder: jener als Vertreter der Interessen der Gesammtheit, gewährt diesem auf eine Zeit von Jahren, welche nur so gross zu bemessen ist, als es die Erreichung des Zweckes erfordert, das alleinige Dispositionsrecht über dessen Erfindung: dieser übernimmt dagegen die Verpflichtung, die in ihr liegenden neuen Gedanken sofort und vollständig durch Veröffentlichung zum Gemeingut zu machen." (*v. Siemens*, S. 45 f.).
75 Zu seiner Rolle in der Propatentbewegung *Slawik*, S. 232 mwN.
76 Hierzu *Slawik*, S. 310 f.
77 *André*, Verhandlungen des 19. DJT 1888, Bd. 1, S. 71, 74; eingehend zur Ablehnung des Geschäftsgeheimnisschutzes durch ehemalige Protagonisten des deutschen Patentschutzvereins *Slawik*, S. 409 ff.
78 *Slawik*, S. 369, 415 ff.
79 Zum intensiven Engagement der chemischen Industrie für den Geschäftsgeheimnisschutz *Slawik*, S. 369 ff.
80 Eingehend *Slawik*, S. 366 ff., 400 ff.
81 *Slawik*, S. 366 ff.

gentums seien durch den Geheimnisschutz zu schließen, da viele der bisher schutzlosen Positionen in ihrer (wirtschaftlichen) Bedeutung und in ihrer Schutzwürdigkeit den bereits gesetzlich geschützten entsprächen.[82] Insbesondere müsse der Weg zu einem gesetzlichen Schutz, etwa das Erforschen einer Erfindung, durch einen Schutz der Geheimhaltung abgesichert werden.[83] So argumentierte *Felix Damme*, habe man bereits vielfältige Erscheinungsformen des Geistigen Eigentums geschützt, so müsse man sich auch „zu einem Schutz der primärsten, gewerblichen Geistesarbeit", des „Protoplasma[s] des gewerblichen Eigenthums" entschließen, da es einer „Rechtsironie" gleichkomme, wenn zwar der Eingriff in ein bestehendes Patent strafrechtlich sanktioniert werde, ein Geschäftsgeheimnis aber, „in welchem der Keim der Erfindung geruht" habe, „der Freibeuterei gewissenloser Arbeiter oder Konkurrenten preisgeben" sei.[84] Die **Kritiker des Geheimnisschutzes** waren der Ansicht, die Grenzen der bestehenden Gesetze auf dem Gebiet des Geistigen Eigentums seien bewusst und mit dem Ziel (eng) gezogen worden, den freien wirtschaftlichen Wettbewerb **nicht** (zu sehr) zu **beeinträchtigen**; die zugrunde liegenden Entscheidungen des Gesetzgebers seien daher unbedingt zu respektieren.[85] *Gustav Freudenstein* mahnte eingehend (aber letztlich erfolglos), der „excessiven Begehrlichkeit nach Staatsschutz gegen Verrath von Geschäftsgeheimnissen" dürfe nicht Folge geleistet werden.[86]

b) Die rechtswissenschaftliche Grundlage des Schutzes von Geschäftsgeheimnissen

Intensive Diskussionen gab es auch über die Frage, welche **theoretische Begründung** dem geforderten Schutz zugrunde zu legen sei.[87] Eine ganze Reihe von Autoren wählten hierfür die Annahme eines **subjektiven absoluten Rechts** und brachten die zu dieser Zeit neu entwickelten Theorien der Individual-, Persönlichkeits- und Immaterialgüterrechte[88] zur Anwendung.[89] So sprach *Hermann Ortloff* bereits in seiner ersten, die Diskussion eröffnenden Publikation im Jahre 1883 davon, dass Geschäftsgeheimnisse „Gegenstand eines ‚höchstpersönlichen' Einzelrechts, der ausschließlichen Verfügung des Berechtigten"[90] seien und dass an ihnen ein „ausschließliches Eigenthum"[91] des Geschäftsinhabers bestehe.[92] 1886 veröffentlichte er unter dem programmatischen Titel „Das Individualrecht auf Bewahrung der Ge-

22

---

82 *Slawik*, S. 400 ff.
83 *Slawik*, S. 367 ff., 400 ff.
84 *Damme*, Preußische Jahrbücher 1895, S. 62, 64.
85 *Slawik*, S. 404 ff.
86 *Freudenstein*, Archiv für Strafrecht 1884, S. 265, 271.
87 Eingehend hierzu *Slawik*, Kap. 9.
88 Zur Entwicklung der Individual-, Persönlichkeits- und Immaterialgüterrechte *Klippel*, ZNR 1983, S. 132 ff.
89 Eingehend *Slawik*, S. 430 ff.
90 *Ortloff*, Jahrbuch für Gesetzgebung, Verwaltung und Volkswirthschaft 1883, S. 229, 232.
91 *Ortloff*, Jahrbuch für Gesetzgebung, Verwaltung und Volkswirthschaft 1883, S. 229, 235.
92 Eingehend zur Argumentation Ortloffs *Slawik*, S. 443 ff.

Einl. B   Gesetzliche Entwicklung des Geschäftsgeheimisschutzes in Deutschland

schäftsgeheimnisse" einen umfangreichen Beitrag,[93] in dem er unter Rückgriff auf Gedanken der **naturrechtlichen Lehre vom Geistigen Eigentum** (Arbeitstheorie) „ein von der Vernunft anzuerkennendes Recht auf Wahrung der Geschäftsgeheimnisse" propagierte.[94] Ein (im Einzelnen jeweils unterschiedlich qualifiziertes und begründetes) subjektives absolutes Recht nahmen (insbes.) auch *Josef Ludwig Brunstein*,[95] *Felix Damme*[96] und *Wilhelm Reuling*[97] in ihren Diskussionsbeiträgen an.

23   Diese Annahme eines subjektiven absoluten Rechts an Geschäftsgeheimnissen erregten sowohl im Kreis der Befürworter ihres Schutzes wie auch unter seinen Gegnern **Widerspruch**. Insbesondere die folgenden Gegenargumente wurden vorgebracht[98]: *Erstens* wurde die fehlende positivrechtliche Verankerung postulierten subjektiven absoluten Rechts bemängelt; das deutsche Recht kenne „kein Eigentum", das nicht „auf eine bestimmte Erwerbsart, welche im Gesetz geordnet" sei erlangt werde,[99] weshalb die „Begründung" über ein (vorpositives) subjektives absolutes Recht „nicht als eine juristische" anerkannt werden könne.[100] *Zweitens* wurde argumentiert, seine Annahme sei deswegen nicht möglich, weil ein bestimmtes Geschäftsgeheimnis von mehreren Unternehmen unstrittig (legal) unabhängig voneinander entwickelt und genutzt werden könne, was jedoch „dem Begriff des Eigenthums, dem die Ausschließlichkeit des Verfügungsrechts […] immanent" sei, widerspreche.[101] *Drittens* wurde eingewendet, dass (auch bei Zugrundelegung der naturrechtlichen Arbeitstheorie) nicht in jedem Geschäftsgeheimnis eine schützenswerte individuelle Leistung liege; es sei „thatsächlich und rechtlich unmöglich", zum Beispiel „die Pflicht zur Geheimhaltung der Bücher, der Gläubigerzahl eines Prinzipals aus dem Gesichtspunkt einer Urheberschaft an einem geistigen Erzeugnisse zu konstruiren", da der „Begriff der Urheberschaft" hierdurch „entseelt und entnervt" werde und „bis zu dem Maße" verflache, dass sein „wesentliches Merkmal, das auctor sein" nicht mehr erkennbar sei.[102] *Viertens* sei (selbst wenn man die Möglichkeit eines auf einer individuellen Leistung gegründeten subjektiven absoluten Rechts an Geschäftsgeheimnissen bejahe), bei einem durch einen Arbeitnehmer geschaffenen Geschäftsgeheimnis dessen Zuordnung nicht eindeutig;

---

93   *Ortloff*, Archiv für Theorie und Praxis des Allgemeinen Deutschen Handels- und Wechselrechts 1886, S. 229 ff.
94   *Ortloff*, Archiv für Theorie und Praxis des Allgemeinen Deutschen Handels- und Wechselrechts 1886, S. 229, 340.
95   *Brunstein*, Der Schutz des Fabriks- und Geschäftsgeheimnisses. Vortrag gehalten im Niederösterreichischen Gewerbeverein am 25. Februar 1887, 1887; hierzu *Slawik*, S. 451 ff.
96   *Damme*, Preußische Jahrbücher 1895, S. 62 ff.; dazu auch *Slawik*, S. 453 ff.
97   *Reuling*, Die chemische Industrie 1895, S. 344 ff.; hierzu *Slawik*, S. 455 ff.; s. zu *Reuling* auch den Artikel „Reuling, Wilhelm" von *Hederer*, in: Apel/Pahlow/Wießner, Biographisches Handbuch des Geistigen Eigentums, 2017, S. 239.
98   Eingehend *Slawik*, S. 465 ff.
99   *Katz*, Zeitschrift für gewerblichen Rechtsschutz 1892, S. 81, 83.
100   *Katz*, Zeitschrift für gewerblichen Rechtsschutz 1892, S. 7, 11.
101   *Katz*, Sitzungsberichte des Vereins zur Beförderung des Gewerbefleißes 1888, S. 285 ff., 290.
102   *Freudenstein*, Archiv für Strafrecht 1884, S. 265, 285.

es sei unklar, ob der Arbeitnehmer „das geistige Eigenthum seines Geschäftsherren" verletzte, „wenn das betreffende Geheimniß die Erfindung des Angestellten selbst" sei.[103]

Verschiedene Befürworter eines Schutzes von Geschäftsgeheimnissen begründeten diesen daher als **Vermögensschutz** sowie als (strafrechtliche) Absicherung eines **Treueverhältnisses** zwischen Arbeitgeber und Arbeitnehmer.[104] Die Erklärung des Geheimnisschutzes als Absicherung eines **Treueverhältnisses** war jedoch ebenfalls umstritten. Insbesondere wurde kritisiert, alleine das Stichwort „Treueverhältnis" besage keineswegs, dass ein Arbeitnehmer eigene (legitime) Interessen an der Nutzung von Geschäftsgeheimnissen (insbes. nach einem Ausscheiden aus dem Unternehmen) automatisch zurückstellen müsse.[105]

24

Der **Gesetzgeber** nahm die rechtswissenschaftliche Diskussion nicht zur Kenntnis und **enthielt sich jeder Stellungnahme**;[106] die ungelöste Frage wurde daher unmittelbar nach dem Inkrafttreten des UWG von 1896 von der Rechtswissenschaft wieder aufgegriffen und weiter intensiv diskutiert (s. unten → Rn. 56 ff.).

25

c) Systematische Stellung im UWG

Die Normen zum Schutz der Geschäftsgeheimnisse fanden – anders als zu Beginn der 1880er Jahre gefordert, wo noch über eine **Ergänzung des Reichsstrafgesetzbuches** diskutiert worden war – ihren Platz im UWG von 1896. Dort befanden sie sich unter anderem in Gesellschaft mit Bestimmungen gegen irreführende Werbeangaben, zum Schutz vor Quantitätsverschleierungen und Geschäftsehrverletzungen sowie zum Schutz der geschäftlichen Bezeichnung.[107] Ihre Aufnahme in das UWG von 1896 erklärt sich daraus, dass die Frage des Geheimnisschutzes in den **1890er Jahren** mit der Bekämpfung des **unlauteren Wettbewerbs** einen **neuen** thematischen **Anknüpfungspunkt** gefunden hatte (bereits oben → Rn. 14 f.).

26

Ein Verständnis des Schutzes von Geschäftsgeheimnissen als Teilgebiet der Bekämpfung des unlauteren Wettbewerbs rief jedoch von Anfang an auch **Kritik** hervor.[108] Zwar herrschte weitgehende Einigkeit darüber, dass einem Unternehmer, der Arbeitnehmer eines Mitbewerbers zum Geheimnisverrat veranlasste, der selbst spionierte und der fremde Geschäftsgeheimnisse verwertete, der Vorwurf des unlauteren Wettbewerbs zu machen sei.[109] Als weniger überzeugend wurde diese Anschuldigung jedoch gegenüber einem Arbeitnehmer empfunden, der ein Geschäftsgeheimnis an einen Konkurrenten seines Arbeitgebers verriet; ein solcher Arbeit-

27

---

103 *Katz*, Sitzungsberichte des Vereins zur Beförderung des Gewerbefleißes 1888, S. 285 ff., 290.
104 Zu dieser Argumentation *Slawik*, S. 480 ff.
105 *Alexander-Katz*, S. 332; *Damme*, Preußische Jahrbücher 1895, S. 62, 88;
106 Hierzu *Slawik*, S. 486 ff.
107 Zu den im UWG von 1896 geregelten Fällen des unlauteren Wettbewerbs *v. Stechow*, S. 216 ff.
108 Eingehend zur Diskussion über zwischen dem Zusammenhang zwischen der Bekämpfung des unlauteren Wettbewerbs und dem Schutz von Geschäftsgeheimnissen *Slawik*, S. 320 ff., 350 ff.
109 *H. Schuler*, S. 186 f.; *Simon*, S. 34.

Einl. B Gesetzliche Entwicklung des Geschäftsgeheimisschutzes in Deutschland

nehmer, so wurde argumentiert, begehe den Verrat regelmäßig (nur), um eine ihm hierfür versprochene Belohnung zu erhalten, nicht jedoch, um mit dem Geheimnis (selbst) in (unlautere) Konkurrenz zu seinem Arbeitgeber zu treten.[110]

28 Die beiden **Regierungsentwürfe für ein UWG** versuchten einen Zusammenhang zum Gesetzeszweck dadurch sicherzustellen, dass nur eine Tat strafbar sein sollte, die „**zu Zwecken des Wettbewerbs**" erfolgte.[111] Hingegen lehnte es die Regierung ab, auch einen Verrat zu erfassen, der nicht zu diesem Zweck geschah, da „kein Anlaß" bestehe, in einem Gesetz gegen den unlauteren Wettbewerb „Indiskretionen zu verhindern, die nicht auf diesem Gebiet" lägen.[112] Diese Beschränkung erfuhr jedoch Kritik, etwa von *Felix Damme*,[113] der argumentierte, auch andere Fälle des Verrats – etwa ein solcher aus „Leichtfertigkeit, Renommisterei, Bosheit oder Rache" – seien strafwürdig, weshalb die tatbestandliche Einschränkung des Gesetzesentwurfs zu streichen sei.[114] Für die derart ausgestaltete Norm kam er allerdings zu dem Ergebnis, dass die „Bestimmung allen äußeren Zusammenhang mit dem vorliegenden Gesetzentwurf" verliere und daher systematisch in das Strafgesetzbuch für das Deutsche Reich gehöre."[115] Damit wurde nunmehr wieder der systematische Standort gefordert, der auch zu Beginn der Debatte in den 1880er Jahren vorgeschlagen worden war (hierzu → Rn. 10).

29 Die Diskussion setzte sich in den **parlamentarischen Beratungen** des UWG von 1896 fort.[116] In den **Kommissionsberatungen** wurde der **Schutz** gegen einen **Geheimnisverrat** zunächst weiter **ausgebaut**, und zwar dahingehend, dass auch ein Täter, der einen Verrat „in der Absicht, dem Inhaber des Geschäftsbetriebes **Schaden zuzufügen**" vornahm, mit Strafe bedroht war.[117] Die Kommission war nämlich mehrheitlich zu dem Ergebnis gekommen, „,das Motiv des Thäters" für den Verrat könne auch „Rache oder Bosheit" sein, und dass eine aus diesen Motiven verübte Tat „mindestens in demselben, vielleicht aber noch in höherem Grade strafbar" sei, „als die Absicht, für den Wettbewerb unlautere Mittel anzuwenden".[118] In den folgenden weiteren **Plenarberatungen** kritisierten mehrere Abgeordnete den (nunmehr erst recht) angreifbar gewordenen Zusammenhang zum Gesetzeszweck.[119] Insbesondere solche Parlamentarier, die sich prinzipiell gegen die Einführung einer

---

110 *Mayer*, Zeitschrift für das gesamte Handelsrecht 1881, S. 363, 428; *H. Schuler*, S. 186 f.; *Simon*, S. 34.
111 Hierzu *Slawik*, S. 351 f., 354 f.
112 Entwurf eines Gesetzes zur Bekämpfung des unlauteren Wettbewerbs nebst Begründung, 1895, S. 24.
113 Zur diesbezüglichen Kritik an den beiden Entwürfen *Slawik*, S. 352 ff.
114 *Damme*, Preußische Jahrbücher 1895, S. 62, 83 f.
115 *Damme*, Preußische Jahrbücher 1895, S. 62, 85 f.
116 Hierzu *Slawik*, S. 355 ff.
117 Zu den Beratungen in der Kommission *Slawik*, S. 581 ff.
118 Bericht der VI. Kommission zur Vorberathung des Entwurfs eines Gesetzes zur Bekämpfung des unlauteren Wettbewerbs, Aktenstück Nr. 192, Sten. Ber. Verhandlungen des Reichstages, 9. Leg., 4. Sess. 1895/97, Anl. Bd. 2, S. 1196, 1209.
119 Hierzu *Slawik*, S. 355 ff.

II. Die (Wieder-)Einführung des Schutzes von Geschäftsgeheimnissen **Einl. B**

Strafbarkeit des Geheimnisverrats durch Arbeitnehmer wendeten, nutzen diesen Schwachpunkt für ihre Kritik. Von anderen Rednern wurde die Einordnung der Normen ins UWG jedoch auch verteidigt, insbes. weil ein Zusammenhang zwischen einem Verrat durch einen Arbeitnehmer und dem unlauteren Wettbewerb wenigstens in der Gesamtschau und typischerweise gegeben sei.

Bei der Mehrheit der Abgeordneten, die das UWG schließlich mit den einschlägigen Bestimmungen verabschiedete, überwog letztlich der Wunsch, die Gelegenheit zu nutzen und die bereits seit den 1880er Jahren diskutierte Frage des Schutzes von Geschäftsgeheimnissen endlich einer Lösung zuzuführen.[120] Die **systematische Stellung** der Normen blieb jedoch auch nach Abschluss des Gesetzgebungsverfahrens Gegenstand der Diskussion;[121] die Nutzung der „Gelegenheit der Wettbewerbsbekämpfung[122]" für die (Wieder-)Einführung von strafrechtlichen Bestimmungen zum Schutz von Geschäftsgeheimnissen und ihre Aufnahme in ein „Gelegenheitsgesetz mit begrenztem Ziel[123]" konnten den Anschein des Zufälligen und des systematisch nicht vollständig Durchdachten niemals ganz abstreifen.

30

d) Geheimnisschutz und Arbeitnehmerinteressen

Der **umstrittenste Punkt** in der Kontroverse über die (Wieder-)Einführung eines Schutzes von Geschäftsgeheimnissen war die Frage, ob ein Schutz auch gegenüber Arbeitnehmern bestehen sollte.[124] Während die Forderung nach der Strafbarkeit eines **Konkurrenten**, der einen Arbeitnehmer eines Mitbewerbers zum Geheimnisverrat anstiftete, weit verbreitete Zustimmung fand,[125] regte sich erheblicher Widerstand gegen jede Gesetzgebung, deren Adressaten Arbeitnehmer waren.

31

Aus der Sicht der **Kritiker** war der Schutz gegenüber Arbeitnehmern insbes. aus den folgenden Gründen abzulehnen:[126] Zunächst wurde vorgebracht, das Tatbestandsmerkmal „Geheimnis" sei für eine rechtssichere Handhabung einer Strafbestimmung nicht präzise genug.[127] Arbeitnehmer könnten also gar nicht mit hinreichender Klarheit erkennen, was ein gesetzlich geschütztes Geheimnis sei und was nicht; sie müssten daher permanent unter dem Damoklesschwert der Strafandrohung leben. Die Angst vor der Strafbarkeit werde auch eine eigentlich erlaubte Offenlegung unterbinden; als Folge hieraus werde auch eine wünschenswerte Kommunikation (wie etwa der bisher so reiche wissenschaftliche Austausch deutscher Ingenieure) zum Erliegen kommen. Weiter wurde argumentiert, ein gesetzlicher Geheimnisschutz sei gar nicht notwendig, da Arbeitgeber sich vertraglich gegen eine Geheimnisverletzung absichern könnten – und dies aufgrund ihrer stärkeren

32

---
120 *Slawik*, S. 369.
121 *Slawik*, S. 359 f.
122 *Kohlrausch*, ZStW 1929, 30, 42.
123 *Kohlrausch*, ZStW 1929, 30, 41.
124 Vgl. eingehend *Slawik*, Kap. 11.
125 *Slawik*, S. 510 ff., 521 ff.
126 Eingehend hierzu *Slawik*, S. 533 ff.
127 *Slawik*, S. 547 ff.

Einl. B Gesetzliche Entwicklung des Geschäftsgeheimisschutzes in Deutschland

Verhandlungsposition durch weitreichende Geheimhaltungsverpflichtungen und Wettbewerbsverbote schon im Übermaß täten.[128] Außerdem wurde angeführt, der Ausschluss von Arbeitnehmern von der Nutzung von Geschäftsgeheimnissen sei unbillig, da diese oftmals auf (Forschungs-)Leistungen von Arbeitnehmern zurückgingen.[129] Ohnehin sei es vielfach auch gar nicht möglich, die beruflichen Fähigkeiten eines Arbeitnehmers klar von den Geschäftsgeheimnissen seines Arbeitgebers zu trennen; werde die Gesetzgebung wie geplant umgesetzt, so werde Arbeitnehmern ein beruflicher Wechsel regelmäßig unmöglich gemacht.[130]

33 Beim letzten Punkt ging es um die besonders strittige Frage, ob der **Schutz** eines Geschäftsgeheimnisses auch **nach** dem **Ausscheiden** eines Arbeitnehmers aus einem Unternehmen andauern sollte. Dies war in der Literatur und von gewerblichen Interessenverbänden mit großer Vehemenz gefordert worden; hier wurde argumentiert, ohne diese Ausdehnung gebe es keinen effektiven Schutz für Geschäftsgeheimnisse, da ein Verrat in der Praxis regelmäßig mit einem beruflichen Wechsel einhergehe.[131] *Hermann Ortloff* hatte daher gefordert, ein Geschäftsgeheimnis müsse solange geschützt sein, wie es noch „die Bedingung des Geschäftsbetriebes" darstelle[132] oder „aus der Preisgebung der Kenntniß […] dessen Inhaber noch eine Schädigung zugefügt werden" könne..[133] Ein (derart umfangreicher) Schutz wurde auch keineswegs für gegenüber den Arbeitnehmern unbillig gehalten, weil erst die vom Arbeitgeber bereitgestellten Ressourcen es Arbeitnehmern ermöglichten, Geschäftsgeheimnisse kennenzulernen und zu erarbeiten;[134] „es wäre doch zu weit gegangen", wurde etwa von dem Industriellen *Eugen Langen* argumentiert, „wollte man die persönliche Freiheit" eines Arbeitnehmers zur Verwertung seines beruflichen Wissens „so auslegen", dass es ihm freistehe, „den Arbeitgeber nach Belieben in seinen Interessen zu schädigen", obwohl der Arbeitnehmer sein berufliches Wissen „bei dem Arbeitgeber erworben" habe, und zwar „an Hand kostspieliger Versuche und Einrichtungen und mit einem Aufwande von Zeit, für welche der Arbeitgeber das Geld und eine Summe von Erfahrungen und eigener geistiger Thätigkeit hergegeben" habe.[135]

34 Dieser Argumentation (zumindest teilweise) folgend hatte die Regierung in ihren beiden **Entwürfen für ein UWG** vorgeschlagen, die Weitergabe von Geschäftsgeheimnissen nach dem Ausscheiden eines Arbeitnehmers aus einem Unternehmen in bestimmten Grenzen unter Strafe zu stellen.[136] Der erste Entwurf hatte diesbezüglich mit einer zweijährigen Frist gearbeitet; im zweiten Entwurf war eine indivi-

---

128 *Slawik*, S. 539 ff.
129 Hierzu *Slawik*, S. 546.
130 *Slawik*, S. 544 ff.
131 *Slawik*, S. 531 f., 548 f.
132 *Ortloff*, Neuste Nachrichten und Münchener Anzeiger 1885, Nr. 136, S. 1.
133 *Ortloff*, Neuste Nachrichten und Münchener Anzeiger 1885, Nr. 136, S. 1.
134 *Slawik*, S. 546.
135 Begründung zu der Erklärung der Minderheit des Kölner Bezirksvereines deutscher Ingenieure betr. den Schutz der Fabrik- und Geschäftsgeheimnisse, Zeitschrift des Vereins Deutscher Ingenieure 1886, S. 397, 398.
136 Hierzu *Slawik*, S. 549 ff.

II. Die (Wieder-)Einführung des Schutzes von Geschäftsgeheimnissen   **Einl. B**

duelle Vereinbarung zwischen Arbeitgeber und Arbeitnehmer über die zu wahrenden Geheimnisse vorgesehen.[137] In den **parlamentarischen Beratungen** des Reichstages (1. Lesung) stießen die diesbezüglichen Vorschläge der Regierung jedoch fraktionsübergreifend auf **strikte Ablehnung**.[138] In den folgenden Kommissionsberatungen wurde sodann jeglicher Schutz gegenüber aus einem Unternehmen ausgeschiedenen Arbeitnehmern **ersatzlos gestrichen**.[139] Der Berichterstatter der Kommission, der Abgeordnete *Meyer*, formulierte später entsprechend bei seinem Bericht über die Kommissionsberatungen anlässlich der zweiten Lesung des Gesetzentwurfes im Plenum, die Kommission sei „vollkommen einmüthig gewesen […] darüber, daß keine gesetzlichen Verpflichtungen eines Angestellten construirt werden" dürften, „über die Dauer des Dienstverhältnisses hinaus ein Geheimniß im Interesse seines früheren Arbeitgebers zu bewahren".[140]

Aber auch ein auf die **Dauer des Arbeitsverhältnisses** beschränkter Geheimnisschutz gegenüber Arbeitnehmern blieb in den **weiteren parlamentarischen Debatten** (2. und 3. Lesung) heftig umstritten.[141] Seine Einführung wurde insbes. als falsche gesetzgeberische Schwerpunktsetzung kritisiert, da in den Beratungen des Reichstags mehrfach berichtet worden war, die (wirtschaftlich überlegenen) Arbeitgeber diktierten Arbeitnehmern in der Praxis ohnehin äußerst weitreichende vertragliche Wettbewerbsverbote und Verschwiegenheitsklauseln. Nicht wenige Abgeordnete waren daher der Meinung, ein gesetzgeberisches Einschreiten sei notwendig, um Arbeitnehmer vor einem solchen Missbrauch der Vertragsfreiheit zu schützen, nicht aber, um Arbeitgeber durch einen gesetzlichen Geheimnisschutz (weiter) zu begünstigen. Zwar entschied sich die Mehrheit der Abgeordneten schließlich für Einführung eines auf die Dauer des Arbeitsverhältnisses beschränkten Schutzes für Geschäftsgeheimnisse gegenüber Arbeitnehmern. Ein allgemein akzeptierter Kompromiss war dies jedoch keineswegs; wie weit die Vorstellungen über Berechtigung und Notwendigkeit auf einen solchen beschränkten Schutz auseinandergingen wird daran deutlich, dass die sozialdemokratische Fraktion zu dem Ergebnis kam, aufgrund dieser „sozialpolitischen Ungeheuerlichkeit"[142] dem gesamten UWG ihre Zustimmung versagen zu müssen.[143] 35

e) Die Gründe für die Wahl eines strafrechtlichen Schutzes

Nicht kontrovers diskutiert wurde in der Debatte im Vorfeld des UWG von 1896 die Frage, ob der Geheimnisschutz zivilrechtlicher oder strafrechtlicher Natur sein soll- 36

---

137 *Slawik*, S. 551 f., 559 f.
138 Eingehend zur ersten Lesung im Reichstag *Slawik*, S. 570 ff.
139 *Slawik*, 581 ff.
140 *Meyer*, Plenarberatungen des UWG von 1896 im Reichstag: 2. Lesung, 16. und 17. April 1896, Sten. Ber. Verhandlungen des Reichstages, 9. Leg., 4. Sess. 1895/97, Bd. 3, S. 1701, 1723.
141 Eingehend hierzu *Slawik*, S. 587 ff.
142 *Singer*, Plenarberatungen des UWG von 1896 im Reichstag: 3. Lesung, 7. Mai 1895, Sten. Ber. Verhandlungen des Reichstages, 9. Leg., 4. Sess. 1895/97, Bd. 3, S. 2171, 2186.
143 *Slawik*, S. 598 ff.

Einl. B Gesetzliche Entwicklung des Geschäftsgeheimisschutzes in Deutschland

te.[144] Gefordert – und schließlich eingeführt – wurde stets ein strafrechtlicher Schutz. Dies ist – nicht zuletzt, da nach Inkrafttreten des GeschGehG nunmehr der zivilrechtliche Schutz im Vordergrund steht – **erklärungsbedürftig**.

37 Eine Ursache für die Dominanz des Strafrechts war zunächst, dass die Befürworter eines Schutzes von Anfang an die **Wiedereinführung** strafrechtlicher Normen nach dem Vorbild der außer Kraft getretenen Bestimmungen der Strafgesetzbücher der deutschen Staaten anstrebten.[145] Ihr Ziel war, wie *Herrmann Ortloff* bereits im Jahre 1883 in seinem die Diskussion eröffnenden Aufsatz formulierte, „den eingebüßten und recht sehr vermißten strafrechtlichen Schutz" wieder zu erhalten.[146] Die historischen Normen (wie auch entsprechende ausländische Bestimmungen) wurden daher in den einschlägigen Beiträgen stets wohlwollend erörtert – und prägten so die Vorstellung von der erstrebten Gesetzgebung.

38 Weiter erfolgte eine strafrechtliche Prägung der Diskussion dadurch, dass die Verletzung eines Geschäftsgeheimnisses oftmals mit bestehenden Straftatbeständen verglichen wurde, insbes. mit **Diebstahl** und **Untreue**.[147] Da sowohl die wirtschaftlichen Schäden wie auch die moralische Verwerflichkeit der Geheimnisverletzung als (mindestens) **vergleichbar** empfunden wurden, wurde hier ein entsprechendes strafrechtliches Einschreiten gefordert. So formulierte ein Redner auf dem 19. Deutschen Juristentag im Jahre 1888, im Fall, „daß Geschäfte durch den Verrath ihres Angestellten ganz an den Ruin gebracht" würden, sei dies „doch mindestens ebenso ein Antrieb dazu, einen strafrechtlichen Schutz zu gewähren, als wenn irgendeinem ein Paar Strümpfe oder sonst eine Kleinigkeit gestohlen werde";[148] ein anderer Diskussionsteilnehmer verwies darauf, dass eine Strafbarkeit eines solchen Geschäftsgeheimnisverrats von der „deutschen Moralität" gefordert werde, da diese „den Treuebruch nicht bloß als Civilsache behandeln" wolle.[149]

39 Der wichtigste Grund für die Forderung nach einem strafrechtlichen Schutz war die Überzeugung, dass eine einmal geschehene Geheimnisverletzung praktisch weder rückgängig noch wiedergutgemacht werden könne und ein **effektiver Schutz** daher nur mittels einer **präventiven Abschreckung** durch eine Strafvorschrift zu erreichen sei.[150] Auf den „illusorischen civilrechtlichen Rechtsschutz"[151] wollte man sich hingegen nicht verlassen. Dies zunächst deswegen, weil sowohl der Beweis der Verletzungshandlung wie auch die Substantiierung des Schadens für sehr schwierig gehalten wurden.[152] Außerdem erwartete niemand von einem – regelmäßig vermögenslosen – Arbeitnehmer, der ein Geschäftsgeheimnis verraten hatte, hinreichen-

---

144 Eingehend zu den Gründen für die Wahl eines primär strafrechtlichen Schutzes *Slawik*, Kap. 10.
145 Hierzu *Slawik*, S. 496 ff.
146 *Ortloff*, Jahrbuch für Gesetzgebung, Verwaltung und Volkswirthschaft 1883, S. 229, 234.
147 Hierzu *Slawik*, S. 505 ff.
148 *Lindenberg*, Verhandlungen des 19. DJT 1888, S. 263.
149 *Hammer*, Verhandlungen des 19. DJT 1888, S. 259.
150 Eingehend hierzu *Slawik*, S. 515 ff.
151 *Reuling*, Die chemische Industrie 1895, S. 344, 345.
152 *Slawik*, S. 523 ff.

den Schadenersatz erhalten zu können.[153] Aber auch gegenüber Konkurrenten wurde eine strafrechtliche Abschreckung für (besonders) wichtig erachtet, weil angenommen wurde, diese würden, um ein begehrtes Geschäftsgeheimnis zu gelangen, das Risiko einer (nur) zivilrechtlichen Verurteilung zum Schadenersatz durchaus in Kauf nehmen, jedoch – als Angehörige von „gebildeten und angesehenen Kreisen –"[154] die soziale Ächtung durch ein Strafurteil scheuen.[155] Schließlich wurde auch die Gefahr beklagt, dass es durch einen (öffentlichen) Prozess – der oftmals auch die Hinzuziehung von Sachverständigen aus dem entsprechenden Industriezweig erforderlich mache – nur zu einer weiteren Verbreitung des Geschäftsgeheimnisses kommen werde.[156] Da dieses Problem auch im Falle eines Strafprozesses bestand, sollten die geforderten Straftatbestände als Antragsdelikte ausgestaltet werden, um einerseits die erwünschte Abschreckung zu entfalten, andererseits aber die Entscheidung über einen Gerichtsprozess in die Hand des Geheimnisinhabers zu legen.[157]

III. Die weitere Entwicklung bis zum GeschGehG

Mit dem **UWG von 1896** war die – bis zum Inkrafttreten des GeschGehG für über 100 Jahre wirksame – **Weichenstellung** erfolgt, dass der Schutz von Geschäftsgeheimnissen im deutschen Recht (primär) durch systematisch im UWG eingeordnete strafrechtliche Bestimmungen gewährleistet wurde. In der Folge wurde die Rechtslage in zwei Richtungen weiterentwickelt: *Erstens* erfolgte ein Ausbau der strafrechtlichen Bestimmungen. *Zweitens* gewann (nicht zuletzt, weil ein umfangreicherer strafrechtlicher Schutz nicht (vollständig) durchgesetzt werden konnte) auch das Zivilrecht an Bedeutung.

40

1. Der begrenzte Ausbau des strafrechtlichen Schutzes

a) Die UWG-Reform des Jahres 1909

Die UWG-Reform des Jahres 1909[158] brachte **kaum** eine Erweiterung des strafrechtlichen Schutzes für Geschäftsgeheimnisse.[159] Die einschlägigen Normen wurden vorwiegend redaktionell überarbeitet und in die §§ 17 ff. UWG verschoben; lediglich in § 17 UWG erfolgte eine Erhöhung des Strafmaßes.[160] Die in § 18 UWG neu eingeführte Strafbarkeit der **Vorlagenmissbrauchs** konnte, musste aber nicht notwendig Geschäftsgeheimnisse betreffen.[161]

41

---

153 *Slawik*, S. 516 ff.
154 *Lindenberg*, Verhandlungen des 19. DJT 1888, S. 263.
155 *Slawik*, S. 521 ff.
156 *Slawik*, S. 523 ff.
157 *Slawik*, S. 524 f.
158 Eingehend zur UWG-Reform des Jahres 1909 *v. Stechow*, S. 302 ff.
159 Eingehend hierzu *Slawik*, Kap. 14.
160 Zu den Veränderungen sowie für den Wortlaut der Bestimmungen *Slawik*, S. 696.
161 *Slawik*, S. 697.

Einl. B   Gesetzliche Entwicklung des Geschäftsgeheimnisschutzes in Deutschland

42   Zwar hatte bereits kurz nach Inkrafttreten des UWG von 1896 eine Diskussion über die Reformbedürftigkeit der Bestimmungen zum Schutz der Geschäftsgeheimnisse eingesetzt.[162] Gefordert wurde insbes. (wieder) die Einführung einer Strafbarkeit des Verrats von Geschäftsgeheimnissen durch aus einem Unternehmen ausgeschiedene Arbeitnehmer. Sie wurde (unverändert) als für effektiven Schutz unerlässlich angesehen: Die Praxis habe gezeigt, dass kein Arbeitnehmer eine so „große Torheit" begehe, Geschäftsgeheimnisse in strafbarer Weise während eines bestehenden Arbeitsverhältnisses zu verraten; das Wissen werde erst nach einem Arbeitsplatzwechsel – und dann legal – weitergegeben.[163]

43   Die Regierung erteilte in ihrem Entwurf für ein reformiertes UWG Forderungen nach einem Ausbau des Geschäftsgeheimnisschutzes jedoch eine klare **Absage**.[164] Insbesondere lehnte sie es ab, einen **Schutz** gegenüber **ehemaligen Arbeitnehmern** vorzuschlagen, weil „wesentlich neue Gründe für die Notwendigkeit der [...] Erweiterung der Strafvorschrift nicht angeführt worden" seien und „in den beteiligten Kreisen die Auffassungen über die Grenzen der Schweigepflicht des Angestellten nach Beendigung des Dienstverhältnisses in sachlicher und zeitlicher Hinsicht noch immer weit" auseinandergingen.[165] Und auch im **Reichstag** – im Laufe dessen Beratungen von Abgeordneten sowohl ein Ausbau der Arbeitnehmerstrafbarkeit wie auch ihre gänzliche Streichung gefordert worden war – fand sich keine politische Kraft (und erst recht keine Mehrheit), die bereit war, sich dieser konfliktträchtigen Materie anzunehmen.[166]

b) Die Verordnung des Reichspräsidenten zum Schutze der Wirtschaft (1932)

44   **Erhebliche** inhaltliche **Veränderungen** erfuhren die strafrechtlichen Normen zum Schutz von Geschäftsgeheimnissen durch die Verordnung des Reichspräsidenten zum Schutze der Wirtschaft aus dem Jahre 1932.[167] Der Weg über eine Notverordnung wurde aufgrund der die Handlungsfähigkeit des Reichstages beeinträchtigenden politischen Situation in der Weimarer Republik beschritten.[168] Zu den Änderungen gehörten insbes. die **Erhöhung** der **Strafrahmen**, eine Ausdehnung der Strafbarkeit auf bestimmte **Vorbereitungshandlungen**, die Einführung einer Strafbarkeit auch für ein Handeln „**aus Eigennutz**" sowie die Pönalisierung des **Verrats** von Geschäftsgeheimnissen an das **Ausland** und ihre dortige Verwertung.[169] Die Grundlage der Notverordnung bildete ein zuvor ausgearbeiteter „Ent-

---

162 Hierzu *Slawik*, S. 693 ff.
163 *Lubszynski*, Unlauterer Wettbewerb 1904/05, S. 69, 71.
164 *Slawik*, S. 698 ff.
165 Entwurf eines Gesetzes gegen den unlauteren Wettbewerb, Anlage Nr. 1109, Sten. Ber. über die Verhandlungen des Reichstages, 12. Leg., 1. Sess. 1909, Bd. 252, S. 1, 22.
166 *Slawik*, S. 699 ff.
167 Hierzu *Slawik*, S. 712 ff.
168 *Slawik*, S. 713 f.
169 Zu den Veränderungen und für den Wortlaut der Bestimmungen *Slawik*, S. 714 f., 719 ff.

wurf eines Gesetzes zum Schutze von Geschäfts- und Betriebsgeheimnissen" der Regierung, der nur geringfügig abgeändert worden war.[170]

Die Notverordnung war das Ergebnis einer sich seit den 1920er Jahren intensivierenden Diskussion über eine Reform der Gesetzgebung zum Schutz von Geschäftsgeheimnissen.[171] Es waren besonders Fälle der **Spionage** durch **ausländische Staaten** in Deutschland sowie des Verrats von Geschäftsgeheimnissen an das Ausland, die in einem nach dem Ersten Weltkrieg und in der Weltwirtschaftskrise veränderten wirtschaftlichen und politischen Klima die Gemüter erregten und der Diskussion über eine Ausweitung des Schutzes von Geschäftsgeheimnissen immer wieder neue Nahrung gaben.[172] Mit der (verbreiteten) Überzeugung, der „Krieg mit Waffen" habe sich in einem „Krieg der Wirtschaft" der Nationen fortgesetzt,[173] ging auch ein größeres Interesse am Schutz von Geschäftsgeheimnissen und ein gewandeltes Verständnis dieser einher. Geschäftsgeheimnisse sollten jetzt nicht mehr „nur" ein „Interesse einzelner Kapitalisten" darstellen, sondern wurden auch als „ein Lebensinteresse des deutschen Volkes" begriffen.[174] Dementsprechend sollten die **Gründe** ihres Schutzes auch nicht mehr alleine „der individualistische Gedanke der ‚Bekämpfung unlauteren Wettbewerbs'" und der „demokratische und liberale Gedanke vom Schutze der Persönlichkeitsrechte" sein, sondern auch „der **Schutz** des **Gesamtwohls**".[175] Diese „neumerkantilistischen Entwicklungstendenzen"[176] fanden ihren deutlichsten Niederschlag in der Einführung der Strafbarkeit des Verrats an das Ausland („wirtschaftlicher Landesverrat"[177]). Eine solche Strafbarkeit hatte das deutsche Recht seit der Abkehr vom Geheimnisschutz des merkantilistisch-absolutistischen Staates durch die Privatisierung des Schutzes von Geschäftsgeheimnissen infolge des Liberalismus nicht mehr gekannt.[178]

45

c) Die Änderungen durch das Zweite Gesetz zur Bekämpfung der Wirtschaftskriminalität (1986)

Nach dem Zweiten Weltkrieg erfolgten **größere Änderungen** der die Geschäftsgeheimnisse schützenden strafrechtlichen Bestimmungen im UWG durch das am 1.8.1986 in Kraft getretenen Zweite Gesetz zur Bekämpfung der Wirtschaftskriminalität.[179] Ziel des Gesetzes war es insbes., auf den erheblichen technischen Fortschritt zu reagieren; dieser brachte nicht nur eine (noch weiter) wachsende Zahl von

46

---

170 *Slawik*, S. 714.
171 *Slawik*, S. 712 f.
172 Hierzu *Slawik*, S. 713, 715 ff.
173 *Oppenhoff*, S. 75.
174 *Kohlrausch*, ZStW 1929, 30, 32, Hervorhebung vom Verf.
175 *Kohlrausch*, ZStW 1929, 30, 32.
176 *Schramm*, S. 115.
177 Der gerne verwendete Begriff ging auf den Titel eines einschlägigen Vortrags zurück, den ein Vorstandsmitglied der I.G. Farbenindustrie am 18.4.1929 gehalten hatte, s. *Schmidt*, Verhandlungen des 36. DJT, Bd. 1, 1930, S. 101, 110 Fn. 9.
178 Hierzu oben Rn. 3 f.
179 *Slawik*, S. 724 f. mwN zur einschlägigen Literatur.

Einl. B Gesetzliche Entwicklung des Geschäftsgeheimisschutzes in Deutschland

wettbewerbsrelevanten Geschäftsgeheimnissen hervor, sondern bedrohte diese auch durch bisher ungekannte Möglichkeiten der Spionage.

47 Zu den **Änderungen** gehörte insbes.,[180] dass zum Schutz vor Spionage mit technischen Mitteln eine Strafbarkeit für bestimmte Formen des Eindringens in fremde Geschäftsgeheimnisse eingeführt (§ 17 Abs. 2 Nr. 1 UWG) wurde. Außerdem wurden nunmehr verschiedene Formen der Geheimnishehlerei bestraft (§ 17 Abs. 2 Nr. 2 UWG). Auch der Verrat „**zugunsten eines Dritten**" wurde unter Strafe gestellt (§ 17 Abs. 1 UWG); hiermit sollten auch Täter erfasst werden, die nicht „zu Zwecken des Wettbewerbs", „aus Eigennutz" oder in Schädigungsabsicht handelten, sondern das Geheimnis aus ideologischen Gründen anderen Staaten (des kommunistischen Ostblocks) zugänglich machten. Für **besonders schwere Fälle** (zu denen jetzt auch die Tat zugunsten des Auslands gehörte) wurde das Strafmaß auf eine Freiheitsstrafe von fünf Jahren angehoben. Auch eine Strafbarkeit des **Versuchs** wurde eingeführt (§ 17 Abs. 3 UWG). Die Strafverfolgung war jetzt nicht mehr nur auf Antrag des Geschädigten, sondern auch beim Vorliegen eines besonderen **öffentlichen Interesses** möglich.

d) Die UWG-Reformen der Jahre 2004 und 2008

48 Vorwiegend redaktionelle Änderungen erfolgten durch die UWG-Reform des Jahres 2004.[181] Die UWG-Reform des Jahres 2008 ließ die Bestimmungen zum Schutz von Geschäftsgeheimnissen **unverändert**.[182]

2. Der zivilrechtliche Schutz

a) Die Suche nach Alternativen zum gesetzlichen Ausbau des strafrechtlichen Schutzes

49 Der Umfang des strafrechtlichen Schutzes für Geschäftsgeheimnisse war im UWG von 1896 hinter weitergehenden Forderungen zurückgeblieben. Besonders deutlich wird dies an dem vom Gesetzgeber nicht gewährten Schutz gegen eine Verletzung von Geschäftsgeheimnissen durch aus einem Unternehmen ausgeschiedene Arbeitnehmer (oben → Rn. 34 f., 42 f.). Da der Gesetzgeber zu einem wesentlichen **Ausbau** des strafrechtlichen Schutzes zunächst gar nicht und später auch nur in beschränktem Umfang zu bewegen war (→ Rn. 40 ff.), rückten Alternativen hierzu in das Blickfeld insbes. derjenigen Autoren, die einen umfangreicheren Schutz – oder wenigstens seine Flexibilisierung – wünschten.[183]

50 Für eine Flexibilisierung oder Erweiterung des Schutzes (ohne ein gesetzgeberisches Tätigwerden) gab es verschiedene Wege.[184] Eine Erweiterung des strafrechtlichen

---

180 Überblick über die Änderungen bei *Slawik*, S. 724 f.
181 *Slawik*, S. 725 f. mwN zur einschlägigen Literatur.
182 *Slawik*, S. 726 mwN zur einschlägigen Literatur.
183 Eingehend *Slawik*, S. 607 ff.
184 *Slawik*, S. 607 ff.

III. Die weitere Entwicklung bis zum GeschGehG Einl. B

Schutzes durch Auslegung des vorhandenen strafrechtlichen Normbestandes schlug *Josef Kohler* vor. In seinem UWG-Kommentar aus dem Jahre 1914 brachte er zunächst seine (große) Verärgerung über das Fehlen eines Schutzes gegenüber aus Unternehmen ausgeschiedenen Arbeitnehmern zum Ausdruck und forderte sodann, dass hier „von selber ein Gebot unterstellt werden" müsse, Geschäftsgeheimnisse zu wahren.[185] Nach seiner Ansicht bot das Gesetz hierfür auch „genügend Anhaltspunkte", sofern es „nach den Grundsätzen der Rechtsvernunft" ausgelegt werde und „nicht nach dem Willen des Gesetzgebers", der „einfach bedeutungslos" sei.[186]

Kohlers Vorschlag erregte mit Blick auf das strafrechtliche Bestimmtheitsgebot Kritik und konnte sich nicht durchsetzen.[187] Einen anderen Anknüpfungspunkt für einen Ausbau des Schutzes durch Auslegung vorhandener Gesetze bot jedoch das Zivilrecht; insbes. das Deliktsrecht des am 1.1.1900 in Kraft getretenen **Bürgerliches Gesetzbuch** (BGB) rückte ins Blickfeld. Zwar war ein zivilrechtlicher Schutz für Geschäftsgeheimnisse im Vorfeld des UWG von 1896 als ineffektiv angesehen worden (→ Rn. 39). Nach Inkrafttreten des UWG von 1896 gewann er als Alternative zum (wenig entwicklungsfähigen) strafrechtlichen Schutz jedoch deutlich an Beachtung. 51

b) Das Bürgerliche Gesetzbuch und der Schutz von Geschäftsgeheimnissen

Die Nutzbarmachung des BGB für den Schutz von Geschäftsgeheimnissen begann unmittelbar mit seinem Inkrafttreten.[188] Der Geschäftsgeheimnisschutz folgte hier – entsprechend seiner systematischen Einordnung – einer allgemeinen Entwicklung im Recht der Bekämpfung des unlauteren Wettbewerbs: Nachdem im UWG von 1896 nur bestimmte Erscheinungsformen des unlauteren Wettbewerbs durch kasuistische Normen bekämpft wurden (die Einführung der großen wettbewerbsrechtlichen Generalklausel erfolgte erst durch die UWG-Reform des Jahres 1909[189]), begannen Literatur und Rechtsprechung schnell, das **Deliktsrecht**[190] des BGB zur Schließung von Schutzlücken heranzuziehen.[191] Und da auch im Bereich des Schutzes von Geschäftsgeheimnissen der strafrechtliche Schutz als lückenhaft empfunden wurde,[192] begann auch hier eine Diskussion über die Anwendung deliktsrechtlicher Bestimmungen (insbes. § 826 BGB, aber auch § 823 Abs. 1 BGB[193]).[194] 52

---

185 *Kohler*, S. 265.
186 *Kohler*, S. 265.
187 Hierzu *Slawik*, S. 611.
188 Eingehend hierzu *Slawik*, Kap. 13.
189 Hierzu. *v. Stechow*, S. 310 ff.
190 Auch die Anwendung von Bestimmungen des Bereicherungsrechts (§§ 812 ff. BGB) und solcher aus der Geschäftsführung ohne Auftrag (§§ 677 ff. BGB) wurde diskutiert, hierzu *Slawik*, S. 689.
191 *Slawik*, S. 699 ff.; *v. Stechow*, S. 304 ff.
192 Zu den erörterten Schutzlücken *Slawik*, S. 672 ff.
193 Die Normen zum Schutz von Geschäftsgeheimnissen im UWG wurden schnell als Schutzgesetze iSd. § 823 Abs. 2 BGB eingeordnet (*Slawik*, S. 688); allerdings konnte durch die Anwendung dieser deliktsrechtlichen Bestimmung keine Flexibilisierung oder Ausweitung des Schutzes erreicht werden.
194 *Slawik*, S. 674 ff.

Einl. B Gesetzliche Entwicklung des Geschäftsgeheimisschutzes in Deutschland

53 Einen Anknüpfungspunkt für einen zivilrechtlichen Schutz bot **§ 826 BGB**.[195] Dessen (grundsätzliche) Anwendbarkeit für den Schutz von Geschäftsgeheimnissen wurde rasch bejaht. Nach der Einführung der großen wettbewerbsrechtlichen Generalklausel des **§ 1 UWG** im Jahre 1909 wurden die beiden Generalklauseln regelmäßig gemeinsam erörtert.[196]

54 Im Rahmen des § 826 BGB (wie später auch im Rahmen des § 1 des UWG von 1909[197]) war allerdings die Frage zu beantworten, ob ein **nicht** durch die einschlägigen strafrechtlichen Normen des UWG **verbotenes Verhalten** zivilrechtlich als **sittenwidrig** qualifiziert werden konnte.[198] Im (traditionell besonders umstrittenen) Fall der Verletzung von Geschäftsgeheimnissen durch einen aus einem Unternehmen ausgeschiedenen Arbeitnehmer kam das Reichsgericht in seiner **sog. Pomril-Entscheidung** vom 14.3.1907[199] (nach detaillierter Auswertung der Gesetzgebungsmaterialien des UWG von 1896) zu dem Ergebnis, dass die Nutzung eines Geschäftsgeheimnisses durch einen ehemaligen Arbeitnehmer (grundsätzlich) **kein sittenwidriges Verhalten** darstelle.[200] Anders sei nur in Ausnahmefällen beim Vorliegen „ganz besondere[r] Umstände" – zu entscheiden, etwa dann, wenn ein Arbeitsverhältnis lediglich als Deckmantel dafür gedient habe, fremde Geschäftsgeheimnisse auszukundschaften.[201] Mit dieser Entscheidung war zwar eine gewisse Flexibilisierung des Schutzes jenseits der (starren) Grenzen der strafrechtlichen Normen erzielt, nicht jedoch der von manchen Autoren erstrebte (erhebliche) Ausbau des Schutzes. Die Berechtigung der Rechtsprechung war daher entsprechend umstritten.[202] Der BGH behielt nach dem Zweiten Weltkrieg diese **Linie** grundsätzlich bei.[203]

55 Auch über die Anwendbarkeit des § 823 Abs. 1 BGB wurde rasch nach Inkrafttreten des BGB diskutiert.[204] Einen noch weitergehenden Schutz für Geschäftsgeheimnisse konnte **§ 823 Abs. 1 BGB** bieten, da diese Bestimmung – anders als § 826 BGB – tatbestandlich bereits bei Fahrlässigkeit eingriff und nicht an den (stigmatisierenden) Vorwurf der Sittenwidrigkeit anknüpfte; auch war der Schutzbereich hier noch zu definieren.[205] Strittig war allerdings, ob Geschäftsgeheimnisse überhaupt Objekte eines sonstigen Rechts im Sinne des § 823 Abs. 1 BGB darstellten (→ Rn. 56 ff.).[206]

---

195 *Slawik*, S. 675 ff.
196 Hierzu *Slawik*, S. 681, 701 ff.
197 *Slawik*, S. 708 f.
198 *Slawik*, S. 676 ff.
199 VI. Zivilsenat des Reichsgerichts, Urt. vom 14.3.1907, RGZ 65, 333 ff.
200 Zu der Entscheidung *Slawik*, S. 678 f.
201 VI. Zivilsenat des Reichsgerichts, Urt. vom 14.3.1907, RGZ 65, 333, 338 f. (unter Verweis auf RG, Urt. vom 11.3.1904, JZ 1904, 553).
202 *Slawik*, S. 680 f., 708 f.
203 Hierzu *Ohly*, GRUR 2014, 1, 9 ff. (auch unter Auswertung der Rechtsprechung des BAG).
204 Hierzu *Slawik*, S. 681 ff.
205 Zur Attraktivität der Bestimmung für eine Ausweitung des Schutzes *Slawik*, S. 682 ff.
206 Zur Diskussion über die Rechtsnatur der Geschäftsgeheimnisse sogleich Rn. 56 ff.

3. Die Diskussion über die Grundlagen des Schutzes von Geschäftsgeheimnissen

a) Die Diskussion bis zum Zweiten Weltkrieg

Die im Vorfeld des UWG nicht zum Abschluss gebrachte Diskussion über die rechtswissenschaftlichen Grundlagen des Schutzes von Geschäftsgeheimnissen (s. → Rn. 22 ff.) wurde nach Inkrafttreten des UWG von 1896 fortgeführt.[207] Hierbei ging es nicht nur darum, eine zutreffende theoretische Begründung für ihren Schutz durch die strafrechtlichen Normen des UWG zu geben; mit Blick auf eine mögliche Anwendbarkeit des § 823 Abs. 1 BGB hatte die Frage auch eine neue praktische Relevanz (→ Rn. 55). In einer (zunächst) bis zum Zweiten Weltkrieg intensiv geführten Diskussion konnte jedoch **keine Einigkeit** erzielt werden. Wie im Vorfeld des UWG existieren – neben einem originellen Ansatz von *Julius Seligsohn*, der eine Lehre vom „Geheimnisbesitz" entwickelte[208] – Erklärungen des Schutzes von Geschäftsgeheimnissen als Vermögensschutz,[209] als Absicherung des Treueverhältnisses zwischen Arbeitnehmer und Arbeitgeber[210] sowie als Schutz eines subjektiven absoluten Rechts.

56

Im Kreis der Autoren, die ein **subjektives absolutes Recht** annahmen, herrschte wiederum **Uneinigkeit** über seinen Gegenstand, seine Begründung und seine rechtliche Einordnung.[211] Verbreitet war zunächst die Annahme eines **Individual- oder Persönlichkeitsrechts**.[212] Sie wurde teilweise mit der in einem Geschäftsgeheimnis liegenden Leistung und Individualität des Unternehmensinhabers begründet.[213] So wurde von Eugen Friedlaender formuliert, in einem Geschäftsgeheimnis werde „das Resultat der physischen und geistigen Kraft des Gewerbetreibenden geschützt" und „ihm ein Recht daran" als „Ausflusse seiner Persönlichkeit gewährt".[214] Andere persönlichkeitsrechtlich argumentierende Autoren lehnten dies jedoch ab; insbes. *Friedrich Schuler* sah im Schutz der Geheimsphäre die zutreffende persönlichkeitsrechtliche Begründung,[215] weil Geschäftsgeheimnisse keineswegs „immer der Erfolg einer Arbeit" seien, sondern oftmals „lediglich eine Kenntnis, ein Bekanntschaftsverhältnis" darstellten.[216] Wieder andere Diskutanten sahen gar kein Persönlichkeitsrecht betroffen, sondern verstanden Geschäftsgeheimnisse als Objekte eines **Immaterialgüter- oder Vermögensrechts**.[217] Begründet wurde diese Einordnung mit der Verselbstständigung der Geschäftsgeheimnisse von ihrem

57

---

207 Vgl. eingehend *Slawik*, Kap. 12.
208 *Seligsohn*, Geheimnis und Erfindungsbesitz; dazu *Slawik*, S. 651 ff.
209 *Slawik*, S. 620 f.
210 *Slawik*, S. 616 ff.
211 Eingehend hierzu *Slawik*, S. 621 ff.
212 *Slawik*, S. 621 ff.
213 *Slawik*, S. 622 ff.
214 *Friedlaender*, S. 211; zu seiner Argumentation Slawik, S. 624 ff.
215 Zu dieser Argumentation *Slawik*, S. 633 f.
216 *F. Schuler*, S. 11.
217 Hierzu *Slawik*, S. 645 ff.

Einl. B Gesetzliche Entwicklung des Geschäftsgeheimisschutzes in Deutschland

Inhabern, wobei zum Nachweis der Ablösung insbes. auf ihre Übertragung im Wirtschaftsleben verwiesen wurde. *Jakob Keller* schrieb, würde es sich bei dem Recht an Geschäftsgeheimnissen tatsächlich um ein „höchstpersönliches Einzelrecht" oder um ein „Individualrecht" handeln, so könne „ein gesetzlicher Schutz […] nur dem Urheber des Geheimnisses gebühren", denn dieses sei „ja nur Ausdruck seiner Individualität"; da Geschäftsgeheimnisse jedoch durch Rechtsgeschäfte übertragen würden, müsse jedoch „ein anderes Recht" als das (nicht übertragbare) Persönlichkeitsrecht betroffen sein.[218] Schließlich verbanden manche Autoren auch mehre Ansätze;[219] so wurde von *Josef Kohler* eine persönlichkeitsrechtlich geschützte Geheimsphäre angenommen, in der sich als Objekte eines Immaterialgüterrechts verstandene Geschäftsgeheimnisse befinden sollten.[220]

58 Mit der Entwicklung des **Rechts am eingerichteten und ausgeübten Gewerbebetrieb**[221] bot sich eine weitere Erklärung für den Schutz von Geschäftsgeheimnissen; sie fand schnell Verbreitung in der Literatur.[222] In einem vielbeachteten Gutachten für den 36. Deutschen Juristentag 1931[223] argumentierte *Eberhard Schmidt* (in Abgrenzung zu persönlichkeitsrechtlichen Ansätzen), durch diese Einordnung werde der Schutz von Geschäftsgeheimnissen „in eine objektivere Sphäre gerückt und […] von dem der Einzelpersönlichkeit losgelöst", womit der (zunehmenden) **Verselbstständigung** moderner **(Groß-)Unternehmen** von der **Persönlichkeit** ihres **Eigentümers** Rechnung getragen werde.[224] *Schmidt* hielt dies für erforderlich, da „in den Zeiten der Kartelle und Konzerne und der ganzen sonstigen Vergesellschaftung des Betriebswesens" die Unternehmen, „längst über die Wirkungssphäre des Einzelindividuums hinausgewachsen" seien, weshalb es eine „anachronistische Betrachtungsweise" darstelle, wolle „man die Individualität des Unternehmens […] mit der gleichen Selbstverständlichkeit wie im 19. Jahrhundert […] mit der Individualität irgendeiner Persönlichkeit zu identifizieren suchen".[225] Die Qualifizierung von Geschäftsgeheimnissen als Bestandteile des Rechts am eingerichteten und ausgeübten Gewerbebetrieb fand auch in die Rechtsprechung des **Reichsgerichts** zu § 823 Abs. 1 BGB Eingang.[226]

b) Das Dücko-Geheimverfahren-Urteil und die folgende Diskussion

59 Auch nach dem Zweiten Weltkrieg wurde die Frage des (Nicht-)Bestehen eines subjektiven absoluten Rechts an Geschäftsgeheimnissen intensiv und kontrovers disku-

---

218 *Keller*, S. 55.
219 *Slawik*, S. 634 ff.
220 *Slawik*, 640 ff.
221 Hierzu *Slawik*, S. 654 mwN zur Literatur über die Entstehung des Rechts am eingerichteten und ausgeübten Gewerbebetrieb.
222 *Slawik*, S. 653 ff.
223 *Slawik*, S. 659 ff.
224 *Schmidt*, Verhandlungen des 36. DJT, Bd. 1, 1930, S. 101, 135.
225 *Schmidt*, Verhandlungen des 36. DJT, Bd. 1, 1930, S. 101, 135.
226 *Slawik*, S. 685 ff.

III. Die weitere Entwicklung bis zum GeschGehG Einl. B

tiert.[227] Die historischen Debatten im Vorfeld des UWG von 1896 und im Zeitraum zwischen seinem Inkrafttreten und dem Zweiten Weltkrieg fanden hierbei allerdings kaum Beachtung.[228] Ausgangspunkt der „neuen" Diskussion war vielmehr das **sog. Dücko-Geheimverfahren-Urteil** des I. Zivilsenats des BGH vom 25.1.1955[229] sowie ein im Anschluss an das Urteil erschienener Aufsatz von *Karl Nastelski*[230] (der an der Entscheidung als Mitglied des I. Zivilsenats beteiligt gewesen war[231]).[232] In seinem Urteil hatte der BGH der Klage des Inhabers eines Geheimverfahrens, das er von einem Konkursverwalter aus einer Konkursmasse erworben hatte, gegen den Konkursschuldner, der das Verfahren weiterhin anwendete, auf Unterlassung stattgegeben. Hierin wurde vielfach die Bestätigung der Existenz eines subjektiven absoluten Rechts an Geschäftsgeheimnissen gesehen; Interpretation und Beurteilung des Urteils waren jedoch umstritten.[233]

Gegen die Annahme eines **subjektiven absoluten Rechts** wurde in der Diskussion nach dem Zweiten Weltkrieg insbes. seine fehlende positivrechtliche Verankerung angeführt und eine unzulässige richterrechtliche Rechtsfortbildung beanstandet.[234] Die Frage nach der Bindung an das positive Recht wurde sicherlich nicht zu Unrecht gestellt, ging es manchen Autoren doch – der „naturrechtlichen Tradition" der Annahme eines subjektiven absoluten Rechts folgend (→ Rn. 22 f., 49 ff.) – ersichtlich darum, über die Postulierung eines subjektiven absoluten Rechts gemäß § 823 Abs. 1 BGB eine Ausdehnung des Schutzes über die Grenzen der strafrechtlichen Normen des UWG hinaus zu erreichen (insbes. gegenüber aus einem Unternehmen ausgeschiedenen Arbeitnehmern).[235] Allerdings orientierten andere Autoren den Umfang des angenommenen subjektiven absoluten Rechts an Geschäftsgeheimnissen durchaus an dem durch die strafrechtlichen Normen im UWG gezogenen gesetzlichen Rahmen und beschrieben die Festlegung seines Schutzbereichs als offen.[236] Ihnen ging es mit seiner Annahme – neben einer theoretisch tragfähigen Begründung des Schutzes – nicht (nur) um seine Ausweitung, sondern um andere hiermit aus ihrer Sicht verbundenen Vorteile, wie insbes. eine (einfache) Verwertbarkeit von Geschäftsgeheimnissen im Rechtsverkehr (vor allem durch die Mög-

60

---

227 Hierzu *Slawik*, S. 726 ff.
228 *Slawik*, S. 726 f., 731 ff.
229 BGHZ 16, 172 ff. = GRUR 1955, 388 ff.
230 *Nastelski*, GRUR 1957, 1 ff.
231 *Slawik*, S. 728.
232 Hierzu *Slawik*, S. 726 ff.
233 Zur kontroversen Interpretation des Urteils *Slawik*, S. 727 ff. mwN zu seiner Analyse und Bewertung in der Literatur.
234 *E. Hauck*, S. 188 ff. (s. ebenda, S. 367: „Die Versuche, Wirtschaftsgeheimnisse als Informationseigentum kraft richterlicher Entscheidung zu konzipieren, widersprechen Recht und Gesetz, rechtsnormativen Rechtsbildungsmethoden ebenso wie den praktischen Bedürfnissen"); umfassend auch *Peukert*, 2008; *ders.*, „Sonstige Gegenstände" im Rechtsverkehr, S. 95, 116 ff.; wN bei *Slawik*, S. 731.
235 Siehe die Überlegungen von *Mes*, GRUR 1979, 584, 590 ff.; *Nastelski* GRUR 1957, 1, 5 ff.
236 *Forkel*, in: FS Schnorr von Carolsfeld, S. 105, 112; *Ohly*, GRUR 2014, S. 1, 3 f.

Einl. B Gesetzliche Entwicklung des Geschäftsgeheimnisschutzes in Deutschland

lichkeit einer Rechtsübertragung und der Einräumung dinglicher Lizenzen).[237] Eine **Einigung** über das (Nicht-)Bestehen eines Rechts an Geschäftsgeheimnissen konnte bis zum **Inkrafttreten des GeschGehG nicht** erzielt **werden**.

IV. Das GeschGehG

1. Die Ausgangslage

61 Als Ergebnis der geschilderten historischen Entwicklung hatte sich ein (im europäischen Vergleich) eigentümliches sog. **deutsches Modell** zum Schutz von Geschäftsgeheimnissen[238] herausgebildet[239]: Der Schutz erfolgte primär durch im Lauterkeitsrecht eingeordnete **strafrechtliche Bestimmungen** (§§ 17 ff. UWG). In ihrem Schatten existierte ein sich insbes. aus dem Deliktsrecht des BGB ergebender **zivilrechtlicher Schutz**, wobei die strafrechtlichen Bestimmungen hierauf einen „beherrschenden" Einfluss ausübten[240] und „auch den Kernbereich des zivilrechtlichen Schutzes" bestimmten.[241]

62 Befriedigend war die Rechtslage keineswegs.[242] Die **rechtswissenschaftlichen Grundlagen** des gesetzlichen Schutzes von Geschäftsgeheimnissen waren – wie insbes. die über 100 Jahre immer wieder ergebnislos geführte Diskussion über die Existenz eines subjektiven absoluten Rechts an ihnen zeigt (oben → Rn. 22 ff., 56 ff., 59 ff.) – **umstritten**. In der Folge bestand auch im Bereich des zivilrechtlichen Schutzes Uneinigkeit über die **Anwendbarkeit des § 823 Abs. 1 BGB** (→ Rn. 55, 60). Aufgrund des nicht einfach zu bestimmenden Verhältnisses des zivilrechtlichen Schutzes zu den strafrechtlichen Normen des UWG und seiner fehlenden gesetzlichen Konturierung ergaben sich auch **Unsicherheiten** über den **Umfang des zivilrechtlichen Schutzes**; jenseits der durch das Strafrecht gezogenen Grenzen (wo über § 823 Abs. 2 BGB unstrittig ein zivilrechtlicher Schutz bestand) konnte die Bejahung eines sittenwidrigen Verhaltens (§ 826 BGB) oder gar die Annahme der Verletzung eines subjektiven absoluten Rechts (§ 823 Abs. 1 BGB) daher schnell dem Vorwurf der **Ausweitung des Schutzes contra legem** ausgesetzt sein (→ Rn. 54 f., 60).

63 Zu dem unbefriedigenden Rechtszustand trug auch die **systematische Zersplitterung** der das deutsche Modell zum Schutz von Geschäftsgeheimnissen bildenden Rechtsgrundlagen bei. Das Geschäftsgeheimnisschutzrecht stellte eine **Schnittstellenmaterie** dar, die in verschiedenen Rechtsgebieten (mit-)behandelt wurde – zum

---

237 *Forkel*, in: FS Schnorr von Carolsfeld, S. 105, 108, 121 ff.; wN bei *Slawik*, S. 730.
238 *Ohly*, GRUR 2014, 1, 2.
239 Hierzu *Slawik*, S. 2 ff.
240 *Kraßer*, GRUR 1977, 177, 195.
241 *Dannecker*, BB 1987, 1614, 1615; zu neben den „strafrechtsakzessorischen" auch „zivilrechtsautonom" bestehenden Ansprüchen *Ohly*, GRUR 2014, 1, 8 f.
242 S. die Analyse des deutschen Rechts „am Vorabend der Harmonisierung" von *Ohly*, GRUR 2014, 1 ff.

Beispiel im Strafrecht, im Lauterkeitsrecht, im Recht des Geistigen Eigentums oder im Arbeitsrecht.[243] Ein vertiefter Austausch zwischen den verschiedenen Rechtsgebieten unterblieb oftmals. Dies hemmte die (eigentlich dringend erforderliche) bessere rechtswissenschaftliche Durchdringung und verhinderte die Entwicklung des Geschäftsgeheimnisschutzrechts zum eigenständigen Rechtsgebiet.

Über Möglichkeiten einer Weiterentwicklung des deutschen Models zum Schutz von Geschäftsgeheimnissen wurde zwar diskutiert;[244] der Gesetzgeber wurde jedoch nicht tätig. Die Rechtsentwicklung war damit erstarrt; der Geschäftsgeheimnisschutz im deutschen Recht verharrte in „schlechtem Zustand".[245] 64

2. Gesetzgebungsverfahren und gesetzliche Lösung

Der entscheidende **Impuls** für eine **Reform** des deutschen Modells zum Schutz von Geschäftsgeheimnissen kam schließlich von außen: Der europäische Gesetzgeber hatte sich eine (Mindest-)Harmonisierung des (zivilrechtlichen) Schutzes von Geschäftsgeheimnissen in Europa zum Ziel gesetzt.[246] In der **Geheimnisschutzrichtlinie** vom 8.6.2016 wurde den nationalen Gesetzgebern aufgegeben, die Vorgaben der Richtlinie bis zum 9.6.2018 in nationales Recht umzusetzen. Damit wurde eine neue Rechtsentwicklung im deutschen Geschäftsgeheimnisschutzrecht initiiert. 65

Die deutsche rechtswissenschaftliche Literatur befasste sich rasch und mit großem Interesse mit der Richtlinie sowie der Möglichkeiten ihrer Umsetzung in das deutsche Recht.[247] Zwar wurde es für wünschenswert gehalten, die Gelegenheit für eine grundlegende Reform des als mangelhaft empfundenen tradierten deutschen Modells zum Schutz von Geschäftsgeheimnissen zu nutzen.[248] Aufgrund der engen zeitlichen Vorgaben und der Komplexität der gesetzgeberischen Aufgabe schien eine solche „**große Lösung**", die insbes. auch die strafrechtlichen Bestimmungen im UWG umfassen musste, jedoch nur schwer realisierbar.[249] Auch die am 24.9.2017 anstehende Neuwahl des Bundestags sprach gegen eine kontinuierliche Arbeit an einem (komplexen) Reformwerk.[250] Wahrscheinlicher erschien daher nur eine „**kleine Lösung**", im Zuge derer die deutsche Rechtsordnung nur punktuell um einen richtlinienkonformen zivilrechtlichen Geschäftsgeheimnisschutz ergänzt würde. 66

Eine **fristgemäße Umsetzung** der Geheimnisschutzrichtlinie erfolgte nicht. Das GeschGehG wurde erst am 25.4.2019 verkündet und trat am folgenden Tag in Kraft. 67

---
243 *Ann*, GRUR 2007, 39, 40; *Ohly* GRUR 2014, 1.
244 Siehe etwa die „rechtspolitischen Perspektiven" bei *Kraßer*, GRUR 1977, 177, 195 f.
245 *Ohly*, GRUR 2014, 1, 11.
246 Eingehend zu den europarechtlichen Grundlagen Einl. C Rn. 1 ff.
247 S. etwa die Beiträge von *McGuire*, GRUR 2015, 424 ff.; *Ann*, GRUR-Prax 2016, 465 ff.; *R. Hauck*, NJW 2016, 2218; *Kalbfus*, GRUR 2016, 1009 ff.
248 *McGuire*, GRUR 2015, 424, 436; *Ann*, GRUR-Prax 2016, 465 f.; *Kalbfus*, GRUR 2016, 1009, 1016.
249 *Ann*, GRUR-Prax 2016, 465 f.
250 *Ann*, GRUR-Prax 2016, 465.

Einl. B Gesetzliche Entwicklung des Geschäftsgeheimisschutzes in Deutschland

Das **Gesetzgebungsverfahren**[251] war spät in Gang gekommen. Am 19.4.2018 veröffentlichte das Bundesministerium der Justiz und für Verbraucherschutz (BMJV) einen **Referentenentwurf** zur Umsetzung der Geheimnisschutzrichtlinie; im Juli 2018 – und somit nach dem Ablauf der Umsetzungsfrist – folgte ein **Regierungsentwurf**.[252] Dieser erreichte im Oktober 2018 den **Bundestag**, wo er zunächst zur Beratung in die Ausschüsse überwiesen wurde. Am 21.3.2019 wurde das GeschGehG schließlich vom Bundestag verabschiedet. Der **Bundesrat** (Beteiligung gem. Art. 76 Abs. 2, 77 GG, da es sich beim GeschGehG um ein Einspruchsgesetz handelte) verzichtete am 12.4.2019 auf eine Anrufung des Vermittlungsausschusses.

68 Das **Warten** sollte sich allerdings als **lohnend** erweisen: Entgegen den Erwartungen, es werde nur eine „kleine Lösung" erfolgen, nutzte der Gesetzgeber die Gelegenheit der Richtlinienumsetzung (und die eigenmächtig „verlängerte" Umsetzungsfrist) für eine **grundlegende Reform** des deutschen Geschäftsgeheimnisschutzrechts. Mit dem GeschGehG schuf er sich ein ausschließlich mit dem Geschäftsgeheimnisschutz befassendes **eigenes Stammgesetz** und stellte diesen damit systematisch und inhaltlich auf eine völlig neue Grundlage.

69 Das – keineswegs nur eine reine Umsetzung der Richtlinie darstellende[253] – GeschGehG[254] regelt **vorrangig** den (bisher nicht speziell normierten) **zivilrechtlichen Schutz** von Geschäftsgeheimnissen; es enthält aber auch (neuartige) **zivilprozessuale Bestimmungen** sowie die aus dem UWG hierhin überführten einschlägigen **Strafbestimmungen**: In seinem ersten Abschnitt („Allgemeines") wird zunächst (neben anderen Begriffsbestimmungen) der in das deutsche Recht neu eingeführte und die bisherige Terminologie („Geschäfts- und Betriebsgeheimnisse") ablösende Begriff „Geschäftsgeheimnis" definiert (§ 2 Nr. 1); durch die folgende Festlegung von erlaubten Handlungen (§ 3), Handlungsverboten (§ 4) und Ausnahmen hiervon (§ 5) wird der gesetzliche Schutz der Geschäftsgeheimnisse konturiert. Abschnitt 2 („Ansprüche bei Rechtsverletzungen") widmet sich eingehend der Rechtsfolgenseite. Abschnitt 3 („Verfahren in Geschäftsgeheimnisstreitsachen") enthält sodann zivilprozessuale Regelungen (insbes. auch die Möglichkeit einer Geheimhaltung im Zivilprozess). Abschnitt 4 („Strafvorschriften") beschließt das Gesetz mit den strafrechtlichen Bestimmungen.

70 Das tradierte **deutsche Modell** zum Schutz von Geschäftsgeheimnissen wird somit **umgekehrt**: War der Geschäftsgeheimnisschutz bisher „strafrechtsakzessorisch"[255] ausgestaltet, dh. die Kernnormen des Geheimnisschutzes stellten die strafrechtli-

---

[251] Überblick bei *Apel/Walling*, DB 2019, 891, 892; *Ohly*, GRUR 2019, 441 f.
[252] Diskussion der Entwürfe bei *Brammsen*, BB 2018, 2446 ff.; *Dumont*, BB 2018, 2441 ff.; *Lejeune*, ITRB 2018, 140 ff.; *Passarge*, CB 2018, 144 ff.
[253] Hierzu Einl. C Rn. 73 ff.
[254] Überblick über die Regelungen bei *Apel/Walling*, DB 2019, 891, 893; *R. Hauck*, GRUR-Prax 2019, 223 ff.; *Ohly*, GRUR 2019, 441 ff.
[255] *Ohly*, GRUR 2014, 1, 7.

chen Vorschriften der §§ 17 ff. UWG dar, die auch den Umfang des gesetzlich nicht näher geregelten und daher insbes. über die §§ 823 ff. BGB gewährten zivilrechtlichen Schutzes determinierten (vgl. → Rn. 61 ff.), ist es nunmehr der zivilrechtliche Geschäftsgeheimnisschutz, der die detaillierte gesetzliche Regelung gefunden hat; der strafrechtliche Schutz folgt diesem systematisch und ist auch inhaltlich an diesen angepasst.

3. Das neue Gesetz in der rechtshistorischen Perspektive

Die wesentlichen **Grundentscheidungen** des Gesetzgebers des GeschGehG – namentlich die Neuordnung des Geschäftsgeheimnisschutzrechts in einem eigenen Stammgesetz, die (umfangreiche) Normierung des zivilrechtlichen Schutzes sowie die Umkehrung des Verhältnisses des strafrechtlichen und des zivilrechtlichen Schutzes – sind **begrüßenswert**. Durch das neue Gesetz hat der Gesetzgeber diejenigen **Schwachpunkte** des tradierten deutschen Modells zum Schutz von Geschäftsgeheimnissen **beseitigt**, die bisher eine fruchtbare Weiterentwicklung der Rechtslage verhinderten. Dies wird gerade aus der historischen Perspektive deutlich. 71

Eine wichtige Fortentwicklung ist zunächst die umfangreiche gesetzliche **Regelung des zivilrechtlichen Schutzes** und die hierdurch bewirkte **Umkehrung** des systematischen Verhältnisses zu den strafrechtlichen Normen. Die ehemals dominante Stellung des Strafrechts gründete auf der im Vorfeld des UWG von 1896 herrschenden Überzeugung, ein wirksamer Schutz sei nur durch dessen abschreckende Wirkung zu gewährleisten. Hingegen wurde ein zivilrechtlicher Schutz als „illusorisch" empfunden – und der Versuch seiner Normierung gar nicht erst unternommen (→ Rn. 39). Allerdings zeigte sich bald nach Inkrafttreten des UWG 1896 (und in der Folge immer stärker) ein Bedürfnis nach einem, das (starre) Strafrecht ergänzenden (flexiblen), zivilrechtlichen Schutz (→ Rn. 40, 49 ff). Da er jedoch (mangels gesetzlicher Normierung) aus dem Deliktsrecht des BGB hergeleitet werden musste, blieb vieles unklar und umstritten (s. oben → Rn. 54 f., 60, 62). Diese Blockierung der Rechtsentwicklung konnte nur der Gesetzgeber überwinden, da viele Fragen – insbes. in Bezug auf die Grenzziehung des Schutzes, die Rechtsfolgen einer Geschäftsgeheimnisverletzung und nicht zuletzt auch die Rechtsdurchsetzung (Geheimhaltung im Prozess) – eine gesetzliche Normierung erforderten. Dies hat der Gesetzgeber nunmehr geleistet; damit führt er die Entwicklung des seit Beginn des 20. Jahrhunderts festzustellenden **Bedeutungszuwachses** des **zivilrechtlichen Schutzes** auf einer neuen Ebene fort. Gleichzeitig wird die bis zum Beginn des 19. Jahrhundert zurückreichende **Tradition des strafrechtlichen Schutzes** von Geschäftsgeheimnissen – die insbes. auf der (zutreffenden) Überlegung basiert, dass eine präventive Verhinderung einer Verletzung eines Geschäftsgeheimnisses dieses am besten schützt – **nicht aufgegeben**. 72

Einen weiteren großen Fortschritt stellt die **systematische Zusammenfassung** der Normen in einem **eigenen Stammgesetz** dar. Die bisherige Stellung der (strafrecht- 73

Einl. B Gesetzliche Entwicklung des Geschäftsgeheimisschutzes in Deutschland

lichen) Bestimmungen zum Schutz von Geschäftsgeheimnissen im Lauterkeitsrecht konnte nie vollständig überzeugen; bereits im Vorfeld des UWG von 1896 hatte sie die (berechtigte) Kritik hervorgerufen, der inhaltliche „Zusammenhang der Materie [...] mit der Frage der Bekämpfung des unlauteren Wettbewerbs" sei „nur ein willkürlicher und theilweiser, keineswegs aber ein nothwendiger und allgemeiner".[256] In der Folge trug die (Mit-)Regelung im UWG sowie die sich herausbildende systematische Zersplitterung der den strafrechtlichen (UWG) und den zivilrechtlichen (BGB) Geschäftsgeheimnisschutz gewährleistenden Normen zur Hemmung der wissenschaftlichen Durchdringung der Materie bei; ein hierfür förderliches Verständnis des Geschäftsgeheimnisschutzes als eigenständiges Rechtsgebiet konnte sich nicht herausbilden (→ Rn. 63). Mit dem neuen Stammgesetz sind diese Hindernisse nunmehr behoben und die **Grundlagen für eine weitere fruchtbare Rechtsentwicklung** gelegt. Die in den letzten Jahren im Zusammenhang mit dem europäischen und nationalen Gesetzgebungsverfahren deutlich gewachsene Zahl einschlägiger Publikationen zeigt, dass der Geschäftsgeheimnisschutz bereits jetzt einen neuen und höheren Stellenwert in unserer Rechtsordnung wie auch in der rechtswissenschaftlichen Diskussion genießt. Für die künftige Weiterentwicklung des deutschen Geschäftsgeheimnisschutzrechts lässt dies Gutes erwarten.

---

256 *Damme*, Preußische Jahrbücher 1895, S. 62, 83 und oben Rn. 26 ff.

Einleitung C
Europarechtliche Grundlagen und internationales Recht

Schrifttum: *Ackermann-Blome/Rindell*, Should trade secrets be protected by private and/or criminal law? A comparison between Finnish and German laws, JIPLP 2018, 78; *Ahrens*, Die Auswirkungen des Brexits auf die Rechte des geistigen Eigentums, IPRB 2020, 11; *Alexander*, Gegenstand, Inhalt und Umfang des Schutzes von Geschäftsgeheimnissen nach der Richtlinie (EU) 2016/943, WRP 2017, 1034; *ders.*, Grundstrukturen des Schutzes von Geschäftsgeheimnissen durch das neue GeschGehG, WRP 2019, 673; *ders.*, Zwingendes oder dispositives Recht: Welchen privatautonomen Gestaltungsspielraum belässt das GeschGehG?, WRP 2020, 1385; *Ann*, Know-how – Stiefkind des Geistigen Eigentums?, GRUR 2007, 39; *ders.*, EU-Richtlinie zum Schutz vertraulichen Know-hows – Wann kommt das neue deutsche Recht, wie sieht es aus, was ist noch offen?, GRUR-Prax 2016, 465; *Apel*, K&R-Kommentar – Keine Anwendung des europa-rechtlichen Verbraucherleitbilds beim Betrug (§ 263 StGB), K&R 2014, 584; *ders.*, Keine Anwendung der »UsedSoft«-Rechtsprechung des EuGH jenseits von Computerprogrammen – Eine Bestandsaufnahme zur Erschöpfung bei »gebrauchten« digitalen Gütern, ZUM 2015, 640; *ders.*, Anm. zu EuGH, 10.11.2016 – C-174/15, MR-Int 2016, 104; *ders.*, BB Kommentar zu OLG München, 8.8.2019 – 29 W 940/19, BB 2019, 2515; *ders./Walling*, Das neue Geschäftsgeheimnisgesetz: Überblick und erste Praxishinweise, DB 2019, 891; *Apel/Boom*, Zur (Un-)Abdingbarkeit des § 5 GeschGehG – Fallstrick für NDAs?, GRUR-Prax 2020, 225; *Apel/Stolz*, Vertragliche Geheimhaltungsmaßnahmen nach „PU-Schaum" – Was bleibt hängen?, GRUR-Prax 2021, 1; *Aplin*, A Critical Evaluation of the Proposed EU Trade Secrets Directive, IPQ 2014, 257; *Baranowski/Glaßl*, Anforderungen an den Geheimnisschutz nach der neuen EU-Richtlinie, BB 2016, 2563; *Barth/Corzelius*, Geheimnisverrat im Zuge eines Arbeitnehmeraustritts – Eine Case Study nach der Reform des Datenschutz- und Geschäftsgeheimnisrechts, WRP 2019, 29; *Böckenholt/Rüberg*, Der „Brexit" und die Konsequenzen im Bereich IP, MR-Int 2016, 95; *Böxler*, Markenstrafrecht, 2013; *Brammsen*, Wirtschaftsgeheimnisse als Verfassungseigentum, DÖV 2007, 10; *ders.*, Die EU-Know-how-Richtlinie 943/2016, §§ 17 ff. und das geplante Geschäftsgeheimnisstrafrecht (§ 23 GeschGehG-RegE), wistra 2018, 449; *ders./Apel*, Das Geschäftsgeheimnisgesetz (GeschGehG) ist da – jetzt fängt die Arbeit erst an [Editorial], BB 18/2019, I; *dies.*, Schneeballsysteme nach der 4finance-Entscheidung des EuGH – Abstimmungsprobleme im Verhältnis von Nr. 14 Anhang I UGP-RL und Nr. 14 Anhang zu § 3 Abs. 3 UWG untereinander und zu § 16 Abs. 2 UWG, GRUR Int. 2014, 1119; *Brandi-Dohrn*, Stellungnahme der DGRI zum Vorschlag der EU-Kommission für eine Richtlinie über den Schutz von Geschäftsgeheimnissen, CR 2014, 211; *Brzezinski*, Das Vorbenutzungsrecht, 2015; *Buck*, Das Geschäftsgeheimnis als neuer eigenständiger Schutz, JM 2020, 59; *Bull*, Wieviel sind „meine Daten" wert?, CR 2018, 425; *Buß*, De minimis non curat lex, NJW 1998, 337; *DAV*, Stellungnahme des Deutschen Anwaltvereins durch die Ausschüsse Geistiges Eigentum und Berufsrecht zum Vorschlag einer Richtlinie über den Schutz vertraulichen Know-hows und vertraulicher Geschäftsinformationen (Geschäftsgeheimnisse) vor rechtswidrigem Erwerb sowie rechtswidriger Nutzung und Offenlegung (Dokument COM (2013) 813 final) in der Fassung der Allgemeinen Ausrichtung des Rates vom 19. Mai 2014 (Dokument 9870/14), 2014, https://anwaltverein.de/de/newsroom/sn-36-14?file=files/anwaltverein.de/downloads/newsroom/stellungnahmen/2014/DAV-SN36-2014.pdf; *Desai*, SHHH! It's A Secret: A Comparison of the United States Defend Trade Secrets Act and European Union Trade Secrets Directive, 46 GA. J. Int'l & Comp L. 486 (2018); *Drescher*, Industrie- und Wirtschaftsspionage in Deutschland, 2019; *Dumont*, Hap-

Einl. C Europarechtliche Grundlagen und internationales Recht

py End für ein Stiefkind? – Regierungsentwurf zur Umsetzung der Know-how-Richtlinie, BB 2018, 2441; *Ernst*, Das Geschäftsgeheimnisgesetz – Praxisrelevante Aspekte der Umsetzung der EU Richtlinie 2016/943, MDR 2019, 897; *Falce*, Trade Secrets – Looking for (Full) Harmonization in the Innovation Union, IIC 2015, 940; *Gaido*, The Trade Secrets Protection in U.S. and Europe: A Comparative Study, RLPI 24 (2017), 129; *Gal*, Ta pathetika proomia tes Europes. Zu Sinn und Unsinn der Erwägungsgründe, myops 37 (2019), 4; *Gärtner*, Zum Richtlinienentwurf über den Schutz von Geschäftsgeheimnissen, NZG 2014, 650; *dies./Goßler*, Trade secret litigation nun auch in Deutschland? – Gedanken zur Umsetzung der Know-how-Richtlinie, Mitt. 2018, 204; *Gaugenrieder*, Einheitliche Grundlage für den Schutz von Geschäftsgeheimnissen in Europa – Zukunftstraum oder Alptraum, BB 2014, 1987; *Gennen*, Die EU-Richtlinie zum Schutz von Know-how und Geschäftsgeheimnissen (Teil 1), IPRB 2016, 115; *ders.*, (Teil 2), IPRB 2016, 133; *Goldhammer*, Geschäftsgeheimnisrichtlinie und Informationsfreiheit. Zur Neudefinition des Geschäftsgeheimnisses als Chance für das öffentliche Recht, NVwZ 2017, 1909; *Grassie*, Trade secrets: the new EU enforcement regime, JIPLP 2014, 677; *GRUR*, Stellungnahme zum Vorschlag für eine Richtlinie über den Schutz vertraulichen Know-hows und vertraulicher Geschäftsinformationen (Geschäftsgeheimnisse) vor rechtswidrigem Erwerb sowie Nutzung und Offenlegung, COM (2018) final, http://www.grur.org/de/stellungnahmen.html; *dies.*, Stellungnahme zum Referentenentwurf des Bundesministeriums der Justiz und für Verbraucherschutz – Entwurf eines Gesetzes zur Umsetzung der RL 2016/943/EU zum Schutz von Geschäftsgeheimnissen vor rechtswidrigem Erwerb sowie rechtswidriger Nutzung und Offenlegung, GRUR 2018, 708; *Haberl/Schallmoser*, Aktueller Stand zum EPGÜ: Weitere Hürden wurden genommen, GRUR-Prax 2018, 341; *Haedicke*, Patente und Piraten, 2011; *Harte-Bavendamm*, Reform des Geschäftsgeheimnisschutzes: naht Rettung aus Brüssel? Zum Richtlinienvorschlag zum Schutz von Geschäftsgeheimnissen, in: FS Köhler, 2014, S. 235; *Hauck*, Grenzen des Geheimnisschutzes, WRP 2018, 1032; *ders.*, Geheimnisschutz im Zivilprozess – was bringt die neue EU-Richtlinie für das deutsche Recht?, NJW 2016, 2218; *Heinzke*, Richtlinie zum Schutz von Geschäftsgeheimnissen, CCZ 2016, 179; *Herrmann*, Praktische Auswirkungen der neuen EU-Richtlinie zum Schutz von vertraglichem Know-how und Geschäftsgeheimnissen, CB 2016, 368; *Hille*, Sind bisherige Vertraulichkeitsvereinbarungen unwirksam? Anforderungen aus GeschGehG und § 307 BGB, WRP 2020, 824; *Hoeren/Münker*, Die EU-Richtlinie für den Schutz von Geschäftsgeheimnissen und ihre Umsetzung – unter besonderer Berücksichtigung der Produzentenhaftung, WRP 2018, 150; *Hofmarcher*, Geschäftsgeheimnisschutz heute und morgen, ÖBl 2018, 38; *Hohendorf*, Digitalisierung und Know-how-Schutz – Ist die Know-how-Richtlinie ausreichend?, in: Hennemann/Sattler (Hrsg.), Immaterialgüter und Digitalisierung, 2017, S. 105; *Hoppe/Oldekop*, Behandlung von Unterlassungsansprüchen für Altfälle nach dem GeschGehG, GRUR-Prax 2019, 324; *Jansen/R. Hofmann*, Auswirkungen des Gesetzes zum Schutz von Geschäftsgeheimnissen auf Vertraulichkeitsvereinbarungen, BB 2020, 259; *Kalbfus*, Die EU-Geschäftsgeheimnis-Richtlinie. Welcher Umsetzungsbedarf besteht in Deutschland?, GRUR 2016, 1009; *ders.*, Angemessene Geheimhaltungsmaßnahmen nach der Geschäftsgeheimnis-Richtlinie, GRUR-Prax 2017, 391; *Kaulartz/Braegelmann* (Hrsg.), Rechtshandbuch Artitificial Intelligence und Machine Learning, 2020; *Kiefer*, Das Geschäftsgeheimnis nach dem Referentenentwurf zum Geschäftsgeheimnisgesetz: Ein Immaterialgüterrecht, WRP 2018, 910; *Kischel*, Rechtsvergleichung, 2015; *Kloepfer/Greve*, Das Informationsfreiheitsgesetz und der Schutz von Betriebs- und Geschäftsgeheimnissen, NVwZ 2011, 577; *Koós*, Die europäische Geschäftsgeheimnis-Richtlinie – ein gelungener Wurf?, MMR 2016, 224; *Kreuzer*, Know-how-Verträge im deutschen internationalen Privatrecht, in: FS von Caemmerer, 1978, S. 705; *Krueger Pela*, The Brazilian Regulation of Trade Secrets: A Proposal for its Review, GRUR Int. 2018, 546; *Kunzmann*, Die EU-Geschäftsgeheimnis-Richtlinie, IP-kompakt 2017, 2; *Lamy/Vollprecht*, Das neue Geschäftsgeheimnisschutzgesetz – Erster Überblick und Handlungsbedarf, IR 2019, 201; *Lauck*, Angemessene Geheimhaltungsmaßnahmen nach dem GeschGehG, GRUR 2019, 1132; *Leister*, Liberalisierung von Reverse Engineering durch Geschäftsgeheimnisgesetz: Wie können sich Unternehmen noch schützen?, GRUR-Prax 2019, 175; *Leistner*, Nationales Recht unter dem Einfluss der EuGH-Rechtsprechung, in: FS 50 Jahre UrhG, 2015, S. 251; *Leiteritz*, Geschäftsgeheimnisse richtig schützen, MA 4/2019, 63; *Lejeune*, Die neue EU-Richtlinie zum Schutz von Know-How und Geschäftsgeheimnissen, CR 2016, 330; *Letzel*, Bewertung ausgewählter Aspekte des neuen „Gesetzes zum Schutz von Geschäftsgeheimnissen" (GeschGehG), ZJS 2021, 1; *Maaßen*, „Angemessene Geheimhaltungsmaßnahmen" für Geschäftsgeheimnisse, GRUR 2019, 352; *McGuire*, Der Schutz von Geschäftsgeheimnissen im Binnenmarkt, IPRB 2015, 7; *dies.*, Know-how: Stiefkind, Störenfried oder Sorgenkind?, GRUR 2015, 424; *dies.*, Der Schutz von Know-how im System des Immaterialgüterrechts, GRUR 2016, 1000; *dies.*, Begriff und Rechtsnatur des Geschäftsgeheimnisses – Über ungeschriebene Unterschiede zwischen altem und neuem Recht, in: FS Harte-Bavendamm, 2020, S. 367; *Mezei*, Copyright Exhaustion, 2018; *ders.*, The Dimensions of the De Minimis Exception and Musical Sampling, MR-Int 2019, 48; *Montagnon*, The Trade Secrets Directive – consistency of approach required, with or without Brexit, JIPLP 2016, 643; *MPI*, Stellungnahme des Max-Planck-Instituts für Innovation und Wettbewerb vom 12.5.2014 zum Vorschlag der Europäischen Kommission für eine Richtlinie über den Schutz vertraulichen Know-hows und vertraulicher Geschäftsinformationen (Geschäftsgeheimnisse) vor rechtswidrigem Erwerb sowie rechtswidriger Nutzung und Offenlegung vom 28.11.2013, COM (2013) 813 final, GRURInt 2014, 554; *Nägele/Apel/Stolz/Bosman*, Ein Jahr DSGVO – Was bisher geschah, K&R 2019, 361; *Niebel*, Das Know-how auf dem Weg zum Immaterialgüterrecht, in: FS Fezer, 2016, S. 799; *ders./de Martinis/Clark*, The EU Trade Secrets Directive: all change for trade secret protection in Europe?, JIPITEC 2018, 445; *Ohly*, Geistiges Eigentum?, JZ 2003, 545; *ders.*, Der Geheimnisschutz im deutschen Recht: heutiger Stand und Perspektiven, GRUR 2014, 1; *ders.*, Das neue Geschäftsgeheimnisgesetz im Überblick, GRUR 2019, 441; *ders.*, Das auf die Verletzung von Geschäftsgeheimnissen anwendbare Recht, in: FS Harte-Bavendamm, 2020, 385; *Otte-Gräbner/Kutscher-Puis*, Handlungsbedarf durch das neue Geschäftsgeheimnisgesetz für Vertraulichkeitsvereinbarungen im Rahmen von Liefer- und Vertriebsverträgen, ZVertriebsR 2019, 288; *Pahlow*, „Intellectual property", „propriété intellectuelle" und kein „Geistiges Eigentum"?, UFITA 115 (2006), 705; *Partsch/Rump*, Auslegung der „angemessenen Geheimhaltungsmaßnahme" im Geschäftsgeheimnis-Schutzgesetz, NJW 2020, 118; *Passarge*, Der Entwurf eines Gesetzes zum Schutz von Geschäftsgeheimnissen (GeschGehG) – Das Gegenteil von gut gemacht ist gut gemeint, CB 2018, 144; *Patel/Pade/Cundiff/Newmann*, The Global Harmonisation of Trade Secret Law: The Convergence of Protection for Trade Secret Information in the US and EU, EIPR 2016, 738; *Payrhuber/Stelkens*, „1:1-Umsetzung" von EU-Richtlinien: Rechtspflicht, rationales Politikkonzept oder (wirtschafts)politischer Populismus?, EuR 2019, 190; *Prinz zu Waldeck und Pyrmont*, Kein Patentschutz für in einem Erzeugnis enthaltene DNA-Sequenz, GRUR Int. 2010, 906; *Rassi*, Die Richtlinie 2016/943/EU zum Schutz von Geschäftsgeheimnissen – Ein Überblick, Zak 2016, 404; *Rauer*, Richtlinienentwurf: Europaweit einheitlicher Schutz von Geschäftsgeheimnissen, GRUR-Prax 2014, 2; *ders./Eckert*, Richtlinie zur Harmonisierung des Know-how-Schutzes in der EU, DB 2016, 1239; *Redeker/Pres/Gittinger*, Einheitlicher Geheimnisschutz in Europa (Teil 1) – Die Entwürfe zur Know-how-Richtlinie, deren Konsequenzen für das innerbetriebliche Vertragsmanagement, WRP 2015, 681; *dies.*, (Teil 2) – Die erforderlichen Auswirkungen auf dem Zivilprozess, WRP 2015, 812; *Rieländer*, Der Schutz von Geschäftsgeheimnissen im europäischen Kollisionrecht, ZVglRWiss 2020, 339; *Rody*, Der Begriff und die Rechtsnatur von Geschäfts- und Betriebsgeheimnissen unter Berücksichtigung der Geheimnisschutz-Richtlinie, 2018; *Rosenthal/Hamann*, Das neue Geschäftsgeheimnisgesetz – Ein Überblick, NJ 2019, 321; *Sagstetter*, in: Maute/Mackenrodt (Hrsg.), Recht als Infrastruktur für Innovation, 2019, S. 285; *Sandeen*, Implementing the EU Trade Secret Directive: A view from the US, EIPR 2017, 39; *dies.*, Through the Looking Glass: Trade Secret Harmonisation as Reflection of U.S. Law, 25 B.U. J. Sci. & Tech. L., 451 (2019); *Schack*, Einheitliches Urheberrecht in der EU, in: FS 50 Jahre UrhG, 2015, S. 277; *Schilling*, Der Schutz von Geschäfts- und

Einl. C Europarechtliche Grundlagen und internationales Recht

Betriebsgeheimnissen – Prozessuale Schwierigkeiten und Reformbedarf, in: FS Büscher, 2018, S. 382; *Schlingloff*, Geheimnisschutz im Zivilprozess aufgrund der „Know-how-Schutz" – Richtlinie – Was muss sich im deutschen Prozessrecht ändern?, WRP 2018, 666; *Schweyer*, Die rechtliche Bewertung des Reverse Engineering in Deutschland und den USA, 2012; *Semrau-Brandt*, Patentstreit zwischen Qualcomm und Apple: Schwächen des Geschäftsgeheimnisschutzes im Zivilprozess, GRUR-Prax 2019, 127; *Siebert*, Geheimnisschutz und Auskunftsansprüche im Recht des Geistigen Eigentums, 2011; *Skouris*, Der Dialog des EuGH mit Praxis und Wissenschaft, EuZW 2015, 241; *Slawik*, Die Entstehung des deutschen Modells zum Schutz von Unternehmensgeheimnissen, 2017; *Sonnberger*, Die Geschäftsgeheimnis-RL (EU) 2016/943 vor ihrer Umsetzung in Österreich – eine Bestandsaufnahme zu wichtigen Eckpunkten, wbl 2018, 61; *Sosnova*, EU Directive Proposal: Trade Secrets, 20 Marquette Int. Prop. L. Rev. 45 (2016); *Sousa e Silva*, What exactly is a trade secret under the proposed directive?, JIPITEC 2014, 923; *Steinmann*, Die Geschäftsgeheimnis-Richtlinie: Vorwirkung und unmittelbare Anwendbarkeit, WRP 2019, 703; *Stieper*, Die Richtlinie über das Urheberrecht im digitalen Binnenmarkt, ZUM 2019, 211; *Stierle*, Diskussionsentwurf eines Zweiten Gesetzes zur Vereinfachung und Modernisierung des Patentrechts – Ein erster Schritt in die richtige Richtung, GRUR 2020, 262; *Teplitzky*, Fachliteratur und Praxis in Deutschland – gestern und heute, GRUR 2015, 201; *Tilmann*, Zur Nichtigerklärung des EPGÜ-Ratifizierungsgesetzes, GRUR 2020, 441; *Vissel*, History repeating – A court decision to trigger a European patent law reform?, GRUR Int. 2019, 25; *Weigert*, Angemessene Geheimhaltungsmaßnahmen im Sinne des Geheimnisschutzgesetzes – Geheimnisschutz ad absurdum?, NZA 2020, 209; *Wiebe/Schur*, Protection of Trade Secrets in a Data-driven, Networked Environment – Is the update already out-dated?, GRUR Int. 2019, 746; *Witt/Freudenberg*, Der Entwurf der Richtlinie über den Schutz von Geschäftsgeheimnissen im Spiegel zentraler deutscher Verbotsnormen, WRP 2014, 374; *Witz*, Grenzen des Geheimnisschutzes, in: FS Bornkamm, 2014, S. 513; *Wolff*, Der verfassungsrechtliche Schutz der Betriebs- und Geschäftsgeheimnisse, NJW 1997, 98; *Zech*, „Industrie 4.0" – Rechtsrahmen für eine Datenwirtschaft im digitalen Binnenmarkt, GRUR 2015, 1151; *Zhu/Popp*, Zivilprozessualer Geheimnisschutz in Patentstreitverfahren, GRUR 2020, 338; *Ziegelmayer*, Geheimnisschutz ist eine große Nische, CR 2018, 693.

Übersicht

	Rn.		Rn.
I. Einleitung und Unionskompetenz	1	b) Study on Trade Secrets and Parasitic Copying (Look-alikes) (2011)	11
1. Regelungskompetenz	2		
2. Gang der Darstellung	8	c) Study on Trade Secrets and Confidential Business Information in the Internal Market (2013)	13
II. Der Weg zur Richtlinie (EU) 2016/943	10		
1. Ausgangspunkt: Unterschiedliche mitgliedstaatliche Regelungen als Innovations- und Handelshindernis im Binnenmarkt	10	2. Kommissionsentwurf KOM (2013) 813 endg.	16
		3. Ratsdokument 9870/14	19
		4. Bericht des Europäischen Parlaments	21
a) KOM (2011) 287 endg. (2011): Geschäftsgeheimnisschutz als Teil der Strategie der Kommission für einen Binnenmarkt für Geistiges Eigentum	10	5. Endgültige Fassung	24
		III. Inhalt der Richtlinie und der Erwägungsgründe	26
		1. Ziel der Richtlinie	26
		2. Die Erwägungsgründe	27

	Rn.		Rn.
a) Grundsätzliche Funktion und Bedeutung der Erwägungsgründe.............	28	e) Art. 5 – Ausnahmen	55
b) Einleitende Erwägungsgründe zu Hintergrund und Anwendungsbereich der Richtlinie	29	f) Art. 6–15 – Maßnahmen, Verfahren und Rechtsbehelfe	56
		g) Art. 16–19 Richtlinie – Sanktionen, Berichterstattung und Schlussbestimmungen	59
c) Beschreibung der konkreten Regelungsinhalte der Richtlinie in den Erwägungsgründen............	31	5. Bewertung der Richtlinie	60
		IV. Verhältnis zwischen Richtlinie und GeschGehG	64
d) Bewertung der Erwägungsgründe	40	1. Ausgangspunkt: Europarechtskonforme Auslegung....	64
3. Die Struktur der Richtlinie	41	2. Die Rolle des EuGH..........	68
4. Wesentliche Bestimmungen der Richtlinie...............	42	V. Abweichungen zwischen der Richtlinie und dem GeschGehG: Ein Überblick	73
a) Art. 1 Richtlinie – Gegenstand und Anwendungsbereich..................	43	VI. Geschäftsgeheimnisse und Völkerrecht	74
b) Art. 2 Richtlinie – Begriffsbestimmungen	47	VII. Geschäftsgeheimnisse und internationales Privatrecht	79
c) Art. 3 – Rechtmäßiger Erwerb, rechtmäßige Nutzung und rechtmäßige Offenlegung von Geschäftsgeheimnissen	51	1. Außervertragliche Sachverhalte	80
		2. Vertragliche Schuldverhältnisse	84
		a) Ausdrückliche und konkludente Rechtswahl ...	88
		b) Fehlen einer Rechtswahl ...	89
d) Art. 4 – Rechtswidriger Erwerb, rechtswidrige Nutzung und rechtswidrige Offenlegung von Geschäftsgeheimnissen	54	3. Gerichtliche Zuständigkeit....	91

I. Einleitung und Unionskompetenz

Die **Harmonisierung der klassischen Immaterialgüterrechte** ist in den vergangenen Jahrzehnten durch den Unionsgesetzgeber bereits stark vorangetrieben worden. Sie reicht von der Einführung **einheitlicher Unionsschutzrechte** im Wege der Verordnung im Marken[1]-, Design-[2] und[3] Sortenschutzrecht[4] bis zu der 1

---

1 VO (EU) 2015/2424; Vorgänger: VO (EG) 40/94, VO (EG) 207/2009.
2 VO (EG) 6/2002.
3 Über die anhaltende Agonie des seit Jahren überfälligen, einheitlichen europäischen Patents, dem keine reinen Unions-Rechtsakte zu Grunde liegen, soll hier nichts gesagt werden, vgl. nur knapp G/S/H/*Gaster*, Art. 118 AEUV Rn. 30 ff.; optimistisch *Haberl/Schallmoser*, GRUR-Prax 2018, 341; zur gegen das Einheitspatentsystem (genauer: das EPGÜ-Ratifizierungsgesetz) erfolgreichen Verfassungsbeschwerde: BVerfG, 13.2.2020 – 2 BvR 739/17, GRUR 2020, 506; s. hierzu *Tilmann*, GRUR 2020, 441; *Vissel*, GRUR Int. 2019, 25; nunmehr aber scheint der Weg frei, BVerfG, 23.6.2021 – 2 BvR 2216/20 ua., GRUR-RS 2021, 17632 (Eilverfahren).
4 VO (EG) 2100/94.

Einl. C Europarechtliche Grundlagen und internationales Recht

(Teil-)Harmonisierung durch die von den Mitgliedstaaten umzusetzenden Richtlinien.[5]

1. Regelungskompetenz

2 Durchaus erstaunlich ist, dass der wirtschaftlich bedeutsame[6] – und aufgrund seiner gegenüber klassischen Immaterialgütern noch insbesondere bei grenzüberschreitenden gesteigerten Verletzlichkeit[7] – **Geschäftsgeheimnisschutz**[8] bis vor kurzem noch nicht Gegenstand der Harmonisierungsbemühungen des Unionsgesetzgebers war,[9] obwohl die rechtliche **Ausgestaltung** in den Mitgliedstaaten sehr **uneinheitlich**[10] und die **Rechtsdurchsetzung** daher oft **schwierig** war.[11] Aufgrund der offenkundigen Relevanz des Schutzes von und Umgangs mit Geschäftsgeheimnissen für

---

5 Eher trauriges Paradebeispiel für Letzteres ist das Urheberrecht, für das politische Befindlichkeiten, gesetzgeberische Ambitionslosigkeit und konzeptionelle Differenzen (*droit d'auteur*-Konzept auf dem Kontinent, *copyright*-Konzept im Vereinigten Königreich) zu einem kaum mehr überschaubaren „Wust" von insgesamt elf Richtlinien geführt haben: RL (EWG) 91/250 (Computerprogramme); RL (EWG) 92/100/EWG (Vermiet- und Verleihrecht) RL (EWG) 93/83 (Satellitenrundfunk und Kabelweiterverbreitung); RL (EWG) 93/98 (Schutzdauer; heute RL [EG] 2006/116); RL (EG) 96/9 (Datenbanken); RL (EG) 2001/29 (Urheberrecht und Informationsgesellschaft); RL (EG) 2004/48 (Durchsetzung); RL (EU) 2012/28 (verwaiste Werke); RL (EU) 2014/26 (kollektive Rechtewahrnehmung); RL (EU) 2017/1564 (Barrierefreiheit) und zuletzt – sehr kontrovers diskutiert – RL (2019) 2019/790; hinzu kommt noch die Portabilitäts-VO (EU) 2017/1128; zur Kritik an diesem „Flickenteppich" s. nur *Schack*, in: FS 50 Jahre UrhG, S. 277; *Stieper*, ZUM 2019, 211.
6 S. zunächst nur *Brammsen*, Vor §§ 17–19 UWG Rn. 7 ff.; *Gaido*, RLPI 24 (2017), 129, 130 ff. sowie eingehend zur Bedeutung des Geschäftsgeheimnisschutzes unter verschiedenen Gesichtspunkten mit dem Fokus auf Industrie- und Wirtschaftsspionage *Drescher*, S. 50 ff.
7 Äußerst treffend die Beschreibung dieser Phänotypik von Geschäftsgeheimnissen in der Studie MARKT/2011/128/D, S. 1: „Probably the peculiarity of trade secrets is that they are the most intangible among intangible assets"; näher zu dieser Studie unten Rn. 13 ff. – Zur Problemdimension der grenzüberschreitenden Sachverhalte im Geschäftsgeheimniskontext vgl. auch *Aplin*, IPQ 2014, 257, 258.
8 Zur Behandlung von geheimem Know-how in den kartellrechtlichen Gruppenfreistellungsverordnungen über Technologietransfer ([EG] 772/2004), vertikale Vereinbarungen und aufeinander abgestimmte Verhaltensweisen (früher [EG] 772/2004, heute [EU] 330/2010) und Forschung und Entwicklung ([EU] 1217/2010) auf Unionsebene s. knapp A/L/G/*Ann*, Kap. 1 Rn. 11 ff.; S/W/W/*Apel/A. Hofmann*, § 5.4 Rn. 16 f.
9 Vgl. nur *Reinfeld*, § 1 Rn. 46 und – zurückhaltender – *Aplin*, IPQ 2014, 257, 258; *Kalbfus*, GRUR 2016, 1009; MK-UWG/*Namysłowska*, B.III Vor Rn. 3; *Rody*, S. 26; *Sosnova*, 20 Marquette Int. Prop. L. Rev. 45, 47 (2016). – Freilich war auch der bisherige nationale Regelungszustand (§§ 17 ff. UWG als strafrechtlicher Kern des an sich stärker zivilrechtsrelevanten Geheimnisschutzes) seit geraumer Zeit stark reformbedürftig, ohne dass etwas geschehen wäre, vgl. Einl. B Rn. 42 ff., *Dumont*, BB 2018, 2441 f.; *Niebel*, in: FS Fezer, S. 799, 800 ff.; *Ohly*, GRUR 2014, 1 sowie – schon halb im Rückblick – *Gärtner/Goßler*, Mitt. 2018, 204, 205 f.; *Hohendorf*, in: Hennemann/Sattler, S. 105, 107 ff.
10 S. dazu sogleich unten Rn. 10 ff. sowie im Überblick K/K/K/*Bengtsson*, 17.2.1.1 (S. 297 ff.); *Falce*, IIC 2015, 940, 946 ff.; *Gaido*, RLPI 24 (2017), 129, 135 f.
11 *Gaugenrieder*, BB 2014, 1987; vgl. auch *McGuire*, IPRB 2015, 7, 8; *Rauer*, GRUR-Prax 2014, 2.

I. Einleitung und Unionskompetenz Einl. C

den Binnenmarkt[12] hat der Unionsgesetzgeber – zumindest auf der **zivilrechtlichen**[13] Ebene[14] – aus Art. 26 Abs. 2, Art. 114 AEUV (Rechtsangleichung im Binnenmarkt) die **Kompetenz** zum Erlass der RL (EU) 2016/943.[15]

Nicht ernstlich erwogen[16] wurde (leider) die Regelung des Geschäftsgeheimnisschutzes im **Verordnungswege**, um einen tatsächlich *einheitlichen* Geschäftsgeheimnisschutz innerhalb der Union zu realisieren.[17] Eine Kompetenz zum Erlass einer Geschäftsgeheimnisschutz-Verordnung wäre in **Art. 118 Abs. 1 AEUV** (Schaffung einheitlicher Schutztitel für Geistiges Eigentum) vorhanden.[18] Denn bei den an Geschäftsgeheimnissen bestehenden Rechten handelt es sich[19] um solche, die dem Geistigen Eigentum[20] im unionsrechtlichen Sinne[21] zuzurechnen sind.[22] Dies entspricht zunächst dem (für Art. 118 Abs. 1 AEUV freilich nicht maßgeblichen)[23] deutschen Verständnis zumindest des verfassungsrechtlichen Eigentumsbegriffs.[24] Aber auch unionsrechtlich ist dieses Verständnis vorzugswürdig.[25] So ist

3

---

12 Vgl. nur *Harte-Bavendamm*, in: FS Köhler, S. 235, 240; *Lejeune*, CR 2016, 330, 331; *Ohly*, GRUR 2014, 1, 2.
13 Über eine strafrechtliche Kompetenz verfügt die EU hier nicht, s. Rn. 17 sowie *Böxler*, S. 236 f., 254; *Brammsen*, wistra 2018, 449, 450 f.; *Hoeren/Münker*, WRP 2018, 150 Rn. 4.
14 *Gennen*, IPRB 2016, 115; *Hauck*, NJW 2016, 2218; *ders.*, WRP 2018, 1032 Rn. 28; *Heinzke*, CCZ 2016, 179, 180; *Kalbfus*, GRUR 2016, 1009 f.
15 Büscher/*McGuire*, Vor §§ 17–19 UWG Rn. 58; G/H/N/*Stieper*, Art. 118 AEUV Rn. 13 aE.
16 Die Kommission selbst widmet der alternativen Möglichkeit der Harmonisierung durch eine Verordnung nur wenige Zeilen und weist sie wegen der gegenüber einer Richtlinienlösung verminderten Flexibilität der Mitgliedstaaten bei der Umsetzung zurück, s. SWD (2013) 471 final, S. 66. Sie verkennt hierbei nicht, dass dies sich negativ auf die Einheitlichkeit der Harmonisierung auswirken kann.
17 Symptomatisch *Falce*, IIC 2015, 940, die zwar eine Vollharmonisierung fordert, hierfür das Instrument der Verordnung aber nicht erwähnt; ähnl. *Gaido*, RLPI 24 (2017), 129, 141 f.
18 Implizit *Lejeune*, CR 2016, 330, 331; tendenziell *Brammsen/Apel*, BB 18/2019, I; vgl. auch die Einschätzung der EU-Kommission in SWD (2013) 471 final, 6.3, S. 66, die offenkundig von der Zulässigkeit einer Harmonisierung durch Verordnung ausgeht.
19 Überblick zur früheren nationalen und deutschen Diskussion etwa bei *Ohly*, GRUR 2014, 1, 3 f.
20 Zur Berechtigung dieses Begriffs auch in der deutschen Rechtssprache s. nur grundlegend *Ohly*, JZ 2003, 545; *Pahlow*, UFITA 115 (2006), 705, jeweils auch mwN zur Gegenauffassung.
21 *McGuire*, GRUR 2015, 424, 426 f.
22 Dauses/Ludwigs/*Obergfell/Hauck*, C.III Rn. 102; vgl. auch *Alexander*, WRP 2017, 1034, 1036; *Baranowski/Glaßl*, BB 2016, 2563, 2564.
23 Der Begriff des Geistigen Eigentums in Art. 118 Abs. 1 AEUV ist „unionsautonom" zu bestimmen, s. nur Streinz/*Bings*, Art. 118 AEUV Rn. 9.
24 *Brammsen*, § 17 UWG Rn. 6; *ders.*, DÖV 2007, 10, 12 ff., jeweils mwN; K/B/F/*Köhler*, Vor §§ 17–19 UWG Rn. 2; vgl. auch BVerfG, 14.3.2006 – 1 BvR 2087/03 ua, NVwZ 2006, 1041 Rn. 137 (offenlassend, aber offenbar sympathisierend); *Drescher*, S. 276 ff.; BVerfG, 24.11.2010 – 1 BvF 2/05, NVwZ 2011, 94 Rn. 208 (Schutzbereich bejahend, aber Eingriff *in concreto* verneinend); **aA** zB *Wolff*, NJW 1997, 98 (ähnlich wie die in Fn. 25 zum Unionsrecht zitierten Stimmen mit dem angeblich fehlenden Zuweisungsgehalt der Geschäftsgeheimnisschutzvorschriften argumentierend und einen Schutz unter Art. 12 GG befürwortend); wohl auch K/K/K/*Hoeren*, 23.2.4 (S. 429 f.); vermittelnd *Kloepfer/Greve*, NVwZ 2011, 577, 579: Idealkonkurrenz zwischen Art. 12 GG und Art. 14 GG.
25 Dauses/Ludwigs/*Obergfell/Hauck*, C.III Rn. 102; K/B/F/*Köhler*, Vor §§ 17–19 UWG Rn. 2 (Art. 17 GRCh); *Kloepfer/Greve*, NVwZ 2011, 577, 578 (ua. Art. 17 GRCh); im Ausgangspunkt

Einl. C Europarechtliche Grundlagen und internationales Recht

etwa anerkannt, dass Geschäftsgeheimnisse unter **Art. 17 Abs. 2 GRCh** als **Eigentum** geschützt sind.[26] Soweit hiergegen vorgebracht wird, dass der unionsrechtliche Begriff des Geistigen Eigentums eine ausschließliche Zuweisung des Rechts an einen Inhaber voraussetze, die beim Schutz von Geschäftsgeheimnissen nicht vorliege,[27] verkennt dies dreierlei:

- *Erstens*, dass der Geschäftsgeheimnisschutz **partiell zumindest faktisch** durchaus zu einer **ausschließlichen Zuweisung** von Rechten am Geschäftsgeheimnis führt,[28] denn der Inhaber wird insoweit gerade vor der widerrechtlichen Wegnahme/Nutzung des Geheimnisses geschützt; dass hierbei kein Schutz vor rechtmäßiger Erlangung des Geschäftsgeheimnisses durch einen Dritten oder einem rechtmäßigen Parallelerwerb besteht, ist kein Spezifikum des Geschäftsgeheimnisschutzes, wie das aus dem Urheberrecht bekannte Phänomen der (dort anerkannten und für alle beteiligten Autoren ein eigenes Urheberrecht begründenden) „Doppelschöpfung"[29] zeigt.[30] Und auch andere Rechte des Geistigen Eigentums – etwa markenrechtlich geschützte geographische Herkunftsangaben – sind nicht absolut zugunsten eines Rechtsinhabers gegenüber jedem beliebigem Dritten geschützt.[31]
- *Zweitens*, dass der Geschäftsgeheimnisschutz **keine bloßen Verhaltensregeln** definiert – wie im Wesentlichen das Lauterkeitsrecht, das unstreitig als solches nicht unter Art. 118 AEUV fällt[32] –, sondern einen Gegenstand regelt, der in der wirtschaftlichen Praxis selbst als (durch technische und vertragliche Vorkehrung vor Offenbarung geschütztes) Gut gehandelt[33] wird.[34] Vor dem Hintergrund dieser legitimen Praxis ist es aufgrund der wirtschaftlichen Realität geboten,[35] dass

---

identisch, dann aber den Anwendungsbereich des Art. 118 AEUV über den Begriff „Rechtstitel" wieder auf absolute Rechte einschränkend Calliess/Ruffert/*Wichard*, Art. 118 AEUV Rn. 2 f.
26 EuGH, 3.12.1998 – C-368/96, BeckRS 2004, 76793 Rn. 81 ff.; EuGH, 6.12.2005 – C-453/03 ua, LMRR 2005, 40 Rn. 87; hierauf Bezug nehmend *Jarass*, Art. 17 GRCh Rn. 10 aE.
27 Explizit G/H/N/*Stieper*, Art. 118 AEUV Rn. 13; iE Calliess/Ruffert/*Wichard*, Art. 118 AEUV Rn. 3; Streinz/*Bings*, Art. 118 AEUV Rn. 9; tendenziell wie hier aber *McGuire*, GRUR 2015, 424, 426 f.
28 *Kiefer*, WRP 2018, 910 Rn. 9 ff.; *Ohly*, GRUR 2014, 1, 4.
29 S. nur BGH, 3.2.1988 – I ZR 143/86, GRUR 1988, 810, 811 – Fantasy; Wandtke/*Bullinger*, § 23 UrhG Rn. 20.
30 *Ohly*, GRUR 2014, 1, 4; weitere Beispiele bei *Kiefer*, WRP 2018, 910 Rn. 12 ff.
31 Beispiele bei *McGuire*, GRUR 2016, 1000, 1003; *Ohly*, GRUR 2014, 1, 3 f.; vgl. auch *Kiefer*, WRP 2018, 910 Rn. 42 ff.
32 G/H/N/*Stieper*, Art. 118 AEUV Rn. 13; Calliess/Ruffert/*Wichard*, Art. 118 AEUV Rn. 3, jeweils mwN.
33 *Ohly*, GRUR 2014, 1, 2.
34 Vgl. hierzu und zum folgenden *Brammsen*, § 17 UWG Rn. 5.
35 IE ähnl. halten *Rauer/Eckert*, DB 2016, 1239, 1244 einen gewissen Gleichlauf zwischen Immaterialgüterrecht und Geschäftsgeheimnisschutz bei der Rechtsverfolgung unter wirtschaftlichen Gesichtspunkt für geboten, da Geschäftsgeheimnisse stets eine Vorstufe zum Patent seien; vgl. auch *Kiefer*, WRP 2018, 910 Rn. 10.

auch das Recht diesen gegenständlichen Status des Geschäftsgeheimnisses anerkennt.[36]
- *Drittens*, dass es **widersinnig wäre**, den Unionsgesetzgeber dazu zu zwingen, einheitliche Schutztitel im Feld des Geistigen Eigentums (möglichst weitgehend) absolut ausgestalten zu müssen, um auf Art. 118 AEUV zurückgreifen zu können. Der Unionsgesetzgeber muss vielmehr die Möglichkeit haben, auch jenseits der traditionellen Rechte des Geistigen Eigentums **neue Formen solcher Rechte** zu schaffen. Ferner muss es ihm überlassen bleiben, wie er den im immaterialgüterrechtlichen Bereich stets erforderlichen Ausgleich zwischen dem Rechteinhaber einerseits und den anderen Betroffenen andererseits herbeiführt.[37] Ob er dies im Wege von Tatbestandsausnahmen, Schranken oder über die nur beschränkte Zuweisung – bzw. durch eine Kombination dieser Instrumente – tut, muss ihm alleine überlassen bleiben.

Die Rechtsprechung des **EuGH** spricht **nicht gegen die hier vertretene Position** 4 zum Geschäftsgeheimnis als Teil des Geistigen Eigentums i. S. d. Art. 118 Abs. 1 AEUV: So hat der EuGH etwa in der „**Winzersekt**"-Entscheidung lediglich festgehalten, dass das Verbot einer bislang für jedermann zulässigen Verwendung einer bestimmten Bezeichnung für eine Herstellungsmethode für Schaumwein keinen Eingriff in ein Eigentumsrecht des von der Untersagung Betroffenen sein könne.[38] Auf den Geschäftsgeheimnisschutz übertragen, bedeutet dies lediglich, dass sich Mitglieder der Allgemeinheit nicht aus Eigentumsrechten dagegen wehren könnten, dass ein solcher eingeführt wird. Über die Reichweite von Art. 118 AEUV lässt sich aus der Entscheidung also bei Lichte besehen nichts gewinnen. Die Entscheidung in der Sache „**Dior/Tuk**" befasst sich nicht mit dem Geschäftsgeheimnisschutz, sondern hält lediglich fest, dass der lauterkeitsrechtliche Schutz vor Produktimitationen Geistiges Eigentum iSv. TRIPS sein kann, wenn dies im natio-

---

36 G/H/N/*Stieper*, Art. 118 AEUV Rn. 14 gesteht hinsichtlich der verwandten Problematik beim Schutz geographischer Herkunftsangaben zu, „angesichts der Entwicklung des Schutzes von geografischen Angaben und Ursprungsbezeichnungen auf europäischer Ebene nicht (mehr) von einer rein wettbewerbsrechtlichen Verankerung ausgegangen werden" könne. Diese „evolutionäre" Argumentation darf freilich nicht dahingehend missverstanden werden, dass es ihrer bedarf, um Art. 118 AEUV zu „aktivieren". Richtig ist vielmehr, dass die Reichweite geistiger Eigentumsrechte auch hinsichtlich der Zuweisung dem Unionsgesetzgeber obliegt, sodass Art. 118 AEUV auch bei der geographischen Herkunftsangabe ungeachtet der bisherigen Entwicklung eingreifen würde, wenn der Unionsgesetzgeber sich entschlossen hätte, einen entsprechenden Schutztitel durch (beschränkte) Zuweisung zu schaffen.
37 Mit Recht weist *Ohly*, GRUR 2014, 1, 4, darauf hin, dass mit der Einordnung des Geschäftsgeheimnisschutzes zu den geistigen Eigentumsrechten noch nichts über die Reichweite dieses Schutzes gesagt oder ein solcher im Sinne eines möglichst weitgehenden Schutzes determiniert ist. Eine solche Prämisse würde sich zu nah an die sachenrechtliche Eigentumsdefinition (§ 903 BGB) heranbewegen, wohingegen der Begriff des Geistigen Eigentums dieser zwar *terminologisch ähnlich*, aber gleichwohl *inhaltlich eigenständig* ist (vgl. die Nw. oben in Fn. 20 sowie *McGuire*, GRUR 2016, 1000, 1003 und *Schilling*, in: FS Büscher, S. 382, 383).
38 EuGH, 13.12.1994 – C-306/93, GRUR Int. 1995, 251 Rn. 23 – SMW Winzersekt GmbH/Rheinland-Pfalz.

Einl. C Europarechtliche Grundlagen und internationales Recht

nalen Recht eines Mitgliedstaats vorgesehen ist.[39] Hieraus lässt sich jedoch nicht ableiten, dass das Unionsrecht als Geistiges Eigentum nur anerkennt, was in zumindest einem Mitgliedstaat entsprechend geschützt ist[40] – ansonsten würde das überkommene nationale Recht der Mitgliedstaaten das Unionsrecht inhaltlich determinieren, was mit dem hinter Art. 118 Abs. 1 AEUV stehenden Harmonisierungsgedanken gänzlich unvereinbar wäre.

5 Schließlich vermag auch nicht die Stellungnahme der Kommission zu Art. 2 der RL (EG) 2004/48[41] für die Herauslegung des Art. 118 Abs. 1 AEUV herangezogen werden.[42] Denn diese ist mit ihrer **lediglich beispielhaften Aufzählung** überkommener Rechte des Geistigen Eigentums schon nicht abschließend; sie hat auch **keinen normativen Gehalt**. Im Übrigen **geht** zumindest zwischenzeitlich **auch die Kommission davon aus, dass der Geschäftsgeheimnisschutz dem Geistigen Eigentum zuzuordnen ist**. Im ersten Entwurf für eine Richtlinie „über den Schutz vertraulichen Know-hows und vertraulicher Geschäftsinformationen (Geschäftsgeheimnisse) vor rechtswidrigem Erwerb sowie rechtswidriger Nutzung und Offenlegung"[43] heißt es ausdrücklich: „Die Vorlage dieses Vorschlags ist eine weitere Maßnahme, die sich aus der Verpflichtung zur Schaffung eines Binnenmarkts für **Geistiges Eigentum** ergibt."[44]

6 In der Praxis könnte der Streit im Ergebnis wohl dahinstehen: Selbst wenn man zu Unrecht in Art. 118 Abs. 1 AEUV keine Kompetenzgrundlage für eine Geschäftsgeheimnisschutz-Verordnung sehen will, könnte eine solche über den „Umweg" des **Art. 352 AEUV** auf den Weg gebracht werden.[45]

7 Festzuhalten ist somit, dass der **Unionsgesetzgeber frei** ist, den **Geschäftsgeheimnisschutz** im Wege einer Verordnung künftig **voll zu harmonisieren**.[46] In diesem

---

39 EuGH, 14.12.2000 – C-300/98 und C-392/98, GRUR 2001, 235 Rn. 62 f. – Parfums Christian Dior SA/TUK Consultancy BV Assco Gerüste GmbH; vgl. auch *Niebel*, in: FS Fezer, S. 799, 807.
40 AA offenbar G/H/N/*Stieper*, Art. 118 AEUV Rn. 13.
41 ABl. 2005 L 94, 37 und (korrigiert) ABl. 2004 L 195/16.
42 AA G/H/N/*Stieper*, Art. 118 AEUV Rn. 10, 13; Streinz/*Bings*, Art. 118 AEUV Rn. 9.
43 Näher hierzu unten Rn. 16 ff.
44 KOM (2013) 813 endg., S. 2; Hervorhebung nur hier; in der „umfassenden Strategie für geistiges Eigentum" der Kommission aus dem Jahre 2011, in der sich diese, wie man aus dem wörtlich zitierten Satz aaO unmittelbar vorgehenden Satz erfährt, „verpflichtet [hat], sich der Frage des Schutzes von Geschäftsgeheimnissen anzunehmen", war die Kommission noch vorsichtiger: Dort heißt es lediglich, Geschäftsgeheimnisschutz sei ein Beispiel für das Recht des Geistigen Eigentums ergänzende Vorschriften, „die häufig im Grenzbereich zwischen dem Schutz gewerblichen Eigentums und anderen Rechtsbereichen angesiedelt" seien; an gleicher Stelle wird allerdings bereits eingeräumt, dass Geschäftsgeheimnisse „wertvolle immaterielle Vermögenswerte eines Unternehmens" seien, KOM (2011) 287 endg., S. 18 f.
45 G/H/N/*Stieper*, Art. 118 AEUV Rn. 13 aE.
46 Selbstverständlich wäre damit noch nicht gesagt, dass dann für Geschäftsgeheimnisse zwangsläufig alle Regeln, die die EU bislang zum Schutz Geistigen Eigentums erlassen hat, gelten müssten (etwa die Durchsetzungsrichtlinie (EG) 2004/48, zu diesbezüglichen Bedenken *Niebel/de Martinis/Clark*, JIPITEC 2018, 445, 447; implizit gegenteilig *Gärtner/Goßler*, Mitt. 2018,

Fall wäre es wohl sinnvoll, die nationalen Schutzregime insoweit (wenn auch mangels Unionskompetenz[47] lediglich) im Zivilecht gänzlich zu ersetzen, da ein **Parallelschutz**[48] wenig zweckmäßig erscheint. Eine Ausgestaltung des Geschäftsgeheimnisses als absolutes Recht wäre hiermit nicht notwendig verbunden.[49] Dass der Unionsgesetzgeber diese Aufgabe noch gescheut hat, wirkt etwas mutlos,[50] ist aber möglicherweise hinsichtlich der großen Unterschiede zwischen den bisherigen mitgliedstaatlichen Regelungen politisch nachvollziehbar.[51] Nicht zu verkennen ist jedoch, dass der Unionsgesetzgeber bei anderer Gelegenheit auf einem anderen, eher noch sensibleren und komplexeren Feld – dem **Datenschutzrecht** – den Spagat zwischen einer Vollharmonisierung durch Verordnung und der Bewahrung mitgliedstaatlicher Regelungsspielräume durch „**Öffnungsklauseln**" geschaffen hat.[52] Dies hat sich – ohne Leugnung von „Startschwierigkeiten" und verbleibendem Verbesserungsbedarf im Einzelnen – durchaus praktisch bewährt.[53] Eine solche Option wäre auch für den Geschäftsgeheimnisschutz somit alles andere als unrealistisch. Es bleibt daher abzuwarten, ob der Unionsgesetzgeber den Ball eines Tages aufnehmen und – im Interesse der Rechtssicherheit durch Vollharmonisierung[54] – eine Verordnungslösung anstreben wird.

2. Gang der Darstellung

Einstweilen gilt es indes, sich mit der **Richtlinie (EU) 2016/943** auseinanderzusetzen. Hierbei soll zunächst knapp ihre Entstehung beleuchtet werden (sogleich II.). Danach werden der Inhalt der Richtlinie sowie die wichtigsten Erwägungsgründe umrissen, die für die Auslegung der Richtlinie und somit auch für das diese umsetzende GeschGehG von Bedeutung sind (sogleich III.). Hiernach wird das Verhältnis zwischen Richtlinie und GeschGehG umrissen (hierzu IV.) bevor ein erster Überblick zu Abweichungen des GeschGehG von der Richtlinie erfolgt (hierzu V.).

204, 206); der Unionsgesetzgeber wäre vielmehr gehalten, von ihm gewünschte abweichende Regelungen in der Geschäftsgeheimnis-Verordnung zu regeln.
47 S. unten Rn. 17 und Fn. 96.
48 Ein solcher existiert bekanntlich zB im Marken- oder Designrecht.
49 *McGuire*, GRUR 2015, 424, 426 f.
50 Vgl. auch *Koós*, MMR 2016, 224, 228; verständnisvoller *Ann*, GRUR-Prax 2016, 465, 466; kritisch hinsichtlich der von ihm beobachteten mangelnden Berücksichtigung der Anforderungen einer modernen Datenwirtschaft an den Geschäftsgeheimnisschutz *Sagstetter*, in: Maute/Mackenrodt, S. 285, 286 f.
51 *Lejeune*, CR 2006, 330, 331 lehnt eine Verordnung auch wegen der zahlreichen komplexen Verflechtungen des Geschäftsgeheimnisschutzes in den nationalen Rechtsordnungen ab; die zivil-, prozess- und oft auch strafrechtliche Dimensionen hätten durch eine Verordnung nicht angemessen behandelt werden können.
52 Kritischer zum Konzept der „Öffnungsklauseln" in Verordnungen aber etwa S/W/W/*Schmidt*, § 2.1 Rn. 3 f. mwN; ob die durch solche Klauseln erzeugte Rechtsunsicherheit aber tatsächlich über derjenigen liegt, die durchschnittliche und vollständig umsetzungsbedürftige Richtlinie verursacht, erscheint mehr als zweifelhaft.
53 *Nägele/Apel/Stolz/Bosman*, K&R 2019, 361, 367.
54 Sehr kritisch insoweit zum Richtlinienansatz im Vergleich zur einheitlichen Rechtslage in den USA *Desai*, 46 GA. J. Int'l & Comp L. 486, 510 ff. (2018).

Einl. C Europarechtliche Grundlagen und internationales Recht

9 Nicht geleistet werden kann im Rahmen dieser Einleitung eine vollständige, eigenständige Kommentierung der Richtlinie. Insoweit muss auf die gelungene Bearbeitung von *Namysłowska* verwiesen werden.[55]

II. Der Weg zur Richtlinie (EU) 2016/943

1. Ausgangspunkt: Unterschiedliche mitgliedstaatliche Regelungen als Innovations- und Handelshindernis im Binnenmarkt

a) KOM (2011) 287 endg. (2011): Geschäftsgeheimnisschutz als Teil der Strategie der Kommission für einen Binnenmarkt für Geistiges Eigentum

10 Die Geschichte der heutigen RL (EU) 2016/943 beginnt wohl im Jahre 2011.[56] In diesem Jahr hatte die Kommission in ihrer Mitteilung „Ein Binnenmarkt für Rechte des Geistigen Eigentums Förderung von Kreativität und Innovation zur Gewährleistung von Wirtschaftswachstum, hochwertigen Arbeitsplätzen sowie erstklassigen Produkten und Dienstleistungen in Europa"[57] festgehalten, dass Geschäftsgeheimnisse für Unternehmen in der Union „wertvolle immaterielle Vermögenswerte"[58] darstellen. Da diese in den **Mitgliedstaaten** auf **höchst unterschiedliche Weise** und in unterschiedlichem Umfang geschützt wurden,[59] Unternehmen deshalb innerhalb der Union hinsichtlich des Schutzes ihrer Geschäftsgeheimnisse je nach Sitzland wettbewerbliche Vorteile gegenüber Unternehmen aus anderen Mitgliedstaaten haben konnten, und der Geschäftsgeheimnisschutz zudem mit dem **Schutz der Innovationsfähigkeit** abzustimmen ist, entschied die Kommission, zunächst durch die Einholung externer Studien und einer öffentlichen Konsultation zu untersuchen, welche wirtschaftlichen Auswirkungen die unterschiedliche Ausgestaltung des Geschäftsgeheimnisschutzes in den Mitgliedstaaten hat.[60] Weitere Maßnahmen sollten auf Grundlage der Ergebnisse dieser Untersuchung konzipiert und getroffen werden. Nachfolgend sollen die wesentlichen Ergebnisse dieser Untersuchungen knapp umrissen werden.

---

55 MK-UWG/*Namysłowska*, B.III.
56 H/O/K/*Kalbfus*, Einl. A Rn. 71 verortet dies bereits im Jahr 2010 mit dem Papier KOM (2010) 2020 endg.
57 KOM (2011) 287 endg.
58 KOM (2011) 287 endg., S. 19.
59 Vgl. eingehend die Länderberichte in K/K/K, Kap. 18 ff. (S. 313 ff.): zu Österreich [*Messner/Mosing/Schultes*, Kap. 18 (S. 313 ff.)], Belgien [*Lens*, Kap. 19 (S. 327 ff.)], Bulgarien [*Tsenova*, Kap. 21 (S. 373 ff.)], Frankreich [*Lajnef/Logeais/Jiménez-Serrania/Couet*, Kap. 22 (S. 395 ff.)], Deutschland [*Hoeren*, Kap. 23 (S. 425 ff.)], Ungarn [*Boronkay*, Kap. 24 (S. 455)], Italien [*Gardini*, Kap. 25 (S. 475 ff.)], Luxemburg [*Decker*, Kap. 27 (S. 503 ff.)], Rumänien [*Grigorescu/Mihai*, Kap. 28 (S. 511)], Spanien [*Ruiz Martín*, Kap. 29 (S. 521 ff.)], Schweden [*Tonell*, Kap. 30 (S. 541 ff.)], Niederlande [*Laan/Kloppenburg*, Kap. 32 (S. 577 ff.)] und dem Vereinigten Königreich [seinerzeit noch in der Union; *Browne*, Kap. 34 (S. 605 ff.)].
60 KOM (2011) 287 endg., S. 19 f.

II. Der Weg zur Richtlinie (EU) 2016/943   **Einl. C**

b) Study on Trade Secrets and Parasitic Copying (Look-alikes) (2011)

Die erste der von der Kommission beauftragten rechtsvergleichenden Studien wurde unter dem vorstehenden Titel von der internationalen Anwaltssozietät *Hogan Lovells* durchgeführt und am 23.9.2011 vorgelegt.[61] Diese untersuchte **rechtsvergleichend** die Schutzregime für Geschäftsgeheimnisse in den 27 Mitgliedstaaten, um der Kommission einen Überblick über die hauptsächlichen Charakteristika der jeweiligen mitgliedstaatlichen Schutzsysteme zu geben.[62]

11

Die Studie analysiert zahlreiche **verschiedene regulatorische Ansätze** innerhalb der Union,[63] die von einem eigenen Gesetz zum Schutz von Geschäftsgeheimnissen (Schweden) über einen teilweise in Zivil- und/oder Strafgesetzen ausgestalteten Schutz (zB Deutschland), einen Schutz über das allgemeine Deliktsrecht[64] (zB die Niederlande) bis hin zu einem Schutz ausschließlich über vertragliche Absprachen (Malta) gingen.[65] Zudem legte sie offen, dass es **keine einheitliche Definition** des Geschäftsgeheimnisses in den Mitgliedstaaten gab; so schützte etwa das Recht des Vereinigten Königreichs[66] und Irlands auch vertrauliche private Informationen auf derselben Rechtsgrundlage, wie ein Geschäftsgeheimnis.[67] Auch hinsichtlich der Frage, gegen wen Ansprüche wegen Geschäftsgeheimnisverletzungen geltend gemacht werden könnten, identifizierte die Studie spürbare Unterschiede zwischen den Mitgliedstaaten: Insbesondere der Schutz gegen außenstehende Dritte, mit denen den Geheimnisinhaber kein Vertrag verbinde, sei oftmals nur beschränkt möglich, vor allem, wenn jener das Geheimnis gutgläubig erfahren habe.[68] Bei der prozessualen Durchsetzung von Ansprüchen wegen Geschäftsgeheimnisverletzung hob die Studie vor allem die in vielen Mitgliedstaaten fehlende Vertraulichkeit des Verfahrens, hohe Beweishürden, Beweisschwierigkeiten (vor allem beim Nachweis des entstandenen Schadens), und schwach ausgeprägte Auskunfts- und Unterlassungsansprüche als problematisch hervor.[69]

12

c) Study on Trade Secrets and Confidential Business Information in the Internal Market (2013)

Im April 2013 folgte die zweite von der Kommission beauftragte Studie, die die internationale Anwaltssozietät *Baker McKenzie* unter dem vorstehenden Titel durch-

13

---

61 MARKT/2010/20/D, https://publications.europa.eu/en/publication-detail/-/publication/068c999d-06d2-4c8e-a681-a4ee2eb0e116.
62 MARKT/2010/20/D, vor S. 1, Abs. 2 f.
63 Kurze Länderberichte zu den einzelnen Mitgliedstaaten finden sich in MARKT/2010/20/D ab S. 10.
64 Das Vereinigte Königreich und Irland schützten Geschäftsgeheimnisse lediglich über das nichtschriftliche „law of confidence".
65 MARKT/2010/20/D, vor S. 1, Abs. 5.
66 Mitglied der Union bis zum 31.1.2020.
67 MARKT/2010/20/D, vor S. 1, Abs. 6 f.
68 MARKT/2010/20/D, S. 1.
69 MARKT/2010/20/D, S. 3.

Einl. C Europarechtliche Grundlagen und internationales Recht

geführt und im April 2013 vorgelegt hat.[70] Neben den auch hier **durchgeführten Rechtsvergleich** zwischen den Regelungen der 27 Mitgliedstaaten[71] zum Geschäftsgeheimnisschutz[72] tritt eine **ökonomische Analyse**[73] des Geschäftsgeheimnisschutzes.[74]

14 In **rechtlicher Hinsicht** bestätigte auch diese Studie den Befund, dass der Geschäftsgeheimnisschutz in den 27 Mitgliedstaaten der Union uneinheitlich ist. Im Zivilrecht[75] stünden neben dem sondergesetzlichen Schutz in Schweden in den Mitgliedstaaten meistens[76] spezifische arbeitsrechtliche oder zivilrechtliche Sonderregelungen für den Geschäftsgeheimnisschutz.[77] Doch auch wenn Geschäftsgeheimnisse in den Mitgliedstaaten jeweils nicht schutzlos seien, sei die Zersplitterung als solche bereits negativ zu bewerten, da es an Rechtssicherheit fehle.[78] Besonders kritisch sei, dass der Begriff des Geschäftsgeheimnisses nur in zehn Mitgliedstaaten gesetzlich definiert sei;[79] in weiteren, jedoch nicht allen weiteren, Mitgliedstaaten habe eine Begriffsdefinition durch die Rechtsprechung stattgefunden.[80] Trotzdem fänden sich in den untersuchten Rechtsordnungen immer wieder die folgenden Anforderungen für den Schutz von Geschäftsgeheimnissen: Es handelt sich (i) eine technische oder kommerzielle Information mit Bezug zum Geschäft des Inhabers, (ii) die geheim, im Sinne von nicht allgemein bekannt oder leicht zugänglich, ist, (iii) die einen wirtschaftlichen Wert hat, weil sie dem Inhaber einen Wettbewerbsvorteil verschafft, und (iv) die durch angemessene Geheimhaltungsmaßnahmen vor der Offenbarung geschützt wird.[81] Hinsichtlich der Durchsetzung von – in unterschiedlichem Umfang bestehenden[82] – Ansprüchen wegen Geschäftsgeheimnissen benannte auch diese Studie als Hauptproblem, das in vielen Mitgliedstaaten das Ge-

---

70 MARKT/2011/128/D, https://ec.europa.eu/docsroom/documents/14838/attachments/1/translations/en/renditions/pdf.
71 Mit einem Seitenblick auf das Recht der USA, Japan und der Schweiz, MARKT/2011/128/D, S. 10 ff.
72 MARKT/2011/128/D, S. 18 ff.
73 S. hierzu auch eingehend Einl. F.
74 MARKT/2011/128/D, S. 83 ff.
75 Einen besonderen strafrechtlichen Schutz von Geschäftsgeheimnissen wies die Studie für Österreich, Zypern, Tschechische Republik, Dänemark, Finnland, Frankreich, Deutschland, Griechenland, Portugal, Rumänien, Spanien und Schweden nach, MARKT/2011/128/D, S. 7.
76 Mit der Ausnahme von Zypern, der Tschechischen Republik, Irland, Luxemburg, Malta und dem Vereinigten Königreich.
77 MARKT/2011/128/D, S. 4.
78 MARKT/2011/128/D, S. 4.
79 MARKT/2011/128/D, S. 4 f.: Schweden, Italien, Portugal, Bulgarien, Tschechische Republik, Griechenland, Polen, Slowakische Republik, Ungarn, Litauen und Slowenien.
80 MARKT/2011/128/D, S. 5: Österreich, Belgien, Zypern, Dänemark, Estland, Finnland, Frankreich, Deutschland, Niederlande, Irland, Lettland, Luxemburg, Malta, Rumänien, Spanien und Vereinigtes Königreich.
81 MARKT/2011/128/D, S. 5.
82 So existierten etwa in Bulgarien, Zypern, Estland, Finnland, Luxemburg und Malta keine Herausgabe-, Vernichtungs- und Rückrufansprüche, MARKT/2011/128/D, S. 6.

schäftsgeheimnis während des Rechtsstreits nicht ausreichend vor Offenbarung geschützt werden könnte.[83]

In **ökonomischer Hinsicht** hielt die Studie fest, dass der Geschäftsgeheimnisschutz zwar in seiner Bedeutung von Industriezweig zu Industriezweig variiere, aber fast stets eine Bedeutung habe. Oft werde er ergänzend zum traditionellen immaterialgüterrechtlichen Instrumentarium eingesetzt.[84] Auch wenn naheliege, dass der gesetzliche Schutz von Geschäftsgeheimnissen zur übertriebenen Proprietarisierung und Schaffung von Barrieren auf dem Markt führe, weise das wirtschaftswissenschaftliche Schrifttum darauf hin, dass ein solcher **Schutz** den Austausch von Geschäftsgeheimnissen – etwa in Vertragsverhandlungen – fördere und daher **positiv für Innovation** sein könne.[85] Zudem könne der gesetzliche Schutz von Geschäftsgeheimnissen kostensenkend wirken, da die Unternehmen weniger Ressourcen in technische und physische Absicherung dieser Geheimnisse investieren müssten.[86] In der Gesamtschau bestünde daher aus ökonomischer Sicht eine klare Rechtfertigung für den gesetzlichen Schutz von Geschäftsgeheimnissen.[87]

2. Kommissionsentwurf KOM (2013) 813 endg.

Unter dem Eindruck[88] der genannten Studien und weiterer Maßnahmen zur Ermittlung des Harmonisierungsbedarfs[89] – insbesondere der Studie „Study on Trade Secrets and Confidential Business Information in the Internal Market" vom 1.7.2013 der EU-Kommission[90] – veröffentlichte die Kommission am 28.11.2013 einen **ersten Vorschlag** für eine Richtlinie „über den Schutz vertraulichen Know-hows und vertraulicher Geschäftsinformationen (Geschäftsgeheimnisse) vor rechtswidrigem Erwerb sowie rechtswidriger Nutzung und Offenlegung".[91]

---

83 MARKT/2011/128/D, S. 6 f.
84 MARKT/2011/128/D, S. 2.
85 MARKT/2011/128/D, S. 2 f.
86 MARKT/2011/128/D, S. 3.
87 MARKT/2011/128/D, S. 3.
88 Vgl. das fast 300-seitige Arbeitspapier der EU-Kommission, das gleichzeitig mit dem Richtlinienvorschlag veröffentlicht wurde: „Commission Staff Working Document – Impact Assessment", SWD(2013) 471 final, https://eur-lex.europa.eu/legal-content/EN/TXT/PDF/?uri=CELEX:52013SC0471&from=de. Dort finden sich auch eingehende Erwägungen zu möglichen regulatorischen Alternativen zum Erlass einer Richtlinie, die indes allesamt verworfen werden, s. aaO, S. 65 ff.
89 Vgl. *Falce*, IIC 2015, 940, 951 f.; *Büscher/McGuire*, Vor §§ 17–19 UWG Rn. 54 ff.; *Desai*, 46 GA. J. Int'l & Comp L. 486, 487 ff. (2018).
90 Abrufbar unter http://ec.europa.eu/DocsRoom/documents/27703.
91 Abrufbar unter https://ec.europa.eu/transparency/regdoc/rep/1/2013/DE/1-2013-813-DE-F1-1.Pdf; eingehend zu dem Entwurf etwa *DAV*, S. 4 ff.; *Gärtner*, NZG 2014, 650; *Gaugenrieder*, BB 2014, 1987; *GRUR*, http://www.grur.org/de/stellungnahmen.html; *Harte-Bavendamm*, in: FS Köhler, S. 235; *MPI*, GRUR Int. 2014, 554; *Witt/Freudenberg*, WRP 2014, 374 Rn. 12 ff.; prägnant auch *Falce*, IIC 2015, 940, 951 ff.; *Ohly*, GRUR 2014, 1, 11; *Rauer*, GRUR-Prax 2014, 2.

Einl. C Europarechtliche Grundlagen und internationales Recht

17 In diesem Entwurf[92] wurde bereits deutlich, dass die Kommission eine zivilrechtlich geprägte Ausgestaltung des Geschäftsgeheimnisschutzes in der Union anstrebt;[93] auf diese ist der Entwurf beschränkt.[94] Dies ist folgerichtig, da es der EU auf dem Gebiet des **Strafrechts** – mit wenigen, hier offenkundig nicht einschlägigen Ausnahmen[95] – an der erforderlichen **Kompetenz fehlt**.[96] Zudem finden sich bereits hier die wesentlichen Grundstrukturen der späteren Richtlinie, im Wesentlichen:

- **Definition** des Begriffs „Geschäftsgeheimnis" in Art. 2 Abs. 1 Nr. 1 des Entwurfs, inklusive der Beschränkung auf Geschäftsgeheimnisse, die aufgrund ihres Geheimseins einen wirtschaftlichen Wert aufweisen[97] und die durch „angemessene Geheimhaltungsmaßnahmen" geschützt sind;[98]
- eine **zentrale Norm** mit verbotenen Handlungen (rechtswidriger Erwerb, rechtswidrige Nutzung und rechtswidrige Offenlegung) hinsichtlich geschützter Geschäftsgeheimnisse in Art. 3;
- eine **Schrankenregelung** in Art. 4, inklusive einer Privilegierung der Ermittlung eines Geschäftsgeheimnisses durch „Beobachtung, Untersuchung, Rückbau oder Testen eines Produkts oder Gegenstands, das bzw. der öffentlich verfügbar gemacht wurde oder sich im rechtmäßigen Besitz des Erwerbers der Information befindet" (*Reverse Engineering*, Art. 4 Abs. 1 lit. b) und – besonders heikel – der Offenbarung eines Geschäftsgeheimnisses „zum Zwecke der Aufdeckung eines ordnungswidrigen Verhaltens, einer strafbaren Handlung oder einer illegalen Tätigkeit des Antragstellers, sofern der angebliche Erwerb bzw. die angebliche Nutzung oder Offenlegung des Geschäftsgeheimnisses für die Aufdeckung erforderlich war und der Beklagte im öffentlichen Interesse handel-

---

92 Auf diesen beziehen sich in diesem Abschnitt die Artikelangaben, soweit nicht anders ausgewiesen.
93 KOM (2013) 813 endg. S. 7, 9.
94 *Ackermann-Blome/Rindell*, JIPLP 2018, 78; *Ohly*, GRUR 2014, 1, 11; s. auch *Brammsen*, Vor §§ 17–19 UWG Rn. 14.
95 Art. 83, 325 AEUV.
96 *Brammsen*, Vor §§ 17–19 UWG Rn. 14; *Hoeren/Münker*, WRP 2018, 150 Rn. 4; vorsichtiger wohl auch H/O/K/*Kalbfus*, Einl. A Rn. 59, 215; s. auch entsprechend die Einschätzung der EU-Kommission, SWD(2013) 471 final, S. 6 ff. – Weiterführend zur (abzulehnenden) strafrechtlichen Kompetenz des EU-Gesetzgebers im Bereich des Geistigen Eigentums und Lauterkeitsrechts: s. etwa *Böxler*, S. 331 ff. (zum Markenrecht); *Brammsen/Apel*, GRUR Int. 2014, 1119, 1122 (zu § 16 UWG), jeweils auch zur Gegenauffassung und, aus der Rechtsprechung, BGH, 5.3.2014 – 2 StR 616/12, WRP 2014, 1189 Rn. 26 ff. m. zust. Anm. *Apel*, K&R 2014, 584 (keine Anwendung des europarechtlichen Maßstabs für den Durchschnittsverbraucher im Lauterkeitsrecht im Rahmen der Täuschungsprüfung bei § 263 StGB); **aA** bei § 16 UWG a. F. zB Harte/Henning/*Dreyer*, § 16 Rn. 4 f.
97 Ob dieses Kriterium große Relevanz entfalten wird, scheint deshalb fraglich, weil bezweifelt wird, ob es in Zeiten von Big Data überhaupt noch Daten ohne wirtschaftlichen Wert gibt, vgl. S/W/W/*Beyer-Katzenberger*, § 1 Rn. 13; *Zech*, GRUR 2015, 1151, 1157; **aA** *Bull*, CR 2018, 425 Rn. 19.
98 Hierbei hat sich die Kommission eng an Art. 39 Abs. 2 TRIPS orientiert, näher hierzu unten Rn. 30, 47, 48, 53, 74 ff.

II. Der Weg zur Richtlinie (EU) 2016/943 **Einl. C**

te" (Art. 4 Abs. 2 lit. b; der Volksmund[99] nennt dieses „Hinweisgeberwesen" zwischenzeitlich *„Whistleblowing"*);
- der Verpflichtung der Mitgliedstaaten zur Schaffung von Vorschriften zum **Schutz** von Geschäftsgeheimnissen in **Gerichtsverfahren** (Art. 8), bis hin zu einem *in camera*-Verfahren;[100]
- weitgehender Ansprüche, einschließlich Unterlassung, Rückruf und Schadensersatz[101] (Art. 11, 13).

Auch wenn der Entwurf im Grundsatz **überwiegend begrüßt** wurde,[102] erfuhr er auch deutliche Kritik. Insbesondere wurde – neben dem Problem, dass der Entwurf mit zahlreichen wertungsabhängigen und **offenen Begriffen** operiert[103] – als problematisch empfunden, dass der Entwurf den angestrebten Harmonisierungsgrad – **Voll- oder Mindestharmonisierung** des Geschäftsgeheimnisbegriffs? – nicht (hinreichend) deutlich mache.[104] Zudem wurde die Rechtfertigungsmöglichkeit für *„Whistleblowing"* in Art. 4 Abs. 2 lit. b einerseits aufgrund der (möglicherweise) dem Offenbarenden verbleibenden Darlegungs- und Beweislast für das Vorliegen der Voraussetzungen für die Rechtfertigung als zu eng,[105] andererseits als zu weit empfunden.[106] Insbesondere in Deutschland traf zudem die vorgesehene weitgehende Freistellung von *„Reverse Engineering"*[107] auf Skepsis,[108] da die deutsche Rechtslage insoweit restriktiv war.[109] Weiter wurde kritisiert, dass der Entwurf das

18

---

99 Und die Richtlinie, EG 20.
100 Vgl. *Büscher/McGuire*, Vor §§ 17 – 19 UWG Rn. 58; *Redeker/Pres/Gittinger*, WRP 2015, 812 Rn. 3 ff., 26 ff., 35.
101 Inklusive der sog. „dreifachen Schadensberechnung" nach tatsächlichem Schaden, Abschöpfung des Verletzergewinns oder Geltendmachung einer angemessenen, fiktiven Lizenzgebühr, Art. 13 Abs. 2.
102 S. zunächst die Nachw. oben Fn. 91; ferner *Brandi-Dohrn*, CR 2014, 211; *Brzezinski*, S. 221; *Sosnova*, 20 Marquette Int. Prop. L. Rev. 45, 77 (2016); K/K/K/*Bengtson*, 17.2.3 (S. 301); sehr krit., insbes. schon hinsichtlich der Harmonisierungsbedürftigkeit und der Geeignetheit der Richtlinie für eine Förderung von Innovation und grenzüberschreitender Verwertung von Geschäftsgeheimnissen aber *Aplin*, IPQ 2014, 257, 258 ff., 279; eher krit. zur finalen Richtlinie *Sandeen*, 25 B.U. J. Sci. & Tech. L., 451, 475 (2019).
103 *DAV*, S. 5 f.: „Der Rechtsklarheit und der Vorhersagbarkeit des Ergebnisses der Normanwendung würde aber eine straffere Formulierung dienen".
104 *Harte-Bavendamm*, in: FS Köhler, S. 235, 240 f.; *MPI*, GRUR Int. 2014, 554, 555; *GRUR*, S. 2; *Witt/Freudenberg*, WRP 2014, 374 Rn. 17 ff.; zurückhaltender wohl MK-UWG/*Namysłowska*, B.III Rn. 17 und *DAV*, S. 5.
105 Insbesondere in der Tagespresse, Nachweise bei MK-UWG/*Namysłowska*, B.III Rn. 17 m. Fn. 64; vgl. auch *Reinfeld*, § 1 Rn. 46.
106 Vgl. *Gärtner*, NZG 2014, 650, 651; *Harte-Bavendamm*, in: FS Köhler, S. 235, 249 (insgesamt bei Art. 4 Abs. 2 eine umfassende Interessenabwägung als Voraussetzung für eine Rechtfertigung vermissend); neutral *Gaugenrieder*, BB 2014, 1987, 1991.
107 Art. 4 Abs. 1 lit. b.
108 *DAV*, S. 9 f.; *GRUR*, S. 4; offener *Niebel*, in: FS Fezer, S. 799, 808.
109 S. bereits RG, 22.11.1935 – II 128/35, RGZ 149, 329, 334 – Stiefeleisenpresse; Überblick bei *Witz*, in: FS Bornkamm, S. 513, 517 f.; eingehend *Schweyer*, S. 389 ff.; zu Präzisierungsbedarf bei in Computerprogrammen enthaltenen Geschäftsgeheimnissen wegen Art. 6 RL 2009/24/EG (§ 69e UrhG) *Brandi-Dohrn*, CR 2014, 211, 212.

Einl. C   Europarechtliche Grundlagen und internationales Recht

Kernproblem bei der Durchsetzung von Ansprüchen wegen Geschäftsgeheimnisverletzung – den Beweis im Prozess – unangetastet ließ und insoweit **keine Beweiserleichterungen** (bis zur Beweislastumkehr) für den Berechtigten vorsah.[110] Gerügt wurde ferner, dass der Entwurf bei den verletzenden Handlungen die Kategorien Rechtswidrigkeit und Verschulden vermische[111] und dass der Umgang von ausgeschiedenen Arbeitnehmern mit während ihrer Tätigkeit erlangten Geschäftsgeheimnissen des vormaligen Arbeitsnehmers ungeregelt blieb.[112] Kritisiert wurde außerdem, dass der Entwurf in Art. 7 eine **sehr knapp**[113] bemessene **Ausschlussfrist** für die Geltendmachung von Rechten unter der Richtlinie von lediglich zwei Jahren[114] ab Kenntnis der diese begründenden Tatsachen oder – problematischer – ab dem Zeitpunkt, zu dem „Anlass zu einer entsprechenden Vermutung bestand" vorsah.[115] *Brzezinski* kritisierte zudem, dass das patentrechtliche Vorbenutzungsrecht (s. nur § 12 PatG), das mit dem Geschäftsgeheimnisschutz Überschneidungen aufwerfen kann, nicht bedacht wurde.[116]

3. Ratsdokument 9870/14

19   Vor diesem Hintergrund kann es nicht verwundern, dass der Richtlinienvorschlag KOM (2013) 813 im weiteren Gesetzgebungsverfahren bei der Behandlung durch den Rat der Europäischen Union modifiziert wurde. Am 19.5.2014 veröffentlichte der Rat seine Stellungnahme zu dem Entwurf,[117] in dem er **insbesondere** die folgenden Modifikationen vorschlug:[118]

 – Klarstellung, dass die Harmonisierung durch die Richtlinie nur einen **Mindeststandard** definiert, den die Mitgliedstaaten überschreiten dürfen (Art. 1); gleichzeitig sind aber die Bestimmungen in Art. 4 (Erlaubnistatbestände), Art. 5 (Allgemeine Verpflichtungen zum Geschäftsgeheimnisschutz), Art. 6 Abs. 1

---

110 *DAV*, S. 8 f.; *Gärtner*, NZG 2014, 650, 652; *Rauer*, GRUR-Prax 2014, 2, 4.
111 Eingehend *Harte-Bavendamm*, in: FS Köhler, S. 235, 242 f.
112 Eingehend *Harte-Bavendamm*, in: FS Köhler, S. 235, 243 f.; ferner *Ohly*, GRUR 2014, 1, 11; *MPI*, GRUR Int. 2014, 551, 555 f.
113 Vgl. *Büscher/McGuire*, Vor §§ 17–19 UWG, Rn. 59, die diese Frist implizit als unvernünftig kurz bezeichnet; hinsichtlich der potenziellen praktischen Auswirkungen gelassen demgegenüber *Rauer*, GRUR-Prax 2014, 2, 3 (Geschäftsgeheimnissachen ohnehin stets eilig).
114 *MPI*, GRUR Int. 2014, 551, 559.
115 Kritisch nur hinsichtlich des letztgenannten Punktes *Harte-Bavendamm*, in: FS Köhler, S. 235, 250 f.; der dort gezogene Vergleich zu noch kürzeren Verjährungsfristen im Lauterkeitsrecht (sechs Monate, § 11 Abs. 1 UWG) steht allerdings in einem gewissen Widerspruch zur auch den Entwurf prägenden strukturellen Annäherung des Geschäftsgeheimnisschutzes an die Rechte des Geistigen Eigentums, die keine derart kurzen Ausschluss- oder Verjährungsfristen kennen.
116 *Brzezinski*, S. 221, 247 f.; instruktiv zum Verhältnis von Vorbenutzungsrecht und Geschäftsgeheimnis auch Haedicke/Timmann/*Haedicke*, § 1 Rn. 135 f.
117 Abrufbar unter https://data.consilium.europa.eu/doc/document/ST-9870-2014-INIT/de/pdf; in diesem Abschnitt beziehen sich Artikelangaben ohne nähere Bezeichnung stets auf diese Fassung.
118 S. den Überblick auf Ratsdokument 9870/14, S. 5 f.

(Verhältnismäßigkeitsgebot), Art. 7 (Ausschluss- bzw. Verjährungsfrist), Art. 8 Abs. 1 UAbs. 2 (Klarstellung der Dauer von Vertraulichkeitspflichten nach Verfahrensabschluss), Art. 8 Abs. 3, 4 (Interessenabwägung bei Vertraulichkeitsmaßnahmen und Datenschutz), Art. 9 Abs. 2 (vorläufige Abwendungsbefugnis gegen Sicherheitsleistung), Art. 10 (Anwendungsbedingungen und Schutzmaßnahmen), Art. 12 (Anwendungsbedingungen, Schutzvorschriften und alternative Maßnahmen) und Art. 14 Abs. 3 (Angemessenheitsprüfung bei Urteilsveröffentlichung) **zwingend** einzuhalten;
- Klarstellung und Vereinfachung der Definition rechtsverletzender Handlungen (Art. 3, insbesondere Streichung Art. 3 Abs. 2 lit. b–e) und der Erlaubnistatbestände (Art. 4);[119]
- **Verlängerung** der als unzureichend empfundenen Verjährungs- bzw. Ausschlussfrist von zwei auf bis zu sechs Jahren (Art. 7);
- Änderung der Bestimmungen zur Vertraulichkeit im Gerichtsverfahren zum besseren Ausgleich des Schutzes von Geschäftsgeheimnissen einerseits mit dem Anspruch der Parteien auf ein **faires Verfahren** andererseits (Art. 8);
- Berechtigung der Mitgliedstaaten, die **Schadensersatzhaftung** von **Arbeitnehmern** bei nicht-vorsätzlichen Verstößen zu begrenzen (Art. 13).

Die wesentliche Ausrichtung und Grundstruktur der Richtlinie ist insoweit unangetastet geblieben. Auch begrüßte der Rat es ausdrücklich, dass die Richtlinie rein zivilrechtlich ausgestaltet ist und das Strafrecht der Mitgliedstaaten unberührt lässt.[120]

4. Bericht des Europäischen Parlaments

Das Europäische Parlament veröffentlichte am 22.6.2015 einen „Bericht über den Vorschlag für eine Richtlinie des Europäischen Parlaments und des Rates über den Schutz vertraulichen Know-hows und vertraulicher Geschäftsinformationen (Geschäftsgeheimnisse) vor rechtswidrigem Erwerb sowie rechtswidriger Nutzung und Offenlegung" zum Entwurf KOM (2013) 813 (endg).[121]

Der Bericht regte nicht nur einige eher redaktionelle Änderungen und Ergänzungen der Erwägungsgründe und des Richtlinientextes an,[122] sondern das Parlament sah auch noch materiellen Anpassungsbedarf. **Insbesondere:**

---

119 Insbesondere Art. 4 Abs. 1a: „Der Erwerb, die Nutzung oder die Offenlegung von Geschäftsgeheimnissen gilt insofern als rechtmäßig, als der Erwerb, die Nutzung oder die Offenlegung durch Unionsrecht oder einzelstaatliches Recht vorgeschrieben oder erlaubt ist." – warum hier im Wege einer Fiktion formuliert wurde, erschließt sich freilich nicht; krit. auch *Brammsen*, Vor §§ 17–19 UWG Rn. 18, 20.
120 Ratsdokument 9870/14, S. 3; hierbei blieb es auch in der endgültigen Fassung der RL, vgl. nur *Slawik*, S. 4 m. Fn. 16.
121 Abrufbar unter http://www.europarl.europa.eu/doceo/document/A-8-2015-0199_DE.pdf; Artikel ohne nähere Bezeichnung beziehen sich in diesem Abschnitt auf den Bericht.
122 Diese Änderungen sind im Text des Berichts des Europäischen Parlaments kenntlich gemacht, sodass sie hier nicht im Einzelnen aufgezeigt werden müssen.

Einl. C Europarechtliche Grundlagen und internationales Recht

- Sollte in Art. 1 Abs. 2 eine Aufzählung von Bestimmungen und Rechten aufgenommen werden, die durch die **Richtlinie nicht berührt** würden, darunter in lit. a Art. 11 Abs. 2 GRCh und in lit. d das Recht von Beschäftigten, während ihrer ausgeübten Tätigkeit auf ehrliche Weise erworbenen Informationen, Erkenntnisse, Erfahrungen und Fähigkeiten weiter zu nutzen (s. auch Art. 2 Abs. 1 aE und Art. 3 Abs. 3a);
- beim „Whistleblowerprivileg" in Art. 4 lit. b wurde das **subjektive Element** „Absicht" gestrichen;
- die **Verjährungsfrist** nach Art. 7 sollte auf drei Jahre festgesetzt werden; zudem wurde klargestellt, dass die Mitgliedstaaten die Regelungen über die Aussetzung und Unterbrechung der Verjährungsfrist selbstständig festlegen;
- in Art. 8 Abs. 2 werden die Rechte der Parteien im Geschäftsgeheimnisverfahren gestärkt;
- in Art. 9 Abs. 2 wird klargestellt, dass eine Offenlegung eines Geschäftsgeheimnisses gegen Sicherheitsleistung nicht erlaubt ist;
- gemäß Art. 13 Abs. 1a wird klargestellt, dass die Mitgliedstaaten die Schadensersatzhaftung von Arbeitnehmern bei nichtvorsätzlichen Verletzungshandlungen begrenzen dürfen.

23 Auf Grundlage dieser Fassung begannen im Anschluss die (informellen)[123] **Trilog**[124]-**Verhandlungen** zwischen Kommission, Rat und Parlament über die endgültige Fassung der Richtlinie.[125]

5. Endgültige Fassung

24 Das Ergebnis der Trilog-Verhandlungen nahm zahlreiche Anregungen des Parlamentes und des Rates in den Richtlinientext auf.[126] Insbesondere:[127]

- Wurde nunmehr in EG 14 und Art. 1 Abs. 3 klargestellt, dass als Geschäftsgeheimnis nicht dasjenige gelten soll, was ein Beschäftigter im Rahmen seiner üblichen Tätigkeit erwirbt – eine entsprechende Eingrenzung der Geschäftsgeheimnisdefinition in der Richtlinie selbst ist hingegen unterblieben (vgl. Art. 2 Abs. 1);[128]

---

123 *Ann*, GRUR-Prax 2016, 465, 455; *Baranowski/Glaßl*, BB 2016, 2563.
124 Vgl. Art. 324 AEUV; G/H/N/*Magiera*, Art. 324 AEUV Rn. 18 ff.
125 MK-UWG/*Namysłowska*, B.III Vor Rn. 18; *Falce*, IIC 2015, 940, 953 ff.; K/B/F/*Alexander*, Vor § 1 GeschGehG Rn. 14; unklar Büscher/*McGuire*, Vor §§ 17–19 UWG Rn. 59.
126 *Kunzmann*, IP-kompakt 2017, 2 spricht von „erheblich[en]" Änderungen.
127 Da die im Trilog erarbeitete Fassung unverändert in die endgültige Richtlinie übernommen wurde, beziehen sich Artikelangaben ohne nähere Bezeichnung in diesem Absatz auf die Richtlinie. – Die Änderungen sind ersichtlich aus dem Standpunkt des Europäischen Parlaments vom 14.4.2016, http://www.europarl.europa.eu/doceo/document/TC1-COD-2013-0402_DE.pdf.
128 Vgl. Rn. 47 ff.

III. Inhalt der Richtlinie und der Erwägungsgründe **Einl. C**

- wurde die **Mindestharmonisierung** in Art. 1 mit den vom Rat gewünschten Gegenausnahmen geregelt;[129]
- wurde auf Anregung des Parlaments ein Katalog von Regelungen und Rechten aufgenommen, die durch die Richtlinie unberührt bleiben sollen;[130]
- wurden, wie vom Rat gewünscht, in Art. 4 Abs. 2 nur der erste und der letzte Buchstabe stehen gelassen;[131]
- wurde beim „Whistleblowerprivileg" die subjektive Voraussetzung („in der Absicht") beibehalten;[132]
- erhalten die Mitgliedstaaten das Recht, die Schadensersatzhaftung von Arbeitnehmern bei nicht-vorsätzlichen Geschäftsgeheimnisverletzungen zu begrenzen (Art. 14 Abs. 1).[133]

Eine weitere Darstellung der Änderungen erübrigt sich hier deshalb, weil diese Fassung in identischer Form als **endgültige Fassung** der Richtlinie am 8.6.2016 von der EU-Kommission erlassen wurde. Sie wurde am 15.6.2016 im Amtsblatt der EU veröffentlicht,[134] und trat gemäß Art. 20 zwanzig Tage nach dieser Veröffentlichung **in Kraft**, also am 5.7.2016.[135] **25**

III. Inhalt der Richtlinie und der Erwägungsgründe

1. Ziel der Richtlinie

Das übergeordnete Ziel der Richtlinie ist die **Förderung von Innovation** durch den angemessenen, aber nicht überspannten Schutz von Geschäftsgeheimnissen. Hierbei sollen die Interessen der innovativen Unternehmen mit jenem der Allgemeinheit an einem funktionsfähigen Binnenmarkt sowie dem Abbau von Hemmnissen auf dem Binnenmarkt in Ausgleich gebracht werden.[136] **26**

2. Die Erwägungsgründe

Der Richtlinie sind, wie bei Unionsrechtsakten üblich, Erwägungsgründe vorangestellt. Dass es in der endgültigen Fassung immerhin **40** an der Zahl sind,[137] macht deutlich, dass die Richtlinie ein Kind **zahlreicher Kompromisse** auf Unionsebene **27**

---

129 S. oben Rn. 19; s. nur *Rody*, S. 28; diese dürfen übrigens auch nicht durch die Anwendung allgemeiner lauterkeitsrechtlicher Tatbestände umgangen werden; GK-UWG/*Dornis*, § 4 Rn. 246.
130 S. oben Rn. 22.
131 S. oben Rn. 19.
132 Vgl. Rn. 18.
133 Vgl. Rn. 22; s. auch *Sosnova*, 20 Marquette Int. Prop. L. Rev. 45, 74 (2016).
134 ABl. L 157, S. 1.
135 Büscher/*McGuire*, Vor §§ 17–19 UWG Rn. 60; MK-UWG/*Namysłowska*, B.III Vor Rn. 18.
136 Komprimiert K/B/F/Alexander, Vor § 1 GeschGehG Rn. 16 ff.; stärker auf das Ziel des Innovationsschutzes Büscher/*McGuire*, Vor §§ 17–19 UWG Rn. 61 ff.
137 Betont von *Reinfeld*, § 1 Rn. 47; im ursprünglichen Entwurf waren es noch lediglich 28, vgl. *Witt/Freudenberg*, WRP 2014, 376 Rn. 14.

Apel

Einl. C Europarechtliche Grundlagen und internationales Recht

ist. Die Erwägungsgründe lassen sich grob wie folgt strukturieren und zusammenfassen:

a) Grundsätzliche Funktion und Bedeutung der Erwägungsgründe

28 Rechtstechnisch sind die auf die Verpflichtung zur Begründung von legislativen Unionsrechtsakten in Art. 296 Abs. 2 AEUV gestützten **Erwägungsgründe nicht verbindlich**, sondern informieren lediglich ausschnittartig darüber, was der Normsetzer sich beim Erlass gedacht hat.[138] In der Literatur stößt durchaus auf Kritik, dass der Unionsgesetzgeber dieses Instrument ausgiebig nutzt, um seine Normen mit genügend „**Hintertüren**" zu versehen, um den Gerichten – namentlich dem EuGH – den Weg zu öffnen, die eigentlich problematischen Punkte **am Gesetzgeber vorbei** zu entscheiden.[139] Dies ist umso problematischer, als dass die Erwägungsgründe in der Rechtsprechung des EuGH besonders häufig und mit hohem Gewicht für die Auslegung von Unionsrechtsakten herangezogen werden.[140] Auch zur Richtlinie wird bereits angemerkt, dass sie nur in einer **Gesamtschau von Erwägungsgründen und Normtext** überhaupt verständlich sei.[141]

b) Einleitende Erwägungsgründe zu Hintergrund und Anwendungsbereich der Richtlinie

29 Die Erwägungsgründe der Richtlinie stellen zunächst einleitend dar, wie groß die Bedeutung von Geschäftsgeheimnissen für die Innovation und einen funktionierenden Wettbewerb ist.[142] Dies gelte insbesondere für kleine und mittlere Unternehmen („KMU").[143] Diese Innovationen seien verstärkt durch unlautere Praktiken bedroht, die teils von innerhalb, teils von außerhalb der Union wirkten, die die Innovationskraft und somit die Entwicklung des ökonomischen Potenzials des Binnenmarktes insgesamt bedrohten, wenn nicht wirksame rechtliche Instrumente hiergegen zur Verfügung gestellt würden.[144]

30 **Art. 39 TRIPS**[145] habe zwar einen **völkerrechtlichen Rahmen** für die Harmonisierung des Geschäftsgeheimnisschutzes definiert, dieser habe es aber nicht vermocht, in den **Mitgliedstaaten** zumindest einen einigermaßen vergleichbaren Rechtsrahmen hierfür zu bewirken; hieraus folgten **Schutzungleichgewichte und -defizite**, die dem ordnungsgemäßen Funktionieren des Binnenmarktes abträglich seien.[146]

---

138 Calliess/Ruffert/*Wegener*, Art. 19 EUV Rn. 16; *Falce*, IIC 2015, 940, 969; Riesenhuber/*Köndgen*, § 7 Rn. 48 ff.
139 Vgl. so eingehend wie pointiert nur *Gal*, myops 37 (2019), 4 ff. mwN.
140 R/M/G/*Gärditz*, § 34 Rn. 58; *Gal*, myops 37 (2019), 4, 11 f.
141 Vgl. *Sonnberger*, wbl 2018, 61, 73.
142 EG 1–3.
143 EG 2.
144 EG 4.
145 Hierzu instruktiv B/S/W/*Peter/Wiebe*, Art. 39 TRIPS Rn. 10 ff.; der Wortlaut ist wiedergegeben unten Rn. 75.
146 EG 5–9.

III. Inhalt der Richtlinie und der Erwägungsgründe **Einl. C**

Hieraus erwachse der Bedarf, dass der Unionsgesetzgeber zumindest einen (teilweisen) **einheitlichen Mindestschutz**[147] für Geschäftsgeheimnisse in der Union schaffe, um diesem Missstand entgegen zu treten.[148] Im Anschluss folgt eine Aufzählung von Rechten und Rechtsakten, die die Richtlinie nicht berühren soll.[149]

c) *Beschreibung der konkreten Regelungsinhalte der Richtlinie in den Erwägungsgründen*

Anschließend werden die durch die Richtlinie zu treffenden Festlegungen umrissen. 31
Dies beginnt, durchaus naheliegenderweise, mit der **Definition des Schutzgegenstands** „Geschäftsgeheimnis" – diese müsse **vereinheitlicht** werden.[150] Sie solle einerseits weit sein, um „den vor widerrechtlicher Aneignung geschützten Bereich [nicht] einzuengen".[151] Andererseits sollen **nur „legitime" Geheimnisse** geschützt werden und auch dies nur, soweit ihnen ein **kommerzieller Wert** (in den Worten der Richtlinie: „Handelswert")[152] zukommt.[153] Rein private bzw. persönliche Geheimnisse sollen[154] also ausgeschlossen sein.[155]

Der Begriff des „Handelswerts" ist dann durch die Beifügung entsprechender Beispiele wiederum weit gefasst. Auch wenn dies nicht in dieser Prägnanz formuliert wird, soll der Begriff letztlich jeden aus der Kontrolle des Geheimnisses fließenden aktuellen oder potenziellen ökonomischen Vorteil oder hierdurch vermiedenen ökonomischen Nachteil erfassen.[156] 32

Während es angesichts des Gesetzgebungsverfahrens einleuchtet, dass Erfahrungen 33
und Qualifikationen, die Beschäftigte im Rahmen ihrer üblichen Tätigkeiten erwer-

---

147 Zu diesem Konzept der teiloffenen Mindestharmonisierung s. bereits Rn. 18 ff.
148 EG 10.
149 Namentlich alle Arten von Informationsoffenlegungs- und Erhebungsrechten auf Grundlage von Gesetzen der Mitgliedstaaten, und zwar sowohl zugunsten von privaten Stellen als auch zugunsten staatlicher Stellen (EG 11; für die Union ausdrücklich genannt sind die VOen [EG] 1049/2001, [EG] 1367/2006 und die RL 2003/4/EG), Verschwiegenheitsverpflichtungen in Kollektivverträgen der Sozialpartner im Arbeitsrecht (EG 12; allerdings soll dies nicht die Rechtfertigungsgründe [Ausnahmen] nach der Richtlinie beeinträchtigen), und die Niederlassungsfreiheit, Arbeitnehmerfreizügigkeit und -mobilität (EG 13 und EG 21; unberührt bleiben sollen Möglichkeiten zur Vereinbarung von Wettbewerbsverboten zwischen Arbeitnehmern und Arbeitgebern) – man könnte von einem (prinzipiellen) Primat des Arbeits(vertrags)rechts im Geschäftsgeheimnisschutz sprechen; näher hierzu Einl. D Rn. 19; s. auch EG 34 f., die ua. das Datenschutzrecht nennen. Zur erfolgten Anhörung des Europäischen Datenschutzbeauftragten s. EG 40.
150 EG 14; zur auch insoweit erfolgten Vollharmonisierung durch die Richtlinie s. Rn. 65.
151 Gemeint ist wohl inhalts- und technologieneutral.
152 Dieser Handelswert.
153 EG 14.
154 Skeptisch insoweit *Aplin*, IPQ 2014, 257, 263.
155 Sassenberg/Faber/*Sattler*, § 2 Rn. 63 weist mit Recht auf Abgrenzungsprobleme hin, die sich in der Praxis stellen dürften; man denke an die Erkrankung eines wichtigen Schlüsselmitarbeiters bei einem börsennotierten Unternehmen (kommerzielle Relevanz zu bejahen); ähnl. *Hauck*, NJW 2016, 2218, 222.
156 Vgl. *Redeker/Pres/Gittinger*, WRP 2015, 681 Rn. 7.

Einl. C Europarechtliche Grundlagen und internationales Recht

ben, ebenso wie für den „Durchschnittsfachmann" allgemein bekannte oder leicht erlangbare Informationen nicht unter den Geheimnisbegriff der Richtlinie fallen sollen,[157] macht es stutzig, dass „**belanglose Informationen**" ebenfalls nicht hierunter fallen sollen:[158] Die Richtlinie macht nicht im Ansatz deutlich, was hiermit gemeint ist. Da ohnehin nur Geschäftsgeheimnisse mit einem kommerziellen Wert geschützt sind und naheliegende oder leicht ersichtliche Informationen, wie soeben geschildert, gesondert von dem Schutzbereich ausgeschlossen werden, scheint es sich hierbei um eine angedachte „*de minimis*"[159]-**Schwelle** für die Erlangung von Schutz nach der Richtlinie zu handeln; (besonders?) geringwertige Geheimnisse könnten auf dieser Grundlage im Wege der Auslegung vom Schutz der Richtlinie ausgenommen werden.[160] Dies wäre aber ein Trugschluss, da bei Geschäftsgeheimnissen – insbesondere, soweit es um ihre Potenziale geht – kaum jemals sicher zu sagen ist, ob sie (besonders?) geringwertig sind, oder nicht. Zudem ist völlig unklar, welcher Maßstab hierfür angelegt werden soll. Diese begriffliche **Eingrenzung** des Geschäftsgeheimnisbegriffs in den Erwägungsgründen sollte also bei der **Auslegung** der Richtlinie **tunlichst ignoriert** werden;[161] der Bedeutung eines Geschäftsgeheimnisses kann auf Rechtsfolgenseite hinreichend und flexibel Rechnung getragen werden,[162] ohne den Schutz auf unsicherer Grundlage von vornherein zu versagen.

34   Im Anschluss wird die Notwendigkeit betont, positiv zu beschreiben, welche Verhaltensweisen als rechtswidriger Erwerb oder eine rechtswidrige Nutzung von Geschäftsgeheimnissen eingestuft werden sollen.[163] Hier wird erstmals deutlich, dass die Richtlinie eben nicht die Schaffung eines (umfassend geschützten) **absoluten Rechts** am Geschäftsgeheimnis anstrebt,[164] sondern **lediglich Schutz** gegen eine abschließende Aufzählung von **verbotenen** Handlungen und Nutzungen bieten will.[165]

35   Im Weiteren gehen die Erwägungsgründe allerdings den umgekehrten Weg und beginnen mit der Aufzählung von Verhaltensweisen, die **erlaubt** sein sollen: Dies betrifft insbesondere das „**Reverse Engineering**", also die Ermittlung von Geschäfts-

---

157 S. oben Rn. 24.
158 EG 14.
159 Nach dem Rechtsspruch „*de minimis non curat lex*" – das Recht befasst sich nicht mit Kleinigkeiten; der Begriff ist kein generelles Rechtsprinzip, wird aber zunehmend auch im deutschen und unionsrechtlichen Kontext erwogen und verwendet, s. etwa für das Urheberrecht *Mezei*, MR-Int 2019, 48; allgemein zB *Buß*, NJW 1998, 337.
160 Weniger skeptisch *Redeker/Pres/Gittinger*, WRP 2015, 681 Rn. 7.
161 Da die Erwägungsgründe nicht verbindlich sind (Rn. 28) und die Definition des Geschäftsgeheimnisses keine entsprechende Begrenzung enthält, vgl. Art. 2 Nr. 1 Richtlinie.
162 S. unten 56 ff.
163 EG 15.
164 Ausdrücklich in diesem Sinne dann EG 16; s. hierzu ferner nur *Aplin*, IPQ 2014, 257, 260 f.; *Gennen*, IPRB 2016, 115; *Heinzke*, CCZ 2016, 179, 180; *Herrmann*, CB 2016, 368; *Hoeren/Münker*, WRP 2018, 150 Rn. 4; *Lejeune*, CR 2016, 330, 331; *Montagnon*, JIPLP 2016, 643.
165 Krit. zu diesem Regelungskonzept etwa *Harte-Bavendamm*, in: FS Köhler, S. 235, 241.

III. Inhalt der Richtlinie und der Erwägungsgründe   **Einl. C**

geheimnissen aus Rückbau und Beobachtung von Produkten oder Programmen.[166] Ferner sollen alle auf Geschäftsgeheimnisse bezogenen Handlungen nach der Richtlinie erlaubt sein, die nach dem Recht oder den Gepflogenheiten in den Mitgliedstaaten oder der Union „rechtlich vorgeschrieben oder zulässig" sind.[167]

Zudem soll durch die Richtlinie die Ausübung der Rechte auf **freie Meinungsäußerung** und **Informationsfreiheit** sowie die Presse- und Medienfreiheit und -pluralität[168] **nicht eingeschränkt** werden.[169] In diesen Zusammenhang fällt auch die (ebenso bemerkenswert hervorgehobene)[170] Erwähnung des **Hinweisgebertums** („Whistleblowing"), das durch die Richtlinie nicht eingeschränkt werden soll.[171]   36

Nachfolgend geht es um die Bereitstellung von **verhältnismäßigen Maßnahmen zum Schutz von Geschäftsgeheimnissen**, die auf einen reibungslos funktionierenden **Binnenmarkt** abzielen:[172] Hierbei soll einerseits ein abschreckender Effekt vor der rechtswidrigen Offenlegung oder Nutzung eines Geschäftsgeheimnisses erzielt werden, andererseits sollen aber „Grundrechte, Grundfreiheiten oder das Gemeinwohl" nicht gefährdet oder untergraben werden. Teil dessen ist auch die bereits geschilderte Ausschlussfrist[173] für die Geltendmachung von Ansprüchen aus der Richtlinie, deren Beginn, Hemmung und Aussetzung die Mitgliedstaaten klar zu regeln haben.[174] Deutlich wird ebenso angesprochen, dass eine wirksame Verteidigung von Geschäftsgeheimnissen in Verletzungsprozessen bestimmte Regelungen zur Vertraulichkeit im Prozess erfordert, obwohl die Grundsätze eines fairen Verfahrens ebenfalls zu wahren sind.[175]   37

Ohne mehr oder weniger scharfe Konsequenzen für den Verletzer im Ernstfall bleibt jedes Recht letztlich leere Hülle. Daher werden bereits in den Erwägungsgründen die in der Richtlinie vorgesehenen **Ansprüche und Rechtsbehelfe** für den Geschäftsgeheimnisinhaber eingehend geschildert, und zwar sowohl hinsichtlich vorläufiger Maßnahmen (Eilverfahren) als auch hinsichtlich endgültiger Maßnah-   38

---

166 EG 16 f.; in EG 17 wird in diesem Zusammenhang gleichwohl die Kommission aufgefordert, zu prüfen, ob im Lauterkeitsrecht auf Unionsebene ein Handlungsbedarf besteht, einheitliche Regeln gegen auf „Reverse Engineering" basierende „sklavische Nachahmungen" bzw. „Produktpiraterie" (was immer dies sein soll – der pejorative Begriff ist nicht klar definiert, s. nur *Böxler*, S. 112 f.; W/J/S/*Röer*, Kap. 18 Rn. 2; krit. nur gegenüber der Verwendung des Begriffs „Raub" für Verletzungen Geistigen Eigentums, nicht aber gegen den Begriff „Piraterie" – der aber letztlich doch auch für „Raub" steht – *Haedicke*, S, 162 ff.) zu schaffen.
167 EG 18; rechtliche Pflichten zur Wahrung von Vertraulichkeit gegenüber Nichtberechtigten in diesem Zusammenhang sollten allerdings ebenfalls unberührt bleiben.
168 Art. 11 GRCh.
169 EG 19 unter besonderer Erwähnung des „investigativen Journalismus und den Schutz journalistischer Quellen"; ferner EG 34.
170 Vgl. nur *Goldhammer*, NVwZ 2017, 1909.
171 EG 20.
172 EG 21–22.
173 S. oben 18, 19.
174 EG 23.
175 EG 24–25.

Einl. C Europarechtliche Grundlagen und internationales Recht

men (Hauptsacheverfahren),[176] die aber unterbleiben sollen, wenn der Schutz für das Geschäftsgeheimnis aus nicht vom Verletzer zu vertretenden Gründen allgemein bekannt geworden ist.[177] In **engen Ausnahmefällen** – etwa bei ursprünglich gutgläubigem Erwerb des Geschäftsgeheimnisses – soll der Verletzer ggf. die Möglichkeit haben, den Unterlassungsanspruch des Geheimnisinhabers durch eine **angemessene Geldleistung** abzuwenden.[178] Dies läuft letztlich auf eine Beschränkung der Ansprüche des Geheimnisinhabers auf eine angemessene Lizenzgebühr und somit auf Schadensersatz heraus und ist insoweit etwas irritierend, da im Regelfall der Unterlassungsanspruch gerade unabhängig von einem Verschulden besteht.

39 Die Erwägungsgründe enden mit der **Selbstvergewisserung**, dass die Richtlinie nicht mit dem Subsidiaritätsprinzip des Art. 5 EUV kollidiert,[179] sie die justizielle Zusammenarbeit und das IPR[180] ebenso wie die kartellrechtlichen Bestimmungen in Art. 101 f. AEUV unberührt lässt,[181] wie alle sonstigen Rechtsvorschriften, auch aus dem Bereich des Geistigen Eigentums und des Vertragsrechts.[182] Gegenüber der Enforcement-RL 2004/48/EG soll die Richtlinie als *lex specialis* vorgehen.[183]

d) Bewertung der Erwägungsgründe

40 Die Erwägungsgründe zur Richtlinie bieten von einzelnen unklaren oder redundanten Punkten abgesehen eine widerspruchsfreie Zusammenfassung des Regelungsziels und -inhalts der Richtlinie. Leider bieten sie nichtsdestotrotz **keine größeren Potenziale**, um die zahlreichen unklaren und in der Richtlinie auf unionsrechtlicher Ebene erstmals eingeführten offenen Rechtsbegriffe zu präzisieren, welche die Richtlinie verwendet.[184] Sie werden daher bei der Auslegung der Richtlinie in der Praxis wohl keine große Hilfe sein.

3. Die Struktur der Richtlinie

41 Die Richtlinie selbst ist in **vier Kapitel** untergliedert, die **insgesamt 21 Artikel** umfassen:

---

176 Neben Unterlassung und Schadensersatz (EG 30, allerdings – wenig überraschend und zu Recht – ohne Strafschadensersatz) auch ein Anspruch auf Urteilsveröffentlichung (EG 31; freilich, ohne dass hierbei das Geschäftsgeheimnis offengelegt wird); vgl. zu behördlichen Befugnissen noch EG 33.
177 EG 27 – dies wird man auf alle Fälle auszudehnen haben, in denen der Schutz des Geschäftsgeheimnisses ohne Verschulden des betroffenen Verletzers erlischt.
178 EG 29.
179 EG 36.
180 EG 37.
181 EG 38.
182 EG 39.
183 EG 39.
184 Kritisch zu dieser Regelungstechnik etwa *Gärtner*, NZG 2014, 650, 651.

- Kapitel I enthält die Bestimmungen zu Gegenstand und Anwendungsbereich (Art. 1) und die Definitionsnorm mit (zu)[185] wenigen Begriffsbestimmungen (Art. 2). Insbesondere wird hier der zentrale Begriff des Geschäftsgeheimnisses konturiert (Ziff. 1).
- In Kapitel II findet sich – terminologisch und dogmatisch merkwürdig als **Fiktion**[186] gefasst – zunächst die Bestimmung über den rechtmäßigen Erwerb, die entsprechende Nutzung und Offenlegung von Geschäftsgeheimnissen (Art. 3). In Art. 4, dem „Widerpart", werden umgekehrt der rechtswidrige Erwerb, die entsprechende Nutzung und die entsprechende Offenlegung – terminologisch wiederum als Fiktion – behandelt; die tatbestandlichen Aufzählungen sind jeweils **abschließend**.[187] Neben den, terminologisch lediglich die Rechtswidrigkeit bestimmter Handlungen ausschließenden, Tatbeständen des Art. 3 enthält Art. 5 der Richtlinie noch eine (**ebenfalls abschließende**) Aufzählung von (Tatbestands?-)„**Ausnahmen**". Inhaltlich handelt es sich freilich bei Handlungen nach Art. 3 der Richtlinie um schon nicht tatbestandliche Handlungen und bei den „Ausnahmen" in Art. 5 der Richtlinie um Rechtfertigungsgründe.[188]
- Kapitel III enthält die Bestimmungen der Richtlinie zu „Maßnahmen, Verfahren und Rechtsbehelfe[n]" und ist in die drei Abschnitte „Allgemeine Bestimmungen", „Vorläufige und vorbeugende Maßnahmen" und „Maßnahmen aufgrund einer Sachentscheidung" unterteilt.
- Im Abschnitt 1 legen die Art. 6, 7 der Richtlinie hierbei fest, dass die Maßnahmen der Mitgliedstaaten zum **zivilrechtlichen Schutz** von Geschäftsgeheimnissen **fair, angemessen** und „**wirksam und abschreckend**" sein müssen. Art. 8 enthält die Auflage an die Mitgliedstaaten, die Verjährungsfrist für die aus der Richtlinie fließenden Ansprüche hinsichtlich Beginn, Lauf und Hemmung festzusetzen, wobei die Verjährungsfrist höchstens sechs Jahre betragen darf (Art. 8 Abs. 2 RL). Art. 9 der Richtlinie enthält relativ detaillierte Vorgaben an die Mitgliedstaaten für den Schutz von Geschäftsgeheimnissen in Prozessen um solche Geschäftsgeheimnisse – *nota bene*: nicht allgemein für Verfahren, in denen Geschäftsgeheimnisse (irgend) eine Rolle spielen.[189]
- In Abschnitt 2 enthält Art. 10 eine Liste von **vorläufigen bzw. vorbeugenden Maßnahmen**, welche die Mitgliedstaaten ihren Gerichten auf Antrag des Geheimnisinhabers zur Verfügung stellen müssen, darunter ein vorläufiges Nutzungs- und Offenlegungsverbot (Abs. 1 lit. a), das auch Herstellung und Um-

---

[185] Dazu sogleich unter 47 ff.
[186] Krit. hierzu aus strafrechtlicher Perspektive *Brammsen*, Vor § 17–19 UWG Rn. 18; *ders.*, wistra 2018, 449 f.
[187] Nur für Art. 3 Richtlinie entsprechend MK-UWG/*Namysłowska*, B.III Art. 3 Richtlinie Rn. 5.
[188] Zu letzterem entsprechend MK-UWG/*Namysłowska*, B.III Art. 5 Richtlinie Rn. 1.
[189] Krit. hierzu mit Recht *Semrau-Brandt*, GRUR-Prax 2019, 127, 128; vgl. auch *Kalbfus*, GRUR 2016, 1009, 1015; optimistischer aber *Schlingloff*, WRP 2018, 666 Rn. 19, dessen Lesart, dass auch die Relevanz eines Geschäftsgeheimnisses auf Passivseite von den Regelungen der Richtlinie erfasst sein dürfte, lässt sich mit der Formulierung der Richtlinie schwerlich in Einklang bringen (vgl. EG 24; entsprechend *Hauck*, NJW 2016, 2218, 2222 f.).

Einl. C Europarechtliche Grundlagen und internationales Recht

gang mit rechtsverletzenden Produkten erfasst (Abs. 1 lit. b), und Beschlagnahme- und Herausgabeanordnungen; diese können freilich in bestimmten Fällen durch Sicherheitsleistung abgewendet werden (Abs. 2). Art. 11 der Richtlinie soll sicherstellen, dass die Gerichte in die Lage versetzt werden, über die in Art. 10 genannten Maßnahmen stets in Kenntnis zu sein und unter Beachtung aller relevanten Umstände des Einzelfalls entscheiden zu können und sicherzustellen, dass auf eine vorläufige Maßnahme entweder ein Hauptsacheverfahren oder eine Freigabe folgt (Art. 10 Abs. 3 RL).

- Abschnitt 3 führt sodann die **Ansprüche und Maßnahmen** an, die im **Hauptsacheverfahren** verfügbar sein müssen. Darunter fallen ein weitgehender Unterlassungs-, Rückrufs- und Vernichtungsanspruch (Art. 12 RL), die freilich stets verhältnismäßig sein müssen (Art. 13 RL), sowie ein Schadensersatzanspruch (Art. 14 RL)[190] und der Anspruch auf Veröffentlichung von Gerichtsentscheidungen (Art. 15 RL).
- Im abschließenden IV. Kapitel finden sich Bestimmungen zu **Sanktionen bei Nichteinhaltung** der Richtlinie für die Mitgliedstaaten (Art. 16 RL), zum **Informationsaustausch** zwischen Mitgliedstaaten und Kommission für alle Fragen zu den in der Richtlinie vorgesehenen Maßnahmen (Art. 17 RL) sowie eine (sinnvolle) **Evaluierungsbestimmung** (Art. 18 RL), wonach das EUIPO bis zum 9.6.2012 einen ersten Bericht über die Entwicklung des rechtswidrigen Umgangs mit Geschäftsgeheimnissen im Zuge der Anwendung der Richtlinie erstellen soll; die Kommission hat hierüber bis zum 9.6.2022 einen Zwischenbericht zu fertigen und die Auswirkungen der Richtlinie bis zum 9.6.2026 in einem Bericht an Rat und Parlament zu evaluieren. Auch die Umsetzungsfrist (bis zum 9.6.2018, Art. 19 Abs. 1 RL) und eine Mitteilungspflicht hinsichtlich der wichtigsten auf dem Gebiet der Richtlinie erlassenen nationalen Rechtsvorschriften sind in diesem Abschnitt geregelt. Dies betrifft nicht nur die Umsetzungsgesetze zur Richtlinie, sondern alle wesentlichen mitgliedstaatlichen Regelungen, die in Zusammenhang mit dem Geschäftsgeheimnisschutz im Sinne der Richtlinie stehen oder diesen berühren.[191] Die Bestimmungen zum Inkrafttreten[192] und den Adressaten[193] beschließen die Richtlinie.

4. Wesentliche Bestimmungen der Richtlinie

42   In diesem Abschnitt werden einige zentrale Bestimmungen der Richtlinie einem näheren Blick unterzogen. Die hier nicht explizit erörterten Punkte werden in Zusammenhang mit den Kommentierungen der korrespondierenden Bestimmungen des GeschGehG behandelt.

---

190 Inklusive der Möglichkeit zur dreifachen Schadensberechnung nach tatsächlichem Schaden, Abschöpfung des Verletzergewinns und Lizenzanalogie, s. Art. 14 Abs. 2 RL.
191 MK-UWG/*Namysłowska*, B.III Art. 19 Richtlinie Rn. 3.
192 Art. 20 Richtlinie: Am 20. Tag nach Veröffentlichung im Amtsblatt der Union; s. Rn. 25.
193 Art. 21 Richtlinie: Dies sind die Mitgliedstaaten.

III. Inhalt der Richtlinie und der Erwägungsgründe **Einl. C**

a) Art. 1 Richtlinie – Gegenstand und Anwendungsbereich

In Art. 1 der Richtlinie wird der **sachliche** – nicht aber der persönliche[194] – **Anwendungsbereich** der Richtlinie definiert. Schutzgegenstand sind Geschäftsgeheimnisse und geheimes Know-how,[195] wobei der letztere Begriff keine eigenständige Bedeutung hat. Der für die Richtlinie zentrale Begriff des Geschäftsgeheimnisses wird in Art. 2 Nr. 1 Richtlinie definiert.[196] Weiter wird klargestellt, dass die Richtlinie **vorbehaltlich der ausdrücklich genannten Gegenausnahmen** lediglich eine **Mindestharmonisierung** bezweckt (Art. 1 Abs. 1 UAbs. 2 RL).[197] Den Mitgliedstaaten verbleiben für die **Umsetzung** also **Spielräume**. Allerdings ist es ihnen nicht gestattet, das Schutzniveau der Richtlinie in einer Weise zu über- oder unterschreiten, sodass die in Art. 1 Abs. 1 Aus. 2 Richtlinie genannten Bestimmungen nicht mehr gewahrt würden, und sei es nur mittelbar.[198] Vorgaben dazu, wie die Mitgliedstaaten die Richtlinie rechtstechnisch umzusetzen haben, gibt es nicht.[199] Aufgrund des zivilrechtlichen Schwerpunkts der Richtlinie ist die Umsetzung in einer zivilrechtlich geprägten Regelung – wenn auch nicht notwendigerweise, wie nun in Deutschland mit dem GeschGehG geschehen, einem eigenen bzw. neuen **Stammgesetz** – mehr als **naheliegend**.[200] **43**

Gemäß Art. 1 Abs. 2 Richtlinie bleiben, wie bereits ausgeführt,[201] zahlreiche grundrechtliche und einfachgesetzliche **Rechte** und **Pflichten unberührt**; die in Union und Mitgliedstaaten in Ansehung von Geschäftsgeheimnissen gewähren, insbesondere **Meinungs- und Informationsfreiheit** sowie **Medienvielfalt** (Art. 1 Abs. 2 lit. a RL) und **arbeitsrechtliche Kollektivverträge** (Art. 1 Abs. 2 lit. d RL). Auch die **Arbeitnehmerfreizügigkeit** soll durchweg unberührt bleiben (Art. 1 Abs. 3 RL).[202] **44**

Zum Verhältnis zu anderen Rechtsakten des Unionsrechts trifft die Richtlinie **keine direkte Regelung**, sodass es insoweit bei den (unverbindlichen)[203] Ausführungen in den Erwägungsgründen bleibt.[204] Besonders hervorzuheben ist, dass die **Enforcement-RL 2004/48/EG** hiernach gegenüber der neuen Richtlinie zurücktreten soll, die Ersterer gegenüber *lex specials* sein soll.[205] Man wird abwarten müssen, **45**

---

194 MK-UWG/*Namysłowska*, B.III Art. 11 Richtlinie Rn. 10 verweist insoweit im Ansatz zutreffend, wenn auch zu eng, auf die Definitionen des Inhabers eines Geschäftsgeheimnisses und des Rechtsverletzers in Art. 2 Nr. 2, 3 Richtlinie, hierzu Rn. 50.
195 Vgl. den amtlichen Titel der Richtlinie sowie EG 14.
196 Dazu Rn. 47 ff.
197 *Rassi*, Zak 2016, 404; *Sonnberger*, wbl 2018, 61, 63.
198 MK-UWG/*Namysłowska*, B.III Art. 1 Richtlinie Rn. 5 scheint diese Wirkung nur für einen Überschutz anzunehmen.
199 MK-UWG/*Namysłowska*, B.III Art. 1 Richtlinie Rn. 7 unter Verweis auf Art. 288 Abs. 3 AEUV.
200 Für Österreich entsprechend (wenn auch skeptisch zur Umsetzung) *Hofmarcher*, ÖBl 2018, 38, 42.
201 S. oben Rn. 24, 31.
202 S. Rn. 31; *Patel/Pade/Cundiff/Newmann*, EIPR 2016, 738, 742 f.
203 S. oben Rn. 28.
204 EG 37 ff.
205 EG 39 Richtlinie; MK-UWG/*Namysłowska*, B.III Art. 1 Richtlinie Rn. 23; krit. *Aplin*, IPQ 2014, 257, 273.

Einl. C Europarechtliche Grundlagen und internationales Recht

was die Rechtspraxis aus dem ihr technisch hierdurch verbleibenden Spielraum macht; (zumindest) eine **(punktuelle) Heranziehung** der Enforcement-Richtlinie (EG) 2004/48 auch in Geschäftsgeheimnissachverhalten bleibt grundsätzlich denkbar und möglich.[206]

46 Zum Verhältnis der Richtlinie zu vertraglichen Vereinbarungen zwischen den betroffenen Parteien ist festzuhalten, dass **deren individualvertragliche Freiheit**, untereinander eine weitergehende Vertraulichkeit zu vereinbaren, als in der Richtlinie vorgesehen, **unberührt** bleibt.[207] Solange die allgemeinen Regelungen zur Wirksamkeit von **AGB** beachtet werden, gilt dies auch für AGB.[208]

b) Art. 2 Richtlinie – Begriffsbestimmungen

47 Der **Definitionsnorm** des Art. 2 Richtlinie kommt besonders große Bedeutung deshalb zu, weil sie in Art. 2 Abs. 1 RL – in fast vollständiger Anlehnung an Art. 39 TRIPS[209] – den **eigentlichen Schutzgegenstand** der Richtlinie, nämlich hinsichtlich ihrer Geheimheit geschützte Information,[210] (sehr weit)[211] definiert.[212] Dies geschieht freilich unter Verwendung von bislang im Kontext der zitierten TRIPS-Be-

---

206 Vgl. zur (möglichen) Bedeutung der Enforcement-RL für Geschäftsgeheimnisse *Aplin*, IPQ 2014, 257, 273; *MPI*, GRUR Int. 2014, 554, 556; mit Schwerpunkt auf Auskunftsansprüche auch *Siebert*, S. 301 ff. (2011).
207 Einschränkend ohne nähere Begründung *Gaugenrieder*, BB 2014, 1987, 1992.
208 Vgl. hierzu exemplarisch (jeweils vor dem Hintergrund des GeschGehG) *Alexander*, WRP 2020, 1385; *Apel/Boom*, GRUR-Prax 2020, 225; *Hille*, WRP 2020, 824.
209 S. bereits Rn. 47 sowie *Rassi*, Zak 2016, 404; der Wortlaut von Art. 39 TRIPS ist wiedergegeben in Rn. 75.
210 Und nicht etwa die Information als solche, hervorgehoben von *Wiebe/Schur*, GRUR Int. 2019, 746; *McGuire*, in: FS Harte-Bavendamm, S. 367, 376.
211 Dies bezieht sich darauf, dass hinsichtlich des spezifischen Inhalts und der spezifischen Form des Geschäftsgeheimnisses keine Vorgaben gemacht werden, ähnl. *Alexander*, WRP 2017, 1034 Rn. 33 ff.; Sassenberg/Faber/*Sattler*, § 2 Rn. 56 (Definition „sehr abstrakt", „grundsätzlich sehr anpassungsfähig"); *Hofmarcher*, ÖBl 2018, 38, 40 (weder „gegenständliche (Schutzobjekt), inhaltliche (Schöpfungshöhe), noch formelle (Registerverfahren) Anforderungen"); *Patel/Pade/Cundiff/Newmann*, EIPR 2016, 738, 739; *Lamy/Vollprecht*, IR 2019, 201, 202 (zum GeschGehG); dazu, dass der Begriff möglicherweise gleichwohl etwas enger ist, als das traditionelle deutsche Verständnis, *Kalbfus*, GRUR 2016, 1009, 1010 f.
212 Dem Wortlaut nach nicht zu den Schutzvoraussetzungen gehört ein nach deutschem Recht bislang erforderlicher „Unternehmensbezug" (s. nur K/K/K/*Hoeren*, 23.2.1.2 [S. 427]; MAH-GewRS/*Blank*, § 24 Rn. 7 f.) der betreffenden Information (vgl. *Reinfeld*, § 1 Rn. 105). Redeker/Pres/*Gittinger*, WRP 2015, 681 Rn. 7 entnehmen Telos und Bezeichnung der Richtlinie, dass dieser sachlich gleichwohl stets vorlegen muss, um ein Geheimnis dem Schutz der Richtlinie zu unterstellen (Ausschluss von reinen Privatgeheimnissen aus dem Schutzbereich; ebenso *Alexander*, WRP 2017, 1034 Rn. 38. *Kalbfus*, GRUR 2016, 1009, 1011 weist demgegenüber darauf hin, dass der Begriff letztlich im Kriterium des rechtmäßigen Informationsbesitzes aufgehe, der sich in Art. 2 Nr. 2 Richtlinie findet. Es ist zu empfehlen, die Richtlinie ernst zu nehmen und das Tatbestandserfordernis eines „kommerziellen" Wertes nicht dadurch aufzuweichen, dass mit dem ohnehin unscharfen (*Kalbfus* aaO) Begriff des „Unternehmensbezugs" operiert wird.

III. Inhalt der Richtlinie und der Erwägungsgründe **Einl. C**

stimmung völkerrechtlich **noch nicht präzisierten Begriffen**,[213] zu deren Klarheit die Richtlinie selbst auch wenig beiträgt.[214] Vor dem Hintergrund des mit Ablauf des 31.1.2020 vollzogenen Ausscheidens des Vereinigten Königreichs aus der Europäischen Union („**Brexit**") erlangt diese enge Anlehnung der Richtlinie an TRIPS innereuropäische Bedeutung. Denn insoweit besteht, da auch das Vereinigte Königreich Mitglied von TRIPS ist, die Chance, dass eine gewisse Rechtseinheit gewahrt bleibt.[215] Die nähere Entwicklung muss freilich – wie bei allen Immaterialgüterrechten[216] – abgewartet werden.[217]

Zwar leuchtet die Definition der Tatbestandsvoraussetzung „**geheim**" in Art. 2 **48** Nr. 1 lit. a Richtlinie noch ein, da sie lediglich in **Kreisen von Personen**, die üblicherweise mit den betreffenden Arten von Informationen umgehen, ohne Weiteres zugängliche oder allgemein bekannte ausschließt – wobei dies **über den Wortlaut hinaus** erst auch der **Allgemeinheit** bekannte oder ohne Weiteres zugängliche Informationen ausschließen wird (*erst-recht-Schluss*)[218] –, und gemäß Art. 2 Nr. 1 lit. b Richtlinie nur Informationen erfasst, die **gerade wegen**[219] ihrer Geheimheit einen kommerziellen[220] Wert[221] haben (und seien sie auch **rechtswidrig** iSv. auf

---

213 Dies sicher auch deshalb, weil Art. 39 TRIPS kein individuelles Recht des einzelnen Privatrechtssubjekts begründet, sondern lediglich völkerrechtliche Verbindlichkeit hat, vgl. EuGH, 14.12.2000 – C-300/98, C-392-98, GRUR 2001, 235 Rn. 44; *Niebel*, in: FS Fezer, S. 799, 806 f.; B/S/W/*Strauch/Wiebe*, Art. 39 TRIPS Rn. 49.
214 *Sandeen*, EIPR 2017, 39 ff. listet aus US-Perspektive auch über Art. 2 RL hinaus zahlreiche begriffliche Unklarheiten auf.
215 Erste Erwägungen hierzu bereits bei *Montagnon*, JIPL 2016, 643.
216 Erste Überblicke bei *Ahrens*, IPRB 2020, 11; *Böckenholt/Rüberg*, MR-Int 2016, 95 – allerdings jeweils ohne Einbezug des Geschäftsgeheimnisschutzes.
217 Titel IV (Art. 54 ff.) des Brexit-Abkommens zwischen der EU und dem Vereinigten Königreich v. 24.1.2020, ABl. L29, 7, erwähnt die Richtlinie nicht.
218 Vgl. *Sonnberger*, wbl 2018, 61, 64 f.
219 Krit. *Lejeune*, CR 2016, 330, 332: Besser wäre die umgekehrte Formulierung dahingehend, dass die Information ihren kommerziellen Wert verliert, weil sie nicht mehr geheim ist.
220 Dieses Kriterium ist ungeeignet, allgemein „belanglose Informationen", wie von EG 14 RL (zu Unrecht, s. Rn. 33) gewünscht, vom Schutzbereich auszuschließen (unklar *Kunzmann*, IP-kompakt 2017, 2): Denn abgesehen davon, dass auch *kommerziell wertlose* Informationen durchaus von einiger Bedeutung sein können – richtig daher die bisherige deutsche Rechtslage hierzu, die auch diese in den Geschäftsgeheimnisschutz einbezog (vgl. nur BGH, 27.4.2006 – I ZR 126/03, WRP 2006, 1511 – Kundendatenprogramm) –, genügt für die Erfüllung des Kriteriums bereits ein (ggf. sehr) geringfügiger (nach hM zutreffend sogar lediglich potenzielle, **aA**: *Sousa e Silva*, JIPLP 2014, 923, 232; s. auch Rn. 31 ff.) kommerzieller Wert (zutreffend etwa MK-UWG/*Namysłowska*, B.III Art. 2 Richtlinie Rn. 11; *Rauer/Eckert*, DB 2016, 1239, 1240; Arnold/Günther/*Werner*, Kap. 5 Rn. 70; wohl auch *Sonnberger*, wbl 2018, 61, 65 f.). Folglich gibt es in der Richtlinie entgegen der Andeutung in EG 14 keine *de minimis*-Schwelle für den Geschäftsgeheimnisschutz (gegen *Sousa e Silva*, JIPLP 2014, 923, 930), sondern einen *kategorialen* vollständigen Schutzausschluss für kommerziell wertlose Geschäftsgeheimnisse *ungeachtet* ihrer sonstigen Bedeutung. Da die meisten geheimen Informationen von Relevanz im geschäftlichen Verkehr aber auch einen kommerziellen Wert haben werden, dürften die Auswirkungen dieser problematischen Konstruktion in der Praxis gering bleiben.
221 Soweit sie einen solchen Wert haben, sind selbstverständlich auch negative Informationen – etwa über das Nichtfunktionieren eines Konzepts, Produkts oder einer Methode – geschützt

Einl. C Europarechtliche Grundlagen und internationales Recht

eine rechtswidrige Handlung oder einen rechtswidrigen Zustand bezogen).[222] Hingegen lässt Art. 2 Nr. 1 lit. c Richtlinie **völlig offen**,[223] was denn die – für das deutsche Recht als Schutzvoraussetzung neuen[224] – „**angemessenen Geheimhaltungsmaßnahmen**" sein sollen, welche die berechtigte Person[225] treffen muss, um in den Schutz der Richtlinie für ihre Kontrolle über diese Informationen zu gelangen.[226] **Wünschenswert** wäre zumindest ein Katalog mit nicht abschließenden **Regelbeispielen** für solche Schutzmaßnahmen gewesen.[227]

49 Klar ist zwar, dass diese Schutzmaßnahmen **rechtlicher**, **technischer** und/oder **organisatorischer Art**[228] sein können[229] und **nicht absolut sicher** sein müssen.[230] Völlig unklar ist aber, ob sie allgemein (etwa im Betrieb des Inhabers) oder gerade bezogen auf das jeweilige Geschäftsgeheimnis – je wertvoller, desto höhere Schutzmaßnahmen erforderlich[231] – angemessen sein sollen.[232] Die Wahrheit dürfte in der Mitte liegen: Da ein angemessenes Geheimhaltungssystem auch in der geschäftlichen Praxis funktionieren muss, wird es zu weit führen, für jedes einzelne Ge-

---

(*Letzel*, ZJS 2021, 1, 2 f.; MK-UWG/*Namysłowska*, B.III Art. 2 Richtlinie Rn. 13; *Sousa e Silva*, JIPLP 2014, 923, 932). Auch unzutreffende oder unwahre Informationen sind prinzipiell schutzfähig, etwa wenn ihre Widerlegung in der Öffentlichkeit zu kommerziell relevanten Schwierigkeiten im Betrieb des Geheimnisinhabers führen würde (gegen *Sousa e Silva*, JIPLP 2014, 923, 927; nur für den Regelfall wie diese MK-UWG/*Namysłowska*, B.III Art. 2 Richtlinie Rn. 13) – etwaige lauterkeits- oder strafrechtliche Wertungen spielen auf dieser Ebene keine Rolle, solange das unwahre Geschäftsgeheimnis nicht entsprechend verwendet wird.

222 Der Richtlinie lässt sich gerade **nicht** entnehmen, dass **rechtswidrige Informationen**, solange sie einen kommerziellen Wert haben, nicht geschützt sein sollen, denn ansonsten bedürfte es Art. 5 lit. b Richtlinie (Whistleblower-Privileg) Sassenberg/Faber/*Sattler*, § 2 Rn. 64; K/B/F/ *Köhler*, § 17 UWG Rn. 16; *Letzel*, ZJS 2021, 1, 2 f.; wohl auch *Ohly*, GRUR 2019, 441, 444 f.; differenzierend *Sousa e Silva*, JIPLP 2014, 923, 927 (Schutz für mit illegalen Methoden geschützte Geschäftsgeheimnisse, aber nicht für auf illegale Handlungen oder Zustände bezogene Geschäftsgeheimnisse); aA etwa *Kalbfus*, GRUR 2016, 1009, 1011; *Lamy/Vollprecht*, IR 2019, 201, 204; *Steinmann*, WRP 2019, 703 Rn. 33; *McGuire*, in: FS Harte-Bavendamm, S. 367, 378.
223 *Rosenthal/Hamann*, NJ 2019, 321, 322. – Auch insoweit folgt die Bestimmung also Art. 39 TRIPS.
224 Bisher genügte der objektive Willen des Inhabers zur Geheimhaltung, s. nur BGH, 22.3.2018 – I ZR 118/16, WRP 2018, 1329 – Hohlfasermembran II; *Brammsen*, § 17 UWG Rn. 26, 31a; *Leiteritz*, MA 4/2019, 63, 64; *Lejeune*, CR 2016, 330, 332.
225 Ggf. auch mittelbar über ihre – ihrerseits zur Geheimhaltung verpflichteten und in einen angemessenen Geschäftsgeheimnisschutz eingebetteten – Hilfspersonen, vgl. *Sonnberger*, wbl 2018, 61, 68.
226 *Herrmann*, CB 2016, 368, 369; eingehend § 2 Rn. 56 ff.
227 Bezogen auf das deutsche GeschGehG entsprechend *Apel/Walling*, DB 2019, 891, 895; BeckOK GeschGehG/*Fuhlrott*, § 2 Rn. 25.1; weniger kritisch *Lamy/Vollprecht*, IR 2019, 201, 203.
228 MK-UWG/*Namysłowska*, B.III Art. 2 Richtlinie Rn. 16; *Wiebe/Schur*, GRUR Int. 2019, 746, 749 ff.
229 Zu TRIPS entsprechend B/S/W/*Strauch/Wiebe*, Art. 39 TRIPS Rn. 23.
230 *Maaßen*, GRUR 2019, 352, 358 f.; *Rosenthal/Hamann*, NJ 2019, 321, 323.
231 Pointiert *Lamy/Vollprecht*, IR 2019, 201, 204; zum grundsätzlich abweichenden Ansatz von *Weigert* Fn. 49 m Fn. 236.
232 Zur Auseinandersetzung *Heinzke*, CCZ 2016, 179, 182; *Kalbfus*, GRUR-Prax 2017, 391; *Rauer/Eckert*, DB 2016, 1239, 1240; vor dem Hintergrund des GeschGehG etwa *Maaßen*, GRUR 2019, 352; *Partsch/Rump*, NJW 2020, 118.

schäftsgeheimnis und ausgerichtet an dessen spezifischen Wert eine gänzlich eigenständige Angemessenheitsbewertung hinsichtlich der Schutzmaßnahmen vorzunehmen;[233] es dürfte also **entgegen der hM** mit *Lauck* genügen, nach Bedeutungsklassen der Geschäftsgeheimnisse gestaffelte, jeweils „im Mittel" angemessene Schutzmaßnahmen zu definieren und anzuwenden.[234] Einzelne Durchbrechungen sind dann unschädlich.[235] Ein (genereller) Überschutz ist freilich unschädlich.[236] **Absolutes Minimum** der erforderlichen rechtlichen Schutzmaßnahmen wird bei Weitergabe von Geschäftsgeheimnissen an Dritte eine Absicherung durch eine – im Verletzungsfall mit einer **Vertragsstrafe** bewehrte – **Vertraulichkeitsvereinbarung**[237] sein,[238] soweit nicht unabhängig davon andere, vergleichbar wirksame Geheimnisschutzmaßnahmen getroffen wurden[239] oder ganz ausnahmsweise die zu offenbarenden Daten Bedeutung nur für den Empfänger haben.[240] Wenn gegen das genannte Minimum eingewendet wird, dass solche Vertragsstrafeklauseln in der Vertragspraxis häufig auf Widerstand stoßen und die Wei-

---

233 In diese Richtung aber die wohl **derzeit herrschende Auffassung**, s. neben den bereits in Fn. 232 genannten Stimmen etwa noch *Herrmann*, CB 2016, 368, 369; *Koós*, MMR 2016, 224, 225 sowie wohl auch LAG Köln, 2.12.2019 – 2 SaGa 20/19, BeckRS 2019, 44850; OLG Hamm, 15.9.2020, 4 U 177/19, MMR 2021, 506 Rn. 163.
234 *Lauck*, GRUR 2019, 1132 (zum GeschGehG); soweit dieser den Wert des betreffenden Geschäftsgeheimnisses für gänzlich unbeachtlich erklärt, erscheint dies freilich zu weitgehend: die zu fordernde „Linie" für den angemessenen Geheimnisschutz variiert durchaus nach dem zu schützenden (Gesamt-)Wert der betroffenen Geschäftsgeheimnisse.
235 *Apel/Stolz*, GRUR-Prax 2021, 1; H/S/H/*Drescher*, Rn. 16; zu streng LAG Düsseldorf, 3.6.2020 – 12 SaGa 4/2, GRUR-RS 2020, 23408 Rn. 82.
236 *Weigert*, NZA 2020, 209, 210 ff. argumentiert zum GeschGehG, dass die Angemessenheit nicht mit der hM ausgehend von der vom Geheimnisinhaber zu erwartenden Vorsicht (also: je wertvoller das Geheimnis, je größer die Schutzanforderungen), sondern umgekehrt von der Erwartungshaltung des Geheimnisinhabers (also: je wertvoller das Geheimnis, desto offensichtlicher ist für Dritte, dass es geheim bleiben soll und desto weniger Schutz ist erforderlich) bestimmt werden soll. Hierbei geht es letztlich darum, mit teleologischen Argumenten (Ziel des GeschGehG sei die Stärkung des Geschäftsgeheimnisschutzes), das überkommene deutsche Tatbestandsmerkmal vom „bekundeten Geheimhaltungswillen" in § 17 UWG aF unter die neue Rechtslage zu ziehen. Auch wenn *Weigerts* Argumente bedenkenswert sind, ist doch zu bezweifeln, dass sich diese Lesart durchsetzen wird: die Richtlinie verfolgt auch den Zweck, den Geschäftsgeheimnisschutz nicht soweit auszudehnen, dass Innovationen unangemessen erschwert werden; insoweit erscheint es naheliegend, dass das Erfordernis des Ergreifens angemessener Schutzmaßnahmen aus Geheimnisinhabersicht zu verstehen ist, da Dritte bei Ermangelung solcher Schutzmaßnahmen gerade unbeschränkt auf die fragliche Information zugreifen können sollen.
237 Non-disclosure-agreement, NDA.
238 *Apel/Walling*, DB 2019, 891, 895; entsprechend Nägele/Apel/*Apel*, 3.5 Anm. 18; S/W/W/*Apel/ A. Hofmann*, § 5.4 Rn. 19b f.; *Barth/Corzelius*, WRP 2019, 29 Rn. 12; *Buck*, JM 2020, 59, 63; *Otte-Gräbner/Kutscher-Puis*, ZVertriebsR 2019, 288, 291; Kaulartz/Braegelmann/*Schicker*, Kap. 7.2 Rn. 6.
239 Vgl. zur „Substituierbarkeit" einer Schutzmaßnahme durch andere, ohne dass zwingend die „Angemessenheit" der Geheimnisschutzmaßnahmen entfällt, implizit LAG Düsseldorf, 3.6.2020 – 12 SaGa 4/20, BeckRS 2020, 23408 Rn. 79 ff.
240 Beispiel: Auditierungsdaten eines Lizenznehmers an den Lizenzgeber über die Anzahl der genutzten Softwarelizenzen – diese haben letztlich nur zwischen den Parteien Bedeutung.

Einl. C Europarechtliche Grundlagen und internationales Recht

tergabe vertraulicher Informationen im Einzelfall nur ohne Vereinbarung einer solche Klausel möglich sein wird,[241] kann dies kein Argument sein. Oftmals wird dies auch für andere Geheimhaltungsmaßnahmen gelten. Überdies ist die Überlassung von vertraulichen Informationen an jemanden, der für den Fall des Vertraulichkeitsbruchs nicht einmal eine Zahlung einer (angemessenen) Pönale zusagen will, schon per se bedenklich. Ein solches Verhalten wirft schon für sich betrachtet gravierende Zweifel am Geheimhaltungswillen der Beteiligten auf. Zudem ist in der Praxis zu beobachten, dass der Widerstand gegen Vertragsstrafeklauseln zumeist mit dem Hinweis auf das Erfordernis der Etablierung angemessener Geheimnisschutzmaßnahmen unter der Richtlinie für den gesetzlichen Schutz von Geschäftsgeheimnissen erforderlich ist. Fazit: Regelmäßig sind Geheimhaltungsvereinbarungen ohne Vertragsstrafeversprechen keine angemessene Schutzmaßnahme.

50 Im Übrigen definiert die Richtlinie in Art. 2 Nr. 2 den „**Inhaber** eines Geschäftsgeheimnisses" als diejenige natürliche oder juristische Person, welche die betreffende Information „rechtmäßig", alleine oder gemeinsam mit anderen,[242] kontrolliert[243] – dies erfasst auch den **Lizenznehmer**, ausschließlich, oder nicht[244] – und als „Rechtsverletzer" jede natürliche oder juristische Person, die auf rechtswidrige Weise Geschäftsgeheimnisse erwirbt, nutzt oder offenlegt. Der **persönliche Anwendungsbereich** der Richtlinie ist hiermit freilich noch nicht gänzlich umrissen,[245] da neben diesen Personen ebenfalls solche unter ihren Anwendungsbereich fallen, die weder Geschäftsgeheimnisinhaber noch Rechtsverletzer sind: Nämlich jene, die ein Geschäftsgeheimnis in einer Weise nutzen, die schon den Tatbestand einer Geschäftsgeheimnisverletzung nicht erfüllen oder gerechtfertigt sind, etwa nach Art. 5 Richtlinie. Diese ihrerseits unter den „Inhaber des Geschäftsgeheimnisses" zu subsumieren, wäre kontraintuitiv und würde ihrer Rolle auch nicht gerecht, da sie ebenso wie der Rechtsverletzer gerade mit der Kontrolle des Geschäftsgeheimnisinhabers interferieren, aber eben in nicht-rechtswidriger oder nicht-tatbestandlicher Weise. Insoweit ist die Richtlinie **Jedermannsrecht** und ihr persönlicher Anwendungsbereich entsprechend weit. Art. 2 Nr. 4 Richtlinie beschließt die Begriffsbestimmungen mit der Definition des rechtsverletzenden Produkts.

---

241 *Hille*, WRP 2020, 824 Rn. 52 ff.; *Jansen/R. Hofmann*, BB 2020, 259, 264; gegen ein zwingendes Erfordernis einer Vertragsstrafe für die angemessen schützende Wirkung einer Vertraulichkeitsvereinbarung *Drescher*, S. 295 f.; H/O/K/*Kalbfus/Harte-Bavendamm*, Einl. B Rn. 79; s. auch Einl. D Rn. 22, 34; Einl. E Rn. 25.
242 MK-UWG/*Namysłowska*, B.III Art. 2 Richtlinie Rn. 21; EG 2 RL.
243 Dies wirft die Frage auf, inwieweit ein Geschäftsgeheimnis in Obhut eines rechtswidrig Kontrollierenden unter den Schutz der Richtlinie fallen kann – richtigerweise wird der das Geheimnis dem rechtswidrig Kontrollierenden rechtswidrig Entreißende hierdurch selbst den rechtmäßigen Inhaber verletzen.
244 Vgl. *Grassie*, JIPLP 2014, 677, 679.
245 Zu eng MK-UWG/*Namysłowska*, B.III Art. 1 Richtlinie Rn. 10.

c) Art. 3 – Rechtmäßiger Erwerb, rechtmäßige Nutzung und rechtmäßige Offenlegung von Geschäftsgeheimnissen

In dieser Bestimmung werden **die rechtmäßigen** Varianten für den **Erwerb** von Geschäftsgeheimnissen **abschließend** aufgezählt. Sie verdeutlicht stark, dass die Richtlinie an Geschäftsgeheimnissen **kein absolutes Recht** – wie etwa an anderen Rechten des Geistigen Eigentums – einräumt, sondern dem Inhaber nur einen in gewisser Weise **relativ-absoluten**[246] Schutz an dieser Information gewährt.[247] Insoweit kann man auch davon sprechen, dass die Richtlinie für Geschäftsgeheimnisse **kein Ausschließlichkeitsrecht**, sondern lediglich einen **Zugangsschutz** zugunsten des Inhabers definiert.[248] Ohne Ansehung eines **Prioritätsgedankens** immer erlaubt[249] ist die unabhängige Entdeckung oder Schöpfung eines Betriebsgeheimnisses (Art. 3 Abs. 1 lit. a RL).[250] Aus Sicht des (älteren) Geschäftsgeheimnisinhabers handelt es sich bei Art. 3 Richtlinie also im Grunde dogmatisch bereits um (sein Recht am Geschäftsgeheimnis nicht berührende) Tatbestandsausnahmen und nicht um bloße Rechtfertigungsgründe.

51

Für das deutsche Recht neu ist das bereits erwähnte Recht, durch Beobachtung, Untersuchung, Rückbau oder Testen eines rechtmäßig im Besitz des Beobachtenden befindlichen oder öffentlich verfügbaren Produkts oder Gegenstands an ein in diesem verkörpertes Geschäftsgeheimnis zu gelangen („Reverse engineering").[251] Dieses Recht kann nach deutschem Recht **nicht durch AGB** eingeschränkt werden (§ 307 Abs. 2 Nr. 1 BGB), da das Ziel zur Innovationsförderung auch durch Zulassung des „Reverse engineering" ein **gesetzgeberisches Leitbild** der Richtlinie ist.[252] Dies gilt jedenfalls für öffentlich verfügbar gemachte Produkte oder Gegenstände.[253] Bei Lichte besehen aber auch sonst: Denn wenn man einen AGB-rechtlichen Ausschluss im Bereich der nicht-öffentlich verfügbaren Produkte zuließe, würde insoweit das „Reverse engineering" faktisch regelmäßig, und nicht nur ausnahmsweise ausgeschlossen und die gesetzlich vorgesehene Regel verkäme zur Ausnahme. Da der Geschäftsgeheimnisinhaber es in der Hand hat, sein Geheimnis

52

---

246 Relativ, dass er nicht gegenüber jedermann gilt, absolut aber insoweit, als der betreffende Gegner selbst keine Rechtfertigung nach Art. 3 RL für sich geltend machen kann; vgl. auch *Wiebe/Schur*, GRURInt 2019, 746; nur auf relativen Schutz rekurrierend *Rassi*, Zak 2016, 404, 405.
247 Vgl. schon Rn. 34.
248 *Drescher*, S. 268 f.; *McGuire*, GRUR 2015, 424, 426; weniger deutlich auch MAH-GewRS/*Töbelmann*, § 51 Rn. 6; zum bisherigen deutschen Recht etwa schon *Ann*, GRUR 2007, 39, 40 f.; Henn/Pahlow/*Pahlow*, Kap. 10 Rn. 7.
249 *Kalbfus*, GRUR 2016, 1009, 1013.
250 In urheberrechtlicher Terminologie eine (ggf. zeitlich versetzt erfolgende) „Parallelschöpfung": Im Zusammenspiel mit dem Patentrecht kann eine solche im technischen Bereich zu einem Vorbenutzungsrecht führen. Die Parallele zum Urheberrecht ziehen in diesem Zusammenhang zB *McGuire*, in: FS Harte-Bavendamm, S. 367, 375 f.; *Hofmarcher*, ÖBl 2018, 38, 40.
251 S. Einl. D Rn. 35; Einl. E Rn. 66 ff.; § 3 Rn. 44 ff.
252 S. oben Rn. 17.
253 Nägele/Apel/*Schubert*, 3.3 Anm. 6; *Leister*, GRUR-Prax 175, 176; *Otte-Gräbner/Kutscher-Puis*, ZVertriebsR 2019, 288, 290; *Ziegelmayer*, CR 2018, 693, 697.

Einl. C Europarechtliche Grundlagen und internationales Recht

nicht einem Dritten zu überlassen, der sich nicht individualvertraglich dazu verpflichtet, auf das „Reverse engineering" zu verzichten, bleibt es auch insoweit bei der **lediglich individualvertraglichen Disponibilität** von Art. 3 Abs. 1 lit. b Richtlinie.[254]

53 Etwas problematisch ist Art. 3 Abs. 1 lit. d Richtlinie,[255] wonach auch ein Geheimniserwerb durch „jede andere Vorgehensweise, die unter den gegebenen Umständen mit einer seriösen Geschäftspraxis vereinbar ist", erlaubt sein soll.[256] Offenbar soll durch diesen **konturlosen Begriff**[257] der **seriösen Geschäftspraxis** in konzeptioneller, wenn auch nicht eindeutiger Anlehnung an die nur im B2C-Bereich geltende UGP-RL 2005/29/EG[258] unlauteres Verhalten ausgeschlossen werden.[259] Dieses wird freilich typischerweise nach dem (nationalen) Lauterkeitsrecht auch rechtlich sanktioniert sein und daher letztlich unter Art. 3 Abs. 2 Richtlinie fallen. *Koós* weist hierzu noch darauf hin, dass die in der englischen Fassung der Richtlinie verwendete Formulierung „honest commercial practices" direkt aus **Art. 39 Abs. 2 TRIPS**[260] stammt; in TRIPS sei hierzu ausgeführt, dass der Begriff zumindest die Erlangung eines Geschäftsgeheimnisses durch Vertragsbruch oder die Anstiftung zu einem solchen erfassen soll.[261] Dies mag auch bei der Konkretisierung der Richtlinie hilfreich sein.

d) Art. 4 – Rechtswidriger Erwerb, rechtswidrige Nutzung und rechtswidrige Offenlegung von Geschäftsgeheimnissen

54 Das rechtliche „Spiegelbild"[262] zu Artikel 3 Richtlinie zählt den rechtswidrigen Umgang mit Geschäftsgeheimnissen auf. Diese Aufzählung ist abschließend ausgestaltet, wird aber teilweise durch die Verwendung von erneut unklaren Begriffen „aufgeweicht". Problematisch ist etwa in Art. 4 Abs. 2 lit. b Richtlinie,[263] dass ein *rechtswidriger* Erwerb eines Geschäftsgeheimnisses auch vorliegen soll („gilt als

---

254 *Apel/Walling*, DB 2019, 891, 896; *Brammsen/Apel*, BB 18/2019, I; *Buck*, JM 2020, 59, 63; *Ernst*, MDR 2019, 897, 899; wohl auch Sassenberg/Faber/*Sattler*, § 2 Rn. 77.
255 *Kunzmann*, IP-kompakt 2017, 2, 3 versteht diese Bestimmung als „generalklauselartige Vorschrift"; entsprechend *Sonnberger*, wbl 2018, 61, 69.
256 Zur nicht völlig kongruenten Terminologie in verschiedenen Fassungen der Richtlinie *Sonnberger*, wbl 2018, 61, 70.
257 *Lejeune*, CR 2016, 330, 333; *Rauer*, GRUR-Prax 2014, 2 f.; *Kunzmann*, IP-kompakt 2017, 2, 3 hofft auf eine Konkretisierung durch die Rechtsprechung; *Rauer/Eckert*, DB 2016, 1239, 1241 sehen hierin ein Risiko für das Entstehen einer abweichenden Praxis in den jeweiligen Mitgliedstaaten; ähnl. *Koós*, MMR 2016, 224, 226.
258 MK-UWG/*Namysłowska*, B.III Art. 3 Richtlinie Rn. 13.
259 Vgl. auch *Sonnberger*, wbl 2018, 61, 70.
260 Der Wortlaut ist wiedergegeben unten Rn. 75.
261 *Koós*, MMR 2016, 224, 226; s. Fn. 368.
262 Vgl. auch *Rauer/Eckert*, DB 2016, 1239, 1241.
263 *Kunzmann*, IP-kompakt 2017, 2, 3 versteht auch diese Bestimmung als „generalklauselartige Vorschrift"; ebenso *Kalbfus*, GRUR 2016, 1009, 1013.

rechtswidrig"),²⁶⁴ wenn das Geschäftsgeheimnis durch ein „sonstiges Verhalten, das unter den jeweiligen Umständen als *mit einer seriösen Geschäftspraxis* nicht vereinbar gilt"²⁶⁵ erworben wird. Wie bereits ausgeführt, handelt es sich hierbei im besten Fall um eine (**überflüssige**, Art. 4 Abs. 3 lit. c Alt. 2 RL) Betonung, mit der unlauteres – ergo: **gesetzwidriges** – Verhalten in jedem Fall sanktionierbar gestellt sein soll. Im schlechtesten Fall stellt es ein **Einfallstor** für die **Umwertung** von moralisch fragwürdigem, aber rechtlich gerade nicht sanktionierten Verhalten in rechtswidriges Verhalten – letztlich durch die Rechtsprechung – dar. Dies sollte indes Sache des – im B2B-Bereich einstweilen *nationalen* – Gesetzgebers im konkreten Fall bleiben, sodass Art. 4 Abs. 2 lit. b Richtlinie bei nächster Gelegenheit gestrichen werden sollte. Der Begriff der „seriösen Geschäftspraktik" sollte jedenfalls nicht dazu benutzt werden, durch letztlich **außerrechtliche moralische Wertungen** den freien Wettbewerb unbotmäßig einzuschränken. Ein weiterer beachtlicher Unterschied zur bisherigen deutschen Rechtslage ist, dass die Verletzungshandlungen nach Art. 4 Richtlinie **kein Vorsatzerfordernis**²⁶⁶ mehr definieren.²⁶⁷

e) Art. 5 – Ausnahmen

Art. 5 zählt **vier Rechtfertigungsgründe**²⁶⁸ auf, welche die Rechtswidrigkeit des 55 nicht schon unter Art. 3 Richtlinie erlaubten Umgangs mit Geschäftsgeheimnissen entfallen lassen.²⁶⁹ Neben der Unklarheit der **konturlosen** „Rechtfertigungsgeneralklausel" in Art. 5 lit. d Richtlinie, wonach Erwerb, Nutzung oder Offenlegung eines Geschäftsgeheimnisses „zum Schutz eines durch das Unionsrecht oder das nationale Recht anerkannten legitimen Interesses" erfolgen,²⁷⁰ missfällt hier beim bereits thematisierten „**Hinweisgeberprivileg**",²⁷¹ dass dieses nicht auf die Bekanntmachung rechtswidrigen („illegalen") Verhaltens beschränkt ist, sondern auch „berufliche[s] oder sonstige[s] [*sic!*] **Fehlverhalten**[…]" „aufdeckbar" macht. **Warum** bei der Aufdeckung von **nicht rechtswidrigen** („illegalen") **Handlungen** mit Geschäftsgeheimnisrang ein so **weitgehendes Privileg** greifen soll und welche Kriterien zur Bestimmung eines solchen Fehlverhaltens greifen sollen, bleibt **gänzlich unklar**.²⁷² Man wird diese Varianten so verstehen müssen, dass sie lediglich Verstöße gegen **nicht gesetzlich fixierte Verhaltensregeln**, denen sich der Geschäftsgeheimnisgeber selbst unterworfen hat – etwa bestimmte Qualitäts- oder Branchenregeln ohne unmittelbare rechtliche Bedeutung – erfasst. Oftmals wird ge-

---

264 Warum dies als Fiktion formuliert wird, bleibt auch hier unklar, s. schon Rn. 19 m. Fn. 119, 41; § 3 Rn. 14.
265 Hervorhebung nur hier.
266 In Deutschland bislang: § 15 StGB.
267 Arnold/Günther/*Werner*, Kap. 5 Rn. 80; *Kalbfus*, GRUR 2016, 1009, 1013; zur bisherigen deutschen Rechtslage *Brammsen*, § 17 UWG Rn. 47 ff.
268 *Brammsen*, Vor §§ 17–19 UWG Rn. 22 spricht von „pauschale[r] Haftungsfreistellung".
269 MK-UWG/*Namysłowska*, B.III Art. 5 Richtlinie Rn. 1.
270 Weniger kritisch MK-UWG/*Namysłowska*, B.III Art. 5 Richtlinie Rn. 11.
271 S. Rn. 18, 36.
272 Sehr krit. hierzu vor dem Hintergrund des GeschGehG *Passarge*, CB 2018, 144, 147.

Einl. C Europarechtliche Grundlagen und internationales Recht

rade in diesen Fällen – wenn sich der Geschäftsgeheimnisinhaber öffentlich der Einhaltung dieser Verhaltensregeln berühmt – ein unlauteres Verhalten im rechtlichen Sinne vorliegen, sodass auch ein rechtswidriges Verhalten vorliegt. Unbefriedigend ist auch, dass der gutgläubige Hinweisgeber nicht geschützt wird[273] – insoweit hätte etwa die Privilegierung des leicht fahrlässig die wahre Situation verkennenden Hinweisgebers bei den nach der Richtlinie zu gewährenden Ansprüchen des Geschäftsgeheimnisinhabers Sinn ergeben.[274]

f) Art. 6–15 – Maßnahmen, Verfahren und Rechtsbehelfe

56 In den Art. 6–15 Richtlinie finden sich Vorgaben an die Mitgliedstaaten, wie Verfahren, Rechtsbehelfe und Ansprüche, die in Zusammenhang mit Geschäftsgeheimnisverletzungen auszugestalten sind.[275] **Ungewöhnlich** ist, wie deutlich die Richtlinie hier einen Verhältnismäßigkeitsvorbehalt formuliert, der im Rechtsstaat ohnehin stets zu beachten ist.[276] Die Verjährungsfrist für Ansprüche wegen Geschäftsgeheimnisverletzungen ist in Art. 8 Richtlinie auf maximal sechs Jahre festgeschrieben, wobei die Details des Fristverlaufs den Mitgliedstaaten zur Gestaltung verbleiben.

57 In **Art. 9** Richtlinie, der „**Kernbestimmung**" für den prozessualen Geschäftsgeheimnisschutz,[277] erhalten die Mitgliedstaaten konkrete Anweisungen dazu, wie in Geschäftsgeheimnissachen der Geschäftsgeheimnisschutz zu gewährleisten ist. Dies betrifft etwa die Beschränkung des Zugangs von Personen zu im Verfahren eingereichten Dokumenten oder zu Anhörungen (Ausschluss der Öffentlichkeit).[278] Pferdefuß dieser – für das deutsche Recht neuen und grundsätzlich als Fortschritt begrüßenswerten – Regelungen ist hingegen, dass sie nur den Schutz von **Geschäftsgeheimnissen in Gerichtsverfahren** regeln, in denen es um den rechtswidrigen Erwerb, die rechtswidrige Offenlegung oder die rechtswidrige Nutzung von **Geschäftsgeheimnissen** geht (Art. 9 Abs. 1 RL)[279] – aber **nicht**, insoweit Geschäftsgeheimnisse **in anderen Verfahren** relevant werden.[280] Dies ist zwar mit einer Fokussierung auf das Kernziel der Richtlinie – den „eigentlichen" Geschäftsgeheimnisschutz – erklärbar, gleichwohl für die Praxis wenig zufriedenstellend.[281]

---

273 Vgl. auch MK-UWG/*Namysłowska*, B.III Art. 5 Richtlinie Rn. 8.
274 Für die Praxis ist freilich zu erwarten, dass die Gerichte hier die unverbindlichen EG 20 RL zugunsten des gutgläubigen, aber falsch liegenden „Whistleblowers" im Wege der Auslegung nutzbar machen werden; die zahlreichen „Angemessenheitsvorbehalte" in den Art. 6 ff. RL bieten hierfür durchaus beachtliches Potenzial.
275 Büscher/*McGuire*, Vor §§ 17–19 UWG Rn. 72.
276 Art. 7 Richtlinie.
277 Büscher/*McGuire*, Vor §§ 17–19 UWG Rn. 73.
278 Art. 9 Abs. 2 lit. a, b Richtlinie.
279 Vgl. auch MK-UWG/*Namysłowska*, B.III Art. 9 Richtlinie Rn. 4.
280 Krit. mit Recht etwa *Semrau-Brandt*, GRUR-Prax 2019, 127; vgl. auch *Kalbfus*, GRUR 2016, 1009, 1012; *Hauck*, NJW 2016, 2218, 2222; optimistischer *Schlingloff*, WRP 2018, 666 Rn. 19, zu ihm Fn. 189.
281 Ebenso wie der Umstand, dass die Richtlinie kein Benutzungsverbot für im Prozess erlangte Geschäftsgeheimnisse ausspricht, *Gennen*, IPRB 2016, 133, sodass hier Unsicherheiten ver-

III. Inhalt der Richtlinie und der Erwägungsgründe **Einl. C**

Es wäre mithin dem nationalen Gesetzgeber überlassen, insoweit eine Verbesserung der Situation zu erreichen. Auch ist durchaus kritisch, dass die **Parteiöffentlichkeit** letztlich **uneingeschränkt** bewahrt bleibt, was den Geheimnisschutz schon im Ansatz empfindlich schwächt.[282]

Die (verschuldensunabhängigen) **Unterlassungs-** und (verschuldensabhängigen) **Schadensersatzansprüche** (inkl. „dreifacher Schadensberechnungen")[283] des Geschäftsgeheimnisinhabers in Art. 13 f. Richtlinie bieten keine Überraschungen.[284] Zu erwägen wäre, ob nicht auch für Geschäftsgeheimnisse – wie für andere Immaterialgüterrechte – auch noch ein Besichtigungsrecht des Verletzten vorgesehen werden sollte.[285] 58

g) Art. 16–19 Richtlinie – Sanktionen, Berichterstattung und Schlussbestimmungen

In diesem Abschnitt vermisst man – mittlerweile weitestgehend obsolet – **Übergangsregeln** für den Fall, dass bislang nach dem nationalen Recht geschützte Geschäftsgeheimnisse durch die Richtlinie – sei es im Wege der richtlinienkonformen Auslegung, sei es durch Umsetzung – ihren Rechtsschutz verlieren (müssen). Hier bestehen, da Geschäftsgeheimnisse nach zutreffender Auffassung **grundrechtlich Eigentum** (auch) im Sinne der GRCh sind,[286] grundrechtliche Bedenken gegen den kompensationslosen Entzug bestehender Rechtspositionen (**Enteignung**). Es wäre daher klug gewesen, für bislang nach nationalem Recht geschützte Geschäftsgeheimnisse zumindest eine angemessene Übergangsfrist über die Umsetzungsfrist hinaus vorzusehen. 59

5. Bewertung der Richtlinie

Die **Richtlinie** ist in der Zielsetzung zu begrüßen und insgesamt ein **Schritt in die richtige Richtung**.[287] Es war schwer verständlich, warum gerade der besonders empfindliche Geschäftsgeheimnisschutz im Binnenmarkt auf teils völlig unterschiedliche gesetzliche Regelungen traf, die die Verwertung und den Schutz von 60

---

bleiben; richtigerweise wird man aber die Benutzung von im Prozess erhaltenen Geschäftsgeheimnissen des Prozessgegners für rechtswidrig nach Art. 4 Abs. 2 lit. b RL bzw. Art. 4 Abs. 3 lit. b RL Alt. 2 RL halten müssen, wenn nicht Art. 3, 5 RL eingreifen.

282 *Rassi*, Zak 2016, 404, 406 ua. unter Verweis auf EuGH, 13.7.2006 – C-438/04, RIW 2006, 852 – Mobistar/IBPT, wonach es im Rahmen des Grundrechts auf ein faires Verfahren Spielraum für die Einschränkung der Parteiöffentlichkeit zugunsten des Geschäftsgeheimnisschutzes gibt; s. auch *Kunzmann*, IP-kompakt 2017, 2, 4.

283 Tatsächlicher Schaden, angemessene fiktive Lizenzgebühr oder Gewinnabschöpfung nach Wahl des Verletzten.

284 Vgl. *Grassie*, JIPLP 2014, 677, 681; *Gennen*, IPRB 2016, 133, 136; Vergleich zu den Ansprüchen nach US-Recht bei *Patel/Pade/Cundiff/Newmann*, EIPR 2016, 738, 741 ff.

285 *Leiteritz*, MA 4/2019, 64, 67.

286 S. oben Rn. 3.

287 *Wiebe/Schur*, GRUR Int. 2019, 746 machen allerdings bereits Vorschläge für eine Überarbeitung.

Einl. C   Europarechtliche Grundlagen und internationales Recht

Geschäftsgeheimnissen über die Grenzen der Mitgliedstaaten hinweg erschweren und insoweit für schwer erträgliche Rechtsunsicherheit sorgten. Dass die Richtlinie in ihrer Herangehensweise auch über die Mitgliedstaaten der Union hinaus Nachahmer finden könnte, zeigt, dass sie trotz ihres noch jungen Alters zumindest vereinzelt bereits als Vorbild für die Rechtssetzung in Drittstaaten diskutiert wird.[288]

61   Weniger überzeugend ist indes die **Vielzahl unbestimmter Rechtsbegriffe** auf Tatbestands- und Rechtfertigungsebene, die die Richtlinie verwendet. Dies lässt vermuten, dass es lange Zeit dauern wird, bis diese Begriffe unionsrechtlich ausgedeutet und konturiert sind. Dies ist unbefriedigend und für die betroffenen Geschäftsgeheimnisinhaber riskant. Zwar ist es keine Besonderheit des Geschäftsgeheimnisschutzes, dass eine neue unionsrechtliche Lage für eine (lange) Übergangszeit zu rechtlichen Unsicherheiten führt; man denke nur an die im Datenschutzrecht eingeführte DS-GVO.[289] Aber hier hätte ein wenig mehr Stringenz beim Ausbau der Regelungen der Richtlinie für günstigere Startbedingungen sorgen können. Ob es zudem klug ist, dem EuGH im immaterialgüterrechtlichen Bereich weiterhin so viel Spielraum für eine „eigene" Auslegung von Rechtsbegriffen zu belassen, erscheint vor dem Hintergrund der jüngeren Erfahrungen mit dem Gerichtshof insbesondere im Urheberrecht mehr als fraglich.[290]

62   Hinsichtlich ihrer **prozessualen Bestimmungen** lässt die Richtlinie leider den rechtlichen Schutz von Geschäftsgeheimnissen in Verfahren, die keinen Streit *über* Geschäftsgeheimnisse betreffen, außer vor.[291] Da Geschäftsgeheimnisse aber auch in Verfahren sehr relevant sein können, in denen es nicht um ihre Verletzung geht,[292] wäre auch insoweit eine Harmonisierung wünschenswert gewesen.[293] Man

---

288   *Krueger Pela*, GRUR Int. 2018, 546 (für Brasilien).
289   Hierzu etwa die Bestandsaufnahme bei *Nägele/Apel/Stolz/Bosman*, K&R 2019, 361; die DS-GVO krit. als Vergleichsmaßnahme im Geschäftsgeheimnisschutzkontext sehend aber *Passarge*, CB 2018, 144, 147.
290   S. hierzu Rn. 71 f.
291   *Zhu/Popp*, GRUR 2020, 338, 339 ff., mit Hinweisen für Spielräume de lege lata und de lege ferenda in Patentverletzungssachen im deutschen Recht.
292   Notorisch ist das Beispiel Qualcomm v. Apple, bei dem Apple Geschäftsgeheimnisse hätte offenlegen müssen, um sich zu verteidigen; Apple verzichtete und unterlag, s. LG München I, 20.12.2018 – 7 O 10495/17, BeckRS 2018, 33489; LG München I, 20.12.2018 – 7 O 10496/17, BeckRS 2018, 33572; *Zhu/Popp*, GRUR 2020, 338, 339; mit Recht krit. hierzu vor dem Hintergrund der Richtlinie *Semrau-Brandt*, GRUR-Prax 2019, 127; optimistischer aber *Schlingloff*, WRP 2018, 666 Rn. 19.
293   *Kalbfus*, GRUR 2016, 1009, 1012 fordert insoweit mit Recht den deutschen Gesetzgeber auf, sich weiter und eigenständig mit dem Problem des zivilprozessualen Geschäftsgeheimnisschutzes zu befassen; für Patentstreitsachen scheint der deutsche Gesetzgeber dem nachzukommen, zumindest schlägt der Diskussionsentwurf des BMJV eines Zweiten Gesetzes zur Vereinfachung und Modernisierung des Patentrechts in Rn. 35 einen neuen § 145a PatG vor, der die die prozessualen Bestimmungen der Richtlinie umsetzenden §§ 16–20 GeschGehG für entsprechend auf Patentstreitsachen anwendbar erklären soll; der Diskussionsentwurf ist abrufbar unter www.bmjv.de/SharedDocs/Gesetzgebungsverfahren/DE/PatMoG_2.html; hierzu etwa *Stierle*, GRUR 2020, 262 (zum erwähnten § 145a PatG-E: aaO, 263); *Zhu/Popp*, GRUR 2020, 338, 339, 342 ff.

merkt der Richtlinie besonders im Bereich des Zivilprozessrechts an, dass der Unionsgesetzgeber hier angesichts der großen Unterschiede zwischen den Zivilprozesssystemen der Mitgliedstaaten mit besonderer Zurückhaltung vorgegangen ist.

Schließlich ist zu **bedauern**[294] dass die Richtlinie **keinerlei Vorgaben** zur Ausgestaltung des positiven Umgangs mit Geschäftsgeheimnissen – dh. mit deren *positiver* Verwertung im Rechtsverkehr – macht.[295] Ein – nach der Privatautonomie[296] freilich weiterhin unproblematisch mögliches[297] – „**Geschäftsgeheimnislizenzrecht**" ist somit völlig offen.[298] Bei der Schaffung einheitlicher Schutztitel wie der Unionsmarke[299] oder dem Gemeinschaftsgeschmacksmuster[300] ist der Unionsgesetzgeber (etwas) mutiger vorgegangen; ein entsprechender Ansatz hätte sich auch in der Richtlinie verfolgen lassen. Er sollte in jedem Fall nachgeholt werden, wenn der Unionsgesetzgeber eines Tages den Mut zu einer Geschäftsgeheimnisschutzverordnung haben sollte.[301] Dass die Ausgestaltung zurückhaltender ausfallen kann (aber nicht muss), als bei den vorgenannten Schutzrechten, da der Geschäftsgeheimnisschutz nach unionsrechtlicher Konzeption derzeit **kein vollwertiges Immaterialgüterrecht** ist,[302] steht dem nicht entgegen. Die in der Richtlinie vorgesehene Evaluation wird dem Unionsgesetzgeber – auch vor dem Hintergrund der Umsetzung in den Mitgliedstaaten – die Möglichkeit geben, nachzusteuern. 63

IV. Verhältnis zwischen Richtlinie und GeschGehG

1. Ausgangspunkt: Europarechtskonforme Auslegung

Im Verhältnis zwischen der Richtlinie und den Umsetzungsakten der Mitgliedstaaten – in Deutschland: dem GeschGehG – gelten die allgemeinen Regeln:[303] Der nationale Umsetzungsrechtsakt ist im Anwendungsbereich der Richtlinie bis zur Grenze *con-* 64

---

294 Vgl. auch Büscher/*McGuire*, Vor §§ 17–19 UWG Rn. 65.
295 Eingehend zu diesem Themenkreis Einl. D Rn. 1 ff.
296 Betont von *Bartenbach*, Rn. 2672.
297 Vgl. knapp *Redeker/Pres/Gittinger*, WRP 2015, 681 Rn. 20 sowie – zum GeschGehG – *Reinfeld*, § 4 Rn. 11 ff.
298 Zur bisherigen deutschen Rechtslage immer noch instruktiv A/L/G/*Maaßen*, Kap. 5 Rn. 3 ff.; *Bartenbach*, Rn. 2530 ff.; klarzustellen ist, dass es Parteien selbstverständlich weiterhin möglich ist, Geschäftsgeheimnisse bilateral auf vertraglicher Ebene anders und insbesondere auch weitergehend zu schützen als die Richtlinie – hier stellt sich dann lediglich im Einzelfall die Frage, ob dies individualvertraglich geschehen muss oder auch per AGB möglich ist. Zu weitgehend solche Vereinbarungen ausschließend daher *Sandeen*, 25 B.U. J. Sci. & Tech. L., 451, 473 (2019); auch wegen seiner wohl grundsätzlichen Bedenken gegen „Catch all"-Klauseln in Vertraulichkeitsvereinbarungen LAG Düsseldorf, 3.6.2020 – 12 SaGa 4/20, BeckRS 2020, 23408 Rn. 80.
299 Vgl. Art. 19 ff. UMV.
300 Vgl. Art. 27 ff. GGV.
301 Zu dieser Möglichkeit Rn. 3 ff.
302 S. oben Rn. 7, 34.
303 Eingehend im Kontext der Richtlinie auch K/B/F/*Alexander*, Vor § 1 GeschGehG Rn. 55 ff.; MK-UWG/*Namysłowska*, B.III Vor Rn. 27 ff.

Einl. C Europarechtliche Grundlagen und internationales Recht

tra legem **richtlinienkonform auszulegen.**[304] Das bedeutet vor allem, dass bei der Auslegung unbestimmter Rechtsbegriffe in der Richtlinie nicht auf ein Verständnis von diesen Begriffen nach dem Recht eines oder mehrerer der Mitgliedstaaten abzustellen,[305] sondern ein **genuin** („autonom") **unionsrechtliches Verständnis** zugrunde zu legen ist. Hierbei sind insbesondere **Regelungszusammenhang** und **Ziel** des Unionsrechtsakts von Bedeutung.[306] Der Natur der Union als Bund souveräner Staaten mit einer fast **babylonischen Sprachenvielfalt** ist es geschuldet, dass der Wortlaut aller Sprachfassungen für die Auslegung gleich maßgeblich ist.[307]

65 Bereits hier ist festzuhalten, dass demnach die Wirkungen der Richtlinie nur in dem Bereich gilt, in dem sie dem Recht der Mitgliedstaaten *verbindliche* Vorgaben macht. **Bewusst gelassene Lücken** – etwa im Strafrecht – dürfen demnach **nicht**, auch nicht mittelbar, **als harmonisiert behandelt werden.**[308] Hier bleibt es bei der **Souveränität** der Mitgliedstaaten. Auch, soweit die Mitgliedstaaten den von der Richtlinie gelassenen Spielraum für einen weitergehenden Geschäftsgeheimnisschutz nutzen, bleibt die Richtlinie außen vor. Nicht hierunter werden freilich die vom Unionsgesetzgeber bewusst gewählten Schutzvoraussetzungen des Art. 2 Nr. 1 Richtlinie fallen, da dies die Harmonisierungsbemühungen bereits im Ausgangspunkt konterkarieren würde.[309] Nicht umsonst stellt EG 14 ausdrücklich auf die Wichtigkeit der Schaffung eines unionsweit „homogenen" Geschäftsgeheimnisbegriffes ab.[310]

66 Weiter sind die **Grundrechte der GRCh** bei der Anwendung von nationalen Rechtssetzungsakten zu beachten, wenn und soweit diese in den Anwendungsbereich eines Unionsrechtsakts fallen.[311] In Zusammenhang mit der Richtlinie dürften hier insbesondere der Schutz der Meinungs-, Informations- und Medienfreiheit

---

304 Art. 4 Abs. 3 EUV.
305 Skeptisch, dass dies gelingt, aber MK-UWG/*Namysłowska*, B.III Vor Rn. 28.
306 S. nur EuGH, 18.1.1984 – C-327/82, BeckRS 2004, 70817 Rn. 11 – Ekro; EuGH, 13.7.2016 – C-187/15, NJW 2016, 1465 Rn. 33 ff. – Pöpperl; MK-UWG/*Namysłowska*, B.III Vor Rn. 27.
307 EuGH, 3.4.2014 – C-515/12, GRURInt 2014, 592 Rn. 19 – 4finance; EuGH, 3.6.2010 – C-569/08, K&R 2010, 480 Rn. 35 – Internetportal und Marketing mwN.
308 MK-UWG/*Leible*, IV. VorabentVerf Rn. 76 mwN *pro* und *contra*.
309 *Ackermann-Blome/Rindell*, JIPLP 2018, 78, 79 (unter Verweis darauf, dass etwa die vollharmonisierten Artikel 9 und 11 der Richtlinie sich nicht ohne gleichzeitige Vollharmonisierung der Geschäftsgeheimnisdefinition umsetzen lassen); *Harte-Bavendamm*, in: FS Büscher, S. 311, 312 ff.; *Kalbfus*, GRUR 2016, 1009, 1011 f. (unter zutreffendem Verweis auf EG 14); MK-UWG/*Namysłowska*, B.III Art. 1 Rn. 6, Art. 2 Rn. 2; *McGuire*, GRUR 2016, 1000, 1006; *dies.*, in: FS Harte-Bavendamm, S: 367, 372; *Ohly*, GRUR 2019, 441, 444; iE auch *Goldhammer*, NVwZ 2017, 1809, 1810; aA offenbar *Baranowski/Glaßl*, BB 2016, 2563 f.; *Letzel*, ZJS 2021, 1, 2 f.; *Rauer/Eckert*, DB 2019, 1239, 1240; *Weigert*, NZA 2020, 209, 214.
310 Fragwürdig die Einschätzung von *Weigert*, NZA 2020, 209, 214, dass deutsche Gerichte bei der Bewertung der Frage, ob die zum Schutze eines Geschäftsgeheimnisses getroffenen Maßnahmen angemessen sind, einen großzügigeren Maßstab praktizieren könnten, als (künftig) der EuGH; zu weit gehend auch *Letzel*, ZJS 2021, 1, 2 f.
311 Vgl. EuGH, 26.2.2013 – C-617/10, EuZW 2013, 302 Rn. 19 – Fransson; K/B/F/*Alexander*, Vor § 1 GeschGehG Rn. 57.

IV. Verhältnis zwischen Richtlinie und GeschGehG **Einl. C**

nach Art. 11 GRCh relevant werden, die in der Richtlinie explizit erwähnt sind.[312] Aber auch **Art. 17 Abs. 2 GRCh** könnte insoweit relevant werden, als bislang nach dem Recht der Mitgliedstaaten geschützte Geschäftsgeheimnisse durch die Vorgaben der Richtlinie seit Ablauf der Umsetzungsfrist am 9.6.2018 buchstäblich „von heute auf morgen" schutzlos wurden,[313] soweit sie diesen Anforderungen nicht genügten. Es erscheint fraglich, ob ein solcher Schutzverlust ohne Übergangsbestimmungen im Bereich des Eigentums (Enteignung) hinnehmbar und somit grundrechtskonform ist.[314]

Ebenfalls nur für **Altfälle** beachtlich ist nach der zwischenzeitlich erfolgten Umsetzung der Richtlinie die Frage der **richtlinienkonformen Auslegung nationalen Rechts** vor und nach Ablauf der Umsetzungsfrist, ohne dass eine Umsetzung erfolgt ist. In Deutschland betrifft dies potenziell Sachverhalte, die sich im Zeitraum zwischen dem 9.6.2018 (Ablauf Umsetzungsfrist) und dem 26.4.2019 (Inkrafttreten des GeschGehG) abspielten.[315] In diesem Zeitraum war das nationale Recht – §§ 17–19 UWG aF[316] – bereits im Sinne der Richtlinie auszulegen,[317] was insbesondere hinsichtlich des Schutzgegenstands (→ Rn. 48, 65), aber auch hinsichtlich der neuen Erlaubnistatbestände „Reverse Engineering" und „Whistleblowing" potenziell zu einer Verschlechterung des Geschäftsgeheimnisschutzes im genannten Zeitraum gegenüber der bisherigen Rechtslage (allein) unter §§ 17 ff. UWG aF kommen kann.[318] Die Diskussion – insbesondere auch über eine denkbare Vorwirkung der prozessrechtlichen Bestimmungen der Richtlinie[319] – scheint jedoch bislang rein akademisch geblieben zu sein, zumindest sind bislang in Deutschland[320] keine veröffentlichten Entscheidungen bekannt geworden, die sich mit ihnen befasst hätten.

67

---

312 S. nur EG 19, 34; Art. 1 Abs. 2 RL; K/B/F/*Alexander*, Vor § 1 GeschGehG Rn. 57.
313 Das Problem sieht auch *Weigert*, NZA 2020, 209, 211, allerdings nur hinsichtlich des Inkrafttretens des GeschGehG und ohne Blick auf die Grundrechte.
314 Bereits Rn. 59.
315 In der Zeit zwischen Inkrafttreten einer RL (hier: 5.7.2016) und Ablauf der Umsetzungsfrist gilt für die Mitgliedstaaten bereits ein sog. „Frustrationsverbot", dh. sie dürfen keine Maßnahmen mehr erlassen, die die Ziele der RL ernstlich gefährden, vgl. EuGH, 4.7.2006 – C 212/04, EuZW 2006, 730 Rn. 117 ff. – Konstantinos Adelener; grundlegend *Steinmann*, WRP 2019, 703; McGuire/*Büscher*, Einl. GeschGehG Rn. 9 ff.
316 K/B/F/*Alexander*, Vor § 1 GeschGehG Rn. 98.
317 K/B/F/*Köhler*, § 17 Rn. 3e: bis zur Grenze *contra legem*; s. auch G/L/D/*Harte-Bavendamm*, § 77 Rn. 1d.
318 Näher *Steinmann*, WRP 2019, 703 Rn. 25 ff.
319 Büscher/*McGuire*, Einl. GeschGehG Rn. 20.
320 Für Österreich vgl. OGH Wien, 25.10.2016 – 4 Ob 165/16t, GRUR Int. 2017, 70 – Ticketsysteme; hierzu *Steinmann*, WRP 2019, 703. Zur intertemporalen Geltung des GeschGehG für noch nicht beendete „Altfälle" (hinsichtlich von Verletzung und ggf. erlaubter Handlung) überzeugend *Hoppe/Oldekop*, GRUR-Prax 2019, 324, 325 f., für abgeschlossene Altfälle gilt §§ 17 UWG aF, s. K/B/F/*Alexander*, Vor § 1 GeschGehG Rn. 98 ff., s. auch § 4 Rn. 123; § 6 Rn. 305 ff.

Einl. C Europarechtliche Grundlagen und internationales Recht

2. Die Rolle des EuGH

68 Vor diesem Hintergrund ist die Konkretisierung der zahlreichen unbestimmten und offenen Begriffe der Richtlinie letztlich dem EuGH vorbehalten.[321] Dieser wird – wie dies auch bei anderen Unionsrechtsakten auf dem Gebiet des Immaterialgüterrechts geschieht – letztlich auf **Vorlagefragen** aus den Mitgliedstaaten im Wege des **Vorabentscheidungsverfahrens** nach **Art. 267 AEUV** über ihre Bedeutung entscheiden:[322] Hiernach haben die Gerichte der Mitgliedstaaten das Recht (Abs. 2), vor letztinstanzlicher Entscheidung die Pflicht (Art. 4), bislang noch nicht durch den EuGH oder das Unionsrecht beantwortete,[323] entscheidungserhebliche Fragen zur Auslegung der Verträge oder der Gültigkeit oder Auslegung vom Handlungen der Organe, Einrichtungen oder sonstigen Stellen der EU dem EuGH zur Vorabentscheidung vorzulegen. Art. 267 Abs. 1 AEUV erfasst hierzu wegen Art. 19 Abs. 3 lit. b AEUV über den unmittelbaren Wortlaut hinaus nicht nur das Primärrecht, sondern auch das Sekundärrecht der Union.[324] Das noch nicht abgeschlossene **Vorabentscheidungsverfahren** wird **unzulässig**, sobald das **Ausgangsverfahren** sich **erledigt** hat.[325] Der EuGH scheint sich über diesen Grundsatz allerdings gelegentlich hinwegzusetzen.[326]

69 **Nationales Recht** der Mitgliedstaaten ist der Prüfung und **Auslegung** durch den EuGH hingegen **entzogen**,[327] auch wenn es natürlich mittelbar im Bereich der Rechtsharmonisierung durch das Unionsrecht oft mittelbar und intensiv durch die Rechtsprechung des EuGH betroffen ist.

70 In der **Rechtsanwendung** dominiert gegenüber den anderen Auslegungsmethoden die **teleologische Auslegung** von Unionsrechtsakten.[328] Dies verwundert nicht, ist doch angesichts der Doktrin, dass alle Sprachfassungen eines Unionsrechtsakts bei der Auslegung gleichwertig sein sollen, ein schwerer Schlag für die grammatikalische Auslegung, da sich hier kaum je ein klares Bild ergeben wird.[329] Und innerhalb des Unionsrechts, das letztlich aus einer fast unüberschaubaren Vielzahl von Kompromissen besteht, ist auch für die systematische Auslegung nur wenig Raum.

---

321 MK-UWG/*Namysłowska*, B.III Vor Rn. 28.
322 Eingehend hierzu im lauterkeitsrechtlichen Kontext die Darstellung von MK-UWG/*Leible*, IV. VorabentVerf Rn. 9 ff.
323 EuGH, 6.10.1982 – 283/81, NJW 1983, 1257 Rn. 13 ff. – C.I.L.F.I.T.; Dauses/Ludwigs/*Kaufmann*, P.II Rn. 130 ff.
324 MK-UWG/*Leible*, IV. VorabentVerf Rn. 13, 21.
325 EuGH, 12.3.1998 – C-314/96, BeckRS 2004, 76280 Rn. 17 ff. – Ouardia Diabali; MK-UWG/*Leible*, IV. VorabentVerf Rn. 20.
326 Vgl. *Prinz zu Waldeck und Pyrmont*, GRUR Int. 2010, 906 unter Bezugnahme auf EuGH, 6.7.2010 – C-428/08, GRUR 2010, 989 – Monsanto.
327 MK-UWG/*Leible*, IV. VorabentVerf Rn. 24.
328 MK-UWG/*Leible*, IV. VorabentVerf Rn. 44 ff. mwN.
329 Negativbeispiel: EuGH, 3.4.2014 – C-515/12, GRURInt 2014, 592 Rn. 19 – 4finance; hierzu *Brammsen/Apel*, GRUR Int. 2014, 1119, 1121.

V. Abweichungen zwischen der Richtlinie und dem GeschGehG Einl. C

Letztlich verfügt der **EuGH** daher jenseits von dogmatischen Fesseln über einen **sehr großen Spielraum**, das Unionsrecht auszulegen. Das geht so weit, dass der Gerichtshof punktuell offen über den vom Unionsgesetzgeber gesetzten Harmonisierungsbereich hinweggeht, etwa, wenn er im Urheberrecht den Werkbegriff vollharmonisiert, obwohl dies in den Richtlinien zum Urheberrecht gerade nur punktuell erfolgt ist.[330] Auch der Umgang des Gerichtshofs mit für die Union verbindlichen **völkerrechtlichen Vorgaben**[331] ist teils durchaus erstaunlich, wenn etwa die Begrenzung der Erschöpfung des Verbreitungsrechts in Art. 6 ff. WCT auf körperliche Werkstücke für Computerprogramme einmal sehenden Auges ignoriert,[332] für andere Werkarten dann aber plötzlich als durchaus autoritativ angesehen wird.[333] Schließlich missfällt aus deutscher Perspektive,[334] dass der EuGH das **rechtswissenschaftliche Schrifttum** (anders als zumindest in Ansätzen die Generalanwälte) aus den Mitgliedstaaten offenbar ignoriert, zumindest aber seine diesbezüglichen Inspirationen nicht durch Zitationen offenlegt.[335]

71

All dies kann man **skeptisch** sehen. Allerdings ist nicht zu verkennen, dass der EuGH durch den oft zaudernden und konkrete normative Entscheidungen schreckenden Unionsgesetzgeber in eine Rolle gedrückt wird, die eher zu einer (mehr oder weniger offen) normsetzenden als normauslegenden Funktion des Gerichtshofs führt. Dies erscheint unter Gesichtspunkten der **Gewaltenteilung** kritikwürdig, Abhilfe ist indes nicht in Sicht. Da auch die Richtlinie zahlreiche offene Rechtsbegriffe verwendet, deren baldigen Konkretisierung in der Praxis dringend erwartet wird, kann sich daher durchaus der Hoffnung *Namysłowskas* angeschlossen werden, dass eine rege Vorlagepraxis der nationalen Gerichte der Mitgliedstaaten zu einer baldigen Klärung durch den EuGH führen wird.[336]

72

V. Abweichungen zwischen der Richtlinie und dem GeschGehG: Ein Überblick

Aufgrund der europarechtlichen Determinierung zentraler Elemente des Geschäftsgeheimnisschutzes in der Richtlinie ist es hilfreich, an dieser Stelle einen Überblick

73

---

330 EuGH, 16.7.2009 – C-5/08, K&R 2009, 707; *Leistner*, in: FS 50 Jahre UrhG, S. 251, 252 f.
331 Die für die Union ggf. verbindlich und vom EuGH zu berücksichtigen sind; EuGH, 15.3.2012 – C-135/10, EuZW 2012, 715 Rn. 55 – SCF.
332 EuGH, 3.7.2012 – C-128/11, WRP 2012, 1074 Rn. 52 ff. – UsedSoft; krit. *Apel*, ZUM 2015, 640, 645 ff. mwN.
333 EuGH, 19.12.2019 – C-263/18, WRP 2020, 185 Rn. 39 ff. – Tom Kabinet; vgl. auch EuGH, 10.11.2016 – C-174/15, MR-Int 2016, 99 Rn. 34 ff. – Stichting Leenrecht; krit. hierzu *Apel*, MR-Int 2016, 104, 105; eingehend *Mezei*, S. 17 ff.
334 Zum hiesigen, oft fruchtbaren Dialog zwischen Wissenschaft und Judikatur eindrucksvoll etwa *Kischel*, § 6 Rn. 163 ff.; *Teplitzky*, GRUR 2015, 201.
335 *Skouris*, EuZW 2015, 241, 242.
336 MK-UWG/*Namysłowska*, B.III Vor Rn. 28; zurückhaltender G/L/D/*Harte-Bavendamm*, § 77 Rn. 1; *Leistner*, in: FS 50 Jahre UrhG, S. 251, 265 empfiehlt den Gerichten der Mitgliedstaaten im urheberrechtlichen Kontext, „den Stier bei den Hörnern zu packen" und die Rechtsentwicklung durch eine offensive Vorlagepraxis zum EuGH aktiv zu gestalten.

Einl. C Europarechtliche Grundlagen und internationales Recht

zu den Unterschieden zwischen der Richtlinie und dem GeschGehG zu geben. Dies gilt umso mehr, als dass sich der deutsche Gesetzgeber – wie üblich – **gegen eine „1:1-Umsetzung"** der Richtlinie entschieden hat.[337] Daher seien die wesentlichen **Abweichungen** in der folgenden Übersicht zusammengefasst:[338]

Richtlinie[339]	GeschGehG
Art. 1 Abs. 1 Gegenstand: „rechtswidrige Erlangung"	§ 1 Abs. 1 Gegenstand: „unerlaubte Erlangung"[340]
Art. 1 Art. 3: Auslegung zugunsten der Arbeitnehmermobilität	Keine Entsprechung[341]
Art. 2 Begriff „Geschäftsgeheimnis": Tatbestandsmerkmal nicht vorhanden	§ 2 Nr. 1 lit. c, d Begriff „Geschäftsgeheimnis": hier wird ein „berechtigtes Interesse" an der Geheimhaltung verlangt[342]
Art. 3 Abs. 1 lit. a: „unabhängige" Entdeckung oder Schöpfung	§ 3 Abs. 1 Nr. 1: „eigenständige" Entdeckung oder Schöpfung[343]
Art. 3 Abs. 1 lit. d: Formulierung: „andere Vorgehensweise, die unter den gegebenen Umständen mit einer seriösen Geschäftspraxis vereinbar ist"	§ 3 Abs. 1: Enge Formulierung wie in Richtlinie fehlt, einziger Anhaltspunkt ist das Wort „insbesondere"
Art. 3 Abs. 2: Formulierung: gilt als rechtmäßig, wenn „vorgeschrieben oder erlaubt"	§ 3 Abs. 2: „durch Gesetz, aufgrund eines Gesetzes oder durch Rechtsgeschäft gestattet"[344]
Art. 4 Abs. 1 lit. b: „seriöse Geschäftspraxis"	§ 4 Abs. 1 Nr. 2: „Grundsatz von Treu und Glauben unter Berücksichtigung der anständigen Marktgepflogenheit"[345]
Art. 4 Abs. 5: eigenständiger Tatbestand im Verhältnis zu IV	§ 4 Abs. 3: S. 2 nur Regelbeispiel im Verhältnis zu S. 1 („insbesondere")[346]

---

337 Kritisch zum Konzept der „1:1-Umsetzung" von Richtlinien ins nationale Recht s. eingehend *Payrhuber/Stelkens*, EuR 2019, 190.
338 Der Verfasser dankt Herrn cand. iur. *Timo Degen*, Heidelberg, für die Unterstützung bei der Erstellung dieser Übersicht.
339 Kursive Artikel sind gem. Art. 1 Abs. 1 UAbs. 2 Richtlinie vollharmonisiert.
340 § 1 Rn. 5.
341 Bzgl. Art. 1 Abs. 3 lit. b: *GRUR*, GRUR 2018, 708, 710; § 4 Rn. 91.
342 Diese Weiterung dürfte unionsrechtswidrig sein, da sie die erstrebte Harmonisierung des Geschäftsgeheimnisbegriffes zunichtemacht, *Ohly*, GRUR 2019, 441, 444; Sassenberg/Faber/*Sattler*, § 2 Rn. 69 ff.; s. auch § 2 Rn. 128.
343 *GRUR*, GRUR 2018, 708, 710; § 3 Rn. 17.
344 *GRUR*, GRUR 2018, 708, 709 f.; § 3 Rn. 99 ff.
345 *GRUR*, GRUR 2018, 708, 710; § 4 Rn. 2.
346 Büscher/*McGuire*, § 5 GeschGehG Rn. 43; *GRUR*, GRUR 2018, 708, 710; § 4 Rn. 115.

V. Abweichungen zwischen der Richtlinie und dem GeschGehG   Einl. C

Richtlinie	GeschGehG
Art. 5 lit. b: „illegale Tätigkeit"	§ 5 Nr. 2: „rechtswidrige Handlung"[347]
Art. 5 lit. b Maßstab: Muss in der Absicht handeln, das öffentliche Interesse zu schützen	§ 5 Nr. 2 Maßstab: Muss geeignet sein, das öffentliche Interesse zu schützen[348]
Art. 12 Abs. 1 lit. d genereller Anspruch gegen Rechtsverletzer	§ 7 Nr. 1: Beschränkung auf „im Besitz oder Eigentum des Rechtsverletzers stehende" Trägermedien[349]
Art. 12 Abs. 3	§ 7 Nr. 3: Richtlinie wurde nur partiell umgesetzt[350] bzgl. Entfernung aus Vertriebswegen
Keine Entsprechung	§ 8: Auskunftsanspruch[351]
Art. 13 Abs. 1: Insoweit keine Entsprechung	§ 9: Beweislast des Verletzer[352]
Art. 13 Abs. 1 lit. h: Schutz der Grundrechte	§ 9: Insoweit keine Entsprechung[353]
Art. 14	§ 10: Abweichung nur vom Wortlaut, durch Anlehnung an Parallelbestimmungen im Bereich des Geistigen Eigentums; keine funktionale Abweichung[354]
Art. 13 Abs. 3 nur Zeitpunkt der Nutzung/ Offenlegung und wohl nur mittelbare Rechtsverletzungen	§ 11 Abs. 1: jeder Zeitpunkt, auch unmittelbare Rechtsverletzung[355]
Art. 13 Abs. 3 UAbs. 2 Einschränkung bzgl. Abfindungshöhe soll nur für Art. 12 I lit. a und b gelten	§ 11 Abs. 2: Insoweit keine Entsprechung[356]
Keine Entsprechung	§ 12: Haftung des Unternehmensinhabers[357]
Art. 9 Abs. 1 UAbs. 1: Weiter Anwendungsbereich für alle „Gerichtsverfahren, [die] den rechtswidrigen Erwerb oder die rechtswidrige Nutzung oder Offenlegung eines Geschäftsgeheimnisses zum Gegenstand hat"	§ 16: Anwendungsbereich ausdrücklich beschränkt auf Geschäftsgeheimnisstreitsachen wegen Ansprüchen nach dem GeschGehG[358]

---

347 K/B/F/*Alexander*, § 5 GeschGehG Rn. 32; § 5 Rn. 3 ff.
348 K/B/F/*Alexander*, § 5 GeschGehG Rn. 32; § 5 Rn. 71.
349 Büscher/*Tochtermann*, § 7 GeschGehG Rn. 14.
350 K/B/F/*Alexander*, § 7 GeschGehG Rn. 4; § 7 Rn. 3 ff.
351 K/B/F/*Alexander*, § 8 GeschGehG Rn. 6; § 8 Rn. 3.
352 *GRUR*, GRUR 2018, 708, 711; § 9 Rn. 2.
353 K/B/F/*Alexander*, § 9 GeschGehG Rn. 7.
354 K/B/F/*Alexander*, § 10 GeschGehG Rn. 7.
355 K/B/F/*Alexander*, § 11 GeschGehG Rn. 6.
356 K/B/F/*Alexander*, § 11 GeschGehG Rn. 7.
357 K/B/F/*Alexander*, § 12 GeschGehG Rn. 4.
358 Büscher/*McGuire*, Einl. GeschGehG Rn. 23; Vor § 15 Rn. 14.

Einl. C Europarechtliche Grundlagen und internationales Recht

Richtlinie	GeschGehG
Art. 15 Abs. 2: Wahrung Vertraulichkeit des Geschäftsgeheimnisses bei Urteilsveröffentlichung	§ 21: Insoweit keine Entsprechung[359]
Art. 15: abschließende Aufzählung	§ 21 Abs. 2: nur beispielhafte Aufzählung, „insbesondere"[360]
Art. 15 III UAbs. 2: Abwägungsvorgaben	§ 21: Insoweit keine Entsprechung[361]
Keine Entsprechung	§ 22 Streitwert Härtefallregelung
Keine Entsprechung	§ 23 Strafrechtlicher Schutz[362]

VI. Geschäftsgeheimnisse und Völkerrecht

74 **Schwerpunkt** der völkerrechtlichen Regelungen zum Geschäftsgeheimnisschutz ist der bereits mehrfach erwähnte **Art. 39 TRIPS**.[363] Der Einfluss dieser Norm ist nicht zu unterschätzen, auch wenn sie, wie bereits erwähnt, den Geheimnisinhabern **keinen individuellen**, unmittelbaren **Anspruch** auf Schutz ihrer Geschäftsgeheimnisse gewährt.[364] Unter anderem diente sie als deutliches **Vorbild** für den Geschäftsgeheimnisschutzansatz der Richtlinie.[365]

75 Art. 39 TRIPS[366] (nichtamtlich mit „Schutz nicht offenbarter Informationen" überschrieben) lautet in der nicht verbindlichen[367] deutschen Sprachfassung wie folgt:

„(1) Bei der Sicherung eines wirksamen Schutzes gegen unlauteren Wettbewerb, wie er in Art. 10bis der Pariser Verbandsübereinkunft (1967) vorgesehen ist, schützen die Mitglieder nicht offenbarte Informationen nach Maßgabe des Absatzes 2 und Regierungen oder Regierungsstellen vorgelegte Daten nach Maßgabe des Absatzes 3.
(2) Natürliche und juristische Personen haben die Möglichkeit zu verhindern, daß Informationen, die rechtmäßig unter ihrer Kontrolle stehen, ohne ihre Zustimmung auf eine Weise, die den anständigen Gepflogenheiten in Gewerbe und Handel zuwiderläuft,[368] Dritten offenbart, von diesen erworben oder benutzt werden, solange diese Informationen

---

359 K/B/F/*Alexander*, § 21 GeschGehG Rn. 7; § 21 Rn. 4 ff.
360 K/B/F/*Alexander*, § 21 GeschGehG Rn. 7; § 21 Rn. 4 ff.
361 K/B/F/*Alexander*, § 21 GeschGehG Rn. 7; § 21 Rn. 4 ff.
362 K/B/F/*Alexander*, Vor §§ 1 GeschGehG Rn. 26, § 23 GeschGehG Rn. 8.
363 Rn. 17; eingehend hierzu B/S/W/*Peter/Wiebe*, Art. 39 TRIPS Rn. 26.
364 Vgl. Fn. 213 sowie Art. 1 TRIPS; *Brammsen*, Vor §§ 17–19 UWG Rn. 10.
365 S. oben Rn. 47.
366 Für Deutschland: BGBl. II 1994, 1730.
367 TRIPS wurde als Anlage 1.C zum Marrakesch-Abkommen vom 15.4.1994 (für Deutschland: BGBl. II 1994, 1438) abgeschlossen; die verbindlichen Sprachfassungen dieses Abkommens sind gemäß dessen Art. XVI. Englisch, Französisch und Spanisch.
368 Amtliche Fußnote: „Im Sinne dieser Bestimmung bedeutet „eine Weise, die den anständigen Gepflogenheiten in Gewerbe und Handel zuwiderläuft" zumindest Gepflogenheiten wie etwa Vertragsbruch, Vertrauensbruch und Verleitung dazu und schließt den Erwerb nicht offengeleg-

VI. Geschäftsgeheimnisse und Völkerrecht **Einl. C**

a) in dem Sinne geheim sind, daß sie entweder in ihrer Gesamtheit oder in der genauen Anordnung und Zusammenstellung ihrer Bestandteile Personen in den Kreisen, die üblicherweise mit den fraglichen Informationen zu tun haben, nicht allgemein bekannt oder leicht zugänglich sind,
b) wirtschaftlichen Wert haben, weil sie geheim sind, und
c) Gegenstand von den Umständen nach angemessenen Geheimhaltungsmaßnahmen seitens der Person waren, unter deren Kontrolle sie rechtmäßig stehen.
(3) Mitglieder, in denen die Vorlage nicht offenbarter Test- oder sonstiger Daten, deren Erstellung beträchtlichen Aufwand verursacht, Voraussetzung für die Marktzulassung pharmazeutischer oder agrochemischer Erzeugnisse ist, in denen neue chemische Stoffe verwendet werden, schützen diese Daten vor unlauterem gewerblichen Gebrauch. Darüber hinaus schützen die Mitglieder solche Daten vor Offenbarung, es sei denn, dass diese zum Schutz der Öffentlichkeit notwendig ist, oder dass Maßnahmen ergriffen werden, um sicherzustellen, dass die Daten vor unlauterem gewerblichen Gebrauch geschützt werden."

Art. 39 Abs. 1 TRIPS macht deutlich, dass der internationale Geschäftsgeheimnisschutz im **Lauterkeitsrecht** verwurzelt ist. So wird dort auf die lauterkeitsrechtliche Klausel in Art. 10bis der Pariser Verbandsübereinkunft („PVÜ")[369] verwiesen. Art. 39 Abs. 3 TRIPS enthält eine besondere Bestimmung zum Schutz von sog. „Testdaten",[370] wenn und soweit diese nach dem Recht der Vertragsstaaten im Rahmen von Zulassungsverfahren für pharma- oder agrochemische Erzeugnisse, in denen neue chemische Stoffe verwendet werden, vorliegen. Diese Bestimmung enthält eine echte[371] *de minimis*-**Schwelle**, da sie nur für solche Daten gilt, „deren Erstellung beträchtlichen Aufwand verursacht". 76

PVÜ und TRIPS sind darauf beschränkt, die in ihnen definierten Mindestrechte von den Vertragsstaaten jeweils den Bürgern anderer Vertragsstaaten zuzubilligen,[372] nicht aber notwendigerweise den eigenen; eine **Inländerdiskriminierung** ist nach PVÜ und TRIPS also möglich. Auch dürfen Bürger anderer Vertragsstaaten nicht gegenüber den eigenen diskriminiert werden (Gleichbehandlungsgrundsatz). 77

Der Vollständigkeit halber erwähnt seien noch zwei **unverbindliche „Modellvorhaben"**[373] auf internationaler Ebene mit Regelungsempfehlungen auch zum Geschäftsgeheimnisschutz. Dies ist einerseits das „Modellgesetz des Europarates zum Schutz von Fabrikations- und Handelsgeheimnissen",[374] das in seinen Art. 1, 2 eine 78

---

ter Informationen durch Dritte ein, die wussten oder grob fahrlässig nicht wussten, daß solche Gepflogenheiten beim Erwerb eine Rolle spielten"; hierzu auch Rn. 35 sowie *Drescher*, S. 266; B/S/W/*Peter/Wiebe*, Art. 39 TRIPS Rn. 26.
369 Pariser Verbandsübereinkunft zum Schutz des Gewerblichen Eigentums vom 20.3.1883 (für Deutschland: RGBl. 1903, S. 147), derzeit in Kraft in der Fassung von Stockholm vom 14.7.1967 (für Deutschland: BGBl. II 1970, 391; BGBl. II 1984, 799).
370 *Brammsen*, Vor §§ 17–19 UWG Rn. 10.
371 Zu deren Fehlen in der Richtlinie Rn. 48 m. Fn. 220.
372 Näher *Brammsen*, Vor §§ 17–19 UWG Rn. 9, 11 mwN.
373 *Brammsen*, Vor §§ 17–19 UWG Rn. 12.
374 Entschließung 571 des Europarates vom 3.7.1974 mit Nachfolgempfehlung 733; dazu mwN *Brammsen*, Vor §§ 17–19 UWG Rn. 13, auch zu den strafrechtlich relevanten Bestimmungen.

Einl. C Europarechtliche Grundlagen und internationales Recht

Geheimnisdefinition und eine Begrenzung des Schutzes auf den rechtmäßigen Inhaber vorsieht, wie sie auch in Art. 39 TRIPS anklingen.[375] Andererseits die „WIPO Model Provisions on Protection against Unfair Competition",[376] einen Leitfaden der WIPO für die Umsetzung der lauterkeitsrechtlichen Regelungen von TRIPS in das nationale Recht.[377] In dessen Art. 6 findet sich eine im Wesentlichen Art. 39 TRIPS nachgebildete und mit eingehenden Kommentaren versehene Handreichung für die Formulierung von Geheimnisschutztatbeständen im nationalen Recht.[378]

VII. Geschäftsgeheimnisse und internationales Privatrecht

79 Das **internationale Privatrecht** in Geschäftsgeheimnissachen folgt den allgemeinen Regeln:[379] Die Richtlinie trifft hierzu keine besonderen Bestimmungen.

1. Außervertragliche Sachverhalte

80 Im außervertraglichen Bereich stellt sich für die Bestimmung des anwendbaren Rechts die Frage, ob insoweit Art. 8 Rom II-VO („Verletzung von Rechten des geistigen Eigentums"),[380] Art. 6 Abs. 1,[381] 2[382] ROM II-VO („Unlauterer Wettbewerb […]")[383] (ggf. iVm. Art. 4 ROM II-VO) oder unmittelbar Art. 4 ROM II-VO („Allgemeine Kollisionsnorm")[384] anwendbar ist.[385]

---

375 *Brammsen*, Vor §§ 17–19 UWG Rn. 13.
376 WIPO publication No. 832 (E).
377 *Brammsen*, Vor §§ 17–19 UWG Rn. 12 mwN.
378 *Brammsen*, Vor §§ 17–19 UWG Rn. 12.
379 Grundlegend hierzu A/L/G/*Obergfell*, Kap. 12 Rn. 1 ff.; ausführlich auch *Rieländer*, ZVglRWiss 2020, 339.
380 Die Norm lautet wie folgt: „(1) Auf außervertragliche Schuldverhältnisse aus einer Verletzung von Rechten des geistigen Eigentums ist das Recht des Staates anzuwenden, für den der Schutz beansprucht wird.
(2) Bei außervertraglichen Schuldverhältnissen aus einer Verletzung von gemeinschaftsweit einheitlichen Rechten des geistigen Eigentums ist auf Fragen, die nicht unter den einschlägigen Rechtsakt der Gemeinschaft fallen, das Recht des Staates anzuwenden, in dem die Verletzung begangen wurde.
(3) Von dem nach diesem Artikel anzuwendenden Recht kann nicht durch eine Vereinbarung nach Artikel 14 [ROM II-VO] abgewichen werden."
381 Dieser stellt auf das Recht desjenigen Landes ab, in dem sich die unlautere Handlung auswirkt („Marktortprinzip"), A/L/G/*Obergfell*, Kap. 12 Rn. 9.
382 Dieser stellt auf den Ort ab, an dem der Schaden entsteht („Erfolgsort"), A/L/G/*Obergfell*, Kap. 12 Rn. 10.
383 Die beiden Absätze lauten wie folgt: „(1) Auf außervertragliche Schuldverhältnisse aus unlauterem Wettbewerbsverhalten ist das Recht des Staates anzuwenden, in dessen Gebiet die Wettbewerbsbeziehungen oder die kollektiven Interessen der Verbraucher beeinträchtigt worden sind oder wahrscheinlich beeinträchtigt werden.
(2) Beeinträchtigt ein unlauteres Wettbewerbsverhalten ausschließlich die Interessen eines bestimmten Wettbewerbers, ist Artikel EWG_VO_864_2007 Artikel 4 anwendbar. […]"
384 Die Bestimmung lautet wie folgt: „(1) Soweit in dieser Verordnung nichts anderes vorgesehen ist, ist auf ein außervertragliches Schuldverhältnis aus unerlaubter Handlung das Recht des

VII. Geschäftsgeheimnisse und internationales Privatrecht   **Einl. C**

Die Anwendbarkeit des **Art. 8 ROM II-VO** auf Geschäftsgeheimnisverletzungen 81
wird derzeit zutreffend **abgelehnt**,[386] da es sich nach derzeitiger Ausgestaltung der Richtlinie[387] bei den Rechten an Geschäftsgeheimnissen nicht um ein (typischerweise absolutes) Recht des Geistigen Eigentums handelt.[388] Dies ist freilich nicht in Stein gemeißelt: Sollte der Unionsgesetzgeber sich künftig bereitfinden, den Geschäftsgeheimnisschutz unter Art. 118 AEUV auf eine unionsweit einheitliche Grundlage zu stellen,[389] würde sich eine Zuordnung zu Art. 8 ROM II-VO selbst dann aufdrängen, wenn auch dieser Schutz nicht im klassisch-immaterialgüterrechtlichen Sinne absolut ausgeprägt sein sollte.[390]

Nach der **derzeitigen Ausgestaltung** liegt es folglich nahe, den Schutz von Ge- 82
schäftsgeheimnissen i. S. d. Richtlinie auf der Ebene des einfachen Rechts[391] weiterhin dem **Lauterkeitsrecht** zuzuordnen.[392] Da typischerweise[393] durch die Verletzung von Geschäftsgeheimnissen nur die Interessen des jeweiligen Wettbewerbers betroffen sein werden, wird idR Art. 6 Abs. 2 ROM II-VO einschlägig sein, der auf

---

Staates anzuwenden, in dem der Schaden eintritt, unabhängig davon, in welchem Staat das schadensbegründende Ereignis oder indirekte Schadensfolgen eingetreten sind.
(2) Haben jedoch die Person, deren Haftung geltend gemacht wird, und die Person, die geschädigt wurde, zum Zeitpunkt des Schadenseintritts ihren gewöhnlichen Aufenthalt in demselben Staat, so unterliegt die unerlaubte Handlung dem Recht dieses Staates.
(3) ¹Ergibt sich aus der Gesamtheit der Umstände, dass die unerlaubte Handlung eine offensichtlich engere Verbindung mit einem anderen als dem in den Absätzen 1 oder 2 bezeichneten Staat aufweist, so ist das Recht dieses anderen Staates anzuwenden. ²Eine offensichtlich engere Verbindung mit einem anderen Staat könnte sich insbesondere aus einem bereits bestehenden Rechtsverhältnis zwischen den Parteien – wie einem Vertrag – ergeben, das mit der betreffenden unerlaubten Handlung in enger Verbindung steht."
385 Prägnant K/B/F/*Alexander*, Vor § 1 GeschGehG Rn. 95 ff.
386 Zweifel andeutend, im Ergebnis offen lassend OLG Düsseldorf, 21.11.2019 – U 34/19, Rn. 25 (juris).
387 Vgl. insbesondere EG 1, 2, 39 sowie Rn. 51.
388 A/L/G/*Obergfell*, Kap. 12 Rn. 22; K/B/F/*Alexander*, Vor § 1 GeschGehG Rn. 97.
389 Dies wäre ohne Weiteres möglich, Rn. 3 ff.
390 Schon nach der Richtlinie sympathisierend, aber noch offen lassend OLG Düsseldorf, 21.11.2019 – U 34/19, Rn. 25 (juris); zur Möglichkeit, auch nicht absolute Rechte unionsrechtlich als Geistiges Eigentum anzusehen, *McGuire*, GRUR 2015, 424, 426 f.
391 Grundrechtlich gilt anderes, Rn. 3.
392 Vgl. allg. zur bleibenden engen Verwandtschaft zwischen Lauterkeitsrecht und Geschäftsgeheimnisschutz *Alexander*, WRP 2019, 673 Rn. 18; ihm insoweit folgend *Apel*, BB 2019, 2515, 2516 (jeweils zum GeschGehG); **aA** im hiesigen Kontext K/B/F/*Köhler*, Einl. Rn. 5.33a: Da nicht jede Geschäftsgeheimnisverletzung unlauter sei, sei unmittelbar Art. 4 ROM II-VO anwendbar. IE gibt es aber keinen Unterschied zur hier vertretenen Auffassung.
393 Beachtliche Ausnahme in dem Fall, dass ein Geschäftsgeheimnis (Kundenlisten) etwa zur Erweiterung des Kundenkreises des Verletzers verwendet wird (Marketing, Art. 2 Nr. 4 RL aE); hierzu MK-BGB/*Drexl*, Internationales Lauterkeitsrecht Rn. 184; in diesem Fall wäre mit guten Gründen ausnahmsweise Art. 6 Abs. 1 ROM II-VO anwendbar.

Einl. C Europarechtliche Grundlagen und internationales Recht

Art. 4 ROM II-VO verweist.[394] Insbesondere *Drexl*[395] steht dieser **herrschenden Meinung** vor dem Hintergrund der Richtlinie **kritisch** gegenüber:[396] Angesichts der weiten Anordnung von Haftung für indirekte Verletzungshandlungen unter Art. 4 Abs. 4, 5 RL und der weiten Definition von rechtsverletzenden Produkten in Art. 2 Nr. 4 Richtlinie sei wegen der hierdurch erzeugten Weite von Einflussmöglichkeiten auf Markt und Wettbewerb über die reine Wettbewerbsbeziehung hinaus die Annahme einer rein bilateralen Verletzungsbeziehung nach Art. 6 Abs. 2 ROM II-VO nicht mehr plausibel. Aus Gründen der Rechtsklarheit plädiert letztlich aber auch er dafür, Fälle von Geschäftsgeheimnisverletzungen einheitlich unter **Art. 6 Abs. 2 ROM II-VO** zu behandeln.[397]

83 Dieser verweist auf **Art. 4 ROM II-VO**.[398] Gemäß dessen Abs. 1 ist grundsätzlich das Recht desjenigen Staates anzuwenden, in welchem der Schaden der entsprechenden Handlung eingetreten ist, und zwar unabhängig davon, wo die schadensauslösende Handlung begangen wurde oder Nebenfolgen eintreten; für die Fälle des Art. 6 Abs. 2 ROM II-VO ist dies nach **hM** der Ort des Sitzes des geschädigten Unternehmens.[399]

2. Vertragliche Schuldverhältnisse[400]

84 Von besonders großer Bedeutung ist die Bestimmung des anwendbaren Rechts bei einem **ephemeren Gegenstand** wie dem Geschäftsgeheimnis in Zusammenhang mit vertraglichen Schuldverhältnissen. Da **Nutzungsrechte** an Geschäftsgeheimnissen soweit ersichtlich immer noch **rein schuldrechtlich** verstanden werden[401]

---

394 BGH, 11.2.2010 – I ZR 85/08, GRUR 2010, 847 – Ausschreibung in Bulgarien; BeckOGK/*Poelzig/Windorfer*, Art. 6 ROM II-VO Rn. 99; K/B/F/*Alexander*, Vor § 1 GeschGehG Rn. 96; *Lejeune*, CR 2016, 330, 331; einschränkungslos nur für die Fälle des Ausspähens und Offenbarens von Geschäftsgeheimnissen MK-BGB/*Drexl*, Internationales Lauterkeitsrecht Rn. 183; zweifelnd A/L/G/*Obergfell*, Kap. 12 Rn. 10.
395 *Ohly*, in: FS Harte-Bavendamm, S. 385, 400 plädiert bevorzugt für eine „differenzierte Anwendung des Art. 4 ROM II-VO" und perspektivisch für die Schaffung einer eigenen Kollisionsnorm für den Geschäftsgeheimnisschutz.
396 MK-BGB/*Drexl*, Internationales Lauterkeitsrecht Rn. 183 ff.; ähnl. *Rieländer*, ZVglRWiss 2020, 339, 368.
397 MK-BGB/*Drexl*, Internationales Lauterkeitsrecht Rn. 186.
398 Insbesondere H/O/K/*Ohly*, Einl. A Rn. 267 ff.; *ders.*, in: FS Harte-Bavendamm, S. 385, 400, plädiert indes mit beachtlichen Argumenten für eine unmittelbare Anwendung von Art. 4 ROM II-VO, vor allem, um einen Gleichlauf mit dem Vertragsstatut (Art. 4 Abs. 3 S. 2 ROM II-VO) sicherzustellen.
399 OLG Düsseldorf, 21.11.2019 – U 34/19, Rn. 19 (juris); BeckOGK/*Poelzig/Windorfer*, Art. 6 ROM II-VO Rn. 105; MK-BGB/*Drexl*, Internationales Lauterkeitsrecht Rn. 179; aus Österreich ÖOGH, 20.9.2011 – 4 Ob 12/11k, GRUR Int. 2012, 468, 473 – Rohrprodukte.
400 Immer noch grundlegend *Kreuzer*, in: FS von Caemmerer, S. 705.
401 *Kreuzer*, in: FS von Caemmerer, S. 705, 707; MAH-GewRS/*Töbelmann*, § 51 Rn. 35 (auch vor dem Hintergrund der RL); A/L/G/*Maaßen/Wuttke*, Kap. 5 Rn. 42; Henn/Pahlow/*Pahlow*, Kap. 10 Rn. 8; Einl. D Rn. 45 f.

VII. Geschäftsgeheimnisse und internationales Privatrecht   Einl. C

und es ihnen somit an einer dinglichen Dimension fehlt,[402] bestehen insoweit besonders **weitgehende Möglichkeiten** in der Vertragsgestaltung,[403] wenn und soweit die gewählte Rechtsordnung die gewünschte Konstruktion zulässt: Denn in diesem Fall entfällt die sonst bei (dinglich wirkenden) Lizenzgeschäften erforderliche Differenzierung zwischen dem der Disposition der Parteien unterliegenden Vertragsstatut (betreffend das Verpflichtungsgeschäft)[404] und dem durch das betreffende Schutzland bestimmten Immaterialgüterrechtsstatut (betreffend das Verfügungsgeschäft und seine Auswirkungen).[405]

Nach dem Vertragsstatut bestimmen sich insbesondere die Auslegung des Vertrags, die Erfüllung der durch ihn begründeten Verpflichtungen, die Folgen von ganz oder teilweiser „Nichterfüllung",[406] Erlöschensgründe und Verjährung sowie sonstige fristgebundene Rechtsverluste und die Folgen einer Nichtigkeit des Vertrags (Art. 12 ROM I-VO).[407]   **85**

Die Maßgeblichkeit des Immaterialgüterrechtsstatuts für das Erfüllungsgeschäft ist hingegen dem Umstand geschuldet, dass „**Weltrechte**" des Geistigen Eigentums nicht existieren. Fragen der Rechteinhaberschaft, des Bestands, des Schutzbereichs, der Übertragbarkeit bzw. Einräumbarkeit und der Rechtsverletzung richten sich daher jeweils nach dem Recht desjenigen Landes, für das Schutz beansprucht wird (**Schutzlandprinzip**).[408] Die Begründung hierfür ist überwiegend, dass es in die Souveränität des jeweiligen Landes eingreifen würde, würde man für dessen Inlandsschutzrechte bzw. den Rechtsverkehr mit diesen auf Verfügungsebene das Recht eines fremden Landes anwenden.[409]   **86**

Aufgrund des engen Bezugs zwischen Verpflichtungs- und Verfügungsgeschäft im Lizenzvertragsrecht – nach **herrschender**, wenn auch **abzulehnender Auffassung** soll im deutschen Urheberrecht insoweit sogar das Abstraktionsprinzip[410] nicht gel-   **87**

---

402 Auch dies wird sich spätestens ändern, wenn der Unionsgesetzgeber sich zu einer Regelung des Geschäftsgeheimnisschutzes auf Grundlage des Art. 118 AEUV entschließen sollte (s. oben Rn. 3 ff.).
403 Vgl. auch *Kreuzer*, in: FS von Caemmerer, S. 705, 706 f.; *Groß*, J. Rn. 441.
404 Statt aller Henn/Pahlow/*Pahlow*, Kap. 9 Rn. 168 ff.
405 Vgl. nur A/L/G/*Obergfell*, Kap. 12 Rn. 17 ff., 27; Henn/Pahlow/*Hauck*, Kap. 5 Rn. 56 ff.; *Kreuzer*, in: FS von Caemmerer, S. 705, 734.
406 Diese Variante erfasst über den Wortlaut hinaus alle Formen der Schlechtleistung sowie Verspätung und Nebenpflichtverletzung, s. nur MK-BGB/*Spellenberg*, Art. 12 ROM I-VO Rn. 72 ff. mwN.
407 Vgl. nur Henn/Pahlow/*Pahlow*, Kap. 9 Rn. 168.
408 MK-BGB/*Drexl*, Internationales Lauterkeitsrecht Rn. 211; Obergfell/Hauck/*Obergfell*, Kap. 3 Rn. 146 – Dem liegt das „**Territorialitätsprinzip**" zugrunde, nach dem das Recht räumlich nur auf dem Territorium desjenigen Staates besteht, der es gewährt.
409 Vgl. nur BGH, 16.6.1994 – I ZR 24/92, GRURInt 1994, 1046 – Folgerecht mit Auslandsbezug; eingehend hierzu, auch zur urheberrechtlichen Kontroverse um diesen Punkt MK-BGB/*Drexl*, Internationales Lauterkeitsrecht Rn. 19 ff. mwN.
410 Wohl aber das Trennungsprinzip, s. nur S/W/W/*Apel/A. Hofmann*, § 5.4 Rn. 29 (unstr.).

Einl. C Europarechtliche Grundlagen und internationales Recht

ten[411] – würde es aber zu weit führen, das Immaterialgüterrechtsstatut so zu verstehen, dass das Recht des Vertragsstatuts hier überhaupt keine Rolle mehr spielt. Vielmehr ist insbesondere, wenn die Parteien bewusst eine Rechtswahl getroffen haben (→ Rn. 88 ff.), bei der Anwendung des Immaterialgüterrechtstatus darauf zu achten, dass vertraglich angeordnete Rechtsfolgen nach dem Recht des Vertragsstatuts auch auf der Ebene des Immaterialgüterrechts nachzuvollziehen sind, wenn sie dem Recht des Schutzlands nicht in einer Weise widersprechen, dass sie nach diesem unzulässig oder rechtswidrig wären. Nur ungewöhnliche oder nicht ausdrücklich geregelte, aber zulässige Rechtsfolgen sind auch auf der verfügungsgeschäftlichen Ebene nachzuvollziehen.

a) Ausdrückliche und konkludente Rechtswahl

88 Grundsätzlich sind die Parteien bei der Wahl des anwendbaren Rechts bei Verträgen über die Nutzung von Geschäftsgeheimnissen – wie auch sonst bei deren Gestaltung[412] – frei (**Privatautonomie**). Dieser Grundsatz ergibt sich aus Art. 3 Abs. 1, 2 ROM-I VO.[413] Ausnahmen betreffen rein inländische Sachverhalte (Art. 3 Abs. 3 ROM I-VO) sowie hinsichtlich zwingenden Gemeinschaftsrechts (Art. 3 Abs. 4 ROM I-VO). Die Rechtswahl kann ausweislich Art. 3 Abs. 1 Satz 2 Alt. 2 ROM I-VO auch konkludent vereinbart werden.

---

411 S. nur BGH, 19.7.2012 – I ZR 70/10, GRUR 2012, 916 Rn. 17 – M2Trade; OLG Karlsruhe, 25.10.2006 – 6 U 174/05, ZUM-RD 2007, 76, 78; D/S/*Schulze*, § 31 UrhG Rn. 18; S/L/*Ohly*, § 31 UrhG Rn. 15 ff.; **aA** aber etwa *Schack*, § 16 Rn. 589 ff., 629; S/W/W/*Apel/A. Hofmann*, § 5.4 Rn. 29 mwN *pro* und *contra*.
412 Zu den fehlenden Vorgaben der Richtlinie zu einem Geschäftsgeheimnisvertragsrecht, Rn. 46.
413 Art. 3 ROM I-VO:
„(1) ¹Der Vertrag unterliegt dem von den Parteien gewählten Recht. ²Die Rechtswahl muss ausdrücklich erfolgen oder sich eindeutig aus den Bestimmungen des Vertrags oder aus den Umständen des Falles ergeben. ³Die Parteien können die Rechtswahl für ihren ganzen Vertrag oder nur für einen Teil desselben treffen.
(2) ¹Die Parteien können jederzeit vereinbaren, dass der Vertrag nach einem anderen Recht zu beurteilen ist als dem, das zuvor entweder aufgrund einer früheren Rechtswahl nach diesem Artikel oder aufgrund anderer Vorschriften dieser Verordnung für ihn maßgebend war. ²Die Formgültigkeit des Vertrags im Sinne des Artikels 11 und Rechte Dritter werden durch eine nach Vertragsschluss erfolgende Änderung der Bestimmung des anzuwendenden Rechts nicht berührt.
(3) Sind alle anderen Elemente des Sachverhalts zum Zeitpunkt der Rechtswahl in einem anderen als demjenigen Staat belegen, dessen Recht gewählt wurde, so berührt die Rechtswahl der Parteien nicht die Anwendung derjenigen Bestimmungen des Rechts dieses anderen Staates, von denen nicht durch Vereinbarung abgewichen werden kann.
(4) Sind alle anderen Elemente des Sachverhalts zum Zeitpunkt der Rechtswahl in einem oder mehreren Mitgliedstaaten belegen, so berührt die Wahl des Rechts eines Drittstaats durch die Parteien nicht die Anwendung der Bestimmungen des Gemeinschaftsrechts – gegebenenfalls in der von dem Mitgliedstaat des angerufenen Gerichts umgesetzten Form –, von denen nicht durch Vereinbarung abgewichen werden kann.
(5) Auf das Zustandekommen und die Wirksamkeit der Einigung der Parteien über das anzuwendende Recht finden die Artikel 11 und Artikel 13 Anwendung."

VII. Geschäftsgeheimnisse und internationales Privatrecht **Einl. C**

b) Fehlen einer Rechtswahl

Im Falle der **fehlender Rechtswahl** ist bei Verträgen über Geschäftsgeheimnisse Art. 4 Abs. 2 ROM 1-VO[414] anwendbar.[415] Nach dieser Vorschrift ist das Recht desjenigen Staates anzuwenden, in dem der Vertragspartner, der die für den Vertrag charakteristische Leistung erbringt, sich **gewöhnlich aufhält**; dies ist bei einer natürlichen Person ihre Hauptniederlassung, bei Korporationen der Sitz ihrer Hauptverwaltung.[416] **89**

Bei **Lizenzverträgen** über Geschäftsgeheimnisse wird typischerweise auf den entsprechenden **Aufenthaltsort des Lizenzgebers** abzustellen sein.[417] Je nachdem, ob noch weitere Leistungen und Gegenleistungen ausgetauscht werden, kann es hier **90**

---

414 Art. 4 ROM I-VO lautet:
„(1) Soweit die Parteien keine Rechtswahl gemäß Artikel 3 getroffen haben, bestimmt sich das auf den Vertrag anzuwendende Recht unbeschadet der Artikel 8 wie folgt:
A) Kaufverträge über bewegliche Sachen unterliegen dem Recht des Staates, in dem der Verkäufer seinen gewöhnlichen Aufenthalt hat.
b) Dienstleistungsverträge unterliegen dem Recht des Staates, in dem der Dienstleister seinen gewöhnlichen Aufenthalt hat.
c) Verträge, die ein dingliches Recht an unbeweglichen Sachen sowie die Miete oder Pacht unbeweglicher Sachen zum Gegenstand haben, unterliegen dem Recht des Staates, in dem die unbewegliche Sache belegen ist.
d) Ungeachtet des Buchstabens c unterliegt die Miete oder Pacht unbeweglicher Sachen für höchstens sechs aufeinander folgende Monate zum vorübergehenden privaten Gebrauch dem Recht des Staates, in dem der Vermieter oder Verpächter seinen gewöhnlichen Aufenthalt hat, sofern der Mieter oder Pächter eine natürliche Person ist und seinen gewöhnlichen Aufenthalt in demselben Staat hat.
e) Franchiseverträge unterliegen dem Recht des Staates, in dem der Franchisenehmer seinen gewöhnlichen Aufenthalt hat.
f) Vertriebsverträge unterliegen dem Recht des Staates, in dem der Vertriebshändler seinen gewöhnlichen Aufenthalt hat.
g) Verträge über den Kauf beweglicher Sachen durch Versteigerung unterliegen dem Recht des Staates, in dem die Versteigerung abgehalten wird, sofern der Ort der Versteigerung bestimmt werden kann.
h) Verträge, die innerhalb eines multilateralen Systems geschlossen werden, das die Interessen einer Vielzahl Dritter am Kauf und Verkauf von Finanzinstrumenten im Sinne von Artikel 4 Absatz 1 Nummer 17 der Richtlinie 2004/39/EG nach nicht diskretionären Regeln und nach Maßgabe eines einzigen Rechts zusammenführt oder das Zusammenführen fördert, unterliegen diesem Recht.
(2) Fällt der Vertrag nicht unter Absatz 1 oder sind die Bestandteile des Vertrags durch mehr als einen der Buchstaben a bis h des Absatzes 1 abgedeckt, so unterliegt der Vertrag dem Recht des Staates, in dem die Partei, welche die für den Vertrag charakteristische Leistung zu erbringen hat, ihren gewöhnlichen Aufenthalt hat.
(3) Ergibt sich aus der Gesamtheit der Umstände, dass der Vertrag eine offensichtlich engere Verbindung zu einem anderen als dem nach Absatz 1 oder 2 bestimmten Staat aufweist, so ist das Recht dieses anderen Staates anzuwenden.
(4) Kann das anzuwendende Recht nicht nach Absatz 1 oder 2 bestimmt werden, so unterliegt der Vertrag dem Recht des Staates, zu dem er die engste Verbindung aufweist."
415 A/L/G/*Obergfell*, Kap. 12 Rn. 30.
416 A/L/G/*Obergfell*, Kap. 12 Rn. 31 mwN.
417 *Kreuzer*, in: FS von Caemmerer, S. 705, 722 f.; A/L/G/*Obergfell*, Kap. 12 Rn. 31 mwN.

Einl. C Europarechtliche Grundlagen und internationales Recht

aber zu schwierigen Abgrenzungsproblemen kommen.[418] In diesem Fall mag die Ausweichregelung des Art. 4 Abs. 4 ROM I-VO helfen, wonach es auf das Recht desjenigen Staates ankommt, zu dem der betreffende Vertrag eine „offensichtlich engere" Verbindung aufweist. Überstrapazieren sollte man dies freilich nicht, da die Berechenbarkeit der Auswahl des anwendbaren Rechts zentral für die Parteien und den Rechtsverkehr ist.[419]

3. Gerichtliche Zuständigkeit

91 Die gerichtliche Zuständigkeit richtet sich – soweit nicht wirksam ein Gerichtsstand vertraglich vereinbart wurde[420] – für Deutschland grundsätzlich nach den allgemeinen Bestimmungen nach §§ 12 ff. ZPO sowie bei grenzüberschreitenden Sachverhalten nach der Brüssel Ia-VO.

92 Der **allgemeine Gerichtsstand** bestimmt sich nach letzterer gemäß Art. 4 Brüssel Ia-VO[421] nach dem Ort, an dem die beklagten Personen ihren Wohnsitz ha-

---

418 Vgl. nur A/L/G/*Obergfell*, Kap. 12 Rn. 32 ff.
419 *Kreuzer*, in: FS von Caemmerer, S. 705, 709 f.
420 Vgl. Art. 23, 25 f. Brüssel Ia-VO; §§ 38 ff. ZPO.
421 Dieser lautet:
„(1) Vorbehaltlich der Vorschriften dieser Verordnung sind Personen, die ihren Wohnsitz im Hoheitsgebiet eines Mitgliedstaats haben, ohne Rücksicht auf ihre Staatsangehörigkeit vor den Gerichten dieses Mitgliedstaats zu verklagen.
(2) Auf Personen, die nicht dem Mitgliedstaat, in dem sie ihren Wohnsitz haben, angehören, sind die für Staatsangehörige dieses Mitgliedstaats maßgebenden Zuständigkeitsvorschriften anzuwenden."
Zu Personen, die keinen Wohnsitz in der Union haben, verweist Art. 6 Brüssel Ia-VO im Wesentlichen auf die Zuständigkeitsregeln der Mitgliedstaaten.
Dieser lautet wie folgt:
„Eine Person, die ihren Wohnsitz im Hoheitsgebiet eines Mitgliedstaats hat, kann in einem anderen Mitgliedstaat verklagt werden:
1. a) wenn ein Vertrag oder Ansprüche aus einem Vertrag den Gegenstand des Verfahrens bilden, vor dem Gericht des Ortes, an dem die Verpflichtung erfüllt worden ist oder zu erfüllen wäre;
b) im Sinne dieser Vorschrift – und sofern nichts anderes vereinbart worden ist – ist der Erfüllungsort der Verpflichtung
– für den Verkauf beweglicher Sachen der Ort in einem Mitgliedstaat, an dem sie nach dem Vertrag geliefert worden sind oder hätten geliefert werden müssen;
– für die Erbringung von Dienstleistungen der Ort in einem Mitgliedstaat, an dem sie nach dem Vertrag erbracht worden sind oder hätten erbracht werden müssen;
c) ist Buchstabe b nicht anwendbar, so gilt Buchstabe a;
2. wenn eine unerlaubte Handlung oder eine Handlung, die einer unerlaubten Handlung gleichgestellt ist, oder wenn Ansprüche aus einer solchen Handlung den Gegenstand des Verfahrens bilden, vor dem Gericht des Ortes, an dem das schädigende Ereignis eingetreten ist oder einzutreten droht;
3. wenn es sich um eine Klage auf Schadenersatz oder auf Wiederherstellung des früheren Zustands handelt, die auf eine mit Strafe bedrohte Handlung gestützt wird, vor dem Strafgericht, bei dem die öffentliche Klage erhoben ist, soweit dieses Gericht nach seinem Recht über zivilrechtliche Ansprüche erkennen kann;
4. wenn es sich um einen auf Eigentum gestützten zivilrechtlichen Anspruch zur Wiedererlangung eines Kulturguts im Sinne des Artikels 1 Nummer 1 der Richtlinie 93/7/EWG handelt, der

VII. Geschäftsgeheimnisse und internationales Privatrecht Einl. C

ben. Bei juristischen Personen ist dies der Ort ihres Sitzes, ihrer Hauptverwaltung oder ihrer Hauptniederlassung (Art. 63 Abs. 1 Brüssel Ia-VO).

Unter den **besonderen Gerichtsständen** des Art. 7 Brüssel Ia-VO sind im hiesigen Kontext insbesondere Nr. 1 (Gerichtsstand des Erfüllungsortes bei Lizenzverträgen über Geschäftsgeheimnisse) und Nr. 2 (Gerichtsstand des Erfolgsortes bei deliktischer Verletzung von Geschäftsgeheimnissen) relevant. Bei doppelt relevanten Handlungen, die sowohl Vertragsverletzung als auch Delikt sind, ist primär eine Zuständigkeit desjenigen Gerichts gegeben, bei dem nach Art. 7 Nr. 1 lit. a Brüssel Ia-VO der vertragliche Gerichtsstand bestünde.[422]

93

---

von der Person geltend gemacht wurde, die das Recht auf Wiedererlangung eines solchen Gutes für sich in Anspruch nimmt, vor dem Gericht des Ortes, an dem sich das Kulturgut zum Zeitpunkt der Anrufung des Gerichts befindet;
5. wenn es sich um Streitigkeiten aus dem Betrieb einer Zweigniederlassung, einer Agentur oder einer sonstigen Niederlassung handelt, vor dem Gericht des Ortes, an dem sich diese befindet;
6. wenn es sich um eine Klage gegen einen Begründer, Trustee oder Begünstigten eines Trust handelt, der aufgrund eines Gesetzes oder durch schriftlich vorgenommenes oder schriftlich bestätigtes Rechtsgeschäft errichtet worden ist, vor den Gerichten des Mitgliedstaats, in dessen Hoheitsgebiet der Trust seinen Sitz hat;
7. wenn es sich um eine Streitigkeit wegen der Zahlung von Berge- und Hilfslohn handelt, der für Bergungs- oder Hilfeleistungsarbeiten gefordert wird, die zugunsten einer Ladung oder einer Frachtforderung erbracht worden sind, vor dem Gericht, in dessen Zuständigkeitsbereich diese Ladung oder die entsprechende Frachtforderung
a) mit Arrest belegt worden ist, um die Zahlung zu gewährleisten, oder
b) mit Arrest hätte belegt werden können, jedoch dafür eine Bürgschaft oder eine andere Sicherheit geleistet worden ist; diese Vorschrift ist nur anzuwenden, wenn behauptet wird, dass der Beklagte Rechte an der Ladung oder an der Frachtforderung hat oder zur Zeit der Bergungs- oder Hilfeleistungsarbeiten hatte."
[422] Vgl. EuGH, 13.3.2014 – C-548/12, EuZW 2014, 383 Rn. 27 – Brogsitter; hierzu *Brammsen/Apel*, WRP 2016, 18 Rn. 1 ff., 42 mwN.

Einleitung D
Geschäftsgeheimnisse im Rechtsverkehr

Schrifttum: *Alexander*, Zwingendes oder dispositives Recht: Welchen privatautonomen Gestaltungsspielraum belässt das GeschGenG?, WPR 2020, 1385; *Apel/Boom*, Zur (Un-)Abdingbarkeit des § 5 GeschGehG – Fallstrick für NDAs?, GRUR-Prax 2020, 225; *ders./Walling*, Das neue Geschäftsgeheimnisgesetz: Überblick und erste Praxishinweise, DB 2019, 891; *Arens*, Gesetz zum Schutz von Geschäftsgeheimnissen (GeschGehG) – neue Herausforderungen für den Geschäftsführer, GWR 2019, 375; *Bank/Möllmann*, Venture Capital Agreements in Germany, 2017; *Bauer/Wenzel*, Informationsgewährung und Verschwiegenheit bei M&A-Transaktionen, ZGR 2020, 502; *Becker/Kussnik*, Angemessene Geheimhaltungsmaßnahmen nach dem Gesetz zum Schutz von Geschäftsgeheimnissen – Auswirkungen auf die Unternehmens- und Vertragspraxis?, RAW 2018, 119; *Berens/Brauner/Knauer/Strauch*, Due Diligence bei Unternehmensakquisitionen, 2019; *Berger/Tunze*, Geistiges Eigentum im Insolvenzverfahren, ZIP 2020, 52; *Bisle*, Einschränkung von Informationsrechten der GmbH-Gesellschafter – Berechtigte Auskunftsverweigerung der GmbH bei Geheimhaltungsabreden mit Dritten, NWB 2018, 1472; *v. Diringshofen*, Know-how Schutz in der Praxis, GRUR-Prax 2013, 397; *Eckhoff/Hoene*, Geheimnisschutz durch Vertragsgestaltung? – Wie Sie die Spielräume des Geschäftsgeheimnisgesetzes effektiv nutzen, ArbRB 2019, 256; *Erker/Freund*, Verschwiegenheitspflichten von Aufsichtsratsmitgliedern bei der GmbH, GmbHR 2001, 463; *Fleischer/Pendl*, Verschwiegenheitspflicht und Pflicht zum Geschäftsgeheimnismanagement von Geschäftsleitern, ZIP 2020, 1321; *Forkel*, Zur Übertragbarkeit geheimer Kenntnisse, in: FS Schnorr von Carolsfeld, 1972, S. 105; *Freckmann/Schmoll*, Geheimnisschutzrichtlinie: Neuer Standard für Vertraulichkeitsvereinbarungen und arbeitsvertragliche Verschwiegenheitsklauseln, BB 2017, 1780; *Gennen*, Vertragsgestaltung bei Gemeinschaftserfindungen – Regelungen zu Rechten an der Erfindung und zum Ausgleichsanspruch, IPRB 2010, 10; *ders.*, Rechte an Arbeitsergebnissen in Forschungs- und Entwicklungsverträgen, IPRB 2014, S. 278; *Grohmann*, AGB-Recht und IP-Verträge, GRUR-Prax 2019, 27; *Groß*, Der Lizenzvertrag, 2020; *Haggeney/Hausmanns*, Der Einfluss von Geheimhaltungsvereinbarungen auf die Informationsrechte des Aktionärs und des GmbH-Gesellschafters, NZG 2016, 814; *Hemeling*, Gesellschaftsrechtliche Fragen der Due Diligence beim Unternehmenskauf, ZHR 169 (2005), 274; *Heussen*, Letter of Intent, 2014; *Höfer*, Regierungsentwurf zum Geschäftsgeheimnisgesetz (GeschGehG) aus Geschäftsführersicht: Pflicht zum „Geschäftsgeheimnis-Management", GmbHR 2018, 1195; *Jansen/Hofmann*, Auswirkungen des Gesetzes zum Schutz von Geschäftsgeheimnissen auf Vertraulichkeitsvereinbarungen – Grundlegende Änderung oder nur „Feinjustierung" der bisherigen Praxis erforderlich?, BB 2020, 259; *Jonas*, Arbeitsvertragliche Verschwiegenheitsvereinbarungen nach der Einführung des Geschäftsgeheimnisgesetzes – Erste praktische Erfahrungen und Hinweise der Rechtsprechung, DB 2020, 1738; *Keller*, Geistiges Eigentum als Kreditsicherheit – Unter besonderer Berücksichtigung grenzüberschreitender Sicherungsgeschäfte, ZIP 2020, 1052; *Kraßer*, Grundlagen des zivilrechtlichen Schutzes von Geschäfts- und Betriebsgeheimnissen sowie von Know-how, GRUR 1977, 177; *Kurz*, Vertraulichkeitsvereinbarungen und andere Vorfeldverträge, 2019; *Leister*, Liberalisierung von Reverse Engineering durch Geschäftsgeheimnisgesetz: Wie können sich Unternehmen noch schützen?, GRUR-Prax 2019, 175; *ders.*, Unternehmen müssen ihre „Geheimnisschutz-Compliance" sicherstellen, GRUR-Prax 2020, 145; *Lieb/Hans*, Forschungs- und Entwicklungsverträge – „The Great Game of Powers", GWR 2016, 329; *Liese*, Die Offenlegung vertraulicher Verträge in Due Diligence-Verfahren, DB 2010, 1806; *Linke/Fröhlich*, Gestaltungsoptionen für Vertraulichkeitsvereinbarungen bei Unternehmenstransaktionen, GWR

2014, 449; *Lutter/Krieger/Verse*, Rechte und Pflichten des Aufsichtsrats, 7. Auflage 2020; *Maierhöfer/Hosseini*, Vertraglicher Ausschluss von Reverse Engineering nach dem neuen GeschGehG: Ein Praxistipp, GRUR-Prax 2019, 542; *Martinek*, Moderne Vertragstypen, Bd. II: Franchising, Know-how-Verträge, Management- und Consultingverträge, 1992; *Maume*, Geistiges Eigentum in der Unternehmensfinanzierung, NZG 2017, 249; *Mayer*, Geheimhaltungsvereinbarungen und Geheimnisschutz im vorvertraglichen Bereich, MDR 2018, 245; *McGuire*, Neue Anforderungen an Geheimhaltungsvereinbarungen, WRP 2019, 679; *Marsch-Barner*, § 13 Schutz der Gesellschaft und der Anteilseigner, in: v. Schenk (Hrsg.), Arbeitsbuch für Aufsichtsratsmitglieder, 2013, 726; *Möffert*, Forschungs- und Entwicklungsvertrag, 2019; *Mummenthey*, Vertraulichkeitsvereinbarungen, CR 1999, 651; *Müller/Wolff*, Freiwilliger Aufsichtsrat nach § 52 GmbHG und andere freiwillige Organe, NZG 2003, 751; *Oehlrich*, Know-how und Tacit Knowledge als vernachlässigte Vertragsbestandteile bei Lizenzverträgen, GRUR 2010, 33; *Oetker*, Aktienrechtliche Verschwiegenheitspflicht und Geschäftsgeheimnisgesetz, in: FS Hopt, 2020, S. 901; *Otte-Gräbener/Kutscher-Puis*, Handlungsbedarf durch das neue Geschäftsgeheimnisgesetz für Vertraulichkeitsvereinbarungen im Rahmen von Liefer- und Vertriebsverträgen, ZVertriebsR 2019, 288; *Pfister*, Das technische Geheimnis „Know how" als Vermögensrecht, 1974; *Preis/Seiwerth*, Geheimnisschutz im Arbeitsrecht nach dem Geschäftsgeheimnisgesetz, RdA 2019, 351; *Ries/Haimerl*, Auswirkungen der EU-Geheimnisschutzrichtlinie auf die Verschwiegenheitspflicht von Vorstandsmitgliedern nach § 93 I 3 AktG, NZG 2018, 621; *Rosenberger/Wündisch*, Verträge über Forschung und Entwicklung, 2018; *Roth*, Geheimhaltungsklauseln in IT-Verträgen – Hinweise zur Ausgestaltung wesentlicher Regelungspunkte, ITRB 2011, 115; *Rozijn*, Geheimhaltungspflichten und Kapitalschutz beim Abschluss von M&A-Dienstleistungsverträgen, NZG 2001, 494; *Schefold*, Das GeschGeh-Compliance-Management-System. Ein CMS zur erfolgreichen Verwertung eigener und zum Schutz vor Inanspruchnahme aus fremden Geschäftsgeheimnissen (GeschGehs), ZRFC 2019, 171; *Scheja/Mantz*, Vertraulichkeit von Verträgen vs. Offenlegungsanforderungen, CR 2009, 413; *Schiffer/Bruß*, Due Diligence beim Unternehmenskauf und vertragliche Vertraulichkeitsvereinbarungen, BB 2012, 847; *Schmidt*, Informationsrechte in Gesellschaften in Verbänden. Ein Beitrag zur gesellschaftsrechtlichen Institutionenbildung, 1984; *Schmitz*, Vertraulichkeitsklauseln und Outsourcing – Warum eine wirksame Auftragsdatenverarbeitung die Verletzung von Vertraulichkeitspflichten gegenüber Dritten ausschließt, CR 2012, 557; *Schöwerling*, Die Geheimhaltungsvereinbarung: (K)ein Auslaufmodell?, GRUR-Prax 2015, 52; *Schulte/Schwindt/Kuhn*, Joint Ventures. Nationale und internationale Gemeinschaftsunternehmen, 2009; *Schuster/Tobuschat*, Geschäftsgeheimnisse in der Insolvenz, GRUR-Prax 2019, 248; *Selbach*, Geheimhaltungspflichten von Gesellschaftern in personalistisch strukturierten Gesellschaften, 2015; *Söbbing*, Sind Non Disclosure Agreements wirklich notwendig?, GWR 2010, 237; *Spindler/Kepper*, Funktionen, rechtliche Rahmenbedingungen und Gestaltungsmöglichkeiten des GmbH-Beirats, DStR 2005, 1738 (Teil I), 1775 (Teil II); *Steinmann/Schubmehl*, Vertraglicher Geheimnisschutz im Kunden-Lieferanten-Verhältnis – Auswirkungen der EU-Geheimnisschutz-RL am Beispiel der Automobilindustrie, CCZ 2017, 194; *Ulmer-Eilfort/Schmoll*, Technologietransfer – Lizenzverträge für Patente und Know-how, 2016; *Ulrich*, Non-Disclosure Agreements – lästige Notwendigkeit oder wertvolles Vertragsinstrument?, GmbHR 2011, R53; *ders.*, M&A, NDAs und das neue Geschäftsgeheimnisgesetz, GmbHR 2019, R350; *Wälzholz*, Der Beirat im mittelständischen Unternehmen – Chancen, Grenzen und Probleme, DStR 2003, 511; *Weitnauer*, Handbuch Venture Capital, 2019; *Wenner/Schuster*, Geheimhaltungsvereinbarungen insolvenzfest?, ZIP 2005, 2191; *v. Werder/Kost*, Vertraulichkeitsvereinbarungen in der M&A-Praxis, BB 2010, 2903; *Wiedemann/Kögel*, Beirat und Aufsichtsrat im Familienunternehmen, 2020; *Winzer*, Forschungs- und Entwicklungsverträge, 2011; *Wurzer*, Know-how Schutz als Teil des Compliance Managements, CCZ 2009, 49.

Einl. D Geschäftsgeheimnisse im Rechtsverkehr

Übersicht

	Rn.		Rn.
I. Überblick: Vorgaben und Auswirkungen des GeschGehG	1	III. Verträge über Geschäftsgeheimnisse	39
II. Vereinbarungen zum Schutz der Vertraulichkeit	5	1. Forschungs- und Entwicklungsverträge	40
1. Eigenständige Vertraulichkeitsvereinbarungen	5	2. Know-how-Verträge und Know-how-Lizenzverträge	44
a) Allgemeines	5	3. Unternehmenskauf und Ventre Capital Beteiligungen	51
b) Typische Regelungen	9	4. Joint-Venture	56
2. Vertraulichkeitsklauseln	25	5. Unternehmensfinanzierung	57
3. Auswirkungen des GeschGehG	30	IV. Vollstreckung	58
a) Definition der vertraulichen Information	31	1. Einzelvollstreckung	58
b) Beweislast für das (Nicht-)Vorliegen von vertraulichen Informationen bzw. Geschäftsgeheimnissen	32	2. Insolvenz	59
		V. Gesamtrechtsnachfolge	62
		1. Erbrecht	62
		2. Umwandlungsrecht	64
c) Vertragsstrafe und sonstige wirksame Ausgestaltung	33	VI. Geschäftsgeheimnisse in der gesellschaftsrechtlichen Kompetenzordnung	65
d) Reverse Engineering	35	1. Geschäftsleitung	66
e) (Un)Abdingbarkeit des § 5 GeschGehG	36	a) Geheimhaltungspflicht	66
f) Parallelität zwischen vertraglichem und gesetzlichem Schutz; Gerichtsstand	37	b) Erlaubte Offenlegung	75
		c) Due Diligence	79
g) Schutz vor Nutzung fremder Geschäftsgeheimnisse	38	d) Geheimnismanagement und Geheimniscompliance	83
		2. Überwachungs- und Beratungsorgane	85
		3. Gesellschafter	89

I. Überblick: Vorgaben und Auswirkungen des GeschGehG

1 Das GeschGehG zeigt in unterschiedlichem Umfang Einfluss auf die Gegenstände des vorliegenden Kapitels. Entsprechend seinem in § 1 Abs. 1 festgelegten Gesetzeszweck („Schutz von Geschäftsgeheimnissen vor unerlaubter Erlangung, Nutzung und Offenlegung") enthält es **keine Regelungen**, die sich mit der **Übertragung** von Geschäftsgeheimnissen oder ihrem **sonstigen Übergang** befassen. Auch **Vereinbarungen über Geschäftsgeheimnisse oder zu ihrem Schutz** stehen nicht im Mittelpunkt des Gesetzes. Jedoch **setzt** es die seit langem bestehende **Praxis vertraglicher Vereinbarungen** über und zum Schutz von Geschäftsgeheimnissen **voraus** und **beeinflusst** diese auch **inhaltlich** – und zwar in nicht unerheblichem Maße. Nicht zuletzt deswegen ergibt sich durch das GeschGehG **Handlungsbedarf** für die **Geschäftsleiter** eines Unternehmens.

I. Überblick: Vorgaben und Auswirkungen des GeschGehG **Einl. D**

Das Fehlen einer die **Verkehrsfähigkeit** von **Geschäftsgeheimnissen** regelnden 2
Vorschrift wird im Vergleich mit § 15 PatG[1] deutlich: Es existiert im GeschGehG
(wie in der gesamten Rechtsordnung) **keine** Norm mit einer expliziten (positiven)
Aussage zur **Existenz** eines **subjektiven absoluten Rechts** an Geschäftsgeheimnissen und zu seiner Übertragbarkeit. Es ist daher (wie bisher) davon auszugehen,
dass es sich bei Geschäftsgeheimnissen zwar um **immaterielle Güter** und um (oftmals sehr bedeutende) Vermögensbestandteile, **nicht** aber um **Objekte** eines **Immaterialgüterrechts** mit Ausschließlichkeitswirkung handelt.[2] Wird in der Praxis
der Vertragsgestaltung eine solche **ausschließliche Wirkung** beabsichtigt, so muss
sie durch entsprechende **vertragliche Abreden** (insbesondere durch Vertraulichkeitsverpflichtungen und Nutzungsbeschränkungen) erzielt werden.[3]

Die **Existenz derartiger Vereinbarungen zum Schutz von und über Geschäfts-** 3
geheimnisse setzt das GeschGehG voraus. Dies wird bei der **Festlegung** seines
Schutzbereichs, namentlich bei der Normierung der erlaubten (§ 3) sowie der verbotenen (§ 4) Handlungen, deutlich. Konkret wird in § 3 Abs. 2 (unter anderem)
normiert, dass ein Geschäftsgeheimnis erlangt, genutzt oder offengelegt werden
darf, wenn dies „durch Rechtsgeschäft gestattet ist". Und in § 4 Abs. 2 wird ausgesprochen, dass ein Geschäftsgeheimnis nicht nutzen oder offenlegen darf, wer „gegen eine Verpflichtung zur Beschränkung der Nutzung des Geschäftsgeheimnisses
verstößt" (Nr. 2) sowie wer „gegen eine Verpflichtung verstößt, das Geschäftsgeheimnis nicht offenzulegen" (Nr. 3). **Vertragliche Vereinbarungen determinieren**
also (auch) den **gesetzlichen Schutzbereich**; damit **steigt ihre Bedeutung**.[4]

Die vom Gesetz vorausgesetzte **gewachsene Vertragspraxis**, die sich unter Aus- 4
nutzung der **Vertragsfreiheit** (Art. 2 Abs. 1 GG, §§ 241 Abs. 1, 311 Abs. 1 BGB)
und innerhalb ihrer **Grenzen** (§§ 134, 138, 305 ff. BGB) entwickelt hat, ist nach Inkrafttreten des GeschGehG jedoch auf ihre **Vereinbarkeit** mit dessen Bestimmungen und auf hierdurch hervorgerufenen inhaltlichen **Anpassungsbedarf** hin zu
überprüfen.[5] Inhaltliche Auswirkungen auf die Vertragsgestaltung hat das GeschGehG insbesondere aus den folgenden Gründen: *Erstens* werden aus dem GeschGehG bestimmte **inhaltliche Anforderungen** abgeleitet, um eine Vereinbarung

---

1 § 15
(1) Das Recht auf das Patent, der Anspruch auf Erteilung des Patents und das Recht aus dem Patent gehen auf die Erben über. Sie können beschränkt oder unbeschränkt auf andere übertragen werden.
(2) Die Rechte nach Absatz 1 können ganz oder teilweise Gegenstand von ausschließlichen oder nicht ausschließlichen Lizenzen für den Geltungsbereich dieses Gesetzes oder einen Teil desselben sein. Soweit ein Lizenznehmer gegen eine Beschränkung seiner Lizenz nach Satz 1 verstößt, kann das Recht aus dem Patent gegen ihn geltend gemacht werden.
(3) Ein Rechtsübergang oder die Erteilung einer Lizenz berührt nicht Lizenzen, die Dritten vorher erteilt worden sind.
2 Eingehend § 1 Rn. 12; zur historischen Dimension der Diskussion Einl. B Rn. 22 ff, 56 ff.
3 Rn. 28, 43 und 49.
4 Dazu auch § 3 Rn. 104 sowie unten Rn. 31, 37.
5 Übersicht über die Diskussionspunkte Rn. 30 ff.

Einl. D Geschäftsgeheimnisse im Rechtsverkehr

zum Schutz eines Geschäftsgeheimnisses als eine (für das tatbestandliche Vorliegen eines Geschäftsgeheimnisses erforderliche) **angemessene Geheimhaltungsmaßnahme** (§ 2 Nr. 1 lit. b) zu qualifizieren.[6] *Zweitens* enthält das GeschGehG **nicht disponible Regelungen** hinsichtlich (un)erlaubter Verhaltensweisen, was zur Folge hat, dass entgegenstehende vertragliche Vereinbarungen unwirksam sind (§§ 134, 138 BGB); dies wird derzeit insbesondere im Rahmen des § 5 diskutiert.[7] *Drittens* kommt den **Bestimmungen des GeschGehG** im **AGB-Recht** nunmehr **Leitbildfunktion** (§ 307 Abs. 2 Nr. 1 BGB) zu; ein Verstoß hat ebenfalls die Unwirksamkeit zur Folge (§ 307 Abs. 1 Satz 1 BGB).[8] *Viertens* werden aufgrund **sonstiger** durch das GeschGehG bedingten **Änderungen der Rechtslage** Anpassungen der Vertragspraxis zumindest empfohlen – zu nennen sind insbesondere die Notwendigkeit, aufgrund der bereits angesprochenen **Relevanz vertraglicher Vereinbarungen für die Grenzziehung** auch des gesetzlichen Schutzes bei der Vertragsgestaltung besondere Sorgfalt walten zu lassen,[9] wie auch die Wichtigkeit, sich aufgrund eines gewachsenen **Haftungsrisiko** bei der **Verletzung fremder Geschäftsgeheimnisse** hiergegen vertraglich abzusichern.[10] Nicht zuletzt aufgrund dieser Auswirkungen des GeschGehG entsteht **Handlungsbedarf für Geschäftsleiter**: Notwendig sind ein **Geheimnismanagement**, um die Geschäftsgeheimnisse des eigenen Unternehmens (vertraglich) zu schützen und eine **Geheimniscompliance**, um die Verletzung fremder Geschäftsgeheimnisse (vertraglich) auszuschließen.[11]

II. Vereinbarungen zum Schutz der Vertraulichkeit

1. Eigenständige Vertraulichkeitsvereinbarungen

a) Allgemeines

5 Vertraulichkeitsvereinbarungen, auch (synonym) als Geheimhaltungsvereinbarungen, Non-Disclosure Agreements (NDA), Confidentiality Agreements oder Confidential Disclosure Agreement (CDA) bezeichnet,[12] sind von erheblicher praktischer Bedeutung. Auch wenn ihr Nutzen Gegenstand der Diskussion ist,[13] kommen sie in der Praxis regelmäßig im **Vorfeld des Abschlusses eines Hauptvertrages**, also vor dem Abschluss eines Vertrages, der den von den Parteien final gewollten Leistungsaustausch zum Gegenstand hat, zur Anwendung.[14] Bei dem Hauptvertrag kann es sich um sehr unterschiedliche Verträge, beispielsweise um die im Folgenden zu be-

---

6 Rn. 31 sowie eingehend die Kommentierung zu § 2 Rn. 71, 87 ff.
7 Rn. 36.
8 Relevante Fallgruppen Rn. 32, 35 f.
9 Dazu Rn. 31, 37.
10 Hierzu Rn. 38.
11 Vgl. Rn. 83 f.
12 Überblick über die vielgestaltige Terminologie und über die möglichen Erscheinungsformen von Vertraulichkeitsvereinbarungen bei *Kurz*, Rn. 5, 14 ff.
13 Zur Diskussion *Söbbing*, GWR 2010, 237; *Schöwerling*, GRUR-Prax 2015, 52.
14 Wurzer/Kaiser/*Kaiser*, S. 262; *Kurz*, Rn. 6.

II. Vereinbarungen zum Schutz der Vertraulichkeit   Einl. D

handelnden Know-how-Verträge,[15] Forschungs- und Entwicklungsverträge[16] oder Unternehmenskaufverträge,[17] handeln.[18] Gemeinsam ist allen Fallgestaltungen, dass es zum Zeitpunkt der Unterzeichnung der Vertraulichkeitsvereinbarung für die Parteien des späteren **Hauptvertrages** noch **nicht endgültig absehbar** ist, ob es zu dessen **Abschluss** kommt.[19] Für die Entscheidungsfindung werden vertrauliche Informationen der Gegenseite benötigt, die von dieser jedoch nur unter dem Schutz einer Vertraulichkeitsvereinbarung offengelegt werden.

Durch die Vertraulichkeitsvereinbarung ist eine **präzise Festlegung der Rechte und (Haupt-)Pflichten** der Parteien, auf die im **Verletzungsfall vertragliche Schadenersatzansprüche** (§§ 280 Abs. 1 BGB) gestützt werden können, möglich.[20] Dies ist gegenüber einer etwaigen Haftung des Verletzers lediglich auf Basis eines Verstoßes gegen eine (gegenüber einer differenziert formulierten Vertraulichkeitsvereinbarung naturgemäß diffusen) Geheimhaltungspflicht aus einem **vorvertraglichen Schuldverhältnis** (§§ 280 Abs. 1, 311 Abs. 2, 241 Abs. 2 BGB) vorzugswürdig.[21] Auch führt die explizite Vereinbarung der Vertraulichkeitspflichten diese den Vertragspartnern deutlich vor Augen, was sie zu einem pflichtgemäßen Verhalten motivieren kann.[22] Schließlich werden Vertraulichkeitsvereinbarungen abgeschlossen, da den **Geschäftsleiter** einer Gesellschaft bei einem Verzicht hierauf eine **persönliche Haftung** drohen kann.[23]

6

Je nachdem, ob nur eine oder alle Parteien vertrauliche Informationen offenlegen, können Vertraulichkeitsvereinbarungen **einseitig- oder mehrseitig** ausgestaltet sein.[24] Bei Vertraulichkeitsvereinbarungen handelt es sich oftmals um **AGB**, sodass neben den allgemeinen Grenzen der Vertragsfreiheit (§§ 134, 138 BGB) auch die **§§ 305 ff. BGB** bei ihrer Prüfung heranzuziehen sind.[25] Das Vorliegen von AGB und die damit verbundenen Konsequenzen für die Vertragsgestaltung werden im unternehmerischen Verkehr allerdings oftmals unterschätzt.[26]

7

---

15 S. Rn. 44 ff.
16 Rn. 40 ff.
17 Vgl. Rn. 51 ff.
18 Übersicht über den Anwendungsbereich von Vertraulichkeitsvereinbarungen bei *Mummenthey*, CR 1999, 651 f.; zahlreiche Muster für unterschiedliche Sachverhalte bei *Kurz*, Rn. 709 ff.
19 Eingehend zu den Motiven für den Abschluss einer Vertraulichkeitsvereinbarung *Kurz*, Rn. 1 ff.
20 *Jansen/Hofmann*, BB 2020, 259, 261; *Mayer*, MDR 2018, 246, 247; *Roth*, ITRB 2011, 115, 118; *v. Werder/Kost* BB 2010, 2903, 2905.
21 *Jansen/Hofmann*, BB 2020, 259, 261; *Mayer*, MDR 2018, 246 f.; *McGuire*, WRP 2019, 679, 681.; *Roth*, ITRB 2011, 115, 116; *Steinmann/Schubmehl*, CCZ 2017, 194 f.; *v. Werder/Kost*, BB 2010, 2903, 2905.
22 *Jansen/Hofmann*, BB 2020, 259, 261.
23 Zur Haftung eines Geschäftsleiters für den unzureichenden (vertraglichen) Schutz von Geschäftsgeheimnissen Rn. 83.
24 Beispiele für die einseitige und mehrseitige Ausgestaltung von Vertraulichkeitsvereinbarungen bei *Kurz*, Rn. 709 ff.
25 *Grohmann*, GRUR-Prax 2019, 27, 29; *Mummenthey*, CR 1999, 651 f.; *Roth*, ITRB 2011, 115, 116.
26 Hierzu *Grohmann*, GRUR-Prax 2019, 27.

Einl. D Geschäftsgeheimnisse im Rechtsverkehr

8 Eine besondere **Form** ist für den Abschluss einer Vertraulichkeitsvereinbarung **nicht vorgeschrieben**.[27] Dies gilt auch dann, wenn der spätere Hauptvertrag ein formbedürftiges Rechtsgeschäft darstellt (also etwa der Verkauf von GmbH Geschäftsanteilen (§ 15 Abs. 4 Satz 1 GmbHG) oder eines Grundstücks (§ 311b Abs. 1 Satz 1 BGB), da die (reine) Vertraulichkeitsvereinbarung keine diesbezüglichen Verpflichtungen begründet.[28]

b) Typische Regelungen

9 **Abhängig** von ihrem **Zweck** bzw. dem später abzuschließenden **Hauptvertrag** und der Interessenlage der Parteien können Vertraulichkeitsvereinbarungen **unterschiedliche Regelungen** zum Inhalt haben.[29] In bestimmten Rechtsbereichen, etwa im Bereich des Unternehmenskaufs (Mergers & Acquisitions), haben sich eigene Marktstandards für Vertraulichkeitsvereinbarungen etabliert und es werden typischerweise Regelungen vereinbart, die anderenorts nicht die gleiche Bedeutung haben.[30] Gleichwohl folgen Vertraulichkeitsvereinbarungen oftmals einem ähnlichen **Grundmuster** und behandeln insbesondere die im Folgenden im Überblick angesprochenen Punkte.[31]

10 Eingangs der Vertraulichkeitsvereinbarung werden zunächst diejenigen **Informationen definiert, die durch die Vereinbarung geschützt** werden sollen.[32] Sie werden meist als „**vertrauliche Informationen**" bezeichnet. Für die vertraulichen Informationen wird regelmäßig eine (sehr) **weite Definition** verwendet, die oftmals **sämtliche ausgetauschte Informationen** erfasst.[33] Eine zu weite Formulierung kann jedoch kartellrechtlich und mit Blick auf § 307 Abs. 1 BGB problematisch sein.[34] Häufig werden auch die **laufenden Verhandlungen der Parteien** sowie die **Existenz der Vertraulichkeitsvereinbarung** in den Schutzbereich einbezogen.[35] Zur Verdeutlichung, was als vertrauliche Information geschützt sein soll, verwenden viele Vertraulichkeitsvereinbarungen **Beispielkataloge**.[36]

11 Eine (weite) **Definition** der vertraulichen Informationen kann bei der Vertragsgestaltung auf vielfältige Weise **verengt** werden, etwa indem bestimmte Formen der Offenlegung vereinbart werden (zB nur die Offenlegung in schriftlicher Form) oder

---

27 *Linke/Fröhlich*, GWR 2014, 449, 454; *v. Werder/Kost*, BB 2010, 2903, 2904.
28 *v. Werder/Kost*, BB 2010, 2903, 2904.
29 *Mummenthey*, CR 1999, 651.
30 Spezifische Ausführungen zu dem Bereich M&A bei *Kurz*, Rn. 583 ff.; *Linke/Fröhlich*, GWR 2014, 449; *v. Werder/Kost* BB 2010, 2903.
31 Eingehend jeweils *Kurz*, Rn. 24 ff., mit zahlreichen Formulierungsvorschlägen.
32 Wurzer/Kaiser/*Kaiser*, S. 264 ff.; *Linke/Fröhlich*, GWR 2014, 449 f.; *Steinmann/Schubmehl*, CCZ 2017, 195; *v. Werder/Kost* BB 2010, 2903, 2905 f.; eingehend *Kurz*, Rn. 96 ff. (mit Formulierungsvorschlägen).
33 *Mummenthey*, CR 1999, 655; *Söbbing*, GWR 2010, 237 ff.
34 *Otte-Gräbener/Kutscher-Puis*, ZVertriebsR 2019, 288, 290; *Roth*, ITRB 2011, 115, 116 f.; *Steinmann/Schubmehl*, CCZ 2017, 194, 195.
35 *Linke/Fröhlich*, GWR 2014, 449, 450; *v. Werder/Kost*, BB 2010, 2903, 2906.
36 *Jansen/Hofmann*, BB 2020, 259, 263.

II. Vereinbarungen zum Schutz der Vertraulichkeit **Einl. D**

ausgeschlossen werden (zB die mündliche Mitteilung) oder indem eine Kennzeichnungspflicht der offengelegten vertraulichen Informationen vorgeschrieben wird.[37] Teilweise werden auch **verschiedene Klassen vertraulicher Informationen** definiert, um sodann bestimmte besonders wichtige Informationen (insbesondere solche mit großer Relevanz für den Wettbewerb) einem besonders strengen Schutz zu unterstellen.[38]

Weite Definitionen der geschützten vertraulichen Informationen gehen regelmäßig über den **gesetzlichen Begriff des Geschäftsgeheimnisses** (§ 2 Nr. 1) hinaus.[39] Dies nicht nur, da die vertraulichen Informationen möglicherweise zu weit verbreitet sind und daher nicht den Anforderungen des § 2 Nr. 1 lit. a genügen,[40] sondern insbesondere auch weil die weit gefassten Definitionen mangels konkreter Warnfunktion oftmals keine **angemessene Geheimhaltungsmaßnahme** gemäß § 2 Nr. 1 lit. b darstellen.[41] **12**

Im Anschluss an die Definition der „vertraulichen Information" werden **Ausnahmen** festgelegt, also Sachverhalte beschrieben, bei denen die Informationen nicht der Definition unterfallen (teilweise werden diese Fälle auch als Ausnahmen vom Weitergabe- und Nutzungsverbot behandelt).[42] **Typischerweise** werden insbesondere die folgenden Ausnahmen geregelt: **13**

– Die Information war zum Zeitpunkt der Mitteilung durch die offenlegende Partei an die empfangende Partei bereits **öffentlich bekannt** oder sie wird dies während der Laufzeit der Geheimhaltungsvereinbarung (ohne Verschulden der empfangenden Partei).
– Die empfangende Partei hatte bereits **vor der Mitteilung** der Information durch die offenbarende Partei **Kenntnis** von dieser.
– Die empfangende Partei erhält die Information **rechtmäßig** von einem **Dritten** (ohne Verletzung einer Vertraulichkeitsverpflichtung).
– Die Information wird von der empfangenden Partei **unabhängig entwickelt** oder **in Erfahrung gebracht**.

Regelmäßig werden bezüglich der Ausnahmen auch Regelungen zur **Darlegungs- und Beweislast** (zulasten der empfangenden Partei) vereinbart.[43] Ist die empfang- **14**

---

37 Wurzer/Kaiser/*Kaiser*, S. 265 ff.; *Mummenthey*, CR 1999, 651, 654; *Roth*, ITRB 2011, 115, 116; viele Formulierungsbeispiele bei *Kurz*, Rn. 96 ff.
38 *Mummenthey*, CR 1999, 651, 656; *Linke/Fröhlich*, GWR 2014, 449, 451 f.
39 Hierzu *Mayer*, MDR 2018, 246, 247; *Roth*, ITRB 2011, 115; *Söbbing*, GWR 2010, 237 ff. (jeweils im Vergleich zu dem Geheimnisbegriff des § 17 UWG aF) und *Jansen/Hofmann*, BB 2020, 259, 263 (im Verhältnis zu § 2 Nr. 1 GeschGehG).
40 Hierzu die Kommentierung zu § 2 Rn. 25 ff.
41 Unten Rn. 31.
42 Wurzer/Kaiser/*Kaiser*, S. 268; *Linke/Fröhlich*, GWR 2014, 449 f.; *Mummenthey*, CR 1999, 651, 655; *Roth*, ITRB 2011, 115, 117; *Steinmann/Schubmehl*, CCZ 2017, 195; *v. Werder/Kost*, BB 2010, 2903, 2906; eingehend *Kurz*, Rn. 146 ff.
43 *Roth*, ITRB 2011, 115, 117; *Söbbing*, GWR 2010, 237 f.; *Steinmann/Schubmehl*, CCZ 2017, 195 f.; *v. Werder/Kost*, BB 2010, 2903, 2906.

Einl. D Geschäftsgeheimnisse im Rechtsverkehr

ende Partei hiernach beweisbelastet (was regelmäßig der Fall ist), kann dies den Wert der Ausnahme (erheblich) mindern.[44] Gegen diese Vorgehensweise bestehen nach Inkrafttreten des **GeschGehG** jedoch **AGB-rechtliche Bedenken**.[45]

15 Die **Definition** der vertraulichen Informationen (und die Ausnahmen hiervon) sind ein häufiger **Streitpunkt** zwischen den Parteien, die – je nach ihrer Interessenlage – entweder eine weite Definition und die Einbeziehung möglichst vieler (regelmäßig die Vorstellung der offenlegenden Partei) oder möglichst weniger (ebenso häufig das Ziel der empfangenden Partei) Informationen in den Anwendungs- und Schutzbereich der Vertraulichkeitsvereinbarung wünschen.[46] Im Interesse der **Rechtssicherheit** und **Praktikabilität** sollte eine präzise und praxisorientierte Definition gewählt werden.[47]

16 Sodann werden die **Verpflichtungen der empfangenden Partei** bezüglich der vertraulichen Informationen festgelegt. Sie unterliegt regelmäßig sowohl einem **Verbot** hinsichtlich der **Weitergabe** (die eigentliche Vertraulichkeitsverpflichtung) der erhaltenen Informationen und auch bezüglich ihrer **Nutzung**.[48] Die Bezeichnung des Vertrags als *Vertraulichkeits*vereinbarung (sowie die in der Praxis gebräuchlichen Synonyme[49]) sind somit meistens zu eng[50] (zutreffend wäre in diesen Fällen eine Bezeichnung als Vertraulichkeits- und *Nutzungsbeschränkungs*vereinbarung[51]).

17 Eine **Berechtigung** zur **Weitergabe** und insbesondere zur **Nutzung** wird dem Empfänger meist nur dann und nur soweit eingeräumt, wie das zur **Erreichung** des mit der Vertraulichkeitsvereinbarung verfolgten **Zwecks erforderlich ist**.[52] Die Festlegung des Zwecks der Vertraulichkeitsvereinbarung (bspw. Prüfung der Möglichkeit einer technischen Zusammenarbeit zur Entwicklung eines neuen Produktes) kann an dieser Stelle des Vertrages vorgenommen werden; häufig erfolgt sie auch bereits vorab in der Präambel.[53] Aufgrund ihres begrenzenden Einflusses auf die Möglichkeiten der Weitergabe und Nutzung sollte die **Definition** des mit der Vertraulichkeitsvereinbarung verfolgten **Zwecks** in jedem Fall **mit** (großer) **Sorgfalt** erfolgen.

18 Bezüglich der **Weitergabe an Dritte** ist zu regeln, **ob** und – wenn ja – **an wen** die vertraulichen Informationen weitergegeben werden dürfen [zB Arbeitnehmer, (zur Berufsverschwiegenheit verpflichtete) Berater, Konzerngesellschaften] und unter welchen **Voraussetzungen** die Weitergabe erfolgen darf [zB Auferlegung von

---

44 *Söbbing*, GWR 2010, 237 f.; *Steinmann/Schubmehl*, CCZ 2017, 195 f.
45 Rn. 32.
46 *Mummenthey*, CR 1999, 651, 653; *Ulrich*, GmbHR 2011, R53.
47 *Roth*, ITRB 2011, 115, 116 f.; *Ulrich*, GmbHR 2011, R53.
48 Wurzer/Kaiser/*Kaiser*, S. 265 ff.; *Kurz*, Rn. 194 ff.; *Mummenthey*, CR 1999, 651, 654; *Roth*, ITRB 2011, 115, 117; *Schöwerling*, GRUR-Prax 2015, 52; *v. Werder/Kost*, BB 2010, 2903, 2906.
49 Vgl. Rn. 5.
50 *McGuire*, WRP 2019, 679, 684.
51 *Apel/Walling*, DB 2019, 891, 895.
52 *v. Diringshofen*, GRUR-Prax 2013, 397, 398; *Mummenthey*, CR 1999, 651, 654; *Kurz*, Rn. 243 ff.; *Steinmann/Schubmehl*, CCZ 2017, 194, 196.
53 *Kurz*, Rn. 34 f., 94, 252 f.

II. Vereinbarungen zum Schutz der Vertraulichkeit   **Einl. D**

(gleichwertigen) Vertraulichkeitsverpflichtungen, Anwendung des Need-to-Know Prinzips, Dokumentation der Weitergabe, Information der offenlegenden Partei über die Weitergabe, Haftung der (ursprünglich) empfangenden Partei für einen Missbrauch durch Zweitempfänger].[54] Besondere Beachtung verdienen **Konzernsachverhalte**, da die rechtlichen Konstellationen den an der praktischen Umsetzung der Vertraulichkeitsvereinbarung beteiligten Personen oftmals nicht bewusst sind.[55] In fast jeder Vertraulichkeitsvereinbarung werden auch bestimmte **Fallgruppen** vereinbart, in denen eine **Berechtigung zur Offenlegung** gegeben sein soll, etwa im Falle einer gesetzlichen Verpflichtung sowie einer behördlichen Anordnung oder einer gerichtlichen Auseinandersetzung.[56] Aber auch Sachverhalte, die den Parteien zunächst (möglicherweise) fernliegend erscheinen, wie die Befugnis zur Offenlegung im Rahmen eines Outsourcings von Funktionen[57] oder im Rahmen einer Due Diligence Prüfung im Vorfeld eines Unternehmenskaufes[58] sollten erwogen werden. Von der offenlegenden Partei sollte auch das Risiko bedacht werden, dass bei einer Gesellschaft als Vertragspartner die Möglichkeit bestehen kann, dass Gesellschafter (insbesondere einer GmbH) ihre Informationsrechte geltend machen und derart Einsicht in Geschäftsgeheimnisse erhalten können.[59]

Hinsicht der **Nutzung** der vertraulichen Informationen können – neben der bedeutsamen Begrenzung auf den Zweck der Geheimhaltungsvereinbarung[60] – bestimmte unerwünschte Verhaltensweisen ausdrücklich ausgeschlossen werden. Derartiges wird zum Beispiel nunmehr für das sog. **Reverse Engineering** empfohlen.[61] Auch wird häufig klargestellt, dass dem Empfänger **keine Rechte** an den vertraulichen Informationen **eingeräumt** werden[62] und dem Empfänger untersagt, die erhaltenen Informationen für die **Anmeldung von Schutzrechten** zu nutzen.[63]   19

Neben Beschränkungen bezüglich der Weitergabe und der Nutzung werden regelmäßig auch **weitere Verpflichtungen des Empfängers** zum Umgang mit den vertraulichen Informationen aufgenommen. Hierzu gehört etwa eine Verpflichtung, in bestimmter Art und Weise einen **Schutz der vertraulichen Informationen vor**   20

---

54 *Kurz*, Rn. 197 ff.; *Linke/Fröhlich*, GWR 2014, 449, 450 f.; *Mummenthey*, CR 1999, 651, 655 f.; *Roth*, ITRB 2011, 115, 118; *Steinmann/Schubmehl*, CCZ 2017, 194, 196; *v. Werder/Kost* BB 2010, 2903, 2906 ff.
55 *Wurzer/Kaiser/Kaiser*, S. 263 f.; *Mummenthey*, CR 1999, 651, 655; eingehend *Kurz*, Rn. 36 ff. Eine Konzernstruktur kann auch bereits bei der Wahl der Vertragsparteien der Vertraulichkeitsvereinbarung zu beachten sein, vgl. *Wurzer/Kaiser/Kaiser*, S. 263 f.; *Kurz*, Rn. 36 ff.
56 *v. Diringshofen*, GRUR-Prax 2013, 397, 398; *Linke/Fröhlich*, GWR 2014, 449, 450; *Mummenthey*, CR 1999, 651, 655; *Steinmann/Schubmehl*, CCZ 2017, 194, 196; *v. Werder/Kost* BB 2010, 2903, 2909.
57 Zur Problematik *Scheja/Mantz*, CR 2009, 413 und *Schmitz*, CR 2012, 557, sowie A/L/G/*Huber*, Kap. 4 Rn. 78 ff.
58 Hierzu Rn. 79 ff.
59 Hierzu Rn. 77 f.
60 Oben Rn. 17.
61 Vgl. Rn. 35.
62 *Roth*, ITRB 2011, 115, 118.
63 *Wurzer/Kaiser/Kaiser*, S. 267.

Einl. D Geschäftsgeheimnisse im Rechtsverkehr

Kenntnisnahme durch Dritte sicherzustellen oder ein **Verbot der Anfertigung von (nicht erforderlichen) Kopien**.[64] Für die Zeit nach der Vertragsbeendigung wird oftmals eine **Verpflichtung zur Rückgabe, Zerstörung und Löschung** vereinbart.[65] Diese Verpflichtung sollte aber auch praktisch zu erfüllen sein, weshalb der Umgang mit Kopien zur Erfüllung gesetzlicher Gewährleistungs- oder Aufbewahrungspflichten oder mit Kopien in Back-ups und Archiven zu regeln ist.[66]

21 Zu den typischen Regelungen einer Vertraulichkeitsvereinbarung gehört auch ein **Haftungsausschluss** zugunsten der offenlegenden Partei bezüglich der offengelegten vertraulichen Informationen.[67] Aufgrund der sich im Zusammenhang mit dem GeschGehG vergrößernden **Haftungsrisiken** bei der **Nutzung fremder Geschäftsgeheimnisse** sollte die empfangende Partei jedoch in Erwägung ziehen, eine Erklärung der offenlegenden Partei zu verlangen, dass es sich bei den offengelegten Informationen nicht um für sie fremde Geschäftsgeheimnisse handelt.[68]

22 Teilweise wird auch die Aufnahme einer **Vertragsstrafe** oder einer Regelung zu einer **Pauschalisierung des Schadenersatzes** empfohlen, insbesondere aufgrund ihrer Abschreckungswirkung und um Beweisprobleme bezüglich des Schadens zu verhindern.[69] Eine Vertragsstrafe ist in der Praxis in vielen Konstellationen jedoch nicht marktüblich und erweist sich entsprechend als **nicht durchsetzbar**.[70] Viele Entwürfe enthalten daher keine solchen Regelungen.[71]

23 Vertraulichkeitsvereinbarungen enthalten schließlich fast immer Regelungen hinsichtlich ihrer **Laufzeit**.[72] Soll für den **Beginn** der Vertraulichkeitsvereinbarung nicht der tatsächliche Zeitpunkt des Vertragsabschlusses (dh. die Unterzeichnung durch die letzte der Vertragsparteien) maßgeblich sein, sondern soll der Schutz **vorverlegt** werden, etwa weil die Parteien (unter Zeitdruck) bereits mit dem Austausch von Informationen begonnen haben, die ebenfalls in den Schutzbereich der Vertraulichkeitsvereinbarung einbezogen werden sollen, so kann dies durch die Wahl eines entsprechend früheren Anfangszeitpunkts geschehen („Effective Date").[73] Freilich können sich die vereinbarten Verpflichtungen bezüglich der Weitergabe und Nut-

---

64 *Roth*, ITRB 2011, 115, 118; *Steinmann/Schubmehl*, CCZ 2017, 194, 195.
65 *v. Diringshofen*, GRUR-Prax 2013, 397, 398; *Kurz*, Rn. 278; *Linke/Fröhlich*, GWR 2014, 449, 453; *Mummenthey*, CR 1999, 651, 657; *Roth*, ITRB 2011, 115, 119; *Steinmann/Schubmehl*, CCZ 2017, 194, 196.
66 *v. Diringshofen*, GRUR-Prax 2013, 397, 398 f.
67 Wurzer/Kaiser/*Kaiser*, S. 270; *Kurz*, Rn. 378 ff.
68 Hierzu Rn. 84.
69 Wurzer/Kaiser/*Kaiser*, S. 269; *Kurz*, Rn. 298 ff.; *Mayer*, MDR 2018, 246, 247 f.; *Mummenthey*, CR 1999, 651, 658; *Roth*, ITRB 2011, 115, 116, 118.
70 *Bauer/Wenzel*, ZGR 502, 511; *Jansen/Hofmann*, BB 2020, 259, 262, 264; *v. Werder/Kost*, BB 2010, 2903, 2910; *Linke/Fröhlich*, GWR 2014, 449, 453; *Steinmann/Schubmehl*, CCZ 2017, 194, 197.
71 *Jansen/Hofmann*, BB 2020, 259, 264.
72 *Becker/Kussnik*. RAW 2018, 119, 126; *Kurz*, Rn. 260 ff.; *Linke/Fröhlich*, GWR 2014, 449, 545; *Mummenthey*, CR 1999, 651, 656.
73 Hierzu *Kurz*, Rn. 25 ff.

II. Vereinbarungen zum Schutz der Vertraulichkeit **Einl. D**

zung nur auf die Zukunft beziehen. Wird die **Vertraulichkeitsvereinbarung** für einen **bestimmten Zeitraum** abgeschlossen, so ist zu beachten, dass **kurz vor dem Ende** weitergegebene Informationen **kaum** mehr einen **Schutz** genießen.[74] Hier kann sich eine **Verlängerung** der **Schutzfrist** für die vertraulichen Informationen über die Vertragsdauer hinaus oder eine **Verknüpfung** des zeitlichen **Schutzes** der vertraulichen Informationen mit dem **Zeitpunkt** der **Offenlegung** empfehlen.[75]

Teilweise werden auch **Schiedsklauseln**, Regelungen zum **Gerichtsstand** und zum **anwendbaren Recht** in Vertraulichkeitsvereinbarungen aufgenommen.[76] Besondere Relevanz haben derartige Regelungen bei Vertraulichkeitsvereinbarungen im internationalen Geschäftsverkehr.[77] 24

2. Vertraulichkeitsklauseln

Im Gegensatz zu Vertraulichkeitsvereinbarungen handelt es sich bei Vertraulichkeitsklauseln nicht um eigenständige Verträge, sondern um Klauseln, die einen **Bestandteil** des Regelungsprogrammes **eines** (umfangreichen) **(Haupt-)Vertrages** bilden. Vertraulichkeitsklauseln werden von den Parteien sehr **vielfältiger Verträge** vereinbart.[78] Die **Offenlegung** der durch die Klausel geschützten **Geschäftsgeheimnisse** kann hier unmittelbar **Vertragsgegenstand** sein (zB bei einem Know-how-Vertrag) oder nur **gelegentlich** der **Vertragsdurchführung** vorkommen (da der Vertragspartner bei der Vertragsdurchführung Einblick in Geschäftsgeheimnisse erhält, so zB bei Arbeits- und Dienstverträgen).[79] 25

In der zeitlichen **Entwicklung** der **Zusammenarbeit** der Parteien **folgt** der die **Vertraulichkeitsklausel** enthaltende Hauptvertrag dem Abschluss einer seiner Anbahnung dienenden **Vertraulichkeitsvereinbarung nach**.[80] Bei komplexen Transaktionen, denen vertiefte Prüfungen (Due Diligence) und intensive Vertragsverhandlungen vorausgehen (wie bspw. einem Unternehmenskauf), können zwischen dem Abschluss einer Vertraulichkeitsvereinbarung und dem Abschluss des Hauptvertrages auch noch weitere **Vorfeldvereinbarungen** liegen (zB Term Sheet, Letter of Intent/Memorandum of Understanding).[81] Auch diese haben regelmäßig Vertraulichkeitsklauseln zum Inhalt.[82] Soll eine in einem Hauptvertrag enthaltene Vertraulichkeitsklausel **inhaltlich** an eine vorhergehende Vertraulichkeitsvereinbarung an- 26

---

74 *Kurz*, Rn. 264.
75 *Kurz*, Rn. 265 ff.
76 *Kurz*, Rn. 404 ff.; *Mummenthey*, CR 1999, 651, 658; *Roth*, ITRB 2011, 115, 118.
77 Hierzu Wurzer/Kaiser/*Vogel*, S. 245.
78 Übersicht bei *Mummenthey*, CR 1999, 651 f.
79 A/L/G/*Loschelder*, Kap. 3 Rn. 3.
80 Zwingend notwendig ist dies natürlich nicht, dh. beides kann unabhängig voneinander vereinbart werden.
81 R/GvW/H/*Brandi-Dohrn*, Rn. 4. ff.; A/L/G/*Loschelder*, Kap. 3 Rn. 31; Wurzer/Kaiser/*Weisser*, S. 367 ff.
82 R/GvW/H/*Brandi-Dohrn*, Rn. 6; *Heussen*, S. 47 Rn. 204; A/L/G/*Loschelder*, Kap. 3 Rn. 31 ff.; Weitnauer/*Weitnauer*, Teil F Rn. 35.

Einl. D Geschäftsgeheimnisse im Rechtsverkehr

knüpfen (zB durch die Anordnung der Fortgeltung der Verpflichtungen) oder sollen die Regelungen der Vertraulichkeitsvereinbarungen durch die der Vertraulichkeitsklausel **ersetzt werden**, so ist darauf zu achten, dass dies in **widerspruchsfreier Art und Weise** geschieht.[83]

27 Die **Motivation** für die Aufnahme einer **Vertraulichkeitsklausel** in einen Vertrag entspricht derjenigen für den Abschluss einer Vertraulichkeitsvereinbarung.[84] Auch ohne eine Vertraulichkeitsklausel existiert (regelmäßig) eine **Pflicht zur Vertraulichkeit** (zumindest als **vertragliche Rücksichtnahmepflicht** (§ 241 Abs. 2 BGB),[85] aber auch als **Hauptleistungspflicht**, etwa bei einem Know-how-Lizenzvertrag auf Seiten des Lizenzgebers[86]); jedoch soll auch hier die **ausdrückliche Vereinbarung** der Vertraulichkeitspflicht **Gewissheit** über Inhalt und Grenzen des Pflichtenprogramms schaffen und im Fall einer Pflichtverletzung eine klare **Haftungsgrundlage** bieten. Weiter ist auch die (deklaratorische) Aufnahme einer Vertraulichkeitsklausel mit der Hoffnung verbunden, dem **Vertragspartner** seine **Verpflichtung bewusst** zu machen und ihn so zu einem **vertragstreuen Verhalten** zu **motivieren**.[87] Und schließlich ist für **Geschäftsleiter** der vertragliche Schutz des exklusiven Wissens auch hier wichtig, um einer möglichen **persönlichen Haftung** zu entgehen.[88]

28 Die **inhaltliche Ausgestaltung** von Vertraulichkeitsklauseln ist vielgestaltig und abhängig von dem Vertrag, dessen Bestandteil sie bilden.[89] Vertraulichkeitsklauseln können sich darauf beschränken, lediglich die **Existenz** und den **Inhalt** des Hauptvertrages einer Vertraulichkeitsverpflichtung zu unterwerfen. Sie enthalten aber oftmals auch **weitergehende Verpflichtungen und Regelungen**, wie insbesondre ein **Weitergabe- und Nutzungsverbot** bestimmter vertraulicher Informationen.[90] Derartige Vertraulichkeitsklauseln können so umfangreich ausfallen, dass ihr **Regelungsgehalt dem einer detaillierten (eigenständigen) Vertraulichkeitsvereinbarung entspricht**.[91] Umfangreiche Vertraulichkeitsklauseln sind beispielsweise in Know-how-Verträgen oder Know-how-Lizenzverträgen notwendig, da sich Weitergabe und Nutzung des exklusiven und wertvollen Wissens hier (mangels eines subjektiven absoluten Rechts an diesem) nur durch solche (detaillierte) vertragliche Regelung steuern lässt.[92]

---

83 *v. Diringshofen*, GRUR-Prax 2013, 397, 398; zu den Gefahren mangelnder Sorgfalt in diesem Zusammenhang in der Praxis *Kurz*, Rn. 6 f.
84 Oben Rn. 6.
85 *McGuire* WRP 2019, 679, 681; sie besteht jedoch nicht zwingend überall, s. *Otte-Gräbener/Kutscher-Puis*, ZVertriebsR 2019, 288, 290 für Lieferverträge.
86 Henn/Pahlow/*Pahlow*, § 10 Rn. 21.
87 So zB für den Arbeitsvertrag *Eckhoff/Hoene*, ArbRB 2019, 256, 257.
88 Unten Rn. 83.
89 *Mummenthey*, CR 1999, 651 f.; Übersicht bei A/L/G/*Loschelder*, Kap. 3 Rn. 30 ff.
90 A/L/G/*Loschelder*, Kap. 3 Rn. 7.
91 Beispiel für eine vielfältig einsetzbare umfangreiche Vertraulichkeitsklausel bei *Kurz*, Rn. 762.
92 *Mummenthey*, CR 1999, 651, 652; s. auch Rn. 2 und 49.

II. Vereinbarungen zum Schutz der Vertraulichkeit **Einl. D**

Aus der Rechtsnatur des **Hauptvertrages** können sich spezifische **rechtliche An-** 29
forderungen an die Vertraulichkeitsklausel ergeben. So ist eine (zu) umfangreiche
Definition der vertraulichen Information gegenüber einem Arbeitnehmer regelmäßig unwirksam.[93] Gleiches gilt für eine zeitliche Ausdehnung des Schutzes über das
Vertragsende hinaus in einem Arbeitsvertrag; in einem Vertrag mit einem Lieferanten ist hingegen diesbezüglich ein größerer Spielraum vorhanden.[94]

3. Auswirkungen des GeschGehG

Das GeschGehG hat **Konsequenzen** für die **Ausgestaltung vertraglicher Verein-** 30
barungen zum Schutz der Vertraulichkeit.[95] Die Berechtigung von Prognosen,
durch das GeschGehG werde kein Anpassungsbedarf hervorgerufen und die erprobte Vertragsmuster könnten unverändert weiter genutzt werden,[96] erscheinen zunehmend fraglich. Über **Anpassungsbedarf** wird in der Literatur derzeit im Zusammenhang mit den folgenden **Regelungspunkten** diskutiert:

a) Definition der vertraulichen Information

Damit tatbestandlich ein durch das GeschGehG geschütztes Geschäftsgeheimnis 31
vorliegt, muss dieses gemäß § 2 Nr. 1 lit. b durch **angemessene Geheimhaltungsmaßnahmen** geschützt sein.[97] Anerkannt ist, dass hierzu auch **vertragliche Abreden zum Schutz der Vertraulichkeit** gehören können.[98] Ihr **Abschluss** wird daher
(nicht zuletzt aufgrund einer ansonsten drohenden persönlichen Haftung der Geschäftsleiter) nunmehr **dringend empfohlen**.[99] Da es die in der Praxis häufigen **weit
und undifferenziert gefassten Schutzbereiche**[100] von Vertraulichkeitsvereinbarungen und -klauseln für den Vertragspartner jedoch oftmals **nicht hinreichend erkennbar machen**, welche **Geschäftsgeheimnisse** konkret zu wahren sind, stellen
derart ausgestaltete Vereinbarungen regelmäßig keine **angemessenen Geheimhaltungsmaßnahmen** dar.[101] Sofern der Schutz des GeschGehG erlangt werden soll, be-

---

93 *Freckmann/Schmoll*, BB 2017, 1780, 1784; *McGuire* WRP 2019, 679, 681.
94 *Otte-Gräbener/Kutscher-Puis*, ZVertriebsR 2019, 288, 291; *Steinmann/Schubmehl*, CCZ 2017, 194, 196.
95 Vgl. bereits die allgemeine Übersicht Rn. 1 ff.
96 So *Kurz*, Rn. 675: „Die in diesem Buch vorgestellten Vertragsvorlagen sind auch unter dem GeschGehG uneingeschränkt anwendbar."
97 Eingehend zu den an eine angemessene Geheimhaltungsmaßnahme zu stellenden Anforderun-gen die Kommentierung zu § 2 Rn. 56 ff.
98 *Eckhoff/Hoene*, ArbRB 2019, 256, 257; *Jansen/Hofmann*, BB 2020, 259, 260 f.; *Otte-Gräbe-ner/Kutscher-Puis*, ZVertriebsR 2019, 288, 289; s. auch die Kommentierung zu § 2 Rn. 87 ff.
99 *Jansen/Hofmann*, BB 2020, 259, 261 f.; *Otte-Gräbener/Kutscher-Puis*, ZVertriebsR 2019, 288, 290.
100 Oben Rn. 10 ff.
101 *Becker/Kussnik*, RAW 2018, 119, 124 f.; *Freckmann/Schmoll*, BB 2017, 1780, 1782; *Jonas*, DB 2020, 1738, 1740; *McGuire* WRP 2019, 679, 681 ff.; *Otte-Gräbener/Kutscher-Puis*, ZVer-triebsR 2019, 288, 290 ff.; *Steinmann/Schubmehl*, CCZ 2017, 194, 198; *Ulrich*, GmbHR 2019, R350.

steht hier somit **Konkretisierungsbedarf**. Hinreichend konkretisiert kann hingegen eine Vertraulichkeitsklausel in einem Patentlizenz- und Know-how-Vertrag sein, die sich auf den jeweiligen (klar definierten) Vertragsgegenstand[102] bezieht.[103]

b) Beweislast für das (Nicht-)Vorliegen von vertraulichen Informationen bzw. Geschäftsgeheimnissen

32 Da die Beweislast für das Vorliegen eines Geschäftsgeheimnisses nach der gesetzlichen Regelung des GeschGehG der Geheimnisinhaber trägt, werden die (in der Praxis häufigen) Regelungen zur **Darlegungs- und Beweislast zulasten des Informationsempfängers** bezüglich des Vorliegens von **Ausnahmen** von der Definition einer **vertraulichen Information**[104] mit Blick auf die **Leitbildfunktion** der gesetzlichen Regelung im **AGB-Recht** (§ 309 Nr. 12 BGB) als **problematisch** angesehen.[105]

c) Vertragsstrafe und sonstige wirksame Ausgestaltung

33 Gegenstand der Diskussion ist, ob Vertraulichkeitsvereinbarungen und -klauseln inhaltlich nunmehr **besonders wirksam ausgestaltet** werden müssten, um den Anforderungen einer **angemessenen Geheimhaltungsmaßnahme** (§ 2 Nr. 1 lit. b) zu genügen.[106] Empfohlen werden in diesem Zusammenhang (ua.) eine restriktive Handhabung der Weitergabeberechtigung des Informationsempfängers[107] und die Auferlegung einer Verpflichtung, für einen wirksamen Schutz der offengelegten fremden Geschäftsgeheimnisse zu sorgen.[108]

34 Weiter wird auch die **Aufnahme einer Vertragsstrafe** insbesondere mit dem Argument zumindest empfohlen, aufgrund der Schwierigkeit der Darlegung und des Beweises eines Schadens im Verletzungsfalle werde erst hierdurch die **effektive Wirksamkeit** der Vertraulichkeitsvereinbarung oder -klausel **gewährleistet**.[109] Hiergegen wird jedoch eingewendet, die **Durchsetzbarkeit** einer Vertragsstrafe hänge sehr stark von den jeweiligen **Marktstandards**, der **Verhandlungssituation** und der **Verhandlungsmacht** ab und sei daher nicht immer möglich.[110] Da dies in der Praxis sicherlich zutreffend ist,[111] sollte zumindest davon abgesehen werden, die Qualifizierung einer vertraglichen Vereinbarung zum Schutz von Geschäftsgeheimnissen als angemessene Geheimhaltungsmaßnahme **schematisch** von dem

---

102 Hierzu unten Rn. 49.
103 *McGuire* WRP 2019, 679, 682.
104 Vgl. oben Rn. 14.
105 *Grohmann*, GRUR-Prax 2019, 27, 28 f.
106 Hierzu die Kommentierung zu § 2 Rn. 56 ff.
107 *Becker/Kussnik*, RAW 2018, 119, 125; *Jansen/Hofmann*, BB 2020, 259, 263.
108 *Jansen/Hofmann*, BB 2020, 259, 263.
109 *Becker/Kussnik*, RAW 2018, 119, 125; *Freckmann/Schmoll*, BB 2017, 1780; *Otte-Gräbener/Kutscher-Puis*, ZVertriebsR 2019, 288, 291.
110 *Jansen/Hofmann*, BB 2020, 259, 264.
111 Hierzu Rn. 22.

II. Vereinbarungen zum Schutz der Vertraulichkeit **Einl. D**

Vorliegen einer **Vertragsstrafe abhängig** zu machen.[112] Die Chance der Akzeptanz einer Vertragsstrafe mag künftig wachsen, wenn sie nicht pauschal dem Schutz von (zu) weit definierten vertraulichen Informationen[113] dienen soll, sondern (nur) für den Schutz eines konkret bezeichneten Geschäftsgeheimnisses vorgeschlagen wird und somit erkennbar von dem Wunsch getragen ist, den Anforderungen des § 2 Nr. 1 lit. b zu genügen.

d) Reverse Engineering

Die **Zulässigkeit der Vereinbarung** eines vertraglichen **Ausschlusses** des sog. **Reverse Engineerings**, also des „Beobachten, Untersuchen, Rückbauen oder Testen eines Produktes, um an ein darin verkörpertes Geschäftsgeheimnis zu gelangen",[114] ist ebenfalls Gegenstand einer aktuellen Diskussion.[115] Das GeschGehG hat das Reverse Engineering für **zulässig** erklärt (§ 3 Abs. 1 Nr. 2). Ein **vertraglicher Ausschluss** wird jedoch aufgrund der Gesetzesformulierung für **möglich** und **empfehlenswert** gehalten[116] und es werden entsprechende Formulierungsvorschläge unterbreitet.[117] In **AGB** wird mit Blick auf die Leitbildfunktion des GeschGehG (§ 307 Abs. 2 Nr. 1 BGB) die Zulässigkeit eines vertraglichen Ausschlusses jedoch auch **kritisch gesehen**.[118] Teilweise wird auch vertreten, bei der Vereinbarung eines Weitergabe- und Verwertungsverbots gebe es ohnehin gar **kein Bedürfnis** für einen vertraglichen Ausschluss des Reverse Engineerings, weil seine möglichen Ergebnisse diesen Verboten unterlägen und damit hinreichend geschützt seien.[119] Dem wird allerdings (zutreffend) entgegengehalten, dass es faktisch und rechtlich durchaus einen Unterschied darstellt, ob Geschäftsgeheimnisse dem Vertragspartner überhaupt bekannt werden (dürfen) oder ob sie nur durch eine Weitergabe- und Nutzungsbeschränkung geschützt sind.[120]

35

e) (Un)Abdingbarkeit des § 5 GeschGehG

In der Literatur wird thematisiert, ob in Vereinbarungen zum Schutz der Vertraulichkeit **klargestellt** werden muss, dass eine nach **§ 5** zulässige Erlangung, Nutzung oder Offenlegung von Geschäftsgeheimnissen von den in dieser Vereinbarung enthaltenen **Weitergabe- und Nutzungsverboten unberührt bleibt**.[121] Eine

36

---

112 *Jansen/Hofmann*, BB 2020, 259, 264; (allgemein) skeptisch zur Vertragsstrafe als Mittel des Geheimnisschutzes *Selbach*, S. 176 ff.
113 Rn. 10 ff. und Rn. 28.
114 *Maierhöfer/Hosseini*, GRUR-Prax 2019, 542.
115 Eingehend zum Folgenden die Kommentierung zu § 3 Rn. 44 ff.
116 *Becker/Kussnik*, RAW 2018, 119, 127; *McGuire* WRP 2019, 679, 684; *Leister*, GRUR-Prax 2019, 175, 176 f.; *Maierhöfer/Hosseini*, GRUR-Prax 2019, 542, 543 f.; *Otte-Gräbener/Kutscher-Puis*, ZVertriebsR 2019, 288, 290 f.; kritisch *Kurz*, Rn. 675 f.
117 *Maierhöfer/Hosseini*, GRUR-Prax 2019, 542, 544.
118 *Apel/Walling*, DB 2019, 891, 896.
119 *Kurz*, Rn. 675 f.
120 *Leister*, GRUR-Prax 2019, 175, 177.
121 *Apel/Boom*, GRUR-Prax 2020, 225.

Einl. D Geschäftsgeheimnisse im Rechtsverkehr

Abbedingung des § 5 in **AGB** ist aufgrund eines Verstoßes gegen das **gesetzliche Leitbild** (§ 307 Abs. 2 Nr. 1 BGB) **unwirksam**.[122] Zur Vermeidung von Unklarheiten – die durch die Praxis häufig (sehr) weit gefassten Weitergabe- und Nutzungsverbote[123] hervorgerufen werden können und die gemäß § 305c Abs. 2 BGB bereits zur Unwirksamkeit führen – sollte jedoch auch explizit **klargestellt** werden, dass § 5 von einem solchen Verbot **nicht berührt wird**.[124] Eine **individualvertragliche Abbedingung** der Regelungen des § 5 soll hingegen möglich sein, jedoch nur insoweit, wie § 5 überhaupt dispositiv ist (§ 5 Nr. 1 und Nr. 2 Alt. 2 und 3).[125]

f) Parallelität zwischen vertraglichem und gesetzlichem Schutz; Gerichtsstand

37 Sofern eine Vertraulichkeitsvereinbarung oder -klausel ein **Geschäftsgeheimnis** i. S. d. § 2 Nr. 1 **schützt**, ergibt sich aus der Vereinbarung nicht nur der **vertragliche Schutz**, sondern die Vereinbarung definiert **parallel** auch den **Schutz des Geschäftsgeheimnisses nach dem GeschGehG** (§ 3 Abs. 2 und § 4 Abs. 2 Nr. 2, 3).[126] In der Literatur wird aufgrund dieser Parallelität und dem damit einhergehenden **Bedeutungszuwachs** derartiger Abreden empfohlen, in Verschwiegenheitsvereinbarungen und -klauseln nunmehr insbes. den **Inhalt** und die **Grenzen** der **Nutzungsberechtigung** besonders **sorgfältig zu definieren**.[127] Sollen im Verletzungsfall **Ansprüche** gleichzeitig auf die **Verletzung der Verschwiegenheitsvereinbarung oder -klausel** (vertraglicher Anspruch) sowie auf das **GeschGehG** (gesetzlicher Anspruch) gestützt werden, so muss dies (gemeinsam) an dem nach dem GeschGehG sachlich und örtlich ausschließlich zuständigen Gericht (§ 15) geschehen; die Sinnhaftigkeit von hiervon abweichenden **Gerichtsstandsvereinbarungen** ist daher zu überprüfen.[128]

g) Schutz vor Nutzung fremder Geschäftsgeheimnisse

38 Aufgrund der **gewachsenen Haftungsrisiken** unter dem GeschGehG im Falle der **Nutzung fremder Geschäftsgeheimnisse** (§§ 4 Abs. 3, 10 Abs. 1, 12) ist es nunmehr besonders wichtig **sicherzustellen**, dass **keine fremden Geschäftsgeheimnisse genutzt werden**.[129] Sofern Geschäftsgeheimnisse im Rahmen einer vertraglichen Vereinbarung erlangt werden, wird der empfangenden Partei daher nunmehr empfohlen, sich von der offenlegenden Partei **zusichern** zu lassen, dass es sich bei den Geschäftsgeheimnissen **nicht** um für diese **fremde** handelt.[130] Bisher sind in

---

122 *Apel/Boom*, GRUR-Prax 2020, 225, 227.
123 Hierzu Rn. 16 ff., 28.
124 *Apel/Boom*, GRUR-Prax 2020, 227.
125 *Apel/Boom*, GRUR-Prax 2020, 225 ff., 227; abl. § 5 Rn. 50 und *Alexander*, WRP 2020, 1385 Rn. 49.
126 S. oben Rn. 3.
127 *McGuire* WRP 2019, 679, 684.
128 *Otte-Gräbener/Kutscher-Puis*, ZVertriebsR 2019, 288, 292.
129 *Leister*, GRUR-Prax 2020, 145 ff.; *McGuire*, WRP 2019, 679, 684 f.
130 *Leister*, GRUR-Prax 2020, 145, 146 f.; *McGuire*, WRP 2019, 679, 684 f.

III. Verträge über Geschäftsgeheimnisse **Einl. D**

Vertraulichkeitsvereinbarungen jedoch (weitreichende) Haftungsausschlüsse bezüglich der offengelegten vertraulichen Informationen üblich.[131]

III. Verträge über Geschäftsgeheimnisse

Unter Ausnutzung der Vertragsfreiheit (Art. 2 Abs. 1 GG, §§ 241 Abs. 1, 311 Abs. 1 BGB) wurden in der Praxis (seit langem) Vertragstypen entwickelt, die Geschäftsgeheimnisse zum Gegenstand haben. Diese Verträge beziehen sich terminologisch und inhaltlich vielfach auch auf (vertrauliche) Informationen, die nicht als Geschäftsgeheimnisse im Sinne des § 2 Nr. 1 zu qualifizieren sind; häufig Verwendung findet in diesem Zusammenhang der etwas schillernde Begriff „Knowhow"[132]. Dieser weitere Begriff schließt terminologisch jedoch Geschäftsgeheimnisse i. S. d. § 2 Nr. 1 ein.[133] **39**

1. Forschungs- und Entwicklungsverträge

Bereits die **Schaffung** eines (noch nicht existenten) **Geschäftsgeheimnisses** kann Gegenstand vertraglicher Vereinbarungen sein. Praktisch große Bedeutung haben sog. **Forschungs- und Entwicklungsverträge**, also Verträge, die sich mit der Erzeugung von noch nicht vorhandenem Wissen beschäftigen.[134] **40**

Der Begriff „Forschungs- und Entwicklungsvertrag" umfasst **unterschiedliche Konstellationen** und **vielfältige vertragliche Vereinbarungen**.[135] Typisch sind zunächst Gestaltungen, bei denen die Parteien übereinkommen, dass die eine Partei für die andere Partei eine bestimmte **Forschungs- und Entwicklungsleistung** zu erbringen hat (sog. **Auftrags-FuE**).[136] Je nachdem, ob ein bestimmter Erfolg geschuldet wird, kann es sich hierbei um einen Dienstvertrag (§ 611 BGB) oder um einen Werkvertrag (§ 631 BGB) handeln.[137] **41**

Weiter existieren Forschungs- und Entwicklungsverträge in Form sog. **Forschungskooperationen**; hier vereinigen die Vertragsparteien ihre bestehenden Fähigkeiten **42**

---

131 Vgl. oben Rn. 21.
132 Hierzu § 2 Rn. 13.
133 Zum Begriff „Know-how" *Martinek*, S. 210 ff.
134 Hierzu etwa R/GvW/H/*Brandi-Dohrn*, Kap. Forschungs- und Entwicklungsverträge; *Möffert*, 2019; *Rosenberger/Wündisch*, 2018; *Winzer*, 2011; Henn/Pahlow/*Zech*, § 12 Forschungs- und Entwicklungsverträge; A/L/G/*Maume*, Kap. 4 Know-how in Kooperation (Entwicklung und Outsourcing); Wurzer/Kaiser/*Kaiser*, S. 271 ff.
135 Übersicht bei A/L/G/*Maume*, Kap. 4 Rn. 5 ff.; Henn/Pahlow/*Zech*, § 12 Rn. 1; Rosenberger/*Wündisch*, Kap. 1 Rn. 13 ff.
136 A/L/G/*Maume*, Kap. 4 Rn. 7, 68 ff.; Henn/Pahlow/*Zech*, § 12 Rn. 1; *Lieb/Hans*, GWR 2016, 329; Rosenberger/*Wündisch*, Kap. 1 Rn. 19 ff.; Rosenberger/Wündisch/*Zirkel*, Kap. 3 Rn. 13 f.
137 A/L/G/*Maume*, Kap. 4 Rn. 71; *Gennen*, IPRB 2014, S. 278; Henn/Pahlow/*Zech*, § 12 Rn. 1, 4, 20 f.; *Lieb/Hans*, GWR 2016, 329; *Möffert*, S. 37 ff.; R/GvW/H/*Brandi-Dohrn*, Rn. 9 ff.; Rosenberger/Wündisch/*Zirkel*, Kap. 3 Rn. 15 ff.

Einl. D Geschäftsgeheimnisse im Rechtsverkehr

und Ressourcen mit dem Ziel, gemeinsam neues Wissen zu schaffen.[138] Ein solches Vorgehen kann durch Unternehmen einer gleichen Fertigungsstufe (horizontale Forschungskooperation) oder durch Unternehmen unterschiedlicher Fertigungsstufen (vertikale Forschungskooperation) vereinbart und umgesetzt werden.[139] Da die Vertragspartner derart in der Regel einen **gemeinsamen Zweck** (§ 705 BGB) verfolgen, liegt oftmals eine (Innen-)Gesellschaft vor.[140] Auch die Gründung einer speziellen **Joint-Venture Gesellschaft**, etwa in der Rechtsform einer GmbH, kommt im Rahmen einer Forschungskooperation in Betracht.[141]

43 Zwischen den Vertragspartnern eines Forschungs- und Entwicklungsvertrages besteht regelmäßig ein **Interessengegensatz**, wem das in die Zusammenarbeit eingebrachte Wissen (sog. Background) und das neu geschaffene **Wissen** (sog. Foreground) **zusteht** und wer es **weitergeben** und **nutzen** darf.[142] Diesbezüglich sind **klare Abreden** dringend empfehlenswert.[143] Von großer Bedeutung sind hier **Vertraulichkeitsklauseln**.[144] Schließlich liegt das neue geschaffene Wissen (zumindest zunächst) nur in Form eines (nicht durch ein subjektives absolutes Recht geschützten) **Geschäftsgeheimnisses** vor, weshalb sein optimaler Schutz und die Sicherung seiner geplanten Verwertung eine **vertragliche Beschränkung** der **Weitergabe** und **Nutzung** erfordert.[145] Bei der **Gestaltung von Forschungs- und Entwicklungsverträgen** sind nunmehr die **Anforderungen** des **GeschGehG** zu beachten.[146]

2. Know-how-Verträge und Know-how-Lizenzverträge

44 **Zentrale Bedeutung** für die **wirtschaftliche Verwertung** von Geschäftsgeheimnissen haben sog. **Know-how** und **Know-how-Lizenzverträge**.[147]

---

138 A/L/G/*Maume*, Kap. 4 Rn. 2 ff.; Henn/Pahlow/*Zech*, § 12 Rn. 30; Rosenberger/*Wündisch*, Kap. 1 Rn. 16 ff.
139 A/L/G/*Maume*, Kap. 4 Rn. 6; Rosenberger/*Wündisch*, Kap. 1 Rn. 18; Rosenberger/Wündisch/*Zirkel*, Kap. 3 Rn. 3.
140 R/GvW/H/*Brandi-Dohrn*, Rn. 65 f.; A/L/G/*Maume*, Kap. 4 Rn. 13; Wurzer/Kaiser/*Kaiser*, S. 274; Henn/Pahlow/*Zech*, § 12 Rn. 33; Rosenberger/Wündisch/*Zirkel*, 2018, Kapitel 3 Rn. 2 ff.
141 R/GvW/H/*Brandi-Dohrn*, Rn. 56 ff.; Wurzer/Kaiser/*Kaiser*, S. 274 f.; A/L/G/*Maume*, Kap. 4 Rn. 13; Rosenberger/Wündisch/*Wündisch*, Kapitel 1 Rn. 16.; Henn/Pahlow/*Zech*, § 12 Rn. 33; zum Joint-Venture unten Rn. 56.
142 *Gennen*, IPRB 2014, 278; *Lieb/Hans*, GWR 2016, 329, 330; Rosenberger/Wündisch/*Wündisch*, Kapitel 5 Rn. 84 f.; Henn/Pahlow/*Zech*, § 12 Rn. 2.
143 *Gennen*, IPRB 2010, 10, 11 ff.; *Lieb/Hans*, GWR 2016, 329, 330 f.; Wurzer/Kaiser/*Kaiser*, S. 281 ff., 304 ff.; A/L/G/*Maume*, Kap. 4 Rn. 30 ff., 74 f.; Weitnauer/*Missing*, Teil G Rn. 62; *Mummenthey*, CR 1999, 651 f.
144 A/L/G/*Loschelder*, Kap. 3 Rn. 52; A/L/G/*Maume*, Kap. 4 Rn. 52 ff., 76 f.; Henn/Pahlow/*Zech*, § 12 Rn. 12; *Mummenthey*, CR 1999, 651 f.; Rosenberger/Wündisch/*Wündisch/Adelhardt/Zirkel*, Kap. 5 Rn. 205 ff.; Weitnauer/*Missing*, Teil G Rn. 65; Wurzer/Kaiser/*Kaiser*, S. 278 ff., 314.
145 *Mummenthey*, CR 1999, 651 f.
146 Hierzu Rn. 30 ff.
147 Etwa A/L/G/*Maaßen/Wuttke*, Kap. 5 Know-how-Verwertung (Veräußerung und Lizenz); *Bartenbach*, 2013; Henn/Pahlow/*Pahlow*, § 10 Know-how Lizenzvertrag; *Martinek*, § 19 Know-how-Verträge.

III. Verträge über Geschäftsgeheimnisse **Einl. D**

Durch einen **Know-how-Vertrag** wird die **vermögenswerte Rechtsposition** 45
„**Know-how**" (die oftmals, aber nicht notwendig, auch die Anforderungen an ein
Geschäftsgeheimnis nach dem GeschGehG erfüllen wird[148]) veräußert. Es handelt
sich hierbei um einen „sonstigen Gegenstand" iSv. § 453 Abs. 1 BGB.[149] Der Veräußerer schuldet die **Mitteilung** der entsprechenden **Kenntnisse** sowie die Übergabe
einer (vorhandenen) Dokumentation.[150] Ein **subjektives absolutes Recht** mit Drittwirkung wird **nicht übertragen**, da ein solches weder an Know-how noch an Geschäftsgeheimnissen existiert.[151]

Nach aA wird ein subjektives absolutes Recht übertragen, wobei strittig ist, ob eine 46
Übertragung gemäß §§ 413, 398 BGB in analoger Anwendung der §§ 929, 930
BGB erfolgt.[152]

Bei einem **Know-how-Lizenzvertrag** vereinbaren die Parteien ein **Nutzungsrecht** 47
an dem Know-how (bzw. einem Geschäftsgeheimnis).[153] Aufgrund der Rechtsnatur
des Know-hows erwirbt der Lizenznehmer (entsprechend der fehlenden Rechtsübertragung beim Know-how-Vertrag) lediglich ein **schuldrechtliches Nutzungsrecht** (statt einer Lizenz mit „dinglicher" Wirkung).[154]

Die Übertragung oder Lizenzierung des **Know-hows** kann der **alleinige Vertrags-** 48
gegenstand sein; häufig ist aber auch ein **Zusammenhang** mit der Übertragung
oder Lizenzierung eines **gewerblichen Schutzrechts** (zB gemischter Patent- und
Know-how-Lizenzvertrag).[155]

Aufgrund des (mangels gesetzlicher Regelung) **nicht einfach zu erfassenden Ver-** 49
tragsgegenstandes ist es bei der **Gestaltung** eines Know-how-Vertrages sowie
eines Know-how-Lizenzvertrages von großer Bedeutung **eindeutig festzulegen**,
was das geschuldete Know-how zum **Inhalt** hat.[156] Weiter kann auch **nur** durch
eine (präzise) **vertragliche Gestaltung** der mit dem Vertrag **erstrebte rechtliche**
Zielzustand hergestellt werden: Soll durch einen **Know-how-Vertrag** die vollständige Veräußerung des Know-hows erfolgen, so muss (aufgrund des Fehlens
eines (übertragbaren) subjektiven Rechts mit Ausschlusswirkung) der **Veräußerer**
vertraglich dauerhaft und umfassend durch **Nutzungsverbote** von der weiteren
Nutzung des Wissens ausgeschlossen werden.[157] Im Falle eines **Know-how-Lizenz-**

---

148 *Groß*, S. 16; *Kraßer*, GRUR 1977, 177, 183 f.; auch Rn. 39.
149 A/L/G/*Maaßen*, Kap. 5 Rn. 6; Henn/Pahlow/*Pahlow*, § 10 Rn. 8.
150 A/L/G/*Maaßen*, Kap. 5 Rn. 11.
151 Hierzu Rn. 2.
152 Siehe *Forkel*, in: FS Schnorr von Carolsfeld, S. 105, 123 (Rechtsübertragung gem. §§ 413, 398 BGB) und *Pfister*, S. 146 ff. (Analogie zu §§ 929 ff. BGB).
153 Henn/Pahlow/*Pahlow*, § 10 Rn. 14.
154 Henn/Pahlow/*Pahlow*, § 10 Rn. 8; *Ulmer-Eilfort/Schmoll*, S. 6.
155 A/L/G/*Maaßen/Wuttke*, Kap. 5 Rn. 50; *Oehlrich*, GRUR 2010, 33; Henn/Pahlow/*Pahlow*, § 10 Rn. 1, 3; *Ulmer-Eilfort/Schmoll*, S. 6 f.
156 A/L/G/*Loschelder*, Kap. 3 Rn. 5, 36; A/L/G/*Maaßen/Wuttke*, Kap. 5 Rn. 42; Henn/Pahlow/*Pahlow*, § 10 Rn. 13; *Oehlrich*, GRUR 2010, 33; Wurzer/Kaiser/*Kaiser*, S. 325.
157 Eingehend zum Instrumentarium A/L/G/*Maaßen*, Kap. 5 Rn. 13 ff.

Einl. D Geschäftsgeheimnisse im Rechtsverkehr

vertrages ist (aufgrund fehlender gesetzlicher Vorschriften zum Inhalt einer Lizenz) von den Parteien präzise zu beschreiben, welche (schuldrechtlichen) **Nutzungsrechte** der Lizenznehmer erwirbt (und welche bei dem Lizenzgeber verbleiben).[158] Auch sind explizite **vertragliche Verschwiegenheitspflichten** von **elementarer Bedeutung**, um die Exklusivität des nicht durch ein subjektives absolutes Recht geschützten Wissens zu erhalten.[159] Zwar existieren (auch ohne explizite vertragliche Regelung) sowohl bei einem Know-how-Vertrag[160] wie auch bei einem Know-how-Lizenzvertrag[161] Verschwiegenheitspflichten; hierauf wird man sich jedoch in der Praxis zur Wahrung des wertvollen Wissens kaum verlassen wollen.[162] In der Literatur wird allerdings kritisiert, dass die Bedeutung der Verschwiegenheitspflichten in der Praxis der Vertragsgestaltung oftmals unterschätzt wird.[163]

50 Bei der **Gestaltung** von Know-how-Verträgen und Know-how-Lizenzverträgen sind jetzt auch die sich aus dem **Inkrafttreten** des **GeschGehG** ergebenden **Konsequenzen** zu beachten.[164]

3. Unternehmenskauf und Ventre Capital Beteiligungen

51 Das in einem Unternehmen vorhandene **exklusive und wettbewerbsrelevante Wissen** stellt regelmäßig eine **wesentliche Motivation** für den ganz oder teilweisen **Erwerb** des Unternehmens dar.[165]

52 Der **Kauf** eines Unternehmens (§§ 433 ff. BGB) – einschließlich des Know-hows und der Geschäftsgeheimnisse – ist auf **zwei Wegen** möglich[166]:

– *Erstens* können die **Anteile** an dem **Unternehmensträger**, also etwa die Geschäftsanteile einer GmbH oder die Aktien einer AG, von dem bisherigen Gesellschafter (Verkäufer) an den neuen Gesellschafter (Käufer) veräußert werden (sog. Share Deal). Das **Know-how** und die **Geschäftsgeheimnisse** sind hier (nur) **mittelbar** – als Bestandteile der dem Unternehmensträger (Gesellschaft) zugeordneten Vermögensgesamtheit, die das Unternehmen bildet – Gegenstand der Transaktion.

– *Zweitens* kann diese Vermögensmasse von dem bisherigen Unternehmensträger (Verkäufer) an einen neuen Unternehmensträger (Käufer) **veräußert** werden

---

158 A/L/G/*Loschelder*, Kap. 3 Rn. 38; A/L/G/*Maaßen/Wuttke*, Kap. 5 Rn. 37, 41 f.; Henn/Pahlow/*Pahlow*, § 10 Rn. 13, 15. Im Falle der Notwendigkeit einer Auslegung wird auf die Übertragungszwecklehre des § 31 Abs. 5 UrhG zurückgegriffen, s. A/L/G/*Maaßen/Wuttke*, Kap. 5 Rn. 52.
159 Henn/Pahlow/*Pahlow*, § 10 Rn. 7, 12.
160 A/L/G/*Maaßen*, Kap. 5 Rn. 13.
161 A/L/G/*Maaßen/Wuttke*, Kap. 5 Rn. 61, 64; Henn/Pahlow/*Pahlow*, § 10 Rn. 20 f., 29 ff., 43 f.
162 A/L/G/*Maaßen*, Kap. 5 Rn. 6; A/L/G/*Maaßen/Wuttke*, Kap. 5 Rn. 66 ff.; *Mummenthey*, CR 1999, 651.
163 *Ulmer-Eilfort/Schmoll*, S. 154.
164 Rn. 30 ff.
165 Wurzer/Kaiser/*Weisser*, S. 361 f.
166 Ausführliche Übersicht bei Wurzer/Kaiser/*Weisser*, S. 361 ff.

III. Verträge über Geschäftsgeheimnisse **Einl. D**

(sog. Asset Deal). **Know-how** und **Geschäftsgeheimnisse** werden hier **unmittelbar** verkauft (§ 453 Abs. 1 BGB) und übertragen.

Das **Know-how** und die **Geschäftsgeheimnisse**, die für den Unternehmenskauf wesentlich sind, sollten im Unternehmenskaufvertrag **klar beschrieben** werden.[167] Als Kaufgegenstand müssen sie zwar nur Erwähnung finden, wenn die Transaktion als Asset Deal ausgestaltet ist;[168] jedoch werden durch eine präzise Beschreibung in jedem Fall **Unklarheiten** über das Geschuldete **vermieden** und derart auch ein klarer **Bezugspunkt** für mögliche **Gewährleistungsansprüche** definiert. Sowohl bei einer Strukturierung des Unternehmenskaufs als Asset Deal wie auch als Share Deal werden – sofern beim Zielunternehmen transaktionsbedeutsames Know-how oder Geschäftsgeheimnisse vorliegen – in den Kaufvertrag diesbezügliche **Garantien** aufgenommen, regelmäßig im Zusammenhang mit den sonstigen Garantien aus dem Bereich des Geistigen Eigentums.[169] Nach Inkrafttreten des GeschGehG sollte der Garantiekatalog auch die Zusicherung enthalten, dass die Geschäftsgeheimnisse durch **angemessene Geheimhaltungsmaßnahmen** (§ 2 Nr. 1 lit. b) **geschützt** sind und daher den Schutz des GeschGehG genießen.[170] Auch sollte sich ein Käufer gegen den **Erwerb fremder Geschäftsgeheimnisse absichern**.[171]

53

Ziel eines Unternehmenskaufes ist es regelmäßig, den **Veräußerer** (vollständig) an der **Nutzung** und der **Weitergabe** des **Know-hows** und der **Geschäftsgeheimnisse** des erworbenen Unternehmens **zu hindern** und ihn als künftigen **Wettbewerber** (gänzlich) **auszuschalten**.[172] Daher sind in Unternehmenskaufverträgen neben **Vertraulichkeitsklauseln** (mit Weitergabe- und Nutzungsverboten) regelmäßig auch umfassende **Wettbewerbsverbote** enthalten, die (mittelbar) auch auf ein Verbot der Nutzung des Know-hows und der Geschäftsgeheimnisse hinauslaufen.[173]

54

Auch im Falle einer **Venture Capital Beteiligung** ist das bei der Gesellschaft vorhandene Wissen eine entscheidende Motivation für die Investitionsentscheidung.[174] Daher werden auch in dem **Beteiligungsvertrag** und in der **Gesellschaftervereinbarung** regelmäßig Regelungen zu dem bei der Gesellschaft vorhandenen Geistigen Eigentum und Know-how (einschließlich der Geschäftsgeheimnisse) getroffen.[175]

55

---

167 Wurzer/Kaiser/*Weisser*, S. 361, 374 ff.
168 Beispiele bei Wurzer/Kaiser/*Weisser*, S. 375 und Seibt/*Kogge*, Muster D.I. §§ 6.1, 6.2 (noch mit Differenzierung zwischen Geschäfts- und Betriebsgeheimnissen gem. der Terminologie der §§ 17 ff. UWG aF).
169 Beispielformulierungen bei Wurzer/Kaiser/*Weisser*, S. 376 ff.; Seibt/*Kogge*, Muster D.I. §§ 16.5.3, 16.5.4, 16.5.5. (Asset Deal) und Seibt/*Schrader/Seibt*, Muster C.II.2 §§ 8.4.5, 8.4.6 (Share Deal).
170 Siehe zu entsprechenden Maßnahmen § 2 Rn. 56 ff.
171 Rn. 34, 84.
172 A/L/G/*Loschelder*, Kap. 3 Rn. 47.
173 A/L/G/*Loschelder*, Kap. 3 Rn. 49.
174 Eingehend zu möglichen Formen der Venture Capital Beteiligung Weitnauer/*Weitnauer*, Teil F. Die VC-Beteiligung.
175 Bank/Möllmann/*Ulrich/Bank*, S. 88 ff. und Bank/Möllmann/*Bank/Möllmann*, S. 305 ff.

Einl. D Geschäftsgeheimnisse im Rechtsverkehr

4. Joint-Venture

56 Die Absicht der **gemeinschaftlichen** optimale Nutzung vorhandenen **Wissens** oder das Ziel der gemeinschaftlichen **Erzeugung neuen Wissens** stellen oftmals die **wesentlichen Triebfedern** für die Zusammenarbeit der Partner eines Joint-Ventures dar. Die ihrer Kooperation zugrunde liegende **Joint-Venture Vereinbarung** enthält in diesen Fällen die Verpflichtungen der Partner zur **Einbringung** bestehenden **Know-hows** bzw. vorhandener **Geschäftsgeheimnisse** in die Joint-Venture Gesellschaft (Gemeinschaftsunternehmen) sowie Regelungen bezüglich der **Berechtigung** der Partner und des Gemeinschaftsunternehmens zur **Nutzung** und **Weitergabe** dieses Wissens während und nach Beendigung der Zusammenarbeit.[176] Soll eine **Joint-Venture Gesellschaft** in der Form einer **Kapitalgesellschaft** (regelmäßig findet eine GmbH Verwendung) gegründet werden und vorhandenes **Know-how** bzw. **Geschäftsgeheimnisse** als **Sacheinlage** dienen, so ist zu überprüfen, ob dies nach den einschlägigen Vorschriften über die **Kapitalaufbringung** zulässig ist.[177]

5. Unternehmensfinanzierung

57 Über die Einlage eines Geschäftsgeheimnisses in eine Gesellschaft zur Unternehmensfinanzierung[178] hinaus ist die **Nutzbarkeit** von Know-how und Geschäftsgeheimnissen hierfür **begrenzt**. Eine **Verpfändung** (§ 1273 ff. BGB) wird mangels eines subjektiven Rechts **nicht für möglich gehalten**.[179] Hieran scheitert auch eine **Sicherungsabtretung**.[180] Denkbar ist aber eine deren rechtliche Wirkungen entsprechende vertragliche Vereinbarung.[181] Möglich ist auch eine Verpfändung (§ 1204 ff. BGB) oder Sicherungsübereignung (§§ 929 ff. BGB) einer Verkörperung eines Geschäftsgeheimnisses.[182]

IV. Vollstreckung

1. Einzelvollstreckung

58 Die Möglichkeit der isolierten **Zwangsvollstreckung** in Know-how (bzw. Geschäftsgeheimnisse) wird mit dem Argument **verneint**, dem stehe eine **zu enge Verknüpfung** des Wissens mit dem **Unternehmen** entgegen.[183] Andere Autoren halten eine **Trennung** und damit das **Vorliegen eines pfändbaren vermögenswerten**

---

[176] A/L/G/*Maume*, Kap. 4 Rn. 31.; R/GvW/H/*Brandi-Dohrn*, Rn. 66; Schulte/Schwindt/Kuhn/*Schulte*, S. 100 Rn. 40, 76, S. 293 Rn. 65 ff., 73 ff.; Wurzer/Kaiser/*Kaiser*, S. 274 f.
[177] Schulte/Schwindt/Kuhn/*Schulte*, S. 293 Rn. 65 ff.; *Maume*, NZG 2017, 249, 251 mwN zur Diskussion.
[178] Hierzu Rn. 56.
[179] *Keller*, ZIP 2020, 1052, 1054; *Maume*, NZG 2017, 249, 250.
[180] *Keller*, ZIP 2020, 1052, 1054.
[181] *Maume*, NZG 2017, 249, 250.
[182] *Keller*, ZIP 2020, 1052, 1054; *Maume*, NZG 2017, 249, 250.
[183] *Berger/Tunze*, ZIP 2020, 52, 56.

Rechts (§ 857 Abs. 1 ZPO) jedoch (im Einzelfall) für **möglich**.[184] Dies sei ab dem Zeitpunkt denkbar, zu dem der „Wissensträger seine Absicht zur gewerblichen Nutzung des spezifischen Wissens kundgetan" habe, was etwa bei einem „Beginn der eigenbetrieblichen Nutzung" der Fall sein könne.[185] In der Praxis dürfte die Umsetzung des Vollstreckungsverfahrens wohl wenig bis gar nicht erprobt sein.[186]

2. Insolvenz

Know-how und **Geschäftsgeheimnisse** fallen im Insolvenzfall als **Vermögensbestandteile** in die **Insolvenzmasse** (§ 35 Abs. 1 InsO).[187] Aufgrund der umfassenden Auskunftspflichten des Insolvenzschuldners (§ 97 InsO) kann der **Insolvenzverwalter** von ihm hierüber **Auskunft** verlangen.[188]

59

Auch **Geschäftsgeheimnisse dritter Personen**, die sich beim Insolvenzschuldner befinden und vom Insolvenzverwalter (bspw. aus diesbezüglichen Vertragsunterlagen) zur Kenntnis genommen werden, **sind betroffen**.[189] Etwaige **Vertraulichkeitsvereinbarungen** bzw. -klauseln zwischen dem Insolvenzschuldner und dem Dritten (§ 4 Abs. 2 Nr. 2 und 3) **binden** den **Insolvenzverwalter nur**, wenn es sich hierbei um einen **nicht oder nicht vollständig erfüllten Vertrag** handelt und der Insolvenzverwalter **Erfüllung wählt** (§ 103 InsO).[190] Ansonsten kann er auch diese Geschäftsgeheimnisse grundsätzlich nutzen und offenbaren (sofern nicht § 4 Abs. 3 entgegensteht).[191] **Vertraulichkeitsvereinbarungen** und -klauseln erweisen sich daher regelmäßig als **nicht insolvenzfest**.[192]

60

Nach dem **Übergang der Verwaltungs- und Verfügungsbefugnis** auf den **Insolvenzverwalter** (§ 80 Abs. 1 InsO) muss dieser als Inhaber der Geschäftsgeheimnisse (§ 2 Nr. 2) dafür Sorge tragen, dass diese durch **angemessene Geheimhaltungsmaßnahmen** (§ 2 Nr. 1 lit. b) geschützt werden.[193]

61

---

184 Eingehend A/L/G/*Hauck*, Kap. 8 Rn. 1 ff.
185 A/L/G/*Hauck*, Kap. 8 Rn. 11.
186 Zum Vollstreckungsverfahren A/L/G/*Hauck*, Kap. 8 Rn. 18 ff., 26 ff.
187 A/L/G/*Hauck*, Kap. 8 Rn. 34; *Berger/Tunze*, ZIP 2020, 52, 56; *Schuster/Tobuschat*, GRUR-Prax 2019, 248.
188 *Schuster/Tobuschat*, GRUR-Prax 2019, 248, 249.
189 *Schuster/Tobuschat*, GRUR-Prax 2019, 248, 249.
190 *Schuster/Tobuschat*, GRUR-Prax 2019, 248, 249 f.
191 *Schuster/Tobuschat*, GRUR-Prax 2019, 248, 250.
192 *Schuster/Tobuschat*, GRUR-Prax 2019, 248, 250; zur Rechtslage vor Inkrafttreten des GeschGehG *Wenner/Schuster* ZIP 2005, 2191.
193 *Berger/Tunze*, ZIP 2020, 52, 56 f.

Einl. D   Geschäftsgeheimnisse im Rechtsverkehr

V. Gesamtrechtsnachfolge

1. Erbrecht

62   Zu dem gem. § 1922 BGB im **Erbfall** auf den oder die Erben **übergehenden Vermögen** gehören auch **Know-how** und **Geschäftsgeheimnisse**.[194] Freilich wird die **Relevanz** des § 1922 BGB für den Übergang von Geschäftsgeheimnissen dadurch geschmälert, dass ein **Erbfall** nur beim Tod einer **natürlichen Person** vorliegt. Gemäß § 1922 BGB übergehen können Geschäftsgeheimnisse somit nur beim **Tod** einer **unternehmerisch tätigen natürlichen Person**, also insbesondere beim Tod eines **Kaufmanns**.

63   Stirbt hingegen der Gesellschafter einer Gesellschaft, so ändert dies nichts an der Zuordnung der Geschäftsgeheimnisse zu der Vermögensmasse der Gesellschaft; vererbt werden kann hier nur die Unternehmensbeteiligung.[195]

2. Umwandlungsrecht

64   Das Erlöschen einer Gesellschaft wird häufig im Wege der **Verschmelzung** nach dem UmwG (§§ 2 ff. UmwG) herbeigeführt. Im Falle einer Verschmelzung **geht** das **Vermögen** des erlöschenden und übertragenden Rechtsträgers auf den übernehmenden Rechtsträger **über** (§ 20 Abs. 1 Nr. 1 UmwG). Hierzu gehören auch das **Know-how** bzw. die **Geschäftsgeheimnisse** des übertragenden Rechtsträgers.[196] Für die Spaltung (§§ 123 ff. UmwG) enthält § 131 Abs. 1 Nr. 1 UmwG eine entsprechende Regelung. Geschäftsgeheimnisse unterliegen im Zusammenhang mit einer Umwandlung auch einem **strafrechtlichen Schutz** gemäß **§ 315 UmwG**.

VI. Geschäftsgeheimnisse in der gesellschaftsrechtlichen Kompetenzordnung

65   Geschäftsgeheimnisse werden durch **unternehmensinterne** oder **-externe Offenlegung** (oftmals im Zusammenhang mit den oben dargestellten Vereinbarungen zum Schutz von oder über Geschäftsgeheimnisse[197]) Gegenstand des Rechtsverkehrs. Hierbei sind die diesbezügliche gesellschaftsrechtliche **Kompetenzordnung** und die einschlägigen **Rechte** und **Pflichten** der Beteiligten zu beachten. Diese werden im Folgenden dargestellt; da sie im Einzelnen durch die **jeweilige Gesellschaftsform beeinflusst** werden, muss es sich hierbei um einen Überblick handeln. Aufgrund der starken gesetzlichen Normierung eignet sich das Recht der Aktiengesellschaft besonders für eine Darstellung und steht daher im Vordergrund.

---

194 Staudinger/*Kunz*, § 1922 Rn. 275.
195 Staudinger/*Kunz*, § 1922 Rn. 268 ff.
196 Semler/Stengel/*Leonard*, § 20 Rn. 11a.
197 Hierzu Rn. 5 und 39 ff.

VI. Geschäftsgeheimnisse in der gesellschaftsrechtl. Kompetenzordnung   **Einl. D**

1. Geschäftsleitung

a) Geheimhaltungspflicht

Die **Geschäftsleiter** einer Gesellschaft unterliegen einer (gesetzlichen) Geheimhaltungspflicht. Abhängig von der jeweiligen Gesellschaftsform ist diese unterschiedlich ausgestaltet: Es existieren ungeschriebene und geschriebene zivilrechtliche Geheimhaltungspflichten sowie entsprechende strafrechtliche Normen.   66

Gesetzlich normiert ist die **Geheimhaltungspflicht** der Mitglieder des Vorstands einer Aktiengesellschaft. Gemäß der zivilrechtlichen Bestimmung des **§ 93 Absatz 1 Satz 3 AktG** sind diese verpflichtet, über „vertrauliche Angaben und Geheimnisse der Gesellschaft, namentlich Betriebs- oder Geschäftsgeheimnisse, die den Vorstandsmitgliedern durch ihre Tätigkeit im Vorstand bekanntgeworden sind [...] Stillschweigen zu bewahren". Diese Geheimhaltungspflicht wird vorwiegend auf die Treuepflicht des Vorstands gestützt.[198]   67

Die Geheimhaltungspflicht besteht (grundsätzlich[199]) gegenüber allen Personen außer Organmitgliedern der Aktiengesellschaft; der Vorstand ist daher also gegenüber den Arbeitnehmern der Gesellschaft, ihrem Betriebsrat, gegenwärtigen und künftigen Investoren sowie (Mehrheits-)Aktionären zur Verschwiegenheit verpflichtet.[200] Auch nach dem **Ende der Organstellung** wirkt die Geheimhaltungspflicht fort.[201] Ihre generelle Abbedingung oder Lockerung durch Satzung, Geschäftsordnung oder Vertrag ist nicht möglich.[202]   68

Im Falle einer (schuldhaften) Verletzung der Geheimhaltungspflicht kann sich das Vorstandsmitglied **Schadensersatzansprüchen** ausgesetzt sehen (§ 93 Abs. 2 AktG).[203] In § 404 AktG ist die Geheimhaltungspflicht auch strafrechtlich abgesichert.   69

Für die Geschäftsführung einer **GmbH** existiert **keine** dem § 93 Abs. 1 Satz 3 AktG entsprechende ausdrückliche zivilrechtliche Normierung der Geheimhaltungspflicht; sie ist jedoch auch hier anerkannt[204] und § 93 Abs. 1 Satz 3 AktG findet analoge Anwendung.[205] In **§ 85 GmbHG** erfährt die Geheimhaltungspflicht im Recht der GmbH eine dem § 404 AktG entstrechende strafrechtliche Absicherung.   70

§ 93 Abs. 1 Satz 3 AktG, § 404 AktG und § 85 GmbHG knüpfen tatbestandlich an „Geheimnisse der Gesellschaft, namentlich Betriebs- oder Geschäftsgeheimnisse"   71

---

198 *Fleischer/Pendl*, ZIP 2020, 1321; MK-AktG/*Spindler*, § 93 Rn. 130.
199 Zur erlaubten Offenlegung von Geschäftsgeheimnissen Rn. 75 ff.
200 I/G-T/C/*Illert/Meyer*, S. 140 Rn. 336; MK-AktG/*Spindler*, § 93 Rn. 141 ff.
201 I/G-T/C/*Illert/Meyer*, S. 138 Rn. 331; MK-AktG/*Spindler*, § 93 Rn. 149; Spindler/Stilz/*Fleischer*, § 93 Rn. 161.
202 I/G-T/C/*Illert/Meyer*, S. 138 Rn. 330; MK-AktG/*Spindler*, § 93 Rn. 131, 161; *Rozijn*, NZG 2001, 494, 495; Spindler/Stilz/*Fleischer*, § 93 Rn. 162.
203 Spindler/Stilz/*Fleischer*, § 93 Rn. 172; *Haggeney/Hausmanns*, NZG 2016, 814, 815; MK-AktG/*Spindler*, § 93 Rn. 130.
204 MK-GmbHG/*Fleischer*, § 43 Rn. 199; *Haggeney/Hausmanns*, NZG 2016, 814 f.
205 B/B/K/S/*Fleischer*, S. 207; *Rozijn*, NZG 2001, 494, 500.

Einl. D Geschäftsgeheimnisse im Rechtsverkehr

an, also an eine **Terminologie** („Betriebs- oder Geschäftsgeheimnis"), die ehemals auch in den **§§ 17 ff.** UWG aF Verwendung fand und die nunmehr – nach Überführung der Materie in § 23 – dort durch den Begriff „Geschäftsgeheimnis" gem. § 2 Nr. 1 ersetzt wurde.[206] Die im Rahmen von § 93 Abs. 1 Satz 3 AktG, § 404 AktG und § 85 GmbHG (bisher) verwendete **Geheimnisdefinition** entsprach im Wesentlichen der von der Rechtsprechung zu den §§ 17 ff. UWG aF entwickelten Definition des Geschäfts- und Betriebsgeheimnisses.[207] Tatbestandlich wurde daher insbesondere ein objektives Geheimhaltungsinteresse und/oder ein Geheimhaltungswille gefordert, jedoch nicht die nach der Legaldefinition des § 2 Nr. 1 lit. b erforderlichen angemessenen Geheimhaltungsmaßnahmen.[208]

72 Nach Inkrafttreten des GeschGehG wird nunmehr vorgeschlagen, die **Definition des „Geschäftsgeheimnisses"** gemäß § 2 Nr. 1 – entgegen dem Wortlaut des § 2, der nur von einer Definition im Rahmen „dieses Gesetzes" spricht – auch in Normen **außerhalb** des GeschGehG zur Anwendung zu bringen.[209] So zunächst im Rahmen des die **Geheimhaltungspflicht der Betriebsratsmitglieder** regelnden **§ 79 BetrVG**, wo argumentiert wird, anderenfalls drohe eine ungerechtfertigte Schlechterstellung (Art. 3 Abs. 1 GG) der Betriebsratsmitglieder gegenüber Arbeitnehmern.[210] Im Rahmen des **§ 85 GmbH** wird die Forderung nach einer Anpassung der Definition insbesondere mit dem Hinweis auf das **Gebot der unionsrechtskonformen Auslegung** und eine „Intention des europäischen Normgebers, einen möglichst umfassenden und einheitlichen Schutz des Geschäftsgeheimnisses zu gewährleisten" begründet.[211]

73 Eine Angleichung der Definition in § 93 Abs. 1 Satz 3 AktG, § 404 AktG und § 85 GmbHG mit § 2 Nr. 1 GeschGehG stößt jedoch auf **Ablehnung**, da sie auf eine **Dispositionsbefugnis** des **Geschäftsleiters** über das **Vorliegen** eines **geschützten Geheimnisses** hinauslaufe.[212] Es wird als unbillig empfunden, dass (ausgerechnet) derjenige **Geschäftsleiter**, der es (pflichtwidrig) **unterlassen** habe, im Interesse der Gesellschaft **angemessene Geheimhaltungsmaßnahmen** zum Schutz der Geschäftsgeheimnissen zu treffen, im Verletzungsfalle davon **profitiere**, dass (aufgrund seines pflichtwidrigen Versäumnisses) **kein tatbestandlich geschütztes Geheimnis** vorliege.[213] Eine **Absenkung** des **Niveaus** des gesellschaftsrechtlichen **Geheimnisschutzes** sei **weder** die **Intention des Gesetzgebers** des GeschGehG

---

206 Zur Terminologie und ihrer Entwicklung die Kommentierung zu § 2 Rn. 4 ff.
207 *Ries/Haimerl*, NZG 2018, 621, 622 f.; eingehend zur Entwicklung der Definition *Fleischer/Pendl*, ZIP 2020, 1321, 1323 ff.
208 *Fleischer/Pendl*, ZIP 2020, 1321, 1323 ff.; *Oetker*, in: FS Hopt, S. 901, 917; *Ries/Haimerl*, NZG 2018, 621, 622 f.
209 Übersicht über den Stand der Diskussion bei *Fleischer/Pendl*, ZIP 2020, 1321, 1326 und *Oetker*, in: FS Hopt, S. 901, 915 ff.; zur Anwendbarkeit der Definition des § 2 Nr. 1 außerhalb dieses Gesetzes die Kommentierung zu § 2 Rn. 2.
210 *Preis/Seiwerth*, RdA 2019, 351, 353.
211 BeckOK GmbHG/*Dannecker/N. Müller*, 46. Ed. 1.11.2020, § 85 Rn. 26 c.
212 *Fleischer/Pendl*, ZIP 2020, 1321, 1326; *Ries/Haimerl*, NZG 2018, 621, 622 f.
213 *Höfer*, GmbHR 2018, 1195, 1197 f.; *Ries/Haimerl*, NZG 2018, 621, 622 f.

VI. Geschäftsgeheimnisse in der gesellschaftsrechtl. Kompetenzordnung   **Einl. D**

gewesen[214] **noch europarechtlich geboten**, da der europäische Gesetzgeber gar keine so weitgehende Harmonisierung vorgegeben habe.[215]

Neben den gesetzlichen Geheimhaltungspflichten wird in der Praxis in den **Anstellungsverträgen** der Geschäftsleiter regelmäßig eine **Vertraulichkeitsklausel** vereinbart.[216] Bei ihrer Formulierung ist nunmehr zu beachten, dass sie so ausgestaltet wird, dass sie auch eine **angemessene Geheimhaltungsmaßnahme** im Sinne des § 2 Nr. 1 lit. b darstellt.[217] Aufgrund der soeben geschilderten Diskussion um die zutreffende Geheimnisdefinition im Gesellschaftsrecht sollte auch sichergestellt werden, dass die Vertragsparteien von **einem einheitlichen Begriffsverständnis** ausgehen.   74

b) Erlaubte Offenlegung

Die **Offenlegung** von **Geschäftsgeheimnissen** ist im Wirtschaftsleben (selbstverständlich) eine **ständige Notwendigkeit**. Wer über die Offenlegung entscheiden darf, ist von der **Gesellschaftsform** und der dort vorgesehenen **Kompetenzordnung** abhängig. Dem **Vorstand** einer **AG** wird diese **Entscheidungskompetenz** – aufgrund seiner weitgehenden Befugnis zur Unternehmensleitung (§ 76 Abs. 1 AktG) – zugesprochen.[218] Hingegen kann bei der **GmbH** die einschlägige Kompetenz der **Geschäftsführung** (zumindest) dann **geringer ausfallen**, wenn die Gesellschafter von ihrem diesbezüglichen Weisungsrecht (§ 37 Abs. 1 GmbHG) Gebrauch gemacht haben oder ihnen die Angelegenheit gemäß § 49 Abs. 2 GmbH zur Entscheidung vorzulegen ist.[219]   75

Eine **Entscheidung** für eine **Offenlegung** eines Geschäftsgeheimnisses ist **trotz** der **Geheimhaltungspflicht** des Vorstands (§§ 93 Abs. 1 Satz 3, 404 AktG) oder der Geschäftsführer (§§ 93 Abs. 1 Satz 3 AktG analog, 85 GmbHG) **möglich**, weil die Verpflichtung zur Geheimhaltung **nicht absolut gilt**[220]: Da sie im **Unternehmensinteresse** besteht, gilt sie auch nur insoweit, wie dieses eine Geheimhaltung erfordert. Eine Offenlegung ist daher zulässig, wenn ein spezifisches **Offenlegungsinteresse** der Gesellschaft ihr **Geheimhaltungsinteresse** im Einzelfall **überwiegt**. Bei der hier zu treffenden **Abwägungsentscheidung** handelt es sich um eine **unternehmerische Ermessenentscheidung**. Eine positivrechtliche Regelung hierzu findet sich im Aktienrecht in § 93 Abs. 1 Satz 2 AktG; die zu-   76

---

214 *Fleischer/Pendl*, ZIP 2020, 1321, 1326; *Oetker*, in: FS Hopt, S. 901, 917 f.
215 *Fleischer/Pendl*, ZIP 2020, 1321, 1326.
216 *Jonas*, DB 2020, 1738, 1740 f.; Wurzer/Kaiser/*Kaiser*, S. 332 f.; zu Vertraulichkeitsklauseln Rn. 25 ff.
217 *Jonas*, DB 2020, 1738, 1741; zu den sich aus den GeschGehG ergebenden Anforderungen die Kommentierung zu § 2 Rn. 56 ff. sowie oben Rn. 31.
218 MK-AktG/*Spindler*, § 93 Rn. 136, 158; Spindler/Stilz/*Fleischer*, § 93 Rn. 169.
219 MK-GmbHG/*Fleischer*, § 43 Rn. 207.
220 Vgl. etwa *Bauer/Wenzel*, ZGR 2020, 502, 506 f.; *Hemeling*, ZHR 2005, 274, 278; I/G-T/C/*Illert/Meyer*, S. 141 Rn. 339; MK-AktG/*Spindler*, § 93 Rn. 150 ff.; MK-GmbHG/*Fleischer*, § 43 Rn. 207; *Rozijn*, NZG 2001, 494, 497 f.; Spindler/Stilz/*Fleischer*, § 93 Rn. 169.

Einl. D Geschäftsgeheimnisse im Rechtsverkehr

grundeliegenden Überlegungen finden auch im Fall eines über die Offenlegung eines Geschäftsgeheimnisses entscheidenden Geschäftsführers einer GmbH Anwendung.[221] Basierend auf einer solchen Ermessensentscheidung können Geschäftsgeheimnisse im Zusammenhang mit den oben dargestellten Verträgen über Geschäftsgeheimnisse[222] oder im Rahmen einer Due Diligence Prüfung[223] offengelegt werden.

77 Auch die Offenlegung eines Geschäftsgeheimnisses durch Geschäftsleiter im Einklang mit **gesetzlichen Auskunftsansprüchen** oder **Informationsrechten** stellt **keine Verletzung der Geheimhaltungspflicht** dar.[224] So stehen den **Gesellschaftern** einer Gesellschaft – abhängig von der jeweiligen Gesellschaftsform – unterschiedlich stark ausgeprägte (individuelle) **Informationsrechte** zu[225]: Ein **Aktionär** einer **Aktiengesellschaft** kann gemäß **§ 131 Abs. 1 Satz 1 AktG** vom Vorstand (nur) in der Hauptversammlung Auskunft über Angelegenheiten der Gesellschaft fordern; dies jedoch nur insoweit, wie die Auskunft zur sachgemäßen Beurteilung des Gegenstands der Tagesordnung erforderlich ist. Deutlich weitgehender kann ein **Gesellschafter** einer **GmbH** gemäß § 51a Abs. 1 GmbHG von deren Geschäftsführern unverzüglich Auskunft über die Angelegenheiten der Gesellschaft und Einsicht in deren Bücher und Schriften verlangen. Weder ein im Einklang mit § 131 AktG informierender Vorstand[226] noch ein gemäß § 51a GmbHG handelnder Geschäftsführer[227] verletzt seine Verschwiegenheitspflicht. Auch darf der **Vorstand** einer Aktiengesellschaft dem ihn überwachenden **Aufsichtsrat** (§ 111 Abs. 1 AktG) Geschäftsgeheimnisse offenbaren.[228] Gleiches gilt im Verhältnis des **Geschäftsführers** einer GmbH zur **Gesellschafterversammlung** oder einem (eventuell bestehenden) **Aufsichtsrat**.[229]

78 Für die Geschäftsleiter kann sich die Frage stellen, wie zu reagieren ist, wenn ein **Gesellschafter** seine **Informationsrechte**[230] dazu nutzen möchte, um **Informationen** zu erhalten, die nach einer Vertraulichkeitsvereinbarung oder -klausel zwischen der **Gesellschaft** und ihrem Vertragspartner einem **Weitergabeverbot**[231] unterliegen.[232] Denkbar wäre, dass die Geschäftsleitung die Auskunftserteilung unter Verweis auf ein Informationsverweigerungsrecht – etwa gemäß § 131 Abs. 3 AktG oder gemäß § 51a Abs. 2 GmbHG – verweigert. Der (schlichte) **Verweis** auf eine

---

221 Baumbach/Hueck/*Beurskens*, § 85 GmbHG Rn. 15, § 43 Rn. 33 ff.
222 Rn. 39 ff.
223 Rn. 79 ff.
224 Spindler/Stilz/*Fleischer*, § 93 Rn. 167.
225 Eingehend hierzu *K. Schmidt*, Informationsrechte in Gesellschaften in Verbänden, 1984.
226 Spindler/Stilz/*Fleischer*, § 93 Rn. 167; I/G-T/C/*Illert/Meyer*, S. 140 Rn. 336.
227 M/H/L/S/*Ziemons*, § 43 GmbHG Rn. 301.
228 I/G-T/C/*Illert/Meyer*, S. 140 Rn. 336 f.; MK-AktG/*Spindler*, § 93 Rn. 146.
229 B/B/K/S/*Fleischer*, S. 207; *Haggeney/Hausmanns*, NZG 2016, 814, 815; M/H/L/S/*Ziemons*, § 43 GmbHG Rn. 301.
230 Hierzu Rn. 77.
231 Zum Weitergabeverbot in Vertraulichkeitsvereinbarungen und -klauseln Rn. 16 ff. und Rn. 28.
232 Vgl. *Bisle*, NWB 2018, 1472; *Haggeney/Hausmanns*, NZG 2016, 814.

VI. Geschäftsgeheimnisse in der gesellschaftsrechtl. Kompetenzordnung **Einl. D**

Vertraulichkeitsvereinbarung oder -klausel ist jedoch **nicht geeignet**, die **Informationsverweigerung zu begründen**, da ansonsten durch den (beliebigen) Abschluss derartiger Vereinbarungen die gesetzlichen **Informationsrechte** der Gesellschafter **ausgehebelt** werden könnten.[233] Vielmehr muss der Vertragspartner einer Gesellschaft grundsätzlich damit rechnen, dass deren Gesellschaftern gesetzliche Informationsrechte zustehen und sie hiervon Gebrauch machen können; die Geschäftspartner einer GmbH müssen sich also zum Beispiel darüber im Klaren sein, dass den Gesellschaftern ein (weitgehendes) Informationsrecht gemäß § 51a Abs. 1 GmbH zusteht.[234] **Möglich** soll eine **Informationsverweigerung** jedoch dann sein, wenn im Einzelfall eine **objektive Notwendigkeit der Geheimhaltung** vorliegt.[235] Dies wird im Fall einer Vertraulichkeitsklausel in einem Lizenzvertrag oder einem Know-how-Vertrag erwogen.[236]

c) Due Diligence

Von großer praktischer Bedeutung ist die Frage, ob und (wenn ja) unter welchen Voraussetzungen die **Geschäftsleitung** im Vorfeld eines Unternehmenskaufs eine **Due Diligence Prüfung** durch einen Kaufinteressenten **zulassen darf**.[237] Für die Gesellschaft kann die Entscheidung **ganz erhebliche Konsequenzen** haben: Durch eine Due Diligence Prüfung erhält ein potenzieller Käufer regelmäßig einen **tiefen Einblick in ihre Geschäftsgeheimnisse**; im Falle eines Scheiterns der Gespräche besteht die **Gefahr**, dass die (legal erlangten) **Geschäftsgeheimnisse zum Nachteil des Unternehmens genutzt werden** – insbesondere, wenn es sich bei dem Erwerbsinteressent um einen Wettbewerber handelt.[238] 79

Entscheidungskompetent über die Zulassung einer Due Diligence Prüfung ist – entsprechend seiner Kompetenz bezüglich der Offenlegung von Geschäftsgeheimnissen[239] – der **Vorstand** einer **AG**.[240] Die Entscheidungsbefugnis der **Geschäftsführung** einer GmbH in diesem Bereich ist Gegenstand der Diskussion.[241] 80

Für die Zulässigkeit der Ermöglichung einer Due Diligence Prüfung durch den Vorstand (oder die Geschäftsführung einer GmbH) wird gefordert, dass **im Einzelfall**[242] 81

---

233 *Bisle*, NWB 2018, 1472, 1474; *Haggeney/Hausmanns*, NZG 2016, 814, 816 f.
234 *Bisle*, NWB 2018, 1472, 1475.
235 *Haggeney/Hausmanns*, NZG 2016, 814, 816 ff.
236 *Bisle*, NWB 2018, 1472, 1475; *Liese*, DB 2010, 1806, 1809.
237 Zur (ähnlichen) Frage der Geheimhaltungspflichten bei einer Zusammenarbeit mit einem M&A Dienstleister *Rozijn*, NZG 2001, 494, 497 ff.
238 Zur Problematik etwa Wurzer/Kaiser/*Weisser*, S. 360, 365 ff.
239 Rn. 75.
240 B/B/K/S/*Fleischer*, S. 200; Hemeling, ZHR 2005, 274, 279; Spindler/Stilz/*Fleischer*, § 93 Rn. 170; eine Zustimmung des Aufsichtsrats oder der Hauptversammlung der AG ist nach hM nicht erforderlich; s. Spindler/Stilz/*Fleischer*, § 93 Rn. 167; B/B/K/S/*Fleischer*, S. 200 (jeweils mwN auch zur Gegenauffassung).
241 MK-GmbHG/*Stephan/Tieves*, § 37 Rn. 136 ff.
242 MK-GmbHG/*Fleischer*, § 43 Rn. 209; Spindler/Stilz/*Fleischer*, § 93 Rn. 171.

Einl. D Geschäftsgeheimnisse im Rechtsverkehr

nach seinem **pflichtgemäßen Ermessen** (§§ 76, 93 AktG)[243] ein **überwiegendes Offenlegungsinteresse** besteht.[244] Hierzu muss der Beteiligungserwerb durch den potenziellen Käufer im **Unternehmensinteresse** sein.[245] Weiter muss eine Due Diligence Prüfung sich als **zwingend notwendig** darstellen.[246] Außerdem ist das Vorliegen eines **ernsthaftes Erwerbsinteresse** erforderlich, das sich regelmäßig in einem Memorandum of Understanding oder Letter of Intent manifestiert.[247] Das **Verfahren zur Offenlegung** der Geschäftsgeheimnisse ist so auszugestalten, dass das **Geheimhaltungsinteresse** der **Gesellschaft** möglichst **weitgehend gewahrt** wird.[248] Erforderlich ist daher vor der Offenlegung von Geschäftsgeheimnissen regelmäßig der Abschluss einer **Vertraulichkeitsvereinbarung**.[249] Die **Offenlegung** von Geschäftsgeheimnissen darf auch nur **schrittweise** – entsprechend dem **Fortschritt** des **Verkaufsprozesses** – erfolgen; **sensible Informationen** sind dem potenziellen Käufer erst möglichst **spät** zugänglich zu machen.[250] Insbesondere im Falle des Auftretens eines Wettbewerbers als Erwerbsinteressent sind im Hinblick auf einen Wissensabfluss **weniger risikoreiche Ausgestaltungen der Due Diligence** zu erwägen, wie insbesondere die Offenlegung besonders sensibler Dokumente in einem nur bestimmten Personen zugänglichen Teil des Datenraums (Roter Datenraum), eine Prüfung durch sog. Clean-Teams ohne Bezug zum gegenwärtigen operativen Geschäft des Interessenten[251] und/oder durch zur Verschwiegenheit verpflichtete (externe) Berater, die dem Erwerbsinteressenten lediglich ihre Prüfungsergebnisse mitteilen.[252]

82 Bei der Zulassung einer Due Diligence Prüfung muss die Geschäftsleitung sicherstellen, dass die **Offenlegung von Verträgen**, beispielsweise von Vereinbarungen mit Kunden oder Lieferanten, nicht aufgrund von in diesen enthaltenen Vertraulichkeitsverpflichtungen unzulässig ist.[253] Da viele Verträge Vertraulichkeitsklauseln enthalten, ist oftmals ohne die **Zustimmung des Vertragspartners** (allenfalls) die **Offenlegung** (sorgfältig) **anonymisierter Verträge** möglich.[254] Unter Umständen kann auch nur ein (stark) **aggregierter Bericht** über die **wesentlichen Vertragsin-**

---

243 Hierzu Rn. 76.
244 B/B/K/S/*Fleischer*, S. 200 ff.; *Hemeling*, ZHR 2005, 274, 278 f.; I/G-T/C/*Illert*/*Meyer*, S. 142 Rn. 342.
245 *Bauer/Wenzel*, ZGR 502, 507; *Hemeling*, ZHR 2005, 274, 279; I/G-T/C/*Illert*/*Meyer*, S. 142 Rn. 342.
246 I/G-T/C/*Illert*/*Meyer*, S. 142 Rn. 342.
247 *Bauer/Wenzel*, ZGR 502, 510; B/B/K/S/*Fleischer*, S. 204; *Hemeling*, ZHR 2005, 274, 281; I/G-T/C/*Illert*/*Meyer*, S. 142 Rn. 343.
248 *Hemeling*, ZHR 2005, 274, 280 f.; I/G-T/C/*Illert*/*Meyer*, S. 142 Rn. 343.
249 *Bauer/Wenzel*, ZGR 502, 511; B/B/K/S/*Fleischer*, S. 204; *Hemeling*, ZHR 2005, 274, 281.
250 *Bauer/Wenzel*, ZGR 502, 512 f.; B/B/K/S/*Fleischer*, S. 204 f.; *Hemeling*, ZHR 2005, 274, 280; I/G-T/C/*Illert*/*Meyer*, S. 142 Rn. 343; I/G-T/C/*Illert*/*Weiß*, S. 758 Rn. 20.
251 *Bauer/Wenzel*, ZGR 502, 510; *Linke/Fröhlich*, GWR 2014, 449, 451 f.
252 B/B/K/S/*Fleischer*, S. 205 f.; *Hemeling*, ZHR 2005, 274, 280 f.; I/G-T/C/*Illert*/*Meyer*, S. 142 Rn. 343; I/G-T/C/*Illert*/*Weiß*, S. 759 Rn. 20.
253 *Bauer/Wenzel*, ZGR 502, 513; I/G-T/C/*Illert*/*Meyer*, S. 141 Rn. 339; *Liese*, DB 2010, 1806; *Scheja/Mantz*, CR 2009, 413; *Schiffer/Bruß*, BB 2012, 847.
254 *Bauer/Wenzel*, ZGR 502, 510; I/G-T/C/*Illert*/*Meyer*, S. 141 Rn. 340; *Schiffer/Bruß*, BB 2012, 847, 851.

VI. Geschäftsgeheimnisse in der gesellschaftsrechtl. Kompetenzordnung **Einl. D**

halte zugänglich gemacht werden (insbesondere, wenn die Vertraulichkeit nicht nur die Inhalte, sondern bereits die Existenz der Vereinbarung an sich betrifft).[255] Sollte absehbar sein, dass bei der Gesellschaft eine Due Diligence Prüfung stattfinden wird, kann versucht werden, bereits bei Vertragsabschluss die Zulässigkeit einer Offenlegung in diesem Zusammenhang zu vereinbaren.[256]

d) Geheimnismanagement und Geheimniscompliance

Die Geschäftsleitung einer Gesellschaft ist im Rahmen ihrer **Sorgfaltspflicht** (§§ 93 Abs. 1 Satz 1 AktG, § 43 Abs. 1 GmbHG) zu einem **Geheimnismanagement** mit dem Ziel des Schutzes der Geschäftsgeheimnisse der Gesellschaft verpflichtet.[257] Hierbei handelt es sich um eine **Leitungsaufgabe** (§ 76 Abs. 1 AktG).[258] Zwar hatten schon vor Inkrafttreten des GeschGehG die **Geschäftsleiter** für den **Schutz** des **Know-hows** und der **Geschäftsgeheimnisse** zu sorgen.[259] Auch war der Vorstand einer Aktiengesellschaft schon bisher verpflichtet sicherzustellen, dass ein den Fortbestand der Gesellschaft gefährdenden Verlust von Know-how frühzeitig erkannt wird (§ 91 Abs. 2 AktG).[260] Die **Pflichten** (und damit das **Haftungsrisiko**[261]) der **Geschäftsleiter** sind mit dem **Inkrafttreten GeschGehG** jedoch **gewachsen**: Sie müssen im Rahmen des Geheimnismanagements nunmehr dafür Sorge tragen, dass die **Geschäftsgeheimnisse** durch **angemessene Geheimhaltungsmaßnahmen** im Sinne des § 2 Nr. 1 lit. b geschützt werden, damit diese (tatbestandlich) überhaupt den Schutz des GeschGehG genießen.[262] Die Verpflichtung zum Geheimnismanagement kann nunmehr eine ganze Reihe von **konkreten Maßnahmen organisatorischer**, **technischer** und **rechtlicher Art** erfordern.[263] Hierzu gehört auch für eine **Vertragsgestaltung** von Vereinbarungen zum Schutz von und über Geschäftsgeheimnisse zu sorgen, die den **Anforderungen des GeschGehG genügt**.[264] **83**

Neben dem Schutz der eigenen Geschäftsgeheimnisse hat die Geschäftsleitung aufgrund der **gewachsenen Haftungsrisiken** im Falle der **Verletzung fremder Geschäftsgeheimnisse**[265] nunmehr sicherzustellen, dass in dem Unternehmen der Gesellschaft **keine fremden Geschäftsgeheimnisse erlangt, genutzt oder offenge- **84**

---

255 *Bauer/Wenzel*, ZGR 502, 514; *Schiffer/Bruß*, BB 2012, 847, 851.
256 *Scheja/Mantz*, CR 2009, 413, 419; hierzu oben Rn. 18.
257 *Fleischer/Pendl*, ZIP 2020, 1321, 1327; *Höfer*, GmbHR 2018, 1195, 1196 f.
258 *Fleischer/Pendl*, ZIP 2020, 1321, 1327.
259 *Höfer*, GmbHR 2018, 1195, 1196 f.; *Wurzer*, CCZ 2009, 49, 54.
260 *Wurzer*, CCZ 2009, 49, 54.
261 *Höfer*, GmbHR 2018, 1195, 1196.
262 *Arens*, GWR 2019, 375, 376 f.; *Fleischer/Pendl*, ZIP 2020, 1321, 1326 ff.; *Höfer*, GmbHR 2018, 1195, 1196 f.; *Ries/Haimerl*, NZG 2018, 621, 622 f.
263 *Fleischer/Pendl*, ZIP 2020, 1321, 1327 ff.; *Höfer*, GmbHR 2018, 1195, 1196 f.; *Schefold*, ZRFC 2019, 171, 173 ff.
264 Hierzu Rn. 30 ff.
265 Oben Rn. 38.

Einl. D Geschäftsgeheimnisse im Rechtsverkehr

legt werden; erforderlich ist also eine **Geheimniscompliance**.[266] Dies kann in Verträgen, in deren Rahmen der Gesellschaft Geschäftsgeheimnisse offengelegt werden, die Zusicherung des Vertragspartners notwendig machen, dass es sich hierbei nicht um für ihn fremde Geschäftsgeheimnisse handelt.[267]

2. Überwachungs- und Beratungsorgane

85 Auch die **Überwachungs- und Beratungsorgane** einer Gesellschaft unterliegen **Geheimhaltungspflichten**. Welches Organ für die Überwachung der Geschäftsleitung zuständig ist, ist in den verschiedenen Gesellschaftsformen unterschiedlich geregelt.

86 In der **Aktiengesellschaft** liegt diese Aufgabe beim **Aufsichtsrat** (§ 111 Abs. 1 AktG). Auch der Aufsichtsrat einer AG unterliegt einer **Geheimhaltungspflicht**[268]: Die **zivilrechtliche Geheimhaltungspflicht** des § 93 Abs. 1 Satz 3 AktG[269] wird über § 116 Satz 1 AktG auf den Aufsichtsrat ausgedehnt (und über § 116 Satz 2 AktG um eine ausdrückliche Verschwiegenheitsverpflichtung bezüglich erhaltener vertraulicher Berichte und vertraulicher Beratungen ergänzt). Außerdem ist die Geheimhaltungspflicht auch **strafrechtlich abgesichert**, da auch Aufsichtsräte zu den Normadressaten des § 404 AktG[270] gehören. Die Pflicht zur Geheimhaltung der Aufsichtsräte ist im Aktienrecht **zwingend ausgestaltet** und kann nicht durch abweichende Vereinbarungen, etwa in der Satzung, abgeschwächt werden.[271]

87 In einer **GmbH** erfolgt die Überwachung der Geschäftsführung durch die **Gesellschafterversammlung** als **oberstes Kontroll- und Überwachungsorgan** der Gesellschaft.[272] Jedoch kann auch bei der GmbH ein **Aufsichtsrat** existieren, zunächst wenn es sich um eine **mitbestimmte GmbH** handelt, bei der ein Aufsichtsrat zwingend zu bilden ist.[273] Für die Mitglieder des Aufsichtsrates des von Gesetz wegen zu bildenden Aufsichtsrats gelten die **(zivilrechtlichen) Vorschriften des Aktiengesetzes** über die Verschwiegenheit aufgrund der einschlägigen Verweisungsnormen der jeweiligen Mitbestimmungsgesetze sinngemäß.[274] Außerdem gilt die **strafbewehrte Geheimhaltungspflicht** des § 85 GmbHG.

88 In dem (im Vergleich zum Recht der Aktiengesellschaft) flexibel ausgestaltbaren **Recht der GmbH** können außerdem **gesetzlich nicht vorgesehene Beratungs-**

---

266 *Leister*, GRUR-Prax 2020, 145; *Schefold*, ZRFC 2019, 171, 175 f.
267 *Leister*, GRUR-Prax 2020, 145, 146 f.; auch oben Rn. 38.
268 Vgl. etwa I/G-T/C/*Johansen-Roth/Zenner*, S. 427 Rn. 273 ff.; *Lutter/Krieger/Verse*, Rn. 254 ff.; v. *Schenk/Marsch-Barner*, S. 732 ff.
269 Hierzu Rn. 67 ff.
270 Oben Rn. 69.
271 *Erker/Freund*, GmbHR 2001, 463, 466; v. *Schenk/Marsch-Barner*, S. 748 Rn. 61; *Wiedemann/Kögel*, S. 96 Rn. 66.
272 MK-GmbHG/*Liebscher*, § 46 Rn. 190 ff.; M/H/L/S/*Römermann*, § 46 GmbHG Rn. 328.
273 Übersicht über die einschlägigen Tatbestände bei Baumbach/Hueck/*Zöllner/Noack*, § 52 GmbHG Rn. 6 ff.
274 *Erker/Freund*, GmbHR 2001, 463; v. *Schenk/Marsch-Barner*, S. 733 Rn. 4.

VI. Geschäftsgeheimnisse in der gesellschaftsrechtl. Kompetenzordnung **Einl. D**

und **Überwachungsorgane** etabliert werden.[275] So ist die Bildung eines **fakultativen Aufsichtsrats** möglich; hier können die – grundsätzlich entsprechend geltenden – **aktienrechtlichen Verschwiegenheitspflichten abweichend geregelt werden** (§ 52 Abs. 1 GmbHG).[276] Neben der Einführung eines fakultativen Aufsichtsrats kommt insbesondere die Schaffung eines **Beirats** in Betracht.[277] Ein Beirat ist ein beliebtes Instrument der Corporate Governance im Recht der GmbH, das beispielsweise im Bereich von Joint Ventures, Venture Capital Beteiligungen oder bei Familienunternehmen zum Einsatz kommt. Er kann auf eine reine beratende Funktion beschränkt sein, jedoch können ihm auch Überwachungs- und Entscheidungskompetenzen übertragen werden. Bei Beiräten können **erhebliche Risiken** in Bezug auf den **Schutz von Geschäftsgeheimnissen** bestehen, etwa wenn ein Beirat aufgrund seiner besonderen Branchenkenntnis berufen wird, gleichzeitig aber noch in anderen Funktionen bei Wettbewerbern in der Branche tätig ist.[278] Mangels expliziter gesetzlicher Vorschriften wird die **ausdrückliche Regelung** der **Geheimhaltungspflichten** der Beiratsmitglieder empfohlen.[279]

3. Gesellschafter

Auch Gesellschafter unterliegen einer **Geheimhaltungspflicht**. Dies gilt zunächst für die Gesellschafter einer **personalistisch strukturierten Gesellschaft**, die oftmals intensiv mit Geschäftsgeheimnissen in Berührung kommen.[280] Aber auch die Aktionäre einer Aktiengesellschaft können einer Geheimhaltungspflicht unterliegen.[281]   89

Eine **gesetzliche Regelung** der Geheimhaltungspflichten der Gesellschafter **existiert nicht**.[282] Die Geheimhaltungspflicht wird jedoch als **Korrelat zu den Informationsrechten der Gesellschafter**[283] verstanden oder aus ihrer **gesellschaftsrechtlichen Treuepflicht** hergeleitet.[284]   90

Mangels expliziter gesetzlicher Regelung ist eine **vertragliche Konkretisierung** der **Geheimhaltungspflicht** durch eine Geheimhaltungsklausel im **Gesellschafts-**   91

---

275 *Müller/Wolff*, NZG 2003, 751.
276 *Erker/Freund*, GmbHR 2001, 463, 466; v. Schenk/*Marsch-Barner*, S. 733 Rn. 4; *Wiedemann/Kögel*, S. 97 Rn. 68.
277 Hierzu *Müller/Wolff*, NZG 2003, 751; *Wälzholz*, DStR 2003, 511; *Spindler/Kepper*, DStR 2005, 1738, 1775.
278 *Wälzholz*, DStR 2003, 511, 515.
279 Bank/Möllmann/*Frank/Möllmann*, S. 403 Rn. 18; *Wälzholz*, DStR 2003, 511, 515; *Wiedemann/Kögel*, S. 97 Rn. 68 f.
280 Eingehend die Untersuchung von *Selbach* aus dem Jahre 2015.
281 B/B/K/S/*Fleischer*, S. 206.
282 *Selbach*, S. 29.
283 Rn. 77 ff.
284 Eingehend zu den dogmatischen Grundlagen der Geheimhaltungspflicht der Gesellschafter *Selbach*, S. 29 ff.

Einl. D Geschäftsgeheimnisse im Rechtsverkehr

vertrag zu erwägen.[285] In den von der Literatur bereitgestellten Mustern sind jedoch nur selten Vertraulichkeitsklauseln enthalten.[286]

92 Häufiger anzutreffen sind Vertraulichkeitsklauseln hingegen in **Gesellschaftervereinbarungen**, also in den Gesellschaftsvertrag ergänzenden Vereinbarungen, die regelmäßig insbesondere im Recht der GmbH abgeschlossen werden, wo die Offenlegung bestimmter Vereinbarungen im Rahmen der im Handelsregister einsehbaren Satzung vermieden werden soll.[287] Derartige Gesellschaftervereinbarungen begleiten zum Beispiel Venture Capital Investitionen; hier wird regelmäßig die Verschwiegenheit über alle Vertragsinhalte (auch bezüglich des Beteiligungsvertrages) sowie hinsichtlich aller Informationen, die die Gesellschafter von der Gesellschaft erhalten, vereinbart.[288]

---

285 *Selbach*, S. 51 f.; Weitnauer/*Weitnauer*, Teil F Rn. 257 Fn. 433.
286 Diesbezügliche Auswertung der Literatur und Formulierungsbeispiele bei *Selbach*, S. 39 ff.
287 Krit. zur Regelung an dieser Stelle *Selbach*, S. 52 f.
288 Möllmann/Bank/*Möllmann/Bank*, S. 133 f.; Weitnauer/*Weitnauer*, Teil F Rn. 258.

Einleitung E
Geheimhaltungsschutz im Arbeitsverhältnis

Schrifttum: *Apel/Walling*, Das neue Geschäftsgeheimnisgesetz: Überblick und erste Praxishinweise, DB 2019, 891 ff.; *Bauer/Macherey*, Die Zukunft des Whistleblowing im Fokus, WPg 2019, 1127 ff.; *Bauschke*, Geschäftsgeheimnisse und Bezug zum Whistleblowing – Gesetzliche Neuregelung, öAT 2019, 133 ff.; *Burghardt-Richter/Bode*, Geschäftsgeheimnisschutzgesetz: Überblick und Leitfaden für Unternehmen zur Wahrung ihrer Geschäftsgeheimnisse, BB 2019, 2697 ff.; *Fingerhut*, Datenmissbrauch und Geheimnisverrat durch Mitarbeiter – die Bedeutung des § 17 UWG, BB 2014, 389 ff.; *Fuhlrott/Hiéramente*, Arbeitsrechtlicher Handlungsbedarf durch das Geschäftsgeheimnisgesetz, DB 2019, 967 ff.; *Gaul*, Die nachvertragliche Geheimhaltungspflicht eines ausgeschiedenen Arbeitnehmers, NZA 1988, 225 ff.; *ders.*, Auswirkungen des rechtsgeschäftlich begründeten Betriebsüberganges auf nachwirkende Wettbewerbsvereinbarungen und Geheimhaltungspflichten, NZA 1989, 697 ff.; *Goldhammer*, Geschäftsgeheimnis-Richtlinie und Informationsfreiheit. Zur Neudefinition des Geschäftsgeheimnisses als Chance für das öffentliche Recht, NVwZ 2017, 1809 ff.; *Granetzny/Krause*, Was kostet ein gutes Gewissen? – Förderung von Whistleblowing durch Prämien nach US-Vorbild?, CCZ 2020, 29 ff.; *Greßlin/Römermann*, Arbeitsrechtliche Gestaltungsmöglichkeiten zum Schutz von betrieblichem Know-how, BB 2016, 1461 ff.; *Holthausen*, Die arbeitsvertragliche Verschwiegenheit. Vertragsgestaltung nach Inkrafttreten des GeschGehG, NZA 2019, 1377 ff.; *Kalbfus*, Die EU-Geschäftsgeheimnis-Richtlinie. Welcher Umsetzungsbedarf besteht in Deutschland?, GRUR 2016, 1009 ff.; *Karthaus*, Omertá in der Betriebsverfassung, NZA 2018, 1180 ff.; *Kiefer*, Das Geschäftsgeheimnis nach dem Referentenentwurf zum Geschäftsgeheimnisgesetz: Ein Immaterialgüterrecht. Dogmatische Verortung, praktische Konsequenzen und die Frage nach einem zu revidierenden Verständnis des Begriffes „Immaterialgüterrecht", WRP 2018, 910 ff.; *Kraßer*, Grundlagen des zivilrechtlichen Schutzes von Geschäfts- und Betriebsgeheimnissen sowie Know-how, GRUR 1977, 177 ff.; *Lauck*, Angemessene Geheimhaltungsmaßnahmen nach dem GeschGehG. Weshalb der Wert des Geschäftsgeheimnisses irrelevant ist, GRUR 2019, 1132 ff.; *Maaßen*, „Angemessene Geheimhaltungsmaßnahmen" für Geschäftsgeheimnisse, GRUR 2019, 352 ff.; *McGuire*, Der Schutz von Know-how im System des Immaterialgüterrechts. Perspektiven für die Umsetzung der Richtlinie über Geschäftsgeheimnisse, GRUR 2016, 1000 ff.; *Naber/Peukert/Seeger*, Arbeitsrechtliche Aspekte des Geschäftsgeheimnisgesetzes, NZA 2019, 583 ff.; *Ohly*, Der Geheimnisschutz im deutschen Recht: heutiger Stand und Perspektiven, GRUR 2014, 1 ff.; *ders.*, Das neue Geschäftsgeheimnisgesetz im Überblick, GRUR 2019, 441 ff.; *Oltmanns/Fuhlrott*, Geheimhaltungspflichten des Betriebsrats im arbeitsgerichtlichen Verfahren, NZA 2019, 1384 ff.; *Partsch/Rump*, Auslegung der „angemessenen Geheimhaltungsmaßnahme" im Geschäftsgeheimnis-Schutzgesetz, NJW 2020, 118 ff.; *Preis/Reinfeld*, Schweigepflicht und Anzeigerecht im Arbeitsverhältnis, AuR 1989, 361 ff.; *Preis/Seiwerth*, Geheimnisschutz im Arbeitsrecht nach dem Geschäftsgeheimnisgesetz, RdA 2019, 351 ff.; *Richter*, Das Geschäftsgeheimnisgesetz und dessen Ausstrahlung in das Arbeitsrecht, ArbRAktuell 2019, 375 ff.; *Rozijn*, Geheimhaltungspflichten und Kapitalschutz beim Abschluss von M&A-Dienstleistungsverträgen, NZG 2001, 494 ff.; *Schmitt*, Whistleblowing revisited – Anpassungs- und Regelungsbedarf im deutschen Recht, RdA 2017, 365; *von Steinau-Steinrück*, Arbeitsrechtliche Auswirkungen des Geschäftsgeheimnisgesetzes, NJW-Spezial 2019, 498 ff.; *Trebeck/Schulte-Wissermann*, Die Geheimnisschutzrichtlinie und deren Anwendbarkeit. Auswirkungen auf Compliance und Whistleblowing im deutschen Arbeitsrecht, NZA 2018, 1175 ff.; *Voigt/Herrmann/Grabenschröer*, Das neue Geschäftsgeheimnisgesetz – praktische Hinweise zu Umset-

Einl. E Geheimhaltungsschutz im Arbeitsverhältnis

zungsmaßnahmen für Unternehmen, BB 2019, 142 ff.; *Weigert*, Angemessene Geheimhaltungsmaßnahmen im Sinne des Geheimnisschutzgesetzes – Geheimnisschutz ad absurdum?, NZA 2020, 209 ff.; *Werner*, Verrat von Geschäftsgeheimnissen durch ausgeschiedene Mitarbeiter, WRP 2019, 1428 ff.

Übersicht

	Rn.
I. Vorbemerkung	1
II. Geheimhaltungspflichten im Arbeitsverhältnis	2
1. Geheimhaltungspflichten während des Arbeitsverhältnisses	2
a) Grundlagen	2
b) Umfang der Verschwiegenheitspflicht und Pflichten des Arbeitnehmers	5
c) Gestaltungsmöglichkeiten	6
2. Geheimhaltungspflichten nach Ende des Arbeitsverhältnisses	8
a) Grundlagen	8
b) Gestaltungsmöglichkeiten	10
3. Beispiele für Geschäftsgeheimnisse im Arbeitsleben in der bisherigen Rechtsprechung	14
III. Änderungen durch das Geschäftsgeheimnisgesetz im Arbeitsverhältnis	19
1. Pflichten des Arbeitnehmers aus dem GeschGehG	20
2. Dispositivität des GeschGehG	28
a) Individualrechtlich	28
b) Kollektivrechtlich	31
3. Folgen von Verstößen gegen das GeschGehG im Arbeitsleben	36
a) Abmahnung und Kündigung	36
b) Ansprüche des Arbeitgebers gegen den Arbeitnehmer	37
aa) Allgemeine zivilrechtliche Ansprüche	37
bb) Wettbewerbsrechtliche Ansprüche	38

	Rn.
cc) Ansprüche aus dem GeschGehG	39
c) Ansprüche des alten Arbeitgebers gegenüber dem neuen Arbeitgeber	40
4. Sonderregelungen zum „Whistleblowing"	41
IV. Mitbestimmungsrechte des Betriebsrats beim Geheimnisschutz	42
V. Spezielle Geheimhaltungspflichten	46
1. Geheimhaltungspflichten des Betriebsrats	46
a) Grundlagen	46
b) Voraussetzungen	50
c) Verhältnis des Geheimnisbegriffs des § 79 BetrVG zu dem des GeschGehG	56
d) Dauer	59
e) Ausnahmen	60
f) Folgen eines Verstoßes	62
2. Geheimhaltungspflichten für Aufsichtsratsmitglieder	67
a) Grundlagen	67
b) Keine Ausnahme für Doppelmandate	69
c) Folgen eines Verstoßes	70
3. Geheimhaltungspflichten für Organe	73
a) Grundlagen	74
b) Ausnahmen	75
c) Dauer	76
d) Folgen eines Verstoßes	77
4. Geheimhaltungspflichten des Datenschutzbeauftragten	78
5. Geheimhaltungspflichten von Gewerkschaften und Arbeitgebervereinigungen	81

I. Vorbemerkung

Das am 26.4.2019 in Kraft getretene Geschäftsgeheimnisgesetz legt in seinem § 1 – direkt nach der Nennung des Gesetzeszwecks sowie des Hinweises auf den Anwendungsvorrang der öffentlich-rechtlichen Vorschriften zur Geheimhaltung, Erlangung, Nutzung und Offenlegung von Geschäftsgeheimnissen – in Absatz 3 Nrn. 3 und 4 fest, dass die „Autonomie" der Sozialpartner, die **Rechte und Pflichten aus dem Arbeitsverhältnis** und die **Rechte der Arbeitnehmervertretungen** vom Geschäftsgeheimnisgesetz **unberührt** bleiben. Der Geheimhaltungsschutz im Arbeitsverhältnis, einschließlich der dazu ergangenen Rechtsprechung wird somit größtenteils auch nach Inkrafttreten des Geschäftsgeheimnisgesetzes **nach den bisher geltenden Grundsätzen** zu behandeln sein. Der nunmehr geltenden Legaldefinition des Begriffs „Geschäftsgeheimnis", insbesondere deren Anknüpfung an die Implementierung von „angemessenen" Geheimhaltungsmaßnahmen durch den Geheimnisinhaber, ist dennoch notwendigerweise ein Veränderungsprozess geschuldet. Der Gesetzgeber betont dabei im Rahmen seiner Begründung zu § 1 Abs. 3 Nr. 4, dass dieser im Zusammenhang mit § 3 Abs. 2 zu sehen ist.[1] § 3 Abs. 2 statuiert einen generellen Vorrang rechtsgeschäftlicher und spezialgesetzlicher Sonderregelungen zum Schutz von Geschäftsgeheimnissen.

1

II. Geheimhaltungspflichten im Arbeitsverhältnis

1. Geheimhaltungspflichten während des Arbeitsverhältnisses

a) Grundlagen

Aus dem Arbeitsvertrag ergibt sich die Nebenpflicht des Arbeitnehmers, über Geschäftsgeheimnisse, von denen er im Rahmen seiner Tätigkeit erfährt, zu schweigen. Diese Verpflichtung ergibt sich unmittelbar aus den arbeitsvertraglichen Schutz- und Rücksichtnahmepflichten.[2] Eine **generelle gesetzliche Regelung** zur Verschwiegenheitspflicht im Arbeitsverhältnis **besteht nicht**. Lediglich für spezielle Berufsgruppen sind Verschwiegenheitspflichten normiert. So stellt der § 203 StGB die Verletzung eines Betriebsgeheimnisses beispielsweise für Ärzte, Apotheker und Rechtsanwälte unter Strafe. Dieser bleibt auch nach Einführung des GeschGehG gem. § 1 Abs. 3 Nr. 1 ausdrücklich unberührt. Zudem besteht in § 24 Abs. 2 ArbNErfG die Verpflichtung des Arbeitnehmers, eine Diensterfindung so lange geheim zu halten, als sie nicht durch Erklärung des Arbeitgebers frei geworden ist. Des Weiteren findet sich eine in § 13 Satz 2 Nr. 6 BBiG verankerte allgemeine Pflicht der Auszubildenden über Betriebs- und Geschäftsgeheimnisse Stillschweigen zu bewahren.

2

---

[1] BT-Drs. 19/8300, S. 13.
[2] MK-BGB/*Henssler*, § 626 Rn. 217; Küttner/*Kreitner*, Betriebsgeheimnis, Rn. 5.

Einl. E Geheimhaltungsschutz im Arbeitsverhältnis

3 Die Verschwiegenheitspflicht des Arbeitnehmers setzt nicht voraus, dass der Arbeitgeber die Angelegenheit als geheimhaltungsbedürftig bezeichnet (anders: § 79 Abs. 1 Satz 1 BetrVG für die Verschwiegenheitspflicht der Mitglieder des Betriebsrats). Zur Vermeidung von Missverständnissen und zur Sicherstellung eines effektiven Schutzes wird dennoch empfohlen, dass die Arbeitgeber die entsprechenden Informationen als geheimhaltungsbedürftig bezeichnen.³

4 Bisher verstand die Rechtsprechung unter einem Geschäfts- oder Betriebsgeheimnis „*jede **im Zusammenhang mit einem Betrieb** stehende Tatsache, die **nicht offenkundig**, sondern nur einem eng begrenzen Personenkreis bekannt ist und nach dem bekundeten, **auf wirtschaftlichen Interessen beruhenden Willen des Betriebsinhabers** geheim gehalten werden soll*".⁴ Dabei waren Faktoren wie die Zuordnung zu einem konkreten Betrieb durch einen Unternehmensbezug, kein Vorliegen von Tatsachen aus der Privatsphäre, keine leichte Zugänglichkeit des Geheimnisses, keine an sich bekannten Tatsachen, die Bedeutung für die Wettbewerbsfähigkeit sowie ein schriftlich, mündlich oder konkludent geäußerter Geheimhaltungswille maßgebend.⁵

b) Umfang der Verschwiegenheitspflicht und Pflichten des Arbeitnehmers

5 Die Verschwiegenheitspflicht des Arbeitnehmers umfasst neben Geschäftsgeheimnissen ggf. auch andere vertrauliche Tatsachen, wenn der Arbeitgeber ein berechtigtes Interesse an der Geheimhaltung dieser Informationen hat.⁶ Verboten sind dem Arbeitnehmer das Offenlegen von Geheimnissen bzw. vertraulichen Informationen, deren vertragszweckwidrigen Nutzung sowie deren unbefugte Erlangung, sodass Arbeitnehmer bereits ihre arbeitsvertraglichen Pflichten verletzen, wenn sie ihre Stellung im Betrieb ausnutzen, um sich entsprechende Informationen zu verschaffen, die für ihre Arbeitstätigkeit nicht benötigt werden.⁷ Wenn es sich insoweit um keine definitionsgemäßen Geschäftsgeheimnisse i. S. d. GeschGehG handelt, stellt sich auch nicht die Frage, ob für deren Schutz angemessene Geheimhaltungsmaßnahmen i. S. d. GeschGehG getroffen wurden. Der vertragliche Schutz von vertraulichen Informationen besteht auch ohne die erhöhten Anforderungen des GeschGehG.⁸

c) Gestaltungsmöglichkeiten

6 Die Geheimhaltung ist zwar ohnehin eine arbeitsvertragliche Nebenpflicht; eine **Veranschaulichung der Pflichten** im Arbeitsvertrag weist dennoch eine besondere

---

3 *von Steinau-Steinrück*, NJW-Spezial 2019, 498, 499; *Greßlin/Römermann*, BB 2016, 1461, 1464.
4 BGH, 27.4.2006 – I ZR 126/03, GRUR 2006, 1044, 1046.
5 Vgl. BeckOK ArbR/*Joussen*, § 611a BGB Rn. 464 ff.; MünchHdBArbR/*Reichold*, § 54 Rn. 33 ff.
6 H/O/K/*Kalbfus*, Einl. C. Rn. 7.
7 Vgl. BAG, 8.5.2014 – 2 AZR 249/13, BeckRS 2014, 73402 Rn. 32; H/O/K/*Kalbfus*, Einl. C. Rn. 10; *Kraßer*, GRUR 1977, 177, 192.
8 H/O/K/*Kalbfus*, Einl. C. Rn. 8.

Appell- und Dokumentationsfunktion auf.⁹ Zudem ist eine **Erweiterung der Pflicht** über das gesetzliche Maß hinaus möglich. Dabei sind die Grenzen der §§ 134, 138, 242 BGB und, sollte es sich um allgemeine Geschäftsbedingungen handeln, wie üblicherweise bei Arbeitsvertragsmustern, die der §§ 305 ff. BGB zu beachten. Die entsprechenden Klauseln dürfen insbesondere keine unangemessene Benachteiligung des Arbeitnehmers zur Folge haben.¹⁰ Um dem Transparenzgebot des § 307 Abs. 1 Satz 2 BGB zu genügen, muss sich die vereinbarte Verschwiegenheitspflicht zudem auf einzelne konkret bezeichnete Geschäftsgeheimnisse beziehen.¹¹ Denkbar sind insbesondere Vereinbarungen zum besonders zu schützenden Umgang mit den Geschäftsgeheimnissen, spezielle Vertraulichkeitsvereinbarungen im Rahmen von Projekten oder Rückgabe- und Löschpflichten. Auch der Umgang mit vertraulichen Informationen von Geschäftspartnern kann auf diese Weise besonders geschützt werden.

Unzulässig ist die Vereinbarung sog. „**All-Klauseln**", wonach der Arbeitnehmer 7
über alle im Arbeitsverhältnis bekannt gewordenen Tatsachen zu schweigen hat.¹² Diese sind gemäß § 138 Abs. 1 BGB sittenwidrig, da sie die Meinungsäußerungsfreiheit des Arbeitnehmers unzulässig einschränken.¹³ Solche allgemein gehaltenen Verschwiegenheitsklauseln können zudem von vornherein nicht als angemessene Geheimhaltungsmaßnahme i. S. d. neuen § 2 Nr. 1 lit. b in Betracht kommen; die hinreichend erkennbare Manifestation des subjektiven Geheimhaltungswillens nach außen gelingt nur bei der konkreten Bezeichnung der geheim zu haltenden Umstände.¹⁴ Verwendet der Arbeitgeber keine ausreichend konkreten Verschwiegenheitsklauseln, kann er sich nicht auf die ihn schützenden Vorschriften des Geschäftsgeheimnisgesetzes berufen.¹⁵

2. Geheimhaltungspflichten nach Ende des Arbeitsverhältnisses

a) Grundlagen

Auch nach der Beendigung des Arbeitsverhältnisses ist der **Arbeitnehmer** nach 8
der **arbeitsgerichtlichen Rechtsprechung** grundsätzlich aufgrund einer nachwirkenden Treuepflicht verpflichtet, über erlangte Geschäftsgeheimnisse zu schweigen.¹⁶ Die nachvertragliche Verschwiegenheitspflicht ist jedoch auf das Verbot

---

9 *von Steinau-Steinrück*, NJW-Spezial 2019, 498, 499; *Greßlin/Römermann*, BB 2016, 1461, 1464.
10 Preis/*Rolfs*, V 20 Verschwiegenheitspflicht Rn. 33.
11 *Holthausen*, NZA 2019, 1377, 1380; *Werner*, WRP 2019, 1428, 1430 Rn. 19.
12 LAG Köln, 2.12.2019 – 2 SaGa 20/19, BeckRS 2019, 44850; vgl. auch LAG Düsseldorf, 3.6.2020 – 12 SaGa 4/20, GRUR-RS 2020, 23408.
13 LAG Hamm, 5.10.1988 – 15 Sa 1403/88, BeckRS 1988, 06934; *Holthausen*, NZA 2019, 1377, 1380; BeckOK ArbR/*Joussen*, § 611a BGB Rn. 469; *Werner*, WRP 2019, 1428, 1430 Rn. 19.
14 *Partsch/Rump*, NJW 2020, 118, 120; *von Steinau-Steinrück*, NJW-Spezial 2019, 498, 499.
15 *von Steinau-Steinrück*, NJW-Spezial, 2019, 498, 499.
16 BAG, 15.6.1993 – 9 AZR 558/91, NZA 1994, 502, 506; BeckOK ArbR/*Joussen*, § 611a BGB Rn. 470; vW/T/*Thüsing*, Arbeitsverträge, Rn. 49 ff.; *Küttner/Kreitner*, Betriebsgeheimnis, Rn. 9.

Einl. E Geheimhaltungsschutz im Arbeitsverhältnis

einer Verwertung durch *Weitergabe* der geheim zu haltenden Tatsachen begrenzt.[17] Sie findet zudem ihre Grenze, wenn der Arbeitnehmer durch die Verschwiegenheit in seiner weiteren beruflichen Tätigkeit unverhältnismäßig beschränkt wird (Art. 12 Abs. 1 GG).[18]

9 Nach wiederholter Auffassung des **BGH**[19] kann dagegen ein ausgeschiedener **Mitarbeiter** die während der Beschäftigungszeit erworbenen Kenntnisse auch später unbeschränkt verwenden, solange er keinem Wettbewerbsverbot oder einer vereinbarten nachvertraglichen Verschwiegenheitspflicht unterliegt. Dies soll, entgegen der arbeitsgerichtlichen Praxis, explizit auch für (ehemalige) Arbeitnehmer gelten.[20] Eine nachvertragliche Verschwiegenheitspflicht muss demnach *explizit vereinbart* werden, wenn diese gewollt ist.

b) Gestaltungsmöglichkeiten

10 Für freie Dienstverhältnisse (freie Mitarbeiter, Handelsvertreter) und Organe (Geschäftsführer, Vorstände) besteht vor dem Hintergrund der Rechtsprechung des BGH die Notwendigkeit, eine nachvertragliche **Verschwiegenheitsabrede** in den Vertrag aufzunehmen. Für Arbeitnehmer ist eine Aufnahme der nachvertraglichen Verschwiegenheitsverpflichtung in den Arbeitsvertrag dennoch aufgrund der Dokumentations- und Appellfunktion sinnvoll, ebenso dann, wenn die vom BAG anerkannte allgemeine nachvertragliche Verschwiegenheitspflicht erweitert werden soll.

11 Aus der allgemeinen nachvertraglichen Verschwiegenheitspflicht folgt beispielsweise regelmäßig kein Verbot, Kunden des ehemaligen Arbeitgebers zu umwerben.[21] Der Arbeitnehmer darf zu seinem Arbeitgeber in Wettbewerb treten und dabei sein „im Arbeitsverhältnis erworbenes Erfahrungswissen einschließlich der Kenntnis von Betriebs- oder Geschäftsgeheimnissen einsetzen".[22] Will der Arbeitgeber dem entgegenwirken, muss eine ausdrückliche vertragliche Abrede zwischen den Parteien des Arbeitsvertrages getroffen werden.[23] Es kann wirksam vereinbart werden, dass der Arbeitnehmer bestimmte Betriebsgeheimnisse, die er aufgrund seiner Tätigkeit erfährt, nach Beendigung des Arbeitsverhältnisses nicht nutzen oder weitergeben darf. Die Verbindlichkeit einer solchen einfachen Geheimhaltungsklausel hängt insbesondere nicht von der Zusage einer Entschädigung ab.[24]

---

17 BAG, 15.6.1993 – 9 AZR 558/91, NZA 1994, 502, 506; vgl. zu dieser Differenzierung etwa auch MünchHdBArbR/*Reichold*, § 54 Rn. 44 oder *Holthausen*, NZA 2019, 1377, 1381.
18 ErfK/*Niemann*, § 626 BGB Rn. 154b; vW/T/*Thüsing*, Arbeitsverträge, Rn. 456.
19 BGH, 3.5.2001 – I ZR 153/99, GRUR 2002, 91, 92; BGH, 27.4.2006 – I ZR 126/03, NJW 2006, 3424, 3425; BGH, 26.2.2009 – I ZR 28/06, GRUR 2009, 603, 604 f.
20 BGH, 3.5.2001 – I ZR 153/99, GRUR 2002, 91, 92; vgl. zu diesem Widerspruch zwischen den Gerichtsbarkeiten etwa auch *Werner*, WRP 2019, 1428, 1430 Rn. 3.
21 BAG, 15.12.1987 – 3 AZR 474/86, NJW 1988, 1686.
22 BAG, 19.5.1998 – 9 AZR 394/97, NZA 1999, 200.
23 BAG, 15.12.1987 – 3 AZR 474/86, NJW 1988, 1686; A/L/G/*Brock*, Kap. 2 Rn. 11.
24 BAG, 16.3.1982 – 3 AZR 83/79, NJW 1983, 134.

II. Geheimhaltungspflichten im Arbeitsverhältnis Einl. E

Denn grundsätzlich wird der Arbeitnehmer hierdurch nicht in seinem beruflichen Fortkommen behindert, sondern lediglich mit jenen Arbeitnehmern gleichgestellt, die von dem Geschäftsgeheimnis gar nicht erst erfahren haben.[25]

Zur Abgrenzung zwischen Wettbewerbsverbot und Verschwiegenheitsabrede ist zu ermitteln, ob die Berufsausübung des Arbeitnehmers durch die Vereinbarung eingeschränkt wird.[26] Geht die Verschwiegenheitsverpflichtung über einzelne Geschäftsgeheimnisse hinaus, insbesondere, wenn spezifische Verwendungsverbote hinzutreten,[27] kann sie faktisch zielgerichtet wie ein Wettbewerbsverbot wirken. Eine solche qualifizierte Regelung ist daher nur unter den Voraussetzungen der § 110 GewO iVm. §§ 74 ff. HGB zulässig. Die Verpflichtung muss auf zwei Jahre begrenzt werden und eine Karenzentschädigung enthalten.[28] Auch die Vereinbarung, Kunden des alten Arbeitgebers nicht zu umwerben, ist nur unter den Voraussetzungen eines Wettbewerbsverbots möglich. Eine bloße Verschwiegenheitsabrede über die Kundennamen ist dafür allerdings nicht ausreichend.[29] Besteht dagegen ein (nach-)vertragliches Wettbewerbsverbot oder ist das gesetzliche Wettbewerbsverbot nach § 60 HGB einschlägig, ist darin auch ein Verbot des Missbrauchs von Geschäftsgeheimnissen zu Wettbewerbszwecken umfasst. Dies kann dem Arbeitgeber den Nachweis erleichtern, wenn er die konkrete Verletzungshandlung der Verschwiegenheitspflicht nicht kennt.

12

Für allgemeine Verschwiegenheitsklauseln ist deren zeitliche Reichweite von besonderem Interesse: Zeitlich unbegrenzte Verschwiegenheitsverpflichtungen sind vor dem Hintergrund des Verhältnismäßigkeitsgrundsatzes in aller Regel unzulässig.[30] Teilweise wird unter Ziehung einer Parallele zum nachwirkenden vertraglichen Wettbewerbsverbot eine zeitliche Beschränkung auf zwei Jahre wie in § 74a Abs. 1 Satz 3 HGB verlangt.[31] Andere stellen wiederum auf die durchschnittliche Entwicklungszeit für größere Anlagen oder Automobile ab, welche bei fünf Jahren liegen soll.[32] Das berechtigte Geheimhaltungsinteresse des Arbeitgebers wird, wie bereits die Einzelfallbezogenheit dieser angebotenen Lösungen zeigt, durch eine starre Frist jedoch nicht hinreichend beachtet. Der Arbeitgeber kann sich vielmehr **so lange** auf eine wirksame Verschwiegenheitsvereinbarung berufen, wie sein **berechtigtes Geheimhaltungsinteresse** fortbesteht.[33] Dieses sinkt dabei regelmäßig im Laufe der Zeit und ist spätestens dann abzulehnen, wenn der Dienstnehmer

13

---

25 BAG, 16.3.1982 – 3 AZR 83/79, BeckRS 9998, 150652; BAG, 15.6.1993 – 9 AZR 558/91, NZA 1994, 502, 506.
26 Vgl. BAG v. 15.12.1987 – 3 AZR 474/86, NZA 1988, 502, 504; *Reinfeld*, § 2 Rn. 93; H/O/K/*Kalbfus*, Einl. C. Rn. 65.
27 H/O/K/*Kalbfus*, Einl. C. Rn. 65, mit Verweis auf BAG, 15.12.1987 – 3 AZR 474/86, NZA 1988, 502, 503.
28 BeckOK GeschGehG/*Fuhlrott*, § 1 Rn. 39.
29 BAG, 15.12.1987 – 3 AZR 474/86, NJW 1988, 1686.
30 *Werner*, WRP 2019, 1428, 1430 Rn. 21.
31 Küttner/*Küttner*, Betriebsgeheimnis, Rn. 8; *Preis/Reinfeld*, AuR 1989, 361 ff.
32 *Gaul*, NZA 1988, 225, 232; *ders.*, NZA 1989, 697, 700.
33 *Werner*, WRP 2019, 1428, 1430 Rn. 21.

Einl. E Geheimhaltungsschutz im Arbeitsverhältnis

selbst Kenntnis über das entsprechende Geschäftsgeheimnis erworben hätte.[34] Der Bestand einer Vertragsklausel wird jedenfalls nicht dadurch tangiert, dass eine bestimmte Geheimhaltungsfrist nicht bestimmt ist.

3. Beispiele für Geschäftsgeheimnisse im Arbeitsleben in der bisherigen Rechtsprechung

14 Eine unwirksame Verschwiegenheitsverpflichtung sah das BAG in der Abrede, über einen kompletten Geschäftsbereich zu schweigen, da dem Arbeitnehmer so jede Nutzung der in dem Geschäftsbereich erworbenen Kenntnisse verwehrt werde und damit die **Grenze zum entschädigungspflichtigen Wettbewerbsverbot** überschritten sei.[35] Dagegen stufte das BAG eine Stillschweigensvereinbarung hinsichtlich der Rezeptur zur Herstellung eines bestimmten Reagenzes auch ohne Karenzentschädigung als wirksam ein, da sich die Verschwiegenheitspflicht des Arbeitnehmers auf ein einzelnes, konkretes Geschäftsgeheimnis beschränke.[36]

15 Von vornherein **nicht als Geschäftsgeheimnis** stufte das ArbG Hamburg bspw. XING-Kontaktdaten von Geschäftspartnern des ehemaligen Arbeitgebers ein, da Kontakte in sozialen Netzwerken nicht rein unternehmensbezogen und meist für jedermann offenkundig seien.[37]

16 Durch den BGH **als Geschäftsgeheimnis anerkannt** wurden dagegen beispielsweise Kundenlisten und andere während der Beschäftigungszeit erworbene Kenntnisse, die der ausgeschiedene Mitarbeiter nicht nur in seinem Gedächtnis bewahrt, sondern bezüglich derer er während der Beschäftigungszeit schriftliche Unterlagen angefertigt hat[38] sowie Kundendaten, die während der Anstellung unbefugt aus Quellen erlangt wurden, zu denen keine Zugangsberechtigung bestand.[39]

17 Das LAG Mecklenburg-Vorpommern hat entschieden, dass eine Klausel, wonach der Arbeitnehmer verpflichtet ist, über seine Arbeitsvergütung **gegenüber Arbeitskollegen** Verschwiegenheit zu bewahren, wegen Verstoßes gegen § 307 BGB unwirksam sei, da sie den Arbeitnehmer daran hindere, Verstöße gegen den Gleichbehandlungsgrundsatz im Rahmen der Lohngestaltung gegenüber dem Arbeitgeber erfolgreich geltend zu machen. Darüber hinaus verstoße sie gegen Art. 9 Abs. 3 GG, da sinnvolle Arbeitskämpfe für die Gewerkschaft nur möglich seien, wenn sie über die Gehaltsstruktur Bescheid wisse.[40]

---

34 *Werner*, WRP 2019, 1428, 1430 Rn. 21.
35 BAG, 19.5.1998 – 9 AZR 394/97, NZA 1999, 200.
36 BAG, 16.3.1982 – 3 AZR 83/79, NJW 1983, 134.
37 ArbG Hamburg, 24.1.2013 – 29 Ga 2/13, NZWiSt 2014, 419.
38 BGH, 27.4.2006 – I ZR 126/03, GRUR 2006, 1044; ebenso: LAG Rheinland-Pfalz, 24.5.2018 – 5 Sa 267/17, BeckRS 2018, 17962.
39 BGH, 26.2.2009 – I ZR 28/06, GRUR 2009, 603.
40 LAG Mecklenburg-Vorpommern, 21.10.2009 – 2 Sa 237/09, BeckRS 2010, 74409.

III. Änderungen durch das Geschäftsgeheimnisgesetz im Arbeitsverhältnis **Einl. E**

Die Lohn- und Gehaltsdaten als Teil der betriebswirtschaftlichen Kalkulation über 18
Umsätze und Gewinnmöglichkeiten können nach Auffassung des BAG[41] jedoch **gegenüber außerhalb des Betriebs stehenden Dritten** dann ein Geschäftsgeheimnis darstellen, wenn deren Geheimhaltung für den wirtschaftlichen Erfolg des Betriebs insofern von Vorteil ist, als die Konkurrenz mit deren Kenntnis ihre eigene Wettbewerbsfähigkeit steigern könnte.

III. Änderungen durch das Geschäftsgeheimnisgesetz im Arbeitsverhältnis

Arbeitsrechtlich relevant sind insbesondere die Regelungen des § 1 Abs. 3 Nrn. 3 19
und 4 sowie des § 3 Abs. 2. § 1 Abs. 3 Nr. 3 bestimmt, dass die Autonomie der Sozialpartner und ihr Recht, Kollektivverträge nach den bestehenden europäischen und nationalen Vorschriften abzuschließen, von den Regelungen des GeschGehG unberührt bleibt. Gem. § 1 Abs. 3 Nr. 4 bleiben ebenso die Rechte und Pflichten aus dem Arbeitsverhältnis und die Rechte der Arbeitnehmervertretungen unberührt. § 3 Abs. 2 statuiert demgegenüber den Vorrang rechtsgeschäftlicher Sonderregelungen zum Umgang mit Geschäftsgeheimnissen gegenüber den Regelungen des GeschGehG. Relevant werden kann der Geheimnisschutz zumindest mittelbar im Rahmen einer Güterabwägung, wenn beispielsweise ein berechtigtes Auskunftsbegehren eines Arbeitnehmers (auch) Geschäftsgeheimnisse betrifft.[42]

1. Pflichten des Arbeitnehmers aus dem GeschGehG

Von dem Begriff[43] des Betriebs- und Geschäftsgeheimnisses der Rechtsprechung 20
vor Inkrafttreten des neuen GeschGehG unterscheidet sich der neue Geschäftsgeheimnisbegriff des § 2 Nr. 1 insbesondere darin, dass der Geheimnisinhaber **angemessene Geheimhaltungsmaßnahmen** treffen muss, um von den Schutzmechanismen des GeschGehG profitieren zu können. Erforderlich ist daher (im Gegensatz zur alten Rechtslage, nach der ein subjektiver Geheimhaltungswille ausreichend war, der im Zweifel für nicht offenkundige Betriebsinterna sogar vermutet werden konnte),[44] dass der Geheimnisinhaber aktiv tätig wird und Maßnahmen zum Schutz seiner Geschäftsgeheimnisse ergreift.[45] Zudem findet keine Unterscheidung mehr zwischen „Betriebs"- und „Geschäfts"-Geheimnis statt, sodass sowohl technisches als auch kaufmännisches Wissen erfasst ist.[46]

---

41 BAG, 26.2.1987 – 6 ABR 46/84, NZA 1988, 63, 64.
42 Vgl. zu den einzelnen Anspruchsgrundlagen und potenziellen Kollisionen mit Geschäftsgeheimnissen Hoppe/Oldekop/*Lodemann/Tholuck*, Kap. 1 Rn. 423 ff.
43 S. oben Rn. 1, 4.
44 Vgl. die Ausführungen zur alten Rechtslage bei *Maaßen*, GRUR 2019, 352.
45 *Apel/Walling*, DB 2019, 891, 894 f., die von einem „Paradigmenwechsel" sprechen.
46 BeckOK GeschGehG/*Hiéramente*, § 2 Rn. 1.

Einl. E   Geheimhaltungsschutz im Arbeitsverhältnis

21   Denkbare Geschäftsgeheimnisse i.S.d. GeschGehG im Arbeitsleben sind etwa Kunden-/Lieferantenlisten, Rezepturen, Bilanzen, Geschäftsmethoden/-strategien, Kosteninformationen, Marktanalysen, Prototypen, Formeln, Skizzen, Herstellungsverfahren, Forschungsergebnisse und (noch) nicht patentierte Erfindungen sowie Algorithmen.[47] Hat der Arbeitgeber hierzu jeweils hinreichende **organisatorische, technische und/oder rechtliche** Geheimhaltungsmaßnahmen getroffen,[48] ist der Arbeitnehmer gem. § 4 zur Geheimhaltung verpflichtet.

22   Als Geheimhaltungsmaßnahmen kommen im Arbeitsverhältnis insbesondere eine Sensibilisierung durch Schulungen, die Benennung eines Geheimnisschutzbeauftragten, die Installation adäquater Zugriffsberechtigungen samt Dokumentation von Zugriffen, der Erlass einer Informationssicherheitsrichtlinie und IT-Nutzungsregeln (Passwort, Mails etc.) sowie die Vereinbarung von arbeitsvertraglichen Geheimhaltungs- und Rückgabeklauseln[49] in Betracht.

23   Im Zentrum der Diskussionen um den neuen Geschäftsgeheimnisbegriff steht die Auslegung des Begriffs der „angemessenen" Geheimhaltungsmaßnahmen und damit die **Frage nach dem erforderlichen Schutzniveau**, das der Geheimnisinhaber durch seine Schutzaktivitäten erreichen muss. Zutreffend ist, dass es bei Einzelmaßnahmen aus den genannten Bereichen (organisatorisch, technisch, rechtlich) wohl nicht sein Bewenden haben kann, sondern vielmehr die kumulative Anwendung verschiedener Maßnahmen erforderlich ist.[50] So stellt die bloße Vereinbarung von Vertraulichkeitsvereinbarungen ohne flankierende weitere Maßnahmen noch keine „angemessene" Schutzmaßnahme dar, sondern kann allenfalls als das Minimum der erforderlichen Schritte angesehen werden.[51]

24   Relevanz kommt dabei insb. einer (bereits ohne besondere Schutzvorkehrungen vorhandenen) Erkennbarkeit der Bedeutung der Information für das betroffene Unternehmen und – damit regelmäßig verbunden – deren wirtschaftlichem Wert zu.[52]

---

47 OLG München, 27.2.2020 – 29 U 2584/19, ZUM 2020, 633; K/B/F/*Alexander*, § 2 GeschGehG Rn. 86a.
48 Vgl. zu diesem Dreiklang im Bereich möglicher Sicherungsmaßnahmen etwa *Partsch/Rump*, NJW 2020, 118, 120 ff.; *Voigt/Herrmann/Grabenschröer*, BB 2019, 142, 145.
49 Vgl. LAG Düsseldorf, 3.6.2020 – 12 SaGa 4/20, GRUR-RS 2020, 23408.
50 K/B/F/*Alexander*, § 2 GeschGehG Rn. 54; *Apel/Walling*, DB 2019, 891, 894 f.; *Partsch/Rump*, NJW 2020, 118, 120.
51 *Apel/Walling*, DB 2019, 891, 894 895; mit Blick auf die Begriffsbestimmung i.d. Richtlinie *Apel*, Einl. C Rn. 49.
52 Dies ist umstritten. Mit plausibler Argumentation wird etwa von *Lauck*, GRUR 2019, 1132 vorgebracht, dass die Bedeutung der Information für das Unternehmen bzw. deren wirtschaftlicher Wert als Kriterium per se nicht relevant sein könne, weil damit die absurde Situation auftritt, dass umso größere Anstrengungen unternommen werden müssen, um den Schutz des GeschGehG zu erlangen, je wertvoller und damit schutzwürdiger die Information bereits an sich ist. In eine ähnliche Richtung geht die Argumentation von *Weigert*, NZA 2020, 209, der zur Vermeidung dieser sich sonst ergebenden Unstimmigkeiten die Perspektive wechseln und darauf abstellen will, inwieweit der Geheimnisinhaber aufgrund der bereits offensichtlichen Schutzwürdigkeit einer Information berechtigterweise mit deren Nichtverletzung rechnen darf – kurz: Je offensichtlicher bereits das Schutzbedürfnis ist, desto weniger weitere Schutzmaßnahmen sind erforderlich. Da-

III. Änderungen durch das Geschäftsgeheimnisgesetz im Arbeitsverhältnis **Einl. E**

Genauso relevant sind die Wahrscheinlichkeit einer widerrechtlichen Nutzung der Information, die Möglichkeiten zur effektiven Vermeidung einer solchen und die hierbei anfallenden Kosten. Weitere, von der Rechtsprechung als ggf. zu berücksichtigende Faktoren anerkannte Umstände sind die Größe des Unternehmens, übliche Geheimhaltungsmaßnahmen im Unternehmen, Art der Kennzeichnung der Informationen sowie vereinbarte vertragliche Regelungen mit Arbeitnehmern und Geschäftspartnern.[53] Letztlich kann es nur auf eine Gesamtabwägung im konkreten Fall hinauslaufen.[54]

Für die **Bedeutung etwa von Vertraulichkeitsvereinbarungen** gilt in Anbetracht dieser Wertungen daher Folgendes: Gerade im Arbeitsverhältnis bestehen bereits gesteigerte Loyalitäts- und Rücksichtnahmepflichten, sodass die Parteien durch weitergehende Anforderungen an effektive Schutzmaßnahmen auch nicht überfordert werden dürfen.[55] Zudem erfordert das Merkmal der „Angemessenheit" keinesfalls die Ergreifung der optimalsten Sicherungsmöglichkeiten.[56] Sinnvoll und notwendig wird somit neben der Vereinbarung in jedem Fall ein regelmäßiges „Auffrischen" des Bewusstseins der Belegschaft für die generelle Bedeutung der Geheimhaltungspflicht und die im Unternehmen konkret davon betroffenen Gegenstände sein, sei es durch Hinweise, Schulungen oder Kennzeichnungen, sodass den Betroffenen immer wieder vor Augen geführt wird, dass sie es mit sensiblen Informationen von erheblicher Bedeutung für ihren Arbeitgeber zu tun haben.[57] Im Übri-

25

---

gegen spricht freilich, dass das einzig wichtige Kriterium konsequenterweise die *Erkennbarkeit des Schutzinteresses* wäre und es dann bei offensichtlich besonders wertvollen Informationen *nahezu überhaupt keiner weiteren Schutzvorkehrungen bedürfte*. Damit würde das Angemessenheitsmerkmal in vielen Fällen zur Farce. Bedenkt man, dass die Geheimnisschutz-RL jedenfalls auch die Intention verfolgt, einen Ausgleich mit den berechtigten Innovationsinteressen im Binnenmarkt herzustellen (vgl. Erwgrd. 3 der Richtlinie und etwa auch K/B/F/*Alexander*, Vor § 1 GeschGehG Rn. 17; *Apel*, Einl. C Rn. 49), ist zu fordern, dass der Geheimnisinhaber durch deutliche Maßnahmen – aus der richtigerweise zu wählenden Perspektive des Rechtsverkehrs – erkennbar macht, dass es sich an dieser Stelle nicht um gemeinfreie Informationen handelt. Sofern aber der tatsächliche Zugriff auf wertvollste Informationen ohne Weiteres möglich ist, ist das nicht der Fall; vielmehr muss dem Geheimnisinhaber dann der Vorwurf widersprüchlichen Verhaltens gemacht werden (vgl. auch *Ohly*, GRUR 2019, 441, 443). Insgesamt ist damit der Wert einer Information für die Bestimmung der Angemessenheit ihres Schutzes jedenfalls als eines, wenn auch nicht als das einzige Kriterium anzuerkennen (vgl. LAG Düsseldorf, 3.6.2020 – 12 SaGa 4/20, GRUR-RS 2020, 23408; zustimmend iE etwa auch BT-Drs. 19/4724, S. 24f.; K/B/F/*Alexander*, § 2 GeschGehG Rn. 67; *Maaßen*, GRUR 2019, 352, 353f., 356ff.; *Naber/Peukert/Seeger*, NZA 2019, 583, 584; *Ohly*, GRUR 2019, 441, 444).

53 LAG Düsseldorf, 3.6.2020 – 12 SaGa 4/20, GRUR-RS 2020, 23408.
54 K/B/F/*Alexander*, § 2 GeschGehG Rn. 66; kritisch insoweit *Apel*, Einl. C Rn. 49.
55 In diesem Sinne etwa *Partsch/Rump*, NJW 2020, 118, 120 unter Hinweis auf die entsprechende US-amerikanische Rechtspraxis; auch *Maaßen*, GRUR 2019, 352, 359f. stellt gegenüber Arbeitnehmern geringere Anforderungen als gegenüber Externen.
56 *Maaßen*, GRUR 2019, 352, 353f.; LAG Düsseldorf, 3.6.2020 – 12 SaGa 4/20, GRUR-RS 2020, 23408; K/B/F/*Alexander*, § 2 GeschGehG Rn. 65.
57 Das betonen als Ausfluss der Warnfunktion der Schutzmaßnahmen insb. *Partsch/Rump*, NJW 2020, 118, 120 unter Hinweis auf den US-amerikanischen Ursprung des Angemessenheitserfordernisses, wo diese Funktion den primären Zweck der Schutzaktivitäten darstelle.

Einl. E Geheimhaltungsschutz im Arbeitsverhältnis

gen gilt es zu sehen, dass – abhängig von der Art des Geschäftsgeheimnisses – vertragliche Vereinbarungen oftmals das einzig effektive Mittel zum Geheimnisschutz darstellen werden, insb. wenn es um Informationen geht, die – sobald sie einmal bekannt sind – von den Mitarbeitern ohne Weiteres im Gedächtnis bewahrt werden können.[58] Eben jenes gilt auch für vom Arbeitnehmer (privat) angefertigte Aufzeichnungen und Notizen, die Geschäftsgeheimnisse enthalten und deren Existenz dem Arbeitgeber regelmäßig unbekannt sein dürfte: Hierfür genügt in der Regel eine im Arbeitsvertrag verankerte, den AGB-Vorgaben entsprechende Rückgabeklausel, die bestenfalls selbst angefertigte Aufzeichnungen usw. ausdrücklich umfasst.[59] Je größer dabei in den Maßnahmenkatalogen die Bedeutung vertraglicher Verschwiegenheitsverpflichtungen wiegt, desto eher ist es zudem geboten, diese durch Vertragsstrafenklauseln abzusichern und zu effektivieren.[60]

26 Es bietet sich insgesamt an – sowohl als Mittel zur Ermittlung der erforderlichen Schutzmaßnahmen als auch als selbstständiges Indiz für das „Ob" der Etablierung eines angemessenen Schutzniveaus im Unternehmen – ein **umfassendes Geheimnisschutzkonzept** zu entwickeln. Insoweit sind zunächst die geheimhaltungsbedürftigen Informationen zusammenzustellen und sodann nach ihrer Wichtigkeit für das Unternehmen zu kategorisieren. Im Anschluss daran sind potenzielle Angriffsarten zu identifizieren und letztlich die insoweit effektiven Schutzmaßnahmen zu entwickeln.[61] Ein solches Konzept ist in der Rechtsprechung bereits ausdrücklich gefordert worden, um angemessene Geheimhaltungsmaßnahmen nachzuweisen.[62]

27 Treten neue Arbeitnehmer in den Betrieb ein, sind diese darauf hinzuweisen, dass sie keine Geschäftsgeheimnisse ihres vormaligen Arbeitgebers mitbringen dürfen, die dann unerlaubt verwertet werden könnten. Denn Rechtsverletzer i.S.d. GeschGehG ist nicht nur der ehemalige Arbeitnehmer, sondern gem. § 4 Abs. 3 Satz 1 auch sein neuer Arbeitgeber, der das Geschäftsgeheimnis über diesen erlangt hat, wenn er zum Zeitpunkt der Erlangung, Nutzung oder Offenlegung wusste oder wissen musste, dass dieser das Geschäftsgeheimnis rechtswidrig genutzt oder offengelegt hat.[63] Die Ansprüche aus den §§ 6, 7, 8, 10 und 13 bestehen demnach auch gegen den neuen Arbeitgeber bzw. iS einer (im Entstehungsgrund) akzessorischen[64] Haftung für Rechtsverletzungen der eigenen Mitarbeiter über § 12 gegen den Inha-

---

58 *Partsch/Rump*, NJW 2020, 118, 120 f.
59 LAG Düsseldorf, 3.6.2020 – 12 SaGa 4/20, GRUR-RS 2020, 23408.
60 Vgl. zum Erfordernis der Vertragsstrafenbewehrung etwa BeckOK GeschGehG/*Fuhlrott*, § 2 Rn. 55, die von einer sich im Einzelfall anbietenden Maßnahme sprechen; strenger *Apel/Walling*, DB 2019, 891, 894 f., die generell eine Vertragsstrafenbewehrung fordern sowie *Apel*, Einl. C Rn. 49.
61 Vgl. etwa *Maaßen*, GRUR 2019, 352, 353, 356 ff.
62 LAG Köln, 2.12.2019 – 2 SaGa 20/19, BeckRS 2019, 44850 Rn. 23.
63 BeckOK GeschGehG/*Hiéramente*, § 2 Rn. 90.
64 Vgl. K/B/F/*Alexander*, § 12 GeschGehG Rn. 8.

III. Änderungen durch das Geschäftsgeheimnisgesetz im Arbeitsverhältnis Einl. E

ber des Unternehmens. Ebenso steht die Möglichkeit einer Strafbarkeit des neuen Arbeitgebers nach § 23 Abs. 2 im Raum.[65]

2. Dispositivität des GeschGehG

a) Individualrechtlich

Gem. § 1 Abs. 3 Nr. 4 bleiben die Rechte und Pflichten aus dem Arbeitsverhältnis 28
von dem Gesetz unberührt. Laut der Gesetzesbegründung[66] soll dadurch der spezielle Vorrang rechtsgeschäftlicher Vereinbarungen in Arbeitsverträgen klargestellt werden. Ferner sei die Regelung im Zusammenhang mit § 3 Abs. 2 zu sehen, der den Vorrang rechtsgeschäftlicher Sonderregelungen zum Schutz von Geschäftsgeheimnissen anordnet. Darüber hinaus nehme sie Bezug auf die Auslegungsregel des Art. 1 Abs. 3 der Richtlinie. Dort wird klargestellt, dass die Mobilität der Arbeitnehmer durch den neuen Geschäftsgeheimnisschutz nicht beeinträchtigt werden darf. Ausgeschiedene Mitarbeiter sollen das in dem Unternehmen gewonnene Know-how grundsätzlich weiterhin nutzen können. Will der Arbeitgeber dies verhindern, muss er unter Wahrung der Anforderungen der §§ 74 ff. HGB sowie der arbeitsgerichtlichen Rechtsprechung eine entsprechende Geheimhaltungsverpflichtung treffen.[67] Dabei sollen nach der Gesetzesbegründung auch nach Inkrafttreten des GeschGehG insbesondere die Vorgaben der Rechtsprechung bzgl. der Vereinbarung von Karenzzeiten nicht unterlaufen werden.[68]

Klarzustellen ist auch, dass es insoweit nicht um die Frage geht, ob die Regelungen 29
des GeschGehG derart zwingendes Recht darstellen, dass in vertraglichen Vereinbarungen *überhaupt* keine weitergehenden Pflichten vereinbart werden könnten. Dies ist unstreitig nicht der Fall: Die Parteien des Arbeitsvertrags können ohne Weiteres vertragliche Pflichten festlegen, die von denjenigen des GeschGehG abweichen. Das oben unter II. zu den arbeitsvertraglichen Regelungen Gesagte gilt auch nach Einführung des GeschGehG uneingeschränkt. So können Verletzungen von arbeitsvertraglichen (auch ungeschriebene Neben-)Pflichten – ohne Besonderheiten – arbeitsvertragliche Reaktionen wie Abmahnungen und Kündigungen oder auch Schadensersatzansprüche gem. §§ 280 Abs. 1, 241 Abs. 2 BGB nach sich ziehen. Dies ist aber eben nicht zwingend mit Reaktionsmöglichkeiten auch nach dem GeschGehG verbunden, für die es der Verletzung eines Geschäftsgeheimnisses i. S. d. § 2 Nr. 1 bedarf.[69] Insoweit stellt sich vorliegend aber die Frage, ob innerhalb des Anwendungsbereichs des GeschGehG individualvertragliche Modifikationen

---

65 Vgl. aber zu den im Vergleich zur Haftung nach § 4 Abs. 3 engeren Voraussetzungen der Strafbarkeit, insb. aufgrund des erforderlichen unmittelbaren Zusammenhangs zu einer strafbaren Vortat eines Dritten BeckOK GeschGehG/*Hiéramente*, § 23 Rn. 41; K/B/F/*Alexander*, § 23 GeschGehG Rn. 55.
66 BT-Drs. 19/8300, S. 13.
67 S. hierzu Rn. 12 ff.
68 BT-Drs. 19/8300, S. 13.
69 *Fuhlrott/Hiéramente*, DB 2019, 967, 970; *Holthausen*, NZA 2019, 1377, 1379; *Naber/Peukert/Seeger*, NZA 2019, 583, 585.

Einl. E Geheimhaltungsschutz im Arbeitsverhältnis

der dort festgelegten Voraussetzungen oder Rechtsfolgen vorgenommen werden können:

30 Individualvertragliche Abreden im Arbeitsvertrag, welche die Bestimmungen des GeschGehG konkretisieren, können vor diesem Hintergrund grundsätzlich getroffen werden.[70] Inwieweit mittels individualvertraglicher Regelungen jedoch **explizite Abweichungen** von den Regelungen des GeschGehG vereinbart werden können, insbesondere die Vereinbarung eines von der Legaldefinition abweichenden **Begriffs des Geschäftsgeheimnisses**, ergibt sich weder aus der Gesetzesbegründung noch aus den Erwägungsgründen der Richtlinie. Gegen die Möglichkeit solcher vereinbarten Abweichungen spricht, dass die dem GeschGehG zugrunde liegende Richtlinie maßgeblich von Harmonisierungsbestrebungen getragen ist, was sich neben Art. 1 Abs. 1 UAbs. 2 der Richtlinie insb. an deren Erwgrd. 14 zeigt.[71] Diesen Harmonisierungszielen würde eine arbeitsvertraglich-dispositive Ausgestaltung jedoch gerade entgegenstehen, könnten doch sonst in einer Vielzahl einzelner Rechtsverhältnisse unterschiedlichste Regelungen bestehen.[72] Die lediglich pauschalen Verweisungen auf rechtsgeschäftliche Vereinbarungen im Rahmen des Arbeitsverhältnisses nach den §§ 1 Abs. 3 Nr. 4, 3 Abs. 2 tragen eine **so weitgehende Befugnis nicht**. Der Disposition der Parteien ist es so insbesondere entzogen, die Tatbestände von § 3 und § 5 einzuschränken, also ein demnach zulässiges Verhalten zu untersagen,[73] sofern nicht die Normen selbst Ausnahmen davon ermöglichen.[74]

---

[70] *Bauschke*, öAT 2019, 133, 135.
[71] MK-UWG/*Namysłowska*, B.III Art. 1 Richtlinie Rn. 6.
[72] Ähnlich auch *Maaßen*, GRUR 2019, 352, 353 hinsichtlich der Möglichkeit zu einer am alten Geschäftsgeheimnisbegriff orientierten Auslegung des Geheimnisbegriffs auch im Rahmen des GeschGehG. Noch kein Argument ist freilich, dass die Begriffsbestimmung des Art. 2 Nr. 1 der Richtlinie vielfach an sich als vollharmonisierend angesehen wird (vgl. etwa *Apel*, Einl. C Rn. 65 mwN; *Goldhammer*, NVwZ 2017, 1809, 1810; *Kalbfus*, GRUR 2016, 1009, 1011; *McGuire*, GRUR 2016, 1000, 1006). Zur Begründung wird vorgetragen, dass gem. Art. 1 Abs. 1 UAbs. 2 der Richtlinie – wenn auch nicht die Begriffsbestimmung selbst so doch – jedenfalls bestimmte Regelungen zum Schutz der gegnerischen Interessen zwingend einzuhalten sind (vgl. auch Erwgrd. 10) und diese Bestimmungen sich ihrerseits auf die Begriffsbestimmung des Art. 2 Nr. 1 der Richtlinie beziehen, sodass diese mittelbar von der zwingenden Wirkung erfasst ist. Das mag an sich zutreffen. Jedoch ist zu beachten, dass auch eine verschärfte (weil erweiterte) Bestimmung des Geschäftsgeheimnisbegriffs per se noch nicht zur Folge hat, dass die genannten Schutzvorschriften nicht mehr greifen; auch dann wäre etwa die Erlangung auf den nach Art. 3 der Richtlinie zulässigen Wegen oder eine Ausnahme gem. Art. 5 der Richtlinie noch genauso zulässig. Nicht gesagt ist damit allerdings, dass nicht das austarierte Gesamtgefüge von Regeln und Ausnahmen so aus der Balance geraten würde (maßgeblich hierauf abstellend *Goldhammer*, NVwZ 2017, 1809, 1810; *Kalbfus*, GRUR 2016, 1009, 1011). In jedem Fall gilt die Frage des Harmonisierungsgrades aber in erster Linie für die Umsetzungsspielräume des Gesetzgebers. Inwieweit bereits durch die in der Richtlinie selbst belassenen Öffnungen zugunsten von Arbeitsvertragsparteien oder Sozialpartner Abweichungen möglich sind, ist hierdurch nicht präjudiziert.
[73] K/B/F/*Alexander*, vor § 1 GeschGehG Rn. 107.
[74] Zur Möglichkeit der Einschränkung des grds. zulässigen „Reverse Engineerings" gem. § 3 Abs. 1 Nr. 2 b) GeschGehG ausführlich Hoppe/Oldekop/*Holtz*, Kap. 1 Rn. 371 ff.

III. Änderungen durch das Geschäftsgeheimnisgesetz im Arbeitsverhältnis   **Einl. E**

b) Kollektivrechtlich

Gem. § 1 Abs. 3 Nr. 3 bleibt die „Autonomie" der Sozialpartner und ihr Recht, Kollektivverträge nach den bestehenden europäischen und nationalen Vorschriften abzuschließen, vom GeschGehG unberührt. Vor diesem Hintergrund ist genauso fraglich, inwiefern eine Abweichung vom GeschGehG mittels kollektivrechtlicher Regelungen möglich ist, insbesondere ob die **Legaldefinition des § 2 Nr. 1 abbedungen** werden kann. 31

In Anbetracht des insoweit der deutschen Umsetzung zugrunde liegenden Art. 2 lit. d der Richtlinie und deren Erwägungsgrund 12, die beide betonen, dass die Autonomie der Sozialpartner bereits von der Richtlinie weitgehend unberührt bleiben soll, können in Kollektivverträgen die Bestimmungen des GeschGehG jedenfalls zu einem gewissen Grad konkretisiert und abgeändert werden.[75] Nach den ausdrücklichen Beweggründen des europäischen Gesetzgebers in Erwgrd. 12 der Richtlinie ist im Rahmen der Befugnis der Sozialpartner jedoch nichtsdestotrotz die Grenze des Art. 5 der Richtlinie zu beachten.[76] Dieser legt fest, wann die Erlangung eines Geschäftsgeheimnisses gerechtfertigt erfolgen kann. Zur Vermeidung einer sonst richtlinienwidrigen Auslegung des § 1 Abs. 3 Nr. 3 darf daher durch Kollektivvertrag insbesondere nicht statuiert werden, dass Whistleblowing[77] als die wohl wichtigste in § 5 geregelte Ausnahme eine Verletzung einer Geheimhaltungspflicht darstellt. Der Whistleblower-Mindestschutz muss auch im Kollektivrecht beachtet werden.[78] 32

Aus dem Erwgrd. 12 wird vereinzelt die weitere Schlussfolgerung gezogen, dass Art. 5 der Richtlinie über Umwege auch auf die Definition des Geschäftsgeheimnisses verweist. Demnach müsse die Öffnungsvorschrift des Art. 1 Abs. 2 lit. d der Richtlinie – und im Zweifel deshalb auch die deutsche Umsetzungsnorm des § 1 Abs. 3 Nr. 3 – so ausgelegt werden, dass zum Zwecke der Wahrung der in Art. 5 der Richtlinie niedergelegten Ausnahmen zwingend die von der Richtlinie vorgegebene Definition des Geschäftsgeheimnisses anzuwenden ist. Allgemein stehe die bezweckte Harmonisierung auf europäischer Ebene einer dispositiven Ausgestaltung entgegen.[79] Folgt man dem, müsste insbesondere das Merkmal der Geheimhaltungsmaßnahme somit auch hier beachtet werden. 33

Zutreffend geht jedoch die überwiegende Auffassung davon aus, dass die Vereinbarung eines von der Legaldefinition des § 2 Nr. 1 abweichenden Begriffs des Geschäftsgeheimnisses **in Kollektivvereinbarungen möglich** ist.[80] Andernfalls ist 34

---

75 K/B/F/*Alexander*, § 1 GeschGehG Rn. 41.
76 *Trebeck/Schulte-Wissermann*, NZA 2018, 1175, 1180.
77 *Brammsen*, Vor § 17–19 UWG Rn. 22; MK-UWG/*Namysłowska*, B.III Art. 5 Richtlinie Rn. 8.
78 *Naber/Peukert/Seeger*, NZA 2019, 583, 588; *Trebeck/Schulte-Wissermann*, NZA 2018, 1175, 1180.
79 *Trebeck/Schulte-Wissermann*, NZA 2018, 1175, 1180.
80 *Richter*, ArbRAktuell 2019, 375, 376; *Naber/Peukert/Seeger*, NZA 2019, 583, 588; ausdrücklich gegen die Annahme einer Dispositivität der Vorschriften des GeschGehG: BeckOK GeschGehG/ *Fuhlrott*, § 2 Rn. 29.

die ausdrücklich betonte, weitreichende und im Übrigen jedenfalls für Tarifparteien grundrechtlich (vgl. Art. 9 Abs. 3 GG) geschützte Befugnis der Sozialpartner aus § 1 Abs. 3 Nr. 3 ausgehöhlt. Lediglich die oben genannte Grenze des Art. 5 der Richtlinie, welcher weitestgehend dem § 5 entspricht, setzt der Befugnis der Sozialpartner Grenzen. Diese sind bei der Statuierung einer eigenständigen Geschäftsgeheimnis-Definition oder auch abweichender Regelungen über die Ansprüche der §§ 6 ff. in aller Regel gewahrt, solange die Ausnahmevorschrift des § 5 immer korrespondierend anwendbar bleibt.[81] Über Bezugnahmeklauseln in Arbeitsverträgen können diese Regelungen – auch bei nicht tarifgebundenen Arbeitnehmern – dann auch Eingang in das individuelle Arbeitsverhältnis finden.

35 Berechtigte zum Abschluss solcher abweichenden Regelungen sollen dabei **sowohl die Tarifvertragsparteien als auch die Betriebsparteien** sein.[82] Unter den Begriff der Sozialpartner, wie er in § 1 Abs. 3 Nr. 3 auftaucht, werden zwar grundsätzlich nur die Tarifvertragsparteien gefasst.[83] Angeführt wird sodann aber, dass direkt nachfolgend § 1 Abs. 3 Nr. 4 die Rechte der Arbeitnehmervertretungen als vom Geschäftsgeheimnisgesetz unberührt erachtet.[84] Zudem finden sich in der Gesetzesbegründung keine Anhaltspunkte dafür, dass den Betriebsparteien weniger Rechte als den Tarifvertragsparteien eingeräumt werden sollen.[85] Somit müssen den Betriebsparteien konsequenterweise dieselben Befugnisse im Rahmen des Abschlusses von Betriebsvereinbarungen zustehen. Angesichts der Rechtsprechung zur Betriebsvereinbarungsoffenheit von Arbeitsverträgen[86] sowie § 77 Abs. 4 Satz 1 BetrVG wirken auch solche Normen der freiwilligen Mitbestimmung auf das Arbeitsverhältnis ein, auch wenn dadurch der Harmonisierungsgedanke insoweit etwas ins Hintertreffen gerät.

3. Folgen von Verstößen gegen das GeschGehG im Arbeitsleben

a) Abmahnung und Kündigung

36 Im laufenden Arbeitsverhältnis kommen als Sanktionen eine Abmahnung oder eine Kündigung in Betracht.[87] Das LAG Berlin-Brandenburg sah bereits bisher etwa die Weiterleitung von E-Mails mit betrieblichen Informationen auf einen privaten E-Mail-Account als außerordentlichen Kündigungsgrund an.[88] Dem setzte das LAG Sachsen das Kopieren von Daten aus dem Bestand des Arbeitgebers auf einen pri-

---

81 *Naber/Peukert/Seeger*, NZA 2019, 583, 588.
82 *Naber/Peukert/Seeger*, NZA 2019, 583, 588.
83 BeckOK GeschGehG/*Fuhlrott*, § 1 Rn. 28; *Karthaus*, NZA 2018, 1180, 1181.
84 BeckOK GeschGehG/*Fuhlrott*, § 1 Rn. 28; *Richter*, ArbRAktuell 2019, 375, 376.
85 *Richter*, ArbRAktuell 2019, 375, 376.
86 BAG, 5.3.2013 – 1 AZR 880/11, BeckRS 2013, 71107; BAG, 24.10.2017 – 1 AZR 846/15, AP-News 2018, 53.
87 BeckOK ArbR/*Joussen*, § 611a BGB Rn. 469; vW/T/*Thüsing*, Arbeitsverträge, Rn. 457; ErfK/*Niemann*, § 626 BGB Rn. 154.
88 LAG Berlin-Brandenburg, 16.5.2017 – 7 Sa 38/17, NZA-RR 2017, 532.

III. Änderungen durch das Geschäftsgeheimnisgesetz im Arbeitsverhältnis **Einl. E**

vaten Datenträger gleich.[89] Die bloße Androhung eines Arbeitnehmers im Rahmen eines Kündigungsrechtsstreits, Betriebsinterna gegenüber seinem Prozessbevollmächtigten und dem Gericht offenzulegen, um unlautere Motive des Arbeitgebers für die angeblich betriebsbedingte Kündigung darzutun, stellt nach Auffassung des BAG hingegen keinen außerordentlichen Kündigungsgrund dar.[90] Der Entscheidung, ob eine außerordentliche oder eine ordentliche Kündigung ausgesprochen wird, sollte der Arbeitgeber insbesondere auch taktische Überlegungen zugrunde legen. Der Vorteil der ordentlichen Kündigung liegt darin, dass bis zum Ablauf der Kündigungsfrist – neben § 4 – die gegenüber dem nachvertraglichen Bereich weiterreichende (insb. ggf. auch vertraglich erweiterte) Geheimhaltungspflicht aus dem fortbestehenden Arbeitsverhältnis weiter gilt, hinsichtlich der keine Abwägung mit der Berufsfreiheit des einzelnen Arbeitnehmers vorzunehmen ist. In diesem Fall ist der Arbeitgeber allerdings selbstredend weiterhin zur Entgeltzahlung verpflichtet. Erfolgt keine Freistellung des Arbeitnehmers, hat dieser zudem weiterhin Zugriff auf das betriebliche Know-how.[91]

b) Ansprüche des Arbeitgebers gegen den Arbeitnehmer

aa) Allgemeine zivilrechtliche Ansprüche

Eine Verletzung der arbeitsvertraglichen Nebenpflicht zur Geheimhaltung kann zu 37 einem Schadensersatzanspruch gem. §§ 611a, 280 Abs. 1, 241 Abs. 2 BGB führen.[92] Ist Wiederholungsgefahr gegeben, kommen auch Unterlassungsansprüche in Betracht.[93] Zudem kommt bei entsprechender (wirksamer) Vereinbarung die Verwirkung einer Vertragsstrafe in Betracht.[94] Die in den §§ 6 ff. geregelten Ansprüche sollen laut der Gesetzesbegründung darüber hinaus neben den bereits von §§ 823, 826 BGB gewährleisteten Schutz treten und ihn nicht etwa vollkommen ersetzen.[95] Zudem ist § 23 ein Schutzgesetz i. S. d. § 823 Abs. 2 BGB. Als (Quasi-)Immaterialgüterrecht stellt das Geschäftsgeheimnis allerdings kein sonstiges Recht i. S. d. § 823 Abs. 1 BGB dar.[96] Nach § 13 sind ferner Ansprüche auf die Herausgabe einer

---
89 LAG Sachsen, 14.7.1999 – 2 Sa 34/99, BeckRS 2000, 40368.
90 BAG, 8.5.2014 – 2 AZR 249/13, NZA 2014, 1258.
91 A/L/G/*Brock*, Kap. 2 Rn. 42.
92 BeckOK GeschGehG/*Fuhlrott*, § 1 Rn. 34.
93 Vgl. BAG, 16.3.1982 – 3 AZR 83/79, BeckRS 9998, 150652; H/O/K/*Kalbfus*, Einl. C. Rn. 95; BeckOK GeschGehG/*Fuhlrott*, § 1 Rn. 34.
94 *Werner*, WRP 2019, 1428, 1431 Rn. 26.
95 BT-Drs. 19/4724, S. 19.
96 *Apel/Walling*, DB 2019, 891, 893, 898 – zwar ist das Geschäftsgeheimnis auf eine mit den Immaterialgüterrechten vergleichbare Ebene gehoben worden, allerdings (noch immer) nicht absolut iS eines Ausschließlichkeitsrechts ausgestaltet; vgl. dazu, dass die Richtlinie selbst nicht von der Schaffung eines echten Immaterialrechtsguts auszugehen scheint *Apel*, Einl. C Rn. 34 mwN; vgl. dazu, dass auch der Bundesgesetzgeber davon auszugehen scheint, mit dem GeschGehG kein echtes Immaterialgüterrecht geschaffen zu haben, BT-Drs. 19/4724, S. 20 – maßgebliches Argument dürfte der Gedanke sein, dass das Geschäftsgeheimnis gerade nur so weit und so lange besteht, wie es tatsächlich geheim bleibt; aA *Kiefer*, WRP 2018, 910 ff.; *Werner*, WRP 2019,

Einl. E Geheimhaltungsschutz im Arbeitsverhältnis

ungerechtfertigten Bereicherung ebenso wenig verdrängt. Vor dem Hintergrund der Führung eines fremden Geschäfts ist zuletzt ein Anspruch aus § 687 Abs. 2 BGB in Erwägung zu ziehen.[97] Bei zivilrechtlichen Ansprüchen gegen den Arbeitnehmer ist stets die Beweislastumkehr nach § 619a BGB zu beachten. Abweichend von § 280 Abs. 1 BGB hat der Arbeitnehmer hiernach dem Arbeitgeber Ersatz für den aus der Verletzung einer Pflicht aus dem Arbeitsverhältnis entstehenden Schaden nur zu leisten, wenn er die Pflichtverletzung zu vertreten hat.

bb) Wettbewerbsrechtliche Ansprüche

38 Nicht ausgeschlossen ist es ferner, dass neben den genannten Ansprüchen weiterhin ein Anspruch aus § 3 UWG iVm. §§ 8, 9, 10 UWG besteht.[98] Im Rahmen dessen ist stets eine Abwägung der widerstreitenden Interessen, vorliegend zwischen dem Recht der Berufsfreiheit des Arbeitnehmers (Art. 12 GG) und dem Interesse des Arbeitgebers an der Geheimhaltung seiner Betriebsinterna (Art. 14 GG), erforderlich.[99]

cc) Ansprüche aus dem GeschGehG

39 Neben die genannten Rechtsfolgen treten seit dem 26.4.2019 zusätzlich die in den §§ 6 ff. statuierten Ansprüche.[100] Hervorzuheben ist insoweit an dieser Stelle nur die entsprechende Geltung des § 619a BGB (vgl. § 10 Abs. 1 Satz 2 GeschGehG) sowie die auch hier zu beachtenden Grundsätze der beschränkten Arbeitnehmerhaftung.[101] Anders als in § 276 Abs. 1 BGB geregelt, haften Arbeitnehmer im Rahmen von betrieblich veranlassten Tätigkeiten nach angepassten Grundsätzen, um das dem Arbeitgeber zukommende Betriebsrisiko angemessen zu berücksichtigen. Unter Rückgriff auf dem Rechtsgedanken des § 254 BGB verbleibt es demnach bei vorsätzlichem Verhalten bei einer vollen Haftung des Arbeitnehmers, sobald allerdings fahrlässig gehandelt wurde, ist zu differenzieren: Grobe Fahrlässigkeit lässt den Arbeitnehmer in der Regel voll haften, es sei denn im Einzelfall sprechen die Gesamtumstände ausnahmsweise für eine anteilige Haftung des Arbeitgebers. Derartige Ausnahmen können sich beispielsweise bei für den Arbeitnehmer ruinösen Schadenssummen ergeben. Handelte der Arbeitnehmer „normal" fahrlässig, ist eine nach den Umständen angemessene Quotelung vorzunehmen, wohingegen bei leichtester Fahrlässigkeit den Arbeitnehmer keine Haftung trifft.[102]

1428, 1432 Rn. 31; vgl. zur Einstufung vor Einführung des GeschGehG etwa K/B/F/*Köhler*, § 17 UWG Rn. 53 und *Ohly*, GRUR 2014, 1 ff., beide mwN.
97 BGH, 23.2.2012 – I ZR 136/10, GRUR 2012, 1048.
98 Detailliert: *Werner*, WRP 2019, 1428, 1431 Rn. 27.
99 Harte/Henning/*Podszun*, § 3 Rn. 144.
100 S. § 6 Rn. 1 ff.
101 BT-Drs. 19/4724, S. 32; *Preis/Seiwerth*, RdA 2019, 351; *Richter*, ArbRAktuell 2019, 375, 377.
102 Grundlegend zum innerbetrieblichen Schadensausgleich: BAG, 27.9.1994 – GS 1/89 (A), BeckRS 1994, 41176; ausführlich H/O/K/*Kalbfus*, Einl. C. Rn. 99 ff.

III. Änderungen durch das Geschäftsgeheimnisgesetz im Arbeitsverhältnis   **Einl. E**

c) Ansprüche des alten Arbeitgebers gegenüber dem neuen Arbeitgeber

Rechtsverletzer i. S. d. Geschäftsgeheimnisgesetz ist neben dem ehemaligen Arbeitnehmer auch sein neuer Arbeitgeber, wenn dieser wusste oder wissen musste, dass der Arbeitnehmer das Geschäftsgeheimnis entgegen § 4 Abs. 2 genutzt oder offengelegt hat.[103] Auch gegenüber dem neuen Arbeitgeber bestehen somit originär die oben genannten Ansprüche aus dem GeschGehG. Darüber hinaus statuiert § 12 eine verschuldensunabhängige und zur Rechtsverletzung des Arbeitnehmers akzessorische Haftung des Inhabers des Unternehmens. Außerhalb des GeschGehG ist ein Schadensersatzanspruch aus § 831 BGB zu prüfen.[104]   40

4. Sonderregelungen zum „Whistleblowing"

Bisher stellte nach § 17 Abs. 1 UWG aF auch die Weitergabe von Informationen über rechtswidrige Verhaltensweisen des Arbeitgebers an die Strafverfolgungsbehörden oder die Presse ein strafbares Verhalten dar. Durch die Statuierung der Ausnahme des § 5 ist nach der aktuellen Gesetzeslage hingegen die rechtliche Zulässigkeit des sog. „Whistleblowing" ausgedehnt worden.[105] Das Spannungsverhältnis von Geheimhaltungspflichten im Arbeitsverhältnis und dem Whistleblower-Schutz löst § 5 Nr. 2 dahingehend auf, dass die Erlangung, Nutzung oder Offenlegung eines Geschäftsgeheimnisses nicht unter die Verbote des § 4 fällt, wenn dies zur Aufdeckung einer rechtswidrigen Handlung oder eines beruflichen oder sonstigen Fehlverhaltens erfolgt und die Erlangung, Nutzung oder Offenlegung geeignet ist, das allgemeine öffentliche Interesse zu schützen.[106] Eine Anwendung bzw. der Vorrang des § 5 Nr. 2 im arbeitsrechtlichen Kontext ist trotz unterschiedlicher Voraussetzungen der Zulässigkeit des Whistleblowings im Vergleich zur bisherigen arbeitsgerichtlichen Rechtsprechung,[107] welche sinngemäß nach § 1 Abs. 3 Nr. 4 eigentlich unberührt bleiben soll, geboten: Bei striktem Festhalten an den bisherigen Grundsätzen können aufgrund der unterschiedlichen Voraussetzungen nicht hinnehmbare Widersprüche auftreten, indem zB mangels Eignung zum Schutz eines öffentlichen Interesses ein gem. § 23 strafbares Verhalten zulasten des Arbeitgebers vorliegen kann, welches hingegen nach einer Abwägung zwischen vertraglicher Rücksichtnahmepflicht und staatlich gebilligtem Anzeigerecht eigentlich nicht arbeitsrechtlich sanktioniert werden dürfte.[108] Zu beachten gilt es, dass der Europäische Rat im Oktober 2019 den Entwurf einer Richtlinie zum Schutz von Personen, die Verstöße gegen das Unionsrecht melden, angenommen hat, sodass diese am 16.12.2019 in Kraft treten konnte und nunmehr von den EU-Mitgliedstaaten bis   41

---

103 *Werner*, WRP 2019, 1428, 1432.
104 *Fingerhut*, BB 2014, 389, 392.
105 BT-Drs. 19/4724, S. 40; *Burghardt-Richter/Bode*, BB 2019, 2697, 2699; BeckOK GeschGehG/*Hiéramente*, § 23 Rn. 55 f.; MK-StGB/*Joecks/Miebach*, § 23 GeschGehG Rn. 124 ff.
106 *Naber/Peukert/Seeger*, NZA 2019, 583, 584.
107 Zur bisherigen Rechtslage *Schmitt*, RdA 2017, 365, 366.
108 Hoppe/Oldekop/*Lodemann/Tholuck*, Kap. 1 Rn. 597.

Einl. E Geheimhaltungsschutz im Arbeitsverhältnis

Ende 2021 in eigene, nationale Gesetze umzusetzen ist.[109] Anders als in der Richtlinie setzt § 5 Nr. 2 nicht voraus, dass mit der Aufdeckung eines rechtswidrigen Sachverhalts auch der Schutz des allgemeinen öffentlichen Interesses beabsichtigt ist; es genügt bereits die Geeignetheit der tatbestandlichen Handlung hierzu. Dementsprechend ist es nicht ausgeschlossen, neben der ohnehin grundsätzlich bestehenden arbeitsvertraglichen Nebenpflicht des Arbeitnehmers, den Arbeitgeber von potenziell schädlichen Vorkommnissen im Unternehmen zu informieren,[110] Anreize zu schaffen, die zu einem (internen) Whistleblowing motivieren können.[111] Es liegt insofern im Interesse eines Unternehmens, von Rechtsverstößen möglichst frühzeitig Kenntnis zu erlangen, um eine koordinierte und kontrollierte Aufarbeitung zu ermöglichen, die nicht nur einen Image-Schaden in Grenzen halten, sondern sich ggf. auch bei der Strafzumessung oder etwa in Hinsicht auf die kartellrechtliche Kronzeugenregelung positiv auswirken kann.[112] Im Rahmen von Whistleblowing-Systemen denkbar sind neben der Zusage, auf arbeitsrechtliche Konsequenzen zu verzichten, oder in bestimmten Fällen zur Unterstützung für eventuelle Strafverfahren auch die Verpflichtung der Arbeitnehmer zum Whistleblowing sowie Prämienzahlungen für gemeldete Verstöße.[113] Bei der Einführung von Maßnahmen zur Förderung von Whistleblowing sind neben datenschutzrechtlichen Fragestellungen jedoch in der Regel Mitbestimmungsrechte des Betriebsrats zu beachten.[114]

IV. Mitbestimmungsrechte des Betriebsrats beim Geheimnisschutz

42 Die Mitbestimmungsrechte des Betriebsrats sind auch beim Geheimnisschutz zu beachten, jedoch nur im Ausnahmefall einschlägig.

43 Gem. § 87 Abs. 1 Nr. 1 BetrVG hat der Betriebsrat bei Fragen des Verhaltens der Arbeitnehmer im Betrieb (sog. Ordnungsverhalten) mitzubestimmen. Geht es um die Abgabe formularmäßiger, inhaltlich standardisierter Verschwiegenheitsvereinbarungen hinsichtlich bestimmter betrieblicher oder unternehmensinterner Vorgänge, stellt dies jedoch keinen Fall von § 87 Abs. 1 Nr. 1 BetrVG dar.[115] In der Regel konkretisiert eine solche Erklärung lediglich die arbeitsvertragliche Pflicht zur Rücksichtnahme und betrifft somit das Arbeitsverhalten. Selbst wenn einmal ein Fall vorliegt, in dem die Schweigepflicht tatsächlich die betriebliche Ordnung betrifft, besteht regelmäßig bereits nach § 241 Abs. 2 BGB oder nach dem

---

109 *Bauer/Macherey*, WPg 2019, 1127, 1130.
110 Hierzu BAG, 18.6.1970 – 1 AZR 520/69, NJW 1970, 1861; BAG, 3.7.2003 – 2 AZR 235/02, NJW 2004, 1547, 1548.
111 *Granetzny/Krause*, CCZ 2020, 29, 33 f.
112 *Granetzny/Krause*, CCZ 2020, 29, 34.
113 *Granetzny/Krause*, CCZ 2020, 29, 30 ff.
114 S. Rn. 43 ff.; *Granetzny/Krause*, CCZ 2020, 29, 34 f.
115 BAG, 10.3.2009 – 1 ABR 87/07, NZA 2010, 180; *Holthausen*, NZA 2019, 1377, 1379; *Reinhard*, NZA 2016, 1233, 1237.

GeschGehG eine gesetzliche Verpflichtung zur Verschwiegenheit, sodass das Mitbestimmungsrecht wegen des Gesetzesvorrangs (§ 87 Abs. 1 BetrVG Eingangssatz) ausgeschlossen ist.[116]

Entscheidet sich der Arbeitgeber aber bspw. dazu, als Geheimhaltungsmaßnahme automatisierte Überwachungseinrichtungen einzuführen, die mit der Möglichkeit der Leistungskontrolle der Arbeitnehmer einhergehen, besteht ein Mitbestimmungsrecht des Betriebsrats gem. § 87 Abs. 1 Nr. 6 BetrVG. Als Beispiel wird etwa die Kontrolle der IT-Nutzung, um Auffälligkeiten wie den Aufruf bzw. Versand bestimmter Dateien oder den Zugriff bzw. Zugriffsversuche auf bestimmte Serverbereiche zu erfassen, genannt.[117] 44

Ferner ist die Pflicht des Arbeitnehmers zum „Whistleblowing" nach der Rechtsprechung des BAG mitbestimmungspflichtig nach § 87 I Nr. 1 BetrVG, wenn sie über den bloßen Gesetzesvollzug hinausgeht und nicht nur arbeitsvertragliche Pflichten des Arbeitnehmers wiederholt bzw. vom Direktionsrecht des Arbeitgebers (zB Bericht des Compliance Officers an den Chief Compliance Officer) umfasst ist.[118] Dabei kommt es nicht darauf an, ob der Arbeitnehmer nach der Regelung einer Meldeverpflichtung unterliegt oder ein Handlungsspielraum verbleibt.[119] Mitbestimmungspflichtig ist ferner das „Wie", das heißt, in welcher Weise die Mitarbeiter die Meldung vornehmen können oder müssen. Die Ausgestaltung, also etwa die Einrichtung einer Hotline bzw. die Kanalisierung von anonymen oder nicht anonymen Meldungen durch Einrichtung einer Kontaktstelle und deren Ausgestaltung, ist daher mitbestimmungspflichtig.[120] 45

V. Spezielle Geheimhaltungspflichten

1. Geheimhaltungspflichten des Betriebsrats

a) Grundlagen

Gemäß § 79 Abs. 1 BetrVG sind Betriebsratsmitglieder verpflichtet, Betriebs- oder Geschäftsgeheimnisse, die ihnen wegen ihrer Zugehörigkeit zum Betriebsrat bekannt geworden und vom Arbeitgeber ausdrücklich als geheimhaltungsbedürftig bezeichnet worden sind, nicht zu offenbaren und nicht zu verwerten. 46

Mit § 10 BPersVG und § 29 SprAuG gelten für Personalvertretungen und Sprecherausschüsse dem § 79 BetrVG entsprechende Vorschriften. 47

---

116 BAG, 10.3.2009 – 1 ABR 87/07, NZA 2010, 180.
117 *Maaßen*, GRUR 2019, 352, 359.
118 BAG, 22.7.2008 – 1 ABR 40/07, AP BetrVG 1972 § 87 Nr. 14; *Reinhard*, NZA 2016, 1233, 1234.
119 BAG, 22.7.2008 – 1 ABR 40/07, AP BetrVG 1972 § 87 Nr. 14; *Reinhard*, NZA 2016, 1233, 1235.
120 *Reinhard*, NZA 2016, 1233, 1235.

Einl. E Geheimhaltungsschutz im Arbeitsverhältnis

48 Neben der Sicherung der Wettbewerbslage des Arbeitgebers dient die Vorschrift auch den Belangen des Betriebsrats selbst.[121] Der Arbeitgeber kann sich aufgrund der in § 79 Abs. 1 BetrVG normierten Geheimhaltungspflicht nicht darauf berufen, dass es sich bei durch den Betriebsrat begehrten Auskünften um Geschäftsgeheimnisse handelt.[122] Dies ist lediglich in den Fällen des § 106 Abs. 2 BetrVG möglich, der die Unterrichtungspflicht des Unternehmers gegenüber dem Wirtschaftsausschuss einschränkt, soweit durch dessen Unterrichtung über die wirtschaftlichen Angelegenheiten des Unternehmens Betriebs- oder Geschäftsgeheimnisse gefährdet werden.[123]

49 Hinsichtlich sonstiger vertraulicher Angaben, die nicht unter den (formellen, s. unten Rn. 50) Begriff des Geschäftsgeheimnisses fallen, kann sich eine Geheimhaltungspflicht aus dem **Gebot der vertrauensvollen Zusammenarbeit** ergeben.[124] Relevant ist dies insb. bei Fehlen einer ausdrücklichen Bezeichnung als geheimhaltungsbedürftig durch den Arbeitgeber etwa wegen lediglich zufälliger Kenntniserlangung.[125] Insoweit gelten aber höhere Anforderungen für die Annahme einer Pflichtverletzung, wobei ein vorsätzlicher Verstoß jedenfalls relevant ist.[126] Ein Strafbarkeitsrisiko besteht hingegen, anders als im Anwendungsbereich des § 79 Abs. 1 BetrVG (s. unten → Rn. Rn. 65), nicht.

b) Voraussetzungen

50 Die Geheimhaltungspflicht des § 79 BetrVG setzt voraus, dass der Arbeitgeber die Information **ausdrücklich** als Geschäftsgeheimnis bezeichnet hat (sog. **formelles Geheimnis**). Dies dient dem Schutz der Betriebsratsmitglieder, für die es mitunter schwierig zu beurteilen ist, ob es sich bei der Information um ein Geheimnis handelt.[127] Nicht ausreichend ist es deshalb, wenn zwar ein Geheimhaltungswille existiert, dieser aber überhaupt nicht oder nur konkludent geäußert wird (sog. materielles Geheimnis).[128]

51 Eine besondere Form schreibt § 79 BetrVG nicht vor, sodass die Erklärung auch mündlich erfolgen kann.[129] Zudem ist es ausreichend, dass deutlich wird, dass der Arbeitgeber die Geheimhaltung beabsichtigt. Nicht erforderlich ist die Verwendung

---

121 GK-BetrVG/*Oetker*, § 79 Rn. 9; ErfK/*Kania*, § 79 BetrVG Rn. 1.
122 Ebenso Hoppe/Oldekop/*Lodemann/Tholuck*, Kap. 1 Rn. 431 ff., mit ausführlicher Darstellung der möglichen Berührungspunkte der in Betracht kommenden Unterrichtungs- und Informationsrechte mit Geschäftsgeheimnissen.
123 BAG, 31.1.1989 – 1 ABR 72/87, NZA 1989, 932.
124 Richardi/*Thüsing*, § 79 Rn. 10; *Fitting*, § 79 Rn. 39; BeckOK ArbR/*Werner*, § 79 BetrVG Rn. 12.
125 Richardi/*Thüsing*, § 79 Rn. 10.
126 Weitergehend etwa Richardi/*Thüsing*, § 79 Rn. 10 und D/K/K/W/*Buschmann*, § 79 Rn. 17, die eine Schädigungsabsicht verlangen.
127 GK-BetrVG/*Oetker*, § 79 Rn. 27.
128 ErfK/*Kania*, § 79 BetrVG Rn. 7; Richardi/*Thüsing*, § 79 Rn. 7.
129 Richardi/*Thüsing*, § 79 Rn. 8.

des Wortes „geheimhaltungsbedürftig"; Bezeichnungen wie beispielsweise „vertraulich" sind ausreichend.[130]

Der Arbeitgeber muss die Geheimhaltung selbst oder durch eine ihn im Unternehmen repräsentierende Person erklären.[131] Nicht ausreichend ist deshalb etwa die Kennzeichnung eines Schreibens mit „persönlich/vertraulich" durch eine Wirtschaftsprüfungsgesellschaft, da es sich dabei um die Erklärung eines Dritten und nicht des Arbeitgebers handelt.[132] 52

Es ist nicht erforderlich, dass die Geheimhaltungserklärung gegenüber jedem Betriebsratsmitglied einzeln erklärt wird, die Information des Gremiums als solchem oder auch nur eines einzelnen Mitglieds ist ausreichend.[133] Richtigerweise besteht die Geheimhaltungspflicht **objektiv ab dem Zeitpunkt der Geheimhaltungserklärung** auch nur gegenüber einem Betriebsratsmitglied. Erlangt ein weiteres Mitglied Kenntnis von der Information, nicht aber von der Geheimhaltungserklärung, ist es gleichwohl objektiv bereits zur Geheimhaltung verpflichtet,[134] sodass durch den Arbeitgeber etwa Unterlassung der Offenbarung oder Verwertung verlangt werden kann. Die individuelle Kenntnis des Verpflichteten auch von der Geheimhaltungsbedürftigkeit ist insoweit alleine auf Ebene der Verantwortlichkeit für einen Pflichtverstoß relevant.[135] Dies ergibt sich schon aus dem Wortlaut des § 79 Abs. 1 Satz 1 BetrVG, der hinsichtlich der Erklärung des Arbeitgebers im Gegensatz zum Geheimnis selbst keine Kenntnis fordert. Auch der Zweck des formellen Geheimnisses fordert nicht, dass die Frage der Existenz eines Geheimnisses bei jedem Betriebsratsmitglied gesondert nach dessen Kenntnisstand bewertet wird. Gegenüber dem materiellen Geheimnisbegriff ist das einzelne Mitglied noch immer weitergehend geschützt; es muss nicht etwa selbst eine Abwägung hinsichtlich der Geheimhaltungsbedürftigkeit vornehmen, allerdings gegebenenfalls zumutbare Anstrengungen unternehmen, um die Existenz einer Geheimhaltungserklärung in Erfahrung zu bringen. 53

Die Verpflichtung des § 79 BetrVG gilt unabhängig davon, ob die Information selbst vom Arbeitgeber stammt. Auch durch anonyme Hinweise, Indiskretion oder auf sonstige Weise (etwa über eine gem. § 5 Nr. 3 erlaubte Weitergabe) erlangtes Wissen kann durch die Erklärung des Arbeitgebers zum Geschäftsgeheimnis werden. Der Arbeitgeber kann die Deklaration **auch nachträglich** vornehmen. § 79 BetrVG greift in diesem Fall ab dem Zeitpunkt der Erklärung.[136] Besteht beim Be- 54

---

130 ErfK/*Kania*, § 79 BetrVG Rn. 7; GK-BetrVG/*Oetker*, § 79 Rn. 34; Richardi/*Thüsing*, § 79 Rn. 8; aA *Fitting*, § 79 Rn. 5.
131 GK-BetrVG/*Oetker*, § 79 Rn. 27; Richardi/*Thüsing*, § 79 Rn. 8.
132 LAG Hamm, 22.7.2011 – 10 Sa 381/11, BeckRS 2011, 77605.
133 Richardi/*Thüsing*, § 79 Rn. 8.
134 BeckOK ArbR/*Werner*, § 79 BetrVG Rn. 7.
135 Anders wohl die überwiegende Lit., wo regelmäßig – ohne nähere Diskussion – bereits für die Existenz der Verpflichtung auf die Kenntnis des Einzelnen abgestellt wird, vgl. *Fitting*, § 79 Rn. 6, 7; Richardi/*Thüsing*, § 79 Rn. 8; BeckOK ArbR/*Werner*, § 79 BetrVG Rn. 7.
136 ErfK/*Kania*, § 79 BetrVG Rn. 8; Richardi/*Thüsing*, § 79 Rn. 8.

Einl. E Geheimhaltungsschutz im Arbeitsverhältnis

triebsrat Unklarheit über die Geheimhaltungsbedürftigkeit einer ihm zur Kenntnis gelangten Information kann er infolge des Gebots der vertrauensvollen Zusammenarbeit gehalten sein, beim Arbeitgeber hinsichtlich der Einstufung als formelles Geheimnis nachzufragen.[137]

55 Die **Geheimhaltungserklärung alleine** kann eine Information **nicht** zum Geschäftsgeheimnis werden lassen. Fehlt es an den objektiven Merkmalen eines Geschäftsgeheimnisses, greift die besondere Schweigepflicht trotz Erklärung nicht ein. Tatsachen können nicht wirksam für geheimhaltungsbedürftig erklärt werden, wenn sie es objektiv nicht sind.[138] So kann beispielsweise ein geplanter interessenausgleichspflichtiger Personalabbau oder dessen Umfang nicht an sich zu einem Betriebs- oder Geschäftsgeheimnis im Sinne des § 79 BetrVG deklariert werden.[139]
Umgekehrt folgt alleine daraus, dass der Arbeitgeber eine Information gegenüber dem Betriebsrat nicht formal für geheimhaltungsbedürftig erklärt hat, nicht, dass diese Information einfach weitergegeben werden darf. Zwar greift die Verschwiegenheitspflicht des § 79 BetrVG nicht ein, arbeitsvertragliche Geheimhaltungsverpflichtungen, das Geschäftsgeheimnisgesetz und das Gebot der vertrauensvollen Zusammenarbeit, die allesamt gerade keine ausdrückliche Erklärung verlangen, gelten freilich aber weiterhin.[140]

c) Verhältnis des Geheimnisbegriffs des § 79 BetrVG zu dem des GeschGehG

56 Seit Inkrafttreten des GeschGehG ist die Frage zu stellen, in welchem Verhältnis die Geheimnisbegriffe des § 79 BetrVG und des § 2 Nr. 1 zueinander stehen. Insbesondere ist zu erwägen, ob die erstmalige Einführung einer gesetzlichen Definition des Geschäftsgeheimnisbegriffs im GeschGehG Auswirkungen auf die Auslegung anderer Geheimnisbegriffe wie etwa des § 79 BetrVG hat. Dies hätte dort etwa zur Folge, dass die Betriebsratsmitglieder nur dann zur Verschwiegenheit verpflichtet wären, wenn der Arbeitgeber angemessene Geheimhaltungsmaßnahmen getroffen hat.

57 Für die inhaltliche Deckungsgleichheit kann angeführt werden, dass gem. § 1 Abs. 3 Nr. 4 und § 3 Abs. 1 Nr. 3 nur die „Rechte" der Arbeitnehmervertretungen unberührt bleiben sollen, nicht aber deren „Pflichten". Der Inhalt und die Reichweite der Geheimhaltungspflicht des Betriebsrats sind auch als solche nicht ausdrücklich vom Anwendungsbereich des GeschGehG ausgenommen. Zudem fehlt im BetrVG eine Legaldefinition des Geheimnisbegriffs, weshalb dort herkömmlicher Weise eine Orientierung am wettbewerbsrechtlichen Geheimnisbegriff des § 17 UWG aF erfolgte, der im Zuge der Einführung des GeschGehG gerade aufgehoben

---

137 ErfK/*Kania*, § 79 BetrVG Rn. 8.
138 LAG Schleswig-Holstein, 20.5.2015 – 3 TaBV 35/14, NZA-RR 2016, 77; BGH, 5.6.1975 – II ZR 156/73, NJW 1975, 1412; Richardi/*Thüsing*, § 79 Rn. 7.
139 LAG Schleswig-Holstein, 20.5.2015 – 3 TaBV 35/14, NZA-RR 2016, 77; zust. Richardi/*Thüsing*, § 79 Rn. 7.
140 GK-BetrVG/*Oetker*, § 79 Rn. 30.

V. Spezielle Geheimhaltungspflichten **Einl. E**

wurde.¹⁴¹ Erachtet man dies als eine „dynamische Verweisung" auf die wettbewerbsrechtlichen Vorschriften, so müsste seit Inkrafttreten des GeschGehG dann auch der Begriff des § 2 Nr. 1 gelten.¹⁴² Weiterhin wird mit einer verfassungskonformen Auslegung des Begriffs im Lichte des Gleichbehandlungsgrundsatzes des Art. 3 Abs. 1 GG argumentiert, weil nicht einzusehen sei, warum im allgemeinen individuellen und kollektiven Arbeitsrecht unter einfacheren Voraussetzungen von einem Geschäftsgeheimnis ausgegangen werden können sollte als im Rahmen des speziellen GeschGehG.¹⁴³ Des Weiteren wird auch die Harmonisierungsbestrebung der zugrunde liegenden Geschäftsgeheimnis-Richtlinie als Argument für eine Deckungsgleichheit der Begriffe angeführt.¹⁴⁴

Dagegen spricht jedoch bereits, dass auch in § 17 UWG aF keine Legaldefinition des Geschäftsgeheimnisbegriffs enthalten war, sondern diese wiederum in der Rechtsprechung im Zuge einer dann auch für das allgemeine Arbeitsrecht zugrunde gelegten Begriffsbestimmung definiert wurde.¹⁴⁵ Die Begriffsbestimmungen, insbesondere § 2 Nr. 1 GeschGehG, beziehen sich nach ihrem Wortlaut („Im Sinne dieses Gesetzes...") ohnehin nur auf das Gesetz selbst.¹⁴⁶ Ein Abstellen auf die Tatsache, dass § 3 Abs. 1 Nr. 2 nur die „Rechte" nicht aber ausdrücklich auch die „Pflichten" unberührt lässt, verfängt zudem nicht, da die beiden Begriffe sich spiegelbildlich gegenüberstehen, also ohne eine Pflicht zur Geheimhaltung automatisch das Recht zur Verbreitung besteht.¹⁴⁷ Auch betreffen die Informationen, die im Rahmen von § 79 BetrVG mitgeteilt werden, häufiger Angelegenheiten der betrieblichen Organisation als das vom GeschGehG vorrangig geschützte technische Know-how.¹⁴⁸ Zudem kann im Einzelfall bereits der von § 79 BetrVG vorausgesetzte ausdrückliche Hinweis auf die Verpflichtung zum Stillschweigen als ausreichende Geheimhaltungsmaßnahme i. S. d. GeschGehG einzustufen sein.¹⁴⁹ Überdies wird in der Gesetzesbegründung zu § 3 Abs. 1 Nr. 3 auch explizit darauf hingewiesen, dass die dort getroffene Regelung der derzeitigen Rechtslage entspricht und daher lediglich klarstellende Wirkung entfaltet.¹⁵⁰ Eine Änderung der Verschwiegenheitspflichten iSv § 79 BetrVG war demnach nicht intendiert. Letztlich würde auch gerade die von § 79 BetrVG bezweckte vertrauensvolle Zusammenarbeit zwi-

58

---

141 BAG, 26.2.1987 – 6 ABR 46/84, AP BetrVG 1972 § 79 Nr. 2; *Fitting*, § 79 Rn. 3; ErfK/*Kania*, § 79 BetrVG Rn. 2; GK-BetrVG/*Oetker*, § 79 Rn. 10; Richardi/*Thüsing*, § 79 Rn. 5.
142 Herleitung des Arguments bei *Oltmanns/Fuhlrott*, NZA 2019, 1384, 1387, die iE die Gegenauffassung vertreten.
143 ErfK/*Kania*, § 79 BetrVG Rn. 2 unter Bezugnahme auf ErfK/*Preis*, § 611a BGB Rn. 711.
144 H/O/K/*Kalbfus*, Einl. 1 C. Rn. 134.
145 Richardi/*Thüsing*, § 79 Rn. 5.
146 *Preis/Seiwerth*, RdA 2019, 351, 353.
147 Hoppe/Oldekop/*Lodemann/Tholuck*, Kap. 1 Rn. 455.
148 H/O/K/*Kalbfus*, Einl. 1 C. Rn. 134.
149 *Oltmanns/Fuhlrott*, NZA 2019, 1384, 1387; Hoppe/Oldekop/*Lodemann/Tholuck*, Kap. 1 Rn. 431; kritisch *Apel/Walling*, DB 2019, 891, 895 mit dem Hinweis, dass die Bezeichnung als „vertraulich" alleine wohl nicht für die Annahme einer „angemessenen" Schutzmaßnahme iS des GeschGehG ausreichen dürfte, allerdings ein Indiz dafür darstelle.
150 BT-Drs. 19/4724, S. 26.

Einl. E Geheimhaltungsschutz im Arbeitsverhältnis

schen Arbeitgeber und Betriebsrat durch zusätzliche Voraussetzungen für die Annahme eines Geschäftsgeheimnisses erschwert, da der Arbeitgeber bisher nicht speziell geschützte Geheimnisse dem Betriebsrat nicht gefahrlos mitteilen und deshalb sicherheitshalber auf eine Information ganz verzichten könnte. Auch weiterhin ist damit im Rahmen des § 79 BetrVG ein **Erfordernis von Geheimhaltungsmaßnahmen** durch den Arbeitgeber, die über die formelle Einstufung als Geheimnis hinausgehen, **abzulehnen**.[151]

d) Dauer

59 § 79 Abs. 1 Satz 2 BetrVG regelt ausdrücklich, dass die Verpflichtung zur Geheimhaltung auch nach dem Ausscheiden aus dem Betriebsrat weitergilt. Auch die Beendigung des Arbeitsverhältnisses lässt die Pflicht zur Geheimhaltung nicht enden.[152] Erst wenn die Tatsache allgemein bekannt wird, oder der Arbeitgeber sie nicht mehr als geheimhaltungsbedürftig bezeichnet, endet die Geheimhaltungspflicht.[153]

e) Ausnahmen

60 Ausgenommen von der Verpflichtung sind gem. § 79 Abs. 1 Satz 3 BetrVG die Mitglieder des Betriebsrats untereinander. Sie gilt ferner insbesondere nicht gegenüber dem Gesamt- und Konzernbetriebsrat, den Arbeitnehmervertretern im Aufsichtsrat sowie in Verfahren vor der Einigungsstelle.[154] Auf diese Weise soll die Funktionsfähigkeit der genannten Gremien sowie eine vertrauensvolle interne Kommunikation zwischen deren – jeweils selbstständig zur Verschwiegenheit verpflichteten – Mitgliedern gewährleistet werden.[155] Freilich dürften diese Ausnahmen teleologisch auf Mitteilungen zu betriebsverfassungsrechtlichen Zwecken bzw. zur ordnungsgemäßen Durchführung der genannten Verfahren zu beschränken sein.[156]

61 Allerdings besteht kein berufsbezogenes Zeugnis- oder Aussageverweigerungsrecht vor Gericht in Strafprozessen nach § 53 StPO.[157] Auch gesetzliche Offenbarungspflichten gehen der Geheimhaltungspflicht vor,[158] so etwa die in § 89 Abs. 1 BetrVG geregelte Auskunftspflicht gegenüber den für den Arbeitsschutz zuständi-

---

151 So iE H/O/K/*Kalbfus*, Einl. 1 C. Rn. 134, 137, wobei dort an sich die richtlinienkonforme Auslegung des Geheimnisbegriffs iSd. Art. 2 GeschGeh-RL bzw. § 2 Nr. 1 GeschGehG favorisiert wird, allerdings die bisher übliche Deklaration als „geheim" ggü. dem Betriebsrat als angemessene Geheimhaltungsmaßnahme gesehen wird.
152 ErfK/*Kania*, § 79 BetrVG Rn. 12; Richardi/*Thüsing*, § 79 Rn. 17.
153 ErfK/*Kania*, § 79 BetrVG Rn. 12; GK-BetrVG/*Oetker*, § 79 Rn. 30.
154 BeckOK ArbR/*Werner*, § 79 BetrVG Rn. 20; Richardi/*Thüsing*, § 79 Rn. 13
155 ErfK/*Kania*, § 79 BetrVG Rn. 13; BeckOK ArbR/*Werner*, § 79 BetrVG Rn. 20.
156 ErfK/*Kania*, § 79 BetrVG Rn. 13.
157 ErfK/*Kania*, § 79 BetrVG Rn. 13; GK-BetrVG/*Oetker*, § 79 Rn. 58. Anders aber im Zivilprozess gem. § 383 Abs. 1 Nr. 6 ZPO; vgl. MK-ZPO/*Damrau/Weinland*, § 383 Rn. 38; Richardi/*Thüsing*, § 79 Rn. 16.
158 ErfK/*Kania*, § 79 BetrVG Rn. 13; GK-BetrVG/*Oetker*, § 79 Rn. 30; Richardi/*Thüsing*, § 79 Rn. 16.

V. Spezielle Geheimhaltungspflichten   Einl. E

gen Behörden, oder auch der „Whistleblower"-Schutz des neuen § 5 Nr. 2 GeschGehG.

f) Folgen eines Verstoßes

In erster Linie kann der Arbeitgeber gem. § 79 Abs. 1 Satz 1 BetrVG von den einzelnen Betriebsratsmitgliedern die **Unterlassung der Offenbarung und Verwertung** von Betriebs- oder Geschäftsgeheimnissen verlangen.[159] Obwohl die Norm, anders als die §§ 23 Abs. 3, 74 Abs. 2 BetrVG, kein ausdrückliches Unterlassungsgebot enthält, folgt der Anspruch aus dem Zweck des § 79 Abs. 1 Satz 1 BetrVG. Ansprüche lediglich durch die Normierung entsprechender Verpflichtungen zu begründen, ist iÜ gesetzestechnisch nicht ungewöhnlich.[160] Umstritten ist, ob über den Wortlaut hinaus, der nur das individuelle Mitglied verpflichtet, auch vom Betriebsrat als Gremium Unterlassung verlangt werden kann. Zwar besteht Einigkeit darüber, dass auch der Betriebsrat als Ganzes der Geheimhaltungspflicht unterliegt.[161] Folgt man allerdings der Grundsatzkritik des BAG[162] gegen einklagbare Unterlassungsansprüche gegen den Betriebsrat, weil diese aufgrund der Vermögenslosigkeit desselben sowieso nicht sinnvoll vollstreckbar seien, wird man dies auch im Fall des § 79 Abs. 1 Satz 1 BetrVG so sehen müssen und lediglich einen Antrag auf Feststellung der Rechtswidrigkeit eines bestimmten Verstoßes anerkennen.[163]

62

Die Verletzung der Geheimhaltungspflicht kann zudem im Einzelfall einen groben Verstoß gegen gesetzliche Pflichten i. S. d. § 23 Abs. 1 BetrVG darstellen und damit den **Ausschluss** des betreffenden Mitglieds aus dem Betriebsrat rechtfertigen.[164] Besteht die Verletzung nicht in der Handlung eines einzelnen Mitgliedes, sondern ist sie, zum Beispiel aufgrund eines vorhergehenden Beschlusses, dem Betriebsrat als Gesamtorgan zurechenbar, kommt auch dessen **Auflösung** in Betracht.[165]

63

Daneben steht dem Arbeitgeber gegen das betreffende Betriebsratsmitglied auch ein Anspruch auf Schadensersatz zu. § 79 BetrVG ist ein Schutzgesetz i. S. d. § 823 Abs. 2 BGB.[166]

64

---

159 BAG, 26.2.1987 – 6 ABR 46/84, NZA 1988, 63; ErfK/*Kania*, § 79 BetrVG Rn. 22; Richardi/*Thüsing*, § 79 Rn. 36; BeckOK ArbR/*Werner*, § 79 BetrVG § 79 Rn. 25.
160 BAG, 26.2.1987 – 6 ABR 46/84, NZA 1988, 63.
161 BAG, 26.2.1987 – 6 ABR 46/84, NZA 1988, 63; ErfK/*Kania*, § 79 BetrVG Rn. 10; Richardi/*Thüsing*, § 79 Rn. 36, der von einer gesetzlichen Regelungslücke spricht; BeckOK ArbR/*Werner*, § 79 BetrVG Rn. 25.
162 BAG, 17.3.2010 – 7 ABR 95/08, NZA 2010, 1133, 1135 f.
163 Vgl. ErfK/*Kania*, § 79 BetrVG Rn. 22.
164 GK-BetrVG/*Oetker*, § 79 Rn. 72; Richardi/*Thüsing*, § 79 Rn. 38; ErfK/*Kania*, § 79 BetrVG Rn. 19.
165 ErfK/*Kania*, § 79 BetrVG Rn. 19; Richardi/*Thüsing*, § 79 Rn. 38; BeckOK ArbR/*Werner*, § 79 BetrVG Rn. 26.
166 BeckOK ArbR/*Werner*, § 79 BetrVG Rn. 28; Richardi/*Thüsing*, § 79 Rn. 40; ErfK/*Kania*, § 79 BetrVG Rn. 21.

Einl. E Geheimhaltungsschutz im Arbeitsverhältnis

65 § 120 Abs. 1 Nr. 1 BetrVG stellt die Verletzung der Geheimhaltungspflicht des § 79 BetrVG überdies unter Strafe. Wer unbefugt ein fremdes Betriebs- oder Geschäftsgeheimnis offenbart, das ihm in seiner Eigenschaft als Betriebsratsmitglied bekannt geworden und das vom Arbeitgeber ausdrücklich als geheimhaltungsbedürftig bezeichnet worden ist, wird mit Freiheitsstrafe bis zu einem Jahr oder mit Geldstrafe bestraft. Die Tat wird gemäß § 120 Abs. 5 BetrVG aber nur auf Antrag des Arbeitgebers verfolgt.

66 Eine außerordentliche Kündigung des Betriebsratsmitglieds aufgrund der Verletzung der Geheimhaltungspflicht ist nur im Ausnahmefall möglich, da es sich um die Verletzung einer aus der Betriebsratsmitgliedschaft folgenden Pflicht handelt.[167] Voraussetzung dafür ist, dass mit der Verletzung der Schweigepflicht aus dem BetrVG zugleich eine arbeitsvertragliche Pflichtverletzung einhergeht und die Auswirkungen auf das Arbeitsverhältnis so schwer wiegen, dass jede weitere Beschäftigung des Arbeitnehmers dem Arbeitgeber unzumutbar ist.[168] Im Rahmen der Interessenabwägung ist aber zu berücksichtigen, dass der Ausschluss aus dem Betriebsrat häufig ein geeignetes und milderes Mittel sein wird, um zukünftige Pflichtverstöße auszuschließen.[169] Zudem macht die besondere Konfliktsituation, in der sich ein Betriebsratsmitglied befindet, die Anlegung eines strengen Maßstabes zur Bewertung, ob die Verletzung einen schweren Verstoß gegen Pflichten aus dem Arbeitsverhältnis darstellt, erforderlich.[170] Soweit freilich tatsächlich gleichzeitig individualvertragliche Pflichten verletzt wurden, bestehen im Übrigen auch Schadensersatzansprüche aus § 280 Abs. 1 BGB.[171]

2. Geheimhaltungspflichten für Aufsichtsratsmitglieder

a) Grundlagen

67 Für Aufsichtsratsmitglieder gilt eine gesetzlich normierte Geheimhaltungspflicht. § 93 Abs. 1 Satz 3 AktG, wonach Vorstandsmitglieder über vertrauliche Angaben und Geheimnisse der Gesellschaft, namentlich Betriebs- oder Geschäftsgeheimnisse, die ihnen durch ihre Tätigkeit im Vorstand bekannt geworden sind, Stillschweigen zu bewahren haben, findet gemäß § 116 AktG auch auf Aufsichtsräte Anwendung. Diese Pflicht besteht gegenüber allen nicht zu den Organmitgliedern der Gesellschaft gehörenden Personen.[172] Nur durch diese umfassende Verpflichtung zur Verschwiegenheit ist es den Aufsichtsräten möglich, ihre Kontrollfunktion auszuüben. Muss der Vorstand befürchten, dass vertrauliche Informationen unmittelbar und zum Schaden der Gesellschaft an Medien oder die Konkurrenz weitergegeben

---

167 Richardi/*Thüsing*, § 79 Rn. 39.
168 BAG, 23.10.2008 – 2 ABR 59/07, AP BetrVG 1972 § 103 Nr. 58; ErfK/*Kania*, § 79 BetrVG Rn. 20.
169 MünchHdBArbR/*Krois*, § 297 Rn. 6.
170 BAG, 23.10.2008 – 2 ABR 59/07, AP BetrVG 1972 § 103 Nr. 58.
171 Richardi/*Thüsing*, § 79 Rn. 40.
172 BGH, 26.4.2016 – XI ZR 108/15, BKR 2016, 299.

V. Spezielle Geheimhaltungspflichten **Einl. E**

werden, würde er diese Informationen nur unzureichend weitergeben. Die Folge wäre langfristig gesehen eine Aushöhlung des Kontrollrechts des Aufsichtsrats.[173]

Dementsprechend hat der BGH entschieden, dass einer Bank das Wissen ihres Prokuristen, das dieser als Mitglied des Aufsichtsrats einer Aktiengesellschaft erlangt hat und das dessen Verschwiegenheitspflicht gem. § 116 Satz 1 iVm. § 93 Abs. 1 Satz 3 AktG unterliegt, nicht zugerechnet werden kann.[174] Eine Kollision der Pflichten des Aufsichtsratsmitglieds gegenüber seinem Arbeitgeber und der Gesellschaft, in deren Aufsichtsrat er gewählt oder entsandt wurde, rechtfertige keine Durchbrechung der Verschwiegenheitspflicht. Aufgrund der regelmäßig nur nebenberuflich ausgeübten Tätigkeit als Aufsichtsratsmitglied sei diese Folge im System des Aktienrechts angelegt. Dieses Spannungsfeld sei vom Gesetzgeber gesehen und, wie der Straftatbestand des § 404 Abs. 1 Nr. 1 AktG belege, zugunsten der von der Schweigepflicht geschützten Gesellschaft entschieden worden.[175] **68**

b) Keine Ausnahme für Doppelmandate

Eine Verschwiegenheitspflicht der Arbeitnehmervertreter im Aufsichtsrat besteht nach hM[176] auch gegenüber dem Betriebsrat, selbst wenn ein Arbeitnehmervertreter zugleich Mitglied des Betriebsrats ist. Im Aktiengesetz finden sich keine Anhaltspunkte für eine Einschränkung der Verschwiegenheitspflicht für Doppelmandatsträger. Zudem hebt § 79 Abs. 1 Satz 4 BetrVG die Schweigepflicht für Betriebsratsmitglieder gegenüber dem Aufsichtsrat auf, nicht aber umgekehrt.[177] Hinzu kommt, dass die Schweigepflicht der Betriebsratsmitglieder und des Aufsichtsrats nicht deckungsgleich sind.[178] In der Literatur wird teilweise vertreten, eine Ausnahme in Form eines Nothilferechts anzunehmen, falls der Vorstand seine Informationspflichten verletzt und der Betriebsrat dadurch in der Erfüllung seiner Aufgaben gehindert ist.[179] **69**

c) Folgen eines Verstoßes

Verstößt ein Aufsichtsratsmitglied gegen die ihm obliegende Verschwiegenheitspflicht, kommt eine Abberufung gemäß § 103 Abs. 3 AktG in Betracht. Eine Kündigung des Arbeitnehmervertreters aufgrund der Verschwiegenheitspflichtverletzung ist dagegen nur im Ausnahmefall möglich. **70**

---

173 BT-Drs. 14/8769, S. 18.
174 BGH, 26.4.2016 – XI ZR 108/15, NJW 2016, 2569.
175 BGH, 26.4.2016 – XI ZR 108/15, NJW 2016, 2569.
176 BAG, 23.10.2008 – 2 ABR 59/07, AP BetrVG 1972 § 103 Nr. 58; MK-AktG/*Habersack*, § 116 Rn. 64.
177 BAG, 23.10.2008 – 2 ABR 59/07, AP BetrVG 1972 § 103 Nr. 58; Richardi/*Thüsing*, § 79 Rn. 29, 31.
178 MK-AktG/*Habersack*, § 116 Rn. 64.
179 H/H/H/*Habersack*, § 25 MitbestG Rn. 110.

Einl. E   Geheimhaltungsschutz im Arbeitsverhältnis

71   Der Arbeitnehmer steht in zwei inhaltlich getrennt zu betrachtenden Rechtsverhältnissen zur Gesellschaft, zum einen dem Arbeitsverhältnis und zum anderen dem körperschaftlichen Rechtsverhältnis als Organmitglied. Die organschaftliche Rechtsstellung der Mitglieder eines mitbestimmten Aufsichtsrats richtet sich nach allgemeinen aktienrechtlichen Vorschriften. Die dort geregelten Mandatspflichten werden nicht zugleich Inhalt des Arbeitsverhältnisses.[180] Verstößt der Arbeitnehmer gegen seine Pflichten als Aufsichtsrat, kommen zunächst nur die Sanktionen des Aktienrechts, vor allem die Abberufung aus dem Aufsichtsrat gemäß § 103 Abs. 3 AktG, in Betracht.[181]

72   Eine außerordentliche Kündigung des Arbeitsverhältnisses ist nur zulässig, wenn zugleich eine arbeitsvertragliche Pflichtverletzung vorliegt und die Auswirkungen auf das Arbeitsverhältnis so schwer wiegen, dass jede weitere Beschäftigung des Arbeitnehmers dem Arbeitgeber unzumutbar ist.[182] Bei der Prüfung, ob eine außerordentliche Kündigung des Arbeitsverhältnisses in Betracht kommt, ist zu berücksichtigen, dass dafür eine fortbestehende und in die Zukunft wirkende Belastung des Arbeitsverhältnisses sowie die Gefahr zukünftiger weiterer vergleichbarer Pflichtverletzungen erforderlich ist. Wird der Arbeitnehmer aus dem Aufsichtsrat abberufen, wird er zukünftig auf diesem Wege keine Informationen erhalten, die er an den Betriebsrat weitergeben könnte, sodass die Abberufung regelmäßig das gegenüber der Kündigung mildere Mittel darstellt.[183]

3. Geheimhaltungspflichten für Organe

73   Organe von in Gesellschaftsform betriebenen Unternehmen, insbesondere die Vorstandsmitglieder einer Aktiengesellschaft und der Geschäftsführer der GmbH, erhalten weitreichende Einsichtsmöglichkeiten in die Geschäftsvorgänge der Gesellschaft. Vor diesem Hintergrund besteht ein besonderes Interesse der Gesellschaft an einer diesem Umstand entsprechenden weitreichenden Geheimhaltungspflicht.

a) Grundlagen

74   Die Geheimhaltungspflicht ergibt sich für Vorstandsmitglieder einer Aktiengesellschaft aus § 93 Abs. 1 Satz 3 AktG. Die Verschwiegenheitspflicht des GmbH-Geschäftsführers ist hingegen nicht gesetzlich geregelt, wird aber aus der allgemeinen Treuepflicht sowie der Pflicht zur ordnungsgemäßen Geschäftsführung hergeleitet.[184]

---

180 BAG, 23.10.2008 – 2 ABR 59/07, AP BetrVG 1972 § 103 Nr. 58.
181 BAG, 23.10.2008 – 2 ABR 59/07, AP BetrVG 1972 § 103 Nr. 58.
182 BAG, 23.10.2008 – 2 ABR 59/07, AP BetrVG 1972 § 103 Nr. 58.
183 BAG, 23.10.2008 2 ABR 59/07, AP BetrVG 1972 § 103 Nr. 58.
184 M/H/L/S/*Ziemons*, § 43 GmbHG Rn. 292.

V. Spezielle Geheimhaltungspflichten **Einl. E**

b) Ausnahmen

Stehen der Geheimhaltungspflicht gesetzliche Informationspflichten entgegen, sind die Organe der Gesellschaft von der Geheimhaltung entbunden. Insbesondere untereinander sind die einzelnen Organmitglieder zur Informationsweitergabe gerade verpflichtet. Ebenso können Informationspflichten gegenüber dem Aufsichtsrat, der Gesellschafterversammlung, dem Betriebsrat, dem Wirtschaftsausschuss sowie gegenüber staatlichen Behörden bestehen.[185] Je nach Einzelfall können ferner Ausnahmen gestattet werden, soweit dies im Gesellschaftsinteresse liegt,[186] beispielsweise im Rahmen der Entwicklung einer M&A-Strategie unter Hinzuziehung externer Berater.[187] Die äußerste Grenze der Geheimhaltungspflicht liegt in der Unzumutbarkeit bzw. der Wahrnehmung berechtigter Interessen, bspw. wenn das Organmitglied sein Wissen einsetzt, um sich gegen seine Abberufung oder Schadensersatzansprüche zur Wehr zu setzen.[188]

75

c) Dauer

Die Geheimhaltungspflichten sind gem. § 404 AktG bzw. § 85 GmbHG strafbewehrt. Anhand dieser Vorschriften wird deutlich, dass die Geheimhaltungspflichten der Organe einer Gesellschaft über die Amtszeit hinaus gelten. § 404 AktG stellt auf den Zeitpunkt der Kenntniserlangung des Geheimnisses als Mitglied des Vorstands ab, der Verlust der organschaftlichen Stellung ändert an der Strafbarkeit der Offenbarung desselben somit nichts.[189] Gleiches gilt im Rahmen des § 85 GmbHG. Auch dort ist der Zeitpunkt der Kenntniserlangung des Geheimnisses maßgeblich.[190] Dies stellt eine Abweichung von § 23 Abs. 1 Nr. 3 dar, welcher eine Offenlegung eines Geschäftsgeheimnisses während der Geltungsdauer des Beschäftigungsverhältnisses verlangt.

76

d) Folgen eines Verstoßes

Verletzt ein Organmitglied die Geheimhaltungspflicht, ist dieses zum Ersatz des entstandenen Schadens gem. § 43 Abs. 2 GmbHG bzw. § 93 Abs. 2 AktG verpflichtet. Zudem kann je nach Schwere der Verletzung ein wichtiger Grund i. S. d. § 38 Abs. 2 GmbHG bzw. § 84 Abs. 3 AktG gegeben sein, sodass ein Widerruf der Bestellung und evtl. auch die Kündigung des Anstellungsverhältnisses nach den allgemeinen Vorschriften gerechtfertigt sind. Zudem steht eine Strafbarkeit aus § 404 AktG bzw. § 85 GmbHG im Raum.

77

---

185 M/H/L/S/*Ziemons*, § 43 GmbHG Rn. 301 ff.
186 BGH, 5.6.1975 – II ZR 156/73, NJW 1975, 1412.
187 *Rozijn*, NZG 2001, 494, 497.
188 MK-GmbHG/*Fleischer*, § 43 Rn. 206.
189 MK-StGB/*Weiß*, § 404 AktG Rn. 23.
190 BeckOK GmbHG/*Dannecker/Müller*, § 85 Rn. 21; Baumbach/Hueck/*Beurskens*, § 85 GmbHG Rn. 5.

Einl. E Geheimhaltungsschutz im Arbeitsverhältnis

4. Geheimhaltungspflichten des Datenschutzbeauftragten

78 Die Geheimhaltungsverpflichtung des Datenschutzbeauftragten statuiert Art. 38 Abs. 5 DS-GVO, welcher hinsichtlich des Umfangs auf das Recht der EU bzw. der Mitgliedstaaten verweist.[191] Der Bundesgesetzgeber hat von diesem Gestaltungsspielraum in Form des § 6 Abs. 5 Satz 2 BDSG Gebrauch gemacht.[192] Nach diesem ist der Datenschutzbeauftragte einer öffentlichen Stelle zur Verschwiegenheit hinsichtlich der Identität der betroffenen Person sowie über Umstände, die Rückschlüsse auf die betroffene Person zulassen, verpflichtet, soweit er nicht durch die betroffene Person von dieser Verpflichtung befreit wird. Die Verschwiegenheitspflicht gilt für die Privatwirtschaft über § 38 Abs. 2 BDSG auch für interne und externe betriebliche Datenschutzbeauftragte.[193]

79 § 6 Abs. 5 Satz 2 BDSG (ggf. iVm. § 38 Abs. 2 BDSG) regelt dabei jedoch lediglich die Geheimhaltungsverpflichtung des Datenschutzbeauftragten gegenüber der betroffenen Person, die sich an ihn wendet. Eine Regelung hinsichtlich der Geheimhaltung von Geschäftsgeheimnissen findet sich hingegen im BDSG nicht, obwohl der Datenschutzbeauftragte einen tiefen Einblick in das Unternehmen erhält.[194] Die dahingehende Geheimhaltungsverpflichtung richtet sich somit nach den allgemeinen Regelungen. Gem. § 203 Abs. 1, Abs. 2 bzw. Abs. 4 StGB ist die unbefugte Offenbarung eines Geschäftsgeheimnisses durch den Datenschutzbeauftragten strafbewehrt.[195]

80 Überträgt der Arbeitgeber einem seiner Beschäftigten die Aufgabe des Datenschutzbeauftragten, ist dieser bereits durch den Arbeitsvertrag zur Geheimhaltung verpflichtet. Auch gegenüber einem externen Datenschutzbeauftragten gilt die allgemeine Rücksichtnahmepflicht gem. § 241 Abs. 2 BGB, die hier allerdings aus dem Dienstvertrag folgt.[196] In Anbetracht dessen, dass der Datenschutzbeauftragte regelmäßig tiefe Einblicke in das Unternehmen erhält, wird ein gegenüber dem Arbeitsvertrag noch größeres Bestreben dahingehend bestehen, Konkretisierungen der Geheimhaltungspflicht ausdrücklich vertraglich festzuhalten.

5. Geheimhaltungspflichten von Gewerkschaften und Arbeitgebervereinigungen

81 Die für Betriebsratsmitglieder statuierte Geheimhaltungspflicht des § 79 Abs. 1 BetrVG erstreckt sich gem. § 79 Abs. 2 BetrVG auch auf die Vertreter von Gewerkschaften oder von Arbeitgebervereinigungen. Die Geheimhaltungspflicht erstreckt sich dabei auf alle als vertraulich bezeichneten Geschäftsgeheimnisse, die den Ver-

---

191 K/B/*Bergt*, Art. 38 DS-GVO Rn. 38; S/H/S/*Drewes*, Art. 38 DS-GVO Rn. 49; aA Paal/Pauly/*Paal*, Art. 38 DS-GVO Rn. 13.
192 S/H/S/*Drewes*, Art. 38 DS-GVO Rn. 50.
193 Gola/*Klug*, Art. 38 DS-GVO Rn. 13.
194 K/L/*Kremer/Sander*, B.II.1. Rn. 22.
195 MK-StGB/*Cierniak/Niehaus*, § 203 Rn. 143.
196 K/L/*Kremer/Sander*, B.II.1. Rn. 22.

tretern der Gewerkschaften bzw. Arbeitgebervereinigungen im Zusammenhang mit ihrer Tätigkeit offenbart wurden, beispielsweise bei der Teilnahme an einer Sitzung des Betriebsrats oder einer Tarifverhandlung.[197]

---

197 BeckOK ArbR/*Werner*, § 79 BetrVG Rn. 15; Richardi/*Thüsing*, § 79 Rn. 24.

Einleitung F

Geschäftsgeheimnisse aus der Perspektive des Law and Economics

Schrifttum: *Aguliar*, Intellectual Property – Sega Enterprises Ltd. v. Accolade, Inc.: Setting the Standard on Software Copying in the Computer Software Industry, 23 Golden Gate U. L. Rev. 263 (1993); *Alexander*, Grundstrukturen des Schutzes von Geschäftsgeheimnissen durch das neue GeschGehG, WRP 2019, 673; *Arrow*, in: The Rate and Direction of Inventive Activity, 1962, S. 609 ff.; *Bane/Cotter/Lemley/Menell/Merges*, Trademarks, Unfair Competition, and Business Torts, 2011; *Barnes*, A New Economics of Trademarks, Nw. J. Tech. & Intell. Prop. 5 (2006), 22; *Barr*, Economics of Welfare State, 5. Aufl. 2012; *Bebe/Cotter/Lemley/Menell/Merges*, Trademarks, Unfair Competition, and Business Torts, 1. Aufl. 2011; *Bechtold*, Zur ökonomischen Analyse im Immaterialgüterrecht, GRUR Int. 2008, 484; *Benkert*, Arbeitsrechtliche Aspekte einer Tätigkeit im Home Office, NJW-Spezial 2019, 306; *Bone*, A New Look at Trade Secret Law: Doctrine in Search for Justification, 86 Calif. L. Rev. 241 (1998); *Buscaglia/Ratliff*, Law and Economics in Developing Countries (2000); *Buscaglia/Ratliff/Cooter* (Hrsg.), The Law and Economics of Development, Bd. 3 (1997); *Coase*, The Problem of Social Costs, 3 J.L. & Econ. 1 (1960); *Cohen/Nelson/Walsh*, Protecting their Intellectual Assets: Appropriability Conditions and why U.S. Manufacturing Firms Patent (or not), National Bureau of Economic Research, Working Paper 7552, https://www.nber.org/papers/w7552.pdf; *Coleman*, Efficiency, Utility, and Wealth Maximization, 8 Hofstra L. Rev. 509 (1979/80); *Cooter/Schäfer*, Solomon's Knot – How Law can end the Poverty of Nations, 2011; *Cooter/Ulen*, Law and Economics, 6. Aufl. 2016; *Crass/Valero/Pitton/Rammer*, Protecting Innovation through Patents and Trade Secrets: Evidence for Forms with Single Innovation, 26 International Journal of the Economics of Business, 117 (2019); *Dann/Markgraf*, Das neue Gesetz zum Schutz von Geschäftsgeheimnissen, NJW 2019, 1774; *Eidenmüller*, Effizienz als Rechtsprinzip, 4. Aufl. 2015; *Engelkamp/Sell*, Einführung in die Volkswirtschaftslehre, 7. Aufl. 2017; *Fezer*, Aspekte einer Rechtskritik an der economic analysis of law und am property rights approach, JZ 1988, 817; *Friedman/Landes/Posner*, Some Economics of Trade Secret Law, 5 Journal of Economic Perspectives, 61 (1991); *Geier*, Schutzkumulationen: Angriff auf die Gemeinfreiheit oder legitimer Schutz geistigen Eigentums, 2015; *Gelter/Grechenig*, Juristischer Diskurs und Rechtsökonomie, in JRP Bd. 15 (2007), 30; *Gervais*, Intellectual Property, Trade & Development: The State of Play, 74 Fordham L. Rev. 505 (2005); *Gilbert-Macmillan*, Intellectual Property Law for Reverse Engineering Computer Programs in the European Community, 9 Santa Clara High Tech. L. J. 247, 260 (1993); *Grechenig/Gelter*, Divergente Evolution des Rechtsdenkens – Von amerikanischer Rechtsökonomie und deutscher Dogmatik, RabelsZ Bd. 72 (2008), 513; *Heald*, Federal Intellectual Property Law and the Economics of Preemption, 76 Iowa L. Rev. 959 (1991); *Hille*, Compensation for Loss of Use under German Law – An Economic Approach, 3 AGLJ Journal 33 (2017); *Hille*, Schadenersatz im Immaterialgüterrecht. Eine ökonomische Analyse unter besonderer Berücksichtigung des Markenrechts, ZGE 10 (2018), 202; *Hille*, Die Legitimation des Markenschutzes aus juristischer und ökonomischer Sicht – Ein Beitrag insbesondere zur Search Cost Theory des US-Markenrechts, RabelsZ 83 (2019), 544; *Hille*, Die Bestimmung angemessener Geheimhaltung im Recht der US-amerikanischen Geschäftsgeheimnisse, WRP 2019, 1408; *Korch*, Haftung und Verhalten, 2015; *Landes/Posner*, The Economic Structure of Intellectual Property Law, 2003; *Levin/Klevorick/Nelson/Winter*, Appropriating the Returns from Industrial Research and Development, 3 Brookings Papers on Economic Activity 783 (1987); *Lindenbergh/van*

Kippersluis, Non-Pecuniary Losses, in: Faure, Tort Law and Economics, 2009, S. 215; *Linton*, The Importance of Trade Secrets: New Directions in International Trade Policy Making and Empirical Research, in: Journal of International Commerce and Economics, 2016, https://www.usitc.gov/publications/332/journals/katherine_linton_importance_of_trade_secrets_0.pdf; *Long*, Patent Signals, 69 U. Chi. L. Rev. 625 (2002); *Lüdemann*, Die Grenzen des homo oeconomicus und die Rechtswissenschaft, 2006, http://hdl.handle.net/10419/26886; *Maaßen*, „Angemessene Geheimhaltungsmaßnahmen" für Geschäftsgeheimnisse, GRUR 2019, 352; *Mahajan*, Intellectual Property, Contracts, and Reverse Engineering after ProCD: A Proposed Compromise for Computer Software, 67 Fordham L. Rev. 3297 (1999); *Mataja*, Das Recht des Schadenersatzes vom Standpunkte der Nationalökonomie, 1888; *McGuire*, Der Schutz von Know-how im System des Immaterialgüterrechts – Perspektiven für die Umsetzung der Richtlinie über Geschäftsgeheimnisse, GRUR 2016, 1000; *McGuire*, Neue Anforderungen an Geheimhaltungsvereinbarungen?, WRP 2019, 619; *McGurk/Lu*, The Intersection of Patents and Trade Secrets, 7 Hastings Sci. & Tech. L. J. 189 (2015); *Milgrim/Bensen*, in: Milgrim on Trade Secrets, Bd. 1, Release 119 (2018); *North*, Institutionen, institutioneller Wandel und Wirtschaftsleistung, 1992; *Ohly*, Der Geheimnisschutz im deutschen Recht – heutiger Stand und Perspektiven, GRUR 2014, 1; *Ohly*, Das neue Geschäftsgeheimnisgesetz im Überblick, GRUR 2019, 441; *Partsch/Rump*, Auslegung der „angemessenen Geheimhaltungsmaßnahme" im Geschäftsgeheimnis-Schutzgesetz, NJW 2020, 118; *Perritt jr.*, Trade Secrets – A Practition's Guide, 2. Aufl., Loseblatt, Stand: 8.6.2013; *Peterson*, Trade Secret Protection in an Information Age, 1997; *Posner*, Economic Analysis of Law, 9. Aufl. 2014; *Raeschke-Kessler*, Schafft es die ökonomische Analyse des Rechts bis in die Rechtsprechung des Bundesgerichtshofes?, in: FS Büscher, 2018, S. 659; *Raskind*, Reverse Engineering, Unfair Competition, and Fair Use, 70 Minn. L. Rev. 385 (1986); *Reichman*, Legal Hybrids between the Patent and Copyright Paradigms, 94 Colum. L. Rev. 2432 (1994); *Reitboeck*, Das rechtliche Umfeld für (und gegen) nicht operative Patentinhaber in den USA – Ein Überblick über wichtige Entwicklungen der letzten Jahres, GRUR Int. 2013, 419; *Rich*, Why do we have Trade Secrets?, 11 Marq. Intell. Prop. L. Rev. 1 (2007); *Richter*, Die Wirkungsgeschichte des deutschen Kartellrechts vor 1914, 2007; *Richter/Furubotn*, Neue Institutionenökonomik, 4. Aufl. 2010; *Samuelson/Scotchmer*, The Law and Economics of Reverse Engineering, 111 Yale L. Rev. 1575 (2002); *Schäfer/Ott*, Die ökonomische Analyse des Rechts – Irrweg oder Chance wissenschaftlicher Rechtserkenntnis?, JZ 1988, 213; *Schäfer/Ott*, Lehrbuch der ökonomischen Analyse des Zivilrechts, 6. Aufl. 2012; *Schwartz*, The Corporate Preference for Trade Secret, Ohio St. L. Rev. 623 (2013); *Stefan*, Patents and Patent Races. Do We Need Them? How Should We Behave, 2016 https://edoc.hu-berlin.de/bitstream/handle/18452/18294/stefan.pdf?sequence=1; *Substein/Jolls/Thaler*, A Behavioral Approach to Law and Economics, 50 Stan. L. Rev. 1471 (1998); *Suwelack*, Leistungsschutzrecht und Upload-Filter aus ökonomischer Perspektive. Werden die Reform-Vorschläge der EU-Kommission ihrem eigenen Legitimationsmodell gerecht?, MMR 2018, 582; *Tanaka/Iwaisako*, Intellectual Property Rights and Foreign Direct Investment: A Welfare Analysis, 67 European Economic Review 107 (2014); *Thomas*, in: Clarkson, Trade Secrets: Theft Issues, Legal Protections, and Industry Perspectives, 2015, S. 79 ff.; *Thomas*, The Role of Trade Secrets in Innovation Policy, Federal Publications, Paper 770 (2010), http://digitalcommons.ilr.cornell.edu/key_workplace/770; *Viswanathan*, Reverse Engineering: Reconciling Trade Secret Law with 3D Printing and Scanning, 24 IBLJ 29 (2018); *Williamson*, The New Institutional Economics: Taking Stock, Looking Ahead, Journal of Economic Literature, Bd. 38 (2000), 595; *Yeh*, in: Clarkson, Trade Secrets: Theft Issues, Legal Protections, and Industry Perspectives, 2015, S. 1 ff.

Einl. F Geschäftsgeheimnisse aus der Perspektive des Law and Economics

Übersicht

	Rn.		Rn.
I. Einführung in die ökonomische Analyse des Rechts	1	bb) Behinderung zusätzlicher Forschung	46
1. Positive Analyse des Rechts	3	cc) Kosten infolge von Rechtsstreitigkeiten	47
2. Normative Analyse des Rechts	5	III. Ökonomische Analyse des Erfordernisses von Geheimhaltungsmaßnahmen	49
3. Kritik an der ökonomischen Analyse des Rechts	9	1. Zweck der Regelung des § 2 Abs. 1 lit. b GeschGehG	50
a) Verhaltensökonomik und Spieltheorie	9	a) Der beweisrechtliche Ansatz	51
b) Neue Institutionenökonomik (NIÖ)	10	b) Der verfügungsrechtliche Ansatz	52
II. Begründung des Schutzes von Geschäftsgeheimnissen	13	2. Ökonomische Bewertung des § 2 Nr. 1 lit. b GeschGehG	55
1. Anreize des Geschäftsgeheimnisinhabers	13	a) Cheapest Cost Avoider	56
a) Exklusivität und absolutes Recht	14	b) Kosten durch Vorsichtsmaßnahmen Dritter	57
b) Aufwand, Kosten und Zeit	16	c) Kosten der Rechtsverfolgung	58
c) Veröffentlichung	17	d) Kosten von Geheimhaltungsmaßnahmen	59
d) Laufzeit	18	aa) Need-to-know-Prinzip	60
e) Regelmäßige Entscheidungspräferenz für den Geheimnisschutz	19	bb) Geheimhaltungsvereinbarungen	61
2. Wohlfahrtsökonomische Überlegungen	20	cc) Konflikte mit der modernen Arbeitswelt	62
a) Anreize für technische Entwicklungen	21	e) Vorsätzliche Rechtsverletzungen	63
aa) Tatsächliche Anreizwirkung des Geschäftsgeheimnisschutzes	23	f) Verhinderung ineffizienter Geheimhaltungsmaßnahmen	64
bb) Schwächung der Immaterialgüterrechte	26	g) Zusammenfassung	65
b) Anreize zur optimalen Verbreitung von Geschäftsgeheimnissen	29	IV. Ökonomische Analyse des Reverse Engineering	66
c) Anreize zu Investitionen und Lizenzvergaben aus dem Ausland	31	1. Zweck der Regelung des § 3 Abs. 1 Nr. 2 GeschGehG	67
d) Verhinderung ineffizienter Spionagemaßnahmen	33	2. Ökonomische Bewertung des § 3 Abs. 1 Nr. 2 GeschGehG	68
aa) Spirale aus Spionage- und Abwehrkosten	34	a) Wohlfahrtsökonomische Kriterien zur Beurteilung des Reverse Engineering	69
bb) Transaktionskosten bei Lizenzerteilung	37	aa) Innovationsanreize	69
e) Berücksichtigung sozialer Kosten	42	bb) Anreize für Folgeentwicklungen und Kostensenkungen	70
aa) Investitionen bei Doppelerfindungen	43	cc) Soziale Kosten	71
		b) Ergebnis der Anwendung dieser Kriterien	72

	Rn.		Rn.
aa) Traditionelles Industrieumfeld	73	dd) Aufteilung des Gewinns	84
bb) Produkte mit geringer Lead Time	76	V. Bedeutung der ökonomischen Analyse des Rechts	85
c) Rechtliche Steuerungsmechanismen	77	1. Rechtsphilosophische Begründung des Law and Economics	86
aa) Einführung eines Schutzrechtes	78	2. Faktenabhängigkeit der ökonomischen Analyse des Rechts	89
bb) Beschränkung der Zulässigkeit des Reverse Engineering	80	3. Konkurrenz zu politischen Maßnahmen	93
cc) Beschränkung der Verwendung der durch Reverse Engineering erhaltenen Informationen	83		

I. Einführung in die ökonomische Analyse des Rechts

Nachdem erste Ansätze einer wirtschaftlichen Betrachtung des Rechts, v. a. bei dem Wiener Ökonomen *Viktor Mataja* (1857–1934),[1] ohne nachhaltige Wirkung auf die Rechtsentwicklung geblieben waren,[2] entstand die ökonomische Analyse des Rechts ab den 1960er Jahren in den Vereinigten Staaten. In Deutschland wird der Ansatz zwar zunehmend rezipiert, doch bleibt sein Einfluss auf die Rechtsprechung bislang gering.[3] Diese Zurückhaltung wird dadurch zu erklären sein, dass die herrschende Auffassung das geltende Recht von einem internen Standpunkt weiterzuentwickeln sucht, nicht aber anhand außerrechtlicher Kriterien bewertet.[4] **1**

Dem Law and Economics-Ansatz geht es um die Anwendung **mikroökonomischer Theorien** auf Rechtsregeln, sodass seine Methode im Kern nicht juristischer, sondern wirtschaftswissenschaftliche Natur ist. **2**

1. Positive Analyse des Rechts

Zunächst wird versucht, das tatsächliche Verhalten der Normadressaten auf die Einführung, Aufhebung oder Änderung von Rechtsregeln vorauszusagen (positive law and economics).[5] Aussagen auf dieser Ebene sind rein **empirischer Natur**, enthalten also keine Bewertung der untersuchten Normen. **3**

---

1 *Mataja*, S. 19 ff.
2 *Grechenig/Gelter*, RabelsZ Bd. 72, 513, 540 ff.
3 Immerhin hat OLG München, 9.11.2015 – 34 Sch 27/14, SchiedsVZ 2015, 303, 308 die ökonomische Analyse zur Kontrolle des auf herkömmlichen Methoden gewonnenen Auslegungsergebnisses im Rahmen eines Schiedsspruches ausdrücklich zugelassen. Vgl. hierzu *Raeschke-Kessler*, in: FS Büscher, 659, 666.
4 *Gelter/Grechenig*, Journal für Rechtspolitik 15, 30, 31.
5 *Cooter/Ulen*, Law and Economics, S. 3.

Einl. F   Geschäftsgeheimnisse aus der Perspektive des Law and Economics

4   Maßgebliches Instrument hierfür ist – wie allgemein in den Sozialwissenschaften – das Modell des **sog. Homo Oeconomicus**. Es beschreibt den Menschen als ein rational handelndes Wesen, das seinen Nutzen ohne Rücksicht auf die Präferenzen seiner Mitmenschen durchzusetzen sucht (**sog. methodologischer Individualismus**).[6] Seine Reaktionen werden vorhersehbar, sobald man seine konkreten Präferenzen kennt.

2. Normative Analyse des Rechts

5   Auf dieser Grundlage schließt sich das Herzstück der ökonomischen Analyse des Rechts an: Sind die tatsächlichen Folgen von Rechtsnormen prognostizierbar, kann das positive Recht bewertet werden, was insbesondere **konkrete Vorgaben** für seine Verbesserung einschließt (normative law and economics).

6   Maßstab ist die **Allokationseffizienz**. Ausgangspunkt ist das auf *Vilfredo Pareto* (1848–1923) zurückgehende **Pareto-Optimum** (Pareto efficiency). Nach diesem Konzept ist Effizienz gegeben, wenn die Position keines Marktteilnehmers verbessert werden kann, ohne einen anderen schlechter zu stellen.[7] So bestechend eine solche Argumentation auch ist, so wenig hilft sie in den sozialen Konfliktlagen weiter, welche das Recht zu regeln sucht.[8] Wird beispielsweise die Haftung verschärft, geht dies zwangsläufig zulasten des Schädigers; wird sie erleichtert, verschlechtert dies die Position des Geschädigten. Im Ergebnis bleibt das Kriterium der Pareto-Optimalität also weitgehend unanwendbar.

7   Aus diesem Grunde hat sich der Gedanke durchgesetzt, dass die Vor- und Nachteile der einzelnen Betroffenen im Rahmen der Effizienzbetrachtung saldiert werden müssen. Das mit Abstand einflussreichste Kompensationskriterium ist das auf *Nicholas Kaldor* (1908–1986) und *John Richard Hicks* (1904–1989) zurückgehende **Kaldor-Hicks-Kriterium**. Es nimmt die Effizienz eines Zustandes (A) gegenüber einem Zustand (B) an, wenn die von (A) Begünstigten diejenigen, die gegenüber dem Zustand (B) einen Nachteil erleiden, entschädigen können und ihnen noch immer ein Vorteil verbleibt.[9] Da es nur darauf ankommt, dass gesamtgesellschaftlich der größtmögliche Vorteil realisiert wird – die Allokation von Ressourcen also **wohlfahrtsökonomisch effizient** ist –, spielt es auch keine Rolle, ob die Kompensation tatsächlich erfolgt oder nur hypothetischer Natur ist.

8   Ein weiteres grundlegendes Konzept ist das von dem Ökonom *Ronald Coase* (1910–2013) entwickelte **Coase-Theorem**. Es besagt, dass sich der Pareto-effiziente Zustand unabhängig von der Ausgangsverteilung der Ressourcen durch Verhandlungen und Transaktionen zwischen den einzelnen Marktteilnehmern von

---

6   Siehe im Einzelnen *Schäfer/Ott*, Lehrbuch, S. 107 ff.
7   *Barr*, S. 46.
8   *Posner*, Economic Analysis of Law, S. 14.
9   *Coleman*, 8 Hofstra L. Rev. 509, 512 f. (1979/80).

I. Einführung in die ökonomische Analyse des Rechts **Einl. F**

selbst einstelle.[10] Voraussetzungen hierfür sind das Fehlen von **Transaktionskosten**, **vollständige und kostenlose Informationen** und klar definierte, frei übertragbare **Verfügungsrechte** (property rights). Da dieser Idealzustand in der realen Welt niemals anzutreffen ist, kommt es – in sehr unterschiedlichem Ausmaß – zum **Marktversagen**. Und hier kommt das Recht ins Spiel, das nun das effiziente Ergebnis durch seine Regelungen wiederherstellen kann.[11]

3. Kritik an der ökonomischen Analyse des Rechts

a) Verhaltensökonomik und Spieltheorie

Erste Kritik an dem Modell des Homo Oeconomicus wird von der Verhaltensökonomik (behavorial economics) geübt. Ihr liegt die Erkenntnis zugrunde, dass menschliches Verhalten in bestimmten Situationen nicht nur ausnahmsweise, sondern systematisch vom Modell des Homo Oeconomicus abweicht.[12] Ein klassisches Beispiel ist der Raucher, der zwar erkennt, dass er seinen langfristigen Interessen zuwider handelt und daher aufhören möchte, aber an seiner **Willensschwäche** scheitert (bounded willpower).[13] Aber auch andere Limitierungen wie **begrenzte Rationalität** (bounded rationality), die sich etwa in der Nutzung von „Daumenregeln" ausdrückt, und **begrenzter Eigennutz** (self-interest) treten hinzu.[14] Zu ähnlichen Ergebnissen gelangt die experimentelle Spieltheorie.[15] Solche Ansätze geben Anlass zur Korrektur der Verhaltensprognosen auf Grundlage des Homo Oeconomicus, wobei es sich in vielen Fällen um ein besseres Verständnis von dessen Präferenzen handeln dürfte.[16] Der Boden der neoklassischen Theorie wird damit nicht verlassen.

9

b) Neue Institutionenökonomik (NIÖ)

Einen Schritt weiter geht die sog. Neue Institutionenökonomik (NIÖ), deren Vertreter einige Grundannahmen des **neoklassischen Modells** – insbesondere das Fehlen von Transaktionskosten, vollkommene Voraussicht und vollständige Rationalität – als unzulässige Vereinfachungen ablehnen. In einer solchen Welt gelangen Institutionen, die den Friktionen der Wirklichkeit entgegenwirken können, eine vollkommen neue Bedeutung. Während einige Vertreter diese Umstände als zusätzliche Nebenbedingungen in die herrschende Sichtweise einzupassen suchen, wird teilweise

10

---

10 *Coase*, The Problem of Social Costs, 3 J.L. & Econ. 1, 15 (1960).
11 *Schäfer/Ott*, JZ 1988, 213, 216.
12 Siehe hierzu zuletzt aus juristischer Sicht die ausführliche Darstellung in *Korch*, Haftung und Verhalten.
13 *Substein/Jolls/Thaler*, 50 Stan. L. Rev. 1471, 1479 (1998).
14 *Substein/Jolls/Thaler*, 50 Stan. L. Rev. 1471, 1477 ff. (1998).
15 *Engelkamp/Sell*, S. 11.
16 *Gelter/Grechenig*, Journal für Rechtspolitik 15, 30, 39, der daher von einer „Verfeinerung der Analyse" spricht.

Einl. F Geschäftsgeheimnisse aus der Perspektive des Law and Economics

von einem neuen Paradigma gesprochen, welches die neoklassische ökonomische Welt ablösen werde.[17]

11 Von besonderer Bedeutung sind die Einwände der NIÖ für den Effizienzbegriff. Wird die friktionslose Welt des neoklassischen Paradigmas abgelehnt, so kann auch der Idealzustand des Pareto-Optimums keinen Bestand mehr haben. Von *Douglass North* (1920–2015) ist daher der Begriff der **sog. Anpassungseffizienz** (adaptive effiency) entwickelt worden. Effizient ist danach eine Regelung, die schnelle und kostensparende Anpassung der Wirtschaftssubjekte an unvorhergesehene Entwicklungen fördert.[18]

12 Auch wenn diese Einwände einiges Gewicht haben, geht die nachfolgende Darstellung von den Annahmen der neoklassischen Theorie aus, die in der wirtschaftswissenschaftlichen Forschung vorherrschend ist und sich auch in absehbarer Zeit nicht ändern dürfte.[19] Gerade aus Sicht der ökonomischen Analyse des Rechts bleibt die weitere Entwicklung, die *Oliver Williamson* als „boiling cauldron of ideas" bezeichnet hat,[20] im Blick zu halten.

II. Begründung des Schutzes von Geschäftsgeheimnissen

1. Anreize des Geschäftsgeheimnisinhabers

13 Geschäftsgeheimnisse stehen im Kontext des **Immaterialgüterrechts**. Ein rationaler Agent wird sich also – gerade im Bereich technischer Erfindungen[21] – die Frage stellen müssen, ob nicht die Beantragung eines Schutzrechts für die in Rede stehende Information vorteilhafter als der Schutz als Geschäftsgeheimnis sei.[22] Anders als es auf den ersten Blick scheint, ist diese Frage keineswegs trivial, sondern hängt von verschiedenen Kriterien der konkreten Information,[23] aber auch von der Ausgestaltung der Immaterialgüterrechte ab.[24]

a) Exklusivität und absolutes Recht

14 Für Patente und Gebrauchsmuster spricht deren Qualifikation als absolutes Recht zur **exklusiven Nutzung** des Erfindungsgegenstandes (§ 9 Satz 1 PatG; § 11 Abs. 1

---

17 Zu dieser Diskussion und den Problemen einer bloßen Anpassung siehe im Einzelnen *Richter/Furubotn*, S. 556 ff.
18 *North*, S. 96; *Richter/Furubotn*, S. 289, 564; *Richter*, S. 23.
19 *Richter/Furubotn*, S. 583.
20 *Williamson*, Journal of Economic Literature, Bd. 38, 595, 610.
21 Diese bilden aufgrund ihrer praktischen Bedeutung den Schwerpunkt der nachfolgenden Untersuchung; gleichwohl darf nicht aus dem Blick geraten, dass auch andere Informationen (zB Kunden- und Marktdaten) als Geschäftsgeheimnis geschützt sein können; siehe hierzu auch § 2 Rn. 10.
22 *McGurk/Lu*, 7 Hastings Sci. & Tech. L. J. 189, 199 (2015) betonen die Komplexität dieser Entscheidung.
23 *Friedman/Landes/Posner*, 5 Journal of Economic Perspectives, 61, 62 (1991).
24 *Crass/Valero/Pitton/Rammer*, 26 International Journal of the Economics of Business, 117, 120 (2019).

II. Begründung des Schutzes von Geschäftsgeheimnissen

Satz 1 GebrMG). Dem steht ein erheblich **eingeschränkter Schutz** des Geschäftsgeheimnisses gegenüber. So bleibt dessen Nutzung durch Dritte insbesondere im Falle von parallelen Erfindungen (§ 3 Abs. 1 Nr. 1) zulässig oder in den Fällen, in denen die Erkenntnisse auf sog. Reverse Engineering beruhen (§ 3 Abs. 1 Nr. 2). Gerade in den Fällen, in denen das Wesentliche einer Entwicklung dem Produkt ohne Weiteres entnommen werden kann, versagt ein Schutz nach dem GeschGehG.[25] Des Weiteren sind gerade Patente sehr prestigeträchtig und übernehmen eine **Signalfunktion**.[26]

In diesem Zusammenhang muss der Inhaber freilich auch das Risiko einkalkulieren, dass ein Dritter zu einem späteren Zeitpunkt das Geschäftsgeheimnis, sofern durch eigene Tätigkeit auf legalem Wege erlangt, als Schutzrecht anmeldet und damit ein absolutes Recht erlangt. An der Neuheit (vgl. § 1 Abs. 1 PatG bzw. § 1 Abs. 1 GebrMG) wird der Patentschutz, wenn die Erfindung geheim halten wurde, jedenfalls nicht scheitern. Der Ersterfinder ist in diesen Fällen auf das **Vorbenutzungsrecht** (§ 12 Abs. 1 PatG bzw. § 13 Abs. 3 GebrMG iVm. § 12 Abs. 1 PatG) verwiesen, an dessen Bestehen strenge Anforderungen gestellt werden.[27]

b) Aufwand, Kosten und Zeit

Die Anforderungen an ein Patent sind hoch, die Erlangung eines technischen Schutzrechts ist daher aufwändig. Zwischen Anmeldung und Erteilung können Jahre liegen, hinzu kommen erhebliche Kosten durch Amtsgebühren und die Beauftragung von Patentanwälten, welche sich bei internationalen Anmeldungen zusätzlich erhöhen. Gleiches gilt nach Erteilung des Schutzrechtes für die Marktüberwachung sowie die Durchsetzung des Schutzes im Falle von Verletzungen. Damit muss sich der Geheimnisinhaber fragen, ob das Exklusivitätsrecht diese Kosten rechtfertigt oder – wie vermutlich in den meisten Zweifelsfällen – der Geheimnisschutz vorteilhaft ist.[28] Gerade bei kurzlebigen Entwicklungen oder in Fällen, in denen der Erfinder, aus welchen Gründen auch immer, nicht von einer parallelen Entwicklung durch Dritte ausgeht,[29] dürften die Nachteile eines Schutzrechts überwiegen. Auch Unternehmen mit kleinerem Forschungs- und Entwicklungsbudget werden hier eher zugunsten des Geheimnisschutzes auf eine Patentanmeldung verzichten.[30]

c) Veröffentlichung

Der zentrale Strukturunterschied zwischen dem Patent-/Gebrauchsmusterrecht einerseits und dem Recht der Geschäftsgeheimnisse andererseits ist die Haltung zur

---

25 Ggf. hilft dann eine Einschränkung des Reverse Engineering, vgl. dazu Rn. 80.
26 Eingehend hierzu *Long*, 69 U. Chi. L. Rev. 625, 627 (2002).
27 *Mes*, § 12 PatG Rn. 26.
28 *McGurk/Lu*, 7 Hastings Sci. & Tech. L. J. 189, 200 ff. (2015)
29 *Landes/Posner*, S. 356 ff.
30 *Crass/Valero/Pitton/Rammer*, 26 International Journal of the Economics of Business, 117, 123 (2019).

Einl. F   Geschäftsgeheimnisse aus der Perspektive des Law and Economics

Veröffentlichung:[31] Diese ist im Bereich der Registerrechte zwingend vorgeschrieben, bei Geschäftsgeheimnissen führt sie zu deren Vernichtung. Die Entscheidung des Geheimnisinhabers für eine Schutzrechtsanmeldung gibt Dritten damit die Informationen für die Entwicklung von Workaround-Lösungen, aber auch für Verletzungen an die Hand. Wenn zudem das Patent infolge eines Einspruchs oder Löschungsverfahren widerrufen oder für nichtig erklärt wird, kommt ein Schutz als Geschäftsgeheimnis aufgrund der Veröffentlichung im Erteilungsverfahren nicht mehr in Betracht.[32]

d) Laufzeit

18   Ein weiterer Aspekt ist die Laufzeit, die bei Patenten und Gebrauchsmustern auf zwanzig bzw. zehn Jahre beschränkt ist (§ 16 PatG; § 23 Abs. 1 GebrMG). Es kann sich also der Fall ergeben, dass diese zeitliche Limitierung dem Inhaber die Anmeldung eines Schutzrechts gegenüber dem **prinzipiell unbefristeten Schutz von Geschäftsgeheimnissen** unattraktiv erscheinen lässt.[33] Die hier zugrunde liegenden Fragen, die sich ein Entwickler wird stellen müssen, sind einerseits, wie wahrscheinlich eine parallele Entwicklung des Geschäftsgeheimnisses ist, und andererseits, ob es überhaupt möglich ist, das Geschäftsgeheimnis geheim zu halten.[34]

e) Regelmäßige Entscheidungspräferenz für den Geheimnisschutz

19   Untersuchungen haben gezeigt, dass die meisten Unternehmen bei der Festlegung ihrer **Schutzstrategie** die Geheimhaltung wählen.[35] Dies mag daran liegen, dass die oben genannten Kriterien – insbesondere mit Blick auf Aufwand und Zeit – eine solche Entscheidung nahelegen. Teilweise ist aber auch versucht worden, diese Präferenz aus den Eigenschaften von Unternehmen, die als juristische Personen gegründet sind, abzuleiten. Insbesondere *Schwartz* hat darauf hingewiesen, dass sich nicht nur die Lebensdauer des Geschäftsgeheimnisses mit derjenigen einer juristischen Person decke,[36] sondern vor allem die Vorteile eines Patentes eine geringere Rolle spielten. Da das Stammkapital der Eigentümer des Unternehmens ohnehin gebunden sei, komme der Signalwirkung von Patenten keine große Bedeutung zu.[37] Die Veräußerung von Patenten – naturgemäß deutlich einfacher als bei Geschäftsgeheimnissen – sei weniger relevant, da die Eigentümer durch die Veräußerung

---

31   *Peterson*, Trade Secret Protection in an Information Age, § 5.1.
32   *Landes/Posner*, S. 357.
33   Hoppe/Oldekop/*Hoppe*, Kap. 1 Einl. Rn. 1; *Yeh*, in: Clarkson, Trade Secrets, S. 1, 7.
34   *Thomas*, in: Clarkson, Trade Secrets, S. 79, 81.
35   Vgl. insbesondere die empirische Studie von *Cohen/Nelson/Walsh*, in: National Bureau of Economic Research, Working Paper 7552, S. 10, https://www.nber.org/papers/w7552.pdf (zuletzt abgerufen am 3.9.2021); *Linton*, Journal of International Commerce and Economics, S. 1, 6, https://www.usitc.gov/publications/332/journals/katherine_linton_importance_of_trade_secrets _0.pdf (zuletzt abgerufen am 3.9.2021).
36   *Schwartz*, Ohio St. L. Rev. 623, 648 ff. (2013).
37   *Schwartz*, Ohio St. L. Rev. 623, 652 ff. (2013).

II. Begründung des Schutzes von Geschäftsgeheimnissen   **Einl. F**

ihrer Anteile aus der Unternehmung aussteigen könnten.[38] Schließlich sei die im Vergleich zu Immaterialgüterrechten schwierigere Lizenzierung zumeist weniger bedeutend, da die Verwertung der Entwicklungen in größeren Unternehmen in der Regel innerhalb des eigenen Hauses erfolge.[39]

2. Wohlfahrtsökonomische Überlegungen

Wie bereits oben ausgeführt[40] geht es der ökonomischen Analyse des Rechts nur in einem ersten Schritt um die Prognose des Verhaltens der Adressaten des Gesetzes. Ihr Ziel ist es, die Regelung zu entwerfen, welche den größtmöglichen **sozialen Nutzen** stiftet. Damit ist grundlegend die Frage gestellt, wie sich ein Schutz von Geschäftsgeheimnissen legitimieren lässt. Oder anders formuliert: Erhöht das GeschGehG die **Allokationseffizienz** der Rechtsordnung?   20

a) Anreize für technische Entwicklungen

Einmal hergestellt und verfügbar gemacht sind Informationen **öffentliche Güter**; sie zeichnen sich dadurch aus, dass Dritte von ihrem Gebrauch nicht ausgeschlossen (sog. **Nicht-Ausschließbarkeit**) und sie von mehreren Personen gleichzeitig konsumiert werden können, ohne dass es zu einem Engpass kommt (sog. **Nicht-Rivalität**). Diese Charakteristika haben zur Folge, dass nicht genug (wertvolle) Informationen produziert werden. Denn ein rationaler Agent wird sich auf das sog. **Trittbrettfahren** (free riding) verlegen und abwarten, bis ein anderer eine wertvolle Entwicklung tätigt, um diese dann zu den Grenzkosten der Vervielfältigung zu vermarkten. Umgekehrt hat der Entwickler aufgrund der Nutzung seiner Informationen durch Dritte keine Möglichkeit, seine Entwicklungskosten zu decken. Mit anderen Worten wird er von künftigen Forschungs- oder sonstigen Entwicklungsmaßnahmen Abstand nehmen.   21

Durch die Einführung von Schutzrechten[41] werden die externen Effekte in Form des sozialen Nutzens internalisiert. Dadurch, dass der Entwickler den sozialen Nutzen erhält, wird die Amortisation der Entwicklungskosten sichergestellt. Die Folge ist ein gesteigerter Anreiz für Entwicklungen, die auf das sozial wünschenswerte Maß angehoben werden. Nichts anderes gilt für Geschäftsgeheimnisse.[42]   22

---

38 *Schwartz*, Ohio St. L. Rev. 623, 656 ff. (2013).
39 *Schwartz*, Ohio St. L. Rev. 623, 654 ff. (2013).
40 Siehe unter Rn. 5 ff.
41 Bei Geschäftsgeheimnissen handelt es sich zwar nicht um Immaterialgüterrechte, aber doch um eine subjektive Rechtsposition, vgl. *McGuire*, GRUR 2016, 1000, 1008. Zur Einordnungsfrage im alten Recht siehe *Alexander*, WRP 2019, 673, 675.
42 Kewanee Oil Co. v. Bicron Corp., 416 U.S. 470, 485 (USSC 1974).

Einl. F Geschäftsgeheimnisse aus der Perspektive des Law and Economics

aa) Tatsächliche Anreizwirkung des Geschäftsgeheimnisschutzes

23 Wie bereits im Rahmen der positiven ökonomischen Analyse dargestellt[43] stehen Geschäftsgeheimnisse im **Kontext der Immaterialgüterrechte**, insbesondere der Patent-, Gebrauchsmuster, Marken und Urheberrechte. Der Entwickler kann naturgemäß ex ante weder wissen, ob seine Entwicklung später einmal Gegenstand eines Schutzrechts sein kann, noch ob ein solcher Schutz gegenüber dem Geheimnisschutz vorteilhaft sein wird.[44] Aus diesem Grunde ist in tatsächlicher Hinsicht bezweifelt worden, dass der Schutz von Geschäftsgeheimnissen überhaupt eine weitere Incentivierung bewirke.[45]

24 Noch grundlegender wird bestritten, dass das Trittbrettfahrerproblem wirklich die Nachteile bringe, die befürchtet werden. So hat der Entwickler noch immer einen zeitlichen Vorlauf am Markt (**sog. Lead Time**),[46] während Konkurrenten eine gewisse Zeit benötigen, um das Know-how aufzuholen (**sog. Learning Curve**). Im Regelfall genügten diese außerrechtlichen Umstände, um die Amortisierung der Investitionskosten zu gewährleisten.[47] Freilich existieren es beide Effekte, doch hängt ihre Wirksamkeit stark von dem in Rede stehenden Geschäftsgeheimnis ab. So gibt es Informationen, die ohne weitere Zwischenschritte von Dritten übernommen werden können, bei denen also die Argumente der Lead Time und Learning Curve eine untergeordnete – bis gar keine – Rolle spielen.[48]

25 Für bestimmte, vor allem **nicht technische Informationen**, ist überlegt worden, ob es überhaupt eines Anreizes bedürfe. Denn jedes Unternehmen muss, so es erfolgreich am Markt operieren möchte, Informationen produzieren. Auch ohne rechtlichen Schutz – so könnte man argumentieren – würden beispielsweise Kundenlisten und Marktanalysen erstellt.[49] Diese Sicht mag zwar in bestimmten Bereichen zutreffend sein, bezieht sich aber nicht auf den effizienten Umfang der Informationserstellung. Es ist keineswegs ausgeschlossen, dass ein Unternehmen in die Abwägung, ob zB eine Marktstudie erstellt werde, neben dem innerbetrieblichen Nutzen, dem Zeitaufwand und den Kosten auch das Risiko einer Aneignung durch Dritte oder sogar einer ungewollten Veröffentlichung einkalkuliert.

bb) Schwächung der Immaterialgüterrechte

26 Weiterhin wird gegen den Schutz von Geschäftsgeheimnissen eingewandt, dass er die Wertungen der Immaterialgüterrechte unterlaufe; so werde die patentrechtliche

---

43 Siehe oben unter Rn. 13 ff.
44 Dies ist Gegenstand einer umfassenden Abwägung, insbesondere anhand der unter Rn. 16 ff. genannten Kriterien.
45 *Bone*, 86 Calif. L. Rev. 241, 268 (1998).
46 Siehe hierzu ausführlich auch unter Rn. 74 mit einer Darstellung der einzelnen Phasen der Lead Time.
47 *Bone*, 86 Cailf. L. Rev. 241, 264 (1998).
48 Auf diesen Aspekt wird bei der Diskussion des Reverse Engineering zurückzukommen sein; siehe Rn. 76.
49 *Bone*, 86 Cailf. L. Rev. 241, 272 (1998).

II. Begründung des Schutzes von Geschäftsgeheimnissen **Einl. F**

Schutzdauer von 20 Jahren auf unbestimmte Zeit verlängert.[50] Entsprechendes ließe sich auch für sämtliche anderen Schutzrechte annehmen, die in einer Konkurrenz zum Geheimnisschutz stehen (zB Gebrauchsmuster oder auch Urheberrechte im nicht-technischen Bereich). Aber selbst dort, wo ein Schutzrecht a priori nicht in Betracht komme – eine Entscheidung also ausgeschlossen sei –, werde das Immaterialgüterrecht geschwächt, da der Geheimnisschutz beim Entwickler den Anreiz reduziere, auf die Erlangung gesellschaftlich höherwertiger Schutzrechte hinzuarbeiten.[51]

Diese Sichtweise geht also von einem Gegeneinander beider Rechtsmaterien aus, was nicht überzeugend erscheint. Weder ist die Ausgestaltung der Immaterialgüterrechte immer und für jeden Fall effizient, noch kann pauschal gesagt werden, nicht schutzfähige Informationen besäßen geringeren Wert.[52] Gerade bei der Entwicklung neuer Geschäftsmodelle oder langfristig angelegter Studien liegt dies auf der Hand. Aus diesem Grunde ist das Recht der Geschäftsgeheimnisse eher eine Ergänzung des Numerus Clausus der Immaterialgüterrechte,[53] der niemals so ausgestaltet werden kann, dass er für jeden denkbaren Fall die richtige Lösung bietet.[54] Der Geheimnisschutz dient insoweit als **Auffangrecht**, um die Schutzlücken anderer Rechtsinstitute aufzugleichen. 27

Im Übrigen könnte umgekehrt die Aufhebung des Geschäftsgeheimnisschutzes dazu führen, dass Entwickler sich stärker auf technische Registerrechte konzentrieren und auch solche Erfindungen anmelden, bei denen die Voraussetzungen für die Schutzrechtserteilung – vor allem Neuheit, Technizität und erfinderischer Schritt (vgl. § 1 Abs. 1 PatG und § 1 Abs. 1 GebrMG) – fraglich sind. Dies würde zu einer **Überlastung der Patentämter** führen, was das Patentsystem im Ganzen schwächen würde.[55] 28

b) Anreize zur optimalen Verbreitung von Geschäftsgeheimnissen

Im Grundsatz ist also nur ein **positiver Preis** für Informationen hinreichender Anreiz für Investitionen. Sind solche aber erst einmal hergestellt, ist allein die **kostenlose** Verbreitung sozial wünschenswert (sog. **immaterialgüterrechtliches Dilemma**).[56] Oder anders formuliert: Die kostenfreie Verfügbarkeit eines geistigen Gutes ist in dem Moment, in welchem die Entscheidung ansteht – das Gut also hergestellt ist – effizient (statische Betrachtungsweise), da dessen Nutzung nicht rivali- 29

---

50 *Bone*, 86 Cailf. L. Rev. 241, 266 (1998).
51 *Bone*, 86 Cailf. L. Rev. 241, 269 (1998).
52 AO Smith Corp. v. Petroleum Iron Works Co. 73 F.2d 531, 538 f. (6th Cir. 1934).
53 *Thomas*, Federal Publications, Paper 770 (2010), http://digitalcommons.ilr.cornell.edu/key_workplace/770, S. 11 (eingesehen am 3.9.2021).
54 *Landes/Posner*, S. 3597.
55 Kewanee Oil Co. v. Bicron Corp., 416 U.S. 470, 485 (USSC 1974).
56 *Geier*, Schutzkumulationen, S. 91.

Einl. F Geschäftsgeheimnisse aus der Perspektive des Law and Economics

sierend ist. Kosten von > 0 sind nur dann geboten, wenn man die Entscheidung zur Produktion einbezieht (**dynamische Betrachtungsweise**).[57]

30 Anders als es zunächst scheinen mag, spricht jedoch auch bei einer statischen Betrachtungsweise das Postulat der möglichst freien Verfügbarkeit geistiger Güter nicht ohne Weiteres gegen einen rechtlichen Schutz von Geschäftsgeheimnissen. Denn de facto wird der Entfall des Schutzes nicht nur dazu führen, dass Informationen verbreitet werden. Vielmehr werden – insoweit gegenläufig – Unternehmer ihre Geschäftsgeheimnisse auch den Mitarbeitern, die sie eigentlich kennen müssen, nicht oder nur eingeschränkt zur Verfügung stellen. Damit wird, insbesondere bei größeren Unternehmen, eine effiziente Verwertung der Geschäftsgeheimnisse verhindert.[58]

c) Anreize zu Investitionen und Lizenzvergaben aus dem Ausland

31 Teilweise wird die Bedeutung von Recht für die **wirtschaftliche Entwicklung**, insbesondere von Entwicklungs- und Schwellenländern untersucht (Law and Economics of Development).[59] Gerade in diesem Bereich wird immer wieder darauf hingewiesen, dass der Schutz Geistigen Eigentums Voraussetzung für jeden **Technologietransfer** sei[60] und ausländische Direktinvestitionen erhöhe.[61] Der dahinterstehende Gedanke ist, dass Unternehmen aus entwickelten Ländern ihre Produkte nur dann in Entwicklungsländern herstellen oder lizenzieren, wenn gegen die Nachahmung ein effektiver Rechtsschutz zur Verfügung steht.[62]

32 Nun sind die empirischen Studien selbst schon so komplex, sodass sich die vorgenannte These nicht ohne Weiteres aus ihnen ableiten lässt.[63] Hinzu kommt, dass Deutschland über ein hochentwickeltes Rechtssystem, insbesondere im Bereich des gewerblichen Rechtsschutzes, verfügt.[64] Aus diesem Grunde ist es alles andere als naheliegend, dass ausländische Unternehmen bis zum Jahre 2019 von Investitionen abgesehen hätten, weil es an einem Gesetz zum Schutz von Geschäftsgeheimnissen gefehlt habe.

d) Verhinderung ineffizienter Spionagemaßnahmen

33 Die Rechtfertigung des Schutzes von Geschäftsgeheimnissen ergibt sich ferner aus dem **Vergleich mit physischem Eigentum**. Hier ist anerkannt, dass das Verbot von

---

57 *Barnes*, Nw.J.Tech. & Intell.Prop. 5 (2006), 22, 37 für das Markenrecht.
58 *Milgrim/Bensen*, in: Milgrim on Trade Secrets, Bd. 1, Release 119 (2018), § 1.04 (1-300).
59 Grundlegend hierzu *Buscaglia/Ratliff/Cooter*, The Law and Economics of Development, Bd. 3 (1997).
60 K/B/F/*Alexander*, Einl. A Rn. 59.
61 *Tanaka/Iwaisaki*, 67 European Economic Review 107, 114 (2014).
62 *Buscaglia/Ratliff*, Law and Economics in Developing Countries, S. 23.
63 *Gervais*, 74 Fordham L. Rev. 505, 516 ff. (2005).
64 Deutschland belegte 2020 mit einem Ergebnis von 0,84 den 6. Platz des vom World Justice Project herausgegebenen Rule of Law Index; vgl. https://worldjusticeproject.org/sites/default/files/documents/WJP-ROLI-2020-Online_0.pdf (zuletzt abgerufen am 3.9.2021).

II. Begründung des Schutzes von Geschäftsgeheimnissen **Einl. F**

Diebstahl einschließlich entsprechender Schadenersatz- und Strafnormen dazu dient, die Kosten eines solchen Verhaltens zu erhöhen, um Dritte zu **freiwilligen Transaktionen** anzuhalten.[65] Auf diesem Weg wird nach dem bereits beschriebenen Coase-Theorem ein Pareto-effizienter Zustand herbeigeführt.[66] Gegen diese Argumentation sind nun verschiedene Einwände erhoben worden.

aa) Spirale aus Spionage- und Abwehrkosten

Zunächst lässt sich das Argument auch umkehren. Die erhöhten Kosten infolge rechtlicher Sanktionen mag einen Dritten dazu motivieren, Wege zu entwickeln, um **bei der Spionage unentdeckt** zu bleiben. Diese Bemühungen wären naturgemäß ineffizient und könnten vermieden werden, wenn es die Sanktionen nicht gäbe. Eine solche Sichtweise beträfe freilich auch den Schutz physischen Eigentums: Auch der Eigentümer einer Sache könnte schutzlos gestellt werden, um den Dieb von den Kosten seines Tuns zu befreien. 34

Eine solche Antwort würde freilich auch sämtliche Anreizwirkungen des Schutzes[67] aufheben und damit die hierdurch veranlassten sozialen Gewinne. Gleichzeitig wäre ein Geheimnisinhaber gezwungen, seine Informationen mit ineffizient hohen Kosten zu schützen, da er mit jederzeitigen – nun legalen – Angriffen rechnen müsste.[68] Auch diese Kosten sind freilich soziale Verluste, deren Verhinderung ein wesentlicher Begründungsansatz für den Schutz von Geschäftsgeheimnissen darstellt.[69] 35

Solange Dritte die Geschäftsgeheimnisse auf unredlichem Wege zu erlangen suchen, sind die **straf- und zivilrechtlichen Sanktionen einer Verletzungshandlung offensichtlich unzureichend**. Sie müssen so einschneidend bemessen sein, dass sie den rational handelnden potenziellen Verletzer von seinem Handeln – einschließlich der Verschleierungsmaßnahmen – abbringen. Hierzu ein Beispiel: Kann ein Dritter ein Geschäftsgeheimnis für 10.000 EUR lizenzieren oder mit einer Entdeckungswahrscheinlichkeit von 10% stehlen, so liegt seine Schadenserwartung bei 10.000 EUR[70] × 0,1 = 1.000 EUR. Ein rationaler Agent wird also diesen Weg gehen und gegenüber dem rechtskonformen Lizenzgeber 9.000 EUR sparen. Aus Sicht der Allokationseffizienz wäre der effiziente Schadensersatzanspruch > 10.000 EUR : 0,1 = 100.000 EUR oder – mathematisch ausgedrückt – $D = L/w$, 36

---

65 *Posner*, Economic Analysis of Law, S. 240 f.
66 Siehe hierzu oben unter Rn. 8.
67 Siehe oben unter den Rn. 21.
68 *Bane/Cotter/Lemley/Menell/Merges*, S. 572; H/O/K/*Ohly*, Einl. A Rn. 15 nennt dies ein „volkswirtschaftlich ineffizientes ‚Wettrüsten'".
69 *Rich*, 11 Marq. Intell. Prop. L. Rev. 1, 26 (2007).
70 Zur Vereinfachung wird hier angenommen, dass nicht nur die vertraglich angebotene Lizenzgebühr bei 10.000 EUR liegt, sondern auch die angemessene Lizenzgebühr, die bei einer Rechtsverletzung im Wege der Lizenzanalogie geltend gemacht werden kann. Dies muss freilich nicht immer der Fall sein.

Einl. F Geschäftsgeheimnisse aus der Perspektive des Law and Economics

wobei D der **ideale Schaden** ist, L der Nachteil und w die Eintrittswahrscheinlichkeit.[71] Wenn der Schaden entsprechend berechnet ist, lohnt sich für den Dritten weder die Spionage noch der Aufwand von Verschleierungen. Denn gleich welchen Aufwand er betreibt, mit der Reduzierung der Wahrscheinlichkeit erhöht sich auch der Schadensersatz, sodass die Schadenserwartung konstant bleibt.

bb) Transaktionskosten bei Lizenzerteilung

37 Gravierender ist jedoch der Einwand, die **Kosten einer Lizenzierung** würden regelmäßig unterschätzt. Eine Nutzung des Markmechanismus sei daher nicht möglich oder zumindest prohibitiv teuer.

38 Zunächst stellt sich ein **Informationsproblem**. Da Geschäftsgeheimnisse nicht veröffentlicht werden, ist ihre Existenz und Inhaberschaft – anders als bei Registerrechten wie Patenten und Marken – nicht ohne Weiteres recherchierbar. In vielen Fällen werden sich die potenziellen Lizenznehmer und der Geheimnisinhaber gleichwohl finden, wenn beispielsweise das Produkt bekannt ist und nur das Produktionsverfahren geheim. Denn auch der Versuch eines „Diebstahls" setzt ja voraus, dass der Verletzer im Groben weiß, welches Geschäftsgeheimnis er bei welchem Unternehmen zu suchen hat.

39 Sodann erhebt sich das **sog. Arrow's Information Paradox** (AIP). Danach werden Verhandlungen dadurch erschwert, dass der potenzielle Lizenznehmer für das Geschäftsgeheimnis erst dann ein Angebot abgeben kann, wenn er es finanziell bewerten kann, wozu eingehende Kenntnis erforderlich ist. Hat er ebendiese Kenntnis aber erlangt, wird er keinen Vertrag mehr abschließen.[72] Das Problem wird aber gerade durch das Geschäftsgeheimnisgesetz überwunden. In Verbindung mit Vertraulichkeitsvereinbarungen (non-disclosure agreements) kann ein Schutz der Informationen sichergestellt werden. Entscheiden sich die Parteien dann gegen den Abschluss eines Lizenzvertrages, ist die Nutzung und Weitergabe der Geschäftsgeheimnisse weiterhin verboten, ohne dass eine darüberhinausgehende Regelung zwischen den Parteien erforderlich wäre.

40 Des Weiteren wird eingewandt, dass für Geschäftsgeheimnisse **nicht ohne Weiteres ein Preis bestimmt werden kann**.[73] Es mag zwar richtig sein, dass Auflistungen von üblichen Lizenzsätzen nicht in ähnlicher Weise verfügbar sind wie zB bei Marken. Aber im Grunde spricht dies nicht gegen die Möglichkeit einer Preisbildung: Der angehende Lizenznehmer kann in Kenntnis des Geschäftsgeheimnisses durchaus abschätzen, welchen Gewinn er mit dem geschützten Produkt oder Verfahren wird erzielen können. Vor diesem Hintergrund kann er auch einen Preis ermitteln, den er für das Geschäftsgeheimnis zahlen kann, ohne die Deckung der ge-

---

71 *Hille*, ZGE 10 (2018), 202, 218.
72 *Arrow*, in: The Rate and Direction of Inventive Activity, S. 609, 615.
73 *Bone*, 86 Calf. L. Rev. 241, 280 (1998).

II. Begründung des Schutzes von Geschäftsgeheimnissen **Einl. F**

samten Produktionskosten und seines Gewinnanteils zu gefährden. Hier ergeben sich keine Besonderheiten gegenüber anderen Investmententscheidungen.

Im Übrigen zeigen auch empirische Untersuchungen, dass die Skepsis gegenüber der Lizenzierung unbegründet ist; tatsächlich wird die Lizenzvergabe als wichtiger Weg angesehen, um Informationen über die Technologie anderer Unternehmen zu erhalten.[74] 41

e) Berücksichtigung sozialer Kosten

Nun sind mit der Einführung von Rechten im Bereich des Innovationsschutzes immer auch soziale Kosten verbunden.[75] 42

aa) Investitionen bei Doppelerfindungen

Zu nennen sind hier zuvorderst die **Kosten von Doppelerfindungen**. Da Geschäftsgeheimnisse nicht veröffentlicht werden, stehen sie auch anderen Unternehmen, die auf demselben Sektor tätig sind, nicht zur Verfügung. Daher ist es wahrscheinlich, dass unterschiedliche Marktteilnehmer an gleichartigen Innovationen arbeiten. Nun könnte man argumentieren, dass diese mehrfachen Forschungsaufwendungen ineffizient seien: Teilten die Unternehmen ihre Arbeitsergebnisse, sparten sie an dieser Stelle Kosten ein.[76] Der Befund der Doppelaufwendung ist zwar grundsätzlich richtig, doch führt er nicht zur Ineffizienz des Geschäftsgeheimnisschutzes. 43

Im Ausgangspunkt ist zu berücksichtigen, dass das Problem der Doppelaufwendung keineswegs in der Schärfe auftritt, die es im Patentrecht besitzt. Dort kommt es zu einem **Rennen um den Anmeldetag des Patents** (patent race), da der Erstanmelder jedem nachfolgenden Dritten die Nutzung der Erfindung untersagen kann (§ 9 PatG).[77] Ein solches Exklusivrecht kennt der Geheimnisschutz nicht; die **Parallelentwicklung** ist ausdrücklich zugelassen (§ 3 Abs. 1 Nr. 1). 44

Des Weiteren hebt die Abschaffung des Geheimnisschutzes das Problem nicht auf. Auch ohne einen entsprechenden Schutz wird der Inhaber das Geheimnis nicht preisgeben und es – wie bereits gezeigt – sogar noch umfassender vor Kenntniserlangung durch Dritte schützen. Allein derjenige, der das Geschäftsgeheimnis unbefugt erlangt oder dem es nach unbefugter Kenntniserlangung weitergegeben wird, wäre durch eine Aufhebung des Schutzes privilegiert. 45

---

74 *Levin/Klevorick/Nelson/Winter*, 3 Brookings Papers on Economic Activity 783, 806 (1987).
75 H/O/K/*Ohly*, Einl. A Rn. 13. Für den Markenschutz siehe *Hille*, RabelsZ 83 (2019), 544, 554.
76 *Bone*, 86 Calf. L. Rev. 241, 269 (1998).
77 Zu den einzelnen Theorien des patent race siehe etwa Stefan, Patents and Patent Races. Do We Need Them? How Should We Behave, S. 83 ff., https://edoc.hu-berlin.de/bitstream/handle/18452/18294/stefan.pdf?sequence=1 (zuletzt eingesehen am 3.9.2021).

Einl. F Geschäftsgeheimnisse aus der Perspektive des Law and Economics

bb) Behinderung zusätzlicher Forschung

46 Da das Geschäftsgeheimnis nicht weitergegeben werden darf, kann es auch nicht die Grundlage weiterer Forschungstätigkeit durch Dritte sein. Hierdurch entstehe ebenfalls ein Effizienzverlust.[78] Dieser Einwand mag in Ausnahmefällen berechtigt sein, im Regelfall gilt jedoch das soeben Gesagte. Auch – und gerade – ohne rechtlichen Schutz sind Geschäftsgeheimnisse nicht verfügbar und werden **auf einer faktischen Ebene besonders geschützt**. Im Gegenteil wird bei Bestehen eines rechtlichen Schutzes ein Unternehmen eher bereit sein, mit Forschungsinstituten oder Universitäten zu kooperieren und die eigenen Arbeitsergebnisse zur Verfügung zu stellen.

cc) Kosten infolge von Rechtsstreitigkeiten

47 Als sog. **tertiäre Kosten** sind solche Aufwendungen zu berücksichtigen, die bei der Verteilung der Schäden und individuellen wirtschaftlichen Nachteile anfallen.[79] Hierzu gehören etwa **Gerichts- und Rechtsanwaltskosten**,[80] aber auch der Aufwand für die Dokumentation von Geschäftsgeheimnissen mit Blick auf spätere Prozesse. Im US-amerikanischen Schrifttum wird gegen den rechtlichen Schutz der Trade Secrets mitunter vorgetragen, dass diese Kosten aufgrund der häufigen Auseinandersetzungen hoch und durch die Effizienzgewinne nicht gerechtfertigt seien.[81]

48 Eine solche Sichtweise lässt sich jedenfalls zum gegenwärtigen Zeitpunkt nicht auf die Situation in Deutschland übertragen. Zwar versucht *Bone* sie durch ein formelles Modell zu belegen,[82] das dann in gleicher Weise auch für das parallele deutsche Recht gelten müsste. Doch sind gerichtliche Auseinandersetzungen in Geheimnisschutzsachen **in Deutschland bislang die Ausnahme**, obwohl zivilrechtliche Ansprüche auch vor Inkrafttreten des GeschGehG bestanden (§§ 1004 Abs. 1, 823 Abs. 2 BGB iVm. §§ 17, 18 UWG aF).[83] Es bleibt erst einmal abzuwarten, ob das neue Recht tatsächlich dazu führt, dass die Fallzahlen ansteigen und die aggregierten Kosten ein gesellschaftlich bemerkbares Niveau erreichen. Hier wird sicherlich auch – wie von der Neuen Institutionenökonomik vorgetragen – zu berücksichtigen sein, dass sich das Verhalten des Homo Oeconomicus nicht allein nach der mathematischen Vorteilserwartung richtet, sondern spezifische außerrechtliche Institutionen (Handelsbräuche, Ethik, Verkehrserwartungen) eine gewichtige Rolle spielen.[84] Ferner sind die **Prozesskosten in den Vereinigten Staaten deutlich höher** als in Deutschland.[85]

---

78 *Bone*, 86 Calf. L. Rev. 241, 269 (1998).
79 Zum Begriff siehe *Lindenbergh/van Kippersluis*, in: Faure, Tort Law and Economics, S. 217.
80 *Hille*, 3 AGLJ 33, 55 (2017).
81 *Bone*, 86 Calf. L. Rev. 241, 274 (1998).
82 *Bone*, 86 Calf. L. Rev. 241, 274 ff. und 305 ff. (1998).
83 BGH, 19.11.1982 – I ZR 99/80, GRUR 1983, 179, 181 – Stapel-Automat.
84 Siehe oben unter Rn. 10.
85 *Reitboeck*, GRUR Int. 2013, 419, 427 für das Patentrecht.

III. Ökonomische Analyse des Erfordernisses von Geheimhaltungsmaßnahmen

Gemäß § 2 Abs. 1 lit. b GeschGehG ist ein Geschäftsgeheimnis schon begrifflich nur gegeben, wenn die entsprechende Information durch angemessene Geheimhaltungsmaßnahmen geschützt wird. Damit entspricht die Regelung dem US-amerikanischen Common Law, welches im **Modellgesetz** der National Conference of Commissioners on Uniform State Laws von 1979 seinen Ausdruck gefunden hat (§ 1 Abs. 4(ii) Uniform Trade Secrets Act).[86] Nichts anderes normiert die bundesrechtliche Regelung des **Defend Trade Secrets Act** (kodifiziert in 18 U.S.C. § 1839 (3)(A)). Vor diesem Hintergrund kann die Regelung als **Legal Transplant**[87] begriffen werden, zu deren Verständnis immer auch auf das „Mutterrecht" zurückgegriffen werden kann.[88]

49

1. Zweck der Regelung des § 2 Abs. 1 lit. b GeschGehG

Im US-amerikanischen Recht der Trade Secrets wird die Diskussion geführt, worin der Zweck von § 1 Abs. 4(ii) UTSA bzw. § 18 U.S.C. § 1839 (3)(A) besteht. Hierbei haben sich zwei Grundhaltungen herausgebildet:

50

a) Der beweisrechtliche Ansatz

Die erste Auffassung beruht auf einem deliktsrechtlichen Verständnis des Geschäftsgeheimnisses und weist dem Erfordernis angemessener Geheimhaltung eine beweisrechtliche Funktion zu. Wenn der Inhaber sein Geheimnis geschützt habe, sei die **legale Erlangung der Information umso unwahrscheinlicher**.[89] Insoweit wäre kritisch zu hinterfragen, ob eine solche Sichtweise in der deutschen Rechtsordnung mit ihrer strengen Trennung von Beweisrecht und materiellem Recht überhaupt angewandt werden kann.[90] Des Weiteren spricht gegen diese Argumentation der Einwand, dass besonders sorgfältige Schutzmaßnahmen eine nach § 3 Abs. 1 Nr. 1 erlaubte Parallelentdeckung nahelegen.[91]

51

---

86 Mittlerweile haben 44 Bundesstaaten und der Bundesdistrikt das Gesetz übernommen, sodass es nahezu allgemeine Geltung besitzt; vgl. hierzu *Bebe/Cotter/Lemley/Menell/Merges*, S. 574.
87 Die Übernahme erfolgte dabei freilich nicht unmittelbar, sondern über das TRIPS-Abkommen und die Richtlinie (EU) 2016/943; siehe hierzu auch Einl. C Rn. 47.
88 Für eine Anlehnung an die Auslegung in den USA siehe *Maaßen*, GRUR 2019, 352; *Ohly*, GRUR 2019, 441, 443 f.
89 Rockwell Graphic Systems, Inc. v. DEV Industries Inc., 925 F.2d 174 (7th Cir. 1991).
90 Dieser Frage kann hier nicht nachgegangen werden, zumal es sich um eine juristische Erwägung handelt und nicht um eine ökonomische. Kritisch insoweit jedoch *Brammsen*, siehe § 2 Rn. 87.
91 *Milgrim/Bensen*, Milgrim on Trade Secrets, Loseblattsammlung Nr. 119, Stand: 12/2018, Bd. 1, § 1.04, 1-314.52.

Einl. F Geschäftsgeheimnisse aus der Perspektive des Law and Economics

b) Der verfügungsrechtliche Ansatz

52 Die Gegenauffassung betont die Qualifikation des Geschäftsgeheimnisses als ein von der Rechtsordnung geschütztes **Verfügungsrecht** (property right). Damit ist dessen Verletzung ein Haftungstatbestand, der Schadenersatzansprüche nach sich zieht.[92] Die Ratio der Regelung ist aber dann folgende: Unterlässt der Inhaber Maßnahmen zum Schutz seines Verfügungsrechts, kann er von der Rechtsordnung keine Unterstützung erwarten.[93]

53 Auch gegen diese Begründung bestehen in mehrfacher Hinsicht Bedenken: Denn es existieren **Wertungswidersprüche zum Eigentum an physischen Gegenständen**, aber auch zu Patent bzw. Gebrauchsmuster, die keine vergleichbaren Erfordernisse kennen.[94] So ist das Eigentum an Gegenständen auch dann in zivil- und strafrechtlicher Hinsicht geschützt, wenn der Eigentümer seine Haustür nicht abschließt. Gerade wenn man den letzten Grund für den Schutz in der **Leistung des Inhabers** oder dem **Freiheitsraum des Unternehmens**[95] sieht, erschließen sich keine Gründe für eine solche Ungleichbehandlung.

54 Gerade aus **normativer Sicht** ist nicht nachvollziehbar, weshalb eine Rechtsverletzung sanktionslos bleiben soll, nur weil der Inhaber an anderer Stelle – und gegebenenfalls ohne jeden Bezug zum konkret in Rede stehenden Verstoß – nachlässig war. Die Rechtsprechung begegnet dem Einwand dadurch, dass das rechtswidrige Verhalten des Schädigers bei der Angemessenheitsprüfung der Schutzmaßnahmen zugunsten des Geheimnisinhabers berücksichtigt wird.[96]

2. Ökonomische Bewertung des § 2 Nr. 1 lit. b GeschGehG

55 Nun handelt es sich bei den vorstehenden Erwägungen für oder wider das Erfordernis von Schutzmaßnahmen um normative Argumentationen.[97] Im Folgenden ist zu klären, wie sich § 2 Nr. 1 lit. b aus **Sicht der ökonomischen Analyse des Rechts** darstellt.

a) Cheepest Cost Avoider

56 Zunächst lässt sich die **Argumentationsfigur des Cheepest Cost Avoider** für die Bewertung des Erfordernisses angemessener Geheimhaltung fruchtbar machen.[98] Diese besagt, dass ein Risiko von demjenigen getragen werden soll, der es mit dem **geringsten Kostenaufwand** beherrschen kann.[99] Vor diesem Hintergrund ist das

---

92 Rockwell Graphic Systems, Inc. v. DEV Industries Inc., 925 F.2d 174 (7th Cir. 1991).
93 Brunswick Corp. v. Outboard Marine Corp., 79 Ill. 2d 475, 476 (1980).
94 Siehe § 2 Rn. 60 f.
95 *Ohly*, GRUR 2014, 1, 3.
96 *Peterson*, Trade Secret Protection in an Information Age (1997), § 2.2 unter Berufung auf Technicon Data Systems Corp. v. Curtis 1000, Inc., 224 U.S.P.Q. 286 (Del. Ch. Ct. 1984).
97 Siehe insoweit zur normativen Kritik an der Begrenzung von Rechten aus dem GeschGehG unter Berufung auf den Property-Ansatz auch § 2 Rn. 66.
98 *Hille*, WRP 2019, 1408, 1411.
99 *Schäfer/Ott*, Lehrbuch, S. 281.

Risiko, dass ein Geschäftsgeheimnis ohne Verletzung an die Öffentlichkeit gelangt und damit invalidiert wird, vom Inhaber zu tragen, da er die entsprechenden Vorsichtsmaßnahmen am günstigsten treffen kann.[100] Gleiches gilt, wenn ein Unternehmen in den Besitz eines Geschäftsgeheimnisses gelangt und es gutgläubig (oder allenfalls leicht fahrlässig) der Public Domain zuordnet. Denn durch Kennzeichnungen und – mittlerweile im Geschäftsleben absolut übliche – Geheimhaltungsvereinbarungen (non-disclosure agreements) kann dieses Risiko ohne größeren Aufwand minimiert werden. Dem gegenüber entstünde ein erheblicher Aufwand des Dritten, wenn er verpflichtet wäre, die Qualifikation der Information als Geschäftsgeheimnis sowie ihre Herkunft zu überprüfen.[101]

b) Kosten durch Vorsichtsmaßnahmen Dritter

Des Weiteren entstehen Kosten, wenn Dritte nicht mehr effizient mit Informationen umgehen, da sie eine Inanspruchnahme wegen der Verletzung von Geschäftsgeheimnissen fürchten müssen.[102] So ist denkbar, dass Unternehmen Informationen erhalten, aber gleichwohl nicht nutzen, da sie die **Herkunft nicht vollständig klären** können. Ebenso könnten **Mitarbeiter eines Konkurrenten** entweder nicht eingestellt oder zumindest nicht effizient eingesetzt werden, um eine Nutzung von Geschäftsgeheimnissen des vormaligen Arbeitgebers zu verhindern. In vielen Fällen mag die Befürchtung unbegründet sein, sodass die Maßnahmen in Wirklichkeit ineffizient wären. Wenn aber nun Schutzmaßnahmen erforderlich sind, so ist das Risiko, dass ein Dritter zufällig in den Besitz von geschützten Informationen gelangt, deutlich reduziert. Insbesondere eine entsprechende Markierung wirkt als ein Signal.[103] Die Konsequenz von § 2 Nr. 1 lit. b ist somit die **effizientere Nutzung von Informationen ohne lückenlose Kenntnis von deren Herkunft**.[104]

57

c) Kosten der Rechtsverfolgung

Des Weiteren entstehen durch die Geltendmachung von Ansprüchen nach dem GeschGehG erhebliche Kosten, zumal zur Anspruchsdarlegung erhebliche **Dokumentationen** vorgelegt werden müssen und sich die Höhe des Schadens nur durch komplizierte wirtschaftliche Berechnungen ermitteln lassen wird. Bei diesen Kosten handelt es sich um **soziale Verluste**, die es zu vermeiden gilt. Auch diesem Zweck dient § 2 Nr. 1 lit. b, da zumindest basale Geheimhaltungsmaßnahmen günstiger sind als ein späterer Prozess. Hiergegen ist nun eingewandt worden, dass ein Inhaber schon aus eigenem Antrieb den günstigsten Schutzmechanismus wählen

58

---

100 *Landes/Posner*, S. 368.
101 *Hille*, WRP 2019, 1408, 1412.
102 *Rich*, 11 Marq. Intell. Prop. L. Rev. 1, 46 (2007).
103 *Rich*, 11 Marq. Intell. Prop. L. Rev. 1, 45 (2007).
104 Diesem Zweck dient in Übrigen auch das Erfordernis der Kenntnis oder fahrlässigen Unkenntnis in § 4 Abs. 3 Satz 1 GeschGehG.

Einl. F Geschäftsgeheimnisse aus der Perspektive des Law and Economics

wird,[105] doch kann die Aussicht auf Schadenersatz sowie Kostenerstattung das effiziente Ergebnis verzerren.

d) Kosten von Geheimhaltungsmaßnahmen

59 Geheimhaltungsmaßnahmen selbst verursachen **erhebliche soziale Kosten**, was den vorgenannten Begründungen gegenläufig ist.[106] Dabei sind aber auch die Folgen der Geheimhaltung zu beachten, was anhand einiger Beispiele erläutert werden soll.

aa) Need-to-know-Prinzip

60 Wird das Need-to-Know-Prinzip zu streng angewendet, so besteht die Gefahr, dass Informationen **nicht mehr in dem Maße weitergegeben werden, wie dies für eine effiziente Arbeit innerhalb des Unternehmens wünschenswert** wäre. Hinzu kommt, dass die Beschränkung von Wissen unpopulär ist und hierarchische Strukturen begünstigt,[107] was wiederum die Mitarbeiterzufriedenheit – und somit die Produktivität – beeinträchtigen kann. Die Regelungen könnten daher Wirkungen entfalten, die gegenläufig zum Ziel einer Innovationsförderung sind.[108]

bb) Geheimhaltungsvereinbarungen

61 Geheimhaltungsvereinbarungen können eine **vergleichsweise günstige Möglichkeit** sein, auf den rechtlichen Schutz von Vereinbarungen hinzuweisen. Werden diese jedoch zu kompliziert, unpräzise oder mit besonderen Schutzmechanismen versehen (Vertragsstrafen), so entsteht ein individueller Prüfungsaufwand. In der eigenen Rechtsordnung mag dies bei größeren Unternehmen mit eigener Rechtsabteilung vergleichsweise moderat sein, wenn jedoch ausländische Anwälte hinzugezogen werden müssen, steigen die Kosten deutlich an.

cc) Konflikte mit der modernen Arbeitswelt

62 Die moderne Arbeitswelt ist auf Flexibilisierung angelegt, was mit dem statischen Gerüst eines Geheimnisschutzkonzeptes in einen unauflösbaren Zielkonflikt treten kann. So haben sich **Home-Office-Modelle** mittlerweile durchgesetzt und in der Politik wird ein entsprechender Rechtsanspruch des Arbeitnehmers diskutiert.[109] Sinnvolle Arbeit ist aber dann nur möglich, wenn auf die Geschäftsgeheimnisse von außerhalb zugegriffen werden kann. Das Unternehmen hat also entweder die Möglichkeit, den Geheimnisschutz zu lockern oder auf Home-Office-Angebote zu

---

105 *Rich*, 11 Marq. Intell. Prop. L. Rev. 1, 46 f. (2007).
106 Dabei muss jedoch auch berücksichtigt werden, dass Geheimhaltungsmaßnahmen nicht erst durch das Geschäftsgeheimnisgesetz veranlasst sind, sondern durch andere Rechtsnormen, zB die DS-GVO. Gegebenenfalls handelt es sich also auch um Kosten, die sowieso anfallen.
107 *Maaßen*, GRUR 2019, 352, 357.
108 Siehe auch Erwgrd. 8 der Richtlinie (EU) 2016/943.
109 *Benkert*, NJW-Spezial 2019, 306, 307.

verzichten.¹¹⁰ Das gleiche Problem stellt sich auch bei der Nutzung **mobiler Endgeräte**, insbesondere Handys, Tablets und Laptops (mobile office). Teilweise gehen Unternehmen dazu über, ihren Mitarbeitern die Auswahl und Anschaffung von elektronischen Geräten zu überlassen (bring your own device). Hier wird zu klären sein, inwieweit die technischen Schutzmaßnahmen so gestaltet sind, dass sie den Geheimnisschutz nicht gefährden.

e) Vorsätzliche Rechtsverletzungen

Besondere Probleme ergeben sich bei vorsätzlichen Rechtsverletzungen. Hier ist nicht einzusehen, warum nach den vorgenannten Topoi – insbesondere nach der Risikoverteilung des Cheepest Cost Avoider – überhaupt Kosten auf den Geheimnisinhaber abgewälzt werden sollten. Vielmehr ist es nach dem Coase Theorem gerade Pareto-effizient, wenn die Beteiligten den **Marktmechanismus für freiwillige Transaktionen** nutzen.¹¹¹ Aus diesem Grunde sollte in Fällen vorsätzlicher Verletzung **immer eine Haftung** anzunehmen sein, auch wenn die Geheimhaltungsmaßnahmen bei einer bloß fahrlässigen Verletzung unzureichend gewesen wären. 63

f) Verhinderung ineffizienter Geheimhaltungsmaßnahmen

Des Weiteren ist es aus ökonomischer Sicht sinnvoll, die Angemessenheit der Geheimhaltungsmaßnahmen von dem Wert des konkret in Rede stehenden Geschäftsgeheimnisses abhängig zu machen.¹¹² Auf diesem Wege wird verhindert, dass die Kosten für die Geheimhaltung ineffizient hoch werden.¹¹³ 64

g) Zusammenfassung

Geheimhaltungsmaßnahmen sind so lange wünschenswert, wie hier ein investierter Euro noch einen Effizienzgewinn von > 1 EUR erwirtschaftet. Dies dürfte im Ergebnis bei einfachen Geheimhaltungsmaßnahmen der Fall sein, etwa durch Markierungen und das Need-to-know-Prinzip.¹¹⁴ Ohne den hierfür erforderlichen empirischen Studien zuvorzukommen, wird man sich vor diesem Hintergrund jedoch fragen müssen, ob erhöhte Anforderungen – wie sie etwa teilweise in der US-amerikanischen Rechtsprechung angenommen werden¹¹⁵ – tatsächlich effizienter sind als die bisherige deutsche Rechtsprechung, die einen für Betriebsinterna vermuteten¹¹⁶ Geheimhaltungswillen genügen ließ.¹¹⁷ 65

---

110 *Hille*, WRP 2019, 1408, 1414.
111 Siehe oben unter Rn. 8.
112 Niemi v. NHK Spring Co. Ltd, 543 F.3d 294, 301 (6ᵗʰ Cir., 2003); so auch die Begründung zum GeschGehG, BT-Drs. 19/4724, S. 22.
113 *Hille*, WRP 2019, 1408, 1411.
114 Zum need-to-know-Prinzip vgl. *Dann/Markgraf*, NJW 2019, 1774, 1776 und *Partsch/Rump*, NJW 2020, 118, 120.
115 Zur US-amerikanischen Rechtslage vgl. ausführlich *Hille*, WRP 2019, 1408 ff.
116 K/B/F/*Köhler*, § 17 UWG Rn. 10.
117 BGH, 7.11.2002 – I ZR 64/00, WRP 2003, 500, 503 – Kundendatenprogramm.

Einl. F Geschäftsgeheimnisse aus der Perspektive des Law and Economics

IV. Ökonomische Analyse des Reverse Engineering

66 Reverse Engineering bezeichnet die Kenntniserlangung eines Geschäftsgeheimnisses durch Beobachten, Untersuchen, Rückbauen oder Testen eines Produktes oder Gegenstandes. Es ist zulässig, sofern keine entgegenstehende Pflicht begründet und das Produkt bzw. der Gegenstand öffentlich verfügbar gemacht wurde (§ 3 Abs. 1 Nr. 2 lit. a) oder der Besitz rechtmäßig war (§ 3 Abs. 1 Nr. 2 lit. b).

1. Zweck der Regelung des § 3 Abs. 1 Nr. 2 GeschGehG

67 Aus juristischer Sicht kann die Zulässigkeit des Reverse Engineering freilich mit dem **Eigentumsrecht des Erwerbers** begründet werden. Wer ein Produkt kauft – und das Eigentum hieran erhält –, erwirbt das Recht, nach Belieben mit der Sache zu verfahren (§ 903 Satz 1 BGB). Darüber hinaus ist vorgebracht worden, dass der Inhaber das Geschäftsgeheimnis durch den Verkauf selbst „**veröffentlicht**" habe,[118] sodass ein rechtlicher Schutz nicht mehr in Betracht komme (vgl. § 2 Nr. 1 lit. a).[119] Diese juristischen Begründungen dienen dem Zweck, das Entstehen eines Exklusivrechtes an nicht durch Immaterialgüterrechte geschützten Informationen zu verhindern.[120]

2. Ökonomische Bewertung des § 3 Abs. 1 Nr. 2 GeschGehG

68 Abseits dieser normativen Erwägungen stellt sich ebenso wie bei § 2 Nr. 1 lit. b die Frage nach den wirtschaftlichen Folgen bzw. der **ökonomischen Rechtfertigung** des Reverse Engineering.

a) Wohlfahrtsökonomische Kriterien zur Beurteilung des Reverse Engineering

aa) Innovationsanreize

69 Durch das Reverse Engineering kann ein Marktteilnehmer auf legalem Wege Kenntnis von Geschäftsgeheimnissen seiner Wettbewerber erhalten. Mit anderen Worten wird der Schutz der Information durch das Inverkehrbringen des Produktes bzw. dessen Weitergabe an einen Dritten ohne entsprechende Unterlassungsverpflichtung (vgl. § 3 Abs. 1 Nr. 2 lit. b) insoweit aufgehoben, als sich darin ein (durch Reverse Engineering erkennbares) Geschäftsgeheimnis verkörpert. Hieraus folgt nun, dass der oben beschriebene **Innovationsanreiz reduziert** wird.[121] Denn wenn der Schutz des Geschäftsgeheimnisses mit der Markteinführung endet, kann jeder Konkurrent die Innovation kostenfrei übernehmen. Es besteht also die Gefahr von

---

118 Tabor v. Hoffmann, 23 N.E.12, 35 (New York Court of Appeals, 1889); vgl. hierzu auch *Schweyer*, Die rechtliche Bewertung des Reverse Engineering in Deutschland und den USA, S. 369 ff.
119 Siehe zu dieser Argumentation – pro und contra – § 3 Rn. 45 ff.
120 Chicago Lock Co. v. Fanberg, 676 F.2d 400, 405 (9th Cir., 1982); BeckOK GeschGehG/*Spieker*, § 3 Rn. 8; so auch die Begründung zum GeschGehG, BT-Drs. 19/4724, S. 25.
121 Siehe oben Rn. 21.

Trittbrettfahrern (free riding) mit der Folge, dass sich die Entwicklungskosten des Inhabers nicht amortisieren. Ein rationaler Unternehmer wird also – aus einer Ex-ante-Sicht – von der Forschungstätigkeit Abstand nehmen, wenn er erkennt, dass keine patentfähige Erfindung entsteht. Dabei müssen freilich etwaige immaterialgüterrechtliche Beschränkungen ebenso berücksichtigt werden wie lauterkeitsrechtliche Regelungen zu Herkunftstäuschung und Rufausbeutung (§ 4 Nr. 3 UWG).[122]

bb) Anreize für Folgeentwicklungen und Kostensenkungen

Der entscheidende Vorteil des Reverse Engineering ist exakt die Kehrseite des soeben Beschriebenen: Wenn Konkurrenten das Geschäftsgeheimnis kennen, können sie hierauf aufbauen und zu **Folgeentwicklungen**, insbesondere Verbesserungen, gelangen.[123] Selbst wenn diese ausbleiben, profitiert der Konsument von Preissenkungen,[124] sei es durch kostengünstige Entwicklungen oder schlicht infolge des Preiswettbewerbs. Im Ergebnis wird es also eine Frage empirischer (ökonomischer) Forschung sein, ob die hier beschriebenen Vorteile in der konkreten Marktsituation tatsächlich eintreten und die Innovationsverluste aufwiegen. 70

cc) Soziale Kosten

Reverse Engineering verursacht erhebliche Kosten, die im Falle der Unzulässigkeit vermieden würden. Einen Deckel bildet insoweit jedoch die Möglichkeit der Lizenzvergabe.[125] Denn wenn die erwarteten Kosten des Reverse Engineering die Lizenzgebühren übersteigen, wird ein rationaler Agent um eine Know-how-Lizenz ersuchen. 71

b) Ergebnis der Anwendung dieser Kriterien

Im Ergebnis stellt sich also die Frage, welche Regelung in Bezug auf die Zulässigkeit des Reverse Engineering effizient sei. Hierbei sind sämtliche Umstände zu berücksichtigen; entscheidend kommt es freilich darauf an, **ob die Amortisation der Entwicklungskosten für das Geschäftsgeheimnis gewährleistet ist**,[126] da anderenfalls ein Homo Oeconomicus von der Forschungstätigkeit Abstand nehmen 72

---

122 BeckOK GeschGehG/*Spieker*, § 3 Rn. 9.
123 *Gilbert-Macmillan*, 9 Santa Clara High Tech. L. J. 247, 260 (1993); *Viswanathan*, 24 IBLJ 29, 38 (2018): „Reverse engineering is a social good, because it advances science."
124 *Evans*, 17 Marq. Intell. Prop. L. Rev. 61, 91 (2013).
125 *Samuelson/Scotchmer*, 111 Yale L. Rev. 1575, 1590 (2002).
126 Es ist naturgemäß nicht das Ziel des Geheimnisinhabers, „nur" die Kosten zu amortisieren oder einen (moderaten) Gewinnaufschlag zu realisieren. Sein Streben ist vielmehr auf die Schaffung eines Monopols gerichtet, welches jedoch Folgeinnovationen und (Preis-)Wettbewerb unterbinden kann. Ob diese Wirkungen freilich eintreten, ist eine Frage der tatsächlichen Umstände. Siehe hierzu bereits oben unter Rn. 23 ff.

Einl. F   Geschäftsgeheimnisse aus der Perspektive des Law and Economics

müsste.[127] Dies wiederum lenkt den Fokus auf die Frage nach den Kosten und der **Dauer des Reverse Engineering**.[128]

aa) Traditionelles Industrieumfeld

73   Im traditionellen Industrieumfeld wird die grundsätzliche rechtliche Zulässigkeit des Reverse Engineering, wie sie in § 3 Abs. 1 Nr. 2 ihren Ausdruck findet, **als allokationseffizient angesehen**,[129] da sie bezüglich des in Rede stehenden Produktes zu Folgeentwicklungen und Preissenkungen führt.

74   Das Reverse Engineering ist kein Momentereignis, sondern durchaus ein langwieriger Prozess, der grundsätzlich in **vier Stufen** verläuft:[130]

– **Erkenntnisphase**: Zunächst einmal muss der Konkurrent durch eigene Marktbeobachtung auf das Produkt aufmerksam werden oder bemerken, dass ein neues Herstellungsverfahren zur Anwendung kommt.

– **Reverse Engineering-Phase**: Erst jetzt kann er mit der Analyse des Produktes beginnen, also mit dem Reverse Engineering im engeren Sinne.

– **Implementierungsphase**: Auf der Grundlage des derart gewonnenen Knowhows muss der Nachahmer nun sein eigenes Produkt entwickeln und marktfähig machen. Je nach Branche und Produkt setzt dies die Entwicklung von Prototypen sowie den Bau von entsprechenden Produktionsanlagen voraus, die selbst wiederum einen erheblichen Kosten- und Zeitfaktor darstellen.

– **Markteinführungsphase**: Erst wenn die Implementierung gelungen ist, kann der Konkurrent sein eigenes Produkt, welches dann das Geschäftsgeheimnis – gegebenenfalls auch in fortentwickelter Gestalt – enthält, vermarkten. Ob und in welcher Zeit es das Produkt des Erstentwicklers verdrängt oder ein Wettbewerb einsetzt, hängt von dem konkreten Marktumfeld, aber auch von der Stärke der beteiligten Unternehmen ab. Bei Inhabern starker Marken kann es zu erheblichen Verzögerungen kommen, gerade im Luxussegment, in dem die Marke nicht nur als Qualitätszeichen, sondern selbst als Produkteigenschaft verstanden wird.[131]

75   In traditionellen Industrien wie der Automobilindustrie erfassen die vorgenannten Phasen selbst bei überschaubarer Komplexität des reinen Reverse Engineering erhebliche Zeiträume. Vor diesem Hintergrund wird deutlich, dass die Phänomene der **Lead Time und Learning Curve** nicht bloßes Wunschdenken sind, sondern einen erheblichen Vorteil des Geschäftsgeheimnisinhabers bedeuten, welche seine Entwicklung vor der allzu schnellen Nachahmung schützen.[132]

---

127 *Samuelson/Scotchmer*, 111 Yale L. Rev. 1575, 1589 (2002).
128 *Samuelson/Scotchmer*, 111 Yale L. Rev. 1575, 1589 (2002).
129 *Samuelson/Scotchmer*, 111 Yale L. Rev. 1575, 1590 (2002).
130 *Samuelson/Scotchmer*, 111 Yale L. Rev. 1575, 1586 ff. (2002).
131 *Hille*, RabelsZ 83 (2019), 544, 557 ff.
132 *Reichman*, 94 Colum. L. Rev. 2432, 2440 (1994).

bb) Produkte mit geringer Lead Time

Außerhalb der traditionellen Industrien gibt es jedoch Fälle, in denen die Lead Time sehr stark verkürzt ist und keine Amortisierung der Entwicklungskosten erlaubt, insbesondere, **wenn das Geschäftsgeheimnis dem Produkt selbst abgelesen werden kann**. Dies ist etwa bei Halbleitern der Fall: Wer das auf den Markt gebrachte Produkt sieht, kennt automatisch auch das Geschäftsgeheimnis. Ähnliches gilt für den Bereich der Software, sofern der Quellcode verfügbar gemacht wird. In diesem Fällen muss freilich hinzukommen, dass die Produktion ohne langwierigen Vorlauf umgestellt werden kann, weil es anderenfalls trotz Kenntnis des Geschäftsgeheimnisses eben doch zu einer Lead Time kommt. 76

c) Rechtliche Steuerungsmechanismen

Aufgrund des Zielkonfliktes zwischen der wesentlich durch die Lead Time beeinflussten Anreizwirkung für Innovationen und den sozial erwünschten Wirkungen des Wettbewerbs bedarf die rechtliche Regelung im Umfeld des Reverse Engineering der **dauerhaften Neujustierung**.[133] Insbesondere in den Fällen, in denen sich die Lead Time als zu kurz für eine Amortisation der Investitionen erweist, ist ein Einschreiten des Gesetzgebers geboten. An dieser Stelle kann keine umfassende Darstellung der insoweit möglichen Regelungsmechanismen erfolgen, und es müssen einige Beispiele aus der US-amerikanischen Rechtsgeschichte genügen.[134] 77

aa) Einführung eines Schutzrechtes

Die nächstliegende Lösung ist die Schaffung eines eigenen Schutzrechtes. Ein Beispiel hierfür ist die **amerikanische Halbleiterindustrie**, die sich traditionell auf den Trade Secret-Schutz verlassen hat. Erst als in den späten 1970er und 1980er Jahren die Entwicklungskosten sprunghaft anstiegen, Nachahmungen dagegen immer einfacher wurden, änderte sich die Lage. Die Lead Time genügte nicht mehr zur Amortisation der Investitionen. Wohl auch weil diese Entwicklung zu einem Verlust von Marktanteilen an japanische Unternehmen führte,[135] schuf der **Semiconductor Chip Protection Act (SCPA)** – heute kodifiziert in 17 U.S.C. §§ 901 ff. – ein eigenes Schutzrecht. In Deutschland übernimmt diese Aufgabe das **Halbleiterschutzgesetz (HalblSchG)**. 78

Auch der Schutz von **Computerprogrammen**, der gleichfalls nicht über die Lead Time sichergestellt werden kann, ist durch den immaterialgüterrechtlichen Schutz des Urheberrechtsgesetzes gewährt (§§ 2 Abs. 1 Nr. 1, 69a ff. UrhG). 79

---

133 *Mahajan*, 67 Fordham L. Rev. 3297, 3313 (1999).
134 Eingehend hierzu *Samuelson/Scotchmer*, 111 Yale L. Rev. 1575, 1589, 1649 ff. (2002).
135 *Raskind*, 70 Minn. L. Rev. 385, 413 (1986).

Einl. F Geschäftsgeheimnisse aus der Perspektive des Law and Economics

bb) Beschränkung der Zulässigkeit des Reverse Engineering

80 Grundsätzlich steht es dem Gesetzgeber frei, ein **generelles Verbot von Reverse Engineering in einem bestimmten Industriezweig** auszusprechen, was jedoch angesichts der oben genannten nachteiligen Effekte vermutlich eine zu einschneidende Maßnahme sein dürfte.

81 Als milderes Mittel kommt in Betracht, das **Verbot auf bestimmte Arten des Reverse Engineering zu begrenzen**. Ein Beispiel hierfür ergab sich im Bereich des **US-amerikanischen Schiffsbaus**. Anstatt die Konstruktion nun in einem aufwändigen Verfahren auseinanderzunehmen und zu analysieren, sind Konkurrenten dazu übergegangen, eine Negativform des Schiffsrumpfes zu erstellen und ihn auf diese Weise als Ganzes zu duplizieren. Aus diesem Grunde hatten 12 US-Bundesstaaten in den 1970er und 1980er Jahren Gesetze gegen eine solche Form des Reverse Engineering eingeführt (**anti-plug-mold laws**).[136] In eine ähnliche Richtung weisen Verbote, die sich auf bestimmte für das Reverse Engineering verwendete Hilfsmittel beziehen.[137]

82 Schließlich kann die Zulässigkeit des Reverse Engineering **von dem damit verfolgten Zweck anhängig** gemacht werden. Erweist sich dieser als legitim (oder wohlfahrtssteigernd), so wäre das Reverse Engineering zulässig.[138] Ein Beispiel für eine solche Argumentation ist die Entscheidung *Sega Enterprises Ltd. v. Accolade, Inc*.[139] Das Gericht erklärte das Reverse Engineering als zulässig, weil die Beklagte lediglich die Funktionsfähigkeit der eigenen Produkte auf der Sega Genesis-Konsole der Klägerin herstellen wollte und andere Mittel nicht zur Verfügung standen.[140]

cc) Beschränkung der Verwendung der durch Reverse Engineering erhaltenen Informationen

83 Ferner bleibt die Möglichkeit, zwar das Reverse Engineering vollständig zuzulassen, aber die **Verwendung oder Weitergabe der daraus gewonnenen Geschäftsgeheimnisse Beschränkungen zu unterwerfen**. So kann man etwa verlangen, dass das auf dem Geschäftsgeheimnis des Inhabers beruhende eigene Produkt des Konkurrenten eine **deutliche Fortentwicklung** in qualitativer Hinsicht darstellen muss.[141] Ferner kann demjenigen, der ein fremdes Geschäftsgeheimnis durch Re-

---

136 *Heald*, 76 Iowa L. Rev. 959, 962 (1991). Die Gesetze wurden jedoch vom Supreme Court in Bonito Boats, Inc. v. Thunder Craft Boats, Inc., 489 U.S. 141 (1989) aufgehoben. In der Folge erließ der Kongress den Vessel Hull Design Protection Act (VHDPA).
137 *Samuelson/Scotchmer*, 111 Yale L. Rev. 1575, 1589, 1657 f. (2002).
138 Siehe hierzu auch *Aguliar*, 23 Golden Gate U. L. Rev. 263, 278 (1993).
139 Sega Enterprises Ltd. v. Accolade, 977 F.2d 1510 (9th Cir., 1992).
140 Die Entscheidung erging jedoch nicht zur Frage Zulässigkeit des Reverse Engineering nach dem Recht der Trade Secrets, sondern zur Anwendbarkeit der Fair Use Doctrine.
141 *Samuelson/Scotchmer*, 111 Yale L. Rev. 1575, 1589, 1653 ff. (2002) nimmt dies etwa für den Halbleiterschutz an.

verse Engineering erlangt, die Pflicht auferlegt werden, dieses **nur in Form eines eigenen Produktes**, nicht aber in abstrakter Form bekanntzugeben.

dd) Aufteilung des Gewinns

Endlich kann das Recht die Konfliktlage anstatt über die Zulässigkeit des Reverse Engineering auch über die Rechtsfolge bei einer Weiterverwendung der Geschäftsgeheimnisse regeln. Denkbar wäre etwa, dass der Zweitnutzer, der das Geschäftsgeheimnis für eine Weiterentwicklung nutzt, dem Inhaber eine **Abfindung** zahlen muss, um dessen Leistung zu entlohnen. Insoweit wären zwar mitunter schwierige technische Fragen und Wertungsentscheidungen aufgeworfen, weil ja der Anteil des Geschäftsgeheimnisses an der Weiterentwicklung ermittelt werden muss, aber letztlich wären auch diese Konflikte lösbar. 84

V. Bedeutung der ökonomischen Analyse des Rechts

Zum Abschluss dieses Abschnitts stellt sich die Frage nach dem Ertrag der Erkenntnisse der Rechtsökonomie. Anders gewendet: **Welche Rolle sollten die Ergebnisse der ökonomischen Analyse des Rechts für die weitere Rechtsentwicklung spielen?** 85

1. Rechtsphilosophische Begründung des Law and Economics

Teilweise ist in der ökonomischen Analyse des Rechts die Methode gesehen worden, nach der Recht richtigerweise zu gestalten ist – gleich ob durch Gesetzgebung oder Rechtsprechung. Die Allokationseffizienz wird damit zum einzigen oder doch dem hauptsächlichen Ziel der Rechtsordnung. Die Wurzeln dieser Sichtweise wie der Rechtsökonomie im Allgemeinen liegen im **Utilitarismus**,[142] der im US-amerikanischen Raum eine substanziell stärkere Wirkung entfalten konnte als in der europäischen Philosophie. In der weiteren Entwicklung setzte ein Wandel zu **konsensualistischen**[143] und später **pragmatischen Begründungen**[144] ein. Gegen all diese Ansätze bestehen gleichwohl **durchgreifende Bedenken**, auf die an dieser Stelle jedoch nicht näher eingegangen werden kann.[145, 146] 86

Aus diesem Grund ist die Perspektive der Allokationseffizienz auch nur **eine Herangehensweise** an die Gestaltung von Rechtsnormen. Zumeist sind Rechtsordnun- 87

---

[142] Zu den Wurzeln des Law and Economics-Ansatzes im Utilitarismus vgl. *Grechenig/Gelter*, RabelsZ Bd. 72, 513, 530 ff.
[143] In diesem Sinne etwa *Ott/Schäfer*, JZ 1988, 213, 218.
[144] So etwa *Cooter/Schäfer*, Solomon's Knot, 2011, S. 223 ff.
[145] Siehe ausführlich *Eidenmüller*, S. 173 ff.
[146] Zur Vereinbarkeit mit dem Menschenbild des Grundgesetzes siehe *Fezer*, JZ 1986, 817, 822; vgl. aber auch die kritische Stellungnahme hierzu von *Lüdemann*, Die Grenzen des homo oeconomicus und die Rechtswissenschaft, http://hdl.handle.net/10419/26886, S. 8 (zuletzt abgerufen am 3.9.2021).

Einl. F Geschäftsgeheimnisse aus der Perspektive des Law and Economics

gen in weit stärkerem Maße von **materialen Gerechtigkeitsvorstellungen** geprägt; so liegen Schadenersatznormen traditionell nicht Abschreckungsmotive zugrunde, sondern der naturrechtliche Satz des neminem laedere.[147] Ausgehend von diesem Befund bleibt es im rechtspolitischen Prozess eine **Entscheidung des Gesetzgebers**, ob – und inwieweit – er ökonomische Erwägungen berücksichtigt. Die Allokationseffizienz wird dabei nicht selten hinter anderen Topoi zurücktreten.

88 Noch engere Grenzen sind der ökonomischen Analyse des Rechts bei Anwendung des Rechts gesetzt. Denn der Richter ist **an das Gesetz gebunden** (Art. 20 Abs. 3 GG), auch wenn er in einer abweichenden Regelung eine Pareto-effiziente Lösung erkennt. Gleichwohl ist es nicht ausgeschlossen, ökonomische Argumente in den Entscheidungsprozess einzubeziehen, um eine Auswahl zwischen zwei nach dem traditionellen Auslegungskanon vertretbaren Ergebnissen zu treffen.[148] Denn selbstverständlich dienen Rechtsnormen zumindest im Regelfall auch der wirtschaftlichen Wohlfahrt der Gesellschaft.

2. Faktenabhängigkeit der ökonomischen Analyse des Rechts

89 Eine weitere entscheidende Grenze findet die Rechtsökonomie in der Schwierigkeit, die erforderlichen empirischen Grundlagen für die Anwendung der mikroökonomischen Theorien zu erhalten. In vielen Fällen ist ausgeführt worden, dass die sozialen Kosten und Nutzen des Geschäftsgeheimnisschutzes gegeneinander abgewogen werden müssen.[149] **Nur selten kommen die Ausführungen zu einem klaren Ergebnis.**[150] Mit anderen Worten ist ohne **Kenntnis über die Wirklichkeit** der Geschäftsgeheimnisse eine Anwendung der Kriterien nicht möglich.

90 Dies wiederum führt zu einem Kernproblem: Schon im Bereich der Immaterialgüterrechte wissen wir wenig über ihre Wirkungsweisen und die Auswirkung der Änderungen rechtlicher Rahmenbedingungen.[151] Und dieser Befund gilt erst im Recht der Geschäftsgeheimnisse, die bislang nur rudimentär in §§ 17 ff. UWG geregelt und praktisch von geringer Bedeutung waren. Empirische Studien aus dem Bereich der Wirtschaftswissenschaften stammen zumeist aus den Vereinigten Staaten und werden im Bereich der deutschen Rechtswissenschaften kaum rezipiert. Hier gilt es zunächst einmal darum, den Schutzgegenstand – und die Bedeutung des rechtlichen Umfeldes für ihn – zu verstehen, zumal sich der Bedeutungszuwachs der Geschäftsgeheimnisse in der deutschen Rechtspraxis kaum prognostizieren lässt. Ob die Klagen in absehbarer Zeit ein US-amerikanisches Niveau erreichen werden, erscheint gegenwärtig doch zumindest zweifelhaft.

---

147 Vgl. *Ulpian*, Dig. 1.1.10pr.
148 *Raeschke-Kessler*, in: FS Büscher, S. 659, 667.
149 Siehe hierzu oben unter Rn. 65 (Geheimhaltungsmaßnahmen) und 72 (Reverse Engineering).
150 Die Folge sind Differenzierungen wie etwa zwischen traditionellem Industrieumfeld und Fällen geringer Lead Time (siehe Rn. 72).
151 *Bechtold*, GRUR Int. 2008, 484 ff.; aus letzter Zeit vgl. aber *Hille*, ZGE Bd. 10 (2018), 202 ff.; *Suwelak*, MMR 2018, 582 ff.

V. Bedeutung der ökonomischen Analyse des Rechts   Einl. F

Die Komplexität der wirtschaftswirtschaftlichen Erfassung der Geschäftsgeheimnisse spiegelt sich freilich auch in der Bandbreite des Schutzgegenstandes wider. Die vorstehenden Ausführungen konzentrierten sich auf das – freilich wichtigste – Feld technischer Entwicklungen. Aber auch dieser Ausschnitt ist keinesfalls monolithisch; so haben empirische Studien gezeigt, dass Rechtsänderungen, die Innovationen bei einfachen Technologien reduzieren, gleichzeitig den High-Tech-Bereich befördern können.[152] Aber das Geschäftsgeheimnis ist auf diese technischen Zusammenhänge nicht beschränkt und erfasst auch sämtliche Informationen, welche die Voraussetzungen des § 2 Nr. 1 erfüllen, etwa Kundenlisten oder Marketingunterlagen.[153] Für diese gelten regelmäßig andere Erwägungen, zumal die Argumentationen mit Lead Time und Learning Curve keine Rolle spielen.

91

Die erforderlichen Informationen sind für den Richter **in der konkreten Entscheidungssituation nicht oder nur zu prohibitiv hohen Kosten – und unter nicht hinnehmbarer Verlängerung der Verfahrensdauer – zu erlangen**. Daher wird es die Aufgabe der Wissenschaft, entsprechende rechtsökonomische Studien – unter Hinzuziehung empirischen Materials – zur Verfügung zu stellen und so für sämtliche Kategorien von vertraulichen Informationen eine klare Analyse der sozialen Kosten und Nutzen darstellen zu können. Hier eröffnet sich ein **weites Feld interdisziplinärer Zusammenarbeit** zwischen Ökonomen und Juristen,[154] die freilich erst an ihrem Anfang steht.

92

3. Konkurrenz zu politischen Maßnahmen

Die vorstehenden Erwägungen beziehen sich auf die allokationseffiziente Gestaltung der zivil- und strafrechtlichen Normen des Geschäftsgeheimnisgesetzes.[155] Jedoch können Anreizwirkungen für Innovation auch von politischen Maßnahmen ausgehen. Zu nennen sind hier insbesondere die – in der Regel projektbezogene – Unterstützung von forschenden Unternehmen durch die öffentliche Hand und die **Technologietransferförderung**. Aus wohlfahrtsökonomischer Sicht ist daher immer auch zu prüfen, ob das konkret anvisierte Ziel gegebenenfalls durch politische Maßnahmen kostengünstiger erreicht werden kann.

93

---

152 *Crass/Valero/Pitton/Rammer*, 26 International Journal of the Economics of Business, 117, 119.
153 Eine Auflistung geschützter Informationen findet sich in § 2 Rn. 10.
154 Auch weitere Wissenschaften wie die Psychologie oder die Sozialwissenschaften werden hier hilfreiche Erkenntnisse beisteuern können.
155 Der Schwerpunkt der ökonomischen Analyse des Rechts liegt im Bereich des Geistigen Eigentums regelmäßig auf der Gestaltung des Zivilrechts. Dabei darf freilich nicht übersehen werden, dass die Anreizwirkungen durch strafrechtliche Vorschriften unterstützt werden. Vgl. dazu *Hille*, ZGE 10 (2018), 202, 227 f.

Einleitung G
Kryptographischer Geschäftsgeheimnisschutz[1]

Schrifttum: *Baun*, Computernetze kompakt, 3. Aufl. 2015; *Beutelspacher*, Kryptologie, 10. Aufl. 2015; *Biham/Shamir*, Differential Cryptanalysis of DES-like Cryptosystems, in: Journal of Cryptology. 4, Nr. 1, Januar 1991, S. 3–72; *Buchmann*, Einführung in die Kryptographie, 6. Aufl. 2015; *Bundesamt für Sicherheit in der Informationstechnologie*, IT-Grundschutz-Kompendium: Stand Februar 2021; *Bundesamt für Sicherheit in der Informationstechnologie*, Kryptographische Verfahren: Empfehlungen und Schlüssellängen", BSI-TR-02102, Version 2021-01, 24.3.2021; *Bundesamt für Sicherheit in der Informationstechnologie*, Migration zu Post-Quanten-Kryptografie, Handlungsempfehlungen des BSI, Stand: August 2020; *Ciesla*, Encryption for Organisations and Individuals, 2020; *Copeland and others*, Colossus – The Secrets of Bletchley Park's Codebreaking Computers, 2010; *Dann/Markgraf*, Das neue Gesetz zum Schutz von Geschäftsgeheimnissen, NJW 2019, 1774; *Ertel*, Angewandte Kryptographie, 2012; *Ferguson/Schneier/Kohno*, Cryptography Engineering, 2010; *Feynman*, Simulating physics with computers, International Journal of Theoretical Physics 21, 467–488, 1982; *Freiermuth/Hromkovič/Keller/Steffen*, Einführung in die Kryptologie, 2. Aufl. 2014; *von zur Gathen*, CryptoSchool, 2015; *Gierschmann/Schlender/Stentzel/Veil* (Hrsg.), Datenschutzgrundverordnung, 2018; *Grover*, A fast quantum mechanical algorithm for database search, Proceedings, 28th Annual ACM Symposium on the Theory of Computing, 1996; *Holthausen*, Die arbeitsvertragliche Verschwiegenheit NZA 2019, 1377; *Homeister*, Quantum Computing verstehen – Grundlagen – Anwendungen – Perspektiven, 5. Aufl. 2018; *Johnston/Harrigan/Gimeno-Segovia*, Programming Quantum Computers – Essential Algorithms and Code Samples, 2019; *Katz/Lindell*, Introduction to Modern Cryptography, Second Edition, 2015; *Kerckhoffs*, Journal des sciences militaires. Bd. 9, S. 5–38 (Jan. 1883), S. 161–191 (Feb. 1883); *Kommission der Europäischen Union*, A Counter-Terrorism Agenda for the EU: Anticipate, Prevent, Protect, Respond, 9.12.2020, COM(2020) 795 final; *Krüger/Wiencke/Koch*, Der Datenpool als Geschäftsgeheimnis GRUR 2020, 578; *LaMeres*, Introduction to Logic Circuits & Logic Design with Verilog, Second Edition, 2019; *Leinenbach*, Datenschutz im Vergabeverfahren ZfBR 2020, 741; *Leister*, Haftungsgefahren beim neuen Geheimnisschutz GRUR-Prax 2020, 579; *Lenze*, Mathematik und Quantum Computing, 2. Aufl. 2020; *Lenze*, Basiswissen Angewandte Mathematik – Numerik, Grafik, Kryptik, 2. Aufl. 2020; *Maaßen*, „Angemessene Geheimhaltungsmaßnahmen" für Geschäftsgeheimnisse, GRUR 2019, 352; *Nielsen/Chuang*, Quantum Computation and Quantum Information, 7th printing, 2015; *Paar/Pelzl*, Kryptografie verständlich, 2016; *Partsch/Rump*, Auslegung der „angemessenen Geheimhaltungsmaßnahme" im Geschäftsgeheimnis-Schutzgesetz, NJW 2020, 118; *Rosenkötter/Seeger*, Das neue Geschäftsgeheimnisgesetz, NZBau 2019, 619; *Schmeh*, Kryptografie, 6. Aufl. 2016; *Schöning*, Kryptologie-Kompendium, 2013; *Shannon*, Mathematical Theory of Communication, The Bell System Technical Journal, Vol. 27, pp. 379–423, 623–656, July, October, 1948; *ders.*, Communication Theory of Secrecy Systems, The Bell System Technical Journal, Vol. 28-4, p. 656–715, October, 1949; *ders.*, Communication in the Presence of Noise, Proceedings of the I.R.E. January 1949, pp. 10; *Shor*, Polynomial-Time Algorithms for Prime Factorization and Discrete Logarithms on a Quantum Computes, 1994; *Schöning*, Kryptologie-Kompendium, 2013; *Schumacher*, Quantum Coding, Physical Review A 51 Iss. 4, 2738–2747, 1995; *Sueto-*

---

[1] Der Verfasser ist Herrn Professor *Dr. Burkhard Lenze* vom Fachbereich Informatik der Fachhochschule Dortmund zu großem Dank für die fachliche Durchsicht des Textes verpflichtet. Seine Vorschläge für Änderungen und Zusätze in Entwurf und Endfassung waren sehr hilfreich.

nius, De Vita Caesarum, 110 n. Chr.; *Warnke*, Theorien des Internet, 2011; *Wiebe*, Der Geschäftsgeheimnisschutz im Informationsfreiheitsrecht, NVwZ 2019, 1705; *Zeilinger*, Einsteins Schleier – Die neue Welt der Quantenphysik, 7. Aufl. 2004.

Übersicht

	Rn.
I. Einführung	1
II. Grundlegende Begrifflichkeiten	6
III. Entwicklungsphasen der Kryptographie	11
1. Klassische Kryptographie: Verschlüsselung als Kunst	13
a) Einfache Form der monoalphabetischen Chiffre: die Cäsar-Verschlüsselung	13
b) Die homophonen und polyalphabetischen Chiffren, insbesondere die Vigenère-Verschlüsselung	15
c) Kerckhoffs Forderungen – Wegweisend für die moderne Kryptographie	17
d) Das einzige mathematisch sichere Verfahren: das Vernam One-Time-Pad	18
e) Colossus und Bletchley Park – Übergänge zur modernen, digitalrechnergestützen Kryptoanalyse	20
2. Moderne Kryptographie: Verschlüsselung als Wissenschaft	21
a) Die Entwicklung der asymmetrischen Verschlüsselung im britischen Government Communications Headquarters	22
b) Die Entwicklung der asymmetrischen Verschlüsselung im universitären Kontext	24
aa) Der „Diffie-Hellman-Schlüsselaustausch"	25
bb) Public Key Verschlüsselung: das RSA Verfahren	31
cc) Verschlüsselung unter Verwendung elliptischer Kurven	33
c) Die Weiterentwicklung der symmetrischen Verschlüsselung	34
aa) Der DES Standard von 1977	35
bb) Triple-DES	36
cc) Oktober 2000: Advanced Encryption Standard (AES)	37
dd) December 2016: Request for Nominations for Public-Key Post-Quantum Cryptographic Algorithms	39
3. (Post-)Quanten-Kryptographie: Absolut sichere Verschlüsselung als Normalfall?	40
a) Der Quantencomputer als Bedrohung für bestimmte asymmetrische Verschlüsselungen?	40
aa) Unterschiede zum Digitalrechner	43
bb) Ablauf eines Rechenvorgangs in einem Quantencomputer	48
cc) Das Quantenregister im Ausgangszustand	49
dd) Die Veränderung des Quantenregisters durch das Programm	50
ee) Die Ergebnismessung beim Quantencomputer	51
b) Quantenkryptographie: Der Quanten-Schlüsselaustausch	54
IV. Der praktische Einsatz von Kryptographie zum Geheimnisschutz im Unternehmen	59
1. Inhalt und Struktur des IT-Grundschutzes	60

Einl. G Kryptographischer Geschäftsgeheimnisschutz

	Rn.		Rn.
2. Prozess- und System-Bausteine als Grundunterscheidung des IT-Grundschutzes	61	dd) „Einbettung" der Kryptographie in primäre IT-Schutz Organisation	73
a) Prozess-Bausteine	61	c) Kryptographie auf Systemebene – ausgewählte Themen	74
b) System-Bausteine	62	aa) Schutz der Integrität und Authentizität von Geschäftsgeheimnissen: Das qualifizierte elektronische Siegel (Art. 35 eIDAS VO)	76
c) Weitere Schichten	63		
3. Das Kryptokonzept des IT-Grundschutzes: der Baustein CON.1	64		
a) Gewährleistung von Informationssicherheit durch Kryptographie	64		
b) Organisatorische Kryptographie: CON.1 als Prozess-Baustein	65	bb) Authentifizierung von Berechtigten durch Kryptographie	79
aa) Basis-Anforderungen	66	V. Ausblick: Post-Quanten-Kryptographie	85
bb) Standard-Anforderungen	68	1. Begriff	85
cc) Anforderungen bei erhöhtem Schutzbedarf	70	2. Handlungsempfehlungen und Strategien	87
		VI. Resümee	89

I. Einführung

1 Nach § 2 Nr. 1 Buchst. b **Geschäftsgeheimnisgesetz (GeschGehG)** ist ein konstitutives Merkmal der Definition des **Geschäftsgeheimnisses**, dass es sich um eine Information handelt, „die Gegenstand von den Umständen nach angemessenen Geheimhaltungsmaßnahmen durch ihren rechtmäßigen Inhaber ist …". Als eine mögliche Maßnahme dieser Art wird in der Literatur zum GeschGehG immer wieder auf die Verschlüsselung hingewiesen (→ § 2 Rn. 85 „Zugriffssichernde Maßnahme" und → Rn. 79). Anders als in der **Datenschutzgrundverordnung (DS-GVO)**, die zB in Art. 32 die Verschlüsselung ausdrücklich erwähnt, findet sich im GeschGehG keine ausdrückliche Nennung. Folglich belässt es auch die Literatur in der Regel beim bloßen Hinweis, ohne tiefer in das Thema einzusteigen.[2] Allerdings ist auch der Kommentarliteratur zu Art. 32 DS-GVO kaum Genaueres zu den technischen und organisatorischen Aspekten der Verschlüsselung zu entnehmen.[3]

2 Dies ist ein Defizit. **Kryptographischer Geheimnisschutz** ist schon jetzt eine wichtige **Standardmaßnahme**, wo immer es um sichere Geheimhaltung geht. Ge-

---

[2] Vgl. *Maaßen*, GRUR 2019, 352, 358; *Partsch/Rump*, NJW 2020, 118, 121; *Rosenkötter/Seeger*, NZBau 2020, 619, 621; *Leinenbach*, ZfBR 2020, 741, 744; *Krüger/Wiencke/Koch*, GRUR 2020, 578, 582; *Wiebe*, NVwZ 2019, 1705, 1710; *Holthausen*, NZA 2019, 1377, 1382; *Leister*, GRUR-Prax 2020, 579.

[3] Eine Ausnahme ist *Jergl*, in: Gierschmann/Schlender/Stentzel/Veil, Art. 32 Rn. 823. Hier wird prägnant der Unterschied zwischen symmetrischer und asymmetrischer Verschlüsselung, sowie das Hashing erläutert.

I. Einführung **Einl. G**

rade für die praktische Umsetzung des GeschGehG ist neben der genauen Erläuterung der rechtlichen Grundlagen des Geheimnisschutzes immer auch der Blick auf die technischen und organisatorischen Hintergründe von zentraler Bedeutung.

Die nach dem GeschGehG zu treffenden Verschlüsselungs-Maßnahmen sollten, darin besteht Einigkeit, nur ein Teil eines umfassenderen Compliance-Systems sein. Bei diesem sind nicht nur die Geschäftsgeheimnisse, sondern auch der Datenschutz und die immateriellen Schutzrechte mit in den Blick zu nehmen. Für die Unternehmenspraxis ist die Einrichtung eines solchen **Compliance-Systems** alles andere als trivial. Die gesetzlichen Regelungen halten sich mit guten Gründen mit allzu konkreten Forderungen zurück. So verpflichtet zwar die DS-GVO den Verantwortlichen den Datenschutzbehörden gegenüber zu umfassender Darlegung der Rechtmäßigkeit der Verarbeitungen, macht aber keinerlei Vorgaben, mit welchem System dies zu erreichen sein soll. Einigkeit besteht, dass Unternehmen einen gewissen „Reifegrad" aufweisen müssen, um effektiv und effizient Datenschutz und Geheimnisschutz betreiben zu können. Das bedeutet zB, dass zumindest die **Kernprozesse dokumentiert** und Rollen und Rechte für Mitarbeiter festgelegt sind. In einem solchen Rahmen wird man auch ein Verschlüsselungskonzept – zumindest für die „Kronjuwelen" des Unternehmens ansiedeln können. 3

Empfehlenswerter ist allerdings der Rückgriff auf bereits ausgearbeitete und permanent gepflegte **IT-Sicherheitskonzepte**. Hier kommt insbesondere der **Normenkreis der ISO 27000** in Betracht. Diese ISO-Normenfamilie dient dazu, Organisationen beliebiger Art und Größe bei der Einrichtung und beim Betrieb eines **Information Security Management System/Informations-Sicherheits-Management-Systems (ISMS)** zu unterstützen. Sie besteht aus diversen weiteren Standards.[4] Eine deutsche Umsetzung dieser Normen findet sich im Konzept des **IT-Grundschutzes**, der vom **Bundesamt für Sicherheit in der Informationstechnologie** (BSI) erarbeitet und gepflegt wird. Mit der **neuen Version von 2021** lassen sich die komplexen Vorgaben der **ISO 27000** Familie auch für KMU gut umsetzen. Im Folgenden wird daher von diesen beiden normativen Quellen ausgegangen und gezeigt, wie der kryptographische Geheimnisschutz hier integriert werden kann.[5] 4

Die Kryptographie wird daher regelmäßig auf der Ebene von Konzepten wie der ISO 27000-Familie bzw. dem BSI IT-Grundschutz anzusiedeln sein. Das **GeschGehG** darf, ebenso wie die **DS-GVO**, nicht isoliert gesehen werden, sondern es muss per se immer als Bestandteil eines **ISMS** bzw. eines noch umfassenderen Compliance-Systems verstanden werden.[6] 5

---

4 EN ISO/IEC 27000:2017 (D) 0.2. ISMS-Normenfamilie.
5 Für KMU ist uU auch der Standard VdS 10000 interessant. Diese Richtlinien werden von der VdS Schadenverhütung GmbH herausgegeben.
6 *Dann/Markgraf*, NJW 2019, 1774, 1779; *Ferguson/Schneier/Kohno*, p. 4.

Einl. G Kryptographischer Geschäftsgeheimnisschutz

II. Grundlegende Begrifflichkeiten

6 Das GeschGehG definiert den Begriff der Information nicht, sondern setzt diesen voraus. **Informationen** im hier verwendeten Sinne der **DIN EN ISO 9000:2015-11** sind „**bedeutsame Daten**" (3.8.2), dh. bedeutsame Fakten über ein beliebiges Objekt (der unternehmerischen Tätigkeit).[7] Informationen können daher Produkte, Personen, Dienstleistungen, Prozesse, materielle Objekte oder immaterielle Objekte betreffen.

7 Ein **Dokument** ist eine **Information einschließlich des Trägermediums**.[8] Hier wird der Terminus Dokument ausschließlich im Sinne eines elektronischen Dokuments verwendet.[9]

8 Die **Kryptologie** ist die **Wissenschaft von der Verschlüsselung**. Sie vereinigt die **Kryptographie**, als die Lehre von der Sicherung von Informationen durch Verschlüsseln und die sog. **Kryptanalyse** als die Darstellung und Untersuchung von Methoden zur Entschlüsselung.[10] Präziser kann man mit *Katz* und *Lindell* Kryptographie als das „Studium der mathematischen Verfahren zur Sicherung von digitalen Informationen, Systemen und verteilten Anwendungen gegen Angriffe" fassen.[11]

9 **Steganographie** ist dementsprechend die Lehre von der Sicherung von Informationen durch Verstecken. Also etwa der extremen grafischen Verkleinerung, dem Einfügen von Texten in Bilddateien etc.

10 Der sog. **Schlüsselraum** ist die Menge von möglichen Schlüsseln, die von einem **Verschlüsselungsalgorithmus** oder einem **Verschlüsselungsprotokoll** potenziell genutzt wird. Die Größe des Schlüsselraums spielt eine entscheidende Rolle bei der Abwehr von **Brute-Force-Attacken**. Bei einer Brute-Force-Attacke werden alle möglichen Schlüssel ausprobiert. Je kleiner der Schlüsselraum, desto rascher ist der Angreifer im Besitz des Schlüssels.

III. Entwicklungsphasen der Kryptographie

11 Die Kryptologie war bis in die jüngste Geschichte hauptsächlich eine Domäne der Militärs. Nach überkommener Auffassung war die Kryptographie eher eine Kunst, bei der Talent und Intuition eine Rolle spielten.

12 Mit den 70er und 80er Jahren des vorigen Jahrhunderts setzte hier eine massive Änderung ein. Das Studium der mathematischen Grundlagen von Verschlüsselungssystemen verbreitete sich. Man begann immer mehr die Kryptographie als Wissen-

---

7 DIN EN ISO 9000:2015-11: 3.8.2: Daten (3.8.1) mit Bedeutung; 3.8.1: Fakten über ein Objekt (3.6.1); 3.6.1: Objekt, Einheit, Gegenstand, etwas Wahrnehmbares oder Vorstellbares.
8 DIN EN ISO 9000:2015-11: 3.8.5.
9 DIN EN ISO 9000:2015-11: 3.8. Anm. 1 zum Begriff.
10 *Ertel*, S. 21; *Schmehl*, S. 11;
11 *Katz/Lindell*, p. 3.; *von zur Gathen*, S. 61.

III. Entwicklungsphasen der Kryptographie **Einl. G**

schaft zu begreifen. Die Kryptographie wurde in ihrer digitalen Ausprägung bedeutsam im Zusammenhang mit dem Internet. Mittlerweile steht die Kryptographie wieder an einer deutlich wahrnehmbaren Schwelle: Der sog. Quantencomputer setzt an, die Spielregeln der Verschlüsselung wieder zu ändern.

1. Klassische Kryptographie: Verschlüsselung als Kunst

a) Einfache Form der monoalphabetischen Chiffre: die Cäsar-Verschlüsselung

Beispielhaft für frühe und einfache Methoden des Verschlüsselns ist die sog. „Cäsar"-Methode. Sie soll auf *Julius Cäsar* (100–44 v. Chr.) zurückgehen und besteht darin, für jeden Buchstaben des Klartextes einfach den darauf an dritter Stelle folgenden Buchstaben einzusetzen.[12] Stellt man sich also das verwendete Alphabet als kreisrunde Scheibe vor, so wird einfach um drei Stellen rotiert. Diese Form der Verschlüsselung durch **Substitution** eines Klartextbuchstabens durch einen anderen Buchstaben ist eine der denkmöglichen Arten einen Text zu verschlüsseln. Die prinzipiell andere Möglichkeit ist, die Buchstaben nicht durch andere Buchstaben zu ersetzen, sondern die Reihenfolge zu verändern, sie also zu verwürfeln (**Permutation**).[13]

13

Die **Cäsar-Verschlüsselung** ist zudem eine **symmetrische Verschlüsselung oder auch „private key" Verschlüsselung**, weil der Sender der verschlüsselten Nachricht und der Empfänger **denselben Schlüssel** benötigen. Der Sender zum Verschlüsseln der Nachricht, der Empfänger zum Entschlüsseln der Nachricht. Bei der Cäsar-Verschlüsselung wäre dies einfach die Information, dass eine Verschiebung um drei Stellen stattgefunden hat.[14] Das Cäsar-Verfahren ist gleichzeitig ein mo-

14

---

12 „De Vita Caesarum", „Divius Julius", 56, Suetonius Tranquillus, Gaius, 110 n. Chr.
13 Auch: Transposition, vgl. *Schöning*, S. 13; In der Antike wurde dieses Verfahren bei der sog. Skytale (altgr. skytálē, „Stock", „Stab") verwendet. Ein um einen Holzstab gewundenes Lederband wurde zeilenweise beschrieben. Nach der Abwicklung waren die Buchstaben verwürfelt (permutiert). Der Empfänger konnte durch Aufwickeln des Lederbandes auf einen Holzstab gleichen Durchmessers diese Verwürfelung wieder rückgängig machen und so den Klartext lesen. Anhand einer Textmatrix lässt sich dieses Prinzip leicht demonstrieren:
Der zeilenweise gut lesbare Text:
SICHE
RHEIT
DURCH
VERSC
HLUES
SELUN
GXXXX
ergibt spaltenweise und damit ins Unlesbare permutiert:
SRDVHSGIHUELEXCERRULXHICSEUXETHCSNX.
14 Die modulare Arithmetik ist für die Kryptographie sehr wichtig. Namentlich die unten vorgestellten, asymmetrischen Protokolle (Public-Key-Algorithmen), wie etwa Diffie-Hellman oder RSA, machen von ihr Gebrauch. Eine natürliche Zahl wird mit dem Rest, der bei der Division mit einer anderen natürlichen Zahl entsteht identifiziert. So ist 15 durch 7 = 2 Rest 1. Man schreibt daher auch 15 mod 7 = 1. 15 durch 8 = 8 Rest 7, daher 15 mod 8 = 7, während 15 durch 5 = 3 Rest 0 wäre und damit 15 mod 5 = 0 ist. Beispiele aus *Beutelspacher*, S. 123.

Einl. G Kryptographischer Geschäftsgeheimnisschutz

noalphabetisches Verfahren, weil jeder Buchstabe des Klartextes auf immer nur einem anderen Buchstaben **desselben Alphabets** abgebildet wird. Solche Systeme können so konstruiert werden, dass sehr große Schlüsselräume entstehen.[15] Gleichwohl sind monoalphabetische Chiffren, wenn sie auf natürlicher Sprache basieren, Kolosse auf tönernen Füßen. Eine Analyse der Häufigkeit der verwendeten Buchstaben – wenn zB die Sprache des Klartextes bekannt ist – lässt den Vorteil des riesigen Schlüsselraums bedeutungslos werden.[16] Werden diese Chiffren allerdings mit nicht natürlichen Sprachen konstruiert, so sind sie durchaus sichere Verschlüsselungschiffren.[17]

b) Die homophonen und polyalphabetischen Chiffren, insbesondere die Vigenère-Verschlüsselung

15 Um den Nachteil der statistischen Analyse von monoalphabetischen Chiffren zu umgehen, ordnete man bei der homophonen Verschlüsselung einem Klartextbuchstaben mehrere Chiffrebuchstaben zu. Verwendet man hierzu verschiedene Alphabete, so spricht man auch von einer polyalphabetischen Chiffrierung. Dabei entsprach die Zahl der zugeordneten Chiffrebuchstaben der Häufigkeit des statistischen Vorkommens der Klartextbuchstaben. Auf diese Weise versuchte man die statistischen Signifikanzen zu glätten.[18]

16 Vorbild für diese Art der Verschlüsselung ist die sog. Vigenère-Verschlüsselung. Sie geht auf den französischen Diplomaten *Blaise de Vigenère* (1523–1596) zurück. Der Geheimtext bei der Vigenère-Chiffre wurde aus einer Kombination des Klartextes mit einem Schlüsselwort, das je nach Länge des Klartextes mehrfach wiederholt wurde erzeugt. Aus dem Schlüsseltextbuchstaben und dem korrespondierenden Klartextbuchstaben wurde mittels einer Buchstabentabelle der Chiffrebuchstabe gefunden. So erzeugte *Vigenère* einen (relativ) homophonen Chiffretext, der jedenfalls mit einfachen statistischen Methoden nicht angreifbar war. Trotzdem ge-

---

Tatsächlich erlaubt die Modulararithmetik in einem – in der Praxis häufig sehr großen – prinzipiell aber begrenzten Zahlenbereich zu bleiben (ähnlich dem Ziffernblatt einer Uhr). Für die Cäsar-Verschlüsselung bietet sie eine Möglichkeit, Verschlüsselung und Entschlüsselung mathematisch knapp und präzise auszudrücken:
Die Verschlüsselungsfunktion lautet f(x)=x+3 mod 26, wobei x ε Menge der Buchstaben {0, ..., 26} und 0=A, 1=B, 2=C usw. ist.
Die Entschlüsselungsfunktion lautet demnach: $f^{-1}(y)$=y-3 mod 26.
Beispiel:
C(AESAR) → zB Verschlüsselung: f(C) = 2+3 mod 26 = 5=**F**,
Entschlüsselung: f^{-1}(F)= 5-3 mod 26 = 2 = **C**.
Vgl. dazu auch: *Beutelspacher*, S. 8; *Katz/Lindell*, pp. 9.
15 Etwa durch Verwürfelung der Geheimtextbuchstaben der Form: A=Q, B=Z, C=F, D=H, ... kann ein Schlüsselraum der Größe 26! erzeugt werden. Es gibt also etwa 4 * 10^{26} verschiedene Schlüssel. Das macht auch computergestützte Brute-Force-Angriffe aussichtslos. Dazu: *Freiermuth/Hromkovič/Keller/Steffen*, S. 76; *Beutelspacher*, S. 14.
16 *Beutelspacher*, S. 23.
17 Vgl. dazu unten DES und AES.
18 Daher auch der Name „homophon", altgr. gleichtönend.

lang es Ende des 19. Jahrhunderts Verfahren zu entwickeln, die die Schlüssellänge feststellen konnten. Hatte man diese einmal gefunden, konnte man über Buchstabenhäufigkeiten im Chiffretext das Schlüsselwort bestimmen.

c) Kerckhoffs Forderungen – Wegweisend für die moderne Kryptographie

Wegweisend sind die Prinzipien des Militärkryptographen *Auguste Kerckhoffs von Nieuwenhof* (1835–1903). In seiner 1883 veröffentlichten Schrift „**La Cryptographie militaire**"[19] stellte er schon früh maßgebliche Forderungen für ein sicheres Verschlüsseln auf. Demnach muss die Methode der Verschlüsselung offengelegt werden. „**Security through obscurity**" – Sicherheit durch Geheimhalten der Verschlüsselungsmethode, bietet nach *Kerckhoffs* Beobachtungen gerade keine Sicherheit, da jede noch so ausgefeilte Verschlüsselungsmethode früher oder später aufgedeckt wird.[20] Statt also in der Methode, muss die ganze Sicherheit des Systems im Schlüssel liegen.[21] Damit ist *Kerckhoffs* ein ganz früher Vertreter des „**Open Source**"**-Prinzips**.[22] Wenn und soweit die mathematisch fundierte Verschlüsselungsmethode offengelegt wird, kann sie durch Fachleute untersucht und auf Schwachpunkte getestet werden, ohne die Sicherheit des Systems zu gefährden.[23]

17

d) Das einzige mathematisch sichere Verfahren: das Vernam One-Time-Pad

Die erfolgreichen Angriffe auf das Vigenère-System machten deutlich, dass der Geheimtext keinerlei Regelmäßigkeiten mehr aufweisen durfte, um unangreifbar zu sein. Dies führte dazu, dass *Gilbert Vernam* (1890–1960) sich 1919 das sog. One-Time-Pad patentieren ließ. Prinzipiell funktionierte das One-Time-Pad so, dass der Klartext mit einem völlig zufälligen Schlüsseltext gleicher Länge verrechnet wurde. Wenn und soweit der Schlüssel wirklich zufällig und strukturlos ist, dann ist das One-Time-Pad tatsächlich nicht angreifbar.

18

Allerdings ist das Verfahren für den praktischen Einsatz sehr aufwändig. Es darf nämlich niemals derselbe Schlüssel wiederverwendet werden. Schwierig ist es zumindest Anfang des 20. Jahrhunderts auch gewesen, echt zufällig Buchstabenfolgen zu erzeugen.[24] Zudem besteht ein weiteres Problem darin, dass der mit der Nachricht gleichlange und nur einmal verwendbare Schlüssel zwischen den Kommunikationspartnern sicher ausgetauscht bzw. vereinbart werden muss.[25] Trotzdem wurde das One-Time-Pad gerade im kalten Krieg häufig eingesetzt.

19

---

19 *Kerckhoffs*, Journal des sciences militaires. Bd. 9, S. 5–38 (Jan. 1883), S. 161–191 (Feb. 1883).
20 *Katz/Lindell*, pp. 7.
21 *Ferguson/Schneier/Kohno*, pp. 24.
22 *Katz/Lindell*, pp. 7.
23 *Ferguson/Schneier/Kohno*, p. 25.
24 *Katz/Lindell*, p. 32, 34.
25 *Lenze*, Basiswissen, S. 297.

Einl. G Kryptographischer Geschäftsgeheimnisschutz

e) Colossus und Bletchley Park – Übergänge zur modernen, digitalrechnergestützen Kryptoanalyse

20 In der neueren Geschichte steht idealtypisch für diese klassische Kryptographie sicherlich „**Bletchley Park**" und die dort erfolgreich vorgenommenen Entschlüsselungen der deutschen **Enigma- und Lorenz-Verschlüsselungen**. Beide Verschlüsselungssysteme waren symmetrische Verschlüsselungen. Die Lorenz-Verschlüsselung[26] folgte dabei dem Vernam-System, die Enigma-Verschlüsselung[27] dem Vigenère-System. Idealtypisch deshalb, weil hier die Kryptographie klassisch im militärischen Kontext angewendet wurde, klassisch aber auch, weil die Akteure in Bletchley Park überwiegend keine speziell ausgebildeten Kryptoanalysten waren, sondern im Gegenteil „accidental cryptanalyst".[28] Das schmälert die Leistungen von *Alan Turing*, *William Tutte*, *John Tiltman* und anderen in keiner Weise. Aus gerade dieser Praxis heraus wurde gleichwohl deutlich, dass mathematische Intuition und Erfahrung allein nicht ausreichend waren, um komplexe Verschlüsselungen zu bewältigen. So war auch die deutsche Seite bei der Konzeption der Enigma mindestens einer Fehleinschätzung unterlegen. Hier war man der Meinung gewesen, eine zusätzliche, fest verdrahtete Umkehrwalze würde die Sicherheit der Verschlüsselung erhöhen. Tatsächlich war das Gegenteil der Fall.[29] Mit Hilfe auch des Colossus Rechners gelang es, die Entschlüsselung der deutschen Codes mechanisiert zu unterstützen.[30] Dies zeigte sehr früh, was Elektronik leisten konnte.[31] *Alan Turing*, *Max Neumann* und *Irving John (Jack) Good* setzten ihre Arbeit an der Universität Manchester fort.[32] In diesem Sinn befand sich die Kryptologie nach „Bletchley Park" in einer Übergangsphase zu einer Verwissenschaftlichung und Professionalisierung einerseits und gleichzeitig in einer Ausdehnung über den Bereich Diplomatie und Militär hinaus in die Gesellschaft hinein.

2. Moderne Kryptographie: Verschlüsselung als Wissenschaft

21 Ausgehend von den alliierten Kraftanstrengungen beim Dechiffrieren feindlicher Nachrichten, wurden die mathematisch-technischen Ansätze weiterverfolgt und na-

---

26 *Good*, in: Copeland, p. 212; *Bauer*, in: Copeland, Appendix 12, p. 415. Anders als bei der Enigma, wurden die Nachrichten bei der Lorenz-Maschine in einem 5 Bit Binärcode übermittelt und nicht in Morsecode.
27 *von zur Gathen*, S. 721; *Ertel*, S. 47.
28 *Budiansky*, in: Copeland, pp. 52, 53.
29 *Freiermuth/Hromkovic/Keller/Steffen*, S. 173: „Die Umkehrwalze führt nämlich dazu, dass die Entschlüsselung gleich wie Verschlüsselung funktioniert."; *Schmeh*, S. 69.
30 Vgl. *Good*, in: Copeland, p. 222, der ausdrücklich auf die besondere Bedeutung der Ingenieure und namentlich auf die Verdienste *Flowers* hinweist: „Flowers and the other engineers cannot be praised enough. [...] I think Flowers deserved to be knighted and Newman too."; vgl. auch *Ertel*, S. 49, insbes. Tabelle 3.7.
31 *Budiansky*, in: Copeland, pp. 52, 62, mit Verweis auf *Flowers*.
32 *Good*, in: Copeland, p. 222: „Most of cryptanalysts in the Newmanry dispersed into various universities an most of us achieved some measure of success in our unclassified work."; auch *Budiansky*, in: Copeland, pp. 52, 62/63.

mentlich der Einsatz der digitalen Rechner weiterentwickelt. Es waren mehrere Entwicklungsstränge, die zur modernen, wissenschaftlich-mathematischen Kryptographie[33] führten. Zwei dieser Entwicklungsstränge sind eng verknüpft mit der Erfindung einer neuen Art der Verschlüsselung: der sog. asymmetrischen Kryptographie. Diese wurde einerseits im abgeschotteten Arkanbereich des britischen Government Communications Headquarters, andererseits im offenen und diskursiven Kontext der Universität entwickelt.

a) Die Entwicklung der asymmetrischen Verschlüsselung im britischen Government Communications Headquarters

Ein Entwicklungsstrang kam aus dem britischen Government Communications Headquarters (GCHQ). Diese Behörde wurde 1919 gegründet und befasste sich von Anfang an auch mit Kryptographie. *James Henry Ellis* (1924–1997) war Ende der 60er Jahre Mitarbeiter des GCHQ. Angeregt durch einen anonymen Aufsatz[34] und die Publikationen von *C.E. Shannon*[35] stellte er in einem internen Aufsatz[36] völlig neue Überlegungen zu einer **„non-secret encryption"** (nicht geheimen Verschlüsselung)[37] an. Namentlich in seinem Aufsatz „Communication in the Presence of Noise"[38] modelliert *Shannon* ein ideales Kommunikationssystem aus Informationsquelle, Übermittler, Kanal, Empfänger und Bestimmung. Es war ihm so möglich, erstmals bestimmte Eigenschaften eines solchen Kommunikationssystems, wie etwa die Bandbreite und Übertragungsmenge – auch bei Störungen des Systems – exakt zu berechnen.

Genau dies brachte *Ellis* auf die Idee, statt Kommunikation herkömmlich zu verschlüsseln, künstliche Störungen über die Kommunikation zu legen und diese beim Empfänger wieder zu entfernen. Gemeinsam mit dem Mathematiker *Clifford Cocks* (1950) und *Malcolm Williamson* (1950–2015) entwickelte Ellis seine Idee weiter. Schließlich konnte man schon 1974 ein ausgereiftes Verfahren zu einer Verschlüsselung ohne Schlüsselaustausch vorlegen. Dies alles blieb jedoch innerhalb des GCHQ.[39]

---

33 *Katz/Lindell*, p. 3.
34 Project C43, wohl bei Bell Telephone entstanden.
35 *Claude Elwood Shannon* (1916 – 2001) war ein amerikanischer Mathematiker, Elektroingenieur und Kryptograph. *Shannon* gilt als der Begründer der mathematischen Informationstheorie (*Shannon, Claude Elwood*, Mathematical Theory of Communication, 1948). Namentlich seine Überlegungen zu „Secrecy Systems" können als Anfang einer wissenschaftlichen Auseinandersetzung mit dem Thema Kryptographie gesehen werden.
36 „The Possibility of Secure Non-Secret Digital Encryption", GCHQ CESG Research Report No. 3006.
37 Übersetzung des Autors.
38 *Shannon*, Proceedings of the I.R.E. January 1949, pp. 10.
39 Die Geheimhaltung wurde erst 1997 aufgehoben.

Einl. G Kryptographischer Geschäftsgeheimnisschutz

b) Die Entwicklung der asymmetrischen Verschlüsselung im universitären Kontext

24 Das in den 70er bis 80er Jahren des vorigen Jahrhunderts sich vor allem im universitären Umfeld rasch entwickelnde Internet[40] warf Mitte der 70er Jahre Fragen nach der Informationssicherheit dieser neuen Technologie auf. Das Internet bestand im Jahr 1976 aus über 75 Knoten.[41] Wollte man in diesem Netzwerk verschlüsselt kommunizieren, so musste jeder Knoten mit jedem anderen einen Schlüssel vereinbaren.[42] Zudem mussten diese Schlüssel über einen sicheren Kommunikationsweg ausgetauscht werden. Dies konnte gerade nicht das sich entwickelnde Internet sein, da hier der Datenverkehr standardmäßig unverschlüsselt abgewickelt wurde.[43]

aa) Der „Diffie-Hellman-Schlüsselaustausch"

25 1976 veröffentlichen *Whitfield Diffie* und *Martin Hellman* eine Methode, einen gemeinsamen Schlüssel über einen unsicheren Kommunikationskanal zu erzeugen.[44] Modellhaft sollen A und B über einen unsicheren Kommunikationskanal miteinander verbunden sein, zB kommunizieren sie mit nicht verschlüsselten E-Mails. Sie wollen einen geheimen Text übermitteln und diesen symmetrisch verschlüsseln. Da die E-Mail allerdings offen lesbar ist, können sie den gemeinsamen Schlüssel nicht mit einer E-Mail übermitteln. Durch den sog. „Diffie-Hellman-Schlüsselaustausch" (DHKE) ist dies gleichwohl möglich. Dabei machen sich *Diffie* und *Hellman* ein Problem der Zahlentheorie zunutze. Im Gegensatz zur diskreten Exponentiation ist die Umkehrrechnung, nämlich die diskrete Logarithmisierung, äußerst schwierig und zeitaufwändig.[45]

---

40 Bis 1983 muss richtigerweise vom ARPANET (Advanced Research Projects Agency Network) gesprochen werden. Ab 1983 stellte sich das ARPANET auf das Transmission Control Protocol/Internet Protocol (TCP/IP) um und wurde dadurch ein Subnetz des Internet. Es wurde am 28.2.1990 abgeschaltet. Dazu *Warnke*, S. 47 f.
41 Zahlen bei: *Warnke*, S. 48. Definition „Knoten" zB bei *Baun*, S. 22: „Alle Geräte in Computernetzen werden auch *Knoten* (*Nodes*) und bei Funknetzen *Stationen* genannt." Der tiefere Grund für die Bezeichnung der Geräte als „Knoten" und der Verbindungen als „Kanten" liegt in der mathematischen Modellierung von Netztopologien durch die Graphentheorie.
42 Ausgehend von N=75 Knoten wären das nach der Formel: (N*(N-1))/2 genau (75*(75- 1))/2=2775 Schlüssel gewesen. Diese hätten generiert und auf einem anderen Übermittlungsweg als dem Internet übertragen werden müssen. Keine schöne und elegante Lösung aus technisch-mathematischer Sicht.
43 Dies ist auch heute noch der Fall.
44 *Diffie/Hellman*, New Directions in Cryptography, IEEE Transaktions on Information Theory, Vol. IT-22, No. 6, November 1976, p. 644.
45 Für die Umkehrfunktion zur diskreten modularen Exponentiation (a^x mod p), nämlich den sog. diskreten Logarithmus gibt es keine effizienten Berechnungsmethoden, vgl. nur *Schöning*, S. 42. Hierauf beruht der Diffie-Hellman-Schlüsselaustausch. Über den unsicheren Kanal werden nur Zahlen übermittelt, mit deren Hilfe ein passiver – also lediglich mitlesender – Angreifer den Logarithmus nicht berechnen kann. Zur Vertiefung: *Lenze*, Basiswissen, S. 263 ff., *Buchmann*, S. 188 ff.; *Beutelspacher*, S. 143 ff.; *Paar/Pelzl*, S. 236 ff.; *Freiermuth/Hromkovič/Keller/Steffen*, S. 198 ff.

III. Entwicklungsphasen der Kryptographie   Einl. G

Man spricht bei solchen Funktionen auch von „**Einwegfunktionen**". Diese sind für die Kryptographie von großer Bedeutung.[46] Die Idee hinter diesen Einwegfunktionen ist, dass das Verschlüsseln mathematisch leicht und damit rasch funktioniert, das Rückrechnen auf den verschlüsselten Text aber äußerst zeit- und ressourcenaufwändig ist.[47] Ganz anschaulich wird es, wenn man sich verdeutlicht, dass es sehr leicht ist ein Trinkglas auf den Boden zu werfen und es damit zersplittern zu lassen. Es aber nur sehr schwierig bis unmöglich ist, diesen Vorgang umzukehren und das Glas wieder völlig herzustellen.[48]   26

Damit diese Einwegfunktion für die Kryptographie nützlich ist, muss es allerdings für den Empfänger bzw. die Empfängerin möglich sein, mittels eines versteckten Parameters das Umkehren der Funktion vorzunehmen. Solche Funktionen nennt man daher auch „**Einwegfunktionen mit Falltür**".[49]   27

Dies sei an einem einfachen Beispiel eines Schlüsselaustauschs nach Diffie-Hellman[50] kurz dargestellt: 28

> Über einen unsicheren Kanal wie zB eine unverschlüsselte E-Mail verständigen sich A und B auf eine Primzahl p und eine natürliche Zahl g, die allerdings kleiner als p sein muss. Die Primzahl p sei hier 19, die natürliche Zahl g sei 10.[51] Danach wählen A und B je für sich eine geheime Zahl. Diese wird nicht über den unsicheren Kanal mitgeteilt, nur A und B kennen jeweils ihre Zahl. A wählt hier 5 und B wählt hier 2. A und B berechnen nun die öffentliche Zahl a bzw. b, indem sie ihre Werte in die modulare Potenzformel einsetzen.[52]
>
> Also:
> $a = 10^5 \mod 19 = 3$
> $b = 10^2 \mod 19 = 5$
>
> Nun übermittelt A die Zahl 3 an B und B übermittelt die Zahl 5 an A über den unsicheren Kanal, also beispielsweise unverschlüsselte E-Mail. Da der diskrete Loga-

---

46 Vgl. *Lenze*, Basiswissen, S. 253 f., der darauf hinweist, dass ein formaler Beweis, ob eine Funktion eine echte Einwegfunktion ist, bislang nicht existiert; so auch *Buchmann*, S. 234; *Beutelspacher*, S. 87 f.; *Schöning*, S. 42.
47 *Buchmann*, S. 234;
48 Dieses sehr anschauliche Beispiel findet sich bei *Freiermuth/Hromkovič/Keller/Steffen*, S. 238.
49 *Paar/Pelzl*, S. 180: In diesem Sinne sind derzeit drei Algorithmenfamilien von praktischer Bedeutung: Die Faktorisierung ganzer Zahlen (RSA-Algorithmus, Rn. 31), das sog. diskrete Logarithmusproblem (Diffie-Hellman Schlüsseltausch, Rn. 25) und die Verschlüsselung mit Hilfe von elliptischen Kurven (Rn. 33). Sehr instruktiv mit Berechnungsbeispielen: *Lenze*, Basiswissen, S. 254 ff., 258 ff.
50 Für den Schlüsselaustausch nach Diffie-Hellman wird keine „Falltür" benötigt, weil dieses Verfahren nicht auf einer Umkehrfunktion beruht – diese sorgt nur für die Sicherheit der öffentlichen Übermittlung von Modul (p) und Generator (g). Das Verfahren macht sich vielmehr die Kommutativität von Exponenten zu nutze.
51 Ich danke Herrn Professor *Dr. Lenze* sehr für den Hinweis, dass die Verwendung von g = 10, als primitiver Wurzel bzw. Generator der primen Restklassengruppe Z_{19}, den potenziellen Schlüsselraum auf 18 anwachsen lässt. Bei der vom Autor zunächst mit g = 6 veranschaulichten Rechnung wäre der Schlüsselraum dagegen nur halb so groß gewesen. Dazu auch *Lenze*, Basiswissen, S. 264 f. mit weiteren durchgerechneten Beispielen.
52 Zur Modulararithmetik siehe Fn. 13.

Einl. G Kryptographischer Geschäftsgeheimnisschutz

rithmus bei entsprechend großen Zahlen nicht effektiv berechenbar ist, können beide ihre derart geschützten geheimen Zahlen austauschen.[53]

Beide führen nun folgende Berechnungen durch:
A rechnet $5^5 \bmod 19 = 9$
B rechnet $3^2 \bmod 19 = 9$

Dadurch, dass die Exponenten bei der modularen Exponentiation vertauscht werden dürfen, konnten A und B unabhängig voneinander denselben Schlüssel, nämlich 9 errechnen. Die Zahl 9 könnte nun als symmetrischer Schlüssel eingesetzt werden, zB für eine Cäsar-Verschlüsselung.

29 In dem Diffie-Hellman-Schlüsseltausch kann ein erstes **Public-Key-Verfahren** gesehen werden, da hier A und B einen geheimen Schlüssel (für A ist das die 5 und für B die 2) haben und gleichzeitig einen öffentlichen Schlüssel austauschen (für A ist das die 3 und für B die 5). Dieser Ansatz ähnelt dem RSA-Verfahren, das im Folgenden dargelegt wird.[54]

30 Auch heute wird das Diffie-Hellman-Schlüsseltauschverfahren noch in den verschiedensten Bereichen eingesetzt. So findet es beispielsweise bei der Transport Layer Security (TLS 1.3) Anwendung[55] und sichert so den vertraulichen Datenaustausch im Internet.

bb) Public Key Verschlüsselung: das RSA Verfahren

31 Einen Schritt weiter gingen *Ron Rivest*, *Adi Shamir* und *Leonard Adleman*. Als Reaktion auf die Veröffentlichung des Diffie-Hellman-Verfahrens veröffentlichten sie ein Verfahren, das ebenfalls mit einem geheimen, privaten Schlüssel (private key) und einem öffentlichen Schlüssel (public key) arbeitete. Anders als bei Diffie-Hellman wird jedoch bei RSA kein gemeinsamer, weiterer geheimer Schlüssel erzeugt, sondern der Mitteilungstext sofort verschlüsselt.

32 Wie *Diffie* und *Hellman* machten sich *Rivest*, *Shamir* und *Adleman* die mathematische Tatsache zunutze, dass es Funktionen gibt, die leicht zu berechnen sind, deren Umkehrfunktion allerdings nur sehr schwer zu berechnen ist. *Diffie* und *Hellman* nutzten die Schwierigkeit, den diskreten Logarithmus zu berechnen. *Rivest*, *Shamir* und *Adleman* setzten auf das sog. „Faktorierungsproblem". Jede natürliche Zahl ist das Produkt von Primzahlen. Es ist rechnerisch leicht, solche Produkte aus Primzahlen zu berechnen, auch wenn es sich um sehr große Primzahlen handelt. Schwierig ist der umgekehrte Vorgang. Eine große natürliche Zahl in ihre Primfaktoren zu

---

53 Im vorliegenden Beispiel wäre einem Angreifer, der die E-Mails mitgelesen hätte, der Modul p = 19, der Generator g = 10 und das Ergebnis der Exponentiation nämlich 3 bekannt. Mit der Formel $10^x \equiv 3 \bmod 19$ könnte er durch Ausprobieren auf x = 5 kommen und mit der von B übermittelten Zahl 5 könnte dann der geheime Schlüssel 9 berechnet werden. Bei entsprechend großen Zahlen wäre dies nicht mehr möglich.
54 *Paar/Pelzl*, S. 238, *Lenze*, Basiswissen, S. 263.
55 *Paar/Pelzl*, S. 236.

zerlegen ist enorm aufwendig.[56] Aus diesem Grund kann aus dem öffentlichen Schlüssel des RSA-Verfahrens der private Schlüssel nicht effizient berechnet werden. Mit Hilfe des privaten Schlüssels kann aber sehr wohl die Nachricht entschlüsselt werden (Einwegfunktion mit Falltür → Rn. 27).

cc) Verschlüsselung unter Verwendung elliptischer Kurven

Insbesondere das RSA-Verfahren ist sehr rechenintensiv und bedarf relativ langer Schlüssel.[57] Dies ist für manche kryptographischen Anwendungen, zB auf Smartcards hinderlich.[58] Das Verfahren, abgekürzt ECC (Elliptic Curve Cryptography), erreicht die gleiche Sicherheit wie die auf dem diskreten Logarithmus basierenden Verfahren oder RSA. Allerdings mit deutlich kürzeren Schlüsseln.[59] Die Idee stammt aus den 1980er Jahren[60]: Man nutzt die Punkte auf einer elliptischen Kurve zB über einem Körper als Ausgangsmenge.[61] Auf dieser Menge können dann Protokolle, die auf den Diskreter-Logarithmus-Systemen beruhen aufgesetzt werden.[62] Die Mathematik hinter der ECC ist allerdings „deutlich anspruchsvoller als die für RSA und Diskreter-Logarithmus-Systeme".[63]

33

c) Die Weiterentwicklung der symmetrischen Verschlüsselung

Die Entwicklung der asymmetrischen Kryptographie machte die symmetrische Kryptographie keineswegs überflüssig. Das amerikanische National Bureau of Standards (NBS)[64] schrieb im Jahr 1972 einen Wettbewerb für ein symmetrisches

34

---

56 In der Informatik wird der benötigte Aufwand mithilfe der Komplexitätstheorie gemessen. Dabei wird untersucht wie sich der Aufwand bei Vergrößerung der Eingangsgrößen verändert. Wächst der Aufwand dabei exponentiell, so ist die Berechnung nicht effizient durchführbar.
57 *Lenze*, Basiswissen, S. 319.
58 *Paar/Pelzl*, S. 288, *Buchmann*, S. 283. Elliptische Kurven werden auch bei dem PACE Protokoll des neuen Personalausweises eingesetzt, vgl. BSI Technical Guideline TR-03110.
59 *Paar/Pelzl*, S. 273: „RSA und Diskrete-Logarithmus-Verfahren mit 1024-3072 Bit bieten die gleiche Sicherheit wie ECC mit 160–256 Bit."
60 *Lenze*, Basiswissen, S. 319 mit Verweis auf die Arbeiten von *Neal Koblitz* und *Victor S. Miller*; *Paar/Pelzl*, S. 273.
61 *Schöning*, S. 121: „Die Menge der Punkte (x, y), die einer Gleichung der Form $y^2 = x^3 + ax + b$ genügen, nennt man eine elliptische Kurve."
62 Anschaulich *Beutelspacher*, S. 146 f.: „Elliptische Kurven sind keineswegs Ellipsen, sondern Kurven 3. Grades der Form $y^2 = x^3 + ax + b$, also etwa $y^2 = x^3 - x + 1$. Überraschenderweise kann man die Punkte einer solchen Kurve als „Zahlen höherer Art" ansehen, mit denen man vernünftig rechnen kann. Es ist möglich, alle Protokolle, die auf dem diskreten Logarithmus modulo p beruhen, auf elliptische Kurven zu übertragen."
63 *Paar/Pelzl*, S. 273. Zur Vertiefung: *Buchmann*, S. 280 ff.; *Ertel*, S. 93 ff.; *Katz/Lindell*, pp. 325; *Lenze*, Basiswissen, S. 319 ff.; *Paar/Pelzl*, S. 273 ff.; *Schmeh*, S. 226 ff.; *Schöning*, S. 121 ff.; *von zur Gathen*, S. 207 ff.
64 Heute National Institute of Standards and Technology (NIST), vgl. *Paar/Pelzl*, S. 63.

Einl. G Kryptographischer Geschäftsgeheimnisschutz

Verschlüsselungsverfahren aus.[65] Dieses sollte als Standard auch für zivile Anwendungen, etwa im Bankwesen dienen.[66]

aa) Der DES Standard von 1977

35　IBM reichte im Jahr 1974 bei der NBS einen neuen Verschlüsselungs-Algorithmus ein. Bei diesem Algorithmus wurden die zu verschlüsselnden Daten in Blöcken zu je 64 Bit mit einem 128-Bit-Schlüssel verschlüsselt. Die NBS legte diesen IBM-Algorithmus der National Security Agency (NSA) vor. Diese reduzierte die Schlüssellänge auf 56 Bit und verringerte so die Sicherheit. Dies bot Anlass zu Vermutungen, die NSA habe den Algorithmus absichtlich geschwächt und sich zudem eine „Hintertür" eingebaut.[67] Diese Vermutung konnte im Jahr 1990 allerdings widerlegt werden.[68] Letztlich wurde die von der NSA modifizierte Variante als „Data Encryption Standard" (DES) 1977 von der NBS als „Federal Information Processing Standard" (FIPS) veröffentlicht.[69]

bb) Triple-DES

36　Der geringe Schlüsselraum von 56 Bit machte den DES immer anfälliger für Brute-Force-Angriffe. Unter den vielen Alternativen, die in der Diskussion und in Gebrauch waren, setzte sich das sog. „Triple-DES" weitgehend durch. Es bestand darin, den DES mit zwei Schlüsseln dreimal hintereinander anzuwenden. Dadurch entsteht ein Schlüsselraum der Größe 2^{112}.[70]

cc) Oktober 2000: Advanced Encryption Standard (AES)

37　1997 startete das NIST eine neue Ausschreibung für einen zeitgemäßen symmetrischen Verschlüsselungsstandard (Advanced Encryption Standard, AES). Im August 1998 wurden die 15 aussichtsreichsten Kandidaten bekannt gegeben. Die Algorithmen wurden veröffentlicht und die Fachöffentlichkeit zu Kommentaren eingeladen. Nach umfangreichen Diskussionen erklärte das NIST im Oktober 2000 den „Rijndael"-Algorithmus der belgischen Kryptologen *J. Daemen* und *V. Rijmen* zum Gewinner. AES trat dann im Mai 2002 offiziell in Kraft.[71]

38　AES ist derzeit **der** Standard für die symmetrische Verschlüsselung. Er ist kostenlos für jedermann verfügbar und in einer Vielzahl von Softwareanwendungen imple-

---

65　Hierbei bezog man sich auf *Kerckhoffs* Postulat, dass die Sicherheit eines Verschlüsselungsverfahrens nur im Schlüssel liegen sollte und daher das Verfahren ohne Probleme bekannt gemacht werden kann.
66　*Paar/Pelzl*, S. 64.
67　*Paar/Pelzl*, S. 64.
68　*Biham/Shamir*, Journal of Cryptology. 4, Nr. 1, Januar 1991, S. 3–72.
69　FIPS PUB 46 (https://csrc.nist.gov/csrc/media/publications/fips/46/3/archive/1999-10-25/documents/fips46-3.pdf).
70　*Ertel*, S. 68.
71　FIPS 197 (https://csrc.nist.gov/publications/detail/fips/197/final). Zum Ganzen *Ertel*, S. 69.

mentiert. Etwa bei 7-Zip, dem Roshal Archive (RAR) und bei WinZip. Intel und AMD verbauen in ihren Chips entsprechende Hardwarebeschleuniger, sodass die Verschlüsselung hier sehr rasch arbeiten kann.[72]

dd) December 2016: Request for Nominations for Public-Key Post-Quantum Cryptographic Algorithms

(Schon) im Dezember 2016 hat das NIST ein weiteres Ausschreibungsverfahren gestartet, das quantensichere Verschlüsselungsverfahren für asymmetrische Verschlüsselungen mit je einem öffentlichen und einem privaten Schlüssel zum Standard machen soll. Dieses Verfahren ist seit dem Juli 2020 in der dritten und damit letzten Runde. Es dominieren Verfahren, die auf mathematischen Gittern basieren. Es ist nicht unwahrscheinlich, dass diese Verfahren den neuen Standard bilden werden.   39

3. (Post-)Quanten-Kryptographie: Absolut sichere Verschlüsselung als Normalfall?

a) Der Quantencomputer als Bedrohung für bestimmte asymmetrische Verschlüsselungen?

Der Physiker *Richard Feynman* fragte 1982 in einer Vorlesungsreihe nach der Möglichkeit Computer zu bauen, die sich Quanteneffekte zunutze machen.[73] Nur mit solchen Maschinen, so *Feyman*, wäre es möglich Quantenvorgänge adäquat zu berechnen. Der Bezug zum Thema Kryptographie wurde im Jahr 1994 von dem amerikanischen Mathematiker *Peter Shor* (geb. 1959) hergestellt. *Shor* konnte zeigen,[74] wie man mithilfe eines **Quantencomputers** natürliche Zahlen effizient in ihre Primfaktoren zerlegen kann, sowie das Diskrete-Logarithmus-Problem effizient lösen kann.[75] Sofort wurde deutlich, dass der Quantencomputer damit grundsätzlich den sehr weit verbreiteten RSA-Algorithmus und Ähnliche wie zB den Diffie-Hellman-Schlüsseltausch bedroht.   40

Quantenphänomene stehen oft im Gegensatz zu unserer menschlichen Intuition, weil die uns umgebenden Objekte zu groß sind, um Quantenphänomene zu zeigen. Werden aber Objekte von der Größe eines Atoms betrachtet, so spielen plötzlich Phänomene hinter Begriffen wie Unbestimmtheit von Zustandsveränderungen, Interferenzen, Unsicherheit von Messergebnissen, Superposition und Verschränkung eine wichtige Rolle. Fassbar werden diese Phänomene mit mathematischen Modellen, so zB durch Funktionen aus der linearen Algebra. Diese prägen wiederum häufig beschreibende Aussagen zu Quantencomputern. Es ist daher **stets** zwischen der mathematischen Modellierung des Verhaltens von Quantencomputern und deren   41

---

72 *Ciesla*, p. 32.
73 Veröffentlicht unter: *Feynman*, International Journal of Theoretical Physics 21, 467–488, 1982.
74 *Shor*, Polynomial-Time Algorithms for Prime Factorization and Discrete Logarithms on a Quantum Computer, 1994.
75 Gleiches gilt auch für die auf elliptischen Kurven basierenden Verallgemeinerungen des Diffie-Hellman Verfahren.

Einl. G Kryptographischer Geschäftsgeheimnisschutz

technischer Umsetzung zu **unterscheiden**. Diese Unterscheidung trifft zwar grundsätzlich auch auf die herkömmlichen Digitalrechner zu, allerdings ist die technische Umsetzung von Logik-Schaltern durch Halbleiter-Transistoren auch für Nichttechniker leichter nachvollziehbar. Gleichwohl ist der Quantencomputer „auf dem Weg", und ein vorsichtiger Blick in die Zukunft der Kryptographie muss sich daher auf die Quantentechnologie richten.

42 Das **Europäische Telekommunikation-Standardisierungsinstitut** (ETSI) ging schon in seinem Whitepaper „Quantum Safe Cryptography and Security" von 2015 davon aus, dass die Sicherheit von mit RSA und ähnlichen Verfahren verschlüsselten Daten nur noch etwa „zehn Jahre" gegeben sein wird. Derzeit fließen weltweit enorme Summen in die Entwicklung von praxistauglichen Quantencomputern.[76] Die Quantentechnologie gilt als **die** Zukunftstechnologie schlechthin.[77]

aa) Unterschiede zum Digitalrechner

43 **Klassische Digitalrechner** arbeiten auf der Basis des binären Zahlensystems und daher mit diskreten Werten von 0 oder 1. Dies wird technisch durch zwei verschiedene Spannungslevel (high, low) umgesetzt. Die gesamte digitale Computertechnik ist deshalb so konstruiert, dass Zwischenwerte zwischen high und low, wie sie zwangsläufig bei Spannungswechseln vorkommen, ausgefiltert bzw. technisch so gut wie möglich neutralisiert werden.[78] Insgesamt folgt die technische Umsetzung klassischer Digitalrechner den Prinzipien der klassischen Physik. Insbesondere wird die Bestimmtheit technisch-physikalischer Vorgänge so weit wie irgend möglich angestrebt.

44 Die **Quantencomputertechnologie** geht hier einen völlig anderen Weg. Die Quantenphysik konnte zeigen, dass physikalische Elementarteilchen wie Photonen, Elektronen, aber auch Atome und Moleküle,[79] je nach Beobachtungsmodus Eigenschaften von Teilchen oder von Wellen zeigen.[80] Diese Eigenschaften selbst sind – im **Gegensatz zum Verständnis der klassischen Physik** – aber zudem prinzipiell nicht mehr vollständig bestimmbar,[81] sondern zeigen ihre jeweiligen Eigenschaften nur noch in Wahrscheinlichkeiten. Das Verhalten eines einzelnen Teilchens, etwa beim Durchgang durch eine Doppelspaltblende, ist auch tatsächlich rein zufällig.[82] Man kann nun gleichwohl Zustände von solchen Teilchen, etwa die unterschiedli-

---

76 So läuft seit 2018 das „Quantum Flagship", ein Förderprogramm der EU mit einer Fördersumme von 1 Mrd. EUR.
77 In Quantenkommunikation, Quantencomputing, Quantenmetrologie und Basistechnologien will die Bundesregierung von 2018 bis 2022 650 Mio. EUR investiert haben.
78 Detailliert dazu: *LaMeres*, pp. 50.
79 *Zeilinger*, S. 102 für sog. Fullerenmoleküle.
80 *Zeilinger*, S. 96/97 mit Verweis auf *Louis de Broglie's* Dissertation aus dem Jahre 1924.
81 So kann nach der Heisenbergschen Unschärfebeziehung entweder der Ort eines Teilchens oder aber seine Geschwindigkeit präzise bestimmt werden. Nicht aber beide Eigenschaften gleichzeitig. Dazu: *Zeilinger*, S. 52 f.
82 *Zeilinger*, S. 42.

III. Entwicklungsphasen der Kryptographie **Einl. G**

chen Schwingungsebenen von Photonen,[83] nutzen, um einen binären Schalter zu konstruieren. Anders als ein herkömmlicher „klassischer" Schalter (Lichtschalter, Transistor) bringen solche Elementarteilchen wie zB Photonen allerdings eine neue Eigenschaft mit: Sie haben nicht nur die Eigenschaft vertikal und horizontal zu schwingen, sondern schwingen auch in allen Zwischenlagen. Photonen können daher mit einer bestimmten Wahrscheinlichkeit horizontal und mit einer bestimmten Wahrscheinlichkeit vertikal schwingen. Diese Eigenschaft nennt man **Superposition**.[84] Die Quantencomputertechnologie macht sich unter anderem diese Eigenschaft von Elementarteilchen umfassend zu nutze.

Sie arbeitet daher – mathematisch modellhaft-abstrakt beschrieben – mit **Quantum Bits (Qubits)**.[85] So, wie das Bit die kleinste Informationseinheit eines klassischen Computers ist, ist das Qubit die kleinste Informationseinheit eines Quantencomputers.[86] Ein Qubit hat – ebenso wie ein klassisches Bit – zwei messbare Zustände. Diese sind – wie auch beim Bit – 0 oder 1.[87] **45**

Anders als beim klassischen Bit, kann ein Qubit auch jeden Zwischenzustand zwischen 0 und 1 haben.[88] Dieser kann allerdings – anders als beim klassischen Bit – nicht unmittelbar gemessen werden, weil nach der Messung eines Qubits sich immer nur einer der beiden Grundzustände zeigt. Häufig wird daher abkürzend behauptet, ein Qubit könne sowohl im Zustand 0 als auch im Zustand 1 sein. Eine Messung eines solchen Qubits wird aber nie beide Zustände zugleich, sondern immer entweder eine 1 oder eine 0 zeigen. Wenn allerdings bei 10 Messungen eines ansonsten unveränderten Qubits fünfmal eine 0 und fünfmal eine 1 herauskommt, dann ist das Qubit zu 50 % im Zustand 1 und zu 50 % im Zustand 0.[89] Anders als bei den klassisch mechanisch festgelegten Bits, hat also ein **Qubit** eine bestimmbare Wahrscheinlichkeit 0 oder 1 nach einer Messung zu zeigen.[90] **46**

---

83 Photonen können durch Polarisationsfilter, wie sie von Sonnenbrillen bekannt sind, in je zwei Schwingungsebenen ausgerichtet werden. So kann man sie bspw. vertikal oder horizontal schwingen lassen. Der vertikalen Schwingung könnte man den Wert „0", der horizontalen den Wert „1" geben. Damit könnte man zwei klassische Bits über polarisierte Photonen simulieren.
84 *Zeilinger*, S. 130.
85 Der Begriff wurde von *Benjamin Schumacher* 1994/95 geprägt: *Schumacher*, Physical Review A 51 Iss. 4, 2738-2747, 1995.
86 *Homeister*, S. 20; *Lenze*, S. 23.
87 Beim Beispiel Photon also das vertikale oder horizontale Schwingen. Um Qubits von klassischen Bits zu unterscheiden, notiert man sie mit der sog. Dirac-Notation als |0> und |1>.
88 Im mathematischen Formalismus der linearen Algebra ist der Zustand eines Qubits (ψ) eine lineare Kombination zweier Zustände in einem zweidimensionalen komplexen Vektorraum, nämlich: $|\psi> = \alpha|0> + \beta|1>$; α und β sind komplexe Zahlen, deren Betragsquadrate sich auf 1 summieren. *Nielsen/Chuang*, p. 13; *Lenze*, S. 23.
89 Dies entspräche dem Zustand $|\psi> = 1/\sqrt{2}|0> + 1/\sqrt{2}|1>$, denn $|1/\sqrt{2}|^2 + |1/\sqrt{2}|^2 = \frac{1}{2} + \frac{1}{2} = 1$. $|\psi> = 0|0> + 1|1> = |1>$ entspräche einem nicht überlagerten Zustand und zwar einem klassischen Bit mit dem Zustand 1. $|\psi> = 1|0> + 0|1> = |0>$ entspräche ebenfalls einem nicht überlagerten Zustand und zwar einem klassischen Bit mit dem Zustand 0. $|\psi> = 1/\sqrt{3}|0> + 1/\sqrt{2/3}|1>$ wäre wiederum ein überlagerter Zustand. Messen würde man hier mit 1/3 Wahrscheinlichkeit 0 und mit 2/3 Wahrscheinlichkeit 1; weitere Beispiele bei *Hohmeister*, S. 20 ff.
90 Sog. Superpositionszustand.

Einl. G Kryptographischer Geschäftsgeheimnisschutz

47 Zur Beschreibung eines Qubits benötigt man daher – anders als bei einem digitalen Bit, bei dem zur Beschreibung des Zustands (0 oder 1) nur ein Wert (nämlich 0 oder 1) benötigt wird, eine deutlich komplexere Notation, die den potenziell unendlich vielen „Zwischenzuständen" gerecht wird. Dies allein macht zwar das große Aufheben um den Quantencomputer nicht verständlich, denn ein Qubit vermag zwar prinzipiell unendlich viel Information zu speichern.[91] Da diese aber nicht messbar ist bzw. beim Messen vernichtet wird, scheint durch den Einsatz von Qubits nicht viel gewonnen zu sein.[92] Deutlicher werden die neuen Möglichkeiten des Quantencomputers erst, wenn man sich den Ablauf eines Rechenvorgangs mit mehreren Qubits, also mit einem sog. Quantenregister verdeutlicht.

bb) Ablauf eines Rechenvorgangs in einem Quantencomputer

48 Den prinzipiellen Ablauf eines **Rechenvorgangs** bei einem Quantencomputer kann man sich in **drei Phasen** vorstellen. Das Quantenregister wird in einen Ausgangszustand gebracht, dann werden Quantenlogikgatter auf das Quantenregister angewendet[93] und zuletzt wird der Zustand des Systems gemessen.[94]

cc) Das Quantenregister im Ausgangszustand

49 Richtig deutlich wird dies erst bei mehreren Qubits in einem Qubit-Register. Interessant wird es nämlich, wenn es gelingt, mehrere Qubits miteinander in Superposition zu bringen. Bei zwei Qubits benötigt man vier Wahrscheinlichkeitswerte und bei drei Qubits schon acht. Wenn n die Anzahl der Qubits ist, so bezeichnet daher 2^n die Menge der zur Beschreibung notwendigen Wahrscheinlichkeitswerte.

dd) Die Veränderung des Quantenregisters durch das Programm

50 Ein Programm für einen Quantencomputer besteht in der Anwendung verschiedener Umformungen (mittels Quantenlogikgattern).[95] Diese verändern im Allgemeinen die Wahrscheinlichkeitswerte für alle Qubits des Quantenregisters. Nach mehreren Umformungen ist dann hoffentlich der Zustand nach Messung am wahrscheinlichsten, auf den man es bei dem Programm abgesehen hatte.

---

91 *Nielsen/Chuang*, p. 15: „... in principle one could store an entire text of Shakespeare in the infinite number expansion of 0." [Anm. ACK: 0 ist ein Winkel – neben φ – bei der Modellierung eines Qubits mit Hilfe der dreidimensionalen Bloch-Kugel/Bloch-Sphäre. Erläuterung bei: *Lenze*, S. 24 unten].
92 *Nielsen/Chuang*, p. 15.
93 Im Modell werden also (unitäre) Matrizen auf das Quantenregister rechnerisch angewendet. Technisch gesehen wird das Quantensystem manipuliert, indem etwa gezielt Energie zB über einen Laserstrahl in ein Quantensystem aus bspw. Atomen eingebracht wird.
94 Vgl. *Nielsen/Chuang*, pp. 80.
95 Diese kann man sich analog zu den aus den Digitalrechnern bekannten Implementierungen von „Logikgattern" (zB NICHT, UND, ODER, NICHT-UND) vorstellen. Quantenlogikgatter werden in der Regel als Matrizen mit speziellen Eigenschaften modelliert.

ee) Die Ergebnismessung beim Quantencomputer

Die Veränderung des Quantenregisters durch das Programm kann nicht beobachtet werden. Auf Quantenebene wäre jede Beobachtung eine Störung des Systems und würde insbesondere den Überlagerungszustand des Registers aufheben. Gleichwohl ist jedes Messergebnis eines Quantencomputers immer „klassisch", dh. ein oder mehrere diskrete(r) Bit-Wert(e). 51

Im Modell werden daher sog. „Messoperatoren" auf das Quantenregister rechnerisch angewendet. Technisch gesehen wird dabei das System beobachtet. Es verliert dadurch den überlagerten Zustand und zeigt einen eindeutigen Zustand. Photonen zeigen zB eine bestimmte Polarisation, Elektronen ein bestimmtes Energieniveau, Quantenteilchen einen bestimmten Spin. Übersetzt in das digitale Modell: Bei nur einem Qubit würde immer nur entweder eine 1 oder eine 0 gemessen. Bei mehreren Qubits wird immer nur eine entsprechende Kombination von 0 und 1, also der Grundzustände des Quantenregisters gemessen.[96] 52

Der entscheidende **Vorteil des Quantencomputers** ist also, dass er Operationen global auf das gesamte Register in einem Schritt anwenden kann. Daher ist er jedenfalls bei Suchalgorithmen (zB dem Grover Algorithmus)[97] und beim Errechnen von Primfaktoren bzw. diskreten Logarithmen einem klassischen digitalen Computer stark überlegen. Bei der Schlüsselsuche führen diese Eigenschaften des Quantenrechners dazu, dass sich die effektive Schlüssellänge im Vergleich zu den Rechenfähigkeiten digitaler Rechner quasi halbiert.[98] Eine AES Verschlüsselung mit 128 Bit böte gegenüber einem entsprechenden Quantenrechner also nur noch eine Sicherheit von 64 Bit bei klassischer Sichtweise. 53

b) Quantenkryptographie: Der Quanten-Schlüsselaustausch

Die Quantentechnologie ermöglicht auch neue Arten der Verschlüsselung, nämlich die sog. **Quantenkryptographie**. Am weitesten gediehen und schon im praktischen Einsatz ist dabei die sog. Quantum Key Distribution (QKD) oder auch der **Quanten-Schlüsselaustausch (QSA)**. Mit dem QSA kann eine mathematisch absolut sichere Verschlüsselung realisiert werden. Mit der Quantentechnologie können nämlich zum einen echte Zufallszahlen erzeugt werden, zum anderen können diese unmittelbar gleichzeitig an Sender (A) und Empfänger (B) übermittelt werden. Damit kann eine quantenbasierte Vernam-Verschlüsselung (one-time-pad) praktisch realisiert werden. 54

Hierzu erzeugt eine Quelle ein Paar verschränkter Photonen. Diese sind nicht polarisiert, schwingen also in einer beliebigen Superposition von vertikal und horizontaler Schwingungsebene. Misst man allerdings die Polarisation eines solchen Pho- 55

---

[96] Bei n Qubits immer nur ein Element der Menge $\{0,1\}^n$. Also bei dem folgenden Beispiel ein Datensatz (Tupel) aus der Menge $\{0,1\}^2 = \{(0,0), (0,1), (1,0), (1,1)\}$.
[97] Vgl. *Grover*, S. 212–219.
[98] *Schmehl*, S. 316.

Einl. G Kryptographischer Geschäftsgeheimnisschutz

tons, so kann diese nur horizontal (h) oder vertikal (v) sein. Interessanterweise nimmt nun das andere Photon – im Augenblick der Messung des einen – instantan[99] eine zur Ausgangsmessung rechtwinklige Polarisation an.

56 Wird nun eine ganze Folge solcher Photonenpaare an A und B gesendet und misst A jeweils die Polarisation, so entstehen beispielsweise bei A folgende Messungen: hvhvvvhvhh. Bei B müssen daher folgende Messungen vorliegen: vhvhhhvhvv. Setzt A nun für h eine 0 und für v eine 1 und setzt B für h eine 1 und für v eine 0, so erhalten beide denselben binären Schlüssel: 0101110100.[100] Damit kann nun eine 10-stellige Nachricht mathematisch sicher verschlüsselt werden.

57 Dieses Verfahren kann sogar über einen öffentlichen Kommunikationskanal laufen. Dazu müssen A und B nur zufällige Filter verwenden. Sie ändern für jedes Photonenpaar die Orientierung ihres jeweiligen Polarisators. Ausreichend sind schon zwei Richtungen, die um 45 Grad zueinander gedreht sind.[101] Die Werte korrelieren für A und B nur, wenn beide zufällig denselben Polarisationswinkel verwenden. Darüber tauschen sich A und B aus und behalten nur die Werte, bei denen die Filter gleich eingestellt waren. Da ein Lauscher nur raten kann, wie die Polarisationsfilter eingestellt sind, werden im Schnitt die Hälfte der Werte, die der Lauscher übermittelt, falsch sein. A und B können dies leicht sehen, weil die Schlüsselwerte, die sie auf einem Teil des Bitstreams immer mal wieder, ruhig auch öffentlich, vergleichen, dann nicht mehr übereinstimmen.[102]

58 Der QSA ist also eine sehr effiziente Sicherungstechnik für **Passwörter** und Schlüssel. In diesem Sinne verschlüsselt QSA selbst allerdings nichts.[103] Der QSA macht sich die bereits oben beschriebene Eigenschaft von Quantensystemen zunutze, dass jegliche Beobachtung eines solchen Systems den Zustand des Systems ändert. Mit dem QSA kann ein absolut zufälliger Schlüssel für zwei Parteien beweissicher erzeugt werden. Entsprechende Systeme sind schon in der praktischen Anwendung.[104]

IV. Der praktische Einsatz von Kryptographie zum Geheimnisschutz im Unternehmen

59 In der Einleitung wurde schon darauf hingewiesen, dass der situative und isolierte Einsatz von kryptographischen Methoden in Unternehmen oder öffentlichen Einrichtungen wenig sinnvoll ist. Die Kryptographie entfaltet ihr Potenzial erst im Verbund mit einem entsprechenden ISMS (→ Rn. 4). Im Folgenden soll daher als

---

99 Es findet offenbar keine Informationsübermittlung zwischen den Photonen statt, denn die Eigenschaft zeigt sich exakt gleichzeitig mit der Messung des ersten Photons; *Zeilinger*, S. 117.
100 *Zeilinger*, S. 118.
101 *Zeilinger*, S. 121.
102 *Lenze*, Basiswissen, S. 351.
103 *Ciesla*, p. 227; *Schmeh*, S. 513.
104 *Ciesla*, p. 227.

IV. Der praktische Einsatz von Kryptographie zum Geheimnisschutz   **Einl. G**

ISMS vom IT-Grundschutz des BSI in der aktuellen Fassung von 2021 ausgegangen werden.

1. Inhalt und Struktur des IT-Grundschutzes

Inhalt des IT-Grundschutzes ist es, für Organisationen ein angemessenes Schutzniveau zu definieren und dabei den „Stand der Technik" abzubilden. Dies wird durch einen ganzheitlichen Ansatz bewirkt. Alle Bereiche der Organisation werden dazu grundsätzlich in die Sicherheitsbetrachtungen mit einbezogen. Um dies für ganz unterschiedliche Organisationen in Bezug auf Größe, auf Zwecke, auf IT-Ausstattung, Schutzbedarfe etc. anwendbar zu machen, nutzt der IT-Grundschutz ein **Baukastenprinzip**. Der IT-Grundschutz kann so auf das jeweilige Unternehmen angepasst werden. Insbesondere ist es mit dem IT-Grundschutz nunmehr möglich, zunächst nur einen „Kernschutz" für die „Kronjuwelen", also zB die wichtigen Geschäftsgeheimnisse eines Unternehmens, zu implementieren. Dies ist, gerade für den kryptographischen Geschäftsgeheimnisschutz eine sehr wichtige Möglichkeit, galt doch der Normenkreis der ISO 27000 und der IT-Grundschutz als bisweilen zu komplex für KMU.   60

2. Prozess- und System-Bausteine als Grundunterscheidung des IT-Grundschutzes

a) Prozess-Bausteine

Ohne zu sehr in die Verästelungen des IT-Grundschutzes einsteigen zu wollen, ist gleichwohl die Unterscheidung von „Prozessen" und „Systemen" zunächst wesentlich. Das IT-Grundschutz-Kompendium-2021 bietet auf der einen Seite Bausteine für die Unternehmensprozesse an, also etwa zum „Sicherheitsmanagement" (ISMS) selbst, zu „Organisation und Personal" (ORP), zu „Konzepten und Vorgehensweisen" (CON), zum „Betrieb" (OPS) des Unternehmens und zur „Detektion und Reaktion" (DER) auf Vorfälle im Bereich des ISMS.   61

b) System-Bausteine

Auf der anderen Seite werden als „Systeme" die Anwendungen (APP) eines Unternehmens, die „IT-Systeme" (SYS) im engeren Sinne [uU getrennt davon die „industrielle IT" der Produktion (IND)], die „Netze und Kommunikation" (NET) sowie die „Infrastruktur" (INF) in den Blick genommen.   62

c) Weitere Schichten

Die Prozess-Bausteine des IT-Grundschutzes gelten in der Regel unternehmensweit, während die System-Bausteine in der Regel einzelnen IT-Objekten zugeordnet werden können. Der IT-Grundschutz schichtet innerhalb der Prozess- und System-Bausteine noch weiter ab und erläutert dann auf der Ebene des konkreten Bausteins die damit verbundenen Rollen, die für die Umsetzung im Unternehmen   63

Einl. G Kryptographischer Geschäftsgeheimnisschutz

jeweils zuständig sind. Darüber hinaus hält der IT-Grundschutz eine Liste von 47 „elementaren" **Gefährdungsszenarien** bereit. Diese unterstützen eine realistische Risikoanalyse. Sie beschreiben dabei Gefährdungslagen, wie sie auch aus anderen, vergleichbaren Standards und Normen bekannt sind.

3. Das Kryptokonzept des IT-Grundschutzes: der Baustein CON.1

a) Gewährleistung von Informationssicherheit durch Kryptographie

64 Der Baustein „CON.1" des IT-Grundschutzes beschreibt, wie Informationen in einem Unternehmen kryptographisch geschützt werden können.[105] Dabei sind kryptographische Methoden grundsätzlich in der Lage, Informationssicherheit[106] zu gewährleisten. Diese wird definiert als die Aufrechterhaltung von **Vertraulichkeit**, **Integrität** und **Verfügbarkeit** von Informationen. Dabei bedeutet „Vertraulichkeit" die „Eigenschaft, dass Information unbefugten Personen, Entitäten oder Prozessen (2.61) nicht verfügbar gemacht oder offen gelegt wird".[107] Integrität bedeutet, dass die Informationen richtig und vollständig sind.[108] Verfügbarkeit ist gegeben, wenn die Informationen „zugänglich und nutzbar" sind, wenn „eine befugte Entität Bedarf hat".[109] Es wird deutlich, dass der kryptographische Geheimnisschutz es schwerpunktmäßig mit dem **Sicherheitsziel** der **Vertraulichkeit** zu tun hat. Allerdings bestehen zwischen den Sicherheitszielen Abhängigkeiten. Geschäftsgeheimnisse müssen verfügbar sein und auch integer bleiben. Es darf daher der Fokus nicht nur auf die Vertraulichkeit verengt werden.

b) Organisatorische Kryptographie: CON.1 als Prozess-Baustein

65 Der IT-Grundschutz trennt zwischen der Beschreibung der Prozessebene und der konkreten Implementierung von kryptographischer Technologie in die Systeme. CON.1. definiert daher „allgemeine Anforderungen, organisatorische Rahmenbedingungen und prozessuale Abläufe für kryptografische Produkte und Verfahren".[110] Dabei folgen die konkreten Anforderungen drei Anforderungsprofilen. Diese sind nach Schutzbedarf gestuft, und zwar in ein Basisanforderungsprofil, ein Standardanforderungsprofil und ein Profil für erhöhten Schutzbedarf. Dabei bauen die Profile aufeinander auf. Das umfassendere Profil enthält immer die untergeordneten Profile. Diese Profile werden jeweils in einem „**Kryptokonzept**" beschrieben. Dieses gilt regelmäßig unternehmensweit.

---

105 Vgl. CON.1, 1.2 Zielsetzung, S. 1, IT-Grundschutz-Kompendium: Stand Februar 2021.
106 Vgl. EN ISO/IEC 27000:2017 (D), 2.33 Informationssicherheit.
107 EN ISO/IEC 27000:2017 (D), 2.12 Vertraulichkeit.
108 EN ISO/IEC 27000:2017 (D), 2.40 Integrität.
109 EN ISO/IEC 27000:2017 (D), 2.9 Verfügbarkeit.
110 Vgl. CON.1, 1.2 Zielsetzung, S. 1, IT-Grundschutz-Kompendium: Stand Februar 2021.

IV. Der praktische Einsatz von Kryptographie zum Geheimnisschutz   **Einl. G**

aa) Basis-Anforderungen

Das Basisprofil definiert das absolute Minimum für eine Implementierung krypto- 66
graphischer Methoden. Basal sind zwei Anforderungen. Es müssen zum einen geeignete kryptographische Verfahren ausgewählt werden (Muss-Bestimmung). Das bedeutet, dass es sich um anerkannte, der globalen Fachkontrolle unterliegende Algorithmen handeln muss.[111] Dies wäre zB der symmetrische Standard AES und derzeit noch der asymmetrische Standard RSA.[112] Zum anderen müssen die vom BSI empfohlenen Schlüssellängen benutzt werden. Mit Erfüllung dieser Anforderung kann das Sicherheitsziel der Vertraulichkeit sichergestellt werden.

Ohne ein dazu passendes Schlüsselmanagement könnte es allerdings vorkommen, 67
dass der Schlüssel verloren geht bzw. Unbefugten in die Hände fällt. Die zweite Basis-Anforderung (Soll-Bestimmung) besteht daher darin, den Schlüssel so zu speichern, dass die Vertraulichkeit gewahrt bleibt. Dies bedeutet auch bei längeren Speicherzeiten zu überprüfen, ob die Verschlüsselung noch dem Stand der Technik entspricht. Zum Erhalt der Verfügbarkeit sollten verwendete Kryptoprodukte archiviert werden und die Konfigurationsdateien dieser Produkte gesichert werden. Jedenfalls muss sichergestellt sein, dass auf verschlüsselt gespeicherte Daten auch nach längeren Zeiträumen noch zugegriffen werden kann.[113]

bb) Standard-Anforderungen

Mit der Erfüllung der Standard-Anforderungen entspricht die Implementierung der 68
kryptographischen Methoden dem Stand der Technik. Zu deren Basisanforderungen gehören eine **Bedarfserhebung** für kryptographische Verfahren und Produkte (Soll-Bestimmung). Dabei sollte auf der **Prozessebene** zunächst untersucht werden, welche Unternehmensprozesse mit Geschäftsgeheimnissen verbunden sind. Danach sind dann die auf der Systemebene beteiligten (Software-)Anwendungen, (Hardware-)IT-Systeme und Kommunikationssysteme zu identifizieren.[114] An diesen muss sodann die kryptographische Absicherung ansetzen, die mit der **Verschlüsselung der Kommunikationsverbindungen** um eine weitere Soll-Bestimmung der Standard-Anforderungen zu ergänzen ist. Hierbei sollte allerdings geprüft werden, inwieweit dies mit vertretbarem Aufwand möglich ist.[115]

---

111 CON.1.A1 Auswahl geeigneter kryptografischer Verfahren, IT-Grundschutz-Kompendium: Stand Februar 2021.
112 Vgl. aber dazu V.
113 CON.1.A2 Datensicherung bei Einsatz kryptografischer Verfahren, IT-Grundschutz-Kompendium: Stand Februar 2021.
114 CON.1.A6 Bedarfserhebung für kryptografische Verfahren und Produkte, IT-Grundschutz-Kompendium: Stand Februar 2021.
115 CON.1.A3 Verschlüsselung der Kommunikationsverbindungen, IT-Grundschutz-Kompendium: Stand Februar 2021.

Einl. G Kryptographischer Geschäftsgeheimnisschutz

69 Die nächsten Anforderungen sehen ein **geeignetes Schlüsselmanagement** vor. Hier enthält CON.1 für die Praxis sehr wichtige Vorgaben.[116] Die **Schlüsselerzeugung** selbst muss sicher sein und der Schlüssel durch Verwendung **entsprechender Schlüsselgeneratoren** auch geeignet. Tatsächlich ist es wichtig, dass Schlüssel aus echten Zufallsfolgen bestehen. Ein Computer kann regelmäßig keine echten Zufallszahlen erzeugen. Daher ist es wichtig, welche Anforderungen an die Qualität der Zufallszahlen zu stellen sind. Ein **Schlüssel** sollte **nur für einen Zweck** verwendet werden. Im Falle der Kompromittierung ist dann der Schaden begrenzt. Wichtig ist auch, dass für die Erzeugung einer digitalen Signatur und für die Verschlüsselung nicht dieselben Schlüsselpaare benutzt werden. Sollten Schlüssel ausgetauscht werden, so muss dies über ein sicheres Verfahren geschehen. Die **Schlüsseldaten** selbst sollten auf **Integrität** und **sichere Herkunft** (Authentizität) geprüft werden. Des Weiteren wird empfohlen, die Schlüssel „hinreichend oft" zu wechseln. Die Schlüssel sollten sicher aufbewahrt und verwaltet werden. Es sollte einen **Notfallplan** geben, für den Fall, dass ein Schlüssel kompromittiert worden ist. Last not least fordert der IT-Grundschutz, dass die Schlüssel sicher gelöscht und vernichtet werden sollen.

cc) Anforderungen bei erhöhtem Schutzbedarf

70 Liegen die Anforderungen wegen eines erhöhten Schutzbedarfs für das Geschäftsgeheimnis über dem Stand der Technik, so ist zwingend eine Risikoanalyse zu erarbeiten. Aus dieser ergeben sich dann weitere Anforderungen.

71 Es sollte zB bei einem erhöhten Schutzbedarf ein Kryptokonzept entwickelt werden. Entsprechend der allgemeinen Sicherheitsrichtlinie sollte zudem eine spezielle Sicherheitsrichtlinie für den Einsatz kryptographischer Verfahren und Produkte erstellt werden. Für den Betrieb sollten Rollenkonzepte festgelegt werden und die Kryptomodule sollten sicher konfiguriert werden. Benutzer und Administratoren müssen entsprechend geschult werden.

72 Auch der praktische Betrieb muss bei einem erhöhten Schutzbedarf stärker auf die Kryptotechnologie ausgerichtet werden. Teilweise ist es notwendig, die Kryptomodule auch physisch stärker abzusichern. So sind etwa manche **Hardware-Sicherheitsmodule** (HSM) von einem Säuremantel umgeben, um brachiale Öffnungen zu vereiteln. Hilfreich kann es auch sein, wenn **Kryptochips** in Kunstharz eingegossen werden, um ebenfalls einen kontrollierten Ausbau zum Auslesen des Chips unmöglich zu machen.

dd) „Einbettung" der Kryptographie in primäre IT-Schutz Organisation

73 Die oben skizzierten organisatorischen Anforderungen an eine wirksame Organisation des kryptographischen Schutzes von Geschäftsgeheimnissen benötigen ein zu-

---

116 CON.1.A4 Geeignetes Schlüsselmanagement, IT-Grundschutz-Kompendium: Stand Februar 2021.

IV. Der praktische Einsatz von Kryptographie zum Geheimnisschutz **Einl. G**

mindest basales ISMS. Isoliert eingesetzt droht diese sonst zu misslingen. Daher ist neben der Einrichtung eines ISMS eine auf IT-Grundschutz Niveau funktionierende IT-Organisation notwendige Voraussetzung für den wirksamen Einsatz von kryptographischen Techniken.

c) Kryptographie auf Systemebene – ausgewählte Themen

Neben der Sicherstellung einer sinnvollen Einbettung der Kryptographie in ein zumindest basales ISMS, hat der kryptographische Geheimnisschutz auch auf Systemebene stattzufinden. Dieser kann je nach Unternehmen und Schutzbedarf sehr unterschiedlich aussehen. Ganz grundsätzliche Maßnahmen sind jedoch, auch bei einer nur basalen Ausprägung eines kryptographischen Geheimnisschutzes, zu beachten. Es ist nämlich wichtig, die Geschäftsgeheimnisse als solche mit Hilfe von Kryptographie zunächst einmal dem Unternehmen überhaupt formal zuzuordnen und damit eine beweisbare Authentifizierung zu schaffen. Gleichzeitig ist die Integrität der Dokumente zu sichern. Hierfür eignet sich das durch die eIDAS VO neu geschaffene Instrument des elektronischen Siegels. 74

Bei jedem kryptographischen Schutz wird ein Berechtigungskonzept benötigt. Dieses grenzt eine Gruppe von Zugangsberechtigten ab. Hierfür werden Authentifizierungsmethoden benötigt. Zuletzt muss ein auch technisch korrektes Schlüsselmanagement implementiert werden. 75

aa) Schutz der Integrität und Authentizität von Geschäftsgeheimnissen: Das qualifizierte elektronische Siegel (Art. 35 eIDAS VO)

Die elektronische Signatur (eS) (Art. 25 eIDAS-VO) bewirkt **keine Verschlüsselung** eines Textes. Es wird vielmehr mit dem privaten Schlüssel eine Schlüsseldatei erzeugt. Diese wird dem zu signierenden Dokument beigegeben. Mit Hilfe des öffentlichen Schlüssels kann nun die Integrität und Authentizität des Dokuments überprüft werden. 76

Für die Frage der Geschäftsgeheimnisse ist allerdings nicht so sehr die eS bedeutsam, sondern vielmehr das qualifizierte elektronische Siegel nach Art. 35 ff. eIDAS-VO. Dies ist eine Neuerung des eIDAS-VO. Technisch definiert wird es (gleich den eS) nach Art. 3 Nr. 25 eIDAS VO als „Daten in elektronischer Form, die anderen Daten in elektronischer Form beigefügt oder logisch mit ihnen verbunden werden, um deren Ursprung und Unversehrtheit sicherzustellen". 77

Nach Art. 35 Abs. 2 eIDAS VO gilt für ein qualifiziertes Siegel „die Vermutung der Unversehrtheit der Daten und der Richtigkeit der Herkunftsangabe der Daten, mit denen das qualifizierte elektronische Siegel verbunden ist". Damit eignet sich das qualifizierte elektronische Siegel für das Sicherstellen von Integrität und Authentizität von Geschäftsgeheimnissen. 78

Einl. G Kryptographischer Geschäftsgeheimnisschutz

bb) Authentifizierung von Berechtigten durch Kryptographie

79 Ein buchstäbliches Schlüsselthema im doppelten Wortsinn ist die **Authentifizierung** von Berechtigten. Mit der Wirksamkeit entsprechender technischer Maßnahmen steht und fällt der ganze kryptographische Geheimnisschutz. Die **Stichworte** sind hier „Biometrie", „Passwörter" bzw. Zwei-Faktor-Authentifizierung mit „Smartcards" und „Hardware Security Modules" (HSM). Als Vorüberlegung muss man sich vielleicht kurz verdeutlichen, dass es grundsätzlich drei Ansatzpunkte für eine Authentifizierung von Berechtigten gibt. Man kann ansetzen bei dem was jemand kognitiv weiß,[117] bei dem, was er mit sich führen kann[118] und letztlich kann an unveränderlichen Merkmalen angeknüpft werden. Diese drei „Faktoren" können nur je einzeln implementiert werden, etwa werden derzeit häufig noch reine Passwort-Schranken eingesetzt. Sie können aber auch kombiniert werden zur Zwei-Faktoren- oder Mehrfaktoren-Zugangsbeschränkung. Bewährt hat sich etwa ein Zweifaktoren-Zugang durch Passwort und Karte.

(1) Passwort

80 Das Passwort ist wohl derzeit der (noch) häufigste Authentifizierungsmechanismus. Dabei muss, das ist mittlerweile Allgemeingut, das Passwort lang genug und komplex genug sein, damit es nicht erraten oder errechnet werden kann. Galt lange Zeit der ständige Wechsel von Passwörtern als Stand der Technik, so empfiehlt das BSI mittlerweile diesen Wechsel nicht mehr. Es hat sich nämlich gezeigt, dass sehr gute Passwörter durchaus sehr lange Haltbarkeiten haben. Zudem stellt das Management komplexer Passwörter durchaus eine Schwäche bei diesem Konzept dar. Auf Seiten der Speicherung von Passwörtern ist unbedingt darauf zu achten, dass die Passwörter automatisiert gehasht werden und auch nur als Hashes im Speicher vorliegen. Andernfalls kommt ein unter Umständen bußgeldpflichtiger Verstoß gegen die DS-GVO in Betracht.

(2) Kryptographisches Hashing

81 Nicht nur bei der vorstehend dargestellten Passwortsicherheit (→ Rn. 80), auch bei der digitalen Signatur, spielt das sog. „Hashing" eine wichtige Rolle.[119] Eine kryptographische Hashfunktion ist eine Einwegfunktion (→ Rn. 26), die Nachrichten[120] beliebiger Länge auf eine feste Länge komprimiert.[121] Dabei sollte die Hashfunk-

---

117 Ein frühes Beispiel findet sich im jüdischen Tanach bzw. dem Alten Testament im Buch der Richter (12, 5–6). Hier wurde der sichere Übergang über den Jordan an die korrekte Aussprache des Worts „Shibboleth" geknüpft. Sprache (Code Talking), wurde auch im 2. Weltkrieg als Verschlüsselung eingesetzt. Etwa die Sprache der Navaho.
118 Alle analogen Schlüssel gehören in diese Kategorie.
119 Hierbei wird regelmäßig die Nachricht gehasht und dieser Hash dann elektronisch signiert.
120 Für das kryptographische Hashing sind dies Daten, also Bits bzw. Bytes, vom Typ „String" bzw. alphanumerische Zeichen, *Ferguson/Schneier/Kohno*, p. 77.
121 Da die elektronische Verarbeitung im Rechner im Binärsystem vorgenommen wird, kann eine Hashfunktion als $H: \{0,1\}^* \to \{0,1\}^n$ definiert werden. Dabei bedeutet der Stern einen binären

IV. Der praktische Einsatz von Kryptographie zum Geheimnisschutz **Einl. G**

tion natürlich bei unterschiedlichen Nachrichten möglichst stets unterschiedliche Hashes erzeugen.[122] Dies nennt man auch Kollisionsresistenz[123] bzw. Kollisionsfreiheit und stellt eine Schwierigkeit beim Finden geeigneter Funktionen dar.[124]

Eine reine kryptographische Hashfunktion ist, gerade im Hinblick auf den Schutz von Passwörtern, nicht mehr ausreichend. Bei einem sog. „**Wörterbuch-Angriff**" werden einer Hashfunktion einfach unterschiedlichste Wörter in den unterschiedlichsten Sprachen angeboten. Der jeweils von der Funktion erzeugte Hash wird mit dem gesuchten verglichen. Wenn beide identisch sind, ist der gesuchte Wert gefunden.[125] Als Gegenmaßnahme sollten längere und aus zufälligen alphanumerischen Zeichen bestehende Passwörter genutzt werden. Zudem kann auch mit der Beimischung eines zusätzlichen individuellen Wertes (Salt)[126] oder einem konstanten Wert (Pepper)[127] gearbeitet werden. Dies erschwert den Wörterbuch-Angriff. Praktisch wichtig ist es, immer einen aktuellen Hashing-Algorithmus zu verwenden. Das **BSI** hält dazu eine entsprechende Technische Richtlinie, nämlich „**Kryptographische Verfahren: Empfehlungen und Schlüssellängen**", BSI-TR-02102 vor. In dieser Richtlinie sind die jeweils sicheren Verschlüsselungsverfahren, Hashfunktionen und weitere kryptographische Verfahren aufgeführt.

82

(3) Smartcards und Hardware Security Modules

Smartcards und Hardware Security Modules, beispielsweise in Form von USB-Sticks mit eigener Tastatur, sind eine sehr sichere Form der **Authentisierung**. In

83

Nachrichtenwert beliebiger Bitlänge und n eine von der Hashfunktion vordefinierte Bitlänge der Ausgabe. Dabei wird sofort deutlich, dass n aus Sicherheitsgründen eine bestimmte Mindestgröße haben sollte. Das BSI geht in seiner aktuellen Technischen Richtlinie „Kryptographische Verfahren: Empfehlungen und Schlüssellängen", BSI-TR-02102, Version 2021-01, 24.3.2021 von einer Mindestlänge für n von 240 Bit aus. Alle in der TR konkret empfohlenen Verfahren weisen allerdings per se schon eine Länge von mindestens 256 Bit auf.

122 Kollision liegt vor wenn: Hashing(Nachricht 1) = Hashing(Nachricht 2) und Nachricht 1 ≠ Nachricht 2. Da jede Hashfunktion potenziell unendlich viele Nachrichten verarbeiten muss, jedoch nur eine endliche Menge an Ausgabewerten haben kann, ist eine Hashfunktion nie kollisionsfrei. In diesem Sinne bedeutet Kollisionsfreiheit, dass diese Kollisionen möglichst nicht gefunden werden können, *Ferguson/Schneier/Kohno*, p. 77; *Lenze*, Basiswissen, S. 353.

123 Ausführlich zu den mathematischen Hintergründen der Kollisionsresistenz, insbesondere zur sog. „starken" Kollisionsresistenz, *Schöning*, S. 47 f.

124 *Lenze*, Basiswissen, S. 353; *Beutelspacher*, S. 141.

125 *Schmehl*, S. 248.

126 *Ertel*, S. 100; Sei das Passwort „passwort", dann bedeutet „salting" (salzen), dass zB der 4 Byte lange Wert „d5530386" an das Passwort angehängt wird. Dadurch lautet das Passwort dann „passwortd5530386". Damit wäre auch ein extrem schwaches Passwort relativ sicher vor einem Wörterbuch-Angriff, *Ciesla*, p. 46, mit weiteren Beispielen.

127 Der „Pepper"-Wert wird, anders als der Salt-Wert, nicht unmittelbar zu dem Passwort addiert, sondern ist ein geheimer Systemwert, der als Konstante in der Software hinterlegt ist. Daher sind Pepper-Werte sicher bei Datenbankeinbrüchen. Darin liegt allerdings auch die Schwäche des Ansatzes. Wird dieser Wert offenbart hat dies gravierende Auswirkungen auf das Systemdesign, *Ciesla*, pp. 46.

Einl. G Kryptographischer Geschäftsgeheimnisschutz

der Handhabung sind sie vergleichbar mit den bekannten analogen Schlüsseln. Da die Smartcards und HSMs stets mit einem Passwort gesichert sind, bewirkt man durch ihren Einsatz stets eine Zweifaktor-Authentifizierung.

(4) Biometrie

84 Zunehmend werden, zB auch im Massengeschäft mit Laptops biometrische Authentifizierungen angeboten. Hier sind es meist Fingerabdrücke, in Betracht kommen aber natürlich auch andere Formen der Erkennung individueller biologischer Merkmale wie zB Iriserkennung. Was zunächst sehr sicher und vor allem praktisch für den Anwender klingt, ist es nicht unbedingt. Biometrische Daten sind sehr persönlich, nicht jeder will solche Daten im Unternehmenskontext freigeben. Biosensoren können unter Umständen getäuscht werden, biometrische Daten können offengelegt werden.

V. Ausblick: Post-Quanten-Kryptographie

1. Begriff

85 In Abgrenzung zur Quantenkryptographie, die sich mit Verwendung von Quanteneffekten zur Entwicklung von sicheren Verschlüsselungsprotokollen beschäftigt (QKD → Rn. 54), geht es bei der Post-Quanten-Kryptographie schwerpunktmäßig um die wissenschaftliche Erforschung von quantensicheren kryptographischen Verfahren.[128] Hier stehen aufgrund der ganz konkreten Bedrohung asymmetrische Verfahren im Mittelpunkt, die mit einem öffentlichen Schlüssel arbeiten.

86 Symmetrische Verschlüsselungen wie etwa der AES sind nicht so gefährdet. Der oben erwähnte (→ Rn. 53) Grover Algorithmus „schafft" im Schnitt nur eine Halbierung der Rechenzeit[129] für Brute-Force-Angriffe. Dem kann mit einer entsprechenden Verlängerung des Schlüssels gut gegengesteuert werden. In einem ersten Schritt kann und sollte daher die Schlüssellänge erhöht werden.[130] Darüber hinaus sind aber auch Verfahren zu finden und weiterzuentwickeln, die ein Quantenrechner prinzipiell nicht erfolgreich angreifen kann. Diese Algorithmen befinden sich ua. in dem derzeit noch andauernden Auswahlverfahren der NIST (→ Rn. 39).

2. Handlungsempfehlungen und Strategien

87 Das BSI hat im August 2020 Handlungsempfehlungen für Unternehmen zu Implementierung der Post-Quanten-Kryptographie herausgegeben.[131] Hierbei macht das BSI deutlich, dass nicht mit kurzfristigen Entwicklungssprüngen bei den Quanten-

---

128 *Schmehl*, S. 317 f.
129 *Schmehl*, S. 120.
130 *Ciesla*, p. 258.
131 Bundesamt für Sicherheit in der Informationstechnologie, Migration zu Post-Quanten-Kryptografie, Handlungsempfehlungen des BSI, Stand: August 2020.

computern zu rechnen ist. Allerdings gibt das BSI durchaus zu bedenken, dass „für kryptografische Anwendungen, die Informationen mit langen Geheimhaltungsfristen und hohem Schutzbedarf verarbeiten, (…) sich dennoch akuter Handlungsbedarf (ergibt). Hier besteht die Gefahr darin, dass Nachrichten zur Schlüsselaushandlung und die mit den ausgehandelten Schlüsseln verschlüsselten Daten auf Vorrat gesammelt und in der Zukunft mit Hilfe eines Quantencomputers entschlüsselt werden („store now, decrypt later")".

Konkret empfiehlt das BSI ua. folgende **Strategien**: Die Unternehmen sollten ihre Kryptoanwendungen „agil" halten (**Kryptoagilität**). Das bedeutet, „die kryptografischen Mechanismen möglichst flexibel zu gestalten, um auf alle denkbaren Entwicklungen reagieren, kommende Empfehlungen und Standards umsetzen und möglicherweise in Zukunft Algorithmen, die nicht mehr das gewünschte Sicherheitsniveau garantieren, austauschen zu können („Kryptoagilität")". Ferner sollten die Schlüssellängen für symmetrische Kryptoverfahren, wie zB AES Schlüssellängen von mindestens 256 Bit haben. Der asymmetrische Schlüsselaustausch sollte, wo sinnvoll, durch einen sicheren Austausch eines symmetrischen Schlüssels ersetzt werden. Da die quantenresistenteren Kryptoverfahren noch nicht so gut erforscht sind wie die bestehenden Public-Key-Verfahren, empfiehlt das BSI „Post-Quanten-Kryptographie" möglichst nicht isoliert einzusetzen, sondern nur „hybrid", dh. in Kombination mit klassischen Algorithmen. Bei einem hybriden Schlüsselaustausch müssen dafür beispielsweise die beiden ausgehandelten Geheimnisse mittels einer geeigneten Schlüsselableitungsfunktion zu einem Sitzungsschlüssel kombiniert werden. Im Hochsicherheitsbereich wird vom BSI der Einsatz von hybriden Lösungen gefordert.

88

VI. Resümee

Der Beitrag konnte hoffentlich zeigen, dass die Kryptographie in der heutigen Form ein relativ junges und dynamisches Gebiet ist. Durch teilweise komplexe Mathematik hinter den Verfahren scheint sie für Nicht-Fachleute nahezu unzugänglich. Gleichzeitig sind Verschlüsselungs- und Authentisierungsalgorithmen nicht nur für die praktische Umsetzung der Vorgaben des Geschäftsgeheimnisgesetzes unverzichtbar, sie sind nichts weniger als Fundamente der Digitalisierung. Vertraulichkeit in der digitalen Welt und insbesondere in der sich weiter digitalisierenden Zivilgesellschaft kann nur durch effiziente Verschlüsselungsalgorithmen gewährleistet werden.

89

Zukünftig ist es dringend erforderlich, dass die Kryptographie nicht nur als Domäne von Experten und Expertinnen begriffen wird, sondern sich Informationsverantwortliche auf jeder Stufe mindestens mit den Grundlagen beschäftigen. Mitgliedstaaten der Europäischen Union fordern zum Zweck der Kriminalitäts- und Terror-

90

Einl. G Kryptographischer Geschäftsgeheimnisschutz

bekämpfung[132] Verbote oder Verpflichtungen zur Schwächung von Verschlüsselungsverfahren zB durch „Hintertüren". Die Kommission hat eine entsprechende Agenda vorgelegt. Hier sollte zukünftig sehr genau beobachtet werden, was unter „technical solutions for lawful access" konkret verstanden werden wird.

---

132 A Counter-Terrorism Agenda for the EU: Anticipate, Prevent, Protect, Respond, 9.12.2020, COM(2020) 795 final, p. 20: „Today, a substantial part of investigations against all forms of crime and terrorism involve encrypted information. Encryption is essential to the digital world, securing digital systems and transactions. It is an important tool for the protection of cybersecurity and fundamental rights, including freedom of expression, privacy and data protection. At the same time, it can also be used as a secure channel for perpetrators where they can hide their actions from law enforcement and the judiciary. The Commission will work with Member States to identify possible legal, operational, and **technical solutions for lawful access** and promote an approach which both maintains the effectiveness of encryption in protecting privacy and security of communications, while providing an effective response to crime and terrorism."

Abschnitt 1
Allgemeines

§ 1 Anwendungsbereich

(1) Dieses Gesetz dient dem Schutz von Geschäftsgeheimnissen vor unerlaubter Erlangung, Nutzung und Offenlegung.

(2) Öffentlich-rechtliche Vorschriften zur Geheimhaltung, Erlangung, Nutzung oder Offenlegung von Geschäftsgeheimnissen gehen vor.

(3) Es bleiben unberührt:
1. der berufs- und strafrechtliche Schutz von Geschäftsgeheimnissen, deren unbefugte Offenbarung von § 203 des Strafgesetzbuches erfasst wird,
2. die Ausübung des Rechts der freien Meinungsäußerung und der Informationsfreiheit nach der Charta der Grundrechte der Europäischen Union (Abl. C 202 vom 7.6.2016, S. 389), einschließlich der Achtung der Freiheit und der Pluralität der Medien,
3. die Autonomie der Sozialpartner und ihr Recht, Kollektivverträge nach den bestehenden europäischen und nationalen Vorschriften abzuschließen,
4. die Rechte und Pflichten aus dem Arbeitsverhältnis und die Rechte der Arbeitnehmervertretungen.

Schrifttum: *Achtermann*, Wahrung von Betriebs- und Geschäftsgeheimnissen der Wirtschaftsauskunfteien bei Datenschutzaufsichtsbehörden, 2015; *Alexander*, Gegenstand, Inhalt und Umfang des Schutzes von Geschäftsgeheimnissen nach der Richtlinie (EU) 2016/943, WRP 2017, 1034; *Ann*, EU-Richtlinie zum Schutz vertraulichen Know-hows – Wann kommt das neue deutsche Recht, wie sieht es aus, was ist noch offen?, GRUR-Prax 2016, 465; *Becker*, Behördliche Informationspflichten und Verfassungsrecht, NVwZ 2018, 1032; *Beurskens*, Privatrechtliche Selbsthilfe, 2017; *Beyerbach*, Die geheime Unternehmensinformation, 2012; *Böhm*, Öffentliche Informationen über den Regelverstoß nach der Entscheidung des Bundesverfassungsgerichts zu § 40a Abs. 1a LFGB, ZLR 2019, 21; *Brammsen*, Reformbedürftig! – Der Regierungsentwurf des neuen Geschäftsgeheimnisschutzgesetzes, BB 2018, 2446; *ders.*, Der Arbeitnehmerbegriff, RdA 2010, 267; *ders.*, Wirtschaftsgeheimnisse als Verfassungseigentum – Der Schutz der Betriebs- und Geschäftsgeheimnisse gem. Art. 14 GG, DÖV 2007, 10; *ders.*, Die Entstehungsvoraussetzungen der Garantenpflichten, 1986; *Breitenbach*, Steuer-CDs, 2017; *Brockhaus*, Das Geschäftsgeheimnisgesetz Zur Frage der Strafbarkeit von Hinweisgebern unter Berücksichtigung der Whistleblowing-Richtlinie, ZIS 2020, 102; *Brost/Wolsing*, Presserechtlicher Schutz vor der Veröffentlichung von Geschäftsgeheimnissen, ZUM 2019, 898; *Buchert/Buchert*, Das Gesetz zum Schutz von Geschäftsgeheimnissen – auch ein Schutz für Whistleblower?, ZWH 2018, 309; *Cha*, Der verfassungsrechtliche Schutz der Betriebs- und Geschäftsgeheimnisse, 2016; *Dannecker/Dannecker*, Zur Sanktionserwartung als Voraussetzung der Öffentlichkeitsinformation, ZLR 2019, 175; *Demko*, Zur „Relativität der

§ 1 Anwendungsbereich

Rechtsbegriffe" in strafrechtlichen Tatbeständen, 2002; *Dorner*, Know-how-Schutz im Umbruch, 2013; *Druey*, Information als Gegenstand des Rechts, 1995; *Dumont*, Happy End für ein Stiefkind? – Regierungsentwurf zur Umsetzung der Know-how-Richtlinie, BB 2018, 2441; *Embacher/Wolf*, Akteneinsicht trotz Betriebs- und Geschäftsgeheimnissen in Verfahren zur Vergabe von Strom- und Gaskonzessionen, RdE 2019, 374; *Fehling*, Freier Informationszugang zwischen öffentlichen und privaten Interessen, DVBl. 2017, 79; *Fischer*, Der Schutz von Know-how im deutschen materiellen und internationalen Privatrecht, 2012; *Frank*, Der Schutz von Unternehmensgeheimnissen im Öffentlichen Recht, 2009; *Fuhlrott/Hiéramente*, Arbeitsrechtlicher Handlungsbedarf durch das Geschäftsgeheimnisgesetz, DB 2019, 967; *Gadamer*, Wahrheit und Methode, 4. Aufl. 1975; *Gajeck*, Das Wirtschaftsgeheimnis in der Verfassung, 2018; *Glasmacher*, Das Pflanzenschutzrecht im System des europäischen Gefahrstoffrechts, 2016; *Götz*, Der Schutz von Betriebs- und Geschäftsgeheimnissen im Zivilverfahren, 2014; *Greco*, Verwertung von Know-how, 2010; *Haase*, Online-Werbung im Fokus der Betriebsprüfung, DStR 2019, 761; *Hamm*, Im Zweifel für den virtuellen Pranger? Das BVerfG, der Verbraucherschutz und die Unschuldsvermutung, NJW 2018, 2099; *Hardwig*, Grundprobleme der Allgemeinen Strafrechtslehre, 1984; *Harte-Bavendamm*, Reform des Geheimnisschutzes: naht Rettung aus Brüssel? Zum Richtlinienvorschlag zum Schutz von Geschäftsgeheimnissen, in: FS Köhler, 2014, S. 235; *Hauck*, Geheimnisschutz im Zivilprozess – was bringt die neue EU-Richtlinie für das deutsche Recht?, NJW 2016, 2218; *Hercher*, Aktive staatliche Informationsvorsorge durch Offenlegung von Ergebnissen amtlicher Betriebskontrollen im Lebensmittelsektor, 2013; *Hornung*, Grundrechtsinnovationen, 2015; *Jäschke*, Das Schutzgut des § 203 StGB, ZStW 2019 (Bd. 131), S. 36; *Jochheim*, Der Parallelvertrieb von Arzneimitteln, 2012; *Kalbfus*, Zur Rechtsnatur von Geschäftsgeheimnissen: Bringt das Geschäftsgeheimnis mehr Klarheit?, in: FS Harte-Bavendamm, 2020, S. 341; *ders.*, Angemessene Geheimhaltungsmaßnahmen nach der Geschäftsgeheimnis-Richtlinie, GRUR-Prax 2017, 391; *ders.*, Know-how-Schutz in Deutschland zwischen Strafrecht und Zivilrecht – welcher Reformbedarf besteht?, 2011; *Kascherus/Pröpper*, Bring your own Device (BYOD) – Mitbestimmung bei der Nutzung privater technischer Geräte, BB 2021, 756; *Keilmann/Schmidt*, Der Entwurf des Sorgfaltspflichtengesetzes – Warum es richtig ist, auf eine zivilrechtliche Haftung zu verzichten, WM 2021, 717; *Kiefer*, Das Geschäftsgeheimnis nach dem Referentenentwurf zum Geschäftsgeheimnisgesetz: Ein Immaterialgüterrecht?, WRP 2018, 910; *Kloepfer*, Informationsfreiheitsgesetz und Schutz von Betriebs- und Geschäftsgeheimnissen, Rechtsgutachten im Auftrag des Bundesbeauftragten für den Datenschutz und die Informationsfreiheit, Juni 2011 (www.bfdi.bund.de/IFG/Oeffentlichkeitsarbeit/Pressemitteilungen/2011/17_StaatlichesHandelnMussTransparenterWerden.html?nn=411776); *Kloepfer/Greve*, Das Informationsfreiheitsgesetz und der Schutz von Betriebs- und Geschäftsgeheimnissen, NVwZ 2011, 577; *Kluge*, Topf Secret – Zum rechtlichen Stand der Dinge, ZLR 2019, 518; *Kochheim*, Cybercrime und Strafrecht in der Informations- und Kommunikationstechnik, 2015; *Köhler*, Der Schutz von Kollektivinteressen und Individualinteressen im UWG, in: FS Büscher, 2018, S. 333; *Koriath*, Zum Streit um den Begriff des Rechtsguts, GA 1999, 561; *Kuhn*, Der verfassungsrechtliche Schutz von Betriebs- und Geschäftsgeheimnissen, 2015; *Kunczik*, Geistiges Eigentum an genetischen Informationen, 2007; *Leite*, Whistleblowing und das System der Rechtfertigungsgründe, GA 2021, 129; *Lennartz*, Informationsfreiheitsgesetz und Energienetzbetreiber, EnWZ 2017, 396; *Liu*, Rechtsschutz von Unternehmensgeheimnissen, 1999; *Lohmann*, Neuausrichtung des Schutzes von Betriebs- und Geschäftsgeheimnissen im Umweltinformationsrecht (?), NuR 2018, 607; *Lück/Penski*, Aus Anlass von „Topf Secret": Antragsbezogener Informationszugang als staatliches Informationshandeln?, DÖV 2020, 506; *Malmström*, Schutz von Betriebs- und Geschäftsgeheimnissen im Zivilprozess, 2013; *McGuire et al.*, Der Schutz von Geschäftsgeheimnissen durch Rechte des Geistigen Eigentums und durch das Recht des unlauteren Wettbewerbs (Q215), GRUR Int. 2010, 829; *McGuire*, Begriff und Rechtsnatur des Geschäftsgeheimnisses – Über ungeschriebene Unterschiede zwischen altem und neuem Recht, in: FS Harte-Bavendamm, 2020, S. 367; *dies.*, Neue Anforderungen an den Know-how-Schutz: 3 Gründe, sich schon heute mit der neuen Geschäftsgeheimnis-RL zu befassen, Mitt. 2017, 377; *dies.*, Der Schutz von Know-how im System des Immaterialgüterrechts, GRUR 2016, 1000; *dies.*, Know-how: Stiefkind, Störenfried oder Sorgenkind? Lücken und Regelungsalternativen vor dem Hintergrund des RL-Vorschlags, GRUR 2015, 424; *Meder*, Mißverstehen und Verstehen, 2004; *Merschmann*, Staatliche Informationen über lebensmittelrechtliche Beanstandungen während laufender Verfahren, 2019; *Möstl*, Verbraucherinformation und Anprangerung als gezielte Lenkungsmittel – Anmerkungen § 40 Abs. 1a LFGB sowie zur Revision der EU-Kontrollverordnung, in: Möstl/Meyer (Hrsg.), Lebensmittelüberwachung, 2015, S. 25; *Monsees*, Behördliches Informationshandeln im Lebensmittelbereich, 2018; *Münzberg*, Verhalten und Erfolg als Grundlage der Rechtswidrigkeit und Haftung, 1966; *Naber/Peukert/Seeger*, Arbeitsrechtliche Aspekte des Geschäftsgeheimnisgesetzes, NZA 2019, 583; *Niebel*, Das Know-how auf dem Weg zum Immaterialgut, in: FS Fezer, 2016, S. 799; *Nietsch*, Informationsfreiheit und Unternehmensrecht, WiVerw 2014, 120; *Ohly*, Das auf die Verletzung von Geschäftsgeheimnissen anwendbare Recht, in: FS Harte-Bavendamm, 2020, S. 385; *ders.*, Das neue Geschäftsgeheimnisgesetz im Überblick, GRUR 2019, 441; *ders.*, Der Geheimnisschutz im deutschen Recht: heutiger Stand und Perspektiven, GRUR 2014, 1; *Pesch*, Straf- und ordnungswidrigkeitenrechtliche Erwägungen zur Bereitstellung von Informationen vor Pakettransaktionen, 2015; *Pfaff*, Exklusivität und Zugang arzneimittelrechtlicher Zulassungsinformationen, 2010; *Pfister*, Das technische Geheimnis „Know how" als Vermögensrecht, 1974; *Pfisterer*, Unternehmensprivatsphäre, 2014; *Polenz*, Betriebs- und Geschäftsgeheimnisse der öffentlichen Hand, DÖV 2010, 350; *Preis/Seiwerth*, Geheimnisschutz im Arbeitsrecht nach dem Geschäftsgeheimnisgesetz, RdA 2019, 351; *Richardi*, Der Arbeitsvertrag im Lichte des neuen § 611a BGB, NZA 2017, 36; *T. Richter*, Das Geschäftsgeheimnisgesetz und dessen Ausstrahlung in das Arbeitsrecht, ArbRAktuell 2019, 375; *Rieder*, Der Economic Espionage Act of 1996, WRP 1997, 1041; *Rieländer*, Der Schutz von Geschäftsgeheimnissen im europäischen Kollisionsrecht, ZVglRWiss 119 (2020), 339; *Rody*, Der Begriff und die Rechtsnatur von Geschäfts- und Betriebsgeheimnissen unter Berücksichtigung der Geheimnisschutz-Richtlinie, 2019; *Rossi*, Befristeter Schutz von Betriebs- und Geschäftsgeheimnissen? GewArch 2021, 130; *Sanner*, Informationsgewinnung und Schutz von Unternehmensgeheimnissen in der privaten Kartellrechtsdurchsetzung, 2014; *Schilling*, Der Schutz von Geschäfts- und Betriebsgeheimnissen – Prozessuale Schwierigkeiten und Reformbedarf, in: FS Büscher, 2018, S. 383; *Schlack*, Das neue Geschäftsgeheimnisgesetz, Schutz für Private vor Privaten – und Behörden? ZWeR 2019, 192; *Schmeding*, Wettbewerbsrechtliche Grenzen der Abwerbung von Arbeitskräften, 2006; *Schrader*, Wissen im Recht, 2017; *Schweizer*, Internes Whistleblowing, 2019; *Schweyer*, Die rechtliche Bewertung des Reverse Engineering in Deutschland und den USA, 2012; *Sehirali*, Schutz des Know-how nach türkischem, deutschem und europäischem Recht, 2004; *Selbach*, Geheimhaltungspflichten von Gesellschaftern in personalistisch strukturierten Gesellschaften, 2015; *Siems*, Die Logik des Schutzes von Betriebsgeheimnissen, WRP 2007, 1146; *Singer/Preetz*, Der Schutz von Betriebs- und Geschäftsgeheimnissen im Spannungsverhältnis mit Arbeitnehmerrechten, in: FS Schwintowski, 2017, S. 791; *Sitsen*, Das Informationsfreiheitsgesetz des Bundes, 2009; *Slawik*, Die Entstehung des deutschen Modells zum Schutz von Unternehmensgeheimnissen, 2017; *Stäuber*, Der Schutz von Geschäftsgeheimnissen im Zivilprozess, 2011; *Steigüber*, Die Regeloffenlegung im Patentrecht, 2010; *Stein*, Der Schutz von Betriebs- und Geschäftsgeheimnissen im Strafverfahren, 2013; *Teufer*, Der K(r)ampf um § 40 Abs. 1a LFGB geht weiter, ZLR 2019, 293; *Trebeck/Schulte-Wissermann*, Die Geheimnisschutzrichtlinie und deren Anwendbarkeit, NZA 2018, 1175; *Vlantos*, Die Verwertung von technischem Know-how, 2014; *S. Wagner*, Know-how. Einordnung in das Zivilrecht, 2016; *Wank*, Arbeitnehmer und Selbständige, 1988; *Wawrzinek*, Verrat von Geschäfts- und Betriebsgeheimnissen, 2010; *Wendt*, Grenzen der öffentlichen Bekanntmachung durch Aufsichtsbe-

§ 1 Anwendungsbereich

hörden, VersR 2020, 808; *Wiebe*, Der Geschäftsgeheimnisschutz im Informationsfreiheitsrecht, NVwZ 2019, 1705; *Wiebe/Ahnefeld*, Zugang zu und Verwertung von Informationen der öffentlichen Hand, CR 2015, 127; *Wiese*, Die EU-Richtlinie über den Schutz vertraulicher Know-hows und vertraulicher Geschäftsinformationen, 2018; *Winzer*, Der Schutz von Geschäftsgeheimnissen im Zivilprozess, 2018; *Wolf*, Der Schutz des Betriebs- und Geschäftsgeheimnisses, 2015; *Wolf/Harrer-Kouliev*, Geschäftsgeheimnisgesetz: Eine neue Herausforderung für das Arbeitsrecht, in: FS Windbichler, 2020, S. 457; *Wünsche*, Rechtsfolgen von Wettbewerbsverstößen, 2013; *Wunner*, Die zivilrechtliche Haftung für Geheimnisverwertungen durch Beschäftigte im Lichte der Geschäftsgeheimnis-RL, WRP 2019, 710; *Zech*, „Industrie 4.0" – Rechtsrahmen für eine Datenwirtschaft im digitalen Binnenmarkt, GRUR 2015, 1151; *ders.*, Information als Schutzgegenstand, 2012; *Zott*, Aktive Informationen des Staates im Internet – Mittelalterlicher Pranger oder modernes Steuerungselement, 2016.

Übersicht

	Rn.		Rn.
I. Einführung	1	2. Die Einordnung: „Lex specialis derogat legi generali" oder „Lex superior derogat legi inferiori"?	34
II. Entstehungsgeschichte	4	3. Kritik: Genereller statt singulärer Strafrechtsvorrang	35
III. Schutzziel, Schutzgut und Schutzgegenstand	6	a) Die fehlerhafte Verkürzung auf § 203 StGB	35
1. Schutzgegenstand und Schutzgut: Antonyme statt Synonyme	6	b) Die fehlerhafte Verortung der Verbesonderung	36
2. Schutzgut und Schutzziele bzw. Schutzzwecke	12	4. Fazit: Reformbedürftig	37
3. Das eigentliche Schutz- bzw. Rechtsgut: Das Vermögen	16	VI. Die Informations-, Meinungs- und Pressefreiheit (Abs. 3 Nr. 2)	38
4. Der deliktsrechtliche Schutzbereich des § 823 BGB	20	1. Regelungsgegenstand	38
IV. Der Vorrang öffentlich-rechtlicher Regelungen (Abs. 2)	23	2. Der deklaratorische Vorrangstatus	39
1. Regelungsgegenstand	23	3. Die sachliche Gewichtung: Das freigestellte Whistleblowing	40
2. Der deklaratorische Vorrangstatus	24	VII. Sozialpartnerschaftliche Autonomie und Vertragshoheit (Abs. 3 Nr. 3)	42
3. Der Variantenreichtum öffentlich-rechtlichen Vorrangs	25	1. Entstehungsgeschichte	42
a) Die zwei Erscheinungsformen öffentlich-rechtlicher Vorrangigkeit	26	2. Regelungsgegenstand	43
aa) Die Transformation zum „Gemeingut"	27	3. Die beteiligten Kreise: Sozialpartner	46
bb) Bereichsspezifische Ausnahmen (sog. Negativlisten)	28	4. Tarifdispositivität: Der eröffnete Regelungsbereich	48
b) Fazit und Ausblick	30	5. Fazit	50
V. Der verbesonderte Privatgeheimnisverrat gem. § 203 StGB (Abs. 3 Nr. 1)	32	VIII. Der Vorrang des Individual- und Kollektivarbeitsrechts (Abs. 3 Nr. 4)	51
1. Entstehungsgeschichte und Regelungsgegenstand	33	1. Entstehungsgeschichte	51

	Rn.		Rn.
2. Der deklaratorische Vorrangstatus	52	a) Die Arbeitnehmerrechte	58
		b) Die Arbeitnehmerpflichten	60
3. Die betroffenen Kreise: Arbeitnehmer und Arbeitnehmervertretungen	53	5. Die Rechte und Pflichten der Arbeitnehmervertretungen	62
a) Der Arbeitnehmerbegriff	54	a) Die betriebliche Mitbestimmung	63
b) Die Arbeitnehmervertretungen	55	b) Die gesellschaftsrechtliche Mitbestimmung	64
4. Arbeitnehmerrechte und Arbeitnehmerpflichten	57	c) Exkurs: Die Pflichten der Arbeitnehmervertretungen	65

I. Einführung

§ 1 GeschGehG prägt eine im bundesdeutschen Zivilrecht ungewöhnliche Regelungsform: Er veranschaulicht den Anwendungsbereich des Gesetzes nicht den üblichen Gepflogenheiten entsprechend anhand eines präzis klassifizierbaren Schutzguts[1] und anschließender Zuweisung gewährleisteter Verfügungsrechte.[2] Rekurriert wird lediglich, ganz dem tradierten Vorbild des Deliktsrechts verhaftet, auf die bloße Bezeichnung unerlaubter Umgangsweisen. Statt das werthafte Potenzial sachlich positiv zu identifizieren wird seine Bestimmung mit unzulässigen Zugriffshandlungen verknüpft und als daraus verlässlich ableitbar erachtet. Dies zeigt eindeutig **Absatz 1**, der den **Gegenstand** des Gesetzes in teilweise wortwörtlichem Gleichklang mit der Bestimmung des Art. 1 Abs. 1 der in nationales Recht umzusetzenden Know-how-RL 2016/943/EU ohne jede materielle Spezifizierung des Angriffsguts allein auf den Schutz vor unerlaubter Erlangung, Nutzung und Offenlegung festsetzt. 1

Anknüpfend an diese, explizit die Rechtswidrigkeit einer drittseitig bewirkten Vorgehensweise betonende Umrahmung benennen die sich daran anschließenden **Absätze 2 und 3** spezielle, erschöpfend aufgezählte **Ausschlusstatbestände** iSv. Anwendungsschranken: Absatz 2 bestimmt den Vorrang und damit die Ausgrenzung öffentlich-rechtlicher Geheimnisregelungen, verengt folglich den Geltungsbereich auf privatseitig bewirkte Geheimnisbeeinträchtigungen von Geschäftsunternehmen, Absatz 3 hingegen ordnet vorab erst die Fortgeltung des berufs- und strafrechtlichen Offenbarungsschutzes des § 203 StGB (Nr. 1) an, sodann sachlich umgekehrt jene der Informations-, Meinungs- und Medienfreiheiten der EU-Grundrechtscharta (Nr. 2), der sozialpartnerschaftlichen Vertragsautonomie (Nr. 3) sowie der individual- und der kollektivarbeitsrechtlichen Rechte und Pflichten (Nr. 4). 2

Dergestalt primär ausgerichtet auf das Zivil- und Zivilverfahrensrecht gleicht Absatz 1 – quasi „en miniature" – einer bloßen Adaption der früheren strafrechtlichen 3

---

[1] Vgl. nur die §§ 903 BGB, 1 GebrMG, 1 GeschmMG, 1 HalbLSchG, 1 PatG, 1 SortenSchG, 1 UrhG.
[2] Vgl. nur die §§ 903 BGB, 11 GebrMG, 6 ff. GeschmMG, 6 HalbLSchG, 9 PatG, 10 SortenSchG, 11 ff. UrhG.

§ 1 Anwendungsbereich

Verbotsregelungen der §§ 17–19 UWG, während die Absätze 2 und 3 zwingend zu beachtende Geheimnisregelungen aus anderen Rechtsbereichen dazu in praktische Konkordanz stellen. Letzteres ist eine schon aus gesetzessystematischen wie dogmatischen Gründen nicht hervorhebungsbedürftige Selbstverständlichkeit, zumal die enumerative Aneinanderreihung nur eine vermeintliche (s. etwa § 204 StGB) Vollständigkeit suggeriert. Konzeptionell wirkt diese nicht durchgängig abgestimmte Homogenität wie die bloß auf eine vorgeordnete Schutzstufe verlagerte **Neuordnung** des bislang arg rudimentär ausgeformten zivilrechtlichen Geheimnisschutzes – **selektiv**, stark dem Ansatz der Lehre von der vortatbestandlichen Rechtswidrigkeit verhaftet[3] und keineswegs gleichermaßen durchgängig gelungen. Seine fortgesetzte Lückenhaftigkeit wird dem neuen Schutzgesetz sicherlich schon bald interne Unabgestimmtheiten vermitteln.

II. Entstehungsgeschichte

4 § 1 GeschGehG kennt wie das gesamte Gesetz im zivilen bundesdeutschen Geheimnisschutzrecht kein Vorbild. Erste und bis heute vielfach fortwirkende Ansätze entstammen nicht den strafrechtlichen Be- und Verschaffungsverboten der §§ 17 ff. UWG aF, enthielten diese doch keinerlei Aussagen zur materiellen Einordnung des Schutzguts. Obwohl die jetzige „Schutzzweckbestimmung" deutlich von der Verbotsstruktur der früheren strafrechtlichen Haftungstatbestände inspiriert ist, verdankt sie ihre heutige Festsetzung nicht der **Adaptation** der vorbenannten verbotsrechtlichen Normstruktur. Vielmehr entstammt ihre „Vorformung" den Vorbildern verschiedener inter- bzw. supranationaler Unitarisierungsansätze,[4] an deren nahezu gleichlautenden Umschreibungen bzw. Festsetzungen sie, wirkmächtig vermittelt über Art. 1 der Endfassung der Know-how-RL 2016/943/EU, anknüpft.[5]

5 Diese ist im Gegensatz zu dem in Art. 1 des ursprünglichen Kommissionsentwurfs allein als „Gegenstand" geregelten „Geheimnisschutz"[6] im weiteren Fortgang des Rechtsfindungsverfahrens um gleich zwei neue Absätze zum „Anwendungsbereich" mit verschiedenen Ergänzungen versehen bzw. funktional beschränkt worden.[7] An diesem inhaltlich doch sehr erweiterten Rahmen orientieren sich die nunmehrigen Bestimmungen des § 1 GeschGehG, wenn sie dessen Regelungsgehalt mit sprachlichen Abänderungen letztlich lückenlos übernehmen. Sachlich kommt den nur marginal abgewandelten Einordnungen und Ausformulierungen keine substanzielle Bedeutung zu, sodass die erhoffte **1:1-Umsetzung** der Richtlinie[8] zumin-

---

3 Komprimiert aus strafrechtlicher Sicht *Brammsen*, Garantenpflichten, S. 423 ff.; grundlegend *Münzberg*, S. 75 ff., 141 ff., 327 ff.
4 Art. 39 Abs. 2 TRIPS, Art. 6 Abs. 1–3 WIPO-Model Provisions, Art. 3 Abs. 1 ModellG-Europarat 1974.
5 Komprimiert zum weiteren Gesetzgebungsverlauf Büscher/*McGuire*, § 1 GeschGehG Rn. 4 ff.
6 Vorschlag COM (2013) 813 final, S. 20 = BR-Drs. 786/13.
7 Vgl. Know-how-RL 2016/943/EU, ABl. EU 2016, L 157/1, S. 8 f.
8 BT-Drs. 19/4724 (Allg. Teil, VI. 4. b Gesetzesfolgen und VII. Befristung; Evaluierung), S. 21 f.

III. Schutzziel, Schutzgut und Schutzgegenstand

dest formell gelungen ist. Ihre tatsächliche Praktikabilität und Plausibilität wird sich aber im anstehenden Alltagstest erst zu erweisen haben.

III. Schutzziel, Schutzgut und Schutzgegenstand

1. Schutzgegenstand und Schutzgut: Antonyme statt Synonyme

„Dieses Gesetz dient dem Schutz von Geschäftsgeheimnissen vor unbefugter Erlangung, Nutzung und Offenlegung." Mit dieser kryptisch als „Anwendungsbereich" betitelten Überschrift zur Regelung des § 1 GeschGehG benennt der deutsche Gesetzgeber eigentlich eine Selbstverständlichkeit, ist doch ein Schutz vor befugten Tathandlungen ebenso unsinnig wie die Existenz weiterer Verletzungsvarianten bereits „vollzugstechnisch" faktisch unmöglich und ein Vor- oder Nachrang der in Abs. 2 und 3 benannten Rechtsbereiche sachlich generell (un-)angemessen ist. Zu konstatieren ist darüber hinaus, dass, anders als dem europäischen Vorbild des umzusetzenden Art. 1 der Richtlinie 2016/943/EU, dessen fast gleichlautender Text mit „Gegenstand und Anwendungsbereich" zweigliedrig überschrieben ist, der **Marginalie** seines nationalen Pendants der „**Schutzgegenstand**" **abhandengekommen** ist.   6

Dieses Manko erscheint ohne Belang, da beide Vorschriften übereinstimmend auf Geschäftsgeheimnisse als Realobjekt und damit auf ihr vermeintliches Schutzgut zu verweisen scheinen. Gleichwohl, der Schein trügt. Geschäftsgeheimnisse sind zwar auch Güter in Gestalt tatsächlich nutz- wie verletzbarer Gegebenheiten einer rechtlichen Regelung,[9] aber **nicht** deren inhaltsbestimmendes **Schutzgut**. Diese sachliche Divergenz wird augenfällig, wenn die Thematik der Schutzgutbestimmung in die Terminologie des Strafrechts transferiert, dh. mit den dortigen allbekannten Parallelbegriffen „Angriffsobjekt" und „Rechtsgut"[10] bezeichnet wird.   7

Angriffsobjekte als Schutzgegenstände gesetzlicher Regelung können nicht die ihnen überzeitlich und ubiquitär werthaftes Entfaltungspotenzial eröffnende Substanz eines Schutz- bzw. Rechtsguts vermitteln. Sie dokumentieren lediglich die geistig-seiende Basis eines Wertes als überzeitliche Seinsgegebenheit geistiger Art und kollektiver „Natur". Güter sind keine Werte, sie verkörpern lediglich einen solchen in Gestalt eines körperlichen oder immateriellen Gegenstands, Vorgangs oder Zustands nach außen als hier sog. **Wertträger**. Als Werthaftigkeit verkörpernde Gegebenheiten der Außenwelt sind sie bloße Schutzgegenstände, während das Schutzgut mit seinen Beziehungsstrukturen und Bezugspunkten die Güter und die in bzw. von ihnen verkörperten materiellen Werte ausgeformt gegen rechtswidriges Verhalten schützt.   8

Geschäftsgeheimnisse gewähren eine Fülle von Nutzziehungsmöglichkeiten, die unabhängig von der Person des Nutzziehenden objektiv gegeben sind und der per-   9

---

9 *Zech*, S. 46 ff., 51 f.; komprimierter *Cha*, S. 18 f. mwN.
10 Zu ihrer Bestimmung und Unterscheidung statt vieler Schönke/Schröder/*Eisele*, Vorbem. §§ 13 ff. Rn. 9 mwN.

§ 1 Anwendungsbereich

sönlichen Entfaltung durch Gebrauch, Weitergabe oder auch „Freigabe" dienen (können). Die Möglichkeit zur Realisierung der in ihnen verkörperten Nutzziehungsmöglichkeiten ist es, die ihnen die Eigenschaft vermittelt, als selbstständiger Gegenstand realer Herrschaftsbeziehungen[11] „**Gut**" eines Subjekts zu sein. Etwaige Schwierigkeiten, einzelnen Geschäftsgeheimnissen einen konkreten Geldwert beizumessen, obwohl sie wegen ihrer Geheimheit gerade keinen durch Angebot und Nachfrage konstituierten Marktpreis haben (sollen), betreffen allein die Höhe ihres Preises, nicht jedoch ihre reale Existenz als „Gut".[12]

10 Dies gilt auch für fehlgeschlagene Forschungen, unausgereifte Experimentiermethoden oder nachteilige Informationen, wenn unternehmensexterne Rezipienten es verstehen, den Inhalt der entsprechenden Informationen planmäßig und unter verschiedenen Aspekten auszuwerten.[13] Dies wird unmittelbar einsichtig, wenn beachtet wird, dass nicht die Experimente oÄ das wirtschaftlich wertvolle Geheimnis darstellen – sie sind nur der Bezugsgegenstand des geheimen Wissens, nicht aber das Geheimnis selbst! Nicht der Bezugsgegenstand bildet das **Geheimnis**, **Gegenstand** des Geheimnisses ist allein die den Bezugsgegenstand betreffende **Kenntnis**. Dieses faktisch begrenzte Wissen ist aufgrund der zu seiner Erarbeitung erbrachten Aufwendungen das Gut, welches im alltäglichen Wirtschaftsverkehr als selbstständiges Objekt einer wirtschaftlichen Beziehung anerkannt wird.[14] Sein (potenzieller) wirtschaftlicher Wert besteht für das Geheimnissubjekt in der Übertragbarkeit der Information, für den Rezipienten in dem ersparten Arbeits- und/oder Kapitalaufwand, den jeder Interessierte erbringen muss, um sich diesen Wissensstand zu verschaffen. Ihm erlaubt das Wissen, Schlussfolgerungen auf die Innovationskraft, den Stand der Forschungen oder die Geschäftsstrategien der Konkurrenzfirma anzustellen und eigene Potenzen zielgerichteter einzusetzen.

11 Der **Schutzgegenstand**[15] „Geschäftsgeheimnis" vermag somit, wie bereits die nachfolgenden gesetzlichen Ausgrenzungen bzw. Bestandssicherungen in § 1 Abs. 2 und 3 GeschGehG zeigen, nicht als einheitsschaffendes Strukturelement zu dienen. Allein auf die Realwelt bezogen kann es den Schutz seiner selbst ebenso

---

11 Herrschaft darf nicht iSv. Sachherrschaft verstanden werden: Menschliches Wissen lässt sich weder rechtlich noch tatsächlich absolut gegen fremde Kenntnisnahme abschirmen.
12 Näher zur Wertrelativität *Frank*, S. 133 f. mwN.
13 RG, DJZ 1932, 1150 f.; JAS (1999), 38, 39 ff., 45 ff.; *Druey*, S. 366; *Kalbfus*, Rn. 56; *Kunczik*, S. 211; *Pfaff*, S. 238; *Rieder*, WRP 1997, 1041, 1043; *Wiese*, S. 45. Die wirtschaftliche Selbstständigkeit von „Negativwissen" im Geschäftsverkehr verkennen ua. *Breitenbach*, S. 58 f.; *Liu*, S. 57; *Pesch*, S. 71 ff.; *Wawrzinek*, S. 80 f.
14 Daneben können auch die jeweiligen Bezugsgegenstände des Wissens einen eigenständigen Vermögenswert haben und als selbständiges Objekt am Geschäftsleben teilnehmen – nur ein Geschäftsgeheimnis *sind* sie nicht.
15 Wie hier auch Büscher/*McGuire*, § 2 GeschGehG Rn. 21; H/O/K/*Harte-Bavendamm*, § 1 Rn. 2; Hoppe/Oldekop/*Hoppe*, Kap. 1 Rn. 45; K/B/F/*Alexander*, § 1 GeschGehG Rn. 2, 7 f.; *McGuire*, GRUR 2016, 1000, 1006; *dies.*, in: FS Harte-Bavendamm, S. 367, 375 f., 380, die leider wiederholt (S. 377, 379 f.) synonym auch den Begriff „Rechtsgut" verwendet.

III. Schutzziel, Schutzgut und Schutzgegenstand § 1

wie seine Schutzbedürftigkeit sowie diesbezüglich maßgebliche Wertsetzungen und Wertungsgesichtspunkte weder aus sich heraus sicherstellen noch begründen.

2. Schutzgut und Schutzziele bzw. Schutzzwecke

Ebenso wenig vermögen die vom Richtlinien- und dem deutschen Gesetzgeber und zuvor bereits im einschlägigen Schrifttum[16] betonten **Regelungsziele** bzw. -zwecke – besserer Geheimnisschutz und geringere Geheimhaltungskosten durch stärkere unternehmerische Innovationskraft, effektivere Kapitalallokation und vermehrte grenzüberschreitende Kooperation im Binnenmarkt[17] – die ihnen zugedachte Funktion eines wertmäßig maßstabbildenden Schutzguts zu erfüllen. Stattdessen transformieren sie den „Geheimnisherrn" zum Destinatär von **Kollektivinteressen**, zu deren Verwirklichung sein Grundrechtsschutz nur Mittel zum Zweck, nicht aber der eigentliche Anlass ist. Seine Rechtsträgerschaft ist dann bloßer Reflex und Sekundäreffekt eines Rechtsschutzes, in dessen Mittelpunkt nicht der Bürger, sondern Selbsterhalt und Entfaltung von Institutionen und Kollektiven stehen.[18] 12

Allein schon mangels eines allgemein anerkannten Rangverhältnisses kann nicht mit ausreichender Schlüssigkeit die Vorrangigkeit derartiger überindividueller Zwecke dargetan werden, ohne die vornehmlich zu verwirklichenden individuellen Grund- und Freiheitsrechte zu konterkarieren. Als durchweg recht abstrakt gehaltene Zwecksetzungen gestatten sie keine stringenten Aussagen zu dem konkret in Frage stehenden Schutz- bzw. Rechtsgut. Es ist eine Frage der Auswahl, der Wertsetzung und der Entscheidung, ob und welche Aspekte des Persönlichkeits-, des Vermögens- oder des Vertrauensschutzes oder eines anderen Bereiches ein Schutzgut prägen oder beeinflussen. Werte, Ziele und Zwecke sind keineswegs kongruent, sondern „gehören verschiedenen Denkkategorien an. ... Letztere können gewertet werden. Aber Werte können keine Zwecke sein".[19] Der Versuch, mit Hilfe von Gesetzeszwecken oder -zielen Schutzgüter[20] zu bestimmen, führt deshalb über den bekannten „**hermeneutischen Zirkel**"[21] nicht hinaus. 13

---

16 Vgl. *Dorner*, S. 421 ff., 451 f.; *Kalbfus*, GRUR-Prax 2017, 391, 392; *Siems*, WRP 2007, 1146, 1149 ff.; *Stäuber*, S. 48 ff.; *S. Wagner*, Rn. 63 ff.; *Zech*, GRUR 2015, 1151, 1158 ff.; s. auch H/O/K/*Ohly*, Einl. A Rn. 3 ff. und K/B/F/*Alexander*, § 1 GeschGehG Rn. 3 ff.
17 Vgl. Know-how-RL 2016/943/EU, Erwgrd. 1, 3, 9, 16; Begr. zum RefE-GeschGehG, AT VI 2, S. 18; OLG Stuttgart, WRP 2021, 242 Rn. 17 – Schaumstoffsysteme; BeckOK UWG/*Hohn-Hein/Barth*, § 1 GeschGehG Rn. 12 f.; Büscher/*McGuire*, § 1 GeschGehG Rn. 9, 12.
18 Prägnant Know-how-RL 2016/943/EU, Erwgrd. 36: „Ziel dieser Richtlinie, nämlich ein reibungsloses Funktionieren des Binnenmarktes durch die Schaffung eines ... Rechtsschutzes im Binnenmarkt ... (ist)." Klarer lässt sich die vorgenommene Maßstabsverschiebung nicht ausdrücken.
19 So richtig *Hardwig*, S. 43; vgl. bereits *Brammsen*, Garantenpflichten, S. 97 f. und *Koriath*, GA 1999, 561, 574 f.
20 Prägnant *Steigüber*, S. 69, 72 ff.; *Schweyer*, S. 363 ff., 412 ff.; zurückhaltender *Kalbfus*, in: FS Harte-Bavendamm, S. 341, 352 f.
21 Zu dieser „Methode" *Demko*, S. 87 ff.; *Gadamer*, S. 270 ff., 296 ff.; *Hornung*, S. 108 ff.; *Kaufmann*, Über den Zirkelschluß in der Rechtsfindung, in: FS Gallas, 1973, S. 7 ff.; *Larenz*, Methodenlehre der Rechtswissenschaft, 6. Aufl. 1991, 2. Teil, 1. Kap. 3 b (S. 206 ff.); *Meder*, S. 193 ff.

§ 1 Anwendungsbereich

14 Selbst wenn man Aspekten wie der Binnenmarktstärkung, Innovationsförderung oder der Kostenreduktion einen primär substanzvermittelnden „Selbstzweck" zubilligen wollte, so kommen diese doch nicht über die Gewährleistung ihres anderweitig eigenständig wertbildenden Bezugspunkts „Geschäftsgeheimnis" hinaus. Allesamt lediglich nachrangigen Charakters knüpfen sie immer nur an dessen zentralen **Individualschutzaspekt** an, dem Einzelnen „einen Freiraum im vermögensrechtlichen Bereich zu ermöglichen (und) damit die Entfaltung und eigenverantwortliche Lebensgestaltung zu ermöglichen".[22] Ihre Heranziehung setzt immer schon die Existenz eines anderen Schutzgutes voraus, dessen zusätzlicher Kollektivschutz statt prägend gänzlich akzessorisch ist. Insbesondere die Stützung auf die **Binnenmarktstärkung** steht damit auf äußerst **brüchigem** Eis, ließen sich mit einer derart weitreichenden Interpretation doch selbst so umstrittene Bereiche wie die Strafrechts- oder die Steuerharmonisierung ihrer bislang vermissten Ermächtigungsgrundlage zuführen.

15 Zudem sind alle Auswirkungen, die von einem unbefugten Erlangen, Nutzen oder Offenlegen eines Geschäftsgeheimnisses für die benannten Schutzzwecke ausgehen, im Vergleich zur Beeinträchtigung des Geheimnissubjekts nur von geringem Gewicht. Ihre Sicherung ist wie sonst auch im gegenständlichen Bereich des „Sacheigentums" mit in den Schutz des jeweiligen Schutzgegenstands (hier: das „Geschäftsgeheimnis") eingeschlossen. Die Gefahr für seinen Bestand bzw. seine Integrität hat sich mit seinem Erlangen, Nutzen oder Offenlegen bereits realisiert, sodass es allenfalls noch zusätzlich abstrakt gefährdet werden könnte. Nachteilige Auswirkungen auf Aspekte wie die Binnenmarktharmonisierung und andere Kollektivzwecke, die von der eingetretenen Beeinträchtigung individueller Bestandserhaltungsinteressen ausgehen, bedürfen keiner selbstständigen Absicherung. Ihre Gefährdungen sind immer **nur mittelbare Folgen** der eingetretenen Geheimnisschädigung selbst.

3. Das eigentliche Schutz- bzw. Rechtsgut: Das Vermögen

16 Wesentlicher, für ein Individualschutzgut und letztlich auch für das Vermögen sprechender Gesichtspunkt ist die Tatsache, dass die Geschäftsgeheimnisse wie andere Individualgüter auch unverkennbar an der Position des Rechtssubjekts und nicht an einer unbestimmten Vielzahl von Betroffenen ausgerichtet sind. Selbst wenn von dem individuell betroffenen Geheimnissubjekt als dem Interessenträger abstrahiert wird, beziehen sich die benannten Verhaltensverbote „Erlangung, Nutzung und Offenlegung" immer nur auf Interessen, die mit seiner Rechtsstellung verbunden sind. Unübersehbar zum Ausdruck kommt diese Anbindung an singuläre Individualinteressen in jener weitreichenden Dispositionsbefugnis, die dem Geheimnissubjekt[23] von Rechts wegen zuerkannt wird: Die Kompetenz, den ihnen rechtlich zugeordneten **Schutzgegenstand** „Geschäftsgeheimnis" beliebig zu gebrauchen, Dritten zu

---
22 BVerfGE 51, 193, 218; 89, 1, 6; 102, 1, 15.
23 Bzw. bei Anteils- und (Mit-)Eigentümergesamtheiten dem zuständigen Willensmittler.

III. Schutzziel, Schutzgut und Schutzgegenstand § 1

überlassen oder jederzeit – abgesehen von Fällen beschränkter Dispositionsbefugnis – durch Publikmachung dem Rechtsschutz zu entziehen. Eine derartige Kompetenz, mit Billigung der Rechtsordnung nach eigenem Gutdünken über die Entstehung von unbegrenzten oder begrenzten Verhaltenspflichten zu entscheiden, gewährt neben den hier unzweifelhaft ausscheidenden höchstpersönlichen Schutzgütern der privaten Geheimsphäre usw. außer dem Eigentum nur noch ein einziges Rechtsgut: das **Vermögen**.[24] Da das Eigentum aber nur eine verbesonderte (verabsolutierte) Erscheinungsform des Vermögens, dh. kein aliud, sondern nur eine Sonderform und offensichtlich nicht gegeben ist,[25] bedarf es hier keiner weitergehenden speziellen materiellrechtlichen Einordnung.

Die Erhaltung des mit dem „Haben" des Vermögensguts „Geschäftsgeheimnis" verbundenen individuellen Gebrauchsnutzens ist der bestimmende materiale Aspekt – die ökonomische Grundlage individueller Freiheit durch Sicherung rechtlich zugeordneter Herrschafts-, Nutzungs- und Verfügungsmacht gegen (bestimmte) Zugriffe Dritter. Die Verhinderung eines ungewollten Verlustes individueller wirtschaftlicher Potenz, die Garantie individueller Vermögensnutzung, steht ganz im Mittelpunkt des Verhaltens, um dem Rechtssubjekt eigenverantwortliche und eigennützige Teilnahme am alltäglichen Wirtschafts- und Sozialleben und damit ein selbstbestimmtes Sein zu ermöglichen. 17

Struktur und Charakter des Geschäftsgeheimnisschutzes werden statt von irgendwelchen Aneinanderreihungen von Allgemeininteressen und sonstigen „Schutzzwecken" (→ Rn. 12, 14)[26] demnach **allein** von der wirtschaftlichen **Funktion** des (Angriffsobjekts, nicht des Schutzguts[27]) „**Geschäftsgeheimnisses**", seiner Eignung als grundlegendes Mittel zur Sicherung eigenverantwortlicher Lebensführung und wirtschaftlicher Entfaltungs(freiheit), seiner Werthaftigkeit als selbstständiges Objekt im alltäglichen Wirtschaftsleben, dh. vom Gebrauchswert im Rahmen der wirtschaftlichen Betätigung festgesetzt. 18

Etwaige Grundrechtsanbindungen[28] an das von Art. 2 Abs. 1 iVm. Art. 1 Abs. 1 GG gewährleistete Persönlichkeitsrecht (auch in Gestalt des „informationellen Selbstbestimmungsrechts"), die Berufsfreiheit des Art. 12 Abs. 1 GG oder ein (aus Art. 2 Abs. 1, Art. 12 Abs. 1 oder Art. 14 Abs. 1, jeweils iVm. Art. 3 Abs. 1 GG abgeleite- 19

---

24 Wie hier BeckOK UWG/*Hohn-Hein/Barth*, § 1 GeschGehG Rn. 7; Büscher/*McGuire*, § 1 GeschGehG Rn. 13; *Leite*, GA 2021, 129, 130, 138; s. auch *Alexander*, WRP 2020, 1385 Rn. 13; H/O/K/*Ohly*, Einl. A Rn. 30; *Kalbfus*, Rn. 222.
25 Ersteres verkennend *Kalbfus*, in: FS Harte-Bavendamm, S. 341, 351 f.
26 Zur (Un-)Geeignetheit speziell ökonomisch zentrierter Rekurse auf das Anreizprinzip bzw. das „Patentannex" einerseits H/O/K/*Ohly*, Einl. A Rn. 3 ff., 19; *Kalbfus*, Rn. 50 ff., 95 ff.; *Slawik*, S. 29 ff.; *S. Wagner*, Rn. 58 ff.; andererseits *Schweyer*, S. 416 ff., alle mwN.
27 Dies verwechselnd *Alexander*, Rn. 1924; *Buchert/Buchert*, ZWH 2018, 309.
28 Dazu zuletzt *Cha*, S. 21 ff.; H/O/K/*Kalbfus*, Einl. A Rn. 168 ff.; europarechtlich *Pfisterer*, S. 225 ff., 239 ff.; *Sanner*, S. 67 ff., 84 ff.; *Winzer*, Rn. 55 f.

§ 1 Anwendungsbereich

tes) Recht auf Wettbewerbsfreiheit und die Wettbewerbsgleichheit[29] sind schlichtweg fehlgehend.[30] Verfassungsrechtlich ein **inhaltsbeschränktes (= relatives) Informationseigentum** erhält das Vermögensgut eines bereits gegebenen „Geschäftsgeheimnisses" seine grundgesetzliche Absicherung ausschließlich durch die Eigentumsgarantie des Art. 14 Abs. 1 GG.[31] Daran ändert auch der neuerdings vom BVerfG als „Staatswohlbelang" erkannte Geheimnisschutz staatlicherseits mehrheitlich beherrschter Privatunternehmen (Bahn, HSH Nordbank, Hypo Real Estate, KB) ebensowenig etwas wie die permanent ohne näher bestimmte Rechtsgrundlage vorgenommenen informationsrechtlichen Täterbenennungen im Internet nichts.[32] Stützungsmaßnahmen, Mehrheitsverhältnisse oder Publikationen personalen Fehlverhaltens tragen unabhängig von etwaigem Markt- oder Wettbewerbsbezug eindeutig kollektivistisch fundierten vermögensrechtlichen Charakter.

4. Der deliktsrechtliche Schutzbereich des § 823 BGB

20 Wie schon zuvor unter der Geltung des § 17 UWG aF angesehen und allgemein anerkannt, so fungiert auch die Folgeregelung des GeschGehG als Schutzgesetz iSd. § 823 Abs. 2 BGB – dies allerdings nur mit arg begrenztem Anwendungsbereich.[33]

---

29 BVerfGE 115, 205, 229 ff., 250; BVerfG, NVwZ 2018, 51 Rn. 234 ff.; NVwZ 2014, 1652 Rn. 154 f., 183 ff.; BVerfG, NJW 2014, 1581 Rn. 21 ff., 32; BVerwG, GRUR 2020, 189 Rn. 41 ff.; *Beyerbach*, S. 109 ff., 230 ff., 303 ff.; *Frank*, S. 180 ff.; *Gajeck*, S. 239 ff.; *Rossi*, GewArch 2021, 130, 134. Zur Anbindung bei Wahrnehmung öffentlicher Aufgaben BVerwG, NVwZ 2012, 112; OVG Münster, DVBl. 2013, 981, 985 f.; LRE 67, 403 Rn. 211 ff.; krit. bzw. offen lassend OVG Berlin-Brandenburg, Urt. v. 21.4.2015 – OVG 12 N 88.13 Rn. 21 f. (juris); *Polenz*, DÖV 2010, 350, 352 ff.
30 *Achtermann*, S. 130 ff.; *Cha*, S. 143 ff.; *Frank*, S. 163 ff., 170 ff.; *Götz*, S. 37 ff.; *Kloepfer/Greve*, NVwZ 2011, 577, 578 f.; *Kuhn*, S. 97 ff.; *Malmström*, S. 66 ff.; *Sanner*, S. 98 ff.; *Sitsen*, S. 270 ff.; *Wolf*, S. 72 ff., 120 ff., 247 ff.
31 So ua: EuG, Celex 62011TJ0545, Rn. 44 f. – Stichting; BVerfGE 115, 205 Rn. 137; NVwZ 2011, 94 Rn. 208; OVG Schleswig, NVwZ 2007, 1448, 1449; *Achtermann*, S. 137 ff., 198 ff.; *Beater*, Rn. 775; *Beurskens*, S. 276; *Brammsen*, DÖV 2007, 10, 12 ff.; *Drescher*, S. 276 f.; *Frank*, S. 171 ff.; *Gajeck*, S. 153 ff., 206 ff.; GK-UWG/*Wolters*, § 17 Rn. 1; H/O/K/*Kalbfus*, Einl. A Rn. 169 f.; Hoppe/Oldekop/*Hoppe*, Kap. 1 Rn. 513; *Jarass*/Pieroth, Art. 14 GG Rn. 8; *Kuhn*, S. 98 ff.; *Malmström*, S. 58 ff.; 175 ff.; *Stein*, S. 19 ff.; *Wolf*, S. 73 ff., 82 ff.; aA *Beyerbach*, S. 174 ff., 222 f., 295 ff.; *Dorner*, S. 300 ff., 506 f.; *Pfisterer*, S. 218 ff.; *Sitsen*, S. 266 ff., 270. Für **Idealkonkurrenz** mit Art. 12 GG, BVerwG, BB 2020, 1168 Rn. 11, 24; *Cha*, S. 156 f., 162 f.; *Götz*, S. 39 f.; *Kloepfer/Greve*, NVwZ 2011, 577, 578 f.; *Sanner*, S. 100 ff.; *Winzer*, Rn. 58 ff.
32 Dazu BVerfG, NVwZ 2018, 51 Rn. 242 ff., 281 ff., 337, 368; s. auch BGH, RdE 2019, 116 Rn. 25.
33 BGH, GRUR 1966, 152, 153 – Nitrolingual; BGHZ 166, 84 – Kirch/Breuer; OLG Stuttgart, WRP 2021, 242 Rn. 108 – Schaumstoffsysteme; *Kalbfus*, Rn. 385 ff.; *Kochheim*, Rn. 271 ff., 290 ff.; *Köhler*, in: FS Büscher, S. 333, 343; *Rody*, S. 186 f.; *Schmeding*, S. 289; *Wünsche*, S. 220 f. Zur Fortgeltung H/O/K/*Kalbfus*, Einl. A Rn. 207; Hoppe/Oldekop/*Hoppe*, Kap. 1 Rn. 616; abl. K/B/F/*Alexander*, Vor § 1 GeschGehG Rn. 92.

III. Schutzziel, Schutzgut und Schutzgegenstand § 1

Dagegen besteht kein allgemeiner deliktsrechtlicher Schutz gem. **§ 823 Abs. 1** **BGB**: Der Richtliniengeber[34] und der GeschGehG-Gesetzgeber[35] haben sich richtigerweise gegen eine Ausgestaltung der Geschäftsgeheimnisse nach dem Vorbild der Patente als eigenständiges absolutes Recht entschieden und keine konkrete Zuordnung vorgenommen:[36] Konträr ausgerichtet auf Exklusivität (Geheimnis) und Multiplikation bzw. Publizität (Immaterialgüterrecht) ist sie bereits qua conzeptionem per se ausgeschlossen. Gleichwohl wird es mitunter als „Geistiges Eigentum", „unvollkommenes" Immaterialgüterrecht bzw. Immaterialgut oder „Hybrid" bezeichnet.[37] Nennenswerter Erkenntnisgewinn ist mit derartigen, hier sog. „Wiesel-Wörtern",[38] allerdings nicht verbunden.[39]

21

Trotz der fehlenden Ausgestaltung der Geschäftsgeheimnisse als „klassisches" Immaterialgüterrecht hat der frühere Streit um deren Bestandsschutz gegen fahrlässige Verletzungshandlungen dennoch jegliche Bedeutung verloren. Bedurfte eine Befürwortung zivilistischer Fahrlässigkeitshaftung unter der Geltung der lauterkeitsstrafrechtlichen Regelungen der §§ 17 ff. UWG aF noch so fragwürdiger Konstruktionen wie eines wenigstens bei technischen Geheimnissen anzunehmenden absoluten Vermögensrechts[40] oder eines Rechts am Gewerbebetrieb/Unterneh-

22

---

34 Vgl. Know-how-RL 2016/943/EU, Erwgrd. 16 f.: „... keine Exklusivrechte ... begründen" (bzw.)... „genießen."
35 Vgl. BT-Drs. 19/4724 (Allg. Teil, III. Alternativen), S. 20: „Der Schutz von Geschäftsgeheimnissen kann weder ... noch den vollständigen Immaterialgüterrechten ... zugeordnet werden"; zu § 3 Abs. 1 Nr. 1, S. 25: „... keine Exklusivrechte ... begründet werden sollen"; zu § 4, S. 26: „... keine subjektiven Ausschließlichkeits- und Ausschließungsrechte vorliegen können ...".
36 Einer Umsetzung nach den Vorgaben der klassischen Immaterialgüterrechte des Patent- oder Urheberrechts bedurfte es daher nicht; BeckOK UWG/*Hohn-Hein/Barth*, § 1 GeschGehG Rn. 6 ff.; *Gajeck*, S. 48 f.; *Harte-Bavendamm*, in: FS Köhler, S. 235, 238; *Kalbfus*, in: FS Harte-Bavendamm, S. 341, 351 f.; K/B/F/*Alexander*, § 1 GeschGehG Rn. 13 f.; *Kiefer*, WRP 2018, 910 Rn. 12 ff., 42 ff.; *Rieländer*, ZVglRWiss 119 (2020), 339, 352 ff.; *Rody*, S. 245 ff., 259 f.; *Schilling*, in: FS Büscher, S. 383 ff., gegen *Ohly*, GRUR 2014, 1, 7; s. auch *Dorner*, S. 410 ff., 448 f., 513. Offenlassend OLG Düsseldorf, ECLI:DE:OLGD:2019:1121.I2U34.19.00, Rn. 24 ff. – Spritzgießwerkzeuge.
37 Ahrens/*McGuire*, Buch 1, § 10; *Alexander*, Rn. 1920; *ders.*, WRP 2017, 1034 Rn. 16; *Beurskens*, S. 262 ff., 275 ff.; *Dumont*, BB 2018, 2441, 2446 f. („Quasi-Schutzrecht"); H/O/K/*Ohly*, Einl. A Rn. 29 ff.; *Kalbfus*, in: FS Harte-Bavendamm, S. 341, 351; K/B/F/*Alexander*, § 1 GeschGehG Rn. 14; *Kiefer*, WRP 2018, 910 Rn. 10 ff., 29, 49 f.; *McGuire*, GRUR 2015, 424, 426 f.; *dies.*, Mitt. 2017, 377, 380; *Ohly*, GRUR 2014, 1, 4; *ders.*, GRUR 2019, 441, 445; *ders.*, in: FS Harte-Bavendamm, S. 385, 395; *Rieländer*, ZVglRWiss 119 (2020), 339, 354 ff. („Offenes Rahmenrecht").
38 Dem Wiesel wird nachgesagt, ein Ei so geschickt aussaugen zu können, dass man es ihm nicht ansehe, dass es leer sei.
39 Gegen derartige Terminologien ua. *Ann*, GRUR-Prax 2016, 465, 466; *Dorner*, S. 406 ff., 447 ff.; *Hauck*, NJW 2016, 2218, 2221; *Rody*, S. 223 ff.; *Wiese*, S. 12 ff.
40 Befürwortend ua. *Beurskens*, S. 274 ff.; *Frank*, S. 62 ff., 67 f.; *Gajeck*, S. 199 ff., 206 f., 233 ff.; *Kiefer*, WRP 2018, 910 Rn. 20; *Niebel*, in: FS Fezer, S. 799 ff.; *Pfister*, S. 85 ff.; ablehnend dagegen *Ann*, GRUR-Prax 2016, 465, 466; *Fischer*, S. 151 ff.; *Greco*, S. 86 ff.; *Malmström*, S. 59 ff.; *Rody*, S. 206 ff.; *S. Wagner*, Rn. 260 ff.; *Wiese*, S. 87 f., 90 f. Weitere Nachw. pro und contra *Brammsen*, Lauterkeitsstrafrecht, § 17 Fn. 34; *Rody*, S. 194 ff., 215 f.

§ 1 Anwendungsbereich

men,[41] so sind nunmehr derartige Erwägungen heute hinfällig bzw. obsolet. Der Gesetz- wie auch der Richtliniengeber haben nämlich übereinstimmend einen solchen sondergesetzlichen Deliktsschutz ausdrücklich festgesetzt.[42] Das Thema der **Fahrlässigkeit** hat sich damit bis zum Aufkommen und Durchbruch kritischer Stimmen gegen ein im Hinblick auf ein die allgemeine Handlungs- und Informationsfreiheit derart einengendes hohes Schutzniveau konturenlos apostrophierter „verkehrsbestimmender objektiver" Sorgfalts- bzw. Umgangspflichten vorerst erledigt.[43] Im Kontakt mit fremdseitig überlassenen Informationen sollte deshalb vorsichtshalber dem Aspekt etwaiger Geheimheit höchste Aufmerksamkeit und permanentes Misstrauen gewidmet werden. Andernfalls drohen immense Nachforschungs- und Haftungsrisiken.

IV. Der Vorrang öffentlich-rechtlicher Regelungen (Abs. 2)

1. Regelungsgegenstand

23 § 1 Abs. 2 GeschGehG ist eine inhaltskonforme Umsetzung der Vorgaben des Art. 1 Abs. 2 lit. b und c Know-how-RL 2016/943/EU, die den **Geltungsbereich** des Gesetzes allein auf die Regelung der „Rechtsfolgen der Erlangung, Nutzung und Offenlegung von Geschäftsgeheimnissen **zwischen Privaten**" begrenzt.[44] Jegliche Informationspflichten und Informationsrechte, die öffentliche Stellen untereinander, gegenüber Privaten oder der Öffentlichkeit obliegen bzw. zustehen, werden mithin weder erfasst noch irgendwie inhaltlich umgestaltet. „Staatsseitige" Auskunfts-, Publikations- oder Schweigepflichten – die Entwurfsbegründung verweist besonders auf das Umweltinformationsrecht und seine Herausgabeansprüche – sowie sonstige zuerkannte Archivierungs-, Kenntnisnahme-, Nutzungs- oder Überlassungsrechte, aber auch Offenlegungspflichten Privater gegenüber staatlichen Institutionen bleiben vollinhaltlich bestehen bzw. in Kraft. Ebenso wie der von der Richtlinie vorgegebene Ausschluss,[45] ebenso ist auch eine Anwendung des GeschGehG auf öffentlich-rechtliche Akteure bzw. Aktionen gegenüber Privatperso-

---

41 Befürwortend ua. BGH, LRE 76, 21 Rn. 15 ff. – Verbreitung ungenehmigter Filmaufnahmen; BGHZ 16, 172, 175 – Dücko; 17, 41, 51 – Kokillenguß; OLG Stuttgart, NJW 2006, 2565, 2566 f.; *Malmström*, S. 62 ff., 93 ff.; Palandt/*Sprau*, § 823 Rn. 138; *Pesch*, S. 77 ff., 82; *Stein*, S. 22 ff.; krit. bzw. abl. *Brammsen*, DÖV 2007, 10 ff.; *Cha*, S. 65 ff.; *Dorner*, S. 171 ff., 406 ff., 493 ff.; *Fischer*, S. 140 ff., 155; *Greco*, S. 84 ff., 90 f.; *Kalbfus*, Rn. 397 ff., 410 ff., 420; *Rody*, S. 222 f., 244; *Schmeding*, S. 328 ff.; *Wiese*, S. 8 ff. Weitere Nachw. pro und contra *Brammsen*, Lauterkeitsstrafrecht, § 17 Fn. 34; *Rody*, S. 202 ff., 216 ff.
42 Vgl. Know-how-RL 2016/943/EU, Erwgrd. 16 f.; BT-Drs. 19/4724, zu § 6, S. 30: „Ein Verschulden ist nicht erforderlich"; zu § 7 Nr. 1, S. 30: „setzt kein Verschulden voraus"; zu § 10 Abs. 1, S. 32: „Voraussetzung ist … fahrlässig …".
43 Zu den parallelen Schwierigkeiten einer einheitlichen inhaltlichen Bestimmung neuer gesetzlicher Sorgfaltsmaßstäbe prägnant am Beispiel des geplanten „Lieferkettengesetzes" *Keilmann/Schmidt*, WM 2021, 717, 720 f.
44 Vgl. BT-Drs. 19/4724, S. 23.
45 Vgl. Know-how-RL 2016/943/EU, Erwgrd. 11, 18.

IV. Der Vorrang öffentlich-rechtlicher Regelungen (Abs. 2) § 1

nen quasi „beidseitig" eigentlich ausgeschlossen.[46] Es fehlt an dem Geltungsgrund „zwischen Privaten".

2. Der deklaratorische Vorrangstatus

Streng genommen hat eine derartige Betonung der Dominanz öffentlich-rechtlicher Vorschriften rein deklaratorischen Charakter.[47] Sie folgt bereits über den sog. „öffentlich-rechtlichen Regimevorrang"[48] aus der Eigenständigkeit öffentlich-rechtlicher Interessen bzw. gemeinnütziger Aufgaben: Allein hoheitlich tätigen Subjekten bzw. Sachwaltern diesbezügliche Zuordnungsendsubjektivität und funktionale Ausführungsträgerschaft zuweisend, entziehen sie die Wahrnehmung öffentlich-rechtlicher Angelegenheiten jeglicher „staatsbindender" Disposition privater Dritter. Abgesehen von einer gegebenenfallsigen Dominanz individuell-situativer privatseitiger Hinderungsgründe (Rechtfertigungslagen) sind daher auch Vorrangigkeiten zu konstatieren, die den Zivilgeheimnisschutz gleich vollständig exekutieren. 24

3. Der Variantenreichtum öffentlich-rechtlichen Vorrangs

Leider ist nicht in allen öffentlich-rechtlichen Angelegenheiten den Geschäftsgeheimnissen ein durchgängig einheitlicher Vorrangstatus zuerkannt. Der Richtliniengeber separiert ihn auf zwei näher exemplifizierte Erscheinungsformen: Einerseits Offenlegungspflichten Dritter und staatsseitige Erhebungs- und Veröffentlichungsrechte gemäß der InformationszugangsVO (EG) 1049/2001, der Aarhus- oder UmweltinformationsVO (EG) 1367/2006 und der ZugangsRL 2003/4/EG. Und andererseits staatsseitige Nutzungsbeschränkungen und Schweigepflichten gemäß der VergabeRL 2014/23-25/EU im Vergaberecht.[49] Gleichfalls auf beides sowie auf die Schweigepflicht der Notare und Amtswalter nimmt die Gesetzesbegründung zum GeschGehG Bezug.[50] 25

---

46 BT-Drs. 19/4724, S. 23. BeckOK UWG/*Hohn-Hein/Barth*, § 1 GeschGehG Rn. 16 ff.; Hoppe/Oldekop/*Hoppe*, Kap. 1 Rn. 16; H/O/K/*Harte-Bavendamm*, § 1 Rn. 7 f.; K/B/F/*Alexander*, § 1 GeschGehG Rn. 28 ff.; Zweifel äußern allgemein *Nebel*/Diedrich, § 1 Rn. 6; bzgl. Streitigkeiten in Entgeltregulierungs- und Konzessionsvergabeverfahren *Embacher/Wolf*, RdE 2019, 374, 376 ff.; *Schlack*, ZWeR 2019, 192, 203 ff.; zum Geheimnisbegriff BVerwG, https://www.bverwg.de/17.6.20U10C22.19.0, Rn. 14 ff.; BVerwG, WM 2020, 1308 Rn. 24; *Wiebe*, NVwZ 2019, 1705, 1706.
47 Vgl. bereits *Brammsen*, BB 2018, 2446, 2448. s. auch H/O/K/*Harte-Bavendamm*, § 1 Rn. 7. Prägnant zu dem vorgeschalteten materiellrechtlichen Hintergrund *Rossi*, GewArch 2021, 130, 131 f., 134.
48 Komprimiert darlegend: *Ehlers*, in: Ehlers/Pünder (Hrsg.), Allgemeines Verwaltungsrecht, 15. Aufl. 2016, § 3 Rn. 10 ff., 67 ff.; *Stober*, in: Wolff ua. (Hrsg.), Verwaltungsrecht I, 13. Aufl. 2017, § 22; BeckOK UWG/*Hohn-Hein/Barth*, § 1 GeschGehG Rn. 17 ff.
49 Vgl. Know-how-RL 2016/943/EU, Erwgrd. 11 (einer-) und 18 (andererseits); s. auch K/B/F/*Alexander*, § 1 GeschGehG Rn. 27.
50 Vgl. BT-Drs. 19/4724, S. 23.

§ 1 Anwendungsbereich

a) Die zwei Erscheinungsformen öffentlich-rechtlicher Vorrangigkeit

26 Der deutliche Focus auf das Vergabe- und das Informationsfreiheitsrecht begünstigt jedoch Fehlvorstellungen. Das gesamte Spektrum der öffentlich-rechtlichen „Ausgrenzungen" ist nämlich nicht nur wesentlich breiter als die benannten Rechtsbereiche es vermuten lassen. Darüber hinaus gibt es nämlich noch andere Rechtsbereiche praxisrelevanter „**Vorrangstellung**" und vor allem weitere, weniger bekannte Erscheinungsformen öffentlich-rechtlicher „Verbesonderung". Ihre gebotene Veranschaulichung und Systematisierung kann sich an zwei Aspekten orientieren: (aa) Vornehmlich an den materiellen Hintergründen der „Schutzbegrenzungen", dh. daran, ob der Gesetzgeber aus Gründen gesundheitlicher Gefahrenabwehr und Risikovorsorge oder zur Gewährleistung besserer Verwaltungstransparenz und allgemeiner Informationsfreiheit ausgewählte Geheimnisse ihrer Geheimheit entkleidet;[51] (bb) zusätzlich an dem Umfang der verbleibenden „Schutzgewährung", die entweder direkt „erga omnes" vollständig aufgehoben oder nur verwaltungsspezifisch individuell auf bestimmte Personen(kreise) begrenzt ist.[52] Untereinander mehrfach kombinierbar eröffnen diese mehrgliedrig ausgeformten Inhalts- und Schrankenbestimmungen[53] nachfolgend vereinfachte Einteilung.

aa) Die Transformation zum „Gemeingut"

27 Ein vollständiger Verlust zuvoriger Geheimheit ist bislang nur in den Regelungsbereichen **Umwelt-**[54] und **Verbraucherinformationsrecht** zu finden. Ihnen gemein ist die „Umwandlung" enumerativ benannter „staatsbekannter" Unternehmensinterna in **gemeinfreie** bzw. öffentliche **Güter**,[55] in dem einem unbestimmten Interessentenkreis ein ungehindertes Kenntnisnahme- bzw. Zugangsrecht gewährleistet wird.[56] Gesetzlich auf wenige Fälle behörden- bzw. verwaltungsintern bekannter

---

51 Vereinfacht: Sie gelten nur für bestimmte Personen unter bestimmten Bedingungen.
52 Fehlendes objektiv berechtigtes Geheimhaltungsinteresse konstatiert BeckOK InfoMedienR/ *Guckelberger*, § 6 IFG Rn. 28. Zu verbleibenden „Missbrauchsfällen" privatseitiger Zugriffe BeckOK UWG/*Hohn-Hein/Barth*, § 1 GeschGehG Rn. 19 ff.
53 Beispiele aus dem Arzneimittel-, Regulierungs-, Wettbewerbs-, Umwelt- und Informationsfreiheitsrecht bei *Cha*, S. 78 ff., 102 ff.; s. auch BVerwG, GRUR 2020, 189 Rn. 42 ff.
54 Speziell zum dortigen Ausschluss des neuen unionsrechtlichen Geheimnisbegriffs *Lohmann*, NuR 2018, 607, 611 f.; s. auch H/O/K/*Harte-Bavendamm*, § 1 Rn. 9.
55 § 3 Abs. 1 Satz 1 UIG: „Jede Person hat ... Anspruch auf freien Zugang zu Umweltinformationen, über die eine informationspflichtige Stelle ... verfügt, ohne ein rechtliches Interesse darlegen zu müssen."
§ 2 Abs. 1 Satz 1 Nr. 7 VIG: „Jeder hat ... Anspruch auf freien Zugang zu allen Daten ..., die bei einer Stelle im Sinne des Absatzes 2 ... vorhanden sind, insoweit als kein Ausschluss- oder Beschränkungsgrund ... vorliegt."
56 OVG Münster, BeckRS 2018, 32182 Rn. 37. Anspruchsberechtigte bzw. -verpflichtete (§ 4 Abs. 1 IFG NRW nimmt juristische Personen aus; dazu VG Düsseldorf, BeckRS 2015, 48821) benennen BVerwG, NJW 2020, 1155 Rn. 14; BVerwG, GRUR 2020, 189 Rn. 13 ff.; BVerwG, KommJur 2017, 267, 268 f.; *Wolf*, S. 222 ff.

IV. Der Vorrang öffentlich-rechtlicher Regelungen (Abs. 2) § 1

Tatsachen beschränkt, sind es momentan Geodaten, Emissionen[57] und (Lebensmittel-)Rechtsverstöße,[58] die (Letztere selbst für unabgeschlossene Verfahren[59]) einer solchen unbegrenzten Freigabe „ad coram publico" zugeführt werden können.[60] Ob sie allerdings darauf beschränkt bleiben, ist mehr als fraglich. Inzwischen haben nämlich schon mehrfach oberste Bundesgerichte und vereinzelte Literaturstimmen ungeachtet durchweg fehlender einschlägiger Grundrechtsermächtigungen bereits unbegrenzte Zugangsrechte zu privaten Stellen wie Elektrizitätsversorger, Deutsche Telekom AG oder Deutsche Bahn AG debattiert.[61] Rücken Abgas-, Abstrahlungs- und andere Messwerte aus dem Straßen- und Stromfernverkehr oder der Wärmegewinnung weiter verstärkt in den Mittelpunkt gesamtgesellschaftlicher Interessen, dürften auch ihrer Gemeinfreiheit bald keine nennenswerten Hindernisse mehr entgegenstehen. Welchen Umfang dabei derartige gesetzliche Freistellungen

---

57 Vgl. §§ 26 f. GeolDG (jeweils Abs. 1): „Nichtstaatliche ... daten ... werden ... öffentlich bereitgestellt." § 9 Abs. 2 Satz 2 UIG: „Der Zugang zu Umweltinformationen über Emissionen kann nicht unter Berufung auf die in Satz 1 genannten Gründe (scil: ohne rechtliche Verpflichtung drittseitig nachteilig übermittelt) abgelehnt werden."
Dazu (ältere Nachw. bei *Brammsen*, Lauterkeitsstrafrecht, § 17 Fn. 317): EuGH, ZUR 2017, 160 Rn. 77 ff. – Stichting; ZUR 2017, 152 Rn. 50 ff., 105 – Imidachloprid; EuG, ZUR 2014, 45 Rn. 47 ff. – Glyphosat; OVG Berlin-Brandenburg, NVwZ 2019, 1372 Rn. 48 ff., 54 ff.; OVGE, BE 35, 82; OVG Münster, BeckRS 2019, 5655 Rn. 26 ff., 48 ff. – Tierhaltungsanlage; VGH Mannheim, ZUR 2017, 560, 562 ff. Prägnant zu den Inkonsistenzen im GeolDG *Rossi*, GewArch 2021, 130, 131 ff., 136.
58 § 2 Abs. 1 Satz 1 Nr. 1 VIG: „Jeder hat ... freien Zugang zu allen Daten über ... festgestellte nicht zulässige Abweichungen von Anforderungen a) des Lebensmittel- und Futtermittelgesetzbuches und des Produktsicherheitsgesetzes, b) der aufgrund dieser Gesetze erlassenen Rechtsverordnungen, c) unmittelbar geltender Rechtsakte der Europäischen Gemeinschaft oder ... Union ..., die im Zusammenhang mit den ... a–c genannten Abweichungen getroffen worden sind ...."
Dazu: BGH, LRE 76, 21 Rn. 27 ff. – Verbreitung ungenehmigter Filmaufnahmen; BVerwG, NJW 2020, 1155 Rn. 27 ff.; BVerwG, GRUR 2020, 189 Rn. 24 ff., 32, 45; OVG Lüneburg, LRE 76, 86 Rn. 32 ff., 50 ff. – Putentransporte; LRE 71, 74 Rn. 55 ff.; OVG Münster, LRE 67, 403 Rn. 144 ff., 190 ff., 265 ff. – Photoinitiatoren; *Hercher* S. 178 ff.; ältere Nachw. bei *Brammsen*, Lauterkeitsstrafrecht, § 17 Fn. 318; aktuelle zu „Topf Secret" bei *Kluge*, ZLR 2019, 518, 520 ff.; *Lück/Penski*, DÖV 2020, 506, 508 ff.
59 Vgl. etwa § 40 Abs. 1 Satz 2, Abs. 1a Satz 1, Abs. 3 Satz 2 LFGB; dazu zuletzt BVerwG, NJW 2020, 1155 Rn. 29 ff.; BVerwG, GRUR 2020, 189 Rn. 32, 45; OVG NRW, LMuR 2020, 260 Rn. 15 ff. m. abl. Anm. *Wallau*, 262 f.; VG Oldenburg, NVwZ 2020, 492 Rn. 24 ff.; LRE 77, 354 Rn. 19 – Hygienepranger; *Hamm*, NJW 2018, 2099, 2101 ff.; *Kluge*, ZLR 2019, 518, 524 ff.; *Lück/Penski*, DÖV 2020, 506, 508 ff.
60 § 3 Satz 1 Nr. 1 Buchstabe b) VIG: „Der Anspruch nach § 2 besteht ... nicht während der Dauer eines Verwaltungsverfahrens ..., es sei denn, es handelt sich um Informationen nach § 2 Abs. 1 Satz 1 Nr. 1 oder 2 oder das öffentliche Interesse an der Bekanntgabe überwiegt." Enger § 123 Abs. 1, 3, 4 WpHG: „unanfechtbare Maßnahmen"; s. auch § 57 Abs. 1 GWG und § 52a Abs. 5 Satz 3 BImSchG.
Krit. zur Erstreckung *Dannecker/Dannecker*, ZLR 2019, 175 ff.; *Hercher*, S. 179 ff.; *Möstl*, S. 25, 29 ff.; *Teufer*, ZLR 2019, 293 ff.; *Wolf*, S. 305 ff., 328 ff.; befürwortend *Kloepfer*, S. 70; *Merschmann*, S. 113 ff.; *Zott* S. 67 ff. u. passim; ältere Nachw. bei *Brammsen*, Lauterkeitsstrafrecht, § 17 Fn. 321.
61 Vgl. BVerfG, NVwZ 2018, 51 Rn. 269 ff., 281 ff.; BVerwG, KommJur 2017, 267, 270 ff. Kritisch *Wolf*, S. 98 ff., 248 ff., 277 ff.

§ 1 Anwendungsbereich

annehmen können, veranschaulichen die Aufzählungen in den §§ 3 Nr. 4 Alt. 3 IFG, 3 Satz 5 und 6 VIG, deren verschachtelte Zugangskonstruktion über hier sog. „Zugangsablehnungsverbote" die Variationsbreite gesetzlich angeordneter „freier Offenkundigkeit" sehr schön aufzeigen.[62]

bb) Bereichsspezifische Ausnahmen (sog. Negativlisten)

28 Verbreiteter als die vorstehend benannten gesetzlichen Erklärungen umfassender Gemeinfreiheit ist deren isolierte, allein auf interne institutionelle (= partielle) begrenzte Freistellung enumerativ aufgezählter Unternehmensinterna. Ihr Regelungsgehalt umfasst lediglich bereichsspezifisch-zweckgebundene **Ausklammerungen** und gerade keine Jedermann voraussetzungslos eröffnete ungehinderte Zugänglichkeit. Zu einer solchen gesetzgeberischen Konzeption hat schon frühzeitig eine Entscheidung des OVG Münster zutreffend angemerkt,[63] „dass die Regelungen des Chemikaliengesetzes keine Pflicht zur Offenbarung der von der Klägerin begehrten Information begründen können. Eine Verpflichtung der Behörde zur Offenbarung … setzt notwendigerweise einen grundsätzlichen Informationsanspruch des Anspruchstellers voraus. § 22 ChemG gewährt nach seinem Wortlaut der Klägerin jedoch keinen Informationsanspruch über die von der Anmeldestelle zusammenzustellenden Mitteilungsinhalte". Entsprechendes gilt für alle anderen Verortungen.

29 Gemeinhin sind derartige sachgebundene Ausnahmen ansonsten aufrechterhaltener Geheimheit in längeren sog. Negativlisten zusammengefasst.[64] Zu nennen sind hier ua. die Regelungen der § 9 Abs. 2 Satz 2 AM-NutzenV, § 22 Abs. 3 Nr. 1–9 ChemG, § 17a Abs. 2 Nr. 1–6 GenTG, § 18c Abs. 2 Nr. 1–7 PflSchG, Art. 119 Abs. 1 lit. a–h ReachVO, nach deren einheitlich verwendeter Einleitung „nicht unter das Betriebs- oder Geschäftsgeheimnis im Sinne des Absatzes … (bzw. nach Absatz …) fallen" sollen: Name und Anschrift einschlägiger Anlagenbetreiber, Hersteller oder Zulassungsinhaber, Art, Menge und (physikalisch-chemische) Eigenschaften von (Wirk-)Stoffen und gentechnisch veränderten Organismen, Methoden, Pläne und Maßnahmen zur Gefahrenüberwachung und -unschädlichmachung, Versuchsergebnisse und -auswertungen, Risikobewertungen etc.[65] Die gesetzliche Gestattung ihrer behördlichen Verbreitung und Verwendung eröffnet Verfahrensbeteiligten lediglich ein derivatives Kenntnisnahmerecht, nicht aber ein originäres materielles Informationsrecht, erst recht **nicht** dem „**quivis ex populo**". Alle benannten Unternehmensinterna sind nur im innerfunktionalen Informationsverkehr der zuständigen Instan-

---

62 Prägnante „Rückbeschränkung" zeigt OVG Berlin-Brandenburg, NVwZ 2019, 1056 Rn. 11 ff., 21 ff. und BVerwG, NVwZ 2021, 890 Rn. 13 ff., 20 ff., 30 ff. – Werftenlösung.
63 Vgl. OVG Münster, LRE 48, 53, 55.
64 Zu Zweifeln an solchen „Freistellungen" weiterführend *Wolf*, S. 264 ff.
65 Aufzählungen ua. in EuGH (Schlussantrag GA), BeckRS 2016, 80597 Rn. 13 ff., 57 ff.; BVerwG, BeckRS 2009, 41576; OVG Lüneburg, LRE 71, 74 Rn. 85 ff.; NuR 2009, 198 ff.; OVG Münster, LRE 48, 411, 413.

IV. Der Vorrang öffentlich-rechtlicher Regelungen (Abs. 2) § 1

zen „geheimfrei" gestellt, nicht aber zur unbegrenzten Überlassung an beliebige externe oder verfahrensbetreibende Dritte.[66]

b) Fazit und Ausblick

Festzuhalten bleibt, dass das öffentliche Recht zwei Wege kennt, um Geschäftsgeheimnisse ihrer Geheimheit ubiquitär oder singulär zu entkleiden: Ersterenfalls wird sie wie im Umwelt- oder Verbraucherinformationsrecht gleich **allseits** aufgehoben, letzterenfalls wie im Chemikalien-, Gentechnik- oder Pflanzenschutzrecht **lediglich intern** institutionell, extern aber als fortbestehend (oder umgekehrt verallgemeinert: § 6 Satz 2 IFG[67]) erhalten. 30

Angesichts einschlägig zunehmender gesetzgeberischer Aktivitäten steht gleichwohl zu erwarten, dass die streng zu unterscheidenden Erscheinungsformen partieller bzw. genereller „Freistellung" nicht immer exakte Zuordnung erfahren werden.[68] Hierzu geben gleich zahlreiche fragwürdige Einordnungen hinreichenden Anlass: Etwaige Offenlegung von Referenzmitteldaten für die Erteilung von Verkehrsfähigkeitsbescheinigungen an Parallelimporteure[69] insbesondere im Arznei- (§§ 72 f. AMG)[70] und Pflanzenschutzrecht (Art. 52 PflSchM-VO (EG) 1107/2009, §§ 46 ff. PflSchG),[71] die **Prangerwirkung**[72] (allein drittseitig) veröffentlichter behördlicher Betriebskontrollen[73] (Stichworte: „Pankower-Liste," „Topf Secret") oder das kapitalmarktrechtliche sog. „Naming and Shaming" gem. § 123 Abs. 1, 3, 31

---

66 OVG Münster NVwZ 2019, 1060 Rn. 13 f., 30 ff. und 13.3.2019 – 15 E 12/19 Rn. 10 ff. (juris).
67 Dazu *Lennartz*, EnWZ 2017, 396 ff.
68 Prägnant *Fehling*, DVBl. 2017, 79, 84 ff.; *Nietsch*, WiVerw 2014, 120, 128.
69 Eingehend zur Thematik *Glasmacher*, S. 173 ff., 190 ff. und *Jochheim*, S. 17 ff.
70 Maßstabsetzend EuGH, EuZW 2004, 530 Rn. 19 – Kohlpharma; EuGH, Urt. v. 3.7.2019, C-387/18, EU: 2019: 556, Rn. 1 – Delfarma.
71 Vgl. etwa BGH, GRUR 2016, 88 Rn. 25 f., 35 ff. – Deltamethrin; GRUR 2012, 945 Rn. 24, 32 f. – Tribenuronmethyl; GRUR 2010, 160 Rn. 8, 15 – Quizalofop; OLG Köln, GRUR-RR 2011, 113, 115 – Dithianon; OLG Hamburg v. 15.4.2010 – 5 U 106/08 (juris); s. auch OVG Münster v. 23.12.2010 – 13 A 1215/10 (juris Rn. 6) und *Kugele*, juris-BVerwG 2/2010 Anm. 3.
72 Vornehmlich zu § 40 Abs. 1a LFGB oder Netzbetreiber; zuletzt: BVwG Wien, VersR 2020, 811, 815; OLG Brandenburg, RdE 2017, 547, 549; VG Oldenburg, LRE 77, 354 Rn. 22 ff., 28 – Hygienepranger; *Becker*, NVwZ 2018, 1032, 1033 f.; *Böhm*, ZLR 2019, 21 ff.; *Dannecker/Dannecker*, ZLR 2019, 175, 177 ff. u. passim; *Hamm*, NJW 2018, 2099, 2101 ff.; *Lück/Penski*, DÖV 2020, 506, 510 ff.; *Möstl*, S. 25, 29 ff., 35 ff.; *Wendt*, VersR 2020, 808 mwN; *Wolf*, S. 336 ff., 364. Großzügiger BVerfG, NVwZ 2018, 1056 Rn. 39 ff., 48 ff.; BGH, LRE 76, 21 Rn. 20 ff., 33 – Verbreitung ungenehmigter Filmaufnahmen; OVG Lüneburg, LRE 76, 86 Rn. 65 – Putentransporte; *Zott*, S. 239 ff. u. passim.
73 Vgl. etwa OVG Berlin-Brandenburg, LRE 67, 392, 398 Rn. 18 ff.; OVG Lüneburg, LRE 76, 86 Rn. 78 ff., 86 ff. – Putentransporte; OVG Münster, LRE 77, 311 Rn. 32 ff. – Lebensmittelpranger II; OVG NRW, LMuR 2020, 260 Rn. 15 ff. m. abl. Anm. *Wallau*, 262 f.; VGH Kassel, LRE 77, 474 Rn. 24 ff. – Mäuse im Lebensmittelrecht; *Kluge*, ZLR 2019, 518, 520 ff.; *Lück/Penski*, DÖV 2020, 506, 507 ff. (beide „Topf Secret"); *Merschmann*, S. 73 ff., 102 ff.; *Monsees*, S. 207 ff., 217 ff.; *Teufer*, ZLR 2019, 293, 297 ff.; *Wiebe/Ahnefeld*, CR 2015, 127, 135 f.; *Zott*, S. 409 ff.

§ 1 Anwendungsbereich

4, § 124 Abs. 1 WpHG.[74] Die Inkompabilitäten gesetzlicher Informationsfreigaben drohen unter dem Zeitgeist der Transparenz und öffentlichen Kontrolle immer mehr zu verschwimmen.

V. Der verbesonderte Privatgeheimnisverrat gem. § 203 StGB (Abs. 3 Nr. 1)

32 § 1 Abs. 3 Nr. 1 GeschGehG ist in der langen Geschichte des deutschen Strafrechts ein Novum: Soweit ersichtlich wird hier erstmals in einem zivilistischen Gesetz die uneingeschränkte Fortgeltung einer strafgesetzlichen Regelung (Schutz der Berufsgeheimnisse besonders benannter Berufsträger) ausdrücklich festgesetzt.

1. Entstehungsgeschichte und Regelungsgegenstand

33 Weder in der umsetzungsbedürftigen Know-how-RL 2016/943/EU noch im Referentenentwurf vom 19.4.2018 enthalten, verdankt die neue Vorschrift ihre Einfügung einer Stellungnahme der Bundesrechtsanwaltskammer vom Mai 2018 zu eben diesem Entwurf, mit der um die Aufnahme einer expliziten Fortgeltung des § 203 StGB für anwaltliche Berufsgeheimnisträger gebeten wurde. Den Anlass zu dieser Eingabe hatte die geplante Whistleblower-Regelung in § 4 Nr. 2 des Entwurfes gegeben, die eine allgemeine Rechtfertigung für die Aufdeckung rechtswidriger Handlungen vorsah. Nach Auffassung der Kammer bedurfte dies aber einer ergänzenden personell beschränkten Ausnahme für Berufsgeheimnisträger, um das auch verfassungsrechtlich gebotene uneingeschränkte Vertrauen der Mandanten in deren berufliche Verschwiegenheit zu gewährleisten.[75] Der Regierungsentwurf hat diese Anregung in der Folge aufgegriffen, von ihrer fragwürdigen Anbindung an das Whistleblowing gelöst und als „vor die Klammer gezogenen" selbstständigen Sonderfall unter Hinweis auf den abweichenden „Schutzgrund" des Einzelnen und das Allgemeininteresse an der Verschwiegenheit der benannten Täter vom Anwendungsbereich des GeschGehG ausgenommen.[76] § 203 StGB bleibt mithin auf einschlägige Berufspflichtverletzungen unabhängig von ihrer rechtlichen Beurteilung nach dem GeschGehG weiterhin **selbstständig anwendbar**.[77] Ein Whistleblowing der benannten Berufsgeheimnisträger gem. § 5 Nr. 2 GeschGehG entfaltet deshalb im Rahmen des § 203 StGB keineswegs „automatisch" seine haftungsfreistellende Wirkung.

---

74 Dazu komprimiert A/S/M/*Spoerr*, WpHG § 123 Rn. 15 ff., 44 ff., 54 ff., § 124 Rn. 2 ff. 14, 20 ff. und *Wendt*, VersR 2020, 808 ff., beide mwN.
75 Bundesrechtsanwaltskammer, Stellungnahme Nr. 17/2018, S. 3 f.
76 Vgl. BT-Drs. 19/4724, S. 23.
77 Letzteres ergänzt Ersterer, vgl. BeckOK GeschGehG/*Hiéramente*, § 1 Rn. 25; BeckOK UWG/ *Hohn-Hein/Barth*, § 1 GeschGehG Rn. 23 f.; *Brockhaus*, ZIS 2020, 102, 119. Akzessorietätsfreundlicher („Ausstrahlungswirkung") hingegen Scholz/*Rönnau*, § 85 GmbHG Rn. 16.

V. Der verbesonderte Privatgeheimnisverrat gem. § 203 StGB (Abs. 3 Nr. 1) § 1

2. Die Einordnung: „Lex specialis derogat legi generali" oder „Lex superior derogat legi inferiori"?

§ 1 Abs. 3 Nr. 1 GeschGehG bedarf es nicht. Auch wenn der ausdrücklichen Anordnung des Fortbestands einer strafgesetzlichen Verbotsnorm in einem zivilistischen Gesetz Verstärkungsfunktion zuerkannt werden sollte – das Strafgesetz bedarf dessen „Hilfestellung" nicht. Auf solche „Unterstützungsaktionen" sollte der Zivilgesetzgeber künftig besser verzichten, entfaltet die angeordnete Fortgeltung des § 203 StGB ungeachtet ihrer exponierten Stellung doch allenfalls deklaratorischen Charakter. Im „Vorfeld" der anschließend betonten Grundfreiheiten verortet, ist ihre Festsetzung nicht nur unsystematisch platziert, weil materiell fehlgehend, sondern auch extrem verwirrend und schlichtweg überflüssig. Die befürchtete Geltung des klassischen Grundsatzes „Lex specialis derogat legi generali" steht nicht an. Vielmehr gilt stattdessen die bekannte materielle Vorrangregel des „Lex superior derogat legi inferiori" oder **„Strafgesetz geht vor Zivilgesetz"**. 34

3. Kritik: Genereller statt singulärer Strafrechtsvorrang

a) Die fehlerhafte Verkürzung auf § 203 StGB

Die „unberührte" Fortgeltung anderer strafrechtlicher „Geschäftsgeheimnisnormen"[78] jenseits des GeschGehG ist folglich Ausdruck eines allgemeinen Rechtsgrundsatzes und daher hier wie sonst auch eine Selbstverständlichkeit. Die singuläre Hervorhebung des § 203 StGB verdeckt zudem den eigentlich gebotenen Beispielcharakter und verstärkt damit die Fehlvorstellung einer vereinzelten besonderen Ausnahme. Bereichsspezifische Einführungen neuer angriffsidentischer Straftaten in einzelnen zivilistischen Nebengesetzen für weitere Tätergruppen betreffen lediglich Neubemessungen eines weiteren, gleichfalls für strafbedürftig erachteten Täterkreises ohne „Sperrwirkung" für bereits bestehende Sanktionsnormen, nicht aber deren sachliche Er- bzw. Außerkraftsetzung (Stichwort: Idealkonkurrenz) quasi „durch die Hintertür". Dies gilt selbst bei „anderweitigen Verpflichtungen … im Allgemeininteresse".[79] Derartige berufsbezogene, hier sog. Kollektivinteressen sind nicht das deliktsbestimmende Individualrechtsgut der Geschäfts- und Privatgeheimnisdelikte,[80] sie geben lediglich den Sonderpflichtpositionen der jeweiligen Berufsträger die materielle Fundierung. Für die gesetzliche Bestimmung allgemeiner Strafbedürftigkeit sind sie gleichwohl ein gewichtiger Faktor. 35

---

78 Exemplarische Aufzählung einschlägiger Vorschriften in *Brammsen*, Lauterkeitsstrafrecht, Vor § 17 Rn. 27.
79 Vgl. BT-Drs. 19/4724, S. 23.
80 Stringent dazu zuletzt am Beispiel des § 203 StGB *Jäschke*, ZStW 2019 (Bd. 131), S. 36, 44 ff., 63 f. mwN.

§ 1 Anwendungsbereich

b) Die fehlerhafte Verortung der Verbesonderung

36 Darüber hinaus sind singuläre Erlaubnisnormen oder (fiktive und deshalb begründungsbedürftige) tatbestandliche Ausklammerungen in einzelnen Gesetzen kein stringenter Beweis ihrer sonstigen Allgemeingültigkeit jenseits des gesetzesspezifischen Geltungsbereichs. Ihre Erstreckung bedarf entweder einer gesonderten Festsetzung in den jeweiligen betreffenden Spezialgesetzen unter Berücksichtigung dortiger Sachgründe oder einer Einfügung in ein allgemeines „Obergesetz", das den vielfältigen Gegebenheiten der verschiedenen Sachgebiete hinreichend Rechnung trägt. Der Eindruck eines etwaigen Vorrangs der spezifischen „Sonderregelungen" zum Anwendungsbereich des GeschGehG gegenüber anderen einschlägigen Strafvorschriften jenseits des benannten § 203 StGB sollte nicht derart verdeckt suggeriert werden.

4. Fazit: Reformbedürftig

37 § 1 Abs. 3 Nr. 1 GeschGehG erweist sich als **arg misslungener** „Erstreckungsansatz".[81] Er ist reformbedürftig. Die Norm sollte entweder gestrichen oder auf andere, vom Gesetzgeber wohlüberlegt ausgewählte einzelne oder alle (welche und warum?) bereichsspezifischen „Sonderstraftatbestände" zum Schutze von Geschäftsgeheimnissen ausgedehnt werden. Ihre momentane „Ausnahme" allein für § 203 StGB ist irreführend und sachlich nicht zu rechtfertigen. Anderweitigen Verpflichtungen im Allgemeininteresse kommt keineswegs per se eine ungleich geringere Gewichtung zu.

VI. Die Informations-, Meinungs- und Pressefreiheit (Abs. 3 Nr. 2)

1. Regelungsgegenstand

38 § 1 Abs. 3 Nr. 2 GeschGehG setzt die Vorgaben des Art. 1 Abs. 2 lit. a Know-how-RL 2016/943/EU weitgehend wortgetreu um, wonach die „Ausübung des Rechts der freien Meinungsäußerung und der Informationsfreiheit gemäß der Charta, einschließlich der Achtung und der Pluralität der Medien" von den Regelungen der Richtlinie „unberührt" zu bleiben hat.[82] Damit ist die Fortgeltung informations- und medienrechtlicher Freiheiten ausdrücklich festgesetzt.

2. Der deklaratorische Vorrangstatus

39 Die Wiederholung des inhaltskonformen Richtlinientextes ist allerdings allenfalls von deklaratorischer Bedeutung. Die hervorgehobenen Informations-, Meinungs- und Medienfreiheiten bei der Erlangung, Offenlegung und Nutzung fremder geheimer Informationen sind wie andere Grund- und sonstigen Rechte auch bereits per

---

81 Vgl. bereits *Brammsen*, BB 2018, 2446, 2448; wie hier Büscher/*McGuire*, § 1 GeschGehG Rn. 19; H/O/K/*Harte-Bavendamm*, § 1 Rn. 12. Großzügiger *Brockhaus*, ZIS 2020, 102, 119.
82 So explizit BT-Drs. 19/4724, S. 23.

se als gegenläufige Bestimmungsfaktoren, die allgemeinen Einschränkungen wie etwa den Art. 52 und 53 GRCH unterliegen,[83] gemäß dem Gebot der **praktischen Konkordanz** auszutarieren bzw. bei der klassischen Rechtswidrigkeitsprüfung drittseitig tangierter grundrechtlich gewährleisteter Freiheitsrechte (Berufs-, Eigentums-, Glaubens-, Handlungsfreiheit usw.) einzubringen, zu gewichten und mitabzuwägen sind.[84] Angesichts dieser weithin anerkannten Selbstverständlichkeit hätte es ihrer besonderen Hervorhebung als einzubringende Auslegungsdirektive mithin überhaupt nicht bedurft.

3. Die sachliche Gewichtung: Das freigestellte Whistleblowing

Wesentlich bedeutsamer ist die weitere gesetzliche Neuerung, Erkundigungen, Recherchen, Publikationen, Bildberichterstattungen usw. vornehmlich von Rechtsverstößen oder fragwürdigem Fehlverhalten, wie sie heute neben Nichtregierungsorganisationen, investigativen Journalisten, sog. Bloggern und Whistleblowern zunehmend auch private Dritte durchführen, mit dem neuen § 5 Nr. 1 GeschGehG gleich ganz von den Handlungsverboten des § 4 GeschGehG auszunehmen. Mit ihr ist nämlich an die Stelle der bisherigen singulär-situativ zu bestimmenden Auflösung einer individuellen Interessenkollision die **generelle** materielle **Vorordnung** der vom Geheimnisverletzer ausgeübten Grundrechte für den Fall eines „geeigneten Schutzes allgemeiner öffentlicher Interessen" getreten. Formal ähnlich den §§ 202d Abs. 3 und 203 Abs. 3 Satz 1 StGB gekleidet in die Gestalt eines Tatbestandsausschlusses[85] – „fällt nicht unter die Verbote des § 4" – sind damit sowohl gelungene wie misslungene geeignete „Rettungshandlungen" einheitlich immer schon zugunsten des Täters vorweg aufgelöst. 40

Dergestalt für den Erfolgsfall jedes sachlich einschlägigen Interessenschutzes ausnahmslos nachgeordnet, werden die betroffenen Geschäftsgeheimnisse schlimmstenfalls „vogel- bzw. gemeinfrei", die gegenteiligen Grundfreiheiten hingegen sakrosankt iSv. unantastbar. Bedenkt man zudem das Aufmerksamkeitspotenzial, welches die Ausdehnung des Medienprivilegs auf nicht berufsmäßig journalistisch tätige Personen, die Aufzeichnungen von ihrer Vernehmung „ins Netz stellen", um auf fragwürdige Praktiken hinzuweisen,[86] einem Whistleblower bei Internal Investigations eröffnen kann, so erscheint die vorstehende Befürchtung (Berufsgeheimnis- 41

---

83 Komprimiert zu den entsprechenden Vorgaben *Brost/Wolsing*, ZUM 2019, 898, 901 f. mwN.
84 Zum allgemeinen Rechtfertigungsprinzip des Interessenvorrangs statt vieler (zivilistisch) *Münzberg*, S. 259 ff.; (grundrechtlich) *Sodan*/Ziekow, Grundkurs Öffentliches Recht, 8. Aufl. 2018, § 24 Rn. 19 f.; (strafrechtlich) Schönke/Schröder/*Sternberg-Lieben*, Vorbem. § 32 Rn. 7, jeweils mwN. Sachlich zustimmend H/O/K/*Harte-Bavendamm*, § 1 Rn. 14.
85 Gesetzliche Tatbestandsausschließungen (außer dem Einverständnis) sind wie ausnahmslose Geheimnisbefristungen (§§ 28 f. GeolDG) Ausnahmen einer drittseitig an sich realiter gegebenen Tatbestandsverwirklichung und bedürfen als solche einer nachvollziehbaren sachlichen Begründung. Ansonsten sind sie „staatlichen Rechtsschutz verweigernde" Fiktionen zulasten des Opfers/Geheimnissubjekt; vgl. zu letzterem *Rossi*, GewArch 2021, 130, 132 ff.
86 Vgl. EuGH, NVwZ 2019, 465 Rn. 55 ff. – Sergejs Buivids.

§ 1 Anwendungsbereich

träger iSd. § 203 StGB allerdings ausgenommen → Rn. 33) keineswegs fernliegend. Mit dem ansonsten immer geforderten Grundsatz der praktischen Konkordanz[87] kollidierender Grundrechte ist eine derartig absolute Vorordnung allerdings ebenso schwerlich in Einklang zu bringen wie mit den Grundgedanken der vielfach variantenreich vertretenen Anomietheorie (→ § 5 Rn. 80). Seiner automatischen Nachrangigkeit kann der Geheimnisschutz nur im Falle sorgfältiger Bestimmung und Gewichtung des angeprangerten Missstandes und der kollidierenden Schutzinteressen entgehen.[88]

VII. Sozialpartnerschaftliche Autonomie und Vertragshoheit (Abs. 3 Nr. 3)

1. Entstehungsgeschichte

42 § 1 Abs. 3 Nr. 3 GeschGehG ist eine sprachlich leicht abgewandelte Umsetzung entsprechender Vorgaben des Art. 1 Abs. 2 lit. d Know-how-RL 2016/943/EU, der, anders als sein Vorbild, das „unberührt" fortbestehende Recht der Sozialpartner zum Abschluss von Kollektivverträgen prägnant an eine einschlägige Einräumung in „bestehenden europäischen und nationalen Vorschriften" knüpft. Die Richtlinie hatte noch leicht missverständlich von „dem Unionsrecht sowie ... den Gepflogenheiten und den Rechtsvorschriften der Mitgliedstaaten" gesprochen.

2. Regelungsgegenstand

43 Diese „Freistellungsregelung" eröffnet den benannten Kreisen (= Sozialpartner) die Möglichkeit, ungeachtet einschlägiger gegenteiliger Vorgaben im Geschäftsgeheimnisgesetz in kollektivarbeitsrechtlichen Verträgen auch weitergehende Ausdehnungen der Schweigepflichten, Nutzungsbeschränkungen und Haftungsfolgen für entsprechendes Fehlverhalten zu vereinbaren.

44 Die darüber hinausgehende Vorgabe des Richtliniengebers, in derartigen Verträgen keine Beschränkungen der Ausnahmen des Art. 5 der Richtlinie zuzulassen,[89] hat die bundesdeutsche Umsetzung allerdings unbeachtet belassen. Theoretisch könnten die einbezogenen Gruppierungen folglich **tarifvertraglich** oder sonstwie Vereinbarungen treffen, etwa den gerichtlichen Rechtsschutz bei missbräuchlichen Klagen oder ruinösen Geldabfindungen zu begrenzen bzw. zu erweitern.[90] Mit Ausnahme etwaiger explizit vereinbarter Ausgestaltungen zum Ablauf externen wie internen Whistleblowings und primär verfasster Haus- bzw. Konzerntarifverträge dürften solche zusätzlichen Beschränkungen allerdings eher selten sein: Entsprechende inhaltliche Vorgaben in Branchen- bzw. Manteltarifverträgen zu Hinweis-

---

87 BVerfGE 41, 29, 51; 77, 240, 255; 81, 298, 308; 83, 130, 143.
88 Wie hier bereits *Brost/Wolsing*, ZUM 2019, 898, 902 f. mwN.
89 Vgl. Know-how-RL 2016/943/EU, Erwgrd. 12.
90 Dies befürchtend Büscher/*McGuire*, § 1 GeschGehG Rn. 22.

VII. Sozialpartnerschaftliche Autonomie und Vertragshoheit (Abs. 3 Nr. 3) § 1

gebersystemen, nachvertraglichen Wettbewerbsverboten, Geldabfindungshöhen oder Missbrauchsverboten werden den unternehmensspezifischen Bedürfnissen situativ flexibel handhabbarer Gestaltung und Anwendung kaum genügen.[91]

Die aktuell im Vordergrund stehende umstrittene Frage, ob tarifvertraglich ergänzende Abwandlungen des gesetzlichen Geschäftsgeheimnisbegriffs gestattet sein sollten,[92] sollte angesichts des eindeutigen Wortlauts des § 5 GeschGehG – „Die Erlangung ... eines Geschäftsgeheimnisses fällt nicht ..." – allerdings eigentlich längst kein Thema mehr sein. 45

3. Die beteiligten Kreise: Sozialpartner

Das Gesetz beschränkt den Kreis der regelungsberechtigten Parteien auf „Sozialpartner". Davon erfasst sind nach den maßgeblichen Vorgaben der Art. 152 ff. AEUV allein sektoriell wie branchenspezifisch präsente repräsentative und gegnerfreie, nicht unbedingt tariffähige Arbeitgeber- und Arbeitnehmervereinigungen sowie entsprechende Verbände und übergeordnete Verbände von Verbänden auf mitgliedstaatlicher wie auf Unionsebene.[93] Zu ihnen gehören neben den Gewerkschaften bzw. Arbeitnehmer- und Arbeitgeberassoziationen auch wirtschafts- und industriepolitische Interessenverbände einschließlich deren Dachverbände (BusinessEurope, CEEP, UEAPME und EGB).[94] 46

Nicht zu den Sozialpartnern und damit nicht gem. § 1 Abs. 3 Nr. 3 GeschGehG zu zusätzlichen Geschäftsgeheimnisregularien berechtigt sind betriebliche Vertretungen (Betriebs-, Sprecherrat, Vertrauenspersonen, Wirtschaftsausschuss), sozialpolitische Koalitionen sowie Wohlfahrts- und kirchliche Verbände.[95] Ihre geheimnisspezifischen Regelungskompetenzen ergeben sich aus den nachfolgenden (Mit-) Gestaltungskompetenzen des § 1 Abs. 3 Nr. 4. 47

4. Tarifdispositivität: Der eröffnete Regelungsbereich

Die Vereinbarungs- bzw. **Abschlusskompetenz** der Sozialpartner ist nicht unbegrenzt. Den Rahmen setzen neben Art. 28 GRC vornehmlich die in **Art. 151 Abs. 1 AEUV** benannten Aufgabenfelder, die eine entsprechende Festsetzung einschlägiger Gestaltungsfreiheit einräumen können. Abgesehen von der normierten Tariföffnung in Art. 20 HandelsvertreterRL 86/653/EWG[96] dürften zukünftige Regelungen 48

---
91 Dies betonend *Fuhlrott/Hiéramente*, DB 2019, 967, 972; H/O/K/*Harte-Bavendamm*, § 1 Rn. 15; K/B/F/*Alexander*, § 1 GeschGehG Rn. 41; *Naber/Peukert/Seeger*, NZA 2019, 583, 587 f.; optimistischer *Schweizer*, S. 161 ff., 178; s. auch *Wolf/Harrer-Kouliev*, in: FS Windbichler, S. 457, 460 f.
92 Contra: *Trebeck/Schulte-Wissermann*, NZA 2018, 1175, 1180; pro *Naber/Peukert/Seeger*, NZA 2019, 583, 588; *T. Richter*, ArbRAktuell 2019, 375, 376.
93 Calliess/Ruffert/*Krebber*, Art. 154 AEUV Rn. 4 ff., 13 ff.; P/N/H/*Kocher*, Art. 152 AEUV Rn. 11 ff., 154 Rn. 12 ff.; S/B/H/S/*Rebhahn*, Art. 154 AEUV Rn. 7 ff.
94 Calliess/Ruffert/*Krebber*, Art. 154 AEUV Rn. 20; P/N/H/*Kocher*, Art. 152 AEUV Rn. 15.
95 Vgl. Calliess/Ruffert/*Krebber*, Art. 154 AEUV Rn. 13; P/N/H/*Kocher*, Art. 152 AEUV Rn. 13.
96 ABl. EG 1986 L 382, 17.

§ 1 Anwendungsbereich

kollektivvertraglicher Abweichung und Ergänzung vornehmlich in den Themenfeldern verschiedener arbeitsrechtlicher Richtlinien liegen, beispielsweise der Anhörungs- und UnterrichtungsRL 2002/14,[97] der ArbeitsplatzsicherheitsRL 89/391,[98] der EntsendeRL 96/71,[99] der Europäischen BetriebsräteRL 2009/38,[100] der LeiharbeitsRL 2008/104,[101] der MassenentlassungsRL 98/59[102] und der BetriebsübergangsRL 2001/23.[103] Darüber hinausgehende „Einsatzfelder" sind nicht per se ausgeschlossen, solange die Begrenzungen des Art. 155 Abs. 5 AEUV eingehalten sind.

49 Auf nationaler Ebene sind tarifvertragliche Absenkungen eines gesetzlichen Schutzniveaus zulasten der Arbeitnehmer wegen des Günstigkeitsprinzips des § 4 Abs. 3 TVG eigentlich unzulässig. Ausnahmen sind allerdings anerkannt. Gestattet werden sie aber nur, wenn gesetzliche Zulassungsnormen als sog. tarifoffene Gesetze eine solche tarifliche Verschlechterungsbefugnis ausdrücklich festsetzen.[104] Einschlägig von den benannten zahlreichen Beispielen einer **Tariföffnung**[105] dürften im Bereich des Geschäftsgeheimnisschutzes wohl aber nur drei Fälle sein: Der wohl bekannteste Anwendungsfall, § 622 Abs. 4 BGB, der für die ordentliche Kündigung eine Verkürzung der gesetzlichen Fristen erlaubt, die Zulässigkeit von nach der Meldung einer Erfindung gem. § 22 Satz 2 ArbErfG getroffenen Vereinbarungen über Verfalls- oder auf freie bzw. frei gewordene Erfindungen erstreckte Geheimhaltungsklauseln[106] und, praktisch ungleich bedeutsamer, die Regelungen der §§ 74 ff. HGB für vorformulierte nachvertragliche Wettbewerbsverbote,[107] die als sog. verdecktes tarifdispositives Recht höchstrichterliche Anerkennung gefunden haben.[108] Verbunden mit ihrer Anwendung auch auf sonstige Arbeitsverhältnisse (ausgedehnt auf alle Arbeitnehmer in § 110 GewO) eröffnen sie kollektivvertraglichen „Anpassungen" einen beträchtlichen Gestaltungsspielraum, der bislang allerdings nur in § 6 Abs. 4 Bundes-Manteltarifvertrag Akademiker Chemische Industrie zuungunsten der Arbeitnehmer genutzt wurde.[109]

5. Fazit

50 Die Eröffnung des gesetzlichen Geschäftsgeheimnisschutzes für sozialpartnerschaftlich in additiv vereinbarten Kollektivverträgen und Zusatzregelungen bedarf

---

97 ABl. EG 2002 L 80, 29.
98 ABl. EG 1989 L 183, 1.
99 ABl. EG 1997 L 18, 1.
100 ABl. EG 2009 L 122, 28.
101 ABl. EG 2008 L 327, 9.
102 ABl. EG 1998 L 225, 16.
103 ABl. EG 2001 L 82, 16.
104 Einführend zu ihnen Däubler/*Ulber*, Einl. Rn. 473 ff.; *Thüsing*/Braun, § 1 Rn. 50 ff.
105 Zusammenstellungen bei Däubler/*Ulber*, Einl. Rn. 473 und *Thüsing*/Braun, § 1 Rn. 52.
106 Vgl. *Bartenbach/Volz*, § 22 Rn. 26, 37.
107 Dazu statt vieler *Bauer/Diller*, Rn. 6 ff., 15 ff. sowie (für Auszubildende, Praktikanten und Volontäre, § 12 Abs. 1 Satz 2, § 26 BBiG) § 13 Rn. 561 ff.
108 BAG, AP Nr. 28 zu § 74 HGB; kritisch dazu *Bauer/Diller*, Rn. 17 mwN.
109 Näher zu ihm *Bauer/Diller*, Rn. 19.

sowohl im europäischen wie im mitgliedstaatlichen Recht einer ausdrücklichen Benennung tarifdispositiver Punkte, insbesondere im Hinblick auf Abweichungen zuungunsten der Arbeitnehmer. Derartige Festsetzungen sind bislang kaum erfolgt. Daran dürfte sich angesichts ihrer eher unpassenden allgemeinen Rahmenvorgaben und dem gem. § 5 Nr. 2 GeschGehG haftungsfrei gestellten Hauptstreitpunkt des Whistleblowings vorerst wohl wenig ändern. Das Bedeutungspotenzial präzisierender tarifdispositiver Ausgestaltung harrt selbst auf übergeordneter Verbandsebene noch immer schöpferischer Entdeckung und Durchdringung.

VIII. Der Vorrang des Individual- und Kollektivarbeitsrechts (Abs. 3 Nr. 4)

1. Entstehungsgeschichte

§ 1 Abs. 3 Nr. 3 GeschGehG verbindet die Umsetzung der Art. 1 Abs. 2 lit. d, Abs. 3 einer- und der Art. 3 Abs. 1 lit. c, Abs. 2 Know-how-RL 2016/943/EU andererseits mittels gemeinsamer Festsetzung arbeitsrechtlicher Vorrangigkeit zu einer einzigen Vorschrift. Weder im RefE noch im RegE enthalten, verdankt sie ihre Aufnahme erst den Anregungen und Beschlussempfehlungen des Rechtsausschusses im Endstadium des Gesetzgebungsverfahrens.[110] Ungeachtet ihrer stark komprimierten, im Unterschied zu den Richtlinienvorgaben weniger verständlich formulierten Textfassungen bringt die Vorschrift gleichwohl deutlich zum Ausdruck, dass im GeschGehG auch der Vorrang rechtsgeschäftlicher arbeitsvertraglicher Vereinbarungen und spezialgesetzlicher Mitbestimmungsregelungen zu beachten ist. An den dort festgesetzten geheimnisspezifischen Rechten und Pflichten hat es sich zu orientieren. 51

2. Der deklaratorische Vorrangstatus

Einer solchen besonderen Hervorhebung hätte es schon angesichts der detailreichen Ausdifferenzierung des Arbeitsrechts als allgemeinzivilistisches Rechtsgebiet eigentlich nicht bedurft. Selbst größere Zivilrechtsgebiete wie das Gesellschafts-, das Handels- oder das Immaterialgüterrecht kennen keine generell gültige individual- oder kollektivarbeitsrechtliche Vorordnung. Die materielle Eigenständigkeit des GeschGehG fundiert in den Festsetzungen objektspezifischer Zuordnungs-, Verhaltens- und Haftungsnormen, nicht aber in der abweichenden Implementierung allgemeiner gesetzesübergreifender Vertragsgrundsätze oder Institutionen. Mehr als nur deklaratorische Bedeutung vermag ihre Hervorhebung daher ohne weitergehende substanziell begründete Verbesonderung selbst bei Außerachtlassung anderer ausdrücklich benannter Freistellungsregelungen wie § 3 Abs. 2 oder § 5 Nr. 3 GeschGehG hier wie andernorts (→ Rn. 24, 34, 39) nicht zu entfalten.[111] 52

---

110 Vgl. BT-Drs. 19/8300, S. 4, 13.
111 Wie hier BeckOK GeschGehG/*Fuhlrott*, § 1 Rn. 47; H/O/K/*Harte-Bavendamm*, § 1 Rn. 17; variantenspezifisch vertiefend *Preis/Seiwerth*, RdA 2019, 351 ff. Eine „spezielle" Vorrangfunktion erkennt K/B/F/*Alexander*, § 1 GeschGehG Rn. 43.

§ 1 Anwendungsbereich

3. Die betroffenen Kreise: Arbeitnehmer und Arbeitnehmervertretungen

53 Der spezielle Vorrang arbeitsrechtlicher Regelungen betrifft nur Arbeitnehmer und deren betriebliche und gesellschaftsrechtliche Mitbestimmungsgremien. Beide Gruppen bedürfen zunächst einer kurzen Definition, bevor in einem weiteren Schritt die weitergehende Bestimmung und Unterteilung ihrer jeweiligen geheimnisspezifischen Umgangsrechte (und Pflichten) erfolgt. Letzterenfalls ist die fehlende Erwähnung der „Vertreterpflichten" auffällig und deshalb hier unerörtert belassen. De lege ferenda sollte der Gesetzgeber diese Divergenz argumentativ auflösen, zumal sich die Pflichtenkreise zumindest im Hinblick auf die Grundstruktur der allseits bestehenden Handlungsverbote extrem stark gleichen.

a) Der Arbeitnehmerbegriff

54 Das GeschGehG verwendet den Arbeitnehmerbegriff sehr sporadisch: Eine Erwähnung findet sich lediglich bei den Erlangungsrechten (§ 3 Abs. 1 Nr. 2 lit. b) und der „tatbestandsfreien" Offenlegung in Mitbestimmungssachen (§ 5 Nr. 3). Diese Zurückhaltung ist durchaus konsequent, kann doch zur weitergehenden Konturierung neben klassifikatorischen Ansätzen[112] mit § 611a BGB auch auf eine Vorschrift rekurriert werden, der vielfach sogar Definitionsfunktion nachgesagt wird.[113] Unabhängig von den zumeist nur hinsichtlich der Zuordnung der Arbeitnehmerähnlichen[114] und der Organwalter[115] bestehenden Divergenzen[116] besteht weitgehend Einigkeit: **Arbeitnehmer** sind zur Erbringung gattungsmäßig bestimmter fremdnütziger Leistungen Beschäftigte ohne materielle Alimentierung oder, anders gewendet, weisungsgebunden in persönlicher Abhängigkeit fremdbestimmt arbeitende Personen.[117] Zu ihrer Exemplifizierung ist auf einschlägige Zusammenstellungen zu verweisen (→ § 4 Rn. 89),[118] ebenso zu ihrer umformenden Ausdehnung im primär- wie wiederholt auch im sekundärrechtlichen europäischen Arbeitsrecht.[119]

---

112 *Brammsen*, RdA 2010, 267, 270 ff.; *Richardi*, NZA 2017, 36, 39; *Wank*, S. 122 ff., 389 f.
113 ErfK/*Preis*, § 611a BGB Rn. 8 ff.; MHdB ArbR/*Schneider*, Bd. II, § 18 Rn. 12 ff.; aA BAG, NZG 2019, 705 Rn. 26.
114 Zu ihnen ErfK/*Preis*, § 611a BGB Rn. 80 ff. und MHdB ArbR/*Schneider*, Bd. II, § 21 Rn. 6 ff., 21 ff. jeweils mwN pro und contra.
115 *Brammsen*, RdA 2010, 267, 272 f.; ErfK/*Preis*, BGB § 611a Rn. 88 ff.; MHdB ArbR/*Richter*, Bd. II, § 22 Rn. 10 ff., jeweils mwN pro und contra.
116 Zum Streitstand statt vieler *Brammsen*, RdA 2010, 267, 271; ErfK/*Preis*, § 611a BGB Rn. 10 f., 53 f.; MHdB ArbR/*Schneider*, Bd. II, § 18 Rn. 42 ff.; s. auch BAG, NZG 2019, 705 Rn. 22 ff., 30 ff. (zu § 6 Abs. 1 Satz 1 Nr. 1 AGG).
117 Vgl. *Brammsen*, RdA 2010, 267, 271 f.; ErfK/*Preis*, § 611a BGB Rn. 13 f., 32 ff.; MHdB ArbR/*Schneider*, Bd. II, § 18 Rn. 15 ff.; nahestehend BGH, NStZ 2021, 304 Rn. 17 ff.
118 Eingehend ErfK/*Preis*, § 611a BGB Rn. 55 ff., 121 ff.; MHdB ArbR/*Richter*, Bd. II, § 19 Rn. 12 ff., 36 ff.
119 Dazu mit Beispielen ErfK/*Preis*, § 611a BGB Rn. 18 ff.; MHdB ArbR/*Schneider*, Bd. II, § 18 Rn. 50 ff.

VIII. Der Vorrang des Individual- und Kollektivarbeitsrechts (Abs. 3 Nr. 4) § 1

b) Die Arbeitnehmervertretungen

Hinsichtlich des Begriffs der **Arbeitnehmervertreter** bzw. –vertretung finden sich im GeschGehG sowie in der Know-how-RL 2016/943/EU zwar gleichfalls einzelne Verwendungen,[120] jedoch keine inhaltlichen Festsetzungen. Auch ansonsten bleibt der Begriff gesetzlich durchgängig undefiniert, was angesichts ihrer unionsrechtlichen Gewährleistung ua. in Art. 153 Abs. 1 lit. f AEUV und verschiedenen Vorgaben in der europäischen BetriebsratsRL EG 2009/38,[121] der BetriebsübergangsRL EG 2001/23,[122] der MassenentlassungsRL EG 98/59,[123] der MitbestimmungsRL EG 2005/56,[124] der SE-BeteiligungsRL EG 2001/86,[125] der SCE-BeteiligungsRL EG 2003/72[126] und der UnterrichtungsRL EG 2002/14[127] erstaunt, aufgrund der Vielgestaltigkeit der den Nationalstaaten überlassenen Ausformungen nicht aber unbedingt verwunderlich ist.[128] 55

Ausgerichtet auf die Selbstbestimmung der Arbeitnehmer und ihrer Teilhabe am betrieblichen Geschehen als demokratische Grundfreiheiten und Grundrechte lassen sich Arbeitnehmervertretungen gleichwohl charakterisieren: Es sind diejenigen gewählten betrieblichen und gesellschaftlichen Institutionen bzw. Gremien, die durch Betriebsvereinbarungen etc. die Gesamtheits-, in festgesetzten Fällen aber auch Individualinteressen der Beschäftigten repräsentieren, verlautbaren und ausführen. Im deutschen Recht in den **Betriebsverfassungs-** und den **Mitbestimmungsgesetzen** normiert, gehören zu ihnen: Ersterenfalls[129] der (Gesamt-, Konzern-, SE- und der europäische) Betriebsrat,[130] die Wirtschafts- und Betriebsratsausschüsse,[131] die Jugend- und Auszubildendenvertretungen,[132] die Sprecherausschüsse[133] und die Schwerbehindertenvertretungen[134] sowie letzterenfalls die Aufsichtsräte der Kapitalgesellschaften.[135] **Keine Arbeitnehmervertretungen** 56

---

120 Vgl. § 1 Abs. 3 Nr. 4 (Anwendungsbereich), § 3 Abs. 2 Nr. 3 (erlaubte Handlungen) = Art. 3 Abs. 1 lit. c RL 2016/943/EU.
121 Art. 2 Abs. 1 lit. d, ABl. EG 2009 L 122, 28 ff.
122 Art. 2 Abs. 1 lit. c, ABl. EG 2001 L 82, 16 ff.
123 Art. 1 Abs. 1 lit. b, ABl. EG 1998 L 225, 16 ff.
124 ABl. EG 2005 L 310, 1 ff.
125 Art. 2 lit. f, ABl. EG 2001 L 294, 22 ff.
126 Art. 2 lit. f, ABl. EG 2003 L 207, 25 ff.
127 Art. 2 lit. e, ABl. EG 2002 L 80, 29 ff.
128 EuArbR/*Weber*, Art. 2 RL 2002/14/EG Rn. 18 mwN.
129 Überblicke bieten EuArbR/*Weber*, Art. 2 RL 2002/14/EG Rn. 20 und EuArbR/*Schubert*, Art. 4 RL 2016/943/EU Rn. 13.
130 Weitere Erscheinungsformen: Gesamt-, Konzern- (§§ 47 ff. BetrVG), besonderes Verhandlungsgremium und europäischer Betriebsrat, §§ 8 ff., 21 ff. EBRG, 4 ff., 21 ff. SEGB, 4 ff., 22 ff. SCEBG.
131 § 107 Abs. 2 und 3 BetrVG, § 26 Abs. 1 EBRG.
132 Weitere Erscheinungsformen: Gesamt- und Konzernvertretungen, §§ 72 ff. BetrVG.
133 Weitere Erscheinungsformen: Gesamt-, Unternehmens- und Konzernsprecherausschuss, §§ 16 ff. SprAuG.
134 Weiter unterteilt gem. § 180 Abs. 1–4 SGB IX in Haupt-, Bezirk-, Gesamt- und Konzernvertretungen.
135 Statt vieler EuArbR/*Weber*, Art. 2 RL 2002/14/EG Rn. 18 mwN.

§ 1 Anwendungsbereich

sind neben der Betriebsversammlung und den direkt mitwirkenden Arbeitnehmern selbst[136] die (Vertreter der) Gewerkschaften und Arbeitgebervereinigungen.[137]

4. Arbeitnehmerrechte und Arbeitnehmerpflichten

57 Das Arbeitsrecht kennt verschiedene arbeitnehmerschaftliche Rechte[138] und Pflichten.[139] Für die Thematik des Geschäftsgeheimnisschutzes sind dabei nur jene informationsbezogenen Rechte und Pflichten von Bedeutung, die deren Erlangung, Weitergabe und Verwendung betreffen. Dazu gehören ersterenfalls mit dem sog. Branchen- oder Erfahrungswissen und den freien Erfindungen spezielle Aneignungsrechte sowie die zeitverschobenen Nutzungs- und Wettbewerbsrechte, letzterenfalls die Andienungspflichten (der Arbeitnehmererfinder) sowie die allgemeinen Umgangspflichten der Schweigepflichten, Abwerbe- und Konkurrenzverbote. Ihre jeweilige Fundierung und Ausgestaltung wird beidseitig maßgeblich, aber nicht nur[140] von der ausgewogenen Austarierung der Grundrechte bzw. Grundfreiheiten der Art. 12 Abs. 1, 14 Abs. 1 GG, Art. 15 ff. GRCh bestimmt.

a) Die Arbeitnehmerrechte

58 Der Kreis der geheimheitsrelevanten Arbeitnehmerrechte umfasst bis dato vier Ausformungen:

– Die erste und umfassendste Variante kennzeichnet den **Arbeitnehmererfinder**. Ihm weist das ArbNErfG ungeachtet auferlegter Andienungs- und Meldepflichten (§§ 5, 18 f. ArbNErfG) sowohl bei in seinem Aufgabenbereich gemachten sog. Diensterfindungen als auch bei freien und frei gewordenen Erfindungen die **originäre** absolute Rechtsposition der Erfinder- bzw. Inhaberschaft der dann auf den Arbeitgeber als Rechtsnachfolger übergehenden ordentlichen immaterialgüterrechtlichen **Eignerschaft** zu.[141]
– Die zweite engere Variante ist Ausfluss der durch Art. 2 Abs. 2 Satz 2 iVm. Art. 1 Abs. 2, Art. 5 und 1 GG gewährleisteten Berufsfreiheit der Arbeitnehmer. Sie knüpft an den zuvorigen **Erlangungsakt** eines während des Dienstverhält-

---

136 EuArbR/*Weber*, Art. 2 RL 2002/14/EG Rn. 20 mwN.
137 Sie sind Abgesandte eigenständig verfassungsrechtlich legitimierter privatorganisierter Interessenverbände, nicht aber die Sachwalter „interner" Teilhabe; aA EuArbR/*Weber*, Art. 2 RL 2002/14/EG Rn. 18 mwN.
138 Zentral: Anhörung, Aufklärung und Auskunft, Freizügigkeit inkl. Berufs-, Erfindungs-, Informations- und Wettbewerbsfreiheit, Mitbestimmung, Urlaub, Vergütung.
139 Arbeitsleistung, Interessenwahrung, Schadensvermeidung, Verschwiegenheit, Wettbewerbsverbot uam.; Überblicke bei ErfK/*Preis*, § 611a BGB Rn. 639 ff. und MHdB ArbR/*Reichold*, Bd. II, §§ 40, 53–55.
140 Hinzu kommen noch, je nach Ausformung, weitere Individual- und Kollektivrechte wie die grundrechtlich geschützte Lern- und Bildungsfreiheit (BVerfGE 79, 326; BVerwGE 71, 183, 189) oder die Wettbewerbsfreiheit und Wettbewerbsgleichheit (BVerfGE 105, 252, 268; 106, 275, 298 f.; 110, 274, 288; 115, 205, 229; 116, 135, 152).
141 *Bartenbach/Volz*, § 6 nF Rn. 5, 15 ff.; MHdB ArbR/*Bayreuther*, Individualarbeitsrecht I, § 98 Rn. 18. Zur Vorrangigkeit des ArbNErfG vgl. LG Mannheim, BeckRS 2019, 29036 Rn. 53.

VIII. Der Vorrang des Individual- und Kollektivarbeitsrechts (Abs. 3 Nr. 4) § 1

nisses redlich erworbenen Geschäftsgeheimnisses an und berechtigt dessen Kenntnisnehmer, sein nunmehriges Wissen (von Ausnahmen bei Verstößen gegen § 3 UWG oder §§ 823 ff., 826 BGB abgesehen)[142] nach Dienstende offenzulegen und zu nutzen (→ § 4 Rn. 91 ff.).[143] Es handelt sich hier um ein sog. partielles personengebundenes **derivatives ordentliches absolutes Aneignungsrecht**.
– Die dritte, seit langem in Umfang und Selbstständigkeit umstrittene Variante betrifft das mitunter auch als Know-how bezeichnete[144] freie Aneignungsgut **Branchen- oder Erfahrungswissen** (→ § 4 Rn. 92 ff.).[145] Nunmehr in Umsetzung der Auslegungsdirektive des Art. 1 Abs. 3 Satz 2 lit. b Know-how-RL 2016/943/EU qua definitionem von den Geschäftsgeheimnissen ausgeschlossen,[146] erfasst es neben den verbleibenden vermittelbaren auch und ggf. primär die mangels Ausdrückbarkeit nur im praktischen Vollzug einüb-, lern- und merkbaren Umgangs- und Handhabungsweisen betriebs- bzw. branchenspezifischer Anwendung,[147] zweifelsfrei auch das Recht ihrer freien uneingeschränkten Aneignung, zur Konkurrenz zum vormaligen Arbeitgeber und zur Anwendung der erlernten Fähigkeiten.[148] Dagegen hat sich der bundesdeutsche Gesetzgeber jeglicher materiellen Festlegung enthalten, tendiert damit aber offensichtlich zu jenen Ansätzen, die einer strengen Trennung ablehnend gegenüberstehen und beidseitig eine um-

---

142 Vgl. etwa BAGE 57, 159, 166 ff.; 73, 229, 237 – Titandioxid; BAG, NZA 1999, 200, 201 – Kantenbänder; BGH, GRUR 2002, 91, 92 – Spritzgießwerkzeuge.
143 Ständige Rechtsprechung: RGZ 65, 333, 337 f. – Pomril; BGHZ 16, 172, 176 – Düco; BGH, GRUR 1955, 402, 403 – Anreißgerät; GRUR 1983, 179, 181 f. – Stapelautomat; GRUR 2006, 1044 Rn. 13 – Kundendatenprogramm; GRUR 2009, 603 Rn. 15, 18, 25 – Versicherungsuntervertreter; GRUR 2012, 1048 Rn. 17 – Movicol. Ebenso BAGE 41, 21 – Thrombosol; 73, 229, 236 f. – Titandioxid; BAG, NZA 1999, 200, 201 – Kantenbänder; LAG Rheinland-Pfalz v. 5.8.2019 – 3 Sa 349/18 Rn. 97. Aus der Literatur statt vieler *Kalbfus*, Rn. 507 ff.; H/O/K/*Kalbfus*, Einl. C Rn. 40 ff.; *Ohly*, GRUR 2014, 1, 9 f.; *Wiese*, S. 82 ff.; *Winzer*, S. 113 ff.
144 Ungeachtet etwaiger Geheimheit; vgl. Art. 1 Abs. 1 lit. g EU-VertikalVO 330/2010; Art. 1 Abs. 1 lit. i–k EU-FUE/VO 1217/2010; *K. Bartenbach*, Rn. 215, 254 ff.; *Dorner*, S. 40; *Greco*, S. 12 ff., 17; *Schrader*, S. 9 ff.; *Sehirali*, S. 10 ff., 51.
145 Näher zu ihm statt vieler OLG Stuttgart, WRP 2021, 242 Rn. 113, 179 ff. – Schaumstoffsysteme; H/O/K/*Kalbfus*, Einl. C Rn. 40 ff.; *Ohly*, GRUR 2014, 1, 9 f.; *Wiese*, S. 109 ff.; *Winzer*, Rn. 113 ff.; *Wunner*, WRP 2019, 710 Rn. 15 ff.
146 Know-how-RL 2016/943/EU, ABl. EU 2016 L 157, 1, 4, Erwgrd. 14: „Die Definition eines Geschäftsgeheimnisses schließt ... Erfahrungen und Qualifikationen ... die Beschäftigte im Zuge der Ausbildung ihrer üblichen Tätigkeiten erwerben ... aus."
147 Sog. explizites und implizites Wissen; zu Begriff und Abgrenzung vgl. *Scherzberg*, Zum Umgang mit implizitem Wissen, in: Schuppert/Voßkuhle (Hrsg.), Governance von und durch Wissen, 2008, S. 240, 242 ff.; *Schrader*, S. 9 ff.; *Stehr/Adolf*, Ist Wissen Macht?, 2015, S. 139 ff.
148 BAG, NZA 1998, 536, 539; NZA 1999, 200, 201 – Kantenbänder; *Bauer/Diller*, Rn. 29; EuArbR/*Schubert*, RL 2016/943/EU Art. 1 Rn. 15; Hoppe/Oldekop/*Pichlmaier*, Kap. 3 Rn. 253 f.; K/B/F/*Alexander*, § 2 GeschGehG Rn. 30; *Kalbfus*, Rn. 520 ff., 530; MHdB ArbR/*Nebendahl*, Individualarbeitsrecht II, § 140 Rn. 1.

§ 1 Anwendungsbereich

fassende Interessenabwägung präferieren.[149] Dies macht zwar die Feststellung eines konkreten Geheimhaltungsinteresses sicherer,[150] löst es allerdings von seiner bisherigen, rein ökonomisch bestimmten Zentrierung (→ § 2 Rn. 45 ff.). Faktisch verlagert sich die Darlegungslast auf den Arbeitnehmer[151] und sein Interesse an der praktischen Anwendung seines praktisch erprobten Erfahrungswissens in Produktion oder Verwaltung, um wettbewerbsrelevantes geschäftliches Geheimhaltungsinteresse auszuschließen.[152] Eine solche, sachlich der Rechtswidrigkeitsbestimmung tatbestandlicher Schutzgutszugriffe zuzuordnende Lösung würde allerdings offen mit der europarechtlich angedachten Ausgestaltung als personengebundenes **originäres ordentliches absolutes Aneignungsrecht** kollidieren[153] und die mobile Freizügigkeit der Arbeitnehmer durch ein „typologisch" erweitertes eignerschaftliches „Arbeitgeberschutzrecht" konterkarieren.

– Die vierte und letzte Variante umfasst die **derivativen außerordentlichen relativen** Informations- bzw. Kenntnisnahmerechte der Arbeitnehmer. Sie betreffen insbes. Hinweise und Mitteilungen seitens des Arbeitgebers zu betrieblichen Gefahrenquellen oder geplanten arbeitsplatzbezogenen Veränderungen wie Betriebsschließung und -verkauf, Personalabbau und Standortverlagerung. Hierzu sind die maßgeblichen Vorschriften ua. in den § 12 Abs. 1 ArbSchG, § 14 Abs. 1, 2 GefStoffV, § 613a Abs. 4 BGB und § 43 Abs. 2 BetrVG geregelt.[154]

59 **Keine Arbeitnehmerrechte** sind die individuell-situativ tatbestandsfrei gestellten Ausklammerungen mitbestimmungsrechtlicher Offenlegung an Arbeitnehmervertretungen zwecks jener obliegender Aufgabenerfüllung, § 5 Nr. 3 GeschGehG. Sie sind ebenso wie die Informations- und Meinungsäußerungsfreiheit und das Whistleblowing für „rechtsfrei" iSv. sakrosankt erklärt und lassen sich allenfalls auf dem Boden der Lehre von der vortatbestandlichen Rechtswidrigkeit als rechtmäßig bezeichnen. Realiter ist ihnen der faktische Eingriffscharakter allerdings rein fiktiv und damit nur notdürftig kaschiert ihre offensichtliche sog. Rechtsrelevanz entzogen (→ § 5 Rn. 101 ff.).

---

149 Zuletzt ua. BGH, WRP 2018, 1329 Rn. 40 – Hohlfasermembranspinnanlage II; H/O/K/*Ohly*, § 4 Rn. 42; *Kalbfus*, Rn. 512 ff.; *Ohly*, GRUR 2014, 1, 10; *Wunner*, WRP 2019, 710 Rn. 20 f.
150 Wie hier *Gajeck*, S. 53 ff.; Harte/Henning/*Harte-Bavendamm*, § 17 Rn. 45 ff., 52 ff. mwN; *Kalbfus*, Rn. 519 ff., 537 ff.; *Ohly*, GRUR 2014, 1, 10 f.; *Singer/Preetz*, in: FS Schwintowski, S. 791, 806 ff.; *Winzer*, Rn. 117 f.
151 Eine solche Verlagerung befürwortend H/O/K/*Kalbfus*, Einl. C Rn. 40 ff., 49 f.; Hoppe/Oldekop/*Pichlmaier*, Kap. 3 Rn. 256; *Kalbfus*, Rn. 535 f.
152 IdS BFHE 201, 65, 67; *Haase*, DStR 2019, 761, 764 f.
153 Prägnant Büscher/*McGuire*, § 2 GeschGehG Rn. 16, 42, die dem materiellen Unterschied zum nachgeordneten derivativen Erlangungsrecht offensichtlich keine Bedeutung beimisst: Damit wird die gemeinfreie Information zu einem immaterialgüterrechtlichen Sonderrecht umgewidmet.
154 Ausführlichere Zusammenstellung einschlägiger Auskunfts- und Unterrichtsrechte bei Hoppe/Oldekop/*Lodemann/Tholuck*, Kap. 1 Rn. 425.

VIII. Der Vorrang des Individual- und Kollektivarbeitsrechts (Abs. 3 Nr. 4) § 1

b) Die Arbeitnehmerpflichten

Aus Sicht des Geschäftsgeheimnisschutzes sind lediglich **drei Arbeitnehmerpflichten** von Interesse: Die ehemals aus der allgemeinen Treuepflicht abgeleiteten, nunmehr den schuldvertraglichen Nebenleistungspflichten des § 241 Abs. 2 BGB zugeordneten[155] Verschwiegenheits-, Enthaltsamkeits- (bzgl. Abwerbung,[156] Konkurrenz und Wettbewerb) und (auch Auskunft und Anzeigen einbeziehende) Schutzpflichten.[157] Sie alle weisen die eigentlich selbstverständliche, aus der Zielübereinkunft „Tätigkeit für und im Interesse eines Anderen" resultierende Gemeinsamkeit einer temporären Beschränkung auf die Dauer des Vertragsverhältnisses auf,[158] das eine funktionsbedingte Erlangung und Verwendung fremder Betriebsinterna gestattet. 60

Darüber hinaus sollen Nebenpflichten im Hinblick auf Geheimhaltung und Wettbewerbsausschluss[159] ggf. auch „nachvertragliche" Wirkungen entfalten.[160] Abgesehen von den Organwaltern und den betrieblichen Mitbestimmungsträgern, deren Schweigepflichten bereits strafrechtlich über das Ende ihrer Amtszeit hinaus – bei „Eigengebrauch" (zB Rechtsverfolgung) eingeschränkt[161] – fortwirken (ua. § 404 AktG, § 85 GmbHG, § 120 BetrVG),[162] bedarf solche Verlängerung aber einer ausdrücklichen karenzpflichtigen Vereinbarung für maximal 2 Jahre (§ 74 ff. HGB iVm. § 110 Satz 2 GewO).[163] Das gesteigerte personale strafrechtliche Unrecht nachvertraglich geheimnisbeeinträchtigenden Organwalterverhaltens ist weder mit entsprechender eigener oder sonstiger arbeitnehmerseitiger Zivilrechtswidrigkeit identisch noch insoweit akzessorisch. Es folgt den eigenen Maßstäben straftatbestandlichen Unrechts. 61

---

155 Komprimiert zur Entwicklung MHdB ArbR/*Reichold*, Individualarbeitsrecht I, § 53 Rn. 1 ff., 11 ff. mwN.
156 Dazu näher *Bauer/Diller*, Rn. 129 ff.; *Kalbfus*, Rn. 341 ff.; MHdB ArbR/*Reichold*, Individualarbeitsrecht I, § 54 Rn. 59; MHdB ArbR/*Nebendahl*, Individualarbeitsrecht II, § 140 Rn. 22 ff.
157 Überblicke bei ErfK/*Preis*, § 611a BGB Rn. 710 ff., 735 ff.; *Kalbfus*, Rn. 271 ff.; MHdB ArbR/*Reichold*, Individualarbeitsrecht I, § 54 Rn. 2 ff., 32 ff., § 55 Rn. 5 ff., jeweils mwN.
158 Unstrittig; vgl. nur *Bauer/Diller*, Rn. 28 f.; ErfK/*Preis*, § 611a BGB Rn. 720 ff.; ErfK/*Oetker*, HGB § 60 Rn. 3; MHdB ArbR/*Reichold*, Individualarbeitsrecht I, § 54 Rn. 16, 32; MHdB ArbR/*Nebendahl*, Individualarbeitsrecht II, § 140 Rn. 1 ff., 6 f., jeweils mwN.
159 Schutzpflichten bestehen allenfalls bzgl. vor Dienstende/Vertragsablauf eintretender Kenntnisnahme- und Vermeidemöglichkeit, nicht aber für die Folgezeit: Ultra posse nemo obligatur.
160 Zur Schweigepflicht weiterführend *Kalbfus*, Rn. 286 ff., 303 ff.; *McGuire et al.*, GRUR Int. 2010, 829, 836 ff.; *Winzer*, Rn. 113 ff. Zur Parallelproblematik des Personengesellschafters *Selbach*, S. 81 ff.
161 Statt vieler M/H/L/S/*Dannecker*, § 85 GmbHG Rn. 75; MK-AktG/*Schaal*, § 404 Rn. 37.
162 Unstrittig; statt vieler GK-BetrVG/*Oetker*, § 120 Rn. 27; MK-AktG/*Schaal*, § 404 Rn. 18; *Scholz/Rönnau*, § 85 Rn. 53, alle mwN. Kritisch *Kalbfus*, Rn. 259 unter Verkennung der unterschiedlich gewichteten Täterpositionen.
163 (Organwalter) *Bauer/Diller*, Rn. 1030, 1034 ff.; ErfK/*Oetker*, HGB § 60 Rn. 2, § 74 Rn. 5 ff., 11; (Arbeitnehmer) BAGE 158, 329 Rn. 20; *Bauer/Diller*, Rn. 115 ff.; ErfK/*Preis*, § 611a BGB Rn. 718, 720 ff.; *Kalbfus*, Rn. 326 ff., 507 ff., 530; MHdB ArbR/*Nebendahl*, Individualarbeitsrecht II, § 140 Rn. 29; MHdB ArbR/*Reichold*, Individualarbeitsrecht I, § 54 Rn. 44. Die Zulässigkeit entsprechender Vorverträge betont BAGE, NZA 2019, 383 Rn. 30 ff.

§ 1 Anwendungsbereich

5. Die Rechte und Pflichten der Arbeitnehmervertretungen

62 Die Rechte der Arbeitnehmervertretungen[164] umfassen zwei unterschiedliche Beteiligungsebenen: a) Die im Umfang wesentlich detaillierter ausgeformten Arbeits- bzw. Aufgabenfelder der betrieblichen Mitwirkungs- und Mitbestimmungsrechte der **Betriebsverfassungsgesetze** (BetrVG, EBRG, SCEBG, SEBG, SGB IX, SprAuG) und b) die gesellschaftsrechtlichen **Beteiligungsrechte im Aufsichtsrat** der Kapitalgesellschaften (DrittelbG, MgVg, MitbestG, MitbestErgG, MontanMitbestG). Ihnen ist in c) ein kurzer Exkurs zu den im GeschGehG unerwähnten Pflichten der Arbeitnehmervertretungen angefügt.

a) Die betriebliche Mitbestimmung

63 Die betrieblichen Teilhaberechte der Arbeitnehmervertretungen unterscheiden sich je nach Umfang in Anregungs-, Unterrichtungs-, Anhörungs-, Beratungs-, Berufungs-, Zustimmungs- und Zustimmungsverweigerungsrechte:

- **Anregungsrechte** als die schwächste Ausformung sind reine Vorschlagsrechte, deren Durchsetzung seitens der Arbeitnehmervertretung gemeinhin nicht erzwungen werden können. Sie sind recht zahlreich in den §§ 92 ff. BetrVG geregelt;
- **Unterrichtungsrechte** als die nächst stärkere Erscheinungsform sind Informationsrechte. Sie eröffnen durch Mitteilungspflicht des Arbeitgebers bzw. Unternehmers den Arbeitnehmervertretungen die Kenntnis mitbestimmungsrelevanter Angelegenheiten. Sie sind ua. in den Art. 2 lit. f und Art. 4 Abs. 2–3 UnterrichtungsRL EG 2002/14[165] sowie den § 9 Abs. 2 ASiG, §§ 80 Abs. 2, 89 Abs. 2, 90 Abs. 1, 92 Abs. 1, 102 Abs. 1, 106 Abs. 2 BetrVG, §§ 29 f. EBRG, § 33 Abs. 2 JArbSchG und § 17 Abs. 2, 3 KSchG festgesetzt;[166]
- **Anhörungsrechte** sind nach Art. 2 lit. g UnterrichtungsRL EG 2002/14[167] auf Meinungsaustausch und Dialog zentriert, sodann dort in Art. 4 Abs. 2 und 4 für enumerativ aufgezählte Themenbereiche näher ausgestaltet als Austausch und Abwägung beidseitiger Argumente.[168] Demgemäß zumeist eher als Beratung denn als Anhörung zu verstehen,[169] zählen zu ihnen beispielsweise die Mitsprache- bzw. Mitwirkungsrechte der §§ 89, 90 f., 96 f., 106, 111 BetrVG und der

---

164 Beispiele benennen auch BeckOK GeschGehG/*Fuhlrott*, § 1 Rn. 46.1, 48 und Hoppe/Oldekop/ *Lodemann/Tholuck*, Kap. 1 Rn. 429 ff.
165 Vgl. Fn. 127.
166 Näheres zu Themenbereichen, Durchführung und bundesdeutscher Umsetzung des Art. 4 RL 2002/14/EG bei EuArbR/*Weber*, Art. 4 RL 2002/14/EG Rn. 4 ff., 15 ff., 24 ff. mwN; *Reinfeld*, § 2 Rn. 35, 37 ff.
167 Vgl. Fn. 127.
168 B/H/K/C/*Blanke/Hayen*, § 1 Rn. 53 ff.; EuArbR/*Weber*, Art. 4 RL 2002/14/EG Rn. 4 ff., 19 ff., 24 ff. mwN.
169 B/H/K/C/*Blanke/Hayen*, § 1 Rn. 55; EuArbR/*Weber*, Art. 2 RL 2002/14/EG Rn. 23 mwN.

VIII. Der Vorrang des Individual- und Kollektivarbeitsrechts (Abs. 3 Nr. 4) § 1

§§ 1, 29 f. EBRG.[170] Reine Anhörungsrechte sind dagegen die „unverbindlichen" Stellungnahmerechte der § 9 Abs. 3 Satz 3 ASiG, § 10 Abs. 2 ArbSchG, § 102 BetrVG;
- **Berufungsrechte** sind die Rechte des Betriebsrats, weitere Arbeitnehmer oder andere Personen wie Auskunftspersonen, Berater, Gewerkschaftsvertreter und Sachverständige zu seiner Aufgabenbewältigung hinzuzuziehen. Explizit benannt sind sie ua. in den §§ 31, 80 Abs. 2 Satz 4, Abs. 3, 107 Abs. 3 Satz 3, 111 Satz 2 BetrVG und §§ 1, 29 f. EBRG geregelt;
- **Zustimmungsrechte** sind die stärkste Ausformung der betrieblichen Mitbestimmungsrechte, bedürfen sie doch zur Wirksamkeit einer geplanten Maßnahme ihrer beidseitig bestätigten Befürwortung. Zu ihnen gehören die Regelungen der §§ 9 Abs. 3 Satz 1, 2 ASiG, §§ 85, 87, 94 f., 97 f. BetrVG. Von ihnen sind die §§ 87 Abs. 1 Nr. 1 und 6, 98 Abs. 6 für das Whistleblowing und den „angemessenen" Geschäftsgeheimnisschutz von besonderer Relevanz, da sie auch und vor allem in Gestalt von Betriebsvereinbarungen die umfassend gebündelte Einführung von Hinweisgebersystemen,[171] dienstlicher Privatgerätenutzung[172] und zahlreicher Schulungs- und Sicherungsmaßnahmen (→ § 2 Rn. 85 ff., 93 ff.) erlauben;
- **Zustimmungsverweigerungsrechte** sind eine recht selten vorkommende negative Ausprägung der Zustimmungsrechte, mit denen die Arbeitnehmervertretung anstehende Maßnahmen der Gegenseite boykottieren kann. Sie finden sich etwa in den §§ 99 f. und 103 BetrVG normiert.

b) Die gesellschaftsrechtliche Mitbestimmung

Im Gegensatz zur betrieblichen ist die gesellschaftsrechtliche Mitbestimmung der Arbeitnehmervertretungen wesentlich einfacher gestaltet. Sie kennt keine Gruppen unterschiedlich ausgeformter Einzelrechte. Ihnen stehen vielmehr uneingeschränkt alle Anhörungs-, Berichts- und sonstigen Unterrichtungs- und Zustimmungsrechte zur Verfügung,[173] die den Aufsichtsratsmitgliedern der Anteilseignerseite gewährt sind.[174] Sie bestimmen sich ua. nach den Regelungen der §§ 107, 111 f., 125, 170 Abs. 3 AktG, § 38 GenG, § 1 Abs. 1 DrittelbG, § 27 Abs. 1 MgVg, §§ 25 f. MitbestG, § 5 Abs. 4 MitbestErgG, § 4 Abs. 3 MontanMitbestG und betreffen primär die aktive Mitwirkung an der Geschäftsführung.[175]

64

---

170 B/H/K/C/*Blanke/Hayen*, § 30 Rn. 10 ff., 28 ff.; EuArbR/*Weber*, Art. 2 RL 2002/14/EG Rn. 24 mwN; *Reinfeld*, § 2 Rn. 38.
171 Zur diesbzgl. Regelungskompetenz der Betriebspartner *Schweizer*, S. 179 ff.; s. auch *Wolf/Harrer-Kouliev*, in: FS Windbichler, S. 457, 460 f.
172 Zu ihrer Ausgestaltung näher *Kascherus/Pröpper*, BB 2021, 756 ff., (Mustervereinbarung) 760 ff.
173 Überblick (zur AG) bei W/K/S/*Schubert*, § 25 MitbestG Rn. 260; s. auch BeckOK GeschGehG/ *Fuhlrott*, § 1 Rn. 46.1.
174 W/K/S/*Schubert*, § 25 MitbestG Rn. 230 mwN.
175 Vgl. (zur AG) W/K/S/*Schubert*, § 25 MitbestG Rn. 135 ff., 156 ff. mwN.

§ 1 Anwendungsbereich

c) Exkurs: Die Pflichten der Arbeitnehmervertretungen

65 Der Gesetzgeber hat im Rahmen seiner Auflistung die „Vertreterpflichten" nicht in den Gesetzestext eingefügt. Auch in der Gesetzesbegründung finden sie keine Erwähnung. De lege ferenda sollte diese Lücke aufgelöst werden, zumal sich ihre Pflichtenkreise – abgesehen von dem in der gesellschaftsrechtlichen Mitbestimmung fehlenden Wettbewerbsverbot der Aufsichtsratsmitglieder (§ 116 AktG) – jedenfalls im Hinblick auf die hier zentralen Verschwiegenheitspflichten[176] und die Grundstruktur der allseits bestehenden Handlungsverbote des § 4 GeschGehG sehr stark gleichen. Selbst unter Berücksichtigung der unterschiedlich gewichtigen Treuepflichten und Aufgabenfelder der Arbeitnehmer einer- und der hier sog. Mitbestimmungsträger andererseits ist kein Grund ersichtlich, beide Gruppen zwar rechte-, nicht aber auch pflichtenmäßig einheitlich „unberührt" zu belassen.

66 Eine solche „Unberührtheit" der Pflichten der Arbeitnehmervertretungen ist aber gleich aus mehreren Gründen anzuraten. So ist etwa die **Verschwiegenheitspflicht** der Aufsichtsratsmitglieder weiter als diejenige der Betriebsratsmitglieder und ihrer Pendants, erstreckt sie sich doch sowohl auf vertrauliche Angaben wie vom Arbeitgeber nicht ausdrücklich für geheimhaltungsbedürftig erklärte Geschäftsgeheimnisse.[177] Daneben sind den betrieblichen wie den gesellschaftsrechtlichen Mitgliedern über § 3 Abs. 1 GeschGehG unterschiedlich weite Erlangungs-, Offenlegungs- und Nutzungsbefugnisse zuerkannt: Das Betriebsratsmitglied darf gem. § 79 Abs. 2 iVm. Abs. 1 Satz 4 BetrVG seinen Kollegen in dem eigenen wie in anderen betriebsverfassungsrechtlichen Gremien, aber auch einem Aufsichtsratsmitglied ein Geschäftsgeheimnis offenlegen bzw. verwerten,[178] Letzterer hingegen nicht umgekehrt gegenüber Ersteren[179] oder im Konzern gegenüber Obergesellschaften.[180] Wird zudem der unterschiedliche Umfang etwaiger Gebotsbegrenzungen bei der betriebsinternen Weitergabe von Geschäftsgeheimnissen an die Betriebsversammlung berücksichtigt wie er etwa bei geplanten Personalabbaumaßnahmen virulent zu werden droht,[181] so wird die Brisanz der nicht einbezogenen Pflichten der (Mitglieder der) Arbeitnehmervertretungen offensichtlich. Sie zu entschärfen sollte dem Gesetzgeber ein baldiges Anliegen sein.

---

176 Vgl. nur § 79 BetrVG und § 116 AktG.
177 Vgl. § 116 iVm. § 93 Abs. 1 Satz 3 AktG gegenüber § 79 Abs. 1 Satz 1 BetrVG; W/K/S/*Schubert*, § 25 MitbestG Rn. 354.
178 Richardi/*Thüsing*, § 79 Rn. 13, 29 ff.
179 BAG, NZA 2009, 855 Rn. 22; W/K/S/*Schubert*, § 25 MitbestG Rn. 349 ff. mwN.
180 W/K/S/*Schubert*, § 25 MitbestG Rn. 371 mwN.
181 Betriebsinterne Kenntnisweitergabe des Betriebsrats befugt, des Aufsichtsrats hingegen nicht; vgl. LAG Schleswig-Holstein, NZA-RR 2016, 77 ff. m. Anm. *Brammsen/Schmidt*, NZA-RR 2016, 81 ff. und W/K/S/*Schubert*, § 25 MitbestG Rn. 350 ff. mwN.

§ 2 Begriffsbestimmungen

Im Sinne dieses Gesetzes ist

1. Geschäftsgeheimnis eine Information
   a) die weder insgesamt noch in der genauen Anordnung und Zusammensetzung ihrer Bestandteile den Personen in den Kreisen, die üblicherweise mit dieser Art von Informationen umgehen, allgemein bekannt oder ohne Weiteres zugänglich ist und daher von wirtschaftlichem Wert ist und
   b) die Gegenstand von den Umständen nach angemessenen Geheimhaltungsmaßnahmen durch ihren rechtmäßigen Inhaber ist und
   c) bei der ein berechtigtes Interesse an der Geheimhaltung besteht;
2. Inhaber eines Geschäftsgeheimnisses
   jede natürliche oder juristische Person, die die rechtmäßige Kontrolle über ein Geschäftsgeheimnis hat;
3. Rechtsverletzer
   jede natürliche oder juristische Person, die entgegen § 4 ein Geschäftsgeheimnis rechtswidrig erlangt, nutzt oder offenlegt; Rechtsverletzer ist nicht, wer sich auf eine Ausnahme nach § 5 berufen kann;
4. rechtsverletzendes Produkt
   ein Produkt, dessen Konzeption, Merkmale, Funktionsweise, Herstellungsprozess oder Marketing in erheblichem Umfang auf einem rechtswidrig erlangten, genutzten oder offengelegten Geschäftsgeheimnis beruht.

Schrifttum: *Achterberg*, Die Rechtsordnung als Rechtsverhältnisordnung, 1982; *Achtermann*, Wahrung von Betriebs- und Geschäftsgeheimnissen der Wirtschaftsauskunfteien bei Datenschutzaufsichtsbehörden, 2015; *ders.*, Geheimnisschutz nach dem GeschGehGE und investigativer Journalismus, AfP 2019, 1; *ders.*, Gegenstand, Inhalt und Umfang des Schutzes von Geschäftsgeheimnissen nach der Richtlinie (EU) 2016/943, WRP 2017, 1034; *Aldoney Ramirez*, Der strafrechtliche Schutz von Geschäfts- und Betriebsgeheimnissen, 2009; *ders.*, Kritische Überlegungen zur Deutung des strafrechtlichen Unternehmensgeheimnisschutzes als Vermögensschutz, in: FS Tiedemann, 2008, S. 1141; *Alexander*, Zwingendes oder dispositives Recht: Welchen privatautonomen Gestaltungsspielraum beläßt das GeschGehG? WRP 2020, 1385; *Amstutz*, Dateneigentum, AcP 2018, 438; *Anders*, Die Informationsrechte des Wirtschaftsausschusses in einer Aktiengesellschaft, 1979; *Ann*, Know-how – Stiefkind des Geistigen Eigentums?, GRUR 2007, 39; *ders.*, EU-Richtlinie zum Schutz vertraulichen Know-hows – Wann kommt das neue deutsche Recht, wie sieht es aus, was ist noch offen? GRUR-Prax 2016, 465; *Apel/Drescher*, BB 2020, 1171; *Apel/Kaulartz*, Rechtlicher Schutz von Machine Learning-Modellen, RDi 2020, 24; *Apel/Stolz*, Vertragliche Geheimhaltungsmaßnahmen nach „PU-Schaum" – Was bleibt hängen? GRUR-Prax 2021, 1; *Apel/Walling*, Das neue Geschäftsgeheimnisgesetz: Überblick und erste Praxishinweise, DB 2019, 891; *Arians*, Der strafrechtliche Schutz des Geschäfts- und Betriebsgeheimnisses in der Bundesre-

§ 2 Begriffsbestimmungen

publik Deutschland, in: Oehler (Hrsg.), Der strafrechtliche Schutz des Geschäfts- und Betriebsgeheimnisses in den Ländern der Europäischen Gemeinschaft sowie in Österreich und der Schweiz I Bd. 2, 1978, S. 307; *Baranowski/Glaßl*, Anforderungen an den Geheimnisschutz nach der neuen EU-Richtlinie, BB 2016, 2563; *Barczak*, Algorithmus als Arkanum, DÖV 2020, 997; *Barth/Corzelius*, Geheimnisverrat im Zuge eines Arbeitnehmeraustritts – Eine Case Study nach der Reform des Datenschutz- und Geschäftsgeheimnisrechts, WRP 2020, 29; *Bauch*, Erfindungsschutz zwischen Offenlegung und Patenterteilung, 2019; *U. Becker*, Grundrechtsberechtigung juristischer Personen (Art. 19 Abs. 3 GG), Jura 2019 (5), 496; *Becker/Kussnik*, Angemessene Geheimhaltungsmaßnahmen nach dem Gesetz zum Schutz von Geschäftsgeheimnissen, RAW 2018, 119; *Beyerbach*, Die geheime Unternehmensinformation, 2012; *Bildhäuser/Reinhardt*, Das neue GeschGehG: Systematik, Rechtsprechung und Unternehmenspraxis, GRUR-Prax 2020, 576; *Blume*, Innentäterspionage in innovationsgetriebenen Großunternehmen, 2018; *Börger/Rein*, Step-by-step: In zehn Schritten zu wirksamem Geheimnisschutz, CB 2017, 118; *Boosfeld*, Gewinnausgleich, 2015; *Bormann/Ludwig*, Geheimschutz in der Wirtschaft, DÖV 2020, 1061; *Bosch/Sommer*, Akteneinsichtsrechte vor Gericht zum Zweiten – Das BVerwG setzt Maßstäbe für das Verfahren nach § 99 VwGO, K&R 2004, 67; *Bosesky*, Privatisierung und Informationszugang, 2018; *Brammsen*, Reformbedürftig! – Der Regierungsentwurf des neuen Geschäftsgeheimnisschutzgesetzes, BB 2018, 2446; *ders.*, Die EU-Know-how-Richtlinie 943/2016, §§ 17 ff. UWG und das geplante Geschäftsgeheimnisstrafrecht (§ 23 GeschGehG-RegE), wistra 2018, 449; *ders.*, Einverständnis und Einwilligung, in: FS Yamanaka, 2017, S. 3; *ders.*, Der Fiskus als „Geheimnishehler"? BB 2016, 3034; *ders.*, Wirtschaftsgeheimnisse als Verfassungseigentum – Der Schutz der Betriebs- und Geschäftsgeheimnisse gem. Art. 14 GG, DÖV 2007, 10; *ders.*, Anzeige von Kartellverstößen im Widerstreit mit dem Schutz von Unternehmensgeheimnissen, in: Forschungsinstitut für Wirtschaftsverfassung und Wettbewerb (Hrsg.), Schwerpunkte des Kartellrechts 1992/93, 1994, S. 77; *ders.*, Strafbare Untreue des Geschäftsführers bei einverständlicher Schmälerung des GmbH-Vermögens?, DB 1989, 1609; *ders.*, Die Entstehungsvoraussetzungen der Garantenpflichten, 1986; *Brandau/Gal*, Strafbarkeit des Fotografierens von Messe-Exponaten, GRUR 2009, 118; *Breitenbach*, Steuer-CDs, 2017; *Brinckmann*, Unternehmensinteresse und Unternehmensrechtsstruktur, 1983; *Brischke*, Die Gefährdung wichtiger öffentlicher Interessen in § 353b Strafgesetzbuch, 1989; *Brockhaus*, Das Geschäftsgeheimnisgesetz Zur Frage der Strafbarkeit von Hinweisgebern unter Berücksichtigung der Whistleblower-Richtlinie, ZIS 2020, 102; *Bröckner*, Nebenpflichten und Haftung von Arbeitnehmern in Führungspositionen, 2012; *Buchner*, Die Einwilligung in Werbung, WRP 2018, 1283; *Buck*, Das Geschäftsgeheimnis und sein neuer eigenständiger Schutz, jM 2020, 59; *Burghardt-Richter/Bode*, Geschäftsgeheimnisschutzgesetz: Überblick und Leitfaden für Unternehmen zur Wahrung ihrer Geschäftsgeheimnisse, BB 2019, 2697; *Busching*, Der Schutz »privater« Informationen bei Cloud Computing, 2019; *Clemens*, Unternehmungsinteresse, 1984; *Czernik*, Der (Rechts-)Schutz gegenüber dem Verrat von Vertriebsgeheimnissen, ZVertriebsR 2015, 231; *Däubler*, Sicherheitsüberprüfungsgesetz (SÜG), 2019; *Dann/Markgraf*, Das neue Gesetz zum Schutz von Geschäftsgeheimnissen, NJW 2019, 1774; *Daub*, Die Verletzung von Unternehmensgeheimnissen im deutschen und US-amerikanischen Recht, 1996; *Dederer*, Korporative Staatsgewalt, 2004; *Doepner*, Anmerkungen zum wettbewerbsrechtlichen Geheimnisschutz im Zivilprozess, in: FS Tilmann, 2003, S. 105; *Dorner*, Know-how-Schutz im Umbruch, 2013; *Dornis*, Der Schutz künstlicher Kreativität im Immaterialgüterrecht, GRUR 2019, 1252; *Drescher*, Industrie- und Wirtschaftsspionage in Deutschland, 2019; *Drexl et al.*, Ausschließlichkeits- und Zugangsrechte an Daten, GRUR Int. 2016, 914; *Drüen*, Die Indienstnahme Privater für den Vollzug von Steuergesetzen, 2012; *Druey*, Das Fabrikationsgeheimnis – faktisches Gut oder Rechtsgut?, ZSR 1973, 451; *Dumont*, Happy End für ein Stiefkind? – Regierungsentwurf zur Umsetzung der Know-how-Richtlinie, BB 2018, 2441; *Edwards*, Die Rechtmäßigkeit von Whistleblowing in der Öffentlichkeit nach der EMRK und nach deutschem Recht, 2017; *Enders*, Know How Schutz als Teil des geistigen Eigentums, GRUR 2012, 25; *Engländer/Zimmermann*, Whistleblowing als strafbarer Verrat von Geschäfts- und Betriebsgeheimnissen?, NZWiSt 2012, 328; *Ensch*, Institutionelle Mitbestimmung und Arbeitnehmereinfluß, 1989; *Ensenbach*, Der Prognoseschaden bei der Untreue, 2016; *Eschenbach*, Der verfassungsrechtliche Schutz des Eigentums, 1996; *Ess*, Wie weit reicht der Geheimnisschutz? Zum rechtsverletzenden Produkt i. S. d. § 2 Nr. 4 GeschGehG, WRP 2020, 988; *Esser*, Private Flugdrohnen und Strafrecht, JA 2010, 323; *Esser/Rehaag*, Zur Strafbarkeit des „Cardsharing", wistra 2017, 81; *Eufinger*, Arbeits- und strafrechtlicher Schutz von Whistleblowern im Kapitalmarktrecht, WM 2016, 2336; *Fingerhut*, Datenmissbrauch und Geheimnisverrat durch Mitarbeiter – die Bedeutung des § 17 UWG, BB 2014, 389; *Fischer*, Der Schutz von Know-how im deutschen materiellen und internationalen Privatrecht, 2012; *Fischer/Gröne/Stüble*, Wie schützt sich die Industrie vor Wirtschaftsspionage 4.0, DuD 2015, 657; *Fleischer/Pendl*, Verschwiegenheitspflicht und Pflicht zum Geheimnismanagement von Geschäftsleitern, ZIP 2020, 1321; *Föbus*, Die Insuffizienz des strafrechtlichen Schutzes von Geschäfts- und Betriebsgeheimnissen nach § 17 UWG, 2011; *Frank*, Der Schutz von Unternehmensgeheimnissen im Öffentlichen Recht, 2009; *Freckmann/Schmoll*, Geheimnisschutzrichtlinie: Neuer Standard für Vertraulichkeitsvereinbarungen und arbeitsvertragliche Verschwiegenheitsklauseln, BB 2017, 1780; *Fuhlrott/Hiéramente*, Arbeitsrechtlicher Handlungsbedarf durch das Geschäftsgeheimnisgesetz, DB 2019, 967; *Gärtner/Oppermann*, Viel Licht und etwas Schatten – wann besteht ein berechtigtes Geheimhaltungsinteresse, BB 35/2019, Erste Seite; *Gajeck*, Das Wirtschaftsgeheimnis in der Verfassung, 2018; *Garber*, Der Schutz von Geschäfts- und Betriebsgeheimnissen im Zivilprozess – ein Überblick, ÖJZ 2012, 640; *Gasser*, Kausalität und Zurechnung von Information als Rechtsproblem, 2002; *Gassauer-Fleissner*, Die letzten Geheimnisse um die Umsetzung der GeschäftsgeheimnisRL sind gelüftet, ÖBl. 2019, 60; *Gaugenrieder/Unger-Hellmich*, Know-how-Schutz – gehen mit dem Mitarbeiter auch die Unternehmensgeheimnisse?, WRP 2011, 1364; *Gerdemann/Spindler*, Die Europäische Whistleblower-Richtlinie und ihre Folgen für das deutsche Gesellschaftsrecht, ZIP 2020, 1896; *Götz*, Der Schutz von Betriebs- und Geschäftsgeheimnissen im Zivilverfahren, 2014; *Goldhammer*, Geschäftsgeheimnis-Richtlinie und Informationsfreiheit, NVwZ 2017, 1809; *Greco*, Verwertung von Know-how, 2010; *Greenawalt*, Die Indienstnahme privater Netzbetreiber bei der Telekommunikationsüberwachung in Deutschland, 2009; *Grunewald*, Fern der Quelle – Geheimnisschutz und Outsourcing, WRP 2007, 1307; *Haase*, Online-Werbung im Fokus der Betriebsprüfung, DStR 2019, 761; *Harte-Bavendamm*, Reform des Geheimnisschutzes: naht Rettung aus Brüssel? Zum Richtlinienvorschlag zum Schutz von Geschäftsgeheimnissen, in: FS Köhler, 2014, S. 235; *ders.*, Der Begriff des Geschäftsgeheimnisses nach harmonisiertem Recht, in: FS Büscher, 2018, S. 311; *Hauck*, Was lange währt ... – Das Gesetz zum Schutz von Geschäftsgeheimnissen (GeschGehG) ist in Kraft, GRUR-Prax 2019, 223; *ders.*, Grenzen des Geheimnisschutzes, WRP 2018, 1032; *ders.*, Geheimnisschutz im Zivilprozess – was bringt die neue EU-Richtlinie für das deutsche Recht? NJW 2016, 2218; *ders.*, Wirtschaftsgeheimnisse – Informationseigentum kraft richterlicher Rechtsbildung?, 1987; *Hegen*, Bankgeheimnis, Datenschutz und Zession – eine spannungsvolle Dreiecksbeziehung, wbl 2019, 473; *Heinzke*, Richtlinie zum Schutz von Geschäftsgeheimnissen, CCZ 2016, 179; *Helbach*, Der gestufte Schutz von Betriebs- und Geschäftsgeheimnissen vor Parlament, Presse und jedermann, 2012; *Hercher*, Aktive staatliche Informationsvorsorge durch Offenlegung von Ergebnissen amtlicher Betriebskontrollen im Lebensmittelsektor, 2013; *Hess*, Die Blockchaintechnologie im Lichte des Geschäftsgeheimnisschutz- und Patentrechts, GRUR-Prax 2020, 251; *Hessel/Leffer*, Rechtlicher Schutz maschinengenerierter Daten, MMR 2020, 647; *Hiéramente/Golzio*, Die Reform des Geheimnisschutzes aus Sicht der Compliance-Abteilung – Ein Überblick, CCZ 2018, 262; *Hille*, Sind bisherige Vertraulichkeitsvereinbarungen unwirksam? WRP 2020, 824; *ders.*, Die Bestimmung angemessener Geheimhaltung im Recht der US-amerikanischen Geschäftsgeheimnisse,

§ 2 Begriffsbestimmungen

WRP 2019, 1408; *ders.*, Die Legitimation des Markenschutzes aus ökonomischer und juristischer Sicht, RabelsZ 2019, 544; *Hillenbrand*, Der Begriff des Betriebs- und Geschäftsgeheimnisses, 2017; *Hilpert*, Die Systemverantwortung der Übertragungsnetzbetreiber im Strommarkt 2.0, 2018; *Hinkelmann*, Gewerblicher Rechtsschutz in Japan, 3. Aufl. 2019; *Hoffmann*, Untreue und Unternehmensinteresse, 2010; *Hofmann*, Schutz der informationellen Selbstbestimmung von Unternehmen in „intelligenten" Netzwerken, InTeR 2013, 210; *Hollenberg*, Zur rechtswidrigen Nutzung eines Geschäftsgeheimnisses am Markt, Mitt. 2021, 156; *Holthausen*, Die arbeitsvertragliche Verschwiegenheit, NZA 2019, 1377; *Icking*, Die Rechtsnatur des Handelsbilanzrechts, 2000; *Jansen*, Der Gegenstand der Rechtswissenschaft, JZ 2020, 213; *Jansen/Hofmann*, Auswirkungen des Gesetzes zum Schutz von Geschäftsgeheimnissen auf Vertraulichkeitsvereinbarungen, BB 2020, 259; *Jestaedt*, Die Klagebefugnis des Lizenznehmers im Patentrecht, GRUR 2020, 354; *Jonas*, Arbeitsvertragliche Verschwiegenheitsvereinbarungen nach der Einführung des Geschäftsgeheimnisgesetzes, DB 2020, 1738; *Jürgenmeyer*, Das Unternehmensinteresse, 1983; *Junge*, Das Unternehmensinteresse, in: FS v. Caemmerer, 1978, S. 547; *Kabisch*, Schutz von Geschäftsgeheimnissen in China durch NNNs, GRUR-Prax 2018, 516; *Kalbfus*, Zur Rechtsnatur von Geschäftsgeheimnissen: Bringt das Geschäftsgeheimnis mehr Klarheit? in: FS Harte-Bavendamm, 2020, S. 341; *ders.*, Angemessene Geheimhaltungsmaßnahmen nach der Geschäftsgeheimnis-Richtlinie, GRUR-Prax 2017, 391; *ders.*, Die EU-Geschäftsgeheimnis-Richtlinie, GRUR 2016, 1009; *ders.*, Die neuere Rechtsprechung des BGH zum Schutz von Betriebs- und Geschäftsgeheimnissen, WRP 2013, 584; *ders.*, Know-how-Schutz in Deutschland zwischen Strafrecht und Zivilrecht – welcher Reformbedarf besteht? 2011; *Kalbfus/Harte-Bavendamm*, Protokoll der Sitzung des Fachausschusses für Wettbewerbs- und Markenrecht zum Richtlinienvorschlag über den Schutz von Geschäftsgeheimnissen, GRUR 2014, 453; *Kascherus/Pröpper*, Bring your own Device (BYOD) – Mitbestimmung bei der Nutzung privater technischer Geräte, BB 2021, 756; *Klein/Wegener*, Wem gehören Geschäftsgeheimnisse? GRUR-Prax 2017, 394; *Kloepfer*, Informationsfreiheitsgesetz und Schutz von Betriebs- und Geschäftsgeheimnissen, Rechtsgutachten im Auftrag des Bundesbeauftragten für den Datenschutz und die Informationsfreiheit, Juni 2011 (www.bfdi.bund.de/IFG/Oeffentlichkeitsar beit/Pressemitteilungen/2011/17_Staat lichesHandelnMussTransparenterWerden.html?nn=41 1776); *Kloepfer/Greve*, Das Informationsfreiheitsgesetz und der Schutz von Betriebs- und Geschäftsgeheimnissen, NVwZ 2011, 577; *Knerr*, Geistiges Eigentum und Steuerrecht, 2015; *Kochmann*, Schutz des „Know-how" gegen ausspähende Produktanalysen („Reverse Engineering"), 2009; *Kohler*, Der unlautere Wettbewerb, 1914; *H.-J. Krämer*, Das Unternehmensinteresse als Verhaltensmaxime der Leitungsorgane einer Aktiengesellschaft im Rahmen der Organhaftung, 2002; *Krämer*, Die Rechtmäßigkeit der Nutzung von Scorewerten, NJW 2020, 497; *Kraßer*, Der Schutz des Know-how nach deutschem Recht, GRUR 1970, 587; *Kreis*, Whistleblowing als Beitrag zur Rechtsdurchsetzung, 2017; *Krüger/Wiencke/Koch*, Der Datenpool als Geschäftsgeheimnis, GRUR 2020, 578; *Kuhn*, Der verfassungsrechtliche Schutz von Betriebs- und Geschäftsgeheimnissen, 2015; *Kurz*, Vertraulichkeitsvereinbarungen und andere Vorfeldverträge, 4. Aufl. 2019; *Lauck*, Angemessene Geheimhaltungsmaßnahmen nach dem GeschGehG, GRUR 2019, 1132; *Lejeune*, Die neue EU Richtlinie zum Schutz von Know-How und Geschäftsgeheimnissen, CR 2016, 330; *Lembke*, Nachvertragliche Wettbewerbsverbote in der Praxis, BB 2020, 52; *Lennartz*, Informationsfreiheitsgesetz und Energienetzbetreiber, EnWZ 2017, 396; *Leuschner*, Die Bedeutung von Allgemeinwohlinteressen…, AcP 2005, 205; *Lichtenthäler*, Besitzverbot und Eigentumsschutz, 2020; *Liu/Lin*, The Legal Protection of Trade Secrets Across the Taiwan Strait – Part 2, InTeR 2015, 62; *Lohmann*, Neuausrichtung des Schutzes von Betriebs- und Geschäftsgeheimnissen im Umweltinformationsrecht (?), NuR 2018, 607; *Looschelders*, Die Mitverantwortung des Geschädigten im Privatrecht, 1999; *Lück/Penski*, Aus Anlass von „Topf Secret": Antragsbezogener Informationszugang als staatliches Informationshandeln? DÖV 2020, 506; *Lutterbach*, Die strafrechtliche Würdigung des Whistleblowings, 2010; *Maaßen*, „Angemessene Geheimhaltungsmaßnahmen" für Geschäftsgeheimnisse, GRUR 2019, 352; *Maier*, Der Schutz von Betriebs- und Geschäftsgeheimnissen im schwedischen, englischen und deutschen Recht, 1998; *Malmström*, Schutz von Betriebs- und Geschäftsgeheimnissen im Zivilprozess, 2013; *Maume*, Know-how-Schutz – Abschied vom Geheimhaltungswillen?, WRP 2008, 1275; *Mayer*, Geheimhaltungsvereinbarungen und Geheimnisschutz im vorvertraglichen Bereich, MDR 2018, 245; *ders.*, Geschäfts- und Betriebsgeheimnis oder Geheimniskrämerei?, GRUR 2011, 884; *McCorkle*, Allgemeinkundigkeit, 2018; *McGuire*, Begriff und Rechtsnatur des Geschäftsgeheimnisses – Über ungeschriebene Unterschiede zwischen altem und neuem Recht, in: FS Harte-Bavendamm, 2020, S. 367; *dies.*, Geschäftsgeheimnisschutz: In vier Schritten zur angemessenen Maßnahme, IPRB 2019, 202; *dies.*, Neue Anforderungen an Geheimhaltungsvereinbarungen? WRP 2019, 679; *dies.*, Der Schutz von Know-how im System des Immaterialgüterrechts, GRUR 2016, 1000; *dies.*, Know-how: Stiefkind, Störenfried oder Sorgenkind? GRUR 2015, 424; *McGuire et al.*, Der Schutz von Geschäftsgeheimnissen durch Rechte des Geistigen Eigentums und durch das Recht des unlauteren Wettbewerbs (Q215), GRUR Int. 2010, 829; *Meitinger*, Der Schutz von Geschäftsgeheimnissen im globalen und regionalen Wirtschaftsrecht, 2001; *Meitner*, Rechtliche Unternehmensbewertung: Königsdisziplin! … oder doch nur eine bunte Show? in: FS Großfeld, 2019, S. 257; *Morgenroth*, Interesse als Einflussfaktor auf die Gesetzesbildung, Gesetzesanwendung und Vertragsgestaltung, 2010; *Daniel Müller*, Cloud Computing, 2020; *Müller*, Der Schutz von Know-how nach dem TRIPS-Übereinkommen, 2003; *Müller-Terpitz*, Die Grundrechtsberechtigung juristischer Personen im Zeitalter der Globalisierung und Digitalisierung, JZ 2020, 1080; *Münzberg*, Verhalten und Erfolg als Grundlage der Rechtswidrigkeit und Haftung, 1966; *Nattkemper*, Die Untreuestrafbarkeit des Vorstands einer Aktiengesellschaft, 2013; *Nienaber*, Bedeutung und Schutz von Geschäftsgeheimnissen im Mittelstand, 2019; *Nietsch*, Informationsfreiheit und Unternehmensrecht, WiVerw 2014, 120; *Obermaier*, Unternehmensbewertung zwischen Wert und Preis, in: FS Großfeld, 2019, S. 325; *Oehlrich*, Know-how und Tacit Knowledge als vernachlässigte Vertragsbestandteile bei Lizenzverträgen, GRUR 2010, 33; *Oetker*, Neujustierung des arbeitsrechtlichen Schutzes von Geschäftsgeheimnissen vor Offenbarung durch das Unionsrecht, ZESAR 2017, 257; *Ohly*, Das auf die Verletzung von Geschäftsgeheimnissen anwendbare Recht, in: FS Harte-Bavendamm, 2020, S. 385; *ders.*, Das neue Geschäftsgeheimnisgesetz im Überblick, GRUR 2019, 441; *ders.*, Der Geheimnisschutz im deutschen Recht: heutiger Stand und Perspektiven, GRUR 2014, 1; *Oldekop/Hoppe*, Von Stopfaggregaten und Schaumstoffsystemen, WRP 5/2021 EDITORIAL; *Oschmann*, Schutz von Know-how in Unternehmen, StoffR 2008, 179; *Oltmanns/Fuhlrott*, Geheimhaltungspflichten des Betriebsrats im arbeitsgerichtlichen Verfahren, NZA 2019, 1384; *Otte-Gräbener/Kutscher-Puis*, Handlungsbedarf durch das neue Geschäftsgeheimnisgesetz für Vertraulichkeitsvereinbarungen im Rahmen von Liefer- und Vertriebsverträgen, ZVertriebsR 2019, 288; *Otto*, Verrat von Betriebs- und Geschäftsgeheimnissen, § 17 UWG, wistra 1988, 125; *Partsch/Rump*, Auslegung der „angemessenen Geheimhaltungsmaßnahme" im Geschäftsgeheimnis-Schutzgesetz, NJW 2020, 118; *Passarge*, Der Entwurf eines Gesetzes zum Schutz von Geschäftsgeheimnissen (GeschGehG) – Das Gegenteil von gut gemacht ist gut gemeint, CB 2018, 144; *Paul*, Der Schutz von Wirtschaftsgeheimnissen in Deutschland und Indien, 2009; *Peifer*, Individualität im Zivilrecht, 2001; *von Pelchrzim*, Whistleblowing und der strafrechtliche Geheimnisschutz nach § 17 UWG, CCZ 2009, 25; *Pesch*, Straf- und ordnungswidrigkeitenrechtliche Erwägungen zur Bereitstellung von Informationen vor Pakettransaktionen, 2015; *Petsch*, Kapitalmarktrechtliche Informationspflichten versus Geheimhaltungsinteressen des Emittenten, 2012; *Pfaff*, Exklusivität und Zugang arzneimittelrechtlicher Zulassungsinformationen, 2010; *Pfister*, Das technische Geheimnis „Know how" als Vermögensrecht, 1974; *Potočić*, Korruption, amerikanische Börsenaufsicht und Entwicklungen durch Private in Deutschland, 2016; *Preis/Seiwerth*, Geheimnisschutz im Arbeitsrecht nach dem Geschäftsgeheimnisgesetz, RdA 2019, 351; *Püschel*, Infor-

§ 2 Begriffsbestimmungen

mationen des Staates als Wirtschaftsgut, 2006; *Rahimi Azar*, Strafrechtliche Implikationen des Whistleblowings unter besonderer Berücksichtigung des § 17 UWG, JuS Sonderheft Compliance/2017, 930; *Raisch*, Zum Begriff und zur Bedeutung des Unternehmensinteresses als Verhaltensmaxime von Vorstands- und Aufsichtsratsmitgliedern, in: FS Hefermehl, 1976, S. 347; *Ransiek*, Unternehmensstrafrecht, 1996; *Rauer*, Richtlinienentwurf europaweit einheitlicher Schutz von Geschäftsgeheimnissen, GRUR 2014, 21; *Redder*, Der verfassungsrechtliche Schutz von Whistleblowern, 2020; *Redeker/Pres/Gittinger*, Einheitlicher Geheimnisschutz in Europa (Teil 1), WRP 2015, 681; *Reger*, Der internationale Schutz gegen unlauteren Wettbewerb und das TRIPS-Übereinkommen, 2000; *Rehaag/Straszewski*, Das neue Gesetz zum Schutz von Geschäftsgeheimnissen in der Praxis, Mitt. 2019, 249; *Reichold*, Der Schutz des Berufsgeheimnisses im Recht der Europäischen Union, 2014; *Reiling*, Interesse als Rechtsbegriff?, DÖV 2004, 181; *Reinbacher*, Der neue Straftatbestand des § 23 GeschGehG und das Whistleblowing, KriPoZ 2019, 148; *Reinholz/Kraushaar*, Geistiges Eigentum, Leistungsschutzrechte und Geheimnisschutz beim Building Information Modeling (BIM), K&R 2020, 788; *Reißmann*, Äußerungsrechtliche Schutzpflichten, 2012; *Risse/Reichert*, Offenlegung eines vertraulichen Vergleichsangebots – Kavaliersdelikt oder strafbarer Geheimnisverrat?, NJW 2008, 3680; *Rittner*, Die Verschwiegenheitspflicht der Aufsichtsratsmitglieder nach BGHZ 64, 325, in: FS Hefermehl, 1976, S. 365; *Ritz*, Die Geheimhaltung im Schiedsverfahren nach schweizerischem Recht, 2007; *Rody*, Der Begriff und die Rechtsnatur von Geschäfts- und Betriebsgeheimnissen unter Berücksichtigung der Geheimnisschutz-Richtlinie, 2019; *Rönnau*, Die Haftungsfreistellung des „Whistleblowers" nach § 5 Nr. 2 GeschGehG – eine gelungene Regelung?, in: FS Merkel, 2020, S. 909; *Rogall*, Die Verletzung von Privatgeheimnissen (§ 203) StGB, NStZ 1983, 1; *Rosenkötter/Seeger*, Das neue Geschäftsgeheimnisgesetz, NZBau 2019, 619; *Roßnagel/Hentschel*, Verfassungsrechtliche Grenzen gesetzlicher Pflichten zur Offenlegung von Arbeits- und Beschäftigungsbedingungen, 2016; *Matthias Rossi*, Befristeter Schutz von Betriebs- und Geschäftsgeheimnissen? GewArch 2021, 130; *Rossi*, Das Informationsfreiheitsrecht in der gerichtlichen Praxis, DVBl 2010, 554; *ders.*, Schutzpositionen von Unternehmen im Informationsfreiheitsrecht, in 26. Trierer Kolloquium zum Umwelt- und Technikrecht 2010, S. 197; *G. Roth*, Das einheitliche Recht auf Information, 2006; *Rozijn*, Geheimhaltungspflichten und Kapitalschutz beim Abschluss von M&A-Dienstleistungsverträgen, NZG 2001, 494; *Rudkowski*, Transparenzpflichten zur Kontrolle von Finanzdienstleistungsunternehmen, 2016; *Rützel*, Illegale Unternehmensgeheimnisse, GRUR 1995, 557; *Sachs*, Gesetzliche Bestimmung von Inhalt und Schranken des Eigentums, in: FS Wendt, 2015, S. 385; Sachverständigen-Stellungnahme zum „Entwurf eines Gesetzes zur Umsetzung der Richtlinie (EU) 2016/943 zum Schutz von Geschäftsgeheimnissen vor rechtswidrigem Erwerb sowie rechtswidriger Nutzung und Offenlegung", BT-Drs. 19/4724, öffentliche Anhörung im Dez. 2018 (*Hiéramente, Partsch, DGB*); *Sagstetter*, Big Data und der europäische Rechtsrahmen, in: Maute/Mackenroth, Recht als Infrastruktur für Innovation, 2019, S. 285; *ders.*, Digitaler Strukturwandel und Privatrecht, in: Husemann et al. (Hrsg.), Jahrbuch Junge Zivilrechtswissenschaft Strukturwandel und Privatrecht, 2019, S. 249; *Sanner*, Informationsgewinnung und Schutz von Unternehmensgeheimnissen in der privaten Kartellrechtsdurchsetzung, 2014; *Scheja*, Schutz von Algorithmen in Big Data Anwendungen, CR 2018, 485; *Schenkel*, Whistleblowing und die Strafbarkeit wegen Geheimnisverrats, 2019; *Scherp/Rauhe*, Datenklau!? – Entwurf eines Gesetzes zum Schutz von Geschäftsgeheimnissen, CB 2019, 20, 50; *Schilling*, Der Schutz von Geschäfts- und Betriebsgeheimnissen – Prozessuale Schwierigkeiten und Reformbedarf, in: FS Büscher, 2018, S. 383; *Schlack*, Das neue Geschäftsgeheimnisgesetz, Schutz für Private vor Privaten – und Behörden? ZWeR 2019,192; *Schlegel*, Einsatz von sog. „Data Loss Prevention"-Software im Unternehmen, MMR 2020, 3; *Schlötter*, Der Schutz von Betriebs- und Geschäftsgeheimnissen und die Abwerbung von Arbeitnehmern, 1997; *P. Schmid*, IT- und Rechtssicherheit automatisierter und vernetzter cyber-physischer Systeme, 2019; *Edg. Schmidt*, Der strafrechtliche

Schutz des Geschäfts- und Betriebsgeheimnisses in Österreich und der Schweiz, in: Oehler (Hrsg.), Der strafrechtliche Schutz des Geschäfts- und Betriebsgeheimnisses in den Ländern der Europäischen Gemeinschaft sowie in Österreich und der Schweiz II Bd. 3, 1981, S. 131; *Schmitt*, Geheimnisschutz und Whistleblowing, NZA-Beilage 2020, 50; *Schnabel*, Rechtswidrige Praktiken als Betriebs- und Geschäftsgeheimnisse? CR 2016, 342; *Schneider*, Schutz des Unternehmensgeheimnisses vor unbefugter Verwertung, 1989; *Schockenhoff*, Geheimnisschutz bei Aktiengesellschaften mit Beteiligung der öffentlichen Hand, NZG 2018, 521; *Schöwerling*, Die Geheimhaltungsvereinbarung: (K)ein Auslaufmodell? GRUR-Prax 2015, 52; *Scholtyssek/Judis/Krause*, Das neue Geschäftsgeheimnisgesetz – Risiken, Chancen und konkreter Handlungsbedarf für Unternehmen, CCZ 2020, 23; *Schomerus/Scheel*, Agrarsubventionen als Gegenstand des Umweltinformations- und Informationsfreiheitsrechts, ZUR 2010, 188; *Schramböck*, Schutz von Geschäfts- und Betriebsgeheimnissen, 2002; *Schreiber*, Das neue Gesetz zum Schutz von Geschäftsgeheimnissen – ein „Freifahrtschein" für Whistleblower, NZWiSt 2019, 332; *Schreiber-Ehle*, Geheimnisschutz im Unternehmen, CR 2019, 485; *Schröder*, Integration des Whistleblowing in die nationale Rechtsordnung, ZRP 2020, 212; *Schubert*, Das Unternehmensinteresse – Maßstab für die Organwalter der Aktiengesellschaft, 2020; *Schuster*, GeschGehG und vertragliche Pflichten zum technischen Schutz von nicht-personenbezogenen Daten, CR 2020, 726; *Schweyer*, Die rechtliche Bewertung des Reverse Engineering in Deutschland und den USA, 2012; *Schwill*, Die Begrenzung des parlamentarischen Anfragerechts durch Betriebs- und Geschäftsgeheimnisse sowie Verschwiegenheitsregelungen, NVwZ 2019, 109; *Schwintowski*, Verschwiegenheitspflicht für politisch legitimierte Mitglieder des Aufsichtsrats, NJW 1990, 1009; *Sehirali*, Schutz des Know-how nach türkischem, deutschem und europäischem Recht, 2004; *Seiler*, Der strafrechtliche Schutz der Geheimsphäre, 1960; *Selbach*, Geheimhaltungspflichten von Gesellschaftern in personalistisch strukturierten Gesellschaften, 2015; *Selz*, Zuordnung und Transaktion von Geschäftsgeheimnissen im Informationszeitalter, PinG 2019, 21; *Sering*, Mitnahme von Betriebsunterlagen durch ausscheidende Arbeitnehmer, StraFo 2009, 445; *Siebert*, Geheimnisschutz und Auskunftsansprüche im Recht des Geistigen Eigentums, 2011; *Siems*, Die Logik des Schutzes von Betriebsgeheimnissen, WRP 2007, 1146; *St. Simon*, Der Schutz von Geschäftsgeheimnissen in kartellrechtlichen Veröffentlichungen, 2005; *Singer/Preetz*, Der Schutz von Betriebs- und Geschäftsgeheimnissen im Spannungsverhältnis mit Arbeitnehmerrechten, in: FS Schwintowski, 2017, S. 791; *Sitsen*, Das Informationsfreiheitsgesetz des Bundes, 2009; *Slawik*, Die Entstehung des deutschen Modells zum Schutz von Unternehmensgeheimnissen, 2017; *Sonn*, Strafbarkeit des privaten Entwendens und staatlichen Ankaufs inkriminierender Kundendaten, 2014; *Soppa*, Die Strafbarkeit des Whistleblowers, 2018; *Spindler*, Informationsfreiheit und Finanzmarktaufsicht, ZGR 2011, 690; *Stäuber*, Der Schutz von Geschäftsgeheimnissen im Zivilprozess, 2011; *Staffler*, Industrie 4.0 und wirtschaftlicher Geheimnisschutz, NZWiSt 2018, 269; *von Stebut*, Geheimnisschutz und Verschwiegenheitspflicht im Aktienrecht, 1972; *Steigüber*, Die Regeloffenlegung im Patentrecht, 2010; *Stein*, Der Schutz von Betriebs- und Geschäftsgeheimnissen im Strafverfahren, 2013; *Steinmann/Schubmehl*, Vertraglicher Geheimnisschutz im Kunden-Lieferanten-Verhältnis – Auswirkungen der EU-Geheimnisschutz-RL am Beispiel der Automobilindustrie, CCZ 2017, 194; *Stoffer*, Wie viel Privatisierung „verträgt" das strafprozessuale Ermittlungsverfahren? in: FS Großfeld, 2019, S. 417; *Surblyte*, Data Mobility at the Intersection of Data, Trade Secret Protection and the Mobility of Employees in the Digital Economy, GRUR Int. 2016, 1121; *Taeger*, Die Offenbarung von Betriebs- und Geschäftsgeheimnissen, 1988; *Temming*, Der Geheimnisverrat eines Gesellschaftsorgans, in: FS Achenbach, 2011, S. 545; *Teubner*, Unternehmensinteresse – das gesellschaftliche Interesse des Unternehmens „an sich"?, ZHR 149 (1985), 470; *Thiel*, Das neue Geschäftsgeheimnisgesetz (GeschGehG) – Risiken und Chancen für Geschäftsgeheimnisinhaber, WRP 2019, 700; *Tiedemann*, Rechtsnatur und strafrechtliche Bedeutung von techni-

§ 2 Begriffsbestimmungen

schem Know how, in: FS v. Caemmerer, 1978, S. 643; *Többens*, Die Straftaten nach dem Gesetz gegen den unlauteren Wettbewerb (§§ 16–19 UWG), WRP 2005, 552; *Trebeck/Schulte-Wissermann*, Die Geheimnisschutzrichtlinie und deren Anwendbarkeit, NZA 2018, 1175; *Triebe*, Reverse Engineering im Lichte des Urheber- und Geschäftsgeheimnisschutzes, WRP 2018, 795; *Ullrich*, Der Schutz von Whistleblowern aus strafrechtlicher Perspektive – Rechtslage de lege lata und de lege ferenda, NZWiSt 2019, 65; *Ulmer-Eilfort/Schmoll*, Technologietransfer, 2. Aufl. 2016; *Uphues*, Informationsfreiheit zwischen Gegenwart und Zukunft, ZRP 2021, 41; *Vetter/Lehmann*, Geschäftsgeheimnisgesetz und Verantwortung des Geschäftsleitungs- und Überwachungsorgans, DB 2019, 2507; *Viotto*, Das öffentliche Interesse, 2009; *Vlantos*, Die Verwertung von technischem Know-how, 2014; *Voigt/Herrmann/Grabenschröer*, Das neue Geschäftsgeheimnisgesetz – praktische Hinweise zu Umsetzungsmaßnahmen für Unternehmen, BB 2019, 142; *S. Wagner*, Know-how. Einordnung in das Zivilrecht, 2016; *Walter*, Der Kern des Strafrechts, 2006; *Wawrzinek*, Verrat von Geschäfts- und Betriebsgeheimnissen, 2010; *Weber*, Die Schweigepflicht des Betriebsrats, 2000; *Weigert*, Angemessene Geheimhaltungsmaßnahmen im Sinne des Geheimnisschutzgesetzes – Geheimnisschutz ad absurdum? NZA 2020, 209; *Weihrauch*, Der unmittelbare Leistungsschutz im UWG, 2001; *Werner*, Verrat von Geschäftsgeheimnissen durch ausgeschiedene Mitarbeiter, WRP 2019, 1428; *Wicklein*, Steuerdaten-CDs und demokratischer Rechtsstaat, 2017; *Wiebe*, Der Geschäftsgeheimnisschutz im Informationsfreiheitsrecht, NVwZ 2019, 1705; *Wiedemann/Engbrink*, Rechtliche Auswirkungen des 3D-Drucks auf Immaterialgüterrechte und gewerbliche Schutzrechte, InTeR 2017, 71; *Wiese*, Die EU-Richtlinie über den Schutz vertraulichen Know-hows und vertraulicher Geschäftsinformationen, 2018; *Winzer*, Der Schutz von Geschäftsgeheimnissen im Zivilprozess, 2018; *Wischmeyer/Herzog*, Daten für alle? – Grundrechtliche Rahmenbedingungen für Datenzugangsrechte, NJW 2020, 288; *F. Wolf*, Der Schutz des Betriebs- und Geschäftsgeheimnisses, 2015; *Wolff*, Organschaft und juristische Person, Bd. 1 Juristische Person und Staatsperson (Ausgabe Berlin 1933), Bd. 2 Theorie der Vertretung (Ausgabe Berlin 1934), Neudruck 1968; *Wünsche*, Rechtsfolgen von Wettbewerbsverstößen, 2013; *Würtenberger/Freischem*, Stellungnahme zum Referentenentwurf des Bundesministeriums der Justiz und für Verbraucherschutz – Entwurf eines Gesetzes zur Umsetzung der RL 2016/943/EU zum Schutz von Geschäftsgeheimnissen vor rechtswidrigem Erwerb sowie rechtswidriger Nutzung und Offenlegung, GRUR 2018, 708; *Zech*, Information als Schutzgegenstand, 2012; *ders.*, Daten als Wirtschaftsgut, CR 2015, 137; *ders.*, „Industrie 4.0" – Rechtsrahmen für eine Datenwirtschaft im digitalen Binnenmarkt, GRUR 2015, 1151; *Ziegelmayer*, Geheimnisschutz ist eine große Nische, CR 2018, 693; *Zott*, Aktive Informationen des Staates im Internet – Mittelalterlicher Pranger oder modernes Steuerungselement, 2016.

Übersicht

	Rn.		Rn.
I. Einführung	1	3. Der neue Geschäftsgeheimnisbegriff	14
II. Entwicklungsgeschichtlicher Abriss	4	a) Der Geschäftsgeheimnisbegriff des Art. 2 Nr. 1 RL 2016/943/EU	15
III. Das Geschäftsgeheimnis (§ 2 Nr. 1)	7	b) Der Geschäftsgeheimnisbegriff des § 2 Nr. 1 GeschGehG	16
1. Exemplifikationen: Beispiele anerkannter Geschäftsgeheimnisse	8	4. Die Konstituentia des Geschäftsgeheimnisses	17
2. Der klassische Betriebs- und Geschäftsgeheimnisbegriff	11		

a) Einführung: Das neue fünfgliedrige Geschäftsgeheimnis.	17
b) Die Abweichungen vom tradierten Geschäftsgeheimnisbegriff.	18
c) Die Merkmale im Einzelnen	20
aa) Die Information (Nr. 1) .	21
bb) Die Geheimheit (lit. a). .	25
cc) Wirtschaftlicher Wert (lit. a)	34
dd) Angemessene Geheimhaltungsmaßnahmen (lit. b)	56
ee) Das berechtigte Geheimnisinteresse (lit. c)	128
IV. Der Inhaber des Geschäftsgeheimnisses (§ 2 Nr. 2)	140
1. Entstehungsgeschichte	140
2. Die Konturierung der Inhaber.	141
3. Das Genus proximum: Jede natürliche oder juristische Person.	144
4. Rechtmäßige Kontrolle: Das Spezifikum der Geheimnisinhaber	146
5. Exemplifikationen: Rechtmäßige Kontrollinhaberschaft in concreto	148
V. Der Rechtsverletzer (§ 2 Nr. 3) . .	150
1. Entstehungsgeschichte	150
2. Die Konturierung der Rechtsverletzer	151
3. Das Genus proximum: Jede natürliche oder juristische Person.	153
4. Usurpation: Das Spezifikum der Rechtsverletzer.	154
5. Exemplifikationen: Rechtsverletzer in concreto.	155
VI. Das rechtsverletzende Produkt (§ 2 Nr. 4)	158
1. Entstehungsgeschichte	158
2. Die Konturierung der rechtsverletzenden Produkte	159
3. Das Genus proximum: Das auf einem rechtswidrig erlangten, genutzten oder offengelegten Geschäftsgeheimnis beruhende Produkt.	162
a) Das Produkt	163
b) Die rechtswidrige Geheimnisverletzung.	165
c) Das „Beruhen": Das Produkt und seine rechtliche (Vor-)Prägung	166
4. Umstandsbegrenztes Beruhen in erheblichem Umfang: Das Spezifikum der rechtsverletzenden Produkte.	168
a) Die Konturierung der Einsatzfelder	171
b) Das Beruhen in erheblichem Umfang.	173
VII. Unstimmigkeiten und Reformbedarf	178

I. Einführung

§ 2 GeschGehG ist eine der materiellrechtlichen Zentralnormen des neuen GeschGehG. Anknüpfend an Art. 2 Know-how-RL 2016/943/EU setzt sie, abgesehen von wenigen sachlichen Abweichungen,[1] die Vorgaben des dortigen Sprachgebrauchs in vier leitenden Begriffsbestimmungen praktisch nahezu 1:1 wortgleich um.[2] **Legaldefiniert** werden als Schutzgegenstand bzw. Angriffsobjekt[3] das Geschäftsgeheimnis (Nr. 1), die Positionen des Geheimnisherrn (= Inhaber, Nr. 2) und des Täters (= Rechtsverletzer, Nr. 3) sowie eine auf dem rechtswidrigen Haben

1

---

1 ZB Singular statt Plural, wirtschaftlich statt kommerziell.
2 Büscher/*McGuire*, § 2 GeschGehG Rn. 12.
3 Vgl. § 1 Rn. 7 f., 11.

§ 2 Begriffsbestimmungen

eines Geschäftsgeheimnisses aufbauende Güterherstellung (= rechtsverletzendes Produkt, Nr. 4). Anders als der bisherige lauterkeitsrechtliche Strafschutz der §§ 17–19 UWG aF, der die neuen Begriffe entweder gar nicht kannte oder sie undefiniert belassen hatte, gewinnen deren Bestimmung und Verwendung nunmehr anhand abschließend benannter positiver Merkmale (mehr oder weniger exakt) sprachlich durchaus prägnantere Konturen.

2 Gleichwohl sind für die neue Vorschrift gleich zwei gewichtige **Unzulänglichkeiten** zu konstatieren. So können die begriffsformenden Festsetzungen zum Geschäftsgeheimnis, seinem Inhaber, dem Rechtsverletzer und dem rechtsverletzenden Produkt nur einen kaum nennenswerten **Geltungsbereich** für sich in Anspruch nehmen, schließen doch die zuvorigen Anwendungsbeschränkungen des § 1 GeschGehG ihre Direktive ua. im (Individual- und Kollektiv-)Arbeitsrecht, im Straf- und im gesamten öffentlichen Recht bereits vorab generell aus (→ § 1 Rn. 2). Sollten dortige Regelungen also nicht durch entsprechende Textkorrekturen von sich aus oder von der einschlägigen höchstrichterlichen Rechtsprechung dem neuen Sprachgebrauch des GeschGehG angepasst werden bzw. ihn ggf. selektiv adaptieren – was insbesondere im Bewertungs- und Steuerrecht bezüglich des Geschäftsgeheimnisbegriffs und seines „Schutzzwangs" interessante Probleme aufwerfen dürfte – bleibt nur eine Erkenntnis: Bereichsspezifisch divergierende Begriffsverwendungen sind in rechtsstaatlichen Ordnungen allein schon im Interesse nationalstaatlicher Rechtseinheit und Rechtsklarheit unbedingt zu vermeiden.[4]

3 Kaum weniger bedeutsam ist auch das **zweite Manko**: Das völlige Fehlen einer inhaltlich präziseren Festsetzung des gesamten sprachlichen Bedeutungsgehalts der lediglich auf wenige aufgezählte Vorgänge beschränkten erlaubten und unerlaubten Zugriffshandlungen der §§ 3 und 4 GeschGehG. Kombiniert mit dem „offenen" Konvolut zusätzlicher „Handlungsfreistellung" in § 5 GeschGehG eröffnet es nämlich der Etablierung der inhaltlich im Kern unbestimmt belassenen „Grundhandlungen" des Erlangens, Nutzens und Offenlegens einen extrem weiten Interpretationsspielraum, dessen Umfang allein durch die Verwendung der Zusatzattribute „darf" und „darf nicht" normativ, nicht aber substanziell sprachlich näher konturiert wird. Das damit verbundene **Überdehnungspotenzial** „vollzugstechnisch" umfassend ausgeformter Handlungen eröffnet ein (haftungs- wie schutzmäßig in Richtung absoluter Rechte) fehlgehendes Ausdeutungsspektrum. Eine solche, die tatbestandliche Einbeziehung zufälliger Kenntnisnehmer (Zeugen, Finder) ausschließende Handlungsbezeichnung hätte allein schon angesichts der grundrechtlich umfassend gewährleisteten Informations- und Lernfreiheit (Art. 2 Abs. 1 iVm. Art. 1 Abs. 1, Art. 5, Art. 12 Abs. 1 GG) seitens des Gesetzgebers inhaltlich exakter bestimmter Zugriffsbegriffe bedurft. Entsprechende Legaldefinitionen sollten ungeachtet des strafrechtlichen Bestimmtheitsgebots (§ 1 StGB, Art. 103 Abs. 2 GG) bereits auf zivilistischer Ebene umgehend nachgeholt werden.

---

[4] Maßstabsetzend: *Konfuzius*, Gespräche Kap. 14, Buch 13–3 III: Richtigstellung der Begriffe. Prägnant zum Hintergrund materieller Differenzierung *Rossi*, GewArch 2021, 130, 131 ff.

II. Entwicklungsgeschichtlicher Abriss

Die Legaldefinitionen des § 2 GeschGehG nehmen, nach rudimentären „**Vorläu-** 4
fern" in Art. 1 f. ModellG-Europarat 1974,[5] Art. 39 Abs. 2 TRIPS 1994[6] und Art. 6
Abs. 3 WIPO Model Provisions 1996,[7] ihren aktuellen Ausgangspunkt in Art. 2
Know-how-RL 2016/943/EU. Inhaltlich knüpfen sie nahtlos an Art. 2 des Richtlinienentwurfs[8] an, dessen Formulierungen sie nahezu wortgleich übernehmen: Lediglich sind an die Stelle von „Personenkreisen" (Nr. 1 lit. b), „der Person" (Nr. 1
lit. c), „Träger" (Nr. 2) und „Qualität ... basieren" (Nr. 4) nunmehr die Ausdrücke
„Personen in den Kreisen", „durch die Person", „Inhaber" und „Merkmale, Funktionsweise ... beruhen" getreten.

Dergestalt eigentlich fast bis ins kleinste Detail zum Nachzeichnen vorgezeichnet, 5
verwendete der am 19.4.2018 bekannt gewordene Referentenentwurf des BMJV
eines neuen Geschäftsgeheimnisgesetzes in der nach Auslassung der Anwendungs-
regelung des Art. 1 Know-how-RL 2016/943/EU als Eröffnungsvorschrift des § 1
GeschGehG etablierten Definitionsnorm gleichwohl einige abweichende sprachliche Abänderungen und Glättungen. Mit Ausnahme der Nr. 4 (= rechtsverletzendes
Produkt), der nur das Definiens vom Plural in den Singular transferierte,[9] erhielten
alle übrigen Begriffsbestimmungen teilweise **abweichende Formulierungen**: Der
Geheimnisbegriff war um „die den Umständen entsprechenden" angemessenen Geheimhaltungsmaßnahmen gekürzt, die Teil- oder Gesamtgeheimnisse vom alternativen zum kumulativen Konstituens erhoben („weder insgesamt noch in ihren Einzelheiten ... bekannt") und der kommerzielle Wert ihrer Geheimheit in den „wirtschaftlichen" Wert umbenannt,[10] die rechtmäßig besessene Kontrolle des Inhabers
durch die abschließende Aufzählung dreier rechtmäßiger Handlungsvarianten ersetzt[11] und die rechtswidrige Tat des Rechtsverletzers als „Verstöße gegen die
Handlungsverbote des § 3" näher konkretisiert.[12]

Diese und andere Umformulierungen fanden allesamt aus verschiedenen Gründen 6
keine nennenswerte Zustimmung.[13] Gleiches gilt für den zwischenzeitlich am

---

5 Modellgesetz des Europarates zum Schutz von Fabrikations- und Handelsgeheimnissen vom
3.7.1974, abgedruckt bei *Edg. Schmidt*, S. 376 ff.
6 BGBl. II 1994, 1730, 1740.
7 World Intellectual Property Organisation (WIPO) 1996, WIPO publication No. 832 (E), S. 55 ff.
8 Vorschlag für eine Richtlinie zur Harmonisierung des Schutzes von Geschäftsgeheimnissen vom
28.11.2013, COM (2013) 813, BR-Drs. 786/13.
9 Vgl. RefE § 1 Nr. 4 (S. 6). Die Begründung verhält sich dazu nicht.
10 Vgl. RefE § 1 Nr. 1 (S. 5).
11 Vgl. RefE § 1 Nr. 2 (S. 5): „rechtmäßig erlangt hat und das Geschäftsgeheimnis nutzen und offenlegen darf."
12 Vgl. RefE-Begr. zu § 1 Nr. 3 (S. 22): „Ein Verstoß gegen Normen aus anderen Gesetzen fällt
nicht unter die Definition."
13 Kritisch ua. *Keller*, Protokoll der Sitzung des GRUR-Fachausschusses für Wettbewerbs- und
Markenrecht zum Referentenentwurf eines Gesetzes zum Schutz von Geschäftsgeheimnissen
(GeschGehG) am 25.4.2018 in Berlin, GRUR 2018, 706, 707; *Möhrenschlager*, wistra 11/2018,

§ 2 Begriffsbestimmungen

18.7.2019 vorgelegten Regierungsentwurf der Bundesregierung,[14] der sich teilweise zwar wieder stärker an den Vorgaben und der Nummerierung der Richtlinie orientierte,[15] ansonsten den Wortlaut des Referentenentwurfs beibehielt.[16] Dennoch stieß auch diese Neufassung im weiteren Fortgang des Gesetzgebungsvorhabens[17] wie in der Literatur auf neuerliche Kritik,[18] sodass die Legaldefinitionen des neuen § 2 erst in der Sitzung des Ausschusses für Recht und Verbraucherschutz am 13.3.2019 letzte Ergänzungen und ihren endgültigen Wortlaut erhielten: Der Geheimnisbegriff bekam mit Nr. 1 lit. c als neues Kriterium „berechtigtes Geheimhaltungsinteresse", der Rechtsverletzer der Nr. 3 die Ausklammerung „Rechtsverletzer ist nicht, wer sich auf eine Ausnahme nach § 5 berufen kann" angefügt.[19] Dergestalt unschwer als Rückkehr zur Richtlinienvorgabe und einer fast gleichlautenden Übernahme zu erkennen, ist es sicher nicht unangemessen, nunmehr von einer fast **1:1 Übernahme** zu sprechen.[20] Rechtstechnisch ist der jetzige § 2 eine in weiten Teilen nahezu sklavische Nachahmung im engsten Sinne.

III. Das Geschäftsgeheimnis (§ 2 Nr. 1)

7   Mit der Etablierung des am Vorbild des Art. 2 Nr. 1 Know-how-RL 2016/943/EU orientierten Geschäftsgeheimnisbegriffs hat das neue GeschGehG eine deutliche Abkehr vom bislang gebietsübergreifend einheitlich verwendeten deutschen hin zu einem eher weiten, stärker vom prozessualen Denken geprägten anglo-amerikanischen Begriffsverständnis vollzogen. Diese sich gleich auf mehrere Begriffsmerkmale auswirkende Neuerung bedingt unterschiedlich starke sachliche **Abänderungen** im Hinblick auf den „klassischen" Sprachgebrauch des früheren Lauterkeitsstrafrechts der §§ 17–19 UWG aF. Letzterer ist daher kurz darzustellen (2), anschließend seine Neuformung (3) sowie schwerpunktmäßig vertieft die einzelnen

---

IX f.; *Partsch*, SV-Anhörung v. 12.12.2018, S. 6 ff.; *Würtenberger/Freischem*, GRUR 2018, 708, 709; komprimiert Büscher/*McGuire*, § 2 GeschGehG Rn. 7 ff.
14 BR-Drs. 382/18 = BT-Drs. 19/4724; BR-Stellungnahme PlProt. 970, 299 f., 339.
15 Der nunmehrige § 2 erhielt in Nr. 1 lit. a in Abkehr von „in ihren Einzelheiten" die Ursprungsformulierung „in der genauen Anordnung und Zusammensetzung ihrer Bestandteile", in Nr. 1 lit. b die Anbindung an „den Umständen nach" angemessene Geheimhaltungsmaßnahmen, die Aufzählung der „Inhabermerkmale" der Nr. 2 wurde durch das Erfordernis der Innehabung „rechtmäßiger Kontrolle" ersetzt und der Hinweis in Nr. 3 auf die Handlungsverbote des § 3 wurde zu § 4 umnummeriert.
16 Der frühere Wortlaut der Nr. 1 lit. b und der Nr. 4 blieben unverändert erhalten.
17 Beratungen des Bundestages v. 11.10.2018 (PlProt. 19/55, 6070 ff.); Antrag Bündnis 90/Die Grünen BT-Drs. 19/7453, S. 1 ff.; Antrag Die Linke BT-Drs. 19/7704, S. 1, 3; Beschlussempfehlung und Bericht des Ausschusses für Recht und Verbraucherschutz v. 13.3.2019 (BT-Drs. 19/8300, S. 4, 6 ff.); Beratungen des Bundestages v. 21.3.2019 (PlProt. 19/89, 6050 ff., 10703 ff.).
18 Beispielsweise *Alexander*, AfP 2019, 1 Rn. 28 ff.; *Brammsen*, BB 2018, 2446 ff.; *ders.*, wistra 2018, 449 ff.; *Hiéramente*, SV-Anhörung v. 12.12.2018, S. 4 ff.; s. auch *DGB-Stellungnahme*, SV-Anhörung v. 12.12.2018, S. 5 ff.
19 Beschlussempfehlung des Ausschusses für Recht und Verbraucherschutz, BT-Drs. 19/8300, S. 4, 13 f.
20 Büscher/*McGuire*, § 2 GeschGehG Rn. 12.

III. Das Geschäftsgeheimnis (§ 2 Nr. 1) § 2

Konstituentia mit ihren jeweiligen Besonderheiten (4). Vorangestellt als separierte Einführung ist eine alphabetisch geordnete Exemplifikation einzelner, zumeist höchstrichterlich anerkannter Geschäftsgeheimnisse (1), die das gesamte Spektrum des tradierten bundesdeutschen Geheimnisschutzes mittels Verschlagwortung erhellt. Sie ist ergänzt um neuere spezialgesetzlich explizit festgesetzte Exemtionen, die in Gestalt von Gemeinfreigaben und Negativlisten den Kreis der geschützten Geheimnisse in zunehmendem Maße reduzieren (→ § 1 Rn. 28 ff.).

1. Exemplifikationen: Beispiele anerkannter Geschäftsgeheimnisse

Geschäftsgeheimnisse haben inhaltlich ein sehr breites Spektrum zum Gegenstand, welches zudem in äußerst vielgestaltigen Erscheinungsformen auftreten oder ausgeprägt sein kann. Ihre Identifikation und Einordnung bereitet daher nicht selten erhebliche Schwierigkeiten, vor allem kleineren und mittelgroßen Unternehmen. Zur besseren Veranschaulichung soll deshalb eine stichwortartig geordnete **Sammlung** von Geschäftsgeheimnissen vorangestellt sein, um der Aufdeckung und Festsetzung festere Bezugspunkte zu geben. Die reichs- und bundesdeutsche Rechtsprechung hat nämlich im Verlaufe ihrer inzwischen gut 150-jährigen Entwicklung in den unterschiedlichsten Rechtsgebieten eine Vielzahl geheimer Unternehmensinterna durchweg übereinstimmend als Geschäftsgeheimnis qualifiziert. Dergestalt empirisch abgesichert können sie jeder Einordnung zumindest zur ersten groben Orientierung dienen.   8

Der folgende Überblick[21] ist ohne Anspruch auf Vollständigkeit, gleichwohl aber bestrebt, aus der übergroßen Fülle einschlägiger Entscheidungen die thematisch wichtigsten Geheimnisse herauszugreifen und alphabetisch geordnet zu benennen. Auf deren Festsetzungen kann ungeachtet der zwischenzeitlichen Begriffsbestimmung im neuen GeschGehG rekurriert werden, unterscheidet sie sich doch wie nachfolgend gezeigt (→ Rn. 18 f.) von der bislang einheitlichen Ausdeutung im deutschen Recht allein durch die Aufnahme eines zusätzlichen Merkmals in Gestalt der „den Umständen nach angemessenen Geheimhaltungspflichten". Sachlich ein durchaus trügerisches Beweiszeichen (→ Rn. 68) vermag es allerdings nicht die ihm zugeschriebene Wirkung zu entfalten, zugleich auch materielles Konstituens seines Bezugsobjekts zu sein (→ Rn. 57 f.). (Relative) Geheimnisse (→ Rn. 24) existieren bereits ohne weitergehende Schutzmaßnahmen real (als unkörperlich seiendes Immaterialgut).   9

---

21 Auflistungen auch bei Böttger/*Dann*, Kap. 8 Rn. 58; *Czernik*, ZVertriebsR 2015, 231; F/B/O/*Rengier*, § 17 Rn. 23 ff.; BeckOK GeschGehG/*Hiéramente*, § 2 Rn. 79 ff.; GK-UWG/*Wolters*, § 17 Rn. 32; H/O/K/*Harte-Bavendamm*, § 2 Rn. 71; *Helbach*, S. 173 ff.; K/B/F/*Alexander*, § 2 GeschGehG Rn. 19; MK-GmbHG/*Altenhain*, § 85 Rn. 20; MK-StGB/*Hohmann*, § 23 GeschGehG Rn. 42; NK-Wiss/*Reinbacher*, § 17 Rn. 24; *Reinfeld*, § 1 Rn. 168; *Roßnagel/Hentschel*, S. 46 ff.; W/J/S/*Möhrenschlager*, Kap. 16 Rn. 10 ff.

§ 2 Begriffsbestimmungen

10   Als **schützenswert** erachtet wurden (zum Teil mehrfach, manchmal sogar häufig): Absatzgebiete und -planungen,[22] (Werbe-)Adressen- und Agentenverzeichnisse,[23] Akkordlohnzahlungen,[24] Algorithmen,[25] Angebotsunterlagen,[26] Anzeigenaufträge,[27] Appretur- und Stoffzusammensetzungen,[28] Ausfuhrgewährleistungen und Ausschreibungsunterlagen,[29] Bankkundendaten und -dateien,[30] Beistoffe (zB Dispergiermittel) von Arznei- und Pflanzenschutzmitteln etc.,[31] Bezugsquellen,[32] Bieterdaten und -listen,[33] Bilanzen,[34] Bonitätsberechnungen (Scorewertformel),[35] Bonusunterlagen (von Kartellkronzeugen),[36] Buchführungsunterlagen,[37] CAD-Datenmodelle/-sätze,[38] Computerchips, -programme und deren Stand (nicht: erzeugte Neudaten),[39] Effizienzvergleichs- bzw. Aufwandsparameter (Netzbetreiber),[40] Eigenkapitalverzin-

---

22 RG, JW 1906, 497 Nr. 51; LAG Schleswig-Holstein, NZA-RR 2016, 77, Rn. 46.
23 RG, JW 1927, 2378 f.; OLG Frankfurt, GRUR 2005, 792; OLG Karlsruhe, RDV 2003, 246 f.; OLG Köln, GRUR-RR 2010, 480; zweifelnd für angekaufte Unfallwagendaten LG Freiburg, wistra 2012, 361, 362; VG Köln, BeckRS 2017, 117307, Rn. 70 f.
24 RG, MuW IX, 391 f.
25 BGHZ 200, 38 Rn. 27; OLG München, WRP 2020, 654 Rn. 26. Grundrechtliche Bedenken zu einer nicht nur privatseitigen Arkanisierung bei *Barczak*, DÖV 2020, 997 ff., 1004 ff.
26 EuGH, Slg. 2008 – I, 603 ff. (Egrd. 37) – Varec; BGHSt 41, 140, 142; BayObLGSt 1995, 110, 119 f.; LAG Berlin-Brandenburg, NZA-RR 2017, 532, Rn. 28, 39. Nicht (Ab-)Rechnungsunterlagen: LAG Schleswig-Holstein, Urt. v. 4.3.2015 – 3 Sa 400/14, Rn. 34 f. (juris); OVG Berlin-Brandenburg, BeckRS 2016, 49160.
27 BayObLGSt 2000, 131, 132 mwN; OLG Düsseldorf, AfP 1999, 75, 76 – Anzeigenvordrucke; OLG München, NJW-RR 1995, 1134.
28 RGSt 32, 216 ff.; LAG Köln, MDR 2002, 590 ff. – Wellpappe.
29 BVerfG, NVwZ 2014, 1652, Rn. 182 – Rüstungsexporte; BGH, GRUR 1976, 367 ff.; OVG Berlin-Brandenburg, Beschl. v. 18.3.2016 – OVG 12 N 88.14 – Hermes (juris, Rn. 13); VG Berlin, Urt. v. 16.2.2016 – 2 K 246.13 (juris, Rn. 21).
30 BVerfG, NJW 2011, 2417, Rn. 48 ff.; BGHZ 166, 84, 105; LG Düsseldorf, NStZ-RR 2011, 84, 85.
31 BVerwG, BeckRS 2009, 41576; OVG Lüneburg, NuR 2009, 199 f.; OVG Münster, NVwZ 2009, 475, 476; OVG Münster, LRE 67, 403, Rn. 154, 192 ff., 208 ff. – Photoinitiatoren.
32 BVerfGE 115, 205, 231; BVerfG, NVwZ 2014, 1652, Rn. 182 – Rüstungsexporte; BVerwG, BeckRS 2014, 48628, Rn. 9; BGH 148, 26, 31 – Herstellungsnummer II; BGH, WRP 2002, 947, 950 – Herstellungsnummer III; RGSt 31, 93 ff.; RG, GRUR 1936, 573 ff.; KG, WRP 1982, 153 – Flinke Puppe; LAG Rheinland-Pfalz, ZD 2012, 133, 134; OVG NVwZ 2003, 629 f.; OVG Koblenz, BeckRS 2014, 45645 – Leasingvertrag.
33 BayObLGSt 1995, 110, 120 f.; OVG Münster, DVBl. 2013, 981, 984 f.
34 RGSt 29, 426 ff.
35 BVerwG, CR 2014, 236, Rn. 11; BGHZ 200, 38, Rn. 22 ff., 27 ff.; eingehend zuletzt *Krämer*, NJW 2020, 497 ff.
36 OLG Düsseldorf, BB 2014, 2459, 2460.
37 BVerfGE 115, 205, 231; RGSt 29, 426, 430; KG, OLGR 30, 293 f.
38 OLG Jena, NJOZ 2016, 175, Rn. 69, 77, 87 – Mitec.
39 BGH, BeckRS 2016, 17444, Rn. 36; BGHSt 40, 331, 335; BGH, GRUR 2013, 509, Rn. 30 – Quellcode; BVerwG, BB 2020, 1268 Rn. 17; ÖOGH, wbl 2021, 175 Rn. 23 – Flüsteraggregat; Schweiz. BGE, 111 IV, 74, 79 f.; BayObLG, wistra 1994, 150; OLG Karlsruhe, WRP 2016, 751, Rn. 24 ff., 31; OLG Köln, WRP 2017, 728, Rn. 2 – Quellcode; OLG Stuttgart, BeckRS 2016, 12357, Rn. 11; LG München I, BeckRS 2018, 33489 u. 33572 – Drittgeheimnisse von Lieferanten; OLG Naumburg, CR 2016, 83, Rn. 36 – Neudaten.
40 BGH, RdE 2020, 182 Rn. 28 ff., 34 ff.; RdE 2019, 116, Rn. 32 f., 52 f.; OLG Düsseldorf, https://openjur.de/u/2149394.html (https://oj.is/2149394), Rn. 60; OLG Brandenburg, RdE 2017, 547, Rn. 61.

III. Das Geschäftsgeheimnis (§ 2 Nr. 1) § 2

sung,[41] Entwicklungsunterlagen,[42] Entwürfe,[43] Forschungsvorhaben,[44] Frequenzbedarf bzw. -nutzungskonzept,[45] Fusions-/Übernahme- und andere Geschäftsplanungen,[46] gencodierte Enzyme sowie Insertionsstellen,[47] Geschäftsberichte, -bücher, -briefe und -strategien,[48] Gipsformen,[49] Grossistenpreise,[50] Herstellungsverfahren,[51] Inventuren und Investitionen,[52] Kalkulationen, Kalkulationsdaten, -unterlagen und Kapazitäten (Netzwerkdaten),[53] Kaufpreise,[54] Kfz-Fahrzeugscheindaten,[55] Konstruktionsdaten und -zeichnungen,[56] Kostenansätze, -rechnungen und -schätzun-

---

41 OLG Düsseldorf, ZNER 2009, 209, 210 f. Zur Unterscheidung der nunmehr explizit ausgeklammerten Hauptparameter vgl. Art. 2, 5 VO (EU) 2019, 1150 iVm. Erwgrd. 24 ff.
42 BVerfG, NVwZ 2014, 1652, Rn. 182 – Rüstungsexporte; BGH, GRUR 1977, 539 ff.; BVerwG, CR 2005, 194 ff.; OVG Münster, DVBl. 2013, 981, 984 f.; OLG Jena, NJOZ 2016, 175, Rn. 67 ff., 92 ff. – Mitec; LAG Schleswig-Holstein, NZA-RR 2016, 77, 78, Rn. 46; s. auch ÖOGH, GRUR Int. 2012, 468, 473 – Rohrproduktion. Zur (möglichen) Einbeziehung von Gebäudedatenmodellen (BIM) *Reinholz/Kraushaar*, K&R 2020, 788, 796 ff.
43 RG, LZ 1916, Sp. 481; OLG Köln, GRUR 1958, 300 f.
44 OLG Brandenburg, RdE 2017, 547, Rn. 53; OVG Münster, NVwZ 2016, 1025, Rn. 75 ff.
45 BVerwG, CR 2014, 236, Rn. 11 ff.
46 RGSt 48, 12 ff.; BVerfGE 115, 205, 231; OLG Stuttgart, BB 2007, 682; a. A. für Personalabbauplanungen LAG Schleswig-Holstein, NZA-RR 2016, 77, Rn. 59 ff.
47 OVG Münster, NVwZ 2009, 794 f. – Weizen.
48 BVerfG, NVwZ 2014, 1652, Rn. 182 – Rüstungsexporte; BVerwG, CR 2014, 236, Rn. 11; OLG Hamm, WRP 1993, 118, 120; OVG Koblenz, BeckRS 2014, 45645 – Leasingvertrag; OVG Berlin-Brandenburg, BeckRS 2016, 49160.
49 BVerfGE 115, 205, 231; RGSt 39, 83 ff.; OVG Lüneburg, NVwZ 2003, 629 f.; OLG Stuttgart, NZG 2007, 72, 73 f.
50 RG, GRUR 1928, 604 ff.
51 RGSt 33, 354 ff.; 63, 205 ff.; RG, GRUR 1936, 573 ff., 890 ff.; GRUR 1937, 559 ff.; BGHZ 16, 172 ff.; 38, 392 ff.; 183, 153, Rn. 17 – Lichtbogenschnürung; BGH, WRP 2001, 1174, 1176 f.; ÖOGH, GRUR Int. 1997, 50 ff.; OLG Düsseldorf, BeckRS 2008, 05432; OLG Hamm, WRP 1993, 36 ff.; OLG Jena, NJOZ 2016, 175, Rn. 94 ff. – Mitec; OLG Stuttgart, WRP 2021, 242 Rn. 111 – Schaumstoffsysteme; LAG Schleswig-Holstein, NZA-RR 2016, 77, 78, Rn. 46; s. auch OG Guizhou, GRUR Int. 2018, 1195 ff. – Wodon.
52 RGSt 29, 426 ff.; OLG Brandenburg, RdE 2017, 547, Rn. 56, 60.
53 RGSt 29, 426 ff.; RG, JW 1935, 496; BVerfGE 115, 205, 231; BVerfG, NVwZ 2014, 1652, Rn. 182 – Rüstungsexporte; BGH, RdE 2019, 116, Rn. 32 f., 41 ff.; BGH, NVwZ-RR 2015, 670, Rn. 24; BGH, wistra 2014, 30, Rn. 20 ff. – Müllverbrennungsanlage; BAG, NJW 1988, 1016 ff.; BVerwG CR 2014, 236, Rn. 11; OVG Koblenz NVwZ 2017, 643, Rn. 40; GewArch 2016, 29, Rn. 37 f.; BeckRS 2014, 45645 – Leasingvertrag; OLG Brandenburg, RdE 2017, 547, Rn. 53, 57; OLG Celle, RdE 2014, 122, 125 f.; OLG Düsseldorf, ZNER 2009, 209, 210; OLG Hamm, WRP 1959, 182; OLG München, NZBau 2016, 591, 593; OLG Stuttgart, GRUR 1982, 315 ff.; LAG Rheinland-Pfalz, ZD 2012, 133, 134; LAG Schleswig-Holstein, NZA-RR 2016, 77, Rn. 46.
54 VG Köln, BeckRS 2016, 44365, Rn. 28 f.
55 VG Münster, https://openjur.de/u/733241.html, Rn. 22 ff. (Gesamtgewicht Spezialabschleppfahrzeuge).
56 RGZ 149, 330 ff.; RG, JW 1929, 1227 ff., 206 ff., 3087 f.; BGH, GRUR 1983, 179 ff.; 2003, 356 ff. – Präzisionsmessgeräte; BGH, WRP 2018, 1329, Rn. 1, 31 ff., 42 f. – Hohlfasermembranspinnanlage II; WRP 2008, 938, Rn. 6 – entwendete Datensätze; OLG Hamburg, GRUR-RR 2001, 137 ff.; OLG Hamm, GRUR-RR 2013, 306 – Infusionsbeutelanlagen; OLG Jena, NJOZ 2016, 175, Rn. 67 ff., 92 ff. – Mitec; LAG Hessen, BeckRS 2013, 66278; LAG Schleswig-Holstein, NZA-RR 2016, 77, Rn. 46; ÖOGH, GRUR Int. 2012, 468, 473 – Rohrproduktion.

§ 2 Begriffsbestimmungen

gen,[57] Kundendaten und -listen,[58] „Kunstgriffe",[59] Lieferantenlisten,[60] Lieferzeiten,[61] Lohn- und Gehaltsdaten,[62] Marktanteile, -strategien und -untersuchungen,[63] Maschinen- und -(Anlagen-)teile,[64] Messgeräte und -randbedingungen (Abgasprüfung),[65] (Design-)Modelle und Modellskizzen,[66] Muster und -bücher, -karten, -kollektionen, -schnitte, -sendungen, -zeichnungen,[67] Nutzungsdaten und -berichte (zB Grundstücke, Rohstoffe),[68] Offertnotizen,[69] Patentanmeldungen,[70] Pflanzenschutzmittel-Beistoffe und -Substanzen,[71] Planungs- und Prüfungsunterlagen bzw. -berichte,[72] Perso-

---

57 BGH, RdE 2020, 182 Rn. 40 ff.; OLG Brandenburg, RdE 2017, 547, Rn. 53, 56, 59 ff.; OLG Düsseldorf, VergabeR 2008, 281, Rn. 35; ZNER 2009, 209, 210; OLG München, NZBau 2016, 591, 593; OVG Berlin-Brandenburg, NVwZ 2019, 1056, Rn. 16 ff., 23; NVwZ-RR 2015, 801, Rn. 38 – Waldumwandlung.
58 RGSt 29, 426 ff.; 33, 62 ff.; BVerfGE 115, 205, 231; BVerfG, NVwZ 2014, 1652, Rn. 182 – Rüstungsexporte; BFHE 201, 65, 67; BVerwG, NVwZ 2016, 1335, Rn. 18; BGH, GRUR 2009, 1075, Rn. 20 – Betriebsbeobachtung; BGH, NJW 2006, 3424 – Kundendatenprogramm; NJW 2009, 1420, Rn. 13 – Versicherungsuntervertreter; ÖOGH, GRUR Int. 2017, 978, 980; ÖOGH, wbl 2019, 298, 301; OLG Hamm, NJOZ 2010, 530, 532 f.; OLG Köln, GRUR-RR 2010, 480 – Serienschreibendatei; OLG Stuttgart, WRP 2021, 242 Rn. 177 – Schaumstoffsysteme; OLG Stuttgart, BeckRS 2016, 07613 mit Anm. *Czernik*, GRUR-Prax 2016, 229; OVG Münster, DVBl. 2013, 981, 985; OVG Koblenz, BeckRS 2014, 45645 – Leasingvertrag; LAG Düsseldorf, GRUR-RS 2020, 23408 Rn. 74 – PU-Schaum. **Nicht** hingegen bei privaten Netzwerkkontakten (LinkedIn, XING), dem Kundenkreis selbst oder allgemein zugänglichen Adressen; LAG Hessen, Urt. v. 27.5.2020 – 18 Sa 1109/19 Rn. 62, 87; ArbG Hamburg, NZWiSt 2014, 419, Rn. 34 ff.; ÖOGH, Medien und Recht 1999, 244, 245 – Anzeigenzeitung „GO". Drittgeheimnisse (Kundendaten von Kunden) erfasst ÖOGH, GRUR Int. 2017, 70, 71.
59 RG, GA 50 (1903), 140; MUW XXXIV, 63.
60 RG, MuW IX, 321; OLG Düsseldorf, GRUR 1954, 74; VG Köln, N&R 2014, 249, 252.
61 BVerfG, NVwZ 2014, 1652, Rn. 182 – Rüstungsexporte.
62 BGH, NJW 1996, 2576 f.; NJW 2000, 1329, 1330 (offen); BAGE 55, 96 ff.; OVG Koblenz, BeckRS 2014, 45645 – Leasingvertrag; abl. OLG Köln, DB 2000, 765; betriebsintern begrenzend § 12 Abs. 2 EntgTranspG; s. auch Vergütungsvereinbarungen.
63 EuG, GRUR Int. 2015, 754, Rn. 104 – Evonik Degussa; BVerfGE 115, 205, 231; BVerfG, NVwZ 2014, 1652, Rn. 182 – Rüstungsexporte; BVerwG, CR 2014, 236, Rn. 11, 13, 20; BVerwG, BeckRS 2014, 48628, Rn. 9; OLG Brandenburg, RdE 2017, 547, Rn. 53; OLG Hamm, WuW 2014, 301, 309 – Aufzugskartell; OLG München, NZBau 2016, 591, 593; OVG Münster, NVwZ 2016, 1025, Rn. 75.
64 RGSt 40, 406 ff.; RGZ 149, 329 ff.; RG, GRUR 1938, 906 ff.; BGH, GRUR 1961, 40 ff.; GRUR 1963, 367 ff.; GRUR 1969, 548; GRUR 1985, 294 ff.; GRUR 2003, 356 ff. – Präzisionsmessgeräte; ÖOGH, GRUR Int. 1997, 50 ff.; OLG Celle, GRUR 1968, 548, 549.; s. auch LAG Rheinland-Pfalz, BeckRS 2007, 45746 – Tricalcium-Phosphat.
65 BVerwG, BB 2020, 1168 Rn. 12 ff.; OVG Berlin-Brandenburg, NVwZ 2019, 1372, Rn. 51 ff., 60.
66 RG, GA 45 (1897), 364 f.; BGH, GRUR 1980, 296 ff.; OLG Jena, NJOZ 2016, 175, Rn. 69 ff., 85 ff. – Mitec; LAG Schleswig-Holstein, NZA-RR 2016, 77, 78, Rn. 46.
67 RGSt 31, 90 f.; 38, 108 ff.; 42, 394 ff.; 44, 152 f.; 48, 12 ff.; ÖOGH, MuW 1931, 511.
68 OVG Sachsen, LKV 2015, 172, Rn. 7; OVG Schleswig, NVwZ 2007, 1448 ff. – Bodenschätze.
69 LG Köln, MuW XII, 298; LAG Berlin, AuA 2003, Nr. 10, 49 f.
70 BVerwG, CR 2014, 236, Rn. 11; OLG Brandenburg, RdE 2017, 547, Rn. 53, 63 ff.
71 BVerwG, BeckRS 2009, 41576; OVG Lüneburg, NuR 2009, 199 f.; OVG Münster, LRE 48, 411, 412 ff. – Alkylphenolethoxylate; OVG Münster, NVwZ 2009, 475, 476.
72 BGHZ 38, 391 ff.; BGH, NJW 2016, 2569, Rn. 31; BAGE 129, 364, Rn. 24; BVerwG, NVwZ 2020, 715; BVerwG, KommJur 2017, 267, 271 f. – Schiene Nr. 8; VG Braunschweig, ZUM 2008, 254, 257 f. – Wahlgeräte mit Bspr. *Stabno*, Jahrbuch 2008, S. 261 ff.; a. A. BVerwG, NVwZ

III. Das Geschäftsgeheimnis (§ 2 Nr. 1) § 2

nalabbauplanungen und Personalauswahltests,[73] Preisberechnungen und Preislisten,[74] Produktionswerkzeuge,[75] Prototypen,[76] Reiseberichte,[77] Rezepte,[78] Schaltpläne,[79] Sicherheitsberichte (inkl. Anlagen),[80] Schriftstücke und/oder Skizzen,[81] Statistikverfahren (§ 16 Abs. 1 Satz 1 BStatG),[82] steuerliche Verhältnisse eines Gewerbebetriebs,[83] Stundensätze,[84] Submissionsofferten,[85] Telefondurchwahlnummern einer Telefonanlage,[86] (ungünstige lebensmittelrechtliche) Untersuchungsergebnisse,[87] Umsatzzahlen,[88] Vergütungsvereinbarungen,[89] Verhandlungstaktiken (inkl. Fragekatalogen und Musterantworten),[90] Verschlüsselungssysteme (Mobiltele-

---

2012, 112, Rn. 17 – Bafin-Berichte zu öffentlich-rechtlichen Sparkassen; OVG Münster, LRE 67, 403, Rn. 180 ff., 198, 206, 278 – Testergebnisse bei VIG-Anträgen. Zur (möglichen) Einbeziehung von Gebäudedatenmodellen (BIM) *Reinholz/Kraushaar*, K&R 2020, 788, 796 ff.

73 LAG Hessen, BeckRS 2016, 66338, Rn. 25; aA LAG Schleswig-Holstein, NZA-RR 2016, 77, Rn. 48 ff. mit abl. Anm. *Brammsen/Schmitt*, NZA-RR 2016, 81, 82; abl. zu letzteren OVG Münster, BeckRS 2017, 108294, Rn. 12 f. (zu Polizeidienst).
74 BVerfG, NVwZ 2014, 1652, Rn. 182 – Rüstungsexporte; BVerfG, VersR 2000, 214 ff.; RGSt 29, 426 ff.; 35, 136 f.; 42, 394 ff.; BVerwG, BeckRS 2014, 48628, Rn. 15; BVerwG, CR 2005, 194 ff.; EuG, GRUR Int. 2015, 754, Rn. 104 – Evonik Degussa; VGH München, NVwZ-RR 2007, 767, 770 – marktunüblicher Verkaufspreis; OVG Berlin-Brandenburg, NVwZ-RR 2015, 801, Rn. 34 ff. – Waldumwandlung; OLG Düsseldorf, ZNER 2009, 209, 210; LAG Berlin, AuA 2003 Nr. 10, 49 f.
75 BGH, WRP 2001, 1174, 1176 f.; anders OLG Düsseldorf, ECLI:DE:OLGD:2019:1121. I2U34.19.00, Rn. 47 ff., 83 – Spritzgießwerkzeuge, mangels Glaubhaftmachung angemessener Schutzmaßnahmen bzw. Inhaberschaft.
76 BGH, GRUR 1977, 539 ff.
77 RG, MuW XIV, 114.
78 RGSt 61, 418 ff.; RG, JW 1936, 2081; BAGE 41, 21 ff.; BGH, GRUR 1966, 152 – Nitrolingual; GRUR 1980, 750 – Pankreaplex II; ÖOGH, GRUR Int. 1997, 50 ff.; ÖOGH, ÖBl. 1963, 11; ÖBl. 1998, 225 ff.; OLG Jena, BeckRS 2013, 06046 – Minisalami; LAG Schleswig-Holstein, NZA-RR 2016, 77, Rn. 46.
79 BGH, GRUR 2008, 727, Rn. 18 – Schweißmodulgenerator.
80 OVG Koblenz, NVwZ 2013, 376, 377 f. mit Bspr. *Fischer/Fluck*, NVwZ 2013, 337 ff.
81 ÖOGH, GRUR Int. 2012, 468, 473 – Rohrproduktion; RG, GRUR 1927, 131 f.
82 BVerwG, NVwZ 2018, 179, Rn. 16 ff. (Vergleichsberechnungen der Monopolkommission).
83 OLG Düsseldorf, MDR 1978, 147 f.; LG Konstanz, NJW 1992, 1241 f.
84 OVG Berlin-Brandenburg, NVwZ 2019, 1056, Rn. 17 f., 23; OVG Münster, BeckRS 2019, 5656, Rn. 33, 38.
85 RG, GA 52 (1905), 241 f.; RG, JW 1905, 352; LAG Berlin, AuA 2003 Nr. 10, 49 f.
86 LG Köln, RDV 2010, 39.
87 OVG Lüneburg, LRE 71, 74 Rn. 85 ff., 90.
88 BVerfGE 115, 205, 231; BVerfG, NVwZ 2014, 1652, Rn. 182 – Rüstungsexporte; BVerwGE 125, 40, 42 (Anzahl beförderter Briefe); BVerwG, CR 2014, 236, Rn. 11; BVerwG, BeckRS 2014, 48628, Rn. 9; BAG, AP BGB § 611 Nr. 11 – Treuepflicht; OLG Hamm, WuW 2014, 301, 309 – Aufzugskartell; OVG Münster, MMR 1999, 553, 555; LAG Hessen, BeckRS 2013, 66278; LAG Schleswig-Holstein, NZA-RR 2016, 77, Rn. 46; OVG Koblenz, BeckRS 2014, 45645 – Leasingvertrag.
89 BVerfG, NVwZ 2018, 51 Rn. 363 ff.; OVG Berlin-Brandenburg, NVwZ 2019, 1056 Rn. 23; OVG Münster, BeckRS 2019, 5656 Rn. 33, 38; s. auch Lohn- und Gehaltsdaten.
90 BVerwG, ZBR 2003, 94, 97; VG Berlin, BeckRS 2016, 51822 (II. 2); ÖOGH, SSt 2012/41 – Fragenkatalog = ÖOGH, ecolex 2013, 153 mit Anm. *Woller*; ÖOGH, wbl 2019, 298, 301.

§ 2   Begriffsbestimmungen

fone, Pay-TV-Decoder, Digital-TV, DVD-Kopierschutz, SIM-Lock etc.),[91] Versorgungsstörungen,[92] Vergleichs- und Mediationsverhandlungen,[93] Vertragsbestimmungen, -daten, -entwürfe, -unterlagen, -verhandlungen und -werke,[94] Vertreterlisten und Vertriebswege,[95] Vorzugs- oder Einstandspreise,[96] Wirtschaftspläne,[97] Zahlungsbedingungen und -unfähigkeit,[98] Zeichnungen,[99] Zulassungsunterlagen,[100] Zulieferdaten und -rechnungen.[101]

2. Der klassische Betriebs- und Geschäftsgeheimnisbegriff

11   Im Gegensatz zu dem nunmehr europarechtlich vorgeformtem (→ Rn. 4), weitestgehend adaptierten, inhaltlich unverkennbar vom US-amerikanischen[102] und ande-

---

91 ÖOGH, GRUR Int. 2017, 70, 71 – Ticketsysteme; OLG Frankfurt, NJW 1996, 264 – Pay-TV-Piratenkarten; OLG Karlsruhe, WRP 2016, 751, Rn. 26 ff.; OLG Celle, wistra 2017, 116 – Cardsharing mit Bspr. *Esser/Rehaag*, wistra 2017, 81, 86 f.
92 BGH, RdE 2019, 116, Rn. 46 ff.; RdE 2014, 495, Rn. 44; OLG Düsseldorf, BeckRS 2016, 08093 (B II 2).
93 AnwGH Mecklenburg-Vorpommern, AnwBl. 2007, 716 mit Bspr. *Risse/Reichert*, NJW 2008, 3680 ff.
94 BVerfG, NVwZ 2014, 1652, Rn. 182 – Rüstungsexporte; RG, JW 1902, 610 f.; RG, MuW XV, 127 f.; BVerwGE 151, 348, Rn. 26 ff., 33 ff.; BVerwG, ZUM 2015, 709, Rn. 34; BVerwG, BeckRS 2014, 48628, Rn. 9, 12 ff.; OVG Berlin-Brandenburg, BeckRS 2014, 49566; BeckRS 2017, 111914, Rn. 10 f.; OVG Münster, BeckRS 2019, 5656, Rn. 33, 37; BeckRS 2018, 32182, Rn. 63; OVG Münster, DVBl. 2013, 981, 984 f.; OVG Koblenz, BeckRS 2014, 45645 – Leasingvertrag; LAG Düsseldorf, NZA-RR 2015, 299, 301.
95 RGSt 33, 65; BVerwG, NVwZ 2016, 1335, Rn. 18; OLG Hamburg, GRUR-RR 2020, 18, Rn. 7.
96 OLG Düsseldorf, WRP 1959, 182 ff.; OLG Hamm, WuW 2014, 301, 309 – Aufzugskartell; LAG Rheinland-Pfalz, ZD 2012, 133, 134; LAG Schleswig-Holstein, NZA-RR 2016, 77, 78, Rn. 46; OVG Münster, BeckRS 2018, 32182, Rn. 65 ff.; zu Rabatthöhen BVerwG, https://www.bverwg.de/17.06.20U10C22.19.0, Rn. 12 ff., 18 ff.
97 OLG Düsseldorf, BeckRS 2020, 188, Rn. 20.
98 BVerfG, NVwZ 2014, 1652, Rn. 182 – Rüstungsexporte; RG, JW 1936, 3471; OVG Koblenz, BeckRS 2014, 45645 – Leasingvertrag; BGH, NJW-RR 2017, 682, Rn. 15.
99 RGSt 15, 140 ff.; RG, JW 1928, 1227 ff.; BGHSt 13, 333 ff.; BGH, GRUR 1961, 40 ff.; GRUR 1964, 31; BGH, NJW-RR 1998, 1409; OLG Hamburg, GRUR-RR 2001, 137 ff.; OLG Jena, NJOZ 2016, 175, Rn. 67 ff., 85 ff., 100 – Mitec; LAG Hamm, BeckRS 2003, 41062, Rn. 77 ff.; LAG Rheinland-Pfalz, ZD 2012, 133, 134; ÖOGH, GRUR Int. 2012, 468, 473 – Rohrproduktion; s. auch OG Guizhou, GRUR Int. 2018, 1195 ff. – Wodon.
100 EuG, Rs. T-545/11, ZUR 2014, 45, 49 ff. – Glyphosat; BVerwG, BB 2020, 1168 Rn. 12, 16 ff. – Messgeräte; OLG Celle, WRP 2015, 1009, Rn. 24 – Movicol II; OVG NRW, BeckRS 2013, 53818, Rn. 68 ff. – Clopidogrel; VG Braunschweig, ZUM 2008, 254, 257 f. – Wahlgeräte.
101 BVerfG, NVwZ 2014, 1652, Rn. 182 – Rüstungsexporte; BGH, GRUR 2003, 356 ff. – Präzisionsmessgeräte.
102 § 1 Abs. 4 UTSA 1979/1985: „Information, einschließlich Formeln, Muster, Zusammenstellungen, Programme, Vorrichtungen, Methoden, Techniken und Verfahrensabläufe, die eigenständig, tatsächlich realisierbaren oder realisierbaren wirtschaftlichen Wert dadurch vermitteln, daß sie solchen Personen, die wirtschaftlichen Wert aus ihrer Kenntnis oder ihrem Gebrauch schöpfen können, weder allgemein bekannt ist noch von ihnen einfach durch zulässige Mittel ermittelt werden kann und zu deren Geheimhaltung den Umständen entsprechend angemessene Maßnahmen getroffen werden"; ähnlich § 1839 Abs. 3 DTSA 2016; § 1839 Abs. 3 EEA 1996/2016.

III. Das Geschäftsgeheimnis (§ 2 Nr. 1)   § 2

ren fremdländischen, nahezu gleichlautenden Festsetzungen[103] inspirierten neuen Geschäftsgeheimnisbegriff (→ Rn. 14 ff.) kannte der bisherige bundesdeutsche, maßgeblich vom früheren Wortlaut der §§ 17–19 UWG aF geprägte Geheimnisschutz kein legaldefiniertes Angriffs- bzw. Schutzobjekt. Gleichwohl hatte sich für das gesetzlich benannte „**Geschäfts- und Betriebsgeheimnis**"[104] eine in Theorie und Praxis weithin akzeptierte Ausdeutung durchgesetzt, die sämtliche Erscheinungsformen kaufmännischer (= Geschäfts-) und technischer (= Betriebs-)Interna[105] im Einklang mit Klassifizierungen wie „Unternehmens-"[106] oder „**Wirtschaftsgeheimnis**"[107] gebietsübergreifend einheitlich als „jede im Zusammenhang mit dem Betrieb oder der Geschäftstätigkeit eines Unternehmens stehende nicht offenkundige Tatsache, deren Geheimhaltung im objektiven wirtschaftlichen Interesse wie auch im subjektiven Willen des Unternehmens (-inhabers, -leitungsorgans) fundiert ist" definierte.[108]

Im deutschen Geheimnisschutzrecht dominierte mithin bislang ein **dreigliedriger Geschäftsgeheimnisbegriff**, dessen Merkmale additiv gegeben sein müssen: Das faktische Element der geheimen unternehmensbezogenen Tatsache, das normative Element eines diesbezüglichen objektiven Geheimhaltungsinteresses und dessen subjektives Pendant in Gestalt des Geheimhaltungswillens.[109] Sie kennzeichneten und prägten den Geheimnisbegriff in allen Rechtsbereichen des öffentlichen, des   12

---

103 Statt vieler: § 219 Abs. 3 StGB und Art. 10 Abs. 3 UWG China (dazu *Liu/Lin*, InTeR 2015, 62 ff.); § 2 Abs. 6 UWG Japan 2016 (dazu *Hinkelmann*, Kap. 5, Rn. 86 ff.); Art. 2 Trade Secret Act Taiwan 2013.
104 Ihr englisches Pendant ist das Technical- und Business secret: *Hillenbrand*, S. 97 ff., 225 ff. Speziell zur Zuordnung Ersterer im Mittelstand *Nienaber*, Rn. 238 ff., 263 ff., 390 ff.
105 Eingehend zur leicht abweichenden, gleichwohl aber weitestgehend inhaltskonformen betriebswirtschaftlichen Differenzierung und ihren Konsequenzen insbesondere bei der Umsetzung und Risikominimierung *Nienaber*, Rn. 94 ff., 162 ff., 207 ff., 225 ff., 423 ff.
106 Verwendet ua. von *Engländer/Zimmermann*, NZWiSt 2012, 328, 329; *Frank*, S. 38; G/M/V/ *Vormbrock*, § 30 Rn. 4 ff.; *Hofmann*, InTeR 2013, 210, 212; *Kalbfus*, Rn. 109 f.; *Mayer*, GRUR 2011, 884, 885; *Rody*, S. 49; *Sanner*, S. 47, 62 ff.; *Slawik*, S. 1 ff., 22 ff.; *Soppa*, S. 108 f.; *S. Wagner*, Rn. 71; *Wiese*, S. 7 f., 23; *Zech*, GRUR 2015, 1151, 1155 ff.
107 Verwendet ua. von *Brammsen*, DÖV 2007, 10; *Bröckner*, S. 138; *Gajeck*, S. 22 ff.; GK-UWG/ *Wolters*, § 17 Rn. 12; *Daniel Müller*, S. 258; NK-Wiss/*Reinbacher*, § 17 Rn. 7, 9, 41, 55, 68; *v. Pelchrzim*, CCZ 2009, 25, 27; *Wawrzinek*, S. 89 f.; *Wünsche*, S. 204.
108 § 5 Abs. 1 Nr. 3 AIG-Brandenburg; § 7 Abs. 1 Satz 1 HmbTG; RGZ 149, 329, 333 – Stiefeleisenpresse; BGHZ 183, 153 Rn. 17 – Lichtbogenschnürung; BGH, GRUR 2003, 356, 358 – Präzisionsmessgeräte; GRUR 2009, 603 Rn. 13 – Versicherungsunterverteiler; NJW 2006, 324, 325 – Kundendatenprogramm; BGHSt 41, 140, 142; BAG, NZA 2010, 180, 183; ÖOGH, GRUR Int. 2017, 70, 71 – Ticketsysteme; OLG Celle, WRP 2015, 1009 Rn. 14 – Movicol II; OLG Karlsruhe, WRP 2016, 751 Rn. 27; OLG Stuttgart, WRP 2021, 242 Rn. 110 f.; *Beyerbach*, S. 90; H/O/K/*Harte-Bavendamm*, § 2 Rn. 4; *Malmström*, S. 39 ff.; *Petsch*, S. 107 f.; *Reinfeld*, § 1 Rn. 102 ff.; *Rody*, S. 26 ff.; *Roßnagel/Hentschel*, S. 37 ff.; *Schlötter*, S. 140 ff.; *Schweyer*, S. 458 ff.; *Siebert*, S. 239 ff.; *Soppa*, S. 109 ff.; *S. Wagner*, Rn. 72 f.
109 Gemeinhin wird das faktische Element aufgeteilt in seine Teilaspekte „Unternehmensbezug" und „geheime Tatsache" bzw. „fehlende Offenkundigkeit", sodass sich ein viergliedriger Geheimnisbegriff ergibt; vgl. statt vieler Büscher/*McGuire*, § 2 GeschGehG Rn. 19; F/B/O/*Rengier*, § 17 Rn. 9; *Kalbfus*, Rn. 107 ff.; K/B/F/*Köhler*, § 17 UWG Rn. 4; *Rehaag/Straszewski*,

§ 2 Begriffsbestimmungen

Straf- und des Zivilrechts einheitlich.[110] **Sachlich** handelte es sich allerdings nur um einen **zweigliedrigen** Begriff,[111] ist doch der Geheimhaltungswille kein notwendiges Begriffskonstituens: Prinzipiell nur auf die nachgeordnete Er- bzw. Beibehaltung eines schon existenten Geheimnisses bezogen, ist er lediglich fiktiver Natur und damit nicht von konstitutiver Bedeutung.[112] Wie andere Geheimnisse[113] ist auch das Geschäftsgeheimnis rein objektiv zu bestimmen.

13 Der Geschäftsgeheimnisbegriff ist auch nicht durch den US-Terminus „**Knowhow**" zu ersetzen. Weder von der Know-how-RL 2016/943/EU noch vom GeschGehG definiert ist er aufgrund seiner wiederholt gegensätzlichen Begriffsbestimmung[114] kein geeignetes Synonym.[115] Seine schillernde, mal mehr auf das technische Wissen eines Betriebsgeheimnisses,[116] das Moment der Nachahmbarkeit[117] oder primär nur die praktische Nutzbarkeit[118] betonende Vielgestaltigkeit bietet keinen verlässlichen Erkenntnisgewinn.[119] Dies zeigt sehr schön auch die neue Begriffsverwendung in der Know-how-RL 2016/943/EU, die den Ausdruck neben „Geschäftsinformation" und „technologische Information" stellt, ohne entsprechende differentia specifica zu benennen.[120] Ein solches Nebeneinander suggeriert Antonymität, belässt aber gleichzeitig im gemeinsamen Rekurs auf identische Kon-

---

Mitt. 2019, 249, 250; *Rody*, S. 37; *Schoch*, § 6 Rn. 78; abl. hingegen *Hauck*, NJW 2016, 2218, 2221.
110 Komprimiert dazu *Fleischer/Pendl*, ZIP 2020, 1321, 1323; zum BVerfGE, BGHSt, BGHZ, BVerwGE, BAGE zuletzt ua. *Lohmann*, NuR 2018, 607, 608 ff.
111 Wie hier *Dorner*, S. 26 ff.
112 BVerfGE 115, 205 Rn. 87; EuG, GRUR Int. 2015, 754 Rn. 94 – Evonik Degussa; BVerfG, NVwZ 2014, 1652 Rn. 182 – Rüstungsexporte; vgl. BGH, NJW 1996, 2576 f.; *Brammsen*, Lauterkeitsstrafrecht, § 17 Rn. 9, 26 f.; *Kalbfus*, Rn. 142 ff., 156, 183; *ders.*, WRP 2013, 584; *Lutterbach*, S. 61 ff., 68; *Maume*, WRP 2008, 1275, 1279 f.; *Petsch*, S. 128 ff., 273; *Rody*, S. 156 ff.; *Rogall*, NStZ 1983, 1, 6; *G. Roth*, S. 263, 270; Scholz/*Rönnau*, § 85 Rn. 28; *Schweyer*, S. 468 f.
113 Anerkannt für die Dienst- und Staatsgeheimnisse, vgl. BGH, NJW 2001, 2032 ff.; Schönke/Schröder/*Sternberg-Lieben*, § 93 Rn. 22, jeweils mwN.
114 Eingehend zur Abgrenzbarkeit *Dorner*, S. 25 ff. sowie *S. Wagner*, Rn. 291 ff. u. passim.
115 Anders OLG Jena, BeckRS 2013, 06046 – Minisalami; *Westermann*, Kap. 1 Rn. 6, 21 ff. IE wie hier *Ann*, GRUR-Prax 2016, 465 f.; *Haase*, DStR 2019, 761, 764 f.; L/W/G/*Schur*, Teil 6.8 Rn. 6; *Rody*, S. 43 ff., 48 f.; *S. Wagner*, Rn. 327 ff., 414 ff.; *Wiese*, S. 16 ff.
116 IdS *Fingerhut*, BB 2014, 389, 390; *Hauck*, NJW 2016, 2218, 2219; *Pfister*, S. 9 f.; *Rossi*, S. 201, 216; *Tiedemann*, in: FS v. Caemmerer, S. 643, 654; *Vlantos*, S. 39 ff.
117 So *Ann*, GRUR 2007, 39, 41; *Fischer*, S. 184; Götting/Kaiser/*Wündisch*, § 17 Rn. 1, 5; *Knerr*, S. 65 f.; *Oschmann*, StoffR 2008, 179; *Stein*, S. 13 f.; *Winzer*, Rn. 20 ff.; *Wurzer*, CCZ 2009, 49 f.; *Wurzer*/Kaiser, T 1 A 1.1.; *Ziegelmayer*, CR 2018, 693 Rn. 13; s. auch *McGuire*, GRUR 2015, 424, 425.
118 So BFH, DStR 2005, 149; Conrad/Grützmacher/*Gennen*, § 13 Rn. 7, 11; *Dorner*, S. 9 ff., 21 ff., 43; *Greco*, S. 12 ff., 17; G/M/V/*Röder-Hitschke*, § 19 Rn. 9 ff.; *Haase*, DStR 2019, 761, 764 f.; *Kalbfus*, Rn. 8 ff., 11; *Kloepfer*, S. 18; *Malmström*, S. 37; *Müller*, S. 12 ff., 29; *Sehirali*, S. 10 ff., 51; *Wiese*, S. 178 ff. Dagegen Geheimheit besonders betonend Art. 1 Abs. 1 lit. i EU-TT VO 316/2014 v. 21.3.2014 (ABl. EU v. 28.3.2014, Nr. L 93, 1, 11).
119 Zur umstrittenen zivilistischen Zuordnung des „Know-how-Vertrags" *Knerr*, S. 76 ff., 107 ff.; *Vlantos*, S. 131, 175 ff., 207 f.; *S. Wagner*, Rn. 291 ff., 327 ff., 617 ff., mwN pro und contra Kauf-, Lizenz- und Pachtvertrag.
120 Vgl. Erwgrd. 14 und 16.

III. Das Geschäftsgeheimnis (§ 2 Nr. 1)   § 2

stituentia[121] Synonymität unausgesprochen offen.[122] Die **Gleichstellung** von Bauplänen, Rezepten, Kundenlisten oder Marktstrategien mit „How to do"-Umsetzungskompetenzen ist nicht „deskriptiv",[123] sondern **sinnverwirrend**. Im Interesse eines ebenso präzisen wie allgemeinverständlichen Sprachgebrauchs sollte auf eine solche Heranziehung strikt verzichtet werden.[124] Sie reduziert das breite Spektrum freien Berufswissens zugunsten extensiv eingesetzter „bloßer Umgangspatente".

3. Der neue Geschäftsgeheimnisbegriff

Der neue Geschäftsgeheimnisbegriff basiert auf dem nunmehr anharmonisiert vorgegebenen Geschäftsgeheimnisbegriff[125] des Art. 2 Nr. 1 RL 2016/943/EU. Beide definieren in angeblicher Abweichung von dem klassischen viergliedrigen einen dreigliedrigen Begriff.[126] In Wahrheit jedoch ebenfalls viergliedrig konzipiert zeigen die jeweils festgesetzten Merkmale allerdings **auffällige Divergenzen**, sodass es angezeigt ist, beide Begriffe – den der Know-how-RL (a) und den des GeschGehG (b) – zur besseren Veranschaulichung ihrer Disparität separiert vorzustellen.   14

a) Der Geschäftsgeheimnisbegriff des Art. 2 Nr. 1 RL 2016/943/EU

Die Richtlinie kennzeichnet den Geschäftsgeheimnisbegriff in offenkundiger Übereinstimmung mit Art. 39 Abs. 2 TRIPS (→ Einl. C Rn. 75) und § 1 Abs. 4 UTSA 1979/1985 (→ Rn. 11, 22) anhand **dreier** aufeinander bezogener **Merkmale**: In lit. a etwas weitschweifig die **Geheimheit** bzw. Nichtoffenkundigkeit einer Information, in lit. b deren geheimheitsbedingten **wirtschaftlichen Wert** und in lit. c das Schlussattribut angemessener **Geheimhaltungsmaßnahmen** seitens rechtmäßiger Kontrollbesitzer. Entgegen anderslautender Stimmen etabliert der europarechtliche Geschäftsgeheimnisbegriff damit aber keinen drei-,[127] sondern   15

---

121 Erwgrd. 14: Legitimes Geheimhaltungsinteresse, legitime Vertraulichkeitserwartung, Handelswert, rechtmäßige Kontrolle, Schädigungspotenzial. Der anschließende Ausschluss bangloser, erfahrener (= erlernter) und üblicherweise zugänglicher Informationen ist entgegen Büscher/*McGuire*, § 2 GeschGehG Rn. 16 und *Rody*, S. 34 keine begriffliche (negative) Einschränkung, sondern logische Definitionsfolge.
122 Vgl. die Aufzählung in Erwgrd. 14 RL 2016/943/EU.
123 So Büscher/*McGuire*, § 2 GeschGehG Rn. 14 im Anschluss an *Kalbfus*, GRUR 2016, 1009, 1010.
124 Wie hier *Frank*, S. 54; *Hauck*, S. 23; *Kloepfer*, S. 18; *Maier*, S. 31 f.; *Scherp/Rauhe*, CB 2019, 20, 21; *Rudkowski*, S. 13; *Sitsen*, S. 237.
125 Im „Vollharmonisierungsgebot" des Art. 1 Abs. 1 Satz 2 Know-how-RL RL 2016/943/EU ist er nicht erfasst. Gleichwohl wird solche vielfach propagiert, statt vieler *Apel/Drescher*, Anm. zu BVerwG, BB 2020, 1168 ff., 1172; H/O/K/*Harte-Bavendamm*, § 2 Rn. 2, 6 f.; K/B/F/*Alexander*, § 2 GeschGehG Rn. 5; *McGuire*, in: FS Harte-Bavendamm, S. 367, 370 ff., alle mwN.
126 So ausdrücklich *Buck*, jM 2020, 59, 60; Büscher/*McGuire*, § 2 GeschGehG Rn. 20; *Fleischer/ Pendl*, ZIP 2020, 1321, 1325; *McGuire*, in: FS Harte-Bavendamm, S. 367, 373; MK-UWG/*Namysłowska*, RL 2016/943/EU Art. 2 Rn. 4; *Ohly*, GRUR 2019, 441, 442; *Schlack*, ZWeR 2019, 192, 199.
127 Vgl. die vorstehend Fn. 126 benannten Stimmen.

§ 2   Begriffsbestimmungen

(wenn auch versteckt) einen viergliedrigen Begriff: Das zuvor benannte „Maßnahmenerfordernis" impliziert denknotwendig eine zuvorige, nicht notwendig individuell-spezifizierte entsprechende Willensbildung „anordnungsberechtigter" Personen. Ohne zumindest kategorial vorgestellte Schutzziele ist eine unternehmerische Implementierung entsprechender Sicherungsmaßnahmen selbst hypothetisch illusorisch. Wie und auf was sollten sie ansonsten „angemessen" zentriert werden?

b) Der Geschäftsgeheimnisbegriff des § 2 Nr. 1 GeschGehG

16   Auch das GeschGehG rekurriert zur Konkretisierung des Geschäftsgeheimnisbegriffs zumindest numerisch vermeintlich nur auf drei informationsbezogene Merkmale, die allerdings nicht durchgängig mit den benannten Additivattributen des Richtlinienbegriffs sachlich übereinstimmen. Zwar übernimmt lit. a in Kombination der dortigen Richtlinienmerkmale lit. a und lit. b die Merkmale der Geheimheit bzw. Nichtoffenkundigkeit einer Information und ihres geheimheitsbedingt wirtschaftlichen Werts ebenso nahezu gleichlautend wie lit. b das Kriterium der angemessenen Geheimhaltungsmaßnahmen. Abweichend wird allerdings die Implementierungspflicht statt auf Kontrollbesitzer auf rechtmäßige „Informationsinhaber" beschränkt und mit lit. c als weiteres Zusatzkriterium das „berechtigte Geheimhaltungsinteresse" neu hinzugefügt. Demnach etabliert das GeschGehG damit eigentlich einen zumindest vier- oder fünf-,[128] in Wahrheit mit dem im „Maßnahmenerfordernis" versteckten Geheimniswillen (→ Rn. 15) **sachlich** sogar sechsgliedrigen Geschäftsgeheimnisbegriff. Konzeptionell divergieren beide neuen Begriffe mithin beträchtlich.

4. Die Konstituentia des Geschäftsgeheimnisses

a) Einführung: Das neue fünfgliedrige Geschäftsgeheimnis

17   Ungeachtet seiner vorstehend dargelegten materiellen „Fünfgliedrigkeit" (→ Rn. 16) weist der neue Geschäftsgeheimnisbegriff des § 2 Nr. 1 GeschGehG gleichwohl deutliche Gemeinsamkeiten mit dem Richtlinienbegriff auf, besteht doch die einzig gewichtige Abweichung im Zusatzerfordernis begriffsbegrenzender „berechtigter Geheimhaltungsinteressen". Angesichts der untrennbaren Konnexität zwischen dem „Maßnahmenerfordernis" und dem künftige Geheimhaltung erst eröffnenden „Wissenselement" ist ihre Transformation zu einem prozessual ausgestalteten Einheitsmerkmal zwar materiell ungenau, unter rechtspraktischen Gesichtspunkten hingegen solange nicht inakzeptabel als der Rückschluss von Ersterem auf Letzteren indiziell belegbar ist. Dem weitergehenden Rückschluss auf ein tatsächlich existentes Geschäftsgeheimnis stehen allerdings dessen fehlende immaterialgüterrechtliche Ausformung[129] und die angeordnete „Unberührtheit" grund-

---

128 Für „Viergliedrigkeit" *Lohmann*, NuR 2018, 607, 610 und *Schlack*, ZWeR 2019, 192, 199, für „Fünfgliedrigkeit" *Alexander*, Rn. 1931 und *Reinfeld*, § 1 Rn. 118 (mit anderen Komponenten).
129 Vgl. ua. Begründung zu § 3 Abs. 1 Nr. 2 und 4 GeschGehG, BT-Drs. 19/4724, S. 23 f., 25.

III. Das Geschäftsgeheimnis (§ 2 Nr. 1) § 2

rechtlicher Informationsfreiheit entgegen, die eine Fortgeltung allgemeiner überprüfungsfreier Erlangung, Äußerung und Nutzung im alltäglichen Informationsverkehr garantieren (→ § 1 Rn. 38).[130] Im Hinblick auf das allein zu den europarechtlichen „Grunderfordernissen" der geheimen Information, ihrem geschäftsbezogenen wirtschaftlichen Wert, den willensinkludierenden angemessenen Schutzmaßnahmen und dem hinzugekommenen Additiverfordernis „berechtigter Geheimhaltungsinteressen" ist der neue bundesdeutsche Geschäftsgeheimnisbegriff daher als fünfgliedrig zu identifizieren.

b) Die Abweichungen vom tradierten Geschäftsgeheimnisbegriff

Wird der neue bundesdeutsche Geschäftsgeheimnisbegriff vor dem Hintergrund seines klassischen lauterkeitsstrafrechtlichen Pendants des § 17 UWG aF betrachtet, so fallen jenseits des Informationsbegriffs neben dem übereinstimmenden Rekurs auf die tradierten Merkmale der Geheimheit bzw. Nichtoffenkundigkeit, des berechtigten (Geheimhaltungs-)Interesses und den nunmehr in das Erfordernis des „wirtschaftlichen Wert" transferierten Unternehmensbezugs[131] sofort zwei bedeutende Abweichungen auf: Das neue „Maßnahmenerfordernis" und der nicht explizit benannte „Geheimhaltungswille". 18

Während Letzterer sich allerdings in transformierter Form in Ersterem unverändert wiederfindet (→ Rn. 15), welches unschwer als Innovation zu identifizieren ist,[132] bleibt die Janusköpfigkeit des berechtigten (Geheimhaltungs-)Interesses weiterhin unentdeckt. Neben das bisherige Verständnis einer primär prospektiv-ökonomisch auf unternehmerische Bestandssicherung auszurichtenden Bestimmung[133] tritt inzwischen zunehmend die Forderung nach Einbeziehung zusätzlicher normativer Aspekte auch inhaltlicher Rechtskonformität.[134] Der neue Begriff weicht folglich gleich in dreifacher Hinsicht von seinem tradierten Vorgänger ab. 19

c) Die Merkmale im Einzelnen

Wie einführend dargelegt (→ Rn. 16) konstituieren ein Geschäftsgeheimnis iSd. § 2 Nr. 1 GeschGehG insgesamt fünf Merkmale: Die Information (aa), deren Geheimheit bzw. Nichtoffenkundigkeit (bb), ihr wirtschaftlicher Wert (cc), entsprechende angemessene Geheimhaltungsmaßnahmen (dd) und ein berechtigtes Geheimhaltungsinteresse (ee). Additiv aufeinander bezogen formen und charakterisieren sie den neuen bundesdeutschen Geschäftsgeheimnisbegriff – wirkmächtig 20

---
130 S. auch Begründung zu § 1 Abs. 3 Nr. 2 und § 5 Nr. 1 GeschGehG, BT-Drs. 19/4724, S. 21, 27.
131 Vgl. Büscher/*McGuire*, § 2 GeschGehG Rn. 20 („Spiegelung"); H/O/K/*Harte-Bavendamm*, § 2 Rn. 11; *McGuire*, in: FS Harte-Bavendamm, S. 367, 373; *Rehaag/Straszewski*, Mitt. 2019, 249, 250 („Aufgehen"); s. auch *Alexander*, Rn. 1951; *Ohly*, GRUR 2014, 1, 4.
132 Der „klassische" Geschäftsgeheimnisbegriff erzwingt kein konstitutives Willenselement; wie hier ua. *Fleischer/Pendl*, ZIP 2020, 1321, 1324 f.; *Kalbfus*, Rn. 148; *Maume*, WRP 2008, 1275, 1280; *Ohly*, GRUR 2014, 1, 5; *Rody*, S. 160 f.; Scholz/*Rönnau*, § 85 Rn. 28.
133 Statt vieler *Brammsen*, Lauterkeitsstrafrecht, § 17 Rn. 20 ff. mwN
134 Vgl. nur *Brammsen*, Lauterkeitsstrafrecht, § 17 Rn. 24 mwN pro und contra.

§ 2 Begriffsbestimmungen

unterstützt von den beiden versteckten Implikationen des Geschäfts- bzw. Unternehmensbezugs und dem „in neuer Einkleidung wiederbelebten" Geheimhaltungswillen.

aa) Die Information (Nr. 1)

(1) Das tradierte Leitkriterium: Die geheime geschäftsbezogene Tatsache

21 Unter der Geltung des tradierten Geschäftsgeheimnisbegriffs fungierten Tatsachen als Bezugsobjekt des geheimen Wissens,[135] dh. sinnlich wahrnehmbare, konkrete äußere oder innere Geschehnisse, Verhältnisse oder Zustände der Vergangenheit oder Gegenwart.[136] Davon erfasst waren körperliche **Gegenstände** und **geistige, dem objektiven Beweis zugängliche Sachverhalte**.[137] Da es nur auf äußere Wahrnehmbarkeit ankam, waren auch subjektive Ansichten, Meinungen oder Wertungen in den Bezugsgegenstand einbezogen, wenn sie durch schriftliche Niederlegung, Mitteilung oder Zeichnung an andere Personen nach außen hin existent geworden waren.[138] Gleiches galt, wenn das betreffende Wissen durch geistige Tätigkeit aufgedeckt oder durch Rückschlussinformationen einem konkreten Gegenstand selbst oder Dateien entnommen und entschlüsselt werden konnten – etwa geheimgehaltene Modalitäten der Herstellung oder die genaue Funktionsweise. Der jeweilige Apparat, die Maschine, das Modell oder der Prototyp wurden dann als Gegenstand eines Geheimnisses angesehen.[139]

(2) Der neue kupierte Bezugspunkt: Information statt Tatsache

22 Der neue bundesdeutsche Geschäftsgeheimnisbegriff hat die bisherige Anbindung an den Tatsachenbegriff aufgegeben und im Anschluss ua. an Art. 2 Nr. 1 RL 2016/943/EU, § 1 Abs. 4 UTSA, § 1839 Abs. 3 DTA/EEA 2016 und Art. 39 Abs. 2 TRIPS an dessen Stelle den Ausdruck „Information" eingeführt. Leider ist der für die nachgeordneten Attribute „geheim" usw. nunmehr maßgebliche Leitterminus weder im GeschGehG noch in den zuvor benannten Regelwerken erläutert oder gar

---

135 Vgl. nur RGZ 149, 329, 332 f. – Stiefeleisenpresse; BGH, GRUR 1955, 424, 425 – Möbelpaste; BAGE 41, 21 – Thrombosol; K/B/F/*Köhler*, § 17 UWG Rn. 4. Ebenso nunmehr BeckOK GeschGehG/*Hiéramente*, § 2 Rn. 2.
136 Statt vieler BGHZ 166, 84 Rn. 63 – Kirch/Breuer; OLG Hamm, NJW 1979, 2573; Palandt/*Sprau*, § 824 Rn. 2; *Rody*, S. 51. Fortführend BeckOK GeschGehG/*Hiéramente*, § 2 Rn. 2.
137 Ebenso nunmehr BeckOK GeschGehG/*Hiéramente*, § 2 Rn. 3 ff.
138 Vgl. etwa *Daub*, S. 29; *Föbus*, S. 50; *Hillenbrand*, S. 29; NK-Wiss/*Reinbacher*, § 17 Rn. 8; *Rody*, S. 51; *Schwintowski*, NJW 1990, 1011; *von Stebut*, S. 6. Aktuell: BeckOK GeschGehG/*Hiéramente*, § 2 Rn. 2.
139 BVerwG, BB 2020, 1268 Rn. 16 ff. – Bauartzulassung; OVG Berlin-Brandenburg, BeckRS 2008, 32298; OVG Koblenz, NVwZ 2013, 376, 377 f.; RGSt 33, 6, 7 – Bohrerkasten; RG, MuW X, 62 f. – Hermescheiden; MuW XIV, 81; *Esser*, JA 2010, 323, 324; *Gaugenrieder/Unger-Hellmich*, WRP 2011, 1364, 1366; *Hillenbrand*, S. 30; *Kochmann*, S. 21 ff., 91 f.; *Scholz/Rönnau*, § 85 Rn. 3; *Staffler*, NZWiSt 2018, 269, 271 f.; *Wiedemann/Engbrink*, InTeR 2017, 71, 76.

definiert.¹⁴⁰ Dieser Umstand ist umso bedauerlicher, findet der Informationsbegriff doch auch in anderen Wissenschaftsdisziplinen keine einheitliche übertragbare Verwendung.¹⁴¹ Demgemäß ist es alles andere als verwunderlich, dass er im Geheimnisschutzrecht wiederholt starke Ablehnung erfahren hat.¹⁴²

Gleichwohl lässt sich die **Information**, verstanden als bildlich, numerisch, schriftlich, sprachlich usw., ungeachtet ihres etwaigen Bekanntheitsgrades, potenziell wahrnehmbar in Form gebrachte Substanz einer Erkenntnis als Grundbegriff zur Umschreibung sowohl des ablaufenden Vorgangs als auch des „sachlichen" Gegenstands von intersubjektiven Transferprozessen definieren.¹⁴³ Derart weit gefasst kann der Informations- zwar ebenso wie der Daten-¹⁴⁴ und der Tatsachenbegriff als (weiter auszudifferenzierendes) Basiselement zur Bestimmung von Geschäftsgeheimnissen eingesetzt werden.¹⁴⁵ Etwaige angestrebte gesteigerte rechtspraktische Anschaulichkeit oder gar Präzisierung kann der vorgenommene Begriffswechsel allerdings nicht bewirken. Konzeptionell ausdeutungs- und kontextoffen angelegt ist der Informationsbegriff dazu aber auch gar nicht in der Lage. 23

(3) Fazit

Die Information ist das zentrale sinnvermittelnde faktische Begriffselement des neuen bundesdeutschen Geschäftsgeheimnisbegriffs. Sprachlich eng angelehnt an seinen vom klassischen Tatsachenbegriff geprägten Vorgängerbegriff weist es – abgesehen von dem neutraler formulierten Bezugsobjekt „Information"¹⁴⁶ – nicht mehr all jene Eigenheiten und Merkmale auf, die zuvor das faktische Begriffselement gekennzeichnet hatten.¹⁴⁷ Wie der tradierte so kennzeichnet aber auch der 24

---

140 Ein etwaiger Rekurs auf den Informationsbegriff der §§ 2 Nr. 1 IFG, 2 Nr. IWG scheitert bereits an dessen gebietsspezifischer Anbindung an das Additivkonstituens der „Aufzeichnung" iSe. Verkörperung. Auf die Verkörperung kommt es jedoch nicht an (vgl. § 4 Abs. 1 Nr. 1); wie hier *Apel/Stolz*, GRUR-Prax 2021, 1, 2.
141 Neuere komprimierte Überblicke bei *Frank*, S. 26 ff.; *G. Roth*, S. 5 ff.; *Püschel*, S. 39 ff.; *Sanner*, S. 40 ff.; *Zech*, S. 13 ff., 24 ff.; *Zott*, S. 27 ff.
142 Ob seiner Vielgestaltigkeit und wenig präzisen Definition; vgl. etwa *Frank*, S. 32 ff., 58 ff.; *Gasser*, S. 39 ff.; *Kloepfer*, § 1 Rn. 52 ff.; *Püschel*, S. 39; *Sanner*, S. 46 f.; *Zott*, S. 43 f.
143 Ähnlich *Frank*, S. 29 f., *G. Roth*, S. 34 ff.; *Sanner*, S. 43 f.; (nahestehend: Semantische Information) *Zech*, S. 37 f., 43 f., jeweils mwN.
144 Minimum sind Datensets: Einzeldaten generieren ohne Kontext weder Informationsgehalt noch Geheimheit; *Drexl et al.*, GRUR Int. 2016, 914 Rn. 23 ff.; *Sagstetter*, Big Data, S. 5 ff.; *ders.*, Strukturwandel, S. 260 ff. Ablehnend zur Einbeziehung maschinengenerierter Rohdaten mangels „Strukturierung" *Wischmeyer/Herzog*, NJW 2020, 288, 291 f.; großzügiger *Hessel/Leffer*, MMR 2020, 647, 649 f.; *Hoppe*/Oldekop, Kap. 1 Rn. 54 f.; *Krüger/Wiencke/Koch*, GRUR 2020, 578, 580 f. mwN.
145 Undifferenziert zustimmend *Hoppe*/Oldekop, Kap. 1 Rn. 52 f. und *Rody*, S. 52 ff.
146 Den Informationsbegriff präferierten bereits zuvor ua. *Aldoney Ramirez*, S. 10 ff.; *Ann*, GRUR 2007, 39, 41; *Hillenbrand*, S. 29; *Kalbfus*, Rn. 108; *Reichold*, S. 36 ff.; *Rogall*, NStZ 1983, 1, 5; *Staffler*, NZWiSt 2018, 269, 272; *F. Wolf*, S. 156.
147 Zur damaligen Geltung *Brammsen*, Lauterkeitsstrafrecht, § 17 Rn. 10 ff.

§ 2 Begriffsbestimmungen

neue Geschäftsgeheimnisbegriff weiterhin allein **relative** Geheimnisse[148] als rechtlich geschützt, erfasst mithin nur von Menschen erkannte und rational erklärbare Entäußerungen, deren Bedeutungsgehalt von anderen Personen durch geistige Tätigkeit erlangt bzw. entschlüsselt werden kann[149] (= real „Bekanntes"). Zusammengesetzt mit den Merkmalen der Geheimheit und Geschäfts- bzw. Unternehmensbezogenheit formt die Information die tatsächliche Begrenztheit des Wissens zu einem bestimmten Gedankeninhalt iSd. früheren faktischen Begriffselements, maW: Zur Exklusivität (Geheimheit) einer bestimmten menschlichen Kenntnis und ihres sinnvermittelnden Bezugsgegenstands.

bb) Die Geheimheit (lit. a)

(1) Vorbemerkungen

25   § 2 Nr. 1 lit. a GeschGehG normiert als erstes, die Information konkretisierendes Attribut deren Geheimheit bzw. Geheimsein. Im Gegensatz zu der „Vorlagenorm" der Art. 2 Nr. 1 lit. a RL 2016/943/EU verwendet das Gesetz aber nicht den prägnanten Terminus „geheim", sondern beschränkt sich lediglich auf eine nahezu wörtliche Wiederholung der dortigen Umschreibung „weder insgesamt noch in der genauen Anordnung und Zusammensetzung ihrer Bestandteile den Personen in den Kreisen, die üblicherweise mit dieser Art von Informationen umgehen, allgemein bekannt oder ohne weiteres zugänglich ist". Geheimheit ist demnach das ganze oder teilweise Fehlen allgemeiner Bekanntheit oder problemloser resp. leichter Zugänglichkeit.

26   Sachlich entspricht der neue Geschäftsgeheimnisbegriff damit dem tradierten Verständnis seines Vorgängerbegriffs, das zur Inhaltsbestimmung in Anlehnung und unter Zuhilfenahme des Konträrbegriffs der Offenkundigkeit auf die **fehlende Offenkundigkeit** als negatives Eingrenzungselement zum Nachweis der Geheimheit rekurriert hatte.[150] Geheimheit als geistiger Sachverhalt und innerpersonales Geschehen, ohne Enträußerungen, etwaige konkrete Verkörperungen oder andere Manifestationen wie Sicherungsmaßnahmen,[151] ist mangels eigener positiver Merkma-

---

148 Gegensatz ist das *absolute Geheimnis*: Inhaltlich gänzlich unbekannt und bislang von wie für niemanden erklärbar (Beispiel: Das Geheimnis des ewigen Lebens); *Arians*, S. 325; *Hillenbrand*, S. 45; *Krüger*, S. 18; *Rody*, S. 36; *Stäuber*, S. 10.
149 Die Relationsnatur des Geheimnisbegriffs betonen ua. *Aldoney Ramirez*, S. 8 ff.; *Eb. Schmidt*, S. 121 f.; *Daub*, S. 30 f., 54; H/O/K/*Harte-Bavendamm*, § 2 Rn. 22; *Hauck*, S. 25; *Rody*, S. 36; *G. Roth*, S. 257; *Sydow*, Die Verwaltung 2005, 36 f.; *F. Wolf*, S. 32 f.; *Zumpe*, S. 37 f.
150 *Aldoney Ramirez*, S. 38 ff.; *Brammsen*, Lauterkeitsstrafrecht, § 17 Rn. 15; *Büscher/McGuire*, § 2 GeschGehG Rn. 26; *Dorner*, S. 27 ff., 38 ff.; GK-UWG/*Wolters*, § 17 Rn. 17; MK-StGB/*Hohmann*, § 23 GeschGehG Rn. 23; MK-UWG/*Namyslowska*, RL 2016/943/EU Art. 2 Rn. 7; *Petsch*, S. 110 f.; *Reinfeld*, § 2 Rn. 125; *Rody*, S. 79 f.; *Stäuber*, S. 11 f.; *Wiese*, S. 23, 41; *Witz*, in: FS Bornkamm, S. 513, 515, alle mwN; s. bereits RG, MuW XV, 81.
151 (Angemessener) Mindestmaßnahmen zur Gewährleistung des Fortbestands realer Geheimheit bedarf es nicht; wie hier *Rody*, S. 96 ff. und *Kalbfus*, Rn. 173 ff., 182 f., der die Ungeeignetheit eines solchen Erfordernisses stringent dargelegt hat. Richtlinien- und Bundesgesetzgeber sind dem bekanntlich nicht gefolgt.

III. Das Geschäftsgeheimnis (§ 2 Nr. 1) §2

le objektiver Erkenntnis nicht zugänglich. **Geheim** kennzeichnet somit Informationen, die nicht offenkundig, dh. weder allgemein noch dergestalt ganz oder teilweise zugänglich sind, dass für jeden an ihr Interessierten (eines Fachkreises) die tatsächliche Möglichkeit besteht, sie unter Zuhilfenahme lauterer Mittel auf normalem Weg ohne nennenswerte Mühen kennenzulernen.[152] Andere „Grundformen" der Geheimheit existieren nicht.

(2) Nicht ohne Weiteres zugänglich

Nicht ohne Weiteres zugänglich sind alle auf normalem Wege nicht einem beliebigen Interessenten- resp. heute „Fachkreis" **jederzeit** zur ungehinderten Kenntnisnahme **verfügbaren** Informationen bzw. Sachverhalte.[153] Technische Novität oder schöpferische Kreativität sind nicht gefordert: Ausreichend ist auch bekanntes Wissen, wenn es denn nur interessierten Personen momentan nicht frei und realiter leicht erhältlich ist.[154] Ebenso erfasst sind zufällige Parallelentwicklungen oder Ableitungen übergreifender Einzeltatsachen (sog. Mosaikgeheimnisse),[155] wenn das entsprechende Wissen infolge spezifischer Zugangsvoraussetzungen weder problemlos erlangt noch auf andere Weise nachvollzogen werden kann. Dafür muss der freie Lauf des Informationsflusses durch gegenständliche oder normative Kon-

27

---

152 RGZ 65, 333, 335 – Pomril; BGH, GRUR 1980, 750, 751 f. – Pankreaplex; WRP 2001, 1174, 1176 f. – Spritzgießwerkzeuge; BayObLGSt 1990, 88, 91 f. – Geldspielautomat; OLG Celle, WRP 2015, 1009 Rn. 29 ff. – Movicol II; OLG Jena, BeckRS 2013, 06046 – Minisalami; OLG Karlsruhe, WRP 2016, 751 Rn. 28; OLG Stuttgart, WRP 2021, 242 Rn. 112 f. – Schaumstoffsysteme; Büscher/*McGuire*, § 2 GeschGehG Rn. 32; BeckOK GeschGehG/*Hiéramente*, § 2 Rn. 8 f.; *Garber*, ÖJZ 2012, 640, 642; H/O/K/*Harte-Bavendamm*, § 2 Rn. 23, 34; *Hoppe*/Oldekop, Kap. 1 Rn. 71 ff., 75; MK-StGB/*Hohmann*, § 23 GeschGehG Rn. 25; NK-Wiss/*Reinbacher*, § 17 Rn. 11; *Rody*, S. 82 f., 90 f.; *Schweyer*, S. 462 ff.; *S. Wagner*, Rn. 77; *Wiese*, S. 23, 30, 41 f. Enger (konkrete Gefahr erforderlich) EuGH, NZG 2018, 1104 Rn. 35, 46; BVerwG, NVwZ 2012, 112 Rn. 21; VGH Kassel, NVwZ 2015, 1302 Rn. 29.
153 Zur Beschränkung „auf Fachkreise" als Geheimheitskonstituens ÖOGH, WRP 2021, 503 Rn. 31 – Flüsteraggregat; BeckOK GeschGehG/*Hiéramente*, § 2 Rn. 12 f.; G/M/V/*Schneider/Schumann*, § 33 Rn. 36; *Götz*, S. 15; H/O/K/*Harte-Bavendamm*, § 2 Rn. 32; *Hoppe*/Oldekop, Kap. 1 Rn. 82; *Kochmann*, S. 97 ff.; K/B/F/*Alexander*, § 2 GeschGehG Rn. 33; *Malmström*, S. 41 ff.; *Ohly*, GRUR 2019, 441, 443; *Reinfeld*, § 2 Rn. 124 f.; *Sanner*, S. 92 ff.; *Schweyer*, S. 461 f.; *Sonnberger*, wbl 2018, 61, 65 f.; *Stäuber*, S. 11 f.; *Winzer*, Rn. 37 ff.; *F. Wolf*, S. 158. Aus dem gesetzlichen Erfordernis „üblicher Umgangszugehörigkeit" ist das schwerlich abzuleiten; abl. wie hier *Rody*, S. 90 f.
154 BGH, GRUR 1955, 424, 425 – Möbelwachspaste; ÖOGH, WRP 2021, 503 Rn. 36 – Flüsteraggregat; OLG Stuttgart, WRP 2021, 242 Rn. 113 – Schaumstoffsysteme; Büscher/*McGuire*, § 2 GeschGehG Rn. 34; ebenso nunmehr BeckOK GeschGehG/*Hiéramente*, § 2 Rn. 9; G/J/W/*Krell*, § 17 UWG Rn. 11; GK-UWG/*Wolters*, § 17 Rn. 21; *Hoppe*/Oldekop, Kap. 1 Rn. 85; *Kalbfus*, Rn. 138; *Reinfeld*, § 2 Rn. 132; *Rody*, S. 53 f., 100; *Wiese*, S. 30, 41 f.; *Winzer*, Rn. 42 ff.
155 BGH, GRUR 2012, 1048 Rn. 24 – Movicol; *Brammsen*, BB 2018, 2446, 2448; H/O/K/*Harte-Bavendamm*, § 2 Rn. 22; *Hillenbrand*, S. 58; *Kalbfus*, WRP 2013, 584, 585; *Ohly*/Sosnitza, § 17 Rn. 9; *Rody*, S. 81, 98 f.; *Schilling*, in: FS Büscher, S. 383, 386; aA OLG Celle, WRP 2015, 1009 Rn. 32 f. – Movicol II (krit. *Kalbfus*, WRP 2015, 1015 Rn. 7 ff.) und LG Düsseldorf, K&R 2002, 101 f.

trollmittel (→ Rn. 71) faktisch gehemmt bzw. unterbunden sein.[156] Verschlüsselungen oder Zugangsberechtigungen wie Unlock-Codes, SIM-Locks, Pay-TV-Codes dokumentieren das Fehlen leichter Zugänglichkeit extern sehr verlässlich.

28 **Zahlenmäßig** ist der noch unschädliche Umfang eines eingebundenen Insider- bzw. Rezipientenkreises[157] keiner abstrakten Festsetzung unterworfen:[158] Bestand und Verlust von Geheimheit sind eine reine Tat- und Beweis(last)frage.[159] Deshalb bedürfen etwaige Beweisverschiebungen oder normative Zeitbeschränkungen (zB 5 Jahre) einer gesetzlich normierten und sachlich begründeten Festsetzung in Gestalt konkreter Inhalts- bzw. Schrankenbestimmungen.[160] **Unlautere** Zugangswege vermögen nicht das Fehlen leichter Zugänglichkeit zu indizieren:[161] Rechtswidrigkeit ist kein Indikator für Offenheit iSv. zugangseröffnender Gemeinfreiheit, ihre etwaige individuelle Unkenntnis kein Aufhebungsgrund tatsächlich leichter Zugänglichkeit.

29 Etwaige Kenntnisweitergaben (selbst an eine größere Mitwisserschar) bewirken leichte Zugänglichkeit erst mit Eintritt jederzeitiger problemloser Möglichkeit zur Kenntnisnahme für beliebige Drittinteressenten.[162] **Bekanntgaben** an Behörden,[163] das eigene Betriebspersonal[164] oder innerhalb eines Verlagsdruckhauses[165] **wahren die Geheimheit**, ebenso Wissensübermittlungen im Rahmen von internen Ermitt-

---

156 Wie hier Büscher/*McGuire*, § 2 GeschGehG Rn. 30; *Hillenbrand*, S. 48; *Petsch*, S. 114; *Reinfeld*, § 2 Rn. 127; *Wiese*, S. 25.
157 Zahlenmäßige und positionelle Konturierung bei K/B/F/*Köhler*, § 17 UWG Rn. 7a; MK-UWG/*Namyslowska*, RL 2016/943/EU Art. 2 Rn. 8.
158 Beispielhaft *Krüger/Wiencke/Koch*, GRUR 2020, 578, 581; *Rody*, S. 84 ff.; *Westermann*, Kap. 1 Rn. 32 ff.
159 So bereits RGSt 42, 394, 396; BayObLGSt 1990, 88, 92 – Geldspielautomat; LAG Rheinland-Pfalz, ZD 2012, 133, 134. Aus der Literatur zuletzt Büscher/*McGuire*, § 2 GeschGehG Rn. 27; *Hoppe*/Oldekop, Kap. 1 Rn. 77; *Petsch*, S. 113; *Rahimi Azar*, JuS 2017, 930, 932; *Rody*, S. 88; (aus der Rspr.) EuGH, NZG 2018, 1104 Rn. 55 f.; schweiz. BG, GRUR Int. 2017, 135, 136 f.
160 Wie hier VG Köln, MMR 2010, 209 f.; VG Köln, EnZW 2016, 236 Rn. 65 f. AA zum europäischen Kartellrecht ua. EuG Slg. 1990-II, 637 ff. Rn. 23 – Rhone-Poulene; EuGH, WM 2018, 1211 Rn. 52 ff., 57; WuW 2018, 464 Rn. 26 f.; EuG, GRUR Int. 2015, 754 Rn. 84 ff., 164 – Evonik Degussa; OVG Berlin-Brandenburg, Beschl. v. 18.3.2016 – OVG 12 N 88.14 – Hermes (juris Rn. 15 f.); VG Köln, NZKart 2020, 555, 557 f.; *Sanner*, S. 554 ff. mwN.
161 Wie hier ÖOGH, WRP 2021, 503 Rn. 33 – Flüsteraggregat; BeckOK GeschGehG/*Hiéramente*, § 2 Rn. 10; H/O/K/*Harte-Bavendamm*, § 2 Rn. 30 ff.; *Hoppe*/Oldekop, Kap. 1 Rn. 73; aA *Rody*, S. 96 f.
162 *Reinfeld*, § 2 Rn. 128; „Unangemessen" hohe Beschaffungs- oder Sicherungskosten „vernünftiger" Geheimnisherren/Interessenten eröffnen keine praxistaugliche Bestimmung; H/O/K/*Harte-Bavendamm*, § 2 Rn. 29; *Kalbfus*, Rn. 136; aA *Wiese*, S. 50 ff.
163 Wie hier BeckOK GeschGehG/*Hiéramente*, § 2 Rn. 11; H/O/K/*Harte-Bavendamm*, § 2 Rn. 25; MK-StGB/*Hohmann*, § 23 GeschGehG Rn. 24; *Reinfeld*, § 2 Rn. 135.
164 RG, GA 45, 364 f.; BGHSt 41, 140, 143; BGH, GRUR 2003, 356, 358 – Präzisionsmessgeräte; GRUR 2012, 1048 Rn. 31 – MOVICOL; WRP 2018, 1329 Rn. 38 – Hohlfasermembranspinnanlage II; OLG Stuttgart, WRP 2021, 242 Rn. 113 – Schaumstoffsysteme; LG München, BeckRS 2015, 00858; H/O/K/*Harte-Bavendamm*, § 2 Rn. 26, 28; *Helbach*, S. 34; Momsen/Grützner/*Heghmanns*, § 26 Rn. 20; NK-Wiss/*Reinbacher*, § 17 Rn. 13; *Reinfeld*, § 2 Rn. 133.
165 BayObLGSt 2000, 131 (133); OLG Düsseldorf, AfP 1999, 75, 76 – Anzeigenvordrucke; GK-UWG/*Wolters*, § 17 Rn. 23; Rotsch/*Lindemann*, § 15 Rn. 22.

III. Das Geschäftsgeheimnis (§ 2 Nr. 1) §2

lungen (Internal Investigations),[166] „Outsourcing",[167] Werk-[168] und Lizenzverträgen[169] oder im Rahmen von Verkaufsverhandlungen potenziellen Abnehmern oder Bestellern vorgelegte bzw. zur Verfügung gestellte geheime Modelle oder Muster.[170] Dem genügen Entwicklungskooperationen angesichts unterschiedlicher Beteiligtenkreise allerdings nicht zwingend „per se".[171] Umgekehrt führen Geheimnisverrat,[172] Löschung bzw. Vernichtung geschäftlicher Unterlagen,[173] missbräuchliche (§§ 3 Abs. 5 Nr. 1 PatG, 6 Satz 2 DesignG) oder sonstige Offenlegungen im Arzneimittelzulassungs- oder Patentverfahren vor Ablauf der 18-Monatsfrist aus § 31 Abs. 2 Nr. 2 PatG[174] sowie im Zivilverfahren **nicht automatisch** zu leichterer **Zugänglichkeit**, solange sie auf wenige Informanden (zB Beklagte, Gericht und Parteivertreter) beschränkt bleiben.[175]

Gleiches gilt für das Zerlegen und Nachmessen etc. der Einzelteile komplexer Geräte[176] sowie das zeitaufwendige Analysieren von Rezepturen[177] oder Computerpro- 30

---

166 *Potočić*, S. 203 f.
167 OLG Düsseldorf, BeckRS 2008, 05432 m. Bspr. *Grunewald*, WRP 2007, 1307, 1308 f.; *Hoppe/Oldekop*, Kap. 1 Rn. 74; NK-Wiss/*Reinbacher*, § 17 Rn. 14.
168 BGH, GRUR 1963, 367, 371 – Industrieböden; BGH, LM Nr. 2 zu § 18 UWG – Petromax; LM Nr. 4 zu § 18 UWG – Petromax II; OLG Hamm, WRP 1993, 36, 37 f. – Tierohrmarken.
169 RG, JW 1939, 426, 427; BGHZ 17, 41, 51 f. – Kokillenguß; BGH, GRUR 1980, 750, 751 f. – Pankreaplex II; LG München I, MMR 2020, 717 Rn. 9; s. auch Böttger/*Dann*, Kap. 8 Rn. 55; F/B/O/*Rengier*, § 17 Rn. 14; *Rody*, S. 89 f.; krit. *Grunewald*, WRP 2007, 1307, 1308 f.
170 BGH, Mitt. 2020, 458 Rn. 33 ff. – Konditionierverfahren m. zust. Anm. *Barth/Stangl*, Mitt. 2020, 463 f.; RGSt 42, 394, 396 f.; BGH, GRUR 1978, 297, 298 – Kettenbandantrieb (zu § 2 PatG); OLG Karlsruhe, WRP 2016, 751 Rn. 29 f.; *Brandau/Gal*, GRUR 2009, 118, 120; *Hillenbrand*, S. 50; *Kalbfus*, Rn. 133; NK-Wiss/*Reinbacher*, § 17 Rn. 15. Ebenso zu Lizenznehmern BeckOK GeschGehG/*Hiéramente*, § 2 Rn. 10.
171 Schweiz. BG, GRUR Int. 2017, 135, 137: Bestehendes Geheimhaltungsinteresse und abgesicherte Geheimhaltung als Mindestbedingung.
172 BayObLGSt 2000, 131, 133; OVG Schleswig, NVwZ 2007, 1448, 1449; *Aldoney Ramirez*, S. 41 ff.; *Büscher/McGuire*, § 2 GeschGehG Rn. 31; F/B/O/*Rengier*, § 17 Rn. 14; *Hoppe*/Oldekop, Kap. 1 Rn. 83; *Krüger/Wiencke/Koch*, GRUR 2020, 578, 581; *Reinfeld*, § 2 Rn. 140 ff.; *Wiese*, S. 24 f. Tritt Offenkundigkeit ein, ist Geheimnisverrat für spätere Patentierung neuheitsschädlich; *Nieder*, in: FS Preu, S. 29 ff. mwN.
173 K/B/F/*Köhler*, § 17 UWG Rn. 9; zum sog. „Trash Trawling" als Informationsbeschaffung (→ Einl. A Rn. 13).
174 BGH, GRUR 2012, 1048 Rn. 24, 30 – MOVICOL; *Steigüber*, S. 28 f. mwN; ÖOGH, WRP 2021, 503 Rn. 42 ff. – Flüsteraggregat.
175 LAG Frankfurt, ARST 1982, 90, 91; *Doepner*, in: FS Tilmann, S. 105, 110 ff. mwN; *Hillenbrand*, S. 51 f.; s. auch EuG, GRUR Int. 2015, 754 Rn. 97 – Evonik Degussa; OVG Berlin-Brandenburg, Grundeigentum, 2007, 1697 f.; VGH Kassel, NVwZ 2009, 60, 61; restriktiver OLG Schleswig, NJW 1985, 1090; LG München I, MMR 2020, 717 Rn. 15 (Prozessbeobachter); zu Drittgeheimnissen in Vergleichs- und Mediationsverhandlungen *Risse/Reichert*, NJW 2008, 3680 ff.; zum Strafprozess Rn. 32.
176 RGZ 149, 329, 334 – Stiefeleisenpresse; RG, JW 1929, 3087, 3088 – Kartenschlagmaschine; OLG Celle, GRUR 1969, 548, 549 – Abschaltplatte; OLG Hamburg, GRUR-RR 2002, 137 ff. – PM-Regler; aA OLG Düsseldorf, OLGR 1999, 55 ff. – Rollenwechsler. Prägnant WiWo 23/2018, S. 66 ff. – Tesla Model 3.
177 RG, GRUR 1936, 573, 576 – Albertus Stehfix; BAGE 41, 21, 29 ff. – Thrombosol; BGH, GRUR 1980, 750, 751 – Pankreaplex II; WRP 2018, 1329 Rn. 39 ff. – Hohlfasermembranspinn-

§ 2 Begriffsbestimmungen

grammen auch in Gestalt von Zugangsberechtigungssystemen:[178] Die nunmehr gesetzlich angeordnete Zulässigkeit des sog. „**Reverse Engineering**"[179] in § 3 Abs. 2 Nr. 2 lit. b GeschGehG[180] setzt den Geheimnischarakter erworbener, gemieteter usw. Produkte vielmehr logisch voraus.[181] Überlassung oder Verkauf geheimheitsverkörpernder Objekte berühren deren Geheimheit nicht, solange deren üblicher bestimmungs- und vereinbarungsgemäßer Gebrauch keine entsprechenden allgemeinen Kenntnisnahmemöglichkeiten bietet.[182] **Zugänglichkeit** bedarf prinzipiell sach-, verkehrs- und absprachegemäßer Nutzung,[183] folgt doch das Recht auf eine bzw. an einer (geheimen) Information keineswegs dem Recht an der die Information versteckt enthaltenden Sache (→ § 3 Rn. 47).[184] Gleichwohl hat der Gesetzgeber gelungenes „Reverse Engineering" indisponibler Produkte oder Objekte für zulässig erklärt, allerdings unter Einräumung der Möglichkeit eines zuvorigen vertraglichen Ausschlusses.[185] Gelungene Entschlüsselungen **bewirken** aber realen Substanz- und wirtschaftlichen **Wertverlust**, haben mithin auch ohne Kundgaben (Vermögens-)Verletzungscharakter.[186] Bereits gegen die Vorgaben der Know-how-RL

---

anlage II; OLG Frankfurt, CR 1990, 589 f. – Dichtstoff; großzügig (6 Monate) OLG Jena, BeckRS 2013, 06046 – Minisalami.
178 BGH, BeckRS 2016, 17444 Rn. 36; BayObLGSt 1990, 88, 92 – Geldspielautomat; OLG Karlsruhe, WRP 2016, 751 Rn. 29; GK-UWG/*Wolters*, § 17 Rn. 23; NK-UWG/*Stier/Hasselblatt*, § 17 Rn. 17; NK-Wiss/*Reinbacher*, § 17 Rn. 17.
179 Komprimiert zum Dekompilieren oder Reverse Engineering *Dorner*, S. 129 ff., 156 ff.; *Föbus*, S. 214 f., 258 ff.; *Harlacher*, ReWir 11/2012, 22 ff.; *Harte-Bavendamm*, in: FS Köhler, S. 235, 245 ff.; *Kochmann*, S. 43 ff., 90 ff.; *Ohly*, in: FS Straus, S. 535 f.; *Schlötter*, S. 162 ff.; *Schweyer*, S. 441 ff., 458 ff., 473 ff.; *Triebe*, WRP 2018, 795 Rn. 3 ff., 40 ff., 60 ff.
180 BT-Drs. 19/4724, S. 25: „Damit wird die Entschlüsselung von Geschäftsgeheimnissen aus Produkten selbst .... grundsätzlich zulässig." Zurückhaltender BeckOK GeschGehG/*Hiéramente*, § 2 Rn. 11.
181 Wie hier Büscher/*McGuire*, § 2 GeschGehG Rn. 29, 33; H/O/K/*Harte-Bavendamm*, § 2 Rn. 27; *Hoppe*/Oldekop, Kap. 1 Rn. 89; *Ohly*, GRUR 2019, 441, 443; *Rody*, S. 82; *Reinfeld*, § 2 Rn. 115, 137 f.
182 Zuletzt BGH, Mitt. 2020, 831 Rn. 39 ff. – Konditionierverfahren. IE auch *Beyerbach*, S. 95; *Dorner*, S. 158 f., 459 ff.; *Garber*, ÖJZ 2012, 640, 642; G/J/W/*Krell*, § 17 UWG Rn. 14; GK-UWG/*Wolters*, § 17 Rn. 25; *Hoppe*/Oldekop, Kap. 1 Rn. 88 f.; *Kalbfus*, Rn. 140, 543 ff.; NK-UWG/*Stier/Hasselblatt*, § 17 Rn. 16 f.; NK-Wiss/*Reinbacher*, § 17 Rn. 16; *Reinfeld*, § 2 Rn. 136 f.; *Wiese*, S. 32 f., 43 f.; *Witz*, in: FS Bornkamm, S. 513, 517 ff.; (stärker zweckorientiert) *Harte-Bavendamm*, in: FS Köhler, S. 235, 247 f.
183 Ähnlich OLG Karlsruhe, WRP 2016, 751 Rn. 29; LG Freiburg, NJW 1990, 2635 f.; *Hoppe*/Oldekop, Kap. 1 Rn. 81 f.; *Malmström*, S. 44; *Petsch*, S. 113 f.; *Rody*, S. 90 f.; *Schweyer*, S. 465 ff.; *Westermann*, Kap. 1 Rn. 30; *Winzer*, Rn. 41; restriktiver *Kochmann*, S. 105 ff. in Verkennung funktionaler Ausdeutung.
184 Dies verkennt § 3 Abs. 1 Nr. 2 lit. a. Wie hier *Brennecke/Ahnseel*, S. 72 ff.; G/J/W/*Krell*, § 17 UWG Rn. 8; *Helbach*, S. 35; *P. Schmid*, S. 134 ff., 152 ff. (zur „Datenparallele"); zweifelnd *Möhrenschlager*, wistra 6/2019, IX, X.
185 Dessen Wirksamkeit ist ebenso vorausgesetzt wie rechtmäßiger Besitz; BT-Drs. 19/4724, S. 26.
186 Konkrete Preisgabe hingegen voraussetzend ua. Büscher/*McGuire*, § 2 GeschGehG Rn. 29, 33; *McGuire*, in: FS Harte-Bavendamm, S. 367, 381 f.; *Ohly*, GRUR 2019, 441, 443; *Rody*, S. 82.

2016/943/EU erhobene Bedenken bestehen daher auch unter der Geltung des neuen GeschGehG unverändert fort.[187]

(3) Allgemein bekannt

Zu einer Aufhebung der Geheimheit is freier und leichter Zugänglichkeit von Informationen führt deren nun als allgemeine Bekanntheit benannte **Offenkundigkeit**.[188] Dergestalt eine gegebene Geheimheit vernichtend sind ua. der Anbau genveränderter Organismen im Freiland, Offenlegungen von Rückschlussinformationen im Umweltinformationsrecht,[189] Informationsabgaben an eine große Zahl von Vertragshändlern und Kunden (zB im Kfz-Ersatzteilgeschäft)[190] oder Publikationen in öffentlichen Medien wie Internet oder Zeitschriften. Gestatten sie dem Informierten, Bezugsgegenstand und Inhalt der Kenntnis nicht nur verstehend aufzunehmen, sondern bestimmungsgemäß in der Praxis anzuwenden,[191] ist das Geheimnis unabhängig von Auflagenhöhe und Verbreitungsgrad der betreffenden Zeitschrift offenkundig unbeschränkter Zugänglichkeit preisgegeben.[192]

31

Ebenso ist mit **Patentierung** einer Erfindung unweigerlich der Untergang der Geheimheit verbunden – Konsequenz aus dem Ablauf der 18-Monatsfrist des § 31 Abs. 2 Nr. 2 PatG[193] bzw. aus § 32 PatG, der eine Veröffentlichung der Anmeldungsunterlagen, Beschreibungen und Zeichnungen in einer Offenlegungsschrift vorschreibt.[194] Entsprechendes gilt für detaillierte Vorabbekanntmachungen ohne Ge-

32

---

187 Vgl. *Brammsen*, BB 2018, 2446, 2448 f.; *ders.*, wistra 2018, 449, 452 ff.; *Passarge*, CB 2018, 144, 146; *Scherp/Rauhe*, CB 2019, 20, 22.
188 Eine Ausdeutung nach seinem prozessualen Pendant (§ 244 StPO, § 291 ZPO) scheitert an der andersartigen dortigen Funktion; zutreffend *Föbus*, S. 76 ff. und *McCorkle*, S. 43 ff., 57 ff., 212 ff.
189 BVerfG, NVwZ 2011, 94 Rn. 205; BVerwG, NVwZ 2010, 189 Rn. 55; OVG Koblenz, NVwZ 2013, 376, 377 f. m. Bspr. *Fischer/Fluck*, NVwZ 2013, 337 ff.
190 OLG Karlsruhe, NJW-RR 1993, 1516 f. – Code-Nummern; H/O/K/*Harte-Bavendamm*, § 2 Rn. 24; s. auch ÖOGH, Medien und Recht 1990, 101 – Ersatzteilproduktion.
191 RG, MuW 1934, 63, 65 – Gaskesselschweißung; BGH, GRUR 2012, 1048 Rn. 20 ff. – MOVICOL; OLG Celle, WRP 2015, 1009 Rn. 30, 32 f. – Movicol II; OLG Stuttgart, BeckRS 2016, 12357 Rn. 11, 17; *Brandau/Gal*, GRUR 2009, 118, 120; E/R/S/T/*Tsambikakis*, § 17 Rn. 11; *Föbus*, S. 65, 72 ff.; GK-UWG/*Wolters*, § 17 Rn. 18; *Kalbfus*, WRP 2013, 584, 585; *Rody*, S. 88 f.; *F. Wolf*, S. 158; s. auch OLG Düsseldorf, WRP 1998, 1201, 1211 – Wetterführungspläne.
192 AA (Überbetonung der faktischen Kenntnisnahme) RGSt 40, 406, 407; Büscher/*McGuire*, § 2 GeschGehG Rn. 28 (für öff. Bibliotheken); *Reinfeld*, § 2 Rn. 136, 139; wie hier ÖOGH, WRP 2021, 503 Rn. 32 – Flüsteraggregat; BeckOK GeschGehG/*Hiéramente*, § 2 Rn. 11; H/O/K/*Harte-Bavendamm*, § 2 Rn. 24; *Rody*, S. 94 und Scholz/*Rönnau*, § 85 Rn. 21 mwN.
193 BeckOK GeschGehG/*Hiéramente*, § 2 Rn. 11; MK-StGB/*Hohmann*, § 23 GeschGehG Rn. 25. Konsequenzen abgelaufener Regeloffenlegungsfrist zeigt *Steigüber*, S. 30 ff.
194 (Auch aus dem Kartellrecht) RGZ 163, 1, 7 f. – Frutapekt; BGHZ 82, 370, 373 f. – Straßendecke II; BGH, GRUR 1975, 206, 207 f. – Kunststoffschaum-Bahnen; GRUR 1976, 140, 142 – Polyurethan; einschränkend BGH, GRUR 2003, 356, 358 – Präzisionsmessgeräte; GRUR 2008, 727 Rn. 19 – Schweißmodulgenerator; *Brandau/Gal*, GRUR 2009, 118, 120. Zur patentrechtlichen Offenkundigkeit *Winzer*, Rn. 42 ff.

§ 2 Begriffsbestimmungen

heimhaltungsvorbehalt,[195] **Bekanntmachungen** und Veröffentlichungen von Design- und Gebrauchsmustern (§ 8 GebrMG, § 20 DesignG), Bilanzpublikationen ua. gem. §§ 285, 325 ff. HGB,[196] Offenlegungen im US-Patentverfahren B,[197] Datenübermittlungen an staatliche (Kartell- etc.) Behörden nach längerem Zeitablauf (5 bzw. 10 Jahre),[198] Erörterungen in öffentlichen kommunalen Sitzungen oder strafgerichtlichen Hauptverfahren,[199] voraussetzungslose Jedermann-Kenntnisnahmen im **Informationsfreiheitsrecht** (IFG, UIG, VIG) oder Messungen von Urankonzentrationen in Mineralwässern.[200] Auch Kenntnisweitergaben an interessierte Behörden, Institutionen oder Fachkreise ohne jegliche erkennbare Vertraulichkeit(sorder) können Geheimhaltungsverlust bedeuten.[201]

33   Als **nicht ausreichend** „per se" Geheimheit vernichtend erachtet wurden Abgasemissionen,[202] der bloße Hinweis in einer E-Mail-Anfrage auf „vertrauliche und/oder rechtlich geschützte Informationen"[203] sowie „Veröffentlichungen" in Datenbanken oder im Internet.[204] Allgemeine Bekanntheit folgt ebenfalls nicht aus einzel-

---

195 Schweiz. BG, GRUR Int. 2017, 135, 136 f. Bei verdeckter Geheimheit bedarf es dessen nicht; BGH, Mitt. 2020, 831 Rn. 30 ff. – Konditionierverfahren.
196 Zu ihrer Geheimnisrelevanz vgl. etwa *K. v. Gamm*, S. 49 ff., 137 ff.; *Petsch*, S. 47 ff., 113 ff.; s. auch §§ 119 f. WPHG.
197 AA BGH, GRUR 1963, 207, 210 f. – Kieselsäure; wie hier RG, MuW XVI 246, 247 – Luckowsche Originalheilverfahren; s. auch *Kalbfus*, Rn. 133; MK-StGB/*Hohmann*, § 23 GeschGehG Rn. 25; *Schlötter*, S. 137; *Schweyer*, S. 461 f.; *Wiese*, S. 24.
198 IdS etwa BVerwG, WM 2020, 1308 Rn. 16 f., 23 f. und VGH Kassel, NVwZ 2020, 1372 Rn. 26 ff.; deutlich restriktiver EuGH, NZKart. 2017, 182 Rn. 64 – Evonik Degussa; NZG 2018, 1104 Rn. 55; BVerwG, NVwZ 2019, 1514 Rn. 32 (Stuttgart 21); NVwZ 2019, 1840 Rn. 46, 56 f.; OLG Celle, GRUR 1969, 548, 549 – Abschaltplatte; VG Köln, NZKart 2020, 555, 557 f.; VG Frankfurt, WM 2020, 229 Rn. 25 ff.; s. auch OLG Düsseldorf, GRUR 1980, 170 ff. – Lackauftragsmaschinen.
199 OVG Münster, NWVBl. 2006, 292, 294 (Rechnungsprüfberichte); OLG Köln, NJW 2000, 3656; BGE 127 IV, 122, 129 (Amtsgeheimnis); s. auch VG Frankfurt, ZIP 2008, 2138, 2143.
200 BVerwG, GRUR 2020, 189 Rn. 14 ff.; VG Schleswig v. 29.9.2017 – 12 A 79/13, Rn. 99 (juris); VG Magdeburg, URP 2006, 403 f.; VG München Urt. v. 28.7.2010 – M 18 K 08. 5934, Rn. 32 (juris); aA *F. Wolf*, S. 159. Kritisch zur Aussagekraft singulärer Privatproben *Grube/Immel/Wallau*, Teil D § 3 Rn. 51 ff., 62.
201 BGHZ 82, 370, 373 – Straßendecke II; schweiz. BG, GRUR Int. 2017, 135, 136; OLG München, NJWE-WettbR 1997, 38, 39 – Ballonventil; K/B/F/*Köhler*, § 17 UWG Rn. 7; *Rody*, S. 89. Enger zum unredlich erworbenen Erfindungsbesitz OLG Düsseldorf, GRUR 1980, 170, 172 – „LAX".
202 Großzügiger BVerwG, NVwZ 2010, 189 Rn. 39 ff. bzgl. offenzulegender Emissionskapazitäten; wie hier *Sitsen*, S. 282 f. und *Rossi*, GewArch 2021, 130, 133 ff. zu Geol-Datenfreigaben als unzulässige ausnahmslose Fiktionen.
203 LAG Rheinland-Pfalz, BeckRS 2008, 51666; s. auch OLG Stuttgart, NJW 2006, 2565 ff.; LG München, BeckRS 2015, 00858.
204 Wie hier OLG Celle, WRP 2015, 1009 Rn. 32 f. – Movicol II; LG Berlin, BeckRS 2012, 03811; AG Koblenz, BeckRS 2012, 09731; Cal. Court of Appeal, CRi 2004, 49, 50 – DVD CSS Technology; *Kalbfus*, WRP 2015, 1015 Rn. 7 ff.; *Daniel Müller*, S. 260 f.; NK-Wiss/*Reinbacher*, § 17 Rn. 14; aA BVerfG, NVwZ 2011, 94 Rn. 205; ÖOGH, RdW 2015, 384 – Facebook-Posting; OLG Frankfurt, NJW 1996, 264, 265 – Pay-TV-Piratenkarten; OLG Stuttgart, BeckRS 2016, 12357 Rn. 17; *Hillenbrand*, S. 56; *F. Wolf*, S. 159; s. auch LAG Rheinland-Pfalz, ZD 2012, 133, 134.

nen Reverse Engineering oder Weitergaben an einzelne Konkurrenten/Subunternehmer (auch Logistikfirmen), Testfirmen und deren (Zeit-)Arbeitnehmer,[205] aus Veräußerungen an eine kleine Bestellerzahl (10–12) oder der Zugänglichkeit von Einzeldaten(sets).[206]

cc) Wirtschaftlicher Wert (lit. a)

(1) Vorbemerkungen

Das Geheimnismerkmal „wirtschaftlicher Wert" ist eine sprachliche Neuschöpfung des GeschGehG, die ihren Ursprung einer Adaption an den anglo-amerikanischen Sprachgebrauch „commercial" bzw. „economic value"[207] verdankt. Sachlich vereinigt es das Kriterium des objektiven Geheimhaltungsinteresses alter Prägung mit der früheren Additivkomponente der „Geschäftsbezogenheit" in einem durchaus eingängig verkürzten Kompositum.

34

Leider reduziert die vermeintlich prägnante sprachliche Verkürzung den jeweiligen Bedeutungsgehalt der beiden früheren Separata allerdings merklich. Ihre jeweilige Funktion und Geltungskraft bleiben gleichwohl unverändert erhalten, lässt sich doch der wirtschaftliche bzw. kommerzielle Wert eines Geschäftsgeheimnisses nicht ohne Rückbezug auf seine sachlich einschlägige „Bereichszuordnung" einer- und eine einsatzkonform individuell-objektiv vorzunehmende Wertbestimmung andererseits in concreto nachvollziehbar festsetzen. Prinzipiell bedingt schon die **Relationsnatur** des Geheimnisbegriffs[208] den Bezugsgegenstand einer geheimen Information im Zusammenhang mit dem sie hervorbringenden und sie prägenden sozialen Umfeld zu ermitteln. Hier herausgelöst zum alleinigen Untersuchungsgegenstand erhoben, kann sie lediglich ihre eigene Existenz beweisen. Jede weitergehende gesetzlich spezifizierte Einordnung in die vielgestaltigen Bezugsrahmen der Amts-, Geschäfts-, Privat-, Staats- oder Steuergeheimnisse usw. ist schlichtweg ausgeschlossen.

35

Steht demnach einem Geheimnis seine gattungskonforme Einordnung nicht auf die Stirn geschrieben, sollte von einer Ersetzung oder gar Aufhebung der tradierten Geheimnismerkmale besser nicht die Rede sein[209] – eher schon von altem Wein in neuen Schläuchen, dessen Cuvée zulasten erhofft leichterer „Wertbestimmung" zudem neu verwässert wurde. Wirtschaftliche Wertbestimmungen **ohne Anbindung** an ih-

36

---

205 AA *Grunewald*, WRP 2007, 1307, 1309; wie hier BGH, Mitt. 2020, 831 Rn. 33 ff. – Konditioniererverfahren; H/O/K/*Harte-Bavendamm*, § 2 Rn. 33; *Hillenbrand*, S. 52; *Kalbfus*, Rn. 135 mwN; *Wiese*, S. 26.
206 RG, MuW XV, 81; OLG Celle, WRP 2015, 1009 Rn. 29 f. – Movicol II; VG Köln, N&R 2014, 249, 251; *Rody*, S. 89 f.; *Drexl et al.*, GRUR Int. 2016, 914 Rn. 23 ff.; *Sagstetter*, Big Data, S. 6 ff.; *ders.*, Strukturwandel, S. 262 ff. mwN.
207 Vgl. Art. 2 Nr. 1 RL 2016/943/EU, § 1 Abs. 4 UTSA, § 1839 Abs. 3 DTA/EEA 2016 und Art. 39 Abs. 2 TRIPS.
208 Vgl. dazu das in Fn. 149 benannte Schrifttum.
209 Vgl. nur Büscher/*McGuire*, § 2 GeschGehG Rn. 20, 37; *Kalbfus*, GRUR 2016, 1009, 1011. Wie hier Fortgeltung beiderseits bejahend *Rody*, S. 57 f., 261 f.

§ 2 Begriffsbestimmungen

ren objektiven Sachbezug und andere „einsatzakzessorische" Bemessungsfaktoren sind keine Geschäftsgeheimnisbestimmung, allenfalls pauschalierende Schätzungen oder – schlimmer noch – reine Fiktionen.

(2) Das Bestimmungskriterium „Geschäftsbezogenheit"

37 Die maßgebliche bereichsspezifische Identifikations- und Zuordnungsfunktion für Geschäftsgeheimnisse bewirkt allein die vorhandene „Geschäftsbezogenheit" einer Information.[210] Der wiederholt präferierte „**Unternehmensbezug**"[211] ist kein geeignetes Synonym, verleitet die Anbindung an den Unternehmer und/oder das Unternehmen doch statt zu einer sachbezogen-funktionellen zu einer stärker inhaberschaftlich bzw. organisationsrechtlich dominierten Ausdeutung,[212] die Zuordnungsobjekt und Zuordnungssubjekt vermengt. Die geheime Tatsache muss zwar in Beziehung mit einem Geschäftsbetrieb einer natürlichen oder juristischen Person bzw. teilrechtsfähigen Personengesellschaft[213] oder einer geschäftlichen Tätigkeit (zB Handwerker-Innung) stehen.[214] Als Schutzgegenstand in Gestalt eines Rechtsobjekts erhält ein Geschäftsgeheimnis seine gesetzlich festgesetzte gattungsmäßige **Charakteristik** aber primär von seinem inhaltlichen **Sachbezug**[215] statt von seinem individuellen Zuordnungsträger. Unternehmen/Unternehmer generieren schließlich auch keine Privat- oder Staatsgeheimnisse.

---

210 Zu den Schwierigkeiten hier sog. inhaberschaftlicher Zuordnung *Klein/Wegener*, GRUR-Prax 2017, 394 ff. und *Zech*, S. 63 ff., 230 ff. Erstere verkennen den Zuweisungscharakter einer „Geschäftsherrschaft" bei fremdtäterschaftlichen „Schöpfungsakten" (nicht mit „Skripturakten" zu verwechseln; zu ihrer Ungeeignetheit *Amstutz*, AcP 2018, 438, 547; Schönke/Schröder/*Hecker*, § 303a Rn. 3): Originäre Inhaberzuordnung bedarf keiner fremdseitigen „Übertragungsakte", Ausgleichsansprüche keiner zuvorigen eigenen Inhaberzuweisung. Maßgeblich ist die funktionsbestimmte sachliche Betroffenheit des geschäftsbezogen bewirkten „Kreationsakts".

211 So ua. A/L/G/*Ann*, Kap. 1 Rn. 20; F/B/O/*Rengier*, § 17 Rn. 10; K/B/F/*Köhler*, § 17 UWG Rn. 4, 5; *Rody*, S. 56 ff.; *Sagstetter*, Big Data, S. 10; Scholz/*Rönnau*, § 85 Rn. 17 f.; *Trebeck/Schulte-Wissermann*, NZA 2018, 1175, 1177; *Wiese*, S. 48 ff. Ablehnend *Hoppe*/Oldekop, Kap. 1 Rn. 63.

212 Der Rekurs auf den gemeinsamen Leitaspekt „Organisationseinheit" begünstigt zudem eine Vermischung des Betriebs- und Unternehmensbegriffs.

213 Zum Geheimnis- und Grundrechtsschutz juristischer Personen des öffentlichen Rechts bzw. öffentlichrechtlich beherrschter Privatrechtsform vgl. BVerfG, NVwZ 2018, 51 Rn. 238 ff., 243 ff.; NVwZ 2019, 1514 Rn. 26 (Stuttgart 21); BGH, RdE 2019, 116 Rn. 25; OLG Düsseldorf, RdE 2018, 140, 144; *U. Becker*, Jura 2019, 496, 503 ff.; *Bosesky*, S. 56 ff., 188 ff.; *Lennartz*, EnWZ 2017, 396, 398 f.; *Müller-Terpitz*, JZ 2020, 1080, 1084 ff.; *Schockenhoff*, NZG 2018, 521, 522 ff.; *Schwill*, NVwZ 2019, 109, 111 ff.; wN in *Brammsen*, Lauterkeitsstrafrecht, § 17 Rn. 15.

214 HM; vgl. etwa F/B/O/*Rengier*, § 17 Rn. 10 f.; *Föbus*, S. 82 f.; *Garber*, ÖJZ 2012, 640, 641; G/J/W/*Krell*, § 17 UWG Rn. 7; GK-UWG/*Wolters*, § 17 Rn. 14; *Hillenbrand*, S. 30 ff.; *Malmström*, S. 40 f.; *Maier*, S. 276 f.; *McGuire*, GRUR Int. 2010, 829 f.; NK-Wiss/*Reinbacher*, § 17 Rn. 9; *Reichold*, S. 46 ff.; *G. Roth*, S. 257 f.; *Sanner*, S. 59 f.; *Schlötter*, S. 138 ff.; *Schweyer*, S. 458 ff.; *Selbach*, S. 92 ff.; *Weber*, S. 28 ff.; zurückhaltender *Aldoney Ramirez*, S. 30 ff., 72. Aus der Rechtsprechung BGH, NJW 1995, 2301; OLG Stuttgart, wistra 1990, 277, 278 f.; LG München, BeckRS 2015, 00858; OVG Berlin-Brandenburg, BeckRS 2016, 51156 Rn. 10 ff.

215 Bereits zutreffend bemerkt von *P. Schmid*, S. 67.

III. Das Geschäftsgeheimnis (§ 2 Nr. 1) § 2

Festgestellt wird die „Geschäftsbezogenheit"[216] einer geheimen Information anhand ihrer **Eignung**, als selbstständiges vermögenswertes Gut dem Wirtschaftsverkehr als eigenständig nutzbares Objekt zur Verfügung zu stehen (**zur Verkehrsfähigkeit**).[217] Dazu bedarf es einer rein objektiven Bestimmung, sodass der Aspekt notwendiger tatsächlicher betriebseigener oder geschäftlicher Kenntnis kein konstitutives Erfordernis darstellt.[218] Entscheidend sind die spezifischen Nutzungsmöglichkeiten zu speziell wirtschaftlichen Zwecken, die Ausrichtung an ihrer vermeintlichen Werthaltigkeit oder an ihrem tatsächlichen Verkehrswert.[219] Einen solchen haben auch unternehmensintern produktionstechnisch, vertriebsmäßig etc. nicht produktiv einsetzbare Geheimnisse, obwohl er dort sich angesichts schwieriger Feststellung konkreter Wertgrößen eigentlich kaum jemals problemlos in Geldwert korrekt beziffern und die tatsächliche Preis- bzw. Schadenshöhe zuverlässig ermitteln lässt.

38

Geschäftsbezug gegeben. Das Vorliegen eines konkreten gutsspezifischen Vermögenswertes ist wie der Eintritt eines Vermögensschadens weder von seiner exakten Bezifferbarkeit im Tatzeitpunkt noch von seiner prägnanten (zeitweiligen) Augenfälligkeit abhängig.[220] Ausreichend ist die Festsetzung des Veräußerungswerts[221] generell nach dem Preis,[222] der im Geschäftsverkehr unter Berücksichtigung aller preisbeeinflussenden Umstände nach der Beschaffenheit des Wirtschaftsgutes bei einer Veräußerung zu erzielen wäre (§ 9 Abs. 2 BewG). Gleiches gilt für den Geschäftsbezug selbstständig erwerbsfähiger Erwerbschancen (Exspektanzen) sowie sog. „Negativgeheimnisse" wie fehlgeschlagene Forschungen oder unausgereifte Experimentiermethoden.[223]

39

Schwierige Wertfestsetzungen sind kein Grund, einen tatsächlichen Wert(verlust) derartiger Geheimnisse sachwidrig als nicht nennenswerten, unbestimmten oder

40

---

216 Seine telosbedingte bzw. mittelbare Fortgeltung vertreten ua. *Preis/Seiwerth*, RdA 2019, 351, 352; *Redeker/Pres/Gittinger*, WRP 2015, 681 Rn. 7; K/B/F/*Köhler*, Vor §§ 17–19 UWG Rn. 16; *Wiese*, S. 49 f. Ablehnend dagegen EuArbR/*Schubert*, RL 2016/943/EU Art. 2 Rn. 15.
217 Wie hier *Eschenbach*, S. 596 f.; *Winzer*, Rn. 20 ff.; generalisierend *Dorner*, S. 19 ff. (auch für das sog. „Know-how").
218 Wie hier ua. *Rody*, S. 72 und *Winzer*, Rn. 40; aA *Kalbfus*, Rn. 114 ff., der damit seinen „Abschied" vom Geheimhaltungswillen (Rn. 142 ff., 156) partiell unterläuft und im Problemfall pflichtwidrig verschwiegener Arbeitnehmererfindungen nicht konsequent durchhält (Rn. 122 f.).
219 Zu anderen, vornehmlich zuordnungsträgerschaftlich zentrierten Konkretisierungsansätzen zuletzt *Rody*, S. 65 ff. mit deutlicher Präferenz „sphärenbezogener" Lösungen.
220 Wie hier BGHSt 53, 199 Rn. 14 für den Zeitpunkt der Vermögensverfügung bei § 263 Abs. 1 StGB; s. auch *Enders*, GRUR 2012, 25, 27.
221 Der Veräußerungswert/gemeine Wert ist der rein objektive Wert, den ein Vermögensgegenstand seiner wahren Beschaffenheit nach für seinen (potenziellen) Besitzer hat; statt vieler K/S/S/*Kreutziger*, § 9 Rn. 10.
222 Zu seiner Berücksichtigung bei der Wertbemessung *Obermaier*, in: FS Großfeld, S. 325, 331 ff.
223 Anerkannt als greifbare Vermögensgüter; statt vieler: BFHE 207, 305, 308 f.; BGH, NStZ 2004, 557 f.; MK-StGB/*Hefendehl*, § 263 Rn. 412 ff., alle mwN; kritisch *Aldoney Ramirez*, S. 272 ff.; vgl. auch RG, DJZ 1932, 1150 f.; *Pfaff*, S. 238; *Hoppe*/Oldekop, Kap. 1 Rn. 97; K/B/F/*Alexander*, § 2 GeschGehG Rn. 28.

§ 2 Begriffsbestimmungen

gar fehlenden Vermögenswert zu qualifizieren[224] und ihnen den „Geschäftsbezug" zu entziehen. Diese Schwierigkeiten sind genauso Schadensfolgen wie etwaige Schadensersatzansprüche gegen den Täter.[225] Ebenso haben „defensive", „rechtswidrige" oder **Beziehungsgeheimnisse**", die unternehmensintern „unverwertbare" Informationen wie zB interne Ermittlungen (Internal Investigations), Kreditkürzungen, Liquiditätsschwächen, Umsatzrückgänge oder Reputation[226] betreffen, einen bestimmten „bestimmbaren" Vermögenswert.[227] Ihre Eignung zur eigenständig nutzbaren Verkehrsfähigkeit[228] macht auch sie zu geschäftsbezogenen Geheimnissen.[229] Auf eine eigene interne Einsetz- oder Brauchbarkeit kommt es nicht an: Betriebe, Unternehmen und deren jeweilige Inhaber sind rechtlich nicht gehalten, sich nur in ihren tradierten, gewöhnlichen oder fachspezifischen Geschäftsfeldern zu bewegen. Sind die jeweils geltenden gewerberechtlichen usw. Ausübungsbedingungen gewahrt, können sie sich auch außerhalb ihrer bisherigen „Stammgebiete" wirtschaftlich fachfremd betätigen.

41 Des Weiteren belassen **Einbauten** bzw. **Veräußerungen** von verkörperten Geheimnissen (zB Computerprogramme in Geldspielautomaten, Maschinenbau- und -bestandteile) oder deren Entsorgung als Geschäftsmüll bestehenden Geschäftsbezug unberührt.[230] Ein solcher ist auch bei ansonsten unbekannter (erfolgreicher) Nutzung oder Weiterentwicklung eines an sich bekannten Herstellungsverfahrens,[231]

---

224 So etwa BGH, GRUR 2007, 1044 Rn. 19 – Kundendatenprogramm; A/L/G/*Loschelder*, Kap. 1 Rn. 75; G/J/W/*Krell*, § 17 UWG Rn. 18; K/B/F/*Köhler*, § 17 UWG Rn. 11; *Malmström*, S. 41; *Mayer*, GRUR 2011, 884, 887; *S. Wagner*, Rn. 83 f.; *Westermann*, Kap. 1 Rn. 6.
225 Zivilistische Schadensersatzansprüche sind kein Schadensentstehungshindernis; *Fischer*, StGB, § 263 Rn. 155; Wessels/Hillenkamp/*Schuhr*, Strafrecht BT 2, 43. Aufl. 2020, Rn. 548.
226 Vgl. etwa *Aldoney Ramirez*, S. 76, 79 ff.; *ders.*, in: FS Tiedemann, S. 1141, 1145 ff.; *Frank*, S. 167 ff.; *Kohler*, S. 181 ff.; *Kraßer*, GRUR 1970, 587, 590 f.; *Müller*, S. 11, 35; *Potočić*, S. 202 f.; *Rody*, S. 112 ff.; *Schneider*, S. 31 ff.; *Schweyer*, S. 459 ff.; *Sonn*, S. 93 ff.
227 Orientierung an (markt-)üblichen Vergütungen für gemeinhin nur gegen Entgelt erhältliche vermögenswerte Positionen ermöglicht eine Wert- und Schadensbemessung, die den Schwierigkeiten der konkreten Bezifferung ebenso Rechnung trägt wie dem Unikatcharakter der Geschäftsgeheimnisse und dem Verkehrswert als allgemeiner Bemessungsgrundlage.
228 Der Verkehrswert bestimmt sich primär nach der „internen Rechnungslegung" (des potenziellen Erwerbers). Dieses verkennt *Aldoney Ramirez*, in: FS Tiedemann, S. 1141, 1158 ff.
229 Wie hier MK-StGB/*Hohmann*, § 23 GeschGehG Rn. 27; Ohly/Sosnitza, § 17 Rn. 6; *Taeger*, S. 65 ff. AA zuletzt *Alexander*, WRP 2017, 1034 Rn. 50 und *Kalbfus*, Rn. 161 f., 166 ff., die damit ihrer Anerkennung rechtswidriger Geheimnisse (Rn. 40 bzw. Rn. 126 ff.) den Boden entziehen.
230 RGZ 149, 329, 332 f. – Stiefeleisenpresse; BayObLGSt 1990, 88, 91 – Geldspielautomat; OLG Hamburg, GRUR-RR 2001, 137, 139 – PM-Regler; OLG Hamm, WRP 1993, 118, 120 – Müll II; GK-UWG/*Wolters*, § 17 Rn. 16; *Hillenbrand*, S. 39 f.; *Rody*, S. 71 f.; restriktiver OLG Düsseldorf, OLGR 1999, 55; OLG Karlsruhe, WRP 2016, 751 Rn. 31; G/M/V/*Vormbrock*, § 30 Rn. 6; NK-UWG/*Stier/Hasselblatt*, § 17 Rn. 11; *Schweyer*, S. 460 f.; *Triebe*, WRP 2018, 795 Rn. 65; *F. Wolf*, S. 157.
231 RGSt 31, 90, 91; RGZ 65, 333, 335 – Pomril; BGH, GRUR 1955, 424, 425 – Möbelpaste; GRUR 1961, 40, 43 – Wurftaubenpresse; GRUR 2003, 356, 358 – Präzisionsmessgeräte; ÖOGH, WRP 2021, 503 Rn. 27, 42 ff. – Flüsteraggregat; OLG Hamm, WRP 1993, 36, 38 – Tierohrmarken; *Brammsen*, wistra 2018, 449, 453; *Hillenbrand*, S. 121; *Wiese*, S. 36 mwN.

III. Das Geschäftsgeheimnis (§ 2 Nr. 1) § 2

bei der Aufarbeitung öffentlicher Daten, bei Bewerteralgorithmen oder den Daten eigenerstellter „Follower-Accounts" gegeben.[232]

Geschäftsbezug fehlt. Keinen Geschäfts- bzw. Unternehmensbezug hat personengebundenes, nicht explizit kommunizierbares Wissen (sog. „**Tacit knowledge**").[233] Geschäftsbezogene Informationen dürfen nicht durch persönlichkeitsbezogene oder -bildende Eigenschaften geprägt, sie müssen von der individuellen Persönlichkeit „ablösbar" sein.[234] Aufdeckungen privater Beziehungen, die etwa ein Unternehmensinhaber zu betriebsfremden Personen unterhält, betreffen folglich ebenso personenbezogene Geheimnisse wie Publikationen oder Veräußerungen von Prominentenfotos usw.[235] Beiden fehlt das ihnen selbst innewohnende Anwendungspotenzial, erschöpft sich doch ihre optimale wirtschaftliche Ausnutzung statt „in functionem" im bloßen offenbarenden Verbreiten. Gleiches gilt nicht für die individuellen Kundendaten privater Bankkunden – hier stellen Einzelne (zB Großkredit) wie deren Gesamtheit in Gestalt von **Kundenlisten** oder -dateien ein geschäftsbezogenes Geheimnis der betreffenden **Bank** dar.[236] Anders als für den geschäftlichen Erwerber (Presse- oder Medienagentur, Verlagshaus usw.)[237] bleiben **Privatgeheimnisse** als andersartig geprägte personale Interna auf Seiten des Betroffenen auch unter der Geltung der Know-how-RL 2016/943/EU und des GeschGehG als konträr konzipierter Schutzgegenstand selbst im Veräußerungsfall per se vom Geschäftsgeheimnisschutz **ausgeschlossen**.[238]

42

Verneint wurde der Geschäftsbezug auch für Kündigungsabsichten von Unternehmensmitarbeitern,[239] Informationen zur Störanfälligkeit ausgelieferter Geräte,[240] interne Fahrprüferlisten des TÜV, Standortdaten von Taxikunden und die je-

43

---

232 US Court of Appeals 4th Circuit Richmond v. 20.11.2018, https://www.ca4.uscourts.gov/opinions/17092.pdf. (Air Facts Inc. v. Diego de Amezga); OLG München, WRP 2020, 635 Rn. 26. Letzterenfalls prägnant zur insoweit strittigen „eignerschaftlichen" Zuordnung *Surblyte*, GRUR Int. 2016, 1121 ff. mwN.
233 Wie hier *Hillenbrand*, S. 39; *Kalbfus*, Rn. 120 f.; *Oehlrich*, GRUR 2010, 33 ff.; *Pfister*, S. 22 ff.; *Rody*, S. 76 ff.
234 Vgl. *Beyerbach*, S. 93; *Hillenbrand*, S. 36; *Kuhn*, S. 6; NK-Wiss/*Reinbacher*, § 17 Rn. 9; *Petsch*, S. 109 mwN.
235 VGH Mannheim, EzA, MuSchG § 9 nF, Nr. 33; s. auch OLG Hamm, WRP 1993, 118, 120 – Müll II; F/B/O/*Rengier*, § 17 Rn. 11; *Föbus*, S. 83 f.; *Hoppe*/Oldekop, Kap. 1 Rn. 64; *Potočić*, S. 202; *Selbach*, S. 93 f.; *Wiese*, S. 36, 48 ff.; *Winzer*, Rn. 32; *Wünsche*, S. 204.
236 BVerfG, NJW 2011, 2417 Rn. 48 ff.; *Brammsen*, BB 2016, 3034, 3035 mwN pro und contra. Zum ungelösten „Dauerproblem" der Abtretung von Kreditforderungen zuletzt *Hegen*, wbl 2019, 473, 481 ff.
237 Wie hier *Rody*, S. 74.
238 Vgl. BT-Drs. 19/4724, S. 24; BeckOK UWG/*Hohn-Hein*/*Barth*, § 2 GeschGehG Rn. 7; Büscher/*McGuire*, § 2 GeschGehG Rn. 36; H/O/K/*Harte-Bavendamm*, § 2 Rn. 16; MK-StGB/*Hohmann*, § 23 GeschGehG Rn. 28; Scholz/*Rönnau*, § 85 Rn. 18. Tendenziell großzügiger *Hauck*, NJW 2016, 2218, 2221; *Hoppe*/Oldekop, Kap. 1 Rn. 63 f.; *Kalbfus*, GRUR 2016, 1009, 1011; *Rauer*, GRUR 2014, 21.
239 OLG Stuttgart, wistra 1990, 277, 278; GK-UWG/*Wolters*, § 17 Rn. 15.
240 OLG Stuttgart, WRP 1982, 295 – Gerätewartung; dazu *Kalbfus*, Rn. 118; *Rody*, S. 71 f.

§ 2   Begriffsbestimmungen

weils erzeugten Messrohdaten in Geschwindigkeitsmessgeräten.[241] Ebenso wurde behördlichem Aufsichtshandeln wie Anfragen, Sitzungen, Sonderprüfungen oder früheren Subventionen der Geschäftsbezug versagt.[242]

44 Bislang galt entsprechendes auch für **Forschungsergebnisse** nicht erwerbswirtschaftlich tätiger öffentlich-rechtlicher Einrichtungen (zB Universitäten).[243] Im Gefolge der Erwähnung „nicht kommerzieller Forschungseinrichtungen" in Erwgrd. 1 Know-how-RL 2016/943/EU und des begrifflich unerwähnten „Geschäftsbezugs" sollen sie nunmehr auch Geschäftsgeheimnisse sein können: „Geschützt sind .... auch Forschungsergebnisse von Universitäten".[244] Wie sich das mit dem privatseitig begrenzten Geltungsbereich des GeschGehG verträgt[245] und wie Institutionen ohne erwerbswirtschaftliches Geschäft Geschäftsgeheimnisse generieren bleibt offen. Solches kann eigentlich nur ein trägerabstrahierender potenzieller geschäftlicher Sachbezug konstatieren. Begriffskonforme Ableitung dieser Neuorientierung und ihre sachlich gebotene Begründung versprechen demnach interessant zu werden. Unabhängig davon kann (ein zumindest drittseitig) potenzieller wirtschaftlicher Wert derartigen Informationen jedenfalls nicht einfach abgesprochen werden.[246]

(3) Das Bestimmungskriterium „wirtschaftlicher Wert"

(3.1) Vorbemerkungen

45 Das Begriffskriterium „wirtschaftlicher Wert" soll, wie auch sein Richtlinienpendant „kommerzieller Wert", das frühere normative Merkmal des Geheimhaltungsinteresses ersetzen,[247] um die tatsächliche Gegebenheit eines Geschäftsgeheimnisses zu bestimmen. Eine alleinige Ausrichtung des Geheimnisbegriffs an der faktischen Geheimheit einer geschäftsbezogenen Information kann nicht jene belanglosen Informationen ermitteln, die nach den Vorgaben des Richtlinien- und des bundesdeutschen Gesetzgebers vom neuen anharmonisierten Geschäftsgeheimnisschutz ausgeschlossen sind.[248] Eine solche Funktion kann allein ein einheitlich an überindividuellen (= objektiven) Maßstäben auszurichtendes zusätzliches Begriffselement wahrnehmen, welches sachbedingt spezifisch auf ökonomische Be-

---

241 OLG Köln, NJW 2010, 166, 167; OLG Naumburg, CR 2016, 83 Rn. 36; OLG Nürnberg, GRUR-RR 2016, 173 Rn. 83 ff.; s. auch *Dorner*, S. 260 ff. (zur Beweisverwertung). Befürwortend zu den Geräteplänen usw. BVerwG, NVwZ 2020, 715 Rn. 12.
242 BVerfG, NVwZ 2018, 51 Rn. 344, 349 ff.; BVerwG, NVwZ 2019, 840 Rn. 19, 50 ff.; diff. *Schockenhoff*, NZG 2018, 521, 525 ff.; OVG Münster, BeckRS 2019, 28744 Rn. 20.
243 IdS ua. *Ann*, GRUR 2007, 39, 42; *Beyerbach*, S. 93; *Bosesky*, S. 201; *Föbus*, S. 82; GK-UWG/*Wolters*, § 17 Rn. 14; *Kochmann*, S. 112; *Malmström*, S. 41; NK-Wiss/*Reinbacher*, § 17 Rn. 9; *Petsch* S. 109; Rotsch/*Lindemann*, § 15 Rn. 21; *Schweyer*, S. 458 f.
244 BT-Drs. 19/4724, S. 24; so auch Büscher/*McGuire*, § 2 GeschGehG Rn. 37.
245 BT-Drs. 19/4724, S. 23: „...regelt nicht das Verhältnis zwischen Privaten und öffentlichen Stellen."
246 Zutreffend Büscher/*McGuire*, § 2 GeschGehG Rn. 37; *Hoppe*/Oldekop, Kap. 1 Rn. 96 f.
247 *Hoppe*/Oldekop, Kap. 1 Rn. 93; *Rody*, S. 129 f., 266 f.
248 Erwgrd. 14 Know-how-RL 2016/943/EU und BT-Drs. 19/4724, S. 24.

messungen zu zentrieren ist.[249] Diese sind auch nach Umbenennung zum „wirtschaftlichen Wert" weiterhin alleinbestimmend, folgen doch beide Varianten annähernd identischen wirtschaftlichen Bewertungskriterien – der neue Ansatz kleidet die bisherige Ausformung in einen mehr erwerbs- und damit marktbezogen gekleideten Mantel.[250] Die **Verlagerung** der **Wertungskompetenz** des Gesetzgebers auf den im Einzelfall beurteilenden Richter, die sich wie schon zuvor im verfassungsgerichtlich vorgegebenen Rahmen hält, ist folglich erhalten geblieben.[251]

(3.2) Rückblick: Die Bemessung des Geheimhaltungsinteresses

Bislang bereitete die Ermittlung des **objektiv festzusetzenden** Geheimhaltungsinteresses[252] Schwierigkeiten, wenn mehrere Bestimmungsfaktoren sich im jeweiligen Bewertungsprozess gegenseitig bestärkten und/oder in ihrem individuellen Zusammenspiel begrenzten. Vorgeschlagene Rekurse auf ein „**Unternehmensinteresse**"[253] oder das personale Pendant „**Unternehmerinteresse**" konnten zur genaueren Eruierung und Konturierung der wertungsrelevanten wirtschaftsbezogenen Gesichtspunkte letztlich **wenig beitragen**: Ersterem standen Unstimmigkeiten über Begriffsinhalt und Verwendung als oberste materielle Richtschnur für alles unternehmensbezogene Verhalten[254] oder als bloße prozessuale Leitlinie unternehmensinterner Verhaltensabstimmung[255] entgegen,[256] Letzterem die unterschwellige Leitwirkung personaler Implementationen und eine völlige Unaufgeklärtheit der Maßstabsfigur – insbesondere aber keineswegs nur bei unternehmerisch tätigen Privatkorporationen.[257]

46

---

249 Für das objektive Geheimhaltungsinteresse allgemein anerkannt; RGZ 149, 329, 333 – Stiefeleisenpresse; BAGE 41, 21, 29 – Thrombosol; BAG, ZIP 1987, 1603, 1604 – Gehaltslisten; BGH, GRUR 2009, 603 Rn. 13 – Versicherungsvertreter; GRUR 1961, 40, 43 – Wurftaubenpresse; *Bosesky*, S. 206; F/B/O/*Rengier*, § 17 Rn. 20; GK-UWG/*Wolters*, § 17 Rn. 27; *Maume*, WRP 2008, 1275, 1276; NK-UWG/*Stier/Hasselblatt*, § 17 Rn. 21; NK-Wiss/*Reinbacher*, § 17 Rn. 21; *Rody*, S. 115 f.; *Sanner*, S. 56 ff.; *Schlötter*, S. 140 f., Letztere mwN.
250 Wie hier BeckOK GeschGehG/*Hiéramente*, § 2 Rn. 13.2.
251 BVerfGE 45, 371 f.; 71, 114; BVerfG, NJW 1987, 3175.
252 Statt vieler: BVerwGE 150, 383, 390; OLG Stuttgart, NZG 2007, 72, 74; OVG Münster, LRE 67, 403 Rn. 188 – Photoinitiatoren; *Maume*, WRP 2008, 1275, 1276.
253 ZB *Anders*, S. 160 mwN in Fn. 3; *Otto*, wistra 1988, 125, 127.
254 Als maßgebliche Handlungsmaxime verwendet ua. BVerfGE 34, 103, 112; 50, 290, 374; BGHZ 64, 325, 329; 83, 106, 120; *Anders*, S. 169 ff., 189 f.; *Jürgenmeyer*, S. 200 ff.; *Junge*, in: FS v. Caemmerer, S. 547, 554 f.; *Raisch*, in: FS Hefermehl, S. 347, 361; *Rittner*, in: FS Hefermehl, S. 365, 369 ff.; *Rozijn*, NZG 2001, 494, 495 ff.
255 *Brinckmann*, S. 216 ff., 226 ff., 268 ff.; *Clemens*, S. 166 ff., 294 ff.; *Teubner*, ZHR 149 (1985), 470 ff., 478 ff.; komprimiert dazu *Hoffmann*, S. 232 ff.
256 Zur Kritik statt vieler *Peifer*, S. 451 ff., 458 ff.; komprimiert *Götz*, S. 20. Einen interessenpluralen Abwägungsansatz eröffnet *Schubert*, S. 138 ff., 178 ff., 210 ff.
257 Bemisst es sich am Maßstab des (branchenfremden oder branchenangehörigen) flüchtigen, durchschnittlich informierten, sorgfältigen, verständigen oder wie konkret qualifizierten Unternehmers? Wann und warum sind welche Kriterien interessenprägend? Mit welcher Gewichtung?

§ 2 Begriffsbestimmungen

47 Vor diesem Hintergrund entwickelte sich der Unternehmenszweck erst vom Rahmen subjektiver Gruppen- und objektiver Geheimhaltungs- hin zum Leitgedanken aller unternehmensbezogenen Interessen. Fokussiert auf den dauerhaft gesicherten Bestand des Unternehmens und die dazu notwendige störungsfreie Zweckverfolgung wurden **Bestandssicherung** und **Erhalt** der bisherigen **Wettbewerbsfähigkeit** zu zentralen **Leitkonstanten** bzw. Bemessungsfaktoren des Geheimhaltungsinteresses.[258] Darin einzubeziehen waren alle geschäftsbezogenen Informationen, die bei fortdauernder Geheimheit und gesellschaftsgerechter Betriebs- bzw. Unternehmensführung nach Auffassung der am Wirtschaftsverkehr Beteiligten geeignet seien, entsprechend dem gesetzten (Gesellschafts-)Zweck die Unternehmenserhaltung zu ermöglichen. Gegründet auf das Vermögen eines Unternehmens und dessen wirtschaftliches Betätigungsfeld wurde so der **Erhalt** der bisherigen **Wettbewerbsfähigkeit**[259] Grundcharakteristikum und schutzrelevante Größe.[260] Bejaht wurde es nur „bei solchen Informationen, deren Offenbarung geeignet war, die Position der oder zumindest eines Konkurrenten im Wettbewerb zu verbessern und/oder die eigene Stellung im Wettbewerb zu verschlechtern".[261] Das in Rede stehende Geheimnis musste für seinen Inhaber oder Dritte nachvollziehbar und plausibel Wertpotenzial bzw. Nutzungschancen bieten oder darstellen.[262]

(3.3) Die neue wirtschaftliche Wertbestimmung

48 Von dem früheren Begriffsmerkmal des objektiven Geheimhaltungsinteresses unterscheidet sich das neu eingefügte Geheimnismerkmal des „wirtschaftlichen Wertes", einmal abgesehen von seiner Ablösung von der Anbindung an den Interessenbegriff, lediglich in seinem unterschiedlichen Konzept der beidseitig vorzunehmen-

---

258 Das „Bestandserhaltungsinteresse" findet sich bei allen neueren Aussagen zum Unternehmensinteresse; zB *Anders*, S. 164 ff., 170 f.; *Brammsen*, DB 1989, 1609, 1610 ff.; *Ensch*, S. 39; *Hoffmann*, S. 167 ff., 242 ff.; *Rody*, S. 108; *Sering*, StraFo 2009, 445, 446; *Teubner*, ZHR 149 (1985), 470, 477, jeweils mwN Rentabilitätszentrierter *Schubert*, S. 133 ff. Speziell zu Geschäftsgeheimnissen im Mittelstand *Nienaber*, Rn. 238 ff., 295 ff., 423 ff.
259 Für eine Orientierung am Maßstab „sachgemäßer Unternehmensführung" OLG Hamm, GmbHR 1998, 218; Scholz/*Rönnau*, § 85 Rn. 22 mwN.
260 IdS ua. F/B/O/*Rengier*, § 17 Rn. 20; *Föbus*, S. 85; *Garber*, ÖJZ 2012, 640, 643; Harte/Henning/Harte-Bavendamm, § 17 Rn. 6; *Hillenbrand*, S. 69; *Kloepfer/Greve*, NVwZ 2011, 577, 582 f.; K/B/F/*Köhler*, § 17 UWG Rn. 9; *Nienaber*, Rn. 238 ff., 263 ff., 320 ff. (Geschäftsgeheimnisse im Mittelstand); *Petsch*, S. 119 f.; Rotsch/*Lindemann*, § 15 Rn. 23; *Sanner*, S. 57 ff.; *Schramböck*, S. 10 f.; *Seiler*, S. 137 f.; *Weber*, S. 36 ff.; *Westermann*, Kap. 1 Rn. 51.
261 BVerwGE 154, 231 Rn. 35; BVerwG, NVwZ 2016, 1335 Rn. 25 ff.; ÖOGH, WRP 2021, 503 Rn. 38 f. – Flüsteraggregat; OVG Berlin-Brandenburg, NVwZ 2019, 1372 Rn. 49, 56; 1056 Rn. 16, 22 f.; OVG Münster, BeckRS 2019, 28744 Rn. 15; OLG Karlsruhe, WRP 2016, 751 Rn. 32; *Brammsen/Schmitt*, NZA-RR 2016, 81, 82 f.; GK-UWG/*Wolters*, § 17 Rn. 28; NK-Wiss/*Reinbacher*, § 17 Rn. 21; *Reinfeld*, § 1 Rn. 160; *Rody*, S. 108 f.; *Rossi*, GewArch 2021, 130, 134 f.; *Wiese*, S. 34; s. auch § 7 Abs. 1 Satz 1 HmbTG.
262 So auch zum neuen „wirtschaftlichen Wert" BeckOK UWG/Hohn-Hein/Barth, § 2 GeschGehG Rn. 12 f.; Büscher/*McGuire*, § 2 GeschGehG Rn. 38; *Hoppe*/Oldekop, Kap. 1 Rn. 96; MK-StGB/*Hohmann*, § 23 GeschGehG Rn. 27; *Wiese*, S. 44 ff.

III. Das Geschäftsgeheimnis (§ 2 Nr. 1) § 2

den „**Potenzialbemessung**".[263] Galt bislang ein eher retrospektiv an drittseitigen Zugriffsversuchen anknüpfender Bemessungsansatz, der individuelle wie objektive Einstufungen vom Standpunkt ex post miteinander verknüpfte, so ist an dessen Stelle nunmehr ein **prospektiv**-marktzentrierter Ansatz getreten – ausgerichtet statt auf Wettbewerbserhalt des Inhabers an dem Wertindikator eines **prognostizierten Verkehrswerts**.[264] Beide müssen aber aufgrund des unterschiedlichen Blickwinkels in der ermittelten Werthöhe nicht immer konform gehen – Ziel und Zielerreichung können „wertmäßig" durchaus divergieren. Hier wird die Neuorientierung der „Potenzialbemessung"[265] der Rechtsprechung sicherlich wiederholt entsprechendes „Konkretisierungspotenzial" bieten.

Gleichwohl kennzeichnet beide Absätze ein breites Spektrum von Übereinstimmungen. So wird beispielsweise auch nach der Neufirmierung **kein bestimmter** Vermögenswert erforderlich sein,[266] ebenso wenig vollständige sachliche Neuheit[267] und alleinige gegenwärtige wirtschaftliche Verwertbarkeit seitens des Inhabers bzw. einzelner oder mehrerer Wettbewerber (zB Lizenznehmer).[268] Künftig identisch entschieden werden sollten eigentlich auch ein spätestens „wegen der zwischenzeitlich eingetretenen Verjährung" eingetretener **Wertwegfall** einer wegen Vermögenslosigkeit im Handelsregister gelöschten Gesellschaft[269] und der im Falle von Offenlegungen erfolgte Eintritt rein immateriellen Schadens: Letzterer betrifft allenfalls Gesellschafts- oder Konzerngeheimnisse iSd. §§ 404 AktG, 14 EWIV-AG, 85 GmbHG usw.,[270] sodass eine Strafbarkeit von Unternehmensbeschäftigten gem. § 23 Abs. 1 Nr. 3 GeschGehG entfällt.[271]

49

---

263 Wie hier ua. OLG Stuttgart, WRP 2021, 242 Rn. 168 – Schaumstoffsysteme; LAG Düsseldorf, GRUR-RS 2020, 23408 Rn. 78 – PU-Schaum; *Drexl et al.*, GRUR Int. 2016, 914 Rn. 23 ff.; BeckOK GeschGehG/*Hiéramente*, § 2 Rn. 16 f.; *Sagstetter*, Big Data, S. 4 ff.; *ders.*, Strukturwandel, S. 261.
264 Letzteres bedingt zudem das „Maßnahmengebot" des § 2 Nr. 1 lit. b: Schutzmaßnahmen lassen sich wegen des begrifflichen Ausschlusses belangloser Geheimnisse (Fn. 121, 248 f.) nicht ohne zuvorige positive „Wertprognose" nachvollziehbar begründen.
265 Zu möglichen Bemessungsansätzen *Sagstetter*, Big Data, S. 4 ff. mwN; *Hoppe*/Oldekop, Kap. 1 Rn. 98.
266 Zur „Vorfassung" hM; vgl. nur BFHE 207, 305, 308; BGH, NJW 2006, 3424 Rn. 19 – Kundendatenprogramm; LG Berlin, BeckRS 2012, 03811; K/B/F/*Köhler*, § 17 UWG Rn. 11; *Ohly*/Sosnitza, § 17 Rn. 12; *Rody*, S. 120; ebenso zum GeschGehG Büscher/*McGuire*, § 2 GeschGehG Rn. 38; *Hoppe*/Oldekop, Kap. 1 Rn. 98; *Wiese*, S. 46; s. auch ÖOGH, WRP 2021, 503 Rn. 37 – Flüsteraggregat.
267 BGH, GRUR 2008, 727 Rn. 19 – Schweißmodulgenerator; GRUR 2003, 356, 358 – Präzisionsmessgeräte; GRUR 1955, 424, 426 – Möbelwachspaste.
268 BGH, NJW 2006, 3424 Rn. 19 – Kundendatenprogramm; GRUR 1980, 750, 751 f. – Pankreaplex II; ÖOGH, GRUR Int. 2017, 70, 71; OLG Hamm, WRP 1993, 36, 38 – Tierohrmarken; VG Köln, N&R 2014, 249, 252; *Grunewald*, WRP 2007, 1307, 1308 f.
269 Vgl. OLG Nürnberg, ZIP 2015, 38 m. krit. Bspr. *Ranker*, DStR 2015, 778 ff. Zur Überschuldungssituation VGH Kassel, NVwZ-RR 2012, 880 f. und K/B/F/*Köhler*, § 17 UWG Rn. 11.
270 IdS OLG Hamm, GmbHR 1988, 218; G/J/W/*Krell*, § 17 UWG Rn. 17; Lutter/Hommelhoff/*Kleindiek*, § 85 Rn. 3; Scholz/*Rönnau*, § 85 Rn. 22; Spindler/Stilz/*Hefendehl*, § 404 Rn. 19; *von Stebut*, S. 54 f.; *Wiese*, S. 33.
271 Wie hier *Aldoney Ramirez*, S. 68 ff.; *Petsch*, S. 275 ff.; *Rody*, S. 109; *Sitsen*, S. 288 f.

§ 2   Begriffsbestimmungen

50   Zu befürchten ist allerdings, dass künftig Grad und Qualitäten etwaiger (befürchteter) Beeinträchtigungen bestimmenden Einfluss auf die Wertbemessung gewinnen werden. Im Anschluss an bereits recht frühzeitig und inzwischen häufiger ergangene Urteile europäischer wie bundesdeutscher Gerichte hat sich vornehmlich im öffentlichen Recht,[272] inzwischen aber auch im Arbeitsrecht,[273] eine Auffassung herausgebildet und verbreitet, die erhöhte Verletzungswahrscheinlichkeit, -erheblichkeit, -schwere oder -spürbarkeit einfordert.[274] Zusätzlich **gesteigerter Anforderungen** an ein wie auch immer erhöhtes Wertminderungspotenzial bedarf es jedoch **nicht**:[275] Damit werden Begriffsbestimmung und Identifikation eines Geschäftsgeheimnisses ohne jeden gesetzlichen Rückhalt mit den unabwägbaren Risiken exante graduell höchst unsicherer Nachteilsprognosen belastet.[276] Derartig „offenen" bzw. großzügig verstandenen Wertfestsetzungen ist ebenso eine deutliche Absage zu erteilen wie den Postulaten prinzipiell fehlender „Verschlechterungseignung" publikationspflichtiger EG-Agrarsubventionen und älterer/veralteter Unternehmensinformationen,[277] rein pauschalen Hinweisen auf den Insolvenzfall eines Geschäftsbetriebes, lediglich mittelbarer Betroffenheit oder der „Bezifferung" befürchteter negativer Images.[278]

(3.4) Wertbestimmung und „Branchenwissen"

51   Bei der Bestimmung der auf die unternehmensspezifische Wettbewerbsstellung bzw. den wirtschaftlichen Wert gestützten Geheimhaltung von Betriebsinterna

---

272 EuG, GRUR Int. 2015, 754 Rn. 105 – Evonik Degussa; Slg. 2006-II, 1429 Rn. 71 ff. – Bank Austria; EuGH, Slg. 1996-II, 961 Rn. 87 – Postbank; Slg. 2007-II, 4225 Rn. 63 – ua. Pergan; BVerwG, NVwZ 2019, 1514 Rn. 32 (Stuttgart 21); BVerwGE 125, 40, 42 f.; 118, 352, 360 f.; BVerwG, NVwZ 2009, 113 Rn. 15; OLG Düsseldorf, RdE 2018, 140, 144; OVG Koblenz, BeckRS 2014, 45645 – Leasingvertrag; GewArch 2016, 29 Rn. 39 ff.; OVG Münster, BeckRS 2019, 28744 Rn. 15 ff.; NVwZ 2016, 1025 Rn. 73; DVBl. 2013, 981 982, 986.
273 So zu Personalabbauplanungen LAG Schleswig-Holstein, NZA-RR 2016, 77, 80 Rn. 64 f. m. abl. Anm. *Brammsen/Schmitt*, NZA-RR 2016, 81, 82.
274 ÖOGH, WRP 2021, 503 Rn. 39, 52 – Flüsteraggregat; *Achtermann*, S. 76 f.; *Bosch/Sommer*, K&R 2004, 67, 70; *Kloepfer/Greve*, NVwZ 2011, 577, 583; *Roßnagel/Hentschel*, S. 42.
275 Wie hier ua. VG Köln, N&R 2014, 249, 252; *Alexander*, WRP 2017, 1034 Rn. 48; *Hillenbrand*, S. 71; *Hoppe/*Oldekop, Kap. 1 Rn. 94; *Lauck*, GRUR 2019, 1132 f.; *Nietsch*, WiVerw 2014, 120, 127; *Sitsen* S. 287 f.
276 AnwaltsK/*Gaede*, § 263 Rn. 128; *Ensenbach*, S. 59 f. mwN.
277 Einerseits EuGH, NJW 2018, 2615 Rn. 52 ff. – Baumeister; EuG, NZKart 2015, 194 Rn. 84; BB 2012, 1692 Rn. 137 ff. – GIS mwN; andererseits BVerwGE 154, 231 Rn. 36; BVerwG, NVwZ 2009, 1113 Rn. 15; OVG Münster, BeckRS 2019, 28744 Rn. 19 f.; *Schomerus/Scheel*, ZUR 2010, 188, 192 f. Zusammenfassend *Wiebe*, NVwZ 2019, 1705, 1709. Für großzügige Bemessung ÖOGH, WRP 2021, 503 Rn. 37 – Flüsteraggregat; *Ohly*, GRUR 2019, 441, 443.
278 EuGH, WuW 2018, 464 Rn. 37 f.; EuG, GRUR Int. 2015, 754 Rn. 107 – Evonik Degussa; BVerfG, NVwZ 2011, 94 Rn. 205; BVerwG, DÖV 2019, 840 Rn. 21; OVG Berlin-Brandenburg, BeckRS 2016, 51156 Rn. 10 ff.; VGH Kassel, BeckRS 2014, 57294 Rn. 21; *Büscher/McGuire*, § 2 GeschGehG Rn. 40; BeckOK GeschGehG/*Hiéramente*, § 2 Rn. 15; *Goldhammer*, NVwZ 2017, 1809, 1812 f.; *Kloepfer*, S. 28; *ders./Greve*, NVwZ 2011, 577, 582; *McGuire*, in: FS Harte-Bavendamm, S. 367, 379 f. Wie hier (Sanktionen einbeziehend) *Scholz/Rönnau*, § 85 Rn. 22.

III. Das Geschäftsgeheimnis (§ 2 Nr. 1) **§ 2**

(auch Monopolunternehmen keineswegs per se abzusprechen),[279] spielt auch die Wertbemessung von Branchenwissen (→ § 1 Rn. 58) eine gewichtige Rolle. Verfassungsrechtlich vorgezeichnet durch die Gleichrangigkeit der betroffenen Grundrechtspositionen aus den Art. 2 Abs. 2 Satz 2 iVm. Art. 1 Abs. 2, Art. 5, Art. 12 Abs. 1 GG einerseits und Art. 14 GG andererseits verwundert es nicht, wenn eine Unterscheidbarkeit auf Skepsis oder gar Ablehnung gestoßen ist.[280] Für die **Ermittlung** eines konkreten wirtschaftlichen Wertes ist ein (auch sekundäre) Darlegungs- und Beweislastregeln einbeziehender „**Mehr-Faktoren-Ansatz**" zu wählen,[281] der die wirtschaftliche Bedeutung für das Unternehmen und das Arbeitnehmerinteresse an der praktischen Anwendung seines praktisch erprobten Erfahrungswissens in Produktion oder Verwaltung bemisst und einberechnet.[282] Ohne Gegenrechnung des jeweils einzustellenden konträren Bemessungspostens lässt sich der maßgebliche Endwert nicht korrekt festsetzen.

(3.5) Die Wertbestimmung „rechtswidriger Geheimnisse"

Mit der Neuausrichtung der Geheimnisbestimmung auch an dessen „wirtschaftlichem Wert" ist eine im bisherigen Geschäftsgeheimnisschutz unbeachtete Problematik erstmals offen an den Tag getreten: Die Ermittlung des wirtschaftlichen Wertes sog. „rechtswidriger Geheimnisse."[283] Unter der Geltung der §§ 17–19 UWG aF stellte sich eine solche Frage nicht, wurde doch entweder einerseits die Geheimnisexistenz mangels Schutzbedürftig- bzw. Schutzwürdigkeit oder Geheimhaltungswert verworfen, eine anderweitige rechtliche Zugriffsgestattung befürwortet oder ohne nähere Angaben zur Werthaltigkeit und ihrer konkreten Festsetzung belassen (→ Rn. 54). Einschlägige Ausführungen finden sich, wenn überhaupt, nur ansatzweise, die maßgebliche Vorgehensweise bleibt in ihren Einzelschritten, Bemessungsfaktoren und Gewichtungen nahezu ausnahmslos jeder Nachvollziehbarkeit entzogen.[284]

52

---

279 BVerfGE 115, 205, 230 ff., 238 ff.; BGH, RdE 2019, 116 Rn. 25; OLG Düsseldorf, RdE 2018, 140, 145; OVG Koblenz, GewArch 2016, 29 Rn. 41 ff.; restriktiver BVerwGE 118, 352, 359 f.; OVG Berlin-Brandenburg, BeckRS 2008, 32298; VG Hamburg, BeckRS 2015, 49879 (Universitätsklinik); VG Köln, EnZW 2016, 236 Rn. 34 ff., 74 ff.; *Kloepfer/Greve*, NVwZ 2011, 577, 583; *Rossi*, DVBl. 2010, 554, 561. Enger *Lennartz*, EnWZ 2017, 396, 398 ff.
280 Statt vieler: Harte/Henning/*Harte-Bavendamm*, § 17 Rn. 55; K/B/F/*Köhler*, § 17 UWG Rn. 59.
281 Dazu *Gajeck*, S. 53 ff.; Harte/Henning/*Harte-Bavendamm*, § 17 Rn. 45 ff., 52 ff. mwN; *Kalbfus*, Rn. 519 ff., 537 ff.; *Ohly*/Sosnitza, § 17 Rn. 40a; *Ohly*, GRUR 2014, 1, 9 ff.; *Singer/Preetz*, in: FS Schwintowski, S. 791, 806 ff.; *Winzer*, Rn. 117 f.
282 BFHE 201, 65, 67; OLG Stuttgart, WRP 2021, 242 Rn. 113 – Schaumstoffsysteme; *Haase*, DStR 2019, 761, 764 f.
283 Allgemein zu ihnen und dem Streit um ihre Einbeziehung in den gesetzlichen Geschäftsgeheimnisschutz *Brammsen*, Lauterkeitsstrafrecht, § 17 Rn. 24; H/O/K/*Harte-Bavendamm*, § 2 Rn. 39; Scholz/*Rönnau*, § 85 Rn. 24 ff.; (aktuell) LG Hannover, NZKart 2021, 127, 129; VG Köln, NZKart 2020, 555, 557.
284 Vgl. etwa BAG, NZA 2012, 501 Rn. 20 ff.; BGH, WRP 2001, 918, 920; schweiz. BGE 141 IV, 155, 164; 101 IV, 312, 314; OLG Stuttgart, WRP 2019, 387 Rn. 64; OVG Münster, LRE 67, 403 Rn. 186 f.; OVG Schleswig, LRE 53, 304, 309; s. auch *Hoppe*/Oldekop, Kap. 1 Rn. 101.

§ 2 Begriffsbestimmungen

53 Der nunmehrige „wertzentrierte" Geschäftsgeheimnisbegriff kann sich näherer Angaben allerdings nicht mehr entsagen: Ausgeformt als konstitutives Merkmal des gesetzlichen Schutzobjekts „Geschäftsgeheimnis" bedarf es unabhängig von allen bekannten Haftungsfreistellungsformen (Tatbestandsausnahme, Rechtfertigung, Zurechnungshindernis usw.) bereits vorab immer erst der **Ermittlung aller tatsächlichen Gegebenheiten**. Andernfalls fehlt das benötigte Angriffsobjekt und damit jeglicher Sachgrund für weitergehende rechtliche Überprüfungen. Erst der bestätigte „wirtschaftliche Wert" eröffnet der geheimen Information bei gegebenen Schutzmaßnahmen den Weg in den Rechts- bzw. Zugriffsschutz. Das neue Geschäftsgeheimnisrecht kommt demnach um eine wirtschaftliche Wertbestimmung nicht mehr herum.

54 Einfache pauschale **Schätzungen** in Gestalt unbelegter Angaben zur Höhe und Intensität des Schadenspotenzials genügen den Anforderungen nicht. Bei Image- oder **Reputationsschäden** sind Festsetzungen und Prognosen gleichfalls dem Grunde wie der Höhe nach (als Basis vorzunehmender angemessener Schutzmaßnahmen) vorab korrekt zu ermitteln. Hier ergeben sich „sachbedingt" eine ganze Reihe von **Unklarheiten**: Welcher Bemessungszeitpunkt ist zu wählen (Kenntnisnahme des Geheimnisses oder wann später), erzwingen graduell steigende Zugriffsrisiken als potenzielle Gesamtwertverluste (welche?) Abschläge, sind (welche?) Abschreibungen plan- oder außerplanmäßig erlaubt, sind das Aufdeckungsinteresse der Öffentlichkeit oder ein hypothetischer Tausch- bzw. Handelswert[285] trotz absoluter Tauschunwilligkeit ein (wie hoch?) einzustellender Bemessungsfaktor? Die Auflösung und sachgemäße Umsetzung dieser und anderer Fragestellungen dürfte manche Groß-, vor allem aber viele kleine und mittelständische Unternehmen sowie insbesondere „disruptive" Start-Ups vor kaum lösbare personelle wie monetäre Probleme stellen. Erinnert sei nur an so aktuelle Fälle wie VW, Bayer und der Uni-Klinik Heidelberg bzw. der Firma „HeiSceen", wenn das Schadenspotenzial in Sachen „Dieselgate," „Glyphosat" oder fehlender Bluttests nach dem neuem Geschäftsgeheimnis der Know-how-RL 2016/943/EU und/oder des GeschGehG zur Ermittlung der vorzunehmenden Schutzkosten vorab wertmäßig mit prognostiziertem „Ertragspotenzial" darzulegen wäre.

(3.6) Resümee

55 Das neue „wirtschaftliche Wertbemessungsgebot" des § 2 Nr. 1 lit. b GeschGehG **verschärft** die **Anforderungen** an den Nachweis objektiver Werthaltigkeit geheimer Informationen nachhaltig. Ausgerichtet auf die Prognose künftiger Werthaltigkeit[286] einzelner Geschäftsgeheimnisse konfrontiert sie alle beteiligten Kreise mit diffizilen Anforderungen an vertiefte Kenntnisse des Bewertungsrechts, wie sie bis-

---

285 Dazu zuletzt *Rody*, S. 105 ff., 123 ff. mwN; einen solchen bezweifelnd *Schmitt*, NZA-Beilage 2020, 50, 53.
286 Hilfreich zum Verständnis entsprechender Wertbemessung *Streitferdt*, in: FS Großfeld, S. 417 ff.

III. Das Geschäftsgeheimnis (§ 2 Nr. 1) § 2

lang allenfalls im (Im-)Mobiliar-, Kapitalanlage- und Kreditwesenrecht nötig waren. Dies gilt insbesondere, aber nicht nur für „rechtswidrige Geheimnisse", deren Einbindung als ökonomisches Gut von dem umstrittenen Zusatzattribut normativer „Berechtigung" bzw. „Schutzwürdigkeit" abgelöst wurde. Dergestalt nunmehr allein zentriert auf mögliche „monetäre" Auswirkungen und ausgeformt zum eigenständigen Begriffselement konstituiert es ein Wirtschaftsgut nach den Preisbemessungsregeln zum Veräußerungs- oder gemeinen Wert iSd. § 9 Abs. 2 BewG, dessen wertbildendes Nutzziehungspotenzial vom Ertragswert Geheimheit zu jenem der Offenkundigkeit transformiert. Wertvariablen wie Anwendungsbereich, Marktgängigkeit, Risikohöhe, Schädigungseignung oder Umsetzungskompetenz sind jedoch keiner abstrakten Festsetzung zugänglich, sie bedürfen spezieller Fähigkeiten, sorgfältiger Routine und konkreter Berechnung. Die Geheimnisreform der verpflichtenden Wertbemessung eröffnet ein breites Geschäftsfeld, welches Juristen wie Ökonomen sicherlich schon bald entdeckt und besetzt haben werden. Das **Bewertungsrecht** wird Einzug nehmen und den Geschäftsgeheimnisschutz wie in vielen anderen Bereichen[287] in vielerlei Hinsicht professionalisieren. Ob überall zum Vorteil der Geheimnisherren sei hier dahingestellt – um eine detaillierte Wertbemessung und sorgfältige Nachprüfung kommen sie wie die Gerichte zukünftig nicht herum.

dd) Angemessene Geheimhaltungsmaßnahmen (lit. b)

(1) Einleitung und Entstehungsgeschichte

Das Begriffsmerkmal der „angemessenen Geheimhaltungsmaßnahmen" war dem bundesdeutschen Geschäftsgeheimnisschutz als eigenständiges konstitutives Element bislang unbekannt. An seiner Stelle fungierte stattdessen nach vielfach vertretener Auffassung der Geheimhaltungswille als weiteres subjektives Begriffselement,[288] das sich allerdings ob seiner schwierigen Ermittlung und Festsetzung zahlreichen Relativierungsansätzen ausgesetzt sah, die allesamt das selbstgesetzte Postulat „Konstituens" durch vereinfachende Ableitungen in der Sache weitestgehend konterkarierten.[289] Vor diesem Hintergrund verwundert es nicht, dass sich seit einigen Jahrzehnten ein stärker dogmatisch ausgerichteter willensentkleideter (= **objektiver**) **Geheimnisbegriff** herausgebildet und im Schrifttum wie auch in der

56

---

287 Prägnant zur Etablierung rechtlicher Unternehmensbewertung *Meitner*, in: FS Großfeld, S. 257, 260 ff.
288 AA zuletzt OLG Stuttgart, WRP 2021, 242 Rn. 117 f. – Schaumstoffsysteme; aus der Literatur: *Aldoney Ramirez*, S. 9, 44 f., 52; B/D/S/*Lehmler*, § 17 UWG Rn. 12; *Enzinger*, Rn. 384; E/R/S/T/*Tsambikakis*, § 17 Rn. 13; F/B/O/*Rengier*, § 17 Rn. 18; F/H/S/*Schmieder*, Teil XII Kap. 3, Rn. 7; *Frank*, S. 42; GK-UWG/*Wolters*, § 17 Rn. 29 f.; *Malmström*, S. 44 f.; *Reichold*, S. 43 ff., 53; *Sanner*, S. 55 f.; *Schlötter*, S. 142 f.; *Soppa*, S. 112; *Stäuber*, S. 13; *Stein*, S. 11 f.; *F. Wolf*, S. 160 f.; wN bei *Brammsen*, Lauterkeitsstrafrecht, § 17 Rn. 25.
289 Konkludente, aus der „Natur der Sache" oder der (Verkehrs-)Üblichkeit folgende Erkennbarkeit, hypothetische, generelle oder negativ ausgeformte Bekundungen usw.; Darstellung und Kritik zuletzt in: *Brammsen*, Lauterkeitsstrafrecht, § 17 Rn. 26 f.; *Rody*, S. 153 ff.; Scholz/*Rönnau*, § 85 Rn. 27 f., alle mwN.

§ 2 Begriffsbestimmungen

höchstrichterlichen Rechtsprechung breite Befürwortung gefunden hat,[290] der den Geheimniswillen als klassisches „Gestattungsproblem" in Gestalt des **situativ- oder gemeinfreien** Einverständnisses oder der **partiellen** Einwilligung entlarven konnte.[291] Dergestalt seiner Existenzgrundlage entzogen – Geheimnisse entstehen und bestehen real ungeachtet rechtlicher Zuordnung – wäre es nur eine Frage der Zeit gewesen, bis der Gesetzgeber den „Ruf nach dem großen Sarge" erhalten und umgesetzt hätte. Ihm stand letztlich nur noch die verfehlte zivilistische „Gestattungsnivellierung" entgegen.[292]

57 Der neue Geschäftsgeheimnisbegriff des Art. 2 Nr. 1 a–c Know-how-RL 2016/943/EU hat mit dem nunmehr eingefügten Kriterium der „angemessenen Geheimhaltungsmaßnahmen" nicht nur rechtstechnische Erkenntnisse ihres anstehenden Durchbruchs beraubt, er hat sich als Relikt voraufklärerisch materiell und prozessual oft ungetrennter Gesetzgebungstradition entlarvt – frei nach dem Motto „Totgesagtes lebt länger". Vorgezeichnet von dem in der Nachfolge des Art. 1 f. ModellG-Europarat vom 3.7.1974[293] und des § 1 Abs. 4 (ii) UTSA 1979[294] auf internationaler Ebene spätestens seit Art. 39 TRIPS dominierenden anglo-amerikanisch geprägten Konzept eines ehemals mit Vertraulichkeitserwägungen auf ein Sonderpflichten- und kein Güterkonstituens, später dann schrittweise abgewandelt zu einem Property-fundierten (→ Einl. A Rn. 6), **beweisrechtlich überformten Geheimnisbegriff**[295] übernimmt der Richtliniengeber wie zuvor andere Regularien,[296]

---

290 Vgl. nur BVerfGE 115, 205, 230 f.; BVerwG, NVwZ 2009, 1113 Rn. 12, 1114 Rn. 11; aus der Lit. *Brammsen*, in: FS Yamanaka, S. 3, 13 f.; *ders.*, Lauterkeitsstrafrecht, § 17 Rn. 27 f.; *Fleischer/Pendl*, ZIP 2020, 1321, 1325 f., 1330; *Harte-Bavendamm*, in: FS Büscher, S. 311, 316; *Hauck*, NJW 2016, 2218, 2220; *Hillenbrand*, S. 77 ff.; *Kalbfus*, WRP 2013, 584; *Maume*, WRP 2008, 1275, 1279 f.; *Paul*, S. 52 f.; *Pesch*, S. 128 ff., 273; *Ransiek*, S. 165; *Scholz/Rönnau*, § 85 Rn. 14, 27 f. mwN; *Schweyer*, S. 468 f., 494; *Temming*, in: FS Achenbach, S. 545, 551 f.; *Wiese*, S. 37 f.

291 Zur Einordnung *Brammsen*, Lauterkeitsstrafrecht, § 17 Rn. 28; *ders.*, in: FS Yamanaka, S. 3, 13; A/R/R/*Ransiek*, VIII 2 Rn. 17 f.; *Busching*, S. 196 ff.; *Daub*, S. 76; F/B/O/*Rengier*, § 17 Rn. 45; *Fleischer/Pendl*, ZIP 2020, 1321, 1325; *Hillenbrand*, S. 77 ff.; *Pesch*, S. 132; *Rahimi Azar*, JuS 2017, 930, 934; *Scholz/Rönnau*, § 85 Rn. 28, 32; *Schweyer*, S. 468 f.; *Soppa*, S. 118 f.; *Temming*, in: FS Achenbach, S. 545, 552; *S. Wagner*, Rn. 119.

292 Das Einverständnis dient unspezifiziert der Erläuterung der Einwilligung; vgl. nur BGH, GRUR 2018, 545 Rn. 22; WRP 2017, 700 Rn. 24; OLG Frankfurt, GRUR-RR 2016, 252 Rn. 16, 19 ff. – Partnerliste; *Buchner*, WRP 2018, 1283 Rn. 1, 8, 10 f. u. passim; Erman/*Maier-Reimer*, Vor § 182 BGB Rn. 2; Palandt/*Ellenberger*, Einf. vor § 182 Rn. 1; MK-BGB/*Bayreuther*, Vor § 182 Rn. 2, 9; MK-UWG/*Leible*, § 7 Rn. 231 ff., 239.

293 Art. 2 Abs. 2: „Um den Schutz zu genießen, darf das Geheimnis Dritten, die hierzu nicht autorisiert sind, nicht zugänglich sein." Gesetzestext und Erläuterungen bei *Edg. Schmidt*, S. 133, 298, 376 ff.

294 Gesetzestext und Erläuterungen bei *Hillenbrand*, S. 192, 218 ff.; *Kuhn*, S. 17 ff.

295 Zu den englischen und US-amerikanischen „Maßnahmengeboten" komprimiert *Hille*, WRP 2019, 1408 Rn. 10 f.; vertiefend mit zahlr. älteren Beispielsfällen *Hillenbrand*, S. 125 ff., 134, 146 f., 188 ff., 218 ff., 228 ff., 241 ff.

296 Manifestation nach außen verlangten ua. Section 230 iVm. 217 Crimes Act 1961/2003 Neuseeland und die plurinationalen Anden- und NAFTA-Übereinkommen (s. *Meitinger*, S. 136 ff.;

dessen Vorbild einer Begriffsdefinition, die den Geheimniswillen als subjektives Begriffselement zwar faktisch in der Sache fortführt, ihn aber zugleich um den Additivaspekt objektiver Dokumentation in Gestalt von Schutzmaßnahmen ergänzt. Dergestalt als **Beweiszeichen** in einen vollkommen anderen Mantel gekleidet, hat es von seiner früheren Funktion als vermeintlich materielles Begriffskonstituens allerdings nichts verloren, im Gegenteil: Jegliche Einrichtung von Geheimhaltungsmaßnahmen setzt nunmehr schon qua „Natur der Sache" die Existenz eines zumindest abstrakt-generellen Geheimniswillens logisch zwingend voraus, er muss sich manifestieren.[297] Von einem „An-die-Stelle-treten", „Ersetzen" oder „Wegfall" etc.[298] kann daher nicht die Rede sein – eher von einer Wiedergeburt, allerdings in sehr unkonturierter Gestalt (→ Rn. 163).

Abgesehen von der versteckten Wiederbelebung des verfehlten Geheimniswillens in einem die Grenze materieller Begriffsdefinition offen übersteigenden haftungsbegrenzenden Beweiszeichen sieht sich das Dokumentationsgebot „angemessener Schutzmaßnahmen" dem Vorwurf ausgesetzt, im Gegensatz zum klassischen (im-)materialgüterrechtlichen und privaten für den verbleibenden wirtschaftlichen Geheimbereich **vollkommen neue Rechtsschutzbegrenzungen** zu etablieren. Angesichts der damit verbundenen faktischen „Gemeinfreiheit" wäre es sowohl unions- wie verfassungsrechtlich angezeigt gewesen, die Austarierung allgemeiner Grundfreiheiten (Art. 28–66 AEUV) und Grundrechte (Art. 8, 11, 15 ff. GRCh, Art. 2 Abs. 1, 12, 14 GG) zumindest ansatzweise nachvollziehbar darzulegen,[299] zumal der von Art. 1 Abs. 1 Satz 2 der RL festgesetzte Mindestschutz gar keiner Umsetzung bedurft hätte.[300] Richtlinien- und Gesetzgeber haben sich dem leider kommentarlos enthalten. Die Tragfähigkeit einer solchen „Stimmenthaltung" harrt der gerichtlichen Überprüfung. 58

(2) Der offene Sachgrund gebotener Schutzmaßnahmen

Die vorgenommene „Erhebung" der angemessenen Geheimhaltungsmaßnahmen zum eigenständigen unentbehrlichen Begriffselement eines rechtlich schutzwürdigen Geschäftsgeheimnisses ist umso bedenklicher, nicht nur weil es, anders als in zahlreichen anderen Rechtsbereichen, „schutzunwürdige" Güter bereits begrifflich abqualifiziert. Wesentlich gewichtiger ist seine bis heute fehlende materiell stichhaltige Begründung. Richtlinien- und Gesetzgeber haben offengelassen, was unter diesem „Maßnahmenzwang" zu verstehen ist und woraus er abgeleitet wird. Dieses Manko vermag auch eine noch so breite inter- wie nationale Anerkennung nicht zu 59

Müller, S. 128 ff., 169 ff.; *Reger*, S. 263 ff.). Keiner Manifestation bedarf es ua. in § 2 Abs. 6 UWG Japan 2016.
297 So sachlich zutreffend ua. *Börger/Rein*, CB 2017, 118, 119; *Hiéramente/Golzio*, CCZ 2018, 262, 266; *Hoppe*/Oldekop, Kap. 1 Rn. 110; MK-StGB/*Hohmann*, § 23 GeschGehG Rn. 29.
298 So ua. Büscher/*McGuire*, § 2 GeschGehG Rn. 20; H/O/K/*Harte-Bavendamm*, § 2 Rn. 50; *McGuire*, GRUR 2016, 1000, 1006; *Rody*, S. 160 f.; *Wiese*, S. 58 f.
299 So bereits *Brammsen*, wistra 2018, 449, 452; *Möhrenschlager*, wistra 6/2019, IX, X.
300 Zutreffend bereits bemerkt von *Lejeune*, CR 2016, 330, 333.

§ 2 Begriffsbestimmungen

beheben – ohne tragfähigen Sachgrund verbleibt eine bloße Schimäre. Ein solcher ist aber bislang nirgends zweifelsfrei vorgetragen, kennt doch das bundesdeutsche Recht weder bei relativen noch bei absoluten beweglichen Sachgütern eine entsprechende Vorgabe. Die **apostrophierte Schutzverpflichtung** bedarf daher unabhängig von ihrer konstruktiven Ausformung als begriffliches oder prozessuales Konstituens rechtfertigender individueller und bzw. oder kollektiver Schutzaspekte.

(2.1) Individuelle Schutzaspekte

60 Von den hier einzuordnenden beiden möglichen Sachgründen eines objektbedingten „Selbstschutzes" ist keiner zu einer derartigen begrifflichen (und auch nicht zu einer rechtlichen) Schrankensetzung geeignet. Dies zeigt prägnant der rechtliche Schutz so klassischer Individualgüter wie Leben, körperliche Unversehrtheit, Sach- und Grundeigentum, die allesamt begrifflich wie „gegenständlich" allein an die Einzigartigkeit ihrer Träger und deren Entfaltungspotenzial, nicht aber an zu errichtende „Zugriffsbarrieren" anknüpfen. Gleiches gilt für die Privatgeheimnisse: Hier sind Gutscharakter und Rechtsschutz ebenfalls nicht an die zuvorige Errichtung eigener Schutzmaßnahmen gebunden. Eine solche konstitutive Funktion kann ihnen nicht ernsthaft zugeschrieben werden.[301] **Drittbezogene Warnpflichten** sind grundrechtlich wie grundfreiheitlich gewährleisteten Individualgütern keineswegs immanent. Ihnen solche als zwingendes Konstituens zuzuschreiben[302] konterkariert deren materiellen (Freiheits-)Rechtscharakter.

61 Als weiterer individueller Sachgrund eines das materielle Geheimnis bedingenden „Selbstschutzes" kommt auch kein Rekurs auf das Vermögen in Betracht. Zwar ist es nach hiesiger Auffassung eine unbestreitbare Tatsache, dass Geschäftsgeheimnisse ein ihrem jeweiligen Inhaber zu eigener Nutzung und Verwertung objektiv zugeordnetes wirtschaftliches Gut und damit ein Vermögenswert sind (→ § 1 Rn. 16 ff.): Egal, wem Geschäftsgeheimnisse in concreto letztlich wie zuzuordnen sind (einer natürlichen Person, einer Rechtsperson, einer Gemeinschaft oder einer Gesamthand), begründet ist immer Individualvermögen.[303] Die faktische Entstehung, rechtliche Zuordnung und Ausformung entsprechender „Einzelgüter" an die Erbringung zudem arg unkonturierter „Schutzmaßnahmen" zu binden, übersteigt aber das Ausgestaltungspotenzial der gem. Art. 12 Abs. 1 Satz 2, Art. 14 Abs. 1 Satz 2 GG zulässigen Inhalts- und Schrankenbestimmungen. **Realgüter**[304] wie

---

301 Vgl. statt vieler *Kalbfus*, Rn. 44 ff., 48 f. mwN; befürwortend hingegen ua. *Hoppe*/Oldekop, Kap. 1 Rn. 105, 110 ff.; *Schweyer*, S. 428 ff., 437.
302 Beispielhaft Büscher/*McGuire*, § 2 GeschGehG Rn. 46; H/O/K/*Harte-Bavendamm*, § 2 Rn. 42; *Hoppe*/Oldekop, Kap. 1 Rn. 105; *McGuire*, WRP 2019, 679 Rn. 19 ff.
303 Es gibt keine Geschäftsgeheimnisse „erga omnes" – gemeinfreies Wissen (als öffentliches Gut) und geheimes Wissen schließen sich aus.
304 Realgüter sind Verkörperungen bzw. Erscheinungsformen anerkannter transtemporaler Grundwerte (Leben, Vermögen, Umwelt usw.).

III. Das Geschäftsgeheimnis (§ 2 Nr. 1)   § 2

Grund und Boden, Sachen oder geistige Erkenntnis sind wie Luft und Wasser in ihrer Entstehung und Anerkennung[305] als materielles „Gut" rechtlich unabhängig. Das Recht mag ihren Schutz gestalten, die reale Existenz der jeweiligen Erscheinung bestimmt es hingegen nicht. Diese wird nicht erst de jure erschaffen, die fertige Entität geht mit ihrem Kreationsakt dem de facto voraus. Auch das Vermögen vermag daher nicht dem „Schutzgebot" das Fundament begrifflicher Transformation zu gewähren. **Schutzmaßnahmen** sind ein Indiz für ein Geheimnis oder ein anderes Gut, sie sind **nicht** deren **Konstituens**. Vermögensgüter erzwingen weder begrifflich noch zuordnungstechnisch eigenen Bestandsschutz. Dessen Domäne ist ihre existenzielle Absicherung bzw. Erhaltung, nicht aber ihre Erschaffung. Letztere vollzieht sich auch ohne Abwehr, Ankündigung oder Warnung genere in completo.

(2.2) Kollektive Schutzaspekte

Im Gegensatz zu den wenigen potenziell tragfähigen Individualaspekten angeblich begriffsimmanenter Geheimhaltungsmaßnahmen erscheint das Spektrum kollektiver Begründungsansätze ungleich breiter und weiterführender. Allein – der Schein trügt. Auch die vorgetragenen Kollektivaspekte vermögen nicht das erwähnte „Maßnahmenkriterium" als Begriffskonstituens materiell in sich schlüssig zu begründen. Wiederum wird nicht hinreichend sorgfältig zwischen dem Gut „Geschäftsgeheimnis" und dem implantierten additiven Schutzgebot unterschieden.   62

Strukturell sind die festgesetzten **Geheimhaltungsmaßnahmen** zu identifizieren als materiellrechtsakzessorische Organisationspflichten. Ausgerichtet auf die Funktion, die Durchsetzung des materiellen Rechts durch (unternehmens-)interne Regelung zu optimieren, sind sie letztendlich öffentlich-rechtlicher Natur und zwar in Gestalt der sog. **Indienstnahme**. Dieses altbekannte, den störungsfreien Ablauf privatautonomer Zweckverfolgung aufgrund seiner „Sach- und Verantwortungsnähe"[306] mittels Eigenkontrolle und Errichtung eigener Schutzvorkehrungen der Gewährleistung von Gemeinwohlagenden dienende Regelungsinstrument[307] verschiebt die materiellen Verantwortungszusammenhänge privater Freiheitsentfaltung unter dem Mantel der Systemstabilität. Es bedarf deshalb entsprechend gewichtiger gemeinwohlbezogener **Sachgründe**, die auf der begrifflichen „Gutsebene" zwar keinen prägenden Gehalt, der Abwandlung der materiellrechtlichen Ausgestaltung aber eine trag- wie auch transtemporal-konsensfähige geistige Grundlage geben können. Solche sind hier allerdings nicht ersichtlich.   63

---

305 Leider aber nicht in ihrer Beeinträchtigung bzw. Verletzung.
306 Zu diesem Erfordernis vgl. BVerfGE 95, 173, 187; 125, 260, 261 f.
307 Zu dieser Erscheinungsform der materiellen Privatisierung (= Heranziehung Privater in deren Eigenbereich ohne Einbindung in konkrete staatsseitige Erfüllungsverantwortung) näher *Drüen*, S. 49 ff.; 168 ff.; *Greenawalt*, S. 156 ff.; *Hilpert*, S. 444 ff., alle mwN.

§ 2 Begriffsbestimmungen

64 Von vornherein als Sachgrund **auszuschließen** ist in diesem Zusammenhang das Schutzzweckkonglomerat der „**Schutzzwecktrias**" des § 1 UWG.[308] Abgesehen von der ungeklärten Frage seiner etwaigen Fortgeltung im Geschäftsgeheimnisschutz nach dessen Verselbstständigung im neuen GeschGehG ist es ebenso wie das Allgemeininteresse am „Schutz des Wettbewerbs als Institution der Wirtschaftsordnung" in Wahrheit ohne Bedeutung:[309] Beides vermag nicht die Entstehung von Geheimnissen mit deren zusätzlicher Ausrichtung auf Absicherungspflichten strukturell umzugestalten[310] – weder inhaltsbestimmend oder charakterisierend sind sie allenfalls nachrangige „Additivaspekte".[311]

65 Auch andere rechtsbezogene Begründungsansätze wie naturrechtliche oder verbraucherzentrierte Konzepte können schon allein vom Ausgangspunkt her den „**Selbstschutzzwang**" nicht als originär-sachliches Begriffskonstituens erklären. Allesamt primär dem Aspekt der Rechtszuweisung verhaftet[312] übergehen sie den auf Vorrangigkeit des von der wirtschaftlichen Funktion des Angriffsobjekts gegründeten „Gutgehalts" des Geschäftsgeheimnisses. Seine Eignung als grundlegendes Mittel zur Sicherung eigenverantwortlicher Lebensführung und wirtschaftlicher Entfaltung(-sfreiheit), dh. seine Werthaftigkeit als selbstständiges Objekt des alltäglichen Wirtschaftslebens ist von seinem im Rahmen wirtschaftlicher Betätigung festgesetzten Gebrauchswert zu identifizieren bzw. einzuordnen (→ § 1 Rn. 18). Weitergehende Bestandserhaltungs- und/oder Warnpflichten sind ggf. deren Folge, nicht aber deren Konstituens.

66 Gleiches gilt uneingeschränkt für ähnliche Theorien wie die **Property Rights**-Ansätze (→ Einl. A Rn. 6), ökonomisch zentrierte Rekurse auf das Anreizprinzip bzw.

---

308 Komprimiert zu seiner vermeintlichen Bedeutung für den vormaligen UWG-Geheimnisschutz ua. *Steigüber*, S. 77 ff. mwN.
309 Zu Letzterem als institutionellen Schutzaspekt ua. *Dorner*, S. 147; G/M/V/*Schneider/Schumann*, § 33 Rn. 33; GK-UWG/*Wolters*, § 17 Rn. 2 ff.; *Kalbfus*, Rn. 316; K/B/F/*Köhler*, Vor §§ 17–19 UWG Rn. 6; *Steigüber*, S. 80 ff.
310 Gut, Wert und (Schutz-)Zweck: „gehören verschiedenen Denkkategorien an. Zwecke können gewertet werden, aber (Einschub vom Verf.: „Güter und) Werte können keine Zwecke sein"; *Hardwig*, Grundprobleme der Allgemeinen Strafrechtslehre, 1984, S. 43; s. auch *Brammsen*, BB 2018, 2446, 2448.
311 „Additivaspekte" sind Sachgründe, die andere Hauptsachgründe lediglich funktionell ergänzen bzw. unterstützen. Auf die gesetzliche Ausgestaltung und Klassifizierung des jeweiligen Verletzungstatbestands haben sie keinen nachhaltigen Einfluss; Maurach/*Zipf*, Strafrecht Allgemeiner Teil 1, 8. Aufl. 1992, § 19 Rn. 20 ff.
Zur Kritik überindividuell fundierten Geheimnisschutzes *Aldoney Ramirez*, S. 322 ff.; *ders.*, in: FS Tiedemann, S. 1141, 1160 ff.
312 Prägnant zu ihrem selbst im Rechtsbereich mangelnden Erklärungswert für das Geschäftsgeheimnis und den „anverwandten" Markenschutz – letzterer setzt ebenso wie der Urheberschutz die außerrechtliche Anerkennung von Marken und literarischen etc. Werken als außermonetär wertbehaftetes „Gut" voraus – *Hille*, RabelsZ 83 (2019), 544, 547 ff. letzteren-, *Dornis*, GRUR 2019, 1252, 1257 f., 1262 f. und *Kalbfus*, Rn. 32 ff. ersterenfalls. Für alle „Realgüter" (→ Rn. 61) gilt gleichermaßen: Sie sind keine solchen erst „qua Recht". Zur entsprechenden Diskussion beim Patentschutz statt vieler *Bauch*, S. 20 ff., 74 ff., 102 ff., 142 mwN.

das „**Patentannex**"³¹³ oder die „(Geheimhaltungs-)Kostenreduktion",³¹⁴ deren vermeintlich primärer substanzvermittelnder „Selbstzweck" einer rechtlichen Absicherung möglichst ungeschmälerter wirtschaftlicher Know-how-Nutzziehung sich wie beim klassischen Sacheigentum ausschließlich in der Gewährleistung der werthaltigen Vermögensposition Geschäftsgeheimnis³¹⁵ erschöpft. Nicht die (Gemein-) **Kostenreduktion**, motivationale **Innovationsanreize**, etwaige Monopole usw. sind der maßgebliche „gutsbildende" Faktor. Sie reduzieren lediglich das freiheitstragende kreative Individuum zum zwangsweisen Destinatär und Sachwalter von Kollektivinteressen. Dergestalt des Produktes seiner eigenständig erwirkten wertbildenden Substanz beraubt, wird es zu deren billigem Lastenträger, der zentrale Schutzaspekt seiner „Wertschöpfung" transformiert. Soll aber nicht das Pferd gleichsam von hinten aufgezäumt werden, kann allein die (den Besitz- und Mieterrechtsschutz einbeziehende) Eigentumsgarantie „dem Grundrechtsträger einen Freiraum im vermögensrechtlichen Bereich erhalten und dem Einzelnen damit die Entfaltung und eigenverantwortliche Lebensgestaltung ermöglichen. ... Ihre Funktion ... besteht gerade auch darin, dem Bürger Rechtssicherheit hinsichtlich der durch die Rechtsordnung anerkannten Vermögensrechte zu gewähren und das Vertrauen in den Bestand seiner Rechte zu schützen".³¹⁶ So umgeformt konterkariert sich die freiheitliche Ordnung letztlich selbst.

(2.3) Resümee

Es lassen sich **keine** individuellen oder kollektiven **Sachgründe** ermitteln, die eine zwingende Anknüpfung des Geschäftsgeheimnisbegriffs an ein Definitionsmerkmal der „angemessenen Geheimhaltungsinteressen" zu begründen vermögen. Zu seiner Entstehung bedarf es ihrer nicht. **Geschäftsgeheimnisse** entstehen als solche ohne jeden „Selbstschutz" (auch in Gestalt von Warnfunktionen). Wie andere Realgüter sind sie **rechtsautarke Güter** – in ihrer tatsächlichen Existenz nicht von drittseitiger Zugriffsverhinderung oder entäußerungsbedürftigen Bestandserhaltungsbemühen getragen. Ihre rechtliche Implementierung bereits auf der Begriffsebene des materiellen Schutzgutes „Geschäftsgeheimnis" zu suchen, ist bereits **formaljuristisch** konzeptionell **widersprüchlich**. Materiell als Inhalts- und Schrankenbestimmung einzuordnen, findet sie sich momentan in den wenig passenden

67

---

313 Zu den jeweiligen pro und contra *Dornis*, GRUR 2019, 1252, 1258f., 1263; *Kalbfus*, Rn. 50ff., 58ff.; *Lichtenthäler*, S. 186ff.; *Schweyer*, S. 364ff., 416ff.; *Slawik*, S. 29ff.; *Steigüber*, S. 53ff., *S. Wagner*, Rn. 58ff., alle mwN.
314 Zu den maßgeblich auf das Allgemeininteresse der Kostensenkung (für präventive Sicherungsmaßnahmen) bzw. den Ressourcenschutz gründenden Ansätzen *Dorner*, S. 421ff., 451f.; *Kalbfus*, Rn. 71ff., 95ff.; *ders.*, GRUR-Prax 2017, 391, 392; *Siems*, WRP 2007, 1146, 1149f.; *Stäuber*, S. 48ff.; *S. Wagner*, Rn. 63ff.; *Zech*, CR 2015, 137, 145; *ders.*, GRUR 2015, 1151, 1158ff.; s. auch *Hille*, WRP 2019, 1408 Rn. 6ff., 12ff.; *ders.* (speziell zum Markenschutz) RabelsZ 83 (2019), 544, 550ff.; (zum Patentschutz) *Bauch*, S. 74ff.
315 S. auch *Kalbfus*, Rn. 28, 46, 117, 159, 185, 316; *Engländer/Zimmermann*, NZWiSt 2012, 328, 332f.
316 BVerfGE 51, 193, 218; 89, 1, 6; 102, 1, 15.

§ 2 Begriffsbestimmungen

„Formmantel" einer öffentlich-rechtlichen Indienstnahme gekleidet. Dergestalt fehlverortet bedarf das „Maßnahmengebot" neben einer tragfähigen materiellen Fundierung dringend einer entsprechend fundierten passenderen Einkleidung.

(3) Die Geheimhaltungsmaßnahmen

(3.1) Beweiszeichen: Die materiellrechtlich korrekte Einordnung

68 Ungeachtet der vorstehend benannten Fragwürdigkeiten ist das „Maßnahmengebot" des § 2 Nr. 1 lit. b GeschGehG gleichwohl geltendes Recht, dh. bis zu seiner Aufhebung oder Abänderung anzuwenden und damit auch kommentierend zu begleiten. Letzteres ist umso notwendiger, entfalten Geheimhaltungsmaßnahmen doch auch ohne Ausformung zu einem selbstständigen zusätzlichen Begriffselement eine für jeden Geheimnisbegriff zentrale Bedeutung: Als Stabilisator bestehender Geheimheit verhindern sie im Idealfall unerwünschte drittseitige Zugänglichkeit. Begriffsspezifisch sind sie deshalb als Realphänomen dem faktischen Begriffselement der „Geheimheit" zuzuordnen. Sie gewährleisten und dokumentieren bestehende Geheimheit, sind mithin auch ohne pflichtbezogene Überhöhung im Rahmen jeder Geheimnisprüfung zu beachten. Als Ausdruck des geheimheitsspezifischen Beherrschungsprinzips keiner zusätzlichen Verpflichtung bedürftig, ist ihre Umsetzung gleichwohl gerichtlicher Überprüfung bzw. Berücksichtigung zugänglich. **Geheimhaltungsmaßnahmen** sind mithin **klassische Beweiszeichen**.[317]

69 Die Geheimheit einer Kenntnis kann selbst bei großer Mitwisserschar fortdauern, wenn eine Bedingung gewahrt wird: Es darf nicht die jederzeitige problemlose Möglichkeit zur Kenntnisnahme für beliebige Dritte eingetreten sein. Weil die Geheimheit auf die fehlende Zugänglichkeit einer Kenntnis gegründet ist (→ Rn. 25 ff.), bedarf sie zu ihrer Aufrechterhaltung – ebenso wie zu ihrer Herausbildung – des andauernden Ausschlusses eben dieser Zugänglichkeit. Unabhängig von der Anzahl der Mitwisser bleibt eine Geheimheit solange erhalten, wie die Kenntnisnahme von dem(n) Geheimhaltenden bzw. Berechtigten beherrscht und kontrolliert wird.[318] Seine Fähigkeit, den freien Lauf eines Informationsflusses zu hemmen, etwa durch Zugangsschranken, gewährleistet der Exklusivität des Wissens die Fortdauer. Hat er die Möglichkeit, den Kreis der Mitwisser weiterhin begrenzt zu halten und den Kenntnisnahmeprozess zu steuern, bleibt selbst bei anwachsender „Mehrfachkenntnis" das Weiterbestehen der Geheimheit gewährleistet.

---

317 Materiellrechtlicher Natur sind entsprechende Einwände Gegenstand des Erkenntnisverfahrens und bei fehlender Beschränkung des Tenors nicht im Zwangsmittel- oder Zwangsvollstreckungsverfahren überprüfbar; OLG Düsseldorf, GRUR 2020, 724 Rn. 12 ff. – Cholesterinsenker.
318 Dabei kann er sich der Hilfe Dritter bedienen.

III. Das Geschäftsgeheimnis (§ 2 Nr. 1) **§ 2**

(3.2) Die „Maßnahmentrias:" Einteilung und Exemplifikation

Im Schrifttum ist die geheimheitswahrende Funktion des **Beherrschungsprinzips** vielfach benannt.[319] Dabei stand anfangs im Vordergrund, wie und mit welchen Mitteln diese „Herrschaft" ausgeübt wird – nämlich durch Kontrolle. Gerade im Bereich der zumeist unverkörperten Informationen ist der Kontrollaspekt sehr gut geeignet, die „Steuerungsproblematik" bei der Zugänglichkeit zu veranschaulichen, wenn beachtet wird, dass ihm nicht nur „sächliche" Bedeutung zukommt. *Gegenständliche Kontrollmechanismen in Gestalt von* Schlössern und ähnlichen **technischen** bzw. **organisatorischen Maßnahmen** spielen allerdings heutzutage und wohl auch zukünftig eher eine nachgeordnete Rolle. Sie lassen kaum inhaltsreiche Aussagen über ihren effektiven Schutzwert zu und sind zudem im Zeitalter der High-Tech-Industrie mit einfachen Mitteln oftmals verhältnismäßig leicht zu überwinden. Ihre Hauptfunktion besteht in der ihr zuerkannten Indizwirkung,[320] dh. in der Dokumentation eines auf Geheimheit und Geheimhaltung gerichteten Bestrebens mittels Errichtung sächlicher Zugangsschranken. **70**

Im heutigen weitgehend rechtlich durchstrukturierten Privat- und Wirtschaftsleben spielen andere Kontrollmechanismen die führende Rolle. *von Stebut*[321] kommt der Verdienst zu, die geheimheitswahrende Funktion **rechtlicher Maßnahmen** in ihren einzelnen Ausprägungen und in ihrer Gesamtheit aufgezeigt zu haben. Standardbeispiel dieser normativen Kontrollmittel ist die *Verschwiegenheitspflicht*, die – verschieden ausgestaltet – eine Offenbarung geheimen Wissens untersagt. Ausgehend von der Urform der individuellen Abrede haben sich so im Laufe der Zeit zahlreiche vertragliche, gesetzliche und sogar strafrechtliche Schweigepflichten herausgebildet, deren Missachtung auf verschiedene Weise sanktioniert wird. Durch die Normierung praktisch bedeutsamer Schweigepflichten wie zB § 93 Abs. I AktG, § 24 ArbErfG, § 79 BetrVG, §§ 90, 323 Abs. 1 HGB, §§ 203 f. StGB, § 17 Abs. 1 UWG aF entlastet der Gesetzgeber die Parteien von der Notwendigkeit individueller Abreden, garantiert Rechtseinheit und Rechtssicherheit und dokumentiert gleichzeitig das allgemeine Interesse an der Aufrechterhaltung einer Geheimheit. Seine *Offenbarungsverbote* sichern dem Berechtigten auch bei weitergegebener Kenntnis den Fortbestand seiner Geheimheit. Sie ermöglichen ihm eine Bekanntgabe an bestimmte Personen, ohne infolgedessen die Herrschaftsmacht über die Geheimheit bzw. die Zugänglichkeit einzubüßen. Unterliegen die Mitwisser einer rechtlichen Verschwiegenheitspflicht, kann er den Kenntnisnahmeprozess mit **71**

---

319 So ua. von *Anders*, S. 146 ff.; *Angersbach*, S. 186 f.; *Brandau/Gal*, GRUR 2009, 118, 120 f.; B/S/W/*Peter/Wiebe*, Art. 39 TRIPS Rn. 17; *Druey*, ZSR 1973, 451, 469; *Föbus*, S. 53 ff.; *Götz*, S. 15; *Grunewald*, WRP 2007, 1307, 1308 f.; Harte/Henning/*Harte-Bavendamm*, § 17 Rn. 4; *Helbach*, S. 34; *Kochmann*, S. 103 ff.; *Malmström*, S. 43; *Pfaff*, S. 58; *Rahimi Azar*, JuS 2017, 930, 932; *R. Reichold*, S. 43; *Rudkowski*, S. 8; *St. Simon*, S. 104 ff.; *Stäuber*, S. 12.
320 Statt vieler *Hoppe*/Oldekop, Kap. 1 Rn. 105, 111 ff. Zutreffend diese in Frage stellend *Kalbfus*, Rn. 175 ff. mwN.
321 Vgl. *von Stebut*, S. 12 ff.; idS auch *Doepner*, in: FS Tilmann, S. 105, 109; *Frank*, S. 58 f.; *Scholz/Rönnau*, § 85 Rn. 21; *Westermann*, Kap. 1 Rn. 32 ff.

§ 2 Begriffsbestimmungen

rechtlich eingeräumten Maßnahmen „beherrschen" und die problemlose Zugänglichkeit für Dritte verhindern. Solange der Geheimhaltende die Geheimhaltung trotz weitergegebener Kenntnis noch steuern kann, solange bleibt sie erhalten.[322]

72 Dergestalt vorgezeichnet hat die vorstehende **Maßnahmentrias**[323] nunmehr über Art. 2 Nr. 1 lit. c Know-how-RL 2016/943/EU und § 2 Nr. 1 lit. b GeschGehG Eingang in das unionsrechtlich anharmonisierte Geschäftsgeheimnisrecht gefunden. Obwohl inzwischen wiederholt einschlägig erörtert,[324] zeichnen sich die Regelungen nicht gerade durch eine nennenswerte Konturierung aus.[325] Ihre Strukturierung und Veranschaulichung bedarf weitergehender Exemplifizierung und Spezifizierung, um den breiten Variantenreichtum möglicher Geheimhaltungsmaßnahmen einer in concreto optimal zielführenden Umsetzung zuzuführen. Diese hat im Vorfeld der eigentlichen Implementierung mit der Vorstufe einer detaillierten **Identifizierung** und **Klassifizierung** jener geheimhaltungsrelevanten Informationen zu beginnen, die den zu treffenden unternehmerischen Entscheidungen die maßgeblichen schutzbedürftigen Angriffsziele aufzeigt (3.2.1). An ihre Bestimmung knüpft dann der zentrale 2. Schritt der **Auswahl** und **Einrichtung** jener zu bewerkstelligenden organisatorischen (3.2.1), technischen (3.2.2) und rechtlichen (3.2.3) **Schutzmaßnahmen** (3.2) an, die aller Voraussicht nach die Sicherstellung der angestrebten Geheimhaltung auch zielführend verwirklichen können.

(3.2.1) Die Vorstufe der Identifizierung und Klassifizierung

73 Als bloß vorbereitender Baustein noch zu errichtender Geheimnisschutzregime im Vorfeld dienend ist die Ermittlung und Einstufung geheimer Unternehmensinterna aus sich selbst heraus nicht geeignet, unerwünschtem Wissensabfluss und schlei-

---

322 So ua. auch juris PK-UWG/*Ernst*, § 17 Rn. 14; Momsen/Grützner/*Heghmanns*, § 26 Rn. 20; *Mayer*, GRUR 2011, 884, 886; *McGuire et al.*, GRUR Int. 2010, 829; *Ohly*/Sosnitza, § 17 Rn. 8; *Pesch*, S. 114; *Ritz*, S. 44; S/S/W/*Bosch*, StGB, § 203 Rn. 4; *Többens*, WRP 2005, 552, 556. Objektive Erkennbarkeit der Kontrolle verlangten ua. bereits *Ann*, GRUR 2007, 39, 42; *Grunewald*, WRP 2007, 1307, 1309.
323 Vgl. BeckOK UWG/*Hohn-Hein/Barth*, § 2 GeschGehG Rn. 16f.; *Becker/Kussnik*, RAW 2018, 119, 123 f.; *Buck*, jM 2020, 59, 63; *Dann/Markgraf*, NJW 2019, 1774, 1776; *Fleischer/Pendl*, ZIP 2020, 1321, 1328 ff.; *Fuhlrott/Hiéramente*, DB 2019, 967, 968; *Jansen/Hofmann*, BB 2020, 259, 260; *McGuire*, WRP 2019, 679 Rn. 4; *Rehaag/Straszewski*, Mitt. 2019, 249, 253; *Reinfeld*, § 1 Rn. 154, 176; *Rosenkötter/Seeger*, NZBau 2019, 619, 620 f.; *Scheja*, CR 2018, 485 Rn. 19; *Thiel*, WRP 2019, 700 Rn. 18. Mehrförmigkeit erwägend *Alexander*, WRP 2017, 1034 Rn. 54; BeckOK GeschGehG/*Fuhlrott*, § 24.1; *Maaßen*, GRUR 2019, 352, 377 ff.; *Ohly*, GRUR 2019, 441, 444.
324 BeckOK GeschGehG/*Fuhlrott*, § 2 Rn. 35 ff.; *Becker/Kussnik*, RAW 2018, 119, 122 ff.; *Fuhlrott/Hiéramente*, DB 2019, 968 ff.; H/O/K/*Harte-Bavendamm*, § 2 Rn. 58 ff.; *Hille*, WRP 2019, 1408 Rn. 30 ff.; *Hoppe*/Oldekop, Kap. 1 Rn. 159 ff.; *Jonas*, DB 2020, 1738 ff.; L/W/G/*Schur*, Teil 6.8 Rn. 28 ff.; *Maaßen*, GRUR 2019, 352, 355 ff.; *Redeker/Pres/Gittinger*, WRP 2019, 681 Rn. 8 ff.; *Rehaag/Straszewski*, Mitt. 2019, 249, 252 ff.; *Reinfeld*, § 1 Rn. 169 ff.; *Rody*, S. 132 ff.; *Scheja*, CR 2018, 485 Rn. 30 ff.; *Schreiber-Ehle*, CR 2019, 485 ff.; W/J/S/*Möhrenschlager*, Kap. 16 Rn. 78 ff.
325 Kritisch bereits zur RL ua. *Bott/Hiéramente*, CCZ 2017, 125, 127; *Harte-Bavendamm*, in: FS Büscher, S. 311, 316 ff.

chendem Wertverlust wirksam zu begegnen. Obwohl demgemäß nicht als eigenständige Untergruppe der Geheimhaltungsmaßnahmen zu bezeichnen – **Identifikation eröffnet Sicherung**, ist aber keine solche –, kommt der sorgfältigen Aufstellung und Kategorisierung potenzieller wie vorhandener Geschäftsgeheimnisse besondere Bedeutung zu: Nur auf einer umfassend eruierten und fundiert bewerteten Wissensbasis lässt sich ein „passgenaues" Schutzkonzept errichten. Es ist demnach ebenso angemessen wie sachgerecht, im Anschluss an die Erstellung einer einschlägigen **Zuständigkeitsordnung**[326] eine genaue **Identifizierung** und **Kategorisierung** von Unternehmensinterna als faktengestützte **Bestandsanalyse** in das anschließend vorzustellende Maßnahmenkonvolut einzubeziehen bzw. voranzustellen.[327]

(3.2.1.1) Die Errichtung der Schutzordnung

Geheimnisschutzmaßnahmen entstehen und verwirklichen sich nicht von selbst, sie bedürfen personell zu verrichtender Initiierung, Konzipierung, Durchführung, Überwachung usw. Als Teilgebiet des unternehmensspezifischen Compliance- und Risikomanagements demgemäß dem breiten **Aufgabenfeld** der **Unternehmensleitung** zugeordnet, obliegt dessen Einsetzung und Steuerung zuvorderst der Geschäftsführung, dh. den Unternehmern bzw. Geschäftsinhabern oder den Leitungsorganen verselbstständigter Vermögensmassen (primär Vorstand, Geschäftsführung). Dabei bedarf es keineswegs einer Mitwirkung des Gesamt- bzw. Kollegialorgans, Konzeption, Einrichtung, Kontrolle und Fortentwicklung kann/sollte zweckmäßigerweise der koordinierten Verantwortlichkeit eines oder zweier Teilressorts übertragen werden. Komplettiert wird die Gruppe dieser obersten Führungskräfte der Unternehmensleitung durch die Organwalter des Aufsichtsrats, deren umfassende Überwachungs- und Beratungsfunktion neben Korrektur und Nachprüfung auch die Erstellung und Vorlage eigener Initiativ- oder Reformkonzepte gestattet.[328]

---

326 Zuvorige Errichtung empfehlen gleichfalls ua. BeckOK GeschGehG/*Fuhlrott*, § 2 Rn. 20 f.; *Becker/Kussnik*, RAW 2018, 119, 122 f.; *Börger/Rein*, CB 2017, 118, 121 f.; *Fleischer/Pendl*, ZIP 2020, 1321, 1327; *Kalbfus*, GRUR-Prax 2017, 391, 392; *Maaßen*, GRUR 2019, 352, 359; *Trebeck/Schulte/Wissermann*, NZA 2018, 1176, 1178.
327 Vgl. auch LG München I, MMR 2020, 717 Rn. 9, 17 ff.; BeckOK GeschGehG/*Fuhlrott*, § 2 Rn. 23; *Becker/Kussnik*, RAW 2018, 119, 122 f.; *Burghardt-Richter/Bode*, BB 2019, 2697, 2700; *Börger/Rein*, CB 2017, 118, 119 ff.; H/O/K/*Harte-Bavendamm*, § 2 Rn. 59 ff.; *Hille*, WRP 2019, 1408 Rn. 30; *Hoppe*/Oldekop, Kap. 1 Rn. 127 ff.; dies./*Holtz*, Kap. 1 Rn. 389 ff. (zum „Reverse-Ausschluss"); *Kalbfus*, GRUR-Prax 2017, 391, 392 f.; K/B/F/*Alexander*, § 2 GeschGehG Rn. 55 ff.; *Maaßen*, GRUR 2019, 352, 356 ff.; *Nienaber*, Rn. 225 ff., 423 ff. (speziell zu Geschäftsgeheimnissen); *Rehaag/Straszewski*, Mitt. 2019, 249, 252; *Reinfeld*, § 1 Rn. 203 ff.; *Scholtyssek/Judis/Krause*, CCZ 2020, 23, 26 f.; *Thiel*, WRP 2019, 700 Rn. 22 ff. Zur (möglichen) Einbeziehung von Gebäudedatenmodellen (BIM) *Reinholz/Kraushaar*, K&R 2020, 788, 799.
328 Vertiefend zum Ganzen *Vetter/Lehmann*, DB 2019, 2507, 2509 ff.; komprimiert *Fleischer/Pendl*, ZIP 2020, 1321, 1327.

§ 2 Begriffsbestimmungen

75 Die **zweite Gruppe** erfasst die nachgeordnete Ebene der zentralen **Geschäftsbereiche**. Ihre jeweiligen Dezernenten und Direktoren sind diejenigen bereichsspezifischen Verantwortungsträger jener unter- wie zugleich übergeordneten Ebene, auf der und mit deren Personen sich das vorhandene Wissen der jeweiligen Fachabteilungen (insbes. Forschung und Entwicklung, IT, Personalwesen, Finanzen und Recht, Einkauf und Vertrieb, Public Relations) bündelt und vereint.[329] Als fachkundige **Hierarchiespitze** mit dem Umgang des internen Informationsfundus be- wie vertraut, fungieren sie aufgrund ihres Sachverstandes sowohl als übergreifende Sammelstelle wie als Koordinator und erste „neutrale" Interpreten eines gegebenen Wissenstandes, der zumindest dessen innerbetriebliches Wertgenerierungspotenzial näher umreißen kann. Zusammengeführt zu einer kleinen Fachgruppe ist nach Möglichkeit aus ihrer Mitte ein **Teamleiter** einzusetzen, der die erarbeiteten Erkenntnisse koordiniert und nach innen wie nach außen als zentrale Ansprechstelle für alle Geheimnisschutzsachen auftritt. Dieser sollte in Anlehnung an die Regeln der §§ 3 und 3a SÜG für den sog. Geheimnisschutzbeauftragten[330] möglichst frühzeitig erkoren und in die Konzeption eines Schutzprogramms eingebunden werden.[331]

76 Als **dritte Gruppe** möglicher „Mitplaner/Erstellungshelfer" kommen noch einschlägig ausgewiesen sachkundige **externe Ratgeber** in Betracht. Sie umfasst neben Rechtsanwälten und Unternehmensberatern auch den technischen Support der Sicherheitsexperten, insbes. IT-Spezialisten der einschlägig agierenden Hard- und Softwarefirmen sowie Ersteller von Zugangs- und Zugriffssicherungssystemen. In die Abstimmung einbezogen werden sollten auch die wichtigsten Zulieferfirmen und Entwicklungspartner, um ein möglichst optimal abgestimmtes Vorgehen bzw. ein Auftreten von Bruchstellen zu gewährleisten. Hierbei sollten frühzeitig beidseitige „Win-Win-Konzepte" anstelle einseitig aufoktroyierter Lösungsansätze präferiert werden, um einen eventuellen Fehlstart oder partiellen Leerlauf zu verhindern.

77 Die **vierte** und letzte **Gruppe** im Organigramm der schutzverantwortlichen Wissensträger umfasst den gesamten Kreis der eigenen **Unternehmensbeschäftigten** sowie denjenigen der hinzugezogenen selbstständigen und deren unselbstständiger **Dienstleister**. Ihnen allen obliegt in Umsetzung des Schutzprogramms die Wahrung der Geheimheit, wenn auch zeitmäßig und gegenständlich differenziert nach ihrem jeweiligen Tätigkeitsfeld. Die Innehabung einer oder bestimmter Verantwortungspositionen mit festgesetzten Kenntnisnahmebefugnissen hat insoweit ggf. lediglich zeitlich bzw. sachlich begrenzende, nicht aber konstitutive Bedeutung.

---

329 *Kalbfus*, GRUR-Prax 2017, 391, 392; *Maaßen*, GRUR 2019, 352, 359.
330 Zu Aufgaben und Rechtsstellung komprimiert *Däubler*, SÜG § 3a Rn. 3 ff.
331 Wie hier bereits *Maaßen*, GRUR 2019, 352, 359; *Fleischer/Pendl*, ZIP 2020, 1321, 1327, 1330; *Hoppe*/Oldekop, Kap. 1 Rn. 171 mwN.

III. Das Geschäftsgeheimnis (§ 2 Nr. 1)   § 2

(3.2.1.2) Die Identifizierung der Schutzobjekte

Im Vorfeld, begleitend, allerspätestens aber mit Aufstellung der Zuständigkeitsordnung des für eine erfolgversprechende Installierung eines effektiven und angemessenen Schutzpakets von zentraler Bedeutung, ist die Ermittlung aller infrage kommender Schutzobjekte. Dabei ist das Augenmerk nicht nur retrospektiv auf bisherige „Ertragsperlen" wie Einkaufspreise, Herstellungsverfahren oder Rezepturen zu richten, es ist vielmehr zugleich auch **prospektiv** auszurichten: Welche Informationen aus welchen Geschäftsbereichen lassen schon jetzt oder für die nähere Zukunft in welcher Höhe und mit welcher Wahrscheinlichkeit ein künftiges „Wertgenerierungspotenzial" erkennen? Miteinander kombiniert sind beide Ansätze in allen Geschäftsfeldern zu eruieren und einer koordinierten Abstimmung zu unterwerfen. 78

Leider ist die Aufdeckung von Geschäftsgeheimnissen angesichts der im innerbetrieblichen Geschäftsleben kursierenden Datenmengen und Informationen ein nicht immer einfach zu bewältigender Vorgang. Geheimheiten sind schon qua nature nicht „prima vista" zu ermitteln, zudem durchgängig auf verschiedene Weisen verdeckt, codiert oder sonstwie verschlüsselt vor fremden bzw. unbefugten Zugriffen gesichert. Zwar lassen sie sich von anderen unternehmensinternen, örtlich, regional, branchenweit etc. gebräuchlichen Informationen in Gestalt von Alltags-, Fach-, Erfahrungs-[332] oder anderen Formen breiteren Umgangswissens anhand ihrer Geschäftsbezogenheit relativ treffsicher abgrenzen, bleiben aber oftmals in concreto unaufgedeckt. Hilfreiche **Bestimmungskriterien** versprechen hier einige, in der Gesetzesbegründung benannte Faktoren wie Entwicklungsaufwand, Informationsthemenbereich, -kennzeichnung und -wert, gegebene Schutzmaßnahmen, Mitwisserkreis und Erlangungskosten für Konkurrenten.[333] Je größer ihre Anzahl und je gesteigerter ihr Messgrat, desto eher handelt es sich um eine Geheimheit. 79

(3.2.1.3) Die Klassifizierung der Schutzobjekte

Die Eingruppierung der als geheimhaltungsbedürftig erfassten Unternehmensinterna kann in Anlehnung[334] an die vierstufig konzipierte staatsseitige Verschlusssachenordnung[335] vereinfachend auf drei Klassen reduziert werden: Die Gruppe der **Existentialia** (sog. Kronjuwelen), diejenige der **Gravissima** (strategisch oder 80

---

332 Nachweise zur dortigen Wertbestimmung Fn. 279 ff.
333 Vgl. BT-Drs. 19/4724, S. 24 f., s. auch *Becker/Kussnik*, RAW 2018, 119, 123; *Fleischer/Pendl*, ZIP 2020, 1321, 1327 f.; H/O/K/*Harte-Bavendamm*, § 2 Rn. 59; BeckOK GeschGehG/*Fuhlrott*, § 2 Rn. 25 ff. Zur bloßen Indizwirkung der Kennzeichnung vgl. OVG Berlin-Brandenburg, NVwZ 2019, 1372, Rn. 50.
334 Vgl. etwa *Maaßen*, GRUR 2019, 352, 356; *Rehaag/Straszewski*, Mitt. 2019, 249, 252.
335 § 4 Abs. 2 SÜG (auch iVm. § 104 Abs. 3 GWB) unterteilt die Geheimhaltungsbedürftigkeit im öffentlichen Interesse des Bundes oder eines der Länder in Umsetzung der Verteidigungsrichtlinie 2009/81/EG (Abl. v. 13.7.2009, Nr. L 216/76) in folgende Geheimnisgrade: STRENG GEHEIM (potenzielle Gefährdung von Bestand oder lebenswichtiger Interessen), GEHEIM (potenziell schwerer Schaden für die Sicherheit), VS-VERTRAULICH (potenzielle Schädigung der Interessen) und VS-NUR FÜR DEN DIENSTGEBRAUCH (potenzielle Nachteiligkeit); komprimiert dazu *Bormann/Ludwig*, DÖV 2020, 1061, 1062 ff.; *Däubler*, SÜG § 4 Rn. 13 ff.

§ 2 Begriffsbestimmungen

sonstwie wichtige Informationen) und die der **Auxilien** (sonstige schutzsensible Informationen).[336] Geringer gewichtige Unternehmensinterna ohne nennenswert spezifisches Wertpotenzial wie etwa variable (An- und Aus-)Lieferzeiten, Fuhrparkbestände und -standorte, Kündigungsabsichten, Rechnungslegungsfristen, Ruhe-, Schicht- und Urlaubszeiten sind ungeachtet etwaiger externer Unbekanntheit ebenso wenig Geschäftsgeheimnisse wie umgekehrt allgemein zugängliche Informationen in Gestalt von Pressemitteilungen, Registereintragungen oder Werbematerialien.[337]

– **Existentialia** (Kronjuwelen) sind jene kleine Gruppe von Geschäftsgeheimnissen, deren hoher Gewinnbeitrag für den dauerhaften Fortbestand der aktuell eingenommenen Wettbewerbsposition von zentraler gewinnprägender bis hin zu existenzieller Bedeutung ist. Gemeinhin nur einem sehr kleinen, besonders ausgewählten Personenkreis en Detail bekannt bzw. anvertraut, gehören zu ihnen vornehmlich so unersetzliche Betriebsgeheimnisse wie spezielle Entwicklungen, innovative Formeln, Modelle, Programme, Rezepturen, Baupläne oder stoffliche Zusammensetzungen, Herstellungstechniken, Automatismen oder (aktuell: vernetzte) Produktionsanlagen, aber auch „kaufmännische" Informationen wie langfristig verlässliche Abnehmer, günstige Bezugsquellen oder strategische Investitionen.[338]

– **Gravissima** (schadensträchtige Informationen) sind gesteigert bedeutsame Betriebsinterna, denen aller Voraussicht nach das Potenzial innewohnt, sich im Verlustfall in spürbarer Höhe auf das Geschäftsergebnis auszuwirken. Im alltäglichen Geschäftsablauf funktionsbedingt einem durchaus größeren, gleichwohl übersichtlich begrenzten Personenkreis zugänglich, betreffen sie allerdings weniger produktionsrelevante „technische" Daten zu Forschungs- und Entwicklungsvorhaben,[339] Kapazitäten, Konstruktionen, Modellen, Substanzen (zB Detergenzien, Dispergatoren), Prüfungs- und Zulassungsunterlagen. Im Vordergrund stehen stattdessen in beachtlicher Bandbreite wichtige Formulare, Strategiepapiere, Vertragsunterlagen und -muster mit Datensätzen aus dem „kaufmännischen" Bereich wie Angebote, Bilanzen, Gehaltszahlen, Geschäftsberichte, Kalkulationen, Kapitalverzinsungen, Kostenansätze, Marktanteile und

---

336 BeckOK GeschGehG/*Fuhlrott*, § 2 Rn. 23; *Becker/Kussnik*, RAW 2018, 119, 123; *Blume*, S. 101 ff.; *Burghardt-Richter/Bode*, BB 2019, 2697, 2700; *Dumont*, BB 2018, 2441, 2443; *Fleischer/Pendl*, ZIP 2020, 1321, 1323, 1328; *Hoppe*/Oldekop, Kap. 1 Rn. 137; *Jansen/Hofmann*, BB 2020, 259, 260; *Kalbfus*, GRUR-Prax 2017, 391, 393; *Maaßen*, GRUR 2019, 352, 356; *Rehaag/Straszewski*, Mitt. 2019, 249, 252; *Reinfeld*, § 1 Rn. 205; *Scheja*, CR 2018, 485 Rn. 31; *Scholtyssek/Judis/Krause*, CCZ 2020, 23, 27; *Schreiber-Ehle*, CR 2019, 485 Rn. 33; *Voigt/Herrmann/Grabenschröer*, BB 2019, 142, 144.
337 Zu Letzteren auch OLG Hamburg, GRUR-RR 2001, 137, 139 – PM-Regler; *Becker/Kussnik*, RAW 2018, 119, 123.
338 Kurze Exemplifikation bieten auch *Becker/Kussnik*, RAW 2018, 119, 123 und BeckOK GeschGehG/*Fuhlrott*, § 2 Rn. 26.1; s. auch OLG Hamm, ECLI:DE:OLGHAM:2020:0915.4U177. 19.00, Rn. 470: „Flagschiff".
339 Befürwortend auch zum „Vorstadium" *Kalbfus*, GRUR-Prax 2017, 391, 393.

III. Das Geschäftsgeheimnis (§ 2 Nr. 1) §2

Margen, Preislisten, größere Rechtsverstöße mit massivem Schadenspotenzial, (Steuer-)Statistiken, Umsatzzahlen, Zahlungsbedingungen uvm.[340]
- **Auxilien** (sonstige schutzsensible Informationen) erfassen eine Vielzahl von Informationen aus dem Geschäftsalltag, deren unerwünschtes Bekanntwerden sich allenfalls kurz- bis mittelfristig nachteilig auf den Geschäftsablauf auswirken kann. Zu ihnen gehören ua. mit oberen Geschäftsebenen oder Geschäftspartnern vereinbarte Vertraulichkeits- (sog. Non Disclosure Agreements), Vertragsstrafen- und Wettbewerbsabreden,[341] detailliertere Auflistungen, Handbücher, Organigramme, Richtlinien gewissen „Tiefgangs",[342] kleinere Rechtsverstöße mit maximal regionalem Prangerpotenzial (→ Einl. A Rn. 18), Störanfälligkeiten an internem Equipment uvm. Nicht jede einzelne individualisierte Vereinbarung massenweise inhaltlich nahezu gleichlautend ausgefertigter Standardverträge ist ein schützenswertes Geschäftsgeheimnis. Dazu bedarf es zumindest funktionell wie substanziell weitergehender „positionsgebundener" Spezifizierungen.

(3.2.2) Organisatorisch, technisch, rechtlich: Die Implantation der Maßnahmentrias

Konnten sich die Eigner bzw. Inhaber von Geschäftsgeheimnissen unter der Herrschaft des lauterkeitsstrafrechtlichen Geheimnisschutzes der §§ 17–19 UWG aF und seinem materiellen Geheimnisbegriff noch mit Zuständigkeitsregeln und einer rudimentären Bestimmung und Klassifizierung ihrer wichtigsten Unternehmensinterna begnügen, so ist dieser an die Eignerschaft anknüpfende Weg unter der Geltung des neuen verletzerzentrierten „Schutzpflichtgebots" des Art. 2 Nr. 1 lit. c Know-how-RL 2016/943/EU bzw. § 2 Nr. 1 lit. b GeschGehG nunmehr verschlossen. Vielmehr bedarf es jetzt prinzipiell einer **Aufstellung, Einrichtung** und **Dokumentation** von Schutzmaßnahmen, deren Ausgestaltung zumindest wohl objektiv geeignet sein muss, um eine „angemessene" Bestandssicherung und zugleich extern eine Warn- bzw. Abschreckungsfunktion zu entfalten.[343] 81

Ein solches Unterfangen gelingt Unternehmen bzw. Unternehmern am ehesten mittels einer Implementierung einer den jeweiligen internen Gegebenheiten individuell angepassten **Maßnahmentrias** in Gestalt organisatorischer, technischer sowie rechtlicher Vor- und Verrichtungen. Allein eine möglichst sorgfältig aufeinander abgestimmte Anordnung dieser unterschiedlichen Einrichtungen vermag ihnen 82

---

340 Entsprechende Einordnungen partiell auch bei *Becker/Kussnik*, RAW 2018, 119, 123.
341 Vielfältige einschlägige (Internet- und Zeitschriften-)Publikationen mit umfangreichen Erläuterungen, Formulierungshilfen und Mustern haben Abfassung und Inhalt einfacherer „Grundformen" längst zum unbeschränkt zugänglichen „Allgemeingut" iSv. Offenkundigkeiten werden lassen.
342 S. auch BeckOK GeschGehG/*Fuhlrott*, § 2 Rn. 26.1; *Becker/Kussnik*, RAW 2018, 119, 123.
343 BeckOK GeschGehG/*Fuhlrott*, § 2 Rn. 20; Büscher/*McGuire*, § 2 GeschGehG Rn. 43; H/O/K/*Kalbfus*, § 2 Rn. 50 f.; *Hoppe*/Oldekop, Kap. 1 Rn. 105, 119 f.; K/B/F/*Alexander*, § 2 GeschGehG Rn. 51.

§ 2   Begriffsbestimmungen

eine ebenso zweckmäßige wie kostengünstige Sicherung ihrer Betriebsinterna zu gewährleisten. Die insoweit bestehenden Schwierigkeiten einer Auswahl zwischen unterschiedlich effektiven und finanziell tragbaren Maßnahmen sollten allerdings nicht zu einer zurückhaltenden Anwendung oder gar zu einer vorschnellen Anpassung an ein fragwürdiges „Minimum objektiv erkennbarer Schutzvorkehrungen" verleiten.[344] Das **Risiko** einer gerichtlich warum auch immer negativ ausgehenden „**Angemessenheitsprüfung**" sollte äußerst vorsichtig kalkuliert bzw. wenn überhaupt nur bei weniger gewichtigen Geheimnissen der Auxilien (→ Rn. 80) erwogen werden.[345]

(3.2.2.1) Organisatorische Maßnahmen

83 Auch wenn organisatorische gegenüber rechtlichen oder technischen Maßnahmen keine absolute Vorrangstellung beanspruchen können, sondern vielfach miteinander verflochten sind, ist es zur besseren Abstimmung zu errichtender Sicherungssysteme zu empfehlen, im Anschluss an eine Risikoabwägung die Sichtung und Auswahl zweckentsprechender Schutz- und Kontrolleinrichtungen quasi als Gesamtkonzept schon im **Frühstadium** vorzunehmen. Auf diese Weise lässt sich die benötigte enge abgestufte Verzahnung mit den anderen Schutzstufen sicherstellen, dh. der Auf- und Ausbau eines adäquaten, weder zu komplexen noch zu einfachen Maßnahmenbündels recht verlässlich dokumentieren und aufeinander abgestimmt bewerkstelligen.

84 Organisatorische Maßnahmen sortieren und regulieren den **Zugang zu** und den **Umgang mit** Geschäftsgeheimnissen, dh. deren Zugriff, Weitergabe, Bearbeitung und Verwendung. Geleitet von dem sog. „**Need to Know-Prinzip**"[346] legen sie die jeweilige Kompetenz nach dem Umfang des jeweiligen prospektierten internen und externen Informationsempfängers fest. Dies betrifft insbesondere die Konzeption einer Aufgabenverteilung und der dazu benötigten **Zugriffsbeschränkungen** auf ausgewählte einschlägige Datenbestände bzw. Informationen etwa durch funktionsbedingt gestufte Berechtigungen, Einweisungen, Auf- und Fortbildungen, die Gewährleistung ausschließlich befugter Zugriffe und Preisgaben in vorgegebener zulässiger Art und Weise, den Bestandsschutz gegen unerlaubte (auch systembedingte) Veränderungen einschließlich entsprechender Notfallpläne gegen unerwünschte Abläufe mittels vorgegeben eröffneter Eingriffsmöglichkeiten, die Einrichtung von Überprüfungswegen, Verantwortlichkeiten, Vertretungsregelungen,

---

344 Vorschläge für Mindestbedingungen exemplifizieren am Beispiel der sog. „Machine Learning-Modelle" *Apel/Kaulartz*, RDi 2020, 24, 30 ff.
345 Beispielhaft LAG Düsseldorf, GRUR-RS 2020, 23408 Rn. 79 ff. – PU-Schaum einer- und OLG Hamm, ECLI:DE:OLGHAM:2020:0915.4U177.19.00, Rn. 470 ff. andererseits; vgl. auch K/B/F/*Alexander*, § 2 GeschGehG Rn. 55 (Risiko des Rechtsschutzverlustes) sowie *Alexander*, WRP 2020, 1385 Rn. 24 f. (Dispositionsverlust des Geheimnisinhabers).
346 Das „Need to Know-Prinzip" reglementiert „sparsamen Wissenstransfer und Wissensgebrauch" nach einem zuvor eng definierten personell-situativen Bedarf: Individueller Informationszugriff nur bei konkret benötigter Aufgabenerfüllung.

Wirksamkeitstests uvm. Vereinfachend zusammengefasst begründen und bestimmen organisatorische Maßnahmen ein Datenschutz- und Informationssicherheitssystem, dessen Schnittstellen sich gegenseitig austauschen und unterstützen.

Genauere **Konkretisierungen** bieten verschiedene Zusammenstellungen,[347] die sich mehr oder weniger umfänglich am Vorbild der Anlage zu § 9 BDSG aF bzw. nunmehr des § **64 BDSG-neu** orientieren, in deren Gefolge für den Schutz von personenbezogenen Daten bei der Datenverarbeitung bereits seit Längerem ein vergleichbares Maßnahmengebot normiert und äußerst detailliert ausgearbeitet worden ist.[348] **Wichtige** organisatorische Maßnahmen sind danach:

85

– **Zugangssichernde** Maßnahmen bzw. wer darf wann wohin bzw. an welche Gerätschaften? Entsprechende Regelungen betreffen insbesondere personenbezogene Identifikationen wie die Einführung von Ausweisen, Codierungen, Pförtnern oder Sicherheitsdiensten, die Kontrolle und Protokollierung von Eintritts-, Aufenthalts- und Austrittszeiten oder die Festlegung und Begrenzung von Nutzungs- bzw. Umgangsbefugnissen nur zu ausgewählten Bereichen und Räumen sowie die Zuordnung von bzw. zu einzelnen Geräten oder Computern;
– **zugriffssichernde** Maßnahmen sind jene Schutzvorkehrungen, die das faktische Erlangen, Weitergeben, Verändern und Nutzen von Geschäftsgeheimnissen über die Zugangssicherungen hinaus betreffen. Zu ihnen gehören Bestimmungen und Beschränkungen von allen Berechtigten (Sachbearbeiter, Vorgesetzte, Administratoren usw.) und Unberechtigten durch Ausschluss, Archivierung, Chiffrierung, Sperrung oder Zuordnung von Unterlagen und Geräten, entsprechend angelegte Benutzerprofile (einschließlich nachvollziehbarer Dokumentation und auszuwertende Überprüfung, auch von internen oder externen Fehlversuchen) und Funktionsbegrenzungen, verschließbare Räume, Schränke und Schreibtische sowie durch Identifikation und Authentisierung mittels Codekarten, Passwörter, Verschlüsselungen und dergleichen. Im Zeitalter der Digitalisierung erfolgen solche Vorkehrungen vornehmlich über technische Maßnahmen der Benutzerkontrolle in Bezug auf vorhandene Datenverarbeitungssysteme wie insbesondere Computern und deren Betriebssysteme (→ Rn. 86);
– **logistische** Maßnahmen bündeln und verbinden die Ordnung und Gestaltung des gesamten Informationsanfalls und Datenflusses im Geschäftsablauf eines Unternehmens. Umfasst sind alle Themenbereiche wie Angebote, Auftragsannahme und -ausführung (von Erstellung und Produktion über Lagerhaltung, Zu- und Auslieferung usw. bis hin zu Reklamation und Retouren), Auftragsvergabe, Arbeitsgemeinschaften, Buchführung, (Forschungs- und Entwicklungs-)Koope-

---

347 Vgl. etwa BeckOK GeschGehG/*Fuhlrott*, § 2 Rn. 37 ff.; *Burghardt-Richter/Bode*, BB 2019, 2697, 2701; *Fleischer/Pendl*, ZIP 2020, 1321, 1328 ff.; *Hille*, WRP 2019, 1408 Rn. 45; *Hoppe/Oldekop*, Kap. 1 Rn. 172 ff.; *Maaßen*, GRUR 2019, 352, 357 ff.; *McGuire*, IPRB 2018, 202, 204 f.; *Schuster*, CR 2020, 726 Rn. 12 ff., 20 ff.; *Thiel*, WRP 2019, 700 Rn. 24; *Voigt/Herrmann/Grabenschröer*, BB 2019, 142, 144 f.
348 Beispielhaft statt vieler *Simitis*, BDSG, 8. Aufl. 2014, § 9 Rn. 46 ff., 68 ff.; gegen eine Anlehnung EuArbR/*Schubert*, RL 2016/943/EU Art. 2 Rn. 4.

§ 2 Begriffsbestimmungen

rationen, Marketing, Personal- und Rechnungswesen uvm. Exemplarisch sind anzulegende Dokumentationen etwa in Gestalt von Dienstanweisungen, Form- und Merkblättern oder Gesprächsprotokollen, von Diagrammen, Tabellen, Unterlagen und Übersichten über Abläufe, Mitwirkende, Zeitpunkt und Zeitaufwand, Be- und Verarbeitung, Abänderungen bis hin zu Auswahlverfahren, Kennzeichnungen, Qualitätsprüfungen, Schulungen und dergleichen mehr. Heutzutage gleichfalls primär der Datenverarbeitungstechnik (oft über Internet) übertragen sind ihre eigentliche Domäne die technischen Maßnahmen (→ Rn. 86).

(3.2.2.2) Technische Maßnahmen

86 **Technische Maßnahmen** sind jene Schutzmaßnahmen, die geheime Informationen vor allem mittels vielfältiger mathematischer, mechanischer, photographischer, physischer oder informationstechnologischer **Vorkehrungen gegen** unbefugte Erlangung, Offenlegung oder Nutzung sichern. Sie sind gewissermaßen das klassische Rückgrat des Geheimnisschutzes, gestatten sie doch die Aufrechterhaltung bzw. Verstärkung einer bestehenden Geheimheit bereits auf faktischer Ebene durch die Be- bzw. Ausgrenzung möglicher personeller und sächlicher Gefahrenquellen. Dabei bildeten über viele Jahrhunderte hinweg vornehmlich sächliche Ansichts- oder Zugriffsblockaden das allein verfügbare Schutzinstrumentarium, welches erst seit der Mitte des 20. Jahrhunderts um Hilfsmittel der Informationstechnologie ergänzt, dann binnen weniger Jahrzehnte durch immer neue Verbesserungen in mehr und mehr Einsatzbereiche einbezogen und schließlich nahezu flächendeckend eingesetzt wurde. Obwohl so funktionsübergreifend informationstechnologisch überformt und komplettiert haben sich die „klassischen" technischen Maßnahmen gleichwohl in einigen angestammten Arbeitsfeldern erhalten können:

– „**Klassische" technische** Maßnahmen kommen bei allen unerwünschten Annäherungen und Zugriffsmöglichkeiten vornehmlich auf vergegenständlichte bzw. verfasste (Anlagen, Bücher, Formen, Listen, Maschinen, Modelle, Rezepte, Skizzen, Unterlagen, Verzeichnisse, Zeichnungen) oder apparativ (über Abstrahlungen, Radiologie, Computer-[349] und Substanzanalyse, Telefon) zugängliche Geschäftsgeheimnisse zum Einsatz. Zu ihnen gehören so verschiedene Instrumentarien wie Absperrungen (Gitter, Schranken, Sichtschutzwände und -fenster, Zäune), Begleitpersonen, Bewegungsmelder, Rauschgeneratoren, Schließanlagen, Überwachungskameras usw., aber auch Schränke und Tresore sowie Aktenvernichter;[350]

---

349 ZB Disassembling, Debugging, Decompiling, 3D-Scan, Memory-Dums; eingehender dazu *Schweyer*, S. 50 ff.
350 *Burghardt-Richter/Bode*, BB 2019, 2697, 2701; *Hille*, WRP 2019, 1408 Rn. 45; *Hoppe/Oldekop*, Kap. 1 Rn. 182; *Maaßen*, GRUR 2019, 352, 357 f.; *McGuire*, IPRB 2018, 202, 204 f.; *Rehaag/Straszewski*, Mitt. 2019, 249, 253; *Thiel*, WRP 2019, 700 Rn. 24; *Voigt/Herrmann/Grabenschröer*, BB 2019, 142, 144 f.

– **informationstechnologische** Maßnahmen sind IT-gestützte Sicherungssysteme,[351] deren Auswahl und Implementierung sich auch an schon anderweitig errichteten Schutzkonzepten orientieren kann.[352] Aktuelle Vorschläge empfehlen ua. biometrische Gesichtserkennungen, Alarm- und Blockchain-Systeme, Bootschutz, „Data Loss Prevention"-Software,[353] benutzerspezifische Verschlüsselung (auch in Gestalt sog. symmetrischer und asymmetrischer Kryptographie durch einheitliche oder getrennte Ver- und Entschlüsselungsverfahren; dazu eingehend → Einl. G Rn. 13 ff., 32 ff., 68 ff.),[354] elektronische Signaturen, Firewalls, Keylogger, Logfile-Programme, Network File- und RAID-Speichersysteme,[355] Trusted Objects Manager (TOM), Trusted Virtual Domains (TVDs),[356] Virenscanner, Virtual Private Network (VPN) uvm.

(3.2.2.3) Rechtliche Maßnahmen

Standen noch bis weit in die 2. Hälfte des 20. Jahrhunderts die vorbenannten technischen Schutzmaßnahmen absolut im Vordergrund des geschäftlichen Geheimnisschutzes, so haben neben ihnen im Gefolge des TRIPS-Abkommens und insbesondere des US-amerikanischen Geheimnisschutzrechts in den vergangenen drei Jahrzehnten vor allem die rechtlichen Schutzmaßnahmen gleichermaßen eine weltweit zu konstatierende Ausbreitung erfahren. Vormals eher selektiv auf die oberen Leitungs- und Forschungsebenen größerer Unternehmen beschränkt, ist inzwischen neben einer Ausdehnung auf untere und unterste Beschäftigtengruppen eine ebensolche auch auf (ausgewählte) Kundenkreise und Zuliefererfirmen getreten. Aus dieser – weiter fortschreitenden – Entwicklung resultiert ein hochkomplexes Regelungsgeflecht unterschiedlicher gruppenspezifischer Ausformungsmöglichkeiten, das schon aus Übersichtlichkeitsgründen einer anschaulicheren positionellen Einteilung in die **drei Hauptgruppen** der Unternehmensbeschäftigen **(a)**, der Geschäftspartner **(b)** sowie der Endabnehmer bzw. Kunden **(c)** bedarf. Dergestalt unterteilt gelingt es, dem Konvolut vielgestaltiger Klärungen und Festsetzungen praktikable Konturen zu geben.

87

---

351 Beispiele auch bei BeckOK GeschGehG/*Fuhlrott*, § 2 Rn. 35 f.; *Burghardt-Richter/Bode*, BB 2019, 2697, 2701; *Hille*, WRP 2019, 1408 Rn. 46 f., 49; *Hoppe*/Oldekop, Kap. 1 Rn. 182; *Reinfeld*, § 1 Rn. 178 ff.; *Voigt/Herrmann/Grabenschröer*, BB 2019, 142, 145.
352 Albiez/Hartl/*Böck*, S. 174 ff.; *Schreiber-Ehle*, CR 2019, 485 Rn. 15 ff.; *Schuster*, CR 2020, 726 Rn. 20 ff.; *Thiel*, WRP 2019, 700 Rn. 25 ff. Einschlägig: IT-Grundschutz BSI (www.bsi.bund. de/DE/Themen/ITGrundschutz/itgrundschutz_node.html.); DIN EN ISO/IEC 27001:2017-06, DIN EN ISO/IEC 15408-1:2020-12; s. auch ISO 19600 oder ISO/IEC JTC 1/SC 27.
353 Näher zu dieser Überwachungssoftware und den mit ihrer Einführung verbundenen Rechtsproblemen Auer-Reinsdorff/Conrad/*Conrad/Treeger*, § 34 Rn. 293 ff.; *Hess*, GRUR-Prax 2020, 251 ff.; *Schlegel*, MMR 2020, 3 ff.
354 Einführend Auer-Reinsdorff/Conrad/*Schmidt/Pruß*, § 2 Rn. 404 ff.; *Busching*, S. 90 ff., 305 ff.; L/W/G/*Schur*, Teil 6.8 Rn. 43 ff.
355 Weiterführend zu den benannten und anderen Sicherungskonzepten in: Auer-Reinsdorff/Conrad, § 2 Rn. 151 ff., 334 ff., § 3 Rn. 282 ff., § 33 Rn. 164 ff., § 34 Rn. 289 ff. u. passim; *Eibl/Gaedke*, INFORMATIK, 2017; *Barth/Corzelius*, WRP 2020, 29 Rn. 13 ff.
356 Komprimiert zu beiden Konzepten *Fischer/Gröne/Stüble*, DuD 2015, 657, 659 ff.

§ 2 Begriffsbestimmungen

88 **(a) Die Unternehmensbeschäftigen.** Traditionell in fremde Geschäftsbetriebe integriert sind die Unternehmensbeschäftigten die klassischen **Mitwisser** unternehmerischer Herstellungs- und sonstiger Handelsgeheimnisse. An die Stelle mittelalterlich-zunftrechtlicher und neuzeitlich-partikularstaatlicher Frühformen öffentlich-rechtlicher Couleur[357] sind seit dem Durchbruch des Industriezeitalters, mehr noch aber seit dem Aufkommen und weltweiten Siegeszug der Digitalisierung und der „Sharing Economy" im ausgehenden 20. Jahrhundert betriebliche, tarifliche, vor allem aber immer detailliertere Leitfaden oder Richtlinien sowie zunehmend umfangreichere individualrechtliche Vereinbarungen getreten, die sich über die gesamte Bandbreite arbeitsvertraglicher Geheimnisschutzmaßnahmen erstrecken. Vornehmlich ihrer Ausformung und Ausgestaltung widmen wissenschaftliches Schrifttum und einschlägige Beraterkreise das Augenmerk,[358] während Statuierungen in Form allgemeiner Merkhefte und sonstige kollektivvertragliche Vorgaben eher selten weitergehende Erörterung finden.[359]

89 **(a1) Individualvertragliche Bestimmungen.** Im Zentrum individualarbeitsvertraglicher Bestimmungen stehen **3 Themenschwerpunkte**: Die korrekte Ausformung von Verschwiegenheitsvereinbarungen/Geheimhaltungsklauseln, von nachvertraglichen Wettbewerbsverboten und von vereinbarten Vertragsstrafen. Zwar gibt es daneben noch weitere Themenfelder wie Weisungen, vorvertragliche Überprüfungen (sog. Pre-Employment-Screening) und Vertragsauflösungen, deren praktische Bedeutung nicht unterschätzt werden sollte. Im Gegensatz zu den vorbenannten Themen sind sie jedoch zumeist eher selten vertiefter behandelt.[360]

90 **Verschwiegenheitsvereinbarungen und Geheimhaltungsklauseln** sind die Grundausstattung eines jeden arbeitsvertraglichen Geheimnisschutzes. Gemeinhin qua Nebenpflicht über eine allgemeine Treuepflicht aus §§ 241 Abs. 2, 242 BGB abgeleitet,[361] können sie zwar auch für größere Personengruppen bis hin zur gesam-

---

357 Zu den Frühformen mittelalterlich-zunftrechtlicher und neuzeitlich-partikularstaatlicher Regelungen mwN *Brammsen*, Lauterkeitsstrafrecht, Vor §§ 17–19 Rn. 2 f.
358 Aktuelle Kommentierung und Kautelarpraxis bei *Becker/Kussnik*, RAW 2018, 119, 124 ff.; BeckOK GeschGehG/*Fuhlrott*, § 2 Rn. 39 ff.; *Freckmann/Schmoll*, BB 2017, 1780, 1782 ff.; *Fuhlrott/Hiéramente*, DB 2019, 967, 969 ff.; H/O/K/*Harte-Bavendamm*, § 2 Rn. 63; *Hille*, WRP 2019, 1408 Rn. 37 ff.; *Hoppe*/Oldekop, Kap. 1 Rn. 196 ff.; *Holthausen*, NZA 2019, 1377, 1378 ff.; *Kurz*, Rn. 24 ff., 712 ff., 806 ff.; *Maaßen*, GRUR 2019, 352, 359 f.; *McGuire*, WRP 2019, 679 Rn. 11 ff., 28 ff.; *Redeker/Pres/Gittinger*, WRP 2015, 681 Rn. 21 ff.; *Werner*, WRP 2019, 1428 Rn. 14 ff.
359 Einschlägig etwa BeckOK GeschGehG/*Fuhlrott*, § 2 Rn. 58 ff.; *Fuhlrott/Hiéramente*, DB 2019, 967, 972; *Oltmanns/Fuhlrott*, NZA 2019, 1384, 1388 f.
360 Vgl. etwa Auer-Reinsdorff/Conrad/*Conrad/Treeger*, § 34 Rn. 248 ff.; BeckOK GeschGehG/ *Fuhlrott*, § 2 Rn. 39 ff.; *Fuhlrott/Hiéramente*, DB 2019, 967, 970 f.; Hümmerich et al./*Regh*, 4 Rn. 532 ff.; *Maaßen*, GRUR 2019, 352, 359; *Maier/Berens/Schweitzer*, Pre-Employment-Screening, 2017.
361 Statt vieler EuArbR/*Schubert*, RL 2016/943/EU Art. 2 Rn. 6; *Preis/Seiwerth*, RdA 2019, 351, 355 f.; *Schuster*, CR 2020, 726 Rn. 13 ff., alle mwN; plakativ LG Konstanz, Urt. v. 8.10.2020 – D 6 O 207/20, juris Rn. 34 f.

ten Belegschaft in Richtlinien oder Verhaltensstandards zusammengefasst und (auch nachvertraglich)[362] festgesetzt werden,[363] leiden dann jedoch häufig an ihrer notgedrungen wenig anschaulichen übergreifenden Generalisierung und Kategorisierung. Allein schon im Hinblick auf das allseits präferierte „Need to Know-Prinzip" (→ Rn. 84) sollten sog. **Catch-All Klauseln** vermieden werden.[364] Stattdessen empfehlen sich stärker auf die Gegebenheiten des jeweils übertragenen Aufgabenfelds (Ein- und Verkauf, Forschung und Entwicklung, Lager, Lohn- und sonstige Buchhaltung, Logistik, Planung, Rekrutierung, Sicherheit, Werbung usw.) zugeschnittene individualvertragliche Ausgestaltungen. Zur Vorlage betriebsspezifisch abzufassender Formulierungshilfe sollten ausführlich gehaltene Vorschläge und Mustervereinbarungen einschlägig ausgewiesener Fachautoren[365] hinzugezogen, abgestimmt und je nach Bedarf kombiniert werden. Auf diese Weise lässt sich eine passgenaue Anfertigung verlässlicher sicherstellen als durch noch eine weitere Variante inhaltlich nur unwesentlich abgewandelter Zusammenstellungen. Dabei sollte allerdings neben der Aufnahme von Rückgabepflichten für Geschäftsunterlagen und sonstige Materialien[366] verstärkt auf die Risiken arbeitgeberseitig einbezogener **Drittgeheimnisse** geachtet werden, steigert doch die Erstreckung der Schweigepflicht auch auf drittseitig von Geschäfts- bzw. Kooperationspartnern eingebrachte Geheimnisse[367] das Haftungspotenzial insbesondere bei beidseitigen Nachlässigkeiten (undeutliche Kennzeichnung, grenzwertige Sicherung, situative Eilbedürftigkeit) ansonsten unversehens ins Ruinöse.[368]

---

362 *Bauer/Diller*, § 4 Rn. 115 ff.; *Becker/Kussnik*, RAW 2018, 119, 126; *Freckmann/Schmoll*, BB 2017, 1780, 1782; *Fuhlrott/Hiéramente*, DB 2019, 967, 971; *Hoppe*/Oldekop, Kap. 1 Rn. 223 ff., 235; *Holthausen*, NZA 2019, 1377, 1380 f.; Preis/*Rolfs*, II V 20, Rn. 37 ff.; *Redeker/ Pres/Gittinger*, WRP 2015, 681 Rn. 24; Tschöpe/*Rasche*, Teil 2 A, Rn. 261 ff.; *Werner*, WRP 2019, 1428 Rn. 14 ff. Zum US-amerikanischen Recht *Hille*, WRP 2019, 1408 Rn. 39 ff.
363 Ausführliches Vertragsmuster bei *Kurz*, Rn. 806 ff., 816.; komprimierter Albiez/Hartl/*Albiez*, S. 204 f.
364 Beispielhaft LAG Düsseldorf, GRUR-RS 2020, 23408 Rn. 79 ff. – PU-Schaum (dazu krit. *Apel/ Stolz*, GRUR-Prax 2021, 1, 2 f.); vgl. auch *Becker/Kussnik*, RAW 2018, 119, 124 f.; *Fleischer/ Pendl*, ZIP 2020, 1321, 1329; *Freckmann/Schmoll*, BB 2017, 1780, 1784; *Holthausen*, NZA 2019, 1377, 1379 f.; *Jonas*, DB 2020, 1738, 1740; *Maaßen*, GRUR 2019, 352, 359; *McGuire*, WRP 2019, 679 Rn. 21 ff.; Preis/*Rolfs*, II V 20, Rn. 27 f.; *Redeker/Pres/Gittinger*, WRP 2015, 681 Rn. 23; *Vetter/Lehmann*, DB 2019, 2507, 2508; *Voigt/Herrmann/Grabenschröer*, BB 2019, 142, 144.
365 BeckOK GeschGehG/*Fuhlrott*, § 2 Rn. 52 ff.; *Kurz*, Rn. 773 ff.; *Holthausen*, NZA 2019, 1377, 1382 f.; Hoppe/Oldekop/*Lodemann/Tholuck*, Kap. 5 Rn. 228; *Jonas*, DB 2020, 1738, 1740 ff.; *Kurz*, Rn. 773 ff.; *McGuire*, WRP 2019, 679, 687 f. Anhang; Preis/*Rolfs*, II V 20, Rn. 3 ff., 62.
366 Forschungsergebnisse, Kunden- und Preislisten, Protokolle usw.; zu Musterformulierungen und weitergehenden Erläuterungen vgl. Hümmerich et al./*Regh*, 4 Rn. 623 ff.; *Kurz*, Rn. 278 ff.; Preis/*Temming*, II H 40, Rn. 1 ff., 14 ff., 30 ff.; *Reinfeld*, Rn. 190 ff. Einschlägige Aufforderung verlangt LAG Düsseldorf, GRUR-RS 2020, 23408 Rn. 80 ff. – PU-Schaum, dagegen *Apel/Stolz*, GRUR-Prax 2021, 1, 3.
367 Vgl. Preis/*Rolfs*, II V 20, Rn. 30 ff.; Tschöpe/*Rasche*, Teil 2 A, Rn. 254 ff.
368 Zu unbefugter arbeitnehmerseitiger Einbringung fremder Drittgeheimnisse *McGuire*, WRP 2019, 679 Rn. 41 f.

§ 2 Begriffsbestimmungen

91 **Nachvertragliche Wettbewerbsverbote**[369] sind Abreden über die zeitliche Fortgeltung einer Wettbewerbs- oder Konkurrenzklausel, auch nach der Beendigung eines Arbeits- oder Dienstverhältnisses.[370] Gemeinhin über das Freiheitsgrundrecht des Art. 12 GG in der nachvertraglichen Verwendung beruflich befugt erlangter Kenntnisse arbeitnehmerseitig unbeschränkt[371] können sie gleichwohl als karenzpflichtige Enthaltung seitens der Beteiligten bereits in dem ursprünglichen Anstellungsvertrag als auch nachfolgend separat vereinbart oder (ua. durch Aufhebung, Rücktritt, Widerruf oder Verzicht) wieder aufgelöst werden.[372] Eine Übereinkunft sollte allerdings sorgfältig erwogen und (nicht nur bzgl. der **AGB-Kontrolle**[373]) besonders sachkundig beraten werden: Beiden Vertragsparteien droht nämlich für den unionsrechtlich angestrebten Fall (auch grenzüberschreitend) gesteigerter unternehmerischer Kooperation und Innovation[374] ein kaum berechenbares Haftungsrisiko für das unvorsichtige Nichtbeachten miteinbezogener drittseitiger Geheimheit.

92 **Vertragsstrafen** (§ 309 Nr. 6 BGB) sind ein Instrument freiheitlicher Spezialprävention: Sie stabilisieren Einung, Verlässlichkeit und Verwirklichung intersubjektiver Kooperation durch Gewährleistung eines konkret festgesetzten Mindestentgelts ohne Schadensnachweis für den Fall vorab bestimmten vertragswidrigen Fehlverhaltens.[375] Ihre für den Fall einer Aufnahme in vorformulierte allgemeine Geschäftsbedingungen (**AGB**) umstrittene Zulässigkeit[376] entbindet nicht von der Notwendigkeit sachlich-fallbezogen wie rechnerisch möglichst exakt angegebener Bedingungen.[377] Vertragsstrafenklauseln sollten deshalb zumindest für die individuell zu benennende Tat- und/oder Teilnahmehandlung (unbefugte Kenntnisnahme,

---

369 Umfassender *Bauer/Diller*, Wettbewerbsverbote; Hümmerich et al./*Lücke*, 2 Rn. 1 ff., 123 ff.; Preis/*Stoffels*, II W 10, Rn. 27 ff.; komprimiert Hoppe/Oldekop/*Lodemann/Tholuck*, Kap. 5 Rn. 229 (Formular); *Lembke*, BB 2020, 52 ff.
370 *Bauer/Diller*, § 3 Rn. 50
371 BGH, WRP 2018, 1329 Rn. 46 – Hohlfasermembran II; *Lembke*, BB 2020, 52; Preis/*Seiwerth*, RdA 2019, 351, 358, alle mwN.
372 *Bauer/Diller*, § 14 Rn. 566 ff., § 15 Rn. 616 ff., § 17 Rn. 712 ff.; Hümmerich et al./*Regh*, 4 Rn. 675 ff.; Schaub/*Vogelsang*, § 55 Rn. 17 ff., 94 ff.; Tschöpe/*Hiekel/Hund*, Teil 2 F, Rn. 7 ff., 36 ff.
373 Näher dazu *Bauer/Diller*, § 3 Rn. 59 ff., § 8 Rn. 353 ff. u. passim; *Lembke*, BB 2020, 52, 55 f.; Schaub/*Linck*, § 55 Rn. 7 ff.
374 Erwgrd. 2, 3, 8 Know-how-RL RL 2016/943/EU.
375 Abschreckungs- bzw. Druck- und Sicherungsfunktion betonen: *Bauer/Diller*, § 21 Rn. 949; Tschöpe/*Hülbach*, Teil 2 J, Rn. 8.
376 Befürwortend bei Geheimnisverletzungen ua. *Apel/Walling*, DB 2019, 891, 895; *Bauer/Diller*, § 21 Rn. 925 ff.; BeckOK GeschGehG/*Fuhlrott*, § 2 Rn. 55; *Becker/Kussnik*, RAW 2018, 119, 125; *Fuhlrott/Hiéramente*, DB 2019, 967, 971; *McGuire*, WRP 2019, 679 Rn. 48 ff.; Preis/*Stoffels*, II V 30, Rn. 28 ff., 54 ff., 71 ff.; Tschöpe/*Hülbach*, Teil 2 J, Rn. 38 ff.; *Werner*, WRP 2019, 1428 Rn. 26; zurückhaltender *Barth/Corzelius*, WRP 2020, 29 Rn. 11 und *Hille*, WRP 2020, 824 ff., 72.
377 Allgemeine Erläuterungen und anschauliche Musterformulierungen bei *Bauer/Diller*, Anhang Nr. 1 und 2 (S. 437 ff.); *Hille*, WRP 2020, 824 Rn. 58 ff., 73; *Kurz*, Rn. 298 ff.; Preis/*Rolfs*, II V 20, Rn. 36 f.; Preis/*Stoffels*, II V 30, Rn. 58 ff.; Schaub/*Vogelsang*, § 55 Rn. 104 ff.; Tschöpe/*Hülbach*, Teil 2 J, Rn. 11 ff., 27 ff., 34 ff., 49.

III. Das Geschäftsgeheimnis (§ 2 Nr. 1) § 2

-weitergabe, -nutzung, Anstiftung, Beihilfe) die kategoriell einbezogenen Schutzobjekte sowie die je Begehungsfall in Euro fällige Strafhöhe enthalten.

(a2) Kollektivvertragliche Bestimmungen. Das Regelungsspektrum arbeitsrechtlicher Geheimnisschutzmaßnahmen ist keineswegs nur auf das Instrumentarium individualarbeitsvertraglicher Ausgestaltung begrenzt. Eine weitere, im Wirtschaftsleben ob der Schwierigkeiten ihrer Erstellung und Abfassung doch eher selten anzutreffende Regelungsform sind die beiden kollektivvertraglichen Varianten **Tarifvertrag** und **Betriebsvereinbarung**, deren Geltungsbereiche sich gem. den §§ 77 Abs. 3, 87 Abs. 1 BetrVG, 4 Abs. 3 TVG gemeinhin nicht überschneiden.[378] Der größere räumlich, oft auch fachlich wie betriebsübergreifende Geltungsbereich des Tarifvertrages lässt es verständlich erscheinen, warum er als übergeordnetes Schutzkonzept mit der nachvertraglichen Geheimhaltungs- und Wettbewerbsklausel des § 7 MTV chem. Industrie bis dato nur einmal zur Anwendung gekommen ist (→ § 1 Rn. 49). 93

§ 7 MTV lautet: 94

„1. Eine Vereinbarung zwischen dem Arbeitgeber und dem Angestellten über die Geheimhaltung von Geschäfts- und Betriebsgeheimnissen, deren Verwertung oder Mitteilung an andere ein berechtigtes gewerbliches Interesse des Arbeitgebers schädigen kann, ist für die Zeit nach Beendigung des Anstellungsverhältnisses nur gültig, soweit sie den Angestellten in seiner gewerblichen Tätigkeit nicht unangemessen beschränkt. Die Vereinbarung darf nicht der Umgehung der Bestimmungen über das Wettbewerbsverbot (§ 6) dienen.

2. Eine Vereinbarung zwischen dem Arbeitgeber und dem Angestellten über die Geheimhaltung von Kenntnissen und Erfahrungen, die der Angestellte aus Anlass seines Anstellungsverhältnisses gesammelt hat und deren Verwertung oder Mitteilung an andere ein Interesse des Arbeitgebers schädigen kann, ist für die Zeit nach Beendigung des Anstellungsverhältnisses auch gültig, solange der Angestellte auf Veranlassung oder zu Lasten des Arbeitgebers eine angemessene Versorgungsleistung erhält."[379]

Betriebsvereinbarungen gestatten dagegen unkompliziertere Abstimmungsprozesse.[380] Zu treffen allein zwischen Arbeitgeber und Betriebsrat ordnen sie für jeden beidseitig als reglementierungsbedürftig erachteten Themenbereich dessen inhaltliche Ausgestaltung in Anbetracht der betriebsspezifischen Bedürfnisse. Insoweit inhaltlich geleitet wie verpflichtet von den Mitbestimmungsrechten des § 87 Abs. 1 Nr. 1, 6 oder der §§ 88 Nr. 1, 1a und 98 Abs. 6 BetrVG[381] hat der Geschäftsgeheimnisschutz dabei bislang allerdings keine selbstständige Ausformung erhalten, findet 95

---

378 Zum Verhältnis Tarifvertrag – Betriebsvereinbarung ErfK/*Kania*, BetrVG § 77 Rn. 43 ff.; Wiedemann/*Wank*, TVG § 4 Rn. 608 ff.
379 Auch abgedruckt in BeckOK GeschGehG/*Fuhlrott*, § 2 Rn. 59.1.
380 Ebenfalls präferierend BeckOK GeschGehG/*Fuhlrott*, § 2 Rn. 60 ff.; *Fuhlrott/Hieramente*, DB 2019, 967, 971 f.; *Oltmanns/Fuhlrott*, NZA 2019, 1384, 1388 f.
381 (Mitbestimmte) Schulungen der Betriebsangehörigen empfehlen ua. BeckOK GeschGehG/ *Fuhlrott*, § 2 Rn. 61 ff.; *Maaßen*, GRUR 2019, 352, 359; *Rehaag/Straszewski*, Mitt. 2019, 249, 254.

§ 2 Begriffsbestimmungen

sich dafür aber als miterfasstes „Nebenprodukt" gleich in einem durchaus breiten Richtlinienkonvolut anderer allgemeinerer oder „anverwandter" Regelungsfelder wieder.[382] Zu ihnen gehören betriebliche **Ordnungs- und Verhaltensvorgaben** wie Ethik-, Social Media-,[383] Compliance- und Whistleblowing-Richtlinien[384] oder zum Gebrauch privater Endgeräte (BYOD=Bring your own device),[385] zur betrieblichen Internet- und Emailnutzung,[386] zu technischen Kontroll-, Überwachungs- und Zugangsmaßnahmen (zB Fingerprintscanner, Telefondaten-, Videoerfassung),[387] zu Wettbewerbsverboten,[388] zum Arbeitssicherheits- und Umweltschutz, nicht jedoch einzelvertragliche Vertragsstrafenabreden verschlechternde Betriebsvereinbarungen.[389] Das Aufkommen neuer separater Geschäftsgeheimnis-Betriebsvereinbarungen im Gefolge des nunmehr in § 2 Nr. 1 lit. b GeschGehG festgeschriebenen Schutzmaßnahmengebots wird diesem unübersichtlichen „Flickenteppich" voraussichtlich zumindest teilweise ein baldiges Ende bereiten. Innerbetriebliche Zukunft sind eigene Vertraulichkeits- bzw. Geschäftsgeheimnis-Richtlinien.[390]

96 **(b) Die Geschäftspartner.** Geschäftspartner sind **funktional integrierte Externe**: Personen bzw. Unternehmen, die dem Inhaber(unternehmen) eines Geschäftsgeheimnisses projektbezogen oder dauerhaft kooperativ zu- bzw. mit ihm zusammenarbeiten. Streng von den Endabnehmern bzw. Kunden (→ Rn. 99 ff.) und den Unternehmensbeschäftigten (→ Rn. 88 ff.) zu unterscheiden, ordnen sie eine Vielzahl von Tätigkeitsfeldern nahezu jeglicher Branche: Bedingung ist lediglich, dass bei den vereinbarten (alleinigen oder gemeinsamen) Aktivitäten von dem jeweiligen Partner Kenntnis eines fremden geheimen „Partnerwissens" erlaubterweise genommen werden darf oder neues Wissen generiert werden soll. Erfasst sind nur wirtschaftlich selbstständig agierende Personen bzw. Unternehmen, Auftragserfinder ebenso wie Datenverarbeiter (zB Buchhalter, Projektplaner, Rechts-, Steuerberater), Finanzier, Franchise- und andere Lizenznehmer, Handelsvertreter, Leihar-

---

382 Zahlreiche Beispielsfälle zu einschlägigen Maßnahmen in *Fitting*, BetrVG § 87 Rn. 71 ff. 244 ff.
383 Auer-Reinsdorff/Conrad/*Conrad/Huppertz*, § 37 Rn. 360 ff. mit Muster Rn. 368; Moos/*Zieger*, § 25 Rn. 1 ff. mit Muster Rn. 30 ff.; Tschöpe/*Grimm*, Teil 6 F, Rn. 364 ff.
384 Auer-Reinsdorff/Conrad/*Conrad/Treeger*, § 34 Rn. 227 ff.; *Hiéramente/Golzio*, CCZ 2018, 262, 264 ff.; Rotsch/*Lindemann*, ua. § 15 Rn. 29 ff.; § 34 C Rn. 83 ff., 98 ff., 108 ff.; *Schenkel*, S. 267 ff. Mustervorlage bei Moos/*Bauer*, § 22 Rn. 8 ff.
385 Auer-Reinsdorff/Conrad/*Conrad*, § 37 Rn. 299 ff., 343 ff.; *Kascherus/Pröpper*, BB 2021, 756 ff.; Tschöpe/*Grimm*, Teil 6 F, Rn. 386 ff. Mustervorlagen bei *Kascherus/Pröpper*, BB 2021, 756, 760 ff.; Moos/*Arning/Moos*, § 24 Rn. 5 ff.
386 Auer-Reinsdorff/Conrad/*Conrad/Hausen*, § 37 Rn. 216 ff.; Tschöpe/*Grimm*, Teil 6 F, Rn. 231 ff. Mustervorlage bei Moos/*Rücker*, § 23 Rn. 46 ff.
387 Auer-Reinsdorff/Conrad/*Conrad/Treeger*, § 34 Rn. 343 ff.; Tschöpe/*Grimm*, Teil 6 F, Rn. 337 ff. Mustervorlage bei Moos/*Lang*, § 20 Rn. 25 ff.
388 Aber nicht zuungunsten; *Bauer/Diller*, § 1 Rn. 22; ErfK/*Oetker*, HGB § 75d Rn. 3.
389 BAG, DB 1992, 146; Preis/*Preis*, I A Rn. 90, I B Rn. 26.
390 Einen aktuellen Mustervorschlag bietet *Kurz*, Rn. 806 ff.; einen Prüfungsmaßstab *Hille*, WRP 2020, 824 Rn. 7 ff., 10 ff., 17 ff., 36 ff., 51 (Muster).

III. Das Geschäftsgeheimnis (§ 2 Nr. 1) § 2

beitsfirmen, Zulieferer, ausgliederbare Dienste (Archiv, IT-Sicherheit, Labor, Logistik, Schreibbüro, Telefon, Transport, Wartung, Werbung) uvm.

Obgleich der Positionsreichtum partnerschaftlich assoziierter Kooperateure den der unternehmensintern Beschäftigten sicherlich übertrifft, erweitert die wissensmäßige Einbindung Autonomer die Themenfelder der Vertraulichkeitsvereinbarungen nicht allzu viel – die Vielfalt externer Kooperationsformen kennt nur wenige zusätzliche Regelungspunkte. Ungeachtet der inhaltlich durchaus ähnlich abgefassten (auch nachvertraglichen) Weitergabe-, Nutzungs- und Wettbewerbsverbote (→ Rn. 90 ff.) bedarf es deren kooperationsspezifischer Ausgestaltung. Diese sollte sich in ihren Festsetzungen an den Erläuterungen und Mustervereinbarungen einschlägig ausgewiesener Fachautoren[391] orientieren und sie je nach Kooperationstiefe weiter oder enger modifizieren.[392] 97

Dabei treten neben den vorbenannten Regelungen der Non-disclosure-Agreements (**NDAs**) andere Aspekte in den Vordergrund: Einbeziehung des Vertragsvorfelds[393] sowie etwaiger (auch nachvertraglicher) Laufzeit,[394] Erweiterungen des Empfängerkreises (auf mehrere Partner oder Tochter- bzw. Konzernunternehmen)[395] und des Schutzgegenstands auf andere Interna wie „Derivates" oder „vertrauliche Informationen",[396] Abwerbe- und Kundenschutzklauseln,[397] Ausschluss des Reverse Engineering,[398] sog. Freigabe-, Freistellungs-, Residual- und Umsetzungsklau- 98

---

391 Umfassend *Kurz*, Rn. 14 ff. (Erläuterungen). Komprimierter *Becker/Kussnik*, RAW 2018, 119, 124 ff.; *Burghardt-Richter/Bode*, BB 2019, 2697, 2701 f.; *Freckmann/Schmoll*, BB 2017, 1780, 1781; *Jansen/Hofmann*, BB 2020, 259, 261 ff.; *Kabisch*, GRUR-Prax 2018, 516, 517 ff.; *Mayer*, MDR 2018, 245, 248 f.; *Otte-Gräbener/Kutscher-Puis*, ZVertriebsR 2019, 288, 291 f.; *Scheja*, CR 2018, 485 Rn. 36; *Schöwerling*, GRUR-Prax 2015, 52, 52 f.; *Steinmann/Schubmehl*, CCZ 2017, 194 ff.; *Ulmer-Eilfort/Schmoll*, S. 18 ff., 52 ff.
392 Detaillierte Vertragsmuster bei *Kurz*, Rn. 709–805; *Moos/Nowak*, § 4 Rn. 10 ff.; *Ulmer-Eilfort/Schmoll*, S. 18 ff.
393 Prägnant zu verwendeten Ausformungen (ua. Letter of Intent, Optionsvertrag) *Kurz*, Rn. 620 ff., 792 ff.; *Mayer*, MDR 2018, 245 ff., 248 f. (Mustervorschlag); *Moos/Nowak*, § 4 Rn. 10 ff.; *Ulmer-Eilfort/Schmoll*, S. 72 ff.
394 Vertiefter *Becker/Kussnik*, RAW 2018, 119, 126; *Kurz*, Rn. 260 ff., 519 ff.; *Steinmann/Schubmehl*, CCZ 2017, 194, 196 f.; *Ulmer-Eilfort/Schmoll*, S. 152 ff.
395 *Freckmann/Schmoll*, BB 2017, 1780, 1782; *Jansen/Hofmann*, BB 2020, 259, 263; *Kurz*, Rn. 36 ff., 56 ff., 166 ff., (Vertragsmuster Rn. 721 f., 738 ff.); *Steinmann/Schubmehl*, CCZ 2017, 194, 196.
396 *Becker/Kussnik*, RAW 2018, 119, 124 f.; *Jansen/Hofmann*, BB 2020, 259, 262 f.; *Kurz*, Rn. 96 ff. (Vertragsmuster Rn. 716 ff., 725 ff.); *Mayer*, MDR 2018, 245, 248; *Schöwerling*, GRUR-Prax 2015, 52, 53.
397 *Kabisch*, GRUR-Prax 2018, 516, 517 f.; *Kurz*, Rn. 395 ff. (Vertragsmuster Rn. 747); *Ulmer-Eilfort/Schmoll*, S. 126 ff.
398 *Becker/Kussnik*, RAW 2018, 119, 127; *Burghardt-Richter/Bode*, BB 2019, 2697, 2701 f.; *Kurz*, Rn. 236 ff., 675 ff. (Vertragsmuster Rn. 804); *Otte-Gräbener/Kutscher-Puis*, ZVertriebsR 2019, 288, 291 f.; *Rehaag/Straszewski*, Mitt. 2019, 249, 255; *Steinmann/Schubmehl*, CCZ 2017, 194, 198.

§ 2 Begriffsbestimmungen

seln,[399] Kontrollklauseln (einheitlicher Schutzstandard),[400] Rechtserhalte,[401] Rückgabe-,[402] Schieds-[403] und Vertragsstraferegeln.[404] Zumeist bereits seit längerem bekannt und gebräuchlich sind es lediglich das **Reverse Engineering** und die **Vertragsstrafe**, die momentan in der Diskussion stehen. Beides dürfte aber wohl bald einen vorläufigen Abschluss finden: Ersteres mit dem gehäuften Auftreten diesbzgl. Vertragsverdikte, Letztere mit solchigem partnerseitiger Sanktionierung. Offensichtlich bedürfen lauterkeitsrechtliche Gepflogenheiten immer häufiger auch individualvertraglicher Errichtung und Stabilisierung.

99 (c) **Die Endabnehmer bzw. Kunden.** Endabnehmer bzw. Kunden sind **reine Externe**: Rechtsträger, die Güter (Gegenstände, Software, Dienstleistungen etc.) zu Gebrauchszwecken und/oder dauerhaftem Verbleib deren Herstellern, Händlern oder Anbietern abnehmen bzw. von ihnen (nicht notwendig monetär) erwerben. Als nachfragendes Wirtschaftssubjekt (Privatperson, Selbstständiger, Unternehmen, sonstige Institutionen ehrenamtlicher oder hoheitlicher Provenienz) sind sie das Zurechnungsendsubjekt aller wirtschaftlichen Geschäfte, dessen breites Trägerspektrum jede Synonymität mit dem privatrechtszentrierten Verbraucher- und Unternehmerbegriff der §§ 13, 14 BGB ausschließt. Materiell bilden sie quasi das letzte, die Wirtschaftsakteure aller Rechtsbereiche einbeziehende Glied in deren ggf. vielstufigen Kette.

100 Im Gegensatz zu den beiden vorstehenden Personengruppen ist das Spektrum ihrer Vertragsklauseln ungleich kleiner – ein Umstand, der ihrer gemeinhin fehlenden abgestimmten Einbindung in den Geschäftsablauf des Geheimnisherrn geschuldet ist. Anders als Erstere agieren nämlich Letztere bei Erstellung und Absatz eines Produktes nicht auf Seiten des Geheimnis- bzw. Geschäftsinhabers. Beide Parteien sind vielmehr funktional nicht unilateral aufeinander bezogene Antipoden: Alleiniger Vertragsgegenstand sind fachgerecht erbrachte Dienstleistungen bzw. bestimmungsgemäße Verwendbarkeiten temporär oder endgültig überlassener Produkte. Zusätzliche Kenntnisvermittlungen zu den Geheimheiten einer Erstellung, Zusammensetzung, Ausführung oder Abgabe sind nicht erfasst, diesbezügliche Kenntnisnahmerechte vertraglich wie gesetzlich nicht eingeräumt.

---

399 *Kurz*, Rn. 316 ff. (auch Vertragsmuster), 362 ff., 727; *Schöwerling*, GRUR-Prax 2015, 52, 54; *Ulmer-Eilfort/Schmoll*, S. 148 ff.
400 *Rehaag/Straszewski*, Mitt. 2019, 249, 254; *Steinmann/Schubmehl*, CCZ 2017, 194, 197 f.
401 *Kabisch*, GRUR-Prax 2018, 516, 517; *Kurz*, Rn. 313 ff., 347 ff., 366 ff. (Begrenzung); *Mayer*, MDR 2018, 245, 249; *Scheja*, CR 2018, 485 Rn. 36; *Ulmer-Eilfort/Schmoll*, S. 128 ff.; *Walz/Koch*, R. I § 5 (5a), § 9.
402 *Kurz*, Rn. 278 ff., 718, 727 (Vertragsmuster); *Mayer*, MDR 2018, 245, 249; *Ulmer-Eilfort/Schmoll*, S. 162 ff.; *Walz/Koch*, R. I § 7.
403 *Becker/Kussnik*, RAW 2018, 119, 126 f.; *Kurz*, Rn. 443 ff. (mit Vertragsmuster); *Ulmer-Eilfort/Schmoll*, S. 167 ff.; *Walz/Koch*, R. I § 14 (6).
404 *Becker/Kussnik*, RAW 2018, 119, 125; *Hille*, WRP 2020, 824 Rn. 52 ff.; *Jansen/Hofmann*, BB 2020, 259, 264; *Kurz*, Rn. 298 ff., 723 ff.; *Mayer*, MDR 2018, 245, 249; *Otte-Gräbener/Kutscher-Puis*, ZVertriebsR 2019, 288, 291; *Walz/Koch*, R. I § 12.

III. Das Geschäftsgeheimnis (§ 2 Nr. 1)   § 2

Gewährt aber die Externenposition den Endabnehmern und Kunden, abgesehen von dem Sonderfall der gem. § 3 Abs. 1 Nr. 2 lit. a GeschGehG gesetzlich gestatteten Kenntnisnahme durch den Rückbau etc. (Reverse Engineering) öffentlich verfügbarer Güter, weder einfache Einsicht noch entsprechende Teilhaberechte, fehlt für Non-disclosure-Agreements (**NDAs**) jeglicher Anlass. Ihre Errichtung lässt zudem § 4 GeschGehG entbehrlich erscheinen, der jeden Zeitraum abdeckt – vom Vertragsvorfeld bis hin zur nachvertraglichen „Auslaufphase". Gleichermaßen kein Bedarf besteht für die meisten der vorstehend benannten Klauseln (→ Rn. 98) mit Ausnahme der **Reverse-Ausschlussklausel** des § 3 Abs. 1 Nr. 2 lit. b GeschGehG. Ihre Vorgabe sollte, falls AGB- und Kartellrecht es nicht als zulässig oder opportun erscheinen lassen, wo immer möglich einzelvertraglich festgesetzt werden: Gefahrenpotenziale und etwaige Schadenshöhen späterer unbefugter Folgehandlungen sind ex ante nie vollständig prognostizier- und noch weniger verlässlich kalkulierbar. 101

(4) Die Angemessenheit der Geheimhaltungsmaßnahmen

Die Auswahl und Einrichtung von Geheimhaltungsmaßnahmen ist nicht nur für viele kleine und mittlere Unternehmen mit einem oft nicht geringen administrativen und monetären Aufwand verbunden. Mit diesem unternehmerischen Einsatz haben die zu erbringenden Geheimhaltungsmaßnahmen allerdings noch nicht ihr Bewenden gefunden, begnügen sich doch die Art. 2 Nr. 1 lit. c Know-how-RL 2016/943/EU und § 2 Nr. 1 b GeschGehG nicht mit dem erbrachten Vollzug diesbezüglicher Aktivitäten.[405] Beide unterwerfen sie vielmehr darüber übereinstimmend dem weiteren Erfordernis einer den jeweiligen Umständen nach (ggf. auch wiederholt) vorzunehmenden Angemessenheitsprüfung, deren Ergebnis zudem gerichtlicher Plausibilitätskontrolle unterliegt. 102

Das Gebot der Angemessenheit etablierter Geheimhaltungsmaßnahmen transferiert die ohnehin schon bestehenden Schwierigkeiten einer Maßnahmenerrichtung (wann und warum welche wofür zu welchen Kosten?) mit den vielschichtigen Problemen einer bei unsicherer Datenbasis zu treffenden Prognoseentscheidung auf eine neue, deutlich höhere Schwierigkeitsebene. Zwar benennt die Gesetzesbegründung[406] gleich **sieben Bemessungskriterien** (→ Rn. 104–120), belässt deren Gewichtung jedoch ebenso offen wie die Regeln einer wann und wie vorzunehmenden Abwägung. Die damit unternehmerseitig bestehenden Unsicherheiten lassen die natürlich auch für spätere Gerichtsverfahren angestrebte „Bestandskraft" implementierter Schutzmaßnahmen zu einem kaum berechenbaren Unterfangen werden. 103

---

405 Maximale Tätigkeit ist nicht gefordert; zutreffend *Apel/Stolz*, GRUR-Prax 2021, 1, 2 f. Speziell zum Schutzmanagement der Geschäftsgeheimnisse im Mittelstand *Nienaber*, Rn. 432 ff., 515 ff.
406 Vgl. BT-Drs. 10/4724, S. 24 f.

§ 2 Begriffsbestimmungen

Erste obergerichtliche Entscheidungen senden deutliche Menetekel.[407] Die potenzielle Bandbreite möglicher gegenteiliger Einstufungsgründe ist extrem groß.

(4.1) Die einzelnen Bemessungsfaktoren

104 Die nur in der Gesetzesbegründung für die geforderte Angemessenheit eingerichteter Schutzmaßnahmen nicht erschöpfend („insbesondere") benannten Bemessungskriterien sind in der nachstehenden **Reihenfolge**: Der Wert des Geschäftsgeheimnisses und dessen Entwicklungskosten, die Natur der Informationen, die Bedeutung für das Unternehmen, die Größe des Unternehmens, die üblichen Geheimhaltungsmaßnahmen in dem Unternehmen, die Art der Kennzeichnung der Informationen und die vereinbarten vertraglichen Regelungen mit Arbeitnehmern und Geschäftspartnern.

105 Die weder erläuterte noch irgendwie exemplifizierte Offenheit ihrer jeweiligen generellen oder (wann und warum wie festzusetzenden) speziellen **Gewichtung** mag zwar noch in zivilistischer Hinsicht akzeptabel, dh. der Rechtsprechung zur Konkretisierung überantwortet sein.[408] Hinsichtlich ihrer angestrebten auch strafrechtlichen Verbindlichkeit[409] ist sie zumindest nicht unproblematisch. Dort steht ihr eigentlich schon das gesetzliche Gebot der tatbestandlichen Bestimmtheit täter- wie teilnehmerseitig strafgeschützter Angriffsobjekte (Art. 102 Abs. 3 GG, § 1 StGB) kaum überwindbar entgegen, scheitert doch selbst eine interne Anlehnung an die Abwägungs- und Angemessenheitsklausel des § 34 StGB an deren Charakter: In § 34 StGB hat sie reine Erlaubnisfunktion, eröffnet mithin die Befugnis zu einem Zugriff auf fremde Güter, deren materielle Zuordnung sie vollkommen unberührt belässt. Hingegen verstellt die fehlende Angemessenheit einer Schutzmaßnahme iSd. § 2 Nr. 1 lit. b GeschGehG den gesetzesspezifischen Anwendungsbereich und Rechtsschutz. Damit aber wird ein existentes Individualgut für jeden kenntniserlangenden Dritten in ein nach dem Geschäftsgeheimnisgesetz zumindest vorläufig strafrechtlich „aneignungsfreies Gemeingut" transformiert. Zivilistische Beweiszeichen (→ Rn. 57 f., 68 f.) sind deshalb ungeachtet ihrer fraglichen Stringenz strafrechtlich in keiner Weise als materielles Konstituens tatbestandlich geschützter Individualgüter resp. Angriffsobjekte geeignet.

106 **Wert des Geschäftsgeheimnisses.** Der Wert eines Geheimnisses ist nicht nur ein bedeutsames Bemessungskriterium für die Bestimmung angemessener Geheimhaltungsmaßnahmen, er ist als „wirtschaftlicher Wert" zugleich auch ein zentrales Begriffsmerkmal des neuen Geschäftsgeheimnisbegriffs. Zu seiner Konturierung, insbesondere zu den Leitaspekten und Verfahrensschritten der gebotenen nachvoll-

---

407 LAG Düsseldorf, GRUR-RS 2020, 23408 Rn. 80 ff. – PU-Schaum; OLG Hamm, WRP 2021, 223 Rn. 152 ff. – Stopfaggregate.
408 IdS ua. *Apel/Walling*, DB 2019, 891, 895; BeckOK GeschGehG/*Fuhlrott*, § 2 Rn. 25.1; *Burghardt-Richter/Bode*, BB 2019, 2697, 2698; *Drescher*, S. 296; *Dumont*, BB 2018, 2441, 2443; *Maaßen*, GRUR 2019, 352, 353; *Otte-Gräbener/Kutscher-Puis*, ZVertriebsR 2019, 288, 289.
409 Stichwort: Zivilrechtsakzessorietät; befürwortend ua. K/B/F/*Alexander*, § 23 GeschGehG Rn. 10, 19.

ziehbaren Wertfestsetzung, können die dortigen Ausführungen ungeachtet ihrer Entkleidung des adjektivischen Attributs vollinhaltlich in Bezug genommen werden (→ Rn. 48 ff.): Hier wie dort ist die geschäftsbezogene (nicht die privatpersonale oder die staatsseitige!) Werthaltigkeit einer Geheimheit als deren prognostiziertes künftiges, nicht unbedingt nur geschäftsinternes Nutzziehungspotenzial unter Rekurs auf die Vorgaben des Bewertungsrechts bzw. der IFRS zu bestimmen. Einer höhenmäßig exakten Bezifferung des Ertragswerts bedarf es dabei ebenso wenig wie der detaillierten Darlegung des etwaigen Schadenspotenzials.

107 Gemeinhin wird die Angemessenheit errichteter bzw. zu errichtender Schutzmaßnahmen an der prognostizierten Werthöhe eines Geschäftsgeheimnisses und Letztere an die aufgewendeten Entwicklungskosten angelehnt: Hoher Ertragswert bedingt quasi höheren Schutzaufwand.[410] Mehr als eine fragwürdige Leitlinie ist damit allerdings nicht verbunden, wäre doch ansonsten ein komplexes Schutzsystem bei rechtswidrigen Geheimnissen (Stichwort: Abgasabschaltung) dessen geradezu idealtypische Bestätigung. Auch sind nur geringe Entwicklungskosten ein trügerischer Gegenindikator, gibt es doch genügend Beispiele „kostengünstig" entwickelter Geheimnisse mit inzwischen extrem aufwendig geschütztem, sehr hohem Ertragswert („Coca Cola"). Und zuletzt ist auf die unklare Spannbreite seiner Gewichtung zu verweisen, deren vermeintlich exakte ziffernmäßige Unterlegung zu Überhöhungen verführen kann.

108 Einer anderen Überbetonung ist *Weigert* unterlegen, der die Schutzbedürftigkeit von Geheimnissen primär an deren generell-abstrakt festgesetzten Werthöhe orientiert. Er präferiert eine (wie auch immer zu findende gattungsmäßig vorbestimmte) Werthaltigkeit der Geheimnisse, demzufolge etwa Personalakten gegenüber Forschungsunterlagen in genere immer weniger Wert haben.[411] Abgesehen von der fragwürdigen Herkunft zwingend vorgegebener Festsetzungen – Forschungsdaten können je nach Entwicklungsstadium und Ergebnis (gelungen, gescheitert etc.) wertmäßig ebenso variieren wie Personaldaten nach Status und Inhalt – leidet der Ansatz unter seiner Ex-post-Ausrichtung am konkreten Täter und dessen Befugnisrahmen, der Geheimnisinhabern zum Einrichtungszeitpunkt nicht immer bekannt sein und deshalb auch nicht in eine wie auch immer graduell abgestufte Schutzbedürftigkeitsprognose einbezogen werden kann. Können hochprofessionelle Außentäter große Schutzmaßnahmen überwinden, waren letztere nicht weniger „angemessen"[412] als schwächere Maßnahmen gegen zugriffsbefugte Offenlegungen wenig befähigter Innentäter.[413]

---

410 OLG Hamm, WRP 2021, 223 Rn. 155, 157 f. – Stopfaggregate; *Baranowski/Glaßl*, BB 2016, 2563, 2565; BeckOK GeschGehG/*Fuhlrott*, § 2 Rn. 26; *Heinzke*, CCZ 2016, 179, 182; *Hille*, WRP 2019, 1408 Rn. 21; *Maaßen*, GRUR 2019, 352, 354; *Reinfeld*, § 1 Rn. 184; *Rosenkötter/Seeger*, NZBau 2019, 619, 621.
411 So aber *Weigert*, NZA 2020, 209, 210, 213 f.
412 Vgl. ÖOGH, GRUR Int. 2017, 70, 71 – Ticketsysteme; K/B/F/*Alexander*, § 2 GeschGehG Rn. 70.
413 Abweichend im Vorhalt gegen die hM (Rn. 73) *Weigert*, NZA 2020, 209, 210, 214, der damit aber den Gegensatz von Angriffsobjekt, Tathandlung und Zugriffsbefugnis aufhebt.

§ 2 Begriffsbestimmungen

Erkennt vorstehender Ansatz letztlich den Geheimniswert dennoch als wichtigen Bemessungsfaktor an,[414] so löst sich *Lauck* davon vollständig und spricht ihm unter Rekurs auf damit verbundene Abweichungen vom Mindestharmonisierungsgebot, dem Gesetzeszweck „Geheimnisschutz durch Kostensenkung", dem anders fundierten Datenschutz- und einer Missachtung des Selbstbestimmungsrechts jegliche Bedeutung generell ab.[415] Ohne hier aus Raumgründen näher auf das Pro und Contra der erhobenen Einwände eingehen zu können,[416] ist gleichwohl aus pragmatischen Gründen an einem Proportionalitätsprinzip festzuhalten.[417]

109 Zeigt sich mithin, dass die Problematik des Geheimniswerts weniger dessen vorzunehmende Bemessung als die damit verknüpfte Proportionalität angemessener Schutzmaßnahmen ist, so verlagert sich der Abklärungsbedarf vornehmlich auf die Erarbeitung zielführender Leitlinien und Eckpunkte einer sachgerechten Festsetzung. Gibt es wie hier keinen vorgegebenen einheitlichen Maßstab, ist seine Erstellung methodisch nachprüfbar zu gestalten. Dieses allein der Rechtsprechung zu überantworten verkennt die Aufgabe der Rechtsdogmatik.[418] Um eine zumindest grobe Vorzeichnung des (am einzelnen bzw. kategorial addierten Geheimniswert) orientierten Kostenrahmens kommt sie demnach nicht herum. Je nach Branche näher zu spezifizieren[419] sollte er selbst bei sehr hohen Werten keinen höheren Aufwand als maximal 10 %, bei geringeren Werten bis 1 Mio. nicht mehr als 5 % übersteigen.

110 **Natur der Informationen.** Dieses Bemessungskriterium ist wenig sinnfällig bezeichnet. Geschäftsgeheimnisse haben keine Natur. Sie kennen nur Arten oder Erscheinungsformen, die jeweils dialogisch strukturiert sind: Arten ordnen die bereits vielfach für irrelevant und überholt erklärte,[420] nun aber an anderer Stelle reanimierte frühere Unterteilung in Betriebs- und Geschäftsgeheimnisse, die je nach Wissensinhalt bzw. Verwendung technisch-produktives vom kaufmännisch-nutzbaren Geheimwissen separieren.[421] Erscheinungsformen hingegen differenzieren artübergreifend nach Verkörperung bzw. deren Fehlen zwischen Ausdrucken, Mustern, Modellen, Substanzen, Stoffen usw. und unverkörperten bzw. digitalisierten, im Gedächtnis, Computer, Server, einem Speichermedium oder der „Cloud" abgeleg-

---

414 In Frage gestellt wird lediglich seine Proportionalität mit dem Maßnahmenniveau.
415 Vgl. *Lauck*, GRUR 2019, 1132 f.
416 Der Geschäftsgeheimnisbegriff unterliegt nicht der Mindestharmonisierung des Art. 1 Satz 2 Know-how-RL 2016/943/EU, personenbezogene Daten keinem begriffsprägenden Maßnahmengebot. Zum wertverschiebenden Kostensenkungszweck und der damit verbundenen Einschränkung der Inhaberschaft (→ Rn. 42).
417 IE auch *Lauck*, GRUR 2019, 1132, 1133; vermittelnd *Hoppe*/Oldekop, Kap. 1 Rn. 145.
418 Zur Kontroll- und Reflektionsfunktion der Dogmatik zuletzt *Jansen*, JZ 2020, 213, 220 f.
419 OLG Hamm, WRP 2021, 223 Rn. 155 – Stopfaggregate. So haben etwa Technik und Produktion durchweg höhere Schutzkosten als Vertriebe, Handel und andere Dienstleister.
420 BeckOK GeschGehG/*Hiéramente*, § 2 Rn. 1.1.; K/B/F/*Alexander*, § 2 GeschGehG Rn. 18; GK-UWG/*Wolters*, § 17 Rn. 11.
421 Vgl. nur RGZ 149, 329 – Stiefeleisenpresse; BGH, GRUR 2012, 1048 – Movicol; *Brammsen*, Lauterkeitsstrafrecht, § 17 Rn. 8 mwN; *Reinfeld*, § 1 Rn. 35 ff.

ten Wissen. Der Rekurs auf die „Informationsnatur" hat demnach letztlich eine funktionslose Untergruppierung in einen Schutzbemessungsfaktor umgewandelt.

Diese Vermischung von Art und Form der Geheimnisse lässt sich aber unter dem Begriff „Natur" kaum für die Bestimmung angemessener Schutzmaßnahmen nutzbar machen.[422] War es früher mehr produktionsbezogenes Wissen, das sich in Gestalt von Modellen, Vorlagen, Verfahrensweisen usw. als stärker schutzbedürftig erwies, so ist der Verkörperungsaspekt mit dem Siegeszug der Digitalisierung mehr und mehr in den Hintergrund getreten. Inzwischen dominieren Computerprogramme in allen Unternehmensbereichen (Herstellung, Vertrieb, Marketing, Logistik usw.) gleichermaßen: Der Schutzbedarf besonderer Kundenlisten, Marketingstrategien, Vertriebswege oder Logistikketten kann den zunehmend maschinengesteuerter Produktionsverfahren durchaus erreichen. 111

Statt auf Art oder Form ist die „Natur" der Information primär auf 2 andere Aspekte zu beziehen – den prognostizierten Interessentenkreis und die drohenden Tathandlungen.[423] So sind etwa vertragliche Schutzmaßnahmen gegen unbefugte Kenntniserlangung und -weitergabe primär auf Unternehmensbeschäftige auszurichten, technische Maßnahmen sollten dagegen auch unternehmensexterne Personen mehr mit in den Fokus nehmen: Ausspähung und Offenlegung finden mit Ausnahme der Computerspionage und Datensabotage noch immer hauptsächlich von innen heraus statt. Nutzungs- bzw. Verwertungshindernisse sowohl vertraglicher wie technischer Art sollten gegen internes wie externes Vorgehen gleichermaßen geschützt werden, etwa in Gestalt speziell eingebauter Zugriffs- und Umsetzungshindernisse. Zusätzlich sollte je nach Branche, Geheimnisklasse (Existentialia, Gravissima, Auxilien → Rn. 80 ff.) und Schadenspotenzial differenziert werden, um den Schutzaufwand in angemessenem Rahmen zu halten. Als Faustregel kann hier gelten: Gegenüber Geschäfts- sind Betriebsgeheimnisse vor allem bei technischen Sicherungsmaßnahmen zumeist immer noch mit höheren Kosten verbunden. 112

Bedeutung für das Unternehmen. Die Bedeutung für das Unternehmen ist derjenige Bemessungsfaktor, der sich am Beitrag eines bestimmten Geschäftsgeheimnisses für das unternehmensspezifische Gesamtergebnis orientiert: Je ertragreicher und nachhaltiger es ist, je größer und (auch kosten-)beständiger also sein prozentualer Anteil ist, desto höher ist seine Bedeutung – was durchaus stärkeren Schutz als üblicherweise bedingen kann.[424] Ist es einer von mehreren Ergebnisträgern, so bleibt es das bedeutendste, solange die anderen Profitbringer eine geringere Rentabilitäts- und eine künftig stärker anwachsende Kostenquote aufweisen. Kurzfristige konjunkturell bedingte Schwankungen bleiben dabei ausgeklammert: Sie sind erst bei mehrfachem Wiederholungsfall entsprechend einzuberechnen. Additiv lässt sich darüber hinaus die Beschäftigtenquote hinnehmen: Bleibt sie bei konstanter Anzahl gleich, welcher Qualifikationen bedarf es, welche Bedeutung haben perso- 113

---

422 Optimistischer *Reinfeld*, § 1 Rn. 184 („hängt sicher davon ab").
423 Ähnliche Erwägungen auch bei BeckOK GeschGehG/*Fuhlrott*, § 2 Rn. 27.
424 OLG Hamm, WRP 2021, 223 Rn. 154, 158 – Stopfaggregate; BeckOK GeschGehG/*Fuhlrott*, § 2 Rn. 28.

§ 2 Begriffsbestimmungen

nelle Abgänge und wie schnell sind sie am Markt auszugleichen? Die **Bemessung der Bedeutung** folgt demnach den Methoden unternehmerischer **Rentabilitätsberechnung**, die sich an dauerhaftem Bestand und störungsfreiem Geschäftsablauf zu orientieren hat. Ihre plausible Darlegung verlangt durchaus vertiefte betriebswirtschaftliche Kenntnisse.

114 **Größe des Unternehmens.** Die Größe eines Unternehmens ist jener Bemessungsfaktor, der auf dessen gegebene Schutzkompetenz und wirtschaftliche Leistungsfähigkeit rekurriert. Ausgehend von der Erwägung, dass Großunternehmen und Konzerne über mehr „Manpower", mehr finanzielle Mittel und höheres einschlägiges Erfahrungswissen im Umgang mit Geschäftsgeheimnissen und deren Sicherung verfügen, wird ihnen die Errichtung umfangreicherer Schutzniveaus abverlangt als kleinen oder mittelgroßen Firmen,[425] deren Besserstellung allerdings auch durchaus kritisch gesehen.[426] Dem kann schon wegen der Unklarheit, Unternehmensgrößen allein nach (inter-)nationalen Umsatz- bzw. Ertragsdaten und/oder nach Mitarbeiterzahlen zu bestimmen,[427] nicht in toto widersprochen werden: Nationale Größe impliziert nicht notwendig auch vor Ort gegebene größere technische und finanzielle Ressourcen. Die Bemessung etwaiger Kompetenzen und Potenziale zu gebotenen Schutzmaßnahmen ist primär an den am konkreten Standort vorhandenen Gegebenheiten auszurichten. Andernorts gegebene Kapazitäten sind erst bei tatsächlichem Bestehen einschlägiger Rahmenbedingungen einzurechnen – alles andere sind rein fiktive Erwägungen. Es gibt jedoch genug gute Gründe für konzern- oder unternehmensintern betrieblich divergierende Schutzmaßnahmen wie etwa geringe Steuersätze, sicheres Umfeld, kaum Besucherverkehr, günstige Energieversorgung, hohe Mitarbeitertreue, geringe Steuersätze uam.

115 **Übliche unternehmensspezifische Geheimhaltungsmaßnahmen.** Übliche unternehmensspezifische Geheimhaltungsmaßnahmen sind ein rückblickend angelegtes Bemessungskriterium, das die Annahme eines Geschäftsgeheimnisses mit der Existenz bereits früherer, bezüglich anderer Geheimnisse eingerichteter Schutzmaßnahmen verknüpft und zu ihnen in Beziehung setzt. Damit soll aus einem unternehmensintern eingefahrenen Standard auf dessen Fortschreibung und so vermittelt auf die Einhaltung einer diligentia quam in suis geschlossen werden, deren nunmehrige Abweichungen in concreto „nur zulasten des Inhabers ... zur Bedeutung gelangen".[428]

116 Die Aussagekraft eines derartigen Rückschlussverfahrens erschüttern gleich mehrere Aspekte, von denen das damit auf den Inhaber verlagerte Selbstbelastungsgebot aus strafrechtlicher Sicht ein Befremden auslöst (Stichwort: Opferschutz),

---

425 Vgl. BeckOK GeschGehG/*Fuhlrott*, § 2 Rn. 29; *Hille*, WRP 2019, 1408 Rn. 22; K/B/F/*Alexander*, § 2 GeschGehG Rn. 51, 68.
426 *Hoppe*/Oldekop, Kap. 1 Rn. 148; *Reinfeld*, § 1 Rn. 185.
427 Dies zutreffend bereits anmerkend BeckOK GeschGehG/*Fuhlrott*, § 2 Rn. 29.
428 So ausdrücklich BeckOK GeschGehG/*Fuhlrott*, § 2 Rn. 30. Indikatorenfunktion attestiert *Hoppe*/Oldekop, Kap. 1 Rn. 149.

welches hier jedoch vollständig zurückgestellt bleiben soll. Ebensolches gilt auch für die höchst fragwürdige Anwendung der diligentia quam in suis jenseits von Abhängigkeits- und Schuldverhältnissen. Allein zu thematisieren ist die kaum weniger gewichtige Frage, wie aus früher geübten Vorkehrungen die (Un-)Angemessenheit späterer abweichender Schutzmaßnahmen erschlossen werden soll. Der Blick auf tradierte Bahnen gestattet nämlich kaum Aussagen über die Zukunft – allenfalls dann, wenn das in Rede stehende Geheimnis schon vorab der Gattung nach im Schutzkonzept eingebunden war. Ansonsten erzwingt „Erstauftritt" statt Tradition Neuerung, zu deren Erkenntnis gerade kleinen und mittleren Unternehmen die Kompetenz jedoch zumeist fehlt. Hilfreich ist das Kriterium der „üblichen eigenen Maßnahmen" daher nur in seinem jeweils vorabgesteckten Rahmen.

Art der Kennzeichnung der Informationen. Der Anwendungsbereich des Kennzeichnungskriteriums bedarf deutlich verstärkter Konturierung, können ihm doch die Leitaspekte seiner Umsetzung nur schwerlich entnommen werden – Bezugsobjekt und Einteilungsverfahren bleiben unaufgedeckt. Zwar verweist die Gesetzesbegründung darauf, dass nicht „jede geheim zu haltende Information gesondert zu kennzeichnen" sei und auch „grundsätzliche Maßnahmen für bestimmte Kategorien … oder allgemeine interne Richtlinien und Anweisungen oder auch in Arbeitsverträgen vorgegeben werden" können.[429] Diese Aussage betrifft jedoch statt „Kennzeichnungsarten" daran anknüpfende „Maßnahmenbündel".[430] Es verwundert daher nicht, wenn im Gefolge solcher Vorgaben so unterschiedliche Punkte wie Schutzgrade und -kategorien,[431] Schutzvorgaben (Richtlinien etc.)[432] oder Produkt- bzw. Inhaltsbeschreibungen[433] als Kennzeichnungsarten benannt werden. Sie sind zumeist nur nicht kategorial erfasst. 117

Bezugsobjekt der Kennzeichnung ist das Geschäftsgeheimnis,[434] seine artspezifische Ausweisung und Einordnung das anstehende Bemessungskriterium. Sachlich kommen zur Veranschaulichung nur solche Angaben bzw. Bekundungen in Betracht, die das betreffende Geheimnis nach allgemein bekannter Systematik entweder nach seinem Wissensinhalt als technisches bzw. kaufmännisches (Betriebs- bzw. Geschäfts-)Geheimnis sowie nach Gewichtig- iSv. Wertigkeit als Kronjuwelen, streng geheim, wichtig, vertraulich usw. prägnant unterscheiden (→ Rn. 80). Irgendwelche organisatorische, technische oder rechtliche Schutzmaßnahmen (→ Rn. 81 ff.) klassifizieren und kennzeichnen ebenso wenig wie Produkt- oder In- 118

---

429 Vgl. RegE GeschGehG vom 4.10.2019 zu § 2 Nr. 1 lit. b in BT-Drs. 19/4724, 24 f.
430 Die Errichtung „angemessener Geheimhaltungsmaßnahmen" setzt sachlich vorausgehende Identifizierung und Klassifizierung der durchaus unterschiedlich schutzbedürftigen Geschäftsgeheimnisse voraus (→ Rn. 73 ff., 80).
431 *Hoppe*/Oldekop, Kap. 1 Rn. 150: „geheim", „vertraulich"; *Maaßen*, GRUR 2019, 352, 356: sensibel, wichtig, Kronjuwelen, Betriebs- und Geschäftsgeheimnisse, Hersteller und Händler.
432 *Reinfeld*, § 1 Rn. 186.
433 Erwogen von BeckOK GeschGehG/*Fuhlrott*, § 2 Rn. 31.
434 Seine Bezeichnung als solches hat lediglich Indizwirkung; OVG Berlin-Brandenburg, NVwZ 2019, 1372 Rn. 50.

§ 2 Begriffsbestimmungen

haltsstoffbeschreibungen die Zugehörigkeit zu bestimmten Geheimnisgruppen – die dazu nötige plakative (Kurz-)Einstufung können sie mangels Identität vermittelnder gradueller Vergleichbarkeit nicht bewirken.

119 **Vereinbarte vertragliche Regelungen mit Arbeitnehmern und Geschäftspartnern.** Mit dem letzten Bemessungskriterium der vertragspartnerschaftlich vereinbarten Regelungen wird eigentlich nur eine Selbstverständlichkeit betont – die Einbindung und Gewichtung solcher Übereinkommen im Abwägungsverfahren. Einschlägigen Abkommen kommt eine sehr nützliche Beweisfunktion zu: Die Einbeziehung von Verschwiegenheitsklauseln und kategoriale bzw. individuelle Benennung einzelner oder mehrerer Geheimnisse dokumentieren mit der Errichtung vertragsrechtlicher Schutzmaßnahmen zugleich ein inhaberseitig bestehendes Geheimhaltungsinteresse an der wohl höheren Werthaltigkeit einer Information.[435] Eine solche Indizwirkung wird im Zweifelsfall schwerlich zu übergehen sein.

120 Hingegen kommt eine solche Indizwirkung entsprechenden Betriebsvereinbarungen oder Tarifverträgen allenfalls in geringerem Maße zu. Gemeinhin abstrakter gehalten und nicht wie ansonsten explizit als Arbeitnehmervertretung separat benannt (§§ 1 Abs. 3 Nr. 4, 3 Abs. 1 Nr. 3, 5 Nr. 3), unterfallen sie schwerlich dem auf einen individuellen Adressatenkreis begrenzten Personenkreis der „Arbeitnehmer und Geschäftspartner".[436] Zumindest strafrechtlich dürfte eine solche Erweiterung kaum überwindbare Schwierigkeiten bereiten, begrenzt sie doch den gesetzlichen Güterschutz aus nirgends dargelegten Gründen über den so schon bestehenden vagen Rahmen noch weiter über den Wortlaut hinaus.

(4.2) Den Umständen nach angemessen: Das Bemessungsverfahren

121 Sowohl Art. 2 Nr. 1 lit. c Know-how-RL 2016/943/EU wie auch § 2 Nr. 1 lit. b GeschGehG knüpfen den Geheimnisschutz an die Voraussetzung, dass die Geschäftsgeheimnisse „Gegenstand von den Umständen nach angemessenen Geheimhaltungsmaßnahmen durch die Person, die die rechtmäßige Kontrolle über die Information besitzt" (RL) bzw. „ihren rechtmäßigen Inhaber" (GeschGehG) waren. Während die Bestimmung des „rechtmäßigen Kontrollbesitzers" bzw. „Inhabers" infolge der nahezu wortgleichen gemeinsamen „Inhaberdefinition"[437] nur geringe Schwierigkeiten bereitet (→ Rn. 141), bestehen hinsichtlich der Aufdeckung der einzubeziehenden Umstände und der Festsetzung ihrer Angemessenheit Unklarheiten: Beide Aspekte weisen keine vertiefte Erörterung auf, sie bleiben auffällig unbestimmt. Schon von daher vermögen sie kaum den Anforderungen einer nachvollziehbaren Rechtsfindung zu genügen.

---

435 S. auch LAG Düsseldorf, GRUR-RS 2020, 23408 Rn. 80 – PU-Schaum und ÖOGH, Beschl. v. 10.1.2020 – GZ 15 Rg 71/19g–11, die inhaltlich präzisere Angaben anmahnen; insoweit großzügiger *Apel/Stolz*, GRUR-Prax 2021, 1, 3.
436 IE wie hier *Reinfeld*, § 1 Rn. 188 („Aufnahme in Einzelverträge"); wohl auch BeckOK GeschGehG/*Fuhlrott*, § 2 Rn. 33 und *Scherp/Rauhe*, CB 2019, 20, 23 f.
437 Die Definitionen des Art. 2 Nr. 2 RL 2016/943/EU und des § 2 Nr. 2 GeschGehG unterscheiden sich nur durch das „Haben" bzw. „Besitzen" der erwähnten Kontrollherrschaft.

III. Das Geschäftsgeheimnis (§ 2 Nr. 1) §2

(4.2.1) Die Bestimmung der Umstände

Gemeinhin erschöpft sich die Erörterung der fraglichen Umstände allein in einem Verweis auf „eine objektive Betrachtung, die alle Gegebenheiten des Einzelfalls berücksichtigt".[438] Mit dieser Aussage ist jedoch nichts gewonnen, bleibt doch völlig offen, wann welche Gegebenheiten warum einzubeziehen sind. Solche erschließen sich nicht per se aus der betonten Anknüpfung an wirtschaftliche Aspekte wie die kaufmännische bzw. unternehmerische Sinnhaftigkeit der getroffenen Maßnahme[439] – jegliche Sinnbestimmung bedarf eines vorhandenen Bemessungsmaßstabs für wie auch immer konturierte sinnprägende Faktoren. Letztere können nicht allein aus den zuvor benannten Bemessungsfaktoren (→ Rn. 104 ff.) abgeleitet werden, sollen nicht Anlass (die „Umstände") und Reaktion („nach angemessenen Maßnahmen") vollständig miteinander vermengt werden. Voraussetzung aller schon errichteten bzw. noch zu errichtenden Schutzmaßnahmen und Zentralaspekt jeder thematisch einschlägigen Überlegung ist immer die Kenntnis bzw. Erkennbarkeit bestehender oder möglicherweise künftig anstehender Geschäftsgeheimnisse. 122

Daraus ergibt sich für die weitere Konturierung der benannten Umstände: Umstände sind (objektiv wahrnehmbare Informationen über) Ereignisse bzw. Gegebenheiten, deren tatsächliche oder mögliche Apperzeption unternehmerseits eine Intervention(-sbedürftigkeit) in Gestalt zu treffender Schutzmaßnahmen als notwendig oder zumindest erwägenswert erscheinen lässt. Die Bandbreite hilfreicher Informationen und Informationsquellen ist dabei äußerst umfangreich: Erfasst sind neben der (taxierten) Werthaltigkeit und Bedeutung (→ Rn. 106 ff., 113) ua. interne Entwürfe, frühe Forschungs-, Kalkulations- und Bilanzdaten, Modellkonstruktionen, Projektfortschritte und Versuchsreihen, auch gemeinsame Kooperationsplanungen und Strategiekonzepte einerseits sowie Verdachtsmomente wie späte Arbeitszeiten und Abwanderung bzw. Abwerbung wichtiger Mitarbeiter, Compliance-Recherchen, ungewöhnliche Datenbewegungen, Hinweise von Geschäftspartnern, Mitarbeitern usw. auf mögliche Gefahrenquellen, Drittinteressen an Betriebs-, Branchen- oder Konkurrentendaten, unerwartete Übernahmeangebote, einschlägige Marktstudien und Presseberichte uvm. anderseits. Je öfter und je präziser solche Informationen zusammenkommen, je höher die geschäftliche Bedeutung des Geheimnisses und sein mögliches Schadenspotenzial ausfällt, desto gravierender sind die Umstände und damit der Anlass zur Überlegung und Errichtung eigener Schutzaktivitäten. 123

(4.2.2) Die Bestimmung der Angemessenheit

Die Festsetzung der Angemessenheit bestehender Geheimnisschutzmaßnahmen bedarf eines geordneten Verfahrens, soll sie sich nicht als unvorhersehbarer Willkür- 124

---

438 OLG Hamm, WRP 2021, 223 Rn. 154 – Stopfaggregate; s. auch Büscher/*McGuire*, § 2 GeschGehG Rn. 43; K/B/F/*Alexander*, § 2 GeschGehG Rn. 66.
439 So zB H/O/K/*Harte-Bavendamm*, § 2 Rn. 50; *Kalbfus*, GRUR-Prax 2017, 391, 392; K/B/F/*Alexander*, § 2 GeschGehG Rn. 51; *Thiel*, WRP 2019, 701 Rn. 9.

§ 2 Begriffsbestimmungen

akt darstellen. Dazu bedarf es richtigerweise der Berücksichtigung aller Umstände des Einzelfalls mit Verhältnismäßigkeitserwägungen, die weder einen optimalen Schutz noch dessen Minimum gestatten.[440] Leider eröffnen weitergehende Benennungen wie „flexibles und offenes Tatbestandsmerkmal," „Einzelfallbezug" oder „relativer und dynamischer Maßstab"[441] keine hilfreiche Konturierung, bieten doch Benennungen wie „flexibles und offenes Tatbestandsmerkmal" oder „relativer und dynamischer Maßstab" aus sich heraus keinen wirklichen Erkenntnisgewinn. Es verwundert daher nicht, wenn bereits von verschiedener Seite das Fehlen von „verlässlichen Auslegungsrichtlinien für eine Konkretisierung" des Maßstabs und der Erfordernisse einer (Un-)Angemessenheit bemängelt worden ist.[442]

125 Auch wenn diesen Vorhalten zuzustimmen ist – ihre größtmögliche Auflösung ist anzustreben. Diese bedarf zweier Schritte, deren Erster auf das allgemeine Eignungs- und Fähigkeitsprinzip[443] zu rekurrieren hat: Angemessen sind Maßnahmen, wenn ihre individuell finanzierbare Einrichtung die empirisch bestätigte objektive Eignung aufweist, das in Rede stehende Geschäftsgeheimnis in concreto effektiv gegen die befürchteten unbefugten Drittzugriffe zu schützen. Lässt sich dieser Schritt zumeist unproblematisch bewältigen, so ist der zweite Schritt der daran anschließenden Abwägung bzw. Bemessung ungleich komplexer, bedarf er doch sowohl der zuvorigen **Festsetzung** der einzubeziehenden Faktoren als auch deren darzulegender Gewichtung: Ohne die Umsetzung eines zumindest groben **Maßstabs** in Gestalt faktorspezifisch abgestufter Vorgaben bzw. Einordnungsrahmen bleibt jede Art von Bestimmung nur schwerlich nachvollziehbar.

126 Anzuknüpfen hat die Angemessenheitsprüfung an die obigen Bemessungskriterien (→ Rn. 104 ff.), die zumindest um noch einige weitere Faktoren wie den Grad (abstrakt oder konkret) der prognostizierten Gefahr und die Schadenshöhe zu ergänzen wären. Sodann ist für alle Faktoren eine aus Praktikabilitätsgründen maximal dreistufige Unterteilung zu bilden,[444] deren einheitliche Ausformung eine einfache **Abstufung** und vergleichbar prägnante Einordnungen eröffnet.[445] Abzuschließen hat

---

440 So *Burghardt-Richter/Bode*, BB 2019, 2697, 2698; *Drescher*, S. 294 f.; K/B/F/*Alexander*, § 2 GeschGehG Rn. 65; *Hille*, WRP 2019, 1408 Rn. 28; *Hoppe*/Oldekop, Kap. 1 Rn. 118 f.; *Maaßen*, GRUR 2019, 352, 353, 355; MK-UWG/*Namysłowska*, RL 2016/943/EU Art. 2 Rn. 81; *Otte-Gräbener/Kutscher-Puis*, ZVertriebsR 2019, 288, 289; *Partsch/Rump*, NJW 2020, 118, 120; *Reinfeld*, § 1 Rn. 187; *Thiel*, WRP 2019, 701 Rn. 10. Beispielhaft zur Einbeziehung von Gebäudedatenmodellen (BIM) *Reinholz/Kraushaar*, K&R 2020, 788, 798 ff.; allgemein zu Schutzkonzepten für Geschäftsgeheimnisse im Mittelstand *Nienaber*, Rn. 432 ff., 518 ff.
441 Statt vieler OLG Hamm, WRP 2021, 223 Rn. 154 – Stopfaggregate; H/O/K/*Harte-Bavendamm*, § 2 Rn. 52, 55; K/B/F/*Alexander*, § 2 GeschGehG Rn. 65 f. mwN.
442 Vgl. nur *Becker/Kussnik*, RAW 2018, 119, 121 f.; *Jansen/Hofmann*, BB 2020, 259, 260; *Otte-Gräbener/Kutscher-Puis*, ZVertriebsR 2019, 288, 289; *Redeker/Pres/Gittinger*, WRP 2015, 681 Rn. 11.
443 Dazu einführend *Münzberg*, S. 145 ff.; *Looschelders*, S. 311 f., beide mwN.
444 Höherstufige Untergliederungen bereiten verstärkte Abgrenzungs- und Einordnungsschwierigkeiten.
445 Beispielhaft: Hoch, normal, niedrig; groß, mittel, klein; häufig, mehrfach, vereinzelt; teuer, marktgerecht, günstig.

III. Das Geschäftsgeheimnis (§ 2 Nr. 1)   § 2

die zu präzisierende Strukturierung der Abwägung mit einer vorgezeichneten **Gewichtigkeit** aller Bemessungsfaktoren (jeweils zB 10–20%), an deren Spitze neben der Schadenshöhe und verbleibenden Werthaltigkeit des Geheimnisses, dessen Bedeutung für das Unternehmen, das Bedrohungsszenario und die intern üblichen Schutzmaßnahmen stehen dürften.[446] Ihnen auf eine Stufe niedriger nachzuordnen wären Geheimnisnatur, Unternehmensgröße, Kennzeichnungsart und (arbeits-)vertragliche Vereinbarungen, die allesamt mit einer Bandbreite von jeweils 5–15% einen anteilig deutlich geringeren Stellenwert haben: Selbst zusammen genommen und in Maximalausprägung gegeben, erreichen sie selten genügend Gewicht, um mehrere Faktoren der ersten Stufe mit Mindestgewicht zu überwinden. Bei höherem Eigengewicht werden Letztere den Abwägungsprozess dominieren. Mit weiterer Präzisierung seiner Eckpunkte und Einzelaspekte scheint der erwählte Bemessungs- und Beurteilungsspielraum[447] dennoch geeignet, offenen Abgleichungsschritten klarere Nachvollziehbarkeit und ein festeres Fundament zu geben.

(4.3) Durch den rechtmäßigen Inhaber

Die Einrichtung der angemessenen Geheimhaltungsmaßnahmen muss gem. § 2 Nr. 1 lit. b seitens des rechtmäßigen Inhabers vorgenommen worden sein.[448] Angesprochen sind damit sowohl dessen eigenhändige Vornahmen als auch auf seine Anordnung zurückgehende Durchführung durch kompetente interne oder externe Hilfspersonen wie professionelle Sicherheitsdienste, fachkundige Berater oder Techniker wie spezielle Computerfirmen.[449] Ob die Inhaberschaft dabei originär durch eigenen Kreationsakt oder durch rechtmäßigen derivativen Erwerb entstanden ist, ist irrelevant.[450]

127

ee) Das berechtigte Geheimnisinteresse (lit. c)

(1) Entstehungsgeschichte

Das abschließende 5. Begriffsmerkmal der „berechtigten Interessen" des Inhabers bzw. Geheimnisherrn an der Geheimhaltung ist eine weitere bundesdeutsche Novität der Regierungsvorlage. In der unionsrechtlichen Definition des Art. 2 Nr. 1 lit. a–c Know-how-RL 2016/943/EU ebenso wenig enthalten wie in Wortlautfassung und Begründung des § 1 Nr. 1 lit. a–b RefE-GeschGehG vom April 2018,[451] verdankt es seine erste Vorprägung einem Rekurs des RegE vom August bzw. Oktober 2018 auf Erwägungsgrund 14 der Richtlinie, wonach die Definition alles so abdecken soll, dass „sowohl ein legitimes Interesse an (der) Geheimhaltung ... als

128

---

446 Zur Maßgeblichkeit letzterer OLG Hamm, WRP 2021, 223 Rn. 159 ff. – Stopfaggregate.
447 Einen solchen präferierend H/O/K/*Harte-Bavendamm*, § 2 Rn. 59.
448 Art. 2 Nr. 1 lit. c Know-how-RL 2016/943/EU bezeichnet ihn als „die Person, die die rechtmäßige Kontrolle über die Information besitzt".
449 *Hoppe*/Oldekop, Kap. 1 Rn. 254; K/B/F/*Alexander*, § 2 GeschGehG Rn. 72.
450 *Ohly*, GRUR 2019, 441, 445; *Reinfeld*, § 1 Rn. 213 f. mwN. Eventuelle Parallelinhaberschaft ist zu beachten; treffend *Hoppe*/Oldekop, Kap. 1 Rn. 255.
451 Vgl. RefE BMJV, Begründung zu § 1 Nr. 1 (S. 21).

§ 2 Begriffsbestimmungen

auch die legitime Erwartung, dass diese Vertraulichkeit gewahrt wird,"[452] ergänzt um die zusätzliche Betonung „an deren Nichtverbreitung der Rechtsträger ein berechtigtes Interesse hat".[453] Seine erstmalige Aufnahme als eigenständiges Begriffskonstituens „berechtigtes Interesse an der Geheimhaltung" erfolgte erst nach längeren Diskussionen[454] mit und aufgrund der Beschlussempfehlung des Vermittlungsausschusses vom März 2019,[455] obwohl die Bundesregierung eine solche Erweiterung als Überschreitung des von der Richtlinie vorgegebenen Handlungsspielraums erachtete.[456] Gleichwohl von Bundestag und Bundesrat unter Missdeutung der statt materiellrechtlich eindeutig rein prozessual-antragsbezogenen Vorgaben des Art. 5 RL 2016/943/EU befürwortet,[457] hat es als eigenständiges Begriffselement gesetzliche Anerkennung und Implementierung gefunden.

(2) Das Geheimhaltungsinteresse

129   In der alltäglichen Praxis bereitet die **Ermittlung** des berechtigten Geheimhaltungsinteresses durchaus einige Schwierigkeiten. Dies ist bereits durch die nur geringe Aussagekraft des Interessenbegriffs und seine inhaltlichen Mehrdeutigkeiten vorgezeichnet, der als Relationsbegriff eine werthafte Beziehung zwischen dem Interessensubjekt und dem Interessenobjekt als Gegenstand des Interesses umschreibt. Dergestalt notwendig auf ein abstrahiertes oder konkretes Subjekt bezogen, stellt er nicht nur ein Werturteil dar,[458] ihn und seine jeweilige Verwendung prägen auch die verschiedenen Möglichkeiten seiner rechtlichen Konkretisierung.[459]

130   Gleichwohl erschweren weder Relationscharakter noch breites Konkretisierungsspektrum eine Festsetzung des Geheimhaltungsinteresses nennenswert. Gewichtiger sind vielmehr Vielfalt und Vielschichtigkeit der geheimgehaltenen Informationen, gibt es doch keinen dominanten Umstand, der in allen Abwägungssituationen bestimmende Funktion innehat. Je nach der Eigenart des Bezugsgegenstandes des Geheimnisses gestalten verschiedene Gesichtspunkte den jeweiligen Bewertungs-

---

452 Vgl. RegE BR-Drs. 382/18, Begründung zu § 2 Nr. 1 (S. 21 f.) = BT-Drs. 19/4724 = BT-Drs. 19/8300, S. 14.
453 Vgl. § 2 Nr. 1 RegE, Begründung S. 21 f.; gleichlautend BT-Drs. 19/8300, S. 14; s. auch H/O/K/ *Harte-Bavendamm*, § 2 Rn. 68.
454 In Plenarberatungen, Anhörungen, schriftlichen Stellungnahmen, Vermittlungsausschuss und dem Antrag der Fraktion BÜNDNIS 90/DIE GRÜNEN, BT-Drs. 19/7453; detailreiche Nachweise bei *Möhrenschlager*, wistra 6/2019, IX, X.
455 Vgl. Beschlussempfehlung und Bericht des Vermittlungsausschusses, BT-Drs. 19/8300, S. 1, 13 f. Auf die rechtliche Unverbindlichkeit von Erwägungsgründen sei hier nur verwiesen; vgl. EuGH, GRUR 2014, 774 Rn. 31 – Karen Miller Fashions/Dunnes.
456 Vgl. Beschlussempfehlung und Bericht des Vermittlungsausschusses, BT-Drs. 19/8300, S. 1, 12 f.
457 Vgl. BT-PlProt. BT 19/89, 10650 ff., 10703 und BR-PlProt. 976, 134. Dies als „nicht (mehr) maßgeblich" erachtend *McGuire*, in: FS Harte-Bavendamm, S. 367, 373.
458 Statt vieler *Brischke*, S. 62 ff.; *Icking*, S. 220 ff.; *Viotto*, S. 17 ff., alle mwN.
459 Eingehender zu ihnen bereits *von Stebut*, S. 36 ff.; vgl. darüber hinaus *Dederer*, S. 37 ff.; *H.-J. Krämer*, S. 28 ff.; *Morgenroth*, S. 26 ff., 46 ff.; *Nattkemper*, S. 59 ff.; *Reiling*, DÖV 2004, 181 ff.; *Schlack*, ZWeR 2019, 192, 199 ff.

prozess, bei kaufmännischen vielleicht mehr oder weniger als bei technischen Geheimnissen. Hängt aber somit das Vorliegen des Geheimhaltungsinteresses von ihrem sich gegenseitig bestärkenden und/oder begrenzenden individuellen Zusammenspiel ab, muss in jedem Einzelfall die Beziehung einer Information zu ihrem sozialen Umfeld in den Vordergrund gestellt und ihren Eigentümlichkeiten Rechnung getragen werden. Hierbei kommt der Person des Interessenten als bestimmendes „Interessensubjekt" maßgebliche Bedeutung zu.

Ihre Präferenz und deren Berechtigung gilt es aufzudecken. **Geheimhaltungsinteressenten** haben zwar alle das gemeinsame Ziel „Fortbestand einer Geheimheit", sie sind jedoch **keineswegs** immer **einheitlich** ausgestaltet. Während beispielsweise bei dem Geheimnisherrn Interessen zum mittel- bzw. langfristigen Erhalt der bisherigen Wettbewerbsfähigkeit dominieren, werden sie bei sich ankündigender drohender Zahlungsunfähigkeit auf Gläubigerseite eher vom Ziel kurzfristig möglichst schneller und ertragreicher Veräußerung geleitet sein. Entsprechend temporär konträre Geheimhaltungsinteressen kennzeichnen auch sog. „Short-Leerverkäufer" und (Mehrheits-)Aktionäre im „Turn around-Fall", eher graduell variierende etwa Produzenten, Händler und Endabnehmer auslaufender Saison- oder Exklusivware. Gemeinsame Geheimhaltungsinteressen an bilanzpflichtigen Abschreibungs- und Rückstellungsdaten können auch Großunternehmen und deren Steuerbehörde haben. Sind also „objektmäßig" gleichgerichtete Geheimhaltungsinteressen verschiedener Akteure an Geschäftsdaten nicht notwendig gleichlaufend, bedürfen sie weiterer **personeller Konkretisierung**. 131

Motivationale Aspekte können eine solche Differenzierung nicht leisten. Intellektuelle Momente wie **Absichten** und **Motive** sind auf einer anderen Sinnebene angesiedelt, setzen sie doch vorgestellt ein fertig ausgeformtes Bezugsobjekt voraus. Für ein Geschäftsgeheimnis ist es aber vollkommen irrelevant, ob sein Konstituens „Geheimhaltungsinteresse" ganz im Zeichen eigengestalteter Zielverwirklichung steht oder bloßes Beiprodukt einer ganz anderen Zwecke dienenden „Primäraktivität" ist. Ihre trotz „Zielkonstanz" keiner weiteren Differenzierung zugängliche vielgestaltige Variabilität lässt Absichten und Motive im Hinblick auf das zu bestimmende Geheimhaltungsinteresse nicht als geeigneten additiven Indikator fungieren. 132

Gleiches gilt für eine einfache Ausrichtung an der **Person** des **Interessenten** und seiner beruflichen usw. Position im Hinblick auf das in Rede stehende Geschäftsgeheimnis. Wiederum ist es deren Vielfalt, deren erste Begrenzung allenfalls über die Regelungen des § 1 Abs. 2 und 3 und den dort festgesetzten Anwendungsbereich gelingt. So ist etwa den investigativen Journalisten, Medienvertretern und dergleichen vor Veröffentlichung ihrer Ermittlungsergebnisse ihr zumindest kurzfristiges Geheimhaltungsinteresse bzgl. erlangter „Verfehlungsdaten" nicht abzusprechen, ebenso wenig ausschüttungsgeleiteten Aktionären bzw. Teilhabern, erfolgreichen Betriebsspionen, Geheimnishehlern und Vorlagenverwertern. Nicht abzusprechen ist der Interessentenstatus auch Arbeitnehmern, Betriebsräten und Rechtsanwälten 133

§ 2 Begriffsbestimmungen

des Geheimnisherrn oder ihm gegenüber zivilistisch Auskunftsberechtigter, selbst wenn man sie alle nur als mittelbare Interessenten bezeichnen wollte. Aus dem Kreis auszuscheiden haben dagegen alle Positionsträger der öffentlichen Dienste, die zu ihrer Aufgabenerfüllung ein entsprechendes Interesse haben sollten – gem. § 1 Abs. 2 aus dem Geltungsbereich des GeschGehG und damit auch aus der Begriffsbestimmung des § 2 Nr. 1 ausgenommen, ist ihre einschlägige Interessensetzung unbeachtlich.

134 Es zeigt sich somit, dass motivationale wie positionelle Vorprägungen kein nennenswertes Differenzierungspotenzial bieten, um bei „objektmäßig" inhaltlich übereinstimmenden Geheimhaltungsinteressen eine ebenso effektive wie verlässliche Festsetzung der maßgeblichen Bestimmungsperson gewährleisten zu können. Es bedarf daher eines weiteren Kriteriums, um diese Person aus der großen Gruppe gleichgerichteter Interessenträger herauszukristallisieren. Diese Funktion vermag das einengende Merkmal der „berechtigten" Interessen allerdings selten zu erfüllen, setzt es doch die zuvorige personale Identifikation genau dieses Interessenträgers als abgeschlossen logisch voraus. Nur der „Interessengründer" kann die maßgebliche geschäftsbezogene Werthaftigkeit einrichten. Dies ist gemeinhin entweder ihr Entdecker oder Schöpfer, kurz gesagt der **„Geheimnisherr"** bzw. der Träger rechtlicher Zuordnung als sog. **„Zurechnungsendsubjekt"**. Ihm wird das objektiv[460] ermittelte Wertpotenzial der geheimen Geschäftsinformation zur „inhaberschaftlichen" **Bestimmungsmacht** überstellt (→ Rn. 148). Es gibt jedoch seltene „besondere" Berechtigungskonstellationen (§§ 858 ff. BGB).

(3) Das „berechtigte" Geheimhaltungsinteresse

135 Das additive Erfordernis der „berechtigten" Geheimhaltungsinteressen ist erst in der Spätphase des Gesetzgebungsverfahrens vom Vermittlungsausschuss vorgeschlagen und dann vom Gesetzgeber nach kontroverser Diskussion unverändert angenommen worden (→ Rn. 128). Die Vorgaben des Art. 2 Nr. 1 Know-how-RL 2016/943/EU übersteigend ist es bereits kurz nach Inkrafttreten des Gesetzes von verschiedener Seite einhellig als überflüssig und richtlinienwidrig bezeichnet worden.[461] Dem ist zumindest im Ergebnis nicht zuzustimmen, ist der Gesetzgeber doch mit seinem Versuch, Arbeitnehmern und Journalisten in enger Anlehnung an einen fragwürdigen Lösungsversuch der „rechtswidrigen Geheimnisse" auf ähnlichem Wege einen verbesserten Rechtsschutz zu gewähren, an den Grenzen der Mindestharmonisierung, vor allem aber an den Vorgaben verfassungsgeleiteter Regelungstechnik gescheitert: § 2 Nr. 1 lit. c vermischt Inhalts- und Schrankenbestimmungen mit Rechtfertigungslagen zu einem undefinierbaren Brei. Beide Rechtsfi-

---

460 Zu seiner Festsetzung und den maßgeblichen Bestimmungsfaktoren (Rn. 47 ff.).
461 Vgl. ua. *Dann/Markgraf*, NJW 2019, 1774, 1776; *Gärtner/Oppermann*, BB 35/2019, Erste Seite; H/O/K/*Harte-Bavendamm*, § 2 Rn. 69; K/B/F/*Alexander*, § 2 GeschGehG Rn. 74; L/W/G/*Schur*, Teil 6.8 Rn. 26; *Ohly*, GRUR 2019, 441, 444; *Rehaag/Straszewski*, Mitt. 2019, 249, 251 f.; *Rönnau*, in: FS Merkel, S. 909, 916; *Schlack*, ZWeR 2019, 192, 199 ff.; *Wiebe*, NVwZ 2019, 1705, 1707 f.; großzügiger *Reinfeld*, § 1 Rn. 158 ff.

guren haben aber unterschiedliche Funktionen. Sie operieren auf unterschiedlicher Ebene unter Verwendung unterschiedlicher Vorgaben. Eine Nichtbeachtung öffnet das Tor zu Grenzverwischungen, die das tradierte Konzept faktisch und normativ getrennter Abstufung aufzulösen drohen. Auch der Geheimnisbesitzer hat ein berechtigtes Interesse, sich Einziehungs-, Bereicherungs- oder Herausgabeansprüchen unberechtigter Dritter zu erwehren (§§ 854 Abs. 1, 858 ff. BGB).

§ 2 Nr. 1 lit. c normiert vermeintlich eine **Inhalts- und Schrankenbestimmung**. Als solche werden sachlich begründungsbedürftige Normierungen bezeichnet, die bestimmte eigentlich einschlägige Anwendungsfälle aus dem zuvor festgesetzten Schutzbereich aus übergeordneten Gründen partiell oder generell ausnehmen.[462] Derartige Ausgrenzungen aus einem faktisch eindeutig verwirklichten Regelungsbereich, strafrechtlich auch mitunter als „**Tatbestandsausschluss**" bezeichnet,[463] betreffen im Geschäftsgeheimnisschutz neben dem noch zu erörternden „Täterausschluss" des § 5 (→ § 5 Rn. 8 ff.) vorwiegend öffentlich-rechtliche und deshalb vorrangige (→ § 1 Rn. 27) offenlegungspflichtige Interna wie Bilanzdaten, Emissionen, hygiene- und lebensmittelrechtliche **Verstöße**, aber auch Aufzählungen sog. „**Negativlisten**" im Gefahrstoffrecht, denen deren Geheimnischarakter in genere verweigert bzw. entzogen wird (→ § 1 Rn. 28 f.). Durch die hier lediglich abstrakt rekurrierende Herausnahme bestimmter Güter oder Personen aus ihrem eigentlich gegebenen Geltungsbereich fehlt jenen „Interna" qua gesetzlich angeordneter Publizität und „gemeinfreier" Zugänglichkeit das faktische Konstituens der „Geheimheit" – ein eventuell individuell-konkret tatsächlich bestehendes Geheimhaltungsinteresse kann demnach schon mangels anerkanntem „Berechtigungsobjekt" von vornherein begriffsmäßig kein Geschäftsgeheimnis begründen. Eine dahingehende individuelle „Berechtigungsprüfung" des Interessenträgers ist gesetzlich ausgeschlossen.

136

Damit ist allerdings eine **Konfluenz** mit den **Rechtfertigungsgründen** eröffnet, wenn nun auch hier im Anschluss an die umstrittene Einordnung der „rechtswidrigen Geheimnisse" (→ Rn. 138 f.) die dort benannte Tatbestandslösung präferiert wird. Die Situation ist allerdings vollkommen anders. Ein solcher Ansatz verkennt das Bestehen fundamentaler Differenzen. Zu seiner näheren Auflösung ist auf nachstehende Erörterungen dieser vermeintlichen Sonderproblematik zu verweisen, die hier entsprechend gelten: „**Berechtigungen**", verstanden als „Tatbestandslösungen", bedürfen ausdrücklicher gesetzlicher Anordnung und deren tatsächlichen Vorliegens in concreto. Sollen Sie hingegen „**Rechtfertigungen**" darstellen, ist in jedem Fall neben der ermittelten sachlichen Gegebenheit (geheime objektiv wirtschaftlich werthafte, angemessen geschützte Information, tatbestandlich erfasste Verletzungshandlung) die individuell-situative normative Auflösung einer möglichen bestehenden Interessenkollision zugunsten der „Berechtigtenposition" un-

137

---

[462] Prägnant *Leuschner*, AcP 2005, S. 205, 2011 ff.; Maunz/Dürig/*Papier/Shirvani*, GG, Art. 14, Rn. 224; *Sachs*, in: FS Wendt, S. 385 ff. mwN.
[463] Umfassend zu Abgrenzungen und verschiedenen Erscheinungsformen *Walter*, S. 66 ff., 71 ff.

§ 2 Begriffsbestimmungen

entbehrlich. Beide Wege schließen sich **gegenseitig aus**. Letzterer ist bei angenommener „Schrankenregelung" nicht mehr zu vertreten.

(4) Der Sonderfall: Die „berechtigte Geheimhaltung" sog. rechtswidriger Geheimnisse[464]

138 Seit Jahrzehnten ist im gesamten bundesdeutschen Geschäftsgeheimnisschutz heillos umstritten, ob nur „berechtigte", „rechtlich anerkennenswerte" oder „schutzwürdige" Interessen Geheimhaltungsinteressen begründen[465] oder auch rechtswidrige Interna wie Arbeits-, Kartell- oder Steuerrechtsverstöße, Umweltdelikte oder (Außen-)Wirtschaftsdelikte mit erfasst sind.[466] Zur Begründung wird in der Rechtsprechung[467] und Literatur gemeinhin darauf verwiesen, dass das (Richtlinien-, Straf- usw.) Recht weder Mittel zur Verdeckung strafbarer oder sonst rechtswidriger Handlungen zur Verfügung stellen dürfe noch Rechtsverstöße für sich allein Geheimhaltungswert hätten.[468]

---

464 Eingehender *Breitenbach*, S. 67 ff.; *Brockhaus*, ZIS 2020, 102, 104 ff.; *Dorner*, S. 132 ff., 161 ff., 466 ff.; *Edwards*, S. 138 ff.; *Föbus*, S. 100 ff.; *Engländer/Zimmermann*, NZWiSt 2012, 328, 330 ff.; H/O/K/*Harte-Bavendamm*, § 2 Rn. 67; *Hauck*, WRP 2018, 1032 ff.; *Preis/Seiwerth*, RdA 2019, 351, 353 ff.; *Reinbacher*, KriPoZ 2019, 148, 151 ff., 159; *Rody*, S. 116 ff.; *Schenkel*, S. 91 ff.; *Schnabel*, CR 2016, 342 ff.; *Soppa*, S. 113 ff.; *Ullrich*, NZWiSt 2019, 65 ff.
465 *Aldoney Ramirez*, S. 344 ff.; BeckOK UWG/*Hohn-Hein/Barth*, § 2 GeschGehG Rn. 20; *Böttger/Dann*, Kap. 8 Rn. 58; *Brockhaus*, ZIS 2020, 102, 108 ff.; *Büscher/McGuire*, § 2 GeschGehG Rn. 39 f.; *Dorner*, S. 466 ff.; *Föbus*, S. 104 ff.; *Hauck*, GRUR-Prax 2019, 223, 224 f.; *Helbach*, S. 38 f., 154 ff., 204 f.; K/B/F/*Alexander*, § 2 GeschGehG Rn. 79 ff.; *Kreis*, S. 59 ff.; *Malmström*, S. 48; *Nietsch*, WiVerw 2014, 120, 128; *Rützel*, GRUR 1995, 557, 558, 560 f.; *Schnabel*, CR 2016, 342, 345 ff.; *Schreiber*, NZWiSt 2019, 332, 334 f.; *Weber*, S. 51 ff.; *F. Wolf*, S. 100 ff.
466 *Brammsen*, BB 2016, 3034, 3035 f.; *Breitenbach*, S. 70 ff., 78, 84; *Edwards*, S. 138 ff.; *Eufinger*, WM 2016, 2336, 2338; E/R/S/T/*Tsambikakis*, § 17 Rn. 15; F/B/O/*Rengier*, § 17 Rn. 21; *Hercher*, S. 58 ff.; *Hillenbrand*, S. 72 ff.; *Hoppe*/Oldekop, Kap. 1 Rn. 101, 259 ff.; *Kalbfus*, Rn. 126 ff.; *McGuire*, GRUR Int. 2010, 829, 830; MK-StGB/*Hohmann*, § 23 GeschGehG Rn. 41; Momsen/Grützner/*Heghmanns*, § 26 Rn. 24; *Oetker*, ZESAR 2017, 257, 261 f.; *Ohly*, GRUR 2019, 441, 443; *Rahimi Azar*, JuS 2017, 930, 932 f.; *Redder*, S. 123 ff.; *Reinbacher*, KriPoZ 2019, 148, 151 ff.; *Rody*, S. 118 f.; *Rönnau*, in: FS Merkel, S. 909, 917 f.; *Schenkel*, S. 96 ff., 107 f., 254 ff.; *Schröder*, ZRP 2020, 212, 214; *Schweyer*, S. 472; *Sonn*, S. 101 ff.; *Soppa*, S. 115 f.; *Stoffer*, Rn. 983 ff.; *Ullrich*, NZWiSt 2019, 65, 66 f.; *Wicklein*, S. 35 ff.
467 Grundlegend RAG, JW 1931, 490 f. Aus neuerer Zeit: EuG, GRUR Int. 2015, 754 Rn. 107, 110 – Evonik Degussa; BB 2012, 1692 Rn. 148 – GIS; BVerfG, NJW 2001, 3474 ff.; OLG Hamm, WuW 2014, 301, 310 – Aufzugskartell; OLG München, ZUM 2005, 399, 405 – Schleichwerbung; LAG Köln, BeckRS 2008, 52737; BVerwG, NVwZ 2009, 1114, 1116 Rn. 14; OVG Münster, LRE 67, 403 Rn. 190 ff. – Photoinitiatoren.
468 *Brockhaus*, ZIS 2020, 102, 109 ff.; *Büscher/McGuire*, § 2 GeschGehG Rn. 39 f.; *Engländer/Zimmermann*, NZWiSt 2012, 328, 332 f.; *Hauck*, WRP 2018, 1032 Rn. 13 f.; *Hessel/Leffer*, MMR 2020, 647, 649 f.; K/B/F/*Alexander*, § 2 GeschGehG Rn. 79; *McGuire*, in: FS Harte-Bavendamm, S. 367, 379 ff.; *Rützel*, GRUR 1995, 557 f., 560 f.; *Sanner*, S. 560 f.; *Schmitt*, NZA-Beilage 2020, 50, 53 f.; *Schnabel*, CR 2016, 342, 345 f.; *Schreiber*, NZWiSt 2019, 332, 335; bemerkenswert weit § 2 Nr. 2 Satz 2 lit. b VIG (dazu BVerwG, GRUR 2020, 189 Rn. 34, 50, 55; OVG Münster, LRE 67, 403 Rn. 200 ff., 253 ff. – Photoinitiatoren).

III. Das Geschäftsgeheimnis (§ 2 Nr. 1)   § 2

Dem ist **nicht zuzustimmen**.[469] Die damit verbundene tatbestandliche Einschränkung genügt nicht den Voraussetzungen der verfassungsrechtlich gebotenen **gesetzlichen** Inhalts- und Schrankenbestimmungen (→ Rn. 136).[470] Letztendlich verschiebt die Verknüpfung des gesetzlich begrenzten Geheimhaltungsinteresses mit normativen Schutzaspekten den vorschnell überfrachteten Interessenbegriff[471] über die Grenze zwischen Schutztatbestand und Rechtswidrigkeit:[472] Das Rechtswidrigkeitsproblem[473] einer individuell-situativen Abwägung widerstreitender Interessen an Geheimhaltung und Verfolgung wird unter grundsätzlicher **Vorordnung** der Meinungsäußerungsfreiheit öffentlicher Interessen oder kollektiver Schutzzwecke[474] in den Geheimnisbegriff vorverlagert – prägnant zu sehen am Vorlage- und Berichtigungsanspruch des mutmaßlich verletzten Geheimnis- bzw. Schutzrechtsinhabers.[475] Auf den realiter zumindest potenziell handelbaren Wert von Rechtsverstößen als selbstständiges Vermögensgut[476] sei abschließend nur hingewiesen. Wie

139

---

469 Wie hier EuG, GRUR Int. 2015, 754 Rn. 105 ff. – Evonik Degussa; schweiz. BGE 101 IV 312, 314; BGH, WRP 2001, 918 ff. – Herstellungsnummer II; BAG, NZA 1999, 587 ff.; OVG Schleswig, LRE 53, 304, 309 f.; OLG Stuttgart, WRP 2019, 387 Rn. 64. So bereits *Brammsen*, Anzeige, S. 77, 82 f.
470 Den Bezug zur Inhalts- und Schrankenbestimmung verkennen ua. LAG Schleswig, NZA-RR 2016, 77, 80 Rn. 60 ff., 65 (m. abl. Anm. *Brammsen/Schmitt*, NZA-RR 2016, 81, 83); *Rützel*, GRUR 1995, 557, 558 ff.; *Schnabel*, CR 2016, 342, 345 f.; *Schenkel*, S. 104; *Spindler*, ZGR 2011, 690, 710 ff.; befürwortend hingegen nunmehr BVerwG, GRUR 2020, 189 Rn. 45 ff.
471 *Brammsen/Schmitt*, NZA-RR 2016, 81, 82; *Breitenbach*, S. 71; *Hillenbrand*, S. 73; *Lutterbach*, S. 70; *Reißmann*, S. 80; *Sanner*, S. 559 f.; *Bosch/Sommer*, K&R 2004, 67, 70: „dogmatisch nicht sauber".
472 Wie hier GK-UWG/*Wolters*, § 17 Rn. 28; *Schenkel*, S. 255 f.; *Ullrich*, NZWiSt 2019, 65, 67. Für eine Abwägung rechtlicher wie wirtschaftlicher Interessen bereits im Geheimnisbegriff aus Sicht des Informationszugangsrechts *Uphues*, ZRP 2021, 41, 43.
473 Prägnant EuG, GRUR Int. 2015, 754 Rn. 106 – Evonik Degussa; BVerwG, NVwZ 2009, 1114 Rn. 14; OLG Düsseldorf, BB 2012, 2459, 2460; LAG Schleswig, NZA-RR 2016, 77, 80 Rn. 58 ff.; *Breitenbach*, S. 72, 74; *Gassauer-Fleissner*, ÖBl. 2019, 60, 61 f.; *Hillenbrand*, S. 74; *Rahimi Azar*, JuS 2017, 930, 933; *Schweyer*, S. 470 ff.; *Rody*, S. 119; *Schemmel/Ruhmannseder/Witzigmann*, Kap. 4 Rn. 20; *Schenkel*, S. 106 f.; *Sonn*, S. 106 f.; *Stoffer*, Rn. 986; zum allgemeinen Persönlichkeitsrecht BGH, JZ 2015, 303 Rn. 18 ff., 22 f. – Email.
474 Insbesondere des Kartell-, Steuer- und des Strafrechts. Prägnant EuG, GRUR Int. 2015, 754 Rn. 107, 110, 114 mwN – Evonik Degussa (Lauterkeitsschutz); VGH München, BeckRS 2015, 48743 Rn. 11 (Verbraucherschutz); VG Köln, NZKart 2020, 555, 557 (IFG); *McGuire*, in: FS Harte-Bavendamm, S. 367, 379. Mustergültig hingegen OVG Münster, NVwZ 2016, 1025 Rn. 80 ff. (IFG). Den Vorrang selbst nur gutgläubiger Meinungsäußerungsfreiheit betont EuArbR/*Schubert*, RL 2016/943/EU Art. 2 Rn. 11 f.
475 Wie hier MK-GmbHG/*Wißmann*, 2. Aufl. 2016, § 85 Rn. 32. AA insoweit *Trieba*, GB 2010, 85, 89 f. Eingehender zum Besichtigungsverfahren *Winzer*, Rn. 359 ff.
476 Wie hier H/O/K/*Harte-Bavendamm*, § 2 Rn. 67; *Hoppe*/Oldekop, Kap. 1 Rn. 100 f.; *Reinbacher*, KriPoZ 2019, 148, 150 f.; *Rody*, S. 126 ff.; AA normativ begrenzend (nur „produktive Geheimnisse") *Alexander*, WRP 2017, 1034, 1039; *Brockhaus*, ZIS 2020, 102, 109 f.; Büscher/McGuire, § 2 GeschGehG Rn. 39; *Goldhammer*, NVwZ 2017, 1809, 1812; *Kalbfus*, GRUR 2016, 1009, 1011; *Lohmann*, NuR 2018, 607, 611; *McGuire*, in: FS Harte-Bavendamm, S. 367, 379; zweifelnd *Schmitt*, NZA-Beilage 2020, 50, 53; unentschieden *Reinfeld*, § 1 Rn. 163 ff.

§ 2 Begriffsbestimmungen

beim Privatgeheimnis[477] oder aus § 30 Abs. 4 Nr. 1, 4, 5 AO abzuleiten, steht die Illegalität einer Tatsache ihrer Einordnung als Geschäftsgeheimnis deshalb nicht entgegen.[478] Gleiches gilt umgekehrt auch für den nicht berechtigten Besitzer/Kontrollinhaber eines „rechtmäßigen" Geheimnisses: Auch er kann, ebenso wie der Finder eines verloren gegangenen verkörperten Geheimnisses, ein berechtigtes Interesse an einem fremden Geheimnis haben.

IV. Der Inhaber des Geschäftsgeheimnisses (§ 2 Nr. 2)

1. Entstehungsgeschichte

140 § 2 Nr. 2 GeschGehG enthält ebenso wie seine offensichtliche Vorlage in Art. 2 Nr. 2 der Know-how-RL 2016/943/EU eine legislatorische Neuerung, deren Aussagegehalt zumindest partiell einer ähnlich lautenden Formulierung des **TRIPS-Abkommens** entlehnt ist, dessen Art. 39 Abs. 2 zur Frage des rechtlichen Geschäftsgeheimnisschutzes wie folgt bestimmt: „Natürliche und juristische Personen haben die Möglichkeit zu verhindern, daß Informationen, die rechtmäßig unter ihrer Kontrolle stehen, ohne ihre Zustimmung ... Dritten offenbart, von diesen erworben oder benutzt werden ...".[479] Daran anknüpfend benennen beide Neuregelungen das Schutzsubjekt – den Geheimnisherrn – den „Inhaber eines Geschäftsgeheimnisses" und kennzeichnen ihn inhaltlich weitestgehend wörtlich übereinstimmend „jede natürliche oder juristische Person, die die rechtmäßige Kontrolle über ein Geschäftsgeheimnis „hat" (bzw. „besitzt").[480] Aus einer die Mitgliedstaaten eines supranationalen Rechtsschutzabkommens verpflichtenden Regelung ist mithin durch Umformung der früheren „Verfahrensposition" eine materiellrechtlich selbstständige Rechtsposition geworden. Für das Vorliegen ihrer Voraussetzungen trägt der Anspruchsteller die Darlegungs- und Beweislast.[481]

2. Die Konturierung der Inhaber

141 Die bisherigen Erläuterungen zu dem neuen Inhaberbegriff im Geschäftsgeheimnisschutz verstehen den Terminus als Zuordnungskriterium,[482] dh. als materielles **Leitcharakteristikum** bestehender **Eignerschaft**. Zur weitergehenden Konkreti-

---

477 Vgl. *Breitenbach*, S. 74 ff.; Schönke/Schröder/*Eisele*, § 203 Rn. 5; *Sonn*, S. 107; *Ullrich*, NZWiSt 2019, 65, 67.
478 LAG Frankfurt, AP BGB § 611 Nr. 2 – Schweigepflicht; *F. Wolf*, S. 296 ff.; aA *Engländer/Zimmermann*, NZWiSt 2012, 328, 333 (abweichendes Kollektivrechtsgut); *Lück/Penski*, DÖV 2020, 506, 510 f. (zum VIG).
479 Vgl. BGBl. II 1994, 1730, 1740.
480 § 2 Nr. 2 GeschGehG: „hat" und Art. 2 Abs. 2 Know-how-RL 2016/943/EU: „besitzt".
481 ÖOGH, WRP 2021, 503 Rn. 27, 42 ff. – Flüsteraggregat; Nebel/*Diedrich*, § 2 Rn. 52.
482 So etwa Büscher/*McGuire*, § 2 GeschGehG Rn. 52; *Drescher*, S. 300; BeckOK GeschGehG/*Hiéramente*, § 2 Rn. 80; *Heinzke*, CCZ 2016, 179, 180; *Kalbfus*, Rn. 113 f.; K/B/F/*Alexander*, § 2 GeschGehG Rn. 90; *Klein/Wegener*, GRUR-Prax 2017, 394 ff.; *Scheja*, CR 2018, 465 Rn. 20, 24; *Selz*, PinG 2019, 21, 22 ff.

IV. Der Inhaber des Geschäftsgeheimnisses (§ 2 Nr. 2) § 2

sierung wird durchweg auf die vorstehend benannte „rechtmäßige Kontrolle" verwiesen, die neben der unentbehrlichen rechtlichen Verfügungsbefugnis und dem Geschäfts- bzw. Unternehmensbezug der geheimen Information[483] im Idealfall auch das Additivum faktischer Kontrollherrschaft[484] aufweist. Damit zeigt der Inhaberbegriff eine deutliche Ähnlichkeit mit seinem lauterkeitsrechtlichen Pendant „Unternehmensinhaber" (§ 8 Abs. 2 UWG), der gemeinhin dessen Träger bzw. denjenigen, „in dessen Namen und Verantwortung das Unternehmen geführt wird", bezeichnet.[485] Diese Nähe ist nicht verwunderlich, trennt beide Rechtspositionen doch vornehmlich nur die Ein- oder Mehrzahl der zugeordneten Güter (Bezugsobjekte).

Gleichwohl erfolgt die Bestimmung des Inhaberbegriffs keineswegs einheitlich. **142** Bereits der deutschsprachige Rechtsraum kennt sowohl die Bezeichnung für Fremdbesitzer (§ 309 Satz 1 AGBG), (Anlagen- oder Geschäfts-)Betreiber (§ 3 Nr. 2 TEHG) oder den Zuordnungsträger von Handelsgeschäften (§§ 17, 21 ff. HGB) und Immaterialgüterrechten (§§ 14 MarkenG, 9 PatG, 135 UrhG). Eine entsprechend **unspezifische Verwendung** findet der Inhaberbegriff im angloamerikanischen Sprachraum, dessen Bedeutungsgehalt gleichermaßen Besitzer und Eigentümer (possessor, proprietor, owner) umfasst.[486] Sollen aber die vorstehenden Begriffe nicht vollständig inhaltlicher Nivellierung zugeführt werden, bedürfen sie einer Ausdeutung, die ihnen mit präziseren Merkmalen einen schärfer konturierten Anwendungsbereich zuweist.

Als **Ausgangspunkt** hat dabei der engste Begriff des klassischen **Eigentümers** zu **143** dienen, der seinem Träger materielle, zur Rechtsausübung und Pflichtbefolgung eigenkompetente Zuordnungs- und Haftungsendsubjektivität zugunsten oder zulasten zuschreibt.[487] Dagegen ist der deutsche **Besitzerbegriff** nicht rein rechtlich, sondern rein faktisch zentriert, wenn er allein auf das Erlangen der tatsächlichen Gewalt anknüpft (§ 854 BGB).[488] Der **Inhaberbegriff** schließlich existiert in zwei **Erscheinungsformen**, einer engen, immaterialgüterrechtlich-eignerschaftlich geprägten und einer zweiten weiten „organisationstechnischen" Variante: Erstere ist weitestgehend der tradierten Eignerversion des sog. Vollrechtsinhabers nachempfunden, die zweite allgemeine Fassung weder an die eigene Innehabung bzw. Trä-

---

483 IdS etwa BeckOK GeschGehG/*Hiéramente*, § 2 Rn. 80; K/B/F/*Alexander*, § 2 GeschGehG Rn. 99; *Kalbfus*, GRUR 2016, 1009, 1011; *Reinfeld*, § 1 Rn. 213.
484 ÖOGH, wbl 2021, 175 Rn. 24 – Flüsteraggregat; Büscher/*McGuire*, § 2 GeschGehG Rn. 54 ff.; BeckOK GeschGehG/*Hiéramente*, § 2 Rn. 80; K/B/F/*Alexander*, § 2 GeschGehG Rn. 98; *Klein/Wegener*, GRUR-Prax 2017, 394, 395; *Krüger/Wiencke/Koch*, GRUR 2020, 578, 582; Nebel/*Diedrich*, § 2 Rn. 44 ff.; *Reinfeld*, § 1 Rn. 211; *Scheja*, CR 2018, 465 Rn. 20.
485 Vgl. etwa Büscher/*Hohlweck*, UWG § 8 Rn. 203; G/L/D/*Fritzsche*, § 79 Rn. 133; K/B/F/*Köhler/Feddersen*, UWG § 8 Rn. 2.48.
486 Vgl. *Abel*, Besitzdelikte im deutschen und US-amerikanischen Strafrecht, 2016, S. 7 ff. Auch der spanische Sprachraum rekurriert beim Inhaber auf die Bezeichnungen Eigentümer und Besitzer (propietario, poseedor). Als vage erachtet den Inhaberbegriff *Sagstetter*, Big Data, S. 13 f.
487 Grundlegend *Achterberg*, S. 40 ff. und *Wolff*, Bd. 1, S. 148 ff., 197 ff.
488 Das österreichische und das spanische Zivilrecht (§ 309 ABGB, Art. 430 ff. codigo civil) stellen zusätzlich auf den (Fremd- oder Eigen-)Besitzerwillen ab.

§ 2 Begriffsbestimmungen

gerschaft der (im-)materiellen Vermögenswerte oder das Vorhandensein eigenen Gewinn- und Verlustrisikos, sondern allein an die maßgebliche Organisations- und Leitungsmacht, dh. die tatsächlichen und rechtlichen Ausübungs-, Gestaltungs- und Umsetzungsmöglichkeiten gebunden.[489] Ihr Inhaber ist mithin jene Person, die rechtlich den Gebrauch und Einsatz sämtlicher Betriebsmittel (Personen, Kapital, Sachmittel) in alleiniger Kompetenz letztverbindlich verfügen iSv. anordnen kann – ungeachtet eigener Umsetzungsfähigkeiten oder Kapitalmehrheit allein kraft Oberherrschaft oder Trägerschaft rechtlicher Leitungsmacht. Dergestalt ausgestaltet scheidet sie aus dem Kreis der Geheimnisinhaber qua constitutionem aus. Inhaberschaften von Geschäftsgeheimnissen fundieren demnach allein solche – ggf. kompetenziell kupierte – **Eignerpositionen**, die sich mit der **Zuordnungs- und Haftungsendsubjektivität** eng an die immaterialgüterrechtlichen Vorbilder des Marken, Patent- oder Urheberrechts anlehnen.

3. Das Genus proximum: Jede natürliche oder juristische Person

144 Der Adressatenkreis der unproblematisch zu ermittelnden Inhaber von Geschäftsgeheimnissen ist überschaubar. Geleitet von dem Gattungskonstituens der Zuordnungsendsubjektivität[490] für den Geheimnisinhaber wortwörtlich übereinstimmend auf natürliche und juristische Personen festgesetzt (§ 2 Nr. 2 GeschGehG, Art. 2 Abs. 2 RL 2016/943/EU) umfasst er alle **Vollrechtseigentümer** (auch Zweitentdecker, Miterfinder und Mitschöpfer)[491] wie Einzelunternehmer und **Gesamtrechtspersonen** (AG, Genossenschaft, GmbH, KGaA, REIT, SCE, SE, Wirtschaftsverein),[492] ihre jeweiligen Rechtsnachfolger[493] sowie öffentliche Körperschaften wie Forschungseinrichtungen und Universitäten.[494]

145 Schwieriger ist dagegen die Einordnung weiterer Personenkreise wie Geheimnisträger,[495] Lizenznehmer[496] und Rechtsverletzer[497] oder Personengruppierungen wie

---

489 Vgl. etwa § 613a BGB oder 3 Nr. 2 TEHG.
490 Implementiert ua. in den §§ 1, 22, 1923 BGB, 1 AktG, 13 GmbHG, 14 MarkenG, 15 UrhG.
491 *Alexander*, WRP 2019, 1034 Rn. 68 ff.; H/O/K/*Harte-Bavendamm*, § 2 Rn. 73; K/B/F/*Alexander*, § 2 GeschGehG Rn. 105 ff.; Nebel/*Diedrich*, § 2 Rn. 50.
492 *Alexander*, WRP 2019, 1034 Rn. 61 f.; Büscher/*McGuire*, § 2 GeschGehG Rn. 53; K/B/F/*Alexander*, § 2 GeschGehG Rn. 95.
493 *Drescher*, S. 299; BeckOK GeschGehG/*Hiéramente*, § 2 Rn. 81; K/B/F/*Alexander*, § 2 GeschGehG Rn. 109; *Ohly*, GRUR 2019, 441, 445.
494 *Alexander*, WRP 2019, 1034 Rn. 62; Büscher/*McGuire*, § 2 GeschGehG Rn. 53; H/O/K/*Harte-Bavendamm*, § 2 Rn. 73; *Hoppe*/Oldekop, Kap. 1 Rn. 266; K/B/F/*Alexander*, § 2 GeschGehG Rn. 95; MK-UWG/*Namysłowska*, RL 2016/943/EU Art. 2 Rn. 21.
495 Zu ihnen zutreffend Büscher/*McGuire*, § 2 GeschGehG Rn. 54, 58.
496 Für ihre etwaige Einbeziehung im Anschluss an BT-Drs. 19/4724, S. 27 ua. BeckOK GeschGehG/*Hiéramente*, § 2 Rn. 82; *Hoppe*/Oldekop, Kap. 1 Rn. 272; K/B/F/*Alexander*, § 2 GeschGehG Rn. 72; Nebel/*Diedrich*, § 2 Rn. 44; *Ohly*, GRUR 2019, 441, 445; *Reinfeld*, § 1 Rn. 175, 212; *Würtenberger/Freischem*, GRUR 2018, 708, 709; (vertragsaccessorisch) H/O/K/*Harte-Bavendamm*, § 2 Rn. 81 ff., 85.
497 Er wird ausgegrenzt; vgl. BeckOK GeschGehG/*Hiéramente*, § 2 Rn. 83; Nebel/*Diedrich*, § 2 Rn. 51; *Rody*, S. 131.

IV. Der Inhaber des Geschäftsgeheimnisses (§ 2 Nr. 2) § 2

Gesamthand- und Personengesellschaften (AußenGbR, EWIV, KG, OHG, PartnerschaftsG).[498] Ihre etwaige Einbeziehung oder Ausgrenzung ist allerdings untrennbar mit dem deklarierten Spezifikum „rechtmäßiger Kontrolle" verbunden, kann mithin erst nach entsprechender Zusatzprüfung einer Auflösung zugeführt werden. Geheimnisinhaber sind immer nur die Inhaber rechtmäßiger Kontrolle. Letztere ist deshalb vorab vorzunehmen.

4. Rechtmäßige Kontrolle: Das Spezifikum der Geheimnisinhaber

Das Merkmal der „Person" gestattet dem neuen Geheimnisschutz keine hinreichend exakte Bestimmung des Geheimnisinhabers, vermag es doch nicht für sich genommen eine praktikable Bestimmung und Abgrenzung von „anverwandten" Personengruppen wie den Geheimnisträgern zu gewährleisten. Eine solche Funktion kann nur ein Zusatzkriterium wahrnehmen, das sich eines weiteren Merkmals bedient, um den Kreis der Geheimnisinhaber prägnant zu konturieren. Gesetz- und Richtliniengeber haben diese Funktion übereinstimmend der „rechtmäßigen Kontrolle" zugedacht – ein zustimmungsbedürftiger Ansatz, lässt sich doch eine solche **Kontrollinhaberschaft** zumindest als Anhaltspunkt für die unausformuliert gebliebene Zuordnungsregelung interpretieren.[499] 146

Rechtmäßige Kontrolle und damit rechtmäßige Inhaberschaft hat deshalb nur eine Person, der das **letztverbindliche Entscheidungs- und Verfügungsrecht** über Bestand, Nutzung und Verbleib eines Geschäftsgeheimnisses zukommt. Die Innehabung faktischer Kontrollhoheit, ob als Pförtner, Sicherungsbeauftragter oder Technikvorstand genügt nicht: Allesamt als befugte Mitwisser bzw. Geheimnisträger zu identifizieren, bestimmen sie Ausgestaltung und Umsetzung in concreto (technische oder organisatorische Geheimhaltungsmaßnahmen), nicht aber Existenz, Untergang oder Erhalt der Geschäftsgeheimnisse. Letzteres bleibt (durchaus delegierbar) dem Geheimnisinhaber als dem Geheimnisherrn vorbehalten.[500] Mangels einer solchen Letztzuordnung sind daher strittige Geheimnisthemen wie das **Branchenwissen** (→ Rn. 51) oder das sog. „**Tacit knowledge**" (→ Rn. 42) selbst dann kein Inhaberthema,[501] wenn betriebs- oder unternehmensintern entsprechende Schutzmaßnahmen getroffen werden sollten. Die Transformationskraft dahingehender 147

---

498 Befürwortend ua. *Alexander*, WRP 2019, 1034 Rn. 63; Büscher/*McGuire*, § 2 GeschGehG Rn. 53; EuArbR/*Schubert*, RL 2016/943/EU Art. 2 Rn. 24; H/O/K/*Harte-Bavendamm*, § 2 Rn. 73; *Hoppe*/Oldekop, Kap. 1 Rn. 267; K/B/F/*Alexander*, § 2 GeschGehG Rn. 96; *Rody*, S. 131.
499 Nachweise zu entsprechenden Ansätzen Fn. 484 f.; s. auch *Hoppe*/Oldekop, Kap. 1 Rn. 273, 276.
500 Differenzierend wie hier Büscher/*McGuire*, § 2 GeschGehG Rn. 54, 56; K/B/F/*Alexander*, § 2 GeschGehG Rn. 98a. Die Irrelevanz etwaiger Rechtsverstöße betont *Hoppe*/Oldekop, Kap. 1 Rn. 291 ff.
501 Zu Letzterem wie hier *Drescher*, S. 300; *Reinfeld*, § 1 Rn. 215.

§ 2 Begriffsbestimmungen

Aktivitäten ist materiellrechtlich ebenso wenig begrenzend wie umgekehrt bloßer Verlust irgendwelcher Speichermedien aufhebend.[502]

5. Exemplifikationen: Rechtmäßige Kontrollinhaberschaft in concreto

148 Die **Konstituierung** einer **rechtmäßigen Inhaberschaft** erfolgt in den zwei Grundvarianten originär und derivativ,[503] die jeweils in mehreren Erscheinungsformen auftreten können. **Originäre Inhaber** sind die hier sog. Kreatoren (Entdecker, Erfinder, Schöpfer, Urheber). Ihr Charakteristikum ist die Erkundung bzw. Erstellung bislang unbekannter wirtschaftlich nutzbarer Informationen oder neuer einheitlicher Werke durch eigene oder gemeinsame geistige Leistung[504] einerseits bzw. bei fremdhändiger Durchführung wie Dienst- oder Auftragserfindungen etc. qua allgemeiner geschäftsbezogener[505] oder spezialgesetzlicher Zuweisung (§§ 7 Abs. 2 DesignG, 69b UrhG) der erzielten Ergebnisse andererseits.[506] Demgegenüber umfasst die zweite Gruppe der **derivativen Inhaber** neben der klassischen Übergangsform im Wege der Erbschaft und den gesetzlich angeordneten Neuzuweisungen im Arbeitsrecht (§§ 7, 17, 24 ArbEG) auch vertraglich mit einem Inhaberwechsel verbundene Neuzuordnungen einer unbeschränkten Rechteübertragung (§§ 398, 413 BGB) bei Gesamthänder- oder anderen Alleineignerwechseln mittels Verkauf, Tausch oder Schenkung.[507] Ihnen ist ohne jede materielle Begründung allein qua fictionem das „Reverse Engineering" als inhaberschaftliche „Zweitzuordnung" zur Seite gestellt worden, die auf einer „Rückwärtsanalyse" öffentlich verfügbarer oder

---

502 ZB CD, USB-Stick; vgl. BeckOK GeschGehG/*Hiéramente*, § 2 Rn. 84. Kontrollinhaberschaft geht faktisch nur bei Verlust der Geheimheit durch Publikmachung unter, nicht schon bei nur singulär-situativer Wissensverbreitung.
503 ÖOGH, wbl 2021, 175 Rn. 25 – Flüsteraggregat; *Alexander*, WRP 2019, 1034 Rn. 64 f.; BeckOK GeschGehG/*Hiéramente*, § 2 Rn. 81; H/O/K/*Kalbfus*, § 2 Rn. 74 ff.; *Hoppe*/Oldekop, Kap. 1 Rn. 271; K/B/F/*Alexander*, § 2 GeschGehG Rn. 100 ff.; MK-UWG/*Namysłowska*, RL 2016/943/EU Art. 2 Rn. 20; Nebel/*Diedrich*, § 2 Rn. 50; *Reinfeld*, § 1 Rn. 212; *Selz*, PinG 2019, 21, 22 ff.
504 ZB in Mehreignerschaft (GbR, EWIV, KG, OHG, PartGG), als Miterfinder oder Miturheber (§§ 741 f. BGB, 7 Abs. 1 Satz 2 DesignG, 6 Satz 2 PatG, 8 UrhG); zu den Anforderungen schriftlicher Diensterfindermeldungen zuletzt BGH, GRUR 2020, 388 Rn. 19 ff. u. passim. Die noch ungelösten „Datenpool- und KI-Probleme" erörtern *Dornis*, GRUR 2019, 1252, 1255 ff., 1260 ff. und *Krüger/Wiencke/Koch*, GRUR 2020, 578, 582.
505 OLG Düsseldorf, ECLI:DE:OLGD:2019:1121.12U34.19.00, Rn. 51 ff., 55 – Spritzgießwerkzeuge; *Hoppe*/Oldekop, Kap. 1 Rn. 276 ff.; K/B/F/*Alexander*, § 2 GeschGehG Rn. 99. Kritisch insoweit *Klein/Wegener*, GRUR-Prax 2017, 394 ff.; *Selz*, PinG 2019, 21, 22 f.
506 *Alexander*, WRP 2019, 1034 Rn. 67, 70; Büscher/*McGuire*, § 2 GeschGehG Rn. 55; *Dornis*, GRUR 2019, 1252, 1256; *Drescher*, S. 300; *Klein/Wegener*, GRUR-Prax 2017, 394 f.; MK-UWG/*Namysłowska*, RL 2016/943/EU Art. 2 Rn. 21; *Reinfeld*, § 1 Rn. 212 f. mwN. Abl. dagegen K/B/F/*Alexander*, § 2 GeschGehG Rn. 100.
507 ÖOGH, wbl 2021, 175 Rn. 25 f. – Flüsteraggregat; Büscher/*McGuire*, § 2 GeschGehG Rn. 55; H/O/K/*Harte-Bavendamm*, § 2 Rn. 77 ff.; *Hoppe*/Oldekop, Kap. 1 Rn. 285; *Klein/Wegener*, GRUR-Prax 2017, 394, 395; K/B/F/*Alexander*, § 2 GeschGehG Rn. 99 f., 109; *Scheja*, CR 2018, 465 Rn. 22. Eine exklusive Einräumung von Nutzungsrechten ohne entsprechende „Löschungskompetenz an fremdgenerierten" Fahrzeugdaten genügt hingegen nicht; aA *Krüger/Wiencke/Koch*, GRUR 2020, 578, 582 mwN.

IV. Der Inhaber des Geschäftsgeheimnisses (§ 2 Nr. 2) § 2

rechtmäßig ohne Aufdeckungsverbot besessener Güter basiert (→ § 3 Rn. 44 ff.). Ausgeformt als **Aneignungsrecht** auf ein fremdes „Zuordnungsgut" ist es sachlich nichts anderes als eine vereinfacht in Freiheitsgrundrechte gekleidete Zugriffsbefugnis und damit ein selbstwidersprüchlich systemwidriges „Segeln unter falscher Flagge".[508]

Keine rechtmäßigen Kontrollinhaber sind mangels eigener Zuordnungsendsubjektivität: **Rechtsverletzer** des Art. Nr. 3 RL 2016/943/EU und § 2 Nr. 3 GeschGehG als deren Antonym, **Anteilshalter** privatrechtlicher Kapitalgesellschaften (zB Aktionäre, Genossenschaftler, GmbH-Gesellschafter), Mitglieder öffentlichrechtlicher Körperschaften, Destinatare errichteter Stiftungen, **Organwalter** und integrierte **Geheimnisträger** als befugte Mitwisser (zB GmbH-Geschäftsführer, Aufsichtsräte und Vorstände, Kooperationspartner, Freiberufler samt Helfern, Mitbestimmungsvertreter, öffentlich Bedienstete, Unternehmensbeschäftigte) sowie auch **Personengesellschaften**. Letztere sind bloße Zurechnungszwischensubjekte[509] und damit mangels eigener Letztverfügungsbefugnis und Haftungsendsubjektivität[510] entgegen vielfacher Befürwortung[511] weder Eigner noch „(Rechts-)Person". Ohne ausreichendes Verfügungsrecht sind auch die gemeinhin einbezogenen **Lizenznehmer** keine hier einmal sog. „Endkontrollinhaber":[512] Ihre Rechtsinhaberschaft ist lediglich akzessorisch bzw. derivativ, dh. sie knüpft an die Fortexistenz eines fremdseitig zugeordneten Voll- oder Hauptrechts an, erstreckt sich nur auf Wertschöpfungen aus dem „Geheimnisinhalt".[513] Dürfen Lizenznehmer aber den „Güterbestand" nicht aufheben,[514] so verbleibt dem Lizenzgeber das „Dereliktionsrecht" zur Geheimnisfreigabe.[515] Er verbleibt ausschließliches Zuordnungsend- und Haftungsendsubjekt, materiell(rechtlich) endbetroffener Eigner und rechtmäßiger Kontrollinhaber, dessen rechtmäßiger Geheimnisträger und ggf. **Prozessstandschafter** der Lizenznehmer ist.[516] Ihnen ist als letzte Untergruppe die Sonderform der Parteien kraft Amtes bzw. gesetzlichen Prozessstandschafter[517] beigeordnet, de-

149

---

508 Weitergehende Kritik *Brammsen*, wistra 2018, 449, 452 mwN; s. auch *Hoppe*/Oldekop, Kap. 1 Rn. 286.
509 Zur begrifflichen Konturierung einführend *Achterberg*, S. 42 f., 60 f.; *Wandt*, S. 119; *Wolff*, Bd. 1, S. 198 ff. und Bd. 2, S. 225 ff.; *Jacoby*, Das private Amt, 2007, S. 210 ff.
510 Auf die Regelungen der §§ 128 HGB, 8 Abs. 1 PartGG sei hier nur verwiesen.
511 Vgl. die Nachweise Fn. 498.
512 Vgl. die Nachweise Fn. 496.
513 Überzeugend dargelegt von Büscher/*McGuire*, § 2 GeschGehG Rn. 57; ebenso *Hoppe*/Oldekop, Kap. 1 Rn. 286 f. sowie zur Parallelthematik im Patentrecht *Jestaedt*, GRUR 2020, 354, 355 ff. mwN auch zur neueren höchstrichterlichen Rechtsprechung.
514 Ähnlich wie Nießbrauchern kann ihnen allenfalls die Vergabe von „Unterberechtigungen" gestattet werden.
515 Gemeint ist die Offenlegung des Geheimnisses „ad coram publico".
516 Vgl. BeckOK UWG/*Hohn-Hein/Barth*, § 2 GeschGehG Rn. 24; Büscher/*McGuire*, § 2 GeschGehG Rn. 58 f.; ebenso zur Parallelthematik im Patentrecht OLG Düsseldorf, ECLI:-DE:OLGD:2015:0611.I2U64.14.00, Rn. 126 ff. sowie zuletzt *Jestaedt*, GRUR 2020, 354, 357 f. mwN auch zur neueren höchstrichterlichen Rechtsprechung.
517 Insolvenz-, Nachlass- und Zwangsverwalter, Testamentsvollstrecker.

§ 2 Begriffsbestimmungen

nen ein unbegrenztes Verfügungsrecht über ein bestimmtes Drittvermögen bis hin zu dessen Vollverwertung und damit auch bis dahin dessen Bestandsschutz überantwortet ist.[518]

V. Der Rechtsverletzer (§ 2 Nr. 3)

1. Entstehungsgeschichte

150 § 2 Nr. 3 GeschGehG beschreibt die als Gegenpol zum vorstehend erörterten Inhaber verstandene Position des Rechtsverletzers.[519] Seine Aufnahme ist eine **Neuschöpfung** des GeschGehG, kannten doch die früheren Regelungen der §§ 17–19 UWG aF statt einer gattungsmäßig ausgeformten Personenbezeichnung nur einzelfallbezogene Täterbenennungen.[520] Nunmehr definiert als „jede natürliche oder juristische Person, die entgegen § 4 ein Geschäftsgeheimnis rechtswidrig erlangt, nutzt oder offenlegt", zugleich aber wieder um Personen reduziert wurde („Rechtsverletzer ist nicht"), die „sich auf eine Ausnahme nach § 5 berufen" können, nimmt sie ihr partielles Vorbild[521] in der entsprechenden unionsrechtlichen Vorschrift des Art. 2 Nr. 3 der Know-how-RL 2016/943/EU.[522] Sachlich handelt es sich wie schon beim Inhaberbegriff (→ Rn. 140 ff., 148) um eine (ua. den Art. 45, 47 TRIPS und Art. 8 ff. Enforcement-RL 2004/48/EG entlehnte) Umformung einer zuvor undefiniert belassenen „Verfahrens-" in eine materiellrechtliche Rechtsposition.

2. Die Konturierung der Rechtsverletzer

151 Obwohl zutreffend als Komplementärbegriff der zentralen Rechtsposition des Inhabers und Geheimnisherrn identifiziert, ist die Gegenposition des Rechtsverletzers bislang merkwürdig unkonturiert geblieben. Abgesehen von einer aufzählenden Benennung weniger in- oder exkludierter Personenkreise wie Arbeitnehmer[523] und

---

518 Ein hier sog. „Freigaberecht", dh. die Befugnis zur generellen Aufhebung der Geheimheit ad coram publico ist damit jedoch nicht verbunden. Die Verfügungsbefugnis der Partei kraft Amtes ist auf „Verwertung" begrenzt.
519 Den Komplementärcharakter betont ebenfalls K/B/F/*Alexander*, § 2 GeschGehG Rn. 111.
520 Entweder konkrete Positionsbezeichnungen (§ 17 Abs. 1: „Unternehmensbeschäftigte", § 17 Abs. 2 Nr. 2: sog. „deliktsfundierte Mitwisser"), bestimmte Vertrauensverhältnisse (§ 18: Empfänger „im geschäftlichen Verkehr anvertrauter Vorlagen") und bzw. oder einzelne Unrechtsakte (§ 17: „Verräter, Spione, Geheimnishehler", § 19: sog. „paktierende Projekturheber"); näher zu den benannten Umschreibungen *Brammsen*, Lauterkeitsstrafrecht, § 17 Rn. 33 ff., 82 ff., 109 ff., § 18 Rn. 9 ff., § 19 Rn. 8 ff.
521 Partiell, weil handlungsmäßig im Perfekt formuliert und um die absolute Bereichsausnahme bereinigt.
522 Keine inhaltliche Differenz sieht H/O/K/*Harte-Bavendamm*, § 2 Rn. 86, eine inhaltliche „Präzisierung" erkennt darin K/B/F/*Alexander*, § 2 GeschGehG Rn. 112 f.
523 Ausgeschiedene wie noch Beschäftigte benennen ua. MK-UWG/*Namysłowska*, RL 2016/943/EU Art. 2 Rn. 23; *Reinfeld*, § 1 Rn. 217.

V. Der Rechtsverletzer (§ 2 Nr. 3) § 2

Arbeitgeber,[524] Gesamthandschaften,[525] Inhaber,[526] juristische Personen[527] und hier sog. „gesetzlich Haftungsfreigestellter" des § 5 wie Journalisten und Whistleblower[528] finden sich weder konkretere Festsetzungen noch materielle Hintergründe zur positionsprägenden Einstufung. Zwar zeigen die heute festgesetzten Tathandlungen des § 4 durchaus partielle Übereinstimmung mit den Vorgängerfassungen der §§ 17 f. UWG aF,[529] weitergehende Konnexitäten sind jedoch unaufgedeckt geblieben. Wie jeder Rechtsbegriff bedarf aber auch der „Rechtsverletzer" einer Aufdeckung seiner bestimmenden Konstituentia und Leitpunkte, um im Alltagsleben schnell und verlässlich die ihm zugeschriebene Orientierungsfunktion bewirken zu können. Dabei kommt es auf seine funktionelle Stellung als Beschäftigter, Gewerbetreibender, freiberuflich Selbstständiger, Privater usw. nicht an: Alle Betätigungsarten, -formen und -felder sind gleichermaßen erfasst, mithin keiner weitergehenden Differenzierung bedürftig.[530]

Tatsächlich lassen sich die maßgeblichen **Charakteristika** durch Umkehrung aus dem Komplementärbegriff des Inhabers hinreichend sicher **ableiten**:[531] Ausgehend von dessen Rechtsposition ist der Rechtsverletzer materiell gesehen nichts anderes als das dazu negativ ausgeformte Gegenstück, in seiner Ausprägung mithin strikt „inhaberakzessorisch" gestaltet. So ist der Inhaber qua letztverbindlicher Verfügungskompetenz Zuordnungsendsubjekt und als solcher Eigner, Rechts- und Kostenträger der gutsspezifischen Wertziehung, der Rechtsverletzer ist all dieses nicht. Er ist **Beziehungsstörer**, zurechnungstechnisch gesprochen Täter oder Teilnehmer[532] einer Rechtsverletzung bzw. deren Haftungsendsubjekt. Beide Positionen bewegen sich auf diametralen Qualitätsebenen, folgen aber dennoch identischen Einordnungskategorien – nur eben mit unterschiedlich bewertender Bezeichnung.

152

---

524 Zukünftige benennen etwa BeckOK GeschGehG/*Hiéramente*, § 2 Rn. 90 und *Reinfeld*, § 1 Rn. 217.
525 (Pro) EuArbR/*Schubert*, RL 2016/943/EU Art. 2 Rn. 25; (contra) BeckOK GeschGehG/*Hiéramente*, § 2 Rn. 87.
526 BeckOK GeschGehG/*Hiéramente*, § 2 Rn. 90; Nebel/*Diedrich*, § 2 Rn. 54; *Reinfeld*, § 1 Rn. 217.
527 Büscher/*McGuire*, § 2 GeschGehG Rn. 62; BeckOK GeschGehG/*Hiéramente*, § 2 Rn. 87 ff.; K/B/*Alexander*, § 2 GeschGehG Rn. 114; *Reinfeld*, § 1 Rn. 216 f.
528 BeckOK GeschGehG/*Hiéramente*, § 2 Rn. 86 ff.; K/B/F/*Alexander*, § 2 GeschGehG Rn. 110, 118, 120; MK-UWG/*Namysłowska*, RL 2016/943/EU Art. 2 Rn. 22; *Reinfeld*, § 1 Rn. 216, 219.
529 Auf den ihnen allen gemeinsamen „Entziehungsaspekt" ausführungsbedingt verringerter Wertpotenzialität sei hier nur verwiesen.
530 Wie hier K/B/F/*Alexander*, § 2 GeschGehG Rn. 117 f.; MK-UWG/*Namysłowska*, RL 2016/943/EU Art. 2 Rn. 22.
531 Das zugrunde liegende Strukturdenken gestattet nach hiesigem Verständnis Ableitungen aufeinander bezogener Gegensätze, die sich gegenseitig und zugleich die Existenz weiterer Erscheinungsformen ausschließen. Skeptisch *Hoppe*/Oldekop, Kap. 1 Rn. 300 im Hinblick auf inhaberseitige Umgangsbeschränkungen, die jedoch keine weitere eigenständige Erscheinungsform, sondern nur eine rechtlich bedingte eher seltene Janusköpfigkeit betreffen.
532 Eingehender zur Konturierung H/O/K/*Harte-Bavendamm*, § 2 Rn. 90 ff.

§ 2 Begriffsbestimmungen

3. Das Genus proximum: Jede natürliche oder juristische Person

153 Der Grundstruktur einer Dichotomie folgend bestimmt der Rechtsverletzer eine mit dem Inhaberbegriff wortwörtlich übereinstimmende Festsetzung auf „jede natürliche und juristische Person" (§ 2 Nr. 3 GeschGehG, Art. 2 Abs. 3 RL 2016/943/EU). Gleichwohl sind die so erfassten Adressatenkreise keineswegs identisch. Verantwortlich dafür ist deren unterschiedliche Ausrichtung ihres jeweiligen Spezifikums an der rechtmäßigen Zuordnung einer- und der rechtswidrigen Störung bzw. Beeinträchtigung andererseits. Sie bewirkt eine generelle Begrenzung der strafrechtlichen Zurechnungs- und Haftungsendsubjektivität allein auf natürliche Personen,[533] umgekehrt zugleich aber auch die Zuweisung inhaberschaftlicher Zuordnungsendsubjektivität für Zweitentdecker (§ 3 Nr. 2 lit. a). **Rechtsverletzer** und **Inhaber** sind trotz identischer „Ausgangsbezeichnung" keine konzentrischen, sondern gegensätzlich konzipierte, sich situativ-verhaltensbedingt „positionell" **partiell überlappende Kreise.**

4. Usurpation: Das Spezifikum der Rechtsverletzer

154 Der Begriff des Rechtsverletzers hat keine eigene Wert abbildende Substanz. Ausgeformt als sinnbestimmtes **Pejorativum** fasst er die verschiedensten Vollzugsvarianten rechtswidriger Geheimnisbeeinträchtigungen in einem Kompositum ebenso prägnant zusammen wie eine gattungsmäßig personell abstrahierte Charakterisierung sämtlicher sonstiger Rechtsbrecher. Demgemäß ausschließlich geprägt von dem Wert „Recht" als Leitinstitution freiheitlicher Sozialgefüge gewinnt der Terminus „Rechtsverletzer" Bedeutungsgehalt und Konturen nicht allein durch den Umstand faktischer Gutsbeeinträchtigung – diese ist nur das äußere Signum. Neben der unerwünschten „Zugriffshandlung" gleichermaßen bedeutsam ist die damit untrennbar verbundene Störung drittseitig konkreter „Wertteilhabe" im Widerspruch zu seiner positiven Zuordnung. Nicht nur das vielfältige Spektrum „gutsspezifischer Zugriffakte" (hier: die in § 4 GeschGehG benannten Handlungen), auch deren etwaige Gestattung durch rechtliche Sonderbefugnisse ist maßgeblich. Rechtsverletzer sind nicht allein bloße faktische Störer einer gegebenen (Zu-)Ordnung, ihr tragendes **Spezifikum** ist ganz oder teilweise **Usurpation** – weit verstanden als unerlaubt, unbefugt oder besser „widerrechtlich" eine fremde rechtlich anerkannte Endverfügungsmacht faktisch übergehende Veränderung einer Rechtsstellung. **Rechtsverletzer sind Usurpatoren**, die eine Störung fremder Wertteilhabe mitbewirken oder zumindest von ihr (mit-)profitieren. Eines intendierten eigenen oder fremden Bewirkens bedarf es ebenso wenig wie der ganz oder teilweise dauerhaften Aufhebung zuvoriger Inhaberschaft.

5. Exemplifikationen: Rechtsverletzer in concreto

155 Als „inhaberakzessorische" Komplementärposition kann die Stellung eines Rechtsverletzers sowohl originär als auch derivativ mittels vier verschiedener Handlungs-

---

533 Noch gilt der Grundsatz „Societas delinquere non potest."

V. Der Rechtsverletzer (§ 2 Nr. 3) § 2

weisen eingenommen werden: Durch rechtswidriges Erlangen, Nutzen oder Offenlegen eines Geschäftsgeheimnisses. Allesamt in § 4 GeschGehG als Handlungsverbote deklariert umreißen

- **Abs. 1 Nr. 1 und 2** den Geheimniserwerb ohne Aneignungs-, Kopier- oder Zugangsbefugnis von bzw. zu Verkörperungen oder elektronischen Dateien sowie bei unseriösen Beschaffungsaktivitäten,
- **Abs. 2 Nr. 1–3** das Nutzen und Offenlegen von Geheimnissen nach rechtswidrigem Eigenerwerb, entgegen Vertraulichkeits- bzw. Schweigegeboten oder sonstiger bzw. vertraglicher Nutzungsbeschränkung,
- **Abs. 3 Satz 1** das Erwerben, Nutzen und Offenlegen nach eigener oder vom rechtswidrigen Vorbenutzer oder Verräter fremdvermittelter „Besitzerlangung",
- **Abs. 3 Satz 2** die Ein- und Ausfuhr, Herstellung, Lagerung und Vermarktung von im erheblichen Umfang rechtswidrig nachgemachter geheimnisfundierter Produkte.

Rechtsverletzer sind alle natürlichen und juristischen Personen, die eine der in § 4 GeschGehG benannten Varianten unbefugter Zugriffe auf geheime Informationen selbst allein-, mittelbar- oder mittäter- oder teilnehmerschaftlich verwirklichen (→ § 6 Rn. 38 ff.). Sachlich allein durch die Anforderungen der jeweiligen Tathandlung und das Fehlen unbegrenzter Inhaber- bzw. Volleignerschaft begrenzt ist das Spektrum der als Usurpator in Frage kommenden Personen äußerst vielfältig und letztlich nicht überschaubar – der Adressatenkreis umfasst je nach Zugriffsvariante Jedermann oder nur (besonders) Qualifizierte. Letztere Exemplifikation hat hier in einem ersten Schritt die als fehlende Kontrollinhaber (→ Rn. 155) bekannten **internen Mitwisser** wie Anteilshalter, Organwalter, Geheimnisträger (zB GmbH-Geschäftsführer, Aufsichtsräte und Vorstände, angestellte Freiberufler, Mitbestimmungsvertreter, Unternehmensbeschäftigte) sowie Lizenznehmer und Parteien kraft Amtes einzubeziehen. Ihnen sind in einem zweiten Schritt **integrierte Personen** zur Seite zu stellen, die in irgendeiner Weise eigener vertraglicher oder einer gesetzlichen Bindung unterliegen: Auftragserfinder, Cloud- oder Datendienstleister, andere Kooperationspartner, Nießbraucher, „nutzungsbegrenzte" Inhaber (Master-Licensor oder -Franchisor), Reverse Engineers iSd. § Abs. 1 Nr. 2 lit. b, Unternehmensberater usw. Das Bestehen einer betrieblichen Eingliederung ist allerdings kein notwendiges Konstituens, sodass in einem dritten und letzten Schritt noch alle **Betriebsfremden** wie Bewerber, Besucher, Detektive, Produktverletzer, Spione und Additivkräfte wie bloße Verleiter oder Unterstützer hinzukommen. 156

Keine Rechtsverletzer sind demgegenüber alle natürlichen und juristischen Personen sowie die Personengesellschaften,[534] die trotz gegebener Geheimheit[535] keine 157

---

534 Als sog. Zurechnungszwischensubjekte (Fn. 509) prinzipiell gestaltungsunfähig agieren an ihrer Stelle die Mitglieder als endverfügungsberechtigter Inhaber und Eigner.
535 Angesprochen sind damit die im UIG oder VIG „gemeinfrei" gestellten Geheimnisse wie zB Emissionen: Ihnen fehlt es am Tatkonstituens der „geheimen" Information (*Brammsen*, Lauterkeitsstrafrecht, § 17 Rn. 31). Die Frage einer „Rechtsverletzung" stellt sich demnach nicht.

§ 2 Begriffsbestimmungen

der vorbenannten unbefugten Tathandlungen[536] vornehmen können.[537] Zu ihnen gehören als letztverbindlich umfassend endverfügungsberechtigte Zurechnungsendsubjekte **alle** bereits erwähnten originären und derivativen **Inhaber** (→ Rn. 148) – ihre materiell unbegrenzte Volleignerschaft lässt sie (abgesehen von dem Sonderfall inhaltsbegrenzter Umgangsrechte → Rn. 154) prinzipiell als deren Usurpator ausscheiden. Ebenfalls nicht dem Kreis der Rechtsverletzer unterfallen Intermediäre (→ § 4 Rn. 122, 137) und hier sog. gesetzlich **Haftungsfreigestellte**. Als solche sollen hier Personen in den beiden Unterformen der gesetzlich gänzlich oder nur situativ-singulär in Sonderfällen aufgrund eines hier sog. Eingriffs- bzw. Gegenrechts von einer GeschGehG-Haftung ausgenommenen Positionen bezeichnet werden: Die verschiedenen „**fiktiven Rechtswahrer**" des § 5 GeschGehG (zB Journalisten, Whistleblower, Mitbestimmungshelfer)[538] und die anderweitig „sonderbefugten" Geheimnisträger. Letztere unterteilen sich weiter in verfassungsrechtlich bzw. gesetzlich (zB als Zeugen, Freiberufler oder Amtsträger) oder vertraglich (zB als Lizenznehmer, Kooperationspartner oder Unternehmensbeschäftigte) in vorgegebenen Sonderfällen zu einer Durchbrechung ihrer Geheimhaltungspflicht berechtigten Personen.

VI. Das rechtsverletzende Produkt (§ 2 Nr. 4)

1. Entstehungsgeschichte

158 Neben dem Inhaber und dem Rechtsverletzer ist das rechtswidrige Produkt der dritte Begriff, der nicht auf eine vorgängige Verwendung und Inhaltsbestimmung im Geheimnisschutzrecht der §§ 17–19 UWG aF zurückblicken kann. Seine Einfügung verdankt er seinem Vorläufer in der Know-how-RL 2016/943/EU, dessen entsprechenden Art. 2 Nr. 4 er nur unter Reduktion der dortigen Mehr- auf die Einzahl einheitswahrend übernimmt.[539] Fachsprachig partiell ua. an die „rechtsverletzende Ware" in § 19 MarkenG oder Art. 7 f. Durchsetzungs-RL 2004/48/EG[540] sowie den Produktbegriff des Art. 2 lit. c UGP-RL 2005/29/EG[541] anknüpfend, rudimentär allerdings schon in Art. 46 f., 59 TRIPS enthalten, definiert er ein Produkt als rechtsverletzend, wenn „dessen Konzeption, Merkmale, Funktionsweise, Herstellungs-

---

536 Anderweitig normierte Rechtsverstöße genügen nicht; BT-Drs. 19/4724, S. 25; BeckOK GeschGehG/*Hiéramente*, § 2 Rn. 85; Nebel/*Diedrich*, § 2 Rn. 53; *Ohly*, GRUR 2019, 441, 445; *Reinfeld*, § 1 Rn. 216.
537 Büscher/*McGuire*, § 2 GeschGehG Rn. 60; BeckOK GeschGehG/*Hiéramente*, § 2 Rn. 85; K/B/F/*Alexander*, § 2 GeschGehG Rn. 115 f.; *Reinfeld*, § 1 Rn. 218. Die Notwendigkeit etwaiger Handlungszurechnung (zB §§ 31, 89 BGB) betont zutreffend Hoppe/Oldekop, Kap. 1 Rn. 301 ff.
538 BeckOK GeschGehG/*Hiéramente*, § 2 Rn. 86 ff.; K/B/F/*Alexander*, § 2 GeschGehG Rn. 110, 118, 120; MK-UWG/*Namysłowska*, RL 2016/943/EU Art. 2 Rn. 22; *Reinfeld*, § 1 Rn. 216, 219.
539 Büscher/*McGuire*, § 2 GeschGehG Rn. 63; K/B/F/*Alexander*, § 2 GeschGehG Rn. 125 f.
540 Vgl. nur Art. 7 Abs. 1 Satz 2 und Art. 8 Abs. 1 lit. a und b.
541 Produkt ist „jede Ware oder Dienstleistung, einschließlich Immobilien, Rechte und Verpflichtungen".

prozess oder Marketing in erheblichem Umfang auf einem rechtswidrig erlangten, genutzten oder offengelegten Geschäftsgeheimnis beruht." Sachlich rekurriert der **neue Fachterminus** damit auf zwei Aspekte: Das auf einem rechtswidrigen Erlangen, Nutzen und Verbreiten von Geheimnissen beruhende Produkt und den insoweit nicht unerheblichen Auswirkungen der benannten Handlungen in einem oder mehreren seiner vorstehenden Bereiche.[542]

2. Die Konturierung der rechtsverletzenden Produkte

Unter den Definitionen des neuen § 2 GeschGehG nimmt das rechtsverletzende Produkt eine Sonderstellung ein. Anders als das Geschäftsgeheimnis, der Inhaber und der Rechtsverletzer betrifft seine Definition nicht ein Grundkonstituens rechtswidriger Güterbeeinträchtigungen, bezeichnet wird vielmehr ein mit dem Geschehensvollzug bewirkter Erfolg – die Einbringung einer Information in einen wirtschaftlichen Prozess. Das rechtsverletzende Produkt komplettiert vorausgegangene rechtswidrige Zugriffsakte auf fremde Geschäftsgeheimnisse mit dem Ergebnis ihres hilfreichen Einsatzes als **Erfolgsunrecht** eines in erheblichem Umfang **produktprägenden unbefugten Wissenstransfers**. 159

Seine eigentliche **Grundform** entnimmt das rechtsverletzende Produkt den Straftatbeständen der früheren § 9 UWG 1896 bzw. § 17 UWG 1932, die eine unbefugte Verwertung oder Mitteilung fremder Geheimnisse seitens befugter und sog. deliktsfundierter Mitwisser[543] sanktionierten. Dergestalt, quasi am Idealfall rechtswidriger Verfügungsanmaßung ausgeformt, entwickelte sich dann das ursprünglich strafrechtliche Anschlussdelikt der Geheimnishehlerei schrittweise zu einem eigenständigen zivilistischen Unlauterkeitstatbestand sog. **unredlicher Leistungsübernahme**,[544] wie er inzwischen auch in § 4 Nr. 3 lit. c UWG etabliert ist. Zugleich der additiven Erfordernisse subjektiver Voraussetzungen entkleidet,[545] ist das rechtsverletzende Produkt nunmehr endgültig vom ehemaligem Erfolgsdelikt zu einem einfachen objektiven „**Unlauterkeitsmerkmal**" umgestaltet worden: Anstelle eines Vorgangs auf dessen bloßes Resultat reduziert, kennzeichnet es nunmehr den Schlusspunkt einer Wettbewerbswidrigkeit – die erfolgreiche Herrschaftsausübung über fremde Zuordnungsobjekte. Das rechtsverletzende Produkt ist von einem Spezifikum des Geheimnisschutzes über mehrere Fallgruppen und Verallgemeinerungsstufen zum Grundcharakteristikum extern manifestierter Lauterkeitsrechtsverletzungen geworden. 160

---

542 Zutreffend bereits Büscher/*McGuire*, § 2 GeschGehG Rn. 63.
543 Deliktsfundierte Mitwisser sind vortatsqualifizierte Geheimnisträger, die ihr Wissen um ein fremdes Geheimnis einer eigen- oder fremdtäterschaftlich vorsätzlich rechtswidrig kenntnisokkupierenden Handlung verdanken; zu ihrer Konturierung *Brammsen*, Lauterkeitsstrafrecht, § 17 Rn. 110 mwN.
544 Komprimiert zur Entwicklung MK-UWG/*Wiebe*, § 4 Nr. 3 Rn. 1 ff.; ausführlicher *Weihrauch*, S. 40 ff.
545 Dazu statt vieler K/B/F/*Köhler*, UWG § 4 Rn. 3.66 ff.; MK-UWG/*Wiebe*, § 4 Nr. 3 Rn. 240 ff.

§ 2 Begriffsbestimmungen

161 Rechtstechnisch allein auf den Umstand eines dem Zuordnungsendsubjekt entzogenen Entfaltungspotenzials reduziert, lässt sich der unbefugte Rekurs auf dessen Geheimnisse ebenso vereinfachend wie plakativ als „**unerlaubte Fruchtziehung**" betiteln.[546] Mit dieser markanten „Schlusspunktsetzung" hat ein Zentralaspekt rechtsverletzender Produktgestaltung, die Usurpation inhaberschaftlicher Gestaltungsmacht, allerdings ihre im früheren Straftatbestand prägnant inkludierte subjektive Handlungskomponente verloren: Demzufolge bestimmt allein die manifestierte Replikation eines wirtschaftlichen Nutzungspotenzials zuordnungswidrig entzogenen Geheimwissens den rechtsverletzenden Charakter erzeugter oder erstellter separater Produkte. Rechtsverletzende Produkte im Anwendungsbereich des GeschGehG sind letztlich nichts anderes als **beliebig reduplizierbare Manifestationen** nicht gestatteter Zuordnungskompetenz. Dessen erlaubte Innehabung gem. § 3 Abs. 1 Nr. 1 u. 2 schließt ihr Vorliegen aus.

3. Das Genus proximum: Das auf einem rechtswidrig erlangten, genutzten oder offengelegten Geschäftsgeheimnis beruhende Produkt

162 Geschäftsgeheimnisse können auf vielfältige Art und Weise von unterschiedlichen Personen verletzt werden: Ganz oder nur teilweise, mündlich oder schriftlich, durch aktives Tun oder Unterlassen, verkörpert oder unverkörpert, mittelbar oder unmittelbar, von Jedermann oder nur bestimmten Personen – die Bandbreite einschlägiger Angriffsvarianten ist gemeinhin enorm. Der Gesetzgeber hat sich jedoch dafür entschieden, das Definiens seiner Definition neben den drei benannten Begehungsweisen auf das gattungsprägende Leitkonstituens eines zusätzlichen Tatobjekts, nämlich ein bestimmt geartetes Produkt zu gründen. Die Sachprüfung bedarf demnach der Feststellung zweier miteinander verknüpfter Komponenten: Einem **Produkt** und dessen **Beruhen** auf einem zuvor rechtswidrig erlangten, genutzten oder offengelegten Geschäftsgeheimnis. Zusammen genommen kennzeichnen sie die Grundform eines jeden rechtsverletzenden Produkts.

a) Das Produkt

163 In der alltäglichen Rechtspraxis sollte die Bestimmung rechtsverletzender Produkte keine nennenswerten Schwierigkeiten bereiten, kann zu ihrer Durchführung doch in allen zentralen Punkten durchweg auf gesetzliche Begriffsbestimmungen und vertiefende einschlägige Erläuterungen rekurriert werden. Dies beginnt bereits mit dem in Art. 2 lit. c UGP-RL definierten **Produktbegriff**,[547] zu dessen weitergehender Konturierung auch nationale Kommentierungen zu den dort zumeist inhaltsgleich verwendeten, alle Arbeits- und Leistungsergebnisse umfassenden Waren-

---

546 Vgl. etwa K/B/F/*Alexander*, § 2 GeschGehG Rn. 122; MK-UWG/*Namysłowska*, RL 2016/943/ EU Art. 2 Rn. 25.
547 Produkt ist „jede Ware oder Dienstleistung, einschließlich Immobilien, Rechte und Verpflichtungen".

und Dienstleistungsbegriffen beitragen können.⁵⁴⁸ Erfasst sind demnach alle körperlich vergegenständlichten Sachgüter (einschließlich ihrer Bestandteile) des wirtschaftlichen Handelsverkehrs, in deren Erstellungs- bzw. Erzeugungsprozess rechtswidrig erlangte, genutzte oder offengelegte Interna wie Aufwandsparameter, Herstellungsverfahren, Konstruktionspläne, Referenzmitteldaten, Rezepturen usw. eingeflossen sind, darüber hinaus auch nur in digital existente Güter und zu erbringende Dienstleistungen wie Algorithmen, Datensets, Cloud- und On-Demand Dienste, Online-Datenbanken oder Softwareprogramme (inkl. 3D-Druck).⁵⁴⁹

Keine Produkte sind bereits existente Geheimnisse, deren Kenntnisname unbefugten Zugriffsakten entstammen.⁵⁵⁰ Weder aus Letzteren als deren Früchte hervorgegangen noch zur Tatbegehung gebraucht oder bestimmt, sind sie keine sog. Producta oder Instrumenta sceleris, unterliegen mithin auch nicht im Falle ihrer Verkörperung der strafrechtlichen Einziehung gem. § 73 Abs. 1 StGB. Dazu bedarf es zumindest einer hier fehlenden sog. „Neuschöpfung". **164**

b) Die rechtswidrige Geheimnisverletzung

Nicht weniger hilfreich sind die einschlägigen Festsetzungen im Geschäftsgeheimnisrecht selbst, das sowohl in der Know-how-RL 2016/943/EU selbst wie auch im GeschGehG mit einer einheitlichen Definition des Geheimnisbegriffs und Festsetzung der Handlungsverbote die Eckpunkte der erfassten **Verletzungsgeschehen** recht prägnant konkretisiert. Beides gestattet eine recht zuverlässige Aufdeckung des involvierten Vermögensguts und seiner diesbezüglich unbefugten Zugriffsakte. Welche der gesetzlich beschriebenen Handlungen dabei konkret verwirklicht worden ist, ist unmaßgeblich, solange deren Durchführung zumindest objektiv rechtswidrig vollzogen wurde. Insoweit kann auf deren detaillierte Kommentierungen zurückgegriffen werden. Auf sie ist hier Bezug zu nehmen.⁵⁵¹ **165**

c) Das „Beruhen": Das Produkt und seine rechtliche (Vor-)Prägung

Dokumentieren die ermittelten Tathandlungen des § 4 Abs. 1–3 einen unbefugten Zugriff auf ein fremdes Geschäftsgeheimnis, so stellt das Beruhen deren **Verkettung** zu einem anderen Produkt her: Das Erstellung von Waren oder das Erbringen von Dienstleistungen bedürfen der Verknüpfung mit einer der vorbenannten Taten, um mit dem Makel einer Rechtsverletzung behaftet zu sein. Produkte sind nur dann rechtsverletzend, wenn sie von einem vorgängig unbefugt erlangten, benutzten oder **166**

---

⁵⁴⁸ *Alexander*, WRP 2017, 105; Büscher/*Franzke*, UWG § 2 Abs. 1 Nr. 1, Rn. 16 ff.; H/O/K/*Harte-Bavendamm*, § 2 Rn. 105 ff.; *Hollenberg*, Mitt. 2021, 156, 158; K/B/F/*Köhler*, UWG § 2 Rn. 39, § 4 Rn. 3.31 ff.; MK-UWG/*Wiebe*, § 4 Nr. 3 Rn. 48 ff.
⁵⁴⁹ BeckOK GeschGehG/*Hiéramente*, § 2 Rn. 93 f.; BeckOK UWG/*Hohn-Hein/Barth*, § 2 GeschGehG Rn. 45a; *Hollenberg*, Mitt. 2021, 156, 160; *Hoppe*/Oldekop, Kap. 1 Rn. 319, 328; K/B/F/ *Alexander*, § 2 GeschGehG Rn. 127; Nebel/*Diedrich*, § 2 Rn. 59; *Rody*, S. 252; *Sagstetter*, Big Data, S. 19.
⁵⁵⁰ So bereits zutreffend BeckOK GeschGehG/*Hiéramente*, § 2 Rn. 95.
⁵⁵¹ § 2 Rn. 20 ff. (Geheimnisbegriff) und § 4 Rn. 18 ff., 51 ff., 117 ff. (Tathandlungen).

§ 2 Begriffsbestimmungen

offengelegten Geheimnis (zumindest mit-)geprägt sind. Neuschöpfungen, Weiterentwicklungen, Ab- oder Veränderungen sind nur dann unlauter iSv. rechtswidrig, wenn sie ihre Eigenartigkeit (ggf. mit eigenen Ressourcen und Kompetenzen) in erkennbarer Weise verletztem fremden Wissen verdanken. Ansonsten sind sie entweder Plagiate, Imitate oder mehr oder weniger gut gelungene einfache Nachahmungen.

167 Das Erfordernis des Beruhens kennzeichnet mithin einen ursächlichen Zusammenhang, der zwischen einem Produkt und einem verletzten Geschäftsgeheimnis besteht.[552] Wie bei jeden **Bedingungszusammenhang** kommt es darauf an, ob ein in den Blick genommener Umstand (hier: das verletzte Geheimnis) auch tatsächlich im konkreten Erfolg (hier: das betreffende Produkt) wirksam geworden ist. Ausreichend dafür ist auch eine bloß mitwirkende Bedingung iSe. sog. Mitursächlichkeit, sodass Zusammentreffen mehrerer Umstände ggf. wertend zu berücksichtigen sind. Subjektiv rechtswidriges Vorgehen ist ebenso wie eine etwaige spätere „nachtatliche" Offenlegung oder ein hypothetisch mögliches Reverse Engineering des verletzten Geheimnisses unbeachtlich, da sich das Vorliegen rechtsverletzender Produkte[553] allein nach dem Zeitpunkt der objektiv rechtswidrig erfolgten Verletzungshandlung bestimmt.[554]

4. Umstandsbegrenztes Beruhen in erheblichem Umfang: Das Spezifikum der rechtsverletzenden Produkte

168 Geheimnisverletzungen haben ungeachtet ihres Stoffgebietes sehr häufig eine Gemeinsamkeit – sollte die „Materie" nicht gerade von besonderem öffentlichen Interesse oder ad coram publico offengelegt worden sein, bleiben sie zumeist geheim. Dies gilt auch und insbesondere für Geschäftsgeheimnisse, deren Verletzungen weder branchenspezifisch noch sonstwie geordnet, inter- oder auch nur national gesammelt, in Zentralregistern dokumentiert und publiziert werden. Vorkommen, Gegenstand und (volks-)wirtschaftliche Bedeutung von Geschäftsgeheimnisverletzungen lassen sich nur schwerlich eruieren, erst recht nicht die einzubeziehenden Komponenten und Parameter. Es verwundert deshalb nicht, dass eine bezifferbare Bestimmung und Gewichtung des Einflusses, den verletzte Geschäftsgeheimnisse auf die Produkte anderer Unternehmen hatten, bislang nicht befriedigend gelungen ist.

169 Der europäische Richtlinien- und in seinem Gefolge auch der bundesdeutsche Gesetzgeber haben das daraus resultierende Problem fehlender klarer und einheitli-

---

552 BeckOK UWG/*Hohn-Hein/Barth*, § 2 GeschGehG Rn. 46; *Hollenberg*, Mitt. 2021, 156, 159; K/B/F/*Alexander*, § 2 GeschGehG Rn. 140; MK-UWG/*Namysłowska*, RL 2016/943/EU Art. 2 Rn. 25.
553 Hierfür trägt der Anspruchsteller die Beweislast; Nebel/*Diedrich*, § 2 Rn. 61.
554 Vgl. *Ess*, WRP 2020, 988 Rn. 26 ff.; K/B/F/*Alexander*, § 2 GeschGehG Rn. 144; MK-UWG/*Namysłowska*, RL 2016/943/EU Art. 2 Rn. 27.

VI. Das rechtsverletzende Produkt (§ 2 Nr. 4) § 2

cher Bemessungsgrößen erkannt und versucht, ihm durch die Einrichtung eines zweipoligen Bemessungsverfahrens zu begegnen: Durch die enumerativ festgesetzte Aufzählung **fünf möglicher Einsatzfelder** (Konzeption, Merkmale, Funktionsweise, Herstellungsprozess, Marketing), in denen das unbefugt erlangte, benutzte oder offengelegte geheime Wissen sich **in erheblichem Umfang** auf das erstellte Produkt ausgewirkt haben muss. Damit erfährt der bereits im Rahmen des § 17 UWG aF entfaltete Grundsatz des „bemakelten Verletzergewinns" Anerkennung und weitergehende Präzisierung. Nunmehr hat der Rechtsverletzer die aus der Verwertung seines neuen Produkts erzielten Gewinne an den Geheimnisinhaber nicht schon herauszugeben, wenn dessen unlauter erlangtes technisches oder wirtschaftliches Geheimnis für das erstellte oder erbrachte Produkt nicht nur unbedeutend (mit-)ursächlich war.[555] Stattdessen ist die neue „**Auswirkungsschwelle**" für rechtsverletzende Informationseinsätze auf ein „bedeutend" höheres Niveau angehoben.

Insoweit erscheint es allerdings angemessener, insbesondere im Hinblick auf das vielseits betonte Leitziel der Innovationsförderung,[556] das archaische „Alles oder Nichts-Prinzip" des Verletzergewinns durch einen differenzierungsfähigen **Gewinnausgleich** unter Berücksichtigung des (zumindest) gutgläubigen Verletzeraufwands zu ersetzen.[557] 170

a) Die Konturierung der Einsatzfelder

Das neue unionsrechtlich geprägte Geschäftsgeheimnisrecht reglementiert das Geschäft mit rechtsverletzenden Waren oder Dienstleistungen nur für geheimnisverwendende Einsätze in bestimmten „Arbeitsfeldern" produktspezifischer Strahlkraft. Erfasst sind nur Zugriffe auf Entwicklungs- und Gestaltungs-, Herstellungs- oder Vertriebsgeheimnisse sowie auf identitätsstiftende Produktcharakteristika. Konsequenz dieser erschöpfenden Begrenzung ist, dass Geheimnisverwendungen in anderen Geschäftsbereichen keine rechtsverletzenden Produkte iSd. GeschGehG zu generieren vermögen – was sich als misslich erweisen könnte, sollten die wenig trennscharfen[558] Aspekte zudem unvollständig benannt sein. Eine deutliche Ausrichtung am technischen Betriebswesen ist jedenfalls nicht zu übersehen. 171

---

555 Vgl. etwa BGH, GRUR 1985, 294, 296 – Füllanlage; BGH, WRP 2008, 938 Rn. 9 ff. – entwendete Datensätze; weitergehend zur Ermittlung und Bemessung Büscher/*Hohlweck*, UWG § 9 Rn. 64 ff., 72 ff.; K/B/F/*Köhler*, UWG § 9 Rn. 1.45 ff. Zur gleich gelagerten Problematik im Urheberrecht zuletzt eingehender OLG Frankfurt, WRP 2020, 761 Rn. 54 ff.
556 Sie ist ein primäres Leitziel bzw. Schutzzweck des neuen unionsrechtlichen Geheimnisschutzes; statt vieler K/B/F/*Alexander*, GeschGehG Vor § 1 Rn. 16 f.; Büscher/*McGuire*, UWG Vor §§ 17–19 Rn. 61 ff. und GeschGehG § 1 Rn. 12; MK-UWG/*Namysłowska*, RL 2016/943/EU Vor Art. 1 Rn. 13 f.
557 Hilfreiche Ansätze bei *Boosfeld*, S. 243 ff., 273 ff.
558 Dies betonend K/B/F/*Alexander*, § 2 GeschGehG Rn. 129.

§ 2 Begriffsbestimmungen

172 Im Anschluss an *Alexander* und *Harte-Bavendamm*[559] lassen sich die **Einsatzfelder** rechtsverletzenden Geheimwissens wie folgt konkretisieren:

- **Konzeption.**[560] Konzeptionen sind mehr oder weniger gut strukturierte Darstellungen konkret oder abstrakt angedachter Neuvorhaben. Als Grundvorstellungen zwangsläufig nicht durchgängig immer bis ins Detail ausgearbeitet, vermitteln sie (mitunter auch mehr als nur) einen ersten Eindruck von einem Projekt, den Rahmenbedingungen und zentralen Bausteinen, die mündlich, bildlich oder figurierter, schriftlicher oder zeichnerischer Form wichtige Verfahrensschritte und das anvisierte Zielprodukt veranschaulichen. Geläufige Vorkommen sind Ablaufentwürfe, Forschungsberichte, Graphiken, Modelle, Muster, Pläne, Schnitte, Skizzen, Vorschläge oder Zeichnungen;
- **Merkmale.** Merkmale sind die Gegebenheiten eines Produkts, die seine Eigenschaften, Verhältnisse und Umstände betreffen. Sie können gestalterischer wie technischer Art sein, aber auch Hersteller, Konstruktion, Material, Funktionalität, Verarbeitung und Zusammensetzung kennzeichnen. Gemeinhin mit ihm untrennbar und dauerhaft verbunden, vermitteln sie dem Produkt eine spezifische Eigentümlichkeit, die es von anderen Produkten mehr oder weniger verlässlich unterscheidet. Merkmale sind demnach die prägenden Charakteristika eines Produkts, die neben seiner vorbestimmten Einsatz- bzw. Gebrauchsfähigkeit auch Ausgestaltung, Ausstattung und Ausführung markant dokumentieren;[561]
- **Funktionsweise.** Funktionsweisen sind die Arbeits- bzw. Wirkungsweisen von Akteuren, Substanzen oder Gerätschaften im Rahmen der Erstellung, Erbringung, Inbetriebnahme und Nutzung von Produkten. Digital, manuell, mechanisch oder sonstwie initiiert, implementiert und durchgeführt, kennzeichnen und kombinieren sie meist verschiedene, aufeinander abgestimmte Abläufe bzw. Verfahrensschritte, deren Ingangsetzung und Steuerung es bedarf, um ein bestimmtes vorgestelltes Prozessergebnis zu erzielen.[562] Beispiele sind neben biologischen und chemischen Reaktionen und physikalischen Prozessen auch Schaltpläne, Computerprogramme, Auswahl-, Berechnungs-, Prüfungsverfahren und dergleichen mehr;
- **Herstellungsprozess.** Herstellungsprozesse sind heute zumeist maschinell oder digital unterstützte Abläufe bzw. Schrittfolgen zur Verbrauchsgüterproduktion, aber auch bei der Erbringung von Dienstleistungen.[563] Je nach Komplexität des anvisierten Produkts einfach oder vielstufig konzipiert, betreffen sie Rezepturen und stoffliche Zusammensetzungen ebenso wie Anlagen, Geräte, Instrumente, Maschinen oder Verfahrensweisen des Produktionsprozesses;[564]

---

559 H/O/K/*Harte-Bavendamm*, § 2 Rn. 103, 108 ff. und K/B/F/*Alexander*, § 2 GeschGehG Rn. 130 ff.
560 S. auch H/O/K/*Harte-Bavendamm*, § 2 Rn. 108.
561 Wie hier H/O/K/*Harte-Bavendamm*, § 2 Rn. 109.
562 Vgl. auch H/O/K/*Harte-Bavendamm*, § 2 Rn. 110.
563 H/O/K/*Harte-Bavendamm*, § 2 Rn. 111.
564 K/B/F/*Alexander*, § 2 GeschGehG Rn. 133.

VI. Das rechtsverletzende Produkt (§ 2 Nr. 4) § 2

– **Marketing.** Als Tatobjekt rechtsverletzender Produkte ist seit Jahrzehnten eine Geheimnisgruppe im Vordringen, die statt funktions- oder produktionsbezogener technischer Daten Marketingdaten, dh. Informationen aus dem kaufmännischen Bereich zum Einsatz bringt. Diese hier sog. klassischen Geschäftsgeheimnisse[565] haben im Gleichklang mit der marktorientierten Nachfragewirtschaft zu einer Erstreckung des früher stark vertriebsgeleiteten Marketingbegriffs auch auf andere Bereiche geführt. Heute umfasst Marketing gleichermaßen den Produktabsatz (Vertrieb, Werbung, Kommunikation) wie auch die kaufmännische Seite der Preis- und Produktionspalette.[566] Die Spektren der einbezogenen Wissensbereiche decken mithin diejenigen der vorbenannten Einsatzfelder inhaltlich ab.

Ausgangspunkt ihrer Einordnung ist auch hier die **Produkt- und Preisgestaltung.** Hier erweist sich ein früher Rückgriff auf einschlägige oder ähnliche Vorhaben anderer Konkurrenten häufig als nützliche Vorlage, um Produkt, Erwerberkreis, Produktionsprozess und Preis optimal zu konzipieren. Als Anregung und für den erfolgreichen Verlauf etwaiger Neuerungen sind fremde (gescheiterte) Absatzplanungen, Geschäftsstrategien, Investitions- oder Übernahmevorhaben, Kapazitäten, Kostenansätze, Marketingkonzepte, Marktanalysen und dergleichen mehr hilfreiche Informationsquellen. 173

Stand im Marketingfeld der externen **Kommunikation** über viele Jahrzehnte der Kontakt und Wissensaustausch (ua. auf Messen) mit Handelspartnern, Lieferanten und Spediteuren und damit die Kenntnis von Auftraggebern, Bezugsquellen, Lieferantenlisten, Großabnehmern oder Vorzugskunden im Vordergrund, so hat sich das Bild mit dem Durchbruch der mobilen Telekommunikation, insbesondere aber mit dem Aufkommen des Internets deutlich gewandelt. Immer mehr treten Nutzungs- und Umsatzdaten, Vorlieben und Zahlungsverhalten der Kunden in den Vordergrund – kurzum alle Verbraucherdaten. Dies dokumentiert der florierende Handel mit Geld-, Kredit- und Telefonkartendaten, E-Mail-, Mobile-Adressen oder Adressenverzeichnissen[567] auch, aber nicht nur im sog. Darknet. 174

Als klassisches Arbeitsfeld des Marketings ist die **Werbung** in Art. 2 Nr. 1 lit. a RL 2006/114/EG „jede Äußerung bei der Ausübung eines Handels, Gewerbes, Handwerks oder eines Berufs mit dem Ziel, den Absatz von Waren oder die Erbringung von Dienstleistungen zu fördern" beschrieben.[568] Erfasst sind alle meinungsbeeinflussenden wie informationell-distributiven Kommunikationswege wie Direct-E-Mails, Events, Fernsehen, Influencer, Magazine, Mundpropagan- 175

---

565 Zu dieser tradierten Begriffsverwendung zuletzt *Rody*, S. 38 f.
566 Komprimiert zum Marketingbegriff und seiner neueren Ausdeutung *Meffert/Burmann/Kirchgeorg*, Marketing, 12. Aufl. 2015, S. 6 ff., 18 ff.
567 Einen „inneren" Zusammenhang (?) fordert für Mitbewerberlisten K/B/F/*Alexander*, § 2 GeschGehG Rn. 137; iE ähnlich H/O/K/*Harte-Bavendamm*, § 2 Rn. 112 und *Ohly*, GRUR 2019, 441, 445.
568 Zu den Schwächen dieser vermeintlichen Definition *Brammsen*, Lauterkeitsstrafrecht, § 16 Rn. 38 f.

§ 2 Begriffsbestimmungen

da, Plakate, Presse, Product Placement, Radio, Social Media, Sponsoring, Zeitung usw., die zur Verkaufsförderung geeignet sind. Hier können geheime Direkt- oder Sonderangebote, Marktanteile, Mustersendungen, Rabatthöhen, Testergebnisse, Vergleichsdaten oder Vorzugspreise auch in anderen Werbekampagnen offen oder verdeckt hilfreich zum Einsatz kommen.

176 Bevorzugtes Einsatzgebiet geheimnisverletzender Marketingstrategie ist seit jeher der **Vertrieb**, dh. der Produktabsatz und dessen Logistik. Differenziert je nach einzurichtendem bzw. gegebenem Vertriebsweg über Groß- und Einzelhändler einer- oder direkt an Endkunden (Vertreter, Katalog-, Telefonversand) andererseits versprechen Zugriffe auf vorhandene fremde Adressen- und Agentenverzeichnisse, Anzeigenaufträge, Versandortdaten wertvolle Hilfe – sie eröffnen eine schnelle Aufdeckung ertragsstarker Absatzgebiete und Distributoren. Daher verwundert es nicht, dass spezifizierte Vertriebsdaten „im Ranking" der Geheimnisverletzungen vordere Plätze einnehmen.

b) Das Beruhen in erheblichem Umfang

177 Ist ein Produkt ermittelt, dessen Erstellung oder Erbringung in mindestens einem der Arbeitsfelder Konzeption, Merkmale, Funktionsweise, Herstellungsprozess und Marketing Anzeichen für einen rechtswidrigen Geheimniszugriff konstatieren lässt, so bedarf sein rechtsverletzender Charakter noch eines weiteren Umstandes: Seine Verletzungskausalität muss ein bestimmtes Ausmaß, einen erheblichen Umfang aufweisen. Rechtswidrige Geheimnisverletzungen bewirken nur dann rechtsverletzende Produkte iSd. GeschGehG, wenn ihnen eine entsprechend gesteigerte Bedeutsamkeit zukommt.[569] Dazu ist **Mitursächlichkeit**, wie bereits erwähnt, ausreichend (→ Rn. 167).[570]

178 In welcher Weise die Durchführung der hier einmal sog. „Umfangprüfung" zu erfolgen hat, lässt sich weder der Richtlinie noch dem GeschGehG entnehmen.[571] Die Erwägungsgründe enthalten hierzu nur marginale, die bundesdeutsche Gesetzesbegründung gar keine Äußerungen. Ohne praktikable Bewertungsfaktoren[572] und ohne Bemessungsmaßstäbe, welchem Umstand wann welche wie zu bestimmende Bedeutung zukommt, wird die unternehmerische wie (vor-)gerichtliche Praxis sicherlich oftmals unterschiedliche Einschätzungen hervorbringen. Zwar wird sich zumindest jenseits einer „**Einflussquote**" von 50 % aufwärts ein erheblicher Um-

---

569 Erlaubte Handlungen können eine solche Wirkung nicht entfalten; *Ess*, WRP 2020, 988; K/B/F/*Alexander*, § 2 GeschGehG Rn. 139.
570 S. auch K/B/F/*Alexander*, § 2 GeschGehG Rn. 140. Losen Zusammenhang lässt genügen *Ess*, WRP 2020, 988 Rn. 13 ff., 19, 21.
571 So bereits *Kalbfus/Harte-Bavendamm*, GRUR 2014, 453, 454; *Wiese*, S. 159 f.; *Hoppe*/Oldekop, Kap. 1 Rn. 323.
572 Erwgrd. 28 erwähnt lediglich unspezifiziert belassene Auswirkungen auf Produktqualität, -wert und -preis sowie etwaige Kosten- oder Zeitersparnisse in Herstellung und Vertrieb.

fang allgemein konsentieren lassen,[573] was aber eher der seltene „Idealfall" sein dürfte. Schon bei einer „bedeutenden Zeitersparnis" für die Eigenentwicklung bleibt deren Einstufung ebenso präzisierungsbedürftig wie die Festsetzung einer besonderen Bedeutung von Bestandteilen für die Funktionsfähigkeit oder die Vermarktung des Produkts.[574] Gleiches gilt für das mit erheblichen Darlegungs- und Beweislastfragen[575] verbundene Erfordernis, ob ein verletztes Geheimnis in dem Produkt selbst sachlich Niederschlag gefunden haben muss[576] oder nicht.[577] Deshalb erweist sich auch ein Rekurs auf den Grundsatz der Verhältnismäßigkeit im Gegensatz zum „Formstein-Einwand" bei Abwandlungen[578] solange als nicht nennenswert weiterführend als offen bleibt, wann welche Faktoren warum mit welchem Gewicht als sog. produktunmittelbare bzw. produktmittelbare Kennzeichen[579] in die Bemessung einzustellen sind.

Es bedarf daher zumindest einiger **Vorgaben**, anstehenden Umfangbestimmungen erste Anhaltspunkte und bessere Nachvollziehbarkeit vermitteln zu können. So dürfte technischen gegenüber klassischen kaufmännischen Geheimnissen (abgesehen von speziellen Exklusivinformationen wie Bilanzzahlen, Bonitäten, Fusionsplanungen, Premiumkunden und dergleichen) gemeinhin eher größere Bedeutung zukommen, solange es nicht nur um marginale Weiterentwicklungen ohne großes Gewinnpotenzial geht. Gleiches dürfte für masseneinsatzfähige Computerprogramme, Herstellungsverfahren oder Rezepturen im Gegensatz zu ersten Forschungs- und Entwicklungsunterlagen gelten. Letztere können jedoch, wie das Beispiel der RNA-Molekül-Therapie gegen das COVID-19-Virus gezeigt hat, bei Mitursächlichkeit im weiteren Verlauf schnell sensationelle Umfangsteigerungen verzeichnen.

179

Zu erwägen wäre zudem eine nicht zu hoch angesetzte **Erheblichkeitsschwelle**. Bedenkt man die verschiedenen Wissensgebiete, die heute in der Güterproduktion zum Einsatz kommen, erscheint es angebracht, die Schwelle bei 10 % anzusetzen, sind es doch häufig 5–10 Hauptbestandteile, die eine entsprechende Gewichtung

180

---

573 Übereinstimmend *Alexander*, WRP 2017, 106; K/B/F/*Alexander*, § 2 GeschGehG Rn. 142; *Rody*, S. 252.
574 K/B/F/*Alexander*, § 2 GeschGehG Rn. 142 f. und *Wiese*, S. 161 erachten wohl beides als ausreichend.
575 Weiterführend zu ihnen *Ess*, WRP 2020, 988 Rn. 60 ff., 72 ff.
576 So auch für „produktfremd" verwendete Vertriebsgeheimnisse *Apel/Walling*, DB 2019, 891, 897; K/B/F/*Alexander*, § 2 GeschGehG Rn. 137 f.; *Max-Planck-Stellungnahme*, GRUR Int. 2014, 554 Rn. 22 ff.; *Ohly*, GRUR 2019, 441, 445; *Raue*, GRUR 2018, 540 f.; *Wiese*, S. 162 f.
577 So etwa Büscher/*McGuire*, § 2 GeschGehG Rn. 65; BeckOK GeschGehG/*Hiéramente*, § 2 Rn. 96.1; *Hollenberg*, Mitt. 2021, 156, 159; *Hoppe*/Oldekop, Kap. 1 Rn. 320 f.; *Kalbfus*, GRUR 2016, 1009, 1014.
578 Zu Letzterem weiterführend *Ess*, WRP 2020, 988 Rn. 47 ff., 57 ff. mwN. Ersteren präferieren ua. K/B/F/*Alexander*, § 2 GeschGehG Rn. 141 und *Wiese*, S. 160 ff.
579 Zu dieser Differenzierung nach Eingang in das Produkt oder in produktexterne Geschäftsprozesse *Hollenberg*, Mitt. 2021, 156, 159.

§ 2 Begriffsbestimmungen

verdienen. Als Beispiel mag ein Smartphone dienen, dessen Komponenten, Speicher, Prozessor, Bildschirmauflösung, Softwareprogramm, Kameraqualität, Vermarktung und Entwicklung durchaus eine entsprechend hohe Bedeutung haben dürften, während anteilige Erstellungskosten diese Schwelle kaum überschreiten werden. Ähnliches dürfte für andere höherwertige Gebrauchsgüter wie Autos oder Fernseher, aber auch für Massenverbrauchsgüter wie Kosmetika, Pharmazeutika oder Reinigungsmittel gelten.

181 Schließlich sollten für eine etwaige **Zeitersparnis** Berechnungsverfahren angedacht werden, die nicht nur anteilig pauschal festgesetzte Quoten der Produktions- und Vermarktungskosten, sondern auch branchengleiche Expertisen und Lohndaten einberechnen können. Wie die Angemessenheit der Geheimhaltungskosten so bedürfen auch die Wertvariablen der Erheblichkeitsprüfung einer Ausrichtung am konkreten Verwendungsbereich des Geheimnisses, seiner aktuellen Marktrelevanz und vieler anderer Faktoren – dieses Mal eben nur umgekehrt auf der „Gegenseite." Ihrer Erarbeitung sollten Literatur und Rechtsprechung auch hier besonderes Gewicht beimessen.

VII. Unstimmigkeiten und Reformbedarf

182 Der neue bundesdeutsche Geschäftsgeheimnisbegriff ist wie sein unionsrechtliches Pendant neben einigen begrüßenswerten Übereinstimmungen leider auch von gleich 3 gravierenden Unstimmigkeiten gekennzeichnet: Dem hinterfragungsbedürftigen „**Schutzgebot**", der inhaltlichen Weite der offenen „**Angemessenheitsklausel**" und dem konturenverwischenden Additivmerkmal des „**berechtigten Geheimhaltungsinteresses**". Während ersteres in beiden Rechtsordnungen gleichermaßen auftritt, ist letzteres ein bundesdeutsches „Eigengewächs", das in allen anderen nationalstaatlichen Umsetzungsgesetzen keinen Widerhall gefunden hat.

183 Obwohl das Schutzgebot neben seiner Unbestimmtheit (was bedarf wann und warum welchem Schutz?) besonders unter dem wiedererweckten verfehlten Geheimhaltungswillen und der Vermischung von Sach- und Beweislastaspekten (→ Rn. 57 f.) unter zwar schwierigen, gleichwohl aber rechtsdogmatisch wie rechtspraktisch durchaus noch zu bewältigenden Umsetzungsproblemen leidet, erweist sich das „Sprengpotenzial" der neuen **Angemessenheitsklausel** als ungleich größer. Dieser Umstand ist umso gewichtiger als er nicht nur die unklare Gewichtung der in die Bemessung einzustellenden Faktoren betrifft, sondern auch die Festsetzung der maßstabsetzenden Ausrichtung: Ist diese am Blickwinkel ex ante oder ex post und mehr an der Gefahreneinschätzung des Inhabers oder an einer objektiven „gutsspezifischen" Festsetzung zu bemessen? Letzterer, erst in jüngster Zeit von *Weigert* verdienstvollerweise aufgezeigter Themenkreis[580] verdient dringend

---

[580] Vgl. *Weigert*, NZA 2020, 209 ff.; s. auch H/O/K/*Harte-Bavendamm*, § 2 Rn. 44 ff.

vertiefte Erörterung, soll nicht die Bestimmung der Angemessenheit inhaberschaftlicher Schutzmaßnahmen an allein drittseitig festgesetzten monetären Aspekten ausgerichtet werden.[581] Andernfalls wird der **freiheitsbeschränkende Selbstschutz** des Grundrechtsträgers ohne jegliche Begründung staatlicherseits bestimmten Selbstschutzvorgaben unterworfen.

Die vorschnelle Ablehnung des „**berechtigten Geheimhaltungsinteresses**" sollte besser nochmals hinterfragt werden, um die Komplikationen verdoppelter „Freigabekompetenz" bei derivativ gestufter (Zweit-)Inhaberschaft zu vermeiden.[582] Sie verwischt unnötigerweise die Grenzen zwischen der schutzgegenständlich auf das ökonomische Faktum (Haben bzw. Verfügbarkeit eines marktrelevanten Faktors) bezogenen Regelung sachlicher Inhalts-und Schrankenbestimmungen und der auf einer eigenen selbstständigen „Rechtsebene" nachgeordneten individuellen Rechtfertigungsthematik. Dieser an die Lehre von der (vor-)tatbestandlichen Rechtswidrigkeit[583] erinnernde Ansatz ist im Straf- wie im Zivilrecht allerdings keineswegs durchgängig normiert. Die Frage der gesetzlich generell eines Geheimnisschutzes entkleideten Interna und ihrer nur im Einzelfall zurücktretenden Nachrangigkeit sollte nicht grenzüberschreitend in einem einheitlichen „Gesamttatbestand" durch vorschnelle generelle „Ausgrenzung bzw. Freigabe" abstrakt beurteilt werden, bedarf es doch letzterenfalls einer umfangreicheren einzelfallspezifischen Sachprüfung unter Berücksichtigung mannigfaltiger Bemessungskriterien. Vielmehr gilt hier im Grundsatz: „Die Rechtsordnung kennt im Bereich der Vermögensdelikte allgemein kein wegen seiner Herkunft, Entstehung oder Verwendung tatbestandlich schlechthin schutzunwürdiges Vermögen."[584]

184

Ein erster kursorischer Überblick über die seit Inkrafttreten des GeschGehG ergangenen obergerichtlichen Entscheidungen[585] lässt bereits jetzt den – allerdings auch verfahrensmäßig hilfreich unterstützten[586] – neuen Themenschwerpunkt deutlich erkennen: Neben informationsrechtlichen Auskunftsansprüchen[587] und Dringlichkeitserwägungen[588] dominieren vornehmlich (oft im „Gewand" der Glaubhaft-

185

---

581 So ua. *Apel/Walling*, DB 2019, 891, 895; *Preis/Seiwerth*, RdA 2019, 2019, 351, 353; *Reinfeld*, § 1 Rn. 184.
582 *Brammsen*, BB 2018, 2446, 2448.
583 Einführend zu ihr *Brammsen*, Garantenpflichten, S. 424 ff.
584 BGH, NStZ-RR 2018, 221, 223 mwN.
585 S. auch *Bildhäuser/Reinhardt*, GRUR-Prax 2020, 576, 577 f. und *Oldekop/Hoppe*, WRP 5/2021 EDITORIAL.
586 Schon aus prozessualen Gründen stehen nach Gesetzesänderungen anfänglich gemeinhin (vorbeugende) Unterlassungsklagen oder -verfügungen im Vordergrund.
587 Vgl. etwa OLG Düsseldorf, BeckRS 2020, 188 Rn. 16 ff.; OVG Berlin-Brandenburg, BeckRS 2019, 33176 Rn. 7 ff.; OVG Münster, BeckRS 2020, 292 – Topf Secret; OVG Münster, LMuR 2020, 260 m. Anm. *Wallau*, 262 f.
588 Vgl. OLG Frankfurt, WRP 2021, 356 Rn. 9 ff. – Vliesstoffe; OLG München, WRP 2019, 1375 Rn. 15 ff.

§ 2 Begriffsbestimmungen

machung)[589] Fragen der Inhaberschaft,[590] der „angemessenen Schutzmaßnahmen"[591] und das Thema „Whistleblowing"[592] den Prozessausgang. Ihre Eruierung und Bemessung wird wohl neben der vordringlichen Frage einer einheitlichen Verwendung des neuen Geheimnisbegriffs auch in anderen Gesetzen[593] auf absehbare Zeit die Diskussion über Geschäftsgeheimnisse bestimmen, obwohl in dem genannten Zeitraum weit über einhundert einschlägige öffentlich-rechtliche Entscheidungen zu öffentlich-rechtlichen Zugriffsstreitigkeiten hoheitlicher Geheimniszugriffe angefallen und entschieden sind.[594] Privatrechtliche Streitigkeiten scheinen offensichtlich keinen auch nur annähernd vergleichbaren Regelungsbedarf in der Rechtspraxis zu entfalten.

---

589 Vgl. OLG Frankfurt, WRP 2021, 356 Rn. 35 – Vliesstoffe; OLG Düsseldorf, ECLI:-DE:OLGD:2019:1121.I2U34.19.00, Rn. 56 ff., 67 – Spritzgießwerkzeuge.
590 OLG Düsseldorf, GRUR-RR 2021, 97 Rn. 41, 44 – Servicemodul; OLG Düsseldorf, ECLI:-DE:OLGD:2019:1121.I2U34.19.00, Rn. 34 ff. – Spritzgießwerkzeuge; OLG Frankfurt, WRP 2021, 356 Rn. 27 – Vliesstoffe; s. auch ÖOGH, wbl 2021, 175 Rn. 23 ff. – Flüsteraggregat.
591 OLG Hamm, WRP 2021, 223 Rn. 153 ff. – Stopfaggregate; LAG Düsseldorf, GRUR-RS 2020, 23408 Rn. 79 ff. – PU-Schaum.
592 OLG Oldenburg, Beschl. v. 21.5.2019 – 1 Ss 72/19 (juris); ArbG Siegburg, Urt. v. 15.1.2020 – 3 Ca 1793/19, openjur.de/U/2194221.html.
593 Eine solche erwägend bzw. empfehlend BVerwG, WM 2020, 1308 – Bafin; BVerwG, BB 2020, 1168 Rn. 11 f. (inzidenter); BeckOK GeschGehG/*Hiéramente*, § 1 Rn. 9; BeckOK UWG/*Hohn-Hein/Barth*, § 2 GeschGehG Rn. 4; H/O/K/*Harte-Bavendamm*, § 2 Rn. 10; unentschieden *Apel/Drescher*, BB 2020, 1171, 1172; K/B/F/*Alexander*, § 2 GeschGehG Rn. 7; abl. OVG Berlin-Brandenburg, AfP 2020, 245 Rn. 88; KG, NZBau 2021, 212 Rn. 27 f.; VG Berlin, BeckRS 2019, 24436; (zum Gesellschaftsrecht) *Fleischer/Pendl*, ZIP 2020, 1321, 1326; *Gerdemann/Spindler*, ZIP 2020, 1896, 1998.
594 OVG Münster, BeckRS 2020, 33891 – Topf Secret; VG Köln, NZKart 2020, 555 ff.; LG Hannover, NZKart 2021, 127, 129; FG Köln, BeckRS 2020, 41019.

§ 3 Erlaubte Handlungen

(1) Ein Geschäftsgeheimnis darf insbesondere erlangt werden durch
1. eine eigenständige Entdeckung oder Schöpfung;
2. ein Beobachten, Untersuchen, Rückbauen oder Testen eines Produkts oder Gegenstands, das oder der
   a) öffentlich verfügbar gemacht wurde oder
   b) sich im rechtmäßigen Besitz des Beobachtenden, Untersuchenden, Rückbauenden oder Testenden befindet und dieser keiner Pflicht zur Beschränkung der Erlangung des Geschäftsgeheimnisses unterliegt;
3. ein Ausüben von Informations- und Anhörungsrechten der Arbeitnehmer oder Mitwirkungs- und Mitbestimmungsrechte der Arbeitnehmervertretung.

(2) Ein Geschäftsgeheimnis darf erlangt, genutzt oder offenlegt werden, wenn dies durch Gesetz, aufgrund eines Gesetzes oder durch Rechtsgeschäft gestattet ist.

Schrifttum: *Ahrens*, Erfolgs- und Verhaltensunrecht in der Rechtsprechung des I. Zivilsenats – Wirkungszusammenhänge mit der Störerhaftung, in: FS Büscher, 2018, S. 423; *Aldoney Ramirez*, Der strafrechtliche Schutz von Geschäfts- und Betriebsgeheimnissen, 2009; *Alexander*, Zwingendes oder dispositives Recht: Welchen privatautonomen Gestaltungsspielraum belässt das GeschGehG?, WRP 2020, 1385; *ders.*, Geheimnisschutz nach dem GeschGehGE und investigativer Journalismus, AfP 2019, 1; *ders.*, Gegenstand, Inhalt und Umfang des Schutzes von Geschäftsgeheimnissen nach der Richtlinie (EU) 2016/943, WRP 2017, 1034; *Apel/Walling*, Das neue Geschäftsgeheimnisgesetz: Überblick und erste Praxishinweise, DB 2019, 891; *Arians*, Der strafrechtliche Schutz des Geschäfts- und Betriebsgeheimnisses in der Bundesrepublik Deutschland, in: Oehler (Hrsg.), Der strafrechtliche Schutz des Geschäfts- und Betriebsgeheimnisses in den Ländern der Europäischen Gemeinschaft sowie in Österreich und der Schweiz I Bd. 2, 1978, S. 307; *Beier/Straus*, Der Schutz wissenschaftlicher Forschungsergebnisse, 1982; *Beling*, Geheimnismitteilung zum Zwecke des Wettbewerbs, MuW XXII (1923), 125; *Beurskens*, Privatrechtliche Selbsthilfe, 2017; *Bindschedler*, Der strafrechtliche Schutz wirtschaftlicher Geheimnisse (Art. 13f/g UWG und Art. 162 StGB), 1981; *Bott*, Verrat und Verräter – Der „größte politische Skandal unserer Zeit" und die Konsequenzen für das Wirtschaftsstrafrecht, in: FS Wessing, 2015, S. 311; *Brammsen*, Die EU-Know-how-Richtlinie 943/2016, §§ 17 ff. UWG und das geplante Geschäftsgeheimnisstrafrecht (§ 23 GeschGehG-RegE), wistra 2018, 449; *ders.*, Außerordentliche Kündigung wegen des Verdachts vertragswidriger Konkurrenztätigkeit, EWiR 2017, 477; *ders.* Einverständnis und Einwilligung, in: FS Yamanaka, 2017, S. 3; *ders.*, „Durchlöcherter" Bestandsschutz – Wirtschaftsgeheimnisse im 21. Jahrhundert, ZIP 2016, 2193; *ders.*, Überlegungen zur Struktur der Informationsrechte, in: FS Otto, 2007, S. 1081; *ders.*, Anzeige von Kartellverstößen im Widerstreit mit dem Schutz von Unternehmensgeheimnissen, in: Forschungsinstitut für Wirtschaftsverfassung und Wettbewerb (Hrsg.), Schwerpunkte des Kartellrechts 1992/93, 1994, S. 77; *Brandau/Gal*, Strafbarkeit des Fotografierens von Messe-Exponaten, GRUR 2009, 118; *Breitenbach*, Steuer-CDs, 2017; *Brennecke/Ahnseel*, § 17 UWG – Verrat von Betriebs- und Ge-

§ 3 Erlaubte Handlungen

schäftsgeheimnissen, 2015; *Büdenbender,* Die Veröffentlichung unternehmerischer regulatorischer Daten durch die Bundesnetzagentur im Energierecht, RdE 2020, 221; *Busching,* Der Schutz »privater« Informationen bei Cloud Computing, 2019; *Callmann,* Der unlautere Wettbewerb, Kommentar, 2. Aufl. 1932; *Dölling,* Rechtsschutz von Wissen, 2015; *Dornis,* Der Schutz künstlicher Kreativität im Immaterialgüterrecht, GRUR 2019, 1252; *Drescher,* Industrie- und Wirtschaftsspionage in Deutschland, 2019; *Drexl et al.*, Ausschließlichkeits- und Zugangsrechte an Daten, GRUR Int. 2016, 914; *Düwel,* Das Urheberrecht als Mittel staatlicher Geheimhaltung, 2020; *Eisenkolb,* Die Patentierbarkeit von medizinischen, insbesondere gentherapeutischen Verfahren, 2008; *Ess,* Wie weit reicht der Geheimnisschutz? Zum rechtsverletzenden Produkt i. S. d. § 2 Nr. 4 GeschGehG, WRP 2020, 988; *Fleischer/Pendl,* Verschwiegenheitspflicht und Pflicht zum Geheimnismanagement von Geschäftsleitern, ZIP 2020, 1321; *Föbus,* Die Insuffizienz des strafrechtlichen Schutzes von Geschäfts- und Betriebsgeheimnissen nach § 17 UWG, 2011; *Gajeck,* Das Wirtschaftsgeheimnis in der Verfassung, 2018; *Garber,* Der Schutz von Geschäfts- und Betriebsgeheimnissen im Zivilprozess – ein Überblick, ÖJZ 2012, 640; *Gassauer-Fleissner,* Die letzten Geheimnisse um die Umsetzung der GeschäftsgeheimnisRL sind gelüftet, ÖBl. 2019, 60; *Gaugenrieder/Unger-Hellmich,* Know-how-Schutz – gehen mit dem Mitarbeiter auch die Unternehmensgeheimnisse?, WRP 2011, 1364; *Greco,* Verwertung von Know-how, 2010; *Grünewald,* Die (Re) Kommunalisierung in der Energieverteilung, 2016; *Harte-Bavendamm,* Reform des Geheimnisschutzes: naht Rettung aus Brüssel? Zum Richtlinienvorschlag zum Schutz von Geschäftsgeheimnissen, in: FS Köhler, 2014, S. 235; *Hauck,* Urheberrechtlicher Geheimnisschutz und seine Grenzen, ZUM 2020, 769; *Heine,* Der staatliche Ankauf von strafbar erlangten Steuer-Daten deutscher Steuerhinterzieher, in: FS Roxin II, 2011, S. 1087; *Helbach,* Der gestufte Schutz von Betriebs- und Geschäftsgeheimnissen vor Parlament, Presse und jedermann, 2012; *Hemeling,* Gesellschaftsrechtliche Fragen der Due Diligence beim Unternehmenskauf, ZHR 169 (2005), 274; *Henning-Bodewig,* „Unlautere" Geschäftspraktiken und der Bezug zu Art. 10bis PVÜ – Warum „unseriöse" Geschäftspraktiken keinen Sinn ergibt, GRUR Int. 2014, 997; *Hille,* Sind bisherige Vertraulichkeitsvereinbarungen unwirksam?, WRP 2020, 824; *Hillenbrand,* Der Begriff des Betriebs- und Geschäftsgeheimnisses, 2017; *Hinkelmann,* Gewerblicher Rechtsschutz in Japan, 3. Aufl. 2019; *Hoeren/Münker,* Die EU-Richtlinie für den Schutz von Geschäftsgeheimnissen und ihre Umsetzung – unter besonderer Berücksichtigung der Produzentenhaftung, WRP 2018, 150; *Ignor/Jahn,* Der Staat kann auch anders, JuS 2010, 390; *Iliou,* Gedanken zur unabhängigen Informationsbeschaffung durch den ausgeschiedenen Familienunternehmer als Gesellschafter der GmbH, GmbHR 2015, 1293; *Jerger,* Geheimhaltungspflichten für Geschäftsgeheimnisse, StudZR 2008, 387; *Jessen,* Zugangsberechtigung und besondere Sicherung im Sinne von § 202a StGB, 1994; *Kahlert,* Vertraulichkeit im Schiedsverfahren, 2015; *Kaiser,* Zulässigkeit des Ankaufs deliktisch erlangter Steuerdaten, NStZ 2011, 383; *Kalbfus,* Die neuere Rechtsprechung des BGH zum Schutz von Betriebs- und Geschäftsgeheimnissen, WRP 2013, 584; *ders.*, Know-how-Schutz in Deutschland zwischen Strafrecht und Zivilrecht – welcher Reformbedarf besteht?, 2011; *Keller,* Protokoll der Sitzung des GRUR-Fachausschusses für Wettbewerbs- und Markenrecht zum Referentenentwurf eines Gesetzes zum Schutz von Geschäftsgeheimnissen (GeschGehG) am 25.4.2018 in Berlin, GRUR 2018, 706; *Kiefer,* Das Geschäftsgeheimnis nach dem Referentenentwurf zum Geschäftsgeheimnisgesetz: Ein Immaterialgüterrecht, WRP 2018, 910; *Kim,* Der Schutz von Geschäfts- und Betriebsgeheimnissen in Korea und Deutschland, 1999; *Klaas,* Interne Untersuchungen und Informationsaustausch, 2019; *Koch,* Öffentlich-rechtliche Informationsrechte versus aktienrechtliche Verschwiegenheitspflichten, in: FS Schmidt-Preuß, 2018, S. 367; *Kochmann,* Schutz des „Know-how" gegen ausspähende Produktanalysen („Reverse Engineering"), 2009; *Kreis,* Whistleblowing als Beitrag zur Rechtsdurchsetzung, 2017; *Krusemarck,* Die abhängige Schöpfung im Recht des geistigen Eigentums, 2013; *Lauber-Rönsberg,* Autonome „Schöpfung" – Urheberschaft und Schutzfähigkeit, GRUR 2019, 244; *Leister,* Liberalisierung von Reverse Engineering durch Geschäftsgeheimnisgesetz: Wie können sich Unternehmen noch schützen, GRUR-Prax 2019, 175; *Maier*, Der Schutz von Betriebs- und Geschäftsgeheimnissen im schwedischen, englischen und deutschen Recht, 1998; *Maierhöfer/ Hosseini*, Vertraglicher Ausschluss von Reverse Engineering nach dem neuen GeschGehG: Ein Praxistipp, GRUR-Prax 2019, 542; *McGuire*, Neue Anforderungen an den Know-how-Schutz: 3 Gründe, sich schon heute mit der neuen Geschäftsgeheimnis-RL zu befassen, Mitt. 2017, 377; *dies.*, Know-how: Stiefkind, Störenfried oder Sorgenkind? Lücken und Regelungsalternativen vor dem Hintergrund des RL-Vorschlags, GRUR 2015, 424; *McGuire et al.*, Der Schutz von Geschäftsgeheimnissen durch Rechte des Geistigen Eigentums und durch das Recht des unlauteren Wettbewerbs (Q215), GRUR Int. 2010, 829; *Meyer*, Miturheberschaft bei freier Software, 2011; *Moglia*, Die Patentierbarkeit von Geschäftsmethoden, 2011; *Nienaber*, Umfang, Grenzen und Verwertbarkeit compliancebasierter unternehmensinterner Ermittlungen, 2019; *Ohly*, Das neue Geschäftsgeheimnisgesetz im Überblick, GRUR 2019, 441; *ders.*, Reverse Engineering: Unfair Competition or Catalyst for Innovation? in: FS Straus, 2009, S. 535; *Oldekop/Hoppe*, Von Steueraggregaten und Schaumstoffsystemen, WRP 5/ 2021, Editorial; *Ostendorf*, Gekaufte Strafverfolgung – Die Strafbarkeit des Erwerbs von „geklauten" Steuerdaten und ihre Beweisverwertung, ZIS 2010, 301; *Otte-Gräbener/Kutscher-Puis*, Handlungsbedarf durch das neue Geschäftsgeheimnisgesetz für Vertraulichkeitsvereinbarungen im Rahmen von Liefer- und Vertriebsverträgen, ZVertriebsR 2019, 288; *Pesch*, Straf- und ordnungswidrigkeitenrechtliche Erwägungen zur Bereitstellung von Informationen vor Pakettransaktionen, 2015; *Pfeiffer*, Der strafrechtliche Verrat von Betriebs- und Geschäftsgeheimnissen nach § 17 UWG, in: FS Nirk, 1992, S. 861; *Rauer/Eckert*, Richtlinie zur Harmonisierung des Know-how-Schutzes in der EU, DB 2016, 1239; *Reich*, Materielles Europäisches Patentrecht, 2009; *Rody*, Der Begriff und die Rechtsnatur von Geschäfts- und Betriebsgeheimnissen unter Berücksichtigung der Geheimnisschutz-Richtlinie, 2019; *Rützel*, Illegale Unternehmensgeheimnisse, GRUR 1995, 557; *Sagstetter*, Big Data und der europäische Rechtsrahmen, in: Maute/Mackenroth, Recht als Infrastruktur für Innovation, 2019, S. 285; *Sandeen/Rowe*, Trade Secret Law, 2. Aufl. 2018; *Satzger*, Der Staat als „Hehler"? – Zur Strafbarkeit des Ankaufs rechtswidrig erlangter Bankdaten durch deutsche Behörden, in: FS Achenbach, 2011, S. 447; *Schenkel*, Whistleblowing und die Strafbarkeit wegen Geheimnisverrats, 2019; *Schlötter*, Der Schutz von Betriebs- und Geschäftsgeheimnissen und die Abwerbung von Arbeitnehmern, 1997; *P. Schmid*, Computerhacken und materielles Strafrecht, 2001; *Edg. Schmidt*, Der strafrechtliche Schutz des Geschäfts- und Betriebsgeheimnisses in Österreich und der Schweiz, in: Oehler (Hrsg.), Der strafrechtliche Schutz des Geschäfts- und Betriebsgeheimnisses in den Ländern der Europäischen Gemeinschaft sowie in Österreich und der Schweiz II Bd. 3, 1981, S. 131; *Schneider*, Schutz des Unternehmensgeheimnisses vor unbefugter Verwertung, 1989; *Schockenhoff*, Geheimnisschutz bei Aktiengesellschaften mit Beteiligung der öffentlichen Hand, NZG 2018, 521; *Schwerdtfeger*, Besondere persönliche Unrechtsmerkmale, 1992; *Schweyer*, Die rechtliche Bewertung des Reverse Engineering, 2012; *Sehirali*, Schutz des Know-how nach türkischem, deutschem und europäischem Recht, 2004; *Seitz*, Der Ankauf von Steuerdatensätzen in strafrechtlicher und strafprozessualer Sicht, Ubg 2014, 380; *P. Sieber*, Wirtschaftsjournalismus, 2006; *Siebert*, Geheimnisschutz und Auskunftsansprüche im Recht des Geistigen Eigentums, 2011; *Sievers*, Kundendaten sind Gold wert – Schadensbegrenzung bei Datendiebstahl und Geheimnisverrat, PinG 2015, 79; *Sonn*, Strafbarkeit des privaten Entwendens und staatlichen Ankaufs inkriminierender Kundendaten, 2014; *Sonnberger*, Die Geschäftsgeheimnis-RL (EU) 2016/943 vor ihrer Umsetzung in Österreich – eine Bestandsaufnahme zu wichtigen Eckpunkten, wbl 2018, 61; *Soppa*, Die Strafbarkeit des Whistleblowers, 2018; *Späth*, Rechtfertigungsgründe im Wirtschaftsstrafrecht, 2016; *Spatscheck*, Wird Gauner, wer mit Gaunern dealt?, in: FS Volk, 2009, S. 771; *Spernath*, Strafbarkeit und zivilrechtliche Nichtigkeit des Ankaufs von Bankdaten, NStZ 2010, 307; *Stöhr*, Offenlegung von Rechtsverstößen im Aktienrecht, BB 2019, 1286; *Stoffer*, Wie viel Privati-

§ 3 Erlaubte Handlungen

sierung „verträgt" das strafprozessuale Ermittlungsverfahren?, 2016; *Theile*, Grundprobleme der strafrechtlichen Verfallsvorschriften nach den §§ 73 ff. StGB, ZJS 2011, 333; *Tiedemann*, Strafbarkeit des Offenbarens und Verwertens von Bundesbankangaben nach §§ 55a, 55b KWG, ZBB 2005, 190; *Többens*, Die Straftaten nach dem Gesetz gegen den unlauteren Wettbewerb (§§ 16–19 UWG), WRP 2005, 552; *ders.*, Wirtschaftsspionage und Konkurrenzausspähung in Deutschland, NStZ 2000, 505; *Triebe*, Reverse Engineering im Lichte des Urheber- und Geschäftsgeheimnisschutzes, WRP 2018, 795; *Trüg*, Steuerdaten-CDs und die Verwertung im Strafprozess, StV 2011, 111; *Vetter*, Die fertige Erfindung, 2012; *Wank*, Neues zum Arbeitnehmerbegriff des EuGH, EuZW 2018, 21; *Wawrzinek*, Verrat von Geschäfts- und Betriebsgeheimnissen, 2010; *Werner*, Auskunftsansprüche der Öffentlichkeit gegenüber Aktiengesellschaften unter Beteiligung der öffentlichen Hand, NVwZ 2019, 449; *Westermann*, Der BGH baut den Know-how-Schutz aus, GRUR 2007, 116; *Wicker*, Cloud Computing und staatlicher Strafanspruch, 2016; *Wicklein*, Steuerdaten-CDs und demokratischer Rechtsstaat, 2017; *Wiese*, Die EU-Richtlinie über den Schutz vertraulichen Know-hows und vertraulicher Geschäftsinformationen, 2018; *Winzer*, Der Schutz von Geschäftsgeheimnissen im Zivilprozess, 2018; *Witt/Freudenberg*, Der Entwurf der Richtlinie über den Schutz von Geschäftsgeheimnissen im Spiegel zentraler deutscher Verbotstatbestände, WRP 2014, 374; *Witz*, Know-how Schutz vs. Reverse Engineering, in: FS Harte Bavendamm, 2020, S. 441; *Wolf/Harrer-Kouliev*, Geschäftsgeheimnisgesetz: Eine neue Herausforderung für das Arbeitsrecht, in: FS Windbichler, 2020, S. 457; *Wünsche*, Rechtsfolgen von Wettbewerbsverstößen, 2013; *Wulf*, Strafbarkeit behördlicher CD-Käufe und Verwertbarkeit der erlangten Informationen, PStR 2012, 33; *Zech*, Besitz an Daten, in Pertot, Rechte an Daten, 2020, S. 91; *Zivanic*, Etwas erlangt (§ 73 Abs. 1 StGB) in Fällen nur vorübergehender Verfügungsgewalt, NStZ 2021, 264.

Übersicht

	Rn.		Rn.
I. Einführung	1	bb) Exemplifikation	27
II. Entwicklungsgeschichtlicher Abriss	3	c) Die Spezifizierung des Erlangens: Das „insbesondere" Erlangen „durch"	28
III. Normzweck und Systematik	9	aa) 1. Stufe: Das „insbesondere" Erlangen (§ 3 Abs. 1)	29
1. Normzweck	9		
2. Systematik	11	bb) 2. Stufe: Das Erlangen „durch" (§ 3 Abs. 1)	31
a) Die explizit erlaubten Erlangungsweisen des § 3 Abs. 1	13		
b) Die generell-abstrakte Handlungserlaubnis des § 3 Abs. 2	15	3. Die Einzelfälle: Das handlungsspezifisch erlaubte Erlangen (§ 3 Abs. 1 Nr. 1–3)	32
IV. Das „insbesondere" Erlangen des § 3 Abs. 1	17	a) Eigenständige Entdeckung oder Schöpfung (§ 3 Abs. 1 Nr. 1)	33
1. Einleitung	17	aa) Eigenständig	34
2. Die Erwerbshandlung „Erlangen"	18	bb) Entdeckung	36
a) Der gesetzessprachliche Impulsgeber: Vom „Erlangten" zum „Erlangen"	19	cc) Schöpfung	39
		dd) Prozessuales	43
b) Charakteristika und Exemplifikation – Die Konturierung des „Erlangens"	22	b) Reverse Engineering (§ 3 Abs. 1 Nr. 2)	44
aa) Charakteristika	22	aa) Die (ausstehende) Ableitung bzw. Begründung	44

	Rn.		Rn.
bb) Das derivative Erlangen der investigativen „Nachschöpfung"	48	ee) Abstimmungsprobleme: Haftungseinheit oder Divergenz im Geheimnisschutz?	93
cc) Das erlaubte Vorgehen: Beobachten, Untersuchen, Rückbauen oder Testen	49	ff) Prozessuales	95
dd) Das Rückbau- bzw. Entschlüsselungsobjekt: Ein Produkt oder Gegenstand	55	V. Die „allgemein" erlaubten Handlungen des § 3 Abs. 2	96
		1. Einleitung und Regelungshintergrund	96
ee) Die Spezifizierung der Rückbauobjekte: Das „unbegrenzte" Zugriffsrecht	57	2. Die Erlaubnisgründe: Gesetz und Rechtsgeschäft	98
		a) Die Gestattung durch oder aufgrund Gesetzes	99
c) Arbeitnehmer- und Arbeitnehmervertreterrechte (§ 3 Abs. 1 Nr. 3)	86	b) Die Gestattung durch Rechtsgeschäft	104
aa) Regelungsgegenstand: Arbeitnehmerseitige Informationsrechte	86	c) Annex: Die seriöse Geschäftspraxis (Art. 3 Abs. 1 Nr. 2 RL)	106
bb) Die Spezifizierung: Alleinige inhaltsbeschränkte Kenntnisnahme	88	3. Das erlaubte Handeln: Erlangen, Nutzen und Offenlegen	109
		a) Das erlaubte Erlangen	110
		b) Das erlaubte Nutzen	112
cc) Die Rechteinhaber: Arbeitnehmer und Arbeitnehmervertreter	90	aa) Das Nutzen	113
		bb) Das erlaubte Nutzen	120
		c) Das erlaubte Offenlegen	124
dd) Die erlaubte Teilhabe: Information, Anhörung, Mitwirkung und Mitbestimmung	92	aa) Das Offenlegen	125
		bb) Das erlaubte Offenlegen	131
		cc) Prozessuales	134
		VI. Reform	135

I. Einführung

§ 3 GeschGehG ist mit der Festsetzung der erlaubten Handlungen dem nach den Begriffsdefinitionen des § 2 materiell wohl wichtigsten Zentralpunkt des Gesetzes gewidmet – der Bestimmung des zulässigen bzw. befugten Zu- und Umgangs mit geheimen Geschäftsinterna. Angelehnt an das unionsrechtliche Vorbild des Art. 3 RL 2016/943/EU benennt er in Abs. 1 die (abweichend nicht abschließend aufgezählten) erlaubten Erlangungshandlungen der unabhängigen Entdeckung oder Schöpfung (Nr. 1), des sog. Reverse Engineering öffentlich verfügbar gemachter (Nr. 2 lit. a) oder rechtmäßig ohne Zugangsbeschränkung im Besitz befindlicher Produkte oder Gegenstände (Nr. 2 lit. b) sowie die betriebs- wie mitbestimmungsrechtlich bestehenden Informations-, Anhörungs-, Mitbestimmungs- und -wirkungsrechte der Arbeitnehmer einschließlich derjenigen ihrer Vertretung (Nr. 3). In Abs. 2 ist sodann systematisch etwas verwirrend eine Generalklausel hintangestellt, die einen Vollzug aller Erlangungs-, Nutzungs- und Offenlegungshandlungen er- 1

§ 3 Erlaubte Handlungen

laubt, die durch Gesetz, aufgrund eines Gesetzes oder durch Rechtsgeschäft gestattet sind.

2 Obwohl damit weitgehend seine vollharmonisierte (Art. 1 Abs. 1 Satz 2 RL) unionsrechtliche Vorlage inhaltlich nachbildend, weist § 3 dennoch zwei Besonderheiten auf, die auffällig vom entlehnten Urbild abweichen: Die bloß fiktiv gehaltene Annahme eines unterschiedslos rechtmäßigen Geheimniserwerbs für alle Erwerbsvarianten ist nunmehr als ausdrückliche Erlaubnis ausgeformt und die ergänzende Variante einer allgemeinen Zugangsbefugnis für jede „mit einer seriösen Geschäftspraxis vereinbare Vorgehensweise" in Art. 3 Abs. 1 lit. d RL ist dem Rekurs auf ein einleitendes „insbesondere" in Abs. 1 gewichen. Verwunderlich ist hingegen, dass die im deutschen Rechtsdenken ungewöhnliche Gleichsetzung von originärem und derivativem Rechtserwerb einer- und situativer Erlaubnis bzw. Gestattung andererseits unbeanstandet geblieben ist. Wie sich diese „**Erlaubnisharmonisierung**" mit dem Zuordnungsprimat der Inhaberstellung vereinbaren lassen soll, bleibt nicht nur im Einzelfall zumindest momentan unerfindlich.

II. Entwicklungsgeschichtlicher Abriss

3 Ebenso wie die Auflistung der Begriffsbestimmungen in § 2 ist die Festsetzung der erlaubten Handlungen in § 3 eine gesetzgeberische Neuerung des GeschGehG, die ihren Ursprung und ihr Pendant den Vorgaben der Know-how-RL 2016/943/EU im dortigen Art. 3 entnimmt. Zwar enthielten bereits die Kommentierungen zu Section 1 Uniform Trade Secrets Act (**UTSA**) **1985** eine Zusammenstellung lauterer Mittel bzw. Möglichkeiten zulässiger Kenntnisnahme, die das sog. Reverse Engineering, die unabhängige Entdeckung, die Lizenznahme, den Allgemeingebrauch und die Veröffentlichung haftungsfrei stellten.[1] Doch obwohl spätestens damit[2] die Aufarbeitung korrekten Wissenserwerbs ein materielles Fundament vorgefunden hatte, unterblieben Ausbau und Verwirklichung unter dem Eindruck des divergierenden nationalen Geheimnisschutzes: Mal zivilistisch orientiert, mal strafrechtlich konzipiert in Gestalt von Zugriffsverboten blieben die Grundformen des ordnungsgemäßen Geheimniszugriffs in Art. 39 Abs. 2 **TRIPS 1994**[3] unerwähnt, in den Notes 6.27 zu Art. 6 Abs. 4 WIPO Model Provisions 1996[4] auf zwei staatsseitige Offenlegungen beschränkt. Mit Ausnahme des nationalstaatlich umstrittenen Reverse En-

---

1 Text auch in *Sandeen*, S. 410.
2 Eine „autorisierte Zugänglichkeit" als Rechtsschutzhindernis propagiert Art. 2 Abs. 1 ModellG-Europarat 1974, Modellgesetz des Europarates zum Schutz von Fabrikations- und Handelsgeheimnissen vom 3.7.1994, auch abgedruckt bei *Edg. Schmidt*, S. 131, 376.
3 BGBl. II 1994, 1730, 1740. Text und komprimierte Erläuterung bei *Brammsen*, Lauterkeitsstrafrecht, Vor §§ 17–19 Rn. 10 ff. und B/S/W/*Peter/Wiebe*, Art. 39 TRIPS Rn. 1 ff. jeweils mwN.
4 WIPO, Model Provisions on Protection against unfair Competition, 1996, WIPO publication No. 832 (E), S. 60.

II. Entwicklungsgeschichtlicher Abriss § 3

gineering[5] blieben die Anwendungsfälle haftungsfreier „Zulässigkeit" ungeschriebene Selbstverständlichkeiten von allseitiger Geltung.

Eine erste Abkehr vom tradierten Verbotsprimat brachte dann der US-amerikanische Economic Espionage Act (**EEA**) **1996**, der in § 1839 (6) (B) Section 1 (6) (B) unter Anlehnung an den Uniform Trade Secrets Act (UTSA) dessen Ausgliederung lauterer Maßnahmen als Ausnahme partiell übernahm und erstmals gesetzlich etablierte[6] – was der Defend Trade Secrets Act (**DTSA**) **2016** dann inhaltlich unverändert fortführte.[7] Noch immer aber fehlte sowohl eine konsequent materiellrechtlich ausgerichtete Bezeichnung als auch deren eigenständig zusammengestellte und rein positiv ausformulierte Umschreibung der erfassten erlaubten Handlungen. Das verbotsorientierte „Ausnahmekonzept" war an seine rechtstechnischen Grenzen geraten.

4

Damit oblag es der Know-how-RL 2016/943[8] der EU, in ihrem **Initiativvorschlag** einer Richtlinie zum Schutz von Geschäftsgeheimnissen vom 28.11.2013 erstmals Neuland zu betreten: Sein geplanter Art. 3 übernahm in deutlicher Anlehnung an das US-Recht dessen Verbotstatbestände (in erweiterter Form), der anschließende Art. 4 hingegen erstmals und seinerzeit noch ungetrennt von den Ausnahmen des heutigen Art. 5 eine gesonderte Liste „rechtmäßiger Handlungen", deren nachgeordnete Stellung noch deutlich deren bisherigen angestammten Ausnahmecharakter veranschaulichte.[9]

5

Im weiteren Verfahrensverlauf kam es nur langsam zu jenen dogmatisch wie rechtstechnisch notwendigen Abänderungen, die mit einer Verselbstständigung und Voranstellung der **Handlungserlaubnisse** in Art. 3, der Umstellung der Handlungsverbote in Art. 4 und der Verselbstständigung der Ausnahmen in Art. 5 endeten. Eingeleitet ua. mit dem Ratsvorschlag vom 26.5.2014[10] und dem abgeänderten Richtlinienvorschlag des Europäischen Parlaments vom 16.5.2015 wurden die wegweisenden Umgestaltungen erst in dem Trilog-Kompromiss vom 18.12.2015 gefunden: Die erlaubten Handlungen wurden **verselbstständigt** und in einen neuen

6

---

5 Im anglo-amerikanischen Recht schon früh verbreitet, ist das Reverse Engineering insbesondere im deutschsprachigen Rechtsraum auf Ablehnung gestoßen; ausführlich zu Entwicklungsgeschichte und früherem Streitstand (§ 3 Abs. 1 Nr. 2 und Art. 3 Abs. 1 lit. b RL 2016/943/EU erlauben es in zwei Erscheinungsformen) *Hillenbrand*, S. 59 ff., 122 ff., 179 ff., 214 f. und *Schweyer*, S. 441 ff., 481 ff., 572 ff.
6 § 1839 (6) (B) Section 1 (6) EEA 1996 lautet insoweit: „The term „improper means" (B) does not include reverse engineering, independent derivation, or any other lawful means of acquisition."
7 Text des § 1839 (6) (B) Section 1 (6) (B) DTSA 2016 abgedruckt auch bei *Sandeen*, S. 448, 450.
8 Komprimiert zu ihrer Entwicklung ua. Brammsen/*Apel*, Einl. C, Rn. 11 ff.; H/O/K/*Ohly*, Einl. A, Rn. 57 ff.; *Hoeren/Münker*, WRP 2018, 150 Rn. 3; *Wiese*, S. 7 ff.
9 Vorschlag abgedruckt auch in BR-Drs. 786/13, S. 22.
10 Er begrenzte zulässiges Reverse Engineering auf die Fälle fehlender Kenntnisenthaltungspflichten: Vorschlag des EU-Rates, Ratsdokument 9870/14, S. 32 f., https://data.consilium.europa.eu/doc/document/ST-9870-2014-INIT/de/pdf.

§ 3 Erlaubte Handlungen

Art. 2a vorgezogen, dem Art. 3 nur noch die verbotenen Verhaltensweisen vorbehalten und in Art. 4 wurden die nunmehr separierten Ausnahmen gesondert erfasst.[11]

7 Dergestalt strikt materiellrechtlich strukturiert und rechtstechnisch vorgeordnet, geriet der frühere Ausnahmecharakter der Erlaubnisse in den Hintergrund. Der bundesdeutsche Gesetzgeber hat das neue Grundkonzept nahezu unverändert übernommen. Nennenswert abgewandelt wurde lediglich der Rückgriff auf die arg unbestimmte Generalklausel einer „seriösen Geschäftspraxis" (Art. 3 Abs. 1 lit. d RL), der sich nun in einem inhaltlich kaum stärker konturierten ersatzweisen „insbesondere" wiederfindet.[12] Daneben vorgenommene sprachliche Abwandlungen sind lediglich marginaler Natur und können im Interesse besserer Lesbarkeit und Verständlichkeit hingenommen werden, sollen sich nicht nationale Umsetzungen unionsrechtlicher Regelungen in deren sklavischer Nachahmung erschöpfen.

8 Gravierendster **Schwachpunkt** beider Neuregelungen ist jedoch deren unsystematische Zusammenstellung originärer grundfreiheitlicher „Kreationsrechte" (Abs. 1 Nr. 1) und derivativ ausgestalteter Zugangs- bzw. Zugriffsrechte (Abs. 1 Nr. 2–3, Abs. 2). Diese einheitliche Zusammenstellung materiellrechtlich gegensätzlicher inhaberschaftlicher Zuordungsnormen und derivativer Gestattungsnormen[13] suggeriert Gemeinsamkeiten, die einen gewichtigen sachlichen Unterschied verdecken – ihre unterschiedliche zuordnungsrechtliche Ausgestaltung und Ausformung. Eine solche strukturverwischende Gleichstellung generell-abstrakter und individuell-situativer „Freistellungen" widerspricht einer dem Straf- wie auch dem Zivil- und öffentlichen Recht gemeinsamen Unterscheidung und bleibt ohne jede gesetzeskonforme Orientierungsfunktion.[14] Unter dieser alle Divergenzen rechtlicher Ausdifferenzierung übergehenden Gleichschaltung aller Rechte und Berechtigungen in einem einzigen „**Erlaubniskonglomerat**" leidet auch das Verhältnis zu § 5, dessen ungetrennt aneinander gereihte Abfassung ebenfalls Gemeinsamkeiten und Einheit suggeriert, obwohl auch hier erhebliche sachliche Gegensätze bestehen. Ihre korrekte Einstufung in zwei inkompatible „Rechtsarten" und die Überwindung der sich daraus ergebenden Konsequenzen wird der jeweiligen nationalen wie auch der „unionsautonomen" Rechtsanwendung bestimmt wiederholt Gelegenheit zur Neuaufdeckung der den unterschiedlichen „Rechten" zugrunde liegenden Auflösung geben. Der dauerhaft „harmonischen" Akzeptanz der momentanen materiellrechtlichen Nivellierung selbstgesetzter struktureller Gegensätzlichkeit ist mit Spannung entgegenzusehen.

---

11 Der Trilog-Vorschlag ist abrufbar unter https://data.consilium.europa.eu/doc/document/ST-15382-2015-REV-1/en/pdf.6).
12 Vgl. auch Büscher/*McGuire*, § 3 GeschGehG Rn. 12, die zutreffend den damit verhüllten Gleichlauf mit Art. 4 Abs. 2 lit. b RL und § 4 Abs. 1 Nr. 2 aufdeckt.
13 Besonders prägnant Brettel/*Schneider*, § 3 Rn. 611 ff., der alle Erlaubnistatbestände einheitlich als „Rechtfertigungsgründe" bezeichnet. Eingehender zur Struktur der Informationsrechte *Brammsen*, in: FS Otto, S. 1081 ff.
14 So bereits *Brammsen*, wistra 2018, 449, 452.

III. Normzweck und Systematik

1. Normzweck

Bislang kaum erörtert, wird der Normzweck des § 3 in der Schaffung bzw. Gewährleistung von **Rechtssicherheit** gesehen, die ein bestehender Zustand durch rechtliche Absicherung erfährt.[15] Nun verfolgt die Festsetzung von Recht allgemein wie der Erlass einer jeden Rechtsnorm in concreto zumindest in freiheitlich-demokratischen Staaten immer auch diesen Zweck, will sie nicht den Rechtsaspekt allgemeiner Anerkennung und Akzeptanz konterkarieren.[16] Normzweck kann daher nicht allein der jeder Rechtssetzung immanente Rechtssicherheitsaspekt sein. Er bedarf vielmehr weitergehender, am Regelungsgehalt des § 3 auszurichtender Spezifizierung.

9

Sachgegenständlich beschränkt auf die Festsetzung verschiedener erlaubter Zugangs- und Umgangsweisen mit Geschäftsgeheimnissen prägt § 3 der Grundgedanke der Errichtung einer mehrstufig ausdifferenzierten Zulässigkeitsordnung. Normzweck des § 3 ist demnach die Festsetzung und ggf. genauere Konturierung der Verhaltensweisen, deren Vornahme dem Handelnden das ordnungsgemäße Haben eines Geschäftsgeheimnisses zuweist. § 3 konstatiert dessen Erscheinungsformen in Gestalt eines diffizilen Erlaubniskonglomerats von Inhaberrechten und situativ-singulären Empfängerrechten, das nicht zwischen expliziten eigenen Grundfreiheitsrechten und nachgeordnet gesetzlich oder rechtsgeschäftlich gewährten drittseitigen Gestattungen unterscheidet, sondern im Mantel der unkonturierten Erlaubnis ungeordnet vereint. Zweck des § 3 ist allein die **Vorgabe** einer materiellrechtlich vorgezeichneten **Informationsrechtsordnung**, die sowohl Verfügungs- wie Zugriffsrechte aufgreift und nebeneinander stellt – ein Konzept, das seine immaterialgüter- und lauterkeitsrechtliche Herkunft und Vorprägung nicht gänzlich verschleiern kann.

10

2. Systematik

In Umsetzung der unionsrechtlichen Vorgabe des gem. Art. 1 Abs. 1 Satz 2 vollharmonisierten Art. 3[17] überträgt § 3 das dort eingerichtete Erlaubniskonglomerat zweier sorgsam getrennter Aufzählungen entsprechend der vorgegebenen Reihenfolge. Beide setzen in Gestalt einer katalog- oder generalklauselartig abgefassten „Positivliste" zulässiger Verhaltensweisen (der sog. „**Whitelist**") dem Umgang mit

11

---

15 Vgl. etwa *Alexander*, WRP 2017, 1034 Rn. 74; Büscher/*McGuire*, § 3 GeschGehG Rn. 1; MK-UWG/*Namysłowska*, Geschäftsgeheimnis-RL vor Art. 3–5 Rn. 2; *Reinfeld*, § 2 Rn. 9.
16 Dem Verfasser ist keine Rechtsnorm bekannt, die als Normzweck die Schaffung von Rechtsunsicherheit betont oder als solchen zugeschrieben erhalten hat.
17 BeckOK UWG/*Reiling*, § 3 GeschGehG Rn. 21; H/O/K/*Ohly*, § 3 Rn. 5; K/B/F/*Alexander*, § 3 GeschGehG Rn. 5; MK-UWG/*Namysłowska*, Geschäftsgeheimnis-RL Art. 3 Rn. 2; *Sagstetter*, S. 15.

§ 3   Erlaubte Handlungen

Geschäftsgeheimnissen einen Mindeststandard,[18] deren strukturelles (erweitertes) Gegenstück der „Blacklist" der rechtswidrigen Handlungen als § 4 hintangestellt ist.

12   Als kontextuell rein verhaltensbezogen formulierte Tatbestände vermögen die Erlaubnisse des § 3 allenfalls marginal den Schutzgegenstand der Geschäftsgeheimnisse weiter zu präzisieren.[19] Im Vordergrund steht eindeutig die nähere Konturierung einiger Fälle des erlaubten Erlangens in Abs. 1, während der nachfolgende Abs. 2 jedes Erlangen, Nutzen und Offenlegen unterschiedslos erlaubt, das „durch Gesetz, aufgrund eines Gesetzes oder durch Rechtsgeschäft gestattet ist".[20] Sachlich sind damit alle in Abs. 1 benannten Tatvarianten des Erlangens unter den Bedingungen des Abs. 2 nach spezialgesetzlichen oder vertraglichen Vorgaben erlaubt. Manches Erlangen kann deshalb doppelt, alle anderen Tatvarianten wie auch jedes Nutzen und Offenlegen hingegen nur einmal erlaubt bzw. gestattet sein[21] – Indiz bzw. Ausdruck einer den divergierenden materiellrechtlichen Sachgrund der jeweiligen handlungsspezifischen Erlaubnis nachzeichnenden „Berechtigung". Einer am Einzelfall orientierten Interessenabwägung bedarf es ungeachtet der Einordnung der erfassten Verhaltensweisen in Abs. 1 oder Abs. 2 nicht. Sie sind allesamt stets gleichermaßen zulässig bzw. rechtmäßig.[22]

a) Die explizit erlaubten Erlangungsweisen des § 3 Abs. 1

13   **Abs. 1** ist ausschließlich auf eine erlaubte Erlangung beschränkt und bezeichnet **drei** höchst unterschiedliche **Einzelfälle**: Die Erzeugung originärer Rechtsinhaberschaft (Abs. 1 Nr. 1), ein additiv-derivatives Aufdeckungs- bzw. Zugangsrecht bestimmter „Sachherren" durch ein sog. „Reverse Engineering" (Abs. 1 Nr. 2) sowie das Ausüben derivativer Empfangs- und/oder entsprechender Umgangsrechte der Arbeitnehmer, letzterenfalls ihrer mitbestimmungsrechtlichen Interessenvertreter (Abs. 1 Nr. 3). Dieser Aneinanderreihung ist eine nicht abschließende, Art. 3 Abs. 1 lit. d RL 2016/943/EU entlehnte, mit dem Terminus „insbesondere" eröffnete **kleine Generalklausel für seriöse Geschäftspraktiken**[23] angefügt, deren wörtlicher

---

18   K/B/F/*Alexander*, § 3 GeschGehG Rn. 1, 4 („sicherer Hafen"); *Reinfeld*, § 2 Rn. 21; EuArbR/*Schubert*, 670 RL 2016/943/EU Art. 4 Rn. 1 ff.
19   Weiter Büscher/*McGuire*, § 3 GeschGehG Rn. 1. Katalog- oder generalklauselartig „offen gehaltene" Handlungsbeschreibungen bieten aber nur singuläre bzw. unspezifische verhaltensgestützte Konturierungen. Anderen bestimmten oder unbestimmten Kreations- oder Verletzungsakten vermögen sie keine Vorgaben und demnach auch den Geschäftsgeheimnissen keinerlei allgemeingültige Charakteristika zu vermitteln. Dazu bedarf es einer alle einschlägigen Erscheinungsformen realer wie rechtlich einbeziehenden Tätigkeitsbezeichnung.
20   Abs. 1 kann daher durchaus als Sonder-, Abs. 2 als Grundregel verstanden werden; so *Reinfeld*, § 2 Rn. 7.
21   IE ebenso K/B/F/*Alexander*, § 3 GeschGehG Rn. 2.
22   K/B/F/*Alexander*, § 3 GeschGehG Rn. 8; EuArbR/*Schubert*, 670 RL 2016/943/EU Art. 4 Rn. 3.
23   Vgl. BeckOK UWG/*Reiling*, § 3 GeschGehG Rn. 3.1; Büscher/*McGuire*, § 3 GeschGehG Rn. 12; K/B/F/*Alexander*, § 3 GeschGehG Rn. 51; kritisch H/O/K/*Ohly*, § 3 Rn. 46: „überflüssig".

III. Normzweck und Systematik   § 3

Übernahme sich der bundesdeutsche Gesetzgeber entsagt und stattdessen in einem kaum konturenreicheren Regelbeispielkonzept verdeckt implementiert hat.

Beiden Regelungsvarianten, der expliziten Benennung wie der Auffangalternative, kommt allerdings kein nennenswert weiterführender Erklärungswert zu. Dies ist für die Fälle des in Abs. 1 benannten Erlangens weitgehend offensichtlich: Die Erlaubnisse der Nr. 1 und Nr. 3 fundieren in grundgesetzlichen Freiheitsrechten wie der Handlungs- und Forschungs- (Art. 2 Abs. 1, Art. 5 Abs. 3 Satz 1 GG) bzw. der Koalitions- und Berufsfreiheit (Art. 9 Abs. 3, Art. 12 Abs. 1 GG), sind mithin redundant weil rein deklaratorischer Natur,[24] während im Reserve Engineering der Nr. 2 eine vergleichbar konstitutive Fundierung im Eigentumsgrundrecht des Art. 14 Abs. 1 GG durch verkleidete Fiktionen lediglich suggeriert wird (→ Rn. 44 ff.). Aber auch dem vom „**insbesondere**" fast bis zur Leerhülle verformten Auffangtatbestand sind selbst in richtlinienkonformer Auslegung der extrahierten „seriösen Geschäftspraktiken"[25] keine Anhaltspunkte zu entnehmen, welche Handlungen nach welchen Maßstäben wann und warum eine unionsweit ebenso sichere wie praktikable einheitliche Einordnung gestatten. Die unverkennbare Tautologie „seriös" = lauter = rechtmäßig[26] kann diese Konturenlosigkeit nur unvollkommen verdecken.   14

b) Die generell-abstrakte Handlungserlaubnis des § 3 Abs. 2

Abs. 2 normiert im Anschluss und im Gegensatz zur vorstehenden sondertatbestandlich singulären, deutlich auf einen freiheitsgrundrechtlichen Unterbau rekurrierenden Priorität des Abs. 1, einer zu- wie umgangsmäßig nicht näher differenzierenden Generalklausel einen extrem weiten **Anwendungsbereich**. Einbezogen sind **alle** verbleibenden Gestattungsarten – unabhängig davon, wo sie wie auch immer ausgestaltet oder dogmatisch einzuordnen sind. Gleichermaßen unterschiedslos erfasst sind demnach die hier gleichfalls inkludierten vorbenannten Spezialfälle eines Erlangens, deren etwaige „seriösen Anverwandten" und sonstige einschlägige, zB behördliche Auskunfts- bzw. Informationserwerbsrechte oder -pflichten.[27] Entsprechendes gilt für die Erstreckung der Handlungserlaubnisse auf all jene unionsrechtlich bzw. nationalstaatlich geregelten oder rechtsgeschäftlich vereinbarten **Gestattungen**, die Behörden oder Dritten das Nutzen oder Offenlegen von Geschäftsgeheimnissen (eventuell sogar das Publikmachen) gewähren.[28]   15

Leider erweist sich auch die mit der eingefügten Generalklausel verbundene Anordnung der Rechtmäßigkeit als **redundant** und von lediglich deklaratorischer Natur. Hierzu ist bereits von *Wiese* überzeugend dargelegt worden, dass gesetzlich vorge-   16

---
24 Wie hier bereits *Wiese*, S. 118 ff., die allerdings das Reserve Engineering ausnimmt.
25 Eine solche präferiert ua. K/B/F/*Alexander*, § 3 GeschGehG Rn. 6, 51 f.
26 *Brammsen*, wistra 2018, 449, 452; *Sonnberger*, wbl 2018, 61, 70 f. mwN.
27 Vgl. *Wiese*, S. 120 f. mit Verweis ua. auf die TransparenzVO 1049/2001/EG.
28 Zahlreiche Beispiele für einschlägige Zugangs-, Verbreitungs- und Verwendungsrechte in Einl. A, Rn. 20.

schriebene oder erlaubte Handlungen schon per se weder unlauter noch rechtswidrig sein können, da ansonsten die Rechtsnorm eine gleichzeitig missbilligte Verhaltenspflicht statuieren würde.[29] § 3 I und II verdanken ihre Errichtung auch einer Anlehnung an ähnliche immaterialgüterrechtliche Regelungskonzepte,[30] deren Adaption der lauterkeitsrechtliche Zugangsschutz des deutschen Geschäftsgeheimnisrechts nicht notwendig bedarf. Zur Gewährleistung der unionsrechtlich erstrebten Harmonisierung kann die errichtete Etablierung gleichwohl beibehalten werden, dokumentiert sie doch das gemeinsame materiellrechtliche Grundkonstituens ansonsten durchaus divergenter Schutzkonzepte.

IV. Das „insbesondere" Erlangen des § 3 Abs. 1

1. Einleitung

17 § 3 Abs. 1 regelt drei explizit benannte **Spezialfälle** erlaubten Erlangens: Die eigenständige Inhaberschaft begründende Entdeckung oder Schöpfung (Nr. 1), das Inhaberschaft kupierende sog. Reverse Engineering eines öffentlich verfügbar gemachten (Nr. 2 lit. a) oder sich ohne Erlangungsbeschränkung im rechtmäßigen Besitz des Rückbauers befindlichen Produkts oder Gegenstands (Nr. 2 lit. b) sowie die inhaberschaftslose Ausübung von Informations- und Mitbestimmungsrechten der Arbeitnehmer und ihrer Vertretung (Nr. 3). Darüber hinaus erfasst ist jedes weitere „Sondererlangen", das die Anforderungen des Auffangkriteriums „insbesondere" aufweist. Alle sonstigen Vollzugsweisen wie etwa mittels gesetzlich oder rechtsgeschäftlich eröffneter Auskunft, Einsicht, Kenntnisnahme usw. sind nicht einbezogen. Sie unterfallen der „Erlaubnisgeneralklausel" des Abs. 2.

2. Die Erwerbshandlung „Erlangen"

18 Im Unterschied zu Art. 3 Abs. 1 RL 2016/943/EU, der die Tathandlung des Geheimniszugriffs als **„Erwerb** durch Erlangen" umschreibt, verzichtet sein deutsches Pendant in § 3 Abs. 1 auf die attributive Verknüpfung mit dem Erwerbsbegriff und bezeichnet den gelungenen Vollzug eines wissensvermittelnden Informationsvorganges schlicht als „Erlangen". Diese sprachliche Verkürzung scheint begrüßenswert, deutet der Rekurs auf den Erwerbsbegriff mit seiner sinnbestimmenden Werbekomponente[31] nach neuerem deutschen Sprachverständnis doch offensichtlich wohl zu sehr auf einen rechtsgeschäftlichen Erwerbsvorgang hin,[32] der andere „in-

---

29 Vgl. *Wiese*, S. 121.
30 Komprimiert zur Anlehnung des Geschäftsgeheimnisschutzes an das Immaterialgüterrecht *Brammsen*, § 1 Rn. 21 f.; K/B/F/*Alexander*, Vor § 1 GeschGehG Rn. 73 ff., § 1 Rn. 15; *Kiefer*, WRP 2018, 910 Rn. 4 ff., 17 ff.; *Reinfeld*, § 1 Rn. 21 ff.
31 Vgl. *Duden*, Herkunftswörterbuch, 5. Auf. 2014, „Erwerben" S. 258 und „Werben" S. 922; *Grimm*, Deutsches Wörterbuch der Brüder Grimm, Der Digitale Grimm, Version 05-04, 2004, „Erwerben" Bd. 3 Sp. 1060, 11 (3 a) und „Werben" Bd. 29 Sp. 153 (II A I. 1, II A III. 3a); *Kluge*, Etymologisches Wörterbuch der deutschen Sprache, 24. Aufl. 2002, „Erwerben" S. 257.
32 Vgl. BT-Drs. 19/4724, S. 25.

haberschaftslockernde" Kenntnisnahmevarianten rein faktischer Natur wie das Erhalten oder Ansichbringen sachlich nicht abzudecken vermag.[33] Die Vielfalt der Zugriffswege auf unbekanntes Wissen ist erheblich größer als der Erwerbsbegriff neuerdings noch zu eröffnen scheint.[34]

a) Der gesetzessprachliche Impulsgeber: Vom „Erlangten" zum „Erlangen"

Die Verwendung des Verbums „Erlangen" als Oberbegriff zur Kennzeichnung all jener Verhaltensweisen, deren Vornahme rechtlich zulässige oder unzulässige Geheimnisinhaber- oder -trägerschaft begründet, ist eine der Know-how-RL 2016/943/EU entstammende Neuerung des deutschen Geschäftsgeheimnisschutzes.[35] Bedingt durch das strafrechtlich überformte Regelungskonzept der erstmals in den §§ 9 UWG 1896 erfolgten Normierung des Geheimnisverrats und der Geheimnishehlerei einer- sowie der weiterhin lange Jahrzehnte ausstehenden „Spionagestrafbarkeit" andererseits kannte der lauterkeitsrechtliche Geheimnisschutz keine Bezeichnung für das (un-)befugte Erhalten eigentäterschaftlich beschafften Geheimwissens. Dies änderte sich erst mit der UWG-Reform durch das 2. WiKG 1986 und dem neuen § 17 Abs. 2 Nr. 1 UWG, der das unbefugte „Sichverschaffen" und „Sich-Sichern" als „Betriebsspionage" mittels Reflexivverben unter Strafe stellte.

19

Für die angestrebte zivilistisch zentrierte Errichtung eines gemeineuropäisch harmonisierten Geheimnisschutzes war die Verwendung solch ausführungsgeprägter Tatbegriffe allein schon angesichts ihres vorsatzgebundenen Handlungsspektrums vollkommen ungeeignet. Sie bedurfte vielmehr einer **Neubenennung** des Kenntniserhalts mit einem neutralen Begriff, der sowohl befugten wie unbefugten Teilhaben ungeachtet etwaiger subjektiver Komponenten gleiche Einbeziehung eröffnet, um „Grundschutz" gegen rein objektiv rechtswidriges Verhalten gewährleisten zu können. Dieses gestattet nur ein rein erfolgsbezogener Handlungsbegriff, der den gelungenen Tatvollzug in Gestalt einer Zustandsveränderung prägnant wiedergibt und ubiquitär einsetzbar ist. Ein solcher **Begriff** war bereits in § 9 Abs. 2 **UWG 1896** verwendet bzw. enthalten, dort allerdings in Konnexität mit dem deliktischen „Erlangen:" Es bezeichnete im Rahmen der Geheimnishehlerei den eingetretenen Außenwelterfolg einer durch vorsätzlich-rechtswidrig vollzogenen Zugriff auf fremde Geschäftsgeheimnisse faktisch erhaltenen Kenntnis als „erlangt". Bezugsgegenstand des „Erlangten" war mithin nicht der Ausführungsvorgang selbst, son-

20

---

33 Büscher/*McGuire*, § 4 GeschGehG Rn. 16; H/O/K/*Ohly*, § 3 Rn. 5; Nebel/*Diedrich*, § 3 Rn. 3; *Reinfeld*, § 2 Rn. 12.
34 Auf den „Besitzerwerb" in § 854 BGB oder das fehlende „Rechtsgeschäft" bei den Realakten einer „Entdeckung oder Schöpfung" sowie die „Inanspruchnahme von Informations- und Anhörungsrechten" iSd. § 3 Abs. Nr. 1 lit. a und c sei hier nur ergänzend verwiesen.
35 Im Richtlinienvorschlag COM(2013) 813 final war noch in den damaligen Art. 3 und 4 stattdessen der Terminus „erfolgen" benutzt worden.

§ 3   Erlaubte Handlungen

dern die Beschreibung als täterqualifizierendes Merkmal kenntnisokkupierender Rezipienten bzw. deliktsfundierter Mitwisser.[36]

21   Ihren eigentlichen „Mentor" findet die ergebniszentrierte Verwendung des Erlangens im Partikularstrafrecht des frühen 19. Jahrhunderts, wo sie im Verlaufe weniger Jahrzehnte als Vortataspekt erst bei der Sachhehlerei[37] und dann auch bei der Geheimnishehlerei ihren Durchbruch finden sollte. Dergestalt verfestigt und zusätzlich tatkräftig gestützt durch weitere einschlägige Begriffsverwendungen des „**etwas Erlangten**" in §§ 667, 812, 816, 818, 822 BGB oder beim strafrechtlichen Verfall in § 73 StGB 1975 konnte sich das Erlangen als Terminus zur Kennzeichnung einer faktischen Zustandsveränderung zunehmend etablieren,[38] sodass es inzwischen oft zur plakativen Umschreibung des gelungenen Vollzugs eines tatsächlichen Habens dient. Die Festsetzung seines Bedeutungs- und Anwendungsbereichs kann demnach unter Berücksichtigung einschlägiger Erkenntnisse zu den dortigen Begriffsbestimmungen gebietsübergreifend erfolgen. Unter ihnen dominieren strafrechtliche Ausdeutungen absolut: Zivilrechtlich hat das Erlangen keine vertiefte Erörterung erfahren – kondiktionsrechtlich konsequent steht dort allein die detaillierte Konturierung des „erlangten Etwas" im Vordergrund.

b) Charakteristika und Exemplifikation – Die Konturierung des „Erlangen"

aa) Charakteristika

22   Im Gegensatz zu willensbestimmten Verben wie Aneignen, Aufzwingen, Sichverschaffen, Sich-Sichern[39] ist das **Erlangen** neben Synonyma wie Bekommen, Empfangen, Erhalten, Kriegen die sprachlich weiteste Bezeichnung für abgeänderte Herrschaftsverhältnisse über Gegenstände oder Informationen. Sein gelungener Vollzug[40] eröffnet dem Handelnden oder einem anderen Empfänger (Hörer, Leser, Betrachter usw.) das **tatsächliche Haben** sowie die **wirtschaftliche Verfügungsmacht** über „Etwas", dessen Brauchbarkeit und Fortbestand.[41] Zentrales Begriffsmerkmal ist allein die gelungene Erweiterung eines Herrschaftsbereichs um den Zufluss eines (nicht zwingend verkörperten) Potenzials, dh. die Ausdehnung eines bestehenden Verhaltensspektrums auf ein weiteres „Gut". Inhaltlich erfasst sind dabei sowohl die Art und Weise eines Erlangens, dh. die möglichen Vollzugsweisen tatsächlicher Bewirkung iSv. Durchführung (das „wie"), als auch die Bezeichnung

---

36 Zu ihrer Ableitung und Konturierung *Brammsen*, Lauterkeitsstrafrecht, Vor §§ 17–19 Rn. 109 ff. mwN.
37 Vgl. etwa Art. 239 StGB Sachsen 1838 und 292 f. Sachsen 1855; Art. 308 StGB Bayern 1861; Art. 201 CrimGB Hamburg 1869; § 237 StGB Preußen 1851; § 259 RStGB 1871.
38 Zum „Gleichklang" von Einziehung und Bereicherungsrecht komprimiert Schönke/Schröder/*Eser/Schuster*, Vor § 73 Rn. 15 ff.; s. auch *Zivanic*, NStZ 2021, 264.
39 Näher zu Ersterem § 4 Rn. 30 ff.; zu Letzteren *Brammsen*, Lauterkeitsstrafrecht, § 17 Rn. 85 f.
40 Sein misslungenes Gegenstück hat ggf. Versuchscharakter.
41 BeckOK UWG/*Hohn-Hein/Barth*, § 2 GeschGehG Rn. 29; Büscher/*McGuire*, § 4 GeschGehG Rn. 16; *Reinfeld*, § 2 Rn. 12; BGH, NStZ 2019, 272 Rn. 6; NStZ-RR 2019, 22 Rn. 8 f.; *Fischer*, StGB, § 73 Rn. 26; LK-StGB/*Lose*, § 73 Rn. 28; MK-StGB/*Hohmann*, § 23 GeschGehG Rn. 43; *Theile*, ZJS 2011, 333, 334 f.; *Zivanic*, NStZ 2021, 264 ff.; s. auch Palandt/*Sprau*, § 812 Rn. 8, § 816 Rn. 10.

IV. Das „insbesondere" Erlangen des § 3 Abs. 1

seines Endergebnisses iSv. „Haben". Das „Erlangen" ist mithin ein ambivalenter Begriff, dessen Bedeutungsgehalt den ausführenden Vorgang selbst wie dessen Resultat gleichermaßen abdeckt. Weitergehende Aussagen zu etwaigen Nutzungs- und Offenlegungskompetenzen sind mit ihm nicht verbunden – Erlangen ist kein Synonym für „Vollinhaberschaft" iSv. Eignerschaft.

Bei dem Erlangen von Informationen bzw. Geheimnissen kommt normativen Aspekten wie rechtswirksamen Abläufen oder inhaltlichem Verständnis keine Bedeutung zu. Letzterenfalls bedarf es keineswegs immer und ausschließlich solcher Handlungen, die dem Täter ohne Weiteres eigenes Zutun (ggf. mittels präsenter Entschlüsselungskompetenz) direkt und unmittelbar zumindest eigenes faktisches Haben vermitteln. Freie jederzeitige Zugriffsmöglichkeit oder Verfügbarkeit genügt[42] ebenso wie ersterenfalls rechtsgeschäftlich oder gesetzlich zulässiger oder anfechtbarer bzw. nichtiger Erhalt.[43] Das Erlangen umfasst **alle „Empfangsvarianten"** ungeachtet ihrer rechtlichen Einstufung als zulässig oder unzulässig.[44] Demgemäß ist die besitz- wie die eigner- und die inhaberschaftliche Zuordnung des Erlangten bedeutungslos.[45] Maßgeblich ist allein der wie auch immer neu eröffnete tatsächliche „Zugang."

Begehen kann das „Erlangen" gemeinhin jeder Empfänger, der damit eine Verbesserung seines faktischen Verfügungspotenzials erzielt[46] – bei Geschäftsgeheimnissen etwa durch aktive Kenntnisnahme oder Ansichbringen einer Geheimnisverkörperung.[47] Es bedarf aber weder solcher entäußerter Annahmen[48] noch besonderer persönlicher Fähigkeiten oder irgendwelcher Beziehungen zum Geheimnisinhaber,[49] sodass es **Jedermann** zu jeder Zeit erlangen kann. Subjektive Komponenten wie Vorsatz oder Fahrlässigkeit sind keine begriffsbestimmenden Konstituentia. Positiver Kenntnis vom Vortäterverhalten bedarf der Täter im Zeitpunkt seiner eigenen (Kenntnis-)Erlangung nicht.[50] Die täterschaftliche Begründung seiner Mitwis-

23

24

---

42 So schon zur Erlangungsvariante des „Sichverschaffens" *Brammsen*, Lauterkeitsstrafrecht, § 17 Rn. 85 mwN: Im „Maior" ist das „Minor" enthalten.
43 Der „Erbenerwerb" ist ebenso einbezogen wie ein gem. den §§ 123, 234, 138 BGB anfechtbarer oder nichtiger Erwerb.
44 Diese erfolgt ausschließlich anhand der nachfolgenden Erlaubnis-, Verbots- und Ausschlusstatbestände: § 3 Abs. 1–3, Abs. 2, § 4 Abs. 1 Nr. 1 und 2, Abs. 3 sowie § 5 GeschGehG.
45 So auch zum früheren Verfall BGH, NStZ 2019, 272 Rn. 6; NStZ-RR 2019, 22 Rn. 8; *Theile*, ZJS 2011, 333, 335.
46 Vgl. LK-StGB/*Lose*, § 73 Rn. 29; ebenso BeckOK UWG/*Hohn-Hein/Barth*, § 2 GeschGehG Rn. 30.
47 BT-Drs. 19/4724, S. 25; Büscher/*McGuire*, § 4 GeschGehG Rn. 16 f.; *Reinfeld*, § 2 Rn. 12.
48 AA für die Einziehung LK-StGB/*Lose*, § 73 Rn. 29; Schönke/Schröder/*Eser/Schuster*, § 73 Rn. 18.
49 Das eigene Verfügungspotenzial bedarf keiner Ableitung von Eignern, Inhabern, Besitzern oder anderen Berechtigten, auch ein Erhalten durch eigenes oder fremdes rechtswidriges Verhalten ist einbezogen.
50 So schon zutreffend zur Vortatsvariante der 2. Alternative der Geheimnishehlerei des § 17 Abs. 2 Nr. 2 A/L/G/*Loschelder*, Kap. 1 Rn. 116; *Kim*, S. 111; *Maier*, S. 300; *Schlötter*, S. 166. Für das erfolgszentrierte Erlangen gilt nichts anderes.

§ 3 Erlaubte Handlungen

serposition ist nicht an kollusives Zusammenwirken mit dem Kenntnisvermittler gebunden, sodass auch **zufällige** Kenntnisnahmen fremder Gesprächsinhalte[51] und (auch aufoktroyierter) Besitzlagen von Geheimnisverkörperungen[52] sog. „unbedachter Mitwisser"[53] erfasst sind.[54] Ihrer Einbeziehung ist auf der Basis des nunmehrigen Gesetzeswortlauts nicht mehr schon auf der Begriffsebene zu entgehen. Hier verspricht wohl nur eine vorgeordnet begriffsübergreifend angelegte umfassende Interessenabwägung die nötige Abhilfe.

25 Das **eigentäterschaftlich** bewirkte Erlangen kann allein-, mittelbar- oder mittäterschaftlich erfolgen. Einer (auch drittseitig veranlassten) Einbeziehung etwaiger Kenntnismittler und Mittelsmänner[55] oder mittelbarer Gewahrsamsnehmer[56] steht gleichfalls kein Hindernis entgegen, ist umgekehrt aber auch nicht an entsprechende Beziehungen gebunden. Ebenso sind Besitzdienerschaft und längere Dauerhaftigkeit des eigenen „Habens" unmaßgeblich (Stichwort: „transitorischer" Besitz).[57] Bei mehreren Beteiligten genügt eine von einer entsprechenden Einigung getragene faktische bzw. wirtschaftliche Mitverfügungsmacht über das gesamte Erhaltene.[58] Dazu bedarf es des ungehinderten Zugriffs in Gestalt tatsächlicher (Mit-)Herrschaft, der nicht mehr gegeben ist, wenn der Täter oder Teilnehmer seine (Mit-)Verfügungsmacht später durch Auf- oder Ausgabe verliert.[59]

---

51 ZB das Mithören müssen von Unterhaltungen bzw. Telefongesprächen Dritter oder das Erblicken von Prototypen wie sog. „Erlkönigen" in öffentlichem Raum. Wie hier BeckOK UWG/*Hohn-Hein/Barth*, § 2 GeschGehG Rn. 30; MK-StGB/*Hohmann*, § 23 GeschGehG Rn. 44; MK-UWG/*Namysłowska*, Geschäftsgeheimnis-RL Art. 3 Rn. 4: „Zur Kenntnisgelangen" genügt.
52 Wie hier BeckOK UWG/*Hohn-Hein/Barth*, § 2 GeschGehG Rn. 30; H/O/K/*Ohly*, § 4 Rn. 24; MK-StGB/*Hohmann*, § 23 GeschGehG Rn. 44, 48. Beispiel: Mieter X findet in seinem Garten eine Gipsform oder Konstruktionszeichnungen, die der Inhaber dort heimlich versteckt oder derer sich der Dieb A auf der Flucht durch Wegwerfen entledigt hat.
53 Unbedachte Mitwisser sind zufällige Geheimnisträger – Empfänger einer Wissensentäußerung oder Inhaber einer Verkörperungsherrschaft, die ihre „Haben-Position" einer sowohl von ihnen nicht vorhergesehenen Kenntnis- oder Herrschaftserlangung als auch einer von Entäußererseite nicht für ihren Empfang bestimmten Informations- oder Herrschaftsvermittlung verdanken.
54 Zu ihrer früheren, allein mangels „unbefugter" Erlangungsaktivität abgelehnten Einbeziehung *Brammsen*, Lauterkeitsstrafrecht, § 17 Rn. 113, 120 mwN.
55 Kenntnismittler und Mittelsmänner sind Personen, die von anderen Personen eingesetzt sind, um deren erlangtes Wissen an andere Empfänger weiterzugeben. Eigenverantwortlich handelnde „Mittler" sind niemandes „Mittelsmann".
56 Mittelbare Gewahrsamsnehmer sind von Dritten beauftragte Personen, die für jene mit der Erlangung der tatsächlichen Verfügungsgewalt durch eigene Ingewahrsamnahme betraut sind. Ihre Einbeziehung ist bei der Hehlerei umstritten; vgl. Schönke/Schröder/*Hecker*, § 259 Rn. 12 mwN.
57 BGH, NStZ 2021, 221 Rn. 14, 16 beim strafrechtlichen Verfall. Enger *Fischer*, StGB, § 73 Rn. 29a; LK-StGB/*Lose*, § 73 Rn. 31 f.: Strikter „Eigenbezug" nötig; nahestehend *Zivanic*, NStZ 2021, 264, 265 f. („tatsächliches Weisungsverhältnis"). Etymologisch wie umgangssprachlich ist eine solche begriffsimmanente Anforderung dem „Erlangen" nicht zu entnehmen. Es ist kein Reflexivverbum.
58 BGH, NStZ 2021, 221 Rn. 14, 16; NStZ 2010, 568 Rn. 2 f.; BGH, NStZ-RR 2018, 240 Rn. 12; *Fischer*, StGB, § 73 Rn. 29a; LK-StGB/*Lose*, § 73 Rn. 33.
59 Statt vieler BGH, NStZ 2019, 272 Rn. 6; NStZ 2018, 240 Rn. 8.

IV. Das „insbesondere" Erlangen des § 3 Abs. 1   § 3

Bei **fremdtäterschaftlicher** Zuwendung[60] erlangt der Empfänger Kenntnis bzw. Verkörperungsherrschaft auch durch Boten, zB durch Entgegennahme übermittelter Bauteile, Gerätschaften, (Steuer-)Dateien, Kopien, Unterlagen usw.[61] Selbst eine teilnehmerschaftliche Beteiligung[62] an fremder „Vortataktivität" wie Spionage oder Offenlegung schließt ein Erlangen nicht aus, wenn das Erlangte vom Vortäter vermittelt wird.[63] Vom Empfängerkreis ausgeschlossen ist lediglich der Alleineigner als Inhaber des Vollrechts: Er kann nichts erlangen, was er tatsächlich schon hat.   26

bb) Exemplifikation

Als rein erfolgsbezogen verstandenes Verhalten umfasst das Erlangen ein äußerst breites Spektrum unterschiedlichster Vollzugsvarianten. Dazu gehören primär solche Handlungen wie Entdecken, Entwickeln, Erfinden, Erforschen, Erschaffen, Kreieren oder Schöpfen, die ein Geschäftsgeheimnis erst **hervorbringen** (können). Wesentlich häufiger sind allerdings jene drittseitig zu vollziehenden Aktivitäten, die ein **Aufdecken** bereits vorhandener Geheimnisse eröffnen. Bezogen auf das Erlangen einer jederzeit reproduzierbaren Kenntnis oder tatsächlichen Herrschafts- bzw. Verfügungsgewalt über eine Geheimnisverkörperung exemplifizieren seine erfolgreiche Begehung vornehmlich Ausführungsweisen wie Abhören, Abschreiben, Abzeichnen, Aneignen, Archivieren, Ausdrucken, Ausspähen, Beobachten, Decodieren, Dekompilieren, Durchsuchen, Entwenden, Erkunden, Erwerben, Fotografieren, Kopieren, Mitnehmen, Nachbauen, Speichern (zB CD, DVD, USB-Stick), Spionieren, Überwachen,[64] Wegnehmen uvm. bis hin zum früheren klassischen eigentäterschaftlichen Sichverschaffen und Sich-Sichern in § 17 Abs. 2 Nr. 1 UWG aF.[65] Viel Verbreitung hat die „Materialisierung" von Computerprogrammen[66] gefunden, kann der Täter doch so unabhängig von seiner Gedächtnisleistung jederzeit auf das Geheimnis zugreifen. Hier sind es vornehmlich frühere Unterneh-   27

---

60 Das Erlangen ist kein eigenhändig zu vollziehendes Verhalten.
61 So zur früheren 2. Alternative der Geheimnishehlerei des § 17 Abs. 2 Nr. 2 ua. OLG Stuttgart, WRP 2019, 387 Rn. 61; *Brennecke/Ahnseel*, S. 98 ff.; F/B/O/*Rengier*, § 17 Rn. 67; *Föbus*, S. 167; *Westermann*, GRUR 2007, 116, 118.
62 Als bloße Aufforderung oder Anstiftung können sie keine eigene Kenntnis- bzw. Herrschaftsgewalt begründen.
63 Vgl. etwa Schönke/Schröder/*Eser/Schuster*, § 73 Rn. 21 f.; *Theile*, ZJS 2011, 333, 335.
64 Beobachten oder Überwachen von öffentlichen Straßen einsehbarer Betriebsgelände reicht nicht; (zu § 4 Nr. 10 UWG aF) BGH, GRUR 2009, 1075 Rn. 21 ff. – Betriebsbeobachtung; *Brennecke/Ahnseel*, S. 64; GK-UWG/*Wolters*, § 17 Rn. 74.
65 *Brandau/Gal*, GRUR 2009, 118, 119 f.; E/R/S/T/*Tsambikakis*, § 17 Rn. 24; GK-UWG/*Wolters*, § 17 Rn. 74; *Kalbfus*, Rn. 211; *McGuire*, GRUR Int. 2010, 829, 832; NK-Wiss/*Reinbacher*, § 17 Rn. 56. Skeptisch zur Einbindung des „Sich-Verschaffen" *Drescher*, S. 309 f., der dessen „Herrschaftsmaximierung" durch „Haben-Verstärkung" nicht miterfasst sieht.
66 Gleiches gilt für Filme, Tonband-, Videoaufnahmen, Zeichnungen und ähnliches; so bereits für das frühere „Sich-Sichern" (§ 17 Abs. 2 Nr. 1 UWG aF) BGH, GRUR 2012, 1048 Rn. 14 – MO-VICOL; BGH, WRP 2018, 1329 Rn. 46 – Hohlfasermembranspinnanlage II; E/R/S/T/*Tsambikakis*, § 17 Rn. 25; F/B/O/*Rengier*, § 17 Rn. 54; G/J/W/*Krell*, § 17 UWG Rn. 40; GK-UWG/*Wolters*, § 17 Rn. 76; NK-Wiss/*Reinbacher*, § 17 Rn. 57.

§ 3 Erlaubte Handlungen

mensbeschäftigte, die zunächst in berechtigter Weise das Geheimnis erlangt haben,[67] aber auch externe Dienstleister wie Datenverarbeiter, EDV-Berater, Konstrukteure, Programmierer.[68] Seinen Abschluss findet der immens breite Anwendungsbereich des Erlangens in jenen Tätigkeitsbezeichnungen, die wie das Bekommen, Erhalten, Kriegen, Gewähren, Schenken, Überlassen, Überreichen, Vererben oder Zueignen ein nicht immer annahmegebundenes erfolgreiches **fremdtäterschaftliches Zuwenden** benennen.

c) Die Spezifizierung des Erlangens: Das „insbesondere" Erlangen „durch"

28 Der extrem weite Bedeutungsgehalt des Begriffs „Erlangen" gestattet für sich genommen keine prägnante Benennung einzelner einzubeziehender oder auszugrenzender (ausführungs- oder erfolgszentrierter) Erscheinungsformen. Da die einfache Alternative des früheren Rekurses auf „unbefugte" Vortaten (§ 17 Abs. 2 Nr. 2 UWG aF) nicht mehr in Frage kam – sie eröffnet keine einheitliche Begriffsverwendung auch für rechtmäßiges Erlangen –, war der Gesetzgeber zu ergänzender Spezifizierung gezwungen. Er hat deshalb im Gefolge der unionsrechtlichen Vorgaben der Errichtung sog. Exklusivrechte eine Absage erteilt[69] und das befugte Erlangen über die Attribute „insbesondere" und „durch" an zwei weitere Voraussetzungen gebunden. Leider verdeckt die gewählte sprachliche Bezeichnung und Reihenfolge einen **Bedeutungswandel**, der in dogmatischer wie sachlicher Hinsicht zwar zu begrüßen ist, aber in offenem Gegensatz zu der abweichenden Anordnung und Benennung des Art. 3 Abs. 1 RL 2016/943/EU steht.

aa) 1. Stufe: Das „insbesondere" Erlangen (§ 3 Abs. 1)

29 Der Gesetzgeber hat seiner Aufzählung dreier nachstehend in Abs. 1 Nr. 1–3 separat benannter Varianten erlaubter Kenntniszugriffe mit dem Begriff „insbesondere" einen Terminus vorangestellt, dem die Funktion einer speziellen, an deren Eigenart anknüpfenden **Öffnungsklausel** zukommt. Seine Einfügung, die mehr schlecht als recht an die allenfalls anverwandte strafrechtliche Regelungstechnik der Regelbeispiele erinnert, dient der Veranschaulichung ihrer maßstabsetzenden Leitfunktion, an deren Gewichtigkeit und Bedeutungsgehalt die Einbeziehung weiterer Anwendungsfälle materiell auszurichten ist. Das „Insbesondere" setzt mithin einen Maßstab, von dessen Vorgaben in andersartigen als den benannten „Vergleichsfällen" nur selten und nur bei annähernder „Gleichgewichtigkeit" abgewichen werden darf.

---

67 OLG Celle, WRP 2015, 1009 Rn. 15 – Movicol II; LAG Hessen, Urt. v. 27.5.2020 – 18 Sa 1109/19 Rn. 69, 87; *Brammsen*, EWiR 2017, 477; B/D/S/*Lehmler*, § 17 UWG Rn. 34; *Kalbfus*, WRP 2013, 584, 586 f.; *Sievers*, PinG 2015, 79, 80 f.; *Westermann*, Kap. 4 Rn. 36 ff.; *Wicker*, S. 249 f.
68 Bedienstete staatlicher oder privater Aufsichts- bzw. Kontrollinstanzen sind über § 1 Abs. 2 und 3 Nr. 1 weitestgehend ausgenommen.
69 *Alexander*, WRP 2017, 1034 Rn. 75; BeckOK GeschGehG/*Spieker*, § 3 Rn. 2; Büscher/*McGuire*, § 2 GeschGehG Rn. 29; H/O/K/*Ohly*, § 3 Rn. 1, 13; K/B/F/*Alexander*, § 3 GeschGehG Rn. 11; Nebel/*Diedrich*, § 3 Rn. 6; *Reinfeld*, § 2 Rn. 12; *Rody*, S. 239 ff.; *Sagstetter*, S. 16; s. bereits *Drexl et al.*, GRUR Int. 2016, 914 Rn. 5 ff.

IV. Das „insbesondere" Erlangen des § 3 Abs. 1 §3

„Messlatte" sind allerdings die dort in Bezug genommenen grundgesetzlich garantierten **Freiheitsrechte** (→ Rn. 14).[70]

Damit ist der Streit um die Zulässigkeit abweichender unionsrechtlicher Erweiterungen nachgerade vorgezeichnet. Art. 3 Abs. 1 lit. d RL 2016/943/EU als vermeintliches Pendant kennt keine solchen materiellen Vorgaben, genügt dort doch „jede andere Vorgehensweise, die unter den gegebenen Umständen mit einer seriösen Geschäftspraxis vereinbar ist". Zwar dürften in entsprechenden „Vergleichsfällen" übereinstimmende Einordnungen zu erzielen, die Inkompatibilitäten mit einer allein am Einzelfall orientierten Seriositätsprüfung aber nur schwerlich zu entwirren sein. Eine gleichermaßen befriedigende wie überzeugende Auflösung hin zu einer praktischen Konkordanz beider Ansätze verspricht allein schon wegen der allgemeinen Rezipienten- bzw. Informationsfreiheit (Art. 5 Abs. 1 Satz 1 Hs. 2 GG) spannend zu werden. 30

bb) 2. Stufe: Das Erlangen „durch" (§ 3 Abs. 1)

Veranschaulicht das „Insbesondere" mithin den Beispielcharakter und Bemessungsmaßstab der nachfolgend benannten Zugriffsrechte, so leitet das anschließende „Durch" über zur anstehenden Vorstellung ihrer Entstehungsgründe. Sein Einsatz versinnbildlicht den Rekurs auf ein ebenso altes wie verbreitetes, die Zuordnungs- und Zurechnungslehre nachhaltig prägendes Prinzip – das Kausalitätsprinzip. Seine Allgemeingültigkeit gestattet (unabhängig von juristischen usw. Ausformungen)[71] eine Bezugnahme auf jene Faktoren, die das Haben eines Gutes oder dessen etwaige Beeinträchtigung hervorbringen können: Ein bestimmt geartetes Verhalten, ein entsprechendes Recht oder eine etwaige diesbezügliche Gestattung. Das „Durch" vermittelt dem Erlangen den **Kausalzusammenhang**, dh. die Notwendigkeit gegebener kausaler Verbindungen zwischen einer Tat bzw. einem Recht und dem dadurch Erlangtem, deren Vorliegen es zur eigner- bzw. inhaberschaftlichen Zuordnung oder einer rechtmäßigen Kenntnisnahme bedarf: Mit ihm beginnt die eigentliche Konkretisierung der handlungsspezifischen Erscheinungsformen eines erlaubten Erlangens. 31

3. Die Einzelfälle: Das handlungsspezifisch erlaubte Erlangen (§ 3 Abs. 1 Nr. 1–3)

Anknüpfend an den einleitenden Satzteil „Ein Geschäftsgeheimnis darf insbesondere erlangt werden durch" beschreiben die nachfolgenden Nr. 1–3 insgesamt drei Tatvarianten, welche ein solches erlaubtes Vorgehen darstellen: Das eigenständige Entdecken und Schöpfen (Nr. 1), die beiden näher ausgeführten Vollzugsformen 32

---
70 Der Vorhalt einer beliebigen maßstablosen Erweiterung (K/B/F/*Alexander*, § 3 GeschGehG Rn. 52) erscheint vor dem dargestellten Hintergrund doch deutlich überzogen; enger auch H/O/K/*Ohly*, § 3 Rn. 6.
71 Etwa in Gestalt der Äquivalenz-, der Adäquanz-, der Relevanz-, der Risikoerhöhungs-, der Inus- und anderer Kausalitäts- und Zurechnungstheorien.

§ 3 Erlaubte Handlungen

des sog. Reverse Engineering (Nr. 2 a und b) und die Wahrnehmung von arbeitnehmerseitigen Informations- und vertreterschaftlichen Mitwirkungsrechten (Nr. 3). Allesamt als Ausprägungen grundgesetzlicher Freiheitsrechte zu identifizieren, zeitigt ihr erlaubtes Vollziehen im Hinblick auf Geheimniserhalte auffällig unterschiedliche Rechtswirkungen – originäre Volleignerschaft in Nr. 1, derivative begrenzte Inhaberschaft in Nr. 2 und derivative begrenzte Rezipientenschaft in Nr. 3. Ihre momentane Zusammenstellung kann zwar auf einen gemeinsamen grundgesetzlichen Hintergrund verweisen, **suggeriert** damit aber lediglich eine formelle **Einheit**, deren materiellrechtliche Gegensätzlichkeit bis zur Unkenntlichkeit verwischt ist.[72] Eignerschaft und Teilhabebefugnis sollten wie im übrigen „Güterrecht" auch im Geschäftsgeheimnisschutz strukturkonform umgesetzt werden.

a) Eigenständige Entdeckung oder Schöpfung (§ 3 Abs. 1 Nr. 1)

33 Mit der eigenständigen Entdeckung und Schöpfung bezeichnet der Gesetzgeber jene beiden Handlungsweisen eines Geheimniserlangens, die sog. **originäre Kreationsakte** darstellen. Als solche charakterisieren sie allein Handlungen, die eine bis dato allgemein unbekannte Gegebenheit oder neue Informationen bzw. Erkenntnisse aufdecken oder hervorbringen.[73] Beide resultieren bislang vornehmlich aus menschlichen, zukünftig möglicherweise aber auch vermehrt aus rein künstlich initiierten und gesteuerten[74] Kreativitätsprozessen, die innovative oder bessere Herangehensweisen, Produkte oder Verfahrensabläufe eröffnen. Ihnen gemeinsam ist darüber hinaus ihr breites Ausführungsspektrum, können sie doch mit oder ohne eine in bestimmter Weise qualifizierte Vorbildung, allein oder in Gemeinschaft, privat oder (bedingt durch hohe Vorlauf- und Ausstattungskosten nur) professionell, zielorientiert oder zufallsbedingt bewerkstelligt werden.[75]

aa) Eigenständig

34 Das Merkmal „**Eigenständig**" übersetzt den unionsrechtlichen Terminus „unabhängig" des Art. 3 Abs. 1 Nr. 1 RL für den bundesdeutschen Geheimnisschutz. Es hebt damit jene Besonderheit hervor, die bereits vormalige Rechtsschutzkonzepte unausgesprochen eingerichtet hatten – die Versagung von Exklusivschutz.[76] Wie ua. urheberrechtliche Werke[77] gewähren auch Geschäftsgeheimnisse **kein** Ausschließlichkeitsrecht **erga omnes**, sie können vielmehr gleich- oder nachzeitig

---

72 Ein gemeinsamer Rekurs auf den inhaltlich vorgeprägten Begriff der „Schutzschranke" (Büscher/*McGuire*, § 3 GeschGehG Rn. 2) erscheint daher ebenso unpassend wie deren Bezeichnung als Rechtfertigungsgrund (Brettel/*Schneider*, § 3 Rn. 611 ff.).
73 Ähnlich K/B/F/*Alexander*, § 3 GeschGehG Rn. 11: „Entstehungstatbestände".
74 Dazu *Dornis*, GRUR 2019, 1252, 1255 ff., 1261 f.; *Lauber-Rönsberg*, GRUR 2019, 244, 251 f.
75 Vgl. auch K/B/F/*Alexander*, § 3 GeschGehG Rn. 15; Nebel/*Diedrich*, § 3 Rn. 5.
76 Vgl. die Nachweise in Fn. 69.
77 HK-UrhR/*Dreyer*, Anh. §§ 23, 24 Rn. 9 mwN.

mehrmals erschaffen werden und verschiedene Volleigner nebeneinander haben.[78] Beispielsweise sei hier nur die Erfindung des Telefons durch *Philipp Reis* und *Antonio Meucci* erwähnt (die Patentierung hat *Alexander Graham Bell* erst anschließend erlangt).[79] Entsprechend können auch bei den Geschäftsgeheimnissen sog. Doppel-, Parallel- oder Zweitaufdeckungen auftreten, sodass es – anders etwa als bei der Doppelerfindung des § 6 Satz 3 PatG – nicht auf die Ersterstellung ankommt.

Originäre Kreation iSe. unabhängigen oder eigenständigen Erschaffens ist demnach nicht mit erstmaligem Hervorbringen gleichzusetzen, ebenso wenig mit wie beruflich oder unternehmerisch selbstständiger Ausübung. Gemeint ist mit „**eigenständig**" vielmehr eine in völliger Unabhängigkeit von dem Geheimnisinhalt und dem Wissen seines Eigners bzw. Inhabers und etwaiger (un-)befugter Mitwisser/Geheimnisträger erkannte Novität, dh. seine **absolut autonom erfolgte Erarbeitung**. Eine solche Neuerstellung kann auf verschiedene Weise und völlig anderem Wege erfolgen, auch nicht allein oder eigenhändig – eine gemeinschaftliche Erbringung unter Hinzuziehung anderer mitwirkender Beteiligter ist vergleichbar der Miterfinder- oder der Miturheberschaft einbezogen, solange dabei nicht auf einschlägiges drittseitiges geheimes Vorwissen zurückgegriffen wird. Eigenerbrachte neue Ableitungen iSv. Fortentwicklungen oder Neukombinationen drittseitig generierten Wissens sind erfasst (Stichwort: „Schultern von Giganten"),[80] solange sie weitergehenden eigenen Innovationsgehalt hervorbringen.[81] Reine Auftragsarbeit selbstständiger Rechtsträger genügt jedoch nicht („Auftragsentwickler"): **Kreativität** der eigenen Beiträge ist **unumgänglich**.[82]

bb) Entdeckung

Die **Entdeckung** eröffnet als erste gesetzlich benannte Variante den Kreis der erlaubten Erlangensweisen. Umgangssprachlich weit verstanden als eine in Realakten wie Beobachten, Forschen, Untersuchen usw. erlangte Erkenntnis von unbekanntem Vorhandenen hat das Wort vor allem in den Naturwissenschaften wie Astronomie, Biologie, Chemie, Physik und insbesondere im Gefolge der Entdeckungsreisen[83] Verbreitung gefunden. Juristisch nur vornehmlich im Immaterialgüterwesen[84]

---

78 BeckOK UWG/*Reiling*, § 3 GeschGehG Rn. 11; H/O/K/*Ohly*, § 3 Rn. 13; *Hoeren/Münker*, WRP 2018, 150 Rn. 20; Hoppe/Oldekop/*Holtz*, Kap. 1 Rn. 348; K/B/F/*Alexander*, § 3 GeschGehG Rn. 11, 20 f.; Nebel/*Diedrich*, § 3 Rn. 6; *Reinfeld*, § 2 Rn. 22.
79 Vgl. https://de.wikipedia.org/wiki/Erfindung_des_Telefons. Zahlreiche weitere Beispiele bei *Vetter*, Rn. 121.
80 Komprimiert zu diesem weitverbreiteten Idiom statt vieler *Krusemarck*, S. 8 ff. mwN.
81 Eines Rekurses auf die unionsrechtliche Vorgabe der „Unabhängigkeit" bedarf es nicht: Eigenständigkeit schließt inhaltliche Anknüpfungen an Vorarbeiten Dritter semantisch nicht aus; enger H/O/K/*Ohly*, § 3 Rn. 16; K/B/F/*Alexander*, § 3 GeschGehG Rn. 19; *Ohly*, GRUR 2019, 441, 447; Hoppe/Oldekop/*Holtz*, Kap. 1 Rn. 349.
82 K/B/F/*Alexander*, § 3 GeschGehG Rn. 20.
83 Erinnert sei nur an Entdecker wie *Kolumbus, da Gama* oder *Magellan*.
84 Vgl. etwa Art. 52 Abs. 2 lit. a EPÜ, § 1 Abs. 3 Nr. 1 PatG, § 10 Abs. 3 Nr. 1 SortG.

§ 3 Erlaubte Handlungen

und dort als Antonym zur Erfindung gebräuchlich, ist bislang allerdings keine feste Begrifflichkeit entstanden. Verbreitet ist lediglich eine dem Patentrecht entlehnte, eng mit dem Erfindungsbegriff verknüpfte Ausdeutung, die den gegensätzlichen Aussagegehalt zwischen der reinen Erkenntnis (= Entdeckung) und der angewandten Erkenntnis (= Erfindung)[85] zum Zentralaspekt erhebt: „**Entdeckung** ist die Auffindung oder Erkenntnis bisher unbekannter, aber objektiv in der Natur schon vorhandener Gesetzmäßigkeiten, Wirkungszusammenhänge, Eigenschaften oder Erscheinungen,[86] Erfindung ... die zweckgerichtete Lösung eines bestimmten Problems mit technischen Mitteln. Sie enthält eine Anweisung zur Veränderung oder Beeinflussung der Natur und führt unmittelbar zur Befriedigung eines gesellschaftlichen Bedürfnisses."[87]

37 Schließen sich gemeinhin Entdeckungen und Erfindungen gegenseitig aus, können erstere gleichwohl zu letzteren transformieren. Dazu bedarf es neben einer erzielten Naturkenntnis einer hinzutretenden innovativen technischen Anweisung zur erfolgreichen Herbeiführung bzw. praktischen Umsetzung ihrer Einsatz- und Verwertungsmöglichkeiten,[88] die auch von einer Entdeckergemeinschaft in Kooperation und mitwirkender Beteiligung am Entdeckungsvorgang erarbeitet und vollzogen werden kann (§ 6 Abs. 1 Satz 2 PatG, § 8 Abs. 1 Satz 2 SortG).

38 Kennzeichnet den Entdeckungsbegriff daneben zwar ein breiter Anwendungsbereich – er steht allen natürlichen Personen offen,[89] ist nicht an eine Innehabung fachmännischer Kenntnisse gebunden[90] und sogar einer zufallsbedingten Ausführung zugänglich[91] –, so zeigt er sich im Geschäftsgeheimnisrecht doch als eher ungeeigneter, zu fehlgehenden Assoziationen verleitender „Entstehungsterminus". Zwar gelingt es noch recht problemlos, Erfindungen als allseitig nutzbare Innovationen inhaltskonform in den alltagssprachlichen Anwendungsbereich der „Entdeckungen" zu integrieren, als Erkenntnis vorhandener naturwissenschaftlicher Gesetzmäßigkeiten oder technischer Neuerungen sind beide jedoch praktisch eher selten.[92] Eine **Überinterpretation bei den Geschäftsgeheimnissen** als individuell-konkret gefasste Gegebenheiten lässt sich allerdings nur schwerlich vermeiden:

---

85 IdS ua. *Dölling*, S. 108; *Eisenkolb*, S. 159; Kraßer/*Ann*, § 11 Rn. 12 mwN.
86 Vgl. nur § 8 PatG und § 10 Abs. 3 Nr. 1 SortG; BeckOK UWG/*Reiling*, § 3 GeschGehG Rn. 7.
87 Grundlegend *Beier/Straus*, S. 16; ebenso ua. *Dölling*, S. 108; Kraßer/*Ann*, § 11 Rn. 12; *Moglia*, S. 265 f.; P/A/F/*Pierson*, S. 72; *Vetter*, Rn. 99 f.; ähnlich K/B/F/*Alexander*, § 3 GeschGehG Rn. 16.
88 BGHZ 52, 74, 79 – Rote Traube; *Eisenkolb*, S. 79 ff.; Kraßer/*Ann*, § 10 Rn. 3, § 11 Rn. 13 ff.; *Moglia*, S. 266 f.; P/A/F/*Pierson*, S. 73; *Reich*, Rn. 40 ff.; *Vetter*, Rn. 101 ff.
89 Juristische Personen und andere Zweckgemeinschaften können selbst keine eigenen Wahrnehmungen machen.
90 Dies zutreffend betonend BeckOK GeschGehG/*Spieker*, § 3 Rn. 3.
91 Sog. Zufallsentdeckung; vgl. BeckOK UWG/*Reiling*, § 3 GeschGehG Rn. 9; K/B/F/*Alexander*, § 3 GeschGehG Rn. 15; Nebel/*Diedrich*, § 3 Rn. 4. Zur Parallele der Zufallserfindung statt vieler *Vetter*, Rn. 235 ff., 247.
92 *Reinfeld*, § 2 Rn. 22 f.

IV. Das „insbesondere" Erlangen des § 3 Abs. 1 § 3

Neue Geschäftsgeheimnisse betreffen weder ein „natürliches" Vorkommen[93] noch werden sie wie Entdeckungen oder Erfindungen als multiplikativ nutzbares Gut originär kreiert oder erkannt. Gleiches gilt für technische Unternehmensinterna unterhalb des „Erfindungsniveaus" – sie versagen sich gleichfalls jeder Entdeckung und Erfindung. Geheimnisse sind Realphänomene, deren Entstehung (nicht: deren Rechtsschutz) ebenso wenig eines konstitutiven erkennenden Kreationsakts seitens seiner Zuordnungsträger bedarf wie Freiheit, Leben oder Gesundheit. Der Begriff sollte deshalb besser gestrichen und durch den passenderen Terminus **„Aufdeckung"** ersetzt werden.

cc) Schöpfung

Die Schöpfung ist die zweite Variante gesetzlich erlaubter originärer Geheimniserlangung grundrechtlicher Couleur. Etymologisch dem altdeutschen Verb „skepfen" iSv. „mit einem Gefäß etwas ausschöpfen" entstammend und im Verlaufe einer schrittweisen Abwandlung neuzeitlich dem französischstämmigen „Kreieren" entlehnt, hat es erst im religiösen und sodann im juristischen Sprachgebrauch mehr den (künstlerisch-)kreativen Aussagegehalt des Erstellens oder Erschaffens einer Novität angenommen.[94] Inhaltlich damit stark der „Entdeckung" angenähert, weist seine heutige Ausdeutung verschiedene Gemeinsamkeiten auf – ua. anthropozentrische Ausrichtung,[95] Realakt,[96] Doppel-[97] oder Mitschöpfung.[98] Es verwundert daher nicht, wenn der Begriff zunehmend als gemeinsamer Oberbegriff für technische Erfindung und urheberrechtliche Werkerstellung verwandt wird.[99]

39

Obwohl die Begriffserläuterungen des GeschGehG wie des UrhG neben den benannten Einzelaspekten auch das zentrale Schöpfungskriterium des „für Dritte

40

---

93 Es werden keine Veränderungen in oder an der Natur bewirkt; zu diesem „Entdeckungserfordernis" *Dölling*, S. 198; *Moglia*, S. 265 f.; P/A/F/*Pierson*, S. 73 f.
94 *Grimm*, „Schaffen" (Bd. 15 Sp. 2016, 574 ff. I. 1.2, II. A), „Schöpfen" (Bd. 15 Sp. 1536, 6 ff. II.A, B), „Schöpfer" (Bd. 15 Sp. 1558, 13 ff. I.); *Kluge*, „schöpfen" S. 823 und „kreieren" S. 537.
95 Schöpfer können nur natürliche Personen sein; vgl. *Dornis*, GRUR 2019, 1252, 1255, 1260 f.; *Lauber-Rönsberg*, GRUR 2019, 244, 245, 248; Schricker/*Loewenheim*/*Leistner*, § 2 Rn. 39; Wandtke/Bullinger/*Thum*, § 7 UrhG Rn. 8; s. auch zum Erfinder Kraßer/*Ann*, § 11 Rn. 4 mwN.
96 Vgl. etwa OLG Frankfurt, GRUR 2006, 578, 579; Dreier/Schulze/*Schulze*, § 8 Rn. 2; *Lauber-Rönsberg*, GRUR 2019, 244, 245; Schricker/*Loewenheim*/*Peifer*, § 7 Rn. 5; Wandtke/Bullinger/*Thum*, § 7 UrhG Rn. 3; (zur Miturheberschaft) *Meyer*, S. 60.
97 BeckOK GeschGehG/*Spieker*, § 3 Rn. 5 f.; BeckOK UWG/*Reiling*, § 3 GeschGehG Rn. 11; Büscher/*McGuire*, § 3 GeschGehG Rn. 13 f.; Hoppe/Oldekop/*Holtz*, Kap. 1 Rn. 348 ff.; K/B/F/*Alexander*, § 3 GeschGehG Rn. 22; Nebel/*Diedrich*, § 3 Rn. 6; *Reinfeld*, § 2 Rn. 22 f.; zum UrhG Dreier/Schulze/*Schulze*, § 2 Rn. 17 f.; HK-UrhR/*Dreyer*, I § 2 Rn. 8 ff.; Schricker/*Loewenheim*, § 23 Rn. 34; Wandtke/*Bullinger*, § 23 UrhG Rn. 19 ff.
98 Zur Miturheberschaft als gemeinsame persönliche Geistesleistung und Erstellung eines einheitlichen Werkes s. OLG Frankfurt, GRUR 2006, 578, 579; Dreier/Schulze/*Schulze*, § 8 Rn. 2 ff.; *Meyer*, S. 12 ff.; Schricker/*Loewenheim*/*Peifer*, § 8 Rn. 4 ff.; Wandtke/Bullinger/*Thum*, § 8 UrhG Rn. 2 ff.
99 *Krusemarck*, S. 3 ff., 8 mwN. Zum Erfinder als schöpferisch kreativ Agierenden statt vieler BGH, GRUR 2011, 903 Rn. 15 f.; *Beier/Straus*, S. 75; Kraßer/*Ann*, § 11 Rn. 5 ff. mwN.

§ 3 Erlaubte Handlungen

wahrnehmbar abgeschlossenen Erschaffens eines zuvor nicht Bestehenden" gemeinsam aufweisen,[100] können weitere urheberrechtliche Ausdeutungen in den Geschäftsgeheimnisschutz keineswegs unbesehen übertragen werden. Ihr gesetzesspezifischer Sinnzusammenhang ist teilweise viel **zu sehr vom Urheberschutz dominiert**.

41 **Unpassend** sind insbesondere Rekurse auf Ableitungen zur Individualität, Kreativität, persönlichen Prägung und geistigen Gestaltung[101] sowie der sog. Gestaltungshöhe.[102] Erstere ist durch das Merkmal Geschäftsbezug (→ § 2 Rn. 37) zu ersetzen,[103] Letztere sind kein allgemeines Konstituens einer Schöpfung: Geschäftsgeheimnisse wie (die heutzutage bereits computergestützt automatisch zusammengefassten) Kapazitäten, Kundenlisten, Umsatzzahlen und dergleichen bedürfen keiner autonomen geistigen Haltung, keiner manuellen Geschicklichkeit, keiner Gestaltungshöhe, besonderen Inspiration oder gar persönlichkeitsgeprägter Selbstreflexion.[104] Gemeinhin aus einem vorhandenen Datenfundus abgeleitet bzw. darauf aufgebaut, werden sie weder entdeckt noch geschöpft, sie werden gefunden.

42 Der **Schöpfungsbegriff** im Geheimnisschutzrecht ist viel profaner, stärker erfolgszentriert angelegt und weniger handlungs- bzw. täterbezogen. Ihm **unterfallen** alle „Erschaffungen", technische ebenso wie administrativ-kaufmännische, unabhängig vom Erstellungsaufwand und Gestaltungszweck, von Schöpfungshöhe und gestalterischer Zielausrichtung.[105] Selbst fremdseitig inspirierte zufällige Eingebungen[106] und maschinell generierte Konzeptionen sind ausreichend. Die Schöpfung von Geschäftsgeheimnissen ist endgültig säkularisiert und nicht allein anthropozentrisch auszudeuten. Begrifflich exakter wäre sie prägnanter mit den neutraleren Worten der „**Erschaffung**" oder „**Erstellung**" zu bezeichnen.

dd) Prozessuales

43 Beide originären Erlangungsvarianten, die eigenständige Neuentdeckung wie die eigenständige Schöpfung, sind prozessuale Entgegnungen, die von dem Beklagten

---

100 Vgl. etwa BeckOK GeschGehG/*Spieker*, § 3 Rn. 5 f.; Dreier/Schulze/*Schulze*, § 2 Rn. 16; Schricker/*Loewenheim/Leistner*, § 2 Rn. 47; Wandtke/*Bullinger*, § 2 UrhG Rn. 19 f.
101 Näher zu ihnen Dreier/Schulze/*Schulze*, § 2 Rn. 8 ff., 16 ff.; HK-UrhR/*Dreyer*, I § 2 Rn. 8 ff., 47 ff.; Kraßer/*Ann*, § 11 Rn. 5 ff.; *Krusemarck*, S. 4 f.; P/A/F/*Pierson*, S. 383 ff.; *Schack*, Rn. 180 ff.; Schricker/*Loewenheim/Leistner*, § 2 Rn. 38 ff., 50 ff.; Wandtke/*Bullinger*, § 2 UrhG Rn. 15 ff., alle mwN.
102 Zu ihr näher HK-UrhR/*Dreyer*, I § 2 Rn. 64 ff.; Schricker/*Loewenheim/Leistner*, § 2 Rn. 51 ff.; Wandtke/*Bullinger*, § 2 UrhG Rn. 23 ff.
103 Geschäftsgeheimnisse haben keine dem Menschen vergleichbare, von der Person ihres Schöpfers geprägte Eigentümlichkeit: Rein funktional ausgestaltet und ausgerichtet auf verselbständigte Geschäftszwecke sind sie das ökonomische Verfügungspotenzial einer entpersonalisierten abstrahierten „Sachgesamtheit".
104 Anders (zur gegenteilig definierten Schöpfung des Urhebers) *Dornis*, GRUR 2019, 1252, 1254 ff.; *Lauber-Rönsberg*, GRUR 2019, 244, 245 ff. sowie die in Fn. 99 benannten Stimmen.
105 Wie hier bereits BeckOK UWG/*Reiling*, § 3 GeschGehG Rn. 8 ff.; Nebel/*Diedrich*, § 3 Rn. 4 f.
106 Zutreffend Nebel/*Diedrich*, § 3 Rn. 4.

im Falle einer angeblichen Zweitentdeckung oder Doppelschöpfung gegen den einen Anspruch auf Rechtsschutz erhebenden Geheimnisinhaber darzulegen und zu beweisen sind. Es handelt sich mithin um **rechtshindernde Einwendungen**[107] in Gestalt eigener **Grundrechte**. Angesichts der statistischen Seltenheit von entsprechend festgestellten inhaltlich weitreichenden Übereinstimmungen wird dem Kläger allerdings wie auch im Urheberrecht nach allgemeinen Beweislastgrundsätzen ggf. ein sog. **Anscheinsbeweis** zuzugestehen sein.[108]

b) Reverse Engineering (§ 3 Abs. 1 Nr. 2)

aa) Die (ausstehende) Ableitung bzw. Begründung

Mit § 3 Abs. 1 Nr. 2 vollzieht das GeschGehG die mit Abstand revolutionärste Neuerung im Regelungssegment der nunmehr gesetzlich etablierten Handlungserlaubnisse – er erhebt das „Reverse Engineering", dh. das hier sog. **derivative Abschöpfen** von fremden Geheimnissen durch Beobachten, Untersuchen, Rückbauen oder Testen eines Produkts oder Gegenstands zum Kreationsakt eigener informationeller Inhaberschaft.[109] Zwar ist dieses neuartige „**Aneignungsrecht**" mit dem Haben eines öffentlich verfügbar gemachten Trägerobjekts (Nr. 2 lit. a) oder dessen rechtmäßig ohne Erlangungsverbot vollzogener Inbesitznahme (Nr. 2 lit. b) auf lediglich zwei bestimmt geartete Erwerbsvorgänge begrenzt, im Vergleich zur zuvorigen Rechtslage des § 17 UWG aF allerdings ungleich großzügiger. Galt seinerzeit viele Jahrzehnte ein recht strikt gehandhabtes Rückbauverbot,[110] so ist jetzt eine im Grundsatz ubiquitäre oder (Gemein-)Freistellung des Reverse Engineering als gesetzlich nur notdürftig kaschierte **fiktive konkludente Freigabe** an deren Stelle getreten. Dieser ungewöhnliche rechtliche „Seitenwechsel" hat im Hinblick auf „Altfälle" durchaus praktische Konsequenzen (→ Rn. 109).

44

Leider versagt der Gesetzgeber dieser ungewöhnlichen **Umformung** eines Eingriffsverbots in einen eignerschaftlichen **Rechtserwerb** ebenso jegliche Begründung wie den als mögliche Rechtsbegrenzung angedachten immaterialgüter- oder lauterkeitsrechtlichen Schranken,[111] was umso bedauerlicher ist, als dass doch sowohl Entstehungsgrund wie Reichweite eines Geschäftsgeheimnisrechts im Kern

45

---

107 Vgl. BeckOK GeschGehG/*Spieker*, § 3 Rn. 7; BeckOK UWG/*Reiling*, § 3 GeschGehG Rn. 12; Büscher/*McGuire*, § 3 GeschGehG Rn. 6.
108 BeckOK GeschGehG/*Spieker*, § 3 Rn. 6; BeckOK UWG/*Reiling*, § 3 GeschGehG Rn. 12; Büscher/*McGuire*, § 3 GeschGehG Rn. 6. Zum UrhG vgl. nur HK-UrhR/*Dreyer*, Anh. §§ 23, 24 Rn. 10; Schricker/*Loewenheim*, § 23 Rn. 35; Wandtke/*Bullinger*, § 23 UrhG Rn. 21.
109 Als „Rechtfertigungsgrund" bezeichnet von Brettel/*Schneider*, § 3 Rn. 613, der damit die kategoriale Divergenz gesetzlich zugeordneter **Eignerschaft** verkennt: Rechtfertigungsgründe transformieren keine Zuordnung, sie gestatten lediglich eine situative Begrenzung.
110 Vgl. nur RGZ 149, 329, 334 – Stiefeleisenpresse; BAGE 41, 21, 29 ff. – Thrombosol; BGH, WRP 2018, 1329 Rn. 39 ff. – Hohlfasermembranspinnanlage II; zu w. Nachw. *Brammsen*, Lauterkeitsstrafrecht, § 17 Rn. 17.
111 Vgl. BT-Drs. 19/4724, S. 25: „Damit wird die Entschlüsselung von Geschäftsgeheimnissen aus Produkten selbst ... grundsätzlich zulässig ... § 2 (korrekt: § 3) ... erweitert demnach die Möglichkeiten zum Reverse Engineering."

§ 3 Erlaubte Handlungen

immer noch ungeklärt sind. Allerdings steht so zu vermuten, dass nunmehr das vom US-amerikanischen „**Property-Ansatz**" geprägte Bild vom maßstabsetzenden Sacheigentum als Rechtebündel präferiert und der rechtmäßige Güterbesitz (auch vom „Graumarkt"?) zum konstitutiven informationellen Aneignungsrecht erhoben wird.[112]

46 Eine solche Anlehnung erstaunt, drängt es sich doch nicht gerade auf, Grund und Grenzen des oft propagierten Informations- bzw. „Geistigen Eigentums" dem Vollrechtserwerb beim Sacheigentum und additiven Vertragslösungen zu entlehnen. Zwar bedarf eine derivative Güterzuordnung zumeist schuldrechtlicher Sachgründe, jedoch – Stichwort: Erbschaft – nicht zwingend. Eine undifferenzierte Gleichsetzung beider Güterbereiche **überdehnt** den **Zuweisungsgehalt** des Sacheigentums,[113] welches ebenso wenig der Grund des arteigenen Informationseigentums ist wie das Nachahmen und plagiierendes Ausforschen identisch sind.

47 In objektsbezogenen Rechtsverhältnisordnungen wie den unionsrechtlichen und nationalen Rechtsetzungen folgen die normierten Informationserlangungs- und -verwertungsrechte eigenen **Zuordnungsregeln**.[114] Sie sind **nicht** „sachgutsakzessorisch" determiniert. Das Recht auf eine bzw. an einer (geheimen) Information folgt nicht dem Recht an der die Information versteckt enthaltenen Sache.[115] Dieser Aspekt und die verfassungsrechtlichen Vorgaben einer (wie auch immer ausgestalteten) „Nachschöpfungsfreiheit" werden von den Befürwortern einer übergreifend (Eignerschaft wie Rechtswidrigkeit begrenzend) angelegten „Zulässigkeitslösung" durchweg unerörtert belassen.[116] Ihre „Überwindung" bedarf einer hier wieder erneut angeregten vertieften Auseinandersetzung mit den Besonderheiten der verschiedenen Informationsrechte.[117] Dies gilt auch (aber nicht nur) für die einer näheren Begründung bedürftige Etablierung etwaiger damit nolens volens verfassungsdogmatisch verbundener Inhalts- und Schrankenbestimmungen oft in Gestalt vorgetragener Patent- oder utilitaristischer Innovations- und Wettbewerbsaspekte, versteht sich gerade deren Einrichtung doch keineswegs von selbst. Dies gilt dann

---

112 Statt vieler *Gajeck*, S. 217 ff.; H/O/K/*Ohly*, Einl. A Rn. 30; *McGuire*, Mitt. 2017, 377, 380; *Ohly*, in: FS Straus, S. 535, 548; *Wiese*, S. 65 mwN. Zum „Graumarkterwerb" WiWo 23/2018, S. 66 ff.; zur Verknüpfung von Sachbesitz bzw. Sacheigentum und Rückbaurecht in der US-Rechtsprechung *Hillenbrand*, S. 179 ff., 214 f. und *Schweyer*, S. 441 ff. mit prägnanten Beispielsfällen.
113 So zutreffend BGH, BeckRS 2016, 17444 Rn. 36. Zur Unterscheidung von Sach- und Geistigem Eigentum vgl. auch *Ahrens*, in: FS Büscher, S. 423, 433 ff.
114 Erste Ansätze dazu bereits in *Brammsen*, in: FS Otto, S. 1081 ff.
115 Wie hier *Brennecke/Ahnseel*, S. 72 ff.; *Helbach*, S. 35 sowie (zur „Datenparallele") *McGuire*, GRUR 2015, 424, 436 und *P. Schmid*, S. 134 ff., 152 ff.
116 Vgl. etwa *Ahrens*, in: FS Büscher, S. 423, 433 ff.; *Beater*, Rn. 1899 ff.; *Beurskens*, S. 256 ff.; H/O/K/*Ohly*, Einl. A Rn. 20; *Hillenbrand*, S. 61; *Kalbfus*, Rn. 557 ff., 569 ff.; *Kochmann*, S. 140 ff.; *Ohly*, in: FS Straus, S. 535, 549 ff.; *Schweyer*, S. 426 f.; *Wiese*, S. 64 f. Kritisch zum verfehlten „Property-Bündel" *Lichtenthäler*, S. 101 ff. und Staudinger/C. *Heinze*, Einl. zum SachenR, Rn. 15 ff. mwN.
117 *Brammsen*, Lauterkeitsstrafrecht, § 17 Rn. 17a; *ders.*, wistra 2018, 449, 452; zweifelnd auch *Möhrenschlager*, wistra 6/2019, IX, X.

und erst recht, wenn sie zudem noch im Mantel konkludenter Zustimmungserfordernisse gesetzlich verdeckt lediglich per fictionem attribuiert werden.

bb) Das derivative Erlangen der investigativen „Nachschöpfung"

Der Gesetzgeber knüpft die Erlaubtheit des Reverse Engineering an den Vollzug bestimmter benannter Ausforschungsweisen. Zulässig ist das Erlangen von Geschäftsgeheimnissen auf diesem Wege nur durch ein **nachschöpfendes Recherchieren** in Gestalt eines „Beobachten, Untersuchen, Rückbauen oder Testen". Wissensgenerieren wie eigenständiges Entdecken oder Schöpfen iSd. Nr. 1 unterfallen diesen Tatbezeichnungen nicht, sind sie doch im Gegensatz zu ihnen originären und nicht bloß derivativen Charakters. Sachlich bereits ebenfalls ausgeschlossen sind nachstehend in Nr. 3 benannte Informations-, Anhörungs-, Mitwirkungs- und Mitbestimmungsrechte der Arbeitnehmer und Arbeitnehmervertretung, die allesamt nur hier sog. derivative relative Informationsrechte betreffen (→ Rn. 8, 13). Erfasst sind allein bestimmte Investigationshandlungen,[118] dh. die Entschleierung drittseitig sowohl erfolgreich erstellter wie wirtschaftlich eingesetzter Geschäftsgeheimnisse. Ein Eintritt von Offenkundigkeit ist mit einem solchen Teilverlust an Geheimheit aber nicht verbunden.[119]

48

cc) Das erlaubte Vorgehen: Beobachten, Untersuchen, Rückbauen oder Testen

(1) Das urheberrechtliche Vorbild

Mit der Festsetzung des erlaubten Reverse Engineering auf eine Aufdeckung durch Beobachten, Untersuchen oder Testen lehnen sich Richtlinien- und Gesetzgeber offenkundig an entsprechende Vorgaben in Art. 5 Abs. 3 RL 91/250/EWG und § 69d Abs. 3 UrhG an, die sie (lediglich ergänzt um das Rückbauen) beide wortwörtlich übernehmen. Während dort allerdings die damit bezweckte leichtere Interoperabilität gesamtgesellschaftlichen wie individuell spürbaren Zusatznutzen in Form breiterer und verbesserter Nutzungspotenziale eröffnete, sind entsprechend gewichtige Vorteile für das Geheimnis-Reengineering nicht in vergleichbarem Maße generell zu konstatieren: Hier bedingt der kostengünstige Wissenszuwachs des Operators keineswegs schnelle und breite Nutzenmaximierung, verstärkte Innovation und produktive Kooperation, eher schon reduzierte Eigenforschung, „Freerider-Gewinne" und Adaptionswettbewerb. Die Einheitlichkeit der Produktpalette expandiert im heutigen globalen Massenmarkt immer mehr.

49

---

118 Ihren abschließenden Charakter besonders betonend BeckOK GeschGehG/*Spieker*, § 3 Rn. 12. Ein erlaubtes Geheimniserlangen bei zufälligen Eingebungen nach Produkterwerb scheitert dann zwar an der mangelnden „Reverse-Handlung", es verbleibt aber das ergänzende vorsätzliche „Nachschöpfen" als rettendes Additiv.
119 So zutreffend Büscher/*McGuire*, § 3 GeschGehG Rn. 18; H/O/K/*Ohly*, § 3 Rn. 29. Dazu bedarf es entsprechend dem früheren Mitteilen (und dem heutigen Offenlegen) einer Publikmachung erga omnes; vgl. *Brammsen*, Lauterkeitsstrafrecht, § 17 Rn. 110 ff. mwN.

§ 3   Erlaubte Handlungen

50 Gleichwohl kann die Begriffsbestimmung der obigen Zugriffshandlungen einführend an die kursorischen Ausdeutungen im **Urheberrecht** anknüpfen,[120] die erste **Grobkonturierung** bieten. Danach kennzeichnet das Beobachten ein rein passives Wahrnehmen eines Ablaufs bzw. Vorgangs, das Testen deren genaueres Ergründen auch durch Funktionsproben und deren Kontrolle, das Untersuchen das Aufnehmen, Aufzeichnen, Ordnen und Auswerten der gewonnenen Ergebnisse auch unter Einsatz technischer Hilfsmittel[121] und das Rückbauen das Zerlegen in Einzelteile oder Einzelschritte zwecks Rekonstruktion durch detailliertere Weiteruntersuchungen.[122] Weitere Konkretisierungen erfolgen leider nicht, sodass offen bleibt, ob und ggf. welche Gemeinsamkeiten diese Erlangensweisen haben bzw. sie als (obwohl selbstständig) miteinander verbundene Schrittfolge eines einheitlichen Prozesses charakterisieren: Als separierte Bausteine eines „aufgesplitterten" Reverse Engineering, das nicht den urheberrechtlichen Beschränkungen einer Software-Dekompilierung unterliegt[123] und in seinen aktuellen Ausformungen vielfach begrifflich einheitlich vorgeprägt ist.

(2) Die einheitszentrierte Begriffsbestimmung der Reverse-Handlungen

51 **Gemeinsames Leitkriterium** aller benannter Reverse-Handlungen, des Beobachtens ebenso wie des Testens, Untersuchens und Rückbauens ist ihre Charakterisierung als **Realakt**. Als solche reine Vollzugsakte in Gestalt von Informationserhebungsmaßnahmen bedürfen sie keines erfolgreichen Abschlusses und keiner besonderen persönlichen Voraussetzungen, sie können gemeinhin von Jedermann ohne spezielle Zusatzqualifikationen, Fähigkeiten oder Kenntnisse begangen werden[124] – die strikte Erfolgsbindung ihrer Tätigkeit wird ihnen erst über das „Erlangen durch" vermittelt (→ Rn. 28 ff., 31). Alleinige **Begehungsform** ist das aktive Tun (auch beim Beobachten),[125] seine einzige Ausführungsweise ist die vorsätzliche Verrichtung – ein fahrlässiges Beobachten usw. ist unmöglich.

---

120 So bereits BeckOK GeschGehG/*Spieker*, § 3 Rn. 12; Hoppe/Oldekop/*Holtz*, Kap. 1 Rn. 368; *Triebe*, WRP 2018, 795 Rn. 32 ff.; s. auch H/O/K/*Ohly*, § 3 Rn. 22.
121 Vgl. Fromm/Nordemann/*Czychowski*, § 69d UrhG Rn. 28; Schricker/Loewenheim/*Spindler*, § 69d Rn. 22; Wandtke/Bullinger/*Grützmacher*, § 69d UrhG Rn. 76.
122 Bei Computerprogrammen das sog. Dekompilieren; dazu komprimiert Fromm/Nordemann/ *Czychowski*, § 69d UrhG Rn. 1, 5 ff.; *Kochmann*, S. 58 ff.; Schricker/Loewenheim/*Spindler*, § 69e Rn. 1 ff.; *Schweyer*, S. 81 ff.; *Triebe*, WRP 2018, 795 Rn. 40 ff.; Wandtke/Bullinger/ *Grützmacher*, § 69e UrhG Rn. 1, 4 f.
123 Verbot anderer Verwendungen, nur Herstellung der Interoperabilität; dazu Fromm/Nordemann/ *Czychowski*, § 69e UrhG Rn. 5, 8 ff., 13 f.; Schricker/Loewenheim/*Spindler*, § 69e Rn. 7 f., 19 ff.; *Schweyer*, S. 132 ff.; Wandtke/Bullinger/*Grützmacher*, § 69e UrhG Rn. 6 ff., 20 ff.
124 Für eine erfolgreiche Ausführung sind etwaige erprobte Vorkenntnisse oder Fertigkeiten mitunter allerdings häufig unerlässlich, vollzugsmäßig bedarf es ihrer aber nicht: Auch ein erfolgloser Beobachter, Rückbauer, Tester oder Untersucher, der nichts gefunden hat, hat begriffskonform beobachtet, getestet, rückgebaut oder untersucht, er hat nur nichts erlangt. Solches ist allerdings vorausgesetzt; zutr. Nebel/*Diedrich*, § 3 Rn. 15.
125 Eine rein passive Wahrnehmung (so Hoppe/Oldekop/*Holtz*, Kap. 1 Rn. 368; Wandtke/Bullinger/*Grützmacher*, § 69d UrhG Rn. 76) ist ausgeschlossen: Das Beobachten als Erkenntnisver-

IV. Das „insbesondere" Erlangen des § 3 Abs. 1 §3

Das Reverse Engineering durch Beobachten, Rückbauen, Testen und Untersuchen 52
bedarf keiner Eigenhändigkeit, es kann sowohl eigen- wie fremdtäterschaftlich verrichtet oder nach allgemeinen Regeln zugerechnet werden. **Eigentäterschaftlich** ist seine Begehung in allen allein-, mittelbar- oder mittäterschaftlichen Formen und bei allen Varianten gleichzeitig oder in beliebiger Reihenfolge auch nacheinander möglich. Einer (auch drittseitig veranlassten) Einbeziehung etwaiger Kenntnismittler und Mittelmänner[126] oder mittelbarer Reverser[127] steht kein Hindernis entgegen, ist umgekehrt aber auch nicht an entsprechende Beziehungen gebunden. Bei mehreren Beteiligten ist keine durchgängige „Mitarbeit" oder an dem entscheidenden erfolgreichen „Teilschritt" notwendig: Jedes von einer entsprechenden Einigung getragene faktische Mitwirken an Teilabschnitten des Gesamtgeschehens reicht aus, selbst wenn später der maßgebliche Mittäter seine Erkenntnis nach Weitergabe an Dritte wieder vergisst. **Fremdtäterschaftlich** ist die Tatausführung an bewusstes Zusammenwirken mit dem tatsächlichen Beobachter usw. gebunden, sodass auch etwaiges unbefugtes Aufdecken übereifriger Ausführungskräfte als sog. deliktsfundierte Mitwisserschaft[128] zurechenbar ist. Einfache Teilnahme an fremder Beobachtung usw. schließt ein späteres eigentäterschaftliches Testen etc. nicht aus, selbst wenn das erlangte Geheimnis bereits weitervermittelt ist.

Dergestalt quasi kettenmäßig miteinander verbunden, können die einzelnen aufge- 53
zählten Aufdeckungshandlungen des Reserve Engineering folgendermaßen näher konturiert werden:

– **Beobachten** ist das durch methodisches regelmäßiges Betrachten „In Obacht nehmen" von einem bemerkten Etwas, um erschaubare Abläufe oder Veränderungen fortgesetzt systematisch wahrzunehmen, ggf. einzuordnen oder um andere Wege zu erkennen.[129] Die damit erzielten Ergebnisse können als Basis für weitere Forschungsaktivitäten wie Testen, Untersuchen und Rückbauen dienen, die einem weiteren qualifizierten und spezifizierten Vorgehen iSv. Erforschen den Weg bereiten, nicht aber mit ihm identisch sind. Beobachten ist gewissermaßen der erste einfache Schritt eines informationell vertiefungsbedürftigen erklärenden Ermittelns. Seine eigentliche Domäne liegt im technischen Bereich bei solchen Betriebsgeheimnissen, die beispielsweise die Herstellung, Zusammensetzung oder den Ablauf von Produktionsverfahren oder den Aufbau und die Funktionsweise erstellter Produkte betreffen. Im Bereich der kaufmännischen

---

 fahren bedarf gezielter Aufwendung von Aufmerksamkeit, es hat (über das Stammwort: achten) deutlich begriffsprägenden forschenden Charakter.
126 Kenntnismittler und Mittelmänner sind Personen, die andere Personen einsetzen, um erlangtes Wissen an andere Empfänger weiterzugeben.
127 Mittelbare Reverser sind Dritte anweisende, beauftragende usw. Personen, die jene mit der Ausführung des tatsächlichen Reverse Engineering durch eigenes Beobachten usw. betrauen.
128 Deliktsfundierte Mitwisser sind rechtswidrig kenntnisokkupierende Geheimnisträger; komprimiert zu ihrer Konturierung *Brammsen*, Lauterkeitsstrafrecht § 17 Rn. 110 ff. mwN.
129 IdS bereits *Grimm*, „Beobachten" Bd. 1, Sp. 1478, 8; idS auch Hoppe/Oldekop/*Holtz*, Kap. 1 Rn. 369.

§ 3 Erlaubte Handlungen

Geschäftsgeheimnisse wie etwa Daten, Schriftstücken, Zeichnungen oder Zahlen ist die Bedeutung geringer,[130] da sich ihr Sinngehalt bereits frühzeitig und nicht erst nach wiederholter Betrachtung oder Wahrnehmung erschließt – nicht der Vorgang „Beobachten", das Aufdecken einer Abänderung, Folge oder Verbindung, die schnelle Manifestation desm sei es auch nur zufällig Gesehenen wird zum eigentlichen Zentralaspekt.

– **Testen** ist das im neueren angloamerikanischen Sprachgebrauch verstärkt auch auf Enthüllungs-, Kontroll-, Vergleichsaspekte ausgerichtete ursprüngliche Probieren oder Prüfen[131] von Etwas zur Absicherung errichteter Funktions- oder Gebrauchstauglichkeit. Demgemäß primär zum Abgleich mit vorbedachten Bestimmungen bzw. Einstellungen erstellter Einrichtungen und damit einer Ex-post-Perspektive folgend, ist eine Erweiterung hin auch zu einer Ex-ante-Betrachtung begrifflich keineswegs ausgeschlossen – das Handeln zur Aufdeckung neuer Einsatzfähigkeiten in bislang funktionsfremden Feldern ist ebenso einbezogen wie das Ermitteln eigentlich verborgener Ideen und Grundsätze.[132] Erfasst das Testen somit gleichermaßen das Suchen, Erproben, Prüfen und Kontrollieren von Novitäten wie von erlerntem bzw. implementiertem Wissen, so kann seine tatsächliche Ausübung auch Dritten zur Ausführung bzw. Umsetzung überlassen werden, solange diese sich dabei im Rahmen der erlaubten Ableitungshandlungen bewegen.[133] Auch gegen den Einsatz der heute besonders im Softwaresektor üblichen sog. „Black Box-, (Dis)Assembling- und System monitoring-Techniken[134] sind keine Bedenken zu erheben: Ausgerichtet auf ein systematisches Schlussfolgern aus bestimmten An- oder Eingaben, das dann überprüft, wiederholt, verglichen und dokumentiert wird, um Regelhaftigkeit zu ermitteln, erlauben sie letztlich nichts anderes als den technisch komprimierten Ablauf der lange häufig getrennt vollzogenen tradierten Prüfungsschrittfolgen kombiniert.

– **Untersuchen** ist die Suche nach dem Grund, einem Prinzip, Ablauf oder Zustand, einer Beschaffenheit oder Funktion. Es ist das Sich-Gedanken-machen über Tatsachen, Vorgänge, betriebliche Zwecke oder Berechtigungen, um etwas Vermutetes oder Vorhandenes bis hin zu verdeckten Schwachstellen ausfindig zu machen. Als vorgangserweiternder Oberbegriff bezieht es die vorbenannten Tätigkeiten als partielle Ausprägungen mit in einen breiteren „Sammelbegriff" ein und erweitert das allen gemeinsame Zuwenden von Aufmerksamkeit über das Testen von Funktionen und die Eignung zu bestimmten Zweck hinaus ua. um

---

130 Wie hier bereits *Kochmann*, S. 44.
131 Zur etymologischen Ableitung komprimiert *Kluge*, S. 914; sinnkonform Hoppe/Oldekop/*Holtz*, Kap. 1 Rn. 369.
132 Sachliche Beschränkungen auf bestimmte Handlungen wie in § 69d Abs. 3 UrhG sind nicht begriffsimmanent. Wie hier Hoppe/Oldekop/*Holtz*, Kap. 1 Rn. 368.
133 AA Büscher/*McGuire*, § 3 GeschGehG Rn. 22, die eine Einbeziehung von Hilfskräften generell ausschließt.
134 Komprimierte Darstellungen bieten ua. Auer-Reinsdorff/Conrad/*Schmidt*, § 1 Rn. 187 ff., 267 ff., 347 ff. und *Schweyer*, S. 74 ff., 95 ff.

die Möglichkeiten spezieller Substanzanalysen. Während Testabläufe insoweit nur schwerlich einen entsprechenden fertigen Wissensbestand eröffnen, sind vom Untersuchen auch methodische Aufdeckungen von Stoffzusammenhängen miterfasst, die zumeist nur ein vertieftes Reverse Engineering verwendet. Das Untersuchen kann mithin sowohl einen prüfenden kontrollierenden wie einen probierenden forschenden Charakter haben, um eine Sache oder ein Programm über die Funktions- und Gebrauchsfähigkeiten hinaus auch stofflich wie verfahrenstechnisch genauer kennen zu lernen bzw. überhaupt erst davon Kenntnis zu nehmen.[135] Dergestalt zusammengefasst ist das Untersuchen als umfassendes Forschen nach den Eigenheiten und Einsatzfähigkeiten eines Produkts zu bezeichnen, das sich an oder mit ihm selbst vornehmen oder von ihm ableiten lässt.

- **Rückbauen** ist das Zerlegen von Produkten oder Gegenständen in alle oder ausgewählte einzelne Bestandteile, um eingesetzte Materialien und Fertigungsschritte ggf. bis zu den Frühstadien der Entwicklung, Forschung und Planung aufzudecken bzw. rückzuverfolgen. Inhaltlich kaum näher konturiert, bezeichnet es quasi generalklauselartig ein vielgestaltiges Vorgehensspektrum, das anders als das vorstehende Untersuchen, Testen und Beobachten keiner produktabhängigen Schranke unterliegt: Weder an die Ersichtlichkeit noch an die Funktionalität oder Substantialität eines Zugriffsobjekts gebunden,[136] eröffnet es Ableitungsschritten und -methoden ein Vorgehen, das die sprachlichen Grenzen jeder Art von (Nach-)Forschung von einer gegenständlichen Verkörperung trennt.

Die mit dem Rekurs auf den Terminus „Rückbauen" bewirkte Erweiterung der Nachforschungstätigkeiten kommt bereits augenfällig in einem sinnabwandelnden Rekurrieren zum Ausdruck, das sich von seiner üblichen bisherigen alltagssprachlichen Verwendung abgelöst und zusätzlichen erweiterten Inhalt erhalten hat. Beschrieb das erst im neueren Sprachgebrauch etablierte Wort vormalig eine Rückbildung von körperlich Existentem bzw. Seinszuständen bis hin zu deren völliger Beseitigung,[137] so erfasst es nunmehr außerdem den primär geistigen Vorgang abschöpfender Wissensgenerierung durch rückentwickelnde Produktanalysen. Zwar geht es beide Male um Verkleinern und Zerlegen in Bestandteile, ersterenfalls jedoch zu deren Beseitigung (unter Hinzuziehung früherer Konstruktionspläne, Erstellungsverfahren usw.), letzterenfalls hingegen um deren Aufdecken und Verstehen aus marktgängigen Produkten in Unkenntnis wesentlicher Essentialien und integrierter Innovationen. Der Terminus hat folglich eine sinnverschiebende „gegenständliche" Doppeldeutigkeit erhalten, das die Anwendung von Wissen mit dem Suchen nach Wissen gleichsetzt.

---

135 IdS bereits *Grimm*, „Untersuchen" Bd. 24 Sp. 1855, 58 ff. (II. 1.–8.); sinnkonform Hoppe/Oldekop/*Holtz*, Kap. 1 Rn. 369.
136 Eine spezielle funktionsspezifische Handlungsschranke benennt beispielsweise § 69 d Abs. 3 UrhG mit der Begrenzung auf das Laden, Anzeigen, Ablaufen, Übertragen oder Speichern eines Programms.
137 Vornehmlich in der Bauwirtschaft und Umweltpolitik, etwa der Abriss von Großanlagen wie Fabriken und insbesondere (Kern-)Kraftwerken oder die Renaturierung von Kiesgruben, Steinbrüchen oder Tagebaustätten.

§ 3   Erlaubte Handlungen

54   **Rückbauen als Lehnwort** für das Reverse Engineering meint demnach etwas ganz anderes als das Entfernen von Bestandsruinen. Es betrifft nun nicht mehr Ableitungen durch Zugriff auf eine entäußerte Produktgestaltung durch Beobachten, Testen und Untersuchen, es geht weit darüber hinaus.[138] Sein Bedeutungsgehalt umfasst jetzt (ausgehend vom fertigen Produkt, seinem Produktionsprozess, allen eingesetzten Substanzen, Methoden und Verfahren) neben deren bekannten auch das gesamte Ermittlungsspektrum weitergehender Rückentwicklung einschließlich der eingesetzten Lieferketten, errechenbaren Entstehungskosten usw. bis hin zur Entwicklung, Forschung, Planung und der dahinterstehenden Geschäftspolitik. Rückbauen, zudem computerbedingt verstärkt, erlaubt Einblicke in den Geschäftsprozess durch dessen umfassende Zergliederung und Aufspaltung, die bislang unerreichbar schienen. Zugleich kann es den Vorgang des Nachforschens um zusätzliche, aus erlangtem Entwicklungs- und Produktionswissen abgeleitete Erkenntnisse erweitern.[139] Professionell durchgeführt entfaltet sich das gelungene Rückbauen dann auf direktem Weg zur Krone jeder sklavischen Nachahmung[140] und dem Optimum aller Wissensabschöpfung – das mit etwas Verbesserungsgehalt kaschierte Klonen.[141]

dd) Das Rückbau- bzw. Entschlüsselungsobjekt: Ein Produkt oder Gegenstand

55   Im Unterschied zu den in Nr. 1 erlaubten Erlangensvarianten originärer Volleignerschaft, deren Vollzug nicht an ein bestimmt geartetes Tatobjekt[142] gebunden ist, knüpft die Nr. 2 den Erhalt einer durch Reverse Engineering aufgedeckten Geheimnisinhaberschaft an deren Ableitung aus bestimmten Zugriffsmedia. Eine solche sog. derivative Zweitinhaberschaft ist nur zu erlangen, wenn die Kenntnisnahme durch eine der vorstehend erörterten Taten (→ Rn. 49 ff.) einem auf zwei Wegen erworbenen Produkt oder Gegenstand entstammen. Andere als die beiden benannten Möglichkeiten rechtsgeschäftlich gestützter Herrschaftsnahme, etwa durch mündliche Mitteilung oder Abhören eines Mitwissers, sind mangels eines entsprechenden Rekurses aus dem Kreis des erlaubten Reverse Engineering ausgeschlossen.

56   Was unter dem Begriff „**Produkt**" zu verstehen ist, ist bereits andernorts dargelegt. Darauf ist zu verweisen (→ § 2 Rn. 163). Der Begriff „**Gegenstand**" findet sich undefiniert in § 90 BGB, wo er als Oberbegriff für alle Herrschafts- und Nutzungsrechten unterliegenden individualisierbaren (vermögenswerten) Güter verstanden

---

138 Prägnant dazu *Sagstetter*, S. 17 mwN.
139 Wie hier Hoppe/Oldekop/*Holtz*, Kap. 1 Rn. 364. Verwiesen sei hier nur auf den Rückbau des Tesla Model 3; vgl. WiWo 23/2018, S. 66 ff.
140 Das Fehlen nennenswerter Hindernisse rügen bereits ua. *Hoeren/Münker*, WRP 2018, 150 Rn. 21.
141 Vgl. nur zum aktuellen Streit ‚Spotify/Apple', WiWo 26/2020, S. 67 f.
142 Ein Tatobjekt ist ein Objekt, über das (nicht: mit dem) ein Zugriff auf ein fremdes Gut erfolgt. Prägnantes Beispiel ist die unechte Urkunde in § 267 StGB.

wird.[143] Danach sind Gegenstände körperliche Sachen, Grundstücke, Energien, Erfindungen und Informationen, aber auch Immaterialgüter wie Computerprogramme,[144] Kundschaften, Unternehmen oder Geheimnisse.[145]

ee) Die Spezifizierung der Rückbauobjekte: Das „unbegrenzte" Zugriffsrecht

Erlaubt ist das Erlangen von Geschäftsgeheimnissen durch Reverse Engineering nur, wenn es aus Produkten oder Gegenständen abgeleitet wird, die auf zwei bestimmt geartete Weisen in die Herrschaftssphäre bzw. das Haben des Rückbauers gelangt sind – das Rückbauobjekt muss entweder gem. Nr. 2 a) öffentlich verfügbar gemacht worden sein oder gem. Nr. 2 b) sich ohne eine zugriffsbeschränkende Vertragsbindung in seinem rechtmäßigen Besitz befinden. Erlaubtes Reverse Engineering bedarf folglich des vorhergehenden Vollzugs eines Derivatguterwerbs, der dem Erwerber freien Zugriff auf ein dem Produkt oder Gegenstand innewohnendes Geschäftsgeheimnis eröffnet: Entweder durch ein eignerschaftlich gestütztes oder durch ein besitzrechtlich gestattetes Zugriffsrecht auf das Rückbauobjekt. Damit steht beide Male ein Manifestationsvorgang im Vordergrund, der statt am materiellen Aspekt transferierter Rechtsträgerschaft mehr auf dessen beweisträchtige Dokumentation zentriert ist. 57

(1) Das öffentlich verfügbar gemachte Derivatgut (Abs. 1 Nr. 2 lit. a)

Die erste Variante des erlaubten Reverse Engineering knüpft dessen Zulässigkeit an das Erlangen öffentlich verfügbar gemachter Produkte oder Gegenstände und damit an den eignerschaftlichen Vollrechtserwerb hergestellter Güter. Als **öffentlich verfügbar** werden gemeinhin nur solche Güter angesehen, die einem nicht näher umgrenzten Personenkreis willentlich angeboten[146] bzw. für Jedermann **frei am Markt** erhältlich sind.[147] 58

(1.1) Der fragwürdige Marktbezug

Solche angebots- wie marktzentrierten Ausdeutungen „öffentlicher Verfügbarkeit" begegnen erheblichen Bedenken, ist letztere doch vor dem gelungenen Rückbau das maßgebliche **Konstituens** nunmehriger neuer gesetzlich eröffneter „Zweitinhaberschaft". Ersterenfalls erweist sich der Rekurs auf eine anderweitige gesetzliche 59

---

143 Vgl. MK-BGB/*Stresemann*, § 90 Rn. 1 ff.; Staudinger/*Stieper*, Vorbem. §§ 90–103 Rn. 4 ff., 7, mwN.
144 Für eine Einbeziehung auch von Algorithmen und Datensets plädiert *Sagstetter*, S. 16 f.
145 Weitere Auflistungen bei *Neuner*, § 24 Rn. 5 ff.; Staudinger/*Stieper*, Vorbem. §§ 90–103 Rn. 9 ff.
146 Vgl. K/B/F/*Alexander*, § 3 GeschGehG Rn. 33; *Wiese*, S. 122; aA Hoppe/Oldekop/*Holtz*, Kap. 1 Rn. 376 ff. (Schutzlücken).
147 IdS ua. BT-Drs. 19/4724, S. 26; BeckOK UWG/*Reiling*, § 3 GeschGehG Rn. 17; Büscher/*McGuire*, § 3 GeschGehG Rn. 20; H/O/K/*Ohly*, § 3 Rn. 24; K/B/F/*Alexander*, § 3 GeschGehG Rn. 32; Nebel/*Diedrich*, § 3 Rn. 10; *Ohly*, GRUR 2019, 441, 447; *Reinfeld*, § 2 Rn. 28; Wolf/*Harrer-Kouliev*, in: FS Windbichler, S. 457, 463 f.

§ 3 Erlaubte Handlungen

Begriffsverwendung in § 2 Abs. 1 Nr. 8 AGG als wenig weiterführend, da dort für ein „der Öffentlichkeit zur Verfügung stehen" das einmalige Hinausgelangen eines Einzelangebots aus der Privatsphäre des Anbieters als ausreichend erachtet wird.[148] Dies erscheint indiskutabel, da ansonsten bereits Homepage-Angebote an einzelne oder nur wenige Exklusivabnehmer immer „öffentlich verfügbar" wären. Letzterenfalls scheitert die Marktanbindung als Bemessungskriterium an der unbewältigten Vielfältigkeit branchen-, einzugsbereichs- und produktspezifischer Marktgegebenheiten: Kleinere Branchen mit nur wenig Produkten, begrenztem Absatzmarkt und geringerem Verbreitungsgrad erlangen ansonsten frühzeitiger Öffentlichkeitsstatus als mittelgroße mit mehr Produkten und entsprechend größerem Marktsegment.[149] Allein die Marktbestimmung ist damit der alles entscheidende Öffentlichkeitsfaktor – ein angesichts fehlender empirischer wie rechtlich maßgeblicher Abstufungskriterien bedenkenswertes Unterfangen. **Marktöffentlichkeit** und **öffentliche Verfügbarkeit** sind **keine** sicheren **Synonyme**.

(1.2) Der inhaltlich kupierte Verfügungsbegriff

60 Gleichfalls keinen nennenswerten Erkenntnisgewinn eröffnet darüber hinaus ein Rekurs auf die Erläuterungen zur lauterkeitsrechtlichen „Verfügbarkeit" im Irreführungsverbot des § 5 Abs. 1 Satz 1 Nr. 1 UWG. Die dort gemeinhin rein faktisch auf das **reale Vorhandensein** begrenzte Ausdeutung[150] vom Werbe- in das Geheimnisschutzrecht zu übertragen, verwundert umso mehr, als dass dieser frühere Sprachgebrauch[151] seit vielen Jahrzehnten die begriffsprägende Potenzialität,[152] in noch viel stärkerem Maße zugleich aber auch den inzwischen selbst ausgeformten juristischen Bedeutungsgehalt der Stammwörter „Verfügen" und „Verfügung" übergeht.

61 Beiden Worten wird gemeinhin neben dem eher allgemeinen administrativen Anordnungs- bzw. Herrschaftsaspekt[153] im Zivilrecht eine ganz spezielle Denotation zugeordnet – die **Verfügung** als (rechtsgeschäftlich veranlasstes) **Einwirken** auf **bestehende Rechte**.[154] Dieser Sinnbezug wird mit der Ausrichtung auf das Vorhan-

---

148 Vgl. BT-Drs. 16/1780, S. 32.
149 Prägnant dazu *Leister*, GRUR-Prax 2019, 175, 176; dem folgend H/O/K/*Ohly*, § 3 Rn. 24 und Hoppe/Oldekop/*Holtz*, Kap. 1 Rn. 374.
150 *Büscher*, § 5 UWG Rn. 275 ff.; GK-UWG/*Lindacher*, § 5 Rn. 310, 316 f.; MK-UWG/*Busche*, § 5 Rn. 359 ff.
151 Zur primär vorneuzeitlichen Verwendung der Stammwörter „verfügen" und „Verfügung" iSe. Bereitstellen, Sich-Begeben, örtlich an oder in eine Stelle Einfügen näher *Grimm*, „Verfügen" und „Verfügung", Bd. 25, Sp. 357, 41 ff. (2b-3) und Sp. 358, 47 (3a).
152 Vgl. *Grimm*, „Verfügbarkeit", Bd. 25, Sp. 356, 9: „worüber man verfügen kann."
153 Vgl. *Grimm*, Bd. 25, Sp. 357, 41 (3-4) und Sp. 358, 55 (3b); *Kluge*, „Verfügen" S. 952.
154 Verfügungen sind unmittelbar verändernde Einwirkungen auf bestehende Rechte durch deren Übertragung, Aufhebung, inhaltliche Abwandlung oder Belastung (BGHZ 101, 24; 1, 294, 304; MK-BGB/*Bayreuther*, § 185 Rn. 3). Wie ein solcher rechtsgeschäftlicher Wechsel der Rechtszuständigkeit hinsichtlich eines zusätzlichen Geheimnisses bei einem Produkterwerb konkludent erfolgen oder das zuvor bestehende Geheimnisschutzrecht „untergehen" soll, bedürfte einer gesetzlichen Begründung: (Auch potenzielle) Veräußerung setzt wie Verfügung

IV. Das „insbesondere" Erlangen des § 3 Abs. 1 **§ 3**

densein verdeckt, gleichwohl aber konnotativ impliziert, da die privatseitige Einräumung derivativ erworbener Geheimnis-Zugriffsrechte bei nur einem Güterkauf (außer als durch staatlichen „Entzugsakt") anders nicht zu bewirken wäre. Ist allein ein Geheimnis Erwerbsgut, bedarf der Rechtserwerb einer Verfügung, ebenso beim Verkauf seiner einzigen Verkörperung (Prototyp, Modell). Warum, wann und vor allem wie das bislang selbstständiger Verfügung bedürftige Geheimnis durch eine, mehrere oder viele Anwendungen in Einzelprodukten seine zugeordnete rechtliche Eigenständigkeit der Inhaber trotz bestimmungsgemäßer Nutzung die Verfügungsmacht verliert, bleibt unerfindlich.[155] Dann ist nur noch das konkrete Produkteigentum alleiniger Verfügungsgegenstand, das eingesetzte Geschäftseigentum hingegen verfügungsmäßig vollständig entschwunden. Eine dahingehende Verfügung kann zwar konkludent als Faktum ad coram publico miterklärt, nicht aber als solche einfach **unterstellt** werden. Ihr bei Erstellung, Anlieferung, Angebot, Umsatz oder Marktgröße wann immer wie erfolgender „gesetzlicher Untergang" bedarf demnach (neben der wenig überzeugend als Rechtsgrund dargelegten, grundrechtlich geschütztes Eigentum entziehenden „Innovationsförderung") erkenn- und einplanbarer praktikabler Bemessungsgrößen, um dem Willkürvorwurf zu entgehen. Ansonsten eröffnen alle primär dem Individualschutz verpflichteten Rechtsordnungen der Nationalstaaten neue, gesetzlichen Zugriffsschutz entziehende „Zweiterfinderrechte" der Reverser nur kostengünstige Alternativen zur lizenzpflichtigen Nutzungserlaubnis des „Ersterfinders". Der Weg über aufwendige Eigenerfindungen oder entsprechende Verfügungsbefugnisse des bisherigen Inhabers bleibt ihnen erspart.

Gleichwohl sind Richtlinien- und Gesetzgeber diesen Weg gegangen und haben zur Eröffnung einer auch rein faktischen Ausdeutung eine Regelungsvariante gewählt, deren eigentlicher Hintergrund geschickt verdeckt ist: Die Umformung des tradierten Eignerrechts, drittseitigen Geheimniszugriff durch **Einverständnis** und **Einwilligung** zu gestatten.[156] Neu verortet in dem „Verfügbarmachen" bzw. „Besitzüberlassen" des Produkts wurden beide Erlaubnisformen[157] und ihre faktische Begebung in den Eigentums- oder unbegrenzten Besitztransfer transferiert, neu ausgeformt und inkludiert: Das Einverständnis als partiell kupierte, fiktive generalisierte Zu-

62

---

und Verfügbarkeit ein bestehendes Recht voraus, ansonsten ist die Nähe zum enteignenden Eingriff unverkennbar.
155 Ein Rekurs auf die Verarbeitungsregel des § 950 BGB und einen damit verbundenen „Untergang" der zuvorigen Verfügungsbefugnis des Geheimnisinhabers ist bislang zutreffenderweise nicht ernsthaft erwogen worden.
156 Die strikte Unterscheidung beider Rechtsinstitute ist im Zivilrecht leider ungebräuchlich; vgl. statt vieler MK-BGB/*Bayreuther*, Vor § 182 Rn. 2, 9 und Palandt/*Ellenberger*, Einf. vor § 182 Rn. 1.
157 Beide sind zwar einheitlich transformiert, formal aber separat geregelt: In Nr. 2 lit. a das kupierte Einverständnis (als umfassendere Form zuerst), in Nr. 2 lit. b die „negative" Einwilligung (als „kleinere" Erlaubnisvariante).

§ 3 Erlaubte Handlungen

gangserlaubnis in Gestalt einer sog. „Schutzschranke",[158] deren Gegenpart der gleichfalls partiell kupiert[159] ausgeformten Einwilligung als fiktives singuläres „negatives Konstituens" (→ Rn. 44 ff.). Beide besonderen Zugriffsgestattungen[160] sind nach bundesdeutschem Rechtsverständnis **klassische** situative **Inhaberrechte** und nicht bereits (durch öffentliches Verfügbarmachen oder fehlende Versagung) generell konkludent miterklärt. Dergestalt ihrer spezifischen Ausschlussfunktion entkleidet, ist ihre singuläre Erklärungsbedürftigkeit mit Markteinführung verlustig gegangen, dem Inhaber sein entsprechendes Zustimmungsrecht als generelle Freigabe ad coram publico entzogen – was ihm im Zweifel bei der Verfügbarmachung so nicht bewusst gewesen sein dürfte. Der an seine Stelle (als konkludent miterklärt geltende gesetzliche Fiktion) tretende Gesetzesakt konstruiert diese Ausübung grundrechtlich geschützter Freiheits- und Nutzungsrechte als notwendigen **Zwangsverlust** einer Marktteilnahme im Dienste kollektivistisch motivierter „Innovationsförderung".

(1.3) Die Vertragsgestaltung – ein präziseres Bestimmungskriterium

63 Die damit unbeantwortet im Raume stehende Frage nach der rechtlichen Tragfähigkeit einer zwangsweise in Verlust ihrer Verfügungsbefugnis geratenen Geheimnisinhaberschaft soll in ihrer Fragwürdigkeit hier dahingestellt bleiben. § 3 Abs. 1 Nr. 2 lit. a ist bis zur Feststellung seiner Fehlerhaftigkeit durch das BVerfG geltendes Recht, bedarf mithin einer verlässlichen wie praktikablen Anwendung ungeachtet bis dato unerschlossener materiellrechtlich prämissenkonformer Umsetzung. Bewältigen lässt sich das Problem möglichst einfacher wie zutreffender Feststellung „öffentlicher Verfügbarkeit" nämlich auch ohne entschlüsselte, konstruktiv hochkomplexe zivilistische Grundlagenprobleme.

64 Entsprechende **Indizien** liefert ein primär vertragsorientierter Ansatz, der auf den Kreis der von dem Entäußerungswilligen anvisierten Geschäftspartner rekurriert. Wen sieht er als potenziellen Erwerber und wie hat er bzw. wie möchte er den Geschäftsablauf gestalten? Steht allein sein problemloser Produktabsatz im Vordergrund (ggf. unter Einsatz selbstständiger Zwischenhändler oder unkontrollierbarer Verkaufsstellen) oder der selektive **Einzelverkauf** mit noch modifizierbaren Bedingungen? Letzterenfalls steht das singuläre, nur bestimmten Geschäftspartnern offerierte Angebot im Vordergrund, deren Auswahl und die potenziell einschlägig interessierten Werbeadressaten sich der Inhaber noch vorbehalten will. Bleibt sol-

---

158 Partiell, weil nur das Reverse Engineering den eignerschaftlichen Produkterwerb betreffend, kupiert, weil nur den Zugang, nicht aber den Wissenserwerb betreffend, fiktiv, weil tatsächlich weder ausdrücklich noch konkludent erfolgt und generalisierend, weil nicht auf den konkreten Reverser, sondern konzeptionell ad coram publico bezogen. Dies verkennt die Ausdeutung als „Schutzschranke"; Büscher/*McGuire*, § 3 GeschGehG Rn. 2.
159 Partiell, weil nur auf das Reverse Engineering den rechtmäßigen Besitzerwerb betreffend und kupiert, weil nur für den kenntnislosen „Produktbesitz" und „Produktgebrauch" geltend.
160 Komprimiert zu ihnen *Brammsen*, Lauterkeitsstrafrecht, § 17 Rn. 28 f.; ausführlich *ders.*, in: FS Yamanaka, S. 3, 13 ff.

IV. Das „insbesondere" Erlangen des § 3 Abs. 1 **§ 3**

che Kundenauswahl mit zudem variabel gestaltbaren Vertragsbedingungen, so ist der Erwerbsvorgang nicht für Jedermann frei eröffnet – der Markt also nicht öffentlich. Erfolgt gleichwohl zuvor eine Publikationswerbung, so liegt eine invitatio ad offerendum mit nachgeschaltetem Abstimmungsprozess vor. Umgekehrt ist ersterenfalls das angebotene Produkt als breites **Massengeschäft** an unbestimmte bzw. unbegrenzte Kundenkreise, also ad coram publico gerichtet. Zu seiner schnellen und problemlosen Abwicklung werden zumeist einheitlich vorgegebene Vertragsbedingungen bzw. Vertragsformulare verwendet, deren individuelle „Ausgestaltung" allenfalls in der Einfügung weniger Erwerberdaten zu Garantiezwecken besteht. Konsequent invariabel, einfach geformt und oft um aufgedruckte bzw. ausliegende allgemeine Geschäftsbedingungen ergänzt, kennzeichnet hier das Ketten- oder Filialkonzept ein kundenindifferentes Geschäftsmodell, das nennenswerte Marktbreite und Branchenstärke dokumentiert. Dergestalt jedermann offen stehend, ist die offerierte Produktpalette publikumswirksam öffentlich verfügbar gemacht.

(1.4) Der Initialakt: Das Verfügbar-„Machen"

Ist anhand der gegebenen oder geplanten Vertragsgestaltung und Vertriebsorganisation die öffentliche Verfügbarkeit eines auf dem Markt befindlichen Produkts oder Gegenstands ermittelt, so bedarf es noch einer weiteren Feststellung. Das Gesetz knüpft nämlich das in Nr. 2 lit. a erlaubte Reverse Engineering nicht allein bereits an das Realphänomen bestehender öffentlicher Verfügbarkeit an, sondern in konsequenter Umsetzung der logischen Abfolge an den Publikationsvorgang vorhergehender Marktfreigabe bzw. Markteinführung – den **Initialakt** „Verfügbarmachen". 65

Gemeinhin ist das Auffinden eines entsprechenden Marktauftritts nicht mit nennenswerten Problemen verbunden, lässt es sich doch zumeist recht verlässlich anhand einschlägiger Indizien erkennen: Einleitenden Aktivitäten der Ideengeber, Produzenten, Vertriebspartner und Finanziers. Im üblichen Geschäftsleben sind sie es, die im Laufe eines „Produktlebens" nach dessen Entwicklung und hinreichend erprobter (Massen-)Erstellung den Markteintritt mit Marketingkampagnen, Präsentationen, Absatzlogistik, Lagerbestand, Produktverteilung usw. initiieren und sicherstellen. Als Konstitutor des öffentlichen Verfügbarmachens wird deshalb oft der „Kopf der Kette" gesehen und konsequent gefordert, dass es auf einem autorisierenden **Willensakt des Geheimnisinhabers** basieren müsse. Er ist der berechtigte Wissensproduzent und als solcher der maßgebliche Initiator.[161] 66

Ein solches Primat des Geheimnisinhabers wird im Grundsatz auch diesseits befürwortet, zumal es sich als zwangsläufige Folge seiner zuvorigen Inhaberschaft und deren fiktiv erklärten Auflösung zwangsläufig ergibt (→ Rn. 61 f.). Es erweist sich aber im Falle drittseitig unbefugten Verfügbarmachens als problematisch; insoweit ist auf die nachstehende Erörterung zu verweisen (→ Rn. 70). 67

---

161 BeckOK GeschGehG/*Spieker*, § 3 Rn. 13; BeckOK UWG/*Reiling*, § 3 GeschGehG Rn. 19; K/B/F/*Alexander*, § 3 GeschGehG Rn. 33; *Wiese*, S. 122.

§ 3 Erlaubte Handlungen

(1.5) Exemplifikationen und Problemfälle

68 In den Standardfällen des modernen Produkterwerbs ist die Feststellung eines öffentlichen Verfügbarmachens anhand seiner gegebenen Anbieterpalette zumeist unproblematisch zu führen. **Öffentlich verfügbar gemacht** sind neben den eher selten anzutreffenden überörtlichen, bundesweiten oder gar internationalen Marktauftritten innovativer Produkthersteller der Fahrzeug-, Mode- oder Technikbranche in eigenen Geschäftsräumen vorwiegend größere oder spezielle Fachgeschäfts- oder Kaufhausketten, aber auch Discounter, Direktvertriebe, Homeshopping-Kanäle oder verschiedene Internet-Marktplätze, die nach Absprache und ausreichender Belieferung eine nennenswert breit gefächerte Marktdurchdringung in überschaubaren Zeiträumen bewerkstelligen (können).[162] **Keine** öffentliche Verfügbarkeit eröffnen dagegen Ausstellungen bzw. Vorführungen auf reinen Fachmessen, örtliche Bauern- oder Handwerkermärkte, innergeschäftliche Kooperationen, erste Testverkäufe und/oder Produktberichte bei vorab überlassenem Prototyp, Vorlauf- oder Erstexemplar sowie bloße Transporte und Lagerung für dritte Produktdistributoren.[163] Auch die Aufnahme von NDA-Klauseln in AGB-Bestimmungen bewirkt keine öffentliche Verfügbarkeit.

69 Neben diesen mit den Mitteln und Methoden der modernen empirischen Marktanalyse heute verhältnismäßig einfach zu bewältigenden Ermittlungen aktueller Marktdaten bietet die Frage des öffentlichen Verfügbarmachens allerdings auch drei **Problemkonstellationen**, die aus massiv veränderten Angebotskonstellationen zwischenzeitlicher Markterschöpfung oder Produktionseinstellung resultieren. Genügt eine **frühere öffentliche Verfügbarkeit**,[164] wenn das bis dato noch unaufgedeckte werthaltige Geheimnis nunmehr in einem Großkaufhaus oder auf einer Sammlermesse erworbene Letztexemplar durch Rückbau entschleiert wird? Für welchen Zeitpunkt ist die Öffentlichkeitsbestimmung festzusetzen mit der Folge, dass nur der Ersterwerber und/oder erst spätere Nachfolgeerwerber oder keiner mehr rechtmäßiger Reverser wäre? Wandert das frühere „Ersterwerberrecht" bei aktuell fehlender öffentlicher Verfügbarkeit gleichsam unverändert weiter? Wie ist die umgekehrte Situation: Anfänglicher „Selektivverkauf" und **späteres erstmaliges Verfügbarmachen** des unkundig die Produktion, Stückzahl usw. massiv erweiterten Erben bzw. Insolvenzverwalters? Ist allein an den früher fehlenden Inhaberwillen, an den unwissentlich agierenden Rechtsnachfolger oder an keinen der Beteiligten anzuknüpfen? Dem Gesetz ist insoweit keine Präferenz zu entnehmen.

---

162 Zur Einbeziehung öffentlicher Eintrittsankündigungen im Internet BeckOK GeschGehG/*Spieker*, § 3 Rn. 14.
163 *Alexander*, WRP 2017, 1034 Rn. 79; *ders.*, AfP 2019, 1 Rn. 62 ff.; BeckOK UWG/*Reiling*, § 3 GeschGehG Rn. 17 f.; H/O/K/*Ohly*, § 3 Rn. 24; Hoppe/Oldekop/*Holtz*, Kap. 1 Rn. 374; K/B/F/ *Alexander*, § 3 GeschGehG Rn. 32; s. auch EuGH, GRUR 2020, 407 Rn. 44 ff. – Coty/Amazon.
164 Hier sog. „befugte Zweitnutzung": RGSt 31, 90, 91 – Knopfmuster; RGZ 65, 333, 335 – Pomril; BGH, GRUR 1955, 424, 425 – Möbelpaste; GRUR 1961, 40, 43 – Wurftaubenpresse; GRUR 2003, 356, 358 – Präzisionsmessgeräte; OLG Hamm, WRP 1993, 36, 38 – Tierohrmarken; *Hillenbrand*, S. 121.

IV. Das „insbesondere" Erlangen des § 3 Abs. 1   **§ 3**

Praktisch ungleich gewichtiger ist das dritte Problem: Der **Vortätererwerb**. Im Hinblick auf die dem Geheimnisinhaber durch sein willentlich öffentliches Verfügbarmachen damit angeblich verlustig gehende Verfügungsbefugnis, entpuppt diese sich ohne Umdeutung zu einer generellen Freigabeerklärung als bloße Schimäre gesetzlicher Enteignung – allein gegründet auf die Eigentumsüberlassung der verfügten Produktentäußerung. Dergestalt als zwingendes Erfordernis konstruiert, **versagt** der „verfügbar machende" Initialakt bei unberechtigten Markteintritten Dritter, dh. von Rechtsverletzern. Deren initiierte öffentliche Verfügbarkeit können Endabnehmer nach dem objektiven Erklärungsgehalt des Realphänomens „Marktteilnahme" nur als **willentliches Verfügbarmachen** erkennen, seine Rechtswidrigkeit, fehlende Geheimnisinhaber- und Mitwisserschaft aber ebenso wenig wie den fehlenden „Eintrittswillen" des wahren kundigen Berechtigten. Sie müssen daher von einer korrekten Markteinfügung bzw. öffentlichen Verfügbarmachung ausgehen.[165] Soll nicht der gesetzesverletzende „Plagiator" die öffentliche Verfügbarkeit determinieren (am besten noch im benachbarten Ausland), ist es am Gesetz- oder Richtliniengeber, diese „Fehlallokation" baldmöglichst zu korrigieren. 70

(2) Das unbeschränkte Derivatgut des Besitzberechtigten (Abs. 1 Nr. 2 lit. b)

(2.1) Die fragwürdige Ableitung

§ 3 Abs. 1 Nr. 2 lit. b regelt die zweite Erscheinungsform zulässigen Reverse Engineerings für den Fall eines rechtmäßigen Produkt- bzw. Gegenstandsbesitzes. Danach sind die bereits benannten Aufdeckungshandlungen Beobachten, Testen, Untersuchen und Rückbauen (→ Rn. 53) erlaubt, wenn sie ein rechtmäßiger Besitzer vornimmt, der nicht einer Kenntnisnahmebeschränkung unterliegt. Auch hier geht es wiederum um eine derivative Nach- oder Zweitschöpfung, nur nicht aus einem Eigen-, sondern aus einem Fremdgut. Dabei bedient sich der Gesetzgeber erneut eines rechtstechnischen Tricks, um seine Abwandlung des allgemeinen Gestattungsinstituts der klassischen Einwilligung zu verdecken, indem er sie einfach seitenverkehrt als „**Negativmerkmal**" formuliert und seinen Kunstgriff sprachlich neu ausstaltet: Anstelle des eignerschaftlichen Zustimmungsrechts zu einer Kenntnisnahme Dritter (bei aufrechterhaltener Geheimheit) ist nunmehr das darin enthaltene ausübungspflichtige Recht zu einer ebensolchen Untersagung getreten, dessen Nichtausübung nunmehr die bisherige Einwilligungsfunktion fiktiv zuerkannt wird – frei nach dem Motto „minus mal minus = plus". 71

Gegen eine solche in den Mantel einer unausgeübten möglichen Zugriffsbeschränkung gekleidete fiktive kupierte konkludente Einwilligung[166] bestehen grundlegen- 72

---

165 So in letzter Konsequenz Nebel/*Diedrich*, § 3 Rn. 11; *Witz*, in: FS Harte-Bavendamm, S. 441, 445. Ablehnend gegen eine tatbestandliche Einbeziehung K/B/F/*Alexander*, § 3 GeschGehG Rn. 33 (ohne Begründung). Weitergehend Hoppe/Oldekop/*Holtz*, Kap. 1 Rn. 377 ff., der eine Lösungsmöglichkeit in § 4 Abs. 1, 3 sieht.
166 Fiktiv, weil nicht tatsächlich, kupiert, weil statt berechtigt nunmehr entäußerungspflichtig und konkludent, weil nicht ausdrücklich erfolgt.

§ 3 Erlaubte Handlungen

de **Bedenken**, kann sie ihren hypothetischen Charakter nur höchst unvollkommen verleugnen. Sachlich bleibt zwar der althergebrachte individualrechtliche Zuordnungsgrundsatz erhalten, dass allein einwilligungsfähige Rechtsinhaber Zustimmungsfreiheit bzgl. einer Beeinträchtigung ihrer Güter haben. Jedoch sind sie ihres Rechts verlustig gegangen, sich einer dahingehenden positiven oder negativen Entscheidung ohne Rechtsverlust entsagen zu können. Wie aus einem Grundfreiheitsrecht allerdings eine Entäußerungs- in Gestalt einer **Entsagungspflicht** folgen soll, bleibt unerfindlich. Dies kann nicht auf die apostrophierte Innovationsförderung (→ Rn. 61 f.) oder die angebliche Warnpflicht des Geheimnisinhabers gestützt werden, deren brüchige kollektivistische Fundierung hinreichend belegt ist.[167] Auch vermag eine Besitzeinräumung an Produkten oder Gegenständen nach der Verkehrssitte oder geschäftlichen Gewohnheiten vielleicht neben dem Gebrauch noch ein Beobachten, nicht aber per se ein ihren Istzustand abänderndes oder funktionsfremdes Testen, Untersuchen oder Rückbauen abzudecken. Das Besitzrecht als solches eröffnet keine Zerlegungsrechte an dem Besitzgut, es gestattet nur dessen „Haben".

73 Soll also aus dem Fehlen einer Ausschlussvereinbarung auf eine entsprechende konkludente Erlaubnis geschlossen werden, ist die fragliche Ausschlusspflicht schlichtweg vorausgesetzt. Aus der Einräumung eines Besitzrechtes ergibt sich eine solche Pflicht nicht. Das erlaubte Innehaben der tatsächlichen Herrschaft über ein Gut impliziert weder andere erweiterte noch den Ausschluss möglicher zusätzlicher Befugnisse. Die **Nichtausübung** eines Beschränkungsrechts **ist** aber **keine Zustimmung**, sie enthält sich jeder anderen Aussage. Seine gesetzliche Annahme ist schlicht eine grundrechtsentziehende hypertrophe Fiktion im Deckmantel des Syllogismus.

(2.2) Tathandlungen und Tatobjekte

74 Das besitzrechtliche setzt wie das eignerschaftliche Reverse Engineering den Vollzug der gesetzlich bestimmten Aufdeckungshandlungen durch einen „Beobachtenden, Untersuchenden, Rückbauenden oder Testenden" an den Rückbauobjekten „Produkt oder Gegenstand" voraus. Beide Merkmale sind bereits erläutert, handelt es sich doch bei den benannten Reversern immer um jene Personen, die an diesen wiederum näher beschriebenen Derivatgütern die entsprechenden Tätigkeiten vollziehen. Auf vorstehende Ausführungen ist deshalb vollinhaltlich zu verweisen (→ Rn. 53, 55 ff.).

75 Zu ergänzen ist lediglich, dass die Geheimnis bergenden Produkte und Gegenstände außer dem nachstehend erörterten Spezifikum des „rechtmäßigen Besitzes" dem gesetzlichen Wortlaut nach keiner weitergehenden Anforderung unterliegen. Ihr Kreis scheint „sachlich" unbegrenzt, sodass neben noch nicht auf dem Markt und

---

167 Speziell zum Reverse Engineering zuletzt *Wiese*, S. 123 ff., die zwar ein gesetzliches Verbot vertraglicher Beschränkungen kontrovers diskutiert (und befürwortet), gesetzliche Einschränkungen der Gestattungsautonomie des Geheimnisinhabers aber überhaupt nicht thematisiert.

im Vertrieb befindlichen, zu Anschauungs-, Erprobungs- und Testzwecken erschaffenen Erzeugnissen wie Modellen, Mustern, Prototypen, Vorlauf- oder Erstexemplaren[168] auch bereits am Markt verfügbare, ein Geheimnis enthaltene Güter der Nr. 2 lit. a erfasst wären. Eine solche Ausgrenzung Letzterer findet nur in der bundesdeutschen Gesetzes-, nicht aber in der Richtlinienbegründung eine hinreichend tragfähige Grundlage.[169] Erstreckt sich der Kreis der sog. „besitzgestützten" Derivatgüter jedoch nur auf Prototypen etc., dh. auf marktferne bzw. Pre-Marktgüter,[170] so dürften sich die Hoffnungen der Industrie auf ein rechtmäßiges Rückbauen erworbener Marktgüter kaum verwirklichen lassen:[171] Ob beide Alternativen des in Art. 3 Abs. 1 lit. b Know-how-RL 2016/943/EU freigestellten Reverse Engineering sich ausschließen oder Letztere die Erste erweitert, sollte daher baldmöglichst präzisiert werden. Juristische Personen können nämlich weder selbst noch durch ihre Organe oder Organwalter, sondern allenfalls durch kettenmäßig weiter nachgeordnete „besitzgestützte" Fachleute das Reverse Engineering erfolgreich umsetzen.

(2.3) Das spezifizierte Rückbauobjekt: Das „besitzgestützte" Zugriffsrecht

Anders als in seiner vorstehend erörterten eignerschaftlichen Ausprägung (→ Rn. 57 ff.) ist das Reverse Engineering der Derivatgutbesitzer an zwei Zulässigkeitsbedingungen gebunden, seinen rechtmäßigen Besitz und eine fehlende Zugriffsbeschränkung: Der Reverser muss besitzberechtigt und nicht zur Zugriffsenthaltung verpflichtet sein. Nur wenn beide, die Positiv- wie die Negativbeschränkung vorliegen, ist die Zugriffsvariante der besitzrechtlichen Rückbauerlaubnis eröffnet. 76

(2.3a) Der rechtmäßige Derivatgutbesitz. Besitzmäßig gestützt ist das Reverse Engineering eines Produkts oder Gegenstands gem. Nr. 2 lit. b nur dann erlaubt, wenn der Besitzer seine Besitzposition zum Zeitpunkt der Aufdeckung rechtmäßig innehat. Der Reverser muss mithin berechtigt sein, das erlangte Erzeugnis auch tatsächlich in seinem Besitz zu haben. 77

Besitz ist das reale Haben eines Gutes samt allen ihm innewohnender Potenzialitäten in eigener Herrschaft vermittelnder Zuordnungssphäre.[172] Bedauerlicherweise kennen weder das deutsche noch das zersplitterte Recht der übrigen Nationalstaaten ebenso wenig wie das Unionsrecht neben ihrem schon äußerst uneinheitlich gestalteten Sachbesitzrecht ein auch nur ansatzweise ausgebildetes Datenbesitz- 78

---

168 K/B/F/*Alexander*, § 3 GeschGehG Rn. 34.
169 Vgl. BT-Drs. 19/4724, S. 26 und K/B/F/*Alexander*, § 3 GeschGehG Rn. 34; offen lassend RL 2016/943/EU, Erwgrd. 16.
170 IdS *Alexander*, Wettbewerbsrecht, Rn. 1961 ff.; Büscher/*McGuire*, § 3 GeschGehG Rn. 23; *Leister*, GRUR-Prax 2019, 175, 177; (begrenzt bis zum Markteintritt) Maierhöfer/*Hosseini*, GRUR-Prax 2019, 542, 543 f.
171 Nachweise in Fn. 139. Gleiches gilt umgekehrt für den Versuch eines vertraglich generell für alle Abnehmer implementierten Rückbauverbots; dazu *Alexander*, WRP 2020, 1385 Rn. 40 ff.
172 Ähnlich „habenzentriert" wie hier BeckOK UWG/*Reiling*, § 3 GeschGehG Rn. 20; K/B/F/*Alexander*, § 3 GeschGehG Rn. 35.

§ 3   Erlaubte Handlungen

recht.[173] Ein etwaiger Rekurs auf anderweitig gegebene Ausgestaltungen erweist sich demnach als wenig weiterführender als die obige alltagssprachliche Ausrichtung an der tatsächlichen Herrschafts- bzw. Einwirkungs- oder Verfügungsgewalt.[174]

79   **Rechtmäßig** ist ein Besitz, wenn er sich in ununterbrochener Kette auf eine entsprechende, etwaige inhaltsgleiche Weitergabe an Dritte billigende Gestattung des Geheimnisinhabers zurückführen lässt.[175] Eine darüber hinausgehende Erstreckung auch auf sog. Besitz- oder Zurückbehaltungsrechte gem. §§ 273 f., 1000 BGB ist umstritten,[176] sollte aber zumindest für die Erfinder und Parteien kraft Amtes (zB Insolvenzverwalter) bejaht werden.[177] Besitzentziehungen oder drittseitig unbefugte Aufdeckungsaktivitäten gegen den Willen des Besitzers können eine solche Erlaubniskette allerdings unter- bzw. abbrechen.[178] Ob der Besitzerwerb des jeweiligen Besitzers durch Inempfang- oder Ansichnahme erfolgt, ist ebenso irrelevant wie deren konkrete vertragliche oder sonstige Rechtsgrundlage.[179]

80   *(2.3b) Das Negativkonstituens: Kein unbeschränktes Erlangen.* Zusätzlich zu seinem erlaubten Haben des Derivatguts bedarf der besitzgestützte Rückbauer ein **fehlendes „Enthüllungsverbot"**. Will ein Geheimnisinhaber sein Geheimwissen gegen nachforschende Aufdeckungen seiner Erzeugnisbesitzer usw. sichern, muss er ihnen die Verpflichtung auferlegen, entsprechende Aktivitäten zu unterlassen.[180] Aus dem Recht eigener Zugriffsgestattung ist eine Ausnahmepflicht bei nunmehr vermeintlich „verfügter" Zugriffsfreiheit geworden, deren Erstreckung auch auf das Reverse Engineering der Nr. 2 lit. a inzwischen schon erste Befürwortung und Dispositionsbeschränkungen gefunden hat.[181]

81   Die **Etablierung** eines solchen Aufdeckungs- bzw. Rückbauverbots kann auf verschiedenem Wege erfolgen: Durch ausdrückliche mündliche oder schriftliche Erklärung auch mittels hier sog. „Gestattungshelfer" gegenüber dem betreffenden Besitzer bzw. Erzeugnisempfänger und/oder seinem Rechtsnachfolger, durch konkludentes Tun wie entsprechend gekennzeichnete Unterlagen,[182] in Gestalt errichteter

---

173 Zutreffend gegen einen Datenbesitz im besitzrechtlichen Sinne zuletzt *Zech*, S. 91, 96 ff.
174 Eine Anwendung der §§ 854 ff. BGB präferieren BeckOK GeschGehG/*Spieker*, § 3 Rn. 15; H/O/K/*Ohly*, § 3 Rn. 26; Nebel/*Diedrich*, § 3 Rn. 16; ablehnend BeckOK UWG/*Reiling*, § 3 GeschGehG Rn. 20.
175 BeckOK GeschGehG/*Spieker*, § 3 Rn. 15; K/B/F/*Alexander*, § 3 GeschGehG Rn. 36.
176 Eingehender MK-BGB/*Joost*, § 986 Rn. 26 ff., 45 ff. mwN.
177 RGZ 105, 315, 319; Staudinger/*Gutzeit*, § 854 Rn. 57.
178 Vgl. Büscher/*McGuire*, § 3 GeschGehG Rn. 22.
179 Zutreffend K/B/F/*Alexander*, § 3 GeschGehG Rn. 36.
180 Strikt gegen eine solche Beschränkungsbefugnis plädiert *Wiese*, S. 124 ff., 131, die den Verletzungscharakter des Informationserwerbs des Reversers ebenso verkennt wie den etwaiger vorvertrieblicher Offenlegungen. Beide Handlungen, Aufdeckung wie Offenlegung, sind bei der Schadensberechnung zu berücksichtigen, den Verkehrswert des Geheimnisses mindernde Umstände.
181 Vgl. Hoppe/Oldekop/*Holtz*, Kap. 1 Rn. 402 (auch mit eingehenden Ausführungen zu möglichen „Schutzmaßnahmen", Rn. 386 ff., 399 ff.); Nebel/*Diedrich*, § 3 Rn. 13 f. *Alexander*, WRP 2020, 1385 Rn. 40 ff. gestattet nur Beschränkungen im Einzelfall, keine generellen Verbote.
182 *Witz*, in: FS Harte-Bavendamm, S. 441, 447 (auf Vorlagenfreibeuterei beschränkt).

IV. Das „insbesondere" Erlangen des § 3 Abs. 1

Zugriffsschranken (Verplomben, Verpixeln, Verschlüsseln usw.) oder durch die Aufnahme entsprechender Verbotsanordnungen in schriftliche Verträge vor der Überlassung.[183]

Im Hinblick auf die Ausgestaltung seiner „**Enthaltungsklausel**" muss der Geheimnisinhaber besondere Sorgfalt wahren, erfüllt sie doch nur dann die ihr zugedachte Ausschlussfunktion, wenn sie gerichtlicher Überprüfung standhält, dh. wirksam und rechtmäßig ist.[184] Dabei ist je nach Ausgestaltung sorgfältig zwischen gesondert abgefassten Individualvereinbarungen und allgemeinen Vertragsbedingungen zu unterscheiden, wird doch die Zulässigkeit ihrer Verwendung keineswegs einheitlich beurteilt.[185] Gemeinhin dürften **Individualabreden** aber eher Akzeptanz finden, wenn sie nachvollzieh- wie belegbare Sachgründe darlegen, deren Umsetzung sich in personeller, sachlicher und temporärer Hinsicht als angemessen, zweckdienlich und notwendig erweist, zugleich aber auch bemüht ist, den Geboten der §§ 242, 134, 138 BGB hinreichend Rechnung zu tragen.[186] Ungleich schwieriger wird es dagegen sein, abnehmerunbegrenzte Klauselabreden in Verträgen oder **allgemeinen Geschäftsbedingungen** (AGB) bestandsfest auszugestalten. Zwar steht einer solchen Regelung keineswegs § 307 Abs. 2 Nr. 1 BGB entgegen, da zumindest bei dem hier in Rede stehenden „besitzgestützten" Zugriffsrecht des § 3 Abs. 1 Nr. 2 lit. b eine solche Einschränkungsmöglichkeit ungeachtet ihrer rechtlichen Einkleidung gesetzlich ausdrücklich gestattet ist.[187] Vor Markteröffnung und bei angemessenem Vorteilsausgleich sollten daher generelle vertragliche Untersagungen als auch AGB-rechtliche Rückbauverbote in entsprechenden Kooperationsverträgen rechtsgültig eingerichtet werden können.[188]

---

183 Eine Vertragspflicht erkennt *Witz*, in: FS Harte-Bavendamm, S. 441, 446 unter Berufung auf entsprechende Ausführungen in der Entwurfsbegründung BT-Drs. 19/4724, S. 26, die allerdings keine Umsetzung im Gesetzestext finden. K/B/F/*Alexander*, § 3 GeschGehG Rn. 37 gestattet „ergänzende Ausdeutungen als Treupflicht aus § 241 II BGB". Praxisbezogene Vorschläge bei Hoppe/Oldekop/*Holtz*, Kap. 1 Rn. 403 ff.
184 So im Anschluss an Art. 3 Abs. 1 lit. b RL 2016/943/EU und BT-Drs. 19/4724, S. 26: *Alexander*, WRP 2020, 1385 Rn. 39; BeckOK GeschGehG/*Spieker*, § 3 Rn. 16; H/O/K/*Ohly*, § 3 Rn. 27; Hoppe/Oldekop/*Holtz*, Kap. 1 Rn. 415; K/B/F/*Alexander*, § 3 GeschGehG Rn. 38; Nebel/*Diedrich*, § 3 Rn. 18.
185 *Apel/Walling*, DB 2019, 891, 896; BeckOK UWG/*Reiling*, § 3 GeschGehG Rn. 19.1, 21; *Keller*, GRUR 2018, 706; *Leister*, GRUR-Prax 2019, 175, 176 f.; *Maierhöfer/Hosseini*, GRUR-Prax 2019, 542, 543 f.; Nebel/*Diedrich*, § 3 Rn. 18 ff.; *Wiese*, S. 130.
186 Vgl. BeckOK UWG/*Reiling*, § 3 GeschGehG Rn. 19.1, 21; Hoppe/Oldekop/*Holtz*, Kap. 1 Rn. 415 f.; K/B/F/*Alexander*, § 3 GeschGehG Rn. 38; Nebel/*Diedrich*, § 3 Rn. 18.
187 Strikt gegen eine AGB-Regelung deshalb unter Berufung auf das Leitbild des Reserve Engineering im Falle des „unbegrenzten" Zugriffsrechts des § 3 Abs. 1 Nr. 2 lit. a nach „öffentlicher Verfügbarkeit" ua. *Apel/Walling*, DB 2019, 891, 896; H/O/K/*Ohly*, § 3 Rn. 25; *Leister*, GRUR-Prax 2019, 175, 176; *Maierhöfer/Hosseini*, GRUR-Prax 2019, 542, 543 f.; *Reinfeld*, § 2 Rn. 32. Befürwortend hingegen Hoppe/Oldekop/*Holtz*, Kap. 1 Rn. 404 ff. Allgemein zu AGB-Recht und „NDAs" *Hille*, WRP 2020, 824 Rn. 10 ff., 52 ff. (Vertragsstrafe).
188 Wie hier bereits *Maierhöfer/Hosseini*, GRUR-Prax 2019, 542, 544; Nebel/*Diedrich*, § 3 Rn. 19 ff., 23; *Otte-Gräbener/Kutscher-Puis*, ZVertriebsR 2019, 288, 291. Restriktiver für gene-

§ 3 Erlaubte Handlungen

(2.4) Prozessuales

83 Das Reserve Engineering ist ungeachtet seiner mitunter als „Schranke" betitelten Regelung[189] formalgesetzlich als Erlaubnistatbestand ausgeformt.[190] Demgemäß gelten die allgemeinen Regeln der Darlegungs- und **Beweislast**, dh. im Streitfall hat der Beobachter usw. das Vorliegen seines originären oder derivativ besitzgestützten Zugriffsrechts zu beweisen.[191] Dies gilt konsequenterweise auch in Unterlassungsverfahren für den Einwand eines rechtmäßigen Alternativverhaltens, dh. die Möglichkeit, das abredewidrig etc. aufgedeckte Geheimnis auch eigenschöpferisch entwickelt haben zu können.[192] Ob und wie sich das Bestehen einer solchen Möglichkeit auf die Dauer einer Unterlassungspflicht verkürzend auswirken kann oder gar muss,[193] sei ein hier nicht zu erörterndes Thema. Insoweit ist auf die einschlägigen Ausführungen an anderer Stelle verwiesen (→ § 9 Rn. 36 f.).

(2.5) Alternative und sonstige Rechtsfolgen

84 Das erlaubte Reverse Engineering ist keineswegs nur im Geheimnisschutzrecht geregelt. Ähnliche Erlaubnistatbestände, die zudem zugleich die Setzung von „Enthaltungsklauseln" als unwirksam erachten, finden sich auch in den immaterialrechtlichen Normen der §§ 6 Abs. 2 Nr. 2 HalblSchG, §§ 69d Abs. 3, 69e Abs. 2 UrhG für das Erstellen einer Duplikation oder das Dekompilieren eines Computerprogramms.[194] Schwieriger ist es dagegen, die Bedenken gegen eine kartellrechtliche Unbedenklichkeit auszuräumen, bedürfen doch die dortigen Erlaubnisprüfungen einer sorgfältigen Dar- und Widerlegung etwaiger denkbarer Verstöße gegen das Verbot wettbewerbsbeschränkender Vereinbarungen, Art. 101 III, 101 I lit. c AEUV, §§ 1, 2 GWB.[195]

85 Die Erlaubnisse des § 3 Abs. 1 Nr. 2 erstrecken sich nur auf das Erlangen, nicht hingegen auf ein möglicherweise nachfolgendes Benutzen oder Offenlegen des Geschäftsgeheimnisses.[196] Die Zulässigkeit dieser Folgehandlungen ist

---

relle Vertragsverbote *Alexander*, WRP 2020, 1385 Rn. 40 ff., 43, der hierin ein öffentliches Verfügbarmachen sieht.
189 Vgl. Büscher/*McGuire*, § 3 GeschGehG Rn. 6; generalisierend Hoppe/Oldekop/*Holtz*, Kap. 1 Rn. 332.
190 BeckOK GeschGehG/*Spieker*, § 3 Rn. 17.
191 BeckOK GeschGehG/*Spieker*, § 3 Rn. 17; Hoppe/Oldekop/*Holtz*, Kap. 1 Rn. 419 ff.; K/B/F/ *Alexander*, § 3 GeschGehG Rn. 69. AA H/O/K/*Ohly*, § 3 Rn. 30 und Nebel/*Diedrich*, § 3 Rn. 32, die damit die gesetzliche Umkehrung beweisrechtlich nachzeichnen, um deren ansonsten drohenden prozessualen Konsequenz zu entgehen.
192 *Witz*, in: FS Harte-Bavendamm, S. 441, 450.
193 Für eventuelle Fristverkürzungen plädiert *Witz*, in: FS Harte-Bavendamm, S. 441, 447 ff.; s. auch MAH-GewRS/*Musiol*, § 25 Rn. 33 mit Mustervorschlägen.
194 Komprimiert H/O/K/*Ohly*, § 3 Rn. 27, 31 f.; K/B/F/*Alexander*, § 3 GeschGehG Rn. 40; Nebel/ *Diedrich*, § 3 Rn. 8, 20; *Ohly*, GRUR 2019, 441, 447; *Wiese*, S. 129; letztenfalls eingehender *Schweyer*, S. 100 ff., 130 ff.; *Triebe*, WRP 2018, 795, 797 ff.
195 *Otte-Gräbener/Kutscher-Puis*, ZVertriebsR 2019, 288, 291.
196 H/O/K/*Ohly*, § 3 Rn. 28; Hoppe/Oldekop/*Holtz*, Kap. 1 Rn. 347; K/B/F/*Alexander*, § 3 GeschGehG Rn. 49; *Wolf/Harrer-Kouliev*, in: FS Windbichler, S. 457, 465 f.

eine Frage des § 3 Abs. 2 und allein nach den dortigen Vorgaben zu bestimmen (→ Rn. 96ff.).[197] Sollten diese eingehalten sein, so ist damit der Geheimnisschutz keineswegs erschöpft. Besondere Bedeutung kommt hier dem ergänzenden lauterkeitsrechtlichen Schutz gem. § 4 Nr. 3c UWG gegen Nachahmung zu,[198] der in den Fällen des § 3 Abs. Nr. 2 allerdings mangels unredlichen Erlangens nicht zur Anwendung kommt.[199] Dies gilt auch dann, wenn die Erlaubnis zum Reverse Engineering an eine spätere Nutzung und Offenlegung des erlangten Geheimnisses untrennbar geknüpft war.

c) Arbeitnehmer- und Arbeitnehmervertreterrechte (§ 3 Abs. 1 Nr. 3)

aa) Regelungsgegenstand: Arbeitnehmerseitige Informationsrechte

Nr. 3 beschließt den Kreis der Erlangensrechte des Abs. 1.[200] Erfasst sind im Gegensatz zum „Zweiterfinden" usw. und zum originären wie derivativen Reverse Engineering nunmehr keine eigenen Entdeckungs-, sondern allein hier sog. Wahrnehmungsrechte für den Bereich des Arbeitsrechts. Diese Rechte haben **keine Gemeinsamkeiten** mit zuvor benannten, da sie statt auf eigener Erkenntnis derivativ, dh. auf fremder Bekundung beruhen (sollen). Es sind quasi Inempfangnahme- bzw. Kenntnisvermittlungsrechte, die sich an Geheimnisinhaber bzw. deren Geheimnisträger richten und ein erlaubtes Erlangen von Geschäftsgeheimnissen für Arbeitnehmer und deren mitbestimmungsrechtlichen Gremienvertreter statuieren. Damit wird die vorgängige Zentrierung der Erlaubnisse auf „neue" Inhaberschaften durch die additive Hereinnahme von bestimmten, konzeptionell ansonsten den Zugriffsbefugnissen des § 4 vorbehaltenen Gestattungen letztendlich wieder durchbrochen, der selbstgesetzte Gegensatz von „Eignerrecht" und fakultativem „Eingriffsrecht" praktisch bis zur Unkenntlichkeit vermischt.

86

Nennenswerte eigene Bedeutung wird die Regelung kaum entfalten, unterfallen doch die entsprechenden Anhörungs- und Beteiligungsrechte usw. der Mitarbeiter und Gremien zumeist gleichfalls der nachfolgenden Erlaubnisgeneralklausel des Abs. 2. Sachlich knüpft Nr. 3 an die entsprechende „**Unberührtheitsregel**" des § 1 Abs. 3 Nr. 4 an, dessen generelle Freistellung vom Geltungsbereich des GeschGehG sie höchst plakativ erneut deklariert.[201]

87

---

197 *Ohly*, GRUR 2019, 441, 448; *Rauer/Eckert*, DB 2016, 1239, 1241; *Sagstetter*, S. 17.
198 Vgl. Büscher/*McGuire*, § 3 GeschGehG Rn. 7; BeckOK GeschGehG/*Spieker*, § 3 Rn. 9; H/O/K/*Ohly*, § 3 Rn. 33 ff.; K/B/F/*Alexander*, § 3 GeschGehG Rn. 39; *Ohly*, GRUR 2019, 441, 447; *Rauer/Eckert*, DB 2016, 1239, 1241; *Reinfeld*, § 2 Rn. 33; *Wiese*, S. 127 f.
199 H/O/K/*Ohly*, § 3 Rn. 35; K/B/F/*Alexander*, § 3 GeschGehG Rn. 39; K/B/F/*Köhler*, § 4 Rn. 3.63 f.; *Ohly*, GRUR 2019, 441, 447.
200 Als Schutzschranke qualifiziert von Büscher/*McGuire*, § 3 GeschGehG Rn. 2 und Brettel/*Schneider* § 3 Rn. 615, die damit deren Beschränkbarkeit in Fällen des § 4 Abs. 1 Nr. 2 (zB Verratsabsicht) vom Rechtsverlust zur „Schrankenschranke" umfunktionieren: Teilhaberechte sind keine Rechtfertigungsgründe.
201 BeckOK GeschGehG/*Fuhlrott*, § 3 Rn. 18; BeckOK UWG/*Reiling*, § 3 GeschGehG Rn. 24; EuArbR/*Schubert*, Art. 4 RL 2016/943/EU Rn. 19. Die damit verbundene rein rechtspolitisch

§ 3 Erlaubte Handlungen

bb) Die Spezifizierung: Alleinige inhaltsbeschränkte Kenntnisnahme

88 Sachlich unterliegt der Anwendungsbereich des arbeitnehmerseitig erlaubten Erlangens von Geschäftsgeheimnissen gleich zweifacher Begrenzung: Zum einen ist **nur** das **Erhalten** umfasst, weder das eigenmächtige Beschaffen durch andere kenntniseröffnende Aktivitäten noch das spätere Gebrauchmachen oder Offenlegungen. Letzteres bestimmt sich allein nach den nachstehenden Erlaubnissen des § 3 Abs. 2 und unter Einhaltung etwaiger entgegenstehender gesetzlicher, vertraglicher oder sonstiger Verpflichtungen.[202] Zum zweiten sind jene inhaltlichen **Begrenzungen** zu beachten, die eine Kenntnisnahme nur bestimmter Geheimnisse gesetzlich, vertraglich oder nach branchen-/betriebsüblicher Gepflogenheit gewohnheitsrechtlich gestatten.[203] Insoweit sind besonders die letzteren beiden Varianten von Bedeutung, können doch die beteiligten Parteien sowohl die Informationsrechte als auch die Geheimhaltungspflichten entsprechend erweitern.[204]

89 **Keine Informationsrechte** bestehen beispielsweise hinsichtlich geheimer Ereignisse wie unberechtigter Abmahnung/Kündigung Dritter, unaufgedeckter innerbetrieblicher Verstöße und Übervorteilungen der Geschäftspartner oder gar inhaber- wie mitarbeiterseitig strafrechtswidriger Aktivitäten: Arbeitnehmerseitige und mitbestimmungsrechtliche Anhörungs- und Informationsrechte geben ihren Trägern bzw. Destinatären kein allumfassendes „Einbindungs- bzw. Selbsteinbringungsrecht" in ausnahmslos alle ggf. interessanten Vorkommnisse oder Unternehmensinterna.

cc) Die Rechteinhaber: Arbeitnehmer und Arbeitnehmervertreter

90 Eröffnen die vorstehenden Erlaubnistatbestände der Nr. 1 und 2 ungeachtet persönlicher Fähigkeiten usw. und sozialer Stellung letztlich jedem „quivis ex populo" ein bestimmt geartetes Zugriffsspektrum erlaubter Handlungsweisen, so verlässt die Zugriffserlaubnis der Nr. 3 diesen Kreis der Jedermannrechte und statuiert ein **Sonderrecht** allein für einen ganz bestimmten Personenkreis – die **Arbeitnehmer** und **Arbeitnehmervertreter**. Ihnen will das Gesetz in Umsetzung der Vorgaben der „Unberührtheitsklausel" des § 1 Abs. 3 Nr. 4 den Geltungsgehalt rechtsgeschäftlicher arbeitsvertraglicher Vereinbarungen und spezialgesetzlicher Mitbestimmungsregelungen für das erlaubte Erlangen konkretisieren und garantieren.

91 Beide Personengruppen sind bereits im Rahmen des § 1 vorgestellt, begrifflich präzisiert und in ihren Erscheinungsformen näher veranschaulicht. Etwaige Abweichungen sind nicht zu konstatieren, die dort benannten Personen bzw. Einrichtun-

---

motivierte Signalwirkung wird zutreffend betont ua. von Büscher/*McGuire*, § 3 GeschGehG Rn. 25; H/O/K/*Ohly*, § 3 Rn. 37; K/B/F/*Alexander*, § 3 GeschGehG Rn. 42.
202 Büscher/*McGuire*, § 3 GeschGehG Rn. 26; K/B/F/*Alexander*, § 3 GeschGehG Rn. 49; MK-UWG/*Namysłowska*, Geschäftsgeheimnis-RL Art. 3 Rn. 11; Nebel/*Diedrich*, § 3 Rn. 26; *Reinfeld*, § 2 Rn. 34; EuArbR/*Schubert*, Art. 4 RL 2016/943/EU Rn. 17.
203 Büscher/*McGuire*, § 3 GeschGehG Rn. 26; K/B/F/*Alexander*, § 3 GeschGehG Rn. 50.
204 EuArbR/*Schubert*, Art. 4 RL 2016/943/EU Rn. 20.

IV. Das „insbesondere" Erlangen des § 3 Abs. 1 **§ 3**

gen bleiben in allen Varianten auch hier einheitlich geprägt. Auf dortige und weitergehende Erläuterungen ist vollinhaltlich verwiesen (→ § 1 Rn. 54 ff., § 4 Rn. 89). Anzufügen bleibt lediglich, dass auch der unionsrechtliche Arbeitnehmerbegriff ungeachtet der Mehrzahl und Quisquilien seiner Varianten[205] vornehmlich auf Kriterien wie Eingliederung, Weisungsbindung und Lohnvergütung rekurriert,[206] die das nationale Recht maßgeblich determinieren.

dd) Die erlaubte Teilhabe: Information, Anhörung, Mitwirkung und Mitbestimmung

Im Gegensatz zu den vorstehenden, neue „(Zweit-)Eignerschaft" zuweisenden Erlaubnissen der Nr. 1 und 2 gewähren die Handlungserlaubnisse der Nr. 3 den Arbeitnehmern und Arbeitnehmervertretern weder Eignerschaft noch Freigabekompetenz. Sachlich abschließend festgesetzt auf insgesamt 4 Funktionen sind es lediglich bestimmte Handlungsaktivitäten, die eine Inempfang- bzw. Kenntnisnahme bestimmter Unternehmensinterna oder deren interne Weitergabe an bestimmte Personen(kreise) bzw. Funktionsträger gestatten. Anders als die bereits im Rahmen des § 1 Abs. 3 Nr. 4 primär dargelegten eignerschaftlichen Rechte der Arbeitnehmer (→ § 1 Rn. 58) handelt es sich, wie bei den dort vorgestellten Rechten der Arbeitnehmervertreter (→ § 1 Rn. 62 ff.), hier ausschließlich um eine Vielzahl spezieller betriebs- bzw. funktionsgebundener Rechte, die Arbeitnehmern bzw. Mitgliedern betriebsverfassungs- oder gesellschaftsrechtlicher Gremien/Institutionen Zugang zu und Umgang mit fremden Geschäftsgeheimnissen einräumen. Zu ihnen gehören insbesondere: 92

- **arbeitnehmerseitig** neben den **derivativen außerordentlichen relativen** Informations- bzw. Kenntnisnahmerechten zu internen Gefahrenquellen, geplanten Betriebsschließungen, Personalabbau oder Standortverlagerungen (§ 12 Abs. 1 ArbSchG, § 14 Abs. 1, 2 GefStoffV, § 613a Abs. 4 BGB und § 43 Abs. 2 BetrVG) die gesetzlich, vertraglich, qua Gepflogenheit oder Individualabrede eingeräumten Anhörungs-, Auskunfts- und Unterrichtungsansprüche der § 13 AÜG, § 10 Abs. 1 ETrG, § 7 Abs. 3 TzBfG, Art. 15 DS-GVO;[207]
- **vertreterseitig** unterteilen sich die Rechte der Arbeitnehmervertretungen in betriebliche Mitwirkungs- und Mitbestimmungsrechte der Betriebsverfassungsgesetze (BetrVG, EBRG, SCEBG, SEBG, SGB IX, SprAuG) und gesellschaftsrechtliche Beteiligungsrechte im Aufsichtsrat der Kapitalgesellschaften (DrittelbG, MgVg, MitbestG, MitbestErgG, MontanMitbestG). Ersterenfalls jeweils gesondert geregelt für Anregung, Unterrichtung, Anhörung, Beratung, Berufung, Zustimmung und deren Verweigerung (→ § 1 Rn. 57 f.) sind sie letzteren-

---

205 Näher zu ihnen zuletzt *Wank*, EuZW 2018, 21 ff.
206 Zentrale Entscheidungen benennen H/O/K/*Ohly*, § 3 Rn. 39 und K/B/F/*Alexander*, § 3 GeschGehG Rn. 45.
207 Vgl. BeckOK UWG/*Reiling*, § 3 GeschGehG Rn. 25; EuArbR/*Schubert*, Art. 4 RL 2016/943/EU Rn. 11; Hoppe/Oldekop/*Lodemann*/*Tholuck*, Kap. 1 Rn. 425; *Reinfeld*, § 2 Rn. 35, 38.

§ 3 Erlaubte Handlungen

falls auf alle Beteiligungsrechte erstreckt (→ § 1 Rn. 64). Einbezogen sind demnach auch die weitergehenden Rechte der Beratung usw., da deren Ausübung das zuvorige erlaubte Erlangen und gremieninterne Erörtern der betreffenden Interna funktional voraussetzen.[208] Auf obige und andernorts benannte[209] Aufstellungen einschlägiger Vorschriften ist verwiesen.

ee) Abstimmungsprobleme: Haftungseinheit oder Divergenz im Geheimnisschutz?

93 Wie im Gesellschafts- so hat das neue GeschGehG auch im Arbeitsrecht eine Problemkonstellation hervorgebracht, deren befriedigende Auflösung bislang noch aussteht: Einen divergierenden Geheimnisbegriff mit der Folge gleichfalls divergierender Haftung der Arbeitnehmer und insbesondere ihrer verschiedenen Vertreter. Bestand **früher** unter der Geltung des lauterkeitsstrafrechtlichen Geheimnisbegriffs weitgehende Einigkeit über eine **einheitliche Begriffsverwendung** auch in Rechtsgebieten wie dem Arbeits-, Gesellschafts- und dem Strafrecht,[210] so ist dem unionsrechtlich vorgeformten Begriff des § 2 Nr. 1 **heute** eine **Haftungsdivergenz** an deren Stelle getreten, die sich gleichermaßen auf alle benannten Rechtsgebiete auswirkt: Wo gilt welcher Geheimnisbegriff und welche Erlaubnis- oder Verbotsnorm? Die frühere Anspruchs- bzw. Haftungskonkurrenz ist mitunter einem vermeintlichen Alternativkonzept gewichen.[211]

94 Bekanntermaßen bedarf der tradierte Geheimnisbegriff keiner Geheimhaltungsmaßnahmen, die betriebsverfassungsrechtliche Schweigepflicht der Arbeitnehmervertreter[212] einer (zudem strafbewehrten) ausdrücklichen Erklärung, die (auch strafbewehrte) Schweigepflicht ihrer gesellschaftsrechtlichen Kollegen hingegen ebenso wenig wie das strafbewehrte Pendant der Unternehmensbeschäftigten.[213] Strafrechtlich galt demgemäß bei gleichzeitiger Begehung Tateinheit,[214] zivilistisch Anspruchskonkurrenz. Tritt jetzt der neue Geheimbegriff nicht einheitlich an die Stelle des alten Begriffs,[215] so sind – da nunmehr Spezialität gilt – Divergenzen unumgänglich: **Ohne angemessene Geheimhaltung** haften nur die betriebsverfas-

---

208 Für eine solche Einbeziehung auch EuArbR/*Schubert*, Art. 4 RL 2016/943/EU Rn. 14 f.
209 Speziell zum Arbeitsrecht EuArbR/*Schubert*, Art. 4 RL 2016/943/EU Rn. 16; *Reinfeld*, § 2 Rn. 37 ff. Selektiv H/O/K/*Ohly*, § 3 Rn. 41.
210 Statt vieler *Brammsen*, Lauterkeitsstrafrecht, § 17 Rn. 9; *Fleischer/Pendl*, ZIP 2020, 1321, 1323.
211 Komprimiert zum Streitstand BeckOK GeschGehG/*Fuhlrott*, § 3 Rn. 24 ff.; EuArbR/*Schubert*, Art. 4 RL 2016/943/EU Rn. 17 f., 20 ff.; *Fleischer/Pendl*, ZIP 2020, 1321, 1326; H/O/K/*Ohly*, § 3 Rn. 38; Hoppe/Oldekop/*Lodemann/Tholuck*, Kap. 1 Rn. 451 ff.; K/B/F/*Alexander*, Vor § 1 GeschGehG Rn. 81 f.
212 Zu ihr komprimiert BeckOK GeschGehG/*Fuhlrott*, § 3 Rn. 19 ff.
213 Vgl. nur §§ 79, 120 BetrVG; §§ 35 Abs. 2 f. iVm. 43 f. EBRG; §§ 179 Abs. 7 Nr. 2, 237a SGB IX; §§ 29, 35 SprAuG; §§ 93, 116, 404 AktG; §§ 34, 41, 151 GenG; § 17 Abs. 1 UWG aF bzw. § 4 Abs. 2 Nr. 2 u. 3 iVm. § 23 Abs. 1 Nr. 3 GeschGehG.
214 Statt vieler *Brammsen*, Lauterkeitsstrafrecht, § 17 Rn. 78 mwN.
215 Geheimhaltungserklärungen sind kein (sachliches) Geheimniskonstituens, sondern ein (personales) Pflichtmerkmal. Betriebsverfassungsrechtlich bedarf dies keiner entsprechenden Gesetzesänderungen.

sungsrechtlichen Arbeitnehmervertreter bei entsprechender Erklärung, sonst, wie auch alle anderen vorbenannten Personen, mangels Geschäftsgeheimnis überhaupt nicht. Gilt umgekehrt der frühere Geheimnisbegriff im Betriebsverfassungs-, Mitbestimmungs- und sonstigen Gesellschaftsrecht fort, so haften nun zusätzlich die gesellschaftsrechtlichen Mitbestimmungsvertreter wie alle Organwalter bei unverändert ohne Schutzmaßnahmen gebliebenem Geheimnis. Sind jetzt **Schutzmaßnahmen** und neuer Geheimnisbegriff **gegeben**, so haften alle Vorbenannten als Unternehmensbeschäftigte (§ 4 Abs. 2 Nr. 2 u. 3 iVm. § 23 Abs. 1 Nr. 3), die organschaftlichen Mitbestimmungsvertreter zusätzlich ohne, die betriebsverfassungsrechtlichen Arbeitnehmervertreter nur bei vorliegender Erklärung. Dieses bestehende Haftungswirrwarr einfach und sachgerecht aufzulösen ist eine Aufgabe, die nicht allein der Rechtsprechung „zugeschoben" werden sollte. Der Gesetzgeber ist daher aufgerufen, seiner Aufgabe nachzukommen und gebietsübergreifende Regelungen materiell wie auch systematisch besser aufeinander abzustimmen anstatt immer nur unkoordinierte neue Teillösungen für eine längst überforderte Rechtslehre und Rechtspraxis zu produzieren (erste Anregungen → § 1 Rn. 65 f.).

ff) Prozessuales

Die Darlegungs- und Beweislast für das Vorliegen der arbeitnehmer- und -vertreterseitigen Informations-, Anhörungs-, Mitbestimmungs- und Mitwirkungsrechte obliegt der jeweiligen, sie in Anspruch nehmenden bediensteten Person bzw. Institution.[216] 95

V. Die „allgemein" erlaubten Handlungen des § 3 Abs. 2

1. Einleitung und Regelungshintergrund

§ 3 Abs. 2 fungiert im neuen GeschGehG quasi in Gestalt einer **Gestattungsgeneralklausel**, die – anknüpfend an die vorstehend in Abs. 1 geregelten Sonderfälle eines erlaubten Erlangens – für alle verbleibenden Restfälle täterschaftlicher Geheimnisbeeinträchtigungen drei allgemeine Grundregeln benennt. Erlaubt ist jedes weitere über die „Zweitentdeckung", das Reverse Engineering und arbeitsrechtliche Rechtsausübungen hinausgehende Erlangen wie überhaupt jegliches Nutzen und Offenlegen von Geschäftsgeheimnissen, wenn es **durch Rechtsgeschäft** oder **Gesetz** oder **aufgrund eines Gesetzes** gestattet ist. 96

Getragen wird die Festsetzung einer solchen Gestattungsgeneralklausel (so steht mangels Begründung zu vermuten) von der diesseits erhofften gesetzgeberischen Erkenntnis, dass sein inzwischen unüberschaubar gewordenes Konvolut gesetzlich errichteter Anhörungs-, Einsichts-, Mitteilungs-, Publikations- und sonstiger vielgestaltiger Informationsrechte eines Ordnungsansatzes bedarf, der auftretende Normenkollisionen bewältigen kann. Wenn er denn noch zugleich den Grundfreiheiten 97

---

216 H/O/K/*Ohly*, § 3 Rn. 44.

§ 3 Erlaubte Handlungen

der beteiligten Seiten hinreichend Rechnung trägt und so der staatlichen Pflicht zur Gewährleistung der Privatautonomie genügt,[217] ist mit dieser längst überfälligen Implementierung zumindest für den Geschäftsgeheimnisschutz erst einmal Genüge getan. Anstehende Präzisierungen zu erwägenswerten weitergehenden „gewichtungsbestimmten" Differenzierungen können bereichsspezifisch festzusetzenden Sonderregelungen zugeführt werden: Absolute formelle Vorordnungen vermögen materielle Ungleichgewichtungen nicht immer zu vermeiden.

2. Die Erlaubnisgründe: Gesetz und Rechtsgeschäft

98 § 3 Abs. 2 eröffnet in Erweiterung der nur auf enumerativ benanntes Erlangen beschränkten Erlaubnisse des § 3 Abs. 1 Nr. 1–3 allem weiteren Erlangen, Nutzen und Offenlegen von Geschäftsgeheimnissen insgesamt drei zusätzliche Erlaubnisgründe, wenn der betreffende Zugriff auf der Basis einer bestimmt gearteten Befugnis gestattet ist: Durch Gesetz, aufgrund eines Gesetzes oder durch Rechtsgeschäft. Alle benannten Gestattungen stehen **gleichberechtigt** zur Verfügung, eine bestimmte Reihenfolge oder Gewichtung ist nicht vorgegeben. Im Regelfall dürfte die eignerschaftliche Gestattung allerdings vorrangig sein, gebührt einem Geheimnisinhaber (abgesehen vielleicht von staatsicherheitspolitischen Erwägungen) doch das uneingeschränkte Recht, sein Geheimnis jederzeit nach eigenem Gusto auf jedem beliebigen Wege ad coram publico offen zu legen oder Dritte in den Kreis der schweigepflichtigen Geheimnisträger einzubeziehen.

a) Die Gestattung durch oder aufgrund Gesetzes

99 Erste und mit großem Abstand umfangreichste Variante der zusätzlichen Erlaubnisgründe betrifft jene speziellen Gestattungen, die auf einer staatsseitigen Anordnung „durch oder aufgrund eines Gesetzes" basieren. Dergestalt erneut unterteilt vereinen sie ein inzwischen vollkommen unübersichtliches Konvolut verschiedenster hoheitlicher Freistellungsformen, die pauschal oder nur für bestimmte Geheimnisgruppen explizit benannten Institutionen usw. und Personengruppen zur ordnungsgemäßen Wahrnehmung der ihnen obliegenden oder überantworteten Aufgaben bestimmte Zugriffsrechte auf oder Weiterleitungen eigener oder fremder Geschäftsgeheimnisse anordnen. Neben zivil- inzwischen wohl vornehmlich öffentlich-rechtlicher Art genießen sie keineswegs allesamt den angeordneten Vorrang des § 1 Abs. 2, sodass die Regelung des § 3 Abs. 2 nur letzterenfalls neben deklaratorischer zugleich eine, wenn auch nur rudimentär ausgeprägte Konkretisierungsfunktion entfaltet.[218] Beiden ist gemein, dass ihnen nur Rechtsnormen unterfallen, die Regelungssachverhalte **jenseits** des **Anwendungsbereichs** der GeheimnisschutzRL 2016/943/EU zum Gegenstand haben.[219] Die lediglich formalrechtlich haftungsfrei

---

217 Zutreffend hervorgehoben von K/B/F/*Alexander*, § 3 GeschGehG Rn. 58.
218 Nur letzteres betonend K/B/F/*Alexander*, § 3 GeschGehG Rn. 60.
219 Wie hier schon K/B/F/*Alexander*, § 3 GeschGehG Rn. 64.

V. Die „allgemein" erlaubten Handlungen des § 3 Abs. 2 §3

gestellten Tatbestandsausnahmen des § 5 sind deshalb keine gesetzlichen Erlaubnisse.

Der Ausdruck **Gesetz** erfasst in Anlehnung an Art. 2 EGBGB jede Art unionsrechtlicher wie nationalstaatlicher Rechtsnormen, dh. alle verfassungskonform erlassenen und publizierten generell-abstrakten Regelungen mit Außenwirkung.[220] Dieses sind Verfassungsordnungen, parlamentarische Gesetze (auch wie in Italien in Gestalt von Rahmengesetzen), Richtlinien (zB Art. 21 Abs. 7 UAbs. 2 **Whistleblower-RL 2019/1937/EU**) und Verordnungen wie auch autonome Satzungen und sog. Gewohnheitsrecht ungeachtet divergierender mitgliedstaatlicher Bezeichnung, nicht hingegen alle inneradministrativen Vorschriften. Die innerstaatliche Ausgestaltung folgt dem jeweiligen nationalen Recht.[221] In Deutschland vollzieht sie sich in zwei dialogisch konzipierten Zuweisungskonstruktionen, denen sogar die bundesdeutsche Besonderheit der Ausnahme in § 5 Nr. 2 als „Haftungsfreistellung" bzw. Tatbestandsausschluss unterworfen wird: Über Art. 21 Abs. 7 UAbs. 2 WBRL wird sie wieder zur Erlaubnis (→ § 5 Rn. 91). 100

Die Regelungsalternative **durch Gesetz** beschreibt die direkte Form einer Rechtszuweisung durch Verpflichtung des Geheimnisinhabers. Er wird als Berechtigter gesetzestatbestandlich verpflichtet, von sich aus bestimmten Empfängern Kenntnis von bestimmten geheimen Informationen zu verschaffen und/oder ihnen Nutzung, ggf. auch Weitergabe an bestimmte Drittempfänger zu gestatten. Es ist demgemäß der Geheimnisinhaber, der den Dritten seine Geheimnisse unmittelbar, dh. ohne juristische „Zwischenschritte", zu deren einem konkreten öffentlichen Interesse dienenden Aufgabenerfüllung überlässt. Der Stellenwert ihrer Funktion fundiert ihre Zugriffserlaubnisse und seine Verpflichtung.[222] Strukturell zumeist ausgestaltet als hier sog. „Erga-omnes-Freigaben" bzw. spezielle Zugangsrechte sind prägnante Beispiele ua. bank-, bilanz-, börsen-, insolvenz-, kartell- und wertpapierhandelsrechtliche Publizitätspflichten, aber auch energie-, post- und telekommunikationsrechtliche Bereitstellungspflichten.[223] 101

Die nachstehende Regelungsalternative **aufgrund eines Gesetzes** ist genau entgegengesetzt ausgerichtet – an der Person des befugten Kenntnismittlers oder des zukünftigen befugten Kenntnisempfängers.[224] Ihnen sind in Bezug auf jeweils explizit benannte Informationsfelder zumeist eigene Auskunfts-, Besichtigungs-, Einsichts-, Verwendungs- und weitere Rechte eingeräumt, die ihnen eigene Zugriffs- bzw. Entäußerungsrechte oder entsprechende Befugnisse gewähren. Mittler wie Rezipienten bedürfen jedoch eigener Initiativakte bzw. Inanspruchnahme, deren si- 102

---

220 IdS auch K/B/F/*Alexander*, § 3 GeschGehG Rn. 61.
221 Büscher/*McGuire*, § 3 GeschGehG Rn. 28 f.; K/B/F/*Alexander*, § 3 GeschGehG Rn. 61.
222 K/B/F/*Alexander*, § 3 GeschGehG Rn. 63.
223 Zu entsprechenden Zusammenstellungen *Brammsen*, ZIP 2016, 2193, 2199 f., aktualisiert (→ Einl. A, Rn. 19 f.). Abweichend differenzierend *Hoppe*/Oldekop, Kap. 1 Rn. 462 f., der hier nur die nachstehend als „aufgrund eines Gesetzes" benannten Vorschriften einbezieht.
224 Komprimiert zum vorgängigen Recht der §§ 17 f. UWG aF *Brammsen*, Lauterkeitsstrafrecht, § 17 Rn. 58 ff., 99 f., 135 f. mwN. Sie gelten nicht überall unverändert fort.

§ 3 Erlaubte Handlungen

tuative Gegebenheit (ggf. sind Abwägungs- oder Ermessensspielräume zu beachten)[225] behördlicher oder gerichtlicher Entscheidung obliegt.[226] Strukturell je nach Ausgestaltung als freiheitsrechtliche „Erga-omnes-Freigaben", derivative Informationsrechte oder sog. Rechtfertigungsgründe ausgeformt,[227] sind ihre Hauptanwendungsdomäne neben privaten heute behördenseitige individuell-situative Zugangsberechtigungen (zB §§ 809 f., 947 ff. BGB, §§ 50 f. UrhG, §§ 404a Abs. 4, 407a Abs. 5 ZPO)[228] sowie Zeugenstellungen,[229] auch die in Abs. 1 Nr. 3 vorab separat aufgeführten Arbeitnehmer- und Arbeitnehmervertreterrechte.[230]

103 Insbesondere das Arbeitsrecht mit seinen vielfältigen Befugnissen, im Rahmen gesetzlich zugewiesener Aufgaben ggf. auch Geschäftsgeheimnisse erlangen und weitergeben zu dürfen, hat so ein breites Spektrum zusätzlicher „Aufgrund-Erlaubnisse" entwickelt, dessen Umfang gemeinhin kaum annähernd bekannt sein dürfte. Zu seiner Erhellung hat maßgeblich *Schubert* beigetragen, dessen Zusammenstellung hier lediglich stärker komprimiert ist.[231] Sie erfasst, immer unter dem Vorbehalt einbezogener Geschäftsgeheimnisse, hier sog. Funktionsbeauftragte wie etwa Arbeitssicherheitsfachkräfte und Betriebsärzte,[232] interne Informationsweitergaben zwischen verschiedenen Vertretergremien[233] oder in Rechtfertigungssituationen[234] freiwillig oder gesetzlich implementierter interner Whistleblower-Systeme.[235]

b) Die Gestattung durch Rechtsgeschäft

104 Die zweite große Hauptgruppe der zusätzlichen Erlaubnisgründe spezieller Gestattungen umfasst in Ausprägung inhaberschaftlicher Privatautonomie sämtliche rechtsgeschäftliche Dispositionen im Hinblick auf das rechtliche wie tatsächliche Haben, Verbleiben, Verbreiten und Nutzen seines Zuordnungsguts und der diesbzgl.

---

225 ZB in §§ 72 GWB, 9 UIG, 3 VIG, 99 VwGO (→ Einl. A, Rn. 19 f.); s. auch *Ohly*, GRUR 2019, 441, 448.
226 Hoppe/Oldekop/*Hoppe*, Kap. 1 Rn. 463; K/B/F/*Alexander*, § 3 GeschGehG Rn. 63.
227 Zur Einteilung grundlegend *Brammsen*, ZIP 2016, 2193, 2199; *ders.*, in: FS Otto, S. 1081, 1089 ff., 1097 ff., 1103 f.
228 Weitere Benennungen vorstehend Fn. 223 sowie *Alexander*, AfP 2019, 1 Rn. 66; Büscher/McGuire, § 3 GeschGehG Rn. 27; Hoppe/Oldekop/*Hoppe*, Kap. 1 Rn. 462; *Reinfeld*, § 4 Rn. 20; *Wiese*, S. 120 f.
229 Zu ihrer prozessrechtsspezifischen Ausgestaltung komprimiert *Brammsen*, Lauterkeitsstrafrecht, § 17 Rn. 58; BeckOK GeschGehG/*Fuhlrott*, § 3 Rn. 38.
230 Komprimiert bereits *Brammsen*, in: FS Otto, S. 1081, 1100 f.
231 EuArbR/*Schubert*, Art. 4 RL 2016/943/EU Rn. 22 ff.
232 Außerdem Daten-, Immissions-, Strahlenschutzbeauftragte, Sicherheits- und Störfallbeauftragte; vgl. §§ 2 ff. ASiG; §§ 53 ff., 58b ff. BImSchG; §§ 37 ff. DS-GVO; § 22 SGB VII; §§ 43 f. StrlSchV.
233 ZB Jugend- und Auszubildenden- bzw. Schwerbehindertenvertretung oder Wirtschaftsausschuss an Betriebsrat in Fällen der §§ 67 Abs. 7, 106 Abs. 1 Satz 2 BetrVG, §§ 178 f. SGB IX.
234 Vgl. *Brammsen/Schmitt*, NZA-RR 2016, 81 ff.; *Gassauer/Fleissner*, ÖBl. 2019, 60 ff.; aA EuArbR/*Schubert*, Art. 4 RL 2016/943/EU Rn. 27 (kein berechtigtes Geheimhaltungsinteresse).
235 *Brammsen*, Lauterkeitsstrafrecht, § 17 Rn. 57; EuArbR/*Schubert*, Art. 4 RL 2016/943/EU Rn. 22 f.; K/B/F/*Alexander*, § 3 GeschGehG Rn. 62a.

V. Die „allgemein" erlaubten Handlungen des § 3 Abs. 2 §3

Rechtspositionen.[236] In Betracht kommen sowohl ein- wie zwei- oder mehrseitige Rechtsgeschäfte,[237] deren Anforderungen den entsprechenden (lizenz-)vertrags-, gesellschafts- oder verbandsrechtlichen Regelungen genügen müssen, um **wirksam** sein zu können.[238]

Reformbedarf. Das gesetzliche Konzept einer Einrichtung von Zusatzgestattungen nur für „Rechtsgeschäfte" erweist sich schnell als unzureichend, insbesondere wenn das Konstrukt des Tatbestandsausschlusses des § 5 zusätzlich in den Blick genommen wird – es **fehlen** Regelungen für die anerkannten Erlaubnisformen **Einverständnis** und **Einwilligung**. Beide Freigaben lassen sich zwar bei eigner- bzw. inhaberschaftlicher Initiierung zur Not noch unterschiedlos (wenn auch unscharf)[239] als ein- oder mehrseitiges Rechtsgeschäft bzw. geschäftsähnlicher Vorgang titulieren,[240] nicht jedoch für „Fehlgänge"[241] und fremdseitige Initiativakte in Gestalt von Rechtsgutsverletzungen: Hier werden beide Freigabevarianten weder als Rechtsgeschäft noch als rechtsgeschäftsähnliche Handlungen, sondern allenfalls als Realakte[242] angesehen (werden können), auf die rechtsgeschäftliche Regelungen keine Anwendung finden.[243] Weder vom „Schutzgehalt" des § 3 Abs. 1 und 2 noch hinreichend verlässlich vom Fiktionsgehalt des § 5 erfasst, bedarf ihre „Erlaubnisgestalt" eigenständiger gesetzlicher Ordnung, sollen nicht Eingriffsgestat-

105

---

236 Vgl. Hoppe/Oldekop/*Hoppe*, Kap. 1 Rn. 464; K/B/F/*Alexander*, § 3 GeschGehG Rn. 65.
237 Büscher/*McGuire*, § 3 GeschGehG Rn. 30; K/B/F/*Alexander*, § 3 GeschGehG Rn. 66. Komprimiert zur Differenzierung Jauernig/*Mansel*, Vor § 104 Rn. 4 ff.; *Neuner*, § 29 Rn. 1 ff. Auf die Problematik an Inhabergemeinschaften und Doppelschöpfungen verweist Hoppe/Oldekop/*Hoppe*, Kap. 1 Rn. 464.
238 Büscher/*McGuire*, § 3 GeschGehG Rn. 31; K/B/F/*Alexander*, § 3 GeschGehG Rn. 66; Nebel/*Diedrich*, § 3 Rn. 29 f.
239 Zur unterschiedlichen (den Vollzug bzw. die Unbefugtheit einer Zugriff ausschließenden Wirkung dieser Willenserklärungen) komprimiert *Brammsen*, Lauterkeitsstrafrecht § 17 Rn. 28 mwN.
240 So ua. Jauernig/*Mansel*, Vor § 104 Rn. 23 f.; Palandt/*Ellenberger*, Überbl. vor § 104 Rn. 8, 11 und Einf. vor §§ 182, 183 Rn. 3; Staudinger/*Klumpp*, Vorbem. zu § 182 ff. Rn. 36 ff. mwN.
241 Beispiele sind ua. (1) Erlangen bei abgebrochener bzw. ungeordneter „Gemeinfreigabe" oder (2) verkörpertem Kenntniserhalt: (1) Erfinder E bzw. seine 5jährige Tochter versendet seine neue Covid-19-Rezeptur versehentlich als E-Mail-Gemeinfreigabe ad coram publico, die trotz sofortigen Abbruchs noch den X als alleinigen Empfänger und Leser erreicht, der nunmehr die Gemeinfreigabe als befugter Mitwisser bewirken möchte. E hat es sich anders überlegt und verweigert die Mitwirkung. X beruft sich auf faktische Gemeinfreigabe und sein erlaubtes Erlangen. (2) Wie zuvor, versendet der E eine „Musterpille" an den geplanten Produzenten O, um deren Form, Farbe und Größe zu konzipieren. O lehnt die Fertigungsofferte ab, da er sie mit dem von X angedachten Plankonsortium der Zulieferer nicht kostengerecht bewerkstelligen kann. E verlangt Rückgabe bzw. Vernichtung, O verweist auf seine berechtigte Inempfangnahme auch unter Hinweis auf die partiell mitübersandten noch ungenutzten Entschlüsselungsparameter.
242 Allenfalls eher eine „Realverfügung", hier synonym verwendet als Ausdruck für eine fremdseitig zumindest (mit-)vollzogene bzw. -umgesetzte inhaberschaftliche Verwendung seines rechtlich zugeordneten Gutes (hier: Geheimniserwerb, -gebrauch oder -weitergabe): Der herkömmliche Verfügungsbegriff passt lediglich bei Dereliktionen.
243 So letztenfalls zu den Rechtsgutsverletzungen; Jauernig/*Teichmann*, § 823 Rn. 52; MK-BGB/*Bayreuther*, Vor § 182 Rn. 16 und Staudinger/*Klumpp*, Vorbem. zu §§ 182 ff. Rn. 87 mwN.

§ 3 Erlaubte Handlungen

tungen und eigner- bzw. inhaberschaftliche Rechtsausübungen (auch durch Rechtsgeschäfte) unterschiedslos miteinander identifiziert werden.

c) Annex: Die seriöse Geschäftspraxis (Art. 3 Abs. 1 Nr. 2 RL)

106 Die unionsrechtliche Vorgabe des Art. 3 Abs. 1 Nr. 2 RL 2016/943/EU hat im Konglomerat der bundesdeutschen Erlaubnisse des § 3 keine als solche auch nur annähernd prägnant zu identifizierende Entsprechung gefunden – ihr entsprechendes Gegenstück ist allenfalls dem mehr versteckend als erhellenden einleitenden „insbesondere" des Abs. 1 zu entnehmen (→ Rn. 13 ff., 17 ff.).[244] Ob dieser Öffnungsklausel allerdings im Hinblick auf die nachstehend in Abs. 1 Nr. 1–3 und Abs. 2 mehr oder weniger sinnfällig umschriebenen Erlaubnisvarianten, die allesamt entweder spezifiziert benannte Einzelfälle grundfreiheitlich garantierter Zugriffsrechte oder generalklauselartig komprimierter eignerschaftlich oder hoheitlich gewährter Befugnisse erfassen, nun gleich noch mittels einer weiteren **Pauschalverweisung** jenseits des formalen Rechts arg unkonturierte „Anständigkeitsregeln" gruppengebundener Herkunft anzufügen sind, bleibt spekulativ. Mit gleicher Berechtigung ließe sich auch vertreten, dass die angedachte Öffnung am vorstehend aufgezeigten „Rechtsrahmen" auszurichten ist.[245]

107 Zwar besteht die durchaus reale Möglichkeit, mittels eines Rückgriffs auf die selbstgesetzten Regelungskonzepte ausgewählter Organisationen wie Interessenvereinigungen usw. und damit auf zumindest anverwandte Formen von „Rechtssetzung" zurückzugreifen, doch sind diese autopoietisch bzw. selbstreferenziell implementiert und von gruppenspezifischen Belangen und Motivationen geleitet, ihre gesamtgesellschaftliche Gültigkeit mithin allenfalls rudimentär materiell wie formell demokratisch legitimiert. Eine nennenswert vergleichbare Akzeptanz wie das parlamentarisch entstandene Recht wird allenfalls ubiquitär verbreiteten Gewohnheiten zugesprochen werden können, die einer zudem tautologischen Formel „seriöser Praxis" kaum entnommen werden kann. Der außergesetzlich festgesetzte Erwerb eigener Rechte an fremdem Recht in Gestalt von prinzipieller Teilhabe bedarf deutlicherer Anhalte, um rechtliche Gewährleistung zu verdienen. Seine Bezugsquellen sollten offen liegen.

Hinzu kommen die Schwierigkeiten bei der Ausdeutung dieses autonomen Begriffs des Unionsrechts.[246] Mangels zuvoriger einschlägiger gemeineuropäischer Verwendung kann die Konturierung lediglich an den ähnlichen Terminus der anständigen Gepflogenheiten bzw. Geschäftspraktiken der Art. 10bis Abs. 2 PVÜ, 39 Abs. 2 TRIPS anknüpfen,[247] denen allerdings unverkennbar eine strikt auf die Lauterkeit in

---

244 Kritisch auch Büscher/*McGuire*, § 3 GeschGehG Rn. 12; K/B/F/*Alexander*, § 3 GeschGehG Rn. 52; *Wiese*, S. 119.
245 Angelehnt an Erwgrd. 18 RL 2016/943/EU.
246 *Alexander*, AfP 2019, 1 Rn. 73; *ders.*, WRP 2017, 1034 Rn. 84; *ders.*, Wettbewerbsrecht, Rn. 1972; K/B/F/*Alexander*, § 3 GeschGehG Rn. 53; MK-UWG/*Namysłowska*, Geschäftsgeheimnis-RL Art. 3 Rn. 13.
247 So ua. *Alexander*, AfP 2019, 1 Rn. 73; *ders.*, WRP 2017, 1034 Rn. 85; *ders.*, Wettbewerbsrecht, Rn. 1973; EuArbR/*Schubert*, Art. 4 RL 2016/943/EU Rn. 5 ff.; MK-UWG/*Namysłowska*, Geschäftsgeheimnis-RL Art. 3 Rn. 13; *Rauer/Eckert*, DB 2016, 1239, 1241.

V. Die „allgemein" erlaubten Handlungen des § 3 Abs. 2 §3

Geschäftsverkehr und Handel[248] und nicht die heutige, primär auf Innovationsförderung gestützte „Leitkomponente" des Geheimnisschutzes[249] zugrunde liegt. Lässt sich eine solche Umkehrung der sog. „Schutzrichtung" vielleicht noch kreativ überwinden,[250] so scheitert eine solche Anlehnung leider an übertragbaren Konstellationen: Benannt werden ausnahmslos Verstöße bzw. Beispiele für Missachtungen, nirgends aber ableitbare Aspekte oder Beispiele für „anerkannte Anständigkeiten".[251] Eine Konturierung iSe. Inhaltsbestimmung bedarf aber positiver Konstituentia in Gestalt tatsächlicher Charakteristika,[252] nicht nur bloßer Negativa. Letzteres mag zur Beschreibung von Verstößen genügen, nicht aber für die Etablierung von Rechten. Diese gelingt nur qua positiver Bestimmung: Es ist nicht die Eigenschaft eines Positivums (iSv. Gut, Recht), nicht das Fehlen von Negativa zu sein. Freiheit ist nicht das Recht auf Fehlen von Unfreiheit, der Umfang eines Rechtes nicht zwingend identisch mit der Summe seiner anerkannten Verstöße. Die gruppenspezifische Anerkennung von Missständen konstituiert kein Recht, andere Inhaberrechte durch ein Teilhaberecht entsprechend zu beschränken: Eigene „Vorzugsrechte" einzelner innergesellschaftlicher Verbindungen lassen sich nicht gleichsam automatisch aus deren missbilligenden Haltung zu ihrerseits unerwünschten Verhaltensweisen ableiten. Dazu bedarf es zumindest auch der sog. praktischen Konkordanz bzw. positiver grundrechtlicher Gleichgewichtung,[253] an der es Verstößen als bloßer „Rechtsfolge" mangelt.

Angesichts dieser Unsicherheiten erscheint es diesseits eher geboten, die sachliche Einordnung der „seriösen Geschäftspraxis" nicht dem Themenbereich der regulären originären oder derivativen materiellen Rechtszuordnung, sondern ebenso wie den „Clean-Room-Prozess" der „mitwisserfreien Zweitschöpfung" derem Gegenstück, der singulären situativ bedingten Teilhabe, zuzuweisen.[254] Die nähere Konturierung hat daher, wie unionsrechtlich in Art. 4 Abs. 2 lit. b RL 2016/943/EU vor- als auch umsetzungskonform in § 4 Abs. 1 Nr. 2 (dem nationalstaatlichen Sprachge-

108

---

248 Detailreich dargelegt von *Henning-Bodewig*, GRUR Int. 2014, 997, 999 ff.
249 Vgl. Erwgrd. 8, 16 RL 2016/943/EU.
250 Zur Tautologie von „seriös" und „lauter" *Brammsen*, Lauterkeitsstrafrecht, Vor §§ 17–19 Rn. 18; *ders.*, wistra 2018, 449, 452, jeweils mwN.
251 Einen gleichen rechtlichen Beurteilungsmaßstab konstatiert K/B/F/*Alexander*, § 3 GeschGehG Rn. 54. Die negative Bewertung eines oder mehrerer Rechtsverstöße ist in ihrer Gesamtheit aber nicht zwingend mit dem Gesamtumfang des („gebündelten") Rechts identisch: Nicht jede körperliche Beeinträchtigung ist ein Verstoß gegen das Recht auf körperliche Unversehrtheit, nicht jede Beeinträchtigung des allgemeinen Persönlichkeitsrechts ein Verstoß.
252 Ansätze dazu bei *Henning-Bodewig*, GRUR Int. 2014, 997, 1004 f., allerdings auf rein branchenspezifischer Basis. Welche Branche ist wann und warum ab welcher Größe so spezifisch, um gesetzlich zugeordnete Rechte nicht nur individuell in situativen Ausnahmesituationen, sondern gleich in principe generell zu beschränken? Dazu bedarf es in concreto nachzuweisender positiver Merkmale, sollen nicht allgemein geltende Inhaberrechte nur aus machtpolitischen Erwägungen heraus von Sonderinteressen kupiert werden können.
253 Vgl. zuletzt BGH, GRUR 2020, 853 Rn. 50 ff. – Afghanistan Papiere II (Geheimhaltungsinteresse des Urhebers); dazu (krit.) *Düwel*, S. 40 ff., 105 ff. u. passim; *Hauck*, ZUM 2020, 769, 772 ff.
254 Wie hier bereits *Harte-Bavendamm*, in: FS Köhler, S. 235, 248; *Wiese*, S. 119; speziell zum „Clean-Room-Prozess" und seiner Einordnung *Ess*, WRP 2020, 988 Rn. 37 ff., 46.

§ 3 Erlaubte Handlungen

brauch folgend) nachgezeichnet, zu erfolgen. Darauf ist zu verweisen (→ § 4 Rn. 46 ff.).

3. Das erlaubte Handeln: Erlangen, Nutzen und Offenlegen

109 Dem Erlaubnistatbestand des § 3 unterfallen drei explizit begangene Verhaltensweisen: Das Erlangen (a), das Nutzen (b) und das Offenlegen (c). Allesamt an das tatsächliche Haben der geheimen Kenntnis mit deren Innehaben, Anwenden bzw. Umsetzen und Weitergeben anknüpfend, umschreiben sie das gesamte Tätigkeitsspektrum jener Verhaltensweisen, die ungeachtet der Willensrichtung des Ausführenden von sich aus erfolgreichen Wissenszugriff direkt und unmittelbar bewirken. Andere entsprechend geartete Zugriffswege gibt es nach momentan empirisch bestätigtem Erfahrungswissen bislang nicht, sodass die Benennung abschließend und vollständig ist. Da die Erörterung des kenntniseröffnenden Erlangens bereits erfolgt ist, stehen primär die Anschlusshandlungen, das Nutzen und das Offenlegen, im Vordergrund. Insoweit sollten fortwirkende **Altfälle** ehemals verbotener Rechtsverletzungen nicht vernachlässigt werden, sind manche ergangenen Festsetzungen doch mit durchaus beachtlichen Fortwirkungen verbunden.[255]

a) Das erlaubte Erlangen

110 Hinsichtlich der Konturierung des Erlangens ist auf deren obige Darstellung zu verweisen (→ Rn. 22 ff.). Zu ergänzen ist lediglich, dass neben den Grunderlaubnissen des § 3 Abs. 1 (→ Rn. 28 ff.) durch die **Zusatzerlaubnisse** des § 3 Abs. 2 (→ Rn. 98 ff.) Zugangseröffnungen hinzukommen, die auf gesetzlich bzw. rechtsgeschäftlich eröffneter Zuordnung beruhen. Im Umfang durchaus abgestuft zwischen inhaltlich unterschiedlich begrenztem Teil- und eignerschaftlichem Vollrecht variierend, kommen als mögliche „Transfererlaubnisse" hier insbesondere Erbschaft, Ersteigerung und Insolvenz (§ 80 InsO), aber auch Auftragsfertigung, Miterfindung, Schenkung, Softwarewartung, Tausch und entsprechende Austausch- bzw. Erwerbsgeschäfte in Betracht.

111 Ungleich bedeutsamer als diese selbst und/oder drittseitig gesteuerten Inkenntnisnahmen sind dagegen jene Kenntniseröffnungen, denen ungesteuerte Zugänge zugrunde liegen. Gemeint sind damit jene „Beiprodukte" fremdseitiger Kommunikation oder Aktion, deren oft auch unbewusste Wahrnehmung dritten Personen gleichsam unentziehbar aufoktroyiert wird. Standardfall dieser durchweg (aber nicht zwingend) ungewollten Zugriffseröffnung ist der **Zufallszeuge**, der ohne eigenes Zutun Kenntnis von gehörten oder gesehenen drittseitigen Informationsver-

---

[255] Hoppe/Oldekop/*Hoppe*, Kap. 1 Rn. 20 ff. benennt etwa die Fortgeltung von Beseitigungsansprüchen oder Schadensbemessungen sowie die Unbeachtlichkeit des neu festgesetzten „Schutzmaßnahmenerfordernisses" in § 2 Nr. 1 lit. b. Speziell zum Reverse Engineering Hoppe/Oldekop/*Holtz*, Kap. 1 Rn. 356 ff.

mittlungen erlangt. Beispiele sind neben den sog. „Erlkönig-Fällen"[256] der Profiparfümeur und der Testesser, die durch das Erriechen oder Erschmecken eine geheime Rezeptur bzw. Substanzzusammensetzung gleichsam „automatisch" identifizieren, zudem der Finder der gefundenen Aufzeichnungen das entschlüsselte Geheimnis entnimmt. Sie alle sind berechtigt, das zugänglich gemachte bzw. gewordene Geheimnis zu erlangen. Ihre nunmehrige Einbeziehung in das erfolgsbezogen gefasste Erlangen errichtet weitergehende Beachtungs- und Prüfpflichten bzgl. ungewollt drittseitig bedingter Kenntnisvermittlung und steht so zu den Bekundungen mangelnder immaterialgüterrechtlicher Qualität[257] in offenem Selbstwiderspruch.[258] Es ist der nachgeradezu klassische Fall der „Verdinglichung".

b) Das erlaubte Nutzen

Der Begriff „Nutzen" ersetzt das lange als „Verwerten" bezeichnete Tathandeln der früheren Geheimnishehlerei (§ 17 Abs. 2 Nr. 2 UWG aF), sieht in diesem Begriffswechsel aber keine inhaltlichen Abänderungen.[259] Ausweislich der Gesetzesbegründung, die sich allerdings statt der hier anstehenden Handlungserlaubnis allein auf deren unbefugten Gegenpart bezieht, ist der Terminus als „jede Verwendung des Geschäftsgeheimnisses (zu verstehen), solange es sich nicht um Offenlegung handelt".[260] Abgesehen von der verunglückten Anknüpfung an den Konträrakt des Offenlegens[261] ist der Aussage zuzustimmen,[262] nur ist ihr ohne weitere Erläuterung und Exemplifikation weder notwendige Eigentümlichkeit noch nennenswerte praktische Anschaulichkeit vermittelt. Das „Nutzen" ist in Anlehnung an die Ausdeutungen des etwas stärker „einsatzorientierten" früheren Verwertens entsprechend zu konturieren. 112

aa) Das Nutzen

Nutzen ist wie schon das Verwerten mehr als das faktische Haben eines (verkörperten) Geheimnisses.[263] Als geschehensgestaltetes Vorgehen beschreibt es ein inhalts- 113

---

256 Vgl. zuletzt https://www.auto-motor-und-sport.de/tech-zukunft/erlkoenige-juli-2020/; s. auch bereits Hbl. v. 2.-5.10.2014, Nr. 190, 19; 1.11.2004, Nr. 212, 13.
257 BT-Drs. 19/4724, S. 25 (zu § 3): „…keine Exklusivrechte…begründet werden…" und S. 26 (zu § 4): „…keine subjektiven Ausschließlichkeits- und Ausschließungsrechte vorliegen…".
258 *Brammsen*, Lauterkeitsstrafrecht, § 17 Rn. 86; *ders.*, wistra 2018, 449, 454 f. mwN.
259 BT-Drs. 19/4724, S. 40 (zu § 23).
260 BT-Drs. 19/4724, S. 27 (zu § 4).
261 Mit ihm ist keine Sachaussage zum „Nutzen" verbunden. Es ist kein Merkmal eines Begriffs, nicht ein anderer Begriff zu sein.
262 Vgl. etwa Büscher/*McGuire*, § 4 GeschGehG Rn. 23; BeckOK GeschGehG/*Hiéramente*, § 4 Rn. 50; MK-UWG/*Namysłowska*, Geschäftsgeheimnis-RL Art. 3 Rn. 14; Nebel/*Diedrich*, § 2 Rn. 56; *Reinfeld*, § 2 Rn. 13.
263 Wie hier BeckOK GeschGehG/*Hiéramente*, § 4 Rn. 53. Zum Verwerten ua. RGSt 63, 205, 207 – Nitrolacke; OLG Saarbrücken, GRUR-RR 2002, 359 – Kundenlisten; GK-UWG/*Wolters*, § 17 Rn. 107; K/B/F/*Köhler*, § 17 UWG Rn. 41; NK-Wiss/*Reinbacher*, § 17 Rn. 74.

§ 3   Erlaubte Handlungen

bezogenes Anwenden bzw. Gebrauchen von Etwas (iSv. Nutzziehen, Nutzbarmachen) rein objektiv als dessen zweckkonformes Ein- bzw. Umsetzen (hier: des Erkenntnisgegenstands) „in praxi".[264] Zweckkonform sind demnach immer und nur solche Anwendungen, wenn der praktische Einsatz des verdeckten Wissens vom Inhalt der geheimen Kenntnis gedeckt ist. Die Vollziehung neuer unbekannter Gebrauchsmöglichkeiten ist keine Anwendung, sondern die Entdeckung eines neuen Geheimnisses.

114   Erfasst sind nur **eigengestaltete Kenntnisanwendungen**, die ihrer Art und Anlage nach geeignet sind, dem Täter oder bestimmten Dritten ohne weiteres Zutun des Täters direkt und unmittelbar ungehinderten Zugang zum Ertragspotenzial funktionsgerecht aktivierter geheimer unternehmensbezogener Wissensinhalte zu vermitteln. Dazu bedarf es nicht mehr als einer der ihm eigentümlichen Nutzbarkeit unmittelbar entsprechenden Verwendung oder der Duplizierung seiner nutzenstiftenden Vergegenständlichung,[265] auch teilweises oder nur mittelbares Nutzen und kernkonstantes Modifizieren,[266] Verbessern fertig erstellter Produkte[267] oder überhaupt erstmaliges Ausfertigen.[268]

115   In keiner Weise begriffsprägend, geschweige denn konstitutiv, sind subjektive Elemente. **Vorsatz** und Fahrlässigkeit sind keine handlungsspezifischen sondern haftungsbegründende Merkmale.[269] Das Nutzen von Etwas lässt sich auch ohne jede dahingehende mögliche geistige Reflexion vollziehen.[270]

---

264 Wie hier *McGuire*, GRUR Int. 2010, 829, 832.
265 Wie hier (teilweise noch zum Verwerten) BGH, WRP 2018, 424 Rn. 17, 24 f. und WRP 2018, 429 Rn. 21 f. – Knochenzement I und II; OLG Stuttgart, WRP 2019, 387 Rn. 66; BeckOK GeschGehG/*Hiéramente*, § 4 Rn. 51; *Brandau*/Rehaag, Kap. 2 Rn. 130; *Föbus*, S. 174 f.; *Heine*, in: FS Roxin II, S. 1087, 1094; Hoppe/Oldekop/*Hoppe*, Kap. 1 Rn. 497; MK-StGB/*Schmitz*, § 355 Rn. 52; Nebel/*Diedrich*, § 2 Rn. 56; *Wiese*, S. 73. Verkannt für Unfallwagendaten LG Freiburg, wistra 2012, 361, 362.
266 So noch zum Verwerten BGH, GRUR 2008, 938 Rn. 9, 11 – entwendete Datensätze; GRUR 1985, 294, 296 – Füllanlage; GRUR 1960, 554, 556 – Handstrickverfahren; ÖOGH, ecolex 2013, 153; OLG Frankfurt, CR 1990, 589, 590 – 2-Komponenten-Kleber; OLG Stuttgart, WRP 2021, 242 Rn. 136 – Schaumstoffsysteme; *Breitenbach*, S. 316 f.; E/R/S/T/*Tsambikakis*, § 17 Rn. 29; *Greco*, S. 74; GK-UWG/*Wolters*, § 17 Rn. 109; Hoppe/Oldekop/*Hoppe*, Kap. 1 Rn. 499; *Iliou*, GmbHR 2015, 1293, 1295; *Kalbfus*, Rn. 230; K/B/F/*Köhler*, § 17 UWG Rn. 41; *Wiese*, S. 73 f.; *Wünsche*, S. 208 f.; BSK-UWG/*Frick*, Art. 5 Rn. 54 (Schweiz).
267 RG, MuW 1937, 423, 426 – Faltenrohrmaschine; *Pfeiffer*, in: FS Nirk, S. 861, 883; *Wiese*, S. 74.
268 BGH, GRUR 1983, 179, 181 – Stapel-Automat.
269 Prägnant *Witt*/Freudenberg, WRP 2014, 374 Rn. 58: „ungewollt". Menschliches Nutzen von Sauerstoff bedarf ebenso wenig eines reflexiv zu steuernden Einsatzes wie das Auslösen automatisierter geheimer chemischer Reaktionsprozesse.
270 Anders zum Verwerten UK Supreme Court – Vestergaard, zit. nach *Turner*, Knowledge a key factor for liability for trade secrets misuse, GRUR Int. 2013, 978 f. (Wissen bzw. Wissenkönnen als Grundkonstituens).

V. Die „allgemein" erlaubten Handlungen des § 3 Abs. 2 § 3

(1) Tathandlungen

Allgemein (Befugnis unabhängig) kommen als Tathandlungen ua. in Betracht:[271] Anwerben, Anschreiben und Aufsuchen von Kunden, Lieferanten oder Mitarbeitern,[272] Einrichten bzw. Verbessern von Produktionsverfahren,[273] Herstellen(lassen) von Duplikaten oder Plagiaten, Lizenzerteilen,[274] Nachahmen bzw. Nachbauen(lassen) von Maschinen, (Design-)Modellen oder Computerprogrammen,[275] Preisübernahmen, Sonderangebote, Unterbieten von Offerten,[276] Vermieten von Adressdaten,[277] Verwenden von Computerprogrammen, Instrumenten oder Unterlagen (in der Buchhaltung, Forschung und Entwicklung, Kalkulation, Produktion usw.),[278] Verwenden von Entwürfen, Analysen, Rezepturen, Zeichnungen, Fragelisten in Schadensersatz- oder Vergabeverfahren.[279]

116

(2) Begehungsweisen

Als funktionsgemäße inhaltsaktivierende Handhabung des Geheimnisses in seinen Verwendungspotenzialen entsprechenden Projekten, Objekten oder anderen Unterfangen ist das Nutzen nicht an die Person des Täters gebunden. Es kann in eigenem oder fremdem Namen erfolgen,[280] zu eigenem und/oder fremdem Nutzen[281] sowie

117

---

271 Vgl. auch A/L/G/*Loschelder*, Kap. 1 Rn. 121; BeckOK GeschGehG/*Hiéramente*, § 4 Rn. 51; G/J/W/*Krell*, § 17 UWG Rn. 55.
272 BeckOK GeschGehG/*Hiéramente*, § 4 Rn. 51; (zum Verwerten) BGH, GRUR 2003, 453, 454 – Verwertung von Kundenlisten; BGH, NJW 2006, 3424, 3425 – Kundendatenprogramm; NJW 1992, 1776, 1777 – Magnetbandausdruck; OLG Hamm, NJOZ 2010, 530, 532 f.; OLG Saarbrücken, GRUR-RR 2002, 359 – Kundenlisten; LG München, BeckRS 2015, 00858.
273 *Alexander*, WRP 2017, 1034 Rn. 96; K/B/F/*Alexander*, § 4 GeschGehG Rn. 38; *Oldekop/Hoppe*, WRP 2021, 5/2012 Editorial; s. auch bereits RG, GRUR 1937, 559, 561 – Rauchfaßkohlen.
274 K/B/F/*Köhler*, § 17 UWG Rn. 41.
275 BeckOK GeschGehG/*Hiéramente*, § 4 Rn. 51; s. auch bereits BGH, WRP 2001, 1174, 1179 – Spritzgießwerkzeuge; BGH, GRUR 1961, 40, 41 – Wurftaubenpresse; GRUR 1983, 179, 181 – Stapel-Automat; RGSt 63, 205, 206 – Nitrolacke; RGSt 40, 406, 408 – Nadelfraismaschine; fehlerhaft für Modellformennachguß RGSt 39, 83, 84 („höchstens ... Versuch"); s. auch OLG Düsseldorf, GRUR 1980, 170 ff. – Lackauftragsmaschinen. Prägnant WiWo 26/2020, S. 67 f.
276 BGHSt 41, 140, 142 – Angebotsunterlagen; BayObLGSt 2000, 131, 133 – Anzeigenaufträge; 1995, 110, 121 – Bieterlisten.
277 BGHSt 52, 227, Rn. 91 ff.
278 Zu Fremdgeheimnissen: BGHZ 38, 391, 392 – Industrieböden; BGH, WRP 2018, 1329 Rn. 46 – Hohlfasermembranspinnanlage II; WRP 2001, 1174, 1179 – Spritzgießwerkzeuge; BGH, GRUR 2008, 938 Rn. 6, 11 – entwendete Datensätze; BGHSt 41, 140, 142 – Angebotsunterlagen; ÖOGH, ecolex 2013, 153; BayObLGSt 1990, 88, 93 – Geldspielautomat; 1995, 110, 121 – Bieterlisten; OLG Düsseldorf, WRP 1959, 182, 183 – Vorzugspreise; OLG Stuttgart, WRP 2019, 387 Rn. 66 f.; Nebel/*Diedrich*, § 2 Rn. 56.
279 Zu Fremdgeheimnissen: BGH, GRUR 1985, 294, 297 – Füllanlage; ÖOGH, ecolex 2013, 153; OLG Dresden, MuW 1929, 391, 392 – Stecknadelmaschinen; OLG Frankfurt a. M., CR 1990, 589, 590 f. – 2-Komponenten-Kleber; OLG Stuttgart, WRP 2019, 387 Rn. 66; BeckOK GeschGehG/*Hiéramente*, § 4 Rn. 51.
280 *Aldoney Ramirez*, S. 128; G/J/W/*Krell*, § 17 UWG Rn. 53.
281 *Aldoney Ramirez*, S. 128; *Breitenbach*, S. 316; *Föbus*, S. 175; *Többens*, WRP 2005, 552, 558.

§ 3   Erlaubte Handlungen

durch eigenes oder fremdes Handeln,[282] letzteres volldeliktisch-mittäterschaftlich oder mittelbar-täterschaftlich mittels getäuschter, genötigter oder anders gesteuerter Kenntnisanwender.[283] Der Eintritt positiver drittbegünstigender Effekte ist nicht handlungstypisch. Das Nutzen geheimen Wissens erfolgt regelmäßig eher unter Ausschluss bzw. Begrenzung fremder inhaltsvermittelnder Kenntnisnahme- und Kenntnisgebrauchsmöglichkeiten oder etablierter Verschwiegenheitsverpflichtungen.

(3) Kein Nutzen

118   Kein Nutzen ist ebenso wenig wie das Verwerten mangels eigengestalteter Eröffnung des inhaltsfundierten Ertragspotenzials: Die Ansichnahme von Geheimnisverkörperungen (auch SteuerCDs),[284] das Androhen von Mitteilungen oder Publikationen,[285] das „Entwerten" bzw. Zerstören,[286] Erstellen von Kopien als Beweismittel,[287] bloßes „Innehaben", intendierte Richtigkeitsbestätigungen,[288] Sichern bzw. Erhalten der Kenntnis oder der Geheimheit,[289] reine Teilnahmehandlungen (Anstiftung, Beihilfe),[290] grundlegende Umgestaltungen bisheriger Verwendungsweisen oder Vertrieb „unbemakelter" Nachfolgeprodukte Dritter,[291] rein geistige Verarbeitungen, **An-** bzw. **Verkaufen** oder Verschenken des Geheimnisses bzw. einer **Verkörperung** (auch SteuerCDs).[292]

---

282   Gemeinhin zum Verwerten nicht näher konkretisiert; BGH, NJW-RR 1999, 1131 f. – Weinberater; BGH, GRUR 1977, 539, 541 – Prozeßrechner; GRUR 1966, 152, 154 – Nitrolingual; GRUR 1961, 40, 43 – Wurftaubenpresse; *Pfeiffer*, in: FS Nirk, S. 861, 883; *Sehirali*, S. 80.
283   RG, GRUR 1937, 559, 561 – Rauchfaßkohlen; s. auch Momsen/Grützner/*Heghmanns*, § 26 Rn. 60. Die Täuschung usw. der Kenntnisanwender kann drittseitig oder seitens des Nutzziehers bewirkt werden.
284   So zum Verwerten Erbs/Kohlhaas/*Diemer*, § 17 UWG Rn. 50 mwN.
285   Als Nötigung oder Erpressung zu qualifizieren; so bereits ÖOGH, SSt 9, 128, 131 f. – Schleifmittel, wo es an einer rechtswidrigen Vorhandlung fehlte; wie hier ua. Schönke/Schröder/*Eisele*, § 204 Rn. 5/6. Gegenteilig *Breitenbach*, S. 171 f. mwN.
286   RGSt 63, 205, 207 f. – Nitrolacke; BeckOK GeschGehG/*Hiéramente*, § 4 Rn. 53; Erbs/Kohlhaas/*Diemer*, § 17 UWG Rn. 50; Hoppe/Oldekop/*Hoppe*, Kap. 1 Rn. 497; *Pfeiffer*, in: FS Nirk, S. 861, 883 f.
287   ÖOGH, ÖBl. 1992, 231, 234 – Textildruckmaschinen; A/L/G/*Loschelder*, Kap. 1 Rn. 123; Wiebe/Kodek/*Thiele*, § 11 Rn. 52.
288   RG, MuW 1937, 423, 426 – Faltenrohrmaschine; BeckOK GeschGehG/*Hiéramente* § 4 Rn. 53.
289   RGSt 63, 205, 207 – Nitrolacke; OLG Hamm, GRUR-RR 2013, 306 – Infusionsbeutelanlagen; LG Düsseldorf, K&R 2002, 101, 102 (abl. *Kalbfus*, Rn. 428 f.); A/L/G/*Loschelder*, Kap. 1 Rn. 123; Erbs/Kohlhaas/*Diemer*, § 17 UWG Rn. 50; GK-UWG/*Wolters*, Rn. 108; K/B/F/*Köhler*, § 17 UWG Rn. 41; NK-UWG/*Stier/Hasselblatt*, § 17 Rn. 66.
290   Teilnahmehandlungen fehlt die inhaltsumsetzende Gestaltungskraft. Wäre es anders, müsste ihre Vornahme bereits als Nutzungsversuch (→ § 23 Rn. 94) qualifiziert werden.
291   RG, GRUR 1937, 559, 563 – Rauchfaßkohlen; A/L/G/*Loschelder*, Kap. 1 Rn. 123; s. auch BGH, WRP 2018, 424 Rn. 19, 21 und WRP 2018, 429 Rn. 16, 18 – Knochenzement I und II; BGH, GRUR 2008, 938 Rn. 11 – entwendete Datensätze; BGH, WM 2008, 1806 Rn. 2 f.
292   AA *Alexander*, WRP 2017, 1034 Rn. 96; *Breitenbach*, S. 175 ff.; K/B/F/*Alexander*, § 4 GeschGehG Rn. 38; Momsen/Grützner/*Heghmanns*, § 26 Rn. 52; *Satzger*, in: FS Achenbach, S. 447, 451; OLG Karlsruhe, RDV 2003, 246 f. (unklar mangels Urteilsgründen). Verkaufen und Verschenken ist Weitergeben bzw. Offenlegen (→ Rn. 128).

V. Die „allgemein" erlaubten Handlungen des § 3 Abs. 2   § 3

(4) Besonderheiten

Das Nutzen kann die Ertragskraft und Brauchbarkeit(sdauer) geheimer geschäftsbezogener Kenntnisse mit einem (vermögensverletzenden) Bestandsrisiko belasten, wird sein Ertragspotenzial doch nunmehr am Markt realiter wertmäßig geringer bewertet und bei der Preisbemessung ein Preisabschlag einberechnet.[293] Die konkrete Ist-Beschaffenheit der **Geheimheit** bleibt bei inhaltskonformer Kenntnisanwendung und -umsetzung gemeinhin als substanzbildende Exklusivität allerdings **unverändert erhalten**, sodass geheimheitsmäßig kein Verletzungs- oder Schädigungscharakter der Nutzungshandlungen gegeben ist.[294] **Irrelevant** ist aber nicht nur das Inbetriebnehmen oder Inverkehrbringen funktionskonform hergestellter Produkte, Maschinen, Werkzeuge usw.,[295] sondern auch der tatsächliche (unmittelbare) Eintritt eines mit dem Geheimnis- respektive Kenntnisgebrauch verfolgten zusätzlichen materiellen Vorteils auf Seiten des Täters oder anderer Personen.[296] Ebenso wie das frühere Verwerten[297] ist das Nutzen weder an gewinnorientiertes Vorgehen noch an geschäftliches Handeln, die Verfolgung gewerblicher oder wirtschaftlicher Zwecke gebunden. Begrifflich ein reines Tätigkeitswort ohne Festsetzung auf bestimmte Ziele oder Zwecke ist es in keiner Weise ökonomisch bzw. profitmäßig disponiert.[298] Grundsätzlich kann das Nutzen in geschäftlichen (kommerziellen) Interessen wie ideellen, destruktiven, karitativen, politischen, wissenschaftlichen oder sonstigen Zwecken fundiert sein.[299] Das Nutzen von Bankkundendaten (SteuerCDs) in steuer- und strafrechtlichen Verfahren seitens staatlicher Be-

119

---

[293] Die preismindernde Verringerung der objektiv gegebenen Nutzziehungsmöglichkeit ist ein wertreduzierender Faktor und als solcher am Bewertungsstichtag seiner wahren Beschaffenheit nach einzuberechnen bzw. ggf. gem. § 253 Abs. 3 Satz 3 HGB außerplanmäßig abzuschreiben; s. auch BFHE 155, 132 ff.
[294] Einen Geheimniswegfall durch Einflussverlust bei deliktischen Zugriffen bejaht *Föbus*, S. 176 f.
[295] RGSt 40, 406, 408 – Nadelfraismaschine; Harte/Henning/*Harte-Bavendamm*, § 17 UWG Rn. 35; *Pfeiffer*, in: FS Nirk, S. 861, 883.
[296] RGSt 63, 205, 207 – Nitrolacke; RG, MuW 1910/11, 96; MK-AktG/*Schaal*, § 404 Rn. 60; *Edg. Schmidt*, S. 260; *Wawrzinek*, S. 241; aA LG Freiburg, wistra 2012, 361, 362 (unmittelbare Vorteilsziehung); Lackner/Kühl/*Heger*, § 204 Rn. 4; *Schneider*, S. 38 (Erfolgseintritt notwendig).
[297] AA BGH, NJW 2006, 830 Rn. 80 – Kirch/Breuer; RGSt 40, 406, 408 – Nadelfraismaschine; RGSt 39, 83, 85 – Gipsformen; LG Freiburg, wistra 2012, 361, 362; E/R/S/T/*Tsambikakis*, § 17 Rn. 29; F/B/O/*Rengier*, § 17 Rn. 76; *Jestaedt*, Rn. 881; K/B/*Köhler*, § 17 UWG Rn. 41; *Maier*, S. 298; Ohly/Sosnitza/*Ohly*, § 17 Rn. 22; *Schneider*, S. 122 ff., 129; Scholz/*Rönnau*, § 85 Rn. 13, 37; *Soppa*, S. 127; *Tiedemann*, WiStR, Rn. 979.
[298] Eindeutige Erläuterungen zum Sprachgebrauch in *Grimm*, Bd. 12/1 (1956), Sp. 2234; s. auch RG, GRUR 1912, 191, 192 und MuW 1937, 423, 426 – Faltenrohrmaschine; MK-StGB/*Hohmann*, § 23 GeschGehG Rn. 64 f. Zudem hat die Einfügung der Schädigungsabsicht durch das 2. WiKG 1986 einer solchen Begriffsdeutung den Boden entzogen.
[299] *Grimm*, Bd. 7 (1889), Sp. 1025 „Nutzen" = anwenden, brauchen (Anm. 1 ff.). Wie hier zum Verwerten BeckOK GeschGehG/*Hiéramente* § 4 Rn. 52; *Brammsen*, wistra 2018, 449, 455; *Brandau*/Rehaag, Kap. 2 Rn. 129; *Breitenbach*, S. 317 ff., 326; *Föbus*, S. 174 f.; Nebel/*Diedrich*, § 2 Rn. 56; *Reuker*, jurisPR-StrafR 9/2013, Anm. 4; GK-UWG/*Wolters*, § 17 Rn. 108; MK-StGB/ *Schmitz*, § 355 Rn. 49 f.

§ 3 Erlaubte Handlungen

hörden bleibt insoweit tatbestandlich problematisch, als es nicht separat oder in Gestalt einer Generalklausel geregelt ist.[300]

bb) Das erlaubte Nutzen

120 Die Palette der erlaubten Nutzungen eigener oder fremder Geschäftsgeheimnisse ist extrem umfangreich. Sie ist keineswegs streng akzessorisch an das zuvorige **Erlangen gebunden**, sondern erstreckt sich gem. § 3 Abs. 2 ungeachtet diesbzgl. Befugt- bzw. Unbefugtheit auf jedes Nutzen, wenn dieses durch Rechtsgeschäft, Gesetz oder aufgrund eines Gesetzes ggf. auch nur **separat gestattet** ist. Zumeist allerdings dominieren Verknüpfungen mit dem erlaubten zuvorigen Erlangen, etwa im Arbeitsrecht oder im Ämter- bzw. Behördenwesen, wenn die dort eingebundenen Beschäftigten das ihnen vermittelte Wissen intern funktionsbezogen anwenden müssen. Ansonsten würde der Unternehmens- und Geheimnisinhaber nur unerlaubt erzielten Profit erlaubt abschöpfen dürfen.

121 Alle Nutzungserlaubnisse entspringen zwei Haupt- mit uneinheitlich mehrfach unterteilten Untergruppen: Privatseitig in rechtstatsächlich oder rechtsgeschäftlich, staatsseitig in generelle (gesetzliche) und individuelle (administrative, gerichtliche) untergliederte Gestattungen. Anknüpfend an die bereits beim erlaubten Erlangen miterwähnten, das Nutzen einschließende sog. „Zusatz-" und „Zuordnungserlaubnisse" (→ Rn. 98 ff., 110) ergibt sich eine große Vielzahl weiterer Nutzungserlaubnisse, deren kurze Konturierung um eine kurze Exemplifikation wichtiger Anwendungsfälle ergänzt ist.

122 **Privatseitig** sind Erlaubnisse, deren Errichtung in der Dispositionskompetenz des Geheimnisinhabers resultiert. Sie können rechtstatsächlich (zumeist per konkludenter Einwilligung)[301] oder wie wohl im Regelfall rechtsgeschäftlich zumeist projekt- oder zeitbeschränkt eingerichtet werden, belassen mithin die eigner- bzw. inhaberschaftliche Zuordnung des Geheimnisses unverändert. Zu ihnen gehören neben zahlreichen unproblematischen Gestattungen nur wenig praktisch besonders relevante Fälle:

– alle wirksamen „Übereignungen" einer Geheimnisinhaberschaft wie Verkauf, Tausch und andere rechtsgeschäftliche Erwerbsgeschäfte;
– alle tatsächlichen singulären Kenntnisnutzungen zur einmaligen Anwendung (zB Probe- bzw. Testlauf, Funktions- bzw. Praktikabilitätskontrolle) durch vertraute Dritte oder Fachleute;
– alle tatsächlichen kurz-, mittel- und längerfristigen rechtsgeschäftlichen Kenntnisweitergaben zur mehr- oder vielfachen funktionskonformen Anwendung

---

300 Ob § 202d StGB diesen Anforderungen genügt, ist strittig; vgl. Schönke/Schröder/*Eisele*, § 202d Rn. 15 f. Zum früheren Verwerten in § 17 Abs. 2 Nr. 2 UWG aF *Brammsen*, Lauterkeitsstrafrecht, § 17 Rn. 86 mwN.
301 Büscher/*McGuire*, § 3 GeschGehG Rn. 30.

durch Auftrags- bzw. Vorfertiger, Beschäftigte, Geschäfts- bzw. Kooperationspartner oder Arbeitsgemeinschaften;[302]
– lizenzierte Nutzungen;[303]
– nachvertragliche Nutzung befugt erlangter Geheimnisse bei fehlender karenzpflichtiger Enthaltungsabrede;[304]
– nachvertragliche Nutzung eigenverbesserter oder gemeinsamer Geschäfts-/Projektergebnisse sowie nach oder zu eingetretener Offenkundigkeit oder beendetem Wettbewerbsverbot;[305]
– eigenmächtige Inanspruchnahmen angeblich wertlosen Treuguts oder nicht abgenommener Auftragsfertigung;[306]
– Nutzungen (auch von Kopien als Beweismittel) bei strittiger Miterfinderschaft.[307]

Staatsseitig sind alle durch Gesetz oder aufgrund eines Gesetzes erlassenen Nutzungserlaubnisse zugunsten speziell benannter Institutionen bzw. Funktionsträger und deren Mitarbeiter oder in gerichtlichen oder Verwaltungsverfahren. Ungeachtet ihrer generell-abstrakt oder individuell-konkret ausgeformten Festsetzung betreffen sie durchweg den Einsatz fremder Geschäftsgeheimnisse (nicht deren Freistellung erga omnes (→ Einl. A Rn. 18 f.) zur Bewältigung vornehmlich von oder in Aufsichts-, Kontroll- oder Prüfungsverfahren. Neben den bereits andernorts[308] und in der Einleitung (→ Einl. A Rn. 20) dargestellten Regelungen gehören zu ihnen in zunehmend großer Anzahl ua.:

– amts- bzw. behördeninterne Kenntnisnutzungen im Rahmen von Arznei-, Steuer- oder Lebensmittelprüfungen ua. gem. § 24d AMG, § 41 LFGB oder § 30 Abs. 7 AO;[309]
– ungewollte arbeitgeber- bzw. -nehmerseitig oder seitens freier Miterfinder bewirkte Nutzungen gemeldeter oder mitgeteilter Erfindungen gem. § 24 Abs. 1–3 ArbEG;[310]

123

---

302 IdS auch *Reinfeld*, § 2 Rn. 69.
303 Vgl. zuletzt (ohne zuvorige Kenntnisnahme) BGH, GRUR 2020, 833 Rn. 28 f., 39 ff. – Konditionierverfahren; s. auch Büscher/*McGuire*, § 3 GeschGehG Rn. 30; *Greco*, S. 104 ff.; Nebel/Diedrich, § 3 Rn. 29.
304 BGH, GRUR 2006, 1044 Rn. 13 – Kundendatenprogramm; GRUR 2009, 603 Rn. 15 – Versicherungsuntervertreter; *Reinfeld*, § 2 Rn. 92.
305 RG, GRUR 1937, 559, 561 ff. – Rauchfaßkohlen; ÖOGH, SSt 26, 152, 155 – Kunststoffschilder; BGHZ 17, 41, 50 ff. – Kokillenguß; OLG Hamm, WRP 1993, 36, 38 – Tierohrmarken; offenlassend ÖOGH, ÖBl. 1992, 109, 113 – Prallbrecher.
306 BGH, GRUR 1960, 554, 556 – Handstrickverfahren; ablehnend letzterenfalls ÖOGH, Jur. Bl. 1955, 97 – Volksherde.
307 BGH, GRUR 2020, 986 Rn. 28 ff. – Penetrometer; GRUR 2016, 1257 Rn. 19 ff.; Court of Appeal, GRUR Int. 1998, 811, 812 – Geschäftskonzept für Unternehmenskauf; letzteres offenlassend ÖOGH, ÖBl. 1992, 231, 234 – Textildruckmaschinen.
308 Vgl. *Brammsen*, ZIP 2016, 2193, 2200.
309 Vgl. BGH, GRUR 2012, 1048 Rn. 30.
310 Vgl. BGH, GRUR 2020, 840 Rn. 29 f. – Folien-PVB-Herstellungsverfahren; *Bartenbach/Volz*, § 24 Rn. 10, 21, 38, 50, 53; *Witt/Freudenberg*, WRP 2014, 374 Rn. 58 f.

§ 3   Erlaubte Handlungen

- gutgläubig nachträgliche Nutzung befugter Kenntnisse bei verbessertem Maschinennachbau;[311]
- besonderes öffentliches Interesse an presserechtlicher Verwertung geheimer „Geschäftsmodelle";[312]
- „Infunktionsnahme" neuer Geheimnisse durch Insolvenzverwalter;
- Rechtfertigungen etwa gem. §§ 226 ff. BGB, 32 u. 34 StGB oder § 30 Abs. 4 AO;
- sog. Tatbestandsreduktionen wie §§ 202d Abs. 3 StGB oder § 5 GeschGehG.

c) Das erlaubte Offenlegen

124 Das „Offenlegen" ersetzt das zuvor sowohl im UWG wie im StGB über viele Jahrzehnte als „Mitteilen" bezeichnete Tathandeln der Verratsdelikte der §§ 17 f. UWG aF, 353d StGB, misst dem Begriffswechsel aber keine inhaltliche Bedeutung bei.[313] Ausweislich der Gesetzesbegründung, die sich hier wiederum allein auf die unbefugte Vollzugsvariante (→ Rn. 112) bezieht, bedeutet das Offenlegen „die Eröffnung des Geschäftsgeheimnisses gegenüber Dritten, nicht notwendigerweise der Öffentlichkeit".[314] Dies stimmt zwar überein mit der Ausdeutung des „Offenbaren" ua. in §§ 203, 353b, 355 StGB,[315] steht zugleich aber in Gegensatz zu dessen einerseits rein singulärem Verständnis in § 34 PatG[316] und dessen andererseits häufiger diesbzgl. adjektivischen gegenteiligen Verwendung als „offenbare Unrichtigkeit" in vielen Verfahrensrechten[317] sowie vor allem jenem gesetzlichen „Offenlegungsgebrauch" in Publizitätsvorschriften wie §§ 285 ff., 325 HBG oder §§ 31 ff., 58 PatG: Auch hier wird die Substantiierung nur im Kontext von „Veröffentlichen" oder Verbreiten „ad coram publico" gesehen.[318] Anders als das situativ-singuläre wie das allgemein publik machende Bekunden gleichermaßen erfassende frühere Mitteilen[319] indiziert der Begriff „Offenlegen" mithin mehr die letztgenannte Variante – auf die entsprechende Definition als „öffentliches Zugänglichmachen" in Art. 5 Nr. 6 Whistleblower-RL 2019/1937/EU ist verwiesen (→ § 5 Rn. 28). Hinzukommende Problemkonstellationen wie ua. das nunmehr miterfasste Anhören oder

---

311 OLG Dresden, MuW 1929, 391, 392 – Stecknadelmaschinen.
312 OLG München, NJW-RR 2004, 767, 769 – Themenplacement; s. auch OLG München, ZUM 2004, 399, 403 ff.
313 BT-Drs. 19/4724, S. 40 (zu § 23); Hoppe/Oldekop/*Hoppe*, Kap. 1 Rn. 498: „weitestgehend deckungsgleich".
314 BT-Drs. 19/4724, S. 27 (zu § 4). Ebenso ua. Büscher/*McGuire*, § 4 GeschGehG Rn. 20; Hoppe/Oldekop/*Hoppe*, Kap. 1 Rn. 498; K/B/F/*Alexander*, § 4 GeschGehG Rn. 39; MK-StGB/*Hohmann*, § 23 GeschGehG Rn. 66; MK-UWG/*Namysłowska*, Geschäftsgeheimnis-RL Art. 3 Rn. 13; *Reinfeld*, § 2 Rn. 17.
315 Statt vieler *Fischer*, StGB, § 203 Rn. 33; Schönke/Schröder/*Eisele*, § 203 Rn. 20.
316 Schulte/*Moufang*, § 34 Rn. 294: Verstanden als Darlegung.
317 Vgl. nur §§ 129 AO, 80 MarkenG, 95 PatG, 118 VwGO, 42 VwVfG, 38 SGB X, 319 ZPO.
318 Vgl. statt vieler Schulte/*Rudloff-Schäffer*, § 32 Rn. 6 ff. (Amtliche Publikation); Staub/*Kersting*, HGB, 5. Aufl. 2010, § 325 Rn. 15 (Allgemeine Zugänglichkeit). Plakativ auch die Betitelung des früheren VorstOG 2005.
319 Vgl. *Brammsen*, Lauterkeitsstrafrecht, § 17 Rn. 41.

V. Die „allgemein" erlaubten Handlungen des § 3 Abs. 2 § 3

Entgegennehmen fremdgesteuerter Mitteilungen bei der sog. „einseitigen", das Konturieren des zugangsbedingten Kenntniserlangens oder die unsichere „Vortatbestimmung" bei der sog. „fremdgesteuerten" Geheimnishehlerei[320] lassen eines schon jetzt deutlich werden: Die notwendige saubere Subsumtion ist nicht einfacher, sondern eher bedenklicher[321] geworden. Ihr ist nur mit einem situativ variablen Sinngehalt zu begegnen, dessen immense Weite die Inkompatibilität und Unschärfe eines solchen Sprachgebrauchs überdeckt: Offenlegen ist letztlich alles Übermitteln. Zur Erhellung ist sein Bedeutungsgehalt in deutlicher Anlehnung an das frühere Mitteilen gehaltvoller zu konturieren.

aa) Das Offenlegen

(1) Tathandlungen

Als gängige **Erscheinungsformen** sind beispielhaft zu benennen:[322] Aufzeichnen, Ausplaudern, Berichtigen oder Bestätigen von unbestätigten Vermutungen bzw. Gerüchten,[323] Erläutern, Kundgeben, Mitteilen, Offenbaren, Veröffentlichen, Vorführen, Vorlesen, Vortragen, Einblick gewähren in oder Aushändigen, Bereitlegen, Übersenden, Zugänglichmachen von Unterlagen, Zeichnungen oder anderen Geheimnisverkörperungen, Bereithalten automatisch abrufbarer oder Übermitteln elektronisch gespeicherter Daten.   125

(2) Begehungsweisen

Offenlegen ist wie das Offenbaren und Mitteilen entäußerndes Bekannt- bzw. Weitergeben einer Information(sverkörperung) an andere Personen, die dadurch eine von ihnen jederzeit reproduzierbare eigene Kenntnis oder einen generell freien beliebigen Kenntniszugang erlangen. Eines inhaltlichen Verstehens bedarf es nicht,[324] es genügt das faktische Haben. Um letzteres innezuhaben, ist bei mündlicher Verbreitung die faktische Kenntnisnahme (iSv. Zugang) ausreichend,[325] bei Verkörperungen eigene Herrschaft iSe. jederzeit ungehinderter Kenntnisnahme ermöglichender Gewahrsams- oder Verfügungsmacht[326] – tatsächliche bzw. inhaltliche materiel-   126

---

320 Näher zu den benannten Fallvariationen *Brammsen*, wistra 2018, 449, 454 f.
321 Vorbild: Art. 2–5 UWG Japan 2015, dazu *Hinkelmann*, Kap. 5 Rn. 114 ff.
322 S. auch *Arians*, S. 356; BeckOK GeschGehG/*Hiéramente*, § 4 Rn. 47 f.; GK-UWG/*Wolters*, § 17 Rn. 42.
323 BVerwG, NVwZ 2020, 114 Rn. 28; OLG Stuttgart, NZG 2007, 72, 73 f.; *Jerger*, StudZR 2008, 387, 395 ff.; NK-Wiss/*Reinbacher*, § 17 Rn. 29; *Tiedemann*, WiStR, Rn. 238, 310 f.
324 Anders zum früheren Mitteilen *Beling*, MuW 1923, 125 ff.; *Callmann*, § 17 UWG Rn. 12 a.
325 So bereits zu § 17 Abs. 1 UWG aF OLG Hamm, WRP 1959, 182; F/B/O/*Rengier*, § 17 Rn. 34; *Föbus*, S. 134; GK-UWG/*Wolters*, § 17 Rn. 43; NK-Wiss/*Reinbacher*, § 17 Rn. 29; Scholz/*Rönnau*, § 85 Rn. 36; *Többens*, NStZ 2000, 505, 507; aA Ohly/Sosnitza/*Ohly*, § 17 Rn. 15.
326 Vgl. BeckOK GeschGehG/*Hiéramente*, § 4 Rn. 47; *Nebel/Diedrich*, § 2 Rn. 57. Ebenso zum Mitteilen F/B/O/*Rengier*, § 17 Rn. 34; GK-UWG/*Wolters*, § 17 Rn. 43; MK-StGB/*Hohmann*, § 23 GeschGehG Rn. 67, 83; NK-Wiss/*Reinbacher*, § 17 Rn. 29. Briefliche Absendung bzw. Veräußerung fordern *Bindschedler*, S. 58 und *Seitz*, Ubg 2014, 380, 385.

§ 3   Erlaubte Handlungen

le Kenntnisnahme ist insoweit nicht erforderlich.³²⁷ Die Ausführung kann durch positives Tun oder garantenpflichtwidriges Unterlassen erfolgen.³²⁸ Beides setzt auf Seiten des offenlegenden Täters kein inhaltliches Verständnis des Geheimnisgegenstands voraus.³²⁹

127   Ungeachtet seiner zwiespältigen gesetzlichen Verwendung ist das Offenlegen seiner Struktur nach eine geheimheits- wie vermögensverletzende „**Distributionshandlung**"³³⁰ wie das Mitteilen und Offenbaren. Es gehört mithin zu denjenigen Verhaltensweisen, die direkt und unmittelbar Dritten tatsächliches Wissen iSe. Möglichkeit zum verständniseröffnenden Zugang (bei verschlüsselten Daten auch zur Entschlüsselung) oder zur Ausnutzung in irgendeiner Form vermitteln. Eigenhändigkeit ist keine Bedingung: Zur Ausführung bzw. Umsetzung können sowohl uneingeweihte Kenntnismittler oder Boten aber auch informierte (berufsmäßige) Hilfspersonen des Täters eingesetzt werden.³³¹ Auch tatsächliches Gebrauchmachen³³² oder andere besondere Ausführungsmodalitäten wie heimliches, täuschendes, treuwidriges oder ähnliches Vorgehen bedarf es nicht – das Geheimnis muss weder selbst inhaltlich verstanden noch erfolgreich oder erfolglos verwertet werden.³³³ Entsprechendes gilt für den Fortbestand des Geheimnisses: Geheimheitslockernde und geheimheitsaufhebende, das Geheimnis in allgemein verfügbares Wissen umformende Tathandlungen sind erfasst.³³⁴

---

327   So noch *Callmann*, § 17 UWG Rn. 12 a; *Maier*, S. 291; MK-GmbHG/*Altenhain*, § 85 Rn. 29; Rosenthal/*Leffmann*, § 17 Rn. 35.
328   Vgl. zum Mitteilen bzw. Offenbaren: *Busching*, S. 169 f.; F/B/O/*Rengier*, § 17 Rn. 35; *Föbus*, S. 135; K/B/F/*Köhler*, § 17 UWG Rn. 19; NK-UWG/*Stier/Hasselblatt*, § 17 Rn. 32; NK-Wiss/*Reinbacher*, § 17 Rn. 31; Schönke/Schröder/*Eisele*, § 203 Rn. 23; *Schwerdtfeger*, S. 228 ff., 236; *Wawrzinek*, S. 162 ff. Anders dagegen zur Schweiz Ackermann/Heine/*Schwarz*, § 19 Rn. 50; BSK-UWG/*Frick*, Art. 6 Rn. 52; Heizmann/Loacker/*Sutter*, Art. 6 Rn. 87.
329   Wie hier BeckOK GeschGehG/*Hiéramente*, § 4 Rn. 48; (zum Mitteilen) *Busching*, S. 163 ff.; GK-UWG/*Otto*, 1. Aufl. 1991, § 17 Rn. 86.
330   Geheimnismitteilungen haben substanz- wie vermögensschädigende Wirkung; zu Letzterer BayObLG, GRUR 1988, 634.
331   Zum Einsatz (un-)eingeweihter Wissensmittler *Arians*, S. 356 f.; G/J/W/*Krell*, § 17 UWG Rn. 32; *Schlötter*, S. 152; zur Mitteilung gegenüber und von (berufsmäßigen) Hilfspersonen der Geheimnisträger oder -inhaber zuletzt *Breitenbach*, S. 309 ff.
332   Dazu zuletzt zum Mitteilen G/J/W/*Krell*, § 17 Rn. 31; GK-UWG/*Wolters*, § 17 Rn. 43; NK-Wiss/*Reinbacher*, § 17 Rn. 29. Zur Verschlüsselung statt vieler *Busching*, S. 166 ff. und Schönke/Schröder/*Eisele*, § 202a Rn. 16 mwN.
333   So zu § 17 Abs. 1 UWG aF (Verwertung) *Greco*, S. 68; G/J/W/*Krell*, § 17 UWG Rn. 31; *Maier*, S. 291; *Pesch*, S. 155, 285; *Schlötter*, S. 152 f.; *Soppa*, S. 118. (Verständnis) *Bott*, in: FS Wessing, S. 311, 316; *Jessen*, S. 172; *P. Schmid*, S. 94 f.
334   Geheimheitsaufhebende Publikmachung ist (auch nur partiell) ausreichend; wie hier BeckOK GeschGehG/*Hiéramente*, § 4 Rn. 48 sowie G/J/W/*Krell*, § 17 UWG Rn. 30; *Maier*, S. 290 f. (zu § 17 Abs. 1 UWG aF).

V. Die „allgemein" erlaubten Handlungen des § 3 Abs. 2 §3

Das Offenlegen ist **kein Unterfall des Nutzens**,[335] auch und erst recht nicht im Falle einer Kundgabe bzw. Überlassung (etwa von Bankkundendatensätzen auf **SteuerCDs**)[336] gegen Entgelt (Verkauf):[337] Verkaufen ist die Weitergabe des Nutzungspotenzials eines Wissens, nicht aber dessen zweckkonforme Anwendung bzw. Umsetzung (→ Rn. 113 f.). Abgesehen von der Sondervariante eines zugleich in den Massenmedien, vor einem zutrittsmäßig unbegrenzten Publikum oder Ausführungskräften/-gehilfen praktizierten Kenntnisgebrauchs schließen sich beide Handlungen gegenseitig aus.[338]

128

(3) Kein Offenlegen

Aus dem großen Kreis der ein Geheimnis offenlegenden Handlungen scheiden nur wenige Verbreitungsakte aus. Zu ihnen gehören fremdbestimmte „Preisgabeverhalten" aufgrund von Gewalt oder Täuschung, bloße Auskunftsersuchen oder bloßes Schweigen: Erstere produzieren (ungeachtet ihrer Nichtigkeit gem. §§ 134, 138 BGB) nur „Marionetten",[339] letzteren fehlen neben einer „Umsetzungsbekundung"[340] des Weiteren Erklärungsgehalt und Verbreitungseffekt.

129

(4) Besonderheiten: Die Offenlegungsadressaten

Als **Kenntnisnehmer bzw. Informationsempfänger** kommen nur Personen in Betracht, die das Geheimnis nicht bereits zuvor (sicher) kannten:[341] Eigene tatsächliche (bestätigte) „Geheimnisherrschaft" des Empfängers und ungehinderte Allge-

130

---

335 Wie hier *Breitenbach*, S. 166 f.; Hoppe/Oldekop/*Hoppe*, Kap. 1 Rn. 497. AA *Alexander*, WRP 2017, 1034 Rn. 96; K/B/F/*Alexander*, § 4 GeschGehG Rn. 38; MK-GmbHG/*Wißmann*, 2. Aufl. 2016, § 85 Rn. 62; *P. Sieber*, Rn. 663.
336 So zum früheren Recht wie hier (Mitteilung) *Kaiser*, NStZ 2011, 383, 387; *Spatscheck*, in: FS Volk, S. 771, 780; *Spernath*, NStZ 2010, 307, 308; Ulmer/*Ransiek*, GmbHG § 85 Rn. 48; *Wulf*, PStR 2012, 33, 39. Gegenteilig (verwerten) *Heine*, in: FS Roxin II, S. 1087, 1099 f.; *Ignor/Jahn*, JuS 2010, 390, 391, 393; *Schenkel*, S. 203; *Stoffer*, Rn. 980; *Trüg*, StV 2011, 111, 112. Unklar bzw. offen BeckOK GeschGehG/*Hiéramente*, § 4 Rn. 52; K/B/F/*Alexander*, § 4 GeschGehG Rn. 41 (nebeneinander); *Ostendorf*, ZIS 2010, 301, 304 f.; *Satzger*, in: FS Achenbach, S. 447, 451; *Sonn*, S. 116; *Späth*, S. 392 f.; *Wicklein*, S. 38.
337 AA *Alexander*, WRP 2017, 1034 Rn. 96; BeckOK UWG/*Hohn-Hein/Barth*, § 2 GeschGehG Rn. 37; *Hellmann*, Rn. 549 (zu § 55a KWG); K/B/F/*Alexander*, § 4 GeschGehG Rn. 38; s. auch OLG Karlsruhe, RDV 2003, 246 f.
338 Wie hier iE *Aldoney Ramirez*, S. 124 f.; *Föbus*, S. 175; G/J/W/*Krell*, § 17 UWG Rn. 56; GK-UWG/*Wolters*, § 17 Rn. 110; *Rützel*, GRUR 1995, 557, 561; *Tiedemann*, ZBB 2005, 190, 191.
339 Wer unter dem Einfluss fremder Gewalt oder Täuschung zu freier Willensbildung und Willensbetätigung nicht fähig ist, ist Marionette fremder Drahtzieher.
340 Zutreffend betont vom OVG Saarlouis, NVwZ 2019, 1537 Rn. 15.
341 So übereinstimmend zum Mitteilen/Offenbaren zuletzt BVerwG, NVwZ 2020, 114 Rn. 28; OLG Stuttgart, WRP 2021, 242 Rn. 125 – Schaumstoffsysteme. Aus der Literatur: *Alexander*, WRP 2017, 1034 Rn. 96; BeckOK GeschGehG/*Hiéramente*, § 4 Rn. 46; *Greco*, S. 69; GK-UWG/*Wolters*, § 17 Rn. 44; *Kalbfus*, Rn. 193; MK-GmbHG/*Altenhain*, § 85 Rn. 25; NK-Wiss/*Reinbacher*, § 17 Rn. 30; *Schenkel*, S. 113; Schönke/Schröder/*Eisele*, § 203 Rn. 21; Scholz/*Rönnau*, § 85 Rn. 36; *Wiese*, S. 66. Die Gegenauffassung verkennt Handlungsstruktur und Regeln des untauglichen Versuchs; vgl. BSK-StGB/*Husmann*, Art. 273 Rn. 15; HK-UWG/*Kotthoff/Gabel*, § 17 Rn. 12.

§ 3 Erlaubte Handlungen

meinzugänglichkeit schließen ein „Offenlegen" aus (zu bestehenden Kenntnisnahmerechten → Rn. 110 f.). Den Inhalt des Entäußerten – das „Offengelegte" – muss der Empfänger nicht verstanden haben, es reicht aus, wenn er ihn nur behalten und an andere weitergeben kann.[342] Entsprechend weit ist auch der Empfängerkreis gefasst, er steht nahezu jedermann offen: Einbezogen sind prinzipiell jede beliebigen Dritte, zB Gesellschafter, Kollegen, externe Geheimnisträger einschließlich Nichtwettbewerber (Amtsträger,[343] Anwälte, Steuerberater oder Wirtschaftsprüfer), aber auch juristische Personen, Medienunternehmen und die Allgemeinheit bzw. Öffentlichkeit.[344] **Ausgeschlossen** sind neben dem beauftragten Lockspitzel des Geheimnisherrn[345] und den Supportern technischer Verbreitungsmedien[346] auch die gem. § 5 GeschGehG qua fictionem tatbestandlich ausgeschlossenen Journalisten und dergleichen, die Mitbestimmungsträger und -berechtigte sowie die Whistleblower.

bb) Das erlaubte Offenlegen

131 Die Erlaubnisse zum Offenlegen von Geschäftsgeheimnissen sind ob der unüberschaubaren Vielzahl die eigentliche Domäne der gewährten Einwirkungen auf eine bestehende Geheimheit. Ihre längst schon als Expansionsflut zu bezeichnende Vermehrung resultiert in höchst unterschiedlichen Etablierungsgründen, die allesamt in dem kontinuierlichen Auf-, Aus- und Umbau des zunehmend zentralisiert geordneten Wirtschafts- und Rechtswesens ihren gemeinsamen Ursprung nehmen. Auslöser immer neuen Regelungsbedarfs ist dabei das wachsende Bedürfnis, Wissen in all seinen Facetten (Datum, Information, Geheimnis usw.) zu teilen bzw. an diesem „Sharing" drittseitig partizipieren oder es initiieren zu dürfen. Letzteres ist der Hauptanwendungsfall der staatsseitigen Erlaubnisse, geheimes Wissen Dritter selbst weiter zu verbreiten, ersteres hingegen die privatseitige Kompetenz, ein entsprechendes Wissen entweder selbst oder durch eingebundene Mitwisser anderen Nichtwissern zur Kenntnis zu geben. Beiden Hauptgruppen ist gemeinsam, dass sie

---

342 Sachlich übereinstimmend RGSt 51, 184, 189 f.; OLG Stuttgart, WRP 2021, 242 Rn. 146 – Schaumstoffsysteme; A/L/G/*Loschelder*, Kap. 1 Rn. 102; BeckOK GeschGehG/*Hiéramente*, § 4 Rn. 48; BeckOK UWG/*Hohn-Hein/Barth*, § 2 GeschGehG Rn. 38; F/B/O/*Rengier*, § 17 Rn. 34; *Föbus*, S. 134; GK-UWG/*Wolters*, § 17 Rn. 43; *Hellmann*, Rn. 525; *Kalbfus*, Rn. 193; K/B/F/*Köhler*, § 17 UWG Rn. 19; Scholz/*Rönnau*, § 85 Rn. 36; *Schlötter*, S. 152; W/J/S/*Möhrenschlager*, Kap. 16 Rn. 24.
343 ZB der Strafverfolgungs- oder der Finanz-/Steuerbehörden (Bankkundendaten vermeintlicher/ tatsächlicher Steuerhinterzieher); dazu *Brammsen*, Anzeige, S. 77, 84; *Breitenbach*, S. 140 ff.; *Heine*, in: FS Roxin II, S. 1087, 1091, 1094; *Spernath*, NStZ 2010, 307, 308.
344 F/B/O/*Rengier*, § 17 Rn. 34; *Gaugenrieder/Unger-Hellmich*, WRP 2011, 1364, 1369; *Greco*, S. 68; *Iliou*, GmbHR 2015, 1293, 1295; *Kim*, S. 95; K/B/F/*Köhler*, § 17 UWG Rn. 20; *Schlötter*, S. 152.
345 F/B/O/*Rengier*, § 17 Rn. 34; *Föbus*, S. 149 f.; GK-UWG/*Wolters*, § 17 Rn. 43; G/J/W/*Krell*, § 17 UWG Rn. 32; Momsen/Grützner/*Heghmanns*, § 26 Rn. 28; *Wawrzinek*, S. 162 f.; aA juris PK-UWG/*Ernst*, § 17 Rn. 24; K/B/F/*Köhler*, § 17 UWG Rn. 20; *Schlötter*, S. 152; *Többens*, WRP 2005, 552, 557.
346 Vgl. K/B/F/*Alexander*, § 4 GeschGehG Rn. 40.

V. Die „allgemein" erlaubten Handlungen des § 3 Abs. 2   §3

je nach Ausgestaltung auch die Erlaubnis zur Offenlegung „ad coram publico" gewähren können.

Privatseitig sind begrenzte oder unbegrenzte Verbreitungserlaubnisse, die direkt oder abgeleitet auf entsprechenden eigner- bzw. inhaberseitigen Dispositionen basieren. Zumeist nur begrenzt auf ein- oder mehrmalige Kenntnisvermittlungen an ausgewählte Adressaten erfolgen sie rechtstatsächlich durch Einwilligung oder rechtsgeschäftliche Bewilligung im Rahmen von Auftrags-, Beschäftigungs- oder Kooperationsverhältnissen. Demgegenüber ist die unbegrenzte Weitergabebefugnis ob ihres janusköpfigen Erlaubnischarakters äußerst selten, da sie als individuelles Einverständnis das Geheimnis seines eignerschaftlichen Rechtsschutzes, als generelle Wissensfreigabe es aber gänzlich seiner eigner- bzw. inhaberschaftlichen Zuordnung entkleidet. Aus der großen Vielzahl der un- wie der vornehmlich begrenzten Erlaubnisse seien hier nur einige besonders relevante Fälle benannt: 132

– faktische „Dereliktion" durch freiwillige (auch drittgestützt bewirkte) Offenlegung ad coram publico als generelle „Freigabe" bzw. Aufhebung der Geheimheit;
– individuell-konkrete Offenlegung als „Geheimnis-Übereignung" bei Verkauf, Tausch oder anderer rechtsgeschäftlicher Inhaberwechsel;
– faktische situative „Freigabe" bei aufrechterhaltener eigener Eigner- bzw. Inhaberschaft durch sog. Einverständnis;
– freiwillige Errichtung interner Hinweisgebersysteme (zB Hotlines) als generellprophylaktische Einwilligung;[347]
– begrenzte tatsächliche Kenntnisweitergaben im geschäftlichen Vorfeld zur Due Diligence[348] oder vor Markteinführung an Fachleute, Pressevertreter oder Tester, jeweils bei aufrecht erhaltener eigener Eigner- bzw. Inhaberschaft;
– Einbindung bzw. Unterrichtung von (Unter-)Lizenznehmern,[349] auch im Factoringgeschäft;
– Kundgaben von Einzelinformationen an Ankeraktionäre, Berater, Mitinhaber oder Organwalter im Gesellschaftsinteresse;[350]
– kurz-, mittel- und längerfristige rechtsgeschäftliche Offenlegungen zur mehr- oder vielfachen funktionskonformen Anwendung an Auftrags- bzw. Vorfertiger, Beschäftigte, Geschäfts- bzw. Kooperationspartner oder Arbeitsgemeinschaften;[351]

---

347 Zu ihrer dogmatischen Einordnung *Brammsen*, Lauterkeitsstrafrecht, § 17 Rn. 57; wie hier EuArbR/*Schubert*, Art. 4 RL 2016/943/EU Rn. 25.
348 Dazu statt vieler B/B/K/S/*Fleischer*, S. 200 ff.; Hemeling, ZHR 169 (2005), 274, 276 ff.; Spindler/Stilz/*Fleischer*, § 93 Rn. 170 f.; Spindler/Stilz/*Hefendehl*, § 404 Rn. 49, alle mwN.
349 Lizenznehmer sind kenntnisberechtigte Kooperationspartner, keine Geheimnisinhaber; § 2 Rn. 149, 156 f. Dazu auch Büscher/*McGuire*, § 3 GeschGehG Rn. 30; *Greco*, S. 104 ff.; Nebel/*Diedrich*, § 3 Rn. 29.
350 BGHZ 64, 325, 331 f.; LG München, ZIP 2019, 1015 Rn. 30; Spindler/Stilz/*Fleischer*, § 93 Rn. 169.
351 IdS auch *Reinfeld*, § 2 Rn. 69 f.

§ 3 Erlaubte Handlungen

- späte Offenlegung befugt erlangter Geheimnisse zur Erfüllung oder Verfolgung von Ansprüchen (auch von Kopien als Beweismittel);[352]
- nachvertragliche Offenlegung eigenverbesserter oder gemeinsamer Geschäfts-/ Projektergebnisse sowie nach beendetem Wettbewerbsverbot;[353]
- unternehmensinterne Offenlegung betrieblicher Untersuchungsergebnisse (nicht bei sog. Drittgeheimnissen) bei fehlendem Geheimhaltungsinteresse.[354]

133 **Staatsseitige** Regelungen eröffnen äußerst vielgestaltige Offenlegungserlaubnisse für verschiedenste Geheimnisinhaber. Manche implizieren (verdeckt über die Legalitätspflicht der Geschäftsführung) gesetzliche Publizitätspflichten (§§ 289b–f HGB) oder Erga-omnes-Freigaben von Emissionsdaten[355] und Hygienemängeln,[356] die – ggf. unter Einhaltung zuvoriger „Schonfristen" – unternehmensseitig selbst durch eigene Pressemeldungen etc. bewerkstelligt werden können. Statt dieser und anderer primär hoheitsträgerschaftlich gefassten Zugriffsgestattungen (→ Einl. A Rn. 20) stehen hier mehr die gesetzlich festgesetzten individuell-situativen Erlaubnisse privater Geheimnisträger zur Kenntnisübermittlung im Vordergrund wie insbesondere:

- Abrufbereitstellung, Auskunft, Bericht, Offenlegung und Vorlage der Beschäftigten energie-, post- und telekommunikationsrechtlicher Diensteanbieter und Netzbetreiber ua. gem. §§ 27 Abs. 1 Nr. 5, 28 Abs. 1 ARegV, §§ 8, 21 Abs. 1–3 NABEG;[357]
- Antworten auf journalistische, parlamentarische oder presserechtliche Anfragen im Einklang mit dem jeweiligen Geheimhaltungsinteresse;[358]
- Anzeige- in Gestalt von Mitteilungspflichten des § 138 StGB für bestimmte (enumerativ aufgezählte) geplante oder in Ausführung befindliche Straftaten als Jedermannpflicht;[359]

---

352 BGH, GRUR 2016, 1257 Rn. 17 ff. – Gummielastische Masse II. Komprimiert zu „verfahrensbedingten" Auskunftsproblemen Hoppe/Oldekop/*Hoppe*, Kap. 1 Rn. 506 ff., 520 ff.
353 RG, GRUR 1937, 559, 561 – Rauchfaßkohlen; OLG Hamm, WRP 1993, 36, 38 – Tierohrmarken; s. auch RG, GRUR 1939, 308, 312 f. – Filtersteine.
354 Zum Streit um entsprechende Erlaubnisse unternehmensinterner Wissensträger zur internen Kundgabe (zB die Personal-, Rechts- oder Vorstandsabteilung) *Klaas*, S. 44 ff., 54 ff., 125 ff., 134; *Nienaber*, S. 137 ff., 173 ff., 285 ff.
355 Vgl. etwa OVG Berlin-Brandenburg, NVwZ 2020, 1372 Rn. 54 ff. (zum UIG).
356 Vgl. (zu § 40 Abs. 1a LFGB) OVG Münster, BeckRS 2020, 292 Rn. 68 – Topf Secret; VGH München, Beschluss v. 4.8.2020 – 20 CE 20.719, Rn. 9 f.
357 Allgemein zur Veröffentlichungspraxis *Büdenbender*, RdE 2020, 221 ff.; *Grünewald*, S. 255 ff.; s. auch BGH, RdE 2019, 116 ff.
358 BGH, WRP 2017, 1225 Rn. 47 ff. – Presserechtlicher Auskunftsanspruch; LG München, JZ 2007, 307, 308 f.; *Helbach*, S. 76 ff., 171 ff., 206 ff.; Scholz/*Rönnau*, § 85 Rn. 46. Zu Anfragen an öffentlich-rechtliche Stellen EUGH, GRUR 2019, 209 Rn. 34 ff. – NKBM; BVerfG, NVwZ 2018, 51 Rn. 195 ff., 261 ff. – Deutsche Bahn; BVerwGE 151, 348 Rn. 30 ff.
359 Bei allen Geheimnisdelikten unstrittig; vgl. etwa *Brammsen*, Lauterkeitsstrafrecht, § 17 Rn. 58; GK-BetrVG/*Oetker*, § 120 Rn. 22; Scholz/*Rönnau*, § 85 Rn. 45; Spindler/Stilz/*Fleischer*, § 93 Rn. 173.

V. Die „allgemein" erlaubten Handlungen des § 3 Abs. 2 § 3

- Auskunfts-, Einsichts- und Verbreitungsrechte „interner" Dritter, zB Beschäftigter gem. §§ 10, 12 Abs. 1 u. 2 EntgTranspG oder GmbH-Geschäftsführer gem. § 51a GmbHG;[360]
- Auskunfts- und Aussagepflichten als kollektivistisch fundierte situativ-singuläre Erlaubnisse, die ausnahmsweise Durchbrechungen bestehender Schweigepflichten gestatten bzw. sogar gebieten (zB im Aktien-, Handels- oder Betriebsverfassungsrecht);[361]
- bereichsspezifische Offenlegung geheimer Compliance-Verstöße[362] ua. gem. § 4d Abs. 7 FinDAG;
- bereichsspezifische Offenlegung von Bankkundendaten im strafprozessualen Ermittlungsvorfeld;[363]
- individuell-konkrete Offenlegung als „Geheimnis-Übereignung" bei Verkauf, Tausch oder anderer rechtsgeschäftlicher Inhaberwechsel;
- individuell-konkrete Offenlegung bei „Verfügungsübergang" an und durch Insolvenzverwalter im Rahmen der §§ 80, 97 InsO;[364]
- Pflichtenkollisionen;[365]
- Rechtfertigungsgründe wie die §§ 226 ff. BGB, 32 u. 34 StGB oder die dort in § 193 geregelte Wahrnehmung berechtigter Interessen[366] sind fakultative legale außerordentliche absolute Rechte,[367] die einem Dritten in genau beschriebenen Notsituationen auch eine Offenlegung bzw. Weitergabe fremder Geheimnisse gestatten können;[368]
- strafprozessuale Zeugnisverweigerungsrechte (§§ 52 ff., 76 StPO) konstituieren als situativ-singuläre Befugnisse rechtfertigende Aussagen bzw. Offenlegungen;[369]

---

360 BGHZ 135, 48, 50 f.; OLG München, GmbHR 2008, 104, 105.
361 Beispielhafte Benennungen (§§ 90, 131, 176, AktG, §§ 320 Abs. 2, 325, 342b HGB, §§ 90, 92, 99, 106, 110 BetrVG) ua. bei EuArbR/*Schubert*, Art. 4 RL 2016/943/EU Rn. 26; GK-BetrVG/*Oetker*, § 79 Rn. 58 ff.; *Koch*, in: FS Schmidt-Preuß, S. 367 ff.; *Kreis*, S. 75 ff. u. passim; *Schockenhoff*, NZG 2018, 521, 524 ff.; Scholz/*Rönnau*, § 85 Rn. 45; Spindler/Stilz/*Fleischer*, § 93 Rn. 167; *Werner*, NVwZ 2019, 449 ff.
362 Zum AG-Organwalter *Stöhr*, BB 2019, 1286, 1288 ff.; allgemein *Schockenhoff*, NZG 2015, 409, 410 ff.; *Soppa*, S. 137 ff.
363 BVerfG, NJW 2011, 2417 Rn. 49 ff. (inzidenter); LG Bochum, HRRS 2009, 1111 (4a). Nachweise zum Streitstand *Brammsen*, Lauterkeitsstrafrecht, § 17 Rn. 58.
364 BGH, ZIP 2016, 593 Rn. 23; BGHZ 16, 172, 174 f. – Düko.
365 BGHZ 64, 325, 331; *Brammsen/Schmitt*, NZA-RR 2016, 81, 83; GK-BetrVG/*Oetker*, § 120 Rn. 27; fehlgehend LAG Schleswig-Holstein, NZA-RR 2016, 77 Rn. 48 ff., 59 ff. (kein berechtigtes Geheimnisinteresse).
366 Zurückhaltend BGHZ 183, 153 Rn. 30 – Lichtbogenschnürung. Zur Unanwendbarkeit im Geheimnisschutz eingehend *Brammsen*, Anzeige, S. 77, 87 ff.
367 Zu ihrer Konturierung *Brammsen*, in: FS Otto, S. 1081, 1092, 1095.
368 *Brammsen*, Lauterkeitsstrafrecht, § 17 Rn. 59 mwN; *Busching*, S. 180 ff.; GK-BetrVG/*Oetker*, § 120 Rn. 27; Spindler/Stilz/*Hefendehl*, § 404 Rn. 55.
369 BGH, WM 2021, 387 Rn. 17 ff.; LG Darmstadt, DB 1979, 111; *Brammsen*, Lauterkeitsstrafrecht, § 17 Rn. 58 mwN; GK-BetrVG/*Oetker*, § 120 Rn. 23; *Seibert*, S. 275 ff.; Spindler/Stilz/*Fleischer*, § 93 Rn. 173.

§ 3   Erlaubte Handlungen

– sog. Tatbestandsreduktionen wie §§ 202d Abs. 3 StGB oder § 5 GeschGehG;
– zivilprozessuale Zeugnisverweigerungsrechte (§§ 383 Nr. 6, 384 Nr. 3, 408 Abs. 1 ZPO) sind eigener Geltendmachung bedürftige situativ-singuläre Befugnisse. Offenlegungserlaubnisse gewähren sie nur bei Hinzutritt eines weiteren Rechtfertigungsgrundes oder gem. § 172 Nr. 2 GVG ausgeschlossener Öffentlichkeit.[370]

cc) Prozessuales

134 Alle Offenlegungserlaubnisse sind Gestattungen, die von ihrem sie jeweils in Anspruch nehmenden Befugnisträger zum Beweis seiner behaupteten Berechtigung darzulegen und zu beweisen sind.[371] Dabei kann eine festgestellte längere Kontrollinhaberschaft (→ § 2 Rn. 146 ff.) durchaus einen recht verlässlichen Anscheinsbeweis darstellen, sollte allerdings nicht die Heranziehung anderer befugniszentrierter Beweisaspekte prädeterminieren.

VI. Reform

135 Die Neuregelung der nunmehr zivilistisch eingerichteten Erlaubnisse, Geschäftsgeheimnisse unter oder von Privatleuten erlangen, offenlegen oder nutzen zu dürfen, ist gleich in mehrfacher Hinsicht materiellrechtlich wie rechtstechnisch missglückt: Materiellrechtlich ua., weil sie in fehlgehender Abstimmung mit der neuen Verbotsregelung des § 4 nicht allein grundrechtsfundierte Inhaberrechte als „Erlaubnisse" qualifiziert, einem derivativen Erwerb der „Nachschöpfer" identischen Rechtsstatus zuerkennt und zudem funktionsgebundene sowie auch einfache situativ bedingte Eingriffsrechte einbezieht. Und rechtstechnisch, weil die formalen Gegensätze von Recht und diesbzgl. Teilhabe- oder Zugriffsberechtigung mit der unterschiedslosen Einbindung von Eigner- bzw. Inhaberschaft und sog. Rechtfertigung das eigengesetzte Grundsystem der §§ 3 f. von „erlaubt" und „unbefugt" bzw. „verboten" konterkariert. Soll nicht das klassische abgestufte Normen- bzw. Rechtesystem unter dem Mantel der wie auch immer durchzuführenden umfassenden Interessenabwägung und ergänzender fiktiver Freistellungsregel (sog. Tatbestandsausnahmen) abgelöst und nivelliert werden, so bedarf das „Erlaubniskonglomerat" des § 3 baldmöglichst einer mit der Regelung des § 4 besser abgestimmten Neuordnung. Andernfalls wird § 3 GeschGehG zur ungewollten Heimstatt aller Arten von „Erlaubnissen."

---

370 Dazu zivilistisch BGH, ZIP 2016, 593 Rn. 19 ff.; OLG Koblenz, AG 1987, 184 f.; *Garber*, ÖJZ 2012, 640, 644 ff.; *Siebert*, S. 275 ff.; *Winzer*, Rn. 192 ff., 576 ff.; (Schiedsverfahren) *Kahlert*, S. 195 ff., 219 ff.; Spindler/Stilz/*Fleischer*, § 93 Rn. 174. Strafrechtlich *Brammsen*, Lauterkeitsstrafrecht, § 17 Rn. 58; GK-BetrVG/*Oetker*, § 120 Rn. 24; MK-GmbHG/*Altenhain*, § 85 Rn. 46; Scholz/*Rönnau*, § 85 Rn. 47.
371 Vgl. Büscher/*McGuire*, § 3 GeschGehG Rn. 6; H/O/K/*Ohly*, § 3 Rn. 52; K/B/F/*Alexander*, § 3 GeschGehG Rn. 69.

§ 4 Handlungsverbote

(1) Ein Geschäftsgeheimnis darf nicht erlangt werden durch

1. unbefugten Zugang zu, unbefugte Aneignung oder unbefugtes Kopieren von Dokumenten, Gegenständen, Materialien, Stoffen oder elektronischen Dateien, die der rechtmäßigen Kontrolle des Inhabers des Geschäftsgeheimnisses unterliegen und die das Geschäftsgeheimnis enthalten oder aus denen sich das Geschäftsgeheimnis ableiten lässt, oder

2. jedes sonstige Verhalten, das unter den jeweiligen Umständen nicht dem Grundsatz von Treu und Glauben unter Berücksichtigung der anständigen Marktgepflogenheit entspricht.

(2) Ein Geschäftsgeheimnis darf nicht nutzen oder offenlegen, wer

1. das Geschäftsgeheimnis durch eigene Handlung nach Absatz 1

   a) Nummer 1 oder

   b) Nummer 2

   erlangt hat,

2. gegen eine Verpflichtung zur Beschränkung der Nutzung des Geschäftsgeheimnisses verstößt oder

3. gegen eine Verpflichtung verstößt, das Geschäftsgeheimnis nicht offenzulegen.

(3) ¹Ein Geschäftsgeheimnis darf nicht erlangen, nutzen oder offenlegen, wer das Geschäftsgeheimnis über eine andere Person erlangt hat und zum Zeitpunkt der Erlangung, Nutzung oder Offenlegung weiß oder wissen müsste, dass diese das Geschäftsgeheimnis entgegen Absatz 2 genutzt oder offengelegt hat. ²Das gilt insbesondere, wenn die Nutzung in der Herstellung, dem Anbieten, dem Inverkehrbringen oder der Einfuhr, der Ausfuhr oder der Lagerung für diese Zwecke von rechtsverletzenden Produkten besteht.

Schrifttum: *Alexander*, Geheimnisschutz nach dem GeschGehGE und investigativer Journalismus, AfP 2019, 1; *ders.*, Gegenstand, Inhalt und Umfang des Schutzes von Geschäftsgeheimnissen nach der Richtlinie (EU) 2016/943, WRP 2017, 1034; *Baranowski/Glaßl*, Anforderungen an den Geheimnisschutz nach der neuen EU-Richtlinie, BB 2016, 2563; *Bissels/Schroeders/Ziegelmayer*, Arbeitsrechtliche Auswirkungen der Geheimnisschutzrichtlinie, DB 2016, 2295; *Blankenburg*, Wettbewerbsrechtliche Zulässigkeit der Kundenabwerbung bei Beendigung eines Versicherungsvertreterverhältnisses, VersR 2010, 581; *Brammsen*, Die Schweigepflicht der Berufsanfänger, § 203 Abs. 4 Satz 1 Var. 1 StGB und § 53a Abs. 1 Satz 1 Nr. 2 StPO, ZfL 2019, 281; *ders.*, Die EU-Know-how-Richtlinie 943/2016, §§ 17 ff. UWG und das geplante Geschäftsgeheimnisstrafrecht (§ 23 GeschGehG-RegE), wistra 2018, 449; *ders.*, Einverständnis und Einwilligung, in: FS Yamanaka, 2017, S. 3; *ders.*, Der Arbeitnehmerbegriff, RdA 2010, 267; *ders.*, Wirtschaftsgeheimnisse als Verfassungseigentum – Der Schutz der Betriebs- und Geschäftsgeheimnisse gem. Art. 14 GG, DÖV 2007, 10; *Brammsen/*

§ 4 Handlungsverbote

Ceffinato, Doppelte Strafmilderung für Bankrottgehilfen?, NZI 2013, 619; *Brammsen/Sonnenburg*, Geschäftsführeraußenhaftung in der GmbH, NZG 2019, 681; *Brams*, Unionsrechtliche Impulse für das Recht der Massenentlassung, 2019; *Brandi-Dohrn*, Stellungnahme der DGRI zum Vorschlag der EU-Kommission für eine Richtlinie über den Schutz von Geschäftsgeheimnissen, CR 2014, 211; *Breitenbach*, Steuer-CDs, 2017; *Bröckner*, Nebenpflichten und Haftung von Arbeitnehmern in Führungspositionen, 2012; *Dorner*, Know-how-Schutz im Umbruch, 2013; *Drescher*, Industrie- und Wirtschaftsspionage in Deutschland, 2019; *Drexl et al.*, Ausschließlichkeits- und Zugangsrechte an Daten, GRUR Int. 2016, 914; *Ess*, Wie weit reicht der Geheimnisschutz? Zum rechtsverletzenden Produkt i.S.d. § 2 Nr. 4 GeschGehG, WRP 2020, 988; *Finger*, Reichsgesetz gegen den unlauteren Wettbewerb vom 7. Juni 1909, 4. Aufl. 1911; *Fischels*, Der Arbeitnehmerbegriff, 2019; *Föbus*, Die Insuffizienz des strafrechtlichen Schutzes von Geschäfts- und Betriebsgeheimnissen nach § 17 UWG, 2011; *Harte-Bavendamm*, Reform des Geheimnisschutzes: naht Rettung aus Brüssel? Zum Richtlinienvorschlag zum Schutz von Geschäftsgeheimnissen, in: FS Köhler, 2014, S. 235; *Henning-Bodewig*, „Unlautere" Geschäftspraktiken und der Bezug zu Art. 10bis PVÜ – Warum „unseriöse" Geschäftspraktiken keinen Sinn ergibt, GRUR Int. 2014, 997; *Heinzke*, Richtlinie zum Schutz von Geschäftsgeheimnissen, CCZ 2016, 179; *Hiéramente/Wagner*, Strafrechtliche Grenzen der Informationsbeschaffung über (ehemalige) Mitarbeiter der Gegenpartei eines Zivilrechtsstreits, GRUR 2020, 709; *Hoeren*, Die Neuordnung von StGB und StPO, MMR 2018, 12; *Hoeren/Münker*, Die EU-Richtlinie für den Schutz von Geschäftsgeheimnissen und ihre Umsetzung – unter besonderer Berücksichtigung der Produzentenhaftung, WRP 2018, 150; *Hoppe/Oldekop*, Behandlung von Unterlassungsansprüchen für Altfälle nach dem Gesetz zum Schutz von Geschäftsgeheimnissen (GeschGehG), GRUR-Prax 2019, 324; *Kalbfus*, Die EU-Geschäftsgeheimnis-Richtlinie, GRUR 2016, 1009; *Kalbfus/Harte-Bavendamm*, Protokoll der Sitzung des Fachausschusses für Wettbewerbs- und Markenrecht zum Richtlinienvorschlag über den Schutz von Geschäftsgeheimnissen, GRUR 2014, 453; *Keilmann/Schmidt*, Der Entwurf des Sorgfaltspflichtengesetzes – Warum es richtig ist, auf eine zivilrechtliche Haftung zu verzichten, WM 2021, 717; *Kiethe/Groeschke*, Die Durchsetzung von Schadensersatzansprüchen in Fällen der Betriebs- und Wirtschaftsspionage, WRP 2005, 1358; *Kohlrausch*, Industriespionage, ZStW 50 (1930), 30; *Koós* Die europäische Geschäftsgeheimnis-Richtlinie – ein gelungener Wurf? Schutz von Know-how und Geschäftsinformationen – Änderungen im deutschen Wettbewerbsrecht, MMR 2016, 224; *Kraßer*, Grundlagen des zivilrechtlichen Schutzes von Geschäfts- und Betriebsgeheimnissen sowie von Know-how, GRUR 1977, 177; *Kurz*, Vertraulichkeitsvereinbarungen, 4. Aufl. 2019; *Leister*, Unternehmen müssen ihre „Geheimnisschutz-Compliance" sicherstellen, GRUR-Prax 2020, 145; *Lux/Peske*, Competitive Intelligence und Wirtschaftsspionage, 2002; *Maier*, Der Schutz von Betriebs- und Geschäftsgeheimnissen im schwedischen, englischen und deutschen Recht, 1998; *McGuire*, Neue Anforderungen an Geheimhaltungsvereinbarungen?, WRP 2019, 679; *dies.*, Neue Anforderungen an den Know-how-Schutz: 3 Gründe, sich schon heute mit der neuen Geschäftsgeheimnis-RL zu befassen, Mitt. 2017, 377; *dies.*, Der Schutz von Know-how im System des Immaterialgüterrechts, GRUR 2016, 1000; *dies.*, Der Schutz von Geschäftsgeheimnissen durch Rechte des Geistigen Eigentums und durch das Recht des unlauteren Wettbewerbs (Q215), GRUR Int. 2010, 829; *Merenyi*, Der Stoffbegriff im Recht, 2019; *Mohr/Bourazeri*, GmbH-Geschäftsführer als arbeitgeberähnliche Personen, NZA 2019, 595; *Nastelski*, Der Schutz des Betriebsgeheimnisses, GRUR 1957, 1; *Ohly*, Das neue Geschäftsgeheimnisgesetz im Überblick, GRUR 2019, 441; *ders.*, Der Geheimnisschutz im deutschen Recht: heutiger Stand und Perspektiven, GRUR 2014, 1; *Pesch*, Straf- und ordnungswidrigkeitenrechtliche Erwägungen zur Bereitstellung von Informationen vor Pakettransaktionen, 2015; *Potočić*, Korruption, amerikanische Börsenaufsicht und Entwicklungen durch Private in Deutschland, 2016; *Rennicke*, Der An- und Verkauf steuerrelevanter Daten, wistra 2020, 135; *ders.*, Datenankauf: Steuer-CDs und der Schutz von Geschäftsgeheimnissen, PStR 2020, 202; *Sandeen/*

Rowe, Trade Secret Law, 2. Aufl. 2018; *Schenkel*, Whistleblowing und die Strafbarkeit wegen Geheimnisverrats, 2019; *Scherp/Rauhe*, Datenklau!? – Entwurf eines Gesetzes zum Schutz von Geschäftsgeheimnissen, CB 2019, 20; *Schlötter*, Der Schutz von Betriebs- und Geschäftsgeheimnissen und die Abwerbung von Arbeitnehmern, 1997; *Schramböck*, Schutz von Geschäfts- und Betriebsgeheimnissen, 2002; *Schuster*, GeschGehG und vertragliche Pflichten zum technischen Schutz von nicht-personenbezogenen Daten, CR 2020, 726; *Schwerdtfeger*, Strafrechtliche Pflicht der Mitglieder des Aufsichtsrats einer Aktiengesellschaft zur Verhinderung von Vorstandsstraftaten, 2016; *Selbach*, Geheimhaltungspflichten von Gesellschaftern in personalistisch strukturierten Gesellschaften, 2015; *Stoffer*, Wie viel Privatisierung „verträgt" das strafprozessuale Ermittlungsverfahren, 2016; *Viskorf*, Informationsschutz im englischen Recht, 2004; *Wank*, Neues zum Arbeitnehmerbegriff des EuGH, EuZW 2018, 21; *ders.*, Der Arbeitnehmerbegriff im neuen § 611a BGB, AuR 2017, 140; *ders.*, Arbeitnehmer und Selbständige, 1988; *Wenner/Schuster*, Sind Geheimhaltungsvereinbarungen insolvenzfest?, ZIP 2005, 2191; *Werner*, Verrat von Geschäftsgeheimnissen durch ausgeschiedene Mitarbeiter, WRP 2019, 1428; *Wicklein*, Steuerdaten-CDs und demokratischer Rechtsstaat, 2017; *Wiebauer*, Whistleblowing im Arbeitsschutz, NZA 2015, 22; *Wiebe*, Know-how-Schutz von Computersoftware, 1995; *Wiese*, Die EU-Richtlinie über den Schutz vertraulichen Know-hows und vertraulicher Geschäftsinformationen, 2018; *Winzer*, Der Schutz von Geschäftsgeheimnissen im Zivilprozess, 2018; *Witt/Freudenberg*, Der Entwurf der Richtlinie über den Schutz von Geschäftsgeheimnissen im Spiegel zentraler deutscher Verbotstatbestände, WRP 2014, 374; *Witz*, Grenzen des Geheimnisschutzes, in: FS Bornkamm, 2014, S. 513; *Würtenberger/Freischem*, Stellungnahme zum Referentenentwurf des Bundesministeriums der Justiz und für Verbraucherschutz – Entwurf eines Gesetzes zur Umsetzung der RL 2016/943/EU zum Schutz von Geschäftsgeheimnissen vor rechtswidrigem Erwerb sowie rechtswidriger Nutzung und Offenlegung, GRUR 2018, 708; *Wunner*, Die zivilrechtliche Haftung für Geheimnisverwertungen durch Beschäftigte im Lichte der Geschäftsgeheimnis-RL, WRP 2019, 710; *Zajacová*, Tschechisches und slowakisches Lauterkeitsrecht im Lichte der europäischen Rechtsangleichung, 2015; *Zentek*, Präsentationsschutz, WRP 2007, 507.

Übersicht

	Rn.		Rn.
I. Einführung	1	bb) Die additiven Komponenten: Rechtmäßige Kontrollinhaberschaft am Trägermedium	26
II. Entwicklungsgeschichtlicher Abriss	3		
III. Normzweck und Systematik	10		
1. Normzweck	10	cc) Die verbotenen Zugriffshandlungen	30
2. Systematik	12	b) Das „Auffangverbot" des § 4 Abs. 1 Nr. 2 (sog. „kleine Generalklausel")	46
IV. Die einzelnen Handlungsverbote	18		
1. Das verbotene Erlangen (§ 4 Abs. 1)	18	2. Das verbotene Nutzen und Offenlegen (§ 4 Abs. 2)	50
a) Die speziellen Erlangensverbote des § 4 Abs. 1 Nr. 1	19	a) Nutzen und Offenlegen nach unbefugtem Eigenerwerb (§ 4 Abs. 2 Nr. 1)	51
aa) Die erfassten Zugriffsobjekte: Dokumente, Gegenstände, Materialien, Stoffe und elektronische Dateien	20	aa) Die unbefugte Vortat: Das unbefugte Erlangen iSd. § 4 Abs. 1	52
		bb) Die Tathandlungen: Nutzen und Offenlegen	53

… § 4 Handlungsverbote

	Rn.		Rn.
cc) Die Verletzer: Nur unbefugte Erwerber (deliktsfundierte Mitwisser)	59	aa) Der drittseitig vermittelte Geheimniserwerb	117
dd) Das verbotswidrige Nutzen trotz entgegenstehender Beschränkung	60	bb) Das verbotswidrige Nutzen oder Offenlegen eines Wissensmittlers	118
b) Nutzen entgegen Nutzungsbeschränkungen (§ 4 Abs. 2 Nr. 2)	69	cc) Die Verletzungshandlung des Erwerbers: Erlangen, Nutzen oder Offenlegen	121
aa) Der Geheimniserwerb: Das indifferente Erlangen	70	dd) Der Makel des Geheimnishehlers: Eigenes Wissen(müssen) der fremden Vortat	123
bb) Die Tathandlungen: Nutzen	71	ee) Exemplifikation	131
cc) Die Verletzer: Nur nutzungsbeschränkte Mitwisser	72	c) Die fremdtäterschaftlich vermittelte Produkthehlerei (§ 4 Abs. 3 Satz 2) – Das verbotene Nutzen rechtsverletzender Produkte	132
dd) Das verbotene Nutzen	75	aa) Der drittseitig vermittelte Geheimniserwerb	133
c) Offenlegen entgegen Offenlegungsbeschränkungen (§ 4 Abs. 2 Nr. 3)	99	bb) Das verbotswidrige Nutzen oder Offenlegen eines Wissensmittlers	134
aa) Geheimniserwerb, Verletzer und das Offenlegen	100	cc) Die Verletzungshandlung des Erwerbers: Nur „Nutzen"	135
bb) Das verbotene Offenlegen	103	dd) Das enumerative „Nutzen" durch Herstellen, Anbieten usw. rechtsverletzender Produkte	138
3. Die verbotene Geheimnishehlerei (§ 4 Abs. 3) – Das mittelbare Nutzen und Offenlegen	114	ee) Der Makel des Produkthehlers: Eigenes Wissen(müssen) der fremden Vortat	140
a) Einleitung und Überblick	114	ff) Exemplifikation	141
b) Die klassische fremdtäterschaftlich vermittelte Geheimnishehlerei (§ 4 Abs. 3 Satz 1) – Das verbotene Erlangen, Nutzen oder Offenlegen „bemakelter" Geheimnisse	116	V. Prozessuales	142

I. Einführung

1 **§ 4 GeschGehG** ist das rechtliche Gegenstück zu § 3, dessen Regelungsgehalt der Zu- und Umgangsrechte mit geheimen (auch rechtswidrigen → § 2 Rn. 138 f.) Geschäftsinterna es mit der Festsetzung entsprechender Handlungsverbote gleichermaßen stabilisiert wie komplettiert. Ansatzweise angedacht in Art. 39 Abs. 2

I. Einführung § 4

TRIPS[1] und in den strafrechtlichen Regelungen der §§ 17 f. UWG aF schrittweise zu einem recht weitgehenden Haftungssystem ausgebaut,[2] umfasst die Vorschrift in unverkennbarer Übereinstimmung mit ihrem unionsrechtlichen Vorbild in Art. 4 Abs. 2–5 RL 2016/943/EU nunmehr eine stufenmäßig angelegte **Ordnung** von Verbotstatbeständen, die das breite Spektrum unzulässiger Zugriffsweisen auf fremde Geschäftsgeheimnisse spiegelbildlich abdecken: Das unbefugte **Erlangen** durch explizit benannte Vorgehensweisen gegen bestimmt geartete Geheimnisträgermedien (**Abs. 1 Nr. 1**) oder über eine Generalklausel für jedes sonstige marktwie treuwidrige Verhalten (**Abs. 1 Nr. 2**), das unerlaubte **Nutzen oder Offenlegen** nach eigener unerlaubter Erlangung iSd. Abs. 1 (**Abs. 2 Nr. 1**) oder unter Verstoß gegen entsprechende Handlungsbeschränkungen (**Abs. 2 Nr. 2 und 3**) sowie das unerlaubte **Erlangen, Nutzen oder Offenlegen** fremdseitig unbefugt genutzter oder offen gelegter Geheimnisse (**Abs. 3 Satz 1**). Abgeschlossen wird die verbotene Angriffskaskade durch ein ergänzendes Verbot bestimmter **Nutzungen rechtsverletzender Produkte (Abs. 3 Satz 2)**.

Obwohl § 4 von sprachbedingten und kontextuellen Verbesserungen abgesehen[3] 2 seine unionsrechtliche Vorlage weitgehend inhaltlich unverändert übernimmt, sind dennoch gleich zwei Besonderheiten zu konstatieren, die auffällig vom entlehnten Urbild der Richtlinie abweichen: Es **fehlt** das Negativmerkmal „**ohne Zustimmung**" in Art. 4 Abs. 2, 3 RL und das singuläre **Nutzungsverbot rechtsverletzender Produkte** (Art. 4 Abs. 5 RL) ist durch ein einleitendes „insbesondere" in einem bloßen Beispielsfall in § 4 Abs. 3 Satz 2 **umgeformt**. Während Ersteres der klassischen deutschen Unterscheidung von tatbestandlicher (Beeinträchtigung eines „Gutes") und rechtswidriger Handlung geschuldet ist,[4] ist Letzteres zwar unionsrechtlichen Harmonisierungsansätzen abträglich, vom Umsetzungsspielraum des Art. 1 Abs. 2 RL aber vollumfänglich gedeckt. Eine Reflexion über die Hintergrün-

---

1 Dort bedeutet in den Erläuterungen: „eine Weise, die den anständigen Gepflogenheiten in Gewerbe und Handel zuwiderläuft" zumindest Handlungen wie Vertragsbruch, Vertrauensbruch und Verleitung dazu und schließt den Erwerb nicht offenbarter Informationen durch Dritte ein, die wussten oder grob fahrlässig nicht wussten, dass solche Handlungen beim Erwerb eine Rolle spielen; vgl. BGBl. II 1994, 1730, 1740.
2 Dazu komprimiert *Brammsen*, Lauterkeitsstrafrecht, § 17 Rn. 1 f.
3 Die (in sich konsequent, da prinzipiell dem Prozessrecht zuzuordnend) fehlende Anbindung der Nutzungs- und Offenlegungsverbote an einen rechtswidrigen Geheimniserwerb allein in Art. 4 Abs. 3 RL (Abs. 4 und 5 RL enthalten eine solche nicht), die Aufteilung der dort lit. a in Bezug genommenen Erwerbsverbote dem Art. 4 Abs. 2 RL folgend auf zwei Alternativen in § 4 Abs. 2 Nr. 1 lit. a und b, die komprimierte Reduzierung der Umgangsbeschränkungen des Art. 4 Abs. 3 lit. b und c RL auf jegliche Art von Verpflichtungen in § 4 Abs. 2 Nr. 2 und 3 sowie die Umwandlung des Erwerbsverbotes für „jedes sonstige Verhalten, das unter den jeweiligen Umständen als mit einer seriösen Geschäftspraxis nicht mehr vereinbar gilt" in Art. 4 Abs. 2 lit. b RL durch eine Bezugnahme auf den „Grundsatz von Treu und Glauben unter Berücksichtigung der anständigen Marktgepflogenheiten" in § 4 Abs. 1 Nr. 2.
4 Die deutsche Unterscheidung von Einverständnis und Einwilligung ist deren „eignerzentrierte" materielle Konsequenz.

§ 4 Handlungsverbote

de dieser „Öffnungsklausel" kann mangels entsprechender gesetzgeberischer Erläuterungen nicht erfolgen – sie würde nur in das unfruchtbare Reich hochspekulativer Mutmaßungen führen.

II. Entwicklungsgeschichtlicher Abriss

3   Wie bereits angedeutet (→ Rn. 1), ist § 4 maßgeblich von den früheren Straftatbeständen der §§ 17 und 18 UWG 1986 inspiriert, die er in Ausrichtung auf ein zivilistisches Grundkonzept rein objektiv abgefasster Verbotstatbestände ihrer subjektiven Einkleidung entzieht, sprachlich wie konzeptionell neu ordnet und um einige inhaltliche Erweiterungen bzw. Präzisierungen ergänzt. Wirkmächtig eingeleitet wurde der langwierige Reformprozess im Anschluss an verschiedene, durchweg stark strafrechtlich vorgeprägte supranationale Vorschläge zur gemeinschaftsrechtlichen bzw. internationalen Anpassung der deutlich divergierenden Schutzrechtsregime beteiligter Rechtsordnungen[5] erst von dem Ende 2013 vorgestellten **Kommissionsvorschlag** einer Richtlinie über den Schutz vertraulichen Know-hows usw.[6] Er überführte die inzwischen gut ausdifferenzierten drei Grundformen strafrechtswidriger Geheimniszugriffe – die Betriebsspionage, den Geheimnisverrat und die Geheimnishehlerei – unter Verwendung neutralerer Handlungsbeschreibungen in das Zivilrecht, ließ allerdings immer noch einschlägige Anlehnungen an deren ursprüngliche Herkunft erkennen, die sogar auf so einschlägige Begriffe wie „Diebstahl, Bestechung und Betrug" rekurrierten.[7] Den sich dagegen sowie insbesondere gegen eine verschuldensakzessorische Ausformung erhebenden Widerspruch[8] griff der europäische Rat wenig später mit einem Initiativvorschlag auf, beseitigte beide Anbindungen und fügte bei den sog. mittelbaren Verletzungen das Erfordernis „Wissen und Wissen müssen" ein.[9]

4   Diese Streichungen bzw. Ersetzungen fanden im weiteren Verfahrensverlauf über mehrere Zwischenschritte nach einigen Ergänzungen und sprachlichen Verbesserungen Eingang in den **Trilog-Kompromiss** vom 18.12.2015, der die verbotenen Handlungen von ihren zuvorigen Verbindungen mit den erlaubten Handlungen

---

5   Näher zu entsprechenden Ansätzen im Modellgesetz des Europarats 1974, im TRIPS-Abkommen 1994 und in den WIPO-Provisions 1996, *Brammsen*, Lauterkeitsstrafrecht, Vor §§ 17–19 Rn. 10 ff. Vgl. darüber hinaus § 1 Abs. 2 UTSA 1985.
6   Komprimiert zum Verlauf des Reformprozesses Büscher/*McGuire*, § 4 GeschGehG Rn. 8 ff.; *Wiese*, S. 7 ff.
7   Vgl. Art. 3 Nr. 2 lit. b-d COM (2013) 813 final 2013/0402 (COD), S. 21. Partiell ebenso bereits § 1 Abs. 1 UTSA 1985 und § 1831 (a) (1) EEA 1996.
8   Ua. von *Harte-Bavendamm*, in: FS Köhler, S. 235, 242 f.; *Kalbfus/Harte-Bavendamm*, GRUR 2014, 453, 454 f.; *MPI*, Stellungnahme des Max-Planck-Instituts für Innovation und Wettbewerb vom 12.5.2014 zum Vorschlag der Europäischen Kommission für eine Richtlinie über den Schutz vertraulichen Know-hows und vertraulicher Geschäftsinformationen (Geschäftsgeheimnisse) vor rechtswidrigem Erwerb sowie rechtswidriger Nutzung und Offenlegung vom 28.11.2013, COM (2013) 813 final; GRUR Int. 2014, 554 Rn. 26 ff.
9   Vgl. den Ratsentwurf vom 26.5.2014, dort Art. 3, Abs. 2–5.

trennte und in Art. 3 separierte.¹⁰ Neu eingefügt wurde als weiterer Verbotsgegenstand das Erlangen durch Aneignung in Abs. 2 lit. a, die Anstiftung zur Verletzung einer Vertraulichkeitsvereinbarung in dessen lit. b ebenso gestrichen wie das Besitzerwerbserfordernis in Abs. 3 lit. a, in Abs. 4 wurden der Erwerb als dritte verbotene Handlung aufgenommen und der Besitzerwerb um die Attribute unmittelbar und mittelbar ergänzt und in Abs. 5 ersetzte das Inverkehrbringen das frühere Vermarkten. Schlussendlich noch umgestellt ist die Handlungsverbotsnorm sodann zum heutigen Art. 4 geworden.

Eingeleitet wurde das späte bundesdeutsche Umsetzungsverfahren¹¹ erst mit einem am 18.4.2018 öffentlich zugänglich gewordenen **Referentenentwurf** des BMJV, der weitgehend die Vorgaben der Richtlinie auch für die neuen zivilistischen Handlungsverbote adaptierte, sie aber in § 3 verortete.¹² Neben Anpassungen an die hiesige Gesetzessprache in Gestalt kurzer und sachlich prägnanterer, eine bessere Lesbar- und Verständlichkeit als die apersonal gefassten Unionsregeln¹³ gewährleistender Formulierungen¹⁴ gab es jedoch auch einige **bemerkenswerte Abweichungen**: Den bereits erwähnten Verzicht auf das Negativmerkmal „ohne Zustimmung" und den Umbau des Nutzungsverbots rechtsverletzender Produkte zu einem „Sonderfall" (→ Rn. 132) sowie die Ersetzung der „unseriösen" Geschäftspraxis durch die kaum weniger unkonturierte Anbindung an „Treu und Glauben" in Abs. 1 Nr. 2. 5

Alle letztgenannten Punkte fanden jedoch ebenso wie die unverkennbar deliktsrechtlich geprägte Struktur der Neuordnung Eingang in die **anschließende** umfangreiche **Diskussion** über den Reformentwurf¹⁵ – abgesehen von der im nachstehenden Regierungsentwurf vorgenommenen Änderungen wurde die Vorschrift weder in ihrer Grundkonzeption noch in ihren Einzelregelungen nennenswert beanstandet. 6

Keiner Erörterung bedarf an dieser Stelle das „Zusatzmerkmal" fehlender inhaberschaftlicher Zustimmung in Art. 4 Abs. 2 lit. a und b RL. Aus straf- wie aus zivilrechtlicher Sicht ist seine Einfügung schlichtweg überflüssig und deshalb in den Parallelregelungen des § 4 Abs. 1 und 2 konsequent weggelassen. Materiellrechtlich nichts anderes als die auch konkludent zu bewirkende situativ-vollumfängliche (= tatbestandsausschließende) bzw. situativ-partielle (= rechtfertigende) Zugriffsgestattung in Form des Einverständnisses oder der Einwilligung eines verfügungsberech- 7

---

10 Der Trilog-Vorschlag ist abrufbar unter https://data.consilium.europa.eu/doc/document/ST-15382-2015-REV-1/en/pdf.
11 Die Umsetzungsfrist endete gem. Art. 19 Abs. 1 RL 2016/943/EU am 9.6.2018.
12 Vgl. RefE-GeschGehG, S. 6 f.
13 Folge unterschiedlicher Normadressaten: Unionsnormen richten sich an Mitgliedstaaten, nationale Umsetzung primär an Personen oder interne Instanzen.
14 ZB die Aufteilung der Erlangensverbote in § 3 Abs. 2 Nr. 1 auf gesetzlich benannte Vollzugsvarianten, die Vereinheitlichung der Beschränkungsverpflichtungen dort in Nr. 2 und 3 oder die Konkretisierung mittelbarer Verletzungsverbote in Abs. 3 auf ein bestimmt geartetes Vorwissen iSd. Abs. 2.
15 Eingehend zu den zahlreichen Stellungnahmen verschiedenster Kreise, Institutionen und Personen H/O/K/*Harte-Bavendamm*, Einl. A Rn. 82 ff. und Rn. 114 ff. (zu den Beratungen).

§ 4 Handlungsverbote

tigten Geheimnisträgers[16] sind Zugriffsgestattungen „Basiselement" eines fremden Zugriffs auf fremde Güter (= Angriffsobjekte) entgegenstehenden Erhaltungswillens schon nach der Verkehrstypik kein zusätzliches gesetzlich separat zu benennendes Merkmal – sie sind unabhängig vom jeweiligen Regelungsbereich allen Zustimmungsdelikten[17] schlichtweg „regelungsimmanent". Die Fortexistenz der ursprünglich zugeordneten Bestimmungsmacht des Berechtigten ist prinzipiell vorausgesetzt.

8   In dem sich anschließenden **Regierungsentwurf** vom 4.10.2018[18] war der wohl wichtigste Streitpunkt – die Befreiung vom „Verschuldenserfordernis"[19] – bereits beseitigt, der wichtigste Aspekt der gesamten Reform sachlich erledigt und das Interesse an den Handlungsverboten ihrer nunmehr in § 4 eingestellten Regelung eigentlich erloschen. Zwar stieß die Vereinigung der mittelbaren Rechtsverletzungen in Abs. 3 nicht auf ungeteilte Zustimmung,[20] verlor jedoch mit Festsetzung des maßgeblichen Wissenszeitpunktes auf den Tathandlungsvollzug in Satz 1 an Bedeutung. Die hinzutretende Re-Implementierung der „Kontrollherrschaft" in Abs. 1 Nr. 1 tat ein Übriges. Dergestalt „gestärkt" traten nunmehr anstelle des § 4 die Fragen der mit § 5 erstrebten Haftungsfreistellung bestimmter Wissensträger, die den nachfolgenden Diskussionsprozess um die Neuordnung des Geheimnisschutzes letztlich völlig beherrschten. Ihrer Eigendynamik hatte § 4 nichts entgegen zu setzen, er war quasi dem Zeitgeist erlegen.

9   Allerdings dürften sich aufkommende Anwendungsfragen mit den klassischen Methoden der Auslegungslehre und Dogmatik wohl durchaus bewältigen lassen, während eine bislang unangesprochene Thematik sicherlich auch hier für weitergehende Auseinandersetzungen Anlass geben wird – das gleichfalls andernorts auch auftretende Konturierungsproblem etwaiger auftretender Gestattungen (→ § 3 Rn. 98 ff.). Bislang allenfalls punktuell im Rahmen der Rechtswidrigkeitsbestimmung der §§ 17ff. UWG aF auftretend, erzwingt die nunmehrige Verknüpfung mit den Handlungserlaubnissen eine Aufdeckung der hier einzubeziehenden Anwendungsfälle und ihrer rechtlichen Einordnung. Wo also auch immer die Problematik der Rechts- bzw. Rechtswidrigkeitsbestimmung auftreten mag, ob in § 3 Abs. 2 und/oder auch in § 4, Praxis wie Dogmatik werden ihr schwerlich dauerhaft erfolgreich entgehen können. Der Austausch ehemals rechtmäßiger gegen nunmehrige rechtswidrige Handlungen hat ebenso wie die nunmehr umgekehrte Erlaubtheit ehemals rechtswidriger

---

16 Näher zur Ableitung, Auflösung und Ausformung dieses tradierten strafrechtlichen „Standardproblems" *Brammsen*, in: FS Yamanaka, S. 3 ff. sowie (komprimiert zum lauterkeitsstrafrechtlichen Betriebs- und Geschäftsgeheimnisschutz) *Brammsen*, Lauterkeitsstrafrecht, § 17 Rn. 28 mwN.
17 Vgl. zB §§ 123 Abs. 1, 142, 177 f., 201 ff., 223 ff., 240, 242, 246, 266 StGB.
18 Vgl. BT-Drs. 19/4724.
19 Vgl. RefE-Begr. zu § 6 Nr. 1, 7 Nr. 1 (S. 29); zustimmend ua. *Brammsen*, wistra 2018, 449, 453; *Koós*, MMR 2016, 224, 226 f.
20 Weiterhin kritisch Büscher/*McGuire*, § 4 GeschGehG Rn. 13 und K/B/F/*Alexander*, § 4 GeschGehG Rn. 62, zurückhaltender H/O/K/*Ohly*, § 4 Rn. 50.

Handlungen (→ § 3 Rn. 6 ff.) in den hier sog. „Übergangsfällen" durchaus erhebliche Haftungsfolgen.[21]

III. Normzweck und Systematik

1. Normzweck

§ 4 konturiert das Spektrum gesetzlich verbotener Zugriffe auf fremde Geschäftsgeheimnisse entsprechend dem Vorbild der immaterialgüterrechtlichen **Verletzungstatbestände**.[22] Damit ist er zugleich die materiellrechtliche Basis für die in den §§ 6 ff. festgesetzten Rechtsansprüche des betroffenen Geheimnisinhabers,[23] gilt aber nur für den sachlichen und persönlichen Anwendungsbereich des GeschGehG: Etwaige divergierende oder ergänzende Regelungen für andere nationale Rechtsbereiche, wie beispielsweise das allgemeine Deliktsrecht, sind nicht ausgeschlossen – § 4 entfaltet keine Ausschluss- oder Sperrwirkung.[24] Anders als klassische Realgüter wie Bewegungsfreiheit oder Leben gewährt er allerdings keinen „Rundumschutz", sondern beschränkt sich in Anknüpfung an die in § 3 vorgegebenen Zu- und Umgangsrechte auf die Untersagung mehr oder weniger bestimmt benannter Zugriffsweisen. Dergestalt vorgeprägt, bestätigt die Vorschrift die schon länger verbreitete Konzeption **inhaltsbeschränkter Zuweisungsgehalte** bzw. **Informationseigentum** an vermögenswerten Geschäftsgeheimnissen.[25] Die damit zwangsläufig verbundene Rechtssicherheit hat hingegen keine nennenswert zweckbestimmende Bedeutung (→ § 3 Rn. 9).

10

Sachgegenständlich beschränkt auf die Festsetzung unerlaubter Zugriffe auf drittzugeordnete Geschäftsgeheimnisse ergänzt § 4 den in § 3 umgesetzten Grundgedanken einer mehrstufig ausdifferenzierten Rechtszuordnung. **Normzweck** des § 4 ist die genauere Konturierung des gesetzlichen Schutzbereichs durch Bestimmung von Verhaltensweisen, deren Vornahme das ordnungsgemäße Haben eines zugeordneten Geschäftsgeheimnisses wertmindernd tangiert. Dahingehend konkretisiert § 4 ein quasi spiegelbildlich zu § 3 angelegtes „Gegenkonzept" verbotener Zugriffsweisen auf drittseitige Inhaberrechte, das missbilligtes Verhalten ungeachtet seiner „Verstoßintensität" unter einem Mantel ungeordnet vereint. Zweck des § 4 ist demnach die **Abrundung und Stabilisierung** der immateriellrechtlich vorgezeichneten Informationsrechtsordnung des § 3 (→ § 3 Rn. 10) durch Identifizierung des Störerkreises mittels Festschreibung unzulässiger Zugriffsweisen – ein Konzept, das seine Herkunft und Vorprägung letztlich im (Immaterialgüter- und Lauter-

11

---

21 So spricht sich beispielsweise *Hoppe*/Oldekop, Kap. 1 Rn. 23 ff. für eine Einbeziehung ehemals erlaubt handelnder Gutgläubiger in die heutigen Nutzungs- und Offenlegungsverbote aus.
22 H/O/K/*Ohly*, § 4 Rn. 1.
23 Büscher/*McGuire*, § 4 GeschGehG Rn. 5; H/O/K/*Ohly*, § 4 Rn. 1; K/B/F/*Alexander*, § 4 GeschGehG Rn. 6.
24 Büscher/*McGuire*, § 4 GeschGehG Rn. 6; K/B/F/*Alexander*, § 4 GeschGehG Rn. 8.
25 Vgl. *Brammsen*, Lauterkeitsstrafrecht, § 17 Rn. 6 mwN; Büscher/*McGuire*, § 4 GeschGehG Rn. 7; H/O/K/*Ohly*, § 4 Rn. 2; K/B/F/*Alexander*, § 4 GeschGehG Rn. 6; *Reinfeld*, § 2 Rn. 8 f.

§ 4 Handlungsverbote

keits-)Strafrecht nimmt. Erst ihre Kombination veranschaulicht Umfang und Gestalt inhaberschaftlicher Geheimniszuordnung.

2. Systematik

12 § 4 überträgt gewissermaßen das in § 3 eingerichtete Erlaubniskonglomerat materiell umgekehrt in den Verbotsbereich der unzulässigen Geheimniszugriffe. Beide zusammen setzen mit einer nunmehr in Gestalt katalogartig abgefassten „Negativliste" unzulässiger Verhaltensweisen (der sog. „**Blacklist**") dem Umgang mit Geschäftsgeheimnissen einen Mindestschutz,[26] dessen strukturell (in Abs. 3 erweitertes) Gegenstück der in § 3 erlaubten Handlungen der „Whitelist" quasi unterstützend beigeordnet ist. Ob ihre weit formulierte Fassung den Schutzumfang der Geschäftsgeheimnisse allerdings weiter präzisieren[27] und nicht eher doch einer von weit verstandenem Begriffsverständnis getragenen großzügigen Ausdeutung den Boden bereiten wird, bleibt abzuwarten. In seinem Bestreben, den bisherigen rechtlichen Geheimnisschutz von den einengenden Attributen der strafrechtlichen Normen wie Vorsatz, bestimmte Absichts-, Täter-, Tathandlungs-, Tatmittel-, Tatsituations- oder Tatzeiterfordernisse zu befreien, hat sie der Gesetzgeber nämlich durch möglichst „**inhaltsoffene**" Allgemeinbegriffe ersetzt, deren Weite einen sehr weiten Interpretationsspielraum eröffnet. Letzteren jeweils näher, verlässlich und einigermaßen prägnant zu konturieren, wird Aufgabe der Rechtsprechung sein, deren Bewältigung sicher keine schnellen, einfachen und überzeugenden Lösungen hervorbringen wird.

13 Sachlich unverkennbar von den früheren strafrechtlichen Haftungstatbeständen der §§ 17 f. UWG aF nachhaltig inspiriert,[28] gleichzeitig aber auch das vorstehende Konvolut der erlaubten Handlungen spiegelbildlich nach- wie additiv ausbauend, errichtet § 4 eine neue systematisch angelegte Verbotsordnung, die ähnlich dem § 3 der temporären Reihenfolge (hier nur unerlaubter) „täterschaftlicher" Zugriffe folgt. Den Anfang bildet das **Erlangen** in Abs. 1 mit zwei Vollzugsvarianten, danach werden in Abs. 2 das **Nutzen und Offenlegen** gemeinsam für drei (teils weiter unterteilte) Ausführungsweisen und abschließend in Abs. 3 die beiden Begehungsformen der **mittelbaren** Nutzung und Offenlegung geregelt. Allesamt weitgehend den Attributen ihrer früheren strafrechtlichen Ausformung entkleidet,[29] ergibt so folgende, die Vorgaben des Artikel 4 RL 2018/943/EU, aber auch die Deliktsstruk-

---

26 EuArbR/*Schubert*, 670 RL 2016/943/EU Art. 4 Rn. 1; *Wiese*, S. 102.
27 Optimistisch Büscher/*McGuire*, § 4 GeschGehG Rn. 7 im Hinblick auf die „großzügige Ausgestaltung" der Handlungs- als hier sog. „Jedermannverbote" und die damit einhergehende Schließung von Schutzlücken, was dem „Rundumschutz" der absoluten Rechte bedenklich nahekommt.
28 So bereits für den Richtlinienentwurf frühzeitig K/B/F/*Köhler*, Vor §§ 17–19 UWG Rn. 30 f., 33; *Witt/Freudenberg*, WRP 2014, 374 Rn. 24 ff., 40 ff., 65 ff.
29 Erhalten geblieben ist ua. die Anbindung der Erlangungsverbote an bestimmte Vorgehensweisen bzw. bestimmt geartete eigene oder fremde Vorhandlungen bei der früheren „Betriebsspionage" bzw. der „Geheimnishehlerei" in § 17 Abs. 2 Nr. 1 und 2 UWG aF.

tur und Ausformung der früheren Straftatbestände einbeziehende Ordnung eine unverkennbar „sachlogisch" angelegte Systematik.[30]

§ 4 Abs. 1 Nr. 1 enthält ein separiert vorangestelltes „Sonderverbot" für das **Erlangen** von Geschäftsgeheimnissen ohne Zugangs-, Aneignungs- oder Kopierbefugnis zu bzw. von Verkörperungen oder elektronischen Dateien, die nachgestellte Nr. 2 eine sog. „kleine Generalklausel"[31] für alles „übrige" nicht dem Grundsatz von Treu und Glauben unter Berücksichtigung der anständigen Marktgepflogenheit entsprechende Erlangen. Historisch entspricht Nr. 1 in etwa der früher in § 17 Abs. 2 Nr. 1 UWG aF geregelten „Betriebsspionage", die Nr. 2 findet in deren „unbefugten Verschaffen und Sichern" und dem der „Geheimnishehlerei" des § 17 Abs. 2 Nr. 2 UWG aF eine noch hinreichend anleihefähige Vorlage – ansonsten bleibt ihr nur das unionsrechtliche Pendant des „nicht mit einer seriösen Geschäftspraxis vereinbaren Verhaltens" des Art. 4 Nr. 2 lit. b RL als Analogon; 14

§ 4 Abs. 2 Nr. 1 verbietet die Geheimnishehlerei durch **Nutzen oder Offenlegen** von Geheimnissen nach Eigenerwerb entgegen den Verboten des vorstehenden Abs. 1, entgegen bestehenden Nutzungsbeschränkungen (Nr. 2) oder Vertraulichkeits- bzw. Schweigegeboten (Nr. 3). Alle Neuregelungen knüpfen ebenfalls mehr oder weniger eng an die Deliktstatbestände des früheren Strafrechts an: Die Vorschriften der Nr. 1 und 2 an die Geheimnishehlerei nach vorangegangener Betriebsspionage (§ 17 Abs. 2 Nr. 1), nach einem Geheimnisverrat (§ 17 Abs. 1) sowie an die Geheimnishehlerei insbesondere des § 17 Abs. 2 Nr. 2 Alt. 1, während die Nr. 3 ihr Vorbild der Vorlagenfreibeuterei des § 18 UWG entnimmt; 15

§ 4 Abs. 3 Satz 1 verbietet, anknüpfend an die Verbotstatbestände des vorstehenden Abs. 2 das **Erwerben, Nutzen und Offenlegen** von Geheimnissen bei eigener, zum Tatzeitpunkt fahrlässig un- bzw. tatsächlich bewusster Kenntnis der fremden rechtswidrigen Vorbenutzung oder Offenlegung. Als sog. fremdvermittelte „Besitzerlangung" ist der Tatbestand in Erweiterung der Geheimnishehlerei des § 17 Abs. 2 Nr. 2 abgefasst und regelt die klassische Erscheinungsform der nunmehr sog. „**mittelbaren** Verletzungen"; 16

§ 4 Abs. 3 Satz 2 beschließt die bisherige Trilogie der Handlungsverbote mit einer den Kreis der Verletzungshandlungen großzügig erweiternden **Neuerung** um eine zusätzliche Variante „**mittelbarer**" Geheimnisverletzung: Die Untersagung sowohl bewusster wie fahrlässig unbewusster Geheimnisnutzung durch das Herstellen, Anbieten, Inverkehrbringen, Ein- oder Ausführen sowie Lagern rechtsverletzender Produkte. Deutlich auch an § 4 Nr. 9c UWG 2004 orientiert, sind ihr eigentliches Vorbild die entsprechenden Regelungskonzepte der §§ 14 Abs. 3 MarkenG und 9 Abs. 2 Satz 2 Nr. 1 PatG. 17

---

30 Es besteht Identität mit der Vorfassung des § 4 RegE; dazu bereits *Brammsen*, wistra 2018, 449, 453. Komprimierter H/O/K/*Ohly*, § 4 Rn. 9 f.
31 H/O/K/*Ohly*, § 4 Rn. 19.

§ 4 Handlungsverbote

IV. Die einzelnen Handlungsverbote

1. Das verbotene Erlangen (§ 4 Abs. 1)

18 Im Gleichklang mit seiner unionsrechtlichen Vorlage regelt § 4 Abs. 1 das rechtswidrige Erlangen eines prinzipiell „Jedermann" zur Vollziehung personell offenstehenden Verletzerkreises[32] in zwei Verbotsvarianten: In seiner **Nr. 1** mit einem abschließend gefassten **Katalogtatbestand**[33] für die besonders benannten Vorgehensweisen eines unbefugten Zugangs zu, einer unbefugten Aneignung und eines unbefugten Kopierens von in bestimmter Weise manifestierten bzw. daraus ableitbaren Geschäftsgeheimnissen. Konträr dazu etabliert seine **Nr. 2** einen sehr allgemein angelegten **Auffangtatbestand**, die sog. „kleine Generalklausel", für jedes übrige, umstandsbezogen dem Grundsatz von Treu und Glauben wie anständigen Marktgepflogenheiten widersprechende Vorgehen. Mit letzterer Variante bedient sich der Gesetzgeber (nur gesetzessprachlich abgewandelt) eines Regelungsansatzes des Richtliniengebers,[34] dem er sich bemerkenswerterweise bei der Abfassung der eigenen „Erwerbserlaubnisse" des § 3 noch versagt hatte.

a) Die speziellen Erlangensverbote des § 4 Abs. 1 Nr. 1

19 § 4 Abs. 1 Nr. 1 verbietet mit dem unbefugten Zugang zu, dem Aneignen oder Kopieren von den inhaberkontrollierten Zugriffsobjektiven Dokumente, Gegenstände, Materialien, Stoffe und elektronische Dateien, soweit sie (ableitbare) Geschäftsgeheimnisse enthalten, die wichtigsten Erscheinungsformen selbst vollzogener „Betriebsspionage." Auch wenn die Tatvarianten kürzer und neutraler abgefasst sind als die Deliktsbeschreibungen in § 17 Abs. 2 Nr. 1 UWG aF, sind die sachlichen Übereinstimmungen doch letztlich unverkennbar. Frühere Kommentierungen können deshalb zur näheren Ausdeutung durchaus unterstützend, aber nicht unreflektiert hinzugezogen werden. Die sachlichen Anwendungsbereiche sind nicht durchgängig identisch.

aa) Die erfassten Zugriffsobjekte: Dokumente, Gegenstände, Materialien, Stoffe und elektronische Dateien

20 Der gesetzliche Tatbestand der Nr. 1 benennt mit den **fünf** benannten Zugriffsobjekten, hier sog. „**Geheimnismedien**", Ausformungen, in denen Geschäftsgeheimnisse in Erscheinung treten können.[35] Die Aufzählung „Dokumente, Gegenstände, Materialien, Stoffe und elektronische Dateien" wird als nicht abschließend erach-

---

32 BeckOK GeschGehG/*Hiéramente*, § 4 Rn. 5.
33 Vgl. BeckOK GeschGehG/*Hiéramente*, § 4 Rn. 12, 14; großzügiger Büscher/*McGuire*, § 4 GeschGehG Rn. 17 und *Wiese*, S. 102.
34 Vgl. Art. 3 Abs. 1 lit. d und Art. 4 Abs. 2 lit. b RL.
35 Erstmalig so prägnante Begriffsbezeichnung von *Wiese*, S. 93. Es bedarf mithin der Existenz eines entsprechend „belegten", dh. das Geheimnis verkörpernden Trägermediums.

tet,³⁶ was im Hinblick auf mündlich erlangte Geheimnisse ggf. zustimmungsbedürftig,³⁷ angesichts der gewählten Verweisungstechnik im Rahmen des § 23 Abs. 1 Nr. 1 allerdings mehr als nur bedenklich ist. Insoweit bietet auch die alternativ vorgeschlagene Einbeziehung in den strafrechtlich nicht erfassten „Generaltatbestand" der Nr. 2 keinen hilfreichen Ausweg.³⁸

Auch wenn die aufgezählten „Geheimnismedien" sich durchaus inhaltlich teilweise überschneiden,³⁹ lassen sie sich doch zumindest „funktionell" unterscheiden und in zwei Gruppen, **fixierte** und **ableitbare** „**Trägermedien**", einordnen. Erstere erfassen als Informationsträger die auf ihnen niedergelegten Geheimnisse (Dokumente und elektronische Dateien), letztere aus ihren Trägern durch Rückbau oder Analyse ableitbar reproduzierbar gestaltete Geheimnisse (Gegenstände, Stoffe, Materialien, auch elektronische Dateien).⁴⁰ Darauf aufbauend lassen sich die einzelnen Objektbestimmungen exakter konturieren.   21

Dokumente sind die klassische Form, Geheimnisse wie auch andere Informationen nachvollziehbar zur Kenntnisstütze oder -weitergabe fest zu halten bzw. niederzulegen. Inzwischen außer in analoger auch in digitaler Form herstellbar umfassen sie nicht mehr nur Verkörperungen wie Auflistungen, Berechnungen, Schriftstücke, Skizzen, Zeichnungen und dergleichen,⁴¹ sondern auch aus elektronischen Dateien ableitbare Geheimnisse wie Algorithmen oder Quellcodes.⁴²   22

Gegenstände sind verkörperte Informationen wie Sachen iSd. § 90 BGB unter Einschluss sowohl der analogen wie der digitalen Dokumente.⁴³ Anlagen, Gerätschaften, Maschinen, Werkzeuge oder andere Erscheinungsformen sind gleichermaßen erfasst wie Papiere, Modelle, Muster, Prototypen oder andere Vorlagen.⁴⁴   23

Materialien und **Stoffe** sind neben den Gegenständen die zweite (umfangreichere) Erscheinungsform der ableitbaren „Geheimnismedien". Häufig aber nicht nur als   24

---

36 So ua. unter Hinweis auf eine technische und entwicklungsmäßige Offenheit der Vergegenständlichung von Dateien Büscher/*McGuire*, § 4 GeschGehG Rn. 17; H/O/K/*Ohly*, § 4 Rn. 12, 14; K/B/F/*Alexander*, § 4 GeschGehG Rn. 13; *Reinfeld*, § 2 Rn. 8 f.; *Wiese*, S. 93.
37 So etwa bei bloßem Anhören ohne Verwendung jeglicher Abhör- und (auch photographischer) Aufzeichnungsgerätschaften. Prinzipiell ablehnend BeckOK GeschGehG/*Hiéramente*, § 4 Rn. 7; K/B/F/*Alexander*, § 4 GeschGehG Rn. 20; Nebel/*Diedrich*, § 4 Rn. 8.
38 Wie hier bereits BeckOK GeschGehG/*Hiéramente*, § 4 Rn. 7.1.
39 Beispiele benennt Nebel/*Diedrich*, § 4 Rn. 9: So können etwa elektronische Dateien auch Dokumente oder Gegenstände und Materialien enthalten; BeckOK GeschGehG/*Hiéramente*, § 4 Rn. 9 f.
40 Vgl. BeckOK GeschGehG/*Hiéramente*, § 4 Rn. 8 ff.; H/O/K/*Ohly*, § 4 Rn. 14; K/B/F/*Alexander*, § 4 GeschGehG Rn. 13; Nebel/*Diedrich*, § 4 Rn. 9; *Reinfeld*, § 2 Rn. 46.
41 EuG, GRUR Int. 2015, 754 Rn. 104; EuG, ZUR 2014, 45, 49 ff.; BVerfGE 115, 205, 231; BGHZ 200, 38 Rn. 21 ff.; ÖOGH, GRUR Int. 2012, 468, 473.
42 BGH, GRUR Int. 2013, 509 Rn. 30; OLG Köln, WRP 2017, 728 Rn. 2; vgl. auch BeckOK GeschGehG/*Hiéramente*, § 4 Rn. 9; H/O/K/*Ohly*, § 4 Rn. 14; Nebel/*Diedrich*, § 4 Rn. 9.
43 Wie hier BeckOK UWG/*Barth*, § 4 GeschGehG Rn. 10; H/O/K/*Ohly*, § 4 Rn. 14; Nebel/*Diedrich*, § 4 Rn. 9.
44 BVerfGE 115, 205, 231; BGH, GRUR 2003, 356 ff.; OLG Jena, NJOZ 2016, 175 Rn. 69 ff.

§ 4 Handlungsverbote

synonyme Bezeichnung für zumeist zerlegbare Masse besitzende Substanzen verschiedenster Ausgestaltung und Zusammensetzung verwendet,[45] erfassen sie alle sonstigen, nicht nur in körperlichen Gegenständen isd. § 90 BGB implementierten Geschäftsgeheimnisse. Zu ihnen gehören natürliche Rohstoffe wie zB Luft, Sand und Wasser, Eisen, Holz, Baumwolle und Seide ebenso wie die chemischen Elemente (Metalle, Nichtmetalle), Verbindungen (Salze, Legierungen) und deren Gemische (Luft, Gase, Emulsionen). Hinzu kommen Biozide, auch Chemikalien und sonstige Bestandteile wie Mineralien, die gleichfalls unter Nutzung erprobter Methoden und Rezepturen für die Herstellung, Zusammensetzung und den Vertrieb von Produkten beigefügt, vermischt, verarbeitet oder sonst als Werkstoffe eingesetzt werden.[46] Ob sie in fester, flüssiger, faser- oder gasförmiger Form existieren oder nur als Werkzeug fungieren, ist irrelevant. **Keine** Materialien und Stoffe sind Licht, Schall und Wärme, da es ihnen an zerlegbarer Masse fehlt.

25 **Elektronische Dateien** sind Speicherformate, die Informationen in Form von Daten oder Software in digitaler Form reproduzierbar machen. Erfasst sind neben gedanklichen Umsetzungen von Berechnungen, Texten, Zeichnungen und dergleichen umfangreichere Ausgestaltungen wie Steuerungs- und Verschlüsselungsprogramme, Datenbanken, auch unstrukturierte Rohdatensammlungen und Dateienmerkmale (Größe, Typ, Name usw.).[47] Problematisch erscheint die Einbeziehung nicht als Datei gespeicherter Daten,[48] deren Vorkommen und exaktes Memorieren allerdings äußerst selten auftreten dürfte.

bb) Die additiven Komponenten: Rechtmäßige Kontrollinhaberschaft
    am Trägermedium

26 Das Erlangen von Geschäftsgeheimnissen im „Umweg" über den unbefugten Zugriff auf ihre „Trägermedien" ist nicht durchgängig, sondern nur bei gleichzeitigem Hinzutritt zweier weiterer gesetzlich benannter **Zusatzmerkmale** verboten. Nur wenn das jeweilige Zugriffsobjekt der rechtmäßigen Kontrolle des Geheimnisinhabers unterliegt und zudem noch selbst das Geheimnis enthält oder darin ableitbar enthalten ist, nur dann ist es fremdem Erlangen entzogen. Dazu bedarf es fremde Kenntnisnahmen objektiv verlässlich behindernder „Verhüllungen" durch Verkörperungen oder sonstwie verdeckende Trägermedien. Ansonsten ist sein „Erwerb" allenfalls nach der „kleinen Generalklausel" der Nr. 2, nicht aber als unbefugtes Erlangen der Nr. 1 zuzuordnen.

---

[45] Eingehend zum bis heute sowohl juristisch wie naturwissenschaftlich ungeklärten (hier sehr vereinfachten) Stoffbegriff zuletzt *Merenyi*, S. 4 ff., 48 ff., 221 ff., 417 ff., 484 ff.
[46] BVerwG, Beschl. v. 12.10.2009 – 20 F 22/08, juris Rn. 7.16; OLG Jena, Urt. v. 13.6.2012 – 2 U 896/11, juris Rn. 46 ff.; BeckRS 2013, 06046; BeckOK UWG/*Barth*, § 4 GeschGehG Rn. 11 f.; H/O/K/*Ohly*, § 4 Rn. 14.
[47] BVerwG, NVwZ 2020, 715 Rn. 16; BGH, wistra 2017, 101 Rn. 36; ÖOGH, GRUR Int. 2017, 70, 71; OLG Karlsruhe, WRP 2016, 751 Rn. 29 ff.; BeckOK UWG/*Barth*, § 4 GeschGehG Rn. 13; H/O/K/*Ohly*, § 4 Rn. 14; K/B/F/*Alexander*, § 4 GeschGehG Rn. 13; Nebel/*Diedrich*, § 4 Rn. 9.
[48] Ablehnend BeckOK UWG/*Barth*, § 4 GeschGehG Rn. 17.

IV. Die einzelnen Handlungsverbote § 4

(1) Das Zusatzattribut der rechtmäßigen Kontrolle des Geheimnisinhabers

Als erstes zusätzliches, das jeweilige Zugriffsobjekt eines jeden Geschäftsgeheimnisses näher konturierende Additivattribut benennt mit der rechtmäßigen Kontrollherrschaft des Geheimniseigners einen bereits an anderer Stelle des Gesetzes verwendeten Begriff – er bestimmt die Geheimniseigner als Inhaber rechtmäßiger **Kontrollherrschaft** (§ 2 Nr. 2).[49] Seine „Zweitverwendung" betont nicht nur den begrenzten Geheimnisschutz allein für bestimmte, personaler Inhaberschaft unterliegende Geheimnisse, sie erstreckt das Erfordernis der Kontrollinhaberschaft zugleich auch auf deren **Trägermedien**. Gesetzlich geschützt sind Geschäftsgeheimnisse demnach nur und immer dann, wenn sowohl diese wie jene von Geheimnisherrn qua rechtmäßiger Kontrolle zumindest durch Rückverfolgung auf deren momentanen „Gewahrsamsträger" beherrscht werden. An einer solchen fehlt es im Falle einer Wissensfreigabe zur Gemeinkundigkeit.[50]

27

Diese auf den ersten Blick vielleicht verwirrende Verdoppelung des inhaberzentrierten Kontrollkriteriums auf die materielle Substanz und deren Formträger eröffnet jedoch auch einen anwenderfreundlichen **Gleichlauf** – es bedarf keiner erneuten separaten Ausdeutung. Sie kann stattdessen vollinhaltlich auf die einschlägigen Erläuterungen zu § 2 Nr. 2 zurückgreifen (→ § 2 Rn. 146 ff.), die hier uneingeschränkt gelten.[51] Erneuter Wiederholungen bedarf es ebenso wenig wie eigenen Gewahrsams.[52]

28

(2) Das Zusatzattribut der Wissensspeicherung

Neben der eher personal ausgerichteten Zusatzkomponente legitimer Kontrollherrschaft bedarf es noch einer informationellen Komponente, um das betreffende Trägermedium den Zugriffsobjekten der Nr. 1 zuordnen zu können – ihm muss das Geheimnis durch Erkenntnis „entnommen" oder aus ihm ableitbar sein. Das **Geheimnis** muss quasi in ihm verborgen enthalten und mit Hilfe der chemischen, physikalischen usw. oder auch der Methoden neuerer Disziplinen ggf. durch Rückwärtsanalyse (→ § 3 Rn. 48 ff.) sachlich aufdeck- bzw. ableitbar zu entschlüsseln sein. Der Kreis der speziellen Zugriffsobjekte ist mithin beschränkt auf Geheimnismedien, die realiter sachlich bzw. funktionell (oft sogar ungewollt) als „aufgefüllte **Wissensspeicher** mit verdecktem **Schlüsselloch**" dienen.

29

---

49 BeckOK GeschGehG/*Hiéramente*, § 4 Rn. 29; *Reinfeld*, § 2 Rn. 46. Hingegen auf § 3 Abs. 1 Nr. 2 rekurrierend Nebel/*Diedrich*, § 4 Rn. 11.
50 Zutreffend Nebel/*Diedrich*, § 4 Rn. 11.
51 Wie hier BeckOK GeschGehG/*Hiéramente*, § 4 Rn. 29; H/O/K/*Ohly*, § 4 Rn. 14; K/B/F/*Alexander*, § 4 GeschGehG Rn. 14; *Reinfeld*, § 2 Rn. 48. Kontrollinhaberschaften etwaiger befugter „Sachbesitzer" sind demgemäß ausgeschlossen.
52 Ergänzend BeckOK GeschGehG/*Hiéramente*, § 4 Rn. 30 und *Hoppe*/Oldekop, Kap. 1 Rn. 478 f.

cc) Die verbotenen Zugriffshandlungen

30 § 4 Abs. 1 Nr. 1 verbietet nur **drei** näher umschriebene Handlungsweisen, deren Vollzug zum Erlangen der vorstehend konturierten „Geheimnismedien" (→ Rn. 20) führt, dh. deren „Haben" begründet: Das Erlangen durch unbefugten **Zugang**, unbefugtes **Aneignen** und unbefugtes **Kopieren**. Andere Vollzugsvarianten wissensvermittelnden Erlangens unterfallen nur dann einem Erwerbsverbot, wenn sie den weiter gefassten Vorgaben der „kleinen Generalklausel" der Nr. 2 zu entsprechen vermögen. Ist dieses nicht der Fall, so ist angesichts der in § 23 Abs. 1 Nr. 2 allein auf die Regelung der Nr. 1 beschränkten Verweisung jede weitergehende Einbeziehung anderer, nicht explizit benannter Angriffshandlungen zumindest strafrechtlich ausgeschlossen. Ob diese eng an die frühere Strafvorschrift der „Betriebsspionage" in § 17 Abs. 2 Nr. 1 UWG aF angelehnte Verbotsbeschränkung auch im Zivilrecht Berücksichtigung finden wird, bleibt angesichts der deutlich immaterialgüterrechtlich geprägten Ausrichtung des Geschäftsgeheimnisschutzes und der inhaltlichen Weite der „kleinen Generalklausel" abzuwarten. Letztere kann eher ein weites Konvolut sonstiger Erlangungsverbote äußerst großzügig „auffangen" als die nicht einmal andeutungsweise dem Gesetz zu entnehmende oder „hinein interpretierbare", dem früheren Gesetzeswortlaut des § 17 Abs. 2 Nr. 1 UWG aF entlehnte Anbindung[53] der drei neuen Erlangungswege an das eigentäterschaftlich-vorsätzlich zu vollziehende Reflexivverb des „Sichverschaffens".[54]

31 Dieser Versuch, das begrifflich sehr weitgefasste Erlangen (→ § 3 Rn. 22 ff.) über eine Ausdeutung der Additiva „durch unbefugten Zugang zu, unbefugte Aneignung und unbefugtes Kopieren von" nunmehr an das **Erfordernis regelmäßig zielgerichteter Handlung** zu binden,[55] erscheint **höchst fragwürdig**. Dieses ist zwar hinsichtlich der üblichen Definition für das „Aneignen" zutreffend,[56] bereitet aber für das Eröffnen eines Zugangs oder das Kopieren Probleme. So genügt dem Erlangen „durch Zugang zu Dokumenten ..." etymologisch wie umgangssprachlich auch fremdhändig-unwillentliche Zugangseröffnung,[57] beschreibt die Vollzugsvariante doch allein einen „bestehenden Zugriffsweg", nicht aber dessen wie auch immer entstandene Er-

---

53 So (zumeist nicht – Ausnahme: *Drescher*, S. 308 f. – unter Bezug auf die *strafrechtlichen* Erläuterungen in BT-Drs. 19/4724, S. 40) ua. *Alexander*, AfP 2019, 1 Rn. 36; *ders.*, WRP 2017, 1034 Rn. 91; Büscher/*McGuire*, § 4 GeschGehG Rn. 16; H/O/K/*Ohly*, § 4 Rn. 11 f.; K/B/F/*Alexander*, § 4 GeschGehG Rn. 12, 15 ff., 19; *Reinfeld*, § 2 Rn. 43, 52 f.
54 Eingehender zu seiner Ausdeutung *Brammsen*, Lauterkeitsstrafrecht, § 17 Rn. 85 mwN.
55 Vgl. H/O/K/*Ohly*, § 4 Rn. 13 und *Wiese*, S. 101 unter Rekurs auf *Kalbfus*, GRUR 2016, 1009, 1013. Wie sich diese Adaption zu der Aussage verhält, § 4 Abs. 1 Nr. 1 sei an „keine subj. Voraussetzungen" gebunden bzw. auf „(weitgehend) objektive Handlungsverbote festgelegt" (so *Ohly*, aaO und BeckOK GeschGehG/*Hiéramente*, § 4 Rn. 1), bleibt unerfindlich.
56 Vgl. bereits *Brammsen*, Lauterkeitsstrafrecht, § 17 Rn. 92; zweifelnd auch *Hoppe*/Oldekop, Kap. 1 Rn. 473, 483. Erfasst ist auch das Aneignen durch „Sich-Sichern"; zutreffend Büscher/*McGuire*, § 4 GeschGehG Rn. 16.
57 Beispiel: Der flüchtende Dieb verliert ein geheimes Muster oder dessen Kopie in einem fremden Garten, dessen Besitzer schon bei Auffinden des Trägermediums zwecks „Müllentsorgung" das neue Geheimnis des Herstellers Z sofort erkennen wird. Erlangt hat er das Trägermedium bereits schon vor dem Auffinden auf seinem Grundstück.

IV. Die einzelnen Handlungsverbote § 4

öffnung.[58] Auch das Erlangen „durch Kopieren von …" setzt begrifflich nicht zwingend eigenhändige noch intendierte Ablichtungsakte voraus: Sein Ausführungsspektrum ist „vollzugstechnisch" nicht auf eigenes willentlich-reflexives Vorgehen beschränkt.[59] Die vermeintliche Zielgerichtetheit lässt sich allenfalls aus der additiv-normativen Komponente „unbefugt" ableiten.[60] Aus dem Unrechtskonstituens vorsatzgebundener „Spionage" als negativ konnotierte zielgerichtet ausgeübte Informationserhebung Wissensunkundiger[61] folgt keine allgemeine Willensbindung für alle unbefugten Kenntniserlangungen. Bei dem Erlangen ist sie bereits unabhängig von seiner etwaigen Befugt- oder Unbefugtheit **auf begrifflicher Ebene ausgeschlossen**.

(1) Die drei Tathandlungen: Zugang zu, Aneignung und Kopieren von

Zugang bezeichnet das „Zur-Verfügung-Stehen" von Instrumentarien, Methoden und Verfahrensweisen, die einer Person Zugriff auf die benannten Trägermedien oder deren Einsatz die Aufdeckung von fixierten oder ableitbaren geheimen Inhalten ermöglichen. Dazu gehören alle zum tatsächlichen „Haben" oder „Bekommen" einer Kenntnis geeigneten Vorrichtungen und Handlungen[62] ungeachtet ihrer in concreto gelungen vollzogenen oder nur versuchten Bewerkstelligung. Einer realisierten Kenntnisnahme bedarf es demnach nicht: Es genügt die tatsächlich bestehende Möglichkeit, sie eigenbeliebig umsetzen zu können.[63] Zugang ist nichts anderes als ein **freier Zugriffsweg**, dessen Eröffnung nicht zwingend eigentäterschaftlich aktiv bzw. „vermeidepflichtig" durch Unterlassen bewirkt sein muss.[64] Als Substantiv bezeichnet der Begriff den gegebenen Zustand einer wozu und warum auch immer bestehenden Zugangsmacht,[65] dessen menschliche Errichtung bedarf sprachlich der Verbform. Diese Funktion obliegt hier nicht dem „Erlangen" – es umschreibt lediglich das „Haben" einer faktischen Möglichkeit, von Etwas durch „Zugang haben" zu Geheimnismedien deren Inhalt zur Kenntnis nehmen zu kön-

32

---

58 Dies mag vom Gesetz- und/oder Richtliniengeber erhofft sein, hat im Gesetzeswortlaut nur nirgends eine wie auch immer dahingehend ausdeutbare Ausführung gefunden.
59 Beispiel: Spezialist A stolpert auf dem Büroflur auf dem angestaubten Drucker unbemerkt auch auf die Kopiertaste, woraufhin ein dort vom Inhaber vergessenes geheimes Papier ausgedruckt wird. Weiteres wie in Fn. 57.
60 So *Kalbfus*, GRUR 2016, 1009, 1013.
61 Vgl. *Grimm*, Bd. 1 Sp. 978 „Ausspionieren" und Bd. 8 Sp. 2554 „Spionieren" unter 2).
62 ZB Zugriffe auf Computer, Datenleitungen, -speicher, -träger, -verarbeitungsanlagen, Listen, Prototypen, Rezepturen, Schriften, Sendegeräte, physische Verschluss- und Zutrittssicherungen; vgl. zur Vorfassung des § 17 Abs. 1 lit. a UWG aF *Brammsen*, Lauterkeitsstrafrecht, § 17 Rn. 88 mwN.
63 *Wiese*, S. 93, 104. Idealfall ist die eigene Gedächtnisleistung.
64 „Verschaffungszentriert" dagegen *Hiéramente/Wagner*, GRUR 2020, 709, 711, 712 f. und K/B/F/*Alexander*, § 4 GeschGehG Rn. 16. Wie hier OLG Düsseldorf, GRUR 1980, 170, 172 – „LAX"; MK-StGB/*Hohmann*, § 23 GeschGehG Rn. 47. Der Zugang muss auch nicht permanent „offen stehen" (Stichwort: Online Banking, Email-Account, Bankschliessfach) oder überhaupt schon zuvor zur Eröffnung eigenen Einblicks, Zutritts oder inhaltlicher Kenntnisnahme genutzt worden sein; aA OLG Frankfurt, WRP 2021, 356 Rn. 31 – Vliesstoffe.
65 Vgl. *Grimm*, Bd. 16, Sp. 395, 16 ff. „Zugang" als „ungehinderter Zugang" unter 3 a, b und Sp. 396, 11 ff. unter 4 d sowie Sp. 397, 6 ff. „zugänglich" als „erreichbar".

nen. Warum, wie und welcher Zugang besteht, bleibt ebenso offen wie die Person seiner möglichen Initiatoren.

33 Sachlich ist ein solchermaßen freier Zugang weder an negativ konnotierte Vorgehen wie heimlich, täuschend, treuwidrig, verdeckt und ähnliche „Verdunklungen" gebunden,[66] noch an erst noch zu überwindende Schutzmaßnahmen in Gestalt physischer oder elektronischer Barrieren.[67] Zäune, Mauern, Türen, Schlösser, Schränke, Tresore, Alarmanlagen, Passwörter, Verschlüsselungen, Kontrollen und andere Sicherungen sind entbehrlich,[68] solange andere situativ „angemessene Geheimhaltungsmaßnahmen" wie entsprechende rechtliche Erlangungsverbote implementiert sind.[69] **Nicht erfasst** sind bloße Aufforderungen, Anstiftungen oder Gehilfenschaften, da ihrer Vollziehung die Eignung zur direkten und unmittelbaren Herstellung und Vermittlung drittseitiger Kenntnis- bzw. Herrschaftsgewalt fehlt.[70]

34 **Aneignung** ist nicht iSd. § 958 BGB zu verstehen,[71] der nur gesetzliche Erwerbstatbestände für herrenlose Sachen regelt, was bei Geheimnisverkörperungen wie Modellen, Mustern, Prototypen, Skizzen oder Vorlagen wenn überhaupt extrem selten der Fall sein dürfte.[72] Scheitern muss auch eine bislang zumindest nicht richterrechtlich anerkannte analoge Anwendung auf elektronisch in Gestalt von Daten oder Dateien gespeicherte geheime Informationen, da Geschäftsgeheimnisse ungeachtet ihrer hier abgewandelt zu fordernden rein tatsächlichen Herrschaftsmacht und entsprechenden Eigenbesitzerstellung schon gem. § 2 Abs. 1 Nr. 1 lit. b einem Inhaber materiellrechtlich zugeordnet sind, mithin keine Ausschlusskraft iSe. Herrenlosigkeit entfalten. Gleiches gilt für eine Anlehnung an den zivilistischen Besitzbegriff des § 854 BGB, dessen Ausrichtung am Erlangen tatsächlicher Gewalt bzw. Sachherrschaft bei verkörperten Trägermedien passend, bei digitalen Speichern aber durch deren faktische mehrseitig mögliche Zugriffsmacht „auf Anzeige" ungeeignet ist.[73] Unpassend ist auch die Anknüpfung an die strafrechtliche Gewahr-

---

66 Entsprechend bereits zum früheren Sichverschaffen und Sich-Sichern *Brammsen*, Lauterkeitsstrafrecht, § 17 Rn. 85. Zuordnung täuschenden Vorgehens zu § 4 Abs. 1 Nr. 2 erwägt *Ohly*, GRUR 2019, 441, 446.
67 BeckOK GeschGehG/*Hiéramente*, § 4 Rn. 15; BeckOK UWG/*Barth*, § 4 GeschGehG Rn. 25; H/O/K/*Ohly*, § 4 Rn. 12; *Hoppe*/Oldekop, Kap. 1 Rn. 471; K/B/F/*Alexander*, § 4 GeschGehG Rn. 16; aA *Heinzke*, CCZ 2016, 179, 180.
68 Ihre Errichtung kann aber eine „Indizwirkung" für ein unbefugtes Vorgehen entfalten; vgl. *Wiese*, S. 103. Zu den Anforderungen ihrer Überwindung (§ 202a Abs. 1 StGB) zuletzt BGH, NStZ-RR 2020, 278 Rn. 18 ff.
69 BeckOK GeschGehG/*Hiéramente*, § 4 Rn. 15; *Wiese*, S. 102.
70 Sie wird durch die Ausführung des Angesprochenen vermittelt; (entsprechend bereits zum Sich-Sichern und Sichverschaffen) *Brammsen*, Lauterkeitsstrafrecht, § 17 Rn. 85.
71 *Hoppe*/Oldekop, Kap. 1 Rn. 472; K/B/F/*Alexander*, § 4 GeschGehG Rn. 17.
72 Das anzueignende Trägermedium muss vor der Aneignung existent sein.
73 Gleiches gilt für die von BeckOK GeschGehG/*Hiéramente*, § 4 Rn. 16 und MK-StGB/*Hohmann*, § 23 GeschGehG Rn. 49 präferierte „faktische Verfügungsgewalt" und die „externe Besitzverschaffung" von BeckOK UWG/*Barth*, § 4 GeschGehG Rn. 26. Pro Sachherrschaft *Hoppe*/Oldekop, Kap. 1 Rn. 472 und K/B/F/*Alexander*, § 4 GeschGehG Rn. 17.

samsbegründung, da es an einem zuvorigen Gewahrsamsbruch ermangelt.[74] Faktische, selbst nur kurze Zugriffsmacht mittels Innehabung eigener drittseitig unabhängiger Auf- oder Anzeige-, Kopie- oder sonstiger Bearbeitungs- und Speicherfähigkeiten ist daher ungeachtet etwaiger „Parallelkompetenzen" ausreichend.[75] Insoweit bietet sich eine Anlehnung von der Anbindung an das Erfordernis reflexiven Vorgehens befreite Datendelikt des § 202a StGB an. Der deliktsprägende Begriff der „faktischen Aneignung"[76] wird zum konturierungsbedürftigen Synonym für das Haben wie auch immer gearteter Zugriffswege auf die benannten Trägermedien.

Kopieren bezeichnet das (ungeachtet seiner Herstellungsdauer und „Lebenszeit")[77] Vervielfältigen einer Vorlage in analoger oder digitaler Form,[78] erfasst aber auch biologische, chemische oder physikalische „Nachbauten".[79] Auf welchem Wege, von welcher Vorlage und mit welchen Mitteln das Kopieren erfolgt, ist unerheblich, solange nur die Fixierung den Geheimnisinhalt eröffnet. Einbezogen sind mithin gleichermaßen manuelle wie technische Reproduktionen in Gestalt von Ablichtungen, Abschreiben, Abzeichnen, Aus- oder Nachdrucken, E-Mailweiterleitungen, Faxe, Nachbauten, Recorder, Rückübersetzungen von Quellcodes, Scans, Tonaufnahmen, kurzum: alle duplizierten Vergegenwärtigungen des Geheimnisinhalts.[80] Nicht einbezogen sind abgerufene Gedächtnisleistungen und (mangels Geheimheit) Nachbauten nach Ablauf des Patentschutzes.[81] 35

Keine Aneigner, Kopierer, Zugreifer **oder sonstige** Erwerber sind trotz ihres faktisch vollumfänglich handlungstypischen Vorgehens die in § 5 aufgeführten Personenkreise der Journalisten, Whistleblower, Arbeitnehmer usw. im Rahmen der dort benannten Vorgaben. Ihr Verhalten hat der Gesetzgeber durch eine gesetzliche Fiktion („fällt nicht unter ... § 4") generell von einer Einbeziehung ausgenommen. Sie können daher selbst bei größter Anstrengung nicht entsprechend verletzungskonform agieren, sind mithin ihrer eigenen Handlungsfähigkeit insoweit prinzipiell 36

---

74 *Wiese*, S. 103 f.; s. auch *Brammsen*, Lauterkeitsstrafrecht, § 17 Rn. 92.
75 Inhaltlicher Kenntnisnahme des Geheimnisses bedarf es nicht, das Haben des Trägermediums genügt.
76 So *Hoeren/Münker*, WRP 2018, 150 Rn. 11. Willensindizierende externe Manifestation fordert BeckOK GeschGehG/*Hiéramente*, § 4 Rn. 17; ablehnend insoweit K/B/F/*Alexander*, § 4 GeschGehG Rn. 17.
77 Zutreffend betont von K/B/F/*Alexander*, § 4 GeschGehG Rn. 18.
78 H/O/K/*Ohly*, § 4 Rn. 12; K/B/F/*Alexander*, § 4 GeschGehG Rn. 18; MK-StGB/*Hohmann*, § 23 GeschGehG Rn. 50; *Wiese*, S. 103.
79 *Wiese*, S. 103 unter Bezugnahme auf *Brandi-Dohrn*, CR 2014, 211; s. auch BeckOK GeschGehG/*Hiéramente*, § 4 Rn. 18 (keine beschränkte Vervielfältigungsart) und Nebel/*Diedrich*, § 4 Rn. 9 („jegliche Informationsgegenstände").
80 Zu den Aufstellungen näher *Brammsen*, Lauterkeitsstrafrecht, § 17 Rn. 85 ff.; BeckOK GeschGehG/*Hiéramente*, § 4 Rn. 18 f.; s. auch LAG Berlin-Brandenburg, NZA-RR 2017, 532 Rn. 28, 39. Strittig ist das Laden in den Arbeitsspeicher; vgl. *Hoppe*/Oldekop, Kap. 1 Rn. 475 (abl.) und K/B/F/*Alexander*, § 4 GeschGehG Rn. 18 (pro).
81 *Brammsen*, Lauterkeitsstrafrecht, § 17 Rn. 90 mwN; BeckOK GeschGehG/*Hiéramente*, § 4 Rn. 36; MK-StGB/*Hohmann*, § 23 GeschGehG Rn. 51.

§ 4 Handlungsverbote

entkleidet. Ihr faktisches Erwerben bzw. Erlangen hat ihnen der Gesetzgeber normativ unmöglich gemacht.

(2) Das „unbefugte" spezielle Erlangen

37 Das Handlungsverbot des § 4 Abs. 1 Nr. 1 untersagt nicht jeden, sondern nur besonders qualifizierten Geheimniserwerb. Verboten ist ein solcher nur, wenn eines oder mehrere der fünf benannten Zugriffsobjektive bzw. Geheimnismedien (Dokumente, Gegenstände, Materialien, Stoffe und elektronische Dateien) durch unbefugte **Zugriffsakte** in Gestalt von Zugang, Aneignen oder Kopieren erlangt worden ist: Ihr jeweiliges Beschreiten bzw. Vollziehen und der damit verbundene mögliche Kenntniserwerb muss **negativ konnotiert** sein.

38 Das Spektrum der so generalklauselartig umrissenen Verbotsgründe ist allerdings äußerst unübersichtlich, umfasst es doch eine Vielzahl höchst unterschiedlich gearteter Umstände, die einem Zugang zu, einem Aneignen oder Kopieren von Trägermedien das Qualitätsmerkmal „unbefugt" vermitteln. Gleichwohl lassen sie sich sowohl näher strukturieren und konturieren, kennzeichnet sie doch allesamt eine Gemeinsamkeit, die sie miteinander verbindet, aber auch ordnet: Das Fehlen jeglicher Art von Befugnis, Gestattung, Erlaubnis oder Zulässigkeit. Materiellrechtlich angelehnt an die weitgehend vorgegebene Ordnung der in § 3 festgesetzten Erscheinungsformen erlaubten Erlangens ergibt sich damit ihre primär nach Umfang, Befugnisgeber und Befugnisträger differenzierende **umgekehrte** dreistufige **Grobgliederung** der „Unbefugtheit": Ohne inhaberseitige Zustimmung durch Realakt (2.1), ohne dessen rechtsgeschäftliche Erlaubnis (2.2) oder ohne eine gesetzlich eingeräumte Anordnung (2.3). Erst wenn tatsächlich keine der insoweit einschlägigen Erlaubnisvarianten gegeben ist, erst dann ist der betreffende speziell benannte Medienzugriff als „unbefugt" iSd. § 3 Abs. 1 zu qualifizieren. Etwaiger zusätzlicher subjektiver Elemente wie Vorsatz oder Fahrlässigkeit bedarf es nicht.

(2.1) Ohne Zustimmung des Inhabers

39 Die kleinste, rechtspraktisch wie rechtsdogmatisch allerdings durchaus bedeutsame Gruppe „unbefugter Erwerbstatbestände" bilden jene Fälle, in denen das Verhalten des Erwerbers **keine faktische Gemeinfreigabe**, ein entsprechendes singuläres **Einverständnis** oder eine ebensolche **Einwilligung** vorweisen kann.[82] Diesbezügliche „Unbefugtheit" liegt nur vor, wenn seitens des Inhabers oder seiner entsprechend vollzugsberechtigten Mitstreiter die zuvorige Geheimheit seiner angemessen geschützten Betriebsinterna nicht durch eine entsprechende Freigabe ad coram publico[83] bzw. gegenüber einer bestimmten Person gänzlich oder partiell durch Vor-

---

[82] Willensmangelfreie Betätigung ist durchgängig gefordert; *Brammsen*, in: FS Yamanaka, S. 3, 9 ff.; BeckOK GeschGehG/*Hiéramente*, § 4 Rn. 21; *Wiese*, S. 95 (unnötiger Rekurs auf Art. 4 Abs. 2 lit. b RL). Beides vermischend hingegen K/B/F/*Alexander*, § 4 GeschGehG Rn. 22 f.: Einwilligung als „Tatbestandsausschluss".

[83] Etwa durch Freilandanbau genveränderter Nutzpflanzen, Einstellung ins Internet, Publikation in öffentlichen Pressemedien; vgl. auch *Wiese*, S. 94.

zeigen, Erläutern oder Offenlegen aufgehoben ist. Letzteres ist bei einer Vorlage geheimer Modelle oder Muster zur Ansicht (etwa anlässlich von Verkaufsverhandlungen mit potenziellen Abnehmern oder Bestellern auf Fachmessen) nicht der Fall.[84]

Die insoweit erfassten Befugnisse sind keineswegs einheitlicher Natur (→ § 3 Rn. 105),[85] ihre Bekundungen auch allesamt konkludent möglich.[86] Der Umstand, dass das Kriterium „ohne Zustimmung des Inhabers des Geschäftsgeheimnisses" anders als Art. 4 Abs. 2 RL in § 4 Abs. 1 nicht benannt ist, sollte bei seiner Ausdifferenzierung und Konturierung nicht unbeachtet bleiben (→ Rn. 7).[87]   40

Nicht dem Kreis der gem. § 4 Abs. 1 Nr. 1 unbefugten Erwerber unterfallen jene Personen wie **Finder** oder **Zufallszeugen**, denen „faktische Verfügungsgewalt" über Dokumente, Gegenstände, Materialien oder Kopien bereits durch deren bloße Aufnahme qua Hören, Riechen, Sehen usw. vermittelt wird (→ § 3 Rn. 111). Ihre Kenntnisnahme ist nicht unbefugt, sondern befugt.[88]   41

(2.2) Entgegen rechtsgeschäftlicher Verpflichtung

Diese wohl praktisch wichtigste große Hauptgruppe der speziellen Erwerbsverbote betrifft das Nichtbeachten spezieller inhaberschaftlicher Gestattungen rechtsgeschäftlich erlaubten Habens der benannten Trägermedien.[89] Unter ihnen dominiert mit großem Abstand das **Arbeitsverhältnis**, dessen vertragskonforme Leistungserfüllung in Administrations- und Produktionsbereichen, aber auch in Forschung und Entwicklung, Einkauf, Logistik und Vertrieb vornehmlich den Zugang zu, aber auch den Umgang mit geheimen Betriebsinterna wie Lohn-, Kunden- und Lieferantendaten, Entwürfen, Maschinen, Prototypen, Rezepturen usw. oftmals nachgeradezu bedingt.[90] Hinzukommen zunehmend **kooperative**, gesellschafts- und lizenzvertragliche **Verbindungen**, deren Durchführung oftmals mit einem intensiven Informationsaustausch verbunden ist. Werden hier wie dort Anordnungen oder Vereinbarungen **nicht eingehalten**, zB Zugangsbarrieren umgangen, abredewidrig Kopien erstellt, betriebliche Materialien und Gegenstände mitgenommen, Dokumente oder Dateien eigenmächtig an eigene oder fremde Adressen/Accounts versendet, gut- bzw. bösgläubige Besitzer von Trägermedien (auch durch Verleiten) als Zugriffsmittler eingesetzt oder dazu verleitet usw., ist das eigene Erlangen un-   42

---

84 BGH, GRUR 1978, 297, 298 – Kettenbandantrieb (zu § 2 PatG); OLG Karlsruhe, WRP 2016, 751 Rn. 29 f.
85 Ersterenfalls handelt es sich um ein Einverständnis, letzterenfalls um eine Einwilligung.
86 *Wiese*, S. 94 ff.; aA MK-UWG/*Namysłowska*, Geschäftsgeheimnis-RL Art. 4 Rn. 5.
87 AA K/B/F/*Alexander*, § 4 GeschGehG Rn. 22 sowie (zu Art. 4 Abs. 2 RL) MK-UWG/*Namysłowska*, Geschäftsgeheimnis-RL Art. 4 Rn. 5; *Wiese*, S. 94, 96; wie hier Nebel/*Diedrich*, § 4 Rn. 12; (aus strafrechtlicher Sicht) *Drescher*, S. 312, 330 f.
88 Wie hier H/O/K/*Ohly*, § 4 Rn. 13, 24.
89 Ihre Bestimmung ist nach dem (ggf. auslegungsbedürftigen) anwendbaren nationalen Recht vorzunehmen; H/O/K/*Ohly*, § 4 Rn. 17.
90 BeckOK GeschGehG/*Hiéramente*, § 4 Rn. 22 f.

§ 4 Handlungsverbote

befugt erfolgt. Ob gleiches für das eigenmächtige Durchsetzen prozessual rechtskräftig festgesetzter Überlassungsansprüche durch den Anspruchinhaber[91] angesichts des durchaus restriktiv gehandhabten Verbots des § 858 Abs. 1 BGB auch im Zivilrecht gilt, ist bislang ungeklärt, eher aber nicht zu erwarten.[92]

43 Als **unbefugt** erachtet wurde beispielsweise **bislang**: Das innerbetrieblich vertragswidrige Kenntnisbeschaffen und -verfestigen der **Arbeitnehmer** durch Anfertigen von Abschriften, Listen oder Zeichnungen,[93] das Ausforschen von Arbeitskollegen,[94] das Auswendiglernen oder Einprägen komplexerer/nicht dauerhaft beliebig zugänglicher Datenmengen,[95] das Erschleichen oder Ertäuschen von Kenntnisvermittlungen und -nahmebefugnissen,[96] das Mitnehmen, Sammeln, Verfügbarmachen und – insbesondere nach Dienstende – das Vorenthalten von Datenträgern, Geräten, Material, Unterlagen;[97] für **Konkurrenten und Geschäftspartner** das Anfertigen von Abschriften etc. und Ausfragen gutgläubig-undoloser fremder Beschäftigter,[98] das Dulden oder Initiieren einer Betriebsspionage durch eigene oder fremde Bedienstete,[99] das Erwerben bzw. Entgegennehmen rechtswidrig erstellter und entäußerter Datenträger.[100]

(2.3) Ohne gesetzliche Erlaubnis

44 Die zweite, rechtspraktisch eher größere Gruppe der unbefugten Erwerbstatbestände erfasst **zuerst** Zugriffsakte auf Trägermedien, deren Vollziehung nicht den Vor-

---

91 Strafrechtlich unbeanstandet in BayObLG, GRUR 1988, 364 und ÖOGH, SSt 42, 129, 132; zust. ua. *Brammsen*, Lauterkeitsstrafrecht, § 17 Rn. 98 und BeckOK GeschGehG/*Hiéramente*, § 4 Rn. 24.
92 Ablehnend *Dorner*, S. 480 ff., 507 mwN. Zulässige Selbsthilfe akzeptiert K/B/F/*Köhler*, § 17 UWG Rn. 36.
93 BGHSt 13, 333, 334 f.; BGH, GRUR 1983, 179, 181 – Stapel-Automat; GRUR 1999, 934, 936 – Weinberater; BGH, NJW 2006, 3424, 3425 – Kundendatenprogramm; NJW 2009, 1420 Rn. 15 – Versicherungsuntervertreter; ÖOGH, GRUR Int. 2017, 978, 980 f.; OLG München WRP 2019, 1375 Rn. 3 f.; OLG Stuttgart WRP 2016, 767 Rn. 37; LAG Düsseldorf, GRUR-RS 2020, 23408 Rn. 73 – PU-Schaum.
94 RAG, GRUR 1944, 46, 47 – Analgit.
95 BGHZ 38, 391, 393 – Industrieböden; BGH, GRUR 1983, 179, 181 – Stapel-Automat.
96 BGH, GRUR 2003, 356, 357 f. – Präzisionsmessgeräte (zu § 1 UWG aF).
97 (Mitnehmen) BGH, GRUR 2003, 356, 358 – Präzisionsmessgeräte; BGH, JZ 1993, 954, 955 f. – Maschinenbeseitigung; BGH, WRP 2018, 1329 Rn. 46 – Hohlfasermembranspinnanlage II; ÖOGH, GRUR Int. 2017, 978, 981; (Sammeln) BGHSt 13, 333, 336; OLG Hamm, WRP 1959, 182; (Verfügbarmachen) BGH, GRUR 2012, 1048 Rn. 14 – MOVICOL; OLG Celle, WRP 2015, 1009 Rn. 18 – Movicol II; (Vorenthalten) BGH, NJW 2009, 1420 Rn. 17 ff. – Versicherungsuntervertreter; OLG Nürnberg, ZD 2013, 282.
98 BGH, NJW 2009, 1420 Rn. 15 ff. – Versicherungsuntervertreter; RG, GRUR 1937, 559, 561 f. – Rauchfaßkohlen; GRUR 1939, 308, 313 f. – Sionorm; MuW 1937, 423, 427 f. – Faltenrohrmaschine.
99 BGH, GRUR 1961, 40, 41 f. – Wurftaubenpresse; GRUR 1973, 483, 484 f. – Betriebsspionage; OLG Düsseldorf, GRUR 1980, 170, 172 – „LAX".
100 BayObLG, JR 1994, 289, 290.

gaben der gesetzlich normierten Erwerbsbefugnisse des **§ 3 Abs. 1** genügen.[101] Dies betrifft gleichermaßen alle Erwerbshandlungen, die im Widerspruch zu den Erlaubnissen der Nr. 1–3 stehen. Dazu zählen insbesondere das „Entdecken" und „Schöpfen" entgegen **Nr. 1** unter Rekurs auf fremde Geheimnismedien (hier ermangelt es an dem geforderten „eigenständigen" Kreationsakt) und das Reverse Engineering entgegen **Nr. 2** unter Verwendung solcher Güter, die weder öffentlich verfügbar waren noch dem eigenen rechtmäßigen Besitz des Reversers unterstanden.[102] Weniger bedeutsam dürfte dagegen ein Fehlverhalten nach **Nr. 3** durch das eigenmächtige Besorgen von Geschäftsinterna seitens der Arbeitnehmer oder ihrer Vertreter „auf dem direkten Weg" sein, also solcher Geschäftsgeheimnisse, zu deren Weitergabe der Inhaber nach verschiedenen arbeits- und mitbestimmungsrechtlichen Vorschriften gesetzlich verpflichtet ist (→ § 1 Rn. 55 f., 63, 64 ff.). Als exzessive Überdehnungen gesetzlich gewährter eigener (Teilhabe-)Rechte dürften solche Zugriffe auf betriebseigene Trägermedien allerdings eher selten vorkommen.

(2.4) Pflichtbegrenzungen: Allgemeingesetzliche Erlaubnisnormen

Gemeinsam ist letzteren Untergruppen, den Überschreitungen der Handlungserlaubnisse des § 3 Abs. 1 wie den Verstößen gegen bestimmte Zugriffsverbote bzw. Erwerbsvorgaben, dass ihnen unter bestimmten Voraussetzungen die Beschreitung des erwählten Zugriffswegs gleichwohl gesetzlich gestattet sein kann. Diese strikt von den „Transfererlaubnissen" und den sonstigen Sonderrechten (→ § 3 Rn. 110 f.) zu unterscheidenden, hier einmal sog. „**Sondererlaubnisse**" und „**-verpflichtungen**" in Gestalt der sog. Rechtfertigungsgründe (§§ 32, 34 StGB und §§ 226 ff. BGB) sind situativ erlaubte Zugriffe auf fremder Zuordnung unterliegende Güter bzw. Informationen. Als allgemeingesetzliche Gestattungen eines erlaubten Erlangens sind sie nicht über das einleitende „insbesondere" des Abs. 1, sondern über die Regelung des § 3 Abs. 2 in dessen Geschäftsgeheimnisschutz einbezogen (→ § 3 Rn. 106).[103] Ihre berechtigte Ausübung begrenzt die Rechtspositionen des § 3 Abs. 1 situativ und **nimmt** einem „unbefugten" Erlangen von Trägermedien so seine **Unbefugtheit**. **Zeugen** sind mangels Zugriffrecht zur unbefugten Kenntniserlangung davon ausgeschlossen.[104]

45

---

101 *Alexander*, WRP 2017, 1034 Rn. 93; BeckOK GeschGehG/*Hiéramente*, § 4 Rn. 25; H/O/K/*Ohly*, § 4 Rn. 18.
102 Beispielhaft ÖOGH, GRUR Int. 2017, 70, 72 – Ticketsysteme.
103 § 3 Abs. 1 normiert nur originäre bzw. derivative Kreationsakte einer Parallel- bzw. Nachschöpfung (Nr. 1 u. 2) sowie ein derivativ-funktionsgebundenes Teilhaberecht für eine bestimmt qualifizierte Empfängergruppe (Nr. 3). Ein strikt situativ gebundenes Empfängerrecht für drittseitig bewirktes Erlangen in vergleichbaren Gefahrensituationen kann ihnen selbst normativ nicht annähernd qualitativ gleichgestellt werden.
104 *Brammsen*, Lauterkeitsstrafrecht, § 17 Rn. 99; *Hoppe*/Oldekop, Kap. 1 Rn. 486; aA BeckOK GeschGehG/*Hiéramente*, § 4 Rn. 25.

§ 4 Handlungsverbote

b) Das „Auffangverbot" des § 4 Abs. 1 Nr. 2 (sog. „kleine Generalklausel")

46 Inhaltlich umformuliert der bundesdeutschen Gesetzessprache angepasst, normiert § 4 Abs. 1 Nr. 2 im Gefolge des Art. 4 Abs. 2 lit. b RL einen allgemeinen (nicht strafbewehrten) Auffangtatbestand[105] für alles sonstige unbefugte Erlangen, das wie etwa das Erlangen nicht verkörperter Geheimnisse durch Abhören oder Ausforschen[106] nicht seriöser Geschäftspraxis entspricht. Leider bleibt der Anwendungsbereich dieser Öffnungsklausel inhaltlich völlig offen, kennt doch das deutsche Recht weder Vorgaben für „seriöse" noch für „unseriöse" Praktiken. Dagegen zu erhebende inhaltliche wie dogmatische Bedenken sind bereits an anderer Stelle dargelegt. Auf sie sei hier nur verwiesen (→ § 3 Rn. 107 f.). Die dort angekündigte Konturierung hat zumindest zwei Gruppen zu identifizieren.

47 Die erste und bislang wohl bedeutsamere Gruppe unseriöser bzw. Treu und Glauben sowie den anständigen Marktgepflogenheiten widersprechenden Erwerbsvorgänge umfasst jene zahlreichen **Zuwiderhandlungen** gegen gesetzliche Regelungen, die ein Erlangen entsprechender geheimnisrelevanter Informationen ungeachtet ihrer Fixierung auf oder Ableitbarkeit aus Trägermedien verbieten. Zu ihnen gehören ua. die **Straftaten**[107] der §§ 96, 98 f., 201, 202a, 242, 246, 263, 263a,[108] 265a, 266, 274 Abs. 1 Nr. 2, 274a, 303a u. b StGB, der Bestechung von Angestellten usw. (§ 299 StGB)[109] sowie die „Beschaffungstaten" der §§ 42 Abs. 2 Nr. 2 BDSG und 148 Abs. 1 Nr. 1 TKG. Hinzukommen etwaige Um- oder Übergehungen speziell vorgesehener Zugangswege durch eigenmächtiges **„Vorab-Beschaffen"** bank-, bilanz-, börsen-, insolvenz-, kartell- und sonstiger publizitätspflichtiger Daten – sie sind erst ab Veröffentlichung gemeinfrei zugänglich (→ Einl. A, Rn. 19).

48 Die Konturierung der zweiten Gruppe „unanständig treuwidriger" Erwerbshandlungen ist bislang leider nicht auch nur annähernd vergleichbar prägnant gelungen. Zwar haben es die Anlehnungen an die „Vorbildklausel" der Art. 10bis Abs. 2 PVÜ, Art. 39 Abs. 2 TRIPS[110] und die Abkehr vom Verschuldenserfordernis ermöglicht, einen offenkundig vom Strafrecht inspirierten **„Kernbereich"**[111] unwertbehafteter

---

105 So benannt ua. von Büscher/*McGuire*, § 4 GeschGehG Rn. 20; BeckOK GeschGehG/*Hiéramente*, § 4 Rn. 31, 33.1; K/B/F/*Alexander*, § 4 GeschGehG Rn. 26; Nebel/*Diedrich*, § 4 Rn. 13; s. auch *Wiese*, S. 96 zu Art. 4 Abs. 2 lit. b RL sowie bereits BayObLG, NJW 1996, 268, 272 zu § 17 Abs. 2 Nr. 2 UWG aF.
106 Eine Einbeziehung in § 4 Abs. 1 Nr. 2 befürwortet BeckOK GeschGehG/*Hiéramente*, § 4 Rn. 35.
107 *Wiese*, S. 98 ff., 101 bezeichnet sie als „per se unlauter".
108 Beispielhaft BayObLGSt 1990, 88, 90.
109 BGH, GRUR 1961, 40, 42 – Wurftaubenpresse; GRUR 1983, 179, 181– Stapel-Automat; BGHSt 41, 140, 142 – Angebotsunterlagen; BayObLGSt 1995, 110, 121 – Bieterlisten; BeckOK GeschGehG/*Hiéramente*, § 4 Rn. 37.
110 Komprimiert zu ihnen BeckOK GeschGehG/*Hiéramente*, § 4 Rn. 32.1; H/O/K/*Ohly*, § 4 Rn. 4 f., 21; K/B/F/*Alexander*, § 4 GeschGehG Rn. 27 ff.; *Wiese*, S. 97 ff.; vertiefter *Henning-Bodewig*, GRUR Int. 2014, 997, 999 ff.
111 Vgl. H/O/K/*Ohly*, § 4 Rn. 22: „Drohung, Bestechung, Täuschung"; zu letzterer auch BeckOK UWG/*Barth*, § 4 GeschGehG Rn. 33; BeckOK GeschGehG/*Hiéramente*, § 4 Rn. 37 unter Ver-

IV. Die einzelnen Handlungsverbote § 4

Handlungen abzuleiten: Das Verleiten, der drittseitig (grob fahrlässig un-)bewusste Informationserwerb, der Vertrags- und der Vertrauensbruch. Allerdings waren keine weiteren nennenswerten Verbesserungen außer einer Ausrichtung des Bemessungsmaßstabes an einer objektiven Bewertung entsprechend den wenig spezifizierten Ansätzen der „honest commercial practices" bzw. der „improper means" angloamerikanischer Prägung zu verzeichnen.[112] Zahlreiche Fälle fragwürdiger Informationsbeschaffung sind damit weitgehend ungeklärt geblieben wie beispielsweise:

Abwerben bzw. Einstellen fremder Beschäftigter,[113] bloßes Anhören bzw. Ausnutzen und Entgegennehmen fremder vertragswidriger Mitteilungen,[114] Ankauf von „ungesicherten" Geheimnissen von entlassenen kenntnisbefugten Bediensteten und Ausfragen derselben seitens ebenfalls ausgeschiedener Kollegen,[115] heimliches Vorgehen,[116] Marktforschungen in Gestalt von Unternehmensumfragen,[117] zufällige Kenntnisnahmen[118] oder die Nichtherausgabe nach Vertragsende selbst geworbener „ungesicherter" Kundendaten eines selbstständigen Versicherungsuntervertreters.[119] Bedenklich sind deshalb Tendenzen, Festsetzungen quasi nur „pauschaliter" vorzunehmen.[120]

Leider sind auch mit dem neuen bundesdeutschen Pendant der „unanständig treuwidrigen" Erwerbshandlung, abgesehen von dem kaum als sinnfällig zu bezeichnenden Rekurs auf den Grundsatz von Treu und Glauben gem. § 242 BGB und die unternehmerische Sorgfalt des § 2 Abs. 1 Nr. 7 UWG,[121] nicht ersichtlich hilfreicher. Mit ihnen lassen sich zwar die vorstehenden „Idealfälle" gezielt geheimnisre-

49

---

weis auf BGH, GRUR 1973, 483 und MK-UWG/*Wiebe*, § 4 Nr. 3 Rn. 214 ff. („Erschleichen, Vertrauensbruch"); s. auch *Hoppe*/Oldekop, Kap. 1 Rn. 477.
112 Näher zu ihnen *Sandeen/Rowe*, S. 109 ff., 118 ff.
113 Befürwortend bei planmäßigem bzw. heimlichem Abwerben RG, GRUR 1939, 308, 313 f. – Sionorm; OLG Naumburg, MuW 1927/28, 58, 59 – Erbsenschälereien; BeckOK GeschGehG/*Hiéramente*, § 4 Rn. 38; H/O/K/*Kalbfus*, Einl. A Rn. 196; MK-UWG/*Jänich*, § 4 Nr. 4 Rn. 86 ff.
114 Befürwortend *Maier*, S. 300; *Wiebe*, S. 264. Abl. wie hier BGH, GRUR 2009, 173 Rn. 35 – Bundesligakarten; BeckOK GeschGehG/*Hiéramente*, § 4 Rn. 38; *Föbus*, S. 171; H/O/K/*Ohly*, § 4 Rn. 23; GK-UWG/*Wolters*, § 17 Rn. 105.
115 Befürwortend RGSt 61, 273, 274; RG, JW 1929, 1227, 1228 – Optische Instrumente.
116 Befürwortend RG, GRUR 1937, 559, 561 – Rauchfaßkohlen; s. auch OLG Düsseldorf, GRUR 1980, 170 ff. – Lackauftragsmaschinen „LAX".
117 OLG Stuttgart, GRUR 1982, 315, 316 f. – Gerätewartung.
118 Zweifelnd OLG Hamm, WRP 1993, 118, 120 – Müll II; abl. BeckOK GeschGehG/*Hiéramente*, § 4 Rn. 39.
119 Ablehnend BGH, NJW 2009, 1420 Rn. 24 f. – Versicherungsuntervertreter; BeckOK GeschGehG/*Hiéramente*, § 4 Rn. 38; s. auch LG Heidelberg, BeckRS 2014, 03138.
120 BayObLGSt 2000, 131, 133; OLG München, NJW-RR 1996, 1134; OLG Düsseldorf, AfP 1999, 75, 76 – Anzeigenvordrucke. Ansatzweise korrekt OLG Düsseldorf, WRP 1959, 182, 184 – Vorzugspreise.
121 Zutreffend die Ablösung von der unionsrechtlichen Vorgabe, die Gegensätzlichkeit der Bemessungsstandards und deren divergierende Ausrichtung rügen BeckOK UWG/*Barth*, § 4 GeschGehG Rn. 29.1; H/O/K/*Ohly*, § 4 Rn. 20 f.; K/B/F/*Alexander*, § 4 GeschGehG Rn. 28, 31 f., 34; Nebel/*Diedrich*, § 4 Rn. 14; *Würtenberger/Freischem*, GRUR 2018, 708, 710. Großzügiger je nach Motivlage BeckOK GeschGehG/*Hiéramente*, § 4 Rn. 43.

levanter Angriffe wie das Verleiten zum Vertragsbruch bestätigen, nicht aber die sonstige Unbestimmtheit der wann, wie und warum anzuwendenden Maßstäbe. Abhilfe ist nur zu erwarten, wenn das Augenmerk stärker auf das Kriterium der „Lauterkeit" bzw. „Anständigkeit" und dessen Konstituentia gerichtet wird, lassen sich doch Handlungen wie Abwerben, Behindern, Nachahmen, öffentliches Überwachen, Versehen ausnutzen usw. doch situativ durchaus als „unanständig" deklarieren. Erst wenn die Handhabung eines Rechts oder einer Befugnis allgemein oder zumindest überregional in mehreren Mitgliedstaaten branchenspezifisch als alltagsüblich anerkannt ist, erst dann lässt sich dessen Beeinträchtigung als solche definieren. Ausrichtungen an klassischen Vorgehensweisen wie Produktpiraterie, sklavische Nachahmung oder unredlich erworbenen Erfindungsbesitz[122] sind dabei zwar hilfreich, treffen aber ebenso wie Boykott oder Diskreditieren zumeist vorsatzgebundenes Verhalten oft auf mannigfaltige Nuancierungen geduldeter wie geübter Gepflogenheit und Hinnahme. Ohne einen entsprechend nachvollzieh- und überprüfbar geordnet festgesetzten und „gelebten" Konsens über Akzeptanz und Umfang eines befugten Habens lassen sich auftretende Störungen nicht einfach durchgängig als inadäquate Verfehlungen negativ konnotieren. Erst die Kenntnis einschlägiger berufs- und/oder branchenspezifisch geübter Marktgepflogenheiten oder Umgangsformen gestattet es, Fehlverhalten als unbefugten Zu- bzw. Erwerbsvorgang zu deuten[123] – „unlauteres Bewerken" lässt sich ohne Wissen gebilligter Lauterkeit nicht als Grenzüberschreitung erkennen. Zudem entspricht eine solche stärkere Orientierung der Unwertbestimmung an den Business Ethics und Standards, Codes oder Complianceregeln einschlägiger Branchen[124] eher dem Individualschutzkonzept des GeschGehG als „Befugnisordnung". Das verfehlte Einbinden (ggf. nur potenziell) unethischer Einstufungen sonstiger gesellschaftlicher Teilgruppen lässt sich so treffsicherer vermeiden als durch unkonturiert verhaltensoffene Verbotsklauseln. Maßstab der Unlauterkeit ist die Lauterkeit, ihre positive Bewertung die Basis der daran anknüpfenden umfassenden interessenabwägenden Missbilligung.[125] Diese dürfte künftig mit dem anwachsenden „Social Engineering"[126] und ungewolltem „Verleiten" einen bedeutenden Ermittlungsschwerpunkt neben dem Vertrags- und Vertrauensbruch bilden. Dass eine solche Ausrichtung auch innovative Ansätze bzw. Wege zur Absicherung fremder Geheimnisse gegen unerwünschten Abfluss und Gebrauch einrichten kann, hat das

---

122 K/B/F/*Alexander*, § 4 GeschGehG Rn. 33; zu letzterem OLG Düsseldorf, GRUR 1980, 170, 172 – „LAX".
123 Zu beachtende Abwägungsfaktoren sind ua. Eingriffsintensität und Erfolgswahrscheinlichkeit, Ersetzbarkeit und Nutzwerthöhe des Geheimnisses, Einbindung und Intension des Verletzers, objektiver Verhaltenszweck.
124 Sie kann in den Marktgerichtsbarkeiten und Regelwerken der Zünfte ihr traditionsreiches Vorbild nehmen.
125 Büscher/*McGuire*, § 4 GeschGehG Rn. 20; BeckOK GeschGehG/*Hiéramente*, § 4 Rn. 32.1; K/B/F/*Alexander*, § 4 GeschGehG Rn. 32. Erste nicht abschließende Anhaltspunkte zu ihrer Durchführung bei H/O/K/*Ohly*, § 4 Rn. 21 ff. und Nebel/*Diedrich*, § 4 Rn. 15 f.
126 Vgl. *Drescher*, S. 96 ff.

IV. Die einzelnen Handlungsverbote § 4

Beispiel des inzwischen auch im zumindest US-gerichtlich akzeptierten „Clean-Room-Prozess" nachhaltig erwiesen.[127]

2. Das verbotene Nutzen und Offenlegen (§ 4 Abs. 2)

§ 4 Abs. 2 ist seinem teilweise stark einzelnen Straftaten der §§ 17f. UWG aF (→ Rn. 14f.) nachempfundenen unionsrechtlichen Vorbild des Art. 4 Abs. 3 RL nachgeformt, hat jedoch kleinere gesetzestechnische wie auch sprachliche Umgestaltungen erfahren. Ungeachtet seiner verkürzenden Abänderungen[128] als deren materiellrechtlich inhaltskonforme Nachbildung unschwer zu erkennen,[129] regelt er für zwei verschiedene Tätergruppen das unbefugte Nutzen und Offenlegen in drei Tatvarianten: **Nr. 1 lit. a und b** verbieten beide Handlungen den „Vortätern" eines gem. § 4 Abs. 1 unbefugten Erlangens als hier sog. eigentäterschaftliche Geheimnishehlerei. Hieran anschließend etabliert die **Nr. 2** einen entsprechenden Tatbestand für hier sog. kupiert unbefugte Mitwisser, die einer vertraglichen und sonstigen (gesetzlichen) Nutzungsbeschränkung unterliegen. Gleichfalls ein doppeltes Handlungsverbot normiert **Nr. 3** für ebensolche Mitwisser, die einer vertraglichen und sonstigen (gesetzlichen) Verschwiegenheitspflicht unterliegen. Tätermäßig unterscheidet § 4 Abs. 2 demnach nicht nach Tathandlungen, sondern allein nach der Person des Verletzers in „unbefugte" (Nr. 1) und „kopiert unbefugte" **Mitwisser** (Nr. 2 u. 3). Im Unterschied zu den personell unbegrenzten Erwerbsverboten des § 4 Abs. 1 (→ Rn. 18) besteht mithin eine auffällig einengende Täterdivergenz, deren Auflösung den Erörterungen der jeweiligen Einzelverbote vorbehalten ist. Zusätzlicher subjektiver Elemente wie Vorsatz oder Fahrlässigkeit bedarf es anders als beim nachfolgenden Absatz 3 (→ Rn. 124ff.) nicht.

50

a) Nutzen und Offenlegen nach unbefugtem Eigenerwerb (§ 4 Abs. 2 Nr. 1)

§ 4 Abs. 2 Nr. 1 verbietet die **Geheimnishehlerei** durch Nutzen oder Offenlegen von Geheimnissen nach unbefugtem Eigenerwerb iSd. Abs. 1. Auffällig dem Straftatbestand des § 17 Abs. 2 Nr. 2 Alt. 2 u. 3 UWG aF entlehnt, „entschlackt" er sie von allen seinerzeitigen subjektiven Erfordernissen[130] und beschränkt durch Verselbstständigung der fremdseitigen Vortaten im nunmehrigen vorsatz- oder grob fahrlässigkeitsgebundenen Abs. 3 das zuvorige Erlangen auf eigenes unbefugtes

51

---

127 Näher zu diesem „Gewährleistungsmechanismus" fremder Geheimheit im Innovationswettbewerb und seiner US-gerichtlichen Ausformung *Ess*, WRP 2020, 988 Rn. 37ff., 40ff. mwN; s. auch H/O/K/*Kalbfus/Harte-Bavendamm*, Einl. B Rn. 27.
128 Es fehlt der erneute Verweis auf das fehlende Zustimmungserfordernis, die Anknüpfung an den rechtswidrigen Erwerb in der Nr. 1 ist einer Aufzählung der beiden Vortatvarianten des § 4 Abs. 1 gewichen (nur in Gestalt bloßer „Nummernverweise"), die Offenlegungs- und Nutzungsverbote sind verallgemeinert formuliert und in umgekehrter Reihenfolge geordnet.
129 Der Verweis in Art. 4 Abs. 3 RL auf den „Erweis" rechtswidrigen Erwerbs oder einer verpflichtungswidrigen Tatausführung ist nach deutschem Rechtsverständnis („Unschuldsvermutung") eine prozessuale Selbstverständlichkeit. Er bedarf keiner besonderen Benennung.
130 § 17 Abs. 2 UWG bedurfte in allen Tatvarianten des Vorsatzes und besonderer Absichten; vgl. *Brammsen*, Lauterkeitsstrafrecht, § 17 Rn. 139ff. mwN.

§ 4 Handlungsverbote

Vorgehen. Dergestalt äußerst hilfreich für einstweilige Verfügungsverfahren[131] verobjektiviert[132] bedarf neben der Vornahme der von „Verwerten" und „Mitteilen" in „Nutzen" und „Offenlegen" umbenannten Tathandlungen die „Unbefugtheit" ihrer Vornahme zusätzlich des Nachweises zuvorigen eigenen unbefugten Erlangens fremder Geschäftsgeheimnisse iSd. § 4 Abs. 1. Beide Taten, das unbefugte Erlangen wie die Geheimnishehlerei durch Nutzen oder Offenlegen, sind eigenständig und stehen als solche nacheinander.[133]

aa) Die unbefugte Vortat: Das unbefugte Erlangen iSd. § 4 Abs. 1

52 „Eingangsvoraussetzung" jeden unbefugten Nutzens und Offenlegens eigentäterschaftlich erlangter[134] Geschäftsgeheimnisse ist deren eigenes Erhalten durch unbefugten Zugang zu, unbefugtes Aneignen oder Kopieren von geheimnisverkörpernden Trägermedien oder durch sonstiges „treuwidrig unanständiges" Verhalten entgegen der Marktgepflogenheiten. Gegen welches der beiden Erwerbsverbote verstoßen wurde ist irrelevant – beide gelten gleichberechtigt nebeneinander, auch wenn den erstgenannten Erwerbsvarianten der Trägermedien „prüfungstechnisch" dem Weg über die „kleine Generalklausel" der Vorrang gebührt. Zu entsprechenden Festsetzungen ist auf die einschlägigen vorstehenden Ausführungen zu verweisen (→ Rn. 37 ff., 46 ff.). Weiterer Ergänzungen bedarf es nicht.

bb) Die Tathandlungen: Nutzen und Offenlegen

53 Der Geheimniserwerber muss seine unbefugt erworbene Kenntnis(nahmemöglichkeit) über zwei Handlungsvarianten „eingesetzt" haben: Durch deren Nutzen oder Offenlegen. Andere Tathandlungen benennt das Gesetz nicht, ihr etwaiger Vollzug bleibt nicht verboten. Beide sind wie folgt zu definieren: **Nutzen** ist das einsatzorientierte praktische Anwenden bzw. Gebrauchen von einem Etwas (einem Gut, einer Information) iS eines inhaltsbezogen-zweckformen Ein- bzw. Umsetzens seines Ertragspotenzials im Umgang mit Gütern, Informationen, Werkzeugen usw. **Offenlegen** ist jede Preisgabe von Informationen durch Übermitteln iSv. Veröffentlichen ebenso wie durch situativ-singuläres Kundtun gegenüber einem oder mehreren Dritten. Beide Handlungen, das Nutzen wie das Offenlegen, können ausführungstechnisch von Jedermann vollzogen werden – das Täterspektrum ist handlungstypisch unbegrenzt und nicht an das Erfordernis eines subjektiv bewussten oder erkennbaren Bewirkens gebunden. Zu weitergehenden Erläuterungen ist auf die Ausführungen zu § 3 Abs. 2 verwiesen (→ § 3 Rn. 112 ff., 124 ff.). Sie gelten ab-

---

[131] ZB LAG Düsseldorf, GRUR-RS 2020, 23408 Rn. 84 – PU-Schaum.
[132] BeckOK GeschGehG/*Hiéramente*, § 4 Rn. 54 f.; *Ohly*, GRUR 2019, 441, 446.
[133] Büscher/*McGuire*, § 4 GeschGehG Rn. 22; K/B/F/*Alexander*, § 4 GeschGehG Rn. 41; ebenso bereits das frühere Strafrecht, vgl. *Brammsen*, Lauterkeitsstrafrecht, § 17 Rn. 142 mwN.
[134] Bloße Teilnehmerschaft am unbefugten Erlangen Dritter genügt nicht; K/B/F/*Alexander*, § 4 GeschGehG Rn. 43; aA *Hoppe*/Oldekop, Kap. 1 Rn. 501, der verkennt, dass die Haftungsgleichstellung des § 830 Abs. 2 BGB keine Handlungsidentität bewirkt, sondern nur fingiert. Allenfalls kommt ein Erlangen iSd. § 4 Abs. 1 Nr. 2 in Betracht.

gesehen von der dortigen Anbindung an die Handlungserlaubnisse unverändert auch hier: Ihre Un- oder Befugtheit ist kein handlungsprägendes Merkmal.

Kein Nutzen oder Offenlegen ist das trotz eines faktisch vollumfänglich handlungstypischen Gebrauchens bzw. Preisgebens usw. ungeachtet der (Un)Befugtheit seines vorangegangen Geheimniserwerbs das entsprechende Handeln der in § 5 aufgeführten Personenkreise der Journalisten, Whistleblower, Arbeitnehmer usw. im Rahmen der dort benannten Vorgaben. Auf das „Parallelproblem" beim Erlangen iSd. Abs. 1 ist verwiesen. Die dortigen Ausführungen gelten auch hier (→ Rn. 36). 54

cc) Die Verletzer: Nur unbefugte Erwerber (deliktsfundierte Mitwisser)

Unter Geltung des früheren Strafrechts wurde der Täter der Geheimnishehlerei einheitlich für alle Tatvarianten als beliebiger Dritter oder als nicht näher konkretisierter Jedermann qualifiziert.[135] Diese Ausdeutung war zwar inhaltlich richtig jedoch inkorrekt, da sie die handlungsbedingte personelle Präformation des damaligen „Mitteilen" und „Verwerten" überging, die mit der Vorgabe eigener tatsächlicher Kenntnis vom Geheimnis einem bestimmten täterbezogenen Vollzugserfordernis unterlagen. Die faktische Eigenkenntnis bzw. Sachherrschaft ist ein (handlungsbedingtes) **Tätermerkmal**, das den Verletzerkreis objektiv personenbezogen auf bestimmte Geheimnisträger begrenzte. 55

Die nunmehrige Aufspaltung und Neuzusammenstellung der Geheimnishehlerei in § 4 Abs. 2 u. 3 hat die bisherige Tradition um eine dialogische Neuausrichtung am Zusatzattribut der „(Un-)Befugtheit" zwar erweitert, die Grundform der „unbefugten" Eigenvortat aber in Abs. 2 Nr. 1 als praktisch nahezu Jedermann beliebig offenstehende Vollzugsvariante weiter unverändert erhalten. 56

Leitelement dieser gesetzlich über bestimmte vorausgegangene Vorgänge beschriebenen Tätergruppe ist allein die Unwertqualität einer kenntnis- bzw. herrschaftsvermittelnden Vorhandlung. Knüpft ein Verbot Täterstellungen dergestalt allein an vollzugsnotwendige vorgängige Kenntnis- oder Herrschaftsvermittlungen, ist es ein sog. tatsituationsgebundenes **Allgemein- und kein Sonderpflichtdelikt** (iSd. Straf- und Deliktsrecht),[136] dessen Täterkreis ausschließlich seine handlungsvermittelte soziale (Kontakt-)Position konstituiert:[137] Täter kann nur sein, wer auf dem gesetzlich benannten Weg vor der Tat (hier: Geheimnishehlerei) Herrschaft über dessen Schutzgegenstand (hier: Geheimnis) erlangt hat.[138] Abs. 2 Nr. 1 kennzeichnet 57

---

135 Statt vieler *Brammsen*, Lauterkeitsstrafrecht, § 17 Rn. 109 mwN.
136 Es fehlt der dort konstitutive „überantwortete besondere soziale Einfluss- und Verantwortungsbereich"; dazu komprimiert *Brammsen/Ceffinato*, NZI 2013, 619, 621 mwN.
137 Kontaktpositionen sind soziale Positionen, deren Innehabung allein durch eine eigene oder fremde Handlung begründet werden. Standardfälle sind ua. der Ingerent, Unfallbeteiligte oder Zeuge. Komprimiert zur Konturierung *Brammsen/Ceffinato*, NZI 2013, 619, 622 f. mwN.
138 Weitere Beispiele dieser nicht sonderpflichtigen Tätergruppe der verletzungsfundierten Mitwisser sind die „mitwirkenden Personen" des § 203 Abs. 4 Satz 1 StGB (zu ihrer Konturierung *Brammsen*, ZfL 2019, 281, 294 ff.; *Hoeren*, MMR 2018, 12, 14 f.) und die anverwandte „Parallelgruppe" der fremdtäterschaftlich unbefugt informierten Mitwisser der früheren § 17 Abs. 2

§ 4 Handlungsverbote

seinen faktisch „beitrittsoffen" gehaltenen Kreis einbezogener Geheimnisträger über das zuvorige Erlangen des genutzten bzw. offengelegten Geheimnisses als rechtsverletzenden Empfänger oder prägnanter **deliktsfundierten Mitwisser**.

58 Das neue Gesetz charakterisiert und begrenzt diese Geheimnishehler auf die Erwerbsverbote des Abs. 1 Nr. 1 und 2. Erfasst sind nur **rechtsverletzende Geheimnisträger**, die durch eigentäterschaftliches Verhalten[139] eigene Kenntnis(nahmemöglichkeit) von einem fremden Geheimnis erhalten haben: Ersterenfalls die enumerativ benannten Spezialfälle unbefugten Erlangens, letzterenfalls das generalklauselartig sonstige verbleibende selbst vollzogene Kenntnisbegründungsakte einbeziehende „Resterlangen" durch „treu- wie marktwidrige Unanständigkeit". Einbezogen sind nunmehr auch lediglich „unbedachte Mitwisser" wie **zufällige Geheimniserwerber**, dh. jene Empfänger einer Wissensentäußerung oder Inhaber einer Verkörperungsherrschaft, die ihr Erlangen einer von ihnen nicht vorhergesehenen Kenntnis- oder Herrschaftserlangung als auch einer von Entäußererseite nicht für ihren Empfang bestimmten Informations- oder Herrschaftsvermittlung verdanken.[140] Ihre Freistellung ist auf die nachstehende Stufe der „Unbefugtheit" verlagert (→ Rn. 62).

dd) Das verbotswidrige Nutzen trotz entgegenstehender Beschränkung

59 Im Gegensatz zum vorstehenden Nutzungs- und Offenlegungsverbot der Nr. 1 ist das separate Nutzungsverbot der Nr. 2 nicht an das Erfordernis eines zuvorigen unbefugten Erwerbsvorgangs gebunden. Anders als dort kommt es hier nicht auf ein bestimmt geartetes oder auf ein be- oder unbefugtes Erlangen an, seine Durchführung und seine Werthaltigkeit sind prinzipiell unbeachtlich: Maßgeblich ist, ob die erlangte Information nicht oder nicht so zu nutzen untersagt ist. Ihr ihm zur Verfügung stehendes Nutzungspotenzial muss generell oder nur spezifisch (im Hinblick auf bestimmte Anwendungen, Gelegenheiten, Zeiträume usw.) beschränkt, dh. seinem Zugriff rechtlich entzogen sein. Entscheidend ist daher allein, ob eine solche Beschränkung existiert, kann doch mit ihrer Hilfe das Fehlen einer erlaubten Nutzung indiziert werden. Umgekehrt kann aus dem Fehlen einer solchen Beschränkung angesichts der Vielzahl möglicher Untersagungs- und entgegenstehender Aufhebungsgründe nicht zwingend auf ein zuvoriges verbotenes Erlangen geschlossen werden. Das Nutzen des Geschäftsgeheimnisses muss deshalb unbefugt erfolgen, seine Bestimmung anhand inhabersitiger Zustimmung durch Realakt (1), rechtsgeschäftliche Verpflichtung (2) oder gesetzliche Auferlegung (3) aufgedeckt sein.

Nr. 2 Alt. 1 u. 2 UWF aF (dazu *Brammsen*, Lauterkeitsstrafrecht, § 17 Rn. 111 ff. mwN) bzw. des neuen, um eigenes grob fahrlässiges Wissen müssen erweiterten § 4 Abs. 3.

139 Unbefugter Zugang zu, unbefugtes Aneignen und Kopieren und „treuwidrig unanständiges Marktverhalten" firmieren hier als eigene Vortat bzw. Handlung iSv. *Hoppe*/Oldekop, Kap. 1 Rn. 500 und *Wiese*, S. 107.

140 Zu ihrer früheren Freistellung RGSt 30, 251 ff.; Malone v. Metropolitan Police, [1979] 2 All E. R. 620.

Die Aufdeckung der „Unbefugtheit" erschöpft sich nicht in dem bloßen Fehlen einschlägiger Befugnisse, Rechtfertigungsgründe und Verpflichtungen (→ § 3 Rn. 122 f., 132 f.). Sie bedarf positiver Bestimmung unter Berücksichtigung aller Berechtigungen und dergleichen in Abwägung mit allen betroffenen Interessen. **Unbefugt** handelt demnach nur, wer ein unbefugt erlangtes und deshalb in der „Fruchtziehung bemakeltes" Geheimnis[141] ohne Zustimmung des Inhabers, entgegen rechtsgeschäftlicher Verpflichtung ohne eigene gesetzliche Befugnis und ohne Rechtfertigungsgrund übermittelt oder mit inhaltsanwendenden Transaktionsakten „in praxi" umsetzt. Etwaiger Kenntnis oder Erkennbarkeit der eigenen Unbefugtheit bedarf es weder hinsichtlich der Vortat noch der nunmehrigen Nutzung oder Offenlegung.[142] 60

(1) Ohne Zustimmung des Inhabers

Ohne Zustimmung des Inhabers handeln Nutzer und Offenleger eines ihrerseits unbefugt iSd. Abs. 1 erlangten Geheimnisses nur, wenn Letzteres zum Zeitpunkt ihres Handelns noch existent iSv. geheim und ihr Vorgehen sowohl einverständnis- wie einwilligungslos gewesen ist. Das Geheimnis darf also nicht durch seine zwischenzeitliche Gemeinfreigabe oder andere drittseitige **Publikationsakte** ad coram publico offen gelegt,[143] dh. seiner bisherigen Geheimheit gänzlich verlustig gegangen sein. Zugleich dürfen aber auch seine Verbreitung oder Verwendung nicht inhaberseits den betreffenden Empfänger auch konkludent durch Gesten, unterstützende Hilfsmaßnahmen oder Äußerungen vermittelt bzw. gestattet worden sein. Von den Empfängern dahingehend zu interpretierende, auch leichtsinnig ertäuschte Kundgabeakte[144] etwa bei Abklärungsversuchen oder Ausgleichsgesprächen sollten vermieden werden. 61

Keiner Zustimmung bedarf gemeinhin der zufällige **Zuhörer** eines fremden Gesprächs hinsichtlich des dabei erörterten Geheimnisses. Ob seines befugten Erlangens (→ Rn. 41) bezüglich des Inhabers keiner Suchpflicht unterliegend,[145] ist es ihm überlassen, ob er es seinem Vergessen anheim gibt oder bei dem Bemühen um Identitätsklärung auch Dritten sagt. Es gibt keine Pflicht, befugt erlangtes Wissen von nicht immaterialgüterrechtlich geschützten Gütern zu vergessen oder sich seiner inhaltlichen Verwendung zu enthalten. Seine Freistellung ergibt sich aus § 5 Nr. 1 in Ausübung der Informationsfreiheit (→ § 5 Rn. 51). 62

---

141 Zur „bemakelten Fruchtziehung" zuletzt BGH, WRP 2018, 424 Rn. 19 ff. und 429 Rn. 16 ff. – Knochenzement I und II; OLG Stuttgart, WRP 2021, 242 Rn. 149 – Schaumstoffsysteme; s. auch *Ess*, WRP 2020, 988 ff. und *Reinfeld*, § 4 Rn. 16 mwN.
142 Eine „denknotwendige" Kenntnis des rechtswidrigen Erwerbs unterstellt dem Erstverletzer *Wiese*, S. 107.
143 Offenlegen des Kenntnisinhalts oder Vorführen der Nutzziehung auf Großmessen, entsprechende Aktionen im Internet oder Publikation in öffentlichen Pressemedien.
144 Zu deren Einbeziehung *Wiese*, S. 108 unter Rekurs auf entsprechende US-amerikanische Rechtsprechung.
145 Die Fundvorschriften der §§ 965 ff. BGB betreffen nur Sachen und sind angesichts der in Art. 5 Abs. 1 Satz 1 GG gewährten Informationsfreiheit nicht analogiefähig.

§ 4 Handlungsverbote

(2) Entgegen rechtsgeschäftlicher Verpflichtung

63 Dem unbefugten Geheimnisträger darf es **nicht inter pares** rechtsgeschäftlich gestattet sein, die erlangte Kenntnis zu verbreiten oder zu nutzen. Ein solches wird oft in Franchise- und Lizenzverträgen nicht eingeräumt sein,[146] sind doch weder in arbeitsrechtlichen noch in sonstigen Kooperationsvereinbarungen bislang „Catchall-Klauseln" bekannt geworden, die das Offenlegen oder Nutzen unbefugt erlangter Geheimnisträger bzw. intern geheimgehaltenen Wissens den Beschäftigten oder Kooperationspartnern schriftlich oder mündlich einräumen. Ohne sicheren Ausschluss zuvoriger Kenntnisnahmemöglichkeit[147] würden sie jeglichen eigenen oder drittseitigen Geheimnisschutz konterkarieren, darüber hinaus aber auch das gesamte System des Rechtsschutzes unterminieren. Realistischer erscheint allein die Alternative, einem erfolgreichen unbefugten „Hacker" rechtsgeschäftlich die Befugnis einzuräumen, durch einschlägige Aktivitäten die Brüchigkeit des bestehenden Nutzungs- und Kundgabeschutzes aufzudecken. Derartige „Prüfungen" außerplanmäßig durchzuführen sind ein eher seltenes Handeln entgegen rechtsgeschäftlicher Verpflichtung, ebenso **Überschreiten zweckgebundener Nutzungsrechte** oder vertragswidriges Verwenden eigenerstellter Konstruktionszeichnungen usw., die im Auftrag und für Rechnung Dritter angefertigt wurden.[148]

64 **Unbefugt** sind insbesondere das Offenlegen von Geheimnissen durch Dritte, zu deren Weitergabe der Inhaber Dritten gegenüber rechtsgeschäftlich verpflichtet ist[149] sowie das nachvertragliche Offenlegen und Nutzen **im Beschäftigungszeitraum unredlich** erlangter Informationen durch Herstellen von Plagiaten mittels Nachbau oder Nachahmen oder Nutzen entwendeter Lieferantendaten für den eigenen Geschäftsaufbau bzw. die eigene Berufsausübung.[150]

(3) Ohne gesetzliche Berechtigung

65 Das unbefugte Nutzen oder Offenlegen eines unbefugt erlangt Geheimnis bedarf außer einer fehlenden Zustimmung und missachteter entsprechender rechtsgeschäftlicher „Enthaltungspflichten" zudem noch des Fehlens inhaltlich entgegengesetzter gesetzlicher Berechtigungen – es darf weder ein eigenes Nutzungs- oder Weitergaberecht gegeben sein. Derartige Festsetzungen finden sich in dem Nachahmungsschutz des § 4 Nr. 3c[151] und der gezielten Behinderung des Nr. 4 UWG,[152]

---

146 Der diesbezügliche Verweis von *Wiese*, S. 107 setzt augenscheinlich eigenes unbefugtes Erlangen voraus.
147 Dann allerdings mangelt es bereits an einem zuvorigen eigenen Erlangen.
148 Vgl. ÖOGH, ÖBl. 1992, 109, 113 – Prallbrecher; s. auch BGH, GRUR 2012, 1048 Rn. 30 – MOVICOL und BGH, NJW 2009, 1420 Rn. 19 f. – Versicherungsuntervertreter.
149 Vgl. *Brammsen*, Lauterkeitsstrafrecht, § 17 Rn. 62 mwN.
150 Vgl. BGH, GRUR 1983, 179, 180 – Stapel-Automat; BGH, WRP 2001, 1174, 1179 – Spritzgießwerkzeuge; LAG Düsseldorf, GRUR-RS 2020, 23408 Rn. 76 – PU-Schaum; *Brammsen*, Lauterkeitsstrafrecht, § 17 Rn. 125 mwN.
151 H/O/K/*Kalbfus*, Einl. A Rn. 197 ff.; MK-UWG/*Wiebe*, § 4 Nr. 3 Rn. 203 ff.
152 MK-UWG/*Jänich*, § 4 Nr. 4 Rn. 76 ff., 86 ff.

den (hier nicht anwendbaren, da nur auf befugte Kenntnisnahmen bezogenen) §§ 24 ArbEG, 93 Abs. 1 AktG, 79 BetrVG, 90 HGB, ergeben sich aber vornehmlich aus der „Bemakelung" gem. den §§ 201a, 202a, 242, 263, 274, 303a u. b StGB strafrechtswidrig erlangter Geheimnisträger bzw. Informationen.

Auf zivilrechtlicher Ebene ist ein Zusammentreffen mit dem wettbewerbsrechtlichen **Nachahmungsverbot** des **§ 4 Nr. 3c UWG**[153] zwar möglich, faktisch allerdings angesichts spezieller zusätzlicher tatbestandlicher Anforderungen häufig ausgeschlossen. Zwar benötigt die Geheimnishehlerei gem. § 4 Abs. 2 Nr. 1 nunmehr wie der Mitbewerberschutz des § 4 Nr. 3c UWG weder vorsätzliches Vorgehen noch besondere Absichtserfordernisse, dafür aber additiv das „Anbieten" von (in unredlich erlangter Kenntnis oder Unterlagen nachgeahmter) Waren oder Dienstleistungen: § 4 Nr. 3c UWG ist ein subjektiv erweiterter nachgeordneter Auffang- bzw. Spezialtatbestand,[154] der sich als „verkehrsgebundener" Wettbewerberschutz mit § 4 Abs. 2 Nr. 1 nur bei anschließender Vertriebstätigkeit[155] „gegenständlich" überschneidet. Die bloße inhaltsbezogene Nutzziehung bzw. Nutzbarmachung „in praxi" (→ § 3 Rn. 113) der unredlich erlangten Kenntnis/Unterlagen genügt dafür nicht.[156]   66

Unbefugt ist beispielsweise das Nutzen und Offenlegen nach gezielter Betriebsbeobachtung mit unzulässigen Mitteln oder aus ebensolchen Quellen,[157] das Auswerten und Vorhalten,[158] „Bespielen" umprogrammierter Geldspielgeräte,[159] gezieltes Nachahmen bzw. systematisches Nachbauen oder „Bespielen" umprogrammierter Geldspielgeräte nach unbefugtem Kenntniserwerb,[160] der später abgeschlossene Kenntniseinsatz nach ersatzlosem Wegfall ehemaliger Gutgläubigkeit oder Befugnis[161] sowie der Journalisten, Whistleblower und Arbeitnehmer(-vertreter) jenseits der Voraussetzungen des § 5 und ohne Rechtfertigung.   67

Nicht unbefugt sind dagegen eigentäterschaftliche Geheimnishehlereien, die sich auf bereits benannte gesetzliche Auskunfts- und Aussagepflichten, die sog. Rechtfertigungsgründe der §§ 226 ff. BGB, 32, 34 StGB, § 30 AO oder auf die Freistellungsnormen der Tatbestandsausschlüsse der §§ 202d Abs. 3 Satz 2, 203 Abs. 3   68

---

153 IdF des Art. 1 Nr. 4 des 2. UWGÄndG v. 2.12.2015 (BGBl. I 2015, 2158, 2159).
154 H/O/K/*Kalbfus*, Einl. A Rn. 198; aA (nebeneinander) K/B/F/*Alexander*, § 4 GeschGehG Rn. 62.
155 Einschließlich Feilhalten und Werbung; OLG Hamm, WRP 2015, 1374 Rn. 104; K/B/F/*Köhler*, § 4 UWG Rn. 3.39.
156 Büscher/*Wille*, § 4 Nr. 3 UWG Rn. 63; K/B/F/*Köhler*, § 4 UWG Rn. 3.39, 3.40; MK-UWG/*Wiebe*, § 4 Nr. 3 Rn. 81 f.
157 BGH, GRUR 1973, 483, 485 – Betriebsspionage; GRUR 2009, 1075 Rn. 20 – Betriebsbeobachtung.
158 OLG Stuttgart, WRP 2019, 387 Rn. 61 ff.; s. auch BGHSt 41, 140, 143 (§ 12 Abs. 1 UWG aF als Vortat).
159 BGH, NStZ-RR 2016, 371 und BGH, wistra 2017, 101, jeweils Rn. 31 f.
160 BGH, GRUR 2019, 196 Rn. 32 – Industrienähmaschinen (krit. insoweit H/O/K/*Ohly*, § 3 Rn. 35 f.); BGH, GRUR 2003, 356, 357 – Präzisionsmessgeräte; OLG Jena, WRP 2013, 833 – Wettbewerbliche Eigenart; s. auch BGH, WRP 2018, 1329 Rn. 44 ff. – Hohlfasermembranspinnanlage II.
161 OLG Dresden, MuW 1929, 391, 392 – Stecknadelmaschinen. Das Erlangen muss jetzt nunmehr objektiv unbefugt gewesen sein.

StGB und § 5 GeschGehG stützen können (→ § 3 Rn. 123, 132, § 5 Rn. 143 f.). So erfahren:

– **Rechtfertigung** insbesondere Mitteilungen bei vorliegenden besonderen öffentlichen Interessen[162] sowie das Vorlegen als Beweismittel (auch in Kopie) im Prozess bei strittiger Miterfinderschaft;[163]
– **Tatbestandslosigkeit** die Fälle einer Geheimnisverwertung nach Wechsel vom unbefugten Herstellen zu offenkundigen Verfahren (mangelnde Geheimheit),[164] die Offenbarungen der sog. Berufsgeheimnisträger bzw. Amtsträger usw. gem. § 203 Abs. 3 StGB sowie jene neuen „Handlungsfreigaben", die neben dem **Whistleblowing** und der **Meinungsäußerung** des § 5 Nr. 1 u. 2 vornehmlich Preisgaben und Nutzungen von **SteuerCDs** durch staatliche (Ermittlungs-)Behörden betreffen. Insbesondere die letztere, lange umstrittene Thematik[165] ist durch die gesetzliche Lockerung des § 202d Abs. 3 StGB entkriminalisiert, der staatliche Ankauf den Banken in Gestalt ihrer Kundenlisten entwendeter Geschäftsgeheimnisse zum Zwecke der Ermittlung und Überführung anderer Steuerschuldner damit dem Vorwurf fragwürdig-kollaborierender Tätigkeit entzogen worden.[166] Die gesetzgeberische Technik der „handlungsentkleidenden" Fiktion hat als vielseitig einsetzbares Instrumentarium im (straf-)rechtlichen Geheimnisschutz inzwischen ein recht breites Betätigungsfeld gefunden.

b) Nutzen entgegen Nutzungsbeschränkungen (§ 4 Abs. 2 Nr. 2)

69 § 4 Abs. 2 Nr. 2 ergänzt das vorstehende Verbot der **Geheimnishehlerei** nach unbefugtem Eigenerwerb (→ Rn. 51 ff.) mit dem befugten zuvorigen Geheimniserwerb um seinen ersten eigenständigen Antipoden.[167] Anknüpfend an den früheren Straftatbestand der sog. Vorlagenfreibeuterei des § 18 UWG aF verbietet er – wiederum „entschlackt" von allen seinerzeitigen subjektiven Erfordernissen[168] – jegliches Nutzen von Geschäftsgeheimnissen, deren Bewirkung dem Geheimnisträger auch ohne zuvorige Erwerbserlaubnis nur unter der Auflage beschränkter Nutzung ge-

---

162 OLG München, ZUM 2005, 399, 404 f.; OLG München, NJW-RR 2004, 767, 769 – Themenplacement.
163 Offen gelassen von ÖOGH, ÖBl. 1992, 231, 234 – Textildruckmaschinen.
164 RG, GRUR 1937, 559, 561 ff. – Rauchfaßkohlen.
165 Vgl. *Brammsen*, Lauterkeitsstrafrecht, § 17 Rn. 136 mwN. pro und contra ua. auf *Breitenbach*, S. 355 ff.; Conrad/Grützmacher/*Schroth*, § 68 Rn. 11 ff., 25 ff.; *Stoffer*, Rn. 990 ff., 995; *Wicklein*, S. 39 ff., 84 ff.
166 Dazu zuletzt *Rennicke*, wistra 2020, 135, 136 ff.; *ders.*, PStR 2020, 202, 203 f. mwN.
167 Ein zweiter Antipode ist in der anschließenden Nr. 3 als selbständige Variante geregelt.
168 § 18 UWG bedurfte in allen Tatvarianten des Vorsatzes und besonderer Absichten; vgl. *Brammsen*, Lauterkeitsstrafrecht, § 18 Rn. 24 ff. mwN.

stattet ist. Dergestalt zentriert auf hier sog. „kupiert unbefugte Mitwisser"[169] sind all jene Pflichtenträger erfasst, denen eigene Wissensanwendungen von dritter Seite untersagt sind: Ihr Nutzen erfolgt unbefugt entgegen ihnen obliegender Verpflichtung. Es bedarf daher neben der Vornahme der entsprechenden Ausführungshandlung der positiven Feststellung, dass deren Vollziehung einer einschlägigen zusätzlichen Nutzungsbeschränkung unterlag.[170]

aa) Der Geheimniserwerb: Das indifferente Erlangen

„Eingangsvoraussetzung" jeden verbotenen Nutzens eigen- wie drittseitig erlangter[171] Geschäftsgeheimnisse ist deren Erlangen. Dieses kann durch befugten Zugang zu, befugtes Aneignen oder Kopieren von geheimnisverkörpernden Trägermedien, durch „anständiges" Verhalten entsprechend Treu und Glauben und den Marktgepflogenheiten, durch sonstiges nach § 3 Abs. 1 Nr. 3, Abs. 2 erlaubtes, aber auch durch unerlaubtes Verhalten erfolgen. Welcher „Erwerbsweg" das Erlangen rechtlich prägt, ist indifferent: Der Gesetzgeber hat weder irgendwelche Erwerbsvorgänge vorgegeben noch andere unzulässige ausgeschlossen. Neben dem unbefugten Kenntniserwerb[172] sind daher auch alle Varianten rechtlicher Erlaubnisse einbezogen, gewähren sie doch allesamt gleichermaßen „Befugnis", auch wenn den obigen Erwerbserlaubnissen des § 3 materiellrechtlich der Vorrang vor den „Begrenzungen" der Erwerbsverbote gebührt: Ob eine ex-ante implementierte oder eine erst später situativbedingt generierte „Ad hoc-Erwerbserlaubnis" nutzungsbeschränkt ist – in objektiver Hinsicht ist der Erhalt des Geheimnisses immer erlaubt. Zu den entsprechenden Festsetzungen ist auf einschlägige vorstehende Ausführungen zu verweisen (→ Rn. 30 ff., 37 f.). Sie gelten entsprechend. 70

bb) Die Tathandlungen: Nutzen

Der Geheimnisträger muss seine erworbene Kenntnis(nahmemöglichkeit) zu deren Nutzung „eingesetzt" haben. Die Verletzungshandlung ist bereits definiert, die auch hier geltenden „Entkleidungen" des § 5 ebenso benannt wie der fehlende handlungsprägende Charakter ihrer zuvorigen (Un-)Befugtheit. Darauf ist verwiesen (→ Rn. 53 f.). 71

---

169 „Kupiert unbefugte Mitwisser" sind jene Geheimnisträger, deren Umgangspotenzial ungeachtet der Unbefugt- oder Befugtheit ihres erlangten Wissens durch Rechtsvorschriften oder vereinbarte Vorgaben handlungsmäßig für bestimmte Umgangsweisen funktional, temporär oder personell ausgeschlossen ist.
170 LAG Düsseldorf, GRUR-RS 2020, 23408 Rn. 76 – PU-Schaum; Nebel/*Diedrich*, § 4 Rn. 20.
171 Bloße Teilnehmerschaft am befugten Erlangen Dritter genügt nicht: Der Verletzer muss durch eigenes oder fremdes befugtes Verhalten selbst „Geheimnisherrschaft" erlangt haben.
172 Seine Einbeziehung befürworten auch BeckOK GeschGehG/*Hiéramente*, § 4 Rn. 58.1.; *Hoppe/Oldekop*, Kap. 1 Rn. 502; OLG Düsseldorf, GRUR 1980, 170, 172 – „LAX".

§ 4 Handlungsverbote

cc) Die Verletzer: Nur nutzungsbeschränkte Mitwisser

72 § 4 Abs. 2 Nr. 2 ist ebenso wie sein anschließendes „Offenlegungsanalogon" in Nr. 3 eine gesetzgeberische Novität, die dem bisherigen UWG-Geschäftsgeheimnisschutz unbekannt war. Angelehnt an die klassischen Sonderpflichtpositionen der Unternehmensbeschäftigten in § 17 Abs. 1 und der Vorlagentreuhänder in § 18 UWG[173] einer- und die handlungsbedingt präformierten Allgemeinpflichtpositionen der deliktsfundierten Geheimnishehler des § 17 Abs. 2 Nr. 2 UWG anderseits vereint sie beide Tätergruppen in einer neuen Mischform – als hier sog. **kupiert unbefugte Mitwisser**. Befreit von dem Streit um das Pflichtenspektrum befugter Mitwisser[174] und die traditionelle Trennlinie des unbefugten Erwerbs kann sie erstmals die eine Positionsinnehabung „überdauernden Enthaltungspflichten" früherer erwerbsbefugter Geheimnisträger ebenso aufnehmen wie sonstige unbefugte Mitwisser, die nicht dem Verdikt der Nr. 1 unterfallen.

73 Die Verletzerposition ist nicht mehr an die Voraussetzung eines zur Tatzeit andauernden Fortbestehens gebunden, auch wenn in der weit überwiegenden Anzahl einschlägiger Tatsituationen allein sie es war, die die „nachgelagerte" Enthaltungspflicht materiellrechtlich fundiert hat. Alleiniges **Tätermerkmal** ist nur die wie auch immer entstandene **faktische Wissensherrschaft, deren** Haben als handlungsbedingtes Konstituens den Verletzerkreis objektiv auf Geheimnisträger begrenzt. Das „Benutzerverbot" des Abs. 2 Nr. 2 normiert keine „reine" Jedermanntat.[175] Sachlich ähnelt es stark dem undifferenzierten Nebeneinander ungleicher Rechtspositionen[176] in dem Nacheinander der strafrechtlichen Geheimnisträger des § 203 Abs. 1 u. 2 StGB einer- und der dort in Abs. 3 neu eingefügten Gruppe der „Mitwirkenden" anderseits (→ Rn. 57).

74 Die nunmehrige Aufspaltung und Neuzusammenstellung der Geheimnishehlerei in § 4 Abs. 2 u. 3 hat demnach die bisherige Tradition der strafrechtlich nach Art der Täterposition zweigeteilten Verletzerordnung auf die **einheitliche Neuausrichtung** am Zusatzattribut der „(Un-)Befugtheit" zwar erweitert, gleichwohl im Kern aber beibehalten. An ihre Stelle sind mit der früheren, praktisch nahezu Jedermann beliebig offenstehenden Vollzugsvariante „unbefugtes Erlangen" die Grundformen der vollständig „deliktsfundierten" Mitwisser in Abs. 2 Nr. 1 und als deren Gegenpart die „kupiert unbefugten" Mitwisser in Abs. 2 Nr. 2 u. 3 getreten. Zivilistisch nunmehr vereint ist die letzterenfalls mögliche weitere Unterteilung in handlungs-

---

173 Zu dieser Einordnung komprimiert *Brammsen*, Lauterkeitsstrafrecht, § 17 Rn. 68 und § 18 Rn. 10 mwN.
174 Zutreffend betont von *Bissels/Schroeders/Ziegelmayer*, DB 2016, 2295 und *Wunner*, WRP 2019, 710 Rn. 12: Kein Sonderdelikt.
175 AA *Bissels/Schroeders/Ziegelmayer*, DB 2016, 2295; *Wunner*, WRP 2019, 710 Rn. 9, 12 in Verkennung der handlungsbedingten Vorprägung.
176 Ihre Bedeutung zeigt sich leider nur im Strafrecht, dessen Haftungsprinzip im Rahmen des § 28 StGB streng zwischen beiden Positionen unterscheidet: Allgemeinpflichtenträger sind keine Inhaber von Sonderpflichten iSd. des § 28 Abs. 1 StGB; statt vieler Schönke/Schröder/*Heine/Weißer*, § 28 Rn. 18 mwN.

und sonderpflichtbedingt „kupiert unbefugte Mitwisser" allerdings nur noch im Strafrecht von Bedeutung. Sein Rechtsgüterschutz gebietet nämlich keineswegs ein undifferenziertes Vorgehen des Gesetzgebers gegen jedes irgendwie nachteilige Verhalten – das Strafrecht ist keine Zustandsordnung.

dd) Das verbotene Nutzen

§ 4 Abs. 2 Nr. 2 enthält **kein generelles** Nutzungsverbot. Verboten ist allein ein Nutzen entgegen bestehender Nutzungsbeschränkungen, seien diese mengen- bzw. umfangmäßiger, örtlicher, temporärer oder sonstiger Natur. Es bedarf demnach irgendeiner entsprechenden Untersagung ungeachtet einer etwaigen zuvorigen Erwerbserlaubnis. Gesetzlich einbezogen sind folglich alle Varianten des Geheimniserwerbs mit Ausnahme der in § 4 Abs. 2 Nr. 1 und Abs. 3 geregelten Sonderfälle – als gesetzliche Spezialregelungen für das Nutzen in bestimmter Weise unbefugt erlangter Geheimnisse gehen sie dem Allgemeinverbot der Nr. 2 vor.   75

Die nachfolgende Erläuterung der einschlägigen Fallgruppen erfolgt in Abwandlung zu den vorstehenden Regelverstößen gegen § 4 Abs. 1 und Abs. 2 Nr. 1 (→ Rn. 37 ff., 59 ff.) je nach Anordnungsgrund und Adressatenkreis der „Enthaltungspflicht". Gemeinhin unterteilt in gesetzliche, vertragliche und (seltener) sonstige Verpflichtungen[177] sind generell bzw. gesetzlich angeordnete (1), vertraglich vereinbarte (2) und durch Realakt rechtswirksam auferlegte Nutzungsverbote (3) zu unterscheiden. Allen Zuwiderhandlungen können die Tatbestandsausschlüsse des § 5 wie auch Rechtfertigungsgründe ihrer rechtsverletzenden Wirkung entkleiden.   76

(1) Entgegen gesetzlicher Nutzungsverbote

Das bundesdeutsche Recht kennt eine Vielzahl gesetzlicher Vorschriften, die einem bestimmt benannten Personenkreis die Nutzung fremder Geschäftsgeheimnisse untersagen. Je nach ihrer rechtstechnischen Ausformung und den einbezogenen Verpflichteten unterscheiden sie zwei weitere Untergruppen danach, ob das auferlegte Nutzungsverbot für die erfassten Pflichtenträger erst materiell **originär konstituiert** oder an bereits rechtlich ausgeformte Pflichtenstellungen inhaltlich anknüpft. Zu Letzteren gehören jene durchaus zahlreich etablierten Nutzungsverbote des Kartell- (Art. 101 AEUV) und vornehmlich des Strafrechts wie §§ 404 AktG, 151 GenG, 85 GmbHG, 55b KWG, 19 PublG, 315 Abs. 2 Satz 2 UmwG usw.,[178] die mit den Organwaltern und Prüfern einfachgesetzlich inhaberseitig umfassend informationsberechtigte Aufgabenträger gesetzlich zwingend vorgeben. Hingegen errichten die §§ 24 Abs. 2 ArbErfG, 79 BetrVG, 10 Abs. 1 iVm. 13 Abs. 2 Satz 1 Entg-   77

---

177 Büscher/*McGuire*, § 4 GeschGehG Rn. 27 ff.; BeckOK GeschGehG/*Hieramente*, § 4 Rn. 59; H/O/K/*Kalbfus*, § 4 Rn. 30; K/B/F/*Alexander*, § 4 GeschGehG Rn. 45, 55; Nebel/*Diedrich*, § 4 Rn. 20; *Reinfeld*, § 2 Rn. 77 f.; *Wiese*, S. 107.
178 Vgl. Büscher/*McGuire*, § 4 GeschGehG Rn. 30; K/B/F/*Alexander*, § 4 GeschGehG Rn. 55. Weitere Benennungen bei *Brammsen*, Lauterkeitsstrafrecht, Vor §§ 17–19 Rn. 27.

§ 4   Handlungsverbote

TranspG, 35 EBRG, 90 u. 90a HGB, 41 SEGB, 179 f., 237a SGB IX, 29 SprAuG für **Arbeitnehmererfinder**, **Betriebsratsmitglieder** und **Handelsvertreter** explizit auch die Beschäftigungszeit (ggf. begrenzt) überdauernde Nutzungsbeschränkungen, zugleich aber in wissensmäßig wesentlich engerem Umfang. Ihr gegenständlich wie situativ gesetzlich festgesetztes Nutzungsverbot unterscheidet sie von den anderen, allumfassende „Pflichtverstöße" sanktionierenden strafrechtlichen Verboten. Ohne eigenständiges privat- oder öffentlich-rechtliches Nutzungsreglement bleibt jenen die Zugehörigkeit zu den gesetzlichen Nutzungsverboten verschlossen. Sie sind regelmäßig (vertraglicher) oder (selten) faktischer Natur.[179]

78   **Verboten** iSv. entgegen zivilistisch gesondert geregelter Nutzungsbeschränkungen[180] handelt, wer (als **Arbeitgeber** bzw. **Arbeitnehmererfinder**) Dritten Lizenzen vor der Geheimnisfreigabe einräumt, die Erfindung als eigenes Schutzrecht anmeldet,[181] sie nach Dienstaustritt konkurrierend oder zur Weiterentwicklung[182] verwendet, wer (als GmbH-**Geschäftsführer** oder **Handelsvertreter**) nicht im Gedächtnis gestützte[183] Kundennamen oder Kundenlisten nachvertraglich konkurrierend nutzt[184] oder wer (als **Betriebsrat usw.**) vom Arbeitgeber auf an sich bezogene individuelle Auskunftsverlangen hin eröffnete innerbetriebliche Bruttogehaltsdaten auswertet[185] oder ihm als geheimhaltungsbedürftig eröffnete Verfahren zur Erstellung veräußerungsfähiger „Überstücke" oder zur Verbesserung seines Verständnisses „in praxi" einsetzt.

(2) Entgegen vertraglicher Nutzungsverbote

79   Vertragliche Nutzungsverbote sind die wichtigste Gruppe der Nutzungsbeschränkungen, erstreckt sich doch ihr Anwendungsbereich nicht nur auf die traditionell im Vordergrund stehenden Arbeitsverhältnisse, sondern auch auf zahlreiche andere Kooperationsformen wie Arbeits-, Forschungs-, Produktions- und Vertriebsgemeinschaften, Franchise-, Lizenz- oder Outsourcing-Verhältnisse, Private Equity-Agreements, Unternehmenstransaktionen uvm.[186] Zumeist ausgestaltet in Form von **Vertraulichkeitsvereinbarungen** (Confidentially- oder Non-Disclosure-Agreements, sog. NDAs) empfiehlt sich eine gemeinsame Aufnahme von möglichst ko-

---

179 Wie hier H/O/K/*Kalbfus*/*Harte-Bavendamm*, Einl. B Rn. 8 f.
180 Öffentlich-rechtlich geregelter Geschäftsgeheimnisschutz unterfällt nicht dem GeschGehG (§ 1 Abs. 1 Nr. 1).
181 Zu den Anforderungen an ordnungsgemäße Diensterfindungen vgl. BGH, GRUR 2011, 733 Rn. 11 ff., 23 ff. – Initialidee.
182 BGH, GRUR 2006, 141, 19 – Ladungsträgergenerator.
183 BGH, WRP 2003, 642, 644 – Verwertung von Kundenlisten erachtet das bei mehr als 200 Kundennamen für fragwürdig.
184 (GmbH-Geschäftsführer) BGHZ 91, 1, 5 f.; (Handelsvertreter) BGH, WRP 2009, 613 Rn. 16 ff. – Versicherungsuntervertreter; WRP 1999, 912, 914 f. – Weinberater; OLG Koblenz, NJW-RR 1987, 95, 99; s. auch KG, GRUR-RR 2012, 16, 18 f. (abl. mangels Wettbewerbsabrede und Karenzentschädigung).
185 In Anlehnung an BAG, NJW 2020, 3130 Rn. 23 ff., 35.
186 H/O/K/*Kalbfus*/*Harte-Bavendamm*, Einl. B Rn. 16 ff.

härent ausgestalteten Datensicherheits-, Verschwiegenheits- und Verwendungsabreden, um einen einheitlichen umfassenden Geheimnisschutz zu errichten. Etwaige inhaltlich unterschiedlich weite Beschränkungen in funktioneller, sachlicher und temporärer Hinsicht sollten sorgfältig bereits frühzeitig mit erwägungsbedürftigen Erwerbsbegrenzungen abgestimmt werden.

Bestimmte **Formalia** sind nicht zwingend vorgegeben.[187] Alle Varianten erwerbs-, nutzungs- und offenlegungsbegrenzender Vereinbarungen können am sichersten **schriftlich** entweder schon im vertraglichen Vorfeld in einem sog. Letter of Intent, aber auch zwischenzeitlich als eigenes oder Bestandteil eines anderen formularmäßig vorgefertigten Vertragswerks in einer gesonderten Abrede separat oder kombiniert, ja selbst nur für einen nachvertraglichen Zeitraum festgesetzt werden. Gleichermaßen ausreichend sind mündliche oder **konkludent** mit Annahme entsprechend gekennzeichneter Unterlagen vollzogene Übereinkünfte sowie Rücksichtnahme- als Nebenpflichten (§ 241 Abs. 2 BGB) oder im Wege ergänzender Vertragsauslegung (§§ 133, 157 BGB) bei Zugriffseröffnung zwecks partnerschaftlicher Leistungserbringung.[188] Abgesehen von dem Gebot (Identifizier- und Bestimmbarkeit implizierender) **Rechtswirksamkeit**[189] sind Abschluss wie Ausgestaltung der nutzungsbeschränkenden Vertraulichkeitsabreden nicht an besondere Voraussetzungen gebunden.

80

Obwohl inzwischen in großer Anzahl international gebräuchlich geworden, bereitet die nutzungsbegrenzende Verpflichtung **externer** Gäste, Dienstleister, Lizenznehmer, Zulieferer und anderer geschäftlicher Kooperateure kaum nennenswerte Probleme. Gemeinhin inhaltlich ausführlich in Schriftform niedergelegt sind die entsprechenden Regelungen zumeist sorgfältig vorlagenkonform eindeutig abgefasst[190] oder ergänzender Ausdeutung zugänglich, sodass sich einschlägige Pflichten recht einfach identifizieren und nachweisen lassen. Es ist vielmehr das eigene Nutzen **innerbetrieblich** bediensteter Mitarbeiter, dessen rechtliche Bewältigung seit vielen Jahrhunderten das Arbeitsleben (→ Einl. A Rn. 2 ff.) und in seiner Folge immer stärker Rechtsprechung, Rechtspraxis und Rechtswissenschaft in Anspruch nimmt. Sie haben zur Bewältigung der „Nutzungsproblematik" einige wichtige Zielvorgaben erarbeitet, die das Verdikt eines Nutzungsverstoßes quasi präde-

81

---

187 BeckOK GeschGehG/*Hiéramente*, § 4 Rn. 59, 67.
188 BeckOK UWG/*Barth*, § 4 GeschGehG Rn. 40; BeckOK GeschGehG/*Hiéramente*, § 4 Rn. 59, 61, 63.1 f.; Büscher/*McGuire*, § 4 GeschGehG Rn. 27; H/O/K/*Ohly*, § 4 Rn. 32; K/B/F/*Alexander*, § 4 GeschGehG Rn. 45, 48; Nebel/*Diedrich*, § 4 Rn. 21; *McGuire*, WRP 2019, 679 Rn. 15 f.; *Schuster*, CR 2020, 726 Rn. 13 ff.; *Wiese*, S. 108.
189 Unstrittig; vgl. LAG Düsseldorf, GRUR-RS 2020, 23408 Rn. 80 – PU-Schaum; BeckOK UWG/*Barth*, § 4 GeschGehG Rn. 40; BeckOK GeschGehG/*Hiéramente*, § 4 Rn. 59, 67; Büscher/*McGuire*, § 4 GeschGehG Rn. 26; H/O/K/*Ohly*, § 4 Rn. 34; K/B/F/*Alexander*, § 4 GeschGehG Rn. 51; Nebel/*Diedrich*, § 4 Rn. 22; *Reinfeld*, § 2 Rn. 78, 85. Identifizierbarkeit betonend *Wiese*, S. 107.
190 Hilfreiche Beispiele bieten Hoppe/*Oldekop*, Kap. 5 Rn. 115; *Kurz*, Rn. 712 ff.; komprimierte Kurzfassung bei Hoppe/Oldekop/*Lodemann/Tholuck*, Kap. 5 Rn. 228; *McGuire*, WRP 2019, 679, 680 (Anhang 4. und 5.).

§ 4 Handlungsverbote

terminieren. Zu unterscheiden sind dabei, wie bei den externen Dritten, auch bei den internen Mitwissern die Nutzungsbeschränkungen schon im **Vertragsvorfeld**, **während** und **nach Ablauf** des Vertragsverhältnisses.

(2.1) Betriebsexterne Nutzzieher

82 Die nutzungsbeschränkten **betriebsexternen** Wissensträger können zwar mit der früheren Vorlagenfreibeuterei des § 18 UWG aF auf eine durchaus langjährige Tradition rechtlicher Verselbstständigung, branchenweite Verbreitung und einschlägige Aktivitäten verweisen,[191] gelangten allerdings erst spät zu größerem Durchbruch. Diesem stand weniger die fehlende Ausformung der Strafvorschrift als Geschäftsgeheimnisdelikt[192] als vielmehr eine langjährige Wirtschaftsflaute entgegen, die kaum zu einer stärkeren Expansion neuer Geschäftsmodelle und Kooperationsformen ermutigte. Erst im Gefolge der Nachkriegsjahrzehnte und seinen vielfältigen technischen und methodischen Innovationen beschleunigte die zunehmende Verlagerung und Verkettung der Produktionsstätten internationale Integrationsprozesse, die mit wirkmächtiger Unterstützung neuer Datenverarbeitungs- und -übertragungskonzepte die Herausbildung immer spezifischerer Aufgaben-, Geschäfts- und Qualifikationsbereiche auf globaler Ebene sowohl inspirierten wie unitarisierten.

83 **Exemplifikation.** Der gesamtgesellschaftliche wie auch betrieblich-ökonomische Wandel spiegelt sich auch in den veränderten Positionen der betriebsexternen Nutzzieher deutlich wider. Waren es anfänglich primär selbst unternehmerisch tätige Dienstverdinger wie Handelsvertreter und Hausgewerbetreibende, Lohnfabrikanten, Konfektionäre oder Zwischenmeister,[193] die die Hauptanwendungsfälle der einbezogenen Personen bildeten, so sind heute **Selbstständige** wie Entwicklungs- und Forschungsdienstleister, Franchise- und Lizenznehmer,[194] Ingenieure, Komponentenhersteller, Programmierer, Rechtsanwälte, Steuerberater, freie EDV-, Finanz- und Unternehmensberater, Vertragshändler, Wartungsdienste oder Werbeagenturen an deren Stelle getreten (→ § 2 Rn. 96 ff.). Einbezogen sind zudem auch **private** Abnehmer bzw. Endkunden wie Bauwillige oder Möbelkäufer, die drittseitig erstellte Entwürfe bzw. Vorlagen anderweitig zur Ausführung vergeben.[195] Unter der Geltung des neuen Rechts werden sicherlich auch bald entsprechende Erweiterungen neu hinzukommende Erwerbergruppen um den quivis ex populo weitere Kontrahenten zu verzeichnen haben, sollte es gelingen, die leicht zu überwindende Hür-

---

191 Vgl. *Brammsen*, Lauterkeitsstrafrecht, § 18 Rn. 1 ff.
192 Das genutzte Wissen bedurfte keines Geheimnischarakters; *Brammsen*, Lauterkeitsstrafrecht, § 18 Rn. 18 f. mwN.
193 OLG Schleswig, GRUR 1980, 1072, 1073 f.
194 Restriktiv zuletzt bzgl. Individualvereinbarungen LG München I, MMR 2020, 717 Rn. 9, 18 f.
195 Vgl. OLG Hamm, NJW-RR 1990, 1380, 1381 – Modellkostüme; OLG Köln, GRUR 1958, 300, 301 – Leuchtröhrenanlage; abl. zu Bauherrn OLG Karlsruhe, WRP 1986, 623, 625 – Architektenpläne; *Zentek*, WRP 2007, 507, 515.

de eines zuvor einvernehmlichen Herrschaftserwerbs mit der Etablierung beidseitig konkludent vereinbarter Nutzungsbeschränkungen zu verbinden.

Ihnen allen ist gemein, dass entsprechende **Nutzungsverbote** nicht nur in einer bestehenden Geschäftsbeziehung,[196] sondern auch schon im **Vorfeld** der Vertragsabschlüsse[197] sowie nach **Vertragsende** als nachvertragliche Enthaltungspflicht obliegen können.[198] Was insoweit der Fall ist, bleibt weitestgehend der rechtlichen Ausgestaltung der individuellen Abreden der beteiligten Parteien freigestellt – über die Regelungen der §§ 311 Abs. 2, 241 Abs. 2 BGB lassen sich selbst faktische Informationstransfers und sogar (konkludente) Vereinbarungen sowie an die Vorgaben des BSI und der DGSVO angelehnte Datensicherheitskonzepte recht problemlos erfassen.[199] Dahingestellt bleiben kann zudem zumeist auch die konkrete Vertragsart, sodass es kaum einmal einer korrekten Einordnung als Entwicklungs-, Lizenz-, Vertriebs-, Gerätemiet- oder Zulieferervertrag oa. bedarf. Maßgeblich ist allein, ob der Erfolg des geplanten Projekts oder nach dessen Ende die faktische Freiheit der nunmehr getrennten Zuordnungsträger den ungehinderten Zugriff auf eigenes Nutziehungspotenzial bedingt. Letzteres ist gemeinhin nur bei positionskonformem Einsetzen zur eigenen grundrechtlich gewährleisteten Persönlichkeitsentfaltung (Stichwort: Berufsfreiheit) der Fall. 84

Verboten handelt deshalb, wer absprachewidrig überlassene Modelle, Pläne, Programme, Vorlagen usw. gebraucht, um mit deren Hilfe vorbildgetreue Erzeugnisse zu fertigen, wer Finanzierungs-, Marketing- oder Vertriebskonzepte einsetzt, um ähnliche Geschäftsmodelle zu implementieren oder Arbeitsanleitungen, Abläufe und Verfahrenswege übernimmt, um kernkonstante Umsetzungsprozesse betriebsextern zu konfigurieren.[200] 85

(2.2) Betriebsinterne Nutzzieher

Auch wenn die vorstehende Gruppe der betriebsexternen (anvisierten Vertrags- und) Kooperationspartner seit einigen Jahrzehnten einen bemerkenswerten Zu- 86

---

196 Vgl. nur RGZ 83, 384, 385 f – Metallgitterspitzen (Lohnfabrikant); OLG Hamm, WRP 1993, 36, 38 – Tierohrmarken (Werkzeugfertiger).
197 BGH, GRUR 1958, 297, 298 – Petromax; GRUR 1964, 31, 32 f. – Petromax II (Werkunternehmer); GRUR 1960, 554, 556 – Handstrickverfahren und GRUR 1992, 523, 524 – Betonsteinelemente (potenzielle Lizenznehmer); KG, GRUR 1988, 702, 703 – Corporate Identity und (abl. mangels Vorlage) LG Mannheim, GRUR-RR 2010, 462, 463 f. – Thalia verführt zum Lesen (Werbeagentur); OLG Hamm, NJW- RR 1992, 552, 553 – Computer-Arbeitsplatz (Designer).
198 BGHZ 17, 41, 51 – Kokillenguß; OLG Hamm, MuW 1934, 215, 216 – Modellkatze (Lizenznehmer).
199 Vgl. die Nachweise in Fn. 188; s. auch H/O/K/*Kalbfus/Harte-Bavendamm*, Einl. B Rn. 10 f.; K/B/F/*Alexander*, § 4 GeschGehG Rn. 49; *Schuster*, CR 2020, 726 Rn. 20 ff.
200 Beispiel: OHG-Gesellschafter A gründet im Ausland eine eigene Gesellschaft, die für den dortigen Markt das geheime Herstellungsverfahren der OHG von ihm übernimmt. Der gleichfalls geschäftsführungsbefugte Mitgesellschafter sieht darin einen Wettbewerbsverstoß und widerspricht nach § 115 Abs. 1 Hs. 2 HGB der Gründung und Geschäftsaufnahme. Zur schwierigen Beweislage diesbezgl. strittiger Inhaberschaften OLG Düsseldorf, ECLI:DE:OLGD:2019: 1121.I2U34.19.00, Rn. 51 ff., 56 ff. – Spritzgießwerkzeuge.

§ 4 Handlungsverbote

wachs erfahren hat, so bleibt die eigentliche Hauptgruppe der in die Nutzung fremder Geheimnisse integrierter Personen doch seit vielen Jahrhunderten bemerkenswert konstant – die Arbeitnehmerschaft. Obwohl sich die Rechts- und die sozialen Verhältnisse ihrer Beschäftigung im Gefolge der gesamtgesellschaftlichen Wandlungsprozesse zusehends verändert haben, fungiert der Zentralaspekt der inhaber- bzw. betriebsbezogenen **Loyalität**[201] als Grundkonstituens ihrer besonderen Pflichtenstellung auch und gerade im Hinblick auf ihre Verschwiegenheit, Rücksichtnahme und Einsatzbereitschaft für fremde Belange: Sie formt den **Arbeitnehmer** zum **Prototyp** des betriebsintern teilhabenden Nutzziehers.

87 **Arbeitnehmer.** Bedauerlicherweise sind die Begriffe „Arbeitnehmer" wie die seines neueren Pendants „Beschäftigter"[202] bislang ungeklärt geblieben, was den Kreis der einbezogenen Personen nicht gerade vereinfacht. Zu seiner **Konturierung** erweist sich die Bezugnahme auf eine „legaldefinierte" „typologische" Bestimmung des **§ 611a BGB**[203] bereits aus Gründen der Rechtssicherheit und Rechtsklarheit als verzichtbar,[204] ist die Beschreibung von Pflichten doch **keine Definition**: Rechtsfolgen sind keine Konstituentia einer Positionsinhaberschaft sondern deren zukünftig eintretendes Ergebnis. Ebenso wenig hilfreich sind Rekurse auf das europäische Unionsrecht mit seinen mindestens drei autonomen Arbeitnehmerbegriffen,[205] werden doch auch hier beide Bezeichnungen statt nach ihren Eigenheiten[206] zumeist nur anhand beliebig variier- und sogar verzichtbarer Merkmale[207] bestimmt.

88 Die mangelnde Präzision dieser Festsetzungen erzwingt eine Klassifikation, die den Beschäftigten als Oberbegriff und den Arbeitnehmer als ausdifferenzierte Un-

---

201 So unter Bezug auf § 241 Abs. 2 BGB bzw. RegE, BT-Drs. 19/4724, S. 27 ua. BeckOK GeschGehG/*Hiéramente*, § 4 Rn. 60 f.; H/O/K/*Ohly*, § 4 Rn. 36; H/O/K/*Kalbfus*, Einl. C Rn. 4 f.; *Reinfeld*, § 2 Rn. 78.
202 Zur unterschiedlichen Begriffsverwendung vgl. BeckOK GeschGehG/*Hiéramente*, § 4 Rn. 60 ff.; H/O/K/*Ohly*, § 4 Rn. 26, 37 ff.; *Reinfeld*, § 2 Rn. 78 f.
203 BAGE 115, 1, 7; BFH, DB 2017, 698 Rn. 25; G/K/R/*Richter*, Kap. 1 Rn. 59; *Junker*, Grundkurs Arbeitsrecht, 17. Aufl. 2018, Rn. 100; *Mohr/Bourazeri*, NZA 2019, 595, 601 f.; MHdB ArbR/ *Schneider*, § 18 Rn. 9 f., 14; Schaub/*Vogelsang*, § 8 Rn. 22, 53, 58; *Waltermann*, Arbeitsrecht, 19. Aufl. 2018, Rn. 57.
204 ErfK/*Preis*, § 611a BGB Rn. 53; *Fischels*, S. 109 ff., 139 f., 381 ff.; *Wank*, S. 39 f.; *ders.*, AuR 2017, 140, 150 ff.
205 Komprimiert zu ihren divergierenden Erscheinungsformen/Charakteristika und dem ungeklärten Verhältnis zum nationalen Arbeitnehmerbegriff *Kocher*, Europäisches Arbeitsrecht, 2016, Rn. 95 ff., 108 ff., 143 ff.; MHdB ArbR/*Schneider*, § 18 Rn. 50 ff.; *Wank*, EuZW 2018, 21 ff.
206 Zur Anlehnung bzw. Gleichsetzung von Beschäftigten- und Arbeitnehmerbegriff vgl. § 6 Abs. 1 AGG; § 5 Abs. 1 Nr. 1 EntgTranspG; vgl. auch BGH, NStZ 2021, 304 Rn. 17 ff. Die gesetzlichen Hürden der §§ 2 Abs. 2 Nr. 1 ArbSchG und 1 Abs. 1, 2 LStDV 1990 bleiben unbeachtet.
207 Zur Flexibilität der „Indizien" Weisungsgebundenheit, Einordnung in den Betriebsablauf, Fremdnützigkeit, Sozialversicherungspflicht uam. ErfK/*Preis*, § 611a BGB Rn. 32 ff., 46 ff.; *Fischels*, S. 246 ff., 280 ff., 335 f.; Schaub/*Vogelsang*, § 8 Rn. 29 f.; *Wank*, S. 22 f., 33 mwN; s. auch BGH, NStZ 2020, 163 Rn. 20 ff.; NStZ 2015, 648, 649.

terform festsetzt.[208] **Beschäftigte** sind natürliche Personen, die einem anderen in dessen Interesse Dienste leisten, ohne währenddessen eigenes unternehmerisches Gewinn- und Verlustrisiko zu tragen.[209] Zudem gekennzeichnet durch fehlende eigenunternehmerische Entscheidungs- und Gestaltungsfreiheit als unselbstständige Dienstleister,[210] sind die Arbeitnehmer „statusmäßig" abzugrenzen von jenen Beschäftigten, die für die Bereitstellung und Erbringung ihrer Dienste wegen des besonderen Gemeinwohlbezugs der wahrzunehmenden Aufgaben von einer als gemeinnützig anerkannten bzw. öffentlichen Institution finanziell umfassend alimentiert werden.[211] **Arbeitnehmer** sind **nicht alimentierte Beschäftigte**, deren gattungsmäßig bestimmte, der Verwirklichung fremder geschäftlicher bzw. unternehmerischer Interessen dienende Leistungen im Erfolgsfall diesem Personenkreis zugutekommen. Andere (ergänzende) Aspekte wie Art, Dauer und Umfang der Tätigkeit, Entgeltzahlung, betriebliche Eingliederung, persönliche bzw. wirtschaftliche Abhängigkeit, Parteiwillen oder Weisungsgebundenheit sind irrelevant.[212]

Exemplifikation. Unternehmensbeschäftigt sind **Arbeitnehmer** im privatgewerblichen und öffentlichen Dienst, die aufgabenbedingt weder alimentiert sind noch selbst unmittelbar am finanziellen Erfolg ihrer gattungsmäßig fixierten Dienste partizipieren. Zu ihnen gehören Aushilfs- und Reinigungskräfte, Praktikanten, eingebundene Transportfahrer, Volontäre und Konzernmitarbeiter ebenso[213] wie formal ausgelagerte Beschäftigte und (auch faktische) Organwalter juristischer Personen: Geschäftsführer, Vorstände, besondere Vertreter, Abwickler und Liquidatoren, Aufsichts-, Bei- und Verwaltungsräte privatrechtlicher Körperschaften und Stiftungen,[214] Handelsvertreter gem. § 84 Abs. 2 HGB,[215] Heimarbei-

89

---

208 Zur Ableitung *Brammsen*, RdA 2010, 267, 270 ff.; wie hier iE BAG, NJW 2002, 2411, 2412; *Wank*, S. 389 f.; s. auch § 2 Abs. 2 ArbSchG.
209 Wie hier *Föbus*, S. 118 f.; E/R/S/T/*Tsambikakis*, § 17 Rn. 5.
210 Ebenso BGH, NStZ 2020, 163 Rn. 24 ff. Fremdunternehmerische Erfolgsbeteiligung (von Organwaltern) genügt nicht; aA *Mohr/Bourazeri*, NZA 2019, 595, 601 mwN.
211 *Brammsen*, RdA 2010, 267, 271.
212 Statt vieler F/B/O/*Rengier*, § 17 Rn. 38 f.; *Jestaedt*, Rn. 870; K/B/F/*Köhler*, § 17 UWG Rn. 14; *Kiethe/Groeschke*, WRP 2005, 1358, 1363; Ohly/Sosnitza/*Ohly*, § 17 Rn. 13; *Scherp/Rauhe*, CB 2019, 20, 21; Partiell befürwortend zuletzt BGH, wistra 2020, 207 Rn. 19 ff.; *Fischels*, S. 325 ff., 351 ff.
213 Älterer Überblick über in Betracht kommende Berufe bei *Finger*, § 17 UWG Rn. 9 b. Zu den letztgenannten Positionen ua. BGH, NStZ 2020, 163 Rn. 20; *Dorner*, S. 58 ff.; ErfK/*Preis*, § 611a BGB Rn. 176 ff.; G/K/R/*Richter*, Kap. 1 Rn. 123 ff.; MHdB ArbR/*Schneider*, § 19 Rn. 35; Schaub/*Vogelsang*, § 15 Rn. 7 ff.; *Witz*, in: FS Bornkamm, 2014, 513, 524 f.
214 Näher zu den genannten Positionen EuGH, NJW 2015, 2481 Rn. 34 ff. – Balkaya; NZA 2011, 143 Rn. 43 ff. – Danosa; *Brammsen*, RdA 2010, 267, 272 f. mwN; *Brams*, S. 146 ff., 181; *Pesch*, S. 88 ff., 104 f.; *Schwerdtfeger*, S. 228 ff., 236; *Wank*, EuZW 2018, 21, 27 f.; partiell explizit abl. ua. BFHE 209, 162, 164; G/K/R/*Richter*, Kap. 1 Rn. 64 ff.; *Mohr/Bourazeri*, NZA 2019, 595, 601 f.; MHdB ArbR/*Schneider*, § 19 Rn. 69 ff.; aA BAG, NZA 2019, 490; NZA 2017, 803 Rn. 244 ff.; vermittelnd Schaub/*Vogelsang*, § 14 Rn. 3 ff.
215 BGH, NJW 2009, 1420 Rn. 11 – Versicherungsuntervertreter; BGH, GRUR 2003, 453 f. – Verwertung von Kundenlisten; *Brammsen*, RdA 2010, 267, 274; *Kalbfus*, Rn. 190; anders fehlerhaft zu § 203 Abs. 1 Nr. 6 StGB BGH, NJW 2010, 2509 Rn. 15.

§ 4 Handlungsverbote

ter[216] und Zwischenmeister.[217] **Keine Arbeitnehmer und Unternehmensbeschäftigte** sind Arbeitgeber, selbst unternehmerisch tätige Dienstverdinger und eignerschaftlich bzw. partizipatorisch Beteiligte: „Freiberufler" wie Anwälte, Steuerberater, Wirtschaftsprüfer[218] einschließlich der Amtswalter,[219] Handelsvertreter,[220] Hausgewerbetreibende,[221] Subunternehmer,[222] Vertragshändler[223] und Unternehmensberater,[224] Aktionäre, Genossenschaftsmitglieder, GbR-, KG-, OHG-, Partnerschafts- oder stille Gesellschafter.[225] Ist die Dienstleistung eines „Freiberuflers" oder Handelsvertreters ohne eigene unternehmerische Gewinnchancen und Gestaltungsfreiheiten, ist wie bei den Hausbediensteten (Diener, Kindermädchen, Privatlehrer) eine Arbeitnehmerstellung gegeben.[226] Gleiches gilt für Gesellschafter, die zusätzlich eigene Dienste leisten. Auch sie sind Arbeitnehmer.[227]

90 **Nutzungsverbote.** Ihre Bestimmung bereitet in der Regel keine Schwierigkeiten, lassen sie sich gemeinhin doch für einen ganz bestimmten Zeitraum festlegen. Zwar vermögen sie bereits vorab auch für das **Vertragsvorfeld** gelten, kommen dort jedoch – bedingt durch das Erfordernis einschlägiger Zugriffsgestattung – praktisch nur zu Erprobungs- oder Veranschaulichungszwecken vor. Ähnlicher

---

216 RG, JW 1901, 657; *Brammsen*, RdA 2010, 267, 273; aA BAG, NZA 2017, 244 Rn. 15; vermittelnd ErfK/*Preis*, § 611a BGB Rn. 85; G/K/R/*Richter*, Kap. 1 Rn. 91 f.; Schaub/*Vogelsang*, § 163 Rn. 4, 9.
217 *Brammsen*, RdA 2010, 267, 273; Schaub/*Vogelsang*, § 163 Rn. 6; aA G/K/R/*Gercke*, Kap. 2 Rn. 26.
218 *Brammsen*, RdA 2010, 267, 273; *Potočić*, S. 201; *Scherp/Rauhe*, CB 2019, 20, 21.
219 Wie hier MK-StGB/*Hohmann*, § 23 GeschGehG Rn. 75; Schaub/*Linck*, § 16 Rn. 22; *Wenner/Schuster*, ZIP 2005, 2191, 2193. Befürwortend hingegen *Kalbfus*, Rn. 190; K/B/F/*Köhler*, § 17 UWG Rn. 14, 62; Ohly/Sosnitza/*Ohly*, § 17 Rn. 13; *Schenkel*, S. 112.
220 BGH, NJW 2009, 1420 Rn. 11 – Versicherungsuntervertreter; *Blankenburg*, VersR 2010, 581, 582 f.; *Brammsen*, RdA 2010, 267, 274; ErfK/*Preis*, § 611a BGB Rn. 76. Entsprechendes gilt für Kommissionäre und (Handels-)Makler: KG, GRUR-RR 2012, 16, 19; *Finger*, § 17 UWG Rn. 9 b; Rosenthal/*Leffmann*, § 17 Rn. 5 iVm. § 13 Rn. 25. Fehlerhaft zu § 203 Abs. 1 Nr. 6 StGB BGH, NJW 2010, 2509 Rn. 15.
221 Gem. §§ 2 Abs. 2 HAG, 12 Abs. 1 SGB IV sind Hausgewerbetreibende „selbständig tätige" Heimarbeiter; *Brammsen*, RdA 2010, 267, 273. Zu ihrer Einstufung, die angesichts möglicher Mischformen im Einzelfall durchaus zu einer Qualifizierung als Arbeitnehmer führen kann, Schaub/*Vogelsang*, § 163 Rn. 5, 17 mwN.
222 ZB Frachtführer, Paketausliefer oder Transportfahrer; vgl. BGH, NStZ 2020, 163 Rn. 22 ff.; BGH, wistra 2020, 207 Rn. 23 ff., 28 ff.
223 *Brammsen*, RdA 2010, 267, 274; K/B/F/*Köhler*, § 17 UWG Rn. 14; *Wank*, S. 275 ff. Gleiches gilt für den Subunternehmer, nicht jedoch für „ausgelagerte" auftrags-, preis- und fertigungsdiktierte Monteure.
224 *Brammsen*, RdA 2010, 267, 273; K/B/F/*Köhler*, § 17 UWG Rn. 14; *Lux/Peske*, S. 119.
225 LG Heidelberg, BeckRS 2014, 03138; *Brammsen*, RdA 2010, 267, 273; E/R/S/T/*Tsambikakis*, § 17 UWG Rn. 8; G/K/R/*Richter*, Kap. 1 Rn. 62; MK-StGB/*Hohmann*, § 23 GeschGehG Rn. 75; Ohly/Sosnitza/*Ohly*, § 17 Rn. 13; Rotsch/*Lindemann*, § 15 Rn. 24.
226 Angestellter (Syndikus-)Anwalt und Betriebsarzt sind Arbeitnehmer: *Brammsen*, RdA 2010, 267, 273 f.; *Wank*, S. 299 f.; s. auch BGH, NJW 2001, 3130 f.; BAGE 82, 239 ff. Der unter § 84 Abs. 2 HGB fallende Handelsvertreter ist – nicht „gilt" als – Arbeitnehmer (Fn. 215).
227 Vgl. ErfK/*Preis*, § 611a BGB Rn. 94; G/K/R/*Richter*, Kap. 1 Rn. 63; Ohly/Sosnitza/*Ohly*, § 17 Rn. 13; Schaub/*Vogelsang*, § 9 Rn. 13.

IV. Die einzelnen Handlungsverbote § 4

Zweckbindung unterliegen nebengeschäftliche Nutzungen **während** der **Dauer** bestehender Arbeitsverhältnisse – loyalitätskonform haben sie aufgaben- bzw. funktionsbedingt im Interesse und zugunsten des Betriebsinhabers zu erfolgen.[228] Ihre Aufdeckung und Bewältigung anhand eines „Soll-Ist" Abgleichs sollte in der überwiegenden Anzahl einschlägiger Fälle zumindest im tatsächlichen Bereich relativ problemlos gelingen.

Seit vielen Jahrzehnten im Zentrum steht dagegen die eng mit der Frage der Abgrenzung der Geschäftsgeheimnisse und der Berufserfahrungen der Arbeitnehmer verbundene **nachvertragliche Phase**. Strafrechtlich nur ein Streit de lege ferenda[229] und zivilistisch dem Grundsatz freier nachvertraglicher Verwertbarkeit redlich erlangter Wirtschaftsgeheimnisse verhaftet,[230] ist sie auch im Mantel des neuen § 4 von ungebrochener Aktualität, haben sich doch Richtlinien- wie bundesdeutscher Gesetzgeber selbst rudimentärster Regelung enthalten: Beide verweisen zwar übereinstimmend auf arbeitnehmerseitige Schutzaspekte wie deren zu erhaltende Mobilität, ihren ehrlichen Geheimniserwerb, ihr Ausübungsrecht für „normal" erworbene Erfahrungen und Fähigkeiten sowie das Verbot regelungsübersteigender vertraglicher Beschränkungen,[231] bieten diesen grundrechtlich fundierten Vorgaben aber keine praktikable Handhabung.[232] 91

Letztlich geht es um nichts anderes als um eine Austarierung der gleichrangigen Grundrechtspositionen der Art. 2 Abs. 2 Satz 2 iVm. Art. 1 Abs. 2, Art. 5, Art. 12 Abs. 1 GG, 15 GRCh einer- und der Art. 14 GG, 16 f. GRCh andererseits, deren Umsetzung gegenüber sich der bundesdeutsche Gesetzgeber seit langem verschlossen zeigt.[233] Demgegenüber wirkt die offenbare Mühelosigkeit, mit der (außer-)europäische Staaten den Interessengegensatz für ein auszugrenzendes Erfahrungswissen aufgelöst und einer relativ übereinstimmenden Unterscheidung zugeführt haben,[234] 92

---

228 Büscher/*McGuire*, § 4 GeschGehG Rn. 25, 27; BeckOK GeschGehG/*Hiéramente*, § 4 Rn. 61; H/O/K/*Ohly*, § 4 Rn. 36; *Reinfeld*, § 2 Rn. 86.
229 De lege lata ist die Strafbarkeit der Unternehmensbeschäftigten, die nicht zu dem Kreis der „Unternehmensleitung" gehören (zB in §§ 404 AktG, 120 BetrVG, 151 GenG, 85 GmbHG, 35 SprAuG benannte „prüferfremde" Täter), auf die Zeit der Betriebszugehörigkeit beschränkt (§ 23 Abs. 1 Nr. 3) bzw. bei späterer Verwertung auf die Fälle unbefugter Kenntniserlangung (§ 23 Abs. 2 Satz 1).
230 RGZ 65, 333, 337 f. – Pomril; BGHZ 16, 172, 176 – Düko; BGH, GRUR 1955, 402, 403 – Anreißgerät; GRUR 1983, 179, 181 – Stapel-Automat; BAGE 41, 21 – Thrombosol; BAG, NJW 1988, 1686 f. – Weinhandel; LAG Düsseldorf, GRUR-RS 2020, 23408 Rn. 73 – PU-Schaum; s. auch BGH, NJW 2009, 1420, 1421 – Versicherungsuntervertreter. Zum nachvertraglichen zivilistischen Geheimnisschutz gegen frühere Arbeitnehmer H/O/K/*Kalbfus*, Einl. C Rn. 40 ff.; *McGuire*, GRUR Int. 2010, 829, 836 ff.; *Ohly*, GRUR 2014, 1, 9 f.; *Reinfeld*, § 2 Rn. 89 ff.; *Schlötter*, S. 179 ff.; *Werner*, WRP 2019, 1428 Rn. 14 ff.; *Wiese*, S. 81 ff.; *Winzer*, Rn. 113 ff.; *Wunner*, WRP 2019, 710 Rn. 12 ff.
231 Vgl. Art. 1 Abs. 3 RL (mit Erwgrd. 13) und § 1 Abs. 2 Nr. 4 (mit BT-Drs. 19/4724, S. 27); dazu näher *Wiese*, S. 108 ff.; *Wunner*, WRP 2019, 710 Rn. 14 ff.
232 H/O/K/*Ohly*, § 4 Rn. 38; *Reinfeld*, § 2 Rn. 80.
233 Eingehender zu den zahlreichen Reformbemühungen *McGuire*, GRUR Int. 2010, 836 ff.
234 Zur Unterscheidung von Geschäftsgeheimnissen (trade secrets) und „general knowledge and skill" vgl. *Maier*, S. 204 ff.; *Wiebe*, S. 357 ff. mwN; sympathisierend *Ohly*, GRUR 2014, 1, 9 ff.

doch etwas verwunderlich. Angesichts der Vielzahl der vorgetragenen Lösungsvorschläge und der damit verknüpften Zersplitterung der Befürworter wäre es als geradezu sensationell zu bezeichnen, wenn sich in der deutschsprachigen Literatur eine Ansicht durchgesetzt hätte.[235]
Auch wenn sich die Fruchtbarkeit der Unterscheidungsmerkmale (ua. unternehmenseigentümliche Wettbewerbsfähigkeit, individualisierbares objektives Geheimhaltungsinteresse, unternehmensspezifische Kenntnis, Übertragbarkeit durch Überlassungsvertrag, Anlehnung an Verbesserungsvorschläge wie im ArbEG) an zahlreichen ausgewählten Beispielsfällen bewahrheitet, so folgt daraus noch lange nicht ihre ubiquitäre Tauglichkeit. Vielmehr begegnen alle Lösungsansätze durchgreifenden Bedenken, wenn sie eine absolute Gültigkeit und eine generelle Zuverlässigkeit ihrer Differenzierung in Aussicht stellen. Ihre einseitige Ausrichtung an einem allgemein geltenden Kriterium macht sie zu Theorien mittlerer Reichweite mit nur bedingter Aussagekraft. Gemeinsam ist ihnen eine starke Ausrichtung an den technischen Betriebsgeheimnissen (bei gleichzeitiger Vernachlässigung der im kaufmännisch-organisatorischen Bereich angesiedelten Geschäftsgeheimnisse), in deren Konsequenz sich eine Annäherung an patentrechtliche Anforderungen herausbildet. Es kommt zu gesteigerten Anforderungen an die Art und/oder die Unbekanntheit des Wissens sowie – umgekehrt – zur Verengung des Begriffs der Berufserfahrungen. Zudem können berufliche Fähigkeiten oder Kenntnisse nicht immer beziehungslos vermittelt, erlernt und ausgeübt werden, sondern mitunter nur im Zusammenhang mit einem geheimgehaltenen Wissen bzw. dessen Bezugsgegenstand. Beispiele sind spezielle Herstellungsverfahren, in denen das Geheimnis sich allein in der Erbringung bestimmter Verhaltensweisen erschöpft;[236] hier eine Trennung vornehmen zu wollen, hieße die künstliche Aufspaltung eines einheitlichen Lebensvorganges nach Bewegungsabläufen zu befürworten, welche nur in ihrer Gesamtheit wirtschaftlichen Nutzen hervorbringen.

93 Selbst wenn sich Geschäftsgeheimnisse anhand einzelner Kriterien von den allgemeinen berufsbezogenen Fähigkeiten und Kenntnissen der Arbeitnehmer unterscheiden lassen, erscheint doch nur eine Trennungslehre praktikabel, die nicht sklavisch nur einem Kriterium verhaftet ist. Einen solchen Ansatz scheint auch die höchstrichterliche Rechtsprechung des BAG und des BGH zu präferieren, die beide zwar auffällig konträre Positionen vertreten, sich gleichwohl aber letztlich inhaltlich annähern:[237] So bejaht das BAG eine fortdauernde Treuepflicht, gestattet jedoch eigenes konkurrierendes Verwenden funktionskonformen beruflichen Erfah-

---

und *Viskorf*, S. 89 ff., 133 ff., 151 ff. Zu entsprechenden innereuropäischen Ansätzen Baudenbacher/*Glöckner*, UWG Art. 6 Rn. 45 ff. (Schweiz); *Maier*, S. 39 f. (Schweden); *Schlötter*, S. 31 ff. (England); *Schramböck*, S. 74 ff.; *Zajacová*, S. 361 ff. (Slowenien, Tschechien); s. auch Erwgrd. 14 RL 2018/943/EU.
235 Zum Streitstand *Kalbfus*, Rn. 507 ff., der ein um prozessuale Darlegungs- und Beweislastverteilung ergänztes Regel-Ausnahme-Konzept (Grundsatz: Geheimnisschutz, Ausnahme: nicht unlauter bei Berufsausübung mit Berufserfahrungen) präferiert.
236 Wie hier schon *Kohlrausch*, ZStW 50 (1930), 30, 52 und *Nastelski*, GRUR 1957, 1, 7.
237 Harte/Henning/*Harte-Bavendamm*, § 17 Rn. 34 ff.; H/O/K/*Kalbfus*, Einl. C Rn. 40 ff.; H/O/K/*Ohly*, § 4 Rn. 41; *Reinfeld*, § 2 Rn. 89 ff.

rungswissens.[238] Der BGH verficht quasi umgekehrt eine prinzipielle Verwertungsfreiheit redlich erlangten Wissens, allerdings nur ohne Rekurs auf etwaige zuvor angefertigte Gedächtnisstützen und andere Hilfsmittel.[239] Beide kennen jedoch singuläre Durchbrechungen ua. für nachwirkende Vertragspflichten, die aber weder gemeinsame Grundkonstellationen noch praktizierbare Bewertungsmaßstäbe erkennen lassen.[240]

Ein solcher „**Mehr-Faktoren-Ansatz**" würde eine Grenzziehung und damit eine Feststellung des konkreten Geheimhaltungsinteresses zwar im Konfliktfall von der Übereinstimmung der Ergebnisse der bisherigen Einteilungslehren abhängig, dafür aber sicherer machen.[241] Angesichts der möglichen wirtschaftlichen Bedeutung geheimer Betriebsinterna für ein Unternehmen und die dort verbleibenden Beschäftigten muss das Arbeitnehmerinteresse an der Verwertung seines Wissens eindeutig dominieren, um ein wettbewerbsrelevantes Geheimhaltungsinteresse auszuschließen. Im alltäglichen Arbeits- und Geschäftsleben sind solche Fallkonstellationen eher selten, was auch dazu beigetragen haben mag, dass die frühere Regelung des § 17 UWG trotz wiederholter Reformvorschläge keine Ausdehnung auf die Zeit nach Vertragsablauf erfahren hat. 94

Bemessungsfaktoren. Die Pflichtwidrigkeit einer nachvertraglichen Geheimnisnutzung wird von verschiedenen Faktoren bestimmt, die zentrale Aspekte des Handlungs- und Erfolgsunwerts kombinieren, dh. sich entweder auf das Angriffsgut (Geschäftsgeheimnis) oder die Person des Nutzungsbeschränkten beziehen.[242] Erstere betreffen insbesondere Art und Bedeutung für die Beteiligten, Letztere zentrale Aspekte aus deren Verhältnis: 95

– kaufmännische haben gemeinhin geringere Gewichtung als technische Geheimnisse, die zumeist schwerer und arbeitsaufwändiger ersetzbar sind. Dies betrifft vornehmlich Arbeitnehmererfindungen, Forschungs- und Entwicklungsinnovationen wie komplexe Algorithmen, Rezepturen oder Verfahrensweisen, aber

---

238 Vgl. BAGE 41, 21, 32 f. – Thrombosol; 57, 159, 166 ff.; 73, 229, 236 f. – Titandioxid; BAG, NZA 1999, 200, 201 – Kantenbänder; LAG Düsseldorf, GRUR-RS 2020, 23408 Rn. 73 – PU-Schaum; LAG Rheinland-Pfalz v. 5.8.2019 – 3 Sa 349/18 Rn. 97.
239 BGHZ 16, 172, 176 – Düco; BGH, WRP 2018, 1329 Rn. 46 – Hohlfasermembranspinnanlage; WRP 2001, 1174, 1176 f. – Spritzgießwerkzeuge; BGH, GRUR 2006, 1044 Rn. 13 – Kundendatenprogramm; GRUR 2003, 356, 357 f. – Präzisionsmessgeräte; GRUR 1983, 179, 180 f. – Stapelautomat; GRUR 1961, 40, 42 – Wurftaubenpresse; BGH, NJW 2009, 1420 Rn. 15, 18, 25 – Versicherungsuntervertreter; OLG München, WRP 2019, 1375 Rn. 3 f.; OLG Stuttgart, WRP 2021, 242 Rn. 179 – Schaumstoffsysteme; WRP 2016, 767 Rn. 36 f.; OLG Celle, WRP 2015, 1009 Rn. 25 – Movicol–Zulassungsantrag.
240 Vgl. BAGE 41, 21, 28 – Thrombosol; LAG Düsseldorf, GRUR-RS 2020, 23408 Rn. 80 ff. – PU-Schaum; BGH, WRP 2001, 1174, 1177 – Spritzgießwerkzeuge; BGH, GRUR 1983, 179, 180 – Stapel-Automat; GRUR 1955, 402, 404 f. – Anreißgerät.
241 So schon *Kraßer*, GRUR 1977, 177, 187; Harte/Henning/*Harte-Bavendamm*, § 17 Rn. 35 f., 39; H/O/K/*Ohly*, § 4 Rn. 42; *Wunner*, WRP 2019, 710 Rn. 20; s. auch *Bröckner*, S. 138 ff.
242 Prägnante Zusammenstellung relevanter Faktoren auch bei H/O/K/*Kalbfus*, Einl. C Rn. 41 f.; H/O/K/*Ohly*, § 4 Rn. 42; *Wunner*, WRP 2019, 710 Rn. 15 ff.

§ 4 Handlungsverbote

auch nur in kleineren Branchen noch gebräuchliche Methoden manueller Erstellung. Ihnen gleichgestellt sind spezielle Kunden-, Preis- und Zuliefererlisten für begrenzte Märkte, während Massendaten hingegen in Bezug auf Produktpaletten stärker aussagekräftig sind;
- firmenspezifische Wettbewerbsrelevanz und demgemäß hohe wirtschaftliche Bedeutung haben Geheimnisse, die für die Ertragslage eines Unternehmens hohen Stellenwert haben (Umsatz- und Gewinnbringer), wenn und weil sie auf begrenzten Märkten als Alleinstellungs- oder Qualitätsmerkmal verlässlich nennenswerten Absatz generieren;
- Innehabung einer besonderen Vertrauensstellung als Geschäftsführer oder Betriebsleiter mit entsprechender Besoldung und erteilter Prokura oder Handlungsvollmacht;
- kein vertiefter Umgang mit oder Beitrag zu dem Geheimnis, keine diesbzgl. besondere fachliche Spezialisierung;
- nur kurze Beschäftigungsdauer, provozierte Kündigung.

96 Ihre jeweilige Gewichtung bestimmt sich nach den individuellen Gegebenheiten, wobei die konkrete Bemessung primär an der Art und Wettbewerbsrelevanz des Geheimnisses sowie der betrieblichen Tätigkeit auszurichten ist. Die anderen Faktoren und subjektive Einstellungen des Geheimnisträgers haben eher „abrundende", die zuvorige Festsetzung verstärkende oder – im Falle ihres Fehlens – abschwächende Wirkung.

97 **Verboten** sind demnach ua. das außerbetriebliche Vorlagennutzen zur Erstellung von „1 zu 1-Plagiaten",[243] die (auch Eigen-)Kundenakquise mit zurückbehaltenen Kundendaten[244] während der Karenz- oder durch gekündigte Beschäftigte in der Freistellungszeit,[245] eigenmächtige Ingebrauchnahme geheimer Rezepturen unter dem Vorwand angeblicher wirtschaftlicher Wertlosigkeit[246] oder der konkurrierende Aufbau einer eigenen neuen Produktionsanlage durch den eingeweihten Assistenten des Arbeitnehmererfinders, dessen vom Arbeitgeber bereits in Anspruch genommene Neuerung die letzte Erprobungsphase bestanden hat.

(2.3) Ohne Zustimmung

98 Das vereinbarte Nutzungsverbot darf allerdings nicht durch zwischenzeitliche Aufhebungsabreden außer Kraft getreten oder von einer späteren ausdrücklichen oder konkludenten Zustimmung des Inhabers getragen sein. In derartigen Fällen ist das

---

243 Abwandlung nach BGHZ 17, 41, 50 f. – Kokillenguß.
244 Vgl. LAG Düsseldorf, GRUR-RS 2020, 23408 Rn. 76 – PU-Schaum; LAG Köln, BeckRS 2012, 68079.
245 In Anlehnung an BGH, DStR 1995, 1359 und OLG Oldenburg, NZG 2000, 1038, 1040.
246 Angelehnt an BGH, GRUR 1960, 554, 556 – Handstrickverfahren (zu § 18 UWG aF).

Nutzen vom Befugten gestattet²⁴⁷ und damit **rechtskonform**. Gleiches gilt bei nachfolgendem Auftreten von Offenkundigkeit,²⁴⁸ etwaigen Tatbestandsausschluss- (iSd. § 5)²⁴⁹ oder Rechtfertigungsgründen iSd. §§ 227 f. BGB, 30, 32 StGB:²⁵⁰ Erstere „beseitigt" das Vorliegen eines Geheimnisses, Zweite fingieren das Fehlen der faktisch einschlägig vorliegenden Verletzungshandlung „Nutzen" und Letztere deklarieren als pflichtbegrenzendes Merkmal vermeintliche Verbotsverstöße zu einem bereits ex ante pflichtgemäßen erlaubten Verhalten.

c) Offenlegen entgegen Offenlegungsbeschränkungen (§ 4 Abs. 2 Nr. 3)

§ 4 Abs. 2 Nr. 3 rundet im Gefolge der früheren sinngemäßen Mitteilungsverbote"²⁵¹ der § 17 Abs. 1, Abs. 2 Nr. 2 und § 18 UWG aF das vorstehende Grundkonzept der besonderen Nutzungshaftung qualifizierter Pflichtenträger (→ Rn. 55 ff., 72 ff.) für bloße Geheimnisbekanntgaben mit einem entsprechend ausgestalteten Pendant verletzungsmäßig ab. Andere die geheime Information in ihrem Entfaltungspotenzial direkt beeinträchtigende Tathandlungen gibt es nicht – Geheimnisbeeinträchtigungen erschöpfen sich im Erlangen, Nutzen und Offenlegen.

99

aa) Geheimniserwerb, Verletzer und das Offenlegen

Wie das verbotene Nutzen des § 4 Abs. 2 Nr. 2, so setzt auch das Offenlegen ein zuvoriges Erlangen des bekanntgegebenen Wissens voraus. Vollumfänglich einheitlich ausgestaltet sind des Weiteren sowohl die dort bereits benannten **Erwerbstaten** mit ihren in den §§ 3 und 4 geregelten Varianten: Erfasst ist gleichermaßen befugtes wie unbefugtes Erlangen²⁵² in allen festgesetzten Erscheinungsformen (→ Rn. 70 f.). Sie gelten demgemäß entsprechend.

100

Übereinstimmung mit dem Nutzungsverbot besteht auch dahingehend, dass nur bestimmten Pflichtenträgern in Gestalt der hier sog. „**kupiert unbefugte Mitwisser**" (→ Rn. 72) ein pflichtverletzendes Kenntniseröffnen untersagt ist. Ebenfalls

101

---

247 Beispiel: Softwareunternehmer X erlaubt dem Mitarbeiter M, den von der Firma neu entwickelten Virenschutz auch für die private Entwicklung einer „verschlankten Freeware-Version" auf dem Privat-PC einzusetzen.
248 In Anlehnung an OLG Dresden, MuW 1929, 391, 392 – Stecknadelmaschinen: Wechsel von dienstlich befugtem Nutzen auf privates Herstellen mittels offenkundigen Verfahrens.
249 Beispiel: Whistleblower X nutzt ein geheimes Ausspähungsprogramm seines Arbeitgebers, um eingeschalteten Pressemedien dessen Funktion und Blockierbarkeit zu veranschaulichen.
250 Beispiel: Arbeitnehmer A lässt heimlich nach Feierabend die komplizierte Produktion einer teuren Arznei weiterlaufen, um mit den erstellten „Überstücken" seine todkranke Ehefrau X vor dem drohenden Exitus zu retten.
251 BT-Drs. 19/4724, S. 40 (zu § 23) bemisst diesem Begriffswechsel wiederum keine Bedeutung bei.
252 Wie hier BeckOK GeschGehG/*Hiéramente* § 4 Rn. 66.

§ 4 Handlungsverbote

gleichermaßen von allen subjektiven Erfordernissen befreit[253] gestattet § 4 Abs. 2 Nr. 3 demnach nur einen solchen Umgang mit Geschäftsgeheimnissen, der die Pflicht zur Verschwiegenheit einhält. Wird diese durch ein Offenlegen übertreten, ist mit dem Nachweis der Weitergabehandlung und dem bestehenden Schweigegebot der Pflichtverstoß zumindest formaliter recht einfach ermittelt: Die Wissenskundgabe verletzt die gegenteilige Verschwiegenheitspflicht.

102 In der Gesetzesbegründung als „Eröffnung des Geschäftsgeheimnisses gegenüber Dritten, nicht notwendigerweise der Öffentlichkeit" umschrieben,[254] ist das **Offenlegen** bereits im Rahmen der Erörterung der erlaubten Handlungen des § 3 Abs. 2 definiert und weiter konturiert worden. Auf die dortigen Ausführungen ua. zu den Erscheinungsformen und **Begehungsweisen** sowie den Informationsempfängern ist verwiesen (→ § 3 Rn. 124 ff.), ebenso auf die Darlegung der einschlägigen **Befugnisse**, die den Vollzug einer entsprechenden Zugriffshandlung als erlaubtes Vorgehen konstituieren (→ § 3 Rn. 131 ff.). Im Folgenden sind daher nur gesetzliche, vertragliche und faktische Verbote vorzustellen, die schweigepflichtigen Geheimnisträgern das Offenlegen der Geheimnisse untersagen.

bb) Das verbotene Offenlegen

103 § 4 Abs. 2 Nr. 3 normiert **kein generelles** Offenlegungsverbot. Verboten sind Bekanntgaben entgegen bestehender Beschränkungen, seien diese mengen- bzw. umfangmäßiger, örtlicher, temporärer, personaler oder sonstiger Natur. Ausreichend sind alle diesbezüglichen Untersagungen ungeachtet etwaiger zuvoriger Erwerbserlaubnis oder entsprechender Nutzungsverbote. Gesetzlich einbezogen sind alle Varianten eines Geheimniserwerbs mit Ausnahme der in § 4 Abs. 2 Nr. 1 und Abs. 3 geregelten Sonderfälle – sie gehen als gesetzliche Spezialregelungen für das Offenlegen in bestimmter Weise unbefugt erlangter Geheimnisse dem Allgemeinverbot der Nr. 3 vor.

104 Die Erläuterung der einschlägigen Fallgruppen folgt wiederum der zuvorigen bekannten Unterteilung (→ Rn. 38)[255] in generell bzw. gesetzlich angeordnete (1), vertraglich vereinbarte (2) und durch Realakt rechtswirksam auferlegte Schweigeverpflichtungen (3). Ihnen sind die Tatbestandsausschlüsse des § 5 wie auch Rechtfertigungsgründe beizugeben, die eine verbotene Offenlegung ihrer rechtsverletzenden Wirkung entkleiden.

---

253 Alle früheren Tatvarianten der §§ 17 f. UWG aF waren vorsatz- und zusätzlich absichtsgebunden; vgl. *Brammsen*, Lauterkeitsstrafrecht, § 17 Rn. 47 ff., 93 ff., 130 ff. und § 18 Rn. 24 ff. mwN.
254 BT-Drs. 19/4724, S. 27 (zu § 4). Ebenso ua. BeckOK GeschGehG/*Hiéramente*, § 4 Rn. 45; Büscher/*McGuire*, § 4 GeschGehG Rn. 32; H/O/K/*Ohly*, § 4 Rn. 28; K/B/F/*Alexander*, § 4 GeschGehG Rn. 39; *Reinfeld*, § 2 Rn. 17.
255 BeckOK GeschGehG/*Hiéramente*, § 4 Rn. 67 f.; H/O/K/*Ohly*, § 4 Rn. 30; K/B/F/*Alexander*, § 4 GeschGehG Rn. 57 ff.; Nebel/*Diedrich*, § 4 Rn. 23; *Reinfeld*, § 2 Rn. 77 f.; *Wiese*, S. 107.

IV. Die einzelnen Handlungsverbote **§ 4**

(1) Entgegen gesetzlicher Offenlegungsverbote

Das bundesdeutsche Recht kennt wie für das Nutzen (→ Rn. 77 f.) auch für das Offenlegen von Geschäftsgeheimnissen eine Vielzahl kartell- (Art. 101 AEUV) und strafrechtlicher Verbote (zB §§ 203, 353b, 355 Abs. 1 Nr. 2 StGB, 120 BetrVG, 85 Abs. 1 Satz 1 GmbHG, 55b KWG, 315 Abs. 1 UmwG)[256] und zivilistischer Verschwiegenheitsgebote (§§ 93 Abs. 1 Satz 2 AktG, 24 ArbNErfG, 90, 333 Abs. 1 HGB, 14 Abs. 2 KWG, 79 BetrVG, 179 Abs. 7 Nr. 2 SGB IX usw.). Erstere konstituieren nur selten selbst eine ansonsten nicht normierte Schweigepflicht originär (zB §§ 85 GmbHG, 315 Abs. 1 Nr. 1 UmwG), zumeist knüpfen sie an ihr in den letztgenannten „Grundnormen" materiell separat ausgeformtes Pendant oder ein entsprechendes Berufsrecht an. Ungeachtet ihrer gegenteilig angelegten sachlichen Ausgestaltung in den divergierenden Rechtsgebieten zeichnen sie sich jedoch allesamt durch eine einschlägige wörtliche Festsetzung aus, auch wenn die individuelle Konstituierung ihrer Verpflichtung in concreto noch zusätzlicher Einrichtungsakte bedarf.   105

Keine gesetzlichen Offenlegungsverbote sind deshalb mangels gesetzlicher „Ausformung" die Schweigepflichten der Arbeitnehmer. Gegründet allein auf das Rücksichtnahmegebot des § 241 Abs. 2 BGB fundiert sie kein gesetzessprachlich eindeutig vorgegebenes Schweigegebot. Sollen aber nicht alle vertraglichen Rücksichtnahmepflichten wie etwa beim Kauf oder Miete mangels nachvollziehbarer Anhaltspunkte nun gleichermaßen allesamt (oder wann und warum?) gesetzliche Schweigepflichten sein, verbleibt ihrer Erhebung zu einschlägigen Offenlegungsverboten nur der Weg über vertragliche oder faktische Errichtungen. Gleiches gilt für Versuche, rechtsformübergreifende Geheimhaltungspflichten, Offenlegungsverbote usw. unterschiedslos aus der Treuepflicht der Personengesellschafter bzw. Kapitalanteilshalter abzuleiten.[257]   106

Der Kreis der gesetzlichen Offenlegungsverbote deckt sich damit nahezu vollständig mit dem Kreis der gesetzlichen Nutzungsverbote[258] und entspricht damit dem langjährigen Trend der Praxis, beide Pflichtverletzungen und die ihnen zugrunde liegenden Gebote in einer allumfassenden Verpflichtungsvereinbarung zu kombinieren. Bedingt durch das traditionell stark ortsgebunden agierende Unternehmertum stehen daher mit den **Arbeitgebern, Arbeitnehmererfindern, Betriebsratsmitgliedern, GmbH-Organwaltern bzw. Liquidatoren** und **Handelsvertretern** ausgewählte Rezipientengruppen primär aus der Arbeitnehmerschaft im Mittelpunkt, die sich durch spezielle innerbetriebliche Funktionen als besonders informierte bzw. zu informierende Wissensträger erweisen. Ihnen zur Seite treten im Gefolge zunehmend branchen- wie länderübergreifender Kooperationsformen neue Personenkreise, die als **betriebsexterne** Spezialisten, Partner, Kreditgeber, Berater oder Helfer (ggf. auch über die Beschäftigungszeit hinaus) qua Gesetzes tief in die   107

---

256 Weitergehende Aufzählung in *Brammsen*, Lauterkeitsstrafrecht, Vor §§ 17–19 Rn. 27.
257 Zu ihrer Konzeption in Anlehnung an §§ 705, 242 BGB näher *Selbach*, S. 39 ff., 267 ff.
258 Er ist weiter: Beispielsweise kennt der Dienstgeheimnisverrat des § 353b StGB keine „Nutzungsparallele".

§ 4 Handlungsverbote

unternehmerische Geheimsphäre einzubinden sind. Ihr gegenständlich wie situativ gesetzlich festgesetztes Offenlegungsverbot unterscheidet sie von den anderen, allumfassende „Pflichtverstöße" sanktionierenden strafrechtlichen Verboten. Ergänzende individuelle Abweichungen sind dagegen zumeist vertraglicher, selten strafrechtlicher oder faktischer Natur (Pflichtbegrenzungen).

108 **Verboten** iSv. entgegen zivilistisch gesondert geregelter Offenlegungsbeschränkungen[259] handelt, wer (als **Arbeitgeber**) die Erfindung vor Inanspruchnahme Dritten (zB auf Messen) oder innerhalb eines Konzerns verbundenen Unternehmen eröffnet,[260] (als **Arbeitnehmererfinder**) eine nicht gemeldete Diensterfindung zusammen mit anderen in eine Neugründung einbringt,[261] (als **Betriebsrat** usw.) innerbetriebliche Bruttogehaltsdaten, geplanten Personalabbau oder Insider-Informationen extern äußert,[262] (als **Bankvorstand**) Gesamtschuldhöhe und Kreditgeberzahl eines Großkunden öffentlich benennt,[263] (als **GmbH-Geschäftsführer**) eine Due Diligence mit detaillierten Geschäftsdaten gegen den Ablehnungsbeschluss der Gesellschafter durchführt[264] oder die Kundendaten einer illiquiden Versicherung (als **selbstständiger Handelsvertreter**) an Konkurrenten weitergibt oder verkauft.[265]

109 **Nicht verboten** iSv. **befugt** bzw. **erlaubt** sind (→ § 3 Rn. 132 f.) dagegen die innerbetriebliche Eröffnung eines geplanten Personalabbaus durch den Betriebsrat auf Betriebsversammlungen,[266] seine Herausgabe von Unterlagen an die Staatsanwaltschaft[267] (jetzt ggf. gem. § 5 tatbestandlich freigestellt) oder Zeugenaussage im Strafprozess.

(2) Entgegen vertraglicher Offenlegungsverbote

110 Vertragliche Offenlegungsverbote werden gemeinhin in Kombination mit entsprechenden Nutzungsverboten vereinbart. Für den Kreis der einzubeziehenden betriebsexternen und/oder -internen Pflichtenträger ist daher auf obige Ausführungen verwiesen. Gleiches gilt für die jeweiligen Geltungszeiträume. Auch sie lassen sich

---

259 Öffentlich-rechtlich geregelter Geschäftsgeheimnisschutz unterfällt nicht dem GeschGehG (§ 1 Abs. 1 Nr. 1).
260 BPatGE 21, 24 f.; BGH, GRUR 1956, 208, 209; OLG Hamburg, Mitt. 2001, 440, 442 f.
261 BGH, GRUR 1955, 402, 403 f. – Anreißgerät; GRUR 1977, 539, 540 f. – Prozessrechner.
262 EuGH, NJW 2006, 133 Rn. 47 ff. – Grøngaard und Bang; BAG, ZIP 1987, 1603, 1604 f.; LAG Hessen v. 20.3.2017 – 16 TaBV 12/17, openJur 2017, 35144 Rn. 27; s. auch OLG Stuttgart, NZG 2007, 72, 73 (Bestätigung von Gerüchten).
263 BGHZ 166, 84 Rn. 55 f.; LG München, NJW 2003, 1046, 1048, 1050.
264 In Anlehnung an LG Köln v. 26.3.2008 – 99 O 11/08, openJur 2001, 60878 Rn. 28 ff., 31.
265 In Abwandlung von LG Köln v. 21.1.2010 – 31 O 678/09, juris Rn. 30 f., das fälschlicherweise eine Verwertung annimmt: Der Verkauf von Geheimnissen ist keine eigene Kenntnisanwendung in praxi, er erschöpft sich in deren bloßer Kundgabe (→ § 3 Rn. 128).
266 LAG Hessen v. 20.3.2017 – 16 TaBV 12/17, openJur 2017, 35144 Rn. 28; *Brammsen/Schmitt*, Anm. zu LAG Schleswig-Holstein, NZA-RR 2015, 77 ff., 81, 83 f.
267 BAG, NZA 2012, 501 Rn. 23.

IV. Die einzelnen Handlungsverbote § 4

ebenfalls auf vor- und auf nachzeitige „Laufzeiten" erstrecken (→ Rn. 84, 90 f.),[268] ggf. sogar je nach den Vorstellungen der beteiligten Parteien unterschiedlich enger oder weiter, ggf. sogar durch Ausnahmeregelungen negativ ausgeformt festsetzen.[269] Ausgewählt werden können demnach nicht nur die zu schützenden Geheimnisse, sondern auch alle oder nur als besonders gefahrenträchtig eingestuften Ausführungsweisen wie Publizieren, Übermitteln oder Zugänglichmachen von Unterlagen.[270] Als **Besonderheit** ist auf einschlägige gegenseitige Verpflichtungen kooperierender Geschäftsinhaber zu verweisen, die hier im Vergleich zum beidoder mehrseitigen Nutzen angesichts des erhöhten Verbreitungsrisikos häufiger zu empfehlen sind.[271]

Verboten ist das (nachvertragliche) Offenlegen auch durch Zugangseröffnung entwendeter Unterlagen,[272] durch Publikmachen in Medien (auch über Wissensmittler), das Verraten mitgeteilter Geheimnisse noch vor erstmaligem Dienstantritt,[273] das Versenden bzw. Weiterleiten von Unterlagen und Zeichnungen (auch über das Internet),[274] das Weitergeben von Arbeitsanleitungen, Plänen oder Verfahrensbeschreibungen,[275] das unabgesprochene Kundgeben einer „Gemeinschaftserfindung" an Unterlizenznehmer[276] oder ausländische Lohnfertiger usw. 111

Nicht verboten iSv. befugt bzw. **erlaubt** sind (→ § 3 Rn. 132 f.) das Offenlegen eigen-/vereint verbesserter Projektergebnisse oder nach beendetem Wettbewerbsverbot,[277] das Verraten nach Eintritt der Offenkundigkeit,[278] das Werben für Neueröffnungen mittels gemeinschaftlicher früherer Kundendaten,[279] das sog. „interne" Whistleblowing (→ § 5 Rn. 86, § 23 Rn. 117),[280] Arbeitnehmerbeschwerden gem. 112

---

268 BeckOK GeschGehG/*Hiéramente*, § 4 Rn. 68; s. auch High Court v. 21.1.2019 – Invista Textiles v. Botes, hier zit. nach *Blohm*, EuZA 2020, 555.
269 Näher zu beidem H/O/K/*Kalbfus/Harte-Bavendamm*, Einl. B Rn. 33 ff., 40 ff.
270 Gängige Begehungsweisen und Erscheinungsformen des Offenlegens benennt → § 3 Rn. 125 ff.
271 Etwa bei Lizenzverträgen oder Entwicklungskooperationen; BeckOK GeschGehG/*Hiéramente*, § 4 Rn. 70 f.; Büscher/*McGuire*, § 3 GeschGehG Rn. 31.
272 OLG Hamm, WRP 1959, 182.
273 In Abwandlung von RGSt 50, 139 f. (ergangen zur Verratsverleitung des § 10 UWG 1896).
274 LAG Mainz, ZD 2012, 133 Rn. 21. Erfasst ist auch der nachvertragliche Zeitraum nach einer abgelaufenen etwaigen Besitzbefugnis; BAG, NZA 2012, 501 Rn. 23.
275 Vgl. nur OLG Celle, BauR 2000, 1069, 1072; OLG Hamburg, NJW-RR 2003, 857, 858 – CA-Aggregate.
276 In Anlehnung an BGH, NJW 2009, 1420 – Versicherungsuntervertreter.
277 OLG Hamm, WRP 1993, 36, 38 – Tierohrmarken; s. auch RG, GRUR 1939, 308, 312 f. – Filtersteine.
278 BGH, GRUR 1960, 554, 556 – Handstrickverfahren; OLG München, NJWE-WettbR 1997, 38, 39 – Parachute-Ventil.
279 In Anlehnung an LG Heidelberg, BeckRS 2014, 03138 (Gesellschafter einer Berufsausübungsgemeinschaft).
280 Zu dieser besonderen Form rechtstatsächlicher Einwilligung *Brammsen*, Lauterkeitsstrafrecht, § 17 Rn. 57 mwN.

§ 4 Handlungsverbote

§ 17 Abs. 2 ArbSchG[281] oder Strafanzeigen nicht nur gem. § 138 StGB,[282] nachvertraglich vereinbarte Verbotsbegrenzungen oder deren Aufheben.

(3) Ohne Zustimmung

113 Offenlegungsverbote können durch **Anweisungen** vertragsergänzend ausgesprochen bzw. ganz oder partiell durch Realakt in oder außer Kraft gesetzt werden. Derartige, vornehmlich nachvertragliche faktische Korrekturen bzw. Ergänzungen erfolgen zumeist in unverhofft auftretenden Situationen und damit nicht vorab einplanbar. So kann etwa ein alleiniges Nutzungsverbot erst während einer Vorführung ausdrücklich oder **konkludent** mittels Zeichensprache auf das Offenlegen ausgedehnt,[283] ein schon bestehendes Kundgabeverbot hic et nunc begrenzt werden.[284] Dergestalt vom Berechtigten in concreto verboten bzw. eingeschränkt gestattet,[285] transformiert seine rechtliche Wirksamkeit diejenige der zuvorigen „Grundfassung" entsprechend. Gleiches gilt für ein warum auch immer nachfolgendes Eintreten der Offenkundigkeit,[286] für etwaige Tatbestandsausschluss- (iSd. § 5)[287] oder Rechtfertigungsgründe iSd. §§ 227 f. BGB, 30, 32 StGB.[288] Auf die Parallele zum Nutzungsverbot ist verwiesen (→ Rn. 98).

3. Die verbotene Geheimnishehlerei (§ 4 Abs. 3) – Das mittelbare Nutzen und Offenlegen

a) Einleitung und Überblick

114 § 4 Abs. 3 regelt mit dem Verbot des eigenen Erlangens, Nutzens oder Offenlegens eines von einem unbefugt nutzenden oder offenlegenden Vorgängers erhaltenen Geheimnisses den nachgerade klassischen Fall einer **fremdtäterschaftlich** vermittelten **Geheimnishehlerei** (zur eigentäterschaftlichen Parallelkonstruktion des Abs. 2 Nr. 1 → Rn. 51). Mit seinen die vorgängigen lauterkeitsstrafrechtlichen Geheimnishehlereien des § 17 Abs. 2 Nr. 2 UWG aF erweiternden Neuerungen ist er rechtspraktisch kaum weniger gewichtig als die vorstehenden Nutzungs- und Of-

---

281 Eingehender *Wiebauer*, NZA 2015, 22 ff.; LAG Rheinland-Pfalz, 30.10.2002 – 9 Sa 857/02.
282 BAG, DB 2015, 382; zurückhaltender EGMR, AuR 2011, 355 Rn. 65 – Heinisch.
283 Beispiel: Arbeitnehmer A führt die neu entwickelte Produktionslinie vor, droht aber, vor lauter Stolz geheime Daten zu verraten. Inhaber X weist ihn durch heftiges Kopfschütteln und erhobenen Zeigefinger vor den zusammengepressten Lippen auf sein Kundtun hin.
284 Wie zuvor, nur hebt dieses Mal der Inhaber zustimmend und aufmunternd den erhobenen rechten Daumen.
285 Beispiel: Softwareunternehmer Z erlaubt dem Mitarbeiter M, den von der Firma neu entwickelten Virenschutz auch einem befreundeten Hacker zu Testzwecken zu überspielen.
286 Wiederum in Anlehnung an OLG Dresden, MuW 1929, 391, 392 – Stecknadelmaschinen: Wegfall dienstlichen Offenlegungsverbots bei Umstellen des befugten privaten Nutzens auf ein Herstellen mittels offenkundiger Verfahren.
287 Beispiel: Whistleblower X offenbart ein geheimes Ausspähungsprogramm seines Arbeitgebers, um Pressemedien über dessen gesetzeswidriges Vorgehen zu informieren.
288 Beispiel: Vorstand A verrät die anstehende Gewinnwarnung an den Hauptaktionär E, um in dem strukturschwachen Grenzgebiet dessen geplante Betriebsschließung zu verhindern.

fenlegungsverbote des § 4 Abs. 2 Nr. 1–3. Seine besondere Bedeutung ergibt sich nicht so sehr aus den nunmehr unionsweit einheitlich festgesetzten Handlungsverboten bei drittseitig rechtswidrig vermitteltem „Eigenbesitz" (§ 4 Abs. 3 Satz 1, Art. 4 Abs. 4 RL), sondern aus zwei anderen Gründen: (1.) Aus der Erstreckung des dem patentrechtlichen Nutzungsverbot des § 9 Abs. 1 Satz 2 Nr. 1 PatG entlehnten, an kollektivistische Importschutzerwägungen anknüpfenden Nutzungsschutzes[289] auch auf die das Recht an Geschäftsgeheimnissen verletzenden Produkte in § 4 Abs. 3 Satz 2 und (2.) aus der Einbeziehung des fahrlässigen Wissen müssen[290] eines gegen § 4 Abs. 2 verstoßenden Nutzens oder Offenlegens anderer „Vorbesitzer" in beiden Alternativen. Lässt sich Ersteres noch als Rekurs auf die dem bundesdeutschen Recht nicht so fremde „fruit of the poisonous tree-Doktrin" verstehen,[291] so erfordert Letzteres für die Rechtmäßigkeit eigener Besitzerlangung eine weite Prüfungspflicht für mittelbare Rechtsverletzungen,[292] die mit dem Grundsatz der allgemeinen Informationsfreiheit kollidiert.

Dem Vorbild des Art. 4 Abs. 4 u. 5 RL nachgeformt,[293] regelt § 4 Abs. 3 das unbefugte Nutzen (und Offenlegen) in **zwei Tatvarianten**: **Satz 1** verbietet beide Handlungen Personen, die als fremdtäterschaftlich vermittelte Rezipienten eines Geheimnisverletzers iSd. § 4 Abs. 2 selbst durch eigenes Erlangen, Nutzen oder Offenlegen als Geheimnishehler agieren. Hieran anschließend normiert **Satz 2** in einem weiteren eigenständigen Tatbestand für das Nutzen von fremde Geschäftsgeheimnisse verletzenden Produkten durch sechs enumerativ aufgezählte Handlungen. Beide Male muss der hehlende „**Zweitverletzer**" zum Zeitpunkt seines Handelns eigenes Wissen von der Rechtswidrigkeit der Vortat haben bzw. gehabt haben können. § 4 Abs. 3 nutzt demnach zwei andere **Unterscheidungskriterien** als vorstehende Abs. 1 und 2: Nach dem **Angriffsobjekt** (Satz 1 erfasst wie die Abs. 1 und 2 alle Geschäftsgeheimnisse, Satz 2 dagegen nur die damit erstellten Produkte) und nach den **Verletzungshandlungen** des Vortäters (Satz 1 erfasst dessen Nutzen oder Offenlegen) und des „Zweitverletzers" (Satz 1 erfasst dessen Erlangen, Nutzen oder Offenlegen, Satz 2 nur seine enumerativ benannten Umgangsweisen). Beide Tatbestände schließen sich demnach mit Ausnahme des Herstellens gegenseitig aus.[294] Unbeachtlich hingegen ist die positionelle Unterteilung der Wissensmittler bzw. Vortäter in „unbefugte" (Abs. 2 Nr. 1) und „kopiert unbefugte" **Mitwisser** (Abs. 2 Nr. 2 u. 3): Für den „Zweittäter" besteht wie bei den personell unbegrenzten Erwerbsverboten des § 4 Abs. 1 (→ Rn. 18) keine einengende Täterdivergenz: Der

115

---

289 Vgl. Erwgrd. 28 RL: „... Funktionieren des Binnenmarkts... (braucht) ... ein Verbot der Einfuhr dieser Produkte in die Union oder ihrer Lagerung zum Zwecke einer Vermarktung ...".
290 Anknüpfend an Art. 39 Abs. 2 TRIPS und die dort gleichfallsige Erweiterung in Fn. 10.
291 IdS wohl *Wiese*, S. 114 f.
292 Vgl. *Hoeren/Münker*, WRP 2018, 150 Rn. 16 ff.; *McGuire*, Mitt. 2017, 377, 382 (auch zu Verletzungsrisiken); *Hoppe/Oldekop*, Kap. 1 Rn. 527.
293 K/B/F/*Alexander*, § 4 GeschGehG Rn. 61 f.
294 Durchgängige „Selbständigkeit" attestieren BeckOK UWG/*Barth*, § 4 GeschGehG Rn. 47.1; H/O/K/*Ohly*, § 4 Rn. 50; K/B/F/*Alexander*, § 4 GeschGehG Rn. 62; wie hier Büscher/*McGuire*, § 4 GeschGehG Rn. 41 und *Hoeren/Münker*, CCZ 2018, 85, 86.

§ 4 Handlungsverbote

zivilistische Geheimnisschutz des § 4 kennt keinen § 28 StGB,[295] dessen Anwendung den Einordnungen der jeweiligen Einzelverbote vorzubehalten ist.

b) Die klassische fremdtäterschaftlich vermittelte Geheimnishehlerei (§ 4 Abs. 3 Satz 1) – Das verbotene Erlangen, Nutzen oder Offenlegen „bemakelter" Geheimnisse

116 Die fremdtäterschaftlich vermittelte Geheimnishehlerei ist eine (häufig als sog. mittelbare Geheimnisverletzung bezeichnete[296]) Anschlusstat,[297] deren Verwirklichung das kumulative Vorliegen gleich mehrerer **Voraussetzungen** bedarf: Der Täter muss ein fremdes Geheimnis umgangsmäßig unbeschränkt empfangen haben (aa), das eine andere Person zuvor (nicht notwendig selbst) genutzt oder (nicht notwendig ihm gegenüber) offengelegt hat (bb), was der Täter bei seinem eigenen Erlangen, Nutzen oder Offenlegen (cc) entweder wusste oder wissen musste (dd). Als plakative Bezeichnung eignet sich auch der Ausdruck „Mitteilungs-, Übertragungs- oder Verletzungskette".[298]

aa) Der drittseitig vermittelte Geheimniserwerb

117 „Eingangskriterium" jeglicher (auch eigentäterschaftlicher) Geheimnishehlerei ist der Erhalt eines Geschäftsgeheimnisses, der um die Attribute „Fremdheit" und „beschränkungslos" näher zu spezifizieren ist. Der **Empfänger** des Geheimnisses darf weder sein Inhaber sein[299] noch irgendwelchen Empfangs-, Nutzungs- oder Offenlegungsbeschränkungen unterliegen – andernfalls ist ihm der Vollzug einer oder gar aller der verbotenen Tathandlungen qua conceptionem prinzipiell verschlossen. Ist mithin das betreffende Verhalten dem Empfänger gemäß § 3 erlaubt oder unterfällt es einem Tatbestandsausschluss des § 5, scheitert der von dritter Seite vermittelte Geheimniserwerb an der gesetzlichen „Haftungsfreistellung". Ob der betreffende Erwerbsmittler selbst verbotswidrig iSd. § 4 Abs. 2 Nr. 2 oder 3 handelt, ist für den drittvermittelten Geheimniserwerb eine eigenständige, nachfolgend zu erörternde Frage. Hier ist allein die erfolgreiche Inempfangnahme eines wie auch immer vermittelten Geheimnisses zu bestimmen.

---

295 Einen ausnahmsweisen Gleichklang stellt das Garantenunterlassen dar, das weitgehend strafrechtsakzessorisch abläuft; vgl. *Brammsen/Sonnenburg*, NZG 2019, 681, 685 ff.
296 Vgl. BeckOK UWG/*Barth*, § 4 GeschGehG Rn. 49, 58; Büscher/*McGuire*, § 4 GeschGehG Rn. 33, 41; K/B/F/*Alexander*, § 4 GeschGehG Rn. 60; *Reinfeld*, § 2 Rn. 62.
297 Anschlusstaten sind selbständige Rechtsverletzungen, deren Vollziehung mit einer zuvorigen täterschaftlichen Rechtsverletzung strukturell zumindest objektiv verknüpft ist bzw. aufeinander aufbaut. Deliktischer Idealfall ist in Teilen das auch subjektiv miteinander untrennbar verknüpfte Perpetuierungsdelikt des § 259 StGB.
298 Vgl. BeckOK GeschGehG/*Hiéramente*, § 4 Rn. 74; H/O/K/*Ohly*, § 4 Rn. 44; K/B/F/*Alexander*, § 4 GeschGehG Rn. 64.
299 Der Eigner eines Geschäftsgeheimnisses ist kraft seiner Inhaberschaft prinzipiell empfangsbefugt, im Falle der natürlichen Person allerdings zumeist bereits dessen sachkundiger Informationsträger.

bb) Das verbotswidrige Nutzen oder Offenlegen eines Wissensmittlers

Das erhaltene Geheimnis muss einem verbotswidrig handelnden Wissensdistributor, dh. einem Nutzer oder Offenleger iSd. Abs. 2 Nr. 2 oder 3 entstammen. Dieses ist nur dann der Fall, wenn sein Handeln ungeachtet seiner subjektiven Komponente objektiv als Nutzen oder Offenlegen zu qualifizieren ist.[300] Insoweit ist auf die entsprechenden Anforderungen der beiden einschlägigen Handlungsverbote vollinhaltlich zu verweisen (→ Rn. 71 ff., 103 ff.). Verwirklicht sind sie nur dann, wenn eine (auch juristische) Person als **einschlägiger Rechtsverletzer** gegeben ist.

118

Keinesfalls erforderlich ist, dass der zuvorige Rechtsverletzer auch der tatsächliche **Informant** des Empfängers war. Ein Dazwischentreten (un-)eingeweihter **Hilfspersonen**[301] und/oder gutgläubiger vorgängiger **Eigenerwerber** ist prinzipiell unschädlich. Sie alle können gleichfalls durch eigenes Nutzen oder Offenlegen den verbotenen Geheimniserwerb selbst über mehrere Stufen hinweg immer weiter vermitteln.[302] Es gilt der von *Wiese* und *Hoeren/Münker* plakativ benannte Grundsatz: „Der Makel der rechtswidrigen Vortat infiziert die gesamte Kette".[303]

119

Nicht § 4 Abs. 3 Satz 1 unterfallen dagegen makelfreie Übermittlungen direkt durch den dazu berechtigten Inhaber selbst,[304] von ihm dazu ermächtigte oder gesetzlich haftungsfrei gestellte Dritte[305] einerseits sowie das rechtswidrig vorgenommene Erlangen durch Eigenzugriff eines selbstständig agierenden „Beschaffungstäters"[306] andererseits: Erstere basieren auf rechtskonformen Weitergaben des Geheimnisherrn, sind mithin von erlaubten bzw. haftungsfreien Dispositionsakten iSd. §§ 3, 5 getragen.[307] Letzteres ist ein eigenständiger Verstoß gegen § 4 Abs. 1 und als solcher ebenso wie eine Eigentat gem. Abs. 2 Nr. 2 u. 3 keine fremdvermittelte Anschlusstat im vorstehenden Sinne.[308]

120

---

300 BeckOK GeschGehG/*Hiéramente*, § 4 Rn. 72, 75.1; Büscher/*McGuire*, § 4 GeschGehG Rn. 35; H/O/K/*Ohly*, § 4 Rn. 44; MK-UWG/*Namysłowska*, Geschäftsgeheimnis-RL Art. 4 Rn. 18.
301 Zu einschlägigen Hinweisen zur Vorgängernorm des § 17 Abs. 2 Nr. 2 UWG aF vgl. *Brammsen*, Lauterkeitsstrafrecht, § 17 Rn. 41, 126, jeweils mwN.
302 Vgl. BeckOK GeschGehG/*Hiéramente*, § 4 Rn. 75; Büscher/*McGuire*, § 4 GeschGehG Rn. 35; H/O/K/*Ohly*, § 4 Rn. 44; K/B/F/*Alexander*, § 4 GeschGehG Rn. 66; *Reinfeld*, § 2 Rn. 62.
303 Vgl. *Wiese*, S. 113 und *Hoeren/Münker*, CCZ 2018, 85 f.
304 Beispiel: Inhaber A veranschaulicht bzw. erklärt dem Firmenkäufer die zu übertragenen Geheimnisse selbst durch eigengetätigte Vorführungen in functionem.
305 Beispiel: Wie vorstehend, nur nimmt dieses Mal der sachkundige Betriebsleiter X die ihm für einen Teilbereich überantwortete Aufgabe des Informationstransfers wahr.
306 Beispiel: Handelsvertreter G fotografiert während eines Kundenbesuches den über dessen Betriebsgelände transportierten Prototyp einer geheimen Maschine, als deren Verhüllung durch eine heftige Windböe plötzlich fortgerissen wird.
307 IE wie hier H/O/K/*Ohly*, § 4 Rn. 44 (auch das Versehen einbeziehend); K/B/F/*Alexander*, § 4 GeschGehG Rn. 65.
308 BeckOK GeschGehG/*Hiéramente*, § 4 Rn. 75.1; H/O/K/*Ohly*, § 4 Rn. 44; *Reinfeld*, § 2 Rn. 62.

§ 4 Handlungsverbote

cc) Die Verletzungshandlung des Erwerbers: Erlangen, Nutzen oder Offenlegen

121 Der Empfänger muss, um **selbst** eine Geheimnishehlerei zu begehen, das von einem Vortäter verbotswidrig genutzte oder offengelegte Geschäftsgeheimnis tatsächlich erlangt, genutzt oder offengelegt haben. Dabei können sich auch Verletzerketten mehrerer Empfänger neben- oder nacheinander herausbilden (zB Lizenznehmer, Lohnfertiger). Nötig ist aber immer eine eigene **Tat**, die die Voraussetzungen einer der in § 4 Abs. 1 oder 2 beschriebenen Handlungsverbote verwirklicht.[309] Insoweit ist auf die obigen Ausführungen zu einem derartigen Erlangen, Nutzen oder Offenlegen zu verweisen (→ Rn. 30 ff., 46 ff., 75 ff., 103 ff., 118 ff.). Genügt das Verhalten des Empfängers diesen Anforderungen nicht, ist ihm jede Begehung einer fremdtäterschaftlich initiierten Geheimnishehlerei mangels geeigneter Tathandlung verschlossen: Wer weder Zugangs-, Nutzungs- und Offenlegungsbeschränkungen verletzt noch mit seinem Verhalten dem Grundsatz von Treu und Glauben sowie den anständigen Marktgepflogenheiten widerspricht, ist aufgrund seines faktischen Habens zwar als Empfänger eines drittvermittelten Geheimnisses zu bezeichnen, er ist aber noch kein Rechtsverletzer iSd. § 2 Nr. 3.

122 Dies gilt auch für die sog. **Intermediäre**, dh. jene Personen, die anderen Personen vornehmlich im Internet oder der Datenverarbeitung durch die Bereitstellung ihrer Blog-, Cloud-, Netz-, Server- oder sonstiger Vermittlungsdienste das eigene Senden, Empfangen, Speichern, Verarbeiten usw. fremder Daten(konvolute), aber auch in anderen Bereichen wie der Finanzbranche Material, Instrumente, Betriebstechnik ua. als Hilfsmittel zur selbsttätigen Durchführung ihrer eigenen Vorhaben zur Verfügung stellen. Gemeinhin in den Inhalt und automatischen Ablauf des fremden Informations- oder Kommunikationsprozesses nicht eingebunden, erlangen, nutzen und veröffentlichen nicht sie, sondern nur deren Teilnehmer die geheime Information, sodass sie **keine** eigene Verletzungshandlung vornehmen. Inhaltsbezogen ohne eigene täterschaftliche **Zugriffe** und Kenntnisse verwirklichen sie solche nur, wenn sie selbst für eigene Zwecke auf das betreffende Geheimnis zugreifen, es verwenden oder publizieren. In Ermangelung dessen trifft sie keine Nachforschungspflicht (→ § 6 Rn. 46), zumal sie gem. § 7 TMG nicht als Garanten fremder Kommunikation agieren.[310]

dd) Der Makel des Geheimnishehlers: Eigenes Wissen(müssen) der fremden Vortat

(1) Der Hintergrund des zusätzlichen Wissenselements

123 Das vierte und letzte ist das mit Abstand wichtigste Merkmal der von § 4 Abs. 3 Satz 1 verbotenen Geheimnishehlerei. Seine nachgeradezu zentrale Bedeutung re-

---

309 BeckOK GeschGehG/*Hiéramente*, § 4 Rn. 72; Büscher/*McGuire*, § 4 GeschGehG Rn. 36; H/O/K/*Ohly*, § 4 Rn. 46; K/B/F/*Alexander*, § 4 GeschGehG Rn. 67 f.; MK-UWG/*Namysłowska*, Geschäftsgeheimnis-RL Art. 4 Rn. 20.
310 Zum Ganzen wie hier H/O/K/*Ohly*, § 4 Rn. 47.

sultiert aus dem Umstand ansonsten fehlender Unlauter- und Rechtswidrigkeit, lässt sich doch beides nicht per se jedem zuvorigen Erwerbsvorgang attestieren: Einer fremdvermittelten Information ist weder deren Geheimheit, Geheimhaltung oder Wertigkeit, ihrer Inempfangnahme weder eine Übermittlung noch das Befugnisspektrum etwaiger Distributoren automatisch und zuverlässig zu entnehmen.[311]

Zur **Vermeidung** einer bereits angesichts der übereinstimmend als unpassend bezeichneten immaterialgüterrechtlichen Ausgestaltung des Geschäftsgeheimnisschutzes eigentlich schon ausgeschlossenen Konstruktion eines **erga omnes-Schutzes**[312] bedurften daher Richtlinien- wie Gesetzgeber eines weiteren gewichtigen Aspekts, um ein ähnliches Schutzkonzept etablieren zu können. Diese Funktion wurde in Anlehnung an Fn. 10 zu Art. 39 Abs. 2 TRIPS einem subjektiven **Wissensmoment** zugewiesen[313] und in Art. 4 Abs. 4 u. 5 sowie in § 4 Abs. 3 Satz 1 u. 2 als ein „Wissen oder Wissenmüssen" auf der Tatbestandsebene implementiert,[314] das auf den Zeitpunkt der eigenen Verletzungshandlung bezogen ist. Dies umfasst auch den **anfänglich gutgläubigen Täter** (Empfänger, Nutzer oder Offenleger), der nachträglich von dem Geheimnisherrn oder einem Dritten Aufklärung über das bemakelte Vorverhalten seines Kenntnismittlers erhalten hat.[315] Ihm verbleiben aber etwaige Haftungsbegrenzungen der §§ 9 und 11 entsprechend den dortigen Voraussetzungen (→ § 9 Rn. 28, § 11 Rn. 2, 17, 24).

124

(2) Die „Wissensformen": Vorsatz und Fahrlässigkeit

Beide Vorschriften, die unionsrechtliche wie die bundesdeutsche, rekurrieren mit ihrer Bezugnahme auf das Wissen oder Wissenmüssen auf tradierte Rechtstermini, die gemeinhin mit den bekannten Bezeichnungen Vorsatz und Fahrlässigkeit bzw. positive Kenntnis und fahrlässige Unkenntnis umschrieben werden.[316] Diese Anknüpfung ist gleich in zweifacher Hinsicht bemerkenswert, da der Vorsatz seines voluntativen Elements zu entkleiden[317] wie auch die begriffliche Gleichsetzung der **Ausdeutung** der Fahrlässigkeit mit der verbreiteten Unterscheidung von grober und leichter **Fahrlässigkeit** belastet ist: Wird im Gefolge von Fn. 10 zu Art. 39

125

---

311 Büscher/*McGuire*, § 4 GeschGehG Rn. 38. Auf das Paradebeispiel Zufallsfund oder –zeuge ist verwiesen (→ Rn. 41). Für eine „Gleichstellung" früherer entsprechender Altfälle drittverletzender Personen *Hoppe/Oldekop*, GRUR-Prax 2019, 324, 326; K/B/F/*Alexander*, § 4 GeschGehG Rn. 69.
312 Vgl. Erwgrd. 16 RL und BT-Drs. 19/4724, S. 20 (Alternativen), S. 25 (§ 3 Abs. 1 Nr. 1 u. 2) und S. 26 (§ 4).
313 Erwgrd. 30 RL und BT-Drs. 19/4724, S. 27 (§ 4 Abs. 1 Nr. 2).
314 Zutreffend betont von Büscher/*McGuire*, § 4 GeschGehG Rn. 38, in der Gesetzesbegründung jedoch als „Wissenkönnen" benannt; vgl. BT-Drs. 19/4724, S. 28 (§ 4 Abs. 3).
315 *Baranowski/Glaßl*, BB 2016, 2563, 2565 f.; BeckOK UWG/*Barth*, § 4 GeschGehG Rn. 56; Büscher/*McGuire*, § 4 GeschGehG Rn. 37, 39 f.; H/O/K/*Ohly*, § 4 Rn. 48; *Hoppe*/Oldekop, Kap. 1 Rn. 533; K/B/F/*Alexander*, § 4 GeschGehG Rn. 73; *Wiese*, § 4 Rn. 116 f.
316 Vgl. nur BeckOK GeschGehG/*Hiéramente*, § 4 Rn. 73 f.; BeckOK UWG/*Barth*, § 4 GeschGehG Rn. 54; H/O/K/*Ohly*, § 4 Rn. 45; K/B/F/*Alexander*, § 4 GeschGehG Rn. 70; *Reinfeld*, § 2 Rn. 64; *Wiese*, S. 113.
317 Zutreffend hervorgehoben von BeckOK UWG/*Barth*, § 4 GeschGehG Rn. 54.

§ 4 Handlungsverbote

Abs. 2 TRIPS das Wissenmüssen synonym als grobe Fahrlässigkeit verstanden, wird die leichte Fahrlässigkeit ausgeschlossen, die andere Kommentatoren (über § 276 Abs. 2 BGB) dagegen auch miteinbezogen sehen wollen.[318] **Entschärft** wird der Streit um die richtige Ausdeutung, wenn die in Art. 4 Abs. 4 RL aufgegebene „Umstand-Beachten"-Pflicht auch in § 4 Abs. 3 Satz 1 transferiert und für Verdachtsfälle um weitere Nachforschungspflichten ergänzt wird.[319] So sehr diese Anpassung auch sachlich zu begrüßen ist, so sieht sie sich doch einem gewichtigen Manko ausgesetzt – der Postulierung übermäßiger Prüfungspflichten.

(3) Die fragwürdigen Prüfungspflichten

126 Ungeachtet der Probleme ihrer inhaltlichen wie umfänglichen Bestimmung – aussagekräftige Einzelfaktoren lassen sich mittelfristig durch entsprechende Empfehlungen von Verbänden, durch Branchen- und Marktuntersuchungen sowie einschlägige Entscheidungen sicherlich schrittweise aufdecken und präzisieren[320] – bedarf ihre Etablierung vornehmlich aber auch einer materiell tragfähigen **Fundierung**. Begründung, Begrenzung und Umsetzung von Pflichten sind ungeachtet jeder Fahrlässigkeitsform ebenso wie beim Vorsatz immer materiell objektiv wie individuell-situativ darzulegen. Nur mit der Zentrierung auf „gegebene Umstände" oder Erwartungen sind deren rechtliche Existenz und Anerkennung nicht dargetan.

127 Dies ist umso misslicher, weil situative Erkundigungs-, Überprüfungs- und Rücksichtnahmepflichten nicht nur den Empfänger, sondern auch die gerne apostrophierte „Gemeinfreiheit" der Information[321] im Geheimnisschutz durchaus belasten. Folgen wie ein reduzierter Informationsaustausch sowie hohe Haftungs- und Kostenrisiken bei etwaigen Einstellungen, Kooperationen und Lieferketten können nämlich Innovation, Effektivität und Synergien nachhaltig bremsen. Zudem bleibt eine Besonderheit des inhaltsbeschränkten „relativen" Informationseigentums an Geschäftsgeheimnissen unbeachtet: Jenseits einer an bestimmte eigene subjektive und objektive Tatvorgaben (ggf. auch drittseitig verwirklicht) gebundenen Prüfungspflicht gibt es **keine rechtliche Prüfungspflicht** der Informanden hinsichtlich der Nutzungs- oder Offenlegungsbefugnisse der „vorbesitzenden" Informanten. Wer nicht vorab weiß, wann und warum er bei wem auf was zu achten hat, muss

---

318 Vgl. etwa (contra) MK-UWG/*Namysłowska*, Geschäftsgeheimnis-RL Art. 4 Rn. 21; *Wiese*, S. 116 ff.; gegenteilig (pro) BeckOK UWG/*Barth*, § 4 GeschGehG Rn. 55; H/O/K/*Ohly*, § 4 Rn. 45; *Ohly*, GRUR 2019, 441, 447; *Hoeren/Münker*, CCZ 2018, 85, 86; *Hoppe*/Oldekop, Kap. 1 Rn. 531; K/B/F/*Alexander*, § 4 GeschGehG Rn. 70; *Reinfeld*, § 2 Rn. 64; *Witt/Freudenberg*, WRP 2014, 374 Rn. 41, 48.
319 BeckOK GeschGehG/*Hiéramente*, § 4 Rn. 73.1; BeckOK UWG/*Barth*, § 4 GeschGehG Rn. 55; H/O/K/*Ohly*, § 4 Rn. 45; *Hoppe*/Oldekop, Kap. 1 Rn. 532; K/B/F/*Alexander*, § 4 GeschGehG Rn. 71; *Leister*, GRUR-Prax 2020, 145, 146 f.; *Ohly*, GRUR 2019, 441, 447; *Reinfeld*, § 2 Rn. 64.
320 Erste Faktoren wie höherer Geheimniswert, unübliche Weitergaben, erwartbarer (?) Kenntnishorizont und Empfängerobolus benennt H/O/K/*Ohly*, § 4 Rn. 45; *Ohly*, GRUR 2019, 441, 447.
321 Deutlich in den Vordergrund gestellt von Art. 1 Abs. 2 lit. a, Art. 5 lit. a–b RL und § 1 Abs. 3 Nr. 2, § 5 Nr. 1.

als Informationsempfänger permanent über Zuflussrisiken reflektieren, deren Realisierungschancen er beurteilen können muss, um eigene Haftungs- und Nachforschungsrisiken zu vermeiden. Werden aber Eigenständigkeit des rechtlichen Geheimnisschutzes und allgemeine Informations- und Kommunikationsfreiheit zugunsten einer einfachen Fahrlässigkeit eingeebnet, unterstellen sie einen entsprechenden tatsächlich geübten Standard, nehmen beiden Seiten ihre praktische Konkordanz und schaffen letztlich materiell ein dem Sacheigentum bzw. dem Patent- und Urheberrecht nachempfundenes Informationseigentum **erga omnes**.[322]

Eine solche Ausrichtung an den Parallelregelungen des rechtlich zugeordneten Immaterialgüterrechts konstituiert eine fragwürdige „Verdinglichung",[323] die zur allseits angenommenen wesensmäßigen Eigenartig- und Eigenständigkeit des Geheimnisschutzes in offenem Selbstwiderspruch steht. Nicht nur strafrechtssystematisch ist bei relativen Rechten wie Geschäftsgeheimnissen die Konstruktion einer einfach-fahrlässigen „Anschlusstat" schwerlich zu akzeptieren. Es bedarf einer nachvollziehbaren Begründung, warum dieses unter der Geltung des Art. 4 Abs. 4 RL nicht gelten sollte – Geschäftsgeheimnisse sind auch dort anerkanntermaßen keine Immaterialrechtsgüter. Ohne empirisch bestätigte „Verkehrsusancen" oder gesetzliche Vorgaben wie zB in § 10 GwG konstatieren derartige Ansätze Realitäten, die den Informanden (vorgeblich über sich selbst, verdeckt aber primär) als Kontrolleur seiner Informanten ansehen. Fehlen ihm jedoch verlässliche Anhaltspunkte für einen dahingehenden Anlass, ist erst ihrer Aufdeckung und Festsetzung in objektiv erkennbar verdachtsbegründenden Fällen die Aufmerksamkeit zuzuwenden. Andernfalls droht nicht nur eine Überspannung seiner Fähigkeiten, eine derart weite Verpflichtung konterkariert auch die ansonsten (ua. in § 3 Abs. 1 Nr. 2) angestrebte Anlehnung an das Sacheigentum.[324] Wenn überhaupt, dann ist allein eine **Anlehnung** an den Haftungsmaßstab des **§ 990 Abs. 2 BGB sachangemessen**, der sich an den dortigen Gegebenheiten orientiert. Eine Präferenz der einfachen Fahrlässigkeit droht sich in einer Vielzahl unübersichtlicher und ungleichgewichtiger Einzelfaktoren zu verlieren, deren faktische Austarierung sich praktisch in einer bloßen Addition erschöpfen wird.

128

(4) Das Zusatzproblem (potenzielles) Rechtswidrigkeitsbewusstsein

Neben der Fahrlässigkeitsfrage bieten die Geheimnishehlereien des § 4 Abs. 3 ein weiteres Sonderproblem, das aus der Konstruktionsform dieser „Anschlusstat" (→ Rn. 116) resultiert – das erweiterte **Rechtswidrigkeitsbewusstsein** des „Zweittäters". Im Gegensatz zum „einfachen" Geheimnisverletzer wie dem Erwerber, Nutzer oder Offenleger eigenerlangter Geheimnisse, dessen festzustellende Rechts-

129

---

[322] Gegen ein solches überzeugend *Drexl et al.*, GRUR Int. 2016, 914 Rn. 5 ff.; s. auch bereits *Brammsen*, DÖV 2007, 10, 11 f., 15.
[323] Dazu *Dorner*, S. 171 ff., 406 ff., 513 f.; s. auch *McGuire*, GRUR 2016, 1000, 1003 ff.
[324] Zu den parallelen Schwierigkeiten einer einheitlichen inhaltlichen Bestimmung neuer gesetzlicher Sorgfaltsmaßstäbe prägnant am Beispiel des geplanten „Lieferkettengesetzes" *Keilmann/Schmidt*, WM 2021, 717, 720 f.

§ 4 Handlungsverbote

verletzung (→ § 2 Rn. 151 ff.) keiner subjektiven Komponenten bedarf, muss sich nämlich das tatbestandliche Wissen(müssen) des „Zweittäters" auch auf die rechtswidrige Vortat des Wissensmittlers **erstrecken**: Nur wenn er weiß oder wissen musste, dass der Ersttäter fahrlässig oder vorsätzlich rechtswidrig gehandelt hat, nur dann ist er selbst als Geheimnishehler zu qualifizieren.[325]

130 Gemeinhin sind mit der Ermittlung des entsprechenden Hehlerbewusstseins keine großen Schwierigkeiten verbunden, insbesondere wenn beide Personen bis zur Vermittlung des Geheimnisses zuvor in längeren Geschäftsverbindungen oder Kontakten gestanden haben, die dem Empfänger einen Einblick in das Geschäftsfeld seines Informanten und dessen Umgang mit fremden Betriebsinterna eröffnen konnten. Allerdings kann es durchaus auf Seiten des Hehlers zu **Fehleinschätzungen** hinsichtlich der drittseitigen Tatumstände kommen, deren Vermeidung ihm unverschuldet und unvermeidbar war. Dies betrifft vor allem jene nicht einmal so seltenen Fallkonstellationen der **irrtümlichen Annahme** eines fremdseitig befugten bzw. gerechtfertigten Verhaltens gem. § 3, aber auch die verfehlte Vorstellung einer dort gem. § 5 gegebenen Haftungsfreistellung eines vermeintlichen Whistleblowers, Journalisten oder Arbeitnehmers.[326] In allen ist mit der fehlgehenden Einschätzung des erlaubten Vorverhaltens der Mangel eines entsprechenden (potenziellen) Rechtswidrigkeitsbewusstseins auf Seiten des Geheimnishehlers gemeinsam.

ee) Exemplifikation

131 **Verboten** ist [bei entsprechenden eigenem Wissen(müssen)] jeglicher eigene Umgang mit von dritter Seite verletzten Geheimnissen wie beispielsweise das „Ausschlachten" verratener Geheimnisse durch vorzeitigen Eigenerwerb,[327] der Nachbau und Verkauf nachgemachter Bauteile nach Einreichung der fremden Pläne durch dritte Zulieferer,[328] das Übersenden von Kopien anonym zugesendeter geheimer Prüfungsberichte[329] oder die Entgegennahme und Weitergabe oder Nutzung drittseitig rechtswidrig erstellter Bauteile, Entsperrcodes,[330] Datenträger, Kopien oder Gerätschaften.[331] Vielgenannter **Standardfall** ist der Arbeitgeber, der über neue Mitarbeiter auf die geschützten Geheimnisse deren früherer Arbeitgeber zu-

---

325 K/B/F/*Alexander*, § 4 GeschGehG Rn. 72, der zutreffend auf Art. 4 Abs. 4 RL verweist: „... wusste oder ... hätte wissen müssen, dass ... (die) andere Person ... rechtswidrig ... genutzt oder offengelegt hat".
326 Wie hier K/B/F/*Alexander*, § 4 GeschGehG Rn. 72.
327 ZB vom Inserenten vor Veröffentlichung BayObLG, WRP 2001, 285 f.; zur gegenteiligen Variante eigener Vortat iSd. § 4 Abs. 2 Nr. 1 vgl. OLG Düsseldorf, AfP 1999, 75, 76.
328 OLG Jena, NJOZ 2016, 175 Rn. 85 ff., 95 ff.
329 In Anlehnung an LG München I, Urt. v. 16.12.2014 – 1 HK O 5769/14, juris Rn. 43.
330 OLG Karlsruhe, WRP 2016, 751 Rn. 29.
331 BayObLG, JR 1994, 289, 290; OLG Stuttgart, WRP 2019, 587 Rn. 61 (alle zu § 17 Abs. 2 Nr. 2 UWG aF).

rückgreift.³³² **Nicht** verboten ist (heute gem. § 5 Nr. 1) dagegen das Publizieren fremder, zu Themen besonderer öffentlicher Interessen verdeckt erfolgter Recherchen,³³³ der staatsseitige Ankauf und Gebrauch drittseitig entwendeter Bankkundendaten (heute gem. § 202d Abs. 3 StGB),³³⁴ der zeitweise Vertrieb nicht mit dem Vorwurf der Geheimnisverletzung belasteter Nachfolgeprodukte,³³⁵ der bestimmungsgemäße Gebrauch nicht offenkundig vorbenutzter geheimnisgeschützter Maschinen³³⁶ oder das Offenlegen militärischer Lageberichte (mangels Geheimhaltungsinteresse des Urhebers und praktischer Konkordanz).³³⁷

c) Die fremdtäterschaftlich vermittelte Produkthehlerei (§ 4 Abs. 3 Satz 2) – Das verbotene Nutzen rechtsverletzender Produkte

Die fremdtäterschaftlich vermittelte Produkthehlerei ist ein (auch den sog. mittelbaren Geheimnisverletzungen zugeordnete³³⁸) zu einer weiteren Anschlusstat (→ Rn. 116) verselbständigter Sonderfall, der im Rahmen einer rechtsverletzenden Produkterstellung oder Vertriebstätigkeit an ein zuvoriges verbotenes Erlangen, Nutzen oder Offenlegen fremder Geheimnisse anderer Personen anknüpft. Dem § 9 Abs. 1 Satz 2 Nr. 1 PatG³³⁹ und langjährig einschlägiger lauterkeitsrechtlicher Tradition folgend³⁴⁰ erfasst sie umsetzende Verwendungen wie das Erstellen und (str.)³⁴¹ den Absatz solcher Produkte, in denen ein solches Geheimnis rechtsverletzend eingesetzt bzw. eingebunden ist. Solches ist immer dann der Fall, wenn folgende, bedingt durch die Erstreckung auf eine weitere nachgeordnete „Verletzergruppe" um ein zusätzliches Konstituens ergänzte (nunmehr **fünf**) **Voraussetzungen** vorliegen: Der Täter muss ein fremdes Geheimnis empfangen haben (aa), das eine andere Person zuvor (nicht notwendig selbst) verbotenerweise genutzt oder (nicht notwendig ihm gegenüber) offengelegt (bb) sowie durch seine Aktivitäten Auswirkungen auf ein rechtsverletzendes Produkt entfaltet hat (cc), was er zum Zeitpunkt seines Nutzens durch deren Herstellen, Anbieten, Inverkehrbringen, Einführen, Ausführen oder Lagern (dd) entweder wusste oder wissen musste (ee). Auch hier ist wiederum eine sog. „Mitteilungs-, Übertragungs- oder Verletzungs-

132

---

332 Vgl. nur BGH, GRUR 2012, 1048 Rn. 17 – Movicol-Zulassungsantrag; BeckOK UWG/*Barth*, § 4 GeschGehG Rn. 50; Büscher/*McGuire*, § 4 GeschGehG Rn. 33; H/O/K/*Ohly*, § 4 Rn. 44; *Leister*, GRUR-Prax 2020, 145, 146 f.; *Reinfeld*, § 2 Rn. 61.
333 In Anlehnung an OLG München, NJW-RR 2004, 767, 769 – Themenplacement (zu § 17 Abs. 2 Nr. 2 UWG aF).
334 Dazu zuletzt *Rennicke*, wistra 2020, 135 ff.
335 Vgl. BGH, WRP 2018, 424 Rn. 21 – Knochenzement I.
336 In Anlehnung an BGH, Mitt. 2020, 458 Rn. 26 ff., 45 ff., 89 – Konditionierverfahren.
337 BGH, GRUR 2020, 853 Rn. 50 ff., 54 ff. – Afghanistan Papiere II.
338 Vgl. BeckOK UWG/*Barth*, § 4 GeschGehG Rn. 58; Büscher/*McGuire*, § 4 GeschGehG Rn. 41; K/B/F/*Alexander*, § 4 GeschGehG Rn. 60; *Reinfeld*, § 2 Rn. 62.
339 Zutreffend betont von H/O/K/*Ohly*, § 4 Rn. 49.
340 Vgl. nur RGZ 144, 41, 52 – Hosenträger; BGH, GRUR 1985, 294, 296 – Füllanlage; BGH, WRP 2008, 938 Rn. 9 ff. – entwendete Datensätze.
341 Kritisch zur bloßen Marketingverwendung mit erwägenswert geheimnisspezifischer Nutzungskausalität H/O/K/*Ohly*, § 4 Rn. 49, 53; *Ohly*, GRUR 2019, 441, 447.

§ 4 Handlungsverbote

kette" gegeben (→ Rn. 116) – gewissermaßen zeitlich wie handlungsmäßig verschoben und als selbstständige Erscheinungsform externalisiert.

aa) Der drittseitig vermittelte Geheimniserwerb

133 Wie die vorstehende fremdtäterschaftlich vermittelte Geheimnishehlerei, so bedarf ihr separiertes Gegenstück der verselbstständigten Produkthehlerei des Erhalts eines Geschäftsgeheimnisses. Insoweit ist auf die dortigen, hier gleichfalls zu beachtenden Ausführungen zu verweisen (→ Rn. 117), mit der Besonderheit, dass nunmehr ein von ihm empfangenes und genutztes Geheimnis quasi verdeckt Eingang in ein rechtsverletzendes Produkt gefunden haben muss. Der Empfänger darf also weder der Geheimnisinhaber noch dessen nutzungsbeschränkter Geheimnisträger sein.

bb) Das verbotswidrige Nutzen oder Offenlegen eines Wissensmittlers

134 Auch im Hinblick auf das zweite Erfordernis des von einem verbotswidrig handelnden Wissensdistributor erhaltenen Geheimnisses ist auf die vorstehenden Ausführungen zur fremdtäterschaftlich vermittelten Geheimnishehlerei des § 4 Abs. 3 Satz 1 vollinhaltlich zu verweisen (→ Rn. 118 ff.). Der Geheimniserhalt des Produkthehlers muss demgemäß ebenfalls einem Nutzer oder Offenleger iSd. Abs. 2 Nr. 2 oder 3, dh. einer (auch juristischen) Person als **einschlägigem Rechtsverletzer** entstammen. Gleiches gilt auch hinsichtlich eventueller Einbeziehung (un-)eingeweihter **Hilfspersonen** und/oder gutgläubiger vorgängiger **Eigenerwerber** sowie etwaiger makelfreier Übermittlungen.

cc) Die Verletzungshandlung des Erwerbers: Nur „Nutzen"

135 Liest man die Vorschrift des § 4 Abs. 3 Satz 2 „untechnisch" bzw. ohne nennenswert vertieftes Rechtsverständnis, so muss der Produkthehler für eine Verbotsverletzung **selbst** das von einem Vortäter verbotswidrig genutzte oder offengelegte Geschäftsgeheimnis tatsächlich bei einem rechtsverletzenden Produkt **erlangt**, **genutzt** oder **offengelegt** haben. Diese Ausdeutung kontrastiert in inhaltlicher **Abweichung** zur Vorgaberegelung des **Art. 4 Abs. 5 RL**: Während Letztere nur ein bestimmt geartetes Nutzen untersagt, verbietet Erstere über das einleitende „Das gilt insbesondere," auch das zuvor in § 4 Abs. 3 Satz 1 einführend benannte „Ein Geschäftsgeheimnis darf nicht erlangen, nutzen oder offenlegen" scheinbar gleichermaßen alle zuvor erwähnten Zugriffsarten, für das Nutzen allerdings nur für sechs anschließend exemplarisch besonders hervorgehobene Ausführungsweisen. Offensichtlich ist hier die sprachliche Ausformung des der Umsetzung bedürftigen Inhalts misslungen.[342]

---

342 Kritisch auch BeckOK UWG/*Barth*, § 4 GeschGehG Rn. 58; Büscher/*McGuire*, § 4 GeschGehG Rn. 41 ff.; H/O/K/*Ohly*, § 4 Rn. 50; K/B/F/*Alexander*, § 4 GeschGehG Rn. 74.

Sachlich kann einer solchen Normdeutung zwar kein Verstoß gegen das Richtlinienrecht des Art. 4 Abs. 5 vorgehalten werden, widerspricht die Vorschrift als weitergehender nationaler Rechtsschutz doch nicht den Kompetenzvorgaben der Mindestharmonisierung in Art. 1 Abs. 1 Satz 2. Ihr ist aber eine Überschreitung immaterialgüterrechtlicher Grenzen entgegenzuhalten, beschränkt sich doch die „Vorbildnorm" des § 9 Abs. 1 Satz 2 Nr. 1 PatG allein auf das Verbot „produkthehlerischen" Nutzens: Zumindest seine Erweiterung um andere Verletzungshandlungen wie das Erlangen und Offenlegen überschreitet die materielle Nachordnung des Geschäftsgeheimnisses, da andernfalls der Schutz eines selbst erkannten rechtlichen „Minus"[343] demjenigen eines rechtlichen „Major" angenähert werden würde.[344] Verkannt wird darüber hinaus, dass § 4 Abs. 3 Satz 2 anders als die in Bezug genommene Geheimnishehlerei des § 4 Abs. 3 Satz 1 mit den Produkthehlern eine andere **zweite „Hehlerebene"** erfasst, dh. der vorstehenden Geheimnishehlerei materiell nachgeordnet und zudem auch ohne eigene Kenntnisträgerschaft begehbar ist. Erstere kann allein schon deshalb kein Unter- oder Beispielsfall Letzterer sein.[345] Die formallogische Verknüpfung beider Delikte trägt nicht, sie verstellt sich selbst ihre etwaige Anerkennung. 136

§ 4 Abs. 3 Satz 2 konstituiert mithin keine Verbote für das Erlangen oder Offenlegen des Produkthehlers, verboten ist **allein** ein **besonderes Nutzen** durch Erstellung oder Vertrieb rechtsverletzender Produkte mittels bestimmter Vollzugsweisen. Genügt ein Verhalten diesen Anforderungen nicht, ist es dem Handelnden mangels geeigneter Tathandlung verschlossen: Wer andere Zugriffsweisen verübt, mag zwar ein wie auch immer vermitteltes Geheimnis verletzen, ein Rechtsverletzer iSd. § 4 Abs. 3 Satz 2 ist er ebenso wenig wie ein dem Grundsatz von Treu und Glauben oder den anständigen Marktgepflogenheiten entsprechender Akteur. Gleiches gilt für sog. **Intermediäre**: In Inhalt und Ablauf fremder Produktions- oder Vertriebsprozesse **nicht** eingebunden, nutzen nur deren Akteure die geheime Information, sodass sie keine eigene Verletzungshandlung vornehmen. Auf die sinngemäß gleichfalls geltenden Ausführungen zur Geheimnishehlerei des § 4 Abs. 3 Satz 1 ist verwiesen (→ Rn. 122). 137

dd) Das enumerative „Nutzen" durch Herstellen, Anbieten usw. rechtsverletzender Produkte

Verboten ist die Produkthehlerei des Abs. 3 Satz 2 nur für einen bestimmten Umgang bzw. Zusammenhang mit rechtsverletzenden Produkten (→ § 2 Rn. 159 ff.). 138

---

343 „Kein Exklusivschutz"; vgl. Erwgrd. 16 RL und BT-Drs. 19/4724, S. 20 (Alternativen), S. 25 (§ 3 Abs. 1 Nr. 1 u. 2) und S. 26 (§ 4).
344 Für eine (1–2monatige) Frühphase nach Patentanmeldung (§ 32 PatG) ließen sich entsprechende Verbote auch für ein Immaterialgüterrecht erwägen. Die momentane Begrenzung des Rechts- auf den Nutzungsschutz ist dem Patent- bzw. Immaterialgüterrecht keineswegs zwingend materiell vorgegeben: Einsichts- und Umgangsrechte lassen sich etwa aus kollektiven Innovationsinteressen auch an entsprechende Enthaltungspflichten knüpfen.
345 BeckOK GeschGehG/*Hiéramente*, § 4 Rn. 76 f.; BeckOK UWG/*Barth*, § 4 GeschGehG Rn. 58; Büscher/*McGuire*, § 4 GeschGehG Rn. 41 f.; H/O/K/*Ohly*, § 4 Rn. 50; K/B/F/*Alexander*, § 4 GeschGehG Rn. 62, 74.

§ 4 Handlungsverbote

Erfasst sind lediglich **sechs** enumerativ benannte **Handlungen**, deren Vollziehung als eigenständige weitere mittelbare Nutzung eines „bemakelten", dh. von einer anderen Person entgegen § 4 Abs. 2 genutzten oder offengelegten fremden Geheimnisses angesehen wird: Das Herstellen, Anbieten und Inverkehrbringen bemakelter Produkte sowie deren Einführen, Ausführen und Lagern zum Zwecke der vorstehend benannten Handlungen. Werden sie im objektiven Zusammenhang mit bzw. in Bezug auf die bemakelten Produkte erbracht, so ist damit eine Nutzung iSd. Produkthehlerei bewerkstelligt.[346]

139 Die Bestimmung der einzelnen Begriffe und ihre Exemplifikation kann sich durchgängig an den Ausdeutungen zur Parallelregelung des § 9 Abs. 1 Satz 2 Nr. 1 PatG orientieren, die inzwischen umfangreiche Kommentierungen gefunden hat. Auf sie ist vertiefend verwiesen:[347]

– **Herstellen** ist das Anfertigen, Erstellen oder Fabrizieren eines Produkts in einem, mehreren oder vielen aufeinander abgestimmten Schritten. Einbezogen sind zweckgerichtete Mitwirkungen, Anleitungen oder Überwachungen Dritter sowie der vorab geplante Zusammenbau mehrerer Komponenten zu einem Gesamtprodukt, während bloße Vorbereitungshandlungen (Planungen, Zeichnungen), das Erzeugen allgemein verwendbarer Bestandteile, Reparaturen oder Um- bzw. Zusatzeinbauten nicht ausreichen;[348]
– **Anbieten** ist jede vertriebsbezogene Absatzwerbung (auch Leasing, Miete) in Wort, Bild, Prospektverteilung oder Vorführung einschließlich etwaiger Anfragen, Offerten, der invitatio ad offerendum und Präsentationen (nicht von Produktstudien oder Prototypen[349]).[350] Obwohl häufig (aber nicht zwingend) eine Vorstufe des nachfolgenden Inverkehrbringens, ist es irrelevant, ob das angebotene Produkt überhaupt schon existiert und verkehrs- oder lieferfähig ist.[351] Schwierigkeiten bereitet dagegen die Parallele zum Patentrecht bei Internetangeboten in fremdländischer Sprache und Auslieferung, wenn ein eindeutiger Inlandsbezug fehlt;[352]

---

346 H/O/K/*Ohly*, § 4 Rn. 54; K/B/F/*Alexander*, § 4 GeschGehG Rn. 80.
347 Vgl. etwa Benkard/*Scharen*, § 9 Rn. 32 ff.; Busse/*Keukenschrijver*, § 9 Rn. 44 ff.; *Kühnen*, Hdb. PatV, Kap. A Rn. 280 ff.; Schulte/*Rinken*, § 9 Rn. 54 ff.
348 Näher zum Ganzen Busse/*Keukenschrijver*, § 9 Rn. 44 ff.; *Kühnen*, Hdb. PatV, Kap. A Rn. 281 ff.; Schulte/*Rinken*, § 9 Rn. 54 ff., alle mwN.
349 BGH, GRUR 2017, 793 Rn. 25 ff. – Mart-Stam-Stuhl; *Kühnen*, Hdb. PatV, Kap. A Rn. 309; Schulte/*Rinken*, § 9 Rn. 63, 65.
350 BGH, NJW 1960, 1154, 1154 f. – Kreuzbodenventilsäcke I; BGH, GRUR 2016, 197 Rn. 46 – Bounty; Busse/*Keukenschrijver*, § 9 Rn. 52; H/O/K/*Ohly*, § 4 Rn. 52; K/B/F/*Alexander*, § 4 GeschGehG Rn. 77; *Kühnen*, Hdb. PatV, Kap. A Rn. 297, 299, 311 ff.; Schulte/*Rinken*, § 9 Rn. 61 f.
351 OLG Düsseldorf, ECLI:DE:OLGD:2015:0611.I2U64.14.00, Rn. 114 – Verbindungsstück; Mitt. 2017, 454, 456 f. – Dampftrocknungsanlage; *Kühnen*, Hdb. PatV, Kap. A Rn. 298; Schulte/*Rinken*, § 9 Rn. 64 mwN; aA etwa RGSt 11, 241, 242.
352 Beispiel in Anlehnung an Schulte/*Rinken*, § 9 Rn. 75: Das europäische Marketingbüro S bewirbt für den asiatischen Automobilhersteller N in dessen Heimatsprache das neuartige Wasserstoffmodell, das ihm der Konstrukteur des deutschen Konkurrenten D offengelegt hat, für eine weltweite Auslieferung. S erkennt seinen „Fehler", lässt die erfolgreiche Kampagne aber wei-

IV. Die einzelnen Handlungsverbote § 4

- **Inverkehrbringen** ist das „In-den-Markt-bringen" von Produkten unter Verlust der wirtschaftlichen Kontrolle bzw. Verfügungsgewalt[353] durch Verkaufen, Vermieten oder Verschenken (zu Werbezwecken), nicht jedoch bloßes Anbieten, konzerninterner Vertrieb, das Verteilen von Proben oder die Transitdurchfuhr mit permanentem Zollverschluss.[354] Die Initiierung kann durch den Inhaber selbst (auch konkludent), verbundene Gesellschaften, mit Zustimmung auch durch Dritte sowie durch Lizenznehmer oder Alleinvertriebsunternehmen erfolgen;[355]
- **Einführen** ist das objektiv zweckgeleitete grenzüberschreitende Verbringen von Gütern unter Einhaltung des Zollrechts vom Aus- zum Verbleib ins Inland.[356] Etwaige Grenzbeschlagnahmen sind unbeachtlich, ein Zolllagerverfahren hingegen hinderlich,[357] sog. Durchführen sowie die Ein- oder Ausfuhr von Verbrauchern ebenso wenig erfasst wie ein entsprechender Transport von Frachtführern, Lagerhaltern oder Spediteuren;[358]
- **Ausführen** ist das Antonym zum Einführen, dh. der objektiv zweckgeleitete Import von Gütern unter Einhaltung des Zollrechts vom In- zum Verbleib ins Ausland.[359] Für den Begriff gilt das vorstehend Gesagte entsprechend;
- **Lagern** ist das gleichfalls objektiv zweckgeleitete Inempfangnehmen, Aufbewahren und Herausgeben von sachgemäß in ihrem gegebenen (oder verbesserungsbedürftigen) Seinszustand zu erhaltenden körperlichen oder unverkörperten Gütern.[360] Gemeinhin, aber nicht zwingend ausgeübt von gewerblichen Frachtführern (§ 407 HGB), Lagerhaltern (§ 467 HGB) oder Spediteuren (§ 453 HGB) als unmittelbare Besitzer, üben Lagernde die tatsächliche Sachherrschaft im Interesse und für Dritte aus, denen das aufbewahrte Gut materiell zugeordnet ist bzw. als Empfänger herausgegeben werden soll.[361]

---

terlaufen. D klagt gegen S auf Unterlassung usw. Ausführlich auch *Kühnen*, Hdb. PatV, Kap. A Rn. 328 ff.
353 BGH, GRUR 2011, 820 Rn. 17 – Kuchenbesteck-Set; Busse/*Keukenschrijver*, § 9 Rn. 57; *Kühnen*, Hdb. PatV, Kap. A Rn. 338; Schulte/*Rinken*, § 9 Rn. 77 f.
354 EuGH, GRUR 2011, 1025 Rn. 71 f. – L'Oreal/eBay; EuGH, GRUR Int. 2012, 134 Rn. 55 – Philips und Nokia; BGH, GRUR 2016, 197 Rn. 46 – Bounty; GRUR 2015, 684 Rn. 27 ff. – STAYER; K/B/F/*Alexander*, § 4 GeschGehG Rn. 79; Schulte/*Rinken*, § 9 Rn. 78 f.
355 BGH, GRUR 2012, 928 Rn. 15 – Honda-Grauimport; OLG Düsseldorf, GRUR-RR 2018, 240 Rn. 15 – CIP-Klausel.
356 Einer entsprechenden subjektiven Ausrichtung seines Handelns bedarf es nicht; K/B/F/*Alexander*, § 4 GeschGehG Rn. 79 f.
357 BGH, GRUR 2018, 520 Rn. 18 f. – Mio Calvino; EuGH, GRUR 2011, 147 Rn. 18 – Canon/IPN Bulgaria.
358 Busse/*Keukenschrijver*, § 9 Rn. 62; H/O/K/*Ohly*, § 4 Rn. 52; *Kühnen*, Hdb. PatV, Kap. A Rn. 346; MK-UWG/*Namysłowska*, Geschäftsgeheimnis-RL Art. 4 Rn. 26; Schulte/*Rinken*, § 9 Rn. 81 f.
359 K/B/F/*Alexander*, § 4 GeschGehG Rn. 79 f.
360 K/B/F/*Alexander*, § 4 GeschGehG Rn. 79 f.
361 Zu ihren nur bei konkreten Verdachtsmomenten (zB Schutzrechtsverwarnung) gegebenen Prüfungspflichten BGH, GRUR 2009, 1142 Rn. 23 ff., 31 ff., 42 ff. – MP3-Player-Import; *Kühnen*,

§ 4 Handlungsverbote

ee) Der Makel des Produkthehlers: Eigenes Wissen(müssen) der fremden Vortat

140 Wie der Geheimnis-, so unterfällt auch der Produkthehler nur dann dem Verdikt eines Rechtsverletzers, wenn er zum Zeitpunkt seines Herstellens, Anbietens usw. wusste oder wissen musste, dass er durch (korrekter: bei) sein eigenes Verhalten ein von einer dritten Person verbotenerweise genutztes oder offengelegtes Geschäftsgeheimnis nutzt. Anders als bei der vorstehenden Geheimnishehlerei des § 4 Abs. 3 Satz 1 (→ Rn. 123 ff.) braucht dem Produkthehler allerdings nicht der Inhalt des von ihm bei seinem Herstellen, Anbieten usw. genutzten Geschäftsgeheimnisses bekannt gewesen sein – sein bloßer Einsatz bei seinem Erstellen bzw. Umgang mit dem rechtsverletzenden Produkt reicht aus.[362] Hinsichtlich der Anforderungen ist auf das zu Satz 1 Gesagte zu verweisen, das hier – auch hinsichtlich seines Rechtswidrigkeitsbewusstseins – entsprechend gilt (→ Rn. 129 ff.).[363]

ff) Exemplifikation

141 Als Produkthehlerei iSd. § 4 Abs. 3 Satz 2 **verboten** ist (bei entsprechenden eigenem Wissensstand) beispielsweise das Herstellen von Anlagen, Bauteilen, Pharmazeutika usw. nach den Anleitungen bzw. Vorgaben eines das involvierte Geheimnis unbefugt nutzenden oder offenlegenden Geheimnishehlers,[364] das Erbieten zur Lieferung nach Eintritt der Offenkundigkeit,[365] der Vertrieb, das Aufbewahren, der Export[366] und die Auslieferung eines fremdseitig erstellten rechtsverletzenden Produkts durch einen Händler oder Importeur.[367] **Nicht** verboten ist dagegen das Herstellen legaler Produkte nach dem zuvorigen Vertrieb rechtsverletzender Produkte,[368] das Herstelleranwerben allein mittels Vorlage von Zeichnungen,[369] der ordnungsgemäße Transit (→ Rn. 139),[370] die bloße Lagerung für Dritte ohne Verletzungskenntnis,[371] das Nutzen entwendeter Bankkundendaten seitens involvierter staatlicher Ankäufer zur Täterüberführung in anschließendem Steuer(straf)verfahren,[372] die irrtümliche Annahme einer gem. § 5 die Haftungsfreistellung eines

---

Hdb. PatV, Kap. D Rn. 374 f. Lagerung zu Vernichtungszwecken genügt nicht, K/B/F/*Alexander*, § 4 GeschGehG Rn. 80.
362 Büscher/*McGuire*, § 4 GeschGehG Rn. 42; K/B/F/*Alexander*, § 4 GeschGehG Rn. 74, 79.
363 S. auch K/B/F/*Alexander*, § 4 GeschGehG Rn. 81.
364 Vgl. BGH, GRUR 1979, 48, 49 f. – Straßendecke; BGH, WRP 2001, 1174, 1179 – Spritzgießwerkzeuge; H/O/K/*Ohly*, § 4 Rn. 49 mwN.
365 RG, GRUR 1943, 247, 248 f.
366 Er ist ein Inverkehrbringen im Inland; vgl. BGHZ 23, 100, 106.
367 K/B/F/*Alexander*, § 4 GeschGehG Rn. 74; *Wiese*, S. 114 ff.
368 Vgl. BGH, GRUR 2004, 941, 943 – Metallbett; aA noch zu § 17 Abs. 2 Nr. 2 UWG aF BGH, WRP 2018, 424 Rn. 21 und 429 Rn. 18 – Knochenzement I und II (abl. wie hier auch H/O/K/*Ohly*, § 4 Rn. 54).
369 RGSt 11, 241, 242.
370 BGHZ 23, 100, 103, 106 f.
371 So zur Parallele im Markenrecht EuGH, WRP 2020, 707 Rn. 30 ff., 42 ff., 53.
372 § 202d Abs. 3 Satz Nr. 1 StGB stellt derartige Handlungen nunmehr haftungsfrei; Schönke/Schröder/*Eisele*, § 202d Rn. 16 mwN. Zur früheren gegenteiligen Einordnung unter Geltung des § 17 Abs. 2 Nr. 2 UWG aF statt vieler *Brammsen*, Lauterkeitsstrafrecht, § 17 Rn. 134 mwN.

vermeintlichen Whistleblowers, Journalisten oder Arbeitnehmers bewirkenden Aufgaben-, Interessen- oder Meinungswahrnehmung.[373]

V. Prozessuales

Verbotenes Erlangen, Nutzen oder Offenlegen von Geschäftsgeheimnissen sind anspruchsbegründende Rechtsverletzungen, deren Vorliegen vom Anspruchsteller unter Einbeziehung der jeweiligen Voraussetzungen des § 4 darzulegen und zu beweisen ist.[374] Dabei bedarf das verletzte Geheimnis nicht zwingend einer detaillierten Konkretisierung.[375] Etwaige gegenteilige Erlaubnisse sind rechtshindernde oder rechtsvernichtende Einwendungen, die von ihrem Befugnisträger zum Beweis seiner behaupteten Berechtigung darzulegen und zu beweisen sind.[376] Für die Sonderfälle der Haftungsfreistellungen bzw. Ausnahmen des § 5 gilt entsprechendes (→ § 5 Rn. 135 f.). Eine festgestellte längere Kontrollinhaberschaft (→ § 2 Rn. 148 ff.) kann auf welcher Seite auch immer ein recht verlässlicher Anscheinsbeweis mit der Folge gegebenenfallsiger sekundärer Darlegungslast sein.[377]

142

---

373 Wie hier K/B/F/*Alexander*, § 4 GeschGehG Rn. 72.
374 BeckOK UWG/*Barth*, § 4 GeschGehG Rn. 65; H/O/K/*Ohly*, § 4 Rn. 57; Hoppe/Oldekop/*Pichlmaier*, Kap. 3 Rn. 245 f.; K/B/F/*Alexander*, § 4 GeschGehG Rn. 83; Nebel/*Diedrich* § 4 Rn. 27.
375 Vgl. BGH, WRP 2018, 1329 Rn. 16 ff. – Hohlfasermembranspinnanlage II; BeckOK UWG/*Barth*, § 4 GeschGehG Rn. 66.
376 BeckOK UWG/*Barth*, § 4 GeschGehG Rn. 65.
377 BeckOK UWG/*Barth*, § 4 GeschGehG Rn. 65; zurückhaltender (speziell zur verbotenen Nutzung) Hoppe/Oldekop/*Pichlmaier*, Kap. 3 Rn. 247 ff.

§ 5 Ausnahmen

Die Erlangung, die Nutzung oder die Offenlegung eines Geschäftsgeheimnisses fällt nicht unter die Verbote des § 4, wenn dies zum Schutz eines berechtigten Interesses erfolgt, insbesondere

1. zur Ausübung des Rechts der freien Meinungsäußerung und der Informationsfreiheit, einschließlich der Achtung der Freiheit und der Pluralität der Medien;
2. zur Aufdeckung einer rechtswidrigen Handlung oder eines beruflichen oder sonstigen Fehlverhaltens, wenn die Erlangung, Nutzung oder Offenlegung geeignet ist, das allgemeine öffentliche Interesse zu schützen;
3. im Rahmen der Offenlegung durch Arbeitnehmer gegenüber der Arbeitnehmervertretung, wenn dies erforderlich ist, damit die Arbeitnehmervertretung ihre Aufgaben erfüllen kann.

Schrifttum: *Achenbach*, Zur Strafbarkeit von Betriebsratsmitgliedern, 2014; *Alexander*, Zwingendes oder dispositives Recht: Welchen privatautonomen Gestaltungsspielraum belässt das GeschGehG? WRP 2020, 1385; *ders.*, Geheimnisschutz nach dem GeschGehGE und investigativer Journalismus, AfP 2019, 1; *Apel/Boom*, Zur (Un-)Abdingbarkeit des § 5 GeschGehG – Fallstrick für NDAs?, GRUR-Prax 2020, 225; *Benz*, Die verfassungsrechtliche Zulässigkeit der Beleihung einer Aktiengesellschaft mit Dienstherrenbefugnissen, 1995; *Bergwitz*, Die Rechtsstellung des Betriebsrats, 2003; *Bosesky*, Privatisierung und Informationszugang, 2018; *Brammsen*, Die EU-Know-how-Richtlinie 943/2016, §§ 17 ff. UWG und das geplante Geschäftsgeheimnisstrafrecht (§ 23 GeschGehG-RegE), wistra 2018, 449; *ders.*, Einverständnis und Einwilligung, in: FS Yamanaka, 2017, S. 3; *ders.*, Anzeige von Kartellverstößen im Widerstreit mit dem Schutz von Unternehmensgeheimnissen, in: Forschungsinstitut für Wirtschaftsverfassung und Wettbewerb (Hrsg.), Schwerpunkte des Kartellrechts 1992/93, 1994, S. 77; *ders.*, Die Entstehungsvoraussetzungen der Garantenpflichten, 1986; *Brockhaus*, Das Geschäftsgeheimnisgesetz. Zur Frage der Strafbarkeit von Hinweisgebern unter Berücksichtigung der Whistleblowing-Richtlinie, ZIS 2020, 102; *Brost/Hassel*, Die Beweiskraft anonymer Informanten im Presserecht, NJW 2021, 1351; *Brost/Wolsing*, Presserechtlicher Schutz vor der Veröffentlichung von Geschäftsgeheimnissen, ZUM 2019, 898; *Brungs*, Whistleblowing, 2016; *Buchert*, Der Irrweg der EU-Kommission – Zu den Überlegungen über die Einführung einer staatlichen Whistleblower-Prämie, CCZ 2013, 144; *Bühler*, Das Integrative der Verfassung, 2011; *Bürkle*, Whistleblowerschutz bei „unethischem" Verhalten?, CCZ 2018, 193; *v. Busekist/Racky*, Hinweisgeber- und Geschäftsgeheimnisschutz – ein gelungener Referentenentwurf? ZRP 2018, 135; *Camilo de Oliveira*, Zur Kritik der Abwägung in der Grundrechtsdogmatik, 2013; *Dann/Markgraf*, Das neue Gesetz zum Schutz von Geschäftsgeheimnissen, NJW 2019, 1774; *Dederer*, Korporative Staatsgewalt, 2004; *Detjen*, Die Werteordnung des Grundgesetzes, 2009; *Di Fabio*, Privatisierung und Staatsvorbehalt, JZ 1999, 585; *Dilling*, Der Schutz von Hinweisgebern und betroffenen Personen nach der EU-Whistleblower-Richtlinie, CCZ 2019, 214; *Droege*, Gemeinnützigkeit im offenen Steuerstaat, 2010; *Dzida/Granetzny*, Die neue EU-Whistleblowing-Richtlinie und ihre Auswirkungen auf Unternehmen, NZA 2020, 1201; *Erlebach/Veljovic*, Strafrechtliche Einordnung des § 5 GeschGehG, wistra 2020, 190; *Eufinger*, EU-Geheimnisschutzrichtlinie und Schutz vor Whistleblowern, ZRP 2016, 229; *Foitzik/Poschitz*, Die Bedeutung des Zeugen vom Hörensagen im Kontext des

Know-How-Schutzes, GWR 2016, 499; *Fuhlrott*, Geschäftsgeheimnisschutz durch arbeitsrechtliche Sicherungsmaßnahmen, ArbRAktuell 2020, 79; *Gerdemann*, Transatlantic Whistleblowing, 2018; *ders.*, Revolution des Whistleblowing-Rechts oder Pfeifen im Walde?, RdA 2019, 16; *Gerdemann/Spindler*, Die Europäische Whistleblower-Richtlinie und ihre Folgen für das deutsche Gesellschaftsrecht, ZIP 2020, 1896; *Gramlich/Lütke*, Schutz von Hinweisgebern und betroffenen Personen im GeschGehG und in der Hinweisgeber-Richtlinie, wistra 2020, 354; *dies.*, § 5 Nr. 2 GeschGehG – Ethisch motivierte Durchbrechung von Geschäftsgeheimnissen? wistra 2019, 480; *Gramm*, Privatisierung und notwendige Staatsaufgaben, 2001; *Granetzny/Krause*, Was kostet ein gutes Gewissen? – Förderung von Whistleblowing durch Prämien nach US-Vorbild?, CCZ 2020, 29; *Grosse*, Die geschichtliche Entwicklung der Betriebsratsmitbestimmung, in: Neck (Hrsg.), Wirtschaftsethische Perspektiven X, 2015, S. 243; *Groß/Platzner*, Whistleblowing: Keine Klarheit beim Umgang mit Informationen und Daten, NZA 2017, 1097; *Haas*, Private als Auskunftsverpflichtete nach den Umweltinformations- und Informationsfreiheitsgesetzen, 2013; *Häberle*, Die Gemeinwohlproblematik in rechtswissenschaftlicher Sicht, Rechtstheorie 14 (1983), S. 257; *Hauck*, Wirtschaftsgeheimnisse – Informationseigentum kraft richterlicher Rechtsbildung?, 1987; *Hegemann*, Die Früchte des verbotenen Baums: Investigative Recherche und die Verwertung rechtswidrig erlangter Informationen, AfP 2019, 12; *Hermes*, Die grundgesetzliche Zuordnung öffentlicher Angelegenheiten zu ihren originären Trägern in der verfassungsrechtlichen Ordnung von Staat und Gesellschaft, 1996; *Hertslet/Barsan*, Der Schutz von Whistleblowern in Frankreich, IWRZ 2018, 68; *Hiéramente/Golzio*, Die Reform des Geheimnisschutzes aus Sicht der Compliance-Abteilung – Ein Überblick, CCZ 2018, 262; *Hoeren/Münker*, Die EU-Richtlinie für den Schutz von Geschäftsgeheimnissen und ihre Umsetzung – unter besonderer Berücksichtigung der Produzentenhaftung, WRP 2018, 150; *Johnson*, Die Regelung zur Beweislastumkehr nach Maßgabe des Richtlinienentwurfs der EU-Kommission zum Schutz von Hinweisgebern – Quell eines institutionellen Rechtsmissbrauchs?, CCZ 2019, 66; *Kalbfus*, Die EU-Geschäftsgeheimnis-Richtlinie, GRUR 2016, 1009; *Kirste*, Die Realisierung von Gemeinwohl durch verselbstständigte Verwaltungseinheiten, in: Brugger/Kirste/Anderheiden (Hrsg.), Gemeinwohl in Deutschland, Europa und der Welt, 2002, S. 327; *Klaas*, Unternehmensinterne Verstöße und „Whistleblowing": Zum Grundrechtsschutz der Beteiligten und den Anforderungen an eine einfachrechtliche Regelung, CCZ 2019, 163; *Kolbe*, Mitbestimmung und Demokratieprinzip, 2013; *Koller*, Das Konzept des Gemeinwohls. Versuch einer Begriffsexplikation, in: Brugger/Kirste/Anderheiden (Hrsg.), Gemeinwohl in Deutschland, Europa und der Welt, 2002, S. 41; *Kreis*, Whistleblowing als Beitrag zur Rechtsdurchsetzung, 2017; *Krüper*, Gemeinwohl im Prozeß, 2009; *Leite*, Whistleblowing und das System der Rechtfertigungsgründe, GA 2021, 190; *Lutterbach*, Die strafrechtliche Würdigung des Whistleblowings, 2010; *Möllers*, Staat als Argument, 2000; *Niermann*, Der Whistleblower im Beamtenrecht, 2019; *Nöbel/Veljovic*, Strafbarkeitsrisiken des Whistleblowers in Deutschland, CB 2020, 34; *Oetker*, Neujustierung des arbeitsrechtlichen Schutzes von Geschäftsgeheimnissen vor Offenbarung durch das Unionsrecht, ZESAR 2017, 257; *Passarge*, Der Entwurf eines Gesetzes zum Schutz von Geschäftsgeheimnissen (GeschGehG) – Das Gegenteil von gut gemacht ist gut gemeint, CB 2018, 144; *Pfeifle*, Finanzielle Anreize für Whistleblower im Kapitalmarktrecht, 2016; *von der Pfordten*, Rechtsethik, 2. Aufl. 2011; *Pielow*, Grundstrukturen öffentlicher Versorgung, 2001; *Redder*, Der verfassungsrechtliche Schutz von Whistleblowern, 2020; *Reichold*, Der Schutz des Berufsgeheimnisses im Recht der Europäischen Union, 2014; *Reinbacher*, Der neue Straftatbestand des § 23 GeschGehG und das Whistleblowing, KriPoZ 2019, 148; *ders.*, Die Strafbarkeit des Whistleblowings nach § 17 UWG im Lichte der Geheimnisschutzrichtlinie, KriPoZ 2018, 115; *Reinhardt-Kasperek/Kaindl*, Whistleblowing und die EU-Geheimnisschutzrichtlinie – Ein Spannungsverhältnis zwischen Geheimnisschutz und Schutz der Hinweisgeber? BB 2018, 1332; *Rennicke*, Der An- und Verkauf steuerrelevanter Daten, wistra 2020, 135; *Rönnau*, Die Haftungsfreistellung des „Whistleblowers" nach § 5 Nr. 2 Ge-

§ 5 Ausnahmen

schGehG – eine gelungene Regelung?, in: FS Merkel, 2020, S. 909; *Sänger*, Whistleblowing in der börsennotierten Aktiengesellschaft, 2011; *Scheicht/Loy*, Arbeitsrechtliche Aspekte des Whistleblowings, DB 2015, 803; *Schenkel*, Whistleblowing und die Strafbarkeit wegen Geheimnisverrats, 2019; *Scherp/Rauhe*, Datenklau!? – Entwurf eines Gesetzes zum Schutz von Geschäftsgeheimnissen – Teil 1, CB 2019, 20; *Schiemann*, Braucht Deutschland ein Whistleblower-Schutzgesetz? in: FS Wessing, 2015, S. 569; *Schmitt*, Geheimnisschutz und Whistleblowing, NZA-Beilage 2020, 50; *Schmolke*, Die neue Whistleblower-Richtlinie ist da! Und nun?, NZG 2020, 5; *Schreiber*, Das neue Gesetz zum Schutz von Whistleblowern – ein „Freifahrtschein" für Whistleblower, NZWiSt 2019, 332; *Schröder*, Integration des Whistleblowing in die nationale Rechtsordnung, ZRP 2020, 212; *Schweizer*, Internes Whistleblowing, 2019; *Sixt*, Whistleblowing im Spannungsfeld von Macht, Geheimnis und Information, 2020; *Soppa*, Die Strafbarkeit des Whistleblowers, 2018; *Spindler*, Kronzeugenanträge versus Datenschutz und Geschäftsgeheimnisschutz Dritter, ZWeR 2020, 313; *Stöhr*, Offenlegung von Rechtsverstößen im Aktienrecht, BB 2019, 1286; *Taschke/Pielow/Volk*, Die EU-Whistleblowing-Richtlinie – Herausforderung für die Unternehmenspraxis, NZWiSt 2021, 85; *Thüsing/Rombey*, Nachdenken über den Richtlinienvorschlag der EU-Kommission zum Schutz von Whistleblowern, NZG 2018, 1001; *Trebeck/Schulte-Wissermann*, Die Geheimnisschutzrichtlinie und deren Anwendbarkeit, NZA 2018, 1175; *Uerpmann*, Das öffentliche Interesse, 1999; *Ullrich*, Der Schutz von Whistleblowern aus strafrechtlicher Perspektive – Rechtslage de lege lata und de lege ferenda, NZWiSt 2019, 65; *Viotto*, Das öffentliche Interesse, 2009; *Weidmann*, Datenschutzrechtliche Anforderungen an die Einrichtung interner Hinweisgebersysteme unter Berücksichtigung der EU-Whistleblowing-Richtlinie, DB 2019, 2393; *Weiß*, Privatisierung und Staatsaufgaben, 2002; *Wiebauer*, Whistleblowing im Arbeitsschutz, NZA 2015, 22; *Wiese*, Die EU-Richtlinie über den Schutz vertraulichen Know-hows und vertraulicher Geschäftsinformationen, 2018; *Zerbes/Pieth*, Whistleblowing – Drei Fälle, drei Strafrechtsordnungen, drei Traditionen des Geheimnisschutzes, in: Rotsch (Hrsg.), Criminal Compliance – Status quo und Status futurus, 2021, S. 465.

Übersicht

	Rn.		Rn.
I. Einführung	1	2. Das „berechtigte Interesse"	36
II. Entwicklungsgeschichtlicher Abriss	3	3. Das „insbesondere" Interesse der Nr. 1–3	41
III. Normzweck und Systematik	8	a) Nr. 1 Die Informations-, Meinungsäußerungs-, Medien- und Pressefreiheit	43
1. Normzweck	8		
2. Systematik	14	aa) Die einbezogenen Freiheits- bzw. Grundrechte	44
IV. Anwendungsfragen: Auslegung, Geltung und Konnexität des § 5	20	bb) Die Interessenabwägung	48
1. Vollharmonisierte Auslegung	21	cc) Die materielle Rechtsnatur der Freistellungsregel der Nr. 1	52
2. Geltungsbereich	23		
3. Konnexität	25	b) Nr. 2 Das Whistleblowing	58
a) Die Duplizität der Grundfreiheiten	26	aa) Die einbezogenen Freiheits- bzw. Grundrechte	59
b) Die Duplizität des „berechtigten Interesses"	27	bb) Die Interessenabwägung	61
c) Das „doppelte" Whistleblowing	28	cc) Die materielle Rechtsnatur der Freistellungsregel der Nr. 2	94
V. Die Ausnahmen des § 5	31		
1. Das Interessenspektrum des § 5	33		

	Rn.		Rn.
c) Nr. 3 Die betriebliche Mitbestimmung	101	d) Anhang: Die anerkannten legitimen sonstigen berechtigten Interessen (Art. 5 lit. d RL 2016/943/EU)....	135
aa) Die einbezogenen Freiheits- bzw. Grundrechte	104		
bb) Die Interessenabwägung	108	VI. Darlegungs- und Beweislast	137
cc) Die materielle Rechtsnatur der Freistellungsregel der Nr. 3	125		

I. Einführung

§ 5 GeschGehG beendet das dem Erwerb, Nutzen und Offenlegen von Geschäftsgeheimnissen gewidmete Kapitel II des GeschGehG mit der Festsetzung hier sog. **Haftungsfreistellungen**. Diese als „Ausnahmen" übertitelte Regelung nimmt vorstehende Handlungen von den Handlungsverboten des § 4 aus, wenn sie „zum Schutz eines berechtigten Interesses" erfolgen. Eingeleitet durch ein auf eine nicht abschließend gehaltene Aufzählung hindeutendes „insbesondere" werden **drei** unterschiedliche **Fallsituationen** benannt, die eine solche „Schutzhandlung" beispielhaft veranschaulichen: Die „Ausübung des Rechts der freien Meinungsäußerung und der Informationsfreiheit, einschließlich der Achtung der Freiheit und der Pluralität der Medien" (Nr. 1), die „Aufdeckung einer rechtswidrigen Handlung oder eines ... Fehlverhaltens", die zum Schutze des allgemeinen öffentlichen Interesses geeignet ist (Nr. 2) und die „Offenlegung durch Arbeitnehmer gegenüber der Arbeitnehmervertretung" zur erforderlichen Erfüllung derer Aufgaben (Nr. 3).

1

Letztlich bedient sich das GeschGehG hier zur Einrichtung der erstrebten Haftungsfreiheit einer Regelungstechnik, die sich in jüngerer Zeit selbst im Strafrecht zunehmend verbreitet hat – die gesetzliche **Fiktion**. Dort vorgezeichnet in entsprechenden Freigaben für bestimmte interne Geheimnisvermittlungen (und ggf. auch Nutzungen) berufsrechtlich besonders verpflichteter Geheimnisträger untereinander (vgl. §§ 184b Abs. 5, 202d Abs. 3, 203 Abs. 3 StGB) überträgt es nunmehr dieses Regelungskonzept sowohl auf andere verpflichtete Geheimnisträger wie die Arbeitnehmer und die Medienvertreter als auch auf den quivis ex populo in Gestalt des klassischen Grundrechtsträgers. Dergestalt gleichfalls ungeachtet aller Besonderheiten des Einzelfalls generell ausnahmslos „entsanktioniert", droht der allseits intendierte neue verbesserte Geschäftsgeheimnisschutz[1] zumindest in fragwürdigen Teilbereichen konterkariert bzw. permanent mit innerbetrieblichen Belastungen und kontroversen Zuordnungen konfrontiert zu werden. Dem Rechtsfrieden dienen normativ derart weit gespannte Haftungsfreistellungen gleich ganzer Personengruppen nur wenig, bewirken doch unspezifizierte Privilegierungen eher Zersplit-

2

---

1 Vgl. nur Erwgrd. 1 ff., 8 ff., 36 RL und BT-Drs. 19/4724, S. 19 ff.

§ 5 Ausnahmen

terung, Bevormundung und Dissonanzen, statt Integration, Kooperation und Ausrichtung auf und an Gemeinsamkeiten.

II. Entwicklungsgeschichtlicher Abriss[2]

3 Ihren **Ausgangspunkt** nimmt die heutige Vorschrift des § 5 im **Kommissionsvorschlag** für eine Geheimnisschutzrichtlinie vom 28.11.2013, der den dort in **Art. 4 Abs. 1** KomE geregelten erlaubten Handlungen insgesamt fünf Fälle in seinem **Abs. 2** gegenüberstellte, in denen die Mitgliedstaaten keine Rechtsschutzmaßnahmen gewähren sollten.[3] Der Bundesrat begrüßte diese „Schrankenregelungen" eines Geheimnisschutzes, präferierte allerdings eine Interessenabwägung im Einzelfalle und die Streichung der beiden letztbenannten Schranken „zur Erfüllung einer nichtvertraglichen Verpflichtung" und „zum Schutz eines legitimen Interesses", da andernfalls ihre extensive Anwendung den Schutz der Geheimnisse zu unterlaufen drohe.[4]

4 Diese Streichungen und weitere vornehmlich sprachliche Ersetzungen fanden sodann im weiteren Verfahrensverlauf über mehrere Zwischenschritte nach erneuten inhaltlichen Umformulierungen Eingang in den **Trilog-Kompromiss** vom 18.12.2015, der die Ausnahmen der Handlungsverbote auf vier benannte Fälle beschränkte und als eigenständige Regelung in **Art. 5** separierte.[5] Hierbei kam die vormalige Schranke der „nichtvertraglichen Pflichterfüllung" gleich ersatzlos in Wegfall. Dagegen blieben die Sonderfälle des Medien-, Informations- und Meinungsfreiheitsschutzes (als **lit. a**), des neben den illegalen Tätigkeiten auch auf jegliches „berufliche oder sonstige Fehlverhalten" ausgedehnten Whistleblowings (als **lit. b**) und der hier einmal sog. „arbeitnehmerschaftlichen Mitbestimmungsinformanten" (als **lit. c**) konzeptionell durchgängig erhalten. Ihnen wurde quasi als „Auffangklausel" der Schutz unionsrechtlich oder nationalstaatlich anerkannter legitimer Interessen hintangestellt (in **lit. d**). Dergestalt neu geordnet eingefügt enthielt sich der neue Art. 5 allerdings immer noch ihrer rechtlichen Einordnung: Obwohl in Art. 1 Abs. 1 UAbs. 2 als Vollharmonisierung vorgesehen, wurde sie den jeweiligen Vorgaben der nationalstaatlichen Ausgestaltung anheimgegeben. Unionsrechtlich sind Art, Funktion, Gehalt und Struktur schutzentziehender Schranken augenscheinlich irrelevant.

---

2 Komprimiert auch BeckOK GeschGehG/*Hiéramente*, § 5 Rn. 1 ff.; BeckOK UWG/*Wild*, § 5 GeschGehG Rn. 1 ff.; *Eufinger*, ZRP 2016, 229, 230 f.; *Gerdemann*, RdA 2019, 16, 17 ff.; *Gramlich/Lütke*, wistra 2019, 480 f.; H/O/K/*Ohly*, § 5 Rn. 8 ff.; *Möhrenschlager*, wistra 6/2019, IX, XI; *Schreiber*, NZWiSt 2019, 332, 333 f.
3 Vgl. Kommissionsvorschlag COM (2013) 813 final, abgedruckt in: BR-Drs. 786/13, S. 22.
4 Vgl. Bundesratsbeschluss v. 14.2.2014, BR-Drs. 786/13, S. 4.
5 Der Trilog-Vorschlag ist abrufbar unter https://data.consilium.europa.eu/doc/document/ST-15382-2015-REV-1/en/pdf.

Das deutsche Recht, das bis zur Millenniumswende das Thema „schrankenbegrenzter Geschäftsgeheimnisschutz" kaum kannte,[6] leitete die nötige Umsetzung[7] erst mit einem am 18.4.2018 öffentlich zugänglich gewordenen **Referentenentwurf des BMJV** ein. Weitgehend den Vorgaben der Richtlinie folgend – wichtigste Abwandlung war die Transformation der „Auffangklausel" des Art. 5 lit. d zum „Genus proximum" bzw. der vorstehenden Beispiele zu „Leitzwecken" – erfuhren die benannten Ausnahmen lit. a–c kleinere Veränderungen: Als „Rechtfertigungsgründe" bezeichnet und den Handlungsverboten in § 4 nachgeordnet, erhielten sie neben entsprechenden sinnbestimmenden Einfügungen,[8] einer verweisenden Erläuterung zur EU-Charta[9] sowie mehreren kleinen Umformulierungen Anpassungen insbesondere eine Anbindung des Whistleblowings an das Erfordernis einer spezifischen interessengeleiteten Schutzabsicht.[10] Der neue § 5 war prägnanter formuliert als sein Richtlinienvorbild, simplifizierte es aber auch zugleich und gab ihm einen eindeutig rechtfertigenden Zuschnitt.

Der nur wenige Monate später vorgelegte **Gesetzentwurf der Bundesregierung** vom 4.10.2018 übernahm den nunmehr in § 5 umgestellten Erlaubnistatbestand wortwörtlich, fügte jedoch in dessen Begründung einige klarstellende Erläuterungen ein wie etwa zur „Verfolgung von legitimen Gruppeninteressen ... (der) Arbeitnehmervertretung über einen bevorstehenden Personalabbau",[11] „Schutz des investigativen Journalismus ... unabhängig von der Rechtmäßigkeit der Offenlegung ... durch die Quelle", „unberührten" sonstigen gesetzlichen Hinweisgeberschutz, das „berufsständische Fehlverhalten" oder Privilegierung der Kundgaben von Arbeitnehmern, deren Vertretung zu ihrer Aufgabenwahrnehmung ein entsprechendes Informationserfordernis haben.[12]

Im Zuge der nunmehr verstärkten **Auseinandersetzung** mit dem vorgeschlagenen Konzept der „Rechtfertigungslösung" stieß dieser Ansatz zunehmend auf Widerstand[13] verschiedener beteiligter Interessengruppen, die sich in den nachfolgenden Anhörungen und Beratungen entschieden gegen den gewählten Weg und die Anbindung an ein Absichtserfordernis aussprachen.[14] Präferiert wurde stattdessen eine

---

6 Bspw. datieren die ersten größeren deutschsprachigen Abhandlungen zum „Whistleblowing" erst aus dieser Zeit; benannt seien hier nur die einschlägigen Arbeiten ua. von *Deiseroth* (1997, 2000, 2001), *Graser* (2000), *Leisinger* und *Bettina Schmidt* (2003).
7 Die Umsetzungsfrist endete gem. Art. 19 Abs. 1 RL 2016/943/EU am 9.6.2018.
8 Objektiv § 4 Abs. 1 Satz 1 RefE: „ist gerechtfertigt"; subjektiv Nr. 1: „zur rechtmäßigen Ausübung" und Nr. 2: „zur Aufdeckung einer rechtswidrigen Handlung".
9 In § 4 Abs. 1 Nr. 1 RefE: „... nach der Charta der Grundrechte der Europäischen Union (ABl. C 202 vom 7.6.2016, 389)."
10 In § 4 Abs. 1 Nr. 2 RefE: „in der Absicht handelt, ...zu schützen."
11 Zu ihrer dogmatisch korrekten Einordnung bereits *Brammsen/Schmitt*, NZA-RR 2016, 81, 82 f. mwN.
12 Vgl. BT-Drs. 19/4724, S. 28 f.
13 Befürwortend allerdings ua. *Büscher/McGuire*, § 5 GeschGehG Rn. 9.
14 Vgl. nur die Anträge der Fraktion BÜNDNIS 90/DIE GRÜNEN (BT-Drs. 19/7453, S. 2 ff.) und DIE LINKE (BT-Drs. 19/7704, S. 2 f.) sowie zur Sachverständigenanhörung die Beschlussem-

§ 5   Ausnahmen

weitergehende „Schrankenlösung", deren „Grundmuster" die Datenhehlerei wie der Privatgeheimnisverrat der §§ 202d Abs. 3, 203 Abs. 3 StGB mit ihrer Fiktion einer tatbestandlichen „Handlungsfreistellung" vorgezeichnet hatten (→ Rn. 2). Ihm gelang in der **Spätphase** des Gesetzgebungsverfahrens mit dem Verweis auf bei fortbestehendem Haftungsrisiko befürchtete Abschreckungseffekte[15] für investigative Presse- und Medienvertreter der Durchbruch, dessen „Ausnahmekonzept" dann auch im weiteren parlamentarischen Geschäftsgang die Zustimmung der beteiligten Gremien fand. Von ihnen am 21.3./12.4.2019 verabschiedet bzw. gebilligt ist damit der jetzige Tatbestandsweg am 26.4.2019 in Kraft getreten, der zum Schutze eines (bestimmten) berechtigten Interesses die nicht erlaubten Geheimnisbeeinträchtigungen erlangender, nutzender oder offenlegender Journalisten, Whistleblower oder Arbeitnehmer haftungsfrei stellt. Die „praktische Konkordanz" ausgleichender Inhalts- und Schrankenbestimmung ist dem einseitigen Primat einer verabsolutierten Interessenabwägung unterlegen.

III. Normzweck und Systematik

1. Normzweck

8   § 5 ist – einfach gesprochen – gewissermaßen eine **Rückausnahme** zu den vorstehend erörterten Verletzungsverboten **des § 4**, die deren Festsetzungen und daran anknüpfende Rechtsfolgen insbesondere für drei benannte Sachverhaltskonstellationen ausschließt bzw. ihre etwaige Einbeziehung in den Rechtsfolgenbereich des GeschGehG durch gesetzliche Anordnung strikt verweigert. Dergestalt dem gesetzlichen Geltungsbereich des GeschGehG entzogen, privilegiert die Vorschrift ansonsten verbotene Verletzungen fremder Geheimnisse für einen ausgewählten Personenkreis, indem sie deren Mitglieder unter bestimmten Bedingungen haftungsfrei stellt. Letztendlich gewährt § 5 sachlich ein **Sonderschutzrecht** für „interessenqualifizierte" Kleingruppen, das im krassen Gegensatz zu den ansonsten sehr breit angelegten Handlungsverboten des § 4 steht und ihnen das Qualitätssiegel „Rechtmäßigkeit" ausnahmslos vorenthält.

9   Hintergrund bzw. Fundierung dieser Befreiung ist das Konzept einer **Schrankenregelung**, den Zuweisungsgehalt bzw. das Informationseigentum an vermögenswerten Betriebsinterna zugunsten bestimmter Interessenlagen inhaltlich zu beschränken. Üblicherweise der Ebene der Rechtswidrigkeit zugeordnet und mit Instituten wie der Notwehr oder des Notstandes in geordneten Bahnen bewältigt, bereitet seine konkrete Umsetzung allerdings in Situationen wie hier scheinbar vermeintlich unlösbare Probleme bei Konflikten gleich geordneter Rechte, insbesondere wenn es um Grundrechte geht. Dann steht alternativ nur ein Weg zur Verfügung, der gemeinhin als **„praktische Konkordanz"**, dh. die Auflösung einer Kollisionslage un-

---

pfehlung und Bericht des Ausschusses für Recht und Verbraucherschutz, BT-Drs. 19/8300, S. 8 ff.; s. auch BeckOK GeschGehG/*Hiéramente*, § 5 Rn. 5 ff.
15   Entsprechende Äußerung ua. in BT-Drs. 19/8300, S. 14.

III. Normzweck und Systematik § 5

ter beidseitig möglichst optimalem Erhalt beider betroffener Rechte bezeichnet wird.[16] Diese Konstruktion soll der Gesetzgeber zumindest formell auch in der „Freistellungsnorm" des § 5 umgesetzt bzw. verfolgt haben. Zumindest wird in verschiedenen Kommentierungen auf eine solche Ausgestaltung mehrfach verwiesen.[17]

Ein solcher Rekurs auf den verfassungsrechtlich gebotenen „Grundrechtsausgleich" erweist sich jedoch als fehlgehend. Zum einen ist der **Grundsatz** der praktischen Konkordanz dann **nicht anwendbar**, wenn es wie hier um eine Interessenkollision geht, die nur durch einen situativ absoluten **Vorrang** bzw. Rücktritt eines Grundrechts und nicht durch Ausgleich und gemeinsamen Erhalt zu lösen ist – es fehlt in concreto zumindest partiell schlichtweg an der beidseitigen Fortexistenz kollidierender Güter bzw. Schutzbereiche.[18] Zum anderen werden andere normierte „Informationsschranken" ausgeblendet, die auch in „**Ausgleichverfahren**" zumindest miteinzubringen sind: Die unterschiedlichen, allesamt nicht unbegrenzten Grundrechte bzw. Grundfreiheiten, Informationsrechte und Befugnisse der „Freigestellten", deren Kommunikationspartner und die der betroffenen Geheimnisinhaber. Wird beides auf beiden Seiten neben dem „berechtigten Interesse" unberücksichtigt belassen, drohen alle drei benannten Ausnahmen, eine abstrakte Informationsordnung zu implementieren, deren „rechtsfreier Raum" auf „**Vorrangverdikten**" unspezifiziert belassener „berechtigter oder legitimer Interessen" basieren wird, die wesentliche Vorgaben des Informationswesens (zB Art. 5 Abs. 1 „allgemein zugängliche Quellen", Abs. 2 „Schranken der allgemeinen Gesetze") betreffen.[19] Wann und weshalb sind aber welche Interessen wie und warum „berechtigt bzw. legitim"? Gibt es eine entsprechende objektive absolute Rangordnung und wenn ja, woran ist wie zu bemessen, ob ein solcher Vorrangfall vorliegt? Welche Aspekte sind mit welcher Gewichtung wo einzustellen? 10

Alle diese Fragen sind nur in concreto und nicht mittels abstrakter Vorgaben in genere zu beantworten. Die Vielfalt und Vielschichtigkeit der in eine solche „Berechtigungsprüfung" ggf. einzubeziehenden Prüfungspunkte lässt – sollen nicht singuläre Vorordnungen gleich allgemeingültige Maßstäbe setzen – deutlich erkennen, dass der Gesetzgeber aus welchen Gründen auch immer „**unter falscher Flag-** 11

---
16 Zuletzt BVerfGE 148, 296 Rn. 139; s. auch statt vieler *Jarass*/Pieroth, Vorb. vor Art. 1 GG Rn. 18, 53 mwN.
17 BeckOK UWG/*Wild*, § 5 GeschGehG Rn. 1; H/O/K/*Ohly*, § 5 Rn. 1; K/B/F/*Alexander*, § 5 GeschGehG Rn. 10.
18 Bei einem Offenlegen *ad coram publico* in Fällen der Nr. 1 und 2 ist das entäußerte Geheimnis seiner Substanz „Geheimheit" gänzlich beraubt – es ist (zumindest vorerst bis zu einer denkmöglichen „Wiedergeburt" erneuter Geheimheit durch allgemeines Vergessen) vernichtet. In Nr. 3 ist dagegen eine entsprechende „Gemeinfreigabe" weder vom Informationsanspruch und Aufgabenspektrum der Arbeitnehmervertreter noch von entsprechenden Rechten der Arbeitnehmer gedeckt, ihre Bewirkung mithin rechtswidrig.
19 So anscheinend K/B/F/*Alexander*, § 5 GeschGehG Rn. 6, der den berechtigten Interessen eine eigenständige Bedeutung nicht in den Fällen des § 5 Nr. 1–3, sondern nur für Art. 5 lit. d zugestehen will.

§ 5 Ausnahmen

ge segelt". Sachlich handelt es sich bei der hier in den „Mantel der verfassungsrechtlichen Verhältnisprüfung" einer praktischen Konkordanz gekleideten Tatbestandslösung um eine der **klassischen Rechtswidrigkeitsprüfung**[20] nach dem „Prinzip der umfassenden Interessenabwägung"[21] entlehnte Lösung, deren alleiniges Ziel ein mit Grundrechtserwägungen notdürftig verkleideter rechtspolitisch motivierter Ausschluss jeglicher Verfolgbarkeit (auch des untauglichen Versuchs) ist.

12 **Normzweck** des § 5 ist allein die ergänzende Reduzierung des gesetzlichen Schutzbereichs durch Festsetzung von Haftungsfreistellungen für Verhaltensweisen, deren wertmindernder Vollzug vom Rechtsschutz ausgenommen wird. Etabliert wird ein „Gegenkonzept" zu § 3, das die Handlungsverbote des § 4 ungeachtet ihrer „Verstoßintensität" quasi außer Vollzug setzt. Sein Zweck ist die **Stabilisierung** drittseitiger individueller und kollektiver grundrechtsfundierter „Gegeninteressen" als gleichgewichtige Schranke und damit die absolute Vorordnung von **Belangen** der **Allgemeinheit**[22] wie der **Aufdeckung vermeintlicher Missstände**, die den eigentlich offen belassenen Ausschluss rechtswidriger Geheimnisse (→ § 2 Rn. 107 f.) erst dann negativ konnotiert, wenn Dritte sie jenseits erlaubter Wege eröffnen. Dergestalt funktionalisiert wird die Durchsetzung des Rechts quasi „teilprivatisiert", sodass beide Seiten profitieren, wenn es um einen Zugriff auf „poisonous trees" geht. Diesen jenseits der benannten Sonderfälle leider arg unbestimmten Interessen wird Geltung iSv. Vorrang zuerkannt.

13 Ein solcher Weg lässt sich allerdings auch ohne Rückgriff auf angebliche Vorrangigkeiten sachangemessen auf der Rechtswidrigkeitsebene bewältigen. Dazu bedarf es keiner fiktiven Ausgliederung eindeutiger Gegebenheiten auf der Tatbestandsebene, zumal ihr tatsächliches Vorkommen auf eher überschaubare Größen begrenzt sein dürfte. Für ein selbst ernanntes Rechtssystem erscheint der Preis „rechtsfreier" Konstruktionen für eigenmächtige Ermittlungsgehilfen dann doch zu hoch.

2. Systematik

14 § 5 ist eine partielle Rückabwicklung bzw. „**Außerkraftsetzung**" der Handlungsverbote des § 4, die für einige bestimmt geartete Normverstöße deren Akteure durch „Ausklammerung" aus dem Anwendungsbereich der tatbestandseröffnenden Handlungsbeschreibung von dem drohenden Verbotsverstoß aus dem Kreis der Rechtsverletzer des § 2 Nr. 3 ausnimmt, indem sie „haftungsfrei" gestellt werden. Plakativ lässt sich das Konstrukt als fiktive Erweiterung der sog. „Whitelist" des § 3 bezeichnen, die das **Rechtswidrigkeitsurteil** des § 4 für „berechtigten" bzw.

---

[20] Zutreffend betont ua. von BeckOK UWG/*Wild*, § 5 GeschGehG Rn. 3; *Brost/Wolsing*, ZUM 2019, 898, 900; H/O/K/*Ohly*, § 5 Rn. 4.
[21] Dazu bereits *Brammsen*, Garantenpflichten, S. 427 ff. mwN in Anlehnung an grundlegende Vorarbeiten von *Münzberg*, *Orlich* ua.
[22] Prägnant Büscher/*McGuire*, § 4 GeschGehG Rn. 1.

III. Normzweck und Systematik § 5

„legitimen Interessenschutz" mittels Ausnahme vom jeweiligen Handlungsbegriff in ein materielles „sakrosankt" **umwidmet**. Auf diesem Weg erhofft der bundesdeutsche Gesetzgeber, zugleich zwei Ziele zu erreichen – den (zumindest nach außen formal erhaltenen) Schutz auch rechtswidriger Geheimnisse und zugleich eine Begrenzung des Störerkreises auf „unberechtigte" Fälle.

Dieser dem Recht des Geistigen Eigentums entlehnten Regelungstechnik folgend,[23] deren 1 zu 1-Transmission auf das einfache Immaterialgut [nicht: Immaterialgüterrecht (→ § 1 Rn. 21 f.)] Geschäftsgeheimnis einer **Fundierung bedurft** hätte, hat der Gesetzgeber ein additives „**Schutzschild**" errichtet, das für die separierten Sonderfälle der Nr. 1–3 die verfassungsrechtliche Reihenfolge wahrgenommener Grundrechte nachbaut, ansonsten aber in dem Allgemeinterminus „berechtigtes Interesse" nur generalklauselartig umrissen ist. Gleichermaßen wie in § 4 **erfasst** sind alle dort verbotenen Zugriffshandlungen, das Erlangen mit seinen zwei Vollzugsvarianten in § 4 Abs. 1 sowie das Nutzen und Offenlegen sowohl für die drei teils weiter unterteilten Ausführungsweisen in § 4 Abs. 2 als auch für die in § 4 Abs. 3 benannten Begehungsformen der mittelbaren Nutzung und Offenlegung. Diese entgegen den Vorgaben des Artikel 5 RL in umgekehrter Abfolge vorgenommene Einteilung entspricht unverkennbar ihrer grundgesetzlich geordneten Aufreihung. Gleichwohl gebührt dem **Grundprinzip** des Schutzes berechtigter Interessen der dogmatische Vorrang vor den veranschaulichenden **Exemplifikationen** der anschließenden, besonders prägnante Anwendungsfälle vorstellenden „Insbesondere-Klausel". 15

§ 5 beginnt seine Darstellung der haftungsbefreienden Ausnahmen verbotswidrig vollzogener Verletzungshandlungen mit der Hervorhebung jenes maßstabsetzenden Grundprinzips im objektiven Tatbestand, dem jeglicher Anwendungsfall zu genügen hat – die Erlangung, Nutzung oder Offenlegung des betroffenen Geschäftsgeheimnisses muss „zum **Schutz eines berechtigten Interesses** erfolgt" sein. Leider unterbleibt jegliche weitergehende Konturierung der insoweit geltenden Anforderungen sowohl hinsichtlich der einzubeziehenden Interessen als auch hinsichtlich der solche Berechtigungen fundierenden Aspekte. Insoweit scheint sich der Gesetzgeber auf die Anschaulichkeit seiner anschließend benannten drei **Beispiele** verlassen zu wollen, denen damit eine nicht zu unterschätzende Leitwirkung zukommen dürfte. Ihr „berechtigtes Interesse" gilt quasi „**vertypt**",[24] sein Vorliegen ist mithin nur in concreto zu ermitteln. 16

Nr. 1 benennt die „Freiheit der Nichtrechtsinhaber, sich ohne besondere Rücksichtnahme, Erkundigung oder Dokumentationspflichten oder – lasten zu informieren, Informationen zu speichern, zu verwerten und anderen mitzuteilen".[25] In **Art. 5 Abs. 1 GG** umrissen als Informations-, Meinungs-, Medien- und Pressefreiheit sind 17

---

23 IdS bereits H/O/K/*Ohly*, § 5 Rn. 4 und K/B/F/*Alexander*, § 5 GeschGehG Rn. 2.
24 *Alexander*, AfP 2019, 1 Rn. 47; BeckOK GeschGehG/*Hiéramente*, § 5 Rn. 10; BeckOK UWG/*Wild*, § 5 GeschGehG Rn. 5; H/O/K/*Ohly*, § 5 Rn. 6; K/B/F/*Alexander*, § 5 GeschGehG Rn. 5.
25 Kontextuell angelehnt an *Hauck*, S. 364.

§ 5 Ausnahmen

damit zentrale grundgesetzlich gewährleistete **Kommunikationsrechte** in Bezug genommen, die zum von Art. 14 Abs. 1 GG gedeckten Schutzgut „Geschäftsgeheimnis" die Antipode informationeller Freiheit und Wahrheitsfindung (vornehmlich, aber nicht nur für investigative Journalisten und Internetaktivisten) setzen. Ebenso wie beim vermögensgestützten Geheimnisschutz sind Wissensgenerierung, Wissensdistribution und Wissensanwendung ein unentbehrliches Konstituens der Meinungsbildung und -äußerung (selbst missliebiger Themen), mithin jeder Seite dialogischer Informationsordnung (kundig und unkundig, Inhaber und Rechtsverletzer) zuzuordnen. Ob und auf welcher Seite sie wann dominieren, ist ein der Aufdeckung der Kollisionslage nachgeordneter Aspekt, da Zugangs-, Aneignungs-, Offenlegungs- und Nutzungsrechte an bzw. auf Informationen beidseitig grundgesetzlich fundiert sind. Das **Primat** der personalen Grundrechtsgewährleistung gem. Art. 5 Abs. 1 GG ist daher ebenso zutreffend wie prägnant vorangestellt. Im großen Spektrum der Geheimnisverletzungen zudem häufig sogar Gemeinfreiheit bewirkend, geben ihre Grundfreiheiten nachfolgenden Grundrechtsschranken das Leitbild.

18   Nr. 2 kann seine Haftungsausnahme für **Whistleblower** zwar gleichfalls auf die vorerwähnten Informations- und Meinungsfreiheiten stützen,[26] ist insoweit aber durch dessen rechtswidriges Verhalten gehindert, das gemeinhin deren Schutzwirkungen ausschließt.[27] Gleiches gilt für etwaige eigene rechtswidrige Förderungen öffentlicher Strafverfolgung.[28] Demgemäß hat sich der Gesetzgeber für eine Lösung entschieden, die stattdessen auf das **geschützte öffentliche Interesse** abstellt. Überwiegt dieses wann und warum auch immer, schließt seine höhere Gewichtigkeit die Tatbestandsmäßigkeit des vom Whistleblower vorgenommenen Zugriffs aus.

19   Nr. 3 knüpft an die grundrechtlich in Art. 9 Abs. 3 Satz 1 GG gewährleistete Koalitionsfreiheit und die damit verbundenen Rechte der Arbeitnehmervertretungen an. Ist zu deren Aufgabenerfüllung eine Offenlegung seitens eines Arbeitnehmers erforderlich, so fundiert deren verfassungsrechtlich abgesicherte Umsetzung den Tatbestandsausschluss seiner rechtswidrigen Bekanntgabe von Geschäftsgeheimnissen. Die „Freistellung" entnimmt ihren Grundrechtsschutz mithin den **kollektivarbeitsrechtlichen Mitbestimmungsrechten**: Der „Zulieferer" partizipiert gewissermaßen an den Informationsrechten seiner Vertretungen.[29]

---

26   Wie hier H/O/K/*Ohly*, § 5 Rn. 31.
27   Vgl. BVerfGE 66, 116, 137 – Springer/Wallraff.
28   Vgl. bereits (zu Kartellverstößen) *Brammsen*, Anzeige, S. 84 ff., 90 ff. mwN; BVerfG, NJW 2018, 2877 Rn. 21 zur Pressefreiheit.
29   Wie sich eine solche „Einbeziehung" auf europäischer Ebene durch Blockierung von Betriebsratsgründungen mittels SE-Vorratsgesellschaften relativ einfach vermeiden lässt, ist am Beispiel der US-amerikanischen Firma „Tesla" anschaulich zu studieren; vgl. WiWo 48/2020, S. 55 f.

IV. Anwendungsfragen: Auslegung, Geltung und Konnexität des § 5

Ungeachtet der in § 5 und Art. 5 RL gegenläufig angeordneten Reihenfolge von Einzelregelung und Auffang- bzw. Generalklausel, deren materieller Gleichklang in beiden Regelungsvarianten gleichermaßen zum Ausdruck kommt, sind mit beiden Konzeptionen gemeinsame Praxisprobleme verbunden: Wie ist die Regelung zu deuten, wann und wo ist sie anzuwenden und welche Besonderheiten sind (auch normübergreifend) zu beachten? Alle Fragestellungen sind inhaltlich übereinstimmend zu lösen, sollen nicht bloße Form und Anordnung den materiellen Gehalt einer rechtlichen Einordnung determinieren. 20

1. Vollharmonisierte Auslegung

Etwaige Auslegungsfragen[30] des § 5 sind verhältnismäßig einfach zu beantworten: Gem. Art. 1 Abs. 1 Satz 2 RL ist das unionsrechtliche **Konzept** des Art. 5 RL vollharmonisiert umzusetzen, dh. es sind die materiellen Vorgaben dieser Vorschrift inhaltskonform einzuhalten. Sachlich abändernde Ausdeutungen der insoweit nachzubildenden Vorgaben, seien es nun Verkürzungen, Modifikationen oder Erweiterungen, sind demnach ungeachtet ihrer nationalen Ausformung prinzipiell ausgeschlossen: Festgelegt auf **gleichgerichtete Nachgestaltung** der benannten Sonderfälle der Nr. 1 lit. a–c und der inhaltsoffenen „Generalklausel" der Nr. 1 lit. d RL darf Neues nicht hinzugefügt, Gegebenes nicht weggelassen werden.[31] 21

Konsequenz dieses Richtliniengebotes zur „sklavischen Nachahmung" ist, dass die deutsche Konstruktion des „berechtigten Interesses" als „vor die Klammer gezogenes" Leitmerkmal dem unionsrechtlichen Ansatz widerspricht, der dessen „legitimes Pendant" nur als letzten Beispielsfall einer in Art. 5 RL abschließend geordneten „divergierenden" Gruppe anhängt. Wie in der Vorgabe, so ist daher auch im deutschen Nachbau des § 5 bei Vorliegen der tatbestandlichen Anforderungen der **Nr. 1–3** jede weitere „**Interessensuche**" **überflüssig** – sie ist bereits mit dem ermittelten Ausnahmefall inzidenter erfolgreich abgeschlossen.[32] Eines zusätzlichen erneuten Nachweises bedarf es nicht, ist ein gegenteiliges Ergebnis für den konkreten Fall doch bereits positiv verneint worden. 22

2. Geltungsbereich

Die Ausnahmen des § 5 setzen ein gem. § 4 verbotenes Verletzungsverhalten als gegeben voraus.[33] Ohne eine entsprechende Feststellung ist ihrer Anwendung der Weg 23

---

30 Einführend zu ihnen *Alexander*, AfP 2019, 1 Rn. 10 ff. Eine enge Auslegung der Ausnahmeregelungen ist bereits nach dem Konzept der praktischen Konkordanz wie auch nach dem Prinzip der umfassenden Interessenabwägung (→ Rn. 11) ausgeschlossen; wie hier auch H/O/K/*Ohly*, § 5 Rn. 3; K/B/F/*Alexander*, § 5 GeschGehG Rn. 10.
31 K/B/F/*Alexander*, § 5 GeschGehG Rn. 9.
32 *Alexander*, AfP 2019, 1 Rn. 47; H/O/K/*Ohly*, § 5 Rn. 6; K/B/F/*Alexander*, § 5 GeschGehG Rn. 5.
33 BeckOK GeschGehG/*Hiéramente*, § 5 Rn. 7; BeckOK UWG/*Wild*, § 5 GeschGehG Rn. 1; H/O/K/*Ohly*, § 5 Rn. 14; K/B/F/*Alexander*, § 5 GeschGehG Rn. 1; *Reinfeld*, § 3 Rn. 6.

§ 5 Ausnahmen

verstellt, eine Haftungsfreistellung mithin ausgeschlossen. Andere einschlägige Vortaten aus anderen Gesetzen wie etwa dem StGB, dem BetrVG, dem Gesellschafts- oder dem gesamten Wirtschaftsrecht genügen demgemäß selbst für den Fall ihrer eindeutigen Verwirklichung nicht – den Weg kann nur der Gesetzgeber ggf. durch weitere fiktive Erstreckung eröffnen. Denkbare Übertragungen etwa auf den lauterkeitsrechtlichen Nachahmungsschutz sind mehr als nur zurückhaltend vorzunehmen, bleibt doch die Gewichtigkeit der berechtigten Schutzinteressen bei den (zumeist als solchen gut ersichtlichen) Plagiaten und „Trittbrettprodukten" gemeinhin ungleich geringer.[34] Ihre sachgerechte Auflösung braucht nicht gleich generell gerichtlicher Festsetzung entzogen zu werden.[35] Direkt entfaltet § 5 seine haftungsfreistellende Wirkung demnach **nur** im **GeschGehG**, nachfolgende Kapitel ebenso eingeschlossen wie das Strafrecht des § 23.

24 Eine denkbare individual- wie AGB-rechtliche **Abdingbarkeit** ist angesichts der die „Berechtigungsfrage" maßgeblich (mit-)prägenden Kollektivinteressen (ähnlich wie beim Lebensschutz) prinzipiell ausgeschlossen.[36] Gesetzlich aus Freiheits- bzw. Grundrechten oder Kollektiverwägungen heraus angeordnete Haftungsfreistellungen gewähren den Begünstigten (anders als Rechtfertigungsgründe) keine Eingriffsrechte in fremde Rechte, sie entziehen dem entsprechenden Geheimnisinhaber ihnen gegenüber vielmehr qua fictionem einen „angriffsfähigen" Schutzgegenstand. Plakativ gesprochen: Dem zugriffsentkleideten Freiheits- bzw. Grundrechtssubjekt fehlt das geeignete Zugriffsobjekt. Beide haben bei einem geeigneten entsprechenden Individual- oder Kollektivinteressenschutz untereinander kein disponibles Gut bzw. Recht zur Verfügung.

3. Konnexität

25 Die Regelung des § 5 weist die Besonderheit sowohl begrifflicher wie sachlicher Übereinstimmungen auf, verwendet sie doch Begrifflichkeiten bzw. betrifft Gegebenheiten, die sich gleichermaßen in anderen Vorschriften sowohl des GeschGehG als auch andernorts wiederfinden. So stimmt etwa der Verweis der Nr. 1 auf die Grundrechte der Informations-, Meinungs-, Medien- und Presserechte sachlich mit der entsprechenden Inbezugnahme auf deren unionsrechtliches Pendant in § 1 Abs. 3 Nr. 2 GRCh überein, der Verweis auf das „berechtigte Interesse" in Satz 1, 2. Halbsatz mit dessen zuvoriger Verwendung als Konstituens des Geheimnisbegriffs in § 2 Nr. 1 lit. c und auch der Whistleblower-Schutz in Nr. 2 und Art. 21 Whistleblower-RL EU 2019/1937 deuten zumindest partielle Gemeinsamkeit an. Dieses recht auffällige Zusammentreffen harrt strikt sachbezogener Auflösung.

---

34 Insoweit wohl großzügiger K/B/F/*Alexander*, § 5 GeschGehG Rn. 11.
35 Enger K/B/F/*Köhler*, UWG § 4 Rn. 3.64: „… keine praktische Bedeutung mehr".
36 Strittig; vertiefend zum Thema (zT nach Interesse differenzierend) *Alexander*, WRP 2020, 1385 Rn. 44 ff.; *Apel/Boom*, GRUR-Prax 2020, 225 ff.; prinzipiell ablehnend (zum Whistleblowing) *Spindler*, ZWeR 2020, 313, 319 f., 322.

IV. Anwendungsfragen: Auslegung, Geltung und Konnexität des § 5 § 5

a) Die Duplizität der Grundfreiheiten

Die erneute Erwähnung der bereits in **§ 1 Abs. 3 Nr. 2** „unberührt" belassenen Informations- und Kommunikationsgrundrechte in § 5 Nr. 1 (ohne Bezug auf die Grundrechtscharta) ist keineswegs redundant, sondern hat eigenständige Bedeutung.[37] In der „Einführungsnorm" geht es nämlich nur um die Betonung ihrer allgemeinen **Geltung** und Beachtung für den Geheimnisschutz **in genere** (→ § 1 Rn. 38 f.), in **§ 5** hingegen um ihre Berücksichtigung **in concreto** sowohl auf Seiten des „faktischen Okkupanten" als auch seines Destinatars. Diese weitere Hervorhebung betont die zivilistische Trendwende im Geheimnisschutz, der sich von den strengen Anforderungen des Strafrechts befreit und verstärkt einem auch die Internet-Berichterstattung und -Kommunikation umfassenden Interessenschutz zugewandt hat. Vor dem Hintergrund einer eher restriktiven Rechtsprechung[38] ist diese neue Hervorhebung als „rechtspolitisches Statement" zugunsten breiter informationeller Individual- wie Allgemeinbelange im offenen Diskurs zu interpretieren.[39] Dies nach außen hin in unmittelbarem Kontext zentraler Grundrechte für eine ebenso gewichtige wie zunehmend praxisrelevante Streitfrage an exponierter Stelle zu dokumentieren, verleiht der Wiederholung ihre separate Berechtigung: Sie stellt den Aspekt individuell auszutarierender Grundrechte beim Streit um Geheimnisverletzungen stärker in den Mittelpunkt – detaillierte Grundrechtsprüfungen und Grundrechtsausgleiche in concreto sind nun einmal nicht gerade die alltägliche Domäne zivilistischer Rechtspraxis.

26

b) Die Duplizität des „berechtigten Interesses"

Auch die doppelte Verwendung des Begriffs des „berechtigten Interesses" einerseits als Konstituens eines Geschäftsgeheimnisses in § 2 Nr. 1 lit. c und andererseits zugleich als Genus proximum aller gem. § 5 haftungsfreier Ausnahmen lässt sich problemlos auflösen. Wiederum ist es deren unterschiedlicher Kontext, der anders als der vorstehende doppelte Verweis auf die Grundfreiheiten (→ Rn. 26) hier eine genau umgekehrt divergierende Inhaltsbestimmung bedingt. Der Interessenbegriff ist nämlich ein Relationsbegriff, dessen Bedeutungsgehalt am **Interessensubjekt** auszurichten ist (→ § 2 Rn. 129). In **§ 2 Nr. 1 lit. c** ist es (im Rahmen des rechtlich Erlaubten) allein der angebliche **Geheimnisinhaber**, dh. die „Berechtigungsprüfung" der Geheimhaltungsinteressen erfolgt (wenn überhaupt → § 2 Rn. 136 ff.) **in concreto**. In **§ 5** hingegen dient sie als allgemeines Leitkriterium, das alle Ausnahmetatbestände als „zugriffsfreie" Aktion gleichermaßen aufweisen müssen, sie also **in genere** eint bzw. verbindet (unter den Voraussetzungen ihrer konkreten Gegebenheit). Die Interessenbestimmung geschieht hier erfolgsbezogen konträr allein aus

27

---

37 IE wie hier H/O/K/*Ohly*, § 5 Rn. 12; K/B/F/*Alexander*, § 1 GeschGehG Rn. 38; aA wohl Büscher/ McGuire, § 5 GeschGehG Rn. 10.
38 *Hegemann*, AfP 2019, 12 Rn. 11 ff.
39 Büscher/*McGuire*, § 5 GeschGehG Rn. 1; ähnlich (Programmsatz) H/O/K/*Ohly*, § 5 Rn. 12; K/B/ F/*Alexander*, § 5 GeschGehG Rn. 38.

§ 5 Ausnahmen

Sicht des **Geschützten** (Individuum oder Kollektiv). „Berechtigt" iSd. Vorschrift sind demgemäß alle „legitimen" Interessen iSd. Art. 5 lit. d RL, dh. alle unionsrechtlich oder mitgliedstaatlich anerkannten informationsbezogenen Interessen, insbesondere grundfreiheits- bzw. grundrechtlicher, aber auch sonstiger „einfachrechtlich" individual- oder kollektivrechtlicher Natur, die mit konkreten Geheimnisinteressen kollidieren und nach sorgfältiger umfassender Abwägung aller relevanten Umstände deren Zurücktreten determinieren. Wie auch immer der Streit um eine ein- oder zweimalige Interessenprüfung bei § 5 ausgeht,[40] ein sachlicher **Gleichklang** in Gestalt einer einheitlichen Ausdeutung bzw. Festsetzung ist per conzeptionem generell **ausgeschlossen**. „Berechtigt" kann auch das Bestandsschutzinteresse des vom Geheimnisinhaber verklagten gutgläubigen Geheimnisbesitzers gegenüber Dritten sein.

c) Das „doppelte" Whistleblowing

28 Fast genau ein 3/4 Jahr nach Inkrafttreten des GeschGehG und seiner Whistleblower-Freistellung in § 5 Nr. 2 ist Mitte Dezember 2019 mit der **Whistleblower-RL**[41] ein weiteres Regelungskonvolut hinzugekommen, das sich gleichfalls dem Whistleblower-Schutz widmet. Sein Schutzschild ist allerdings **wesentlich weiter** und inhaltsreicher ausgerichtet, betrifft doch § 5 ebenso wie das gesamte GeschGehG nur den Aspekt „Geheimnisschutz", der zudem (über die Fiktion einer fehlenden Verletzungshandlung iSd. § 4) bezogen auf den Whistleblower allerdings nur negativ konnotiert ist – es gibt keinen. In seinem Verhältnis zum Geheimnisinhaber kein Rechtsverletzer (§ 2 Nr. 3 Hs. 2) ist er zumindest bei Einhaltung der in § 5 Nr. 1–3 partiell alternierend vorgegebenen Bedingungen insoweit haftungsfrei gestellt. Andere, mit einem Whistleblowing möglicherweise verbundene Rechtsverhältnisse bleiben offen. Der Sache nach nicht einschlägig interessieren sie das GeschGehG nicht.

29 Diese Lücke schließt die neue **Whistleblower-RL** – allerdings nicht vollständig.[42] So gilt § 5 für jedes Whistleblowing von Geschäftsgeheimnissen im privatrechtlichen Wirtschaftsleben, während die Richtlinie nur bestimmt benannte private Wirtschafts- und öffentlich-rechtliche Funktionsbereiche ggf. erst ab einer gewissen Größe und nur genau beschriebene Personenkreise erfasst. Zu deren Gunsten ist ein recht umfangreiches Schutzkonzept zu errichten, das nicht nur einen gemeinsamen **Mindeststandard** und die Errichtung sicherer Meldekanäle vorsieht, sondern auch besonderen Schutz vor Repressalien und Gewährung unterstützender Maß-

---

40 Für eine § 2 Nr. 1 lit. c einbeziehende „Doppelprüfung" K/B/F/*Alexander*, § 5 GeschGehG Rn. 25; *Schreiber*, NZWiSt 2019, 332, 335; diese ablehnend H/O/K/*Ohly*, § 5 Rn. 13.
41 Richtlinie (EU) 2019/1937 des europäischen Parlaments und des Rates vom 23. Oktober 2019 zum Schutz von Personen, die Verstöße gegen das Unionsrecht melden, ABl. v. 26.11.2019, L 305/17.
42 Sie gilt gem. Art. 2 Abs. 1 nur bei Hinweisen auf bestimmte Verstöße gegen das Unionsrecht, kann aber nach dessen Abs. 2 von den Mitgliedstaaten den Schutz nach nationalem Recht ausdehnen.

nahmen.⁴³ § 5 wird also gewissermaßen ergänzt bzw. aufgestockt oder **komplettiert**, indem der Whistleblower gegen etwaige weitergehende Haftung usw. jenseits des **GeschGehG** geschützt wird. Da die Richtlinie zudem in Art. 5 Nr. 6 den Begriff „Offenlegen" nur als „öffentliches Zugänglichmachen" versteht sowie das Erlangen und Nutzen gar nicht kennt bzw. verwendet, sollte sie allenfalls äußerst zurückhaltend zu einer ergänzenden Auslegung herangezogen werden.⁴⁴ Beide Regelungen schließen sich vielmehr weitestgehend gegenseitig aus. „Einander ergänzend"⁴⁵ betreffen sie Verschiedenes, sodass beidseitige Übereinstimmungen und Überschneidungen ebenso wie einseitig verbindliche Vorgaben (soweit bislang ersichtlich) allenfalls in einem Einzelfall auftreten sollten.

Weitere Überschneidungen ergeben sich auch mit anderen Rechtsgebieten, die sich mit Fragen des Whistleblowings gleichfalls zu befassen haben. Hierbei sticht insbesondere das **Arbeitsrecht** hervor, das mit ausführlich begründeten Entscheidungen dem vermeintlichen „Missstand" gefahrenträchtiger Anzeigeerstattung wiederholt deutliche Grenzen gesetzt hat.⁴⁶ Gleichwohl bleiben auch dort andere Ausdeutungen möglich, sind arbeitsrechtliche Beschäftigungsverhältnisse angesichts der Vielschichtigkeit etwaiger Problemkonstellationen doch mehr auf Kooperation und soziale Interaktion angelegt als nur auf Vermögensschutz oder Sicherstellung wohlmeinender privatiner „Rechtshilfe".⁴⁷

V. Die Ausnahmen des § 5

§ 5 eröffnet einem Erlangen, Nutzen oder Offenlegen von Geschäftsgeheimnissen nur dann eine haftungsfreistellende Ausnahme von den Verboten des § 4, wenn der betreffende Vorgang zum Schutz eines berechtigten Interesses erfolgt. Ob eine solche Interessenlage gegeben ist, sollen die in Nr. 1–3 „vertypten" Situationen (→ Rn. 16) veranschaulichen, in denen jeweils andere Kollisionslagen und verschiedene Interessen deren berechtigten Vorrang gleichsam exemplarisch vorführen. Um entsprechende Festsetzungen verlässlich zu gewährleisten, ist mithin eine genauere Auswahl, Konturierung und Vorordnung aller in concreto tatsächlich in

---

43 Komprimierte Überblicke über das recht umfangreiche Vorgabenkonvolut der Richtlinie ua. von *Möhrenschlager*, wistra 4/2020, IX-XI. Zur Entwicklungsgeschichte näher *Schmolke*, NZG 2020, 5 ff.
44 Insoweit großzügiger H/O/K/*Ohly*, § 5 Rn. 15; zurückhaltend wie hier *Gramlich/Lütke*, wistra 2020, 354, 356 f.
45 Vgl. Erwgrd. 98 RL 2019/1937, S. 32. „(D)ie in der Richtlinie (EU) 2016/943 vorgesehenen zivilrechtlichen Schutzmaßnahmen, Verfahren und Rechtsbehelfe sowie Ausnahmen sollten weiterhin immer dann gelten, wenn eine Offenlegung von Geschäftsgeheimnissen **nicht** in den Anwendungsbereich der vorliegenden Richtlinie fällt."
46 Vgl. etwa EGMR, AfP 2021, 119 Rn. 47 f., 65 ff., 77 ff. – Gawlik; EGMR, NJW 2011, 3501 Rn. 63 f. – Heinisch; BAG, NZA 2012, 501 Rn. 23; BAG, NJW 2007, 2204 Rn. 13 ff.; NJW 2004, 1547, 1549 f.; LAG Hamm, openJur 2012, 80703, Rn. 99 ff. Eingehend zu den arbeitsrechtlichen Meldepflichten *Schweizer*, S. 74 ff.
47 AA (für strikten Abwägungsgleichklang) H/O/K/*Ohly*, § 5 Rn. 16.

§ 5 Ausnahmen

Betracht kommenden **Interessen** vorzunehmen (1), die der anschließend anstehenden **Berechtigungsprüfung** den materiellen Rahmen zur Ermittlung und Gewichtung maßgeblicher Abwägungsfaktoren eröffnet (2). Seine Aufdeckung kann sodann nach vertiefter Erörterung der Rechtsnatur der Beispielsfälle der Nr. 1–3 (3) daneben an das Ergebnis anknüpfen, die sich als (wenn auch unterschiedlich gewichtige) „**Musterfälle**" grundfreiheit- bzw. grundrechtlich gewährleisteter Interessen erweisen und das ganze „Interessengefüge" prägen (4). Das freigestellte Zugriffsverhalten Erlangen, Nutzen und Offenlegen bedarf keiner erneuten Ausdeutung; insoweit ist auf vorstehende Ausführungen (→ § 3 Rn. 32 ff., 102 ff., 116 ff.) vollinhaltlich zu verweisen. Alleiniger Gegenstand ist allenfalls seine situativbedingt unterschiedliche Gewichtung.

32 Ähnliches gilt für die Verwirklichung der verbotenen Handlung. Zwar bedarf in allen Ausnahmefällen des § 5 seine Anwendung der positiven Feststellung einer zuvorigen tatsächlichen Verwirklichung einer gem. § 4 verbotenen Handlung. Diese dem klassischen deutschen Straf- und Zivilrecht entsprechende Ermittlung eines dem gesetzlich beschriebenen Geschehens entsprechenden Realablaufs dienende Vorordnung der sog. Tatbestandskonformität ist quasi die faktische Basis jeglicher anschließenden Bewertung als verbots- bzw. rechtswidrig frei nach dem Motto „erst die Fakten, dann das Recht". Eine Prüfung etwaiger „inhaberschaftlicher bzw. habenspezifischer" gesetzlicher Festsetzungen der Erlaubnissätze des § 3 ist ungeachtet ihrer rechtstechnischen Ausformung mithin nicht nötig.[48] Die Ausnahmen des § 5, die Beispiele der Nr. 1–3 wie alle anderen „berechtigten Interessenwahrnehmungen", beschränken ihre haftungsfreistellenden Ausnahmen immer auf (ggf. freiheits- bzw. grundrechtsfundierte) Verstöße gegen § 4:[49] Ihr Vorliegen setzt deren rechtswidriges Verwirklichen wie den Schutzcharakter als tatsächlich gegeben sachlich voraus. § 5 ist deshalb nicht das geeignete zivilistische Regelungsinstrument, um den strafbaren untauglichen Versuch quasi „durch die Hintertür" zu beseitigen.

1. Das Interessenspektrum des § 5

33 Bekanntermaßen ist der Interessenbegriff ein Relationsbegriff, der die Teilhabe (auch iSv. Anteilnahme) an der Wertschätzung eines Interessensubjekts bzw. -trägers an einem ob seiner „Brauchbarkeit" zu erhaltenden Interessenobjekts bezeichnet (→ § 2 Rn. 135). Dieses hat ihn zu einem (wenn nicht sogar dem) zentralen Rechtsbegriff werden lassen,[50] dessen Anwendungsbereich sowohl individuelle Interessen von Privatpersonen (sog. private bzw. **Individualinteressen**) wie auch Ge-

---
48 Ihre Prüfung kann gleichwohl erfolgen, ist doch bei positivem Ergebnis einer gem. § 3 „erlaubten Handlung" ein Verstoß gegen § 4 und damit die Annahme ausnahmsweiser Haftungsfreistellung gem. § 5 ausgeschlossen; vgl. K/B/F/*Alexander*, § 3 GeschGehG Rn. 8.
49 IdS BeckOK GeschGehG/*Hiéramente*, § 5 Rn. 10.2; BeckOK UWG/*Wild*, § 5 GeschGehG Rn. 32; H/O/K/*Ohly*, § 5 Rn. 54; K/B/F/*Alexander*, § 5 GeschGehG Rn. 61; offenlassend Hoppe/Oldekop/*Lodemann/Tholuck*, Kap. 1 Rn. 571 ff.
50 Vgl. etwa *von der Pfordten*, S. 461 ff.: „Präferenzbegriff".

meinwohl- bzw. **Kollektivinteressen** der res publica (sog. öffentliche Interessen) gleichermaßen umfasst.[51] Beiderseits heute in den modernen Staatswesen der Gegenwart in außerordentlicher Vielfalt auftretend – eine weitere dritte Subjektgruppe existiert nicht[52] – ist ihre Einteilung anhand zahlreicher benannter Beispielsfälle für beide Untergruppen bereits recht prägnant gelungen. Von ihnen sind hier neben den einschlägigen Aufzählungen der Nr. 1–3 als weitere mögliche Erscheinungsformen folgende Interessen hervorzuheben:

Individuelle bzw. private Interessen sind von den Menschen- bzw. Individualgrundrechten und den Grundfreiheiten gewährleistete Interessen familiär-personaler, privater, sozialer, wirtschaftlicher usw. Natur sowie auf Teilhabe an Kollektivinteressen. Sachlich primär bezogen auf Informations- und Meinungsfreiheit, körperliche Integrität und Freiheit, Familie, Eigentum und Vermögen, Gesundheit, Gleichheit, Religions-, Berufs-, Lern-, Koalitions-, Straf-, Unternehmens-, Versammlungs- und Wissenschaftsfreiheit sichern sie Existenz und Entfaltungsspielraum des Individuums (auch im Kollektiv). 34

Kollektive sind auf Allgemeinbelange (iSv. Gemeinwohl) ausgerichtete Interessen, deren Vollziehung vornehmlich von staatlicher Seite, oft aber auch von Privatsubjekten erbracht werden kann. Gerichtet ua. auf das Gesundheits-, Rechts- und Steuerwesen, die Ehe, Familien- und Sozialvorsorge, die Medien- und Pressefreiheit, Arbeits-, Kapital-, Rechts-, Umwelt-, Wirtschafts- und Verkehrsschutz, Gefahrenabwehr, Lebensmittelsicherheit uvm. ist ihre Durchführung primär als öffentliche Aufgabe ausgeformt, deren sozialintegrative und privatautonom-kooperativ organisierte Gestaltung staatlichen Einrichtungen, ggf. aber auch privaten Sozialverbänden zur (Selbst- oder Mit-)Bewältigung übertragen ist. Ihre Vielzahl ist immens und kann am besten an ihrer Ausgestaltung in concreto erkannt und von Staatszielen sowie Staatsaufgaben abgetrennt werden.[53] So genügt beispielsweise die Anerkennung des öffentlichen Friedens für die Einschränkung der Meinungsfreiheit nicht.[54] 35

---

51 Zu dieser inhaltlich weitgehenden Gleichsetzung *Dederer*, S. 109 ff.; *Häberle*, Rechtstheorie 14 (1983), S. 257 mwN; *Kirste*, S. 327, 328 ff., 342 ff.; *Koller*, S. 41, 62 ff.; *Krüper*, S. 234 ff., 245 ff.; *Uerpmann*, S. 23 ff.; *Viotto*, S. 22 ff.
52 Ein mögliches gleichzeitiges Zusammentreffen sowohl individueller wie kollektiver Interessen ist möglich, konstituiert jedoch keinen zusätzlich ausgeformten selbständigen Interessenkreis: Kombiniert bzw. addiert werden gleichlaufende oder divergierende Interessen konträrer Subjektkreise, nur leider ohne eine neue, von jenen jeweils gleichermaßen substanziell abweichende Gruppe zu erschaffen.
53 Zur (Kritik an der verfehlten) inhaltlichen Gleichsetzung von öffentlichen Aufgaben, öffentlich-rechtlichen Aufgaben und Staatsaufgaben vgl. *Benz*, S. 36 ff.; *Bosesky*, S. 9 ff.; *Di Fabio*, JZ 1999, 585, 586 f.; *Droege*, S. 326 ff.; *Gramm*, S. 56 ff.; *Haas*, S. 161 ff.; *Hermes*, S. 136 ff.; *Möllers*, S. 317 ff.; *Pielow*, S. 303, 309 ff.; *Weiß*, S. 22 ff. Öffentliche Aufgaben sind formal und/oder materiell auf den jeweiligen innerstaatlichen Aufgabenträger zentriert am „Staat" als Kompetenzträger und gleichsam gegenpoliges Zuordnungsendsubjekt ausgerichtet. Die zu strukturierende „Materie" ist inkompatibel, Maß und Maßstab nicht übertragbar.
54 Vgl. BVerfGE 124, 300 Rn. 77 f.

§ 5 Ausnahmen

2. Das „berechtigte Interesse"

36 Im Vordergrund des § 5 hat jedoch jene weitergehende gesetzliche Anordnung und Konturierung zu stehen, die ihre Auswahl und den Stellenwert als „berechtigte Interessen" maßgeblich mitbestimmt. Ob ein derartiges Interesse in concreto vorliegt oder nicht hängt zwar von einer Mehrzahl unterschiedlicher zusammentreffender Faktoren ab. Von maßgeblicher Bedeutung ist dabei aber ein Aspekt, der die vorzunehmende Abwägung äußerst gewichtig mitbestimmen kann. Ob ein Interesse nun berechtigt oder unberechtigt ist, diese Bewertung (und damit ihr Schutzbereich) wird in gewissem Rahmen von der jeweiligen rechtlichen Gewichtigkeit jener legislativen Vorordnung mitdeterminiert, der sie entstammt – von der Rangordnung ihrer Anerkennung und Ausformung entsprechend der sog. **Normenhierarchie**: Je höher „eingestellt", je absoluter und je spezifischer ausgeformt ein Interesse ist, desto größer ist sein innergesellschaftlicher Bedeutungsgehalt. Einen inhaltlich feststehenden allgemeinen objektiven Interessenkanon gibt es allerdings ebenso wenig wie eine vorgegebene (Grund-)Werteordnung.[55]

37 An der Spitze stehen neben den Völker- und Menschenrechten als ranghöchste Normen der **AEUV** gleichgewichtig die **Grundrechte** der mitgliedstaatlichen Verfassungen, dann die EU-Verordnungen und Richtlinien (nur bei grundgesetzlicher Konformität als Gleich-, nicht als Vorordnung). Ihnen folgen sodann die einfachrechtlich nachgeordneten Interessen allgemeinverbindlicher **Bundesgesetze** und Rechtsverordnungen, jene der Landesverfassungen und Landesgesetze, die in Satzungen und Verwaltungsvorschriften erfassten Interessen sowie zuletzt solche, die qua Gewohnheits- oder Richterrecht anerkannt sind. Eine Sonderstellung nimmt das **BVerfG** ein, dessen Entscheidungen gem. § 31 BVerfGG innerstaatlich allgemeine Bindungswirkung bzw. in bestimmten Fällen sogar entsprechende Gesetzeskraft haben.

38 Die anschließende konkrete **Interessenabwägung** hängt des Weiteren von anderen Aspekten mit ab, die nicht allein an Rang der kollidierenden Interessen anknüpfen, sondern weitere Aspekte wie die Gewichtung der Offenlegung auf Seiten des Inhabers und des Verletzers, den Grad der Vermeidbar- und Vorhersehbarkeit der eingetretenen Inhabertat bei Nr. 2 und 3, ihre Wiederholungsgefahr, andere effektive Abhilfemöglichkeiten usw. berücksichtigen. Zu ihrer Erhellung kann auf verschiedene drittseitig erstellte Faktoren zur straf- und zivilrechtlichen Rechtfertigungsfrage zurückgegriffen werden,[56] von denen hier nur neben den einschlägigen Aufzählungen der Nr. 1–3 als weitere Wertungselemente Allgemeininteressen an der Rechtsbewahrung und Unschuldsvermutung hervorzuheben sind.

---

55 Zu ihrem Fehlen statt vieler *Camilo de Oliveira*, S. 187 ff., 205 ff.; *Detjen*, S. 29 ff., 43 ff.; *Gramm*, S. 54 ff.
56 K/B/F/*Köhler*, Einl. UWG Rn. 7.24; *Sprau*, § 242 Rn. 24 ff., 95 ff.; Schönke/Schröder/*Perron*, § 34 Rn. 22 ff.

Rang und Wertverhältnis der konkret miteinander kollidierenden Interessen und Güter unter Beachtung der individuellen Wertsetzung der Beteiligten, Intensität und Umfang des drohenden Schadens sowie deren unterschiedliche Realisierungswahrscheinlichkeit, die konkrete Schutzwürdigkeit und der Gefahrengrad der kollidierenden Interessen, Größe der Rettungschancen, eventuelle besondere Pflichten der Beteiligten, Einhaltung etwaiger vorgeschriebener Verfahrenswege. **39**

Aus diesen Einzelfaktoren lassen sich erste relativ praktikable **Abwägungsrichtlinien** zusammenstellen wie zum Beispiel: Je wahrscheinlicher die Möglichkeit einer Rechtsverletzung gegeben ist, desto höher muss das geschützte Interesse des Handelnden sein. Je geringer der aufgrund der Handlung möglicherweise eintretende Schaden ist, desto gewichtiger sind Interesse und Handlungsfreiheit des Einzelnen zu bewerten. Je später, je anonymer und je intensiver der Zugriff auf das Geheimnis erfolgt oder je weniger er mit Letzterem und dessen Inhaber (vertraglich) verbunden ist, desto bedeutsamer müssen die geschützten Interessen sein. Je weniger der Informierte in die rechtswidrige (fremde oder eigene) Erlangung involviert ist, desto eher ist eine Verbreitung zweckdienlich. Je größer das Risiko inhaltlich unrichtiger Informationen war, je eher kann das Gewicht eines ansonsten geringwertigeren Geheimnisses überwiegen. **40**

3. Das „insbesondere" Interesse der Nr. 1–3

Der Begriff „insbesondere" ist ein im GeschGehG gleich mehrfach verwendeter Terminus, der mit der Hervorhebung prägnanter Beispiele eine nicht abschließend gefasste Aufzählung bezeichnet. Auch in § 3 Satz 1 und § 4 Abs. 3 Satz 2 enthalten, verdeutlicht er hier wie dort anhand besonders gewichtiger Idealfälle einen Bewertungsmaßstab, dem scheinbar gewisse **Leitbildfunktion** zukommt. Seiner anschließenden Aufzählung ist nicht zu entnehmen, ob alle weiteren Fälle ebenfalls eine entsprechende materielle Qualität bzw. welche Gewichtung und Ranghöhe sie haben müssen. Genügen nur verfassungsrechtlich explizit garantierte Interessen[57] oder können sie auch niederrangiger „einfachgesetzlicher" Natur sein? Insoweit erkenntnisoffen formuliert, bleibt unklar, wann und warum in welchen Fällen unter welchen Voraussetzungen nun ebenfalls ein entsprechender Tatbestandsausschluss zu gewähren ist. Fest steht lediglich, dass die berechtigten Interessen nicht ohne Rekurs auf die Grundrechte, sondern grundrechtsorientiert bestimmt werden müssen. **41**

Weiterführende Erkenntnisse für eine wie auch immer vorzunehmende Festsetzung bzw. Auswahl möglicherweise gleichfalls hinreichend gewichtiger Interessen lassen sich aus den gegebenen Fällen nicht ableiten,[58] sodass die Grenzen zwischen **42**

---

57 Leitbildcharakter attestieren ihnen ua. BeckOK UWG/*Wild*, § 5 GeschGehG Rn. 32; H/O/K/*Ohly*, § 5 Rn. 54; K/B/F/*Alexander*, § 5 GeschGehG Rn. 61. Wenig Anwendungsbereich sieht *Reinfeld*, § 3 Rn. 51.
58 Es verbleibt (zudem auch nur in ausgewählten Fällen) allenfalls der Weg einer mittelbaren Drittwirkung der Grundrechte (BVerfGE 7, 198, 206 ff.; 103, 89, 100). Deren weitergehende unmittelbare Drittwirkung inter pares ist bislang nicht anerkannt.

§ 5 Ausnahmen

einer verfassungsrechtlich gebotenen Schrankenbestimmung und einer lediglich rechtfertigenden Interessenabwägung zu verschwimmen drohen. Dies zeigt sich bereits sehr deutlich an den Beispielen der in Nr. 2 und 3 eingeordneten Freistellung der Whistleblower und der sog. „Betriebsratsinformanten", die im Unterschied zur vorstehenden Nr. 1 eine Art „Notstandshilfe" implementieren, die den eigentlich gesetzlich vorgegebenen Verfahrensweg hoheitlicher Strafverfolgung (§§ 152, 160, 163 StPO) bzw. unternehmensseitiger Information (zB §§ 90, 111 BetrVG) quasi vorwegnimmt frei nach dem Motto „Warte und liquidiere". Anders gewendet: Der Wertgehalt der benannten „Freiheitsrechte" ist nicht einheitlich. Sie können demgemäß nicht vorab generell für alle (auch weitere) Fälle, sie müssen für jeden „Kollisionsfall" separat festgesetzt werden. Jedes „berechtigte Interesse" bedarf dabei entweder grundrechtlicher oder zumindest gemäß Art. 2 Abs. 1 GG grundrechtlich freiheitsgestützter einfachgesetzlicher Fundierung. Zumindest beim Whistleblowing der Nr. 2 ist Letzteres keineswegs für jeden Informanten gleichermaßen problemlos anzunehmen.

a) Nr. 1 Die Informations-, Meinungsäußerungs-, Medien- und Pressefreiheit

43 Die Freistellung geheimnisbezogener Zugriffe, die **zur Ausübung** (dolus directus 1. Grades) der vorbenannten Informations- und Kommunikationsrechte erfolgen, entstammt der inhaltsgleichen Vorgabe in Art. 5 lit. a RL und der dortigen Bezugnahme auf die einschlägigen Festsetzungen in Art. 11 GRCh,[59] die sich auch im entsprechenden bundesdeutschen Grundrechtsschutz des Art. 5 Abs. 1 GG wiederfinden. Dergestalt sowohl einfachgesetzlich wie grundfreiheitlich gestaffelt, normiert § 5 Nr. 1 für etwaige Kollisionslagen mit dem gleichfalls mehrseitig grund- wie freiheitsrechtlich gewährleisteten Geschäftsgeheimnisschutz einen Lösungsweg, der beide Rechte im Wege einer Interessenabwägung beider Schutzbereiche auszugleichen sucht.[60] Beide benannten Freiheitsrechte mögen zwar für demokratische Gesellschaften gleichermaßen besondere Bedeutung haben,[61] unterliegen jedoch beide auf unionsrechtlicher wie mitgliedstaatlicher Ebene jeweils Schrankenregelungen wie Art. 52 Abs. 1 und 3 GRCh oder Art. 5 Abs. 2, 14 Abs. 1 Satz 2 GG[62] – ihr Schutzbereich ist unter Beachtung ihres Wesensgehalts auch nach Verhältnismäßigkeitsaspekten bzw. die Allgemeinzugänglichkeit der Information in concreto begrenzt.[63] Vom Gesetzgeber ausdrücklich ausgerichtet auf den investigativen Journa-

---

59 Sie finden, wenn auch nicht immer wörtlich, in Art. 10 EMRK eine weitere Gewährleistung.
60 BeckOK GeschGehG/*Hiéramente*, § 5 Rn. 13; BeckOK UWG/*Wild*, § 5 GeschGehG Rn. 10; H/O/K/*Ohly*, § 5 Rn. 17, 21; K/B/F/*Alexander*, § 5 GeschGehG Rn. 20, 22; *Reinfeld*, § 3 Rn. 32.
61 BeckOK UWG/*Wild*, § 5 GeschGehG Rn. 7; K/B/F/*Alexander*, § 5 GeschGehG Rn. 15.
62 Wie zB Art. 52 Abs. 1 und 3 GRCh oder Art. 5 Abs. 2 und Art. 14 Abs. 1 Satz 2 GG. Näher zu Ersteren *Alexander*, AfP 2019, 1 Rn. 44 f.; K/B/F/*Alexander*, § 5 GeschGehG Rn. 21 f.
63 BeckOK UWG/*Wild*, § 5 GeschGehG Rn. 9; H/O/K/*Ohly*, § 5 Rn. 27, 33 f.; K/B/F/*Alexander*, § 5 GeschGehG Rn. 23.

lismus und seine etwaigen Quellen[64] ist deren rechtmäßiges wie deren gemäß der Nr. 2 „freigestelltes" Offenlegen gleichermaßen erfasst.[65]

aa) Die einbezogenen Freiheits- bzw. Grundrechte

§ 5 Nr. 1 stellt nur jene Zugriffe auf Geschäftsgeheimnisse haftungsfrei, deren Vollziehung sich als berechtigte Interessenwahrnehmung eines oder mehrerer der vier tatbestandlich benannten Kommunikationsrechte der Informations-, Meinungsäußerungs-, Medien- oder Pressefreiheit erweist. Andere Freiheits- bzw. Grundrechtsbetätigungen genügen nicht. Ihnen bleibt nur ein einschlägiger Rekurs auf nachfolgend benannte oder andere berechtigte bzw. „nach Unions- oder nationalem Recht anerkannte legitime Interessen" als etwaiger Haftungsausschlussgrund.   44

Die **Informationsfreiheit** des Art. 5 Abs. 1 Satz 2 GRCh garantiert wie Art. 5 Abs. 1 Satz 1 (Alt. 2) GG Jedermann das Recht, „sich aus allgemein zugänglichen Quellen ungehindert zu unterrichten". Obwohl dergestalt nachgerade offensichtlich als gewichtiger Freistellungsgrund sachlich prädestiniert, erweist sie sich jedoch sehr schnell als **ungeeignet** – es fehlt die Allgemeinzugänglichkeit der Quelle. Jedes Geschäftsgeheimnis bedarf als „Realgut" begriffsnotwendig tatsächlicher Geheimheit (→ § 1 Rn. 6 ff.), kann mithin per se keine gemeinfreie Quelle sein. Eine solche lässt sich auch nicht im Umweg über einen Zugang zu staatlichen Informationssammlungen eröffnen, ist ein solcher zu Geschäftsgeheimnissen doch gem. § 6 Satz 2 IFG nur mit Inhaberzustimmung (ein Individualakt), ansonsten nur administrativ bereichsspezifisch-zweckgebunden begrenzt (→ § 1 Rn. 30) zu gewähren. Kollisionen von Geheimnisschutz und Informationsfreiheit sind zumindest momentan praktisch nicht vorstellbar.[66]   45

Die **Meinungsfreiheit** des Art. 5 Abs. 1 Satz 1 GRCh garantiert wie Art. 5 Abs. 1 Satz 1 (Alt. 1) GG Jedermann das Recht, „seine Meinung ... frei zu äußern und zu verbreiten." Einbezogen sind neben der Weitergabe von Meinungen (Ansichten, Beurteilungen, Dogmen, Gesinnungen, Haltungen, Mutmaßungen, Sichtweisen, Standpunkte, Überzeugungen usw.) und Tatsachen[67] auch das Vorfeld der eigenen Meinungsbildung.[68] Geschützt sind demnach alle Empfangnahmen, Ermittlungen und Entäußerungen ungeachtet des Umfangs ihres Empfängerkreises, der Art und Weise des gewählten Weges (Einzelgespräch uÄ., Leserbrief, Plakat, Videocall,   46

---

64 Vgl. BT-Drs. 19/4724, S. 28 unausgesprochen im Anschluss ua. an BVerfGE 117, 244 Rn. 46 ff. (s. dazu auch BeckOK GeschGehG/*Hiéramente*, § 5 Rn. 14 ff.) und Erwgrd. 19 RL 2016/943/EU (dazu MK-UWG/*Namysłowska*, Geschäftsgeheimnis-RL Art. 5 Rn. 4 f.; *Wiese*, S. 142).
65 BeckOK UWG/*Wild*, § 5 GeschGehG Rn. 11; H/O/K/*Ohly*, § 5 Rn. 25; K/B/F/*Alexander*, § 5 GeschGehG Rn. 20, 22; *Reinfeld*, § 3 Rn. 32.
66 IE ähnlich wie hier BeckOK GeschGehG/*Hiéramente*, § 5 Rn. 14; H/O/K/*Ohly*, § 5 Rn. 24.
67 Tatsachen sind alle sinnlich wahrnehmbaren konkreten äußeren oder inneren Geschehnisse, Verhältnisse der Zustände der Vergangenheit oder Gegenwart, dh. alle einem objektiven Beweis zugänglichen körperlichen Gegenstände und geistigen Sachverhalte; statt vieler *Brammsen*, Lauterkeitsstrafrecht, § 17 Rn. 11 mwN.
68 H/O/K/*Ohly*, § 5 Rn. 23.

§ 5　Ausnahmen

Pressepublikationen, soziale Medien usw.) und der Bewertung des Mitgeteilten: Seine Sinn- bzw. Werthaltigkeit ist ebenso irrelevant wie seine konsentierte Wahrheit oder die Erlaubtheit zuvoriger Informationsgewinnung.[69] Sie sind allesamt ebenso wie etwaige (auch bekannte) Schweigepflichtverstöße der Informanten erst bei der nachfolgend zu erörternden Interessenabwägung zu berücksichtigen.[70]

47　Die **Medien- und Pressefreiheit des Art. 11 Abs. 2 GRCh** garantiert wie Art. 5 Abs. 1 Satz 2 GG die Freiheit „der Berichterstattung durch Presse, Rundfunk und Film." Ihr sachlicher Schutzbereich umfasst neben der Unabhängigkeit der Medien auch „alle medienspezifischen Aktivitäten von der Beschaffung der Informationen bis zur Verbreitung der Meinungen und Informationen".[71] Einbezogen sind alle Informationsaufbereitungen für einen unbestimmten Personenkreis, auch von Nichtregierungsorganisationen (zB Foodwatch, PETA), Whistleblowingplattformen (zB WikiLeaks, OpenLeaks), Bloggern in sozialen Medien oder Messengerdiensten des Internets (zB Facebook, Twitter oder WhatsApp).[72] Dabei macht es wiederum keinen Unterschied, ob die betreffenden Informationen rechtmäßig, rechtswidrig oder nur gem. Nr. 2 haftungsfrei erlangt wurden[73] – der Pressefreiheit unterliegen sie allesamt gleichermaßen. Sie sind erst auf der nächsten Stufe der Interessenabwägung als Abwägungsfaktor einzubringen.[74]

bb) Die Interessenabwägung

48　Im Anschluss an die Feststellung einer Kollisionslage, dh. eines in Ausübung eines vorbenannten Kommunikationsrechts (→ Rn. 43 ff.) begangenen Verstoßes gegen ein Handlungsverbot des § 4, ist das eigentliche Zentralproblem der Haftungsfreistellung der Nr. 1 eröffnet – die **Abwägung** der unterschiedlichen Grundrechte resp. „berechtigten Interessen" der beteiligten Parteien gegeneinander (Geheimnisinhaber ./. Journalist, Presse usw.) **in concreto**. Sie erfolgt unter Beachtung ihres Wesensgehalts, ihrer Schranken, des Verhältnismäßigkeitsgrundsatzes,[75] der presserechtlichen Prüfungspflichten[76] und der Gegeben- wie Besonderheiten des Einzelfalls in Anlehnung an das vorstehend erläuterte Abwägungskonzept (→ Rn. 36 ff.). Die Fülle der einzubeziehenden Abwägungsfaktoren gestattet die Zusammenstellung einiger durchaus verallgemeinerungsfähiger Vorgaben zur Orientierungshilfe.[77]

69　BVerfG, NJW 2018, 2858 Rn. 19; BVerfGE 124, 300 Rn. 61 ff., 81, 88; *Alexander*, AfP 2019, 1 Rn. 48; G/S/H/*Augsberg*, GRC Art. 11 Rn. 6 f.; H/O/K/*Ohly*, § 5 Rn. 23.
70　Wie hier H/O/K/*Ohly*, § 5 Rn. 23.
71　G/S/H/*Augsberg*, GRC Art. 11 Rn. 8; H/O/K/*Ohly*, § 5 Rn. 25.
72　*Hoeren/Münker*, WRP 2018, 150 Rn. 24.
73　Vgl. BT-Drs. 19/4724, S. 28.
74　IE wie hier ua. BVerfGE 124, 300 Rn. 86 ff.; H/O/K/*Ohly*, § 5 Rn. 23.
75　*Brockhaus*, ZIS 2020, 102, 117; Büscher/*McGuire*, § 5 GeschGehG Rn. 36; H/O/K/*Ohly*, § 5 Rn. 27; K/B/F/*Alexander*, § 5 GeschGehG Rn. 22; *Reinfeld*, § 3 Rn. 34.
76　Deren Einhaltung ausdrücklich betonend *Wiese*, S. 142 ff.
77　Ähnlich hilfreiche Empfehlungen auch bei H/O/K/*Ohly*, § 5 Rn. 29 unter weiterführendem Verweis auf BGH, NJW 2018, 2018, 2877 Rn. 21 ff. – Bio-Hühnerställe.

Bedeutungsgehalt. Einer der gewichtigen, wenn nicht sogar der maßgebliche Abwägungsfaktor ist der Bedeutungsgehalt der konträren Interessen: Je substanzieller der betriebswirtschaftliche Nutzen eines Geheimnisses für den erfolgreichen Fortbestand des Unternehmens objektiv wie inhaberseits ist, desto gewichtiger muss das verfolgte Interesse an der kommunizierten Information sein, um gegen dessen Geltung zu bestehen. Letzteres ist bei politischen Themen (über-)regionaler Provenienz eher der Fall als bei nur lokaler Brisanz rein aus subjektiver Sicht. Gleiches gilt für reine Unterhaltungsbeiträge, denen es oftmals an innergesellschaftlicher Diskursrelevanz fehlt. Umgekehrt kann ein möglicher höherer Schaden bei Sachdarstellungen überwiegen, wenn diese nur mit älteren Sekundärquellen redaktionell unterlegt sind (Unternehmen erleidet Absatzeinbruch, wenn Reporter erneut gefährliche Produktionsverfahren detailliert eröffnen, deren vermeintliche oder nur geringfügige Gefahrenträchtigkeit inzwischen schon erwiesen ist). In der Mehrzahl dürften „klassische" Medien- oder Presseberichte ein höheres Gewicht als Social Media- oder Messengerdienste haben – Letztere prägt primär ihr multiplikativer „Aufregefaktor", Erstere mehr der wertbestimmende Aspekt eines sowohl sorgfältig überprüften[78] wie sachbezogen kontroversen Berichtens und Streitens. 49

Wahrheitsgehalt. Die Wahrheit oder Unwahrheit entäußerter oder genutzter Informationen ist kein Grundrechtskonstituens der Art. 11 GRCh und 5 GG (→ Rn. 46), unterliegt jedoch durchaus auch Beschränkungen.[79] So ist eine Abwägung dahingehend geboten, ob Zugriffe auf unwahre Tatsachen einem legitimen Informationszweck dienen und insoweit geeignet wie erforderlich und verhältnismäßig waren.[80] Daran kann es bewusst oder erwiesen unwahren,[81] aber auch plakativen Entäußerungen und verkürzt-pauschalen Vorhalten ermangeln (Berichterstattung mit erkauften Geschäftszahlen zu angeblichem Lohndumping bei gesetzlich zulässigem Einsatz kostengünstiger Einmann-Sub-Subunternehmer mit Angabe konkreter Geschäftszahlen). 50

Rechtswidriges Verhalten. Das Erlangen, Offenlegen oder Nutzen fremder rechtswidriger Vorgehensweisen[82] von Journalisten, Zeugen oder Zufallshörern ist gemeinhin zulässig, solange deren spätere Preisgabe oder Anwendung nicht rechtswidrig erfolgt (Erzwingen öffentlicher Geständnisse, Eigengebrauch erkannten Insiderwissens).[83] Eigener Rechtsbruch,[84] egoistische Zweckverfolgung, Umgehung 51

---

78 Zur notwendigen Einbeziehung der „Gegenseite" *Wiese*, S. 142 f.
79 Vgl. nur die §§ 192 f. StGB.
80 BVerfGE 124, 300 Rn. 69 ff., 79 ff.
81 BVerfG, NJW 2018, 2858 Rn. 21, 28; wN bei *Soehring/Hoene*, § 18 Rn. 1.
82 Zu ihrer eigenen sog. Informantenhaftung komprimiert *Soehring/Hoene*, § 7 Rn. 49 ff., zur späteren medialen Drittverwertung *Hegemann*, AfP 2019, 12 Rn. 6 f., 20 ff.
83 Einen Überblick zur zivilistischen Verwenderhaftung bietet *Soehring/Hoene*, § 12 Rn. 104 ff.
84 Weiterführend *Hegemann*, AfP 2019, 12 Rn. 18 ff., 34 ff., der für die anschließende Offenlegung bzw. Nutzung zutreffend zwischen der zivil- und strafrechtlichen Rechtswidrigkeit der eigenen Beschaffungstat differenziert.

§ 5 Ausnahmen

vorgegebener Verfahrenswege (internes Whistleblowing) oder Anprangerung von Geringfügigkeiten sollten vermieden, „vorrangige" Verzichtsrechte der Opfer (§ 23 Abs. 8) respektiert werden – nicht jede Aufdeckung von oder Äußerung zu fremden Verstößen ist gleichermaßen hochwertig.

cc) Die materielle Rechtsnatur der Freistellungsregel der Nr. 1

52 Vom Gesetzgeber ausdrücklich als Tatbestandsausschluss ausgestaltet, ist die Rechtsnatur der in Nr. 1 normierten Haftungsfreistellung gleichwohl **zweifelhaft**, wird ihre Bewirkung inzwischen doch bereits mehrfach als klassische Rechtswidrigkeitsprüfung bezeichnet (→ Rn. 11). Da den Gesetzesmaterialien außer ihrer Festsetzung keinerlei sachliche Begründung beigegeben, ihr rein fiktionaler Charakter mithin zweifelsfrei offengelegt ist, bedarf diese Einordnung einer materiellen Bestätigung, um den Vorgaben verfassungskonformer Gesetze zu genügen. Ein bloßes Postulat vermag diese nicht zu ersetzen – Haftung wie Haftungsfreiheit bedürfen nachvollziehbarer Begründung.

53 Entgegen etwaiger gegenteiliger Erwartungen ist die haftungsentkleidete Ausformung der informationellen Freiheitsbetätigungen in Nr. 1 im Wege einer **Tatbestandslösung** sowohl konsequent wie materiell und formell **zutreffend**. Zwar wäre auch eine Beibehaltung der früheren **Rechtsfertigungslösungen** des § 17 UWG aF[85] gem. Art. 288 Abs. 3 AEUV[86] sachlich zu vertreten gewesen,[87] zumal sie nicht mit den pejorativen Etiketten der „Rechtsfreiheit" und eines Sonderrechts privilegierter Kreise verbunden wäre. Einer entsprechenden Ausdeutung der jetzigen Regelung stehen vielmehr folgende Erwägungen **entgegen**:

54 So ist die Nr. 1 formell wie materiell nicht in Gestalt eines Rechtfertigungsgrundes gekleidet. Ihr fehlen nicht nur die ansonsten üblichen Angaben zu den tatsächlichen Voraussetzungen der Rechtfertigungssituation, es sind auch die Vorgaben zu ihrer Auflösung unvollständig – substanziell vollkommen offen gewähren sie der gewährten Vorrangigkeit keinerlei nachprüfbare Kriterien. Hinzukommt, dass der Kreis rechtmäßiger Handlungen bereits in § 3 umfassend und im Hinblick auf die tatsächlichen Gegebenheiten gemeinhin viel konkreter (und leichter überprüfbarer; vgl. nur §§ 227 ff. BGB) angelegt ist. Eine ergänzende Erweiterung im unmittelbaren Anschluss an die zudem direkt zuvor in § 4 normierten rechtswidrigen Handlungen wäre schlechthin unverständlich.[88] Selbst die mit der Rechtfertigungslage gemeinsame Einzelfallabwägung (→ Rn. 46 f.) ist kein hilfreiches Indiz, findet es

---

[85] Zu entsprechenden Ausgestaltungen statt vieler *Brammsen*, Lauterkeitsstrafrecht, § 17 Rn. 58 ff. mwN.
[86] Form und Mittel einer Richtlinienumsetzung obliegt allein mitgliedstaatlicher Bestimmung.
[87] Einen solchen Weg hat beispielsweise das österreichische UWG mit seiner Zuordnung zu den rechtmäßigen Handlungen im neuen § 26d Abs. 3 Nr. 2 lit. a öUWG gewählt.
[88] So bereits zutreffend zu Art. 5 RL *Wiese*, S. 132. Dem ist auch aus Sicht des § 5 nichts hinzuzufügen – außer auf den ansonsten im Raum stehenden untauglichen Versuch des § 23 Abs. 5.

sich doch auch bei anderen „Tatbestandslösungen" wie den hier lediglich nachempfundenen Vorbildern der §§ 184d Abs. 3 oder 202d Abs. 3 StGB.

Für eine Tatbestandslösung sprechen hingegen gleich mehrere Aspekte. Einen interessanten Anknüpfungspunkt als „Entlastungsalternative" jenseits der Rechtfertigungsebene bietet das **Urheberrecht**. Ebenso wie das GeschGehG die eignerschaftliche Zuordnung eines kreierten Schöpfungsgutes betreffend, normieren dort die §§ 44a ff. UrhG verschiedene **Sonderregeln**, die bestimmt benannte Nutzungen Dritter gleichfalls aus den Eignerrechten ausklammern. Angehalten von grundrechtlich vorgegebenen Gemeinwohlerwägungen wie informationelle Teilhabe, Rechtsschutz, Religionsfreiheit und fortbestehender Wertgehalt begrenzen sie die inhaberschaftliche Verfügungsmacht ebenso in prinzipe und erga omnes wie die der Nr. 1, weisen ihr gewissermaßen den rechtstechnischen Weg zur Enthaftung. 55

Gestützt wird diese Einordnung als Inhalts- und Schrankenbestimmung auch durch deren beidseitige Geltung, werden doch beide Grundfreiheiten bzw. Grundrechte, Eigentums- wie Kommunikationsrechte, der praktischen Konkordanz entsprechend keinesfalls nur einseitig bevorzugt. Beide betreffen Individual- wie auch Kollektivinteressen, letztere allerdings in stärkerem Maße die Medien- und Pressefreiheit, welche verfassungsgerichtlich zu den vornehmstem Menschenrechten gerechnet[89] und ihr als **öffentliche Aufgabe** zugewiesen wird.[90] Hier ist jedoch zu beachten, dass die Presse auch die Pflicht hat, mit der nach den Umständen gebotenen Sorgfalt alle Nachrichten auf Wahrheit, Inhalt und Herkunft zu prüfen[91] sowie im Rahmen ihrer Berichterstattung besondere Verantwortung für die Privatsphäre der Betroffenen zu tragen.[92] Demzufolge ist es nur konsequent, wenn der Gesetzgeber den üblichen Gewohnheiten verfassungsrechtlicher Verfahren folgend sich einer generellen Bevorzugung enthalten und die Auflösung der Kollisionslage einer Einzelfallabwägung zugewiesen hat. 56

Die **Einschränkung** des Geheimniseigentums des Geheimnisinhabers begrenzt mithin seine **Verfügungsrechte** gegenüber einem bestimmt gearteten Kreis grundrechtsberechtigter Personen, belässt sie ansonsten aber geschützt, ohne Dritten ein verfügbares Eingriffs- bzw. Eigenrecht zuzuordnen.[93] Ausgeformt als normative Nutzungsregelung iSd. Art. 52 Abs. 1 GRCh dient sie zugleich dem Allgemeinwohlgebot des Art. 17 Abs. 1 GRCh bzw. 14 Abs. 2 GG, beachtet die Freiheitsrech- 57

---

89 Vgl. BVerfGE 69, 315, 344 f.; s. auch BVerfGE 117, 244, 258: „konstituierend für die freiheitliche demokratische Grundordnung".
90 Laut den Landespressegesetzen erfüllt die Presse eine „öffentliche Aufgabe, wenn sie in Angelegenheiten von öffentlichem Interesse Nachrichten beschafft und verbreitet, Stellung nimmt, Kritik übt oder auf andere Weise an der Meinungsbildung mitwirkt"; vgl. nur § 3 LPrG BW, M-V oder NW sowie § 3 Abs. 2 BayPrG.
91 Komprimiert zur publizistischen Sorgfaltspflicht *Soehring/Hoene*, § 2 Rn. 11 ff.; aktuell zum Sonderfall anonym vermittelter Informationen *Brost/Hassel*, NJW 2021, 1351 Rn. 7 ff. mwN.
92 Vgl. nur § 6 LPrG BW und NW, § 5 LPrG M-V oder § 3 Abs. 2 BayPrG.
93 Dies verkennend *Apel/Boom*, GRUR-Prax 2020, 225, 226: Der begünstigte Grundrechtsträger ist aber nur „rechtlos" begünstigter Vorteilsnehmer fremder „Rechtsschutzbegrenzung".

§ 5 Ausnahmen

te der Art. 11 GRCh bzw. 5 Abs. 1 GG und gewährt dem überwiegenden Interesse nach entsprechender Prüfung einen beide nur in concreto austarierenden Vorrang. Eine solche **beide** kollidierenden berechtigten Interessen **gleichzeitig** konkretisierende wie begrenzende Nutzungsregelung ist „gelebte" praktische Konkordanz. § 5 Nr. 1 formt eine situative Inhalts- und Schrankenbestimmung. Ihrer Haftungsfreistellung kommt somit die Funktion und materielle Rechtsnatur eines Tatbestandsausschlussgrundes zu.

b) Nr. 2 Das Whistleblowing[94]

58 Das Whistleblowing ist eine dem englischen sowie anglo-amerikanischen Sprachraum entstammende Bezeichnung für den Pfiff auf der Pfeife eines Polizisten bzw. Schiedsrichters, der damit das Vorkommen einer (vermeintlichen oder tatsächlichen) Regelabweichung im Spiel- oder Alltagsablauf verkündet.[95] Im Zuge der weiteren gesellschaftlichen Entwicklung und Industrialisierung immer öfter auftretende politische Skandale und Zusammenbrüche von Großunternehmen und Finanzinstitutionen haben dem Ausdruck fortwährend weitere Verwendungsfelder eröffnet, sodass er im Verlaufe des 20. Jahrhunderts schrittweise weltweit Eingang und Übernahme in die Rechtssprache gefunden hat. Heute dient er als weitgehend einheitlich verstandener terminus technicus für das Offenlegen unaufgedeckter bzw. nicht aufgeklärter Rechtsverstöße, Fehlverhaltensweisen und Unregelmäßigkeiten entweder ad coram publico oder gegenüber ausgewählten engeren Empfängerkreisen.[96] Inzwischen haben sich (auch für den deutschen Sprachraum) zudem die Ausdrücke **internes** oder **externes Whistleblowing**[97] für die Informanten die Bezeichnung Whistleblower oder Hinweisgeber eingebürgert,[98] die nichts mit dem Kronzeugen gemein haben: Der Kronzeuge ist nicht wie der Whistleblower ein schweigepflichtiger Geheimnisverräter, sondern originäres Geheimnissubjekt und als solches uneingeschränkt offenlegungsbefugt (→ § 23 Rn. 117, 122).

---

94 Allgemein zu Ausgestaltung, Erscheinungsformen, Ertragswert und Konturierung des „Whistleblowing" v. *Busekist/Racky*, ZRP 2018, 135 ff.; *Brungs*, S. 35 ff., 305 ff.; *Gerdemann*, S. 4 ff., 366 ff.; *Pfeifle*, S. 29 ff., 59 ff.; *Reinhardt-Kasperek/Kraindl*, BB 2018, 1332 ff.; *Sänger*, S. 23 ff., 85 ff.; *Scheicht/Loy*, DB 2015, 803 ff.; *Schweizer*, S. 40 ff.; *Soppa*, S. 27 ff.; *Thüsing/Rombey*, NZG 2018, 1001 ff.; strafrechtlich/kriminologisch *Reinbacher*, KriPoZ 2018, 115, 116 ff.; *Schenkel*, S. 126 ff.; *Schiemann*, in: FS Wessing, S. 569 ff.; *Soppa*, S. 101 ff.; *Ullrich*, NZWiSt 2019, 65, 68 ff. (primär de lege ferenda).
95 Statt vieler *Gerdemann*, S. 4 f. mwN.
96 Vgl. EuArbR/*Schubert*, RL 2016/943/EU Art. 5 Rn. 10 ff.; *Gerdemann*, S. 5 ff.; *Schenkel*, S. 28 f., alle mwN.
97 Ersterer bezeichnet die Weitergabe von Verstößen einer (oder innerhalb einer) Organisation innerhalb derselben an organisationseigene oder eingebundene Empfänger, Letzterer die Weitergabe entsprechender Informationen an organisationsfremde Personen, Instanzen oder Institutionen (zumeist zwecks Abhilfe, Aufsicht oder Sanktionierung); vgl. *Brammsen*, Lauterkeitsstrafrecht, § 17 Rn. 57, 60 f.; *Gerdemann*, S. 8 f.; H/O/K/*Ohly*, § 5 Rn. 33; *Schenkel*, S. 26 ff., jeweils mwN.
98 Auch im GeschGehG; vgl. etwa H/O/K/*Ohly*, § 5 Rn. 31; K/B/F/*Alexander*, § 5 GeschGehG Rn. 26; *Reinfeld* § 3 Rn. 13.

aa) Die einbezogenen Freiheits- bzw. Grundrechte

Die nunmehrige gesetzliche Freistellung geheimnisbezogener Zugriffe, die zur Aufdeckung rechtswidriger Handlungen oder beruflichen bzw. sonstigen Fehlverhaltens erfolgen, knüpft an die Regelung des Art. 5 lit. b RL an, übernimmt deren Absichtserfordernis in § 5 Nr. 2 allerdings nicht. Statt Letzterem ist eine (nur aus dem Kontext heraus als objektiv zu verstehende → Rn. 78) „Eignung zum Schutze eines allgemeinen öffentlichen Interesses" gefordert. Als solche in Betracht kommt hier wie beim vorstehenden Haftungsausschluss der Nr. 1 auch die Gewährleistung der Meinungsfreiheit des Art. 5 Abs. 1 Satz 1 GRCh bzw. Art. 5 Abs. 1 Satz 1 (Alt. 1) GG[99] oder der Medien- und Pressefreiheit des Art. 11 Abs. 2 GRCh bzw. Art. 5 Abs. 1 Satz 2 GG (→ Rn. 46 f.). Investigativer Journalismus in Gestalt verbotswidrig aufgedeckter rechtswidriger Missstände oder sonstigen missbilligten Fehlverhaltens kann also auch von Nr. 2 erfasst sein (→ Rn. 43).

60 Additiv hinzutretend, wenn nicht sogar als primäres Schutzgut allein im **Vordergrund** stehend, dürften jedoch neben dem verfassungsrechtlich gestützten Interesse an der Aufklärung von Straftaten bzw. der Aufrechterhaltung funktionstüchtiger Strafrechtspflege[100] solche öffentlichen Interessen sein, die **Gemeinwohlbelange** wie die öffentliche Sicherheit, den Gesundheits-, den Umwelt- oder den Verbraucherschutz betreffen.[101] Hinzu kommen des Weiteren zahlreiche speziellere Interessenfelder wie das Abgabenwesen, Gewerbe- und Wirtschaftsförderung, das Sparkassen- und Verkehrswesen, der Zoll uvm. (→ Rn. 35) – das Konvolut einschlägiger Kollektivinteressen entzieht sich einer auch nur annähernd vollständigen Aufzählung.[102]

bb) Die Interessenabwägung

61 Konzeptionell ist **§ 5 Nr. 2** allerdings völlig anders ausgeformt als die Ausnahmeregelung der vorstehenden Nr. 1. Die Vorschrift zielt allein darauf ab, dem Schutz einschlägiger Allgemeininteressen mittels einer in den Mantel einer „Eignungsprüfung" gekleideten kupierten „Interessenabwägung"[103] absoluten Vorrang zu garantieren. An diesem Ziel orientiert verzichtet das Gesetz, obwohl die kollidierenden Interessenlagen keineswegs gleichermaßen explizit grund- wie freiheitsrechtlich

---

99 EGMR, AfP 2021, 119 Rn. 47, 65 ff. – Gawlik; H/O/K/*Ohly*, § 5 Rn. 31; *Klaas*, CCZ 2019, 163, 164; vertiefend (insbes. auch zur Einbeziehung anonymer Hinweisgeber) *Redder*, S. 42 ff., 60 ff.; *Sixt*, S. 43 ff.; s. auch (zur Presse) *Brost/Hassel*, NJW 2021, 1351 Rn. 4 ff., 13 ff.
100 Vgl. BVerfGE 77, 65, 76; 80, 367, 375; 100, 313, 389; 109, 279, 336; 113, 29, 54; 122, 248, 272; 130, 1, 26 f.; s. auch *Redder*, S. 53 ff. und *Sixt*, S. 70 ff., 106 ff.
101 Vgl. Erwgrd. 21 RL 2016/943/EU; *Alexander*, AfP 2019, 1 Rn. 55; Hoppe/Oldekop/*Lodemann*/ *Tholuck*, Kap. 1 Rn. 580; K/B/F/*Alexander*, § 5 GeschGehG Rn. 40.
102 Einen ersten Eindruck von der bestehenden Vielfalt vermitteln die Aufgabenkataloge der Art. 74 ff. GG.
103 Zur vorgängigen Abwägungsprüfung komprimiert EGMR, AfP 2021, 119 Rn. 80 ff. – Gawlik; EGMR, NJW 2011, 3501 Rn. 66 ff. – Heinisch und NJW 2019, 1273 Rn. 47 – Guja. Eingehend zu Grundlagen, Kriterien und Abwägungen *Redder*, S. 139 ff., 149 ff., 216 ff.

§ 5 Ausnahmen

verbürgt sein werden, ungeachtet etwaiger divergierender unionsrechtlicher wie mitgliedstaatlicher Schrankenregelungen[104] auf jegliche materiell ausgewogene Abwägung[105] und Verhältnismäßigkeitsprüfung.[106] Selbst der Erforderlichkeit des Geheimniszugriffs ist keine Bedeutung mehr beigemessen – einer Schutzbereichskonturierung in concreto bedarf es nicht. Im Beispielskatalog der „Haftungsfreistellungen" des § 5 ist die Nr. 2 als rechtstechnisch extrem auffälliges **Unikat** zu identifizieren.

(1) Die Tatbestandsvoraussetzungen der Interessenabwägung

62 Im Gegensatz zu den vor- bzw. nachstehenden Regelungen der Nr. 1 und 3 (→ Rn. 48 ff., 108 ff.) gestaltet sich die gesetzliche Freistellung der gem. § 4 verbotenen Aufdeckung von rechtswidrigen Geschäftsgeheimnissen[107] ungleich komplexer. Dieses ist weniger der fehlenden bundesdeutschen Rechtstradition des Whistleblowing geschuldet, die zwar keine gewachsene Historie kannte, gleichwohl aber mit einer zugegebenermaßen restriktiven Rechtsprechung zumindest einige der mit dem Aufkommen des politischen und geschäftlichen Wildwuchses verbundene „Schwachstellen" mit den Mitteln der klassischen Rechtfertigung bewältigen konnte.[108] Der sich national wie international über die letzten Jahrzehnte in allen Lebensbereichen ubiquitär rasant ausbreitende Niedergang „anständiger Gepflogenheiten"[109] überstieg allerdings deren „Bewältigungspotenzial" insbesondere im Hin-

---

104 Eine an Art. 52 Abs. 1 und 3 GRCh orientierte Auflösung der Konfliktlage wird häufig durch eine mangelnde explizite grund- wie freiheitsrechtliche Ausformung der begünstigten Gemeinwohlbelange erschwert, da längst nicht alle in Betracht kommenden Kollektivinteressen eigenständigen „Rechtsstatus" aufweisen. So haben etwa Interessen an einem öffentlichen Wertediskurs oder anzustrebende Wertewandel bzw. Neugewichtungen auch bei vielfacher Befürwortung keineswegs per se allgemeinverbindlichen Rechtscharakter – sie benötigen eine entsprechende parlamentarisch korrekte Etablierung. Dann können errichtete Aufgabenfelder und Institutionen deren Bestand und Geltung nach innen wie nach außen hin bindend dokumentieren.

105 Gleichwohl für deren Durchführung BeckOK GeschGehG/*Hiéramente*, § 5 Rn. 36 ff., 46; EuArbR/*Schubert*, RL 2016/943/EU Art. 5 Rn. 10 ff.; H/O/K/*Ohly*, § 5 Rn. 34; K/B/F/*Alexander*, § 5 GeschGehG Rn. 43 ff.; *Wiese*, S. 138 f.

106 Vgl. etwa BeckOK GeschGehG/*Hiéramente*, § 5 Rn. 46.1.; Hoppe/Oldekop/*Lodemann/Tholuck*, Kap. 1 Rn. 583; *Schreiber*, NZWiSt 2019, 332, 337. Dennoch befürworten beide wie auch andere Autoren (ua. BeckOK UWG/*Wild*, § 5 GeschGehG Rn. 26; EuArbR/*Schubert*, RL 2016/943/EU Art. 5 Rn. 10 ff.; H/O/K/*Ohly*, § 5 Rn. 48; K/B/F/*Alexander*, § 5 GeschGehG Rn. 43 ff.; *Thüsing/Rombey*, NZG 2018, 1001, 1003 f.) unter Rekurs auf eine eventuelle Arbeitnehmerstellung bzw. die Art. 11 f., 16 f. GRCh ein abgestuftes „Eskalationsverfahren".

107 § 4 schützt, anknüpfend und in Übereinstimmung mit der gesetzlichen Definition des Geheimnisbegriffs in § 2 Nr. 1 (→ § 2 Rn. 138 f.) in allen Tatvarianten auch rechtswidrige Betriebsinterna wie Steuer- oder Kartellvergehen als Geschäftsgeheimnisse (→ § 4 Rn. 1); zuletzt *Rennicke*, wistra 2020, 135, 136.

108 Vgl. etwa zur Einordnung des „internen" Whistleblowing als individuelle bzw. generell-prophylaktische Einwilligung *Brammsen*, Lauterkeitsstrafrecht, § 17 Rn. 57.

109 Die überall exponentiell gewachsene Anzahl „publikumswirksamer" Whistleblower ist insoweit ein beredtes Zeichen. Einschlägige Zusammenstellungen ua. unter https://de.wikipedia.org/wiki/Whistleblower.

sich doch auch bei anderen „Tatbestandslösungen" wie den hier lediglich nachempfundenen Vorbildern der §§ 184d Abs. 3 oder 202d Abs. 3 StGB.

Für eine Tatbestandslösung sprechen hingegen gleich mehrere Aspekte. Einen interessanten Anknüpfungspunkt als „Entlastungsalternative" jenseits der Rechtfertigungsebene bietet das **Urheberrecht**. Ebenso wie das GeschGehG die eignerschaftliche Zuordnung eines kreierten Schöpfungsgutes betreffend, normieren dort die §§ 44a ff. UrhG verschiedene **Sonderregeln**, die bestimmt benannte Nutzungen Dritter gleichfalls aus den Eignerrechten ausklammern. Angehalten von grundrechtlich vorgegebenen Gemeinwohlerwägungen wie informationelle Teilhabe, Rechtsschutz, Religionsfreiheit und fortbestehender Wertgehalt begrenzen sie die inhaberschaftliche Verfügungsmacht ebenso in prinzipe und erga omnes wie die der Nr. 1, weisen ihr gewissermaßen den rechtstechnischen Weg zur Enthaftung. 55

Gestützt wird diese Einordnung als Inhalts- und Schrankenbestimmung auch durch deren beidseitige Geltung, werden doch beide Grundfreiheiten bzw. Grundrechte, Eigentums- wie Kommunikationsrechte, der praktischen Konkordanz entsprechend keinesfalls nur einseitig bevorzugt. Beide betreffen Individual- wie auch Kollektivinteressen, letztere allerdings in stärkerem Maße die Medien- und Pressefreiheit, welche verfassungsgerichtlich zu den vornehmstem Menschenrechten gerechnet[89] und ihr als **öffentliche Aufgabe** zugewiesen wird.[90] Hier ist jedoch zu beachten, dass die Presse auch die Pflicht hat, mit der nach den Umständen gebotenen Sorgfalt alle Nachrichten auf Wahrheit, Inhalt und Herkunft zu prüfen[91] sowie im Rahmen ihrer Berichterstattung besondere Verantwortung für die Privatsphäre der Betroffenen zu tragen.[92] Demzufolge ist es nur konsequent, wenn der Gesetzgeber den üblichen Gewohnheiten verfassungsrechtlicher Verfahren folgend sich einer generellen Bevorzugung enthalten und die Auflösung der Kollisionslage einer Einzelfallabwägung zugewiesen hat. 56

Die **Einschränkung** des Geheimniseigentums des Geheimnisinhabers begrenzt mithin seine **Verfügungsrechte** gegenüber einem bestimmt gearteten Kreis grundrechtsberechtigter Personen, belässt sie ansonsten aber geschützt, ohne Dritten ein verfügbares Eingriffs- bzw. Eigenrecht zuzuordnen.[93] Ausgeformt als normative Nutzungsregelung iSd. Art. 52 Abs. 1 GRCh dient sie zugleich dem Allgemeinwohlgebot des Art. 17 Abs. 1 GRCh bzw. 14 Abs. 2 GG, beachtet die Freiheitsrech- 57

---

89 Vgl. BVerfGE 69, 315, 344 f.; s. auch BVerfGE 117, 244, 258: „konstituierend für die freiheitliche demokratische Grundordnung".
90 Laut den Landespressegesetzen erfüllt die Presse eine „öffentliche Aufgabe, wenn sie in Angelegenheiten von öffentlichem Interesse Nachrichten beschafft und verbreitet, Stellung nimmt, Kritik übt oder auf andere Weise an der Meinungsbildung mitwirkt"; vgl. nur § 3 LPrG BW, M-V oder NW sowie § 3 Abs. 2 BayPrG.
91 Komprimiert zur publizistischen Sorgfaltspflicht *Soehring/Hoene*, § 2 Rn. 11 ff.; aktuell zum Sonderfall anonym vermittelter Informationen *Brost/Hassel*, NJW 2021, 1351 Rn. 7 ff. mwN.
92 Vgl. nur § 6 LPrG BW und NW, § 5 LPrG M-V oder § 3 Abs. 2 BayPrG.
93 Dies verkennend *Apel/Boom*, GRUR-Prax 2020, 225, 226: Der begünstigte Grundrechtsträger ist aber nur „rechtlos" begünstigter Vorteilsnehmer fremder „Rechtsschutzbegrenzung".

§ 5 Ausnahmen

te der Art. 11 GRCh bzw. 5 Abs. 1 GG und gewährt dem überwiegenden Interesse nach entsprechender Prüfung einen beide nur in concreto austarierenden Vorrang. Eine solche **beide** kollidierenden berechtigten Interessen **gleichzeitig** konkretisierende wie begrenzende Nutzungsregelung ist „gelebte" praktische Konkordanz. § 5 Nr. 1 formt eine situative Inhalts- und Schrankenbestimmung. Ihrer Haftungsfreistellung kommt somit die Funktion und materielle Rechtsnatur eines Tatbestandsausschlussgrundes zu.

b) Nr. 2 Das Whistleblowing[94]

58 Das Whistleblowing ist eine dem englischen sowie anglo-amerikanischen Sprachraum entstammende Bezeichnung für den Pfiff auf der Pfeife eines Polizisten bzw. Schiedsrichters, der damit das Vorkommen einer (vermeintlichen oder tatsächlichen) Regelabweichung im Spiel- oder Alltagsablauf verkündet.[95] Im Zuge der weiteren gesellschaftlichen Entwicklung und Industrialisierung immer öfter auftretende politische Skandale und Zusammenbrüche von Großunternehmen und Finanzinstitutionen haben dem Ausdruck fortwährend weitere Verwendungsfelder eröffnet, sodass er im Verlaufe des 20. Jahrhunderts schrittweise weltweit Eingang und Übernahme in die Rechtssprache gefunden hat. Heute dient er als weitgehend einheitlich verstandener terminus technicus für das Offenlegen unaufgedeckter bzw. nicht aufgeklärter Rechtsverstöße, Fehlverhaltensweisen und Unregelmäßigkeiten entweder ad coram publico oder gegenüber ausgewählten engeren Empfängerkreisen.[96] Inzwischen haben sich (auch für den deutschen Sprachraum) zudem die Ausdrücke **internes** oder **externes Whistleblowing**[97] für die Informanten die Bezeichnung Whistleblower oder Hinweisgeber eingebürgert,[98] die nichts mit dem Kronzeugen gemein haben: Der Kronzeuge ist nicht wie der Whistleblower ein schweigepflichtiger Geheimnisverräter, sondern originäres Geheimnissubjekt und als solches uneingeschränkt offenlegungsbefugt (→ § 23 Rn. 117, 122).

---

94 Allgemein zu Ausgestaltung, Erscheinungsformen, Ertragswert und Konturierung des „Whistleblowing" v. *Busekist/Racky*, ZRP 2018, 135 ff.; *Brungs*, S. 35 ff., 305 ff.; *Gerdemann*, S. 4 ff., 366 ff.; *Pfeifle*, S. 29 ff., 59 ff.; *Reinhardt-Kasperek/Kraindl*, BB 2018, 1332 ff.; *Sänger*, S. 23 ff., 85 ff.; *Scheicht/Loy*, DB 2015, 803 ff.; *Schweizer*, S. 40 ff.; *Soppa*, S. 27 ff.; *Thüsing/Rombey*, NZG 2018, 1001 ff.; strafrechtlich/kriminologisch *Reinbacher*, KriPoZ 2018, 115, 116 ff.; *Schenkel*, S. 126 ff.; *Schiemann*, in: FS Wessing, S. 569 ff.; *Soppa*, S. 101 ff.; *Ullrich*, NZWiSt 2019, 65, 68 ff. (primär de lege ferenda).
95 Statt vieler *Gerdemann*, S. 4 f. mwN.
96 Vgl. EuArbR/*Schubert*, RL 2016/943/EU Art. 5 Rn. 10 ff.; *Gerdemann*, S. 5 ff.; *Schenkel*, S. 28 f., alle mwN.
97 Ersterer bezeichnet die Weitergabe von Verstößen einer (oder innerhalb einer) Organisation innerhalb derselben an organisationseigene oder eingebundene Empfänger, Letzterer die Weitergabe entsprechender Informationen an organisationsfremde Personen, Instanzen oder Institutionen (zumeist zwecks Abhilfe, Aufsicht oder Sanktionierung); vgl. *Brammsen*, Lauterkeitsstrafrecht, § 17 Rn. 57, 60 f.; *Gerdemann*, S. 8 f.; H/O/K/*Ohly*, § 5 Rn. 33; *Schenkel*, S. 26 ff., jeweils mwN.
98 Auch im GeschGehG; vgl. etwa H/O/K/*Ohly*, § 5 Rn. 31; K/B/F/*Alexander*, § 5 GeschGehG Rn. 26; *Reinfeld* § 3 Rn. 13.

V. Die Ausnahmen des § 5 §5

blick auf die mediale Kundgabe abgeschlossener Vorgänge.[110] Im Anschluss an verschiedene, allesamt gescheiterte bundesdeutsche Reformansätze,[111] unions- bzw. sogar weltweit zunehmend auftretende Fälle höchst spektakulären Fehlverhaltens[112] und sich mit der Jahrtausendwende international verstärkender Regulierungsansätze[113] war es dann die Know-how-RL 2016/943/EU, die erstmals unionsweit eine Haftungsfreistellung für Whistleblower genauer konturierte. Inhaltlich umgesetzt in § 5 Nr. 2 bindet sie sein geheimnisverletzendes Vorgehen an das **Aufdecken** einer „bemakelten" Handlung (in Gestalt rechtswidrigen, beruflichen oder sonstigen Fehlverhaltens) und dessen Eignung zum Schutze allgemeiner öffentlicher Interessen. Die in Art. 5 lit. b RL mitbenannte Aufdeckungsabsicht fand dagegen keine eigenständige Aufnahme (→ Rn. 7, 51).

Es sind mithin **vier Voraussetzungen**, die für ein haftungsfreies Whistleblowing erfüllt sein müssen: (1.1) Der Whistleblower muss ein Geschäftsgeheimnis gem. § 4 verbotswidrig erlangt, genutzt oder offengelegt, (1.2) dies zur Aufdeckung eines (1.3) fremden rechtlichen, beruflichen oder sonstigen Fehlverhaltens getan und (1.4) damit auf geeignete Weise zum Schutze eines allgemeinen öffentlichen Interesses gehandelt haben. Obwohl das geheimnisverletzende als auch das aufgedeckte Drittverhalten gleichermaßen rechtlich „bemakelt" sind, ist die anstehende Interessenabwägung nicht auf deren „Unrechtsabgleich", sondern auf den „Güterabgleich" Geschäftsgeheimnis/geschütztes Interesse zu beziehen. Dabei ist die rechtliche Bewertung des Geheimnisses unbeachtlich, soll nicht die inhaberschaftliche Freiheits- bzw. Grundrechtsbetätigung als prinzipiell „fehlerhaft" iSv. rechtsmissbräuchlich bewertet und jeglicher „Konkordanz" entzogen werden. Ansonsten verbleibt nämlich nur der Rekurs auf ein nachfolgend in Art. 5 lit. d RL benanntes „durch Unions- oder nationales Recht anerkanntes legitimes Interesse" als etwaiger Haftungsausschlussgrund, das dann bei entsprechender (bundesdeutscher) Ausprägung über die „Insbesondere-Klausel" des § 5 zu beachten wäre. 63

(1.1) Die Verwirklichung einer von § 4 verbotenen Handlung

Die Haftungsfreistellung der Nr. 2 erfasst nur gem. § 4 verbotene Zugriffshandlungen auf fremde Geschäftsgeheimnisse. **Spezialgesetzliche Schutzvorschriften** für Whistleblower, wie sie etwa die Regelungen der §§ 3b Abs. 5 BörsG, 4d Abs. 6 FinDAG, 6 Abs. 5 GwG und 26a Abs. 1 Satz 3 Nr. 6 KWG vorsehen, gehen vor, sollen 64

---

110 So ist etwa ein Rückgriff auf § 34 StGB bei vollzogenen Taten ausgeschlossen und die verbleibende mögliche Anzeige kein sicheres (publikumswirksames) Abhilfeinstrument.
111 Allein zehn zwischen 1977 und 2014 gescheiterte Entwürfe benennt *Redder*, S. 165 f.; komprimiert *Sixt*, S. 341 ff.
112 Stichworte: Watergate, Hoffmann-La Roche/Stanley Adams, UBS/Meili, Enron, Worldcom, Bernie Madoff, Vivantes/Heinisch, Irakkrieg/Manning, DB-Leverage Paper, Snowden, Panama Papers.
113 Komprimiert *Schenkel*, S. 53 ff.; detailliert zur Entwicklung in den USA *Gerdemann*, S. 57 ff., 188 ff.

§ 5 Ausnahmen

aber nach Vorgabe der Gesetzesbegründung[114] daneben anwendbar sein.[115] Nennenswerte Bedeutung dürfte dieser „Idealkonkurrenz" angesichts der gesetzgeberischen Zentrierung des GeschGehG allein auf Rechtsverhältnisse zwischen Privatrechtspersonen (→ § 1 Rn. 23) allerdings kaum zukommen.

65 Wie in den Fällen der Nr. 1 und 3 so bedarf auch die Freistellung der Nr. 2 einer eigenen verbotswidrigen Handlung (hier: des Whistleblowers) – er muss ein fremdes Geschäftsgeheimnis faktisch „an sich" entgegen § 4 realiter erlangt, benutzt oder offengelegt haben.[116] Ist dieses wie etwa beim Reverse Engineering, einer Kenntnisnahme- oder Nutzungsbefugnis usw. gem. § 3 nicht der Fall, handelt der Täter also **erlaubt**, ist eine Freistellung nach § 5 Nr. 2 ausgeschlossen (→ Rn. 32).

(1.2) Zur Aufdeckung einer rechtswidrigen Handlung bzw. eines Fehlverhaltens

66 Die „an sich" einen Verbotstatbestand des § 4 unterfallende rechtswidrige **Handlung** muss, um dem Whistleblower gem. § 5 Nr. 2 Haftungsfreistellung zu gewähren, zur Aufdeckung einer fremden rechtswidrigen Handlung, eines beruflichen oder sonstigen Fehlverhaltens erfolgen. Das Erlangen, Nutzen oder Offenlegen eines Geschäftsgeheimnisses müssen der **Anlass** bzw. Hintergrund für das spätere Aufdecken gewesen sein. Nur wenn der Geheimniszugriff in der **Aufdeckung** gründet, nur dann eröffnet seine Vornahme dem Hinweisgeber die gesetzliche Haftungsfreistellung. Dem Geschehensablauf nach muss die Aufdeckung in dem Geheimniszugriff **objektiv** angelegt, zwischen beiden muss ein sachlicher Zusammenhang gegeben sein. Zufällige oder versehentliche Konnexitäten[117] sind ebenso wenig ausreichend wie motivationale Konditionierungen zwingend sind: Das Gesetz kennt im Gegensatz zu Art. 5 lit. b RL kein zusätzliches explizites Absichtserfordernis, „**Mischmotivationen**" mit Abneigung, Ärger, Eigennutz, Gewinnstreben oder Rache sind also nicht ausgeschlossen.[118] Der vorgegebenen Vollharmonisierung des Art. 1 RL dürfte allerdings mit der doppeldeutig interpretierbaren Inzenter-Absicht des deutschen „zur" ggf. Genüge getan sein.[119]

67 Wem gegenüber und wie die Aufdeckung des „bemakelten" Verhaltens erfolgt, dh. die Auswahl der **Empfangsperson(en)**, ist dem Whistleblower überlassen. Ihm ist

---

114 Vgl. RegE, BT-Drs. 19/4724, S. 29.
115 So auch H/O/K/*Ohly*, § 5 Rn. 35.
116 K/B/F/*Alexander*, § 5 GeschGehG Rn. 1; *Reinfeld*, § 3 Rn. 6.
117 Beispiel: Bankmitarbeiter X versendet die zu Erpressungszwecken entwendeten Kundendaten statt per Email an den anvisierten Steuersünder unbeabsichtigt als Rundmail ad coram publico.
118 BeckOK GeschGehG/*Hiéramente*, § 5 Rn. 28; H/O/K/*Ohly*, § 5 Rn. 45; Hoppe/Oldekop/*Lodemann/Tholuck*, Kap. 1 Rn. 570; K/B/F/*Alexander*, § 5 GeschGehG Rn. 42; *Reinfeld*, § 3 Rn. 36; abl. EuArbR/*Schubert*, RL 2016/943/EU Art. 5 Rn. 9.
119 IE wie hier konstitutiven subjektiven Aufdeckungsbezug befürwortend BeckOK GeschGehG/*Hiéramente*, § 5 Rn. 29; H/O/K/*Ohly*, § 5 Rn. 45; Hoppe/Oldekop/*Lodemann/Tholuck*, Kap. 1 Rn. 571; unklar K/B/F/*Alexander*, § 5 GeschGehG Rn. 32; *Reinfeld*, § 3 Rn. 41.

V. Die Ausnahmen des § 5   **§ 5**

weder die Einreichung einer Petition,[120] die Einbeziehung von Ämtern, Polizei, Presse, Staatsanwaltschaft, Vermittlern, Ombudsleuten noch das Einschalten von Schutz- und sonstigen Hilfsorganisationen oder ausgewählten (zB betriebsinternen) Personenkreisen vorgegeben – selbst ein Gang an die Öffentlichkeit oder die Information etwaiger durch das Fehlverhalten geschädigter Personen kann erwogen werden.[121] An wen auch immer sich der Whistleblower wendet steht ihm frei, solange mit seiner Auswahl eine Eignung zum Schutze des kollidierenden allgemeinen öffentlichen Interesses verbunden ist (→ Rn. 78 ff.).

Die etwaige Einbeziehung „gutgläubiger Whistleblower" stellt ein Sonderproblem dar, das in den unterschiedlichen Formulierungen der Art. 6 RL 2019/1937/EU und Erwgrd. 20 RL 2016/943/EU einer- und des § 5 Nr. 2 andererseits angelegt ist.[122] Anders als Erstere, die auch mangels vorhandenen Fehlverhaltens gescheiterte Schutzanstrengungen dann einbeziehen, wenn nach angemessener Prüfung tatsächliches Vorliegen einer Fehlhandlung angenommen werden konnte, setzt § 5 Nr. 2 das tatsächliche Vorhandensein einer realen Schutzeignung voraus.[123] Es ist deshalb an entsprechender Stelle aufzulösen (→ Rn. 82 f.).[124]   68

(1.3) Das aufgedeckte Fehlverhalten

Die Haftungsfreistellung des Whistleblowers ist fremdtatakzessorisch angelegt. Sie wird ihm nur gewährt, wenn sein Geheimniszugriff eine rechtswidrige Handlung, ein berufliches oder sonstiges Fehlverhalten des **Geheimnisinhabers** aufdeckt. Sein Angriffs- bzw. Erfolgsobjekt muss mithin ein diesem zugeordnetes rechtswidriges, beruflich oder sonstwie missbilligtes Fehlverhalten aus dessen „Unternehmenssphäre" sein. Ohne dessen tatsächliches Vorliegen bleibt sein eigenmächtiges Zugreifen rechtswidrig.[125] Konstruktiv ist das Whistleblowing nichts anderes als ein erweitertes dialogisches Gegenstück zur mittelbaren Rechtsverletzung des § 4 Abs. 3 Satz 1: Während letzterenfalls der Rechtsverletzer ein fremdes „positives" Geschäftsgeheimnis rechtswidrig erlangt, nutzt oder offenlegt, das ein Dritter unbefugt gem. § 4 Abs. 2 genutzt oder offengelegt hat, erlangt oder nutzt, vollzieht ersterenfalls der Whistleblower diese Handlungen rechtswidrig iSd. § 4 an dem einem   69

---

120 Sie ist grundrechtlich in Art. 17 GG gewährleistet. Zur Nutzung des Petitionsrechts (speziell im öffentlichen Dienst) zuletzt *Niermann*, S. 99 ff. und *Redder*, S. 51 ff., 172 ff.
121 BeckOK GeschGehG/*Hiéramente*, § 5 Rn. 29; K/B/F/*Alexander*, § 5 GeschGehG Rn. 39b.
122 H/O/K/*Ohly*, § 5 Rn. 47 und EuArbR/*Schubert*, RL 2016/943/EU Art. 5 Rn. 7 verweisen zusätzlich auf entsprechende EMRK-Rechtsprechung.
123 Großzügiger *Reinfeld*, § 3 Rn. 4 (auch bei gutgläubiger Aufdeckung nicht anvisierter „Zweittat"). Weitergehend für eine sog. „subjektive Konnotation" ua. *Reinbacher*, KriPoZ 2019, 148, 155 ff. und *Schmitt*, NZA-Beilage 2020, 50, 54. Analogie präferiert EuArbR/*Schubert*, RL 2016/943/EU Art. 5 Rn. 15 aE.
124 Wie hier BeckOK GeschGehG/*Hiéramente*, § 5 Rn. 30; *Gramlich/Lütke*, wistra 2019, 489, 484; H/O/K/*Ohly*, § 5 Rn. 47; Hoppe/Oldekop/*Lodemann/Tholuck*, Kap. 1 Rn. 571; K/B/F/*Alexander*, § 5 GeschGehG Rn. 46.
125 Vgl. ArbG Siegburg, Urt. v. 15.1.2020 – 3 Ca 1792/19, openjur.de/u/2194221.html, Rn. 31 m. zust. Anm. *Wahlers*, jurisPR-ITR 7/2020, Anm. 4; *Dann/Markgraf*, NJW 2019, 1774, 1777.

§ 5 Ausnahmen

Geschäftsinhaber zugeordneten Haben eines „negativen" Geschäftsgeheimnisses (zB Software für Abgassteuerung[126]). Der Unterschied besteht allein in dem rechtlich umgekehrt bewerteten „Einsatzbereich" des Geheimnisses (Einsatz als Geschäftsmittel erlaubt oder missbilligt bzw. nicht gestattet) sowie dem eigenen oder fremdvermittelt eröffneten Zugriffsakt.[127] In beiden Fällen ist der Geschäftsinhaber als Zuordnungsendsubjekt der Geheimnisinhaberschaft gleichermaßen qua constitutionem aus dem Rechtsverletzer- bzw. Whistleblowerkreis ausgeschlossen.

(1.3.1) Die rechtswidrige Handlung

70 Der Terminus **rechtswidrige Handlung** ist eine Gattungsbezeichnung für alle Formen von Verhaltensweisen, die allgemeinverbindlichen rechtlichen Anordnungen bzw. Vorgaben widersprechen. Ihm unterfallen die gesamten im unionalen und nationalen Straf-, öffentlichen und Zivilrecht (unter Einschluss des Ordnungswidrigkeiten- und auch des Gewohnheitsrechts) benannten Aktivitäten und rechtspflichtwidrigen Passivitäten ungeachtet ihrer zustandsverändernden Wirkung, ihres Gefährdungs- oder Beteiligungsgrads, dh. jeder **Verstoß** gegen die zum Zeitpunkt des Whistleblowings geltende **Rechtsordnung**.[128]

71 Nicht einbezogen sind **Vertragsvereinbarungen** ungeachtet ihrer unterschiedlichen (zwei- oder mehrseitigen) Beteiligtenzahl. Hier wird es ersterenfalls häufig an der nötigen Bedeutung für ein allgemeines öffentliches Interesse fehlen,[129] es gibt aber nicht erst seit Corona genügend gegenteilige Fälle durchaus hohen öffentlichen Interesses.[130] **Gleiches** ist insbesondere letzterenfalls zu verzeichnen, gibt es doch eine Reihe privatautonom errichteter unternehmerischer **Verhaltenskodices** (Codes of Conduct, Corporate Responsibility Codes), die besondere Verhaltensregeln vorgeben bzw. Verstöße mit Abmahnung oder Umsetzung sanktionieren. Dennoch ist ihren häufig sogar unter Einbindung administrativer Instanzen privatautonom festgesetzten Regelwerken gemeinhin (Ausnahme Rn. 74) mangels explizit öffentlich-rechtlich gewährter Rechtssetzungskompetenz und Allgemeinverbindlichkeit Rechtscharakter vorenthalten. Sie sind dem beruflichen oder (passender) sonstigen Fehlverhalten zuzuordnen.[131]

---

126 Beispiel nach *Alexander*, WRP 2017, 1034 Rn. 116.
127 Dogmatisch gesprochen: Der nutzbarkeitsspezifische (intern wertschaffende bzw. nur extern wertbewahrende) Gutscharakter und der (auch § 4 Abs. 3 Satz 2 einbeziehende) Aktunwert divergieren.
128 BeckOK GeschGehG/*Hiéramente*, § 5 Rn. 20; BeckOK UWG/*Wild*, § 5 GeschGehG Rn. 19; H/O/K/*Ohly*, § 5 Rn. 36; Hoppe/Oldekop/*Lodemann/Tholuck*, Kap. 1 Rn. 549; K/B/F/*Alexander*, § 5 GeschGehG Rn. 35 f.
129 Zutreffend betont von BeckOK GeschGehG/*Hiéramente*, § 5 Rn. 20a und H/O/K/*Ohly*, § 5 Rn. 37.
130 Erinnert sei nur an die eigenmächtig eingestellten Mietzahlungen oder -kürzungen mancher Konzerne für ihre Betriebsräume und Filialen bis hin zur Unternehmenszentrale, die bereits seit Jahrzehnten gerne auch im Vorfeld drohender Insolvenzen als Druckmittel eingesetzt werden.
131 Vgl. BeckOK GeschGehG/*Hiéramente*, § 5 Rn. 20a; H/O/K/*Ohly*, § 5 Rn. 37, 41 f.; Hoppe/Oldekop/*Lodemann/Tholuck*, Kap. 1 Rn. 553; K/B/F/*Alexander*, § 5 GeschGehG Rn. 37.

V. Die Ausnahmen des § 5   § 5

(1.3.2) Das berufliche Fehlverhalten

Das **Fehlverhalten** ist eine in vielen Wissenschaftsdisziplinen (vornehmlich der Soziologie) gebräuchliche, inhaltlich allerdings äußerst vielschichtig ausgedeutete **Bezeichnung** für ein Verhalten, das den Vorgaben bzw. Vorstellungen iSv. Erwartungen innergesellschaftlicher Gruppen, einer wie auch immer verbundenen Gesamtheit oder eines Regel- bzw. Norm- oder Gesetzgebers entgegengesetzt ist. Rein **objektiv** auf die Feststellung einer Abweichung bezogen, beschreibt es allein das vermeintliche oder tatsächliche Vorliegen einer Abweichung bzw. eines Verstoßes ungeachtet sonstiger personaler Komponenten wie Fahrlässigkeit, Vorsatz oder Schuld. Der Begriff „Fehlverhalten" dokumentiert lediglich den äußeren Umstand einer **Regelmissachtung**.[132]   72

Berufliches Fehlverhalten ist eine aus der deutschen Übersetzung des Art. 5 lit. b RL wortlautgetreu übernommene Bezeichnung, die nach den Vorstellungen der Gesetzesbegründung **Verstöße** gegen berufsständische Normen meint und hierfür als Beispiele auf das ärztliche oder anwaltliche **Standesrecht** verweist.[133] Zu ihnen gehören daneben weitere „verkammerte" freie Berufe wie die Apotheker, Architekten, Ingenieure, Notare, Psychotherapeuten, Steuerberater, Wirtschaftsprüfer, Veterinäre und Zahnärzte.[134] Berufsständisches ist quasi die rechtlich idealiter ausdifferenzierte Erscheinungsform beruflichen bzw. berufsbezogenen Verhaltens, das Fehlverhalten sein inhaltlich in der Bedeutung negativ besetztes, dh. den Erwartungen bzw. Normen widersprechendes Antonym.   73

Ungeklärt ist trotz vergleichbarer „Verkammerung" die Einbeziehung weiterer, allerdings mangels entsprechend ausgeformter Berufsordnung **nicht freiberuflich** ausgestalteter Tätigkeitsfelder wie der Schornsteinfeger, Starkstromelektriker und ähnlicher Handwerke, deren fachgerechte Berufsausübung zur Gewährleistung allgemeiner Sicherheit unerlässlich ist. Eine letztendlich notbehelfsmäßig verbleibende Möglichkeit, ihr „standardwidriges" gefahrenträchtiges Fehlverhalten dem Auffangtatbestand des „sonstigen Fehlverhaltens" zuzuweisen, erscheint angesichts der dortigen starken Ausrichtung auf ein arg konturenloses „unethisches Verhalten" (→ Rn. 75 f.) eher unpassend. **Gleiches** gilt für verbandsmäßig **privatautonom errichtete**, staatseitig qua Verfügung und Veröffentlichung anerkannte **Regelwerke** im Wettbewerbsrecht (§§ 24 ff. GWB).[135] Ihre Missachtung ungeachtet gegebener staatlicher, unter starker Einbindung zentraler Interessengruppen erfolgter und gesetzlich angeordneter Mitwirkung als „berufsfremdes" Fehlverhalten zu qualifizie-   74

---

132 BeckOK GeschGehG/*Hiéramente*, § 5 Rn. 34 f.; H/O/K/*Ohly*, § 5 Rn. 43; Hoppe/Oldekop/*Lodemann*/*Tholuck*, Kap. 1 Rn. 573 ff.; K/B/F/*Alexander*, § 5 GeschGehG Rn. 39a.
133 Vgl. RegE, BT-Drs. 19/4724, S. 29.
134 Zustimmend BeckOK GeschGehG/*Hiéramente*, § 5 Rn. 21; H/O/K/*Ohly*, § 5 Rn. 39; Hoppe/Oldekop/*Lodemann*/*Tholuck*, Kap. 1 Rn. 551; K/B/F/*Alexander*, § 5 GeschGehG Rn. 36.
135 Wie hier *Alexander*, AfP 2019, 1 Rn. 53; K/B/F/*Alexander*, § 5 GeschGehG Rn. 37. Offenlassend BeckOK UWG/*Wild*, § 5 GeschGehG Rn. 20.

§ 5 Ausnahmen

ren, verkennt die begriffliche Weite des Berufsrechts zugunsten einer noch weniger konturierten „sonstigen" Titulierung.[136]

(1.3.3) Das sonstige Fehlverhalten

75 Das **sonstige Fehlverhalten** ist eine extrem inhaltsoffene Sammelbezeichnung für Missetaten jenseits der beiden vorbenannten rechtswidrigen und beruflichen Tatvarianten (→ Rn. 70 ff.). Vom Richtlinien- wie vom Bundesgesetzgeber nahezu konturenlos belassen,[137] erschöpft sich ihre gebotene Konturierung letzterenfalls in arg floskelhaft gehaltenen Verweisen auf ein **„unethisches Verhalten"** wie Steuerumgehung, exterritorial erlaubte Kinderarbeit und gesundheits- oder umweltschädliche Produktionsbedingungen.[138] Hiergegen vorgebrachte Kritik[139] versuchte der Rechtsausschuss mit einer Beschlussempfehlung und dem Verweis auf nach **allgemeinen objektivierbaren Rechtsverständnis** vorzunehmende Bestimmungen zu entschärfen.[140]

76 Sachlich ist mit dieser „Objektivierung" allerdings nichts gewonnen, bleibt doch völlig offen, wann wie und wodurch sie nach welchen Kriterien zu ermitteln und an welchen Maßstäben und Vergleichsparametern ihre allgemeine Akzeptanz wie zu erkennen ist. Es verwundert deshalb nicht, wenn in einem inter- wie supranational verflochtenen, sich dem Kultur-, Meinungs- und Wertepluralismus verpflichtet sehenden Föderalstaat wie Deutschland die Kritik nicht verstummt, sondern nun erst recht angewachsen ist.[141] Jedoch besteht zumindest insoweit breite Übereinstimmung, dass **ethische Wertmaßstäbe** allein schon angesichts ihrer vielfältigen Durchmischungen in concreto kaum umzusetzen, geschweige denn sicher zu identifizieren und daher eher **unbeachtlich** sind.[142] In Rechtsstaaten haben vielmehr allein **Rechtsmaßstäbe** als einzige allgemein verbindliche Leitlinien **im Vordergrund** zu stehen und zwar primär die des formell korrekt gesetzten Rechts.

77 Eine solche Anbindung hat außer den Vorteilen ihrer Allgemeinverbindlichkeit, einfachen Zugänglichkeit und (zumindest zumeist) relativ leichten inhaltlichen Verständlichkeit den weiteren Vorteil, innergesellschaftlich Mindeststandard als

---

136 Für Letzteres Hoppe/Oldekop/*Lodemann/Tholuck*, Kap. 1 Rn. 553; wohl auch BeckOK Gesch-GehG/*Hiéramente*, § 5 Rn. 22; H/O/K/*Ohly*, § 5 Rn. 37.
137 Beide Normgeber gewähren weder feststehende Begriffe noch allgemein bekannte Umschreibungen, eine sinnfälligen Praxisbeispiele oder alltagstaugliche Rekurse auf „anständige" bzw. „seriöse Gepflogenheiten".
138 Vgl. RegE, BT-Drs. 19/4724, S. 29.
139 Vgl. etwa *Brammsen*, wistra 2018, 449, 454; *Bürkle*, CCZ 2018, 193; *Hiéramente/Golzio*, CCZ 2018, 262, 264; *Passarge*, CB 2018, 144, 146; *Scherp/Rauhe*, CB 2019, 20, 23; *Ullrich*, NZWiSt 2019, 65, 69.
140 Vgl. BT-Drs. 19/8300, S. 14.
141 Vgl. nur *Dann/Markgraf*, NJW 2019, 1774, 1777; *Gramlich/Lütke*, wistra 2019, 480, 482 f.; *Rönnau*, in: FS Merkel, S. 909, 922 ff.; *Schmolke*, NZG 2020, 5, 10, 12.
142 BeckOK GeschGehG/*Hiéramente*, § 5 Rn. 26 ff.; *Gramlich/Lütke*, wistra 2019, 480, 483; H/O/K/*Ohly*, § 5 Rn. 40; Hoppe/Oldekop/*Lodemann/Tholuck*, Kap. 1 Rn. 557 ff.; K/B/F/*Alexander*, § 5 GeschGehG Rn. 39 f.; *Rönnau*, in: FS Merkel, S. 909, 923 f.

wertprägende und **wertstabilisierende Zielvorgabe** zu sein. Als solche gestattet sie nämlich sowohl verlässliche Orientierung als auch weitergehende Ausdifferenzierung und Spezifizierung, ohne den bestehenden Rahmen inhaltlich zu überdehnen. Es ist daher auch nicht verwunderlich, dass inzwischen zunehmend **Konkretisierungen** vorgeschlagen werden, die für divergierende Rechtssetzungen an ausländischen Handlungsorten (zB Kinderarbeit, Gesundheits- und Umweltschutz, Waffenhandel) statt einer Anwendung zu § 138 BGB [143] einen **Rekurs** auf grundlegende Sozial- und Verhaltenskonventionen wie jene der **EU-Grundrechtscharta** präferieren.[144] Erwägenswert scheint darüber hinaus die Konzeption konkreter **Fallgruppen**, die neben den vorstehenden Auslandstaten und den rein privatautonom gesetzten Regelwerken (→ Rn. 74) etwaige Fälle offensichtlicher Gesetzeslücken erfasst.[145] Eine Erstreckung auch auf die Nutzung von „Steuerschlupflöchern" ist allerdings abzulehnen – eine solche ist erlaubt.[146] Die fragwürdige Begrenzung des Geschäftsgeheimnisschutzes beim „SteuerCD-Ankauf"[147] sollte nicht unter dem Deckmantel des Whistleblower-Schutzes wiederholt werden: Das GeschGehG bietet hoheitlicher Haftungsfreistellung keinen Raum für bislang nicht normierte Eingriffsbefugnisse ohne jeden Individualbezug.

(1.4) Die Eignung zum Schutze allgemeiner öffentlicher Interessen

Die Voraussetzungen für die Haftungsfreistellung eines Whistleblowings enden mit ihrem gewichtigsten Erfordernis – seiner Aufdeckung muss die Qualität zukommen, zum Schutz allgemeiner öffentlicher Interessen „geeignet" gewesen zu sein. Das deutsche Recht weicht damit nach anfänglich fast wortwörtlicher Übereinstimmung[148] nunmehr deutlich von der klaren Vorgabe des Art. 5 lit. b RL wie auch von der Rechtsprechung des EGMR ab,[149] das Vorliegen einer entsprechenden „Schutzabsicht" ausreichen zu lassen. Ob diese auf Vorschlag des Rechtsausschusses zur Vermeidung von „Gesinnungsprüfungen"[150] eingefügte objektive Zweckbindung[151]

78

---

143 Deren Fälle zutreffend dem § 2 Nr. 2 zuweisend Hoppe/Oldekop/*Lodemann/Tholuck*, Kap. 1 Rn. 560.
144 Vgl. etwa BeckOK GeschGehG/*Hiéramente*, § 5 Rn. 26.4; H/O/K/*Ohly*, § 5 Rn. 41 f.; K/B/F/*Alexander*, § 5 GeschGehG Rn. 39; *Schröder*, ZRP 2020, 212, 215. Weitergehend OLG Oldenburg, Beschl. v. 21.5.2019 – 1 Ss 72/19, juris, das den erlaubten Export von Giftstoffen unsubstantiiert als missbilligt erachtet.
145 Erstmals vorgeschlagen von Hoppe/Oldekop/*Lodemann/Tholuck*, Kap. 1 Rn. 561 ff., 564 f.
146 Zutreffend H/O/K/*Ohly*, § 5 Rn. 42.
147 Komprimiert zum seinerzeitigen Streitstand unter Geltung des § 17 UWG aF *Brammsen*, Lauterkeitsstrafrecht, § 17 Rn. 71 ff., 75 f., 85, 105, 113 f., 119, 127 ff., 134, 136, 141; aktueller *Rennicke*, wistra 2020, 135, 136 ff.
148 Vgl. § 5 Nr. 2 RegE, BT-Drs. 19/4724, S. 10.
149 Beides betonend auch H/O/K/*Ohly*, § 5 Rn. 44 f.
150 Vgl. BT-Drs. 19/8300, S. 8 ff., 14; zustimmend ua. K/B/F/*Alexander*, § 5 GeschGehG Rn. 41.
151 Diese befürwortend BeckOK GeschGehG/*Hiéramente*, § 5 Rn. 34 f.; H/O/K/*Ohly*, § 5 Rn. 45; Hoppe/Oldekop/*Lodemann/Tholuck*, Kap. 1 Rn. 561 ff., 574 f.; K/B/F/*Alexander*, § 5 GeschGehG Rn. 42.

§ 5 Ausnahmen

nicht doch dem Richtlinientext widerspricht, ist der Erkenntnis des EuGH vorbehalten.[152]

79 **Schutzeignung** soll die Aufdeckung einer missbilligten „Vortat" nur entfalten, wenn letztere von „einigem Ausmaß und Gewicht" ist und zugleich erstere einem öffentlichen Interesse „von unmittelbarer Relevanz" dient.[153] Leider bleibt allerdings völlig offen, wann und warum eine solche Stärke und Bedeutsamkeit gegeben und nach welchem Maßstab sie zu bemessen sind. Hinsichtlich der „**Interessenrelevanz**" kann die allgemeine Differenzierung zwischen Individual- und Kollektivinteressen (→ Rn. 33 ff.) zwar einer Groborientierung dienen, sodass etwa Umweltschutz und öffentliche Gesund- und Sicherheit eher genügen dürften als Individualgutsverletzungen wie etwa der Ehre. Gleiches dürfte auch für die zeitliche Komponente der unmittelbaren und der bereits durch andere nachfolgende Taten überholte **Aktualität** einschlägiger Verfehlungen gelten, d.h. der gegenwärtigen Betroffenheit von Kollektivinteressen gemeinhin größere **Relevanz** beizumessen wäre als einer solchen von Individualinteressen.[154] Sowohl als Steigerung wie umgekehrt auch als Abschwächung wirken sodann die Stärkefaktoren „**Ausmaß und Gewicht**", die an der betrieblichen wie der sonstigen individuellen oder kollektiven örtlichen, regionalen direkten oder indirekten **Betroffenheit** einer Ein- oder Vielzahl von Personen, deren Gefährdungs- oder Verletzungsgrad, ihrer Brisanz und der privat- oder amtsseitigen Ahndungsbefugnis der §§ 47 OWiG, 152 Abs. 2, 160, 374, 376 StPO, der Berufskammern und etwaiger Verbände ausgerichtete erhöhte Aufmerksamkeit und Ablehnung zu generieren vermögen.

(1.5) Fazit

80 Resümierend ist als grobe **Richtschnur** festzuhalten: Grundrechtlich abgesicherte Freiheitsrechte im Informationsumgang wie in Nr. 1 oder 3 sind nicht benannt, konkret ableitbare Gemeinwohlagenden unkonturiert, Zusammenhänge und Ableitungen unspezifiziert – es gibt keinerlei annähernd gleichgeordnete Fundierung. Schutzeignung zeitigen einfachgesetzlich gewährte Aufdeckungen von Fehltaten daher allenfalls bei nennenswerter Unwertqualität und Inakzeptanz. Gesellschaften müssen mithin zahlen- wie unwertmäßig geringfügige unaufgedeckte Abweichungen aushalten, wollen sie nicht mit der Haftungsfreistellung wohlmeinender Hinweisgeber schleichend den Auf- und Ausbau eines omnipräsenten Überwachungsstaates riskieren. Es bedarf mitunter des Aushaltens bzw. Hinnehmens kleinerer Regelwidrigkeiten, um Gepflogenheiten sowie Integration von und Kooperation nicht nur abstrakt generalpräventiv, sondern auch konkret mit Alter Ego zu stabilisie-

---

152 So bereits H/O/K/*Ohly*, § 5 Rn. 44 f.
153 Beschlussempfehlung des Rechtsausschusses, BT-Drs. 19/8300, S. 14 und Erwgrd. 20 RL 2016/943/EU; vgl. auch H/O/K/*Ohly*, § 5 Rn. 46; K/B/F/*Alexander*, § 5 GeschGehG Rn. 42.
154 Sachlich insoweit wohl übereinstimmend Hoppe/Oldekop/*Lodemann/Tholuck*, Kap. 1 Rn. 581 f., der zutreffend auf eine Anlehnung an das allgemeine öffentliche Interesse in § 376 StPO verweist.

ren.¹⁵⁵ Die jeweilige Schmerzgrenze ist variabel, abhängig von der Größe des Betroffenenkreises, der Alltagüblichkeit, Intensität und Qualität des Verstoßes sowie der Wiederholungsgefahr und Pflichtenposition des Täters und/oder Inhabers: Steigert sich alles gleichermaßen auf ein höheres Level, so gewinnt die Aufdeckung zunehmend Schutzeignung – bei vielen Betroffenen und höherem Schadens- oder Gefährdungspotenzial eher als bei reinen Individualschäden. Hier bedarf es einer weiter gesteigerten Abweichungs- bzw. Unwertqualität.

Eine weitere **Verhältnismäßigkeitsprüfung** kennt das Gesetz nicht. § 5 Nr. 2 gewährt dem Whistleblower Haftungsfreistellung, wenn alle vorbenannten Tatbestandsvoraussetzungen (→ Rn. 62–79) gegeben sind.¹⁵⁶ Gleichwohl werden verschiedentlich entsprechende Ansätze vertreten, die sich aber allesamt ausschließlich auf frühere Ansätze des EGMR und daran angelehnte Vorgaben des neuen Art. 15 Nr. 1, 2 lit. e Whistleblower-RL 2019/1937/EU stützen.¹⁵⁷ Ein diesbezüglicher Rekurs ist daher im Rahmen der sog. **Eskalationspyramide** im nachfolgenden Anhang (→ Rn. 85 ff.) mit zu erörtern. 81

(1.6) Das Sonderproblem: Der gutgläubige Hinweisgeber

Tatbestandlich setzt eine Haftungsfreistellung gem. § 5 Nr. 2 voraus, dass die vom Whistleblower zum Schutz eines allgemeinen öffentlichen Interesses aufgedeckte Tat auch **tatsächlich „schutzgeeignet"** gewesen, dh. eine realiter verwirklichte missbilligte Handlung als „Gefahrenquelle" gegeben sein muss (→ Rn. 69). Ohne Gefährdungsaspekt lässt sich eine „Schutzeignung" für den Fall seines eventuellen Vorliegens zwar vielleicht generell-abstrakt vorab hypothetisch konstruieren, nicht aber individuell-konkret als Faktum konstatieren:¹⁵⁸ Wo keine Gefahr besteht bzw. bestand ist bzw. war weder ein hilfsbedürftiges Schutzobjekt noch die reale Schutz- 82

---

155 Offensichtlich scheinen die Grunderkenntnisse des Innovations- und Einungspotenzials von Normverstößen, die nicht nur in weltweit vertrauten Ansätzen der kriminologischen Anomie- und den (nicht nur öffentlich-rechtlichen) Integrations- und Kooperationstheorien dem Gesetzgeber wenig präsent; komprimiert zu Ersterer *Durkheim*, Die Regeln der soziologischen Methode, Paris 1895, S. 157 ff. (zit. nach *Sack/König*, Kriminalsoziologie, 1968, S. 3 ff.); zu Letzteren *Bühler*, S. 15 ff., 220 ff.
156 BeckOK GeschGehG/*Hiéramente*, § 5 Rn. 37 ff.; BeckOK UWG/*Wild*, § 5 GeschGehG Rn. 26; H/O/K/*Ohly*, § 5 Rn. 48; Hoppe/Oldekop/*Lodemann/Tholuck*, Kap. 1 Rn. 583.
157 BeckOK UWG/*Wild*, § 5 GeschGehG Rn. 26; H/O/K/*Ohly*, § 5 Rn. 48; Hoppe/Oldekop/*Lodemann/Tholuck*, Kap. 1 Rn. 583; K/B/F/*Alexander*, § 5 GeschGehG Rn. 43 ff.; *Leite*, GA 2021, 129, 144; *Rönnau*, in: FS Merkel, S. 909, 926 f.; abl. dagegen *Brockhaus*, ZIS 2020, 102, 117 f.; *Erlebach/Veljovic*, wistra 2020, 190, 194 und *Schreiber*, NZWiSt 2019, 332, 337.
158 Die Annahme einer Gefahr (oder einer diesbezüglichen Schutzeignung) bedarf eines irgendwie zustande gekommenen (zB durch empirische Bestätigung oder Vergleichssituationen) entsprechenden Erfahrungswissens: Beides ist nur gegeben, „wenn nicht nur die gedankliche Möglichkeit, sondern eine auf festgestellte tatsächliche Umstände gegründete Wahrscheinlichkeit eines schädigenden Ereignisses besteht"; vgl. BGHSt 26, 176, 179.

§ 5 Ausnahmen

eignung einer betätigten Hilfsmaßnahme vorhanden. Eine nicht vorhandene Gefahr kann nur ungeeignete Schutzmaßnahmen bewirken. Wo nichts war, ist nichts hilfreich gewesen.[159]

83 Gleichwohl ist im Gefolge des abweichenden Wortlauts des Art. 5 lit. b RL („in der Absicht gehandelt hat"), des Art. 15 Nr. 1, 2 lit. e Whistleblower-RL 2019/1937/EU („hatte hinreichenden Grund zu der Annahme") und entsprechend interpretierbarer Äußerungen des Rechtsausschusses („zur Abwehr von tatsächlichen oder gutgläubig angenommenen Verletzungen", „gutgläubig ... ausgehen musste")[160] die Frage aufgetreten, ob nicht auch irrtümliche oder gutgläubige Annahmen entsprechender Vortaten eine Freistellung bewirken.[161] Eine solche Ausdehnung der Haftungsfreistellung ist abzulehnen (→ Rn. 82), auch wenn sie den Vorgaben der benannten Richtlinien widersprechen sollte. Die Zielgerichtetheit zur (dolus directus 1. Grades) Aufdeckung erstreckt sich weder auf den Verletzungsakt noch auf die Schutzeignung. Eine Bewältigung dieser Problematik ist im Wege einer Heranziehung der Ausnahmeregelung des § 9 bzw. der strafrechtlichen Irrtumsregeln vorzunehmen.[162] Gutgläubige Whistleblower tragen wie andere objektive „Rechtsverletzer" nach allgemeinen Zurechnungsregeln das Risiko für die rechtliche Zulässigkeit ihres Ein- oder Zugriffs in oder auf drittzugeordnete Rechte.

(2) Die Interessenabwägung

84 Die gesetzliche Freistellungsregelung des § 5 Nr. 2 befasst sich nur mit der „Enthaftung" des Whistleblowers, belässt die inhaltliche Ausgestaltung und damit das „Wann und Wie" des gewählten Aufdeckungsweges vollkommen offen. Der Whistleblower sieht sich damit vor die Situation gestellt, Erlaubnis und Ablauf seines geplanten Vorgehens allein oder mit Hilfe (welcher?) Dritter oder Institutionen prospektiv abzuklären. Angesichts der möglichen Vielzahl (wie?) gewichtiger Aspekte und etwaiger abzuwägender Folgeprobleme dürfte der „quivis ex populo" damit gemeinhin überfordert sein: Nicht jeder Whistleblower ist ein stellvertretender Chefarzt.[163]

(2.1) Die dreistufige Eskalationspyramide

85 Allerdings hat sich im Verlaufe der zT langjährigen Befassung verschiedenster Gerichte in Übereinstimmung mit rechtspraktischen und wissenschaftlichen Diffe-

---

159 Wie hier BeckOK GeschGehG/*Hiéramente*, § 5 Rn. 34; H/O/K/*Ohly*, § 5 Rn. 47; Hoppe/Oldekop/Lodemann/Tholuck, Kap. 1 Rn. 571 ff.; K/B/F/*Alexander*, § 5 GeschGehG Rn. 46.
160 BT-Drs. 19/8300, S. 14.
161 Dies befürwortend *Reinfeld*, § 3 Rn. 4 (auch bei gutgläubiger Aufdeckung nicht anvisierter „Zweittat"). Erhebliche Einordnungsprobleme konstatiert auf Seiten des Whistleblowers *Dilling*, CCZ 2019, 214, 216 f.; Prüfungspflichten EGMR, AfP 2021, 119 Rn. 75 ff. – Gawlik.
162 BeckOK GeschGehG/*Hiéramente*, § 5 Rn. 33.1 ff., 35; BeckOK UWG/*Wild*, § 5 GeschGehG Rn. 15; Büscher/*McGuire*, § 5 GeschGehG Rn. 14; H/O/K/*Ohly*, § 5 Rn. 47; Hoppe/Oldekop/Lodemann/Tholuck, Kap. 1 Rn. 573 ff.; K/B/F/*Alexander*, § 5 GeschGehG Rn. 46; *Rönnau*, in: FS Merkel, S. 909, 927.
163 Zu dessen Prüfungspflichten EGMR, AfP 2021, 119 Rn. 68, 72 ff., 77 ff., 85 – Gawlik.

V. Die Ausnahmen des § 5   § 5

renzierungen für arbeitnehmer-, aber auch für drittseitige Aufdeckungen betriebsinterner Geschäftsgeheimnisse ein **dreistufiges** Verfahrensmodell entwickelt,[164] das zwischen den Erscheinungsformen eines „**internen**" und eines erneut unterteilten „**externen**" Whistleblowing unterscheidet: Ersteres betrifft gewissermaßen erste Abhilfemaßnahmen, die (abgesehen von offensichtlich nutzlosem Procedere) innerhalb des Gestaltungs- bzw. Kompetenzbereichs des betroffenen Unternehmens zu suchen bzw. zu durchlaufen sind, während Letztere erst im Falle zuvor gescheiterter innerbetrieblicher Lösungsversuche als (2. Stufe) Anzeige oder Meldung an staatliche Institutionen, ähnliche Einrichtungen oder (3. Stufe) Gang an die Öffentlichkeit oder die Presse eröffnet sind.[165] Einem solchen abgestuften Meldeweg hat sich inzwischen auch die auf das Binnenmarktkonzept gegründete (Erwgrd. 81) und bis zum Dezember 2021 umzusetzende Whistleblower-RL 2019/1937/EU zumindest partiell angeschlossen,[166] sodass von mehr oder weniger modifizierten Anlehnungen bzw. Adaptionen auch im Whistleblower-Schutz des § 5 Nr. 2 auszugehen ist. Als Unionsrecht gehen die Regelungen der neuen Richtlinie nämlich als gem. Art. 3 Abs. 2 RL 2016/943/EU bzw. ihrem Pendant in § 3 Abs. 2 erlaubte Handlungen vor.[167] Das Grundkonzept ist deshalb in seinen wichtigsten Kernaussagen vorzustellen.[168]

(2.1.1) Das interne Whistleblowing

Internes Whistleblowing ist die Geheimniskundgabe unternehmensinterner Verteidiger[169] von Allgemein- (→ Rn. 35),[170] seltener auch von Individualinteressen[171] an **betrieblich** initiierte oder unterstützte (eigene oder fremde) institutionalisierte **Einrichtungen**,[172] um über unaufgedeckte Missstände, Vorgänge oder Straftaten   86

---

164 Vgl. (zur Rechtsprechung) EGMR, NJW 2011, 3501 Rn. 63 ff. – Heinisch; NJW 2019, 1273 Rn. 43 ff., 71 ff. – Guja; BAGE 107, 36, 42 ff.; BAG, NJW 2017, 1833 Rn. 14, 20; LAG Berlin-Brandenburg NZA-RR 2017, 532 Rn. 28 ff.; umfangreich (auch zum Schrifttum) *Gerdemann*, S. 397 ff.; *ders.*, RdA 2019, 16, 19 ff.; *Redder*, S. 150 ff.
165 Komprimiert BeckOK GeschGehG/*Hiéramente*, § 5 Rn. 37 ff.; H/O/K/*Ohly*, § 5 Rn. 47; Hoppe/Oldekop/*Lodemann/Tholuck*, Kap. 1 Rn. 586 ff., 595 ff.; *Thüsing/Rombey*, NZG 2018, 1001, 1003 ff.
166 Einen expliziten Vorrang interner Abhilfe kennt sie allerdings nicht; *Gerdemann*, RdA 2019, 16, 23 f.; H/O/K/*Ohly*, § 5 Rn. 48; *Schmolke*, NZG 2020, 5, 8.
167 BeckOK GeschGehG/*Hiéramente*, § 5 Rn. 49; Hoppe/Oldekop/*Lodemann/Tholuck*, Kap. 1 Rn. 605 f.
168 Komprimiert auch BeckOK GeschGehG/*Hiéramente*, § 5 Rn. 36 ff.; H/O/K/*Ohly*, § 5 Rn. 32 ff., 48; Hoppe/Oldekop/*Lodemann/Tholuck*, Kap. 1 Rn. 585 ff.
169 Explizit *Kreis*, S. 41 ff., 189, 231 (Sachwalter bzw. Anwalt des Rechts). Abgrenzung zum Denunzianten bietet *Pfeifle*, S. 67 ff.
170 Arbeitsschutzrecht, öffentliches Finanz- und Gesundheitswesen, Lebensmittelsicherheit, Umweltschutz. Rechtsdurchsetzung benennt einschlägig *Kreis*, S. 108 ff., 144 ff. u. passim.
171 Beispiel: Arbeitnehmer X strebt mit seiner Aufdeckung interner Finanzvergehen internen Aufstieg an.
172 ZB Audit Committee, spezielle Beschwerde-/Revisionsstelle, Business Keeper Monitoring System, Ombudsleute, Telefon-Hotline; komprimiert zur Ausgestaltung Rotsch/*Moosmayer*, § 34 C Rn. 98 ff.; Rotsch/*Süße*, § 34 C Rn. 108 ff.; *Schenkel*, S. 132 ff. Eine Errichtung ist jetzt

§ 5 Ausnahmen

ihrer oder anderer Unternehmenseinheiten zu informieren.[173] Errichtung, Anempfehlung und Unterstützung entsprechender privat organisierter Kontroll- und Selbststeuerungssysteme sind Ausdruck und Dokumentation unternehmerischer Leitungsverantwortung, um etwaige Wissens- bzw. Verdachtsträger und Angehörige der betreffenden Stellen (unter Wahrung der Geheimheit) mit der **Kompetenz** zur Kenntnisweitergabe, -nahme und -verwendung im wohlverstandenen Unternehmensinteresse zu betrauen.[174] **Interne Hinweisgebersysteme** implizieren situative **Gestattungen**,[175] die einem Geheimheit tangierenden Täterverhalten auf Seiten der Informanten wie der Kenntnisnehmer den Aktwert eines befugten rechtskonformen Vorgehens vermitteln.[176] Der Unterschied zur „klassischen" Einwilligung besteht in der hier generell-prophylaktisch den Mitarbeitern eingeräumten erlaubten Mitwisserschaft bzw. Kundgabe (gegenüber bestimmten Kenntnisnehmern).[177] Ihnen sind inzwischen verschiedene gesetzliche Einrichtungspflichten wie ua. § 4d FinDAG, § 6 Abs. 5 GwG, § 25a KWG und Art. 32 Marktmissbrauchs-VO 596/2014 im Kollektivinteresse zur Seite gestellt. Weitere Vorgaben für den datenschutzrechtlichen Hinweisgeberschutz sowie etwaige Auskunfts- und Unterrichtungspflichten regeln die Datenschutzgrundverordnung (DS-GVO)[178] und das BDSG, die unbedingt bei der individuellen betrieblichen Ausgestaltung beachtet werden sollten.[179]

---

in Art. 15 Abs. 1 lit. a Whistleblower-RL 2019/1937/EU für Unternehmen mit mehr als 50 Beschäftigten oder 10 Mio. EUR Umsatz gesetzlich verpflichtend vorgegeben.

173 Eine Einbindung von Organwaltern (*Stöhr*, BB 2019, 1286 ff.), Freiberuflern, Geschäftspartnern und Kunden ist nicht ausgeschlossen (Art. 2 Abs.1, 2 iVm. Art. 3 Nr. 10 RL 2016/943/EU). Zu ihrer prozessualen „Einbringung" als Zeugen vom Hörensagen instruktiv *Foitzik/Poschitz*, GWR 2016, 499 ff.

174 Eine „Freigabekompetenz" an externe Dritte ist damit nicht verbunden; iE wie hier den Einwilligungscharakter gegenüber generellem „Geheimheitsverzicht" betonend *Lutterbach*, S. 64 ff., 93 ff.

175 Zur anders gearteten Konzeption im Beamtenrecht *Niermann*, S. 50 ff., 128 ff., 150 ff.; *Redder*, S. 91 ff.; *Sixt*, S. 137 ff., 217 ff.; *Soppa*, S. 73 ff. Die dortigen „Freistellungen" der §§ 67 Abs. 2 Satz 1 Nr. 3 BBG, 37 Abs. 2 Satz 1 Nr. 3 BeamtStG von der dienstlichen Schweigepflicht fundieren in anderen (hoheitsgebundenen) Allgemeininteressen; (Gemeinwohl) *Niermann*, S. 52 ff., 67 ff. Zudem betreffen beamtenrechtliche Korruptionsanzeigepflichten, wenn überhaupt nur fremde (private) Wirtschaftsgeheimnisse.

176 Die realiter Geheimheit verletzende Kundgabe wird ihrer Funktion (Dokumentation faktisch unwertbehafteter Gutsbeeinträchtigung) entkleidet; wie hier NK-Wiss/*Reinbacher*, § 17 UWG Rn. 41; *Schiemann*, in: FS Wessing, S. 569, 574; *Schenkel*, S. 88 ff., 126 f., 137 f.; *Soppa*, S. 136 f.; *Wiese*, S. 78.

177 Zur Konzeption der Einwilligung als „Ausübungsverzicht" des Rechtsschutzwillens statt vieler *Brammsen*, in: FS Yamanaka, S. 3, 17 f.; Schönke/Schröder/*Sternberg-Lieben*, Vor §§ 32 ff. Rn. 33 f.

178 Verordnung (EU) 2016/679 des Europäischen Parlaments und des Rates vom 27. April 2016 zum Schutz natürlicher Personen bei der Verarbeitung personenbezogener Daten, zum freien Datenverkehr und zur Aufhebung der Richtlinie 95/46/EG, ABl. L 119, 4.5.2016; ber. ABl. L 74/35, 4.3.2021.

179 Hilfreicher Überblick bei *Weidmann*, DB 2019, 2393 ff.

V. Die Ausnahmen des § 5 **§ 5**

(2.1.2) Das externe Whistleblowing[180]

Externes Whistleblowing[181] ist die vornehmlich infolge innen- wie finanzmarktpolitischer Geschehen unter dem Einfluss US-amerikanischer Gesetzgebung (Sarbanes-Oxley Act, Dodd-Frank Act)[182] und zunehmend in Kündigungsstreitverfahren großzügiger votierenden Arbeitsgerichtsbarkeit[183] auch hierzulande staatlicherseits[184] forcierte **Offenlegung** geheimer Missstände oder Verfehlungen **an betriebsfremde Einrichtungen** wie Behörden, Massenmedien (Presse, Funk, Fernsehen, Internet), Interessenvereinigungen (Gewerkschaften, Umweltschutzverbände) und dergleichen. Neben den schon das interne Whistleblowing maßgeblich tragenden Grundfreiheiten des Whistleblowers und seine etwaigen Rechtspflichten gegenüber dem Geheimnisherren treten hier zusätzlich weitere Kollektivinteressen an der Stärkung der Rechtsgeltung[185] und vorrangigen Abhilfekompetenz zuständiger staatsseitiger, zudem schweigepflichtiger Institutionen hinzu. 87

Gleichwohl ist die latente Gefahr einer schleichenden Umfunktionalisierung der Zivilgesellschaft in ein wohlmeinend gegenseitiges Bespitzelungs- und Überwachungssystem in ihrer Eigendynamik keinesfalls zu unterschätzen.[186] Auf sie ist bereits hinlänglich hingewiesen worden, sodass sich weitere Wiederholungen erübrigen.[187] Im eskalierenden Streit um die Publikation häufig allenfalls innerbetrieblich oder regional relevanter Verstöße droht der individuelle Grundrechtsschutz des Geheimnissubjekts den vielfältigen Allgemeininteressen an massenmedialer Aufklärung nachgeordnet zu werden. Ihm ist nur mit einem stärker konturierten **Deeskalationsmodell** zu begegnen, soll die Gewichtung der kollidierenden Interessen nicht angesichts der unterschiedlichen „Eingriffsintensität" interner und externer Offenlegungen zwingend konform laufen: Realiter haben nämlich das innerbetriebliche, behördliche oder pressemäßiges Erlangen, Offenlegen oder Nutzen voneinander extrem abweichende Auswirkungen: Ersteres hat gemeinhin Erhalt, 88

---

180 Speziell arbeitsrechtlich *Brungs*, S. 80 ff., 199 ff., 258 ff.; *Groß/Platzner*, NZA 2017, 1097, 1098 ff.; *Kreis*, S. 85 ff., 225 ff.; *Redder*, S. 108 ff., 139 ff.
181 Kritisch zu ihm ua. *Oetker*, ZESAR 2017, 257, 258 ff.
182 Eingehend zu diesen für die internationale Implementierung des Whistleblower-Schutzes wegweisenden Regelungswerken *Gerdemann*, S. 188 ff., 287 ff., 366 ff.
183 Komprimierte Darstellung bei *Kreis*, S. 33 ff.; *Trebeck/Schulte-Wissermann*, NZA 2018, 1175, 1178 ff. „Regelmäßige" Berechtigung zur Strafanzeige bejahen ua. BAG, NJW 2007, 2204 Rn. 17; BAG, DB 2015, 382; LAG Hamm, RDG 2012, 72, 73; zurückhaltender EGMR, NJW 2011, 3501 Rn. 65 – Heinisch. Zur Sonderkonstellation der Arbeitnehmerbeschwerde des § 17 Abs. 2 ArbSchG prägnant *Wiebauer*, NZA 2015, 22 ff.
184 Kritisch zu staatlichen Whistleblower-Anreizsystemen ua. *Buchert*, CCZ 2013, 144 ff.; *Eufinger*, ZRP 2016, 229, 230 f.; *Pfeifle*, S. 79 ff., 157 ff.; *Thüsing/Rombey*, NZG 2018, 1001, 1004 f.
185 Bemerkenswert gegenteilig mit der ansonsten durchgängig unerörtert belassenen Unschuldsvermutung argumentierend BAG, NJW 2009, 1897 Rn. 62.
186 Beispielhaft VG Göttingen v. 6.8.2018 – 7 A 2/17 und VG Freiburg v. 27.9.2017 – 1 K 3529/16 (beide juris); *Thüsing/Rombey*, NZG 2018, 1001, 1005 f.; optimistischer *Pfeifle*, S. 79 ff., 124 ff. und explizit *Kreis*, S. 100 ff., 225 ff.
187 Vgl. *Brammsen*, Lauterkeitsstrafrecht, § 17 Rn. 61 f. mwN.

§ 5 Ausnahmen

Letzteres gänzlichen Verlust einer Geheimheit und ihres Wertpotenzials zur Folge, Zweites eine externe, Erstere hingegen eine interne Erweiterung der Mitwisser.

(2.1.3) Das Deeskalationsmodell

89 Die generelle Erstreckung der Haftungsfreistellung des § 5 Nr. 2 auf rechtlich, ethisch oder berufsständisch fragwürdige Verhaltensweisen kennzeichnet ein deutlich materielles **Ungleichgewicht**, fehlt ihr wie auch dem Art. 15 Abs. 1 lit. a Whistleblower-RL doch eine Abstufung zwischen dem keineswegs gleichgewichtigen internen und externen Vorgehen.[188] Letzterer hat lediglich die sofortige Presseinformation ausgenommen.[189] Zugleich entkleidet der Bezug auf den „geeignet ... erfolgten" Interessenschutz[190] die Interessenabwägung ihrer faktischen Zwangskomponente einer Erforderlichkeit. An ihre Stelle tritt der ausgeführte Handlungsvollzug ins Abwägungsprinzip, der die freigestellte Geheimnisverletzung ohne weitere Konkretisierungen normativ ex post allein anhand „geeignet geschützter" öffentlich(rechtlich)er Interessen bestimmt – ein straf- wie zivilrechtlich als auch dogmatisch wie praktisch äußerst einseitig anmutendes Ergebnis interessenabgleichender Rechtsfindung. Ebenso sieht sich der offen belassene Tatbestandsausschluss auch für strafrechtlich lediglich „geeignete" Versuche (§ 23 Abs. 5), „das allgemeine öffentliche Interesse zu schützen", dem Makel materieller **Unbestimmtheit** ausgesetzt: Eine erfolgsgebundene Haftungsfreiheit sollte auch bei untauglichem Ansetzen einheitlich haftungsfrei sein.

90 Zur Auflösung dieser vielschichtigen Problematik verschieden gewichtiger Aufdeckungen (→ Rn. 84 f.) hat sich allerdings in den letzten Jahrzehnten ein differenziertes Vorgehensverfahren herausgebildet, dessen maßgeblich von der Rechtsprechung des EGMR und den Vorgaben der Art. 16 f, 52 Abs. 3 GRCh getragener Ansatz vielfache Befürwortung gefunden hat: Das im Gegensatz zu seinen sonst eher gebräuchlichen Bezeichnungen als (Drei-)Stufen- oder Eskalationsmodell[191] hier wegen eines primär auf abgemildertes Vorgehen gerichteten Verfahrens sog. **Deeskalationsmodell**. Seine „Eintrittsstufe" ist das **interne** Whistleblowing als gemeinhin vorrangig zu wählen- wie zu durchlaufender intensitätsgeringster Schritt, an den sich dann die (durchaus weiter unterteilbaren) intensitätsstärkeren Stufen des **externen** Meldens an einschlägig zuständige abhilfe- oder ahndungsbefugte **Behörden** oder Institutionen und erst **zuletzt** die Einbindung der **Presse** resp. der eigene Gang an die **Öffentlichkeit** (zB Internetforen) anschließen. Alle sind nicht „sklavisch" zu durchlaufen, sodass je nach „Fehlerquelle" zwischen präventiven

---

188 Vgl. etwa BeckOK GeschGehG/*Hiéramente*, § 5 Rn. 36, 39; H/O/K/*Ohly*, § 5 Rn. 33, 48.
189 Es bedarf dazu gem. Art. 15 Abs. 2 RL 2019/1937/EU aber „spezifischer nationaler Bestimmungen, die ein Schutzsystem für die Freiheit der Meinungsäußerung und die Informationsfreiheit bilden".
190 Vgl. § 5 GeschGehG: „... fällt nicht unter ... § 4, wenn ... zum Schutz ... erfolgt ...".
191 BeckOK GeschGehG/*Hiéramente*, § 5 Rn. 37, 39; H/O/K/*Ohly*, § 5 Rn. 48; Hoppe/Oldekop/*Lodemann/Tholuck*, Kap. 1 Rn. 589, 598; *Klaas*, CCZ 2019, 163, 168 f.; *Rönnau*, in: FS Merkel, S. 909, 926; *Thüsing/Rombey*, NZG 2018, 1001, 1003 ff.

und repressiven Meldungen, eigener oder fremder (Mit-)Betroffenheit, Gefährdungsaspekten, Abhilfe(miss-)erfolgen usw. im Rahmen der Eignungsprüfung (→ Rn. 78 f.) zu differenzieren ist.[192]

Dergestalt vorgezeichnet verschafft das wie auch immer auszuformende Vorrangprinzip des internen Whistleblowings mit seinen möglichen Ausdifferenzierungen durch die zusätzliche Eignungsprüfung dem gesetzlich nicht benannten **Verhältnismäßigkeitsgebot** der praktischen Konkordanz (→ Rn. 9 ff., 81) quasi einen „Eintritt durch die **Hintertür**". Es verwundert daher nicht, dass inzwischen bereits entsprechende Erwägungen Eingang in die Eskalationsprüfung gefunden haben.[193] Ihnen ist unter dem Vorbehalt einer korrekt verwendeten tatbestandsausschließenden Rechtsnatur (→ Rn. 94 ff.) zuzustimmen. Zu bedenken ist allerdings eine damit untrennbar verbundene **drohende Überfrachtung** aller einschlägig zuständigen Instanzen, ist doch die Feststellung praktischer Konkordanz nicht gerade die Domäne des zivilistisch geprägten Lauterkeitsrechts: Die Aufdeckung legitimer gesetzgeberischer Zwecke, ihre geeignete und allein nicht anders erreichbare erforderliche Verwirklichung, einer angemessenen und zumutbaren Eingriffsintensität sowie deren diesbezügliche Dringlichkeit und Gewichtigkeit sind alles keine Aspekte, die einer eventuell tagtäglich anfallenden fallspezifischen Einordnung unterliegen. Ihnen nicht situativ angepasst mit eher kursorisch gefassten Abwägungen zu begegnen wird der Rechtsnatur ihrer haftungsentkleideten „Rechtsfreiheit" zwangsläufig kaum gerecht werden können. Eher ist eine übermäßig großzügige Handhabung zu befürchten.[194] Tatbestandsausnahmen sind rechtlich ein häufig zweischneidiges Schwert, wenn sie sich auf das Feld normativer Festsetzungen begeben müssen. Das hoheitlich autorisierte Begrenzen oder Beseitigen eines Rechts ist etwas anderes als die Wegnahme einer Sache. 91

(2.2) Anhang: Die neue Whistleblower-RL 2019/1937/EU

Die vorstehende Ausgestaltung des internen und externen Whistleblowings hat inzwischen durch die neue Whistleblower-RL 2019/1937/EU vom Dezember 2019 einige nennenswerte Abänderungen erfahren.[195] Inhaltlich zwar begrenzt auf bestimmte benannte Verstöße gegen unionsrechtliche Regelungen ua. aus den Bereichen öffentliche Auftragsvergabe, Finanzdienstleistung, Geldwäsche, Produkt-, 92

---

192 Ein detailreiches Abwägungs- bzw. Prüfungskonzept unter Einbeziehung etwaiger Rücksichtnahmepflichten eröffnet *Redder*, S. 68 ff., 149 ff., 223 ff. Erste Grundzüge, insbesondere zum Vorrang internen Vorgehens zeigen auf: (komprimiert) BeckOK GeschGeh/*Hiéramente*, § 5 Rn. 37 ff., 44 ff.; Hoppe/Oldekop/*Lodemann/Tholuck*, Kap. 1 Rn. 589 ff.
193 BeckOK GeschGeh/*Hiéramente*, § 5 Rn. 33.1 ff., 46.1; BeckOK UWG/*Wild*, § 5 GeschGeh Rn. 26; H/O/K/*Ohly*, § 5 Rn. 48; K/B/F/*Alexander*, § 5 GeschGehG Rn. 43; *Rönnau*, in: FS Merkel, S. 909, 926 f.
194 Vgl. etwa OLG Oldenburg, Beschl. v. 21.5.2019 – 1 Ss 72/19, juris.
195 Überblicke bei *Dilling*, CCZ 2019, 214 ff.; *Dzida/Granetzny*, NZA 2020, 1201 ff.; *Gerdemann*, RdA 2019, 16 ff.; *Gramlich/Lütke*, wistra 2020, 354 ff.; *Johnson*, CCZ 2019, 66 ff.; *Schmolke*, NZG 2020, 5 ff.; *Taschke/Pielow/Volk*, NZWiSt 2021, 85, 88 ff.; *Thüsing/Rombey* NZG 2018, 1001 ff.

§ 5 Ausnahmen

Lebensmittel-, Verkehrssicherheit, Umweltschutz versucht sie mittels ihres in Art. 2 Abs. 2 über das den Mitgliedstaaten gewährte Recht zur „überschießenden" nationalen Umsetzung entsprechend den festgesetzten Vorgaben für interne und externe Meldesysteme, die staatliche „Indienstnahme" privativer Überwachung zur Entlastung hoheitlicher (Straf-)Rechtsverfolgung zu perfektionieren (sog. public enforcement, Art. 1). So ist beispielsweise das Whistleblowing „ad coram publico" nicht mehr wie bisher die ultima ratio einer Missstandsaufdeckung (→ Rn. 88), sondern subsidiär erst nach vorherigen Lösungsversuchen beschreitbar (Art. 15 Abs. 1 lit. b), jeglicher Einsatz von sog. Repressalien unzulässig (Art. 21) und deren fehlende Verbindung mit einem Whistleblowing nachweisbar zu belegen (→ Rn. 138) sowie jede Schutzmaßnahme als Erlaubnis und zusätzliche Ausnahme iSd. Art. 3 Abs. 2 Know-how-RL[196] zu sehen (→ § 3 Rn. 106).

93 Insgesamt bedarf die Umsetzung der neuen unionalen Vorgabe einer Vielzahl von Abstimmungen mit dem bisherigen bundesdeutschen Hinweisgeberschutz,[197] die bislang noch nicht einmal die Gestalt eines allzugänglichen Reformentwurfs angenommen haben. Eine gebotene Einarbeitung der zu erwartenden Neuerungen (ggf. auch von prämienbasierten Anreizsystemen)[198] kann daher erst nach Abschluss des Gesetzgebungsverfahrens erfolgen. Für die laufende 19. Legislaturperiode ist nach dem momentanen Stand der Dinge nicht damit zu rechnen.

cc) Die materielle Rechtsnatur der Freistellungsregel der Nr. 2

94 Im Gegensatz zu den im einleitenden Nr. 1 individual- bzw. kollektivrechtlich „prominent" abgesicherten Grundfreiheiten der Medien- und Presserechte (→ Rn. 56 f.) gestaltet sich die **Aufdeckung** der materiellen Rechtsnatur der „Whistleblower-Freiheit" ungleich **schwieriger** – ihr fehlt es offenkundig an entsprechend einschlägig ausgeformter verfassungsrechtlicher Vorgaben in der Grundrechtcharta, dem Grundgesetz und der EMRK. Auch der zusätzliche Rekurs auf allgemeine öffentliche Interessen gewährleistet keine einheitliche Gewichtung, sollen nicht alle derartigen Interessen ungeachtet der Verstoßqualität und Verantwortlichkeit gleichermaßen auf das hohe Niveau freiheits- oder grundrechtlich ausdrücklich deklarierter Rechte gehoben werden. Zudem lassen sich anders als im Fall des Art. 5 lit. a RL 2016/943 EU mit ihrem Verweis auf die Grundrechtscharta (→ Rn. 43 ff.) aus der Bezugsnorm des Art. 5 lit. b keine entsprechenden Vorgaben ableiten. Vor diesem Hintergrund verwundert es nicht, dass ungeachtet der gesetzlichen Konstruktion als haftungsfreistellender Tatbestandsausschluss verschiedene

---
196 Vgl. Art. 21 Abs. 7 UAbs. 2 WBRL iVm. Erwgrd. 98 RL 2019/1937/EU.
197 Divergenzen betonen *Gramlich/Lütke*, wistra 2020, 354, 355 ff. und (zum Gesellschaftsrecht) *Gerdemann/Spindler*, ZIP 2020, 1896, 1897 ff.
198 Zu ihrer Ausgestaltung und etwaigen Vorbildern *Granetzny/Krause*, CCZ 2020, 29, 30 ff.

V. Die Ausnahmen des § 5   § 5

Stimmen für eine systematische (korrekt: materielle) Zuordnung zu den Rechtfertigungsgründen plädieren.[199] Beides lässt sich allerdings nicht verifizieren.

Als klassischer **Erlaubnistatbestand** ist die Haftungsfreistellung des Whistleblowers anhand ihrer gesetzlichen Ausformung in Nr. 2 schwerlich zu identifizieren. Im Normtext **fehlt** jeder präzise bzw. zumindest beispielhaft umschriebene sachbezogene Parameter zu den tatsächlichen Gegebenheiten der Rechtfertigungssituation (Art der Angriffshandlung, -mittel und -objekte, Person des Angreifers, Angriffsintensität, Identität konkreter Schutzgüter) und auch die Vorgaben zur Verteidigung sind allenfalls gattungsmäßig bezeichnet: Aufdeckung eines rechtswidrigen, beruflichen oder sonstigen Fehlverhalten eines Geheimnisses als geeigneter Schritt zum Schutz allgemeiner öffentlicher Interessen geben der Angriffs- und Verteidigungslage sowie dem Vorgang der Rechtfertigung lediglich schemenhaft praktikable Konturen, aus denen sich alltagstaugliche Einzelfalllösungen für die Vorrangigkeit einer Interessenlage ableiten lassen. § 5 Nr. 2 stellt lediglich generell-abstrakt haftungsfrei, ohne sich wie alle übrigen Rechtfertigungsgründen an deren Leitkonstituens „**Dispositionsrecht**"[200] zu orientieren. Werden zudem jene Aspekte berücksichtigt, die bereits gegen eine entsprechende Einordnung der Nr. 1 vorgetragen wurden (→ Rn. 53 f.), scheint eine hier gegenteilige Einstufung offensichtlich selbstwidersprüchlich. Allerdings findet sich auch in der insoweit eindeutigen und nahezu wortlautgetreuen Festsetzung der österreichischen Parallelnorm des § 26d Abs. 3 Ziff. 2 lit. a UWG-Nov 2018[201] eine durchaus beachtliche Bestätigung.[202] Ihren aktuellen Ausformungen sind derartige Einordnungen allerdings nicht zu entnehmen, missachten sie doch allesamt das für eine Rechtfertigung bislang zwingend notwendige Vorhandensein eines hic et nunc konkret „rettungsbedürftigen" Schutzgutes.[203] Letzteres ist allerdings nur bei an- bzw. fortdauernden (noch nicht beendeten) Fehlverhaltensweisen der Fall, sodass der „Standardfall" des bereits abgeschlossenen Missgriffes sachlich nicht mehr erfasst ist.   95

Für eine **Tatbestandslösung** sprechen hingegen neben ihrer umsetzungsmäßig zulässigen Einrichtung (→ Rn. 53) und dem wie bei der Rechtfertigung unveränderten Fortbestand inhaberschaftlicher Dispositionskompetenz die Meinungsfreiheit sowie insbesondere die Gemeinwohlkomponenten wie Rechtsbewahrung, Straftataufklärung bzw. funktionstüchtige Strafrechtspflege und andere Kollektivinteressen (→ Rn. 59 f.). Zudem ist mit einem Whistleblowing [zumindest dem internen   96

---

199 Vgl. etwa *Dann/Markgraf*, NJW 2019, 1774, 1777; *Erlebach/Veljovic*, wistra 2020, 190, 192; H/O/K/*Ohly*, § 5 Rn. 4; *Nöbel/Veljovic*, CB 2020, 34, 38; *Rönnau*, in: FS Merkel, S. 909, 921; de lege ferenda *Leite*, GA 2021, 129, 136, 141 ff.
200 Rechtfertigungsgründe sind als eigenschaftliches Verfügungs- und „notbedingt-situativ" gesetzlich verfügtes Eingriffsrecht zu differenzieren. Dem Whistleblower fehlt beides – das frei gewährte ebenso wie das für eine bestimmte Notlage zuerkannte Zugriffsrecht.
201 Vgl. BGBl. I 2018, 109, 111.
202 Anzumerken bleibt, dass das österreichische anders als das bundesdeutsche Recht im Gefolge des Art. 5 lit. b RL 2016/943/EU die hier sog. Absichtslösung umgesetzt hat.
203 Mangelnde Integrationsfähigkeit in das gegebene System der Rechtfertigungsgründe konstatiert auch *Leite*, GA 2021, 129, 139.

§ 5   Ausnahmen

(→ Rn. 86)]²⁰⁴ nicht zwingend ein Untergang des Geheimnisses verbunden, sodass der Kernbestand der „Konkordanz" der betroffenen Interessenfelder (beidseitiger Fortbestand kollidierender Rechtsgüter) insoweit noch gewahrt ist.

97 Allerdings bedingt die Maximalform des externen Whistleblowings, die Offenlegung „ad coram publico", den zwangsläufigen „Tod" des Geheimnisses,²⁰⁵ ohne durch irgendwelche Mindestbedingungen konturiert zu sein. Damit wird dem quivis ex populo verfassungsrechtlich äußerst bedenklich eine **öffentliche Aufgabe** wie etwa der Presse zugewiesen, die weit über die Teilhabe an der Rechtsbewahrung und anderen Interessenfeldern hinausgeht und dem Whistleblower das Risiko über die Schutzeignung in concreto auferlegt. Es ist weder konsequent noch sachgerecht, wenn Gesetzgeber, den üblichen Gewohnheiten verfassungsrechtlicher Verfahren folgend, sich einer generellen Bevorzugung enthalten und die Auflösung der Kollisionslage Rechtsunterworfenen zuweisen, deren sachkundige Abwägung angesichts der übergroßen Vielfalt öffentlicher Interessen dem Erkenntnis- und Einordnungshorizont des juristisch ungeschulten Whistleblowers entzogen ist.

98 Unabhängig von der Frage der gesetzlichen Sinnhaftigkeit und Tragfähigkeit ihrer Konstruktion sprechen hier gleich mehrere **Argumente gegen beide** Konstruktionen. So bedarf es zu einer **Tatbestandslösung**²⁰⁶ einer funktionsgebundenen generellen Freistellung. Ohne gesetzlich konkret vorgegebene, ihrer „Austarierung bedürftiger gleichgewichtiger" Kollisionslagen sind sie nicht einsetzbar. Eine solche Situation ist hier jedoch nicht immer zwingend vorgegeben, stehen dem Grundfreiheitsrecht des Geheimnisherren keineswegs immer oder auch nur „meist" entsprechend festgesetzte Kollektivrechte gegenüber – das Gegenteil ihrer völligen Nichterwähnung ist eher der Fall.²⁰⁷ Im Rahmen der **Rechtfertigung** entkleidet der Bezug auf den „geeigneten" Interessenschutz deren Interessenabwägung objektiv ex ante²⁰⁸ seiner faktischen Zwangskomponente. Für ihn tritt der ausgeführte Handlungsvollzug ins Abwägungsprinzip, der die gerechtfertigte Geheimnisverletzung ohne weitere Konkretisierungen allein normativ ex post anhand fiktiv einbezogener allgemeiner öffentlicher Interessen bestimmt – ein straf- wie zivilrechtlich als auch

---

204 Das interne Whistleblowing offenbart dem Geheimnisinhaber oder schweigepflichtigen Empfänger(kreis), ist demnach als situative Gestattung befugt iSv. recht- oder (bei gegebener Kenntnis) nicht tatbestandsmäßig.
205 Der gänzliche Verlust bestehender Werthaltigkeit entwertet die inhaberschaftliche Verfügungsmacht in principe wie erga omnes.
206 Als Ausklammerungen aus dem selbst implementierten System von Recht und Rechtswidrigkeit erinnern neuere Tatbestandslösungen stark an das frühere Institut der „Freibeuterei", dh. an den haftungsfrei gestellten Sachwalter staatlicher Interessen in Gestalt eines für sakrosankt erklärten Streit- oder Verwaltungshelfers. Aktuell im geltenden Strafrecht prämissenkonform eingesetzt ist sie zuletzt nur im Falle des § 184b Abs. 3, der – anders als die vermeintliche Parallele in § 202d Abs. 3 – ein strafgesetzlich prinzipiell verbotenes Tatobjekt voraussetzt.
207 Anzeige- und Verfolgungs- bzw. „Sanktionsrechte" sind einfachgesetzlich normierte Teilhaberechte, lassen sich mithin nicht direkt freiheits- oder grundrechtlich fundieren. Sie bedürfen eines entsprechenden Transmitters, ihre Ausgestaltung hat in Abstimmung mit anderen Verfassungs(grund)sätzen zu erfolgen.
208 Prägnant Schönke/Schröder/*Sternberg-Lieben*, Vor §§ 32 ff. Rn. 6 ff., 10 ff. mwN.

dogmatisch wie praktisch äußerst einseitig anmutendes Ergebnis interessenabgleichender Rechtsfindung.

Beiden „Lösungsansätzen" **fehlt** es darüber hinaus an der zeitlichen Konnexität zwischen der „Angriffshandlung" des Geheimnisherren und der „Schutzhandlung" des Whistleblowers – Erstere ist bereits abgeschlossen iSv. beendet und Letztere kann die bereits eingetretene Interessenverletzung nicht mehr, eine bevorstehende mangels Gegebenheit so nicht verhindern. Außerdem gibt es genügend staatliche Institutionen und privatseitige Organisationen, die in die Verfolgung und/oder Prävention von Fehlverhalten eingebunden bzw. extra dafür errichtet und ausgestattet sind. Für einen etwaigen Auf- und Ausbau weitergehender Freiwilligenhilfe besteht kein Anlass, soll nicht die Integrationsfunktion des Rechts in ihr Gegenteil verkehrt und ein gegenseitiges Überwachungssystem implementiert werden.[209] Schlussendlich ist eine allein auf Kollektivinteressen ausgerichtete präventive oder repressive „Schutzhilfe" eine extrem einseitige Veranstaltung eher in der Art eines Tribunals. Kommt es nur auf eine objektive „Schutzeignung" für abstrakt Angedachtes, nicht aber auf eine realiter notwendige Bewirkung an, so ist das statt praktischer Konkordanz oder Rechtfertigung reine Generalprävention, die das frühere Fehlverhalten freiheitstragender Rechtssubjekte allein zu moralisierenden Disziplinierungszwecken instrumentalisiert.[210]

99

Als **Fazit** bleibt festzuhalten: § 5 Nr. 2 ist ein **Hybride**. Ihm kommt weder die Funktion noch die materielle Rechtsnatur eines Tatbestandsausschlusses oder Rechtfertigungsgrundes zu. Der gesetzliche (Teil-)Rekurs auf beide Rechtsfiguren knüpft allein an „geeignete" Versuche, „das allgemeine öffentliche Interesse zu schützen" an, sieht sich damit aber dem Makel konturenloser Unbestimmtheit und sachlicher Widersprüchlichkeit ausgesetzt. Als geltendes Recht bis zur Aufhebung gleichwohl anzuwenden ist § 5 Nr. 2 letztendlich nichts anderes als eine systemsprengende Rechtsfortbildung in einem völlig durchlöcherten Mantel. Er bedarf dringend einer Reform, die sich stärker an den selbst gesetzten Strukturen eines erlaubten Verhaltens orientiert.

100

c) Nr. 3 Die betriebliche Mitbestimmung

Die Haftungsfreistellung der Nr. 3, die Arbeitnehmer erfahren, wenn sie gesetzlichen Mitbestimmungsinstanzen zu deren Aufgabenwahrnehmung erforderliche Geheimnisse warum auch immer offenlegen,[211] setzt das unionsrechtliche Vorbild des Art. 5 lit. c RL unter Anpassung an den bundesdeutschen Gesetzessprachgebrauch inhaltskonform um. Mehr oder weniger deutlich geleitet von einem Hinweis auf die Fortgeltung des unionalen oder nationalstaatlichen „Rechts der Arbeitneh-

101

---

209 Vgl. bereits *Brammsen*, wistra 2018, 449, 454; *ders.*, Lauterkeitsstrafrecht, § 17 Rn. 61; s. auch *Leite*, GA 2021, 129, 140 f.
210 Pointierter *Leite*, GA 2021, 129, 134 ff., 140 f.
211 Im Unterschied zu den Ausnahmen der Nr. 1 und 2 (→ Rn. 43, 66) bedarf die Offenlegung der Nr. 3 keines zielgerichteten Tuns resp. Dolus directus 1. Grades.

§ 5 Ausnahmen

mervertreter auf Information, Anhörung und Mitwirkung ... im Rahmen ... der Mitbestimmung und Pflichtprüfung"[212] **konkretisiert** der Gesetzgeber damit seinen erst in der Endphase des Gesetzgebungsverfahrens aufgenommenen Programmsatz des § 1 Abs. 3 Nr. 4[213] bzgl. der „Unberührtheit" der Rechte und Pflichten aus dem Arbeitsverhältnis und der Rechte der Arbeitnehmervertretungen zur Abrundung bzw. Ergänzung eines in § 3 Abs. 2 angeblich festgesetzten Vorrangs rechtsgeschäftlicher und spezialgesetzlicher Sonderregelungen:[214] In Wahrheit wird die ggf. gerechtfertigte „Nothilfe"[215] von Arbeitnehmern zugunsten eventuell informationsberechtigter Arbeitnehmervertreter aus der ansonsten vorzunehmenden Abwägung der kollidierenden Interessenlagen durch dessen Haftungsfreistellung ausgeklammert.

102 Neben diesem primären entfaltet die Regelung der Nr. 3 noch einen weiteren sekundären, allerdings etwas verdeckten **Nebeneffekt** – sie gewährt auch dem **Arbeitnehmervertreter** quasi durch die Hintertür gleichfalls einen haftungsfreien Geheimniserwerb bzw. -gebrauch. Seine additive **Freistellung** ist die konsequente Folge einer Arbeitnehmerinformation, die ihren Informanten gem. § 2 Nr. 3 (Hs. 2) seiner Stellung als Rechtsverletzer entkleidet und damit ihrem Empfänger den Weg zu einem rechtswidrigen Geheimniserlangen verstellt. Dieser Besonderheit ist an gegebener Stelle gesonderte Aufmerksamkeit zu widmen, eröffnet sie doch einen interessanten Weg, den gesetzlich vorgesehenen innerbetrieblichen Informationsfluss an die Arbeitnehmervertretungen haftungsfrei umzugestalten (→ Rn. 104 ff., 116 ff., 126 ff.).

103 Die Begriffe Arbeitnehmer und Arbeitnehmervertretung sowie deren jeweilige Rechte und Pflichten sind bereits an anderer Stelle vorgestellt und eingehend exemplifiziert worden. Auf die dortigen Ausführungen ist vollinhaltlich zu verweisen (→ § 1 Rn. 54 ff.). Sie bedürfen an dieser Stelle keiner Wiederholung oder ergänzender Erläuterungen.

aa) Die einbezogenen Freiheits- bzw. Grundrechte

104 Die Haftungsfreistellung des § 5 Nr. 3 erfasst nur arbeitnehmerseitige Zugriffe auf Geschäftsgeheimnisse, die zur Aufgabenwahrnehmung der Arbeitnehmervertretungen objektiv erforderlich waren. Der Befreiungsgrund bzw. das berechtigte Interesse seiner Geheimnisverletzung fundiert demgemäß in seiner Freiheits- bzw. Grundrechtsbetätigung, deren „Zuarbeit" die funktionalen Sachwalter der „begünstigten" Arbeitnehmervertretung (Aufsichtsrat, Betriebsrat usw.) befähigt hat, ihrerseits ihre diesbezüglichen Aufgaben erfüllen zu können. Weder vom Richtlinien- noch vom Gesetzgeber explizit benannt, lässt sich das mit dem Geheimnisschutz

---
212 Vgl. Erwgrd. 18 Satz 2 RL.
213 Vgl. Beschlussempfehlung des Ausschusses für Recht und Verbraucherschutz vom 13.3.2019, BT-Drs. 19/8300, S. 4, 13.
214 Dieser vermeintliche Vorrang existiert so nicht; s. auch H/O/K/*Ohly*, § 1 Rn. 16 f.
215 Eine Anverwandtschaft zum Whistleblowing erkennt darin *Wiese*, S. 144.

V. Die Ausnahmen des § 5 **§ 5**

kollidierende Interesse daher nur aus einem Interesse ableiten, dessen Umsetzung (in Gestalt von Aufgaben) Arbeitnehmervertretungen für die eigentlichen Freiheits- bzw. Grundrechtsträger obliegt. Als ein solches wertbestimmendes **Leitkonstituens** kommt hier nur ein Freiheits- bzw. Grundrecht in Betracht – die in Art. 153 Abs. 1 lit. f AEUV oder Art. 9 Abs. 3 GG in Ausformung der **Koalitionsfreiheit** gewährleistete **Mitbestimmung**.[216] Andere Freiheits- bzw. Grundrechte wie die Unterrichtungs- und Anhörungs- (Art. 153 Abs. 1 lit. e AEUV bzw. Art. 27 GRCh), die Informations- und Meinungs- (→ Rn. 45 f.), die Vereinigungs- (Art. 12 Abs. 1 GRCh, Art. 9 Abs. 1 GG) oder die allgemeine Handlungsfreiheit (Art. 2 Abs. 1 GG) entfalten keine entsprechende Leitwirkung, sind sie doch entweder mangels Allgemeinzugänglichkeit (→ Rn. 45) bzw. Sachfremdheit nicht einschlägig[217] oder aus Spezialitätsgründen verdrängt.[218] Ausgeschlossen ist damit auch ihre „ersatzweise" Leitwirkung im Rahmen der berechtigten bzw. „nach Unions- oder nationalem Recht anerkannten legitimen Interessen".

Die interessenprägende Leitwirkung der Koalitionsfreiheit, deren Ausprägung zu einem eigenständigen Freiheits- bzw. Grundrecht[219] mit ihrer erstmaligen Gewährleistung in Art. 159, 165 WRV erfolgte, eröffnet ihren Trägern (Arbeitnehmern, Arbeitgebern, beiden Koalitionen)[220] die Kompetenz, die Arbeits- und Wirtschaftsbedingungen „selbst und eigenverantwortlich … frei von staatlicher Einflussnahme zu bestimmen".[221] **105**

Hintergrund dieser weitreichenden Freiheit ist die Umgestaltung der Weimarer Wirtschaftsordnung, die das gemeinwohlgebundene Verhalten zur Richtschnur der individuellen wirtschaftlichen Betätigung erhob[222] und den Interessengegensatz von Arbeit und Kapital zu harmonisieren suchte. Fixpunkt der grundrechtlich mehrpoligen, auf Interessenausgleich, Integration und Kooperation gerichteten, wirtschafts- und sozialpolitischen Programmatik war der Art. 165 WRV, der die freiheitsverbürgten Individualgrundrechte Menschenwürde, Berufsfreiheit und Selbstbestimmung mit den **Kollektivinteressen** an einer demokratischen und sozialverträglichen Betriebsverfassung in dem Kooperationsmodell der gleichberechtigten Produktions- und **Sozialpartnerschaft** der Beschäftigten und der Unternehmer ansatzweise ausgewogen austarierte.[223] Ergänzt um den verfassungsrechtlichen Auftrag zur Instituierung eines betrieblichen und überbetrieblichen **Mitbestimmungswesens** waren damit Festset- **106**

---

216 BeckOK GeschGehG/*Fuhlrott*, § 5 Rn. 49; EuArbR/*Schubert*, RL 2016/943/EU Art. 5 Rn. 21; H/O/K/*Ohly*, § 5 Rn. 49; K/B/F/*Alexander*, § 5 GeschGehG Rn. 48; *Reinfeld*, § 3 Rn. 48.
217 Wird wie hier (unabgestimmter Zugriff) durch die Haftungsfreigabe der Offenlegung etc. die Entscheidungsfreiheit des Arbeitgebers tangiert, ist Art. 153 Abs. 1 lit. e AEUV nicht anwendbar; G/S/H/*Langer*, Art. 153 AEUV Rn. 27, 30.
218 BVerfGE 28, 295, 310 (zu Art. 5 Abs. 1); 58, 233, 256 (zu Art. 2 Abs. 1); 84, 212, 224 (zu Art. 9 Abs. 1); *Jarass*/Pieroth, Art. 9 GG Rn. 32.
219 Vgl. BVerfGE 116, 202, 218; 146, 71 Rn. 120.
220 BVerfGE 44, 322, 352; 148, 296 Rn. 113; BVerfG, NJW 2014, 1874 Rn. 23; *Jarass*/Pieroth, Art. 9 GG Rn. 43 f. mwN.
221 BVerfGE 50, 290, 367; 64, 208, 215.
222 Vgl. die in Art. 153 Abs. 3, 155 Abs. 3 und 163 Abs. 1 WRV normierten sozialen Grundpflichten.

§ 5 Ausnahmen

zungen getroffen, die das öffentliche Interesse an sozialintegrativer und privatautonom-kooperativ organisierter Gestaltung der betrieblichen Sozialbeziehungen auf höchster rechtlicher Ebene bekundeten: Demokratisierung und Gewaltenteilung im Betrieb waren zu einer neuen **öffentlichen Aufgabe** geworden,[224] deren Umsetzung unter dem Gemeinwohlprimat[225] dann vom Gesetzgeber mit dem BRG 1920 den beteiligten Betriebsparteien und ihren überbetrieblichen Verbänden zur kooperativen Selbstbewältigung übertragen wurde.[226] Diese durchaus bewusst vorgenommene Erweiterung der Mitwirkung[227] auf „die Einflussnahme auf Betriebsleitung und Betriebsleistung"[228] erzwang die Herausbildung einer Mitbestimmung, deren Instituierung in den verfassungsrechtlich austarierten Individualgrundrechten und Kollektivinteressen ihr materiales Wertfundament nimmt.

107 Nach dem 2. Weltkrieg setzte sich der sozialpolitisch motivierte Trend des freiheitlich-demokratischen Verfassungsstaats zur betrieblichen Mitbestimmung ungebrochen fort.[229] Im Gefolge des schrittweisen Auf- und Ausbaus der gleichermaßen liberalen wie marktwirtschaftlichen Prinzipien verpflichteten und deutlich auf materielle Ziele wie die Sozialstaatlichkeit ausgerichteten Wirtschafts- und Gesellschaftsordnung des **Grundgesetzes** entstand ein umfangreiches Betriebsverfassungsrecht, das die Informations- und Mitwirkungsrechte der betriebsangehörigen Belegschaft zunehmend erweiterte und institutionalisierte. Mit ihrer kontinuierlichen **Ausweitung** bildete der Gesetzgeber zugleich immer wieder neue Sachgebiete heraus – eingeleitet von dem BetrVG 1952 das neu geordnete BetrVG 1972, das EBRG 1996 usw. bis hin zur Verselbstständigung der Mitbestimmung[230] in den Leitungsgremien der Unternehmensverfassung Aufsichtsrat und Vorstand.[231] Dabei blieben die dem Weimarer BRG zugrunde liegenden **Leitaspekte** Arbeitsfrieden, Integration, Teilhabe und

---

223 Art. 165 WRV erklärte die Beschäftigten zu gleichberechtigten Mitwirkenden an der Regelung der Lohn- und Arbeitsbedingungen sowie der gesamten wirtschaftlichen Entwicklung der produktiven Kräfte – und zwar *in Gemeinschaft mit* den Unternehmern. Zu diesem bis heute fortgeltenden Wertfundament der (Weimarer) Betriebsverfassung *Bergwitz*, S. 77 ff., 92 ff.; *Kolbe*, S. 15 ff.; *Reichold*, S. 236 ff.
224 Die betriebliche Mitbestimmung ist eine „genuin privatrechtliche" öffentliche Aufgabe zur eigenverantwortlichen Organisation der Freiheit auf Gegenseitigkeit; *Reichold*, S. 211, 435 ff.; entsprechend zum Tarifrecht ua. *Dederer*, S. 59 f. mwN.
225 Vgl. Art. 151 WRV: „Die Ordnung des Wirtschaftslebens muß den Grundsätzen der Gerechtigkeit mit dem Ziel der Gewährleistung eines menschenwürdigen Daseins für alle entsprechen. In diesen Grenzen ist die wirtschaftliche Freiheit des einzelnen zu sichern."
226 Das Schrifttum zum BetrVG betont weitgehend den Privatrechtscharakter betrieblicher Mitbestimmung; vgl. nur *Fitting*, § 1 BetrVG Rn. 351 f.; GK-BetrVG/*Wiese*, Einl. Rn. 89 ff., alle mwN.
227 Entwurfsbegründung eines Gesetzes über Betriebsräte, Verhandlungen der verfassunggebenden Deutschen Nationalversammlung Bd. 338, Drs. Nr. 928, S. 17: „Nur hinsichtlich der sozialen Seite bilden sie (scil. die Betriebsräte) die Fortbildung einer schon bestehenden Einrichtung, der Arbeiter- und Angestelltenausschüsse, während die wirtschaftliche Seite ihrer Aufgabe etwas ganz Neues darstellt."
228 Entwurfsbegründung (Fn. 227), S. 19.
229 Profunde Aufbereitung der seitherigen Entwicklung bei *Reichold*, S. 358 ff.; komprimierter *Bergwitz*, S. 104 ff.; *Grosse*, S. 282 ff., 295 ff.; *Kolbe*, S. 24 ff.
230 In Anknüpfung an das Weimarer Gesetz über die Entsendung von Betriebsratsmitgliedern in den Aufsichtsrat vom 15.2.1922; vgl. RGBl. I, 209 ff.
231 Montan-MitbestG 1951, MitbestErgG 1956 und MitbestG 1976.

Berufsfreiheit **fortwährend** bestimmend, auch wenn mit zunehmender Demokratisierung und Liberalisierung der freiheitsfundierte **Werthintergrund** der Gemeinnützigkeit innerbetrieblicher Kooperation[232] und integrativer Konfliktauflösung langsam aus dem Blickfeld geriet.[233] In dem freiheitlich verfassten Rechts- und Sozialstaat des Grundgesetzes ist die Mitbestimmung als privatautonom-kooperativ organisierte Gestaltung der betrieblichen Sozialbindungen im öffentlichen Interesse auch nicht auf einem anderen materialen Wertfundament systemkonform begründbar.

bb) Die Interessenabwägung

Dergestalt sowohl einfachgesetzlich wie grundfreiheitlich normiert verweist Nr. 3 etwaige Kollisionen mit dem Geschäftsgeheimnisschutz im Gegensatz zu den Freistellungen der Nr. 1 und 2 auf eine interessenabwägende „Erforderlichkeitsprüfung".[234] Diese ist dem Umstand geschuldet, dass Nr. 3 im Gegensatz zu den vorstehenden beiden Regelungen die in concreto vorzunehmende Interessenabwägung freiheits- wie grundrechtlich **dreipolig** angelegt ist,[235] was mit seiner Bindung an eine Aufgabenerfüllung nicht weitergehend als die in § 1 Abs. 3 Nr. 4 garantierten „Vertreterrechte" am bundesdeutschen Arbeitsrecht ausgerichtet und deshalb **keine Inhalts- und Schrankenbestimmung** ist.[236] Die damit grundgesetzlich vorgegebene **erweiterte Abwägung** bedingt allerdings die zuvorige Aufdeckung der insoweit einschlägigen Mitbestimmungsrechte der Arbeitnehmervertretungen (1), ihrer zum Informationsempfang berechtigten Sachwalter (2) und sonstiger, in die konkrete Interessenbemessung einzustellender Faktoren (3). Erst im Anschluss an ihre jeweilige Festsetzung lassen sich unter Beachtung etwaiger Schrankenregelungen wie Art. 52 Abs. 1, 3 GRCh oder der Art. 5 Abs. 2, 9 Abs. 3 Satz 2 GG und ggf. Verhältnismäßigkeitsaspekten[237] Abwägungsfaktoren benennen, die den Abwägungsvor-

108

---

232 Zur „Kooperationspflicht" der Mitbestimmungsparteien vgl. § 2 Abs. 1 BetrVG, §§ 8 Abs. 3, 38 EBRG; s. auch *Achenbach*, S. 21 ff. und ErfK/*Koch*, § 2 BetrVG Rn. 1 f.
233 Nur in der Anfangsphase wurde der Gemeinwohlbezug offen ausgesprochen; vgl. § 49 Abs. 1 BetrVG 1952. Neuere Gesetze erwähnen die Gemeinwohlbindung nicht mehr – sie soll sich bereits aus dem Sozialstaatsprinzip ergeben (GK-BetrVG/*Wiese*, Einl. Rn. 68 mwN). Damit wird eine „unmittelbare Drittwirkung" aus einem allein an den Staat gerichteten Schutzgebot abgeleitet. Die „Sozialpflichtigkeit" privater Personen bzw. Institutionen steht jedoch unter dem Grundrechtsvorbehalt und bedarf weiterer grundrechtskonformer Fundierung; ErfK/*Linsenmaier*, Art. 9 GG Rn. 53, 77 f.
234 BeckOK GeschGehG/*Fuhlrott*, § 5 Rn. 50, 54; BeckOK UWG/*Wild*, § 5 GeschGehG Rn. 29; H/O/K/*Ohly*, § 5 Rn. 52; K/B/F/*Alexander*, § 5 GeschGehG Rn. 47, 54; *Reinfeld*, § 3 Rn. 47, 50.
235 Erstere erfassen mit dem Geheimnisinhaber und den freigestellten Informanden, Journalisten, Medien etc. bzw. Whistleblower nur ein freiheits- wie grundrechtlich zweipoliges Rechtsverhältnis (das allgemeine öffentliche Interesse ist kein Grundrecht), Letztere mit dem Geheimnisinhaber, der Arbeitnehmervertretung und dem Arbeitnehmer hingegen ein drei Rechtspositionen umfassendes Freiheits- bzw. Grundrechtsverhältnis.
236 § 1 Abs. 3 Nr. 4 lässt wie Art. 1 Abs. 3 RL das (hiesige) nationale Arbeitsrecht und damit auch die von § 5 Nr. 3 wiedererfassten Mitbestimmungsrechte der Arbeitnehmervertreter „unberührt".
237 Ihre Einbeziehung erwägen ua. BeckOK GeschGehG/*Hiéramente*, § 5 Rn. 20a; H/O/K/*Ohly*, § 5 Rn. 52; abl. *Brockhaus*, ZIS 2020, 102, 117 f.

§ 5 Ausnahmen

gang maßgeblich beeinflussen bzw. prägen können. Hier ist dann auch die rechtliche Qualifikation der Informationszugriffe in die Abwägung einzustellen.

(1) Die Mitbestimmungsrechte der Arbeitnehmervertretungen

109 Die Mitbestimmung der Arbeitnehmervertretungen umfasst auch ein recht breites Spektrum von geheimnisrelevanten Informationsrechten, die sich jedoch nahezu durchgängig nur auf den Dialog und die Abstimmung mit der Arbeitgeberseite beziehen (→ § 1 Rn. 66 ff.). **Koalitionsfreiheitlich** in Art. 9 Abs. 3 GG und dem Informationsanspruch des § 80 Abs. 2 BetrVG hier ebenso einschlägig fundiert wie das verfassungsrechtlich (insoweit mittelbar) und vertraglich gewährleistete Arbeitnehmerrecht, mit seinem Dienstherrn (oder dessen Interessenvertretern) zu beide Seiten betreffenden Themen in Diskurs zu treten, kommen nur „aufgabenrelevante" **Vertreterrechte** „im Rahmen der Offenlegung" eines Arbeitnehmers in Betracht. Der Kreis dieser arbeitnehmerseitigen Rechte zur „Vertreterhilfe" ist im Mitbestimmungsrecht äußerst klein: Er umfasst in der betrieblichen Mitbestimmung nur die Anhörungs- und Erörterungs- sowie die Vorschlags- und die Beschwerderechte der §§ 70 Abs. 1 Nr. 3, 82 Abs. 1 Satz 1, 80 Abs. 1 Nr. 3, 84 BetrVG, §§ 13 Abs. 1 Satz 1 AGG, 61 und 68 (jeweils Abs. 1 Nr. 3) PersVG, 78 Abs. 1 Nr. 3 SGB IX und 26 Abs. 1 Satz 1 SprAuG.[238] Nimmt der Arbeitnehmer diese ihm gewährten Rechte wahr, unterfällt sein Vorgehen bei korrektem Geheimnisumgang den gem. § 3 Abs. 1 Nr. 3, Abs. 2 erlaubten Handlungen[239] – dem § 5 Nr. 3 verbleiben nur seine unzulässigen Geheimniszugriffe im Rahmen der benannten Rechtsausübungen.[240] Gleichartige arbeitnehmerseitige „Mitbestimmungsrechte" kennt die kapitalgesellschaftliche Mitbestimmung nicht. Die Arbeitnehmervertreter im Aufsichtsrat sind wie die Mitglieder der Anteilseignerseite „normale" Aufsichtsräte und keine Mitglieder aufgabenspezifisch separierter Arbeitnehmervertretungen.

(2) Die Aufgabenträger der Mitbestimmung

110 Vorgezeichnet durch die Anbindung der Geheimniskundgabe an die Aufgabenerfüllung einer Arbeitnehmervertretung („im Rahmen der Offenlegung…damit die… ihre Aufgaben erfüllen kann") kommen als Informationsempfänger nur die Aufgabenträger entsprechender Einrichtungen (Aufsichtsrat, Betriebsrat, Sprecher-, Wirtschaftsausschuss usw.) in Betracht. Gewählt aus dem Kreis der Unternehmensmitarbeiter von der kraft Gesetzes zuständigen Mitarbeitergesamtheit als Sach-

---

238 Vgl. auch EuArbR/*Schubert*, RL 2016/943/EU Art. 5 Rn. 21 mwN zu weiteren einschlägigen Regelungen.
239 Büscher/*McGuire*, § 5 GeschGehG Rn. 27; K/B/F/*Alexander*, § 5 GeschGehG Rn. 49; inzidenter auch EuArbR/*Schubert*, RL 2016/943/EU Art. 5 Rn. 18.
240 Die Aufgabenwahrnehmung der Arbeitnehmervertretung selbst muss selbstverständlich rechtmäßig sein. Die Haftungsfreistellung der Arbeitnehmer umfasst nicht auch die Fallkonstellation, Arbeitnehmervertretern die Ausübung der ihrerseits entgegen § 3 Abs. 1 Nr. 3 (scil. „Rechte") rechtswidrig angemaßten Aufgaben durch Zuwendung rechtswidrig erlangter Drittgüter zu ermöglichen bzw. zu erleichtern; iE wie hier H/O/K/*Ohly*, § 5 Rn. 52; K/B/F/*Alexander*, § 5 GeschGehG Rn. 56. Eines Rekurses auf Art. 3 Abs. 1 Nr. 3 RL bedarf es daher nicht.

V. Die Ausnahmen des § 5 §5

waltern der Mitbestimmung sollen sie hier als **Mitbestimmungsträger** bezeichnet werden. Zu ihnen gehören alle der in den verschiedenen gesetzlichen Mitbestimmungsgremien eingegliederten Mitglieder.

Keine gewählten **Aufgabenträger** der Mitbestimmung sind dagegen: (I.) Vom Arbeitgeber unabhängig von ihrer arbeitnehmerseitigen Legitimation qua Gesetzes zu bestellende **Beauftragte** und **Fachberater** wie Arbeitssicherheitsfachkräfte, Betriebsärzte, Daten-, Immissions-, Sicherheits-, Störfall- und Strahlenschutzbeauftragte gem. §§ § 2, 5 f ASiG, 8 Abs. 1 BDSG, 22 Abs. 7 SGB VII, 53, 58a BImSchG und 31 StrSchV 2001. Außerhalb der Mitbestimmung agierend, ist ihr Geheimniszu- und -umgang ggf. gem. § 3 Abs. 2 gestattet.[241] (II.) **Gewerkschaftsvertreter**, sachkundige **Berater** und Mitglieder der Einigungs-, Schlichtungs- und Beschwerdestellen.[242] Als reine Interessenverbündete, den Sach- und Interessenstand erläuternde oder ausgleichende Entscheider ohne entsprechende Wahl und generelle Einbindung in das innerbetriebliche Zusammenwirken mit der Geschäftsleitung haben sie nur den Status hier sog. bloßer Mitbestimmungshelfer. (III.) Mit **Whistleblowing- und Compliance-Aufgaben betraute Personen** sind entweder externe Auftragnehmer oder Bedienstete, denen die Entgegennahme und Bearbeitung der eingehenden Meldungen übertragen ist. Anders als die in die Errichtung solcher inzwischen mehrfach aufgrund gesetzlicher Vorgaben einzurichtenden Systeme[243] einzubindenden Mitglieder der innerbetrieblichen Arbeitnehmervertretungen[244] sind sie keine gewählten Vertreter, sondern Vorgesetzte oder Dritte, die eingehende einschlägige Mitteilungen entgegennehmen bzw. damit aufgrund rechtlicher Arbeitgeberpflichten oder dessen Einwilligung erlaubt tätig sind.[245] § 5 Nr. 3 hat für sie daher keine Bedeutung.

111

(3) Die Erforderlichkeitsprüfung

Anders als die vorstehenden Haftungsfreistellungen der Nr. 1 und 2 erschöpft sich deren Pendant in Nr. 3 nicht nur in einer Interessenabwägung der kollidierenden Freiheits- bzw. Grundrechte zweier Parteien (Geheimnisinhaber und Whistleblower), sie ist vielmehr infolge ihrer **dreipoligen** Rechtskonstellation (→ Rn. 108) wesentlich breiter angelegt und daher nicht allein mit dem klassischen Instrumentarium „zweipoliger Interessenabwägung" zu bewältigen. Der bundesdeutsche Gesetzgeber hat

112

---

241 EuArbR/*Schubert*, RL 2016/943/EU Art. 5 Rn. 18.
242 Vgl. nur §§ 31 Abs. 1, 79 Abs. 2, 80 Abs. 2 Satz 3, 111 Abs. 2 BetrVG.
243 Vgl. nur die Regelungen der §§ 6 Abs. 5 GwG, 25a Abs. 1 Satz 6 Nr. 3 KWG sowie Art. 8 Abs. 1, 3 ff. der neuen Whistleblower-RL 2019/1937/EU vom 23.10.2019, ABl. 2019, L 305/17, 37 f.
244 Zumindest bzgl. der technischen Einrichtung und des Ordnungsverhaltens der Arbeitnehmer kommt eine Mitbestimmung gem. § 87 Abs. 1 Nr. 1, 6 und 10 BetrVG in Betracht; vgl. *Dzida/Granetzny*, NZA 2020, 1201, 1205; *Fuhlrott*, ArbRAktuell 2020, 79, 81; *Granetzny/Krause*, CCZ 2020, 29, 34 f., alle mwN. Ablehnend zu Verschwiegenheitsvereinbarungen BAG, NZA 2010, 180, 181 f.
245 Vgl. EuArbR/*Schubert*, RL 2016/943/EU Art. 5 Rn. 18 f.; *Oetker*, ZESAR 2017, 257, 263; s. auch *Brammsen*, Lauterkeitsstrafrecht, § 17 Rn. 57 mwN.

§ 5 Ausnahmen

sich bemüht, die Komplexität einer solchen mehrseitigen Konfliktkonstellation durch den tatbestandlichen Verweis auf die abweichende Kollisionslage und die Einrichtung eines Abwägungsverfahrens zu reduzieren, welches das Interessenkonvolut der Arbeitnehmerseite unter möglicher Einbeziehung weiterer Abwägungsfaktoren in einer wie auch immer gearteten „Erforderlichkeitsprüfung" den Interessen des Inhabers entgegenstellt.

113 **(1) Die Ausgestaltung** dieser keineswegs ungewöhnlichen Erforderlichkeitsprüfung[246] erfolgt leider uneinheitlich, verbindet sie doch faktische wie normative Aspekte miteinander, ohne ein auch nur annähernd einheitlich ausgeformtes Bemessungsverfahren zu benennen. Erste **Orientierung** bietet etwa die (nicht nur aus dem Strafrecht) bekannte Bestimmung der Erforderlichkeit als das am wenigsten schädliche und zur sofortigen Beendigung einer (Angriffs-)Handlung geeignete Mittel,[247] eröffnet sie doch der im Rahmen der Herstellung praktischer Konkordanz vorzunehmenden Verhältnismäßigkeitsprüfung[248] zweckdienliche Parallelen. Ausgerichtet auf die optimale Gewährleistung der Entfaltung und Wirksamkeit der beid- oder nur einseitig einzuschränkenden Freiheits- bzw. Grundrechte hat der Abgleich zu berücksichtigen, dass die Einhaltung rechtlicher Güterzuordnung (auch der Geschäftsgeheimnisse) wie die Beachtung gesetzlicher Verfahrenswege, Themenvorgaben oder Zweckbindungen keine objektive Informations-, Meinungsäußerungs-, Berufs- oder Koalitionsbeschränkung ist. Umgekehrt erscheint durchaus fraglich, ob allgemein geltende Vorschriften wie § 4 den Schutzbereich des Art. 9 Abs. 3 beeinträchtigen. Ob daher „an die Erforderlichkeitsprüfung keine zu strengen Anforderungen" zu stellen, insbesondere „… keine umfassende Prüfung der Verhältnismäßigkeit geboten" ist,[249] erscheint angesichts der besonderen innerbetrieblichen Sachwalterstellung der Betriebsräte auch gegenüber dem Unternehmensinhaber keineswegs zwingend verallgemeinerungsfähig zu sein.

114 **(2)** Dem bereits erläuterten Abwägungskonzept (→ Rn. 36 ff.) folgend, bedarf es auch hier einer die Gegeben- und Besonderheiten des Einzelfalls einbeziehenden Betrachtung zumindest der nachfolgend benannten gewichtigen Abwägungsfaktoren.

115 **(2.1)** Einzustellen ist wiederum primär der **Bedeutungsgehalt** der in concreto kollidierenden Interessen (Gewicht des Geheimnisses in Abgleich mit dem des wahrgenommenen Kollektivrechts, ggf. auch additiv des Arbeitnehmers).

---

246 Ein Erforderlichkeitsgebot findet sich beispielsweise in Art. 52 Abs. 1 Satz 1 GRCh, im Rahmen der Notwehr und des Notstands (§§ 227 f. BGB, § 32 StGB) oder im Polizeirecht (§ 5 Abs. 1 PolG BW 2020).
247 Statt vieler Schönke/Schröder/*Perron/Eisele*, § 32 Rn. 34 ff. mwN.
248 Der Grundsatz der praktischen Konkordanz gebietet die schonende Auflösung von Grundrechtskollisionen durch den verhältnismäßigen Ausgleich der konfligierenden Interessen; vgl. etwa BVerfGE 30, 173, 199; 93, 1, 21; 134, 204 Rn. 68; 142, 74, Rn. 70; *Jarass*/Pieroth, Vorb. vor Art. 1 GG Rn. 52 f. mwN.
249 So BeckOK UWG/*Wild*, § 5 GeschGehG Rn. 29; K/B/F/*Alexander*, § 5 GeschGehG Rn. 53.

V. Die Ausnahmen des § 5 §5

Leider erweist sich das insoweit in der Gesetzesbegründung besonders hervorgehobene Recht – das „legitime Gruppeninteresse ... der Arbeitnehmervertretung, über einen **Personalabbau** unterrichtet"²⁵⁰ zu werden – als nur begrenzt tragfähig. Erst nach Anhörung der Sachverständigen auf Beschlussempfehlung des Ausschusses für Recht und Verbraucherschutz auf den vermeintlichen arbeitsrechtlichen Vorrang des § 1 Abs. 3 Nr. 4 gestützt, soll es als hier sog. „Vorranginteresse"²⁵¹ entsprechende Betriebsratsmitteilungen an die Belegschaft erlauben,²⁵² was als solches bislang alles andere als unangefochten war.²⁵³ Diese im Ergebnis durchaus zustimmungsbedürftige „Erlaubnis"²⁵⁴ vernachlässigt jedoch den sachlichen Unterschied zwischen einer vom Arbeitgeber (gem. § 79 Abs. 1 Satz 1 BetrVG ausdrücklich als geheimhaltungspflichtig) in Gestalt einer rechtfertigenden Einwilligung²⁵⁵ erklärten Kenntnisnahmebefugnis und einer zudem nicht einmal betriebsverfassungsrechtlich normierten „Haftungsfreistellung": Ersteres Verhalten ist rechtmäßig (!), Letzteres nicht. Es erscheint keineswegs zwingend, aus einem isolierten Erwerbsrecht und dessen situativ anderweitig gerechtfertigter Weitergabe ein entsprechend weites Kundgaberecht auch nach fremdseitig rechtswidrigem Offenlegen zu gründen – zumal, wenn das einschlägige Rechtsgebiet ausdrücklich „unberührt" bleibt. Zur sicheren Bestimmung der **Reichweite** „vertreterseitiger" Kundgabekompetenzen jenseits der Vorgaben des § 79 Abs. 1 Satz 1 BetrVG ist das Thema „Personalabbau" nicht hinreichend verlässlich geeignet: Wertungsmäßig ist diese grundrechtskonform eröffnete Mitbestimmungsaufgabe „Belegschaftsinformation" deren drittseitig haftungsfrei gestellten „Eigeninitiierung" rechtlich nicht zwangsläufig materiell gleichgestellt. Es spricht deshalb einiges dafür, den Anwendungsbereich der Nr. 3 auf zuvoriges **rechtmäßiges Kenntniserlangen** zu begrenzen. 116

(2.2) Weiterer gewichtiger Abwägungsfaktor ist der **Wahrheitsgehalt** des vom Arbeitnehmer offengelegten Geschäftsgeheimnisses als Grundrechtskonstituens der gem. (Art. 153 Abs. 1 lit. e, f AEUV bzw. Art. 27 GRCh und) Art. 9 Abs. 3 GG (→ Rn. 104) von der Arbeitnehmervertretung rechtmäßig zu erfüllenden Mitbestimmungsaufgabe. Insoweit sind auch etwaige plakative oder verkürzt-pauschale Entäußerungen wie die Berichterstattung über ausbeuterisches Lohndumping durch unzulässigen Einsatz unkundiger ausländischer Einmann-Sub-Subunternehmer gestattet. Dagegen dienen Mitteilungen unwahrer Tatsachen keinem legitimen Informationszweck. Sie sind prinzipiell ungeeignet, nicht erforderlich und unverhältnismäßig. 117

(2.3) Obgleich das rechtswidrige Offenlegen fremder rechtmäßig oder rechtswidrig erlangter Geschäftsgeheimnisse für den Arbeitnehmer eine unentbehrliche Freistel- 118

---

250 Vgl. BT-Drs. 19/4724, S. 28.
251 Vgl. BT-Drs. 19/8300, S. 13; s. dazu auch BeckOK GeschGehG/*Fuhlrott*, § 5 Rn. 51.
252 So BeckOK GeschGehG/*Fuhlrott*, § 5 Rn. 51; für analoge Anwendung dagegen H/O/K/*Ohly*, § 5 Rn. 52. Ablehnend hingegen *Wiese*, S. 144 in Bezug auf Art. 5 lit. c RL.
253 Ablehnend etwa BAG, ZIP 1987, 1603, 1605; LAG Hessen v. 12.3.2015, https://openjur.de/u/2188598.html Rn. 37 f.; LAG München, NZA-RR 2015, 299, 301 f.
254 Vgl. bereits *Brammsen/Schmitt*, NZA-RR 2016, 77, 83: „…Pflichtenkollision, die im Wege einer an der praktischen Konkordanz … aufzulösen ist…".
255 Zu dieser allgemeinen Einordnung singulärer inhaberschaftlicher Kundgaben *Brammsen*, Lauterkeitsstrafrecht, § 17 Rn. 56 mwN.

§ 5 Ausnahmen

lungsbedingung ist [rechtmäßiges Offenlegen unterfällt § 3 Abs. 1 Nr. 3 bzw. Abs. 2 (→ Rn. 65)], ist sein **rechtswidriges Verhalten** dennoch ein weiterer gewichtiger Abwägungsaspekt. Seine auf den ersten Blick nicht augenscheinliche Bedeutung bei der vorzunehmenden Abwägung tritt erst in den Vordergrund, wenn die unterschiedlichen Auswirkungen der im Gesetz unerwähnten Rechtsqualität **arbeitnehmerseitiger Kenntnisnahmen** zentriert werden. Sie fungiert nämlich als ein recht zuverlässiger Aufgabenindikator.

119 Gemeinhin kursieren in Wirtschaftsunternehmen primär Geschäftsgeheimnisse, deren Kenntnis, Anwendung oder Weitergabe für innerbetriebliche Zwecke von Bedeutung, daher zumindest nach den Vorgaben des § 3 entweder faktisch oder rechtlich gestattet, folglich rechtmäßig erlangt und geordnet sind. Derart vorgezeichnet können sie in vielfältiger Weise mitbestimmungsrechtliche Relevanz zeigen und ggf. zu bewältigende „Vertreteraufgaben" generieren. Rechtswidrige Geheimniszugriffe dagegen sind (zumindest statistisch gesehen) nicht nur erheblich geringer, sie betreffen darüber hinaus auch wesentlich seltener arbeitnehmerschaftliche Themenfelder im mitbestimmungsrechtlichen Aufgabenbereich. Zudem dürfte es äußerst kontraproduktiv sein, Anhörungen, Beschwerden oder Vorschläge mit rechtswidrig erlangten Geheimnissen zu „unterfüttern". Es ist davon auszugehen, dass sie nur in wenigen Fällen mit zudem deutlicher „Firmenrelevanz" mitbestimmungspflichtige Aufgaben der Arbeitnehmervertretungen initiieren.

120 Absolut gesehen dominieren zuvorige **rechtmäßige** Erwerbsvorgänge den großen Kreis der rechtswidrigen „Vertreterhilfe". Sie sind damit deutlicher **mitbestimmungsträchtig** als ihre rechtswidrige Vortatsvariante, auch wenn ihre aufgabenmäßige Einschlägigkeit gesetzlich recht eng begrenzt ist (→ Rn. 109). Wird zudem bedacht, dass die nachfolgende Offenlegung ersterenfalls den Verboten des § 4 Abs. 2 Nr. 2 oder 3, letzterenfalls dem des § 4 Abs. 2 Nr. 1 sowie ggf. der Whistleblower-Freistellung des § 5 Nr. 2 unterfällt, so tritt ihre „Indikatorfunktion" deutlich zutage. Die Herkunft des offengelegten Geheimwissens sollte daher ebenso wie die Initiative bzw. Blockade der Arbeitgeberseite oder die beidseitige Einhaltung vorgegebener Verfahrenswege beachtet und in die Aufgabenbestimmung eingebracht werden. Andernfalls lässt sich beispielsweise bei mitbestimmungsrelevanten Themen wie dem erst vage angedachten **Personalabbau** die Mitbestimmungsaufgabe der Betriebsvertretung mit rechtswidrigen Erwerbs- und Kundgabeaktivitäten der Arbeitnehmer weit in das Vorfeld inhaberschaftlicher Entscheidungsfindung vorverlagern. Soll nicht § 79 Abs. 1 BetrVG gänzlich negiert werden, sollte zumindest die Geheimhaltungserklärung als Initiativakt akzeptiert werden. Nicht jede Mitbestimmungsaufgabe ist inhaberunabhängig, umgekehrt darf das Informationsrecht der Arbeitnehmervertreter andererseits aber auch nicht beliebig durch Vorenthaltungen oder Verzögerungen ausgehebelt werden.

121 **(2.4) Eigenbelange** der Arbeitnehmer wie deren Kündigungsschutzinteresse sind nur dann ein einzubeziehender Abwägungsfaktor, wenn sie auch von mitbestimmungsrechtlichen Kollektivinteressen „mitabgedeckt" sind.[256] Anderen grund-

---

[256] *Jarass*/Pieroth, Art. 9 GG Rn. 9, 42 mwN.

rechtlichen Fundierungen wie Berufsfreiheit oder Eigentum fehlt auch bei Anbindung an das Sozialstaatsprinzip (Art. 20 Abs. 1 GG)[257] das Korrelat der praktischen Konkordanz – der **Mitbestimmungsbezug**. Sie sind allenfalls bei einer Verhältnismäßigkeitsprüfung gem. § 9 zu berücksichtigen.

(3) Ebenso wie die Aufdeckung und Gewichtung der maßgeblichen Abwägungsfaktoren bedarf das anzuwendende **Abwägungsparameter** der **Erforderlichkeit** entsprechender Konturierung. Dem Gesetz (einschließlich seiner Begründung) lassen sich jedoch keinerlei weiterführende Hinweise entnehmen und auch einschlägige Kommentierungen verweisen nur auf das Gebot einer objektiven Bestimmung, nicht zu strenge Anforderungen und einen vagen Erschwernischarakter.[258] Angesichts dieser extrem unscharfen Ausdeutung eines für die anstehende Haftungsfreistellung nachgerade zentralen Bemessungsmerkmales erscheint es hingegen ebenso hilfreich wie weiterführend, sich an den anerkannten Vorgaben seiner sonstigen Festsetzung unter Zuhilfenahme einer **Eignungsprognose** (→ Rn. 78 f., 84 f.) zu orientieren. „Erleichtern" ist keineswegs synonym mit „erforderlich". 122

Der Erkenntnis einer notwendig objektiven Bestimmung folgend,[259] bedarf es zumindest neben dem tatsächlichen Bestehen einer Mitbestimmungsaufgabe des Vorliegens einer tatsächlichen Erfüllungseignung der geheimniseröffnenden Mitteilung – was eine entsprechende, aus Sicht ex post zu treffende positive Einsatzprognose voraussetzt. In eine solche sind sowohl bisherige bestätigte Erkenntnisse und positive oder negative Erfahrungen ebenso als Eignungsprädikat einzusetzen wie Sachbezug, „Treffsicherheit" oder einschlägige andere Alternativen und auf das Erfüllungsziel auszurichten. Bloße Vermutungen oder andere, noch unsichere Annahmen genügen angesichts der weitreichenden Auswirkungen der Nr. 3 nicht.[260] Es bedarf eines zumindest höheren Grades objektiver, wenn auch längst nicht der einer für sich genommenen an Sicherheit grenzenden Wahrscheinlichkeit. Andere, nur additiv hinzukommende marginale Erleichterungen genügen nicht (zB ein erneut bereits vorhandenes verlässliche Erkenntnis bestätigendes Geheimwissen). 123

(4) Aus dem Gesagten resultieren einige einfache **Leitsätze**: Je höher der Bedeutungsgehalt der mit dem Offenlegen eines rechtmäßig erlangten Geschäftsgeheimnisses verbundenen Mitbestimmungsaufgabe ist, desto sicherer ist ihre hilfreiche Unterstützung **erforderlich**. Je stärker dagegen Eigenbelange mit dem Offenlegen rechtswidriger Geheimnisse verbunden sind, desto größer ist die Gefahr fehlender bzw. geringer gewichtiger Mitbestimmungsaufgaben. Sie steigt zusätzlich durch Aspekte wie geringfügige Anlässe, unsichere Eignungsprognosen, voreilige „Hilfs- 124

---

257 Vgl. BAGE 103, 31, 36; *Jarass*/Pieroth, Art. 12 GG Rn. 79 f. iVm. Art. 20 Rn. 162 mwN.
258 BeckOK UWG/*Wild*, § 5 GeschGehG Rn. 29; H/O/K/*Ohly*, § 5 Rn. 52; K/B/F/*Alexander*, § 5 GeschGehG Rn. 55; *Reinfeld*, § 3 Rn. 50.
259 Die Erforderlichkeit ist kein subjektiv geprägtes Tatbestandsmerkmal. Haftungsfreistellung und Haftung sind keine gesetzlichen Konstituentia, die allein den individuellen Vorstellungen der von ihnen betroffenen Personen zur Ausfüllung eingeräumt sind. IE wie hier BeckOK GeschGehG/*Fuhlrott*, § 5 Rn. 54 und H/O/K/*Ohly*, § 5 Rn. 52.
260 Wie hier Büscher/*McGuire*, § 5 GeschGehG Rn. 27.

§ 5   Ausnahmen

aktivitäten" oder geringer Wahrheitsgehalt stufenweise an, endet demgemäß relativ schnell in einem negativen Verdikt: **Mangelnde Erforderlichkeit**.

cc) Die materielle Rechtsnatur der Freistellungsregel der Nr. 3

125 Im Vergleich zu den vorstehenden Erörterungen zur Rechtsnatur der Ausschlussregelungen der Nr. 1 und 2 unterliegt die Rechtsnatur der Nr. 3 allein schon im Hinblick auf das allein hier ausdrücklich benannte Zusatzerfordernis einer Erforderlichkeitsprüfung stärkeren Bedenken. Diese zusätzliche Einschränkung der Haftungsfreistellung weist nämlich eine auffällig wortwörtliche Übereinstimmung zu gesetzlichen Parallelverwendungen auf, die allesamt einheitlich den sog. Rechtfertigungsgründen (→ Rn. 108, 113) und damit als partielle Teilhaberechte den Erlaubnissen des § 3 Abs. 2 zugeordnet werden (→ § 3 Rn. 90 ff.). Zudem ist auch hier wiederum der abweichenden Festsetzung in der **Gesetzesbegründung** keine Erläuterung zu entnehmen, worauf diese eigentümliche „Doppelverwendung" materiell gegründet ist. Sie bedarf der Aufdeckung, lassen sich in der anschließenden Diskussion um die „Umstufung" zum Ausschlussgrund außer Hinweisen auf vermeintliche „Schlechterstellungen" doch keine rechtsspezifischen Erläuterungen erkennen. Ein derartiger „**Kategorienwechsel**" ist aber keine beliebig einsetzbare Variable, er ist an einfach- wie grundrechtskonforme materielle Vorgaben gebunden.

126 Die Eingliederung der Nr. 3 in die Rechtskategorie „**Rechtfertigungsgrund**" kann neben der Erforderlichkeitsparallele gleich mehrere **Argumente** für sich in Anspruch nehmen. Dies beginnt schon mit der Gesetzesgeschichte, die sich anfänglich offen dieser gängigen Allgemeinbezeichnung für alle Arten erlaubter Eingriffstatbestände bediente (→ Rn. 5), zeigt sodann mit der Anbindung an die bewirkte mitbestimmungsrechtliche Aufgabenerfüllung gewisse Ähnlichkeiten zu institutionalisierten „Nothilferegelungen", widerspricht nicht dem „formoffenen" Richtlinienkonzept,[261] findet in der Akzessorietät mitbestimmungsrechtlicher Teilhaberechte Unterstützung und nimmt – gewichtigster Aspekt – seinen Abschluss in einer strikten Erfolgsanbindung.

127 Gem. § 80 Abs. 2 ist der Betriebsrat zur Durchführung seiner Aufgaben vom Arbeitgeber zu unterrichten sowie auf sein Verlangen mit den dazu erforderlichen Unterlagen und sachkundigen Arbeitnehmern als Auskunftspersonen zu versorgen. Geschieht dieses wie bei ihm unbekannten Geschäftsgeheimnissen nicht, wird dieser objektive Rechtsverstoß durch die dem Arbeitnehmer gesetzlich oder vertraglich untersagte Kundgabe usw. quasi „in Vertretung" und Wahrung der ihm wie der Vertretung zustehenden Informationsrechte „ausgeglichen". Vertreterseitig gesehen agiert er zumindest faktisch als **Nothelfer** situativ ähnlich dem § 228 BGB,[262] was ihm eine gewisse inhaltliche Konturenfestigkeit verleiht.

128 Betriebliche **Mitbestimmung** ist, anders als das Eigentum, kein eigenständiges Grundrecht. Sie gewährt keine originären Verfügungsrechte über Firmengüter, son-

---
261 Auf die „Form- und Mittelfreiheit" des Art. 288 Abs. 3 AEUV wird verwiesen.
262 Eine direkte Anwendung scheitert bereits an dessen „Sachbindung".

V. Die Ausnahmen des § 5

dern Vereinigungsfreiheit und interne Mitgestaltung mittels Beteiligungs-, Informations-, Ordnungs- und Schutzrechten, die an eine Eignerschaft und Entscheidungshoheit Dritter anknüpfen. Die **Rechtsstruktur** dieser Form von Miteinbindung[263] ist **akzessorisch**, setzt mithin das Vorliegen fremder Inhaberschaft an Geheimnissen und anderen Vermögenswerten voraus: Mitbestimmung ohne zumindest potenziell erwerb- oder generierbare Ziel- oder Zugriffsgüter und Rechtsträger ist Vorspiegelung bzw. Illusion im Gewand eines symbolischen Aktionismus.

Logische Folge dieser hier sog. „nachrangigen **Teilhabe**" ist ihre rechtsgebundene Akzessorietät – gesetzlich ist dem Rechtsinstitut „Mitbestimmung" nur **rechtmäßiges Ausüben** rechtlich zugeordneter Kompetenzen gewährt. Dies betrifft neben der Einhaltung gesetzlich vorgesehener Verfahrenswege[264] auch den Vollzug von Mitbestimmungsmaßnahmen, solange er der eigenen Aufgabenerfüllung (auch des Arbeitgebers) dient. Genügt Letzterer seinen Vorgaben nicht, ist eine ordnungsgemäße Ausübung der Mitbestimmung der Gegenseite (ggf. auch gegenüber einem involvierten Arbeitnehmer) be- bzw. verhindert. Sachlich ist diese Situation als nachgeradezu klassischer Anwendungsfall einer rechtfertigenden Pflichtenkollision zu bezeichnen.[265] **129**

Das wohl gewichtigste Argument für eine Zuordnung zu den Rechtfertigungsgründen gibt die ausdrücklich gebotene **Erforderlichkeit** der Offenlegung des Geschäftsgeheimnisses für eine korrekte Aufgabenerfüllung der Arbeitnehmervertretung. Festgesetzt für die besondere Situation eines freiheits- wie grundrechtlich dreipoligen Rechtsverhältnisses (→ Rn. 108, 112) beschreibt sie mit der hier sog. **Wirkungskausalität** der vorzunehmenden Rettungshandlung und ihrem gelungenen Abschluss ein allen bekannten Rechtfertigungsgründen gemeinsames Erkennungsmerkmal, den bewirkten **Außenwelterfolg** der vorrangigen Interessenwahrung.[266] Die nur einfachrechtlich dreipoligen Haftungsbefreiungen der Nr. 1 und 2 kennen solche Erfolgsanbindung nicht, beschränken sie sich doch entweder (Nr. 2) auf eine für das allgemeine öffentliche Interesse bloß „geeignete" Zugriffshandlung oder verlangen außer dem Freiheitsvollzug „Ausübung" gleich keines von beiden (Nr. 1).[267] Dagegen vollzieht sich in der Aufgabenerfüllung der Arbeitnehmerver- **130**

---

263 Die andere Erscheinungsform privativer Miteinbindung bilden Mitbesitz, Miteigner oder Sozius. Anteilseigner und Mitglieder sind als Miteingebundene Inhaber bzw. Träger juristisch verselbstständigter Eignerschaft.
264 Die Freistellungen der Nr. 1 und 2 kennen entsprechende gesetzliche Vorgaben dagegen nicht.
265 Vgl. bereits *Brammsen/Schmitt*, NZA-RR 2016, 77, 83: „… Pflichtenkollision …". Anders als im dortigen Fall fehlt es der hier aufzulösenden Situation an der ausdrücklichen Geheimniserklärung des § 79 Abs. 1 BetrVG. Daher ist die anstehende Rettungshandlung auch von dem involvierten Arbeitnehmer zu bewirken.
266 Eingehender zum überwiegenden Interesse als gemeinsamen Charakteristikum aller Rechtfertigungsgründe und seiner externen Manifestierung Schönke/Schröder/*Sternberg-Lieben*, Vor §§ 32 ff. Rn. 6 f. mwN.
267 Ob sich also mit dem verbotenen Erlangen, Nutzen oder Offenlegen des Geschäftsgeheimnisses das grund- oder freiheitsrechtlich geschützte Individual- oder Kollektivinteresse auch tatsächlich in einem auf „Kosten" des Geheimnisinhabers bewirkten „Ausübungserfolg" extern verwirklicht, ist irrelevant. Es kommt nur auf die Betätigung an, weder auf das Ergebnis des Interessenschutzes noch auf irgendwelche sonstigen Auswirkungen. Verworfene Medienberichter-

§ 5 Ausnahmen

treter durch die Einbringung des von dem Arbeitnehmer im Rahmen seiner Mitbestimmungskontroverse **offengelegten** Geheimnisses zugleich deren kollektiv- wie individualrechtliches Koalitionsgrundrecht: Die erforderliche Erfüllungskausalität hat einen zusätzlichen Außenwelterfolg bewirkt – ein nach den bisherigen gesetzlichen Vorgaben eigentlich untrügliches **Indiz** einer klassischen **Rechtfertigungslage**.

131 Der Klassifizierung der Nr. 3 als **Tatbestandsausschluss** steht hingegen nicht allein ihre auffällige Nähe zur Grundkonzeption der Rechtfertigungsgründe entgegen, sie lässt sich auch mit ihrer fehlenden Komparabilität zu anderen Tatbestandslösungen **widerlegen**. Dies zeigt sich bereits anhand der vorstehenden Ausformungen der Nr. 1 und 2, die anders als Nr. 3 keine drei-, sondern nur zweipolige grundrechtliche Kollisionslagen betreffen (→ Rn. 108, 112). Solche mehrköpfigen Konflikte können durch „einfache" Interessenabwägung bewältigt werden, findet sich doch das unterlegene Interesse auf der Gegenseite dem Gleich- oder **Mehrklang** einer höheren Anzahl gleich- bzw. zumindest nahezu gleichrangiger Interessen gegenüber.

132 Gegen eine Haftungsfreistellung qua Tatbestandsausschluss spricht aber vor allem ein weiterer maßgeblicher Aspekt, der die Tatsituationen der Nr. 1 und 2 materiell deutlich von den Fällen der Nr. 3 unterscheidet – ihre fehlende Verbreitungsgefahr, ihr besonderer Empfängerkreis und ihre enge Einbindung des Geheimnisinhabers. Zusammengenommen legen sie die eigentlichen Hintergründe der gesetzlich verfehlten Einstufung endgültig offen: Sie gewähren die „**Rechtmäßigkeitskette**" rechtskonformer Geheimniszugriffe des Arbeitnehmers, deren Endadressat über die informierten Mitbestimmungsträger mit dem Arbeitgeber immer der Geheimnisinhaber ist.[268]

133 Anders als in den Fällen der tatbestandsausschließenden Nr. 1 und 2 ist mit der Offenlegung der Arbeitnehmer gegenüber den Mitbestimmungsträgern und deren anschließender Weitergabe bzw. Nutzung rechtlich gesehen keine weitergehende **Gefährdung** des erlangten Geheimnisses verbunden. Diese dürfen nämlich die erhaltene Kenntnis zu ihrer Aufgabenerfüllung im Rahmen innerbetrieblicher Mitbestimmungsangelegenheiten einsetzen, können sie also anders als die grund- bzw. freiheitsrechtlich befugten Erstkenntnisnehmer der Nr. 1 und 2 nur an einen eng begrenzten und vorab bestimmten **Empfängerkreis** weitergeben. Letztere haben mithin ein größeres Verbreitungs- und damit auch größeres Gefährdungspotenzial. Zugleich ist mit den Mitbestimmungsträgern der Nr. 3 ein objektiv eng begrenzter,

---

stattungen, unterbliebene Informations- oder Meinungsäußerungen und dergleichen sind ausreichend.
268 Hierin liegt auch der Sachgrund für den von *Apel/Boom*, GRUR-Prax 2020, 225, 226 angenommenen Ausschluss arbeitnehmerseitiger Disponibilität: Seine Rechtsausübung umfasst keine Kollektivrechte, sie ist schlichtweg deren rechtfertigendes Konstituens. Auf die Rechtswirkungen gesetzeskonform gegebener Rechtfertigungen kann man aber nicht verzichten, sie sind qua situationem bereits gegeben.

demokratisch legitimierter und rechtlich als sog. Sonderpflichtträger „überantwortungsmäßig" besonders gebundener Personenkreis eingesetzt,²⁶⁹ während die Empfänger eines von einem Dritten gem. Nr. 1 und 2 erlangten Geheimnisses wie „Jedermann" keiner personellen Begrenzung unterliegen. Da zudem der **Arbeitgeber** als alleinverfügungsberechtigter Geheimnisinhaber in Mitbestimmungssachen ebenso als Beteiligter einbezogen ist wie der Arbeitnehmer und dessen Arbeitnehmervertreter, ist außerhalb des Mitbestimmungsrechts ein unkontrollierbarer Informationsabfluss wie in den Fällen der Nr. 1 und 2 rechtlich gesehen ausgeschlossen.²⁷⁰

Die Annahme eines Tatbestandsausschlusses entzieht dem Arbeitnehmer folglich nicht nur dessen Bewertung als rechtmäßiges Verhalten, seine **Haftungsfreistellung entzieht** dem Arbeitgeber zugleich auch seinen weitergehenden mitbestimmungsrechtlich etablierten Geheimnisschutz auf „**Unberührtheit**". Ihren Fortbestand sowie den Arbeitnehmeranspruch bei gesetzesgetreuem Vorgehen auf Rechtskonformität kann nur die Anerkennung seiner Rechtmäßigkeit gewähren. Diese Form der Höherbewertung in einfachrechtlich dreipoligen Konfliktlagen einzusetzen ist klassische Domäne der Rechtfertigung und Grundrechtsgebot. § 5 Nr. 3 erfüllt alle dafür notwendigen Voraussetzungen.²⁷¹ Ein Tatbestandsausschluss ist er nicht. 134

d) Anhang: Die anerkannten legitimen sonstigen berechtigten Interessen (Art. 5 lit. d RL 2016/943/EU)

Die Ausnahmeregelung des § 5 enthält im Gegensatz zu ihrem unionsrechtlichen Pendant in Art. 5 lit. d RL 2016/943/EU keine ausformulierte Generalklausel für weitere, den Beispielen der Nr. 1–3 bzw. lit. a–c gleichstehende Freistellungsfälle, sie versteckt sie vielmehr in dem Mantel ihrer „Insbesondere-Formel". Gleichwohl eröffnet auch sie damit schon unter dem Aspekt einer richtlinienkonformen Auslegung und Umsetzung eine Einbeziehung der dort benannten Fälle „zum Schutz eines durch das Unionsrecht oder das nationale Recht anerkannten legitimen Interesses".²⁷² 135

Mit dieser Vorgabe ist zwar eine gewisse Flexibilität und Ergebnisoffenheit verbunden,²⁷³ leider aber auch eine erhebliche Konturenlosigkeit.²⁷⁴ Zwar besteht inzwischen weitgehende Einigkeit, dass gleichfalls ideelle wie wirtschaftliche Interessen 136

---

269 Zur Sonderpflichtenstellung der Mitbestimmungsträger statt vieler GK-BetrVG/*Oetker*, § 120 Rn. 28 mwN.
270 Auf ggf. gem. § 79 Abs. 2 BetrVG einbezogene Dritte.
271 Auf die entsprechende Lösung in § 26d Abs. 3 Nr. 2 lit. a öUWG ist verwiesen.
272 BeckOK GeschGehG/*Hiéramente*, § 5 Rn. 10; BeckOK UWG/*Wild*, § 5 GeschGehG Rn. 30; H/O/K/*Ohly*, § 5 Rn. 53; *Hoppe*/Oldekop, Kap. 1 Rn. 541; K/B/F/*Alexander*, § 5 GeschGehG Rn. 59 f.
273 K/B/F/*Alexander*, 5 GeschGehG Rn. 60.
274 Für eine zurückhaltende Anwendung plädiert deshalb *Hoppe*/Oldekop, Kap. 1 Rn. 543.

§ 5 Ausnahmen

(→ Rn. 34 f.) einzubeziehen sind,[275] es bleibt jedoch offen, ob „anerkannte legitime" (Art. 5 lit. d RL) und „berechtigte" (§ 5 Hs. 1) Interessen Synonyma sind, welche Interessen ausgeschlossen sind und welcher Gewichtigkeit sie bedürfen,[276] um als (auch nicht) gleichrangige Beispielsinteressen neben den Nr. 1–3 benannten Fällen bestehen zu können. Insoweit dürfte eine Grundrechtsparallelität natürlicher Personen noch das geringste Problem sein,[277] eine Vorrangigkeit niederrangig gesetzter „legitimer" bzw. „berechtigter" Kollektivrechte allein schon angesichts ihrer immensen Vielgestaltigkeit ungleich komplexer. Ihre Auflösung kann sich an den Grundsätzen der Ordnung und Abwägung der „berechtigten Interessen" orientieren (→ Rn. 36 f.) wie sie insbesondere für die Grundrechtskollisionen der Nr. 1 dargestellt sind (→ Rn. 48 f.), bedürfen allerdings für die unterschiedlichen rechtlichen Ausgestaltungen der jeweiligen Erlangungs-, Offenlegungs- und Nutzungsrechte der begünstigten Individuen und Institutionen einer sorgfältigen Anpassung insbesondere im Hinblick auf die Heranziehung etwaiger untergerichtlicher Praxis.[278]

VI. Darlegungs- und Beweislast

137 Die Grundregeln zivilistischer Darlegungs- und Beweislast verpflichten jede an einem Verfahren beteiligte Partei, die für sie günstigen Tatsachen nicht nur vorzubringen, sondern auch zu beweisen. Im Falle einer Verletzungshandlung iSd. § 4 ist es daher Sache des Geheimnisinhabers und Klägers, Geheimnis und Verletzungshandlung iSd. § 4 zu belegen, während dem Beklagten und vermeintlichen **Okkupanten** Vortrag und Nachweis etwaiger Rechtfertigungsgründe obliegt.[279] Insoweit bestand für die entsprechende Ausformung des Art. 5 RL 2016/943/EU sowie des früheren § 5 RegE Übereinstimmung: Grundfreiheitsträger (Nr. 1), Whistleblower (Nr. 2) und Arbeitnehmer (Nr. 3) wurden demgemäß als **verpflichtet** erachtet.[280] Die im Gefolge der Diskussion um die befürchtete Abschreckungswirkung einer solchen Einordnung sich durchsetzende Umwandlung hin zur tatbestandsausschließenden „Schrankenlösung" (→ Rn. 7) bewirkte keine Auflösung des früheren

---

275 BeckOK GeschGehG/*Hiéramente*, § 5 Rn. 10.2; BeckOK UWG/*Wild*, § 5 GeschGehG Rn. 31; *Hoppe*/Oldekop, Kap. 1 Rn. 542; K/B/F/*Alexander*, § 5 GeschGehG Rn. 4.
276 Bei Synonyma bietet es sich etwa an, beide als einheitliche Bezeichnungen für alle Erscheinungsformen sämtlicher gesetzlich erfasster Individual- und Kollektivinteressen zu verstehen ungeachtet ihres zuordnenden oder gestattenden Charakters.
277 Ausdrücklich als ausreichend erachtet ua. BeckOK UWG/*Wild*, § 5 GeschGehG Rn. 32; H/O/K/*Ohly*, § 5 Rn. 54; K/B/F/*Alexander*, § 5 GeschGehG Rn. 61.
278 Zurückhaltend auch BeckOK GeschGehG/*Hiéramente*, § 5 Rn. 10.1; wohl großzügiger *Hoppe*/Oldekop, Kap. 1 Rn. 541.
279 Vgl. BeckOK UWG/*Barth*, § 4 GeschGehG Rn. 65; H/O/K/*Ohly*, § 3 Rn. 52 iVm. § 4 Rn. 57; Hoppe/Oldekop/*Pichlmaier*, Kap. 3 Rn. 245 f.; K/B/F/*Alexander*, § 3 GeschGehG Rn. 69, § 4 GeschGehG Rn. 83.
280 *Eufinger*, ZRP 2016, 229, 230 f.; *Groß/Platzer*, NZA 2017, 1097, 1103; *Hoeren/Münker*, WRP 2018, 150 Rn. 26; MK-UWG/*Namysłowska*, Geschäftsgeheimnis-RL Art. 5 Rn. 8, 10; *Reinardt-Kasperek/Kaindl*, BB 2018, 1332, 1334.

Gleichklangs – die klassische „Aufteilung" ist beibehalten.²⁸¹ Möglich ist allerdings eine sekundäre Darlegungs- und Beweislast des Geheimnisinhabers für betriebsinterne Umstände wie interne Meldekanäle oder etwaige Schadenshöhen.²⁸²

Die im Gefolge der neuen und bis zum Dezember 2021 umzusetzenden Whistleblower-RL 2019/1937/EU belässt die vorstehende Ordnung der Darlegungs- und Beweislast in ihrem Regelungsbereich unverändert. Umgekehrt ist sie in **Art. 21 Abs. 5 WBRL** allein für das Verbot unzulässiger Repressalien gegenüber Whistleblowern (Art. 19), dessen Einhaltung nunmehr dem Geheimnisinhaber auferlegt, dh. von ihm zu beweisen ist.²⁸³ Ihm obliegt es nun, den ursächlichen Sachzusammenhang zwischen der Geheimnisaufdeckung eines Whistleblowers und der ihm gegenüber ergriffenen Maßnahmen bzw. Repressalien positiv zu widerlegen. Die vorgängige Frage einer fehlenden oder gegebenen Haftungsfreistellung gem. § 5 Nr. 2 ist davon unberührt.

138

---

281 BeckOK UWG/*Wild*, § 5 GeschGehG Rn. 35; H/O/K/*Ohly*, § 5 Rn. 57; K/B/F/*Alexander*, § 5 GeschGehG Rn. 63; Nebel/*Diedrich*, § 5 Rn. 14 f.; *Schreiber*, NZWiSt 2019, 332, 335.
282 H/O/K/*Ohly*, § 5 Rn. 58.
283 Ausführlicher zu dieser Beweislastumkehr und ihren möglichen Gefahren *Dilling*, CCZ 2019, 214, 219; *Dzida/Granetzny*, NZA 2020, 1201, 1204; *Gerdemann*, RdA 2019, 16, 25 ff.; *Johnson*, CCZ 2019, 66, 67 ff.; *Thüsing/Rombey*, NZG 2018, 1001, 1006.

Abschnitt 2
Ansprüche bei Rechtsverletzungen

§ 6 Beseitigung und Unterlassung

¹Der Inhaber des Geschäftsgeheimnisses kann den Rechtsverletzer auf Beseitigung der Beeinträchtigung und bei Wiederholungsgefahr auch auf Unterlassung in Anspruch nehmen. ²Der Anspruch auf Unterlassung besteht auch dann, wenn eine Rechtsverletzung erstmalig droht.

Schrifttum: *Ahrens*, Unterlassungsanspruch im Lichte zweier Streitgegenstände, sowie einer Streitgegenstandsverengung, JZ 2006, 1184; *ders.*, Beseitigung kraft Unterlassungstitels: berechtigter Aufstand gegen den BGH? Zugleich Besprechung von BGH „Produkte zur Wundversorgung", GRUR 2018, 374; *ders.*, Die Bildung kleinteiliger Streitgegenstände als Folge des TÜV-Beschlusses, WRP 2013, 129; *Alexander*, Gegenstand, Inhalt und Umfang des Schutzes von Geschäftsgeheimnissen nach der Richtlinie (EU) 2016/943, WRP 2017, 1034; *ders.*, Geheimnisschutz nach dem GeschGehG und investigativer Journalismus – Risikobereiche und Handlungsfreiräume, AfP 2019, 1; *ders.*, Grundstrukturen des Schutzes von Geschäftsgeheimnissen durch das neue GeschGehG, WRP 2019, 673; *Ann*, Know-how – Stiefkind des Geistigen Eigentums?, GRUR 2007, 39; *ders.*, Kontrolle von Know-How-Exporten, in: FS Mes, 2009, S. 1; *ders.*, Vom Patentschutz zum Technologieschutz – Braucht der deutsche Erfindungsschutz ein neues Konzept?, in: FS v. Meibom, 2010, S. 1; *ders.*, EU-Richtlinie zum Schutz vertraulichen Know-hows – Wann kommt das neue deutsche Recht, wie sieht es aus, was ist noch offen?, GRUR-Prax 2016, 465; *Ann/Hauck/Maute*, Auskunftsanspruch und Geheimnisschutz im Verletzungsprozess, 2011; *Apel/Drescher*, Die Abmahnung im Gewerblichen Rechtsschutz und Urheberrecht – Eine Einführung, JURA 2018, 1251; *dies.*, Die Unterlassungserklärung im Gewerblichen Rechtsschutz und Urheberrecht – Eine Einführung, JURA 2019, 526; *dies.*, BVerwG: Schutz von Betriebs- und Geschäftsgeheimnissen im Informationsfreiheitsrecht, BB 2020, 1768; *Apel/Walling*, Das neue Geschäftsgeheimnisgesetz: Überblick und erste Praxishinweise, DB 2019, 891; *Augenstein*, Analoge Anwendung von Geheimhaltungsvorschriften im Hauptsacheverfahren, in: FS 80 Jahre Patentgerichtsbarkeit in Düsseldorf, 2016, S. 25; *Baranowski/Glaßl*, Anforderungen an den Geheimnisschutz nach der neuen EU-Richtlinie, BB 2016, 2563; *Berger*, Zum Widerruf der Prozessführungsermächtigung der gewillkürten Prozessstandschaft, in: FS Prütting, 2018, S. 221; *Berlit*, Zur Frage der Einräumung einer Aufbrauchsfrist im Wettbewerbsrecht, Markenrecht und Urheberrecht, WRP 1998, 250; *Blome/Fritzsche*, Der Schutz von Geschäftsgeheimnissen im Kartellschadensersatzprozess, NZKart 2019, 247; *Bornkamm*, Abmahnung und rechtliches Gehör im anschließenden Verfügungsverfahren – Stellungnahme zu Dissmann (GRUR 2020, 1152), GRUR 2020, 1163; *ders.*, Das Ende der ex-parte-Verfügung auch im Wettbewerbs- und Immaterialgüterrecht, GRUR 2020, 715; *ders.*, Befreit die einstweilige Verfügung von den Fesseln des Arrestes!, WRP 2019, 1242; *ders.*, Das Schicksal des Unterlassungsanspruchs nach modifizierter Unterwerfung – Die vom Gläubiger nicht angenommene Unterwerfungserklärung, in: FS Büscher, 2018, S. 441; *ders.*, Die „Abschaffung" der Störerhaftung – Nach der Abschaffung ist vor der Abschaffung, in: FS Kirchberg, 2017, S. 547; *ders.*, Unterlassungstitel und Wiederholungsgefahr, in: FS Tilmann, 2003, S. 769; *Brammsen*, Reformbedürftig! – Der Regierungsentwurf des neuen Geschäftsgeheimnisschutzgesetzes, BB 2018, 2446; *Brammsen/*

§ 6 Beseitigung und Unterlassung

Apel, Das Geschäftsgeheimnisgesetz (GeschGehG) ist da – jetzt fängt die Arbeit erst an, BB 2019, Heft 18, Die Erste Seite; *Breun-Goerke*, Was tun? Beseitigungs- und Handlungspflichten des Unterlassungsschuldners, WRP 2019, 1539; *Büch*, Die Erstbegehungsgefahr und ihre Ausräumung im gewerblichen Rechtsschutz, in: FS Bornkamm, 2014, S. 15; *Büscher*, Die Auswirkungen der Tatbestände des Umwandlungsgesetzes auf Unterlassungsansprüche und -titel auf der Aktiv- und Passivseite, in: FS Harte-Bavendamm, 2020, S. 471; *Byers*, Mitarbeiterkontrollen. Praxis im Datenschutz und Arbeitsrecht, 2016; *Casucci*, The Enforcement of Patent Rights in Italy, IIC 2000, 692; *Dannecker*, Der Schutz von Geschäfts- und Betriebsgeheimnissen, BB 1987, 1614; *Deichfuß*, Die Entwendung von technischen Betriebsgeheimnissen, GRUR-Prax 2012, 449; *Dissmann*, Totgesagte leben länger – wie es mit der Beschlussverfügung weitergehen kann – Erwiderung und praktische Ergänzungen zu Bornkamm (GRUR 2020, 715), GRUR 2020, 1152; *ders.*, Unterlassung und Rückruf – die europäische Perspektive, GRUR 2017, 986; *Doepner*, Selbstwiderlegung der Dringlichkeit in wettbewerbsrechtlichen Verfügungsverfahren: wider eine feste Zeitspanne, WRP 2011, 1384; *ders.*, Anmerkungen zum wettbewerbsrechtlichen Geheimnisschutz im Zivilprozess, in: FS Tilmann, 2003, S. 105; *ders.*, Wiederholungsgefahr – Ausräumung mit Drittwirkung?, in: FS Mes, 2009, S. 71; *Doepner/Deasaunettes/Hilty/Knaak/Kur*, MPI Stellungnahme zum Referentenentwurf eines Gesetzes zur Umsetzung der Richtlinie (EU) 2016/943 zum Schutz von Geschäftsgeheimnissen vor rechtswidrigem Erwerb sowie rechtswidriger Nutzung und Offenlegung vom 17. April 2018; *Dombrowski*, Discovery – auch in deutschen Gerichtsverfahren?, GRUR-Prax 2016, 319; *Dorner*, Know-how-Schutz im Umbruch, 2013; *Drescher*, Industrie- und Wirtschaftsspionage in Deutschland, 2019; *Druschel/Jauch*, Der Schutz von Know-how im deutschen Zivilprozess – Teil 2: Der derzeitige und zukünftige Geheimnisschutz im vorgelagerten Besichtigungsverfahren, BB 2018, 1794; *Dumont*, Happy End für ein Stiefkind? – Regierungsentwurf zur Umsetzung der Know-how-Richtlinie, BB 2018, 2441; *Eck/Dombrowski*, Wenn der Sachverständige zwei Mal klingelt – Probleme der widerholten Besichtigung im Verfügungsverfahren am Beispiel des Patentrechts, in: FS 50 Jahre BPatG, 2011, S. 169; *dies.*, Rechtsschutz gegen Besichtigungsverfügungen im Patentrecht De lege lata und de lege ferenda, GRUR 2008, 387; *Enchelmaier*, Durchsetzung von Immaterialgüterrechten vs. Schutz von Betriebsgeheimnissen im englischen Zivilprozessrecht, GRUR Int. 2012, 503; *Enders*, Know How Schutz als Teil des geistigen Eigentums, GRUR 2012, 422; *Ess*, Wie weit reicht der Geheimnisschutz? Zum rechtsverletzenden Produkt i. S. d. § 2 Nr. 4 GeschGehG, WRP 2020, 988; *Falce*, Trade Secrets – Looking for (Full) Harmonization in the Innovation Union, IIC 2015, 940; *Faust*, Spezialität – ein überschätztes Prinzip, in: FS Canaris, 2017, S. 479; *Feddersen*, Unterlassen durch Beseitigen: Beseitigungshandlungen als Bestandteil des Unterlassungsanspruchs, in: FS Büscher, 2018, S. 471; *Feddersen*, Konturen der Erstbegehungsgefahr, in: FS Harte-Bavendamm, 2020, S. 493; *Felsmann*, Das neue Geschäftsgeheimnisgesetz: Ein praktischer Überblick, Aktuelles Thema-Spezial 2019, 201903; *Foitzik/Poschitz*, Die Bedeutung des Zeugen vom Hörensagen im Kontext des Know-How-Schutzes, GWR 2016, 499; *Francken*, Das Geschäftsgeheimnisgesetz und der Rechtsweg zu den Gerichten für Arbeitssachen, NZA 2019, 1665; *Freund*, Rechtsnachfolge in Unterlassungspflichten, 2008; *Frick*, «Patent-Trolling» – Rechtsmissbräuchliche Verwendung des Patentrechtes?, 2014; *Gajeck*, Das Wirtschaftsgeheimnis in der Verfassung, 2018; *Gärtner*, Zum Richtlinienentwurf über den Schutz von Geschäftsgeheimnissen, NZG 2014, 650; *Gärtner/Goßler*, Trade secret litigation nun auch in Deutschland? – Gedanken zur Umsetzung der Know-how-Richtlinie, Mitt. 2018, 204; *Gniadek*, Die Beweisermittlung im gewerblichen Rechtsschutz und Urheberrecht, 2011; *Goldmann*, Pflicht zum Rückruf wettbewerbsrechtlich zu beanstandender Produkte – Hot Sox, GRUR 2016, 724; *Gottwald*, Beweislastentscheidung oder Wahrheitsfindung, in: FS Prütting, 2018, S. 297; *ders.*, Die Rückkehr zum klassischen Streitgegenstandsbegriff – dank „Biomineralwasser", in: FS Köhler, 2014, 173; *Götz*, Der Schutz von Betriebs- und Geschäftsgeheimnissen im Zivilverfahren, 2014; *Grabinski*, Die Zwangsvollstreckung der Duldungsverfügung im patentrechtlichen Besichtigungsverfahren, in: FS Mes, 2009, S. 129; *Greiner*, Dringlichkeitserfordernis bei der Vollziehung einstweiliger Verfügungen, GRUR-Prax 2017, 477; *Harmsen*, Neue Dringlichkeit im einstweiligen Verfügungsverfahren, in: FS 80 Jahre Patentgerichtsbarkeit in Düsseldorf, 2016, S. 175; *Harte-Bavendamm*, Der Begriff des Geschäftsgeheimnisses nach harmonisiertem Recht, in: FS Büscher, 2018, S. 311; *ders.*, Reform des Geheimnisschutzes: naht Rettung aus Brüssel? Zum Richtlinienvorschlag zum Schutz von Geschäftsgeheimnissen, in: FS Köhler, 2014, S. 235; *Hartmann*, Kosten und Wert nach dem neuen Gesetz zum Schutz von Geschäftsgeheimnissen, JurBüro 2019, 339; *Hau*, Europarechtliche Vorgaben zum Beweismaß im Zivilprozess, in: FS Prütting, 2018, S. 325; *Hauck*, Geheimnisschutz im Zivilprozess – was bringt die neue EU-Richtlinie für das deutsche Recht?, NJW 2016, 2218; *ders.*, Grenzen des Geheimnisschutzes, WRP 2018, 1032; *Hermanns*, Quasi-Rückrufpflicht: Die Reichweite des Unterlassungstenors einer einstweiligen Verfügung im Immaterialgüter- und Lauterkeitsrecht, 2018; *ders.*, Der Unterlassungsanspruch als verkappter Rückrufanspruch? Eine dogmatische Untersuchung der Ausdehnung tenorierter Unterlassungspflichten auf eine generelle Rückrufpflicht, GRUR 2017, 977; *Heusch*, Der patentrechtliche Unterlassungsanspruch, in: FS v. Meibom, 2010, S. 135; *Hoeren/Kuta*, Die Düsseldorfer Praxis und der Besichtigungsanspruch bei Software, in: FS Weber, 2011, S. 499; *Hoeren/Münker*, Die EU-Richtlinie für den Schutz von Geschäftsgeheimnissen und ihre Umsetzung – unter besonderer Berücksichtigung der Produzentenhaftung, WRP 2018, 150; *Hofmann*, Funktionswidriger Einsatz subjektiver Rechte – Ungeschriebene Grenzen von Patent-, Urheber- und Designrecht, GRUR 2020, 915; *ders.*, Unterlassungsanspruch und Verhältnismäßigkeit – Beseitigung, Löschung und Rückruf, NJW 2018, 1290; *ders.*, „Equity" im deutschen Lauterkeitsrecht? Der „Unterlassungsanspruch" nach der Geschäftsgeheimnis-RL, WRP 2018, 1; *ders.*, Die „Rückrufrechtsprechung" des BGH: Ein Fall für den EuGH?, WRP 2020, I, Nr. 01; *ders.*, Der Unterlassungsanspruch als Rechtsbehelf, 2017; *Holch*, Die Störerhaftung im Konzern – Untersuchung der Passivlegitimation innerhalb des Konzerns im Rahmen der Unterlassungsansprüche geistigen Eigentums, 2019; *Hoppe/Oldekop*, Behandlung von Unterlassungsansprüchen für Altfälle nach dem Gesetz zum Schutz von Geschäftsgeheimnissen (GeschGehG), GRUR-Prax 2019, 324; *Jänich*, Die Anfechtung von Unterwerfungserklärungen, in: FS Köhler, 2014, S. 319; *Jordan/Dietl*, Schutz technischer Entwicklungen durch das Lauterkeitsrecht, in: FS v. Meibom, 2010, S. 173; *Jüngst*, Beseitigungsanspruch nach Ablauf des Patents, in: FS 80 Jahre Patentgerichtsbarkeit in Düsseldorf, 2016, S. 221; *Junker*, Der Anspruch auf „Besichtigung" des Quellcodes nach § 809 BGB, in: FS Kilian, 2004, S. 339; *Kalbfus*, Know-how-Schutz in Deutschland zwischen Strafrecht und Zivilrecht – welcher Reformbedarf besteht?, 2011; *ders.*, Die EU-Geschäftsgeheimnis-Richtlinie – Welcher Umsetzungsbedarf besteht in Deutschland?, GRUR 2016, 1009; *ders.*, Zur Rechtsnatur von Geschäftsgeheimnissen: Bringt das Geschäftsgeheimnisgesetz mehr Klarheit?, in: FS Harte-Bavendamm, 2020, S. 341; *Kalbfus/Harte-Bavendamm*, Protokoll der Sitzung des Fachausschusses für Wettbewerbs- und Markenrecht zum Richtlinienvorschlag über den Schutz von Geschäftsgeheimnissen, GRUR 2014, 453; *Kehl*, Von der Marktbeobachtung bis zur Nichtvollziehung – Wann ist es dem Anspruchsteller „nicht so eilig"?, in: FS Loschelder, 2010, S. 139; *Keller*, Protokoll der Sitzung des GRUR-Fachausschusses für Wettbewerbs- und Markenrecht zum Referentenentwurf eines Gesetzes zum Schutz von Geschäftsgeheimnissen (GeschGehG) am 25.4.2018 in Berlin, GRUR 2018, 706; *Kiefer*, Das Geschäftsgeheimnis nach dem Referentenentwurf zum Geschäftsgeheimnisgesetz: Ein Immaterialgüterrecht, WRP 2018, 910; *Kiethe/Groeschke*, Die Durchsetzung von Schadensersatzansprüchen in Fällen der Betriebs- und Wirtschaftsspionage, WRP 2005, 1358; *Klinkert*, Das Gesetz zum Schutz von Geschäftsgeheimnissen (GeschGehG) ist in Kraft getreten, WRP 6/2019, I – Editorial; *Klute*, Die aktuellen Entwicklungen im Lauterkeitsrecht, NJW 2017, 1648; *Köhler*, Der Schadensersatz-, Bereicherungs- und Auskunftsanspruch im Wettbewerbsrecht, NJW 1992, 1477; *ders.*, Die Begrenzung wettbewerbsrechtlicher Ansprüche durch den

§ 6 Beseitigung und Unterlassung

Grundsatz der Verhältnismäßigkeit, GRUR 1996, 82; *ders.*, Wegfall der Erstbegehungsgefahr durch „entgegengesetztes Verhalten"?, GRUR 2011, 879; *ders.*, Zur territorialen Reichweite wettbewerbsrechtlicher Unterlassungstitel, in: FS Ahrens, 2016, S. 111; *Köklü/Müller-Stoy*, Zum Dringlichkeitserfordernis in Besichtigungsverfahren, Mitt 2011, 109; *Könen*, Der neue/alte modifizierte Streitgegenstandsbegriff bei Unterlassungsklagen nach dem UWG – Ein Ansatz zu dessen kohärenter Konkretisierung, WRP 2019, 565; *Koós*, Die europäische Geschäftsgeheimnis-Richtlinie – ein gelungener Wurf?, MMR 2016, 224; *Kragler*, Das Strafverfahren wegen privater Wirtschaftsspionage; ausgewählte Fragen zur strafprozessualen Problematik von Verfahren nach §§ 17 ff. UWG, wistra 1983, 2; *Kraßer*, Grundlagen des zivilrechtlichen Schutzes von Geschäfts- und Betriebsgeheimnissen sowie von Know-how, GRUR 1977, 177; *Kreye*, Der Besichtigungsanspruch nach § 140c PatG im Spannungsfeld von Informations- und Geheimhaltungsinteressen, in: FS v. Meibom, 2010, S. 241; *Kühnen*, Die Besichtigung im Patentrecht – Eine Bestandsaufnahme zwei Jahre nach „Faxkarte", GRUR 2005, 185; *ders.* Update zum Düsseldorfer Besichtigungsverfahren, Mitt 2009, 211; *ders.*, Zivilprozessualer Geheimnisschutz in Patentstreitverfahren, GRUR 2020, 576; *Kühnen/Grunwald*, Vorbereitung und Durchführung eines Patentverletzungsverfahrens: Strategie und Haftungsrisiken (Teil 1), GRUR-Prax 2018, 513; *Kurtz*, Täter, Teilnehmer, Geschäftsführer – Die Haftung im Patentrecht, in FS: 80 Jahre Patentgerichtsbarkeit in Düsseldorf, 2016, S. 345; *Kuta*, Die Besichtigungsanordnung nach dem »Düsseldorfer Modell": Zur Rechtmäßigkeit des Düsseldorfer Besichtigungsverfahrens de lege lata, 2017; *Laoutoumai/Baumfalk*, Probleme im vorprozessualen Verfahren bei der Rechtsverfolgung von Ansprüchen aus dem neuen GeschGehG, WRP 2018, 1300; *Lejeune*, Die neue Richtlinie zum Schutz von Know-How und Geschäftsgeheimnissen – Wesentliche Inhalte und Anpassungsbedarf im deutschen Recht sowie ein Vergleich zur Rechtslage in den USA, CR 2016, 330; *Litzenberger/Strieder*, Das selbstständige Beweisverfahren in der Praxis, JA 2017, 374; *Löffel*, Bleibt alles anders? – Prozessuale Waffengleichheit im einstweiligen Verfügungsverfahren: auch und gerade im Wettbewerbsrecht, WRP 2019, 8; *Lückemann/Schroeder*, „Wer „a" sagt, muss auch „c" sagen?", Das zweite ergänzende Schutzzertifikat nach Art. 3a und c der VO EG Nr. 469/2009, PharmR 2020, 238; *Maaßen*, „Angemessene Geheimhaltungsmaßnahmen" für Geschäftsgeheimnisse, GRUR 2019, 352; *Malmström*, Schutz von Betriebsgeheimnissen im Zivilprozess, 2013; *Mantz*, Die Weiterentwicklung des Rechts auf prozessuale Waffengleichheit – Licht und Schatten, WRP 2020, 1250; *ders.*, Erfahrungen mit dem Recht auf Waffengleichheit im einstweiligen Verfügungsverfahren, WRP 2020, 416; *ders.*, Das Recht auf Waffengleichheit und die Praxis im Verfahren der einstweiligen Verfügung, NJW 2019, 953; *ders.*, Die Dringlichkeit im Eilverfahren in Zeiten der Pandemie, WRP 2020, 533; *McGuire*, Know-how: Stiefkind, Störenfried oder Sorgenkind? Lücken und Regelungsalternativen vor dem Hintergrund des RL-Vorschlags, GRUR 2015, 424; *dies.*, Der Schutz von Know-how im System des Immaterialgüterrechts – Perspektiven für die Umsetzung der Richtlinie über Geschäftsgeheimnisse, GRUR 2016, 1000; *dies.*, Begriff und Rechtsnatur des Geschäftsgeheimnisses – Über ungeschriebene Unterschiede zwischen altem und neuem Recht, in: FS Harte-Bavendamm, 2020, S. 367; *Mels/Franzen*, Rechtsnachfolge in die gesetzliche Unterlassungsschuld des Wettbewerbsrechts – Zugleich eine kritische Stellungnahme zur „Schuldnachfolge"-Entscheidung des BGH, GRUR 2008, 968; *Melullis*, Zum Besichtigungsanspruch im Vorfeld der Feststellung einer Verletzung von Schutzrechten, in: FS Tilmann, 2003, S. 843; *Müllmann*, Auswirkungen der Industrie 4.0 auf den Schutz von *Müller-Stoy*, Der Besichtigungsanspruch gemäß § 140c PatG in der Praxis, Mitt 2009, 361, 364; *ders.*, Durchsetzung des Besichtigungsanspruchs Kritische Überlegungen zu OLG München, GRUR-RR 2009, 191 – Laser-Hybrid-Schweißverfahren, GRUR-RR 2009, 161; Betriebs- und Geschäftsgeheimnissen, WRP 2018, 1177; *Naber/Peukert/Seeger*, Arbeitsrechtliche Aspekte des Geschäftsgeheimnisgesetzes, NZA 2019, 583; *Nirk/Kurtze*, Verletzungshandlung und Verletzungsform bei Wettbewerbsverstößen, GRUR 1980, 645; *Nordemann*, Die Aufbrauchfrist im deutschen Wettbewerbs-, Marken- und Urheberrecht, ZGE/IPJ 11 (2019), 309; *Ohly*, Das auf die Verletzung von Geschäftsgeheimnisses anwendbare Recht, in: FS Harte-Bavendamm, 2020, S. 385; *ders.*, Das neue Geschäftsgeheimnisgesetz im Überblick, GRUR 2019, 441; *ders.*, Der weite Täterbegriff des EuGH in den Urteilen »GS Media«, »Filmspeler« und »The Pirate Bay«: Abenddämmerung für die Störerhaftung?, ZUM 2017, 793; *ders.*, Die Verantwortlichkeit von Intermediären, ZUM 2015, 308; *ders.*, Der Geheimnisschutz im deutschen Recht: heutiger Stand und Perspektiven, GRUR 2014, 1; *ders.*, „Patenttrolle" oder: Der patentrechtliche Unterlassungsanspruch unter Verhältnismäßigkeitsvorbehalt? Aktuelle Entwicklungen im US-Patentrecht und ihre Bedeutung für das deutsche und europäische Patentsystem, GRUR Int. 2008, 787; *Osterrieth*, Der Verhältnismäßigkeitsgrundsatz im Patentrecht, in FS: 80 Jahre Patentgerichtsbarkeit in Düsseldorf, 2016, S. 415; *Partsch/Schindler*, Ansprüche bei Rechtsverletzungen des Geschäftsgeheimnisses, NJW 2020, 2364; *Petersenn/Peters*: Vereinbarkeit der Rechtsprechung zur prozessualen Waffengleichheit mit der Durchsetzungs-Richtlinie?, GRUR 2021, 553; *Peukert*, Güterzuordnung als Rechtsprinzip, 2008; *Rauer*, Richtlinienentwurf: Europaweit einheitlicher Schutz von Geschäftsgeheimnissen, GRUR-Prax 2014, 2; *Redeker/Pres/Gittinger*, Einheitlicher Geheimnisschutz in Europa (Teil 1), WRP 2015, 681; *Roth*, Methodische Probleme im Zusammenspiel von Unionsrecht und mitgliedstaatlichem Privatrecht, in: FS Prütting, 2018, S. 117; *Sakowski*, Unterlassen durch Rückruf – „Hot Sox" und „RESCUE-Produkte" und die Folgen, GRUR 2017, 355; *Schacht*, Die Sache ist dringlich: Plädoyer für eine gesetzliche Dringlichkeitsvermutung in Patentsachen, GRUR-Prax 2020, 120; *Scherp/Rauhe*, Datenklau!? – Entwurf eines Gesetzes zum Schutz von Geschäftsgeheimnissen – Teil 1, CB 2019, 20; *Schilling*, Der Schutz von Geschäfts- und Betriebsgeheimnissen – Prozessuale Schwierigkeiten und Reformbedarf, in: FS Büscher, 2018, S. 383; *Schmidt*, Gesetzliche, insbesondere wettbewerbsrechtliche Unterlassungsansprüche bei Umstrukturierungen – Diskussion nach den Urteilen BGHZ 172, 165 = GRUR 2007, 995 „Schuldnachfolge", BGH GRUR 2008, 1002 „Schuhpark" und BGHZ 196, 11 = NJW 2013, 859 „UKlaG" –, in: FS Köhler, 2014, S. 631; *Schönknecht*, Beweisbeschaffung in den USA zur Verwendung in deutschen Verfahren, GRUR Int. 2011, 1000; *Schregle*, Neue Maßnahmen zum Geheimnisschutz in Geschäftsgeheimnisstreitsachen; Wegbereiter für den effektiven Rechtsschutz?, GRUR 2019, 912; *Schwippert*, Fallstricke im Abschlussverfahren, WRP 2020, 1237; *ders.*, Die Vermutung der Wiederholungsgefahr: Aktuelle Fragen, in: FS Ströbele, 2019, S. 463; *ders.*, Der Streitgegenstand nach der Biomineralwasser-Entscheidung des BGH, WRP 2014, 8; *ders.*, Nach TÜV und Branchenbuch Berg, WRP 2013, 135; *ders.*, Alternative Begründung des Unterlassungsanspruchs mit unterschiedlichen Streitgegenständen, in: FS Loschelder, 2010, S. 345; *Semrau-Brandt*, Patentstreit zwischen Qualcomm und Apple: Schwächen des Geschäftsgeheimnisschutzes im Zivilprozess, GRUR-Prax 2019, 127; *Sonnenberg*, Die Einschränkbarkeit des patentrechtlichen Unterlassungsanspruchs im Einzelfall (2014); *Sosnitza*, Konvergenz und Interferenz der Schutzrechte, in: FS Tilmann, 2003, S. 895; *Spätgens*, Anmerkung zur sogenannten Schubladenverfügung und zur Zurückweisung anwaltlicher Abmahnungen ohne Originalvollmacht, in: FS Loschelder, 2010, S. 355; *Stadler*, Gerichtliche Verschwiegenheitsanordnungen zum Schutz von Unternehmensgeheimnissen, in: FS Prütting, 2018, S. 559; *Steinmann*, Die Geschäftsgeheimnis-Richtlinie: Vorwirkung und unmittelbare Anwendbarkeit, WRP 2019, 703; *Stieper*, Konkrete Verletzungsform reloaded – Die Rückkehr zum prozessualen Streitgegenstandsbegriff, WRP 2013, 561; *Stierle*, Das nicht-praktizierte Patent, 2018; *ders.*, Der quasi-automatische Unterlassungsanspruch im deutschen Patentrecht – Ein Beitrag im Lichte der Reformdiskussion des § 139 I PatG, GRUR 2019, 873; *Stjerna*, Das Dringlichkeitserfordernis im Besichtigungsverfahren, Mitt 2011, 217; *Teplitzky*, Streitgegenstand und materielle Rechtskraft im wettbewerbsrechtlichen Unterlassungsprozess, GRUR 1998, 320; *ders.*, Zum Streitgegenstand der wettbewerbsrechtlichen Unterlassungsklage, WRP 2010, 181; *ders.*, Der Streitgegenstand der schutz- und lauterkeitsrechtlichen Unterlassungsklage vor und nach den „TÜV"-Entscheidungen des BGH, GRUR 2011, 1091; *ders.*,

§ 6 Beseitigung und Unterlassung

Zur Verwirklichung des Verfügungsgrundes in Verfahren der einstweiligen Verfügung nach dem UWG und im Markenrecht, in: FS Loschelder, 2010, S. 391; *ders.*, Zu offenen Fragen bei der Dringlichkeitsprüfung im Eilverfahren, WRP 2013, 1414; *ders.*, Gewohnheitsunrecht? – Anmerkungen zum Einfluss der normativen Kraft des Faktischen auf die einstweilige Unterlassungsverfügung, in: FS Bornkamm, 2014, S. 1073; *Tilmann/Schreibauer*, Die neueste BGH-Rechtsprechung zum Besichtigungsanspruch nach § 809 BGB, Anmerkungen zum Urteil des BGH „Faxkarte", GRUR 2002, 1015; *Tochtermann*, Zur „Unverhältnismäßigkeit" einer Rechtsfolge nach dem neuen GeschGehG – Versuch einer Maßstabsbildung, WRP 2019, 688; *Treichel*, Die französische Saisie-contrefaçon im europäischen Patentverletzungsprozeß – Zur Problematik der Beweisbeschaffung im Ausland nach Art. 24 EuGVÜ, GRUR-Int 2001, 690; *Tyra*, BVerfG-Vorgaben im UWG-Eilverfahren: Ausgewählte Aspekte für die rechtsanwaltliche Praxis, WRP 2020, 1525; *v. Ungern-Sternberg*, Grundfragen des Streitgegenstands bei wettbewerbsrechtlichen Unterlassungsklagen (Teil 1), GRUR 2009, 901; *ders.*, Grundfragen des Streitgegenstands bei wettbewerbsrechtlichen Unterlassungsklagen (Teil 2), GRUR 2009, 1009; *ders.*, Grundfragen des Klageantrags bei urheber- und wettbewerbsrechtlichen Unterlassungsklagen – Teil I, GRUR 2011, 375; *ders.*, Grundfragen des Klageantrags bei urheber- und wettbewerbsrechtlichen Unterlassungsklagen – Teil II, GRUR 2011, 486; *Venetis/ Oberwetter*, Videoüberwachung von Arbeitnehmern, NJW 2016, 1051; *Voges-Wallhöfer*, Kostenfallen bei der Abmahnung vermeiden, GRUR-Prax 2018, 324; *Voigt/Herrmann/Grabenschröer*, Das neue Geschäftsgeheimnisgesetz – praktische Hinweise zu Umsetzungsmaßnahmen für Unternehmen, BB 2019, 142; *Wagner*, Privatrechtsdogmatik und ökonomische Analyse, in: FS Canaris, 2017, S. 281; *Weber*, Rückruf markenrechtsverletzender Ware durch einstweilige Verfügung, GRUR-Prax 2016, 545; *Werner*, Verrat von Geschäftsgeheimnissen durch ausgeschiedene Mitarbeiter, WRP 2019, 1428; *Westermann*, Der BGH baut den Know-how-Schutz aus, GRUR 2007, 116; *Wirtz*, Verletzungsansprüche im Recht des geistigen Eigentums, 2011; *Witz*, Grenzen des Geheimnisschutzes, in: FS Bornkamm, 2014, S. 513; *Wunner*, Die zivilrechtliche Haftung für Geheimnisverwertungen durch Beschäftigte im Lichte der Geschäftsgeheimnis-RL, WRP 2019, 716; *Würtenberger/Freischem*, Stellungnahme zum Referentenentwurf des Bundesministeriums der Justiz und für Verbraucherschutz – Entwurf eines Gesetzes zur Umsetzung der RL 2016/943/EU zum Schutz von Geschäftsgeheimnissen vor rechtswidrigem Erwerb sowie rechtswidriger Nutzung und Offenlegung, GRUR 2018, 708; *Zhu/Kouskoutis*, Der patentrechtliche Unterlassungsanspruch und die Verhältnismäßigkeit – Die vollstreckungsrechtliche Lösung über die Anpassung des § 712 ZPO im Patentgesetz, GRUR 2019, 886; *Ziegelmayer*, Geheimnisschutz ist eine große Nische – Zu den unterschätzten Auswirkungen des GeschGehG, CR 2018, 693; *Zhu/Popp*, Zivilprozessualer Geheimnisschutz in Patentstreitverfahren, GRUR 2020, 338; *Zöllner*, Der Vorlage- und Besichtigungsanspruch im gewerblichen Rechtsschutz – Ausgewählte Probleme, insbesondere im Eilverfahren, GRUR-Prax 2010, 74.

Übersicht

	Rn.		Rn.
I. Allgemeines	1	2. Anspruchsgläubiger/Inhaber	31
1. Regelungsgegenstand	7	3. Anspruchsschuldner/Rechts-	
2. Entwicklung	12	verletzer	37
3. Anwendungsbereich	18	4. Beeinträchtigung	50
4. Praktische Bedeutung	20	5. Verschuldensunabhängigkeit	52
5. Reformbedarf	23	III. Beseitigung und Unterlassung	53
6. Vertraglicher Geheimnisschutz	27	1. Abgrenzung Beseitigung –	
II. Gemeinsame Voraussetzungen	29	Unterlassung	58
1. Geschäftsgeheimnis	30		

	Rn.
2. Unterlassungsanspruch (§ 6 Satz 1 Alt. 2 GeschGehG)	63
a) Charakter und Rechtsnatur	65
b) Begehungsgefahr	66
aa) Erstbegehungsgefahr – vorbeugender Unterlassungsanspruch	74
bb) Wiederholungsgefahr – Verletzungsunterlassungsanspruch	81
cc) Ausräumung der Begehungsgefahr	83
c) Inhalt des Unterlassungsanspruchs	97
aa) Unterlassung als solche	99
bb) Positive Handlungen und Einwirkung auf Dritte	104
cc) Rückruf als Teil der Unterlassung?	107
d) Grenzen des Unterlassungsanspruchs	122
aa) §§ 9, 11, 14 GeschGehG, § 242 BGB	126
bb) Aufbrauchfrist, Umstellungsfrist, zeitliche Begrenzung des Tenors	131
cc) Einwendungen und Einreden	143
e) Entfallen/Erlöschen	144
f) Prozessuales	145
aa) Zuständigkeit	146
bb) Antragsfassung	148
cc) Streitgegenstand	153
dd) Streitwert	155
ee) Kosten/Gebühren	161
ff) Vollstreckung	166
g) Einstweiliger Rechtsschutz	172
aa) Vorgaben der RL 2016/943/EU und Verknüpfung zur ZPO	173
bb) Bestimmtheit – Antragsfassung	186
cc) Reichweite der Unterlassung im eV-Verfahren: „Rückruf"?	187
dd) Abmahnung?	191
ee) Prozessuale Waffengleichheit	206

	Rn.
ff) Verfügungsgrund – Dringlichkeit	213
gg) Vollziehung	224
hh) Schutzschrift	227
ii) Abschlussverfahren: Abschlussschreiben und Abschlusserklärung	228
3. Beseitigungsanspruch (§ 6 Satz 1 Alt. 1 GeschGehG)	237
IV. Darlegungs- und Beweislast	246
1. Geschäftsgeheimnis	249
2. Aktivlegitimation	250
3. Passivlegitimation und Rechtsverletzung	251
4. Begehungsgefahr	253
5. Sekundäre Darlegungslast; Vermutungen und Indizien	256
V. Beweisbeschaffung	260
1. Vorbereitende Auskunftsansprüche	261
2. Besichtigungs- und Beweissicherungsansprüche	264
a) Anspruch nach §§ 809, 810 BGB?	266
b) Anspruchsvoraussetzungen	269
c) Anspruchsinhalt	273
d) Geeignetheit und Grenzen	276
e) Prozessuale Durchsetzung	279
aa) Geheimnisschutz in Verfahren nach § 809 BGB?	283
bb) Einstweiliger Rechtsschutz – Düsseldorfer Verfahren	287
cc) „Dringlichkeit"?	289
dd) Streitwert	290
ee) Kosten	291
ff) Rechtsmittel	296
3. Weitere Möglichkeiten der Beweisbeschaffung	299
4. Beweisverwertungsverbote	305
VI. Verjährung	306
VII. Alt- und Übergangsfälle	308
VIII. Konkurrenzen	312

§ 6 Beseitigung und Unterlassung

I. Allgemeines

1   Abschnitt 2 des GeschGehG regelt Ansprüche (§ 194 Abs. 1 BGB) des Inhabers eines Geschäftsgeheimnisses bei einer Rechtsverletzung.[1] Das neu geschaffene und umfassende, in sich geschlossene Sanktionssystem, in dem die zivilrechtlichen Regelungen der §§ 6 ff. GeschGehG durch die strafrechtliche Regelung in § 23 ergänzt werden, stellt eine zentrale Änderung der Rechtslage bezüglich des Geschäftsgeheimnisschutzes dar.[2] Anders als etwa das lange streitbelastete Patentrecht[3] enthält das GeschGehG von Anfang an ausdrückliche Verhältnismäßigkeitsvorbehalte.[4] Mit Blick auf den breiten Kreis möglicher Anspruchsschuldner und die scharfen möglichen Sanktionen scheint dieses System konzeptionell angemessen. Zugleich darf Verhältnismäßigkeit nicht mit der Verkürzung von notwendigem Rechtsschutz gleichgesetzt werden; stets ist ein angemessener Interessenausgleich anzustreben.[5] **Schutzzweck** des Rechtsfolgensystems ist die Wiederherstellung der Marktstellung des Inhabers vor der Rechtsverletzung (Erwgrd. 26 RL).[6]

2   Als Defizit des Abschnitts 2 des GeschGehG erscheint das Fehlen eines Besichtigungsanspruches/-verfahrens zur Beweisbeschaffung (→ Rn. 260 ff.).

3   Die exakte Bestimmung der über die §§ 6 ff. zu sanktionierenden Rechtsverletzung ergibt sich nicht unmittelbar aus dem 2. Abschnitt des GeschGehG, sondern angesichts der Regelungsstruktur aus dem verschachtelten Zusammenlesen der jeweiligen Anspruchsnorm mit den Begriffsbestimmungen aus dem ersten Abschnitt. Immerhin ermöglichen aber die drei grundlegenden Merkmale **Geschäftsgeheimnis – Inhaber – Rechtsverletzer (Rechtsfolge)** (unten → Rn. 29 ff.) eine übersichtliche Grundstruktur.

4   Begriffe und Struktur der Norm sind immaterialgüterrechtlich ausgeformt.[7] Dabei beinhalten die §§ 6 ff. insgesamt einen spätestens seit der RL 2004/48/EG zur

---

1   BT-Drs. 19/4724, S. 2; *Ohly*, GRUR 2019, 441, 447.
2   *McGuire*, GRUR 2016, 1000, 1007; *Alexander*, Rn. 2015.
3   Dazu etwa *Heusch*, in: FS v. Meibom, 2010, S. 135 ff.; *Sonnenberg*, S. 94 ff.; *Frick*, S. 408 ff.; *Stierle*, S. 293 ff.; *ders.*, GRUR 2019, 873–885; *Zhu/Kouskoutis*, GRUR 2019, 886–891; früh: *Ohly*, GRUR Int. 2008, 787–798; BGH, 10.5.2016 – X ZR 114/13, GRUR 2016, 1031 Rn. 40 ff. – Wärmetauscher; aktuell Gesetzentwurf der Bundesregierung „Entwurf eines Zweiten Gesetzes zur Vereinfachung und Modernisierung des Patentrechts" (2. Patentrechtsmodernisierungsgesetz – 2. PatMoG), BT-Drs. 19/25821 (13.1.2021) und seit dem 18.8.2021 vgl. § 139 Abs. 1 Satz 3 „Der Anspruch ist ausgeschlossen, soweit die Inanspruchnahme aufgrund der besonderen Umstände des Einzelfalls und der Gebote von Treu und Glauben für den Verletzer oder Dritte zu einer unverhältnismäßigen, durch das Ausschließlichkeitsrecht nicht gerechtfertigten Härte führen würde." (BGBl. 2021 Teil I Nr. 53, 3490 ff.).
4   Bspw. zu § 9 GeschGehG BT-Drs. 19/4724, S. 29.
5   *Hofmann*, WRP 2018, 1 Rn. 26.
6   BeckOK UWG/*Hohn-Hein*, § 6 GeschGehG Rn. 2; Büscher/*Tochtermann*, § 6 GeschGehG Rn. 1.
7   *Apel/Walling*, DB 2019, 891, 898; Büscher/*McGuire*, § 1 GeschGehG Rn. 22 f. mit Hinweis auf Erwgrd. 3 und 39 RL; *Ohly*, GRUR 2019, 441, 445; *Kiefer*, WRP 2018, 910, 911.

I. Allgemeines § 6

Durchsetzung der Rechte des Geistigen Eigentums[8] konzeptionell bekannten Anspruchskanon[9]: Beseitigung und Unterlassung (§ 6), Vernichtung, Herausgabe, Rückruf, Entfernung und Rücknahme vom Markt (§ 7) sowie Auskunft (§ 8 Abs. 1 nebst Auskunftsschadensersatz in Abs. 2) und Schadensersatz (§ 10) nebst Rechtsbegrenzungen in den §§ 9, 11, 14.

Angesichts der Parallelen dieser Ansprüche zu denjenigen aus den Schutzgesetzen des Geistigen Eigentums wird die insoweit ergangene Rechtsprechung zu den Voraussetzungen und der Reichweite relativ breit rezipiert werden können.[10] Zugleich dürfen diese Parallelen jedoch nicht den Blick darauf verstellen, dass der Schutz von Geschäftsgeheimnissen nach der RL 2016/943/EU und dem GeschGehG gerade nicht als (verkehrsfähiges) Ausschließlichkeitsrecht ausgestaltet ist, sondern die mit den Regelungen eingeräumte Position auf die **Sanktionierung von Verhaltensunrecht** abzielt.[11] Da nicht die Information als solche geschützt ist, erfordert der Verletzungstatbestand mithin nicht lediglich einen bloß irgendwie gearteten „Eingriff", sondern den Verstoß gegen ein konkretes Handlungsverbot.

5

Die §§ 6 ff. betreffen also dogmatisch eher **Sonderdeliktsrecht**,[12] kommen aber sprachlich und strukturell im Gewand eines klassischen Ausschließlichkeitsrechts daher.[13] Der Geheimnisschutz wird so zu einem „**Hybrid**" zwischen Geistigem Eigentum und Lauterkeitsrecht,[14] weshalb für die Begründung von Rechtsfolgen nur schwerlich an die systematische Zuordnung angeknüpft werden kann.[15] Das ist einerseits bedauerlich, weil die Vorzüge einer systematischen Rechtsordnung sich so nicht unmittelbar entfalten können; andererseits zwingt dies zur konkreten Begründung im Einzelfall und erleichtert damit möglicherweise auch die gebotene richtlinienkonforme Rechtsanwendung.

6

1. Regelungsgegenstand

§ 6 Satz 1 steht an vorderster Stelle der Ansprüche bei Rechtsverletzungen und dient der Umsetzung von Art. 12 Abs. 1 RL 2016/943/EU.[16] Für die Auslegung von

7

---

8 *Voigt/Herrmann/Grabenschröer*, BB 2019, 142, 143; *Redeker/Pres/Gittinger*, WRP 2015, 681, 688.
9 *Apel/Walling*, DB 2019, 891, 893; *Dumont*, BB 2018, 2441, 2445; *Brammsen/Apel*, BB 18/2019, I; *Alexander*, AfP 2019, 1 Rn. 7; so auch Erwgrd. 2 RL.
10 *Büscher/Tochtermann*, § 6 GeschGehG Rn. 2.
11 Erwgrd. 16 RL; BT-Drs. 19/4724, S. 26; zur terminologischen Unterscheidung von Abwehr- und Ausschließlichkeitsrechten *M. Schroeder*, Numerus Clausus, S. 20 ff.
12 K/B/F/*Alexander*, § 6 GeschGehG Rn. 2; BT-Drs. 19/4724, S. 26 (zu § 4).
13 Ähnlich Büscher/*Tochtermann*, § 6 GeschGehG Rn. 3; Geschäftsgeheimnisse als „unvollkommene Immaterialgüterrechte" *Harte-Bavendamm*, in: FS Köhler, S. 234, 238.
14 Zur Rechtsnatur und fehlenden klaren dogmatischen Einordnung *Kalbfus*, in: FS Harte-Bavendamm, S. 341, 353; zu Begriff und Rechtsnatur auch *McGuire*, in: FS Harte-Bavendamm, S. 367 ff.
15 So *Ohly*, GRUR 2019, 441, 445; H/O/K/*Ohly*, § 6 Rn. 21 ff., 29 ff., 82; auch *Alexander*, Rn. 1918.
16 BT-Drs. 19/4724, S. 29; grundsätzlich zu Herausforderungen im Zusammenspiel von Unionsrecht und mitgliedstaatlichem Privatrecht *Roth*, in: FS Prütting, S. 117, 123 ff.

§ 6 Beseitigung und Unterlassung

§ 6 bleibt ein gegenüber (bspw.) dem Begriff des Geschäftsgeheimnisses an sich deutlich erweiterter eigener Auslegungsspielraum, weil die RL insoweit keine abschließenden Vorgaben beinhaltet (Art. 1 Abs. 1 UAbs. 2).[17]

8 Die Norm formuliert Ansprüche auf Beseitigung (§ 6 Satz 1 Alt. 1) und Unterlassung (§ 6 Satz 1 Alt. 2), jeweils gegen den (potenziellen) Rechtsverletzer.[18] Der Unterlassungsanspruch setzt eine Wiederholungs- (§ 6 Satz 1) oder eine Erstbegehungsgefahr (§ 6 Satz 2) voraus. Gegenüber den konkreten Vorgaben zu einzelnen (gerichtlichen) Anordnungen aus der RL ist die Norm durch das abstrahierende Abstellen auf Beseitigung der Beeinträchtigung bzw. Unterlassung (künftiger Beeinträchtigungen) allgemeiner gefasst.[19]

9 Inhaltlich entspricht § 6 Satz 1 auf den ersten Blick bekannten Vorschriften aus dem Bereich des Immaterialgüter- und Lauterkeitsrechts.[20] Deshalb kann unter Berücksichtigung der Unterschiede und spezifischen Besonderheiten des Regelungsgegenstands des GeschGehG bei Zweifelsfragen zu den Voraussetzungen und dem Umfang des Beseitigungs- und Unterlassungsanspruchs die jeweilige Rechtsprechung und Literatur Berücksichtigung finden.[21] Neben den in den Gesetzesmaterialien – beispielhaft und nicht abschließend – genannten Vorschriften wie §§ 8 Abs. 1 UWG, 97 Abs. 1 UrhG und 42 Abs. 1 DesignG existieren auch in §§ 14 Abs. 5, 15 Abs. 4 Satz 1 MarkenG und 139 Abs. 1 Satz 1 PatG vergleichbare Regelungen.[22]

10 Durch die Schaffung des § 6 werden die bisherigen Umwege über die Straftatbestände der §§ 17–19 UWG aF und ihrer zivilrechtlichen Ergänzung über die §§ 3, 3a UWG aF sowie die §§ 823, 826 BGB und den quasinegatorischen Unterlassungsanspruch aus § 1004 Abs. 1 Satz 2 BGB analog[23] grds. entbehrlich.[24] Insoweit ist der nunmehr geschaffene Beseitigungs- und Unterlassungsanspruch nach § 6 Satz 1 systematisch vorrangig. Somit hat der Gesetzgeber zwar ein sog. Spezialgesetz und insbes. ein spezielles Rechtsfolgenregime geschaffen. Dieses wiederum schließt aber einen Rückgriff auf allgemeine Normen nicht per se aus, die zumindest in atypischen Fällen von Bedeutung bleiben. Naturgemäß gilt der Vorrang der Regelungen des GeschGehG nur, soweit tatsächlich Regelungen getroffen oder bewusst unterlassen wurden. Ein beispielhafter Streitpunkt ist die Frage der Anwendbarkeit der **Dringlichkeitsvermutung** aus § 12 Abs. 1 UWG (→ Rn. 221 ff.). Auch

---

17 K/B/F/*Alexander*, § 6 GeschGehG Rn. 10.
18 BT-Drs. 19/4724, S. 29.
19 Büscher/*Tochtermann*, § 6 GeschGehG Rn. 6.
20 BT-Drs. 19/4724, S. 29.
21 BT-Drs. 19/4724, S. 30.
22 *Kiefer*, WRP 2018, 910 Rn. 17; *Ohly*, GRUR 2019, 441, 449; zur Besonderheit der in § 139 PatG nicht genannten Beseitigung bspw. Benkard/*Grabinski/Zülch*, § 139 Rn. 38.
23 Zur alten Rechtslage grundlegend *Kraßer*, GRUR 1977, 177 ff.; *Ohly*, GRUR 2014, 1 ff.; *McGuire*, GRUR 2016, 1000 ff.; *Hofmann*, WRP 2018, 1, 2 f.; *Druschel/Jauch*, BB 2018, 1794, 1795; vergleichend *Dumont*, BB 2018, 2441 ff.; *Müllmann*, WRP 2018, 1177, 1178; *Lejeune*, CR 2016, 330 ff.; *Apel/Walling*, DB 2019, 891, 892; K/B/F/*Köhler*, § 17 UWG Rn. 52 ff., 63 ff.
24 *Scherp/Rauhe*, CB 2019, 20, 24; K/B/F/*Köhler*, Vorb. §§ 17–19 UWG Rn. 45.

bleibt es bezüglich Maßnahmen der **Beweissicherung** bei der Anwendung von § 809 BGB (→ Rn. 266 ff.).

Bedeutsam für das Bestehen und die Durchsetzbarkeit des Beseitigungs- und Unterlassungsanspruchs nach § 6 Satz 1 sind, neben der Anspruchsvoraussetzung des Vorliegens einer rechtswidrigen Handlung (→ § 4 Rn. 18 ff. und § 5 Rn. 27 ff. zu den Ausnahmen der Handlungsverbote), die Verhältnismäßigkeitsprüfung samt Beispielskatalog für die zu berücksichtigenden und abzuwägenden Umstände (§ 9 Nr. 1–7, unten → § 9 Rn. 15 ff.) sowie die ausnahmsweise Abwendungsbefugnis des Anspruchsgegners durch Zahlung einer Abfindung in Geld bei unverschuldeter Verletzung (→ § 11 Rn. 1 ff.). Diese Schutzkonzeption ist auf die mit der RL 2016/943/EU vorgesehene Flexibilität der von den Mitgliedstaaten zu schaffenden Sanktionen zurückzuführen.[25]

11

2. Entwicklung

Der Schutz von Know-how und Geschäftsgeheimnissen war vor Inkrafttreten der RL 2016/943/EU in den Mitgliedstaaten der Europäischen Union sehr uneinheitlich.[26]

12

International erfolgte eine erste Vereinbarung mit einem Mindeststandard zum Lauterkeitsrecht in Art. 10bis Abs. 1, Abs. 2 der PVÜ vom 20.3.1883.[27, 28] Recht unspezifisch waren bzw. sind die Verbandsländer danach jedoch nur „gehalten, den Verbandsangehörigen einen wirksamen Schutz gegen unlauteren Wettbewerb zu sichern" (Abs. 1), wobei unlauterer Wettbewerb recht offen als „jede Wettbewerbshandlung […], die den anständigen Gepflogenheiten in Gewerbe oder Handel zuwiderläuft" (Abs. 2) definiert ist.[29]

13

Nachfolgend hatte die Welthandelsorganisation den Abschluss des **TRIPS-Übereinkommens** zwischen ihren Mitgliedstaaten gefördert (Erwgrd. 5 RL 2016/943/EU). Alle Mitgliedstaaten wie auch die Union als Ganzes sind an dieses durch den Beschluss 94/800/EG des Rates[30] gebilligte Übereinkommen gebunden. Das 1995

14

---

25 *Alexander*, WRP 2019, 673 Rn. 42; *Hofmann*, WRP 2018, 1 Rn. 26 f.; Erwgrd. 21 RL.
26 Vgl. Erwgrd. 6 und 8 RL; *Ann*, GRUR-Prax 2016, 465, 466; *Kalbfus/Harte-Bavendamm*, GRUR 2014, 453, 454.
27 Vgl. BGBl. II 1970, 391; zuletzt geändert 1984 durch BGBl. II, 799.
28 G/L/D/*Maaßen*, § 12 Rn. 2.
29 Zum Bezug der Richtlinie auf Art. 10 Abs. 2 PVÜ und Art. 39 TRIPS vgl. Stellungnahme des Max-Planck-Instituts für Innovation und Wettbewerb vom 12.5.2014 zum Vorschlag der Europäischen Kommission für eine Richtlinie über den Schutz vertraulichen Know-hows und vertraulicher Geschäftsinformationen (Geschäftsgeheimnisse) vor rechtswidrigem Erwerb sowie rechtswidriger Nutzung und Offenlegung vom 28.11.2013, COM (2013) 813 final, GRUR Int. 2014, 554 Rn. 10.
30 Beschluss 94/800/EG des Rates vom 22. Dezember 1994 über den Abschluss der Übereinkünfte im Rahmen der multilateralen Verhandlungen der Uruguay-Runde (1986–1994) im Namen der Europäischen Gemeinschaft in Bezug auf die in ihre Zuständigkeiten fallenden Bereiche (ABl. L 336 vom 23.12.1994, S. 1).

§ 6   Beseitigung und Unterlassung

in Kraft getretene entsprechende Abkommen verpflichtet auch zum Schutz bestimmter Informationen. Nach Art. 39 Abs. 2 TRIPS müssen die Mitgliedstaaten zur Sicherung eines wirksamen Schutzes gegen den unlauteren Wettbewerb „nicht offenbarte Informationen" insofern schützen, als juristische und natürliche Personen verhindern können sollen, dass nicht offenbarte, wirtschaftlich wertvolle und angemessenen Geheimhaltungsmaßnahmen unterliegende Informationen offenbart, erworben oder benutzt werden.[31] Dabei muss die nicht offenkundige Information auch der entsprechenden Unternehmung zugeordnet werden, also eine Beziehung zu einer Unternehmung aufweisen.[32] Durchsetzbare Beseitigungs- und Unterlassungsansprüche sind insoweit Bestandteil einer „Verhinderungsmöglichkeit" iSv. Art. 39 Abs. 2 TRIPS.[33] Nach Art. 41 Nr. 1 TRIPS sind zudem effektive Rechtsmittel zur Durchsetzung von Rechten des Geistigen Eigentums vorzuhalten, wobei zum „Geistigen Eigentum" nach TRIPS[34] auch Geschäftsgeheimnisse zählen.[35] Ungeachtet des TRIPS-Abkommens bestanden zwischen den Rechtsvorschriften der Mitgliedstaaten erhebliche Unterschiede hinsichtlich des Schutzes von Geschäftsgeheimnissen vor rechtswidrigem Erwerb und rechtswidriger Nutzung oder Offenlegung durch andere Personen (vgl. Erwgrd. 6 f. RL).[36] Die Regelung in Art. 39 Abs. 2 TRIPS war aber immerhin eine Vorlage für den Begriff des Geschäftsgeheimnisses in Art. 2 Nr. 1 RL 2016/943/EU (→ Einl. C Rn. 74 ff. zu TRIPS allgemein sowie § 2 Rn. 4 ff.).[37]

15   Die **Richtlinie über den Know-how-Schutz** schreibt den Mitgliedstaaten in Art. 12 Abs. 1 explizit die Sicherstellung gerichtlichen Rechtsschutzes in Form einer Einstellung oder gegebenenfalls eines gerichtlichen Verbots der Nutzung oder Offenlegung eines Geschäftsgeheimnisses vor (und schließt insoweit an Art. 41 Nr. 1 TRIPS an), wobei diese Maßnahmen entsprechend der englischen Tradition in gerichtliche Befugnisse gekleidet sind.[38] Nach Art. 10 RL sind auch vorläufige und vorbeugende Maßnahmen vorgesehen. Die Richtlinie war ab dem Inkrafttreten von den Mitgliedstaaten zu beachten. Schon vor Ablauf der Umsetzungsfrist zum 9.6.2018 (Art. 19 Abs. 1 RL) war es den Adressaten der Richtlinie daher aufgrund ihrer Loyalitätspflicht nach Art. 4 Abs. 3 EUV und dem Verbindlichkeitsanspruch der Richtlinie nach Art. 288 Abs. 3 AEUV untersagt, die Verwirklichung der Richtlinienziele

---

31 BT-Drs. 19/4724, S. 20; *Hoeren/Münker*, WRP 2018, 150 Rn. 2; *Ann/Hauck/Maute*, S. 5; *McGuire*, in: FS Harte-Bavendamm, S. 367, 369 f.
32 Überblick bei *Reinfeld*, § 1 Rn. 22 ff.
33 K/B/F/*Köhler*, Vorb. §§ 17–19 UWG Rn. 8; Harte/Henning/*Harte-Bavendamm*, Vorb. §§ 17–19 Rn. 1; zur Vernichtung nach Art. 46, 59 TRIPS vgl. *Partsch/Schindler*, NJW 2020, 2364, 2365; *Alexander*, Rn. 1901.
34 Vgl. Art. 1 Abs. 2 iVm. Art. 39, wobei insoweit ein Spannungsverhältnis besteht als der Geheimnisschutz als Teil des Geistigen Eigentums begriffen und der Schutz von Betriebsgeheimnissen dem Lauterkeitsrecht zugeordnet ist; vgl. *Witz*, in: FS Bornkamm, S. 513, 514.
35 *Büscher/Tochtermann*, § 6 GeschGehG Rn. 4.
36 Vgl. auch *Falce*, IIC 2015, 940, 945 f.; zu Art. 39 TRIPS *Baranowski/Glaßl*, BB 2016, 2563, 2564.
37 Bspw. *Maaßen*, GRUR 2019, 352, 354.
38 *Büscher/Tochtermann*, § 6 GeschGehG Rn. 4; *Ohly*, GRUR 2019, 441, 449.

durch nationale Maßnahmen „ernsthaft" zu gefährden.[39] Diese rechtliche Vorwirkung im Sinne eines Frustrationsverbots verpflichtet aber nicht zu einer frühestmöglichen Umsetzung und bleibt inhaltlich deutlich hinter der Bindung einer richtlinienkonformen Auslegung zurück (zum Verhältnis von GeschGehG und RL sowie dem Gebot europarechtskonformer Auslegung → Einl. C Rn. 64 ff.).[40]

Mit dem Ablauf der Umsetzungsfrist am 9.6.2018 bestand dann die verbindliche Pflicht zur richtlinienkonformen Auslegung.[41] Zu diesem Zeitpunkt lag in Deutschland allerdings lediglich ein Referentenentwurf für das Geschäftsgeheimnisgesetz vor. Daher waren die nationalen Gerichte nach Fristablauf bis zum Inkrafttreten des GeschGehG zur richtlinienkonformen Auslegung des alten und als unzureichend empfundenen nationalen Rechts verpflichtet.[42] Dieses wird hier nicht erneut zusammengefasst (vgl. → § 23 Rn. 3 ff.). Es zeichnete sich durch die besondere und „asymmetrische" Eigentümlichkeit eines an sich breiten Schutzbereichs mit jedoch einem erheblichen Durchsetzungsdefizit aus. **16**

Der **Referentenentwurf** des BMJV vom 19.4.2018 sah den vorliegenden Beseitigungs- und Unterlassungsanspruch zunächst in § 5 RefE vor.[43] Im anschließend in den Bundestag eingebrachten Entwurf verschob sich der Beseitigungs- und Unterlassungsanspruch inhaltlich unverändert auf § 6 RegE,[44] wie letztlich verabschiedet und – gemeinsam mit dem GeschGehG am 26.4.2019 – **in Kraft getreten**.[45] Die Norm ist durch den allgemeinen Bezug auf „Beseitigung und Unterlassung" abstrakter gefasst als die bezüglich gerichtlicher Anordnungen und Abhilfemaßnahmen differenzierende Anordnung in Art. 12 Abs. 1 RL 2016/943/EU[46] (wie auch die Vorgabe für vorläufige und vorbeugende Maßnahmen in Art. 10 Abs. 1 RL).[47] **17**

3. Anwendungsbereich

Der Abschnitt 2 des GeschGehG behandelt die Rechtsfolgen von (drohenden) Rechtsverletzungen, hat also die Folgen rechtswidriger Beeinträchtigungen von Geschäftsgeheimnissen zum Gegenstand. Die Beseitigungs- und Unterlassungsansprüche nach § 6 erstrecken sich dabei auf alle mittelbaren/unmittelbaren Rechtsverletzungen im sachlichen und persönlichen Anwendungsbereich des Gesetzes.[48] **18**

---

39 *Steinmann*, WRP 2019, 703 Rn. 9; EuGH, 18.12.1997 – C-129/96, Slg. I 1997, 7411 Rn. 45 – Inter-Environment Wallonie; *Alexander*, WRP 2017, 1034 Rn. 29 mwN.
40 *Steinmann*, WRP 2019, 703 Rn. 11.
41 *Alexander*, WRP 2018, 1034 Rn. 27 ff.
42 K/B/F/*Köhler*, Vorb. §§ 17–19 UWG Rn. 10; Berneke/*Schüttpelz*, Rn. 743e.
43 RefE eines Gesetzes zur Umsetzung der RL (EU) 2016/943 zum Schutz von Geschäftsgeheimnissen vor rechtswidrigem Erwerb sowie rechtswidriger Nutzung und Offenlegung.
44 Vgl. BT-Drs. 19/4724, S. 10.
45 BT-Drs. 19/4724, S. 29; zum Gegenstand der Richtlinie und einem entsprechenden Gesetzesvorschlag schon *Alexander*, WRP 2017, 1034 Rn. 1 ff.; s. auch H/O/K/*Ohly*, § 6 Rn. 11 f.
46 Büscher/*Tochtermann*, § 6 GeschGehG Rn. 6.
47 Im Überblick auch K/B/F/*Alexander*, § 6 GeschGehG Rn. 6.
48 K/B/F/*Alexander*, § 6 GeschGehG Rn. 11.

§ 6 Beseitigung und Unterlassung

19 Entsprechend der Vorgabe zur „Allgemeinen Verpflichtung" in Art. 6 RL 2016/943/EU sind die Maßnahmen, Verfahren und Rechtsbehelfe vorzusehen, die erforderlich sind, um einen zivilrechtlichen Schutz vor rechtswidrigem Erwerb sowie rechtswidriger Nutzung und Offenlegung von Geschäftsgeheimnissen zu gewährleisten. Die genannten Maßnahmen, Verfahren und Rechtsbehelfe müssen (a) **fair und gerecht** sowie (b) **wirksam** und **abschreckend** sein und dürfen (c) **nicht** unnötig **kompliziert** oder **kostspielig** sein und keine unangemessenen Fristen oder ungerechtfertigten Verzögerungen mit sich bringen. Zudem sind die von der RL vorgesehenen Maßnahmen, Verfahren und Rechtsbehelfe in einer Art und Weise anzuwenden, die a) **verhältnismäßig** ist, b) die Errichtung von Schranken für den rechtmäßigen Handel im Binnenmarkt vermeidet und c) Gewähr gegen ihren Missbrauch bietet (Art. 7 RL).

4. Praktische Bedeutung

20 Die Schaffung eines vollwertigen zivilrechtlichen Anspruchskanons[49] bei Verletzung des nunmehr gesetzlich definierten Geschäftsgeheimnisses soll dessen Schutz stärken. Tatsächlich sind originäre zivilrechtliche Abwehransprüche gegenüber der kleinteiligen und strafrechtsakzessorischen vorherigen Rechtslage als prinzipiell vorteilhaft zu erachten. Dabei ist der Gesetzgeber davon ausgegangen, dass vor dem Inkrafttreten des GeschGehG jährlich lediglich 20 gerichtliche Verfahren wegen der Verletzung von Geschäftsgeheimnissen geführt wurden; wegen der Verbesserung des Rechtsschutzes im Zuge der Reform wird eine Zunahme um 80 Verfahren jährlich geschätzt.[50]

21 Vor diesem Hintergrund wird § 6 die Rechtsprechung hinsichtlich der Voraussetzungen und vor allem auch der Reichweite der Ansprüche auf **Beseitigung** und **Unterlassung** in allen Verfahrensarten und Rechtszügen zeitnah beschäftigen.[51] Dabei wird sich zeigen, inwieweit der Unterlassungsanspruch das wichtigste Instrument der Rechtsdurchsetzung des Geheimnisinhabers wird (bzw. bleibt)[52] und welche Bedeutung der allgemeinen Beseitigung in § 6 Satz 1 neben der Unterlassung und den §§ 7, 8 zukommt. **Erste Entscheidungen** betrafen beispielsweise die **Dringlichkeit** nach dem GeschGehG,[53] die **Reichweite** des vermittelten Schutzes,[54] die **Bestimmtheit** von Anträgen sowie die Frage nach angemessenen **Geheimhal-**

---

49 *Dumont*, BB 2018, 2441, 2445.
50 BT-Drs. 19/4724, S. 3, 22; zur alten Rechtslage nannte *Kalbfus* den Schutz von Geschäftsgeheimnissen in einem Rechtsstreit „einen weitgehend weißen Fleck auf der Landkarte", GRUR 2016, 1009, 1015; zur Berechtigung ökonomischer Erkenntnisse und Argumente als „Leitschnur für den Gesetzgeber" im Kontext der ökonomischen Analyse des Rechts *Wagner*, in: FS Canaris, S. 281, 293 ff.
51 *Klinkert*, WRP 6/2019, Editorial.
52 *Reinfeld*, § 4 Rn. 51; zum Lauterkeitsrecht bspw. Harte/Henning/*Goldmann*, § 8 Rn. 1, Hoppe/Oldekop/*Hoppe*, Kap. 1 Rn. 651 „überragende Bedeutung".
53 OLG München, 8.8.2019 – 29 W 940/19, WRP 2019, 1375; OLG Frankfurt a. M., 27.11.2020 – 6 W 113/20, WRP 2021, 356.
54 BVerwG, 5.3.2020, 20 F 3/19, JurPC Web-Dok. 57/2020.

tungsmaßnahmen (et al.),⁵⁵ (vermeintlich) notwendigen Maßnahmen zum Schutz von Geschäftsgeheimnissen als **Vollstreckungseinwand**,⁵⁶ den **maßgeblichen Zeitpunkt** der Beurteilung des Unterlassungsanspruchs (und damit zur Frage der Anwendung neuen oder alten Rechts),⁵⁷ **Kollisionsrecht** und die Frage der **Informationsinhaberschaft** im Rahmen des GeschGehG sowie der **Glaubhaftmachung** einer mittelbaren Verletzung.⁵⁸ Im Vereinigten Königreich erging eine einstweilige Verfügung (zunächst ex-parte) gegen den Import von Batterieseparatoren.⁵⁹

Komplexere Verfahren mit mehreren Beteiligten werden aufgrund der Trennung des vorliegenden zivilrechtlichen Beseitigungs- und Unterlassungsanspruchs von den strafrechtlichen Sanktionen ein entsprechend **koordiniertes zivil- und strafrechtliches Vorgehen** gegen Geheimnisverletzungen erfordern.⁶⁰ Dabei ist die **Staatsanwaltschaft** wegen des Amtsermittlungsgrundsatzes⁶¹ verpflichtet, den Sachverhalt vollständig zu erforschen. Trotz des mit der Einführung des GeschGehG verbundenen Vorteils originär zivilrechtlicher Abwehransprüche sollte nicht aus dem Blick geraten, dass die strafprozessualen Möglichkeiten der Beweiserhebung und -sicherung in gewissen Fällen durchaus vorteilhaft sind. Die StPO stellt den **Strafverfolgungsbehörden** ein umfangreiches Instrumentarium von Zwangsmaßnahmen zur Verfügung, welche der Partei im Zivilprozess verschlossen sind.⁶² So können die Ermittlungsbehörden erforderliche Schritte wie etwa Durchsuchungen nach §§ 102 ff. StPO durchführen.⁶³ Insoweit können ggf. parallel zu der Ergreifung zivilprozessualer Maßnahmen strafrechtliche Schritte eingeleitet werden.⁶⁴ Das erfordert allerdings eine aufmerksame zeitliche Abstimmung: So muss etwa sichergestellt werden, dass die Zustellung einer einstweiligen Verfügung nicht den Erfolg einer Maßnahme der Ermittlungsbehörden gefährdet (bspw. durch deren Zustellung deutlich vor der beabsichtigten Durchsuchung).⁶⁵ 22

5. Reformbedarf

Zwingender gesetzgeberischer Reformbedarf ist in Bezug auf § 6 aktuell nicht unmittelbar ersichtlich, weil die Norm für die Konkretisierung der Tatbestandsmerkmale auf die Bestimmungen des vorherigen Abschnitts verweist und auch die komplexeren Anspruchsbegrenzungen in separaten Normen (§§ 9, 11, 14) verortet sind. 23

---

55 LAG Düsseldorf, 3.6.2020 – 12 SaGa 4/20, BeckRS 2020, 23408; OLG Frankfurt a. M., 27.11.2020 – 6 W 113/20, WRP 2021, 356 (Antragsfassung); LG Arnsberg, 29.6.2021 – 1 O 327/20, GRUR-RS 2021, 19257.
56 OLG Düsseldorf, 29.4.2020 – I-2 W 9/29 – Cholesterinsenker (juris).
57 LAG Köln, 2.12.2019 – 2 SaGa 20/19, ArbRAktuell 2020, 395.
58 OLG Düsseldorf, 21.11.2019 – I-2 U 34/19, GRUR-RS 2019, 33225 – Spritzwerkzeuge.
59 [2020] EWHC 2072 (Ch) – Celgard/Shenzhen Senior Technology Material Co.
60 *Klinkert*, WRP 6/2019, Editorial.
61 MK-StPO/*Trüg/Habetha*, § 244 Rn. 47 ff.
62 *Kiethe/Groeschke*, WRP 2005, 1358, 1359.
63 MünchHdBGewRS/*Musiol*, § 25 Rn. 67.
64 *Reinfeld*, § 4 Rn. 23.
65 MünchHdBGewRS/*Musiol*, § 25 Rn. 67.

§ 6 Beseitigung und Unterlassung

24 Wie schon bei der Umsetzung der RL 2004/48/EG über unlautere Geschäftspraktiken hat der Gesetzgeber die in der Richtlinie vorgesehenen **gerichtlichen Befugnisse durch ein System materiell-rechtlicher Ansprüche umgesetzt**,[66] darunter den Beseitigungs- und den Unterlassungsanspruch.[67] Dies wird prinzipiell als zulässig erachtet.[68]

25 Anders als in Art. 12 Abs. 1 RL vorgegeben, hat der deutsche Gesetzgeber auf die Benennung konkreter gerichtlicher Maßnahmen (Einstellung, Verbot, geeignete Abhilfemaßnahmen sowie Vernichtung bzw. Löschung von Dokumenten oder Datenträgern, Art. 12 Abs. 1 lit. a–d) verzichtet. Zudem ist begrifflich etwas irreführend, dass das Gesetz nunmehr in § 6 sprachlich „zwingende" allgemeine Ansprüche auf Beseitigung/Unterlassung vorsieht, die wiederum nach § 9 „ausgeschlossen" sein können. Das mit der RL und insbes. in Art. 7 Abs. 1a sowie Erwgrd. 21 vorgegebene flexible – nämlich insbesondere verhältnismäßige[69] – System kommt damit nur unzureichend zum Ausdruck,[70] denn nach Art. 13 Abs. 1 RL „müssen" die Gerichte den besonderen Umständen des Einzelfalls Rechnung tragen.[71] In Bezug auf den RefE wurde daher diskutiert, den Zumutbarkeitskatalog als Schrankenregelung im Zusammenhang mit dem Unterlassungsanspruch mit einer Prüfungspflicht von Amts wegen aufzunehmen und in den §§ 6 und 7 des Entwurfs auf diese Schranken zu verweisen.[72]

26 Zudem wurde bzw. wird in der Literatur weiter kritisiert, dass die Möglichkeit zur Regelung eines Besichtigungsverfahrens zur Beweisbeschaffung nicht genutzt wurde[73] und dass bezüglich der Fassung des Unterlassungsantrags sowie dessen Tenorierung keine konkretisierenden Regelungen vorgesehen wurden.[74]

6. Vertraglicher Geheimnisschutz

27 Auch nach der neuen Gesetzeslage kommt dem vertraglichen Geheimnisschutz eine erhebliche Rolle zu. Vorhandene vertragliche Ansprüche treten grds. neben die

---

66 Als Teil der „Remedies"; vgl. *Hofmann*, WRP 2018, 1 Rn. 30; K/B/F/*Köhler*, Vorb. §§ 17–19 UWG Rn. 40; *Ohly*, GRUR 2019, 441, 449.
67 K/B/F/*Köhler*, Vorb. §§ 17–19 UWG Rn. 40; *Würtenberger/Freischem*, GRUR 2018, 708, 711.
68 GRUR-Stellungnahme zum Referentenentwurf des Bundesministeriums der Justiz und für Verbraucherschutz – Entwurf eines Gesetzes zur Umsetzung der Richtlinie (EU) 2016/943 zum Schutz von Geschäftsgeheimnissen vor rechtswidrigem Erwerb sowie rechtswidriger Nutzung und Offenlegung vom 22.5.2018, S. 8.
69 Vgl. auch *Alexander*, Rn. 2017; *Hofmann*, WRP 2018, 1 ff.
70 Zur Diskussion, ob bereits Art. 12 Abs. 1 RL unbedingten „negatorischen Ansprüchen" entgegensteht *Hofmann*, WRP 2018, 1 Rn. 27, zum „starren Rechtsfolgenausspruch" und den Richtlinienvorgaben K/B/F/*Alexander*, § 9 GeschGehG Rn. 34.
71 Vgl. auch *Alexander*, Rn. 2060.
72 GRUR-Stellungnahme (Fn. 68), S. 8, Ziffer V. „dass dem Inhaber des Geschäfts ein Unterlassungsanspruch zusteht, „sofern dies unter Berücksichtigung von … (*der Liste des Art. 13 II der RiLi*) verhältnismäßig ist"; *Würtenberger/Freischem*, GRUR 2018, 708, 711.
73 Hoppe/Oldekop/*Hoppe*, Kap. 1 Rn. 41; *Klinkert*, WRP 6/2019, Editorial.
74 *Schlingloff*, WRP 2018, 666 Rn. 5 ff.; *Triebe*, WRP 2018, 795 Rn. 104.

gesetzlichen Ansprüche der §§ 6 ff.[75] Vorzüge vertraglicher Ansprüche können unter anderem aus der privatautonom möglichen Bestimmung „vertraulicher Informationen" gegenüber Geschäftsgeheimnissen resultieren.[76]

Zu beachten ist ferner die Ausstrahlung vertraglicher Regelungen in den Anwendungsbereich des Gesetzes.[77] Erstens können sind vertragliche Sicherungsmechanismen bei der Beurteilung angemessener Geheimhaltungsmaßnahmen nach § 2 Nr. 1 lit. b zu berücksichtigen (→ § 2 Rn. 87 ff.);[78] zweitens spielen vertragliche Abreden bei der Bewertung der Rechtswidrigkeit der Erlangung von Geschäftsgeheimnissen eine Rolle, §§ 3, 4 (→ § 4 Rn. 42, 50, 76, 104). Die Zuwiderhandlung gegen eine vertragliche Vereinbarung hängt daher eng mit der Auslösung der gesetzlichen Ansprüche (aus § 6) zusammen. 28

II. Gemeinsame Voraussetzungen

Die Ansprüche in § 6 setzen die Erfüllung der drei grundlegenden Tatbestandsmerkmale **Geschäftsgeheimnis – Inhaber – Rechtsverletzer** (**Rechtsfolge**) voraus. Die in der Norm ebenfalls genannte Beeinträchtigung ist Folge der (erfolgten/drohenden) Rechtsverletzung. Die Ansprüche sind **verschuldensunabhängig**. 29

1. Geschäftsgeheimnis

Das Geschäftsgeheimnis ist nach § 2 Nr. 1 eine Information, (a) die weder insgesamt noch in der genauen Anordnung und Zusammensetzung ihrer Bestandteile den Personen in den Kreisen, die üblicherweise mit dieser Art von Informationen umgehen, allgemein bekannt oder ohne Weiteres zugänglich ist und daher von wirtschaftlichem Wert ist, darüber hinaus (b) Gegenstand von den Umständen nach angemessenen Geheimhaltungsmaßnahmen durch ihren rechtmäßigen Inhaber ist und (c) bei der ein berechtigtes Interesse an der Geheimhaltung besteht (→ § 2 Rn. 18 ff. zu den Merkmalen im Einzelnen).[79] Ausweislich der Gesetzesbegründung umfasst dies den ebenfalls in der Richtlinie verwendeten Begriff des Know-hows sowie den im deutschen Recht genutzten Begriff des Betriebsgeheimnisses, da die Unterscheidung keine praktische Relevanz besitzt. Es kann sich demnach sowohl um technisches wie auch um kaufmännisches Wissen handeln.[80] Eine Auflistung der vielfälti- 30

---

75 Allgemein zu Konkurrenzen MK-BGB/*Bachmann*, § 241 Rn. 35; zu gesetzlichen Grenzen des vertraglichen Geheimnisschutzes und vertraglichen Grenzen des gesetzlichen Geheimnisschutzes schon *Witz*, in: FS Bornkamm, S. 513, 523 f.
76 Vgl. auch *Ann*, in: FS Mes, S. 1, 2 zur lizenzvertraglichen Kontrolle von Know-how-Exporten.
77 *Reinfeld*, § 4 Rn. 11.
78 BT-Drs. 19/4724, S. 24 f.
79 *Harte-Bavendamm*, in: FS Büscher, S. 311 ff. zur Verbindlichkeit der unionsrechtlichen Definition (S. 312 ff.) und zum Abgleich mit dem bisherigen Begriffsverständnis (S. 314 ff.).
80 BT-Drs. 19/4724, S. 24; vgl. *Felsmann*, Aktuelles Thema-Spezial 2019, 201903 mit Überblick zu den Fragen „was" geheim sein kann und „wie" es das wird.

§ 6 Beseitigung und Unterlassung

gen möglichen Informationen, die ein Geschäftsgeheimnis darstellen bzw. betreffen können, findet sich in → § 2 Rn. 10.[81]

2. Anspruchsgläubiger/Inhaber

31 Anspruchsgläubiger der Beseitigung/Unterlassung ist nach § 6 Satz 1 der „Inhaber des Geschäftsgeheimnisses" und entsprechend der Bestimmung in § 2 Nr. 2 jede natürliche oder juristische Person, die die rechtmäßige Kontrolle über ein Geschäftsgeheimnis hat.

32 In **personaler Hinsicht** sind mögliche Inhaber sämtliche Rechtsträger von Unternehmen und geschützten Einrichtungen, unabhängig von der jeweiligen Größe, rechtlichen Organisationsform, Finanzierung, Struktur oder Marktstärke. Juristische Personen können solche des Privatrechts oder des öffentlichen Rechts sein; auch rechtsfähige Personengesellschaften sind geschützt (→ § 2 Rn. 140 ff.).[82]

33 Nach der Rechtsprechung des BGH ist die Abtretung von Abwehransprüchen ohne die zugrunde liegende Rechtsposition grundsätzlich im Hinblick auf die mit der Abtretung verbundene Veränderung des Leistungsinhalts nach § 399 BGB ausgeschlossen – aus eigenem Recht sind mithin lediglich Inhaber aktivlegitimiert,[83] sodass es zur Identifizierung möglicher Gläubiger auf den Begriff der „rechtmäßigen Kontrolle" ankommt. **Inhaltlich** beschreibt der Begriff der Kontrolle primär den tatsächlichen Zugriff auf das betroffene Geschäftsgeheimnis; maßgeblich für die Identifikation des Anspruchsgläubigers ist dann die Rechtsfrage der „rechtmäßig" ausgeübten Kontrolle, wobei insbesondere auch dieser Begriff richtlinienkonform auszulegen ist (→ § 2 Rn. 146 ff.).[84] Dabei ist eine rechtmäßige Kontrolle dann gegeben, wenn sie nach Maßgabe von § 3 erlangt wird (→ vgl. aber § 2 Rn. 148 f.).

34 Zugleich kann die Information als Kern eines Geschäftsgeheimnisses auch **mehreren Inhabern** zustehen, bspw. durch eine jeweils unabhängige eigenständige Entdeckung oder die gemeinschaftliche Entwicklung eines Geschäftsgeheimnisses auf Grundlage einer geschäftlichen Beziehung.[85] Insoweit sind Mitinhaber und parallele Inhaber zu unterscheiden:[86] Mitinhaber sind gemeinsame Inhaber eines Geschäftsgeheimnisses, während im Fall der Parallelinhaberschaft dieselben (oder sehr ähnliche) Informationen betroffen sind, aber dennoch unterschiedliche Geschäftsgeheimnisse vorliegen.[87] Dies ist bei Fragen der Aktivlegitimation zu berücksichtigen.[88]

---

81 Auch *Reinfeld*, Rn. 168.
82 *Alexander*, WRP 2017, 1036 Rn. 61–63 mwN.
83 BGH, 22.2.2001 – I ZR 194/98, GRUR 2001, 1158, 1160 f. (mwN) – Gesamteindruck einer Wort-/Bildmarke; K/B/F/*Alexander*, § 6 GeschGehG Rn. 13.
84 *Alexander*, Rn. 1916 f. weist zutreffend daraufhin, dass bei der Auslegung auch die Vorgaben des TRIPS-Abkommens (insbes. Art. 39 II) zu berücksichtigen sind.
85 *Alexander*, WRP 2017, 1036 Rn. 70 mit Beispiel.
86 Hoppe/Oldekop/*Hoppe*, Kap. 1 Rn. 635.
87 Schon *McGuire*, in: FS Harte-Bavendamm, S. 367, 376; zustimmend Hoppe/Oldekop/*Hoppe*, Kap. 1 Rn. 635.
88 Weiterführend Hoppe/Oldekop/*Hoppe*, Kap. 1 Rn. 635.

Umstritten ist insoweit, ob auch **Lizenznehmer** als „Inhaber" angesehen werden können und dann berechtigt wären, eigene Ansprüche geltend zu machen, wie dies jedenfalls der Gesetzgeber angenommen hat[89] (dazu → Einl. C Rn. 50 [zum Lizenznehmer laut RL], § 2 Rn. 145 ff.). Das ist auch aus prozessualer Sicht bedeutsam, weil nach § 6 **jeder** Inhaber anspruchsberechtigt ist; eine breite Annahme von „Geheimnisinhabern" geht daher prinzipiell mit einer Vervielfältigung von Ansprüchen und Anspruchsgläubigern einher.[90] Dazu wird ausgeführt, entsprechend Art. 2 Nr. 2 der RL 2016/943/EU sei die Erlangung eines Geschäftsgeheimnisses auch auf Grundlage eines Vertrages – strukturell wie bei der Lizenznahme – möglich.[91] Nach anderer Auffassung (→ 2 Rn. 148 ff.) betrifft das Kriterium der rechtmäßigen Kontrolle eine rechtlich anerkannte (originäre) Herrschaftsbefugnis, über die der Lizenznehmer eben nicht verfügt. Daher wird dem Lizenznehmer als Nutznießer einer abgeleiteten Position die Rolle des Inhabers konsequent abgesprochen (→ § 2 Rn. 148 f.).[92] Prozessual entschärft die Frage die Möglichkeit **gewillkürter Prozessstandschaft**,[93] also der gerichtlichen Geltendmachung in eigenem Namen und aufgrund einer entsprechenden Prozessstandschaftserklärung des originär Berechtigten.[94] Die schon nach alter Rechtslage theoretisch mögliche Anspruchsdurchsetzung durch andere Personen als Geheimnisinhaber hat allerdings bislang keine praktische Bedeutung erlangt.[95]

35

Sind **mehrere Gläubiger** nebeneinander klagebefugt (Anspruchsmehrheit), finden ggf. die Vorschriften über die Gesamtgläubigerschaft (§§ 428 ff. BGB) sinngemäß Anwendung.[96]

36

3. Anspruchsschuldner/Rechtsverletzer

Grundvoraussetzung der Ansprüche auf Beseitigung und Unterlassung ist eine (drohende) Rechtsverletzung wie aus der expliziten Nennung des Rechts**verletzers** in Satz 1 und der „drohenden" Rechts**verletzung** in Satz 2 folgt.[97] Wann eine Rechtsverletzung vorliegt, wird von § 6 vorausgesetzt und ist nach den §§ 3–5 zu

37

---

89 BT-Drs. 19/4724, S. 25; zustimmend *Reinfeld*, § 1 Rn. 20; zum früheren Recht A/L/G/*Grosch*, Kap. 6 Rn. 140 ff.
90 So Büscher/*McGuire*, § 2 GeschGehG Rn. 58, die von der Unterscheidung von Geheimnisträgern und Geheimnisinhabern spricht; ebenso Hoppe/Oldekop/*Hoppe*, Kap. 1 Rn. 265 an.
91 Zu § 17 UWG aF BeckOK UWG/*Kalbfus*, § 17 UWG Rn. 202.
92 Büscher/*McGuire*, § 2 GeschGehG Rn. 5; Hoppe/Oldekop/*Hoppe*, Kap. 1 Rn. 630.
93 Büscher/*McGuire*, § 2 GeschGehG Rn. 58; Götting/Nordemann/*Schmitz-Fohrmann/Schwab*, § 8 Rn. 122; K/B/F/*Alexander*, § 6 GeschGehG Rn. 13; zum Widerruf der Prozessführungsermächtigung bei der gewillkürten Prozessstandschaft *Berger*, in: FS Prütting, S. 221, 229.
94 Allgemein dazu Zöller/*Althammer*, vor § 50 Rn. 38 ff.; BeckOK PatR/*Pitz* [15.1.2021], § 139 PatG Rn. 23; *Mes*, § 139 PatG Rn. 51; Hoppe/Oldekop/*Hoppe*, Kap. 1 Rn. 642.
95 Zu § 17 UWG aF BeckOK UWG/*Kalbfus*, § 17 UWG Rn. 201.
96 Zum UWG entsprechend Ohly/Sosnitza/*Ohly*, § 8 Rn. 89.
97 K/B/F/*Alexander*, § 6 GeschGehG Rn. 23, 32.

§ 6 Beseitigung und Unterlassung

beurteilen (beachte die Ausnahmen des § 5). Die Ansprüche auf Unterlassung und Beseitigung setzen ein **rechtswidriges** Verhalten des Rechtsverletzers voraus.[98]

38 Anspruchsschuldner von Beseitigung und Unterlassung ist in personaler Hinsicht der **Rechtsverletzer**,[99] also nach § 2 Nr. 3 jede natürliche oder juristische Person, die entgegen § 4 ein Geschäftsgeheimnis rechtswidrig erlangt, nutzt oder offenlegt und sich dabei nicht auf eine Ausnahme nach § 5 berufen kann. Beim vorbeugenden Unterlassungsanspruch ist Schuldner jeder, von dem die Gefahr einer (ungerechtfertigten) Handlung nach § 4 ausgeht. Auch ein Verstoß durch Unterlassen ist prinzipiell möglich. Da unmittelbar natürliche Personen gegen die in § 4 normierten konkreten Handlungsverbote – bspw. ein unbefugtes Kopieren, Abs. 1 Nr. 1 Alt. 3 – verstoßen, handelt es sich nach einer Ansicht insoweit bei dieser Norm auch um einen **Zurechnung**statbestand, der durch § 12 ergänzt wird;[100] nach anderer Ansicht greifen schlicht die allgemeinen Regelungen der Zurechnung deliktischen Verhaltens auf den Unternehmensträger.[101] Die Abwehransprüche gemäß § 6 bestehen insoweit auch gegen den **Inhaber eines Unternehmens**, dessen **Beschäftigte** oder **Beauftragte** in eigener Person die Rechtsverletzung begangen haben.[102] Für die Eigenschaft als Rechtsverletzer kommt es dabei grundsätzlich nicht darauf an, ob eine unmittelbare oder mittelbare Rechtsverletzung vorliegt (→ § 2 Rn. 156).[103] Zudem wird ein rechtsverletzendes Verhalten von **Organen oder Repräsentanten** eines Unternehmens dem jeweiligen Unternehmensträger nach allgemeinen Grundsätzen zugerechnet (entsprechend §§ 31, 89 BGB).[104] Die Stellung als Rechtsverletzer oder Inhaber schließt sich in personaler Hinsicht nicht (logisch zwingend) aus: Bspw. ist im Fall von Mitinhabern denkbar, dass ein Mitinhaber gegen einen dritten Rechtsverletzer vorgeht und zugleich auch selbst (als Rechtsverletzer) von einem anderen Mitinhaber in Anspruch genommen wird.[105]

39 Für den (begangenen oder drohenden) Verstoß gegen die Handlungsverbote in § 4 können **mehrere Personen** verantwortlich sein.[106] Für diese Konstellationen treffen

---

98 BeckOK GeschGehG/*Spieker*, § 6 Rn. 26.
99 *Alexander*, Rn. 2020; die „Kaskade der Verletzungshandlungen" veranschaulicht *Ohly*, GRUR 2019, 441, 445.
100 BeckOK UWG/*Hohn-Hein*, § 6 Rn. 7; Büscher/*McGuire*, § 2 GeschGehG Rn. 62.
101 Hoppe/Oldekop/*Hoppe*, Kap. 1 Rn. 301.
102 K/B/F/*Alexander*, § 6 GeschGehG Rn. 18; vgl. schon BGH, 3.5.2001 – I ZR 153/99, WRP 2001, 1174, 1179 – Spritzgießwerkzeuge; allgemein zu Zurechnungstatbeständen (im Bereich des Geistigen Eigentums) und dem Spannungsfeld zwischen rechtlicher Selbstständigkeit und wirtschaftlicher Verbundenheit *Holch*, S. 80 sowie S. 156 ff. zur Haftung wegen Zurechnung; zur Haftung von Tätern, Teilnehmern, Geschäftsführern am Beispiel Patentrecht *Kurtz*, in: FS 80 Jahre Patentgerichtsbarkeit, S. 345, 347 ff.
103 K/B/F/*Alexander* § 6 GeschGehG Rn. 14.
104 K/B/F/*Alexander*, § 6 GeschGehG Rn. 19; Überblick zur Haftung bei *Drescher*, S. 526 ff. und Götting/Nordemann/*Schmitz-Fohrmann/Schwab*, § 8 Rn. 52–62.
105 Hoppe/Oldekop/*Hoppe*, Kap. 1 Rn. 300.
106 Schon zum UWG K/B/F/*Köhler/Feddersen*, § 8 UWG Rn. 2.1; Büscher/*McGuire*, § 2 GeschGehG § 2 Rn. 62; K/B/F/*Alexander*, § 6 GeschGehG Rn. 15.

weder die RL 2017/943/EU noch das GeschGehG spezielle Regelungen.[107] Bezüglich der Einordnung als **Mittäter** (§ 830 Abs. 1 BGB) oder **Teilnehmer** (§ 830 Abs. 2 BGB) kann daher grds. auf Grundsätze des allgemeinen Deliktsrechts rekurriert werden, welche sich wiederum strukturell nach den im Strafrecht entwickelten Rechtsgrundsätzen richten.[108] Maßgeblich ist damit der formelle Einheitstäterbegriff des Deliktsrechts (§ 830 Abs. 2 BGB). Diese Vorgehensweise ist konsistent mit der Praxis im allgemeinen Zivilrecht, bei den Immaterialgüterrechten[109] sowie im UWG[110] und daher systematisch zumindest bis zur möglichen Entwicklung einer eigenständigen zivilrechtlichen Theorie von Täterschaft und Teilnahme vorzugswürdig – trotz berechtigter Kritik an der Strafrechtsakzessorietät zivilrechtlicher Begriffe gerade im Bereich verschuldensunabhängiger Ansprüche.[111]

Mittäterschaft erfordert eine gemeinschaftliche Begehung, also ein bewusstes und gewolltes Zusammenwirken, § 830 Abs. 1 BGB.[112] Die Abgrenzung von **Täterschaft und Teilnahme** richtet sich maßgeblich nach dem Kriterium der **Tatherrschaft**.[113] Täter ist nur derjenige, der die Zuwiderhandlung selbst oder durch einen anderen begeht (§ 25 Abs. 1 StGB).[114] Die Teilnehmereigenschaft ist anhand der für das Lauterkeitsrecht entwickelten Grundsätze festzustellen; sie sind gegenüber der strafrechtlichen Praxis leicht zu modifizieren, weil die Abwehransprüche nach § 6 kein Verschulden voraussetzen und insoweit der an sich erforderliche doppelte Teilnehmervorsatz (bezüglich Haupttat und Tatbeitrag) nicht passt.[115] Die Gehilfenhaftung setzt insoweit neben einer objektiven Beihilfehandlung zumindest einen bedingten Vorsatz in Bezug auf die Haupttat voraus, der das Bewusstsein der Rechts-

40

---

107 K/B/F/*Alexander*, § 6 GeschGehG Rn. 15.
108 Bspw. BGH, 5.2.2015 – I ZR 240/12, GRUR 2015, 485 Rn. 35 – Kinderhochstühle im Internet III und BGH, 22.7.2010 – I ZR 139/08, GRUR 2011, 152 Rn. 30 – Kinderhochstühle im Internet I oder schon BGH, 4.11.1997 – VI ZR 348/96, NJW 1998, 377, 381 f. Entsprechend zum UWG Ohly/Sosnitza/*Ohly*, § 8 Rn. 114 und zum GeschGehG *Alexander*, Rn. 2021; Büscher/*McGuire*, § 2 GeschGehG Rn. 62; Hoppe/Oldekop/*Hoppe*, Kap. 1 Rn. 308; K/B/F/*Alexander*, § 6 GeschGehG Rn. 15.
109 Bspw. BGH, 22.7.2010 – I ZR 139/08, GRUR 2011, 152 Rn. 30 – Kinderhochstühle im Internet I; BGH, 22.6.2011 – I ZR 159/10, GRUR 2011, 1018 Rn. 17, 18 – Automobil-Onlinebörse; BGH, 9.11.2011 – I ZR 150/09, GRUR 2012, 304 Rn. 44 – Basler Haar-Kosmetik; BGH, 18.6.2014 – I ZR 242/12, GRUR 2014, 883 Rn. 13 – Geschäftsführerhaftung; BGH, 5.2.2015 – I ZR 240/12, GRUR 2015, 485 Rn. 35 – Kinderhochstühle im Internet III; BGH, 27.11.2014 – I ZR 124/11, GRUR 2015, 672 Rn. 80 – Videospiel-Konsolen II.
110 Zum vorstehenden und insbes. dem UWG BeckOK UWG/*Haertel*, § 8 UWG Rn. 116–129; Harte/Henning/*Goldmann*, § 8 Rn. 357; MK-UWG/*Fritzsche*, § 8 Rn. 234.
111 Ohly/Sosnitza/*Ohly*, § 8 GeschGehG Rn. 114 mwN, Hoppe/Oldekop/*Hoppe*, Kap. 1 Rn. 309.
112 BGH, 5.2.2015 – I ZR 240/12, GRUR 2015, 485 Rn. 35 – Kinderhochstühle im Internet III; BGH, 22.7.2010 – I ZR 139/08, GRUR 2011, 152 Rn. 30 – Kinderhochstühle im Internet I.
113 Bspw. BGH, 30.7.2015 – I ZR 104/14, GRUR 2015, 1226 Rn. 43, 45 – Posterlounge (MarkenR); *Mes*, § 139 PatG Rn. 59; Harte/Henning/*Goldmann*, § 8 Rn. 357; zum UWG und insbes. dem Sonderfall mittelbarer Täterschaft Ohly/Sosnitza/*Ohly*, § 8 Rn. 116; BeckOK UWG/*Haertel*, § 8 UWG Rn. 116–129.
114 BGH, 5.2.2015 – I ZR 240/12, GRUR 2015, 485 Rn. 35 – Kinderhochstühle im Internet III; BGH, 22.7.2010 – I ZR 139/08, GRUR 2011, 152 Rn. 30 – Kinderhochstühle im Internet I.
115 K/B/F/*Alexander*, § 6 GeschGehG Rn. 17.

§ 6 Beseitigung und Unterlassung

widrigkeit einschließen muss.[116] Schließlich ist auch **Nebentäterschaft** (§ 840 BGB) zumindest denkbar.[117]

41 Für **Mitarbeiter** und **Beauftragte** enthält § 12 eine an § 8 Abs. 2 UWG orientierte Zurechnungsnorm.[118]

42 Der Kreis der möglichen Anspruchsschuldner wird durch das in § 4 Abs. 3 vorgesehene Verbot mittelbarer rechtswidriger Geheimnisverwertung (gegenüber der bisherigen Rechtslage) ganz erheblich erweitert, auch wenn diese Norm eine subjektive Begrenzung des Tatbestandes enthält. Diese Erweiterung ist für den Schutz des Geheimnisinhabers von immenser Bedeutung (scil. dessen Möglichkeit, seine Marktposition wiederherzustellen), insbesondere weil in vielen Fällen die rechtswidrige Erlangung des Geheimnisses und dessen wirtschaftliche Verwertung (bspw. zur Produktion bestimmter Güter) von unterschiedlichen Personen verübt wird.[119]

43 Inhaltlich sieht § 4 Abs. 3 zum Schutz redlicher Dritter vor, dass als (mittelbarer) Rechtsverletzer nur haftet, wer das Geschäftsgeheimnis über eine andere Person erlangt hat und zum Zeitpunkt der Erlangung von der vorhergehenden Rechtsverletzung weiß oder wissen musste. Der Begriff des **Wissenmüssens** ist in diesem Zusammenhang richtlinienkonform auszulegen, wobei zunächst – jedenfalls bis zum Vorliegen abweichender Vorgaben/Anhaltspunkte aus der künftigen Rechtsprechung des EuGH – die zur fahrlässigen Unkenntnis nach § 276 Abs. 2 BGB entwickelten Grundsätze angewendet werden können.[120] Dazu wurde allerdings bemerkt, dass der strenge Fahrlässigkeitsmaßstab des Immaterialgüterrechts, dessentwegen sich die Tatbestände der Patent-, Marken- und Urheberrechtsverletzung von einer Gefährdungshaftung kaum unterschieden, nicht ohne Weiteres übernommen werden könne.[121] Diesen überzeugenden Bedenken ist bei der Ermittlung eines geeigneten Maßstabs tatsächlich Rechnung zu tragen. Dennoch sollten in geheimnisrelevanten Bereichen atypische Fälle grundsätzlich Anlass zu Nachforschungen bzw. Nachfragen geben und unschlüssige Antworten im Zweifel eine fehlende Berechtigung nahelegen.[122] Zudem kann die Sanktionierung einer angenommenen Rechtsverletzung wegen der gebotenen Verhältnismäßigkeit feingesteuert werden – bis hin zu einem Anspruchsausschluss über § 9. Vor diesem Hintergrund besteht daher auch kein Anlass, bei der Entwicklung des Fahrlässigkeitsmaßstabs übervorsichtig zu verfahren. Außerdem gilt bei der **Maßstabsbildung** als grundlegende Erwägung, dass der Inhaber prinzipiell keine Rechtsverletzung dulden muss. In prozessualer Hinsicht wird es jedenfalls Kern anwaltlicher Tätigkeit sein, mit größter Sor-

---

116 BGH, 5.2.2015 – I ZR 240/12, GRUR 2015, 485 Rn. 35 – Kinderhochstühle im Internet III; BGH, 22.7.2010 – I ZR 139/08, GRUR 2011, 152 Rn. 30 – Kinderhochstühle im Internet I.
117 Zur alten Rechtslage MK-UWG/*Brammsen*, § 19 Rn. 38; vgl. auch MK-UWG/*Fritzsche*, § 8 Rn. 235.
118 *Alexander*, Rn. 2020, 2021.
119 Büscher/*Tochtermann*, § 6 GeschGehG Rn. 13.
120 *Ohly*, GRUR 2019, 441, 447.
121 *Ohly*, GRUR 2019, 441, 447.
122 Mit Beispielen BeckOK UWG/*Barth*, § 4 GeschGehG Rn. 55.

ge umfassend zu den tatsächlichen Anknüpfungspunkten – Indizien – für ein behauptetes Wissen oder Wissenmüssen des Anspruchsschuldners vorzutragen.

Von GeschGehG und RL 2016/943/EU nicht gesondert geregelt ist der Umgang mit **Intermediären**, also Personen, die – bspw. durch das Betreiben einer Plattform – eine Verletzungshandlung ermöglichen, ohne sie selbst unmittelbar zu begehen; denkbar ist etwa ein **Cloudanbieter**, über dessen technische Infrastruktur ein Rechtsverletzer relevante Informationen speichert/und oder Dritten zur Verfügung stellt und der im Regelfall die bei ihm gespeicherten Informationen nicht kennt (auch nicht allgemein überwachen muss), wobei der Anbieter qua Funktion die rechtliche/tatsächliche Möglichkeit hätte, die Rechtsverletzung zu beenden.[123] Dann wirkt der Intermediär zwar vorsatzlos, aber in zurechenbarer Weise, willentlich und adäquat kausal an einer rechtswidrigen Beeinträchtigung eines anderen mit:[124] Es ist prinzipiell anzunehmen, dass das bloße Bereitstellen einer technischen Infrastruktur keine eigene täterschaftliche Rechtsverletzung iSv. § 4 Abs. 1 oder 2 begründet, weil es an der unbefugten Erlangung (Abs. 1) bzw. dem Verstoß gegen die besondere Pflichtenstellung (Abs. 2) fehlt.[125] Auch eine täterschaftliche mittelbare Rechtsverletzung iSv. § 4 Abs. 3 Satz 1 wird regelmäßig ausscheiden. Zum einen setzt diese voraus, dass der Intermediär „weiß oder wissen müsste", dass der Dritte (hier also der Nutzer der Plattform) das Geschäftsgeheimnis entgegen § 4 Abs. 2 genutzt oder offengelegt hat. Zum anderen müsste der Intermediär selbst das Geheimnis nutzen oder offenlegen. Im bloßen Bereitstellen der technischen Infrastruktur als Host-Provider liegt aber regelmäßig weder eine (eigene) Nutzung noch eine (eigene) Offenbarung.[126] Ein Vorgehen gegen den Intermediär ist aber aus Inhabersicht attraktiv, weil es mitunter deutlich effektiver (schneller) sein kann als ein Vorgehen gegen den eigentlichen Rechtsverletzer (dessen Identität ggf. wegen der Verwendung eines Pseudonyms nicht unmittelbar feststellbar ist).[127]

Im Bereich des Urherberrechts und der gewerblichen Schutzrechte hat die Rechtsprechung zur Begründung der Intermediärshaftung daher auf die Rechtsfigur der **Störerhaftung** zurückgegriffen: Danach kann eine Person bei der Verletzung dieser Rechte, auch ohne selbst Täter oder Teilnehmer zu sein, als Störer in Anspruch genommen werden, wenn sie in irgendeiner Weise willentlich und adäquat-kausal zur Verletzung des geschützten Rechtsguts beigetragen hat. Hierzu soll bereits die Unterstützung oder Ausnutzung der Handlung eines eigenverantwortlich handelnden Dritten genügen, sofern der in Anspruch Genommene die rechtliche und tatsächliche Möglichkeit zur Verhinderung dieser Handlung hatte.[128] Allerdings hat die

---

123 K/B/F/*Alexander*, § 6 GeschGehG Rn. 20; detailliert H/O/K/*Ohly*, § 6 Rn. 75–85.
124 Vgl. H/O/K/*Ohly*, § 6 Rn. 85.
125 H/O/K/*Ohly*, § 6 Rn. 83; K/B/F/*Alexander*, § 6 GeschGehG Rn. 20.
126 Vgl. BGH, 19.3.2015 – I ZR 94/13, GRUR 2015, 1129, 1133 Rn. 39 – Hotelbewertungsportal.
127 Vgl. H/O/K/*Ohly*, § 6 Rn. 75.
128 BGH, 8.1.2014 – I ZR 169/12, BGHZ 200, 76 Rn. 22 – BearShare; BGH, 5.2.2015 – I ZR 240/12, GRUR 2015, 485 Rn. 49 f. – Kinderhochstühle im Internet III; BGH, 24.11.2016 – I ZR 220/15, GRUR 2017, 617 Rn. 11 – WLAN-Schlüssel; BGH, 21.9.2017 – I ZR 11/16, GRUR

§ 6 Beseitigung und Unterlassung

Rechtsprechung diese – nicht unumstrittene Rechtsfigur – im Bereich des Lauterkeitsrechts ausdrücklich **aufgegeben**; an ihre Stelle tritt die Haftung (des hier relevanten) Intermediärs als Täter oder Teilnehmer.[129]

46 Nach welchen Grundsätzen Intermediäre im Anwendungsbereich des GeschGehG haften (sollen), ist bisher in der gerichtlichen Praxis ungeklärt. Da auch die Haftung nach § 4 im Kern Verhaltensunrecht darstellt (→ § 4 Rn. 18 ff. zu den einzelnen Handlungsverboten), spricht viel dafür, die Störerhaftung als „eigentümliche Rechtsfigur des deutschen Rechts"[130] auch im Bereich des GeschGehG nicht anzuwenden – zumal auch ihre Vereinbarkeit mit dem Unionsrecht nicht unproblematisch ist.[131] Überzeugender ist dann die Konstruktion einer täterschaftlichen Haftung des Intermediärs (für die Verletzung von **Verkehrspflichten**).[132] Der Haftung wegen Verletzung wettbewerbsrechtlicher Verkehrspflichten liegt der Gedanke zugrunde, dass derjenige, der in seinem Verantwortungsbereich eine Gefahrenquelle schafft oder andauern lässt, die ihm zumutbaren Maßnahmen und Vorkehrungen treffen muss, die zur Abwendung der Dritten daraus drohenden Gefahren notwendig sind.[133] Zur Bestimmung des relevanten Pflichtenkreises des Intermediärs im jeweiligen Einzelfall[134] kann auf die umfangreiche urheber- und lauterkeitsrechtliche Rechtsprechung zurückgegriffen werden.[135] Im Zusammenhang mit der Haftung von Betreibern von Internetplattformen konkretisiert sich die wettbewerbsrechtliche Verkehrspflicht daher insbes. als Prüfungspflicht; zwar besteht keine allgemeine Pflicht, jeden fremden Inhalt vor der Zugänglichmachung im Internet auf mögliche Rechtsverletzungen hin zu untersuchen. Jedoch verpflichtet der **Hinweis auf eine klare Rechtsverletzung** den Betreiber zur unverzüglichen Sperrung des konkreten Angebots oder der konkreten Bewertung und zur Vorsorge gegen zukünftige derartige Rechtsverletzungen. Daraus ergibt sich zugleich, dass eine Verhaltenspflicht des nicht zur präventiven Kontrolle verpflichteten Betreibers, deren Verletzung eine Wiederholungsgefahr begründen kann, erst nach Erlangung der Kennt-

---

2018, 178, 186 Rn. 74 – Vorschaubilder III; H/O/K/*Ohly*, § 6 Rn. 78; *Ohly*, ZUM 2015, 308, 311 ff.; *ders.*, ZUM 2017, 793, 796 ff.
129 BGH, 22.7.2010 – I ZR 139/08, GRUR 2011, 152 Rn. 48 ff. – Kinderhochstühle im Internet I; BGH, 12.7.2012 – I ZR 54/11, GRUR 2013, 301 Rn. 49 – Solarinitiative.
130 So H/O/K/*Ohly*, § 6 Rn. 83.
131 H/O/K/*Ohly*, § 6 Rn. 83, 79; K/B/F/*Alexander*, § 6 GeschGehG Rn. 21; die Störerhaftung als möglich erachtet Hoppe/Oldekop/*Hoppe*, Kap. 1 Rn. 314.
132 H/O/K/*Ohly*, § 6 Rn. 83; K/B/F/*Alexander*, § 6 GeschGehG Rn. 21.
133 BGH, 19.3.2015 – I ZR 94/13, GRUR 2015, 1129, 1133 Rn. 42 – Hotelbewertungsportal.
134 BGH, 19.3.2015 – I ZR 94/13, GRUR 2015, 1129, 1133 Rn. 36 – Hotelbewertungsportal: „Die Bestimmung der im Falle eines Internet-Bewertungsportals anwendbaren spezifischen Überwachungspflicht richtet sich danach, ob und inwieweit dem Betreiber nach den Umständen eine Prüfung zuzumuten ist".
135 BGH, 17.1.2011 – I ZR 57/09, GRUR 2011, 1038 Rn. 28 – Stiftparfüm; BGH, 1.3.2016 – VI ZR 34/15, GRUR 2016, 855 Rn. 24 – www.jameda.de; BGH, 19.3.2015 – I ZR 94/13, GRUR 2015, 1129, 1133 Rn. 39 – Hotelbewertungsportal; Kriterien für die Bemessung der Pflichten, „die zueinander in Wechselwirkung stehen und ein „bewegliches System" bilden" im Überblick bei H/O/K/*Ohly*, § 6 Rn. 84.

nis von der Rechtsverletzung (idR durch den Hinweis) entstehen kann (zu den Intermediären auch → § 2 Rn. 157, § 4 Rn. 122, 137).[136]

Mit Blick auf die Identifikation möglicher Anspruchsziele ist zu berücksichtigen, dass es für die mittelbare Rechtsverletzung ausreicht, wenn eine Person in der **Informationskette** den Verstoß nach § 4 Abs. 1 oder 2 unternommen hat (→ § 4 Rn. 114 ff.).[137] Zudem ist zu beachten, dass der zunächst gutgläubige Wissensträger – etwa ein Produzent – durch **Kenntniserlangung** zu einem **späteren Zeitpunkt** zum Rechtsverletzer werden kann.[138] 47

Sind dem Anspruchsgläubiger schließlich mehrere Personen verpflichtet, haften diese grds. jeweils individuell auf Unterlassung.[139] Anders als in § 421 BGB für die gesamtschuldnerische Haftung vorgesehen, kann der Unterlassungsgläubiger die Leistung nicht nur einmal fordern, weil dem Unterlassen nicht die für die Gesamtschuld notwendige Gesamtwirkung der Erfüllung zukommt. Umgekehrt kann sich der Unterlassungsschuldner nicht, wie § 422 Abs. 1 Satz 1 BGB dies den Gesamtschuldnern ermöglicht, auf die Beachtung der Unterlassungspflicht durch den anderen Schuldner mit dem Ergebnis der Schuldbefreiung berufen.[140] Bezüglich der Beseitigung kann eine gesamtschuldnerische (§ 421 BGB) Haftung (eher) in Betracht kommen; dies gilt dann, wenn die jeweilige Beseitigungshandlung geeignet ist, einen gegen alle gleichermaßen bestehenden Anspruch zu erfüllen.[141] 48

Dem Gläubiger steht es dabei prinzipiell frei, alle oder nur einzelne Beteiligte zur Verantwortung zu ziehen. Eine Schranke kann theoretisch aus § 14 folgen.[142] Zudem wird ein **selektives Vorgehen** gegen einzelne (aus einer Mehrzahl von Rechtsverletzern) im Rahmen der allgemeinen Interessenabwägung bezüglich der Dringlichkeit zumindest berücksichtigt werden können (→ Rn. 218). 49

4. Beeinträchtigung

§ 6 Satz 1 normiert zudem, dass die Beseitigung/Unterlassung eine „Beeinträchtigung" abwehren soll, jedoch ohne den Begriff der Beeinträchtigung näher zu definieren (ebensowenig in § 2 oder den §§ 3–5).[143] Tatbestandlich muss eine Beeinträchtigung für den Beseitigungsanspruch grundsätzlich bereits realisiert sein und für den Unterlassungsanspruch zumindest erstmalig drohen (zur Begehungsgefahr 50

---

136 BGH, 19.3.2015 – I ZR 94/13, GRUR 2015, 1129, 1133 Rn. 42 – Hotelbewertungsportal; vgl. H/O/K/*Ohly*, § 6 Rn. 85, Hoppe/Oldekop/*Hoppe*, Kap. 1 Rn. 315.
137 Büscher/*McGuire*, § 2 GeschGehG § 4 Rn. 33.
138 Erwgrd. 6, 29 RL; Büscher/*McGuire*, § 2 GeschGehG § 4 Rn. 39.
139 BGH, 15.4.2008 – X ZB 12/06, GRUR-RR 2008, 460 Rn. 8 – Tätigkeitsgegenstand; vergleichbar MK-UWG/*Fritzsche*, § 8 Rn. 291; F/B/O/*Büscher*, § 8 Rn. 161.
140 BGH, 15.4.2008 – X ZB 12/06, GRUR-RR 2008, 460 Rn. 8 – Tätigkeitsgegenstand mwN.
141 Vergleichbar zum UWG Ohly/Sosnitza/*Ohly*, § 8 Rn. 152; MK-UWG/*Fritzsche*, § 8 Rn. 291.
142 Zu § 8 Abs. 4 UWG vgl. MK-UWG/*Fritzsche*, § 8 Rn. 290.
143 BT-Drs. 19/4724, S. 24 ff.

Rn. 66 ff.). Nach der Auffassung des Gesetzgebers ist eine Beeinträchtigung dabei die Folge einer rechtswidrigen Handlung; maW: § 6 setzt eine Beeinträchtigung voraus, wenn eine nach den §§ 3–5 unzulässige Handlung – eine Rechtsverletzung – vorliegt.[144]

51 Bezüglich der Formulierung von § 6 Satz 1 mit dem Begriff der Beeinträchtigung ist der Gesetzgeber von einem „Entsprechen" zu Vorschriften wie § 8 Abs. 1 UWG, § 97 Abs. 1 UrhG und § 42 Abs. 1 DesignG ausgegangen;[145] allerdings spricht § 8 Abs. 1 UWG gerade nicht von einer „Beeinträchtigung", sondern knüpft an eine nach § 3 oder § 7 UWG unzulässige geschäftliche Handlung an. Die Formulierung in § 6 Satz 1 scheint daher eher am Archetyp § 1004 Abs. 1 BGB angelehnt. Dort heißt es „wird das Eigentum in anderer Weise als durch Entziehung oder Vorenthaltung des Besitzes beeinträchtigt (…)". Schon der historische Gesetzgeber ging davon aus, dass das Ziel dieses „rein dinglichen Anspruches" die Herstellung des Zustandes ist, „welcher dem Inhalte des absoluten Rechtes, hier des Eigenthumes, entspricht".[146] Insoweit ist jeder dem Inhalt des Eigentums (§ 903 BGB) widersprechende Zustand eine relevante Beeinträchtigung, also jede von außen kommende Einwirkung auf die Sache.[147] So wird die Zuordnungsfunktion des Eigentums umfassend geschützt.[148] Auch in den vorgenannten § 97 Abs. 1 UrhG und § 42 Abs. 1 DesignG bezieht sich die Beeinträchtigung auf das jeweils geschützte Urheber- bzw. Designrecht.[149] In Konsequenz verleitet die Formulierung in § 6 Satz 1 zur Annahme, dass die Beeinträchtigung sich auf ein Geschäftsgeheimnis als „Exklusivrecht"[150] beziehe.

5. Verschuldensunabhängigkeit

52 Die Ansprüche auf Beseitigung und Unterlassung aus § 6 Satz 1 bestehen nach dem Anspruchswortlaut **verschuldensunabhängig**;[151] das wird auch aus dem Vergleich zum Wortlaut des § 10 deutlich.[152] Zu beachten ist allerdings, dass für die Frage nach einer rechtswidrigen Handlung nach § 4 Abs. 3 auch subjektive Elemente Be-

---

144 BeckOK GeschGehG/*Spieker*, § 6 Rn. 8.
145 BT-Drs. 19/4724, S. 29, 30.
146 Mugdan III, S. 236.
147 BGH, 4.2.2005 – V ZR 142/04, NJW 2005, 1366, 1367; BGH, 24.1.2003 – V ZR 175/02, NJW-RR 2003, 953, 954; BGH, 22.9.2000 – V ZR 443/99, NJW-RR 2001, 232; BeckOGK-BGB/*Spohnheimer*, § 1004 Rn. 70; aA: Rechtsusurpationslehre, vgl. BeckOK BGB/*Fritzsche*, § 1004 Rn. 36; MK-BGB/*Raff*, § 1004 Rn. 66 mwN.
148 Bspw. BeckOGK-BGB/*Spohnheimer*, § 1004 Rn. 8.
149 Vgl. für § 42 Abs. 1 DesignG: E/F/K/*Eichmann*, DesignG, § 42 Rn. 10; für § 97 Abs. 1 UrhG: Fromm/Nordemann/*Nordemann*, § 97 Rn. 55.
150 Was aber nach Erwgrd. 16 RL gerade nicht gewährt werden soll; s. BT-Drs. 19/4724, S. 26.
151 BeckOK GeschGehG/*Spieker*, § 6 Rn. 25; BeckOK UWG/*Hohn-Hein*, § 6 GeschGehG Rn. 8; Hoppe/Oldekop/*Hoppe*, Kap. 1 Rn. 304; K/B/F/*Alexander*, § 6 GeschGehG Rn. 24, 32.
152 BT-Drs. 19/4724, S. 30.

rücksichtigung finden (→ § 4 Rn. 123 ff.).[153] Das verschuldensunabhängige, grundsätzliche Bestehen der Ansprüche auf Beseitigung und Unterlassung ist allerdings von deren konkretem Inhalt und einer entsprechenden Rechtsfolge zu unterscheiden. Dafür entscheidend ist die anzustellende Interessenabwägung. Dabei ist der **Grad des Verschuldens** des Rechtsverletzers ein Aspekt in der Abwägung der Verhältnismäßigkeit.[154]

III. Beseitigung und Unterlassung

Die nach dem Wortlaut von § 6 Satz 1 vorgesehene Rechtsfolge bei einer Beeinträchtigung besteht in der Beseitigung; diese wird bei Wiederholungs- oder Erstbegehungsgefahr nach § 6 Satz 2 durch einen Anspruch auf Unterlassung ergänzt. Damit bestehen „immaterialgüterrechtstypische" Abwehransprüche.[155] 53

Die vor dem Hintergrund der RL 2016/943/EU notwendige Flexibilisierung (der Rechtsfolgen) wird nach dem Gesetzesaufbau nicht im unmittelbaren Anwendungsbereich von § 6 erreicht, sondern im Wesentlichen nachgelagert (§§ 9, 11, 14). Entsprechend den Vorgaben in Art. 6, 7 RL (→ Rn. 19) müssen die Maßnahmen, Verfahren und Rechtsbehelfe insbesondere **fair und gerecht** sein, zudem sind sie **verhältnismäßig** anzuwenden. 54

Der **gemeinsame Zweck** von Beseitigungs- und Unterlassungsanspruch ist die Unterbindung von Beeinträchtigungen eines Geschäftsgeheimnisses.[156] Die Zielsetzung der Unterbindung einer Beeinträchtigung des sondergesetzlich bestimmten Schutzgutes teilen die Ansprüche aus § 6 Satz 1 mit ähnlichen Vorschriften wie etwa § 8 Abs. 1 UWG, § 97 Abs. 1 UrhG, § 42 Abs. 1 DesignG, §§ 14 Abs. 5, 15 Abs. 4 Satz 1 MarkenG, § 139 Abs. 1 Satz 1 PatG, § 24 Abs. 1 GebrMG, § 42 Abs. 1 DesignG, § 9 Abs. 1 Satz 1 HalblSchG und § 37 Abs. 1 Satz 1 SortSchG. Auch der Gesetzgeber geht daher davon aus, dass unter Berücksichtigung der Unterschiede „der jeweiligen Schutzrechte" auf Rechtsprechung und Literatur zu diesen Vorschriften zurückgegriffen werden kann.[157] 55

---

153 BT-Drs. 19/4724, S. 30; BeckOK GeschGehG/*Spieker*, § 6 Rn. 25; K/B/F/*Alexander*, § 6 GeschGehG Rn. 24, 32.
154 So (auch) H/O/K/*Kalbfus*, § 7 Rn. 14; BGH, 11.10.2018 – I ZR 259/15, GRUR 2019, 518 Rn. 21 – Curapor; aus dem Patentrecht LG Düsseldorf, 9.3.2017 – 4a O 137/15, GRUR-RS 2017, 104657 Rn. 146 – Herzklappen.
155 Allgemein H/O/K/*Ohly*, § 6 Rn. 1 ff.
156 Vgl. zu § 1004 BGB BeckOK BGB/*Fritzsche*, § 1004 Rn. 1: „Seine Ansprüche zielen auf die Aufhebung des beeinträchtigenden Zustands und die Vermeidung künftiger Beeinträchtigungen"; Harte/Henning/*Goldmann*, § 8 Rn. 153; K/B/F/*Bornkamm*, § 8 UWG Rn. 1.101.
157 BT-Drs. 19/4724, S. 29 f.; BeckOK GeschGehG/*Spieker*, § 6 Rn. 5; H/O/K/*Ohly*, § 6 Rn. 4; K/B/F/*Alexander*, § 6 GeschGehG Rn. 4.

§ 6 Beseitigung und Unterlassung

56 Trotz des gemeinsamen Zweckes handelt es sich um **selbstständige Ansprüche** mit unterschiedlicher Zielrichtung.[158] Die Ansprüche können daher nebeneinander geltend gemacht werden.[159] Mangels spezialgesetzlicher Bestimmung bleibt für die jeweils konkrete **Antragsfassung** § 253 Abs. 2 Nr. 2 ZPO maßgeblich (→ Rn. 149). Ausnahmsweise kann das **Rechtsschutzbedürfnis** für eine Beseitigungsklage fehlen, etwa wenn ein Unterlassungstitel bereits erstritten ist und das Ziel der weiteren Klage ohne Weiteres mit Hilfe der Vollstreckung des Unterlassungstitels erreicht werden kann.[160]

57 Nach allgemeinen Grundsätzen handelt es sich bei Beseitigungs- und Unterlassungsanspruch im Prozess um **unterschiedliche Streitgegenstände**.[161] Daher ist der Übergang von einer Unterlassungs- zu einer Beseitigungsklage (und umgekehrt) eine **Klageänderung**, § 263 ZPO.[162] Der Streitgegenstandsbegriff folgt allgemeinen Grundsätzen (→ Rn. 153 ff.).[163]

1. Abgrenzung Beseitigung – Unterlassung

58 Für die Abgrenzung kann im Allgemeinen auf die Grundsätze aus dem Lauterkeits- und Immaterialgüterrecht zurückgegriffen werden.[164] Die RL 2016/943/EU differenziert in Art. 12 bspw. zwischen Maßnahmen der „Einstellung" und einem „Verbot" (weiteren Herstellens u. a.) einerseits und „Abhilfemaßnahmen" (wie etwa einem Rückruf andererseits, vgl. Art. 12 Abs. 1 lit. b und lit. c sowie Abs. 2) andererseits.

59 Inhaltlich ist der **Beseitigung**sanspruch auf die Abwehr einer gegenwärtigen und fortwirkenden Beeinträchtigung gerichtet; die geschuldete Form der Beseitigung hängt von der Art der jeweiligen rechtswidrigen Handlung ab.[165] Gegenüber dem allgemeinen Beseitigungsanspruch aus § 6 Satz 1 sind bspw. die Ansprüche aus § 7 spezieller (→ § 7 Rn. 9). Die Erfüllung des Beseitigungsanspruchs erfordert grundsätzlich die Vornahme einer **aktiven Handlung**.[166] Auf Beseitigung gerichtet sind

---

[158] BGH, 11.10.2017 – I ZB 96/16, GRUR 2018, 292 Rn. 28 – Produkte zur Wundversorgung; BGH, 18.9.2014 – I ZR 76/13, GRUR 2015, 258 Rn. 64 – CT-Paradies; Ohly/Sosnitza/*Ohly*, § 8 Rn. 69.
[159] BGH, 18.9.2014 – I ZR 76/13, GRUR 2015, 258 Rn. 64 – CT-Paradies; Teplitzky/*Löffler*, Kap. 22 Rn. 3, 7.
[160] F/B/O/*Büscher*, § 8 Rn. 9.
[161] Harte/Henning/*Goldmann*, § 8 Rn. 23; Teplitzky/*Löffler*, Kap. 22 Rn. 7.
[162] F/B/O/*Büscher*, § 8 Rn. 9.
[163] Dazu MK-ZPO/*Becker-Eberhard*, § 253 Rn. 1 ff.; Cepl/Voß/Zigann/*Werner*, § 253 Rn. 46 ff.
[164] BT-Drs. 19/4724, S. 29 f.; dazu Teplitzky/*Schaub*, Kap. 1 Rn. 10; BeckOK GeschGehG/*Spieker*, § 6 Rn. 5; BeckOK BGB/*Fritzsche*, § 1004 Rn. 5 ff.
[165] BT-Drs. 19/4724, S. 29 f.; Büscher/*Tochtermann*, § 6 GeschGehG Rn. 2; F/B/O/*Büscher*, § 8 Rn. 11, 12.
[166] F/B/O/*Büscher*, § 8 Rn. 9; Götting/Nordemann/*Schmitz-Fohrmann/Schwab*, § 8 Rn. 2; Harte/Henning/*Goldmann*, § 8 Rn. 21.

daher etwa Abhilfemaßnahmen hinsichtlich der rechtsverletzenden Produkte und darauf bezogener Dokumente.[167]

Demgegenüber ist der Anspruch auf **Unterlassung** auf die Abwehr einer drohenden Beeinträchtigung, also in die Zukunft, gerichtet. Es soll (1) eine erfolgte Beeinträchtigung des Geschäftsgeheimnisses nicht erneut vorgenommen werden oder (2) eine in der Vergangenheit begonnene, aber andauernde Beeinträchtigung für die Zukunft beendet oder (3) eine erstmalig drohende Beeinträchtigung von vornherein verhindert werden.[168] Der Anspruch besteht unabhängig davon, ob eine Erstbegehungs- oder eine Wiederholungsgefahr vorliegt.[169] Seine Beachtung erfordert vom Ansatz her nicht mehr als ein Unterlassen; der Unterlassungsanspruch ist daher ggf. durch bloßes Nichtstun erfüllbar.[170] Auf Unterlassung gerichtete Maßnahmen sind bspw. Verbote der Nutzung oder Offenlegung des Geschäftsgeheimnisses, der Herstellung und Vermarktung rechtsverletzender Produkte oder allgemein der rechtswidrigen Kommerzialisierung des Geschäftsgeheimnisses.[171] 60

Wegen dieser Unterscheidung unterfallen Beseitigung und Unterlassung grundsätzlich auch unterschiedlichen **Vollstreckungs**vorschriften, nämlich den §§ 887, 888 ZPO (Beseitigung) und § 890 ZPO (Unterlassung) (→ Rn. 166 ff.).[172] 61

Allerdings können Unterlassungs- und Beseitigungsanspruch praktisch **konvergieren**, weil auch der Unterlassungsanspruch die Vornahme künftiger Handlungen erzwingen kann (→ Rn. 106 ff.).[173] Zu Überschneidungen und einer Konkurrenz zwischen Unterlassungs- und Beseitigungsanspruch kommt es, wenn die Beseitigung einer fortdauernden Beeinträchtigung (bzw. deren Quelle) Voraussetzung der künftigen Nicht-Zuwiderhandlung ist. Wird der Schuldner auf Unterlassung in Anspruch genommen, kann er dem Unterlassungsgebot nur entsprechen, indem er selbst „positive" Handlungen ergreift, etwa das auf einem rechtswidrig erlangten Geschäftsgeheimnis beruhende Marketing für eine Ware/Dienstleistung beendet, also bspw. eine Werbekampagne stoppt.[174] Die Erfüllung des Unterlassungsanspruchs bewirkt somit ggf. zugleich das Erlöschen des Beseitigungsanspruchs. Dabei besteht keine Obliegenheit des Gläubigers, auch den Beseitigungsanspruch geltend zu machen. Er kann aber ggf. (bei entsprechender Antragsfassung) sowohl mit dem Unterlassungs- als auch mit dem Beseitigungsanspruch vorgehen. 62

---

167 K/B/F/*Köhler*, Vorb. §§ 17–19 UWG Rn. 40.
168 BeckOK GeschGehG/*Spieker*, § 6 Rn. 9.
169 BT-Drs. 19/4724, S. 30.
170 Harte/Henning/*Goldmann*, § 8 Rn. 21; OLG Düsseldorf, 30.4.2018 – I-15 W 9/18, GRUR 2018, 855 Rn. 55.
171 K/B/F/*Köhler*, Vorb. §§ 17–19 UWG Rn. 40.
172 Statt vieler und mwN Teplitzky/*Schaub*, Kap. 1 Rn. 10; OLG Düsseldorf, 30.4.2018 – I-15 W 9/18, GRUR 2018, 855 Rn. 55; zu Unterschieden der Handlungs- und Unterlassungsvollstreckung *Hermanns*, Quasi-Rückrufpflicht, S. 87 ff.; *Feddersen*, in: FS Büscher, S. 471 ff.
173 Einführend Ohly/Sosnitza/*Ohly*, § 8 Rn. 69; MK-UWG/*Fritzsche*, § 8 Rn. 109.
174 Vgl. MK-UWG/*Fritzsche*, § 8 Rn. 109.

§ 6 Beseitigung und Unterlassung

2. Unterlassungsanspruch (§ 6 Satz 1 Alt. 2 GeschGehG)

63 Der Unterlassungsanspruch richtet sich auf die Unterbindung einer Rechtsverletzung, mithin eine Unterlassung von rechtswidrigen Handlungen nach § 4 (unerlaubtes Erlangen, Nutzen oder Offenlegen von Geschäftsgeheimnissen).[175] Hierzu gehört insbesondere auch die Herstellung, das Anbieten, Inverkehrbringen, die Einfuhr oder Ausfuhr sowie die Lagerung rechtsverletzender Produkte (zum Verhältnis zu → § 7 dort Rn. 58). Auch **Dienstleistungen** können betroffen sein (Erwgrd. 3, 26, 27 RL). Der Unterlassungsanspruch entsteht mit und **sachlich** im Umfang der Begehungsgefahr und ist regelmäßig **zeitlich** unbegrenzt.[176] Allerdings ist in bestimmten Fällen eine **Befristung** möglich (→ Rn. 141). Er entfällt jedoch, wenn das betroffene Geschäftsgeheimnis „allgemein bekannt" oder „ohne weiteres zugänglich" wird (→ § 2 Rn. 31 ff., 27 ff.).[177]

64 Bezüglich der sog. **territorialen Reichweite** ist zu unterscheiden zwischen der (1) Anerkennung der Entscheidung (im Ausland) gegenüber (2) den erfassten Begehungsorten sanktionsauslösender Titelverstöße.[178] Bei Fragen zu Auslandsbezügen[179] kann grundsätzlich auf die aus dem Lauterkeitsrecht bekannten Grundsätze zurückgegriffen werden.[180] Soweit aus Klageantrag und Begründung das Interesse des Gläubigers erkennbar wird, dass eine konkrete Handlung unabhängig vom Handlungsort verboten werden soll, kann ein Unterlassungstitel „weltweite" Geltung beanspruchen. Ein solcher Titel ist (natürlich) nicht weltweit vollstreckbar, ermöglicht aber die inländische Vollstreckung wegen einer im Ausland begangenen Handlung.[181] Grundsätzlich ist dabei anzuerkennen, dass sich die Rechtsfolgen einer nach deutschem Recht festgestellten Geheimnisverletzung auf Gegenstände erstrecken können, die sich nicht (mehr) im Inland befinden.[182] Die Frage des bei Verletzungen anwendbaren **Kollisionsrechts** ist umstritten.[183]

a) Charakter und Rechtsnatur

65 Der Unterlassungsanspruch dient der Verhinderung einer künftigen Beeinträchtigung des geschützten Rechtsguts. Nach der alten Rechtslage (zum UWG) war lange umstritten, ob der Unterlassungsanspruch als ein materiell-rechtlicher Anspruch

---

175 Allgemein zum Unterlassungsanspruch als Rechtsbehelf und Folge der Verletzung gesetzlicher Verhaltenspflichten *Hofmann*, S. 286 ff.; zur „Kaskade der Verletzungshandlungen" *Ohly*, GRUR 2019, 441, 445.
176 Harte/Henning/*Goldmann*, § 8 Rn. 59; Ohly/Sosnitza/*Ohly*, § 8 Rn. 37.
177 Harte/Henning/*Harte-Bavendamm*, § 17 Rn. 59; H/O/K/*Ohly*, § 6 Rn. 49.
178 Ahrens/*Ahrens*, Kap. 16 Rn. 8 f.; MK-UWG/*Mankowski*, Band 1, A. Grundlagen Teil II Rn. 475.
179 Zur außenwirtschaftlichen Know-how-Exportkontrolle durch den Staat *Ann*, in: FS Mes, S. 1, 3 ff.
180 Zu diesen *Köhler*, in: FS Ahrens, S. 111 ff. und K/B/F/*Köhler*, Einl. UWG Rn. 5.66 ff.
181 Nach K/B/F/*Köhler*, Einl. UWG Rn. 5.68; vgl. auch F/B/O/*Büscher*, § 8 Rn. 162.
182 Vgl. auch Hoppe/Oldekop/*Hoppe*, Kap. 1 Rn. 625.
183 Ausführlich OLG Düsseldorf, 21.11.2019 – I-2 U 34/19, GRUR-RS 2019, 33225 Rn. 5 ff. – Spritzwerkzeuge; weiterführend *Ohly*, in: FS Harte-Bavendamm, S. 385 ff.

entsprechend § 241 Abs. 1 BGB oder als ein prozessualer Rechtsbehelf einzuordnen sei; dieser Streit wurde zugunsten der Einordnung als materiell-rechtlicher Anspruch entschieden.[184] Da die Terminologie der RL 2016/943/EU im Wesentlichen prozessual geprägt ist,[185] ist für den Anspruch nach § 6 Satz 1 Alt. 2 eine entsprechende Diskussion denkbar. Überzeugend ist allerdings davon auszugehen, dass auch der Unterlassungsanspruch nach § 6 Satz 1 Alt. 2 ein **materiell-rechtlicher Anspruch** ist (→ Rn. 8).[186] Dieser materiell-rechtliche Anspruch ist **vermögensrechtlich** einzuordnen und **höchstpersönlich**er Natur.[187]

b) Begehungsgefahr

66 Es ist eine allgemeine Besonderheit des Unterlassungsanspruchs, dass dieser ein Verhaltensverbot für die Zukunft beinhaltet und insoweit an ein lediglich potenzielles Verhalten des Anspruchsgegners anknüpft.[188] Da nach den §§ 3–5 rechtswidrige Handlungen zudem ohnehin (abstrakt) verboten sind, ist ein konkret zu tenorierendes Unterlassungsgebot auch erklärungsbedürftig. Es ist daher nur dann möglich und geboten, wenn in Ansicht einer bestimmten Person eine **Begehungsgefahr** bezüglich einer rechtswidrigen Verhaltensweise droht.[189] Für deren Beurteilung kann auf **allgemeine Grundsätze** rekurriert werden: Demnach liegt eine Begehungsgefahr vor, wenn entweder die Gefahr einer erstmaligen Rechtsverletzung droht (Erstbegehungsgefahr) oder nach einer ersten Rechtsverletzung (noch) eine Wiederbegehungsgefahr (kurz **Wiederholungsgefahr**) besteht.[190] Je nach Art der Begehungsgefahr besteht ein **Verletzungs-** oder ein **vorbeugender Unterlassungsanspruch**.

67 Bezüglich der Beurteilung des Vorliegens einer Erstbegehungs- und/oder Wiederholungsgefahr ist zwischen verschiedenen rechtswidrigen Verhaltensweisen – Erlangen, Nutzen, Offenlegen – zu differenzieren: So begründet etwa das rechtswidrige Erlangen eines Geschäftsgeheimnisses allein nicht ohne Weiteres eine Wiederholungsgefahr auch für dessen Nutzen[191] oder Offenlegen.[192] Auch innerhalb derselben Verletzungshandlung ist ggf. nach konkreten Verhaltensweisen zu differenzieren.[193]

---

184 K/B/F/*Bornkamm*, § 8 UWG Rn. 1.8; Teplitzky/*Schaub*, Kap. 1 Rn. 6.
185 BT-Drs. 19/4724, S. 29; *Hofmann*, WRP 2018, 1 Rn. 31.
186 Vgl. GRUR-Stellungnahme (Fn. 68), S. 8.
187 Zu § 8 Abs. 1 UWG Götting/Nordemann/*Schmitz-Fohrmann/Schwab*, § 8 Rn. 28; Harte/Henning/*Goldmann*, 8 Rn. 4.
188 *Könen*, WRP 2019, 566 Rn. 6.
189 *Alexander*, Rn. 11697; K/B/F/*Bornkamm*, § 8 UWG Rn. 1.10; K/B/F/*Alexander*, § 6 GeschGehG Rn. 33; BeckOK GeschGehG/Spieker, § 6 Rn. 9; *Hofmann*, S. 398 f.
190 Für den Oberbegriff der „Begehungsgefahr" jetzt auch Teplitzky/*Kessen*, Kap. 10 Rn. 2.
191 BGH, 3.5.2001 – I ZR/153/99, GRUR 2002, 91, 94 – Spritzgießwerkzeuge.
192 Vgl. zu § 17 UWG aF BeckOK UWG/*Kalbfus*, § 17 UWG Rn. 205.
193 Dazu Hoppe/Oldekop/*Hoppe*, Kap. 1 Rn. 662.

§ 6 Beseitigung und Unterlassung

68 Die Begehungsgefahr ist eine **materielle Anspruchsvoraussetzung**.[194] Wenn mithin keine Begehungsgefahr vorliegt, ist ein Unterlassungsbegehren unbegründet.[195] Beweisbelastet bezüglich der Begehungsgefahr ist nach allgemeinen Grundsätzen der Anspruchsteller. Dabei unterscheiden sich Erstbegehungs- und Wiederholungsgefahr nicht mit Blick auf die durch sie ausgelöste Rechtsfolge,[196] sondern vor allem in der Notwendigkeit zum entsprechenden Vortrag durch den Anspruchsgläubiger: Die Wiederholungsgefahr kann wegen einer bereits erfolgten vorhergehenden Rechtsverletzung **vermutet** werden; demgegenüber müssen konkrete Tatsachen vorgetragen werden, die eine Erstbegehungsgefahr als hinreichend wahrscheinlich erscheinen lassen (unten → Rn. 76).

69 Die rechtliche Beurteilung der Begehungsgefahr ist ein tatsächlicher Umstand, der nach den Verhältnissen der in Anspruch genommenen Person zu beurteilen ist.[197] Daher ist die Beurteilung der Begehungsgefahr **Tatfrage**[198] und deshalb in der Revisionsinstanz nur dahingehend begrenzt überprüfbar, ob das Tatsachengericht (1) gegen allgemein gültige Bewertungsgrundsätze oder (2) Denkgesetze verstoßen oder (3) die im Einzelfall maßgeblichen konkreten rechtlichen Voraussetzungen verkannt hat.[199] Die Begehungsgefahr muss **objektiv** vorliegen und nicht aus rein subjektiver Perspektive des Anspruchstellers.[200]

70 **Maßgeblicher Zeitpunkt** für die gerichtliche Entscheidung über die Tenorierung eines Unterlassungsgebots ist der Zeitpunkt der **letzten mündlichen Verhandlung**.[201] Hiervon zu unterscheiden ist die Frage der anfänglichen Begründetheit bzw. Berechtigung des Vorgehens des Anspruchsstellers (etwa im Fall einer Unterwerfung nach Verfahrenseinleitung).[202] Als Tatbestandsmerkmal führt der Wegfall der Begehungsgefahr zum Erlöschen des Unterlassungsanspruchs.[203]

---

194 BGH, 26.4.1990 – I ZR 99/88, GRUR 1990, 687, 689 – Anzeigenpreis II; K/B/F/*Bornkamm*, § 8 UWG Rn. 1.11; *Hofmann*, S. 409 ff.; Teplitzky/*Kessen*, Kap. 10 Rn. 1.
195 BGH, 12.7.2007 – I ZR 18/04, GRUR 2007, 890 Rn. 53 – jugendgefährdende Medien bei eBay; G/L/D/*Fritzsche*, § 79 Rn. 39.
196 Teplitzky/*Kessen*, Kap. 10 Rn. 7.
197 BGH, 7.3.2019 – I ZR 184/17, GRUR 2019, 746 Rn. 38 – Energieeffizienzklasse III.
198 BGH, 12.7.2007 – I ZR 18/04, GRUR 2007, 890 Rn. 54 – jugendgefährdende Medien bei eBay.
199 G/L/D/*Fritzsche*, § 79 Rn. 39.
200 A/L/G/*Grosch*, Kap. 6 Rn. 135; F/B/O/*Büscher*, § 8 Rn. 99; K/B/F/*Bornkamm*, § 8 UWG Rn. 1.18; Teplitzky/*Kessen*, Kap. 10 Rn. 3, Kap. 7 Rn. 2.
201 OLG Düsseldorf, 21.11.2019 – I-2 U 34/19, GRUR-RS 2019, 33225 Rn. 23 – Spritzwerkzeuge; LAG Köln, 2.12.2019 – 2 SaGa 20/19, ArbRAktuell 2020, 395; BGH, 10.3.2016 – I ZR 183/14, GRUR 2016, 1187 Rn. 16 – Stirnlampen; F/B/O/*Büscher*, § 8 Rn. 100; K/B/F/*Bornkamm*, § 8 UWG Rn. 1.12; Teplitzky/*Kessen*, Kap. 10 Rn. 4; vgl. auch BGH, 16.11.2017 – I ZR 161/16, GRUR 2018, 535 Rn. 15 – Knochenzement: „die Kl. die geltend gemachten Unterlassungsansprüche auf Wiederholungsgefahr stützt, ist die Klage nur begründet, wenn das beanstandete Verhalten der Bekl. sowohl zum Zeitpunkt seiner Vornahme rechtswidrig war als auch zum Zeitpunkt der Entscheidung in der Revisionsinstanz rechtswidrig ist".
202 Teplitzky/*Kessen*, Kap. 10 Rn. 4.
203 Teplitzky/*Kessen*, Kap. 10 Rn. 20, Kap. 7 Rn. 1.

III. Beseitigung und Unterlassung § 6

Der vorbeugende Unterlassungs- und der Verletzungsunterlassungsanspruch betreffen **verschiedene Streitgegenstände**, wenn die (einheitliche) Rechtsfolge aus unterschiedlichen Lebenssachverhalten hergeleitet wird; dann handelt es sich auch um verschiedene prozessuale Ansprüche.[204] Die Abgrenzung, ob es sich um einen oder um zwei Streitgegenstände handelt, folgt grundsätzlich allgemeinen Regeln (zum Streitgegenstand → Rn. 153 ff.). Im Falle einer Berufung gegen eine Entscheidung über verschiedene prozessuale Ansprüche ist daher jeder Anspruch entsprechend begründungsbedürftig.[205] Ist dem Unterlassungsantrag nicht zu entnehmen, ob es sich um einen Verletzungs- oder vorbeugenden Unterlassungsanspruch handelt – wie im Regelfall –, kommt es auf den Klagegrund an.[206] Beide Ansprüche können auch **nebeneinander** bestehen.[207]

71

Im Zusammenhang mit der Begehungsgefahr können besondere Probleme entstehen, wenn die Verwertung eines Geheimnisses nach § 17 UWG (un-)zulässig war und sich die jeweilige Beurteilung nach der neuen Rechtslage ändert (zu **Altfällen** → Rn. 308 ff.).[208]

72

Weil der Anspruch höchstpersönlicher Natur ist, geht eine (gesetzliche[209]) Unterlassungspflicht grundsätzlich **nicht auf Rechtsnachfolger** über (und ist nicht abtretbar).[210] Ein Inhaberwechsel bringt einen Wechsel in der Leitungs- und Weisungsbefugnis mit sich. Bereits diese tatsächliche Veränderung schließt es aus, allein aufgrund eines früheren Verhaltens von Mitarbeitern des Betriebs eine in der Person des neuen Inhabers begründete Erstbegehungsgefahr anzunehmen.[211] Die Wiederholungsgefahr ist ein tatsächlicher Umstand, der nach den Verhältnissen in der Person der in Anspruch Genommenen zu beurteilen ist. Wettbewerbsverstöße, die Organe oder Mitarbeiter einer auf einen anderen Rechtsträger verschmolzenen Gesell-

73

---

204 BGH, 26.1.2006 – I ZR 121/03, GRUR 2006, 429 Rn. 22 – Schlank-Kapseln; Götting/Nordemann/*Schmitz-Fohrmann/Schwab*, § 8 Rn. 43; kritisch *Büch*, in: FS Bornkamm, S. 15, 18; zur alternativen Begründung des Unterlassungsanspruchs mit unterschiedlichen Streitgegenständen *Schwippert*, in: FS Loschelder, S. 345; weiterführend *Feddersen*, in: FS Harte-Bavendamm, S. 493, 498 f.
205 BGH, 26.1.2006 – I ZR 121/03, GRUR 2006, 429 Rn. 22 – Schlank-Kapseln.
206 BGH, 10.3.2016 – I ZR 183/14, GRUR 2016, 1187 Rn. 20 – Stirnlampen, K/B/F/*Bornkamm*, § 8 UWG Rn. 1.29.
207 Götting/Nordemann/*Schmitz-Fohrmann/Schwab*, § 8 Rn. 43 mwN.
208 Weiterführend *Hoppe/Oldekop*, GRUR-Prax 2019, 324 ff.
209 *Schmidt*, in: FS Köhler, S. 630, 643 f.: „Die Zurechnungsfrage ist bezüglich vertraglicher und gesetzlicher Unterlassungsansprüche unterschiedlich zu entscheiden. Vertragliche Unterlassungsansprüche haben ebenso lange Bestand wie die vertragliche Bindung. Gesetzliche Unterlassungsansprüche bestehen nur so lange, wie die Zurechnung der Begehungs- bzw. Wiederholungsgefahr andauert."
210 BGH, 7.3.2019 – I ZR 184/17, GRUR 2019, 746 Rn. 38 – Energieeffizienzklasse III; BGH, 26.4.2007 – I ZR 34/05, GRUR 2007, 995 Rn. 14 – Schuldnachfolge mit krit. Stellungnahme *Mels/Franzen*, GRUR 2008, 968 ff.; BGH, 3.4.2008 – I ZR 49/15, GRUR 2008, 1002 Rn. 39 – Schuhpark und BGH, 6.12.2012 – III ZR 173/12, NJW 2013, 593 Rn. 15; *Freund*, S. 50 ff., 209 ff.; zur Auswirkung von Tatbeständen des Umwandlungsgesetzes im Detail *Büscher*, in: FS Harte-Bavendamm, S. 471 ff.
211 BGH, 26.4.2007 – I ZR 34/05, GRUR 2007, 995 Rn. 14 – Schuldnachfolge.

§ 6 Beseitigung und Unterlassung

schaft begangen haben, begründen keine Wiederholungsgefahr für die Rechtsnachfolgerin; aus der Verschmelzung des Unternehmens, in dem ein Wettbewerbsverstoß begangen worden ist, folgt auch keine Erstbegehungsgefahr bei dem übernehmenden Rechtsträger.[212] Im Anschluss an die Rechtsnachfolge kann jedoch unter weiteren Umständen (die zu der früher begangenen Zuwiderhandlung hinzutreten) eine Erstbegehungsgefahr neu begründet werden.[213] Die bloße Tatsache bspw. eines Unternehmensübergangs und der Fortführung des Betriebs selbst mit identischem Personal reicht dafür allein nicht aus.[214]

aa) Erstbegehungsgefahr – vorbeugender Unterlassungsanspruch

74 Erstbegehungsgefahr setzt im Allgemeinen voraus, dass ernsthafte und greifbare tatsächliche Anhaltspunkte für eine in naher Zukunft unmittelbar bevorstehende Rechtsverletzung bestehen.[215] Nicht ausreichend ist die bloß abstrakte Möglichkeit der Gefahr eines Eingriffs.[216] Vielmehr muss sich die Erstbegehungsgefahr auf eine konkrete Verletzungshandlung beziehen. Die die Erstbegehungsgefahr begründenden Umstände müssen die drohende Verletzungshandlung so konkret abzeichnen, dass sich für alle Tatbestandsmerkmale zuverlässig beurteilen lässt, ob sie verwirklicht sind (bzw. präziser im Falle der Realisierung tatsächlich verwirklicht würden).[217] Insoweit ist der Anspruchsgläubiger darlegungs- und beweispflichtig.[218]

75 Grundsätzlich kann die Erstbegehungsgefahr durch jedes tatsächliche Verhalten ausgelöst werden, welches die erforderlichen **ernsthaften und greifbaren Anhaltspunkte** mit sich bringt.[219] Dabei ist das Vorliegen der Erstbegehungsgefahr nach **objektiven Maßstäben** zu bestimmen[220] und zwar unter Feststellung und Würdigung der konkreten Umstände des Einzelfalls.[221]

---

212 BGH, 7.3.2019 – I ZR 184/17, GRUR 2019, 746 Rn. 38 – Energieeffizienzklasse III.
213 BGH, 26.4.2007 – I ZR 34/05, GRUR 2007, 995 Rn. 15 – Schuldnachfolge; BGH, 18.3.2010 – I ZR 158/07, NJW-RR 2010, 1053 Rn. 41, 46 – Modulgerüst II; Teplitzky/*Büch*, Kap. 15 Rn. 12.
214 BGH, 6.12.2012 – III ZR 173/12, NJW 2013, 593 Rn. 15.
215 BGH, 10.3.2016 – I ZR 183/14, GRUR 2016, 1187 Rn. 21 – Stirnlampen; K/B/F/*Alexander*, § 6 GeschGehG Rn. 35; ausführlich zur Erstbegehungsgefahr und ihrer Ausräumung *Büch*, in: FS Bornkamm, S. 15, 20 ff.; *Feddersen*, in: FS Harte-Bavendamm, S. 493 ff.; F/B/O/*Büscher*, § 8 Rn. 99.
216 MK-UWG/*Fritzsche*, § 8 Rn. 78.
217 Bspw. BGH, 20.12.2018 – I ZR 112/17, GRUR 2019, 189 Rn. 61 – Crailsheimer Stadtblatt und BGH, 10.3.2016 – I ZR 183/14, GRUR 2016, 1187 Rn. 21 – Stirnlampen; BeckOK GeschGehG/*Spieker*, § 6 Rn. 23; Teplitzky/*Kessen*, Kap. 10 Rn. 6.
218 BGH, 12.7.2007 – I ZR 18/04, GRUR 2007, 890 Rn. 54. – Jugendgefährdende Medien bei eBay.
219 So Harte-Henning/*Goldmann*, § 8 Rn. 86.
220 Teplitzky/*Kessen*, Kap. 10 Rn. 3.
221 MK-UWG/*Fritzsche*, § 8 Rn. 80 (mwN).

III. Beseitigung und Unterlassung § 6

Es besteht **keine tatsächliche Vermutung** bezüglich des Vorliegens einer Erstbegehungsgefahr.[222] Der vorbeugende Unterlassungsanspruch besteht vielmehr nur dann und solange, wie die Gefahr der Begehung droht; er entfällt mit dem Fortfall der (Erst-)Begehungsgefahr.[223] **Maßgeblicher Zeitpunkt** für das Vorliegen der Erstbegehungsgefahr ist im streitigen Verfahren nach allgemeinen Grundsätzen der Zeitpunkt der (letzten) mündlichen Verhandlung.[224] Liegt im Zeitpunkt der gerichtlichen Entscheidung keine Erstbegehungsgefahr vor, ist die Unterlassungsklage als unbegründet – und nicht etwa als „derzeit unbegründet" – abzuweisen; die Rechtskraft (§ 322 ZPO) dieser Entscheidung steht der Geltendmachung eines Unterlassungsanspruchs bei entstehender Erstbegehungsgefahr nicht entgegen, weil diese einen anderen Streitgegenstand betrifft.[225] Ebenfalls entsprechend den allgemeinen Grundsätzen kann es auf die Frage der ursprünglichen Begründetheit des Vorgehens ankommen, etwa bei der Frage nach der Berechtigung von Abmahnkosten oder im Streit über die Erledigung der Hauptsache (§ 91a ZPO).[226]

76

Im Regelfall begründen vollendete Verletzungshandlungen keine Erstbegehungsgefahr für nicht kerngleiche andere (rechtswidrige) Handlungen.[227] Allerdings kann eine vollendete Verletzungshandlung für nicht kerngleiche Verletzungen eine Erstbegehungsgefahr begründen, wenn sich die weiteren Verletzungshandlungen „nach der Lebenserfahrung im geschäftlichen Verkehr gewissermaßen aufdrängen".[228] In Einzelfällen wird daher auch die rechtswidrige Erlangung eines Geschäftsgeheimnisses – bspw. durch das unbefugte Kopieren – als Begründung einer Erstbegehungsgefahr bezüglich der Verletzung weiterer, diesem Rechtsverletzer bekannter Geheimnisse des Inhabers erwogen.[229] Zudem kann aus einer rechtswidrigen – insbesondere einer vorsätzlichen – Verschaffungshandlung auch eine Erstbegehungsgefahr für die Geheimnisnutzung folgen, wenn insoweit zumindest greifbare Anhaltspunkte für eine in naher Zukunft bevorstehende Verletzungshandlung vorliegen.[230] In Anknüpfung an die frühere Rechtsprechung ist unter einem nach § 3 Abs. 3, § 4 Abs. 2 und Abs. 3 relevanten „Nutzen" allerdings mehr als das bloße Innehaben des Geschäftsgeheimnisses zu verstehen; vielmehr geht es um einen inhaltsbezogenen Nutzen durch zweckkonformes Ein- bzw. Umsetzen des Erken-

77

---

222 BeckOK GeschGehG/*Spieker*, § 6 Rn. 23; Götting/Nordemann/*Schmitz-Fohrmann/Schwab*, § 8 Rn. 51; Harte/Henning/*Goldmann*, § 8 Rn. 86.
223 BGH, 9.10.1986 – I ZR 158/84, GRUR 1987, 125, 126 – Berühmung und BGH, 23.2.1989 – I ZR 18/87, GRUR 1989, 432, 434 – Kachelofenbauer.
224 Teplitzky/*Kessen*, Kap. 10 Rn. 4.
225 BGH, 26.4.1990 – I ZR 99/88, GRUR 1990, 687, 689 – Anzeigenpreis II; K/B/F/*Bornkamm*, § 8 UWG Rn. 1.18.
226 Teplitzky/*Kessen*, Kap. 10 Rn. 4.
227 BGH, 11.9.2008 – I ZR 58/06, GRUR 2009, 418 Rn. 18 – Fußpilz; G/L/D/*Fritzsche*, § 79 Rn. 44; BGH, 3.5.2001 – I ZR 153/99, GRUR 2002, 91, 94 f. – Spritzgießwerkzeuge.
228 Treffend G/L/D/*Fritzsche*, § 79 Rn. 44.
229 Harte/Henning/*Harte-Bavendamm*, § 17 Rn. 59; Hoppe/Oldekop/*Hoppe*, Kap. 1 Rn. 684.
230 BeckOK UWG/*Kalbfus*, § 17 Rn. 206.

ntnisgegenstands (→ § 3 Rn. 109 ff.).[231] Dementsprechend ist ein Nutzen jedenfalls ein wirtschaftliches Verwerten, etwa zur Gewinnerzielung oder Kostensenkung.[232] Im Falle einer Kundenliste ist dies etwa der Fall, wenn die Kundendaten in die eigene Kundenliste des Anspruchsschuldners eingespeist oder konkrete Kontakte mit den Kunden zwecks Geschäftsabschlusses angebahnt wurden.[233] Die Feststellung einer unbefugten Verwertung der Betriebsgeheimnisse kann ein weiter ausgesprochenes Verbot der gewerbsmäßigen Herstellung und Benutzung tragen.[234]

78 Wechselt ein **Arbeitnehmer** zu einem Konkurrenzunternehmen und werden bei einer Durchsuchung seiner Privaträume Geschäftsgeheimnisse des bisherigen Arbeitgebers aufgefunden, so begründet nur dies allein noch keinen **Anscheinsbeweis** für eine Verwertung oder eine Weitergabe an den neuen Arbeitgeber.[235] Auch eine Erstbegehungsgefahr bezüglich des neuen Arbeitgebers wird (erst recht) nicht ohne Hinzutreten weiterer Umstände angenommen werden können.[236]

79 Gerade im Lichte der (noch) aktuellen Schaffung des GeschGehG ist von besonderer Bedeutung, dass **keine Erstbegehungsgefahr** anzunehmen ist, wenn der Anspruchsgegner in der Vergangenheit eine Verhaltensweise an den Tag gelegt hat, die nach der damaligen Rechtslage zulässig war und erst durch eine **Rechtsänderung** (Gesetzes- oder Rechtsprechungsänderung) unzulässig geworden ist – es sei denn, weitere tatsächliche Umstände lassen eine relevante Zuwiderhandlung in der Zukunft konkret erwarten.[237]

80 Einen Sonderfall betrifft die denkbare „**Geheimnis-Widerklage**" gegen eine anhängige Klage aus einem anderen Rechtsgebiet, um dadurch in den Anwendungsbereich des § 16 (und den dort verankerten Regelungen zum verfahrensrechtlichen Geheimnisschutz) zu gelangen.[238] Dies kann erwogen werden, um der leidigen Wahl zwischen Verfahrensverlust oder Geheimnisverlust zu entgehen.[239] Zum Beispiel ist für einen Patentverletzungsprozess erwogen worden, dass der Beklagte für seine effektive Verteidigung gegen den Verletzungsvorwurf einen Vortrag zu technischen Details der angegriffenen Ausführungsform im Wege der Geheimnis-Widerklage in das Patentverletzungsverfahren einführt.[240] Eine solche Widerklage

---

231 So MK-UWG/*Brammsen*, § 17 Rn. 124; BeckOK GeschGehG/*Hiéramente* [Stand: 15.3.2021], § 4 Rn. 53; *Reinfeld*, § 7 Rn. 67; OLG Saarbrücken, 24.7.2002 – 1 U 901/01, GRUR-RR 2002, 359 – Kundenlisten.
232 OLG Saarbrücken, 24.7.2002 – 1 U 901/01, GRUR 2002, 359 Ziffer 2.b) – Kundenlisten.
233 OLG Saarbrücken, 24.7.2002 – 1 U 901/01, GRUR 2002, 359 Ziffer 2.b) – Kundenlisten.
234 BGH, 3.5.2001 – I ZR 153/99, WRP 2001, 1174, 1179 – Spritzgießwerkzeuge.
235 BAG, 19.5.1998 – 9 AZR 394/97, NZA 1999, 200, 202.
236 Vgl. BGH, 19.12.2002 – I ZR 119/00, GRUR 2003, 453, 454 – Verwertung von Kundenlisten.
237 G/L/D/*Fritzsche*, § 79 Rn. 46 mwN.
238 Zu dieser Widerklage als „Türöffner-Antrag" *Zhu/Popp*, GRUR 2020, 338, 341 f. und erwidernd *Kühnen*, GRUR 2020, 576 ff.
239 Dazu LG München, 20.12.2018 – 7 O 10495/17, BeckRS 2018, 33489 Rn. 217–235 – Qualcomm/Apple und dazu *Semrau-Brandt*, GRUR-Prax 2019, 127 ff.; *Schregle* GRUR 2019, 912, 913.
240 *Zhu/Popp*, GRUR 2020, 338, 342.

III. Beseitigung und Unterlassung §6

würde einen vorbeugenden Unterlassungsanspruch geltend machen. Neben Fragen der Zulässigkeit (insbes. Zuständigkeit), müsste eine solche Widerklage nach allgemeinen Grundsätzen auch eine Erstbegehungsgefahr darlegen, um begründet zu sein.[241] Allein das tatsächliche Schutzbedürfnis des Geheimnisinhabers/Widerklägers ist zur Begründung der materiell-rechtlich erforderlichen Begehungsgefahr in Person des Klägers/Widerbeklagten insoweit untauglich. Im Patentrecht hat sich die Situation allerdings mit der Einführung des § 145a PatG ohnehin entschärft. Ob und inwieweit ein möglicher weiterer Anwendungsbereich für diesen Ansatz verbleibt, ist offen.[242]

bb) Wiederholungsgefahr – Verletzungsunterlassungsanspruch

81 Die Annahme einer Wiederholungsgefahr erfordert eine in der Vergangenheit vollendete Rechtsverletzung.[243] Liegt eine solche vor, wird eine entsprechende Wiederholungsgefahr widerleglich vermutet – eben weil ein begangener Verstoß dessen Wiederholung nahelegt.[244] Es handelt sich um eine **tatsächliche Vermutung**.[245] Der Anspruchsgläubiger muss also über die erfolgte Rechtsverletzung hinaus prinzipiell nicht weiter darlegen, warum eine weitere (kerngleiche) Rechtsverletzung mit einer hinreichenden Wahrscheinlichkeit (im Zeitpunkt der letzten mündlichen Verhandlung[246]) droht. Vielmehr obliegt die Widerlegung der Vermutung dem Rechtsverletzer (zur Beweislast generell → Rn. 246ff.). Die **Anforderungen an den Nachweis** der unlauteren Erlangung eines Geheimnisses sind – wie schon nach der überkommenen Rechtslage – nicht zu überspannen.[247]

82 Eine Verletzungshandlung begründet zudem die Vermutung der Wiederholungsgefahr nicht nur für eine vollkommen identische Verletzungsform, sondern auch für alle **im Kern gleichartigen Verletzungshandlungen**[248] – und in entsprechendem Umfang gilt regelmäßig ein gerichtliches Verbot, selbst wenn es auf eine konkrete Verletzungsform bezogen ist (→ Rn. 167).[249] In diesem Sinn im Kern gleichartig ist

---

241 Worauf es dem Geheimnisinhaber ggf. jedoch gar nicht ankommt, wenn schon eine zulässige Widerklage den Schutz des § 16 GeschGehG eröffnet, *Zhu/Popp*, GRUR 2020, 338.
242 BGBl. 2021 Teil I Nr. 53, 3490 ff.
243 BGH, 12.7.2007 – I ZR 18/04, GRUR 2007, 890 Rn. 53 – jugendgefährdende Medien bei eBay.
244 BT-Drs. 19/4724, S. 30; BeckOK GeschGehG/*Spieker*, § 6 Rn. 10; K/B/F/*Alexander*, § 6 GeschGehG Rn. 34; H/O/K/*Ohly*, § 6 Rn. 16; zum UWG BGH, 14.1.2016 – I ZR 65/14, GRUR 2016, 946 Rn. 52 – Freunde finden.
245 K/B/F/*Bornkamm*, § 8 UWG Rn. 1.44 (mwN).
246 Götting/Nordemann/*Schmitz-Fohrmann/Schwab*, § 8 Rn. 30 (mwN).
247 Zu § 17 UWG BeckOK UWG/*Kalbfus*, § 17 UWG Rn. 205 mwN; BGH, 19.11.1982 – I ZR/99/80, GRUR 1983, 179, 181 – Stapel-Automat; BGH, 21.12.1962 – I ZR 47/61, WRP 1963, 138 – Industrieböden.
248 BGH, 20.6.2013 – I ZR 55/12, GRUR 2013, 1235 Rn. 19 – Restwertbörse II; F/B/O/*Büscher*, § 8 Rn. 56.
249 BGH, 29.4.2010 – I ZR 202/07; GRUR 2010, 749 = WRP 2010, 1030 Rn. 42; BGH, 11.9.2008 – I ZR 58/06, GRUR 2009, 418 Rn. 18 – Fußpilz; BGH, 30.4.2008 – I ZR 73/05, WRP 2008, 1104 Rn. 55 – Internet-Versteigerung III; G/L/D/*Fritzsche*, § 79 Rn. 12; Cepl/Voß/*Rinken*, § 292 Rn. 42.

§ 6 Beseitigung und Unterlassung

ein – nicht identisches – Verhalten, welches von der Verletzungshandlung „unbedeutend" abweicht[250] und in dem das Charakteristische der Verletzungshandlung zum Ausdruck kommt.[251] In Anlehnung an die Rechtsprechung des BGH ist auch eine „im Kern gleichartige" Verletzung verschiedener Geschäftsgeheimnisse möglich, mit der Folge, dass die Verletzung eines Geheimnisses A auch eine Wiederholungsgefahr für das Geheimnis B begründen kann.[252] Insoweit kann zwar regelmäßig eine Verletzungshandlung keine Wiederholungsgefahr im Hinblick auf die Verwirklichung eines anderen Streitgegenstandes begründen; davon kann jedoch eine Ausnahme geboten sein, wenn die Gegenstände eng verknüpft sind.[253]

cc) Ausräumung der Begehungsgefahr

83 Zwischen der Ausräumung der Begehungsgefahr bei einer Erstbegehungs- bzw. Wiederholungsgefahr besteht ein erheblicher Unterschied, wobei wiederum an die im Lauterkeits- und Immaterialgüterrecht etablierten Grundsätze angeknüpft werden kann.[254]

84 Soweit die Begehungsgefahr entfällt, erlischt der Unterlassungsanspruch. Dies ist die logische Folge der Einordnung der Begehungsgefahr als materielle Tatbestandsvoraussetzung (→ Rn. 68).[255] Deshalb kann der (vorbeugende oder Verletzungs-) Unterlassungsanspruch auch nicht „wiederaufleben"; vielmehr besteht eben entweder eine (neue) Erstbegehungs- oder es liegt – nach einem Verstoß – eine Wiederholungsgefahr vor.

85 Da die **Erstbegehungsgefahr** an eine „lediglich" drohende tatsächliche Rechtsverletzung anknüpft und nicht vermutet wird, reicht zu ihrer Ausräumung grundsätzlich ein „**actus contrarius**", also ein der Begründung der Erstbegehungsgefahr entgegengesetztes Verhalten.[256] Damit sind an die Beseitigung der Erstbegehungsgefahr grundsätzlich weniger strenge Anforderungen zu stellen als an die auf eine erfolgte Verletzungshandlung gestützte Annahme der Gefahr der Wiederholung des Verhaltens in der Zukunft.[257] Eine strafbewehrte Unterlassungserklärung ist mithin in aller Regel nicht erforderlich, sie ist aber natürlich zur Streitbeilegung möglich.[258] Wurde die Erstbegehungsgefahr für eine Geheimnisverwertung durch eine

---

250 K/B/F/*Bornkamm*, § 8 UWG Rn. 1.47; Teplitzky/*Feddersen*, Kap. 57 Rn. 12.
251 Ohly/Sosnitza/*Ohly*, § 8 Rn. 8.
252 Zum Urheberrecht BGH, 20.6.2013 – I ZR 55/12, GRUR 2013, 1235 Rn. 19 – Restwertbörse II; kritisch zur Begriffswahl „kerngleich" des BGH, *Schwippert*, in: FS Ströbele, S. 463.
253 *Schwippert*, in: FS Ströbele, S. 463 VI.
254 BeckOK GeschGehG/*Spieker*, § 6 Rn. 24, 11 ff.; K/B/F/*Alexander*, § 6 GeschGehG Rn. 34 f. und K/B/F/*Bornkamm*, § 8 UWG Rn. 1.45 ff. mwN; *Büch*, in: FS Bornkamm, S. 15, 21 ff.
255 Zum UWG und der Wiederholungsgefahr K/B/F/*Bornkamm*, § 8 UWG Rn. 1.56.
256 BeckOK GeschGehG/*Spieker* [15.3.2020]; § 6 Rn. 24; K/B/F/*Bornkamm*, § 8 UWG Rn. 1.31; zu § 17 UWG aF BeckOK UWG/*Kalbfus*, § 17 UWG Rn. 206; BGH, 22.1.2014 – I ZR 71/12, GRUR 2014, 382 Rn. 33 – REAL-Chips (MarkenR); differenzierend *Köhler*, GRUR 2011, 879 ff.; Götting/Nordemann/*Schmitz-Fohrmann/Schwab*, § 8 Rn. 51; F/B/O/*Büscher*, § 8 Rn. 108; H/O/K/*Ohly*, § 6 Rn. 44.
257 Bspw. BGH, 22.1.2014 – I ZR 71/12, GRUR 2014, 382 Rn. 33 – REAL-Chips.

unbefugte und möglicherweise sogar strafbare Verschaffung von Geheimnissen begründet, so entfällt die Erstbegehungsgefahr allein durch die Herausgabe und/oder die vom Rechtsverletzer darzulegende (und zu beweisende) Vernichtung/Löschung der relevanten Informationen.[259]

Demgegenüber gilt für die **Ausräumung der Wiederholungsgefahr** ein erheblich verschärfter und **strenger Maßstab**, der durch die bereits erfolgte Rechtsverletzung gerechtfertigt wird.[260] Ein **Hauptsacheurteil** lässt die Begehungsgefahr ohne Weiteres entfallen, eine **einstweilige Verfügung** nur bei Abgabe einer **Abschlusserklärung**. Nach den im Lauterkeitsrecht und gewerblichen Rechtsschutz etablierten Grundsätzen[261] entfällt die Wiederholungsgefahr im Übrigen regelmäßig nicht durch eine bloße Einstellung (oder etwa Änderung) des rechtsverletzenden Verhaltens (bzw. nur dann, wenn jede Wahrscheinlichkeit für eine Wiederaufnahme ähnlicher Tätigkeiten durch den Rechtsverletzer beseitigt ist).[262] Regelmäßig kann die Wiederholungsgefahr somit nur durch die Abgabe einer **strafbewehrten Unterlassungserklärung** ausgeräumt werden.[263] Dabei ist unschädlich, wenn die vom Gläubiger vorgeschlagene Unterwerfungserklärung mehr fordert, als ihm zusteht; es ist Sache des Schuldners, aufgrund der Abmahnung die zur Beseitigung der Wiederholungsgefahr „erforderliche" Erklärung abzugeben.[264]

86

Diesbezüglich ist erforderlich, dass der Rechtsverletzer eine **ernsthafte, uneingeschränkte, bedingungslose** und **unwiderrufliche** Unterlassungsverpflichtungserklärung unter Übernahme einer **angemessenen Vertragsstrafe** (regelmäßig: Geldleistung) für jeden Fall der Zuwiderhandlung abgibt.[265] Eine entsprechende Unterlassungserklärung muss vom Gläubiger nicht angenommen werden, um die durch eine Rechtsverletzung begründete Wiederholungsgefahr auszuräumen.[266] Eine Unterwerfungserklärung erstreckt sich – ebenso wie ein entsprechender Unterlassungstitel – im Allgemeinen auch auf **kerngleiche** Verhaltensweisen; zugleich ist

87

---

258 Teplitzky/*Kessen*, Kap. 10 Rn. 21 f.; Harte/Henning/*Goldmann*, § 8 Rn. 106; MK-UWG/*Fritzsche*, § 8 Rn. 98 und BeckOK GeschGehG/*Spieker*, § 6 Rn. 24 – alle mwN.
259 Zu § 17 UWG BeckOK UWG/*Kalbfus*, § 17 UWG Rn. 206.
260 BeckOK GeschGehG/*Spieker*, § 6 Rn. 10; bspw. zum Unterlassungstitel und der Wiederholungsgefahr *Bornkamm*, in: FS Tilmann, S. 769 ff. und weiterführend *Doepner*, in: FS Mes, S. 71, 96 ff.
261 Dazu K/B/F/*Bornkamm*, § 8 UWG Rn. 1.45 mwN.
262 BGH, 14.1.2016 – I ZR 65/14, GRUR 2016, 946 Rn. 53 – Freunde finden und BGH, 30.4.2014 – I ZR/170/10, GRUR 2014, 1120 = WRP 2014, 1304 Rn. 31 – Betriebskrankenkasse II; K/B/F/*Alexander*, § 6 GeschGehG Rn. 34.
263 BGH, 14.1.2016 – I ZR 65/14, GRUR 2016, 946 Rn. 53 – Freunde finden; BGH, 30.4.2014 – I ZR/170/10, GRUR 2014, 1120 = WRP 2014, 1304 Rn. 31 – Betriebskrankenkasse II; *Schwippert*, in: FS Ströbele, S. 463 zum Wegfall der Wiederholungsgefahr ohne Unterwerfungsvertrag; F/B/O/*Büscher*, § 8 Rn. 65 ff.; H/O/*Ohly*, § 6 Rn. 31–36.
264 BGH, 31.10.2018 – I ZR 73/17, GRUR 2019, 82 Rn. 35 – Jogginghosen; zur modifizierten Unterwerfung und dem Schicksal des Unterlassungsanspruchs Büscher/*Bornkamm*, S. 441, 442 ff.
265 K/B/F/*Bornkamm*, § 8 UWG Rn. 1.44.
266 BGH, 31.5.1990 – I ZR 285/88, GRUR 1990, 1051, 1052 – Vertragsstrafe ohne Obergrenze; BGH, 17.9.2009 – I ZR 217/07, GRUR 2010, 355 Rn. 18 – Testfundstelle.

die Unterlassungserklärung jedoch **auslegungsfähig**.[267] Die Auslegung der Unterwerfungserklärung des Schuldners kann jedoch auch ergeben, dass sie bewusst eng auf die bezeichnete konkrete Verletzungsform beschränkt sein soll.[268]

88 Für die **Bemessung** der Angemessenheit der Vertragsstrafe kann ebenfalls auf die etablierten Grundsätze zurückgegriffen werden.[269] Bei der Beurteilung der Angemessenheit steht daher die Zwangsfunktion der Vertragsstrafe im Vordergrund,[270] denn deren Funktion liegt darin, den Unterlassungsschuldner dadurch zur Einhaltung der von ihm versprochenen Unterlassungspflicht zu bewegen, also dass er aufgrund der versprochenen Strafe vor weiteren Verstößen zurückschreckt[271] – die Höhe der Vertragsstrafe muss daher geeignet sein, den Schuldner „ernsthaft" von der Verwirklichung eines kerngleichen Verhaltens abzuhalten.[272] Ein entsprechendes Druckmittel ist die Vertragsstrafe insbes. dann, wenn sich der Verstoß für den Schuldner angesichts der drohenden Vertragsstrafe voraussichtlich „nicht mehr lohnt".[273]

89 Es kommt eine **absolute** oder eine **relative Vertragsstrafe** in Betracht. Die absolute (oder „feste") Vertragsstrafe sieht von vornherein einen feststehenden Betrag für jeden Fall der Zuwiderhandlung vor; hingegen enthält die relative Vertragsstrafe eine Abrede, nach der die Vertragsstrafe im Fall einer Zuwiderhandlung für das jeweils inkriminierte Verhalten durch einen Dritten oder den Gläubiger bestimmt wird. Ein **Höchstbetrag** muss damit nicht angegeben werden; vielmehr kann einerseits eine nach oben offene Vertragsstrafevereinbarung ein besonders geeignetes Mittel zur Verhütung schwerwiegender oder folgenreicher Wiederholungen einer Verletzungshandlung sein, da der Schuldner bei Begehung solcher Verstöße einem angemessenen höheren Strafrisiko ausgesetzt ist.[274] Andererseits ist es zulässig und kann auch – mit Blick auf einen sachgerechten Interessenausgleich – sinnvoll sein, einen Höchstbetrag anzugeben (zB „Vertragsstrafe bis zu EUR …").[275] Gerade in Geschäftsgeheimnissachen kann die Abschreckungswirkung einer exakt bezifferten Strafe aus Inhabersicht vorteilhaft sein.[276]

90 Bei der Vereinbarung einer **absoluten Vertragsstrafe** ist bei Vertragsschluss auf Grundlage des Verhaltens des Schuldners, welches Anlass für die Vereinbarung ist, sowie der konkreten Umstände des Einzelfalls eine Prognose über die für die notwendige Abschreckungswirkung erforderliche Höhe der Vertragsstrafe vorzuneh-

---

267 Neben der Auslegung stellt sich die Frage der Anfechtbarkeit. Dazu Jänich, in: FS Köhler, S. 319 ff., 325 f.
268 BGH, 19.4.2010 – I ZR 202/07, GRUR 2010, 749 Rn. 45.
269 BeckOK GeschGehG/*Spieker*, § 6 Rn. 16; Überblick *Metzger*, GRUR 2019, 1015 ff.
270 Teplitzky/*Kessen*, Kap. 8 Rn. 19; Ohly/Sosnitza/*Ohly*, § 8 Rn. 16.
271 BGH, 13.11.2013 – I ZR 77/12, GRUR 2014, 595 Rn. 16 – Vertragsstrafenklausel.
272 BeckOK GeschGehG/*Spieker*, § 6 Rn. 16.
273 BGH, 13.11.2013 – I ZR 77/12, GRUR 2014, 595 Rn. 17 – Vertragsstrafenklausel; K/B/F/*Bornkamm*, § 8 UWG Rn. 1.207.
274 BGH, 31.5.1990 – I ZR 285/88, GRUR 1990, 1051, 1052 – Vertragsstrafe ohne Obergrenze.
275 BeckOK GeschGehG/*Spieker*, § 6 Rn. 19; K/B/F/*Bornkamm*, § 8 UWG Rn. 1.208, 1210.
276 BeckOK UWG/*Hohn-Hein*, § 6 GeschGehG Rn. 17.

men. In diesem Zusammenhang ist auch zu berücksichtigen, dass der Unterlassungsschuldner – anders als bei Austauschverträgen – mangels synallagmatischer Pflichten kein originäres Eigeninteresse an der Einhaltung der von ihm versprochenen Unterlassungspflicht hat. Darüber hinaus ist zu bedenken, dass der Unterlassungsgläubiger weitere Rechtsverstöße oftmals nur sehr schwer und mit erheblichem Aufwand aufzudecken vermag.[277]

Die Frage nach der Höhe einer angemessenen **Summe** lässt sich nicht allgemein, sondern immer nur unter Berücksichtigung der besonderen Umstände des jeweiligen Einzelfalls beantworten.[278] Dabei besteht in Geschäftsgeheimnissachen ein besonders **breiter Spielraum**, schon allein deshalb, weil Geheimnisse einen sehr unterschiedlichen Wert aufweisen (können). Nach allgemeinen Grundsätzen sind für die Beurteilung der Angemessenheit (der Höhe) der Vertragsstrafe objektive Kriterien maßgeblich, insbesondere die Schwere und das Ausmaß der begangenen Zuwiderhandlung,[279] deren Gefährlichkeit für den Gläubiger, das Verschulden des Rechtsverletzers sowie Art und Größe des Unternehmens des Schuldners (beinhaltend auch Umsatz und möglichen Gewinn[280]).[281] Da das GeschGehG „angemessene Geheimhaltungsmaßnahmen" erzwingt (§ 2 Rn. 56 ff.), sollten deren Kosten auch bei der Bemessung der Vertragsstrafe berücksichtigt werden (sofern diese Kosten – zumindest pauschaliert – dargelegt werden können).[282] 91

Angesichts der vielfältigen Lebenssachverhalte im Anwendungsbereich des GeschGehG, sowohl hinsichtlich der erfassten Geschäftsgeheimnisse wie auch der möglichen Anspruchsgläubiger und -schuldner, kann zum jetzigen Zeitpunkt **kein Regelwert** für eine angemessene Vertragsstrafe angegeben werden.[283] Eine angemessene Vertragsstrafe zur Ausräumung der Wiederholungsgefahr wird jedoch im Anwendungsbereich des GeschGehG im Regelfall deutlich über einer Vertragsstrafe für einen durchschnittlichen UWG-Verstoß liegen.[284] 92

Eine flexiblere Lösung bietet eine **relative Vertragsstrafe**, insbesondere eine Abrede nach dem „**Hamburger Brauch**".[285] Dieser kann auch in Verfahren nach dem GeschGehG Anwendung finden.[286] Danach wird vereinbart, dass die Vertragsstrafe 93

---

277 BGH, 13.11.2013 – I ZR 77/12, GRUR 2014, 595 Rn. 17 – Vertragsstrafenklausel.
278 BGH, 13.11.2013 – I ZR 77/12, GRUR 2014, 595 Rn. 17 – Vertragsstrafenklausel.
279 Dies betrifft auch die Frage, welche Schutzmaßnahmen überwunden werden mussten, um das Geschäftsgeheimnis zu erlangen, BeckOK GeschGehG/*Spieker*, § 6 Rn. 16.
280 K/B/F/*Bornkamm*, § 8 UWG Rn. 1.207.
281 BGH, 13.11.2013 – I ZR 77/12, GRUR 2014, 595 Rn. 17 – Vertragsstrafenklausel.
282 BeckOK GeschGehG/*Spieker*, § 6 Rn. 16.
283 Anders BeckOK GeschGehG/*Spieker*, § 6 Rn. 16: „schwerlich (…) Betrag unterhalb von 10.000 EUR (…) hinreichend".
284 BeckOK GeschGehG/*Spieker*, § 6 Rn. 16.
285 Dazu bspw. Harte/Henning/*Brüning*, § 12 Rn. 202 ff.; Ohly/Sosnitza/*Ohly*, § 8 Rn. 16; MK-UWG/*Ottofülling*, § 12 Rn. 272; BGH, 17.9.2009 – I ZR 217/07, GRUR 2010, 355 Rn. 30 – Testfundstelle; BeckOK GeschGehG/*Spieker*, § 6 Rn. 17/19 zu Hamburger Brauch und neuen Hamburger Brauch.
286 Vgl. BeckOK GeschGehG/*Spieker*, § 6 Rn. 19.

§ 6 Beseitigung und Unterlassung

nach billigem Ermessen durch den Gläubiger oder einen Dritten – nicht das Gericht selbst[287] – gem. §§ 315 Abs. 1, 317 Abs. 1 BGB der Höhe nach bestimmt wird und die getroffene Bestimmung sodann im Einzelfall nach § 315 Abs. 3 BGB durch ein Gericht überprüft werden kann[288] (Bsp.: „Der Schuldner verpflichtet sich, es bei Meidung einer vom Gläubiger nach billigem Ermessen festzusetzenden, im Streitfall vom Landgericht ... zu überprüfenden, Vertragsstrafe zu unterlassen ..."); auch ein Höchstrahmen kann von vornherein festgelegt werden.[289, 290] Die relative Vertragsstrafe kann auch bis zu einem bestimmten Betrag versprochen, also gedeckelt werden, wobei die Obergrenze die im Regelfall angemessene Vertragsstrafe zumindest um das Doppelte übersteigen sollte.[291] Die richterliche Billigkeitskontrolle nach § 315 BGB Abs. 3 Satz 2 kommt auch einem Kaufmann zugute, weswegen es in solchen Fällen nicht auf § 348 HGB ankommt (wonach eine unter Kaufleuten vereinbarte Vertragsstrafe nicht herabgesetzt werden kann).[292] Im Fällen einer entsprechenden nachträglichen konkreten Bestimmung der Vertragsstrafe oder im Falle einer späteren Herabsetzung durch das Gericht ist neben der Sanktionsfunktion auch die Funktion als pauschalierter (Mindest-)Schadensersatz zu berücksichtigen.[293]

94 Schließlich ist davon auszugehen, dass für **Streitigkeiten** über Vertragsstrafen auf Basis des GeschGehG streitwertunabhängig **ausschließlich** die **Landgerichte** zuständig sind.[294] Dies hat der BGH (in einem obiter dictum) für § 13 Abs. 1 UWG ausführlich begründet, wobei die tragenden Erwägungen auch auf Verfahren nach dem GeschGehG zu übertragen sind.[295]

95 Neben der Abgabe einer Unterlassungserklärung nach den vorstehenden Maßgaben sind auch im Anwendungsbereich des GeschGehG **andere Fälle einer Ausräumung der Wiederholungsgefahr** denkbar, etwa durch eine **Änderung der Rechtslage**,[296] ein **rechtskräftiges Unterlassungsurteil** (mit Ordnungsmittelan-

---

287 Ohly/Sosnitza/*Ohly*, § 8 Rn. 16; K/B/F/*Bornkamm*, § 8 UWG Rn. 1.212.
288 BGH, 13.11.2013 – I ZR 77/12, GRUR 2014, 595 Rn. 18 – Vertragsstrafenklausel; Teplitzky/ *Kessen*, Kap. 8 Rn. 22.
289 Teplitzky/*Kessen*, Kap. 8 Rn. 22a.
290 Harte/Henning/*Brüning*, § 12 Rn. 204.
291 Vgl. MK-UWG/*Ottofülling*, § 12 Rn. 272 mwN; BeckOK GeschGehG/*Spieker*, § 6 Rn. 19.
292 BGH, 17.9.2009 – I ZR 217/07, GRUR 2010, 355 Rn. 30 – Testfundstelle; zur Nichtanwendung des § 348 in diesem Fall vgl. auch BeckOGK-HGB/*Beurskens* [1.1.2020], § 348 Rn. 34.
293 K/B/F/*Bornkamm*, § 8 UWG Rn. 1.207.
294 BeckOK GeschGehG/*Spieker*, § 6 Rn. 17.
295 BGH, 19.10.2016 – I ZR 93/15, MMR 2017, 169 Rn. 22 ff. – Ausschließliche Zuständigkeit bei Vertragsstrafeansprüchen.
296 Ohly/Sosnitza/*Ohly*, § 8 Rn. 20; K/B/F/*Bornkamm*, § 8 UWG Rn. 1.54.

drohung)²⁹⁷ oder **eine einstweilige Verfügung mit Abschlusserklärung**, mit der der Schuldner die einstweilige Verfügung als endgültige und verbindliche, daher einem in einem Hauptsacheverfahren ergangenen Urteil gleichstehende, Regelung anerkennt.²⁹⁸ Die Aufzählung ist nicht abschließend; es kann auf Beispiele zu möglichen weiteren Einzelfällen aus der UWG-Rechtsprechung verwiesen werden.²⁹⁹

Die **unterschiedliche Behandlung** der Ausräumung der Begehungsgefahr hat schließlich (bspw. zum UWG) durchaus **Kritik** erfahren.³⁰⁰ Es wäre tatsächlich einfacher und möglicherweise auch rechtssicherer, für den Wegfall der jeweiligen Begehungsgefahr grundsätzlich einheitlich eine strafbewehrte Unterlassungserklärung zu fordern. Zugleich bietet eine geschehene Verletzungshandlung eben durchaus Anlass für eine strengere Handhabe.

96

c) Inhalt des Unterlassungsanspruchs

Der Unterlassungsanspruch richtet sich inhaltlich auf ein konkretes Unterlassen, scil. das Nichtbegehen einer in Klageantrag, Tenor oder Unterwerfungserklärung konkretisierten rechtswidrigen Handlung³⁰¹ (mithin dem rechtswidrigen Erwerb eines Geheimnisses, dessen Nutzung oder Offenlegung, vgl. § 4).³⁰² Der Umfang des Anspruchs bestimmt sich **materiell** nach der Begehungsgefahr³⁰³ und endet **prozessual** im Rahmen des Beantragten (ne ultra petita, § 308 ZPO). Privilegierungen sind zu berücksichtigen (bspw. zum Whistleblowing Erwgr. 20, Art. 5 lit. b RL, → § 5 Rn. 51 ff. und 85 ff. auch zur Whistleblower-RL 2019/1937/EU). Die so konkretisierte Verletzungshandlung betrifft einen Unterlassungsanspruch, der auch **im Kern gleichartige** Verhaltensweisen erfasst.³⁰⁴ Beispielsweise kann aufgrund eines Unterlassungsurteils auch die Verwendung eines abgeänderten Schaltplans verboten werden, wenn sich dem Klagevorbringen und dementsprechend den Urteilsgründen konkrete Feststellungen dazu entnehmen lassen, in welchen Elementen des originalen Schaltplans das rechtswidrig genutzte Geheimnis zu sehen ist, und inwieweit der geänderte Schaltplan diese Elemente unverändert enthält.³⁰⁵ Noch zu altem Recht hat der BGH angenommen, dass auch ein auf Naturalrestitution gerichteter Schadensersatzanspruch in besonderen Ausnahmefällen darauf gerichtet sein kann, dass dem Verletzer eine gewisse Zeit verboten wird, wettbewerbli-

97

---

297 Ohly/Sosnitza/*Ohly*, § 8 Rn. 21; MK-UWG/*Fritzsche*, § 8 Rn. 65.
298 K/B/F/*Bornkamm*, § 8 Rn. 1.63; Ohly/Sosnitza/*Ohly*, § 8 UWG Rn. 22.
299 Vgl. MK-UWG/*Fritzsche*, § 8 Rn. 69; BeckOK UWG/*Haertel*, § 8 UWG Rn. 63 f.
300 Überblick bei MK-UWG/*Fritzsche*, § 8 Rn. 100; *Köhler*, GRUR 2011, 879 ff.
301 Harte/Henning/*Goldmann*, § 8 Rn. 6; *Wunner*, WRP 2019, 710 ff. zur zivilrechtlichen Haftung für Geheimnisverwertungen durch Beschäftigte und auch *R. Werner*, WRP 2019, 1428 ff.
302 Allgemein zur Rolle der Rechtsfolge „Unterlassen" im Rechtsfolgensystem *Hofmann*, S. 297 ff.
303 K/B/F/*Alexander*, § 6 GeschGehG Rn. 36; G/L/D/*Fritzsche*, § 79 Rn. 103; MK-UWG/*Fritzsche*, § 8 Rn. 103.
304 MK-UWG/*Fritzsche*, § 8 Rn. 104 (mwN); *Alexander*, Rn. 1708.
305 BGH, 13.12.2007 – I ZR 71/05, GRUR 2008, 727 Rn. 18 – Schweißmodulgenerator.

§ 6 Beseitigung und Unterlassung

che Vorteile aus einem vorangegangenen unlauteren Verhalten zu ziehen (→ § 10 Rn. 53 ff. und 118 zu einer möglichen inhaltlichen Überschneidung).³⁰⁶

98 Ggf. beinhaltet die Unterlassungsverpflichtung auch Maßnahmen **aktiven Tuns** (→ Rn. 104 ff.), die wiederum im Einzelfall verhältnismäßig sein müssen. Besonders umstritten ist eine Folgenbeseitigungsverpflichtung des Unterlassungsschuldners bezüglich etwaiger **Rückrufpflichten** (→ Rn. 107 ff.).

aa) Unterlassung als solche

99 Unmittelbar bezweckt die Unterlassung schlicht den Stopp (zukünftig) rechtsverletzender und damit (zukünftig) beeinträchtigender Tätigkeiten. Nach Art. 12 Abs. 1 lit. a und lit. b RL muss das nationale Recht die Möglichkeit bieten, (1) ein Verbot des Nutzens oder Offenlegens des Geschäftsgeheimnisses auszusprechen (lit. a) und (2) zudem ein Verbot des Herstellens, Anbietens, Vermarktens oder des Nutzens rechtsverletzender Produkte oder der Einfuhr, Ausfuhr oder Lagerung rechtsverletzender Produkte für diese Zwecke auszusprechen (lit. b) (vgl. auch Art. 10 Abs. 1 lit. a und b RL zu vorläufigen und vorbeugenden Maßnahmen). In der etwas verknappten Diktion des GeschGehG bezieht sich die Unterlassung auf das Erlangen, Nutzen oder Offenlegen eines bestimmten Geheimnisses.

100 Grundsätzlich betrifft der Schutz jedenfalls auch etwaige auf dem rechtswidrig erlangten Geschäftsgeheimnis beruhende **Abwandlungen**³⁰⁷ und andere Ausführungsformen, die lediglich **zum Teil auf dem Geheimnis** beruhen. Es kommt bei diesen darauf an, ob es sich um ein „rechtsverletzendes Produkt" nach § 2 Nr. 4 handelt (vgl. dort Rn. 158 ff.).³⁰⁸

101 Zur alten Rechtslage war anerkannt, dass eine unter Verstoß gegen § 17 UWG (aF) erlangte Kenntnis von Geschäftsgeheimnissen vom Rechtsverletzer prinzipiell in „keiner Weise"³⁰⁹ verwendet werden darf; Ergebnisse, die der Rechtsverletzer mittels solcher Kenntnisse erzielte, galten als von Anfang an und – jedenfalls in der Regel – auch dauerhaft mit dem „Makel der Wettbewerbswidrigkeit"³¹⁰ behaftet. Dies galt auch für solche Entwicklungen, die zwar nicht vollständig auf den rechtswidrig erlangten Kenntnissen beruhen, bei denen diese aber – entweder für eigenständige Entwicklungsgedanken des Rechtsverletzers oder neben diesen – in einer Weise mitursächlich geworden sind, die wirtschaftlich oder technisch nicht als bedeutungslos angesehen werden können. Denn auch in diesen Fällen wird die unlau-

---

306 BGH, 16.11.2017 – I ZR 161/16, GRUR 2018, 535 Rn. 40–41, 42–43 – Knochenzement I mwN auch zur Kritik daran und offenlassend, ob dies auf die Verletzung von Geschäfts- und Betriebsgeheimnissen angewendet werden könne; *Schilling*, in: FS Büscher, S. 383, 391.
307 BeckOK UWG/*Kalbfus*, § 17 UWG Rn. 207 (mwN); insbes. *Deichfuß*, GRUR-Prax 2012, 449, 450.
308 Vgl. auch H/O/K/*Ohly*, § 6 Rn. 45.
309 BGH, 16.11.2017 – I ZR 161/16, GRUR 2018, 535 Rn. 19 – Knochenzement II.
310 BGH, 19.3.2008 – I ZR 225/07, WRP 2008, 938, 939 – entwendete Datensätze mit Konstruktionszeichnungen.

ter erlangte Kenntnis zum Vorteil des Rechtsverletzers (mit-)verwendet, da er ohne sie, dh. bei ausschließlich eigenständiger Entwicklung, entweder überhaupt nicht oder jedenfalls nur später und/oder mit größerem eigenen Aufwand zu gleichen Entwicklungsergebnissen hätte gelangen können wie unter Zuhilfenahme der mit dem Makel der Wettbewerbswidrigkeit behafteten Kenntnisse.[311] Das nach diesen Grundsätzen bestehende **Verwendungsverbot** bezog sich allerdings nur auf den unter Verletzung des Geheimnisses hergestellten Gegenstand und dessen Verwertung und nicht auf jegliche mit der Verletzung von Geschäftsgeheimnissen nur mittelbar zusammenhängende wettbewerbliche Vorteile.[312] Das bedeutete: Ein Unterlassungsanspruch unter dem Gesichtspunkt des „Verbots der Fruchtziehung" aus einer vorangegangenen Verletzung von Geschäftsgeheimnissen erfasste regelmäßig nicht den Vertrieb und die Bewerbung von Produkten, die zwar Nachfolgeprodukte der unter Verletzung von Geschäftsgeheimnissen hergestellten Produkte sind, aber selbst nicht unter Verletzung von Geschäftsgeheimnissen hergestellt werden.[313] Insoweit ist praktisch offen, inwieweit die Richtlinie und damit das GeschGehG auch Fälle erfassen, in denen nur noch ein loser(er) (oder „**mittelbarer**") **Zusammenhang** mit der unmittelbaren Geheimnisnutzung (Rechtsverletzung) besteht (daher nochmals der Verweis auf § 2 Nr. 4).[314]

Bezüglich der konkreten Ziele einer zu beanspruchenden Unterlassung bestehen zwischen den verschiedenen Typen von Geschäftsgeheimnissen erhebliche Unterschiede: Wurden **kaufmännische Geschäftsgeheimnisse** wie etwa Kundendaten rechtswidrig erlangt, richtet sich der Unterlassungsanspruch regelmäßig auf ein Verbot der aktiven Vertragsanbahnung mit diesen Kunden.[315] Bei **technischen Geschäftsgeheimnissen** kann der Unterlassungsanspruch etwa gerichtet sein auf ein Verbot des Herstellens, Anbietens oder Inverkehrbringens eines bestimmten unter Verwendung des Geschäftsgeheimnisses entwickelten und/oder produzierten Erzeugnisses (einschließlich der vorgenannten Abwandlungen).[316] Zudem ist auch die Untersagung der Verwendung von geheimen Unterlagen wie etwa Konstruktionszeichnungen (bspw. in Form von CAD-Dateien) möglich.[317] Auch darf der Rechtsverletzer eine technische Anlage, die durch Benutzung von rechtswidrig erworbe-

102

---

311 BGH, 19.3.2008 – I ZR 225/06, WRP 2008, 938, 939 – entwendete Datensätze mit Konstruktionszeichnungen; auch BGH, 19.12.1984 – I ZR 133/82, GRUR 1985, 294, 296 – Füllanlage; BGH, 16.11.2017 – I ZR 161/16, GRUR 2018, 535 Rn. 19 – Knochenzement II.
312 BGH, 16.11.2017 – I ZR 161/16, GRUR 2018, 535 Rn. 19 – Knochenzement II.
313 BGH, 16.11.2017 – I ZR 161/16, GRUR 2018, 535 Rn. 19, 23 – Knochenzement II.
314 *Raue*, GRUR 2018, 535, 540 sieht einen „sehr mittelbaren" Zusammenhang als nicht ausreichend (am Beispiel BGH-Knochenzement); laut *Ess*, WRP 2020, 988 Rn. 20 ist hingegen „vielmehr auch ein sehr loser Zusammenhang mit der unmittelbaren Geheimnisnutzung" von der RL erfasst – ebenso *Kalbfus*, GRUR 2016, 1009, 1014.
315 BeckOK UWG/*Kalbfus*, § 17 UWG Rn. 208; BGH, 19.12.2002 – I ZR 119/00, GRUR 2003, 453, 454 – Verwertung von Kundenlisten.
316 BeckOK UWG/*Kalbfus*, § 17 UWG Rn. 208.
317 BeckOK UWG/*Kalbfus*, § 17 UWG Rn. 208; *Deichfuß*, GRUR-Prax 2012, 449, 452.

§ 6 Beseitigung und Unterlassung

nen Kenntnissen erstellt wurde, grundsätzlich nicht verwenden.[318] So kann auch die Herstellung und Benutzung von rechtswidrig nachgebauten Maschinen, Werkzeugen (ua.) angegriffen werden.[319] Gleiches gilt für Werkzeuge, die anhand von unbefugt verwerteten Zeichnungen hergestellt worden sind.[320]

103 Der Schutz von Geschäftsgeheimnissen umfasst dabei nicht nur das Verbot des unbefugten Zugriffs auf den Inhalt von Dateien, die das Geschäftsgeheimnis unmittelbar enthalten, sondern auch bereits die **Verhinderung des Zugangs zu äußeren Merkmalen** von Dateien (wie Dateiname, -endung, -typ, -größe), aus denen sich das Geschäftsgeheimnis ableiten lässt.[321] Unter Umständen können auch privat angefertigte Notizen über Kunden, Ansprechpartner sowie deren Kontaktinformationen und/oder Umsätze schützenswerte Geschäftsgeheimnisse darstellen und insoweit Gegenstand eines Unterlassungsgebots sein.[322] Bei Kundendaten kann sich der Unterlassungsanspruch auch auf ein Verbot der aktiven Vertragsanbahnung mit diesen Kunden richten.[323]

bb) Positive Handlungen und Einwirkung auf Dritte

104 Die Pflicht zur Unterlassung eines „dauerhaft fortwirkenden" rechtswidrigen Verhaltens (aus der Vergangenheit) erfordert materiell-rechtlich auch aktive Beseitigungsmaßnahmen, wenn eine bloße Passivität des Schuldners die Fortdauer des Verletzungsverhaltens bedeuten würde.[324] Dies ist insbesondere dann der Fall, wenn es sich bei der Verletzungshandlung um eine sog. **Dauerhandlung** des Schuldners handelt, also um eine Handlung, die in der Vergangenheit eine Beeinträchtigung geschaffen hat, welche infolge des Unterlassens aufrechterhalten bleibt, und somit eine ununterbrochene Rechtsverletzung seitens des Schuldners bewirkt.[325]

105 Zu den danach geschuldeten Maßnahmen zur Störungsbeseitigung kann auch die **Einwirkung auf Dritte** zählen.[326] Bspw. genügt eine Rundfunkanstalt, die es zu un-

---

318 BGH, 16.11.2017 – I ZR 161/16, GRUR 2018, 535 Rn. 19 – Knochenzement; BGH, 19.12.1984 – I ZR/133/82, GRUR 1985, 294, 296 – Füllanlage.
319 BGH, 3.5.2001 – I ZR 153/99, GRUR 2002, 91, 93 f. – Spritzgießwerkzeuge; K/B/F/*Köhler*, § 17 UWG Rn. 64.
320 BGH, 16.11.2017 – I ZR 161/16, GRUR 2018, 535 Rn. 19 – Knochenzement; BGH, 7.1.1958 – I ZR 73/57, GRUR 1958, 297, 299 – Petromax.
321 BVerwG, 5.3.2020 – 20 F 3/19, BB 2020, 1168 (m. Anm. *Apel/Drescher*).
322 LAG Düsseldorf, 3.6.2020 – 12 SaGa 4/20, BeckRS 2020, 23408 Rn. 53. ff.; wenn die Namen der Kunden im Rahmen der geschäftlichen Tätigkeit in die persönlichen Unterlagen des Handelsvertreters gelangt sind, BGH, 19.12.2002 – I ZR 119/00, GRUR 2003, 453 – Verwertung von Kundenlisten.
323 BGH, 19.12.2002 – I ZR 119/00, GRUR 2003, 453 f. – Verwertung von Kundenlisten; BeckOK UWG/*Kalbfus*, § 17 UWG Rn. 208.
324 BGH 12.7.2018 – I ZB 86/17, NJW 2019, 56 Rn. 22 – Wirbel um Bauschutt; BGH, 29.9.2016 – I ZB 34/15, GRUR 2017, 208 Rn. 26 – Rückruf von RESCUE-Produkten. Zu Beseitigungshandlungen als Bestandteil des Unterlassungsanspruchs *Feddersen*, in: FS Büscher, S. 471 ff.; *Ahrens*, GRUR 2018, 374 jeweils mwN; *Breun-Goerke*, WRP 2019, 1539 ff.
325 OLG Düsseldorf, 30.4.2018 – I-15 W 9/18, GRUR 2018, 855 Rn. 34 – Rasierklingeneinheiten.
326 Überblick auch bei Hoppe/Oldekop/*Hoppe*, Kap. 1 Rn. 698.

terlassen hat, bestimmte in einem Fernsehbeitrag enthaltene Äußerungen zu verbreiten oder verbreiten zu lassen, ihrer Unterlassungspflicht, wenn sie den Fernsehbeitrag aktiv aus ihrer Mediathek entfernt und durch aktive Einwirkung auf gängige Suchmaschinen dafür Sorge trägt, dass der Beitrag nicht weiter aus dem Cache dieser Suchmaschinen abgerufen werden kann.[327] Zur Begrenzung aktiver Handlungspflichten als Folge einer Unterlassungsverpflichtung hat der BGH festgehalten, dass der Schuldner an sich nicht für das selbstständige Handeln Dritter haftet. Eine Pflicht zur aktiven Einwirkung auf Dritte kommt aber in Betracht, wenn das Handeln des Dritten dem Schuldner wirtschaftlich zugutekommt. Diesem Haftungsmodell liegt die Wertung zugrunde, dass ein Schuldner, der sich zur Erweiterung seiner Handlungsmöglichkeiten der Hilfe Dritter bedient, für das hierdurch gesteigerte Risiko von Störungen einstehen muss[328] (zum besonderen Streit um einen Rückruf als möglichen Teil der Unterlassungsverpflichtung Rn. 106 ff.).

Inwieweit neben die titulierte Unterlassungspflicht ergänzende Handlungspflichten treten, ist im Wege der **Auslegung** zu bestimmen.[329] Eine positive Handlungspflicht des Unterlassungsschuldners setzt mithin nicht voraus, dass bereits die Entscheidungsformel erkennen lässt, dass der Unterlassungsschuldner auch zu einem aktiven Handeln verpflichtet ist. Vielmehr kann auch ein nach seiner Entscheidungsformel allein auf eine Unterlassung gerichteter Titel in dieser Weise auszulegen sein, weil die Begründung der Entscheidung und die Antrags- oder Klagebegründung als zulässiges Auslegungsmaterial mit heranzuziehen sind.[330] Nach der Rechtsprechung des BGH ist insbes. eine Verpflichtung zur Unterlassung einer Handlung, durch die ein fortdauernder Störungszustand (= Beeinträchtigung) geschaffen wurde, „mangels abweichender Anhaltspunkte regelmäßig dahin auszulegen, dass sie nicht nur die Unterlassung derartiger Handlungen, sondern auch die Vornahme möglicher und zumutbarer Handlungen (…) umfasst".[331]

106

cc) Rückruf als Teil der Unterlassung?

Die Diskussion um die Reichweite des Unterlassungsanspruchs und die damit aufgeworfenen Abgrenzungsschwierigkeiten zwischen Unterlassungs- und Beseitigungsanspruch stellen sich im Rahmen des § 6 entsprechend.[332]

107

---

327 BGH, 12.7.2018 – I ZB 86/17, NJW 2019, 56 Rn. 12, 13 – Wirbel um Bauschutt.
328 BGH, 12.7.2018 – I ZB 86/17, NJW 2019, 56 Rn. 11, 18 – Wirbel um Bauschutt.
329 BGH, 11.10.2017 – I ZB 96/16, GRUR 2018, 292 Rn. 37 – Produkte zur Wundversorgung.
330 BGH, 11.10.2017 – I ZB 96/16, GRUR 2018, 292 Rn. 22, 23 – Produkte zur Wundversorgung; *Ahrens*, GRUR 2018, 374; Teplitzky/*Schaub*, Kap. 1 Rn. 8.
331 BGH, 12.7.2018 – I ZB 86/17, NJW 2019, 56 Rn. 9 – Wirbel um Bauschutt und BGH, 18.9.2014 – I ZR 76/13, GRUR 2015, 258 Rn. 63 – CT-Paradies.
332 K/B/F/*Alexander*, § 6 GeschGehG Rn. 38; vgl. schon *Keller*, GRUR 2018, 706, 707 zur Diskussion um eine mögliche Klarstellung im Gesetzgebungsverfahren.

§ 6 Beseitigung und Unterlassung

(1) BGH-Rspr. zum Rückruf als Unterlassungspflicht

108 Mit den vielbeachteten Entscheidungen Piadina-Rückruf,[333] Hot Sox,[334] Rückruf von RESCUE-Produkten,[335] Luftentfeuchter[336] und Produkte zur Wundversorgung[337] hat der BGH den Rahmen von (aktiven) Beseitigungsmaßnahmen nach Maßgabe eines Unterlassungstitels spezifisch erweitert. Konkret geht es um den Rückruf von Waren oder Werbematerial aus der Abnehmerkette oder zumindest – als Minus dazu – die Einwirkung auf die Willensbildung der Abnehmer, den Weitervertrieb endgültig oder vorübergehend zu unterlassen.[338] Die Erwägungen zu gesetzlichen Unterlassungsansprüchen greifen insoweit auch bezüglich vertraglichen Unterlassungsverpflichtungen.[339] Einen Erfolg des Rückrufs schuldet der Schuldner dabei nicht, kann doch die Auslegung des Unterlassungstitels zu keiner Verpflichtung des Unterlassungsschuldners führen, die über das hinausgeht, was auf der Grundlage eines spezialgesetzlichen Rückrufanspruchs geschuldet ist.[340]

109 In Bezug auf die prinzipielle Unterscheidung von Unterlassung und Beseitigung geht der BGH davon aus, dass der **Unterlassungsrückruf** der Verhinderung weiterer konkret drohender Verletzungshandlungen dient; demgegenüber diene der **Beseitigungsrückruf** als abstrakter Anspruch dem Rückruf aller relevanten Erzeugnisse: „Der Unterlassungsschuldner ist lediglich verpflichtet, die möglichen, erforderlichen und zumutbaren Maßnahmen zu ergreifen, die der Verhinderung weiterer konkret drohender Verletzungshandlungen dienen. Dagegen kann der Gläubiger eines Rückrufanspruchs den Rückruf schlechthin aller schutzrechtsverletzenden Erzeugnisse verlangen, selbst wenn dieser Rückruf nicht unmittelbar der Verhinderung konkret drohender weiterer Verletzungshandlungen dient. Während also die spezialgesetzlich normierten Rückrufansprüche einen abstrakten und damit weiteren Schutz bieten, dient die aufgrund einer entsprechenden Auslegung des Unterlassungstitels je nach den konkreten Umständen des Einzelfalls anzunehmende Verpflichtung des Schuldners zum positiven Handeln durch Rückruf allein dem Schutz vor konkret drohenden weiteren Verletzungshandlungen."[341]

110 Der BGH folgt der Auffassung, dass die Auslegung des Unterlassungstitels insoweit „ausnahmsweise" im Vollstreckungsverfahren erfolgen kann.[342] Damit stellt sich allerdings die Frage, ob sich der Umfang des Unterlassungstitels noch nach Abschluss des Erkenntnisverfahrens – ggf. noch nach Rechtskraft – verändern kann.[343]

---

333 BGH, 30.7.2015 – I ZR 250/12, GRUR 2016, 406 Rn. 28 f. – Piadina-Rückruf.
334 BGH, 19.11.2015 – I ZR 109/14, GRUR 2016, 720 – Hot Sox.
335 BGH, 29.9.2016 – I ZB 34/15, GRUR 2017, 208 – Rückruf von RESCUE-Produkten.
336 BGH, 4.5.2017 – I ZR 208/15, GRUR 2017, 823 – Luftentfeuchter.
337 BGH, 11.10.2017 – I ZB 96/16, GRUR 2018, 292 – Produkte zur Wundversorgung.
338 Vgl. auch *Ahrens*, GRUR 2018, 374.
339 BGH, 4.5.2017 – I ZR 208/15, GRUR 2017, 823 Rn. 26 ff. – Luftentfeuchter.
340 BGH, 11.10.2017 – I ZB 96/16, GRUR 2018, 292 Rn. 33 – Produkte zur Wundversorgung.
341 BGH, 11.10.2017 – I ZB 96/16, GRUR 2018, 292 Rn. 31 – Produkte zur Wundversorgung.
342 BGH, 11.10.2017 – I ZB 96/16, GRUR 2018, 292 Rn. 38 – Produkte zur Wundversorgung.
343 K/B/F/*Bornkamm*, § 8 UWG Rn. 1.81d.

III. Beseitigung und Unterlassung § 6

Die Verpflichtung des Unterlassungsschuldners, bereits ausgelieferte rechtswidrige Produkte zurückzurufen, setzt nach der Rechtsprechung nicht voraus, dass dem Unterlassungsschuldner gegen seine Abnehmer rechtlich durchsetzbare Ansprüche auf Unterlassung der Weiterveräußerung oder auf Rückgabe dieser Produkte zustehen. Vielmehr besteht lediglich eine Verpflichtung, im Rahmen des tatsächlich möglichen und zumutbaren auf Dritte einzuwirken, mithin „einen Rückruf zumindest zu versuchen".[344]   111

(2) Stellungnahme

Inhaltlich ist die vorgenannte Rechtsprechung auf den ersten Blick eine Erweiterung der Gläubigerposition. Bei näherem Hinsehen entpuppt sie sich allerdings als Danaergeschenk,[345] weil die Ausweitung des Unterlassungsanspruchs bspw. mit einer erheblichen Ausweitung des Schadensersatzrisikos aus § 945 ZPO einhergeht, wie schon die Entscheidung Piadina-Rückruf[346] gezeigt hat; in Hauptsacheverfahren kann es entsprechend § 717 Abs. 2 Satz 1 ZPO ebenfalls zu Schadensersatzforderungen aus vorläufiger Vollstreckung von Titeln kommen.[347] Die Rechtsprechung ist daher in der Literatur auf überzeugende Kritik gestoßen,[348] die hier unter Hinweis auf ausgewählte Beiträge[349] zusammengefasst wird. Auch das OLG Düsseldorf (15. und 20. Senat) hat einen „Unterlassungsrückruf" abgelehnt.[350] Im Überblick: 112

Zunächst sind Tun und Unterlassen schon **materiell-rechtlich** alternative Verhaltensweisen.[351] Durch diese Rechtsprechung werden die Grenzen verschiedener Ansprüche verwischt, wobei die Unterscheidung von Unterlassung und Beseitigung eben nicht „nur" dogmatischer Natur ist, sondern maßgeblichen **prozessualen Unterschieden** folgt (§ 890 ZPO vs. §§ 887, 888 ZPO).[352] Tatsächlich stehen Beseitigung und Unterlassung eben nebeneinander (insbes. auch im hier relevanten Gesch-   113

---

344 BGH, 4.5.2017 – I ZR 208/15, GRUR 2017, 823 Rn. 3 – Luftentfeuchter, BGH, 11.10.2017 – I ZB 96/16, GRUR 2018, 292 Rn. 33 – Produkte zur Wundversorgung.
345 Ähnlich K/B/F/*Bornkamm*, § 8 UWG Rn. 1.76.
346 BGH, 30.7.2015 – I ZR 250/12, GRUR 2016, 406 Rn. 28 f. – Piadina-Rückruf.
347 *Sakowski*, GRUR 2017, 355, 361.
348 K/B/F/*Bornkamm*, § 8 UWG Rn. 1.82 „Sturm der Entrüstung".
349 Umfassend: *Hermanns*, Quasi-Rückrufpflicht; *ders.* GRUR 2017, 977 ff.; *Hofmann*, NJW 2018, 1290 ff.; *Ahrens*, GRUR 2018, 374 ff. („Aufstand gegen den BGH"); *Dissmann*, GRUR 2017, 986 ff. (zur europäischen Perspektive); „Zwischenruf" des Ausschusses für Wettbewerbs- und Markenrecht der GRUR zum Verhältnis von Unterlassung und Beseitigung im gewerblichen Rechtsschutz und insbesondere im Wettbewerbsrecht, GRUR 2017, 885 ff.; *Sakowski*, GRUR 2017, 355 ff.; *Goldmann*, GRUR 2016, 724 f.
350 OLG Düsseldorf, 30.4.2018 – I-15 W 9/18, GRUR 2018, 855 Rn. 44 ff. – Rasierklingeneinheiten (mit Anm. *Hermanns*); OLG Düsseldorf, 14.2.2019 – 20 W 26/18, GRUR-RR 2019, 278 Rn. 12, 13 – Tinnitus-Präparat (vom BGH im Kostenpunkt und insoweit aufgehoben, als darin zum Nachteil der Gläubigerin erkannt worden ist: 17.10.2019 – I ZB 19/19, GRUR-RS 2019, 35642).
351 *Hermanns*, S. 87.
352 K/B/F/*Bornkamm*, § 8 UWG Rn. 1.83.

§ 6 Beseitigung und Unterlassung

GehG), sodass kein sachlicher Grund und/oder rechtliche Notwendigkeit zu erkennen ist, einen Anspruch auf Rückruf in einen Unterlassungstitel hineinzulesen.[353]

114 Durch die Ausweitung der Unterlassungsverpflichtung kommt es zudem zu einer **Vermischung der Vollstreckungsarten**, die vom Gesetz nicht vorgesehen ist.[354] Daneben erfolgt nach dieser Rechtsprechung auch eine (unzulässige) **Verlagerung der notwendigen Sachentscheidung** aus dem Erkenntnis- in das Vollstreckungs-[355] oder das nachgelagerte Verfahren.[356, 357] Ferner ist es hinsichtlich einer Festsetzung von **Teilsicherheiten** und der einstweiligen Vollstreckung tendenziell sogar im Interesse beider Parteien, Rückrufpflichten eindeutig einem gesonderten und daher wirtschaftlich bezifferbaren Beseitigungsantrag zuzuordnen.

115 Praktisch besteht auch ein gewisses Spannungsverhältnis zum Grundsatz **ne ultra petita**. Nach § 308 Abs. 1 Satz 1 ZPO ist ein Gericht nicht befugt, einer Partei etwas zuzusprechen, was nicht beantragt ist. Das zusprechende Urteil muss sich mithin innerhalb des mit der Klage anhängig gemachten Streitgegenstands halten. Nach der Rechtsprechung wird der Streitgegenstand wiederum durch (1) den Klageantrag, in dem sich die vom Kläger in Anspruch genommene Rechtsfolge konkretisiert, und (2) den Lebenssachverhalt (Klagegrund), aus dem der Kläger die begehrte Rechtsfolge herleitet, bestimmt.[358] Der Streitgegenstand wird insoweit durch den gesamten historischen Lebensvorgang bestimmt, auf den sich das Rechtsschutzbegehren der Klagepartei bezieht, unabhängig davon, ob einzelne Tatsachen dieses Lebenssachverhalts von den Parteien vorgetragen worden sind oder nicht, und auch unabhängig davon, ob die Parteien die nicht vorgetragenen Tatsachen des Lebensvorgangs kannten und hätten vortragen können.[359] Damit scheint es auch angesichts § 308 Abs. 1 Satz 1 ZPO bedenklich, an dieser Stelle eine Rückrufpflicht anzunehmen – jedenfalls dann, wenn ein Kläger nichts konkret dazu vorgetragen hat.[360]

116 Dazu kommen **verfassungsrechtliche Bedenken**. Der von der Rechtsprechung angenommene weitgehende (Folgenbeseitigungs-)Anspruch ist (derzeit) regelmäßig dem Tenor eines gerichtlichen Unterlassungsgebots nicht zu entnehmen. Die Unterlassungsvollstreckung nach § 890 ZPO ist aufgrund ihres repressiven Charakters jedoch „strafähnlich".[361] Deshalb finden über die allgemeinen zivilprozessualen Grundsätze sowie die grundrechtlich verbürgten rechtsstaatlichen Prinzipien hinaus

---
353 OLG Düsseldorf, 30.4.2018 – I-15 W 9/18, GRUR 2018, 855 Rn. 48 – Rasierklingeneinheiten.
354 *Hermanns*, GRUR 2017, 977, 979.
355 So bei BGH, 29.9.2016 – I ZB 34/15, GRUR 2017, 208 – Rückruf von RESCUE-Produkten.
356 Vgl. BGH, 30.7.2015 – I ZR 250/12, GRUR 2016, 406 – Piadina-Rückruf.
357 *Hermanns*, GRUR 2017, 977, 980; K/B/F/*Bornkamm*, § 8 UWG Rn. 1.84.
358 BGH, 16.11.2017 – I ZR 161/16, GRUR 2018, 535 Rn. 15 – Knochenzement.
359 BGH, 13.9.2012 – I ZR 230/11, GRUR 2013, 401 Rn. 19 – Biomineralwasser.
360 *Hermanns*, GRUR 2017, 977, 982.
361 BVerfG, 25.10.1966 – 2 BvR 506/63, NJW 1967, 195, 196: „Besteht aber das Wesen der Bestrafung nach § 890 Abs. 1 ZPO darin, daß begangenes Unrecht geahndet wird, so gelten hierfür ungeachtet des zwangsvollstreckungsrechtlichen Einschlags strafrechtliche Grundsätze" und BVerfG, 4.12.2006 – 1 BvR 1200/04, GRUR 2007, 618 Rn. 11 – Organisationsverschulden; *Klute*, NJW 2017, 1648, 1653.

auch die für repressives staatliches Verhalten maßgeblichen Grundrechte aus Art. 103 Abs. 2 GG Anwendung.[362] Das **Bestimmtheitsgebot** aus § 253 Abs. 2 Nr. 2 ZPO und die Bestimmung des Streitgegenstands dienen aber nicht nur dem Zweck, dem Beklagten transparent zu machen, was das Rechtsschutzbegehren des Klägers ist und gegen welche Angriffe jener sich verteidigen muss; vielmehr ist das entsprechende Verbot so genau zu beschreiben, dass der Beklagte weiß, was er zu unternehmen hat, um es einzuhalten (und die Festsetzung eines Ordnungsgeldes zu vermeiden).[363]

Schließlich tritt im Verfügungsverfahren das besondere Problem des grundsätzlichen Verbots einer **Vorwegnahme der Hauptsache** hinzu (→ Rn. 187 ff. und auch wenn ggf. ein Hinweisschreiben ausreicht). 117

Tendenziell fehlt allerdings das in Praktikergesprächen gelegentlich – wohl in Anlehnung an die Entscheidung „Produkte zur Wundversorgung"[364] – zu hörende Argument, der Aufnahme von Rückrufpflichten in den Unterlassungsanspruch stehe die **Spezialität** der jeweils normierten Rückrufansprüche entgegen (bspw. § 98 Abs. 2 UrhG; § 18 Abs. 2 MarkenG; § 43 Abs. 2 DesignG; § 140a Abs. 3 PatG; § 24a Abs. 2 GebrMG; § 37a Abs. 2 SortG). Richtigerweise sind diese Rückrufansprüche (wie § 7 Nr. 2) jedoch lediglich „speziell" gegenüber einem allgemeinen Folgenbeseitigungsanspruch wie § 1004 Abs. 1 Satz 1 BGB.[365] Zwischen Ansprüchen auf Beseitigung (Rückruf) und Unterlassung besteht demgegenüber grds. eine **kumulative Konkurrenz**, weil derselbe Sachverhalt unterschiedliche Ansprüche auslöst, die gleichzeitig verwirklicht werden können.[366] 118

(3) Anwendung auch im Bereich des GeschGehG?

Theoretisch **offen** – weil unentschieden – ist die Handhabe der vorgenannten Rspr. im Anwendungsbereich des GeschGehG. Nach derzeitigem Stand ist allerdings wohl davon auszugehen, dass der **BGH** diese auch bezüglich § 6 Satz 1 Alt. 2 weiterverfolgt: Die zunächst im Anwendungsbereich des UWG entwickelte Rechtsprechung hat der BGH auf originär immaterialgüterrechtliche und zugleich originär unionsrechtlich geprägte Ansprüche übertragen. So ging es in der Entscheidung „Produkte zur Wundversorgung"[367] um einen Anspruch aus § 14 Abs. 5 MarkenG, der auf Art. 9 Abs. 2 Satz 2a der Durchsetzungsrichtlinie beruht. 119

---

362 *Hermanns*, GRUR 2017, 977, 982 mwN; aA BGH, 11.10.2017 – I ZB 96/16, GRUR 2018, 292 Rn. 24 – Produkte zur Wundversorgung, „Das Bestimmtheitsgebot des Artikel 103 II GG gilt allein für Maßnahmen staatlichen Zwangs, nicht dagegen für Verfahren der Unterlassungsvollstreckung. Dieses sieht zwar strafähnliche Ordnungsmittel vor, beruht aber nicht auf dem Gewaltmonopol des Staats, sondern dient der Durchsetzung privatrechtlicher Verpflichtungen zwischen Privaten."
363 *Klute*, NJW 2017, 1648, 1653; dem BGH zustimmend *Ahrens*, GRUR 2018, 374, 376.
364 BGH, 11.10.2017 – I ZB 96/16, GRUR 2018, 292 Rn. 29 – Produkte zur Wundversorgung; ähnlich *Hermanns*, GRUR 2017, 977, 986; *Ahrens*, GRUR 2018, 374, 376.
365 *Sakowski*, GRUR 2017, 355, 358.
366 Allgemein MK-BGB/*Bachmann*, § 241 Rn. 36.
367 BGH, 11.10.2017 – I ZB 96/16, GRUR 2018, 292 Rn. 27 ff. – Produkte zur Wundversorgung.

§ 6 Beseitigung und Unterlassung

120 Vor diesem Hintergrund scheint mithin auch die entsprechende Anwendung im unionsrechtlich determinierten Sonderdeliktsrecht des GeschGehG wahrscheinlich.[368] Allerdings sind die künftigen Vorgaben des EuGH zu berücksichtigen, der zu der Abgrenzung von Unterlassen und Beseitigung beitragen kann, da auch die RL 2016/943/EU zwischen einer Einstellung/einem Verbot (Unterlassung) und Abhilfemaßnahmen (Beseitigung) unterscheidet, Art. 10 Abs. 1 lit. a und b sowie 12 Abs. 1 lit. a und lit. c. Dabei wird der **Rückruf** in Art. 12 Abs. 2 lit. a ausdrücklich als **Abhilfemaßnahme** nach Art. 12 Abs. 1 lit. c eingeordnet.

121 Eine erste Äußerung des **EuGH** zu einer möglichen Abgrenzung von Unterlassung/Beseitigung könnte im kennzeichenrechtlichen Kontext erfolgen: Gegen den Beschluss „Produkte zur Wundversorgung"[369] ist eine Verfassungsbeschwerde anhängig (Az. 1 BvR 396/18). Der BGH habe die Frage der Auslegung der Reichweite des in Art. 9 Abs. 1, 2, 102 Abs. 1 VO EG 207/2009 unionsrechtlich abschließend geregelten Unterlassungsanspruches vorlegen müssen. Die Verfassungsbeschwerde rügt insoweit eine Verletzung des Rechts auf den gesetzlichen Richter (Art. 101 Abs. 1 Satz 2 GG) durch eine „willkürliche Unterlassung" dieser nach Art. 267 Abs. 3 AEUV gebotenen Vorlage an den EuGH durch den BGH.[370] Wenn diese Verfassungsbeschwerde Erfolg hat, könnte sich der EuGH mit der Frage der Reichweite eines Unterlassungsanspruchs bzw. der Abgrenzung von Unterlassung und Beseitigung befassen. Freilich bliebe abzuwarten, ob die Äußerungen im kennzeichenrechtlichen Kontext auf den Anwendungsbereich der RL 2016/943/EU übertragen werden könnten.

d) Grenzen des Unterlassungsanspruchs

122 Der Unterlassungsanspruch wird durch den Grundsatz der Verhältnismäßigkeit begrenzt.[371] Auf der **Tatbestandsebene** kann dies bewirken, dass das in Frage stehende Verhalten (doch) nicht verboten ist (insbes. § 9); es kann jedoch auch eine Begrenzung auf **Ebene der Rechtsfolgen** geboten sein, die den Verbotstatbestand an

---

368 Auch weil im Anwendungsbereich des GeschGehG Unterlassung und Beseitigung gleichermaßen unter dem Verhältnismäßigkeitsvorbehalt stehen: Der Unterlassungsrückruf unterläuft keine Vorgaben des eigentlichen Rückrufs; dazu BGH, 11.10.2017 – I ZB 96/16, GRUR 2018, 292 Rn. 28 – Produkte zur Wundversorgung.
369 BGH, 11.10.2017 – I ZB 96/16, GRUR 2018, 292 – Produkte zur Wundversorgung.
370 Dazu auch die „Stellungnahme der GRUR in dem Verfassungsbeschwerde-Verfahren 1 BvR 396/18 betreffend den Beschluss des BGH vom 11.10.2018 – I ZB 96/16 – Produkte zur Wundversorgung" in GRUR 2019, 1278 ff. mit abweichender Auffassung Prof. Ahrens, 1282; auch *Hofmann*, WRP 2020, I, Nr. 01.
371 Zu „‚Equity' im deutschen Lauterkeitsrecht" *Hofmann*, WRP 2018, 1, insbes. Rn. 16 ff.; *ders.*, S. 454 ff. zu den Grenzen der Rechtsfolge Unterlassen und NJW 2018, 1290 ff. sowie GRUR 2020, 915 zum „funktionswidrigen Einsatz subjektiver Rechter"; zu einer zeitlichen Begrenzung des nachvertraglichen Geheimnisschutzes BGH, 3.5.2001 – I ZR 152/99, GRUR 2002, 91, 94 – Spritzgießwerkzeuge; grundlegend zum Lauterkeitsrecht *Köhler*, GRUR 1996, 82 ff.; im Überblick auch *Osterrieth*, in: FS 80 Jahre Patentgerichtsbarkeit in Düsseldorf, S. 415 mit verfassungsrechtlichen Grundlagen (S. 416 ff.), zu § 242 BGB (S. 418 f.), mit Bezug auf die Enforcement-RL (S. 419 f.), sowie das Kennzeichen- und Patentrecht (S. 423 ff.).

III. Beseitigung und Unterlassung § 6

sich unberührt lässt (zur Abgrenzung § 9 zu § 11 vgl. → § 9 Rn. 6 und § 11 Rn. 38 ff.).[372] Der **Grad des Verschuldens** des Rechtsverletzers ist ein Aspekt in der Abwägung der Verhältnismäßigkeit (→ Rn. 52 mwN).

In prozessualer Hinsicht ist ferner entscheidend, ob die begrenzenden Umstände bereits vor der gerichtlichen Entscheidung vorgelegen haben oder erst danach aufgetreten sind, denn: Mit der Unverhältnismäßigkeit wird der Schuldner im Zwangsvollstreckungsverfahren regelmäßig nicht gehört; der Einwand, eine Inanspruchnahme sei „unverhältnismäßig", ist schon im Erkenntnis- und nicht erst im Zwangsvollstreckungsverfahren zu erheben. Für den Fall, dass die die Unverhältnismäßigkeit begründenden **Tatsachen** erst **nach dem Schluss der mündlichen Verhandlung** eintreten, steht dem Schuldner mit der Vollstreckungsabwehrklage im Sinne von § 767 ZPO ein entsprechender Rechtsbehelf zur Verfügung; dabei trägt der Schuldner die Darlegungs- und Beweislast, dass die Einwendungen erst nachträglich entstanden sind.[373] 123

Die **RL 2016/943/EU** sieht vor, dass die zuständigen Gerichte bei der Prüfung gerichtlicher Anordnungen und Abhilfemaßnahmen nach Art. 12 und bei der Beurteilung von deren Verhältnismäßigkeit „den **besonderen Umständen des Falls Rechnung tragen müssen**, einschließlich gegebenenfalls: a) des Wertes und anderer spezifischer Merkmale des Geschäftsgeheimnisses, b) zum Schutz des Geschäftsgeheimnisses getroffene Maßnahmen, c) des Verhaltens des Antragsgegners bei Erwerb, Nutzung oder Offenlegung des Geschäftsgeheimnisses, d) der Folgen der rechtswidrigen Nutzung oder Offenlegung des Geschäftsgeheimnisses, e) der legitimen Interessen der Parteien und Auswirkungen, die die Gewährung oder Ablehnung der Maßnahmen für die Parteien haben könnte, f) der legitimen Interessen Dritter, g) des öffentlichen Interesses und h) des Schutzes der Grundrechte" (vgl. Art. 13 Abs. 1; s. Art. 11 Abs. 2 zum Katalog der Abwägungskriterien bezüglich vorläufiger und vorbeugender Maßnahmen nach Art. 10). Die RL 2016/943/EU sieht in Art. 13 Abs. 2 zudem vor, dass, wenn die zuständigen Gerichte die Dauer der in Art. 12 Abs. 1 lit. a und lit. b[374] genannten **Maßnahmen begrenzen**, die Dauer ausreichen muss, um sämtliche kommerziellen oder wirtschaftlichen Vorteile zu beseitigen, die der Rechtsverletzer aus dem rechtswidrigen Erwerb oder der rechtswidrigen Nutzung oder Offenlegung des Geschäftsgeheimnisses gezogen haben könnte. Zu § 17 UWG aF hat der BGH angenommen, dass Kenntnisse, die unter Verstoß gegen diese Norm erlangt wurden, von Anfang an und – jedenfalls in der 124

---

372 Zum UWG K/B/F/*Bornkamm*, § 8 UWG Rn. 1.67.
373 Bspw. OLG Düsseldorf, 25.11.2019 – 2 W 15/19; GRUR-RR 2020, 146 Rn. 145 – Bakterienkultivierung und OLG Düsseldorf, 25.11.2019 – 2 W 15/19, GRUR-RS 2019, 39470 Rn. 6 – Bakterienkultivierung II.
374 Einstellung oder gegebenenfalls Verbot der Nutzung oder Offenlegung des Geschäftsgeheimnisses (lit. a) und Verbot des Herstellens, Anbietens, Vermarktens oder der Nutzung rechtsverletzender Produkte oder der Einfuhr, Ausfuhr oder Lagerung rechtsverletzender Produkte für diese Zwecke (lit. b).

§ 6 Beseitigung und Unterlassung

Regel – dauerhaft mit dem Makel der Wettbewerbswidrigkeit behaftet seien.[375] Da auch die RL 2016/943/EU explizit vorsieht, das Verhalten des Antragsgegners bei Erwerb, Nutzung oder Offenlegung des Geschäftsgeheimnisses zu berücksichtigen (vgl. Art. 13 Abs. 1 lit. c), kann die Rechtsprechung grundsätzlich hieran anknüpfen.

125 **Beispielsweise** kann ein Produkt als rechtsverletzend eingestuft werden, weil das Marketing in erheblichem Umfang auf rechtswidrig erworbenen, genutzten oder offengelegten Geschäftsgeheimnissen basiert, § 2 Nr. 4. Dazu wurde darauf hingewiesen, dass ein kausaler Zusammenhang zwischen den konkreten Eigenschaften eines bestimmten Produkts und seines Marketings allerdings nicht immer nachvollziehbar sein wird, sodass ein Vertriebsverbot für das Produkt unverhältnismäßig erscheinen könne.[376] Ebenfalls beispielhaft ermöglicht eine entwendete kombinierte Kunden- und Preisliste das zielgerichtete Abwerben der jeweiligen Kunden mit einem jeweils individuell besseren Angebot. Aus einem entsprechend eingeleiteten Erstgeschäft kann eine dauerhafte Kundenbindung erwachsen – mit der Folge des entsprechenden dauerhaften Geschäftsverlusts des Inhabers. Gerade das in Art. 6 Abs. 2 lit. c RL verankerte Gebot wirksamer und abschreckender Maßnahmen bedingt, dass eine Unterlassung der Nutzung solchen Materials sowie ein Rückruf der Produkte von den betroffenen Kunden geboten sein kann.[377] Es wäre dann allerdings nicht der Vertrieb des Produktes schlechthin zu verbieten,[378] sondern der Vertrieb des Produkts unter Nutzung der entsprechenden Kunden-/Preisliste o. Ä.[379] und auf der Ebene der Beseitigung ggf. ein Rückruf der betroffenen Produkte von den betroffenen Kunden (= Adressaten des Marketingmaterials). Die entsprechende Begrenzung des Unterlassungsanspruchs ist dabei aus dogmatischer Sicht keine echte Schranke, denn dem Geheimnisinhaber steht im beschriebenen Fall weder an dem Geschäftsgeheimnis noch an dem damit vermarkteten Produkt ein „Ausschließlichkeitsrecht" (auf Grundlage des GeschGehG) zu. Somit ist die entsprechende Begrenzung des Unterlassungsanspruchs mit der Rechtsnatur des Geheimnisschutzes vereinbar,[380] denn die Produkte sind nur rechtsverletzend, soweit ihr

---

375 BGH, 19.3.2008 – I ZR 225/06, WRP 2008, 938, 939 – entwendete Datensätze mit Konstruktionszeichnungen.
376 *Deasaunettes/Hilty/Knaak/Kur*, MPI Stellungnahme zum Referentenentwurf eines Gesetzes zur Umsetzung der Richtlinie (EU) 2016/943 zum Schutz von Geschäftsgeheimnissen vor rechtswidrigem Erwerb sowie rechtswidriger Nutzung und Offenlegung vom 17. April 2018, Rn. 16; *Ohly*, GRUR 2019, 441, 449.
377 *McGuire*, GRUR 2016, 1000, 1002 betont zu Recht, dass Rückruf und Vernichtung Voraussetzung dafür sein können, dass die Marktposition des Geheimnisträgers wiederhergestellt wird – auch bei der Verwendung von Know-how, dass sich nicht in den konkret angebotenen Produkten selbst widerspiegelt.
378 *Ohly*, GRUR 2019, 441, 449 weist zudem darauf hin, dass ein Vertriebsverbot eines rechtmäßig hergestellten Produkts, weil sein Marketing auf rechtswidrig erlangten oder genutzten Geheimnis beruht, unverhältnismäßig sein kann.
379 So auch *Ess*, WRP 2020, 988 Rn. 9.
380 Wegen der bereits (bei Rn. 6) benannten „hybriden Natur" ist das Ergebnis allerdings nicht mit der Rechtsnatur (allein) begründbar.

Marketing in „erheblichem Umfang" auf einem rechtswidrig erlangten, genutzten oder offengelegten Geschäftsgeheimnis beruht.[381]

aa) §§ 9, 11, 14 GeschGehG, § 242 BGB

Vor diesem Hintergrund sind in den **§§ 9, 11, 14** spezielle Begrenzungen geregelt.[382]

In seinem Anwendungsgebiet bewirkt § 9 einen **Anspruchsausschluss bei Unverhältnismäßigkeit**; der Gesetzgeber hat auf die vergleichbare Regelung in § 98 Abs. 4 UrhG hingewiesen.[383] Angesichts der klaren Formulierung des Gesetzeswortlauts von § 9 handelt es sich um eine von Amts wegen zu beachtende (rechtsvernichtende) **Einwendung** (→ § 9 Rn. 8 ff.).[384] Diese Einordnung trägt der Bedeutung des Verhältnismäßigkeitsgrundsatzes Rechnung; in einem rechtsstaatlichen Verfahren nach Maßgabe des GeschGehG darf eine objektiv als unverhältnismäßig erkannte Maßnahme nicht ausgeurteilt werden und zwar unabhängig davon, ob sich der Schuldner hierauf beruft. Wie bereits angesprochen (→ Rn. 122 ff.), entspricht allerdings die starre schwarz-weiße Unterscheidung von Anspruch oder vollständigem materiell-rechtlichem Anspruchsausschluss kaum den Vorgaben der auf Flexibilität ausgelegten RL 2016/943/EU.[385] Es ist daher auch im Bereich der Anwendung des GeschGehG an **Aufbrauchs- und Umstellungsfristen** zu denken (→ Rn. 130), die einer Anwendung von § 9 die Grundlage nehmen können.[386] Wenn eine Änderung der Umstände zu einem nachträglichen Fortfall des Ausschlusses führt, wird der Anspruch wieder durchsetzbar.[387]

Demgegenüber betrifft **§ 11** mit der **Abwendungsbefugnis** ein Gegenrecht des Rechtsverletzters (→ § 11 Rn. 1, 8 ff. – auch zum Streit um Rechtsnatur und Abgrenzung von § 9). Strukturell ist die Abwendungsbefugnis nach § 11 damit nach hiesiger Auffassung auf der Rechtsfolgenebene angesiedelt, denn sie lässt den Anspruch an sich bestehen.[388] Der **schuldlose Rechtsverletzer** kann demnach die Ansprüche nach § 6 (und § 7) mit einer Geldzahlung abwenden, wenn ihm durch die Erfüllung der Ansprüche ein unverhältnismäßig großer Nachteil entstünde und eine

126

127

128

---

381 Im Ergebnis übereinstimmend *Ess*, WRP 2020, 988 Rn. 9, aber über eine entsprechende Anwendung des § 9.
382 *Reinfeld*, § 4 Rn. 8.
383 BT-Drs. 19/4724, S. 31.
384 Zur Einordnung des § 9 als von Amts wegen zu beachtende Einwendung *Ohly*, GRUR 2019, 441, 449; BeckOK GeschGehG/*Spieker*, § 9 Rn. 3; BeckOK UWG/*Hohn-Hein*, § 6 GeschGehG Rn. 3; Büscher/*Tochtermann*, § 9 GeschGehG Rn. 3; im Detail *Tochtermann*, WRP 2019, 688 Rn. 12 ff., 32.
385 K/B/F/*Alexander*, § 9 GeschGehG Rn. 34; auch Büscher/*Tochtermann*, § 9 GeschGehG Rn. 27 geht davon aus, dass entsprechende „Abmilderungen" möglich sein müssen.
386 K/B/F/*Alexander*, § 6 GeschGehG Rn. 34.
387 *Tochtermann*, WRP 2019, 688 Rn. 16 ff.
388 H/O/K/*Ohly*, § 11 Rn. 17.

§ 6 Beseitigung und Unterlassung

Abfindung in Geld angemessen erscheint. Der Rechtsverletzer muss die Abfindung zumindest anbieten (→ § 11 Rn. 32 ff.).[389]

129 Mit § 14 (Missbrauchsverbot) besteht zudem eine dem § 8c UWG vergleichbare **prozessuale Regelung** (→ § 14 Rn. 6).[390] Liegen die Voraussetzungen des § 14 Satz 1 vor, fehlt dem Kläger die **Prozessführungsbefugnis** und die Klage ist als unzulässig abzuweisen. Der Abwehranspruch an sich bleibt unberührt.[391] Die Annahme eines Rechtsmissbrauchs erfordert eine sorgfältige Prüfung und Abwägung der maßgeblichen Einzelumstände. Von einem Rechtsmissbrauch ist etwa dann auszugehen, wenn die beherrschenden Motive des Anspruchstellers sachfremde Ziele sind. Ein Anhaltspunkt für eine rechtsmissbräuchliche Rechtsverfolgung kann sich daraus ergeben, dass der Anspruchsteller mehrere gleichartige oder in einem inneren Zusammenhang stehende Rechtsverstöße gegen eine Person oder mehrere Personen ohne sachlichen Grund in getrennten Verfahren verfolgt und dadurch die Kostenlast erheblich erhöht.[392]

130 In ihrem jeweiligen Anwendungsgebiet gehen die §§ 9, 11, 14 den **allgemeinen Regelungen des BGB**, insbes. §§ 275, 313, 242 BGB, vor. Im Übrigen bleibt aber **§ 242 BGB** grds. anwendbar, etwa bei der Frage nach einer Verwirkung.[393]

bb) Aufbrauchfrist, Umstellungsfrist, zeitliche Begrenzung des Tenors

131 Auf der Ebene der **Rechtsfolgen** kommt zudem eine Anspruchsbegrenzung durch **Aufbrauchfristen** und **Umstellungsfristen** in Betracht.[394] Die **Aufbrauchfrist** ermöglicht dem Schuldner innerhalb einer bestimmten Frist etwa noch vorhandene Produkte zu verwerten, während ihm durch eine **Umstellungsfrist** die Möglichkeit eröffnet wird, beispielsweise Änderungen der betrieblichen Organisation oder der Produktionsweise vorzunehmen.[395] In beiden Fällen erhält der Schuldner im Einzelfall einen „Überlegungs-, Reaktions- und Organisationsfenster", um auf die Durchsetzung eines Unterlassungsgebotes zu reagieren.[396] Zudem kann in Einzelfällen eine **zeitliche Begrenzung des Unterlassungstenors** geboten sein. Entsprechend Art. 13 Abs. 1 Satz 2 RL **muss** die Dauer der begrenzten Maßnahme entsprechend Art. 12 Abs. 1 lit. a und b RL aber ausreichen, um sämtliche kommerziellen oder

---

389 BT-Drs. 19/4724, S. 33.
390 BeckOK GeschGehG/*Spieker*, § 14 Rn. 1; BT-Drs. 19/4724, S. 34.
391 Zum UWG Ohly/Sosnitza/*Ohly*, § 8 Rn. 155 mwN; BGH, 6.10.2016 – I ZR 25/15, GRUR 2017, 266 Rn. 23 – World of Warcraft I.
392 BGH, 6.10.2016 – I ZR 25/15, GRUR 2017, 266 Rn. 23 – World of Warcraft I.
393 K/B/F/*Alexander*, § 6 GeschGehG Rn. 41.
394 Allgemein zur Aufbrauchfrist in Lauterkeits-, Kennzeichen und Urheberrecht *Alexander*, Rn. 1712; *Berlit*, WRP 1998, 250 ff.; F/B/O/*Büscher*, § 8 Rn. 163 ff.; *Nordemann*, ZGE/IPJ 11 (2019), 309 ff.; F/B/O/*Büscher*, § 8 Rn. 163 ff.
395 Vgl. zu F/B/O/*Büscher*, § 8 Rn. 163.
396 OLG Saarbrücken, 30.11.2007 – 1 W 193/07, GRUR-RR 2008, 176, 177 – Wettbewerbsrelevanz von Zusatzangaben auf Anwaltsbriefkopf.

III. Beseitigung und Unterlassung **§ 6**

wirtschaftlichen Vorteile zu beseitigen, die der Rechtsverletzer aus dem rechtswidrigen Verstoß gegen ein Handlungsverbot gezogen haben könnte. Im Überblick: Da der gesetzliche Unterlassungsanspruch mit der Begründung einer Begehungsgefahr sofort gem. § 271 Abs. 1 BGB fällig wird, kommt eine **Aufbrauchfrist** in Betracht, wenn eine sofortige Unterlassung für den Schuldner im konkreten Fall unzumutbar ist.[397] Dem Schuldner eines Unterlassungsanspruchs konnte auf Grundlage von § 242 BGB – nach anderer Ansicht auf Grundlage von § 275 Abs. 2 BGB[398] – bereits nach der vorherigen Rechtslage eine solche Aufbrauchfrist gewährt werden.[399] **Voraussetzung** ist, dass dem Schuldner durch ein sofort mit der Zustellung des Titels uneingeschränkt zu beachtendes Verbot **unverhältnismäßige Nachteile** entstehen und die Belange sowohl des Gläubigers als auch der Allgemeinheit durch eine befristete Fortsetzung des Wettbewerbsverstoßes nicht unzumutbar beeinträchtigt werden.[400] Im Kern der Prüfung steht eine Abwägung der Interessen des Schuldners auf der einen sowie des Gläubigers und der Allgemeinheit auf der anderen Seite, bei der für den Schuldner schwere Nachteile durch den sofortigen Vollzug des Verbotes erforderlich sind. Dies kommt in der Rechtsmittelinstanz oft nicht (mehr) in Betracht, da sich der Schuldner durch die bisherige Verfahrensdauer auf das drohende Unterlassungsgebot einstellen konnte, sodass die Interessenlage in den **Rechtsmittelinstanzen** die Gewährung einer Aufbrauchfrist regelmäßig nicht gebietet.[401]

132

Die insoweit eröffnete **umfassende Abwägung**[402] der Interessen von **Schuldner, Gläubiger und Allgemeinheit** kann für den Anwendungsbereich des GeschGehG anhand des o. g. Kriterienkatalogs aus der RL entsprechend durchgeführt werden. Ebenfalls gilt für den Anwendungsbereich des GeschGehG, dass das Schuldnerinteresse an der Gewährung der Aufbrauchfrist und das Gläubigerinteresse an sofortiger Durchsetzung des Unterlassungsgebots zueinander grundsätzlich in einem deutlichen Missverhältnis stehen müssen.[403] Aufbrauchfristen sind daher auch nach der neuen Rechtslage nicht der Regelfall. Ebenfalls ist ein **vorsätzlicher** oder zumindest grob fahrlässiger Verstoß in der Interessenabwägung nach wie vor deutlich erschwerend zu berücksichtigen, sodass eine Aufbrauchfrist häufig nicht in Betracht kommt.[404]

133

---

397 Berneke/*Schüttpelz*, Rn. 353 ff.; Götting/Nordemann/*Schmitz-Fohrmann/Schwab*, § 8 Rn. 29; MK-UWG/*Fritzsche*, § 8 Rn. 118.
398 Ohly/Sosnitza/*Ohly*, § 8 Rn. 39.
399 Harte/Henning/*Goldmann*, § 8 Rn. 132 ff.
400 BGH, 29.3.2007 – I ZR 122/04, GRUR 2007, 1079 Rn. 40 – Bundesdruckerei; BGH, 25.1.1990 – I ZR 19/87, WRP 1990, 672, 680 – HBV-Familien- und Wohnungsrechtsschutz; BGH, 18.12.1981 – I ZR 34/80, GRUR 1982, 425, 431 – Brillen-Selbstabgabestellen.
401 OLG Frankfurt, 16.1.2020 – 6 W 116/19, GRUR-RS 2020, 2095 Rn. 27.
402 F/B/O/*Büscher*, § 8 Rn. 164; MK-UWG/*Fritzsche*, § 8 Rn. 122 ff.
403 Ohly/Sosnitza/*Ohly*, § 8 Rn. 43.
404 Zum UWG K/B/F/*Bornkamm*, § 8 UWG Rn. 1.191; F/B/O/*Büscher*, § 8 Rn. 164; Harte/Henning/*Goldmann*, § 8 Rn. 134; MK-UWG/*Fritzsche*, § 8 Rn. 125.

§ 6 Beseitigung und Unterlassung

134 Ist im Einzelfall eine Aufbrauchfrist zu gewähren, hängt ihre **Bemessung** davon ab, was der Schuldner zu den entsprechenden Umständen dargelegt hat (bspw. wie lange er etwa benötigt, um seine Fertigung umzustellen oder welche Belange der Allgemeinheit betroffen sind).[405] Ein Korridor von **drei bis sechs Monaten** (ab Verkündung!) ist aus der Rechtsprechung zum UWG bekannt;[406] dies kann auch in Verfahren nach dem GeschGehG als Ausgangspunkt genommen werden. Es kommt jedoch für die Bemessung schlussendlich allein auf den Einzelfall an.

135 Dogmatisch kann in einer entsprechenden Aufbrauchfrist wie im Lauterkeitsrecht eine auf dem Verhältnismäßigkeitsgrundsatz basierende **Beschränkung** des Unterlassungsanspruchs gesehen werden (die dennoch nicht die Tatbestandsseite des Verbots betrifft, sondern die Ebene der Rechtsfolgen).[407] Dementsprechend muss die Aufbrauchfrist gewährt werden, wenn die Voraussetzungen vorliegen; es handelt sich mithin **nicht** um eine gerichtliche **Ermessensentscheidung**.[408] Die Aufbrauchfrist verschiebt insoweit aus Gläubigersicht zwar die Durchsetzbarkeit des Unterlassungsgebots, sie führt aber nicht zur Rechtmäßigkeit des Verhaltens, sodass der Schuldner für die Aufbrauchhandlungen **schadensersatzpflichtig bleibt**.[409]

136 Eines speziellen **Antrags** bedarf die Aufbrauchfrist **nicht**, da sie in dem uneingeschränkten Unterlassungsantrag als ein Minus enthalten ist (wobei dann auf Seiten des Gläubigers entsprechend § 92 Abs. 2 ZPO eine mögliche Kostenfolge[410] zu berücksichtigen ist).[411]

137 Eine Aufbrauchfrist kommt erst recht im **einstweiligen Rechtsschutz** in Betracht, insbes. angesichts einer Beschlussverfügung.[412] Einer Aufbrauchfrist im Eilverfah-

---

405 Zum Ausschluss einer Aufbrauchfrist bei „offensichtlichen oder böswilligen Verletzungen" (im UrhR) LG HH, 28.10.2011 – 308 O 23/11, ZUM 2012, 345; BeckOK UWG/*Haertel*, § 8 UWG Rn. 83.
406 Bspw. BGH, 24.9.2013 – I ZR 89/12, GRUR 2013, 1254 Rn. 44 – Factory-Outlet; mwN jeweils Teplitzky/*Feddersen*, Kap. 57 Rn. 21; MK-UWG/*Fritzsche*, § 8 Rn. 133; Ohly/Sosnitza/*Ohly*, § 8 Rn. 44.
407 K/B/F/*Bornkamm*, § 8 UWG Rn. 1.89 mwN auch zur Auffassung, nach der es sich bei der Aufbrauchfrist um eine Art Vollstreckungsschutzmaßnahme nach § 765a ZPO handeln solle; Teplitzky/*Bacher*, Kap. 19 Rn. 20 und Kap. 57 (*Kessen*) Rn. 18 mwN zum UWG-Streitstand; F/B/O/*Büscher*, § 8 Rn. 165 mwN auch zur Aufbrauchfrist als „prozessuale Maßnahme"; Harte/Henning/*Goldmann*, § 8 Rn. 133; MK-UWG/*Fritzsche*, § 8 Rn. 121; vgl. auch Ohly/Sosnitza/*Ohly*, § 8 Rn. 46, der § 275 Abs. 2 BGB als Rechtsgrundlage einer lauterkeitsrechtlichen Aufbrauchfrist ansieht.
408 Ohly/Sosnitza/*Ohly*, § 8 Rn. 46; Harte/Henning/*Goldmann*, § 8 Rn. 139; MK-UWG/*Fritzsche*, § 8 Rn. 139; BGH, 14.3.1985 – I ZR 66/83, GRUR 1985, 930, 932 – JUS-Steuerberatungsgesellschaft.
409 Harte/Henning/*Goldmann*, § 8 Rn. 133.
410 F/B/O/*Büscher*, § 8 Rn. 166 weist zutreffend darauf hin, dass auch die Voraussetzungen des § 92 Abs. 2 Nr. 1 ZPO vorliegen können.
411 Vgl. K/B/F/*Bornkamm*, § 8 UWG Rn. 1.196; BeckOK UWG/*Haertel*, § 8 UWG Rn. 84; BGH, 14.3.1985 – I ZR 66/83, GRUR 1985, 930, 932 – JUS-Steuerberatungsgesellschaft.
412 OLG Frankfurt, 16.1.2020 – 6 W 116/19, WRP 2020, 630 Rn. 25–28; Ohly/Sosnitza/*Ohly*, § 8 Rn. 46; K/B/F/*Bornkamm*, § 8 UWG Rn. 1.198; BeckOK UWG/*Haertel*, § 8 UWG Rn. 84; Har-

ren steht auch nicht eine besondere Dringlichkeit der Sache entgegen.[413] Das Eilverfahren soll nur das Risiko ausgleichen, dass eine Entscheidung im Hauptsacheverfahren für den Gläubiger zu spät kommt und ein endgültiger Rechtsverlust eintritt. Es kann indes dem Gläubiger keinen weitergehenden Unterlassungsanspruch verschaffen als ein Hauptsacheverfahren.[414]

Für **Umstellungsfristen** gelten die obigen Grundsätze zur Aufbrauchfrist entsprechend. 138

Gegenüber dem **schuldlosen Rechtsverletzer** ist auch die Möglichkeit des § 11 zu berücksichtigen (vgl. dort → Rn. 41 ff.).[415] 139

In den **Rechtsmittelinstanzen** steht die Interessenlage häufig der Gewährung einer Aufbrauch- oder Umstellungsfrist entgegen.[416] 140

Schließlich kommt (ausnahmsweise) eine **Befristung des Unterlassungsgebots** in Betracht. Grundsätzlich gilt das Unterlassungsgebot zeitlich unbefristet, denn es konkretisiert das abstrakte Verbot der nach §§ 3–5 gesetzlich verankerten und mithin unbefristet rechtswidrigen Handlungen. Allerdings ist dann eine Befristung angezeigt, wenn schon im Zeitpunkt der letzten mündlichen Verhandlung absehbar ist, dass ab einem bestimmten, objektiv feststehenden Zeitpunkt[417] die Rechtswidrigkeit der Verletzungshandlung wegfallen wird.[418] Da der Richtlinien- und der nationale Gesetzgeber gerade eine Flexibilität[419] der geschaffenen Rechtsgrundlagen zur Erreichung von sachgerechten Einzelfallentscheidungen angestrebt haben, kann insoweit an die Rechtsprechung zur vorherigen Rechtslage angeknüpft werden.[420] Zudem ist eine Befristung in Fällen diskutiert worden, in denen eine unbefugte Geheimnisverwertung lediglich zu einem zeitlichen Vorsprung gegenüber einem rechtmäßigen Kenntniserwerb führt, etwa bei unbefugter Ausnutzung der Kenntnisse über einen Kundenstamm.[421] Demgegenüber hat der BGH allerdings angenommen, dass jedenfalls Kenntnisse, die unter Verstoß gegen § 17 UWG aF erlangt wurden, von Anfang an und – jedenfalls in der Regel – dauerhaft mit dem Ma- 141

---

te/Henning/*Goldmann*, § 8 Rn. 135; MK-UWG/*Fritzsche*, § 8 Rn. 142; *Berlit*, WRP 1998, 250, 251 f.; *Ulrich*, GRUR 1991, 26 ff.
413 Vgl. auch *Berlit*, WRP 1998, 250, 251 f.
414 OLG Frankfurt, 16.1.2020 – 6 W 116/19, WRP 2020, 630 Rn. 28; K/B/F/*Bornkamm*, § 8 UWG Rn. 1.196-1-1988.
415 „Einschränkung des Unterlassungsanspruchs auch jenseits von Art. 13 Abs. 3 Geschäftsgeheimnis-RL"; *Hofmann*, WRP 2018, 1 Rn. 28.
416 OLG Düsseldorf, 25.11.2019 – 2 W 15/19, GRUR-RS 2019, 39470 Rn. 10 – Bakterienkultivierung II; K/B/F/*Bornkamm*, § 8 UWG Rn. 1.97.
417 BGH, 6.11.1963 – Ib ZR 41/62 und 40/63, GRUR 1964, 215, 217 – Milchfahrer.
418 K/B/F/*Köhler* § 17 UWG Rn. 64; BeckOK UWG/*Kalbfus*, § 17 Rn. 209; Harte/Henning/*Harte-Bavendamm*, § 17 Rn. 59; H/O/K/*Ohly*, § 6 Rn. 50.
419 *Alexander*, WRP 2019, 673 Rn. 42; *Hofmann*, WRP 2018, 1 Rn. 26 f.; Erwgrd. 21 RL.
420 Vgl. BGH, 3.5.2001 – I ZR 153/99, GRUR 2002, 91, 94 – Spritzgießwerkzeuge (zu nachvertraglichem Geheimnisschutz); BGH, 19.11.1982 – I ZR 99/80, NW 1984, 239, 240.
421 Harte/Henning/*Harte-Bavendamm*, § 17 Rn. 59.

§ 6 Beseitigung und Unterlassung

kel der Wettbewerbswidrigkeit behaftet seien.[422] Diese Grundsätze dürften im Regelfall auch im Anwendungsbereich des GeschGehG übernommen werden, da auch die RL 2016/943/EU explizit vorsieht, das Verhalten des Antragsgegners bei Erwerb, Nutzung oder Offenlegung des Geschäftsgeheimnisses zu berücksichtigen (Art. 13 Abs. 1 lit. c); schlussendlich entscheidend bleibt die Abwägung der Umstände des Einzelfalls. Jedenfalls verlangt die Annahme einer Befristung einen „objektiv feststehenden Zeitpunkt" in der Zukunft zu identifizieren. Dies wird einer Befristung häufig entgegenstehen.

142 Der Schuldner ist darüber hinaus im Vollstreckungsverfahren für die Geltendmachung von Einwendungen (insbes. Erfüllung nach § 362 BGB) auch weiterhin auf § 767 ZPO beschränkt.[423]

cc) Einwendungen und Einreden

143 Zur Einordnung der §§ 9, 11, 14 kann auf die kurzen Ausführungen oben (→ Rn. 122 ff.) sowie die jeweilige Kommentierung verwiesen werden. Die **Verjährung** wird gesondert behandelt (→ Rn. 306 ff.). Zumindest prinzipiell ist ebenfalls der **Unmöglichkeits**einwand entsprechend § 275 Abs. 1 BGB zu berücksichtigen, auch im Vollstreckungsverfahren. Die Berücksichtigungsfähigkeit folgt insoweit daraus, dass § 888 Abs. 1 ZPO die Verhängung von Zwangsmitteln von der fehlenden Erfüllung einer (nicht vertretbaren) Handlung abhängig macht. Ist dem Schuldner die Vornahme des geschuldeten Verhaltens daher dauerhaft objektiv oder subjektiv unmöglich (geworden), muss die Auferlegung von Zwangsmitteln ausscheiden.[424] Von der (auch subjektiven) Unmöglichkeit scharf abzugrenzen ist die Unzumutbarkeit,[425] die vorrangig im GeschGehG selbst geregelt ist. Prinzipiell anwendbar ist auch § 242 BGB, wobei die relevanten Tatbestände weit(est)gehend im GeschGehG selbst aufgegriffen sind.[426]

e) Entfallen/Erlöschen

144 Der Anspruch auf Unterlassung entfällt, wenn das betroffene Geschäftsgeheimnis „allgemein bekannt" oder „ohne weiteres zugänglich" wird (→ § 2 Rn. 27), ferner durch den Fortfall der Begehungsgefahr (Voraussetzungen oben → Rn. 66 ff.). Unterlassungspflichten können zudem nach § 362 BGB erfüllt werden; für die Vergan-

---

422 BGH, 19.3.2008 – I ZR 225/06, WRP 2008, 938, 939 – entwendete Datensätze mit Konstruktionszeichnungen.
423 BGH, 19.11.1982 – I ZR 99/80, GRUR 1983, 179, 181 – Stapel-Automat; K/B/F/*Köhler*, § 17 UWG Rn. 64.
424 OLG Düsseldorf, 25.11.2019 – 2 W 15/19, GRUR-RS 2019, 39470 Rn. 4 – Bakterienkultivierung II.
425 OLG Düsseldorf, 25.11.2019 – 2 W 15/19, GRUR-RS 2019, 39470 Rn. 6 – Bakterienkultivierung II.
426 H/O/K/*Ohly*, § 6 Rn. 22.

genheit gehen Unterlassungspflichten mithin entweder durch Erfüllung oder – bei Verletzung – wegen Unmöglichkeit (§ 275 Absatz 1 BGB) unter.[427]

f) Prozessuales

Soweit Unterlassungsansprüche auf Wiederholungsgefahr gestützt werden, ist die Klage nur begründet, wenn das beanstandete Verhalten sowohl zum Zeitpunkt seiner Vornahme als auch im Zeitpunkt der Entscheidung rechtswidrig ist.[428] 145

aa) Zuständigkeit

Die nationale Zuständigkeit ist in § 15 geregelt (zur internationalen Zuständigkeit vgl. → § 15 Rn. 14ff.). Demnach sind auf dem ordentlichen Gerichtsweg **sachlich ausschließlich** die **Landgerichte** zuständig, § 15 Abs. 1;[429] **örtlich** ist das Gericht zuständig, in dessen Bezirk der Beklagte seinen allgemeinen Gerichtsstand hat (Abs. 2 Satz 1). Hat der Beklagte im Inland keinen allgemeinen Gerichtsstand, ist nur das Gericht zuständig, in dessen Bezirk die Handlung begangen worden ist (Abs. 2 Satz 2). Fraglich ist, ob dies auch für **Widerklagen** gilt, die der Geheimnisinhaber bspw. als Reaktion auf eine andere Klage erhebt (→ Rn. 80). Insoweit wird diskutiert, ob eine sog. Widerklage-Öffnungsklausel wie „§ 33 Abs. 2 ZPO ist auf Widerklagen nicht anzuwenden" in § 15 hineinzulesen ist (→ § 15 Rn. 10).[430] 146

Neben den ordentlichen Gerichten ist die **Arbeitsgerichtsbarkeit** mit den hier betroffenen bürgerlich-rechtlichen Streitigkeiten befasst.[431] 147

bb) Antragsfassung

Unterlassungsbegehren eint die prinzipielle Besonderheit, dass sie an ein nur potenzielles und daher mit Unsicherheiten verbundenes Verletzerverhalten anknüpfen.[432] Zudem steht der zivilprozessuale Bestimmtheitsgrundsatz iVm. dem Öffentlichkeitsgrundsatz (§ 169 Abs. 1 Satz 1 GVG) in einem strukturellen Spannungsverhältnis zu einem effektiven Geheimnisschutz[433] – welches auch durch §§ 16, 19 nicht vollständig gelöst ist. Aufgrund der prognostischen Natur des Unterlassungsbegehrens und diesem Spannungsverhältnis ergeben sich auch bei der Anwendung des GeschGehG Bestimmungs- und Eingrenzungsprobleme für die Klageschrift[434] 148

---

427 Dazu BeckOGK-BGB/*Looschelders* [1.3.2021], § 362 Rn. 37f., Hoppe/Oldekop/*Hoppe*, Kap. 1 Rn. 703/704 zur Frage des Geheimnisverlusts durch Offenlegung seitens des Verletzers.
428 BGH, 16.11.2017 – I ZR 161/16, GRUR 2018, 535 Rn. 15 – Knochenzement II.
429 Gegen eine ausschließliche Rechtswegzuständigkeit der ordentlichen Gerichtsbarkeit für Geschäftsgeheimnisstreitsachen und mit Blick auf § 2 ArbGG *Francken*, NZA 2019, 1665, 1666; vgl. auch LAG Düsseldorf, 23.1.2020 – 12 Ga 5/20, GRUR-RS 23408.
430 *Zhu/Popp*, GRUR 2020, 338, 340 f.
431 Bspw. LAG Düsseldorf, 3.6.2020 – 12 SaGa 4/20, CB 2021, 124; BT-Drs. 19/4724 S. 35.
432 *Könen*, WRP 2019, 565 Rn. 6.
433 BGH, 3.5.2001 – I ZR 153/99, GRUR 2002, 91, 95 – Spritzgießwerkzeuge; K/B/F/*Köhler*, § 17 UWG Rn. 64.
434 Muster bei Hoppe/Oldekop/*Hoppe*, Kap. 5 Rn. 1.

§ 6 Beseitigung und Unterlassung

und insbesondere auch die Sachantragsstellung. Die Anforderungen an die Bestimmtheit eines Unterlassungsantrags unterscheiden sich bei der vorbeugenden Unterlassungsklage nicht von denjenigen einer Verletzungsunterlassungsklage.[435]

149 Demnach gilt zugunsten eines effektiven Rechtsschutzes, dass der Bestimmtheitsgrundsatz nach § 253 Abs. 2 Nr. 2 ZPO nicht dazu führen „darf" (mithin: soll), dass der immer noch um Geheimhaltung bemühte Kläger gezwungen ist, dieses „wie eine Offenbarung" desselben vorzutragen.[436] Insoweit erfordert das Bestimmtheitserfordernis nach § 253 Abs. 2 Nr. 2 ZPO also keine Antragstellung nach einzelnen Inhalten der in Bezug auf das Geschäftsgeheimnis zu unterlassenden Verhaltensweisen.[437] Weitergehend muss das verletzte Geheimnis nicht im Antrag konkret benannt werden.[438] Ein Sachantrag kann vielmehr in zulässiger Weise auf ein bestimmtes zu erreichendes Ziel fixiert werden.[439] Zugleich darf ein Verbotsantrag nicht derart undeutlich gefasst sein, dass Gegenstand und Umfang der Entscheidungsbefugnis des Gerichts (§ 308 Abs. 1 ZPO) nicht erkennbar abgegrenzt sind und sich der Beklagte deshalb nicht erschöpfend verteidigen kann.[440] Die Prüfung und Feststellung des Verbotsinhalts des Antrags darf mithin nicht systemwidrig in die Vollstreckungsinstanz verlagert werden.[441] Das Geschäftsgeheimnis muss daher so weit beschrieben werden, als es für die Zwangsvollstreckung unerlässlich ist.[442] Entscheidend ist, dass in den jeweiligen, in der Zukunft liegenden Einzelfällen „klar" ist, ob und in welchem Umfang das Verbot greift.[443] Zumindest unter Heranziehung des Klägervortrags müssen sich mithin unzweideutig die Anknüpfungspunkte des Unterlassungsgebots erkennen lassen.[444]

150 Eine hinreichende Bestimmtheit ist für gewöhnlich gegeben, wenn eine Bezugnahme auf die **konkret angegriffene Verletzungsform** oder die **konkrete Verletzungshandlung** antragsgegenständlich ist und der Klageantrag zumindest unter

---

435 BGH, 20.12.2018 – I ZR 112/17, NJW 2019, 763 Rn. 12 – Crailsheimer Stadtblatt II.
436 BGH, 22.3.2018 – I ZR 118/16, GRUR 2018, 1161 Rn. 19 – Hohlfasermembranspinnanlage II; K/B/F/*Köhler*, § 17 UWG Rn. 64; *Doepner*, in: FS : Tilmann, S. 105, 112 ff.; H/O/K/*Ohly*, § 6 Rn. 59, Hoppe/Oldekop/*Pichlmaier*, Kap. 3 Rn. 96, 113.
437 BGH, 11.10.2017 – I ZB 96/16, GRUR 2018, 292 Rn. 29 – Produkte zur Wundversorgung; *Ahrens*, GRUR 2018, 374, 376.
438 BGH, 22.3.2018 – I ZR 118/16, GRUR 2018, 1161 Rn. 19 – Hohlfasermembranspinnanlage II; BeckOK ZPO/*Bacher* [1.3.2021], § 253 ZPO Rn. 63.6; Hoppe/Oldekop/*Pichlmaier*, Kap. 3 Rn. 105.
439 Vgl. BGH, 28.7.2015 – VI ZR 340/14, WM 2015, 1664 = GRUR 2016, 104 Rn. 40 – rechtsbillig; *Ahrens*, GRUR 2018, 374, 376.
440 BGH, 16.11.2017 – I ZR 161/16, GRUR 2017, 537 Rn. 12 – Konsumgetreide; BGH, 5.10.2017 – I ZR 184/16, GRUR 2018, 203 Rn. 10 – Betriebspsychologe; BGH 22.3.2018 – I ZR 118/16, GRUR 2018, 1161 Rn. 16 – Hohlfasermembranspinnanlage II.
441 BGH, 14.12.1998 – II ZR 330/97, NJW 1999, 954; G/L/D/*Harte-Bavendamm*, § 77 Rn. 73 zur alten Rechtslage; Thomas/Putzo/*Reichold*, § 253 ZPO Rn. 11.
442 So schon BGH, 1.7.1960 – I ZR 72/59, GRUR 1961, 40 – Wurftaubenpresse; K/B/F/*Köhler*, § 17 UWG Rn. 64.
443 G/L/D/*Harte-Bavendamm*, § 77 Rn. 73.
444 BGH, 22.3.2018 – I ZR 118/16, GRUR 2018, 1161 Rn. 16 ff. – Hohlfasermembranspinnanlage II; Hoppe/Oldekop/*Pichlmaier*, Kap. 3 Rn. 99, 106.

Heranziehung des Klagevortrags unzweideutig erkennen lässt, in welchen Merkmalen des angegriffenen Erzeugnisses die Grundlage des Unterlassungsgebots liegen soll.[445] Mit Blick auf das Bestimmtheitsgebot besteht insoweit ein struktureller Unterschied zwischen der Komplexität von Verbotsanträgen in Bezug auf eine konkrete Verletzungsform und solchen, die sich auf ein abstrakte(re)s Unterlassungsgebot richten.[446] Der Unterschied ist zumindest in der Formulierung des § 4 Abs. 3 angedeutet: Dessen Satz 1 bezieht sich abstrakt auf die Erlangung, Nutzung und Offenlegung eines Geschäftsgeheimnisses und Satz 2 konkretisiert dies für die Nutzung „insbesondere" mit Bezug auf ein „rechtsverletzendes Produkt".

Richten sich die Klageanträge gegen eine **konkrete Verletzungsform** – etwa ein bestimmtes Produkt[447] – ist der Klageantrag nicht deshalb unbestimmt, weil er keine verbale Beschreibung der Umstände enthält, aus denen die Rechtsverletzung hergeleitet wird.[448] Es muss auch nicht im Einzelnen dargelegt werden, welche Elemente der Verletzungsform ggf. das Geschäftsgeheimnis verkörpern (denn es geht für die Verletzungsprüfung nicht darum, ob/welche Merkmale der Ausführungsform ein Geschäftsgeheimnis „sind", sondern dass die konkret angegriffene Ausführungsform als „rechtswidriges Produkt" eine unzulässige Nutzung des Beklagten begründet[449]); ein entsprechendes Vorgehen führt daher nicht zur Unbegründetheit der Klage, sondern beeinflusst lediglich den Umfang des durchsetzbaren Unterlassungsgebots: Wenn den Urteilsgründen lediglich zu entnehmen ist, dass jedenfalls das angegriffene Produkt als Ganzes ein Geschäftsgeheimnis „enthält", kann der Schuldner bei einer Abänderung verhältnismäßig leicht aus dem ausgesprochenen Verbot herausgelangen, denn nach einer Abänderung kann nicht mehr davon ausgegangen werden, dass das Geschäftsgeheimnis gerade in dem noch übereinstimmenden Teil verkörpert ist.[450] Lassen sich dagegen dem Klagevorbringen und dementsprechend den Urteilsgründen konkrete Feststellungen dazu entnehmen, in welchen Elementen das Geschäftsgeheimnis zu sehen ist, kann nach dem Grundsatz, dass auch **im Kern gleichartige** Verletzungshandlungen von dem Unterlassungsgebot erfasst werden, aufgrund des Unterlassungsurteils auch die Verwendung eines abgeänderten Produkts verboten werden, soweit dieses das Geschäftsgeheimnis bildende Elemente unverändert enthält (zur Vollstreckung unten (→ Rn. 166 ff.).[451]

151

---

445 BGH, 22.3.2018 – I ZR 118/16, GRUR 2018, 1161 Rn. 16 – Hohlfasermembranspinnanlage II.
446 Grundlegend zu verschiedenen Zielrichtungen mit Konkretisierungen *Deichfuß*, GRUR-Prax 2012, 449 ff.
447 Zu bestimmten Herstellungsmaschinen: BGH, 3.5.2001 – I ZR 153/99, GRUR 2002, 91, 95 – Spritzgießwerkzeuge, Hoppe/Oldekop/*Pichlmaier*, Kap. 3 Rn. 100 (mit Bsp.).
448 BGH, 22.3.2018 – I ZR 118/16, GRUR 2018, 1161 Rn. 19 – Hohlfasermembranspinnanlage II.
449 A/L/G/*Grosch*, Kap. 6 Rn. 19.
450 BGH, 13.12.2007 – I ZR 71/05, GRUR 2008, 727 Rn. 9, 13, 18 – Schweißmodulgenerator; *Schilling*, in: FS Büscher, S. 383, 387; BGH, 1.7.1960 – I ZR 72/59, GRUR 1961, 40, 42 – Wurftaubenpresse, wobei eine genau individualisierte Maschine betroffen war und dazu A/L/G/*Grosch*, Kap. 6 Rn. 13.
451 BGH, 13.12.2007 – I ZR 71/05, GRUR 2008, 727 Rn. 18 – Schweißmodulgenerator; vgl. auch BeckOK UWG/*Kalbfus*, § 17 UWG Rn. 208.

§ 6 Beseitigung und Unterlassung

152 Richten sich die Klageanträge hingegen auf ein **abstrakte(re)s Unterlassungsgebot** gelten folgende Rahmenbedingungen (bspw. „…zu unterlassen, im geschäftlichen Verkehr privat angefertigte Notizen über Kunden, Ansprechpartner sowie deren Kontaktinformationen und/oder Umsätze zum Zwecke des Wettbewerbs zu verwerten und/oder verwerten zu lassen und/oder zu nutzen und/oder zu nutzen und/oder nutzen zu lassen"[452]): Wie vorstehend dargelegt muss der Unterlassungsantrag so bestimmt gefasst sein, dass der Streitgegenstand und der Umfang der Prüfungs- und Entscheidungsbefugnis des Gerichts „klar" umrissen sind. Die Verwendung **auslegungsbedürftiger Begriffe oder Bezeichnungen** kann dabei allerdings hinnehmbar oder im Interesse einer sachgerechten Verurteilung zweckmäßig oder sogar geboten sein, wenn über den Sinngehalt der verwendeten Begriffe oder Bezeichnungen kein Zweifel besteht, sodass die Reichweite von Antrag und Urteil feststeht[453] bzw. dessen Auslegung zwischen den Parteien nicht streitig ist.[454] Eine auslegungsbedürftige Antragsformulierung kann im Übrigen hinzunehmen sein, wenn eine weitergehende Konkretisierung nicht möglich und die gewählte Antragsformulierung zur Gewährung effektiven Rechtsschutzes erforderlich ist.[455] Welche Anforderungen an die Konkretisierung im Unterlassungsantrag zu stellen sind, ist somit abhängig von den Besonderheiten des anzuwendenden materiellen Rechts und den Umständen des **Einzelfalles**, wobei sich eben nicht stets vermeiden lässt, dass das Vollstreckungsgericht bei der Beurteilung der Frage, ob ein Verstoß gegen ein ausgesprochenes Verbot vorliegt, in gewissem Umfang auch Wertungen vornehmen muss.[456] Es muss daher ein angemessener Ausgleich zwischen Bestimmtheitsanforderungen und der Entlastung der Vollstreckungsinstanz gegenüber den objektiven Belangen des rechtssuchenden Geheimnisinhabers gefunden werden.[457] Dabei ist berücksichtigt worden, ob und inwieweit betroffene Geschäftsgeheimnisse zwischen den Parteien streitig sind.[458] Ganz allgemein wird ein Antrag unzulässig sein, der lediglich abstrakt auf „Geschäftsgeheimnisse" Bezug nimmt, ohne diese jedoch genauer zu bezeichnen. Es kann ein Antrag formuliert werden, in dem auf Anlagen Bezug genommen wird (bspw. „… es bei Meidung gesetzlicher Ordnungsmittel zu unterlassen, die in den Anlagen AS 1, AS 2 – dort die rot markierten Abschnitte – 12, AS 3–5 enthaltenen Geschäftsgeheimnisse der Antragstellerin betreffend … zu nutzen und/oder Dritten offenzulegen"). Bei der Bezugnahme auf Anlagen ist dann jedoch zu beachten, dass diese jeweils entweder insgesamt das Geschäftsgeheimnis

---

452 Auszug Tenor Ziffer 1. LAG Düsseldorf, 3.6.2020 – 12 SaGa 4/20, BeckRS 2020, 23408.
453 BGH, 5.6.1997 – I ZR 69/95 Rn. 39 – Unbestimmter Unterlassungsantrag III (juris).
454 BGH, 30.4.2008 – I ZR 73/05 Rn. 35 – Internet-Versteigerung III (juris).
455 BGH, 26.1.2017 – UI ZR 207/14 Rn. 18 – ARD-Buffet (juris).
456 BGH 4.7.2002 – I ZR 38/00 Rn. 28 – Zugabenbündel (juris); LAG Düsseldorf, 3.6.2020 – 12 SaGa 4/20, BeckRS 2020, 23408 Rn. 57.
457 G/L/D/*Harte-Bavendamm*, § 77 Rn. 73.
458 OLG Frankfurt a. M., 27.11.2020 – 6 W 113/20, GRUR-RR 2021, 229 Rn. 14; vgl. auch LG Arnsberg, 29.6.2021 – 1 O 327/20, GRUR-RS 2021, 19257.

betreffen oder aber die entsprechenden konkreten Teile benannt werden müssen.[459] Abstrakt formulierte Anträge können gegebenenfalls auch durch konkretisierende „insbesondere wenn dies geschieht wie…"-Zusätze bestimmt werden.[460]

cc) Streitgegenstand

Der **Streitgegenstand** als prozessualer Anspruch ist maßgeblich für die Bestimmtheit der Klage (§ 253 Abs. 2 Nr. 2 ZPO) und zugleich für die Eingrenzung „der" Klage im Hinblick auf die objektive Klagehäufung (§ 260 ZPO) sowie die Fragen einer Klageänderung (§§ 263 ff. ZPO), der anderweitigen Rechtshängigkeit (§ 261 ZPO) und der entgegenstehenden Rechtskraft (§ 322 Abs. 1 ZPO).[461] Der Streitgegenstand wird durch den **Klageantrag**, in dem sich die vom Anspruchsteller in Anspruch genommene Rechtsfolge konkretisiert, und den Lebenssachverhalt (**Klagegrund**) bestimmt.[462] Klagegrund iSv § 253 Abs. 2 Nr. 2 ZPO ist der dem Begehren des Klägers zugrunde liegende Lebenssachverhalt.[463] Der maßgebliche Klagegrund wird durch den gesamten historischen Lebensvorgang bestimmt, auf den sich das Rechtsschutzbegehren der Klagepartei bezieht.[464] Dahingehend trifft den Kläger ein materiell-rechtliches Konkretisierungsgebot.[465]

153

Deshalb entscheidet ein Gericht unter Verstoß gegen § 308 Abs. 1 ZPO über etwas anderes, als beantragt ist, wenn es seinem Urteilsspruch über einen Unterlassungsantrag einen anderen Klagegrund zugrunde legt als denjenigen, mit dem der Kläger seinen Antrag begründet hat.[466] Bei einem einheitlichen Klagebegehren liegen grds. verschiedene Streitgegenstände vor, wenn die materiell-rechtliche Regelung die zusammentreffenden Ansprüche durch eine Verselbstständigung der einzelnen Lebensvorgänge erkennbar unterschiedlich ausgestaltet. Das ist etwa der Fall, wenn

154

---

459 Nach OLG Frankfurt a. M., 27.11.2020 – 6 W 113/20, GRUR-RR 2021, 229 Rn. 14 ff.; Hoppe/Oldekop/*Pichlmaier*, Kap. 3 Rn. 118–132 bietet konkrete Formulierungsvorschläge.
460 Hoppe/Oldekop/*Pichlmaier*, Kap. 3 Rn. 114 ff.
461 Bspw. Götting/Nordemann/*Trepper*, § 12 Rn. 20; zum „Dauerproblem" Streitgegenstand *Könen*, WRP 2019, 565 ff.; *Teplitzky*, GRUR 2011, 1091 ff. und WRP 2010, 181 ff.; *Ungern-Sternberg*, GRUR 2009, 901 ff. und GRUR 2009, 1009 ff.; *Ahrens*, JZ 2006, 1184 ff.; *Teplitzky*, GRUR 1998, 320 ff.; zum Streitgegenstand im Geheimnisschutzprozess allgemein A/L/G/*Grosch*, Kap. 6 Rn. 1 ff.
462 Bspw. BGH, 25.6.2020 – I ZR 96/19, GRUR 2020, 1226 Rn. 23 – LTE-Geschwindigkeit; BGH, 7.3.2019 – I ZR 184/17 Rn. 32 – Energieeffizienzklasse III (juris). Zur Entwicklung *Stieper*, WRP 2013, 561 ff.
463 MK-ZPO/*Becker-Eberhard*, Vorb zu § 253 Rn. 33 mwN; zum Klagegrund auch *Nirk/Kurtze*, GRUR 1980, 645, 646; *Schippert*, WRP 2014, 8; *Könen*, WRP 2019, 565 Rn. 8.
464 BGH, 16.11.2017 – I ZR 161/16, GRUR 2018, 535 Rn. 44 – Knochenzement I; BGH, 13.9.2012 – I ZR 230/11, GRUR 2013, 401 Rn. 19 – Biomineralwasser (mit Anm. Teplitzky); anknüpfend an diese Entscheidung auch *Gottwald*, in: FS Köhler, S. 173 ff. sowie *Schippert*, WRP 2014, 8; zur vorhergehenden „TÜV-Rspr." bspw. *Ahrens*, WRP 2013, 129 ff. und *Schippert*, WRP 2013, 135 ff.
465 BGH, 29.6.2006 – I ZR 235/03, BGHZ 168, 184; BGH, 13.9.2012 – I ZR 230/11, BGHZ 194, 314 Rn. 24 ff.
466 A/L/G/*Grosch*, Kap. 6 Rn. 12 gerade mit Blick auf die Entscheidung BGH, 13.12.2007 – I ZR 71/05, GRUR 2008, 727 – Schweißmodulgenerator.

§ 6 Beseitigung und Unterlassung

der Kläger sein Klagebegehren auf ein Schutzrecht und auf ein von ihm als wettbewerbswidrig angesehenes Verhalten des Beklagten stützt oder seinen Anspruch aus mehreren Schutzrechten herleitet. Unter diesen Voraussetzungen liegen auch bei einem einheitlichen Klageantrag grundsätzlich mehrere Streitgegenstände vor.[467] Ebenfalls unterschiedliche Klagegründe liegen vor, wenn ein Unterlassungsantrag zum einen auf Wiederholungsgefahr und zum anderen auf Erstbegehungsgefahr gestützt wird, sofern unterschiedliche Lebenssachverhalte betroffen sind.[468] Soweit der Anspruchsgläubiger sowohl Anträge auf deliktische Ansprüche wegen Verletzung von Geschäftsgeheimnissen als auch auf vertragliche Ansprüche wegen Verletzung einer Geheimhaltungsabrede stützt, handelt es sich grundsätzlich um unterschiedliche Klagegründe und damit ebenfalls um verschiedene Streitgegenstände.[469] Dennoch ist insgesamt eine wertende Entscheidung zu treffen, ob zwei (eigentlich) unterschiedliche Lebenssachverhalte möglicherweise trotzdem einen (einheitlichen) Streitgegenstand bilden, da ein streng an dem vorgetragenen Lebenssachverhalt zu „feingliedriger Streitgegenstandsbegriff" nicht der gebotenen natürlichen Betrachtungsweise entspricht und zu Abgrenzungsschwierigkeiten führt.[470] Der Anspruchsgläubiger hat klarzustellen, in welcher **Reihenfolge** verschiedene Streitgegenstände geltend gemacht werden, wobei diese Klarstellung noch in der Revisionsinstanz erfolgen kann.[471] Diese allgemeinen Maßgaben gelten für die Geltendmachung von Ansprüchen aus dem UWG oder aus Sonderschutzrechten parallel zu solchen nach dem GeschGehG gleichermaßen.[472]

dd) Streitwert

155 Für Verfahren nach dem GeschGehG hat der Streitwert keine Bedeutung für die **sachliche Zuständigkeit** (§ 15 Abs. 2).

156 Nach allgemeinen Grundsätzen (→ § 22 Rn. 3 ff.) ist der Streitwert für die Ermittlung der **Verfahrenskosten** – Gerichtskosten (§§ 3 Abs. 1, 63 GKG) und Anwaltsgebühren (§§ 2 Abs. 1, 13 RVG) – festzusetzen.[473] Maßgeblich ist das klägerische Interesse an der Durchsetzung des geltend gemachten Anspruchs bei Verfahrensbeginn (**§ 51 Abs. 2 GKG**). Daher kommt es in der ersten Instanz auf den Zeitpunkt der Klageerhebung an (§ 40 GKG); im Rechtsmittelverfahren bestimmt sich der Streitwert nach den Anträgen des Rechtsmittelführers (§ 47 GKG).[474] Gegebenenfalls wird ein Wert

---

467 BGH, 5.10.2017 – I ZR 184/16, GRUR 2018, 203 Rn. 17 – Betriebspsychologe; 20.12.2018 – I ZR 104/17, GRUR 2019, 284 Rn. 14 – Museumsfotos (nur zu mehreren Schutzrechten).
468 BGH, 5.10.2017 – I ZR 184/16, GRUR 2018, 203 Rn. 17 – Betriebspsychologe; kritisch Cepl/Voß/Zigann/Werner, § 253 Rn. 132 ff.
469 BGH, 22.3.2018 – I ZR 118/16, GRUR 2018, 1161 Rn. 23 – Hohlfasermembranspinnanlage II.
470 BGH, 13.9.2012 – I ZR 230/11, GRUR 2013, 401 Rn. 23 – Biomineralwasser (mit Anm. *Teplitzky*).
471 BGH, 22.3.2018 – I ZR 118/16, GRUR 2018, 1161 Rn. 23 – Hohlfasermembranspinnanlage II.
472 *Alexander*, WRP 2019, 673 Rn. 26.
473 Überblick zum GeschGehG bei *Hartmann*, JurBüro 2019, 339 ff.
474 *Mes*, § 139 PatG Rn. 480.

III. Beseitigung und Unterlassung § 6

vom Gericht nach billigem Ermessen bestimmt, § 51 Abs. 2 GKG iVm. § 3 ZPO. Wertangaben können jederzeit berichtigt werden (§ 61 Satz 2 GKG). Sind Parteiangaben (offensichtlich) unrichtig, ist das Gericht hieran allerdings nicht gebunden.[475]

Der Streitwert kann je nach Art des betroffenen Geschäftsgeheimnisses und Umfang der Rechtsverletzung in der Höhe stark variieren; es ist eine Orientierung an den Grundsätzen der früheren (Geheimnis-)Verfahren nach dem UWG möglich.[476] 157

Bei **mehreren Anträgen** ist diesen jeweils ein **gesonderter Streitwert** zuzuordnen, § 61 GKG. Das wird relevant, wenn (bspw.) neben der Unterlassung auch Ansprüche nach §§ 7, 8 geltend gemacht werden. Da der Anspruchskanon des GeschGehG insgesamt den bekannten Ansprüchen der Immaterialgüterrechtsgesetze angeglichen wurde, kann in vergleichbaren Fällen, unter besonderer Berücksichtigung des konkret betroffenen Geheimnisses, auf dort entwickelte Grundsätze zur Aufteilung des Gesamtstreitwerts zurückgegriffen werden:[477] 158

Wenn der Unterlassungsanspruch im Vordergrund des wirtschaftlichen Interesses des Klägers steht, kann dieser (regelmäßig) mit ca. 2/3 des Gesamtstreitwertes veranschlagt werden. Das weitere Drittel wird ggf. auf die weiteren Ansprüche, insbesondere auf Auskunft, Vernichtung und Schadensersatzfeststellung, aufgeteilt. Hierbei kann wiederum das Schadensersatzfeststellungsbegehren mit ca. 2/3 zu veranschlagen sein.[478] Abweichend von „üblichen" (immaterialgüterrechtlichen) Konstellationen ist aber zu berücksichtigen, dass auch ein Anspruch auf Herausgabe/Vernichtung von Verkörperungen des Geschäftsgeheimnisses nach § 7 Nr. 1 besteht und zusätzlich zu bemessen ist. 159

Jedenfalls ist der Wert des Auskunftsanspruchs regelmäßig nicht identisch mit dem Leistungsanspruch und wird daher in der Regel nur mit einem Teilwert des Anspruchs bemessen, zu dessen Durchsetzung die verlangte Information dienen soll. Insoweit können üblicherweise 10–25 % angesetzt werden.[479] 160

ee) Kosten/Gebühren

Für den Prozess gelten die allgemeinen Vorschriften zu Gerichtskosten (§§ 3, 63 GKG) und Anwaltsgebühren/Auslagen (§§ 2, 23 RVG).[480] Auch die Kostengrundentscheidung (§ 91 ZPO) und konkrete Kostenfestsetzung richten sich nach den allgemeinen Vorschriften (§§ 103 ff. ZPO). 161

---

475 OLG Düsseldorf, 10.5.2011 – I-2 W 15/11, GRUR-RR 2011, 341 – Streitwertheraufsetzung II = InstGE 13, 232 – Du sollst nicht lügen! II.
476 Berneke/*Schüttpelz*, Rn. 743h; Beispiele: LG Stuttgart, 30.12.2014 11 – O 90/14, WRP 2016, 767 (50.000 EUR); OLG Celle, 19.2.2015 – 13 U 107/09, WRP 2015, 1009 (100.000 EUR); OLG München 8.8.2019 – 29 W 940/19, BeckRS 2019, 18308 vor Rn. 1 (50.000 EUR).
477 Überblick bei Benkard/*Grabinski/Zülch*, § 139 Rn. 165.
478 Nach *Mes*, § 139 PatG Rn. 484.
479 BGH, 17.11.2015 – II ZB 28/14, NZG 2016, 114 Rn. 8.
480 Zu den Prozesskosten im Überblick Cepl/Voß/*Rüting*, § 91 Rn. 7 ff. (Rn. 8 ff. zu den Gerichtskosten und Rn. 27 ff. zu den sonstigen Kosten).

§ 6 Beseitigung und Unterlassung

162 Bei der Geltendmachung anwaltlicher Gebühren ist in Fällen der **Mehrfachvertretung** die Rspr. zur Erhöhungsgebühr aus Nr. 1008 VVG RVG zu beachten: Danach erhöht sich die Verfahrens- oder Geschäftsgebühr für jede weitere Person nur, soweit der Gegenstand der anwaltlichen Tätigkeit „derselbe" ist (max. aber 2,0). Dies ist dann der Fall, wenn der Rechtsanwalt für mehrere Auftraggeber wegen desselben Rechts oder Rechtsverhältnisses tätig wird, was sich wiederum nach dem Klagebegehren bestimmt. An der Gegenstandsgleichheit fehlt es daher, wenn es um ein gegen mehrere Personen gerichtetes Begehren geht, das jeden Gegner selbstständig, wenn auch mit inhaltsgleichen Leistungen betrifft, die jeder nur für sich erfüllen kann. Selbstständig nebeneinander bestehende Rechte, auch wenn sie jeweils den gleichen Inhalt haben und auf das gleiche Ziel gerichtet sind, erfüllen daher nicht den Begriff desselben Gegenstands.[481] MaW: Lediglich soweit mehrere Beklagte gesamtschuldnerisch in Anspruch genommen werden (bspw. auf Herausgabe einer Sache), fällt aus dem auf diesen Anspruch entfallenen Wert die Erhöhungsgebühr an.

163 Andernfalls sind die Gebühren nach dem zusammengerechneten Wert der einzelnen Gegenstände zu berechnen.[482] Das gilt auch für **Auskunftsansprüche**. Selbst wenn gegen Streitgenossen inhaltsgleiche Auskunftsansprüche geltend gemacht werden, handelt es sich um verschiedene Gegenstände, da die Streitgenossen nicht gesamtschuldnerisch auf die Erteilung einer einzigen Auskunft in Anspruch genommen werden, sondern jeder Streitgenosse für sich die verlangte Auskunft erteilen muss.[483] Dasselbe gilt für **Rückrufpflichten**.[484] Für etwaige **Herausgabe-/Vernichtungspflichten** kommt es auf den jeweiligen Antrag an.[485] Anders verhält es sich dagegen mit einem gegen mehrere als Gesamtschuldner geltend gemachten **Schadensersatzanspruch** (auch in Gestalt eines Feststellungsantrags). Insoweit ist der Gegenstand der anwaltlichen Tätigkeit des gemeinsam beauftragten Rechtsanwalts „derselbe" und eine Erhöhungsgebühr fällt daher aus dem auf den (Feststellungs-)Antrag entfallenden Teil des Streitwerts an.[486]

164 Wenn der Anwalt mehrere Auftraggeber in derselben Sache, jedoch mit verschiedenen Gegenständen vertritt, sind die Gebühren aus dem zusammengerechneten Wert gemäß § 23 Abs. 1 RVG iVm. § 39 Abs. 1 GKG zu berechnen. Dies hat zugleich zur Folge, dass keine Erhöhungsgebühr nach Nr. 1008 VV RVG in Ansatz gebracht werden kann.

165 Die Mitwirkungsbefugnis und damit auch die Gebührenberechtigung von Patentanwälten ist nicht geregelt worden (anders bspw. § 143 Abs. 3 PatG). Je nach Streitgegenstand ist jedoch davon auszugehen, dass Patentanwälte im Rahmen der §§ 3,

---

481 BGH, 15.4.2008 – X ZB 12/06, GRUR-RR 2008, 460 Rn. 7 – Tätigkeitsgegenstand.
482 BGH, 15.4.2008 – X ZB 12/06, GRUR-RR 2008, 460 Rn. 12, 13 – Tätigkeitsgegenstand.
483 OLG Düsseldorf, 4.3.2013 – I-2 W 7/13, BeckRS 2013, 17055.
484 OLG Düsseldorf, 4.3.2013 – I-2 W 7/13, BeckRS 2013, 17055.
485 Cepl/Voß/*Rüting*, § 100 Rn. 18 (wenn auch im Kontext der Kostenhaftung).
486 BGH, 15.4.2008 – X ZB 12/06, GRUR-RR 2008, 460 Rn. 16 – Tätigkeitsgegenstand.

4 PatAnwO mitwirken dürfen und ihre Tätigkeit kostenerstattungspflichtig ist, soweit ihre Hinzuziehung zur zweckentsprechenden Rechtsverfolgung oder Rechtsverteidigung notwendig war, § 91 ZPO.[487]

ff) Vollstreckung

Die Zwangsvollstreckung aus Unterlassungstiteln (Urteil wie auch Beschlussverfügung) folgt § 890 ZPO. Danach wird gegen den Schuldner für jeden Fall der Zuwiderhandlung ein Ordnungsgeld (bis zu 250.000 EUR), ersatzweise Ordnungshaft für den Fall, dass das Ordnungsgeld nicht beigetrieben werden kann, oder Ordnungshaft bis zu sechs Monaten, im Fall wiederholter Zuwiderhandlungen bis maximal zwei Jahre (ggf. zu vollziehen an den gesetzlichen Vertretern), verhängt, wenn der Schuldner schuldhaft (vorsätzlich oder fahrlässig) gegen das gegen ihn verhängte Verbot verstößt, soweit dies im Vorfeld gem. § 890 Abs. 2 ZPO angedroht wurde.

166

Der Verbotsumfang eines gerichtlichen Titels beschränkt sich einerseits nicht auf das beschriebene Verbot, sondern erfasst auch unwesentliche Abwandlungen, die den Kern der Verletzungshandlung unberührt lassen. Andererseits darf der bisherige Streitgegenstand nicht verlassen werden. Nach der sog. **Kernbereichslehre/ Kerntheorie**[488] fallen unter den Tenor eines Unterlassungstitels nicht nur identische Handlungen, sondern auch solche, die von dem wettbewerbswidrigen Kern der verbotenen Handlung nur geringfügig abweichen, ihr also praktisch gleichwertig sind, weil es sonst mühelos möglich wäre, den Titel zu unterlaufen.[489] Das in einem Unterlassungstitel ausgesprochene Verbot erfasst daher auch im Kern gleichartige Abwandlungen, in denen das Charakteristische der konkreten Verletzungsform zum Ausdruck kommt; dies gilt auch dann, wenn das Verbot auf eine konkrete Verletzungsform Bezug nimmt.[490] In diesem Fall haben die neben der in Bezug genommenen konkreten Verletzungshandlung abstrakt formulierten Merkmale die Funktion, den Kreis der Varianten näher zu bestimmen, die von dem Verbot als kerngleiche Verletzungsformen erfasst sein sollen.[491] Ein **Indiz** für eine Kerngleichheit kann etwa sein, dass eine unabhängige Entwicklung in der Kürze der zur Verfügung stehenden Zeit (seit Vollstreckung der Entscheidung) nicht stattgefunden haben kann (oder jedenfalls unwahrscheinlich ist).[492]

167

In den nach der Kerntheorie zu bestimmenden Verbotsbereich eines Unterlassungstitels fallen allerdings nur solche Abwandlungen einer darin wiedergegebenen kon-

168

---

487 Wohl noch weiter gehend Hoppe/Oldekop/*Pichlmaier*, Kap. 3 Rn. 259. Zur Tätigkeit des Patentanwalts im Know-how-Schutz als „berufsrechtlich unproblematisch"*Ann*, GRUR 2007, 39, 40.
488 Zur verfassungsrechtlichen Unbedenklichkeit BVerfG 4.12.2006 – 1 BvR 1200/04, GRUR 2007, 618 Rn. 20 – Organisationsverschulden.
489 OLG Frankfurt a. M., 5.6.2018 – 6 W 43/18, WRP 2018, 1108 Rn. 6.
490 BGH, 3.4.2014 – I ZB 42/11, WRP 2014, 719 Rn. 11 – Reichweite des Unterlassungsgebots.
491 BGH, 3.4.2014 – I ZB 42/11, WRP 2014, 719 Rn. 11 – Reichweite des Unterlassungsgebots; OLG Frankfurt, 5.6.2018 – 6 W 43/18, WRP 2018, 1108 Rn. 6.
492 Im Kontext der Beweislast *Ess*, WRP 2020, 988 Rn. 80.

§ 6 Beseitigung und Unterlassung

kreten Verletzungsform, die ihrerseits schon „implizit" Gegenstand der Prüfung im Erkenntnisverfahren waren. Der konkrete Umfang der Unterlassungsverpflichtung ist dabei im Wege der Auslegung unter Berücksichtigung der Urteilsgründe zu ermitteln. Umstände, die außerhalb des Titels liegen, dürfen im Rahmen der Auslegung naturgemäß keine Berücksichtigung finden.[493]

169 Die Verhängung von **Ordnungsmitteln** setzt sodann ein **Verschulden** voraus, da die verhängte Strafe nicht nur Beugemittel ist, sondern auch ein Strafelement zur Sanktionierung des begangenen Verstoßes enthält.[494] Bei juristischen Personen ist dabei das Verschulden der für sie verantwortlich handelnden Personen iSd § 31 BGB maßgebend. Das Verschulden Dritter muss sich die juristische Person, die die Unterlassungspflicht trifft, grundsätzlich nicht zurechnen lassen. Ausreichend ist ein **Organisationsverschulden**, wenn also nicht alles Mögliche und Zumutbare zur Unterbindung von Verstößen gegen das Unterlassungsgebot unternommen wird. Die Sorgfaltsanforderungen hierbei sind richtigerweise streng: Zur Unterbindung von Wettbewerbsverstößen durch Mitarbeiter kann es notwendig sein, auf sie durch Belehrungen und Anordnungen entsprechend einzuwirken und deren Beachtung zu überwachen; die Belehrung hat schriftlich zu erfolgen und muss auf die Nachteile aus einem Verstoß sowohl hinsichtlich des Dienstverhältnisses (Kündigung) als auch der Zwangsvollstreckung hinweisen. Es reicht also nicht aus, Mitarbeiter oder Beauftragte lediglich über den Inhalt des Titels zu informieren und sie zu einem entsprechenden Verhalten aufzufordern. Vielmehr muss die Einhaltung der Anordnungen auch überwacht und ggf. müssen angedrohte Sanktionen auch verhängt werden, um die Durchsetzung von Anordnungen sicherzustellen. Dafür trägt der Schuldner die Darlegungs- und Beweislast.[495]

170 Wenn unklar ist, ob der Schuldner gegen einen bestehenden Unterlassungstitel verstößt (dann **Ordnungsmittelverfahren**) oder nicht (dann neues **Klage-/Verfügungsverfahren**), kann der Gläubiger auch beide Verfahren **parallel** einleiten. Zwar kann der Gläubiger nur mit einer Vorgehensweise Erfolg haben, es wird aber die mit nachgeschalteten Versuchen einhergehende Verzögerung vermieden (was das damit verbundene Kostenrisiko aufwiegen kann). Ein solches Vorgehen ist nicht rechtsmissbräuchlich, wenn „berechtigte Zweifel" in Bezug auf die Wahl des richtigen Rechtsbehelfs bestehen.[496]

171 Die gegen eine entsprechende Vollstreckung vorgebrachte vermeintliche Notwendigkeit des Schutzes von Geschäftsgeheimnissen (des Schuldners) betrifft eine materiell-rechtliche Einwendung, die ohne eine bestehende Beschränkung des Tenors im Hauptsacheurteil im Zwangsvollstreckungsverfahren keine Berücksichtigung

---

493 LG München I, 20.5.2020 – 7 O 5343/18, GRUR-RR 2020, 419 Rn. 21, 22 – Spielanwendung und Cepl/Voß/*Haft*, § 890 Rn. 13–15.
494 BVerfG, 4.12.2006 – 1BvR 1200/04, GRUR 2007, 618 Rn. 11 – Organisationsverschulden.
495 OLG Frankfurt a. M., 5.6.2018 – 6 W 43/18, WRP 2018, 1108 Rn. 10 und OLG Frankfurt a. M., 23.8.2017 – 3-8 O 197/12, WRP 2018, 245 Rn. 12.
496 LG München I, 20.5.2020 – 7 O 5343/18, GRUR-RR 2020, 419 Rn. 17 – Spielanwendung.

finden kann. Ein solcher **Einwand der „Unzumutbarkeit"** ist daher bereits im Erkenntnisverfahren zu erheben, um gegebenenfalls eine nur beschränkte Verurteilung herbeizuführen.[497]

g) Einstweiliger Rechtsschutz

Das GeschGehG enthält keine speziellen Bestimmungen zur Geltendmachung der vorgesehenen Ansprüche im einstweiligen Rechtsschutz.[498] Außerhalb des Anwendungsbereichs der §§ 15 ff. bleibt es insoweit bei der **Anwendung der allgemeinen Normen** aus der ZPO und GVG.[499] Es obliegt daher prinzipiell dem Antragsteller, **Verfügungsanspruch** und **Verfügungsgrund** darzulegen und **glaubhaft zu machen** (§ 294 ZPO; zur Dringlichkeit → Rn. 213 ff.).[500] Zu den vorläufigen/vorbeugenden Maßnahmen gehören insbesondere die vorläufige Einstellung der Nutzung oder Offenlegung der Geheimnisse, ein Verbot der Nutzung, Herstellung, des Anbietens oder Vermarktens rechtsverletzender Produkte sowie deren Beschlagnahme oder Herausgabe (s. Art. 10 RL).[501]

172

aa) Vorgaben der RL 2016/943/EU und Verknüpfung zur ZPO

Die prozessuale Möglichkeit der Durchsetzung eines Unterlassungsanspruches auch in einstweiligen Rechtsschutzverfahren verlangt die Richtlinie ausdrücklich (Erwgrd. 26, Art. 10 Abs. 1, 11).[502] Wegen der besonderen Bedeutung für die Anwendung wird ihr **Erwgrd. 26** nachstehend eingeblendet: „Der rechtswidrige Erwerb, die rechtswidrige Nutzung oder die rechtswidrige Offenlegung eines Geschäftsgeheimnisses durch einen Dritten könnte verheerende Folgen für den rechtmäßigen Inhaber des Geschäftsgeheimnisses haben, da dieser nach der Offenlegung den Zustand vor dem Verlust des Geschäftsgeheimnisses nicht wiederherstellen kann. Folglich kommt es entscheidend darauf an, rasche, wirksame und zugängliche vorläufige Maßnahmen zur unverzüglichen Beendigung des rechtswidrigen Erwerbs oder der rechtswidrigen Nutzung oder Offenlegung eines Geschäftsgeheimnisses zu treffen, auch in dem Fall, dass es zur Erbringung von Dienstleistungen genutzt wird. Es kommt entscheidend darauf an, dass eine solche Abhilfe zur Verfügung steht, ohne dass eine Sachentscheidung abgewartet werden muss, wobei das Recht auf Verteidigung und der Grundsatz der Verhältnismäßigkeit gewahrt werden müssen und die Umstände des Einzelfalls zu berücksichtigen sind. In bestimmten Fällen sollte es zulässig sein, es dem mutmaßlichen Rechtsverletzer vorbehaltlich der Hinterlegung einer oder mehrerer Sicherheiten zu gestatten, das Geschäftsgeheimnis insbesondere dann weiterhin zu nutzen, wenn nur geringe Ge-

173

---

497 OLG Düsseldorf, 29.4.2020 – I-2 W 9/29, GRUR 2020, 634 Rn. 15 – Cholesterinsenker.
498 Aus der Praxis aber LAG Düsseldorf, 3.6.2020 – 12 SaGa 4/20, BeckRS 2020, 23408 Rn. 53. ff.; OLG München, 8.8.2019 – 29 W 940/19, BeckRS 2019, 18308.
499 BT-Drs. 19/4724, S. 34; Berneke/*Schüttpelz*, Rn. 743 f.
500 Zum UWG Ohly/Sosnitza/*Sosnitza*, § 12 Rn. 115.
501 *Baranowski/Glaßl*, BB 2016, 2563, 2567.
502 BeckOK GeschGehG/*Spieker*, § 6 Rn. 4.

§ 6 Beseitigung und Unterlassung

fahr besteht, dass es in die Öffentlichkeit gelangt. Es sollte außerdem möglich sein, Sicherheiten in ausreichender Höhe zu verlangen, um die dem Antragsgegner durch einen unbegründeten Antrag entstehenden Kosten und Schäden zu decken, insbesondere dann, wenn dem rechtmäßigen Inhaber eines Geschäftsgeheimnisses durch eine zeitliche Verzögerung ein nicht wiedergutzumachender Schaden entstünde."

174 Vor diesem Hintergrund ist bezüglich vorläufiger und vorbeugender Maßnahmen[503] auf die nachstehenden **konkreten Vorgaben der RL 2016/943/EU** hinzuweisen, die der Wahrung des Verhältnismäßigkeitsgrundsatzes auch im einstweiligen Rechtsschutz dienen:

(1) Sicherheitsleistung des Anspruchsgegners

175 Nach **Art. 10 Abs. 2 Satz 1 RL**[504] stellen die Mitgliedstaaten sicher, dass die Gerichte als Alternative zu den in Art. 10 Abs. 1 genannten Maßnahmen die Fortsetzung der (angeblich) rechtswidrigen Nutzung eines Geschäftsgeheimnisses an die Stellung einer oder mehrerer Sicherheiten des Anspruchsgegners knüpfen können, die die Entschädigung des Inhabers des Geheimnisses sicherstellen (wenn sich die behauptete Rechtsverletzung später bewahrheitet). Dies ist nach Satz 2 ausgeschlossen, soweit die Offenlegung eines Geschäftsgeheimnisses betroffen ist.

176 Hierzu sieht § 939 ZPO eine entsprechende Möglichkeit zur Aufhebung einer einstweiligen Verfügung gegen Sicherheitsleistung wegen „besonderer Umstände" vor. Die Norm ist gegenüber §§ 923, 934 Abs. 1, 925 Abs. 2, 927 ZPO lex specialis und hat im gewerblichen Rechtsschutz gegenwärtig nur eine geringe praktische Bedeutung, weil die angebotene oder anzuordnende Sicherheitsleistung grundsätzlich den Zweck der einstweiligen Verfügung voll gewährleisten muss[505] – die Sicherheitsleistung verhindert aber nicht weitere Rechtsverletzungen und kann daher die Verfügung an sich nicht überflüssig machen.[506] Im Anwendungsbereich des GeschGehG ist die Praxis jedoch nunmehr richtlinienkonform an Art. 10 Abs. 2 Satz 1 RL auszurichten. Eine Anwendung von § 939 ZPO könnte in Betracht kommen, wenn auch in der Hauptsache (hinreichend wahrscheinlich) eine Abfindung in Geld in Betracht kommt (dazu § 11, Art. 13 Abs. 3 RL).[507]

(2) Sicherheitsleistung des Antragstellers

177 Nach **Art. 11 Abs. 4 RL**[508] stellen die Mitgliedstaaten sicher, dass die zuständigen Gerichte die in Art. 10 genannten Maßnahmen an die Stellung einer angemessenen Kaution oder die Leistung einer entsprechenden Sicherheit durch den Antragsteller

---
503 Überblick auch bei *Baranowski/Glaßl*, BB 2016, 2563, 2567.
504 Vgl. Art. 9 Abs. 1 lit. a Enforcement-RL
505 Harte/Henning/*Retzer*, § 12 Rn. 466; Cepl/*Voß*, § 939 Rn. 1; Berneke/*Schüttpelz*, Rn. 495; OLG Köln, 27.11.1974 – 16 U 124/74, NJW 1975, 454.
506 Zöller/*Vollkommer*, § 939 Rn. 1 mit Hinweis zu Sonderkonstellationen.
507 Vgl. Berneke/*Schüttpelz*, Rn. 743e.
508 Vgl. Art. 9 Abs. 6 Enforcement-RL.

knüpfen können, um eine etwaige Entschädigung des Antragsgegners oder einer etwaigen anderen von den Maßnahmen betroffenen Person sicherzustellen. Die RL steht mithin einstweiligen Maßnahmen ohne Sicherheitsleistung des Antragstellers nicht per se entgegen, weil eine entsprechende Anordnung nur möglich sein muss (vgl. „können").

Entsprechend der §§ 921, 936, 940 ZPO können die Anordnung oder die Vollziehung einer einstweiligen Verfügung von der vorherigen Leistung einer Sicherheit durch den Antragsteller abhängig gemacht werden. Richtlinienkonform ist die Bemessung der Höhe der Sicherheitsleistung am potenziellen Schaden aus der Vollstreckung des (möglicherweise sachlich unrichtigen) Titels zu orientieren.[509] Soweit konkrete Anhaltspunkte für die Bemessung fehlen, dürfte im Fall der Anordnung einer Sicherheitsleistung als „Daumenregel" ein Betrag anzusetzen sein, der zumindest der Streitwertangabe des Antragstellers entspricht.[510] 178

(3) Antrag auf Anordnung der Klageerhebung

Nach **Art. 11 Abs. 3 lit. a** RL stellen die Mitgliedstaaten sicher, dass die in Art. 10 genannten Maßnahmen auf Antrag oder andere Weise außer Kraft gesetzt werden, wenn der Antragsteller nicht innerhalb einer angemessenen Frist bei dem zuständigen Gericht das Verfahren einleitet, das zu einer Sachentscheidung führt. 179

Eine entsprechende Regelung liegt im **Antrag auf Anordnung der Klageerhebung** entsprechend § 926 (§ 936) ZPO, insbesondere mit Blick auf die Folge der fehlenden Klageerhebung entsprechend § 926 Abs. 2 ZPO.[511] 180

(4) Aufhebung wegen veränderter Umstände

Nach **Art. 11 Abs. 3 lit. b** RL[512] stellen die Mitgliedstaaten ferner sicher, dass die in Art. 10 genannten Maßnahmen auf Antrag oder andere Weise außer Kraft gesetzt werden, wenn die in Frage stehenden Informationen aus Gründen, die dem Antragsgegner nicht zuzurechnen sind, die Kriterien eines Geschäftsgeheimnisses nicht mehr erfüllen. 181

Insoweit erlauben die **§§ 927, 936 ZPO** die Aufhebung von Eilmaßnahmen wegen „veränderter Umstände" – insbesondere dem vorgenannten Wegfall des Geheimnisses. 182

(5) Schadensersatzpflicht des Antragstellers

Nach **Art. 11 Abs. 5** Satz 1 RL[513] sind die zuständigen Gerichte befugt, auf Antrag des Antragsgegners oder eines geschädigten Dritten anzuordnen, dass der Antrag- 183

---

509 Zum UWG Harte/Henning/*Retzer/Tolkmitt*, § 12 Rn. 792.
510 Exemplarisch Haedicke/Timmann/*Zigann*, § 15 Rn. 375.
511 Zu Antrag, Anordnung und Aufhebung der einstweiligen Verfügung Cepl/*Voß*, § 926 Rn. 5–14, 15–24.
512 Vgl. Art. 9 Abs. 5 Enforcement-RL.
513 Art. 9 Abs. 7 Enforcement-RL.

steller dem Antragsgegner oder dem geschädigten Dritten angemessenen Ersatz für den durch Maßnahmen nach Art. 10 RL entstandenen Schaden zu leisten hat, wenn die genannten Maßnahmen auf der Grundlage von Art. 11 Abs. 3 lit. a RL aufgehoben werden oder sie aufgrund einer Handlung oder Unterlassung des Antragstellers hinfällig werden oder in der Folge festgestellt wird, dass kein rechtswidriger Erwerb oder keine rechtswidrige Nutzung oder Offenlegung des Geschäftsgeheimnisses vorlag und auch nicht drohte (wobei dies Gegenstand eines getrennten Gerichtsverfahrens sein kann, Satz 2).

184 Eine Ersatzpflicht des Antragstellers für den sog. **Vollziehungsschaden** normiert § 945 ZPO. Nach § 945 ZPO ist die Partei, welche die Anordnung einer ungerechtfertigten einstweiligen Verfügung erwirkt hat, verpflichtet, dem Gegner den Schaden zu ersetzen, der ihm aus der Vollziehung der angeordneten Maßregel entsteht. Der Schadensersatzanspruch umfasst grundsätzlich den durch die Vollziehung der einstweiligen Verfügung adäquat kausal verursachten unmittelbaren und mittelbaren Schaden. Ein solcher Vollziehungsschaden setzt voraus, dass der Antragsgegner wegen des **Vollziehungsdrucks** von einer Handlung Abstand nimmt, die durch den gerichtlichen Titel untersagt war (woran es bspw. fehlt, wenn das den Schaden verursachende Verhalten bei objektiver Auslegung des Verbotstitels nicht untersagt war).[514] Nach dem Gesetzeswortlaut ist ausschließlich die antragstellende Partei passivlegitimiert; es ist umstritten, inwieweit die Vorschrift auch auf Fälle anwendbar ist, in denen der Schaden bei einem Dritten eingetreten ist,[515] ggf. ist unter den jeweiligen Voraussetzungen und richtlinienkonformer Auslegung auf Ansprüche aus dem allgemeinen Zivilrecht zurückzugreifen (§§ 823 ff. BGB). Von dem Vollziehungsschaden iSd. § 945 ZPO ist der **Anordnungsschaden** abzugrenzen, also der Schaden, der sich aus der Einleitung des Verfahrens und der bloßen Anordnung der Maßregel ergibt (bspw. eine schädigende Folge des Bekanntwerdens einer einstweiligen Maßnahme).[516] Dieser Schaden kann unter den Voraussetzungen der §§ 823 ff. BGB geltend gemacht werden.[517] Eine Differenzierung zwischen Anordnungs- und Vollziehungsschaden ist der Vorgabe der Richtline allerdings nicht unmittelbar zu entnehmen.

185 Dem Grunde nach können **Art und Umfang des Schadensersatzes** an § 249 BGB orientiert werden. Bezüglich der Verpflichtung des Antragstellers ist nach Art. 11 Abs. 5 Satz 1 RL insoweit allerdings lediglich ein „angemessener Ersatz" zu leisten. Die Vorgabe in Art. 11 Abs. 5 RL ähnelt dabei der entsprechenden Regelung in Art. 9 Abs. 7 Enforcement-RL. Bezüglich dieser hat der EuGH die Auslegung von „angemessener Ersatz" teilweise konkretisiert.[518] Die RL gibt jedenfalls nicht explizit bzw. explizit nicht den „Ersatz des (tatsächlichen) Schadens" vor, sondern

---

514 BGH, 30.7.2015 – I ZR 250/12, GRUR 2016, 406 Rn. 29 – Piadina-Rückruf.
515 MwN BeckOK ZPO/*Mayer* [1.3.2021], § 945 Rn. 4 f.; Cepl/*Voß*, § 945 Rn. 3 f.
516 MK-ZPO/*Drescher*, § 945 Rn. 24.
517 MK-ZPO/*Drescher*, § 945 Rn. 24.
518 EuGH, 12.9.2019 – C-688/17, GRUR 2019, 1168 – Bayer Pharma AG/Richter Gedeon ua.

schlicht einen „angemessenen Ersatz" für den durch die vorläufigen/vorbeugenden Maßnahmen entstandenen Schaden. Dieser angemessene Ersatz des Anspruchstellers kann also einerseits den tatsächlichen Schaden des Anspruchsgegners unterschreiten. Da es sich um einen „Ersatz" handelt, kann dieser andererseits kaum den tatsächlichen Schaden übersteigen. Insgesamt muss der angemessene Ersatz ausbalancieren, einerseits dem Antragsgegner eine angemessene Entschädigung für den gesamten erlittenen Schaden zu erwirken, und zum anderen die Inhaber von Geschäftsgeheimnissen nicht davon abzuhalten, den Erlass der in der Richtlinie genannten Maßnahmen zu beantragen.[519]

bb) Bestimmtheit – Antragsfassung

Es gelten grundsätzlichen dieselben Erfordernisse wie im Hauptsacheverfahren. In Eilverfahren ist allerdings auf § 938 ZPO hinzuweisen. Dieser trägt dem Umstand Rechnung, dass die durch eine einstweilige Verfügung abzuwendenden Gefahren so mannigfaltig sind, dass sich die Mittel zur Abwehr nicht (immer) im Voraus bestimmen lassen.[520] Eine „Klarstellung" des von Anfang an der Sache nach verfolgten Unterlassungsbegehrens durch das Gericht soll möglich sein.[521] **186**

cc) Reichweite der Unterlassung im eV-Verfahren: „Rückruf"?

Die oben beschriebene Rspr. zur Ausweitung der Handlungspflichten eines Unterlassungstitels (→ Rn. 107 ff.) ist bei einstweiligen Verfügungsverfahren zusätzlich dem Kritikpunkt der unzulässigen Vorwegnahme der Hauptsache ausgesetzt.[522] Allerdings hat der BGH den Unterlassungsrückruf für Verfügungsverfahren mit der Entscheidung „Produkte zur Wundversorgung" etwas eingegrenzt:[523] Zwar verpflichtet auch das mit einem Unterlassungstitel im einstweiligen Rechtsschutz erhaltene Verbot den Schuldner neben dem reinen Unterlassen dazu, aktiv gewisse Maßnahmen zu ergreifen. Diese Handlungspflicht des Schuldners beinhaltet, im Rahmen des Möglichen, Erforderlichen und Zumutbaren auf Dritte einzuwirken. Allerdings gelten bei der Vollziehung einer einstweiligen Verfügung im Unterschied zur Vollstreckung eines Titels aus einem Hauptsacheverfahren Beschränkungen, die sich aus der **Eigenart des Verfügungsverfahrens** und aus den engen Voraussetzungen für die **Vorwegnahme der Hauptsache** sowie aus im Verfügungsverfahren **eingeschränkten Verteidigungsmöglichkeiten** des Antragsgeg- **187**

---

519 Vgl. zu Art. 9 Abs. 7 Enforcement-RL Generalanwalt Pitruzzella, Schlussantrag vom 11.4.2019 – C-688/17, BeckRS 2019, 5518 Rn. 48.
520 MK-ZPO/*Drescher*, § 938 Rn. 5 und Rn. 6 zur Frage, ob ggf. sogar ein aliud gegenüber der beantragten Maßnahme erlassen werden kann.
521 OLG Frankfurt a. M., 11.1.2018 – 6 U 150717, GRUR-RR 2018, 352 Rn. 10, 24 – 3 Jahre Garantie; BeckOK UWG/*Tavanti/Scholz*, § 12 UWG Rn. 189.
522 Überblick bei *Sakowski*, GRUR 2017, 355, 360 f.
523 Vgl. K/B/F/*Bornkamm*, § 8 UWG Rn. 1.81c; BGH, 11.10.2017 – I ZB 96/16, GRUR 2018, 292 Rn. 20–33 – Produkte zur Wundversorgung.

ners ergeben.[524] Bezüglich einer Pflicht zur Einwirkung auf Dritte kommt es nur darauf an, ob der Schuldner rechtliche oder tatsächliche Einflussmöglichkeiten auf deren Verhalten hat und im Rahmen „des Möglichen, Erforderlichen und Zumutbaren" auf diese einzuwirken vermag.[525] Zugleich muss der Schuldner aber weder etwas tun, was zur Verhinderung weiterer Verletzungen objektiv nichts beiträgt (und deswegen nicht erforderlich ist), noch muss er Maßnahmen ergreifen, die ihm – etwa gegenüber seinen Abnehmern, mit denen er in laufender Geschäftsbeziehung steht – in unverhältnismäßiger Weise zum Nachteil seiner gewerblichen Tätigkeit gereichen und deshalb unzumutbar sind.[526] Insoweit ist wegen der Besonderheiten des Verfügungsverfahrens **regelmäßig aus einer Unterlassungsverfügung keine Verpflichtung zum Rückruf** abzuleiten.[527] Eine entsprechende Auslegung eines in einem Verfügungsverfahren ergangenen Unterlassungstitels kommt aber unter besonderen Umständen in Betracht (→ Rn. 189).

188 Den Bedenken, die Geltendmachung einer Rückrufpflicht könne im Verfahren des einstweiligen Rechtsschutzes zu einer unzulässigen Vorwegnahme der Hauptsache führen, wird dadurch begegnet, dass der Schuldner lediglich zu solchen Maßnahmen verpflichtet wird, die die Abwehransprüche des Gläubigers sichern, ohne ihn in diesen Ansprüchen abschließend zu befriedigen. Nach der Rechtsprechung ist es dem Unterlassungsschuldner **regelmäßig** zuzumuten, die Abnehmer aufzufordern, die Waren vorläufig nicht mehr zu vertreiben, bspw. durch ein entsprechendes **Hinweisschreiben**.[528] Darin liegt nach der Auffassung des BGH keine unzulässige Vorwegnahme der Hauptsache.[529] Diese Annahme ist zwar rechtlich konstruierbar, geht (leider) aber an den wirtschaftlichen Gegebenheiten mitunter vorbei, weil ein solches Schreiben in vielen Fällen faktisch zu einem Warenrücklauf führt (also wirtschaftlich den Rückruf vorwegnimmt).

189 Zudem ist ein **Unterlassungsrückruf** beim Bestehen „besonderer Umstände" möglich: Ein entsprechender Unterlassungstitel kann unter den (strengeren) Voraussetzungen der Leistungsverfügung ergehen,[530] wenn dargelegt ist, dass (1) der Gläubiger dringend die sofortige Erfüllung seines Anspruchs benötigt, dass (2) ein Hauptsacheverfahren nicht sinnvoll möglich ist, weil die Leistung, soll sie nicht ihren Sinn verlieren, dringend erbracht werden muss, und dass (3) die dem Gläubiger ohne Erlass eines Titels drohenden Nachteile nicht nur schwer wiegen, sondern auch außer Verhältnis zu den dem Schuldner drohenden Schäden stehen. Es ist je-

---

524 BGH, 17.10.2019 – I ZB 19/19, GRUR 2020, 548 Rn. 15 – Diätische Tinnitusbehandlung; BGH, 11.10.2017 – I ZB 96/16, GRUR 2018, 292 Rn. 17, 34 – Produkte zur Wundversorgung.
525 BGH, 17.10.2019 – I ZB 19/19, GRUR 2020, 548 Rn. 15, 17 – Diätische Tinnitusbehandlung; BGH, 11.10.2017 – I ZB 96/16, GRUR 2018, 292 Rn. 25 – Produkte zur Wundversorgung.
526 BGH, 11.10.2017 – I ZB 96/16, GRUR 2018, 292 Rn. 26 – Produkte zur Wundversorgung.
527 BGH, 11.10.2017 – I ZB 96/16, GRUR 2018, 292 Rn. 33 – Produkte zur Wundversorgung.
528 BGH, 17.10.2019 – I ZB 19/19, GRUR 2020, 548 Rn. 19 – Diätische Tinnitusbehandlung; BGH, 11.10.2017 – I ZB 96/16, GRUR 2018, 292 Rn. 34 – Produkte zur Wundversorgung.
529 BGH, 11.10.2017 – I ZB 96/16, GRUR 2018, 292 Rn. 39 – Produkte zur Wundversorgung.
530 Vgl. zu Markenrecht und Leistungsverfügung sowie Rückruf *Weber*, GRUR-Prax 2016, 545, 547.

III. Beseitigung und Unterlassung § 6

denfalls erforderlich, dass bei **Abwägung der Interessen** des Gläubigers und des Schuldners die Interessen des Gläubigers deutlich überwiegen, weil die Anspruchsdurchsetzung für diesen wegen der Gefahr weiterer Beeinträchtigungen seines Anspruchs besonders dringlich und andererseits das Risiko des Schuldners, im Verfügungsverfahren zu Unrecht zum Rückruf verpflichtet zu werden, verhältnismäßig gering ist.[531] Für einen Rückruf kann bspw. sprechen, dass der Schuldner versucht hat, sich seiner Unterlassungspflicht durch die schnelle Weiterveräußerung betroffener Waren faktisch zu entziehen oder wenn ein Fall von Produktpiraterie vorliegt.[532]

Vor diesem Hintergrund ist auch im Anwendungsbereich des GeschGehG im jeweiligen Einzelfall zu entscheiden, ob und inwieweit ggf. entsprechende Maßnahmen im einstweiligen Rechtsschutz durchgesetzt werden können (vgl. zudem → § 7 Rn. 73 ff.).   190

dd) Abmahnung?

Eine Abmahnung ist die Mitteilung eines Anspruchsberechtigten an einen Rechtsverletzer, dass er sich durch eine im Einzelnen bezeichnete Handlung wettbewerbswidrig verhalten habe, verbunden mit der Aufforderung, dieses Verhalten in Zukunft zu unterlassen und binnen einer bestimmten Frist eine strafbewehrte Unterwerfungserklärung abzugeben (bzw. im Fall einer Erstbegehungsgefahr eine entsprechende Aufforderung zum actus contrarius).[533] Dabei dient die Abmahnung im Regelfall dem wohlverstandenen **Interesse beider Parteien**, da sie das Streitverhältnis auf einfache, kostengünstige Weise vorprozessual beenden und einen Rechtsstreit vermeiden soll.[534] Das wahrheitswidrige Verschweigen einer Reaktion auf eine vorgerichtliche Abmahnung hat das BVerfG als ein Indiz für ein rechtsmissbräuchliches Verhalten im Sinne von § 8 Abs. 4 UWG (aF bis zum 1.12.2020; jetzt § 8c UWG nF vom 2.12.2020) und § 242 BGB erachtet.[535]   191

Nach allgemeinen Prinzipien ist eine Abmahnung auch in Geschäftsgeheimnissachen **keine Zulässigkeitsvoraussetzung** (zur besonderen Frage der jüngeren verfassungsrechtlichen Rechtsprechung zur prozessualen Waffengleichheit und dem Erlass von einstweiligen Verfügungen ohne Anhörung Rn. 203 ff.).[536] Sie ist aber zumindest erforderlich, um im Falle eines sofortigen Anerkenntnisses die Kostentragungspflicht nach § 93 ZPO zu vermeiden (weil der Schuldner keine Veran-   192

---

531 BGH, 11.10.2017 – I ZB 96/16, GRUR 2018, 292 Rn. 35 – Produkte zur Wundversorgung; Musielak/Voit/*Huber*, § 940 Rn. 14.
532 BGH, 11.10.2017 – I ZB 96/16, GRUR 2018, 292 Rn. 36 – Produkte zur Wundversorgung.
533 So K/B/F/*Bornkamm*, § 12 UWG Rn. 1.3 mit Verweis auf BT-Drs. 15/1487, S. 25 und Rn. 1.6 zur Abmahnung bei vorbeugendem Unterlassungsanspruch; BeckOK GeschGehG/*Spieker*, § 6 Rn. 30.
534 BGH, 7.10.2009 – I ZR 216/07, GRUR 2010, 257 Rn. 11 – Schubladenverfügung; BeckOK GeschGehG/*Spieker*, § 6 Rn. 32; instruktiv *Apel/Drescher*, JURA 2018, 1251.
535 BVerfG, 3.12.2020 – 1 BvR 2575/20 Rn. 12, 13.
536 BeckOK GeschGehG/*Spieker*, § 6 Rn. 30.

§ 6 Beseitigung und Unterlassung

lassung zur Einleitung eines gerichtlichen Verfahrens gegeben hat). Der Gesetzgeber hat eine Abmahnung in der Gesetzesbegründung zum GeschGehG im Übrigen nur im Rahmen des § 14 angesprochen.[537]

193 Für die Konkretisierung der **Voraussetzungen** an **Form** und **Inhalt** einer Abmahnung kann auf die Grundsätze aus dem Lauterkeits- und Immaterialgüterrecht verwiesen werden.[538] Demnach ist davon auszugehen, dass der Schuldner die **Abmahnung nicht** wegen einer nicht beigefügten Vollmachtsurkunde **zurückweisen** kann, wenn die Abmahnung mit einem Angebot zum Abschluss eines Unterwerfungsvertrags verbunden ist. § 174 Satz 1 BGB ist insoweit nicht anwendbar.[539] Handelt es sich dagegen um eine „isolierte Abmahnung", ist auf eine solche geschäftliche Handlung § 174 BGB (entsprechend) anwendbar.[540] Die Zurückweisung der Abmahnung durch den Schuldner wegen fehlender Vollmacht muss dann aber **unverzüglich nach Zugang der Abmahnung** erfolgen (und nicht erst nach Bitte um Fristverlängerung wegen sachlicher Prüfung).[541]

194 **Inhaltlich** muss eine Abmahnung so beschaffen sein, dass der Schuldner durch sie die Möglichkeit erhält, den geltend gemachten Unterlassungsanspruch auf seine Rechtmäßigkeit zu prüfen und durch Abgabe einer Unterwerfungserklärung ein gerichtliches Verfahren zu vermeiden.[542] Daher muss die Abmahnung mithin jedenfalls die Parteien einschließlich der Anspruchsberechtigung des Gläubigers sowie das beanstandete Verhalten dartun und dazu ein konkretes Unterlassungsverlangen nebst Aufforderung zur Abgabe einer strafbewehrten Unterlassungserklärung beinhalten (im Fall einer Wiederholungsgefahr), auch eine zumindest konkludente Androhung gerichtlicher Maßnahmen (für den Fall der Zurückweisung der Abmahnung) ist erforderlich.[543] Die mit der Abmahnung zu setzende **Frist** muss nach allgemeinen Grundsätzen „**angemessen**" sein.[544] Dieses Zeitfenster lässt sich sinnvoll nur im Einzelfall unter Berücksichtigung der relevanten Umstände ermitteln, wobei eine zu kurz bemessene Frist eine angemessene Frist in Gang setzt.[545] Jedenfalls

---

537 BT-Drs. 19/4724 S. 34.
538 Dazu bspw. K/B/F/*Bornkamm*, § 12 UWG Rn. 1.12–1.25 (Inhalt), 1.26–1.49 (Form und Zugang); Ohly/Sosnitza/*Sosnitza*, § 12 Rn. 10–18; Harte/Henning/*Harte-Bavendamm*, § 12 Rn. 36–61; BeckOK UWG/*Tavanti/Scholz*, § 13 UWG Rn. 60 ff.; allgemein *Voges-Wallhöfer*, GRUR-Prax 2018, 324 ff.
539 BGH, 19.5.2010 – I ZR 140/08, GRUR 2010, 1120 Rn. 14 – Vollmachtsnachweis; *Spätgens*, in: FS Loschelders, S. 355, 363 f.
540 Bspw. Ohly/Sosnitza/*Sosnitza*, § 12 Rn. 11 mwN.
541 K/B/F/*Bornkamm*, § 12 UWG Rn. 1.33.
542 Harte/Henning/*Harte-Bavendamm*, § 12 Rn. 35.
543 BeckOK GeschGehG/*Spieker*, § 6 Rn. 36–39; K/B/F/*Bornkamm*, § 12 UWG Rn. 1.15 ff.; Ohly/Sosnitza/*Sosnitza*, § 12 Rn. 14–18; insbes. zur ausdrücklichen oder konkludenten Androhung gerichtlicher Schritte BGH, 1.6.2006 – I ZR 167/03, GRUR 2007, 164 Rn. 12 – Telefax-Werbung II.
544 Statt vieler: K/B/F/*Bornkamm*, § 12 UWG Rn. 1.21 f.
545 BGH, 17.9.2009 – I ZR 217/07, NJW-RR 2010, 1127 Rn. 18 – Testfundstelle; MK-UWG/*Ottofülling*, § 12 Rn. 47.

sind auch sehr kurze – äußerst kurze – Fristsetzungen mit einem Zeitfenster von weniger als einem Werktag (ggf. **wenige Stunden**) möglich.[546]

Allerdings kann eine Abmahnung auch mit Blick auf § 93 ZPO **entbehrlich** sein, wenn durch die mit der Abmahnung verbundene Warnung des Schuldners der **Rechtsschutz vereitelt** würde (bspw. wenn mit der einstweiligen Verfügung Unterlassung und Sequestration begehrt wird)[547] oder wenn die Abmahnung nach einem objektiven Maßstab **offensichtlich nutzlos** ist.[548] 195

In die praktische Abwägung für/wider eine Abmahnung ist einzustellen, dass die Verletzungshandlung in der Darstellung des abzumahnenden Sachverhalts an sich so konkretisiert werden muss, dass der Schuldner erkennen kann, was ihm in tatsächlicher Hinsicht vorgeworfen wird, sodass der Abgemahnte auch die gebotenen Folgerungen ziehen kann.[549] Die Abmahnung nimmt also grundsätzlich den späteren Unterlassungsantrag vorweg.[550] Das könnte mit dem Risiko der (teilweisen) Preisgabe des Geschäftsgeheimnisses gegenüber dem/den Adressaten der Abmahnung einhergehen – in dem Wissen, dass die Geheimhaltungsmöglichkeiten der §§ 15 ff. gerade nicht für die vorgerichtliche Korrespondenz gelten.[551] Allerdings war schon nach der Rspr. des BGH zum Geheimnisschutz nach Maßgabe des UWG eine verbale Beschreibung der Umstände, aus denen der Kläger eine Rechtsverletzung herleitet, grds. nicht erforderlich, wenn sich das begehrte Verbot gegen eine konkrete Verletzungsform richtet.[552] Dies lässt sich auch auf eine Abmahnung anwenden. Es ist zudem vor dem Hintergrund des Schutzzwecks der RL angemessen, von grundsätzlich geringeren Anforderungen an den Vortrag für eine inhaltlich wirksame Abmahnung auszugehen und die genaue Wiedergabe des Geheimnisses an sich ist daher in der Abmahnung nicht erforderlich. Es sollte insoweit ausreichend sein, wenn der Schuldner durch die Abmahnung recht allgemein in die Lage versetzt wird, den (vermeintlichen) Verstoß gegen die Vorschriften des GeschGehG zu erkennen.[553] 196

Insgesamt wird praktisch dennoch in sehr vielen Fällen von einer Abmahnung abzuraten zu sein, insbesondere um einer Beweisvernichtung/-vereitelung oder der Verbringung von rechtsverletzenden Produkten und/oder Produktionsmitteln vor- 197

---

546 Beispiele bei K/B/F/*Bornkamm*, § 12 UWG Rn. 1.21 f., 1.60.
547 BeckOK UWG/*Tavanti/Scholz*, § 13 UWG Rn. 52 f.
548 K/B/F/*Bornkamm*, § 12 UWG Rn. 1.64 (mwN).
549 Ohly/Sosnitza/*Sosnitza*, § 12 Rn. 15, *Voges-Wallhöfer*, GRUR-Prax 2018, 324, 325.
550 *Voges-Wallhöfer*, GRUR-Prax 2018, 324, 325.
551 Vgl. auch *Laoutoumai/Baumfalk*, WRP 2018, 1300 Rn. 9 ff.; H/O/K/*Ohly*, § 6 Rn. 52.
552 BGH, 22.3.2018 – I ZR 118/16, GRUR 2018, 1161 Rn. 16, 19 – Hohlfasermembranspinnanlage II.
553 Vgl. BGH, 12.2.2015 – I ZR 36/11, BeckRS 2015, 4155 Rn. 44 (zu § 12 UWG); BeckOK UWG/*Tavanti/Scholz*, § 13 UWG Rn. 69, Hoppe/Oldekop/*Hoppe*, Kap. 1 Rn. 862 regt eine zweistufige Vorgehensweise an, bei der eine erste „abstrakte" Abmahnung mit dem Angebot zum Abschluss einer Geheimhaltungsvereinbarung verbunden wird und dann erst nach deren Abschluss ggf. weitere Details offenbart werden (auch mit Blick auf die Formulierung einer Unterlassungserklärung).

zubeugen.[554] Das mit dem Verzicht auf eine Abmahnung in jedem Fall verbundene Kostenrisiko (etwa im Falle eines Anerkenntnisses nach § 93 ZPO) ist dann mit dem Risiko der Vereitelung von Rechtsschutz durch die Warnung infolge der Abmahnung abzuwägen.

198 Für eine **Kostenerstattung** in Abmahnsachverhalten trifft das GeschGehG keine Regelung. Es ist zwischen den Kosten einer **(berechtigten) Abmahnung** und den Kosten der **Abwehr einer unberechtigten Abmahnung** zu differenzieren.

199 Entsprechend der Handhabe etwa im UWG ist eine **Abmahnung berechtigt**, wenn sie begründet ist, ihr also ein materiell-rechtlicher Unterlassungsanspruch zugrunde liegt, und sie außerdem wirksam sowie erforderlich ist, um dem Unterlassungsschuldner einen Weg zu weisen, den Unterlassungsgläubiger ohne Inanspruchnahme der Gerichte klaglos zu stellen.[555] Eine Abmahnung kann nur **teilweise berechtigt** sein, sodass die Kosten nur zu ersetzen sind, soweit die Abmahnung berechtigt war. So kann es sich etwa verhalten, wenn der Gläubiger im Hinblick auf verschiedene Verhaltensweisen gesonderte Unterlassungsansprüche geltend macht. In einem solchen Fall ist die Abmahnung nur insoweit berechtigt (und die Kosten zu ersetzen), wie die einzelnen Beanstandungen begründet sind. Die Höhe des Ersatzanspruchs ist dann nach dem Verhältnis der auf die einzelnen Verstöße entfallenden Gegenstandswerte zu bestimmen, wobei sich die Höhe der Anteile nach dem Verhältnis der auf die einzelnen Verstöße entfallenden Gegenstandswerte bemisst.[556] Wendet sich der Gläubiger mit seiner Abmahnung gegen ein konkret umschriebenes Verhalten, das er unter mehreren Gesichtspunkten als rechtswidrig beanstandet, sind die für die Abmahnung anfallenden Kosten bereits dann in vollem Umfang ersatzfähig, wenn sich der Anspruch unter einem der genannten Gesichtspunkte als begründet erweist. In einer solchen Konstellation hat sich die Abmahnung – unabhängig davon, welcher Gesichtspunkt den Anspruch tatsächlich begründet – als objektiv nützlich und zur Streiterledigung geeignet erwiesen. Ist die Abmahnung mithin nach einem der angeführten Gesichtspunkte begründet, handelt es sich deshalb nicht um eine nur teilweise berechtigte Abmahnung, für die Kostenerstattung nur im Umfang des teilweise begründeten Unterlassungsanspruchs zu leisten ist.[557]

200 Bezüglich der **Kosten einer (berechtigten) Abmahnung** enthält das GeschGehG keine Rechtsgrundlage. § 13 Abs. 3 UWG (frühere Fassung § 12 Abs. 1 Satz 2 UWG [bis 1.12.2020]) ist mangels planwidriger Regelungslücke nicht analog anzuwenden, denn der Gesetzgeber hat den Geheimnisschutz gerade in Kenntnis der Problemstellung aus dem UWG in das GeschGehG überführt.[558] Die Kostenerstat-

---

554 MünchHdBGewRS/*Musiol*, § 25 Rn. 67; *Reinfeld*, § 4 Rn. 22; Hoppe/Oldekop/*Hoppe*, Kap. 1 Rn. 859.
555 BGH, 31.10.2018 – I ZR 73/17, GRUR 2019, 82 Rn. 24 – Jogginghosen.
556 BGH, 31.10.2018 – I ZR 73/17, GRUR 2019, 82 Rn. 38 – Jogginghosen; BGH, 10.12.2009 – I ZR 149/07, GRUR 2010, 744 Rn. 50, 52 – Sondernewsletter; K/B/F/*Bornkamm*, § 12 UWG Rn. 1.122.
557 BGH, 31.10.2018 – I ZR 73/17, GRUR 2019, 82 Rn. 37 – Jogginghosen.
558 BeckOK GeschGehG/*Spieker*, § 6 Rn. 40.

III. Beseitigung und Unterlassung § 6

tung richtet sich damit nach den im (sonstigen) Immaterialgüterrecht anzuwendenden Grundsätzen:[559] Daher kann der Unterlassungsgläubiger die Erstattung der Abmahnkosten nach der festgefügten Rspr. des BGH aus **Geschäftsführung ohne Auftrag** entsprechend §§ 683 Satz 1, 677, 670 BGB beanspruchen.[560] Ein solcher Anspruch setzt voraus, dass die Abmahnung dem Geschäftsherrn (hier dem Abgemahnten) nützlich war und dem wirklichen oder zumindest mutmaßlichen Willen entsprach; dabei entscheidend ist eine objektive Sicht.[561] Daneben kommt bei einem schuldhaften Verhalten des Rechtsverletzers als weitere Rechtsgrundlage für eine Kostenerstattung auch der **Schadensersatzanspruch** aus § 10 in Betracht.[562] Hingegen sind Abmahnkosten **nicht Kosten des Rechtsstreits** entsprechend § 91 ZPO und können daher nicht im Kostenfestsetzungsverfahren festgesetzt werden, denn die Abmahnung dient der Streitbeilegung ohne Inanspruchnahme der Gerichte; mit ihr verfolgt der Gläubiger zudem das weitere Ziel, dem Schuldner die Möglichkeit zu verwehren, den gerichtlich geltend gemachten Anspruch mit der Kostenfolge des § 93 ZPO anzuerkennen.[563] Die Kosten der Abmahnung können aber mit einem gesonderten Zahlungsantrag in ein anhängiges Klageverfahren eingeführt werden.

Nach allgemeinen Grundsätzen zum Aufwendungsersatz kann der Gläubiger einer berechtigten Abmahnung nur **tatsächlich erbrachte**[564] **und erforderliche Aufwendungen** ersetzt verlangen und ist im Übrigen auf eine **Freistellung von einer Verbindlichkeit** (wie einem RA-Honorar) verwiesen.[565] Insoweit ist die Erforderlichkeit vergleichbar mit der Notwendigkeit von Kosten der Rechtsverfolgung nach § 91 Abs. 1 Satz 1 ZPO.[566] Zu den erforderlichen Aufwendungen gehören daher die durch die Einschaltung eines Rechtsanwalts entstandenen Gebühren und Auslagen. Die Verfolgung von Rechtsverstößen (nach dem GeschGehG) gehört nicht zu den originären Aufgaben eines Unternehmers, für die er eine eigene Organisation vor-

201

---

559 Bspw. OLG Düsseldorf, 31.8.2017 – I-2 W 14/17, GRUR-RS 2017, 125977 Rn. 9; vgl. auch MK-UWG/*Ottofülling*, § 12 Rn. 144 ff.
560 So K/B/F/*Bornkamm*, § 12 UWG Rn. 1.110 auch mit Darstellung der Entwicklung; *Apel/Drescher*, JURA 2018, 1251, 1257; etwa BGH, 15.12.1999 – I ZR 159/97, GRUR 2000, 337, 338 – Preisknaller.
561 MK-UWG/*Ottofülling*, § 12 Rn. 143; K/B/F/*Bornkamm*, § 12 UWG Rn. 1.111; Teplitzky/*Bacher*, Kap. 41 Rn. 84c.
562 K/B/F/*Bornkamm*, § 12 UWG Rn. 1.107 und Rn. 1.108 zur Kritik an dieser Auffassung nach Ahrens/*Scharen*, Kap. 11 Rn. 13; MK-UWG/*Ottofülling*, § 12 Rn. 147 ff. (und zur Kritik Rn. 150); BeckOK GeschGehG/*Spieker*, § 6 Rn. 40; offen gelassen in BGH, 22.3.2018 – I ZR 265/16, GRUR 2018, 914 Rn. 26 f. – Riptide.
563 BGH, 20.10.2005 – I ZB 21/05, GRUR 2006, 439 Rn. 10 ff.; K/B/F/*Bornkamm*, § 12 UWG Rn. 1.112; BeckOK GeschGehG/*Spieker*, § 6 Rn. 40.
564 BVerfG, 3.11.1982 – 1 BvR 710/82, NJW 1983, 809 – Willkürliche Kostenausgleichung: „(...) versteht sich von selbst, daß keinesfalls höhere Kosten als erstattungsfähig festgesetzt werden dürfen, als dem Berechtigten entstanden sind".
565 K/B/F/*Bornkamm*, § 12 UWG Rn. 1.113; BGH, 19.5.2010 – I ZR 140/08, GRUR 2010, 1120 Rn. 26.
566 Bspw. MK-UWG/*Ottofülling*, § 12 Rn. 154; BeckOK GeschGehG/*Spieker*, § 6 Rn. 41.

§ 6 Beseitigung und Unterlassung

halten muss.[567] Ebenfalls erfasst sind Kosten im Zusammenhang mit der Feststellung der Rechtsverletzung und den Nachforschungen (vgl. Erwgrd. 30 RL).

202 Die **Höhe der Anwaltskosten** bemisst sich grundsätzlich nach Nr. 2300 RVG VV und innerhalb des insoweit eröffneten Rahmens einer 0,5–2,5-fachen Gebühr. Bei Rahmengebühren bestimmt der Rechtsanwalt die Gebühr nach näherer Maßgabe des § 14 Abs. 1 Satz 1 RVG nach billigem Ermessen. Die Mittelgebühr von 1,5 wird für nicht umfangreiche oder schwierige Tätigkeiten auf 1,3 begrenzt (Nr. 2300 VV zu § 2 Abs. 2 RVG).[568] Bei einer lauterkeitsrechtlichen Abmahnung ist in einem durchschnittlichen Fall nicht von einer unter dem Regelsatz liegenden 1,3-fachen Gebühr auszugehen.[569] In vielen Fällen dürfte in Bezug auf Geschäftsgeheimnisse daher eine höhere Geschäftsgebühr angemessen sein: es handelt sich um ein völlig neues Gesetz, das eine Auseinandersetzung mit der maßgeblichen europarechtlichen Grundlage erfordert, und die konkrete Normanwendung beinhaltet komplexe Abwägungserfordernisse, für die bisher keine Fallgruppen etabliert sind. Vor diesem Hintergrund kann im Regelfall durchaus eine Gebühr von 1,8[570] angesetzt und bei hinzukommenden Schwierigkeiten etwa tatsächlicher Art noch erhöht werden. Der für die Berechnung der gesetzlichen Gebühren maßgebliche **Gegenstandswert** einer Abmahnung entspricht nach allgemeinen Grundsätzen demjenigen des entsprechenden Hauptsacheverfahrens, weil die Abmahnung gerade eine endgültige Regelung bezweckt.[571] Im Falle einer **Vergütungsvereinbarung** mit (bspw.) einer Abrechnung auf Stundenbasis zwischen dem Abmahnenden und seinem anwaltlichen Vertreter sind die tatsächlich angefallenen Abmahnkosten abzurechnen, unabhängig davon, ob diese höher oder niedriger als die gesetzlichen Gebühren sind. Allerdings kann der Abmahnende vom Abgemahnten wiederum maximal die gesetzliche und nicht eine darüberhinausgehende Vergütung verlangen.[572] Zu einem schlüssigen Vortrag gehört auch die Darlegung, ob nach den gesetzlichen Gebühren abgerechnet und was gegebenenfalls abweichend vereinbart worden ist.[573] Wenn es nach einer erfolglosen Abmahnung zu einem **gerichtlichen Verfahren** kommt, wird die für die Abmahnung entstandene Geschäftsgebühr zur Hälfte, aber maximal mit einem Gebührensatz von 0,75 auf die Verfahrensgebühr (Nr. 3100 VV zu § 2 Abs. 2 RVG) **angerechnet** (Vorbem. 3 Abs. 4 VV zu § 2 Abs. 2 RVG).[574]

203 Sachlich ist eine **Abmahnung** dann **unberechtigt**, wenn der geltend gemachte Anspruch mangels Rechtsverletzung tatsächlich nicht besteht.[575] Bezüglich der Erstat-

---

567 BGH, 19.5.2010 – I ZR 140/08, GRUR 2010, 1120 Rn. 26; BeckOK GeschGehG/*Spieker*, § 6 Rn. 40.
568 BeckOK GeschGehG/*Spieker*, § 6 Rn. 41.
569 Vgl. BGH, 19.5.2010 – I ZR 140/08, GRUR 2010, 1120 Rn. 27–31.
570 So auch BeckOK GeschGehG/*Spieker*, § 6 Rn. 41.
571 MK-UWG/*Ottofülling*, § 12 Rn. 161; K/B/F/*Bornkamm*, § 12 UWG Rn. 1.120.
572 Bspw. MK-UWG/*Ottofülling*, § 12 Rn. 160a; K/B/F/*Bornkamm*, § 12 UWG Rn. 1.121.
573 BGH, 22.1.2019 – VI ZR 402/17, GRUR 2019, 763 Rn. 15 – Ermittlungen gegen Schauspielerin; K/B/F/*Bornkamm*, § 12 UWG Rn. 1.121.
574 K/B/F/*Bornkamm*, § 12 UWG Rn. 1.118.
575 K/B/F/*Köhler*, § 12 UWG Rn. 4.170.

tung von **Kosten** der Abwehr einer unberechtigten Abmahnung gilt zunächst § 14, wonach in Fällen einer **missbräuchlichen** Inanspruchnahme aufgrund von Ansprüchen wegen der Verletzung von Geschäftsgeheimnissen ein Ersatz für die „erforderlichen Aufwendungen" zu leisten ist; diese können entsprechend den obigen Grundsätzen zur Abmahnung bemessen werden. Ob eine Abmahnung (oder Klage) missbräuchlich ist, ist nach den Grundsätzen von Treu und Glauben aus § 242 BGB unter Berücksichtigung der gesamten Umstände zu entscheiden[576] (→ § 14 Rn. 20 ff. und Art. 7 Abs. 2 RL). Weitergehende Ersatzansprüche bleiben entsprechend § 14 Satz 2 unberührt. Für die „nur" unberechtigte Abmahnung kommen daher nach der ausdrücklichen Annahme des Gesetzgebers Ansprüche nach den §§ 823 ff. BGB in Betracht.[577] Zu denken ist in Sonderfällen insbes. auch an §§ 824 und 826 BGB.[578]

Bisher galt im Zusammenhang mit Geschäftsgeheimnissen folgendes: Die Grundsätze über die unberechtigte Schutzrechtsverwarnung nach § 823 Abs. 1 BGB[579] sind nach der Rechtsprechung auf die unberechtigte lauterkeitsrechtliche Abmahnung nicht übertragbar; eine lauterkeitsrechtliche Abmahnung ist – auch wenn das beanstandete Verhalten rechtmäßig ist – nur ausnahmsweise wettbewerbswidrig und damit die Kosten der Abwehr nur ausnahmsweise (nach Maßgabe lauterkeitsrechtlicher Tatbestände oder der §§ 824, 826 BGB[580]) erstattungsfähig. Der Gegner einer unberechtigten lauterkeitsrechtlichen Abmahnung könne diese ohne größere Risiken unbeachtet lassen, weil mit der wettbewerbsrechtlichen Abmahnung die mit der Schutzrechtsverwarnung typischerweise verbundenen weitreichenden Beeinträchtigungen regelmäßig nicht einhergehen.[581] Diese tatsächliche Annahme ist allerdings schon für lauterkeitsrechtliche Fälle nicht zwingend (weil auch hier hohe Schäden entstehen können)[582] und **für das GeschGehG** auch nicht unmittelbar maßgeblich. Nach der Auffassung des Gesetzgebers – wegen der expliziten Nennung der §§ 823 ff. BGB – soll **nunmehr** ein **Schadensersatz nach den Grundsätzen einer unberechtigten Schutzrechtsverwarnung** entsprechend § 823 Abs. 1 BGB möglich sein.[583] Ersatzpflichtig ist der Abmahnende demnach dann, wenn der

204

---

[576] BT-Drs. 19/4724, S. 34.
[577] BT-Drs. 19/4724, S. 34; zur Anspruchsgrundlage BGH, 22.7.2010 – I ZR 139/08, GRUR 2011, 152 Rn. 67 – Kinderhochstühle im Internet.
[578] Zum UWG K/B/F/*Köhler*, § 12 UWG Rn. 4.180a-4.181; BGH, 11.1.2018 – I ZR 187/06, GRUR 2018, 832 Rn. 77 – Ballerinaschuh: „Die den Rechtsstreit betreibende Partei haftet für den hierdurch entstehenden Schaden nur ausnahmsweise gem. § 826 BGB, wenn sie die fehlende Berechtigung ihres Begehrens kennt und besondere Umstände hinzutreten, die sich aus der Art und Weise der Prozesseinleitung oder -durchführung ergeben und das Vorgehen als sittenwidrig prägen."
[579] Dazu BGH, 15.7.2005 – GSZ 1/04, GRUR 2005, 882 ff. – Unberechtigte Schutzrechtsverwarnung.
[580] Zu möglichen Anspruchsgrundlagen K/B/F/*Bornkamm*, § 12 UWG Rn. 1.86 f.
[581] BGH, 22.7.2010 – I ZR 139/08, GRUR 2011, 152 Rn. 62, 63 – Kinderhochstühle im Internet.
[582] Kritik daher bei K/B/F/*Bornkamm*, § 12 UWG Rn. 1.85; Teplitzky/*Bacher*, Kap. 41 Rn. 78a.
[583] Wie in BGH, 15.7.2005 – GSZ 1/04, GRUR 2005, 883 – Unberechtigte Schutzrechtsverwarnung; vgl. auch BGH, 11.1.2018 – I ZR 187/06, GRUR 2018, 832 Rn. 70 – Ballerinaschuh.

§ 6 Beseitigung und Unterlassung

in der Aufforderung zur Unterlassung liegende Eingriff in den eingerichteten und ausgeübten Gewerbebetrieb rechtswidrig und schuldhaft erfolgte.[584] Nicht gerechtfertigt ist der Eingriff häufig schon deshalb, weil die Verwarnung zu Unrecht erfolgte,[585] wobei umstritten ist, inwieweit die bei einem Eingriff in das Recht am eingerichteten und ausgeübten Gewerbebetrieb generell erforderliche Interessen- und Güterabwägung tatsächlich vorzunehmen ist.[586] Die Rechtswidrigkeit der Abmahnung kann sich aus ihrem Inhalt ergeben und/oder bei Abnehmerverwarnungen schlicht aus der resultierenden Gefährdung von Geschäftsbeziehungen.[587] Es kann im Übrigen zu Sach- und Streitstand auf bestehende Literatur verwiesen werden (und auf → § 14).[588]

205 Zu beachten ist schließlich, dass die Kosten eines Abwehrschreibens **keine notwendigen Kosten der Rechtsverteidigung** entsprechend § 91 Abs. 1 Satz 1 ZPO sind und damit nicht im Kostenfestsetzungsverfahren erstattungsfähig sind – was insoweit konsistent mit der Rechtsprechung zu den Kosten einer (berechtigten) Abmahnung ist.[589] In dieser Hinsicht unterscheidet sich ein Abwehrschreiben von einer in das ZRS eingestellten **Schutzschrift** (→ Rn. 227), denn die für eine Schutzschrift aufgewendeten Kosten sind grundsätzlich dann erstattungsfähig, wenn ein Verfügungsantrag eingereicht und damit ein Prozessrechtsverhältnis begründet wird.[590]

ee) Prozessuale Waffengleichheit

206 In zwei Beschlüssen vom 30.9.2018 hat das BVerfG klargestellt, dass sich aus dem grundrechtsgleichen Recht auf **prozessuale Waffengleichheit** gem. Art. 3 Abs. 1 iVm. Art. 20 Abs. 3 GG ein Erfordernis ergibt, dass ein Gericht grds. auch in Verfahren des Eilrechtsschutzes vor einer dem Antrag stattgebenden Entscheidung der Gegenseite **Gehör** gewähren muss,[591] wobei die entsprechende Praxis mittlerweile fortgeführt und fortentwickelt wurde.[592] Dabei kann nach Art und Zeitpunkt der

---

584 BGH, 15.7.2005 – GSZ 1/04, GRUR 2005, 884 – Unberechtigte Schutzrechtsverwarnung.
585 G/L/D/*Melullis*, § 80 Rn. 131.
586 F/B/O/*Büscher*, § 12 Rn. 59 (mwN).
587 Bspw. BeckOK MarkenR/*Hoffmann* [1.1.2021], § 14 Rn. 896; BGH, 15.7.2005 – GSZ 1/04, GRUR 2005, 883 – Unberechtigte Schutzrechtsverwarnung.
588 Überblick bei MK-BGB/*Wagner*, § 823 Rn. 374–383; BeckOK MarkenR/*Hoffmann* [1.1.2021], § 14 Rn. 894; G/L/D/*Melullis*, § 80 Rn. 125–135; K/B/F/*Köhler*, § 12 UWG Rn. 4.176a–4.179; F/B/O/*Büscher*, § 12 Rn. 55–59.
589 BGH, 6.12.2007 – I ZB 16/07, GRUR 2008, 639 Rn. 8 – Kosten eines Abwehrschreibens.
590 BGH, 6.12.2007 – I ZB 16/07, GRUR 2008, 639 Rn. 9 – Kosten eines Abwehrschreibens.
591 BVerfG, 30.9.2018 – 1 BvR 1783/17, GRUR 2018, 1288 Rn. 18 – Die F.-Tonbänder; BVerfG, 30.9.2018 – 1 BvR 2421/17, GRUR 2018, 1291 Rn. 31 – Steuersparmodell eines Fernsehmoderators (beide nachfolgend ohne Titel); vgl. auch *Mantz*, NJW 2019, 953 ff.
592 S. bspw. BVerfG, 3.6.2020 – 1 BvR 1246/20, BeckRS 2020, 10966 (Äußerungsrecht) und BVerfG, 27.7.2020 – 1 BvR 1379/20, GRUR 2020, 1119 (Lauterkeitsrecht); BVerfG, 30.7.2020 – 1 BvR 1422/20, GRUR 2020, 1236 Rn. 15, 16;– Internetportal für Steuerberatungsdienstleistungen (Kongruenz Verfügung/Antrag); dazu auch *Tyra*, WRP 2020, 1525; *Dissmann*, GRUR 2020, 1152, 1153; *Mantz*, WRP 2020, 1250 ff.; ders., WRP 2020, 416 ff.; ders., NJW 2019, 953 ff.; *Petersenn/Peters*, GRUR 2021, 553.

Gehörsgewährung differenziert und auf die Umstände des Einzelfalls abgestellt werden.⁵⁹³ Insbes. ist zu differenzieren, ob lediglich **keine mündliche Verhandlung** angesetzt wird, § 937 Abs. 2 ZPO, **oder** ob dem Antragsgegner **gar keine Möglichkeit zur Stellungnahme** vor Entscheidungserlass eingeräumt wird.⁵⁹⁴ Auch Erwgrd. 26 RL nennt das Recht auf Verteidigung. Die prozessuale Wahrheitspflicht nach § 138 Abs. 1 ZPO verpflichtet den Antragsteller zu vollständiger Erklärung über die tatsächlichen Umstände. Wenn der Anstragsteller die Reaktion des Antragsgegners auf eine vorgerichtliche Abmahnung verschweigt, ist eine planmäßig gezielte Gehörsvereitelung zur Erschleichung eines Titels möglich und ein Verfügungsantrag kann als rechtsmissbräuchlich zurückzuweisen sein.⁵⁹⁵

In den vom BVerfG entschiedenen vorgenannten Verfahren wurde eine einstweilige Verfügung jeweils erlassen, ohne dass zuvor eine Abmahnung erfolgte⁵⁹⁶ bzw. wurden mehrfach gerichtliche Hinweise erteilt, ohne dass der Antragsgegner hiervon oder überhaupt von den Verfügungsanträgen in Kenntnis gesetzt wurde.⁵⁹⁷ Im Regelfall ist aber laut BVerfG eine Abmahnung geboten, die dem Antragsgegner eine Möglichkeit zur Stellungnahme und ggf. Einreichung einer Schutzschrift eröffnet. Dem verfassungsrechtlichen Grundsatz der prozessualen Waffengleichheit genügen auch die Erwiderungsmöglichkeiten auf eine Abmahnung nur dann, wenn (1) der Verfügungsantrag im Anschluss an die Abmahnung unverzüglich nach Ablauf einer angemessenen Frist für die begehrte Unterlassungserklärung bei Gericht eingereicht wird, (2) die abgemahnte Handlung sowie die Begründung für die begehrte Unterlassung mit dem bei Gericht geltend gemachten Unterlassungsbegehren übereinstimmt („Kongruenz"⁵⁹⁸) und (3) der Antragsteller die Antwort auf die Abmahnung zusammen mit seiner Antragsschrift bei Gericht einreicht.⁵⁹⁹ Der notwendige Grad an Übereinstimmung ist jedoch noch unklar. Das BVerfG erachtet eine Einbeziehung der Gegenseite in das gerichtliche Eilverfahren schon dann als erforderlich, wenn zwar eine außergerichtliche Abmahnung sowie eine Erwiderung auf die Abmahnung erfolgten und diese dem Gericht vorlagen, aber zwischen dem Unterlassungsbegehren aus der vorprozessualen Abmahnung und dem nachfolgend gestellten Verfügungsantrag keine **Identität** bestand.⁶⁰⁰ Im konkreten Fall lag allerdings eine Abweichung in der mit Abmahnung und Antragsschrift jeweils verlangten Un-

---

593 BVerfG, 30.9.2018 – 1 BvR 1783/17, GRUR 2018, 1288 Rn. 21.
594 BVerfG, 30.9.2018 – 1 BvR 1783/17, GRUR 2018, 1288 Rn. 18, 19; zur Beschlussverfügung mit rechtlichem Gehör *Dissmann*, GRUR 2020, 1152, 1156.
595 BVerfG, 3.12.2020 – 1 BvR 2575/20 Rn. 12, 13.
596 Vgl. BVerfG, 30.9.2018 – 1 BvR 1783/17, GRUR 2018, 1288 (Sachverhalt).
597 Vgl. BVerfG, 30.9.2018 – 1 BvR 2421/17, GRUR 2018, 1291 (Sachverhalt).
598 Aber: Die prozessualen Rechte des Antragsgegners werden nach der Rechtsprechung nicht verletzt, wenn der Verfügungsantrag zunächst von der Abmahnung abweicht, dann aber die Kongruenz hergestellt wird und die erlassene Verfügung mit der Abmahnung identisch ist, BVerfG, 30.7.2020 – 1 BvR 1422/20, GRUR 2020, 1236 (LS 3) – Internetportal für Steuerberatungsdienstleistungen.
599 BVerfG, 30.9.2018 – 1 BvR 1783/17, GRUR 2018, 1288 Rn. 23.
600 BVerfG, 27.7.2020 – 1 BvR 1379/20, GRUR 2020, 1119 Rn. 14, 20 – Zahnabdruckset.

§ 6 Beseitigung und Unterlassung

terlassung vor.[601] Dazu führte das BVerG an, dass der Antragsgegnerseite im Zweifel auch bei kleinsten Abweichungen rechtliches Gehör zu gewähren ist, selbst wenn die Abweichungen gering sind, es sich sich um „kerngleiche Verstöße" handelt.[602] Es ist erörterungswürdig, ob nicht neben der Wortlautidentität eine „inhaltliche Deckungsgleichheit/Kongruenz im Kern"[603] ausreichen sollte (wobei etwaige Unklarheiten dann in die Risikosphäre des Antragstellers fielen). Es stellen sich hier noch viele Fragen, insbes. wenn vorprozessual mehr gefordert wurde, als dann zum Gegenstand des Verfügungsantrags gemacht.[604] Im Lichte der BVerfG-Rechtsprechung ist jedenfalls zu empfehlen, in der Abmahnung bereits das konkrete Unterlassungsbegehren so zu formulieren wie für den eigentlichen Verfügungsantrag.[605]

208 Dementsprechend ist dem Antragsgegner Gehör zu gewähren, wenn er nicht in der „gehörigen Form" abgemahnt wurde oder der Antrag vor Gericht in anderer Weise oder mit in der Sache erheblichem ergänzendem Vortrag begründet wird als in der Abmahnung. Gehör ist auch dann zu gewähren, wenn das Gericht dem Antragsteller Hinweise nach § 139 ZPO erteilt,[606] wobei noch nicht abschließend geklärt ist, ob dies wirklich für jeden denkbaren Hinweis gilt (in der Literatur angeführt werden bspw. Schreibfehler, Rechenfehler, Büroversehen wie fehlende Anlagen).[607] Dem Antragsgegner sind entsprechende Hinweise, auch im Falle der Ablehnung des Antrags, unverzüglich mitzuteilen – ein „einseitiges Geheimverfahren"[608] ist unzulässig. Das gilt entsprechend auch für die Mitteilung eines zurückweisenden Beschlusses; das Mitteilungsverbot des § 922 Abs. 3 ZPO wird insoweit beschränkt bzw. ist verfassungskonform auszulegen.[609] Das BVerfG erkennt zugleich jedoch ausdrücklich an, dass eine **Anhörung** dann **verzichtbar** ist, wenn andernfalls der Zweck des einstweiligen Verfügungsverfahrens – wirksamer vorläufiger Rechtsschutz – verhindert würde.[610]

---

601 BVerfG, 27.7.2020 – 1 BvR 1379/20, GRUR 2020, 1119 Rn. 13 – Zahnabdruckset: „Während die Ast. des Ausgangsverfahrens mit der der außergerichtlichen Abmahnung beigefügten vorformulierten Unterlassungs- und Verpflichtungserklärung von der Bf. verlangte, „[…] zu unterlassen, im geschäftlichen Verkehr Medizinprodukte und Handelspackungen für Medizinprodukte ohne CE-Kennzeichnung auf dem jeweiligen Produkt in den Verkehr zu bringen; […]", war ihr mit Schriftsatz vom 14.5.2020 gestellter Antrag auf Erlass einer einstweiligen Verfügung darauf gerichtet, es der Bf. zu untersagen: „[…] im geschäftlichen Verkehr zu Zwecken des Wettbewerbs Medizinprodukte und Gebrauchsanweisungen für Medizinprodukte ohne deutlich sichtbare, gut lesbare und dauerhafte CE-Kennzeichnung in den Verkehr zu bringen und/oder in Betrieb zu nehmen".
602 BVerfG, 27.7.2020 – 1 BvR 1379/20, GRUR 2020, 1119 Rn. 13 – Zahnabdruckset.
603 Vgl. Bornkamm, GRUR 2020, 1152; *Dissmann*, GRUR 2020, 1152, 1160.
604 *Dissmann*, GRUR 2020, 1152, 1161 – auch zu weiteren Problemfällen.
605 Vgl. Bornkamm, GRUR 2020, 1152.
606 BVerfG, 30.9.2018 – 1 BvR 1783/17, GRUR 2018, 1288 Rn. 24, BVerfG, 27.7.2020 – 1 BvR 1379/20, GRUR 2020, 1119 Ls 2 und Rn. 16 – Zahnabdruckset.
607 *Dissmann*, GRUR 2020, 1152, 1159.
608 BVerfG, 30.9.2018 – 1 BvR 1783/17, GRUR 2018, 1288 Rn. 24.
609 Dazu *Bornkamm*, WRP 2019, 1242 Rn. 4.
610 BVerfG, 30.9.2018 – 1 BvR 1783/17, GRUR 2018, 1288 Rn. 15; BVerfG, 30.9.2018 – 1 BvR 2421/17, GRUR 2018, 1291 Rn. 21.

Es ist festzuhalten, dass mit diesen Entscheidungen keine neuen Regeln aufgestellt 209
wurden, sondern an sich nur wiederholt wurde, dass auch in Eilverfahren die einschlägigen Verfahrensgrundrechte gelten und zu beachten sind (was in der Praxis der betroffenen Gerichte nach Auffassung des BVerfG vernachlässigt wurde).[611] Vor diesem allgemeinen Hintergrund ist diese Rechtsprechung des BVerfG **für** Verfahren nach dem **GeschGehG** prinzipiell **uneingeschränkt maßgeblich**.[612]

Dementsprechend ist dem Antragsgegner grundsätzlich in irgendeiner Form Gehör 210
zu gewähren, wenn er nicht entsprechend abgemahnt wurde und/oder der Antrag vor Gericht in anderer Weise oder mit ergänzendem Vortrag begründet wird als in der Abmahnung.[613] Zugleich zeigen die vom BVerfG getroffenen Erwägungen, dass in **besonderen Gefährdungslagen** nach wie vor einstweilige **Verfügungen ohne vorherige Anhörung** des Antragsgegners ergehen können: So ist eine vorherige Anhörung verzichtbar, wenn sie den Zweck des Verfahrens vereiteln würde, wie bspw. im ZPO-Arrestverfahren, bei der Anordnung von Untersuchungshaft oder bei Wohnungsdurchsuchungen, mithin wenn eine Überraschung oder Überrumpelung erforderlich ist, um das Rechtsschutzziel nicht zu gefährden.[614] Nochmals: Das BVerfG sieht das strukturelle Defizit nicht im möglichen Erlass einer einstweiligen Verfügung ohne Anhörung an sich, sondern in der praktischen Umkehr des Grundsatzes, dass dem Antragsgegner regelmäßig Gehör zu gewähren ist.[615] Vor diesem Hintergrund muss der Antragsteller in Verfahren nach dem GeschGehG **Tatsachen vortragen**, um zu belegen, dass und inwieweit eine vorherige Anhörung des Antragsgegners (bspw. durch eine Erwiderung auf eine Abmahnung oder Schriftsatzfrist) sein Rechtsschutzziel gefährdet, etwa wegen der Gefahr der Beweisvereitelung oder Offenbarung des Geheimnisses an sich (deren Fortsetzung irreparable Folgen haben kann), und deshalb ausnahmsweise verzichtbar ist. Dem wiederum wird ein rein floskelhaftes Abstellen auf „Geheimnisschutz" zwar nicht genügen. Vor dem Hintergrund des Gebotes effektiven Rechtsschutzes und dem Schutzzweck der RL 2016/943/EU sind allerdings auch **keine überspannten Anforderungen** an die Darlegung zu stellen. Prinzipiell bietet kaum eine praktische Materie so breiten Raum für den Erlass von Beschlussverfügungen (ohne Anhörung) wie der Geheimnisschutz. Das gilt insbesondere dann, wenn die Verlet-

---

611 *Löffel*, WRP 2019, 8, Rn. 3; *Bornkamm*, WRP 2019, 1242 Rn. 3: „notorische Ausklammerung der Interessen des Schuldners/Antragsgegners" und *ders.* GRUR 2020, 715 ff.
612 OLG München, 8.8.2019 – 29 W 940/19, WRP 2019, 1375 Rn. 28 (jedenfalls auf die Pflicht, dem Antragsgegner Hinweise zur Kenntnis zu bringen); zum Wettbewerbs- und Immaterialgüterrecht *Bornkamm*, GRUR 2020, 715, 718.
613 Für die Übertragbarkeit auf Streitigkeiten nach dem GeschGehG, jedenfalls im Hinblick auf die Mitteilungspflicht erteilter Hinweise: OLG München, 8.8.2019 – 29 W 940/19, BeckRS 2019, 18308 Rn. 31 f.; für die Übertragbarkeit auf lauterkeitsrechtliche Streitigkeiten: OLG Düsseldorf, 27.2.2019 – 15 U 45/18, GRUR-Prax 2019, 292; LG Frankfurt a. M., 3.4.2019 – 2/3 O 508/18, BeckRS 2019, 6218; *Mantz*, NJW 2019, 953, 959.
614 BVerfG, 30.9.2018 – 1 BvR 1783/17, GRUR 2018, 1288 Rn. 15, 25.
615 Zur Umkehr des Regel-Ausnahme-Verhältnisses *Löffel*, WRP 2019, 8 Rn. 15; Teplitzky/*Feddersen*, Kap. 55 Rn. 2a.

§ 6 Beseitigung und Unterlassung

zungshandlung die Offenlegung des Geschäftsgeheimnisses betrifft. Geht es also nicht um die reine Fruchtziehung, sondern um die Sicherung des Geheimnisses an sich, wird eine **Beschlussverfügung ohne rechtliches Gehör** sogar regelmäßig in Betracht kommen.

211 Im Falle des Erlasses einer einstweiligen Verfügung unter Verstoß gegen die obigen Grundsätze verspricht im Übrigen ein Antrag auf Erlass einer einstweiligen Anordnung (durch das BVerfG) nur dann Erfolg, wenn der Beschwerdeführer einen grundrechtlich erheblichen schwerwiegenden Nachteil im Sinne des § 32 BVerfGG darlegen kann. Eine solche Darlegung ist auch im Fall offenkundiger Erfolgsaussichten einer Verfassungsbeschwerde erforderlich.[616] Ferner kann nicht jede Verletzung prozessualer Rechte unter Berufung auf die prozessuale Waffengleichheit im Wege einer auf Feststellung gerichteten Verfassungsbeschwerde geltend gemacht werden. Vielmehr bedarf es eines hinreichend gewichtigen Feststellungsinteresses, wobei die „bloße Geltendmachung eines error in procedendo" hierfür nicht ausreicht. Anzunehmen ist ein Feststellungsinteresse jedoch insbesondere dann, wenn eine Wiederholung der angegriffenen Maßnahme zu befürchten ist, also eine hinreichend konkrete Gefahr besteht, dass unter im Wesentlichen unveränderten rechtlichen und tatsächlichen Umständen eine gleichartige Entscheidung ergehen würde. Dafür bedarf es näherer Darlegungen. Ein auf Wiederholungsgefahr gestütztes Feststellungsinteresse setzt voraus, dass die Zivilgerichte die aus dem Grundsatz der prozessualen Waffengleichheit folgenden Anforderungen grundsätzlich verkennen und ihre Praxis unter Missachtung verfassungsrechtliche Maßstäbe hieran nicht ausrichten.[617]

212 Vor dem Hintergrund der vorstehend skizzierten verfassungsgerichtlichen Rechtsprechung hat das OLG Düsseldorf[618] einen „**einfachen**" **Gehörsverstoß** als **heilbar** erachtet und ausgeführt: „[Rn. 15] Zunächst ist festzuhalten, dass auch gemäß ständiger Rechtsprechung des Bundesverfassungsgerichts Gehörsverstöße durch nachträgliche Gewährung rechtlichen Gehörs heilbar sind... [Rn. 16] Die von der Verfügungsbeklagten gesehene Gefahr, die Auffassung des Senats könne dazu führen, dass die Erstgerichte mangels zu befürchtender Sanktionen weiterhin Beschlussverfügungen ohne die notwendige Beteiligung des Antragsgegners erlassen könnten, besteht nicht. Denn gerade im Falle eines bewussten und systematischen Übergehens prozessualer Rechte, das die Fachgerichte im Vertrauen daraufhin praktizieren, dass diese Rechtsverletzungen angesichts später eröffneter Verteidigungsmöglichkeiten folgenlos blieben und deshalb nicht geltend gemacht werden könnten, ist dem Antragsgegner unmittelbar der Weg der Verfassungsbeschwerde gegen die Beschlussverfügung eröffnet (...). Es ist vor diesem Hintergrund nicht zu

---

616 BVerfG, 16.7.2020, 1 BvR 1617/20, WRP 2020, 1292 Rn. 5 und BVerfG, 17.6.2020 – 1 BvR 1378/20 Rn. 4 (juris).
617 BVerfG, 30.7.2020 – 1 BvR 1422/20, GRUR 2020, 1236 Rn. 15, 16 – Internetportal für Steuerberatungsdienstleistungen; BVerfG, 27.7.2020 – 1 BvR 1379/20, GRUR 2020, 1119 Rn. 9, 10 – Zahnabdruckset.
618 OLG Düsseldorf, 27.2.2019 – 15 U 45/18, BeckRS 2019, 5570 Rn. 8 ff. – Einmalkatheter.

erwarten, dass die Erstgerichte ihre frühere Praxis fortsetzen, sondern Beschlussverfügungen ohne Anhörung des Antragsgegners zukünftig die absolute Ausnahme bilden werden." Ein nach mündlicher Verhandlung über den Widerspruch (§§ 924, 936 ZPO) ergangenes Urteil, welches die Beschlussverfügung bestätigt (§§ 925, 936 ZPO), könne in der Berufungsinstanz nicht mit Erfolg unter Hinweis auf den Gehörsverstoß anlässlich der Beschlussverfügung angefochten werden, da die angegriffene Entscheidung nicht mehr auf diesem Fehler beruhe [Rn. 12].

ff) Verfügungsgrund – Dringlichkeit

213 Nach allgemeinen Grundsätzen kommt der Erlass einer einstweiligen Verfügung nur dann in Betracht, „wenn zu besorgen ist, dass durch eine Veränderung des bestehenden Zustandes die Verwirklichung des Rechts einer Partei vereitelt oder erschwert werden könnte" (§ 935 ZPO) oder die konkret begehrte Regelung zur Abwendung „wesentlicher Nachteile" wirklich „nötig erscheint" (§ 940 ZPO). Daher ist das Vorliegen eines Verfügungsgrundes zu bejahen, wenn festgestellt wird, dass durch Veränderung des status quo die Rechtsverwirklichung des Antragstellers im gegenwärtigen oder zukünftigen Hauptsacheverfahren vereitelt oder erschwert werden könnte – dem Antragsteller also der Verweis auf das Hauptsacheverfahren nicht zugemutet werden kann und er auf eine gerichtliche Eilmaßnahme angewiesen ist.[619] Fehlt dieses besondere Rechtsschutzbedürfnis des Antragstellers als Legitimation für die ihm zugutekommenden prozessualen Erleichterungen eines Eilverfahrens, dann ist der Antrag abzuweisen – und zwar unabhängig von der unterschiedlichen Einordnung des Kriteriums als Zulässigkeits- oder Sachurteilsvoraussetzung.[620] Das objektive Bestehen eines entsprechenden Verfügungsgrundes ist für jeden Streitgegenstand und im Verhältnis zu jedem Antragsgegner separat festzustellen.[621]

214 Die Feststellung der **Dringlichkeit** erfordert insgesamt eine umfassende **Abwägung der widerstreitenden Interessen** und von Antragsteller und Antragsgegner im konkreten Einzelfall und dazu gehört eine **zeitliche** Komponente.[622] Es können prinzipiell die aus dem Immaterialgüterrecht bekannten Grundsätze herangezogen werden.[623] Gegen das Interesse des Antragstellers an der Untersagung ist das Interesse des Antragsgegners abzuwägen, nicht aufgrund eines bloß summarischen Verfahrens mit einem Verbot belegt zu werden.[624]

---

619 Cepl/*Voß*, § 940 Rn. 99, 63.
620 Zum UWG und der Einordnung als Zulässigkeitsvoraussetzung vgl. G/L/D/*Spätgens/Danckwerts*, § 100 Rn. 17; Harte/Henning/*Retzer*, § 12 Rn. 299; zur Einordnung als Sachurteilsvoraussetzung im allgemeinen Zivilprozess (mwN) Cepl/*Voß*, § 940 Rn. 65.
621 Cepl/*Voß*, § 940 Rn. 67 (mwN); Berneke/*Schüttpelz*, Rn. 108.
622 Cepl/*Voß*, § 940 Rn. 99, 64; Berneke/*Schüttpelz*, Rn. 109; die zeitliche Dringlichkeit lässt sich auch als „Dringlichkeit im engeren Sinn" bezeichnen, *Harmsen*, 80 Jahre Patentgerichtsbarkeit in Düsseldorf, S. 175, 176.
623 Bspw. zum Patentrecht *Kühnen*, Kap. G Rn. 131 ff.; Fromm/Nordemann/*Nordemann*, § 97 Rn. 200.
624 Bspw. OLG Düsseldorf, 25.8.2015 – I-20 U 196/14, WRP 2015, 1541 Rn. 6.

§ 6 Beseitigung und Unterlassung

215 Umstritten ist, wie schnell der Antragsteller vorgehen muss, um eine Dringlichkeit in **zeitlicher Hinsicht** beanspruchen zu können. Jedenfalls ist der Antragsteller gehalten, zügig vorzugehen und zwar in **allen Verfahrensstadien**. Insoweit besteht grundsätzlich Einigkeit darüber, dass die Dringlichkeit verloren geht, wenn der Antragsteller mit der Rechtsverfolgung zu lange zuwartet oder das Verfahren schleppend betreibt,[625] sodass die Durchführung eines Eilverfahrens mit all den damit zulasten des Antragsgegners verbundenen Einschränkungen gegenüber einem Klageverfahren einerseits und die mit dem Eilverfahren verbundene Bevorzugung der Sachbehandlung gegenüber anderen beim angerufenen Gericht anhängigen Verfahren andererseits nicht mehr gerechtfertigt erscheint.[626] Auf der Ebene der **Sachverhaltsermittlung** ist der Antragsteller insoweit zwar gehalten, Verdachtsfällen aufgrund objektiver Anhaltspunkte nachzugehen,[627] muss aber bei der Rechtsverfolgung grundsätzlich **kein Prozessrisiko** eingehen. Der Antragsteller hat mithin Zeit zur Durchführung von **Maßnahmen zur Aufklärung und Beschaffung von Glaubhaftmachungsmitteln**;[628] dringlichkeitsschädlich sind jedoch Maßnahmen, die ex ante betrachtet selbst aus Gründen prozessualer (anwaltlicher) Vorsicht objektiv überflüssig sind.[629]

216 Die Bestimmung einer **Zeitgrenze** (sog. **Dringlichkeitsfrist**[630]) für das im Einzelfall zulässige Zuwarten ist im gesamten gewerblichen Rechtsschutz umstritten.[631] Zutreffend kann bei der Beurteilung einer solchen Dringlichkeitsfrist für das gerichtliche Vorgehen grundsätzlich nur auf den Zeitraum abgestellt werden, während dessen der Antragsteller (1) nach Kenntnis des angegriffenen Verhaltens bzw. sich der diesbezüglich aufdrängenden Umstände[632] und (2) in Kenntnis des Rechtsverletzers und (3) aus objektiver Sicht erfolgversprechend gerichtlich vorgehen kann und dies dennoch nicht bzw. nicht mit der gebotenen Eile unternommen hat.[633] Für eine Anwendung starrer Fristen spricht insbesondere die damit einhergehende Vor-

---

625 BGH, 1.7.1999 – I ZB 7/99, GRUR 2000, 151, 152 – Späte Urteilsbegründung; Teplitzky/*Feddersen*, Kap. 54 Rn. 24.
626 Bspw. K/B/F/*Köhler*, § 12 UWG Rn. 3.15 (mwN); OLG München, 8.8.2019 – 29 W 940/19, WRP 2019, 1375 Rn. 15 und OLG München, 17.10.2019 – 29 U 1661/19, WRP 2020, 109 Rn. 4; OLG Köln, 7.4.2017 – 6 U 135/16, WRP 2017, 1005 Rn. 16; OLG Düsseldorf, 15.7.2002 – 20 U 74/02, GRUR-RR, 2003, 31; BGH, 1.7.1999 – I ZB 7/99, GRUR 2000, 151, 152 – Späte Urteilsbegründung.
627 Vgl. (mwN) Berneke/*Schüttpelz*, B Rn. 142.
628 Zu langes Zuwarten bei Ermittlungsmaßnahmen: OLG Köln, 14.7.2017 – 6 U 197/16, GRUR-RR 2018, 207 Rn. 60.
629 Cepl/*Voß*, § 940 Rn. 84.
630 Zur Dringlichkeitsfrist in Verbindung mit dem Recht auf Waffengleichheit *Mantz*, WRP 2020, 416 Rn. 62 ff.
631 Überblick mwN bei Cepl/*Voß*, § 940 Rn. 82.
632 Zur Entwicklung der Rechtsprechung hin zur Berücksichtigung auch grober Fahrlässigkeit Teplitzy/*Feddersen*, Kap. 54 Rn. 28 ff.
633 Nach Harte/Henning/*Retzer*, § 12 Rn. 305; zum GeschGehG bspw. LG Frankfurt a. M., 25.8.2020 – 2-06 O 247/20, GRUR-RS 2020, 45251 Rn. 1 – Ungewöhnliche Datenbewegungen, nachfolgend OLG Frankfurt a. M., 27.11.2020 – 6 W 113/20, WRP 2021, 356 Rn. 9 ff.

hersehbarkeit und Rechtssicherheit, dagegen jedoch die Einzelfallgerechtigkeit.[634] Richtigerweise ist auch in Geheimnisstreitsachen eine **Einzelfallwürdigung** vorzunehmen, die aus Gründen anwaltlicher Vorsicht allerdings an einer **Regelfrist** von **einem Monat** auszurichten ist (die wiederum im Einzelfall über- oder unterschritten werden kann).[635] Zum **Überblick** über die **Rechtsprechung der Oberlandesgerichte** aus dem Immaterialgüter- und Lauterkeitsrecht kann auf bestehende Darstellungen verwiesen werden.[636]

Mit Blick auf die zeitliche Dringlichkeit ist prinzipiell auch der **Coronapandemie** bzw. deren Auswirkungen auf die betriebliche Organisation etwaiger Antragsteller angemessen Rechnung zu tragen. Der teilweise gesellschaftliche Stillstand während eines „Lockdowns" ist in die bei der Bewertung der Dringlichkeit gebotene Interessenabwägung einzustellen. Es obliegt dem Antragsteller allerdings, etwaige Verzögerungen bei der Anspruchsdurchsetzung gerade wegen konkreter Auswirkungen der Pandemie bzw. entsprechender Präventionsmaßnahmen darzulegen.[637] Angesichts der seit Ausbruch der Pandemie verstrichenen Zeit zur betrieblichen Reorganisation (Homeoffice) sowie der zwischenzeitlich etablierten Lockerungen dürfte allerdings die Relevanz der Pandemie für die Dringlichkeit immer weiter sinken (so überhaupt noch vorhanden). 217

In die **allgemeine Abwägung** sind neben den widerstreitenden Parteiinteressen auch die Komplexität des Sachverhaltes sowie der aufgeworfenen Rechtsfragen aufzunehmen. Dabei kann der Verfügungsgrund zu verneinen sein, wenn die Tatsachen sich im Verfügungsverfahren im Einzelfall nicht hinreichend aufklären lassen. Allein das Aufwerfen **rechtlicher Grundsatzfragen** bzw. **europarechtlicher Auslegungsfragen** wird jedoch in Geheimnisschutzsachen hingegen regelmäßig nicht erlauben, den Verfügungsgrund zu verneinen. Insoweit gilt der Grundsatz „iura novit curia";[638] zudem ist der Eilrechtsschutz unverzichtbarer Bestandteil des von der Richtlinie geforderten wirksamen Rechtsschutzes des (Geheimnis-)Inhabers. Da sich bis zur Entwicklung einschlägiger Rechtsprechung von BGH/EuGH regelmäßig Auslegungsfragen stellen werden, führte eine andere Auffassung außerdem zu dem praktischen Ausfall von Eilrechtsschutz. Wenn und sobald erste EuGH-Entscheidungen vorliegen, kann die Praxis sich an den vom EuGH verbindlich entschiedenen Rechtsfragen und den zugrunde liegenden Sachverhalten orientieren.[639] Insgesamt ist eine **umfassende Abwägung** im Einzelfall geboten, die dem betroffe- 218

---

634 Exemplarisch Harte/Henning/*Retzer*, § 12 Rn. 307; detailliert *Doepner*, WRP 2011, 1384 ff.
635 K/B/F/*Köhler*, § 12 UWG Rn. 3.15b; Cepl/*Voß*, § 940 Rn. 82, 83; vgl. auch Teplitzy/*Feddersen*, Kap. 54 Rn. 25 ff. mwN zur Rspr. der OLGe;
636 Bspw. bei Berneke/*Schüttpelz*, Rn. 156a ff.; K/B/F/*Köhler*, § 12 UWG Rn. 3.15b; Harte/Henning/*Retzer*, Anh. zu § 12 Rn. 917 ff.
637 Überblick: *Mantz*, WRP 2020, 533–536.
638 Zum UrhR entsprechend Fromm/Nordemann/*Nordemann*, § 97 Rn. 201.
639 Zum Einfluss lückenhafter EuGH-Rechtsprechung auf den Verfügungsgrund – wenn auch im Bereich ergänzender Schutzzertifikate – OLG Düsseldorf, 15.3.2019 – I-2 U 61/18, GRUR 2020, 272 Rn. 34, 36 ff., 38 – Hydroxysubstituierte Azetidinone und dazu *Lückemann/Schroeder*, PharmR 2020, 238, 243.

§ 6 Beseitigung und Unterlassung

nen Geschäftsgeheimnis wie auch der Verletzungshandlung Rechnung trägt. Ein **selektives Vorgehen** nur gegen einen/bestimmte Rechtsverletzer aus einer größeren Gruppe Rechtsverletzer ist grundsätzlich zumindest in der Abwägung beachtlich; es ist insoweit im Einzelfall zu prüfen, ob für ein unterschiedliches Vorgehen plausible Gründe vorliegen oder ob ein Tolerierungsverhalten der Annahme der Dringlichkeit in anderen Fällen entgegensteht.[640]

219 Nach allgemeinen Grundsätzen ist ein **Wegfall der Dringlichkeit** möglich.[641] Ein entsprechend **dringlichkeitsschädliches Verhalten** des Antragstellers ist in **jedem Stadium eines Verfügungsverfahrens**[642] möglich, mithin vor Antragstellung, wie auch während des anhängigen Verfahrens und bis hin zur Vollziehung, etwa bei einem (ungerechtfertigten) langen – und mithin dringlichkeitsschädlichen – Zuwarten mit einem Vollstreckungsantrag.[643] In Betracht kommt bspw. die Beantragung/ Zustimmung zu einer (mehr als nur kurzfristigen) Vertagung.[644] Auch **Vergleichsverhandlungen**[645] bergen ein Risiko, ebenso wie die Zustimmung zu einer (unangemessenen) **Aufbrauchfrist**.[646] Der Antragsteller muss sich Verzögerungen, die durch seinen **Prozessbevollmächtigten** verursacht werden, gem. § 85 Abs. 2 ZPO zurechnen lassen; dieser hat die Verfügungssache zudem vorrangig zu erledigen und kann sich grundsätzlich weder auf eine eigene starke berufliche Beanspruchung noch auf Urlaub berufen.[647] Unschädlich soll hingegen sein, das Eilverfahren auf ein reines Unterlassen zu beschränken und von der Unterlassung erfasste Beseitigungsmaßnahmen auszuklammern.[648] Im **Berufungsverfahren** hängt die Obliegenheit des Antragstellers zum beschleunigten Vorgehen vom Ausgang des erstinstanzlichen Verfahrens ab. Im Obsiegensfall ist er durch den Titel ausreichend gesichert und er hat keinen Grund mehr zu besonders beschleunigter Handhabe des Verfahrens.[649] Im Falle seines erstinstanzlichen Verfahrensverlustes muss der Antragsteller hingegen weiterhin in der gebotenen Dringlichkeit handeln.[650] Eine deutliche Verspätung der Urteilszustellung kann eine Nachforschung erforderlich ma-

---

640 *Teplitzky*, in: FS Loschelders, S. 391, 395 ff.; *ders.*, WRP 2013, 1414 Rn. 3 ff.; Teplitzy/*Feddersen*, Kap. 54 Rn. 24 mwN auch zu anderen Auffassungen.
641 Zur „Verwirkung" der Dringlichkeit *Teplitzky*, in: FS Loschelders, S. 391 ff.
642 OLG Düsseldorf, 25.8.2015 – I-20 U 196/14, WRP 2015, 1541 Rn. 6; *Kehl*, in: FS Loschelder, S. 139, 149.; *Teplitzky*, WRP 2013, 1414 ff.
643 OLG Köln, 7.4.2017 – 6 U 135/16, WRP 2017, 1005 Rn. 19, 21; Überblick bei *Greiner*, GRUR-Prax 2017, 477 ff.; Teplitzky/*Feddersen*, Kap. 54 Rn. 24a.
644 *Kühnen*, Kap. G Rn. 176; weiterführend Berneke/*Schüttpelz*, Rn. 204; OLG Frankfurt a. M., 28.5.2013 – 11 W 13/13, BeckRS 2013, 10983.
645 Berneke/*Schüttpelz*, Rn. 149 mwN.
646 Berneke/*Schüttpelz*, Rn. 204 mwN.
647 OLG München, 8.8.2019 – 29 W 940/19, WRP 2019, 1375 Rn. 16 mwN; Berneke/*Schüttpelz*, Rn. 118.
648 Teplitzky/*Feddersen*, Kap. 54 Rn. 24a; *Feddersen* FS Büscher, S. 471, 482.
649 Cepl/Voß/*Voß*, § 940 Rn. 90 (mwN zu besonderen Umständen, die dennoch einen Wegfall der Dringlichkeit begründen können).
650 Bspw. Cepl/Voß/*Voß*, § 940 Rn. 90; OLG Düsseldorf 25.8.2015 – I-20 U, WRP 2015, 1541 Rn. 6.

chen.⁶⁵¹ Jedenfalls die Ausschöpfung einer **verlängerten Berufungsbegründungsfrist** kann zum Wegfall des dem Eilverfahren eigenen Verfügungsgrundes führen. Denn die Ausschöpfung einer erheblich verlängerten Berufungsbegründungsfrist führt unweigerlich zu einer zumindest entsprechenden Verfahrensverzögerung und einer Lage, in der der Antragsteller das angeblich wettbewerbswidrige Verhalten des Antragsgegners über einen längeren Zeitraum hinzunehmen bereit ist und damit als nicht so schwerwiegend erachtet.⁶⁵² **Umstritten** ist die Frage, ob die **Ausschöpfung der Rechtsmittelfristen** dringlichkeitsschädlich sein kann oder unerheblich ist.⁶⁵³ Hier wird angeführt, dass es dem unterlegenen Antragsteller nicht zum Nachteil gereichen könne, wenn er die gesetzlich vorgesehenen Fristen ausschöpfe – wobei rechtlich die Zulässigkeitsfristen der Rechtsmittel mit der Begründetheit (Verfügungsgrund!) an sich nichts zu tun haben.⁶⁵⁴ Es erscheint daher zumindest inkongruent, anzunehmen, dass ein Antragsteller dringlichkeitswahrend innerhalb einer Frist von einem Monat den Antrag auf Erlass einer einstweiligen Verfügung einreichen muss, aber nach einem abschlägigen Urteil erster Instanz „immer" dringlichkeitswahrend zwei Monate zur Verfügung hat, um die Berufung zu begründen.⁶⁵⁵ Tatsächlich dürfte hier – wie bei der Beurteilung der Dringlichkeit bei Antragstellung – eine schematische Handhabe nicht sachgerecht sein. Vielmehr scheint eine Einzelfallbetrachtung angebracht, in der die Fristausschöpfung in der anzustellenden Abwägung berücksichtigt wird.⁶⁵⁶ Vor diesem Hintergrund kann einer fristenkonformen Rechtsmittelbegründung indizielle Bedeutung zukommen;⁶⁵⁷ die zweimonatige Berufungsbegründungsfrist ist aber angesichts des Streits zumindest aus Gründen anwaltlicher Vorsicht nicht als „auf jeden Fall zur Verfügung stehende Frist" vorauszusetzen.⁶⁵⁸ Fristverlängerungsgesuche sind aus Sicht des Antragstellers prinzipiell zu vermeiden.

Mitunter ist auch ein sog. **Wiederaufleben der Dringlichkeit** möglich, nämlich wenn sich die maßgeblichen Umstände wesentlich ändern, bspw. wenn sich die Art und/oder Intensität der Verletzung (erheblich) verändert.⁶⁵⁹ Begrifflich präziser lebt in diesen Fällen allerdings nicht eine bereits erledigte Dringlichkeit wieder auf, **220**

---

651 Vgl. BGH, 1.7.1999 – I ZB 7/99, GRUR 2000, 151, 152 – Späte Urteilsbegründung.
652 Bspw. OLG Düsseldorf, 15.7.2012 – 20 U 74/02, GRUR-RR, 2003, 31.
653 Zum Streitstand Harte/Henning/*Retzer*, § 12 Rn. 327 f.; Cepl/Voß/*Voß*, § 940 Rn. 90; *Teplitzky*, WRP 2013, 1414 Rn. 10 mwN; ablehnend Ahrens/*Singer*, Kap. 45 Rn. 54; eine Fristausschöpfung berücksichtigend OLG Düsseldorf 25.8.2015 – I-20 U, WRP 2015, 1541 Rn. 8.
654 *Teplitzky*, WRP 2013, 1414 Rn. 10; Teplitzky/*Feddersen*, Kap. 54 Rn. 27.
655 Harte/Henning/*Retzer*, § 12 Rn. 328. Ablehnend daher die historische Auffassung des OLG München, 29.7.1980 – 6 W 1509/80, GRUR 1980, 1017, 1019 – Contact-Linsen; ähnlich *Teplitzky*, WRP 2013, 1414 Rn. 10; Teplitzky/*Feddersen*, Kap. 54 Rn. 27.
656 OLG Düsseldorf 25.8.2015 – I-20 U, WRP 2015, 1541 Rn. 8 (zum Sonderfall der Säumnis und der Ausschöpfung der Einspruchsfrist).
657 Teplitzky/*Feddersen*, Kap. 54 Rn. 27; *Teplitzky*, in: FS Bornkamm, S. 1073, 1080 und WRP 2013, 1414, 1417.
658 Harte/Henning/*Retzer*, § 12 Rn. 328.
659 Harte/Henning/*Retzer*, § 12 Rn. 331 f.; Cepl/*Voß*, § 940 Rn. 68, beide mwN; K/B/F/*Köhler*, § 12 UWG Rn. 3.19.

sondern entsteht aufgrund einer (insoweit) neuen und nicht kerngleichen[660] Verletzungshandlung eine neue Begehungsgefahr, gegenüber der eine dringliche Rechtsdurchsetzung möglich ist.[661]

221 Das GeschGehG enthält **keine gesetzliche Vermutung der Dringlichkeit**. Die Dringlichkeit ist daher durch den Antragsteller jedenfalls aus anwaltlicher Vorsicht nach allgemeinen Regeln (§§ 936, 920 Abs. 2 ZPO) **glaubhaft zu machen**.[662] Zum Streit (vgl. auch → § Vor § 15 ff. Rn. 24):

222 Nach **einer Ansicht** ist das Fehlen einer Vermutung entsprechend § 12 Abs. 1 UWG ein „offenkundiges Versehen". Da das GeschGehG die Rechtslage gegenüber der vorherigen Handhabe im Rahmen des UWG[663] verbessern soll(te), sei insoweit von einer planwidrigen Regelungslücke auszugehen und daher § 12 Abs. 1 UWG analog anzuwenden. Zwar seien die materiell-rechtlichen Ansprüche wegen Geschäftsgeheimnisverletzungen abschließend geregelt, aber die prozessualen Regelungen lediglich „rudimentär", weswegen die Gesetzesbegründung ergänzend auf die „allgemeinen verfahrensrechtlichen Bestimmungen" verweise.[664] Aufgrund „der starken Wurzeln des Geschäftsgeheimnisschutzes im UWG und der konzeptionellen Nähe von GeschGehG und UWG" seien solche „allgemeinen verfahrensrechtlichen Bestimmungen" mithin nicht nur jene des GVG und der ZPO, sondern eben auch § 12 Abs. 1 UWG.[665] Nach einer weiteren Ansicht gelte im Anwendungsbereich von § 6, „wie im gewerblichen Rechtsschutz generell", eine Dringlichkeitsvermutung.[666]

223 Nach **anderer Ansicht** sind die in den Anwendungsbereich des GeschGehG fallenden Sachverhalte so vielfältig, dass eine allgemeine Vermutung der Dringlichkeit weder notwendig noch angemessen erscheint.[667] Tatsächlich liegen die Voraussetzungen einer Analogie von § 12 Abs. 1 UWG (oder § 140 Abs. 3 MarkenG) nicht vor:[668] Eine „planwidrige Regelungslücke" kann schon deshalb nicht angenommen werden, weil der Gesetzgeber mit der Problematik prinzipiell vertraut ist, da die Geschäftsgeheimnissachen gerade aus dem UWG in ein eigenes Gesetz überführt wur-

---

660 OLG München, 7.2.2019 – 29 U 3889/18, GRUR 2019, 507 Rn. 26.
661 Zur Unterscheidung von Verfügungsgrund und Begehungsgefahr Berneke/*Schüttpelz* Rn. 118.
662 Offengelassen bei OLG Frankfurt a. M., 27.11.2020 – 6 W 113/20, WRP 2021, 356 Rn. 9 ff.
663 Bspw. LG Köln, 21.1.2010 – 31 O 675/09, BeckRS 2011, 6237.
664 BT-Drs. 19/4724, 34.
665 *Apel*, BB 2019, 2516.
666 BeckOK GeschGehG/*Spieker*, § 6 Rn. 46; das trifft im Übrigen jedenfalls für das Patentrecht insoweit nicht zu: BeckOK PatR/*Voß* [15.1.2021], Vor §§ 139–142b PatG Rn. 284 mwN; für eine gesetzliche Dringlichkeitsvermutung in Patentsachen *Schacht*, GRUR-Prax 2020, 120.
667 Vgl. iE OLG München, 8.8.2019 – 29 W 940/19, WRP 2019, 1375 Rn. 13, 14 m. zust. Anm. *Löffel*, WRP 2019, 1378 Rn. 2; mwN auch BeckOK UWG/*Hohn-Hein*, § 6 GeschGehG Rn. 23 f., wobei eine entsprechende Regelung aber „erforderlich und zweckmäßig" gewesen sei.
668 Vgl. OLG München, 8.8.2019 – 29 W 940/19, WRP 2019, 1375 Rn. 13, 14 (wenn auch formal im Ergebnis offen, da für den Rechtsstreit nicht entscheidungserheblich); Berneke/*Schüttpelz* Rn. 743 f.

den; dabei wurden im Übrigen andere prozessuale Fragen ausdrücklich geregelt.[669] Zudem wurde § 140 Abs. 3 MarkenG in engem zeitlichen Zusammenhang mit dem GeschGehG entwickelt und in Kraft gesetzt.[670] Es ist somit grds. von einer bewussten Abgrenzung zu § 12 Abs. 1 UWG und § 140 Abs. 3 MarkenG auszugehen.[671] Zudem hat der Gesetzgeber im GeschGehG auch keine den §§ 11, 13 Abs. 3, 5 UWG vergleichbaren Regelungen geschaffen – und wohl kaum diese Themenkomplexe allesamt „vergessen", sondern bewusst keine vergleichbaren Sonderregelungen geschaffen. Richtigerweise ist die Dringlichkeit somit darzulegen und glaubhaft zu machen; dabei wird ein floskelhafter Verweis auf die Dringlichkeit wegen des Begriffs „Geschäftsgeheimnissache" auf dem Antrag oder „überwiegende Interessen" nach der neuen Rechtslage nicht ausreichen. **Aber an die Darlegung sind keine übertriebenen Anforderungen** zu stellen. Konkret richtet sich die Notwendigkeit für den entsprechenden Vortrag nach dem betroffenen Geschäftsgeheimnis und der Art der Verletzungshandlung. Bspw. im Falle einer fortgesetzten Offenlegung eines Geheimnisses folgt die Dringlichkeit gegenüber dieser Verletzungshandlung bereits aus der Beschreibung der Verletzung an sich – aus einer grds. Darlegungspflicht, wie hier vertreten, folgt mithin in den wichtigsten Fällen gerade keine Notwendigkeit eines langwierigen Vortrags (mit möglichen Problemen einer Glaubhaftmachung). Solchen Konstellationen ist eine Dringlichkeit tatsächlich „inhärent";[672] gegenüber einem gutgläubigen Erwerber von Marketingmaterial, welches in erheblichem Umfang auf einem rechtswidrig erlangten, genutzten oder offengelegten Geschäftsgeheimnis beruht, ist die Dringlichkeit hingegen deutlich weniger offensichtlich (soweit nicht gerade das Geheimnis in dem Material offenbart wird).

gg) Vollziehung

Die Vollziehung folgt allgemeinen Regeln.[673] Demnach muss die **Zustellung** der einstweiligen Verfügung gemäß §§ 929 Abs. 2, 936 ZPO **im Parteibetrieb** an den Antragsgegner innerhalb einer Frist von einem Monat ab Zustellung der einstweiligen Verfügung an den Antragsteller bewirkt werden, wobei die Vollziehungsfrist auch bei einer Zustellung **demnächst** iSd. § 167 ZPO gewahrt wird (was insbesondere bei Adressaten im Ausland relevant wird).[674] Andernfalls ist sie entweder auf

---

669 OLG München, 8.8.2019 – 29 W 940/19, WRP 2019, 1375 Rn. 13.
670 Gesetz zur Umsetzung der Richtlinie (EU) 2015/2436 des Europäischen Parlaments und des Rates vom 16. Dezember 2015 zur Angleichung der Rechtsvorschriften der Mitgliedstaaten über die Marken (Markenrechtsmodernisierungsgesetz – MaMoG) vom 14.12.2018.
671 Entgegen der Ansicht von *Apel*, BB 2019, 2516 wie auch BeckOK GeschGehG/*Gregor*, § 16 Rn. 15a, 15a.1; *Löffel* merkt in WRP 2019, 1378 Rn. 2 spitz an, „(anzunehmen), der Gesetzgeber hätte im GeschGehG die Regelung der Dringlichkeitsvermutung übersehen während er sie fast zeitgleich ins Markengesetz aufgenommen hat, hieße, den Gesetzgeber für dumm zu verkaufen."; wie hier iErg auch Berneke/*Schüttpelz*, Rn. 743 f.
672 Deutlich breiter aber BeckOK GeschGehG/*Spieker*, § 6 Rn. 46.
673 Überblick K/B/F/Köhler, § 12 UWG Rn. 3.62 ff.
674 Vgl. Cepl/*Voß*, § 929 Rn. 11, 12, 16, BeckOK GeschGehG/*Spieker*, § 6 Rn. 42 ff.

§ 6 Beseitigung und Unterlassung

den Widerspruch des Antragsgegners oder nach einem Antrag gem. § 927 ZPO aufzuheben.

225 Ist die Vollziehung der einstweiligen Verfügung vom Gericht von einer **Sicherheitsleistung** abhängig gemacht worden, so muss innerhalb der Monatsfrist auch die Sicherheit erbracht werden. Gem. § 108 Satz 2 ZPO kann die Sicherheit, sofern das Gericht eine Bestimmung nicht getroffen hat und die Parteien etwas anderes nicht vereinbart haben, nach Wahl des Verpflichteten und (häufig) durch die schriftliche, unwiderrufliche, unbedingte und unbefristete Bürgschaft eines im Inland zum Geschäftsbetrieb befugten Kreditinstituts geleistet werden.[675] Die Sicherheit muss vollständig kongruent zu denjenigen gesetzlichen Haftungssituationen sein, die sich, beurteilt nach den Verhältnissen in demjenigen Zeitpunkt, zu dem die Sicherheit geleistet wird, im Streitfall einstellen können. Demnach hat die in einem vorläufigen Rechtsschutzverfahren angeordnete Vollziehungssicherheit denjenigen Haftungsumfang abzusichern, der sich aus § 945 ZPO ergibt. Auch eine Vollziehungssicherheit ist dabei zwar auslegungsfähig; Unklarheiten gehen jedoch zulasten des Antragstellers.[676]

226 War der Gegner im Verfahren anwaltlich vertreten, ist **Zustellungsadressat** nach § 172 Abs. 1 Satz 1 ZPO der Prozessbevollmächtigte; ist (noch) kein Prozessbevollmächtigter bestellt, ist direkt an die Partei zuzustellen. Gemäß § 192 Abs. 1 und 2 ZPO wird hierfür das zuzustellende Schriftstück dem mit der Zustellung beauftragten Gerichtsvollzieher übergeben. Ebenso wie für eine Urteilsverfügung genügt für eine Beschlussverfügung die Übergabe und Zustellung einer vom Gericht beglaubigten Abschrift (§§ 329 Abs. 1 Satz 2, 317 Abs. 2 Satz 1, 169 Abs. 2 Satz 1 ZPO). Die Zustellung einer **beglaubigten Abschrift** ist **ausreichend**, aber auch erforderlich, wenn das Gesetz keine andere Regelung enthält.[677] Von Anwalt zu Anwalt kann gem. § 195 ZPO zugestellt werden, wobei jedoch keine Mitwirkungspflicht des Anwalts des Schuldners besteht: dieser ist nicht dazu verpflichtet, das Empfangsbekenntnis auszustellen.[678] Ist ein Schriftstück entgegen § 172 ZPO unmittelbar an eine Partei zugestellt worden bzw. ihr zugegangen, kann dieser Zustellungsmangel grundsätzlich gem. § 189 ZPO geheilt werden.[679] Ob und in welchem Umfang es einer Zustellung der Antragsschrift bzw. der Anlagen (ggf. ebenfalls beglaubigt) bedarf, ist unklar.[680]

---

675 OLG Düsseldorf, 25.6.2020 – I-2 U 51/19, GRUR 2020, 1126 Rn. 4.
676 OLG Düsseldorf, 25.6.2020 – I-2 U 51/19, GRUR 2020, 1126 Rn. 11 ff.
677 BGH, 21.2.2019 – III ZR 115/18, NJW 2019, 1374 Rn. 11.
678 BGH, 26.10.2015 – AnwSt (R) 4/15, BeckRS 2015, 19028 Rn. 8 ff. und krit. *Löffel*, GRUR-Prax 2015, 542.
679 Harte/Henning/*Retzer*, § 12 Rn. 537 ff.; *Mes*, § 139 PatG Rn. 588 (jeweils mwN).
680 Harte/Henning/*Retzer*, § 12 Rn. 534; vgl. auch BeckOK UWG/*Tavanti/Scholz*, § 12 UWG Rn. 122.

hh) Schutzschrift

227 Erlangt der (vermeintliche) Rechtsverletzer Kenntnis von einer drohenden Unterlassungsverfügung (etwa wegen einer Abmahnung oder indem der Geheimnisinhaber bereits gegen andere Rechtsverletzer in einer Vertriebskette vorgegangen ist), kann sich die Einreichung einer **Schutzschrift** anbieten. Schutzschriften sind vorbeugende Verteidigungsschriftsätze gegen erwartete Anträge auf Arrest oder einstweilige Verfügung (§ 945a Abs. 1 Satz 2 ZPO).[681] Als Verteidigung können alle Tatbestandsvoraussetzungen des § 4 bestritten werden, wobei insbesondere das Berufen auf fehlende angemessene Geheimhaltungsmaßnahmen oder zulässiges Erlangen oder Nutzen des Geheimnisses (wenn ein Verstoß gegen § 4 Abs. 1 Nr. 2 oder 3 im Raum steht) erfolgsversprechend sein kann. Handelt es sich bei dem Anspruchsschuldner um einen mittelbaren Rechtsverletzer (§ 4 Abs. 1), kommt zudem eine Berufung auf Unverhältnismäßigkeit (§ 9) oder das Anbieten einer Abfindung (§ 11) in Betracht, um eine drohende Unterlassungsverfügung abzuwenden.

ii) Abschlussverfahren: Abschlussschreiben und Abschlusserklärung

228 Zur Vermeidung eines Hauptsacheverfahrens (und des damit verbundenen Aufwands sowie der weiteren Kosten) hat sich in der Praxis das Abschlussverfahren entwickelt, mit dem die einstweilige Verfügung in ihrer Wirkung einem Hauptsachetitel angenähert werden kann – sodass ein solches nicht (mehr) durchgeführt werden muss.[682] Diese Grundsätze können auch in geheimnisrelevanten Verfügungsverfahren herangezogen werden.[683]

229 Mit dem **Abschlussschreiben** fordert der Gläubiger zur Abgabe einer Abschlusserklärung auf (die vorformuliert beigelegt werden kann, aber nicht muss[684]). Das ist sinnvoll, um nicht im nachgelagerten Hauptsacheverfahren ein Anerkenntnis (mit Kostenfolge des § 93 ZPO) zu riskieren.[685] Um allerdings die Kostenfolge des § 93 ZPO im Hauptsacheverfahren zu vermeiden, muss der Gläubiger dem Schuldner mit dem Abschlussschreiben eine **Erklärungsfrist** von im Regelfall mindestens **zwei Wochen** für die Prüfung einräumen, ob er die Abschlusserklärung abgeben will, wobei die Summe aus Warte- und Erklärungsfrist nicht kürzer als die Berufungsfrist (§ 517 ZPO) sein soll und eine zu kurze Frist eine angemessene Frist in Gang setzt.[686] Gibt der Schuldner nach Übersendung des Abschlussschreibens innerhalb der angemessenen Frist keine Abschlusserklärung ab, so hat er durch sein Verhalten Anlass zur Klage im Sinne von § 93 ZPO gegeben, ohne dass es auf die Angemessenheit der im Abschlussschreiben gesetzten Erklärungsfrist ankommt.

---

681 In der Übersicht zur Schutzschrift *Apel/Drescher*, JURA 2017, 427 ff.
682 Überblick bei Teplitzky/*Bacher*, Kap. 43 Rn. 1 ff.; *Schwippert*, WRP 2020, 1237 ff.
683 Vgl. auch BeckOK GeschGehG/*Spieker*, § 6 Rn. 57 ff.; H/O/K/*Ohly*, § 11 Rn. 58.
684 Teplitzky/*Bacher*, Kap. 43 Rn. 18.
685 K/B/F/*Köhler*, § 8 UWG Rn. 3.69
686 BGH, 22.2015 – I ZR 59/14, Rn. 23, 25 (juris) – Kosten für Abschlussschreiben II; *Schwippert*, WRP 2020, 1237 Rn. 15 f.

§ 6 Beseitigung und Unterlassung

230 Das Abschlussschreiben bedarf grundsätzlich keiner bestimmten Form (wird aber idR in Schriftform abgesetzt, schon aus Beweiszwecken[687]), sollte aber in inhaltlicher Hinsicht eine eindeutige Klagedrohung enthalten.[688]

231 Die **Kosten** eines erforderlichen[689] Abschlussschreibens kann der Gläubiger nach den Vorschriften über eine berechtigte Geschäftsführung ohne Auftrag ersetzt verlangen (§§ 677, 683, 670 BGB).[690] Das Abschlussschreiben ist (im Einzelfall) dann entbehrlich (und damit zugleich auch nicht erforderlich), wenn der Schuldner durch sein Verhalten eindeutig gezeigt hat, dass er eine Abschlusserklärung nicht abgeben wird.[691] Ein Anspruch auf Kostenerstattung für ein Abschlussschreiben setzt voraus, dass der Gläubiger vor dessen Übersendung eine angemessene Wartefrist von im Regelfall mindestens **zwei Wochen** nach Zustellung des Urteils, durch das die einstweilige Verfügung erlassen oder bestätigt worden ist, an den Schuldner abgewartet hat (sog. **Wartefrist**).[692] Ein Abschlussschreiben ist im Regelfall mit einer 1,3-fachen Geschäftsgebühr nach Nr. 2300 VV RVG zu vergüten.[693] Insoweit handelt es sich grundsätzlich nicht um Kosten des Verfügungsverfahrens, sondern um solche (zur Vorbereitung) des Hauptsacheverfahrens.[694]

232 Die **Abschlusserklärung**[695] bezweckt, den Gläubiger so zu stellen, als habe er bereits einen endgültigen Titel in der Hand: Das Rechtsschutzbedürfnis für eine Unterlassungsklage fehlt, wenn durch eine Abschlusserklärung eine erwirkte Unterlassungsverfügung ebenso effektiv und dauerhaft wirkt wie ein in einem Hauptsacheverfahren erlangter Titel.[696] Die Abschlusserklärung muss daher dem **Inhalt** der einstweiligen Verfügung entsprechen[697] und darf grundsätzlich nicht an Bedingungen geknüpft sein, damit sie die angestrebte Gleichstellung des vorläufigen mit dem Hauptsachetitel erreichen kann; dementsprechend bedarf es in der Abschlusserklärung grundsätzlich eines Verzichts auf die möglichen Rechtsbehelfe gegen die einstweilige Verfügung, mithin der Rechte aus §§ 924, 926, 927 ZPO.

233 Das Telos der Abschlusserklärung wirkt in Bezug auf den Verzicht jedoch zugleich begrenzend, denn der Verzicht des Schuldners soll den Gläubiger nicht besserstellen, als er bei einem rechtskräftigen Hauptsachetitel stünde – dem unter den Voraussetzungen der §§ 323, 767 ZPO nachträglich entstandene Einwendungen entgegen-

---

687 BeckOK GeschGehG/*Spieker*, § 6 Rn. 57.
688 Teplitzky/*Bacher*, Kap. 43 Rn. 24.
689 Dazu K/B/F/*Köhler*, § 8 UWG Rn. 3.73a und b.
690 H/O/K/*Ohly*, § 11 Rn. 58; K/B/F/*Köhler*, § 8 UWG Rn. 3.73.
691 BeckOK GeschGehG/*Spieker*, § 6 Rn. 60.
692 BGH, 22.1.2015 – I ZR 59/14, Rn. 21 (juris) – Kosten für Abschlussschreiben II; *Schwippert*, WRP 2020, 1237 Rn. 13 f., 18 ff. und insbes. 21 zur Frage einer identischen Wartefrist nach Beschluss- und Urteilsverfügungen.
693 BGH, 22.1.2015 – I ZR 59/14, Rn. 32 (juris) – Kosten für Abschlussschreiben II.
694 BGH, 4.3.2008 – VI ZR 176/07, BeckRS 2008, 5989 Rn. 7 – Gebühren für Abschlussschreiben.
695 Muster bspw. bei Mes/Beck'sches Prozessformularbuch/*Götz*, II.P.4.
696 BGH, 2.7.2009 – I ZR 146/07, NJW 2009 Rn. 14, 16 – Mescher weis.
697 BGH 19.5.2010 – I ZR 177/07, WRP 2010, 1035 Rn.17 – Folienrollos: „…Wirkung der Abschlusserklärung reicht so weit wie der Verbotsumfang der Unterlassungsverfügung…".

gehalten werden können. Deshalb ist auch ein formal unbeschränkt erklärter Verzicht auf § 927 ZPO[698] (regelmäßig) dahingehend **auszulegen**, dass der Schuldner die Aufhebung der einstweiligen Verfügung beantragen kann, wenn der titulierte Anspruch nachträglich wegfällt oder sich sonstige Änderungen ergeben, die gegenüber einem Hauptsachetitel mit Vollstreckungsgegenklage eingewendet werden können.[699] Hierzu gehören nach allgemeinen Grundsätzen Gesetzesänderungen und Änderungen in der höchstrichterlichen Rechtsprechung[700] und im Anwendungsbereich des GeschGehG, insbesondere auch EuGH-Entscheidungen. Es empfiehlt sich dennoch die Aufnahme einer **Formulierung** dahingehend, dass der Schuldner mittels der Abschlusserklärung den Verfügungstitel „wie einen Hauptsachetitel" anerkennt (genauer: „…dass der Schuldner den Verfügungstitel als nach Bestandskraft und Wirkung einem rechtskräftigen Hauptsachetitel gleichwertig anerkennt und demgemäß auf alle Rechte des Vorgehens gegen den Titel oder den zu Grunde liegenden Anspruch verzichtet, soweit auch ein Vorgehen gegen einen rechtskräftigen Hauptsachetitel ausgeschlossen wäre"[701]). In Geheimnissachen ist dabei naturgemäß vor allem an eine spätere (öffentliche) Verfügbarmachung des Geheimnisses zu denken.

Muss die Abschlusserklärung also mindestens dem titulierten Verfügungs(unterlassungs-)anspruch entsprechen, wird eine derartige Erklärung ein Hauptsacheverfahren dennoch häufig nicht vermeiden können, wenn der Gläubiger auch andere Ansprüche (als den Unterlassungsanspruch) durchsetzen will. In der **Praxis** werden daher häufig auch weitere Ansprüche aufgenommen.[702] 234

Mit Blick auf die Vermeidung von Beweisschwierigkeiten kann der Gläubiger eine **schriftliche** (§§ 126, 127 BGB) Abgabe der Erklärung fordern, wobei andere Formen vorläufige Wirkung entfalten können, wenn eine schriftliche Erklärung nachfolgt.[703] 235

Anstelle einer Abschlusserklärung kann der Schuldner eine strafbewehrte **Unterwerfungserklärung** abgeben.[704] 236

3. Beseitigungsanspruch (§ 6 Satz 1 Alt. 1 GeschGehG)

Der Beseitigungsanspruch nach § 6 Satz 1 Alt. 1 bezieht sich auf die Abwehr einer bereits eingetretenen und fortwährenden Beeinträchtigung eines geschützten Ge- 237

---

698 Zur Frage der materiell überhaupt möglichen Reichweite eines Verzichts *Ahrens*, Kap. 58 Rn. 18.
699 Teplitzky/*Bacher*, Kap. 43 Rn. 15; BGH, 2.7.2009 – I ZR 146/07, NJW 2009, 3303 Rn. 26, 27 – Mescher weis.
700 BGH, 2.7.2009 – I ZR 146/07, NJW 2009, 3303 Rn. 17 – Mescher weis.
701 So K/B/F/*Köhler*, § 8 UWG Rn. 3.74; vgl. Teplitzky/*Bacher*, Kap. 43 Rn. 8.
702 BGH, 2.7.2009 – I ZR 146/07, NJW 2009, 3303 Rn. 15 – Mescher weis.
703 Teplitzky/*Bacher*, Kap. 43 Rn. 14; K/B/F/*Köhler*, § 8 UWG Rn. 3.75.
704 K/B/F/*Köhler*, § 8 UWG Rn. 3.69 (mwN und auch dem Hinweis auf zur grds. unzureichenden notariellen Unterlassungserklärung); aA *Ahrens*, Kap. 58 Rn. 8.

§ 6 Beseitigung und Unterlassung

schäftsgeheimnisses.[705] Es handelt sich daher ebenfalls um einen in die Zukunft gerichteten **Abwehranspruch**.[706] Allerdings erfordert der Beseitigungsanspruch keine Begehungsgefahr, sondern als materielle **Anspruchsvoraussetzung** einen **gegenwärtigen rechtswidrigen Zustand**[707] als „fortwährende Beeinträchtigung"[708] im Sinne der Norm.[709] Dieser Zustand muss bis zum Zeitpunkt der letzten mündlichen Verhandlung andauern.[710] Die **Kosten für die Beseitigung** muss regelmäßig der Rechtsverletzer tragen, Art. 12 Abs. 4 Satz 1 RL 2016/943/EU.

238 Der allgemeine Beseitigungsanspruch schließt Schutzlücken neben der speziellen Beseitigung.[711] Zugleich trägt der allgemeine Beseitigungsanspruch wegen des Verhältnismäßigkeitsgrundsatzes gebotene **mildere Maßnahmen** als etwa die in § 7 vorgesehene Vernichtung eines rechtsverletzenden Produkts insgesamt oder den Rückruf.[712] Praktisch ist fraglich, welche eigenständige Bedeutung dem Beseitigungsanspruch neben § 7 noch zukommen wird (bspw. → § 7 Rn. 12 zu Informationsträgern, die nicht im Besitz/Eigentum des Verletzers stehen).[713] Die Norm könnte jedenfalls in Randbereichen – etwa in Bezug auf Widerruf oder Richtigstellung, wenn sich der Rechtsverletzer als Inhaber des Geschäftsgeheimnisses geriert oder für die Rücknahme einer Schutzrechtsanmeldung durch den Rechtsverletzer – Anwendung finden.[714]

239 **Anspruchsvoraussetzung** ist ein ungerechtfertigter Verstoß gegen ein Handlungsverbot des § 4 und eine daraus resultierende fortwirkende (rechtswidrige) Beeinträchtigung.[715] Wegen der Vorgabe der RL 2016/943/EU in Art. 10 Abs. 1 – „vorläufige und vorbeugende Maßnahmen" – wird in Ausnahmefällen auch eine **vorbeugende Beseitigung** in Betracht kommen.[716] Wenn die Beeinträchtigung jedoch entfällt, erlischt der Beseitigungsanspruch.[717]

240 Das **Anspruchsziel** ist die **Beseitigung der Beeinträchtigung**, welches mitunter ein reiner actus-contrarius sein kann.[718] Für die Beseitigung hat der Rechtsverletzer

---

705 BT-Drs. 19/4724, S. 30; *Reinfeld*, § 4 Rn. 45.
706 BT-Drs. 19/4724, S. 30; vgl. zum UWG bspw. F/B/O/*Büscher*, § 8 Rn. 11.
707 BGH, 10.2.2011 – I ZR 136/09, GRUR 2011, 444 Rn. 82 – Flughafen Frankfurt Hahn; Harte/Henning/*Goldmann*, § 8 Rn. 151, 154; G/L/D/*Fritzsche*, § 79 Rn. 60 ff.; Götting/Nordemann-Schmitz-Fohrmann/*Schwab*, § 8 Rn. 5, 7; F/B/O/*Büscher*, § 8 Rn. 9, 11.
708 BT-Drs. 19/4724, S. 30.
709 H/O/K/*Ohly*, § 6 Rn. 16, 12 „Bestehen eines durch die Rechtsverletzung hervorgerufenen, noch andauernden Störungszustands".
710 H/O/K/*Ohly*, § 6 Rn. 22, 26 mwN.
711 Eine geringe praktische Bedeutung vermutet Hoppe/Oldekop/*Hoppe*, Kap. 1 Rn. 707.
712 BT-Drs. 19/4724, S. 30.
713 Die „praktisch wichtigsten Anwendungsfälle" ordnet auch H/O/K/*Ohly*, § 6 Rn. 24 dem § 7 GeschGehG zu.
714 Nebel/Dietrich/*Fuchs*, GeschGehG, § 6 Rn. 16.
715 *Reinfeld*, § 4 Rn. 46; F/B/O/*Büscher*, § 8 Rn. 9, Hoppe/Oldekop/*Hoppe*, Kap. 1 Rn. 708.
716 Teplitzky/*Kessen*, Kap. 22 Rn. 14; F/B/O/*Büscher*, § 8 Rn. 11; bei den vorläufigen und vorbeugenden Maßnahmen in Art. 10 RL 2017/943/EU sind „Abhilfemaßnahmen" nicht genannt.
717 K/B/F/*Alexander*, § 6 GeschGehG Rn. 24.
718 H/O/K/*Ohly*, § 6 Rn. 27: bspw. die Löschung einer Datei.

III. Beseitigung und Unterlassung **§ 6**

diejenigen **Maßnahmen** zu ergreifen, die (1) erforderlich, (2) geeignet und (3) zumutbar sind, um die Beeinträchtigung zu beseitigen.[719] Geschuldet ist mithin ein aktives Tun, das dem Schuldner zugleich rechtlich und tatsächlich möglich sein muss.[720] Welche konkreten Handlungen vorzunehmen sind, richtet sich jeweils nach der Beeinträchtigung, die den Beseitigungsanspruch auslöst.[721] Eine wegen eines Verstoßes gegen § 4 rechtswidrige Offenlegung eines Geschäftsgeheimnisses kann zum Beispiel dadurch beseitigt werden, dass eine Publikation zurückgerufen wird, die das Geschäftsgeheimnis offenbart, oder dass eine entsprechende Offenlegung auf einer Internetseite beseitigt wird.[722] Die schon nach früherer Rechtslage geschuldete Herausgabe rechtswidrig erstellter Unterlagen bezüglich des Geheimnisses ist nunmehr in § 7 Nr. 1 geregelt. Soweit eine Leistung in unzulässiger Weise unter Verwertung des Geheimnisses erbracht wurde, die aber kein Produkt iSv. § 2 Nr. 4 ist, kann grundsätzlich der allgemeine Beseitigungsanspruch zur Anwendung kommen. Im Fall einer **Weitergabe des Geschäftsgeheimnisses an Dritte** war auch nach alter Rechtslage schon deren Benennung geschuldet, um gegen diese vorgehen zu können.[723] Dies ist nunmehr in § 8 Nr. 4 Alt. 2 geregelt.

Die konkrete **Beseitigungsmaßnahme** muss dem Grundsatz der **Verhältnismäßigkeit** genügen (vgl. den Katalog der Kriterien in Art. 11 Abs. 2 und Art. 13 Abs. 1 der RL).[724] Der Anspruch auf Beseitigung kann entsprechend Art. 12 Abs. 2 lit. b RL bspw. dadurch **erfüllt** werden, dass aus einem rechtsverletzenden Produkt lediglich einzelne, die Rechtsverletzung begründende Komponenten entfernt werden (zu weiteren Anspruchsbegrenzungen → Rn. 142 ff. und §§ 9, 11, 14).[725] Im Falle der rechtswidrigen Offenlegung eines Geschäftsgeheimnisses kann die eingetretene Beeinträchtigung ggf. durch den Rückruf einer Publikation und/oder die Sperrung oder Löschung einer Internetseite erfolgen.[726] Eine konkrete Auflistung von Maßnahmen (zur Beseitigung) ist dabei weder möglich noch erforderlich,[727] eben weil Inhalt und Umfang des Beseitigungsanspruchs von der konkreten Beeinträchtigung im Einzelfall abhängen. Zudem soll der Anspruch eine fortdauernde Beeinträchtigung beenden und hat insoweit keinen bestimmten Inhalt.[728] Bezüglich einzelner

241

---

[719] BGH, 21.2.1989 – X ZR 53/87, GRUR 1990, 997, 1002 – Ethofumesat: „Vielmehr hat sich die Abwehr der Beeinträchtigung nach Treu und Glauben (§ 242 BGB) im Rahmen dessen zu halten, was zur Beseitigung der Beeinträchtigung notwendig und für den Schuldner zumutbar ist"; K/B/F/*Alexander*, § 6 GeschGehG Rn. 278; F/B/O/*Büscher*, § 8 Rn. 16.
[720] K/B/F/*Alexander*, § 6 GeschGehG Rn. 27, 28.
[721] BT-Drs. 19/4724, S. 30; Ohly/Sosnitza/*Ohly*, § 8 Rn. 77; K/B/F/*Bornkamm*, § 8 UWG Rn. 1.113.
[722] BT-Drs. 19/4724, S. 30.
[723] K/B/F/*Köhler*, § 17 UWG Rn. 65; F/B/O/*Büscher*, § 8 Rn. 44.
[724] K/B/F/*Alexander*, § 6 GeschGehG Rn. 28; vgl. auch Harte/Henning/*Goldmann*, § 8 Rn. 1573; Teplitzky/*Löffler*, Kap. 22 Rn. 16; G/L/D/*Fritzsche*, § 79 Rn. 65; Götting/Nordemann/*Schmitz-Fohrmann/Schwab*, § 6 Rn. 10; F/B/O/*Büscher*, § 8 Rn. 16.
[725] BT-Drs. 19/4724, S. 30.
[726] Vgl. K/B/F/*Alexander*, § 8 GeschGehG Rn. 29.
[727] Harte/Henning/*Goldmann*, § 8 Rn. 178; auch F/B/O/*Büscher*, § 8 Rn. 37.
[728] MK-UWG/*Fritzsche*, § 8 Rn. 167.

§ 6 Beseitigung und Unterlassung

Maßnahmen kann die Rechtsprechung zum UWG fruchtbar gemacht werden.[729] Unter den auch beim Unterlassungsanspruch geltenden Gesichtspunkten ist auch an eine **Beseitigungsfrist** zu denken.[730] Bei der Gewährung einer Beseitigungsfrist ist dann zunächst zu fragen, welcher Zeitrahmen vernünftigerweise für die Durchführung der Beseitigung angesetzt werden muss.[731] Art. 13 Abs. 1 Satz 2 RL betrifft lediglich Maßnahmen nach Art. 12 Abs. 1 lit. a und b und ist daher auf Abhilfemaßnahmen nach lit. c nicht anwendbar.

242 Prinzipiell ist der Schuldner zur **abstrakten Beseitigung** der Beeinträchtigung verpflichtet; die Konkretisierung hin auf eine bestimmte Beseitigungsmaßnahme durch den Gläubiger verkürzt grundsätzlich die Rechtsposition des Schuldners.[732] Lässt sich eine bestimmte Beeinträchtigung nur auf eine einzige Art beseitigen, richten sich **Antrag** und **Tenor** nach dieser.[733] Stehen hingegen Möglichkeiten zur Wahl, besteht ein Spannungsverhältnis zwischen einer abstrakten Beantragung und dem Bestimmtheitsgrundsatz des § 253 Abs. 2 Nr. 2 ZPO.[734] Bei einer begrenzten Zahl möglicher Maßnahmen empfiehlt sich daher, diese als Alternativen in den Antrag aufzunehmen.[735] Wenn schließlich bestimmte Handlungsmöglichkeiten nicht (abschließend) formuliert werden können, muss der Gläubiger faktisch einen allgemein gefassten Klageantrag stellen.[736]

243 Die Durchsetzung eines Beseitigungsanspruchs ist grundsätzlich auch mittels **einstweiliger Verfügung** denkbar. Dabei darf die Beseitigung nach allgemeinen Grundsätzen jedoch nicht die Hauptsache vorwegnehmen und insoweit keine endgültigen Umstände schaffen.[737]

244 Bezüglich der **Vollstreckung** des Beseitigungsanspruchs ist entscheidend, ob eine vertretbare (§ 887 ZPO) oder unvertretbare Handlung (§ 888 ZPO) erforderlich ist.[738] Mit Blick auf die **Vollziehungsfrist** (§§ 929 Abs. 2, 936 ZPO) reicht es, wenn ein entsprechender Vollstreckungsantrag gegenüber dem zuständigen Vollstre-

---

729 Harte/Henning/*Goldmann*, § 8 Rn. 178–225; MK-UWG/*Fritzsche*, § 8 Rn. 176–196; G/L/D/*Fritzsche*, § 79 Rn. 69–83a.
730 Zu § 8 UWG F/B/O/*Büscher*, § 8 Rn. 163 und MK-UWG/*Fritzsche*, § 8 Rn. 134; *Köhler*, GRUR 1996, 82, 85 ff.
731 *Köhler*, GRUR 1996, 82, 85 ff.
732 K/B/F/*Bornkamm*, § 8 UWG Rn. 1.119; Teplitzky/*Löffler*, Kap. 24 Rn. 2 ff.; auch MK-UWG/*Fritzsche*, § 8 Rn. 168 f.; Überblick bei F/B/O/*Büscher*, § 8 Rn. 41.
733 Ohly/Sosnitza/*Ohly*, § 8 Rn. 81; MK-UWG/*Fritzsche*, § 8 Rn. 169, 173; BeckOK UWG/*Haertel*, § 8 UWG Rn. 46; F/B/O/*Büscher*, § 8 Rn. 41.
734 Ohly/Sosnitza/*Ohly*, § 8 Rn. 81.
735 K/B/F/*Bornkamm*, § 8 UWG Rn. 1.1.120; Teplitzky/*Löffler*, Kap. 24 Rn. 8; Ohly/Sosnitza/*Ohly*, § 8 Rn. 81; MK-UWG/*Fritzsche*, § 8 Rn. 171.
736 F/B/O/*Büscher*, § 8 Rn. 41; Götting/Nordemann/*Schmitz-Forhmann/Schwab*, § 8 Rn. 8.
737 BeckOK UWG/*Haertel*, § 8 UWG Rn. 47; Ohly/Sosnitza/*Ohly*, § 8 Rn. 84; F/B/O/*Büscher*, § 8 Rn. 43.
738 F/B/O/*Büscher*, § 8 Rn. 44.

ckungsorgan gestellt wird; ob und inwieweit daneben die bloße Parteizustellung ausreichen kann oder sogar erforderlich ist, wird unterschiedlich beurteilt.[739]

Bedeutung kann der Beseitigungsanspruch schließlich in Fällen erlangen, in denen ein Unterlassungsanspruch im entscheidungserheblichen Zeitpunkt nicht mehr durchsetzbar ist – etwa, weil das Geheimnis mittlerweile allgemein zugänglich geworden ist –, aber eine vorher begangene Verletzungshandlung des Anspruchsschuldners fortwirkt (**Beseitigung nach Wegfall des Unterlassungsanspruchs**). In der patentrechtlichen Rechtsprechung hat der BGH bspw. anerkannt, dass ein Beseitigungsanspruch nach Schutzrechtsablauf grds. möglich ist.[740] In dem zugrunde liegenden Fall hatte der Beklagte während der Patentlaufzeit schutzrechtsverletzende Versuche bzgl. eines Pflanzenbehandlungsmittels durchgeführt; aufgrund dieser Versuche konnte der Beklagte alsbald nach Schutzrechtsablauf die erforderliche behördliche Zulassung beantragen/erlangen und mit seinem Produkt auf den Markt kommen: Ohne die rechtswidrige Handlung hätte der Rechtsinhaber das Pflanzenbehandlungsmittel allerdings auch nach Ablauf des Klagepatents jedenfalls so lange ohne Konkurrenz weiter auf den Markt bringen können, wie die Durchführung der Versuche nach Patentablauf in Anspruch genommen hätte. Die Position eines Rechtsinhabers ist mithin beeinträchtigt, wenn durch rechtsverletzende Handlungen erlangte Erkenntnisse (sogleich nach Ablauf des Klagepatents) für einen Zulassungsantrag verwertet werden dürfen. Diese Konstellation ist auch in Fällen nach dem GeschGehG denkbar. Dabei ist nicht ersichtlich, warum einem Rechtsverletzer etwa der Vorteil des Gebrauchs einer rechtswidrig erlangten Konstruktionszeichnung verbleiben soll (zB durch einen Zeitvorsprung bei deren Analyse), nur weil die entsprechende Information später allgemein zugänglich geworden ist.[741] Dies knüpft an die Rechtsprechung des BGH (zur alten Rechtslage) an.[742]

245

---

739 So und mwN Harte/Hennig/*Retzer*, § 12 Rn. 541.
740 BGH, 21.2.1989 – X ZR 53/87, GRUR 1990, 997, 1000 f. – Ethofumesat; Benkard/*Grabinski/Zülch*, § 139 Rn. 38; vertiefend *Jüngst*, in: FS 80 Jahre Patentgerichtsbarkeit, S. 221 ff.
741 Vgl. auch Erwgrd. 27 RL.
742 BGH, 19.3.2008 – I ZR 225/06, NJOZ 2009, 301 Rn. 9 (mwN) = WRP 2008, 938, 939 – entwendete Datensätze mit Konstruktionszeichnungen; BGH, 19.12.1984 – I ZR/133/82, GRUR 1985, 294, 296 – Füllanlage: „(…) auch in diesen Fällen wird die unlauter erlangte Kenntnis zum Vorteil des Verletzers (mit-)verwendet, da er ohne sie, dh. bei ausschließlich eigenständiger Entwicklung, entweder überhaupt nicht oder jedenfalls nur später und/oder mit größerem eigenem Aufwand zu gleichen Entwicklungsergebnissen gelangen könnte wie bei der Zuhilfenahme der mit dem Makel der Wettbewerbswidrigkeit behafteten Kenntnisse (…)"; BGH, 13.11.1970 – I ZR 102/63 Rn. 28 (Wolters Kluwer) – Elektronische Längenmessgeräte mwN schon zur Rspr. des RG; aA wohl Harte/Hennig/*Harte-Bavendamm*, § 17 Rn. 4; *Kalbfus*, Know-how-Schutz, Rn. 436.

IV. Darlegungs- und Beweislast

246 Spezielle Normen zur Darlegungs- und Beweislast enthält das GeschGehG nicht. Die Beweislast für Ansprüche nach § 6 kann damit **allgemeinen Prinzipien**[743] folgen: Die anspruchsbegründenden Tatsachen für den Beseitigungs- und Unterlassungsanspruch muss der Anspruchsteller vortragen.[744] Hingegen trifft den Anspruchsgegner grundsätzlich die Darlegungs- und Beweislast für alle entgegenstehenden Umstände (vgl. auch → § 3 Rn. 134, § 5 Rn. 127, § 9 Rn. 36 sowie § 11 Rn. 46).[745]

247 Es wurde kritisiert, dass die Richtlinie weder eine Beweislastumkehr noch die Pflicht zur Vorlage von Beweismitteln (seitens des Verletzers) vorsieht und damit tendenziell über mögliche Beweisprobleme hinweggeht, die gerade die Durchsetzung von Ansprüchen wegen Geheimnisverrats oder Betriebsspionage schwierig machen können.[746] Dass die Richtlinie eine explizite Beweislastumkehr (zugunsten des Geheimnisinhabers) nicht vorsieht, schließt allerdings in bestimmten Konstellationen Vermutungen nicht aus; zudem ist an eine einzelfallbezogene Modifikation der Beweislastregeln durch **sekundäre Darlegungslast** und **Anscheinsbeweis** zu denken (→ Rn. 256 ff.).[747]

248 Nach Art. 11 Abs. 1 RL sollen die Mitgliedstaaten sicherstellen, dass die zuständigen Gerichte im Zusammenhang mit den in Art. 10 genannten **vorläufigen und vorbeugenden Maßnahmen** befugt sind, dem Antragsteller aufzuerlegen, „alle vernünftigerweise verfügbaren Beweise" vorzulegen hinsichtlich (1) des Geschäftsgeheimnisses (lit. a), (2) seiner Inhaberschaft (lit. b) und (3) auch hinsichtlich der rechtsverletzenden Handlung (lit. c).[748] Damit besteht jedenfalls im einstweiligen Rechtsschutz eine erhebliche Flexibilität[749] – zumal die Voraussetzungen für den Erlass einer einstweiligen Verfügung ohnehin glaubhaft gemacht werden müssen (§§ 936, 920 Abs. 2 ZPO).[750]

---

743 Bspw. dazu *Gniadek*, S. 168 ff.; zur Frage von Beweislastentscheidung oder Wahrheitsfindung *Gottwald*, in: FS Prütting, S. 297 ff.
744 *Ess*, WRP 2020, 988 Rn. 61.
745 Vgl. dazu BeckOK UWG/*Haertel*, § 8 UWG Rn. 44; F/B/O/*Büscher*, § 8 Rn. 37; K/B/F/*Alexander*, § 6 GeschGehG Rn. 65; allgemein F/B/O/*Büscher*, § 8 Rn. 37 (zum Beseitigungsanspruch).
746 Bspw. *Gärtner/Goßler*, Mitt. 2018, 204, 207; vgl. auch *Gärtner*, NZG 2014, 650, 652; *Koós*, MMR 2016, 224, 228.
747 *Ess*, WRP 2020, 988 Rn. 67 ff.; A/L/G/*Grosch*, Kap. 6 Rn. 189.
748 MK-UWG/*Namysłowska*, Art. 11 Geheimnisschutz-RL Rn. 3.
749 Grundsätzlich zu europarechtlichen Vorgaben zum Beweismaß im Zivilprozess *Hau*, in: FS Prütting, S. 325 und dem Hinweis darauf, dass sich in diesem Kontext wiederholt Vorgaben zum Beweismaß in materiell-rechtlichen Regelungen finden, S. 333.
750 In diesem Kontext vgl. *Gärtner/Goßler*, Mitt. 2018, 204, 207.

1. Geschäftsgeheimnis

249 Auch das Vorliegen eines **Geschäftsgeheimnisses** iSd. § 2 Nr. 1 ist vom Anspruchsteller darzulegen. Insoweit muss grds. die vertrauliche Information identifiziert und dargelegt werden, dass und warum diese ein Geschäftsgeheimnis ist[751] (insgesamt das Vorliegen eines Geheimnisses auch mit Blick auf angewandte angemessene Geheimhaltungsmaßnahmen, die unrechtmäßige Aneignung, Offenlegung oder Nutzung sowie das Beruhen des streitgegenständlichen Verletzungsgegenstandes auf der Nutzung[752]). Im Normalfall wird auch zum Mitwisserkreis und zu den Geheimhaltungsmaßnahmen gerade gegenüber der betroffenen Information vorzutragen sein.[753] Grundsätzlich nicht erforderlich ist aber, die als geheim behaupteten Tatsachen von einem redlich erworbenen Erfahrungswissen des Schuldners abzugrenzen und dazu Vortrag zu halten.[754] Die Eigentümerstellung an einem körperlichen Gegenstand, der die (geheime) Information verkörpert, kann Indiz für die Inhaberschaft der geschützten Information sein.[755]

2. Aktivlegitimation

250 Bezüglich der **Aktivlegitimation** ist zunächst grundsätzlich ausreichend, die eigene rechtmäßige Kontrolle/Inhaberschaft des betroffenen Geschäftsgeheimnisses substantiiert zu behaupten.

3. Passivlegitimation und Rechtsverletzung

251 Der Anspruchsgläubiger muss nicht nur das betroffene Geheimnis darlegen, sondern grundsätzlich auch dessen rechtswidrige Beeinträchtigung durch den Anspruchsschuldner. Für die **Passivlegitimation** muss daher ein Verstoß gegen eine der Varianten des § 4 substantiiert behauptet werden.

252 Die Anforderungen an den **Vortrag zum rechtswidrigen Erlangen/Nutzen/Offenlegen** des betroffenen Geheimnisses durch den Schuldner und die Anspruchsbegründung sind **nicht zu überspannen**, wie es dem Grunde nach schon nach der alten Rechtslage anerkannt war.[756] Gleichwohl kann selbst dieses Maß an Beweisbedürftigkeit für den Geheimnisinhaber eine schwer zu überwindende Hürde darstellen. Dies betrifft nicht nur die Vielzahl denkbarer Fälle, in denen der Ge-

---

751 Vgl. zu § 20 BeckOK GeschGehG/*Gregor* [15.3.2021], § 20 Rn. 14; OLG Düsseldorf, 25.4.2018 – I-2 W 8/18, BeckRS 2018, 7036 Rn. 18.
752 *Ess*, WRP 2020, 988 Rn. 60.
753 Zu § 20 und Geheimhaltungsmaßnahmen LG München 13.8.2019 – 7 O 3890/19, BeckRS 2019, 18148 Rn. 9; allgemein *Schilling*, in: FS Büscher, S. 383, 385.
754 BGH, 22.3.2018 – I ZR 118/16, GRUR 2018, 1161 Rn. 40 – Hohlfasermembranspinnanlage II.
755 So *Buriánek*, GRUR-Prax 2020, 290 zu OLG Düsseldorf, 21.11.2019 – I-2 U 34/19, GRUR-RS 2019, 33225 Rn. 30 ff. – Spritzwerkzeuge.
756 BGH, 22.3.2018 – I ZR 118/16, GRUR 2018, 1161 Rn. 25, 27 ff. – Hohlfasermembranspinnanlage II; BGH, 19.11.1982 – I ZR 99/80, GRUR 1983, 179, 181 – Stapel-Automat.

§ 6 Beseitigung und Unterlassung

heimnisinhaber keine sichere Kenntnis, sondern bloß die Vermutung einer unlauteren Erlangung hat – etwa durch Kundenabwanderungen oder plötzlich auf dem Markt neu aufkommende Konkurrenzprodukte. Auch im Falle sicherer Kenntnis von einer unlauteren Erlangung kann sich das Problem stellen, dass die notwendigen Informationen und Beweismittel in Besitz des potenziellen Schädigers (oder eines Dritten) sind, der grundsätzlich weder dazu verpflichtet ist (vgl. aber Rn. 253) noch ein Interesse daran haben wird, seinem Gegner die für den Prozesssieg benötigten Informationen zu verschaffen.[757] Eine reine Beweislastverteilung nach Organisationsbereichen wird dennoch abgelehnt.[758] Mithin sind im jeweiligen Einzelfall die zur Verfügung stehenden Beweise und **Anknüpfungstatsachen** vorzutragen und darzulegen;[759] ggf. können auch die Schwierigkeiten weiterer Beschaffungsmaßnahmen aufgezeigt werden, um so im Einzelfall eine **sekundäre Darlegungslast** auszulösen: In der Rechtsprechung des BGH ist anerkannt, dass sich unter bestimmten Voraussetzungen eine Verpflichtung der nicht beweisbelasteten Partei ergeben kann, dem Gegner gewisse Informationen zur Erleichterung seiner Beweisführung zu bieten, wozu namentlich die Spezifizierung von Tatsachen gehören kann, wenn und soweit diese der mit der Beweisführung belasteten Partei nicht oder nur unter unverhältnismäßigen Erschwerungen zugänglich sind, während ihre Offenlegung für den Gegner sowohl ohne Weiteres möglich als auch bei Berücksichtigung der maßgeblichen Umstände und Interessen zumutbar erscheint.[760]

4. Begehungsgefahr

253 Bei der Beweislast bezüglich der für den Unterlassungsanspruch notwendigen **Begehungsgefahr** sind die dargelegten Unterschiede (oben → Rn. 68 ff.) zu beachten: Die Erstbegehungsgefahr verlangt einen Vortrag zum objektiv drohenden Bevorstehen der Rechtsverletzung; hingegen muss für die Wiederholungsgefahr ein in der Vergangenheit liegender Rechtsverstoß dargetan werden.

254 Hinsichtlich des Nachweises der **Erstbegehungsgefahr** wird sich der Anspruchsinhaber oftmals Indizien und Anscheinsbeweisen bedienen müssen. Dies gilt insbesondere für Konstellationen, in denen der Anspruchsgegner größere Mengen geheimer Informationen bereits gesichert, aber nicht offengelegt hat. Sendet bspw. ein Arbeitnehmer in ungewöhnlichem Umfang E-Mails mit betrieblichen Informationen an seinen privaten E-Mail Account, so wirkt die damit einhergehende unmittelbare Gefährdung der Geschäftsinteressen des Arbeitgebers nicht nur in der Interessenabwägung bei der außerordentlichen Kündigung zugunsten des Arbeitgebers,[761]

---

757 Vgl. BGH, 8.1.1985 – X ZR 18/84, GRUR 1985, 512, 516 – Druckbalken; OLG Hamm, 31.1.2013 – 4 U 200/12, GRUR-RR 2013, 306, 308.
758 *Schilling*, in: FS Büscher, S. 383, 388 mit Hinweis auf *Malmström*, S. 147; *Götz*, S. 74 ff.
759 *Ess*, WRP 2020, 988 Rn. 67 ff.
760 BGH, 27.1.1994 – I ZR 326/91, GRUR 1995, 693, 697 – Indizienkette und BGH, 30.9.2003 – X ZR 114/00, GRUR 2004, 268, 269 – Blasenfreie Gummibahn.
761 LAG Berlin-Brandenburg, 16.5.2017 – 7 Sa 38/17, NZA-RR 2017, 532.

sondern kann auch geeignet sein, die Erstbegehungsgefahr für einen Unterlassungsanspruch zu begründen.[762]

Für den Nachweis der **Wiederholungsgefahr** ist die dem Tatbestand des § 4 immanente Differenzierung zwischen einem vorausgehenden Verrats- bzw. Beschaffungsakt einer- (§ 4 Abs. 1, Abs. 2 Nr. 2, 3) und einem nachfolgenden Verwertungsakt (§ 4 Abs. 2 Nr. 1, Abs. 3) andererseits zu beachten. So lässt es die Rspr. für die Annahme einer drohenden Verwertung in aller Regel nicht genügen, wenn der Gläubiger lediglich eine Verschaffungshandlung nachweisen kann.[763] Dieser Formalismus ist bedenklich, da ein Rechtsverletzer, der sich unbefugt ein Geschäftsgeheimnis verschafft hat, in der Folge typischerweise nicht die Erlangung weiterer, sondern die Verwertung der bereits erlangten Geheimnisse zum Ziel hat. Aus diesem Grund dürfen in derartigen Fällen die Anforderungen an den Nachweis der Begehungsgefahr nicht überspannt werden.[764]

255

5. Sekundäre Darlegungslast; Vermutungen und Indizien

Der Anspruchsgegner kann im Rahmen seiner Erklärungslast nach § 138 Abs. 2 ZPO ausnahmsweise gehalten sein, dem Gläubiger nähere Angaben zu Vorgängen in seinem Betrieb zur Verfügung zu stellen (**sekundäre Darlegungslast**). Voraussetzung hierfür ist, dass die darlegungspflichtige Partei außerhalb des von ihr darzulegenden Geschehensablaufs steht und keine nähere Kenntnis der maßgeblichen Tatsachen besitzt, während der Prozessgegner sie hat und ihm nähere Angaben zumutbar sind.[765] Werden andernfalls grundrechtlich geschützte Positionen (Geschäftsgeheimnisse gem. Art. 12, 14 GG, → § 1 Rn. 16 ff., Vor §§ 15 ff. A Rn. 3) des Beweispflichtigen vereitelt, ist eine derartige Abstufung der Darlegungslast nach der Rechtsprechung des BVerfG sogar verfassungsrechtlich geboten.[766] Nach diesen Maßgaben kann es gerade in Geschäftsgeheimnissachen auch dem Beklagten obliegen, nähere Angaben dazu zu machen, auf welche Weise er Kenntnis von einem Geschäftsgeheimnis erlangt hat.[767]

256

Um eine unzulässige Ausforschung des Gegners zu vermeiden, muss der Beweispflichtige greifbare Anhaltspunkte dafür vorlegen, dass das Geheimnis rechtswidrig weitergegeben wurde und der Prozessgegner im Besitz des Geheimnisses ist. Laut BGH muss für das Vorliegen dieser Anhaltspunkte eine „gewisse Wahrschein-

257

---

762 *Drescher*, S. 578; vgl. aber OLG Hamm, 31.1.2013 – 4 U 200/12, GRUR-RR 2013, 306, 308.
763 Vgl. nur OLG Saarbrücken, 24.7.2002 – 1 U 901/01, GRUR-RR 2002, 359 – Kundenlisten.; LG Düsseldorf, 18.4.2001 – 12 O 97/99, K&R 2002, 101 – Kundendatei auf CD-ROM; OLG Hamm, 31.1.2013 – 4 U 200/12, GRUR-RR 2013, 306, 308.
764 *Drescher*, S. 470; *Kalbfus*, Rn. 429; in diese Richtung auch Büscher/*Tochtermann*, § 6 GeschGehG Rn. 17.
765 Zöller/*Greger*, § 138 Rn. 8b; vgl. BGH, 17.3.1987 – VI ZR 282/85, NJW 1987, 2008, 2009; BGH, 24.11.1998 – VI ZR 388–97, NJW 1999, 714, 715; BGH, 14.6.2005 – VI ZR 179/04, NJW 2005, 2614, 2616 f.
766 BVerfG, 6.10.1999 – 1 BvR 2110/93, NJW 2000, 1483, 1484.
767 *Laoutoumai/Baumfalk*, WRP 2018, 1300, 1303.

§ 6 Beseitigung und Unterlassung

lichkeit"[768] sprechen bzw. bedarf es „schlüssiger Indizien",[769] wobei der Gläubiger die Tatsachen, denen Indizwirkung zukommen soll, sowie die Indizwirkung selbst beweisen muss. Ausreichend ist bspw. das Auffinden von Unterlagen beim Prozessgegner, die Unternehmensinterna des Gläubigers enthalten. Dies stellt sowohl einen Anscheinsbeweis für ihre unlautere Erlangung als auch für ihre Nutzung dar; es obliegt dem Gegner, den Anschein durch Darlegung rechtmäßiger Informationserlangung zu erschüttern.[770] Ebenso kann nach einer jüngeren Entscheidung des OLG Stuttgart „der Umstand, dass ein umfangreicher Datenbestand in fremden Händen liegt, […] für das Bild eines Diebstahls oder eines Angriffs auf das Computersystem [sprechen]".[771] Dem ist ebenso zuzustimmen wie dem BGH, der von einem Faxanschluss, von dem nacheinander 44 Kunden per Telefax unter Nummern angeschrieben werden, die den Faxnummern aus einer Kundenliste des vormaligen Unternehmens entsprechen, auf eine unlautere Aneignung der Kundenliste des Anschlussinhabers während seiner vorherigen Anstellung schließt.[772]

258 Da sich aus der sekundären Darlegungslast auch eine Nachforschungspflicht ergeben kann,[773] darf sich der Gegner nicht darauf zurückziehen, ihm selbst sei eine Geheimnisverletzung nicht bekannt; ggf. muss er Auskunft bei seinen Mitarbeitern (ua.) einholen. Die Mitwirkungspflichten des Prozessgegners enden aber, wenn das Offenlegen der begehrten Informationen dessen berechtigte Geheimhaltungsinteressen berührt und dieses Problem nicht durch Schwärzung der geheimhaltungsbedürftigen Passagen gelöst werden kann.[774] In diesem Fall ist der Anspruchsgegner im Prozess nur insoweit zur Mitwirkung verpflichtet, wie der Geheimnisinhaber dies aufgrund eines materiell-rechtlichen Vorlage- oder Besichtigungsanspruches verlangen könnte (§§ 371 Abs. 2, 422 ZPO).[775] Soweit ein solcher Anspruch besteht, ist es aber meist empfehlenswert, die Beweise bereits vor Einleitung eines gerichtlichen Verfahrens zu beschaffen (→ Rn. 261 ff.).

259 Ein Bestreiten „ins Blaue hinein" ist nach allgemeinen Grundsätzen unbeachtlich.[776]

---

768 BGH, 13.6.2012 – I ZR 87/11, NJW 2012, 3774.
769 BGH, 17.12.2014 – IV ZR 90/13, NJW 2015, 947.
770 *Drescher*, S. 577; *Brandau*/Rehaag, Kap. 2 Rn. 147 ff.; BGH, 27.4.2006 – I ZR 126/03, GRUR 2006, 1044 – Kundendatenprogramm; aA wohl OLG Hamm, 31.1.2013 – 4 U 200/12, GRUR-RR 2013, 306, 308.
771 OLG Stuttgart, 15.11.2018 – 2 U 30/18, GRUR 2019, 422, 425 – Verbandspreise.
772 BGH, 27.4.2006 – I ZR 126/03, GRUR 2006, 1044 – Kundendatenprogramm.
773 BGH, 8.1.2014 – I ZR 169/12, NJW 2014, 2360 – BearShare.
774 BGH, 12.11.1991 – KZR 18/90, GRUR 1992, 191, 194 – Amtsanzeiger; Zöller/*Greger*, Vor § 284 Rn. 34b.
775 BeckOK ZPO/*Bach* [1.3.2021], § 371 ZPO Rn. 8; *Drescher*, S. 565.
776 Musielak/Voit/*Stadler*, § 138 Rn. 13.

V. Beweisbeschaffung

260 Für den geschädigten Inhaber stellt der Beweis seines Anspruches – insbes. des Verstoßes gegen § 4 – oftmals eine hohe Hürde dar. Obgleich einschlägige Studien nahelegen, dass deutsche Unternehmen in hohem Ausmaß Ziel von Ausforschung und Opfer von Geheimnisverletzungen sind,[777] gab es in den vergangenen Jahrzehnten durchschnittlich nur etwa 20 zivilrechtliche Klageverfahren pro Jahr, die ein Geschäftsgeheimnis zum Gegenstand hatten.[778] Es ist zumindest zu befürchten, dass ein Großteil der Geschädigten zumindest auch wegen mangelnder Möglichkeiten zur Beweisbeschaffung von einer gerichtlichen Durchsetzung abgesehen hat – was das bereits angesprochene Manko von Richtlinie und GeschGehG bezüglich der Beweisermittlung unterstreicht (→ Rn. 26).[779]

1. Vorbereitende Auskunftsansprüche

261 Zur Beweisbeschaffung bestehen **Auskunftsansprüche** des Geheimnisinhabers, die sich in drei Gruppen aufteilen lassen: Der **unselbstständige (akzessorische) Auskunftsanspruch** dient der Vorbereitung von Unterlassungs-, Beseitigungs- und Schadensersatzansprüchen gegen den Rechtsverletzer selbst. Dagegen ist der **selbstständige Auskunftsanspruch** darauf gerichtet, Informationen zu erlangen, um gegen eine dritte Person rechtlich vorzugehen (sog. **Drittauskunft**sanspruch).[780] Weiterhin besteht als eine Art „qualifizierte Form" des Auskunftsanspruchs ein **Anspruch auf Rechnungslegung**, welcher den Rechtsverletzer verpflichtet, eine verständliche, der Nachprüfung zugängliche Berechnung der Einnahmen und Ausgaben bei der Verwertung des Geheimnisses nebst üblicher Belege vorzulegen. Die Ansprüche auf Drittauskunft sowie Rechnungslegung sind nunmehr explizit in § 8 Abs. 1 Nr. 1 und Nr. 4 bzw. § 8 Abs. 1 Nr. 2 verankert (→ § 8 Rn. 14, 21, 26). Auch hat der akzessorische Auskunftsanspruch in § 8 Abs. 1 Nr. 4 eine Regelung erfahren (→ § 8 Rn. 14).

262 Liegen die Voraussetzungen des jeweiligen Auskunftsanspruchs vor, muss der Schuldner die Auskunft „persönlich" und schriftlich erteilen;[781] der zur Auskunft Verpflichtete darf sich jedoch zur Vermittlung der Information Hilfspersonen bedienen. Erforderlich ist dann allerdings, dass die Auskunft trotz der Vermittlung durch eine Hilfsperson weiterhin eine Erklärung des Schuldners bleibt.[782] Dies gilt prinzipiell auch dann, wenn der Schuldner persönlich an der Geheimnisverletzung

---

777 Eingehend *Drescher*, S. 54 ff.
778 BT-Drs. 19/4724, S. 3; *Brammsen*, BB 2018, 2446, 2450; *Laoutoumai/Baumfalk*, WRP 2018, 1300, 1301; allgemeine Informationen auch bei *Ziegelmayer*, CR 2019, 693 Rn. 7 f.
779 Zur vorprozessualen Beweisbeschaffung bspw. *Götz*, S. 65 ff.; zur „Beweisnot" des Klägers im Verletzungsprozess *Ann/Hauck/Maute*, S. 14 ff.; *A/L/G/Grosch*, Kap. 6 Rn. 148 ff.
780 OLG Stuttgart, 8.10.2015 – 2 U 25/15, GRUR-Prax 2016, 229; Ahrens/*Bacher*, Kap. 72 Rn. 2; *Kalbfus*, Rn. 461.
781 BGH, 19.12.1960 – I ZR 14/59, GRUR 1961, 288, 291 – Zahnbürsten; *Köhler*, NJW 1992, 1477, 1482.
782 Vgl. BGH, 4.6.2014 – VIII ZR 4/13 Rn. 27 ff. (juris).

§ 6 Beseitigung und Unterlassung

beteiligt war und er sich durch die Erteilung der Auskunft einer Straftat (§ 23) bezichtigen muss – hier besteht ein Spannungsverhältnis mit dem Nemo-tenetur-Grundsatz.[783] Um den Auskunftsanspruch nicht zu unterlaufen und die berechtigten Interessen des Anspruchsgläubigers zu schützen wie auch dem Nemo-tenetur-Grundsatz Rechnung zu tragen, kann in einem solchen Fall von einem **strafprozessualen Verwertungsverbot** bzgl. der im Rahmen der Auskunft gegebenen Informationen auszugehen sein (→ § 8 Rn. 31).[784]

263 In der praktischen Durchsetzung der Auskunftsansprüche nach § 8 stellt sich das Problem, dass diese stets an einen Verstoß gegen § 4 anknüpfen. Der Geheimnisinhaber muss mithin die Erfüllung eines der Tatbestände von § 4 hinreichend substantiiert darlegen und beweisen (→ § 8 Rn. 44), wozu ihm de facto bereits alle anspruchsbegründenden Tatsachen des Hauptanspruchs bekannt sein müssen.[785] Besteht dagegen lediglich der **Verdacht** einer Geheimnisverletzung, ohne, dass der Geheimnisinhaber über ausreichende Beweismittel verfügt, um diese zu belegen, helfen ihm Auskunftsansprüche meist nicht weiter.[786]

2. Besichtigungs- und Beweissicherungsansprüche

264 Anders als mit dem nunmehr explizit geregelten Auskunftsanspruch ist mit dem GeschGehG leider **kein** gesonderter **Besichtigungs- bzw. Beweissicherungsanspruch**[787] für Fälle einer (möglichen) Geheimnisverletzung geschaffen worden (zur Auskunft über rechtsverletzende Produkte § 8).[788] Der deutsche Gesetzgeber hätte insoweit aufgrund der in der RL 2016/943/EU nicht geregelten und der Teilharmonisierung zuzuordnenden Vorschriften grundsätzlich die Chance gehabt, bei der Schaffung des GeschGehG auch ein interessengerechtes Verfahren zur Beweissicherung vorzusehen.[789]

265 Zudem wurden infolge der Umsetzung der RL 2004/48/EU zur Durchsetzung der Rechte des Geistigen Eigentums spezialgesetzliche Bestimmungen geschaffen – vgl. § 101a UrhG, § 46a DesignG, §19a MarkenG, § 140c PatG, § 24c GebrMG,

---

783 Vgl. auch H/O/K/*Kalbfus*, § 8 Rn. 22.
784 BVerfG, 3.1.1981 – 1 BvR 116/77, NJW 1981, 1431 ff.; BGH, 19.3.1991 – 5 StR 516/90, NJW 1991, 2844, 2845 (bez. § 807 ZPO).
785 BGH, 25.6.1954 – I ZR 7/53, GRUR 1954, 457, 459 – Irus/Urus; BGH, 23.10.1997 – I ZR 98/95, GRUR 1998, 1043, 1044 – GS-Zeichen; Ahrens/*Bacher*, Kap. 72 Rn. 8 u. Kap. 75 Rn. 1; *Götz*, S. 97; Teplitzky/*Büch*, 38. Kap. Rn. 7.
786 *Drescher*, S. 552 f.; vgl. Ahrens/*Bacher*, Kap. 75 Rn. 1. Dies gilt auch für § 242 BGB (zu Einzelheiten *Drescher*, aaO).
787 Muster für Besichtigungsantrag bei Hoppe/Oldekop/*Hoppe*, Kap. 5 Rn. 65.
788 H/O/K/*Kalbfus*, § 8 Rn. 66. Bedauernd ebenfalls *Reinfeld*, § 4 Rn. 20; *Klinkert*, WRP 6/2019, Editorial; auch die GRUR regte dies an: *Würtenberger/Freischem* (Stellungnahme zum RefE), GRUR 2018, 708, 711: „Es ist kein Grund ersichtlich, weshalb die Regelung der Rechtsfolgenbestimmungen in dem neu zu schaffenden Gesetz zum Schutz von Geschäftsgeheimnissen Ansprüche auf Vorlage von Urkunden und Besichtigung von Dokumenten aussparen sollte."; *Druschel/Jauch*, BB 2018, 1794, 1798; *Gärtner/Goßler*, Mitt. 2018, 204, 207 f.
789 GRUR-Stellungnahme (Fn. 68), S. 9 Ziffer 2a–c).

§ 37c SortSchG. Damit hätte der Gesetzgeber auch an vorbestehende Regelungen anknüpfen können. Allerdings war die Umsetzung der RL 2016/943/EU zeitkritisch; insofern ist der Verzicht auf die Aufnahme zusätzlichen Regelungsstoffs zumindest dahingehend erklärbar. Rechtlich bleibt daher lediglich der Rückgriff auf das allgemeine Zivilrecht.

a) Anspruch nach §§ 809, 810 BGB?

Nach der Rechtsprechung des BGH war schon vor Positivierung der o. g. spezialgesetzlichen Ansprüche eine Beweissicherung bei der Geltendmachung der Verletzung von Immaterialgüterrechten möglich.[790] Nach der „Faxkarten"-Entscheidung aus 2002 steht der Anspruch aus § 809 BGB grundsätzlich auch dem aus einem Urheberrecht Berechtigten zu, ferner demjenigen, dessen Leistung lauterkeitsrechtlich gegen Nachahmung geschützt ist.[791] **266**

Die Interessenlage bezüglich des Geschäftsgeheimnisschutzes ähnelt in Bezug auf die hier relevanten Sachverhalte grundsätzlich derjenigen in immaterialgüter-, urheber- und lauterkeitsrechtlichen Szenarien.[792] Zudem hat der BGH in seiner Begründung der Entscheidung Faxkarte insbes. auch Art. 43, 50 TRIPS herangezogen, wonach ein Gericht dem Gegner einer in Beweisnot befindlichen Partei ggf. die Beibringung von Beweismitteln auferlegen kann, die sich in seinem Besitz befinden – und zwar auch mittels einstweiliger Maßnahmen. Daher sei auch der Anspruch des § 809 BGB entsprechend auszulegen.[793] Diese Wertung trifft auch für den Geheimnisschutz zu (vgl. auch → Vor §§ 15 ff. A Rn. 15 ff.).[794] **267**

Zur Vorbereitung der im 2. Abschnitt verorteten Ansprüche wegen Geheimnisverletzungen kommen daher grds. Ansprüche auf Besichtigung gem. § 809 BGB und Urkundenvorlage gem. § 810 BGB in Betracht.[795] Es kann nach der Art des betroffenen Geschäftsgeheimnisses zwischen technischem und kaufmännischem Knowhow zu differenzieren sein.[796] **268**

---

790 Zum Patentrecht: BGH, 8.1.1985 – X ZR 18/84, GRUR 1985, 512, 514 – Druckbalken; umfassend *Gniadek*, S. 52 ff.
791 BGH, 2.5.2002 – I ZR 45/01, NJW-RR 2002, 1617, 1618 – Faxkarte; Überblick zum Verfahren nach § 809 BGB im Anschluss daran bei *Tilmann/Schreibauer*, GRUR 2002, 1015 ff.; A/L/G/ *Grosch*, Kap. 6 Rn. 154 ff.
792 Allgemein zum Besichtigungsanspruch im Vorfeld (einer Verletzung von Schutzrechten) schon *Melullis*, in: FS Tilmanns, S. 843 ff. sowie *Tilmann/Schreibauer*, GRUR 2002, 1015 ff.
793 BGH, 2.5.2002 – I ZR 45/01, NJW-RR 2002, 1617, 1619 – Faxkarte.
794 A/L/G/*Grosch*, Kap. 6 Rn. 184; H/O/K/*Ohly*, § 6 Rn. 5.
795 *Reinfeld*, § 4 Rn. 20; zum UWG: BeckOK UWG/*Kalbfus*, § 17 Rn. 233 ff.; MünchHdBGewRS/ *Musiol*, § 25 Rn. 59; Harte/Henning/Harte-Bavendamm, § 17 Rn. 6; *Kiethe/Groeschke*, WRP 2005, 1358, 1370; Ohly/Sosnitza/*Ohly*, § 17 Rn. 55; H/O/K/*Kalbfus*, § 8 Rn. 64.
796 MünchHdBGewRS/*Musiol*, § 25 Rn. 59.

b) Anspruchsvoraussetzungen

269 Tatbestandliche Voraussetzung des § 809 BGB ist, dass der Gläubiger einen Anspruch **„in Ansehung der Sache"** geltend macht. Das wiederum betrifft nicht nur die Herausgabe einer Sache selbst, sondern auch Fälle, in denen das Bestehen des Anspruchs in irgendeiner Weise von der Existenz oder Beschaffenheit der Sache abhängt.[797] Dass solche Ansprüche möglicherweise nicht „dinglicher", sondern lediglich schuldrechtlich-deliktischer Natur sind, hindert die Anwendbarkeit des § 809 BGB nicht.[798] Zudem ist der Besichtigungsanspruch nicht auf „Sachen" iSv. § 90 BGB beschränkt, sondern erstreckt sich auch auf nicht körperliche Gegenstände wie auf Datenträger oder in der Cloud gespeicherte Daten[799] sowie Programmquellcode.[800] § 809 BGB gewährt dem Inhaber somit prinzipiell nicht nur ein Recht auf Vorlegung und Besichtigung von Maschinen, Vorrichtungen oder Verfahrensmittel, sondern lässt ihn auch Einsicht in den Quellcode einer Software nehmen, wenn der „begründete Verdacht" besteht, dass der Schuldner diese unter Verwertung seiner Geschäftsgeheimnisse einsetzt.[801]

270 Der Anspruch aus § 809 BGB steht nur demjenigen zu, der wegen des zumindest wahrscheinlich bestehenden Hauptanspruchs an der Besichtigung der Sache ein legitimes **Interesse** hat.[802] Zudem ist der Anspruch auf Besichtigung nicht das gesetzlich vorgesehene Mittel zu der bequemsten Beweisbeschaffung (bspw. Besichtigung anstelle von Testkauf und eigener aufwendiger gutachterlicher Untersuchung). Aber auch eine „erhebliche Wahrscheinlichkeit" der Rechtsverletzung ist nicht darzulegen; vielmehr ist prinzipiell eine Abwägung des Gläubigerinteresses an der Besichtigung mit dem Geheimhaltungsinteresse des Schuldners vorzunehmen.[803] Insbesondere besteht der Anspruch gerade in und für Fälle, in denen die Rechtsverletzung ungewiss ist.[804] Vor diesem Hintergrund ist ein **gewisser Grad von Wahrscheinlichkeit** für die Existenz des Anspruchs in Ansehung der Sache erforderlich, denn § 809 BGB dient nicht der bloßen Ausforschung. Insoweit soll der „Nachweis der Voraussetzungen des Hauptanspruchs (…) zu einem Punkt erbracht worden sein, an dem nur noch die Besichtigung fehlt, um letzte Klarheit zu erhalten".[805] Es ist daher hinreichend zu den Anknüpfungstatsachen vorzutragen, die die

---

797 MK-BGB/*Habersack*, § 809 Rn. 5 mwN.
798 BGH, 8.1.1985 – X ZR 18/84, GRUR 1985, 512, 514 – Druckbalken.
799 Ahrens/*Bacher*, Kap. 75 Rn. 14.
800 OLG Frankfurt, 17.1.2006 – 11 W 21/05, GRUR 2006, 295, 296; *Hoeren/Kuta*, in: FS Weber, S. 499–542; *Junker*, in: FS Kilian, S. 339–352.
801 OLG Hamm, 31.1.2013 – 4 U 200/12, GRUR-RR 2013, 306, 308; Ahrens/*Bacher*, Kap. 75 Rn. 10. Vgl. auch BGH, 2.5.2002 – I ZR 45/01, NJW-RR 2002, 1617, 1619 – Faxkarte; BGH, 20.9.2012 – I ZR 90/09, NJW-RR 2013, 878 – UniBasic-IDOS; Palandt/*Sprau*, § 809 BGB Rn. 4; *Tilmann/Schreibauer*, GRUR 2002, 1015.
802 MK-BGB/*Habersack*, § 809 Rn. 7.
803 *Tilmann/Schreibauer*, GRUR 2002, 1015, 1016.
804 BGH, 2.5.2002 – I ZR 45/01, NJW-RR 2002, 1617, 1619 – Faxkarte.
805 OLG Hamm, 31.1.2013 – 4 U 200/12, GRUR-RR 2013, 306, 308; allgemein BGH, 2.5.2002 – I ZR 45/01, NJW-RR 2002, 1617, 1619; H/O/K/*Kalbfus*, § 8 Rn. 68; *Kühnen*, GRUR 2005, 185,

notwendige gewisse Wahrscheinlichkeit der Rechtsverletzung tragen (unten → Rn. 304).

Das notwendige (legitime) Interesse fehlt im Übrigen, wenn der Hauptanspruch nicht (mehr) durchsetzbar ist oder der Gläubiger auf andere Weise die notwendige Kenntnis leichter erlangen kann.[806] Insofern muss die begehrte Beweissicherung **erforderlich** sein.[807] Erforderlich sind grds. alle zur Beweisführung in einem späteren Hauptsacheverfahren geeigneten und zulässigen Beweismittel (etwa Urkunden oder Sachen), sofern **kein milderes**, in gleicher Weise zielführendes **Mittel** zur Verfügung steht.[808] Ob der Anspruch zu gewähren ist, hängt von einer **umfassenden Interessenabwägung** ab.[809]

271

Die Einsicht in Urkunden ist unter den weiteren Voraussetzungen des § 810 BGB zulässig.[810] Zudem kann das Gericht grds. durch eine Vorlageanordnung nach §§ 142, 144 ZPO (→ Rn. 303) anordnen, dass eine Partei oder ein Dritter jeweils in Besitz befindliche Urkunden und sonstige Unterlagen vorzulegen hat. Voraussetzung ist allerdings, dass eine Partei sich in ihrem Vortrag ausdrücklich oder sinngemäß auf die Urkunde oder sonstige Unterlage bezogen hat.[811] Es ist allerdings umstritten, ob und inwieweit die Regelungen der §§ 142, 144 ZPO im selbstständigen Beweisverfahren Anwendung finden.[812]

272

c) Anspruchsinhalt

Der Anspruch aus § 809 BGB richtet sich grds. auf die „Vorlage der Sache zum Zweck der Besichtigung" (vgl. auch → Vor §§ 15 ff. A Rn. 21).[813] Mögliche Rechtsfolge ist etwa die unmittelbare Wahrnehmung einer Sache, aber auch deren nähere Untersuchung, zB durch Ausbau, Zerlegung oder Inbetriebnahme.[814]

273

Bezüglich der im Einzelfall konkret zu gewährenden Maßnahmen ist eine **umfassende Interessenabwägung** vorzunehmen. In diese ist neben der Wahrscheinlichkeit der Rechtsverletzung insbes. einzustellen, ob dem Besichtigungsgläubiger andere Beweismittel zur Verfügung stehen und inwiefern ein (berechtigtes) Geheimhaltungsinteresse des Besichtigungsschuldners beeinträchtigt wird.[815] Insoweit ist

274

189; *Kuta*, Beweissicherung, 58 mwN zum Verbot des Ausforschungsbeweises; *Zöllner*, GRUR-Prax 2010, 74; Ahrens/*Bacher*, Kap. 75 Rn. 7 ff.
806 K/B/F/*Köhler*, § 9 UWG (zu § 809 BGB) Rn. 4.45.
807 Vgl. Ahrens/*Bacher*, Kap. 75 Rn. 9.
808 *Zöllner*, GRUR-Prax 2010, 74.
809 Ahrens/*Bacher*, Kap. 75 Rn. 12, *Kühnen*, B Rn. 15 ff. zu wechselwirkenden Aspekten.
810 Weiterführend MK-BGB/*Habersack*, § 810 Rn. 3 ff.
811 MK-ZPO/*Fritsche*, § 144 Rn. 8.
812 Cepl/Voß/*Nielen*, § 142 Rn. 5; Hoppe/Oldekop/*Oldekop*, Kap. 2 Rn. 258.
813 MünchHdBGewRS/*Spuhler*, § 3 Rn. 190, *Gniadek*, S. 86 ff.
814 BGH, 2.5.2002 – I ZR 45/01, NJW-RR 2002, 1617, 1620 – Faxkarte; K/B/F/*Köhler*, § 9 UWG (zu § 809 BGB) Rn. 4.46; *Kühnen*, Mitt 2009, 211–218; *Zöllner*, GRUR-Prax 2010, 74, 513, 514; Hoppe/Oldekop/*Oldekop*, Kap. 2 Rn. 282 f.
815 BGH, 2.5.2002 – I ZR 45/01, NJW-RR 2002, 1617, 1619 f.; MK-BGB/*Habersack*, § 809 Rn. 5.

§ 6 Beseitigung und Unterlassung

zu erwägen, ob bei Gewährung des Besichtigungsrechts notwendig berechtigte Geheimhaltungsinteressen des Schuldners beeinträchtigt werden und/oder ob diese Beeinträchtigungen durch die Einschaltung eines zur Verschwiegenheit verpflichteten Dritten (weitgehend) ausgeräumt werden können (→ Rn. 83 ff.).[816] Die realistische Gefahr einer Beschädigung seiner Sache wird der Schuldner idR nicht ohne Weiteres hinnehmen müssen. Es ist ebenfalls zu berücksichtigen, dass der Gläubiger – sollte die Sache beschädigt werden – verschuldensunabhängig entsprechenden Ersatz leisten muss (§ 811 Abs. 2 Satz 1 BGB)[817] und dass Vorlage und Besichtigung zudem von einer Sicherheitsleistung abhängig gemacht werden können, § 811 Abs. 2 Satz 2 BGB.[818] Insgesamt bleibt der Anspruch aus § 809 BGB hinter den spezialgesetzlichen Besichtigungsansprüchen zurück.[819]

275 Der Anspruch aus **§ 810 BGB** richtet sich auf die Gestattung der Einsicht in die jeweilige Urkunde/Unterlage, die der Schuldner demnach zu dulden hat.[820]

d) Geeignetheit und Grenzen

276 Im Gegensatz zu den gewerblichen Schutzrechten – und hier insbes. dem Patentrecht –, wo Besichtigungsansprüchen bei der Beweisbeschaffung eine hohe praktische Bedeutung zukommt, sind sie zur Erlangung von Nachweisen für eine Geheimnisverletzung weit weniger geeignet.[821] Dies hängt damit zusammen, dass sich im Patentrecht durch eine Besichtigung ggf. feststellen lässt, ob der Anspruchsgegner durch die Benutzung einer Sache oder eines bestimmten Verfahrens ein bestehendes Patent verletzt. Im praktisch besonders relevanten Fall des § 4 Abs. 3 (§ 4 Abs. 1 und 2 setzen keine Nutzung voraus, sodass eine Besichtigung von vornherein nicht zielführend ist) reicht es für den Nachweis der Rechtsverletzung hingegen nicht aus, die bloße Verwendung einer Information durch den Anspruchsgegner nachzuweisen, sondern es muss zusätzlich die vorherige unbefugte Erlangung der Information dargelegt und ggf. bewiesen werden. Der Nachweis der unbefugten Erlangung stellt den Geheimnisinhaber aber häufig vor große Schwierigkeiten, über die auch eine Besichtigung in aller Regel nicht hinweghilft.[822]

277 Hinzu kommt, dass § 809 BGB es nicht ermöglicht, herauszufinden, ob der Anspruchsgegner überhaupt im Besitz einer bestimmten Sache ist, sondern vom Gläubiger verlangt, die zu besichtigenden Sachen konkret zu benennen. Geheimnisverletzungen geschehen indes häufig heimlich, was dazu führt, dass der

---

816 BGH, 2.5.2002 – I ZR 45/01, NJW-RR 2002, 1617, 1620.
817 MK-BGB/*Habersack*, § 811 Rn. 4; BeckOK BGB/*Gehrlein*, § 811 Rn. 2.
818 BGH, 2.5.2002 – I ZR 45/01, NJW-RR 2002, 1617, 1620 – Faxkarte; K/B/F/*Köhler*, § 9 UWG (zu § 809 BGB) Rn. 4.46.
819 *Reinfeld*, § 4 Rn. 20; BeckOK UWG/*Kalbfus* [29.6.2017], § 17 UWG Rn. 234; *Müller-Stoy*, Mitt 2009, 361, 364, *Würtenberger/Freischem* (Stellungnahme zum RefE), GRUR 2018, 708, 711.
820 MK-BGB/*Habersack*, § 810 Rn. 13.
821 *Drescher*, S. 555; *Kalbfus*, Rn. 474.
822 *Drescher*, S. 555; *Kalbfus*, Rn. 474.

Geheimnisinhaber keine genaue Kenntnis über das Ausmaß und den Ablauf der Informationsverschaffung erlangt und nicht weiß, in welchem Umfang sein Anspruchsgegner überhaupt Besitz an verkörperten Geschäftsgeheimnissen hat.[823] Es wird zu Recht vertreten, dass hier gewisse Abstrahierungen in der Antragsfassung zulässig sind, sofern der Gegenstand für den Schuldner und den ggf. eingeschalteten neutralen Dritten zweifelsfrei identifizierbar ist.[824]

Kann der Antragsteller dagegen konkrete Sachen benennen und Anhaltspunkte für eine unlautere Erlangung eines Geschäftsgeheimnisses darlegen, muss ihm vor dem Hintergrund drohender weiterer Rechtsverletzungen auch ein Besichtigungsanspruch gewährt werden.[825] Tendenziell überspannt das OLG Hamm die Anforderungen an die Wahrscheinlichkeit für eine Verletzungshandlung, wenn es einen Besichtigungsanspruch mit der Begründung ablehnt, vom Besitz unlauter erlangter Geschäftsgeheimnisse beim Anspruchsgegner könne nicht auf dessen Absicht geschlossen werden, diese auch zu verwerten.[826] Ebenso kann ein tauglicher Hauptanspruch vorliegen, wenn die Existenz eines rechtsverletzenden Produkts einen Rückschluss auf dessen rechtswidrige Erlangung oder Nutzung zulässt.[827] 278

e) Prozessuale Durchsetzung

Die Beweissicherung nach §§ 809, 810 BGB kann im Wege der **Hauptsache** wie auch im **einstweiligen Rechtsschutz** durchgesetzt werden.[828] Wegen des Risikos der Beweisverteilung ist letzteres häufig vorzugswürdig. Die prozessuale Durchsetzung erfolgt dann mittels des selbstständigen Beweisverfahrens gemäß §§ 485 ff. ZPO, ggf. begleitet von einer Leistungs- bzw. Duldungsanordnung (bei Besichtigung bzw. Urkundeneinsicht).[829] Dies kombiniert für den Anspruchsgläubiger in vorteilhafter Weise den Eilrechtsschutz mit den Vorteilen des selbstständigen Beweisverfahrens. Letzteres verlangt keine Schlüssigkeits- oder Erheblichkeitsprüfung, sondern nur die Darlegung der Anknüpfungstatsachen, die für die Einholung eines Sachverständigengutachtens unerlässlich sind.[830] 279

---

823 *Drescher*, S. 555; *Kalbfus*, Rn. 474; ähnlich *Foitzik/Poschitz*, GWR 2016, 499; vgl. BGH, 13.11.2003 – I ZR 187/01 GRUR 2004, 420, 421 – Kontrollbesuch.
824 Vgl. *Kühnen*, B Rn. 75.
825 Vgl. Hoppe/*Oldekop*, Kap. 2 Rn. 272; ferner LG Nürnberg-Fürth, 23.2.2005 – 3 O 4156/04, Rn. 51.
826 OLG Hamm, 31.1.2013 – 4 U 200/12, GRUR-RR 2013, 306, 308: „Selbst wenn solchermaßen durch vorherige (fremde) Betriebsspionage i. S. des § 17 Absatz II Nr. 1 UWG erlangte Konstruktionspläne im Folgenden in den Besitz der Ag. gelangt sein sollten, würde allein dies nämlich noch nicht ausreichen, um den Tatbestand der Geheimnisverwertung § 17 Absatz II Nr. 2 UWG zu erfüllen."
827 Hoppe/*Oldekop*, Kap. 2 Rn. 272.
828 Zu Fragen einer möglichen Erfüllung von Besichtigungsansprüchen und wiederholten Besichtigungen *Eck/Dombrowski*, in: FS 50 Jahre BPatG, S. 169, 175 ff., 180 ff.
829 BeckOK UWG/*Kalbfus*, § 17 UWG Rn. 235; *Reinfeld*, § 4 Rn. 20.
830 Bspw. BGH, 20.10.2009 – VI ZB 53/08, NJW-RR 2010, 946 Rn. 10; BGH, 16.9.2004 – III ZB 33/04, NJW 2004, 3488; *Litzenberger/Strieder*, JA 2017, 374 ff.

§ 6 Beseitigung und Unterlassung

280 **Zuständig** ist nach § 486 Abs. 2 ZPO das Gericht der Hauptsache (wie auch nach § 937 Abs. 1 ZPO für eine begleitende einstweilige Verfügung).[831]

281 Im **Antrag** sind der zu begutachtende Gegenstand sowie die zu begutachtenden Fragen „möglichst" konkret zu beschreiben.[832] Praktische Schwierigkeiten können sich bei der Antragsfassung aus der notwendigen Benennung des Besichtigungsgegenstands ergeben, da der Besitz bestimmter Kenntnisse seitens des Anspruchsschuldners nicht unbedingt etwas über die rechtswidrige Kenntniserlangung aussagt.[833] Diese ist aber gerade für die Durchsetzung der Ansprüche aus § 4 Abs. 3 notwendig.

282 Der Anspruch wird regelmäßig nach den Regeln der Erzwingung von Unterlassungen und Duldungen entsprechend §§ 890, 892 ZPO **vollstreckt** (weil die Duldung der Besichtigung durchzusetzen ist); soweit eine Urkunde vorzulegen ist, greift § 883 ZPO.[834] Gewährt der Schuldner dem Sachverständigen nicht freiwillig den Zugang (etwa zu den Betriebsräumen), kann die Besichtigung nach § 758a Abs. 1 ZPO nur aufgrund einer **richterlichen Durchsuchungsanordnung** durchgesetzt werden.[835]

aa) Geheimnisschutz in Verfahren nach § 809 BGB?

283 Da das Besichtigungsverfahren nach § 809 BGB keine „Klage" nach dem Gesch-GehG betrifft, finden die **§§ 16 ff. keine Anwendung** (großzügiger → § 16 Rn. 22). Prozessual bleibt es bei der für den Anwendungsbereich des GeschGehG gerade überwundenen unvollkommenen allgemeinen Regelung zum Geheimnisschutz nach ZPO und GVG (→ Vor §§ 15 ff. A Rn. 5 ff.).[836]

284 Die fehlende allgemeine Regelung ist insofern bedauerlich, als der Gesetzgeber die Chance gehabt hätte, den Geheimnisschutz im Zivilprozess unabhängig von „Klagen" nach dem GeschGehG zu gestalten (vgl. → § 16 Rn. 8 ff.): Art. 9 Abs. 1 Satz 1 RL gibt Regelungen zwingend für Gerichtsverfahren vor, die den rechtswidrigen Erwerb oder die rechtswidrige Nutzung oder Offenlegung eines Geschäftsgeheim-

---

831 Ahrens/*Bacher*, Kap. 75 Rn. 31.
832 Vgl. Ahrens/*Bacher*, Kap. 75 Rn. 23; Muster/Beispiele bei *Kühnen*, B. Rn. 113 und B. Rn. 75 zu zulässigen Abstraktionen im Antrag; Beck'sche Online-Formulare Prozess/*Pitz* [1.1.2020], 9.1.1.4.; Litzenberger/Strieder, JA 2017, 374, 375 f.; vgl. auch *Kühnen/Grunwald*, GRUR-PRax 2018, 513, 514; BeckOK PatR/*Pitz* [15.1.2021], § 140c PatG Rn. 28; Münchener Prozessformularbuch GRS/*Mes*, C. 22.
833 *Kalbfus/Harte-Bavendamm*, GRUR 2014, 453, 457; detaillierter erneut *Kühnen*, B. Rn. 75.
834 BeckOK PatR/*Pitz* [15.1.2021], § 140c PatG Rn. 60 f. auch mwN; für eine Anwendung der §§ 887, 888 ZPO aber MK-BGB/*Habersack*, § 809 Rn. 17 und BeckOGK-BGB/*J.F. Hoffmann* [1.3.2021], § 809 Rn. 26.
835 Benkard/*Grabinski/Zülch*, § 140c Rn. 31 mwN; zur praktischen Umsetzung durch Vorausverständigung des zuständigen Richter Ahrens/*Bacher*, Kap. 75 Rn. 29; allgemein *Grabinski*, in: FS Mes, S. 129 ff.,139.
836 Im Überblick BeckOK UWG/*Kalbfus*, § 17 UWG Rn. 249 ff.; *Augenstein*, in: FS : 80 Jahre Patentgerichtsbarkeit in Düsseldorf, S. 25, 27 ff.; *Doepner*, in: FS Tilmann, S. 105, 109 ff.; *Stadler*, in: FS Prütting, S. 559 ff.

nisses „zum Gegenstand" haben; damit wäre eine diese Vorgabe übersteigende Umsetzung von Geschäftsgeheimnisschutz für weitere Zivilverfahren möglich (oder gar erforderlich?) gewesen.[837]

Tatsächlich hätte dazu ein Bedarf bestanden, weil bspw. im Kartellschadensersatzprozess[838] oder bei der Verteidigung gegen Ansprüche wegen Produkthaftung eine Preisgabe von Geschäftsgeheimnissen des Anspruchsschuldners erforderlich werden kann.[839] In der GRUR-Stellungnahme zum RefE wurde insoweit angesprochen, „den entsprechenden Vorschriften [des GeschGehG] Modellcharakter zuzuerkennen und ihren Anwendungsbereich später auf weitere Arten von Rechtsstreitigkeiten auszudehnen" wie jetzt für das Patentrecht bereits mit der Einführung des § 145a PatG erfolgt.[840] Stand jetzt verbleiben aber Verfahren, in denen eine Partei zwischen Scylla (Inanspruchnahme)[841] und Charybdis (Geheimnisverlust zumindest ggü. Anspruchsteller durch Vortrag zur Verteidigung) gefangen sein kann.[842]   285

Das insoweit resultierende Defizit in Verfahren nach § 809 BGB betrifft prinzipiell (a) Anspruchsteller und (b) Anspruchsschuldner, weil (a) ggf. geheimhaltungsbedürftige Details schon mit dem verfahrenseröffnenden Schriftsatz preisgegeben werden und (b) infolge der Besichtigung ungerechtfertigt Interna des Anspruchsschuldners bekannt werden können[843] (auch solche ohne Bezug zum konkreten Verfahren)[844] – selbst wenn das nachstehend skizzierte Düsseldorfer Modell das Risiko einer unzulässigen Ausforschung des Antragsgegners im Rahmen des rechtlich Möglichen eingrenzt (dazu auch → Vor § 15 ff. Rn. 22 ff.).[845, 846]   286

bb) Einstweiliger Rechtsschutz – Düsseldorfer Verfahren

Zur Konkretisierung einer Verfahrensordnung können die im Patentrecht als sog. Düsseldorfer Modell/Verfahren entwickelten Grundsätze herangezogen werden.[847]   287

---
837 Dazu bereits *Hauck*, NJW 2016, 2218, 2223; *Büscher/Tochtermann*, § 16 GeschGehG Rn. 7 ff.
838 *Blome/Fritzsche*, NZKart 2019, 247.
839 Weiterführend *Schregle*, GRUR 2019, 912, 913; *Semrau-Brandt*, GRUR-Prax 2019, 127 ff.
840 *Würtenberger/Freischem*, GRUR 2018, 708, 712.
841 Vor Einführung des § 145a PatG: LG München, 20.12.2018 – 7 O 10495/17, BeckRS 2018, 33489 Rn. 217–235 – Qualcomm/Apple; dazu *Semrau-Brandt*, GRUR-Prax 2019, 127 ff.; *Schregle* GRUR 2019, 912, 913.
842 *McGuire*, GRUR 2015, 424, 432; *Ann*, GRUR-Prax 2016, 465, 467 spricht von „Pest (Prozessverlust) und Cholera (Geheimnisverlust)".
843 So gibt es im GeschGehG keine § 140c Abs. 3 Satz 2 und Satz 3 PatG vergleichbare Regelung zum Schutz geheimhaltungsbedürftiger Informationen des Antragsgegners.
844 Ohly/Sosnitza/*Ohly*, § 17 Rn. 57; *McGuire*, GRUR 2015, 424, 430.
845 *Druschel/Jauch*, BB 2018, 1794, 1795.
846 Zum Spannungsfeld von Informations- und Geheimhaltungsinteressen bez. § 140c PatG, *Kreye*, in: FS v. Meibom, S. 241, 248 ff.
847 Zum Modell: Hoppe/Oldekop/*Oldekop*, Kap. 2 Rn. 312 ff.; *Kühnen*, B. Rn. 84 ff.; grundlegend schon *ders*. GRUR 2005, 185 ff.; *Kühnen/Grunwald*, GRUR-Prax 2018, 513 ff.; Kühnen, *McGuire*, GRUR 2015, 424, 430; *Kuta*, Beweissicherung, insbes. 38 ff.; *Deichfuß*, GRUR 2015, 436, 437 ff.; MünchHdBGewRS/*Spuhler*, § 3 Rn. 192; BGH, 16.11.2009 – X ZB 37/08, GRUR 2010, 318 = WRP 2010, 541 – Lichtbogenschnürung (zu § 140c PatG und § 809 BGB nach

§ 6 Beseitigung und Unterlassung

Dieses entkoppelt zum Schutz berechtigter Geheimhaltungsinteressen des Besichtigungsschuldners die unmittelbare Beweissicherung (Besichtigung) von der möglichen späteren Preisgabe der Feststellungen (Besichtigungsergebnis). Dabei dürften die für Geschäftsgeheimnissachen neu eingeführten Regelungen über den prozessualen Geheimnisschutz (§§ 16 ff.) voraussichtlich keine Anpassung oder Modifikation des Düsseldorfer Verfahrens erfordern (zum Düsseldorfer Verfahren auch → Vor §§ 15 ff. A Rn. 19 ff.).[848]

288 Zunächst wird ein Beweissicherungsbeschluss mit einer einstweiligen Duldungs- bzw. Leistungsverfügung kombiniert (je nach Gegenstand: Besichtigung oder Urkundsvorlage).[849] Diese Entscheidung kann bereits vor Durchführung des Hauptprozesses durch Rechtsmittel überprüft werden. Sodann wird das Geheimnis (im Wege der Besichtigung) zunächst einem gerichtlich bestellten Sachverständigen zugänglich gemacht, der zur Verschwiegenheit verpflichtet wird.[850] Dieser darf grds. durch (wenige und namentlich bezeichnete) Prozessbevollmächtigte des Geheimnisinhabers begleitet werden, welche wiederum gegenüber den eigenen Mandanten zur Verschwiegenheit verpflichtet werden.[851] Dabei ist sicherzustellen, dass die Besichtigung auf Vorrichtungen und Vorgänge bzw. Örtlichkeiten beschränkt wird, die für die Klärung der Rechtsverletzung (mutmaßlich) relevant sind.[852] Die zu besichtigenden Sachen bzw. die angestrebten Besichtigungsmaßnahmen sind möglichst genau zu bezeichnen.[853] Wenn das Gericht anhand des Gutachtens eine hinreichend hohe Verletzungswahrscheinlichkeit annimmt, kann die Information im sog. **Freigabeverfahren** an den Antragsteller herausgegeben werden (Rechtsmittel → Rn. 296).[854] Hierbei sind die **Geheimhaltungsinteressen des Besichtigungsschuldners** angemessen zu berücksichtigen und ggf. Schwärzungen zuzulassen.[855] Je eindeutiger die Rechtsverletzung zu verneinen ist, umso weiträumiger ist der Geheimnisschutz zugunsten des Besichtigungsschuldners zu ziehen, sodass bei klarer Nichtverletzung auch solche Passagen des Gutachtens unkenntlich zu machen sind, die nur möglicherweise Rückschlüsse auf geheimhaltungsbedürftige Details zulassen.[856] Sodann sind die Geheimhaltungsinteressen des

---

Maßgabe der Enforcement-RL); *Gniadek*, S. 118; zur Heranziehung des Verfahrens für Geschäftsgeheimnisse nach Geltung des GeschGehG *Reinfeld*, § 4 Rn. 20; H/O/K/*Kalbfus*, § 8 Rn. 75.
848 H/O/K/*Kalbfus*, § 8 Rn. 81; vgl. *Druschel/Jauch*, BB 2018, 1794, 1795 f.
849 *Kühnen*, GRUR 2005, 185 ff.; *Kuta*, Beweissicherung, insbes. 38 ff.; *McGuire*, GRUR 2015, 424, 430.
850 *Deichfuß*, GRUR 2015, 436, 439.
851 Cepl/Voß/*Hahn*, § 485 Rn. 51, 5; *Kreye*, in: FS v. Meibom, S. 241, 249; *Müller-Stoy*, GRUR-RR 2009, 161, 162
852 *Deichfuß*, GRUR 2015, 436, 438.
853 *Kühnen/Grunwald*, GRUR-Prax 2018, 513.
854 Cepl/Voß/*Hahn*, § 485 Rn. 57 ff.; detailliert wiederum *Kühnen*, B. Rn. 128 ff.
855 Vgl. die Erläuterungen bei Ahrens/*Bacher*, Kap. 75 Rn. 38 ff.
856 OLG Düsseldorf, 17.2.2015 – BeckRS 2016, 3768 Rn. 12.

V. Beweisbeschaffung § 6

Antragsgegners mit dem Informationsinteresse des Antragstellers abzuwägen.[857] Eine Herausgabe an den Besichtigungsschuldner begründet regelmäßig keine Probleme.

cc) „Dringlichkeit"?

Für den Erlass einer einstweiligen Verfügung im Verfahren nach § 809 BGB bedarf es nach den allgemeinen zivilprozessualen Regeln eines **Verfügungsgrundes** iSd. §§ 935, 940 ZPO. Die infolge der Durchsetzungsrichtlinie geführte Diskussion um die Reichweite der Sondertatbestände (etwa § 101a Abs. 3 UrhG, § 140c Abs. 3 PatG)[858] und deren etwaige „Fiktion" der Dringlichkeit[859] greift im Anwendungsbereich der RL 2016/943/EU nicht, weil die Richtlinie Besichtigungsverfahren ausklammert und das GeschGehG folglich keinen entsprechenden Sondertatbestand enthält.[860] Im allgemeinen Anwendungsbereich ist umstritten, inwieweit es für eine Besichtigungsverfügung im Rahmen des Düsseldorfer Verfahrens in (zeitlicher) Hinsicht eines Verfügungsgrundes bedarf.[861] Wegen der naheliegenden Gefahr, dass Beweismittel nach einer Abmahnung/Gelegenheit zur Stellungnahme nicht mehr greifbar sind, wird bei Vorlage- und Besichtigungsansprüchen zumindest häufig von der erforderlichen Dringlichkeit auszugehen sein (vgl. auch Art. 50 Abs. 2 TRIPS).[862] Es ist in Geheimnissachen aber auch eine Dringlichkeit ohne Gefahr der Beweisvereitelung möglich.[863] Wenn die Gefahr der Beweisvereitelung positiv ausgeschlossen werden kann, erfordert jedoch auch eine anhörungslose Beweissicherung im Lichte der verfassungsgerichtlichen Rechtsprechung regelmäßig (oben → Rn. 206 ff.) besonderen Vortrag. Kritisch sind schließlich Sachverhalte, bei denen (1) keine Vereitelungsgefahr besteht und bei denen sich der Inhaber (2) objektiv „unangemessen" lange Zeit mit der Stellung des Besichtigungsantrages gelassen hat.[864] Es ist dann im Einzelfall zu erwägen, wann die Annahme dringlichkeits-

289

---

857 BGH, 16.11.2009 – X ZB 37/08, GRUR 2010, 318 = WRP 2010, 541 Rn. 35 – Lichtbogenschnürung.
858 *Gniadek*, S. 102 f.; *Köklü/Müller-Stoy*, Mitt. 11, 109 ff.; *Stjerna*, Mitt. 11, 271 ff.; zu § 140c PatG *Kühnen*, B Rn. 111 (Fn. 102, 103 mwN auch zum Streitstand).
859 Zu § 140c PatG *Kühnen*, B Rn. 111.
860 Dazu auch OLG Nürnberg, 17.8.2015 – 3 W 1412/15, GRUR-RR, 2016, 108 Rn. 7 ff.; OLG Karlsruhe, 18.5.2010 – 6 W 28/10, BeckRS 2011, 18386.
861 Zum GeschGehG H/O/K/*Kalbfus*, § 8 Rn. 81 mwN; als Bsp. aus der Rspr. Besichtigungsverfahren auch ohne zeitliche Dringlichkeit OLG Düsseldorf, 17.3.2011 – I-2 W 5/11, GRUR 2011, 289, 290 – Später Besichtigungsantrag (Patentrecht); für die Notwendigkeit der Dringlichkeit OLG Nürnberg, 17.8.2015 – 3 W 1412/15, GRUR-RR 2016, 108 Rn. 7 ff. (Urheberrecht) und OLG Karlsruhe, 18.5.2010 – 6 W 28/10, BeckRS 18386; zum Streit auch *Mes*, § 140c PatG Rn. 35 mwN.
862 So zu § 140c PatG Benkard/*Grabinski/Zülch*, § 140c Rn. 21.
863 *Kühnen*, GRUR 2005, 185, 194 mit Bezug auf den zeitlich begrenzten Unterlassungsanspruch aus einem Patent.
864 Zur Konstellation schon *Kühnen*, GRUR 2005, 185, 194.

§ 6 Beseitigung und Unterlassung

schädlichen Zuwartens[865] gerechtfertigt ist und ob angesichts des Verhaltens des Antragstellers eine Geltendmachung im Hauptsacheverfahren zumutbar erscheint.[866]

dd) Streitwert

290 Für die Bemessung des Streitwerts eines Besichtigungsanspruchs kann auf die Grundsätze zur Bemessung des Streitwerts eines Auskunftsanspruchs zurückgegriffen werden, der gleichfalls der Vorbereitung eines Hauptanspruchs dient. Regelmäßig kann von **1/10 bis zu einem 1/4** des Werts des Hauptanspruchs ausgegangen werden.[867] Mitunter kann der Streitwert aber auch der wirtschaftlichen Bedeutung der Hauptsacheklage entsprechen.[868] Nach Auffassung des BGH ist das Auskunftsinteresse des Antragstellers umso höher anzusetzen, je geringer seine Kenntnisse und sein Wissen über die zur Begründung des Leistungsanspruchs maßgeblichen Tatsachen sind.[869] Wird die Duldung der Begutachtung mittels einer einstweiligen Verfügung angeordnet, beträgt der Streitwert für das einstweilige Verfügungsverfahren wiederum (Duldungsanordnung bzw. Leistungsanordnung bei der Urkundenvorlage) einen Bruchteil des Beweissicherungsverfahrens (üblicherweise 1/4 – 1/5).[870] Der Streitwert des selbstständigen Beweisverfahrens entspricht demgegenüber dem vollen Wert eines Hauptsacheverfahrens über die Ansprüche, auf deren Begründung sich die Beweiserhebung bezieht.[871]

ee) Kosten

291 Die **Kosten der Besichtigung** sind vom Veranlasser zu tragen, § 811 Abs. 2 Satz 1 BGB; Entsprechendes gilt für eine Beschädigung oder die Zerstörung der Sache.

292 Im selbstständigen Beweisverfahren ergeht dabei **grundsätzlich keine Kostenentscheidung**, sondern seine Kosten bilden einen Teil der Kosten des sich anschließenden Hauptsacheverfahrens, über die in der Regel in diesem nachgelagerten Verfahren entschieden wird. Für eine dortige Kostenentscheidung auch über die Beweissicherung ist allerdings erforderlich, dass zumindest ein Teil der Streitge-

---

865 Dazu OLG Nürnberg, 17.8.2015 – 3 W 1412/15, GRUR-RR, 2016, 108 Rn. 18 („mindestens zwei Monate" sind dringlichkeitsschädlich).
866 Benkard/*Grabinski/Zülch*, § 140c Rn. 21.
867 BGH, 31.3.2010 – I ZR 27/09, BeckRS 2010, 11845 Rn. 4–5; BGH, 25.1.2006 – IV ZR 195/04, ZEV 2006, 265 Rn. 4.
868 Vgl. Cepl/Voß/*Zöllner*, § 3 Rn. 35 mwN.
869 BGH, 31.3.2010 – I ZR 27/09, BeckRS 2010, 11845 Rn. 4; BGH, 25.1.2006 – IV ZR 195/04, ZEV 2006, 265 Rn. 4.
870 *Mes*, § 140c PatG Rn. 41; Cepl/Voß/*Zöllner*, § 3 Rn. 35; OLG Düsseldorf, 21.7.2011 – 2 W 23/11, BeckRS 2012, 4014.
871 Ahrens/*Bacher*, Kap. 75 Rn. 65 mwN; BGH, 16.9.2004 – III ZB 33/04, NJW 2004, 3488, 3489 f.

genstände von Besichtigungs- und Hauptsacheverfahren – sowie die Parteien – identisch sind.[872]

Soweit eine Kostenentscheidung in einem selbstständigen Beweisverfahren von der Prozessordnung überhaupt vorgesehen ist, erfolgt sie gegen den Antragsteller (**§ 494a Abs. 2 ZPO**), denn wenn es nicht zu einem Hauptsacheverfahren kommt (weil der Antragsteller nach Durchführung der Beweisaufnahme von der Einleitung des Hauptsacheverfahrens absieht), soll der Antragsgegner durch § 494a ZPO so gestellt werden, als habe er obsiegt.[873] Im Falle des beendeten Beweisverfahrens kann das Gericht daher auf Antrag eine Frist zur Klageerhebung setzen. Im Falle der **Antragsrücknahme** oder Zurückweisung wegen **Unzulässigkeit** kann eine Kostenentscheidung analog § 269 Abs. 3 Satz 2 ZPO erfolgen;[874] das kann bspw. gelten, wenn der Antragsteller den vom Gericht angeforderten Auslagenvorschuss nicht einzahlt und die beantragte Beweiserhebung deshalb unterbleibt.[875] Diese Kostenfolgen sind jedoch nur im Rahmen des selbstständigen Beweisverfahrens auszusprechen, wenn kein Hauptsacheverfahren anhängig ist, dessen Parteien und Streitgegenstand mit denjenigen des selbstständigen Beweisverfahrens identisch sind.[876] Hingegen kommt eine entsprechende Anwendung von **§ 91a ZPO nicht** in Betracht. Dies ist nach Rechtsprechung des BGH unabhängig davon, ob die Erledigung einseitig durch den Antragsteller[877] oder übereinstimmend[878] von Antragsteller und Antragsgegner erklärt wird.[879] Eine einseitige **Erledigungserklärung** ist in eine Antragsrücknahme umzudeuten.[880]

293

Mithin kommt eine **Kostenentscheidung zugunsten des Antragstellers** im selbstständigen Beweisverfahren **nicht** in Betracht. Das ist dann misslich, wenn der Antragsteller insoweit tatsächlich erfolgreich war, als der Antragsgegner nach Erhebung des beantragten Beweises eine Handlung vornimmt, die das Interesse des Antragstellers entfallen lässt, den Antragsgegner hierauf klageweise in Anspruch zu nehmen (bspw. stellt der Antragsgegner die Verletzungshandlung ein). Bezüglich der Kosten des selbstständigen Beweisverfahrens kann der Antragsteller dann grundsätzlich das Hauptsacheverfahren mit der Klage auf **Feststellung** führen, dass der Antragsgegner zu der vorgenommenen Handlung verpflichtet war. Obsiegt er in diesem Verfahren, erreicht er eine Kostengrundentscheidung, die die Kosten des selbstständigen Beweisverfahrens umfasst; auch die unmittelbare Geltendmachung

294

---

872 *Kühnen*, B. Rn. 169 mwN.
873 BGH, 10.10.2017 – VI ZR 520/16, NJW 2018, 402 Rn. 13.
874 BGH, 14.12.2016 – VII ZB 29/16, MDR 2017, 598 Rn. 16 ff.; *Kühnen*, B. Rn. 174.
875 BGH, 10.10.2017 – VI ZR 520/16, NJW 2018, 402 Rn. 14.
876 BGH, 28.4.2015 – VI ZB 36/14, MDR 2015, 974 Rn. 8.
877 BGH, 9.5.2007 – IV ZB 26/06, NJW 2007, 3721 Rn. 8 ff. mwN.
878 BGH, 24.2.2011 – VII ZB 108/08, NJW-RR 2011, 931 Rn. 7 ff.
879 BGH, 10.10.2017 – VI ZR 520/16, NJW 2018, 402 Rn. 15.
880 BGH, 28.4.2015 – VI ZB 36/14, MDR 2015, 974 Rn. 8.

§ 6 Beseitigung und Unterlassung

eines materiell-rechtlichen Kostenerstattungsanspruchs im Wege der **Leistungsklage** kommt in Betracht.[881]

295 Das Schicksal der **Kosten der Begleitverfügung** (nach der Erledigung) ist umstritten: Bei der Entscheidung nach § 91 ZPO (einseitige Erledigungserklärung) bzw. § 91a ZPO (übereinstimmende Erledigungserklärung) ist entweder danach zu entscheiden, ob die „hinreichende Wahrscheinlichkeit einer Rechtsverletzung" im Zeitpunkt der Antragsstellung maßgeblich ist oder das Ergebnis der Beweisaufnahme (entscheidend) zu berücksichtigen ist.[882] Angesichts der geringen Voraussetzungen für den Erlass von Maßnahmen der Beweissicherung ist auf der Ebene der Kosten den Interessen des Schuldners – dem im Regelfall vorab kein rechtliches Gehör gewährt wurde – Rechnung zu tragen. Die Kosten richten sich daher nach dem **Ergebnis der Beweisaufnahme**: War die Beweisaufnahme unergiebig oder hat sie sogar den Verdacht der Rechtsverletzung ausgeräumt, trägt der Antragsteller die Kosten.[883] Es ist schlicht eine Frechheit, dem Schuldner in einem solchen Fall auch noch die Kosten seiner Inanspruchnahme aufzubürden – ohne eigene Anhörung und ohne Schlüssigkeits- oder Erheblichkeitsprüfung des Anspruchs des Gläubigers.

ff) Rechtsmittel

296 Im **Hauptsacheverfahren** gelten die allgemeinen Regeln. Der Beschluss zur Anordnung des selbstständigen Beweisverfahrens an sich ist gem. § 490 Abs. 2 Satz 2 ZPO nicht anfechtbar und auch eine Gehörsrüge nach § 321a ZPO verspricht keinen Erfolg.[884] In Einzelfällen kann eine Gegenvorstellung zum Vorbringen relevanter Tatsachen – bspw. des Verdachts der Befangenheit des Gutachters – angezeigt sein, da das Gericht seine Anordnung jederzeit aufheben oder abändern kann.[885] Demgegenüber ist die Ablehnung der Anordnung des selbstständigen Beweisverfahrens nach § 567 Abs. 1 Nr. 2 ZPO mit der sofortigen Beschwerde angreifbar.[886]

297 Im **kombinierten Verfügungs- und Besichtigungsverfahren** ist zwischen den Verfahrensteilen zu differenzieren: Es muss dem von einer solchen Maßnahme betroffenen vermeintlichen Rechtsverletzer gegen die erlassene einstweilige Verfügung gemäß §§ 936, 924 Abs. 1 ZPO der Widerspruch zustehen, woraufhin über die

---

881 BGH, 10.10.2017 – VI ZR 520/16, NJW 2018, 402 Rn. 19: Solange kein Hauptsacheprozess iSd. § 494a ZPO – und sei es auch nur in Gestalt einer Feststellungsklage – geführt wurde bzw. wird oder auch nur ein Antrag nach § 494a I ZPO gestellt wurde, können die Kosten eines selbstständigen Beweisverfahrens im Wege der Leistungsklage und – bei Vorliegen der übrigen Voraussetzungen – gestützt auf den materiell-rechtlichen Kostenerstattungsanspruch geltend gemacht werden.
882 Zum Streit Ahrens/*Bacher*, Kap. 75 Rn. 62 (mwN); für den Zeitpunkt der Antragstellung bspw. *Zöllner*, GRUR-Prax 2010, 74, 79.
883 Vgl. *Kühnen*, C Rn. 176, 177 mwN; Ahrens/*Bacher*, Kap. 75 Rn. 62.
884 *Kühnen*, B. Rn. 163; OLG Düsseldorf, 19.9.2007 – 2 W 21/07, BeckRS 2008, 7989 Rn. 30.
885 *Kühnen*, B. Rn. 163.
886 Ahrens/*Bacher*, Kap. 75 Rn. 50 mwN.

Rechtmäßigkeit der einstweiligen Verfügung zu entscheiden ist (vgl. §§ 936, 925 Abs. 1 ZPO).[887] Allerdings wird überwiegend angenommen, der Verfügungsteil sei durch Duldung der Besichtigung/Herausgabe der Urkunde **erledigt**.[888] Dies zwingt dann den Antragsteller zu einer entsprechenden Erklärung.[889]

Von der Entscheidung über die Anordnung des selbstständigen Beweisverfahrens zu unterscheiden ist in jedem Fall wiederum die Frage der Überprüfbarkeit der Entscheidung über die **Herausgabe des Gutachtens**. Diese betrifft nicht den Beschluss nach § 490 Abs. 1 ZPO über die Einleitung des Verfahrens nach §§ 485 ff. ZPO und ist daher auch nicht von der Sperre des § 490 Abs. 2 Satz 2 ZPO erfasst. Vielmehr ist die Freigabeentscheidung nach allgemeinen Grundsätzen mit der **sofortigen Beschwerde** anfechtbar, § 567 Abs. 1 Nr. 2 ZPO.[890]   298

3. Weitere Möglichkeiten der Beweisbeschaffung

Sind die vorgenannten Möglichkeiten zur Beweisbeschaffung nicht hinreichend oder scheiden aus, weil der Geheimnisinhaber den Verstoß gegen § 4 nicht hinreichend darlegen kann (→ Rn. 246 ff.), stellt sich die Frage, welche sonstigen Möglichkeiten zur Erlangung der notwendigen Informationen in Betracht kommen.   299

In der Literatur wird in diesem Zusammenhang regelmäßig der Weg über **ein strafrechtliches Ermittlungsverfahren** als probates Mittel genannt.[891] Der Geheimnisinhaber könne sich über den „Umweg" der Stellung eines Strafantrags und späterer Einsichtnahme in die strafrechtliche Ermittlungsakte (§ 406e StPO) das weitergehende Instrumentarium von Zwangsmaßnahmen, welches die Strafprozessordnung der Staatsanwaltschaft gewährt (zB Durchsuchung oder Beschlagnahme), zunutze machen und so die gewonnenen Erkenntnisse im Zivilprozess einbringen (vgl. → Vor §§ 15 ff. D Rn. 4 ff.). Für die Gewährung von Akteneinsicht, die nur über einen Rechtsanwalt erfolgen kann, muss ein berechtigtes Interesse dargelegt werden (eingehend → Vor §§ 15 ff. D Rn. 10 ff.). Dieses besteht insbes., wenn die Akteneinsicht zur Prüfung der Frage dienen soll, ob und in welchem Umfang der Verletzte gegen den Beschuldigten bürgerlich-rechtliche Ansprüche geltend machen kann.[892] Ob dagegen die bloße Beweissicherung für die Annahme eines berechtigten Interesses iSv. § 406e StPO ausreicht, ist umstritten.[893] Allerdings ist zu be-   300

---

887 OLG Düsseldorf, 19.9.2007 – 2 W 21/07, BeckRS 2008, 7989 Rn. 29.
888 Ahrens/*Bacher*, Kap. 75 Rn. 47 mwN; gegen diese pauschale Annahme *Eck/Dombrowski*, GRUR, 2008, 387, 391, die zwischen Besichtigung durch den Antragsteller und Besichtigung durch den Sachverständigen unterscheiden – Letzteres könne den Anspruch nach § 809 BGB nicht erledigen, weil dieser darauf gerichtet ist, dass der Besichtigungsgläubiger die zu besichtigende Sache selbst in Augenschein nimmt.
889 Bspw. Benkard/*Grabinski/Zülch*, § 140c Rn. 36.
890 *Kühnen*, GRUR 2005, 185, 193; OLG Düsseldorf, 19.9.2007 – 2 W 21/07, BeckRS 2008, 7989 Rn. 31; Ahrens/*Bacher*, Kap. 75 Rn. 51.
891 Vgl. etwa *Dannecker*, BB 1987, 1614, 1621; *Kalbfus*, Rn. 265 u. 475; *Kiethe/Groeschke*, WRP 2005, 1358, 1359; *Kragler*, wistra 1983, 2, 4; *Westermann*, Kap. 6 Rn. 6; *ders.*, GRUR 2007, 116, 118.

§ 6 Beseitigung und Unterlassung

achten, dass die Akteneinsicht gem. § 406e Abs. 2 StPO zu versagen ist, wenn bspw. überwiegende schutzwürdige Interessen des Beschuldigten entgegenstehen. Dies wird dann insbes. der Fall sein, soweit die Strafakte Geheimnisse des Beschuldigten enthält; insoweit besteht auch kein Besichtigungsanspruch hinsichtlich dieser Unterlagen aus § 809 BGB.[894]

301 Hat der Rechtsverletzer aus dem Ausland heraus gehandelt (Stichwort: Cyberspionage) oder wurde das Geschäftsgeheimnis in das Ausland weitergegeben, kann eine **Beweisbeschaffung nach ausländischem Recht** ins Auge gefasst werden. Zu denken ist hier bspw. an eine **search-order** in England und Wales,[895] eine **Saisie-Contrefaçon** nach französischem und belgischem Recht,[896] eine **descrizione** in Italien[897] oder eine **Discovery** in den USA gem. 28 U.S.C. § 1782.[898] Letztere ist von besonderem Interesse, da deutsche Gerichte eine Verwertung von im Rahmen einer Discovery erlangten Beweismitteln nur in Ausnahmefällen verweigern dürfen und das Verfahren der Vorbereitung von Rechtsstreiten in anderen Rechtsordnungen dient.[899]

302 Der Nachweis einer unlauteren Erlangung oder Weitergabe eines Geschäftsgeheimnisses wird oftmals nur mittels **Zeugenaussagen** zu führen sein. Handelt es sich bei dem potenziellen Zeugen um einen Mitarbeiter des mutmaßlichen Rechtsverletzers, wird der Zeuge oftmals ein hohes Interesse daran haben, für seinen Arbeitgeber unerkannt zu bleiben und die Offenbarung seines Wissens von der Wahrung seiner Anonymität abhängig machen. Eine anonyme Vernehmung ist indes wegen § 395 Abs. 2 ZPO nicht zulässig ggf. kann die Aussage jedoch auf mittelbarem Weg über einen **Zeugen vom Hörensagen** (freilich mit der damit einhergehenden geringeren Beweiskraft[900]) in den Prozess eingeführt werden.[901]

303 Schließlich können im Einzelfall **gerichtliche Anordnungen gem. §§ 142, 144 ZPO** ein probates Mittel sein, um die benötigten Beweismittel zu beschaffen.[902] Diese Regelungen stellen Modifikationen des Beibringungsgrundsatzes dar, durch die das Gericht in die Lage versetzt wird, im Rahmen seiner materiellen Prozeslei-

---

892 BVerfG, 24.9.2002 – 2 BvR 742/02, NJW 2003, 501, 503; BVerfG, 5.12.2006 – 2 BvR 2388/06, NJW 2007, 1052, 1053; Meyer-Goßner/Schmitt/*Schmitt*, § 406e StPO Rn. 3; ausführlich Hoppe/Oldekop/*Oldekop*, Kap. 2 Rn. 161 ff.
893 Vgl. die Nachweise bei Meyer-Goßner/Schmitt/*Schmitt*, § 406e StPO Rn. 3.
894 LAG Baden-Württemberg, 8.4.2013 – 9 Sa 92/12, GRUR-Prax 2013, 368, 368 (m. Anmerkung *Mayer*).
895 *Enchelmaier*, GRUR Int. 2012, 503 ff.; *Nieder*, Patentverletzung, Rn. 187 f.
896 *Nieder*, Patentverletzung, Rn. 185 f.; *Treichel*, GRUR Int. 2001, 690 ff.
897 *Casucci*, IIC 2000, 692 ff.
898 *Schönknecht*, GRUR Int. 2011, 1000 ff.
899 Cepl/Voß/*Hahn*, Vor § 485 ZPO Rn. 33; *Dombrowski*, GRUR-Prax 2016, 319, 320; *Schönknecht*, GRUR Int. 2011, 1000 ff.; *U.S. Court of Appeals for the Seventh Circuit*, 24.1.2011, GRUR Int. 2011, 361 – Heraeus Kulzer v. Biomet.
900 BGH, 3.5.2006 – XII ZR 195/03, NJW 2006, 3416 Rn. 21.
901 *Drescher*, S. 575 ff.; *Foitzik/Poschitz*, GWR 2016, 499 ff. Letztere mit best practices.
902 Zum Ganzen *Drescher*, S. 567 f.

tung die Vorlage von Urkunden (§ 142 ZPO) sowie die Einnahme des Augenscheins oder eine Begutachtung durch einen Sachverständigen (§ 144 ZPO) von Amts wegen anzuordnen, um sich möglichst frühzeitig einen umfassenden Überblick über den Prozessstoff zu verschaffen.[903] Da die Anforderungen an die Beweismittelvorlage nicht umgangen werden dürfen, setzt ein solches Vorgehen allerdings entweder voraus, dass die jeweiligen Tatsachen unstreitig sind,[904] oder – soll die Anordnung der **Aufklärung eines streitigen Sachverhalts** dienen – zusätzlich die allgemeinen Voraussetzungen an eine Beweiserhebung erfüllt sein. Der Geheimnisinhaber muss die zu beweisenden Tatsachen mithin **hinreichend substantiiert** vortragen (Anknüpfungstatsachen); die bloße Behauptung der Existenz nicht näher konkretisierter Unterlagen reicht hingegen nicht aus.[905] Eine Anordnung nach §§ 142, 144 ZPO ist somit immer dann unzulässig, wenn ein entsprechender Beweisantrag als Ausforschung zurückzuweisen wäre.[906]

Zudem muss das Gericht vor der Anordnung der genannten Maßnahmen ihren möglichen Erkenntniswert, die Verhältnismäßigkeit sowie berechtigte Belange des Geheimnisschutzes auf Seiten des Verpflichteten berücksichtigen.[907] Insoweit sind die Wertungen des § 809 BGB (→ Rn. 266 ff.) als Richtschnur heranzuziehen.[908] Dies bedeutet, dass eine Anordnung nur ergehen darf, wenn eine **hinreichende Wahrscheinlichkeit der Geheimnisverletzung** (mehr als ein erster Anschein) dargelegt wurde, und die Anordnung geeignet, erforderlich und verhältnismäßig ist.[909] Im Rahmen der Verhältnismäßigkeitsprüfung sind insbesondere **berechtigte Geheimhaltungsinteressen** des Verpflichteten einzubeziehen.[910]

4. Beweisverwertungsverbote

Bei der Beschaffung von Beweismitteln ist stets deren spätere Verwertbarkeit im Auge zu behalten. Dies gilt in besonderem Maße bei Maßnahmen gegenüber eigenen (der Geheimnisverletzung verdächtigen) Mitarbeitern. Gerade bei der (Video-)Überwachung von Arbeitnehmern, der Einsichtnahme in E-Mails von Mitarbeitern oder bei Spindkontrollen sind stets die gesetzlichen Vorgaben zu beachten, da die

---

903 MK-ZPO/*Fritsche*, § 144 Rn. 1; Musielak/Voit/*Stadler*, § 142 und § 144 jeweils Rn. 1; BeckOK ZPO/*von Selle* [1.3.2021], § 144 Rn. 1.
904 Stein/Jonas/*Althammer*, § 144 Rn. 7.
905 Stein/Jonas/*Althammer*, § 144 Rn. 3, 14; Musielak/Voit/*Stadler*, § 144 Rn. 1, 3; BeckOK ZPO/ *von Selle* [1.3.2021], § 144 Rn. 1, 3; vgl. BGH, 26.6.2007 – XI ZR 277/05, NJW 2007, 2989, 2992.
906 BT-Drs. 14/6036, S. 120; Stein/Jonas/*Althammer*, § 144 Rn. 14; Musielak/Voit/*Stadler*, § 144 Rn. 3; BeckOK ZPO/*von Selle* [1.3.2021], § 144 Rn. 3.
907 BGH, 26.6.2007 – XI ZR 277/05, NJW 2007, 2989, 2992; Zöller/*Greger*, § 142 Rn. 8; *McGuire*, GRUR 2015, 424, 429.
908 Ahrens/*Bacher*, Kap. 75 Rn. 55 u. 59; Tilmann/Schreiber, GRUR 2006, 962, 967.
909 BGH, 18.12.2012 – X ZR 7/12, GRUR 2013, 316 – Rohrmuffe; BGH, 1.8.2006 – X ZR 114/03, GRUR 2006, 962, 966 – Restschadstoffentfernung; Stein/Jonas/*Althammer*, § 142 Rn. 10 f., § 144 ZPO Rn. 15; *Götz*, S. 231; Cepl/Voß/*Hahn*, Vor § 485 ZPO Rn. 24.
910 *Drescher*, S. 568 f.

§ 6 Beseitigung und Unterlassung

Erkenntnisse andernfalls einem Verwertungsverbot im Prozess unterliegen können.[911] Auch Beweismittel, die durch das Einschleusen eigener Spione in den Betrieb des mutmaßlichen Rechtsverletzers erlangt wurden, dürften in aller Regel prozessual unverwertbar sein.[912]

VI. Verjährung

306 Die Ansprüche aus § 6 verjähren nach den **allgemeinen Vorschriften des BGB** (§§ 195, 199).[913] Das folgt daraus, dass eine spezialgesetzliche Regelung nur für den Herausgabeanspruch nach Eintritt der Verjährung getroffen wurde, vgl. § 13 Satz 2. § 11 UWG ist mangels planwidriger Regelungslücke nicht analog anwendbar.[914] Die Richtlinie verlangt im Übrigen in Art. 8 Abs. 1 nur, dass eine Verjährung der Ansprüche und Klagen gemäß der RL geregelt sein muss. In Art. 8 Abs. 2 ist zudem eine maximale Verjährungsfrist für diese Ansprüche iHv. 6 Jahren vorgesehen (wie für § 13 Satz 2 umgesetzt).

307 Zu denken ist ggü. **Arbeitnehmern** als Anspruchsschuldner jedoch an **§ 61 Abs. 2 HGB**[915] (zur Anwendung der §§ 15–22 in arbeitsrechtlichen Verfahren → Vor §§ 15 ff. A Rn. 26 ff.[916]): Das BAG geht insoweit davon aus, dass die dreimonatige Verjährungsfrist des § 61 HGB Abs. 2 HGB nicht nur auf sämtliche Ansprüche aus § 60 iVm. § 61 Abs. 1 HGB Anwendung findet, sondern auch aus Wettbewerbsverstößen resultierende konkurrierende vertragliche oder **deliktische Ansprüche** des Arbeitgebers erfasst.[917] Dies gilt unabhängig davon, ob es sich um deliktische Ansprüche aus § 823 Abs. 1 BGB oder solche aus § 823 Abs. 2 BGB iVm. einem Schutzgesetz wie etwa § 17 UWG aF handelt.[918] Ausgenommen sind somit lediglich Ansprüche, deren Entstehung nicht auf dem Wettbewerbsverstoß (gegen § 60 HGB) beruht (pflichtwidrige Vermögensverfügungen oder andere Handlungen zulasten des Arbeitgebers ohne Wettbewerbsbezug). Der Anwendungsbereich der Norm erstreckt sich – ebenso wie der des § 60 HGB – auf die Arbeitsverhältnisse sämtlicher Arbeitnehmer, nicht nur auf Handlungsgehilfen.[919] Für die Übertragung auf Ansprüche nach dem GeschGehG[920] spricht die Begründung des BAG, wonach

---

911 Vgl. BAG, 1.6.2012 – 2 AZR 153/11, NZA 2012, 1025; BAG, 27.3.2003 – 2 AZR 51/02, NJW 2003, 3437; LAG Hamm, 24.7.2001 – 11 Sa 1524/00, NZA-RR 2002, 464; zu Einzelheiten *Byers*, S. 61 ff.; *Venetis/Oberwetter*, NJW 2016, 1051.
912 Vgl. BGH, 16.3.1973 – I ZR 154/71, GRUR 1973, 483 – Betriebsspionage.
913 BT-Drs. 19/4724, S. 17; Büscher/*Tochtermann*, § 6 GeschGehG Rn. 20; K/B/F/*Alexander*, § 6 GeschGehG Rn. 39, BeckOK UWG/*Hohn-Hein*, § 6 GeschGehG Rn. 21.
914 K/B/F/*Alexander*, § 6 GeschGehG Rn. 39.
915 *Reinfeld*, § 4 Rn. 40 ff.
916 BT-Drs. 19/4724, S. 34; *Naber/Peukert/Seeger*, NZA 2019, 583, 587.
917 BAG, 30.5.2018 – 10 AZR 780/16, NZA 2018, 1425 Rn. 44.
918 BAG, 30.5.2018 – 10 AZR 780/16, NZA 2018, 1425 Rn. 45 mit ausdrücklichem Bezug auf die Fallgestaltung in BAG, 11.12.1990 – BAG 3 AZR 407/89, BeckRS 1990, 31017310.
919 BAG, 30.5.2018 – 10 AZR 780/16, NZA 2018, 1425 Rn. 44.
920 Auch *Reinfeld*, § 4 Rn. 40.

die Erstreckung auf konkurrierende Ansprüche eine schnelle Klärung und Bereinigung der sich aus der Wettbewerbstätigkeit ergebenden Rechtsfolgen erreichen soll. Der Berechtigte soll zur baldigen Entscheidung veranlasst werden, ob er Ansprüche aus der Vertragsverletzung ableiten will. Dieser Zweck würde vereitelt, wenn nach dem Ablauf der kurzen Verjährungsfrist für den vertraglichen Anspruch der Verpflichtete weiter der Gefahr ausgesetzt bliebe, aus dem gleichen Sachverhalt – wenn auch mit einer anderen rechtlichen Begründung – in Anspruch genommen zu werden.[921]

VII. Alt- und Übergangsfälle

Das GeschGehG enthält keine Übergangsregelungen für Alt- und Übergangsfälle. Es ist eine Vielzahl von Konstellationen für die verschiedenen Ansprüche nach dem GeschGehG denkbar.[922] 308

Die Begründetheit des zukunftsgerichteten Unterlassungsanspruchs hängt nach der geläufigen Formulierung von der Beurteilung der Sach- und Rechtslage im Zeitpunkt der „letzten mündlichen Verhandlung" ab;[923] konkret ist der auf die Abwehr künftiger Rechtsverstöße gerichtete Anspruch, wenn auf der Grundlage des zum Zeitpunkt der Entscheidung in der Revisionsinstanz geltenden Rechts Unterlassung verlangt werden kann.[924] Soweit ein Unterlassungsanspruch auf **Wiederholungsgefahr** gestützt wird, ist er nur begründet, wenn das beanstandete Verhalten sowohl zum Zeitpunkt seiner Vornahme rechtswidrig war als auch zum Zeitpunkt der Entscheidung in der Revisionsinstanz noch rechtswidrig ist.[925] Es sind verschiedene Grundkonstellationen zu unterscheiden: (1) Ein nach alter Rechtslage (§§ 17 ff. UWG aF) rechtswidriges Verhalten begründet eine Wiederholungsgefahr, wenn das Verhalten auch nach dem GeschGehG rechtswidrig ist. (2) Ein nach alter Rechtslage (§§ 17 ff. UWG aF) rechtswidriges, aber nach dem GeschGehG rechtmäßiges Verhalten, begründet keine Wiederholungsgefahr[926] (diese kann bspw. dann relevant werden, wenn sich die engere Definition des Geschäftsgeheimnisses nach der neuen Rechtslage nachteilig auswirkt); nichts anderes dürfte gelten, wenn sich die Rechtsprechung so ändert, dass ein inländisch als rechtswidrig beurteiltes Verhalten infolge einer Auslegungsentscheidung des EuGH als zulässig zu beurteilen ist.[927] (3) Ein gegenwärtig drohendes und nach alter Rechtslage (§§ 17 ff. UWG aF) rechtmäßiges, aber nach dem GeschGehG (oder einer entsprechenden Auslegungsent- 309

---

921 BAG, 30.5.2018 – 10 AZR 780/16, NZA 2018, 1425 Rn. 45.
922 Überblick bei *Hoppe/Oldekop*, GRUR-Prax 2019, 324 ff.; G/L/D/*Harte-Bavendamm*, § 77 Rn. 1 b ff.; Hoppe/Oldekop/*Hoppe*, Kap. 1 Rn. 20 ff., 617 ff.
923 Dazu Büscher/*McGuire*, Einl. GeschGehG Rn. 25; *Hoppe/Oldekop*, GRUR-Prax 2019, 324, 325.
924 BGH, 20.12.2018 – I ZR 112/17, NJW 2019, 763 Rn. 16 – Crailsheimer Stadtblatt II.
925 BGH, 16.11.2017 – I ZR 161/16, GRUR 2018, 535 Rn. 15 – Knochenzement.
926 So auch H/O/K/*Ohly*, § 6 Rn. 37.
927 Dazu auch H/O/K/*Ohly*, § 6 Rn. 37.

scheidung) rechtswidriges Verhalten, begründet keine Wiederholungs-, aber möglicherweise – im Einzelfall – eine Erstbegehungsgefahr.[928]

310 Mit Blick auf die alte Rechtslage ist formal schließlich noch zu differenzieren zwischen (a) der Zeit vor dem Inkrafttreten der Richtlinie, (b) der Zeit nach ihrem Inkrafttreten bis zum Ablauf der Umsetzungsfrist und (c) dem anschließenden Zeitraum zwischen Ablauf der Umsetzungsfrist bis zum Inkrafttreten des GeschGehG.[929]

311 Für den Beseitigungsanspruch als ebenfalls in die Zukunft gerichteten Abwehranspruch gelten die vorstehenden Grundsätze entsprechend. Die Beseitigung hängt mithin von der Beurteilung der Sach- und Rechtslage im Zeitpunkt der letzten mündlichen Verhandlung in der Tatsacheninstanz ab. Ein nach alter Rechtslage rechtswidriges Verhalten (das nach neuer Rechtslage rechtmäßig ist) kann dennoch in einen gegenwärtigen rechtswidrigen Zustand fortwirken, etwa, weil der Rechtsverletzer wegen der in der Vergangenheit rechtswidrigen Handlung einen zeitlichen Vorsprung erlangt hat. Die Relevanz dieser Konstellation dürfte jedoch mit zunehmendem Zeitablauf stark abnehmen.

VIII. Konkurrenzen

312 Die unabhängigen Ansprüche auf Unterlassung und Beseitigung aus § 6 Satz 1 stehen nebeneinander. Zudem ist die parallele Anwendung von § 6 und den speziellen Beseitigungsansprüchen entsprechend § 7 möglich.[930] Es kann zu Überschneidungen zwischen Unterlassungs- und Beseitigungsanspruch kommen, soweit die Beseitigung eines fortdauernden rechtswidrigen Zustandes Voraussetzung einer künftigen Nicht-Zuwiderhandlung ist.[931] Zudem kann auch der (allerdings verschuldensabhängige und auf den Ersatz von Vermögensnachteilen gerichtete) Schadensersatzanspruch nach § 10 geltend gemacht werden, Art. 12 Abs. 4 RL 2016/943/EU.

313 Ferner stehen die Ansprüche auf Unterlassung und Beseitigung aus § 6 Satz 1 grundsätzlich neben den entsprechenden Ansprüchen der Immaterialgüterrechte, etwa § 97 Abs. 1 UrhG und § 42 Abs. 1 DesignG sowie des Lauterkeitsrechts, § 8 UWG – wenn ein spezifisches unlauteres Verhalten neben den Tatbestand der Geheimnisverletzung als solchen tritt.[932] Die genannten Normen haben jeweils beson-

---

928 *Hoppe/Oldekop*, GRUR-Prax 2019, 324, 325; auch H/O/K/*Ohly*, § 6 Rn. 37 zum Sachverhalt, dass ein Verhalten nach einer Auslegungsentscheidung des EuGH (nunmehr) eindeutig als rechtswidrig zu beurteilen ist.
929 Vgl. G/L/D/*Harte-Bavendamm*, § 77 Rn. 1d.
930 K/B/F/*Alexander*, § 6 GeschGehG Rn. 37.
931 MK-UWG/*Fritzsche*, § 8 Rn. 109.
932 BT-Drs. 19/4724, S. 29 f.

dere Schutzvoraussetzungen und sind daher bei deren Erfüllung auch grundsätzlich neben dem GeschGehG anwendbar.[933]

Eine Spezialität im logischen Sinn, bei der eine Regel (§ 6) als speziellere Norm zwangsläufig die allgemeinere Norm verdrängt, wird im Verhältnis von Geheimnisschutz und Immaterialgüterrechtsschutz (bspw. § 97 Abs. 1 UrhG, § 42 Abs. 1 DesignG ua.) kaum vorliegen. In diesem Verhältnis geht es prinzipiell nicht um Spezialität,[934] weil der Geheimnisschutz nicht einen allgemeineren Immaterialgüterrechtsschutz „spezialisiert"; vielmehr handelt es sich um gänzlich andere Schutzrichtungen.[935] 314

Im Verhältnis der Anwendungsbereiche von **UWG** und **GeschGehG** kann es zu Überlappungen kommen. Hier kommt es jeweils darauf an, worin das unlauterkeitsbegründende Verhalten liegt. So kann etwa das (rechtsverletzende) Produkt als Folge einer Geheimnisverletzung auch eine unlautere Nachahmung gemäß § 4 Nr. 3 UWG sein.[936] Grundsätzlich ist von einem Nebeneinander der Regelungen auszugehen, sodass Ansprüche nach den §§ 6 ff. mit solchen nach den §§ 8 Abs. 1, 9 S. 1 UWG konkurrieren (und damit auch unterschiedliche Streitgegenstände bilden) können.[937] Wenn aber ein Angebot gem. § 3 oder § 5 erlaubt ist, so müsste diese Erlaubnis auch für das UWG gelten.[938] Insbesondere bei der Anwendung von § 4 Nr. 3c UWG („...die für die Nachahmung erforderlichen Kenntnisse oder Unterlagen unredlich erlangt hat...") sind die Wertungen und Vorgaben der Richtlinie und dementsprechend auch des GeschGehG zu berücksichtigen, um Wertungswidersprüche zu vermeiden.[939] Beispielsweise dürften durch Reverse Engineering gewonnene Erkenntnisse nicht als „unredlich" erlangt gewertet werden; es ist daher schon bemerkt worden, dass die Vorschrift besser bereits bei Umsetzung der GeschGeh-RL gestrichen worden wäre.[940] 315

Neben den spezialgesetzlichen Ansprüchen auf Unterlassung und Beseitigung kommen zudem grundsätzlich auch Ansprüche auf Beseitigung und Unterlassung nach dem BGB in Betracht, § 1004 Abs. 1 BGB. Insoweit ist das GeschGehG ein Schutzgesetz nach § 823 Abs. 2 BGB. In Betracht kommen zudem § 823 Abs. 1 BGB wegen eines Eingriffs in den eingerichteten und ausgeübten Gewerbebetrieb sowie § 826 BGB (jeweils iVm. § 1004 BGB).[941] 316

---

933 *Alexander*, WRP 2019, 673 Rn. 18 ff.; *Alexander*, Rn. 1922; BeckOK GeschGehG/*Spieker*, § 6 Rn. 61; allgemein zu Konkurrenzen und Vorrangregeln bei Konfliktlagen im Immaterialgüterrecht *Sosnitza*, in: FS Tilmann, S. 895 ff.; *Jordan/Dietl*, in: FS v. Meibom, S. 173 ff.
934 Zur Spezialität allgemein *Faust*, in: FS Canaris, S. 479, 480 ff.
935 Vgl. auch BeckOK GeschGehG/*Spieker*, § 6 Rn. 61.
936 *Alexander*, Rn. 1921.
937 So K/B/F/*Köhler*, § 4 UWG Rn. 3.63.
938 *Ohly*, GRUR 2019, 441, 448.
939 Dazu K/B/F/*Köhler*, § 4 UWG Rn. 3.64.
940 *Ohly*, GRUR 2019, 441, 447.
941 BeckOK GeschGehG/*Spieker*, § 6 Rn. 62.

§ 7 Vernichtung; Herausgabe; Rückruf; Entfernung und Rücknahme vom Markt

Der Inhaber des Geschäftsgeheimnisses kann den Rechtsverletzer auch in Anspruch nehmen auf

1. Vernichtung oder Herausgabe der im Besitz oder Eigentum des Rechtsverletzers stehenden Dokumente, Gegenstände, Materialien, Stoffe oder elektronischen Dateien, die das Geschäftsgeheimnis enthalten oder verkörpern,
2. Rückruf des rechtsverletzenden Produkts,
3. dauerhafte Entfernung der rechtsverletzenden Produkte aus den Vertriebswegen,
4. Vernichtung der rechtsverletzenden Produkte oder
5. Rücknahme der rechtsverletzenden Produkte vom Markt, wenn der Schutz des Geschäftsgeheimnisses hierdurch nicht beeinträchtigt wird.

Schrifttum: *Bergmann*, Schadensersatz und das Prinzip der Erschöpfung: Herausgabe des Verletzergewinns wegen Urheberrechtsverletzung in der Absatzkette, GRUR 2010, 874; *Bodewig*, Praktische Probleme bei der Abwicklung der Rechtsfolgen einer Patentverletzung – Unterlassung, Beseitigung, Auskunft, GRUR 2005, 632; *v. Cettritz/Thewes*, Rückrufverpflichtung in einstweiligen Verfügungsverfahren?, PharmR 2017, 92; *Czychowski*, Das Gesetz zur Verbesserung der Durchsetzung von Rechten des Geistigen Eigentums Teil II: Änderungen im Urheberrecht, GRUR-RR 2008, 265; *Drescher*, Industrie- und Wirtschaftsspionage in Deutschland, 2020; *Heinze*, Einstweiliger Rechtsschutz im europäischen Immaterialgüterrecht, 2008; *Hoffmann*, Der immaterialgüterrechtliche Vernichtungsanspruch – Versuch einer Zivilisierung, ZGE 2014, 335; *Jänich*, Der Rückruf- und Entfernungsanspruch im Markenrecht nach Umsetzung der Enforcement-Richtlinie 2004/48/EG, MarkenR 2008, 413; *Jestaedt*, Die Ansprüche auf Rückruf und Entfernen schutzrechtsverletzender Gegenstände aus den Vertriebswegen, GRUR 2009, 102; *Kalbfus*, Die EU-Geschäftsgeheimnis-Richtlinie – Welcher Umsetzungsbedarf besteht in Deutschland?, GRUR 2016, 1009; *Kunz-Hallstein/Loschelder*, Stellungnahme zum Vorschlag der Kommission für eine Richtlinie über die Maßnahmen und Verfahren zum Schutz der Rechte am geistigen Eigentum, GRUR 2003, 682; *McGuire*, Der Schutz von Know-how im System des Immaterialgüterrechts, Perspektiven für die Umsetzung der Richtlinie über Geschäftsgeheimnisse, GRUR 2016, 1000; *Ohly*, Das neue Geschäftsgeheimnisgesetz im Überblick, GRUR 2019, 441; *Partsch/Schindler*, Ansprüche bei Rechtsverletzungen des Geschäftsgeheimnisses, NJW 2020, 2364; *Paschke/Busch*, Hinter den Kulissen des medienrechtlichen Rückrufanspruchs, NJW 2004, 2620; *Sakowski*, Unterlassen durch Rückruf – „Hot Sox" und „RESCUE-Produkte" und die Folgen, GRUR 2017, 355; *Skauradszun/Majer*, Der neue Rückrufsanspruch aus § 98 Abs. 2 UrhG, ZUM 2009, 199; *Weber*, Rückruf markenrechtsverletzender Ware durch einstweilige Verfügung, GRUR-Prax 2016, 545.

Übersicht

	Rn.		Rn.
I. Allgemeines	1	IV. Ansprüche bezüglich rechtsverletzender Produkte (Nr. 2–5)	43
1. Regelungsgegenstand	2	1. Rückruf (Nr. 2) und dauerhafte Entfernung aus den Vertriebswegen (Nr. 3)	45
2. Entwicklung	3		
3. Anwendungsbereich	7		
4. Praktische Bedeutung	9	a) Inhalt des Rückrufanspruchs	46
5. Reformbedarf	11	b) Inhalt des Entfernungsanspruchs	48
II. Gemeinsamer Anwendungsrahmen	16		
1. Gemeinsame Voraussetzungen	16	c) Abnehmerkette und Endabnehmer	50
2. Auslegung und Verhältnismäßigkeit von Beseitigungsmaßnahmen	21	d) Verhältnismäßigkeit	52
		2. Vernichtung (Nr. 4)	53
3. Beseitigung nach Verlust der Geheimniseigenschaft	26	3. Rücknahme vom Markt (Nr. 5)	58
		V. Verhältnis zu sonstigen Regelungen	61
4. Einwendungen und Einreden	27	VI. Prozessuales	67
5. Kosten der Beseitigung	28	1. Darlegungs- und Beweislast	67
III. Vernichtung oder Herausgabe von Informationsträgern (Nr. 1)	29	2. Antragstellung und Tenorierung	69
1. Besondere Voraussetzungen	32	3. Einstweiliger Rechtsschutz	73
2. Inhalt und Umfang des Anspruchs	35	4. Beteiligung Dritter	81
		5. Streitwert/Kosten	82
		6. Zwangsvollstreckung	84

I. Allgemeines

§ 7 GeschGehG beinhaltet spezielle[1] (und selbstständige[2]) **Ansprüche** zur Ergänzung des allgemeinen Beseitigungsanspruchs aus § 6 S. 1, mittels derer die weitere Verbreitung des Geschäftsgeheimnisses verhindert wie auch der Marktvorsprung des Inhabers des Geschäftsgeheimnisses geschützt (bzw. wiederhergestellt) werden soll.[3]   1

1. Regelungsgegenstand

Die Norm differenziert zwischen zwei grundsätzlichen Typen der speziellen Beseitigung, erstens betreffend das Geschäftsgeheimnis enthaltende oder verkörpernde **Informationsträger**[4] (Nr. 1) und zweitens betreffend **rechtsverletzende Produkte**   2

---

[1] H/O/K/*Kalbfus*, § 7 Rn. 3.
[2] K/B/F/*Alexander*, § 7 GeschGehG Rn. 1.
[3] K/B/F/*Alexander*, § 7 GeschGehG Rn. 1; Büscher/*Tochtermann*, § 7 GeschGehG Rn. 1 spricht von einem „Annex" zu § 6; BeckOK GeschGehG/*Spieker*, § 7 Rn. 1 „spezielle Ausprägungen des Beseitigungsanspruchs aus § 6"; H/O/K/*Kalbfus*, § 7 Rn. 1 „Einzelansprüche als Ausprägung eines allgemeinen Beseitigungsanspruchs".
[4] Der zweckmäßige Oberbegriff folgt K/B/F/*Alexander*, § 7 GeschGehG Rn. 9 (et al.); BeckOK UWG/*Hohn-Hein*, § 7 GeschGehG Rn. 4 „Trägermedium".

§ 7 Vernichtung; Herausgabe; Rückruf; Entfernung und Rücknahme vom Markt

(entsprechend § 2 Nr. 4).[5] Letzteres betrifft die Ansprüche auf Rückruf (Nr. 2), Entfernung aus den Vertriebswegen (Nr. 3), Vernichtung (Nr. 4) sowie die Rücknahme vom Markt (Nr. 5).

2. Entwicklung

3 § 7 soll im Zusammenspiel mit § 6 die Vorgaben von Art. 12 Abs. 1 lit. c und lit. d, Abs. 2 RL 2016/943/EU umsetzen.[6] Während lit. d einen Vernichtungs- und Herausgabeanspruch des Geheimnisinhabers hinsichtlich von Informationsträgern, die das Geschäftsgeheimnis verkörpern, statuiert, fordert lit. c die Schaffung geeigneter „Abhilfemaßnahmen" in Bezug auf rechtsverletzende Produkte. Dazu gehörende Abhilfemaßnahmen werden dann in Art. 12 Abs. 2 RL konkretisiert. Bereits der RefE hatte insoweit in § 6 einen entsprechenden Katalog von besonderen Ansprüchen vorgesehen, der vom RegE als § 7 übernommen wurde und im weiteren Gesetzgebungsverfahren unverändert blieb.[7]

4 Vor diesem Hintergrund betrifft
- § 7 Nr. 1 den Art. 12 Abs. 1 lit. d RL
- § 7 Nr. 2 den Art. 12 Abs. 2 lit. a RL
- § 7 Nr. 4 den Art. 12 Abs. 2 lit. c Alt. 1 (und Art. 10 Abs. 1 lit. c[8]) RL
- § 7 Nr. 5 den Art. 12 Abs. 2 lit. c Alt. 2 RL[9]
- § 7 Nr. 3 enthält keine unmittelbare Entsprechung in der Richtlinie; der Anspruch auf „dauerhafte Entfernung" aus den Vertriebswegen ist nach der Auffassung des Gesetzgebers jedoch ein Unterfall der Marktrücknahme entsprechend Art. 12 Abs. 2 lit. c RL.[10] Von einer vollständigen Umsetzung des Art. 12 Abs. 3 RL – insbesondere der Übergabe von (rechtsverletzenden) Produkten an den Inhaber oder wohltätige Organisationen – wurde allerdings abgesehen.

5 Der deutsche Gesetzgeber hat damit in § 7 Nr. 2–5 die wesentlichen Richtlinienvorgaben, wenn auch in geänderter Reihenfolge, aufgegriffen.[11] Inhaltlich weicht die deutsche Regelung allerdings im Hinblick auf den Vernichtungs- und Herausgabeanspruch betreffend Informationsträger (§ 7 Nr. 1) von den Vorgaben der Richtlinie ab. Im Überblick (Abweichungen kursiv):

---

5 K/B/F/*Alexander*, § 7 GeschGehG Rn. 2; BeckOK UWG/*Hohn-Hein*, § 7 GeschGehG Rn. 3.
6 Vgl. BT-Drs. 19/4724, S. 30; *Partsch/Schindler*, NJW 2020, 2364, 2365.
7 K/B/F/*Alexander*, § 7 GeschGehG Rn. 3; H/O/K/*Kalbfus*, § 7 Rn. 12; *Partsch/Schindler*, NJW 2020, 2364, 2365.
8 H/O/K/*Kalbfus*, § 7 Rn. 11: wegen der Möglichkeit zur Sicherung des Vernichtungsanspruchs mittels Sequestration.
9 Vgl. BT-Drs. 19/4724, S. 30 f.; K/B/F/*Alexander*, § 7 GeschGehG Rn. 4.
10 BT-Drs. 19/4724, S. 30; zustimmend K/B/F/*Alexander*, § 7 GeschGehG Rn. 30; BeckOK UWG/*Hohn-Hein*, § 7 GeschGehG Rn. 11.
11 Eine Umsetzung insoweit wohl bejahend H/O/K/*Kalbfus*, § 7 Rn. 7 und bei Rn. 69 mit der Frage, ob die Know-how-RL es überhaupt erfordert hätte, neben dem Unterlassungsanspruch und dem Anspruch auf Entfernen aus den Vertriebswegen einen Anspruch auf Marktrücknahme als eigenständige Kategorie vorzusehen.

I. Allgemeines § 7

Art. 12 RL 2016/943/EU		§ 7 GeschGehG	
Abs. 1 lit. d	Vernichtung *der Gesamtheit oder eines Teils* der Dokumente, Gegenstände, Materialien, Stoffe oder elektronischen Dateien, die das Geschäftsgeheimnis enthalten oder verkörpern *oder gegebenenfalls die Herausgabe der Gesamtheit oder eines Teils dieser Dokumente, Gegenstände, Materialien, Stoffe oder elektronischen Dateien an den Antragsteller*	Nr. 1	Vernichtung oder Herausgabe *der im Besitz oder Eigentum des Rechtsverletzers stehenden* Dokumente, Gegenstände, Materialien, Stoffe oder elektronischen Dateien, die das Geschäftsgeheimnis enthalten oder verkörpern
Abs. 2 lit. a	Rückruf der rechtsverletzenden Produkte vom Markt	Nr. 2	Rückruf des rechtsverletzenden Produkts
Abs. 2 lit. b	Die Beseitigung der rechtsverletzenden Qualität der rechtsverletzenden Produkte	–	*Umgesetzt in § 6 S. 1 Alt. 1 GeschGehG*[12]
Abs. 2 lit. c Alt. 1	Vernichtung der rechtsverletzenden Produkte oder	Nr. 4	Vernichtung der rechtsverletzenden Produkte oder
Abs. 2 lit. c Alt. 2	Gegebenenfalls ihre Marktrücknahme unter der Voraussetzung, dass der Schutz des in Frage stehenden Geschäftsgeheimnisses durch diese Marktrücknahme nicht beeinträchtigt wird.	Nr. 5	Rücknahme der rechtsverletzenden Produkte vom Markt, wenn der Schutz des Geschäftsgeheimnisses hierdurch nicht beeinträchtigt wird
–	*Keine direkte Entsprechung in der Richtlinie; Art. 12 Abs. 3*[13]	Nr. 3	Dauerhafte Entfernung der rechtsverletzenden Produkte aus den Vertriebswegen

Die (regelmäßige) Kostentragungspflicht des Rechtsverletzers entsprechend Art. 12 Abs. 4 RL wurde nicht explizit aufgegriffen, wird aber vorausgesetzt. 6

3. Anwendungsbereich

§ 7 findet Anwendung auf alle Verletzungen von Geschäftsgeheimnissen iSv. § 4 **im sachlichen und persönlichen Anwendungsbereich** des GeschGehG, mithin bei Vorliegen einer Rechtsverletzung nach § 4.[14] 7

Im Hinblick auf den **(internationalen) Anwendungsbereich** ist zu beachten, dass das GeschGehG zwar eine EU-Richtlinie umsetzt, es sich jedoch der Sache nach 8

---
12 BT-Drs. 19/4724, S. 30.
13 Vgl. oben Rn. 4 und Büscher/*Tochtermann*, § 7 GeschGehG Rn. 21; K/B/F/*Alexander*, § 7 GeschGehG Rn. 4.
14 K/B/F/*Alexander*, § 7 GeschGehG Rn. 7.

§ 7 Vernichtung; Herausgabe; Rückruf; Entfernung und Rücknahme vom Markt

weiterhin um ein nationales Gesetz handelt, welches das Verhalten in Bezug auf den Schutz von Geschäftsgeheimnissen in seinem räumlichen (nationalen) Anwendungsbereich regelt.[15] Hieraus folgt, dass sich die Ansprüche aus § 7 jedenfalls auf solche Informationsträger oder Produkte erstrecken, die sich im Inland befinden.[16] Wenn der Rechtsverletzer seinen Sitz im Ausland hat, ist ein Vernichtungsanspruch zumindest dann schlüssig dargelegt, wenn der klägerische Sachvortrag ergibt, dass der ausländische Beklagte verletzende Gegenstände im Inland im Besitz oder Eigentum hat.[17] Grundsätzlich ist allerdings anzuerkennen, dass sich die Rechtsfolgen einer nach deutschem Recht festgestellten Geheimnisverletzung auf Gegenstände erstrecken können, die sich nicht (mehr) im Inland befinden.[18] Wie zutreffend hervorgehoben wurde, kann sich der Rechtsverletzer bspw. durch die Verbringung eines Trägermediums in das Ausland einem Anspruch aus § 7 Nr. 1 nicht entziehen (wie auch ein Herausgabeanspruch etwa nach § 985 BGB nicht vom Belegenheitsort der Sache abhängt).[19] Auch Rückruf und Entfernung (§ 7 Nr. 2 und Nr. 3) erfordern nicht, dass die betroffenen Produkte im Inland belegen sind. Mag also bspw. eine Entfernung nicht im Ausland vollstreckbar sein, können doch im Inland zumindest entsprechende Zwangsvollstreckungsmaßnahmen angeordnet werden, wenn der Rechtsverletzer seine Verpflichtung nicht erfüllt (zur Vollstreckung Rn. 83). Im Übrigen wird zu Auslandsbezügen auf die Kommentierung bei → Einl. C Rn. 79 ff. verwiesen.

4. Praktische Bedeutung

9 § 7 soll den Marktvorsprung des Geheimnisinhabers sichern und stärkt dessen Rechtsposition im Vergleich zur bisherigen Rechtslage erheblich.[20] Denn die alte Rechtslage unter Geltung der §§ 17 ff. UWG aF sah keinerlei spezielle Abhilfe- und Beseitigungsmaßnahmen im Falle der Verletzung von Geschäftsgeheimnissen vor. Durch den Rückgriff auf **allgemeine Beseitigungsansprüche** aus dem Lauterkeitsrecht (§ 8 Abs. 1 UWG) oder dem bürgerlichen Recht (§ 1004 Abs. 1 BGB analog) ließen sich die nunmehr explizit normierten Rechtsfolgen allenfalls teilweise erreichen.[21] Insgesamt blieb das Rechtsfolgenregime deutlich hinter den Regelungen des § 7 zurück:[22]

---

15 BeckOK GeschGehG/*Spieker*, § 7 Rn. 3.
16 BeckOK GeschGehG/*Spieker*, § 7 Rn. 3; vgl. OLG Düsseldorf, 13.1.2011 – 2 U 56/09, BeckRS 2011, 7499 (zum Patentrecht).
17 Erneut OLG Düsseldorf, 13.1.2011 – 2 U 56/09, BeckRS 2011, 7499.
18 Vgl. auch Hoppe/Oldekop/*Hoppe*, Kap. 1 Rn. 625.
19 Hoppe/Oldekop/*Hoppe*, Kap. 1 Rn. 625.
20 *Drescher*, S. 436 f., 472 f.; Büscher/*Tochtermann*, § 7 GeschGehG Rn. 1 f.; G/L/D/*Harte-Bavendamm*, § 77 Rn. 71.
21 Im Überblick H/O/K/*Kalbfus*, § 7 Rn. 2.
22 Vgl. *Kalbfus*, GRUR 2016, 1009, 1015.

I. Allgemeines §7

Anspruch	Mögliche Anspruchsgrundlagen nach alter Rechtslage	Neue Rechtslage
Vernichtung oder Herausgabe von Informationsträgern, die das Geschäftsgeheimnis enthalten	§§ 985, 861, 823, 1004 BGB, 8 UWG	§ 7 Nr. 1 GeschGehG
Rückruf des rechtsverletzenden Produkts	§ 8 UWG	§ 7 Nr. 2 GeschGehG
Entfernung der rechtsverletzenden Produkte aus den Vertriebswegen	Gem. §§ 8 UWG, 1004 BGB möglich, soweit das Geheimnis im Produkt verkörpert war	§ 7 Nr. 3 GeschGehG
Vernichtung der rechtsverletzenden Produkte	Gem. §§ 8 UWG, 1004 BGB möglich, soweit das Geheimnis im Produkt verkörpert war	§ 7 Nr. 4 GeschGehG
Rücknahme der rechtsverletzenden Produkte vom Markt	Nicht höchstrichterlich entschieden, ob von §§ 8 UWG, 1004 BGB umfasst	§ 7 Nr. 5 GeschGehG

Insbesondere ein expliziter Anspruch auf Rückruf bzw. Entfernung rechtsverletzender Produkte aus den Vertriebswegen ist für Rechteinhaber von erheblichem wirtschaftlichem Interesse – ebenso wie ein spezieller Anspruch auf Herausgabe von Informationsträgern. 10

5. Reformbedarf

Wie in Rn. 5 aufgezeigt, weicht die Regelung in § 7 Nr. 1 von Art. 12 Abs. 1 lit. d RL ab. Denn anders als die Richtlinie beschränkt das deutsche Recht den Anspruch betreffend Informationsträger auf solche, die im **Besitz** oder **Eigentum** des Rechtsverletzers stehen. 11

Zwar ist die Anknüpfung an Besitz oder Eigentum des Rechtsverletzers vor dem Hintergrund des tradiert sachenrechtlichen Verständnisses von Herausgabeansprüchen im deutschen Recht nachvollziehbar, führt allerdings dazu, dass die deutsche Fassung gleich in doppelter Hinsicht hinter den Vorgaben der Richtlinie zurückbleibt: Erstens verlangt die Anspruchsgrundlage damit nach ihrem Wortlaut eine **sachenrechtliche Rechtsposition** des Rechtsverletzers an den Informationsträgern, die in der Richtlinie so nicht vorgesehen ist. Dort ist vielmehr allein die Rede von „Dokumenten, Gegenständen, Materialien, Stoffen oder elektronischen Dateien, die das Geschäftsgeheimnis enthalten oder verkörpern". Wie *Alexander* zu Recht anmerkt, schränkt die deutsche Fassung bei diesem Verständnis den Anwendungsbereich der Abhilfemaßnahmen damit ein und eröffnet einem Rechtsverletzer insoweit eine Möglichkeit, dem speziellen Anspruch etwa durch Überlassung der 12

§ 7 Vernichtung; Herausgabe; Rückruf; Entfernung und Rücknahme vom Markt

Informationsträger an einen Dritten zu entgehen.[23] Zweitens sind Besitz und Eigentum typologisch lediglich an „Sachen" (vgl. §§ 854 Abs. 1, 903 BGB), also an **körperlichen Gegenständen** iSv. § 90 BGB, möglich. Die Nennung der „elektronischen Dateien" in der Norm hat damit wegen der Verknüpfung mit Besitz oder Eigentum (also an einem physischen Datenträger) keinen Mehrwert.[24] Der Anspruch in der deutschen Fassung erfasst nach seinem Wortlaut damit etwa keine Daten, die auf Drittservern (etwa in einer „Cloud") gespeichert sind.[25]

13 Da die RL 2016/943/EU grundsätzlich einen Mindeststandard aufstellt, dessen Schutzumfang nicht unterschritten werden darf (vgl. Art. 1 Abs. 1 UAbs. 2 RL), ist das vorstehende Ergebnis im Einzelfall richtlinienkonform zu korrigieren. Dazu kann prinzipiell entweder der Wortlaut von § 7 Nr. 1 richtlinienkonform ausgelegt, **oder** im Einzelfall auf den **allgemeinen Beseitigungsanspruch** aus § 6 S. 1 zurückgegriffen werden. Der klare Wortlaut der Norm wie auch der Gesetzesbegründung[26] sprechen prinzipiell gegen eine richtlinienkonforme Ausdehnung des Anwendungsbereichs von § 7 Nr. 1, die mit einer Aufweichung der Begriffe Besitz/Eigentum einherginge[27] – und für die wegen des Auffangtatbestandes in § 6 S. 1 an sich auch kein unmittelbarer Bedarf ersichtlich ist. Nach hier vertretener Auffassung ist daher nach der gegenwärtigen Rechtslage einer Anwendung von § 6 S. 1 der Vorzug zu geben. Wenn der Rechtsverletzer weder Besitzer noch Eigentümer ist, kann also ein entsprechender allgemeiner Beseitigungsanspruch bestehen.[28] Dabei ist umstritten, inwieweit die Zugriffsmöglichkeit des Verletzers ausgeprägt sein muss, daher ob es ausreicht, wenn der Informationsträger „im Einflussbereich" des Rechtsverletzers steht, oder eine „tatsächliche Herrschaftsmacht" erforderlich ist.[29]

14 Dass der Gesetzgeber im Übrigen die in Art. 12 Abs. 1 lit. d RL 2016/943/EU vorgesehene Möglichkeit, die Herausgabe/Vernichtung auf einen Teil der Informationsträger zu beschränken, nicht *verbatim* in nationales Recht übernommen hat, ist dagegen eine für den deutschen Rechtsanwender zwar etwas „intransparente", aber keine fehlerhafte Umsetzung.[30] Die Abhilfe nur in Bezug auf einen Teil der Informationsträger ist als milderes Mittel im Rahmen von Verhältnismäßigkeitserwägungen auch so zu berücksichtigen.[31]

---

23 K/B/F/*Alexander*, § 7 GeschGehG Rn. 13; kritisch bemerkt Hoppe/Oldekop/*Hoppe*, Kap. 1 Rn. 728, dass dies ein allgemeines Problem der Rechtsdurchsetzung ist.
24 Für eine breitere Auslegung von Besitz oder Eigentum daher H/O/K/*Kalbfus*, § 7 Rn. 20.
25 K/B/F/*Alexander*, § 7 GeschGehG Rn. 12.
26 BT-Drs. 19/4724, S. 30.
27 Auch wenn Hoppe/Oldekop/*Hoppe*, Kap. 1 Rn. 728 dies als „einzig plausible Auslegung" erachtet.
28 K/B/F/*Alexander*, § 7 GeschGehG Rn. 14; kritisch zur Richtlinienkonformität auch Büscher/*Tochtermann*, § 7 GeschGehG Rn. 14; H/O/K/*Kalbfus*, § 7 Rn. 26.
29 Ersteres bei K/B/F/*Alexander*, § 7 GeschGehG Rn. 14, Letzteres bei Hoppe/Oldekop/*Hoppe*, Kap. 1 Rn. 727.
30 So K/B/F/*Alexander*, § 7 GeschGehG Rn. 19.
31 BeckOK UWG/*Hohn-Hein*, § 7 GeschGehG Rn. 4.

II. Gemeinsamer Anwendungsrahmen § 7

Es ist im Übrigen die Frage aufgeworfen worden, ob die RL 2016/943/EU und das 15
GeschGehG den Rahmenbedingungen von Art. 41, 46³² **TRIPS** genügen, insbes.
mit Blick auf die Regelung in Art. 46 Satz 2 TRIPS.³³ Vor diesem Hintergrund sehen Art. 10 Abs. 1 der Enforcement-Richtlinie und die darauf beruhenden Normen
der Immaterialgüterrechte (bspw. § 98 Abs. 1 Satz 2 UrhG, 140a Abs. 2 PatG, § 18
Abs. 1 Satz 2 MarkenG) daher einen korrelierenden Vernichtungsanspruch gegen
Herstellungsmittel vor, soweit diese „vorwiegend" für rechtsverletzende Produkte
genutzt werden. Tatsächlich enthält das GeschGehG insoweit keine spezielle Regelung, wobei ein Herstellungsmittel zumindest theoretisch als rechtsverletzendes
Produkt oder Informationsträger Gegenstand eines Vernichtungsanspruchs sein
kann (§ 7 Nr. 1 oder 4). In anderen Fällen ist immerhin zu berücksichtigen, dass die
Vorgabe aus TRIPS lediglich ist, dass die Gefahr weiterer Rechtsverletzungen möglichst geringgehalten wird – was auch durch den vollstreckbaren Unterlassungsanspruch mit abgesichert wird. In besonderen Konstellationen müsste – *arguendo*
eine unzureichende Berücksichtigung von Art. 46 TRIPS annehmend – eine extensive Anwendung des allgemeinen Beseitigungsanspruchs aus § 6 S. 1 erwogen werden. Vor diesem Hintergrund scheint auch mit Blick Art. 41, 46 TRIPS zumindest
derzeit kein unmittelbarer Reformbedarf erkennbar.³⁴

II. Gemeinsamer Anwendungsrahmen

1. Gemeinsame Voraussetzungen

§ 7 verweist implizit auf § 6 („*kann* [...] *auch in Anspruch nehmen*").³⁵ Die Ansprü- 16
che in § 7 setzen gleichermaßen die Erfüllung der drei grundlegenden Tatbestandsmerkmale **Geschäftsgeheimnis-Inhaber-Rechtsverletzer** (Rechtsfolge) voraus.
Für Einzelheiten kann daher auf die Ausführungen zu → § 6 Rn. 29 ff. verwiesen
werden. Der gemeinsame **Zweck** der einzelnen Ansprüche des § 7 ist die Vermei-

---

32 Art. 46 TRIPS: ¹Um wirksam von Verletzungen abzuschrecken, sind die Gerichte befugt anzuordnen, daß über Waren, die nach ihren Feststellungen ein Recht verletzen, ohne Entschädigung irgendwelcher Art außerhalb der Vertriebswege so verfügt wird, daß dem Rechtsinhaber kein Schaden entstehen kann, oder daß sie vernichtet werden, sofern dies nicht bestehenden verfassungsrechtlichen Erfordernissen zuwiderlaufen würde. ²Die Gerichte sind ferner befugt anzuordnen, daß über Material und Werkzeuge, die vorwiegend zur Herstellung der rechtsverletzenden Waren verwendet wurden, ohne Entschädigung irgendwelcher Art außerhalb der Vertriebswege so verfügt wird, daß die Gefahr weiterer Rechtsverletzungen möglichst geringgehalten wird. ³Bei der Prüfung derartiger Anträge sind die Notwendigkeit eines angemessenen Verhältnisses zwischen der Schwere der Rechtsverletzung und den angeordneten Maßnahmen sowie die Interessen Dritter zu berücksichtigen. ⁴Bei nachgeahmten Markenwaren reicht das einfache Entfernen der rechtswidrig angebrachten Marke außer in Ausnahmefällen nicht aus, um eine Freigabe der Waren in die Vertriebswege zu gestatten.
33 H/O/K/*Kalbfus*, § 7 Rn. 5, 6; die mangelnde Normierung eines entsprechenden Anspruchs bedauernd schon *Reinfeld*, § 4 Rn. 86.
34 Nach H/O/K/*Kalbfus*, § 7 Rn. 6 „bestehen Zweifel".
35 *Drescher*, S. 472; Büscher/*Tochtermann*, § 7 GeschGehG Rn. 2; K/B/F/*Alexander*, § 7 GeschGehG Rn. 1; ähnlich H/O/K/*Kalbfus*, § 7 Rn. 13.

§ 7 Vernichtung; Herausgabe; Rückruf; Entfernung und Rücknahme vom Markt

dung neuer/vertiefender Verletzungshandlungen und die Beseitigung des durch vorhergehende Verletzungen hervorgerufenen rechtswidrigen Zustands.[36]

17 Die Ansprüche bestehen nach dem Anspruchswortlaut **verschuldensunabhängig**;[37] bei einer mittelbaren Rechtsverletzung iSv. § 4 Abs. 3 müssen allerdings die notwendigen subjektiven Voraussetzungen (Kenntnis oder Kennenmüssen) vorliegen (→ § 4 Rn. 123 ff.).[38] Allerdings ist der **Grad des Verschuldens** des Rechtsverletzers ein Aspekt in der Abwägung der Verhältnismäßigkeit.[39] Die konkrete **Beseitigungsmaßnahme** muss dem Grundsatz der **Verhältnismäßigkeit** genügen (dazu sogleich → Rn. 21 ff. und schon → § 6 Rn. 241).[40]

18 Da es sich bei den in § 7 geregelten Ansprüchen um spezielle **Beseitigungsansprüche** handelt, muss nicht die besondere Voraussetzung des Unterlassungsanspruchs erfüllt sein. Es ist daher **keine Begehungsgefahr** erforderlich.[41] Die Ansprüche aus § 7 können bspw. auch dann geltend gemacht werden, wenn die Wiederholungsfahr bereits entfallen ist. Jedoch erfordert die Beseitigung als materielle **Anspruchsvoraussetzung** eine **fortwirkende (rechtswidrige) Beeinträchtigung** (mithin einen **gegenwärtigen rechtswidrigen Zustand** (→ § 6 Rn. 237).

19 **Anspruchsgläubiger** ist der Inhaber (bzw. dessen Lizenznehmer als **Prozessstandschafter**,[42] vgl. auch → § 6 Rn. 35) während **Anspruchsschuldner** jeder sein kann, der gegen § 4 verstößt (mit Blick auf § 7 Nr. 1 ist die Frage von Eigentum und Besitz zu beachten, → Rn. 32). Unbeteiligte Dritte können aber in Bezug auf Maßnahmen nach § 7 Nr. 1 oder 4 zur Duldung verpflichtet und so „mittelbar" betroffen sein (und sind dann nicht selbst verpflichtet, Vernichtungsmaßnahmen zu ergreifen oder Kosten der Vernichtung zu tragen).[43]

---

36 *Partsch/Schindler*, NJW 2020, 2364, 2365; vgl. K/B/F/*Alexander*, § 7 GeschGehG Rn. 5 und Erwgrd. 28 RL.
37 BT-Drs. 19/4724 S. 30; BGH, 23.2.2006 – I ZR 27/03, GRUR 2006, 504, 508 Rn. 52 – Parfümtestkäufe.
38 K/B/F/*Alexander*, § 7 GeschGehG Rn. 10, 24; BeckOK UWG/*Hohn-Hein*, § 7 GeschGehG Rn. 15.
39 So (auch) H/O/K/*Kalbfus*, § 7 Rn. 14; BGH, 11.10.2018 – I ZR 259/15, GRUR 2019, 518 Rn. 21 – Curapor; aus dem Patentrecht LG Düsseldorf, 9.3.2017 – 4a O 137/15, GRUR-RS 2017, 104657 Rn. 146 – Herzklappen.
40 K/B/F/*Alexander*, § 6 GeschGehG Rn. 28; vgl. auch Harte/Henning/*Goldmann*, § 8 Rn. 1573; Teplitzky/*Löffler*, Kap. 22 Rn. 16; G/L/D/*Fritzsche*, § 79 Rn. 65; Götting/Nordemann/*Schmitz-Fohrmann/Schwab*, § 8 Rn. 10; F/B/O/*Büscher*, § 8 Rn. 16.
41 BeckOK GeschGehG/*Spieker*, § 7 Rn. 4; BeckOK MarkenR/*Miosga*, § 18 Rn. 8; Ingerl/Rohnke, § 18 Rn. 6.
42 BeckOK GeschGehG/*Spieker*, § 7 Rn. 9; aus dem Patentrecht OLG Düsseldorf, 18.12.2014 – I-2 U 19/14, GRUR-RS 2015, 3253.
43 BeckOK MarkenR/*Miosga*, § 18 Rn. 10; BeckOK GeschGehG/*Spieker*, § 7 Rn. 4; zu Gläubiger und Schuldner auch K/B/F/*Alexander*, § 7 GeschGehG Rn. 8.

Verletzen mehrere Personen ein Geschäftsgeheimnis (bspw. in einer Vertriebsket- 20
te), stehen die Ansprüche nach § 7 dem Geheimnisinhaber gegen jeden einzelnen
Rechtsverletzer zu. Anwendbar ist zudem § 12 Satz 1.[44]

2. Auslegung und Verhältnismäßigkeit von Beseitigungsmaßnahmen

Die **Auslegung** von § 7 folgt allgemeinen Grundsätzen. Da die Norm auf einzelnen 21
und nicht vollharmonisierenden Vorgaben der RL 2016/943/EU basiert (vgl. Art. 1
Abs. 1 UAbs. 2 RL), verbleibt ein größerer Auslegungsspielraum als bspw. bei der
Anwendung von § 3 oder 5.[45] Gleichwohl kommt der **europarechtskonformen
Auslegung** – und insbesondere Aspekten der **Verhältnismäßigkeit** besondere Be-
deutung zu.

Die Ansprüche aus § 7 stehen unter dem allgemeinen **Vorbehalt der Verhältnis-** 22
mäßigkeit; die RL 2016/943/EU benennt in Art. 13 Abs. 1 für die Anordnung von
Abhilfemaßnahmen nach Art. 12 zu berücksichtigende Kriterien. Die Ansprüche
aus § 7 fallen insoweit unter den Vorbehalt gem. § 9 und auch in den Anwendungsbereich der Abwendungsbefugnis nach § 11. Gerade im Fall der Geltendmachung
von Ansprüchen nach § 7 Nr. 2 bis 5 gegen „mittelbare" Rechtsverletzer iSv. § 4
Abs. 3 kann eine unbillige Härte drohen und daher der Verhältnismäßigkeitsschran-
ke (s. dazu § 9) sowie der Abwendungsbefugnis (s. dazu § 11) Bedeutung zukommen. Im Rahmen der **Güterabwägung** ist dann besonderes Augenmerk auf § 9
Nr. 5 zu legen („berechtigte Interessen des Inhabers des Geschäftsgeheimnisses
und des Rechtsverletzers sowie der Auswirkungen, die die Erfüllung der Ansprüche
für beide haben könnte", vgl. dazu insbes. → § 9 Rn. 30 ff.). Neben dem vollständigen Anspruchsausschluss nach § 9 können allerdings im Einzelfall auch schlicht
mildere Mittel geboten sein als eine konkret begehrte Maßnahme, wobei dies insbesondere die Vernichtungsansprüche in Nr. 1 (Alt. 1) und Nr. 4 betrifft und daher
hier vorweggestellt wird:

Zur Ermittlung eines erfolgreich durchsetzbaren „verhältnismäßigen" Anspruchs- 23
ziels ist eine Anknüpfung an die Rechtsprechung und Literatur zur früheren Rechtslage nicht ohne Weiteres möglich, da das alte Recht dem § 7 Nr. 1–5 entsprechende
Ansprüche kaum in gleichem Umfang und jedenfalls nicht in der speziellen Ausprägung kannte.[46] Allerdings kann sich die Prüfung am (nicht abschließenden) Katalog des § 9 orientieren.[47] Zudem finden sich zu § 7 Nr. 2 bis 5[48] vergleichbare Vorschriften etwa in § 18 Abs. 3 MarkenG, § 140a Abs. 4 PatG, § 24a Abs. 3 GebrMG,
§ 98 Abs. 2 UrhG, § 43 Abs. 4 DesignG.[49] Bei der Beurteilung der Verhältnismäßig-

---

44 H/K/O/*Kalbfus*, § 7 Rn. 18; *Partsch/Schindler*, NJW 2020, 2364, 2366.
45 So zutreffend K/B/F/*Alexander*, § 7 GeschGehG Rn. 6.
46 K/B/F/*Alexander*, § 7 GeschGehG Rn. 6.
47 H/K/O/*Kalbfus*, § 7 Rn. 58.
48 Der in § 7 Nr. 1 verankerte konkrete Anspruch auf Herausgabe und Vernichtung von Informationsträgern ist als geheimnisrechtliche Besonderheit im sonstigen Immaterialgüterrecht im Übrigen ohne Entsprechung und insoweit zwangsläufig Gegenstand einer autonomeren Entwicklung.
49 Schon BT-Drs. 19/4724 S. 30; *Büscher/Tochtermann*, § 7 GeschGehG Rn. 3.

keit einer Beseitigung nach § 7 kann daher in Ansätzen die auf Basis der Enforcement-Richtlinie (RL 2004/48/EG) entwickelte Rechtsprechung fruchtbar gemacht werden, da die Geltendmachung von Rückruf- und Entfernungsansprüchen auch nach dieser ausgeschlossen ist, wenn sie unverhältnismäßig wäre (Art. 10 Abs. 3 RL). Dabei ist jedoch stets der besondere Charakter des Geschäftsgeheimnisses als Immaterialgut mit einer „hybriden"[50] Rechtsnatur zwischen Lauterkeitsrecht und Geistigem Eigentum zu berücksichtigen (zur Rechtsnatur → Einl. B Rn. 56 und Einl. C Rn. 47); es handelt sich insoweit eben nicht um ein Ausschließlichkeitsrecht, und dies ist in anzustellenden Abwägungen zu berücksichtigen.[51] Dabei ist anerkannt, dass Rückruf- und Entfernungs- sowie Vernichtungsansprüchen auch Sanktionscharakter zukommt, sodass die Annahme einer Unverhältnismäßigkeit restriktiv gehandhabt wird.[52] Dennoch ist auch nach Maßgabe der RL 2004/48/EG insgesamt eine Einzelfallabwägung geboten, deren Maßstab sich auf den Geheimnisschutz „übersetzen" lässt.

24 Es sind unter Berücksichtigung des Zwecks der Vorschrift das Vernichtungsinteresse des Inhabers und das Erhaltungsinteresse des Verletzers abzuwägen. In die Abwägung einzubeziehen ist die Schuldlosigkeit bzw. der **Grad des Verschuldens** des Verletzers. Insbesondere bei schuldlosem Handeln des Verletzers werden bei der Abwägung, ob und durch welche Maßnahmen dem Gebot der Beseitigung des rechtsverletzenden Zustands auf andere Weise genügt ist (schon aus verfassungsrechtlichen Gründen mit Blick auf Art. 14 Abs. 2 GG) entsprechend geringere Anforderungen zu stellen sein. Im Rahmen der Abwägung ist im Lichte des generalpräventiven Zwecks (**Abschreckung**)[53] außerdem der bei der Vernichtung für den Verletzer entstehende **Schadensumfang** im Vergleich zu dem durch die Verletzung eingetretenen wirtschaftlichen Schaden des Rechtsinhabers und Besonderheiten der **Beschaffenheit** des rechtsverletzenden Produkts bzw. Informationsträgers einzubeziehen. Zudem ist die **Schwere des Eingriffs** berücksichtigungsfähig. Schließlich kann auch die Frage von Bedeutung sein, ob im Einzelfall überhaupt ein milderes Mittel (**Alternative**) zur Beseitigung der Störung zur Verfügung steht.[54] Auch die **Art und Größe des Unternehmens** kann bei der Verhältnismäßigkeitsabwägung eine Rolle spielen.[55] Beispielsweise kann daher die Möglichkeit, den durch die Rechtsverletzung verursachten Zustand auf andere Weise zu beseitigen, der Verhältnismäßigkeit von Vernichtungsanspruch – und ebenso der Rückrufanspruch

---

50 *Ohly*, GRUR 2019, 441, 445.
51 H/O/K/*Kalbfus*, § 7 Rn. 4. 16 betont zutreffend, dass die Geheimnis-RL den Grundsatz der Verhältnismäßigkeit stärker als die Durchsetzungs-RL betont; weiterführend Hofmann, WRP 2018, 1 Rn. 26 ff.
52 Bspw. BGH, 11.10.2018 – I ZR 259/15, GRUR 2019, 518 Rn. 21 – Curapor; OLG Düsseldorf, 12.4.2016 – I-20 U 48/15 Rn. 110 – Verbandsmaterial; OLG Düsseldorf, 10.11.2015 – I-20 U 26/15 Rn. 46 – Wundschnellverband; OLG Düsseldorf, 29.1.2015 – I-15 U 23/14 Rn. 83 – Andockvorrichtung; S/H/T/*Thiering*, § 18 Rn. 66.
53 Auch H/K/O/*Kalbfus*, § 7 Rn. 58.
54 Nach BGH, 11.10.2018 – I ZR 259/15, GRUR 2019, 518 Rn. 21 – Curapor.
55 *Jestaedt*, GRUR 2009, 102, 106.

– ebenso entgegenstehen, wie schuldloses Handeln des Verletzers, zumal wenn der ihm durch die Vernichtung entstehende Schaden den durch die Verletzung eingetretenen Schaden des Inhabers erheblich übersteigt.[56]

Soweit dem Rechtsverletzer aus Verhältnismäßigkeitserwägungen eine Aufbrauchfrist gegenüber einem Anspruch aus § 6 gewährt wird, kann dies auch Ansprüche aus § 7 begrenzen (**Beseitigungsfrist**[57]); dies ist aber zumindest für § 7 Nr. 1 praktisch kaum denkbar. Die Gewährung einer Aufbrauchfrist im Rahmen eines Unterlassungsanspruchs könnte dann zugleich den Vernichtungsanspruch für den Zeitraum dieser Frist inhaltlich begrenzen[58] (zur Aufbrauchfrist → § 6 Rn. 131).

25

3. Beseitigung nach Verlust der Geheimniseigenschaft

Unter dem Gesichtspunkt der Fortwirkung eines rechtswidrig geschaffenen Störungszustands können Beseitigungsansprüche auch nach Fortfall der Geheimniseigenschaft in Betracht kommen (vgl. → § 6 Rn. 245).[59] Das gilt prinzipiell selbst für **Vernichtungs**ansprüche.[60] So wurde zum Patentrecht entschieden, dass der Ablauf des Schutzrechts den Vernichtungsanspruch hinsichtlich derjenigen Gegenstände, für die er einmal entstanden ist, nicht ohne Weiteres entfallen lässt.[61] Auch ein **Rückruf**anspruch wurde im Patentrecht nach Schutzrechtsablauf als nicht unverhältnismäßig anerkannt. Dazu führte das OLG Düsseldorf aus: Die Unverhältnismäßigkeit (in § 140a Abs. 4 PatG) sei ein Ausnahmetatbestand, der eng auszulegen und insbesondere beim Rückrufanspruch auf „extreme Ausnahmefälle" beschränkt sei. In der Abwägung berücksichtigt wurden ein Verschulden und der Verschuldensgrad, die Schwere des Eingriffs in das Schutzrecht, das Bestehen und das Ausmaß einer Wiederholungsgefahr sowie der Gedanke der „Generalprävention" und der „Sanktionscharakter des Rückrufs".[62] Jedenfalls wird bei einer Beseitigung nach Verlust der Geheimniseigenschaft der Verhältnismäßigkeitsgrundsatz in besonderem Maße zu berücksichtigen sein.

26

4. Einwendungen und Einreden

Mit Blick auf §§ 9, 11, 14 wird auf die jeweilige Kommentierung verwiesen.[63] Die Ansprüche aus § 7 unterliegen den gleichen **Verjährungsregeln** wie die Abwehran-

27

---

56 BGH, 23.2.2006 – I ZR 27/03, BGHZ 166, 233 = GRUR 2006, 504 Rn. 52 – Parfümtestkäufe (Markenrecht).
57 Bspw. *Fezer*, § 14 Rn. 1012 ff.; G/L/D/*Loschelder*, § 91 Rn. 2 f.
58 Vgl. Loth/*Pantze*, § 24a Rn. 38.
59 BGH, 21.2.1989 – X ZR 53/87, GRUR 1990, 997, 1000 f. – Ethofumesat; zur Vernichtung *Mes*, § 140a PatG Rn. 15 mwN.
60 H/O/K/*Kalbfus*, § 7 Rn. 61 mwN zur Rspr. aus dem Patentrecht.
61 OLG Düsseldorf, 13.1.2011 – 2 U 56/09, BeckRS 2011, 7499.
62 OLG Düsseldorf, 29.1.2015 – 15 U 23/14, BeckRS 2015, 6710 Rn. 45 – Andockvorrichtung.
63 Zu deren Anwendbarkeit auch BeckOK UWG/*Hohn-Hein*, § 7 GeschGehG Rn. 2.

sprüche aus § 6 (dort → Rn. 306).⁶⁴ Auch im Übrigen wird auf die Kommentierung zu § 6 verwiesen (dort → Rn. 143).

5. Kosten der Beseitigung

28 Alle nach § 7 vorgesehenen Maßnahmen sind entsprechend Art. 12 Abs. 4 Satz 1 RL 2016/943/EU grundsätzlich **auf Kosten des Rechtsverletzers** durchzuführen, sofern nicht besondere Gründe dafür vorliegen, hiervon abzusehen.⁶⁵ Diese Kostentragungspflicht lässt den Schadensersatzanspruch unberührt (Art. 12 Abs. 4 Satz 2 RL).

III. Vernichtung oder Herausgabe von Informationsträgern (Nr. 1)

29 Der Inhaber des Geschäftsgeheimnisses kann den Rechtsverletzer gemäß § 7 Nr. 1 auf Vernichtung oder **Herausgabe** von Gegenständen in Anspruch nehmen, in denen das Geschäftsgeheimnis selbst enthalten oder verkörpert ist („**Informationsträger**" oder „Geheimnisträger"⁶⁶).

30 **Zweck** der Regelung ist es eine weitere Nutzung der betreffenden Informationen durch den Rechtsverletzer selbst sowie eine Weitergabe an Dritte, und damit eine Vertiefung der Verletzung, zu verhindern.⁶⁷ Anders als die Parallelregelungen in § 98 Abs. 1 Satz 2 UrhG, § 32 Abs. 1 Satz 2 DesignG, § 140a Abs. 2 PatG oder § 18 Abs. 1 Satz 2 MarkenG enthält die Vorschrift keinen dezidierten Anspruch auf Herausgabe oder Vernichtung von Gegenständen, die (vorwiegend) zur Herstellung rechtsverletzender Produkte gedient haben.⁶⁸

31 Das **Verhältnis** von **Herausgabe** oder **Vernichtung** als unterschiedliche Anspruchsziele ist insoweit offen, als der Wortlaut eine Wahlmöglichkeit des Gläubigers zulässt, aber auch eine Wahlschuld (§ 262 BGB) des Schuldners nicht ausschließt.⁶⁹ Während der Wortlaut der Norm zunächst für ein solches Wahlrecht spricht, da Vernichtung und Herausgabe gleichberechtigt nebeneinander stehen, heißt es in Art. 12 Abs. 1 lit. d RL 2016/943/EU „die Vernichtung [...] oder gegebenenfalls die Herausgabe..."; das ließe sich als ein Stufenverhältnis dahingehend auslegen, dass die Vernichtung den Standardfall darstellt – oder auch nicht.⁷⁰ In jedem Fall ist das Verhältnis abschließend unionsrechtlich zu ermitteln.⁷¹ Vor dem Hintergrund des Schutzzwecks scheint grundsätzlich angemessen, dem Gläubiger

---

64 K/B/F/*Alexander*, § 7 GeschGehG Rn. 41.
65 K/B/F/*Alexander*, § 7 GeschGehG Rn. 22; BeckOK GeschGehG/*Spieker*, § 7 Rn. 15; *Partsch/Schindler*, NJW 2020, 2364, 2369; BeckOK UWG/*Hohn-Hein*, § 7 GeschGehG Rn. 22.
66 H/O/K/*Kalbfus*, § 7 Rn. 24.
67 Vgl. Büscher/*Tochtermann*, § 7 GeschGehG Rn. 11; H/O/K/*Kalbfus*, § 7 Rn. 21.
68 Kritisch *Reinfeld*, § 4 Rn. 86.
69 Vgl. die Darstellung bei K/B/F/*Alexander*, § 7 GeschGehG Rn. 15; H/O/K/*Kalbfus*, § 7 Rn. 28.
70 Auch Hoppe/Oldekop/*Hoppe*, Kap. 1 Rn. 721 hält weder die RL noch die Begründung des Gesetzgebers für aufschlussreich.
71 H/O/K/*Kalbfus*, § 7 Rn. 28.

III. Vernichtung oder Herausgabe von Informationsträgern (Nr. 1) § 7

prinzipiell offenzulassen, worauf er seinen Anspruch richtet,[72] denn berechtigte Schuldnerinteressen werden durch den Verhältnismäßigkeitsgrundsatz gewahrt.

1. Besondere Voraussetzungen

Gegenstand des Anspruchs aus § 7 Nr. 1 sind **Informationsträger**. Das Gesetz erwähnt insoweit „Dokumente, Gegenstände, Materialien, Stoffe oder elektronische Dateien". Die Begriffe entsprechen der Aufzählung in § 4 Abs. 1 Nr. 1, sodass eine einheitliche Auslegung geboten ist (→ § 4 Rn. 20).[73] Die genannten Oberbegriffe werden die meisten Verkörperungsformen von Geschäftsgeheimnissen umfassen. Sie scheinen auch **technik- und entwicklungsoffen** und sind in Zweifelsfällen teleologisch – und daher weit – auszulegen, um möglichst alles abzudecken, was ein Geschäftsgeheimnis enthalten oder verkörpern kann und dessen Herausgabe oder Vernichtung objektiv möglich ist (und sonst ist an § 6 S. 1 zu denken).[74] 32

Nach dem Wortlaut der Norm ist weiterhin Besitz, also die tatsächliche Sachherrschaft, oder **Eigentum** an dem Informationsträger erforderlich.[75] Ausreichend ist es mithin, wenn der Rechtsverletzer entweder selbst als unmittelbarer Besitzer iSv. § 854 Abs. 1 BGB oder durch einen Besitzdiener gem. § 855 BGB auf den Informationsträger einwirken kann oder in der Lage ist, die Sachherrschaft aufgrund seiner Eigentumsbefugnisse gegenüber Dritten auszuüben.[76] Erfasst sind insoweit alle Formen des Besitzes wie Eigenbesitz und mittelbarer Besitz, Mitbesitz und Teilbesitz, vgl. §§ 865, 866, 868, 872 BGB[77] und beim Eigentum Allein-, Mit-, Gesamthand-, Sicherungs- und Vorbehaltseigentum.[78] Ein hinreichender Schuldnerbesitz besteht daher auch bei einer erfolgten Zollbeschlagnahme weiter.[79] 33

Abweichend vom Wortlaut des § 7 Nr. 1 ist eine formale Stellung als Besitzer oder Eigentümer aber dann nicht zwingend notwendig, wenn in richtlinienkonformer Auslegung alle Informationsträger als erfasst gelten, die sich **im tatsächlichen Einflussbereich des Rechtsverletzers** befinden. Offen ist, zu welchem **Zeitpunkt** seitens des Verletzers Besitz oder Eigentum am Informationsträger vorliegen müssen, nämlich entweder zum Zeitpunkt der letzten mündlichen Verhandlung oder ob es genügt, dass zum Zeitpunkt der Zwangsvollstreckung Besitz oder Eigentum beim Vollstreckungsgegner vorhanden sind. Nach einer Meinung ist es grundsätzlich er- 34

---

72 So auch K/B/F/*Alexander*, § 7 GeschGehG Rn. 15; H/O/K/*Kalbfus*, § 7 Rn. 28, Hoppe/Oldekop/*Hoppe*, Kap. 1 Rn. 719 mit dem zutreffenden Hinweis auf eine mögliche Inhaberbereicherung an Gegenständen des Verletzers.
73 So K/B/F/*Alexander*, § 7 GeschGehG Rn. 11.
74 K/B/F/*Alexander*, § 4 GeschGehG Rn. 13; BeckOK GeschGehG/*Spieker*, § 7 Rn. 5 für eine „extensive teleologische" Erweiterung.
75 Auch *Partsch/Schindler*, NJW 2020, 2364, 2366.
76 BeckOK GeschGehG/*Spieker*, § 7 Rn. 6.
77 BeckOK GeschGehG/*Spieker*, § 7 Rn. 6; H/O/K/*Kalbfus*, § 7 Rn. 26; vgl. BeckOK MarkenR/*Miosga*, § 18 Rn. 16.
78 Vgl. *Bodewig*, GRUR 2005, 632, 637.
79 BeckOK GeschGehG/*Spieker*, § 7 Rn. 3 mwN.

§ 7 Vernichtung; Herausgabe; Rückruf; Entfernung und Rücknahme vom Markt

forderlich, dass schon im Erkenntnisverfahren das Vorliegen von Besitz oder Eigentum geklärt wird und dementsprechend Besitz oder Eigentum zum Zeitpunkt der letzten mündlichen Verhandlung vorliegen müssen.[80] Nach anderer Auffassung erfordert es der bezweckte wirksame Rechtsschutz, dass der Anspruch auf Herausgabe zum Zweck der Vernichtung auch ohne Beweisaufnahme über die Fortdauer des Eigentums des Verletzers zugesprochen werden kann und die Frage des Eigentums an bestimmten Vervielfältigungsstücken erst nach Feststellung des weiteren Vorhandenseins solcher Gegenstände im Vollstreckungsverfahren geklärt wird, wenn zumindest feststeht, dass der Rechtsverletzer Eigentümer/Besitzer bestimmter Informationsträger, auf die sich der Anspruch bezieht, geworden ist.[81] Kommt es zu einem **Eigentums- oder Besitzwechsel** nach Erhebung der Klage, gelten §§ 265, 325 ZPO.[82] Sind dem Rechtsinhaber die Eigentums- oder Besitzverhältnisse unbekannt und verbleibt neben § 8 eine Lücke, kann ein zum Vernichtungsanspruch **akzessorischer Auskunftsanspruch** bestehen (und ggf. hilfsweise geltend gemacht werden).[83]

2. Inhalt und Umfang des Anspruchs

35 § 7 Nr. 1 ermöglicht die **Vernichtung** oder **Herausgabe** (der Gesamtheit oder eines Teils) der Informationsträger. Dies beinhaltet auch Informationsträger betreffend **Abwandlungen** des Geschäftsgeheimnisses, etwa durch Weiterentwicklungen/Veränderungen (etwa einer Konstruktionszeichnung).[84] In einem solchen Fall ist wertend zu ermitteln, ob und inwieweit eine Herausgabe oder (vollständige) Vernichtung beansprucht werden kann. Es wird jedenfalls dann gelten, wenn eine Abwandlung zwar nicht vollständig auf den rechtswidrig erlangten Kenntnissen beruht, bei denen diese aber in einer Weise mitsächlich geworden sind, die wirtschaftlich oder technisch zumindest „nicht als bedeutungslos" angesehen werden kann.[85]

36 **Vernichtung** meint das **endgültige Unbrauchbarmachen** des jeweiligen Informationsträgers.[86] Bei physischen Objekten bedeutet dies in aller Regel die Zerstörung ihrer Sachsubstanz (bspw. durch Verbrennen, Einschmelzen, Verschrotten, Einstampfen oder Zerreißen), wohingegen bei elektronischen Daten ihr unwieder-

---

80 *Mes*, § 140a PatG Rn. 7 (zur Vernichtung von Produkten); BeckOK MarkenR/*Miosga*, § 18 Rn. 19 jeweils mwN.
81 BGH, 28.11.2002 – I ZR 168/00 (KG), GRUR 2003, 228, 230 – P-Vermerk.
82 BeckOK GeschGehG/*Spieker*, § 7 Rn. 8; so zu § 18 MarkenG BeckOK MarkenR/*Miosga*, § 18 Rn. 20; *Ingerl/Rohnke*, § 18 Rn. 19.
83 Zu § 18 MarkenG BeckOK MarkenR/*Miosga*, § 18 Rn. 20 mit Verweis auf KG, 26.9.2000 – 5 U 4026/99, GRUR-RR 2001, 292, 294 – Bachforelle; dem folgend BeckOK GeschGehG/*Spieker*, § 7 Rn. 8.
84 So und mit Blick auf die nachstehende Fn. schon H/O/K/*Kalbfus*, § 7 Rn. 24.
85 So zum alten Recht BGH, 19.3.2008 – I ZR 225/06, NJOZ 2009, 301 Rn. 9 – Füllanlage.
86 K/B/F/*Alexander*, § 7 GeschGehG Rn. 16.

III. Vernichtung oder Herausgabe von Informationsträgern (Nr. 1) § 7

bringliches Löschen (ohne eine Zerstörung des Datenträgers) ausreicht.[87] Letzteres beinhaltet auch die Vernichtung sämtlicher eventuell vorhandener (elektronischer) Kopien.[88] Während unklar ist, ob dem Gläubiger ein Wahlrecht zwischen Vernichtung und Herausgabe zusteht (→ Rn. 31), steht ihm jedenfalls regelmäßig **kein Anspruch auf eine bestimmte Methode** der Vernichtung zu, da die Vernichtungswege mit unterschiedlichen Kosten für den Rechtsverletzer verbunden sein können.[89]

Herausgabe meint alle tatsächlichen und rechtlichen Handlungen, die notwendig sind, um dem Geschäftsgeheimnisinhaber die **tatsächliche Sachherrschaft** am Informationsträger zu verschaffen.[90] Dies erfolgt bei körperlichen Gegenständen im Regelfall durch die Verschaffung des unmittelbaren Besitzes. Macht der Geheimnisinhaber den Herausgabeanspruch geltend, sind ihm die Informationsträger **unbeeinträchtigt** herauszugeben.[91]   37

Bei nicht körperlichen Gegenständen (**elektronische Dateien/Daten**), muss der Rechtsverletzer dem Geschäftsgeheimnisinhaber gegebenenfalls neben der Sachherrschaft (bspw. USB-Stick) auch die **tatsächliche Zugriffsgewalt** einräumen. Das Überlassen eines Speichermediums ohne Zugangsdaten genügt daher nicht; auch das Anfertigen von Kopien reicht nicht aus.[92] Sind Daten bspw. in Cloudlösungen auf Servern Dritter hinterlegt, scheidet deren körperliche Herausgabe durch den Rechtsverletzer praktisch aus. In einem solchen Fall ist das Ziel des Inhabers daher die **Zugangsberechtigung** des Rechtsverletzers (bspw. Nutzer und Passwort); ein Löschungsbefehl des Rechtsverletzers und eine Erbringung entsprechender Löschungsnachweise können Abhilfe schaffen.[93] Je nach Auffassung ist dies als Minus zu einem Anspruch nach § 7 Nr. 1 zu erachten oder aber über den Anspruch in § 6 S. 1 Alt. 1 zu lösen.   38

Die **Verhältnismäßigkeit** der jeweils beanspruchten Maßnahme ist daher im Einzelfall anhand des obigen Maßstabs (→ Rn. 21 ff.) zu ermitteln und hängt insbesondere davon ab, ob der Verletzer schuldlos oder mit allenfalls geringer Schuld gehandelt hat.[94] Es ist zu ermitteln, ob auf eine andere – und für den Rechtsverletzer weniger eingriffsintensive – Weise das Ziel erreicht werden kann, nämlich dass die relevante Information dauerhaft und unwiderruflich von dem Informationsträger   39

---

87 BeckOK GeschGehG/*Spieker*, § 7 Rn. 10; *Partsch/Schindler*, NJW 2020, 2364, 2366 mit begrifflichen Bezügen zu Art. 182 Zollkodex sowie § 303 StGB ua.; K/B/F/*Alexander*, § 7 GeschGehG Rn. 16.
88 BT-Drs. 19/4724, S. 30; K/B/F/*Alexander*, § 7 GeschGehG Rn. 16.
89 K/B/F/*Alexander*, § 7 GeschGehG Rn. 16; BeckOK GeschGehG/*Spieker*, § 7 Rn. 12; *Ingerl/Rohnke*, § 18 Rn. 31.
90 Bejahend K/B/F/*Alexander*, § 7 GeschGehG Rn. 17.
91 BeckOK GeschGehG/*Spieker*, § 7 Rn. 13.
92 K/B/F/*Alexander*, § 7 GeschGehG Rn. 18.
93 BeckOK UWG/*Hohn-Hein*, § 7 GeschGehG Rn. 6; K/B/F/*Alexander*, § 7 GeschGehG Rn. 18.
94 BGH, 23.2.2006 – I ZR 27/03, GRUR 2006, 504 Rn. 52 – Parfümtestkäufe (Markenrecht).

§ 7 Vernichtung; Herausgabe; Rückruf; Entfernung und Rücknahme vom Markt

gelöscht wird.[95] Bspw. kann eine einfache physische Kopie zu vernichten sein, eine externe Festplatte ggf. jedoch nicht – bei günstigen Datenträgern wiederum kommt jedoch auch eine Vernichtung in Betracht.[96]

40 Einen **Leistungsort** für die Herausgabe benennt das Gesetz nicht. Ausgehend vom Schutzzweck der Norm scheint eine Herausgabe aber regelmäßig zu Händen des Geheimnisinhabers (also bspw. an dessen Sitz) angemessen.[97] Das gilt erst recht, wenn es sich um Sachen im Eigentum des Geheimnisinhabers handelt (bspw. in Papierform entwendete Zeichnungen).[98]

41 Infolge der Geltendmachung des Herausgabeanspruchs kann es zu einem **Auseinanderfallen von Eigentum und Besitz** am Informationsträger kommen. Angesichts des klaren Wortlauts der Norm („Herausgabe"[99]) kann eine Übertragung des Eigentums am Informationsträger auf den Geheimnisinhaber eher nicht – und aus Verhältnismäßigkeitserwägungen insbesondere nicht regelmäßig – verlangt werden.[100] Das ist auch rechtstechnisch nicht notwendig: Selbst ohne Eigentumserwerb steht der Anspruch des Geheimnisinhabers aus § 7 Nr. 1 der Durchsetzung eines Herausgabeanspruchs des Rechtsverletzers (= idF Eigentümer des Informationsträgers) etwa aus § 985 BGB ggf. dauerhaft entgegen (bspw. gegenüber einer physisch vorhandenen rechtsverletzenden Konstruktionszeichnung). In einem solchen Fall kommen auch Ersatzansprüche des Rechtsverletzers/Eigentümers (bspw. aus §§ 987 ff. BGB) regelmäßig nicht in Betracht. Ein anderes Ergebnis scheint nicht sachgerecht, weil der Geheimnisinhaber alternativ direkt die Vernichtung beanspruchen kann. Vor dem Hintergrund des Verhältnismäßigkeitsgrundsatzes verbietet sich allerdings eine schematische Betrachtung.

42 In richtlinienkonformer Auslegung kann der Vernichtungs- oder Herausgabeanspruch auch nur auf einen **Teil eines Informationsträgers** gerichtet sein, wenn das Geschäftsgeheimnis dergestalt auf einem Informationsträger enthalten ist, dass eine tatsächliche Trennung zwischen einem „infizierten" und einem nicht infizierten" Teil möglich ist (bspw. eine Zeichnung aus einer Akte).[101]

---

95 Mit Blick auf Telos und Grenzen der Vernichtung auch BeckOK GeschGehG/*Spieker*, § 7 Rn. 11.
96 BeckOK UWG/*Hohn-Hein*, § 7 GeschGehG Rn. 7 mwN.
97 Für eine „Art Bringschuld" *Partsch/Schindler*, NJW 2020, 2364, 2367.
98 *Partsch/Schindler*, NJW 2020, 2364, 2367 mwN. zur Parallele zu § 985 BGB.
99 Auch Herausgabeansprüche im BGB sind grundsätzlich auf Besitzverschaffung gerichtet, vgl. §§ 546, 604, 695, 861, 985, 1007 BGB. Anders § 433 Abs. 1 BGB: „... Sache zu übergeben und das Eigentum an der Sache zu verschaffen".
100 Etwas missverständlich BeckOK GeschGehG/*Spieker*, § 7 Rn. 13 „Übertragung der tatsächlichen Sachherrschaft".
101 So K/B/F/*Alexander*, § 7 GeschGehG Rn. 21; vgl. auch Büscher/*Tochtermann*, § 7 GeschGehG Rn. 31; BeckOK UWG/*Hohn-Hein*, § 7 GeschGehG Rn. 4.

IV. Ansprüche bezüglich rechtsverletzender Produkte (Nr. 2–5)

§ 7 Nr. 2 bis 5 verfolgen den Zweck, rechtsverletzende Produkte, also Gegenstände oder Leistungsergebnisse, die für sich genommen eine Beeinträchtigung des Geschäftsgeheimnisses darstellen, aus dem Verkehr zu ziehen, sodass sie nicht mehr für einen (Weiter-)Vertrieb durch den Rechtsverletzer oder Dritte zur Verfügung stehen.[102] 43

Bei einem **rechtsverletzenden Produkt** handelt es sich gemäß der **Legaldefinition in § 2 Nr. 4** um „ein Produkt, dessen Konzeption, Merkmale, Funktionsweise, Herstellungsprozess oder Marketing in erheblichem Umfang[103] auf einem rechtswidrig erlangten, genutzten oder offengelegten Geschäftsgeheimnis beruht" (Einzelheiten → § 2 Rn. 158 ff.).[104] Dies betrifft mithin auch „**unmittelbare Verfahrenserzeugnisse**", also Produkte, die das Ergebnis eines Herstellungsprozesses sind, der auf einem rechtswidrig verwendeten Geschäftsgeheimnis beruht.[105] Der Begriff ist nicht auf ein „physisches" Produkt beschränkt, sondern ist grundsätzlich offen für Arbeitsergebnisse aller Art.[106] Aufgrund der weiten Definition des rechtsverletzenden Produkts haben auch die § 7 Nr. 2 bis 5 einen prinzipiell breiten Anwendungsbereich. Soweit im Einzelfall Schutzlücken verbleiben oder sich atypische Fragen stellen, kann zudem grundsätzlich auf den allgemeinen Beseitigungsanspruch nach § 6 S. 1 zurückgegriffen werden. 44

1. Rückruf (Nr. 2) und dauerhafte Entfernung aus den Vertriebswegen (Nr. 3)

Sowohl der Rückruf (§ 7 Nr. 2) als auch das Entfernen aus den Vertriebswegen (§ 7 Nr. 3) dienen dazu, den Markt von rechtsverletzenden Produkten zu befreien.[107] Vergleichbare Regelungen finden sich in § 18 Abs. 2 MarkenG, § 98 Abs. 2 UrhG, § 140a Abs. 3 Satz 1 PatG und § 43 Abs. 2 DesignG. Die Ansprüche sind vor allem dann relevant, wenn rechtsverletzende Produkte nicht mehr in der unmittelbaren Verfügungsgewalt des Rechtsverletzers stehen.[108] Sie unterscheiden sich im Wesentlichen darin, dass der **Rückrufanspruch** eine **Handlungspflicht**, aber keine Erfolgspflicht begründet,[109] wogegen im Falle der **dauerhaften Entfernung** aus 45

---

102 K/B/F/*Alexander*, § 7 GeschGehG Rn. 26.
103 Beispiel bei Hoppe/Oldekop/*Hoppe*, Kap. 1 Rn. 328.
104 *Partsch/Schindler*, NJW 2020, 2364, 2366; Hoppe/Oldekop/*Hoppe*, Kap. 1 Rn. 319.
105 Mit Parallele zu § 140a PatG H/O/K/*Kalbfus*, § 7 Rn. 57.
106 Für eine breite Auslegung auch K/B/F/*Alexander*, § 2 GeschGehG Rn. 127; Hoppe/Oldekop/ *Hoppe*, Kap. 1 Rn. 319.
107 BeckOK MarkenR/*Miosga*, § 18 Rn. 33.
108 K/B/F/*Alexander*, § 7 GeschGehG Rn. 31; BeckOK UWG/*Hohn-Hein*, § 7 GeschGehG Rn. 8; BeckOK GeschGehG/*Spieker*, § 7 Rn. 18.
109 BGH, 16.5.2017 – X ZR 120/15, GRUR 2017, 785 Rn. 17 – Abdichtsystem: „Der Anspruch auf Rückruf verpflichtet den Schuldner dazu, seine Abnehmer zu einer Rückgabe der ihm gelieferten patentverletzenden Erzeugnisse aufzufordern. Ob die Abnehmer dieser Aufforderung Folge leisten, bleibt deren Entscheidung überlassen und hat auf die Verantwortlichkeit des Schuldners keine Auswirkung, sofern dieser alle ihm zumutbaren Anstrengungen unternommen hat, um die Abnehmer aufgrund der Aufforderung zu einer Rückgabe zu bewegen." Je-

§ 7 Vernichtung; Herausgabe; Rückruf; Entfernung und Rücknahme vom Markt

den Vertriebswegen (unter dem Vorbehalt des Möglichen[110]) prinzipiell ein **Erfolg geschuldet** ist.[111] Die **selbstständigen Ansprüche** können kumulativ geltend gemacht werden.[112] Ein Rückrufschreiben oder eine Entfernungsmaßnahme des Rechtsverletzers kann die vormals gutgläubigen Adressaten selbst zu Rechtsverletzern machen, soweit diese damit Kenntnis von der Rechtsverletzung erhalten.[113] Die Abgrenzung des Entfernungsanpruchs zur Marktrücknahme nach Nr. 5 ist umstritten (unten → Rn. 59).

a) Inhalt des Rückrufanspruchs

46 Im Rahmen des Rückrufs ist der Rechtsverletzer verpflichtet, an seine Abnehmer heranzutreten und diese zur Rückgabe des rechtsverletzenden Produktes aufzufordern.[114] Der Anspruch auf Rückruf verpflichtet den Schuldner dazu, seine Abnehmer zu einer Rückgabe der von ihm gelieferten rechtsverletzenden Erzeugnisse aufzufordern und alle ihm zumutbaren Anstrengungen zu unternehmen, die Abnehmer aufgrund der Aufforderung zu einer Rückgabe zu bewegen.[115] Geschuldet ist somit der **nachhaltige und ernsthafte Versuch**, die rechtsverletzenden Produkte zurückzuerhalten.[116] Der Rechtsverletzer hat hierbei auf alle ihm zur Verfügung stehende Erkenntnisquellen wie Geschäftsunterlagen oder Rückfragen bei seinen Abnehmern zurückzugreifen.[117] Zumindest die gutgläubigen Abnehmer haben regelmäßig einen Anreiz zur Rückgabe, da sie andernfalls befürchten müssten, alsbald vom Geheimnisinhaber selbst in Anspruch genommen zu werden (gem. § 4 Abs. 3 Satz 2 Alt. 6 gilt bereits die Lagerung des rechtsverletzenden Produkts in Kenntnis der vorherigen rechtswidrigen Erlangung als Verletzungshandlung).[118] Nach der Rechtsprechung des X. Senats des BGH zum Patentrecht ist der Rechtsverletzer im Rahmen des Rückrufanspruchs weitergehend aber **nicht** verpflichtet, **rechtliche Einwirkungsmöglichkeiten** auf seine Abnehmer geltend zu machen; eine solche

---

staedt, GRUR 2009, 102, 104; BeckOK MarkenR/*Miosga*, § 18 Rn. 40 und 45; H/O/K/*Kalbfus*, § 7 Rn. 35.
110 BGH, 16.5.2017 – X ZR 120/15, GRUR 2017, 785 Rn. 18 – Abdichtsystem „Der Anspruch auf endgültiges Entfernen aus den Vertriebswegen verpflichtet den Schuldner hingegen dazu, alle ihm zur Verfügung stehenden und zumutbaren tatsächlichen und rechtlichen Möglichkeiten auszuschöpfen, um die weitere oder erneute Zirkulation patentverletzender Gegenstände in den Vertriebswegen auszuschließen".
111 K/B/F/*Alexander*, § 7 GeschGehG Rn. 27 und 32; vgl. BeckOK PatR/*Rinken*, § 140a PatG Rn. 52; vgl. *Jestaedt*, GRUR 2009, 102, 105; aA BeckOK MarkenR/*Miosga*, § 18 Rn. 51.
112 Aus dem Patentrecht BGH, 16.5.2017 – X ZR 120/15, GRUR 2017, 785 Rn. 11, 33 – Abdichtsystem; H/O/K/*Kalbfus*, § 7 Rn. 35, 47.
113 H/O/K/*Kalbfus*, § 7 Rn. 34.
114 K/B/F/*Alexander*, § 7 GeschGehG Rn. 28; *Jestaedt*, GRUR 2009, 102, 103; vgl. BGH 16.5.2017 – X ZR 120/15, GRUR 2017, 785, 786 Rn. 17 – Abdichtsystem, Hoppe/Oldekop/*Hoppe*, Kap. 1 Rn. 747.
115 BGH, 16.5.2017 – X ZR 120/15, GRUR 2017, 785 Rn. 11, 33 – Abdichtsystem (Fn. 109).
116 K/B/F/*Alexander*, § 7 GeschGehG Rn. 28; H/O/K/*Kalbfus*, § 7 Rn. 39; BeckOK UWG/*Hohn-Hein*, § 7 GeschGehG Rn. 9; vgl. auch *Czychowski*, GRUR-RR 2008, 265, 267.
117 Fromm/Nordemann/*Nordemann*, § 98 UrhG Rn. 25a; *Kühnen*, D. Rn. 907.
118 BeckOK MarkenR/*Miosga*, § 18 Rn. 41.

Pflicht bestünde nur beim Entfernungsanspruch.[119] Diese Wertung trifft gleichermaßen auf das GeschGehG zu, denn der Begriff „Rückruf" beschreibt lediglich eine Aufforderung, während im „Entfernen" iSv Nr. 3 auch ein Erfolgsbezug enthalten ist.[120]

Inhaltlich hat der Rechtsverletzer seine Abnehmer unter Schilderung der Sach- und Rechtslage auf die **rechtsverletzende Natur der Produkte hinzuweisen**[121] und ihnen die **Rückerstattung des Kaufpreises anzubieten** (und dabei selbst eine etwaige Schadensersatzpflicht in Kauf zu nehmen).[122] Ob der Rechtsverletzer dagegen verpflichtet ist, das rechtsverletzende Produkt von seinem Abnehmer zu einem höheren als dem ursprünglichen Preis zurückzuerwerben, ist letztlich eine Frage der Verhältnismäßigkeit[123] (§ 9) und dürfte zumindest von mittelbaren Rechtsverletzern (§ 4 Abs. 3) kaum zu verlangen sein.[124] Hierbei hat der Rechtsverletzer die notwendigen Verpackungs- und Rücktransportkosten zu tragen.[125] Zweckmäßig ist auch, dass die Modalitäten der möglichen Rückgabe (bspw. eine Ansprechperson und ein Ort) angegeben werden.[126] Die konkrete **Form des Rückrufs** (bspw. ein Schreiben an den oder die Abnehmer) richtet sich nach der Art des Vertriebs im jeweiligen Einzelfall,[127] wobei die Schriftform den zweckmäßigen Regelfall darstellt.[128] Prinzipiell kommt auch ein **öffentlicher Rückruf** in Betracht, solange sichergestellt ist, dass hierdurch sowohl den berechtigten Interessen des Rechtsverletzers als auch des Geschäftsgeheimnisinhabers hinreichend Rechnung getragen wird. Um Wertungswidersprüche zu vermeiden und den Ruf des Rechtsverletzers zu schützen, müssen hierzu wohl die Voraussetzungen des § 21 erfüllt sein.[129] Mit Blick auf **Antrag** und Tenorierung ist jedoch zu berücksichtigen, dass der Rückrufanspruch im Umfang der Regelung den Rechtsverletzer allein dazu verpflichtet, effektive Maßnahmen eines Rückrufs zu ergreifen, ohne dass der Rechtsverletzer (im

---

119 BGH, 16.5.2017 – X ZR 120/15, GRUR 2017, 785 Rn. 18 – Abdichtsystem; BeckOK GeschGehG/*Spieker*, § 7 Rn. 20.
120 BeckOK GeschGehG/*Spieker*, § 7 Rn. 20; aA zum Markenrecht BeckOK MarkenR/*Miosga*, § 18 Rn. 42.
121 BGH 11.10.2017 – I ZB 96/16, GRUR 2018, 292 Rn. 32 – Produkte zur Wundversorgung; BeckOK MarkenR/*Miosga*, § 18 Rn. 39.
122 H/O/K/*Kalbfus*, § 7 GeschGehG Rn. 39; OLG Düsseldorf, 4.8.2011 – 2 U 88/10, BeckRS 2011, 20945 – Fräsmaschine; OLG Düsseldorf, 28.4.2011 – I-2 U 16/10, BeckRS 2011, 20934 – Seilzugvorrichtung; BeckOK MarkenR/*Miosga* [1.1.2021], § 18 Rn. 39.
123 BeckOK GeschGehG/*Spieker*, § 7 Rn. 24; so zum Patentrecht BeckOK PatR/*Rinken*, § 140a PatG Rn. 24.
124 Vgl. zur Parallelproblematik im Marken- und Urheberrecht Fromm/Nordemann/*Nordemann*, § 98 UrhG Rn. 25a; *Skauradszun/Majer*, ZUM 2009, 199, 202; aber *Hoffmann*, ZGE 2014, 335, 361; BeckOK MarkenR/*Miosga*, § 18 Rn. 61.1.
125 Fromm/Nordemann/*Nordemann*, § 98 UrhG Rn. 25a; Wandtke/Bullinger/*Bohne*, § 98 UrhG Rn. 38; B/D/S/*Niebel*, § 98 UrhG Rn. 5; S/H/*Hacker*, § 18 MarkenG Rn. 56.
126 *Jestaedt*, GRUR 2009, 102, 103; *Mes*, § 140a PatG Rn. 20 mwN; K/B/F/*Alexander*, § 7 GeschGehG Rn. 29.
127 *Partsch/Schindler*, NJW 2020, 2364, 2368.
128 *Kühnen*, D. Rn. 913.
129 So zum Markenrecht BeckOK MarkenR/*Miosga*, § 18 Rn. 63.

§ 7 Vernichtung; Herausgabe; Rückruf; Entfernung und Rücknahme vom Markt

Gegensatz zur Entfernung) den Erfolg einer Rückrufaktion schuldet. Die Art und Weise der Erfüllung der Rückrufverpflichtung, also insbesondere der Maßnahmen, die der Information innerhalb der Vertriebswege dienen, um die rechtsverletzenden Erzeugnisse aus den Vertriebswegen zu entfernen, um also zu verhindern, dass diese Erzeugnisse vom Endabnehmer endgültig erworben werden, ist grundsätzlich Sache des Rechtsverletzers und kann diesem vom Verletzten nicht vorgegeben werden. Aufgrund der durch den Rechtsverletzer im Einzelfall zu bestimmenden effektiven Maßnahmen bei einem „Rückruf" (aus den Vertriebswegen) reicht für eine Bestimmtheit des Tenors lediglich die konkrete Bezeichnung der vom Rückruf erfassten Gegenstände aus.[130]

b) Inhalt des Entfernungsanspruchs

48 Der Schuldner des Entfernungsanspruchs ist verpflichtet, **alle zumutbaren tatsächlichen und rechtlichen Anstrengungen** zu unternehmen, um sicherzustellen, dass das rechtsverletzende Produkt nicht nur vorübergehend, sondern – prognostisch – für „immer" (mithin „dauerhaft") aus den Vertriebswegen entfernt wird.[131] Es ist mithin – unter dem Vorbehalt des Möglichen – ein **Erfolg** und nicht lediglich eine Tätigkeit geschuldet.[132] In Einzelfällen mag zur Erreichung dieses Ziels eine bloße Aufforderung an die Abnehmer geeignet und ausreichend sein, um dieses Ziel zu erreichen. Je nach den Umständen des Einzelfalls kann der Schuldner aber verpflichtet sein, dieses Ziel zusätzlich oder ausschließlich auf anderem Wege anzustreben, etwa durch rechtliche Schritte gegen einen Abnehmer, der eine Rückgabe von vornherein ablehnt.[133] Neben der möglichen Verpflichtung zum Ausschöpfen rechtlicher Handlungsmöglichkeiten unterscheidet sich der Entfernungsanspruch vom Rückruf auch dahingehend, dass der Rechtsverletzer seine Abnehmer auffordern kann, die rechtsverletzenden Produkte zu vernichten.[134] Welche Maßnahmen konkret zu fordern sind, ist daher kaum bestimmbar. Das ist bei der Antragsfassung (und Tenorierung) zugunsten des Geheimnisinhabers zu berücksichtigen, jedoch im Einzelnen streitig (vgl. zuvor zum Rückruf und unten → Rn. 69).[135] Im Übrigen ist auch der Schuldner des Entfernungsanspruchs in der Regel verpflichtet, den Kaufpreis zurückzuerstatten und für die nötigen Kosten von Transport, Lager und Zoll aufzukommen.[136] Der Anspruch kann auch dadurch erfüllt werden, dass die Produkte direkt beim Abnehmer vernichtet werden.[137]

---

130 LG Mannheim, 23.4.2010 – 7 O 145/09, GRUR-RR 2011, 49, 53.
131 BeckOK GeschGehG/*Spieker*, § 7 Rn. 24; vgl. BGH, 16.5.2017 – X ZR 120/15, GRUR 2017, 785 Rn. 18 – Abdichtsystem; Fromm/Nordemann/*Nordemann*, § 98 UrhG Rn. 25a; BeckOK MarkenR/*Miosga*, § 18 Rn. 47.
132 K/B/F/*Alexander*, § 7 GeschGehG Rn. 32; H/O/K/*Kalbfus*, § 7 Rn. 45; BeckOK GeschGehG/ *Spieker*, § 7 Rn. 24; BeckOK UWG/*Hohn-Hein*, § 7 GeschGehG Rn. 11; *Jestaedt*, GRUR 2009, 102, 105.
133 BGH, 16.5.2017 – X ZR 120/15, GRUR 2017, 785 Rn. 18 – Abdichtsystem.
134 K/B/F/*Alexander*, § 7 GeschGehG Rn. 32; H/O/K/*Kalbfus*, § 7 Rn. 45.
135 Vgl. *Mes*, § 140a PatG Rn. 27 (mwN und Vorschlag bei Rn. 28).
136 K/B/F/*Alexander*, § 7 GeschGehG Rn. 29; BeckOK GeschGehG/*Spieker*, § 7 Rn. 2 mwN.

IV. Ansprüche bezüglich rechtsverletzender Produkte (Nr. 2–5) § 7

Gem. Art. 12 Abs. 3 RL 2016/943/EU können die Mitgliedstaaten vorsehen, dass **49** die Gerichte auf Antrag des Inhabers des Geschäftsgeheimnisses anordnen können, die Produkte dem Inhaber des Geschäftsgeheimnisses oder wohltätigen Organisationen zu übergeben. Die Richtlinie eröffnet auf diese Weise eine Möglichkeit, den Sachwert der rechtsverletzenden Produkte zu erhalten und diese z. B. einem **karitativen Zweck** zuzuführen. Der deutsche Gesetzgeber hat von einer expliziten Umsetzung dieser Anordnungsbefugnis abgesehen. Ob diese Möglichkeit gleichwohl im Wege der **richtlinienkonformen Auslegung** von § 7 Nr. 3 mitberücksichtigt werden kann,[138] erscheint zweifelhaft. Denn Art. 12 Abs. 3 RL statuiert gerade keine Pflicht zur Umsetzung („*können*"). Da im Falle einer Herausgabepflicht zudem die Eigentumsrechte des Rechtsverletzers (Art. 14 GG) betroffen sind, scheint eine Rechtsgrundlage erforderlich.

c) Abnehmerkette und Endabnehmer

Die Ansprüche auf Rückruf und Entfernen beziehen sich grundsätzlich nicht nur **50** auf den unmittelbaren Abnehmer des Verletzers, sondern auf die gesamte **Abnehmerkette**.[139] Im Falle von Abnehmern auf nachgelagerten Vertriebsstufen hat sich im Bereich der gewerblichen Schutzrechte ein **mehrstufiges Vorgehen** etabliert, bei dem der Rechtsverletzer seine unmittelbaren Abnehmer zur Rückgabe auffordert und darum bittet, die Rückrufbitte an ihre jeweiligen Kunden weiterzugeben.[140] Inwieweit dies im Kontext des GeschGehG erfolgversprechend ist, bleibt abzuwarten. Die Ausübung der Ansprüche auf Rückruf und Entfernung nimmt dem Geheimnisinhaber im Übrigen nicht das Recht, kumulativ auch direkt selbst gegen ihm bekannte Abnehmer des Rechtsverletzers vorzugehen.[141]

Es ist nicht ersichtlich, ob der Gesetzgeber mit dem Bestandteil „**aus den Ver-** **51** **triebswegen**" – welcher nur in Nr. 3 genannt ist – eine relevante Unterscheidung zwischen Nr. 2 und Nr. 3 herbeiführen wollte.[142] Dagegen spricht, dass der Gesetzgeber den Begriff des Rückrufs als Oberbegriff für die Entfernung verwendet.[143] Dennoch ist die Reichweite des „Vertriebswegs" nicht unumstritten, nämlich inwieweit **Endabnehmer** noch zum Vertriebsweg gehören.[144] Dabei wird im Bereich der Gewerblichen Schutzrechte vertreten, dass jedenfalls private Endabnehmer vom

---

137 BeckOK UWG/*Hohn-Hein,* § 7 GeschGehG Rn. 12.
138 Dazu K/B/F/*Alexander,* § 7 GeschGehG Rn. 34.
139 BeckOK MarkenR/*Miosga,* § 18 Rn. 63; *Jestaedt,* GRUR 2009, 102, 104 mwN.
140 BeckOK MarkenR/*Miosga,* § 18 Rn. 63; S/H/T/*Thiering,* § 18 Rn. 71; ähnlich Fromm/Nordemann/*Nordemann,* § 98 UrhG Rn. 25.
141 BeckOK PatR/*Rinken,* § 140a PatG Rn. 55; *Jestaedt,* GRUR 2009, 102, 106 mit dem Hinweis auf Verhältnismäßigkeitsbedenken im Einzelfall.
142 Vgl. BT-Drs. 19/4724, S. 30.
143 *Partsch/Schindler,* NJW 2020, 2364, 2368.
144 MwN BeckOK MarkenR/*Miosga,* § 18 Rn. 63, 64; diese ausklammernd bspw. *Mes,* § 140a PatG Rn. 26; Ingerl/Rohnke, § 18 Rn. 47; für die Einbeziehung gewerblicher Endabnehmer BeckOK UWG/*Hohn-Hein,* § 7 GeschGehG Rn. 8.

§ 7 Vernichtung; Herausgabe; Rückruf; Entfernung und Rücknahme vom Markt

Rückruf ausgeschlossen seien.[145] Ob gewerbliche Endkunden hingegen umfasst sind, ist Gegenstand von Diskussionen.[146] Schon die Differenzierung privater/gewerblicher Endabnehmer ist im Wortlaut der Nr. 2 und Nr. 3 aber nicht wirklich angelegt (auch wenn die RL 2016/943 in Art. 12 Abs. 2 lit. a von einem Rückruf „vom Markt" spricht[147]). Nach hiesiger Auffassung scheint es daher an sich überzeugender, nicht den Inhalt der Ansprüche per se zu verkürzen, sondern (private) Endabnehmer prinzipiell in Rückruf- und Entfernungsaktionen einzubeziehen.[148] Die bspw. wegen eines unvorteilhaften Kosten-Nutzen-Verhältnisses notwendigen Korrekturen können sachgemäß auf Ebene der Verhältnismäßigkeit (§ 9) oder durch die Leistung einer Abfindung (§ 11) vorgenommen werden.[149]

d) Verhältnismäßigkeit

52 Die **Verhältnismäßigkeit** der jeweils beanspruchten Maßnahme ist im Einzelfall anhand des obigen Maßstabs (→ Rn. 21 ff.) zu ermitteln und hängt insbesondere davon ab, ob der Verletzer schuldlos oder mit allenfalls geringer Schuld gehandelt hat.[150] Ein Rückruf kann bspw. dann unverhältnismäßig sein, wenn er auf eine reine Selbstbezichtigung des Beklagten hinausläuft, ohne dass ein erkennbares wirtschaftliches Interesse des Klägers ersichtlich ist.[151]

2. Vernichtung (Nr. 4)

53 Gem. § 7 Nr. 4 kann der Geschäftsgeheimnisinhaber vom Rechtsverletzer die Vernichtung des rechtsverletzenden Produkts verlangen. Der Anspruch dient wie § 7 Nr. 2 dazu, rechtsverletzende Produkte zuverlässig aus dem Verkehr zu ziehen, damit diese nicht zu neuerlichen Verletzungshandlungen eingesetzt werden und die Geheimnisverletzung vertiefen.[152] Parallele Regelungen finden sich bereits in den § 18 Abs. 1 MarkenG, § 98 Abs. 1 Satz 1 UrhG, § 140a Abs. 1 Satz 1 PatG und § 43 Abs. 1 Satz 1 DesignG.

---

145 Zum Markenrecht: *Ingerl/Rohnke*, § 18 Rn. 47; im Überblick zum Thema *Fezer*, § 18 MarkenG Rn. 72; Stellungnahme GRUR zum Vorschlag der Kommission GRUR 2003, 682, 683; *Jänich*, MarkenR 2008, 413, 416; *Jestaedt*, GRUR 2009, 102, 105; vgl. auch S/H/T/*Thiering*, § 18 Rn. 64; *Czychowski*, GRUR-RR 2008, 265, 267; BeckOK MarkenR/*Miosga*, § 18 Rn. 66. Zum Patentrecht: OLG Düsseldorf, 28.4.2011 – I-2 U 16/10, BeckRS 2011, 20934 – Seilzugvorrichtung; LG Mannheim, 23.4.2010 – 7 O 145/09, GRUR-RR 2011, 49, 53; *Kühnen*, D Rn. 884.
146 Bspw. zum Patentrecht OLG Düsseldorf, 28.4.2011 – I-2 U 16/10, BeckRS 2011, 20934 – Seilzugvorrichtung (gewerbliche Abnehmer erfassend) gegenüber LG Mannheim, 23.4.2010 – 7 O 145/09, GRUR-RR 2011, 49, 53 (private und gewerbliche Endabnehmer ausklammernd) und so auch *Mes*, § 140a PatG Rn. 19.
147 BeckOK UWG/*Hohn-Hein*, § 7 GeschGehG Rn. 8.
148 Ergebnis wie hier mit ausführlicher Begründung Hoppe/Oldekop/*Hoppe*, Kap. 1 Rn. 749.
149 Für eine Lösung auf Ebene der Verhältnismäßigkeit im Markenrecht BeckOK MarkenR/*Miosga*, § 18 Rn. 67; S/H/T/*Thiering*, § 18 Rn. 64.
150 BGH, 23.2.2006 – I ZR 27/03, GRUR 2006, 504 Rn. 52 – Parfümtestkäufe (Markenrecht).
151 Redaktioneller LS zu OLG Düsseldorf, 12.4.2016 – I-20 U 48/15, GRUR-RS 2016, 07919 Rn. 48, 56 – Verbandsmaterial (Markenrecht).
152 So zum Markenrecht *Ingerl/Rohnke*, § 18 Rn. 4.

IV. Ansprüche bezüglich rechtsverletzender Produkte (Nr. 2–5) § 7

Vernichtung meint die **endgültige Zerstörung** der Sachsubstanz des **rechtsverletzenden Produkts** bzw. das endgültige Unbrauchbarmachen (auch durch das unwiderrufliche Löschen von Daten).¹⁵³ Der Begriff des Vernichtens entspricht daher im Kern dem des § 7 Nr. 1.¹⁵⁴ 54

Tatbestandlich setzt der Anspruch (im Gegensatz zu § 7 Nr. 1) **weder Besitz noch Eigentum** des Rechtsverletzers voraus. Dennoch kann der Rechtsverletzer lediglich solche rechtsverletzenden Produkte vernichten, die in seinem Besitz oder Eigentum stehen, oder wenn er zumindest faktischen Zugriff auf diese hat oder erlangt.¹⁵⁵ Verletzungsgegenstände, die daher infolge eines Rückrufs oder im Wege einer Entfernung aus den Vertriebswegen wieder in die Verfügungsgewalt des Rechtsverletzers zurückkehren, unterliegen daher ebenfalls der Vernichtung.¹⁵⁶ Im Übrigen kann sich der Rechtsverletzer auf **Unmöglichkeit** (§ 275 Abs. 1 BGB) berufen.¹⁵⁷ 55

Es ist zu beachten, dass dem Geheimnisinhaber **kein Anspruch auf eine bestimmte Art der Vernichtung** zusteht (s. schon zu Nr. 1).¹⁵⁸ Vor dem Hintergrund von Art. 14 GG kann allerdings (im Gegensatz zu § 7 Nr. 1) keine Herausgabe rechtsverletzender Produkte an den Inhaber verlangt werden (zur Nichtumsetzung von Art. 12 Abs. 3 RL 2016/943/EU vgl. Rn. 4). 56

Der Wortlaut von § 7 Nr. 4 gewährt einen Anspruch auf „Vernichtung" des rechtsverletzenden Produkts. Es ist dabei jedoch stets zu ermitteln, ob es **verhältnismäßig** ist, das gesamte rechtsverletzende Produkt zu vernichten, oder andere (mildere) Maßnahmen angezeigt sind (allgemein zur besonderen Verhältnismäßigkeit in Bezug auf Beseitigungsmaßnahmen oben → Rn. 21 ff. und Rn. 39 zur Vernichtung nach Nr. 1).¹⁵⁹ Zwar finden sich in der Richtlinie keine ausdrücklichen Vorgaben für oder gegen eine teilweise Vernichtung rechtsverletzender Produkte (vgl. Art. 12 Abs. 1 lit. c Alt. 1 RL 2016/943/EU). Neben dem allgemeinen Verhältnismäßigkeitsgebot sieht die Richtlinie aber speziell die **Marktrücknahme** und die **Beseitigung der rechtsverletzenden Qualität** rechtsverletzender Produkte vor (Art. 12 Abs. 2 lit. b und c Alt. 2 RL). Daher hat der Gesetzgeber die Marktrücknahme nach § 7 Nr. 5 als im Vergleich zur Vernichtung milderes Mittel erachtet.¹⁶⁰ Ist eine vollständige Vernichtung daher aus Gründen der Verhältnismäßigkeit ausgeschlossen, muss entweder die mildere Beseitigungsmaßnahme als Minus zur Vernichtung erachtet oder aus dem allgemeinen Beseitigungsanspruch gemäß § 6 abgeleitet werden.¹⁶¹ Bei der Abwägung, ob eine Vernichtung oder lediglich eine sonstige Beseiti- 57

---

153 K/B/F/*Alexander*, § 7 GeschGehG Rn. 36; *Fezer*, § 18 MarkenG Rn. 63.
154 Einheitlich auch BeckOK GeschGehG/*Spieker*, § 7 Rn. 10.
155 Vgl. H/O/K/*Kalbfus*, § 7 GeschGehG Rn. 55; Büscher/*Tochtermann*, § 7 GeschGehG Rn. 27, BeckOK UWG/*Hohn-Hein*, § 7 GeschGehG Rn. 13.
156 Zum Patentrecht *Mes*, § 140a PatG Rn. 16, Benkard/*Grabinski/Zülch*, § 140a Rn. 22.
157 H/O/K/*Kalbfus*, § 7 GeschGehG Rn. 55.
158 BeckOK GeschGehG/*Spieker*, § 7 Rn. 13.
159 Einschränkend BeckOK UWG/*Hohn-Hein*, § 7 GeschGehG Rn. 15.
160 BT-Drs. 19/4724, S. 31.

§ 7 Vernichtung; Herausgabe; Rückruf; Entfernung und Rücknahme vom Markt

gung verhältnismäßig ist, muss auch berücksichtigt werden, wie leicht die rechtsverletzende Qualität wiederhergestellt werden kann (also wie leicht eine etwaige Beseitigung wieder rückgängig gemacht werden kann).[162] Insbesondere kann eine Produktvernichtung unverhältnismäßig sein, wenn zwar das Marketing iSv. § 2 Nr. 4 Alt. 6 auf einer Geheimnisverletzung beruht, die Substanz des Produkts selbst aber nicht.[163]

3. Rücknahme vom Markt (Nr. 5)

58 Gem. § 7 Nr. 5 kann der Inhaber des Geschäftsgeheimnisses Rücknahme der rechtsverletzenden Produkte vom Markt verlangen, wenn der Schutz des Geschäftsgeheimnisses hierdurch nicht beeinträchtigt wird. Es handelt sich um ein **milderes Mittel gegenüber der Vernichtung** nach § 7 Nr. 4.[164] Eine vergleichbare Anspruchsgrundlage besteht weder in den Immaterialgüterrechtsgesetzen noch dem UWG.[165] Nach dem Wortlaut ist die Rücknahme vom Markt auf einen **Erfolg** gerichtet und somit ebenfalls weiter zu verstehen als der Rückruf.[166] Der Rechtsverletzer muss dann alle Anstrengungen unternehmen, die geeignet und notwendig sind, um die rechtsverletzenden Produkte „vom Markt zu nehmen".[167]

59 Welche Maßnahmen im Einzelnen erfasst sind, ist nicht geregelt. Die **Relevanz der Anspruchsgrundlage** neben §§ 6, 7 Nr. 2–4 ist unklar[168]: Eine Auffassung sieht den Unterschied darin, dass der Anspruch auf Marktrücknahme – im Unterschied zu den Ansprüchen aus § 7 Nr. 2 und 3 voraussetze, dass sich die rechtsverletzenden Produkte noch in der „Verfügungsgewalt" des Rechtsverletzers befinden.[169] Nach einer Variation dessen seien der Rückruf (Nr. 2) und das Entfernen aus den Vertriebswegen (Nr. 3) darauf gerichtet, sich an „jedweden Dritten" zu wenden, wohingegen es bei der Rücknahme darum gehe, dass sich der Rechtsverletzer aufgrund vertraglicher oder gesetzlicher Bestimmungen den Besitz des rechtsverletzenden Produktes wiederbeschaffen kann (und infolge der Anspruchsdurchsetzung des Inhabers des Geschäftsgeheimnisses auch muss).[170] Im Ergebnis betrifft die Marktrücknahme dann aber lediglich einen Unterfall der Entfernung nach Nr. 3; rechtsverletzende Produkte aus dem eigenen Herrschaftsbereich nicht weiter auf dem

---

161 H/O/K/*Kalbfus*, § 7 Rn. 54; einschränkend BeckOK GeschGehG/*Spieker*, § 7 Rn. 11.
162 H/O/K/*Kalbfus*, § 7 Rn. 57 mwN.
163 *Ohly*, GRUR 2019, 441, 449; H/O/K/*Kalbfus*, § 7 Rn. 59 mwN.
164 BT-Drs. 19/4724, S. 31; *Reinfeld*, § 4 Rn. 100; BeckOK UWG/*Hohn-Hein*, § 7 GeschGehG Rn. 18; K/B/F/*Alexander*, § 7 GeschGehG Rn. 37.
165 H/O/K/*Kalbfus*, § 7 Rn. 68.
166 Vgl. auch BeckOK UWG/*Hohn-Hein*, § 7 GeschGehG Rn. 16.
167 K/B/F/*Alexander*, § 7 GeschGehG Rn. 38; s. auch BeckOK UWG/*Hohn-Hein*, § 7 GeschGehG Rn. 16 f.
168 Zweifelnd H/O/K/*Kalbfus*, § 7 Rn. 69; BeckOK UWG/*Hohn-Hein*, § 7 GeschGehG Rn. 19.
169 Büscher/*Tochtermann*, § 7 GeschGehG Rn. 31; K/B/F/*Alexander*, § 7 GeschGehG Rn. 38; BeckOK GeschGehG/*Spieker*, § 7 Rn. 17, Hoppe/Oldekop/*Hoppe*, Kap. 1 Rn. 764.
170 BeckOK GeschGehG/*Spieker*, § 7 Rn. 26.

Markt zu belassen (also etwa anzubieten), ist im Übrigen schon durch den Unterlassungsanspruch nach § 6 S. 1 Alt. 2 bewehrt.[171]

Der Anspruch auf Rücknahme vom Markt kommt im Übrigen nur in Betracht, wenn der **Schutz des Geschäftsgeheimnisses hierdurch nicht beeinträchtigt** wird. Diese Einschränkung verfolgt einen doppelten Zweck: Zum einen ist sie Ausdruck des Bemühens des Gesetzgebers (und des Richtliniengebers), einen Ausgleich zwischen einem effektiven Schutz von Geschäftsgeheimnissen und der **Verhältnismäßigkeit** der Folgen für den Rechtsverletzer herzustellen.[172] Zum anderen ist sie notwendig, weil bei einer uneingeschränkten Alternativität zwischen Vernichtung und Markrücknahme Letztere als milderes Mittel stets der Vorrang zukäme.[173]   60

V. Verhältnis zu sonstigen Regelungen

Die in § 7 niedergelegten Ansprüche schließen sich im Regelfall nicht gegenseitig aus, sondern **ergänzen sich**.[174] Für das Verhältnis von § 7 Nr. 1 zu § 7 Nr. 2 bis 5 liegt dies auf der Hand, da sich die Ansprüche auf verschiedene Gegenstände beziehen (Informationsträger gegenüber rechtsverletzenden Produkten). Ähnliches gilt in Bezug auf die Ansprüche auf Vernichtung einerseits und den Rückruf- und Entfernungsanspruch andererseits. Überschneidungen (und damit Anspruchskonkurrenz) sind zwischen § 7 Nr. 1 und 4 denkbar.[175]   61

Die Geltendmachung der speziellen Beseitigungsansprüche ist neben den Abwehransprüchen aus § 6 S. 1 möglich.[176] Überschneidungen können sich dabei naturgemäß mit dem allgemeinen Beseitigungsanspruch ergeben, aber auch mit Blick auf die Reichweite der aus einem Unterlassungstenor resultierenden Handlungspflichten (zum sog. Unterlassungsrückruf insbes. → § 6 Rn. 187).   62

Die erfolgreiche Durchsetzung der Ansprüche aus § 7 hat grundsätzlich **weder Einfluss auf den Schadensersatz noch dessen Höhe** im Rahmen von § 10.[177] Dies ergibt sich aus Art. 12 Abs. 4 Satz 2 RL 2016/943/EU, wonach die in § 7 verankerten Maßnahmen „*unbeschadet des etwaigen Schadensersatzes, der dem Inhaber des Geschäftsgeheimnisses möglicherweise aufgrund des rechtswidrigen Erwerbs oder*   63

---

171 H/O/K/*Kalbfus*, § 7 Rn. 69.
172 K/B/F/*Alexander*, § 7 GeschGehG Rn. 39.
173 Treffend Büscher/*Tochtermann*, § 7 GeschGehG Rn. 32.
174 *Partsch/Schindler*, NJW 2020, 2364, 2366; S/H/T/*Thiering*, § 18 Rn. 11; für eine mögliche Überschneidung von § 7 Nr. 1 Alt.1 mit Nr. 4 bspw. H/O/K/*Kalbfus*, § 7 Rn. 22; K/B/F/*Alexander*, § 7 GeschGehG Rn. 40; teilweise aA BeckOK UWG/*Hohn-Hein*, § 7 GeschGehG Rn. 18 für ein „strenges Alternativverhältnis von Vernichtung und Marktrücknahme", aber Rn. 20.
175 H/O/K/*Kalbfus*, § 7 Rn. 22.
176 K/B/F/*Alexander*, § 7 GeschGehG Rn. 40.
177 *Partsch/Schindler*, NJW 2020, 2364, 2366.

§ 7 Vernichtung; Herausgabe; Rückruf; Entfernung und Rücknahme vom Markt

der rechtswidrigen Nutzung oder Offenlegung des Geschäftsgeheimnisses zu zahlen ist" ergehen.[178]

64 Rückruf und Entfernung können mit dem **Auskunftsanspruch** nach § 8 (insb. Abs. 1 Nr. 1 und Nr. 2) kombiniert werden, um die Rücklaufquote besser nachvollziehen zu können.[179]

65 Der Anspruch aus § 7 Nr. 1 kann in Anspruchskonkurrenz zu allgemeinen Herausgabeansprüchen treten, §§ 985, 861 Abs. 1, 1007 Abs. 1 und 2 BGB.[180]

66 In Strafverfahren wegen einer Verletzung von Geschäftsgeheimnissen (§ 23) kann nach den allgemeinen Regeln die **Einziehung** (§§ 73 ff. StGB) von rechtsverletzenden Produkten angeordnet werden.[181] Gem. § 74 Abs. 1 StGB unterliegen der Einziehung Gegenstände, die durch die Straftat hervorgebracht wurden. „Hervorgebracht" werden rechtsverletzende Produkte nur bei ihrer Herstellung, sodass die Einziehung allenfalls gegen den Hersteller in Betracht kommen dürfte; ein Händler bringt die Produkte nicht durch die Straftat (des Händlers) hervor.[182] Während im Markenrecht aufgrund von § 143 Abs. 5 Satz 1 MarkenG in diesen Fällen gleichwohl eine Einziehung möglich ist, fehlt im GeschGehG eine vergleichbare Regelung. Soweit die Einziehung angeordnet wurde, kann der Geheimnisinhaber seine Ansprüche (auch die nach § 7) im Adhäsionsverfahren (§§ 403 ff. StPO) geltend machen.

VI. Prozessuales

1. Darlegungs- und Beweislast

67 Der Geheimnisinhaber hat die Existenz (s)eines Geschäftsgeheimnisses, den Verstoß gegen § 4 sowie – nur im Falle des § 7 Nr. 1 – ggf. den Besitz bzw. das Eigentum des Rechtsverletzers an relevanten Informationsträgern darzulegen und zu beweisen.[183] Für eine anderweitige Beseitigungsmöglichkeit oder die Unverhältnismäßigkeit der Vernichtung (einschließlich etwaig zu berücksichtigender Drittinteressen) trifft den Rechtsverletzer die Darlegungs- und Beweislast.[184]

68 Sind die Voraussetzungen des § 7 erfüllt, kann der Geheimnisinhaber grundsätzlich frei wählen, welche Variante (oder ggf. mehrere Varianten) er gegenüber dem Rechtsverletzer geltend macht. Die Durchsetzbarkeit der Ansprüche steht prinzipiell lediglich unter dem Vorbehalt, dass die Erfüllung dem Rechtsverletzer nicht unmöglich oder unzumutbar ist.

---

178 Vgl. BGH, 24.6.1993 – I ZR 148/91, GRUR 1993, 899, 900 f.; BeckOK MarkenR/*Miosga*, § 18 Rn. 69; *Bergmann*, GRUR 2010, 874, 876.
179 BeckOK MarkenR/*Miosga*, § 18 Rn. 68.
180 Zu § 985 auch H/O/K/*Kalbfus*, § 7 Rn. 27.
181 Eingehend zur Einziehung im Kontext mit Geheimnisverletzungen *Drescher*, S. 517 ff.
182 Vgl. S/H/T/*Thiering*, § 143 Rn. 41.
183 Entsprechend den allg. Voraussetzungen auch nach K/B/F/*Alexander*, § 7 GeschGehG Rn. 42.
184 BeckOK PatR/*Rinken*, § 139a PatG Rn. 63; vgl. OLG Düsseldorf, 3.5.2018 – I-2 U 47/17, BeckRS 2018, 13140; H/O/K/*Kalbfus*, § 7 Rn. 62 zur Vernichtung nach Nr. 4.

2. Antragstellung und Tenorierung

Der Klageantrag[185] und die Tenorierung bei Ansprüchen nach § 7 richten sich nach der begehrten Rechtsfolge. Der Rechtsverletzer ist also zu verurteilen, die Informationsträger bzw. die rechtsverletzenden Produkte „herauszugeben", „zu vernichten", „zurückzurufen" etc. Mit Blick auf das Bestimmtheitsgebot sind aber die zu vernichtenden, zurückzurufenden oder zu entfernenden rechtsverletzenden Produkte zumindest **gattungsmäßig** so konkret wie (vernünftigerweise) möglich zu bezeichnen.[186] Auch Informationsträger sind in einer solchen Weise (im Rahmen des Möglichen) zu identifizieren.

69

Gerade in Bezug auf den **Rückruf** und das **Entfernen**[187] aus den Vertriebswegen wird der Geheimnisinhaber jedoch vielfach vor dem Problem stehen, dass er keine Kenntnis über die konkreten Verhältnisse in der Abnehmerkette des Rechtsverletzers hat und somit nicht in der Lage ist, zu beurteilen, welche Maßnahmen vom Rechtsverletzer konkret zu verlangen sind. Zudem hat der Geheimnisinhaber im Regelfall materiell-rechtlich lediglich einen Anspruch auf die Beseitigung des rechtswidrigen Zustands – nicht auf eine bestimmte Art und Weise der Beseitigung. Aus diesem Grund wird anerkannt, dass der Anspruchsinhaber die zu treffenden Maßnahmen nicht exakt spezifizieren muss; zweckmäßig können auch **gesetzeswiederholende Klageanträge** auf Rückruf und endgültiges Entfernen aus den Vertriebswegen dem Bestimmtheitsgebot genügen, wobei jedoch im Einzelnen unterschiedliche Auffassungen bestehen.[188] Gleichwohl ist vor dem Hintergrund des Bestimmtheitsgebots und mit Blick auf die konkrete Zwangsvollstreckung jedenfalls dann hilfreich, die geschuldeten Maßnahmen so exakt wie möglich zu benennen, wenn konkrete Umstände bekannt sind, bspw. durch eine „insbesondere"-Formulierung.[189] Jedenfalls müssen die Abnehmer oder deren Anzahl nicht genauer bezeichnet werden.[190] Die Orientierung am Gesetzeswortlaut scheint für Antragstellung und Tenorierung jedenfalls dann sachgerecht, wenn der Schuldner bezüglich der Wahl der Mittel frei ist.[191]

70

---

185 Muster bei Hoppe/Oldekop/*Hoppe*, Kap. 5 Rn. 1.
186 BeckOK MarkenR/*Miosga*, § 18 Rn. 89, BeckOK GeschGehG/*Spieker*, § 7 Rn. 28; vgl. auch Hoppe/Oldekop/*Pichlmaier*, Kap. 3 Rn. 145.
187 Vorschlag (Patentrecht) bei *Mes*, § 140a Rn. 22 f. (Rückruf) und 28 f. (Entfernung).
188 Wie hier Benkard/*Grabinski/Zülch*, § 14 PatG 0a Rn. 20; LG Mannheim, 23.4.2010 – 7 O 145/09, GRUR-RR 2011, 49, 53; *Grabinski/Zülch*, § 140a PatG Rn. 21; *Jestaedt*, GRUR 2009, 102, 106 f.; LG Mannheim, 18.2.2011 – 7 O 100/10, BeckRS 2011, 4156 – Mobilstation; ebenso *Ingerl/Rohnke* § 18 Rn. 50; *Jestaedt*, GRUR 2009, 102, 104; aber mit Einschränkung OLG Düsseldorf, 4.8.2011 – 2 U 88/10, BeckRS 2011, 20945 unter II.3; einschränkend mit Blick auf Entfernungsmaßnahmen auch LG Düsseldorf, 2.8.2013 – 4b O 230/10 U, BeckRS 2013, 15651 (Ziffer V. aE); BeckOK GeschGehG/*Spieker*, § 7 Rn. 28.
189 BeckOK MarkenR/*Miosga*, § 18 Rn. 92; BeckOK UWG/*Hohn-Hein*, § 7 GeschGehG Rn. 10.
190 H/O/K/*Kalbfus*, § 7 Rn. 32; BeckOK MarkenR/*Miosga*, § 18 Rn. 90; *Mes*, § 140a PatG Rn. 15 mwN.
191 Ähnlich BeckOK GeschGehG/*Spieker*, § 7 Rn. 28.

§ 7 Vernichtung; Herausgabe; Rückruf; Entfernung und Rücknahme vom Markt

71 Im Falle eines **Vernichtungsanspruchs** genügt der Geheimnisinhaber dem **Bestimmtheitsgrundsatz** auch dann, wenn er Antrag auf „Vernichtung der im Besitz oder im Eigentum stehenden" rechtsverletzenden Produkte stellt.[192] Dass es teilweise dem Vollstreckungsverfahren überlassen bleibt, welche Maßnahmen konkret geschuldet sind, ist im Interesse einer effektiven Durchsetzung des Vernichtungsanspruchs hinzunehmen.[193] Nach hiesiger Auffassung kann dabei entweder „nur" Vernichtung oder Vernichtung auch in der Form verlangt werden, dass rechtsverletzende Produkte an einen zur Vernichtung bereiten Gerichtsvollzieher herauszugeben sind (zur Bedeutung für die Vollstreckung unten → Rn. 83).[194]

72 Mit Blick auf das Bestimmtheitsgebot sind aber die zu vernichtenden, zurückzurufenden oder zu entfernenden rechtsverletzenden Produkte **gattungsmäßig** so konkret wie (vernünftigerweise) möglich zu bezeichnen.[195]

3. Einstweiliger Rechtsschutz

73 Grundsätzlich können einzelne Ansprüche aus § 7 im Wege einer **einstweiligen Verfügung** gesichert werden, wobei jedoch enge Grenzen bestehen (grds. zum einstweiligen Rechtsschutz in Geschäftsgeheimnissachen → § 6 Rn. 172 ff.). Bei der Inanspruchnahme einstweiligen Rechtsschutzes ist insbesondere das **Verbot der Vorwegnahme der Hauptsache**[196] zu beachten:

74 Anstelle der **Herausgabe** (§ 7 Nr. 1) an sich selbst kann der Geheimnisinhaber daher grundsätzlich verlangen, dass der Rechtsverletzer die Informationsträger oder rechtsverletzenden Produkte zum Zweck der **Verwahrung oder Sequestration** an den Gerichtsvollzieher herausgibt („Sequestrationsverfügung"[197]).[198]

75 Auch die **Vernichtung von Informationsträgern** (§ 7 Nr. 1) scheidet im einstweiligen Rechtsschutz aus, da hierdurch endgültige und nicht wiedergutzumachende Verhältnisse geschaffen würden.[199] Allerdings kann auch der Vernichtungsanspruch mit einer einstweiligen Verfügung zur Herausgabe an den zuständigen Gerichts-

---

192 So ausdrücklich BGH, 28.11.2002 – I ZR 168/00 (KG), GRUR 2003, 228 – P-Vermerk: „die im Eigentum befindlichen"; BeckOK GeschGehG/*Spieker*, § 7 Rn. 28.
193 Zur Zulässigkeit der Verlagerung in das Vollstreckungsverfahren OLG Karlsruhe, 7.10.2015 – 6 U 7/14, GRUR 2016, 482 Rn. 65 – Abdichtsystem; LG Mannheim, 23.4.2010 – 7 O 145/09 InstGE 12, 200 – Stickstoffmonoxyd-Nachweis; aA BeckOK PatR/*Rinken*, § 140a PatG Rn. 61.
194 BGH, 28.11.2002 – I R 168/00, GRUR 2003, 228 – P-Vermerk; bestätigt wurde eine entsprechende Antragsfassung auch in BGH, 24.5.2007 – I ZR 130/04, GRUR 2007, 685 Rn. 28 – Gedichttitelliste; ablehnend für Fälle des § 7 Nr. 1 BeckOK GeschGehG/*Spieker*, § 7 Rn. 14.
195 BeckOK MarkenR/*Miosga*, § 18 Rn. 89.
196 Vgl. auch BeckOK UWG/*Hohn-Hein*, § 7 GeschGehG Rn. 21.
197 Allgemein zur Sequestration als Verfügungsanordnung Cepl/Voß/*Voß*, § 938 Rn. 6 ff.
198 OLG Nürnberg, 27.11.2001 – 3 U 3017/01, GRUR-RR 2002, 98, 99; OLG Stuttgart, 24.3.2000 – 2 U 202/99, NJW-RR 2001, 257; BeckOK GeschGehG/*Spieker*, § 7 Rn. 29; *Ingerl/Rohnke*, § 18 Rn. 38.
199 H/O/K/*Kalbfus*, § 7 Rn. 32; OLG Hamburg, 26.9.1996 – 3 U 83/96, WRP 1997, 112; OLG Koblenz, 16.7.1987 – 6 U 765/87, GRUR 1987, 730; BeckOK GeschGehG/*Spieker*, § 7 Rn. 29; *Ingerl/Rohnke*, § 18 Rn. 38.

vollzieher als **Sequester** gesichert werden (vgl. die Vorgabe in Art. 10 Abs. 1 lit. c RL 2016/943).²⁰⁰

Die **Vernichtung rechtsverletzender Produkte** (§ 7 Nr. 4) scheidet im einstweiligen Rechtsschutz gleichermaßen aus. Gerade beim Vernichtungsanspruch in Bezug auf rechtsverletzende Produkte besteht indes die Gefahr, dass dessen Durchsetzung ohne eine frühzeitige Sicherung später scheitert. Daher kann auch der produktbezogene Vernichtungsanspruch mit einer einstweiligen Verfügung zur Herausgabe an den zuständigen Gerichtsvollzieher als **Sequester** gesichert werden.²⁰¹ 76

Ob **Rückruf und Entfernen** im einstweiligen Rechtsschutz angeordnet werden können, ist bezüglich paralleler Regelungen umstritten.²⁰² Die Rechtsprechung geht im Bereich des Markenrechts davon aus, dass dies zwar im Einzelfall in Betracht kommen kann, hierfür aber besondere Umstände vorliegen müssen.²⁰³ Insbesondere reiche es nicht aus, wenn der Antragsgegner bloß rechtsverletzend gekennzeichnete oder aufgemachte Ware vor Erlass und Zustellung einer Unterlassungsverfügung vertrieben hat. Anders könne die Sache dann zu beurteilen sein, wenn konkrete Anhaltspunkte dafür sprechen, dass der Antragsgegner versucht hat, sich seiner Unterlassungspflicht durch die schnelle Weiterveräußerung der fraglichen Waren faktisch zu entziehen oder wenn ein Fall von Produktpiraterie vorliegt.²⁰⁴ Soweit in der Literatur die Möglichkeit von Rückruf und Entfernen im einstweiligen Rechtsschutz nicht von vornherein abgelehnt wird,²⁰⁵ wird regelmäßig betont, dass **hohe Anforderungen an die Schlüssigkeit und die Glaubhaftmachung** zu stellen sind.²⁰⁶ Wenn daher der Zugang zu einstweiligem Rechtsschutz nicht schon prinzipiell abgelehnt wird (ua. weil Art. 10 Abs. 1 RL diesen nicht vorsieht),²⁰⁷ dürfte eine Anordnung allenfalls in „**eindeutigen**" Fällen in Betracht kommen.²⁰⁸ Mit Blick auf den „Unterlassungsrückruf" ist auf die Kommentierung zu § 6 verwiesen (dort → Rn. 187). 77

---

200 *Fezer*, § 18 MarkenG Rn. 67; S/H/T/*Thiering*, § 18 Rn. 55; BeckOK MarkenR/*Miosga*, § 18 Rn. 98; aA H/O/K/*Kalbfus*, § 7 Rn. 32.
201 BeckOK GeschGehG/*Spieker*, § 7 Rn. 29; H/O/K/*Kalbfus*, § 7 Rn. 65.
202 BeckOK GeschGehG/*Spieker*, § 7 Rn. 30; vgl. zum Streitstand zum Parallelproblem in § 18 MarkenG BeckOK MarkenR/*Miosga*, § 18 Rn. 104 f.; S/H/T/*Thiering*, § 18 Rn. 76; zum Patentrecht *Kühnen*, D. Rn. 922.
203 BGH, 11.10.2017 – I ZB 96/16, GRUR 2018, 292 ff. – Produkte zur Wundversorgung.
204 BGH, 11.10.2017 – I ZB 96/16, GRUR 2018, 292 Rn. 36 – Produkte zur Wundversorgung; restriktiver für das Patentrecht: OLG Düsseldorf, 30.4.2018 – I-15 W 9/18, GRUR 2018, 855 – Rasierklingeneinheiten.
205 So etwa Benkard/*Grabinski/Zülch*, § 140a PatG Rn. 21; Wandtke/Bullinger/*Kefferpütz*, Vor §§ 97 ff. UrhG Rn. 119 f.; *Jestaedt*, GRUR 2009, 102, 106; *v. Cettritz/Thewes*, PharmR 2017, 92, 94; Fromm/Nordemann/*Nordemann*, § 98 UrhG Rn. 38.
206 So ausdrücklich BeckOK MarkenR/*Miosga*, § 18 Rn. 106; vgl. *Ingerl/Rohnke*, § 18 Rn. 50; Stellungnahme GRUR zum Richtlinienentwurf GRUR 2003, 682, 684; *Weber*, GRUR-Prax 2016, 545, 547; *Heinze*, S. 95; *Mes*, § 140a PatG Rn. 36; *Sakowski*, GRUR 2017, 355, 360 f.
207 So H/O/K/*Kalbfus*, § 7 Rn. 42, 50.
208 Offen iE auch BeckOK GeschGehG/*Spieker*, § 7 Rn. 30.

§ 7 Vernichtung; Herausgabe; Rückruf; Entfernung und Rücknahme vom Markt

78 Eine **Abmahnung** des Rechtsverletzers vor Beantragung von Sicherungsmaßnahmen wird dem Geheimnisinhaber oft **unzumutbar** sein, sodass ihr Fehlen auch keine Kostentragung gemäß § 93 ZPO nach sich zieht (ausführlich zur Abmahnung im Kontext mit Geheimnisverletzungen → § 6 Rn. 191).[209] Denn eine Abmahnung bringt das Risiko mit sich, dass der Rechtsverletzer Informationsträger oder Ware beiseiteschafft und so ihre Vernichtung oder Herausgabe verhindert (**Vereitelungsgefahr**).[210] Auch vor dem Hintergrund der jüngeren Rechtsprechung des BVerfG zur prozessualen Waffengleichheit ist eine **Anhörung** dann **verzichtbar**, wenn andernfalls der Zweck des einstweiligen Verfügungsverfahrens – wirksamer vorläufiger Rechtsschutz – verhindert würde (ausführlich → § 6 Rn. 206).[211]

79 Der Geheimnisinhaber muss nach den allgemeinen Regeln zum Geschäftsgeheimnis, seiner Inhaberschaft, zum Verstoß gegen § 4 sowie zur Dringlichkeit vortragen (die Vermutungsregel in § 12 Abs. 2 UWG findet insoweit nach wohl überwiegender Ansicht keine analoge Anwendung, → § 6 Rn. 210) und dies **glaubhaft machen**.[212] Die Anforderungen an eine Glaubhaftmachung bezüglich der Dringlichkeit für jeden geltend gemachten Anspruch sind dabei im Einzelfall zu beurteilen.[213]

80 Im Falle einer Durchsetzung im Wege einstweiligen Rechtsschutzes ist die **Vollziehung**sfrist (§§ 929 Abs. 2, 936 ZPO) zu beachten. Für die Einhaltung reicht es nach allgemeinen Grundsätzen, wenn ein entsprechender Vollstreckungsantrag gegenüber dem zuständigen Vollstreckungsorgan gestellt wird; ob bei einer allgemeinen Beseitigungsverfügung daneben die bloße Parteizustellung (wie bei der Unterlassungsverfügung) ausreichen kann (oder sogar erforderlich ist), wird unterschiedlich beurteilt.[214] Jedenfalls bezüglich der **Sequestration** kann die Vollziehung nur durch Beauftragung des Gerichtsvollziehers vollstreckt werden (§§ 887, 892 ZPO); hier reicht die bloße Parteizustellung nicht aus.[215]

4. Beteiligung Dritter

81 Die Ansprüche aus § 7 können ausweislich des Wortlauts nur gegen einen Rechtsverletzer erhoben werden. Befinden sich die rechtsverletzenden Gegenstände dagegen im **Eigentum oder Besitz Dritter** (die mangels Kenntnis oder Kennenmüssen von

---

209 Zur Diskussion *Mes*, § 140a PatG Rn. 16 mwN.
210 So zum Markenrecht OLG Hamburg, 14.6.2006 – 5 U 21/06, GRUR-RR 2007, 29, 30; LG Hamburg, 19.3.2004 – 308 O 58/04, GRUR-RR 2004, 191, 192; BeckOK MarkenR/*Miosga*, § 18 Rn. 101.
211 BVerfG, 30.9.2018 – 1 BvR 1783/17, GRUR 2018, 1288 Rn. 15 – Die F.-Tonbänder; BVerfG, 30.9.2018 – 1 BvR 2421/17, GRUR 2018, 1291 Rn. 21 – Steuersparmodell eines Fernsehmoderators.
212 BeckOK UWG/*Hohn-Hein*, § 7 GeschGehG Rn. 21.
213 Zum (hinreichenden) „Verdacht der Rechtsverletzung" S/H/T/*Thiering*, § 18 Rn. 56; *Ingerl/Rohnke*, § 18 Rn. 38; BeckOK MarkenR/*Miosga*, § 18 Rn. 102.
214 So und mwN. Harte/Hennig/*Retzer*, § 12 Rn. 541; MK-UWG/*Schlingloff*, § 12 R. 503; K/B/F/*Köhler*, § 12 Rn. 3.62 beide ebenfalls mwN.
215 Harte/Hennig/*Retzer*, § 12 Rn. 541; MK-UWG/*Schlingloff*, § 12 R. 503; Cepl/Voß/*Voß*, § 929 Rn. 15 f.

der Geheimnisverletzung nicht unter § 4 Abs. 3 fallen), sind diese allenfalls zur **Duldung** verpflichtet, wenn der Rechtsverletzer die Maßnahmen nach § 7 durchsetzt.[216]

5. Streitwert/Kosten

Der **Streitwert** der Ansprüche hängt nach den allgemeinen Regeln (→ § 22 Rn. 3 ff.) vom wirtschaftlichen Interesse ab, das der Antragsteller an ihnen hat (§ 51 Abs. 2 GKG).[217] Dies richtet sich weniger nach dem Wert des Informationsträgers bzw. des rechtsverletzenden Produkts als vielmehr nach dem Wert des verkörperten Geschäftsgeheimnisses sowie dem Wert des potenziell verlorenen Wettbewerbsvorsprungs (soweit dieser bezifferbar ist), sollte das Geheimnis offenkundig werden.[218] Stellt der Geschäftsgeheimnisinhaber mehrere Anträge nach § 7, handelt es sich insoweit um jeweils **einzelne Streitgegenstände** mit einzeln zu bemessenden (Teil-)Streitwerten. 82

Soweit Kosten im Rahmen der Zwangsvollstreckung entstanden sind, fallen diese gem. § 788 ZPO dem Rechtsverletzer zur Last. Dieser trägt grundsätzlich auch die Kosten der Durchführung der Maßnahmen nach § 7. 83

6. Zwangsvollstreckung

Die **(vorläufige) Vollstreckbarkeit** folgt allgemeinen Regeln:[219] 84

Die Vollstreckung der **Herausgabe** (§ 7 Nr. 1 Alt. 2) richtet sich nach § 883 ZPO.[220] 85

Bezüglich Vollstreckung der **Vernichtung** (§ 7 Nr. 1 Alt. 1 und Nr. 4) kommt es auf den Verfahrensgang an: Wird unmittelbar „Vernichtung" beantragt/tenoriert, handelt es sich um eine vertretbare Handlung und die Vollstreckung folgt § 887 ZPO.[221] Hier stellt sich allerdings das Problem, dass die betroffenen Sachen rein praktisch zuvor dem Rechtsverletzer weggenommen werden müssten, was der Wortlaut der Vernichtung allein nicht erlaubt.[222] Es erscheint daher sachgerecht, dem Inhaber die Möglichkeit eines Antrags zur Herausgabe an einen Gerichtsvollzieher einzuräumen. Wird die Herausgabe an den Gerichtsvollzieher zum Zwecke der Vernichtung beantragt, kann über § 883 ZPO vorgegangen werden.[223] 86

---

216 Zu dinglichen Rechten Dritter und Duldung Hoppe/Oldekop/*Hoppe*, Kap. 1 Rn. 734/735.
217 Vgl. auch *Partsch/Schindler*, NJW 2020, 2364, 2369.
218 BeckOK MarkenR/*Miosga*, § 18 Rn. 113; *Ingerl/Rohnke*, § 18 Rn. 35; vgl. OLG Stuttgart, 4.3.2010 – 2 U 86/09, BeckRS 2010, 7250 unter III – Geschlossenes Vertriebssystem aufgrund tatsächlichen Verhaltens.
219 BeckOK MarkenR/*Miosga*, § 18 Rn. 109; vgl. zur Vernichtung BGH, 20.11.2008 – I ZR 112/06, GRUR 2009, 403, 406 Rn. 26 – Metall auf Metall; zum Rückruf OLG Düsseldorf, 28.4.2011 – I-2 U 16/10, BeckRS 2011, 20934 – Seilzugvorrichtung; LG Mannheim, 18.2.2011 – 7 O 100/10, BeckRS 2011, 4156 – Mobilstation.
220 H/O/K/*Kalbfus*, § 7 Rn. 31.
221 H/O/K/*Kalbfus*, § 7 Rn. 31, 64.
222 Vgl. den Überblick zum Parallelproblem im Patentrecht bei *Mes*, § 140a PatG Rn. 12.
223 Für diese Möglichkeit auch *Partsch/Schindler*, NJW 2020, 2364, 2368; *Mes*, § 140a PatG Rn. 12; UrhR: BGH, 28.11.2002 – I R 168/00, GRUR 2003, 228, 230 – P-Vermerk; kritisch BeckOK GeschGehG/*Spieker*, § 7 Rn. 14.

§ 7 Vernichtung; Herausgabe; Rückruf; Entfernung und Rücknahme vom Markt

87 Für **Rückruf und Entfernung** (§ 7 Nr. 2 und Nr. 3) kommen wegen ihres Bezugs auf Handlungspflichten des Schuldners prinzipiell eine Vollstreckung im Wege der **Ersatzvornahme** (§ 887 ZPO)[224] oder auch durch **Festsetzung eines Zwangsgelds** (§ 888 ZPO)[225] in Betracht, wobei dies im Einzelnen umstritten ist.[226] Während die Ersatzvornahme in der Theorie den Vorteil bietet, dass der Geheimnisinhaber nicht das Tätigwerden des Rechtsverletzers abwarten muss, erfolgt in der Praxis die Vollstreckung sinnvollerweise über § 888 ZPO.[227] Denn zum einen werden dem Inhaber des Geschäftsgeheimnisses häufig Informationen über die Abnehmer des Rechtsverletzers fehlen (jedenfalls bis zum Erhalt von Auskünften), zum anderen müsste er zunächst die Kosten für die Rückerstattung des Kaufpreises verauslagen.[228] Diese könnte er zwar gem. § 788 ZPO vom Rechtsverletzer zurückverlangen, trägt aber insoweit dessen Insolvenzrisiko.[229] Außerdem hat der Gläubiger regelmäßig gerade keinen Anspruch auf eine konkrete Beseitigungsmaßnahme; auch vor diesem Hintergrund scheint die Vollstreckung nach § 888 ZPO vorzugswürdig.[230]

88 Da es sich bei der **Rücknahme** im Grunde um eine Verpflichtung aus dem allgemeinen Unterlassungsanspruch handelt (Unterlassung des Weitervertriebs), erfolgt die Vollstreckung konsequenterweise nach § 890 ZPO.

89 Die Geltendmachung von **Unverhältnismäßigkeit** nach § 9 oder eine Berufung auf die **Abwendungsbefugnis** gem. § 11 ist dem Rechtsverletzer im Vollstreckungsverfahren verwehrt. Sofern die Gründe für eine Unverhältnismäßigkeit oder ein Eingreifen der Abwendungsbefugnis erst nach der mündlichen Verhandlung entstanden sind, kann der Rechtsverletzer dies im Wege der **Vollstreckungsabwehrklage** nach § 767 ZPO geltend machen.[231]

---

224 So S/H/*Thiering*, § 18 Rn. 80; *Mes*, § 140a PatG Rn. 29; *Jestaedt*, GRUR 2009, 102, 104.
225 So *Fezer*, § 18 MarkenG Rn. 79; *Ingerl/Rohnke*, § 18 Rn. 50; Wandtke/Bullinger/*Kefferpütz*, Vor §§ 97 ff. UrhG Rn. 64; Fromm/Nordemann/*Nordemann*, § 98 UrhG Rn. 37; BeckOK MarkenR/*Miosga*, § 18 Rn. 111.
226 *Partsch/Schindler*, NJW 2020, 2364, 2368; zum Streit auch Benkard/*Grabinski/Zülch*, § 140a Rn. 22, nach einzelnen Maßnahmen differenzierend Cepl/Voß/*Haft*, § 887 Rn. 1, § 888 Rn. 2.
227 Für § 888 ZPO auch H/O/K/*Kalbfus*, § 7 Rn. 41, 49.
228 *Ingerl/Rohnke*, § 18 Rn. 50; BeckOK MarkenR/*Miosga*, § 18 Rn. 111.
229 Nach BeckOK MarkenR/*Miosga*, § 18 Rn. 111.
230 Zur Entfernung auch H/O/K/*Kalbfus*, § 7 Rn. 49.
231 OLG Düsseldorf, 25.11.2019 – 2 W 15/19, GRUR-RS 2019, 39470 – Verhältnismäßigkeitseinwand im Vollstreckungsverfahren; BeckOK MarkenR/*Miosga*, § 18 Rn. 113.

§ 8 Auskunft über rechtsverletzende Produkte; Schadensersatz bei Verletzung der Auskunftspflicht

(1) Der Inhaber des Geschäftsgeheimnisses kann vom Rechtsverletzer Auskunft über Folgendes verlangen:

1. Name und Anschrift der Hersteller, Lieferanten und anderer Vorbesitzer der rechtsverletzenden Produkte sowie der gewerblichen Abnehmer und Verkaufsstellen, für die sie bestimmt waren,
2. die Menge der hergestellten, bestellten, ausgelieferten oder erhaltenen rechtsverletzenden Produkte sowie über die Kaufpreise,
3. diejenigen im Besitz oder Eigentum des Rechtsverletzers stehenden Dokumente, Gegenstände, Materialien, Stoffe oder elektronischen Dateien, die das Geschäftsgeheimnis enthalten oder verkörpern, und
4. die Person, von der sie das Geschäftsgeheimnis erlangt haben und der gegenüber sie es offenbart haben.

(2) Erteilt der Rechtsverletzer vorsätzlich oder grob fahrlässig die Auskunft nicht, verspätet, falsch oder unvollständig, ist er dem Inhaber des Geschäftsgeheimnisses zum Ersatz des daraus entstehenden Schadens verpflichtet.

Schrifttum: *Alexander*, Grundstrukturen des Schutzes von Geschäftsgeheimnissen durch das neue GeschGehG, WRP 2019, 673; *Alexander*, Geheimnisschutz nach dem GeschGehG und investigativer Journalismus. Risikobereiche und Handlungsfreiräume, AfP 2019, 1; *Amschewitz*, Selbstständiger und akzessorischer Auskunftsanspruch nach Umsetzung der Durchsetzungsrichtlinie, WRP 2011, 301; *Burghardt-Richter/Bode*, Geschäftsgeheimnisschutzgesetz: Überblick und Leitfaden für Unternehmer zur Wahrung ihrer Geschäftsgeheimnisse, BB 2019, 2697; *Ernst*, Das Geschäftsgeheimnisgesetz. Praxisrelevante Aspekte der Umsetzung der EU Richtlinie 2016/943, MDR 2019, 897; *Lejeune*, Das Geschäftsgeheimnisgesetz. Anmerkungen zur Umsetzung der EU-Richtlinie 2016/943, ITRB 2018, 140; *Ohly*, Das neue Geschäftsgeheimnisgesetz im Überblick, GRUR 2019, 441; *Scholtyssek/Judis/Krause*, Das neue Geschäftsgeheimnisgesetz – Risiken, Chancen und konkreter Handlungsbedarf für Unternehmer, CCZ 2020, 23.

Übersicht

	Rn.		Rn.
I. Allgemeines	1	II. Auskunftsanspruch nach § 8 Abs. 1 .	9
1. Regelungsgehalt	1	1. Anspruchsvoraussetzungen	9
2. Die Genese der Norm und ihre rechtlichen Konsequenzen	3	a) Geheimnisverletzung	9
3. Verhältnis zu anderen Ansprüchen	7	b) Rechtsverletzendes Produkt und sonstige Bezugspunkte	11
4. Aktiv- und Passivlegitimation	8	2. Anspruchsinhalt	13

§ 8 Auskunftsanspruch und Schadensersatzpflicht

	Rn.		Rn.
a) § 8 Abs. 1 Nr. 1: Abnehmer, Hersteller, Lieferanten und andere Vorbesitzer	14	b) Verspätete, falsche, unvollständige oder nicht erteilte Auskunft	35
b) § 8 Abs. 1 Nr. 2: Mengen- und Preisangaben	21	c) Vorsatz oder grobe Fahrlässigkeit	36
c) § 8 Abs. 1 Nr. 3: Verkörperung des Geschäftsgeheimnisses	24	d) Kausaler Schaden .... 2. Inhalt und Umfang des Anspruchs nach den §§ 249 ff.	38
d) § 8 Abs. 1 Nr. 4: Personenbezogene Auskünfte	26	BGB .... IV. Prozessuales...................	39 40
III. Schadensersatzanspruch nach § 8 Abs. 2	33	1. Verjährung................. 2. Anspruchsgrenze und	40
1. Anspruchsvoraussetzungen ...	33	unzulässige Klage...........	41
a) Bestehen einer Auskunftspflicht nach § 8 Abs. 1	33	3. Erfüllung des Anspruchs...... 4. Darlegungs- und Beweislast ...	43 44

I. Allgemeines

1. Regelungsgehalt

1 § 8 Abs. 1 GeschGehG enthält eine Anspruchsgrundlage für den Inhaber des Geschäftsgeheimnisses gegen den Rechtsverletzer auf Auskunft über bestimmte Aspekte des rechtsverletzenden Produkts und des Geschäftsgeheimnisses. Der Anspruch erstreckt sich dabei auf alle unmittelbaren und mittelbaren Rechtsverletzungen (→ § 4 Rn. 18ff.) im sachlichen und persönlichen Anwendungsbereich des GeschGehG.[1] Der Auskunftsanspruch hat den Zweck, die Unterbindung der Beeinträchtigung des Geschäftsgeheimnisses mittels der §§ 6 ff. effektiv vorzubereiten, indem sich der Inhaber des Geschäftsgeheimnisses hinsichtlich der Verletzung ein umfangreiches Bild über das Ausmaß, die Folgen und die Beteiligten verschaffen kann.[2] Der Auskunftsanspruch hat damit eine für die Ansprüche aus den §§ 6, 7 und 10 dienende Funktion,[3] es handelt sich insofern um einen **Hilfsanspruch**.[4] Zudem dient der Auskunftsanspruch der Vorbeugung von Wiederholungen der Verletzung.[5] Insgesamt wird der Anspruch daher regelmäßig einer Hauptsacheklage im Wege einer **Stufenklage** vorangestellt sein.[6]

2 Der Auskunftsanspruch wird durch die Schadensersatzpflicht in § 8 Abs. 2 flankiert, die bei vorsätzlich oder grob fahrlässig falscher, unvollständiger oder ver-

---

1 K/B/F/*Alexander*, § 8 GeschGehG Rn. 12.
2 BeckOK GeschGehG/*Spieker*, § 8 Rn. 2; K/B/F/*Alexander*, § 8 GeschGehG Rn. 1; vgl. auch H/O/K/*Kalbfus*, § 8 Rn. 1.
3 BeckOK GeschGehG/*Spieker*, § 8 Rn. 2.
4 K/B/F/*Alexander*, § 8 GeschGehG Rn. 2.
5 BeckOK GeschGehG/*Spieker*, § 8 Rn. 2.
6 K/B/F/*Alexander*, § 8 GeschGehG Rn. 8.

späteter Auskunft ausgelöst wird.⁷ Sie dient damit dem Zweck, den Auskunftsanspruch nach Absatz 1 zu effektivieren, indem der Rechtsverletzer durch die in Aussicht gestellte Sanktion zur Auskunftserteilung motiviert werden soll.⁸ Zugleich dient sie dem Ausgleich der Schäden, die dem Inhaber des Geschäftsgeheimnisses durch die Verletzung der Auskunftspflicht entstehen.⁹

2. Die Genese der Norm und ihre rechtlichen Konsequenzen

Das GeschGehG ist im Wesentlichen eine Umsetzung der Richtlinie (EU) 2016/943.¹⁰,¹¹ Der Auskunftsanspruch ist von dieser Richtlinie allerdings nicht vorgegeben. Die Richtlinie steht einer solchen Regelung aber auch nicht entgegen, weil sie in Art. 1 Abs. 1 UAbs. 2 hinsichtlich des Schutzes von Geschäftsgeheimnissen lediglich eine Mindestharmonisierung vorsieht und ausdrücklich weitergehende Regelungen erlaubt.¹²

Nach der Begründung des Gesetzentwurfs wurde ein solcher an entsprechende Auskunftsrechte anderer Gesetze, wie bspw. § 19 MarkenG oder § 101a UrhG, angelehnter Anspruch dennoch vorgesehen, um einen **effektiven Schutz** des Inhabers des Geschäftsgeheimnisses zu gewährleisten.¹³ Ebenso ist die Schadensersatzpflicht des Rechtsverletzers wegen falscher oder unvollständiger Auskunftserteilung an vergleichbare Vorschriften angelehnt (bspw. § 101 Abs. 5 UrhG oder § 19 Abs. 5 MarkenG).¹⁴

Die Genese zeigt also, dass grundsätzlich bei der **Auslegung** des § 8 auch an den Auslegungsansätzen zu den Vorbildnormen interpretatorische Anleihen genommen werden dürfen.¹⁵ Allerdings gilt es zu betonen, dass von diesem Grundsatz nicht unreflektiert Gebrauch gemacht werden darf, sondern immer geprüft werden muss, ob Zweck und Systematik des GeschGehG eine abweichende Auslegung vorgeben. In diesem Zusammenhang ist etwa zu beachten, dass die vorerwähnten Vorbildnormen nicht vollständig deckungsgleich mit § 8 Abs. 1 sind, da letztere Norm keine An-

---

7 Mit rechtspolitisch positiver Bewertung zu diesem Anspruch H/O/K/*Kalbfus*, § 8 Rn. 34.
8 IdS auch die Begründung des Gesetzentwurfs zur inhaltsähnlichen Schadensersatzpflicht bei Verletzung der Auskunftspflicht nach § 140b Abs. 5 PatG, vgl. BT-Drs. 16/5048, S. 39. So iE auch BeckOK GeschGehG/*Spieker*, § 8 Rn. 4; H/O/K/*Kalbfus*, § 8 Rn. 33.
9 K/B/F/*Alexander*, § 8 GeschGehG Rn. 30.
10 Richtlinie (EU) 2016/943, ABl. 2016, Nr. L 157, S. 1.
11 Zur möglichen völkerrechtlichen Grundlage in Art. 47 TRIPS s. H/O/K/*Kalbfus*, § 8 Rn. 2 mwN.
12 IdS auch *Alexander*, WRP 2019, 673, 673, 677; GRUR-Stellungnahme, GRUR 2018, 708, 711; H/O/K/*Kalbfus*, § 8 Rn. 3; K/B/F/*Alexander*, § 8 GeschGehG Rn. 6; *Ohly*, GRUR 2019, 441, 449.
13 BT-Drs. 19/4724, S. 31; vgl. dazu auch *Lejeune*, ITRB 2018, 140, 142.
14 BT-Drs. 19/4724, S. 31.
15 Ebenso idS und zudem für eine wertende Konsultation der Rechtsprechung zum allgemeinen Auskunftsanspruch K/B/F/*Alexander*, § 8 Rn. 11.

§ 8 Auskunftsanspruch und Schadensersatzpflicht

sprüche gegenüber Dritten enthält. Ein solcher Anspruch wurde angesichts der Tatsache, dass es sich bei Geschäftsgeheimnissen nicht um Immaterialgüterrecht handelt, nicht vorgesehen.[16] Daher gibt es auch **keine planwidrige Regelungslücke** für Analogien zu § 101 Abs. 2 UrhG oder § 19 Abs. 2 MarkenG, wenngleich die kumulative Anwendung dieser Vorschriften vorbehalten bleibt.[17]

6 Durch die Kodifizierung dieses speziellen selbstständigen Auskunftsanspruchs muss nun nicht mehr auf die §§ 242 BGB, 249 Abs. 1 BGB oder auf die §§ 687 Abs. 2 Satz 1, 681 Satz 2, 666 BGB zurückgegriffen werden.[18]

3. Verhältnis zu anderen Ansprüchen

7 § 8 ist ein selbstständiger Auskunftsanspruch, sieht daher gerade keinen akzessorischen Auskunfts- und Rechnungslegungsanspruch vor; für diese ist auf die allgemeinen Grundsätze zurückzugreifen.[19] Neben § 8 Abs. 1 bleiben Ansprüche auf Besichtigung nach § 809 BGB oder Einsichtnahme in Urkunden gemäß § 810 BGB anwendbar.[20] Der allgemeine Auskunftsanspruch nach § 242 BGB[21] wird von § 8 Abs. 1 als lex specialis verdrängt, kann aber weiterhin außerhalb des Anwendungsbereichs des GeschGehG zur Anwendung kommen, etwa wenn eine andere Person als der Rechtsverletzer in Anspruch genommen werden soll (s. zur Passivlegitimation des Auskunftsanspruchs nach § 8 Abs. 1 → Rn. 8).[22]

4. Aktiv- und Passivlegitimation

8 Der Auskunftsanspruch richtet sich gegen den Verletzer des Geschäftsgeheimnisses iSv. § 2 Nr. 3. Wie bereits oben ausgeführt (→ Rn. 5), sind Dritte nicht passivlegitimiert.[23] Aktivlegitimiert ist der Inhaber des Geschäftsgeheimnisses iSv. § 2 Nr. 2. Siehe hierzu die Kommentierung zu → § 2 Rn. 140 ff.

---

16 Vgl. BT-Drs. 19/4724, S. 31.
17 BeckOK GeschGehG/*Spieker*, § 8 Rn. 3.
18 S. zu dieser alten Rechtslage K/B/F/*Alexander*, § 8 GeschGehG Rn. 4.
19 Dazu ausführlich H/O/K/*Kalbfus*, § 8 Rn. 1, 41 ff.; vgl. auch BeckOK GeschGehG/*Spieker*, § 8 Rn. 3.
20 K/B/F/*Alexander*, § 8 GeschGehG Rn. 39; *Reinfeld*, § 4 Rn. 102.
21 Zu den Voraussetzungen eines solchen allgemeinen Auskunftsanspruchs nach § 242 BGB BGH, 17.7.2002 – VIII ZR 64/01, NJW 2002, 3771; BGH, 11.2.2015 – IV ZR 213/14, NJW 2015, 2809, 2811 Rn. 24; BGH, 2.12.2015 – IV ZR 28/15, NJW 2016, 708, 710 Rn. 15.
22 K/B/F/*Alexander*, § 8 GeschGehG Rn. 37.
23 *Ernst*, MDR 2019, 897, 901 wirft die Frage auf, ob der sich allein gegen den Verletzer richtende Anspruch für eine Aufklärung ausreichend ist; in diese Richtung wohl auch *Lejeune*, ITRB 2018, 140, 142.

II. Auskunftsanspruch nach § 8 Abs. 1

1. Anspruchsvoraussetzungen

a) Geheimnisverletzung

Aus der im Gesetz normierten **Passivlegitimation** des Rechtsverletzers ergibt sich, dass Voraussetzung des Auskunftsanspruchs eine rechtswidrige Erlangung, Nutzung oder Offenlegung des Geschäftsgeheimnisses ist (vgl. § 4), sodass der Anspruch bereits ausscheidet, wenn eine Ausnahme nach § 5 vorliegt (so ausdrücklich § 2 Nr. 3).[24] Daraus folgt, dass eine bereits erfolgte Geheimnisverletzung feststehen muss. Die Gefahr der erstmaligen Rechtsverletzung genügt dagegen nicht,[25] andernfalls begäbe man sich in einen systematischen Widerspruch zu § 6 Satz 2, der die Erstbegehungsgefahr als spezifische Kategorie eines in die Zukunft gerichteten Unterlassungsanspruchs bereits abdeckt.[26]

9

Eine schuldhafte Rechtsverletzung ist nicht erforderlich, wenngleich bei einer mittelbaren Verletzung des Geschäftsgeheimnisses die subjektiven Anforderungen nach § 4 Abs. 3 erfüllt sein müssen (vgl. → § 4 Rn. 114 ff.).[27]

10

b) Rechtsverletzendes Produkt und sonstige Bezugspunkte

Der Auskunftsanspruch mit dem Inhalt nach § 8 Abs. 1 Nr. 1 und 2 bezieht sich auf rechtsverletzende Produkte. Diese sind in § 2 Nr. 4 legaldefiniert. Aufgrund dieses Bezugspunktes wird für den Auskunftsanspruch mit dem Inhalt nach § 8 Abs. 1 Nr. 1 und 2 regelmäßig eine Verletzung durch Nutzung Anspruchsvoraussetzung sein.[28] Die Inhalte des Auskunftsanspruchs nach § 8 Abs. 1 Nr. 3 und 4 enthalten diesen Bezugspunkt nicht, sodass gerade Fälle rechtswidriger Erlangung oder Offenlegung regelmäßig Anspruchsvoraussetzung sein werden.[29]

11

Es zeigt sich also, dass die sich allein auf rechtsverletzende Produkte beschränkende amtliche Überschrift die Bezugspunkte des Auskunftsanspruchs nicht präzise erfasst. Eine insgesamt auf rechtsverletzende Produkte beschränkende Auslegung von § 8 Abs. 1 Nr. 3 und 4 ist angesichts des eindeutig weit gefassten Wortlauts nicht angezeigt.[30]

12

---

24 So auch H/O/K/*Kalbfus*, § 8 Rn. 7.
25 Vgl. auch BGH, 6.3.2001 – KZR 32/98, GRUR 2001, 849, 851.
26 Vgl. H/O/K/*Kalbfus*, § 8 Rn. 7.
27 K/B/F/*Alexander*, § 8 GeschGehG Rn. 15.
28 H/O/K/*Kalbfus*, § 8 Rn. 8.
29 H/O/K/*Kalbfus*, § 8 Rn. 8.
30 K/B/F/*Alexander*, § 8 GeschGehG Rn. 9.

§ 8 Auskunftsanspruch und Schadensersatzpflicht

2. Anspruchsinhalt

13 Nach dem Wortlaut handelt es sich bei der Erläuterung des Anspruchsinhalts von § 8 Abs. 1 um eine **abschließende Aufzählung**.[31] Das ergibt sich auch aus der gesetzesübergreifenden Abgrenzung zu den Auskunftsansprüchen aus § 101 Abs. 1 UrhG und § 19 Abs. 1 MarkenG, die im Gegensatz zu § 8 Abs. 1 keine spezielle Aufzählung enthalten, sondern den Anspruchsinhalt generalisierend beschreiben.[32] Ebenfalls aus einem Vergleich mit den § 101 Abs. 7 UrhG und § 19 Abs. 7 MarkenG ergibt sich, dass der Gesetzgeber in § 8 Abs. 1 keine Erleichterung für eine auf Auskunftserteilung gerichtete einstweilige Verfügung vorgesehen hat; folglich gelten diesbezüglich angesichts fehlender planwidriger Regelungslücke die allgemeinen zivilprozessualen Anforderungen.[33]

a) § 8 Abs. 1 Nr. 1: Abnehmer, Hersteller, Lieferanten und andere Vorbesitzer

14 Bezugspunkt ist ein **rechtsverletzendes Produkt** iSv. § 2 Nr. 4. Gemeint sind Produkte, deren Konzeption, Merkmale, Funktionsweise, Herstellungsprozess oder Marketing in erheblichem Umfang auf einem rechtswidrig erlangten, genutzten oder offengelegten Geschäftsgeheimnis beruhen (→ § 2 Rn. 162 ff.). Aus dem Wortlaut des § 8 Abs. 1 Nr. 1 ergibt sich, dass das rechtsverletzende Produkt nicht tatsächlich verkauft oder angeboten werden muss, da es bereits ausreicht, dass die gewerblichen Abnehmer und Verkaufsstellen „bestimmt" waren. Dementsprechend reichen (unverbindliche) Bestellungen oder eine vom gewerblichen Abnehmer nur gewünschte Lieferung aus.[34] Sinn und Zweck der Vorschrift ist es nämlich, die Vertriebskanäle auch dann aufzudecken, wenn die Produkte noch nicht an die nachgelagerten Verkaufsstellen gelangt sind.[35]

15 Aus der Bezugnahme auf „Hersteller, Lieferanten und andere Vorbesitzer" ergibt sich, dass grundsätzlich die **gesamte Lieferkette** vom Hersteller bis zum Rechtsverletzer offenzulegen ist; aus der extensiven Wendung „andere Vorbesitzer" lässt sich insbes. ableiten, dass der Anspruch gerade nicht auf den unmittelbaren Vorlieferanten beschränkt ist.[36] Auch der Hersteller kann der Auskunftspflichtige sein. Aufgrund der ratio des Auskunftsanspruchs, durch entsprechende Auskünfte die Vorbereitung der Geltendmachung etwaiger Ansprüche wegen einer Rechtsverletzung zu ermöglichen, ist es unerheblich, ob die einzelnen Glieder der Produktions- und Vertriebskette ihrerseits durch eigenes Verhalten die Voraussetzungen einer unmittelbaren oder mittelbaren Rechtsverletzung iSd. § 4 erfüllen.[37]

---

31 IE auch K/B/F/*Alexander*, § 8 GeschGehG Rn. 2; H/O/K/*Kalbfus*, § 8 Rn. 10.
32 BeckOK GeschGehG/*Spieker*, § 8 Rn. 6.
33 BeckOK GeschGehG/*Spieker*, § 8 Rn. 10.
34 BeckOK GeschGehG/*Spieker*, § 8 Rn. 7.
35 H/O/K/*Kalbfus*, § 8 Rn. 11.
36 Ebenso idS H/O/K/*Kalbfus*, § 8 Rn. 11.
37 K/B/F/*Alexander*, § 8 GeschGehG Rn. 19.

II. Auskunftsanspruch nach § 8 Abs. 1 § 8

Verkaufsstellen sind sämtliche Stellen, an denen Dritte rechtsverletzende Produkte 16
käuflich erwerben können. Das trifft bspw. auf Ladengeschäfte und Onlineshops
zu.[38] Die Bezugnahme auf „gewerbliche Abnehmer und Verkaufsstellen" verdeutlicht *e contrario*, dass eine Auskunft über abnehmende Verbraucher oder allgemein
nichtgewerbliche Abnehmer nicht geschuldet ist.[39]

Irrelevant ist, ob der Lieferant, Vorbesitzer oder der Abnehmer seinerseits rechts- 17
widrig gehandelt hat. Eine Prüfung der Rechtswidrigkeit obliegt nicht dem Rechtsverletzer, sondern soll dem Inhaber des Geschäftsgeheimnisses ermöglicht werden.

Mitzuteilen sind Name und Anschrift: Wegen der ursprünglichen Sprachbedeutung 18
des Terminus „Anschrift" könnte man auf die Idee verfallen, dass „Anschrift" lediglich die Postanschrift meint.[40] Legt man jedoch den Sinn und Zweck des Auskunftsanspruchs zugrunde, nämlich die Schaffung einer Wissensbasis, auf deren
Grundlage weitere rechtliche Schritte eingeleitet werden können, um die Rechtsverletzung umfassend unterbinden zu können, dann gelangt man zu einer extensiven bzw. geltungszeitlichen Auslegung des Begriffs, der insbesondere auch aktuelle
Formen der Kontaktaufnahme nicht ausschließt. Aus geltungszeitlicher Perspektive
wird niemand bestreiten können, dass neben der Postanschrift insbes. die E-Mail-Adresse zu den gängigen Kanälen der Kontaktaufnahme gehört. Daher ist auch die
E-Mail-Adresse vom Wortlaut erfasst.[41]

Der Schutzzweck des Auskunftsanspruchs (→ Rn. 1, 4) verlangt von dem Aus- 19
kunftspflichtigen nicht nur die Angabe der bei Inanspruchnahme bereits präsenten
Informationen, sondern erlegt ihm auch eine Beschaffungspflicht für noch nicht
vorhandene Informationen auf. Dem Auskunftspflichtigen ist eine solche Beschaffungspflicht (zB bei längeren und komplexen Lieferketten) auch grundsätzlich
möglich und zumutbar.[42] Die Beschaffungspflicht findet selbstredend ihre Grenzen
im Verhältnismäßigkeitsgrundsatz nach § 9 (unten → Rn. 41 und § 9 Rn. 12 ff.).

Die Pflicht zur Vorlage von Einkaufs- oder Verkaufsbelegen, um die Richtigkeit der 20
gemachten Auskünfte kontrollieren zu können, ist in der Rechtsprechung zu selbstständigen Auskunftsansprüchen allgemein anerkannt,[43] daher sollte sie auch im

---

38 BeckOK GeschGehG/*Spieker*, § 8 Rn. 7 mwN.
39 Ebenso H/O/K/*Kalbfus*, § 8 Rn. 11.
40 So etwa zu § 101 Abs. 3 Nr. 1 UrhG LG Frankfurt a. M., 3.5.2016 – 2-3 O 476/13, GRUR-RR 2017, 3, 4 Rn. 41 ff.
41 IE auch H/O/K/*Kalbfus*, § 8 Rn. 13; *Reinfeld*, § 4 Rn. 113; zu § 101 Abs. 3 Nr. 1 UrhG OLG Frankfurt a. M., 22.8.2017 – 11 U 71/16, GRUR 2017, 1116, 1117 Rn. 40 ff. (nicht aber Telefonnummern und IP-Adressen) und OLG Köln, 25.3.2011 – 6 U 87/10, GRUR-RR 2011, 305, 308; offenlassend, aber wohl auch die Auskunft der E-Mail-Adresse einschließend K/B/F/*Alexander*, § 8 GeschGehG Rn. 20.
42 K/B/F/*Alexander*, § 8 GeschGehG Rn. 21.
43 BGH, 23.1.2003 – I ZR 18/01, GRUR 2003, 433, 434; BGH, 21.2.2002 – I ZR 140/99, GRUR 2002, 709, 712.

§ 8 Auskunftsanspruch und Schadensersatzpflicht

Rahmen des § 8 Abs. 1 zur Anwendung kommen.[44] Angaben in diesen Belegen, die nicht vom hiesigen Auskunftsanspruch erfasst sind, dürfen vom Auskunftspflichtigen geschwärzt werden,[45] selbst wenn dieser Vorbehalt nicht ausdrücklich in den Urteilstenor aufgenommen wurde.[46]

b) § 8 Abs. 1 Nr. 2: Mengen- und Preisangaben

21 Nach dem Sinn und Zweck der Norm, zur Vorbereitung etwaiger Ansprüche einen umfassenden Überblick über die Nutzung des rechtsverletzenden Produkts zu verschaffen (oben → Rn. 1, 4), muss die Wendung „Kaufpreis" sowohl den Verkaufs- als auch den Einkaufspreis umfassen.[47] Denn nur die umfassende Angabe von Preisen ermöglicht die Überprüfung der Konsistenz und Vollständigkeit der Angaben.[48] Gemeint ist der tatsächlich gezahlte Preis abzüglich etwaiger Rabatte und Skonti.[49] Aufgrund dieser ratio, insbes. weil der Auskunftsanspruch auch der Geltendmachung von Schadensersatzansprüchen dienen kann, muss der Rechtsverletzer **alle Preisbestandteile** angeben, dh. Transport- und Handlingskosten, Steuern, Bezugskonditionen und sonstige Lieferdaten etc.[50]

22 Die Mengenangaben sind – für den Fall, dass der Auskunftspflichtige rechtsverletzende Produkte von mehreren Lieferanten bezieht – nach den einzelnen Lieferanten aufzuschlüsseln, andernfalls wäre der Verletzte nicht in der Lage, sich ein umfassendes Bild über das wirtschaftliche Ausmaß der Rechtsverletzung zu machen.[51] Auch an dieser Stelle sind die Grenzen des Auskunftsanspruchs für den Fall zu beachten, dass die Verwirklichung des Anspruchs für den Auskunftspflichtigen im Einzelfall nach § 9 unverhältnismäßig wäre (unten → Rn. 41, § 9 Rn. 12 ff.).

23 Zur Pflicht zur Vorlage von Belegen gilt das oben → Rn. 20 Gesagte entsprechend.

c) § 8 Abs. 1 Nr. 3: Verkörperung des Geschäftsgeheimnisses

24 § 8 Abs. 1 Nr. 3 bezieht sich auf die im Besitz oder Eigentum des Rechtsverletzers stehenden Dokumente, Gegenstände, Materialien, Stoffe oder elektronische Dateien, die das Geschäftsgeheimnis enthalten oder verkörpern. Befinden sich diese Gegenstände im Besitz oder Eigentum Dritter, ist die Norm aufgrund ihres Sinn und Zwecks (oben → Rn. 1 und 4) über ihren wörtlichen Gehalt dahingehend auszulegen, dass der Rechtsverletzer über diese Personen Auskunft zu erteilen hat.[52]

---

44 H/O/K/*Kalbfus*, § 8 Rn. 14.
45 Vgl. BGH, 21.2.2002 – I ZR 140/99, GRUR 2002, 709, 712.
46 Vgl. OLG Düsseldorf, 20.4.2017 – 2 W 2/17, BeckRS 2017, 157426 Rn. 5.
47 K/B/F/*Alexander*, § 8 GeschGehG Rn. 24; H/O/K/*Kalbfus*, § 8 Rn. 15; BeckOK GeschGehG/*Spieker*, § 8 Rn. 8.
48 Vgl. *Amschewitz*, WRP 2011, 301, 305.
49 H/O/K/*Kalbfus*, § 8 Rn. 15.
50 BeckOK GeschGehG/*Spieker*, § 8 Rn. 8.
51 K/B/F/*Alexander*, § 8 GeschGehG Rn. 23; vgl. auch BeckOK GeschGehG/*Spieker*, § 8 Rn. 8.
52 K/B/F/*Alexander*, § 8 GeschGehG Rn. 26; BeckOK GeschGehG/*Spieker*, § 8 Rn. 8.

Aufgrund der engen Verbindung zu § 7 Nr. 1, der unionsrechtlich determiniert ist, ist eine gleichlaufende Auslegung zu den genannten **Vergegenständlichungselementen** geboten, mithin auch eine richtlinienkonforme Auslegung.[53] Auch wenn § 8 Abs. 1 nicht zur Umsetzung des europäischen Sekundärrechtes dient, zeigt die deckungsgleiche Bezugnahme auf die Vergegenständlichungselemente des § 7 Nr. 1, dass der Auskunftsanspruch zur Vorbereitung bzw. Durchsetzung des Vernichtungs- und Herausgabeanspruchs dienen soll[54] und somit unmittelbar mit den unionsrechtlich radizierten Begriffen verbunden sein sollte. Hinsichtlich der Verdinglichungsgegenstände ist daher auf die Kommentierung zu § 7 Nr. 1 verwiesen (→ § 7 Rn. 29 ff.). 25

d) § 8 Abs. 1 Nr. 4: Personenbezogene Auskünfte

§ 8 Abs. 1 Nr. 4 kann als Kodifizierung bereits bestehender Rechtsprechung[55] verstanden werden,[56] auf die bei der Auslegung dieser Norm mithin grundsätzlich zurückgegriffen werden kann. Diese Norm findet im Immaterialgüterrecht keine Entsprechung, weil sie den Besonderheiten des Geheimnisschutzes Rechnung trägt.[57] 26

Der dementsprechend ausgestaltete Auskunftsanspruch soll die Rückverfolgung jener Kanäle ermöglichen, über die das Geschäftsgeheimnis weitergegeben wurde. Dem Wortlaut, der im Vergleich zu § 8 Abs. 1 Nr. 3 keine spezifische Einschränkung hinsichtlich der Form des Geschäftsgeheimnisses enthält, lässt sich entnehmen, dass diese Auskunftspflicht unabhängig davon gilt, ob das Geschäftsgeheimnis in verkörperter oder nichtverkörperter Form weitergegeben wurde.[58] Die dahingehende Auskunftspflicht fächert sich in **zwei selbstständige Varianten** auf: Erstens umfasst die Auskunftspflicht die Benennung der Informanten und zweitens die Preisgabe weiterer Empfänger.[59] Dabei sind alle zur zweifelsfreien Identifizierung der betreffenden Personen notwendigen Angaben zu machen.[60] 27

Der Wortlaut nimmt auf „die Person" Bezug und meint damit jede Person, auf die eine der beiden vorbenannten Varianten zutrifft. Denn im Hinblick auf ihren Sinn und Zweck gilt die Auskunftspflicht auch dann, wenn Angaben zu mehreren Personen gemacht werden müssen, wenn etwa das Geschäftsgeheimnis von mehreren Personen erlangt oder das Geschäftsgeheimnis gegenüber mehreren Personen of- 28

---

53 IE auch H/O/K/*Kalbfus*, § 8 Rn. 17; vgl. auch K/B/F/*Alexander*, § 8 GeschGehG Rn. 25 f.
54 Vgl. dazu BeckOK GeschGehG/*Spieker*, § 8 Rn. 8; H/O/K/*Kalbfus*, § 8 Rn. 17.
55 BGH, 23.2.2012 – I ZR 136/10, GRUR 2012, 1048, 1049 Rn. 27 (gestützt auf § 687 Abs. 2 Satz 1 BGB iVm. §§ 681 Satz 2, 666 BGB); OLG Stuttgart, 8.10.2015 – 2 U 25/15, GRUR-RS 2016, 07613 Rn. 20 ff. (gestützt auf § 242 BGB).
56 H/O/K/*Kalbfus*, § 8 Rn. 19; GRUR-Stellungnahme, GRUR 2018, 708, 711.
57 H/O/K/*Kalbfus*, § 8 Rn. 18.
58 IE auch H/O/K/*Kalbfus*, § 8 Rn. 18.
59 K/B/F/*Alexander*, § 8 GeschGehG Rn. 27; H/O/K/*Kalbfus*, § 8 Rn. 18.
60 K/B/F/*Alexander*, § 8 GeschGehG Rn. 28.

fenbart wurde.⁶¹ Eine Feinheit im Wortlaut der Norm legt eine sehr weitreichende Erweiterung der Auskunftspflicht nahe: Im einleitenden Satzteil vor der gesetzlichen Enumeration ist von dem Rechtsverletzer im Singular die Rede, während in Nr. 4 von einer Personenmehrheit gesprochen wird („von der sie […] erlangt haben und […] offenbart haben"). Daraus folgt, dass nicht der im einleitenden Satz apostrophierte Rechtsverletzer gemeint sein kann, sondern Nr. 4 auf die verschiedenen Empfänger und Verbreiter des Geschäftsgeheimnisses Bezug nimmt, die in Nr. 1 genannt sind. Insofern müsste der Rechtsverletzer nicht nur über die Personen Auskunft erteilen, von denen er selbst das Geschäftsgeheimnis erlangt bzw. gegenüber denen er das Geschäftsgeheimnis offenbart hat. Vielmehr muss er auch über die Personen Auskunft geben, von denen die vorherig mit dem Geschäftsgeheimnis Vertrauten (zB Hersteller, Lieferanten) das Geschäftsgeheimnis erlangt bzw. denen gegenüber sie es offenbart haben.⁶² Bezüglich dieser sehr extensiv anmutenden Auskunftspflicht ist die **Prüfung der Verhältnismäßigkeit** nach § 9 (unten → Rn. 41, § 9 Rn. 12 ff.) besonders zu unterstreichen. Möglich und zumutbar wird dem Rechtsverletzer in dieser Hinsicht regelmäßig nur die Auskunft über das sein, was er bereits selbst weiß; in diesem Zusammenhang ist darauf hinzuweisen, dass die Auskunftspflicht auch dann erfüllt ist, wenn der Rechtsverletzer wahrheitsgemäß erklärt, dass er über diesen Aspekt betreffende Informationen nicht verfügt (zur Erfüllung auch unten → Rn. 43).⁶³

29 Die erste Variante kann bspw. dem Geheimnisinhaber dazu dienen, im eigenen Betrieb eine „undichte Stelle" ausfindig zu machen, gegen die in der Folge effektive Gegenmaßnahmen ergriffen werden können.⁶⁴

30 Während des Gesetzgebungsverfahrens war diese Auskunftspflicht umstritten, weil befürchtet wurde, dass dadurch der **Informations- und Quellenschutz** des investigativen Journalismus unterminiert werden könnte.⁶⁵ Dieser Gefahr trägt allerdings bereits der Tatbestand des Auskunftsanspruchs Rechnung, denn der Anspruch nach § 8 Abs. 1 ist nur gegen den Rechtsverletzer gegeben, der gegen § 4 verstößt und sich nicht auf die Ausnahmen des § 5 berufen kann, die gerade den Schutz der freien Meinungsäußerung, der Informationsfreiheit und des öffentlichen Interesses an der Aufdeckung rechtswidrigen Verhaltens oder beruflichen oder sonstigen Fehlverhaltens bezwecken.⁶⁶ Als zusätzliches Korrektiv steht in dieser Hinsicht der Einwand

---

61 Vgl. auch K/B/F/*Alexander*, § 8 GeschGehG Rn. 28.
62 BeckOK GeschGehG/*Spieker*, § 8 Rn. 9.
63 Vgl. auch BeckOK GeschGehG/*Spieker*, § 8 Rn. 9.
64 H/O/K/*Kalbfus*, § 8 Rn. 20.
65 Vgl. BT-PlPr 19/55, S. 6072 f.
66 Vgl. K/B/F/*Alexander*, § 8 GeschGehG Rn. 29; *Burghardt-Richter/Bode*, BB 2019, 2697, 2699: Die Ausnahme nach § 5 solle gerade den investigativen Journalismus schützen; BT-Drs. 19/4724, S. 28; *Alexander*, AfP 2019, 1, 6; *Ernst*, MDR 2019, 897, 900; *Reinfeld*, § 3 Rn. 32; vgl. auch *Scholtyssek/Judis/Krause*, CCZ 2020, 23, 24.

II. Auskunftsanspruch nach § 8 Abs. 1 § 8

der Unverhältnismäßigkeit zur Verfügung (insbes. § 9 Nr. 6, dort → Rn. 32 f.).⁶⁷ Die im Gesetzgebungsverfahren geäußerten Bedenken sind damit unbegründet.

Die zweite Variante trägt dem Interesse des Geheimnisinhabers Rechnung, auch gegen die Empfänger als mögliche Rechtsverletzer vorgehen zu können, um die Möglichkeit zu haben, eine weitere Verbreitung des Geheimnisses zu verhindern.⁶⁸ Diese Variante evoziert Spannungen zu dem verfassungsrechtlich verankerten Grundsatz *nemo tenetur se ipsum accusare*, weil der Auskunftsanspruch dazu führen kann, dass eine Verpflichtung zur Einräumung weiterer Verletzungshandlungen besteht, was nach § 23 Abs. 1 Nr. 2 und 3, Abs. 2 und 3 strafbar sein kann.⁶⁹ Diesem Aspekt ist bei einer Gesamtabwägung der Interessen von Rechtsverletzer und Geheimnisinhaber Rechnung zu tragen (insbes. § 9 Nr. 5, dort → § 9 Rn. 30 f.). Dabei ist zu beachten, dass der **Nemo-tenetur-Grundsatz** bei Auskunftsansprüchen von Privaten im Vergleich zu Informationsbegehren von staatlichen Stellen **nicht uneingeschränkt** gilt und dem Zwang zur Selbstbezichtigung durch ein strafprozessuales Verwertungsverbot Rechnung getragen werden kann.⁷⁰ 31

Ein vergleichbares strafprozessuales Verwertungsverbot ist etwa im Patentrecht in § 140b Abs. 8 PatG geregelt. Es ist misslich, dass der Gesetzgeber im GeschGehG keine ausdrückliche Kodifizierung eines entsprechenden Verwertungsverbots vorgesehen hat. Aufgrund der hohen Bedeutung dieses verfassungsrechtlichen Grundsatzes wäre dies angebracht gewesen und ist auch weiterhin de lege ferenda wünschenswert. Man wird dieser Lücke momentan aber auch durch eine verfassungskonforme Rechtsfortbildung gerecht werden können und ein ungeschriebenes strafprozessuales Verwertungsverbot annehmen müssen, um letztlich auch dem Rechtsgedanken in § 9 Nr. 5 Rechnung tragen zu können. Der Annahme einer planwidrigen Regelungslücke steht auch nicht entgegen, dass sich der Gesetzgeber erkennbar an bereits vorhandene immaterialgüterrechtliche Auskunftsansprüche anlehnen wollte (oben → Rn. 4), aber entgegen bestehender Vorschriften, wie bspw. dem vorbenannten § 140b Abs. 8 PatG, von einer Kodifizierung eines solchen strafprozessualen Verwertungsverbots absah. Dieser Befund kann bereits deswegen nicht für eine beabsichtigte Regelungslücke sprechen, weil § 8 Abs. 1 Nr. 4 den Besonderheiten des Geheimnisschutzes Rechnung tragen soll und insofern keine Entsprechung im Immaterialgüterrecht hat (oben → Rn. 26). Mangels eines deckungsgleichen normativen Pendants war diesbezüglich auch keine Anlehnung an bereits vorhandenes Recht möglich, sodass nicht davon ausgegangen werden kann, dass der Gesetzgeber bereits vorhandene Ausgestaltungen von Auskunftsansprüchen nebst Verwertungsverbote bewusst ausblendete. 32

---

67 K/B/F/*Alexander*, § 8 GeschGehG Rn. 29.
68 H/O/K/*Kalbfus*, § 8 Rn. 21.
69 H/O/K/*Kalbfus*, § 8 Rn. 22.
70 H/O/K/*Kalbfus*, § 8 Rn. 22.

§ 8 Auskunftsanspruch und Schadensersatzpflicht

III. Schadensersatzanspruch nach § 8 Abs. 2

1. Anspruchsvoraussetzungen

a) Bestehen einer Auskunftspflicht nach § 8 Abs. 1

33 Aus dem Wortlaut der Norm ergibt sich, dass ein bereits bestehender Auskunftsanspruch nach § 8 Abs. 1 vorausgesetzt wird. Mithin muss der Anspruchssteller Inhaber eines Geschäftsgeheimnisses sein, das der Anspruchsgegner verletzt hat (oben → Rn. 9 bis 12 und die Kommentierung zu → § 4 Rn. 18 ff. und → § 5 Rn. 27).

34 Ob der Schadensersatzanspruch auch für akzessorische Auskunftsansprüche in Betracht kommt (zu ihnen → Rn. 7), ist bisher noch ungeklärt.[71] Nach der Systematik der Norm kommt zumindest eine direkte Anwendung nicht in Betracht. Zu erörtern wäre also eine entsprechende Rechtsfortbildung.

b) Verspätete, falsche, unvollständige oder nicht erteilte Auskunft

35 Die verspätete, falsche, unvollständige oder nicht erteilte Auskunft ist die anspruchsbegründende Handlung bzw. das anspruchsbegründende Unterlassen.[72] Beurteilungsmaßstab ist die Fragestellung, ob die geschuldeten Auskünfte objektiv verspätet, falsch, unvollständig oder nicht erteilt wurden.[73] Zum Maßstab der Frage, wann die Auskunftspflicht als erfüllt angesehen werden kann, ist auf nachfolgende Erörterungen zu verweisen (unten → Rn. 43). Die Kategorien „Nichterfüllung" und „unvollständige Auskunftserteilung" können sich überlagern,[74] eine exakte Abgrenzung ist wegen identischer Rechtsfolgen aber nicht notwendig. Eine verspätete Auskunftserteilung kommt bei einer durch den Inhaber des Geschäftsgeheimnisses gesetzten angemessenen Frist in Betracht.[75] Ein Schadensersatzanspruch wegen offenkundig unvollständiger oder nicht erteilter Auskunft lässt einen parallel fortbestehenden Erfüllungsanspruch unberührt.[76]

c) Vorsatz oder grobe Fahrlässigkeit

36 Die Verletzung der Auskunftspflicht muss vorsätzlich oder grob fahrlässig[77] erfolgen. Mangels abweichender Spezialregelungen im GeschGehG gilt der allgemeine

---

71 Vgl. H/O/K/*Kalbfus*, § 8 Rn. 36.
72 Im Gegensatz zu immaterialgüterrechtlichen Schadensersatzpflichten bei Verletzung der Auskunftspflicht erstreckt sich § 8 Abs. 2 auch auf die Haftung für unterbliebene oder verspätete Auskünfte; hierzu mit positiver rechtspolitischer Bewertung H/O/K/*Kalbfus*, § 8 Rn. 34.
73 BeckOK GeschGehG/*Spieker*, § 8 Rn. 11.
74 H/O/K/*Kalbfus*, § 8 Rn. 37.
75 BeckOK GeschGehG/*Spieker*, § 8 Rn. 11.
76 H/O/K/*Kalbfus*, § 8 Rn. 37.
77 Zur Überlegung de lege ferenda, die Beschränkung der Haftung für Fahrlässigkeit auf Fälle der groben Fahrlässigkeit aufzuheben, weil die Auskunftspflicht nur für Rechtsverletzer und nicht für Dritte gilt, die die Voraussetzungen von § 2 Nr. 3 nicht erfüllen (oben Rn. 5, 8), H/O/K/*Kalbfus*, § 8 Rn. 34.

III. Schadensersatzanspruch nach § 8 Abs. 2 §8

Maßstab nach § 276 BGB. Zu beachten ist, dass § 8 Abs. 2 angesichts seines Wortlautes **keine Beweislastumkehr** wie etwa § 280 Abs. 1 Satz 2 BGB vorsieht.[78]

Vorsätzlich handelt, wer die Pflichtverletzung mit Wissen und Wollen begeht, obwohl der handelnden Person ein rechtmäßiges Verhalten zugemutet werden kann.[79] Grobe Fahrlässigkeit meint nach der Rechtsprechung des BGH einen objektiv schwerwiegenden und subjektiv nicht entschuldbaren Verstoß gegen die im Verkehr erforderliche Sorgfalt (vgl. § 276 Abs. 2 BGB).[80] Das Verhalten des Passivlegitimierten muss in dem Sinne schlechthin unverständlich bzw. unentschuldbar sein, als ganz naheliegende Überlegungen, die im gegebenen Fall jedem hätten einleuchten müssen, nicht angestellt oder nicht beachtet wurden.[81] Die verkehrsüblich anzuwendende Sorgfalt umfasst Recherche- und Nachprüfungspflichten hinsichtlich des nach § 8 Abs. 1 berechtigt geltend gemachten Auskunftsbegehrens.[82] 37

d) Kausaler Schaden

Relevanter Schaden ist der Vermögensnachteil, der kausal-adäquat auf der Pflichtverletzung (die verspätete falsche, unvollständige oder nicht erteilte Auskunft, Rn. 35) beruht.[83] Als Schaden kommen etwa Vermögensnachteile in Betracht, die auf einer durch die Verletzung der Auskunftspflicht bedingten verzögerten oder unterbliebenen Inanspruchnahme Dritter beruhen, oder die Kosten einer erfolglosen Inanspruchnahme zu Unrecht bezichtigter Dritter, die auf eine schlechtgeleistete Auskunftserteilung zurückzuführen ist.[84] 38

2. Inhalt und Umfang des Anspruchs nach den §§ 249 ff. BGB

Mangels Spezialregelungen im GeschGehG ergibt sich der Inhalt und Umfang des Schadensersatzanspruchs aus den allgemeinen Regeln des Schadensrechts, §§ 249 ff. BGB.[85] Mithin erfolgt die Schadensermittlung auf Grundlage des Prinzips der Naturalrestitution. Dementsprechend scheidet eine Schadensersatzpflicht mit Sanktionscharakter aus.[86] 39

---

78 Dazu und zu den Fällen, in denen die §§ 280 ff. BGB anwendbar sein können, H/O/K/*Kalbfus*, § 8 Rn. 35.
79 BGH, 8.2.1965 – III ZR 170/63, NJW 1965, 962, 963; BGH, 28.6.2016 – VI ZR 536/15, NJW 2017, 250, 253 Rn. 25.
80 S. nur BGH, 23.3.2017 – III ZR 93/16, NJW 2017, 2187, 2188 Rn. 8 mwN.
81 BGH, 23.3.2017 – III ZR 93/16, NJW 2017, 2187, 2188 Rn. 8 mwN.
82 BeckOK GeschGehG/*Spieker*, § 8 Rn. 12.
83 BeckOK GeschGehG/*Spieker*, § 8 Rn. 12; H/O/K/*Kalbfus*, § 8 Rn. 39.
84 H/O/K/*Kalbfus*, § 8 G Rn. 39; vgl. auch K/B/F/*Alexander*, § 8 GeschGehG Rn. 33.
85 Vgl. K/B/F/*Alexander*, § 8 GeschGehG Rn. 33; H/O/K/*Kalbfus*, § 8 Rn. 39.
86 S. auch BeckOK GeschGehG/*Spieker*, § 8 Rn. 13.

§ 8 Auskunftsanspruch und Schadensersatzpflicht

IV. Prozessuales

1. Verjährung

40 Mangels spezialgesetzlicher Regelung im GeschGehG gilt nach den allgemeinen Regeln die regelmäßige Verjährung gemäß den §§ 195, 199 Abs. 1 BGB (→ § 13 Rn. 2 ff.). Danach beträgt die Verjährungsfrist drei Jahre ab dem Ende des Jahres, in dem der Anspruch entstanden ist und der Gläubiger von den anspruchsbegründenden Umständen und der Person des Schuldners Kenntnis erlangt hat oder ohne grobe Fahrlässigkeit hätte erlangen müssen.

2. Anspruchsgrenze und unzulässige Klage

41 Die Auskunftsverpflichtung nach § 8 Abs. 1 kann im Einzelfall eine starke Belastung darstellen, sodass sich die Erfüllung des Auskunftsanspruchs als unverhältnismäßig iSv. § 9 darstellen kann (→ § 9 Rn. 12 ff.).[87] Grundsätzlich ist vom Rechtsverletzer hinzunehmen, dass die Auskunftserteilung mit Nachteilen für die eigenen Geheimhaltungsinteressen einhergehen kann, denn der Gesetzgeber hat eine grundsätzliche Abwägungsentscheidung getroffen, die die Geheimhaltungsinteressen des Rechtsverletzers als nachrangig erachtet.[88] Um von diesem Regelfall abweichen zu können, sind außergewöhnlich einschneidende Nachteile für den Rechtsverletzer notwendig.[89] Die Erfüllung des Auskunftsanspruchs für den Rechtsverletzer kann beispielsweise dann **unverhältnismäßig** sein, wenn der Anspruchsteller ein außergewöhnlich geringes Informationsinteresse daran hat.[90] Ferner kann der Anspruch unverhältnismäßig sein, wenn nur noch ein geringes berechtigtes Interesse an der Auskunft besteht, weil weitere Verletzungen nicht mehr zu besorgen sind und Ersatzansprüche bereits ausgeglichen sind.[91] Der Umstand, dass die Parteien Wettbewerber sind, reicht für sich genommen nicht aus, um die Unverhältnismäßigkeit zu begründen, obgleich die Auskunftserteilung in dieser Ausgangssituation besonders sensible Aspekte aufwerfen kann, die im Einzelfall zu einer Unverhältnismäßigkeit führen können.[92] Für den Schadensersatzanspruch nach § 8 Abs. 2 gilt § 9 ausweislich seines Wortlautes nicht.

42 Die Klage auf Auskunftserteilung kann bereits nach § 14 missbräuchlich und damit von vornherein unzulässig sein. Auf die Kommentierung zu → § 14 Rn. 24 ist verwiesen.

---

87 Vgl. BT-Drs. 19/4724, S. 31.
88 H/O/K/*Kalbfus*, § 8 Rn. 26.
89 H/O/K/*Kalbfus*, § 8 Rn. 28; vgl. OLG Düsseldorf, 21.7.2010 – 2 U 47/10, BeckRS 2011, 2537.
90 H/O/K/*Kalbfus*, § 8 Rn. 27; vgl. auch OLG Düsseldorf, 21.7.2010 – 2 U 47/10, BeckRS 2011, 2537.
91 BT-Drs. 11/4792, S. 31 f.
92 Eingehend H/O/K/*Kalbfus*, § 8 Rn. 28.

3. Erfüllung des Anspruchs

Der Auskunftsanspruch ist iSv. § 362 Abs. 1 BGB erfüllt, sobald die Wissenserklärung abgegeben ist.[93] Eine Erfüllung ist selbstredend auch durch (wahrheitsgemäße) Negativaussage möglich, bspw. mit der Angabe, dass es keine weiteren Abnehmer oder Lieferanten gebe.[94] Die Beurteilung der Anspruchserfüllung ist ausgehend von der grundsätzlichen Prämisse vorzunehmen, dass den Verletzer die Pflicht trifft, alle ihm möglichen und zumutbaren Maßnahmen zur Informationserlangung auszuschöpfen.[95] Dazu gehört insbesondere die Durchsicht der Geschäftsunterlagen des Rechtsverletzers sowie alle sonst zugänglichen Informationen aus seinem Unternehmensbereich.[96] Wie sich bereits aus § 8 Abs. 1 Nr. 1 und Nr. 4 ergibt (oben → Rn. 14 ff., Rn. 26 ff.), muss der Rechtsverletzer entsprechende Auskünfte über die **gesamte Vertriebskette** erteilen, sodass er grundsätzlich auch zur Nachfrage bei ihm bekannten oder im Zuge der Nachforschungen ihm bekannt werdenden Hersteller, Lieferanten und Vorbesitzer verpflichtet ist.[97] Die Verpflichtung, unbekannte Umstände bei Dritten zu ermitteln, wird allerdings regelmäßig unzumutbar sein (zur Unverhältnismäßigkeit oben → Rn. 41 sowie § 9 Rn. 12 ff.).[98] Auch beim selbstständigen Auskunftsanspruch nach § 8 Abs. 1 sind die §§ 259 Abs. 2, 260 Abs. 2 BGB entsprechend anzuwenden, sodass ein Anspruch auf eidesstattliche Versicherung über die Vollständigkeit der erteilten Auskünfte besteht.[99]

43

4. Darlegungs- und Beweislast

Der Anspruchssteller trägt die Darlegungs- und Beweislast für sämtliche Anspruchsvoraussetzungen. Umgekehrt trifft den Anspruchsgegner die Darlegungs- und Beweislast für den Ausschluss des Anspruchs nach § 9 oder die Unzulässigkeit der Klage nach § 14.

44

---

93 BGH, 23.2.2006 – I ZR 27/03, GRUR 2006, 504 Rn. 40; BGH, 23.1.2003 – I ZR 18/01, GRUR 2003, 433, 434; OLG Düsseldorf, 8.9.2011 – I-2 W 26/11, GRUR-RR 2012, 406, 408.
94 BGH, 23.2.2006 – I ZR 27/03, GRUR 2006, 504 Rn. 40; BGH, 27.5.2001 – I ZR 291/98, GRUR 2001, 841, 844; BGH, 23.1.2003 – I ZR 18/01, GRUR 2003, 433, 434; OLG Düsseldorf, 8.9.2011 – I-2 W 26/11, GRUR-RR 2012, 406, 407; BeckOK GeschGehG/*Spieker*, § 8 Rn. 14.
95 BGH, 23.2.2006 – I ZR 27/03, GRUR 2006, 504 Rn. 40.
96 H/O/K/*Kalbfus*, § 8 Rn. 24.
97 IdS zu § 19 MarkenG BGH, 23.2.2006 – I ZR 27/03, GRUR 2006, 504 Rn. 40; BGH, 23.1.2003 – I ZR 18/01, GRUR 2003, 433, 434; OLG Frankfurt a.M., 7.3.2016 – 6 W 19/16, NJW-RR 2016, 960 Rn. 10.
98 Vgl. BGH, 23.2.2006 – I ZR 27/03, GRUR 2006, 504 Rn. 40; BGH, 23.1.2003 – I ZR 18/01, GRUR 2003, 433, 434.
99 BeckOK GeschGehG/*Spieker*, § 8 Rn. 9; H/O/K/*Kalbfus*, § 8 Rn. 25.

§ 9 Anspruchsausschluss bei Unverhältnismäßigkeit

Die Ansprüche nach den §§ 6 bis 8 Absatz 1 sind ausgeschlossen, wenn die Erfüllung im Einzelfall unverhältnismäßig wäre, unter Berücksichtigung insbesondere
1. des Wertes oder eines anderen spezifischen Merkmals des Geschäftsgeheimnisses,
2. der getroffenen Geheimhaltungsmaßnahmen,
3. des Verhaltens des Rechtsverletzers bei Erlangung, Nutzung oder Offenlegung des Geschäftsgeheimnisses,
4. der Folgen der rechtswidrigen Nutzung oder Offenlegung des Geschäftsgeheimnisses,
5. der berechtigten Interessen des Inhabers des Geschäftsgeheimnisses und des Rechtsverletzers sowie der Auswirkungen, die die Erfüllung der Ansprüche für beide haben könnte,
6. der berechtigten Interessen Dritter oder
7. des öffentlichen Interesses.

Schrifttum: *Alexander*, Grundstrukturen des Schutzes von Geschäftsgeheimnissen durch das neue GeschGehG, WRP 2019, 673; *Burghardt-Richter/Bode*, Geschäftsgeheimnisschutzgesetz: Überblick und Leitfaden für Unternehmer zur Wahrung ihrer Geschäftsgeheimnisse, BB 2019, 2697; *Ernst*, Das Geschäftsgeheimnisgesetz. Praxisrelevante Aspekte der Umsetzung der EU Richtlinie 2016/943, MDR 2019, 897; *Hofmann*, „Equity" im deutschen Lauterkeitsrecht? Der „Unterlassungsanspruch" nach der Geschäftsgeheimnis-RL, WRP 2018, 1; *Huber*, Matratzen, Erwägungsgründe und Leitfäden – Über eine erneute Pointierung des hohen Verbraucherschutzniveaus durch den EuGH und offene Methodenfragen, GPR 2019, 182; *Lejeune*, Das Geschäftsgeheimnisgesetz. Anmerkungen zur Umsetzung der EU-Richtlinie 2016/943, ITRB 2018, 140; *McGuire*, Neue Anforderungen an Geheimhaltungsvereinbarungen?, WRP 2019, 679; *Ohly*, Das neue Geschäftsgeheimnisgesetz im Überblick, GRUR 2019, 441; *Tochtermann*, Zur „Unverhältnismäßigkeit" einer Rechtsfolge nach dem neuen GeschGehG – Versuch einer Maßstabsbildung, WRP 2019, 688 ff.

Übersicht

	Rn.		Rn.
I. Allgemeines	1	3. Verhältnis zu anderen gesetzlichen und vertraglichen Ansprüchen	5
1. Normzweck und Regelungsgehalt	1	4. Rechtscharakter einer Einwendung	8
2. Die Genese der Norm und ihre rechtlichen Konsequenzen	2	5. Rechtsfolge	12

	Rn.		Rn.
II. Voraussetzungen	15	d) § 9 Nr. 4: Folgen der rechtswidrigen Nutzung oder Offenlegung	29
1. Bestehender Anspruch	15		
2. Maßstab zur Prüfung der Verhältnismäßigkeit	16		
3. Gesetzliche Kriterien der Unverhältnismäßigkeit	20	e) § 9 Nr. 5: Berechtigte Interessen von Verletzer und Verletzten sowie Auswirkungen der Erfüllung	30
a) § 9 Nr. 1: Wert und andere spezifische Merkmale des Geschäftsgeheimnisses	22		
		f) § 9 Nr. 6: Berechtigte Interessen Dritter	32
b) § 9 Nr. 2: Getroffene Geheimhaltungsmaßnahmen	24	g) § 9 Nr. 7: Öffentliche Interessen	34
c) § 9 Nr. 3: Verhalten des Rechtsverletzers	26	4. Zeitpunkt	35
		III. Darlegungs- und Beweislast	36

I. Allgemeines

1. Normzweck und Regelungsgehalt

Im Falle der Unverhältnismäßigkeit schreibt § 9 GeschGehG einen Anspruchsausschluss für die §§ 6, 7 und 8 Abs. 1 vor. Beim **Übermaßverbot** handelt es sich um einen allgemeinen Rechtsgedanken, der auch im Unionsrecht anerkannt und fest verankert ist (zur unionsrechtlichen Determination unten Rn. 2 ff.).[1] Die spezialgesetzliche Ausprägung dieses Grundsatzes rückt ins Bewusstsein, dass bei der Verletzung von Geschäftsgeheimnissen eine sorgfältige Abwägung der Interessen bereits deshalb notwendig ist, weil der Verletzer in diesem Fall nicht ohne Weiteres erkennen kann, ob bestimmte Informationen geheim sind. Das Risiko einer fahrlässigen direkten oder mittelbaren Verletzung ist deshalb ungleich höher.[2]

1

2. Die Genese der Norm und ihre rechtlichen Konsequenzen

§ 9 soll nach der Begründung des Gesetzentwurfs Art. 13 Abs. 1 RL (EU) 2016/943[3] umsetzen und lehnt sich dabei zugleich an § 98 Abs. 4 UrhG an.[4] Dementsprechend ist bei der Anwendung des § 9 das Gebot zur richtlinienkonformen Auslegung zu berücksichtigen. Zu beachten ist allerdings, dass Art. 13 RL eine vollständige Harmonisierung vornimmt, sodass aus dem deutschen Recht entwickelte Ansätze (bspw. zu § 242 BGB) nur soweit herangezogen werden können, als sie dem Unionsrecht nicht widersprechen.[5]

2

---

1 K/B/F/*Alexander*, § 9 GeschGehG Rn. 1, 5.
2 *Tochtermann*, WRP 2019, 688, 691.
3 Richtlinie (EU) 2016/943, ABl. 2016, Nr. L 157, S. 1.
4 BT-Drs. 19/4724, S. 31; vgl. auch *Lejeune*, ITRB 2018, 140, 142.
5 So zu Recht H/O/K/*Ohly*, § 9 Rn. 5; vgl. auch K/B/F/*Alexander*, § 9 GeschGehG Rn. 9; *Alexander*, WRP 2019, 673, 673 f.; wohl weitergehend *Tochtermann*, WRP 2019, 688, 690.

§ 9 Anspruchsausschluss bei Unverhältnismäßigkeit

3 Obwohl der Auskunftsanspruch nach § 8 von dieser Richtlinie nicht vorgesehen ist, erschien dessen Einbeziehung unter dem Vorbehalt der Verhältnismäßigkeit dem Gesetzgeber sachgemäß, weil auch eine Auskunftsverpflichtung den Rechtsverletzer im Einzelfall stark beeinträchtigen kann.[6]

4 § 9 setzt außerdem Art. 10 iVm. Art. 11 Abs. 2 RL (EU) 2016/943 um, die auch den Erlass einstweiliger Maßnahmen sowie Anordnungen von ihrer Verhältnismäßigkeit abhängig machen. Zwar ist die Erstreckung des § 9 auf diese gerichtlichen Maßnahmen nicht ausdrücklich angeordnet, allerdings werden nach der Systematik des deutschen Rechts auch im Verfahren des einstweiligen Rechtsschutzes Ansprüche durchgesetzt, sodass der Verweis auf die Abwehransprüche nach den §§ 6, 7 und 8 Abs. 1, die dem Verhältnismäßigkeitsgebot unterstellt sind, genügt.[7]

3. Verhältnis zu anderen gesetzlichen und vertraglichen Ansprüchen

5 Ausweislich des klaren Wortlautes findet § 9 auf den Schadensersatzanspruch nach § 8 Abs. 2 keine Anwendung. Hintergrund ist, dass es bereits dem Grundgedanken der Verhältnismäßigkeit widerspräche, wenn der die Aufklärung der Rechtsverletzung Vereitelnde in den Genuss der Vorteile einer Abwägung der widerstreitenden Interessen kommen könnte, obwohl er schwerwiegend schuldhaft handelte.[8]

6 Außerdem ist die Vorschrift gemäß ihrem definierten Anwendungsbereich nicht auf den Schadensersatzanspruch nach § 10 und das Abfindungsrecht nach § 11 sowie den Herausgabeanspruch nach § 13 anwendbar.[9] Dies hat seinen Grund darin, dass Schadensersatzansprüche neben der Berücksichtigung des Mitverschuldens nach § 254 BGB kein weiteres Korrektiv benötigen und zudem verschuldensabhängig sind, während die in § 9 genannten Ansprüche verschuldensunabhängig greifen und somit ein weiteres Korrektiv gerechtfertigt ist, das besonders belastende Auswirkungen abfängt.[10] Diese Erwägungen stehen einer Anwendung des § 9 bei Auskunftsansprüchen nach § 8 Abs. 1, die einen Schadensersatzanspruch vorbereiten, nicht entgegen,[11] denn der Auskunftsanspruch dient gerade dazu, die Geltendmachung solcher Ansprüche durch entsprechende Informationen zu ermöglichen (zum Sinn und Zweck des Auskunftsanspruchs → § 8 Rn. 1, 4). In § 11 ist der Verhältnismäßigkeitsgrundsatz bereits im Tatbestand perpetuiert, sodass der Einbezug in den Anwendungsbereich von § 9 nicht notwendig ist.[12] § 14 kann durchaus inhaltliche Überschneidungspunkte mit § 9 aufweisen. Allerdings sind der Annahme

---

6 Vgl. BT-Drs. 19/4724, S. 31; zur unionsrechtlichen Systemkonformität der Erstreckung des § 9 auf § 8 Abs. 1 H/O/K/*Ohly*, § 9 Rn. 7.
7 H/O/K/*Ohly*, § 9 Rn. 4.
8 BeckOK GeschGehG/*Spieker*, § 9 Rn. 1.
9 S. dazu auch Burghardt-Richter/Bode, BB 2019, 2697, 2699 f.
10 K/B/F/*Alexander*, § 9 GeschGehG Rn. 10.
11 AA offenbar H/O/K/*Ohly*, § 9 Rn. 14.
12 K/B/F/*Alexander*, § 9 GeschGehG Rn. 10.

des Rechtsmissbrauchs, der im Gegensatz zu § 9 keinen materiell-rechtlichen Ausschluss zur Folge hat, sondern bereits die prozessuale Unzulässigkeit nach sich zieht („unzulässig"), höhere Hürden gesetzt (s. zu → § 14 Rn. 12 ff.).[13]

Auf vertraglich begründete Ansprüche ist § 9 ebenfalls nicht anwendbar, weil es den Parteien zum einen freisteht, privatautonom ein entsprechendes Korrektiv zu vereinbaren, und zum anderen bereits die §§ 138, 242, 275 Abs. 2, 307 BGB etwaige unverhältnismäßige Härten auffangen.[14]

7

4. Rechtscharakter einer Einwendung

Der Anspruchsausschluss wegen Unverhältnismäßigkeit nach § 9 ist eine von Amts wegen zu berücksichtigende Einwendung.[15] Legt man den Wortlaut des § 9 und die Wortlaute anderer zivilrechtlicher Einrede- und Einwendungsvorschriften zugrunde, wird offenbar, dass es sich beim Anspruchsausschluss wegen Unverhältnismäßigkeit um eine **Einwendung** handelt:[16] So ist etwa bei der Verjährungseinrede nach § 214 Abs. 1 BGB davon die Rede, dass der Schuldner „berechtigt" ist, die Leistung „zu verweigern", während beispielsweise die Einwendung nach § 275 Abs. 1 BGB anordnet, dass der Anspruch auf Leistung „ausgeschlossen" ist. Der Wortlaut des § 9 entspricht klar letzterem Beispiel, indem er den Anspruchsausschluss obligat festlegt („Die Ansprüche […] sind ausgeschlossen"); ein fakultatives Element ist § 9 nicht wesenseigen. Die angeordnete Rechtsfolge, nämlich der Anspruchsausschluss, spricht zudem nicht für eine rechtshindernde, sondern für eine **rechtsvernichtende Einrede**.[17]

8

Diese Wortlautauslegung der Norm wird auch von ihrem unionsrechtlichen Unterbau bestätigt:[18] Art. 7 Abs. 1 lit. a RL (EU) 2016/943 schreibt die Berücksichtigung des Verhältnismäßigkeitsgrundsatzes positiv vor („Die […] Rechtsbehelfe sind in einer Art und Weise anzuwenden, die verhältnismäßig ist") und Art. 11 Abs. 2 sowie Art. 13 Abs. 1 RL, die nach ihrer Überschrift „Anwendungsbedingungen" enthalten, legen ausdrücklich fest, dass die Mitgliedstaaten sicherstellen müssen, dass die zuständigen Gerichte bei der Prüfung eines Antrags auf gerichtliche Anordnung und bei der Beurteilung von deren Verhältnismäßigkeit den besonderen Umständen des Einzelfalls Rechnung tragen „müssen". Fakultative Elemente sind der Richtlinie folglich ebenfalls fremd. Auch die französische und englische Fassung der Richtlinie, die im Zuge einer heuristischen Annäherung an das sprachliche Egali-

9

---

13 Vgl. H/O/K/*Ohly*, § 9 Rn. 13.
14 K/B/F/*Alexander*, § 9 GeschGehG Rn. 11; H/O/K/*Ohly*, § 9 Rn. 14.
15 H/O/K/*Ohly*, § 9 Rn. 3, 6; K/B/F/*Alexander*, § 9 GeschGehG Rn. 13 f.; *Ohly*, GRUR 2019, 441, 449; *Tochtermann*, WRP 2019, 688, 689 f.
16 Zu dieser Wortlautauslegung instruktiv *Tochtermann*, WRP 2019, 688, 689 f.
17 *Tochtermann*, WRP 2019, 688, 690.
18 *Tochtermann*, WRP 2019, 688, 689; K/B/F/*Alexander*, § 9 GeschGehG Rn. 13; vgl. auch H/O/K/ *Ohly*, § 9 Rn. 5 f.

§ 9 Anspruchsausschluss bei Unverhältnismäßigkeit

tätsprinzip[19] mindestens zu konsultieren sind, weil es sich dabei um Arbeitssprachen der Legislative handelt, bestätigen den obligatorischen Charakter.[20]

10 Auch aus einem weiteren unionsrechtlichen Grund muss § 9 als Einwendung verstanden werden. Art. 13 Abs. 1 RL folgt dem aus dem Common Law bekannten „**Remedy-Denken**", nach dem das Gericht bei einer festgestellten Rechtsverletzung über die angemessene Rechtsfolge flexibel entscheiden kann.[21] Nach den Vorstellungen des Richtliniengebers sollte also die Angemessenheit der Rechtsfolge in jedem Einzelfall vor Anordnung der Unterlassung oder Beseitigungsmaßnahme geprüft werden; um diesem Rechtsgedanken Rechnung tragen zu können, muss die Unverhältnismäßigkeitsprüfung zwingend von Amts wegen berücksichtigt werden.[22]

11 Somit handelt es sich um eine von Amts wegen zu berücksichtigende rechtsvernichtende Einrede. Dies ändert jedoch nichts an der grundsätzlichen Verteilung der Darlegungs- und Beweislast (unten → Rn. 36 f.). Die betroffene Partei hat die entsprechenden die Unverhältnismäßigkeit begründenden Umstände zu substantiieren, mithin ist das Gericht nicht zu einer eigenen Aufklärung des Sachverhalts angehalten.[23]

5. Rechtsfolge

12 Nach § 9 sind die Ansprüche nach den §§ 6, 7 und 8 Abs. 1 bei Unverhältnismäßigkeit ihrer Rechtsfolge ausgeschlossen. Der Wortlaut der Norm legt dabei eine vollkommen binäre Struktur nahe, denn die Ansprüche sind ausgeschlossen, „wenn" sie unverhältnismäßig sind. Der Anspruch ist bei einer wörtlichen Auslegung also entweder ausgeschlossen oder nicht – *tertium non datur*. Eine sachliche Beschrän-

---

19 Siehe zur gleichwertigen Verbindlichkeit des Unionsrechts in allen amtssprachlichen Fassungen EuGH vom 7.7.2016, Rs. C-46/15, Ambisig, Rn. 48; EuGH vom 28.7.2016, Rs. C-147/15, Edilizia Mastrodonato, Rn. 29; EuGH vom 17.3.2016, Rs. C-112/15, Kødbranchens Fællesråd, Rn. 36; EuGH vom 15.9.2016, Rs. C-484/14, Mc Fadden, Rn. 53; EuGH vom 1.3.2016, Rs. C-443/14, Alo, Rn. 27.
20 Art. 7 Abs. 1 lit. a der RL: „Les [...] réparations prévues par la présente directive *sont appliquées* d'une manière qui: est proportionnée" und „The [...] remedies provided for this Directive *shall be applied* in a manner that: is proportionate" (Hervorhebungen nicht im Original); die Überschrift von Art. 11 und Art. 13 der RL: „Conditions d'application" und „Conditions of application"; Art. 13 Abs. 1 und Art. 11 Abs. 2 der RL: „Les États membres *veillent á* ce que, lorsqu'elles examinent une demande ayant pour objet l'adoption des injonctions [...] et qu'elles évaluent leur caractère proportionné, les autorités judiciaires compétentes *soient tenues de prendre en considération* les circonstances particulières de l'espèce" und „Member States *shall ensure* that, in considering an application for the adoption of the injunctions [...] and assessing their proportionality, the competent judicial authorities *shall be required* to take into account the specific circumstances of the case" (Hervorhebung nicht im Original).
21 H/O/K/*Ohly*, § 9 Rn. 5; K/B/F/*Alexander*, § 9 GeschGehG Rn. 6; vgl. auch *Hofmann*, WRP 2018, 1, 2, 5.
22 H/O/K/*Ohly*, § 9 Rn. 6; vgl. *Tochtermann*, WRP 2019, 688, 689.
23 H/O/K/*Ohly*, § 9 Rn. 48; K/B/F/*Alexander*, § 9 GeschGehG Rn. 14, 36.

kung oder zeitliche Befristung der Ansprüche kann es danach nicht geben, andernfalls hätte der Gesetzgeber nicht mit „wenn", sondern mit „soweit" formuliert.²⁴

Dieses *tertium non datur* ist jedoch nicht mit der Richtlinie (EU) 2016/943 zu vereinbaren. Art. 13 Abs. 1, Art. 11 Abs. 2 und Art. 7 Abs. 1 lit. a dieser RL schließen weder in der deutschen noch in der französischen oder englischen Fassung Ansprüche bei Unverhältnismäßigkeit vollkommen aus, sondern sie verlangen lediglich, dass dem Prinzip der Verhältnismäßigkeit Rechnung getragen bzw. dieses berücksichtigt wird und die Rechtsbehelfe in einer Art und Weise angewendet werden, die verhältnismäßig ist (oben → Rn. 9, Fn. 20). Somit ist dem Gericht nach dem Wortlaut der Richtlinie bei der Festlegung der Rechtsfolge ein **Ermessensspielraum** eingeräumt, der sich nicht auf die dichotome Frage beschränkt, ob der Anspruch vollkommen ausgeschlossen werden muss oder nicht.²⁵ Das entspricht auch der économie générale, der Richtlinie, die am im Common Law bekannten „Remedy-Denken" anknüpft, nachdem das Gericht bei einer festgestellten Rechtsverletzung über die angemessene Rechtsfolge flexibel entscheiden kann (→ Rn. 10). Daher können die Ansprüche anstelle eines vollkommenen Ausschlusses auch sachlich beschränkt oder zeitlich befristet ausgesetzt werden.²⁶ Dementsprechend sind angesichts des Wortlautes von § 9 die Frage nach dessen Richtlinienkonformität und die Frage nach einer entsprechenden richtlinienkonformen Auslegung bzw. Rechtsfortbildung aufzuwerfen. 13

Ferner ist die Verhältnismäßigkeitsprüfung für jeden Anspruch gesondert vorzunehmen, sodass beispielsweise ein Unterlassungsanspruch nach § 6 trotz Unverhältnismäßigkeit eines Anspruchs auf Vernichtung nach § 7 Nr. 4 fortbestehen kann.²⁷ 14

II. Voraussetzungen

1. Bestehender Anspruch

Aus dem Wortlaut von § 9 ergibt sich, dass die Ansprüche nach den §§ 6, 7 und 8 Abs. 1 bereits bestehen müssen, andernfalls kommt es auf die Prüfung der Verhältnismäßigkeit nach § 9 nicht an. 15

2. Maßstab zur Prüfung der Verhältnismäßigkeit

Ausgangslage der Verhältnismäßigkeitsprüfung sind die sich gegenüberstehenden Interessen des Anspruchstellers auf Unterlassung, Beseitigung und Auskunft auf der einen Seite sowie die Interessen des Anspruchsgegners auf der anderen Seite, Einbußen durch Erfüllung der Ansprüche zu vermeiden. Die Gerichte haben diese 16

---

24 IdS BeckOK GeschGehG/*Spieker*, § 9 Rn. 3.
25 IE auch H/O/K/*Ohly*, § 9 Rn. 43; K/B/F/*Alexander*, § 9 GeschGehG Rn. 34.
26 H/O/K/*Ohly*, § 9 Rn. 43, 46 zu möglichen prozessualen Konsequenzen hinsichtlich einer Teilabweisung der Klage und der damit verbundenen Kostenfolge; K/B/F/*Alexander*, § 9 GeschGehG Rn. 34.
27 H/O/K/*Ohly*, § 9 Rn. 20, 40.

§ 9 Anspruchsausschluss bei Unverhältnismäßigkeit

Interessen in eine umfassende Abwägung (s. Erwgrd. 21) unter Berücksichtigung aller Umstände des Einzelfalls einzustellen.[28] Dabei muss auch das **Vorverhalten** der Parteien berücksichtigt werden (§ 9 Nr. 2 und 3).[29]

17 Im ersten Prüfungsschritt sind die widerstreitenden Interessen zu benennen, während im zweiten Schritt unter Berücksichtigung des Vorverhaltens der Parteien eine Gewichtung der Interessen vorzunehmen ist, um schließlich im dritten Schritt die Abwägung vorzunehmen.[30] Besondere Bedeutung bei der Abwägung müssen die **Wertungen der Grundrechte** nach der GRC haben.[31] Ferner ist auch die Frage nach dem milderen Mittel ein wesentlicher Punkt des Prüfprogramms, gerade wenn die Vernichtung rechtsverletzender Produkte als Rechtsfolge im Raum steht; als milderes Mittel käme beispielsweise eine Veränderung des Produkts oder eine Spende an eine wohltätige Organisation in Betracht (vgl. Erwgrd. 28).[32]

18 In der Regel sind Abwehransprüche die angemessene Rechtsfolge bei Geheimnisverletzungen, denn bei § 9 handelt es sich um eine Vorschrift mit Ausnahmecharakter, sodass die Norm entsprechend restriktiv gehandhabt werden müsste.[33] Auch nach ständiger Rechtsprechung des Europäischen Gerichtshofs sind Ausnahmevorschriften grundsätzlich eng auszulegen.[34]

19 Fraglich ist allerdings, ob der Wortlaut von Art. 13 Abs. 1 und Art. 7 Abs. 1 lit. a RL (EU) 2016/943 die Annahme eines solchen Regel-Ausnahme-Verhältnisses zulässt, denn dieser will den Verhältnismäßigkeitsgrundsatz bei der Prüfung von Rechtsbehelfen schlicht angewendet wissen, ohne irgendwelche diesbezüglichen Restriktionen bzw. eine wertungsmäßige Vorrangigkeit der Rechtsfolgen dieser Rechtsbehelfe zum Ausdruck zu bringen. Gegen die Annahme eines Regel-Ausnahme-Verhältnisses spricht auch, dass Art. 13 und die dazu kompatible 21. Begründungserwägung entgegen dem Art. 5 und dem dazu passenden Erwgrd. 20, die im GeschGehG in § 5 umgesetzt sind, nicht ausdrücklich von „Ausnahmen"[35] sprechen.

---

28 H/O/K/*Ohly*, § 9 Rn. 16; K/B/F/*Alexander*, § 9 GeschGehG Rn. 16.
29 H/O/K/*Ohly*, § 9 Rn. 16.
30 H/O/K/*Ohly*, § 9 Rn. 18; K/B/F/*Alexander*, § 9 GeschGehG Rn. 18.
31 H/O/K/*Ohly*, § 9 Rn. 19.
32 H/O/K/*Ohly*, § 9 Rn. 21.
33 BeckOK GeschGehG/*Spieker*, § 9 Rn. 2; H/O/K/*Ohly*, § 9 Rn. 2, 22; *Tochtermann*, WRP 2019, 688, 691; in diese Richtung wohl auch *Ernst*, MDR 2019, 897, 901; *McGuire*, WRP 2019, 679, 685 zweifelt daran, dass die Gerichte von § 9 großzügig Gebrauch machen werden; wohl auch *Reinfeld*, § 5 Rn. 18.
34 S. bspw. EuGH vom 18.10.2016, Rs. C-135/15, Nikiforidis, Rn. 44; EuGH vom 26.5.2016, Rs. C-550/14, Envirotec Denmark, Rn. 33; EuGH vom 21.7.2016, Rs. C-493/14, Dilly's Wellnesshotel, Rn. 37; EuGH vom 14.1.2016, Rs. C-399/14, Grüne Liga Sachsen ua., Rn. 73; EuGH vom 20.4.2016, Rs. C-366/13, Profit Investment SIM, Rn. 63; EuGH vom 21.4.2016, Rs. C-558/14, Khachab, Rn. 25; EuGH vom 10.11.2016, Rs. C-174/15, Vereniging Openbare Bibliotheken, Rn. 50.
35 Die englische Fassung stimmt mit dem Terminus „exception" mit der deutschen Fassung überein; auch der Begriff „dérogation" der französischen Fassung meint in der juristischen Fachsprache eine Ausnahmevorschrift oder eine Befreiung, was ebenfalls für ein Regel-Ausnahme-Verhältnis spricht.

II. Voraussetzungen § 9

Von einer tendenziell restriktiv zu handhabenden Ausnahmevorschrift, die zugunsten des Rechtsverletzers eingreift, ist vorliegend jedoch aufgrund der Systematik des GeschGehG auszugehen. Zu beachten ist nämlich, dass etwaigen, dem Inhaber des Geschäftsgeheimnisses entgegenstehende Interessen, bereits als anspruchsbegründende Prüfungspunkte der §§ 3 bis 5 Rechnung getragen werden. Nach der Wertung des Gesetzes ist deshalb nach Bejahung dieser Anspruchsvoraussetzungen grundsätzlich ein berechtigtes Interesse des Verletzten an der Rechtsfolge des Anspruchs anzunehmen.[36]

3. Gesetzliche Kriterien der Unverhältnismäßigkeit

§ 9 nennt in der Aufzählung von Nr. 1 bis Nr. 7 ausdrücklich Kriterien, die bei der Beurteilung des Verhältnismäßigkeitsprinzips zu berücksichtigen sind. Die Begründung des Gesetzesvorschlags betont, dass die Aufzählung nicht abschließender Natur ist, sondern eine Berücksichtigung anderer berechtigter Interessen möglich sein muss.[37] Das ergibt sich auch ausdrücklich aus dem Wortlaut der Vorschrift („insbesondere").[38] Bei den Kriterien handelt es sich um ein bewegliches System, die Kriterien stehen also in **Wechselwirkung** zueinander.[39]

Der Schutz von Grundrechten ist im Gegensatz zu Art. 13 Abs. 1 lit. h RL (EU) 2016/943 nicht ausdrücklich benannt. Das ändert jedoch nichts an der Berücksichtigungsfähigkeit von Grundrechten, weil die Aufzählung in § 9 nicht abschließender Natur ist und das Attribut der Unverhältnismäßigkeit ohnehin eine Generalklausel darstellt, die Einfallstor für zu berücksichtigende Grundrechtspositionen sein kann.[40]

a) § 9 Nr. 1: Wert und andere spezifische Merkmale des Geschäftsgeheimnisses

In die Abwägung miteinzustellen sind der Wert und andere spezifische Merkmale des Geschäftsgeheimnisses. Beispielsweise können umfangreiche oder kostspielige Rückrufmaßnahmen nach § 7 Nr. 2 bei Geschäftsgeheimnissen mit nur geringem Wert im Einzelfall unverhältnismäßig sein.[41] Der Wert kann absolut bestimmt werden, etwa wenn das Geschäftsgeheimnis einen Marktwert hat oder wenn Anhaltspunkte für die Herstellungskosten bestehen; möglich ist aber auch eine relative Bestimmung des Wertes, also die Ermittlung der Bedeutung des Geheimnisses für das Unternehmen (zB sind Informationen zum Herstellungsverfahren von für das Un-

---

36 Vgl. H/O/K/*Ohly*, § 9 Rn. 17.
37 BT-Drs. 19/4724, S. 31.
38 So auch H/O/K/*Ohly*, § 9 Rn. 17; K/B/F/*Alexander*, § 9 GeschGehG Rn. 16; *Reinfeld*, § 5 Rn. 8; iE außerdem *Alexander*, WRP 2019, 673, 677; vgl. auch *Lejeune*, ITRB 2018, 140, 142.
39 H/O/K/*Ohly*, § 9 Rn. 17; vgl. auch K/B/F/*Alexander*, § 9 GeschGehG Rn. 19.
40 H/O/K/*Ohly*, § 9 Rn. 4; s. auch K/B/F/*Alexander*, § 9 GeschGehG Rn. 7, 31.
41 Vgl. BT-Drs. 19/4724, S. 31.

§ 9 Anspruchsausschluss bei Unverhältnismäßigkeit

ternehmen wesentlichen Produkten wertvoller als Herstellungsinformationen für Waren, von deren Fertigung das Unternehmen abgesehen hat).[42]

23 Zu betonen ist abermals der nicht abschließende Charakter der Aufzählung und die möglichen Wechselwirkungen (oben → Rn. 20), weshalb § 9 Nr. 1 nicht dahingehend missverstanden werden darf, dass das GeschGehG generell nur Geschäftsgeheimnisse ab einem bestimmten Wert schützt.[43] Dies ergibt sich schon daraus, dass die Norm neutral vom „Wert" und nicht vom „geringen Wert" spricht oder gar einen bestimmten Schwellenwert nennt.[44] Andernfalls würde auch der Regelungszweck des § 2 Nr. 1 lit. a unterlaufen, der bereits die Bestimmung einer Wertgrenze vornimmt, unterhalb derer dem Geschäftsgeheimnis nicht die Vor- und Nachteile des GeschGehG zuteilwerden sollen (hierzu § 2 Rn. 21 ff.). Maßgeblich bleibt also die Bewertung der Relation zwischen Wert und Rechtsfolge sowie das Zusammenspiel mit anderen Umständen des Einzelfalls.

b) § 9 Nr. 2: Getroffene Geheimhaltungsmaßnahmen

24 Nach der Begründung des Gesetzentwurfs können insbesondere zu geringfügige Maßnahmen zum Schutz des Geschäftsgeheimnisses im Einzelfall ein relevanter Faktor sein.[45] Grund dafür ist, dass das Interesse des Inhabers des Geschäftsgeheimnisses umso größer zu bewerten ist, je mehr Sorgfalt er in eigener Angelegenheit zu walten pflegt; zudem ist die **Warnfunktion** bei strengeren Geheimhaltungsmaßnahmen höher.[46]

25 Auch an dieser Stelle ist zu beachten, dass zum einen geringe Geheimnisschutzmaßnahmen keinesfalls einen Automatismus auslösen dürfen, nach dem die Ansprüche gegen den Rechtsverletzer ausgeschlossen werden, und zum anderen keine grundsätzlich besonders aufwendigen Schutzmaßnahmen gefordert werden dürfen, weil damit ansonsten die **Wertung** des § 2 Nr. 1 lit. b unterlaufen würde (entsprechend hierzu Rn. 23).[47]

c) § 9 Nr. 3: Verhalten des Rechtsverletzers

26 § 9 Nr. 3 soll die Berücksichtigung subjektiver Umstände auf Seiten des Rechtsverletzers ermöglichen. Die Begründung des Gesetzesvorschlags exemplifiziert diese Fallgruppe mit der Konstellation, in der die Nutzung des Geschäftsgeheimnisses in fahrlässiger Unkenntnis von der Rechtswidrigkeit stattfindet, sodass sich umfangreiche oder kostspielige Rückrufmaßnahmen als unangemessen erweisen könn-

---

42 H/O/K/*Ohly*, § 9 Rn. 24.
43 K/B/F/*Alexander*, § 9 GeschGehG Rn. 21; H/O/K/*Ohly*, § 9 Rn. 23.
44 IE auch K/B/F/*Alexander*, § 9 GeschGehG Rn. 21.
45 BT-Drs. 19/4724, S. 31.
46 H/O/K/*Ohly*, § 9 Rn. 26.
47 IE ähnlich auch K/B/F/*Alexander*, § 9 GeschGehG Rn. 23; H/O/K/*Ohly*, § 9 Rn. 27; allgemein zu angemessenen Geheimhaltungsmaßnahmen *Burghardt-Richter/Bode*, BB 2019, 2697, 2700 ff.

ten.⁴⁸ Einen entsprechenden Inhalt weist auch Erwgrd. 29 RL (EU) 2016/943 auf.⁴⁹ Im Umkehrschluss sind dem vorsätzlich oder grob fahrlässig handelnden Rechtsverletzer größere Anstrengungen bzw. Nachteile zumutbar.⁵⁰

Auch wiederholt oder regelmäßig begangene Rechtsverstöße sind als relevanter Belang bei der Abwägung zu berücksichtigen, denn ein solches Verhalten lässt auf eine vom Verletzer ausgehende besondere Gefahr schließen.⁵¹ Weniger schutzwürdig ist selbstredend auch der rücksichtslose und uneinsichtige Rechtsverletzer;⁵² Indizien für eine solche subjektive Einstellung können in den vorbenannten wiederholten bzw. regelmäßigen Rechtsverstößen erblickt werden. 27

Ein weiteres zentrales Beispiel für § 9 Nr. 3 ist die Fallkonstellation, in der der Anspruchsgegner das Geschäftsgeheimnis zunächst in gutem Glauben erfahren hat, später aber von der rechtswidrigen Vortat Kenntnis erlangte; im Zeitraum vor der erlangten **Bösgläubigkeit** könnte der Anspruchsgegner im Vertrauen auf die Nutzbarkeit der Information Investitionen getätigt haben, sodass sich bspw. eine sofortige Verpflichtung zur Unterlassung als unverhältnismäßig erweisen kann.⁵³ 28

d) § 9 Nr. 4: Folgen der rechtswidrigen Nutzung oder Offenlegung

Nach § 9 Nr. 4 sind bei der Interessenabwägung auch die Folgen der rechtswidrigen Nutzung oder Offenlegung des Geschäftsgeheimnisses zu berücksichtigen. Die damit apostrophierten nachteiligen Auswirkungen können wirtschaftlicher oder ideeller Art sein.⁵⁴ Dabei ist für jede Partei ein Vergleich der Folgen eines für sie günstigen Ausgangs auf der einen Seite mit den Auswirkungen eines ungünstigen Ausgangs auf der anderen Seite vorzunehmen.⁵⁵ 29

e) § 9 Nr. 5: Berechtigte Interessen von Verletzer und Verletzten sowie Auswirkungen der Erfüllung

Nach der Begründung des Gesetzentwurfs bezweckt § 9 Nr. 5 eine allgemeine Abwägung zwischen den berechtigten Interessen des Rechtsverletzers und dem Inhaber des Geschäftsgeheimnisses sowie die Berücksichtigung der Auswirkungen, die die Erfüllung der Ansprüche für beide haben könnten.⁵⁶ Nach dieser Begründung kann jedes von der Rechtsordnung gebilligte Interesse miteinbezogen werden, auch 30

---

48 BT-Drs. 19/4724, S. 32.
49 Zum tendenziell hohen methodologischen Wert einer solchen Exemplifizierung in den Erwgrd. *Huber*, GPR 2019, 182, 184 f.
50 So auch K/B/F/*Alexander*, § 9 GeschGehG Rn. 24.
51 K/B/F/*Alexander*, § 9 GeschGehG Rn. 25.
52 K/B/F/*Alexander*, § 9 GeschGehG Rn. 25.
53 H/O/K/*Ohly*, § 9 Rn. 29.
54 K/B/F/*Alexander*, § 9 GeschGehG Rn. 26; *Reinfeld*, § 5 Rn. 14; vgl. auch BeckOK GeschGehG/*Spieker*, § 9 Rn. 7; H/O/K/*Ohly*, § 9 Rn. 32.
55 H/O/K/*Ohly*, § 9 Rn. 31.
56 BT-Drs. 19/4724, S. 32.

§ 9 Anspruchsausschluss bei Unverhältnismäßigkeit

solche wirtschaftlicher und ideeller Art.[57] Der Inhaber des Geschäftsgeheimnisses hat ein Interesse an der Geheimhaltung und ausschließlichen Verwertung, während der Verletzer ein Interesse am Umfang seiner Einbußen hat, die er durch ein Nutzungsverbot oder durch die Aufwendungen erleidet, die für die Beseitigung der Verletzung getätigt werden müssen.[58] Zur Abwägung der widerstreitenden Interessen sind die für beide Parteien jeweils günstigen und ungünstigen Ausgänge der Anspruchssituation gegenüberzustellen.[59]

31 Beispielsweise kann nach der Begründung des Gesetzentwurfs der Anspruch auf Rückruf und Vernichtung unverhältnismäßig sein, wenn die Produkte lediglich deswegen als rechtsverletzende Produkte gelten, weil sie Gegenstand eines **rechtswidrigen Marketings** sind.[60] Im Rahmen von § 9 Nr. 5 könnte außerdem das Spannungsfeld zum Nemo-tenetur-Grundsatz zu beachten sein, das im Zuge eines Auskunftsanspruchs nach § 8 Abs. 1 Nr. 4 entstehen kann (→ § 8 Rn. 31 f.).

f) § 9 Nr. 6: Berechtigte Interessen Dritter

32 Nach § 9 Nr. 6 sind auch die Interessen Dritter zu berücksichtigen. Aus einem ausschließenden Vergleich mit den in § 9 Nr. 3 und 5 genannten Personen, die nicht als „Dritte" bezeichnet werden, folgt, dass Dritte iSd. Vorschrift nur die Personen sein können, die weder Inhaber des Geschäftsgeheimnisses noch Rechtsverletzer sind.[61]

33 Nach der Begründung des Gesetzentwurfs kann bspw. berücksichtigt werden, dass Dritte auf rechtsverletzende Produkte angewiesen oder im Besitz der im Eigentum des Rechtsverletzers stehenden Waren sein können.[62] Aus dieser Exemplifizierung ergibt sich, dass insbes. jene Personen zu berücksichtigen sind, die auf das Produkt angewiesen sind.[63] Dementsprechend könnten etwa die Interessen von Patienten, die ein Medizinprodukt dringend benötigen, zu berücksichtigen sein.[64]

g) § 9 Nr. 7: Öffentliche Interessen

34 Schließlich ist nach § 9 Nr. 7 bei der Abwägung auch das öffentliche Interesse zu berücksichtigen. Das öffentliche Interesse umfasst nach der Begründung des Gesetzentwurfs neben dem grundsätzlichen Interesse an der Herstellung eines rechtskonformen Zustandes auch das Interesse des Staats im Bereich der öffentlichen Sicherheit.[65] Dabei muss berücksichtigt werden, dass der Geheimnisschutz ebenfalls im öffentlichen Interesse liegt, weil dadurch ein rechtskonformer Zustand herge-

---

57 BT-Drs. 19/4724, S. 32.
58 H/O/K/*Ohly*, § 9 Rn. 35 f.
59 BeckOK GeschGehG/*Spieker*, § 9 Rn. 8; H/O/K/*Ohly*, § 9 Rn. 34.
60 BT-Drs. 19/4724, S. 32.
61 IE auch K/B/F/*Alexander*, § 9 GeschGehG Rn. 29.
62 BT-Drs. 19/4724, S. 32.
63 H/O/K/*Ohly*, § 9 Rn. 38.
64 H/O/K/*Ohly*, § 9 Rn. 38 mit weiteren Beispielen.
65 BT-Drs. 19/4724, S. 32.

stellt werden kann.⁶⁶ Insgesamt sind überindividuelle bzw. allgemeine Belange wie das im Erwgrd. 21 RL (EU) 2016/943 erwähnte Gemeinwohl zu berücksichtigen, unter dem die vorbenannte Begründungserwägung neben der öffentlichen Sicherheit, den Verbraucherschutz, die öffentliche Gesundheit und auch den Umweltschutz erfasst.⁶⁷

4. Zeitpunkt

Die Voraussetzungen für die Unverhältnismäßigkeit des Anspruchs nach § 9 müssen im Zeitpunkt der letzten mündlichen Verhandlung vorliegen.⁶⁸ 35

III. Darlegungs- und Beweislast

Gemäß den allgemeinen Grundsätzen trägt jede Partei die Darlegungs- und Beweislast für die ihr günstigen Umstände. Der Verletzer hat also Anhaltspunkte für die Unverhältnismäßigkeit vorzutragen und zu beweisen. Der Rechtscharakter der von Amts wegen zu berücksichtigenden Einrede (→ Rn. 8 ff.) ändert an dieser Ausgangssituation nichts, weil die Norm zwar von den Gerichten im Prozess zwingend zu berücksichtigen ist, der Anspruchsgegner aber deswegen nicht von seiner zivilprozessualen Darlegungs- und Beweislast befreit wird.⁶⁹ Die betroffene Partei hat die entsprechenden, die Unverhältnismäßigkeit begründenden Umstände zu substantiieren, mithin ist das Gericht nicht zu einer eigenen Aufklärung des Sachverhalts gehalten.⁷⁰ 36

Allerdings können einige nach § 9 zu berücksichtigende Kriterien die Sphäre des Verletzten betreffen (bspw. Wert des Geheimnisses, getroffene Geheimhaltungsmaßnahmen usw.), sodass diesbezüglich eine sekundäre Darlegungslast gerechtfertigt sein kann.⁷¹ Sofern der Verletzte dadurch gezwungen wird, weitere Geheimnisse offenzulegen, kann das Gericht Geheimhaltungsmaßnahmen nach den §§ 16 ff. anordnen.⁷² 37

---

66 H/O/K/*Ohly*, § 9 Rn. 39.
67 K/B/F/*Alexander*, § 9 GeschGehG Rn. 30.
68 H/O/K/*Ohly*, § 9 Rn. 49; K/B/F/*Alexander*, § 9 GeschGehG Rn. 33; *Tochtermann*, WRP 2019, 688, 690.
69 Vgl. *Tochtermann*, WRP 2019, 688, 690; H/O/K/*Ohly*, § 9 Rn. 48.
70 K/B/F/*Alexander*, § 9 GeschGehG Rn. 14.
71 H/O/K/*Ohly*, § 9 Rn. 47.
72 H/O/K/*Ohly*, § 9 Rn. 47.

§ 10 Haftung des Rechtsverletzers

(1) Ein Rechtsverletzer, der vorsätzlich oder fahrlässig handelt, ist dem Inhaber des Geschäftsgeheimnisses zum Ersatz des daraus entstehenden Schadens verpflichtet. § 619a des Bürgerlichen Gesetzbuchs bleibt unberührt.

(2) Bei der Bemessung des Schadensersatzes kann auch der Gewinn, den der Rechtsverletzer durch die Verletzung des Rechts erzielt hat, berücksichtigt werden. Der Schadensersatzanspruch kann auch auf der Grundlage des Betrages bestimmt werden, den der Rechtsverletzer als angemessene Vergütung hätte entrichten müssen, wenn er die Zustimmung zur Erlangung, Nutzung oder Offenlegung des Geschäftsgeheimnisses eingeholt hätte.

(3) Der Inhaber des Geschäftsgeheimnisses kann auch wegen des Schadens, der nicht Vermögensschaden ist, von dem Rechtsverletzer eine Entschädigung in Geld verlangen, soweit dies der Billigkeit entspricht.

Schrifttum: *Alexander*, Schadensersatz und Abschöpfung im Lauterkeits- und Kartellrecht, 2010; *ders.*, Grundstrukturen des Schutzes von Geschäftsgeheimnissen durch das neue GeschGehG, WRP 2019, 673; *Ann*, EU-Richtlinie zum Schutz vertraulichen Know-hows – Wann kommt das neue deutsche Recht, wie sieht es aus, was ist noch offen?, GRUR-Prax 2016, 465; *Bodewig/Wandtke*, Die doppelte Lizenzgebühr als Berechnungsmethode im Lichte der Durchsetzungsrichtlinie, GRUR 2008, 220; *Böhm/Nestler*, EU-Richtlinie zum Know-how-Schutz: Quantifizierung des Schadensersatzes, GRUR-Prax 2018, 181; *Brammsen/Apel*, „Kunst kommt von Können..." – Zur Auslegung des § 18 UWG („Vorlagenfreibeuterei"), insbesondere zum „Anvertrauen", WRP 2016, 18; *dies.*, Das Geschäftsgeheimnisgesetz (GeschGehG) ist da – jetzt fängt die Arbeit erst an, BB 18/2019, I; *Dann/Markgraf*, Das neue Gesetz zum Schutz von Geschäftsgeheimnissen, NJW 2019, 1774; *Deichfuß*, Die Entwendung von technischen Betriebsgeheimnissen, GRUR-Prax 2012, 449; *Dreier*, Kompensation und Prävention, 2002; *Drescher*, Industrie- und Wirtschaftsspionage in Deutschland, 2019; *Ernicke*, Die dreifache Schadensberechnung, 2020; *Fritze*, Schadensersatz für rechtswidrige Anbringung einer Marke im Inland und anschließenden Export durch fiktive Lizenzgebühr?, in: FS Erdmann, 2002, S. 291; *Gündogdu/Hurst*, Schutz von Geschäftsgeheimnissen durch das GeschGehG, K&R 2019, 451; *Heil/Roos*, Zur dreifachen Schadensberechnung bei Übernahme sonderrechtlich nicht geschützter Leistungen – zugleich Anmerkung zu BGH GRUR 1993, 757 ff. – Kollektion „Holiday", GRUR 1994, 26; *Hoeren/Münker*, Die EU-Richtlinie für den Schutz von Geschäftsgeheimnissen und ihre Umsetzung – unter besonderer Berücksichtigung der Produzentenhaftung, WRP 2018, 150; *Hofmann*, „Equity" im deutschen Lauterkeitsrecht? Der „Unterlassungsanspruch" nach der Geschäftsgeheimnis-RL, WRP 2018, 1; *Janssen*, Die präventive Gewinnabschöpfung, 2017; *Kalbfus/Harte-Bavendamm*, Protokoll der Sitzung des Fachausschusses für Wettbewerbs- und Markenrecht zum Richtlinienvorschlag über den Schutz von Geschäftsgeheimnissen, GRUR 2014, 453; *Kämper*, Der Schadensersatzanspruch bei der Verletzung von Immaterialgüterrechten Neue Entwicklungen seit der Enforcement-Richtlinie, GRUR Int. 2008, 539; *Kleinheyer*, Schadensersatz im Immaterialgüterrecht: Die Bestimmung des Verletzergewinns, 2017; *Kraßer*, Grundlagen des zivilrechtlichen Schutzes von Geschäfts- und Betriebsgeheimnissen sowie von Know-how, GRUR 1977, 177; *Lehmann*, Juristisch-ökonomische Kriterien zur Berechnung des Verletzergewinns bzw. des entgangenen Gewinns, BB 1988, 1680; *Leister*, Unternehmen müssen ihre „Geheimnisschutz-Compliance" sicherstellen,

GRUR-Prax 2020, 145; *Maute*, Doppelte Lizenzgebühr mit Durchsetzungsrichtlinie vereinbar, GRUR-Prax 2017, 113; *ders.*, Dreifache Schadens[ersatz]berechnung, 2016; *McGuire*, Der Schutz von Know-how im System des Immaterialgüterrechts, GRUR 2016, 1000; *Meier-Beck*, Schadenskompensation bei der Verletzung gewerblicher Schutzrechte nach dem Durchsetzungsgesetz, WRP 2012, 503; *Nägele/Menninger*, Die Bewertung von Gewerblichen Schutzrechten und Urheberrechten für Zwecke der Schadensberechnung im Verletzungsfall, WRP 2007, 912; *Ohly*, Das neue Geschäftsgeheimnisgesetz im Überblick, GRUR 2019, 441; *ders.*, Schadensersatzansprüche wegen Rufschädigung und Verwässerung im Marken- und Lauterkeitsrecht, GRUR 2007, 926; *Peukert/Kur*, Stellungnahme des Max-Planck-Instituts für Geistiges Eigentum, Wettbewerbs- und Steuerrecht zur Umsetzung der Richtlinie 2004/48/EG zur Durchsetzung der Rechte des geistigen Eigentums in deutsches Recht, GRUR Int. 2006, 292; *Raue*, Die dreifache Schadensberechnung, 2017; *Schilling*, Der Schutz von Geschäfts- und Betriebsgeheimnissen – Prozessuale Schwierigkeiten und Reformbedarf, in: FS Büscher, 2018, S. 383; *Scholtyssek/Judis/Krause*, Das neue Geschäftsgeheimnisgesetz – Risiken, Chancen und konkreter Handlungsbedarf für Unternehmen, CCZ 2020, 23; *Stieper*, Dreifache Schadensberechnung nach der Durchsetzungsrichtlinie 2004/48/EG im Immaterialgüter- und im Wettbewerbsrecht, WRP 2010, 624; *Teplitzky*, Die Durchsetzung des Schadensersatzzahlungsanspruchs im Wettbewerbsrecht, GRUR 1987, 215; *Tochtermann*, Zur „Unverhältnismäßigkeit" einer Rechtsfolge nach dem neuen GeschGehG – Versuch einer Maßstabsbildung, WRP 2019, 688; *Würtenberger/Freischem*, Stellungnahme zum Referentenentwurf des Bundesministeriums der Justiz und für Verbraucherschutz – Entwurf eines Gesetzes zur Umsetzung der RL 2016/943/EU zum Schutz von Geschäftsgeheimnissen vor rechtswidrigem Erwerb sowie rechtswidriger Nutzung und Offenlegung, GRUR 2018, 708.

Übersicht

	Rn.		Rn.
I. Normzweck und Kontext	1	b) Unterschiede bei der Umsetzung der Richtlinie	21
II. Historische Entwicklung	6	aa) Unterschiede – sowohl redaktionell als auch strukturell – im Wortlaut	22
1. Bestehen eines Schadensersatzanspruchs bei Verletzung von Geschäftsgeheimnissen	6	bb) Vorgabe eines „angemessenen" Schadensersatzes im Wortlaut nicht umgesetzt	23
2. Anwendbarkeit der Grundsätze zur dreifachen Schadensberechnung bei Verletzung von Geschäftsgeheimnissen	7	IV. Tatbestandsvoraussetzungen	24
		1. Schutzobjekt: Bestehen eines Geschäftsgeheimnisses	25
a) Handstrickverfahren-Entscheidung	11	2. Verletzung eines Geschäftsgeheimnisses	27
b) Wandsteckdose II-Entscheidung	13	3. Haftungsbegründende Kausalität	28
c) Prozessrechner-Entscheidung	14	4. Verschulden	29
3. Entstehungsgeschichte der Norm	15	a) Vorsatz	30
		b) Fahrlässigkeit	31
III. Völkerrechtliche und europarechtliche Vorgaben	16	c) Arbeitnehmerhaftung	33
1. TRIPS-Übereinkommen	16	5. Schaden	38
2. Die Richtlinie	17	6. Haftungsausfüllende Kausalität	40
a) Allgemeines	17		

	Rn.		Rn.
7. Aktivlegitimation, Passivlegitimation	42	VI. Verhältnis zu weiteren Ansprüchen aus dem GeschGehG	118
a) Aktivlegitimation	42	1. § 6 – Beseitigung und Unterlassung	118
b) Passivlegitimation	43	2. § 7 – Vernichtung, Herausgabe, Rückruf, Entfernung und Rücknahme vom Markt	119
V. Rechtsfolge: Schaden und Schadens(ersatz)berechnung	49	3. § 9 – Anspruchsausschluss bei Unverhältnismäßigkeit	120
1. Die dreifache Schadensberechnung im Überblick	49	4. § 11 – Abfindung in Geld	121
a) Schadensberechnung nach §§ 249 ff. BGB	52	5. § 13 – Herausgabeanspruch nach Eintritt der Verjährung	122
b) Herausgabe des Verletzergewinns	59	6. § 14 – Missbrauchsverbot	123
aa) Ermittlung des berücksichtigungsfähigen Verletzerumsatzes	63	VII. Beweislast	124
bb) Ermittlung der abzugsfähigen Kosten des Rechtsverletzers	66	VIII. Verjährung	126
cc) Ermittlung des Kausalanteils	80	IX. Konkurrenzen	131
c) Lizenzanalogie	85	1. Sonstige Schadensersatzansprüche	131
2. Verhältnis der drei Berechnungsmethoden zueinander	97	a) Vertragliche Schadensersatzansprüche	131
3. Beispiele aus der Rechtsprechung	101	b) Schadensersatz aus Deliktsrecht	132
a) Zur Schadensberechnung nach §§ 249 ff. BGB	102	c) Angemaßte Eigengeschäftsführung (§ 687 Abs. 2 BGB)	135
b) Zur Herausgabe des Verletzergewinns	104	2. Bereicherungsrechtliche Ansprüche	136
c) Zur Methode der Lizenzanalogie	107	X. Prozessuale Durchsetzung des Anspruchs	139
4. Neu: Ersatz des immateriellen Schadens	110	1. Stufenklage	139
5. Mitverschulden	114	2. Leistungsklage	140
		3. Feststellungsklage	141

I. Normzweck und Kontext

1 § 10 statuiert für den Inhaber eines Geschäftsgeheimnisses einen **Schadensersatzanspruch bei Verletzungen seiner Geschäftsgeheimnisse**. Mit dieser Vorschrift wird nicht nur **Art. 14 der RL 2016/943/EU umgesetzt**, sondern erstmals im deutschen Recht der Schadensersatzanspruch für Geschäftsgeheimnisverletzungen kodifiziert.[1] Für Verletzungen von Geschäftsgeheimnissen enthält § 10 die **zentrale**

---

1 Zwar konnte auch wegen Verstoß gegen § 17 UWG aF bereits Schadensersatz aus UWG (§ 8 UWG) und Delikt (zB § 826 BGB) verlangt werden, vgl. nur BGH, 18.2.1977 – I ZR 112/75, GRUR 1977, 539 – Prozessrechner; G/L/D/*Harte-Bavendamm*, § 77 Rn. 75, ausdrücklich geregelt war dies nicht; näher zur Entwicklung unten Rn. 6 ff.

Schadensersatzvorschrift.² Sie ist die Grundlage für die Schadensersatzhaftung in Fällen von Geschäftsgeheimnisverletzungen; sie regelt die Voraussetzungen und enthält nähere Bestimmungen zum Inhalt und Umfang des ersatzfähigen Schadens.³ Bei § 10 handelt es sich um einen **deliktischen Anspruch**.⁴

Die **amtliche Überschrift** dieser Vorschrift („Haftung des Rechtsverletzers") ist indes unpräzise. Diese suggeriert, dass die Bestimmung die gesamte Haftung des Rechtsverletzers, insbesondere auch die Ansprüche auf Unterlassung, Beseitigung und Vernichtung, regelt.⁵ Die Beseitigungs- und Unterlassungsansprüche werden aber gesondert in § 6 behandelt. Dies ist unglücklich⁶ und war schon im Gesetzgebungsverfahren Gegenstand von Kritik; gleichwohl hat der Gesetzgeber diese nicht zum Anlass genommen, die Überschrift zu präzisieren.⁷ 2

Zweck des § 10 ist vor diesem Hintergrund primär die Regelung des **Ausgleichs desjenigen Schadens**, den der Inhaber eines Geschäftsgeheimnisses dadurch erleidet, dass in die ihm zugewiesene, geschützte Rechtsposition eingegriffen wird.⁸ Für den geschädigten Rechteinhaber soll so weit wie möglich die Situation wiederhergestellt werden, in der er sich befunden hätte, wenn es nicht zu einer solchen Schädigung gekommen wäre.⁹ Gemäß Erwgrd. 30 RL soll die Höhe des zuerkannten Schadensersatzes allen relevanten Faktoren Rechnung tragen. Solche Faktoren sind bspw. der Einkommensverlust des Inhabers des Geschäftsgeheimnisses oder der unlautere Gewinn des Rechtsverletzers sowie ggf. etwaige dem Inhaber des Geschäftsgeheimnisses entstandene immaterielle Schäden. Mit dieser Vorgabe wird zugleich eine **Korrekturfunktion**¹⁰ der Schadensersatznorm beschrieben. Darüber hinaus intendiert die Norm, vom rechtswidrigen Erwerb und vor der rechtswidrigen Nutzung und Offenlegung von Geschäftsgeheimnissen abzuschrecken,¹¹ sodass ihr auch eine **Präventionsfunktion**¹² innewohnt.¹³ 3

---

2 Büscher/*Tochtermann*, § 10 GeschGehG Rn. 1; *Drescher*, S. 479.
3 K/B/F/*Alexander*, § 10 GeschGehG Rn. 1.
4 BeckOK UWG/*Reiling/F. Wild*, § 10 GeschGehG Rn. 1.
5 Büscher/*Tochtermann*, § 10 GeschGehG Rn. 2; K/B/F/*Alexander*, § 10 GeschGehG Rn. 1; *Würtenberger/Freischem*, GRUR 2018, 708, 711.
6 Büscher/*Tochtermann*, § 10 GeschGehG Rn. 2; *Würtenberger/Freischem*, GRUR 2018, 708, 711.
7 H/O/K/*Kalbfus*, § 10 Rn. 1.
8 BeckOK UWG/*Reiling/F. Wild*, § 10 GeschGehG Rn. 2; K/B/F/*Alexander*, § 10 GeschGehG Rn. 8.
9 Vgl. Erwgrd. 30 RL 2016/943/EU.
10 K/B/F/*Alexander*, § 10 GeschGehG Rn. 8.
11 *Böhm/Nestler*, GRUR-Prax 2018, 181.
12 K/B/F/*Alexander*, § 10 GeschGehG Rn. 8.
13 Nach *Kalbfus* verfolgt die in der Norm verankerte dreifache Schadensberechnung „insoweit auch eine Sanktionsfunktion" (H/O/K/*Kalbfus*, § 10 Rn. 2). Bei der Anerkennung bzw. Umsetzung einer Sanktionsfunktion ist freilich schon im Ansatz **Zurückhaltung** geboten, denn nach Erwgrd. 30 RL soll § 10 **nicht** in Richtung eines Rechts auf **Strafschadensersatz** ausgelegt, verstanden und umgesetzt werden (Büscher/*Tochtermann*, § 10 GeschGehG Rn. 6; *Hofmann*, WRP 2018, 1 Rn. 14; BeckOK UWG/*Reiling/F. Wild*, § 10 GeschGehG Rn. 1). Der deutsche Gesetzgeber hat den zivilrechtlichen Ansprüchen des GeschGehG in Ausübung seines Umsetzungsspiel-

§ 10 Haftung des Rechtsverletzers

4 Die Vorschrift ist in drei Absätze unterteilt:
- In § 10 Abs. 1 Satz 1 sind die Voraussetzungen des Schadensersatzanspruchs niedergelegt (vgl. Tatbestandsvoraussetzungen).
- § 10 Abs. 1 Satz 2 verweist auf die Grundsätze der Arbeitnehmerhaftung.[14]
- § 10 Abs. 2 regelt Inhalt und Umfang des Schadensersatzanspruchs (vgl. Rechtsfolge: Schaden und Schadens(ersatz)berechnung). Diesem Absatz zufolge kann der Schaden nach dem Grundsatz der dreifachen Schadensberechnung ermittelt werden.
- Gemäß § 10 Abs. 3 kann der Geheimnisinhaber Ersatz für immaterielle Schäden verlangen, was für das deutsche Recht neu ist.[15]

5 Die Formulierung des § 10 orientiert sich stark an den (allerdings amtlich zutreffend überschriebenen[16]) Parallelvorschriften[17] in den § 139 Abs. 2 PatG, § 24 Abs. 2 GebrMG, § 97 Abs. 2 UrhG, § 14 Abs. 6 MarkenG, § 42 Abs. 2 DesignG und § 37 Abs. 2 SortSchG.

II. Historische Entwicklung

1. Bestehen eines Schadensersatzanspruchs bei Verletzung von Geschäftsgeheimnissen

6 Die Zuerkennung eines Schadensersatzanspruches bei Verletzung von Betriebs- und Geschäftsgeheimnissen war im deutschen Recht auch vor dem GeschGehG schon lange **gewohnheitsrechtlich anerkannt**.[18] Mangels einer speziellen, eigenständigen Anspruchsgrundlage haben die deutschen Gerichte auf die Schadenser-

---

raums und im Einklang mit den Haftungsprinzipien des deutschen Zivilrechts gerade keinen „strafenden" Sanktionscharakter gegeben (BeckOK GeschGehG/*Spieker*, § 10 Rn. 1, 4). Dies wirft unionsrechtlich keine Probleme auf: Zur entsprechend ausgestalteten Enforcement-RL hat der EuGH – ohne dass diese Feststellung erforderlich gewesen wäre – entschieden, dass aus dem Umstand, dass Erwgrd. 26 der Enforcement-RL die Einführung eines Strafschadensersatzes nicht vorschreibt, zwar nicht schlussgefolgert werden könne, dass die Einführung einer solchen Maßnahme verboten sei (EuGH, 25.1.2017 – C-367/15, GRUR 2017, 264 Rn. 27, 28 – Stowarzyszenie „Oławska Telewizja Kablowa"/Stowarzyszenie Filmowców Polski), sie ist aber eben auch nicht geboten (EuGH, 9.6.2016 – C-481/14, GRUR 2016, 1043 Rn. 36 ff., 40 – Hansson/Jungpflanzen). Erwgrd. 30 RL entspricht weitgehend Erwgrd. 26 Enforcement-RL, sodass auch hier die Einführung eines Strafschadensersatzes innerhalb des Umsetzungsspielraums der Mitgliedstaaten möglich, aber eben nicht geboten ist. Bei der Kodifizierung des § 10 hat der deutsche Gesetzgeber trotz Kenntnis der Entscheidung des EuGHs und trotz Kenntnis der entfachten Diskussion in der Literatur die Einführung eines Strafschadensersatzes weder in der Formulierung der Norm noch in der Gesetzesbegründung entsprechend aufgegriffen. **Nach deutschem Recht ist also ein Strafschadensersatz nach § 10 ausgeschlossen.**
14 K/B/F/*Alexander*, § 10 GeschGehG Rn. 2.
15 K/B/F/*Alexander*, § 10 GeschGehG Rn. 2.
16 H/O/K/*Kalbfus*, § 10 Rn. 1.
17 Büscher/*Tochtermann*, § 10 GeschGehG Rn. 2, 4.
18 H/O/K/*Kalbfus*, § 10 Rn. 35; K/B/F/*Alexander*, § 10 GeschGehG Rn. 3.

satzvorschriften des allgemeinen Deliktsrechts (§§ 823, 826 BGB) oder auf die Schadensersatzvorschrift aus dem Gesetz gegen den unlauteren Wettbewerb (§ 9 UWG) zurückgegriffen.[19] Der Schadensersatzanspruch war demnach beschränkt auf den Ersatz von materiellen Schäden. Für Inhalt und Umfang des ersatzfähigen Schadens waren die allgemeinen Vorschriften der §§ 249 ff. BGB maßgeblich. Mit § 10 hat der Gesetzgeber eine **spezielle eigenständige Anspruchsgrundlage** für Geschäftsgeheimnisverletzungen geschaffen, nach der bei Verletzung von Geschäftsgeheimnissen – im Vergleich zur alten Rechtslage – nunmehr auch eine **Entschädigung für immaterielle Schäden** zugesprochen werden kann (§ 10 Abs. 3).

2. Anwendbarkeit der Grundsätze zur dreifachen Schadensberechnung bei Verletzung von Geschäftsgeheimnissen

Bei Verletzung von Immaterialgüterrechten (insbes. Patent-, Marken- und Urheberrechten) hat der Verletzte die Möglichkeit, seinen Schaden im Wege der sog. „dreifachen Schadensberechnung"[20] bestimmen zu lassen. Nach dieser Berechnungsmethode ist der Verletzte nicht auf die Geltendmachung seines **konkreten Schadens, einschließlich des entgangenen Gewinns (§§ 249, 252 BGB)**, beschränkt, der oft kaum nachzuweisen ist. Vielmehr kann er stattdessen den **Verletzergewinn** herausverlangen. Er kann seinen Schaden aber auch im Wege der sog. „**Lizenzanalogie**" auf Grundlage einer fiktiven, angemessenen Lizenzgebühr für die in Rede stehende Nutzungshandlung berechnen. Die Grundsätze zur dreifachen Schadensberechnung bei Verletzung von Immaterialgüterrechten waren schon vor der jeweiligen Kodifizierung allgemein **als Gewohnheitsrecht anerkannt**:[21] Schon das Reichsgericht hatte bei Verletzung von Immaterialgüterrechten die objektive Schadensberechnung anerkannt, der BGH hat diese Rechtsprechung sukzessive fortgesetzt.[22] Im Zuge der Umsetzung der **Enforcement-RL** hat der Gesetzgeber die dreifache Schadensberechnung in die spezifischen immaterialgüterrechtlichen Bestimmungen aufgenommen.[23]

Der Grund für die Anerkennung der Grundsätze zur dreifachen Schadensberechnung bei Immaterialgüterrechten ist die **besondere Verletzlichkeit** dieser Rechte und das sich daraus ergebende **besondere Schutzbedürfnis** des Rechteinhabers.

---

19 K/B/F/*Alexander*, § 10 GeschGehG Rn. 3.
20 *Maute, passim*, spricht auch treffend von „Schadensersatzberechnung".
21 Vgl. etwa RGZ 156, 65, 67 – Scheidenspiegel; BGH, 8.5.1956 – I ZR 62/54, GRUR 1956, 427 – Paul Dahlke (Urheberrecht); BGH, 30.1.1959 – I ZR 82/57, GRUR 1959, 379, 383 – Gasparone (Urheberrecht); BGH, 24.2.1961 – I ZR 83/59, GRUR 1961, 354 – Vitasulfal (Warenzeichenrecht); BGH, 13.3.1962 – I ZR 18/61, GRUR 1962, 401, 402 – Kreuzbodenventilsäcke III (Patentrecht); BGH, 27.2.1963 – Ib ZR 131/61, GRUR 1963, 640, 642 – Plastikkorb (Geschmacksmusterrecht); BGH, 12.1.1966 – Ib ZR 5/64, GRUR 1966, 375 – Meßmer Tee II (Warenzeichenrecht).
22 Eingehend hierzu etwa Teplitzky/*Schaub*, Kap. 34 Rn. 18 ff.
23 Ua. in § 139 Abs. 2 PatG, § 24 Abs. 2 GebrMG oder § 97 Abs. 2 UrhG; vgl. die Nachw. in Rn. 5.

§ 10 Haftung des Rechtsverletzers

Der verletzte Rechteinhaber kann gerade wegen der immateriellen Natur der geschützten Rechtsgüter keine unmittelbar physisch wirksamen Vorkehrungen gegen Verletzungen treffen, Verletzungen oft nur schwer feststellen und den konkreten Schaden bzw. entgangenen Gewinn häufig kaum nachweisen, da der hypothetische Geschehensablauf nicht ohne Weiteres hinreichend rekonstruierbar ist.[24]

9   Mit seiner **Handstrickverfahren-Entscheidung**[25] und seiner **Wandsteckdose II-Entscheidung**[26] öffnete der BGH schrittweise die Tür für die Übertragung der Grundsätze der dreifachen Schadensberechnung auf die Fälle von Geschäftsgeheimnisverletzungen. In seiner **Prozessrechner-Entscheidung**[27] hat der BGH die Grundsätze der dreifachen Schadensberechnung für Verletzungen von Geschäftsgeheimnissen schließlich anerkannt. Begründet wurde dies mit der besonderen Nähe und der vergleichbaren Interessenlage und vergleichbaren Rechtspositionen bei Geschäftsgeheimnissen und Immaterialgüterrechten: Geschäftsgeheimnisse sind genauso besonders verletzlich wie die Immaterialgüterrechte. Darüber hinaus kann auch der Inhaber eines Geschäftsgeheimnisses nur begrenzt Vorkehrungen gegen Verletzungen treffen,[28] Verletzungen oft nur schwer feststellen und den entgangenen Gewinn häufig sehr schwer nachweisen.[29]

10 Nach alledem ist nunmehr in § 10 Abs. 2 nur das ausdrücklich geregelt, was in der deutschen Rechtsprechung infolge allgemeiner Übung schon zum Gewohnheitsrecht wurde: Die dreifache Schadensberechnung bei Verletzung von Geschäftsgeheimnissen.[30] Auch wenn bei der Auslegung von § 10 Abs. 2 die unionsrechtlichen Vorgaben nach Art. 14 der Richtlinie beachtet werden müssen, kann die vorstehend erwähnte Rechtsprechung des BGH weiterhin für § 10 nutzbar gemacht werden, weshalb sie im Folgenden einem näheren Blick unterzogen wird.

a) Handstrickverfahren-Entscheidung[31]

11 In der Handstrickverfahren-Entscheidung – der zugrunde liegende Sachverhalt betraf den Fall einer sog. „Vorlagenfreibeuterei" (§ 18 UWG aF[32]) – hat der BGH die Auffassung vertreten,

„daß es bei der widerrechtlichen Ausnutzung fremder Geheimnisse oder anvertrauter Vorlagen aus denselben Gründen, die bei der Verletzung der oben bezeichneten Ausschließlichkeitsrechte zur Entwicklung des Rechts auf dreifache Art der Schadensbe-

---

24 BGH, 8.10.1971 – I ZR 12/70, GRUR 1972, 189, 190 – Wandsteckdose II.
25 BGH, 17.5.1960 – I ZR 34/59, GRUR 1960, 554 – Handstrickverfahren.
26 BGH, 8.10.1971 – I ZR 12/70, GRUR 1972, 189 – Wandsteckdose II.
27 BGH, 18.2.1977 – I ZR 112/75, GRUR 1977, 539 – Prozessrechner.
28 Auch wenn er hierzu nach § 2 Nr. 1 lit. b gleichwohl verpflichtet ist, ohne dass aber eine absolute Wirksamkeit der getroffenen Schutzmaßnahmen für deren Angemessenheit gefordert werden kann; 2 Rn. 102 ff.
29 BGH, 18.2.1977 – I ZR 112/75, GRUR 1977, 539, 541 – Prozessrechner.
30 *Böhm/Nestler*, GRUR-Prax 2018, 181, 182 f.; *Gündogdu/Hurst*, K&R 2019, 454.
31 BGH, 17.5.1960 – I ZR 34/59, GRUR 1960, 554 – Handstrickverfahren.
32 Heute § 23 Abs. 3.

rechnung geführt haben, naturgemäß schwierig ist, bestimmte Geschäftsabschlüsse zu bezeichnen, die dem Verletzten infolge der Rechtsverletzung entgangen sind. Benutzt jemand widerrechtlich Vorlagen technischer Art und tritt er mit ihnen vorzeitig an Stelle des Berechtigten an die Öffentlichkeit, so kann vielmehr nach der Lebenserfahrung davon ausgegangen werden, daß dem Verletzten entsprechende Aufträge entgehen. Die Lebenserfahrung spricht ferner dafür, daß auch der Verletzte denjenigen Gewinn gemacht hätte, den man allgemein mit dem Verfahren unter normalen Verhältnissen machen konnte, mithin dafür, daß er in der Lage gewesen wäre, den **objektiven Verkehrswert des Verfahrens voll** auszunutzen".[33]

Nach dem BGH handelt es sich bei der „Vorlagenfreibeuterei" nicht um Eingriffe in ein Ausschließlichkeitsrecht oder Rechtsgut, das von der Rechtsordnung mit ausschließender Wirkung einer bestimmten Person zugewiesen ist. Deshalb soll es insoweit bei der Regel des § 252 BGB verbleiben, die den Verletzergewinn nicht erfasst.[34] 12

b) Wandsteckdose II-Entscheidung[35]

In der Wandsteckdose II-Entscheidung hat der BGH seine Ausführungen aus der Handstrickverfahren-Entscheidung aufgegriffen und darauf hingewiesen, dass die dort adressierte objektive Schadensberechnung („objektiven Verkehrswert des Verfahrens") in ihren Grundlagen nicht anders zu bewerten sei als die im Immaterialgüterrecht anerkannten Berechnungsmethoden.[36] In der Wandsteckdose II-Entscheidung hat der BGH die **dreifache Schadensberechnung erstmals für die wettbewerbswidrige „sklavische" Nachahmung zugelassen**. In seinem Leitsatz hielt der BGH fest: 13

„Die Schadensberechnung nach einer entgangenen Lizenzgebühr ist bei einer wettbewerbswidrigen sklavischen Nachahmung zulässig, wenn die Nachbildung – wegen des besonderen Schutzwerts des nachgebildeten Erzeugnisses – auch jedem anderen untersagt ist und somit eine dem Immaterialgüterrechtsschutz vergleichbare Leistungsposition zur eigenen Gewinnerzielung ausgenutzt worden ist."[37]

c) Prozessrechner-Entscheidung[38]

In diesem Urteil hat der BGH schließlich betont, dass die dreifache Schadensberechnung bei Verletzung ausschließlicher Immaterialgüterrechte seit langem anerkannt ist. Unter Bezugnahme auf seine vorangegangene Rechtsprechung hat der BGH dann weiter entschieden, dass der **Verletzte bei unredlicher Verwertung eines Betriebsgeheimnisses, das dem Unternehmer eine dem Immaterialgüterrechtsschutz vergleichbare Rechtsposition verschaffe, seinen Schaden auch** 14

---

33 So wörtlich BGH, 17.5.1960 – I ZR 34/59, GRUR 1960, 554, 556 – Handstrickverfahren.
34 BGH, 17.5.1960 – I ZR 34/59, GRUR 1960, 554, 557 – Handstrickverfahren.
35 BGH, 8.10.1971 – I ZR 12/70, GRUR 1972, 189 – Wandsteckdose II.
36 BGH, 8.10.1971 – I ZR 12/70, GRUR 1972, 189, 191 – Wandsteckdose II.
37 BGH, 8.10.1971 – I ZR 12/70, GRUR 1972, 189 – Wandsteckdose II, Leitsatz.
38 BGH, 18.2.1977 – I ZR 112/75, GRUR 1977, 539 – Prozessrechner.

nach der entgangenen Lizenz berechnen könne. Damit hat der BGH in Geschäftsgeheimnisverletzungssachen den Weg zur dreifachen Schadensberechnung eröffnet. Der erkennende Senat hat hierzu prägnant festgehalten:

> „Betriebsgeheimnisse verschaffen dem Unternehmer oft eine Rechtsposition, die sich dem Immaterialgüterrecht in besonders starkem Maß nähert; so sind etwa bei technischen Leistungsergebnissen die Grenzen zwischen einer Erfindung und einer nicht erfinderischen Leistung – unter anderem wegen der zuweilen schwierigen Beurteilung der Erfindungshöhe nicht immer leicht zu ziehen. Die Grundsätze, die bisher bei wettbewerbsrechtlich unzulässigen Nachahmungen zur Anerkennung dieser Schadensberechnung geführt haben, sind daher auch auf die Verletzung von Betriebsgeheimnissen anzuwenden."[39]

3. Entstehungsgeschichte der Norm

15 Im RefE war die Haftung des Rechtsverletzers noch in § 9 verankert. Im RegE wurde die Haftung des Rechtsverletzers in § 10 geregelt. Eine weitere – redaktionelle oder inhaltliche – Änderung hat der Gesetzgeber bei der endgültigen Gesetzesfassung nicht vorgenommen.[40]

III. Völkerrechtliche und europarechtliche Vorgaben

1. TRIPS-Übereinkommen

16 Die Welthandelsorganisation hat auf internationaler Ebene den Abschluss des Übereinkommens über handelsbezogene Aspekte des Geistigen Eigentums (im Folgenden „TRIPS-Abkommen") gefördert.[41] Mit dem TRIPS-Abkommen sind **multilaterale Mindestschutzstandards** für alle wichtigen Bereiche des Geistigen Eigentums geschaffen worden. Der Schutz von Geschäftsgeheimnissen ist in Art. 39 TRIPS verankert („Schutz nicht offenbarter Informationen"). Art. 45 TRIPS sieht einen Schadensersatzanspruch für den Rechtsinhaber bei einer Verletzung seines Rechts des Geistigen Eigentums vor. Nach dieser Vorschrift sind die Gerichte befugt, dem Rechtsinhaber bei schuldhafter Verletzung seines Rechts am Geistigen Eigentum einen angemessenen Schadensersatz zuzusprechen.

2. Die Richtlinie

a) Allgemeines

17 Vor Inkrafttreten der Richtlinie gab es ungeachtet des TRIPS-Abkommens enorme Unterschiede hinsichtlich des Schutzes von Geschäftsgeheimnissen.[42] Nicht nur die Definitionen der wesentlichen Begrifflichkeiten und die Verletzungstatbestände

---

39 So wörtlich BGH, 18.2.1977 – I ZR 112/75, GRUR 1977, 539, 542 – Prozessrechner.
40 H/O/K/*Kalbfus*, § 10 Rn. 7; K/B/F/*Alexander*, § 10 GeschGehG Rn. 4.
41 Vgl. Erwgr. 6 und 8 der Richtlinie.
42 S. auch Einl. C Rn. 10.

waren in den Mitgliedstaaten sehr unterschiedlich. Auch die zivilrechtlichen Rechtsbehelfe waren uneinheitlich.[43] Zudem wurde der immaterielle Charakter von Geschäftsgeheimnissen in einigen Mitgliedstaaten nicht ausreichend berücksichtigt: Einige nationale Vorschriften verlangten den Nachweis des tatsächlich entgangenen Gewinns, was Schwierigkeiten bereitet, wenn kein Marktwert für die fraglichen Informationen bestimmt werden kann. Abstrakte Regeln zur Schadensberechnung – wie etwa die Schadensberechnung auf dreifacher Weise – waren nur in wenigen Mitgliedstaaten etabliert.[44]

Diese Unterschiede in den Mitgliedstaaten führten dazu, dass Geschäftsgeheimnisse in der Europäischen Union nicht gleichermaßen geschützt waren. Um das Schutzniveau innerhalb des Binnenmarkts in diesem Bereich zu vereinheitlichen, wurde die Richtlinie erlassen, die in Art. 14 auch den wichtigen Bereich des Schadensersatzrechts regelt. **18**

Dieser wird durch § 10 in das deutsche Recht umgesetzt. Die Vorgaben der Richtlinie in den Art. 12–15 zur Durchsetzung von Geheimnisverletzungen lehnen sich sehr stark an die entsprechenden Vorgaben in Art. 13 der Enforcement-RL an.[45] In Erwgrd. 30 RL 2016/943/EU hat der Unionsgesetzgeber Sinn und Zweck des Schadensersatzanspruchs näher erläutert. Dort heißt es: **19**

> „Damit eine Person, die wusste oder begründeterweise hätte wissen müssen, dass sie ein Geschäftsgeheimnis auf unrechtmäßige Weise erwirbt, nutzt oder offenlegt, aus einem solchen Verhalten keinen Vorteil ziehen kann und gewährleistet ist, dass für den geschädigten Inhaber des Geschäftsgeheimnisses so weit wie möglich die Situation wiederhergestellt wird, in der er sich befunden hätte, wenn es nicht zu einem solchen Verhalten gekommen wäre, ist eine angemessene Entschädigung für den infolge des rechtswidrigen Verhaltens erlittenen Schaden vorzusehen. Die Höhe des dem geschädigten Inhaber des Geschäftsgeheimnisses zuerkannten Schadensersatzes sollte allen relevanten Faktoren Rechnung tragen, so einem Einkommensverlust des Inhabers des Geschäftsgeheimnisses oder einem unlauteren Gewinn des Rechtsverletzers und gegebenenfalls etwaigen dem Inhaber des Geschäftsgeheimnisses entstandenen immateriellen Schäden. In Fällen, in denen es beispielsweise angesichts des immateriellen Charakters von Geschäftsgeheimnissen schwierig wäre, die Höhe des tatsächlich erlittenen Schadens zu bestimmen, käme als Alternative in Betracht, die Schadenshöhe aus Größen herzuleiten wie etwa den Lizenzgebühren, die angefallen wären, wenn der Rechtsverletzer um eine Genehmigung zur Nutzung des betreffenden Geschäftsgeheimnisses ersucht hätte. Bezweckt wird mit dieser alternativen Methode nicht die Einführung einer Verpflichtung zu einem als Strafe angelegten Schadensersatz, sondern die Gewährleistung einer Entschädigung für den Inhaber des Geschäftsgeheimnisses auf objektiver Grundlage unter Berücksichtigung der ihm entstandenen Kosten, z.B. im Zusammenhang mit der Feststellung der Rechtsverletzung und den Nachforschungen. Diese Richtlinie sollte die Mitgliedstaaten jedoch

---

43 Vgl. Erwgrd. 6 und 8 RL; *Kalbfus/Harte-Bavendamm*, GRUR 2014, 453, 454 ff.
44 Vgl. Erwgrd. 7 RL 2016/943/EU.
45 K/B/F/*Alexander*, § 10 GeschGehG Rn. 6; *Hofmann*, WRP 2018, 1 Rn. 13.

§ 10 Haftung des Rechtsverletzers

nicht daran hindern, in ihrem nationalen Recht vorzusehen, dass die Schadenshaftung von Arbeitnehmern bei nicht vorsätzlichem Handeln beschränkt wird."

20 Mit der Schadensersatzhaftung wird die Gewährleistung einer Entschädigung für den Inhaber des Geschäftsgeheimnisses **auf objektiver Grundlage** unter Berücksichtigung der ihm entstandenen Kosten bezweckt: Der Schadensersatzanspruch soll dem Inhaber des Geschäftsgeheimnisses **wirksamen und effektiven Schutz** bieten.[46] Ob die Mitgliedstaaten bei der Umsetzung von Art. 14 RL 2016/943/EU auch die Möglichkeit der Erlangung eines Strafschadensersatzes vorsehen, ist ihnen überlassen. Der deutsche Gesetzgeber hat von dieser Möglichkeit keinen Gebrauch gemacht. Bei § 10 handelt es sich um einen zivilrechtlichen Anspruch, dem **kein Sanktionscharakter** innewohnt.[47] **Keinesfalls** kann § 10 daher ein Anspruch auf **Strafschadensersatz** entnommen werden.[48] Strafende Sanktionen bleiben daher im deutschen Recht den strafrechtlichen Bestimmungen in § 23 vorbehalten.

b) Unterschiede bei der Umsetzung der Richtlinie

21 Bei Art. 14 RL 2016/943/EU handelt es sich **nicht** um eine **vollharmonisierende Regelung** (vgl. Art. 1 Abs. 1 UAbs. 2 RL) mit der Folge, dass im nationalen Recht ein Umsetzungs- und erweiterter Auslegungsspielraum besteht.[49]

aa) Unterschiede – sowohl redaktionell als auch strukturell – im Wortlaut

22 Vergleicht man die Formulierung in Art. 14 RL 2016/943/EU mit der Formulierung in § 10, so fällt auf, dass der deutsche Gesetzgeber bei der Umsetzung von Art. 14 deutlich vom **Wortlaut der Richtlinie abgewichen** ist[50] (ausführlich → Rn. 50). Die dahinterstehende **Intention** ist wohl, die Schadensersatzhaftung bei Verletzung von Geschäftsgeheimnissen möglichst nahe an die Schadensersatzhaftung bei den Immaterialgüterrechten[51] anzugleichen.[52] Mit der Anlehnung der Formulierung an die vorbestehenden Parallelbestimmungen in anderen deutschen Schutzgesetzen bringt der deutsche Gesetzgeber zum Ausdruck, dass die Schadensersatzhaftung bei Verletzung von Geschäftsgeheimnissen mit der Schadensersatzhaftung bei der Verletzung von Rechten des Geistigen Eigentums in Einklang steht.[53] Die starke Orientierung an den Parallelbestimmungen ist begrüßenswert. Sie stellt nicht nur einen **Gleichlauf** bei der Verletzung von Immaterialgüterrechten her.[54] Die sich im

---

46 K/B/F/*Alexander*, § 10 GeschGehG Rn. 6.
47 BeckOK GeschGehG/*Spieker*, § 10 Rn. 1, 4.
48 BeckOK UWG/*Reiling/F. Wild*, § 10 GeschGehG Rn. 2; Büscher/*Tochtermann*, § 10 GeschGehG Rn. 6; *Hofmann*, WRP 2018, 1 Rn. 14; s. auch oben Rn. 3.
49 K/B/F/*Alexander*, § 10 GeschGehG Rn. 9.
50 K/B/F/*Alexander*, § 10 GeschGehG Rn. 7; Büscher/*Tochtermann*, § 10 GeschGehG Rn. 4.
51 Ua. in § 139 Abs. 2 PatG, § 24 Abs. 2 GebrMG, § 97 Abs. 2 UrhG; vgl. weiter Rn. 5.
52 K/B/F/*Alexander*, § 10 GeschGehG Rn. 7; Büscher/*Tochtermann*, § 10 GeschGehG Rn. 4.
53 K/B/F/*Alexander*, § 10 GeschGehG Rn. 7.
54 Büscher/*Tochtermann*, § 10 GeschGehG Rn. 4.

Rahmen der Parallelbestimmungen herauskristallisierten Ansätze können als Orientierungshilfe bei der Berechnung des Schadens dienen.

bb) Vorgabe eines „angemessenen" Schadensersatzes im Wortlaut nicht umgesetzt

Art. 14 Abs. 1 RL verlangt, dass der schuldhaft handelnde Rechtsverletzer dem Inhaber des Geschäftsgeheimnisses einen Schadensersatz leistet, der dem infolge des rechtswidrigen Erwerbs oder der rechtswidrigen Offenlegung oder Nutzung tatsächlich erlittenen Schaden **angemessen** ist. Diese Vorgabe ist zwar im Wortlaut des § 10 nicht ausdrücklich wiederzufinden. Dies bedeutet aber keine fehlerhafte Umsetzung der Richtlinie: Da dem Inhaber eines Geschäftsgeheimnisses im Falle einer Rechtsverletzung ein **Wahlrecht** zwischen den drei Schadensberechnungsmethoden zusteht, ist einerseits davon auszugehen, dass die Voraussetzung der Angemessenheit des Schadensersatzes im Rahmen der Umsetzung der Richtlinie – wenn auch nicht unmittelbar im Wortlaut der Norm, dennoch mittelbar durch die Eröffnung der dreifachen Schadensberechnung **nach Wahl des Geschädigten** – ausreichend Berücksichtigung gefunden hat.[55] Andererseits ist schwer vorstellbar, wie ein Schaden abseits seiner konkreten Höhe, des Verletzergewinns oder einer angemessenen Lizenzgebühr angemessen bestimmt werden können soll: Ein zwingender Strafschadensersatz im Sinne eines „**Verletzerzuschlags**" etwa kann hiermit nicht gemeint sein, da ein solcher durch die Richtlinie gerade nicht vorgeschrieben wird.[56] Das Wort „angemessen" in Art. 14 Abs. 1 RL bedeutet also letztlich nur, dass kein willkürlicher, von sachlichen Kriterien gelöster Schadensersatz zugebilligt werden darf[57] – eine rechtsstaatliche Selbstverständlichkeit. 23

IV. Tatbestandsvoraussetzungen

§ 10 Abs. 1 Satz 1 regelt die Tatbestandsvoraussetzungen des Schadensersatzanspruches. Nach dieser Vorschrift ist der Rechtsverletzer, der vorsätzlich oder fahrlässig handelt, dem Inhaber des Geschäftsgeheimnisses zum Ersatz des daraus entstehenden Schadens verpflichtet. 24

1. Schutzobjekt: Bestehen eines Geschäftsgeheimnisses

Für das Bestehen eines Anspruchs muss zunächst ein Geschäftsgeheimnis vorliegen. Der Begriff des Geschäftsgeheimnisses ist in § 2 Nr. 1 legaldefiniert. Ein Geschäftsgeheimnis ist demnach eine Information, 25

---

[55] So etwa Büscher/*Tochtermann*, § 10 GeschGehG Rn. 5; Benkard/*Grabinski/Zülch*, § 139 Rn. 61.
[56] S. oben Rn. 3, 20.
[57] Das wird insbesondere relevant, wenn sich ein Mitgliedstaat, anders als hier, dafür entscheidet, einen Verletzerzuschlag einzuführen.

§ 10 Haftung des Rechtsverletzers

(a) die weder insgesamt noch in der genauen Anordnung und Zusammensetzung ihrer Bestandteile den Personen in den Kreisen, die üblicherweise mit dieser Art von Informationen umgehen, allgemein bekannt oder ohne Weiteres zugänglich ist und daher von wirtschaftlichem Wert ist und
(b) die Gegenstand von den Umständen nach angemessenen Geheimhaltungsmaßnahmen durch ihren rechtmäßigen Inhaber ist und
(c) bei der ein berechtigtes Interesse an der Geheimhaltung besteht.

26 Hinsichtlich dieser Voraussetzung kann vollumfänglich auf die Ausführungen zu § 2 verwiesen werden (ausführlich → § 2 Rn. 17 ff.).

2. Verletzung eines Geschäftsgeheimnisses

27 Das Geschäftsgeheimnis des Inhabers muss ferner verletzt worden sein. Diese Anspruchsvoraussetzung ergibt sich mittelbar – durch den **Verweis auf den Rechtsverletzter** – aus § 10 Abs. 1 Satz 1. In der Vorschrift selbst wird das Vorliegen einer Geheimnisverletzung nicht näher definiert. Zur Bestimmung des Vorliegens einer Rechtsverletzung empfiehlt sich ein Blick in die Gesetzessystematik: In § 3 finden sich die erlaubten Handlungen. In § 4 sind die Handlungsverbote enthalten. Die Ausnahmen zu den Handlungsverboten sind in § 5 verankert. Ein Anspruch ist demnach ausgeschlossen, wenn die vorgenommene Handlung privilegiert (erlaubt oder gerechtfertigt) ist.[58] Für die Bestimmung einer Rechtsverletzung darf also nicht allein auf die Vorschrift des § 4 abgestellt werden. Rechtsverletzter ist demnach jede natürliche oder juristische Person, die entgegen § 4 ein Geschäftsgeheimnis rechtswidrig erlangt, nutzt oder offenlegt, wenn sie nicht nach § 5 ausgenommen ist.

3. Haftungsbegründende Kausalität

28 Darüber hinaus muss – wie im allgemeinen Deliktsrecht – ein kausaler Zusammenhang zwischen der Verletzungshandlung und dem eingetretenen Verletzungserfolg bestehen, dh. die Verletzungshandlung muss adäquat kausal für die Verletzung des Geschäftsgeheimnisses gewesen sein.[59]

4. Verschulden

29 Der Anspruch setzt ein schuldhaftes, also vorsätzliches oder fahrlässiges, Handeln des Rechtsverletzers voraus, § 10 Abs. 1 Satz 1 (**Verschuldensprinzip**).[60] Das Verschuldenselement ist zwar im Lichte der Richtlinie auszulegen. Mangels abweichender Vorgaben des EuGH können indes einstweilen die nationalen Maßstäbe he-

---

58 BeckOK UWG/*Reiling/F. Wild*, § 10 GeschGehG Rn. 3.
59 Büscher/*Tochtermann*, § 10 GeschGehG Rn. 14; K/B/F/*Alexander*, § 10 GeschGehG Rn. 18.
60 K/B/F/*Alexander*, § 10 GeschGehG Rn. 19.

rangezogen werden.⁶¹ Damit finden die allgemeinen Maßstäbe des § 276 BGB Anwendung.⁶²

a) Vorsatz

Der Rechtsverletzer handelt vorsätzlich, wenn er mit **Wissen und Wollen** die Tatbestandsverwirklichung herbeiführt.⁶³ Vorsatz enthält ein kognitives und ein voluntatives Element.⁶⁴ Erfasst werden die bekannten Vorsatzformen: Absichtliches Handeln (dolus directus ersten Grades), direkter Vorsatz (dolus directus zweiten Grades) und bedingter Vorsatz (dolus eventualis). Dolus eventualis liegt beispielsweise vor, wenn der Rechtsverletzer zum Nachweis seiner Leistungsfähigkeit und seiner Kenntnisse die geschützten Geschäftsgeheimnisse seines vorherigen Arbeitgebers dem potenziellen neuen Arbeitgeber offenlegt.⁶⁵ Für den Vorsatz reicht allein die Kenntnis der tatsächlichen Umstände nicht aus. Ergänzend ist das **Bewusstsein der Rechtswidrigkeit** erforderlich.⁶⁶ Fehlt ein solches, so scheidet die Vorsatzhaftung aus. Bei einem verschuldeten Irrtum kommt aber eine fahrlässige Haftung in Betracht.⁶⁷ 30

b) Fahrlässigkeit

Fahrlässig handelt, wer die im Verkehr erforderliche Sorgfalt außer Acht lässt (vgl. § 276 Abs. 2 BGB). Der Rechtsverletzer ist für jeden Grad der Fahrlässigkeit⁶⁸ verantwortlich. Im Bereich des gewerblichen Rechtsschutzes gelten **strengere Anforderungen an die einzuhaltenden Sorgfaltspflichten**,⁶⁹ die für die Verletzung von Geschäftsgeheimnissen entsprechend anwendbar sind.⁷⁰ Dies gilt allerdings mit der immanenten Besonderheit, dass bei Geschäftsgeheimnissen von dem Rechtsverletzer gerade nicht erwartet werden kann, dass er die vorbestehende Schutzrechtslage kennt: Zum einen werden Geschäftsgeheimnisse nicht registriert. Zum anderen ist aus der betreffenden Information allein oft nicht erkennbar, ob diese überhaupt Schutz genießt.⁷¹ Zu viel Spielraum kann sich ein Rechtsverletzer hierdurch aber nicht erhoffen: Nach der Rechtsprechung des BGH handelt nämlich gleichwohl 31

---

61 H/O/K/*Kalbfus*, § 10 Rn. 10.
62 Büscher/*Tochtermann*, § 10 GeschGehG Rn. 10.
63 BeckOK BGB/*Schaub*, § 276 Rn. 45.
64 BGH, 20.12.2011 – VI ZR 309/10, NJW-RR 2012, 404 Rn. 10.
65 Büscher/*Tochtermann*, § 10 GeschGehG Rn. 11; aA AG Reutlingen, 17.7.2014 – 9 Ds 22 Js 23818/12, BeckRS 2014, 23457.
66 Harte/Henning/*Harte-Bavendamm*, § 9 Rn. 45; BGH, 3.7.2008 – I ZR 145/05, GRUR 2008, 810, 815 – Kommunalversicherer; hierzu krit. *Alexander*, S. 624 ff.
67 H/O/K/*Kalbfus*, § 10 Rn. 13.
68 Palandt/*Grüneberg*, § 276 Rn. 1 ff.; Palandt/*Sprau*, § 823 Rn. 1 ff.
69 Büscher/*Tochtermann*, § 10 GeschGehG Rn. 10; Benkard/*Grabinski/Zülch*, § 139 Rn. 43; H/O/K/*Kalbfus*, § 10 Rn. 14.
70 Büscher/*Tochtermann*, § 10 GeschGehG Rn. 10.
71 Büscher/*Tochtermann*, § 10 GeschGehG Rn. 10.

fahrlässig, wer sich erkennbar im Grenzbereich des Zulässigen bewegt und eine von der eigenen Einschätzung abweichende Beurteilung der rechtlichen Zulässigkeit seines Verhaltens in Betracht ziehen muss.[72] Fahrlässiges Verhalten kann beispielsweise angenommen werden beim Speichern von vertraulich gekennzeichneten Informationen auf dem privaten Telefon des Arbeitnehmers, bei weisungswidriger Mitnahme von vertraulichen Dokumenten und bei Mitteilung über eine Arbeitnehmererfindung im privaten Umfeld.[73] Ein Fahrlässigkeitsvorwurf kann dem Handelnden auch dann gemacht werden, wenn er aufgrund einer Unachtsamkeit nicht erkannt hat, dass es sich bei der Information eines Dritten um ein Geschäftsgeheimnis handelt, und diese es einer anderen Person in der irrigen Annahme offengelegt hat, die Information sei nicht geschützt.[74] Der Betroffene kann dem Vorwurf der Fahrlässigkeit entgegenhalten, dass er seinen Sorgfaltspflichten nachgekommen ist, indem er vor der beabsichtigten Handlung sachkundigen Rechtsrat von einem einschlägig erfahrenen Rechtsanwalt eingeholt hat.[75]

32 Gemäß den allgemeinen Regeln liegt die Darlegungs- und Beweislast für das Vorliegen eines Verschuldens **beim Inhaber des Geschäftsgeheimnisses**.[76]

c) Arbeitnehmerhaftung

33 Für die Arbeitnehmerhaftung stellt § 10 Abs. 1 Satz 2 ausdrücklich klar, dass die Vorschrift des § 619a BGB[77] unberührt bleibt. Danach haben Arbeitnehmer dem Arbeitgeber nur dann Ersatz für den aus der Verletzung einer Pflicht aus dem Arbeitsverhältnis entstehenden Schaden zu leisten, wenn sie die Pflichtverletzung zu vertreten haben, dh. im Streitfall liegt die Darlegungs- und Beweislast für das Vorliegen eines Verschuldens beim Arbeitgeber. Diese Sonderregelung dient dem Arbeitnehmerschutz,[78] der auch auf Unionsebene ein wichtiges Anliegen bei der Genese der Richtlinie war.[79]

34 Mit Verweis auf § 619a BGB hat der deutsche Gesetzgeber von der Öffnungsklausel in Art. 14 Abs. 1 UAbs. 2 RL 2016/943/EU Gebrauch gemacht. Danach können die Mitgliedstaaten die Haftung von Arbeitnehmern für Schäden begrenzen, die ihren Arbeitgebern durch den rechtswidrigen Erwerb oder die rechtswidrige Nutzung oder Offenlegung eines Geschäftsgeheimnisses entstanden sind, sofern sie nicht

---

72 BGH, 29.4.2010 – I ZR 68/08, GRUR 2010, 623 Rn. 55 – Restwertbörse; H/O/K/*Kalbfus*, § 10 Rn. 14.
73 Beispiele zu einem fahrlässigen Verhalten nach Büscher/*Tochtermann*, § 10 GeschGehG Rn. 11.
74 BeckOK UWG/*Reiling/F. Wild*, § 10 GeschGehG Rn. 5; *Leister*, GRUR-Prax 2020, 145.
75 BGH, 30.11.1976 – X ZR 81/72, GRUR 1977, 250, 252 f. – Kunststoffhohlprofil; H/O/K/*Kalbfus*, § 10 Rn. 14.
76 Büscher/*Tochtermann*, § 10 GeschGehG Rn. 12; vgl. auch BT-Drs. 19/4724, S. 32.
77 Bei der Vorschrift des § 619a BGB handelt es sich um ein Korrektiv zu der Regelung des Vertretenmüssens in § 280 Abs. 1 Satz 2 BGB (vgl. H/O/K/*Kalbfus*, § 10 Rn. 15).
78 K/B/F/*Alexander*, § 10 GeschGehG Rn. 23.
79 S. Einl. E Rn. 1.

IV. Tatbestandsvoraussetzungen § 10

vorsätzlich handeln. Die Regelung einer solchen Haftungsbegrenzung für Arbeitnehmer war nach der Geschäftsgeheimnisrichtlinie **optional**.[80]

Aus der Gesetzesbegründung geht hervor, dass im Rahmen von § 10 die von der Rechtsprechung entwickelten **Grundsätze über die beschränkte Arbeitnehmerhaftung** zu berücksichtigen sind.[81] Insofern wird vertreten, dass der Verweis § 10 Abs. 1 Satz 2 hauptsächlich dazu diene, zum Ausdruck zu bringen, dass die Grundsätze über die beschränkte Arbeitnehmerhaftung auch für die Verletzung von Geschäftsgeheimnissen im Rahmen von Arbeitsverhältnissen Anwendung finden.[82] Für den Schadensersatzanspruch aus § 10 Abs. 1 gelten demnach die hergebrachten Grundsätze des innerbetrieblichen Schadensausgleichs.[83] Diese besagen, dass die Verantwortung des Arbeitgebers für die Organisation des Betriebs und die Gestaltung der Arbeitsbedingungen in die haftungsrechtliche Betrachtung miteinzufließen hat.[84] Der Arbeitgeber bestimmt die arbeitsvertraglich geschuldete Arbeitsleistung. Der Arbeitnehmer kann von den vorgegebenen Arbeitsbedingungen nicht abweichen. Damit prägt die vom Arbeitgeber gesetzte Organisation des Betriebs das Haftungsrisiko für den Arbeitnehmer.[85]

35

Im Grunde genommen ist der Verweis auf § 619a BGB jedoch überflüssige, wenn auch unschädliche **Symbolik**:[86] Bei § 10 handelt es sich um eine deliktische Haftungsnorm. Die Darlegungs- und Beweislast für das Vorliegen eines Verschuldens liegt damit schon nach den **allgemeinen Regeln** beim Arbeitgeber als Inhaber des Geschäftsgeheimnisses. § 619a BGB gilt für alle Ansprüche, die aus einem Arbeitsverhältnis resultieren.[87] Die Beweislastumkehr nach § 280 Abs. 1 Satz 2 BGB greift daher auch bei Geschäftsgeheimnisverletzungen gerade nicht zugunsten des Arbeitgebers ein.[88]

36

---

80 MK-UWG/*Namysłowska*, Geheimnisschutz-RL Art. 14 Rn. 3.
81 BT-Drs. 19/4724, S. 32; zu den Grundsätzen über die beschränkte Arbeitnehmerhaftung vgl. grundlegend BAG, 27.9.1994 – GS 1/89 (A).
82 K/B/F/*Alexander*, § 10 GeschGehG Rn. 25.
83 Büscher/*Tochtermann*, § 10 GeschGehG Rn. 13.
84 BAG, 18.4.2002 – 8 AZR 348/01, NJW 2003, 377, 378.
85 BAG, 27.9.1994 – GS 1/89 (A), NJW 1995, 210 – Haftung des Arbeitnehmers.
86 Nach den allgemeinen Regeln des § 10 liegt die Darlegungs- und Beweislast für das Vorliegen des Verschuldens beim Arbeitgeber als Inhaber des Geschäftsgeheimnisses, sodass sich durch den Verweis auf § 619a BGB für die Haftung aus § 10 keine Besonderheiten ergeben, vgl. H/O/K/*Kalbfus*, § 10 Rn. 15; K/B/F/*Alexander*, § 10 GeschGehG Rn. 24.
87 Zum Verhältnis der vertraglichen und deliktischen Ansprüche zueinander: Nach *Tochtermann* hat die vertragliche Haftung Vorrang vor der deliktischen Haftung, vgl. Büscher/*Tochtermann*, § 10 GeschGehG Rn. 13; aA *Alexander*, der die Auffassung vertritt, dass die vertraglichen Ansprüche grundsätzlich konkurrierend neben den deliktischen Ansprüchen bestehen, vgl. K/B/F/*Alexander*, § 10 GeschGehG Rn. 24.
88 Nach *Reiling* greife die Beweislastumkehr nicht ein, da es sich bei § 10 um eine Haftungsnorm des Deliktsrechts handele, vgl. BeckOK UWG/*Reiling/F. Wild*, § 10 GeschGehG Rn. 7.1; *Kalbfus* begründet das Nichteingreifen der Beweislastumkehr damit, dass es sich bei dem Vertretenmüssen des § 280 Abs. 1 Satz 2 BGB um eine andere, nicht mit dem Begriff des Verschuldens gleichzusetzende Kategorie handle, vgl. H/O/K/*Kalbfus*, § 10 Rn. 15.

Apel/Dilbaz

§ 10 Haftung des Rechtsverletzers

37 Nach den Grundsätzen des innerbetrieblichen Schadensausgleichs bestimmt sich die Haftung des Arbeitnehmers in besonderem Maße nach der **Schwere der Schuld**. Das Mitverschulden des Arbeitgebers wird berücksichtigt. Leichte Fahrlässigkeit lässt die Haftung des Arbeitnehmers gänzlich entfallen. Bei mittlerer oder normaler Fahrlässigkeit soll eine Aufteilung des Schadens zwischen Arbeitgeber und Arbeitnehmer nach den Billigkeitsgrundsätzen erfolgen. Von normaler Fahrlässigkeit wird gesprochen, wenn der Arbeitnehmer die im Verkehr erforderliche Sorgfalt zwar außer Acht gelassen hat, ihm aber dennoch kein besonders schwerer Vorwurf gemacht werden kann. Bei grober Fahrlässigkeit haftet der Arbeitnehmer grundsätzlich voll, im Einzelfall ist aber eine Haftungserleichterung zu seinen Gunsten denkbar. Vorsätzliches Verhalten führt zu einer vollständigen Haftung des Arbeitnehmers.[89]

5. Schaden

38 Der Rechtsverletzer hat den gesamten adäquat-kausal verursachten Schaden zu ersetzen. Nach der gefestigten Rechtsprechung des BGH zum Schutz der Rechte des Geistigen Eigentums ist der zu kompensierende Schaden bereits in der **Beeinträchtigung des absoluten Rechts** und der mit diesem verbundenen, **allein dem Inhaber zugewiesenen Nutzungsmöglichkeiten** zu sehen.[90] Der Schaden liegt darin, dass der Verletzer die von dem immateriellen Schutzgut vermittelten konkreten Marktchancen für sich nutzt und sie damit zugleich der Nutzung durch den Schutzrechtsinhaber entzieht.[91] Dieses im Regelfall zutreffende Prinzip stößt freilich an Grenzen, wenn **eine Verletzungshandlung in atypischer Weise keinerlei Marktbezug** aufweist.[92] In solchen (seltenen) Fällen wird es an einem Schadenseintritt schlicht fehlen. Dies gilt indes bei Geschäftsgeheimnisverletzungen nicht im selben Maße (s. unten → Rn. 40).

39 Nach **einhelliger Auffassung**[93] lässt sich die Rechtsprechung des BGH auf die Verletzung von Geschäftsgeheimnissen übertragen. Zwar stellen Geschäftsgeheimnisse keine echten Immaterialgüterrechte dar.[94] Bei der Verletzung von Geschäftsgeheimnissen besteht jedoch eine vergleichbare Konstellation: Der Rechtsverletzer

---

89 BAG, 9.11.2002 – 8 AZR 348/01, NZA 2003, 37, 39 mwN, wobei Vorsatz nur dann zu bejahen sein soll, wenn der Arbeitnehmer den Schaden in seiner **konkreten Höhe zumindest als möglich voraussieht und ihn für den Fall des Eintritts billigend in Kauf nimmt**.
90 BGH, 25.9.2007 – XZR 60/06, GRUR 2008, 93 Rn. 16 – Zerkleinerungsvorrichtung; BGH, 14.5.2009 – I ZR 98/06, GRUR 2009, 856 Rn. 69 – TrippTrapp-Stuhl; BGH, 20.5.2009 – I ZR 239/06, NJW 2009, 864 Rn.29 – CAD-Software; BGH, 24.7.2012 – XZR 51/11, GRUR 2012, 1226 Rn. 15 – Flaschenträger.
91 BGH, 24.7.2012 – XZR 51/11, GRUR 2012, 1226 Rn. 15 – Flaschenträger; K/B/F/*Alexander*, § 10 GeschGehG Rn. 30.
92 Beispiel: Bezug von in rechtswidriger Weise mit Kennzeichen eines Dritten versehenen Produktverpackungen in geringer Zahl zum rein internen Gebrauch ohne Vermarktungsabsicht.
93 Büscher/*Tochtermann*, § 10 GeschGehG Rn. 15; K/B/F/*Alexander*, § 10 GeschGehG Rn. 31.
94 K/B/F/*Alexander*, § 10 GeschGehG Rn. 31.

nutzt in der Regel die dem Inhaber des Geschäftsgeheimnisses zugewiesenen konkreten Marktchancen für sich und entzieht sie damit zugleich der Nutzung durch den Inhaber des Geschäftsgeheimnisses.[95]

6. Haftungsausfüllende Kausalität

Darüber hinaus muss zwischen dem Verletzungserfolg und dem eingetretenen Schaden ein Kausalzusammenhang bestehen, dh. die Verletzung des Geschäftsgeheimnisses muss zu dem Schaden des Rechtsinhabers geführt haben. *Reinfeld*[96] und das LAG Rheinland-Pfalz[97] vertreten hierzu die Auffassung, dass die **bloße unerlaubte Erlangung** des Geschäftsgeheimnisses für sich genommen **nicht zu einem Schadenseintritt** führe; erst die anschließende Nutzung oder Offenlegung des unerlaubt erlangten Geschäftsgeheimnisses stelle einen Schaden dar. Diese **Auffassung ist abzulehnen**: Die bloße Kenntnis eines Dritten von einem Geschäftsgeheimnis für sich genommen ist schon geeignet, den ökonomischen Wert des Geheimnisses gravierend zu mindern[98] – und sei es nur durch die Erhöhung des Offenbarungsrisikos durch weitere Mitwisser und fehlende Kontrolle des legitimen Inhabers über den angemessenen Schutz des Geschäftsgeheimnisses beim Dritten. Hinzu kommt, dass es sich regelmäßig der Kenntnis des Rechtsinhabers entzieht, ob der Dritte die Nutzung oder Offenlegung des unerlaubt erlangten Geschäftsgeheimnisses beabsichtigt. Bei Lichte besehen hat der Rechtsinhaber (anders als typischerweise bei Immaterialgüterrechten) nicht einmal die Möglichkeit, zu kontrollieren, ob der Dritte das Geschäftsgeheimnis nachgehend nutzt oder offenlegt, sodass bereits mit der unerlaubten Erlangung des Geschäftsgeheimnisses für den Rechteinhaber jedenfalls ein **Gefährdungsschaden** entstanden ist.[99]

40

Der EuGH stellt bei der Berechnung des Schadens nach dem Verletzergewinn oder der Lizenzanalogie keine überaus strengen Anforderungen an den Kausalzusammenhang.[100] Bei der Berechnung des Schadens nach dem entgangenen Gewinn greifen für den Nachweis des Kausalzusammenhangs die Vorschriften des §§ 252 Satz 2 BGB, 287 ZPO.[101]

41

---

95 K/B/F/*Alexander*, § 10 GeschGehG Rn. 31.
96 *Reinfeld*, § 4 Rn. 126.
97 LAG Rheinland-Pfalz, 24.5.2018 – 5 Sa 267/17, BeckRS 2018, 17962 Rn. 26 f.
98 *Brammsen/Apel*, WRP 2016, 18 Rn. 19 f.; BeckOK UWG/*Reiling/F. Wild*, § 10 GeschGehG Rn. 4.
99 BeckOK UWG/*Reiling/F. Wild*, § 10 GeschGehG Rn. 4.
100 Laut EuGH ist das Konzept einer pauschalierten Festlegung der Höhe des Schadensersatzes mit einer überaus strengen Auslegung des Begriffs „Kausalität" nicht vereinbar, vgl. EuGH, 25.1.2017 – C-367/15, GRUR 2017, 264 Rn. 32 – OTK/SFP; H/O/K/*Kalbfus*, § 10 Rn. 19.
101 H/O/K/*Kalbfus*, § 10 Rn. 19.

§ 10 Haftung des Rechtsverletzers

7. Aktivlegitimation, Passivlegitimation

a) Aktivlegitimation

42 Anspruchsgläubiger ist der Inhaber des Geschäftsgeheimnisses. Nach § 2 Nr. 2 ist Inhaber eines Geschäftsgeheimnisses jede natürliche oder juristische Person, die die rechtmäßige Kontrolle über ein Geschäftsgeheimnis hat.[102] Vom persönlichen Anwendungsbereich sind Personen umfasst, die die Information selbst generiert haben, aber auch deren Rechtsnachfolger.[103] Umstritten ist die (zu bejahende) Frage, ob auch Lizenznehmer als Inhaber eines Geschäftsgeheimnisses angesehen werden können, so jedenfalls der Gesetzgeber in der Gesetzesbegründung[104] (ausführlich zu dieser Frage → § 2 Rn. 145).

b) Passivlegitimation

43 Anspruchsschuldner ist der Rechtsverletzer, also jede natürliche und juristische Person, die entgegen § 4 ein Geschäftsgeheimnis rechtswidrig erlangt, nutzt oder offenlegt (§ 2 Nr. 3).

44 Vom Anwendungsbereich werden hierbei sowohl unmittelbare als auch mittelbare Rechtsverletzungen erfasst.[105] Als dem deutschen Recht (bislang) fremd und geradezu „gefährlich"[106] wird von Manchen die neue Regelung in § 4 Abs. 3 angesehen, wonach neben die Haftung des Rechtsverletzers eine **abgeleitete Haftung des Herstellers des rechtsverletzenden Produktes** tritt.[107] Nach § 4 Abs. 3 können mittelbare Verletzer[108] – wie etwa Hersteller des rechtsverletzenden Produktes – in Anspruch genommen werden, sofern sie von dem rechtswidrigen Vorerwerb Kenntnis hatten oder infolge grober Fahrlässigkeit nicht hatten. Mit dieser Regelung wird der **Anwendungsbereich** der Vorschrift erheblich **erweitert**.[109] Andere Stimmen begrüßen diese Erweiterung des Geschäftsgeheimnisschutzes.[110] Auch wenn nicht zu verkennen ist, dass diese zu Problemen in der Praxis führen kann (wie kann der mittelbare Verletzer sicherstellen, dass Verletzungen unterbleiben?), ist diese Konstellation gerade typisch für Immaterialgüterrechte. Gegebenenfalls kann auf gesteigerte Unklarheiten mit der vorsichtigen Anpassung des Verschuldensmaßstabs zugunsten des mittelbaren Verletzers reagiert werden.

---

102 S. näher § 2 Rn. 140 ff.
103 *Ohly*, GRUR 2019, 441, 445.
104 BT-Drs. 19/4724, S. 32; zustimmend *Reinfeld*, § 1 Rn. 209; nach *McGuire* können Geheimnisträger wie etwa Lizenznehmer Ansprüche nur mit Zustimmung des Inhabers des Geschäftsgeheimnisses geltend machen, vgl. Büscher/*McGuire*, § 2 GeschGehG Rn. 57; s. hierzu auch *Hoeren/Münker*, WRP 2018, 150 Rn. 8 ff.
105 K/B/F/*Alexander*, § 10 GeschGehG Rn. 17.
106 *Hoeren/Münker*, WRP 2018, 150 Rn. 16 ff.
107 *Böhm/Nestler*, GRUR-Prax 2018, 181.
108 *Hoeren/Münker*, WRP 2018, 150 Rn. 17; Büscher/*Tochtermann*, § 6 GeschGehG Rn. 13.
109 Büscher/*Tochtermann*, § 6 GeschGehG Rn. 13.
110 S. auch *Schilling*, in: FS Büscher, S. 383, 390.

V. Rechtsfolge: Schaden und Schadens(ersatz)berechnung § 10

Gem. § 12, der weitgehend § 8 Abs. 2 UWG entspricht, haftet der **Inhaber eines** 45
Unternehmens ferner für das Verhalten von Beschäftigten oder Beauftragten.
Nach dem klaren Wortlaut gilt dies aber nur für die Ansprüche aus §§ 6, 7 und § 8
Abs. 1 und gerade nicht für Ansprüche nach § 10 (ausführlich dazu → § 12 Rn. 49).
Für den **Schadensersatzanspruch** ist damit eine Haftungszurechnung über § 12
ausgeschlossen, ohne dass hierfür ein sachlicher Grund erkennbar wäre.[111] Für eine
analoge Anwendung ist **mangels planwidriger Regelungslücke** kein Raum.[112] Bei
eigenem Verschulden ist aber die eigene Haftung des Inhabers des Unternehmens
möglich.[113]

Auch die Zurechnungsnorm des § 278 BGB (s. → § 12 Rn. 4 ff.) ist auf den Scha- 46
densersatzanspruch des § 10 nicht anwendbar.[114] § 278 BGB darf bei Schuldverhältnissen, die erst durch eine unerlaubte Handlung begründet werden, nicht herangezogen werden.[115]

Im Übrigen finden die Regeln des allgemeinen Deliktsrechts Anwendung (etwa 47
§ 830 Abs. 1 BGB bei Mittäterschaft, § 830 Abs. 2 BGB für Teilnehmer, § 831 Abs. 1
BGB für die Haftung des Geschäftsherrn für die unerlaubte Handlung des Verrichtungsgehilfen, §§ 31, 89 BGB für die Organhaftung; s. hierzu → § 12 Rn. 8 ff.).

Zum Begriff des Rechtsverletzers wird im Übrigen auf die Ausführungen in § 2 und 48
in § 6 GeschGehG verwiesen (s. → § 2 Rn. 150 ff.; → § 6 Rn. 37 ff.).

V. Rechtsfolge: Schaden und Schadens(ersatz)berechnung

1. Die dreifache Schadensberechnung[116] im Überblick

In § 10 Abs. 2 ist die Anwendbarkeit der im Immaterialgüterrecht lange bekannten 49
dreifachen Schadensberechnung auf die Fälle der Verletzung von Geschäftsgeheimnissen ausdrücklich gesetzlich geregelt.[117] Der Inhaber des Geschäftsgeheimnisses kann den ihm durch die Verletzung des Geschäftsgeheimnisses entstandenen
Schaden auf dreifache Weise[118] berechnen und hierunter die ihm günstigste Berechnung wählen (s. unten → Rn. 97): Der Verletzte kann somit *erstens* den nach den
Grundsätzen des §§ 249 ff. BGB zu bestimmenden tatsächlich entstandenen Schaden ersetzt verlangen (§ 10 Abs. 1 Satz 1) – **Schadensberechnung nach §§ 249 ff.
BGB**. In § 10 Abs. 2 ist eine Sonderregelung für die Schadensberechnung enthal-

---

111 Mit rechtspolitischen Bedenken gegen diese Ausnahme K/B/F/*Alexander*, § 10 GeschGehG
Rn. 14 und eingehend vor dem Hintergrund des § 8 Abs. 2 UWG *Alexander*, S. 663 ff.; anders
etwa § 14 Abs. 7 MarkenG, vgl. H/O/K/*Kalbfus*, § 10 Rn. 30.
112 K/B/F/*Alexander*, § 10 GeschGehG Rn. 14.
113 *Reinfeld*, § 4 Rn. 133.
114 K/B/F/*Alexander*, § 10 GeschGehG Rn. 15.
115 BeckOK BGB/*Lorenz*, § 278 Rn. 2 f.
116 *Dreier*, S. 256 ff.; *Maute*, S. 35 ff.; *Raue*, S. 225 ff.; *Janssen*, S. 275 ff.; *Ernicke*, S. 327 ff.
117 *Scholtyssek/Judis/Krause*, CCZ 2020, 23, 28.
118 BT-Drs. 19/4724, S. 32.

§ 10 Haftung des Rechtsverletzers

ten:[119] Der Schaden kann demnach *zweitens* auch auf der Grundlage des Gewinns berechnet werden, den der Rechtsverletzer durch den Rechtsverstoß erzielt hat (§ 10 Abs. 2 Satz 1) – **Herausgabe des Verletzergewinns**. Der Schadensersatzanspruch kann schließlich *drittens* auch auf der Grundlage des Betrages bestimmt werden, den der Rechtsverletzer als angemessene Vergütung hätte entrichten müssen, wenn er die Zustimmung zur Erlangung, Nutzung oder Offenlegung des Geschäftsgeheimnisses eingeholt hätte (§ 10 Abs. 2 Satz 2) – **Lizenzanalogie**. Sowohl die Herausgabe des Verletzergewinns als auch die Berechnung des Schadens im Wege der Lizenzanalogie stellen Methoden der sog. **objektiven Schadensberechnung** dar.[120]

50 Die Regelung in § 10 Abs. 2 dient der Umsetzung von Art. 14 Abs. 2 der Richtlinie.[121] Die in Art. 14 Abs. 2 RL bereitgestellten Methoden zur Bemessung des Schadensersatzes sind von der Enforcement-RL bereits wohlbekannt und wiederum stark an die in Deutschland geläufige Methode zur dreifachen Schadenersatzberechnung angelehnt.[122] Art. 14 Abs. 2 UAbs. 1 RL sieht vor, dass bei der Festsetzung der Höhe des Schadensersatzes gemäß Art. 14 Abs. 1 RL **alle relevanten Faktoren**, wie etwa negative wirtschaftliche Folgen, einschließlich entgangener Gewinne des Geschädigten, etwaige durch den Rechtsverletzer erzielte unlautere Gewinne und ggf. andere als wirtschaftliche Faktoren wie den immateriellen Schaden, der dem Inhaber des Geschäftsgeheimnisses durch den rechtswidrigen Erwerb oder die rechtswidrige Nutzung oder Offenlegung des Geschäftsgeheimnisses entstanden ist, zu berücksichtigen sind. Nach Art. 14 Abs. 2 UAbs. 2 RL kann der Schadensersatz **alternativ** als Pauschalbetrag, und zwar auf der Grundlage von Faktoren wie mindestens dem Betrag der Lizenzgebühren, die der Rechtsverletzer hätte entrichten müssen, wenn er die Genehmigung zur Nutzung des betreffenden Geschäftsgeheimnisses eingeholt hätte, festgesetzt werden. Der Wortlaut des Art. 14 Abs. 2 RL der Richtlinie differenziert lediglich zwischen zwei Berechnungsarten[123] (konkrete Schadensberechnung, alternativ die Schadenspauschalierung).[124] Nichtsdestoweniger wird die im deutschen Recht bekannte Methode zur dreifachen Schadenersatzberechnung als mit den Vorgaben des Art. 14 Abs. 2 RL vereinbar angesehen.[125]

---

119 *Reinfeld*, § 4 Rn. 134.
120 BGH, 25.9.2007 – X ZR 60/06, GRUR 2008, 93 Rn. 7 – Zerkleinerungsvorrichtung; K/B/F/*Alexander*, § 10 GeschGehG Rn. 34.
121 BT-Drs. 19/4724, S. 32.
122 *Ann*, GRUR-Prax 2016, 465, 467; MK-UWG/*Namysłowska*, Geheimnisschutz-RL Art. 14 Rn. 4.
123 *von Mühlendahl* gab zu bedenken, dass die Regelung dazu führen könne, dass bei der Schadensersatz-Berechnung keine strikte Dreiteilung wie im geltenden deutschen Recht eingehalten werde, *von Mühlendahl*, zit. nach: *Kalbfus/Harte-Bavendamm*, GRUR 2014, 453, 457.
124 *Hofmann*, WRP 2018, 1 Rn. 14.; vgl. auch Erwgrd. 30 der Richtlinie.
125 H/O/K/*Kalbfus*, § 10 Rn. 34; *Ann* weist darauf hin, dass die noch stärkere Anlehnung von Art. 14 der Richtlinie an die aus Deutschland geläufigen Methoden zur dreifachen Schadensersatzberechnung bemerkenswert ist, vgl. *Ann*, GRUR-Prax 2016, 465, 467.

V. Rechtsfolge: Schaden und Schadens(ersatz)berechnung § 10

Diese Einschätzung ist zutreffend, da diese die Berücksichtigung aller in Art. 14 Abs. 2 genannten Faktoren ermöglicht.

Die dreifache Schadensberechnung bei Verletzung von Betriebs- und Geschäftsgeheimnissen war im geltenden deutschen Recht gewohnheitsrechtlich anerkannt.[126] Der BGH hatte in seiner Prozessrechner-Entscheidung[127] aus dem Jahr 1977 die Anwendbarkeit der dreifachen Schadensberechnung auf die Verletzung von Betriebs- und Geschäftsgeheimnissen bestätigt[128] (vgl. → Rn. 9 ff.). Nach der Auffassung des BGH kann der Inhaber eines Betriebs- und Geschäftsgeheimnisses bei Verletzung von Betriebs- und Geschäftsgeheimnissen seinen entgangenen Gewinn, die Herausgabe des Verletzergewinns[129] oder Schadensersatz im Wege der Lizenzanalogie verlangen. In der Prozessrechner-Entscheidung war ein technisches Betriebs-/Geschäftsgeheimnis (Neuentwicklung eines Prozessrechners) Streitgegenstand. Die dreifache Schadensberechnungsmethode ist bei kaufmännischen Geschäftsgeheimnissen gleichermaßen anwendbar.[130] Bei der Berechnung des Schadens nach § 10 Abs. 2 können die zur dreifachen Schadensberechnung gewohnheitsrechtlich entwickelten Grundsätze herangezogen werden.[131] 51

Die drei Berechnungsmethoden im Einzelnen:

a) Schadensberechnung nach §§ 249 ff. BGB

§ 10 regelt Inhalt und Umfang des von dem Rechtsverletzer zu ersetzenden Schadens nicht abschließend.[132] Nach § 10 Abs. 1 Satz 1 ist der Rechtsverletzer, der vorsätzlich oder fahrlässig handelt, dem Inhaber des Geschäftsgeheimnisses zum Ersatz des daraus entstehenden Schadens verpflichtet. Zur Bestimmung des tatsächlich entstandenen Schadens sind die allgemeinen zivilrechtlichen Grundsätze der §§ 249 ff. BGB anzuwenden.[133] Nach § 249 Abs. 1 BGB gilt der **Vorrang der Naturalrestitution**: Für den Inhaber des Geschäftsgeheimnisses soll die Situation wiederhergestellt werden, in der er sich befunden hätte, wenn der zum Ersatz ver- 52

---

126 K/B/F/*Alexander*, § 10 GeschGehG Rn. 33.
127 BGH, 18.2.1977 – I ZR 112/75, GRUR 1977, 539, 542 – Prozessrechner.
128 Zur Übertragbarkeit der Grundsätze der dreifachen Schadensberechnung auf die Fälle der Verletzung von Geschäftsgeheimnissen vgl. im Einzelnen BGH, 18.2.1977 – I ZR 112/75, GRUR 1977, 539, 542 – Prozessrechner; BAG, 24.6.1986 – 3 AZR 486/84, NZA 1986, 781 – Thrombosol; BGH, 19.3.2008 – I ZR 225/06, NJOZ 2009, 301 – Entwendete Datensätze; zu einem alternativen Modell einer betriebswirtschaftlichen Schadensberechnung s. *Nägele/Menninger*, WRP 2007, 912.
129 Zum Umfang des Schadensersatzes bei Verletzung von Betriebsgeheimnissen – hier konkret: zur Herausgabe des Verletzergewinns – BGH, 19.3.2008 – I ZR 225/06, NJOZ 2009, 301 – Entwendete Datensätze.
130 Vgl. etwa *Heil/Roos*, GRUR, 1994, 26; *Reinfeld*, § 4 Rn. 137.
131 K/B/F/*Alexander*, § 10 GeschGehG Rn. 33; *Böhm/Nestler*, GRUR-Prax 2018, 181, 182; s. auch BeckOK UWG/*Reiling/F. Wild*, § 10 GeschGehG Vorbem.
132 K/B/F/*Alexander*, § 10 GeschGehG Rn. 26.
133 Büscher/*Tochtermann*, § 10 GeschGehG Rn. 16; H/O/K/*Kalbfus*, § 10 Rn. 42; K/B/F/*Alexander*, § 10 GeschGehG Rn. 26.

§ 10 Haftung des Rechtsverletzers

pflichtende Umstand nicht eingetreten wäre. Der Verletzte kann mithin gem. § 249 Abs. 1 BGB Beseitigung der Folgen einer Geheimnisverletzung verlangen.[134] Mittels des Anspruchs aus § 249 Abs. 1 BGB kann unter Umständen außerdem die Herausgabe eines verkörperten Geheimnisses (etwa Datenträger) verlangt werden.[135] Nach der Rechtsprechung des BGH umfasst die Folgenbeseitigung auch den Anspruch auf Auskunft, wem der Schädiger die Betriebsgeheimnisse angeboten hat: Demnach kann der Geschädigte gem. § 249 Abs. 1 BGB **Auskunft über Namen und Anschriften der Abnehmer des Schädigers** verlangen. Mit dieser Auskunftspflicht wird der Geschädigte in die Lage versetzt, den Abnehmern mitzuteilen, dass der Schädiger zur Weitergabe des Geschäftsgeheimnisses nicht berechtigt war.[136] Der **Auskunftsanspruch** des Geschädigten ist nun in § 8 Abs. 1 Nr. 4 explizit geregelt. Der selbstständige Auskunftsanspruch ist in der Richtlinie nicht angelegt. Gleichwohl hat sich der deutsche Gesetzgeber mit Recht für die genannte Kodifizierung entschieden, um den Geschäftsgeheimnisschutz effektiver auszugestalten und ihn weiter dem immaterialgüterrechtlichen Schutz anzunähern.[137]

53 Da eine Folgenbeseitigung ebenso mit einem verschuldensunabhängigen Beseitigungs- und Unterlassungsanspruch (§ 6) erreicht werden kann, dürfte der auf Naturalrestitution in diesem Sinne gerichtete Schadensersatzanspruch in der Praxis von nachgelagerter Bedeutung sein.[138] **Inhaltliche Überschneidungen mit dem Beseitigungs- und Unterlassungsanspruch (§ 6) und den Ansprüchen auf Vernichtung, Herausgabe, Rückruf, Entfernung und Rücknahme vom Markt (§ 7) sind insoweit möglich.**[139]

54 Nach der Rechtsprechung des BGH konnte bei Verletzung von Geschäftsgeheimnissen ein auf Naturalrestitution gerichteter Schadensersatzanspruch ferner darauf gerichtet sein, dem Rechtsverletzer eine gewisse Zeit zu verbieten, wettbewerbliche Vorteile aus einem vorangegangenen rechtswidrigen Verhalten zu ziehen (vgl. → § 6 Rn. 97).[140] Im Wege der Naturalrestitution konnte dem Wettbewerber etwa die Verwertung des unredlich erlangten Know-hows für eine gewisse Karenzzeit untersagt werden.[141] In gravierenden Ausnahmefällen konnte der Verletzte mit dem auf Naturalrestitution gerichteten Schadensersatzanspruch etwa die zeitweise Unterlassung der Belieferung eines rechtswidrig erworbenen oder erhaltenen Kunden-

---

134 BGH, 16.11.2017 – I ZR 161/16, GRUR 2018, 535 Rn. 35 – Knochenzement I; BGH, 16.11.2017 – I ZR 160/16, GRUR 2018, 541 Rn. 30 – Knochenzement II; H/O/K/*Kalbfus*, § 10 Rn. 42.
135 H/O/K/*Kalbfus*, § 10 Rn. 42.
136 BGH, 23.2.2012 – I ZR 136/10, GRUR 2012, 1230 – MOVICOL-Zulassungsantrag.
137 *Gündogdu/Hurst*, K&R 2019, 454; BT-Drs. 19/4724, S. 31.
138 K/B/F/*Alexander*, § 10 GeschGehG Rn. 27; Teplitzky/*Schaub*, Kap. 33 Rn. 12.
139 H/O/K/*Kalbfus*, § 10 Rn. 42.
140 BGH, 16.11.2017 – I ZR 161/16, GRUR 2018, 535 Rn. 40 – Knochenzement I mwN.
141 *Kraßer*, GRUR, 1977, 177, 183; *Reinfeld*, § 4 Rn. 135.

V. Rechtsfolge: Schaden und Schadens(ersatz)berechnung § 10

stamms verlangen (**Belieferungsverbot**).[142] In Fällen des unlauteren Abwerbens von Mitarbeitern konnte der Anspruch darauf gerichtet werden, für eine gewisse Zeit zu verhindern, dass durch die Abwerbung ein unlauterer Vorteil erzielt wird (**Beschäftigungsverbot**).[143] Ob der BGH angesichts der jeweils betroffenen Interessen Dritter (Arbeitnehmer, Kunden) und der Beschränkung des freien Wettbewerbs an dieser Rechtsprechung festhält und ob diese außerdem erweiternd auf die Verletzung von Geschäftsgeheimnissen übertragbar ist, hat der BGH in seiner Knochenzement I-Entscheidung ausdrücklich offengelassen.[144] Diese Rechtsprechung des BGH wird **kritisiert**: Nach *Alexander* seien mit Beschäftigungs- und Belieferungsverboten nicht nur tiefgreifende Eingriffe in die Handlungsfreiheit der Betroffenen verbunden. Es komme dadurch auch zu einer „Quasi-Verdinglichung" von Vertragsverhältnissen.[145] *Alexander* positioniert sich somit gegen die Aussprache von Beschäftigungs- und Belieferungsverboten und lehnt auch die Übertragbarkeit der Rechtsprechung des BGH auf den Schadensersatzanspruch aus § 10 ab.[146] *Köhler* fordert bei der Aussprache von Beschäftigungs- und Belieferungsverboten eine große Zurückhaltung und verweist auf die Möglichkeit der Kompensation in Geld.[147] **Richtig ist** zwar, dass die vom BGH für möglich gehaltenen Beschäftigungs- und Belieferungsverbote zur Folgenbeseitigung erforderlich sein können und daher nicht per se ausgeschlossen werden dürfen. Dass gleichwohl mit den genannten Literaturstimmen Zurückhaltung angebracht ist, liegt ebenso auf der Hand. Der Schlüssel hierfür liegt in der in der Richtlinie erwähnten Anforderung, dass der Schadensersatz „angemessen" sein muss.[148]

Sollte die Naturalrestitution nicht möglich oder zur Entschädigung des Gläubigers nicht genügend sein, kommt eine Geldentschädigung in Betracht (§ 251 Abs. 1 BGB). Der Anspruch auf **Kompensation in Geld** spielt in der Praxis eine bedeutende Rolle.[149] Nach § 251 Abs. 1 BGB sind die eingetretenen Vermögenseinbußen ersatzfähig. Ob ein Vermögensschaden vorliegt, ist nach der Differenzhypothese durch Vergleich der infolge des haftungsbegründenden Ereignisses eingetretenen

---

142 BGH, 6.11.1963 – Ib ZR 41/62 u. 40/63, GRUR 1964, 215, 216 f. – Milchfahrer; BGH, 3.12.1969 – I ZR 151/67, GRUR 1970, 182, 184 – Bierfahrer; K/B/F/*Alexander*, § 10 GeschGehG Rn. 28.
143 BGH, 17.3.1961 – I ZR 26/60, GRUR 1961, 482, 483 – Spritzgußmaschine; BGH, 21.12.1966 – Ib ZR 146/64, GRUR 1967, 428, 429 – Anwaltsberatung I; BGH, 19.2.1971 – I ZR 97/69, GRUR 1971, 358, 359 – Textilspitzen; BGH, 23.4.1975 – I ZR 3/74, GRUR 1976, 306, 307 – Baumaschinen; K/B/F/*Alexander*, § 10 GeschGehG Rn. 28.
144 BGH, 16.11.2017 – I ZR 161/16, GRUR 2018, 535 Rn. 41 – Knochenzement I; K/B/F/*Alexander*, § 10 GeschGehG Rn. 28; H/O/K/*Kalbfus*, § 10 Rn. 44; s. auch *Schilling*, in: FS Büscher, S. 383, 391.
145 *Alexander*, S. 236 ff., 239; K/B/F/*Alexander*, § 10 GeschGehG Rn. 28.
146 K/B/F/*Alexander*, § 10 GeschGehG Rn. 28.
147 K/B/F/*Köhler*, § 9 UWG Rn. 1.26.
148 S. zu diesem Vorbehalt Rn. 23.
149 K/B/F/*Alexander*, § 10 GeschGehG Rn. 29.

§ 10 Haftung des Rechtsverletzers

Vermögenslage mit derjenigen, die sich ohne dieses Ereignis ergeben hätte (**hypothetische Vermögenslage**), zu beurteilen.[150]

56 Zu berücksichtigen sind hierbei **Kosten zur Beseitigung eingetretener Folgen**, aber auch die **Kosten des nachlaufenden Rechtsschutzes**.[151] Damit sind die Kosten gemeint, die im Zusammenhang mit der Feststellung der Rechtsverletzung und den Nachforschungen entstanden sind.[152] Dazu zählen etwa die Kosten einer ökonomischen Analyse zur Feststellung der konkreten Schadenshöhe und dahingehender Sachverständigengutachten,[153] Kosten für die notwendige Einholung von Rechtsrat, Einschaltung einer Detektei und Testkäufe.[154] Bloße Sicherungsmaßnahmen, die im Vorfeld einer Rechtsverletzung ergriffen werden, sind nicht ersatzfähig.[155] Als angemessene Schutzmaßnahmen stellen sie aber eine Voraussetzung für das Entstehen des Geheimnisschutzes dar.

57 Der zu ersetzende Schaden umfasst auch den **entgangenen Gewinn** (§ 252 BGB). Aufgrund der nach der Differenzhypothese geforderten Darlegung der hypothetischen Vermögenslage wäre die Schadensberechnung für den Verletzten insoweit mit nicht unerheblichen Schwierigkeiten verbunden.[156] Das Gesetz enthält für diesen Fall in § 252 Satz 2 BGB eine **Darlegungs- und Beweiserleichterung** für den Verletzten. Sowohl diese Bestimmung als auch § 287 ZPO dienen dazu, dem Geschädigten den Schadensnachweis zu erleichtern. Statt der sonst für die Überzeugungsbildung des Gerichts erforderlichen Gewissheit vom Vorhandensein bestimmter Tatumstände genügt die bloße Wahrscheinlichkeit eines bestimmten Geschehensablaufs.[157] Nach § 252 Satz 2 BGB gilt der Gewinn als entgangen, welcher nach dem gewöhnlichen Lauf der Dinge oder nach den besonderen Umständen, insbes. nach den getroffenen Anstalten und Vorkehrungen, mit Wahrscheinlichkeit erwartet werden konnte. Der Verletzte kann demnach zwischen der **abstrakten Schadensberechnung** und der **konkreten Schadensberechnung**[158] entscheiden, wobei er bei beiden Alternativen jeweils darzulegen hat, dass ein bestimmter Gewinn ohne die Verletzung mit Wahrscheinlichkeit erzielt worden wäre. Dem Verletzten bleibt es also nicht erspart, eine tatsächliche Grundlage zu unterbreiten, die eine Schätzung des entgangenen Gewinns ermöglicht.[159] Wie dargelegt, handelt es sich bei § 252 Satz 2 ZPO um eine **Beweiserleichterung**. Ist also ersichtlich, dass ein

---
150 So BAG, 30.5.2018 – 10 AZR 780/16, NZA 2018, 1425 Rn. 26; *Böhm/Nestler*, GRUR-Prax 2018, 181, 182.
151 BeckOK UWG/*Reiling/F. Wild*, § 10 GeschGehG Rn. 13.
152 *Hofmann*, WRP 2018, 1 Rn. 14; Erwgrd. 30 RL.
153 BeckOK UWG/*Reiling/F. Wild*, § 10 GeschGehG Rn. 13; zu einem alternativen Modell einer betriebswirtschaftlichen Schadensberechnung s. *Nägele/Menninger*, WRP 2007, 912.
154 Teplitzky/*Schaub*, Kap. 34 Rn. 3.
155 BeckOK UWG/*Reiling/F. Wild*, § 10 GeschGehG Rn. 13.
156 H/O/K/*Kalbfus*, § 10 Rn. 46.
157 BGH, 16.3.1959 – III ZR 20/58, NJW 1959, 1079; BGH, 22.4.1993 – I ZR 52/91, GRUR 1993, 757, 758 – Kollektion Holiday; Teplitzky/*Schwippert*, Kap. 52 Rn. 35.
158 H/O/K/*Kalbfus*, § 10 Rn. 46.
159 BGH, 22.4.1993 – I ZR 52/91, GRUR 1993, 757, 758 – Kollektion Holiday.

V. Rechtsfolge: Schaden und Schadens(ersatz)berechnung § 10

Gewinn nach dem gewöhnlichen Lauf der Dinge oder nach den getroffenen Anstalten und Vorkehrungen mit Wahrscheinlichkeit erwartet werden konnte, so wird vermutet, dass er auch tatsächlich gemacht worden wäre.[160] Diese **Vermutung** kann aber nach § 292 Satz 1 ZPO **widerlegt werden**. Dem Rechtsverletzer obliegt der Beweis, dass er nach dem späteren Verlauf oder aus irgendwelchen anderen Gründen dennoch nicht erzielt worden wäre.[161] Erstattungsfähig ist der tatsächlich zu erwartende Gewinn. Dies gilt aber nur, soweit die Gewinnerzielung den Wertungen der Rechtsordnung nicht widerspricht.[162] Nicht erstattungsfähig ist demnach der Gewinn, der aus der Verletzung eines gesetzlichen Verbots[163] resultiert. Als entgangenen Gewinn kann der Verletzte auch nicht fordern, was er nur mit rechtswidrigen Mitteln erzielt hätte.[164]

Die Ermittlung des konkreten Schadens einschließlich des entgangenen Gewinns wird für die Gerichte durch **die Möglichkeit der Schadensschätzung nach § 287 ZPO** erleichtert. Wie die Bestimmung des § 252 Satz 2 BGB, dient auch die Bestimmung des § 287 ZPO dazu, dem Geschädigten den Schadensnachweis zu erleichtern.[165] Die Beweiserleichterungen der § 252 Satz 2 BGB und § 287 ZPO sind nebeneinander anwendbar.[166] Nach § 287 Abs. 1 ZPO entscheidet das Gericht unter Würdigung aller Umstände nach freier Überzeugung, ob ein Schaden entstanden ist und wie hoch sich der Schaden oder ein zu ersetzendes Interesse beläuft. Demnach gewährt die Vorschrift dem Verletzten Beweiserleichterungen hinsichtlich der Entstehung und der Höhe des Schadens. Sie greift aber auch bei der Prüfung der sog. haftungsausfüllenden Kausalität, dh. bei der Feststellung, ob der Schaden auf dem verpflichtenden Verhalten beruht.[167] Für die Überzeugungsbildung ist eine Gewissheit des Gerichts nicht mehr erforderlich. Anstelle einer an Sicherheit grenzenden Wahrscheinlichkeit genügt bereits eine mehr oder minder hohe, mindestens aber überwiegende Wahrscheinlichkeit.[168] § 287 ZPO führt demnach zu einer Herabsetzung des Beweismaßes.[169] Der Gesetzgeber hat durch die Eröffnung der Möglichkeit der Schadensschätzung in Kauf genommen, dass die Höhe des geschätzten Betrages mit der Wirklichkeit vielfach nicht übereinstimmt. Die Schätzung soll aber möglichst nahe an diese heranführen. Das Gericht hat **nach pflichtgemäßem Ermessen** zu beurteilen, ob die Schätzung eines Mindestschadens möglich ist. Eine

---

160 BGH, 16.3.1959 – III ZR 20/58, NJW 1959, 1079.
161 BGH, 16.3.1959 – III ZR 20/58, NJW 1959, 1079.
162 K/B/F/*Alexander*, § 10 GeschGehG Rn. 32.
163 BGH, 28.1.1986 – VI ZR 151/84, NJW 1986, 1486, 1487; BGH, 24.2.2005 – I ZR 101/02, GRUR 2005, 519, 520 – Vitamin-Zell-Komplex.
164 BGH, 21.2.1964 – I b ZR 108/62, NJW 1964, 1181, 1183.
165 BGH, 22.4.1993 – I ZR 52/91, GRUR 1993, 757, 758 – Kollektion Holiday; BGH, 16.3.1959 – III ZR 20/58, NJW 1959, 1079; Teplitzky/*Schwippert*, Kap. 52 Rn. 35.
166 BGH, 22.4.1993 – I ZR 52/91, GRUR 1993, 757, 758 – Kollektion Holiday; H/O/K/*Kalbfus*, § 10 Rn. 47; Palandt/*Grüneberg*, § 252 BGB Rn. 4.
167 BGH, 29.1.2019 – VI ZR 113/17, NJW 2019, 2092 Rn. 12; Musielak/Voit/*Foerste*, § 287 Rn. 3; *Teplitzky*, GRUR 1987, 215, 216; H/O/K/*Kalbfus*, § 10 Rn. 47.
168 BGH, 21.1.2016 – I ZR 90/14, GRUR 2016, 860 Rn. 21 – Deltamethrin II.
169 H/O/K/*Kalbfus*, § 10 Rn. 47.

Schätzung darf nur (und muss) dann unterbleiben, wenn sie mangels konkreter Anhaltspunkte vollkommen „**in der Luft hinge**" und daher willkürlich wäre. Eine völlig abstrakte Berechnung des Schadens lässt § 287 ZPO nicht zu.[170] Der Verletzte muss **konkrete Anknüpfungstatsachen**, aus denen sich die Wahrscheinlichkeit des Gewinneintritts ergibt, darlegen und beweisen und kann dies auch nicht durch Angebot eines **Sachverständigenbeweises** „ins Blaue hinein" umgehen.[171] An die Darlegung solcher Anknüpfungstatsachen sind zwar im Ausgangspunkt keine zu hohen Anforderungen zu stellen.[172] Die Anforderungen sind allerdings umso höher, je sachkundiger der Verletzte ist und je mehr Erkenntnismöglichkeiten er hat.[173] Nach Auffassung des OLG Köln hat der Verletzte zumindest ansatzweise seine Kalkulationsgrundlagen offenzulegen und produktbezogene Erlöse und Kosten einander gegenüberzustellen. Allein der Vortrag der erzielten Gewinnmargen genüge nicht.[174] Greifbare Anknüpfungstatsachen, die für eine Schadensschätzung unabdingbar sind, hat der Geschädigte folglich im Regelfall darzulegen und zu beweisen.[175] Die Darlegungs- und Beweislast hinsichtlich der Anknüpfungstatsachen kann uU durch einen prima facie-Beweis erleichtert sein.[176]

b) Herausgabe des Verletzergewinns

59 Der Inhaber des Geschäftsgeheimnisses kann auch den vom Rechtsverletzer **erzielten Gewinn** herausverlangen. Bei dieser Berechnungsmethode geht es um eine **Gewinnabschöpfung** und nicht um die Herausgabe des erzielten Umsatzes als solchen.[177] Es kann lediglich der Reinerlös des Rechtsverletzers beansprucht werden, weshalb von dem erzielten Umsatz die **Kosten** des Rechtsverletzers in Abzug zu bringen sind.[178] Bei der Berechnung des Schadens nach den Grundsätzen der Herausgabe des Verletzergewinns wird **fingiert**, dass der Verletzte ohne die Rechts-

---

170 So BAG, 30.5.2018 – 10 AZR 780/16, NZA 2018, 1425 Rn. 27 f. mwN, in dieser Entscheidung hat der BAG die Grundsätze zur Geltendmachung des konkreten Schadens einschließlich des entgangenen Gewinns zusammengefasst; *Reinfeld*, § 4 Rn. 140.
171 BGH, 21.1.2016 – I ZR 90/14, GRUR 2016, 860 Rn. 21 – Deltamethrin II; BAG, 30.5.2018 – 10 AZR 780/16, NZA 2018, 1425 Rn. 27 f.
172 BGH, 14.2.2008 – I ZR 135/05, GRUR 2008, 2716 Rn. 19 – Schmiermittel; BGH, 21.1.2016 – I ZR 90/14, GRUR 2016, 860 Rn. 21 – Deltamethrin II; BAG, 30.5.2018 – 10 AZR 780/16, NZA 2018, 1425 Rn. 27 f.
173 Vgl. BGH, 26.11.1986 – VIII ZR 260/85, NJW 1987, 909, 910; Cepl/Voß/*Rinken*, § 287 ZPO Rn. 17; s. auch zu den entsprechenden Anforderungen an einen **Beweisantritt durch Sachverständigenbeweis** BGH, 15.6.2010 – XI ZR 318/09, BeckRS 2010, 17011 Rn. 25 (zu § 142 ZPO); BGH, 10.10.1994 – II ZR 95/93, NJW 1995, 130, 131 f.; BGH, 9.7.1974 – VI ZR 112/73, NJW 1974, 1710; OLG München, 23.7.1999 – 21 U 6185/98, Rn. 30 ff. (juris); OLG Hamm, 21.8.2000 – 6 U 149/99, NJOZ 2001, 924, 925; Wieczorek/Schütze/*Ahrens*, § 403 ZPO Rn. 7; Stein/Jonas/*Berger*, § 403 Rn. 3.
174 OLG Köln, 24.1.2014 – 6 U 111/13, WRP 2014, 742 Rn. 26 – Converse Allstar; H/O/K/*Kalbfus*, § 10 Rn. 47.
175 BAG, 30.5.2018 – 10 AZR 780/16, NZA 2018, 1425 Rn. 27 f.
176 MK-BGB/*Oetker*, § 252 Rn. 37; H/O/K/*Kalbfus*, § 10 Rn. 47.
177 BeckOK GeschGehG/*Spieker*, § 10 Rn. 5.
178 BeckOK UWG/*Reiling/F. Wild*, § 10 GeschGehG Rn. 16.

verletzung den gleichen Gewinn erzielt hätte wie der Rechtsverletzer.[179] Der Verletzte wird also wirtschaftlich so gestellt, als unterhalte er einen entsprechenden Betrieb wie der Verletzer.[180] Es kommt daher nicht darauf an, ob der Verletzte tatsächlich in der Lage gewesen wäre, einen Gewinn in dieser Höhe zu erzielen.[181] Unbeachtlich wäre folglich der Einwand, der Verletzte hätte den Gewinn, der durch die Rechtsverletzung erzielt worden ist, selbst nicht erwirtschaften können.[182] Diese Berechnungsmethode soll dem **Ausgleichsgedanken** Rechnung tragen und zugleich der **Prävention** gegen eine Verletzung von Schutzrechten dienen.[183]

Grundsätzlich kann davon ausgegangen werden, dass der Schaden des Verletzten mit dem Gewinn des Verletzers in irgendeiner Wechselbeziehung steht: Ein **Verletzergewinn** erlaubt im **Regelfall** den Schluss, dass beim Verletzten ein Schaden eingetreten ist, weil nach der Lebenserfahrung normalerweise davon ausgegangen werden kann, dass dem Verletzten entsprechende eigene Geschäfte (und daraus resultierende Gewinnmöglichkeiten) entgangen sind.[184] Führt der Gewinn des Verletzers aber gleichzeitig zu einem Gewinn des Verletzten, so fehlt es vollkommen an einem Schaden des Verletzten, sodass insoweit die Berechnung des Schadens nach den Grundsätzen der Herausgabe des Verletzergewinns ausgeschlossen ist.[185]

60

In seiner **Gemeinkostenanteil-Entscheidung**[186] hat der BGH im Jahre 2001 die Grundsätze zur Ermittlung des Verletzergewinns aufgestellt. Die Rechtsprechung bezieht sich auf die Berechnung des Schadens bei Verletzung des Geschmacksmusterrechts (heute: Designrecht). In seiner **Steckverbindergehäuse-Entscheidung**[187] hat der BGH im Jahre 2006 die in der Gemeinkostenanteil-Entscheidung aufgestellten Grundsätze für die Bemessung des Verletzergewinns in Fällen des wettbewerbsrechtlichen Leistungsschutzes für anwendbar erklärt und die Ermittlung des Verletzergewinns fortentwickelt. Aufgrund der vergleichbaren Interessenlage finden die Grundsätze aus der **Gemeinkostenanteil-Entscheidung auf die** Bemessung des Verletzergewinns in Fällen der Verletzung von Geschäftsgeheimnissen entsprechende Anwendung.[188]

61

Zur Ermittlung des herauszugebenden Verletzergewinns ist zunächst **der berücksichtigungsfähige Verletzerumsatz aa)** zu bestimmen. Im nächsten Schritt sind **die abzugsfähigen Kosten des Verletzers bb)**, dh. die auf den Verletzerumsatz an-

62

---

179 BGH, 2.11.2000 – I ZR 246/98, GRUR 2001, 329, 331 – Gemeinkostenanteil mwN; BGH, 21.9.2006 – I ZR 6/04, GRUR 2007, 431 Rn. 21 – Steckverbindergehäuse.
180 H/O/K/*Kalbfus*, § 10 Rn. 57.
181 *Reinfeld*, § 4 Rn. 142; *Heil/Roos*, GRUR 1994, 26, 27.
182 BGH, 2.11.2000 – I ZR 246/98, GRUR 2001, 329, 332 – Gemeinkostenanteil; BGH, 21.9.2006 – I ZR 6/04, GRUR 2007, 431 Rn. 40 – Steckverbindergehäuse.
183 Teplitzky/*Schaub*, Kap. 34 Rn. 35 mwN.
184 BGH, 2.2.1995 – I ZR 16/93, GRUR 1995, 349, 351 – Objektive Schadensberechnung.
185 BGH, 2.2.1995 – I ZR 16/93, GRUR 1995, 349, 351 – Objektive Schadensberechnung; H/O/K/*Kalbfus*, § 10 Rn. 57; Teplitzky/*Schaub*, Kap. 34 Rn. 36.
186 BGH, 2.11.2000 – I ZR 246/98, GRUR 2001, 329 – Gemeinkostenanteil.
187 BGH, 21.9.2006 – I ZR 6/04, GRUR 2007, 431 – Steckverbindergehäuse.
188 K/B/F/*Alexander*, § 10 GeschGehG Rn. 36.

§ 10 Haftung des Rechtsverletzers

zurechnenden Kosten zu ermitteln. **Schließlich** ist zu prüfen, ob die erzielten Gewinne auf der Rechtsverletzung beruhen (**Kausalanteil**) **cc**).[189]

aa) Ermittlung des berücksichtigungsfähigen Verletzerumsatzes

63 In erster Linie ist der **Umsatz** zu bestimmen, den der Verletzer mit dem **rechtsverletzenden Produkt** (§ 2 Nr. 4) erzielt hat. Sollte der Rechtsverletzer zwischenzeitlich von dem Verletzten im Wege eines Rückrufs in Anspruch genommen worden sein und kommt es dadurch zur **Rückabwicklung der Kaufverträge**, so sind die zurückerstatteten Kaufpreise umsatzmindernd zu berücksichtigen.[190]

64 Ein rechtsverletzendes Produkt kann selbst dann vorliegen, wenn bei einer **zusammengesetzten Vorrichtung** lediglich ein abgrenzbarer Teil des erzielten Umsatzes auf einer Rechtsverletzung beruht.[191] Dies gilt insbes. dann, wenn der abgrenzbare Teil für sich genommen Gegenstand des Handelsverkehrs sein kann. Entscheidend ist hierbei die Verkehrsanschauung.[192]

65 Von dem berücksichtigungsfähigen Umsatz können auch solche Umsätze erfasst werden, die mit dem **Vertrieb von Peripheriegeräten** erzielt werden. Dies gilt aber grundsätzlich nur dann, wenn der Vertrieb der Peripheriegeräte dem Verletzer nur deshalb gelingt, weil er seinen Kunden nur das rechtsverletzende Produkt angeboten hat.[193] Entsprechendes gilt hinsichtlich **komplementärer Produkte und Verbrauchsmaterialien**,[194] die gewöhnlich zusammen mit dem rechtsverletzenden Produkt vertrieben werden und mit denen der Verletzer nur aufgrund des Vertriebs des rechtsverletzenden Produkts Umsatz erzielt hat.[195]

bb) Ermittlung der abzugsfähigen Kosten des Rechtsverletzers

66 Im nächsten Schritt sind die **Kosten** des Rechtsverletzers zu ermitteln, die von dem erzielten Umsatz **abzugsfähig** sind. In seiner bereits erwähnten Gemeinkostenanteil-Entscheidung[196] hat der BGH betont, dass es sich bei dem Anspruch auf Herausgabe des Verletzergewinns um keinen Anspruch auf Ersatz des konkret entstandenen Schadens handele. Vielmehr ziele dieser Anspruch auf einen **billigen Ausgleich** des Vermögensnachteils, den der verletzte Rechtsinhaber erlitten hat.[197] Es liege in der Natur der Immaterialgüterrechte, dass im Einzelfall kaum feststellbar und beweisbar sei, welcher Gewinn dem Rechtsinhaber dadurch entgangen ist, dass

---

189 H/O/K/*Kalbfus*, § 10 Rn. 58.
190 *Kühnen*, Hdb. PatV, Kap. I Rn. 189; Schulte/*Voß*, § 139 Rn. 97.
191 Vgl. zum Patentrecht BGH, 24.7.2012 – XZR 51/11, GRUR 2012, 1226 Rn. 18 – Flaschenträger.
192 H/O/K/*Kalbfus*, § 10 Rn. 59.
193 Zum Patentrecht LG Düsseldorf, 11.4.2006 – 4b O 430/02, InstGE 6, 136 – Magnetspule.
194 OLG Düsseldorf, 20.11.2008 – I-2 U 82/02, BeckRS 2010, 22910.
195 H/O/K/*Kalbfus*, § 10 Rn. 59.
196 Gegenstand der Entscheidung war die Verletzung des Geschmacksmusterrechts.
197 BGH, 2.11.2000 – I ZR 246/98, GRUR 2001, 329, 331 – Gemeinkostenanteil; BGH, 2.2.1995 – I ZR 16/93, GRUR 1995, 349 – Objektive Schadensberechnung.

V. Rechtsfolge: Schaden und Schadens(ersatz)berechnung § 10

der Verletzer in das ihm zugewiesene Ausschließlichkeitsrecht eingegriffen und damit seine eigenen Möglichkeiten zur Auswertung des Rechts geschmälert habe. Es wäre jedoch unbillig, dem Verletzer einen Gewinn, der auf der unbefugten Nutzung des Ausschließlichkeitsrechts beruhe, zu belassen.[198] Nach dem BGH müsse sich der Verletzer bei dem **Anspruch auf Herausgabe des Verletzergewinns** letztlich so behandeln lassen, als habe er das Ausschließlichkeitsrecht als **Geschäftsführer ohne Auftrag** benutzt. Um dem **Ausgleichsgedanken** Rechnung zu tragen, wird daher fingiert, dass der Rechtsinhaber ohne die Rechtsverletzung durch die Verwertung seines Schutzrechts den gleichen Gewinn wie der Verletzer erzielt hätte.[199]

Nach Sinn und Zweck des Anspruchs auf Herausgabe des Verletzergewinns ist es grundsätzlich gerechtfertigt, bei der Ermittlung des Verletzergewinns von dem erzielten Umsatz die **Aufwendungen** abzuziehen, bei denen es sich um **variable** (dh. vom Beschäftigungsgrad abhängige) **Kosten** für Herstellung und Vertrieb rechtsverletzender Produkte handelt.[200] 67

Fixkosten, die unabhängig von der jeweiligen Beschäftigung ohnehin angefallen wären, sind grundsätzlich nicht abzugsfähig (zB Mieten, zeitabhängige Abschreibungen für Anlagevermögen).[201] Denn würde man dem Verletzer gestatten, von seinen Erlösen Fixkosten abzusetzen, so wäre der aus der Rechtsverletzung stammende Gewinn nicht vollständig abgeschöpft. Dem Verletzer verbliebe vielmehr ein **Deckungsbeitrag** zu seinen Fixkosten.[202] Dies stünde in Widerspruch zu dem Gedanken, dass der Verletzte durch die Herausgabe des Verletzergewinns so zu stellen ist, als hätte er ohne die Rechtsverletzung den gleichen Gewinn wie der Rechtsverletzer erzielt. Denn in diesem Fall hätte der Verletzte bei einem Einsatz des eigenen Unternehmens für die Herstellung und den Vertrieb einen Deckungsbeitrag zu seinen eigenen Gemeinkosten erwirtschaften können.[203] Fixkosten sind bei der Ermittlung des Verletzergewinns von den Erlösen aber **ausnahmsweise** dann abzuziehen, falls und soweit sie **unmittelbar und ausschließlich den rechtsverletzenden Produkten zugeordnet werden können**.[204] Dies ist etwa der Fall bei Mietzahlungen für Vorrichtungen, die nur dem Zweck gedient haben, die rechtsverletzenden Produkte herzustellen, oder bei Gehältern für Personen, die ausschließlich die rechtsverletzenden Produkte entwickelt oder gefertigt haben, wobei den Verletzer die Darlegungs- und Beweislast trifft.[205] 68

---

198 BGH, 2.11.2000 – I ZR 246/98, GRUR 2001, 329, 331 – Gemeinkostenanteil mwN.
199 BGH, 2.11.2000 – I ZR 246/98, GRUR 2001, 329, 331 – Gemeinkostenanteil mwN.
200 BGH, 2.11.2000 – I ZR 246/98, GRUR 2001, 329, 331 – Gemeinkostenanteil.
201 BGH, 2.11.2000 – I ZR 246/98, GRUR 2001, 329, 331 – Gemeinkostenanteil.
202 Vgl. dazu näher *Lehmann*, BB 1988, 1680, 1688 f.
203 BGH, 2.11.2000 – I ZR 246/98, GRUR 2001, 329, 331 – Gemeinkostenanteil.
204 BGH, 2.11.2000 – I ZR 246/98, GRUR 2001, 329, 331 – Gemeinkostenanteil; *Lehmann*, BB 1988, 1680, 1685.
205 OLG Düsseldorf, 15.2.2007 – 2 U 71/05, NJOZ 2007, 4297, 4306 f. – Schwerlastregal II.

§ 10 Haftung des Rechtsverletzers

69 Nicht abzugsfähig sind **Gemeinkosten**,[206] also solche Kosten, die keinen unmittelbaren Zusammenhang mit der unbefugten Ausnutzung des Schutzrechts haben und möglicherweise wirtschaftlich unvernünftig oder maßgeblich durch die Kosten der Herstellung anderer Produkte des Verletzerunternehmens beeinflusst sind. Der Verletzer kann ausnahmsweise **variable Gemeinkosten**[207] gewinnmindernd geltend machen, soweit sich diese im konkreten Fall ausschließlich dem rechtsverletzenden Produkt zuordnen lassen. Es greifen die gleichen Erwägungen wie bei den Fixkosten. Bei einem pauschalen Abzug von anteiligen Gemeinkosten auf den herauszugebenden Verletzergewinn wäre selbiger nicht vollständig abgeschöpft.

70 Zur Beantwortung der Frage, welche Kosten im Einzelnen abzugsfähig sind, ist der Rechtsgedanke heranzuziehen, den der BGH zugrunde gelegt hat: Für die Ermittlung des Schadensersatzes nach dem Verletzergewinn ist zu unterstellen, dass der Verletzte einen entsprechenden Betrieb unterhält, der dieselben **Produktions- und Vertriebsleistungen** wie der Betrieb des Verletzers hätte erbringen können.[208] Demnach sind **Kosten des Materials sowie Kosten der Energie** abzuziehen, soweit diese der **Fertigung des rechtsverletzenden Produkts** unmittelbar zugerechnet werden können.[209]

71 Zu den **Fertigungskosten**, die vollständig abgezogen werden können, zählen auch die auf die fragliche Produktion entfallenden **Personal- und Lohnkosten**, soweit sie der Produktion des rechtsverletzenden Produkts unmittelbar zugerechnet werden können.[210] Es kommt also maßgeblich darauf an, ob die Personen ausschließlich die rechtsverletzenden Produkte entwickelt oder gefertigt haben.[211] Ihre Abzugsfähigkeit richtet sich danach, ob sie im Rahmen einer wertenden Gesamtbetrachtung dem Produkt zugeordnet werden können oder ob es sich um auf den Gesamtbetrieb entfallende Kosten handelt.[212]

72 Im Bereich des Anlagevermögens sind die **Kosten für Maschinen und Produktionsstätten** anteilig im Verhältnis zur Lebensdauer abzuziehen, soweit sie nur für die Produktion und den Vertrieb der rechtsverletzenden Produkte verwendet worden sind.[213] Bei gemischter Nutzung sind die **Kosten der Produktionsmittel** nicht abzugsfähig.[214] **Mietzahlungen für Räumlichkeiten**, die nur zur Herstellung

---

206 BGH, 2.11.2000 – I ZR 246/98, GRUR 2001, 329, 331 – Gemeinkostenanteil.
207 BGH, 2.11.2000 – I ZR 246/98, GRUR 2001, 329, 331 – Gemeinkostenanteil.
208 BGH, 21.9.2006 – I ZR 6/04, GRUR 2007, 431 Rn. 31 – Steckverbindergehäuse.
209 BGH, 21.9.2006 – I ZR 6/04, GRUR 2007, 431 Rn. 31 – Steckverbindergehäuse.
210 BGH, 21.9.2006 – I ZR 6/04, GRUR 2007, 431 Rn. 31 – Steckverbindergehäuse.
211 BGH, 2.11.2000 – I ZR 246/98, GRUR 2001, 329, 331 – Gemeinkostenanteil; OLG Düsseldorf, 15.2.2007 – 2 U 71/05, NJOZ 2007, 4297, 4306 f. – Schwerlastregal II; *Lehmann*, BB 1988, 1680, 1685.
212 OLG Köln, 26.4.2013 – 6 U 171/11, GRUR-RR 2013, 398, 400 – Bigfoot II.
213 BGH, 21.9.2006 – I ZR 6/04, GRUR 2007, 431 Rn. 31 – Steckverbindergehäuse.
214 H/O/K/*Kalbfus*, § 10 Rn. 62.

V. Rechtsfolge: Schaden und Schadens(ersatz)berechnung § 10

rechtsverletzender Produkte und nicht gemischt genutzt worden sind, stellen ausnahmsweise abzugsfähige Posten dar.[215]

Typischerweise abzugsfähige Posten sind **Kosten der Sachmittel für Verpackung und Vertrieb**,[216] **Fracht-, Montage und Logistikkosten oder Provisionen**.[217] Diese Posten sind aber nur dann abzugsfähig, soweit sie ausschließlich rechtsverletzenden Produkten zugeordnet werden können, dh. soweit sie **produktbezogen** und nicht betriebsbezogen sind.[218] Bei einem gemischten Versand rechtsverletzender und anderer Produkte sind die angefallenen Kosten nicht abzugsfähig. **Skonti** mindern bereits die erzielten Umsätze und können daher nicht im Rahmen der Ermittlung der abzugsfähigen Aufwendungen erneut Berücksichtigung finden.[219] 73

Nicht abzugsfähig sind Kosten, die unabhängig vom Umfang der Produktion und des Vertriebs durch die Unterhaltung des Betriebs entstanden sind. Hierzu zählen bspw. **allgemeine Marketingkosten, die Geschäftsführergehälter, die Verwaltungskosten** sowie die **Kosten für Anlagevermögen**, das nicht konkret dem rechtsverletzenden Produkt zugerechnet werden kann.[220] 74

Darüber hinaus sind **Anlauf- und Entwicklungskosten** nicht abzugsfähig.[221] Obgleich diese Kosten unmittelbar einem rechtsverletzendem Produkt zugeordnet werden können, so wären sie beim Verletzten nicht in gleicher Weise angefallen. Anlauf- und Entwicklungskosten sind nicht Folge der Rechtsverletzung als solcher. Vielmehr beruhen sie auf betriebsbedingten Nachteilen des Verletzers.[222] 75

Gleiches gilt für die **Kosten bereits hergestellter Produkte**, die – etwa wegen einer Unterlassungsverpflichtung – nicht mehr veräußert werden dürfen.[223] Ebenso sind **Kosten für die Durchführung eines Rückrufs** und die **Vernichtung rechtsverletzender Produkte** nicht abzugsfähig.[224] 76

Rechtsverteidigungskosten, die dem Verletzer durch die Abwehr der Verletzungsklage entstanden sind, sind ebenfalls nicht gewinnmindernd zu berücksichtigen.[225] Diese Kosten sind keine variablen Kosten für die Herstellung und den Vertrieb der rechtsverletzenden Produkte, sondern Gemeinkosten, die einem geltend gemachten 77

---

215 OLG Düsseldorf, 15.2.2007 – 2 U 71/05, NJOZ 2007, 4297, 4306 f. – Schwerlastregal II.
216 BGH, 21.9.2006 – I ZR 6/04, GRUR 2007, 431 Rn. 31 – Steckverbindergehäuse.
217 OLG Düsseldorf, 15.2.2007 – 2 U 71/05, NJOZ 2007, 4297, 4307 – Schwerlastregal II; OLG Köln, 26.4.2013 – 6 U 171/11, GRUR-RR 2013, 398, 401 – Bigfoot II.
218 BGH, 21.9.2006 – I ZR 6/04, GRUR 2007, 431 Rn. 31 – Steckverbindergehäuse; OLG Köln, 26.4.2013 – 6 U 171/11, GRUR-RR 2013, 398, 401 – Bigfoot II.
219 OLG Köln, 26.4.2013 – 6 U 171/11, GRUR-RR 2013, 398, 401 – Bigfoot II.
220 BGH, 21.9.2006 – I ZR 6/04, GRUR 2007, 431 Rn. 32 – Steckverbindergehäuse.
221 BGH, 21.9.2006 – I ZR 6/04, GRUR 2007, 431 Rn. 32 – Steckverbindergehäuse; BGH, 7.2.2002 – I ZR 304/99, GRUR 2002, 532, 537 – Unikatrahmen.
222 H/O/K/*Kalbfus*, § 10 Rn. 65.
223 BGH, 21.9.2006 – I ZR 6/04, GRUR 2007, 431 Rn. 32 – Steckverbindergehäuse.
224 *Kühnen*, Hdb. PatV, Kap. I Rn. 189.
225 OLG Düsseldorf, 15.2.2007 – 2 U 71/05, NJOZ 2007, 4297, 4307 – Schwerlastregal II; OLG Düsseldorf, 2.6.2005 – 2 U 39/03, BeckRS 2005, 10332 – Lifter.

§ 10 Haftung des Rechtsverletzers

Anspruch auf Schadensersatz in Form der Herausgabe des Verletzergewinns nicht entgegengestellt werden können.

78 **Schadensersatzleistungen**, die der Verletzer deshalb gegenüber seinen Abnehmern erbringen muss, weil der Rechtsinhaber die Abnehmer wegen des Weitervertriebs der rechtsverletzenden Produkte auf Schadensersatz in Anspruch genommen hat, mindern den Gewinn des Verletzers.[226] Leistet der Verletzer Schadensersatz an seine Abnehmer, weil diese am Weitervertrieb der rechtsverletzenden Produkte gehindert sind, so sind diese Schadensersatzleistungen nicht abzugsfähig.[227] Dem liegt die Erwägung zugrunde, dass bei der Bemessung des Schadensersatzes anhand des Verletzergewinns fingiert wird, der Rechtsinhaber hätte ohne die Rechtsverletzung durch Verwertung seines Schutzrechts den gleichen Gewinn wie der Verletzer erzielt. Ein Gewinn des Rechtsinhabers wäre jedoch nicht durch Schadensersatzzahlungen an seine Abnehmer geschmälert worden.[228]

79 Der Verletzer trägt die **Darlegungs- und Beweislast** für die Abzugsfähigkeit bestimmter Kosten. Dies umfasst auch die Darlegungs- und Beweislast dafür, dass entstandene Kosten ausschließlich für Herstellung und Vertrieb rechtsverletzender Produkte angefallen sind.[229]

cc) Ermittlung des Kausalanteils[230]

80 Produkte werden in der Regel nicht nur wegen der Eigenschaften, die auf der Rechtsverletzung beruhen, erworben. Auch eigene Eigenschaften des Produkts können für den Erwerb des Produkts maßgeblich sein. Der Verletzergewinn wird daher oftmals nicht vollständig auf der Rechtsverletzung beruhen. Im Bereich der Immaterialgüterrechte wird daher in einem letzten Schritt eine **normative Korrektur vorgenommen**: Der Verletzergewinn ist **nur insoweit** herauszugeben, als er auf **der Rechtsverletzung beruht**. Es wird die **Quote**[231] des Verletzergewinns bestimmt, die sich spezifisch der Rechtsverletzung zuordnen lässt (**Kausalanteil**).[232] In welchem Umfang der erzielte Verletzergewinn auf die Rechtsverletzung zurückzuführen ist, lässt sich in der Regel nicht genau ermitteln, sondern nur abschätzen. Der erforderliche ursächliche Zusammenhang zwischen der Rechtsverletzung und

---

226 BGH, 14.5.2009 – I ZR 98/06, GRUR 2009, 856 Rn. 73 – TrippTrapp-Stuhl.
227 BGH, 14.5.2009 – I ZR 98/06, GRUR 2009, 856 Rn. 74 – TrippTrapp-Stuhl.
228 BGH, 7.2.2002 – I ZR 304/99, GRUR 2002, 532, 535 – Unikatrahmen.
229 BGH, 21.9.2006 – I ZR 6/04, GRUR 2007, 431 Rn. 24 – Steckverbindergehäuse; OLG Düsseldorf, 15.2.2007 – 2 U 71/05, NJOZ 2007, 4297, 4306 f. – Schwerlastregal II.
230 Eingehend mit detaillierten Vorschlägen für einen Kausalitätsabschlag bei unterschiedlichen Immaterialgüterrechtsverletzungen *Kleinheyer*, S. 65 ff.
231 Für Beispiele zu Kausalanteilen in Fällen des wettbewerbsrechtlichen Nachahmungsschutzes und in Patentverletzungsfällen vgl. H/O/K/*Kalbfus*, § 10 Rn. 72.
232 BGH, 21.9.2006 – I ZR 6/04, GRUR 2007, 431 Rn. 37 f. – Steckverbindergehäuse; BGH, 24.7.2012 – XZR 51/11, GRUR 2012, 1226 Rn. 20 – Flaschenträger.

dem erzielten Verletzergewinn ist daher nicht im Sinne adäquater Kausalität zu verstehen. Vielmehr ist die Quote **wertend** zu bestimmen.[233]

Die Höhe des Anteils, zu dem die erzielten Gewinne auf der Rechtsverletzung beruhen, ist nach **§ 287 ZPO** in tatrichterlichem Ermessen zu schätzen.[234] Der Tatrichter hat unter Würdigung aller Umstände des Einzelfalls nach freier Überzeugung darüber zu entscheiden, ob zwischen der Rechtsverletzung und dem erzielten Gewinn der ursächliche Zusammenhang besteht und wie hoch der danach herauszugebende Gewinnanteil zu beziffern ist. In einem ersten Schritt hat das Tatgericht die Grundlagen seiner Schätzung objektiv zu ermitteln, dh. es muss so weit wie möglich die **Ausgangs- und Anknüpfungstatsachen** tatrichterlich feststellen; da der Verletzte die genaue Konfiguration des rechtsverletzenden Produkts nicht kennen wird, wird die Darlegungs- und Beweislast insoweit vorrangig beim Verletzer liegen. Die Gesamtheit aller Umstände ist sodann **abzuwägen und zu gewichten**.[235] Zur Minderung des Kausalanteils kann etwa der Umstand führen, dass das unter Verletzung des Schutzrechts hergestellte Erzeugnis keine identische Nachbildung des geschützten Gegenstands darstellt oder sonst besondere Eigenschaften aufweist, die für den erzielten Erlös von Bedeutung sind.[236] Nicht zur Minderung des Kausalanteils führen aber besondere Vertriebsleistungen des Verletzers, da der Verletzer nicht einwenden darf, der Verletzte hätte selbst nicht den gleichen Gewinn erreichen können.[237] Die Schätzung des Tatgerichts kann in der Revision nur auf Verfahrensfehler sowie daraufhin überprüft werden, ob bei der Ermittlung des auf die Rechtsverletzung zurückzuführenden Gewinns alle wesentlichen, schätzungsbegründenden Tatsachen, die sich aus der Natur der Sache ergeben oder von den Parteien vorgetragen wurden, berücksichtigt wurden und keinem Umstand ein ihm offensichtlich nicht zukommendes Gewicht beigemessen wurde, keine sachwidrigen Erwägungen angestellt und Denkgesetze und Erfahrungssätze beachtet wurden.[238]

Nach der Rechtsprechung des BGH durften **unter Verstoß gegen § 17 UWG erlangte Kenntnisse von Betriebsgeheimnissen vom Verletzer in keiner Weise verwendet werden**, weil die Ergebnisse, die der Verletzer mittels solcher Kenntnisse erzielte, als von Anfang an und jedenfalls in der Regel dauernd mit dem „**Makel der Wettbewerbswidrigkeit**" behaftet seien.[239] Dies müsse auch für Entwicklungen gelten, die zwar nicht vollständig auf den unlauter erlangten Kenntnissen beruhen, bei denen diese aber – entweder für eigenständige Entwicklungsgedanken

---

233 BGH, 24.7.2012 – X ZR 51/11, GRUR 2012, 1226 Rn. 20 – Flaschenträger.
234 BGH, 21.9.2006 – I ZR 6/04, GRUR 2007, 431 Rn. 37 f. – Steckverbindergehäuse.
235 BGH, 24.7.2012 – X ZR 51/11, GRUR 2012, 1226 Rn. 20 – Flaschenträger.
236 BGH, 2.11.2000 – I ZR 246/98, GRUR 2001, 329, 332 – Gemeinkostenanteil.
237 BGH, 2.11.2000 – I ZR 246/98, GRUR 2001, 329, 332 – Gemeinkostenanteil.
238 BGH, 24.7.2012 – X ZR 51/11, GRUR 2012, 1226 Rn. 20 – Flaschenträger mwN.
239 BGH, 19.12.1984 – I ZR 133/82, GRUR 1985, 294, 296 – Füllanlage; BGH, 19.3.2008 – I ZR 225/06, NJOZ 2009, 301 Rn. 9 – Entwendete Datensätze; Teplitzky/*Schaub*, Kap. 34 Rn. 33, der zu Recht darauf hinweist, dass aus der Füllanlage-Entscheidung des BGH nicht deutlich wird, weshalb der BGH meint, der gesamte Verletzergewinn sei ohne Berücksichtigung des Kausalanteils herauszugeben.

§ 10 Haftung des Rechtsverletzers

des Verletzers oder neben diesen – in einer Weise mitursächlich geworden sind, die wirtschaftlich oder technisch nicht als bedeutungslos angesehen werden kann.[240] Folglich fanden die Grundsätze zur Berücksichtigung des Kausalanteils bei Verstößen gegen § 17 UWG aF keine Anwendung. Bei Verletzung von Betriebsgeheimnissen war grundsätzlich der **gesamte unter Einsatz des geheimen Know-hows erzielte Gewinn herauszugeben.**[241]

83 Ob der Rechtsverletzer unter § 10 weiterhin den gesamten unter Einsatz des geheimen Know-hows erzielten Gewinn herauszugeben hat, oder doch nur eine anhand des Kausalanteils zu bestimmende Quote des Verletzergewinns, ist offen. Hierbei kann zu berücksichtigen sein, dass es sich bei den **§§ 17 UWG ff. aF um (rein) strafrechtliche Vorschriften** handelte. Im GeschGehG ist die **Strafvorschrift in § 23** nunmehr lediglich flankierend zu den primär zivilrechtlichen Regelungen des Geschäftsgeheimnisschutzes verankert. Zur Beantwortung der Frage könnte insofern (weiterhin) danach zu differenzieren sein, ob der Rechtsverletzer eine strafrechtlich relevante Geheimnisverletzung im Sinne des § 23 oder eine Geheimnisverletzung im Sinne von § 4 begangen hat.[242] Im ersten Fall wäre es denkbar, die Grundsätze des BGH aus der Füllanlage- bzw. „**Makel**"-Rechtsprechung weiterhin anzuwenden. Denn § 23 entspricht im Wesentlichen den bisherigen §§ 17 bis 19 UWG aF. Die Strafvorschrift ist primär regelungstechnisch sowie terminologisch modernisiert worden; eine (weitgehende) inhaltliche Änderung war nicht vorgesehen.[243] Darüber hinaus könnte auch Art. 14 Abs. 2 UAbs. 1 der Richtlinie, nach der durch den Rechtsverletzer erzielte unlautere Gewinne bei der Festsetzung der Höhe des Schadensersatzes zu berücksichtigen sind, für eine vollständige Abschöpfung des Verletzergewinns in diesen Fällen sprechen. Folglich wäre bei strafrechtlich relevanten Handlungen die Verpflichtung des Verletzers zur Herausgabe des gesamten Gewinns auch richtlinienkonform. In den Fällen des § 10 kann eine wertende Betrachtungsweise, die bei der Ermittlung des Verletzergewinns den Kausalanteil berücksichtigt, vorgenommen werden. **Vorzugswürdig** wäre es jedoch demgegenüber, die „**Makel**"-Rechtsprechung zugunsten einer generellen Berücksichtigung des Anteils der Verletzung am im Rede stehenden Verletzergewinn auch in Geschäftsgeheimnissachen **aufzugeben**: Der BGH hat insoweit ursprünglich selbst zwischen einem Anspruch aus § 17 UWG aF und § 1 UWG aF differenziert und darauf hingewiesen, dass (nur) bei einer Verletzung fremder Betriebsgeheimnisse nach § 17 UWG aF für Abwägungen und Einschränkungen kein Raum besteht.[244] Der BGH hat weiter aufgezeigt, dass nach Art der Schwere der Verletzungshandlung differenziert werden kann und angedeutet, dass bloße Verstöße gegen die lau-

---

240 BGH, 19.12.1984 – I ZR 133/82, GRUR 1985, 294, 296 – Füllanlage; BGH, 19.3.2008 – I ZR 225/06, NJOZ 2009, 301 Rn. 9 – Entwendete Datensätze.
241 BGH, 19.3.2008 – I ZR 225/06, NJOZ 2009, 301 Rn. 11 – Entwendete Datensätze; mit kritischer Tendenz A/L/G/*Grosch*, Kap. 6 Rn. 114 ff.
242 H/O/K/*Kalbfus*, § 10 Rn. 70.
243 BT-Drs. 19/4724, S. 40.
244 BGH, 19.3.2008 – I ZR 225/06, NJOZ 2009, 301 Rn. 10 – Entwendete Datensätze.

terkeitsrechtliche Generalklausel anders beurteilt werden können.[245] Nachdem der Schutz von Geschäftsgeheimnissen nunmehr **primär** zivilrechtlich ist, mutet es spätestens jetzt **willkürlich** an, im Falle von strafbaren Geschäftsgeheimnisverletzungen den gesamten Verletzergewinn abschöpfbar zu stellen, im Falle nicht strafbarer Geschäftsgeheimnisverletzungen aber nur den Kausalanteil zu berücksichtigen. **Wirtschaftlich** stellen sich die Folgen beider Verletzungsvarianten regelmäßig identisch dar; der vom BGH beobachtete „Makel" ist eine moralische und keine ökonomische Kategorie, die daher keine Abweichung vom Kausalanteil rechtfertigen kann (auch wenn dieser Kausalanteil in Ausnahmefällen natürlich bei 100 % liegen kann). Darüber hinaus sprechen das Verhältnismäßigkeitsprinzip und die weite Fassung des § 2 Nr. 4 für eine wertende Betrachtungsweise unter Berücksichtigung des Kausalanteils in allen Fällen einer Geschäftsgeheimnisverletzung.

Die Berechnung des Schadens nach den Grundsätzen der Herausgabe des Verletzergewinns entspricht weitgehend der Herausgabe des Verletzergewinns nach den **Grundsätzen der angemaßten Geschäftsführung gem. §§ 687 Abs. 2 Satz 1, 667 BGB**.[246] Nach dem BGH enthalte der gewerbsmäßige Vertrieb rechtsverletzender Gegenstände durch einen Nichtberechtigten zugleich eine eigennützige Verwertung eines fremden Rechtsguts und sei daher als Besorgung eines fremden Geschäfts iSd. § 687 Abs. 2 BGB anzusehen. Wegen der besonderen Verletzlichkeit und Schutzbedürftigkeit des Geschäftsgeheimnisses wird der Verletzte nach § 10 somit auch schon bei fahrlässigem Handeln des Verletzers so gestellt wie der Geschäftsherr bei der angemaßten Geschäftsführung.[247] 84

c) Lizenzanalogie

Der verletzte Inhaber des Geschäftsgeheimnisses kann den ihm zugefügten Schaden auch nach der Methode der Lizenzanalogie berechnen. Gemäß § 10 Abs. 2 Satz 2 richtet sich die Höhe der zu zahlenden Vergütung nach dem Betrag, den der Rechtsverletzer als angemessene Vergütung hätte entrichten müssen, wenn er die Zustimmung zur Erlangung, Nutzung oder Offenlegung des Geschäftsgeheimnisses eingeholt hätte. Nach dem BGH ist die Höhe der **fiktiven Lizenzvergütung** an dem Betrag zu messen, dessen Zahlung normalerweise bei Abschluss eines Lizenzvertrags unter redlichen Parteien vereinbart worden wäre.[248] 85

Zur Berechnung des Schadens wird also das **Bestehen eines Lizenzvertrages fingiert**.[249] Die Zahlung einer fiktiven Lizenzgebühr führt allerdings nicht tatsächlich zum Abschluss eines Lizenzvertrags und damit auch nicht zur Einräumung eines 86

---

245 S. auch H/O/K/*Kalbfus*, § 10 Rn. 70.
246 BGH, 29.5.1962 – I ZR 132/60, GRUR 1962, 509, 511 – Dia-Rähmchen II; H/O/K/*Kalbfus*, § 10 Rn. 56.
247 BGH, 2.11.2000 – I ZR 246/98, GRUR 2001, 329, 331 – Gemeinkostenanteil.
248 BGH, 18.2.1977 – I ZR 112/75, GRUR 1977, 539, 542 – Prozessrechner.
249 BGH, 12.1.1966 – Ib ZR 5/64, GRUR 1966, 375, 376 – Meßmer Tee II; BGH, 22.3.1990 – I ZR 59/88, GRUR 1990, 1008, 1009 – Lizenzanalogie; H/O/K/*Kalbfus*, § 10 Rn. 48.

§ 10 Haftung des Rechtsverletzers

Nutzungsrechts.[250] Aus der Fiktion des Lizenzvertrages resultiert daher keinesfalls eine Berechtigung des Rechtsverletzers zur Nutzung des Geschäftsgeheimnisses.[251] Auch kann der Verletzer gegen den Verletzten keine vertraglichen Ansprüche (etwa wegen Rechtsmängeln) geltend machen. Für die Fiktion ist naturgemäß irrelevant, ob es bei korrektem Verhalten des Rechtsverletzers tatsächlich zum Abschluss eines Lizenzvertrags gekommen wäre.[252] Ebenso ist unerheblich, ob und inwieweit der Rechtsverletzer selbst bereit gewesen wäre, für seine Nutzungshandlungen eine Vergütung zu zahlen.[253] Entscheidend ist vielmehr allein, ob bzw. dass der Verletzte die Nutzung nicht ohne Gegenleistung gestattet hätte.[254] Zulässig ist die Schadensberechnung auf der Grundlage einer angemessenen, fiktiven Lizenzgebühr folglich überall dort, wo die Überlassung von Rechten zur Benutzung durch Dritte gegen Entgelt rechtlich möglich und verkehrsüblich ist,[255] selbst, wenn es für die **konkrete Nutzungsform** keinen Lizenzmarkt gibt.[256] Eine Verkehrsüblichkeit ist bei **technischen Geschäftsgeheimnissen** in der Regel gegeben. Zwar können kaufmännische Informationen (zB Preiskalkulationen) Geschäftsgeheimnisschutz genießen. Die Lizenzierung **kaufmännischer Geschäftsgeheimnisse** entspricht jedoch nicht dem Regelfall,[257] sodass hier eine Bestimmung des Schadens im Wege der Lizenzanalogie gänzlich **ausgeschlossen** sein kann. Entsprechendes gilt für (seltene) Nutzungshandlungen ohne jeden Verwertungsbezug im Sinne einer Monetarisierung (und sei es durch Kostenersparnis des Verletzers):[258] Wenn man auch für Gegenstände, die überhaupt nicht lizenziert werden, eine Schadensberechnung im Wege der Lizenzanalogie annehmen würde, würde sich das Konzept (endgültig) zu einem „**Wergeld**" für erlittenes Unrecht entwickeln, das mit Schadenskompensation nicht mehr viel zu tun hätte. Ein solches läge bedenklich nahe bei einem (reinen!) Strafschadensersatz, den das deutsche Recht gerade nicht kennt.[259]

87 Der Schadensberechnung nach der Lizenzanalogie liegt die plausible Überlegung zu Grunde, dass **der Verletzer nicht besser** stehen soll, als er im Falle einer ord-

---

250 BGH, 5.7.2001 – I ZR 311/98, GRUR 2002, 248, 252 – Spiegel CD-Rom; H/O/K/*Kalbfus*, § 10 Rn. 48.
251 BGH, 5.7.2001 – I ZR 311/98, GRUR 2002, 248, 252 – Spiegel CD-Rom; H/O/K/*Kalbfus*, § 10 Rn. 48.
252 BGH, 12.1.1966 – Ib ZR 5/64, GRUR 1966, 375, 377 – Meßmer Tee II; BGH, 17.6.1992 – I ZR 107/90, NJW 1992, 2753, 2755 – Tchibo/Rolex II; BGH, 23.6.2005 – I ZR 263/02, GRUR 2006, 143, 145 – Catwalk; H/O/K/*Kalbfus*, § 10 Rn. 48.
253 BGH, 13.9.2018 – I ZR 187/17, GRUR 2019, 292 Rn. 18 – Foto eines Sportwagens.
254 BGH, 23.6.2005 – I ZR 263/02, GRUR 2006, 143, 145 – Catwalk.
255 BGH, 12.1.1966 – Ib ZR 5/64, GRUR 1966, 375, 376 – Meßmer Tee II; BGH, 22.3.1990 – I ZR 59/88, GRUR 1990, 1008, 1009 – Lizenzanalogie; BGH, 23.6.2005 – I ZR 263/02, GRUR 2006, 143, 145 – Catwalk.
256 BGH, 29.7.2009 – I ZR 169/07, WRP 2010, 284 Rn. 54 – BTK; **aA** mit beachtlichen Argumenten am Beispiel der am Markt nicht vorkommenden reinen Exportlizenz im Markenrecht *Fritze*, in: FS Erdmann, S. 291, 295 ff.
257 H/O/K/*Kalbfus*, § 10 Rn. 48.
258 S. oben Rn. 38.
259 S. oben Rn. 20.

V. Rechtsfolge: Schaden und Schadens(ersatz)berechnung § 10

nungsgemäß erteilten Erlaubnis durch den Rechtsinhaber gestanden hätte.[260] Die Schadensberechnung nach der Lizenzanalogie soll im Ergebnis aber auch **nicht dazu führen, dass der Rechtsverletzer schlechter gestellt wird als ein vertraglicher Lizenznehmer**.[261] Nach dem BGH bedarf es zur Ermittlung der fiktiven Lizenzgebühr daher stets einer Abwägung aller hierfür in Betracht kommenden Umstände, insbes. der beiderseitigen Interessen der Parteien, der wirtschaftlichen Bedeutung des konkreten Geschäftsgeheimnisses und der Berücksichtigung der auf diesem speziellen Gebiet üblicherweise gezahlten Vergütung.[262]

Für die Bemessung der Lizenzgebühr sind stets die besonderen Umstände des **konkreten Einzelfalles** maßgebend. Der Tatrichter hat die Lizenzgebühr gemäß § 287 Abs. 1 ZPO aufgrund einer wertenden Entscheidung unter Würdigung aller Umstände nach freier Überzeugung zu bemessen. Der Tatrichter darf nicht willkürlich schätzen, sondern muss für die Überzeugung, die er sich gebildet hat, gesicherte, von den Parteien gemäß der Darlegungs- und Beweislast beizubringende Grundlagen haben.[263] Diese tatrichterliche Bewertung muss auch ausschließen, dass das Gericht sich eine Sachkunde angemaßt hat, die ihm nicht zukommt. § 287 ZPO, der auch Grundlage der Schadensberechnung im Wege einer Lizenzanalogie ist, zielt zwar auf eine Vereinfachung und Beschleunigung des Verfahrens ab, rechtfertigt aber nicht, in den für die Streitentscheidung zentralen Fragen auf nach Sachlage unerlässliche Erkenntnisse zu verzichten.[264] Der Umfang einer Beweisaufnahme – zB die Ermittlung der marktüblichen Vergütung – steht im pflichtgemäßen **Ermessen** des Gerichts.[265] **88**

Diese Grundsätze finden sich auch im Gesetz wieder: Denn § 10 Abs. 2 Satz 2 knüpft auf eine **angemessene Vergütung**, die ein Lizenzsucher hätte entrichten müssen, an. Im Fall von Geschäftsgeheimnissen sind insbesondere zwei Lizenzmodelle denkbar: Die Berechnung des Schadens kann nach der sog. **umsatzabhängigen Lizenz**, bei der laufend vom Umsatz abhängige Lizenzgebühren als Entgelt für die Nutzung zu entrichten sind, erfolgen. Darüber hinaus kann die **Stücklizenz** zur Ermittlung der angemessenen und marktüblichen Vergütung herangezogen werden. Durch die Vereinbarung einer Stücklizenz kann der Lizenzgeber eine Lizenzgebühr auf jeden erzeugten oder veräußerten Gegenstand verlangen.[266] **89**

Zur Ermittlung der umsatzabhängigen Lizenzgebühr oder der Stücklizenz muss in erster Linie die **Bezugsgröße** bestimmt werden. In Fällen von Geschäftsgeheimnis- **90**

---

[260] BGH, 22.3.1990 – I ZR 59/88, GRUR 1990, 1008, 1009 – Lizenzanalogie mwN; BGH, 17.6.1992 – I ZR 107/90, NJW 1992, 2753, 2756 – Tchibo/Rolex II; BGH, 23.6.2005 – I ZR 263/02, GRUR 2006, 143, 146 – Catwalk; *Reinfeld*, § 4 Rn. 144.
[261] BGH, 17.6.1992 – I ZR 107/90, NJW 1992, 2753, 2756 – Tchibo/Rolex II; BGH, 23.6.2005 – I ZR 263/02, GRUR 2006, 143, 146 – Catwalk; *Reinfeld*, § 4 Rn. 144.
[262] BGH, 18.2.1977 – I ZR 112/75, GRUR 1977, 539, 542 – Prozessrechner.
[263] S. oben Rn. 81.
[264] BGH, 30.5.1995 – X ZR 54/93, GRUR 1995, 578, Leitsatz 3 – Steuereinrichtung II.
[265] BGH, 30.5.1995 – X ZR 54/93, GRUR 1995, 578, 579 – Steuereinrichtung II.
[266] *Drescher*, S. 482; H/O/K/*Kalbfus*, § 10 Rn. 51.

§ 10 Haftung des Rechtsverletzers

verletzungen wird in der Regel das **rechtsverletzende Produkt** (§ 2 Nr. 4) als Bezugsgröße zugrunde gelegt werden.[267] Als problematisch erweist sich die Bestimmung der Bezugsgröße bei zusammengesetzten Vorrichtungen, und zwar in den Fällen, in denen nur ein Teil der zusammengesetzten Vorrichtung auf der Rechtsverletzung beruht. Auf die Frage, ob in diesem Fall das Gesamtprodukt oder nur der auf die Rechtsverletzung beruhende Teil als sachgerechte Bezugsgröße heranzuziehen ist, gibt § 2 Nr. 4 keine Antwort.[268] Nach der Rechtsprechung des BGH ist bei zusammengesetzten Vorrichtungen, von denen nur ein Teil auf einer Rechtsverletzung beruht, die sachgerechte Bezugsgröße unter Berücksichtigung aller Umstände des Einzelfalles vor allem nach Verkehrsüblichkeit und Zweckmäßigkeit zu bestimmen (zur diskutierten, aber abzulehnenden Ausnahme hiervon bei strafbaren Geschäftsgeheimnisverletzungen → Rn. 83). Ein Rechtsverletzer schuldet auch insoweit nur das, was vernünftige Parteien bei Abschluss eines Lizenzvertrages vereinbart hätten. Von Bedeutung ist insbes. die Frage, ob die Gesamtvorrichtung üblicherweise als Ganzes geliefert wird und ob sie durch den geschützten Teil insgesamt eine Wertsteigerung erfährt.[269]

91 Für die Bestimmung der **Höhe des anzuwendenden Lizenzsatzes** müssen alle wertbestimmenden Faktoren berücksichtigt werden, die auch bei freien Lizenzverhandlungen auf die Höhe der Vergütung Einfluss genommen hätten.[270] Es ist zu fragen, was vernünftige Vertragspartner als Vergütung für die vom Verletzer vorgenommenen Benutzungshandlungen vereinbart hätten; hierzu gehört ggf. auch eine angemessene **Verzinsung** der durch den Verletzer nicht geleisteten Lizenzgebühr am plausiblen, fiktiven Fälligkeitszeitpunkt.[271] Zu ermitteln ist der objektive Wert der Benutzungsberechtigung.[272] Hat der Rechteinhaber bereits eine **Lizenzierungspraxis am Markt** durchgesetzt, so kann diese als Maßstab herangezogen werden. Bei Fehlen einer solchen kann für die Festsetzung der angemessenen Lizenzgebühr auf die auf dem betreffenden Markt **vorherrschenden üblichen Lizenzsätze**[273] zurückgegriffen werden, sofern sich in dem maßgeblichen Zeitraum eine solche

---

267 H/O/K/*Kalbfus*, § 10 Rn. 52.
268 Sowohl der auf die Rechtsverletzung beruhende Bauteil als auch das Gesamtprodukt lassen sich unter dem Begriff „Rechtsverletzendes Produkt" subsumieren s. auch H/O/K/*Kalbfus*, § 10 Rn. 52.
269 Vgl. zum Patentrecht BGH, 30.5.1995 – X ZR 54/93, GRUR 1995, 578, 579 – Steuereinrichtung II.
270 BGH, 25.5.1993 – X ZR 19/92, GRUR 1993, 897, 898 – Mogul-Anlage.
271 Vgl. zum Patentrecht nur BGH, 24.11.1981 – X ZR 36/80, GRUR 1982, 286 – Felsenabstützvorrichtung; LG Düsseldorf, 18.3.2008 – 4a O 365/06, BeckRS 2011, 10210 – Kappaggregat; *Haedicke/Timmann*, § 14 Rn. 192 ff., auch dazu, dass der typischerweise anzusetzende Zinssatz sich zunächst nach § 668 BGB (unter Kaufleuten 5 %, § 352 Abs. 2 Satz 1 HGB) bestimmt und nur ab dem tatsächlichen Zahlungsverzug (nach Feststellung der Schadensersatzpflicht) nach § 288 Abs.1, 2 BGB (9 % Zinssatz unter Unternehmern); insoweit **aA** LG Düsseldorf, 18.3.2008 – 4a O 365/06, BeckRS 2011, 10210 – Kappaggregat.
272 BGH, 13.9.2018 – I ZR 187/17, GRUR 2019, 292 Rn. 18 – Foto eines Sportwagens.
273 BeckOK GeschGehG/*Spieker*, § 10 GeschGehG Rn. 5.

V. Rechtsfolge: Schaden und Schadens(ersatz)berechnung § 10

Übung herausgebildet hat.[274] Bei Geschäftsgeheimnissen ist die Ermittlung eines angemessenen Lizenzsatzes insoweit schwierig, da vergleichbare Informationen kaum öffentlich verfügbar sind;[275] dies ist freilich auch oftmals bei klassischen Immaterialgüterrechten der Fall, wo auch nicht für jede Branche (belastbare) Lizenzsatzdokumentationen bestehen. Bei technischen Geschäftsgeheimnissen können aber die Lizenzsätze aus dem Patentrecht und dem Arbeitnehmererfinderrecht als Maßstab dienen.[276] Hierbei ist jedoch angemessen zu berücksichtigen, dass Geschäftsgeheimnisse, da sie nicht absolut schützen, weniger werthaltig sind, als bestandskräftige Immaterialgüterrechte.

Sollte die Vergabe einer (fiktiven) Lizenz dazu führen, dass der Inhaber des Geschäftsgeheimnisses bei der Verwertung des Geschäftsgeheimnisses aller Wahrscheinlichkeit nach sein eigenes Geschäft beeinträchtigt hätte, so ist auch denkbar, die **Höhe der Lizenz nach dem entgangenen Gewinn des Inhabers des Geschäftsgeheimnisses zu bemessen**.[277] Denn in einem solchen Fall hätte der Inhaber des Geschäftsgeheimnisses vernünftigerweise gar keine Lizenz erteilt, weil er sonst zu befürchten hätte, dass sein Geschäft zum Erliegen kommt.[278] 92

Wie bereits dargelegt, soll nach der Rechtsprechung des BGH der Verletzer nicht besser, aber auch nicht schlechter gestellt werden als ein vertraglicher Lizenznehmer.[279] Diese Rechtsprechung des BGH wird im Bereich des Immaterialgüterrechts seit jeher sehr kontrovers diskutiert. Entgegengebracht wird insbesondere, dass es an einer Präventionswirkung des Verletzungstatbestands fehle,[280] wenn der Rechtsverletzer schlimmstenfalls wie ein redlicher Lizenznehmer behandelt werde.[281] Es stellt sich die (entgegen der zu **verneinenden**)[282] Frage, ob de lege lata die Ansetzung eines **Verletzerzuschlags** rechtlich möglich[283] ist. Der BGH hat die Anerkennung eines Verletzerzuschlags wegen **seiner dem deutschen Schadensersatzrecht unbekannten Straffunktion bereits sehr früh abgelehnt**.[284] Diese Frage beschäf- 93

---

274 BGH, 13.9.2018 – I ZR 187/17, GRUR 2019, 292 Rn. 19 – Foto eines Sportwagens; H/O/K/*Kalbfus*, § 10 Rn. 53.
275 *Böhm/Nestler*, GRUR-Prax 2018, 181, 183; H/O/K/*Kalbfus*, § 10 Rn. 53.
276 H/O/K/*Kalbfus*, § 10 Rn. 53 mit Verweis auf Fundstellen zur Ermittlung der Lizenzsätze.
277 BeckOK GeschGehG/*Spieker*, § 10 GeschGehG Rn. 5.
278 BeckOK GeschGehG/*Spieker*, § 10 GeschGehG Rn. 5.
279 BGH, 17.6.1992 – I ZR 107/90, NJW 1992, 2753, 2756 – Tchibo/Rolex II; BGH, 23.6.2005 – I ZR 263/02, GRUR 2006, 143, 146 – Catwalk; *Reinfeld*, § 4 Rn. 144.
280 Vgl. *Ohly*, GRUR 2007, 926, 929 mwN.
281 *Reinfeld*, § 4 Rn. 145.
282 S. auch schon oben Rn. 3, 20, 23.
283 Ein Verletzerzuschlag iSe. Strafe für rechtswidriges Verhalten ist dem deutschen Schadensersatzrecht fremd; vgl. *Drescher*, S. 482 mwN.
284 BGH, 6.3.1980 – X ZR 49/78, GRUR 1980, 841 – Tolbutamid; BGH, 24.11.1981 – X ZR 36/80, GRUR 1982, 286 – Fersenabstützvorrichtung; Teplitzky/*Schaub*, Kap. 34 Rn. 30; zur letztlich nicht sachlich gerechtfertigten, aber in ständiger Rechtsprechung anerkannten und vom Gesetzgeber nicht beanstandeten Ausnahme zugunsten der GEMA und anderer Verwertungsgesellschaften im Urheberrecht s. nur BGH, 24.11.1986 – I ZR 194/83, GRUR 1986, 376; Dreier/Schulze/*Specht*, § 97 Rn. 93.

tigte die Literatur und die Rechtsprechung aber nach wie vor, und zwar im Zuge der Umsetzung der Enforcement-RL. Obgleich die Einführung eines generellen **pauschalen Verletzerzuschlags** im Zuge der Umsetzung der Enforcement-RL möglich gewesen wäre (vgl. Art. 13 Abs. 1 lit. b RL: Pauschalbetrag „**mindestens** dem Betrag der Vergütung oder Gebühr, die der Verletzer hätte entrichten müssen, wenn er die Erlaubnis zur Nutzung des betreffenden Rechts des Geistigen Eigentums eingeholt hätte"), hat sich der **deutsche Gesetzgeber gegen die Einführung eines solchen Strafzuschlags**[285] entschieden und ist damit auch auf die Wünsche der Rechtsinhaber und der Anregung des Bundesrates, der sich für die Schaffung einer gesetzlichen Vermutung eines Gewinns in Höhe der doppelten Lizenzgebühr ausgesprochen hatte,[286] gerade nicht eingegangen.[287] In der Literatur wird die Einführung eines Verletzungszuschlags nach der Enforcement-RL für geboten, zumindest für möglich gehalten.[288] Eine starke Auffassung befürwortet dies auch de lege lata.[289] Zwar habe der deutsche Gesetzgeber das Wort „mindestens" aus der Enforcement-RL nicht übernommen. Die immaterialgüterrechtlichen Bestimmungen seien aber richtlinienkonform auszulegen mit der Folge, dass in geeigneten Fällen, insbesondere in Fällen vorsätzlicher Verletzung von Rechten des Geistigen Eigentums dem Verletzten ein Verletzerzuschlag zuzusprechen sei.[290] Das OLG Düsseldorf hat dem EuGH die Frage nach der Zuerkennung eines Verletzerzuschlags für das **Sortenschutzrecht** vorgelegt. Der EuGH hat die Einführung eines solchen Verletzerzuschlags nach der Enforcement-RL für nicht geboten erachtet.[291] Im Hinblick auf die Enforcement-RL hat der EuGH aber auch entschieden, dass Art. 13 dahin auszulegen sei, dass er einer Regelung, wonach der Inhaber des verletzten Rechts des Geistigen Eigentums von der Person, die dieses Recht verletzt hat, entweder die Wiedergutmachung des erlittenen Schadens oder, ohne den tatsächlichen Schaden nach-

---

285 *Reinfeld*, § 4 Rn. 145.
286 Rechtsausschuss des Bundesrates, vgl. BR-Drs. 279/1/08, S. 2 ff. und die Gegenäußerung der Bundesregierung vgl. BT-Drs. 16/5048, S. 62 f. „Der Bundesratsvorschlag liefe vielmehr auf die Einführung eines Strafschadensersatzes hinaus. Die Gewinnvermutung in Höhe der doppelten Lizenzgebühr würde nämlich in den meisten Fällen im Ergebnis auf die Gewährung von Strafschadensersatz hinauslaufen, der mit den Grundlagen des deutschen Schadensersatzrechts und dem Grundgedanken der Rechtsprechung des Bundesgerichtshofs unvereinbar und auch von der Zielsetzung der Richtlinie nicht gedeckt ist. Die Bundesregierung hält an der Auffassung fest, dass Strafsanktionen – wie sie ein Verletzerzuschlag darstellt – durch das Strafrecht hinreichend gewährleistet sind."
287 Vgl. Dreier/Schulze/*Specht*, § 97 Rn. 79.
288 Etwa *Peukert/Kur*, GRUR Int. 2006, 293, 294; *Ohly*, GRUR 2007, 926, 929; *Stieper*, WRP 2010, 624; Dreier/Schulze/*Specht*, § 97 Rn. 79.
289 Vgl. Fromm/Nordemann/*J. B. Nordemann*, § 97 UrhG Rn. 99 f.; Wandtke/Bullinger/*v. Wolff*, § 97 UrhG Rn. 79, 83; *Bodewig/Wandtke*, GRUR 2008, 220, 226 f.; *Kämper*, GRUR Int. 2008, 539, 544; *Meier-Beck*, WRP 2012, 503, 507; Dreier/Schulze/*Specht*, § 97 Rn. 79.
290 *Peukert/Kur*, GRUR Int. 2006, 294, 296; *Ohly*, GRUR 2007, 926, 929; weitergehend für einen Verletzerzuschlag als Regelfall *Bodewig/Wandtke*, GRUR 2008, 220, 225 ff.; Ohly/Sosnitza/ *Ohly*, § 9 Rn. 17; K/B/F/*Köhler*, § 9 UWG Rn. 1.44.
291 EuGH, 9.6.2016 – C-481/14, GRUR 2016, 1043 – Jørn Hansson/Jungpflanzen Grünewald GmbH; *Reinfeld*, § 4 Rn. 145.

V. Rechtsfolge: Schaden und Schadens(ersatz)berechnung § 10

weisen zu müssen, die Zahlung einer Geldsumme verlangen kann, die dem **Doppelten der angemessenen Vergütung** entspricht, die für die Erteilung der Erlaubnis zur Nutzung des betreffenden Werkes zu entrichten gewesen wäre, nicht entgegenstehe.[292] Auch diese Entscheidung beschreibt aber nur den Umsetzungsspielraum der Mitgliedstaaten näher; für Deutschland hat der Gesetzgeber diesen eindeutig ohne die Einführung eines Strafschadensersatzes ausgenutzt. Dies ist de lege lata zu respektieren.

Dies gilt auch bei Geschäftsgeheimnisverletzungen: Zwar hätte der deutsche Gesetzgeber auch hier im Einklang mit Art. 14 Abs. 2 UAbs. 2 der RL einen solchen Verletzerzuschlag einführen können (vgl. den Wortlaut: Pauschalbetrag „**mindestens** dem Betrag der Lizenzgebühren"). Aufgrund der bestehenden Parallelen zu der Formulierung in Art. 13 Abs. 1 lit. b der Enforcement-RL wäre auch die Rechtsprechung des EuGH, nach der die doppelte Lizenzgebühr mit der Enforcement-RL vereinbar ist, auf den Fall der Verletzung von Geschäftsgeheimnissen übertragbar.[293] Auch Erwgrd. 30 der RL spricht hierfür: 94

> „Bezweckt wird mit dieser alternativen Methode nicht die Einführung einer Verpflichtung zu einem als Strafe angelegten Schadensersatz, sondern die Gewährleistung einer Entschädigung für den Inhaber des Geschäftsgeheimnisses auf objektiver Grundlage unter Berücksichtigung der ihm entstandenen Kosten, z. B. im Zusammenhang mit der Feststellung der Rechtsverletzung und den Nachforschungen."[294]

Erwgrd. 30 RL entspricht weitgehend der Formulierung in Erwgrd. 26 der Enforcement-RL. In seiner zur Enforcement-RL ergangenen Entscheidung führt der EuGH aus, es dürfe aus dem Umstand, dass die RL in ihrem Erwgrd. 26 den Mitgliedstaaten die Einführung eines Strafschadensersatzes nicht vorschreibt, nicht gefolgert werden, dass die Einführung einer solchen Maßnahme verboten sei.[295] Insoweit steht Erwgrd. 30 der RL der Einführung eines Verletzerzuschlags also nicht entgegen.[296] Ungeachtet dessen betont der EuGH zudem, es sei gerade Wesensmerkmal jeder pauschalen Entschädigung, dass sie nicht genau proportional zum tatsächlich entstandenen Schaden ist. Damit liegt noch nicht zwingend ein Strafschadensersatz vor.[297] Die deutsche Rechtsprechung hat indes auch bei Geschäftsgeheimnissen bislang einen Verletzerzuschlag (mit Recht)[298] nicht anerkannt.[299] **Der deutsche Ge-** 95

---

292 Zur Enforcement-RL vgl. EuGH, 25.1.2017 – C-367/15, GRUR 2017, 264 – Stowarzyszenie „Oławska Telewizja Kablowa"/Stowarzyszenie Filmowców Polskich.
293 H/O/K/*Kalbfus*, § 10 Rn. 54.
294 Ausschnitt aus dem Erwgrd. 30.
295 EuGH, 25.1.2017 – C-367/15, GRUR 2017, 264 Rn. 27, 28 – Stowarzyszenie „Oławska Telewizja Kablowa"/Stowarzyszenie Filmowców Polskich; vgl. Anm. *Maute*, GRUR-Prax 2017, 113.
296 S. auch H/O/K/*Kalbfus*, § 10 Rn. 54.
297 H/O/K/*Kalbfus*, § 10 Rn. 54.
298 S. auch schon Rn. 93.
299 BGH, 6.3.1980 – X ZR 49/78, GRUR 1980, 841, 844 – Tolbutamid; OLG München, 17.1.2003 – 21 U 2664/01, GRUR-RR 2003, 194, 195 – Blauer Engel; BPatG, 21.11.2017 – 3 Li 1/16, GRUR 2018, 803 Rn. 58 – Isentress II; H/O/K/*Kalbfus*, § 10 Rn. 54.

§ 10 Haftung des Rechtsverletzers

setzgeber hat in Kenntnis der bestehenden Diskussion in der Literatur einen solchen Verletzerzuschlag in § 10 Abs. 2 Satz 2 ausdrücklich nicht vorgesehen. Ungeachtet dessen spricht auch nichts dagegen, bei der Bestimmung der Höhe der angemessenen Lizenzgebühr nach allgemeinen Grundsätzen (Berücksichtigung aller Umstände des Einzelfalles)[300] eine eher überdurchschnittliche Gebühr anzusetzen, wenn der Rechtsverletzer etwa Konkurrent des Geheimnisinhabers ist und somit eher ein Lizenznehmer, dem typischerweise ungünstigere Konditionen eingeräumt worden wären. Dieser Umstand kann sich im Rahmen der Würdigung aller Umstände (§ 287 ZPO) werterhöhend auswirken.[301] Er hat aber nichts mit einer **Pönale** zu tun und verletzt somit nicht die Grenzen zum (ausgeschlossenen) Strafschadensersatz iSe. Verletzerzuschlags.

96 Bei dem nach den Grundsätzen der Lizenzanalogie berechneten Schadensersatzanspruch handelt es sich der Sache nach um einen dem Bereicherungsanspruch nach §§ 812 Abs. 1 Alt. 2, 818 Abs. 2 BGB entsprechenden Anspruch.[302]

2. Verhältnis der drei Berechnungsmethoden zueinander

97 Der Inhaber des Geschäftsgeheimnisses hat grundsätzlich die **freie Wahl** zwischen den drei Berechnungsmethoden,[303] dh. er kann sich für die Berechnungsmethode entscheiden, die für ihn am günstigsten erscheint. Der Verletzte kann die Berechnung des Schadens im **Eventualverhältnis** auf unterschiedliche Berechnungsarten stützen.[304] Die Höhe des Schadens kann, je nachdem, welche Berechnungsmethode der Verletzte zugrunde gelegt hat, unterschiedlich ausfallen. Um das ermittelte Rechenergebnis zu kontrollieren, kann der Verletzte den Schaden auch nach einer anderen Methode berechnen. Dies ist möglich, da die verschiedenen Methoden zur Bemessung des zu leistenden Schadensersatzes der **Kompensation ein und desselben**, vom Schutzrechtsinhaber durch die rechtsverletzende Handlung erlittenen, **Schadens** dienen und somit zumindest ähnliche Ergebnisse zu erwarten sind. Eine solche **Kontrollüberlegung** ist nicht per se unzulässig.[305] Da grundsätzlich auch ein **freies Wahlrecht** besteht, kann gegen den nach einer Methode berechneten Schadensersatz nicht ohne Weiteres eingewendet werden, er übersteige den nach einer anderen Berechnungsmethode berechneten Schaden beträchtlich.[306]

---

300 S. auch schon oben Rn. 88.
301 So etwa zum Patentrecht BPatG, 21.11.2017 – 3 Li 1/16, GRUR 2018, 803 Rn. 59 – Isentress II; H/O/K/*Kalbfus*, § 10 Rn. 55; für weitere Gestaltungsmöglichkeiten vgl. Teplitzky/*Schaub*, Kap. 34 Rn. 30c, 31.
302 BGH, 23.6.2005 – I ZR 263/02, GRUR 2006, 143, 145 – Catwalk.
303 BGH, 13.3.1962 – I ZR 18/61, GRUR 1962, 401, 402 – Kreuzbodenventilsäcke III; BGH, 29.5.1962 – I ZR 132/60, GRUR 1962, 509 – Dia-Rähmchen II; BGH, 17.6.1992 – I ZR 107/90, NJW 1992, 2753 – Tchibo/Rolex II; BGH, 25.9.2007 – X ZR 60/06, GRUR 2008, 93 Rn. 8 – Zerkleinerungsvorrichtung.
304 BGH, 17.6.1992 – I ZR 107/90, NJW 1992, 2753 – Tchibo/Rolex II.
305 BGH, 24.7.2012 – XZR 51/11, GRUR 2012, 1226 Rn. 39 – Flaschenträger.
306 OLG Düsseldorf, 14.10.2003 – 20 U 40/03, GRUR 2004, 53, 54 – Gewinnherausgabeanspruch.

V. Rechtsfolge: Schaden und Schadens(ersatz)berechnung § 10

Das **Wahlrecht** gilt indes **nicht schrankenlos**. Im Rahmen der dreifachen Schadensberechnung ist das **Verbot der Vermengung** der einzelnen Berechnungsmethoden zu beachten. Das Vermengungsverbot besagt, dass die drei Berechnungsmethoden nicht miteinander vermischt oder kumuliert werden dürfen.[307] Trotz des **unklaren Wortlauts** des § 10 gilt das Vermengungsverbot auch im Rahmen des Geschäftsgeheimnisschutzes:[308] Bei den drei Bemessungsarten[309] handelt es sich um Variationen bei der Ermittlung des gleichen einheitlichen Schadens (bzw. des **ein und desselben Schadens**[310]) und keinesfalls um verschiedene Ansprüche mit unterschiedlichen Rechtsgrundlagen, sodass **kein Wahlschuldverhältnis** vorliegt.[311] Geht es jedoch um unterschiedliche, voneinander unabhängige Schadenspositionen, die nicht auf den Ersatz des gleichen Gläubigerinteresses gerichtet sind, so gilt das Vermengungsverbot nicht:[312] Macht ein Anspruchsteller etwa die Verletzung mehrerer Geschäftsgeheimnisse oder eines Geschäftsgeheimnisses durch mehrere Verletzungshandlungen geltend, kann er für jede Verletzungshandlung entscheiden, auf welcher Grundlage er den Schaden berechnet. Eine Kombination der Berechnungsmethoden ist nur bei unterschiedlichen Schäden möglich: Der Verletzte kann neben dem im Wege der Lizenzanalogie berechneten fiktiven Lizenzerlös die Erstattung der Rechtsverfolgungskosten als konkreten Schaden verlangen.[313]

98

Exkurs: Ersatzfähigkeit von Rechtsverfolgungskosten. Der Verletzte kann seine tatsächlich angefallenen **Rechtsverfolgungskosten** geltend machen, und zwar unabhängig davon, nach welcher Berechnungsmethode der Schaden berechnet wird.[314] Diese können auch die Kosten der Mitwirkung eines Patentanwalts umfassen.[315] Darüber hinaus können auch Kosten zur Sachverhaltsermittlung anfallen, die insoweit erstattungsfähig sind, als sie aufgrund eines konkreten Tatverdachtes

99

---

307 BGH, 17.6.1992 – I ZR 107/90, NJW 1992, 2753, 2756 – Tchibo/Rolex II mwN.
308 So auch H/O/K/*Kalbfus*, § 10 Rn. 38; indirekt auch *Reinfeld*, § 4 Rn. 147, der besagt, dass eine Kombination aus verschiedenen Berechnungsmethoden im Hinblick auf **unterschiedliche** Schäden denkbar ist.
309 Art. 14 Abs. 2 RL 2016/943/EU selbst differenziert lediglich zwischen zwei Berechnungsarten: zum einen konkrete Berechnung unter Berücksichtigung aller einschlägigen Faktoren; zum anderen Schadenspauschalierung, vgl. *Hofmann*, WRP 2018, 1 Rn. 14; Erwgrd. 30 RL. Insoweit stellte sich die Frage, ob das Vermengungsverbot auch im Verhältnis von entgangenem Gewinn und Herausgabe des Verletzergewinns gilt, vgl. H/O/K/*Kalbfus*, § 10 Rn. 34; *von Mühlendahl* spricht von Kumulationsmöglichkeiten, zit. nach *Kalbfus/Harte-Bavendamm*, GRUR 2014, 453, 457; vertiefend Teplitzky/*Schaub*, Kap. 34 Rn. 21 ff.
310 Teplitzky/*Schaub*, Kap. 34 Rn. 23.
311 BGH, 12.1.1966 – Ib ZR 5/64, GRUR 1966, 375, 379 – Meßmer Tee II; BGH, 17.6.1992 – I ZR 107/90, NJW 1992, 2753, 2755 – Tchibo/Rolex II; BGH, 25.9.2007 – X ZR 60/06, GRUR 2008, 93 Rn. 7 – Zerkleinerungsvorrichtung; BGH, 24.7.2012 – XZR 51/11, GRUR 2012, 1226 Rn. 16 – Flaschenträger; Teplitzky/*Schaub*, Kap. 34 Rn. 25.
312 H/O/K/*Kalbfus*, § 10 Rn. 38; Ohly/Sosnitza/*Ohly*, § 9 Rn. 22.
313 *Reinfeld*, § 4 Rn. 147.
314 Ohly/Sosnitza/*Ohly*, § 9 Rn. 22.
315 Zur Zweckmäßigkeit der Mitwirkung eines Patentanwalts bei Streitigkeiten wegen Verletzung technischer Geheimnisse vgl. *Deichfuß*, GRUR-Prax 2012, 449, 454; H/O/K/*Kalbfus*, § 10 Rn. 73.

§ 10 Haftung des Rechtsverletzers

erforderlich und zweckmäßig waren (zB **Detektivkosten**).[316] Die Kosten zur Vorhaltung angemessener Geheimhaltungsmaßnahmen trägt der Inhaber des Geschäftsgeheimnisses selbst. Sollte der Inhaber eines Geschäftsgeheimnisses keine angemessenen Vorkehrungen treffen, so genießt die Information schon keinen Geheimnisschutz (§ 2 Nr. 1 lit. b). Handelt es sich aber um Aufwendungen, die die Verhinderung eines konkreten Verletzungsfalls beabsichtigen, so können diese Aufwendungen unter Umständen ersatzfähig sein.[317] Kosten der Strafverfolgung sind **nicht erstattungsfähig**, da solche Kosten nicht vom Schutzzweck privatrechtlicher Haftungsnormen umfasst sind.[318]

100 Der **Wechsel von einer Methode der Schadensberechnung zu einer anderen** ist bis zur Erfüllung des Anspruchs bzw. bis zur rechtskräftigen Zuerkennung desselben möglich. Der Verletzte muss sich bis zur (hoch liegenden) Grenze der Treuwidrigkeit (§ 242 BGB) bzw. Verwirkung nicht an der einmal gewählten Berechnungsart festhalten lassen. Zur Berechnung seines Schadensersatzanspruchs kann er eventualiter verschiedene Berechnungsarten geltend machen und die gewählte Berechnungsmethode auch noch während des laufenden Zahlungsklageverfahrens auswechseln.[319] Durch die Erhebung einer Zahlungsklage unter Zugrundelegung einer bestimmten Berechnungsmethode wird das Wahlrecht des Geschädigten grundsätzlich nicht berührt. Der Wechsel der Schadensberechnungsmethode ist auch im (Anschluss-)Berufungsverfahren möglich.[320] Das Wahlrecht erlischt erst dann, wenn der nach einer bestimmten Berechnungsweise geltend gemachte Anspruch entweder erfüllt oder rechtskräftig zuerkannt worden ist.[321] Dieser Grundsatz unterliegt insofern Schranken, als dass der Verletzte sein Wahlrecht auch dann verliert, wenn über seinen Schadensersatzanspruch eine gerichtliche Entscheidung ergeht, die für ihn selbst nicht mehr mit Rechtsmitteln angreifbar ist.[322] Der Wechsel der Berechnungsmethoden ist deshalb zulässig, weil der Inhaber des Geschäftsgeheimnisses auf Änderungen der Sach- und Beweislage reagieren können muss.[323] Ist die Verletzung des Geschäftsgeheimnisses durch mehrere Rechtsverletzer begangen, so muss der Verletzte nicht gegenüber allen Rechtsverletzern dieselbe Berechnungsmethode wählen. Vielmehr kann der Schaden gegenüber jedem gesondert auf unterschiedliche Weise berechnet werden.[324]

---

316 BAG, 28.10.2010 – 8 AZR 547/09, NZA-RR 2011, 231; BAG, 28.5.2009 – 8 AZR 226/08, NZA 2009, 1300; H/O/K/*Kalbfus*, § 10 Rn. 73 mwN.
317 BGH, 6.11.1979 – VI ZR 254/77, NJW 1980, 119, 121 – Fangprämie; H/O/K/*Kalbfus*, § 10 Rn. 74.
318 BGH, 21.7.2011 – IX ZR 151/10, NJW 2011, 2966; H/O/K/*Kalbfus*, § 10 Rn. 74.
319 BGH, 17.6.1992 – I ZR 107/90, NJW 1992, 2753 – Tchibo/Rolex II; BGH, 25.9.2007 – X ZR 60/06, GRUR 2008, 93 Rn. 8 – Zerkleinerungsvorrichtung.
320 OLG Düsseldorf, 4.5.2006 – 2 U 60/05, GRUR-RR 2006, 383 – Berechnungswechsel; *Reinfeld*, § 4 Rn. 146.
321 BGH, 12.1.1966 – Ib ZR 5/64, GRUR 1966, 375, 379 – Meßmer Tee II; BGH, 17.6.1992 – I ZR 107/90, NJW 1992, 2753, 2755 – Tchibo/Rolex II.
322 BGH, 25.9.2007 – X ZR 60/06, GRUR 2008, 93 Rn. 14 – Zerkleinerungsvorrichtung.
323 Teplitzky/*Schaub*, Kap. 34 Rn. 25.
324 Ohly/Sosnitza/*Ohly*, § 9 Rn. 21.

3. Beispiele aus der Rechtsprechung

Die Schadensberechnung im Bereich der Geschäftsgeheimnisverletzung ist ein **sehr schwieriges Thema**; pointiert gesprochen, weiß trotz der aus zahlreichen wertungsabhängigen Kategorien zusammengesetzten Berechnungsmethodik niemand, wie genau diese erfolgt.[325] Dies liegt auch daran, dass Geschäftsgeheimnisse gegenüber „klassischen" Immaterialgüterrechten nochmals schwerer zu fassen und in ihrer (wirtschaftlichen) Bedeutung einzuordnen sind. Zudem gibt es einen **begrenzteren und noch intransparenteren Lizenzmarkt** als im immaterialgüterrechtlichen Bereich,[326] sodass auch die dortige „Default-Berechnungsmethode" der Lizenzanalogie im Geschäftsgeheimnisbereich weniger stabile Leitlinien bietet. Es gibt dann auch nur **wenige veröffentlichte Entscheidungen**, in denen eine solche Schadensersatzberechnung konkret durchgeführt worden wäre. Dies alles ist aus Sicht sowohl der Geschäftsgeheimnisinhaber als auch der Verletzerperspektive misslich, da es die Aussichten bzw. Folgen eines Schadensersatzprozesses in Geschäftsgeheimnissachen noch schwerer prognostizierbar macht. Ein wenig mehr Licht in dieses Dunkel bringt die nachfolgende Veranschaulichung anhand einer kurzen Darstellung einiger bisher im Bereich des Geschäftsgeheimnisschutzes ergangener und veröffentlichter Entscheidungen, die bei der Berechnung des Schadens eine Berechnungsmethode der dreifachen Schadensberechnung zugrunde gelegt haben – auch wenn die konkrete Berechnung nicht immer veröffentlicht ist bzw. durchgeführt wurde. Freilich verbietet sich eine schablonenhafte Übertragung dieser Entscheidungen auf andere Konstellationen.

101

a) Zur Schadensberechnung nach §§ 249 ff. BGB

OLG Köln, 13.7.1956 – 6 U 70/56, GRUR 1958, 300, 301 – Leuchtröhrenanlage

102

Sachverhalt. Die Klägerin hatte für das Strumpfgeschäft des Beklagten mehrere Entwürfe zur Installation einer Leuchtröhren-Werbeanlage erstellt, wobei der finale Entwurf nach den expliziten Wünschen des Beklagten gestaltet wurde. Sämtliche Entwürfe waren ausdrücklich als Eigentum der Klägerin gekennzeichnet, eine Weitergabe an Konkurrenten war nur unter vorheriger Genehmigung gestattet. Dennoch gab der Beklagte den finalen Entwurf an einen Konkurrenten weiter und erteilte diesem letztlich den Auftrag. Die Klägerin verlangte, den Beklagten zu verurteilen, die angebrachte Leuchtröhrenanlage mit der Beschriftung „Spezial Strumpfgeschäft" zu beseitigen; hilfsweise, den Beklagten zu verurteilen, an die Klägerin eine Entschädigung von 500 DM zu zahlen. Zur Begründung des Hilfsantrags hat die Klägerin vorgetragen, sie hätte bei Ausführung der Anlage einen Gewinn mindestens in Höhe von einem Drittel des Preises gehabt.

Art der Schadensberechnung. Neben dem auf Schadensersatz gestützten Beseitigungsanspruch wurde auch der Entschädigungsanspruch auf die deliktische Verwertung des Entwurfs gestützt. Das OLG Köln verneinte die Möglichkeit, über den Schadensersatzanspruch die Zahlung des entgangenen Gewinns herauszuverlangen.

---

325 *Brammsen/Apel*, BB 18/2019, I.
326 S. oben Rn. 91.

§ 10 Haftung des Rechtsverletzers

Vielmehr müsse die Klägerin so gestellt werden, wie sie ohne Anbahnung der Geschäftsbeziehungen gestanden hätte: Der Ersatz müsse den Aufwendungen auf den Entwurf entsprechen, wobei es nicht auf den Marktpreis eines solchen Entwurfes ankäme, sondern auf den Einsatz von benötigten Angestellten (Zeichnern & Graphikern). Dies wiederum setze sich nicht nur aus der Arbeitszeit, sondern auch aus dem Wert der geistigen Leistung, dem Einsatz entsprechender Fachkräfte sowie den Unkosten der dafür nötigen Organisation zusammen. Die Höhe dieses Vertrauensschadens könne nur geschätzt werden (§ 287 ZPO).[327]

103 **LG Karlsruhe, 5.8.2011 – 14 O 42/10 KfH III, BeckRS 2011, 141691**

Sachverhalt. Die Parteien sind Wettbewerberinnen. Die Klägerin hat über die Jahre eine große Kundendatenbank aufgebaut, deren Daten sie mit einem passwortgeschützten CRM-System verwaltet. Diese Datenbank enthielt zuletzt insgesamt 17.936 Adressen mit 37.985 Ansprechpartnern, davon 4.493 Bestandskunden und 12.887 Interessenten. Zwei der Beklagten waren langjährige und leitende Mitarbeiter der Klägerin. Beide hatten als Verkaufsleiter Zugriff auf die CRM-Kundendatenbank der Klägerin. Die Beklagten schieden beide nach einiger Zeit aus dem Unternehmen der Klägerin aus und gründeten zusammen das Unternehmen der Beklagten. Zu Betriebsbeginn verschickte die Beklagte eine Rundmail an einen weltweiten Verteiler, um sich vorzustellen. Zu diesem Verteiler gehörten rund 2000 Kunden der Klägerin. Später wurden bei der Beklagten infolge der Ermittlungstätigkeiten der Staatsanwaltschaft Daten gefunden, die im Wesentlichen aus dem CRM-System der Klägerin stammen. Darunter fanden sich Kundendaten, technische Datenblätter, Budgetplanungen, Kalkulationen über Produkte der Klägerin etc.

Art der Schadensberechnung. Die Beklagten wurden gesamtschuldnerisch verpflichtet, der Klägerin sämtliche bereits entstandenen oder zukünftig noch entstehenden Schäden zu ersetzen, die durch die Verwertung der Daten der Klägerin im geschäftlichen Verkehr zu Wettbewerbszwecken ohne Zustimmung der Klägerin entstanden sind oder zukünftig noch entstehen werden. Eine Berechnung des Schadensersatzes der Höhe nach erfolgte nicht, da die Klägerin die Ansprüche noch nicht abschließend beziffern konnte (Feststellungsklage).

b) Zur Herausgabe des Verletzergewinns

104 **BGH, 19.12.1984 – I ZR 133/82, GRUR 1985, 294 – Füllanlage**

Sachverhalt. Die Klägerin war eine führende Herstellerin von Temperaturmess- und Regelgeräten und führend bezüglich Fernthermometer. Die Beklagten waren bei der Klägerin als leitende Angestellte beschäftigt und gründeten im Anschluss ein eigenes Unternehmen zur Herstellung von Fernthermometern. In diesem Unternehmen kam es bis Ende Mai 1974 zum Einsatz einer Füllanlage, die in entscheidenden Merkmalen der Füllanlage der Klägerin entsprach, im Anschluss aber durch fortschrittlichere Maschinen ersetzt wurde. Hierfür wurden die Beklagten zwischenzeitlich durch das LG Stuttgart zur Zahlung von Geldstrafen ua. wegen Vergehen gem. §§ 17 Abs. 1 und 2 UWG (Strafverfahren) verurteilt. Während das LG Mannheim und das OLG Karlsruhe die Beklagten jeweils nur zu Schadensersatz für die Nutzung der den

---

327 Just die Schätzung ist an der genannten Fundstelle allerdings nicht wiedergegeben.

V. Rechtsfolge: Schaden und Schadens(ersatz)berechnung § 10

Merkmalen der Füllanlage der Klägerin entsprechenden Anlage bis Ende Mai 1974 verurteilten, entschied der BGH, **dass eine unter Verletzung von § 17 UWG erlangte Information vom Beklagten in keiner Weise verwendet werden darf, worunter regelmäßig auch die Erkenntnisse fallen, die mithilfe dieser Informationen erlangt werden, sofern sie mitursächlich und wirtschaftlich bzw. technisch nicht völlig unbedeutend sind.**[328] Dem liegt die Annahme zugrunde, dass der Verletzer ohne diese Informationen nicht genauso schnell bzw. nur mit größerem Aufwand die Entwicklung selbst entdeckt hätte. Entsprechend sei auch der Schadensersatzanspruch nicht nur für die Nutzung der unmittelbar verletzenden Anlage, sondern auch für die darüberhinausgehende Entwicklung denkbar.

Art der Schadensberechnung. Beantragt war lediglich die Feststellung der Schadensersatzpflicht kombiniert mit einem darauf bezogenen Aufklärungsanspruch, den die Instanzgerichte jeweils für die von ihnen dem Grunde nach gewährten Schadensersatzansprüchen zusprachen. Ausführungen zur konkreten Schadensberechnung wurden vom BGH nicht gemacht.

OLG Frankfurt, 28.11.2006 – 11 U 57/03, BeckRS 2011, 21174 – Entwendete Datensätze 105

Sachverhalt. Die Klägerinnen als auch die Beklagten stellten als Wettbewerber komplexe Systeme zur Herstellung von Vorformlingen aus Kunststoff (PET) und Spritzgießformen sowie einzelne plattenförmige Werkzeuge auf dem Gebiet der Kunststoff-Spritzgießtechnik her und vertreiben diese. Als Angestellter der Klägerin war der Beklagte zu 2) mit der Konstruktion und Produktion von Spritzwerkzeugen und Heißkanalsystemen befasst. Nachdem das Arbeitsverhältnis beendet wurde, gründete der Beklagte zu 2) sein eigenes Unternehmen. Zuvor entwendete er jedoch von den Klägerinnen Datensätze mit Konstruktionszeichnungen und verwendete diese im Anschluss für die Fertigung seiner eigenen Werkzeuge.

Art der Schadensberechnung. Die Beklagten wurden verurteilt, an die Klägerinnen EUR 7.045.940,48 nebst Zinsen in Höhe von fünf Prozentpunkten über dem Basiszinssatz zu zahlen. Die Klägerinnen konnten ihren Schaden auf Grundlage der Grundsätze zur Herausgabe des Verletzergewinns berechnen. Dabei haben sie vom Umsatz der Beklagten in Höhe von EUR 15.327.810,30 die Herstellungskosten in Höhe von EUR 8.281.869,82 abgezogen und den danach verbleibenden Gewinn in Höhe von EUR 7.045.940,48 als Schaden geltend gemacht. Maßgeblich für die Schadensberechnung sei allein, dass der Beklagte zu 2) die in seinem Besitz befindlichen Konstruktionsdateien der Klägerinnen verwertet habe und diese ihren Schaden wegen der darin liegenden Verletzung von Betriebsgeheimnissen in Form des vom Verletzer erzielten Gewinns berechnen können. Der Gewinn sei aber, sodass OLG Frankfurt, grundsätzlich nur insoweit herauszugeben, als er auf der unerlaubten Nutzung der wettbewerblich geschützten Leistung beruhe. Dafür müssten Anhaltspunkte vorliegen, zu welchen Anteilen der Verletzergewinn auf die Verletzungshandlung und auf die Eigenleistung des Verletzers zurückzuführen sei. Im Bereich der Verletzung von Geschäftsgeheimnissen könne dabei, anders als bei Kennzeichen- oder Patentverletzungen regelmäßig nicht bestimmt werden, inwiefern sich Abnehmer aufgrund der Verletzung oder aber der Eigenleistung für den Verletzergegenstand entscheiden, da

---

328 BGH, 19.12.1984 – I ZR 133/82, GRUR 1985, 294, 296 – Füllanlage.

§ 10 Haftung des Rechtsverletzers

ihnen die Verletzung von Betriebsgeheimnissen regelmäßig verborgen bleibe. Vielmehr dürfen entgegen § 17 UWG aF gewonnene Geschäftsgeheimnisse grundsätzlich überhaupt nicht verwendet werden, sofern ihnen einmal der „**Makel der Wettbewerbswidrigkeit**" anhänge. Entsprechend der Grundsätze der BGH-Entscheidung „Füllanlage"[329] sei auch bei nur Mitursächlichkeit des rechtswidrig erlangten Knowhow der gesamte Umsatz herauszugeben, es sei denn, der Verletzer könne darlegen und beweisen, inwieweit beispielsweise durch eigenständig entwickelte Konstruktionspläne der Umsatz teilweise nicht auf der Verletzung beruhe.

106 **BGH, 19.3.2008 – I ZR 225/06, NJOZ 2009, 301 – Entwendete Datensätze**

Der BGH bestätigte die Höhe und Entstehung des Schadens, die vom OLG Frankfurt festgestellt wurde.

c) Zur Methode der Lizenzanalogie

107 **BGH, 18.2.1977 – I ZR 112/75, GRUR 1977, 539 – Prozessrechner**

Sachverhalt. Die Parteien waren Wettbewerber auf dem Gebiet der Entwicklung und Herstellung von Datenverarbeitungsgeräten. Die Beklagte wurde von drei Ingenieuren gegründet, die zuvor bei der Klägerin tätig waren. Während ihrer Zeit bei der Klägerin entwickelten die drei Ingenieure einen Kleinprozessrechner, ohne dass die Klägerin hiervon Kenntnis hatte. Der Kleinprozessrechner wurde dann von den Beklagten zu Ende entwickelt, hergestellt und vertrieben. Die Klägerin behauptete, dass bei der Entwicklung des Kleinprozessrechners Betriebsgeheimnisse der Klägerin verwendet wurden und der Schaden auf Grundlage der Lizenzanalogie zu bestimmen ist.

Art der Schadensberechnung. Die Beklagten sind verpflichtet, an die Klägerin Schadensersatz in Form von **laufenden Beträgen für die Nutzung des Kleinprozessrechners**, insbesondere für die Nutzung durch die Veräußerung, Vermietung, Verleih und Lizenzvergabe und für innerbetriebliche Nutzung zu zahlen. Zu ermitteln war, was normalerweise bei Abschluss eines Lizenzvertrages als Vergütung vereinbart worden wäre, wobei dies unter Abwägung aller im Einzelfall in Betracht kommenden Umstände, insbesondere der Interessen beider Parteien, der wirtschaftlichen Bedeutung des Verletzergegenstandes sowie der auf dem Gebiet üblicherweise gezahlten Vergütung zu bestimmen sei. Die in ihrer Grundkonzeption geschaffene Neuentwicklung eines komplizierten Prozessrechners sei laut BGH eine dem Immaterialgüterrechtsschutz vergleichbare Leistungsposition. Derartige Konstruktionen seien normalerweise in Lizenz vergeben. Diese Möglichkeit habe die Klägerin nicht, obwohl ihr Betriebsgeheimnis zur Entwicklung verwendet worden sei. Der BGH bestätigte vorliegend eine Schadensberechnung im Rahmen der Lizenzanalogie in Form einer **Pauschalzahlung** in Höhe von DM 500.000 sowie die Feststellung fortlaufender Schadensersatzansprüche für die Nutzung des Prozessrechners, was der üblicherweise gezahlten Vergütung in diesem Wirtschaftsbereich entspreche.

---

329 S. oben Rn. 104.

V. Rechtsfolge: Schaden und Schadens(ersatz)berechnung § 10

BAG, 24.6.1986 – 3 AZR 486/84, NZA 1986, 781 – Thrombosol 108

Sachverhalt. Drei der Beklagten waren Arbeitnehmer des Klägers. Sie schieden aus dessen Unternehmen aus und gründeten ein neues Unternehmen. Im neugegründeten Unternehmen verwendeten die Beklagten ein Rezept zur Herstellung eines Reagenzes für die Auszählung von Thrombozyten im menschlichen Blut und begannen verbesserte Konkurrenzprodukte herzustellen und zu vertreiben. Dieses Rezept hatte der Kläger gegen Zahlung einer Lizenzgebühr erworben, welche 10% seines Umsatzes in drei Jahren betrug. Das Rezept war ein Betriebsgeheimnis und nur einem der Beklagten bekannt. Dieser war auch zur Wahrung des Betriebsgeheimnisses verpflichtet.

Art der Schadensberechnung. Vorliegend wurde der Schaden nach den Grundsätzen der Lizenzanalogie berechnet. Der Kläger war der Meinung, dass ihm 15% vom Umsatz der Beklagten zustünden. Jedoch legte das BAG einen Schadensersatzanspruch in Höhe von 5% vom Umsatz der Beklagten fest. Es komme für die Schadensberechnung darauf an, ob der Kläger seinerseits Lizenzgebühren an den Hauptlizenzgeber gezahlt habe. Ist der Geschädigte nämlich selbst Lizenznehmer, so könne sich der Schaden nur auf eine hypothetische Unterlizenz beziehen. Der Kläger sei in diesem Fall dann um den Betrag geschädigt, den er bei Erteilung einer Unterlizenz als Gewinn erzielt hätte. Im Falle einer Lizenzvergabe hätte der Kläger aber einen Teil der vollen Unterlizenzgebühr an den Hauptlizenzgeber abführen müssen, da dieser der hypothetischen Unterlizenzierung andernfalls nicht zugestimmt hätte. Der Schadensersatz in Höhe von 5% des Umsatzes ergebe sich damit nach vorweggenommenem Schadensausgleich, da andernfalls die Vermögenseinbuße des Hauptlizenznehmers höher wäre als ein möglicher mit Vergabe der Unterlizenz erzielbarer Gewinn. **Der Hauptlizenzgeber könne die verbleibenden 10% fiktiver Lizenzgebühr selbst beim verletzenden Unterlizenznehmer geltend machen oder, sofern ihm keine den Anspruch begründende, verletzte Rechtsposition zustehe, den Schaden im Rahmen der Drittliquidation über seinen Hauptlizenznehmer ersetzen lassen.**

KG 9.6.1987 – 5 U 6153/85, GRUR 1988, 702 – Corporate Identity 109

Sachverhalt. Die Klägerin entwickelt Verkaufsförderungsprogramme für den Automobilhandel. Die Beklagte ist eine sehr große Automobilhandlung. Nach Verhandlungen machte die Klägerin der Beklagten ein Vertragsangebot mit einem möglichen Slogan, den die Beklagte zur Werbung verwenden könnte. Zu einem Vertragsabschluss kam es jedoch nicht, die Beklagte lehnte das Angebot der Klägerin ab. Wenig später schaltete die Beklagte in zwei Fällen eigenmächtig Werbung unter Verwendung von Teilen des Slogans der Klägerin.

Art der Schadensberechnung. Vorliegend wird der Schaden nach der Schadensberechnung durch Lizenzanalogie berechnet. Bei der Schätzung eines angemessenen Schadensersatzanspruchs sei von der Höhe einer vollen Lizenz von 25.000 DM auszugehen. Diesen Wert hatte die Klägerin bei Abschluss eines Vertrages veranschlagt. Dieser Wert werde von der Klägerin auf 15.000 DM eingeschränkt, da eine Zusammenarbeit und eine Umsetzung der werblichen Konzeption unterblieben ist. Von dieser Summe erhalte die Klägerin den hälftigen Betrag, da es sich um Schadensersatz nur für die Vergangenheit handele, ihr eine Lizenzgebühr für die Zukunft hingegen nicht zustehe. Die Höhe der Lizenzgebühr bestimme sich anhand angemessener Be-

§ 10 Haftung des Rechtsverletzers

dingungen bei fiktivem Lizenzabschluss und sei trotz der tatsächlich nur zweimaligen Verwendung der Anzeige durch den Beklagten bei 50% des Wertes des ursprünglichen Angebotes anzusetzen, da Slogans grundsätzlich nicht für Einzelfälle, sondern das gesamte Außenauftreten des Inhabers erfolgen.

4. Neu: Ersatz des immateriellen Schadens

110 Bislang hat die deutsche Rechtsprechung einen Ausgleich immaterieller Schäden bei Geheimnisverletzungen nicht anerkannt.[330] § 10 beinhaltet nun in seinem dritten Absatz einen Anspruch des Inhabers des Geschäftsgeheimnisses auf Geldentschädigung für erlittene immaterielle Nachteile, die infolge der Rechtsverletzung entstanden sind. Die Vorschrift beruht auf Art. 14 Abs. 2 UAbs. 1 der Richtlinie, die (durchaus erstaunlich, schützt die RL Geschäftsgeheimnisse doch nur insoweit, als sie einen wirtschaftlichen, also materiellen Wert haben[331]) den Ersatz immaterieller Schäden explizit vorsieht.[332] Bei § 10 Abs. 3 handelt es sich um einen gesetzlich bestimmten Fall des § 253 Abs. 1 BGB.[333] Eine vergleichbare Regelung existiert in § 97 Abs. 2 Satz 4 UrhG.[334]

111 Der Entschädigungsanspruch besteht indes nur, soweit dies der **Billigkeit** entspricht. Das Merkmal der Billigkeit ist nicht nur Voraussetzung für das Bestehen des Anspruchs. Es kommt auch im Rahmen der Bestimmung der Höhe des Anspruchs zum Tragen[335] und hat demnach eine **Doppelfunktion**.[336] Sie richtet sich nach den allgemeinen Grundsätzen von **Treu und Glauben (§ 242 BGB)**.[337]

112 Zu berücksichtigen sind alle konkreten Umstände des Einzelfalls der Verletzung des Geschäftsgeheimnisses, zB die Art und Bedeutung, das Verhalten des Rechtsverletzers, die Nachhaltigkeit der Auswirkungen oder die Schwere der Schuld.[338] Bei Verletzungen von Geschäftsgeheimnissen kommen als immaterielle Nachteile insbesondere **Reputationsverlust bzw. Ruf-/Ansehensschädigung, Verlust einer Vorreiterrolle** im Markt (sog. First-Mover-Advantage) oder **Verlust künftiger Kunden** in Betracht.[339] Alle diese Aspekte lassen sich freilich auch als materielle Schäden klassifizieren, sodass die Abdeckung immaterieller Schäden wohl eher **Klarstellungs- bzw. Auffangfunktion** hat. Sollte die Verletzung des Geschäftsgeheimnisses das Persönlichkeitsrecht des Inhabers des Geheimnisses tangieren, so ist auch in diesem Fall ein Entschädigungsanspruch denkbar.[340] Zur Bemessung der

---

330 *Böhm/Nestler*, GRUR-Prax 2018, 181, 182.
331 S. oben Einl. C Rn. 31.
332 K/B/F/*Alexander*, § 10 GeschGehG Rn. 39.
333 Büscher/*Tochtermann*, § 10 GeschGehG Rn. 17.
334 BT-Drs. 19/4724, S. 32.
335 BT-Drs. 19/4724, S. 33.
336 K/B/F/*Alexander*, § 10 GeschGehG Rn. 41.
337 BeckOK GeschGehG/*Spieker*, § 10 GeschGehG Rn. 4.
338 BeckOK GeschGehG/*Spieker*, § 10 GeschGehG Rn. 4.
339 *Böhm/Nestler*, GRUR-Prax 2018, 181, 182.
340 K/B/F/*Alexander*, § 10 GeschGehG Rn. 40.

V. Rechtsfolge: Schaden und Schadens(ersatz)berechnung § 10

Höhe des immateriellen Schadens können die im Kartellrecht anerkannten Methoden herangezogen werden.³⁴¹ Zudem ist auch eine Schätzung nach § 287 ZPO denkbar.³⁴²

Der Anspruch auf Entschädigung (§ 10 Abs. 3) kann neben oder gesondert von einem Anspruch auf Ersatz des Vermögensschadens (§ 10 Abs. 2) geltend gemacht werden.³⁴³ Die Ansprüche schließen sich nicht aus; sie können sich ergänzen.³⁴⁴ 113

5. Mitverschulden

Trifft den Inhaber des Geschäftsgeheimnisses ein Mitverschulden, so kann dieses zu einer **Kürzung des Schadensersatzanspruchs** führen. Die allgemeine schadensrechtliche Bestimmung des § 254 BGB findet mangels spezialgesetzlicher Regelung auch bei Ansprüchen nach § 10 Anwendung.³⁴⁵ Ergreift der Inhaber eines Geschäftsgeheimnisses keine angemessenen bzw. nur unzureichende Geheimhaltungsmaßnahmen (§ 2 Nr. 1 lit. b), so genießt die Information schon keinen Geheimnisschutz.³⁴⁶ 114

Ein Mitverschulden kann nur dann angenommen werden, wenn der Inhaber eines Geschäftsgeheimnisses zwar grundsätzlich angemessene Geheimhaltungsmaßnahmen getroffen hat, diese aber bspw. infolge eines fahrlässigen Verhaltens der eigenen Mitarbeiter überwunden werden.³⁴⁷ Im Rahmen von Arbeitsverhältnissen kommt es nicht selten zu einem Mitverschulden des Arbeitgebers als Inhaber des Geschäftsgeheimnisses (insbes. durch **Organisationsdefizite**).³⁴⁸ 115

Nach § 254 BGB hängt der Umfang des zu leistenden Schadensersatzes von den **Umständen des Einzelfalls**, insbesondere davon ab, inwieweit der Schaden vorwiegend von dem einen oder dem anderen Teil verursacht worden ist. Ist die Verletzungshandlung vorsätzlich begangen, so kommt nach **gefestigter Rechtsprechung des BGH** die anspruchsmindernde Berücksichtigung eines fahrlässigen Verhaltens des Geschädigten in der Regel nicht in Betracht.³⁴⁹ Diese Auslegungsregel gilt keineswegs uneingeschränkt. Dem liegt die Erwägung zu Grunde, dass der Vorsatz des Schädigers nicht schlechthin zum Freibrief für jeden Leichtsinn des Geschädigten werden soll.³⁵⁰ Bei sittenwidriger Schädigung und direktem Schädigungsvorsatz 116

---

341 Zur Anwendung des Vergleichsmarktkonzepts *Böhm/Nestler*, GRUR-Prax 2018, 181, 183.
342 H/O/K/*Kalbfus*, § 10 Rn. 83.
343 BT-Drs. 19/4724, S. 33; zur Angemessenheit der Entschädigung EuGH, 22.6.2016 – C-280/15, GRUR 2016, 931 Rn. 50 ff. – Nikolajeva.
344 K/B/F/*Alexander*, § 10 GeschGehG Rn. 42.
345 K/B/F/*Alexander*, § 10 GeschGehG Rn. 43.
346 *Ohly*, GRUR 2019, 441, 443.
347 H/O/K/*Kalbfus*, § 10 Rn. 76.
348 Für Einzelheiten im Hinblick auf ein Mitverschulden des Arbeitgebers bei Verletzung von Geschäftsgeheimnissen vgl. *Reinfeld*, § 4 Rn. 148.
349 BGH, 5.3.2002 – VI ZR 398/00, NJW 2002, 1643, 1646; BGH, 10.11.2016 – III ZR 235/15, NJOZ 2017, 1521 Rn. 42 mwN; H/O/K/*Kalbfus*, § 10 Rn. 77.
350 BGH, 5.3.2002 – VI ZR 398/00, NJW 2002, 1643, 1646 mwN.

§ 10 Haftung des Rechtsverletzers

tritt ein fahrlässiges Verhalten des Geschädigten jedoch grundsätzlich zurück. Selbst grobe Fahrlässigkeit des Geschädigten ist gegenüber einer vorsätzlichen sittenwidrigen Schädigung grundsätzlich nicht anspruchsmindernd anzurechnen.[351]

117 Die Beweislast für die zur Anwendung des § 254 BGB führenden Umstände, mithin auch für die Ursächlichkeit eines Mitverschuldens, trägt der Rechtsverletzer.

VI. Verhältnis zu weiteren Ansprüchen aus dem GeschGehG

1. § 6 – Beseitigung und Unterlassung

118 Der Schadensersatzanspruch steht **neben** dem Beseitigungs-/Unterlassungsanspruch aus § 6. Sollte der Inhaber eines Geschäftsgeheimnisses mit einem auf Naturalrestitution gerichteten Schadensersatzanspruch Beseitigungsmaßnahmen verlangen, die gleichermaßen mit dem verschuldensunabhängigen Beseitigungsanspruch zu erzielen sind, so könnte es zu inhaltlichen Überschneidungen kommen (s. → § 10 Rn. 53).

2. § 7 – Vernichtung, Herausgabe, Rückruf, Entfernung und Rücknahme vom Markt

119 Sollte der Ersatzanspruch auf **Naturalrestitution (Folgenbeseitigung)** gerichtet sein, so kann es ebenfalls zu Überschneidungen mit den Ansprüchen auf Vernichtung, Herausgabe, Rückruf, Entfernung und Rücknahme vom Markt kommen (s. → § 10 Rn. 53).

3. § 9 – Anspruchsausschluss bei Unverhältnismäßigkeit

120 Ausweislich seines klaren Wortlauts **unterliegt** der Schadensersatzanspruch **nicht** dem Verhältnismäßigkeitsvorbehalt des § 9. Da der Schadensersatzanspruch aber ein Verschulden voraussetzt, bedarf es insofern auch keiner besonderen Ausgleichsregelung.[352] Eine Verhältnismäßigkeitsprüfung kann gleichwohl über die Hintertür des § 8 Abs. 1 Nr. 2 durchzuführen sein.[353]

4. § 11 – Abfindung in Geld

121 Ein Rechtsverletzer, der weder vorsätzlich noch fahrlässig gehandelt hat, kann zur Abwendung der Ansprüche nach den § 6 oder § 7 den Inhaber des Geschäftsgeheimnisses in Geld abfinden. Diese Abwendungsbefugnis ist nach dem eindeutigen Wortlaut auf den Schadensersatzanspruch des § 10 **nicht anwendbar**. Eine Abwen-

---

351 BGH, 10.11.2016 – III ZR 235/15, NJOZ 2017, 1521 Rn. 42 mwN.
352 Büscher/*Tochtermann*, § 10 GeschGehG Rn. 3; Zur Verhältnismäßigkeitsvorschrift *Tochtermann*, WRP 2019, 688 Rn. 2.
353 *Drescher*, S. 485.

dungsbefugnis besteht nur dann, wenn der Rechtsverletzer weder vorsätzlich noch fahrlässig gehandelt hat. Dahingegen knüpft der Schadensersatzanspruch nach § 10 an ein schuldhaftes Verhalten des Rechtsverletzers an. Für Schadensersatzansprüche besteht eine allgemeine zivilrechtliche Abwendungsbefugnis in § 251 Abs. 2 Satz 1 BGB. Ob diese Vorschrift auf den Schadensersatzanspruch in Geschäftsgeheimnissachen Anwendung findet, ist umstritten[354] (s. → § 11 Rn. 7). § 11 ist aber nicht anwendbar auf Schadensersatzansprüche, die sich aus anderen gesetzlichen Grundlagen ergeben.[355]

5. § 13 – Herausgabeanspruch nach Eintritt der Verjährung

Der spezielle Restschadensersatzanspruch des § 13 wird dann von Relevanz, wenn der **Schadensersatzanspruch des § 10 verjährt** ist. Mit Verjährung des Anspruchs nach § 10 gewinnt der Restschadensersatzanspruch eine eigenständige Bedeutung: Selbst dann, wenn der Schadensersatzanspruch verjährt ist, bleibt der Rechtsverletzer gleichwohl zur Herausgabe der durch die Verletzung des Geschäftsgeheimnisses eingetretenen Bereicherung verpflichtet.

122

6. § 14 – Missbrauchsverbot

Das in § 14 verankerte Missbrauchsverbot ist auf den Schadensersatzanspruch **anwendbar**. Demnach ist der Schadensersatzanspruch ausgeschlossen, wenn die Geltendmachung des Anspruchs rechtsmissbräuchlich ist. Das ist etwa dann der Fall, wenn die Geltendmachung des Anspruchs dem Zweck dienen soll, den Marktzugang der Gegenseite in unbilliger Weise zu verzögern, zu beschränken, die Gegenseite auf andere Weise einzuschüchtern oder ihr Schwierigkeiten zu bereiten.[356]

123

VII. Beweislast

Es gelten die **allgemeinen Regeln der Darlegungs- und Beweislast aus dem Deliktsrecht**. Die Darlegungs- und Beweislast für das Vorliegen der Tatbestandsvoraussetzungen und die Höhe des eingetretenen Schadens liegt bei dem Geheimnisinhaber.[357] Insbesondere bei der Darlegung der Rechtsverletzung steht der Inhaber

124

---

354 Für die Anwendung Büscher/*Tochtermann*, § 10 GeschGehG Rn. 18; aA wohl *Reinfeld*, § 5 Rn. 24 mit der Erwägung, es dürfe kein „Freikaufen" von einer schuldhaften Verletzung eines Geschäftsgeheimnisses geben sowie Nebel/Diedrich/*Fuchs*, § 11 Rn. 6. Zur entsprechenden Diskussion im UrhR Dreier/Schulze/*Dreier*, § 100 Rn. 3; Schricker/Loewenheim/*Wimmers*, § 100 Rn. 3 und insoweit **aA** Wandtke/Bullinger/*Bohne*, § 100 UrhG Rn. 2 und Fromm/Nordemann/*Nordemann*, § 100 UrhG Rn. 11.
355 K/B/F/*Alexander*, § 10 GeschGehG Rn. 10.
356 Vgl. Erwgrd. 22 RL; Dann/Markgraf, NJW 2019, 1774, 1778.
357 Die Gesetzesbegründung erfasst nur die Beweislast für das Verschulden, die – wie im Deliktsrecht üblich – bei dem Inhaber des Geschäftsgeheimnisses als Geschädigtem liege, vgl. BT-Drs. 19/4724, S. 32.

§ 10 Haftung des Rechtsverletzers

des Geschäftsgeheimnisses vor erheblichen Beweisproblemen.[358] Daher finden die **Grundsätze der sekundären Darlegungs- und Beweislast** Anwendung.[359]

125 Hinsichtlich der Darlegung der Höhe des Schadens greift bei allen Berechnungsmethoden die Beweiserleichterung des § 287 ZPO (s. zur Beweislast bei den jeweiligen Berechnungsmethoden → Rn. 57 f., 68, 79, 81, 88). Der Geschädigte muss **greifbare Anknüpfungstatsachen**, die für eine Schadensschätzung unabdingbar sind, darlegen und beweisen. Es dürfen jedoch keine strengen Anforderungen an die Darlegungslast gestellt werden. Die Darlegungs- und Beweislast für die Ursächlichkeit eines Mitverschuldens trägt der Rechtsverletzer.

VIII. Verjährung

126 Das GeschGehG enthält keine spezielle Verjährungsvorschrift für den Schadensersatzanspruch nach § 10. Es finden die **allgemeinen Verjährungsvorschriften** der §§ 194 ff. BGB Anwendung (→ § 13 Rn. 2 ff.) Der Schadensersatzanspruch unterliegt der **regelmäßigen Verjährungsfrist** von **drei Jahren**. Sollte ausnahmsweise § 199 Abs. 3 BGB und somit eine längere Verjährungsfrist einschlägig sein, so wird diese wegen **Art. 8 Abs. 2 RL** richtlinienkonform auf **sechs Jahre** zu verkürzen sein.[360]

127 Nach dem sog. **Grundsatz der Schadenseinheit** hat es auf die Verjährung keinen Einfluss, wenn sich die Höhe des Schadens im Laufe der Zeit verändert. Die Verjährung ergreift in diesem Fall den **gesamten voraussehbaren**, auch den durch **Fortwirkung** erst entstehenden Schaden.[361] In Fällen, in denen Schadensersatzansprüche aus einer **Mehrzahl von Einzelakten** hergeleitet werden, die jeweils ein positives Tun darstellen, ist für den Beginn der jeweiligen Verjährungsfrist an den Zeitpunkt der **einzelnen Handlung** (zB wiederholter Verkauf rechtsverletzender Produkte) anzuknüpfen.[362] **Rechtsverletzende Dauerhandlungen** (zB das unbefugte öffentliche Zugänglichmachen von Fotografien im Internet) sind zur Bestimmung des Verjährungsbeginns des Schadensersatzanspruchs in Einzelhandlungen (zB in Tage) aufzuspalten, für die jeweils gesonderte Verjährungsfristen laufen.[363]

128 Das GeschGehG enthält in **§ 13 eine spezielle Verjährungsvorschrift für die Herausgabepflicht des Rechtsverletzers**[364] (→ § 13 Rn. 1 ff.). Der Rechtsverletzer ist auch nach Eintritt der Verjährung des Schadensersatzanspruchs nach § 13 zur Herausgabe der ungerechtfertigten Bereicherung verpflichtet (vergleichbar dem aus

---

358 *Schilling*, in: FS Büscher, S. 383, 388.
359 BeckOK UWG/*Reiling/F. Wild*, § 10 GeschGehG Rn. 6; *Schilling*, in: FS Büscher, S. 383, 388.
360 H/O/K/*Kalbfus*, § 10 Rn. 85.
361 H/O/K/*Kalbfus*, § 10 Rn. 84; BGH, 9.3.1989 – I ZR 189/86, GRUR 1990, 221, 223 – Forschungskosten mwN.
362 BGH, 14.1.1999 – I ZR 203/96, GRUR 1999, 751, 754 – Güllepumpen.
363 BGH, 15.1.2015 – I ZR 148/13, GRUR 2015, 780 – Motorradteile.
364 Büscher/*Tochtermann*, § 10 GeschGehG Rn. 19.

dem Immaterialgüterrecht bekannten **Restschadensersatzanspruch**[365]). Dieser spezielle Restschadensersatzanspruch verjährt sechs Jahre nach seiner Entstehung. Die Verjährung des Anspruchs nach § 13 Satz 2 **beginnt** nicht erst mit Verjährung des Schadensersatzanspruchs nach § 10, sondern bereits im Zeitpunkt, in dem der Verletzer gemäß Satz 1 etwas durch unerlaubte Handlung auf Kosten des Geheimnisinhabers erlangt.[366] Er wird also relevant, wenn die Verjährung vor Ablauf der sechs Jahre eintritt.[367] § 13 steht **eigenständig neben dem Anspruch aus § 10** und gibt dem Inhaber des Geschäftsgeheimnisses die Möglichkeit, nach Verjährung des Schadensersatzanspruchs von dem Rechtsverletzer eine durch die Rechtsverletzung eingetretene Bereicherung noch heraus zu verlangen.[368] Die Begrenzung auf sechs Jahre beruht auf Art. 8 Abs. 2 der Richtlinie.

Die Regelung des § 13 ist eine dem **§ 852 BGB** vorgehende **Sonderregelung**.[369] Als **lex specialis** verkürzt sie im Anwendungsbereich des § 4 die in § 852 Satz 2 BGB enthaltene zehnjährige Verjährung von Restschadensersatzansprüchen auf sechs Jahre (s. → § 13 Rn. 12 ff.).

129

Im Rahmen von Arbeitsverhältnissen ist bei Wettbewerbshandlungen von Arbeitnehmern die dreimonatige Verjährungsfrist des § 61 Abs. 2 HGB und die dazu ergangene Rechtsprechung des BAG zu beachten.[370]

130

IX. Konkurrenzen

1. Sonstige Schadensersatzansprüche

a) Vertragliche Schadensersatzansprüche

Bei Verletzung von Geschäftsgeheimnissen können sich Schadensersatzansprüche aus Vertrag ergeben. Diese können etwa aus Arbeits- oder Dienstverträgen mit Beschäftigten oder auch aus Verträgen, die eine Geschäftsbeziehung zum Gegenstand haben, resultieren.[371] Der **vertragliche Schadensersatz tritt selbstständig neben den deliktischen Anspruch** aus § 10.[372] Die dreifache Schadensberechnung ist hier nicht anwendbar. Allerdings können die Verträge Schadenspauschalierungen oder Vertragsstrafen[373] vorsehen. Dabei sollen beide Institutionen insbes. zwei Funktionen gerecht werden: Es soll präventiv dafür gesorgt werden, dass der Vertrag einge-

131

---
365 H/O/K/*Kalbfus*, § 10 Rn. 86; BeckOK BGB/*Eichelberger*, § 852 Rn. 1.
366 H/O/K/*Kalbfus*, § 13 Rn. 11; K/B/F/*Alexander*, § 13 GeschGehG Rn. 14, 18; aA BeckOK GeschGehG/*Spieker*, § 13 Rn. 9, der die Auffassung vertritt, dass die Verjährung des Schadensersatzanspruchs eine Voraussetzung für die Entstehung des Herausgabeanspruchs ist.
367 H/O/K/*Kalbfus*, § 10 Rn. 86.
368 K/B/F/*Alexander*, § 13 GeschGehG Rn. 14.
369 Begr. zum RegE, BT-Drs. 19/4724, S. 34; K/B/F/*Alexander*, § 13 GeschGehG Rn. 6.
370 *Reinfeld*, § 4 Rn. 161; BAG, 30.5.2018 – 10 AZR 780/16, NZA 2018, 1425 mwN.
371 K/B/F/*Alexander*, § 10 GeschGehG Rn. 49.
372 K/B/F/*Alexander*, § 10 GeschGehG Rn. 49.
373 Zur regelmäßigen Erforderlichkeit bei Vertraulichkeitsvereinbarungen, Einl. D Rn. 33 ff.

§ 10 Haftung des Rechtsverletzers

halten wird und repressiv ein finanzieller Ausgleich bestehen, für den das Vorliegen eines Schadens und dessen Umfang nicht mehr bewiesen werden muss.[374] Die Vertragsstrafe ist ein selbstständiger, aufschiebend durch Vertragsbruch bedingter Anspruch, während die Schadenspauschalierung an einen bestehenden Schadensersatzanspruch anknüpft.[375] Eine Besonderheit gilt im Arbeitsrecht: Wenn das Geschäftsgeheimnis im Rahmen des Arbeitsverhältnisses verletzt wird, geht ausnahmsweise der vertragliche Schadensersatzanspruch dem § 10 vor. Gemäß § 10 Abs. 1 Satz 2 ist in diesem Fall § 619a BGB und somit auch dessen Beweislastregelung anwendbar.[376]

b) Schadensersatz aus Deliktsrecht

132 Vor der Einführung des Geschäftsgeheimnisgesetzes wurden Fälle von Geheimnisverletzungen in Geschäftsbeziehungen über das Deliktsrecht der §§ 823 ff. BGB gelöst. Der Geheimnisschutz wurde als Teil des eingerichteten und ausgeübten Gewerbebetriebes in § 823 Abs. 1 BGB angesehen.[377] Spätestens seit Einführung der Geschäftsgeheimnisrichtlinie gelten aber deren verbindliche Schutzschranken sowie das Gebot richtlinienkonformer Auslegung.[378] § 823 BGB darf demnach zwar zumindest **theoretisch neben** § 10 stehen, **praktisch** ist allerdings das GeschGehG abschließend. § 823 Abs. 1 BGB ist somit **subsidiär** und nur noch für etwaige Schutzlücken von Relevanz.[379] Die Besonderheiten des GeschGehG wie das Missbrauchsverbot (§ 14) dürfen durch die Anwendung der Vorschriften des allgemeinen Deliktsrechts nicht ausgehebelt werden.

133 Seit Inkrafttreten des GeschGehG entfällt (außer bei Altfällen) zudem das Bedürfnis für eine Sanktion nach § 823 Abs. 2 BGB iVm. §§ 17 ff. UWG aF. Als Schutzgesetze im Zusammenhang mit Geschäftsgeheimnissen kommen nur noch Normen außerhalb des GeschGehG, wie §§ 85 GmbHG, 404 AktG oder 90 HGB in Betracht.[380]

134 Betreffend § 826 BGB wurde früher ein Verstoß gegen §§ 17 ff. UWG stets als sittenwidrig angesehen. Heute ist dies nur noch bei einem Verstoß gegen das GeschGehG der Fall. Eine Anwendung ist allerdings im Einzelfall möglich, etwa,

---

374 H/O/K/*Kalbfus*/*Harte-Bavendamm*, Einl. B Rn. 78 mwN; vertiefend zur Schadenspauschalierung und Vertragsstrafen *dies.*, Rn. 79–91.
375 H/O/K/*Kalbfus*/*Harte-Bavendamm*, Einl. B Rn. 78, 89.
376 Büscher/*Tochtermann*, § 10 Rn. 13.
377 Die aA sah das Recht am Geschäftsgeheimnis als „sonstiges Recht" an, welches als Rahmenrecht zu prüfen war. Die Rechtswidrigkeit der Handlung musste also positiv festgestellt werden; vgl. K/B/F/*Köhler*, § 17 UWG Rn. 53; Ohly/Sosnitza/*Ohly*, § 17 Rn. 49; H/O/K/*Kalbfus*/*Harte-Bavendamm*, Einl. A Rn. 206.
378 H/O/K/*Kalbfus*, Einl. A Rn. 205.
379 *Alexander*, WRP 2019, 673 Rn. 6; BGH, 30.4.1998 I ZR 268/95, GRUR 1999, 161, 162 – MAC Dog; BGH, 22.11.2001 – I ZR 138/99 GRUR 2002, 622, 623 – shell.de; BGH, 4.12.2008 – I ZR 3/06, GRUR 2009, 871 Rn. 37 – Ohrclips; H/O/K/*Kalbfus*, Einl. A Rn. 206.
380 H/O/K/*Kalbfus*, Einl. A Rn. 207.

IX. Konkurrenzen §10

wenn der Anwendungsbereich des Gesetzes mangels Vorliegens eines Geschäftsgeheimnisses nicht eröffnet ist.³⁸¹

c) Angemaßte Eigengeschäftsführung (§ 687 Abs. 2 BGB)

Wie bereits dargelegt, entspricht die Berechnungsmethode bei der Abschöpfung des Verletzergewinns nach Ansicht des BGH der angemaßten Eigengeschäftsführung nach §§ 687 Abs. 2 Satz 1, 681 Satz 2, 667 BGB.³⁸² Diese Normen schienen bereits vor Einführung des GeschGehG wegen der hierdurch möglichen Gewinnherausgabe-, Auskunfts- und Rechnungslegungsansprüche eine plausible Grundlage für Ansprüche bei Geschäftsgeheimnisverletzungen zu sein. Allerdings wurde durch § 10 ein **spezieller** Anspruch geschaffen, der in seinen Voraussetzungen sogar einfacher zu erfüllen ist: Im Gegensatz zu § 687 Abs. 2 BGB bedarf es keiner „wissentlichen Rechtsverletzung". Ein fahrlässiges Verhalten ist bereits ausreichend. Diese Ausgestaltung dürfte den Anspruch der angemaßten Eigengeschäftsführung im Zusammenhang mit Geschäftsgeheimnissen praktisch obsolet machen.³⁸³

135

2. Bereicherungsrechtliche Ansprüche

Der nach den Grundsätzen der Lizenzanalogie berechnete Schadensersatzanspruch entspricht einem auf Wertersatz gerichteten Bereicherungsanspruch nach §§ 812 Abs. 1 Alt. 2, 818 Abs. 2 BGB.³⁸⁴ Diese beiden Ansprüche stehen alternativ zueinander und erlangen insbesondere dann an Relevanz, wenn ein Verschulden nicht vorliegt oder nicht nachweisbar ist.³⁸⁵

136

Die Voraussetzungen der Eingriffskondiktion liegen nunmehr durch das GeschGehG wohl vor: Der für die Eingriffskondiktion nötige Zuweisungsgehalt³⁸⁶ von Geschäftsgeheimnissen ist durch die Regelungen des GeschGehG zwar nicht derart eindeutig festgelegt worden wie im Bereich der Immaterialgüterrechte. Jedoch definiert § 2 Abs. 2, wer Inhaber eines Geheimnisses ist und ermöglicht damit eine wirtschaftliche Verwertung der geschützten Informationen, so wie es auch in den Erwägungsgründen der Geschäftsgeheimnisrichtlinie vorgesehen ist.³⁸⁷ Da-

137

---

381 H/O/K/*Kalbfus*, Einl. A Rn. 208.
382 BGH, 29.5.1962 – I ZR 132/60, GRUR 1962, 509, 511 – Dia-Rähmchen II; BGH, 23.2.2012 – I ZR 136/10, GRUR 2012, 1230 – MOVICOL-Zulassungsantrag.
383 H/O/K/*Kalbfus*, § 10 Rn. 99.
384 BGH, 23.6.2005 – I ZR 263/02, GRUR 2006, 143, 145 – Catwalk.
385 K/B/F/*Alexander*, § 10 GeschGehG Rn. 50.
386 Das Vorliegen des Zuweisungsgehaltes sowie die Anwendbarkeit der Eingriffskondiktion im Zusammenhang mit dem GeschGehG kritisch sieht *Kalbfus*, dem es an einer eindeutigen Zuweisungsnorm im GeschGehG fehlt. Seiner Ansicht nach wird, selbst wenn man eine solche Zuweisung annähme, diese wegen der Wertungen der §§ 3 und 5 GeschGehG nicht relevant; vgl. H/O/K/*Kalbfus*, § 10 Rn. 96–98. Der BGH hat aber bereits in BGH, 23.6.2005 – I ZR 263/02, GRUR 2006, 143, 145 – Catwalk zur Lizenzanalogie entschieden (s. → Rn. 86 und Fn. 258), dass diese der Eingriffskondiktion entspricht.
387 Vgl. Erwgrd. 1 und 2 RL.

§ 10 Haftung des Rechtsverletzers

rüber hinaus zeigt auch § 13, dass ein unrechtmäßiges Erlangen, Verwenden, Offenlegen oder Nutzen eines Geschäftsgeheimnisses nach der Konzeption des Gesetzgebers „auf Kosten des Inhabers" erfolgen kann, also in das ihm zugewiesene Recht erfolgt.[388] Der Rechtsverletzer nutzt das Geschäftsgeheimnis auf Kosten des Geheimnisinhabers, schließlich ist das Geschäftsgeheimnis durch die Inhaberschaft dem Geheimnisinhaber zugewiesen und der Rechtsverletzer greift in dessen Zuweisungsgehalt ein und entzieht bzw. beeinträchtigt jedenfalls dadurch die wirtschaftliche Nutzungsmöglichkeit des Inhabers. Fehlt es dann noch am Rechtsgrund für den Eingriff, so ist der Tatbestand der Eingriffskondiktion erfüllt.[389]

138 Als Rechtsfolge hat der Rechtsverletzer dem Geheimnisinhaber – da in den meisten Fällen die Herausgabe in natura unmöglich sein wird – nach § 818 Abs. 2 BGB den Wertersatz herauszugeben.[390] Dieser wird der Höhe nach einem nach der fiktiven Lizenzgebühr berechneten Schadensersatz entsprechen, ohne dass insoweit ein Verschulden nachgewiesen werden muss.

X. Prozessuale Durchsetzung des Anspruchs

1. Stufenklage

139 Zur Ermittlung des Schadens bietet sich an, dass der Inhaber des Geschäftsgeheimnisses im Wege einer Stufenklage (**§ 254 ZPO**) vorgeht, indem er zunächst den Auskunftsanspruch nach § 8 Abs. 1 geltend macht, bevor er Schadensersatz verlangt. Dies ist **üblicherweise** das prozessuale Vorgehen bei der Geltendmachung von Schadensersatzansprüchen im Bereich des Immaterialgüterrechts, da der Geschädigte ohne Kenntnis des Umfangs der Verletzung und daher ohne Auskunft den Schaden nicht beziffern kann (kein „Schuss ins Dunkle").

2. Leistungsklage

140 Zur Durchsetzung seines Schadensersatzanspruches kann der Inhaber des Geschäftsgeheimnisses eine Leistungsklage erheben. Die Klageschrift muss dem in § 253 Abs. 2 Nr. 2 ZPO niedergelegten **Bestimmtheitsgebot** genügen. Der Kläger hat daher grundsätzlich einen bezifferten Leistungsantrag (**Zahlungsantrag**)[391] zu stellen. Die Erhebung eines unbezifferten Klageantrags ist ausnahmsweise dann gestattet, wenn dem Verletzten eine abschließende Bezifferung nicht zumutbar ist. In diesem Fall kann das Gericht den Schaden infolge einer Schadensschätzung gemäß § 287 ZPO ermitteln. Dies entbindet den Kläger jedoch nicht von der Pflicht, dem erkennenden Gericht den zugrunde liegenden Sachverhalt vorzutragen. Zudem hat

---

388 K/B/F/*Alexander*, § 10 GeschGehG Rn. 51.
389 K/B/F/*Alexander*, § 10 GeschGehG Rn. 51 f.
390 K/B/F/*Alexander*, § 10 GeschGehG Rn. 53.
391 Durch die Erhebung einer Zahlungsklage unter Zugrundelegung einer bestimmten Berechnungsmethode wird das Wahlrecht des Geschädigten grundsätzlich nicht berührt; OLG Düsseldorf, 4.5.2006 – 2 U 60/05, GRUR-RR 2006, 383 – Berechnungswechsel; *Reinfeld*, § 4 Rn. 146.

er entweder im Klageantrag selbst oder an anderer Stelle zumindest eine Größenordnung zu nennen.[392] Um dem Bestimmtheitsgebot des § 253 Abs. 2 Nr. 2 ZPO zu genügen, muss der Kläger den anspruchsbegründenden Sachverhalt und die ungefähre Größenordnung des verlangten Betrages hinreichend darlegen.[393] Andernfalls ist der unbezifferte Klageantrag, der nicht einmal eine ungefähre Größenordnung des Anspruchs erkennen lässt, gemäß § 253 Abs. 2 Nr. 2 ZPO unzulässig.[394]

3. Feststellungsklage

Für die Zulässigkeit einer Feststellungsklage ist das Vorliegen eines Feststellungsinteresses (§ 256 Abs. 1 ZPO) erforderlich. Das Feststellungsinteresse fehlt in der Regel dann, wenn die klagende Partei eine Leistungsklage erheben kann, wobei auch die Stufenklage eine solche darstellt. Die Möglichkeit einer Leistungsklage steht also grundsätzlich der Zulässigkeit einer Feststellungsklage entgegen. Dieser Grundsatz hat jedoch im gewerblichen Rechtsschutz und Urheberrecht Einschränkungen erfahren. Das Feststellungsinteresse entfällt hier nicht schon dann, wenn die klagende Partei eine Leistungsklage erheben kann. Es besteht **kein grundsätzlicher Vorrang der Leistungsklage**.[395] Die Feststellungsklage ist trotz der an sich möglichen Leistungsklage zulässig, wenn sie aus prozessökonomischen Erwägungen geboten ist.[396] Sehr häufig kommt es nach Auskunftserteilung zu einer außergerichtlichen Einigung zwischen den Parteien. Selbst, wenn eine Einigung nicht erzielt werden kann, so besteht dennoch ein berechtigtes Feststellungsinteresse hinsichtlich einer neben dem Auskunftsbegehren erhobenen **Schadensersatzfeststellungsklage**: Im gewerblichen Rechtsschutz und im Urheberrecht kann die Begründung des Schadensersatzanspruchs nach Auskunftserteilung Schwierigkeiten bereiten; die Parteien streiten sich nicht selten über die Richtigkeit der erteilten Auskunft. Außerdem schützt die Schadensersatzfeststellungsklage den Verletzten in stärkerem Maße vor einer drohenden Verjährung (§ 204 Abs. 1 Nr. 1 BGB).[397]

141

Aufgrund dieser im gewerblichen Rechtsschutz und Urheberrecht bestehenden Besonderheiten entspricht es allgemeiner Auffassung, dass das für eine Schadensersatzfeststellungsklage erforderliche Feststellungsinteresse grundsätzlich auch dann besteht, wenn der Kläger sein Ziel mit einer Klage auf Leistung erreichen kann.[398] Die gleichgelagerte Interessenlage gebietet es, die im gewerblichen Rechtsschutz

142

---
392 BGH, 24.9.1991 – VI ZR 60/91, NJW 1992, 311, 312.
393 In der Praxis hat sich die Angabe eines Mindestbetrages bewährt.
394 BGH, 13.10.1981 – VI ZR 162/80, NJW 1982, 340.
395 H/O/K/*Kalbfus*, § 10 Rn. 88.
396 BGH, 3.11.1959 – I ZR 120/58, GRUR 1960, 193, 196 – Frachtenrückvergütung; BGH, 17.5.2001 – I ZR 189/99, GRUR 2001, 1177, 1178 – Feststellungsinteresse II; BGH, 15.5.2003 – I ZR 277/00, GRUR 2003, 900, 901 – Feststellungsinteresse III.
397 Im Wettbewerbsrecht besteht eine sehr kurze Verjährungsfrist von sechs Monaten (§ 21 UWG).
398 Zum Verhältnis zwischen Feststellungs- und Leistungsklage auf dem Gebiet des gewerblichen Rechtsschutzes und des Urheberrechts vgl. ständige Rechtsprechung des BGH, 3.11.1959 – I ZR 120/58, GRUR 1960, 193, 196 – Frachtenrückvergütung; BGH, 19.11.1971 – I ZR 72/70, GRUR 1972, 180, 183 – Cheri; BGH, 17.5.2001 – I ZR 189/99, GRUR 2001, 1177, 1178 –

§ 10 Haftung des Rechtsverletzers

und im Urheberrecht bestehenden Besonderheiten auf den Schutz von Geschäftsgeheimnissen zu übertragen.[399]

143 Nach ständiger Rechtsprechung des BGH ist eine Feststellungsklage zulässig, solange die Schadensentwicklung noch nicht abgeschlossen ist und der Schaden daher noch nicht endgültig beziffert werden kann.[400] Ist im Zeitpunkt der Klageerhebung die Schadensentwicklung noch nicht abgeschlossen, soll eine Feststellungsklage hinsichtlich des gesamten Schadens auch dann zulässig sein, wenn sich der Schaden bereits teilweise beziffern lässt.[401] Selbst, wenn die Schadensentwicklung abgeschlossen ist, besteht ein Rechtsschutzbedürfnis für die Feststellungsklage, sofern die Schadensermittlung noch andauert.[402]

Feststellungsinteresse II; BGH, 15.5.2003 – I ZR 277/00, GRUR 2003, 900, 901 – Feststellungsinteresse III.
399 So wohl auch H/O/K/*Kalbfus*, § 10 Rn. 88.
400 BGH, 30.3.1983 – VIII ZR 3/82, NJW 1984, 1552, 1554 – Nicht abgeschlossene Schadensentwicklung; BGH, 21.9.1987 – II ZR 20/87, NJW-RR 1988, 445 – Milchkontrollverein; BGH, 3.4.1996 – VIII ZR 3/95, NJW 1996, 2097, 2098 – Verbotswidrige Konkurrenztätigkeit; BGH, 17.5.2001 – I ZR 189/99, GRUR 2001, 1177, 1178 – Feststellungsinteresse II; BGH, 15.5.2003 – I ZR 277/00, GRUR 2003, 900, 901 – Feststellungsinteresse III; BGH, 12.6.2018 – KZR 56/16, NJW 2018, 2479 Rn. 16 – Grauzementkartell II.
401 BGH, 30.3.1983 – VIII ZR 3/82, NJW 1984, 1552, 1554 – Nicht abgeschlossene Schadensentwicklung; BGH, 3.4.1996 – VIII ZR 3/95, NJW 1996, 2097, 2098 – Verbotswidrige Konkurrenztätigkeit.
402 BGH, 15.1.2008 – VI ZR 53/07, NJW-RR 2008, 1520 Tz. 6 – Hauswasserversorgung.

§ 11 Abfindung in Geld

(1) Ein Rechtsverletzer, der weder vorsätzlich noch fahrlässig gehandelt hat, kann zur Abwendung der Ansprüche nach den §§ 6 oder 7 den Inhaber des Geschäftsgeheimnisses in Geld abfinden, wenn dem Rechtsverletzer durch die Erfüllung der Ansprüche ein unverhältnismäßig großer Nachteil entstehen würde und wenn die Abfindung in Geld als angemessen erscheint.

(2) Die Höhe der Abfindung in Geld bemisst sich nach der Vergütung, die im Falle einer vertraglichen Einräumung des Nutzungsrechts angemessen wäre. Sie darf den Betrag nicht übersteigen, der einer Vergütung im Sinne von Satz 1 für die Länge des Zeitraums entspricht, in dem dem Inhaber des Geschäftsgeheimnisses ein Unterlassungsanspruch zusteht.

Schrifttum: *Apel/Walling*, Das neue Geschäftsgeheimnisgesetz: Überblick und erste Praxishinweise, DB 2019, 891; *Arens*, Gesetz zum Schutz von Geschäftsgeheimnissen (GeschGehG) – neue Herausforderungen für den Geschäftsführer, GWR 2019, 375; *Barth/Corzelius*, Geheimnisverrat im Zuge eines Arbeitnehmeraustritts – Eine Case Study nach der Reform des Datenschutz- und Geschäftsgeheimnisrechts, WRP 2020, 29; *Dann/Markgraf*, Das neue Gesetz zum Schutz von Geschäftsgeheimnissen, NJW 2019, 1774; *Drescher*, Industrie- und Wirtschaftsspionage in Deutschland, 2019; *Felsmann*, Das neue Geschäftsgeheimnisgesetz: Ein praktischer Überblick, Aktuelles Thema-Spezial 2019, 201903; *Gärtner*, Zum Richtlinienentwurf über den Schutz von Geschäftsgeheimnissen, NZG 2014, 650; *Grosskopf/Momsen*, Outsourcing bei Berufsgeheimnisträgern – strafrechtliche Verpflichtung zur Compliance?, CCZ 2018, 98; *Hiéramente/Golzio*, Die Reform des Geheimnisschutzes aus Sicht der Compliance-Abteilung – Ein Überblick, CCZ 2018, 262; *Hofmann*, „Equity" im deutschen Lauterkeitsrecht? Der „Unterlassungsanspruch" nach der Geschäftsgeheimnis-RL, WRP 2018, 1; *Köhler*, Die Begrenzung wettbewerbsrechtlicher Ansprüche durch den Grundsatz der Verhältnismäßigkeit, GRUR 1996, 82; *Lechner*, Die Ausübung von Gestaltungsrechten im Berufungsverfahren – eine „Einwendung der dritten Art"?, WM 2019, 765; *Ohly*, Das neue Geschäftsgeheimnisgesetz im Überblick, GRUR 2019, 441; *Samhat*, Die Abgrenzung der Wahlschuld von der elektiven Konkurrenz nach dem BGB, 2012; *Schroeder/Drescher*, Praktische Fragen bei der Anwendung von § 11 GeschGehG, WRP 2021, 6; *Stierle*, Das nichtpraktizierte Patent, 2018; *ders.*, Der quasi-automatische Unterlassungsanspruch im deutschen Patentrecht, GRUR 2019, 873; *Tochtermann*, Zur „Unverhältnismäßigkeit" einer Rechtsfolge nach dem neuen GeschGehG – Versuch einer Maßstabsbildung, WRP 2019, 688.

Übersicht

	Rn.		Rn.
I. Allgemeines	1	5. Praktische Bedeutung	13
1. Regelungsgegenstand	2	6. Reformbedarf	14
2. Entwicklung	3	a) Beschränkung auf mittelbare Rechtsverletzer?	15
3. Anwendungsbereich	4	b) Reichweite der höhenmäßigen Beschränkung	18
4. Anspruchsgrundlage des Rechtsinhabers oder (Gegen-)Recht des Rechtsverletzers?	8		

§ 11 Abfindung in Geld

	Rn.		Rn.
II. Materielle Voraussetzungen (§ 11 Abs. 1)	19	VI. Verhältnis zu § 9 GeschGehG	38
1. Fehlendes Verschulden des Rechtsverletzers	20	VII. Verhältnis zu Aufbrauch- und Umstellungsfristen	42
2. Unverhältnismäßig großer Nachteil des Rechtsverletzers	25	VIII. Prozessuales	45
		1. Darlegungs- und Beweislast	46
3. Angemessenheit der Abfindung in Geld	28	2. Zeitpunkt und Umfang des Angebots	47
III. Höhe der Abfindung (§ 11 Abs. 2)	30	3. Gerichtliche Entscheidung: Abfindung „anstelle" von Unterlassung/Beseitigung	48
IV. Ausübung und Rechtsfolge	32	4. Kosten	51
V. „Lizenz"?	35		

I. Allgemeines

1 § 11 privilegiert den **nicht schuldhaft** handelnden Rechtsverletzer und eröffnet ihm die Möglichkeit, die Ansprüche aus §§ 6, 7 durch die Zahlung einer Abfindung in Geld abzuwenden, wenn ihm „durch die Erfüllung" der Ansprüche ein **unverhältnismäßig großer Nachteil** entstehen würde **und** wenn die **Abfindung in Geld als angemessen** erscheint.[1] Die Regelung bezweckt den Schutz einer (verhältnismäßigen) wirtschaftlichen Nutzungsmöglichkeit des Geschäftsgeheimnisses.[2] Nach überzeugender Ansicht handelt es sich nicht um einen Anspruch des Verletzten,[3] sondern um ein **Gestaltungsrecht**[4] **des Rechtsverletzers** (der die Abfindung anbieten muss),[5] welches bei Erfüllung seiner Voraussetzungen zu einer Umwandlung des Primäranspruchs in einen Zahlungsanspruch führt (→ Rn. 33 ff.). Vor diesem Hintergrund handelt es sich sachlich nicht um eine Wahlschuld (§ 262 BGB), denn bei dieser ist der Schuldner berechtigt, durch alternative Leistungen eine Erfüllung entsprechend § 362 BGB herbeizuführen.[6] Im Anwendungsbereich von § 11 wird jedoch gerade nicht der originäre Unterlassungs-/Beseitigungsanspruch (§§ 6, 7) erfüllt, sondern gewandelt. Nachstehend wird die entsprechende Rechts-

---

1 Büscher/*Tochtermann*, § 11 GeschGehG Rn. 1 f.
2 Vgl. K/B/F/*Alexander*, § 11 GeschGehG Rn. 8.
3 So aber H/O/K/*Ohly*, § 11 Rn. 17.
4 Vgl. K/B/F/*Alexander*, § 11 GeschGehG Rn. 22: „*Wahlrecht*" sowie Rn. 27: „*Umgestaltung des gesetzlichen Rechtsverhältnisses*"; allgemein zur Einordnung einer Abwendungs-/Ersetzungsbefugnis als Gestaltungsrecht BeckOK BGB/*Lorenz*, § 262 Rn. 12; *Samhat*, S. 11; *Stierle*, S. 315 Fn. 79.
5 Büscher/*Tochtermann*, § 11 GeschGehG Rn. 8; K/B/F/*Alexander*, § 11 GeschGehG Rn. 22 „Wahlrecht" (des Rechtsverletzers); BeckOK GeschGehG/*Spieker*, § 11 Rn. 4; BeckOK UWG/*Reiling/ F. Wild*, § 11 GeschGehG Rn. 11 „Obliegenheit".
6 BeckOK UWG/*Reiling/F. Wild*, § 11 GeschGehG Rn. 11.

macht des Schuldners als **Abwendungsbefugnis**[7] bezeichnet. Diese Abwendungsbefugnis ist mithin eine Handlungsoption des Schuldners und unterscheidet mithin strukturell von einem Anspruchsausschluss wegen Unverhältnismäßigkeit.

1. Regelungsgegenstand

Die Norm stellt ein Gegengewicht zu dem breiten Anwendungsbereich (dh. Haftungsrisiko) der grundsätzlich verschuldensunabhängigen Ansprüche nach §§ 6 und 7 dar und dürfte insbesondere in Drittbeteiligungsfällen (§ 4 Abs. 3) relevant werden.[8] Diese erfordern zwar zumindest fahrlässige Unkenntnis von einer früheren Geheimnisverletzung, sodass ein Anwendungsbereich des § 11 auf den ersten Blick ausgeschlossen scheint. Die notwendige Kenntnis des Rechtsverletzers kann jedoch **nachträglich** (etwa durch einfachen Hinweis des Geheimnisinhabers) begründet werden. Ab diesem Zeitpunkt sieht sich der „vormals gutgläubige" Dritte Ansprüchen aus §§ 6 und 7 ausgesetzt (ausführlich → § 4 Rn. 116 ff.), die unter Umständen gravierende wirtschaftliche Folgen haben können (bspw. wenn der Rechtsverletzer in gutem Glauben erhebliche Investitionen getätigt hat). Auch der Unionsgesetzgeber hatte bei der Schaffung dieser Regelung vor allem – wenn nicht gar ausschließlich (→ Rn. 15)[9] – den Schutz mittelbarer Rechtsverletzer vor Augen. So heißt es in Erwgrd. 29 RL 2016/943/EU:

2

> „Eine Person könnte ein Geschäftsgeheimnis ursprünglich in gutem Glauben erworben haben, aber erst zu einem späteren Zeitpunkt – zum Beispiel aufgrund einer entsprechenden Mitteilung des ursprünglichen Inhabers des Geschäftsgeheimnisses – erfahren, dass ihre Kenntnis des betreffenden Geschäftsgeheimnisses auf Quellen zurückgeht, die dieses Geschäftsgeheimnis auf unrechtmäßige Weise genutzt oder offengelegt haben. Damit in solchen Fällen die vorgesehenen gerichtlichen Abhilfemaßnahmen[10] oder Anordnungen der betreffenden Person keinen unverhältnismäßig großen Schaden zufügen, sollten die Mitgliedstaaten für entsprechende Fälle als al-

---

7 Die bisherige Praxis ist uneinheitlich: BeckOK GeschGehG/*Spieker*, § 11 Rn. 3 nennt in der Überschrift den „Abfindungsanspruch", bei Rn. 4 synonym „Abfindungsbefugnis" und „Abwendungsbefugnis"; zu § 45 DesignG BeckOK DesignG/*Vohwinkel*, § 45 Rn. 13 „Abwendungsbefugnis"; zu § 100 UrhG Dreier/Schulze/*Dreier*, § 100 Rn. 3 „Ablösungsbefugnis" und so auch BeckOK UrhG/*Reber*, § 100, Rn. 1; recht glücklich ist der Begriff der Abwendungsbefugnis nicht, da diese leicht mit einer vollstreckungsrechtlichen Abwendungsbefugnis verwechselt werden sollte, bspw. §§ 711, 923 ZPO. Keine Abwendungsbefugnis regelt hingegen der modernisierte § 139 Abs. 1 Satz 3 und 4 PatG, wonach ein Anspruch nach dem PatG ausgeschlossen ist, „soweit die Inanspruchnahme aufgrund der besonderen Umstände des Einzelfalls und der Gebote von Treu und Glauben für den Verletzer oder Dritte zu einer unverhältnismäßigen, durch das Ausschließlichkeitsrecht nicht gerechtfertigten Härte führen würde. In diesem Fall ist dem Verletzten ein angemessener Ausgleich in Geld zu gewähren." Denn in diesem Fall ist der Ausschluss des Unterlassungsanspruchs bei Unverhältnismäßigkeit zwingend angeordnet, ohne dass es hierfür einer Abfindung des Verletzers bedarf.
8 Vgl. *Dann/Markgraf*, NJW 2019, 1774, 1779; Büscher/*Tochtermann*, § 11 GeschGehG Rn. 7.
9 Für eine solche Lesart K/B/F/*Alexander*, § 11 GeschGehG Rn. 6.
10 Der Begriff ist an dieser Stelle etwas unglücklich, als es um Maßnahmen nach Art. 12 RL geht, die eine Einstellung, ein Verbot sowie Abhilfemaßnahmen betreffen.

§ 11 Abfindung in Geld

ternative Maßnahme die Möglichkeit einer finanziellen Entschädigung für die geschädigte Partei vorsehen."

2. Entwicklung

3   Inhaltlich setzt § 11 den Art. 13 Abs. 3 RL 2016/943/EU um (zum Spannungsverhältnis zu Vorgaben der RL → Rn. 14), welcher wiederum weitgehend mit Art. 12 Durchsetzungs-RL 2004/48/EG übereinstimmt. Wegen des fakultativen Charakters von Art. 12 Durchsetzungs-RL besteht eine Abwendungsbefugnis[11] im Inland allerdings nur in § 100 UrhG sowie § 45 DesignG.[12] Nach der alten Rechtslage – daher im Anwendungsbereich des UWG – ist bzw. war eine Abwendungsbefugnis in Geschäftsgeheimnissachen nicht vorgesehen. Im RefE war die Abwendungsbefugnis noch in § 10 geregelt; mit dem RegE wurde die Regelung dann inhaltlich unverändert in den § 11 verschoben.[13]

3. Anwendungsbereich

4   § 11 eröffnet die Möglichkeit einer Abfindung der Ansprüche aus § 6 (Unterlassungs- und Beseitigungsansprüche) sowie der speziellen Beseitigungsansprüche aus § 7.[14] Nach dem Wortlaut von § 11 sind Ansprüche wegen (rechtswidriger) Erlangung, Nutzung oder Offenlegung betroffen. Die konkrete Anwendung von § 11 ist für jeden Anspruch individuell zu prüfen. So ist durchaus möglich, dass die zukunftsgerichtete Unterlassung bestimmter Verhaltensweisen nicht, wohl aber einzelne Beseitigungsmaßnahmen (wie ein Rückruf) über § 11 abgewendet werden können.[15]

5   Macht der Geschäftsgeheimnisinhaber **mehrere Ansprüche** in einem Verfahren geltend, kann der Rechtsverletzer auch nur für einen/einige Ansprüche eine Abfindung anbieten.[16] Das folgt aus der Vorgabe des Art. 13 Abs. 3 RL 2016/943/EU iVm. den diversen einzelnen Maßnahmen entsprechend Art. 12 Abs. 1 lit. a–c RL. Da die RL einen verhältnismäßigen Ausgleich im Einzelfall bezweckt, ist nicht anzunehmen, dass eine Abwendungsbefugnis nur einheitlich bezüglich aller Maßnah-

---

11   Büscher/*Tochtermann*, § 11 GeschGehG Rn. 5; BT-Drs. 16/5048, S. 32.
12   Die Norm zur Zwangslizenz „im Einzelfall" in § 24 PatG gehört nicht zu den Parallelnormen. Die aktuelle Fassung des § 100 UrhG erfolgte mit dem Gesetz zur Verbesserung der Durchsetzung von Rechten des Geistigen Eigentums vom 7.7.2008, BGBl. I 2008, Nr. 28, 1191 vom 11.7.2008, wobei die Regelung gegenüber § 101 aF lediglich redaktionell verschlankt wurde und nicht von Art. 12 Enforcement-RL veranlasst war, vgl. Dreier/Schulze/*Dreier*, § 100 Rn. 2 sowie schon BGH, 28.2.1975 – I ZR 101/73, GRUR 1976, 317, 321 – Unsterbliche Stimmen; § 45 DesignG entspricht dem vormaligen § 45 GeschmMG entsprechend dem Geschmacksmusterreformgesetz vom 12.3.2004, BGBl. I 2004, Nr. 11, 390 vom 12.3.2004.
13   K/B/F/*Alexander*, § 11 GeschGehG Rn. 3.
14   *Barth/Corzelius*, WRP 2020, 29 Rn. 39 (zu § 11 GeschGehG in Arbeitsverhältnissen).
15   Dies verdeutlicht die Relevanz einer Unterscheidung von Unterlassung und Beseitigung (dazu § 6 Rn. 58 ff.).
16   K/B/F/*Alexander*, § 11 GeschGehG Rn. 24.

men bestehen (oder nicht bestehen) kann. Vielmehr kann es im Einzelfall geboten sein, zwischen einzelnen Maßnahmen zu unterscheiden.[17]

Da der Anwendungsbereich des § 11 seinem Wortlaut gemäß auf Ansprüche nach dem GeschGehG begrenzt ist, können **vertragliche Ansprüche und Ansprüche aus §§ 280 Abs. 1, 241 Abs. 2 BGB**, die mit den gesetzlichen Ansprüchen konkurrieren, nicht *ex lege* durch eine Abfindung in Geld abgegolten werden; dies bedarf vielmehr einer entsprechenden Vereinbarung der Parteien.[18] 6

Auf die Ansprüche auf **Auskunft** (§ 8) sowie **Herausgabe** (§ 13) ist die Abwendungsbefugnis **nicht anwendbar**.[19] Auch der **Schadensersatzanspruch** aus § 10 ist schon nach dem Wortlaut des § **11 nicht entsprechend abwendbar** (und zudem an ein Verschulden geknüpft). § 10 ist entsprechend § 249 BGB grundsätzlich auf Naturalrestitution gerichtet (vgl. → § 10 Rn. 52). Für Schadensersatzansprüche besteht zwar insoweit eine allgemeine zivilrechtliche Abwendungsbefugnis des § **251 Abs. 2 Satz 1 BGB**. Deren Anwendung auf den Schadensersatzanspruch in Geschäftsgeheimnissachen ist jedoch umstritten (im Detail → § 10 Rn. 121).[20] Jedenfalls ist zu berücksichtigen, dass § 11 den Art. 13 Abs. 3 RL umsetzt, welcher eine Abwendungsbefugnis nur für Maßnahmen nach Art. 12 der RL zulässt – und nicht für den Schadensersatzanspruch gem. Art. 14 RL. Je nach Verständnis der Reichweite der Vollharmonisierung in Art. 13 Abs. 3 RL kann hier ein Spannungsverhältnis bestehen. 7

4. Anspruchsgrundlage des Rechtsinhabers oder (Gegen-)Recht des Rechtsverletzers?

Die **Rechtsnatur** von § 11 ist aus folgendem Grund umstritten: Sowohl § 9 wie auch § 11 setzen einen bestehenden Anspruch nach §§ 6 oder 7 voraus. Allerdings schließt § 9 nach seinem Wortlaut einen Anspruch nach §§ 6, 7 vollständig aus, während § 11 eine Abfindung in Geld zur Abwendung vorsieht. Bei Erfüllung der Voraussetzungen von § 9 würde dies mithin rein faktisch eine nachgelagerte Abwendungsbefugnis nach § 11 ausschließen;[21] dem Inhaber wäre also nicht nur der (unzumutbare) „Primäranspruch" aus §§ 6, 7 versperrt, sondern auch die Zahlung eines Geldbetrags als „milderes Mittel" nach § 11 (zum Verhältnis zu § 9 unten → Rn. 37).[22] Das Bemühen, dieses aus der Gesetzesformulierung resultierende Di- 8

---

17 Vgl. K/B/F/*Alexander*, § 11 GeschGehG Rn. 24.
18 K/B/F/*Alexander*, § 11 GeschGehG Rn. 10.
19 *Reinfeld*, § 5 Rn. 23.
20 Für die Anwendung Büscher/*Tochtermann*, § 11 GeschGehG Rn. 3; aA wohl *Reinfeld* mit der Erwägung, es dürfe kein „Freikaufen" von einer schuldhaften Verletzung eines Geschäftsgeheimnisses geben, § 5 Rn. 24; in diese Richtung wohl auch Nebel/Diedrich/*Fuchs*, § 11 Rn. 6; zur entsprechenden Diskussion im Urheberrecht Dreier/Schulze/*Dreier*, § 100 Rn. 3; Schricker/Loewenheim/*Wimmers*, § 100 Rn. 3; insoweit aA Wandtke/Bullinger/*Bohne*, § 100 UrhG Rn. 2; Fromm/Nordemann/*Nordemann*, § 100 UrhG Rn. 11.
21 Büscher/*Tochtermann*, § 11 GeschGehG Rn. 13; K/B/F/*Alexander*, § 11 GeschGehG Rn. 28; H/O/K/*Ohly*, § 11 Rn. 8 f.
22 So zutreffend befürchtet von H/O/K/*Ohly*, § 11 Rn. 7, 17.

§ 11 Abfindung in Geld

lemma angemessen zu lösen, hat zu unterschiedlichen Einordnungen der von § 11 vermittelten Rechtsmacht geführt:

9 Nach einer von *Ohly* begründeten Auffassung bildet die Norm eine Anspruchsgrundlage des Inhabers. Aus der Norm ergebe sich nicht eindeutig, ob die Abfindungsmöglichkeit eine Berufung des Rechtsverletzers auf selbige bedürfe, wenn auch auf den ersten Blick eine § 251 Abs. 2 BGB ähnliche Ersetzungsbefugnis naheliege. Ein solches Verständnis sei aber schlecht mit Art. 13 Abs. 3 Satz 1 RL 2016/943/EU zu vereinbaren, wonach gerade die Gerichte die Abfindung anordnen können.[23] Deshalb seien §§ 9, 11 nicht „nebeneinander" als Begrenzungen der Ansprüche aus §§ 6, 7 anzuwenden. Vielmehr regle allein § 9 – in einem ersten Schritt – einen Anspruchsausschluss bei Unverhältnismäßigkeit und in einem zweiten Schritt sei zu prüfen, ob dem Geheimnisinhaber ein kompensatorischer Abfindungsanspruch nach § 11 zustehe.[24]

10 Diese Ansicht löst das aus der Gesetzesformulierung resultierende Spannungsfeld mit einem einheitlichen Verständnis des Begriffs der Verhältnismäßigkeit (soweit ein Anspruchsausschluss betroffen ist) in beiden Normen. Sie weicht allerdings vom Verständnis des Gesetzgebers zu § 11 ab,[25] nach dessen expliziter Vorstellung der Rechtsverletzer die Abfindung anbieten muss.[26] Auch der Wortlaut des § 11 suggeriert eher ein Gegenrecht des Rechtsverletzers (vgl. „*kann... abfinden*"). Ferner spricht Art. 13 Abs. 3 Satz 1 RL 2016/943/EU zwar davon, dass die Gerichte eine Abfindung anordnen können – aber sieht hierfür einen „Antrag"[27] des Adressaten der Maßnahmen des Art. 12 RL, also des Rechtsverletzers, vor. Demnach scheint auch die RL vorauszusetzen, dass sich der Rechtsverletzer auf die Abwendungsbefugnis beruft.

11 Deshalb wird vorliegend von einer „parallelen" Anwendung der §§ 9, 11 ausgegangen: Ansprüche des Inhabers gegenüber dem schuldlosen Rechtsverletzer können mithin entweder nach § 9 oder § 11 nicht durchsetzbar sein. Während § 9 den Charakter einer von Amts wegen zu prüfenden Einwendung hat,[28] kommt § 11 der Charakter einer Einrede zu, sodass der Rechtsverletzer sich auf die Abwendungsbefugnis berufen muss.[29] Die Lösung des aus diesem Grund zwischen den Normen beste-

---

23 H/O/K/*Ohly*, § 11 Rn. 17.
24 H/O/K/*Ohly*, § 11 Rn. 9 mit weiteren Erläuterungen zur Figur der „compensation in lieu of an injunction" des *common law*.
25 Wie H/O/K/*Ohly*, § 11 Rn. 9 selbst feststellt (abstellend auf die „fälschliche Annahme einer Funktionsgleichheit von § 11 GeschGehG und § 100 UrhG").
26 BT-Drs. 19/4724, S. 33 mit Bezug auf die „vergleichbare Regelung in § 100 UrhG".
27 Wenn auch keinen Antrag iSd. § 253 Abs. 2 Nr. 2 ZPO.
28 Vgl. Büscher/*Tochtermann*, §§ 9 GeschGehG Rn. 3, 11 Rn. 13 und WRP 2019, 688 Rn. 12 ff.; BeckOK UWG/*Barth*, GeschGehG Rn. 34; BeckOK GeschGehG/*Spieker*, § 9 Rn. 3; K/B/F/ *Alexander*, § 9 GeschGehG Rn. 12–14.
29 Büscher/*Tochtermann*, § 11 GeschGehG Rn. 8; K/B/F/*Alexander*, § 11 GeschGehG Rn. 22 „Wahlrecht" (des Rechtsverletzers); BeckOK GeschGehG/*Spieker*, § 11 Rn. 4; BeckOK UWG/ *Reiling/F. Wild*, § 11 GeschGehG Rn. 11 „Obliegenheit".

henden Spannungsfelds und eines möglichen Leerlaufens von § 11 ist im Rahmen der Verhältnismäßigkeitsprüfung zu suchen (→ Rn. 38).

Für eine solche Einordnung als Einrede sprechen auch die Interessen des Inhabers, denn die Einordnung von § 11 als Anspruchsgrundlage führt zu einer Ausweitung des Anwendungsbereichs des Anspruchsausschlusses nach § 9. Nach hiesigem Verständnis hingegen ist im Anwendungsbereich von § 11 kein Raum für den „absoluten" Anspruchsausschluss nach § 9. Daher verbleiben dem Inhaber durchsetzbare Ansprüche aus §§ 6, 7 bis zu einer entsprechenden Ausübung der Abwendungsbefugnis.[30]

5. Praktische Bedeutung

Ob und inwieweit die Norm in der Praxis Anwendung findet, wird sich vor allem danach richten, welche Anforderungen die Rechtsprechung an das **Verschulden** iSd. GeschGehG stellt (zum Maßstab → Rn. 20 und § 6 Rn. 43).[31] Parallelregelungen in UrhG (§ 100) und DesignG (§ 45) haben praktisch bisher eher keine besondere Bedeutung erlangt.

6. Reformbedarf

Der deutsche Gesetzgeber hat die Vorgaben des Art. 13 Abs. 3 RL 2016/943/EU bei der Umsetzung in § 11 nicht nur redaktionell gekürzt, sondern auch inhaltlich abgewandelt.[32] Ein entsprechendes Bewusstsein ist den Gesetzgebungsmaterialien allerdings nicht zu entnehmen.[33] Dies ist insofern problematisch, als Art. 13 Abs. 3 RL zu den **vollharmonisierenden Regelungsbereichen** der Richtlinie gehört (Art. 1 Abs. 1 UAbs. 2) und sein Anwendungsbereich im Grundsatz also weder verschärft noch verkürzt werden darf.[34] § 11 weicht indes nicht nur hinsichtlich des Anwendungsbereichs (a), sondern auch in Bezug auf die Regelungen zur Lizenzhöhe (b) von den Vorgaben der Richtlinie ab.

a) Beschränkung auf mittelbare Rechtsverletzer?

Die Entstehungsgeschichte und Wortlaut von Art. 13 Abs. 3 RL 2016/943/EU legen nahe, dass nach dem Willen des Richtliniengebers allein **mittelbare Rechtsverletzer** in den Genuss einer Abwendungsbefugnis kommen sollen. Besonders deutlich wird dies bei einem Blick in das Gesetzgebungsverfahren. So bezog sich etwa die „finanzielle Ausgleichszahlung" (entspricht der Abwendungsbefugnis) im ersten Richtlinienentwurf vom 28.11.2013[35] nach dem dortigen Art. 12 Abs. 3 lit. a aus-

---
30 *Schroeder/Drescher*, WRP 2021, 6 Rn. 13.
31 *Reinfeld*, § 5 Rn. 26; vgl. zur Anknüpfung an § 276 Abs. 2 BGB *Ohly*, GRUR 2019, 441, 447.
32 K/B/F/*Alexander*, § 11 GeschGehG Rn. 6.
33 BT-Drs. 19/4724, S. 33.
34 *Gärtner*, NZG 2014, 650, 651; K/B/F/*Alexander*, § 11 GeschGehG Rn. 6.
35 COM (2013) 813 final vom 28.11.2013.

§ 11 Abfindung in Geld

drücklich nur auf die Fälle der mittelbaren Rechtsverletzung gem. Art. 3 Abs. 4 (jetzt Art. 4 Abs. 4).[36] Zwar wurde der Wortlaut zwischenzeitlich leicht verändert, der Sache nach bestehen indes keine Unterschiede. Denn Art. 13 Abs. 3 lit. a RL nimmt **nur** auf die **Nutzung** oder **Offenlegung** solcher Geschäftsgeheimnisse Bezug,[37] in deren Besitz der Rechtsverletzer „über eine andere Person" gelangt ist, die dieses Geschäftsgeheimnis rechtswidrig genutzt oder offengelegt hat. Für Verstöße gegen Art. 4 Abs. 2 und 3 RL (entspricht § 4 Abs. 1 und 2) ist eine Abwendungsbefugnis dagegen nicht vorgesehen. Bei einer fehlenden Kenntnis oder einem fehlenden Kennenmüssen liegt nach der Regelungskonzeption von Art. 4 Abs. 4 RL aber schon von vornherein keine Rechtsverletzung vor, sodass sich der Anwendungsbereich der Abwendungsbefugnis auf Fälle beschränkt, in denen der zunächst gutgläubige Dritte nachträglich Kenntnis von der vorherigen Geheimnisverletzung erlangt und gleichwohl die (nunmehr rechtswidrige) Nutzung oder Offenlegung des Geschäftsgeheimnisses fortsetzt.[38]

16 In § 11 findet sich demgegenüber keine derartige Einschränkung auf den Kreis der Schuldner, sondern die Abwendungsbefugnis steht allen Rechtsverletzern offen (also auch bei Verstößen gegen § 4 Abs. 1 und Abs. 2), solange diese bei der Erlangung, Nutzung oder Offenlegung des Geschäftsgeheimnisses weder vorsätzlich noch fahrlässig gehandelt haben. Die Rechtmäßigkeit dieser Regelung ist vor dem Hintergrund der Vollharmonisierung zweifelhaft. Allerdings ist zu bedenken, dass das gesamte Rechtsfolgenregime der Richtlinie in erster Linie dem Erreichen eines verhältnismäßigen Ergebnisses dient (allein der Begriff „verhältnismäßig" wird in der RL 15-mal genannt).[39] Immerhin das spricht dafür, dass die in Art. 13 Abs. 3 RL vorgesehene Abfindungsregelung nicht „negativ abschließend" ist, sondern eine Übertragung des Regelungsgedankens auf weitere Anwendungsfälle zulässt,[40] wenn dies im konkreten Einzelfall für das Erreichen eines angemessenen Interessenausgleichs erforderlich ist.

17 Im Übrigen ist rein praktisch fraglich, ob sich in der Praxis Anwendungsfälle außerhalb der Konstellation mittelbarer Rechtsverletzungen eröffnen werden. Denn das gutgläubige Erlangen, Nutzen oder Offenlegen durch einen „Erstverletzer" ist selten denkbar. Verschafft sich der Rechtsverletzer Zugang zu einem hinreichend gesicherten Geheimnis iSv. § 4 Abs. 1, wird dies in aller Regel unter zumindest fahrlässiger Verkennung der Zugangsbeschränkungen geschehen. Fehlt es an entsprechenden Zugangsbeschränkungen, sodass eine fahrlässige Erlangung möglich erscheint, dürfte es nahezu zwangsläufig an „angemessenen Geheimhaltungsmaßnahmen" iSv. § 2 Nr. 1 lit. b fehlen – mit der Folge, dass ein Anspruch nach §§ 6, 7 schon mangels Geschäftsgeheimnisses ausscheidet. Gleiches gilt für Verstöße ge-

---

36 K/B/F/*Alexander*, § 11 GeschGehG Rn. 6.
37 Vgl. K/B/F/*Alexander*, § 11 GeschGehG Rn. 6.
38 K/B/F/*Alexander*, § 11 GeschGehG Rn. 6.
39 *Gärtner*, NZG 2014, 650, 651.
40 So K/B/F/*Alexander*, § 11 GeschGehG Rn. 6; vgl. auch *Hofmann*, WRP 2018, 1 Rn. 26.

gen § 4 Abs. 2: Wer unverschuldet gegen ein Verbot der Nutzung oder Offenlegung eines Geschäftsgeheimnisses verstößt, wird hierüber in aller Regel nicht hinreichend aufgeklärt oder vertraglich verpflichtet worden sein, womit es wiederum an den Anforderungen von § 2 Nr. 1 lit. b fehlt. Umgekehrt sind kaum Situationen vorstellbar, in denen ein hinreichend instruierter Mitarbeiter oder Geschäftspartner ein Geschäftsgeheimnis vertragswidrig nutzt oder offenlegt, ohne dass ihn zumindest der Vorwurf der Fahrlässigkeit trifft.

b) Reichweite der höhenmäßigen Beschränkung

Die zweite Abweichung betrifft § 11 Abs. 2 Satz. 2. Danach darf die Abfindung den Betrag nicht übersteigen, der einer Vergütung für die Länge des Zeitraums entspricht, welche dem Inhaber des Geschäftsgeheimnisses ein Unterlassungsanspruch zusteht (Einzelheiten unten → Rn. 30). Nach der Vorgabe in Art. 13 Abs. 3 UAbs. 2 RL soll diese höhenmäßige Beschränkung nur für solche Zahlungen gelten, durch die Maßnahmen nach Art. 12 Abs. 1 **lit. a und lit. b** RL 2016/943/EU[41] abgewendet werden.[42] Die deutsche Regelung beschränkt die Höhe der Abfindung hingegen auch für die Abfindung von Beseitigungsansprüchen nach §§ 6, 7 (insbes. Abhilfemaßnahmen nach Art. 12 Abs. 1 **lit. c**, Abs. 2 RL). Soweit daher im Einzelfall die Abfindung von Abhilfemaßnahmen nach Art. 12 Abs. 1 lit. c, Abs. 2 RL mit einer bloßen Lizenzgebühr in den Grenzen des § 11 Abs. 2 Satz 2 die Vorteile des Rechtsverletzers nicht adäquat abschöpft, ist der Anwendungsbereich der höhenmäßigen Begrenzung in europarechtskonformer Weise zu reduzieren. 18

II. Materielle Voraussetzungen (§ 11 Abs. 1)

Der Rechtsverletzer kann zur Abwendung der Ansprüche nach den §§ 6 oder 7 den Inhaber des Geschäftsgeheimnisses in Geld abfinden, wenn (1) er selbst weder vorsätzlich noch fahrlässig gehandelt hat, (2) dem Rechtsverletzer durch die Erfüllung der Ansprüche ein unverhältnismäßig großer Nachteil entstehen würde und (3) die Abfindung in Geld als angemessen erscheint. 19

1. Fehlendes Verschulden des Rechtsverletzers

Erste Voraussetzung ist ein unverschuldeter (also weder vorsätzlicher noch fahrlässiger) Verstoß gegen § 4, der nicht durch eine Ausnahme nach § 5 oder das Eingreifen eines allgemeinen Rechtfertigungsgrundes gedeckt ist (zum Maßstab bereits § 4 Rn. 125). Die jeweiligen Anspruchsvoraussetzungen müssen vollständig erfüllt sein. Dies bedeutet auf der einen Seite, dass eine bestehende Unsicherheit über die 20

---

41 Art. 12 Abs. 1: (…) a) Einstellung oder gegebenenfalls Verbot der Nutzung oder Offenlegung des Geschäftsgeheimnisses; b) Verbot des Herstellens, Anbietens, Vermarktens oder der Nutzung rechtsverletzender Produkte oder der Einfuhr, Ausfuhr oder Lagerung rechtsverletzender Produkte für diese Zwecke; (…).
42 K/B/F/*Alexander*, § 11 GeschGehG Rn. 7.

§ 11   Abfindung in Geld

Verwirklichung eines Tatbestandsmerkmals nicht dadurch umgangen werden kann, dass der Geheimnisinhaber stattdessen eine Abfindung in Geld verlangt; auf der anderen Seite muss auch das fehlende Verschulden im Streitfall positiv festgestellt werden (zur Darlegungs- und Beweislast → Rn. 45 ff.).[43]

21   Bezüglich des Verschuldens ist prinzipiell auf die allgemeinen zivilrechtlichen Grundsätze zurückzugreifen, sodass der Rechtsverletzer gem. § 276 Abs. 1 BGB für jegliche Fahrlässigkeit einzustehen hat.[44] Insbes. der Begriff des **Wissenmüssens** ist richtlinienkonform auszulegen, wobei zunächst – jedenfalls bis zum Vorliegen abweichender Vorgaben/Anhaltspunkte aus der künftigen Rechtsprechung des EuGH – die zur fahrlässigen Unkenntnis nach § 276 Abs. 2 BGB entwickelten Grundsätze herangezogen werden können (→ § 6 Rn. 43).[45] Dazu wurde bemerkt, dass sich die Tatbestände der Patent-, Marken- und Urheberrechtsverletzung wegen des strengen Fahrlässigkeitsmaßstabs des Immaterialgüterrechts von einer Gefährdungshaftung kaum unterschieden, was nicht ohne Weiteres für das GeschGehG übernommen werden dürfe.[46] Diesen grundsätzlich berechtigten Bedenken ist bei der Ermittlung eines geeigneten Maßstabs Rechnung zu tragen, auch wenn jedenfalls für Kaufleute zudem der Sorgfaltsmaßstab eines ordentlichen Kaufmanns zu berücksichtigen ist (vgl. § 347 Abs. 1 HGB).[47] Tatsächlich wirkt sich der strenge Maßstab auf die praktische Anwendung ähnlicher Abwehrbefugnisse im Immaterialgüterrecht aus: Im Urheberrecht fristet die dortige Parallelnorm § 100 UrhG bislang ein Nischendasein[48] und für § 45 DesignG gilt nichts anderes.[49] Immerhin kann zur Auslegung des § 11 jedoch die vorhandene Rechtsprechung und Literatur zu diesen Normen wegen der Ähnlichkeit der europarechtlichen Vorgaben herangezogen werden, zumal allen drei Normen ähnliche Wertungen zugrunde liegen[50]: So hatte der Gesetzgeber bei der Schaffung des § 100 UrhG vor allem den Filmhersteller im Kopf, der sich „*versehentlich ein zur Auswertung des Filmwerkes erforderliches Nutzungsrecht nicht hat einräumen lassen*".[51] Eine vollständige Untersagung des Vertriebs sei in solchen Fällen mit Rücksicht auf den im Filmwerk verkörperten hohen wirtschaftlichen Wert unverhältnismäßig.[52] Für § 45 DesignG gilt im We-

---

43 Von diesen gesetzlichen Voraussetzungen unbenommen bleibt die Möglichkeit einer privatautonomen Vereinbarung (bspw. zur Umgehung einer gerichtlichen Auseinandersetzung über die Höhe der „angemessenen" Abfindung).
44 Vgl. für das Urheberrecht OLG Köln, 5.3.1999 – 6 U 189/97, GRUR 2000, 43, 45 – Klammerpose; Wandtke/Bullinger/*Bohne* § 100 UrhG Rn. 5.
45 *Ohly*, GRUR 2019, 441, 447.
46 *Ohly*, GRUR 2019, 441, 447.
47 K/B/F/*Alexander*, § 11 GeschGehG Rn. 21.
48 Dreier/Schulze/*Dreier*, § 100 Rn. 4.
49 Entsprechend nennt die Kommentierung in E/J/F/M/*Eichmann/Jestaedt*, § 45 DesignG Rn. 1–4 keine (sic!) Entscheidung; zu § 45 GeschmMG allerdings OLG HH, 5 U 183/07 – 1.7.2009, BeckRS 2010, 24928 = WRP 2010, 1416 (nur LS) – Kaminöfen.
50 Krit. zur „unreflektierten" Übernahme des Modells des § 100 UrhG auf § 11 GeschGehG durch den Gesetzgeber H/O/K/*Ohly*, § 11 Rn. 7.
51 BT-Drs. IV/270, S. 105.
52 BT-Drs. IV/270, S. 105.

sentlichen nichts anderes; auch mit dieser Norm soll der unverschuldete Verletzer vor einem unverhältnismäßigen Schaden durch die Erfüllung einer Unterlassungsverpflichtung geschützt werden.[53] In strukturell ähnlicher Form soll nun § 11 neben einer unbilligen Behinderung von Wettbewerb und Innovation vor allem eine „unbillige Vernichtung wirtschaftlicher Werte"[54] verhindern. Insoweit gilt es bei der Auslegung zwar zu berücksichtigen, dass dem Urheber und dem Rechtsinhaber des Designs je ein Ausschließlichkeitsrecht zusteht, welches der Geschäftsgeheimnisinhaber gerade nicht innehat; insoweit kann sich der Anwendungsbereich des § 11 tendenziell weiter entwickeln als derjenige der § 100 UrhG, § 45 DesignG.[55] Dennoch gilt bei der **Maßstabsbildung** für alle diese Normen als Ausgangspunkt, dass der Inhaber prinzipiell keine Rechtsverletzung dulden muss (s. schon → § 6 Rn. 43).

Die im Urheberrecht teilweise geforderte **Nachforschungspflicht** bezüglich Rechten Dritter, die einer Verwertung entgegenstehen könnten,[56] ist jedoch im Bereich des GeschGehG (regelmäßig) **abzulehnen**: Da es sich bei Geschäftsgeheimnissen nicht per se um Werke mit einer hinreichenden Schöpfungshöhe handelt, die auf entgegenstehende Rechte Dritter hinweisen könnten, ist der Rechtsverletzer ohne konkrete Anzeichen für eine vorhergehende Geheimnisverletzung nicht zu Nachforschungen verpflichtet. Gerade in den hier relevanten Bereichen können jedoch viele Indizien (etwa der Vermerk „geheim" auf einer Unterlage) Anlass zu – im Rahmen des Möglichen und Zumutbaren – Nachforschungen bzw. Nachfragen geben und darauf folgende unschlüssige Antworten im Zweifel die fehlende Berechtigung zumindest nahelegen.[57] 22

Bei Ansprüchen gegen den Inhaber eines Unternehmens kann § 11 insbes. dann relevant werden, wenn dieser ohne eigenes Verschulden gem. § 12 für einen Beschäftigten oder Beauftragen haftet.[58] Haftet er dagegen wegen vermuteten **Organisationsverschuldens** nach § 831 BGB für einen Verrichtungsgehilfen oder wegen des schuldhaften Unterlassens gebotener Aufsichtsmaßnahmen aus § 31 BGB, ist die Abfindung nicht möglich.[59] In Bezug auf die Haftung aus § 31 BGB wird abzuwarten sein, welche Maßstäbe die Rechtsprechung an die gebotenen Aufsichtsmaßnahmen anlegt. Bislang jedenfalls scheint die Verhinderung von Geheimnisverletzungen aus dem eigenen Unternehmen heraus in den meisten Compliance-Ab- 23

---

53 Überblick bei BeckOK DesignR/*Vohwinkel*, § 45 Rn. 1 ff.
54 So ausdrücklich in der Gesetzesbegründung zum GeschGehG, BT-Drs. 19/4724, S. 33.
55 So stellt *Dreier* ausdrücklich fest, dass im Urheberrecht an die Unverhältnismäßigkeit nicht zu geringe Anforderungen zu stellen sind, da andernfalls das urheberrechtliche Ausschließlichkeitsrecht ausgehöhlt würde, Dreier/Schulze/*Dreier*, § 100 Rn. 5.
56 So Wandtke/Bullinger/*Bohne*, § 100 UrhG Rn. 5.
57 Mit Beispielen BeckOK GeschGehG/*Hiéramente*, § 11 Rn. 73.2; BeckOK UWG/*Barth*, § 4 GeschGehG Rn. 55; *Ohly*, GRUR 2019, 441, 447.
58 *Reinfeld*, § 5 Rn. 25; so ausdrücklich die Gesetzesbegründung betr. § 100 UrhG, BT-Drs. IV/270, S. 105.
59 *Reinfeld*, § 5 Rn. 25; so für das Urheberrecht Dreier/Schulze/*Dreier*, § 100 Rn. 4; Schricker/Loewenheim/*Wimmers*, § 100 Rn. 4; Fromm/Nordemann/*Nordemann*, § 100 UrhG Rn. 4.

§ 11 Abfindung in Geld

teilungen der unternehmerischen Praxis mitunter noch eine zu geringe Rolle zu spielen.[60] Insbesondere bei der Einstellung neuer Mitarbeiter kann zumindest sinnvoll sein, diese auf ein Verbot der Nutzung von Geschäftsgeheimnissen ihres früheren Arbeitgebers hinzuweisen (unter Berücksichtigung auch der Grenzen der Verschwiegenheitsverpflichtung eines Arbeitnehmers nach Beendigung des [vorherigen] Arbeitsverhältnisses).[61]

24 Der maßgebliche **Beurteilungszeitpunkt** für die Frage des fehlenden Verschuldens lässt sich der Norm nicht unmittelbar entnehmen.[62] Insoweit sieht Art. 13 Abs. 3 lit. a RL 2016/943/EU vor, dass der Rechtsverletzer zum Zeitpunkt der Nutzung oder Offenlegung – anders als in § 11 ist die Variante des Erlangens hier nicht erfasst – nicht wusste und unter den gegebenen Umständen nicht hätte wissen müssen, dass er über eine andere Person in den Besitz des Geschäftsgeheimnisses gelangt ist, die dieses Geschäftsgeheimnis rechtswidrig genutzt oder offengelegt hat. Der Unionsgesetzgeber hatte bezüglich der Abfindungsmöglichkeit daher vor allem – wenn nicht gar ausschließlich – Konstellationen mit mittelbaren Rechtsverletzern iSv. § 4 Abs. 3 vor Augen (oben → Rn. 15), also bspw. wenn eine gutgläubige Person das Geheimnis erlangt, darauf aufbauend erst ein Produkt entwickelt, dann die Produktion beginnt, sowie ferner dessen Vertrieb aufnimmt – und schließlich von der vorgelagerten Geheimnisverletzung erfährt.[63] Ab diesem Zeitpunkt sieht sich dieser „vormals gutgläubige" Rechtsverletzer grundsätzlich Ansprüchen aus §§ 6 und 7 ausgesetzt (vgl. dazu oben unter → Rn. 2 den Erwgrd. 29 der Richtlinie).

2. Unverhältnismäßig großer Nachteil des Rechtsverletzers

25 Zweite Voraussetzung ist, dass dem Rechtsverletzer **durch die Erfüllung** der Ansprüche nach §§ 6 oder 7 ein **unverhältnismäßig großer Nachteil** entstünde. Hierfür sind der Umfang der zu erwartenden Nachteile für den Rechtsverletzer und den Verletzten sowie die Bedeutung der unverschuldeten Rechtsverletzung zueinander in Beziehung zu setzen.[64] Die Anforderungen an den „unverhältnismäßig großen

---

60 Zur Umsetzung des GeschGehG aus dem Blickwinkel der Compliance *Drescher*, S. 512 ff., *Hiéramente/Golzio*, CCZ 2018, 262 ff.; zur Compliance beim Outsourcing von Berufsgeheimnisträgern *Grosskopf/Momsen*, CCZ 2018, 98 ff.; zu den Haftungsrisiken für Geschäftsleiter *Arens*, GWR 2019, 375, 376.
61 *Drescher*, S. 513; zu den aus Art. 12 Abs. 1 GG resultierenden Grenzen der Verschwiegenheitsverpflichtung eines Arbeitnehmers nach Beendigung des Arbeitsverhältnisses bspw. ErfK/*Niemann*, § 626 BGB Rn. 154b.
62 Wobei der Wortlaut in Abs. 1 Satz 1 darauf abstellt, dass der Verletzer „gehandelt hat" (im Gegensatz zu § 10 Abs. 1 „handelt").
63 K/B/F/*Alexander*, § 11 GeschGehG Rn. 6 erkennt (ausschließlich) die wenigen „Fälle, in denen der Rechtsverletzer der Nutzung oder Offenlegung des Geschäftsgeheimnisses fortsetzt, obgleich er nunmehr Kenntnis von den maßgeblichen Umständen erlangt hat oder hätte erlangen können" als Anwendungsfall der Vorgaben der RL 2016/943/EU an.
64 Büscher/*Tochtermann*, § 11 GeschGehG Rn. 8; zur Parallelnorm im Urheberrecht Dreier/Schulze/*Dreier*, § 100 Rn. 5.

II. Materielle Voraussetzungen (§ 11 Abs. 1) § 11

Nachteil" dürfen dabei einerseits nicht zu gering angesetzt werden. So genügt es nicht, wenn die für den Rechtsverletzer eintretenden Nachteile dessen Vorteile lediglich geringfügig überwiegen.[65] Um den Wettbewerbsvorteil des Geheimnisinhabers zu wahren, dürfen die Anforderungen andererseits aber auch nicht überspannt werden. Vor dem Hintergrund des Gesetzeszwecks (s. → Rn. 2 ff.) ist es vielmehr erforderlich – aber auch ausreichend – wenn die drohenden Nachteile ein solches Gewicht oder Ausmaß erreichen, dass ein Festhalten an den Ansprüchen aus §§ 6 und 7 nach den Umständen unbillig erscheint und zum Schutz der berechtigten Interessen des Geheimnisinhabers nicht notwendig ist.[66] Das wiederum kann nur im Einzelfall unter Berücksichtigung der Verletzungshandlung und auch des betroffenen Geschäftsgeheimnisses sinnvoll beurteilt werden.

Bspw. kann dies dann anzunehmen sein, wenn nur ein kleiner Teil eines rechtsverletzenden Produkts auf der Geheimnisverletzung beruht und dieser Teil nur im Wege einer übermäßig kostspieligen Änderung entfernt werden könnte, insbes. wenn die Änderungskosten weit über der üblicherweise zu leistenden Lizenzgebühr lägen.[67] Ein anderer Anwendungsbereich dürfte die begehrte Unterlassung des Vertriebs rechtsverletzender Produkte sein, in denen das Geheimnis selbst nicht enthalten ist, sondern nur ihre Herstellung oder Vermarktung auf rechtswidrig (aber unverschuldet) erlangten Geschäftsgeheimnissen beruht, und die Einstellung des Vertriebs Kosten verursacht, die weit über denen einer entsprechenden Lizenzgebühr liegen.[68] Dies entspricht auch der grundsätzlichen Wertung zu § 100 UrhG, wonach ein unverhältnismäßig hoher Schaden des Rechtsverletzers immer dann anzunehmen ist, wenn die Kosten der Beseitigung unverhältnismäßig weit über der üblicherweise für den verletzenden Teil zu zahlenden Lizenzgebühr liegen.[69]

26

Zudem stellt sich im Rahmen der Beurteilung des unverhältnismäßig großen Nachteils auch die Frage nach dem **Verhältnis** bzw. interdependenten Zusammenspiel von **§ 11** mit **anderen Verhältnismäßigkeitsschranken**, insbes. **§ 9 GeschGehG** und **Aufbrauch- sowie Umstellungsfristen** (zu letzteren → § 6 Rn. 131 ff. und unten Rn. 41). Keinesfalls ist der „unverhältnismäßig große Nachteil" dabei gleichzusetzen mit „Unverhältnismäßigkeit" iSv. § 9, da dessen Vorliegen die Anwendung von § 11 von vornherein ausschlösse (zur Abgrenzung von § 9 unten → Rn. 38 ff.).

27

3. Angemessenheit der Abfindung in Geld

Drittens muss die Abfindung in Geld als angemessen erscheinen. Auch, wenn es sich insoweit um eine Art Zumutbarkeitskriterium[70] für den Geheimnisinhaber han-

28

---

65 K/B/F/*Alexander*, § 11 GeschGehG Rn. 16.
66 Nach K/B/F/*Alexander*, § 11 GeschGehG Rn. 16.
67 BT-Drs. 19/4724, 33; *Felsmann*, Aktuelles Thema-Spezial 2019, 201903; Dreier/Schulze/*Dreier*, § 100 UrhG Rn. 5; K/B/F/*Alexander*, § 11 GeschGehG Rn. 17.
68 Ähnlich im Hinblick auf § 9 GeschGehG *Ohly*, GRUR 2019, 441, 449.
69 Dreier/Schulze/*Dreier*, § 100 UrhG Rn. 5.
70 Büscher/*Tochtermann*, § 11 GeschGehG Rn. 9.

delt, kommt es nicht auf dessen subjektive Sicht an, sondern die Feststellung der Angemessenheit der Abfindung verlangt eine **objektive Betrachtung**.[71] Hierfür ist eine Einzelfallabwägung zwischen den Interessen des Berechtigten und den Interessen des Rechtsverletzers vorzunehmen. Eine Abfindung ist dann möglich, wenn den berechtigten Schutzinteressen des Inhabers durch eine Geldzahlung objektiv dergestalt Rechnung getragen wird, dass ein Festhalten an den Ansprüchen aus §§ 6 und 7 nicht mehr geboten ist.[72] Unklar ist dabei, inwieweit das **öffentliche Interesse** in der Abwägung im Rahmen von § 11 Berücksichtigung finden kann. Systematische Erwägungen sprechen jedenfalls dafür, dass es primär um den Interessenausgleich zwischen Rechtsverletzer und Verletztem geht[73]: Denn die Abfindung wendet den bereits durch eine umfassende Interessenabwägung als mit dem öffentlichen Interesse für vereinbar erklärten (§ 9 Nr. 7) Anspruch ab; insoweit kommt es daher bei § 11 in erster Linie darauf an, ob diese Ersetzung gerade gegenüber dem Verletzten angemessen ist. Dies schließt aber nicht aus, dass auch das öffentliche Interesse in Ausnahmefällen für/wider die Gewährung einer Abwendungsbefugnis sprechen kann.[74] Die Richtlinie nennt in Erwgrd. 29 beispielhaft als Versagungsgrund den Fall, dass die rechtswidrige Nutzung des Geschäftsgeheimnisses einen Verstoß gegen Vorschriften abseits der Richtlinie darstellt oder zu einer Gefahr für die Verbraucher wird.

29 Soweit der Rechteinhaber üblicherweise Lizenzen erteilt oder dazu bereit ist, wird eine Abfindung in Geld in entsprechender Höhe regelmäßig auch angemessen sein. Ist das Geschäftsgeheimnis seiner Art nach hingegen nicht lizenzier- oder kommerzialisierbar und/oder wird es vom Inhaber schlicht nicht kommerzialisiert (was oft der Fall sein kann), dann kommt eine Abfindung in Geld seltener in Betracht.[75] Allerdings ist im Anwendungsbereich des GeschGehG zu berücksichtigen, dass hier über Ansprüchen nach §§ 6, 7 stets das „Damoklesschwert" des § 9 schwebt, welches deren Durchsetzung vollständig zu verhindern droht. Jedenfalls wenn droht, dass der Geheimnisinhaber bei Ablehnung einer „Angemessenheit" iSd. § 11 und wegen Unverhältnismäßigkeit iSv. § 9 völlig leer ausgeht, sollte die Abwendungsbefugnis vorrangig angewendet werden (zur möglichen Einrede bereits bei Prüfung des § 9 unten → Rn. 38).

III. Höhe der Abfindung (§ 11 Abs. 2)

30 Liegen die Voraussetzungen vor, hat der Rechtsverletzer ein **Wahlrecht**, ob er den Anspruch nach §§ 6 und 7 erfüllt oder die Einrede erhebt und eine angemessene

---

71 K/B/F/*Alexander*, § 11 GeschGehG Rn. 18 f.; H/O/K/*Ohly*, § 11 Rn. 15.
72 K/B/F/*Alexander*, § 11 GeschGehG Rn. 19; vgl. H/O/K/*Ohly*, § 11 Rn. 14.
73 So auch der Gesetzgeber, BT-Drs. 19/4724, S. 33.
74 K/B/F/*Alexander*, § 11 GeschGehG Rn. 19 nennt das öffentliche Interesse ohne eine besondere Einschränkung.
75 So auch Büscher/*Tochtermann*, § 11 GeschGehG Rn. 9.

Lizenzgebühr (§ 11 Abs. 2) zahlt.[76] Die Höhe der Gebühr bemisst sich nach der „*Vergütung, die im Falle einer vertraglichen Einräumung des Nutzungsrechts angemessen wäre*". Sie darf den Betrag nicht übersteigen, der einer Vergütung iSv. Satz 1 für die Länge des **Zeitraums** entspricht, welcher dem Inhaber des Geschäftsgeheimnisses ein Unterlassungsanspruch zusteht (Abs. 2 Satz 2). Zur Festlegung des „korrekten" Betrages gelangen mithin die Grundsätze der sog. Lizenzanalogie iSv. § 10 Abs. 2 Satz 2 zur Anwendung (zur Berechnung → § 10 Rn. 85 ff.).[77] Im Ergebnis soll damit wirtschaftlich die Situation hergestellt werden, die im Falle einer vom Inhaber des Geschäftsgeheimnisses erlaubten Nutzung bestünde.[78] Während bei technischen Geheimnissen wegen deren Nähe zu patentrechtlichen Lehren die Ermittlung angemessener Lizenzgebühren häufig wenig Probleme bereiten wird, kann sich die Festlegung des angemessenen Betrages bei der Verletzung kaufmännisch geprägter Geheimnisse deutlich schwieriger gestalten. In Zweifelsfällen kann das Gericht unter Würdigung aller Umstände nach freier Überzeugung entscheiden, § 287 Abs. 2 ZPO.[79]

Gem. § 11 Abs. 2 Satz 2 darf die Lizenzgebühr den Betrag nicht übersteigen, der einer Vergütung im Sinne von Satz 1 für die Länge des Zeitraums entspricht, in welchem dem Inhaber des Geschäftsgeheimnisses ein Unterlassungsanspruch zusteht. Auf diese Weise soll sichergestellt werden, dass die Abfindung nur für den Zeitraum gezahlt werden muss, in dem der Geschäftsgeheimnisinhaber das angegriffene Verhalten unterbinden kann (zur Vereinbarung dieser Regelungen mit der Richtlinie → Rn. 18).[80]

IV. Ausübung und Rechtsfolge

Gem. § 11 Abs. 1 steht es dem Rechtsverletzer frei, ob er eine Abfindung in Geld leistet („kann") oder die Ansprüche aus §§ 6, 7 erfüllt. Hieraus folgt, dass der Geheimnisinhaber weder von vornherein eine entsprechende Zahlung (anstelle der Unterlassung/Beseitigung) beanspruchen kann, noch das Gericht diese ohne entsprechenden Antrag des Rechtsverletzers aussprechen darf (eindeutig Art. 13 Abs. 3 RL: „auf Antrag").

Die Abfindung in Geld stellt keine auf einen Vertragsschluss gerichtete Willenserklärung dar, sondern bewirkt eine Modifikation des gesetzlich geschuldeten Leistungsinhalts: So wandelt sich der Inhalt eines Anspruchs aus §§ 6, 7 in einen Anspruch auf Geldzahlung um, soweit die weiteren Voraussetzungen des § 11 vor-

---

76 Büscher/*Tochtermann*, § 11 GeschGehG Rn. 10.
77 BeckOK GeschGehG/*Spieker*, § 11 Rn. 5; K/B/F/*Alexander*, § 11 GeschGehG Rn. 20; Büscher/*Tochtermann*, § 11 GeschGehG Rn. 11, 12.
78 K/B/F/*Alexander*, § 11 GeschGehG Rn. 20.
79 Vgl. Büscher/*Tochtermann*, § 11 GeschGehG Rn. 12; Wandtke/Bullinger/*Bohne*, § 100 UrhG Rn. 9.
80 K/B/F/*Alexander*, § 11 GeschGehG Rn. 21.

§ 11   Abfindung in Geld

liegen,[81] der durch die Zahlung der Abfindung erfüllt ist (§ 362 BGB). Die ursprünglichen Ansprüche gehen insoweit unter und können nicht mehr geltend gemacht werden. Nach den Gesetzgebungsmaterialien wird der Rechtsverletzer dabei *„dann nach § 11 befreit, wenn er eine Abfindung anbietet"*, wobei offen ist, ob damit ein tatsächliches oder ein wörtliches Angebot iS (nur) einer Zahlungszusage gemeint ist.[82] Im Interesse des betroffenen Inhabers des Geschäftsgeheimnisses ist die befreiende Wirkung des § 11 jedenfalls an die **tatsächliche Leistung** der Abfindungszahlung zu knüpfen.[83] Diese Auffassung scheint – trotz der vorgenannten Passage in der Gesetzesbegründung – auch näher am Wortlaut des Gesetzestextes von § 11 Abs. 1 zu sein, wonach der Rechtsverletzer *„zur Abwendung der Ansprüche (…)"* den *„Inhaber in Geld abfinden"* kann. Der maßgebliche Umstand ist nach dieser Formulierung die Abfindung, nicht das vorgelagerte Angebot einer Abfindung. Auch für die Regelungen in § 100 UrhG und § 45 DesignG wird eher an die tatsächliche Leistung der Zahlung angeknüpft, wobei diese Normen jedoch in Satz 3 jeweils einen ausdrücklichen Bezug auf die Zahlung enthalten – und dadurch von § 11 abweichen.[84] Neben der tatsächlichen Zahlung scheint es allzweckmäßig, auch ein den **Annahmeverzug begründendes tatsächliches Angebot** der Leistung zum Schutz des Inhabers als ausreichend zu erachten (wie beim Wegnahmerecht in § 552 BGB diskutiert).[85] Geringere Anforderungen entsprechen eher nicht der Interessenlage. Solange daher nicht tatsächlich gezahlt oder ein den Annahmeverzug begründendes tatsächliches Angebot vorliegt, kann der Geschäftsgeheimnisinhaber demnach weiterhin Unterlassung/Beseitigung entsprechend § 6 bzw. § 7 geltend machen.[86]

34 Da es sich bei dem Angebot auf Abfindung um eine Gestaltungserklärung handelt, ist dieses **bedingungs-/befristungsfeindlich** und **unwiderruflich**.[87] Es bedarf weder einer Annahme durch den Geheimnisinhaber noch (zwingend) einer Anordnung durch das Gericht. Insoweit spricht der Wortlaut des Art. 13 Abs. 3 Satz 1 RL 2016/943/EU davon, dass die zuständigen Gerichte die Zahlung einer Abfin-

---

81 K/B/F/*Alexander*, § 11 GeschGehG Rn. 25.
82 BT-Drs. 19/4724, S. 33; zum „Angebot" auch *Reinfeld*, § 5 Rn. 29; BeckOK UWG/*Reiling/F. Wild*, § 11 GeschGehG Rn. 11; Büscher/*Tochtermann*, § 11 GeschGehG Rn. 8, 10; offen K/B/F *Alexander*, § 11 GeschGehG Rn. 26, 27 *„mit der Zahlung* der Abfindung an den Inhaber des Geschäftsgeheimnisses sind die Ansprüche abgewendet" (26) und *„da das Angebot* auf Abfindung zu einer Umgestaltung des gesetzlichen Rechtsverhältnisses führt (…)" (27).
83 Zur Abwendung erst mit der Zahlung auch Nebel/Diedrich/*Fuchs*, § 11 Rn. 14; BeckOK UWG/ *Reiling/F. Wild*, § 11 GeschGehG Rn.15.
84 Zu § 100 UrhG und der Fiktion der Einwilligung durch den Verletzten Wandtke/Bullinger/*Bohne*, § 100 UrhG Rn. 10; Schricker/Loewenheim/*Wimmers*, § 100 Rn. 9; zu § 45 DesignG entsprechend BeckOK DesignR/*Vohwinkel*, § 45 Rn. 19; zur Kritik an der „unreflektierten" Übernahme des Modells aus § 100 UrhG H/O/K/*Ohly*, § 11 Rn. 7.
85 Vgl. zu § 552 BGB BeckOGK-BGB/*Emmerich*, § 552 Rn. 12; MK-BGB/*Bieber*, § 552 Rn. 5.
86 Zu alldem Schroeder/Drescher, WRP 2021, 6 Rn. 14 ff.
87 K/B/F/*Alexander*, § 11 GeschGehG Rn. 27.

dung „anordnen können". Eine gerichtliche Anordnung als zwingende Voraussetzung für die Wirksamkeit der Abfindung zu fordern, liefe jedoch dem Ziel „Vermeidung bzw. jedenfalls rasche Erledigung von Geheimnisverletzungsverfahren" entgegen.[88]

V. „Lizenz"?

Wie dargelegt bewirkt die rechtmäßige Ausübung der Einrede und Leistung der Abfindung die **Umwandlung des Primäranspruchs in einen Zahlungsanspruch**. Nach dem Wortlaut von § 11 kann der Rechtsverletzer insoweit die Ansprüche auf Beseitigung und Unterlassung gem. § 6 sowie Vernichtung, Herausgabe, Rückruf, Entfernung und Rücknahme vom Markt gem. § 7 abfinden. Die Verhältnismäßigkeit seiner Inspruchnahme und in der Folge die Möglichkeit der Abfindung ist für jeden Anspruch gesondert zu prüfen.[89] 35

Nach dem Wortlaut des Gesetzes wie auch der Gesetzesmaterialien bleibt allerdings unklar, ob der zunächst schuldlose Rechtsverletzer seine Verletzung – nach Kenntniserlangung – sanktionslos fortsetzen darf. In diesem Fall käme die Regelung zumindest faktisch einer (Zwangs-)**Lizenz**[90] gleich. Die bereits genannten konzeptionell ähnlichen Normen § 100 Satz 3 UrhG oder § 45 Satz 3 DesignG enthalten jeweils eine gesetzliche Fiktion: „mit der Zahlung der Entschädigung gilt die **Einwilligung** des Verletzten **zur Verwertung im üblichen Umfang** als erteilt". Genau dies sieht § 11 dem Wortlaut nach nicht vor, wobei die Vorgaben der beiden maßgeblichen Richtlinien inhaltlich – soweit für diese Frage erheblich – nicht wesensverschieden sind:[91] 36

---

88 Entsprechendes ist für § 100 UrhG und § 45 DesignG anerkannt, obwohl auch hier der zugrunde liegende Art. 12 RL 2004/48/EG (Enforcement-RL) von einem Anordnungsrecht der Gerichte spricht.
89 *Schroeder/Drescher*, WRP 2021, 6 Rn. 18.
90 Dies befürchten *Apel/Walling*, DB 2019, 891, 892 in Fn. 15.
91 Art. 12 RL 2004/48/EG ist fakultativ, Art. 13 Abs. 3 RL 2016/943/EU hingegen gehört zu den vollharmonisierenden Regelungsbereichen der Richtlinie (Art. 1 Abs. 1 UAbs. 2 RL).

§ 11 Abfindung in Geld

Art. 12 RL 2004/48/EG	Art. 13 Abs. 3 RL 2016/943/EU
Die Mitgliedstaaten können vorsehen, dass die zuständigen Gerichte in entsprechenden Fällen und auf Antrag der Person, der die in diesem Abschnitt vorgesehenen Maßnahmen auferlegt werden könnten, anordnen können,	Die Mitgliedstaaten sorgen dafür, dass die zuständigen Gerichte auf Antrag der Person, der die in Artikel 12 vorgesehenen Maßnahmen auferlegt werden können, anordnen können,
dass anstelle der Anwendung der genannten Maßnahmen eine Abfindung an die geschädigte Partei zu zahlen ist, sofern	dass anstelle der Anwendung dieser Maßnahmen eine Abfindung an den Geschädigten zu zahlen ist, sofern alle folgenden Bedingungen erfüllt sind:
die betreffende Person weder vorsätzlich noch fahrlässig gehandelt hat,	a) Zum Zeitpunkt der Nutzung oder Offenlegung wusste die betreffende Person nicht und hätte unter den gegebenen Umständen nicht wissen müssen, dass sie über eine andere Person in den Besitz des Geschäftsgeheimnisses gelangt ist, die dieses Geschäftsgeheimnis rechtswidrig genutzt oder offengelegt hat;
ihr aus der Durchführung der betreffenden Maßnahmen ein unverhältnismäßig großer Schaden entstehen würde und	b) bei Durchführung der betreffenden Maßnahmen würde der betreffenden Person ein unverhältnismäßig großer Schaden entstehen und
die Zahlung einer Abfindung an die geschädigte Partei als angemessene Entschädigung erscheint.	c) die Zahlung einer Abfindung an die geschädigte Partei erscheint als angemessene Entschädigung.

und auch der Gesetzgeber bei Schaffung des § 11 ausdrücklich auf die „vergleichbare Regelung" des § 100 UrhG hingewiesen hat.[92] Jedenfalls dann erschiene es widersinnig, dem Rechtsverletzer zu gestatten, Unterlassungs-/Beseitigungsansprüche mit einer Abfindung abzuwenden und zugleich für diejenigen Rechtsverletzungen (die der Schuldner mithin nicht unterlassen muss) eine Schadensersatzverpflichtung nach § 10 anzunehmen, die den gesamten Verletzergewinn umfassen kann (→ § 10 Rn. 59 ff.).[93] Der mit der Regelung beabsichtigte Schutz des zunächst Gutgläubigen vor einer unverhältnismäßigen Inanspruchnahme tritt hier in einen Zielkonflikt mit der ebenfalls beabsichtigten weitestmöglichen Wiederherstellung der Marktposition des Inhabers (Erwgrd. 29, 30 RL).

37 Im Ergebnis wird daher dem Rechtsverletzer durch die Leistung der Abfindung im engen Rahmen des § 11 eine faktische Nutzungsmöglichkeit gewährt, deretwegen

---

92 BT-Drs. 19/4724, S. 33.
93 Auch wenn *Apel/Walling*, DB 2019, 891, 892 in Fn. 15 anmerken, die Regelung in § 11 GeschGehG dürfe „jedenfalls nicht bedeuten, dass der zunächst schuldlose Rechtsverletzer die Verletzung – etwa nach Kenntniserlangung – schlicht fortsetzen darf. In diesem Fall käme die Regelung einer Zwangslizenz gleich, was der besonderen Rechtfertigung bedürfte. Der Gesetzgeber äußert sich hierzu nicht, sondern verweist in der Begründung zu § 11 auf den ähnlich angelegten § 100 UrhG (…)".

zumindest identische sowie kerngleiche entsprechende Handlungen zulässig bleiben (können) – obwohl § 11 keine den § 100 S. 3 UrhG und § 45 S. 3 DesignG entsprechende ausdrückliche Fiktion einer Einwilligung „zur Verwertung im üblichen Umfang" enthält. Gestützt wird diese Auffassung auch durch die Parallele zu einem vertraglichen Nutzungsrecht in § 11 Abs. 2, insbes. durch die Formulierung von Satz 1. Dort heißt es, dass sich die Höhe der Abfindung nach der Vergütung bemisst, die im Falle einer vertraglichen Einräumung „des" Nutzungsrechts angemessen wäre. Die Formulierung mit dem bestimmten Artikel legt nahe, dass der Gesetzgeber von der gesetzlichen Einräumung eines Nutzungsrechts durch Abs. 1 ausgeht.[94] Es ist daher im Einzelfall zu entscheiden, ob und inwieweit auch nichtkerngleiche Verhaltensweisen zulässig sein können: Hat der Rechtsverletzer auf der Grundlage einer ursprünglich in gutem Glauben erworbenen Information bspw. aufwendige Entwicklungsarbeiten durchgeführt und erfährt kurz vor Marktreife des Produkts von der vorgelagerten rechtswidrigen Handlung, ist ihm dann möglicherweise mittels der Abwendungsbefugnis die Chance zu eröffnen, nicht nur die Entwicklung zu Ende zu führen, sondern auch das entwickelte Produkt auf dem Markt zu vertreiben (wenn auch nur in eng begrenzten Fällen)? Zur Wahrung der Interessen des Inhabers ist sicherzustellen, dass die mögliche Fortsetzung der Rechtsverletzung als Folge der Abwendung bei der Frage der Angemessenheit hinreichend berücksichtigt wird. Dem Rechtsverletzer ist es schließlich insbesondere nicht gestattet, das Geschäftsgeheimnis an Dritte weiterzugeben (wobei die Weitergabe an Dritte als Verletzungshandlung schon regelmäßig kein Fall einer zulässigen – nämlich zumutbaren – Abwendungsbefugnis sein dürfte).[95]

VI. Verhältnis zu § 9 GeschGehG

Nicht abschließend geklärt ist das Verhältnis zwischen § 9 und § 11. Nach der hier vertretenen Auffassung stehen die beiden Normen **grundsätzlich nebeneinander**, wobei die erfolgreiche Geltendmachung der Einwendung der Unverhältnismäßigkeit nach § 9 die Anwendbarkeit der nachgelagerten Einrede des § 11 theoretisch ausschlösse (oben → Rn. 8).[96] Dem Inhaber wäre dann durch die Anwendung des § 9 nicht nur ein (unverhältnismäßiger) Anspruch aus §§ 6, 7 versperrt, sondern auch die Zahlung eines Geldbetrags als „milderes Mittel" nach § 11 – und die Norm liefe weitgehend leer.[97] 38

Die Lösung dieses Konflikts ist in einer unterschiedlichen Verhältnismäßigkeitsprüfung von § 9 und § 11 zu suchen. Während § 9 in den Nr. 1–7 einen breiten Katalog an Abwägungskriterien nennt, stellt § 11 primär darauf ab, dass „dem Rechtsverletzer ein unverhältnismäßig großer Nachteil" entstünde. Zudem ist in die Ab- 39

---

94 *Schroeder/Drescher*, WRP 2021, 6 Rn. 20.
95 *Schroeder/Drescher*, WRP 2021, 6 Rn. 21 mwN.
96 Büscher/*Tochtermann*, § 11 GeschGehG Rn. 13; K/B/F/*Alexander*, § 11 GeschGehG Rn. 28.
97 So die Befürchtung bei H/O/K/*Ohly*, § 11 Rn. 8.

wägung ebenfalls einzubeziehen, ob der Rechtsverletzer den für sich genommen unzumutbaren Primäranspruch perspektivisch durch die Zahlung einer Abfindung in Geld auf zumutbare Weise abwenden könnte.[98] Bei der Abwendungsbefugnis handelt es sich um ein Verteidigungsmittel in Form eines Gegenrechts, mithin ein Gestaltungsrecht. Insoweit kann das Gericht ohne Erhebung der Einrede zwar nicht von sich aus die Abfindung in Geld als Aliud gegenüber einem Antrag nach §§ 6 oder 7 aussprechen. Unterlässt es der Rechtsverletzer aber ohne zwingende (ersichtliche) Gründe, die Einrede aus § 11 zu erheben, stellt dies in der Abwägung ein starkes Argument gegen die Annahme einer Unverhältnismäßigkeit nach § 9 dar.[99] MaW: Der Rechtsverletzer kann durch die Unterlassung der Erhebung der Einrede des § 11 nicht den Anspruchsausschluss nach § 9 erreichen („**keine Flucht in die Unverhältnismäßigkeit**").[100]

40 Bei einem solchen Verständnis der §§ 9, 11 als Teile einer einheitlichen Verhältnismäßigkeitsabwägung – wie sie die Systematik der Richtlinie nahelegt[101] – führt daher auch eine vermeintlich offensichtliche „grobe Unverhältnismäßigkeit" eines Unterlassungsbegehrens nicht unmittelbar in einen (entschädigungslosen) Anspruchsausschluss nach § 9.[102]

41 Auch wenn sich der Rechtsverletzer nicht auf die Unverhältnismäßigkeit nach § 9 berufen (und dazu nichts tatsächliches vorgetragen) hat, ist ihm gleichwohl die Abwendungsbefugnis nach § 11 zugänglich.[103]

VII. Verhältnis zu Aufbrauch- und Umstellungsfristen

42 Ungeklärt ist das Verhältnis der Einrede aus § 11 zu Aufbrauch- und Umstellungsfristen (zu diesen allgemein → § 6 Rn. 131 ff.).[104] Für den prinzipiell vergleichbaren § 100 UrhG ist die Frage umstritten.[105] Neben der ausdrücklichen Regelung in § 45 DesignG wurde eine allgemeine Aufbrauchfrist abgelehnt, weil sie die besonderen gesetzlichen Voraussetzungen zu umgehen drohe; dabei wurde allerdings maßgeblich auf das „absolute Schutzrecht" abgestellt.[106]

---

98 Vgl. H/O/K/*Ohly*, § 11 Rn. 14; *Drescher*, S. 479; in diese Richtung wohl auch *Hofmann*, WRP 2018, 1 Rn. 5.
99 *Drescher*, S. 479.
100 *Schroeder/Drescher*, WRP 2021, 6 Rn. 24.
101 Bezüglich eines einheitlichen Verständnisses der §§ 9, 11 und der entsprechenden Systematik der RL auch H/O/K/*Ohly*, § 11 Rn. 9.
102 So aber H/O/K/*Ohly*, § 11 Rn. 8.
103 Büscher/*Tochtermann*, § 11 GeschGehG Rn. 13; K/B/F/*Alexander*, § 11 GeschGehG Rn. 28.
104 Zum entsprechenden Verhältnis bez. § 100 UrhG bspw. Dreier/Schulze/*Dreier*, § 100 Rn. 10 mwN; zu § 45 DesignG BeckOK DesignG/*Vohwinkel*, § 45 Rn. 20.
105 Schon *Berlit*, WRP 1998, 250, 256; Dreier/Schulze/*Dreier*, § 100 Rn. 10, beide mwN.
106 OLG Hamburg, 5 U 183/07 – 1.7.2009, BeckRS 2010, 24928 (zu § 45 GeschmMG).

Im Anwendungsbereich des GeschGehG ist mit Blick auf die bezweckte Verhältnismäßigkeit sachgerecht zugunsten des schuldlosen Rechtsverletzers von einem **Nebeneinander** von Aufbrauch- und Umstellungsfrist sowie der Abwendungsbefugnis nach § 11 auszugehen.[107] Dem liegt Folgendes zugrunde: Ist (bspw.) eine sofortige Unterlassung im Lichte der präsenten Tatsachen „unverhältnismäßig", wird das Gericht von sich aus einen Unterlassungstenor nebst entsprechender Frist aussprechen, da diese gewährt werden muss, wenn die Voraussetzungen vorliegen (→ § 6 Rn. 131 ff.). Weil die Frist jedoch nicht zur Rechtmäßigkeit des Verhaltens führt, sondern lediglich die Durchsetzbarkeit des Unterlassungsgebots aufschiebt, ist der Schuldner für die fortgesetzten Verletzungshandlungen während der gewährten Frist entsprechend § 10 vollumfänglich **schadensersatzpflichtig** (→ § 6 Rn. 135), denn jedenfalls bei diesen Handlungen agiert der Rechtsverletzer nicht mehr schuldlos. Wegen der Schadensersatzpflicht für Aufbrauchhandlungen im Falle einer Aufbrauchfrist kann sein, dass diese für den schuldlosen Rechtsverletzer nicht dazu geeignet ist, einen „unverhältnismäßigen Schaden" zu vermeiden. Wenn sich der schuldlose Rechtsverletzer hingegen (erfolgreich) auf § 11 beruft, dann kann er die Vollstreckung zur Unterlassung/Beseitigung gerade durch die Abfindung (mit der höhenmäßigen Begrenzung des § 11) abwenden (zur Problematik der mangelnden Differenzierung der Maßnahmen nach Art. 12 Abs. 1 lit. a, b und c RL 2016/943/EU im GeschGehG oben → Rn. 18).

43

Wenn dem schuldlosen Rechtsverletzer allerdings eine Frist für Aufbrauch-/Umstellungshandlungen gewährt wird, besteht ein Spannungsverhältnis zu der in Art. 13 Abs. 3 Satz 2 RL verankerten höhenmäßigen Begrenzung des finanziellen Ausgleichs des schuldlosen Verletzers für Maßnahmen nach Art. 12 Abs. 1 lit. a und b RL. Inhaltlich scheint dabei eine Frist für Aufbrauch-/Umstellungshandlungen mit einem Schadensersatz in den Grenzen des Art. 13 Abs. 3 Satz 2 RL ggf. auch im Interesse des Inhabers: dieser erhält zwar eine gedeckelte Ersatzleistung, muss aber dafür nur in der Grenze der Frist weitere Verletzungshandlungen hinnehmen.[108]

44

VIII. Prozessuales

Der letzte Problemkreis betrifft den prozessualen Umgang mit der Abwendungsbefugnis. In dieser Hinsicht ist nach hiesigem Verständnis die Abwendungsbefugnis als Gegenrecht konzipiert, sodass die Entschädigungszahlung vor der Rechtsausübung grundsätzlich nicht durch den Rechtsinhaber einklagbar ist.

45

---

107 Für möglich erachtet auch *Hofmann*, WRP 2018, 1 Rn. 28 „eine Einschränkung des Unterlassungsanspruchs auch jenseits von Art. 13 Abs. 3 Geschäftsgeheimnis-RL".
108 Der Konstellation lässt sich wahlweise als „Aufbrauchfrist mit gedeckeltem Schadensersatz" oder als „zeitlich beschränkte Abwendungsbefugnis" annähern.

§ 11 Abfindung in Geld

1. Darlegungs- und Beweislast

46 Entsprechend der Einordnung als Gegenrecht obliegt zunächst die Darlegungslast für den objektiven Verstoß gegen § 4 dem Gläubiger, während der Rechtsverletzer sein fehlendes Verschulden darzulegen hat. Dem Rechtsverletzer obliegt auch der Nachweis eines unverhältnismäßig großen Nachteils sowie der Angemessenheit der Abfindung in Geld.[109] Zweifel in der Abwägungsentscheidung gehen daher grundsätzlich zu seinen Lasten.[110]

2. Zeitpunkt und Umfang des Angebots

47 Der Rechtsverletzer kann sein Angebot einer Abfindung innerhalb eines laufenden gerichtlichen Verfahrens oder bereits vorprozessual (zB nach einer Abmahnung) abgeben. Insoweit gilt die Abwendungsbefugnis als Verteidigungsmittel iSd. ZPO, sodass ihre Zulässigkeit an § 531 ZPO zu messen ist, wenn sie erstmalig im **Berufungsrechtszug** erhoben wird.[111] Vor dem Hintergrund der aktuellen Rechtsprechung[112] ist davon auszugehen, dass die Abwendungsbefugnis nach § 11 auch in zweiter Instanz erstmalig geltend gemacht und auch zu den (weiteren) tatbestandlichen Voraussetzungen (insbes. zum fehlenden Verschulden, zur Unverhältnismäßigkeit und zur Angemessenheit) erstmals vorgetragen werden kann. Umgekehrt kann eine Veränderung der Umstände in der Berufungsinstanz zu einer Neubewertung der Unverhältnismäßigkeit oder Angemessenheit führen.[113] Nach früherer Rechtsprechung wäre eine Berücksichtigung hingegen nur dann möglich gewesen, wenn die zugrunde liegenden Tatsachen unstreitig sind.[114]

3. Gerichtliche Entscheidung: Abfindung „anstelle" von Unterlassung/Beseitigung

48 Der zur Abfindung bereite, schuldlose Rechtsverletzer trägt das Risiko der Angemessenheit des Betrags. Bei einer Zahlung der Abfindung vor Rechtshängigkeit

---

109 OLG Hamburg, 5 U 183/07 – 1.7.2009, BeckRS 2010, 24928 (zu § 45 GeschmMG); Büscher/*Tochtermann*, § 11 GeschGehG Rn. 8; K/B/F/*Alexander*, § 11 GeschGehG Rn. 29; aA H/O/K/*Ohly*, § 11 Rn. 22.
110 BeckOK GeschGehG/*Spieker*, § 11 Rn. 4; für das Urheberrecht Dreier/Schulze/*Dreier*, § 100 Rn. 7.
111 Allgemein MK-ZPO/*Rimmelspacher*, § 531 Rn. 29 mwN.
112 Nach BGH, 17.10.2018 – VIII ZR 212/17, NJW 2019, 80 Rn. 28 ist es dem Gestaltungsrecht „immanent, dass es – gegebenenfalls in vom materiellen Recht gesetzten zeitlichen Grenzen der Ausübung – allein vom Willen des Berechtigten abhängt, mithin in dessen Belieben steht, wann die von der Ausübung des Rechts ausgelöste Rechtsfolge eintreten soll. Weil dem so ist, kann es eine Rechtfertigung für eine prozessrechtliche Beschränkung einer materiell-rechtlich wirksamen Gestaltungsbefugnis im Wege des § 531 II ZPO nicht geben. Denn die Normen des Prozessrechts sollen dazu dienen, das materielle Recht zu verwirklichen und nicht dessen Durchsetzung vermeidbar zu behindern" und auch Rn. 34; krit. hierzu *Lechner*, WM 2019, 765 ff.; Saenger/*Wöstmann*, § 531 ZPO Rn. 9.
113 So für § 9 GeschGehG *Tochtermann*, WRP 2019, 688, 691.
114 Vgl. nur BGH, 20.5.2009 – VIII ZR 247/06, NJW 2009, 2532 Rn. 15.

oder während des Verfahrens läuft er mithin Gefahr, wegen einer unzureichenden Zahlung trotzdem antragsgemäß verurteilt zu werden.[115] Zugleich wendet erst die tatsächliche Leistung der Abfindung (bzw. ein den Annahmeverzug begründendes Angebot) an den Inhaber des Geschäftsgeheimnisses die Ansprüche aus §§ 6, 7 ab. Der Inhaber, der Unterlassung/Beseitigung begründet geltend gemacht hat, wird mithin nicht durch die bloße Erhebung der Einrede der Möglichkeit der Vollstreckung von Unterlassung/Beseitigung beraubt. Bis zum Eingang der Zahlung (oder einem den Annahmeverzug begründenden Angebot) ist der Inhaber vielmehr darauf angewiesen, die Unterlassung/Beseitigung auch vollstrecken zu können.

Auch wenn § 11 inhaltlich kein vollstreckungsrechtlicher Einwand ist, könnte zur Lösung dieses Problems auf die bekannte Vorgehensweise bei der Tenorierung von Sicherheiten (bspw. zur Vollstreckungsabwehr, vgl. § 711 ZPO) zurückgegriffen werden. Fehlt im Zeitpunkt der gerichtlichen Entscheidung eine angemessene Zahlung, aber hat sich der beklagte Rechtsverletzer hinreichend substantiiert auf die Abfindungsbefugnis berufen, könnte diese unter Bezifferung des konkreten Betrags für den betroffenen Anspruch neben der Unterlassungs-/Beseitigungsverpflichtung tenoriert werden.[116] Der Rechtsverletzer ist in einem solchen Fall bspw. zur Unterlassung/Beseitigung zu verurteilen, „*wobei dem Beklagten nachgelassen wird, die [Unterlassung/Beseitigung] entsprechend Ziffer ... der Entscheidung durch Leistung einer Zahlung in Höhe von €... abzuwenden*".[117] Die Annahme einer solchen Möglichkeit entspricht tendenziell der Vorgabe des Art. 13 Abs. 3 RL 2016/943/EU. Danach können die zuständigen Gerichte auf Antrag (des Rechtsverletzers) anordnen, dass „anstelle" der Anwendung der Maßnahmen nach Art. 12 RL eine Abfindung an den Geschädigten zu zahlen ist.

49

Nach dem hiesigen Verständnis von § 11 steht dem auch § 308 ZPO nicht entgegen:[118] Sachlich-rechtlich bewilligt das erkennende Gericht gerade den geltend gemachten Anspruch, lediglich mit einer anderen Rechtsfolge. Dies unterscheidet hier relevante Fälle von Schadensersatzansprüchen (bspw. tritt ein Anspruch nach § 10 Abs. 1, 3 für vergangene Rechtsverletzungen gerade neben einen zukunftsgerichteten Unterlassungsanspruch).[119] Bei einem solchen Verständnis wäre ein entsprechender Hilfsantrag trotz § 308 ZPO nicht zwingend – ist aber gleichwohl zu empfehlen.

50

---

115 Zu § 100 UrhG entspr. Fromm/Nordemann/*Nordemann*, § 100 UrhG Rn. 10, der anregt, der Anspruchsteller solle, wenn er im gerichtlichen Verfahren eine Berufung des Schuldners auf § 100 UrhG erwartet, einen entsprechenden Hilfsantrag auf Zahlung der Entschädigung stellen.
116 Vgl. zu § 552 BGB BeckOK Mietrecht/*Bruns*, § 552 Rn. 13: „Macht der Vermieter zur Abwehr der Duldungsklage seine Abwendungsbefugnis geltend, verfährt das Gericht zweckmäßigerweise wie bei § 711 ZPO und lässt dem Vermieter im Urteil nach, die Wegnahme der Einrichtungen gegen Zahlung eines bestimmten Betrags abzuwenden."
117 *Köhler*, GRUR 1996, 82, 86 schlug zur Begrenzung wettbewerbsrechtlicher Ansprüche durch den Grundsatz der Verhältnismäßigkeit vor „Der Beklagte wird verurteilt ... (Störung) ... zu beseitigen oder nach seiner Wahl an den Kläger einen Betrag von ... DM zu zahlen".
118 Das Thema zu Recht aufwerfend H/O/K/*Ohly*, § 11 Rn. 18.
119 Anders aber H/O/K/*Ohly*, § 11 Rn. 18.

§ 11 Abfindung in Geld

4. Kosten

51 Weil die Abwendungsbefugnis nach § 11 den geltend gemachten Anspruch materiell dem Grunde nach unberührt lässt – der Kläger also in Bezug auf diesen Anspruch obsiegt – hat der Rechtsverletzer grundsätzlich die auf diesen Anspruch entfallenden Kosten zu tragen, § 91 ZPO. Zwar ist es grundsätzlich so, dass eine zu weitgehende – mithin unverhältnismäßige – Beantragung zu einer Teilabweisung einer Klage mit möglicher Kostenfolge führt (soweit nicht § 92 Abs. 2 Nr. 1 ZPO greift); dies ist etwa der Fall, wenn der Unterlassungsanspruch um eine Aufbrauchfrist verkürzt ausgeurteilt wird, weil dies als Minus vom Hauptantrag umfasst ist (zu → § 6 Rn. 136).[120] Eine solches Minus (bedeutend ein teilweises Unterliegen) liegt aber bei der Abwendungsbefugnis nach § 11 nicht vor, weil der Anspruch – s. oben – vollumfänglich bestehen bleibt und lediglich die Rechtsfolge gewandelt wird.[121] Deutlich wird dies auch am oben vorgeschlagenen Tenor der gerichtlichen Entscheidung (→ Rn. 48), welcher die Unterlassungsanordnung und als Aliud die Abwendungsbefugnis enthalten kann. Hat der Rechtsverletzer bereits vor der Entscheidung eine angemessene Zahlung zur Abwendung eines Anspruchs an den Inhaber geleistet, ist dies nach allgemeinen Regeln zur Erledigung zu berücksichtigen.

---

120 *Hofmann*, WRP 2018, 1 Rn. 34.
121 Vgl. auch *Hofmann*, WRP 2018, 1 Rn. 34 (mwN zum Einheitspatent); für die Gegenansicht insoweit konsequent H/O/K/*Ohly*, § 11 Rn. 18.

§ 12 Haftung des Inhabers eines Unternehmens

Ist der Rechtsverletzer Beschäftigter oder Beauftragter eines Unternehmens, so hat der Inhaber des Geschäftsgeheimnisses die Ansprüche nach den §§ 6 bis 8 auch gegen den Inhaber des Unternehmens. Für den Anspruch nach § 8 Absatz 2 gilt dies nur, wenn der Inhaber des Unternehmens vorsätzlich oder grob fahrlässig die Auskunft nicht, verspätet, falsch oder unvollständig erteilt hat.

Schrifttum: *Ahrens*, Unterlassungsschuldnerschaft beim Wechsel des Unternehmensinhabers, GRUR 1996, 518; *Berger/Loeck*, Das Ende der ausufernden Beauftragtenhaftung im Wettbewerbsrecht, MMR 2011, 634; *Bork*, Zurechnung im Konzern, ZGR 1994, 237; *Bülow*, Haftung der Werbeagentur gegenüber Dritten bei Verstößen gegen das Gesetz gegen den unlauteren Wettbewerb, BB 1975, 538; *Hahn*, Die Haftung des Unternehmensinhabers nach § 8 Abs. 2 UWG, 2007, GWR Bd. 150; *Henning-Bodewig*, Die wettbewerbsrechtliche Haftung von Werbeagenturen, GRUR 1981, 164; *Klaka*, Persönliche Haftung des gesetzlichen Vertreters für die im Geschäftsbetrieb der Gesellschaft begangenen Wettbewerbsverstöße und Verletzungen von Immaterialgüterrechten, GRUR 1988, 729; *Köhler*, Die Haftung des Betriebsinhabers für Wettbewerbsverstöße seiner Angestellten und Beauftragten, GRUR 1991, 344; *ders.*, Neubeurteilung der wettbewerblichen Haftung des Rechtsnachfolgers eines Unternehmers?, WRP 2010, 475; *Leister*, Unternehmen müssen ihre „Geschäftsgeheimnis-Compliance" sicherstellen, GRUR-Prax 2020, 145; *Lichtnecker*, Neues aus dem Social Media-Marketing, MMR 2018, 512; *Lorenz*, Grundwissen – Zivilrecht: Haftung für den Erfüllungsgehilfen (§ 278 BGB), JuS 2007, 983; *Mels/Franzen*, Rechtsnachfolge in die gesetzliche Unterlassungsschuld des Wettbewerbsrechts – Zugleich eine kritische Stellungnahme zur „Schuldnachfolge"-Entscheidung des BGH, GRUR 2008, 968; *Pastor*, Der Unterlassungsanspruch gegen den Betriebsinhaber aus § 13 Abs. 3 UWG, NJW 1964, 896; *Piper*, Die Haftung für Organe nach § 31 BGB, JuS 2011, 490; *Renner/Schmidt*, Unterlassung von Handlungen Dritter? Die Erfolgshaftung im gewerblichen Rechtsschutz und Urheberrecht, GRUR 2009, 908; *Samwer*, Die Störerhaftung und die Haftung für fremdes Handeln im wettbewerblichen Unterlassungsrecht, WRP 1999, 67; *Stute*, Werbegemeinschaft als Beauftragte im Sinne von § 13 Absatz 4 UWG?, WRP 1999, 875; *Suwelack*, Schleichwerbung als Boombranche?, MMR 2017, 661; *Werner*, Die wettbewerbsrechtliche Konzernhaftung, WRP 2018, 286.

Übersicht

	Rn.		Rn.
I. Normzweck und Kontext	1	3. Vorbilder/verwandte Regelungen	14
1. Regelungsgegenstand	1	a) Lauterkeitsrecht	16
2. Hintergrund	3	b) Immaterialgüterrecht	17
a) Vertretenmüssen nach § 278 BGB	4	4. Praktische Bedeutung	20
b) Haftung für Verrichtungsgehilfen nach § 831 BGB	8	II. Richtlinienvorgaben und Historie	21
c) Organhaftung nach §§ 31, 89 BGB (analog)	11	1. Unionsrechtliche Vorgaben	21
		2. Entwicklung im Gesetzgebungsverfahren zur Richtlinienumsetzung	23

§ 12 Haftung des Inhabers eines Unternehmens

	Rn.		Rn.
III. Anspruch gegen den Unternehmensinhaber (§ 12 Satz 1)	24	b) Unverhältnismäßigkeitseinwand durch den Unternehmensinhaber	43
1. Tatbestandsvoraussetzungen	24	3. Rechtsfolgen	44
a) Beschäftigter	25	a) Anspruch gegen Unternehmensinhaber	45
b) Beauftragter	27		
c) Unternehmensinhaber	33	b) Anspruch gegen Beauftragten oder Beschäftigten	50
d) Bezug zur Unternehmenstätigkeit	36	4. Abwendungsbefugnis nach § 11	51
e) Rechtsverletzung durch den Beschäftigten oder Beauftragten	39	IV. Haftung bei Verletzung der Auskunftspflicht (§ 12 Satz 2)	55
2. Tatbestandausschluss nach § 9	42	V. Darlegungs- und Beweislast und Prozessuales	56
a) Unverhältnismäßigkeitseinwand durch den Beschäftigten oder Beauftragten	42		

I. Normzweck und Kontext

1. Regelungsgegenstand

1 § **12 Satz 1** enthält die aus dem Immaterialgüter- und Lauterkeitsrecht bekannte Regelung zur **Beauftragtenhaftung**. Es handelt sich um eine Zurechnungsnorm, die zu einer akzessorischen Haftung des Inhabers eines Unternehmens für Rechtsverletzungen führt, die durch Beschäftigte oder Beauftragte des Unternehmens begangen werden. Damit wird dem Unternehmensinhaber eine Verantwortlichkeit für Handlungen von Hilfspersonen in seinem Einflussbereich zugewiesen. Die Vorschrift behebt bestehende Schwächen der bürgerlich-rechtlichen Haftungskonzepte nach § 278, § 831 und §§ 31, 89 BGB (analog) und dient somit dem umfassenden und wirksamen Schutz des Rechtsinhabers.

2 Wird die Auskunftspflicht nach § 8 Abs. 1 durch einen Beauftragten oder Beschäftigten verletzt und entsteht dadurch eine Haftung gemäß § 8 Abs. 2, enthält **§ 12 Satz 2** eine Spezialregelung, die die Verantwortlichkeit des Unternehmensinhabers auf eigenes oder ihm zurechenbares grobes Verschulden beschränkt.

2. Hintergrund

3 Wer fremde Rechtssubjekte zur Durchführung eigener Geschäfte einschaltet, verursacht dadurch eine Gefahr für andere, dass die eingeschalteten Personen Rechtsverletzungen begehen. **Spiegelbildlich zu dem Nutzen, den der Geschäftsherr oder Beauftragende aus einer solchen arbeitsteiligen Vorgehensweise durch die Einschaltung von Hilfspersonen in seinem Geschäfts- und Gefahrenbereich zieht, soll dieser in einem gewissen Umfang auch die damit verbundenen Haftungsri-**

I. Normzweck und Kontext **§ 12**

siken tragen.[1] Diese Wertung kommt in verschiedenen Rechtsnormen des deutschen Zivilrechts zum Ausdruck, die unter den nachfolgend näher dargelegten Umständen eine Verantwortlichkeit für fremdes Verhalten anordnen.[2]

a) Vertretenmüssen nach § 278 BGB

Im Rahmen eines bestehenden Schuldverhältnisses stellt § 278 Satz 1 BGB das **vorsätzliche oder fahrlässige Verhalten von Erfüllungsgehilfen und gesetzlichen Vertretern** des Schuldners einem eigenen Verschulden des Schuldners gleich. Das hat eine vertragliche Haftung des Schuldners nach den Maßgaben der §§ 280 ff. BGB zur Folge.[3] Die Vorschrift ist mithin eine Zurechnungsnorm und keine eigene Anspruchsgrundlage.[4]   4

Als **Erfüllungsgehilfe** gilt, wer nach den tatsächlichen Gegebenheiten mit dem Willen des Schuldners bei der Erfüllung einer dem Schuldner obliegenden Verbindlichkeit (Haupt-, Neben-, Rücksichtnahmepflichten etc.) im Rahmen einer bestehenden rechtlichen Sonderverbindung als dessen Hilfsperson tätig wird.[5] Die Hilfsperson muss innerhalb des nach Art und Inhalt des jeweiligen Schuldverhältnisses zu bestimmenden Pflichtenkreis des Schuldners[6] tätig sein, sie muss aber nicht an dessen Weisungen gebunden oder von ihm sozial abhängig sein (wie bei § 831 BGB, dazu Rn. 9).[7] Es schadet zudem nicht, wenn sie durch ihr Tätigwerden (auch) eine eigene Verbindlichkeit erfüllen will,[8] sie weisungswidrig oder entgegen einem   5

---

1 BGH, 8.7.1986 – VI ZR 47/85, NJW 1986, 2941, 2943; KG, 15.9.2017 – 5 U 65/17, MMR 20187, 316; Palandt/*Grüneberg*, § 278 Rn. 1; H/O/K/*Ohly*, § 12 Rn. 2; BeckOK UWG/*Reiling/F. Wild*, § 12 GeschGehG Rn. 1; BeckOK GeschGehG/*Spieker*, § 12 Rn. 1; *Fezer*, § 14 MarkenG Rn. 1060; K/B/F/*Köhler/Feddersen*, § 8 UWG Rn. 2.33; BeckOK UWG/*Haertel*, § 8 Rn. 146; *Reinfeld*, § 4 Rn. 30; *Hahn*, GWR 150, S. 27; *Köhler*, GRUR 1991, 344, 345 f.
2 Nicht in diese Kategorie fällt die Beteiligtenhaftung als Mittäter, Nebentäter, Anstifter oder Gehilfe (§ 830 BGB). Hierbei muss vielmehr jeder Beteiligte selbst vorsätzlich handeln und für die Folgen seines eigenen Tatbeitrags einstehen, auch wenn andere an der Tat mitgewirkt haben.
3 Palandt/*Grüneberg*, § 278 Rn. 40. Der handelnde Erfüllungsgehilfe oder gesetzliche Vertreter haftet dagegen selbst nicht auf vertraglicher, sondern mangels bestehender Sonderverbindung allenfalls auf deliktischer Grundlage, vgl. BGH, 7.12.2017 – IX ZR 45/16, NJW 2018, 608, 609 f. Rn. 16; Jauernig/*Stadler*, § 278 Rn. 14, 20.
4 Palandt/*Grüneberg*, § 278 Rn. 1; *Lorenz*, JuS 2007, 983, 985. Allgemein zur Einordnung von Zurechnungsnormen *Bork*, ZGR 1994, 237 ff.
5 BGH, 23.9.2010 – III ZR 246/09, NJW 2011, 139, 140 Rn. 18; Palandt/*Grüneberg*, § 278 Rn. 7; Jauernig/*Stadler*, § 278 Rn. 6; *Hahn*, GWR 150, S. 29; *Lorenz*, JuS 2007, 983 f.; *Samwer*, WRP 1999, 67, 69.
6 Dazu Jauernig/*Stadler*, § 278 Rn. 11; Palandt/*Grüneberg*, § 278 Rn. 12 ff. mit Beispielen. Dies kann insbesondere bei Herstellern, Subunternehmern oder Vorlieferanten streitig sein, vgl. dazu OLG Karlsruhe, 27.2.1997 – 11 U 31/96, NJW-RR 1997, 1240, 1240 f.; Palandt/*Grüneberg*, § 278 Rn. 14.
7 BGH, 23.9.2010 – III ZR 246/09, NJW 2011, 139, 140 Rn. 18; Palandt/*Grüneberg*, § 278 Rn. 7; Jauernig/*Stadler*, § 278 Rn. 6.
8 Palandt/*Grüneberg*, § 278 Rn. 7.

§ 12   Haftung des Inhabers eines Unternehmens

ausdrücklichen Verbot des Geschäftsherrn handelt[9] oder sie aufgrund bestehender Vorgaben nur einen eingeschränkten Handlungsspielraum[10] hat. Die Pflichtverletzung muss aber in einem sachlichen (inneren) Zusammenhang mit der zu erfüllenden Aufgabe des Erfüllungsgehilfen stehen und darf nicht nur bei Gelegenheit von deren Erledigung, also in einem bloß äußeren Zusammenhang, erfolgen.[11]

6   **Gesetzliche Vertreter** sind Personen, die aufgrund gesetzlicher Vorschriften mit Wirkung für einen anderen handeln können.[12] Dazu gehören Eltern (§ 1626 Abs. 1 Satz 2 BGB), Ehegatten (§ 1357 BGB), Vormünder (§ 1793 Abs. 1 Satz 2 BGB), Betreuer (§ 1902 BGB), Pfleger (§ 1915 BGB) und Parteien kraft Amts (zB Nachlassverwalter, Insolvenzverwalter, Zwangsverwalter, Testamentsvollstrecker). Keine gesetzlichen Vertreter sind Organe juristischer Personen; deren Handeln kann aber als eigenes Verschulden der juristischen Person anzusehen sein (dazu Rn. 11 ff.).[13]

7   Der Anwendungsbereich des § 278 BGB beschränkt sich indes auf Handlungen innerhalb eines **bestehenden vertraglichen oder gesetzlichen Schuldverhältnisses**, aus dem sich Verbindlichkeiten ergeben.[14] Da die Begehung einer unerlaubten Handlung – wie etwa eine Verletzung eines Geschäftsgeheimnisses gemäß § 4 Abs. 1 – erst zum Entstehen eines gesetzlichen (deliktsrechtlichen) Schuldverhältnisses zwischen dem Schädiger und dem Geschädigten führt, fehlt es in solchen Fällen regelmäßig an einer im Zeitpunkt der Verletzungshandlung bereits bestehenden Sonderverbindung. Deswegen versagt im Regelfall eine Zurechnung über § 278 BGB, wenn die unerlaubte Handlung durch eine Hilfsperson begangen wird.[15]

b) Haftung für Verrichtungsgehilfen nach § 831 BGB

8   Während innerhalb von Sonderverbindungen durch § 278 BGB eine strengere, nämlich verschuldensunabhängige Erfolgshaftung des Schuldners gilt, haftet der Geschäftsherr außerhalb davon nach § 831 BGB für **eigenes, allerdings vermutetes Überwachungs-, Instruktions- oder Auswahlverschulden** beim Einsatz einer Hilfsperson.[16] Die Norm fungiert daher als eigenständiger Haftungstatbestand und ist nur im weiteren Sinne als Zurechnungsnorm zu verstehen.[17]

---

9 BGH, 7.5.1965 – I b ZR 160/63, NJW 1965, 1709, 1710; Palandt/*Grüneberg*, § 278 Rn. 20. Nach § 278 Satz 2 BGB kann der Schuldner die Haftung für vorsätzliches Verhalten des Erfüllungsgehilfen oder gesetzlichen Vertreters vertraglich abbedingen, in AGB jedoch nur unter Beachtung der Grenzen des § 309 Nr. 7 lit. b BGB.
10 BGH, 23.9.2010 – III ZR 246/09, NJW 2011, 139, 140 Rn. 18.
11 BGH, 7.5.1965 – I b ZR 160/63, NJW 1965, 1709, 1710; Palandt/*Grüneberg*, § 278 Rn. 20 ff.; Jauernig/*Stadler*, § 278 Rn. 12; *Lorenz*, JuS 2007, 983, 984.
12 Palandt/*Grüneberg*, § 278 Rn. 5; Jauernig/*Stadler*, § 278 Rn. 17.
13 Jauernig/*Stadler*, § 278 Rn. 17.
14 BGH, 7.3.1972 – VI ZR 158/70, NJW 1972, 1048, 1049; Palandt/*Grüneberg*, § 278 Rn. 2; BeckOK UWG/*Haertel*, § 8 Rn. 141; *Lorenz*, JuS 2007, 983, 984.
15 Dies kann anders sein, wenn die unerlaubte Handlung zugleich ein Verstoß gegen eine schuldrechtliche Verpflichtung aus einem bestehenden Vertrag ist, vgl. Palandt/*Grüneberg*, § 278 Rn. 2.
16 Palandt/*Sprau*, § 831 Rn. 1 f.; Jauernig/*Teichmann*, § 831 Rn. 1; *Samwer*, WRP 1999, 67, 69 f.
17 Palandt/*Sprau*, § 831 Rn. 1; BeckOK UWG/*Haertel*, § 8 Rn. 143; *Bork*, ZGR 1994, 237, 255.

I. Normzweck und Kontext § 12

Der **Tatbestand des § 831 Satz 1 BGB** ordnet eine **Ersatzpflicht des Geschäftsherrn** an, wenn dieser einen anderen zu einer Verrichtung bestellt und dieser andere in Ausführung der Verrichtung einem Dritten widerrechtlich einen Schaden zufügt.[18] **Verrichtungsgehilfe** ist, wem von einem anderen, in dessen Einflussbereich er allgemein oder im konkreten Fall steht und von dessen Wille er in gewisser Weise abhängig ist, eine Tätigkeit übertragen wurde.[19] Maßgeblich ist, ob nach den tatsächlichen Verhältnissen von einer Eingliederung in den Herrschafts- und Organisationsbereich des Geschäftsherrn und einer Weisungsgebundenheit der Hilfsperson ausgegangen werden kann.[20] Für die Weisungsgebundenheit genügt es, wenn der Geschäftsherr die Tätigkeit jederzeit beschränken, untersagen oder nach Zeit und Umfang bestimmen kann.[21] Auf ein Verschulden des Verrichtungsgehilfen kommt es grundsätzlich nicht an.[22] Ebenso wenig ist relevant, ob die Verrichtung entgeltlich oder unentgeltlich erfolgt oder ob sie auf tatsächlicher oder rechtsgeschäftlicher Grundlage beruht.[23] Allerdings muss die Schadenszufügung – ähnlich wie bei § 278 BGB (dazu Rn. 5) – in einem unmittelbaren sachlichen Zusammenhang mit der Verrichtung erfolgen.[24]

9

Zugunsten des Geschädigten wird **beweiserleichternd vermutet**, dass der Geschäftsherr seine Sorgfaltspflicht[25] schuldhaft verletzt hat (vermuteter Eigenverstoß) und dass diese schuldhafte Pflichtverletzung des Geschäftsherrn für den dem Dritten zugefügten Schaden ursächlich war (vermutete Kausalität).[26] Nach **§ 831 Abs. 1 Satz 2 BGB** steht dem Geschäftsherrn aber die **Möglichkeit eines Entlastungsbeweises** offen: Jede dieser beiden Vermutungen kann widerlegt und dadurch

10

---

18 Ggf. haften Verrichtungsgehilfe und Geschäftsherr dann als Gesamtschuldner nach § 840 BGB, vgl. Palandt/*Sprau*, § 831 Rn. 2; Jauernig/*Teichmann*, § 831 Rn. 2.
19 BGH, 25.4.2012 – I ZR 105/10, GRUR 2012, 1279, 1283 Rn. 44 – DAS GROSSE RÄTSELHEFT; BGH, 10.3.2009 – VI ZR 39/08, NJW 2009, 1740, 1741 Rn. 11; BGH, 12.6.1997 – I ZR 36/95, GRUR 1998, 167, 169 – Restaurantführer; Palandt/*Sprau*, § 831 Rn. 5; Jauernig/*Teichmann*, § 831 Rn. 5. Führungskräfte und sonstige verfassungsgemäß berufenen Vertreter sind normalerweise keine Verrichtungsgehilfen, für sie gilt aber § 31, § 89 BGB.
20 Daran fehlt es regelmäßig bei selbstständigen Unternehmern, die als Hilfspersonen eingeschaltet werden, vgl. BGH, 25.4.2012 – I ZR 105/10, GRUR 2012, 1279, 1283 Rn. 45 – DAS GROSSE RÄTSELHEFT.
21 BGH, 25.4.2012 – I ZR 105/10, GRUR 2012, 1279, 1283 Rn. 44 – DAS GROSSE RÄTSELHEFT; BGH, 10.3.2009 – VI ZR 39/08, NJW 2009, 1740, 1741 Rn. 11; BGH, 12.6.1997 – I ZR 36/95, GRUR 1998, 167, 169 – Restaurantführer.
22 Palandt/*Sprau*, § 831 Rn. 8. Anders etwa, wenn subjektive Elemente Voraussetzung der Haftung sind (zB Vorsatz bei § 826 BGB).
23 BGH, 10.3.2009 – VI ZR 39/08, NJW 2009, 1740, 1741 Rn. 11; Palandt/*Sprau*, § 831 Rn. 5; Jauernig/*Teichmann*, § 831 Rn. 5.
24 OLG Hamm, 16.6.2009 – 9 U 200/08, NJW-RR 2010, 454; Palandt/*Sprau*, § 831 Rn. 9; Jauernig/*Teichmann*, § 831 Rn. 8.
25 Aus der Formulierung des § 831 Abs. 1 Satz 2 BGB lässt sich schließen, dass der Geschäftsherr bei der Auswahl der zur Verrichtung bestellten Person und, sofern er Vorrichtungen oder Gerätschaften zu beschaffen oder die Ausführung der Verrichtung zu leiten hat, bei der Beschaffung oder der Leitung der Verrichtung die im Verkehr erforderliche Sorgfalt zu beobachten hat.
26 Palandt/*Sprau*, § 831 Rn. 1.

§ 12   Haftung des Inhabers eines Unternehmens

die Haftung für das Verhalten der Hilfsperson abgewendet werden.[27] Bezüglich der Kausalitätsvermutung kann der Geschäftsherr einerseits einwenden, dass sich der Verrichtungsgehilfe objektiv fehlerfrei, vernünftig und verkehrsgerecht verhalten hat,[28] und andererseits, dass auch ein sorgfältig handelnder Geschäftsherr diesen Verrichtungsgehilfen ausgewählt hätte.[29]

c) Organhaftung nach §§ 31, 89 BGB (analog)

11   Juristische Personen und sonstige Verbände können zwar selbst Träger von Rechten und Pflichten sein. Um am Rechtsverkehr teilzunehmen, müssen sie sich aber natürlicher Personen bedienen, die für sie als Repräsentanten agieren. Begehen die Repräsentanten einer Körperschaft oder eines Verbands in dieser Eigenschaft eine Rechtsverletzung oder eine sonstige zum Schadensersatz verpflichtende Handlung, wird diese **als Ausdruck der Organtheorie wie ein eigenes Verhalten der Körperschaft oder dem Verband** ohne Entlastungsmöglichkeit zugerechnet.[30] Die Ersatzpflicht für organschaftliches Handeln begründet sich für alle juristischen Personen des Privatrechts (GmbH, UG, AG, Genossenschaft, Verein etc.) aus **§ 31 BGB** und für juristische Personen des öffentlichen Rechts aus **§ 89 BGB**. Die Normen sind ua. auf Stiftungen (§ 86 Satz 1 BGB), Personengesellschaften (OHG, KG), BGB-Gesellschaften, Partnerschaftsgesellschaften und nichtrechtsfähige Vereine entsprechend anzuwenden.[31]

12   Als **Organe** gelten nach § 31 BGB der **Vorstand, Mitglieder des Vorstands und alle sonstigen verfassungsmäßig berufenen Vertreter**. Verfassungsmäßig berufene Vertreter sind alle Personen, denen durch die allgemeine Betriebsregelung und Handhabung innerhalb der Körperschaft oder des Verbands bedeutsame und wesensmäßige Funktionen zur selbstständigen, eigenverantwortlichen Erfüllung zugewiesen sind und die insoweit als Repräsentant anzusehen sind.[32] Dies trifft **vor allem** auf leitende Angestellte (zB Filialleiter, Prokuristen), Führungskräfte und besondere Vertreter iSd. § 30 BGB zu. Die Stellung des verfassungsmäßig berufenen Vertreters muss nicht satzungsgemäß begründet sein und er muss keine Vertre-

---

27 Palandt/*Sprau*, § 831 Rn. 10 ff.; Jauernig/*Teichmann*, § 831 Rn. 10 ff. Überträgt der Geschäftsherr seine Pflichten auf Bedienstete oder andere Personen, müssen sich auch diese entsprechend entlasten können und der Geschäftsherr muss angemessene Aufsichts- und Sicherheitsanordnungen treffen. Zu diesem dezentralisierten Entlastungsbeweis Palandt/*Sprau*, § 831 Rn. 11; Jauernig/*Teichmann*, § 831 Rn. 13.
28 Dazu BGH, 4.3.1957 – GSZ 1/56, NJW 1957, 785, 786.
29 Palandt/*Sprau*, § 831 Rn. 16.
30 Palandt/*Ellenberger*, § 31 Rn. 1; Jauernig/*Mansel*, § 31 Rn. 1; BeckOK UWG/*Haertel*, § 8 Rn. 138; *Samwer*, WRP 1999, 67, 69; *Pastor*, NJW 1964, 896, 898.
31 BGH, 24.2.2003 – II ZR 385/99, NJW 2003, 1445, 1446 (für eine Außen-GbR); Palandt/*Ellenberger*, § 31 Rn. 3; Jauernig/*Mansel*, § 31 Rn. 2; BeckOK UWG/*Haertel*, § 8 Rn. 138; *Piper*, JuS 2011, 490, 491; *Samwer*, WRP 1999, 67, 69.
32 BGH, 21.9.1971 –VI ZR 122/70, NJW 1972, 334; OLG Nürnberg, 20.11.1987 – 1 U 2551/87, NJW-RR 1988, 1319; Palandt/*Ellenberger*, § 31 Rn. 6; Jauernig/*Mansel*, § 31 Rn. 3; BeckOK UWG/*Haertel*, § 8 Rn. 138; *Piper*, JuS 2011, 490, 491.

tungsmacht besitzen.³³ Die schädigende Handlung des Organs muss aber in einem **inneren Zusammenhang mit der Aufgabenwahrnehmung** für den repräsentierten Verband stehen, dh. der Repräsentant muss innerhalb des ihm zugewiesenen organschaftlichen Wirkungskreises gehandelt haben.³⁴

Eine faktische Erweiterung erfährt die **Organhaftung** durch die **Lehre vom körperschaftlichen Organisationsmangel**: Eine juristische Person hat ihren Tätigkeitsbereich so zu organisieren, dass für alle wesentlichen Aufgaben ein verfassungsmäßig berufener Vertreter bestellt ist; unterbleibt dies, wird fingiert, dass der für diesen Bereich zuständige Angestellte ein verfassungsmäßiger Vertreter ist.³⁵ 13

3. Vorbilder/verwandte Regelungen

Da es im deutschen Recht **kein generelles Zurechnungs- und Haftungskonzept für Unternehmen oder Konzerne** gibt,³⁶ gelten die zivilrechtlichen Normen, die eine Verantwortlichkeit für Handlungen von anderen anordnen (→ Rn. 3 ff.), auch in den Fällen, in denen ein Unternehmen wegen einer Rechtsverletzung in Anspruch genommen werden soll. Sie gelten grds. auch im Lauterkeits- und Immaterialgüterrecht und damit ebenso im Geschäftsgeheimnisrecht (zur indifferenten Rechtsnatur des Geschäftsgeheimnisschutzes → § 1 Rn. 21, § 6 Rn. 6 und § 7 Rn. 23). Rechtsschutzlücken ergeben sich allerdings dann, wenn die zivilrechtlichen Haftungszuordnungsmechanismen wegen ihrer engen Anwendungsbereiche versagen. Denn nicht selten werden die für die Rechtsverletzung unmittelbar verantwortlichen Personen weder Erfüllungsgehilfen noch gesetzliche Vertreter iSd. § 278 BGB sein (→ Rn. 5 f.), noch häufiger wird es bei Rechtsverletzungen an der erforderlichen bestehenden Sonderverbindung zum verletzten Rechtsinhaber (→ Rn. 7) fehlen – Anspruchsteller und Anspruchsgegner werden normalerweise keine Vertragspartner sein.³⁷ Ferner wird eine Haftung nach § 831 BGB häufig an einem erfolgreich geführten Entlastungsbeweis scheitern (→ Rn. 10).³⁸ Zuletzt gelingt eine organschaftliche Zuordnung über §§ 31, 89 BGB (analog) auch nur in engen Grenzen (→ Rn. 12) und wird bei einfachen Angestellten u. dgl. nicht helfen. 14

---

33 Palandt/*Ellenberger*, § 31 Rn. 6; BeckOK UWG/*Haertel*, § 8 Rn. 138.
34 BGH, 8.7.1986 – VI ZR 47/85, NJW 1986, 2941, 2941 f.; Palandt/*Ellenberger*, § 31 Rn. 10; Jauernig/*Mansel*, § 31 Rn. 5; BeckOK UWG/*Haertel*, § 8 Rn. 140; *Piper*, JuS 2011, 490, 491 f.
35 Palandt/*Ellenberger*, § 31 Rn. 7; Jauernig/*Mansel*, § 31 Rn. 4; BeckOK UWG/*Haertel*, § 8 Rn. 139; *Piper*, JuS 2011, 490, 493.
36 K/B/F/*Alexander*, § 12 GeschGehG Rn. 1.
37 BeckOK UWG/*Haertel*, § 8 Rn. 141; *Köhler*, GRUR 1991, 344, 345 (zu § 13 Abs. 4 UWG aF); *Pastor*, NJW 1964, 896, 897 (zu § 13 Abs. 3 UWG aF). Anderes gilt etwa, wenn der Rechtsverletzer nach einer Abmahnung eine Unterlassungserklärung abgegeben hat und dadurch ein Unterlassungsvertrag mit dem Rechtsinhaber zustande gekommen ist. Innerhalb dieses Schuldverhältnisses sind Handlungen von Erfüllungsgehilfen ohne weiteres zurechenbar; BGH, 15.5.1985 – I ZR 25/83, GRUR 1985, 1065, 1066 – Erfüllungsgehilfe; *Samwer*, WRP 1999, 67, 69.
38 Jauernig/*Teichmann*, § 831 Rn. 4; *Köhler*, GRUR 1991, 344, 345; *Pastor*, NJW 1964, 896, 897 (zu § 13 Abs. 3 UWG aF).

§ 12 Haftung des Inhabers eines Unternehmens

15 Wegen dieser Schwächen sah es der Gesetzgeber insbes. im Bereich des den Umgang im wirtschaftlichen Wettbewerb regelnden Lauterkeitsrechts sowie bei den besonders verletzungsanfälligen Immaterialgüterrechten für gerechtfertigt an (→ Rn. 3),[39] Unternehmen (bzw. deren Inhabern) **durch spezielle Vorschriften eine normative Haftungsverantwortung** für die eigene unternehmerische Sphäre zuzuweisen und zwar ohne dass diesen ein vorwerfbares Tun oder Unterlassen zur Last fällt und ohne **Exkulpationsmöglichkeit.** Diese spezialgesetzlichen Erfolgshaftungstatbestände dienen als Vorbilder für § 12, sodass bei dessen Auslegung auf die zu diesen Parallelvorschriften geltenden Grundsätze zurückgegriffen werden kann.[40]

a) Lauterkeitsrecht

16 Bislang wurden Unternehmensinhabern Verletzungen von Betriebs- und Geschäftsgeheimnissen über **§ 8 Abs. 2 UWG** zugerechnet (mit Ausnahme der strafrechtlichen Haftung nach §§ 17 ff. UWG aF).[41] Da § 12 textlich und inhaltlich § 8 Abs. 2 UWG (zuvor in § 13 Abs. 4 UWG aF, davor in § 13 Abs. 3 UWG aF)[42] nachgebildet ist, ergeben sich hinsichtlich der Rechtslage insoweit keine Unterschiede.[43] Das gilt auch, soweit statt des Begriff des „**Mitarbeiters**" in § 12 vom „Beschäftigten" (→ Rn. 25 f.) die Rede ist. Eine dem § 8 Abs. 2 UWG entsprechende Norm findet sich zudem in § 2 Abs. 1 Satz 2 UKlaG.[44]

b) Immaterialgüterrecht

17 In den immaterialgüterrechtlichen Sonderschutzgesetzen findet sich die **Beauftragtenhaftung in § 14 Abs. 7 MarkenG, § 44 DesignG und § 99 UrhG** (ehemals § 100 Abs. 1 UrhG aF) wieder. Ein wenig irritierend erscheint hierbei auf den ersten Blick die unterschiedliche Terminologie. So wird wahlweise von „**Angestellten**" (§ 14 Abs. 7 MarkenG) und „**Arbeitnehmern**" (§ 44 DesignG und § 99 UrhG) statt von „Mitarbeitern" (wie § 8 Abs. 2 UWG) oder „Beschäftigten" (wie in § 12) gesprochen und nach § 14 Abs. 7 MarkenG haftet der „**Inhaber des Betriebs**" statt dem „Unternehmensinhaber". Diese Unterschiede sind aber nur sprachlicher Natur, inhaltlich sind die Begriffe deckungsgleich auszulegen.

---

39 Zum rechtspolitischen Hintergrund ferner K/B/F/*Köhler/Feddersen*, § 8 UWG Rn. 2.33; MK-UWG/*Fritzsche*, § 8 Rn. 296; *Köhler*, GRUR 1991, 344 ff. (zu § 13 Abs. 4 UWG aF).
40 BT-Drs. 19/4724, S. 33; H/O/K/*Ohly*, § 12 Rn. 1; K/B/F/*Alexander*, § 12 GeschGehG Rn. 9; BeckOK UWG/*Reiling/F. Wild*, § 12 GeschGehG Rn. 3. Allgemein zu Auslegungskriterien *Köhler*, GRUR 1991, 344, 346 (zu § 13 Abs. 4 UWG aF).
41 H/O/K/*Ohly*, § 12 Rn. 6; O/S/*Ohly*, § 8 Rn. 144.
42 Zur Entwicklungsgeschichte der Norm *Pastor*, NJW 1964, 896, 896 f.
43 K/B/F/*Alexander*, § 12 GeschGehG Rn. 3.
44 Entsprechende Normen fanden sich früher zudem in § 12 Abs. 2 RabattG und § 2 Abs. 1 Satz 2 ZugabeVO.

Eine Besonderheit weist **§ 14 Abs. 7 MarkenG**[45] bezüglich des Zurechnungsumfangs auf. So haftet der Betriebsinhaber im Falle eines schuldhaften Handelns seines Angestellten **ausdrücklich auch auf Schadensersatz**. Das ist bei den übrigen Parallelnormen nicht der Fall. 18

Im **Patent-, Gebrauchsmuster-, Sorten- und Halbleiterschutzrecht** finden sich dagegen keine vergleichbaren Tatbestände. In diesen Materien richtet sich die Haftung nach den allgemeinen Regeln (→ Rn. 3 ff.).[46] 19

4. Praktische Bedeutung

§ 12 erweist sich als in verwandten Rechtsmaterien bewährtes (→ Rn. 16 ff.) und **effektives Mittel zur Verfolgung von Geschäftsgeheimnisverletzungen**, wenn die Zuwiderhandlung durch Personen erfolgt, die einer unternehmerischen Sphäre zuzuordnen sind. Die Vorschrift wird vor allem in den Fällen relevant sein, in denen eine Zurechnung über § 4 Abs. 3 am Fehlen der erforderlichen subjektiven Kenntnis oder grob fahrlässigen Unkenntnis scheitert[47] (→ § 4 Rn. 123 ff.) und eine rechtliche Verantwortlichkeit des Unternehmensinhabers auch nicht über die bürgerlich-rechtlichen Vorschriften begründet werden kann[48] (→ Rn. 3 ff.). Eine Heranziehung des Unternehmensinhabers wird zudem bei der Durchsetzung von Ansprüchen erfolgversprechender sein als nur gegen die (ggf. zahlreichen) handelnden Einzelpersonen vorzugehen.[49] Schließlich bietet § 12 beweisrechtliche Vorteile (→ Rn. 56 f.).[50] 20

II. Richtlinienvorgaben und Historie

1. Unionsrechtliche Vorgaben

Die Geschäftsgeheimnisrichtlinie **RL 2016/943/EU enthält keine konkrete Vorgabe hinsichtlich der Umsetzung einer Haftungsregelung für Unternehmen** (bzw. deren Inhaber).[51] Dementsprechend wird auch die gebotene richtlinienkonforme Auslegung bei § 12 nur eine untergeordnete Bedeutung haben. 21

---

45 Auf § 14 Abs. 7 MarkenG wird zudem verwiesen in § 15 Abs. 6, § 17 Abs. 2 Satz 3, § 128 Abs. 3 und § 135 Abs. 2 MarkenG
46 OLG Düsseldorf, 16.2.2006 – 2 U 32/04, BeckRS 2006, 12701; *Werner*, WRP 2018, 286, 289; *Renner/Schmidt*, GRUR 2009, 908, 912. Gewisse funktionale Übereinstimmungen mit der Beauftragtenhaftung weist aber die Regelung der mittelbaren Patentverletzung (§ 10 PatG) auf, vgl. Teplitzky/*Büch*, Kap. 14 Rn. 42a.
47 BT-Drs. 19/4724, S. 33; K/B/F/*Alexander*, § 12 GeschGehG Rn. 6; Büscher/*Tochtermann*, § 12 GeschGehG Rn. 2; BeckOK UWG/*Reiling/F. Wild*, § 12 GeschGehG Rn. 2; *Reinfeld*, § 4 Rn. 27.
48 K/B/F/*Alexander*, § 12 GeschGehG Rn. 8; BeckOK UWG/*Reiling/F. Wild*, § 12 GeschGehG Rn. 2; *Reinfeld*, § 4 Rn. 31.
49 K/B/F/*Köhler/Feddersen*, § 8 UWG Rn. 2.33; *Werner*, WRP 2018, 286 (zu § 8 Abs. 2 UWG); *Renner/Schmidt*, GRUR 2009, 908; *Bülow*, BB 1975, 538 (zu § 13 Abs. 3 UWG aF).
50 Dazu auch MK-UWG/*Fritzsche*, § 8 Rn. 296.
51 H/O/K/*Ohly*, § 12 Rn. 5; K/B/F/*Alexander*, § 12 GeschGehG Rn. 4; Büscher/*Tochtermann*, § 12 GeschGehG Rn. 4; BeckOK UWG/*Reiling/F. Wild*, § 12 GeschGehG Rn. 5.

§ 12 Haftung des Inhabers eines Unternehmens

22 Allerdings dient die Vorschrift der effektiven Durchsetzung der Rechte des Rechtsinhabers und **entspricht damit einem der Richtlinienziele**.[52] So haben die Mitgliedstaaten nach Art. 6 Abs. 1 RL Maßnahmen, Verfahren und Rechtsbehelfe vorzusehen, die erforderlich sind, um einen ausreichenden Schutz von Geschäftsgeheimnissen zu gewährleisten. Nach Art. 6 Abs. 2 RL müssen diese zudem fair, gerecht, wirksam und ausreichend abschreckend sein und dürfen nicht unnötig kompliziert, kostspielig oder langwierig sein (ähnliches schreibt der – gleichwohl nicht bindende[53] – Erwgrd. 21 RL vor). § 12 erweitert zugunsten des Inhabers des Geschäftsgeheimnisses den Kreis der Haftenden im Falle einer Rechtsverletzung. Das Vorhandensein eines zusätzlichen Anspruchsgegners und insbes. die Verbreiterung der Haftungsmasse durch die unternehmerische Haftung verbessert die Möglichkeiten des Rechtsinhabers, Rechtsverletzungen effektiv zu verfolgen. Die durch § 12 stipulierte verschuldensunabhängige Erfolgshaftung für fremdes Verhalten verhindert zudem, dass ein Unternehmer durch ein arbeitsteiliges Vorgehen einer Haftung entgehen kann und schließt damit Schutzlücken (→ Rn. 14).[54]

2. Entwicklung im Gesetzgebungsverfahren zur Richtlinienumsetzung

23 Über die im Kontext des UWG und anderer Immaterialgüterrechte bewährte Haftungsregelung (→ Rn. 16 ff.) wurde im Gesetzgebungsverfahren **nicht debattiert**. Im RefE noch in § 11 vorgesehen, übernahm der RegE die Vorschrift ohne Änderung in § 12.[55]

III. Anspruch gegen den Unternehmensinhaber (§ 12 Satz 1)

1. Tatbestandsvoraussetzungen

24 Der **Tatbestand des § 12 Satz 1** verlangt, dass ein Beschäftigter (dazu lit. a) oder ein Beauftragter (dazu lit. b) eines Unternehmens (dazu lit. c) in innerem Zusammenhang mit den von ihm für den Unternehmer wahrgenommenen Aufgaben (dazu lit. d) eine Rechtsverletzung begangen hat (dazu lit. e).

---

52 H/O/K/*Ohly*, § 12 Rn. 5; K/B/F/*Alexander*, § 12 GeschGehG Rn. 4; BeckOK UWG/*Reiling/F. Wild*, § 12 GeschGehG Rn. 5. Eine effektive Durchsetzung von Immaterialgüterrechten gebieten auch Art. 3 Abs. 2 RL 2004/48/EG (Enforcement-RL) und Art. 46 TRIPS.
53 Zur Rechtsnatur und der (fehlenden) Bindungswirkung von Erwägungsgründen in EU-Rechtsakten EuGH, 19.6.2014 – C-345/13, EuZW 2014, 703, 704 Rn. 31 – Karen Millen Fashions Ltd/Dunnes Stores u.a.; grdl. EuGH, 19.11.1998 – C-162/97, BeckRS 2004, 74578 Rn. 54 – Nilsson u.a.; EuGH, 25.11.1998 – C-308/97, BeckRS 2004, 76219 Rn. 30 – Manfredi; EuGH, 24.11.2005 – C-136/04, BeckRS 2005, 70929 Rn. 32 – Deutsches Milch-Kontor.
54 K/B/F/*Alexander*, § 12 GeschGehG Rn. 5 f.; Büscher/*Tochtermann*, § 12 GeschGehG Rn. 4; H/O/K/*Ohly*, § 12 Rn. 2.
55 BT-Drs. 19/4724, S. 12.

III. Anspruch gegen den Unternehmensinhaber (§ 12 Satz 1) **§ 12**

a) Beschäftigter

Beschäftigte sind **natürliche Personen**, die aufgrund eines bestehenden Dienst- 25
oder sonstigen Abhängigkeitsverhältnis mit dem Inhaber des Unternehmens für
diesen **weisungsabhängig Dienste erbringen**.⁵⁶ Beispielhaft genannt seien Arbeitnehmer (§ 611a BGB), Angestellte, Auszubildende, Praktikanten, Beamte, Lehrlinge oder freiberufliche Mitarbeiter.⁵⁷ Auf die Art des zugrunde liegenden Rechtsverhältnisses (oder ob entgeltlich oder unentgeltlich) kommt es nicht an.⁵⁸ Das Rechtsverhältnis muss nicht einmal notwendig wirksam sein.⁵⁹

Der Begriff des Beschäftigten ist demnach **weit auszulegen**.⁶⁰ Trotz des unter- 26
schiedlichen Wortlauts unterscheidet er sich inhaltlich nicht von dem des Mitarbeiters (§ 8 Abs. 2 UWG), des Angestellten (§ 14 Abs. 7 MarkenG), des Arbeiters
(§ 44 DesignG) und des Arbeitnehmers (§ 99 UrhG).⁶¹

b) Beauftragter

In den § 8 Abs. 2 UWG, § 14 Abs. 7 MarkenG, § 44 DesignG und § 99 UrhG wird 27
ebenfalls der Begriff des Beauftragten verwendet, sodass für dessen Auslegung die
gleichen Grundsätze wie bei diesen Parallelnormen gelten, auf die zurückgegriffen
werden kann (→ Rn. 15).⁶² Der Begriff ist angesichts des Schutzzwecks der Norm
weit auszulegen und als Auffangregelung zu verstehen.⁶³ Aufgrund der identischen Rechtsfolgen kann im Rahmen des § 12 demgemäß dahinstehen, ob eine für
ein Unternehmen handelnde Person als Mitarbeiter gilt oder nicht, sofern er jedenfalls als Beauftragter eingestuft werden kann.

In Abgrenzung zum Beschäftigten (→ Rn. 25) sind Beauftragte gegenüber dem Un- 28
ternehmensinhaber **nicht unmittelbar weisungsgebunden**. Als Beauftragte sind

---

56 H/O/K/*Ohly*, § 12 Rn. 11; K/B/F/*Alexander*, § 12 GeschGehG Rn. 16; BeckOK UWG/*Reiling/F. Wild*, § 12 GeschGehG Rn. 8.
57 H/O/K/*Ohly*, § 12 Rn. 11; Fromm/Nordemann/*J.B. Nordemann*, § 99 Rn. 4; K/B/F/*Köhler/Feddersen*, § 8 UWG Rn. 2.40; *Köhler*, GRUR 1991, 344, 346 (zu § 13 Abs. 4 UWG aF). Zu freien Mitarbeitern OLG Stuttgart, 27.11.2014 – 2 U 175/13, BeckRS 2014, 125573 Rn. 5 (zu § 8 Abs. 2 UWG).
58 BGH, 7.3.1985 – 2 U 115/84, GRUR 1985, 536 – Asterix-Plagiate (zu § 100 UrhG aF); BGH, 16.1.1992 – I ZR 36/90, GRUR 1993, 37, 39 – Seminarkopien (zu § 100 UrhG aF); Wandtke/Bullinger/*Bohne*, § 99 UrhG Rn. 3.
59 K/B/F/*Alexander*, § 12 GeschGehG Rn. 16; BeckOK UWG/*Reiling/F. Wild*, § 12 GeschGehG Rn. 8.
60 Büscher/*Tochtermann*, § 12 GeschGehG Rn. 7; *Reinfeld*, § 4 Rn. 35.
61 K/B/F/*Alexander*, § 12 GeschGehG Rn. 16; BeckOK UWG/*Reiling/F. Wild*, § 12 GeschGehG Rn. 8; *Reinfeld*, § 4 Rn. 35.
62 K/B/F/*Alexander*, § 12 GeschGehG Rn. 17.
63 BGH, 7.4.2005 – I ZR 221/02, GRUR 2005, 864, 865 – Meißner Dekor II (zu § 14 Abs. 7 MarkenG); H/O/K/*Ohly*, § 12 Rn. 12; Büscher/*Tochtermann*, § 12 GeschGehG Rn. 7; *Reinfeld*, § 4 Rn. 35; *Werner*, WRP 2018, 286, 287 (zu § 8 Abs. 2 UWG); *Renner/Schmidt*, GRUR 2009, 908, 909; *Bülow*, BB 1975, 538 (zu § 13 Abs. 3 UWG aF); *Köhler*, GRUR 1991, 344, 347 (zu § 13 Abs. 4 UWG aF).

§ 12 Haftung des Inhabers eines Unternehmens

nicht nur Auftragnehmer iSd. § 662 BGB anzusehen,[64] vielmehr können **jegliche natürlichen oder juristischen Personen oder Personengesellschaften** Beauftragte sein.

29 Wesensstiftend ist, dass der Beauftragte funktional gleichsam als Glied der Betriebsorganisation des Geschäftsherrn erscheint.[65] Er muss – ohne bereits Beschäftigter zu sein (→ Rn. 25 f.) – **in die betriebliche Organisation des Unternehmensinhabers derart eingegliedert** sein, dass der Erfolg bzw. das Arbeitsergebnis seiner Geschäftstätigkeit (zumindest auch) dem Unternehmensinhaber tatsächlich[66] zugutekommt (Tätigkeit zugunsten des Unternehmensinhabers) und dass dieser einen bestimmenden und durchsetzbaren Einfluss auf den Beauftragten hat (Einflussnahmemöglichkeit des Unternehmensinhabers).[67] Der Unternehmensinhaber muss diesen Einfluss nicht tatsächlich ausüben, es genügt die Möglichkeit einer bestimmenden Einflussnahme.[68] Wie die Rechtsbeziehung zwischen dem Beauftragen und dem Unternehmer im Einzelnen ausgestaltet ist (zB Geschäftsbesorgungsverhältnis, Auftrag, Werkvertrag) und ob der Vertrag wirksam ist, ist irrelevant.[69] Unerheblich ist auch, ob die Tätigkeit für den Unternehmer dauerhaft oder nur gelegentlich, professionell oder nur laienhaft ausgeübt wird.[70] Die betroffene betriebliche Funktion (zB Warenabsatz, Einkauf, Werbung) kann sogar formal aus dem Be-

---

64 BGH, 7.3.1985 – 2 U 115/84, GRUR 1985, 536 – Asterix-Plagiate (zu § 100 UrhG aF); *Fezer*, § 14 MarkenG Rn. 1062; *Renner/Schmidt*, GRUR 2009, 908, 909.
65 BGH, 25.9.1970 – I ZR 47/69, GRUR 1971, 119, 120 – Branchenverzeichnis (zu § 13 Abs. 3 UWG aF); Fromm/Nordemann/*J.B. Nordemann*, § 99 Rn. 5.
66 Ein bloßer Anschein genügt nicht, vgl. BGH, 25.2.1963 – I b ZR 161/71, GRUR 1963, 438, 439 f. – Fotorabatt; K/B/F/*Köhler/Feddersen*, § 8 UWG Rn. 2.44; *Berger/Loeck*, MMR 2011, 634, 636 (zu § 8 Abs. 2 UWG).
67 BGH, 7.4.2005 – I ZR 221/02, GRUR 2005, 864, 865 – Meißner Dekor II (zu § 14 Abs. 7 MarkenG); BGH, 7.10.2009 – I ZR 109/06, GRUR 2009, 1167, 1170 Rn. 21 – Partnerprogramm (zu § 14 Abs. 7 MarkenG); BGH, 28.10.2010 – I ZR 174/08, GRUR 2011, 543 Rn. 11 – Änderung der Voreinstellung III (zu § 8 Abs. 2 UWG); BGH, 18.11.2010 – I ZR 155/09, GRUR 2011, 617, 621 Rn. 54 – Sedo (zu § 14 Abs. 7 MarkenG); OLG Stuttgart, 27.11.2014 – 2 U 175/13, BeckRS 2014, 125573 Rn. 5 (zu § 8 Abs. 2 UWG); H/O/K/*Ohly*, § 12 Rn. 12; K/B/F/*Alexander*, § 12 GeschGehG Rn. 17; BeckOK UWG/*Reiling/F. Wild*, § 12 GeschGehG Rn. 9; *Reinfeld*, § 4 Rn. 36; *Werner*, WRP 2018, 286, 287 (zu § 8 Abs. 2 UWG); *Berger/Loeck*, MMR 2011, 634, 635 f. (zu § 8 Abs. 2 UWG).
68 BGH, 28.10.2010 – I ZR 174/08, GRUR 2011, 543 Rn. 11 – Änderung der Voreinstellung III (zu § 8 Abs. 2 UWG); K/B/F/*Alexander*, § 12 GeschGehG Rn. 17; Fromm/Nordemann/*J.B. Nordemann*, § 99 Rn. 5; *Werner*, WRP 2018, 286, 287 (zu § 8 Abs. 2 UWG). Ausführlich zum Kriterium der Einflussnahmemöglichkeit mit vielen Beispielen aus der Rechtsprechung *Renner/Schmidt*, GRUR 2009, 908, 909 ff.
69 BGH, 7.10.2009 – I ZR 109/06, GRUR 2009, 1167, 1170 Rn. 21 – Partnerprogramm (zu § 14 Abs. 7 MarkenG); K/B/F/*Köhler/Feddersen*, § 8 UWG Rn. 2.44; MK-UWG/*Fritzsche*, § 8 Rn. 301; *Reinfeld*, § 4 Rn. 36; *Köhler*, GRUR 1991, 344, 352 (zu § 13 Abs. 4 UWG aF).
70 OLG Düsseldorf, 14.2.2006 – 20 U 110/05, WRP 2006, 1155, 1156 (zu § 8 Abs. 2 UWG) für einen Gast in einer Spielhalle, der die Aufsicht vorübergehend vertrat; K/B/F/*Köhler/Feddersen*, § 8 UWG Rn. 2.43; MK-UWG/*Fritzsche*, § 8 Rn. 301; Ahrens/*Jestaedt*, Kap. 21 Rn. 44.

III. Anspruch gegen den Unternehmensinhaber (§ 12 Satz 1) § 12

trieb ausgegliedert oder auf andere Unternehmen übertragen sein.[71] Diese Voraussetzungen sind stets einzelfallbezogen zu prüfen. Liegen sie vor, kann es sich beim Beauftragten auch um ein **selbstständiges Unternehmen** handeln, bspw. eine Werbeagentur,[72] einen Lieferanten,[73] einen Handelsvertreter,[74] einen Franchisenehmer, Kommissionär oder sonstigen Vertriebspartner,[75] einen Lohnfertiger, einen Headhunter,[76] einen Inkassodienstleister,[77] einen Social Media-Influencer[78] oder eine Tochtergesellschaft (→ Rn. 30).[79] Davon abzugrenzen sind Drittunternehmen, die Aufgaben erfüllen oder Verrichtungen vornehmen, die nicht zum genuinen betrieblichen Geschäftskreis des Unternehmens gehören. Verallgemeinerungen fallen dabei angesichts der vielgestaltigen Einzelfallkonstellationen sehr schwer. Erschöpft sich eine Geschäftsbeziehung bspw. in einem reinen Leistungsaustausch dergestalt, dass ein Lieferant einen Händler mit seinen Produkten beliefert, ist der Lieferant kein Beauftragter des Händlers; dies ändert sich aber schon dann, wenn der Lieferant Absatzmittlerfunktionen übernimmt, zB die weiterverkauften Produkte namens des Händlers direkt an den Kunden ausliefert.[80]

Bei einer **Tochtergesellschaft** werden diesbezüglich die bestehenden kapitalmäßigen, personellen und organisatorischen Verflechtungen der beiden Unternehmen maßgeblich sein, mithin ob diese eine betriebsorganisatorische Einheit bilden. Von einer Beauftragtenstellung ist jedenfalls dann auszugehen, wenn mit der Muttergesellschaft ein Beherrschungs- und Gewinnabführungsvertrag (§ 291 AktG) besteht; es kann aber auch bereits eine Einbindung der Tochtergesellschaft in den Vertrieb   30

---

71 OLG Köln, 24.5.2006 – 6 U 200/05, MMR 2006, 622, 623 (für § 8 Abs. 2 UWG); K/B/F/*Köhler/Feddersen*, § 8 UWG Rn. 2.44; G/N/*Schmitz-Fohrmann/Schwab*, § 8 Rn. 88.
72 BGH, 22.7.1972 – I ZR 19/72, GRUR 1973, 208, 209 (zu § 13 Abs. 3 UWG aF) – Neues aus der Medizin. Dazu ausführlich *Stute*, WRP 1999, 875 f. (zu § 13 Abs. 4 UWG aF); *Henning-Bodewig*, GRUR 1981, 164 ff. (zu § 13 Abs. 3 UWG aF); *Bülow*, BB 1975, 538 f. (zu § 13 Abs. 3 UWG aF).
73 Dazu *Köhler*, GRUR 1991, 344, 350 f. (zu § 13 Abs. 4 UWG aF).
74 BGH, 25.9.1970 – I ZR 47/69, GRUR 1971, 119, 120 – Branchenverzeichnis (zu § 13 Abs. 3 UWG aF) für einen ständig mit Werbeaufgaben betrauten Handelsvertreter.
75 Eingehend dazu OLG Frankfurt/Main, 9.2.2012 – 6 U 130/11, MMR 2012, 678 f. (zu § 8 Abs. 2 UWG).
76 BGH, 9.2.2006 – I ZR 73/02, GRUR 2006, 426, 427 – Direktansprache am Arbeitsplatz II (zu § 8 Abs. 2 UWG).
77 BGH, 19.3.2015 – I ZR 157/13, GRUR 2015, 1134, 1136 Rn. 32 – SCHUFA-Hinweis.
78 *Lichtnecker*, MMR 2018, 512, 516; *Suwelack*, MMR 2017, 661, 664.
79 BGH, 7.10.2009 – I ZR 109/06, GRUR 2009, 1167, 1170 Rn. 21 – Partnerprogramm (zu § 14 Abs. 7 MarkenG); BGH, 28.10.2010 – I ZR 174/08, GRUR 2011, 543 Rn. 11 – Änderung der Voreinstellung III (zu § 8 Abs. 2 UWG); BGH, 5.4.1995 – I ZR 133/93, GRUR 1995, 605, 607 – Franchise-Nehmer (zu § 13 Abs. 4 UWG aF); K/B/F/*Alexander*, § 12 GeschGehG Rn. 17; BeckOK UWG/*Reiling/F. Wild*, § 12 GeschGehG Rn. 9; Fromm/Nordemann/*J.B. Nordemann*, § 99 Rn. 5; *Reinfeld*, § 4 Rn. 36; *Köhler*, GRUR 1991, 344, 348 (zu § 13 Abs. 4 UWG aF). Zahlreiche weitere Beispiele bei K/B/F/*Köhler/Feddersen*, § 8 UWG Rn. 2.44; MK-UWG/*Fritzsche*, § 8 Rn. 302.
80 MK-UWG/*Fritzsche*, § 8 Rn. 303; *Köhler*, GRUR 1991, 344, 351 (zu § 13 Abs. 4 UWG aF).

§ 12   Haftung des Inhabers eines Unternehmens

der Muttergesellschaft genügen.[81] Anderes kann gelten, wenn die Muttergesellschaft als rein vermögensverwaltende Holding-Gesellschaft keinen bestimmenden Einfluss auf das operative Geschäft ausübt.[82]

31   Als unabhängige Organe der Rechtspflege sind Rechtsanwälte, die in einem Verfahren für ein Unternehmen tätig sind, normalerweise **keine Beauftragten**.[83] Denn hier fehlt es jeweils an der erforderlichen betrieblichen Eingliederung (→ Rn. 29). Dasselbe gilt für gesetzliche Vertreter kraft Amtes (Testamentsvollstrecker, Insolvenzverwalter, Betreuer, Pfleger) oder familiärer Stellung (Eltern).[84] Allerdings wird in diesen Fällen normalerweise schon § 278 BGB (→ Rn. 4 ff.) oder § 31 BGB (analog) eingreifen (→ Rn. 11 ff.).

32   Bedient sich der Beauftragte bei seinen Aufgaben weiterer Hilfspersonen („Unterbeauftragte"), gelten für die Zurechnung die gleichen Regeln wie für den Geschäftsherrn. Ist der Beauftragte für das Verhalten dieser Hilfspersonen nicht schon nach den allgemeinen Regeln verantwortlich (→ Rn. 3 ff.), kann auch in **mehrgliedrigen Haftungsketten** auf die Grundsätze zur Beauftragtenhaftung, wie gemäß § 12 Satz 1, zurückgegriffen werden.[85] Hier mag wohl nur dann anderes gelten, wenn es für den Geschäftsherrn fernab jeder Vorstellung war, dass der Beauftragte eine Hilfsperson oder einen Subunternehmer einsetzt.

c) Unternehmensinhaber

33   Beschäftigte oder Beauftragte müssen die in Rede stehende Tätigkeit für den Inhaber eines Unternehmens erbringen. Der **Unternehmensbegriff** entspricht dem aus § 2 Abs. 2 UWG bzw. § 14 BGB und ist daher weit zu fassen.[86] Unternehmerisch tätig ist demnach jede natürliche oder juristische Person (§ 14 Abs. 1 BGB) oder rechtsfähige Personengesellschaft (§ 14 Abs. 2 BGB), die in Ausübung ihrer gewerblichen oder selbstständigen beruflichen Tätigkeit handelt.[87] Eine gewerbliche Tätigkeit setzt ein selbstständiges und planmäßiges, auf eine gewisse Dauer ange-

---

81 BGH, 7.4.2005 – I ZR 221/02, GRUR 2005, 864, 865 – Meißner Dekor II (zu § 14 Abs. 7 MarkenG); K/B/F/*Köhler/Feddersen*, § 8 UWG Rn. 2.44; MK-UWG/*Fritzsche*, § 8 Rn. 305. Ausführlich zur Beauftragtenhaftung im Konzern *Werner*, WRP 2018, 286, 287 ff. (zu § 8 Abs. 2 UWG); *Köhler*, GRUR 1991, 344, 349 f. (zu § 13 Abs. 4 UWG aF).
82 OLG Hamm, 2.6.2016 – 4 U 17/15, BeckRS 2016, 117435 Rn. 36 (zu § 8 Abs. 2 UWG); Teplitzky/*Büch*, Kap. 14 Rn. 40; *Werner*, WRP 2018, 286, 288 (zu § 8 Abs. 2 UWG).
83 OLG München, 23.4.1998 – 6 U 6166/97, NJWE-WettbR 1999, 5, 6 (zu § 13 Abs. 4 UWG aF); Fromm/Nordemann/*J.B. Nordemann*, § 99 Rn. 5; K/B/F/*Köhler/Feddersen*, § 8 UWG Rn. 2.44; *Köhler*, GRUR 1991, 344, 348 (zu § 13 Abs. 4 UWG aF).
84 G/N/*Schmitz-Fohrmann/Schwab*, § 8 Rn. 90; K/B/F/*Köhler/Feddersen*, § 8 UWG Rn. 2.42; MK-UWG/*Fritzsche*, § 8 Rn. 304; aA und deutlich weiter offenbar *Köhler*, GRUR 1991, 344, 352 (zu § 13 Abs. 4 UWG).
85 OLG Hamm, 5.4.2011 – I-4 U 193/10, BeckRS 2011, 9375 (zu § 8 Abs. 2 UWG); BeckOK UWG/*Haertel*, § 8 Rn. 151; K/B/F/*Köhler/Feddersen*, § 8 UWG Rn. 2.43; MK-UWG/*Fritzsche*, § 8 Rn. 302.
86 Wandtke/Bullinger/*Bohne*, § 99 UrhG Rn. 7; Dreier/Schulze/*Dreier*, § 99 Rn. 4.
87 BGH, 15.7.2004 – III ZR 315/03, NJW 2004, 3039, 3040.

III. Anspruch gegen den Unternehmensinhaber (§ 12 Satz 1)   § 12

legtes Anbieten entgeltlicher Leistungen am Markt voraus; eine Gewinnerzielung ist aber nicht erforderlich.[88] Selbstständig ist eine Tätigkeit, wenn der Unternehmer sie inhaltlich (also bezüglich Arbeitspensum, -ort und -zeit) frei gestalten kann und auf eigene Rechnung und Gefahr handelt.[89]

Der **Inhaber des Unternehmens** ist das Rechtssubjekt, das das Unternehmen im eigenen Namen führt und im Rahmen der unternehmerischen Tätigkeit **durch die vorgenommenen Rechtsgeschäfte berechtigt und verpflichtet wird, also der Unternehmensträger**.[90] Unternehmensträger kann daher eine natürliche Person (zB Einzelkaufmann, Freiberufler), eine juristische Person (zB GmbH, AG, Genossenschaft, Verein), eine Personenhandelsgesellschaft (zB OHG, KG, Partnerschaftsgesellschaft, EWIV) oder eine Außen-GbR[91] sein.[92] Im Falle des Versterbens eines Einzelunternehmers sind dessen Erben in gesamthänderischer Bindung Unternehmensinhaber, nicht aber die Erbengemeinschaft.[93] Bei Konzernsachverhalten ist das Unternehmen mit Leitungsmacht (also die Muttergesellschaft) der Unternehmensträger.[94] Da die Eigentumsverhältnisse keine Rolle spielen, kann auch ein schuldrechtlich Nutzungsberechtigter (zB Mieter, Pächter, Nießbraucher, Verwalter) Unternehmensinhaber sein.[95] Auch Verbände, die üblicherweise nicht am Wirtschaftsleben teilnehmen, können im Einzelfall als Inhaber eines Unternehmens gelten. Dies betrifft etwa öffentlich-rechtliche juristische Personen (zB als Dienstherr oder bei erwerbswirtschaftlicher Betätigung),[96] Idealvereine, Bürgerinitiativen oder politische Parteien.[97] Es ist unschädlich, wenn der Unternehmensträger in seiner Entscheidungsfreiheit beschränkt ist (zB durch Insolvenz, Betreuung, Vormundschaft).[98]

34

Inhaber eines Unternehmens ist nach richtiger Ansicht nicht, wer nur nach außen hin den Anschein erweckt, der Unternehmensinhaber zu sein, ohne aber tatsäch-

35

---

88 Jauernig/*Mansel*, § 14 Rn. 2; MK-BGB/*Micklitz*, § 14 Rn. 19 ff.
89 MK-BGB/*Micklitz*, § 14 Rn. 31.
90 H/O/K/*Ohly*, § 12 Rn. 15; K/B/F/*Alexander*, § 12 GeschGehG Rn. 18; BeckOK UWG/*Reiling/F. Wild*, § 12 GeschGehG Rn. 10; *Reinfeld*, § 4 Rn. 29; *Renner/Schmidt*, GRUR 2009, 908, 908 f.; *Köhler*, GRUR 1991, 344, 352 (zu § 13 Abs. 4 UWG aF).
91 Zur Teilrechtsfähigkeit der Außen-GbR grundlegend BGH, 29.1.2001 – II ZR 331/00, NJW 2001, 1056.
92 K/B/F/*Alexander*, § 12 GeschGehG Rn. 18; K/B/F/*Köhler/Feddersen*, § 8 UWG Rn. 2.49; Wandtke/Bullinger/*Bohne*, § 99 UrhG Rn. 7; *Reinfeld*, § 4 Rn. 29; *Pastor*, NJW 1964, 896, 900 (zu § 13 Abs. 3 UWG aF).
93 Henning/Harte/*Goldmann*, § 8 Rn. 583; K/B/F/*Köhler/Feddersen*, § 8 UWG Rn. 2.49.
94 *Köhler*, GRUR 1991, 344, 352 (zu § 13 Abs. 4 UWG aF).
95 BeckOK UWG/*Reiling/F. Wild*, § 12 GeschGehG Rn. 10; K/B/F/*Köhler/Feddersen*, § 8 UWG Rn. 2.48; *Renner/Schmidt*, GRUR 2009, 908, 909.
96 Dazu BGH, 16.1.1992 – I ZR 36/90, GRUR 1993, 37, 39 – Seminarkopien (zu § 100 UrhG aF) für eine Hochschule und LG Frankfurt/Main, 26.10.2016 – 2-06 O 175/16, ZUM-RD 2017, 218, 220 (zu § 99 UrhG) für ein Bundesland als Anstellungskörperschaft; ferner Ahrens/*Jestaedt*, Kap. 21 Rn. 37.
97 Wandtke/Bullinger/*Bohne*, § 99 UrhG Rn. 7; BeckOK UrhG/*Reber*, § 99 Rn. 2; Dreier/Schulze/*Dreier*, § 99 Rn. 4.
98 K/B/F/*Köhler/Feddersen*, § 8 UWG Rn. 2.49; O/S/*Ohly*, § 8 Rn. 151.

§ 12 Haftung des Inhabers eines Unternehmens

lichen rechtlichen Einfluss zu haben.[99] **Keine Unternehmensinhaber** sind ferner Organe und verfassungsmäßig berufene Vertreter einer juristischen Person (Vorstand einer AG, GmbH-Geschäftsführer etc.; dazu → Rn. 12),[100] gesetzliche Vertreter einer natürlichen Person (zB Eltern, Betreuer, Pfleger),[101] Betriebs- oder Filialleiter,[102] (nicht persönlich haftende) Gesellschafter einer Personenhandelsgesellschaft,[103] einzelne Mitglieder einer BGB-Gesellschaft,[104] Inhaber von Gesellschaftsanteilen an juristischen Personen (zB Aktionäre, Gesellschafter)[105] oder Insolvenzverwalter.[106] Für das Verhalten dieser Personen haftet der Unternehmer aber ggf. nach §§ 31, 89 BGB (→ Rn. 11 ff.).

d) Bezug zur Unternehmenstätigkeit

36 Der **Wortlaut des § 12 sieht nicht vor**, dass die beanstandete Tätigkeit des Beschäftigten oder Beauftragten einen besonderen **Bezug zur Unternehmenstätigkeit** aufweisen muss. Insoweit unterscheidet sich die Vorschrift von den Parallelvorschriften (→ Rn. 16 ff.) in § 8 Abs. 2 UWG, § 14 Abs. 7 MarkenG, § 44 DesignG und § 99 UrhG. Dort wird verlangt, dass die Rechtsverletzung „in einem Unternehmen" bzw. „in einem geschäftlichen Betrieb" stattfinden muss, um die Haftung des Unternehmensinhabers zu begründen.[107]

37 Obgleich dieses Tatbestandsmerkmal in § 12 keinen unmittelbaren Ausdruck gefunden hat, ist es richtig, dass aus objektiver Sicht[108] ein **innerer Zusammenhang**

---

99 BeckOK UWG/*Reiling/F. Wild*, § 12 GeschGehG Rn. 11; K/B/F/*Köhler/Feddersen*, § 8 UWG Rn. 2.49; MK-UWG/*Fritzsche*, § 8 Rn. 313; Ahrens/*Jestaedt*, Kap. 21 Rn. 39; *Hahn*, GWR 150, S. 202 ff.; a. A. F/B/O/*Büscher*, § 8 Rn. 227; *Köhler*, GRUR 1991, 344, 352 (zu § 13 Abs. 4 UWG aF) unter Verweis auf Rechtsscheingrundsätze. Insoweit unklar BeckOK UrhG/*Reber*, § 99 Rn. 6; Renner/Schmidt, GRUR 2009, 908, 909.
100 OLG Hamm, 5.6.2012 – I-4 U 188/11, BeckRS 2012, 16359 (zu § 8 Abs. 2 UWG); K/B/F/*Köhler/Feddersen*, § 8 UWG Rn. 2.50; *Fezer*, § 14 MarkenG Rn. 1064; *Renner/Schmidt*, GRUR 2009, 908, 909; *Pastor*, NJW 1964, 896, 900 (zu § 13 Abs. 3 UWG aF).
101 K/B/F/*Köhler/Feddersen*, § 8 UWG Rn. 2.50; Ahrens/*Jestaedt*, Kap. 21 Rn. 37; a. A. Henning/Harte/*Goldmann*, § 8 Rn. 584.
102 Henning/Harte/*Goldmann*, § 8 Rn. 578; Dreier/Schulze/*Dreier*, § 99 Rn. 7; *Fezer*, § 14 MarkenG Rn. 1064; *Reinfeld*, § 4 Rn. 29.
103 K/B/F/*Köhler/Feddersen*, § 8 UWG Rn. 2.50; Ströbele/Hacker/*Thiering*, § 14 Rn. 463, 476; kritisch *Fezer*, § 14 MarkenG Rn. 1064. Persönlich haftende Gesellschafter einer OHG oder KG haften für Verbindlichkeiten der Gesellschaft gemäß § 128 Satz 1, § 161 Abs. 2 HGB persönlich und können daher neben der Gesellschaft als Unternehmensinhaber gleichermaßen in Anspruch genommen werden, vgl. *Pastor*, NJW 1964, 896, 900 (zu § 13 Abs. 3 UWG aF).
104 OLG Karlsruhe, 25.2.1998 – 6 U 148/97, WRP 1998, 898, 899 (zu § 13 Abs. 4 UWG aF); BeckOK UWG/*Reiling/F. Wild*, § 12 GeschGehG Rn. 11; K/B/F/*Köhler/Feddersen*, § 8 UWG Rn. 2.50; Ströbele/Hacker/*Thiering*, § 14 Rn. 476.
105 Henning/Harte/*Goldmann*, § 8 Rn. 581.
106 K/B/F/*Köhler/Feddersen*, § 8 UWG Rn. 2.50.
107 Dazu etwa *Fezer*, § 14 MarkenG Rn. 1058 f.; K/B/F/*Köhler/Feddersen*, § 8 UWG Rn. 2.47; *Köhler*, GRUR 1991, 344, 352 (zu § 13 Abs. 4 UWG aF).
108 Auf die Interessen des Verletzers kommt es nicht an, vgl. OLG München, 7.12.2006 – 29 U 3845/06, GRUR-RR 2007, 345, 346 (zu § 100 UrhG aF).

III. Anspruch gegen den Unternehmensinhaber (§ 12 Satz 1) § 12

zwischen den vom Beschäftigten oder Beauftragten wahrgenommenen Aufgaben und der Tätigkeit des Unternehmens, also ein funktionaler Unternehmensbezug bestehen muss.[109] Es ist notwendig, die Anwendung der Norm teleologisch auf solche Fälle zu reduzieren, in denen die eingesetzte Hilfsperson in der Verantwortungssphäre des Unternehmens tätig wird, da sich nur dann das damit verbundene spezifische Risiko, dass sich der Unternehmensinhaber bei Rechtsverletzungen hinter abhängigen Dritten „verstecken" könnte → Rn. 1), verwirklichen kann.[110] Dass der Normzweck diese Einschränkung verlangt, kommt auch in der amtlichen Begründung zum Ausdruck.[111] Dementsprechend ist der unvollständige Wortlaut wohl als gesetzgeberisches Versehen aufzufassen; richtigerweise sollte § 12 Satz 1 wie folgt beginnen: „*Erfolgt die Rechtsverletzung durch einen für ein Unternehmen handelnden Beschäftigten oder Beauftragten, so hat [...]*".

Dem Normzweck entsprechend (→ Rn. 1) liegt **kein funktionaler Unternehmensbezug** bei Handlungen vor, die außerhalb des Geschäftskreises des Unternehmens liegen und die der Unternehmensinhaber deswegen nicht kontrollieren kann und aus denen er auch keine Vorteile zieht. So liegt es etwa, wenn der Beschäftigte oder Beauftragte nicht zum Zwecke der von ihm gegenüber dem Unternehmer übernommenen Aufgabe, sondern rein gelegentlich hierbei oder im eigenen (privaten) Interesse oder für einen Dritten handelt.[112] Ebenso wenig genügt die bloße (ggf. missbräuchliche) Benutzung von Betriebsmitteln des Unternehmers (zB Internetanschluss, überlassenes Endgerät)[113] oder eine Rechtsverletzung in dessen Räumlichkeiten, ohne dass dabei im Interesse des Unternehmers gehandelt wird.[114] In einer früheren Entscheidung vertrat der BGH die Auffassung, dass einem neuen Arbeit- bzw. Auftraggeber ein Verstoß des Beschäftigten oder Beauftragten aus einer früheren Tätigkeit (zB unbefugte Mitnahme einer Kundenliste oder Rezeptur) 38

---

109 H/O/K/*Ohly*, § 12 Rn. 8; K/B/F/*Alexander*, § 12 GeschGehG Rn. 19; Büscher/*Tochtermann*, § 12 GeschGehG Rn. 8; BeckOK UWG/*Reiling/F. Wild*, § 12 GeschGehG Rn. 12 f.; Fromm/Nordemann/*J.B. Nordemann*, § 99 Rn. 6; *Reinfeld*, § 4 Rn. 38.
110 BGH, 28.6.2007 – I ZR 153/04, GRUR 2008, 186, 188 Rn. 23 – Telefonaktion (zu § 8 Abs. 2 UWG); BGH, 5.4.1995 – I ZR 133/93, GRUR 1995, 605, 607 – Franchise-Nehmer (zu § 13 Abs. 4 UWG aF); BGH, GRUR 2009, 1167, 1170 Rn. 21 – Partnerprogramm (zu § 14 Abs. 7 MarkenG); K/B/F/*Alexander*, § 12 GeschGehG Rn. 19; BeckOK UWG/*Reiling/F. Wild*, § 12 GeschGehG Rn. 13 f.; Wandtke/Bullinger/*Bohne*, § 99 UrhG Rn. 3; *Fezer*, § 14 MarkenG Rn. 1058 f.
111 BT-Drs. 19/4724, S. 33.
112 BT-Drs. 19/4724, S. 33; BGH, 11.3.2009 – I ZR 114/06, GRUR 2009, 597 Rn. 15 – Halsband; OLG München, 7.12.2006 – 29 U 3845/06, GRUR-RR 2007, 345, 346 (zu § 100 UrhG aF); LG München I, 4.10.2007 – 7 O 2827/07, ZUM 2008, 157, 159 (zu § 100 UrhG aF); H/O/K/*Ohly*, § 12 Rn. 9; Büscher/*Tochtermann*, § 12 GeschGehG Rn. 8; *Reinfeld*, § 4 Rn. 38; BeckOK UWG/*Reiling/F. Wild*, § 12 GeschGehG Rn. 14; *Fezer*, § 14 MarkenG Rn. 1059; K/B/F/*Köhler/Feddersen*, § 8 UWG Rn. 2.47.
113 OLG München, 7.12.2006 – 29 U 3845/06, GRUR-RR 2007, 345, 346 (zu § 100 UrhG aF); LG München I, 4.10.2007 – 7 O 2827/07, ZUM 2008, 157, 159 (zu § 100 UrhG aF).
114 Wandtke/Bullinger/*Bohne*, § 99 UrhG Rn. 4; *Fezer*, § 14 MarkenG Rn. 1059; MK-UWG/*Fritzsche*, § 8 Rn. 307.

§ 12   Haftung des Inhabers eines Unternehmens

nicht angelastet werden kann.¹¹⁵ Ob dies nach dem neuen Schutzkonzept des GeschGehG, bei dem nicht nur die rechtswidrige Erlangung, sondern auch die rechtswidrige Nutzung eines Geschäftsgeheimnisses ausdrücklich als verboten eingestuft wird, darf bezweifelt werden.¹¹⁶ Jedenfalls wird in solchen Fällen sorgfältig zu prüfen sein, ob der neue Arbeit- oder Auftraggeber nicht gegen § 4 Abs. 3 verstößt und dafür bereits selbst unmittelbar haftet.

e) Rechtsverletzung durch den Beschäftigten oder Beauftragten

39   Der Beschäftigte (→ Rn. 25 f.) oder Beauftragte (→ Rn. 27 ff.) muss **Rechtsverletzer iSd. § 2 Nr. 3** (→ § 2 Rn. 150 ff.) sein, also eine natürliche oder juristische Person, die auf rechtswidrige Weise (insbes. ohne Privilegierung nach § 3 oder § 5) Geschäftsgeheimnisse entgegen § 4 erworben, genutzt oder offengelegt hat, wodurch der Rechtsinhaber (s. § 2 Nr. 2, dazu → § 2 Rn. 140 ff.) berechtigt ist, die Ansprüche aus den §§ 6 bis 8 gegen den Beschäftigten oder Beauftragten geltend zu machen.

40   Vorbehaltlich der näheren Konturierung des unionsrechtlich auszulegenden Begriffs des Rechtsverletzers ist davon auszugehen, dass hiervon jedenfalls **Täter, Nebentäter, Mittäter sowie letzteren nach § 830 Abs. 2 BGB gleichstehende Anstifter und Gehilfen** einer Verletzungshandlung umfasst sind (zum Begriff Rechtsverletzer → § 2 Rn. 140 ff.; zur Rechtsverletzereigenschaft mittelbar mitwirkender Störer oder Intermediäre s. → § 6 Rn. 45 ff.).

41   Die Haftung des Unternehmers nach § 12 Satz 1 knüpft nur an den eingetretenen Erfolg der Rechtsverletzung durch den Beschäftigten oder Beauftragten an (zur Sonderregelung in § 12 Satz 2 unten → Rn. 55). Es ist **nicht erforderlich, dass der Unternehmer selbst schuldhaft gehandelt oder Kenntnis von der Rechtsverletzung oder diese gar gebilligt oder angewiesen hat**.¹¹⁷ Als Beispiel zu nennen ist die vom Unternehmer unbemerkte Verwendung einer entwendeten, vertraulichen Kundenliste durch einen neuen Mitarbeiter, um darauf basierend im Namen des Unternehmens neue Kunden anzusprechen.¹¹⁸ Es entlastet den Unternehmer insoweit auch nicht, wenn er vorträgt, dass er seinen Beauftragten zur Einhaltung der gesetzlichen Bestimmungen angewiesen hat.¹¹⁹ Die Wiederholungs- oder Begehungsge-

---

115 BGH, 19.12.2002 – I ZR 119/00, GRUR 2003, 453, 454 – Verwertung von Kundenlisten (zu § 13 Abs. 4 UWG aF). Kritisch dazu K/B/F/*Köhler/Feddersen*, § 8 UWG Rn. 2.47.
116 H/O/K/*Ohly*, § 12 Rn. 10.
117 BT-Drs. 19/4724, S. 33; H/O/K/*Ohly*, § 12 Rn. 8; Büscher/*Tochtermann*, § 12 GeschGehG Rn. 9; BeckOK UWG/*Reiling/F. Wild*, § 12 GeschGehG Rn. 15; *Reinfeld*, § 4 Rn. 37; *Leister*, GRUR-Prax, 2020, 145, 146; ferner Wandtke/Bullinger/*Bohne*, § 99 UrhG Rn. 2; Dreier/Schulze/*Dreier*, § 99 Rn. 6; *Samwer*, WRP 1999, 67, 70 (für § 13 Abs. 4 UWG aF); *Köhler*, GRUR 1991, 344, 352 (zu § 13 Abs. 4 UWG aF).
118 H/O/K/*Ohly*, § 12 Rn. 10; *Leister*, GRUR-Prax, 2020, 145, 146 f. In diesen Fällen wird aber kritisch zu prüfen sein, ob der notwendige Unternehmensbezug gegeben ist, dazu auch K/B/F/ *Köhler/Feddersen*, § 8 UWG Rn. 2.47.
119 LG Flensburg, 24.9.2010 – 6 O 26/10, BeckRS 2011, 03934 (zu § 8 Abs. 2 UWG); MK-UWG/ *Fritzsche*, § 8 Rn. 308.

III. Anspruch gegen den Unternehmensinhaber (§ 12 Satz 1)   § 12

fahr im Rahmen eines Unterlassungsanspruchs muss nur bezüglich des handelnden Beschäftigten und Beauftragten vorliegen und nicht noch zusätzlich separat für den Unternehmensinhabers geprüft werden.[120]

2. Tatbestandausschluss nach § 9

a) Unverhältnismäßigkeitseinwand durch den Beschäftigten oder Beauftragten

Infolge der akzessorischen Verantwortlichkeit (unten → Rn. 45) ist unstreitig, dass eine Haftung gegen den Unternehmensinhaber nicht besteht, soweit **Ansprüche gegen den vom Unternehmer beschäftigten oder beauftragten Rechtsverletzer** nach § 9 ausgeschlossen sind.[121]   42

b) Unverhältnismäßigkeitseinwand durch den Unternehmensinhaber

Uneinigkeit herrscht darüber, ob sich der **Unternehmensinhaber unabhängig vom Rechtsverletzer hinsichtlich des gegen ihn gerichteten Anspruchs** auf den Verhältnismäßigkeitsvorbehalt des § 9 berufen kann. Insoweit überzeugen die Argumente nicht, dass § 9 sich nur auf die Ansprüche aus §§ 6 bis 8 gegen den Rechtsverletzer (den unmittelbar Handelnden) selbst bezieht und der Gesetzgeber, hätte er anderes gewollt, eine Sonderregelung – wie in § 12 Satz 2 – hätte schaffen müssen.[122] Für diese Ansicht könnte man zudem in Ansehung des Regelungsziels der Vorschrift (→ Rn. 41) anführen, dass es nicht angezeigt erscheint, die streng konzipierte Haftung (unten → Rn. 46) zusätzlichen Einschränkungen zu unterwerfen. Indessen würde dies mit den Vorgaben aus Art. 13 der Geschäftsgeheimnisrichtlinie wohl nicht in Einklang zu bringen sein, wonach bei gerichtlichen Anordnungen infolge von Geschäftsgeheimnisverletzungen stets eine Verhältnismäßigkeitsprüfung durchzuführen ist.[123] Dem Unternehmer kann daher nicht per se versagt werden, sich gegen eine Inanspruchnahme infolge von § 12 mit dem Verhältnismäßigkeitsvorbehalt aus § 9 verteidigen.[124]   43

3. Rechtsfolgen

§ 12 Satz 1 fungiert als **Haftungsausdehnungsnorm**: Er begründet für den Rechtsinhaber einen zusätzlichen Anspruch gegen Unternehmensinhaber (dazu lit. a) neben dem weiterhin bestehenden Anspruch gegen den unmittelbar Handelnden (dazu lit. b). Beide Verpflichtete können unter den normierten Voraussetzungen aber von der Abwendungsbefugnis aus § 11 Gebrauch machen (dazu lit. c).   44

---

120 *Pastor*, NJW 1964, 896, 901 (zu § 13 Abs. 3 UWG aF).
121 H/O/K/*Ohly*, § 12 Rn. 16; K/B/F/*Alexander*, § 12 GeschGehG Rn. 22; BeckOK UWG/*Reiling/F. Wild*, § 12 GeschGehG Rn. 22.
122 *Büscher/Tochtermann*, § 12 GeschGehG Rn. 10 ff.
123 H/O/K/*Ohly*, § 12 Rn. 17.
124 K/B/F/*Alexander*, § 12 GeschGehG Rn. 21; BeckOK UWG/*Reiling/F. Wild*, § 12 GeschGehG Rn. 23; H/O/K/*Ohly*, § 12 Rn. 17.

§ 12 Haftung des Inhabers eines Unternehmens

a) Anspruch gegen Unternehmensinhaber

45 Besteht wegen einer Rechtsverletzung (→ Rn. 39 ff.) ein Anspruch aus §§ 6 bis 8 gegen einen für das Unternehmen handelnden Beschäftigten oder Beauftragten, begründet dies eine zusätzliche Verantwortlichkeit des Unternehmensinhabers. Durch § 12 Satz 1 entsteht also ein **weiterer, selbstständiger Anspruch gegen den Unternehmensinhaber**.[125] Dieser tritt neben den Anspruch gegen den unmittelbar Handelnden (unten → Rn. 50), ist aber **insoweit akzessorischer Natur**, dass sein Entstehen vom Anspruch gegen den Rechtsverletzer abhängt.[126] Nachdem der Anspruch entstanden ist, ist sein Schicksal aber nicht mehr mit dem Anspruch gegen den Beschäftigten oder Beauftragten verknüpft. Beide Ansprüche folgen ihren eigenen Regeln und können gesondert erlöschen (zB durch Verzicht), verjähren oder sonst undurchsetzbar werden (zB durch Verwirkung).[127]

46 Durch die akzessorische Anknüpfung (→ Rn. 45) an die Tatbestandsverwirklichung durch den unmittelbar Handelnden, handelt es sich bei § 12 Satz 1 seiner Rechtsnatur nach nicht um eine eigene Anspruchsgrundlage.[128] Die Vorschrift ist eine **deliktsrechtliche Zurechnungsnorm eigener Art, die eine Erfolgshaftung des Unternehmensinhabers ohne Entlastungsmöglichkeit begründet**.[129] Sie

---

125 BGH, 25.4.2012 – I ZR 105/10, GRUR 2012, 1279, 1283 Rn. 43 – DAS GROSSE RÄTSELHEFT (für § 8 Abs. 2 UWG); BeckOK UWG/*Reiling/F. Wild*, § 12 GeschGehG Rn. 17; Büscher/*Tochtermann*, § 12 GeschGehG Rn. 3, 14; BeckOK GeschGehG/*Spieker*, § 12 Rn. 1; K/B/F/*Köhler/Feddersen*, § 8 UWG Rn. 2.32; Dreier/Schulze/*Dreier*, § 99 Rn. 1; *Hahn*, GWR 150, S. 40 (für § 8 Abs. 2 UWG); *Ahrens*, GRUR 1996, 518, 519 (zu § 13 Abs. 4 UWG aF); *Köhler*, GRUR 1991, 344, 353 (zu § 13 Abs. 4 UWG aF).
126 BT-Drs. 19/4724, S. 33; K/B/F/*Alexander*, § 12 GeschGehG Rn. 20; BeckOK UWG/*Reiling/F. Wild*, § 12 GeschGehG Rn. 4, 17; MK-UWG/*Fritzsche*, § 8 Rn. 315; *Reinfeld*, § 4 Rn. 39; *Ahrens*, GRUR 1996, 518, 519 (zu § 13 Abs. 4 UWG aF).
127 F/B/O/*Büscher*, § 8 Rn. 220; BeckOK UWG/*Haertel*, § 8 Rn. 150; MK-UWG/*Fritzsche*, § 8 Rn. 315; *Köhler*, GRUR 1991, 344, 353 (zu § 13 Abs. 4 UWG aF).
128 H/O/K/*Ohly*, § 12 Rn. 3; Büscher/*Tochtermann*, § 12 GeschGehG Rn. 5 f., 15; O/S/*Ohly*, § 8 Rn. 143. Für eine eigenständige Anspruchsgrundlage offenbar *Hahn*, GWR 150, S. 40 (für § 8 Abs. 2 UWG); nicht eindeutig *Pastor*, NJW 1964, 896, 897 (zu § 13 Abs. 3 UWG aF: „materielle Anspruchsgrundlage, und zwar jeweils in Verbindung mit der bezogenen Vorschrift").
129 BGH, 5.10.1979 – I ZR 140/77, GRUR 1980, 116, 117 – Textildrucke (zu § 8 Abs. 2 UWG); K/B/F/*Alexander*, § 12 GeschGehG Rn. 6 ff.; Büscher/*Tochtermann*, § 12 GeschGehG Rn. 1; BeckOK UWG/*Reiling/F. Wild*, § 12 GeschGehG Rn. 4, 15; Wandtke/Bullinger/*Bohne*, § 99 UrhG Rn. 1; *Fezer*, § 14 MarkenG Rn. 1055; K/B/F/*Köhler/Feddersen*, § 8 UWG Rn. 2.33; MK-UWG/*Fritzsche*, § 8 Rn. 295; *Stute*, WRP 1999, 875, 876 (zu § 13 Abs. 4 UWG aF); *Ahrens*, GRUR 1996, 518, 519 (zu § 13 Abs. 4 UWG aF). Hiergegen bestehen keine verfassungsrechtlichen Bedenken, vgl. BVerfG, 28.5.1996 – 1 BvR 927/91, NJW 1996, 2567 (zu § 100 UrhG aF). Die Annahme von Büscher/*Tochtermann*, § 12 GeschGehG Rn. 1, dass es sich um einen Spezialfall des § 831 BGB handele (ähnlich O/S/*Ohly*, § 8 Rn. 143) ist daher nicht überzeugend (ebenso K/B/F/*Alexander*, § 12 GeschGehG Rn. 8; in diesem Sinne auch *Ahrens*, GRUR 1996, 518, 519, nach welchem die Beauftragtenhaftung „grundlegend anders konzipiert" sei) und es dürfte auch zu holzschnittartig sein, wenn angenommen wird, dass die Beauftragtenhaftung die Funktion des § 278 BGB übernimmt (so aber zu § 13 Abs. 3 UWG aF *Pastor*, NJW 1964, 896, 897 f.).

III. Anspruch gegen den Unternehmensinhaber (§ 12 Satz 1) § 12

stützt sich nicht auf eigenes Fehlverhalten (wie § 831 BGB, → Rn. 8 ff.), nicht auf ein organschaftliches Wirken (wie §§ 31, 89 BGB, → Rn. 11 ff.) und verlangt auch nicht das Bestehen einer Sonderverbindung (wie § 278 BGB, → Rn. 4 ff.).[130] Vielmehr begründet sie eine **Haftung des Unternehmers ohne eigenen Beitrag zur Rechtsverletzung** und ist dadurch Ausdruck einer wertenden Zuordnung der Geschehnisse in einem für den Unternehmensinhaber grundsätzlich beherrschbaren Risikobereich (→ Rn. 15).[131] Die Zuwiderhandlungen seiner Beschäftigten oder Beauftragen werden ihm wie eigene Handlungen zugerechnet, weil die arbeitsteilige Organisation des Unternehmens die Verantwortung für die geschäftliche Tätigkeit nicht beseitigen soll (→ Rn. 1). Der Unternehmensinhaber, dem die Geschäftstätigkeit seiner Beschäftigten oder Beauftragten zugutekommt, soll sich bei seiner Haftung nicht hinter den von ihm abhängigen Dritten verschanzen können.[132]

Über § 12 Satz 1 begründete Ansprüche gegen den Unternehmensinhaber können **auf Beseitigung und Unterlassung (§ 6), Vernichtung, Herausgabe, Rückruf und Entfernung aus den Vertriebswegen (§ 7) und Auskunft über rechtsverletzende Produkte (§ 8 Abs. 1) gerichtet** sein. Die Unterlassungspflicht trifft den Unternehmensinhaber unmittelbar, für sein ganzes Unternehmen und bezieht sich nicht nur auf eine Unterbindung von Rechtsverletzungen des spezifischen Beschäftigten oder Beauftragten.[133] Die Erstbegehungs-[134] oder Wiederholungsgefahr bezüglich eines Beseitigungs- oder Unterlassungsanspruchs aus § 6 gegen den Unternehmensinhaber entfällt nicht schon durch das Ausscheiden des Beschäftigten oder Beauftragten aus dem Betrieb bzw. der Betriebsorganisation oder der Auflösung des betreffenden Vertragsverhältnisses mit dem Unternehmensinhaber.[135] Sie wird auch nicht durch die Abgabe einer strafbewehrten Unterwerfungserklärung nur des Beauftragten beseitigt (dies gilt auch vice versa).[136] Im Falle eines Unternehmensübergangs haftet der frühere Unternehmensinhaber für eine entstandene Verpflichtung aus § 12 weiterhin; der neue Unternehmensinhaber tritt nach herrschender Auffassung nicht im Wege der Rechtsnachfolge in eine gesetzliche, da höchstper-

47

---

130 *Reinfeld*, § 4 Rn. 31.
131 BGH, 5.4.1995 – I ZR 133/93, GRUR 1995, 605, 607 – Franchise-Nehmer (zu § 13 Abs. 4 UWG aF); BeckOK UWG/*Reiling/F. Wild*, § 12 GeschGehG Rn. 2.
132 BGH, GRUR 2009, 1167, 1170 Rn. 21 – Partnerprogramm (zu § 8 Abs. 2 UWG); BeckOK UWG/*Reiling/F. Wild*, § 12 GeschGehG Rn. 1; *Fezer*, § 14 MarkenG Rn. 1055; *Werner*, WRP 2018, 286, 286 f. (zu § 8 Abs. 2 UWG); *Klaka*, GRUR 1988, 729 (zu § 13 Abs. 4 UWG aF); *Pastor*, NJW 1964, 896, 897 (zu § 13 Abs. 3 UWG aF).
133 K/B/F/*Köhler/Feddersen*, § 8 UWG Rn. 2.52; Teplitzky/*Büch*, Kap. 14 Rn. 36.
134 Zur Anwendung der Beauftragtenhaftung auch bei vorbeugenden Unterlassungsansprüchen H/O/K/*Ohly*, § 12 Rn. 7; K/B/F/*Köhler/Feddersen*, § 8 UWG Rn. 2.38.
135 Fromm/Nordemann/*J.B. Nordemann*, § 99 Rn. 9; K/B/F/*Köhler/Feddersen*, § 8 UWG Rn. 2.38; *Köhler*, GRUR 1991, 344, 353 (zu § 13 Abs. 4 UWG aF).
136 K/B/F/*Köhler/Feddersen*, § 8 UWG Rn. 2.52; *Köhler*, GRUR 1991, 344, 353 (zu § 13 Abs. 4 UWG aF).

§ 12 Haftung des Inhabers eines Unternehmens

sönlich geschuldete Unterlassungspflicht ein[137] und haftet auch nicht für Verletzungshandlungen, die der Beschäftigte oder Beauftragte vor dessen Unternehmenswechsel in einem anderen Unternehmen begangen hat.[138] Er kann aber unter Umständen für einen eigenen (neuen) Verstoß (zB über § 4 Abs. 3) haftbar gemacht werden.[139] Ansprüche aus § 7 werden sich überdies regelmäßig nur gegen den Unternehmer richten, weil der Beschäftigte oder Beauftragte normalerweise nicht im Besitz rechtsverletzender Produkte sein wird.[140] Der Auskunftsanspruch aus § 8 Abs. 1 iVm. § 12 Satz 1 beschränkt sich auf Angaben zur Vorbereitung von Ansprüchen aus § 6 und § 7, aber nicht aus § 10 (unten → Rn. 49).[141]

48 Vor einer Heranziehung des Unternehmensinhabers **bedarf es keiner vorherigen (erfolglosen) Inanspruchnahme des Beauftragen oder Beschäftigten** und die Ansprüche können auch separat voneinander geltend gemacht werden.[142] Bezüglich gesetzlicher Unterlassungspflichten aus § 6 sind Unternehmensinhaber einerseits und Beschäftigter oder Beauftragter anderseits **im Regelfall keine Gesamtschuldner** (§ 421 BGB), denn diese Unterlassungspflichten bestehen selbstständig nebeneinander (zur Haftung mehrerer Unterlassungsschuldner → § 6 Rn. 48).[143] Dasselbe gilt für Auskunftsansprüche aus § 8 Abs. 1, schon aufgrund ihrer höchstpersönlichen Natur (zur Haftung mehrerer Auskunftspflichtiger → § 6 Rn. 163).[144] Dies darf aber nicht dahingehend verstanden werden, dass durch eine Anwendung von § 12 eine generelle Sperrwirkung entfaltet wäre, eine gesamtschuldnerische Haftung nach anderen Vorschriften (zB § 831 BGB) zu begründen.[145]

49 Ein **Anspruch auf Schadensersatz aus § 10** kann gegen den Unternehmensinhaber über § 12 Satz 1 nicht geltend gemacht werden.[146] Das ist konsequent, weil ein

---

137 BGH, 26.4.2007 – I ZR 34/05, GRUR 2007, 995, 996 Rn. 12 – Schuldnachfolge (zu § 8 Abs. 2 UWG); K/B/F/*Köhler/Feddersen*, § 8 UWG Rn. 2.53; Harte/Henning/*Goldmann*, § 8 Rn. 624; *Köhler*, WRP 2010, 475, 481 (zu § 8 Abs. 2 UWG); a. A. *Mels/Franzen*, GRUR 2008, 968 ff.; *Ahrens*, GRUR 1996, 518 ff. (zu § 13 Abs. 4 UWG aF).
138 BGH, 19.12.2002 – I ZR 119/00, GRUR 2003, 453, 454 – Verwertung von Kundenlisten (zu § 13 Abs. 4 UWG aF); Fromm/Nordemann/*J.B. Nordemann*, § 99 Rn. 9.
139 K/B/F/*Köhler/Feddersen*, § 8 UWG Rn. 2.53a.
140 Büscher/*Tochtermann*, § 12 GeschGehG Rn. 18.
141 BGH, 23.2.1995 – I ZR 75/93, GRUR 1995, 427, 428 – Schwarze Liste (zu § 13 Abs. 4 UWG aF); Fromm/Nordemann/*J.B. Nordemann*, § 99 Rn. 8; Teplitzky/*Büch*, Kap. 14 Rn. 30; Ahrens/*Jestaedt*, Kap. 21 Rn. 35.
142 BGH, 25.4.2012 – I ZR 105/10, 1279, 1284 f. Rn. 62 – DAS GROSSE RÄTSELHEFT (zu § 8 Abs. 2 UWG): keine „Einrede der Vorausklage gegen den unmittelbar Handelnden"; BeckOK UWG/*Reiling/F. Wild*, § 12 GeschGehG Rn. 27.
143 BGH, 17.7.2008 – I ZR 168/05, GRUR 2009 181, 183 Rn. 36 – Kinderwärmekissen; F/B/O/*Büscher*, § 8 Rn. 161; MK-UWG/*Fritzsche*, § 8 Rn. 291; BeckOK UWG/*Haertel*, § 8 Rn. 154; Teplitzky/*Büch*, Kap. 14 Rn. 44.
144 MK-UWG/*Fritzsche*, § 9 Rn. 183; K/B/F/*Köhler*, § 9 UWG Rn. 4.30.
145 BGH, 25.4.2012 – I ZR 105/10, GRUR 2012, 1279, 1283 Rn. 43 – DAS GROSSE RÄTSELHEFT; BeckOK UWG/*Haertel*, § 8 Rn. 144; MK-UWG/*Fritzsche*, § 8 Rn. 296.
146 BT-Drs. 19/4724, S. 34; H/O/K/*Ohly*, § 12 Rn. 4; BeckOK UWG/*Reiling/F. Wild*, § 12 GeschGehG Rn. 18; Büscher/*Tochtermann*, § 12 GeschGehG Rn. 16; *Reinfeld*, § 4 Rn. 34. Kritisch dazu K/B/F/*Alexander*, § 12 GeschGehG Rn. 13, der auf § 14 Abs. 7 MarkenG verweist, bei

III. Anspruch gegen den Unternehmensinhaber (§ 12 Satz 1) § 12

Schadensersatzanspruch ein Verschulden voraussetzt, was sich nicht mit der verschuldensunabhängigen Erfolgshaftung (→ Rn. 46) verträgt. Schadensersatzansprüche gegen den Unternehmensinhaber lassen sich aber – wie auch alle anderen Ansprüche – ggf. über die allgemeinen bürgerlich-rechtlichen Zurechnungsnormen (→ Rn. 4 ff.) begründen (zur Passivlegitimation beim Schadensersatzanspruch (→ § 10 Rn. 43 ff.).[147] Eines Rückgriffs auf Zurechnungsnormen bedarf es freilich dort gar nicht, wo der Unternehmer schon selbst als Täter, mittelbarer Täter, Mittäter oder Teilnehmer für eine Rechtsverletzung verantwortlich ist.[148] Keine Anwendung findet § 12 ferner auf vertragliche Ansprüche, Bereicherungsansprüche und das Vollstreckungsverfahren nach § 890 ZPO.[149]

b) Anspruch gegen Beauftragten oder Beschäftigten

Dass sich der Anspruch gemäß § 12 Satz 1 „auch" gegen den Unternehmensinhaber 50 richtet, impliziert bereits, dass daneben die inhaltlich identische **Anspruchsverpflichtung des handelnden Beauftragten oder Beschäftigten unberührt** bleibt.[150] Wenn der Unternehmensinhaber und der Beschäftigte oder Beauftragte beide in Anspruch genommen werden sollen, ist jedoch zu beachten, dass für Ansprüche gegen Letztere aufgrund von § 2 ArbGG ggf. die Arbeitsgerichte zuständig sein können.[151]

4. Abwendungsbefugnis nach § 11

Ansprüche gegen den Unternehmensinhaber nach § 6 oder § 7 können abgewendet 51 werden, wenn von der Abwendungsbefugnis aus § 11 Gebrauch gemacht und an den Rechtsinhaber eine adäquate Abfindung in Geld gezahlt wird. Hierbei sind aus Sicht des Unternehmensinhabers **mehrere Varianten möglich**.

Erstens kann sich der **Unternehmer unabhängig vom Beschäftigten oder Beauf-** 52 **tragten** auf das Korrektiv aus § 11 berufen und eine Abfindung anbieten, wenn die

---

dem auch Schadensersatzansprüche erfasst werden und – zu Recht – die bestehende Uneinheitlichkeit beklagt.
147 BT-Drs. 19/4724, S. 34; K/B/F/*Alexander*, § 12 GeschGehG Rn. 12; BeckOK UWG/*Reiling/F. Wild*, § 12 GeschGehG Rn. 18; *Reinfeld*, § 4 Rn. 34. Insbesondere stehen Vorschriften zur Haftung des Unternehmensinhabers einer Anwendung des § 831 BGB nicht entgegen, vgl. BGH, 25.4.2012 – I ZR 105/10, GRUR 2012, 1279, 1283 Rn. 43 – DAS GROSSE RÄTSELHEFT (für § 8 Abs. 2 UWG).
148 H/O/K/*Ohly*, § 12 Rn. 20; K/B/F/*Köhler/Feddersen*, § 8 UWG Rn. 2.32.
149 H/O/K/*Ohly*, § 12 Rn. 4; K/B/F/*Köhler/Feddersen*, § 8 UWG Rn. 2.56; *Teplitzky/Büch.*, Kap. 14 Rn. 37; *Köhler*, GRUR 1991, 344, 352 (zu § 13 Abs. 4 UWG aF).
150 BT-Drs. 19/4724, S. 34; H/O/K/*Ohly*, § 12 Rn. 20; *Büscher/Tochtermann*, § 12 GeschGehG Rn. 3; *Fezer*, § 14 MarkenG Rn. 1056; Ahrens/*Jestaedt*, Kap. 21 Rn. 15; *Henning-Bodewig*, GRUR 1981, 164, 165 (zu § 13 Abs. 3 UWG aF); *Pastor*, NJW 1964, 896, 898 (zu § 13 Abs. 3 UWG aF: „Zwillingsanspruch"). Speziell zur Haftung von gesetzlichen Vertretern juristischer Personen Ströbele/Hacker/*Thiering*, § 14 Rn. 468 ff.; *Klaka*, GRUR 1988, 729 ff. (zu § 13 Abs. 4 UWG aF).
151 BeckOK UWG/*Reiling/F. Wild*, § 12 GeschGehG Rn. 27; *Reinfeld*, § 4 Rn. 39.

§ 12 Haftung des Inhabers eines Unternehmens

Voraussetzungen der Norm bei ihm selbst vorliegen.[152] Das ist angesichts der rechtlichen Selbstständigkeit der beiden Ansprüche (→ Rn. 45) sachgerecht. Anders als bei der strittigen Anwendbarkeit der Unverhältnismäßigkeit nach § 9 (→ Rn. 43), der zu einem Anspruchsausschluss auf Tatbestandsebene führt, modifiziert § 11 nur die Rechtsfolgenseite, indem in eng begrenzten Fällen eine Abfindung in Geld geleistet werden kann.[153]

53 Zweitens kann sich der Unternehmer auf § 11 berufen und den Rechtsinhaber abfinden, wenn die **Voraussetzungen des § 11 nicht bei ihm selbst, aber beim Rechtsverletzer vorliegen**, der sich aber nicht auf § 11 beruft.[154]

54 Drittens entfällt ausweislich der Gesetzesbegründung wegen der akzessorischen Verknüpfung der Ansprüche (→ Rn. 45) ein Anspruch gegen den Unternehmensinhaber auch dann, wenn **der Beschäftigte oder Beauftragte (also der Rechtsverletzer) sich auf § 11 beruft** und die Ansprüche durch eine Zahlung abwenden will.[155] Die Zahlungspflicht trifft in diesem Fall aber nur den Rechtsverletzer, sie geht nicht aufgrund von § 12 Satz 1 auf den Unternehmensinhaber über.[156]

IV. Haftung bei Verletzung der Auskunftspflicht (§ 12 Satz 2)

55 § 12 Satz 2 enthält eine **Sonderregelung** gegenüber Satz 1 und bezieht sich auf den **Schadensersatzanspruch gemäß § 8 Abs. 2** wegen einer nicht, falsch oder unvollständig erteilten Auskunft (dazu → § 8 Rn. 33 ff.). Denn anders als die Ansprüche aus § 6 und § 7 ist dieser verschuldensabhängig. Ein solcher Schadensersatzanspruch besteht gegen den Unternehmensinhaber daher nur dann, wenn die Auskunft entweder von ihm selbst oder zumindest in ihm zurechenbarer Weise (→ Rn. 4 ff.) vorsätzlich oder grob fahrlässig mangelhaft erteilt wird.[157] Der Unternehmensinhaber haftet demnach nur wegen eigenem oder ihm zurechenbarem groben Verschulden.[158]

---

152 H/O/K/*Ohly*, § 12 Rn. 17, 22; K/B/F/*Alexander*, § 12 GeschGehG Rn. 11; Büscher/*Tochtermann*, § 12 GeschGehG Rn. 18; BeckOK UWG/*Reiling/F. Wild*, § 12 GeschGehG Rn. 21.
153 Büscher/*Tochtermann*, § 12 GeschGehG Rn. 18.
154 BT-Drs. 19/4724, S. 33; H/O/K/*Ohly*, § 12 Rn. 22; K/B/F/*Alexander*, § 12 GeschGehG Rn. 11; BeckOK UWG/*Reiling/F. Wild*, § 12 GeschGehG Rn. 20.
155 BT-Drs. 19/4724, S. 33; H/O/K/*Ohly*, § 12 Rn. 22; K/B/F/*Alexander*, § 12 GeschGehG Rn. 11; Büscher/*Tochtermann*, § 12 GeschGehG Rn. 18; BeckOK UWG/*Reiling/F. Wild*, § 12 GeschGehG Rn. 20 f.
156 BeckOK UWG/*Reiling/F. Wild*, § 12 GeschGehG Rn. 20.
157 BT-Drs. 19/4724, S. 33; H/O/K/*Ohly*, § 12 Rn. 18; Büscher/*Tochtermann*, § 12 GeschGehG Rn. 13; BeckOK UWG/*Reiling/F. Wild*, § 12 GeschGehG Rn. 26; *Reinfeld*, § 4 Rn. 33.
158 BT-Drs. 19/4724, S. 33 f.; K/B/F/*Alexander*, § 12 GeschGehG Rn. 23; BeckOK UWG/*Reiling/F. Wild*, § 12 GeschGehG Rn. 26.

V. Darlegungs- und Beweislast und Prozessuales

Hinsichtlich der Darlegungs- und Beweislast kommen bei § 12 die **allgemeinen Regeln zur Anwendung**, wonach die Partei die Umstände einer sie begünstigenden Norm vortragen und beweisen muss. Derjenige, der einen **Anspruch gegen den Unternehmensinhaber** geltend machen möchte, ist für die Tatbestandsvoraussetzungen (→ Rn. 24 ff.) darlegungs- und beweisbelastet.[159] Er muss sich im Prozess aber nicht ausdrücklich auf die Beauftragtenhaftung berufen.[160] Solange die Eigenschaft als Beschäftigter oder Beauftragter bewiesen ist, muss die genaue Identität der handelnden Person nicht bekannt sein.[161] Der Unternehmensinhaber hat die Umstände darzulegen und zu beweisen, die seine Haftung entkräften können.

56

Den Unternehmensinhaber trifft aber im Wege einer **sekundären Darlegungslast** nach Treu und Glauben die prozessuale Pflicht, sich in zumutbarer Weise an der Aufklärung des Sachverhalts zu beteiligen, soweit er vom Kläger vorgetragene Tatsachen bestreitet, bei denen er über deutlich bessere Erkenntnismöglichkeiten verfügt, etwa weil es sich um innerbetriebliche und deshalb der Gegenpartei unzugängliche Vorgänge handelt.[162] Eine solche Beweiserleichterung kann etwa bei der Frage des Unternehmensbezugs (→ Rn. 36 ff.) einer vom Beauftragten oder Beschäftigten vorgenommenen Handlung in Betracht zu ziehen sein, zumal der Verletzte vielfach nicht in der Lage sein wird, festzustellen, inwieweit eine Handlung unternehmerisch motiviert ist oder nicht.[163] Kommt der Unternehmer dieser Pflicht nicht nach, gilt die Behauptung nach § 138 Abs. 3 ZPO mangels substantiiertem Bestreiten als zugestanden.[164]

57

---

159 BGH, 19.4.2007 – I ZR 92/04, GRUR 2007, 994, 995 Rn. 20 – Gefälligkeit (zu § 8 Abs. 2 UWG); K/B/F/*Alexander*, § 12 GeschGehG Rn. 24; BeckOK UWG/*Reiling/F. Wild*, § 12 GeschGehG Rn. 28.
160 BGH, 18.11.2010 – I ZR 155/09, GRUR 2011, 617, 621 Rn. 54 – Sedo (zu § 14 Abs. 7 MarkenG); BGH, 7.4.2005 – I ZR 221/02, GRUR 2005, 864, 865 – Meißner Dekor II (zu § 14 Abs. 7 MarkenG).
161 OLG Köln, 10.7.2009 – 6 U 5/09, BeckRS 2010, 26441; MK-UWG/*Fritzsche*, § 8 Rn. 309.
162 OLG München, 7.12.2006 – 29 U 3845/06, GRUR-RR 2007, 345, 346 (zu § 100 UrhG aF); Wandtke/Bullinger/*Bohne*, § 99 UrhG Rn. 5; Dreier/Schulze/*Dreier*, § 99 Rn. 54; Fromm/Nordemann/*J.B. Nordemann*, § 99 Rn. 10. Allgemein zur sekundären Behauptungslast, insbesondere im innerbetrieblichen Kontext BGH, 17.2.2004 – X ZR 108/02, NJW-RR 2004, 989, 990. Zu Beweisschwierigkeiten des Anspruchstellers auch *Köhler*, GRUR 1991, 344, 346 (zu § 13 Abs. 4 UWG aF).
163 H/O/K/*Ohly*, § 12 Rn. 23; Ströbele/Hacker/*Thiering*, § 14 Rn. 466; K/B/F/*Köhler/Feddersen*, § 8 UWG Rn. 2.51; Teplitzky/*Büch*, Kap. 14 Rn. 34.
164 OLG München, 7.12.2006 – 29 U 3845/06, GRUR-RR 2007, 345, 347 (zu § 100 UrhG aF); Wandtke/Bullinger/*Bohne*, § 99 UrhG Rn. 5. Allgemein dazu BGH, 17.2.2004 – X ZR 108/02, NJW-RR 2004, 989, 990.

§ 13 Herausgabeanspruch nach Eintritt der Verjährung

Hat der Rechtsverletzer ein Geschäftsgeheimnis vorsätzlich oder fahrlässig erlangt, offengelegt oder genutzt und durch diese Verletzung eines Geschäftsgeheimnisses auf Kosten des Inhabers des Geschäftsgeheimnisses etwas erlangt, so ist er auch nach Eintritt der Verjährung des Schadensersatzanspruchs nach § 10 zur Herausgabe nach den Vorschriften des Bürgerlichen Gesetzbuches über die Herausgabe einer ungerechtfertigten Bereicherung verpflichtet. Dieser Anspruch verjährt sechs Jahre nach seiner Entstehung.

Schrifttum: *Bernhard*, Schadensersatz trotz Eintritts der Regelverjährung? – Zur Bedeutung von § 852 im Kartellrecht, NZKart 2014, 432; *von Caemmerer*, Bereicherung und unerlaubte Handlung, in: FS Rabel, Band I, 1954, S. 334; *Ebert*, Der deliktische „Rest-Schadensersatzanspruch" nach der Schuldrechtsreform, NJW 2003, 3035; *Fingerhut*, Datenmissbrauch und Geheimnisverrat durch Mitarbeiter – die Bedeutung des § 17 UWG, BB 2014, 389; *Gaier*, Deliktische Verjährung im Filesharing-Prozess, NJW 2015, 1149; *Harte-Bavendamm*, Reform des Geheimnisschutzes: naht Rettung aus Brüssel? Zum Richtlinienvorschlag zum Schutz von Geschäftsgeheimnissen, in: FS Köhler, 2014, S. 234; *Hülsewig*, Der Restschadensersatzanspruch im Patentrecht – beschränkt auf die angemessene Lizenzgebühr?, GRUR 2011, 673; *ders.*, Erweiterung des Restschadensersatzes auf die Herausgabe des Verletzergewinns – Nach der BGH-Entscheidung „Spannungsversorgungsvorrichtung", GRUR-Prax 2019, 369; *Larenz/Canaris*, Lehrbuch des Schuldrechts Band II/2, 13. Aufl. 1994; *Meier-Beck*, Ersatzansprüche gegenüber dem mittelbaren Patentverletzer, GRUR 1993, 1; *Pross*, Zum Umfang des Restschadensersatzanspruches im Patentrecht, in: FS Schilling, 2007, S. 333; *Seifert*, Bereicherung bei unerlaubter Handlung, NJW 1972, 1739; *Wörlen/Leinhas*, Rechtsfolgen- und Rechtsgrundverweisungen im BGB, JA 2006, 22; *Zurth*, Bereicherungsrechtliche Implikationen im Immaterialgüterrecht, GRUR 2019, 143.

Übersicht

	Rn.		Rn.
I. Normzweck und Kontext	1	3. Vorbilder/verwandte Regelungen	12
1. Regelungsgegenstand	1	a) § 852 BGB	12
2. Hintergrund	2	b) Verwandte Vorschriften	16
a) Anwendbarkeit der allgemeinen Verjährungsvorschriften für Ansprüche aus dem GeschGehG	2	4. Praktische Bedeutung	18
		II. Richtlinienvorgaben und Historie	20
b) Zur Richtlinienkonformität gebotene Einschränkung der Verjährungshöchstfristen	7	1. Unionsrechtliche Vorgaben	20
		2. Entwicklung im Gesetzgebungsverfahren zur Richtlinienumsetzung	22
aa) Vorgaben der RL 2016/943/EU	7	III. Restschadensersatzanspruch (§ 13 Satz 1)	23
bb) Auswirkungen auf die Anwendung des nationalen Verjährungsrechts	10	1. Rechtsfolgenverweisung	23
		2. Tatbestandsvoraussetzungen	25

	Rn.		Rn.
a) Rechtsverletzer	26	e) Auch nach Eintritt der Verjährung des Schadensersatzanspruchs nach § 10	37
b) Erlangtes Etwas	28		
aa) Abschöpfbare Vermögensvorteile	29	3. Rechtsfolge	38
		a) Modifizierung der Verjährung des Schadensersatzanspruchs nach § 10	38
bb) Keine abschöpfbaren Vermögensvorteile	30		
c) Auf Kosten des Inhabers des Geschäftsgeheimnisses	31	b) Herausgabepflicht bzw. Wertersatz	39
		4. Aufrechnungsverbot	43
aa) Verletzergewinn	32	IV. Verjährung des Restschadensersatzanspruchs (§ 13 Satz 2)	44
bb) Gebrauchsvorteile	34		
d) Rechtswidrig-schuldhafte Verletzung eines Geschäftsgeheimnisses	35	1. Sechsjahresfrist	44
		2. Verjährungsbeginn	45
aa) Verbotene Handlung nach § 4	35	V. Darlegungs- und Beweislast und Prozessuales	46
		1. Darlegungs- und Beweislast	46
bb) Rechtswidrigkeit und Verschulden	36	2. Klageänderung	48

I. Normzweck und Kontext

1. Regelungsgegenstand

Mittels einer **Rechtsfolgenverweisung** in die bereicherungsrechtlichen Vorschriften des BGB soll dem Inhaber des Geschäftsgeheimnisses über § 13 ermöglicht werden, die beim Rechtsverletzer durch eine rechtswidrige und schuldhafte Verletzung seines Geschäftsgeheimnisses auf seine Kosten erlangten Vermögensvorteile abzuschöpfen, auch wenn ein bestehender Schadensersatzanspruch nach § 10 bereits verjährt ist. Der Herausgabeanspruch nach § 13 Satz 1 fungiert damit **als spezialgesetzlicher, den § 852 BGB verdrängender Restschadensersatzanspruch**. Abweichend von § 852 BGB verjährt dieser aufgrund unionsrechtlicher Vorgaben nicht in zehn, sondern bereits nach sechs Jahren nach seiner Entstehung (§ 13 Satz 2). 1

2. Hintergrund

a) Anwendbarkeit der allgemeinen Verjährungsvorschriften für Ansprüche aus dem GeschGehG

Mit Ausnahme von § 13 Satz 2 (→ Rn. 44 f.) enthält das GeschGehG keine eigenständigen Vorschriften zur Verjährung.[1] Für Ansprüche aus dem GeschGehG gelten daher im Ausgangspunkt (zu Modifikationen → Rn. 10 f.) die **allgemeinen Verjährungsregeln aus dem bürgerlichen Recht** (Abschnitt 5 des 1. Buches des 2

---

[1] K/B/F/*Alexander*, § 13 GeschGehG Rn. 18.

§ 13 Herausgabeanspruch nach Eintritt der Verjährung

BGB).² Das gilt demnach insbes. für die Ansprüche auf Beseitigung und Unterlassung, § 6 (→ § 6 Rn. 306 f.), Vernichtung, Herausgabe und Rückruf, § 7 (→ § 7 Rn. 27), Auskunft, § 8 Abs. 1 (→ § 8 Rn. 40) und Schadensersatz, § 10 bzw. § 8 Abs. 2 (→ § 10 Rn. 126 ff.) sowie für den Aufwendungsersatzanspruch bei missbräuchlicher Anspruchsgeltendmachung, § 14 Satz 2 (→ § 14 Rn. 38).

3   Ist ein Anspruch verjährt, kann der Anspruchsverpflichtete die **Verjährungseinrede** erheben und die geschuldete Leistung verweigern (§ 214 Abs. 1 BGB). Leistet er trotzdem, kann er die einredebehaftete Leistung nicht im Nachhinein zurückfordern (§ 214 Abs. 2, § 813 BGB).

4   Soweit § 13 nicht eingreift, unterliegen die Ansprüche aus dem GeschGehG der **Regelverjährungsfrist**.³ Mithin verjähren Schadensersatz- und andere Ansprüche grds. nach Ablauf **von drei Jahren** ab dem Schluss des Jahres („Ultimo-Regel"), in dem der Anspruch entstanden ist und der Anspruchsgläubiger von den Anspruch begründenden Umständen und der Person des Anspruchsverpflichteten Kenntnis erlangt hat oder ohne grobe Fahrlässigkeit hätte erlangen müssen (§ 195, § 199 Abs. 1 BGB). Kenntnis besteht ab dem Zeitpunkt, in dem sich der Geschädigte bei verständiger Tatsachenwürdigung erstmals eine mögliche Anspruchsberechtigung herleiten und ihm eine Klageerhebung zugemutet werden kann; es braucht aber keine sichere Überzeugung oder Gewissheit, dass der Anspruch besteht.⁴

5   Ferner gelten für Ansprüche nach dem GeschGehG grundsätzlich die **kenntnisunabhängigen Maximalverjährungsfristen** (s. aber → Rn. 10 f.). Ohne Rücksicht auf die Kenntnis oder grob fahrlässige Unkenntnis der anspruchsbegründenden Umstände tritt die Verjährung von **Schadensersatzansprüchen** daher zehn Jahre nach der Anspruchsentstehung ein (§ 199 Abs. 3 Satz 1 Nr. 1 BGB), ohne Rücksicht auf die Anspruchsentstehung und die Kenntnis oder grob fahrlässige Unkenntnis jedenfalls 30 Jahre nach Begehung der Verletzungshandlung oder nach dem schadensauslösenden Ereignis, auch wenn noch kein Schaden eingetreten ist (§ 199 Abs. 3 Satz 1 Nr. 2 BGB), wobei die früher endende Frist maßgeblich ist (§ 199 Abs. 3 Satz 2 BGB). Für **alle anderen Ansprüche** gilt eine kenntnisunabhängige zehnjährige Verjährungsfrist ab Entstehung des Anspruchs (§ 199 Abs. 4 BGB). Bei einem Unterlassungsanspruch tritt an die Stelle der Entstehung die erstmalige

---

2   BT-Drs. 19/4724, S. 19; K/B/F/*Alexander*, § 13 GeschGehG Rn. 7, 19. In anderen Spezialgesetzen des Immaterialgüterrechts wird dies ausdrücklich klargestellt (zB § 102 Satz 1 UrhG, § 141 Satz 1 PatG, § 20 Satz 1 MarkenG).
3   Die verkürzte, sechsmonatige Verjährungsfrist aus § 11 Abs. 1 UWG galt auch schon vor dem Inkrafttreten des GeschGehG nach hM nicht für deliktisch begründete Schadensersatzansprüche (zB aus § 823 Abs. 2 iVm. §§ 17 f. UWG aF), vgl. BGH, 10.2.2011 – I ZR 136/09, GRUR 2011, 444, 449; Rn. 56; Ohly/Sosnitza/*Ohly*, § 17 Rn. 48; Hasselblatt/*Musiol*, § 25 Rn. 22; *Fingerhut*, BB 2014, 389, 392.
4   BGH, 6.2.1986 – III ZR 109/84, NJW 1986, 2309, 2312; *Bernhard*, NZKart 2014, 432, 432. Zur Schadensentstehung bei Vermögensschäden vgl. BeckOK BGB/*Henrich*, § 199 Rn. 15 mwN.

I. Normzweck und Kontext **§ 13**

Zuwiderhandlung (§ 199 Abs. 5 BGB). Die Höchstfristen sind taggenau gemäß §§ 187 ff. BGB zu berechnen, hier gilt die Ultimo-Regel aus § 199 Abs. 1 Satz 1 BGB nicht.[5]

Auch **Hemmung, Ablaufhemmung und Neubeginn der Verjährung** richten sich nach den allgemeinen Regeln (§§ 203 ff. BGB). Der Zeitraum, währenddessen die Verjährung gehemmt ist (zB nach § 203 BGB durch Verhandlungen oder § 204 BGB durch Rechtsverfolgung), wird in die Verjährungsfrist nicht eingerechnet. Eine Ablaufhemmung (zB bei einem minderjährigen Gläubiger oder Schuldner ohne gesetzlichen Vertreter, § 210 BGB) führt dazu, dass die Verjährung nicht vor Ablauf von sechs Monaten nach dem Fortfall eines die Anspruchsdurchsetzung hindernden Ereignisses eintreten kann. Bei einem Neubeginn der Verjährung (zB durch ein Anerkenntnis des Schuldners, § 212 Abs. 1 Nr. 1 BGB), beginnt die Verjährungsfrist neu von Beginn an zu laufen. 6

b) Zur Richtlinienkonformität gebotene Einschränkung der Verjährungshöchstfristen

aa) Vorgaben der RL 2016/943/EU

Bezüglich der Verjährungsfristen enthält die **RL 2016/943/EU** in Art. 8 folgende Regelungen: 7

(1) Die Mitgliedstaaten legen gemäß diesem Artikel Vorschriften über die Verjährungsfristen für materielle Ansprüche und Klagen auf Anwendung der in dieser Richtlinie vorgesehenen Maßnahmen, Verfahren und Rechtsbehelfe fest.

Die in Unterabsatz 1 genannten Vorschriften legen fest, wann die Verjährungsfrist beginnt, wie lang sie dauert und unter welchen Umständen sie unterbrochen oder ausgesetzt wird.

(2) Die Verjährungsfrist beträgt höchstens sechs Jahre.

Nach Art. 8 Abs. 1 RL sind die Mitgliedstaaten also angehalten, **durch eigene nationale Vorschriften** Beginn, Dauer sowie Unterbrechung und Aussetzung der Verjährung (einschließlich der Fristenberechnung)[6] von in der RL vorgesehenen Ansprüchen und Rechtsbehelfen zu regeln. Das entspricht der Regel im sekundären EU-Recht im immaterialgüterrechtlichen Kontext.[7] Diese nationalen Vorschriften sollen gemäß Erwgrd. 23 der RL „klar und unmissverständlich" sein. 8

---

5 Palandt/*Ellenberger*, § 199 Rn. 42.
6 Ohne besondere Regelung würde sich die Fristenberechnung im Unionsrecht maßgeblich nach den Vorgaben der Verordnung (EWG, Euratom) Nr. 1182/71 des Rates vom 3. Juni 1971 zur Festlegung der Regeln für die Fristen, Daten und Termine (ABl. Nr. L 124 vom 8.6.1971, S. 1) richten.
7 So stellte der EuGH auf Grundlage eines Vorabentscheidungsgesuches durch den BGH (BGH, 16.8.2012 – I ZR 74/10, GRUR 2012, 1253 ff. – Gartenpavillon) ausdrücklich fest, dass die GGV zur Frage der Verjährung schweigt und sich daher die Verjährung von Ansprüchen nach der GGVO nach dem nationalen Recht der Mitgliedstaaten richtet, vgl. EuGH, 13.2.2014 – C-479/12, GRUR 2014, 368, 371 Rn. 47 ff. – Gautzsch Großhandel/MBM Joseph Duna. Auch bei Ansprü-

§ 13   Herausgabeanspruch nach Eintritt der Verjährung

9   Vor diesem Hintergrund in eher unüblicher Manier begrenzt Art. 8 Abs. 2 RL diese mitgliedstaatliche Gestaltungshoheit, indem eine **Maximalverjährungsfrist von sechs Jahren** angeordnet wird.[8] Abweichungen sind für die Mitgliedstaaten nicht möglich, weil Art. 8 gem. Art. 1 UAbs. 2 RL zu den vollharmonisierenden Vorschriften (→ Einl. C Rn. 43 und 56) gehört. Über die in Art. 8 Abs. 2 RL genannte Sechsjahresfrist dürfen die Mitgliedstaaten folglich nicht hinausgehen.[9]

bb) Auswirkungen auf die Anwendung des nationalen Verjährungsrechts

10   Da der Wortlaut der Richtlinie keine Ausnahmen enthält und keine Abweichungen zulässig sind (→ Rn. 10), **gilt die objektive zeitliche Grenze aus Art. 8 Abs. 2 RL für alle Ansprüche aus dem Geschäftsgeheimnisrecht** (→ Rn. 2). Da die für diese anwendbaren Verjährungshöchstfristen des BGB über den Sechsjahreszeitraum hinausgehen (→ Rn. 5), kollidiert dies unweigerlich mit den Richtlinienbestimmungen, was augenscheinlich im deutschen Gesetzgebungsverfahren und den Parlamentsdebatten keinen Niederschlag gefunden hat.

11   Soweit das sekundäre Unionsrecht Verjährungsregeln des mitgliedstaatlichen Rechts zur Anwendung kommen lässt, sind diese unter Beachtung des Äquivalenz- und Effektivitätsgrundsatzes anzuwenden.[10] Generell ist im nationalen Recht unter den anerkannten Auslegungsmethoden stets eine Gesetzesauslegung zu wählen, die zu einem Ergebnis führt, die mit den Festlegungen einer Richtlinie in Einklang stehen, um dem Unionsrecht zu voller Wirksamkeit zu verhelfen.[11] Dies kann eine richtlinienkonforme Rechtsfortbildung nationaler Bestimmungen – auch über deren Wortlaut hinaus – erfordern.[12] Dementsprechend sind **§ 199 Abs. 3 und Abs. 4**

---

chen aus der GMV kommen mangels unionsrechtlicher Regelung über § 125b iVm. § 20 Satz 1 MarkenG die §§ 194 ff. BGB zur Anwendung, vgl. OLG Düsseldorf, 30.12.2010 – I-20 U 96/09, BeckRS 2012, 15787 Rn. 36. Dahingegen findet sich in der EU-Sortenschutzverordnung eine ausdrückliche Verjährungsregelung (Art. 96 GemSortV: drei Jahre ab Kenntniserlangung, kenntnisunabhängig maximal 30 Jahre).

8   Im ersten Richtlinienentwurf vom 28.11.2013 war sogar nur eine Maximalverjährungsfrist von zwei Jahren vorgesehen, vgl. Art. 7 Vorschlag für eine Richtlinie des Europäischen Parlaments und des Rates über den Schutz vertraulichen Know-hows und vertraulicher Geschäftsinformationen (Geschäftsgeheimnisse) vor rechtswidrigem Erwerb sowie rechtswidriger Nutzung und Offenlegung, 28.11.2013, COM(2013) 813 final. Dazu MK-UWG/*Namysłowska*, Geheimnisschutz-RL Art. 8 Rn. 4; kritisch *Harte-Bavendamm*, in: FS Köhler, S. 250.

9   MK-UWG/*Namysłowska*, Geheimnisschutz-RL Art. 8 Rn. 2 sieht diese Obergrenze als Fall einer Mindestharmonisierung an.

10   EuGH, 13.2.2014 – C-479/12, GRUR 2014, 368, 371 Rn. 49 f. – Gautzsch Großhandel/MBM Joseph Duna. Die Festsetzung angemessener Ausschlussfristen für die Rechtsverfolgung ist im Interesse der Rechtssicherheit, insbes. eine regelmäßige Verjährungsfrist von drei Jahren, vgl. EuGH, 15.4.2010 – C-542/08, BeckRS 2010, 90451 Rn. 28.

11   EuGH, 5.10.2004 – C 397/01 bis C 403/01, NJW 2004, 3547, 3459 Rn. 113 f. – Bernhard Pfeiffer ua./Deutsches Rotes Kreuz, Kreisverband Waldshut e. V.

12   BGH, 26.11.2008 – VIII ZR 200/05, NJW 2009, 427, 428 f. Rn. 21 ff.; BGH, 7.5.2014 – IV ZR 76/11, NJW 2014, 2646, 2647 Rn. 20 ff. Grdl. dazu EuGH, 10.4.1984 – 14/1983, Slg. 1984, 1891 Rn. 28 – von Colson und Kamann.

BGB richtlinienkonform im Wege einer teleologischen Reduktion dahingehend auszulegen und anzuwenden, dass die davon erfassten Ansprüche aus dem GeschGehG bereits nach sechs Jahren verjähren.[13]

3. Vorbilder/verwandte Regelungen

a) § 852 BGB

§ 13 ist vorrangige **lex specialis** gegenüber § 852 BGB.[14] Er ist daher § 852 BGB inhaltlich und sprachlich nachgebildet, der folgenden Wortlaut hat: 12

> Hat der Ersatzpflichtige durch eine unerlaubte Handlung auf Kosten des Verletzten etwas erlangt, so ist er auch nach Eintritt der Verjährung des Anspruchs auf Ersatz des aus einer unerlaubten Handlung entstandenen Schadens zur Herausgabe nach den Vorschriften über die Herausgabe einer ungerechtfertigten Bereicherung verpflichtet. Dieser Anspruch verjährt in zehn Jahren von seiner Entstehung an, ohne Rücksicht auf die Entstehung in 30 Jahren von der Begehung der Verletzungshandlung oder dem sonstigen, den Schaden auslösenden Ereignis an.

§ 13 Satz 1 hat wie § 852 BGB die Funktion, zu verhindern, dass aus einer Rechtsverletzung entstammende Vermögensvorteile nach dem Eintritt der Verjährung von Schadensersatzansprüchen beim Schädiger (Rechtsverletzer) verbleiben.[15] Beide Normen enthalten **keine eigenen Anspruchsgrundlagen**, sondern dienen als **Rechtsverteidigung gegenüber der vom Schädiger erhobenen Verjährungseinrede** (→ Rn. 3).[16] Sie führen dazu, dass der eigentlich verjährte Deliktsanspruch als solcher bestehen bleibt, jedoch in seinem durchsetzbaren Umfang auf das durch die unerlaubte Handlung Erlangte beschränkt wird.[17] Vom Eintritt der Regelverjährung an (→ Rn. 4) besteht der begründete Schadensersatzanspruch aus unerlaubter   13

---

13 So auch BeckOK UWG/*Reiling/F. Wild*, § 10 GeschGehG Rn. 26; H/O/K/*Harte-Bavendamm*, § 13 Rn. 12; dies offenbar übersehend K/B/F/*Alexander*, § 13 GeschGehG Rn. 19; Büscher/*Tochtermann*, § 10 GeschGehG Rn. 19. Zur richtlinienkonformen Auslegung nationaler Rechtsvorschriften (sogar vor Ablauf der Frist zur RL-Umsetzung) nur BGH, 5.2.1998 – I ZR 211/95, NJW 1998, 2208, 2210 f.
14 BT-Drs. 19/4724, S. 34; BeckOK UWG/*Reiling/F. Wild*, § 13 GeschGehG Rn. 2; H/O/K/*Harte-Bavendamm*, § 13 Rn. 2; Büscher/*Tochtermann*, § 13 GeschGehG Rn. 1. Zur Entwicklung der verschiedenen Fassungen des § 852 BGB Staudinger/*Vieweg*, § 852 Rn. 4 f.; *Ebert*, NJW 2003, 3035, 3035 f.
15 K/B/F/*Alexander*, § 13 GeschGehG Rn. 6; Palandt/*Sprau*, § 852 Rn. 2; Staudinger/*Vieweg*, § 852 Rn. 1; *Pross*, in: FS Schilling, S. 333 (zu § 141 Satz 2 PatG); *Meier-Beck*, GRUR 1993, 1, 5 (zu § 141 Satz 2 PatG).
16 BGH, 26.3.2019 – X ZR 109/16, GRUR 2019, 496, 497 Rn. 19 – Spannungsversorgungsvorrichtung; BGH, 14.2.1978 – X ZR 19/76, NJW 1978, 1377, 1379 – Fahrradgepäckträger II; *Bernhard*, NZKart 2014, 432, 435; *Hülsewig*, GRUR 2011, 673, 674. Ähnlich Staudinger/*Vieweg*, § 852 Rn. 3: „verjährungsrechtliche Sonderregelung für Schadensersatzansprüche aus unerlaubter Handlung".
17 BGH, 26.3.2019 – X ZR 109/16, GRUR 2019, 496, 497 Rn. 19 – Spannungsversorgungsvorrichtung; BGH, 14.2.1978 – X ZR 19/76, NJW 1978, 1377, 1379; MK-BGB/*Wagner*, § 852 Rn. 5; Palandt/*Sprau*, § 852 Rn. 2; *Pross*, in: FS Schilling, S. 333, 334 (zu § 141 Satz 2 PatG); *Bernhard*, NZKart 2014, 432, 435.

§ 13 Herausgabeanspruch nach Eintritt der Verjährung

Handlung (zB aus § 10) also nur noch im Gewand dieses **Restschadensersatzanspruchs** fort, der zumindest in Höhe der Bereicherung des Schädigers noch nicht verjährt ist und bei dem sich der Bereicherungsausgleich nach dem Regelungsregime der §§ 818 ff. BGB richtet.[18] Es handelt sich folglich um einen **echten Schadensersatzanspruch mit lediglich eingeschränktem Umfang**.[19]

14 Rechtspolitischer Hintergrund und **Normzweck** ist das Bestreben, **deliktisch bedingte Vermögensverschiebungen vom Schädiger zurückführen, auch wenn es bei der Rechtsdurchsetzung zu Verzögerungen kommt**.[20] Das ist zB denkbar, wenn für den Rechtsinhaber unsicher ist, ob das Recht Bestand hat, aus dem Ansprüche geltend gemacht werden sollen, wenn Beweisschwierigkeiten bestehen oder wenn der Geschädigte erst nach dem Eintritt der kenntnisunabhängigen Verjährungsfrist von der Verletzungshandlung erfährt. Eine solche Gemengelage kann vor allem im Bereich der Rechte des Geistigen Eigentums auftreten, wo das Prozessrisiko zudem besonders hoch ist.[21]

15 Aufgrund der inhaltlichen Vergleichbarkeit der Vorschriften kann zur **Auslegung des § 13 auf die Grundsätze von § 852 BGB zurückgegriffen werden**.[22] Der einzige wesentliche Unterschied ist die im Vergleich zu § 852 Satz 2 BGB (kenntnisunabhängig in zehn Jahren ab der Anspruchsentstehung bzw. maximal in 30 Jahren ab Begehung der Verletzungshandlung) abweichende Verjährungsregel in § 13 Satz 2 (→ Rn. 44 f.).

b) Verwandte Vorschriften

16 Aufgrund der besonderen Relevanz des Restschadensersatzanspruchs in diesen Gebieten (vgl. → Rn. 14), finden sich ausdrückliche Verweisungsregelungen in allen **immaterialgüterrechtlichen Spezialgesetzen** (§ 33 Abs. 3 Satz 2, § 141 Satz 2 PatG, §§ 24 f. Satz 2 GebrMG, § 20 Satz 2 MarkenG, § 9 Abs. 3 Satz 2 HalbISchG, § 102 Satz 2 UrhG, § 49 Satz 2 DesignG, §§ 37 f. Satz 2 SortSchG). Der Wortlaut dieser Normen ist stets identisch: *„Hat der Verpflichtete durch die Verletzung [des Schutzrechts] auf Kosten des Berechtigten etwas erlangt, findet § 852 des Bürger-*

---

18 BGH, 13.10.2015 – II ZR 281/14, NJW 2016, 1083, 1085 Rn. 31 (zu § 852 BGB); K/B/F/*Alexander*, § 13 GeschGehG Rn. 6; Staudinger/*Vieweg*, § 852 Rn. 17; MK-BGB/*Wagner*, § 852 Rn. 2, 5; Benkard/*Grabinski/Zülch*, § 141 Rn. 9; *Bernhard*, NZKart 2014, 432, 435 (zu § 852 BGB).
19 Staudinger/*Vieweg*, § 852 Rn. 17 f.; Benkard/*Grabinski/Zülch*, § 141 Rn. 9; *Pross*, in: FS Schilling, S. 333, 337 (zu § 141 Satz 2 PatG); *Hülsewig*, GRUR 2011, 673, 674; aA *Larenz/Canaris*, Schuldrecht II/2, § 83 V 2 („den Schadensersatzanspruch ersetzender eigenständiger Bereicherungsanspruch").
20 H/O/K/*Harte-Bavendamm*, § 13 Rn. 3; MK-BGB/*Wagner*, § 852 Rn. 2. Krit. *Ebert*, NJW 2003, 3035, 3036, der den Restschadensersatzanspruch als rechtspolitisch verfehlt und nicht gerechtfertigt ansieht.
21 H/O/K/*Harte-Bavendamm*, § 13 Rn. 4; MK-BGB/*Wagner*, § 852 Rn. 4; *Pross*, in: FS Schilling, S. 333 (zu § 141 Satz 2 PatG); *Hülsewig*, GRUR 2011, 673, 674 (zu § 141 Satz 2 PatG).
22 K/B/F/*Alexander*, § 13 GeschGehG Rn. 8; BeckOK UWG/*Reiling/F. Wild*, § 13 GeschGehG Rn. 3.

lichen Gesetzbuchs entsprechende Anwendung." Im Geschäftsgeheimnisrecht war für den Gesetzgeber eine solche Regelung mit einem schlichten Verweis auf § 852 BGB wegen der richtlinienbedingt kürzeren Verjährungsfrist nicht möglich (→ Rn. 9).

Dagegen fand sich im alten Recht der §§ 17 ff. UWG aF kein ausdrücklicher Verweis auf den Restschadensersatzanspruch. Das war auch nicht notwendig, weil unter dem UWG ein Rückgriff auf § 852 BGB möglich war und ist, sofern der fraglichen Wettbewerbshandlung eine Nutzung einer fremden Rechtsposition inhärent ist.[23] 17

4. Praktische Bedeutung

Restschadensersatzansprüche fristeten sehr **lange Zeit ein eher unscheinbares Schattendasein**. Erst durch die Verkürzung der Verjährung der deliktischen und bereicherungsrechtlichen Ansprüche im Zuge der Schuldrechtsmodernisierung traten sie mehr in den Vordergrund.[24] Vor allem im Bereich der Immaterialgüterrechte greifen sie mittlerweile zunehmend Platz, insbes. seit geklärt ist, dass mit ihrer Hilfe auch der Verletzergewinn herausverlangt werden kann (→ Rn. 32). Das soll freilich nicht darüber hinwegtäuschen, dass die Geltendmachung eines Restschadensersatzes in der Praxis eher eine Ausnahme bleiben und gleichsam nicht mehr als der „letzte Rettungsanker" für den Rechtsinhaber sein wird.[25] 18

Dennoch sollte man die **Bedeutung nicht leichtfertig unterschätzen**. Dies gilt auch im Geschäftsgeheimnisrecht, wenngleich die Reichweite des Restschadensersatzes durch die richtlinienbedingt verkürzte Verjährung auf sechs Jahre im Vergleich zu den verwandten immaterialgüterrechtlichen Bestimmungen (→ Rn. 16) geschmälert ist (→ Rn. 9). Die Gefahr einer verzögerten Rechtsverfolgung durch Aufklärungs- und Beweisschwierigkeiten (→ Rn. 14) besteht indes auch hier, zumal oftmals erst die Einleitung von Strafverfahren und die Einsichtnahmen in Ermittlungsakten ausreichende Erkenntnisse zu Verletzungsaktivitäten zutage fördern.[26] Dementsprechend wird auch für den Inhaber eines Geschäftsgeheimnisses § 13 gelegentlich hilfreich sein können, wenn seine Schadensersatzansprüche nach § 10 bereits verjährt sind. 19

---

23 OLG Hamburg, 11.2.2009 – 5 U 130/08, BeckRS 2009, 86281; K/B/F/*Alexander*, § 13 GeschGehG Rn. 3; BeckOK UWG/*Eichelberger*, § 11 Rn. 141; Staudinger/*Vieweg*, § 852 Rn. 7; MK-BGB/*Wagner*, § 852 Rn. 4; *Zurth*, GRUR 2019, 143, 144.
24 Dazu MK-BGB/*Wagner*, § 852 Rn. 3; *Ebert*, NJW 2003, 3035, 3036.
25 K/B/F/*Alexander*, § 13 GeschGehG Rn. 6.
26 H/O/K/*Harte-Bavendamm*, § 13 Rn. 4; *Harte-Bavendamm*, in: FS Köhler, S. 250 f.

II. Richtlinienvorgaben und Historie

1. Unionsrechtliche Vorgaben

20 Die **RL 2016/943/EU** enthält keine entsprechende (oder ähnliche) durch den deutschen Gesetzgeber umzusetzende Vorschrift. Demgemäß wird auch die gebotene richtlinienkonforme Auslegung nur eine untergeordnete Bedeutung haben.[27]

21 Dennoch ist die Fassung der Norm zumindest mittelbar durch Art. 8 Abs. 2 RL veranlasst, weil die darin vorgesehene **Maximalverjährungsfrist von sechs Jahren** (→ Rn. 7 ff.) den deutschen Gesetzgeber zwang, die bürgerlich-rechtliche Vorschrift zum Restschadensersatz im Hinblick auf die Verjährungsdauer zu modifizieren (zu § 852 BGB → Rn. 12 ff.).[28] § 13 dient daher der unionsrechtskonformen Anpassung des deutschen Rechts.

2. Entwicklung im Gesetzgebungsverfahren zur Richtlinienumsetzung

22 Die Norm war im RefE in § 12 vorgesehen, der RegE übernahm sie unverändert in § 13.[29] **Inhaltliche Debatten oder Änderungsvorschläge gab es im Laufe des Gesetzgebungsverfahrens nicht.**[30]

III. Restschadensersatzanspruch (§ 13 Satz 1)

1. Rechtsfolgenverweisung

23 Aus bürgerlich-rechtlichem Kontext sind die Meinungsverschiedenheiten hinlänglich bekannt, ob ein Verweis auf die BGB-Vorschriften zur ungerechtfertigten Bereicherung (§§ 812 ff. BGB) als **Rechtsgrund- oder Rechtsfolgenverweisung** zu verstehen ist.[31] Ein Rechtsgrundverweis erklärt sowohl die Tatbestandsvoraussetzungen als auch die Rechtsfolge der mit dem Verweis adressierten Norm für anwendbar, während ein Rechtsfolgenverweis lediglich die fremde Rechtsfolge für anwendbar erklärt, weil die den Verweis aufweisende Norm bereits eigene Tatbestandsvoraussetzungen enthält.[32] Diese Frage stellt sich auch bei § 13 Satz 1.

---

27 K/B/F/*Alexander*, § 13 GeschGehG Rn. 8.
28 BT-Drs. 19/4724, S. 34; K/B/F/*Alexander*, § 13 GeschGehG Rn. 5; BeckOK UWG/*Reiling/F. Wild*, § 13 GeschGehG Rn. 2; H/O/K/*Harte-Bavendamm*, § 13 Rn. 2; Büscher/*Tochtermann*, § 13 GeschGehG Rn. 5.
29 BT-Drs. 19/4724, S. 12.
30 K/B/F/*Alexander*, § 13 GeschGehG Rn. 3.
31 Beispiele für (deutlich seltenere) Rechtsgrundverweisungen sind nach hM § 951 Abs. 1 BGB (dazu BGH, 19.9.2014 – V ZR 269/13, NJW 2015, 229, 230 Rn. 20; *Wörlen/Leinhas*, JA 2006, 22, 24) oder § 531 Abs. 2 (dazu OLG Koblenz, 6.10.2005 – 5 U 1220/04, NJW-RR 2006, 437, 438). Rechtsfolgenverweise finden sich bspw. unstreitig in § 346 Abs. 3 Satz 2 oder § 547 sowie nach hM in § 684 Satz 1 BGB (vgl. Palandt/*Sprau*, Einf. v. § 812 Rn. 8 mwN; *Wörlen/Leinhas*, JA 2006, 22, 23).
32 Dazu Palandt/*Sprau*, Einf. v. § 812 Rn. 8; *Wörlen/Leinhas*, JA 2006, 22, 23.

III. Restschadensersatzanspruch (§ 13 Satz 1) § 13

Entsprechend der inzwischen ganz hM[33] zu den mit § 13 Satz 1 verwandten Regelungen (vgl. → Rn. 12 ff.) ist davon auszugehen, dass es sich um eine **Rechtsfolgenverweisung** handelt.[34] Demnach müssen die tatbestandlichen Voraussetzungen der Bereicherungshaftung nach den §§ 812 ff. BGB nicht vorliegen, um die angeordnete Rechtsfolge herbeizuführen.[35] Das ist auch sachgerecht, da – erstens – § 13 Satz 1 eigene Tatbestandsvoraussetzungen enthält (→ Rn. 25 ff.) und – zweitens – die Anspruchsrealisierung aufgrund des bereicherungsrechtlichen Erfordernisses einer unmittelbaren Vermögensverschiebung (→ Rn. 32) anderenfalls erheblich erschwert werden würde.[36]

24

2. Tatbestandsvoraussetzungen

Der Tatbestand des § 13 Satz 1 verlangt zunächst, dass ein Rechtsverletzer (lit. a) etwas erlangt (lit. b) hat; dieses erlangte Etwas muss sich auf Kosten des Inhabers eines Geschäftsgeheimnisses (lit. c) und aufgrund einer rechtswidrigen und schuldhaften Verletzung eines Geschäftsgeheimnisses (lit. d) im Vermögen des Rechtsverletzers befinden, wobei es unerheblich ist, ob wegen des Eintritts der Verjährung ein Schadensersatzanspruch des Geschäftsgeheimnisinhabers nach § 10 gegen den Rechtsverletzer nicht mehr durchsetzbar ist (lit. e).

25

a) Rechtsverletzer

Der über § 13 Satz 1 abzuschöpfende Vermögensvorteil (→ Rn. 28 ff.) muss beim **Rechtsverletzer iSd. § 2 Nr. 3** entstanden sein, also bei einer natürlichen oder juristischen Person, die auf rechtswidrige Weise (insbes. ohne Privilegierung nach § 3 oder § 5) Geschäftsgeheimnisse nach § 4 erworben, genutzt oder offengelegt hat und gegen die daher ein Schadensersatzanspruch nach § 10 besteht. Vorbehaltlich der näheren Konturierung dieses unionsrechtlich auszulegenden Begriffs ist davon auszugehen, dass hiervon jedenfalls **Täter, Nebentäter, Mittäter sowie Letzteren nach § 830 Abs. 2 BGB gleichstehende Anstifter und Gehilfen** einer Verletzungshandlung umfasst sind (zum Begriff des Rechtsverletzers → § 2 Rn. 150 ff.).

26

---

33 BGH, 26.3.2019 – X ZR 109/16, GRUR 2019, 496, 497 Rn. 15 – Spannungsversorgungsvorrichtung (zu § 141 Satz 2 PatG); OLG Hamburg, 11.2.2009 – 5 U 130/08, BeckRS 2009, 86281 (zu § 852 BGB); LG Mannheim, 16.1.2004 – 7 O 403/03, BeckRS 2004, 18037 Rn. 106 (zu § 141 Satz 3 PatG aF); Palandt/*Sprau*, § 852 Rn. 2; Staudinger/*Vieweg*, § 852 Rn. 17 (mwN, auch zur Gegenmeinung); MK-BGB/*Wagner*, § 852 Rn. 5; BeckOK Markenrecht/*Goldmann*, § 20 Rn. 67a; *Pross*, in: FS Schilling, S. 333, 334 (zu § 141 Satz 2 PatG); *Ebert*, NJW 2003, 3035, 3036 f. (zu § 852 BGB); *Bernhard*, NZKart 2014, 432, 434 (zu § 852 BGB); *Zurth*, GRUR 2019, 143, 144; *Wörlen/Leinhas*, JA 2006, 22, 25 (zu § 852 BGB); aA (Rechtsgrundverweisung) *von Caemmerer*, in: FS Rabel, Bd. I, S. 334, 394.
34 H/O/K/*Harte-Bavendamm*, § 13 Rn. 7; Büscher/*Tochtermann*, § 13 GeschGehG Rn. 7.
35 BGH, 26.3.2019 – X ZR 109/16, GRUR 2019, 496, 497 Rn. 15 – Spannungsversorgungsvorrichtung (zu § 141 Satz 2 PatG).
36 IdS zu § 852 Satz 1 BGB *Wörlen/Leinhas*, JA 2006, 22, 25.

§ 13 Herausgabeanspruch nach Eintritt der Verjährung

27 Selbst wenn man davon ausgeht, dass auch an einer Rechtsverletzung nur mittelbar mitwirkende **Störer oder Intermediäre** zum Kreis der Rechtsverletzer gehören (→ § 6 Rn. 45 ff.), fehlt es bei ihnen regelmäßig an einem für den Restschadensersatzanspruch notwendigen vorsätzlichen oder fahrlässigen Verhalten (→ Rn. 36).

b) Erlangtes Etwas

28 § 13 Satz 1 fungiert als reiner Abschöpfungsanspruch. Das heißt, dass die Handlung des Rechtsverletzers zum **Vorhandensein eines abschöpfbaren Vorteils** bei ihm geführt haben muss. Wie in § 812 Abs. 1 Satz 1 BGB wird dieser Bereicherungsgegenstand als „Etwas" bezeichnet.[37] Dieser ist nicht mit einem beim Rechtsinhaber eingetretenen Schaden gleichzusetzen (→ Rn. 30).

aa) Abschöpfbare Vermögensvorteile

29 Oftmals wird der erlangte Vermögensvorteil des Rechtsverletzers im **Gebrauch oder zumindest in der Nutzungsmöglichkeit des immateriellen Schutzgegenstands**, hier des Geschäftsgeheimnisses, bestehen.[38] Dieser Gebrauchsvorteil genügt bereits, einen Gewinn aus der Nutzung des Schutzgegenstands erzielen oder ein Entgelt dafür enthalten muss der Anspruchsverpflichtete nicht.[39] Wurde vom Rechtsverletzer ein **Gewinn erzielt**, ist auch dieser ein erlangter Vermögensvorteil; insbes. für einen erzielten Gewinn stellt sich allerdings die Frage, ob dieser auch „auf Kosten" des Rechtsinhabers erlangt wurde (→ Rn. 31 ff.).

bb) Keine abschöpfbaren Vermögensvorteile

30 Beeinträchtigungen oder Schäden des Verletzten, die mit keinem abschöpfbaren wirtschaftlichen Vorteil des Rechtsverletzers einhergehen, sind **nicht über § 13 Satz 1 ersatzfähig**. So erfassen Restschadensersatzansprüche beispielsweise keine erlittenen **immateriellen Schäden**[40] oder **frustrierte Aufwendungen**,[41] ebenso nicht **entgangene Marktchancen**[42] oder **entgangenen Gewinn**[43] des Verletzten. Diese Positionen sind nur als regulärer Schadensersatz nach § 10 ersatzfähig (vgl. → § 10 Rn. 52 ff.).

---

37 Dazu Palandt/*Sprau*, § 812 Rn. 42.
38 BeckOK UWG/*Reiling/F. Wild*, § 13 GeschGehG Rn. 6.
39 BGH, 15.1.2015 – I ZR 148/13, GRUR 2015, 780, 783 Rn. 34 – Motorradteile (zu § 102 Satz 2 UrhG); *Gaier*, NJW 2015, 1149, 1151 (zu § 102 Satz 2 UrhG).
40 BGH, 15.1.2015 – I ZR 148/13, GRUR 2015, 780, 783 Rn. 35 – Motorradteile (zu § 102 Satz 2 UrhG).
41 *Bernhard*, NZKart 2014, 432, 435.
42 H/O/K/*Harte-Bavendamm*, § 13 Rn. 9.
43 K/B/F/*Alexander*, § 13 GeschGehG Rn. 17; H/O/K/*Harte-Bavendamm*, § 13 Rn. 9; Benkard/*Grabinski/Zülch*, § 141 Rn. 10; *Bernhard*, NZKart 2014, 432, 435; BGH, 2.7.1971 – I ZR 58/70, GRUR 1971, 522, 524 – Gasparone II.

III. Restschadensersatzanspruch (§ 13 Satz 1) **§ 13**

c) Auf Kosten des Inhabers des Geschäftsgeheimnisses

Obwohl die Tatbestandsvoraussetzungen der Eingriffskondiktion (§ 812 Abs. 1 Satz 1 Alt. 2 BGB) wegen des bloßen Rechtsfolgenverweises (→ Rn. 24) eigentlich nicht anwendbar sind, verlangt § 13 Satz 1, dass die auf Seiten des Rechtsverletzers eingetretene Bereicherung auf Kosten des Inhabers des Geschäftsgeheimnisses (§ 2 Nr. 2) erfolgt sein muss.[44] Erforderlich ist eine **Vermögensverschiebung infolge der Verletzung des Geschäftsgeheimnisses, die zu einem wirtschaftlichen Vorteil beim Rechtsverletzer geführt hat**.[45] Das verleiht der Norm einen bereicherungsrechtlichen Anklang, darf aber nicht darüber hinwegtäuschen, dass die Regelung einen deliktischen Hintergrund hat (→ Rn. 13, 36). 31

aa) Verletzergewinn

Vor diesem Hintergrund war es lange Zeit sehr strittig, ob auch ein Gewinn, den der Schädiger (hier der Rechtsverletzer) durch die Verletzung des Schutzgegenstands oder durch seine Mitwirkung daran erzielt, im Rahmen des Restschadensersatzanspruchs zu einer Bereicherung „auf Kosten" des Rechtsinhabers führt.[46] Für Bereicherungsansprüche ist dies nämlich nicht der Fall.[47] Der BGH hat jüngst indes in einem patentrechtlichen Fall klargestellt, dass der Begriff „auf Kosten" im Zusammenhang mit der Verletzungshandlung zu sehen ist und eine **Schadenskompensation auch dadurch erfolgen könne, dass der Gewinn des Verletzers abgeschöpft wird**.[48] Dies wird damit begründet, dass der Restschadensersatzanspruch seiner Natur nach ein Schadensersatzanspruch bleibe, der dem Rechtsinhaber einen billigen Ausgleich seines durch die Deliktshandlung eingetretenen Vermögensnachteils ermöglichen und dem Schädiger den Besitz der deliktisch erlangten Vorteile nehmen 32

---

44 BGH, 26.3.2019 – X ZR 109/16, GRUR 2019, 496, 497 Rn. 15 – Spannungsversorgungsvorrichtung (zu § 141 Satz 2 PatG).
45 BGH, 26.3.2019 – X ZR 109/16, GRUR 2019, 496, 497 Rn. 15 – Spannungsversorgungsvorrichtung (zu § 141 Satz 2 PatG).
46 Ausführlich zum (älteren) Streitstand *Hülsewig*, GRUR 2011, 673, 674 ff. (zu § 141 Satz 2 PatG); *Pross*, in: FS Schilling, S. 333, 334 ff. (zu § 141 Satz 2 PatG). Unstreitig kann aber nicht auf den tatsächlich erlittenen Schaden abgestellt werden, oben Rn. 30 sowie *Hülsewig*, GRUR 2011, 673, 676 (zu § 141 Satz 2 PatG).
47 BGH, 18.12.1986 – I ZR 111/84, NJW 1987, 2879, 2872 – Chanel No. 5; BGH, 24.11.1981 – X ZR 7/80, GRUR 1982, 301, 303 – Kunststoffhohlprofil II. Für die Nichtleistungskondiktion wird aus dem Tatbestandsmerkmal „auf Kosten" die notwendige Unmittelbarkeit der Vermögensverschiebung abgeleitet, Staudinger/*Vieweg*, § 852 Rn. 9.
48 BGH, 26.3.2019 – X ZR 109/16, GRUR 2019, 496, 497 Rn. 17 ff. – Spannungsversorgungsvorrichtung (zu § 141 Satz 2 PatG); LG Düsseldorf, 23.5.2000 – 4 O 162/99, MittdtPA 2000, 458, 461 – Dämmstoffbahn; Benkard/*Grabinski/Zülch*, § 141 Rn. 9; *Pross*, in: FS Schilling, S. 333, 337 ff. (zu § 141 Satz 2 PatG); *Meier-Beck*, GRUR 1993, 1, 5 (zu § 141 Satz 2 PatG); *Hülsewig*, GRUR 2011, 673, 676, 678 (zu § 141 Satz 2 PatG); **aA** OLG Düsseldorf, 12.3.2019 – 4a O 143/14, BeckRS 2019, 14668 Rn. 141 – Gurtaufroller (zu § 141 Satz 2 PatG); *Ingerl/Rohnke*, § 20 Rn. 34. Noch offengelassen in BGH, 15.1.2015 – I ZR 148/13, GRUR 2015, 780, 783 Rn. 34 – Motorradteile (zu § 102 Satz 2 UrhG).

§ 13 Herausgabeanspruch nach Eintritt der Verjährung

soll. Dies diene der Sanktionierung des schädigenden Verhaltens und sei zudem aus generalpräventiven Aspekten insbes. zum Schutz der besonders verletzlichen Immaterialgüter geboten.[49] Da dem Vermögensvorteil des Anspruchsverpflichteten der Makel einer rechtswidrig-schuldhaften Handlung anhafte, **bedarf es keines unmittelbaren Eingriffs in den Zuweisungsgehalt des benutzten Schutzguts**, dh. die Vermögensverschiebung muss sich nicht zwingend zwischen dem Schädiger und dem Geschädigten vollziehen, wie bei der gewöhnlichen Eingriffskondiktion.[50] Dem BGH genügt vielmehr ein **ursächlicher Zusammenhang mit der Schutzrechtsverletzung**, sodass auch mittelbare erlangte Vorteile (zB vermittelt über Vertragspartner oder Tatbeteiligte) „auf Kosten" des Rechtsinhabers gehen können.[51]

33 Das verdient Zustimmung und **diese Argumente sind auf § 13 Satz 1 übertragbar**. Das Bestehen eines adäquat-kausalen Zusammenhangs zwischen dem (auch nur mittelbaren)[52] Vermögensvorteil des an einer Schädigung Beteiligten und dem Schaden des Verletzten infolge der Verletzung des Geschäftsgeheimnisses muss ausreichen, denn Geschäftsgeheimnisse sind sonderdeliktisch genauso zu schützen wie andere absolute Rechte mit wirtschaftlichem Zuweisungsgehalt (zur Hybridnatur des Geschäftsgeheimnisses (zur Hybridnatur des Geschäftsgeheimnisses auch → § 1 Rn. 21, § 6 Rn. 6 und § 7 Rn. 23).[53] Den Verletzergewinn hätte der Rechtsinhaber durch die Verwertung seiner Rechtsposition – zumindest theoretisch – erzielen können, sodass der notwendige Zurechnungszusammenhang besteht. Der Rechtsverletzer ist aufgrund seines schuldhaften Handels auch weniger schutzwürdig als ein gutgläubiger Bereicherungsschuldner. Zudem sollte die Wertung der Richtlinie zur Durchsetzung der Rechte des Geistigen Eigentums berücksichtigt werden, die explizit eine Herausgabe des Verletzergewinns vorsieht (vgl. Art. 13 Abs. 2 RL 2004/48/EG). Schließlich ist nicht einzusehen, weshalb bei einem Schadensersatzanspruch, bei dem eigentlich drei verschiedene Berechnungsmethoden zulässig sind (→ § 10 Rn. 49 ff.), diejenige davon nicht anwendbar sein soll, bei der

---

49 BGH, 26.3.2019 – X ZR 109/16, GRUR 2019, 496, 497 Rn. 20 – Spannungsversorgungsvorrichtung (zu § 141 Satz 2 PatG).
50 BGH, 26.3.2019 – X ZR 109/16, GRUR 2019, 496, 497 Rn. 21 – Spannungsversorgungsvorrichtung (zu § 141 Satz 2 PatG); so auch bereits BGH, Urt. v. 14.2.1978 – X ZR 19/76, NJW 1978, 1377, 1379 f. – Fahrradgepäckträger II (zu § 852 Abs. 3 BGB aF); ferner Staudinger/*Vieweg*, § 852 Rn. 2, 9; MK-BGB/*Wagner*, § 852 Rn. 6; Benkard/*Grabinski/Zülch*, § 141 Rn. 9; *Meier-Beck*, GRUR 1993, 1, 5 (zu § 141 Satz 2 PatG). Ferner dazu BGH, 10.6.1965 – VII ZR 198/63, NJW 1965, 1914, 1915 (zu § 852 Abs. 2 BGB aF).
51 Staudinger/*Vieweg*, § 852 Rn. 6, 9; Benkard/*Grabinski/Zülch*, § 141 Rn. 9.
52 BGH, 10.6.1965 – VII ZR 198/63, NJW 1965, 1914, 1915 (zu § 852 Abs. 2 BGB aF); Palandt/*Sprau*, § 852 Rn. 2.
53 K/B/F/*Alexander*, § 13 GeschGehG Rn. 7; H/O/K/*Harte-Bavendamm*, § 13 Rn. 8; Büscher/*Tochtermann*, § 13 GeschGehG Rn. 3, 10. IdS auch *Pross*, in: FS Schilling, S. 333, 338 f. (zu § 141 Satz 2 PatG). Zum Immaterialgüterrecht als Sonderdeliktsrecht und zu deren Zuweisungsgehalt *Zurth*, GRUR 2019, 143, 143.

III. Restschadensersatzanspruch (§ 13 Satz 1) **§ 13**

am ehesten die vom in das Recht eingreifenden Deliktsschuldner gezogenen wirtschaftlichen Früchte zurückgeführt werden können.[54]

bb) Gebrauchsvorteile

Erzielte Gebrauchsvorteile des Rechtsverletzers durch die Nutzung des Geschäftsgeheimnisses werden stets „auf Kosten" des Inhabers des Geschäftsgeheimnisses (§ 2 Nr. 2) erlangt. Denn die wirtschaftliche Nutzungsmöglichkeit des Geschäftsgeheimnisses ist seinem Inhaber zuzuordnen.[55]   34

d) Rechtswidrig-schuldhafte Verletzung eines Geschäftsgeheimnisses

aa) Verbotene Handlung nach § 4

Der Tatbestand erfordert die **Erlangung, Offenlegung oder Nutzung eines Geschäftsgeheimnisses** durch den in Anspruch genommenen Rechtsverletzer (→ Rn. 26 f.), also der mittelbaren oder unmittelbaren Begehung einer nach § 4 verbotenen Handlung.[56]   35

bb) Rechtswidrigkeit und Verschulden

Diese den Eingriff in den Rechtskreis des Geheimnisinhabers markierende Handlung muss sich als **rechtswidrig-schuldhafte Schädigung** darstellen. Der Tatbestand stimmt insoweit mit dem eines Schadensersatzanspruches nach § 10 überein.[57] Das bedeutet zum einen, dass der Anspruch mangels Rechtswidrigkeit ausgeschlossen ist, wenn die Handlung aufgrund von § 3 erlaubt oder nach § 5 haftungsfrei ist. Freilich können auch andere Rechtfertigungsgründe (zB § 227 BGB) zum Zuge kommen. Zum anderen ist ein vorsätzliches (→ § 10 Rn. 30) oder zumindest fahrlässiges (→ § 10 Rn. 31) Verhalten des Rechtsverletzers (oben → Rn. 26 f.) erforderlich, wobei die allgemeinen Zurechnungsregeln gelten (→ § 12 Rn. 4 ff.). Bei rechtswidrigen, aber schuldlos herbeigeführten Vermögensverschiebungen ist § 13 Satz 1 nicht einschlägig.[58]   36

e) Auch nach Eintritt der Verjährung des Schadensersatzanspruchs nach § 10

Wenngleich der Wortlaut des § 13 Satz 1 den Eintritt der Verjährung des Schadensersatzanspruchs nach § 10 ausdrücklich erwähnt, handelt es sich hierbei nicht um   37

---

54 *Pross*, in: FS Schilling, S. 333, 338 (zu § 141 Satz 2 PatG).
55 BeckOK UWG/*Reiling/F. Wild*, § 13 GeschGehG Rn. 6; K/B/F/*Alexander*, § 10 GeschGehG Rn. 52.
56 K/B/F/*Alexander*, § 13 GeschGehG Rn. 9, 12; H/O/K/*Harte-Bavendamm*, § 13 Rn. 5.
57 K/B/F/*Alexander*, § 13 GeschGehG Rn. 2; BeckOK UWG/*Reiling/F. Wild*, § 13 GeschGehG Rn. 5; H/O/K/*Harte-Bavendamm*, § 13 Rn. 5; Büscher/*Tochtermann*, § 13 GeschGehG Rn. 8.
58 Staudinger/*Vieweg*, § 852 Rn. 6.

§ 13   Herausgabeanspruch nach Eintritt der Verjährung

eine echte Tatbestandsvoraussetzung.[59] Der **Restschadensersatzanspruch entsteht und besteht unabhängig von einer Verjährung des Schadensersatzanspruchs nach § 10**.[60] Da der Restschadensersatzanspruch inhaltlich jedoch hinter dem Schadensersatzanspruch nach § 10 zurückbleibt (→ Rn. 37), wird er faktisch allerdings erst dann Bedeutung erlangen, wenn die Verjährung der Schadensersatzansprüche eingetreten ist (s. auch → Rn. 18 f.).[61]

3. Rechtsfolge

a) Modifizierung der Verjährung des Schadensersatzanspruchs nach § 10

38 § 13 Satz 1 enthält keine eigene Anspruchsgrundlage (→ Rn. 13), sodass die Ersatzpflicht des Rechtsverletzers weiterhin aus § 10 folgt.[62] Wie § 852 BGB führt die Norm dazu, dass die **Verjährungsfrist des eigentlich verjährten Schadensersatzanspruchs aus § 10 modifiziert wird** und dieser – zumindest in beschränktem Umfang (→ Rn. 39 f.) – noch geltend gemacht werden kann. Der Rechtsverletzer kann dem Restschadensersatzanspruch die Verjährungseinrede erst dann entgegenhalten, wenn die Sechsjahresfrist nach § 13 Satz 2 (s. → Rn. 44) überschritten ist. Dadurch soll verhindert werden, dass durch die Rechtsverletzung erlangte Vermögensvorteile beim Rechtsverletzer verbleiben (→ Rn. 13).[63]

b) Herausgabepflicht bzw. Wertersatz

39 Der nach § 13 Satz 1 fortbestehende Schadensersatzanspruch ist in seinem noch durchsetzbaren Umfang auf das durch die unerlaubte Handlung rechtswidrig auf Kosten des Geschäftsgeheimnisinhabers Erlangte beschränkt, wobei sich **Art und Umfang der Herausgabepflicht nach den bereicherungsrechtlichen Regeln (§§ 818 ff. BGB)** richten.[64] Wie § 852 BGB[65] unterliegt der Herausgabeanspruch daher einer doppelten Begrenzung:[66] Erstens wird er höhenmäßig auf dasjenige beschränkt, was als kausaler und ersatzfähiger Schaden des Rechtsinhabers nach § 10

---

59 AA BeckOK GeschGehG/*Spieker*, § 13 Rn. 9.
60 K/B/F/*Alexander*, § 13 GeschGehG Rn. 14; BeckOK UWG/*Reiling/F. Wild*, § 13 GeschGehG Rn. 7; für § 852 BGB BeckOGK-BGB/*Eichelberger*, § 852 Rn. 21.
61 K/B/F/*Alexander*, § 13 GeschGehG Rn. 14. Allgemein Staudinger/*Vieweg*, § 852 Rn. 10.
62 AA wohl H/O/K/*Harte-Bavendamm*, § 13 Rn. 5; widersprüchlich Büscher/*Tochtermann*, § 13 GeschGehG Rn. 1, 7, 13. Dass es sich beim Restschadensersatzanspruch um den ursprünglichen Deliktsanspruch handelt, betont nicht nur der BGH (vgl. BGH, 14.2.1978 – X ZR 19/76, NJW 1978, 1377, 1379 – Fahrradgepäckträger II), sondern auch der Gesetzgeber (vgl. BT-Drs. 14/6040, S. 270); ferner dazu MK-BGB/*Wagner*, § 852 Rn. 5 mwN.
63 BeckOK UWG/*Reiling/F. Wild*, § 13 GeschGehG Rn. 1.
64 BT-Drs. 19/4724, S. 34; K/B/F/*Alexander*, § 13 GeschGehG Rn. 16; BeckOK UWG/*Reiling/F. Wild*, § 13 GeschGehG Rn. 9; H/O/K/*Harte-Bavendamm*, § 13 Rn. 7; s. auch *Seifert*, NJW 1972, 1739, 1740 (zu § 852 BGB aF).
65 *Ebert*, NJW 2003, 3035, 3037.
66 K/B/F/*Alexander*, § 13 GeschGehG Rn. 15; BeckOK UWG/*Reiling/F. Wild*, § 13 GeschGehG Rn. 9; MK-BGB/*Wagner*, § 852 Rn. 5.

III. Restschadensersatzanspruch (§ 13 Satz 1) § 13

(iVm. §§ 249 ff. BGB) zu ersetzen wäre; die dreifache Schadensberechnungsmethode (→ § 10 Rn. 49 ff.) ist dabei zu beachten.[67] Zweitens beschränkt er sich gegenständlich auf die beim Rechtsverletzer entstandene Bereicherung.

Der Rechtsverletzer hat als Bereicherung **alle Vermögensvorteile herauszugeben**, die er rechtswidrig auf Kosten des Inhabers des Geschäftsgeheimnisses durch die Nutzung und Verwertung des Geschäftsgeheimnisses erlangt hat, einschließlich Nutzungen und Surrogate (§ 818 Abs. 1 BGB).[68] Dies kann auch den Verletzergewinn umfassen (→ Rn. 32 f.), nicht aber einen entgangenen Gewinn, entgangene Marktchancen oder immaterielle Schäden des Rechtsinhabers (→ Rn. 30). 40

Ist eine Herausgabe in Natur unmöglich, ist nach § 818 Abs. 2 BGB **Wertersatz** zu leisten. Dies trifft insbes. auf nicht herausgebbare Gebrauchsvorteile an einem Immaterialgut – wie hier einem Geschäftsgeheimnis – zu.[69] Der objektive Gegenwert der Gebrauchsvorteile entspricht üblicherweise einer hierfür zu zahlenden **angemessenen Lizenzgebühr** zuzüglich ersparter Zinsen.[70] Die Höhe der fiktiven Lizenzgebühr ist im Zweifel nach § 287 ZPO zu schätzen.[71] 41

Ein Rechtsverletzer, der durch die Rechtsverletzung etwas erlangt hat, kann sich grundsätzlich auf den **Wegfall der Bereicherung (§ 818 Abs. 3 BGB)** berufen.[72] Im Regelfall wird dies aber in den hiesigen Konstellationen nicht erfolgreich möglich sein, da das Erlangte – hier der Gebrauch des Geschäftsgeheimnisses bzw. die dafür ersparten Lizenzgebühren – nicht mehr entfallen kann.[73] Zudem wird regelmäßig eine bestehende Bösgläubigkeit des Rechtsverletzers (§ 818 Abs. 4, § 819 Abs. 1 BGB) dem Entreicherungseinwand entgegenstehen. 42

---

67 K/B/F/*Alexander*, § 13 GeschGehG Rn. 17.
68 K/B/F/*Alexander*, § 13 GeschGehG Rn. 16; BeckOK UWG/*Reiling/F. Wild*, § 13 GeschGehG Rn. 9.
69 BGH, 26.3.2019 – X ZR 109/16, GRUR 2019, 496, 497 Rn. 16 – Spannungsversorgungsvorrichtung (zu § 141 Satz 2 PatG); BGH, 12.5.2016 – I ZR 48/15, GRUR 2016, 1280, 1288 Rn. 96 – Everytime we touch (zu § 102 Satz 2 UrhG); BGH, 15.1.2015 – I ZR 148/13, GRUR 2015, 780, 783 Rn. 32 – Motorradteile (zu § 102 Satz 2 UrhG); K/B/F/*Alexander*, § 10 GeschGehG Rn. 53; H/O/K/*Harte-Bavendamm*, § 13 Rn. 9; *Gaier*, NJW 2015, 1149, 1151 (zu § 102 Satz 2 UrhG).
70 BGH, 26.3.2019 – X ZR 109/16, GRUR 2019, 496, 497 Rn. 16 – Spannungsversorgungsvorrichtung (zu § 141 Satz 2 PatG); BGH, 12.5.2016 – I ZR 48/15, GRUR 2016, 1280, 1288 Rn. 96 – Everytime we touch (zu § 102 Satz 2 UrhG); BGH, 15.1.2015 – I ZR 148/13, GRUR 2015, 780, 783 Rn. 32 – Motorradteile (zu § 102 Satz 2 UrhG); H/O/K/*Harte-Bavendamm*, § 13 Rn. 9; Büscher/*Tochtermann*, § 13 GeschGehG Rn. 11.
71 *Gaier*, NJW 2015, 1149, 1151 (zu § 102 Satz 2 UrhG).
72 BGH, 29.5.1962 – I ZR 132/60, GRUR 1962, 509, 510 – Diarähmchen II; *Pross*, in: FS Schilling, S. 333, 334 (zu § 141 Satz 2 PatG).
73 BGH, 12.5.2016 – I ZR 48/15, GRUR 2016, 1280, 1288 Rn. 96 – Everytime we touch (zu § 102 Satz 2 UrhG); BGH, 15.1.2015 – I ZR 148/13, GRUR 2015, 780, 783 Rn. 32 – Motorradteile (zu § 102 Satz 2 UrhG); BeckOK UWG/*Reiling/F. Wild*, § 13 GeschGehG Rn. 9; H/O/K/*Harte-Bavendamm*, § 13 Rn. 10; BeckOK UWG/*Eichelberger*, § 11 Rn. 143 (zu § 852 BGB).

4. Aufrechnungsverbot

43 Da es sich beim Restschadensersatzanspruch um einen Anspruch aus unerlaubter Handlung handelt (→ Rn. 13), gilt hierfür auch § 393 BGB.[74] Eine **Aufrechnung** gegen den Restschadensersatzanspruch nach § 13 Satz 1 durch den Schädiger ist daher ausgeschlossen, wenn die unerlaubte Handlung vorsätzlich begangen wurde. In diesen Fällen wird regelmäßig zugleich eine nach § 23 strafbare Handlung vorliegen.

IV. Verjährung des Restschadensersatzanspruchs (§ 13 Satz 2)

1. Sechsjahresfrist

44 Um die von Art. 8 Abs. 2 RL 2016/943 vorgegebene Höchstfrist (→ Rn. 7 ff.) nicht zu überschreiten, gilt für den Restschadensersatzanspruch aus § 13 Satz 1 gem. § 13 Satz 2 ausdrücklich eine **sechsjährige Verjährungsfrist** (zur entsprechenden Anwendung bei anderen Ansprüchen nach dem GeschGehG s. → Rn. 10 f.).[75] Davon unterscheidet sich die Vorschrift vom allgemeineren § 852 BGB, der eine längere Verjährungsfrist (10 Jahre) vorsieht (→ Rn. 12 ff.).

2. Verjährungsbeginn

45 Die Verjährung beginnt ausweislich des Wortlauts des § 13 Satz 2 mit der **Entstehung des Anspruchs**, ohne dass es auf die Kenntnis oder grob fahrlässige Unkenntnis des Rechtsinhabers von den anspruchsbegründenden Tatsachen und der Person des Schuldners ankommt.[76] Für die Entstehungsvoraussetzungen gelten im Übrigen die allgemeinen Vorschriften (s. → Rn. 4 f.).[77] Die Verjährungsfrist des Restschadensersatzanspruchs beginnt also **nicht erst mit dem Ablauf der Verjährungsfrist des Schadensersatzanspruchs aus § 10**, sondern in dem Moment, in dem der Rechtsverletzer durch sein deliktisches Handeln etwas auf Kosten des Rechtsinhabers erlangt hat.[78]

---

74 Staudinger/*Vieweg*, § 852 Rn. 20; MK-BGB/*Wagner*, § 852 Rn. 8.
75 Ob dies angesichts der Rechtsnatur des Anspruchs überhaupt notwendig war, bezweifelt H/O/K/*Harte-Bavendamm*, § 13 Rn. 1.
76 H/O/K/*Harte-Bavendamm*, § 13 Rn. 12; Büscher/*Tochtermann*, § 13 GeschGehG Rn. 12.
77 BeckOK UWG/*Reiling/F. Wild*, § 13 GeschGehG Rn. 10; Büscher/*Tochtermann*, § 13 GeschGehG Rn. 12.
78 H/O/K/*Harte-Bavendamm*, § 13 Rn. 11.

V. Darlegungs- und Beweislast und Prozessuales

1. Darlegungs- und Beweislast

Die Darlegungs- und Beweislast folgt den bei einem Schadensersatzanspruch üblichen Regeln (→ § 10 Rn. 124 f.).[79] Der **Rechtsinhaber muss als Kläger die Voraussetzungen darlegen und beweisen**, dass der Rechtsverletzer (Beklagter) durch eine rechtswidrige und schuldhafte und nach § 4 verbotene Handlung auf seine Kosten etwas erlangt hat. Für den möglichen Einwand einer Entreicherung (vgl. → Rn. 42) ist der Beklagte darlegungs- und beweisbelastet.[80]

46

Für § 852 BGB gilt, dass ein in der Sache angerufenes **Gericht von Amts wegen zu prüfen hat, ob ein Restschadensersatzanspruch besteht**, wenn der Schädiger gegen einen gegen ihn gerichteten Anspruch aus unerlaubter Handlung die Verjährungseinrede erhebt.[81] Dies muss für § 13 Satz 1 als Spezialregelung des § 852 BGB entsprechend gelten.

47

2. Klageänderung

Macht der Kläger im Klageverfahren nach Erhebung der Verjährungsreinrede durch den Schädiger nur noch den Restschadensersatzanspruch geltend, ist dies eine **nach § 264 Nr. 2 ZPO stets zulässige Klageänderung**, weil der Klageantrag in der Hauptsache beschränkt wird.[82] Eine Einwilligung des Beklagten nach § 263 Alt. 1 ZPO ist demzufolge nicht erforderlich.

48

---

79 OLG Köln, 21.4.2009 – 18 U 148/07, BeckRS 2009, 25575 (zu § 852 BGB); BeckOK BGB/*Spindler*, § 852 Rn. 4.
80 Palandt/*Sprau*, § 818 Rn. 55.
81 BGH, 13.10.2015 – II ZR 281/14, NJW 2016, 1083, 1085 Rn. 31; Palandt/*Sprau*, § 852 Rn. 1.
82 Staudinger/*Vieweg*, § 852 Rn. 23; MK-BGB/*Wagner*, § 852 Rn. 8. Zur richtigen Antragsstellung *Hülsewig*, GRUR-Prax 2019, 369, 370.

§ 14 Missbrauchsverbot

Die Geltendmachung der Ansprüche nach diesem Gesetz ist unzulässig, wenn sie unter Berücksichtigung der gesamten Umstände missbräuchlich ist. Bei missbräuchlicher Geltendmachung kann der Anspruchsgegner Ersatz der für seine Rechtsverteidigung erforderlichen Aufwendungen verlangen. Weitergehende Ersatzansprüche bleiben unberührt.

Schrifttum: *Borck*, Der Mißbrauch der Aktivlegitimation (§ 13 Abs. 5 UWG), GRUR 1990, 249; *Buchmann*, Neuere Entwicklungen im Recht der lauterkeitsrechtlichen Abmahnung, WRP 2012, 1345; *Fritzsche*, Endlich: Das Gesetz zur Stärkung des fairen Wettbewerbs, WRP 2020, 1367; *Gärtner*, Zum Richtlinienentwurf über den Schutz von Geschäftsgeheimnissen, NZG 2014, 650; *Gärtner/Goßler*, Trade secret litigation nun auch in Deutschland – Gedanken zur Umsetzung der Know-how-Richtlinie, MittdtschPatAnw 2018, 204; *Hoeren/Münker*, Die EU-Richtlinie für den Schutz von Geschäftsgeheimnissen und ihre Umsetzung – unter besonderer Berücksichtigung der Produzentenhaftung, WRP 2018, 150; *Jackowski*, Der Missbrauchseinwand nach § 8 Abs. 4 UWG gegenüber einer Abmahnung, WRP 2010, 38; *Kiefer*, Das Geschäftsgeheimnis nach dem Referentenentwurf zum Geschäftsgeheimnisgesetz: Ein Immaterialgüterrecht, WRP 2018, 910; *Knippenkötter*, Indizien für rechtsmissbräuchliches Verhalten des Abmahnenden, GRUR-Prax 2011, 483; *Köhler*, Rechtsnatur und Rechtsfolgen der missbräuchlichen Geltendmachung von Unterlassungsansprüchen (§ 8 Abs. 4 UWG), in: FS Schricker, 2005, S. 725; *Max-Planck-Institut für Innovation und Wettbewerb*, Stellungnahme des Max-Planck-Instituts für Innovation und Wettbewerb vom 12.5.2014 zum Vorschlag der Europäischen Kommission für eine Richtlinie über den Schutz vertraulichen Know-hows und vertraulicher Geschäftsinformationen (Geschäftsgeheimnisse) vor rechtswidrigem Erwerb sowie rechtswidriger Nutzung und Offenlegung vom 28.11.2013, COM (2013) 813 final, GRUR Int. 2014, 554; *Mayer*, Die Folgen rechtsmissbräuchlicher Abmahnungen, WRP 2011, 534; *McGuire*, Der Schutz von Know-how im System des Immaterialgüterrechts – Perspektiven für die Umsetzung der Richtlinie über Geschäftsgeheimnisse, GRUR 2016, 1000; *Möller*, Bekämpfung des Abmahnmissbrauchs – sinnvolle Maßnahme oder blinder Aktionismus, ZRP 2018, 200; *Ohly*, Das neue Geschäftsgeheimnisgesetz im Überblick, GRUR 2019, 441; *Scholz*, Mißbrauch der Verbandsklagebefugnis – der neue § 13 Abs. 5 UWG, WRP 1987, 433; *Stickelbrock*, Mehrfachverfolgung von Wettbewerbsverstößen durch konzernmäßig verbundene Unternehmen, WRP 2001, 648; *von Ungern-Sternberg*, Die Verfolgung von Wettbewerbsverstößen durch Vielfachabmahner – ein Nachruf?, in: FS Klaka, 1987, S. 72.

Übersicht

	Rn.		Rn.
I. Normzweck und Kontext	1	II. Richtlinienvorgaben und Historie	15
1. Regelungsgegenstand	1	1. Unionsrechtliche Vorgaben	15
2. Vorbilder/verwandte Regelungen	4	2. Entwicklung im Richtliniensetzungsverfahren	18
a) Verbot des Rechtsmissbrauchs (§ 242 BGB)	4	3. Entwicklung im Gesetzgebungsverfahren zur Richtlinienumsetzung	19
b) Verwandtschaft mit § 8c UWG	6		
c) Immaterialgüterrecht	9	III. Missbrauchsschranke	
3. Praktische Bedeutung	12	(§ 14 Satz 1)	20

I. Normzweck und Kontext § 14

	Rn.		Rn.
1. Tatbestandsvoraussetzungen	20	IV. Aufwendungsersatzanspruch	
a) Geltendmachung von Ansprüchen	21	(§ 14 Satz 2)	37
b) Ansprüche nach diesem Gesetz	23	1. Regelungsinhalt	37
c) Rechtsmissbrauch	26	2. Verhältnis zu anderen Vorschriften	39
2. Rechtsfolge	30	a) § 12a ArbGG	39
a) Unzulässigkeit der Geltendmachung von Ansprüchen im Einzelfall	30	b) Sonstige Vorschriften	40
		V. Verhältnis zu anderen Ersatzansprüchen (§ 14 Satz 3)	41
b) Streit um die Rechtsnatur der Missbrauchsschranke	32	1. Regelungsinhalt	41
c) Prüfung von Amts wegen	35	2. Relevanz anderer Anspruchsgrundlagen	42
		VI. Darlegungs- und Beweislast und Prozessuales	44

I. Normzweck und Kontext

1. Regelungsgegenstand

§ 14 Satz 1 enthält eine **Missbrauchsschranke**, die dem Schutz des Anspruchsgegners dient, wenn dieser vom Inhaber eines Geschäftsgeheimnisses wegen einer Rechtsverletzung nach den Vorschriften des GeschGehG in Anspruch genommen wird. Erweist sich die Geltendmachung der Ansprüche aus §§ 6 ff. durch den Rechtsinhaber unter Berücksichtigung der gesamten Umstände des Einzelfalls als missbräuchlich, kann sich der Anspruchsgegner durch eine Berufung auf die Missbrauchsschranke dagegen verteidigen (→ Rn. 20 ff.). 1

§ 14 Satz 2 ergänzt den Schutz des Anspruchsgegners, indem er ihm einen **Kostenerstattungsanspruch** gegen den rechtsmissbräuchlich handelnden Rechtsinhaber verleiht. Er hat hiernach Anspruch auf Ersatz der für seine Rechtsverteidigung erforderlichen Kosten (→ Rn. 37 ff.). 2

§ 14 Satz 3 regelt das Verhältnis zu möglichen Ersatzansprüchen des Anspruchsgegners, die auf einer **anderen Rechtsgrundlage** fußen. Sie stehen ergänzend neben dem Anspruch aus § 14 Satz 2 (vgl. → Rn. 41 ff.). 3

2. Vorbilder/verwandte Regelungen

a) Verbot des Rechtsmissbrauchs (§ 242 BGB)

Das mit § 14 verfolgte **Normziel** ist dem deutschen Recht alles andere als fremd. Grundsätzlich ist zwar die (auch klageweise) Geltendmachung von Ansprüchen und Rechten unbedenklich und von der Motivation des Anspruchstellers unabhängig. Die Verwirklichung einer formal bestehenden Rechtsposition eines Rechtssubjekts ist jedoch ausnahmsweise dann nicht von der Rechtsordnung zu akzeptieren, wenn die Durchsetzung des subjektiven Rechts aufgrund anstößiger oder missbilli- 4

§ 14 Missbrauchsverbot

genswerter Beweggründe zulasten des Anspruchsgegners missbraucht wird.[1] Solche, **in allen Rechtsgebieten unzulässige rechtsmissbräuchliche Verhaltensweisen** sind dann anzutreffen, wenn der Berechtigte kein eigenes schutzwürdiges Interesse verfolgt oder besonders schutzwürdige Interessen der Gegenseite bestehen und die Gewährung der Rechtsausübung im Einzelfall zu einem grob unbilligen und mit der Gerechtigkeit nicht mehr zu vereinbarenden Ergebnis führen würde.[2] Dies führt iE dazu, dass dem rechtsmissbräuchlich Handelnden eine Berufung auf seine Rechtsposition versagt und die von ihm gewünschte Rechtsfolge nicht herbeigeführt wird.[3] Normativ sind derartige Rechtsausübungsgrenzen am **Grundsatz von Treu und Glauben** (§ 242 BGB) zu messen.[4] Dieser gilt auch im Prozessrecht.[5]

5 § 14 ist dementsprechend als **spezialgesetzlich geregeltes Verbot des Rechtsmissbrauchstatbestands gemäß § 242 BGB** einzuordnen.[6] Gewisse Überschneidungen ergeben sich zudem mit dem Schikaneverbot aus § 226 BGB.

b) Verwandtschaft mit § 8c UWG

6 Die Vorschrift entspricht sinngemäß § 8c UWG (sowie dem daran angelehnten § 2b UKlaG),[7] der im Zuge des **Gesetzes zur Stärkung des fairen Wettbewerbs**[8] § 8 Abs. 4 UWG aF abgelöst hat.[9] § 8 Abs. 4 UWG aF galt wiederum vor dem Inkrafttreten des GeschGehG – wiewohl praktisch bedeutungslos bleibend – auch für die Verfolgung von Verletzungen von Betriebs- und Geschäftsgeheimnissen nach §§ 17 f. UWG aF.[10] § 8c Abs. 1 UWG entspricht inhaltlich § 14 Satz 1, § 8c Abs. 3 Satz 1 und Satz 2 UWG sind mit § 14 Satz 2 und Satz 3 kongruent. § 8c Abs. 2 UWG enthält (wie auch § 2b Satz 2 UKlaG) lediglich noch zusätzliche **Regelbeispiele** für die Annahme eines Missbrauchs,[11] namentlich wenn

---

1 K/B/F/*Alexander*, § 14 GeschGehG Rn. 2. Allgemein zur unzulässigen Rechtsausübung MK-BGB/*Schubert*, § 242 Rn. 199 ff.; Jauernig/*Mansel*, § 242 Rn. 32 ff.
2 BGH, 10.12.2014 – VIII ZR 9/14, NJW-RR 2015, 457, 459 Rn. 28; BSG, 25.6.2009 – B 10 EG 3/08 R, NJW 2010, 1485, 1486 Rn. 26; Jauernig/*Mansel*, § 242 Rn. 37 ff.
3 Zu Einzelheiten Jauernig/*Mansel*, § 242 Rn. 36.
4 Vgl. etwa Jauernig/*Mansel*, § 242 Rn. 1 ff.; *Köhler*, in: FS Schricker, S. 725, 726 f.
5 BGH, 5.5.2011 – VII ZB 17/10, NJW-RR 2011, 959, 960 Rn. 8; Ohly/Sosnitza/*Ohly*, § 8 Rn. 157.
6 K/B/F/*Alexander*, § 14 GeschGehG Rn. 1; BeckOK UWG/*Reiling/F. Wild*, § 14 GeschGehG Rn. 1. Für § 8 Abs. 4 UWG aF MK-BGB/*Schubert*, § 242 Rn. 246.
7 Zu Gemeinsamkeiten und Unterschieden zwischen § 8 Abs. 4 UWG aF und § 2b UKlaG aF MK-ZPO/*Micklitz/Rott*, § 2b UKlaG Rn. 4.
8 BR-Drs. 529/20, Bezug nehmend auf BT-Drs. 19/12084. Dazu *Fritzsche*, WRP 2020, 1367 ff.
9 Die Gesetzesbegründung spricht von einer „vergleichbaren Vorschrift" zu § 8 Abs. 4 UWG aF, vgl. BT-Drs. 19/4724, S. 34.
10 H/O/K/*Harte-Bavendamm*, § 14 Rn. 2.
11 § 8 Abs. 4 UWG aF enthielt nur ein Regelbeispiel, nämlich wenn die Anspruchsgeltendmachung *„vorwiegend dazu dient, gegen den Zuwiderhandelnden einen Anspruch auf Ersatz von Aufwendungen oder Kosten der Rechtsverfolgung entstehen zu lassen"*. Dies erklärt sich aus dem historischen Hintergrund der Vorschrift, dem „Abmahnunwesen" entgegenzuwirken; s. H/O/K/*Harte-Bavendamm*, § 14 Rn. 2; *Buchmann*, WRP 2012, 1345, 1348.

„1. die Geltendmachung der Ansprüche vorwiegend dazu dient, gegen den Zuwiderhandelnden einen Anspruch auf Ersatz von Aufwendungen oder von Kosten der Rechtsverfolgung oder die Zahlung einer Vertragsstrafe entstehen zu lassen,

2. ein Mitbewerber eine erhebliche Anzahl von Verstößen gegen die gleiche Rechtsvorschrift durch Abmahnungen geltend macht, wenn die Anzahl der geltend gemachten Verstöße außer Verhältnis zum Umfang der eigenen Geschäftstätigkeit steht oder wenn anzunehmen ist, dass der Mitbewerber das wirtschaftliche Risiko seines außergerichtlichen oder gerichtlichen Vorgehens nicht selbst trägt,

3. ein Mitbewerber den Gegenstandswert für eine Abmahnung unangemessen hoch ansetzt,

4. offensichtlich überhöhte Vertragsstrafen vereinbart oder gefordert werden,

5. eine vorgeschlagene Unterlassungsverpflichtung offensichtlich über die abgemahnte Rechtsverletzung hinausgeht,

6. mehrere Zuwiderhandlungen, die zusammen hätten abgemahnt werden können, einzeln abgemahnt werden oder

7. wegen einer Zuwiderhandlung, für die mehrere Zuwiderhandelnde verantwortlich sind, die Ansprüche gegen die Zuwiderhandelnden ohne sachlichen Grund nicht zusammen geltend gemacht werden."

Durch die Einfügung der **Regelbeispiele** wollte der Gesetzgeber konkretisieren, in welchen Fallkonstellationen die Rechtsprechung bislang von einer missbräuchlichen Anspruchsgeltendmachung ausgegangen ist.[12] Hierauf wurde in § 14 verzichtet, was aber **tatbestandsmäßig keinen nennenswerten Unterschied** machen wird. Eine dahingehende Ergänzung der Vorschrift ist daher auch nicht angezeigt, zumal nicht wenige Fallgruppen unpassend sind (→ Rn. 8). 7

Obwohl der Gesetzgeber die „Vergleichbarkeit" der Vorschriften betont,[13] ergeben sich beim Normgehalt durchaus Unterschiede, die zumindest in gewissen Konstellationen einer Übertragung der lauterkeitsrechtlichen Wertungen auf § 14 entgegenstehen. Denn während das UWG (und das UKlaG) zumindest auch **Kollektivinteressen des Wettbewerbs** schützt (vgl. § 1 UWG), dient § 14 ausschließlich dem Individualinteresse des Inhabers des Geschäftsgeheimnisses.[14] Dies ist bei der Auslegung von § 14 – neben den unionsrechtlichen Vorgaben (→ Rn. 15 ff.) – zu berücksichtigen und hat zur Folge, dass für Besonderheiten, die sich aus der Verfolgung von Kollektivinteressen, Mehrfachabmahnungen oder sonstigen lauterkeits- 8

---

12 *Fritzsche*, WRP 2020, 1367, 1371 f.; krit. dazu *Möller*, ZRP 2018, 200, 202.
13 BT-Drs. 19/4724, S. 34.
14 K/B/F/*Alexander*, § 14 GeschGehG Rn. 9; H/O/K/*Harte-Bavendamm*, § 14 Rn. 6; BeckOK UWG/*Reiling/F. Wild*, § 14 GeschGehG Rn. 2. Zur Korrektivfunktion von § 8 Abs. 4 UWG aF BGH, 15.12.2011 – I ZR 174/10, GRUR 2012, 730, 731 Rn. 14 – Bauheizgerät; Ohly/Sosnitza/ *Ohly*, § 8 Rn. 154; *Mayer*, WRP 2011, 534, 535.

§ 14 Missbrauchsverbot

rechtlichen Spezifika ergeben, in § 14 kein Raum ist.[15] Insoweit ist auch dem funktionalen Zusammenhang zwischen § 8c UWG und dem weiten Kreis der Anspruchsberechtigten aus § 8 Abs. 3 UWG Rechnung zu tragen,[16] denn nach dem GeschGehG drohen bspw. keine Inanspruchnahmen durch (nicht unmittelbar verletzte) Mitbewerber, qualifizierte Wirtschaftsverbände, Verbraucherverbände oder Industrie- und Handelskammern.[17] Ferner ist zu berücksichtigen, dass das GeschGehG bereits einige spezielle Korrektive vorsieht (→ Rn. 14), die es im UWG nicht gibt. Diese sind vorrangig und es ist darauf zu achten, dass die danach gefundenen Ergebnisse nicht durch § 14 unterlaufen werden.[18]

c) Immaterialgüterrecht

9 Es wird vertreten, dass § 14 durch die sichtbare Verwandtschaft zu § 8c UWG (→ Rn. 6) eine der Vorschriften sei, durch die die **lauterkeitsrechtliche Prägung des GeschGehG** zum Ausdruck komme, da der im Missbrauchsverbot enthaltene Rechtsgedanke dem Immaterialgüterrecht fremd sei.[19] Insbes. diene § 8c UWG als Korrektiv der weiten Aktivlegitimation aus § 8 Abs. 3 UWG, eine solche Gläubigermehrheit drohe aber bei Sonderschutzrechten nicht.[20] Daher scheide auch eine analoge Anwendbarkeit aus.[21]

10 Insoweit ist richtig, dass in den verschiedenen immaterialgüterrechtlichen Sonderschutzgesetzen (zumindest in Deutschland) vergleichbare Vorschriften fehlen. Allerdings enthält **Art. 41 Abs. 1 Satz 2 aE TRIPS** (vgl. → Einl. C Rn. 77) den Gedanken eines Missbrauchsverbots, sodass ein solches im Kontext von Immaterialgüterrechten durchaus nicht gänzlich unbekannt ist. Auch die Enforcement-RL 2004/48/EG kennt eine Missbrauchsschranke (s. dort Art. 3 Abs. 2). Davon abgesehen ist die missbräuchliche Rechtsausübung schon nach allgemeinen Rechtsgrundsätzen unzulässig (→ Rn. 4 f.) und damit auch, wenngleich nicht ausdrücklich normiert, im Immaterialgüterrecht.[22] Zudem sind die Wertungen aus dem Lauterkeitsrecht nur mit Vorsicht übertragbar (→ Rn. 8).

---

15 K/B/F/*Alexander*, § 14 GeschGehG Rn. 9, 20. Ähnlich Büscher/*Tochtermann*, § 14 GeschGehG Rn. 12; H/O/K/*Harte-Bavendamm*, § 14 Rn. 3, 6.
16 BGH, 31.5.2012 – I ZR 45/11, GRUR 2012, 949, 950 Rn. 20 – Missbräuchliche Mehrfachabmahnung (zu § 8 Abs. 4 UWG aF). Zum funktionalen Zusammenhang von § 8 Abs. 3 und § 8 Abs. 4 UWG aF *Köhler*, in: FS Schricker, S. 725, 728 f. Allerdings wurde der Kreis der anspruchsberechtigten Mitbewerber in § 8 Abs. 3 Nr. 1 UWG durch das Gesetz zur Stärkung des fairen Wettbewerbs ein wenig enger gezogen, indem der Anspruchsteller nachweisen muss, dass er tatsächlich in nicht unerheblichem Umfang und nicht nur gelegentlich Waren oder Dienstleistungen vertreibt oder nachfragt, vgl. *Fritzsche*, WRP 2020, 1367, 1368.
17 H/O/K/*Harte-Bavendamm*, § 14 Rn. 14.
18 IdS K/B/F/*Alexander*, § 14 GeschGehG Rn. 20; H/O/K/*Harte-Bavendamm*, § 14 Rn. 3.
19 *Reinfeld*, § 5 Rn. 36 f. Ferner OLG Frankfurt, 15.2.2012 – 6 U 2/12, BeckRS 2013, 22729 (für das Markenrecht); Harte/Henning/*Goldmann*, § 8 Rn. 638.
20 *Reinfeld*, § 5 Rn. 36 f.; Harte/Henning/*Goldmann*, § 8 Rn. 638.
21 *Reinfeld*, § 5 Rn. 36.
22 H/O/K/*Harte-Bavendamm*, § 14 Rn. 10.

Aus § 14 lässt sich mithin nicht ableiten, dass man dem neu gestalteten Geschäfts- 11
geheimnisschutz nicht zumindest annähernd eine Immaterialgüterqualität zugestehen kann. Derartige Kategorisierungsversuche sind auch nicht tauglich: Richtigerweise handelt es sich beim Geschäftsgeheimnisschutz um ein **Hybrid mit
lauterkeits- und immaterialgüterrechtlichen Anklängen** (zur indifferenten
Rechtsnatur auch → § 1 Rn. 21, § 6 Rn. 6 und § 7 Rn. 23).[23]

3. Praktische Bedeutung

Die Norm sollte **wegen ihres Ausnahmecharakters eng ausgelegt** und ihre An- 12
wendung auf evidente Fälle beschränkt werden.[24] Das ist schon notwendig, um dem
verfassungsrechtlich verankerten Gebot der Gewährung effektiven Rechtsschutzes
(Art. 19 Abs. 4, Art. 20 Abs. 3 GG iVm. Art. 2 Abs. 1 GG; Art. 47 EU-GRCh;
Art. 6 Abs. 1 EMRK) Rechnung zu tragen.[25] Es spricht daher alles dafür, dass der
praktische Anwendungsbereich der Vorschrift **voraussichtlich überaus überschaubar** bleiben wird.[26]

§ 14 dient dem Individual- und nicht dem Kollektivschutz (→ Rn. 8), sodass sich 13
die Geltendmachung von Ansprüchen wegen einer Rechtsverletzung (s. § 4) **im
spezifischen Einzelfall als missbräuchlich erweisen muss, was sehr selten der
Fall ist**. Die Gemengelage unter dem GeschGehG ist insbes. eine andere als im
Lauterkeitsrecht, in welchem die Missbrauchsschranke als notwendiges Korrektiv
zur Verhinderung einer zweckfremden Instrumentalisierung des Wettbewerbsrechts
deutlich mehr Relevanz hat.[27] So soll § 8c UWG (vgl. → Rn. 6) etwa insbes. missbräuchlichen Mehrfachabmahnungen von Wettbewerbern (zB aus einem Konzernverbund) entgegenwirken.[28] Mehreren Gläubigern wird sich ein Rechtsverletzer
nach dem GeschGehG aber kaum jemals gegenübersehen, zudem sind auch mas-
senhafte Abmahnungen von einer Vielzahl von Rechtsverletzern bei Geschäftsgeheimnissen nicht wirklich zu befürchten.[29]

---

[23] So auch K/B/F/*Alexander*, § 1 GeschGehG Rn. 14; *Ohly*, GRUR 2019, 441, 445. Ähnlich *Hoe-
ren/Münker*, WRP 2018, 150, 152 („kleines Immaterialgüterrecht"); *Gärtner/Goßler*, MittdtschPatAnw 2018, 204, 206 („Quasi-Schutzrecht"); *McGuire*, GRUR 2016, 1000, 1008
(„strukturelle Ähnlichkeit mit den absoluten Schutzrechten"). Für eine Qualifikation als Immaterialgüterrecht *Kiefer*, WRP 2018, 910, 911 ff. Gegen den Ausschließlichkeitscharakter *Reinfeld*, § 5 Rn. 37.
[24] Büscher/*Tochtermann*, § 14 GeschGehG Rn. 11; H/O/K/*Harte-Bavendamm*, § 14 Rn. 11 („Ausnahmesituationen") und Rn. 16 („ganz extreme Sonderfälle").
[25] Zu verfassungsrechtlichen Bedenken MK-UWG/*Namysłowska*, Geheimnisschutz-RL Art. 7
Rn. 11.
[26] H/O/K/*Harte-Bavendamm*, § 14 Rn. 7; *Reinfeld*, § 5 Rn. 40. Ähnliches ist bislang für § 2b
UKlaG zu beobachten, vgl. jurisPK-BGB/*Baetge*, § 2b UKlaG Rn. 4.
[27] OLG Hamm, 17.8.2010 – I-4 U 62/10, GRUR-RR 2011, 196, 198.
[28] Zu der Problematik der Mehrfachverfolgung *Stickelbrock*, WRP 2001, 648 ff. (zu § 13 Abs. 5
UWG aF).
[29] H/O/K/*Harte-Bavendamm*, § 14 Rn. 13 f.

§ 14 Missbrauchsverbot

14 Sofern ein Missbrauch im Einzelfall in Rede steht, wird der Anspruch des Rechtsinhabers darüber hinaus in aller Regel bereits auf materiell-rechtlicher Ebene ausgeschlossen sein. Nach **§ 9 Nr. 5 sind Ansprüche nach § 6 bis § 8 Abs. 1 ausgeschlossen**, wenn die Inanspruchnahme unter Berücksichtigung der berechtigten Interessen des Rechtsinhabers und der des Rechtsverletzers unverhältnismäßig ist. Daneben kann der Rechtsverletzer die **Ansprüche des Rechtsinhabers unter Umständen nach § 11 durch eine Geldabfindung abwenden**. Diese speziellen Korrektive verdienen Vorrang (→ Rn. 8) vor § 14. Da die Missbrauchsschranke sich auf alle Ansprüche nach dem GeschGehG bezieht (unten → Rn. 23 ff.), verbleibt jedoch ein Anwendungsbereich für § 14 zumindest bei den nach § 9 (nach dem Wortlaut der Norm) nicht ausgeschlossenen Schadensersatzansprüchen aus § 8 Abs. 2 und § 10 (vgl. → § 8 Rn. 33 ff. und § 10 Rn. 24 ff.).

II. Richtlinienvorgaben und Historie

1. Unionsrechtliche Vorgaben

15 § 14 dient der Umsetzung von **Art. 7 Abs. 2 RL 2016/943/EU**,[30] der folgenden Wortlaut hat:

„Die Mitgliedstaaten stellen sicher, dass die zuständigen Gerichte – auf Antrag des Antragsgegners – im nationalen Recht vorgesehene angemessene Maßnahmen anwenden können, falls eine Klage wegen rechtswidrigen Erwerbs oder rechtswidriger Nutzung oder Offenlegung eines Geschäftsgeheimnisses offensichtlich unbegründet ist und der Antragsteller das Gerichtsverfahren missbräuchlich oder in unredlicher Absicht eingeleitet hat. Diese Maßnahmen können soweit erforderlich die Gewährung von Schadensersatz für den Antragsgegner, die Verhängung von Sanktionen gegen den Antragsteller oder die Anordnung der Veröffentlichung von Informationen über die getroffene Entscheidung nach Artikel 15 umfassen. Die Mitgliedstaaten können vorsehen, dass die in Unterabsatz 1 genannten Maßnahmen Gegenstand getrennter Gerichtsverfahren sind."

16 Damit wird die allgemeine Vorgabe aus **Art. 7 Abs. 1 lit. c RL 2016/943/EU** präzisiert,[31] wonach die Mitgliedstaaten angehalten sind, die Rechtsbehelfe nach dieser Richtlinie in einer Art und Weise anzuwenden, die Gewähr gegen ihren Missbrauch bietet. Das Verbot des Rechtsmissbrauchs ist auch im Unionsrecht anerkannt.[32]

---

30 BT-Drs. 19/4724, S. 34. Krit. H/O/K/*Harte-Bavendamm*, § 14 Rn. 5, der Art. 7 Abs. 2 der RL 2016/943/EU zudem für „inhaltsarm" und „so gut wie bedeutungslos" hält (Rn. 4).
31 H/O/K/*Harte-Bavendamm*, § 14 Rn. 5.
32 EuGH, 26.2.2019 – verb. Rs. C-115/16, C-118/16, C-119/16, C-299/16, BeckRS 2019, 2167 Rn. 97, 100; EuGH, 5.7.2007 – C 321/05, BeckRS 2007, 70458 Rn. 38 – Kofoed; H/O/K/*Harte-Bavendamm*, § 14 Rn. 5.

Über die Beweggründe zur Regelung gibt der – gleichwohl nicht bindende[33] – **Erwgrd. 22** der RL Auskunft:[34]

> „Das reibungslose Funktionieren des Binnenmarkts würde unterminiert, wenn die vorgesehenen Maßnahmen, Verfahren und Rechtsbehelfe dazu genutzt würden, nicht legitim, mit den Zielen dieser Richtlinie unvereinbare Absichten zu verfolgen. Daher ist es wichtig, dass den Gerichten die Befugnis erteilt wird, angemessene Maßnahmen gegenüber Antragstellern zu treffen, die missbräuchlich oder unredlich handeln und offensichtlich unbegründete Anträge stellen, beispielsweise zu dem Zweck, den Marktzugang des Antragsgegners in unbilliger Weise zu verzögern oder zu beschränken oder ihn auf andere Weise einzuschüchtern oder ihm Schwierigkeiten zu bereiten."

Vor dem Hintergrund dieser unionsrechtlichen (wiewohl wenig präzisen) Vorgaben ist § 14 **richtlinienkonform auszulegen**.[35] Teil der vollharmonisierten Bestimmungen der RL 2016/943/EU ist indes nur deren Art. 7 Abs. 1 und nicht Art. 7 Abs. 2 (s. Art. 1 Abs. 1 UAbs. 2 RL).[36]   17

2. Entwicklung im Richtliniensetzungsverfahren

Im Richtlinienvorschlag war das Missbrauchsverbot in Art. 6 vorgesehen.[37] Art. 6 Abs. 1 des Richtlinienvorschlags entsprach wörtlich Art. 7 Abs. 1 RL. Im Vergleich zum Text des Art. 6 Abs. 2 des Richtlinienvorschlags wurden in Art. 7 Abs. 2 RL (→ Rn. 15) einige textliche und strukturelle Änderungen vorgenommen, die zu begrüßen sind.[38] Mit Ausnahme der Klarstellung, dass die Maßnahmen zur Verhinderung des Rechtsmissbrauchs nach der Neufassung nur „auf Antrag des Antragsgegners" erfolgen sollen (unten → Rn. 35 f.), waren damit **inhaltlich aber keine erwähnenswerten Änderungen** verbunden.   18

---

33 Zur Rechtsnatur und der (fehlenden) Bindungswirkung von Erwgrd. in EU-Rechtsakten EuGH, 19.6.2014 – C-345/15, EuZW 2014, 703, 704 Rn. 31 – Karen Millen Fashions Ltd/Dunnes Stores ua.; EuGH, 19.11.1998 – C-162/97, BeckRS 2004, 74578 Rn. 54 – Nilsson ua.; EuGH, 25.11.1998 – C-308/97, BeckRS 2004, 76219 Rn. 30 – Manfredi sowie EuGH, 24.11.2005 – C-136/04, BeckRS 2005, 70929 Rn. 32 – Deutsches Milch-Kontor.
34 Überzogen krit. zum Wortlaut des Erwgrd. 22 wegen der Wendung „offensichtlich unbegründete Anträge" H/O/K/*Harte-Bavendamm*, § 14 Rn. 12.
35 K/B/F/*Alexander*, § 14 GeschGehG Rn. 10.
36 MK-UWG/*Namysłowska*, Geheimnisschutz-RL Art. 7 Rn. 2.
37 Vgl. Vorschlag für eine RICHTLINIE DES EUROPÄISCHEN PARLAMENTS UND DES RATES über den Schutz vertraulichen Know-hows und vertraulicher Geschäftsinformationen (Geschäftsgeheimnisse) vor rechtswidrigem Erwerb sowie rechtswidriger Nutzung und Offenlegung (COM/2013/0813 final – 2013/0402 (COD)).
38 Krit. zur Fassung des Art. 6 Abs. 2 des Richtlinienentwurfs *Stellungnahme des Max-Planck-Instituts*, GRUR Int. 2014, 554, 558 f.

§ 14   Missbrauchsverbot

3. Entwicklung im Gesetzgebungsverfahren zur Richtlinienumsetzung

19   Dem Missbrauchsverbot wurde im Gesetzgebungsverfahren **keine größere Aufmerksamkeit** zuteil.[39] Im RefE war es in § 13 vorgesehen, im RegE wurde es in § 14 verschoben.[40] Inhaltliche Änderungen gab es keine.

III. Missbrauchsschranke (§ 14 Satz 1)

1. Tatbestandsvoraussetzungen

20   Der **Tatbestand** des § 14 verlangt, dass die Geltendmachung von Ansprüchen (lit. a) nach diesem Gesetz (lit. b) unter Berücksichtigung der gesamten Umstände missbräuchlich ist (lit. c).

a) Geltendmachung von Ansprüchen

21   Der Begriff der Geltendmachung von Ansprüchen beschränkt sich nicht auf die **prozessuale Geltendmachung** im Wege einer Hauptsacheklage oder eines Verfahrens im einstweiligen Rechtsschutz. Er ist vielmehr umfassend zu verstehen und greift auch bei einer **außergerichtlichen Inanspruchnahme** (so wie auch § 8c UWG).[41] Folglich kann auch eine Abmahnung mit einer Aufforderung zur Abgabe einer strafbewehrten Unterlassungserklärung unter Verweis auf § 14 Satz 1 zurückgewiesen werden.

22   Die Ansprüche können sich gegen alle denkbaren Anspruchsgegner richten, also **gegen jegliche Rechtsverletzer iSd. § 2 Nr. 3** (auch wenn dieser Begriff in § 14 nicht verwendet wird).[42] Erfasst sind demnach Ansprüche gegen Täter, Nebentäter, Mittäter sowie letzteren nach § 830 Abs. 2 BGB gleichstehende Anstifter und Gehilfen an einer (vermeintlichen) Verletzung eines Geschäftsgeheimnisses sowie ggf. auch solche gegen an einer Rechtsverletzung nur mittelbar mitwirkende Störer (zum Begriff Rechtsverletzer → § 2 Rn. 150 ff.).

b) Ansprüche nach diesem Gesetz

23   Die Norm bezieht sich nur auf Ansprüche, deren **Anspruchsgrundlage aus dem GeschGehG** stammt. Sie ist – wie auch § 8c UWG[43] – nicht anwendbar auf ver-

---

39 Krit. aber zB *Gärtner*, NZG 2014, 650, 651 f.
40 BT-Drs. 19/4724, S. 12.
41 BT-Drs. 19/4724, S. 34 („Abmahnung oder Klage"); K/B/F/*Alexander*, § 14 GeschGehG Rn. 16; H/O/K/*Harte-Bavendamm*, § 14 Rn. 9; BeckOK UWG/*Reiling/F. Wild*, § 14 GeschGehG Rn. 5. Für § 8 Abs. 4 UWG aF vgl. BGH, 15.12.2011 – I ZR 174/10, GRUR 2012, 730, 731 Rn. 13 – Bauheizgerät; MK-UWG/*Fritzsche*, § 8 Rn. 453; Harte/Henning/*Goldmann*, § 8 Rn. 731.
42 *Reinfeld*, § 5 Rn. 34.
43 Für § 8 Abs. 4 UWG aF BGH, 31.5.2012 – I ZR 45/11, GRUR 2012, 949, 950 Rn. 20 – Missbräuchliche Mehrfachabmahnung; K/B/F/*Köhler/Feddersen*, § 8 UWG Rn. 4.8.

III. Missbrauchsschranke (§ 14 Satz 1) **§ 14**

tragliche Ansprüche oder solche aus dem Deliktsrecht (zB §§ 823 ff. BGB).⁴⁴ Insoweit kann und wird im Bedarfsfall das allgemeine Missbrauchsverbot aus § 242 BGB (→ Rn. 4 f.) zur Anwendung kommen,⁴⁵ sodass entgegen anderer Stimmen⁴⁶ auch keine Notwendigkeit für eine Ausdehnung des Anwendungsbereichs entgegen dem klaren Wortlaut besteht.

Vom Anwendungsbereich erfasst sind ausnahmslos alle Ansprüche nach dem GeschGehG, namentlich die **Ansprüche aus § 6 (Unterlassung und Beseitigung), § 7 (Vernichtung, Herausgabe, Rückruf, Entfernung und Rücknahme vom Markt) § 8 (Auskunft über rechtsverletzende Produkte) und § 10 (Schadensersatz)**, letzterer ggf. nur im Ausmaß von § 13 (Restschadensersatz).⁴⁷ Damit werden insbes. auch die nach § 9 nicht ausschließbaren Schadensersatzansprüche aus § 8 Abs. 2 und § 10 (s. → Rn. 14) der Missbrauchsschranke unterworfen. Insoweit unterscheidet sich § 14 von seinem Vorbild § 8 Abs. 4 UWG aF bzw. nunmehr § 8c UWG (→ Rn. 6 ff.), der nur für Unterlassungs- und Beseitigungsansprüche gilt. 24

Nicht zum Anspruchskanon des GeschGehG gehört das Abwendungsrecht des Rechtsverletzers, den Rechtsinhaber zur Abwehr von ihn unverhältnismäßig belastenden Unterlassungs-, Beseitigungs-, Rückruf-, Entfernungs- oder Vernichtungsansprüchen in Geld abzufinden. Auf **§ 11 Abs. 1** ist § 14 daher nicht unmittelbar anwendbar. Eine **analoge Anwendung** ist aber (in dem sehr theoretischen Szenario) in Betracht zu ziehen, wenn der Rechtsinhaber eine ihm ordnungsgemäß angebotene und angemessene Abfindung vom schuldlos handelnden Rechtsverletzer ablehnt und dabei missbräuchlich handelt.⁴⁸ 25

c) Rechtsmissbrauch

Das GeschGehG enthält **keine normativen Konkretisierungen**, unter welchen Umständen anzunehmen ist, dass die Geltendmachung von Ansprüchen missbräuchlich iSd. § 14 ist.⁴⁹ Die Gesetzesbegründung beschränkt sich auf den allgemeinen und wenig weiterführenden Hinweis, dass dies „*nach den Grundsätzen von Treu und Glauben aus § 242 BGB unter Berücksichtigung der gesamten Umstände*" 26

---

44 Büscher/*Tochtermann*, § 14 GeschGehG Rn. 8; H/O/K/*Harte-Bavendamm*, § 14 Rn. 10; *Reinfeld*, § 5 Rn. 39.
45 Zur Übertragbarkeit der Wertungen von § 8 Abs. 4 UWG aF und § 2b UKlaG aF im Rahmen der Prüfung des Rechtsmissbrauchs BGH, 9.5.2019 – I ZR 205/17, NJW 2019, 2691, 2692 Rn. 23 – Prozessfinanzierer II; BGH, 13.9.2018 – I ZR 26/17, GRUR 2018, 1166, 1169, Rn. 40 – Prozessfinanzierer I; BGH, 31.5.2012 – I ZR 45/11, GRUR 2012, 949, 950 Rn. 20 – Missbräuchliche Mehrfachabmahnung.
46 So BeckOK UWG/*Reiling/F. Wild*, § 14 GeschGehG Rn. 8, wonach § 14 bei rein gesetzlichen Ansprüchen auch außerhalb des GeschGehG anwendbar sein soll.
47 K/B/F/*Alexander*, § 14 GeschGehG Rn. 11; H/O/K/*Harte-Bavendamm*, § 14 Rn. 8; Büscher/*Tochtermann*, § 14 GeschGehG Rn. 8; BeckOK UWG/*Reiling/F. Wild*, § 14 GeschGehG Rn. 6; *Reinfeld*, § 5 Rn. 38.
48 K/B/F/*Alexander*, § 14 GeschGehG Rn. 12; indifferent BeckOK UWG/*Reiling/F. Wild*, § 14 GeschGehG Rn. 7.
49 BeckOK UWG/*Reiling/F. Wild*, § 14 GeschGehG Rn. 12.

zu entscheiden sei.[50] Ergänzend wird auf die Beispiele aus § 8 Abs. 4 Satz 1 aF UWG (Missbrauch, wenn der Anspruch vorwiegend zur Entstehung von Kostenerstattungsansprüchen geltend gemacht wird) und Erwgrd. 22 der RL 2016/943/EU (Missbrauch, wenn die Ansprüche den Marktzugang des Anspruchsgegners in unbilliger Weise verzögern oder beschränken sollen oder ihn auf andere Weise einschüchtern oder ihm Schwierigkeiten bereiten sollen) verwiesen.[51] Art. 7 Abs. 2 RL spricht davon, dass die vom Anspruchinhaber eingeleiteten Maßnahmen „offensichtlich unbegründet" oder „missbräuchlich" sein müssen oder er „in unredlicher Absicht" gehandelt haben muss (vgl. → Rn. 15).

27 Vor diesem Hintergrund ist nach hiesigem Verständnis von einem Missbrauch auszugehen, wenn der Rechtsinhaber unter angemessener Berücksichtigung seiner eigenen Interessen und der gegenläufigen Interessen des Anspruchsgegners (und ggf. der Allgemeinheit) sowie der Art und der Umstände der Entstehung und Geltendmachung seiner Ansprüche im entscheidungserheblichen Zeitpunkt nach Treu und Glauben **kein schutzwürdiges Interesse an der Durchsetzung seiner Rechtsposition** gegenüber dem Anspruchsgegner hat.[52] In der hierfür anzustellenden **Einzelfallabwägung** sind alle relevanten für und gegen beide Seiten sprechenden Umstände (zB Art und Schwere des Verstoßes, Verhalten des Anspruchsgegners nach dem Verstoß, Verhalten und Ziele des Anspruchstellers bei der Verfolgung des Verstoßes) einzustellen, zu gewichten und sorgfältig miteinander abzuwägen.[53]

28 Kein schutzwürdiges Interesse des Anspruchstellers liegt vor, wenn er mit der Inanspruchnahme des Anspruchsgegners **im Wesentlichen sachfremde Ziele** verfolgt.[54] Dabei genügt es, wenn die sachfremden Motive des Anspruchstellers überwiegen, sie müssen aber nicht die alleinigen Beweggründe sein.[55] Nicht zur Vertei-

---

50 BT-Drs. 19/4724, S. 34.
51 BT-Drs. 19/4724, S. 34.
52 Ähnlich K/B/F/*Alexander*, § 14 GeschGehG Rn. 17; H/O/K/*Harte-Bavendamm*, § 14 Rn. 11.
53 K/B/F/*Alexander*, § 14 GeschGehG Rn. 21; H/O/K/*Harte-Bavendamm*, § 14 Rn. 11; BeckOK GeschGehG/*Spieker*, § 14 Rn. 3; Büscher/*Tochtermann*, § 14 GeschGehG Rn. 9. Zu § 8 Abs. 4 UWG aF BGH, 15.12.2011 – I ZR 174/10, GRUR 2012, 730, 731 Rn. 15 – Bauheizgerät; BGH, 3.3.2016 – I ZR 110/15, GRUR 2016, 961, 962 Rn. 15 – Herstellerpreisempfehlung bei Amazon; BGH, 6.10.2016 – I ZR 25/15, GRUR 2017, 266, 268 Rn. 23 – World of Warcraft I.
54 K/B/F/*Alexander*, § 14 GeschGehG Rn. 21; H/O/K/*Harte-Bavendamm*, § 14 Rn. 11; BeckOK GeschGehG/*Spieker*, § 14 Rn. 3; Büscher/*Tochtermann*, § 14 GeschGehG Rn. 9; BeckOK UWG/ *Reiling/F. Wild*, § 14 GeschGehG Rn. 9; Hoppe/Oldekop/*Oldekop*, Kap. 2 Rn. 382. Zu § 8 Abs. 4 UWG aF BGH, 17.11.2005 – I ZR 300/02, GRUR 2006, 243, 244 Rn. 16 – Rechtsmissbräuchliche Mehrfachverfolgung gegen Konzernverbund; BGH, 15.12.2011 – I ZR 174/10, GRUR 2012, 730, 731 Rn. 14 – Bauheizgerät; BGH, 3.3.2016 – I ZR 110/15, GRUR 2016, 961, 962 Rn. 15 – Herstellerpreisempfehlung bei Amazon; BGH, 6.10.2016 – I ZR 25/15, GRUR 2017, 266, 268 Rn. 23 – World of Warcraft I; BGH, 26.4.2018 – I ZR 248/16, GRUR 2019, 199, 201 Rn. 21 – Abmahnaktion II; *Mayer*, WRP 2011, 534.
55 K/B/F/*Alexander*, § 14 GeschGehG Rn. 21; H/O/K/*Harte-Bavendamm*, § 14 Rn. 11; BeckOK GeschGehG/*Spieker*, § 14 Rn. 3; Büscher/*Tochtermann*, § 14 GeschGehG Rn. 9; BeckOK UWG/ *Reiling/F. Wild*, § 14 GeschGehG Rn. 9. Zu § 8 Abs. 4 UWG aF BGH, 17.11.2005 – I ZR 300/02, GRUR 2006, 243, 244 Rn. 16 – Rechtsmissbräuchliche Mehrfachverfolgung gegen Konzernverbund; BGH, 3.3.2016 – I ZR 110/15, GRUR 2016, 961, 962 Rn. 15 – Herstellerpreisempfehlung

digung der eigenen Rechtsposition dient und daher sachfremd ist es, Ansprüche vorwiegend zum Zwecke der Kostenbelastung der Gegenseite (Schädigungsinteresse) oder zur Generierung eigener Kostenerstattungsansprüche (Gebührenerzielungsinteresse) geltend zu machen (→ Rn. 26).[56] Allerdings darf von einem Missbrauch nicht leichtfertig schon dann ausgegangen werden, wenn sich ein Verfahren für den Anspruchsteller in gewisser Weise auch finanziell lohnt. Es bedarf vielmehr handfester Indizien, die eine Schädigungs- oder Nachteilzufügungsabsicht nahelegen. Für sachfremde Beweggründe kann sprechen, dass das Vorgehen des Rechtsinhabers nicht seinem vernünftigen wirtschaftlichen Interesse entspricht, der Gegenstandswert für eine Abmahnung unangemessen hoch angesetzt wird (zur Festlegung des Gegenstands- und Streitwerts im Geschäftsgeheimnisrecht → § 22 Rn. 3 ff.), gleichartige Verstöße ohne sachlichen Grund in verschiedenen Verfahren verfolgt werden oder eine erheblich überhöhte Vertragsstrafe oder eine deutlich über den abgemahnten Verletzungstatbestand hinausgehende Unterlassungserklärung gefordert wird.[57]

Vor diesem Hintergrund bietet es sich zur weiteren Konturierung freilich an, sich **an den in der Kasuistik zu § 8c UWG (bzw. dessen Vorgängernormen) bisher geltenden Wertungen und den im Katalog des § 8c Abs. 2 UWG enthaltenen Beispielen zu orientieren** (→ Rn. 6 ff.), zumindest soweit diese übertragbar sind, also nicht auf lauterkeitsrechtlichen Besonderheiten beruhen (→ Rn. 8), und nicht mit vorrangigen unionsrechtlichen Auslegungsvorgaben kollidieren (→ Rn. 17). Die aus lauterkeitsrechtlichen Sachverhalten bekannten Phänomene einer Mehrfachverfolgung oder der Massenabmahnung werden im Geschäftsgeheimnisrecht beispielsweise keinen Platz greifen (→ Rn. 8, 13). 29

2. Rechtsfolge

a) Unzulässigkeit der Geltendmachung von Ansprüchen im Einzelfall

Dem Wortlaut nach führt § 14 dazu, dass die gerichtliche oder außergerichtliche Geltendmachung (→ Rn. 34) der nach dem GeschGehG bestehenden Ansprüche (→ Rn. 23 ff.) **unzulässig** ist. Mithin verhindert das Eingreifen der Missbrauchsschranke im Ergebnis, dass Ansprüche vom Anspruchsteller erfolgreich durchge- 30

---

bei Amazon; BGH, 6.10.2016 – I ZR 25/15, GRUR 2017, 266, 268 Rn. 23 – World of Warcraft I; BGH, 26.4.2018 – I ZR 248/16, GRUR 2019, 199, 201 Rn. 21 – Abmahnaktion II; *Mayer*, WRP 2011, 534, 534 f.
56 BGH, 26.4.2018 – I ZR 248/16, GRUR 2019, 199, 201 Rn. 21 – Abmahnaktion II (zu § 8 Abs. 4 UWG aF); *Mayer*, WRP 2011, 534, 535.
57 K/B/F/*Alexander*, § 14 GeschGehG Rn. 19. Ferner zu § 8 Abs. 4 UWG aF BGH, 15.12.2011 – I ZR 174/10, GRUR 2012, 730, 733 Rn. 33 – Bauheizgerät; BGH, 3.3.2016 – I ZR 110/15, GRUR 2016, 961, 962 Rn. 15 – Herstellerpreisempfehlung bei Amazon; BGH, 6.10.2016 – I ZR 25/15, GRUR 2017, 266, 268 Rn. 23 – World of Warcraft I; BGH, 26.4.2018 – I ZR 248/16, GRUR 2019, 199, 201 Rn. 21 – Abmahnaktion II; *Mayer*, WRP 2011, 534, 535. Weitere Indizien erörtern *Buchmann*, WRP 2012, 1345, 1349 ff.; *Knippenkötter*, GRUR-Prax 2011, 483 ff.; *Jackowski*, WRP 2010, 38, 41 ff.

setzt werden können (näher → Rn. 32 ff.). Der Anspruchsteller hat dann natürlich auch keinen Anspruch auf Kostenerstattung für die Rechtsverfolgung, weil diese Kosten nicht erforderlich waren (→ § 10 Rn. 99).[58] Soweit der Abgemahnte bereits eine strafbewehrte Unterwerfungserklärung abgegeben hat und sich erst danach der Missbrauch offenbart, kann der Abgemahnte darüber hinaus den Unterwerfungsvertrag aus wichtigem Grund (§ 314 BGB) kündigen.[59] Eine Unterlassungs- sowie eine Abschlusserklärung infolge einer einstweiligen Verfügung kann nach den Maßgaben der §§ 812 ff. BGB herausverlangt werden.[60]

31 Die Missbrauchsschranke gilt allerdings ausschließlich **im jeweils in Rede stehenden Einzelfall und nur inter partes**. Der Rechtsinhaber verliert nicht generell das Recht, Ansprüche aus dem GeschGehG gegen den betreffenden (oder gegen andere) Rechtsverletzer geltend zu machen. Für eine derartige Einschränkung besteht auch kein Bedarf, da das GeschGehG dem Individual- und nicht dem Kollektivschutz dient (→ Rn. 8, 13).[61] Dies hat insbes. zur Konsequenz, dass die zu § 8c UWG (bzw. dessen Vorgängernormen) ergangene Rechtsprechung, dass aus einer missbräuchlichen Abmahnung ohne Weiteres auch auf den Missbrauch der klageweisen Geltendmachung derselben Ansprüche geschlossen werden kann,[62] nicht auf das GeschGehG übertragbar ist.[63]

b) Streit um die Rechtsnatur der Missbrauchsschranke

32 Bei den ähnlich strukturierten Normen aus § 8c UWG und § 2b UKlaG (oben → Rn. 6 ff.), die wie § 14 ebenfalls die **Unzulässigkeit einer Anspruchsgeltendmachung** anordnen, wird darüber gestritten, ob die gesetzliche Missbrauchsschranke als materiell-rechtliche Einwendung[64] oder als rein prozessuale Norm zu verstehen ist. Handelt es sich um eine materiell-rechtliche Einwendung, wird der Anspruch des Rechtsinhabers auf Tatbestandsebene vernichtet und eine von ihm erhobene Klage wäre unbegründet. Versteht man sie als prozessuale Norm, wird die Klage als unzulässig abgewiesen werden, ohne dass eine Entscheidung über den materiell-rechtlichen Anspruch getroffen wird.

---

58 Zu § 8 Abs. 4 UWG aF *Mayer*, WRP 2011, 534, 536 f.; *Jackowski*, WRP 2010, 38, 39.
59 Zu § 8 Abs. 4 UWG aF OLG Hamm, 17.8.2010 – I-4 U 62/10, GRUR-RR 2011, 196, 199; *Buchmann*, WRP 2012, 1345, 1350; *Jackowski*, WRP 2010, 38, 39.
60 *Buchmann*, WRP 2012, 1345, 1352 (zu § 8 Abs. 4 UWG aF).
61 K/B/F/*Alexander*, § 14 GeschGehG Rn. 22 unter Verweis auf die urheberrechtliche Rechtsprechung in BGH, 31.5.2012 – I ZR 106/10, GRUR 2013, 176, 177 Rn. 17 f. – Ferienluxuswohnung.
62 Etwa BGH, 26.4.2018 – I ZR 248/16, GRUR 2019, 199, 201 Rn. 20 – Abmahnaktion II; BGH, 15.12.2011 – I ZR 174/10, GRUR 2012, 730, 734 Rn. 47 – Bauheizgerät. Kritisch dazu Harte/Henning/*Goldmann*, § 8 Rn. 734.
63 H/O/K/*Harte-Bavendamm*, § 14 Rn. 9; K/B/F/*Alexander*, § 14 GeschGehG Rn. 22.
64 So etwa (jeweils für § 8 Abs. 4 bzw. § 13 Abs. 5 aF UWG) *Köhler*, in: FS Schricker, S. 725, 726 ff.; *Buchmann*, WRP 2012, 1345, 1349; *von Ungern-Sternberg*, in: FS Klaka, S. 72, 96 f.; *Borck*, GRUR 1990, 249, 255. In diese Richtung für § 14 auch K/B/F/*Alexander*, § 14 GeschGehG Rn. 9, indes mit Differenzierung hinsichtlich der konkreten Form des Rechtsmissbrauchs.

III. Missbrauchsschranke (§ 14 Satz 1) § 14

Diese Debatte lässt sich auch bei § 14 führen. Gefolgschaft verdient die Auffassung, § 14 als **rein prozessuale Norm** zu verstehen.[65] Dafür spricht bereits der Wortlaut der Norm, wonach die Anspruchsgeltendmachung „unzulässig" ist.[66] Ferner bringt dies Vorteile bei der Darlegungslast mit sich (→ Rn. 35 f.). Hätte der Gesetzgeber die Ansprüche auf Tatbestandsebene ausscheiden wollen, hätten sich zudem andere Formulierungen angeboten (zB „Ansprüche nach diesem Gesetz bestehen nicht…"). Angesichts der Systematik des GeschGehG besteht an dieser Stelle auch kein Bedarf für eine rechtsvernichtende Einwendung, da dem Rechtsinhaber auf Tatbestandsebene bereits durch § 9 Grenzen gesetzt werden (→ Rn. 14). Durch den Missbrauch **entfällt das Rechtsschutzbedürfnis** des Anspruchstellers für sein konkretes Rechtsschutzbegehren.[67] Die herrschende Ansicht kommt zum gleichen Ergebnis, verneint aber die Prozessführungs- bzw. Klagebefugnis.[68] 33

Die nach § 14 angeordnete Unzulässigkeit führt dazu, dass die Ansprüche des Rechtsinhabers (→ Rn. 24) ungeachtet ihres materiell-rechtlichen Bestehens oder Nichtbestehens **weder gerichtlich noch – als Minus dazu – außergerichtlich geltend gemacht werden können**.[69] Das bedeutet, dass auch jede rechtsmissbräuchliche Abmahnung unberechtigt ist (→ Rn. 21). Er ist aber nicht daran gehindert, die Ansprüche später noch einmal geltend zu machen, wenn die Geltendmachung nicht (mehr) rechtsmissbräuchlich ist (→ Rn. 31).[70] 34

c) Prüfung von Amts wegen

Bisweilen wird vertreten, dass sich der Anspruchsgegner auf die Missbrauchsschranke berufen muss, es sich also um einen **Missbrauchseinwand** handelt.[71] Dabei wird argumentiert, dass die Frage des Missbrauchs nicht der Parteidisposition 35

---

65 Büscher/*Tochtermann*, § 14 GeschGehG Rn. 2; H/O/K/*Harte-Bavendamm*, § 14 Rn. 21; BeckOK UWG/*Reiling/F. Wild*, § 14 GeschGehG Rn. 13. Für § 8 Abs. 4 UWG aF (bzw. dessen Vorgängernorm § 13 Abs. 5 UWG aF) BGH, 17.1.2002 – I ZR 241/99, GRUR 2002 357, 359 – Missbräuchliche Mehrfachabmahnung; BGH, 17.11.2005 – I ZR 300/02, GRUR 2006, 243, 244 Rn. 22 – MEGA SALE; *Scholz*, WRP 1987, 433, 436. Für eine materiell-rechtliche Einwendung K/B/F/*Alexander*, § 14 GeschGehG Rn. 9, indes mit Differenzierung hinsichtlich der konkreten Form des Rechtsmissbrauchs.
66 Büscher/*Tochtermann*, § 14 GeschGehG Rn. 2.
67 Büscher/*Tochtermann*, § 14 GeschGehG Rn. 15.
68 H/O/K/*Harte-Bavendamm*, § 14 Rn. 18; BeckOK GeschGehG/*Spieker*, § 14 Rn. 4; BeckOK UWG/*Reiling/F. Wild*, § 14 GeschGehG Rn. 13. Für § 8 Abs. 4 UWG aF BGH, 3.3.2016 – I ZR 110/15, GRUR 2016, 961, 962 Rn. 18 – Herstellerpreisempfehlung bei Amazon; BGH, 6.10.2016 – I ZR 25/15, GRUR 2017, 266, 268 Rn. 23 – World of Warcraft I; Harte/Henning/ *Goldmann*, § 8 Rn. 632; Ohly/Sosnitza/*Ohly*, § 8 Rn. 155; *Mayer*, WRP 2011, 534, 536.
69 BeckOK GeschGehG/*Spieker*, § 14 Rn. 4; Büscher/*Tochtermann*, § 14 GeschGehG Rn. 15. Für § 8 Abs. 4 UWG aF BGH, 17.1.2002 – I ZR 241/99, GRUR 2002 357, 359 – Missbräuchliche Mehrfachabmahnung; BGH, 15.12.2011 – I ZR 174/10, GRUR 2012, 730, 731 Rn. 13 – Bauheizgerät; BGH, 26.4.2018 – I ZR 248/16, GRUR 2019, 199, 201 Rn. 20 – Abmahnaktion II.
70 Büscher/*Tochtermann*, § 14 GeschGehG Rn. 15. Für § 8 Abs. 4 UWG aF Ohly/Sosnitza/*Ohly*, § 8 Rn. 157.
71 BeckOK GeschGehG/*Spieker*, § 14 Rn. 5.

§ 14 Missbrauchsverbot

entzogen werden solle, zumal die Prüfung der zu berücksichtigenden Umstände von Amts wegen nicht in Gänze erfolgen könne.[72] Man könnte insoweit auch den Text in Art. 7 Abs. 2 RL 2016/943/EU fruchtbar machen und darauf verweisen, dass Maßnahmen zum Schutz gegen Rechtsmissbrauch nur „auf Antrag des Antragsgegners" stattfinden sollen (→ Rn. 15).

36 Das leuchtet aber nicht ein. Soweit das Gericht anhand des unterbreiteten Sachverhalts keine ausreichenden Anhaltspunkte hat, die für einen Missbrauch sprechen, sind die geltenden Regeln zu Darlegungs- und Beweislast zur Anwendung zu bringen (vgl. → Rn. 44). Faktisch verbleibt die Normanwendung damit ohnehin unter der Hoheit der Parteien, da kaum anzunehmen ist, dass die Missbrauchsschranke zum Zuge kommt, wenn der Anspruchsgegner hierzu nicht ausreichend vorträgt. Art. 7 Abs. 2 RL (→ Rn. 15) vermag nicht zu einer anderen Auslegung zu zwingen, da es sich hierbei um eine nicht vollharmonisierte Vorschrift handelt (→ Rn. 17). § 14 ist zudem eine spezielle Ausprägung des allgemeinen Verbots des Rechtsmissbrauchs aus § 242 BGB (→ Rn. 5), das von Amts wegen zu berücksichtigen ist. Es ist nach alledem überzeugender, das möglicherweise fehlende Rechtsschutzbedürfnis (→ Rn. 33) wegen einer missbräuchlichen Anspruchsgeltendmachung als Prozessvoraussetzung im Wege des Freibeweises **bis zur Revisionsinstanz von Amts wegen zu prüfen**.[73] Folgt man der hier vertretenen Ansicht, dass es im Falle des Rechtsmissbrauchs am Rechtsschutzbedürfnis fehlt (s. → Rn. 33), ist es für ein Gericht zudem nach allgemeinen zivilprozessualen Regeln aus prozessökonomischen Erwägungen möglich, das Bestehen oder Nichtbestehen des Rechtsschutzinteresses dahinstehen zu lassen und die Klage durch Sachurteil (also materiell-rechtlich) abzuweisen, wenn sie offensichtlich unbegründet ist.[74] Praktisch wäre dies vor allem bei einem zugleich vorliegenden Anspruchsausschluss aufgrund von § 9 Nr. 5 denkbar (→ Rn. 14).

IV. Aufwendungsersatzanspruch (§ 14 Satz 2)

1. Regelungsinhalt

37 Greift die Missbrauchsschranke aus § 14 Satz 1 zugunsten des Anspruchsgegners ein, steht diesem gegen den Rechtsinhaber ein **Aufwendungsersatzanspruch** nach § 14 Satz 2 zu, damit er nicht Gefahr läuft, auf seinen Rechtsverteidigungskosten (insbes. Anwaltskosten) sitzen zu bleiben (→ Rn. 41). Die Vorschrift hat zudem einen Abschreckungseffekt: Durch das Risiko einer Inanspruchnahme des Rechts-

---

72 BeckOK GeschGehG/*Spieker*, § 14 Rn. 5.
73 Büscher/*Tochtermann*, § 14 GeschGehG Rn. 4; H/O/K/*Harte-Bavendamm*, § 14 Rn. 21 f.; für § 8 Abs. 4 UWG aF OLG Jena, 6.10.2010 – 2 U 386/10, GRUR-RR 2011, 327; OLG Hamm, 17.8.2010 – I-4 U 62/10, GRUR-RR 2011, 196, 198; Ohly/Sosnitza/*Ohly*, § 8 Rn. 155; *Mayer*, WRP 2011, 534, 536. Zur Nachprüfbarkeit von Prozessvoraussetzungen (hier Klagebefugnis) BGH, 1.3.2007 – I ZR 51/04, GRUR 2007, 809, 810 – Krankenhauswerbung.
74 BGH, 26.9.1995 – KVR 25/94, NJW 1996, 193, 195 – Stadtgaspreise; OLG Köln, 11.9.2008 – 2 U 49/08, BeckRS 2009, 20912; *Borck*, GRUR 1990, 249, 256.

IV. Aufwendungsersatzanspruch (§ 14 Satz 2) **§ 14**

inhabers unter Kostenerstattungsgesichtspunkten soll dieser von einem rechtsmissbräuchlichen Vorgehen abgehalten werden.[75]

Der Anspruchsgegner kann nach § 14 Satz 2 **Ersatz der Aufwendungen** verlangen, die für seine Rechtsverteidigung gegen die (missbräuchliche) Inanspruchnahme durch den Rechtsinhaber **tatsächlich entstanden sind und erforderlich waren**.[76] In Art und Umfang entspricht dies § 8c Abs. 3 Satz 1 UWG (→ Rn. 6).[77] Der Erstattungsanspruch besteht unabhängig davon, ob der Verletzungsanspruch an sich (ohne den Missbrauch) besteht oder nicht.[78] Er ist auch nicht verschuldensabhängig.[79] Anspruchsberechtigt ist nur derjenige, gegen den der Rechtsinhaber Ansprüche geltend gemacht hat (→ Rn. 22). Die Verjährung des Aufwendungsersatzanspruchs richtet sich nach allgemeinen Regeln unter Beachtung der sechsjährigen Maximalverjährungsfrist gem. den Vorgaben aus Art. 8 Abs. 2 RL 2016/943/EU (→ § 13 Rn. 2 ff.). **38**

2. Verhältnis zu anderen Vorschriften

a) § 12a ArbGG

Verlangt ein **Arbeitnehmer** mithilfe von § 14 Satz 2 Aufwendungsersatz von seinem aktuellen oder ehemaligen Arbeitgeber, stellt sich die Frage nach dem Verhältnis von § 14 Satz 2 zu § 12a ArbGG.[80] Abweichend von § 91 ZPO schließt § 12a ArbGG Kostenerstattungsansprüche im Arbeitsprozess im Regelfall aus (→ § 22 Rn. 16). Diese spezielle, im Arbeitnehmerinteresse bestehende Regelung wird **gegenüber § 14 Satz 2 vorrangig** sein.[81] Insoweit gebietet nämlich auch nicht eine richtlinienkonforme Auslegung anderes, denn Art. 7 Abs. 2 der RL 2016/943/EU sieht für die Mitgliedstaaten nur eine Möglichkeit vor („können"), dem Anspruchsgegner Schadensersatz zu gewähren (→ Rn. 15). Zudem gehört Art. 7 Abs. 2 der RL nicht zu den vollharmonisierten Bestimmungen, sodass Abweichungen möglich sind (→ Rn. 17). **39**

b) Sonstige Vorschriften

Dem Anspruchsgegner bleibt es unbenommen, neben dem Kostenerstattungsanspruch aus § 14 Satz 2 auch Ersatzansprüche nach anderen Vorschriften geltend zu machen (s. → Rn. 41 f.). Neben Kostenersatzansprüchen kann er auch **sonstige gesetzlich vorgesehene Instrumentarien** für sich nutzen. So könnte er bspw. nach **40**

---
75 *Reinfeld*, § 5 Rn. 44.
76 Büscher/*Tochtermann*, § 14 GeschGehG Rn. 18.
77 K/B/F/*Alexander*, § 14 GeschGehG Rn. 23 (zu § 8 Abs. 4 Satz 2 UWG aF).
78 BeckOK GeschGehG/*Spieker*, § 14 Rn. 3.
79 H/O/K/*Harte-Bavendamm*, § 14 Rn. 19; BeckOK UWG/*Reiling/F. Wild*, § 14 GeschGehG Rn. 15; *Reinfeld*, § 5 Rn. 44.
80 Vgl. *Reinfeld*, § 5 Rn. 45 ff.
81 *Reinfeld*, § 5 Rn. 47.

§ 14 Missbrauchsverbot

§ 21 eine Urteilsveröffentlichung[82] anstreben oder nach § 22 eine Streitwertbegünstigung[83] geltend machen, wenn die entsprechenden Voraussetzungen dafür vorliegen.

V. Verhältnis zu anderen Ersatzansprüchen (§ 14 Satz 3)

1. Regelungsinhalt

41 § 14 Satz 3 bezieht sich auf den Aufwendungsersatzanspruch nach Satz 2 (→ Rn. 37 ff.) und stellt klar, dass es sich dabei um **keine abschließende Regelung** handelt, sodass (andere und) weitergehende Ersatzansprüche des (missbräuchlich) in Anspruch Genommenen unberührt bleiben. Zu denken ist in diesem Kontext insbes. an deliktische Ansprüche wegen eines rechtswidrigen Eingriffs in das Recht am eingerichteten und ausgeübten Gewerbebetrieb (§ 823 Abs. 1 BGB) oder einer sittenwidrigen vorsätzlichen Schädigung (§ 826 BGB) oder an lauterkeitsrechtliche Ansprüche wegen gezielter Behinderung eines Mitbewerbers (§ 3 Abs. 1, § 4 Nr. 4, § 9 UWG).[84] Ferner bleiben auch vertragliche Ansprüche unberührt.[85]

2. Relevanz anderer Anspruchsgrundlagen

42 Aufgrund der eher niedrigen Tatbestandsvoraussetzungen des Aufwendungsersatzanspruchs nach § 14 Satz 2, bei dem „lediglich" eine missbräuchliche Inanspruchnahme nachgewiesen werden muss (vgl. → Rn. 37 f.), erscheinen **sonstige mögliche Anspruchsgrundlagen wohl vergleichsweise unattraktiv**. Dies gilt insbes. für einen Kostensatz für die Abwehr einer unberechtigterweise ausgesprochenen Abmahnung, der nach anderen Vorschriften nur ganz ausnahmsweise zugesprochen wird.[86]

43 Insoweit wird man aber abwarten müssen, ob die diese Regel teilweise durchbrechenden Grundsätze zur Erstattungsfähigkeit von Abmahnkosten bei einer **unberechtigten Schutzrechtsverwarnung** von der Rechtsprechung auf das GeschGehG übertragen werden.[87] Wegen der Nähe des Geschäftsgeheimnisschutzes zu den Im-

---

82 H/O/K/*Harte-Bavendamm*, § 14 Rn. 20.
83 H/O/K/*Harte-Bavendamm*, § 14 Rn. 25.
84 K/B/F/*Alexander*, § 14 GeschGehG Rn. 24; H/O/K/*Harte-Bavendamm*, § 14 Rn. 20; BeckOK UWG/*Reiling/F. Wild*, § 14 GeschGehG Rn. 18. Zur rechtsmissbräuchlichen Abmahnung als gezielte Wettbewerbsbehinderung *Mayer*, WRP 2011, 534, 537 f. (zu § 8 Abs. 4 UWG aF).
85 K/B/F/*Alexander*, § 14 GeschGehG Rn. 13.
86 OLG Hamm, 18.2.2010 – 4 U 158/06, BeckRS 2010, 6644; LG Köln, 10.10.2012 – 28 O 551/11, ZUM-RD 2013, 20, 22 f.
87 Hiernach haftet derjenige, der ein Immaterialgüterrecht für sich in Anspruch nimmt und deshalb von einem anderen die Einstellung einer dieses Schutzrecht angeblich verletzenden Geschäftstätigkeit verlangt, wegen rechtswidrigen Eingriffs in das Recht am eingerichteten und ausgeübten Gewerbebetrieb (ein sonstiges Recht iSd. § 823 Abs. 1 BGB), falls sich das Schutzrecht als nicht existent erweist oder zwar besteht, aber die inkriminierte (dazu bereits zu § 13) Handlung nicht erfasst. Dazu BGH, 7.7.2020 – X ZR 42/17, GRUR 2020, 1116, 1117 Rn. 17 ff. – Unberechtigte Schutzrechtsverwarnung III; BGH, 1.12.2015 – X ZR 170/12, GRUR 2016, 630, 632 Rn. 15 ff. –

materialgüterrechten (→ Rn. 11) erscheint dies angezeigt, zumal die Beeinträchtigungen des Abgemahnten aufgrund der Geltendmachung von Ansprüchen aus den §§ 6 bis 8 vergleichbar einschneidend sind wie bei Immaterialgüterrechten.

VI. Darlegungs- und Beweislast und Prozessuales

Hinsichtlich der Darlegungs- und Beweislast kommen bei § 14 die allgemeinen Regeln zur Anwendung, wonach die Partei die Umstände einer sie begünstigenden Norm vortragen und beweisen muss. Für die Tatbestandsvoraussetzungen, insbes. die den Missbrauch begründenden Umstände (→ Rn. 26 ff.), ist daher **derjenige darlegungs- und beweisbelastet, der sich mit der Missbrauchsschranke verteidigt**.[88] Nach allgemeinen Regeln können Beweiserleichterungen (bis hin zu einer sekundären Darlegungslast) zur Anwendung kommen (→ § 6 Rn. 252, 256 ff.), zB hinsichtlich des schwierigen Nachweises von inneren Tatsachen wie zB Motiven des Anspruchstellers.[89] Auf der anderen Seite hat der Anspruchsteller bzw. Inhaber des Geschäftsgeheimnisses die Umstände darzulegen und zu beweisen, die den behaupteten Missbrauch entkräften können.[90]

44

Unberechtigte Schutzrechtsverwarnung II; BGH, 15.7.2005 – GSZ 1/04, GRUR 2005, 882, 883 ff. – Unberechtigte Schutzrechtsverwarnung; MK-BGB/*Wagner*, § 823 Rn. 374 ff.; Harte/Henning/*Omsels*, § 4 Nr. 4 Rn. 196 ff.

88 H/O/K/*Harte-Bavendamm*, § 14 Rn. 23; BeckOK GeschGehG/*Spieker*, § 14 Rn. 5 f.; K/B/F/*Alexander*, § 14 GeschGehG Rn. 25; Büscher/*Tochtermann*, § 14 GeschGehG Rn. 14; BeckOK UWG/*Reiling/F. Wild*, § 14 GeschGehG Rn. 16; *Jackowski*, WRP 2010, 38, 43 (zu § 8 Abs. 4 UWG aF).

89 BeckOK UWG/*Reiling/F. Wild*, § 14 GeschGehG Rn. 17.

90 H/O/K/*Harte-Bavendamm*, § 14 Rn. 22; BeckOK GeschGehG/*Spieker*, § 14 Rn. 6; *Jackowski*, WRP 2010, 38, 43 (zu § 8 Abs. 4 UWG aF).

Abschnitt 3
Verfahren in Geschäftsgeheimnisstreitsachen

Vorbemerkungen zu §§ 15 ff.

A. Zivilprozess: „status quo" des Geheimnisschutzes und Besonderheiten im arbeitsgerichtlichen Verfahren

Schrifttum: *Deichfuß*, Rechtsdurchsetzung unter Wahrung der Vertraulichkeit von Geschäftsgeheimnissen – Das praktizierte Beispiel: der Schutz des verdächtigen Patentverletzers im Düsseldorfer Verfahren, GRUR 2015, 436; *Druschel/Jauch*, Der Schutz von Know-how im deutschen Zivilprozess: Der Status quo und die zu erwartenden Änderungen, Teil 1: Der derzeitige und zukünftige prozessuale Geheimnisschutz im Know-how-Verletzungsverfahren, BB 2018, 1218; Teil 2: Der derzeitige und zukünftige Geheimnisschutz im vorgelagerten Besichtigungsverfahren, BB 2018, 1794; *Fischer*, Das betriebliche Vertretensein von Gewerkschaften und seine gerichtliche Feststellung, NZA-RR 2016, 225; *Francken*, Das Geschäftsgeheimnisgesetz und der Rechtsweg zu den Gerichten für Arbeitssachen, NZA 2019, 1665; *Greßlin/Römermann*, Arbeitsrechtliche Gestaltungsmöglichkeiten zum Schutz von betrieblichem Know-how, BB 2016, 1461; *Hauck*, Geheimnisschutz im Zivilprozess – was bringt die neue EU-Richtlinie für das deutsche Recht?, NJW 2016, 2218; *Kalbfus*, Rechtsdurchsetzung bei Geheimnisverletzungen – Welchen prozessualen Schutz gewährt das Geschäftsgeheimnisgesetz dem Kläger?, WRP 2019, 692; *Laoutoumai/Baumfalk*, Probleme im vorprozessualen Verfahren bei der Rechtsverfolgung von Ansprüchen aus dem neuen GeschGehG, WRP 2018, 1300; *McGuire*, Der Schutz von Know-how: Stiefkind, Störenfried oder Sorgenkind?, GRUR 2015, 424; *Müller/Aldick*, Der Geheimnisschutz im Zivilprozess – Vom Gesetzgeber aus den Augen verloren?, ZIP 2020, 9; *Redker/Pres/Gittinger*, Einheitlicher Geheimnisschutz in Europa (Teil 2), Die Entwürfe zur Know-how-Richtlinie, deren Konsequenzen für das innerbetriebliche Vertragsmanagement (Teil 1) und die erforderlichen Auswirkungen auf den Zivilprozess (Teil 2), WRP 2015, 811; *Rojahn*, Das geheime Know-how: Wie geheim darf/muss das Zivilverfahren sein?, in: FS Loewenheim, 2009, S. 251; *Schlingloff*, Geheimnisschutz im Zivilprozess aufgrund der Know-how-Schutz-Richtlinie – Was muss sich im deutschen Prozessrecht ändern? (RL 2016/943/EU), WRP 2018, 666; *Schregle*, Neue Maßnahmen zum Geheimnisschutz in Geschäftsgeheimnissachen – Wegbereiter für den effektiven Rechtsschutz?, GRUR 2019, 912; *Stadler*, Geheimnisschutz im Zivilprozess aus deutscher Sicht, ZZP 2010, 261; *Semrau-Brandt*, Patentstreit zwischen Qualcomm und Apple: Schwächen des Geschäftsgeheimnisschutzes im Zivilprozess, GRUR-Prax 2019, 127; *Winzer*, Der Schutz von Geschäftsgeheimnissen im Zivilprozess, 2018; *Zhu/Popp*, Zivilprozessualer Geheimnisschutz in Patentstreitverfahren – Mit (oder ohne) Türöffner-Antrag zum Confidentiality Club, GRUR 2020, 338.

Vor §§ 15 ff. A Zivilprozess

Übersicht

	Rn.		Rn.
I. Geheimnisschutz im Zivilprozess	1	3. Geheimnisschutzmaßnahmen durch Rechtsfortbildung	15
1. Grundkonflikt: Geheimhaltung von Geschäftsgeheimnissen bei der Rechtsdurchsetzung	1	a) Ausgangspunkt: Informationsdefizit versus Ausforschungsverbot	15
2. Geheimnisschutz nach ZPO und GVG	5	b) Blackbox-Verfahren und Wirtschaftsprüfervorbehalt	17
a) Überblick	5	c) Geheimnisschutz nach dem Düsseldorfer Verfahren	19
b) Ausschluss der Öffentlichkeit	6	II. Besonderheiten des Geheimnisschutzes im arbeitsgerichtlichen Verfahren	26
c) Richterliche Anordnung einer Geheimhaltungspflicht	8	1. Geschäftsgeheimnisse als Streitgegenstand im Arbeitsgerichtsverfahren	26
d) Beschränkung des Rechts auf Akteneinsicht	11	2. Geheimnisschutz nach dem ArbGG	29
e) Zeugnisverweigerungsrechte zugunsten Dritter	14		

I. Geheimnisschutz im Zivilprozess

1. Grundkonflikt: Geheimhaltung von Geschäftsgeheimnissen bei der Rechtsdurchsetzung

1   Die Wahrung des Geheimnischarakters von Geschäftsgeheimnissen in einem Zivilverfahren birgt großes Konfliktpotenzial. Der prozessuale Geheimnisschutz hat die kollidierenden Interessen der Parteien und Verfahrensprinzipien in einen gerechten Ausgleich zu bringen. Auf Seiten des Geheimnisinhabers sind insbes. das Grundrecht der Berufsfreiheit (Art. 12 GG),[1] welches das Geschäftsgeheimnis schützt sowie der Anspruch auf effektiven Rechtsschutz (Art. 19 Abs. 4 GG) zu berücksichtigen. Dem stehen insbes. der Anspruch auf ein faires Verfahren (Art. 6 Abs. 1 EMRK) und rechtliches Gehör (Art. 103 Abs. 1 GG) sowie die Parteiöffentlichkeit (§ 357 Abs. 1 ZPO), die den Parteien das Recht gewährt, an sämtlichen Stadien des Verfahrens teilzunehmen, gegenüber. Schließlich stellen auch die Beibringungspflichten der Parteien (§ 138 Abs. 1 ZPO), der Grundsatz der Mündlichkeit (§ 128 ZPO), die Unmittelbarkeit der Beweisaufnahme (§ 355 ZPO) sowie die Öffentlichkeit des Verfahrens (§§ 169 ff. GVG) den Schutz von Geschäftsgeheimnissen vor weitere Herausforderungen.[2]

2   Die Durchsetzung von Geschäftsgeheimnissen bedeutet für den Kläger ein nur schwer vorhersehbares Risiko, da elementare Schutzvoraussetzung die Bewahrung

---
1 BVerfG, 14.3.2006 – 1 BvR 2087/03 und 1 BvR 2111/03, MMR 2006, 375, 376.
2 *McGuire*, GRUR 2015, 424, 428 ff.; *Schlingloff*, WRP 2018, 666, Rn. 4 ff.

I. Geheimnisschutz im Zivilprozess **Vor §§ 15 ff. A**

des Geheimnischarakters ist.³ Ein Geschäftsgeheimnis ist materiell-rechtlich und vor Verwertung durch Dritte nur solange geschützt, wie dieses nicht jedermann zugänglich und nicht allgemein bekannt ist.⁴ Ein Gerichtsverfahren ist auf den ersten Blick jedoch nur bedingt geeignet, diese Anforderungen sicherzustellen.⁵ Der Kläger hat in der Klageschrift einen hinreichend bestimmten Antrag zu formulieren⁶ und die Anspruchsvoraussetzungen einer Verletzung und damit auch Einzelheiten seines Geschäftsgeheimnisses substantiiert darzulegen.⁷ Der Verweis auf die Verletzungsform⁸ des Beklagten oder die Bezugnahme auf Anlagen⁹ vermag den Kläger nur im Ausnahmefall vor einer ausführlichen Darlegung seines Geheimnisses bewahren.¹⁰

Auch die potenzielle Erörterung eines Geschäftsgeheimnisses in einer der Öffentlichkeit zugänglichen, mündlichen Verhandlung begründet für den klagenden Geschäftsgeheimnisinhaber ein erhebliches Risiko, dass das Geheimnis im Rahmen seiner Anspruchsdurchsetzung offenkundig wird.¹¹ Ein wohl noch größeres Risiko besteht darin, dass der Geheimnisinhaber seinem Wettbewerber, den er vielleicht nur zu Unrecht verdächtigt oder der das Geheimnis nur in Bruchstücken kennt, sein Geheimnis nunmehr vollständig offenbart, ohne hinreichend vor Missbrauch durch diesen geschützt zu sein.¹² Schließlich hat der Beklagte spätestens mit Zustellung der Klageschrift das Geheimnis (rechtmäßig) erhalten und könnte den Wettbewerbsvorteil für sich nutzen. Andererseits ist der Beklagte bspw. wegen sekundärer Darlegungslasten oder einer Beweislastumkehr¹³ angehalten, zwecks Verteidigung gegen eine angebliche Verletzung der Klägerseite eigene Geschäftsgeheimnisse preiszugeben.¹⁴ Zudem können die Parteien auch aufgrund richterlicher Anordnung zur Vorlage von Dokumenten oder Inaugenscheinnahme von Verletzungsgegen-

3

---

3 Nach der Rechtsprechung des BGH war unter einem Geschäftsgeheimnis im Sinne des § 17 UWG aF jede im Zusammenhang mit einem Geschäftsbetrieb stehende Tatsache anzusehen, die nicht offenkundig, sondern nur einem begrenzten Personenkreis bekannt war und nach dem bekundeten, auf wirtschaftlichen Interessen beruhenden Willen des Betriebsinhabers geheimgehalten werden sollte, BGH, 22.3.2018 – I ZR 118/16, GRUR 2018, 1161 – Hohlfasermembranspinnanlage II; zum aktuellen Geschäftsgeheimnisbegriff vgl. § 2 GeschGehG.
4 *Rojahn*, in: FS Loewenheim, S. 251, 254 bezeichnet daher zutreffend das Risiko des Offenkundigwerdens der geheim zu haltenden Tatsachen als „Achillesferse".
5 Zu der Problematik des Risikos der Offenkundigkeit des Geschäftsgeheimnisses aufgrund der vorprozessualen Abmahnung *Laoutoumai/Baumfalk*, WRP 2018, 1300 ff.
6 *Rojahn*, in: FS Loewenheim, S. 251, 258.
7 *Redeker/Pres/Gittinger*, WRP 2015, 811, 812; *Rojahn*, in: FS Loewenheim, S. 251, 254; *Schlingloff*, WRP 2018, 666 Rn. 5.
8 Vgl. BGH, 22.3.2018 – I ZR 118/16, GRUR 2018, 1161 Rn. 33 – Hohlfasermembranspinnanlage II.
9 BGH, 13.12.2007 – I ZR 71/05, WRP 2008, 1085, 1086 – Schweißmodulgenerator.
10 *Redeker/Pres/Gittinger*, WRP 2015, 811, 812.
11 BGH, 25.3.1993 – IX ZR 192/92, NJW 1993, 1638, 1639.
12 *Druschel/Jauch*, BB 2018, 1218, 1219; *Müller/Aldick*, ZIP 2020, 11.
13 ZB § 139 Abs. 3 Satz 1 PatG.
14 *Schlingloff*, WRP 2018, 666 Rn. 7; *Stadler*, ZZP 2010, 261, 266; *Redeker/Pres/Gittinger*, WRP 2015, 811, 813.

Vor §§ 15 ff. A   Zivilprozess

ständen nach §§ 142, 144 ZPO angehalten sein, Geschäftsgeheimnisse zu offenbaren, um im Prozess nicht wegen Beweisfälligkeit zu unterliegen.[15] Der beweisbelastete Geheimnisinhaber ist damit stets dem Risiko ausgesetzt, sein Geheimnis oder den Prozess zu verlieren,[16] vielleicht sogar beides.[17]

4 In Anbetracht dieser Risiken stellten die Verfasser der Geschäftsgeheimnisrichtlinie und der deutsche Gesetzgeber fest, dass Geschäftsgeheimnisinhaber ohne ausreichende Geheimnisschutzmaßnahmen davor zurückschrecken, ihre Ansprüche in einem öffentlichen Gerichtsverfahren durchzusetzen.[18] Obwohl sich das Niveau des prozessualen Geheimnisschutzes mit Inkrafttreten des GeschGehG erheblich verbessert hat,[19] ist insbes. wegen des nur beschränkten Anwendungsbereichs der prozessualen Bestimmungen die Kritik am Schutz von Geschäftsgeheimnissen im Zivilprozess nicht verstummt.[20] Der nachfolgende Abschnitt gibt einen Überblick über die Geheimnisschutzmaßnahmen, die im Zivilprozess vor dem Inkrafttreten des GeschGehG und nunmehr in Verfahren, die keine Geschäftsgeheimnisstreitsachen[21] betreffen, Anwendung finden.

2. Geheimnisschutz nach ZPO und GVG

a) Überblick

5 Gesetzliche Bestimmungen, die dem Schutz von Geschäftsgeheimnissen der Prozessparteien im Rahmen eines Zivilverfahrens dienen, finden sich primär in den Vorschriften zur Verfahrensöffentlichkeit, §§ 169 ff. GVG. Auch die Möglichkeit der Beschränkung der Akteneinsicht nach § 299 Abs. 2 ZPO trägt zum Geheimnisschutz der Parteien bei. Geschäftsgeheimnisse Dritter werden zudem durch Zeugnisverweigerungsrechte, wenngleich diese nicht für die Parteien Anwendung finden, geschützt. Demnach ist der gesetzlich vorgesehene prozessuale Geheimnisschutz auf eine Kenntnisnahme von Geschäftsgeheimnissen gegenüber der Öffentlichkeit beschränkt. Maßnahmen, die auf einen echten Schutz vor Kenntnisnahme der gegnerischen Partei abzielen, sucht man – zumindest in den Vorschriften des Zivilverfahrens – vergeblich.[22]

---

15 *McGuire*, GRUR 2015, 424, 429.
16 *Stadler*, NJW 1989, 1202; *Stadler*, ZZP 2010, 261, 265; *Rojahn*, in: FS Loewenheim, S. 251, 255.
17 *McGuire*, GRUR 2015, 424, 428.
18 RL (EU) 2016/943, Erwgrd. 24; RegE-GeschGehG Begr., BT-Drs. 19/4724, S. 34.
19 *Kalbfus*, WRP 2019, 699; s. unten § 16 → Rn. 1.
20 *Müller/Aldick*, ZIP 2020, 9, 10 ff.; *Semrau-Brandt*, GRUR-Prax 2019, 127; s. auch *Zhu/Popp*, GRUR 2020, 438 zur Möglichkeit, die prozessualen Regelungen des GeschGehG über eine Widerklage zur Anwendung zu bringen; s. unten § 16 Rn. 6.
21 S. unten § 16 Rn. 5.
22 Zum Düsseldorfer Verfahren s. unten Rn. 19 ff., zum Geheimnisschutz im Verwaltungsverfahren s. unten Vor § 15 ff. B Rn. 41 ff.

I. Geheimnisschutz im Zivilprozess **Vor §§ 15 ff. A**

b) Ausschluss der Öffentlichkeit

Die durch Art. 6 Abs. 1 EMRK und Art. 103 GG abgesicherte Verfahrensöffentlichkeit bezweckt den Schutz vor richterlicher Willkür und dient der Stärkung der richterlichen Unabhängigkeit und des Vertrauens der Allgemeinheit in die Justiz.[23] Eine Ausnahme von dem Grundsatz der Öffentlichkeit der mündlichen Verhandlung sowie der Verkündung von gerichtlichen Entscheidungen besteht zum Schutz von Geschäftsgeheimnissen. Gemäß § 172 Nr. 2 GVG kann das Gericht für die Verhandlung (oder für einen Teil davon) die Öffentlichkeit ausschließen, wenn ein wichtiges Geschäfts-, Betriebs-, Erfindungs- oder Steuergeheimnis zur Sprache kommt, durch dessen öffentliche Erörterung überwiegende schutzwürdige Interessen verletzt würden. Der Ausschluss erfolgt von Amts wegen oder auf Antrag der Parteien. Dies gilt nach § 173 Abs. 2 GVG entsprechend für die Verkündung der Entscheidungsgründe, nicht hingegen für die Urteilsverkündung.

Erster Kritikpunkt am Öffentlichkeitsausschluss sind die hohen Hürden, die er für den Geheimnisschutz aufstellt: Es bedarf eines Geschäftsgeheimnisses, das „wichtig" ist und dessen öffentliche Erörterung muss Interessen verletzen, die schutzwürdiger und daher als höher zu gewichten sind. Die Sensibilität und Verletzlichkeit eines Geschäftsgeheimnisses sollte eigentlich ausreichen, um vor der Kenntnisnahme der Öffentlichkeit geschützt zu werden. Aufgrund dieser strengen Anforderungen an das Mindestmaß des gesetzlichen Schutzes, der die Wahrung des Geheimnischarakters von Geschäftsgeheimnissen sicherstellen soll, verwundert es nicht, wenn Geheimnisinhaber von der Durchsetzung ihrer Ansprüche oder der Vorlage von Geschäftsgeheimnissen zur Verteidigung Abstand nehmen.

c) Richterliche Anordnung einer Geheimhaltungspflicht

Sofern die Öffentlichkeit nach § 172 Nr. 2 GVG ausgeschlossen wurde, kann das Gericht die anwesenden Personen zusätzlich zur Verschwiegenheit verpflichten. Diese Pflicht umfasst jedoch nur solche Tatsachen, die den Verpflichteten durch die Verhandlung oder durch ein die Sache betreffendes amtliches Schriftstück zur Kenntnis gelangt sind. Eine Verletzung dieser Verschwiegenheitspflicht wird nach § 353d Nr. 2 StGB strafrechtlich sanktioniert mit Freiheitsstrafe bis zu einem Jahr oder einer Geldstrafe.

Im Schrifttum wird zu Recht kritisiert, dass dieser Schutz nicht ausreichend ist.[24] Zeitlich setzt der Schutz erst im Rahmen der mündlichen Verhandlung an, inhaltlich erstreckt er sich nur auf Tatsachen, die erörtert wurden oder in amtlichen Schriftstücken enthalten sind. Geschäftsgeheimnisse, die durch die Parteien im Schriftsatz dargelegt oder als Beweismittel in den Prozess eingebracht werden, sind hingegen vom Anwendungsbereich nicht erfasst. Schließlich hindert die auferlegte

---
23 *McGuire*, GRUR 2015, 424, 428.
24 *McGuire*, GRUR 2015, 424, 428; *Redeker/Pres/Gittinger*, WRP 2015, 811 Rn. 12; *Rojahn*, in: FS Loewenheim, S. 251, 262; *Stadler*, ZZP 2010, 261, 265; *Schlingloff*, WRP 2018, 666 Rn. 10.

Vor §§ 15 ff. A   Zivilprozess

Verschwiegenheitspflicht nicht den Prozessgegner, das Geschäftsgeheimnis selbst zu nutzen.[25]

10   Wenngleich eine planwidrige Regelungslücke und eine vergleichbare Interessenlage vorliegen,[26] stehen die strafrechtlichen Folgen der Verletzung der angeordneten Verschwiegenheitspflicht einer analogen Anwendung des § 174 Abs. 3 GVG, bspw. für Schriftsätze bei Verfahrenseinleitung entgegen.[27] Die Erweiterung des prozessualen Anwendungsbereichs des § 174 Abs. 3 GVG hat Auswirkungen auf den strafrechtlichen Tatbestand des § 353d Nr. 2 StGB und verstößt gegen das Verbot der richterlichen Rechtsfortbildung zulasten des Täters nach Art. 103 Abs. 2 GG und § 1 StGB. Es bedarf insoweit einer gesetzlichen Regelung, die den Parteien eine Verschwiegenheitspflicht für im schriftlichen Vorverfahren in den Prozess eingebrachte Geschäftsgeheimnisse auferlegt.[28]

d) Beschränkung des Rechts auf Akteneinsicht

11   Der zivilprozessuale Geheimnisschutz der Parteien wird durch die **Beschränkung der Akteneinsicht Dritter** nach § 299 Abs. 2 ZPO ergänzt. Das Akteneinsichtsrecht Dritter ist entweder an die Einwilligung der Parteien oder an die Darlegung eines rechtlichen Interesses geknüpft. Da Geschäftsgeheimnisinhaber ihr Einverständnis nicht erteilen werden, beruht die Gewährung der Akteneinsicht letztlich auf einer Interessenabwägung des Gerichts, bei der auch Geheimhaltungsinteressen der Parteien zu berücksichtigen sind.[29] Sofern die Öffentlichkeit von der Teilnahme am Verfahren, also der mündlichen Verhandlung, ausgeschlossen wurde, ist es auch konsequent, den Geheimnisschutz der Parteien durch die Einschränkung bzw. Verweigerung der Akteneinsicht nach § 299 Abs. 2 ZPO gegenüber Dritten abzusichern.

12   Eine Beschränkung des Rechts zur Akteneinsicht zugunsten von Geheimnisschutzbelangen ist **gegenüber der anderen Partei** aufgrund des gesetzlichen Anspruchs auf rechtliches Gehör ausgeschlossen.[30] Unterlagen, die mit einem entsprechenden Vermerk an das Gericht gesendet werden, dürfen im Rahmen der Entscheidung nicht verwertet werden, ohne dass der Gegner hiervon Kenntnis erhält.[31]

13   Auch der **Nebenintervenient** hat grundsätzlich uneingeschränkt Anspruch auf Einsichtnahme in Verfahrensakten, die Geschäftsgeheimnisse beider Parteien betref-

---

25 *McGuire*, GRUR 2015, 424, 428.
26 *Rojahn*, in: FS Loewenheim, S. 251, 262.
27 *Rojahn*, in: FS Loewenheim, S. 251, 262; *McGuire*, GRUR 2015, 424, 428; aA *Druschel/Jauch*, BB 2018, 1794, 1797.
28 Vgl. § 16 GeschGehG.
29 OLG Frankfurt a. M., 11.2.2016 – 20 VA 14/15, BeckRS 2016, 11761 Rn. 47.
30 OLG Düsseldorf, 25.4.2018 – I-2 W 8/18, BeckRS 2018, 7036 Rn. 8 – Akteneinsicht im FRAND-Verfahren; OLG München, 8.11.2004 – 29 W 2601/04, NJW 2005, 1130, 1131, vgl. auch OLG Köln, 22.2.2017 – 6 W 107/16, WRP 2017, 728 Rn. 11.
31 OLG München, 8.11.2004 – 29 W 2601/04, NJW 2005, 1130, 1131; vgl. auch BGH, 12.11.1991 – KZR 18/90, WRP 1992, 237, 241 – Amtsanzeiger.

fen.³² Das Einsichtsrecht kann jedoch beschränkt werden, wenn die Hauptparteien vor Beitritt des Nebenintervenienten eine Geheimhaltungsvereinbarung geschlossen haben, der Nebenintervenient sich weigert, sich einer vergleichbaren Geheimhaltungsvereinbarung zu unterwerfen und der Geschäftsgeheimnisinhaber substantiiert die Schutzwürdigkeit der Geheimnisse und die bisherigen Geheimnisschutzmaßnahmen konkret vorgetragen hat.³³

e) Zeugnisverweigerungsrechte zugunsten Dritter

Schließlich werden Geschäftsgeheimnisse Dritter, die nicht Prozessparteien sind, mit Hilfe von **Zeugnisverweigerungsrechten** geschützt. Das Spannungsverhältnis zwischen Sachverhaltsaufklärung, Wahrheitsfindung und Beweiswert von Zeugenaussagen einerseits und dem Schutz der persönlichen Geheimnis- und Vertrauenssphäre zur Vermeidung potenzieller Konfliktlagen andererseits wird dadurch in Ausgleich gebracht. Die Erörterung von Geschäftsgeheimnissen kann durch Verweigerungsrechte verhindert werden, sodass den Geheimnisinhabern keine materiell-rechtlichen oder prozessualen Nachteile drohen. § 384 Nr. 3 ZPO schützt den Zeugen davor, sein „Kunst- oder Gewerbegeheimnis" im Rahmen einer Beweisaufnahme offenlegen zu müssen. Bestimmten Personengruppen, die aufgrund ihrer beruflichen Tätigkeit zur Verschwiegenheit verpflichtet sind, zB Arzt oder Rechtsanwalt, wird ebenfalls zur Vermeidung einer Pflichtenkollision das Recht eingeräumt, das Zeugnis über anvertraute Tatsachen, die auch Geschäftsgeheimnisse darstellen können, zu verweigern, § 383 Nr. 6 ZPO. Auch wenn eine entsprechende Anwendbarkeit zugunsten der Parteien aufgrund unterschiedlicher prozessualer Pflichten im Vergleich zu Zeugen nicht in Betracht kommt,³⁴ wird deutlich, dass die ZPO im Einzelfall dem prozessualen Schutz von Geschäftsgeheimnissen den Vorrang einräumt.³⁵

14

3. Geheimnisschutzmaßnahmen durch Rechtsfortbildung

a) Ausgangspunkt: Informationsdefizit versus Ausforschungsverbot

Effektiver Rechtsschutz verlangt neben der Schaffung des materiell-rechtlichen Anspruchs auch dessen wirksame Durchsetzung einschließlich des Zugangs zu den hierfür erforderlichen Informationen, ohne unverhältnismäßig in die Rechte der anderen Partei einzugreifen. Das Informationsdefizit des Rechtsinhabers wird durch materiell-rechtliche Auskunftsansprüche ausgeglichen. Der Zugang zu Informationen und der Schutz von Geheimnissen sind untrennbar miteinander verbunden.³⁶

15

---

32 OLG Düsseldorf, 25.4.2018 – I-2 W 8/18, BeckRS 2018, 7036 Rn. 8; LG München, 13.8.2019 – 7 O 3890/19, BeckRS 2019, 18148 Rn. 6.
33 OLG Düsseldorf, 25.4.2018 – I-2 W 8/18, BeckRS 2018, 7036 Rn. 11 ff.; LG München, 13.8.2019 – 7 O 3890/19, BeckRS 2019, 18148 Rn. 6.
34 *Stadler*, ZZP 2010, 261, 264.
35 *Schlingloff*, WRP 2018, 666 Rn. 11.
36 *Stadler*, ZZP 2010, 261, 263.

Vor §§ 15 ff. A Zivilprozess

Allerdings gelten im deutschen Zivilprozess das Ausforschungsverbot und der Grundsatz, dass keine Partei ihrem Gegner die Mittel zum Prozesssieg verschaffen muss.[37] Bereits bei diesen Grundsätzen zeigt sich die Tendenz, dass die Rechtsprechung primär den Schutz des beklagten Geschäftsgeheimnisinhabers im Blick zu haben scheint.[38]

16 Die Durchsetzung der insbes. aus dem gewerblichen Rechtschutz und Urheberrecht bekannten Ansprüche auf Auskunft, Besichtigung und Vorlage tangiert Geheimhaltungsinteressen des auskunftspflichtigen Gegners. Um vertrauliche Informationen, und insbes. Geschäftsgeheimnisse, hinreichend zu schützen, hat die Rechtsprechung Geheimnisschutzmaßnahmen wie den „Wirtschaftsprüfervorbehalt" im Rahmen von Auskunftsansprüchen und das „Düsseldorfer Verfahren" bei Vorlage- und Besichtigungsansprüchen entwickelt. Ein In-camera-Verfahren konnte sich trotz zahlreicher Befürworter in der Literatur[39] und entsprechender Vorbilder in anderen Verfahrensordnungen[40] im Zivilprozess nicht durchsetzen. Auch das GeschGehG sieht eine solche Regelung nicht vor.[41]

b) Blackbox-Verfahren und Wirtschaftsprüfervorbehalt

17 Als effektive Maßnahme zum Schutz von Geschäftsgeheimnissen schlechthin wird im Schrifttum das sog. **Blackbox-Verfahren** diskutiert,[42] bei dem Geschäftsgeheimnisse weder dem angerufenen Gericht noch der gegnerischen Partei, sondern ausschließlich einem zur Verschwiegenheit verpflichteten Sachverständigen zur Beurteilung vorgelegt werden. Auch wenn durch die stark reduzierte Offenlegung des Geschäftsgeheimnisses ein effektiver Geheimnisschutz erreicht werden kann, hat die Rechtsprechung vergleichbaren Maßnahmen wegen Verletzung elementarer Grundsätze des Zivilprozesses eine Absage erteilt.[43] Sachverständigengutachten, die auf vertraulichen Informationen beruhen, die weder dem Gericht noch der gegnerischen Partei zugänglich gemacht wurden, sind daher prozessual unverwertbar. Ein solches Verfahren verletzt nicht nur das rechtliche Gehör der gegnerischen Partei aus Art. 103 Abs. 1 GG, sondern entzieht den Parteien letztlich den gesetzlichen Richter, Art. 101 Abs. 1 Satz 2 GG. Allein dem Gericht obliegt die Prüfung der dem Gutachten zugrunde liegenden Tatsachen gem. § 286 ZPO. Die alleinige Kenntnis und Bewertung der streitigen Tatsachen durch einen Sachverständigen verkennt

---

37 BGH, 2.5.2002 – I ZR 45/01, WRP 2002, 1173, 1176 – Faxkarte; *McGuire*, GRUR 2015, 424, 429.
38 Vgl. auch *McGuire*, GRUR 2015, 424, 432.
39 *Hauck*, NJW 2016, 2218, 2222; *Müller/Aldick*, ZIP 2020, 9, 14; *Redeker/Pres/Gittinger*, WRP 2015, 811 Rn. 26; *Schregle*, GRUR 2019, 912, 915; *Winzer*, S. 205 ff.
40 § 99 Abs. 2 VwGO, s. unten Vor §§ 15 ff. B Rn. 41 ff.; § 138 TKG, § 72 Abs. 2 GWB, § 84 Abs. 2 EnWG, § 57 Abs. 2 WpÜG; vgl. zur Richtlinienumsetzung in Österreich § 26h öUWG.
41 Vgl. *Müller/Aldick*, ZIP 2020, 9, 14; *Schregle*, GRUR 2019, 912, 915.
42 *McGuire*, GRUR 2015, 424, 428; *Müller/Aldick*, ZIP 2020, 9, 13.
43 BGH, 12.11.1991 – KZR 18/90, WRP 1992, 237, 241 – Amtsanzeiger.

I. Geheimnisschutz im Zivilprozess   **Vor §§ 15 ff. A**

dessen Funktion im Rahmen der Beweisaufnahme. Schließlich ist eine darauf beruhende Entscheidung auch für die Parteien nicht nachvollziehbar.[44] Die vollumfängliche Geheimhaltung streitgegenständlicher Geschäftsgeheimnisse durch Einschaltung eines Dritten, der allein die Rechtsfrage der Verletzung beantwortet, kommt im Zivilverfahren daher nicht in Betracht.

Im Unterschied zu dem Blackbox-Verfahren werden beim **Wirtschaftsprüfervorbehalt**[45] keine anspruchsbegründenden Tatsachen, sondern solche, die für eine Plausibilitätskontrolle der für die Bezifferung von Ansprüchen gemachten Angaben notwendig sind, der anderen Partei und dem Gericht vorenthalten.[46] Auskunftsansprüche nach §§ 242, 259 BGB, bspw. im Zusammenhang mit der Geltendmachung einer Arbeitnehmererfindervergütung,[47] im Wettbewerbsrecht oder im Kontext der Verletzung absoluter Schutzrechte, verpflichten den Schuldner, umfassend Auskunft zu erteilen bspw. über Herstellungsmengen, Lieferungen, Angebotspreise, Anschriften von Lieferanten und Kunden. Zur Wahrung der Vertraulichkeit der Informationen, die nicht erforderlich und deren Offenlegung dem auskunftspflichtigen Gegner nicht zumutbar sind, hat sich der Einsatz eines zur Verschwiegenheit verpflichteten Wirtschaftsprüfers bewährt, der die Richtigkeit und Vollständigkeit der Angaben des Auskunftsschuldners stichprobenartig überprüft.[48] Die Einschaltung des Wirtschaftsprüfers ist eine von mehreren Kriterien, die im Rahmen der Interessenabwägung des Auskunftsanspruchs zB neben dem Bestehen eines Wettbewerbsverhältnisses oder der Bereitschaft des Auskunftsgläubigers, eine strafbewehrte Vertraulichkeitserklärung abzugeben, zu berücksichtigen ist.[49] Der Auskunftsgläubiger erhält daher sämtliche Informationen, die für seine Anspruchsdurchsetzung notwendig sind und ihn befähigen, seinen Vergütungsanspruch berechnen zu können, während der Auskunftspflichtige seine Geschäftsgeheimnisse wie (nichtgewerbliche) Kundenlisten bewahren kann.

18

c) Geheimnisschutz nach dem Düsseldorfer Verfahren

Der von der Rechtsprechung im Patent- und Urheberrecht entwickelte Vorlage- und Besichtigungsanspruch aus §§ 809, 810 BGB verhilft dem Besichtigungsgläubiger („Rechtsinhaber") unter Berücksichtigung der Geheimhaltungsinteressen des Besichtigungsschuldners („vermeintlichen Verletzer") sich die für die Rechtsdurchsetzung notwendigen Informationen zu beschaffen bzw. festzustellen, ob ihm über-

19

---

44 *Stadler*, ZZP 2010, 261, 273.
45 BGH, 7.12.1979 – I ZR 157/77, GRUR 1980, 227, 232 – Monumenta Germaniae Historica; BGH, 13.2.1981 – I ZR 111/78, GRUR 1981, 535 – Wirtschaftsprüfervorbehalt.
46 K/B/F/*Köhler*, § 9 UWG Rn. 4.19; ein solcher Wirtschaftsprüfervorbehalt wird ausdrücklich in § 87c Abs. 4 HGB für Streitigkeiten um Provisionsansprüche zwischen Unternehmer und Handelsvertreter geregelt.
47 OLG Düsseldorf, 24.10.2013 – I-2 U 63/12, 2 U 63/12, GRUR-RS 2013, 18744.
48 OLG Düsseldorf, 24.10.2013 – I-2 U 63/12, 2 U 63/12, GRUR-RS 2013, 18744.
49 OLG Düsseldorf, 24.10.2013 – I-2 U 63/12, 2 U 63/12, GRUR-RS 2013, 18744.

Vor §§ 15 ff. A Zivilprozess

haupt ein Anspruch zusteht.[50] Es handelt sich um eine **vorprozessuale Maßnahme**, um die Erfolgsaussichten einer Klage abschätzen zu können.[51]

20 Mit der Umsetzung der Enforcement-Richtlinie[52] hat der Gesetzgeber für absolute Schutzrechte, nicht aber für Geschäftsgeheimnisse, konkret zugeschnittene Vorlage- und Besichtigungsansprüche geschaffen.[53] Informationsdefizite im Zusammenhang mit der Verletzung von Geschäftsgeheimnissen müssen auch mangels Berücksichtigung durch das Geschäftsgeheimnisgesetz weiterhin auf der Grundlage der eher unspezifischen §§ 809, 810 BGB durchgesetzt werden,[54] die sich auf Sachen bzw. Urkunden im Besitz des vermeintlichen Verletzers beziehen.

21 Der auf § 809 BGB gestützte Besichtigungsanspruch setzt materiell-rechtlich die hinreichende Wahrscheinlichkeit einer Rechtsverletzung voraus,[55] wobei der Verhältnismäßigkeitsgrundsatz und insbesondere der Geheimnisschutz des vermeintlichen Verletzers im Rahmen einer Interessenabwägung zu berücksichtigen sind.[56] Dem Gläubiger darf letztlich keine andere Möglichkeit zur Informationsbeschaffung für die Anspruchsbegründung zur Verfügung stehen, sodass der geltend gemachte Verletzungsanspruch nur noch vom Ergebnis der Besichtigung abhängt.[57] Bei Abwägung der Interessen ist zu prüfen, ob dem schützenswerten Geheimhaltungsinteresse durch Einschaltung eines zur Verschwiegenheit verpflichteten Dritten hinreichend Rechnung getragen werden kann.[58] Der vermeintliche Verletzer wird durch die Anspruchsvoraussetzungen, die im Rahmen der Interessenabwägung angeordneten Geheimnisschutzmaßnahmen sowie den verschuldensunabhängigen Schadensersatzanspruch (§ 811 Abs. 2 BGB) geschützt.

22 Die prozessuale Durchsetzung des Besichtigungsanspruchs im einstweiligen Rechtsschutz nach dem Modell des **Düsseldorfer Verfahrens**,[59] das den Geheimnisschutz des Beklagten unter Einschaltung eines zur Verschwiegenheit verpflichteten Dritten ermöglicht, hat der BGH anerkannt.[60] Das Düsseldorfer Verfahren kombiniert ein selbstständiges Beweissicherungsverfahren nach §§ 485 ff. ZPO

---

50 BGH, 2.5.2002 – I ZR 45/01, WRP 2002, 1173, 1176 – Faxkarte.
51 *McGuire*, GRUR 2015, 424, 430; *Redeker/Pres/Gittinger*, WRP 2015, 811, 814; *Stadler*, ZZP 2010, 261, 269.
52 Richtlinie 2004/48/EG des Europäischen Parlaments und des Rates vom 29. April 2004 zur Durchsetzung der Rechte des geistigen Eigentums, Abl. vom 30.4.2004, L 157/45-86.
53 § 140c PatG, § 101a UrhG, § 19a MarkenG, § 24c GebrMG, § 46a DesignG, § 37c SortG, § 9 Abs. 2 HalblSchG iVm. § 24c GebrMG.
54 Ausführlich hierzu *Druschel/Jauch*, BB 2018, 1794.
55 BGH, 2.5.2002 – I ZR 45/01, WRP 2002, 1173, 1176 – Faxkarte.
56 BGH, 8.1.1985 – X ZR 18/84, GRUR 1985, 512, 516 – Druckbalken; BGH, 2.5.2002 – I ZR 45/01, WRP 2002, 1173, 1176 – Faxkarte.
57 BGH, 8.1.1985 – X ZR 18/84, GRUR 1985, 512, 516 – Druckbalken; *Stadler*, ZZP 2010, 261, 270; *Deichfuß*, GRUR 2015, 436, 438.
58 BGH, Urteil vom 2.5.2002 – I ZR 45/01, BGHZ 150, 377–390 Rn. 28 – Faxkarte.
59 OLG Düsseldorf, 14.1.2009 – 2 W 56/08, BeckRS 2009, 17532; OLG Düsseldorf, 11.2.2016 – I-20 W 14/16, GRUR-RR 2016, 224; ausführlich *Deichfuß*, GRUR 2015, 436 ff.
60 BGH, 16.11.2009 – X ZB 37/08, WRP 2010, 541 – Lichtbogenschnürung.

mit einer einstweiligen Verfügung, die auf Duldung der Besichtigung und Unterlassung einer Veränderung bzw. Beseitigung des Besichtigungsgegenstandes gerichtet ist. Das Gericht erlässt im selbstständigen Beweisverfahren einen Beschluss, der die Einholung eines Sachverständigengutachtens anordnet, das konkret die Frage zum Gegenstand hat, ob das betroffene Recht durch den vermeintlichen Verletzer zum Einsatz kommt und verpflichtet per einstweiliger Verfügung diesen zur Duldung der Besichtigung und Begutachtung.

Der **Geheimnisschutz nach dem Düsseldorfer Verfahren** zugunsten des vermeintlichen Verletzers vollzieht sich in folgenden Schritten: 23

– Zunächst erfolgt die Besichtigung des zu sichernden Beweisgegenstandes beim vermeintlichen Verletzer durch einen neutralen, zur Verschwiegenheit verpflichteten Sachverständigen, die Gegenseite sowie anwaltliche Vertreter (Rechts- oder Patentanwälte) des Rechtsinhabers, die ebenfalls zur Verschwiegenheit – selbst gegenüber dem Rechtsinhaber – verpflichtet sind. Dieser verzichtet vorsorglich auf seine Teilnahme an der Besichtigung, um den Geheimnisschutzinteressen des Beklagten Rechnung zu tragen und das Risiko einer ablehnenden Entscheidung des Gerichts zu vermeiden.[61]
– Im nächsten Schritt erstellt der Sachverständige das Gutachten über die Besichtigung und übermittelt dieses an das Gericht. Das Gericht sendet das Gutachten dem vermeintlichen Verletzer und seinen Beratern, damit diese zu etwaigen Geschäftsgeheimnissen Stellung nehmen können. Auch der weiterhin zur Verschwiegenheit verpflichtete anwaltliche Berater des Rechtsinhabers erhält das Gutachten.[62]
– Das Gericht hat in einem letzten Schritt unter Berücksichtigung der Stellungnahmen der Parteien über die Freigabe des Gutachtens an den Rechtsinhaber und die Entbindung seiner Berater von der Schweigepflicht zu entscheiden.[63] Diese Entscheidung hängt letztlich davon ab, ob Geschäftsgeheimnisse des vermeintlichen Verletzers betroffen sind, ob diese ggf. durch die Schwärzung von Passagen gewahrt werden könnten und ob sich der Verletzungsvorwurf bestätigt hat. Die Freigabe des Gutachtens an den Rechtsinhaber erfolgt, wenn eine Rechtsverletzung nach vorläufiger Prüfung des Gerichts naheliegt.[64]

Die Geheimnisschutzinteressen des vermeintlichen Verletzers werden im Düsseldorfer Verfahren dadurch gewahrt, indem das Sachverständigengutachten zunächst lediglich den anwaltlichen Vertretern des Rechtsinhabers, die ihrem Mandanten gegenüber zur Verschwiegenheit verpflichtet sind, offengelegt wird. Diese Ver- 24

---

61 *Deichfuß*, GRUR 2015, 436, 439; *Stadler*, ZZP 2010, 261, 271.
62 *Deichfuß*, GRUR 2015, 436, 439.
63 *Deichfuß*, GRUR 2015, 436, 440.
64 OLG Düsseldorf, 14.1.2009, I-2 W 56/08, 2 W 56/08, InstGE 10, 198, 200 – Zeitversetztes Fernsehen; *Stadler*, ZZP 2010, 261, 272 fordert zu Recht eine hohe Wahrscheinlichkeit einer Rechtsverletzung, da zuvor eine hinreichende Wahrscheinlichkeit für die Anspruchsbegründung ausreichte.

schwiegenheitspflicht gegenüber dem Rechtsinhaber, der seinen Besichtigungsanspruch durchsetzen will, stellt das Vertrauensverhältnis zwischen Anwalt und Mandant sowie das tradierte Rollenbild des Anwalts als Interessenvertreter seines Mandanten vor besondere Herausforderungen.[65] Der BGH hat dieses Verfahren zum Geheimnisschutz unter Einschränkung der Rechte des Rechtsinhabers nicht beanstandet und zudem klargestellt, dass an der Zuverlässigkeit und Verschwiegenheit der anwaltlichen Vertreter aufgrund ihrer Stellung, Funktion und Aufgabe als Organ der Rechtspflege keine Zweifel bestehen.[66] Das OLG Köln hat ausdrücklich klargestellt, dass eine Geheimhaltung von Geschäftsgeheimnissen des Rechtsinhabers im Rahmen der Durchsetzung des Besichtigungsanspruchs gegenüber dem vermeintlichen Verletzer nicht in Betracht kommt.[67]

25 Im Ergebnis bleibt daher festzuhalten, dass das Düsseldorfer Verfahren geeignet ist, die Geheimnisschutzinteressen des Beklagten hinreichend zu wahren, den Kläger hingegen nicht vor einer Offenlegung seines Geheimnisses schützt, dessen Durchsetzung er vorbereitet. Für Geschäftsgeheimnisverletzungen scheint ein solches Verfahren nur dann praxistauglich, wenn der Geschäftsinhaber bereits weiß, dass der Gegner sein Geheimnis benutzt und sich nur Gewissheit für die Klage verschaffen möchte. Andernfalls müsste der richterliche Beschluss auch eine Verschwiegenheitspflicht der Besichtigungsteilnehmer zugunsten des Geschäftsgeheimnisinhabers anordnen.

II. Besonderheiten des Geheimnisschutzes im arbeitsgerichtlichen Verfahren

1. Geschäftsgeheimnisse als Streitgegenstand im Arbeitsgerichtsverfahren

26 Geschäftsgeheimnisse sind nicht nur durch äußere Angriffe (Betriebsspionage), sondern häufig auch durch die unberechtigte Mitnahme, Weitergabe und Verwertung durch Beschäftigte und ehemalige Arbeitnehmer bedroht.[68] Ein (ehemaliger) Arbeitnehmer, der ein Geschäftsgeheimnis seines Arbeitgebers rechtswidrig mitnimmt, verwertet oder an einen Konkurrenten seines Arbeitgebers weitergibt, verletzt seine arbeitsvertraglichen Nebenpflichten.[69] Ein Arbeitgeber, der dieses Handeln seines (ehemaligen) Arbeitnehmers unterbinden möchte, muss vor den Arbeitsgerichten Klage erheben.

27 Die Arbeitsgerichte sind ausschließlich zuständig für bürgerliche Rechtsstreitigkeiten zwischen Arbeitgebern und Arbeitnehmern aus dem Arbeitsverhältnis (§ 2 Abs. 1 Nr. 3a ArbGG), aus Verhandlungen über die Eingehung eines Arbeitsver-

---

65 *Hauck*, NJW 2016, 2218, 2222.
66 BGH, Beschl. vom 16.11.2009 – X ZB 37/08, WRP 2010, 541 Rn. 23 ff. – Lichtbogenschnürung.
67 OLG Köln, 22.2.2017 – 6 W 107/16, WRP 2017, 728 Rn. 23.
68 Vgl. Bitkom Studie 2018, S. 28 ff. https://www.bitkom.org/sites/default/files/file/import/181008-Bitkom-Studie-Wirtschaftsschutz-2018-NEU.pdf abgerufen am 28.4.2020.
69 *Greßlin/Römermann*, BB 2016, 1461, 1464.

hältnisses und aus dessen Nachwirkungen (§ 2 Abs. 1 Nr. 3b ArbGG) sowie aus einer unerlaubten Handlung, die im Zusammenhang mit dem Arbeitsverhältnis steht (§ 2 Abs. 1 Nr. 3d ArbGG). Ein Zusammenhang mit dem Arbeitsverhältnis besteht auch dann, wenn das Arbeitsverhältnis bereits beendet ist, aber die unerlaubte Handlung in einer inneren Beziehung zu dem Arbeitsverhältnis steht und damit in der besonderen Eigenart des Arbeitsverhältnisses wurzelt.[70]

Zivilrechtliche Streitigkeiten, die in einem rechtlichen oder unmittelbar wirtschaftlichen Zusammenhang mit einem vor den Arbeitsgerichten zu verhandelnden Gegenstand stehen, können nach § 2 Abs. 3 ArbGG ebenfalls von diesen entschieden werden, vorausgesetzt, es ist keine ausschließliche Zuständigkeit eines anderen Gerichts begründet. Eine solche Zusammenhangsklage ist ausgeschlossen, wenn bspw. eine andere sachlich ausschließliche Zuständigkeit nach § 13 UWG, § 139 PatG oder § 39 ArbnErfG begründet wäre.[71] Daher kann ein des Geheimnisverrats verdächtiger Arbeitnehmer nicht mit einem Konkurrenten, dem die unlautere Verwertung vorgeworfen wird, gemeinsam vor den Arbeitsgerichten verklagt werden. Der Wettbewerber, der Geschäftsgeheimnisse rechtswidrig verwertet, ist daher stets vor den ordentlichen Gerichten zu verklagen.[72] Neben der Gefahr divergierender Entscheidungen erhöht dies – ohne hinreichenden prozessualen Geheimnisschutz – auch die Gefahr der Offenkundigkeit eines Geschäftsgeheimnisses infolge der Rechtsdurchsetzung. 28

2. Geheimnisschutz nach dem ArbGG

Die §§ 15–22 GeschGehG enthalten besondere zivilprozessuale Verfahrensregelungen, die dem typischen Geheimhaltungsinteresse der Parteien besonders Rechnung tragen und die weit über den bisherigen gesetzlichen Schutz hinausgehen. Nach der Gesetzesbegründung finden diese prozessualen Vorschriften auch in arbeitsgerichtlichen Verfahren Anwendung.[73] 29

Das Arbeitsgerichtsgesetz trifft auch eigene Regelungen, die den Ausschluss der Öffentlichkeit im Arbeitsgerichtsprozess sicherstellen. § 52 ArbGG verweist auf die Vorschriften des GVG zum Öffentlichkeitsausschluss und modifiziert diese zudem. Es besteht daher ein vergleichbares Schutzniveau vor der Kenntnisnahme von Geschäftsgeheimnissen gegenüber der Öffentlichkeit wie im Zivilprozess. Anders als § 172 Nr. 2 GVG wird der Ausschluss der Öffentlichkeit allerdings nicht an ein „wichtiges" Geschäftsgeheimnis oder eine Abwägung mit „überwiegenden schutzwürdigen Interessen" geknüpft. Ferner erfolgt der Ausschluss der Öffentlichkeit nicht von Amts wegen, sondern nur auf Antrag einer der Parteien. Wie auch im Zivilprozess setzt der prozessuale Geheimnisschutz erst in der mündlichen Verhandlung ein, ermöglicht dann aber auch aufgrund des Verweises auf die §§ 173–175 30

---
70 OLG Frankfurt a. M., 20.5.2004 – 6 W 44/05, GRUR 2005, 792 – Mitarbeiterdatei.
71 BAG, 10.6.2010 – 5 AZB 3/10, NZA 2010, 1086, 1087.
72 BAG, 10.6.2010 – 5 AZB 3/10, NZA 2010, 1086, 1087.
73 BT-Drs. 19/4724, S. 34; vgl. Franken, NZA 2019, 1665, 1666.

Vor §§ 15 ff. A   Zivilprozess

GVG die Anordnung einer strafbewehrten Verschwiegenheitspflicht gegenüber den Anwesenden. Vor dem Hintergrund dieses Repertoires an Geheimnisschutzmaßnahmen im Arbeitsgerichtsprozess können sich die Parteien nach Ansicht der Rechtsprechung des BAG allerdings nicht darauf berufen, dass die Offenlegung von Angaben über die finanzielle Situation in einem öffentlichen Verfahren unzumutbar sei.[74] Da die prozessualen Vorschriften der §§ 15 ff. auch in arbeitsgerichtlichen Verfahren Anwendung finden, ist dem Schutz von Geschäftsgeheimnissen zumindest im Kontext von Verfahren, die Geschäftsgeheimnisstreitsachen betreffen, genüge getan. Im Übrigen bleibt es bei den bekannten Schutzlücken.[75]

31   Nach § 58 Abs. 3 Alt. 2 ArbGG kann das **Vertretensein einer Gewerkschaft** in einem Betrieb durch die Vorlegung öffentlicher Urkunden, und damit auch durch eine notarielle Erklärung, nachgewiesen werden.[76] Diese Maßnahme, die die Geheimhaltung der Gewerkschaftsangehörigkeit bezweckt, ist dem Wirtschaftsprüfervorbehalt (s. oben → Rn. 18) ähnlich. Nach der Rechtsprechung des BAG war lange vor dem Inkrafttreten der Verfahrensregelung des § 58 Abs. 3 ArbGG eine notarielle Erklärung als mittelbarer Beweis zulässig.[77] Danach war eine notarielle Erklärung verwertbar, aus der hervorging, dass sich ein Arbeitnehmer gegenüber dem Notar als betriebsangehöriges Gewerkschaftsmitglied ausgewiesen und dies eidesstattlich versichert hatte. Gegen dieses „beweisrechtliche Geheimverfahren" wird im Schrifttum argumentiert, dass das in den §§ 285, 286 ZPO verankerte Recht zur Stellungnahme zum Beweisergebnis, das Führen eines Gegenbeweises sowie das rechtliche Gehör verletzt werde.[78] Die nähere Befassung mit diesem Verfahren zeigt jedoch, dass sich die Einwände vorrangig gegen die Anerkennung eines mittelbaren Beweises richten, bei dem statt einer Zeugenvernehmung eine Urkunde vorgelegt wird. Eine unzulässige Einschränkung der Parteiöffentlichkeit oder des rechtlichen Gehörs ist dadurch jedoch nicht zu befürchten.

---

74 BAG, 21.11.1991 – 6 AZR 544/89, BeckRS 1991, 30917258.
75 S. oben Rn. 5 ff.
76 BT-Drs. 18/4062, S. 16; vgl. *Fischer*, NZA-RR 2016, 225.
77 BAG, 25.3.1992 – 7 ABR 65/90, NZA 1993, 134; BAG, 21.11.1991 – 6 AZR 544/89, BeckRS 1991, 30917258; LAG Rheinland-Pfalz, 11.1.2013 – 9 TaBVGa 2/12 Juris Tz. 20.
78 MK-ZPO/*Prütting*, § 285 Rn. 14.

B. Der Schutz von Geschäftsgeheimnissen im öffentlichen Recht

Schrifttum: *Fischer/Fluck*, Informationsfreiheit versus Betriebs- und Geschäftsgeheimnisse, NVwZ 2013, 337; *Fluck/Fischer/Martini*, Informationsfreiheitsrecht mit Umweltinformations- und Verbraucherinformationsrecht, Stand 2020; *Kloepfer/Greve*, Das Informationsfreiheitsgesetz und der Schutz von Betriebs- und Geschäftsgeheimnissen, NVwZ 2011, 577; *Schemmer*, Das in-camera-Verfahren nach § 99 Abs. 2 VwGO, DVBl. 2011, 323.

Übersicht

	Rn.		Rn.
I. Einführung	1	1. Merkmale	22
II. Rechtsquellen des öffentlich-rechtlichen Geheimnisschutzes	3	2. Auf ein Unternehmen bezogene Tatsachen, Umstände und Vorgänge	28
1. Verfassungsrecht	3	3. Keine Offenkundigkeit	30
2. Verwaltungsrecht	6	4. Berechtigtes Interesse an der Nichtverbreitung	33
3. Informationsfreiheitsrecht	9	V. Prozessuale Implikationen des öffentlich-rechtlichen Geheimnisschutzes	35
III. Facetten des öffentlich-rechtlichen Geheimnisschutzes	14		
1. Allgemeine Strukturfragen	14	1. Der Geheimnisschutz im Verwaltungsverfahren	38
2. Verhältnis zum Geschäftsgeheimnisgesetz	18	2. Der Geheimnisschutz im Gerichtsverfahren	41
IV. Inhalt des öffentlich-rechtlichen Geheimnisschutzes	22		

I. Einführung

Im öffentlichen Recht zeigt sich der Schutz von Geschäftsgeheimnissen in zahlreichen rechtlichen Bestimmungen. Der **öffentlich-rechtliche Geheimnisschutz** im deutschen Recht hat seinen Ausgangspunkt im Verfassungsrecht (→ Rn. 3 ff.), der sodann in den Regelwerken des Besonderen, aber auch des Allgemeinen Verwaltungsrechts (→ Rn. 6 ff.) und dabei in besonderer Weise im Informationsfreiheitsrecht (→ Rn. 9 ff.) konkretisiert wird, welche die verfassungsrechtlichen Vorgaben in sich aufnehmen und umsetzen (müssen). Hieraus leiten sich die Facetten und der materielle Inhalt von öffentlich-rechtlich verwirklichten Betriebs- und Geschäftsgeheimnissen ab (→ Rn. 14 ff. und → Rn. 22 ff.). Flankierend wird im Prozessrecht der materielle Geheimnisschutz gewährleistet, was sich verwaltungsprozessual beispielhaft an den Verfahren zum Informationsfreiheitsrecht aufzeigen lässt (→ Rn. 35 ff.).

1

Vor §§ 15 ff. B   Der Schutz v. Geschäftsgeheimnissen im öffentlichen Recht

2   Das deutsche System findet seine Parallele im **EU-Recht**,[1] welches den unternehmensbezogenen Geheimnisschutz ebenfalls verfassungsrechtlich – und zwar über die Charta der Grundrechte der Europäischen Union, dort in Art. 16 GrCh (Unternehmerfreiheit) und Art. 17 Abs. 2 GrCh (Schutz des geistigen Eigentums)[2] – gewährleistet und sodann in zahlreichen Regelwerken des sekundären EU-Rechts einen bereichsspezifischen Schutz von Geschäftsgeheimnissen aufgreift. Auch auf der Ebene der EU finden sich entsprechende Bestimmungen in den einzelnen wirtschaftsbezogenen Richtlinien und Verordnungen und der Informationsfreiheitsgesetzgebung der EU.[3]

II. Rechtsquellen des öffentlich-rechtlichen Geheimnisschutzes

1. Verfassungsrecht

3   Sofern das Verwaltungsrecht den Schutz von Betriebs- und Geschäftsgeheimnissen anordnet, wird den Vorgaben des Grundgesetzes Rechnung getragen. Vorrangig einschlägig sind die Grundrechte aus Art. 14 GG (Eigentumsgarantie) und Art. 12 Abs. 1 GG (Berufsfreiheit),[4] auf die sich auch (inländische) juristische Personen des Privatrechts, die über Betriebs- und Geschäftsgeheimnisse verfügen, berufen können (Art. 19 Abs. 3 GG).

4   Betriebs- und Geschäftsgeheimnisse können zum einen von der **Eigentumsgarantie** des Art. 14 Abs. 1 GG erfasst sein. Unter den verfassungsrechtlichen Eigentumsbegriff fallen alle privatrechtlichen vermögenswerten Rechtspositionen. Entscheidend für die Qualifizierung von Betriebs- und Geschäftsgeheimnissen als verfassungsrechtliches Eigentum ist damit, dass es sich bei diesen um ein Vermögensgut handelt. Dies wird vielfach der Fall sein, da sich bei Betriebs- und Geschäftsgeheimnissen die bloße Information typischerweise zu einem Vermögenswert verdichtet, dem ein konkreter Marktwert beizumessen ist,[5] und nicht bloße Erwerbsmöglichkeiten im Raum stehen. Des Weiteren kann man für die verfassungsrechtliche Einordnung der Betriebs- und Geschäftsgeheimnisse im Rahmen von Art. 14

---

1 Im Völkerrecht werden Betriebs- und Geschäftsgeheimnisse im Welthandelsrecht geschützt, wobei der Schutz von „*trade secrets*" insbes. in Art. 39 TRIPS verwirklicht wird.
2 Vgl. etwa *Jarass*, Art. 16 Rn. 10 und Art. 17 Rn. 10, auch mwN zur Rechtsprechung des Gerichtshofs der EU.
3 Vgl. hierzu VO (EG) Nr. 1049/2001 über den Zugang der Öffentlichkeit zu Dokumenten des Europäischen Parlaments, des Rates und der Kommission und dem entgegenstehenden Schutz der geschäftlichen Interessen einer natürlichen oder juristischen Person sowie RL 2003/4/EG des Europäischen Parlaments und des Rates vom 28. Januar 2003 über den Zugang der Öffentlichkeit zu Umweltinformationen und die Ausnahme in Art. 4 Abs. 2 lit. d RL (EU) 2016/943. Zu dem Spannungsverhältnis und speziell zur VO (EG) Nr. 1367/2006 (sog. Aarhus-VO) vgl. EuGH, EuZW 2017, 107 ff.
4 Aus jüngerer Zeit BVerwG, NVwZ 2020, 715, 716: „*Zu den nach Art. 12 Abs. 1 GG und Art. 14 Abs. 1 GG geschützten Betriebs- und Geschäftsgeheimnissen …*".
5 Vgl. nur BeckOK GG/*Axer*, Art. 14 Rn. 50.

GG auf das Recht am eingerichteten und ausgeübten Gewerbebetrieb rekurrieren.[6] Der aus Art. 14 Abs. 1 GG resultierende Eigentumsschutz gewährleistet, dass ein Unternehmen sein exklusives Wissen Dritten vorenthalten darf. Diese eigentumsrechtliche Position würde aber dann geschmälert werden, wenn die Rechtsordnung unbeschränkt erlauben würde, dass auf Betriebs- und Geschäftsgeheimnisse zugegriffen werden kann. Eine Entscheidung über einen Zugriff hat daher stets den Wertentscheidungen des Art. 14 Abs. 1 GG ausreichend Rechnung zu tragen.

Neben Art. 14 Abs. 1 GG gewährleistet – nach Ansicht des BVerfG – das Grundrecht der **Berufsfreiheit** den Schutz von Betriebs- und Geschäftsgeheimnissen.[7] So ist nach der Rechtsprechung des BVerfG der Schutzbereich des Art. 12 Abs. 1 GG dann berührt, wenn Betriebs- und Geschäftsgeheimnisse vom Staat offengelegt werden oder wenn er deren Offenlegung verlangt. Denn dadurch – so das BVerfG – könne die Ausschließlichkeit der Nutzung des betroffenen Wissens für den eigenen Erwerb im Rahmen beruflicher Betätigung beeinträchtigt werden. Behindert eine den Wettbewerb beeinflussende staatliche Maßnahme die berufliche Tätigkeit, dann stellt dies eine Beschränkung des Art. 12 Abs. 1 GG dar. Hierzu heißt es beim BVerfG, dass es gerade das exklusive Wissen ist, welches die Möglichkeit bietet, die Berufsausübung unter Rückgriff auf dieses Wissen erfolgreich zu gestalten. Dementsprechend hat das BVerfG auch festgestellt, dass eine Pflicht zur Offenlegung von als Betriebs- und Geschäftsgeheimnissen eingeordneten Unterlagen eine Beschränkung des Freiheitsbereichs von Art. 12 Abs. 1 GG darstellt.[8] Die aus einer Offenlegung von Betriebs- und Geschäftsgeheimnissen folgende Beeinträchtigung der Grundrechtsposition ist nur beim Vorliegen hinreichend wichtiger Rechtfertigungsgründe hinnehmbar, was aber – so das BVerwG – bei einer pauschalen und einschränkungslos begehrten Einsichtnahme prinzipiell abzulehnen sei.[9]

2. Verwaltungsrecht

Im **Allgemeinen Verwaltungsrecht** wird der Schutz von Betriebs- und Geschäftsgeheimnissen in den Verwaltungsverfahrensgesetzen des Bundes und der Länder mit regelmäßig gleicher Schutzrichtung angesprochen. Nach § 30 VwVfG des Bundes haben die Beteiligten eines Verwaltungsverfahrens einen Anspruch darauf, dass ihre Betriebs- und Geschäftsgeheimnisse von der Behörde nicht unbefugt offenbart werden. § 3b VwVfG Baden-Württemberg etwa schreibt der Behörde vor: „*Sie darf Betriebs- und Geschäftsgeheimnisse nicht unbefugt offenbaren*". Befugnisse zum Offenbaren stehen Behörden indes nach verschiedenen fachrechtlichen Regelwer-

---

6 Zur Diskussion um die Einbeziehung in den Schutzbereich von Art. 14 GG etwa BeckOK GG/ Axer, Art. 14 Rn. 51 ff.; offenlassend ua. BVerfG, NJW 2002, 2621, 2625; BVerfG, NJW 2017, 217, 223 f.
7 BVerfG, NVwZ 2006, 1041, 1042; s. auch BVerwG, Beschl. v. 12.10.2009 – 20 F 12.08, 20 F 12/08.
8 BVerfG, NVwZ 2006, 1041, 1042.
9 So BVerwG, NVwZ 2008, 554, 557 zum UIG.

ken aus unterschiedlichen Erwägungen (zB zum Zwecke der Strafverfolgung oder zur Erfüllung presserechtlicher Auskunftsansprüche) zu.[10]

7 Im **Besonderen Verwaltungsrecht** finden sich gerade im Wirtschaftsverwaltungs- und Umweltrecht eine Vielzahl von (den Schutz vor Offenbarung ausformenden und den allgemeinen verwaltungsverfahrensrechtlichen Regelungen vorgehenden) Bestimmungen zum Schutz von Betriebs- und Geschäftsgeheimnissen. Beispielhaft sei hier zum öffentlichen Wirtschaftsrecht auf den Geheimnisschutz in telekommunikations-, energiewirtschafts- und eisenbahnrechtlichen Regulierungsverfahren verwiesen (§ 136 TKG, § 71 EnWG, § 4 ERegG). Im Umweltrecht wird etwa im Zusammenhang mit der Unterlagenvorlage und Angaben gegenüber Behörden in § 10 Abs. 2 BImSchG für das immissionsschutzrechtliche Genehmigungsverfahren[11] oder auch in § 17a Abs. 1 GenTG und § 65 PflSchG ein Schutz von Betriebs- und Geschäftsgeheimnissen sichergestellt.[12] Dabei können dem Geheimnisinhaber auch Mitwirkungsobliegenheiten (Kennzeichnung der als vertraulich eingestuften Angaben und Begründung der geschäftsschädigenden Wirkung einer Offenbarung) auferlegt werden.

8 Ein gegenüber Behörden bestehender Offenbarungsschutz findet sich auch in den **Geheimhaltungsvorschriften für Behörden**, wie etwa im Fall des § 30 AO zum Steuergeheimnis, welches sich nach § 30 Abs. 2 Nr. 2 AO auch auf Betriebs- und Geschäftsgeheimnisse erstreckt und welches ein Amtsträger im Fall einer Offenbarung verletzt. Ebenso besteht für Behördenmitarbeiter im Rahmen der Bankenaufsicht nach § 9 KWG eine Verschwiegenheitspflicht dahingehend, Geschäfts- und Betriebsgeheimnisse nicht unbefugt zu offenbaren oder verwerten.[13]

3. Informationsfreiheitsrecht

9 Insbesondere im Informationsfreiheitsrecht wird der öffentlich-rechtliche Geheimnisschutz relevant. Begehrt eine Person nach einem Informationsfreiheits- oder Transparenzgesetz Zugang zu behördlichen Informationen, dann steht der gesetzlich verbriefte Zugangsanspruch in einem Spannungsverhältnis zu dem notwendigen Geheimnisschutz. Dementsprechend finden sich in den **Informationsfreiheits-**

---

10 Vgl. S/B/S/*Kallerhoff/Mayen*, § 30 Rn. 18 ff.
11 Für das atomrechtliche Genehmigungsverfahren vgl. den Verweis auf § 10 BImSchG in § 7 Abs. 4 AtomG.
12 § 17a Abs. 2 GenTG und § 65 Abs. 2 PflSchG legen zudem fest, welche Angaben von Gesetzes wegen nicht als Betriebs- oder Geschäftsgeheimnis anzusehen sind.
13 Vgl. zB auch § 23 Abs. 2 ArbSchG, dass die mit der Überwachung beauftragten Personen die ihnen bei ihrer Überwachungstätigkeit zur Kenntnis gelangenden Geschäfts- und Betriebsgeheimnisse nur in den gesetzlich geregelten Fällen oder zur Verfolgung von Gesetzwidrigkeiten oder zur Erfüllung von gesetzlich geregelten Aufgaben zum Schutz der Versicherten dem Träger der gesetzlichen Unfallversicherung oder zum Schutz der Umwelt den dafür zuständigen Behörden offenbaren dürfen.

II. Rechtsquellen d. öffentl.-rechtli. Geheimnisschutzes   **Vor §§ 15 ff. B**

oder Transparenzgesetzen des Bundes und der Länder entsprechende Klauseln zum Schutz von Betriebs- und Geschäftsgeheimnissen.[14]

Das den Zugang zu von Bundesbehörden vorgehaltenen Informationen im Allgemeinen regelnde **Informationsfreiheitsgesetz (IFG)** regelt den angesprochenen Konflikt in § 6 Satz 2 IFG dergestalt, dass Zugang zu Betriebs- oder Geschäftsgeheimnissen nur gewährt werden darf, soweit der Betroffene eingewilligt hat. Es wird mithin ein absoluter Schutz gewährt, der zudem verfahrensrechtlich durch § 8 Abs. 1 IFG flankiert wird. Hiernach hat die Behörde einem Dritten, dessen Belange durch den Antrag auf Informationszugang berührt sind, schriftlich Gelegenheit zur Stellungnahme zu geben, sofern Anhaltspunkte dafür vorliegen, dass er ein schutzwürdiges Interesse am Ausschluss des Informationszugangs haben kann.   10

Im **Umweltinformationsgesetz (UIG)** ist der Informationszugangsanspruch abzulehnen, soweit „*durch das Bekanntgeben Betriebs- oder Geschäftsgeheimnisse zugänglich gemacht würden*" (§ 9 Abs. 1 Satz 1 Nr. 3 Alt. 1 UIG),[15] es sei denn, die Betroffenen haben zugestimmt oder das öffentliche Interesse an der Bekanntgabe überwiegt. Im Unterschied zu § 6 IFG ist also eine Abwägung des öffentlichen Interesses am Informationszugang mit den geschützten privaten Belangen vorgesehen.[16]   11

Im **Verbraucherinformationsgesetz (VIG)** besteht der Informationsanspruch nach § 2 VIG gemäß § 3 Satz 1 Nr. 2 lit. c VIG wegen entgegenstehender privater Belange dann nicht, soweit durch die begehrten Informationen Betriebs- oder Geschäftsgeheimnisse, insbes. Rezepturen, Konstruktions- oder Produktionsunterlagen, Informationen über Fertigungsverfahren, Forschungs- und Entwicklungsvorhaben sowie sonstiges geheimnisgeschütztes technisches oder kaufmännisches Wissen offenbart würden. Zudem enthält § 3 Satz 5, 6 VIG bestimmte Fallkategorien, unter welchen Voraussetzungen eine Berufung auf Betriebs- und Geschäftsgeheimnisse ausgeschlossen ist, zB bei einer Gefährdung oder einem Risiko für Sicherheit und Gesundheit.   12

Mit den vorstehenden Bundesregelungen vergleichbare Bestimmungen finden sich zudem in den **Informationsfreiheits- und Transparenzgesetzen der Länder**,[17] die entweder den Zugang zu bei Landesbehörden vorhandenen Informationen im Allgemeinen oder für Umweltinformationen im Besonderen betreffen.   13

---

14 Zu den gesetzlichen Grundlagen auf Bundes- und Länderebene *Fluck/Fischer/Martini*, passim.
15 Hierzu zB BVerwG, ZUR 2009, 490, 491.
16 Zudem finden sich in § 9 Abs. 1 UIG besondere Regelungen zur Ausgestaltung des Informationszugangs, mit zT umweltspezifischem Gehalt, der aber auch mit hiervon unabhängigem Hintergrund; so zB, wenn es in § 9 Abs. 1 Satz 4 UIG heißt, dass die informationspflichtige Stelle idR von einer Betroffenheit iSd. Satzes 1 Nr. 3 auszugehen hat, soweit übermittelte Informationen als Betriebs- und Geschäftsgeheimnisse gekennzeichnet sind.
17 Vgl. im Einzelnen den Überblick zum Landesrecht bei Fluck/Fischer/Martini/*Tolkmitt*, C (Landesrecht).

Vor §§ 15 ff. B   Der Schutz v. Geschäftsgeheimnissen im öffentlichen Recht

III. Facetten des öffentlich-rechtlichen Geheimnisschutzes

1. Allgemeine Strukturfragen

14 Aus den vorstehend beispielhaft genannten Regelungen erschließen sich die Facetten des öffentlich-rechtlichen Geheimnisschutzes. Insofern zeigt sich: Soweit es um den Schutz von unternehmerischen Geheimnissen geht, stellt die öffentlich-rechtliche Rechtstradition in Deutschland – in Regelwerken, Rechtsprechung und juristischem Schrifttum – typischerweise auf den **Terminus „Betriebs- und Geschäftsgeheimnisse"** ab. Es erfolgt damit keine konturenscharfe Trennung zwischen Betriebsgeheimnissen einerseits und Geschäftsgeheimnissen andererseits. Vielmehr werden beide Geheimnisarten wegen des gleichartigen Schutzes regelmäßig als Betriebs- und Geschäftsgeheimnisse geschützt. Das BVerfG erläutert den Unterschied zwischen Betriebs- und Geschäftsgeheimnissen wie folgt: *„Betriebsgeheimnisse umfassen im Wesentlichen technisches Wissen im weitesten Sinne; Geschäftsgeheimnisse betreffen vornehmlich kaufmännisches Wissen"*.[18]

15 Weiter zeigt sich, dass sich der öffentlich-rechtliche Geheimnisschutz typischerweise in einem Dreiecksverhältnis vollzieht. Dies deshalb, da mit der Behörde ein weiterer Akteur beteiligt ist. Dabei geht es weniger um den Schutz von Betriebs- und Geschäftsgeheimnissen gegenüber der Behörde, sondern vielmehr darum, dass die einer Behörde überlassenen schutzbedürftigen Informationen nicht einem Dritten zugänglich gemacht werden. Denn ihm gegenüber (und weniger gegenüber der Behörde) ist der Geheimnisinhaber auf einen Schutz angewiesen. Insofern stellt sich der öffentlich-rechtliche Geheimnisschutz insbes. als **Offenbarungsschutz im Verhältnis zu (privaten) Dritten** dar. Die Schutzrichtung ist mithin eine andere als im GeschGehG.

16 Eine Strukturfrage des öffentlich-rechtlichen Geheimnisschutz ist weiter, ob der Geheimnisschutz im öffentlichen Recht absolut verwirklicht wird oder hingegen einer Abwägung zugänglich ist. Dies zeigt sich gerade an der Informationsfreiheitsgesetzgebung. Während § 6 Satz 2 IFG Bund einen **absoluten Schutz** von Betriebs- und Geschäftsgeheimnissen gewährt und ein Informationszugang immer dann zu verwehren ist, wenn Betriebs- oder Geschäftsgeheimnisse tangiert sind, findet in § 9 Abs. 1 Satz 1 Nr. 3 UIG Bund **eine Abwägung** zwischen dem privaten Interesse an einem Schutz der Betriebs- und Geschäftsgeheimnisse einerseits und dem durch das Informationsfreiheitsrecht verwirklichten öffentlichen Interesse an dem Informationszugang andererseits statt.

17 Zugang zu Betriebs- oder Geschäftsgeheimnissen kann freilich stets dann gewährt werden, soweit der Inhaber des Geheimnisses eingewilligt hat. Die **Einwilligung** des Betroffenen ist als Verzicht auf die hinter der Vorschrift stehende Grundrechtsposition zu begreifen. Dabei kann eine Einwilligung auch konkludent ausgesprochen werden. Erforderlich ist aber stets, dass die Behörde bei objektiver Betrach-

---
18   BVerfG, NVwZ 2006, 1041, 1042; ebenso BVerwG, ZUR 2009, 490, 491.

tungsweise mit hinreichender Sicherheit davon ausgehen kann, dass der Betroffene an der Wahrung seiner Betriebs- oder Geschäftsgeheimnisse kein Interesse hat. Soweit es sich um sensible Daten des Betroffenen handelt, wird man stets eine ausdrücklich erklärte Einwilligung zu fordern haben.

2. Verhältnis zum Geschäftsgeheimnisgesetz

Dem Grunde nach steht das GeschGehG als Instrument des zivilrechtlichen Schutzes neben dem öffentlich-rechtlichen Geheimnisschutzrecht, welches gegenüber dem Staat zur Geltung kommt. Dieser zweigeteilte Schutz kommt auch im Geschäftsgeheimnisgesetz zum Ausdruck, welches in § 1 Abs. 2 einen **Vorrang des öffentlich-rechtlichen Geheimnisschutzes** regelt („*Öffentlich-rechtliche Vorschriften zur Geheimhaltung, Erlangung, Nutzung oder Offenlegung von Geschäftsgeheimnissen gehen vor.*"). Entsprechend der Begründung des Gesetzentwurfs soll dies auch für eine abweichende Definition des Geschäftsgeheimnisses in öffentlich-rechtlichen Vorschriften gelten.[19]   18

Gleichwohl soll vor dem Hintergrund, dass sich das öffentliche Recht am gewachsenen wettbewerbsrechtlichen Begriffsverständnis orientiert und keine strikte Trennung der Regelungsbereiche anzunehmen ist, die Begriffsdefinition des Geschäftsgeheimnisses in § 2 jedenfalls mit zu berücksichtigen sein.[20] Denn das für eine Fortentwicklung offene öffentlich-rechtliche Begriffsverständnis werde nunmehr auch durch das GeschGehG geprägt.[21] Für die Konvergenz der Inhalte lässt sich auch der unionsrechtliche Hintergrund des GeschGehG wie auch die ansonsten bestehende Gefahr der Rechtszersplitterung anführen.[22]   19

§ 2 Nr. 1 versteht unter einem Geschäftsgeheimnis „*eine Information a) die weder insgesamt noch in der genauen Anordnung und Zusammensetzung ihrer Bestandteile den Personen in den Kreisen, die üblicherweise mit dieser Art von Informationen umgehen, allgemein bekannt oder ohne Weiteres zugänglich ist und daher von wirtschaftlichem Wert ist und b) die Gegenstand von den Umständen nach angemessenen Geheimhaltungsmaßnahmen durch ihren rechtmäßigen Inhaber ist und c) bei der ein berechtigtes Interesse an der Geheimhaltung besteht*".   20

Die Definition in § 2 Nr. 1 deckt sich weitgehend mit dem öffentlich-rechtlichen Begriffsverständnis. Dies gilt insbes. für lit. a und lit. c, wobei § 2 Nr. 1 insofern enger erscheint, als lit. b zusätzlich angemessene Geheimhaltungsmaßnahmen des rechtmäßigen Inhabers der Information fordert. Das BVerwG hat bislang offengelassen, ob diese Begriffsschärfung im öffentlichen Recht nachzuvollziehen ist.[23]   21

---

19 So BVerwG, NVwZ 2020, 1368 Rn. 24 unter Verweis auf BT-Drs. 19/4724, S. 23; ebenso BVerwG, BeckRS 2020, 18641 Rn. 15.
20 BVerwG, NVwZ 2020, 1368 Rn. 24; dazu *Wiebe*, ZD 2020, 479. Anders noch VG Berlin, BeckRS 2019, 24436.
21 BVerwG, BeckRS 2020, 18641 Rn. 16.
22 *Wiebe*, NVwZ 2019, 1705, 1706.
23 BVerwG, BeckRS 2020, 18641 Rn. 17.

Vor §§ 15 ff. B   Der Schutz v. Geschäftsgeheimnissen im öffentlichen Recht

IV. Inhalt des öffentlich-rechtlichen Geheimnisschutzes

1. Merkmale

22 Der Begriff des Betriebs- oder Geschäftsgeheimnisses wird in den Bestimmungen des Verwaltungsrechts typischerweise **nicht legaldefiniert**, sondern vorausgesetzt. Mitunter finden sich in den Spezialgesetzen ausdrückliche Negativkataloge, in welchen Fällen kein Betriebs- oder Geschäftsgeheimnis vorliegen soll, so etwa in § 65 Abs. 2 PflSchG oder § 17a Abs. 2 GenTG. Die Begriffsbestimmung des GeschGehG gilt nicht unmittelbar, soll aber – wie dargelegt (→ Rn. 6 ff.) – zu berücksichtigen sein.

23 Als Betriebs- und Geschäftsgeheimnisse werden nach der **Rechtsprechung des BVerfG** „*alle auf ein Unternehmen bezogene Tatsachen, Umstände und Vorgänge verstanden, die nicht offenkundig, sondern nur einem begrenzten Personenkreis zugänglich sind und an deren Nichtverbreitung der Rechtsträger ein berechtigtes Interesse hat*".[24] Ein Betriebs- und Geschäftsgeheimnis hat hiernach drei Elemente:[25] 1. Es muss um auf ein Unternehmen bezogene Tatsachen, Umstände und Vorgänge gehen; 2. diese dürfen nicht offenkundig, dh. nur einem begrenzten Personenkreis bekannt sein; 3. sie müssen den Gegenstand eines berechtigten wirtschaftlichen Interesses des Unternehmers bilden.

24 Zu den schutzwürdigen Geheimnissen rechnet das BVerfG ua. Umsätze, Ertragslagen, Geschäftsbücher, Kundenlisten, Bezugsquellen, Konditionen, Marktstrategien, Kalkulationsunterlagen etc., da hierdurch die wirtschaftlichen Verhältnisse eines Betriebs maßgeblich bestimmt werden können.[26] In der Rechtsprechung ist anerkannt, dass der als Geschäftsgeheimnis vermittelte Schutz **kaufmännischen Wissens** alle Konditionen betrifft, durch welche die wirtschaftlichen Verhältnisse eines Unternehmens maßgeblich bestimmt werden können. Dazu gehören auch konkrete Vertragsgestaltungen, dh. ein bestimmtes Vertragswerk bzw. solche Vertragsinhalte, deren Offenlegung die Wettbewerbsposition nachteilig beeinflussen kann.[27]

25 Geschützt wird weiter auch das in einem Unternehmen vorhandene **technische Wissen** über Herstellungsverfahren oder die genaue Zusammensetzung eines Produkts, da dies einen wirtschaftlichen Wert darstellt, die Grundlage der unternehmerischen Berufstätigkeit bildet und in einer Marktordnung, die sich nach den Grundsätzen des Wettbewerbs vollzieht, die Beziehungen zu den Konkurrenten be-

---

24 BVerfG, NVwZ 2006, 1041, 1042; ebenso BVerwG, ZUR 2009, 490, 491. Ferner OVG Koblenz, NVwZ 2007, 351, 353.
25 Zu einem viergliedrigen Schutztatbestand gelangt man indes mit der Rechtsprechung des BGH zu § 17 UWG aF, wonach auch Voraussetzung ist, dass die betreffenden Tatsachen „*nach dem erkennbaren Willen des Betriebsinhabers geheimgehalten werden sollen*" (BGH, NJW 1995, 2301).
26 BVerfG, NVwZ 2006, 1041, 1042.
27 BVerwG, BeckRS 2010, 54147; BVerwG, BeckRS 2014, 48628 Rn. 9; BVerwG, NVwZ 2015, 1388 Rn. 34; BVerwG, BeckRS 2016, 46221 Rn. 20.

stimmt.[28] Weitere Beispiele sind Zeichnungen, Planungsunterlagen und Modelle von technischen Bauten oder Geräten.[29]

Geschützt sind nach der Rechtsprechung des BVerwG[30] auch sog. **Rückschlussinformationen**. Es ist demnach nicht erforderlich, dass schon die begehrte Information als solche ein Betriebs- und Geschäftsgeheimnis darstellt. Denn Auswirkungen auf ein Betriebs- oder Geschäftsgeheimnis habe die Offenlegung einer Information auch dann, wenn die betreffende Information ihrerseits Rückschlüsse auf Betriebs- und Geschäftsgeheimnisse zulasse und hierdurch wettbewerbsrelevante Umstände einem Konkurrenten bekannt werden würden. Die Einbeziehung von Rückschlussinformationen in den Geheimnisschutz hat das OVG Koblenz[31] auf einzelne Bereiche betrieblicher Informationen „heruntergebrochen" und festgestellt, dass bereits das Bekanntwerden von eher allgemein gehaltenen Angaben bei branchenspezifischem Fachwissen geeignet sein kann, Rückschlüsse auf sensible Informationen zu ziehen. 26

Kennzeichnet ein Unternehmen seine bei der Behörde eingereichten Unterlagen als vertraulich, dann stellt dies – auch wenn das Kennzeichnen, da die objektive Geheimhaltungswürdigkeit maßgeblich ist, für das Vorliegen eines Betriebs- oder Geschäftsgeheimnisses nicht konstitutiv ist – ein Indiz dar, dass tatsächlich ein Betriebs- oder Geschäftsgeheimnis vorliegt. Die Behörde kann dann jedenfalls nicht ohne Rücksprache mit dem Betroffenen von einer fehlenden Geheimnisbedürftigkeit ausgehen. 27

2. Auf ein Unternehmen bezogene Tatsachen, Umstände und Vorgänge

Entsprechend der Definition des BVerfG ist ein Unternehmensbezug erforderlich. Die Informationen müssen sich dabei auf ein konkretes Unternehmen beziehen. Es muss sich zudem um Tatsachen, Umstände und Vorgänge handeln, die im Zusammenhang mit einem wirtschaftlichen Geschäftsbetrieb stehen. Werden derartige Aktivitäten in einem **privatrechtlich verfassten Unternehmen** vorgenommen, ist ein Unternehmensbezug ohne Weiteres gegeben. Auch natürliche Personen können – zB als Einzelkaufmann oder Freiberufler – „unternehmerisch" tätig werden und insoweit den Schutz von Betriebs- und Geschäftsgeheimnissen beanspruchen. 28

Ein Unternehmensbezug kann auch bei **öffentlichen Unternehmen** angenommen werden, wenn diese wirtschaftlich tätig werden. Dann ist ihnen auch der betriebliche und geschäftliche Geheimnisschutz zu eröffnen, wenn sie – wie zB bei Unterlagen zur Kalkulation von Entgelten für die Leistungserbringung – über betrieblich 29

---

28 BVerwG, BeckRS 2009, 41565 Rn. 7.
29 Zu letzterem in Bezug auf Prüfunterlagen für Wahlgeräte: VG Braunschweig, ZUM 2008, 254, 257.
30 BVerwG, Urt. v. 24.9.2009 – 7 C 2/09 durch eine EU-rechtskonforme Auslegung des § 9 Abs. 1 Nr. 3 UIG. Ebenso OVG Münster, Urt. v. 1.3.2011 – 8 A 3357/08.
31 OVG Koblenz, Urt. v. 6.9.2012 – 8 A 10096/12.OVG; dazu *Fischer/Fluck*, NVwZ 2013, 337 ff.

schützenswerte Informationen verfügen. Es existiert dann eine mit privaten Unternehmen vergleichbare Gefährdungslage.[32]

3. Keine Offenkundigkeit

30 Offenkundig ist eine Tatsache, wenn sie jedermann bekannt oder ohne Weiteres zugänglich ist.[33] Informationen, die auf „normalem Weg", also zB über das Internet (einschließlich sozialer Netzwerke), die Presse, das Fernsehen oder Fachpublikationen ohne größere Schwierigkeiten erlangt werden können, sind mithin offenkundig.[34] Von Unternehmen **gegen eine Zugänglichkeit abgesicherte Informationen** sind hingegen nicht offenkundig, auch wenn etwaige Sicherungsmechanismen möglicherweise überwunden werden können.

31 Auch bei nicht offenkundigen Informationen gibt es typischerweise einen Personenkreis, der die Informationen kennt. Dass also zur Verschwiegenheit verpflichtete Beschäftigte Kenntnis von der Information haben, begründet daher noch keine Offenkundigkeit. Auch wenn in einem Einzelfall die Information „nach außen" dringt, zB weil ein Beschäftigter die Information unbefugt einer Behörde mitgeteilt hat, begründet dies allein noch keine Offenkundigkeit.

32 Offenkundig können die von einer Behörde im Rahmen eines Genehmigungsverfahrens öffentlich ausgelegten Unterlagen sein, da diese – zumindest für die Zeit der Auslegung – dann für jedermann leicht zugänglich sind. Es gibt aber keinen allgemeinen Grundsatz: „einmal zugänglich, immer offenkundig". Dementsprechend führt allein der Umstand, dass Tatsachen Gegenstand von Verhandlungen und Entscheidungen in zivilrechtlichen Verfahren vor einem Gericht gewesen sind, nicht zu der Schlussfolgerung, sie seien ab diesem Zeitpunkt nicht mehr geheim.[35]

4. Berechtigtes Interesse an der Nichtverbreitung

33 Vor dem Hintergrund der in Art. 12 Abs. 1 GG verorteten, vorrangig wettbewerbsbezogenen Ausrichtung von Betriebs- und Geschäftsgeheimnissen soll nach der Rechtsprechung des BVerwG ein berechtigtes Interesse an der Nichtverbreitung dann bestehen, wenn die Offenlegung der Informationen geeignet ist, exklusives technisches oder kaufmännisches Wissen den Marktkonkurrenten zugänglich zu machen und so die **Wettbewerbsposition des Unternehmens nachteilig zu beeinflussen.**[36] Es kommt also darauf an, ob die Preisgabe der Informationen an einen

---

32 Vgl. zB VG Arnsberg, Urt. v. 30.1.2009 – 12 K 1088/08 und Urt. v. 30.1.2009 – 12 K 136/08, sofern Unternehmen der öffentlichen Hand im Wettbewerb mit privaten Unternehmen stehen. Ferner OVG Berlin-Brandenburg, Urt. v. 2.10.2007 – 12 B 11.07 für die als Anstalt des öffentlichen Rechts verfassten Berliner Wasserbetriebe; VG Hamburg, Urt. v. 24.11.2008 – 15 K 4014/07, wenn die öffentliche Hand wie ein Privater am Wirtschaftsleben teilnimmt.
33 VGH Kassel, NVwZ 2009, 60, 61.
34 *Kloepfer/Greve*, NVwZ 2011, 577, 581.
35 VGH Kassel, NVwZ 2009, 60, 61.
36 BVerwG, NVwZ 2020, 715 Rn. 11; BVerwG, BeckRS 2020, 18641 Rn. 13.

Konkurrenten nachteilige Auswirkungen auf die Stellung des Unternehmens im Wettbewerb hätte.[37]

Nach der Rechtsprechung kann ein berechtigtes Interesse an der Nichtverbreitung von Informationen mangels Wettbewerbsrelevanz bei Unterlagen fehlen, die sich auf bereits **länger zurückliegende Vorgänge** beziehen.[38] Dann bedarf es einer besonderen Begründung, dass die betreffenden Informationen für den Geschäftsbetrieb weiter von Relevanz sind.[39] An einem berechtigten Interesse an einer Nichtverbreitung fehlt es jedenfalls dann, wenn der Betroffene von Rechts wegen die **Informationen offenzulegen hat**. So ist nach der Rechtsprechung des BVerwG[40] das Vorliegen eines Betriebs- oder Geschäftsgeheimnisses zu verneinen bei Informationen über die Höhe der von einem Unternehmen oder einer natürlichen Person gehaltenen Stimmrechtsanteile an einer Kapitalgesellschaft, wenn diese Gegenstand einer kapitalmarktrechtlichen Veröffentlichungspflicht sind. 34

V. Prozessuale Implikationen des öffentlich-rechtlichen Geheimnisschutzes

Da sich der öffentlich-rechtliche Geheimnisschutz – wie unter (→ Rn. 14 ff.) dargelegt – regelmäßig in einem Dreiecksverhältnis vollzieht, ist dem **Schutz der Interessen des Geheimnisträgers durch eine Ausgestaltung des Verfahrensrechts** angemessen Rechnung zu tragen.[41] Denn nur so kann der Betroffene den Schutz seiner Rechtspositionen auch effektiv ausüben. 35

In einer solchen Situation sind die behördlichen und gerichtlichen Verfahren so zu gestalten, dass es nicht zu einer Preisgabe der geschützten Informationen kommt. Gerade bei Fragen des Informationszugangs ist diese prozessuale Komponente von besonderer Bedeutung: Ist die Information erst einmal erteilt oder wird sie im Rahmen eines Verfahrens in irgendeiner Weise zugänglich gemacht, ist der **Geheimnisschutz irreversibel verletzt**. Anders als bei rechtsförmlichem Handeln (mittels Verwaltungsakt) kann eine einmal zur Verfügung gestellte Information nicht mehr rückgängig gemacht werden. 36

In dieser Situation greift der **Grundrechtsschutz durch Verfahren** ein, wonach die Grundrechte auch eine verfahrensrechtliche Dimension aufweisen und damit auf die Gestaltung von Verfahren ausstrahlen. So entspricht es der ständigen Rechtsprechung des BVerfG, dass *„auch das Verfahrensrecht für einen effektiven Grundrechtsschutz von Bedeutung ist"* und es deshalb einem solchen Schutz entsprechen 37

---

37 BVerwG, NVwZ 2020, 715 Rn. 11.
38 BVerwG, NVwZ 2020, 1368 ff.; BVerwG, Beschl. v. 5.10.2011 – 20 F 24.10, Rn. 12.
39 Zweifelnd für den Fall eines früheren, mittlerweile ggf. nicht mehr zulässigen Produktionsverfahrens BVerwG, NVwZ 2009, 1114, 1116.
40 BVerwG, NVwZ 2011, 1012, 1014.
41 Instruktiv zum prozessualen Geheimnisschutz im Mehrpersonenverhältnis *Schemmer*, DVBl. 2011, 323, 330 ff.

Vor §§ 15 ff. B   Der Schutz v. Geschäftsgeheimnissen im öffentlichen Recht

muss. Ansonsten entsteht *„die Gefahr einer Entwertung der materiellen Grundrechtsposition"*, was *„mit dem Grundrecht, dessen Schutz es bewirken soll, unvereinbar"* wäre.[42] Grundrechtsschutz ist daher – so das BVerfG – auch durch eine angemessene Verfahrensgestaltung zu bewirken; der effektive Schutz der Grundrechte bedarf mithin eine den sachlichen Erfordernissen entsprechende (also grundrechtsgebotene) Ausgestaltung des Verfahrens.[43]

1. Der Geheimnisschutz im Verwaltungsverfahren

38   Ob in der Sache ein Betriebs- oder Geschäftsgeheimnis besteht, welches der Überlassung an einen Dritten entgegensteht, ist von der Behörde zu ermitteln und zu entscheiden. Im Rahmen dieser Prüfung muss die Behörde insbesondere – auch zur Feststellung, ob ein berechtigtes Interesse an der Nichtverbreitung besteht – die Wettbewerbsrelevanz der Informationen dahingehend untersuchen, ob die Offenlegung der Information spürbare Auswirkungen auf die Wettbewerbsfähigkeit des Unternehmens haben kann.[44]

39   Ob und in welchem konkreten Umfang ein Wettbewerber aus ihm bekannt gewordenen Informationen über einen Konkurrenten Nutzen ziehen kann und inwieweit das Bekanntwerden dieser Informationen für ein Unternehmen im Wettbewerb nachteilig sein kann, bedarf typischerweise einer (zwangsläufig mit Unsicherheiten behafteten) Prognose.[45] Für die zur Entscheidung berufene Behörde ist eine entsprechende Prüfung vielfach schwierig, da oft nur das betroffene Unternehmen (als Geheimnisträger) selbst beurteilen kann, ob ein Bekanntwerden der betreffenden Informationen nachteilige Auswirkungen auf die Geschäftstätigkeit hat und daher aus geschäftlichen Gründen ein Interesse an deren Nichtverbreitung besteht. Die für die Entscheidung maßgeblichen Erkenntnisse kann die Behörde vielfach nur über ein Zusammenwirken mit dem Unternehmen erlangen, welchem damit zugleich die Möglichkeit zur Wahrung der eigenen Rechte gegeben wird.

40   Bei IFG-Verfahren kommt der Kooperationsgedanke insbes. in § 8 IFG zum Ausdruck, wonach dem Geheimnisträger, dessen Belange durch den Antrag auf Informationszugang berührt sind, im Grundsatz Gelegenheit zur Stellungnahme zu dem Antrag zu geben ist (§ 8 Abs. 1 IFG).[46] Dies dient der Aufklärung, inwieweit nach § 6 IFG geschützte Informationen vorliegen und ob der Geheimnisträger mit dem Informationszugang einverstanden ist. Sofern eine Behörde den Informationszu-

---

[42] BVerfGE 63, 131, 143.
[43] BVerfGE 113, 29, 57 f.; 73, 280, 296; 84, 59, 72; 84, 34, 45 f.
[44] OVG Münster, Urt. v. 1.3.2011 – 8 A 3357/08.
[45] BVerwG, Urt. v. 24.9.2009 – 7 C 2/09, 58 f. zu § 9 Abs. 1 Satz 1 Nr. 3 UIG.
[46] Ausführlicher ist dagegen die Regelung in § 9 Abs. 1 Satz 3–5 UIG, wonach das betroffene Unternehmen vor der Behördenentscheidung über die Offenbarung der geschützten Informationen anzuhören ist, die Behörde im Falle einer Kennzeichnung einer übermittelten Information als Betriebs- und Geschäftsgeheimnis idR von einer entsprechenden Betroffenheit auszugehen hat und das betroffene Unternehmen auf Verlangen der Behörde im Einzelnen darzulegen hat, dass ein Betriebs- oder Geschäftsgeheimnis vorliegt.

V. Prozessuale Implikationen **Vor §§ 15 ff. B**

gang nach § 6 IFG verweigert, hat sie – etwa bei der Überlassung nicht-ausgesonderter bzw. nicht-geschwärzter Informationen oder der Begründung der Ablehnung des Auskunftsbegehrens – darauf zu achten, dass keine Rückschlüsse auf geheim zu haltende Aspekte ermöglicht werden.

2. Der Geheimnisschutz im Gerichtsverfahren

Auch im Gerichtsverfahren ist der Geheimnisschutz sicherzustellen, da – wie dargelegt – ein gewährter Zugang zu Informationen nicht rückgängig gemacht werden kann. Verwaltungsprozessual sind in diesem Zusammenhang §§ 99, 100 VwGO zu beachten. Bei einem verwaltungsgerichtlichen Verfahren hat die verfahrensbeteiligte Behörde die diesbezüglichen Verwaltungsvorgänge dem Gericht vorzulegen (§ 99 Abs. 1 Satz 1 VwGO). Nach **§ 100 Abs. 1 VwGO** können die Gerichtsakten und die dem Gericht vorgelegten Akten von den Beteiligten eingesehen werden. Wenn in diesen Akten Betriebs- und Geschäftsgeheimnisse enthalten sind, dann besteht die Gefahr, dass die Geheimnisse einem Verfahrensbeteiligten über das prozessuale Akteneinsichtsrecht zugänglich gemacht werden. 41

Der berechtigte Geheimnisschutz des Inhabers der Betriebs- und Geschäftsgeheimnisse kann dann nicht dadurch sichergestellt werden, dass **das Verfahren vor dem Hauptsachegericht „in camera"** durchgeführt wird, dh. unter Ausschluss eines Verfahrensbeteiligten. Denn eine solche zu einer Geheimhaltung der Prozessakten führende Vorgehensweise wird in der Rechtsprechung nicht anerkannt.[47] Möglich ist indes die – sich an eine Sperrerklärung nach § 99 Abs. 1 Satz 2 VwGO anschließende – Durchführung eines In-camera-Verfahrens nach § 99 Abs. 2 VwGO. 42

Mit einer **Sperrerklärung nach § 99 Abs. 1 Satz 2 VwGO** kann die zuständige oberste Aufsichtsbehörde die Unterlagenvorlage unter bestimmten Voraussetzungen verweigern.[48] Dann werden die betreffenden Unterlagen – entgegen eines typischerweise erfolgenden Beweisbeschlusses des Verwaltungsgerichts – nicht zu den Gerichtsakten genommen, sodass die Verfahrensbeteiligten nicht über das Akteneinsichtsrecht nach § 100 VwGO Zugang zu den betreffenden Informationen erhalten. Nach der Rspr. des BVerwG bildet der Schutz von Betriebs- und Geschäftsgeheimnissen einen Grund für die Verweigerung der Aktenvorlage nach § 99 Abs. 1 Satz 2 Alt. 3 VwGO, weil sie grundsätzlich ihrem Wesen nach geheim zu halten sind[49] – wenngleich das BVerwG durchaus hohe Anforderungen an die Substantiierung der Geheimhaltungsbedürftigkeit durch die oberste Aufsichtsbehörde stellt.[50] 43

---

47 Vgl. BVerwG, NVwZ 2008, 554, 555.
48 Das „Kann" zeigt, dass der Aufsichtsbehörde ein Ermessen zusteht. Dazu, dass das Ergebnis der Ermessensausübung nach § 99 Abs. 1 Satz 2 VwGO in bestimmten Fallkonstellationen durch den Grundsatz der Verhältnismäßigkeit rechtlich zwingend vorgegeben sein kann, BVerwG, NVwZ 2009, 1114, 1115; VGH Kassel, Beschl. v. 23.5.2011 – 27 F 1752/10.
49 BVerwG, NVwZ 2020, 715, 716.
50 BVerwG, Beschl. v. 5.10.2012 – 20 F 24.10, Rn. 12; BVerwG, Beschl. v. 27.8.2012 – 20 F 3.12, Rn. 11.

Vor §§ 15 ff. B   Der Schutz v. Geschäftsgeheimnissen im öffentlichen Recht

44   Die Rechtmäßigkeit der Sperrerklärung kann dann im Wege eines **In-camera-Verfahrens nach § 99 Abs. 2 VwGO** überprüft werden. Hiernach entscheiden in einem gerichtlichen Zwischenverfahren besondere Fachsenate beim OVG bzw. beim BVerwG (also nicht das Gericht der Hauptsache) über die Berechtigung der Aktenvorlagenverweigerung. Die Kenntnisnahme der die Geheimhaltungsbedürftigkeit begründenden Tatsachen bleibt somit auf das OVG bzw. BVerwG beschränkt, die über § 99 Abs. 2 VwGO auf eine Geheimhaltung verpflichtet werden. Ein In-camera-Verfahren nach § 99 Abs. 2 VwGO ist auch durchzuführen, wenn in einem IFG-Verfahren darüber zu entscheiden ist, ob und ggf. in welchem Umfang die von dem Antragsteller zur Einsicht verlangten Unterlagen Betriebs- und Geschäftsgeheimnisse eines Dritten enthalten.[51]

---

51 VGH Kassel, Beschl. v. 2.3.2010, 6 A 1684/08; ebenso Beschl. v. 24.3.2010, 6 A 1832/09; VG Kassel, Beschl. v. 30.4.2010, 6 A 1341/09.

C. Strafprozess und Schutz des Betriebs- und Geschäftsgeheimnisses

Schrifttum: *Beukelmann*, Durchsuchung bei Anwälten, NJW-Spezial 2018, 504; *Riedel/Wallau*, Das Akteneinsichtsrecht des „Verletzten" in Strafsachen – und seine Probleme, NStZ 2003, 393; *Roxin*, Strafrechtliche und strafprozessuale Probleme der Vorverurteilung, NStZ 1991, 153; *Schneider*, Auswirkungen der Digitalisierung auf das Ermittlungsverfahren. Impulse aus der Strafverteidigungspraxis, ZIS 2/2020, 79.

Übersicht

	Rn.		Rn.
I. Das Spannungsverhältnis	1	cc) Der Akteneinsicht entgegenstehende Interessen	13
II. Der strafprozessuale Schutz von Betriebs- und Geschäftsgeheimnissen	2	2. Der Ausschluss der Öffentlichkeit der Hauptverhandlung	14
1. Der Schutz außerhalb der öffentlichen Hauptverhandlung	3	III. Der materiell-rechtliche Geheimnisschutz im Strafverfahren	17
a) Durchsuchung und Beschlagnahme	4	1. Die Strafbarkeit der Verletzung von fremden Geheimnissen	18
b) Akteneinsicht	10	2. Die verbotene Mitteilung über Gerichtsverhandlung	20
aa) Der Kreis der Akteneinsichtsberechtigten	11	IV. Fazit	22
bb) Die Aktenführung und Gewährung von Akteneinsicht	12		

I. Das Spannungsverhältnis

Das Strafverfahren ist in erster Linie der Ermittlung der materiellen Wahrheit verpflichtet, wodurch ein Spannungsverhältnis zum (berechtigten) Geheimhaltungsinteresse des Betroffenen entstehen kann. Der Schutz von Betriebs- und Geschäftsgeheimnissen ist dem Strafverfahren dem Grunde nach nicht gänzlich fremd. An geeigneter Stelle ist das Strafverfahren bemüht, Betriebs- und Geschäftsgeheimisse der Betroffenen zu wahren, soweit es mit den Zwecken des Strafverfahrens vereinbar ist. Das Strafrecht als ultima ratio und besonders auch das Strafprozessrecht mit seinen Eingriffsmöglichkeiten in verfassungsrechtliche Schutzgüter ist „angewandtes Verfassungsrecht".[1] Die Ziele des Strafverfahrens sind darauf gerichtet, eine materiell richtige, prozessförmig zustande gekommene und Rechtsfrieden schaffende Entscheidung über die Strafbarkeit des Beschuldigten herbeizuführen.[2] Dies

1

---
[1] BGH, 21.2.1964 – 4 StR 519/63, BGHSt 19, 325, 330 mwN.
[2] S/S/W/*Beulke*, StPO, Einl. Rn. 4 mwN; KK-StPO/*Fischer*, Einl. Rn. 3.

spiegelt sich auch und gerade im Amtsermittlungsgrundsatz wider.[3] „Wahrheit und Gerechtigkeit"[4] sind also die beiden Kernziele des Strafverfahrens. Nicht selten können diese strafprozessualen Ziele schon miteinander in Konflikt geraten,[5] erst Recht aber mit den ebenfalls verfassungsrechtlich geschützten Geschäftsgeheimnissen.[6] Im Sinne der Wahrheitserforschung kann der Betroffene einer umfassenden Herausgabe von Daten und Informationen unterworfen sein. Umso wichtiger ist dann die Frage, ob und wie er Geheimnisse, insbes. seine Betriebs- und Geschäftsgeheimnisse vor einer Preisgabe insgesamt schützen oder sie zumindest auf einen begrenzten Personenkreis beschränken kann.

II. Der strafprozessuale Schutz von Betriebs- und Geschäftsgeheimnissen

2   Bis zur Eröffnung der öffentlichen Hauptverhandlung zeichnet sich das Strafverfahren dadurch aus, dass Informationen aus dem Strafverfahren nur einem begrenzten Personenkreis zur Kenntnis gelangen können.

1. Der Schutz außerhalb der öffentlichen Hauptverhandlung

3   Schon früh im Verfahren, in der Regel im staatsanwaltschaftlichen Ermittlungsverfahren, stellt sich die Frage, ob Betriebs- und Geschäftsgeheimnisse überhaupt in die Akten und damit das Verfahren aufgenommen werden und wenn ja, mit welchen Folgen für die Geheimhaltung der Informationen.

a) Durchsuchung und Beschlagnahme

4   Betriebs- und Geschäftsgeheimnisse gelangen zumeist durch eine richterliche Beschlagnahme (§§ 94 ff. StPO) in die Asservate und damit potenziell in die Beweismittel oder Sachakte.[7] Der Beschlagnahme geht vielfach eine Durchsuchung (§§ 102 ff. StPO) voraus. Durchsuchungsmaßnahmen können sich an den Beschuldigten richten, wenn zu vermuten ist, dass die Durchsuchung zur Auffindung von Beweismitteln führen wird, § 102 StPO. Ebenso kann sie bei anderen, auch juristischen, Personen erfolgen, § 103 StPO.

5   Der Durchsuchungsbeschluss ist häufig bereits mit einem Beschlagnahmebeschluss kombiniert, letzterer kann aber auch im Nachgang zur Durchsuchung erlassen werden. Bei sehr umfangreichen Durchsuchungen, gerade in Unternehmen, wo

---

3 Vgl. KK-StPO/*Krehl*, § 244 Rn. 28.
4 S/S/W/*Beulke*, StPO, Einl. Rn. 8.
5 MK-StPO/*Kudlich*, Einl. Rn. 11.
6 BVerfG, 17.7.1984 – 2 BvE 11/83, 2 BvE 15/83, BVerfGE 67, 100, 140 – Flick-Ausschuss.
7 Vgl. LG Hildesheim, 6.2.2009 – 25 Qs 1/09, NJW 2009, 3799, 3800 für die Abgrenzung von Asservat, Akte und Beweismittel.; zum Aktenbegriff S/S/W/*Beulke*, StPO, § 147 Rn. 15.

II. Der strafprozessuale Schutz   Vor §§ 15 ff. C

die Maßnahme nicht innerhalb überschaubarer Zeit abgeschlossen werden kann, besteht die Möglichkeit nach § 110 StPO zunächst zur Durchsicht sicherzustellen. Die Durchsuchung wird sich – wenn nicht gerade eine Person oder ein Gegenstand gesucht werden – in der Regel auf Daten, Unterlagen und Informationen beziehen. Dem Durchsuchungsbeschluss kommt dabei eine Umgrenzungsfunktion zu.[8] Der Beschluss muss ganz konkret vorgeben, *was* durchsucht werden soll, *um was* aufzufinden. Sollten die Anforderungen an Inhalt und Form nicht erfüllt sein, stehen Rechtsmittel zur Verfügung.[9]

Zu schützende unternehmensbezogene Daten können sich aber auch außerhalb des Unternehmens befinden. So etwa in einer Anwaltskanzlei, die mit einer Internal Investigation betraut ist und in diesem Kontext Unterlagen zusammenstellt, die auch Betriebs- und Geschäftsgeheimnisse umfassen können. Über diese Konstellation hatte das Bundesverfassungsgericht im Jahr 2018 zu entscheiden,[10] nachdem die ermittelnde Staatsanwaltschaft die mit der Internal Investigation betraute Kanzlei Jones Day durchsucht und anlässlich dieser Durchsuchung sowohl umfangreichen Aktenbestand als auch elektronische Daten in Terabyte-Umfang sichergestellt hatte. Durch diese Maßnahme wurden Erkenntnisse aus dem Kernbereich der Mandatsbeziehung abgeschöpft, die auch Betriebs- und Geschäftsgeheimnisse umfassten. Das BVerfG führte aus, dass durch diese Maßnahme das Grundrecht auf informationelle Selbstbestimmung verletzt wurde, wenn auch der Eingriff im konkreten Fall verfassungsrechtlich gerechtfertigt gewesen sei.

6

„Die Durchsicht der Daten und eine etwaig daran anknüpfende Verwendung für weitere Ermittlungen sind geeignet, die Beschwerdeführerin in ihrer spezifischen Freiheitsausübung, nämlich in ihrer wirtschaftlichen Betätigung, zu gefährden. So könnten Erkenntnisse aus den sichergestellten Unterlagen und Daten nach einer anschließenden Beschlagnahme beispielsweise durch Einführung in eine mögliche gegen Mitarbeiter der Beschwerdeführerin oder ihrer Tochtergesellschaften geführte Hauptverhandlung oder infolge einer Akteneinsicht durch Verletzte an das Licht der Öffentlichkeit gelangen. Dadurch können Betriebs- und Geschäftsgeheimnisse bekannt werden oder die wirtschaftliche Betätigung der Beschwerdeführerin beeinträchtigende Rufschädigung hervorgerufen werden."[11]

7

Das BVerfG führte weiter aus, dass dem Interesse des Mandanten am Schutz der seinem Rechtsanwalt oder einem anderen Berufsgeheimnisträger anvertrauten Information das verfassungsrechtliche Gebot einer effektiven Strafverfolgung und das öffentliche Interesse an vollständiger Wahrheitsermittlung in Strafverfahren ge-

8

---

8 Vgl. BVerfG 20.4.2004 – 2 BvR 2043/03, NJW 2004, 3171; zum Thema Zufallsfunde s. MK-StPO/*Hauschild*, § 102 Rn. 37.
9 Ausführlich zu Rechtsbehelfen gegen Durchsuchungsanordnungen s. MK-StPO/*Hauschild*, § 105 Rn. 41 ff.
10 BVerfG, 27.6.2018 – 2 BvR 1405/17, 2 BvR 1780/17, NJW 2018, 2385 – Jones Day.
11 BVerfG, 27.6.2018 – 2 BvR 1405/17, 2 BvR 1780/17, NJW 2018, 2385, 2386.

genüber stünden.[12] Die Anwaltskanzlei droht somit zum „Selbstbedienungsladen" für die Strafverfolgungsbehörden zu werden,[13] auch und gerade was Betriebs- und Geschäftsgeheimnisse anbelangt.

9 Bei einer unkontrollierten Auswertung der sehr umfangreichen Datenmengen droht ein schwerer Eingriff in das Grundrecht des Betroffenen auf informationelle Selbstbestimmung,[14] aber auch Verletzungen des Betriebs- und Geschäftsgeheimnisses. Für diese Geheimnisse bestehen keine eigenständigen Beschlagnahmeverbote. Die sie betreffenden Unterlagen können, sofern sie vom Beschluss gedeckt sind, beschlagnahmt werden. Es empfiehlt sich aber, gerade im Hinblick auf spätere Akteneinsichtsgesuche bereits in diesem sehr frühen Stadium die separate Asservierung – etwa in einem Sonderband – und ggf. Versiegelung anzuregen, um eine untrennbare Vermischung mit anderen Aktenbestandteilen zu vermeiden (unten → Rn. 12).

b) Akteneinsicht

10 Das Erlangen von Betriebs- und Geschäftsgeheimnis ist aus Sicht der Ermittlungsbehörden sicherlich kein Selbstzweck. Es können aber Begehrlichkeiten auf Seiten der zahlreichen Akteneinsichtsberechtigten geweckt werden. Das Strafverfahren sollte aber nicht dafür herhalten, dass durch die besonderen strafrechtlichen Ermittlungsbefugnisse – quasi durch die Hintertür – die Beweislage in anderen Prozessverhältnissen, die vom Parteibeibringungsgrundsatz bestimmt werden, zu verändern und die dort geltenden Darlegungs- und Beweislasten zu unterlaufen.[15] Der Kreis derjenigen, denen ein Akteneinsichtsrecht zustehen kann, ist groß.

aa) Der Kreis der Akteneinsichtsberechtigten

11 Für die Verteidigung folgt das umfassende Akteneinsichtsrecht aus § 147 StPO ebenso wie für etwaige Verteidiger von Mitbeschuldigten. Dasselbe Recht steht nach §§ 428 Abs. 1 Satz 2, 435 Abs. 3 Satz 2 StPO auch dem Vertreter des Einziehungsbeteiligten zu, sowie nach § 444 Abs. 2 Satz 2 StPO der juristischen Person oder Personenvereinigung, wenn im Strafverfahren über die Festsetzung einer Geldbuße nach § 30 OWiG gegen diese zu entscheiden ist. Für den Verletzten kann ein Anwalt die Akten samt Beweisstücken einsehen, soweit er ein berechtigtes Interesse darlegt, § 406e Abs. 1 Satz 1 StPO. Aber auch Dritte können Auskunft aus den Akten erhalten, soweit ein berechtigtes Interesse dargelegt wird, § 475 Abs. 1 Satz 1 StPO. Dieses (Auskunfts-)Recht erstarkt zu einem Recht auf Akteneinsicht, wenn die Erteilung von Auskünften einen unverhältnismäßigen Aufwand erfordert oder nach Darlegung dessen, der Akteneinsicht begehrt, zur Wahrnehmung des berechtigten Interesses nicht ausreichen würde, § 475 Abs. 2 StPO. Daneben können aber auch Gerichte, Staatsanwaltschaften und andere Justizbehörden Akteneinsicht er-

---

12 BVerfG, 27.6.2018 – 2 BvR 1405/17, 2 BvR 1780/17, NJW 2018, 2385, 2389.
13 *Beukelmann*, NJW-Spezial 2018, 504.
14 *Schneider*, ZIS 2/2020, 79, 81 f.
15 MK-StPO/*Teßmer*, § 154d Rn. 3.

II. Der strafprozessuale Schutz   Vor §§ 15 ff. C

halten, wenn dies für Zwecke der Rechtspflege erforderlich ist, § 474 Abs. 1 StPO. Sogar zu Forschungszwecken können Auskünfte aus der Akte oder Akteneinsicht an Hochschulen und anderen Forschungseinrichtungen gewährt werden, § 476 StPO. Gerade im Hinblick auf diese mannigfaltigen Akteneinsichtsrechte in das (noch) nicht öffentliche Verfahren besteht die Gefahr, dass Informationen des Betroffenen nach außen dringen, deren Geheimhaltung er wünscht und für ihn unter Umständen auch wirtschaftlich bedeutsam ist.

bb) Die Aktenführung und Gewährung von Akteneinsicht

Eine separate Asservierung der geheimnisrelevanten Daten und Informationen ist ratsam, damit – wenn überhaupt – Teilakteneinsicht gewährt werden kann und um die Geheimnisse so vor einer Preisgabe zu schützen. Dass diese Möglichkeit dem Grunde nach besteht und von den Justizbehörden auch zu berücksichtigen ist, zeigt § 260b RiStBV, der Hinweise und Empfehlungen zum Schutz von Geschäfts- und Betriebsgeheimnissen im Zusammenhang mit der Verfolgung strafbewehrter Wettbewerbsverstöße umfasst.[16] Es handelt sich dabei um eine Verwaltungsvorschrift, die Richtlinien für das Strafverfahren enthält. Die Norm regelt, dass Geschäfts- oder Betriebsgeheimnisse in der Sachakte nur insoweit schriftlich festgehalten werden, als dies für das Verfahren unerlässlich ist. Vor Gewährung von Akteneinsicht an Dritte ist dabei besonders sorgfältig zu prüfen, ob nicht schutzwürdige Interessen des Verletzten entgegenstehen, § 260b Abs. 3 RiStBV.   12

cc) Der Akteneinsicht entgegenstehende Interessen

Auskünfte aus den und Einsicht in die Akten sind zu verwehren, wenn schutzwürdige Interessen entgegenstehen. Der Gesetzgeber hat das explizit für das Akteneinsichtsrecht des Verletzten (§ 406e StPO) als auch für die Gewährung von Akteneinsicht an Dritte (§ 475 StPO) geregelt. Die Akteneinsicht ist also immer dann zu versagen, wenn den glaubhaft gemachten berechtigten Interessen des Verletzten oder des Dritten (überwiegend)[17] schutzwürdige Interessen des Beschuldigten oder anderer Personen entgegenstehen (§ 406e Abs. 2 Satz 1 StPO bzw. § 475 Abs. 1 Satz 2 StPO). Es handelt sich dabei um einen zwingenden Versagungsgrund,[18] der jedoch nicht die gesamte Akte umfasst, sondern partiell die geschützten Teile ausnimmt.[19] Eine Legaldefinition der überwiegend schutzwürdigen Interessen findet sich nicht.   13

---

16 BeckOK StPO/*Temming*, 260b RiStBV Geheimhaltung von Geschäfts- oder Betriebsgeheimnissen Rn. 1.
17 In Abgrenzung zu § 406e StPO stellt sich die Frage nach der Gewichtung des schutzwürdigen Interesses. Denn anders als bei § 406e StPO nennt der Wortlaut hier „nur" das schutzwürdige Interesse. Zum Meinungsstand: Überwiegen erforderlich (BT-Drs. 14/1484, S. 27; KK-StPO/*Gieg*, § 475 Rn. 6) oder bloßes Bestehen (Vergleich zu § 406e Abs. 2 Satz 1 StPO) ausreichend (LG Frankfurt, 15.4.2003 – 5/2 AR 2/03, StV 2003, 495 (LS); Löwe-Rosenberg/*Hilger*, § 475 Rn. 7; vgl. MK-StPO/*Singelnstein*, § 475 Rn. 22).
18 Vgl. *Riedel/Wallau*, NStZ 2003, 393, 396.
19 Vgl. BT-Drs. 10/5305, S. 18.

Vor §§ 15 ff. C Strafprozess

Das LG Hildesheim hielt hierzu aber bereits im Jahr 2009 fest, dass „fraglos" und damit unstreitig Betriebs- und Geschäftsgeheimnisse darunter fielen.[20] Seither gibt es keine widerstreitende Einschätzung.[21]

2. Der Ausschluss der Öffentlichkeit der Hauptverhandlung

14 Wird die Anklage zugelassen und das Hauptverfahren eröffnet (§ 203 StPO), so ist die Verhandlung vor dem erkennenden Gericht einschließlich der Verkündung der Urteile und Beschlüsse öffentlich, § 169 GVG. Die Öffentlichkeit der Hauptverhandlung ist eine Errungenschaft des rechtsstaatlichen Strafverfahrens. Zugleich bedeutet die Öffentlichkeit auch, dass die Gefahr besteht, dass Betriebs- und Geschäftsgeheimnisse, die zunächst noch vor einer Akteneinsicht geschützt wurden, nun doch an die Öffentlichkeit dringen können und dadurch offenbart würden.

15 Die Öffentlichkeit kann nur in wenigen, gesetzlich geregelten Fällen eingeschränkt werden. So kann das Gericht für die Verhandlung oder für einen Teil davon die Öffentlichkeit ausschließen, wenn ein wichtiges Geschäfts- oder Betriebsgeheimnis zur Sprache kommt, durch dessen öffentliche Erörterung überwiegende schutzwürdige Interessen verletzt würden, § 172 Nr. 2 GVG. Es handelt sich hierbei um eine Regelung, die in das Ermessen des Gerichts gestellt ist. Das Gericht hat die Wichtigkeit des Öffentlichkeitsprinzips gegenüber dem berechtigten Interesse auf Geheimnisschutz abzuwägen.[22] Bei der Bewertung der Schutzwürdigkeit der bezeichneten Interessen ist ein objektiver Maßstab anzulegen.[23] Ein Anspruch der Beteiligten auf Ausschluss der Öffentlichkeit besteht jedoch in keinem Fall.[24] Im Gegensatz zu § 172 Nr. 3 GVG ist es für den Ausschluss der Öffentlichkeit dabei auch nicht erforderlich, dass die Offenbarung des Geheimnisses strafbar ist.[25]

16 Über die Ausschließung der Öffentlichkeit wird in nicht öffentlicher Sitzung verhandelt, soweit ein Beteiligter dies beantragt oder das Gericht es für angemessen erachtet, § 174 Abs. 1 Satz 1 GVG. Der Beschluss über den Ausschluss der Öffentlichkeit selbst ist dann jedoch in der Regel öffentlich zu verkünden, § 174 Abs. 1 Satz 2 GVG. Nur der unzulässige Ausschluss der Öffentlichkeit kann im Wege der Revision angefochten werden, § 338 Nr. 6 StPO.[26] Der Beschluss über die Ausschließung selbst kann aber nicht selbstständig mit einer Beschwerde nach § 305 StPO angefochten werden.[27] Der Gesetzgeber hat dabei auch nicht übersehen, dass

---

20 LG Hildesheim, 6.2.2009 – 25 Qs 1/09, NJW 2009, 3799, 3800.
21 Vgl. Meyer-Goßner/Schmitt/*Schmitt*, § 406e StPO Rn. 9; Löwe-Rosenberg/*Hilger*, § 475 Rn. 6; Meyer-Goßner/Schmitt/*Köhler*, § 475 StPO Rn. 3; KK-StPO/*Gieg*, § 475 Rn. 6.
22 KK-StPO/*Diemer*, § 172 GVG Rn. 8.
23 KK-StPO/*Diemer*, § 172 GVG Rn. 8 mwN.
24 KK-StPO/*Diemer*, § 172 GVG Rn. 1; BeckOK GVG/*Walther*, § 172 Rn. 11; MK-StPO/*Kulhanek*, § 172 GVG Rn. 3 mwN; Meyer-Goßner/Schmitt/*Schmitt*, § 172 GVG Rn. 1.
25 BeckOK GVG/*Walther*, § 172 Rn. 6; KK-StPO/*Diemer*, § 172 GVG Rn. 8.
26 BeckOK GVG/*Walther*, § 172 Rn. 11.
27 KK-StPO/*Diemer*, § 172 GVG Rn. 11.

selbst beim Ausschluss der Öffentlichkeit, zumindest aber die Verfahrensbeteiligten Kenntnis vom betroffenen Geheimnis erlangen. Deswegen wurde mit § 174 Abs. 3 GVG die Möglichkeit geschaffen, unter anderem in Fällen des § 172 Nr. 2 GVG, diesem Personenkreis die Geheimhaltungspflicht aufzuerlegen.

III. Der materiell-rechtliche Geheimnisschutz im Strafverfahren

Die beschriebenen prozessrechtlichen Wertungen finden auch materiell-rechtlich Unterstützung. So weisen etwa § 203 Abs. 1 Nr. 3 StGB (Verletzung von Privatgeheimnissen) und § 355 Abs. 1 Satz 1 Nr. 2 StGB (Verletzung des Steuergeheimnisses) explizit auf die materiell-rechtliche Schutzbedürftigkeit der Betriebs- und Geschäftsgeheimnisse hin. Hervorgehoben sei an dieser Stelle auch § 353d StGB, der verbotene Mitteilungen über die Gerichtsverhandlung unter Strafe stellt.

1. Die Strafbarkeit der Verletzung von fremden Geheimnissen

Die unbefugte Offenbarung eines fremden Geheimnisses, namentlich eines Betriebs- oder Geschäftsgeheimnisses, das einem Berufsgeheimnisträger anvertraut ist, steht nach § 203 Abs. 1 Nr. 3 StGB unter Strafe. Geschütztes Rechtsgut ist hier neben der Individualsphäre auch die Funktionsfähigkeit der Berufe selbst.[28] Demjenigen, der gemäß § 203 StGB zur Verschwiegenheit verpflichtet ist, steht deswegen grds. auch ein korrespondierendes Zeugnisverweigerungsrecht nach § 53 StPO zu.[29] Eine Aussage unter Bruch des Berufsgeheimnisses ist nach ständiger Rechtsprechung[30] aber verwertbar.[31]

Das Steuergeheimnis (§§ 30 AO, 355 Abs. 1 Satz 1 Nr. 2 StGB) schützt den Steuerpflichtigen vor der unbefugten Offenbarung eines fremden Betriebs- oder Geschäftsgeheimnisses durch einen Amtsträger, welches ihm in einem Steuerverfahren bekannt geworden ist. Zugleich schützt es das Vertrauen der Allgemeinheit in die Verschwiegenheit der Finanzverwaltung.[32] § 355 StGB ist dabei lex specialis zu § 203 StGB.[33] Die Betriebs- und Geschäftsgeheimnisse werden hier eigenständig erwähnt, obwohl sie schon vom Begriff der steuerlichen Verhältnisse erfasst (Abs. 2 Nr. 1) sind. Dies unterstreicht also gerade den Schutz informationeller Selbstbe-

---

28 Vgl. NK-StGB/*Kargl*, § 203 Rn. 2.
29 Zum Verhältnis von § 160a StPO und § 97 StPO BVerfG, 27.6.2018 – 2 BvR 1405/17, 2 BvR 1780/17, NJW 2018, 2385 – Jones Day.
30 Vgl. zuletzt BGH, 16.11.2017 – 3 StR 460/17, NStZ 2018, 362 f.
31 Differenziert zum Meinungsstand Löwe-Rosenberg/*Ignor/Bertheau*, § 53 Rn. 12, 13: für Geistliche, Strafverteidiger und Ärzte verneint; SK-StPO/*Rogall*, § 53 Rn. 221, der „Verwertungssperre" nur bei erheblicher Verletzung der engeren Persönlichkeitssphäre des Geheimnisgeschützten sieht.
32 NK-WSS/*Leitner/Exner*, § 355 StGB Rn. 2.
33 *Fischer*, StGB, § 355 Rn. 17.

stimmung auch für die die Verhältnisse des Unternehmens betreffenden Betriebs- und Geschäftsgeheimnisse.[34]

2. Die verbotene Mitteilung über Gerichtsverhandlung

20 § 353d StGB dient in seinen einzelnen Ausgestaltungen dem Schutz der Rechtspflege,[35] genauer dem Schutz der Staatssicherheit (Nr. 1), dem Schutz der hinter einer Schweigepflicht stehenden Rechtsgüter (Nr. 2) und dem Schutz der Unbefangenheit von Verfahrensbeteiligten (Nr. 3). Es handelt sich um die Zusammenfassung einer Mehrzahl von Mitteilungsverboten über Gerichtsverhandlungen[36] und in der Fallgestaltung, die in der Praxis am häufigsten vorkommen dürfte, um ein „Presseinhaltsdelikt".[37]

21 Der Schutz von Betriebs- und Geschäftsgeheimnissen findet damit mittelbar auch hier materiell-rechtlichen Schutz. Denn § 353d Nr. 2 StGB umfasst den oben beschriebenen Fall des Ausschlusses der Öffentlichkeit nach § 172 Nr. 2 GVG, wenn ein wichtiges Geschäfts- oder Betriebsgeheimnis zur Sprache kommt, durch dessen öffentliche Erörterung überwiegende schutzwürdige Interessen verletzt würden und deswegen eine Schweigepflicht auferlegt wurde (vgl. → Rn. 15).[38] Aber auch § 353d Nr. 3 StGB kann im Kontext des Geheimnisschutzes Wirkung entfalten. Die öffentliche Wiedergabe des Wortlauts der Anklageschrift oder anderer amtlicher Dokumente des Strafverfahrens wird unter Strafe gestellt, wenn sie vor öffentlicher Verhandlung erörtert worden sind oder das Verfahren abgeschlossen ist. Primär dient die Norm der Unbefangenheit der Verfahrensbeteiligten,[39] aber auch dem Schutz vor Vorverurteilung.[40] Die Mitteilung ist öffentlich, wenn sie einem nach Zahl und Individualität unbestimmten oder einem nicht durch persönliche Beziehungen innerlich verbunden größeren Kreis von Personen zugänglich gemacht wird. Diese rechtliche Wertung kann damit, neben dem entgegenstehenden Interesse, einem Akteneinsichtsgesuch entgegengehalten werden.

IV. Fazit

22 Das Strafverfahren ist Ausdruck des staatlichen Gewaltmonopols. Der nationale Gesetzgeber hat dabei schon frühzeitig die Schutzbedürftigkeit von Betriebs- und Geschäftsgeheimnissen gesehen. Diesen Schutz gewährt er im Strafverfahren trotz der dort geltenden Wahrheitsermittlungspflicht überall dort, wo das Geheimhaltungsinteresse des Einzelnen konkret überwiegt.

---

34 Vgl. NK-Wiss/*Leitner/Exner*, § 30 AO Rn. 22.
35 MK-StGB/*Puschke*, 353d Rn. 2 ff.
36 Schönke/Schröder/*Perron/Hecker*, StGB, § 353d Rn. 1.
37 *Fischer*, StGB, § 353d Rn. 2.
38 Schönke/Schröder/*Perron/Hecker*, StGB, § 353d Rn. 22; S/S/W/*Bosch*, StGB, § 353d Rn. 5.
39 *Fischer*, StGB, § 353d Rn. 2.
40 *Roxin*, NStZ 1991, 153, 155.

Vorbemerkung zu § 15
Anwendungsbereich und Ausnahmen

Schrifttum: *Alexander*, Grundstrukturen des Schutzes von Geschäftsgeheimnissen durch das neue GeschGehG, WRP 2019, 673; *Ann*, EU-Richtlinie zum Schutz vertraulichen Know-hows – Wann kommt das neue deutsche Recht, wie sieht es aus, was ist noch offen?, GRUR-Prax 2016, 465; *Apel*, Der Gesetzgeber sollte zur Klarstellung zeitnah eine § 12 Abs. 2 UWG entsprechende Regelung ins GeschGehG aufnehmen, BB 2019, 2515; *Becker/Kussnik*, Angemessene Geheimhaltungsmaßnahmen nach dem Gesetz zum Schutz von Geschäftsgeheimnissen, RAW 2018, 119; *Blome/Fritzsche*, Der Schutz von Geschäftsgeheimnissen im Kartellschadensersatzprozess, NZKart 2019, 247; *Brammsen*, Reformbedürftig! – Der Regierungsentwurf des neuen Geschäftsgeheimnisschutzgesetzes, BB 2018, 2446; *Druschel/Jauch*, Der Schutz von Know-how im deutschen Zivilprozess: Der Status quo und die zu erwartenden Änderungen, Teil I: Der derzeitige und zukünftige prozessuale Geheimnisschutz in Know-how-Verletzungsverfahren, BB 2018, 1218; *Dumont*, Happy End für ein Stiefkind? – Regierungsentwurf zur Umsetzung der Know-how-Richtlinie, BB 2018, 2441; *Enders*, Die Rechtsdurchsetzung nach dem neuen Geheimnisschutzgesetz, IPRB 2019, 45; *Hauck*, Geheimnisschutz im Zivilprozess – was bringt die neue EU-Richtlinie für das deutsche Recht?, NJW 2016, 2218; *ders.*, Was lange währt... – Das Gesetz zum Schutz von Geschäftsgeheimnissen (GeschGehG) ist in Kraft, GRUR-Prax 2019, 223; *Kalbfus*, Die EU-Geschäftsgeheimnis-Richtlinie – Welcher Umsetzungsbedarf besteht in Deutschland?, GRUR 2016, 1009; *ders.*, Rechtsdurchsetzung bei Geheimnisverletzungen – Welchen prozessualen Schutz gewährt das Geschäftsgeheimnisgesetz dem Kläger?, WRP 2019, 692; *Keller*, Protokoll der Sitzung des GRUR-Fachausschusses für Wettbewerbs- und Markenrecht zum Referentenentwurf eines Gesetzes zum Schutz von Geschäftsgeheimnissen (GeschGehG) am 25.4.2018 in Berlin, GRUR 2018, 706; *Koos*, Die europäische Geschäftsgeheimnis-Richtlinie – ein gelungener Wurf? Schutz von Know-how und Geschäftsinformationen – Änderungen im deutschen Wettbewerbsrecht, MMR 2016, 224; *Laoutoumai/Baumfalk*, Probleme im vorprozessualen Verfahren bei der Rechtsverfolgung von Ansprüchen aus dem neuen GeschGehG, WRP 2018, 1300; *Leister*, Keine Dringlichkeitsvermutung bei Unterlassungsansprüchen nach dem GeschGehG, GRUR-Prax 2019, 449; *McGuire*, Know-how: Stiefkind, Störenfried oder Sorgenkind? Lücken und Regelungsalternativen vor dem Hintergrund des RL-Vorschlags, GRUR 2015, 424; *dies.*, Der Schutz von Know-how im System des Immaterialgüterrechts, Perspektiven für die Umsetzung der Richtlinie über Geschäftsgeheimnisse, GRUR 2016, 1000; *Müller/Aldick*, Der Geheimnisschutz im Zivilprozess – Vom Gesetzgeber aus den Augen verloren?, ZIP 2020, 9; *Müllmann*, Mehr als nur Whistleblowing: Gesetz zum Schutz von Geschäftsgeheimnissen, ZRP 2019, 25; *Ohly*, Das neue Geschäftsgeheimnisgesetz im Überblick, GRUR 2019, 441; *Schlingloff*, Geheimnisschutz im Zivilprozess aufgrund der „Know-how-Schutz"-Richtlinie – Was muss sich im deutschen Prozessrecht ändern?, WRP 2018, 666; *Schregle*, Neue Maßnahmen zum Geheimnisschutz in Geschäftsgeheimnisstreitsachen, Wegbereiter für den effektiven Rechtsschutz?, GRUR 2019, 912; *Semrau-Brandt*, Patentstreit zwischen Qualcomm und Apple: Schwächen des Geschäftsgeheimnisschutzes im Zivilprozess, GRUR-Prax 2019, 127; *Stadler*, Der Schutz von Unternehmensgeheimnissen im Zivilprozeß, NJW 1989, 1202; *Stadler*, Gerichtliche Verschwiegenheitsanordnungen zum Schutz von Unternehmensgeheimnissen, in: FS Prütting, 2018, S. 559; *Stürner*, Die gewerbliche Geheimsphäre im Zivilprozess, JZ 1985, 453; *Würtenberger/Freischem*, Stellungnahme zum Referentenentwurf des Bundesministeriums der Justiz und für Verbraucherschutz – Entwurf eines Gesetzes zur Umsetzung der RL 2016/943/EU zum Schutz von Geschäftsgeheimnissen vor rechtswidrigem Erwerb sowie rechtswidriger Nutzung und Offenlegung, GRUR 2018, 708.

Vor § 15 Strafprozess

Übersicht

	Rn.		Rn.
I. Defizite der bisherigen Rechtslage	2	1. Funktionsweise des gesetzlichen Regelungsmechanismus	15
II. Unionsrechtliche Vorgaben	6	2. Sachlicher Anwendungsbereich und Richtlinienkonformität	17
1. Beschränkung auf Know-how-Verletzungsprozesse	7	3. Geheimnisschutz im vorprozessualen Stadium	20
2. Inhaltliche Richtlinienvorgaben	9	4. Geheimnisschutz im einstweiligen Rechtsschutzverfahren	22
III. Grundkonzeption des prozessualen Geheimnisschutzes nach §§ 15 ff.	14	IV. Rechtspolitische Würdigung	26

1   Mit den §§ 15 ff. adressiert der Gesetzgeber den als defizitär empfundenen Schutz von Geschäftsgeheimnissen im Zivilprozess. Zugleich setzt er die Vorgaben der Richtlinie über Know-how-Schutz um. Entsprechend den Richtlinienvorgaben hat der nationale Gesetzgeber eine „kleine Lösung" gewählt, die dem neuen prozessualen Geheimnisschutzsystem nur einen beschränkten Anwendungsbereich zugesteht, was im Schrifttum auf Kritik stößt.

I. Defizite der bisherigen Rechtslage

2   Traditionell schützt das deutsche Zivilprozessrecht betriebliches Know-how nur bruchstückhaft. In Anbetracht der erheblichen wirtschaftlichen Bedeutung des Geschäftsgeheimnisschutzes wird dieser Rechtszustand bereits seit Langem als unzureichend empfunden.[1] Vielfach wird dem Geheimnisinhaber, der gestützt auf die Verletzung seines Geschäftsgeheimnisses Klage erheben will, weder die Substantiierung seines anspruchsbegründenden Tatsachenvortrags noch die an § 253 Abs. 2 Nr. 2 ZPO zu messende Antragstellung ohne Preisgabe des Geschäftsgeheimnisses möglich sein.[2] Der Kläger steht vor der Wahl, ob er das Geschäftsgeheimnis zwecks Substantiierung seines Klagevortrags in den Rechtsstreit einführen und dadurch gegenüber der Gegenseite sowie – mit Blick auf die mögliche Erörterung in einer öffentlichen Verhandlung – potenziell auch gegenüber der Öffentlichkeit preisgeben oder von der Inanspruchnahme gerichtlichen Rechtsschutzes absehen will. Wenngleich es sich hierbei um den praktischen Regelfall handelt, besteht eine vergleichbare Konfliktlage auch in anderen Konstellationen. So kann das Geschäftsgeheimnis gleichermaßen im Zusammenhang mit einem anderen Streitgegenstand als Beweismittel, präjudizielle Vorfrage oder als Indiz relevant werden. Auch der Beklagte kann zur Substantiierung einer Einwendung zur Offenlegung von Ge-

---

1 *Druschel/Jauch*, BB 2018, 1218, 1219; *Dumont*, BB 2018, 2441, 2442; *Hauck*, NJW 2016, 2218, 2218 f.; *Reinfeld*, § 6 Rn. 1; *Stürner*, JZ 1985, 453, 457.
2 *Enders*, IPRB 2019, 45, 46; *Kalbfus*, WRP 2019, 692, 693; *Ohly*, GRUR 2019, 441, 449; *Schlingloff*, WRP 2018, 666, 666.

I. Defizite der bisherigen Rechtslage Vor § 15

schäftsgeheimnissen gezwungen sein. Dies illustriert das im Schrifttum angeführte Beispiel eines Produktherstellers, der sich gegen eine Produkthaftungsklage mit dem Einwand verteidigt, der Produktfehler sei nach dem Stand von Wissenschaft und Technik nicht erkennbar gewesen (vgl. § 1 Abs. 2 Nr. 5 ProdHaftG).[3] Derartige Konstellationen stellen den Geheimnisinhaber gleichermaßen vor die Wahl zwischen Prozessverlust und Preisgabe des Geheimnisses.[4]

Im Wesentlichen **beschränkt** sich der Geheimnisschutz des allgemeinen Zivilprozessrechts auf die Befugnis des Gerichts, gemäß §§ 172 Nr. 2, 174 Abs. 1, 3 GVG zum Schutz eines Betriebs- oder Geschäftsgeheimnisses die **Öffentlichkeit von der mündlichen Verhandlung auszuschließen**.[5] Hinsichtlich der in nicht öffentlicher Verhandlung erörterten Tatsachen kann das Gericht die verbleibenden Personen zur Verschwiegenheit verpflichten und damit die Offenbarung der Geheimnisse unter der Strafandrohung des § 353d StGB untersagen.[6] Ferner kann nach § 299 Abs. 2 ZPO Dritten die Akteneinsicht verwehrt werden, sofern entgegenstehende Interessen des Geheimnisinhabers überwiegen.[7] 3

In ihrer Gesamtschau weisen die Regelungen drei erhebliche **Schutzlücken** auf.[8] Erstens kann der Informationszugang der Gegenpartei nicht eingeschränkt werden, da die andere Prozesspartei weder von einem Ausschluss der Öffentlichkeit noch von Beschränkungen des Akteneinsichtsrechts Dritter betroffen ist.[9] Zweitens ist der Gegenpartei durch §§ 172 Nr. 2, 174 Abs. 3 GVG, § 353d StGB nur die Weitergabe der Informationen an Dritte, nicht aber die eigene Verwendung der Geheimnisse untersagt.[10] Drittens beschränken sich die strafbewehrten Geheimhaltungspflichten (nach nicht unumstrittener Ansicht) auf in der mündlichen Verhandlung erörterte Tatsachen.[11] Gerade technisch komplexe Betriebsgeheimnisse werden in der Praxis typischerweise schriftsätzlich vorgetragen und unterliegen den Einschränkungen deshalb nicht.[12] Da die Gegenpartei in Know-how-Verletzungsverfahren zudem oftmals zugleich ein direkter Konkurrent des Geheimnisinhabers sein wird,[13] kann sich die Preisgabe interner Informationen als besonders folgen- 4

---

3 *Schregle*, GRUR 2019, 912, 913.
4 *Druschel/Jauch*, BB 2018, 1218, 1219; *Hauck*, NJW 2016, 2218, 2222; *Semrau-Brandt*, GRUR-Prax 2019, 127, 127 f.; *Schregle*, GRUR 2019, 912, 913.
5 Zu der besonderen Regelung für Kartellschadensersatzprozesse in § 89b Abs. 7 GWB vgl. *Blome/Fritzsche*, NZKart 2019, 247 ff.
6 *Druschel/Jauch*, BB 2018, 1218, 1219; *Hauck*, NJW 2016, 2218, 2221 f.; *Kalbfus*, WRP 2019, 692, 693; *Stadler*, in: FS Prütting, S. 561 ff.
7 Vgl. hierzu Saenger/*ders.*, § 299 ZPO Rn. 9; *Stadler*, in: FS Prütting, S. 559, 565.
8 Vgl. eingehend *Enders*, IPRB 2019, 45, 46; *Stadler*, in: FS Prütting, S. 559, 565 ff.
9 Vgl. BT-Drs. 19/4724, S. 35; *Ann*, GRUR-Prax 2016, 465, 467; *Blome/Fritzsche*, NZKart 2019, 247, 249; *Druschel/Jauch*, BB 2018, 1218, 1219.
10 BT-Drs. 19/4724, S. 35; *Kalbfus*, WRP 2019, 692, 693; *McGuire*, GRUR 2015, 424, 428; *Reinfeld*, § 6 Rn. 41; *Schregle*, GRUR 2019, 912, 912.
11 Str., nach aA sind auch Schriftsätze erfasst, sobald sie bei Gericht eingereicht sind; hierzu *Stadler*, in: FS Prütting, S. 559, 562 mwN.
12 *Druschel/Jauch*, BB 2018, 1218, 1219.
13 *Druschel/Jauch*, BB 2018, 1218, 1219.

reich erweisen. Vielfach steht der Geheimnisinhaber deshalb vor der Wahl, ob er von der prozessualen Rechtsdurchsetzung absehen oder sein Geheimnis unwiederbringlich preisgeben will.[14]

5 Mit Einführung des besonderen materiellen Schutzsystems des GeschGehG tritt auf prozessualer Ebene ein weiterer Aspekt hinzu. Denn den besonderen Schutz der §§ 4 ff. genießt eine Information nur, solange sie nicht offenkundig oder allgemein bekannt wird (vgl. § 2 Nr. 1 lit. a). Mit öffentlichem Bekanntwerden entfallen daher auch die in §§ 6 ff. normierten Ansprüche des Geheimnisinhabers.[15] Vor diesem Hintergrund besteht im Rahmen einer öffentlichen mündlichen Verhandlung die Gefahr, dass die streitgegenständliche Information ihre Geschäftsgeheimniseigenschaft und damit den Schutz der §§ 4 ff. unwiederbringlich verliert oder die Klage durch Wegfall des materiellen Schutzanspruchs gar unbegründet wird.[16]

II. Unionsrechtliche Vorgaben

6 Vergleichbare Defizite im Bereich des prozessualen Geheimnisschutzes bestehen auch in anderen EU-Mitgliedstaaten.[17] Zudem weisen die Geheimnisschutzregelungen trotz der Vorgaben in Art. 39 Abs. 2 TRIPS, wonach die Vertragsstaaten verpflichtet sind, wirksamen Schutz geistiger Eigentumsrechte im Sinne des Übereinkommens zu gewährleisten, teils erhebliche Regelungsunterschiede auf.[18] Wie Erwgrd. 24 RL (EU) 2016/943 klarstellt, veranlasste dies den europäischen Gesetzgeber zur Festschreibung **verbindlicher Mindeststandards**, die für den Bereich des zivilprozessualen Geheimnisschutzes in Art. 6 Abs. 1 und Art. 9 f. verankert sind.

1. Beschränkung auf Know-how-Verletzungsprozesse

7 Die Richtlinienvorgaben differenzieren unausgesprochen zwischen Gerichtsverfahren, die die Verletzung von Geschäftsgeheimnissen zum Gegenstand haben, und sonstigen Prozessen.[19] Während die Richtlinie in Art. 9 für klassische Know-how-Verletzungsprozesse detaillierte Vorgaben enthält, erfasst sie sonstige Gerichtsverfahren, in denen Geschäftsgeheimnisse im Einzelfall gleichermaßen relevant werden können, nicht.[20] Das Problem des prozessualen Geheimnisschutzes wird daher in der Richtlinie nur punktuell für den Bereich der Know-how-Verletzungsverfahren geregelt.

---

14 *Ann*, GRUR-Prax 2016, 465, 467; *Hauck*, NJW 2016, 2218, 2221 f.; *McGuire*, GRUR 2015, 424, 427 f.
15 Vgl. *Schregle*, GRUR 2019, 912, 912.
16 Vgl. BT-Drs. 19/4724, S. 34.
17 *Druschel/Jauch*, BB 2018, 1218, 1220.
18 *Enders*, IPRB 2019, 45, 45.
19 In diese Richtung auch Büscher/*McGuire*, § 16 GeschGehG Rn. 8.
20 Krit. auch *Druschel/Jauch*, BB 2018, 1218, 1220; *Hauck*, NJW 2016, 2218, 2222; *Semrau-Brandt*, GRUR-Prax 2019, 127, 128.

Wie Erwgrd. 24 Satz 1 andeutet, hat die Richtlinie insbes. die Lage des Geheimnisinhabers vor Augen, der angesichts des drohenden Geheimnisverlusts vor der Erhebung einer auf die Geheimnisverletzung gestützten Klage zurückschreckt.[21] Dennoch sind die Richtlinienvorgaben nicht auf den Schutz des klagebegründenden Tatsachenvortrags beschränkt. Vielmehr kommt der von der Richtlinie vorgegebene Geheimnisschutz im Rahmen von Know-how-Verletzungsprozessen auch dem Beklagten zugute (§ 16 Rn. 8 ff.). Dafür spricht Art. 6 Abs. 1 RL, der allgemein ein angemessenes Geheimnisschutzniveau für die betreffenden Prozesse verlangt.[22] Auch die Formulierung in Art. 9 Abs. 2 RL, wonach prozessualer Geheimnisschutz nicht etwa nur auf Antrag des Klägers, sondern „auf Antrag einer Partei" zu gewähren ist, deutet darauf hin, dass dasselbe Schutzniveau auch dem Beklagten zugutekommen soll. Aus Erwgrd. 24 Satz 2 folgt zudem, dass die **Waffengleichheit** zwischen den Parteien gewahrt werden soll. Diese wäre aber empfindlich gestört, wenn klagebegründende Geschäftsgeheimnisse umfassenden Schutz genießen würden, während der Beklagte beim Vortrag seiner Einwendungen der Gefahr eines Geheimnisverlusts ausgesetzt wäre. Im Sinne der Richtlinie kann daher auch ein Geschäftsgeheimnis des Beklagten „Gegenstand des Rechtsstreits" sein.[23] Als Gegenstand eines Know-how-Verletzungsprozesses im Sinne der Richtlinie ist mithin der gesamte Prozessstoff einschließlich der Beweismittel und vorgreiflichen Tatsachen anzusehen, und zwar unabhängig davon, ob die konkrete Tatsache zur Anspruchsbegründung von der Klägerseite oder als Einwendung des Beklagten in den Rechtsstreit eingeführt wird.[24]

2. Inhaltliche Richtlinienvorgaben

Im Hinblick auf Know-how-Verletzungsverfahren verpflichtet Art. 9 Abs. 1 Satz 1 RL den nationalen Gesetzgeber, durch geeignete Regelungen sicherzustellen, dass das Gericht einzelne Informationen auf Antrag einer Partei als vertraulich einstufen kann. Folge einer derartigen Einstufung muss sein, dass andere Verfahrensbeteiligte nicht zur Nutzung oder Offenlegung der Information berechtigt sind. Nach Art. 9 Abs. 1 Satz 2 kann der nationale Gesetzgeber die gerichtliche Einstufung einer Information als vertraulich auch von Amts wegen zulassen. Ferner muss die Fortgeltung des **Offenlegungs- und Nutzungsverbots** gemäß Art. 9 Abs. 1 Satz 3 auch nach Abschluss des gerichtlichen Verfahrens gewährleistet sein, sofern nicht durch rechtskräftige Entscheidung die Geschäftsgeheimniseigenschaft verneint oder das betreffende Geheimnis ohnehin bekannt oder allgemein zugänglich wird.

Weitergehend verlangt Art. 9 Abs. 2 Satz 1 RL, dass das Gericht auf Antrag oder – für den nationalen Gesetzgeber optional – **von Amts wegen spezifische Maßnahmen** zum Schutz eines Geschäftsgeheimnisses treffen kann. Insofern adressiert die

---
21 Büscher/*McGuire*, § 16 GeschGehG Rn. 8; *Hauck*, NJW 2016, 2218, 2222 f.
22 Büscher/*McGuire*, § 16 GeschGehG Rn. 8.
23 H/O/K/*Kalbfus*, vor §§ 16–20 Rn. 6; *Kalbfus*, WRP 2019, 692, 694.
24 *Kalbfus*, WRP 2019, 692, 694.

Vor § 15 Strafprozess

Richtlinie die Grundproblematik des Bekanntwerdens des Geheimnisses gegenüber der Gegenseite, bei der es sich in Know-how-Verletzungsverfahren vielfach um Wettbewerber des Geheimnisinhabers handeln wird. Art. 9 Abs. 2 Satz 3 stellt diesbezüglich Mindestanforderungen auf. Er verlangt, dass der Zugang der Parteien zu **Dokumenten, die Geschäftsgeheimnisse enthalten** (lit. a), oder zu geheimnisbezogenen **Teilen der mündlichen Verhandlung** (lit. b) von Seiten des nationalen Prozessrechts Einschränkungen unterliegen muss. Der einsichtsberechtigte Personenkreis muss auf diejenigen Personen beschränkt werden können, deren Teilhabe zur Wahrung des Rechts der Verfahrensparteien auf einen wirksamen Rechtsbehelf und ein faires Verfahren erforderlich ist. Bei der Entscheidung über die Anordnung solcher Beschränkungen sowie über ihre im Einzelfall erforderliche Reichweite hat das Gericht gemäß Art. 9 Abs. 3 das Recht auf ein faires Verfahren, die legitimen Interessen der Parteien und ggf. etwaiger Dritter sowie den möglichen Schaden, der durch die Gewährung oder Ablehnung dieser Maßnahmen entstehen kann, im Einzelfall gegeneinander abzuwägen.

11 Die praktische Bedeutung der unionsrechtlich präformierten Einschränkung der Einsichts- und Teilhaberechte der Parteien wird durch Art. 9 Abs. 2 Satz 4 indes stark relativiert. Denn stets muss mindestens einer natürlichen Person jeder Partei und ihren jeweiligen Rechtsanwälten oder sonstigen Vertretern Zugang zu dem gesamten Prozessstoff gewährt werden. Diese Wendung des Richtlinienwortlauts, die als bewusste Entscheidung gegen die Implementierung eines **In-camera-Verfahrens** zu verstehen ist, war Gegenstand vielfältiger Kritik.[25] Der ursprüngliche Kommissionsvorschlag enthielt in Art. 8 Abs. 2 UAbs. 2 noch die Möglichkeit, einer Partei den Zugang zu entscheidungserheblichen Informationen erforderlichenfalls vollständig zu verwehren.[26] Ein solcher Totalausschluss begegnete auf Seiten der Mitgliedstaaten – insbesondere in Deutschland – aber verfassungsrechtlichen Bedenken und wurde aus diesem Grunde letztendlich gestrichen.[27] Aus der Perspektive des deutschen Verfassungsrechts wäre die Implementierung eines echten In-camera-Verfahrens indes trotz der empfindlichen Betroffenheit des Art. 103 Abs. 1 GG, des Art. 47 Abs. 2 EU-Grundrechtecharta, des Art. 6 Abs. 1 EMRK sowie des § 299 ZPO nicht per se unzulässig gewesen. Denn auch die Justizgrundrechte sind nicht schrankenlos gewährleistet und können – zumindest auf Grundlage eines formellen Gesetzes – in verfassungskonformer Weise beschränkt werden.[28] Vergleichbare Verfahren sind im Verwaltungsprozess (§ 99 Abs. 2 VwGO) sowie in der Finanzgerichtsordnung (§ 86 Abs. 2 FGO) vorgesehen, wenn auch nur zum Schutz von Interessen des Bundes oder eines Landes. Nur ein sog. **Black-Box-Verfahren**, bei dem streitgegenständliche Informationen ausschließlich von zur Verschwiegenheit verpflichteten Dritten beurteilt werden, ohne dass Gericht, Parteien oder Pro-

---

25 Vgl. nur *Hauck*, NJW 2016, 2218, 2223.
26 *Druschel/Jauch*, BB 2018, 1218, 1220; *Ohly*, GRUR 2019, 441, 450.
27 H/O/K/*Kalbfus*, Einl. A Rn. 75; *Ohly*, GRUR 2019, 441, 450; *Schregle*, GRUR 2019, 912, 914.
28 BVerfG, 14.3.2006 – 1 BvR 2087/03 und 1 BvR 2111/03, MMR 2006, 375, 379, 383; *Kalbfus*, GRUR 2016, 1009, 1016; *Schlingloff*, WRP 2018, 666, 668 f.; *Stadler*, NJW 1989, 1202, 1204.

III. Grundkonzeption des prozessualen Geheimnisschutzes **Vor § 15**

zessbevollmächtigte zur Einsichtnahme berechtigt wären, ließe sich wegen der tiefgreifenden Beeinträchtigung des rechtlichen Gehörs sowie der freien richterlichen Beweiswürdigung mit den konstitutionellen Vorgaben des deutschen Rechts schlechterdings nicht in Einklang bringen.[29] Ein In-camera-Verfahren, das in der Tat die einzige Möglichkeit für einen umfassenden und zweifelsfreien Geheimnisschutz im Verhältnis zu der jeweiligen Gegenpartei bietet,[30] schreibt die Richtlinie in ihrer endgültigen Fassung daher zumindest nicht mehr zwingend vor.[31]

Art. 10 Abs. 1 der Richtlinie verlangt, dass die Gerichte zum Schutz von Geschäftsgeheimnissen befugt sein müssen, **vorläufige Maßnahmen** in Gestalt verschiedener Nutzungs- und Offenlegungsverbote auszusprechen. 12

Die von Art. 9 RL geforderten Geheimhaltungspflichten werden durch Art. 16 abgesichert, der für die Missachtung der Geheimnisschutzpflichten **Sanktionen** (Art. 16 Abs. 1) insbesondere in Gestalt von Zwangsgeldern (Art. 16 Abs. 2) verlangt. Für den Fall der Verletzung der Geheimhaltungspflichten fordert Art. 6 Abs. 2 lit. c, dass die Sanktionen in ihrer Ausgestaltung wirksam und abschreckend sein müssen. 13

III. Grundkonzeption des prozessualen Geheimnisschutzes nach §§ 15 ff.

Bei der Ausgestaltung des grundlegenden Schutzkonzepts[32] hat sich der deutsche Gesetzgeber eng an den Richtlinienvorgaben des Art. 9 orientiert. Prozessbezogene Geheimnisschutzregelungen existieren deshalb nur mit Blick auf Verfahren, in denen die Verletzung eines Geschäftsgeheimnisses in Gestalt von Ansprüchen gemäß den §§ 6 ff. den Streitgegenstand bildet. Von einer überschießenden Umsetzung der in Art. 9 vorgeschriebenen Schutzmechanismen über den Bereich der Geschäftsgeheimnisstreitsachen hinaus hat der nationale Gesetzgeber abgesehen. Explizite Regelungen im Hinblick auf das praxisrelevante vorprozessuale Stadium lässt das gesetzliche Schutzkonzept gänzlich vermissen. 14

1. Funktionsweise des gesetzlichen Regelungsmechanismus

Entsprechend den unionsrechtlichen Vorgaben ermöglichen die §§ 15 ff. des GeschGehG den Gerichten nunmehr, potenziell als Geschäftsgeheimnis zu wertende Informationen als geheimhaltungsbedürftig einzustufen (§ 16 Abs. 1) und den Verfahrensbeteiligten dadurch die Weitergabe wie auch die Nutzung der Information 15

---

29 BGH, 12.11.1991 – KZR 18/90, WRP 1992, 237, 241; *Müller/Aldick*, ZIP 2020, 9, 13; *Schlingloff*, WRP 2018, 666, 668; *McGuire*, GRUR 2015, 424, 430.
30 *Stadler*, NJW 1989, 1202, 1203.
31 H/O/K/*Kalbfus*, vor §§ 16–20 Rn. 9; *Kalbfus*, GRUR 2016, 1009, 1015.
32 Eingehend zu dem unionsrechtlich bedingten Handlungsbedarf auf nationaler Ebene *Kalbfus*, GRUR 2016, 1009, 1015; *McGuire*, GRUR 2016, 1000, 1007 f.; *Koos*, MMR 2016, 224, 227; *Stadler*, in: FS Prütting, S. 559, 569 ff.

zu untersagen (§ 16 Abs. 2). Die mit der Einstufung verbundenen Pflichten sind durch Ordnungsmittel bewehrt (§ 17) und gelten gemäß § 18 Satz 1 grundsätzlich nach Abschluss des Gerichtsverfahrens fort. Darüber hinaus kann das Gericht auf Grundlage einer Abwägungsentscheidung im Einzelfall nach § 19 Abs. 1 den Zugang der Parteien zur mündlichen Verhandlung sowie zu Dokumenten beschränken sowie die Öffentlichkeit unter erleichterten Voraussetzungen ausschließen (§ 19 Abs. 2). In getreuer Umsetzung des Richtlinienwortlauts hat der Gesetzgeber aber von der Einführung eines echten In-camera-Verfahrens abgesehen. Die uneingeschränkte Zugangsberechtigung einer natürlichen Person jeder Partei sowie ihrer Prozessbevollmächtigten ist stets erforderlich.[33]

16 Innerhalb ihres sachlichen Anwendungsbereichs ergänzen und modifizieren die §§ 15 ff. die Vorschriften des allgemeinen Zivilprozessrechts, die im Übrigen fortgelten.[34] Da eine allgemeingültige Reform des prozessualen Geheimnisschutzes mit der Einführung des GeschGehG gerade nicht intendiert war, finden die §§ 15 ff. außerhalb ihres Anwendungsbereichs auch keine rein wertungsmäßige Beachtung. So ist der Bundesgerichtshof einer systematischen Berücksichtigung von § 16 Abs. 1 und § 20 Abs. 1, Abs. 5 Satz 5 bei der Auslegung von Vorschriften des allgemeinen Zivilprozessrechts, namentlich der Geheimhaltungsanordnung nach § 174 Abs. 3 GVG, entgegengetreten. Der Gesetzgeber habe den Geltungsbereich der §§ 15 ff. bewusst auf Geschäftsgeheimnisstreitsachen begrenzt und einen Gleichlauf mit funktional vergleichbaren Geheimnisschutzregelungen anderer Gesetze somit gezielt ausgeschlossen.[35]

2. Sachlicher Anwendungsbereich und Richtlinienkonformität

17 Der nationale Gesetzgeber hat sich hinsichtlich der Reichweite der prozessualen Sonderregelungen strikt an die Vorgaben von Art. 9 RL gehalten. Die allgemeinen Vorgaben des Art. 6 Abs. 1, wonach allgemein wirksame Geheimnisschutzregeln implementiert werden müssen, finden in den §§ 15 ff. keine Entsprechung.[36] Der Anwendungsbereich des besonderen prozessualen Geheimnisschutzes ist allein **auf Geschäftsgeheimnisstreitsachen (§ 16 Abs. 1) beschränkt**. Er betrifft zwar allgemeine Zivilsachen iSd. § 13 GVG und der Arbeitsgerichtsbarkeit zugewiesene Verfahren in gleicher Weise,[37] soll dem Geheimnisinhaber aber nach dem Wortlaut des § 16 Abs. 1 ausschließlich zugutekommen, soweit er materiell-rechtliche Ansprüche geltend macht, die formal im GeschGehG und nicht etwa in anderen Gesetzen verankert sind.[38] Im Schrifttum werden vor diesem Hintergrund Zweifel geäußert, ob die Richtlinienvorgaben vollständig umgesetzt wurden.[39] Der zuvor von beacht-

---

33 *Ohly*, GRUR 2019, 441, 450.
34 *Reinfeld*, § 6 Rn. 4.
35 BGH, 14.10.2020 – IV ZB 8/20, NJW-RR 2020, 1386, 1388.
36 Büscher/*McGuire*, § 16 GeschGehG Rn. 8.
37 *Reinfeld*, § 6 Rn. 5.
38 Büscher/*McGuire*, § 15 GeschGehG Rn. 3.
39 Büscher/*McGuire*, § 16 GeschGehG Rn. 8 f.

III. Grundkonzeption des prozessualen Geheimnisschutzes Vor § 15

lichen Stimmen im Schrifttum geforderten **überschießenden Umsetzung**[40] der Richtlinie über den (engen) Know-how-Schutz hinaus auch für andere Rechtsstreitigkeiten mit mittelbarem oder unmittelbarem Bezug zu betrieblichen Geheimnissen hat der nationale Gesetzgeber jedenfalls eine Absage erteilt und von einer solchen „großen Lösung" (einstweilen) abgesehen.

Hingegen haben andere Mitgliedstaaten die Richtlinienvorgaben in weiterem Umfang in ihr nationales Prozessrecht übernommen und den prozessualen Geheimnisschutz einheitlich auf andere Verfahrensarten erstreckt.[41] Die divergierende Ausgestaltung des Schutzniveaus in den einzelnen Mitgliedstaaten bietet dem Geheimnisinhaber, sofern nach Art. 4 Abs. 1, 7 Nr. 2 EuGVVO mehrere Gerichtsstände zur Wahl stehen, die Möglichkeit eines **forum shopping**.[42] 18

Sowohl aus rechtspolitischer als auch aus rechtspraktischer Sicht hat sich die Bestimmung des Anwendungsbereichs der §§ 15 ff. vor diesem Hintergrund als wohl diffizilstes Problem des neuen prozessualen Geheimnisschutzes erwiesen (→ § 16 Rn. 5 ff.). **Hinter den unionsrechtlichen Mindestvorgaben bleiben die deutschen Umsetzungsvorschriften jedenfalls zurück**, soweit ihr Anwendungsbereich durch § 16 Abs. 1 auf „Ansprüche nach diesem Gesetz" beschränkt wird und andere aus einer (mutmaßlichen) Geschäftsgeheimnisverletzung resultierende Ansprüche ausgenommen werden.[43] Die Richtlinie verpflichtet die Mitgliedstaaten zur Implementierung effektiver Geheimnisschutzmechanismen für sämtliche Konstellationen, in denen ein (mutmaßliches) Geschäftsgeheimnis Gegenstand eines gerichtlichen Verfahrens wird. Aus unionsrechtlicher Sicht kommt es nicht darauf an, aus welchem mitgliedstaatlichen Gesetz die streitgegenständlichen materiell-rechtlichen Ansprüche formal resultieren. Im Wege der **richtlinienkonformen Auslegung** sind daher auch außerhalb des GeschGehG geregelte Ansprüche in den Anwendungsbereich der §§ 15 ff. einzubeziehen, deren Bestehen vom Vorliegen einer nach § 4 unzulässigen Handlung abhängt.[44] Eine Unterschreitung des unionsrechtlich gebotenen Mindestschutzniveaus könnte ferner damit verbunden sein, dass § 16 Abs. 1 den prozessualen Geheimnisschutz auf „streitgegenständliche Informationen" beschränkt und sprachlich somit allein auf den anspruchsbegründenden Tatsachenvortrag des Klägers Bezug nimmt.[45] Ob Geschäftsgeheimnisse des Beklagten damit tatsächlich vom Schutzbereich der §§ 15 ff. ausgenommen werden, ist indes fraglich, da § 16 Abs. 1 den Geheimnisschutz zugleich an den „Antrag einer Partei" knüpft und somit auch dem Beklagten ein Antragsrecht einräumt.[46] 19

---

40 *Hauck*, NJW 2016, 2218, 2222 f.; *Keller*, GRUR 2018, 706, 706; *Schregle*, GRUR 2019, 912, 913.
41 Vgl. etwa die französische Regelung in Art. R 623-51 Code de la propriété intellectuelle; dazu *Ohly*, GRUR 2019, 441, 450.
42 *Würtenberger/Freischem*, GRUR 2018, 708, 712.
43 *Kalbfus*, WRP 2019, 692, 693.
44 *Kalbfus*, WRP 2019, 692, 693.
45 Büscher/*McGuire*, § 16 GeschGehG Rn. 13 ff.
46 BeckOK GeschGehG/*Gregor*, § 16 Rn. 21.

Vor § 15 Strafprozess

Vor dem Hintergrund der Art. 6 Abs. 1, 9 Abs. 1 der Richtlinie über Know-how-Schutz ist der Anwendungsbereich der §§ 15 ff. zumindest im Wege der richtlinienkonformen Auslegung auf potenzielle Geschäftsgeheimnisse des Beklagten zu erstrecken. Dies gilt freilich nur innerhalb von Know-how-Verletzungsprozessen, in denen auch der Kläger eine (drohende) Verletzung seines Geschäftsgeheimnisses geltend macht.

3. Geheimnisschutz im vorprozessualen Stadium

20 Mit Blick auf den Bereich der Geschäftsgeheimnisstreitsachen (§ 16 Abs. 1) weist das Schutzkonzept der §§ 15 ff. eine **praxisrelevante Lücke** auf, da die besonderen Geheimnisschutzregelungen erst ab Einleitung eines gerichtlichen Verfahrens gelten. Entsprechende Schutzmechanismen für das in der Praxis übliche vorgerichtliche Verfahren fehlen. Schon wegen der möglichen Kostenfolge des § 93 ZPO wird der Klageerhebung vielfach eine **vorprozessuale Mahnung** vorausgehen.[47] Zudem hat sich gerade im Recht des Geistigen Eigentums die Abmahnung als verbreitetes Mittel zur Vermeidung zeit- und kostenintensiver Gerichtsverfahren bewährt. Die nicht zuletzt mit Blick auf die Schonung von Justizressourcen sinnvolle Abmahnungspraxis wird durch das Fehlen von Geheimnisschutzvorschriften für das vorprozessuale Stadium spürbar geschwächt. Denn der Geheimnisinhaber wird in vielen Fällen eine sofortige Klageerhebung vorziehen, anstatt geheimhaltungsbedürftige Informationen im Rahmen einer Abmahnung dem präsumtiven Verletzer zugänglich zu machen.[48]

21 In der Literatur wird daher erwogen, derartige Fälle von der Kostenlast gemäß § 93 ZPO auszunehmen, um den Geheimnisinhaber nicht vor die Wahl zwischen der vorprozessualen Offenbarung seines Geheimnisses und den Kostennachteilen eines **sofortigen Anerkenntnisses** zu stellen.[49] Die insoweit erforderliche Einzelfallbetrachtung soll die in § 93 ZPO enthaltene Wendung ermöglichen, dass der Beklagte „nicht durch sein Verhalten zur Erhebung der Klage Veranlassung gegeben" haben darf.[50] Ferner wird dafür plädiert, dem Geheimnisinhaber eine vorprozessuale Abmahnung durch **Absenkung der inhaltlichen Bestimmtheitsanforderungen** zu ermöglichen. Insoweit soll es ausreichen, dass die für eine hinreichend präzise Fassung des späteren Klageantrags erforderlichen Tatsachen aus der Abmahnung ersichtlich sind. Einer detaillierten Beschreibung der Besonderheiten des Geschäftsgeheimnisses soll es nicht bedürfen.[51] Zur Vermeidung eines kostenträchtigen sofortigen Anerkenntnisses wird in der Praxis vor Klageerhebung jedenfalls zu einer pauschal gehaltenen Abmahnung zu raten sein, deren Inhalt das Geheimnis nicht über Gebühr gefährdet.

---

47 *Laoutoumai/Baumfalk*, WRP 2018, 1300, 1301.
48 *Laoutoumai/Baumfalk*, WRP 2018, 1300, 1301; *Löffel*, WRP 2019, 8, 13.
49 *Laoutoumai/Baumfalk*, WRP 2018, 1300, 1302 f.
50 *Laoutoumai/Baumfalk*, WRP 2018, 1300, 1303.
51 *Laoutoumai/Baumfalk*, WRP 2018, 1300, 1303.

III. Grundkonzeption des prozessualen Geheimnisschutzes   **Vor § 15**

4. Geheimnisschutz im einstweiligen Rechtsschutzverfahren

Der Wortlaut der §§ 15 Abs. 1, 16 Abs. 1 scheint den Anwendungsbereich der prozessualen Geheimnisschutzregelungen explizit auf „Klagen" zu beschränken und einstweilige Rechtsschutzverfahren damit auszunehmen.[52] Indes liegt die Kurzfristigkeit des Schutzbedürfnisses in der Natur der Geheimnisschutzmaterie, sodass die praktische Wirksamkeit des Geheimnisschutzsystems – jedenfalls im Bereich vorbeugender Unterlassungsansprüche – gerade von der schnellen Verfügbarkeit effektiven gerichtlichen Rechtsschutzes abhängt.[53] Die verengte Formulierung des Anwendungsbereichs ist vor diesem Hintergrund als offensichtliches Redaktionsversehen zu werten. Auch die Begründung des RefE führt explizit aus, die Vorschrift beziehe sich auf alle „Streitigkeiten, durch die ein Anspruch nach dem GeschGehG geltend gemacht wird".[54] Jedenfalls ist der Anwendungsbereich im Wege der **richtlinienkonformen Auslegung** auf den Bereich des einstweiligen Rechtsschutzes zu erstrecken, da die Vorgaben des Art. 9 einheitlich für sämtliche Gerichtsverfahren Geltung beanspruchen und keine Differenzierung zwischen Hauptsacheentscheidung und einstweiligem Rechtsschutz, wie sie im Wortlaut des § 16 Abs. 1 angelegt ist, vorsehen.[55] Im Sinne eines effektiven Geheimnisschutzes verlangt die Richtlinie in Art. 10 vielmehr ausdrücklich die wirksame Ausgestaltung vorläufiger Geheimnisschutzmechanismen.

22

In Anbetracht des typischerweise kurzfristig auftretenden Schutzbedürfnisses wie auch der Irreversibilität von Geheimnisverletzungen verwundert es, dass die §§ 15 ff. mit Blick auf von Seiten des Geheimnisinhabers initiierte einstweilige Verfügungsverfahren **keine Dringlichkeitsvermutung** enthalten, welche dem Geheimnisinhaber die Glaubhaftmachung (§§ 936, 920 Abs. 2, 294 ZPO) eines Verfügungsgrundes erleichtert. Insoweit weicht das prozessuale Geheimnisschutzsystem von den strukturähnlichen Bereichen des Markenrechts sowie des Wettbewerbsrechts ab, welche auf die irreversible Gefährdungslage des Schutzrechtsinhabers in § 140 Abs. 3 MarkenG sowie in § 12 Abs. 2 UWG reagieren, indem sie zugunsten des Schutzrechtsinhabers die Dringlichkeit kraft typisierender gesetzlicher Regelung unterstellen.

23

Jedenfalls für den Bereich der vorbeugenden Unterlassungsansprüche wird vor diesem Hintergrund für eine **Analogie zu § 12 Abs. 2 UWG** plädiert.[56] Bereits die missglückte Formulierung der §§ 15 Abs. 1, 16 Abs. 1, die einstweilige Verfügungsverfahren offensichtlich unbeabsichtigt vom Anwendungsbereich des besonderen prozessualen Geheimnisschutzes ausnimmt, deutet darauf hin, dass der Gesetzgeber den Bereich des einstweiligen Rechtsschutzes nicht umfassend in seine hinter

24

---

52 Zu dieser sprachlichen Unschärfe *Druschel/Jauch*, BB 2018, 1218, 1221; *Kalbfus*, WRP 2019, 692, 693; *Reinfeld*, § 6 Rn. 13.
53 *Apel*, BB 2019, 2515, 2516.
54 Begründung des RefE vom 19.4.2018, S. 34; *Druschel/Jauch*, BB 2018, 1218, 1221.
55 *Kalbfus*, WRP 2019, 692, 693.
56 Vgl. hierzu *Apel*, BB 2019, 2515, 2515 f.; *Leister*, GRUR-Prax 2019, 449.

der gesetzlichen Regelung stehenden Erwägungen einbezogen und auch ein etwaiges Regelungsbedürfnis hinsichtlich der Dringlichkeit schlicht übersehen hat. Bislang konnten auf eine Verletzung der §§ 17 ff. UWG aF gestützte Ansprüche problemlos unter Rückgriff auf die Dringlichkeitsvermutung des § 12 Abs. 2 UWG einstweilen gesichert werden.[57] Würde diese Möglichkeit nunmehr versagt, so würde der prozessuale Geheimnisschutz entgegen der erklärten Intention des Reformgesetzgebers nicht etwa gestärkt, sondern punktuell geschwächt. Zudem regeln die §§ 15 ff. das Verfahren in Geschäftsgeheimnisstreitsachen nicht etwa umfassend, sondern ergänzen die im Übrigen fortgeltenden Bestimmungen des allgemeinen Prozessrechts nur in einzelnen Punkten.[58] Wegen der engen Beziehung zwischen UWG und GeschGehG liegt deshalb ein ergänzender Rückgriff auf § 12 Abs. 2 UWG nahe.[59]

25   Dennoch hat sich das OLG München gegenüber einer analogen Anwendung des § 12 Abs. 2 UWG im Bereich geschäftsgeheimnisbezogener Verfügungsverfahren mit guten Gründen skeptisch gezeigt.[60] Seinen ablehnenden Standpunkt begründet das Gericht mit dem **Fehlen einer planwidrigen Regelungslücke**. Denn wie die Implementierung einer entsprechenden Dringlichkeitsvermutung im Rahmen der parallelen Markenrechtsnovelle zeige, sei dem Gesetzgeber die typische Dringlichkeit derartiger Rechtsverletzungen durchaus bewusst gewesen. Dass der Gesetzgeber bei der parallelen Ausgestaltung der §§ 15 ff. von der Aufnahme einer § 140 Abs. 3 MarkenG entsprechenden Dringlichkeitsvermutung abgesehen habe, lege den Rückschluss auf eine bewusste Entscheidung nahe. Gegenüber dem grundsätzlichen Erfordernis eines konkret glaubhaft zu machenden Verfügungsgrundes (§ 935 ZPO) bilden Dringlichkeitsvermutungen nach dem Vorbild des § 12 Abs. 2 UWG zudem Ausnahmetatbestände. Schon aus methodischen Gründen darf dieses prinzipielle Regel-Ausnahme-Verhältnis nicht durch weitreichende Analogieschlüsse in sein Gegenteil verkehrt werden. Fraglich ist überdies, ob im Bereich des Geheimnisschutzes für eine Absenkung der Voraussetzungen des § 935 ZPO ein praktisches Bedürfnis besteht. Denn sofern eine Geheimnisverletzung vorliegt oder konkret droht, wird der Geheimnisinhaber oftmals zur Darlegung der Dringlichkeit imstande sein.

IV. Rechtspolitische Würdigung

26   Im Schrifttum hat die prozessuale Neuregelung bislang ein gespaltenes Echo hervorgerufen. Vorwiegend ist die Umsetzung der Richtlinienvorgaben durch den nationalen Gesetzgeber in Anbetracht der aufgezeigten Defizite aber eher kritisch re-

---

57 *Apel*, BB 2019, 2515, 2516.
58 *Apel*, BB 2019, 2515, 2516.
59 *Apel*, BB 2019, 2515, 2516.
60 OLG München, 8.8.2019 – 29 W 940/19, BeckRS 2019, 18308; vgl. hierzu *Leister*, GRUR-Prax 2019, 449; K/B/F/*Alexander*, § 15 GeschGehG Rn. 16a.

IV. Rechtspolitische Würdigung **Vor § 15**

zipiert worden.⁶¹ Kritisiert wird insbesondere das Fehlen eines echten In-camera-Verfahrens sowie der als zu eng empfundene sachliche Anwendungsbereich der prozessualen Geheimnisschutzvorschriften. Teilweise werden die §§ 15 ff. aber auch als gelungene Herstellung praktischer Konkordanz zwischen den verfassungsrechtlich geschützten Interessen des Geheimnisinhabers und den Verfahrensrechten der Gegenpartei begrüßt.⁶² Mitunter wird in Anbetracht des tendenziell höheren Schutzniveaus in (nicht-öffentlichen) Schiedsverfahren zur Aufnahme von Schiedsklauseln in Verträge geraten, da viele institutionelle Schiedsordnungen (vgl. etwa Art. 44 der DIS-Schiedsgerichtsordnung) stets – und nicht erst nach einer gerichtlichen Einstufung – die Verschwiegenheit der Parteien verlangen.⁶³ Entsprechende Schiedsvereinbarungen sind zwar grundsätzlich zulässig, da die ausschließliche Zuständigkeitsregel des § 15 Abs. 1 nur innerhalb der staatlichen Gerichtsbarkeit gilt und Geschäftsgeheimnisstreitsachen gemäß § 1030 Abs. 1 ZPO grundsätzlich objektiv schiedsfähig sind. An dem Grundproblem einer Offenbarung des Geschäftsgeheimnisses gegenüber der anderen Prozesspartei ändern allerdings auch schiedsverfahrensrechtliche Geheimhaltungspflichten nichts. Zudem lassen sich Schiedsklauseln regelmäßig nur im vertraglichen Bereich vorbeugend implementieren.

Nach hier vertretener Auffassung ist aus rechtspolitischer Sicht eine differenzierte Bewertung geboten. Insgesamt bedeutet die Neuregelung einen erheblichen Fortschritt. Das Absehen von einem In-camera-Verfahren ist in Anbetracht von dessen verfassungsrechtlichen Implikationen und den weitreichenden Schutzmechanismen der §§ 16, 19 zumindest vorerst nachvollziehbar. Ob sich die mit dem GeschGehG eingeführten Schutzmechanismen als derart unzureichend erweisen, dass es darüber hinaus der Implementierung eines In-camera-Verfahrens bedarf, wird die Praxis zeigen. Kritikwürdig ist die einstweilige Beschränkung der Geheimnisschutzregelungen auf den engen Bereich der §§ 6 ff. Dass die praktischen Folgen derartiger Regelungskonzepte vor einer flächendeckenden Einführung in den Zivilprozess zunächst in beschränktem Umfang erprobt werden sollen, leuchtet zwar durchaus ein.⁶⁴ Die §§ 15 ff. führen in Anbetracht ihres begrenzten Anwendungsbereichs jedoch zu Friktionen im Hinblick auf die Handhabung paralleler Ansprüche aus Vertrag sowie aus anderen Gesetzen, die nicht zuletzt mit Blick auf die unionsrechtlichen Vorgaben teilweise korrekturbedürftig erscheinen. Denn die Beschränkung des prozessualen Geheimnisschutzes auf Ansprüche nach den §§ 6 ff. bleibt hinter den Mindestvorgaben der Richtlinie über Know-how-Schutz zurück. Insoweit weist

27

---

61 *Brammsen*, BB 2018, 2446 ff. erachtete bereits den RegE für „reformbedürftig"; vgl. zuvor bereits *Ann*, GRUR-Prax 2016, 465, 467; *Hauck*, NJW 2016, 2218, 2223; *Hauck*, GRUR-Prax 2019, 223, 225; *Ohly*, GRUR 2019, 441, 444; *Schlingloff*, WRP 2018, 666, 669 ff.; *Schregle*, GRUR 2019, 912, 916.
62 *Alexander*, WRP 2019, 673, 679 begrüßt den „*deutlichen Zugewinn an Rechtssicherheit und Rechtsklarheit*"; *Hauck*, GRUR-Prax 2019, 223, 225: „*stellt einen Fortschritt gegenüber dem status quo dar*"; *Kalbfus*, WRP 2019, 692, 699.
63 *Becker/Kussnik*, RAW 2018, 119, 126 f.
64 In diese Richtung auch *Kalbfus*, WRP 2019, 692, 699.

der Anwendungsbereich der §§ 15 ff. erhebliche Unschärfen auf, die sowohl in der Beratungs- als auch in der Gerichtspraxis zu Problemen führen werden.

28 Sollten sich die §§ 15 ff. innerhalb ihres beschränkten Anwendungsbereichs bewähren, so könnten sie – freilich in optimierter Form – für eine breiter angelegte Reform des allgemeinen zivilprozessualen Geheimnisschutzes Modell stehen.[65]

---

[65] In diese Richtung auch *Würtenberger/Freischem*, GRUR 2018, 708, 712; *Müllmann*, ZRP 2019, 25, 26; *Kalbfus*, WRP 2019, 692, 699.

§ 15 Sachliche und örtliche Zuständigkeit; Verordnungsermächtigung

(1) Für Klagen vor den ordentlichen Gerichten, durch die Ansprüche nach diesem Gesetz geltend gemacht werden, sind die Landgerichte ohne Rücksicht auf den Streitwert ausschließlich zuständig.

(2) ¹Für Klagen nach Absatz 1 ist das Gericht ausschließlich zuständig, in dessen Bezirk der Beklagte seinen allgemeinen Gerichtsstand hat. ²Hat der Beklagte im Inland keinen allgemeinen Gerichtsstand, ist nur das Gericht zuständig, in dessen Bezirk die Handlung begangen worden ist.

(3) ¹Die Landesregierungen werden ermächtigt, durch Rechtsverordnung einem Landgericht die Klagen nach Absatz 1 der Bezirke mehrerer Landgerichte zuzuweisen. ²Die Landesregierungen können diese Ermächtigung durch Rechtsverordnung auf die Landesjustizverwaltungen übertragen. ³Die Länder können außerdem durch Vereinbarung die den Gerichten eines Landes obliegenden Klagen nach Absatz 1 insgesamt oder teilweise dem zuständigen Gericht eines anderen Landes übertragen.

Schrifttum: *Alexander*, Grundstrukturen des Schutzes von Geschäftsgeheimnissen durch das neue GeschGehG, WRP 2019, 673; *Laoutoumai/Baumfalk*, Probleme im vorprozessualen Verfahren bei der Rechtsverfolgung von Ansprüchen aus dem neuen GeschGehG, WRP 2018, 1300; *Ohly*, Das neue Geschäftsgeheimnisgesetz im Überblick, GRUR 2019, 441; *Schlingloff*, Geheimnisschutz im Zivilprozess aufgrund der „Know-how-Schutz"-Richtlinie – Was muss sich im deutschen Prozessrecht ändern?, WRP 2018, 666; *Schulte*, Mehr Schutz für Geschäftsgeheimnisse, Ein Überblick über die Regelungen des neuen Geschäftsgeheimnisgesetzes (GeschGehG), ArbRB 2019, 143; *Voigt/Hermann/Grabenschröer*, Das neue Geschäftsgeheimnisgesetz – praktische Hinweise zu Umsetzungsmaßnahmen für Unternehmen, BB 2019, 142; *Wagner/Janzen*, Das Lugano-Übereinkommen vom 30.10.2007, IPRax 2010, 298; *Würtenberger/Freischem*, Stellungnahme zum Referentenentwurf des Bundesministeriums der Justiz und für Verbraucherschutz – Entwurf eines Gesetzes zur Umsetzung der RL 2016/943/EU zum Schutz von Geschäftsgeheimnissen vor rechtswidrigem Erwerb sowie rechtswidriger Nutzung und Offenlegung, GRUR 2018, 708.

Übersicht

	Rn.		Rn.
I. Vorbemerkung	1	1. Hauptsacheverfahren	14
II. Sachliche Zuständigkeit (Abs. 1)	6	2. Einstweiliger Rechtsschutz	19
III. Örtliche Zuständigkeit (Abs. 2)	8	V. Konzentrationsermächtigung	
IV. Internationale Zuständigkeit	14	(Abs. 3)	21

§ 15 Sachliche und örtliche Zuständigkeit; Verordnungsermächtigung

I. Vorbemerkung

1 § 15 Abs. 1 regelt die sachliche Zuständigkeit. Danach werden Prozesse, die Ansprüche nach dem GeschGehG zum Gegenstand haben, ungeachtet des Streitwerts den Landgerichten zugewiesen. § 15 Abs. 2 Satz 1 enthält für derartige Klagen eine **ausschließliche Zuständigkeit** am allgemeinen Gerichtsstand (§ 12 ZPO) und damit am Wohnsitz (§ 13 ZPO) bzw. am Sitz (§ 17 ZPO) des Beklagten. Fehlt es an einem inländischen Beklagtensitz, so sind nach § 15 Abs. 2 Satz 2 nur die Gerichte des Tatorts zuständig. Beide Zuständigkeitszuweisungen gelten für das Hauptsacheverfahren sowie über § 937 ZPO, der die Zuständigkeit des Gerichts der Hauptsache anordnet, gleichermaßen im Bereich des einstweiligen Rechtsschutzes.[1] Im Bereich des einstweiligen Rechtsschutzes führt § 937 ZPO jedoch nur vor Anhängigkeit des Hauptsacheverfahrens zur Anwendbarkeit des § 15. Nach Anhängigkeit der Hauptsache ist gemäß §§ 937, 943 Abs. 1 ZPO das mit der Hauptsache befasste Gericht auch für Maßnahmen im einstweiligen Rechtsschutz zuständig.[2] Ferner ermächtigt § 15 Abs. 3 dazu, die Zuständigkeiten durch Rechtsverordnung weitergehend zu konzentrieren.

2 Die Zuständigkeitszuweisungen des § 15 sind einer Derogation durch abweichende Gerichtsstandsvereinbarungen infolge ihres ausschließlichen Charakters entzogen, vgl. § 40 Abs. 2 Satz 1 Nr. 2 ZPO.[3]

3 Entsprechend dem gesetzgeberischen Grundkonzept ist die Zuständigkeitsvorschrift des § 15 auf solche staatsgerichtlichen Verfahren beschränkt, in denen Ansprüche aus dem GeschGehG den Streitgegenstand bilden. Dies folgt aus dem Wortlaut des § 15 Abs. 1, der ausdrücklich auf „**Ansprüche nach diesem Gesetz**" abhebt.[4] Im Hinblick auf Ansprüche aus anderen Gesetzen sowie auf Strafverfahren werden die bisherigen Regelungen durch die §§ 15 ff. nicht berührt.[5] Soweit ein unmittelbarer Sachzusammenhang zu einer Geheimnisverletzung besteht, erscheint die Einbeziehung vertraglicher Ansprüche in den Anwendungsbereich der Zuständigkeitsbestimmung sachgerecht.[6] Eine unionsrechtliche Verpflichtung zur richtlinienkonformen Extension besteht indes nicht, da die Richtlinie über den Schutz von Know-how mit Blick auf Fragen der gerichtlichen Zuständigkeitsverteilung keine detaillierten Vorgaben enthält.[7]

4 Die prozessualen Vorschriften zum Schutz von Geschäftsgeheimnissen gelten grundsätzlich sowohl im Bereich der ordentlichen Gerichtsbarkeit als auch im Be-

---

[1] BeckOK GeschGehG/*Gregor*, § 15 Rn. 2; Büscher/*McGuire*, § 15 GeschGehG Rn. 14.
[2] H/O/K/*Kalbfus*, § 15 Rn. 7.
[3] *Voigt/Herrmann/Grabenschröer*, BB 2019, 142, 146.
[4] BeckOK GeschGehG/*Gregor*, § 15 Rn. 1.
[5] BT-Drs. 19/4724, S. 34.
[6] BeckOK UWG/*Barth*, § 15 GeschGehG Rn. 5; H/O/K/*Kalbfus*, § 15 Rn. 2; K/B/F/*Alexander*, § 15 GeschGehG Rn. 11.
[7] K/B/F/*Alexander*, § 15 GeschGehG Rn. 8.

reich der Arbeitsgerichtsbarkeit.[8] Sowohl die sachliche Zuständigkeitsregelung des § 15 Abs. 1 als auch die örtliche Zuständigkeitsvorschrift des § 15 Abs. 2 finden jedoch nur dann Anwendung, wenn eine **allgemeine Zivilsache** iSd. § 13 GVG Gegenstand des Rechtsstreits ist.[9] Nicht betroffen sind hingegen Streitigkeiten, die durch § 2 ArbGG den Arbeitsgerichten zugewiesen sind. Dies betrifft namentlich Streitigkeiten aus laufenden oder beendeten Arbeitsverhältnissen (Art. 2 Abs. 1 lit. a, c ArbGG) sowie aus im Zusammenhang mit einem Arbeitsverhältnis begangenen Delikten (§ 2 Abs. 1 Nr. 3 lit. c ArbGG). Denn der Wortlaut des § 15 Abs. 1 stellt durch die Wendung „vor den ordentlichen Gerichten" klar, dass die Zuständigkeitsregelungen des arbeitsgerichtlichen Verfahrens durch die Sonderregelung in § 15 nicht berührt werden.[10] Abgrenzungsschwierigkeiten drohen im Hinblick auf ausgeschiedene Arbeitnehmer, sofern sich nicht ohne Weiteres beantworten lässt, ob die streitgegenständliche Geheimnisverletzung in einem derart engen Zusammenhang zu dem Arbeitsverhältnis steht, dass gemäß § 2 Abs. 1 lit. d ArbGG der Rechtsweg zu den Arbeitsgerichten eröffnet ist. In derartigen Grenzfällen soll danach zu differenzieren sein, ob der Arbeitnehmer das Geheimnis unter Ausnutzung des Arbeitsverhältnisses erlangt hat.[11]

Nicht von der Zuständigkeitsregel des § 15 berührt wird die Zuständigkeit eines privatautonom vereinbarten Schiedsgerichts. § 15 beschränkt sich auf die Zuständigkeitsverteilung innerhalb der staatlichen Gerichtsbarkeit und schließt die objektive Schiedsfähigkeit von Geschäftsgeheimnisstreitsachen gem. § 1030 Abs. 1 ZPO nicht aus. Die Entscheidung über Ansprüche gem. den §§ 6ff. kann daher durch Schiedsabrede der staatlichen Gerichtsbarkeit entzogen und einem **Schiedsgericht** zugewiesen werden. Ob sich die Kognitionsbefugnis des mit anderen Ansprüchen befassten Schiedsgerichts auf konkurrierende Ansprüche aus den §§ 6ff. erstreckt, ist durch Auslegung der Schiedsvereinbarung zu ermitteln. Fehlt es an entgegenstehenden Anhaltspunkten, wird eine Rechtswegspaltung zwischen den Ansprüchen aus dem GeschGehG und konkurrierenden Ansprüchen aus anderem Rechtsgrund in aller Regel nicht dem Parteiwillen entsprechen und daher eine einheitliche Zuweisung aller Streitigkeiten aus einem bestimmten Rechtsverhältnis an die Schiedsgerichtsbarkeit anzunehmen sein.[12]

II. Sachliche Zuständigkeit (Abs. 1)

§ 15 Abs. 1 regelt die sachliche Zuständigkeit für Geschäftsgeheimnisstreitsachen (§ 16 Abs. 1) und weist diese **ausschließlich den Landgerichten** zu. Die sachliche Zuständigkeitsregel ist den Parallelnormen der §§ 13 Abs. 1 Satz 1 UWG, 143

---
8 *Laoutoumai/Baumfalk*, WRP 2018, 1300, 1301; *Reinfeld*, § 6 Rn. 5.
9 *Büscher/McGuire*, § 15 GeschGehG Rn. 5; *Reinfeld*, § 6 Rn. 5.
10 BT-Drs. 19/4724, S. 34.
11 H/O/K/*Kalbfus*, § 15 Rn. 9 f. mwN.
12 Vgl. statt aller Stein/Jonas/*Schlosser*, § 1029 Rn. 35; MK-ZPO/*Münch*, § 1029 Rn. 106, 110.

§ 15 Sachliche und örtliche Zuständigkeit; Verordnungsermächtigung

Abs. 1 PatG, § 52 Abs. 1 DesignG nachgebildet.[13] Insoweit bezweckt der Gesetzgeber wegen der Gemeinsamkeiten zwischen Geschäftsgeheimnisstreitsachen und dem Recht des unlauteren Wettbewerbs fachliche Synergieeffekte, durch die die wettbewerbsrechtliche Erfahrung sowie die erhöhte Sachkunde der Landgerichte auch für den Bereich der Geschäftsgeheimnisstreitsachen aktiviert werden sollen.[14]

7 Hingegen **fehlt eine funktionale Zuweisung** der Geschäftsgeheimnisstreitsachen an die **Kammern für Handelssachen**. § 95 Abs. 1 GVG ist im Zuge der Einführung des GeschGehG nicht entsprechend modifiziert worden.[15] In diesem Punkt unterscheidet sich die Regelung maßgeblich von den artverwandten §§ 13 Abs. 1 Satz 2 UWG, 95 Abs. 1 Nr. 5 GVG und §§ 140 MarkenG, 95 Abs. 1 Nr. 4c GVG.[16] Die besondere Fachkompetenz, die zahlreiche Kammern für Handelssachen durch ihre Befassung mit vergleichbaren Rechtsmaterien erworben haben, bleibt deshalb ungenutzt.[17] Zugleich lässt die Regelung die Chance verstreichen, durch funktionale Konzentration der Geschäftsgeheimnisstreitsachen die Entstehung spezialisierter Gerichtskenntnisse auf dem Gebiet des Geheimnisschutzes zu fördern. Es erscheint deshalb fraglich, ob die fachlichen Synergieeffekte, die der Gesetzgeber mit der Zuständigkeitsregelung des § 15 Abs. 1 bezweckt hat, in der Praxis tatsächlich erreicht werden.[18] Erwägenswert erscheint es vor diesem Hintergrund, Geschäftsgeheimnisstreitsachen analog § 95 Abs. 1 Nr. 4 lit. c, Nr. 5 GVG als Handelssachen anzusehen und den Kammern für Handelssachen zuzuweisen.[19] Gegen einen solchen Analogieschluss spricht jedoch, dass keine unbeabsichtigte Regelungslücke besteht. Da der Gesetzgeber im Zusammenhang mit dem neuen Geheimnisschutz durch Anpassung des § 74c Abs. 1 Satz 1 Nr. 1 GVG die Zuständigkeit der Kammer für Wirtschaftsstrafsachen modifiziert hat, ist anzunehmen, dass ihm die Frage nach der Zuständigkeit wirtschaftlich spezialisierter Spruchkörper durchaus bewusst war.[20]

III. Örtliche Zuständigkeit (Abs. 2)

8 § 15 Abs. 2 Satz 1 weist Geschäftsgeheimnisstreitsachen in örtlicher Hinsicht **ausschließlich** den Gerichten zu, an denen der Beklagte nach §§ 12 ff. ZPO seinen **allgemeinen Gerichtsstand** hat. Ansprüche gemäß den §§ 6 ff. sind ausschließlich am Wohnsitz (§ 13 ZPO) bzw. am Sitz (§ 17 ZPO) des Beklagten geltend zu machen.

9 Im Falle **negativer Feststellungsklagen**, die auf die Feststellung des Nichtbestehens von Ansprüchen gemäß den §§ 6 ff. gerichtet sind, folgt aus § 15 Abs. 2 ein

---

13 BeckOK GeschGehG/*Gregor*, § 15 Rn. 7; Büscher/*McGuire*, § 15 GeschGehG Rn. 11; K/B/F/*Alexander*, § 15 GeschGehG Rn. 7.
14 BT-Drs. 19/4724, S. 35.
15 BeckOK GeschGehG/*Gregor*, § 15 Rn. 8.
16 BeckOK UWG/*Barth*, § 15 GeschGehG Rn. 4; *Schlingloff*, WRP 2018, 666, 669.
17 So auch H/O/K/*Kalbfus*, § 15 Rn. 17.
18 *Schlingloff*, WRP 2018, 666, 669.
19 Vgl. K/B/F/*Alexander*, § 15 GeschGehG Rn. 20.
20 Vgl. BeckOK UWG/*Barth*, § 15 GeschGehG Rn. 4; K/B/F/*Alexander*, § 15 GeschGehG Rn. 20.

III. Örtliche Zuständigkeit (Abs. 2) § 15

Klägergerichtsstand. Zwar lässt sich die negative Feststellungsklage anhand der Legaldefinition des § 16 Abs. 1 nicht ohne Weiteres als Geschäftsgeheimnisstreitsache qualifizieren. Für die negative Feststellungsklage sind nach überwiegender Ansicht indes die Gerichte zuständig, denen auch für eine Leistungsklage mit umgekehrtem Rubrum die örtliche Zuständigkeit obläge.[21]

Die ausschließliche Zuständigkeit gem. § 15 Abs. 2 **schließt** nicht nur die Zuständigkeit anderer Gerichte für entsprechende Klagen, sondern gem. §§ 33 Abs. 2, 40 Abs. 2 Satz 1 Nr. 2 ZPO auch die Erhebung **einer Widerklage vor anderen Gerichten aus**.[22] Geschäftsgeheimnisstreitsachen können im Wege einer zulässigen Widerklage daher nur vor Gerichten anhängig gemacht werden, denen gem. § 15 Abs. 2 auch die allgemeine örtliche Zuständigkeit zusteht.[23] 10

Infolge des **ausschließlichen Charakters** des § 15 Abs. 2 werden besondere Gerichtsstände ausgeschlossen. Insbesondere der Tatortgerichtsstand des § 32 ZPO ist für Geschäftsgeheimnisstreitsachen gesperrt. Ein sog. **fliegender Gerichtsstand**, wie ihn § 14 Abs. 2 UWG traditionell für das Wettbewerbsrecht vorsieht, ist für den Bereich der Geschäftsgeheimnisstreitsachen demnach **nicht eröffnet**.[24] Überdies weicht die Bestimmung auch von der fliegenden Gerichtsstandregelung des gewerblichen Rechtsschutzes ab.[25] 11

Wenngleich die Eingrenzung des § 14 Abs. 2 UWG im Schrifttum seit Längerem lebhaft diskutiert wird[26] und durch § 14 Abs. 2 Satz 3 UWG mittlerweile Zuwiderhandlungen im elektronischen Geschäftsverkehr sowie Unterlassungsansprüche der Industrie-, Handels- und Handwerkskammern vom Anwendungsbereich des fliegenden Gerichtsstands ausgenommen sind, ist der **Ausschluss der zuständigkeitsrechtlichen Tatortanknüpfung** für den Bereich der Geschäftsgeheimnisstreitsachen **nicht ohne Weiteres verständlich**. Für die zuständigkeitsrechtliche Divergenz zwischen dem Geschäftsgeheimnisschutz auf der einen und den Bereichen des Wettbewerbsrechts (§ 14 Abs. 2 UWG) und des Immaterialgüterrechts (§ 32 ZPO) auf der anderen Seite gibt es keinen einleuchtenden Grund.[27] Dies gilt umso mehr, als der fliegende Gerichtsstand gemäß § 46 Abs. 2 ArbGG iVm. §§ 495, 32 ZPO auch in Geschäftsgeheimnisstreitsachen Anwendung findet, soweit der Rechtsweg zu den Arbeitsgerichten eröffnet ist.[28] Im Übrigen birgt der Ausschluss des fliegenden Gerichtsstands die Gefahr einer unzweckmäßigen Verfahrensaufspaltung, soweit die Verletzung von Geschäftsgeheimnissen etwa mit Pa- 12

---

21 BeckOK GeschGehG/*Gregor*, § 15 Rn. 12.
22 BeckOK GeschGehG/*Gregor*, § 15 Rn. 13.
23 BeckOK GeschGehG/*Gregor*, § 15 Rn. 13.
24 BeckOK GeschGehG/*Gregor*, § 15 Rn. 11; BeckOK UWG/*Barth*, § 15 GeschGehG Rn. 6; *Ohly*, GRUR 2019, 441, 450; krit. H/O/K/*Kalbfus*, Einl. A Rn. 147.
25 BeckOK GeschGehG/*Gregor*, § 15 Rn. 11; H/O/K/*Kalbfus*, § 15 Rn. 26.
26 Vgl. Büscher/*McGuire*, § 15 GeschGehG Rn. 16; K/B/F/*Alexander*, § 15 GeschGehG Rn. 23; *Ohly*, GRUR 2019, 441, 450.
27 *Würtenberger/Freischem*, GRUR 2018, 708, 712.
28 H/O/K/*Kalbfus*, § 15 Rn. 26.

§ 15   Sachliche und örtliche Zuständigkeit; Verordnungsermächtigung

tentverletzungen oder Streitigkeiten nach dem ArbnErfG einhergeht.[29] Das mit dem fliegenden Gerichtsstand verbundene Klägerwahlrecht (§ 35 ZPO) begünstigt zudem die Spezialisierung einzelner Gerichte, die wegen der hohen technischen Komplexität der Materie wünschenswert und dem Geheimnisschutz zuträglich wäre.[30] Vor allem aber werfen Klagen wegen der Verletzung technischer Know-hows oftmals besonders detaillierte und aufarbeitungsbedürftige Sachverhaltsfragen auf. Unter Gesichtspunkten der Prozessökonomie legt es die besondere Sachverhaltslastigkeit solcher Streitigkeiten nahe, dem Kläger neben dem oftmals beweisfernen allgemeinen Beklagtengerichtsstand einen sach- und beweisnahen streitgegenstandsbezogenen Gerichtsstand zur Verfügung zu stellen.[31] Dass Kläger ihre aus § 35 ZPO resultierenden Wahlrechte in der Praxis nicht immer auf Grundlage der größtmöglichen Sach- und Beweisnähe, sondern vielfach anhand sachfremder prozesstaktischer Erwägungen ausüben, ist insoweit hinzunehmen.[32]

13 Bei **Fehlen eines allgemeinen Gerichtsstands im Inland** ist nach § 15 Abs. 2 Satz 2 das Gericht des Ortes zuständig, an dem die streitgegenständliche Handlung vorgenommen wurde. Der Gesetzeswortlaut ist erkennbar an jenen des § 32 ZPO angelehnt und sollte daher unter Rückgriff auf die dort geltenden Grundsätze ausgelegt werden.[33] Zuständig ist demnach sowohl das Gericht des Handlungsorts als auch das Gericht des Erfolgsorts. Dem Kläger steht insoweit ein Wahlrecht zu.[34]

IV. Internationale Zuständigkeit

1. Hauptsacheverfahren

14 Die internationale Zuständigkeit richtet sich, sofern der Beklagte seinen Wohnsitz bzw. Sitz (Art. 4 Abs. 1, 63 EuGVVO) in einem Mitgliedstaat hat, nach den **Gerichtsstandsbestimmungen der EuGVVO**. Danach ist stets der allgemeine Gerichtsstand gemäß Art. 4 Abs. 1 EuGVVO im **Wohnsitz- oder Sitzstaat des Beklagten** eröffnet. Die örtliche Zuständigkeit richtet sich ergänzend nach § 15 Abs. 2.

15 Bei der gebotenen autonomen Auslegung des europäischen Sekundärrechts sind die Ansprüche der §§ 6 ff. deliktsrechtlich zu qualifizieren und fallen somit in den Anwendungsbereich des besonderen Gerichtsstands der unerlaubten Handlung gemäß Art. 7 Nr. 2 EuGVVO, der neben der internationalen auch die örtliche Zuständigkeit regelt.[35] Der **Tatortgerichtsstand** des Art. 7 Nr. 2 EuGVVO verdrängt in Fällen mit Auslandsbezug daher die örtliche Zuständigkeitsregel des § 15 Abs. 2. Er steht gleichberechtigt neben dem allgemeinen Gerichtsstand des Art. 4 Abs. 1 EuGVVO. Der Kläger hat insoweit ein **Wahlrecht**. Eine Klage am Erfüllungsortge-

---

29 Büscher/*McGuire*, § 15 GeschGehG Rn. 16.
30 *Würtenberger/Freischem*, GRUR 2018, 708, 711 f.; krit. auch H/O/K/*Kalbfus*, § 15 Rn. 26.
31 Ähnlich auch *Ohly*, GRUR 2019, 441, 450.
32 Krit. insoweit aber *Schlingloff*, WRP 2018, 666, 670.
33 BeckOK GeschGehG/*Gregor*, § 15 Rn. 15.
34 Vgl. zur Auslegung des § 32 ZPO bei sog. Distanzdelikten Saenger/*Bendtsen*, § 32 ZPO Rn. 15.
35 AllgM, vgl. nur Saenger/*Dörner*, ZPO, Art. 7 EuGVVO Rn. 32.

IV. Internationale Zuständigkeit § 15

richtsstand des Art. 7 Nr. 1 EuGVVO muss auf Grundlage der gefestigten Rechtsprechung des EuGH selbst dann ausscheiden, wenn die Ansprüche der §§ 6 ff. mit vertraglichen Ansprüchen parallel laufen.[36]

Der EuGH legt den Deliktsgerichtsstand des Art. 7 Nr. 2 EuGVVO traditionell im Sinne des sog. **Ubiquitätsprinzips** aus. Der Kläger kann bei sog. **Distanzdelikten** daher zwischen den Gerichten des Handlungs- und des Erfolgsorts wählen.[37] 16

In Fällen mit Bezug zur Schweiz sowie zu Norwegen oder Island richtet sich die internationale Zuständigkeit dagegen nach dem LugÜ, dessen Gerichtsstandsbestimmungen jenen der EuGVVO in weiten Teilen entsprechen.[38] 17

Hat der Beklagte seinen **Wohnsitz nicht in einem Mitgliedstaat der EuGVVO oder des LugÜ**, so richtet sich die internationale Zuständigkeit nach den **nationalen Bestimmungen** über die örtliche Zuständigkeit, die die internationale Zuständigkeit doppelfunktional mitregeln.[39] § 15 Abs. 2 Satz 2 begründet in derartigen Fällen einen internationalen Gerichtsstand innerhalb Deutschlands, wenn der Tatort – dh. entweder der Handlungs- oder der Erfolgsort – innerhalb Deutschlands belegen ist. Nach dem Wortlaut des § 15 Abs. 2 Satz 2 („nur") handelt es sich um einen ausschließlichen Gerichtsstand. Der damit verbundene Ausschluss einer Klage am ausländischen allgemeinen Gerichtsstand des Beklagten führt insbesondere auf Ebene der grenzüberschreitenden Urteilsanerkennung zu Folgeproblemen. Denn gemäß § 328 Abs. 1 Nr. 1 ZPO kann das Urteil eines drittstaatlichen Gerichts am (Wohn-)Sitz des Beklagten infolge des ausschließlichen Charakters des Tatortgerichtsstands des § 15 Abs. 2 Satz 2 in Deutschland weder anerkannt noch vollstreckt werden. Dass der Gesetzgeber diese Konsequenz gesehen oder gar bezweckt hat, darf bezweifelt werden. 18

2. Einstweiliger Rechtsschutz

Im einstweiligen Rechtsschutzverfahren richtet sich die internationale Zuständigkeit ebenfalls nach den Art. 4 ff. EuGVVO. Zuständig sind zunächst die auch in der **Hauptsache zuständigen Gerichte**.[40] 19

Nach Art. 35 EuGVVO können einstweilige Maßnahmen ferner auch von einem in der Hauptsache unzuständigen Gericht getroffen werden. Der EuGH schränkt die Vorschrift aber ein, indem er zwischen dem Forumstaat und dem Gegenstand der begehrten Maßnahme eine reale Verknüpfung verlangt.[41] Selbst wenn eine solche 20

---
36 Vgl. grundlegend EuGH, 27.9.1988 – Rs. 189/87, Slg. 1988, 5565 Rn. 19 ff. – Kalfelis.
37 Vgl. grundlegend EuGH, 30.11.1976 – Rs. C-21/76, Slg. 1976, 1735 Rn. 24 f. – Mines de Potasse.
38 H/O/K/*Kalbfus*, § 15 Rn. 27; MK-ZPO/*Gottwald*, LugÜ Präambel Rn. 1; *Wagner/Janzen*, IPRax 2010, 298.
39 BGH, 5.5.2011 – IX ZR 176/10, BGHZ 189, 320 Rn. 7; BGH, 29.6.2010 – VI ZR 122/09, NJW-RR 2010, 1554, 1555; MK-ZPO/*Patzina*, § 12 Rn. 90.
40 EuGH, 17.11.1998 – Rs. C-391/95, Slg. 1998, I-07091 Rn. 19 – van Uden.
41 EuGH, 17.11.1998 – Rs. C-391/95, Slg. 1998, I-07091 Rn. 40 – van Uden.

im Einzelfall vorliegt, ist jedoch Vorsicht geboten. Denn gemäß Art. 36, 39 EuGV-VO werden in anderen Mitgliedstaaten nur Entscheidungen iSd. Art. 2 lit. a EuGV-VO ipso iure anerkannt und sind dort aus sich heraus vollstreckbar. Nach Art. 2 lit. a EuGVVO unterfallen im einstweiligen Rechtsschutz getroffene Maßnahmen dem Entscheidungsbegriff der EuGVVO nur dann, wenn sie von einem in der Hauptsache zuständigen Gericht stammen. Sofern ein aufgrund von Art. 35 EuGV-VO ausschließlich im einstweiligen Rechtsschutz zuständiges Gericht tätig wird, bleiben dessen Maßnahmen mithin auf den Forumstaat begrenzt und entfalten in anderen Mitgliedstaaten keine Wirkung.

V. Konzentrationsermächtigung (Abs. 3)

21 Die in § 15 Abs. 3 enthaltene Konzentrationsermächtigung entspricht jener des § 143 Abs. 2 PatG. Landesregierungen können **durch Rechtsverordnung** die Klagen für die Bezirke mehrerer Landgerichte **einem Landgericht zuweisen**. Die Konzentrationsermächtigung bezieht sich alleine auf die landgerichtliche, nicht aber auf die arbeitsgerichtliche Zuständigkeit.[42] Sie soll es den Ländern ermöglichen, richterliche Sachkunde, nicht zuletzt im Hinblick auf die besonderen prozessualen Regelungen, zu konzentrieren und den Geheimnisschutz durch Befassung besonders rechts- und fachkundiger Gerichte zu stärken.[43] Die Landesregierung kann die Verordnungsermächtigung auf die Landesjustizverwaltung übertragen.[44] In Anbetracht der häufig hohen technischen Anforderungen des Geschäftsgeheimnisschutzes und des daraus resultierenden Spezialisierungsbedarfs wird im Schrifttum dafür plädiert, von der Konzentrationsermächtigung flächendeckend Gebrauch zu machen.[45] Während der Regierungsentwurf eine Zuständigkeitskonzentration bei den für Wettbewerbssachen zuständigen Spruchkörpern zu präferieren scheint, wird in der Literatur wegen der technischen Bezüge geheimnisschutzbezogener Prozesse die Befassung der für Patentsachen zuständigen Spruchkörper vorgezogen.[46] Die Erfahrungen mit der Parallelvorschrift des § 13 Abs. 2 UWG lassen indes eine eher zurückhaltende Handhabung von Seiten der Länder erwarten.[47]

22 Durch **Staatsvertrag** können mehrere Länder die Zuständigkeit für Geschäftsgeheimnisstreitsachen ferner insgesamt oder teilweise auf das **zuständige Gericht eines anderen Staates** übertragen. Diese Ermächtigung dürfte insbesondere im Hinblick auf die Stadtstaaten Berlin, Hamburg und Bremen sowie für andere kleinere Bundesländer von Interesse sein.[48]

---

42 *Reinfeld*, § 6 Rn. 36.
43 BT-Drs. 19/4724, S. 35; BeckOK UWG/*Barth*, § 15 GeschGehG Rn. 9; *Reinfeld*, § 6 Rn. 37.
44 BT-Drs. 19/4724, S. 35.
45 BeckOK GeschGehG/*Gregor*, § 15 Rn. 21; Büscher/*McGuire*, § 15 GeschGehG Rn. 21; H/O/K/ *Kalbfus*, § 15 Rn. 33; *Ohly*, GRUR 2019, 441, 450.
46 Büscher/*McGuire*, § 15 GeschGehG Rn. 23.
47 *Würtenberger/Freischem*, GRUR 2018, 708, 711 f.
48 *Schulte*, ArbRB 2019, 143, 146.

§ 16 Geheimhaltung

(1) Bei Klagen, durch die Ansprüche nach diesem Gesetz geltend gemacht werden (Geschäftsgeheimnisstreitsachen) kann das Gericht der Hauptsache auf Antrag einer Partei streitgegenständliche Informationen ganz oder teilweise als geheimhaltungsbedürftig einstufen, wenn diese ein Geschäftsgeheimnis sein können.

(2) Die Parteien, ihre Prozessvertreter, Zeugen, Sachverständige, sonstige Vertreter und alle sonstigen Personen, die an Geschäftsgeheimnisstreitsachen beteiligt sind oder die Zugang zu Dokumenten eines solchen Verfahrens haben, müssen als geheimhaltungsbedürftig eingestufte Informationen vertraulich behandeln und dürfen diese außerhalb eines gerichtlichen Verfahrens nicht nutzen oder offenlegen, es sei denn, dass sie von diesen außerhalb des Verfahrens Kenntnis erlangt haben.

(3) Wenn das Gericht eine Entscheidung nach Absatz 1 trifft, darf Dritten, die ein Recht auf Akteneinsicht haben, nur ein Akteninhalt zur Verfügung gestellt werden, in dem die Geschäftsgeheimnisse enthaltenden Ausführungen unkenntlich gemacht wurden.

Schrifttum: *Alexander*, Grundstrukturen des Schutzes von Geschäftsgeheimnissen durch das neue GeschGehG, WRP 2019, 673; *Dann/Markgraf*, Das neue Gesetz zum Schutz von Geschäftsgeheimnissen, NJW 2019, 174; *Druschel/Jauch*, Der Schutz von Know-how im deutschen Zivilprozess: Der Status quo und die zu erwartenden Änderungen, Teil I: Der derzeitige und zukünftige prozessuale Geheimnisschutz im Know-how-Verletzungsverfahren, BB 2018, 1218; *Ernst*, Praxisrelevante Aspekte der Umsetzung der EU Richtlinie 2016/943, MDR 2019, 897; *Hauck*, Geheimnisschutz im Zivilprozess – was bringt die neue EU-Richtlinie für das deutsche Recht?, NJW 2016, 2218; *ders.*, Besichtigungsanspruch und Geheimnisschutz im Patentrecht und (Software-)Urheberrecht nach Inkrafttreten des GeschGehG, GRUR 2020, 817; *Kalbfus*, Rechtsdurchsetzung bei Geheimnisverletzungen — Welchen prozessualen Schutz gewährt das Geschäftsgeheimnisgesetz dem Kläger?, WRP 2019, 692; *Keller*, Protokoll der Sitzung des GRUR-Fachausschusses für Wettbewerbs- und Markenrecht zum Referentenentwurf eines Gesetzes zum Schutz von Geschäftsgeheimnissen (GeschGehG) am 25.4.2018 in Berlin, GRUR 2018, 706; *Löffel*, Bleibt alles anders? – Prozessuale Waffengleichheit im einstweiligen Verfügungsverfahren: auch und gerade im Wettbewerbsrecht, WRP 2019, 8; *Müllmann*, Mehr als nur Whistleblowing: Gesetz zum Schutz von Geschäftsgeheimnissen, ZRP 2019, 25; *Ohly*, Das neue Geschäftsgeheimnisgesetz im Überblick, GRUR 2019, 441; *Schlingloff*, Geheimnisschutz im Zivilprozess aufgrund der „Know-how-Schutz"-Richtlinie – Was muss sich im deutschen Prozessrecht ändern?, WRP 2018, 666; *Schregle*, Neue Maßnahmen zum Geheimnisschutz in Geschäftsgeheimnisstreitsachen, Wegbereiter für den effektiven Rechtsschutz?, GRUR 2019, 912; *Schulte*, Mehr Schutz für Geschäftsgeheimnisse, Ein Überblick über die Regelungen des neuen Geschäftsgeheimnisgesetzes (GeschGehG), ArbRB 2019, 143; *Semrau-Brandt*, Patentstreit zwischen Qualcomm und Apple: Schwächen des Geschäftsgeheimnisschutzes im Zivilprozess, GRUR-Prax 2019, 127; *Voigt/Hermann/Grabenschröer*, Das neue Geschäftsgeheimnisgesetz – praktische Hinweise zu Umsetzungsmaßnahmen für Unternehmen, BB 2019, 142; *Würtenberger/Freischem*, Stel-

§ 16   Geheimhaltung

lungnahme zum Referentenentwurf des Bundesministeriums der Justiz und für Verbraucherschutz – Entwurf eines Gesetzes zur Umsetzung der RL 2016/943/EU zum Schutz von Geschäftsgeheimnissen vor rechtswidrigem Erwerb sowie rechtswidriger Nutzung und Offenlegung, GRUR 2018, 708.

Übersicht

	Rn.		Rn.
I. Vorbemerkung	1	f) Anwendbarkeit auf Besichtigungsverfahren	22
II. Anwendungsbereich	5	g) Anwendbarkeit auf negative Feststellungsklagen	24
1. Beschränkung auf Geschäftsgeheimnisstreitsachen	5	III. Einstufungsverfahren (Abs. 1)	25
a) Geltendmachung von Ansprüchen nach dem GeschGehG	5	1. Antragsgebundenheit	25
b) Richtlinienkonformität	8	2. Antragsbefugnis	27
2. Einzelfragen	12	3. Zuständigkeit, Entscheidung und Rechtsmittel	28
a) §§ 6 ff. und Umsetzungsvorschriften anderer Mitgliedstaaten	12	4. Darlegungsanforderungen	31
b) Konkurrierende vertragliche Ansprüche	14	IV. Rechtsfolgen der Einstufung (Abs. 2)	35
c) Konkurrierende außervertragliche Ansprüche	17	1. Offenlegungs- und Nutzungsverbot	35
d) Anwendbarkeit auf Geschäftsgeheimnisse des Beklagten	19	2. Umfang des Nutzungsverbots	41
e) Anwendbarkeit auf einstweilige Rechtsschutzverfahren	20	3. Ausnahmen	44
		V. Akteneinsichtsrecht Dritter (Abs. 3)	49

I. Vorbemerkung

1 § 16 Abs. 1 setzt die Vorgaben aus Art. 9 Abs. 1 der Richtlinie (EU) 2016/943 um, wonach die Mitgliedstaaten sicherstellen müssen, dass Parteien, Rechtsanwälte, sonstige Vertreter der Parteien und Gerichtspersonen nicht befugt sind, Geschäftsgeheimnisse zu nutzen oder offenzulegen, sofern die betreffenden Informationen von dem zuständigen Gericht als vertraulich eingestuft worden sind. Dementsprechend ermöglicht § 16 Abs. 1 die **Einstufung** potenzieller Geschäftsgeheimnisse **als geheimhaltungsbedürftig** und knüpft hieran ein **umfassendes Offenlegungs- und Verwertungsverbot** (§ 16 Abs. 2).[1] Damit werden zentrale Schutzlücken des bisherigen zivilprozessualen Geheimnisschutzes adressiert. Während dem Prozessgegner nach überkommener Rechtslage gem. §§ 172 Nr. 2, 174 Abs. 1 GVG, § 353d StGB nur die Offenlegung des Geschäftsgeheimnisses untersagt werden konnte, verbietet § 16 Abs. 2 nunmehr auch dessen Nutzung. Zudem wird der Geheimnisschutz **in zeitlicher Hinsicht erweitert**, da die Einstufung – anders als

---

[1] *Schulte*, ArbRB 2019, 143, 146.

I. Vorbemerkung § 16

ein Ausschluss der Öffentlichkeit nach §§ 172 Nr. 2, 174 Abs. 1 GVG – nicht erst ab Beginn der mündlichen Verhandlung, sondern bereits ab Anhängigkeit des Rechtsstreits eingreifen kann. Das Offenlegungs- und Nutzungsverbot erstreckt sich insbes. auf schriftsätzlich vorgetragene Informationen und geht damit auch in sachlicher Hinsicht über den Schutz der bisherigen Rechtslage hinaus, welcher sich im Wesentlichen auf die in der mündlichen Verhandlung vorgetragenen Tatsachen beschränkte. Flankiert wird das Einstufungsverfahren durch § 18, der das Offenlegungs- und Nutzungsverbot auf den nachprozessualen Zeitraum erstreckt,[2] sowie durch § 17, der Verstöße gegen das Nutzungs- und Offenbarungsverbot mit Ordnungsmitteln bedroht.

§ 16 regelt die Geheimhaltungspflichten der Verfahrensbeteiligten gegenüber Dritten und Öffentlichkeit. Der **Zugang** der Verfahrensbeteiligten zu den streitgegenständlichen Informationen wird durch die Einstufung nach § 16 Abs. 1 **nicht beschränkt.** Hierzu bedarf es einer ergänzenden Anordnung nach § 19 Abs. 1. Verglichen mit den Zugangsbeschränkungen des § 19 Abs. 1, die sich nicht auf ein rechtliches Offenbarungs- und Verwendungsverbot beschränken, sondern Verfahrensbeteiligte von vornherein vom Zugang zu potenziell geheimhaltungsbedürftigen Informationen ausschließen, erweisen sich die Verhaltenspflichten des § 16 Abs. 2 einerseits als weniger schutzintensiv. Andererseits beeinträchtigen sie die verfahrensrechtliche Stellung der Prozessbeteiligten in geringerem Maße und erscheinen insoweit als milderes Mittel.[3] Anders als der Ausschluss vom Zugang zu entscheidungserheblichen Informationen tritt ein reines Verbot der außerprozessualen Verwendung und Offenbarung des Geschäftsgeheimnisses nicht mit den Prozessgrundrechten des Verpflichteten in Konflikt, sondern ist allein an den allgemeinen Freiheitsgrundrechten der Art. 2 Abs. 1, 12, 14 GG zu messen.[4]

2

Anknüpfend an die gerichtliche Einstufung nach § 16 Abs. 1 wird in § 16 Abs. 3 ferner das **Akteneinsichtsrecht Dritter beschränkt.**

3

Darüber hinaus **definiert § 16 Abs. 1** den Begriff der **Geschäftsgeheimnisstreitsachen** und bestimmt somit den sachlichen Anwendungsbereich der §§ 16 ff., welcher sich als wohl umstrittenster Aspekt des neuen GeschGehG erwiesen hat. Der besondere prozessrechtliche Geschäftsgeheimnisschutz findet nach § 16 Abs. 1 Anwendung auf Klagen, mit denen „Ansprüche nach diesem Gesetz geltend gemacht werden". Die in dieser Formulierung anklingende Beschränkung des Anwendungsbereichs auf die Geltendmachung von Ansprüchen gem. §§ 6 ff. ist unmittelbarer Ausdruck der gesetzgeberischen Grundsatzentscheidung gegen eine überschießende Umsetzung der Richtlinienvorgaben aus Art. 9 Abs. 1 und wird im Schrifttum

4

---

[2] Büscher/*McGuire*, § 16 GeschGehG Rn. 1.
[3] H/O/K/*Kalbfus*, § 16 Rn. 1.
[4] H/O/K/*Kalbfus*, § 16 Rn. 7.

vielfach kritisiert.[5] Die beschränkte Regelung schafft in der Tat Friktionen im Konkurrenzverhältnis zu vertraglichen sowie auf anderen Gesetzen beruhenden Ansprüchen. Sie vernachlässigt zudem, dass der darlegungsbelastete Kläger ein vergleichbares Schutzbedürfnis auch dann aufweist, wenn das Geschäftsgeheimnis als Vorfrage im Zusammenhang mit einem anderen Streitgegenstand prozessual relevant wird.[6] Die gesetzlichen Schutzmechanismen der §§ 16 ff. beschränken sich jedoch nach dem Wortlaut des § 16 Abs. 1 auf Rechtsstreitigkeiten, in denen der Geheimnisinhaber gestützt auf eine angebliche Verletzung seines Geschäftsgeheimnisses Klage erhebt.[7] Bedarf es der Offenbarung von Geschäftsgeheimnissen zur Verteidigung gegen unberechtigte Forderungen, kann auf Seiten des Beklagten indes ein ebenso großes Schutzbedürfnis bestehen.[8] Vor dem Hintergrund des umfassenden Schutzzwecks der Richtlinie (Erwgrd. 24) sowie den weitergehenden Richtlinienvorgaben aus Art. 6 Abs. 1 wird generell bezweifelt, dass die punktuelle Anhebung des prozessualen Geheimnisschutzniveaus nach den §§ 16 ff. den unionsrechtlichen Vorgaben gerecht wird.[9]

II. Anwendungsbereich

1. Beschränkung auf Geschäftsgeheimnisstreitsachen

a) Geltendmachung von Ansprüchen nach dem GeschGehG

5   Nach dem Wortlaut des § 16 Abs. 1 ist der Anwendungsbereich der prozessualen Geheimnisschutzbestimmungen **auf Klagen beschränkt**, mit denen „Ansprüche nach diesem Gesetz" geltend gemacht werden. Mit der expliziten Beschränkung auf Klagen stellt die Vorschrift klar, dass die prozessualen Geheimnisschutzbestimmungen weder in behördlichen Verfahren noch im vorprozessualen Stadium Geltung beanspruchen.[10] Die Bezugnahme auf **Ansprüche nach diesem Gesetz** beschränkt den Anwendungsbereich der §§ 16 ff. auf solche Prozesse, mit denen Ansprüche geltend gemacht werden, die sich formal aus dem GeschGehG ergeben. Darauf deuten auch die Gesetzesmaterialien hin, nach denen die prozessualen Geheimnisschutzregeln „weder für Ansprüche, die auf anderen Gesetzen als dem GeschGehG beruhen, noch für Strafverfahren" gelten, sondern vielmehr der Durchsetzung der Ansprüche aus dem zweiten Abschnitt des GeschGehG dienen.[11] Schließlich indiziert auch ein systematischer Vergleich mit den Legaldefinitionen der Patent- (§ 143 Abs. 1 PatG), der Kennzeichen- (§ 140 Abs. 1 MarkenG) sowie

---

5 BeckOK GeschGehG/*Gregor*, § 16 Rn. 9; Büscher/*McGuire*, § 16 GeschGehG Rn. 5 ff.; vgl. bereits *Keller*, GRUR 2018, 706, 707; *Hauck*, NJW 2016, 2218, 2222; *Schlingloff*, WRP 2018, 666, 669; *Druschel/Jauch*, BB 2018, 1218, 1221.
6 Vgl. bereits *Hauck*, NJW 2016, 2218, 222; *Druschel/Jauch*, BB 2018, 1218, 1221.
7 Büscher/*McGuire*, § 16 GeschGehG Rn. 7.
8 BeckOK GeschGehG/*Gregor*, § 16 Rn. 9; Büscher/*McGuire*, § 16 GeschGehG Rn. 7.
9 Büscher/*McGuire*, § 15 GeschGehG Rn. 6.
10 Vgl. auch BeckOK GeschGehG/*Gregor*, § 16 Rn. 5.
11 BT-Drs. 19/4724, S. 34.

der Designstreitsachen (§ 52 DesignG) eine exklusive Anwendbarkeit auf Ansprüche aus dem GeschGehG. Während die Legaldefinition der Geschäftsgeheimnisstreitsachen explizit die Geltendmachung von Ansprüchen aus dem GeschGehG verlangt, lassen die parallelen Legaldefinitionen der Patent-, der Kennzeichen- und der Designstreitsachen ausdrücklich die Geltendmachung eines Anspruchs genügen, der aus einem in dem jeweiligen Gesetz geregelten Rechtsverhältnis resultiert.[12]

Bei derart enger Auslegung könnte sich der klagende Geheimnisinhaber bei der Geltendmachung von formal aus Vertrag oder einem anderen Gesetz resultierenden Ansprüchen, die mit der Verletzung des Geschäftsgeheimnisses in Zusammenhang stehen, nicht auf die §§ 16 ff. berufen, obwohl das Geschäftsgeheimnis im Prozess gleichermaßen gefährdet wird. Erst recht stünde dem Geheimnisinhaber in Prozessen mit abweichendem Streitgegenstand, in denen das Geschäftsgeheimnis nur als Indiz oder als präjudizielle Vorfrage relevant wird, der prozessuale Geheimnisschutz nicht zu. Umgekehrt bliebe nach dem Wortlaut des § 16 Abs. 1 auch dem Beklagten, der sein Geschäftsgeheimnis zur Substantiierung einer Einwendung in den Rechtsstreit einführen will, der Schutz der §§ 16 ff. verwehrt, obwohl auch der Beklagte vor der Wahl zwischen Preisgabe seines Geheimnisses und einem Unterliegen in dem Rechtsstreit stehen kann. Für eine analoge Anwendung der §§ 16 ff. fehlt es indes an einer planwidrigen Regelungslücke.[13] Denn nach der Gesetzesbegründung soll der prozessuale Geheimnisschutz – wie dargelegt – „weder für Ansprüche, die auf anderen Gesetzen als dem GeschGehG beruhen, noch für Strafverfahren" Geltung beanspruchen.[14] Grundsätzlich verbleibt es deshalb für solche Verfahren bei dem **lückenhaften Schutz** der §§ 172 Nr. 2, 174 Abs. 1 GVG sowie des § 299 Abs. 2 ZPO.[15]

6

Hingegen **kommt** es für das Eingreifen der besonderen prozessualen Geheimnisschutzvorschriften **nicht darauf an**, ob das konkrete Verfahren nach § 2 ArbGG den **Arbeitsgerichten** oder als allgemeine Zivilsache nach § 13 GVG der **ordentlichen Gerichtsbarkeit zugewiesen** ist.[16] Dies folgt aus dem Wortlaut des § 16 Abs. 1, der alleine auf die geltend gemachten Ansprüche, nicht aber auf die befasste Gerichtsbarkeit abstellt.[17] Mit der Erstreckung des prozessualen Geheimnisschutzes trägt die Vorschrift dem Umstand Rechnung, dass die Verletzung betrieblicher Geheimnisse oftmals mit einem (beendeten) Arbeitsverhältnis in Verbindung stehen wird und es zudem inkonsistent erschiene, das prozessuale Geheimnisschutzniveau davon abhängig zu machen, ob der konkrete Rechtsstreit wegen seines stärkeren Bezugs zu dem Arbeitsverhältnis gem. § 2 Abs. 1 ArbGG den Arbeitsgerich-

7

---

12 H/O/K/*Kalbfus*, § 16 Rn. 9.
13 *Druschel/Jauch*, BB 2018, 1218, 1221; *Schregle*, GRUR 2019, 912, 913.
14 BT-Drs. 19/4724, S. 34.
15 *Semrau-Brandt*, GRUR-Prax, 2019, 127, 129.
16 BeckOK GeschGehG/*Gregor*, § 16 Rn. 6; *Reinfeld*, § 6 Rn. 5.
17 *Reinfeld*, § 6 Rn. 5.

§ 16 Geheimhaltung

ten oder wegen seines schwächeren Bezugs zu dem Arbeitsverhältnis gem. § 13 GVG den ordentlichen Gerichten zugewiesen ist.[18]

b) Richtlinienkonformität

8 Im Schrifttum wird mit beachtlichen Gründen angezweifelt, dass prozessuale Geheimnisschutzregelungen, deren Anwendungsbereich sich wie vorstehend skizziert auf Aktivprozesse des Geheimnisinhabers gem. §§ 6 ff. beschränkt, den in Art. 9 Abs. 1 RL 2016/943/EU enthaltenen Mindestvorgaben gerecht werden.[19] Art. 9 Abs. 1 RL verlangt von den Mitgliedstaaten allgemein, dass Personen, die an einem Verfahren beteiligt sind, das den rechtswidrigen Erwerb oder die rechtswidrige Nutzung oder Offenlegung eines Geschäftsgeheimnisses zum Gegenstand hat, nach entsprechender Einstufung durch das Gericht nicht zur Offenlegung oder Nutzung des Geschäftsgeheimnisses berechtigt sind. Daraus folgt, dass eine Einstufung als vertraulich sowie ein daraus resultierendes Offenbarungs- und Nutzungsverbot für jeden Rechtsstreit mit Bezug zu einem Geschäftsgeheimnis vorgesehen sein muss. Aus unionsrechtlicher Perspektive kommt es insbes. nicht darauf an, auf welchem mitgliedstaatlichen Gesetz der mit der Geheimnisverletzung in Zusammenhang stehende Anspruch formal basiert. § 16 Abs. 1 **bleibt** deshalb insoweit **hinter den Richtlinienvorgaben zurück**, als die Vorschrift den Anwendungsbereich der §§ 16 ff. auf die klageweise Geltendmachung materiell-rechtlicher Ansprüche gem. §§ 6 ff. beschränkt und Ansprüche aus Vertrag oder aus anderen Gesetzen, die mit der Verletzung des Geschäftsgeheimnisses in Zusammenhang stehen, vom Anwendungsbereich der §§ 16 ff. ausnimmt.

9 Unbedenklich ist es aus unionsrechtlicher Perspektive, dass § 16 Abs. 1 den Anwendungsbereich des prozessrechtlichen Geheimnisschutzes **auf Know-how-Verletzungsverfahren beschränkt** und eine Anwendung der prozessualen Geheimnisschutzregeln auf Rechtsstreitigkeiten, in deren Rahmen das **Geschäftsgeheimnis als Vorfrage** relevant wird, **vom Anwendungsbereich ausnimmt**. Zwar kann der Geheimnisinhaber auch in Prozessen mit abweichendem Streitgegenstand vor der Wahl zwischen Prozessverlust und Preisgabe seines Geschäftsgeheimnisses stehen.[20] Dennoch zielt die Richtlinie erkennbar auf Know-how-Verletzungsverfahren ab. Dies verdeutlichen Art. 6 Abs. 1 und Art. 9 Abs. 1 RL, die beide von einer Verpflichtung der Mitgliedstaaten sprechen, wirksamen prozessualen Schutz vor rechtswidrigem Erwerb und rechtswidriger Nutzung und Offenlegung von Geschäftsgeheimnissen zu gewährleisten. Die Ausrichtung der Richtlinienvorgaben auf Know-how-Verletzungsprozesse zeigt ferner Erwgrd. 24 Satz 1, wonach es Geheimnisinhabern ermöglicht werden soll, „zum Schutz ihrer Geschäftsgeheimnisse ein Gerichtsverfahren einzuleiten."

---

18 BeckOK GeschGehG/*Gregor*, § 16 Rn. 6.
19 Büscher/*McGuire*, § 15 GeschGehG Rn. 6; vgl. auch H/O/K/*Kalbfus*, § 16 Rn. 9; *Kalbfus*, WRP 2019, 692.
20 Vgl. hierzu bereits *Hauck*, NJW 2016, 2218, 222; *Druschel/Jauch*, BB 2018, 1218, 1221.

Im Schrifttum wird aus Art. 9 Abs. 1 mitunter die Verpflichtung der Mitgliedstaaten 10
abgeleitet, eine gerichtliche Vertraulichkeitseinstufung sowie ein daraus folgendes
Offenlegungs- und Nutzungsverbot auch zugunsten von **Geschäftsgeheimnissen
des Beklagten** einzuführen.[21] Seinem Wortlaut nach schreibe Art. 9 Abs. 1 RL Offenlegungs- und Nutzungsverbote vor, soweit die betreffenden Informationen einer
Partei aufgrund ihrer Prozessbeteiligung bekannt geworden seien. Eine Differenzierung danach, ob dies ein Geschäftsgeheimnis des Klägers, des Beklagten oder
eines Dritten betreffe, enthalte die Richtlinie nicht. Im unionsrechtlichen Sinne
könne daher jedes Geschäftsgeheimnis „Gegenstand des Rechtsstreits" sein, das
von einer Partei – gleich ob von Seiten des Klägers oder des Beklagten – in den
Rechtsstreit eingeführt werde. Für diese Auffassung spricht, dass Art. 9 Abs. 1 die
Einstufung einer Information als vertraulich nicht etwa von einem Antrag des Klägers, sondern vielmehr vom Antrag „einer interessierten Partei" abhängig macht.
Das damit verbundene Antragsrecht des Beklagten hätte keinen sinnvollen Anwendungsbereich, wenn allein Geschäftsgeheimnisse des Klägers als vertraulich eingestuft werden könnten. Gemäß Erwgrd. 24 Satz 2 soll zudem die **Waffengleichheit**
der Parteien gewahrt bleiben. Diese wäre aber empfindlich gestört, wenn klagebegründende Geschäftsgeheimnisse umfassenden Schutz genießen würden, während
der Beklagte beim Vortrag seiner Einwendungen der Gefahr eines Geheimnisverlusts ausgesetzt wäre.

Einer generellen Ausdehnung der unionsrechtlichen Vorgaben auf Geschäftsge- 11
heimnisse des Beklagten ist dennoch entgegenzutreten. Die Richtlinie hat ersichtlich die Situation des Geschäftsgeheimnisinhabers vor Augen, der infolge einer
(drohenden) Geheimnisverletzung klagt. Dies verdeutlicht Art. 9 Abs. 1 durch seine
Bezugnahme auf Verfahren, welche „den rechtswidrigen Erwerb oder die rechtswidrige Nutzung oder Offenlegung eines Geschäftsgeheimnisses zum Gegenstand"
haben. Nach Erwgrd. 24 Satz 1 soll verhindert werden, dass Geheimnisinhaber aus
Angst um ihr Geheimnis davor zurückschrecken, „zum Schutz ihrer Geschäftsgeheimnisse ein Gerichtsverfahren einzuleiten." Soweit das Recht, eine Information
als vertraulich einstufen zu lassen, grundsätzlich gem. Art. 9 Abs. 1 RL auch dem
Beklagten zusteht, gilt dies somit nicht umfassend, sondern allein in Know-how-Verletzungsprozessen, in denen der Kläger die Verletzung eines angeblichen Geschäftsgeheimnisses geltend macht.

2. Einzelfragen

a) §§ 6ff. und Umsetzungsvorschriften anderer Mitgliedstaaten

Aus dem Wortlaut des § 16 Abs. 1 ergibt sich, dass die §§ 16 ff. Anwendung auf 12
Klagen finden, mit denen Ansprüche gem. §§ 6 ff. geltend gemacht werden. Als Geschäftsgeheimnisstreitsachen sind darüber hinaus Rechtsstreitigkeiten anzusehen,
in denen Ansprüche gem. §§ 6 ff. im Wege der **Widerklage** geltend gemacht wer-

---

21 BeckOK GeschGehG/*Gregor*, § 16 Rn. 21.

den.²² Denn ob Ansprüche gem. den §§ 6 ff. mit der Klage oder widerklagend verfolgt werden, hängt innerhalb eines Rechtsverhältnisses, aus dem beide Parteien wechselseitig Ansprüche herleiten, davon ab, welche Partei früher Klage erhebt. Die zufallsabhängige prozessuale Rollenverteilung ändert nichts an der Schutzbedürftigkeit des potenziellen Geschäftsgeheimnisses und kann für die Anwendbarkeit der §§ 16 ff. nicht ausschlaggebend sein.

13 Neben Ansprüchen gem. den §§ 6 ff. sind die prozessualen Geheimnisschutzregelungen auch auf Prozesse anzuwenden, in denen **Parallelvorschriften anderer Mitgliedstaaten**, die ebenfalls in Umsetzung der Richtlinie über den Schutz von Know-how ergangen sind, den Streitgegenstand bilden.²³ Zwar sind außerhalb der §§ 6 ff. angesiedelte Ansprüche nach dem Wortlaut des § 16 Abs. 1 („Ansprüche nach diesem Gesetz") nicht von der Legaldefinition der Geschäftsgeheimnisstreitsachen erfasst. Vor dem unionsrechtlichen Hintergrund und in Anbetracht des umfassenden Schutzzwecks der Richtlinie (vgl. Art. 6 Abs. 1 und Art. 9 Abs. 1 sowie Erwgrd. 24) kann das prozessuale Geheimnisschutzniveau aber nicht davon abhängen, ob kollisionsrechtlich die Umsetzungsvorschriften der lex fori oder jene eines anderen Mitgliedstaats zur Anwendung berufen sind. Eine **richtlinienkonforme Korrektur** des unscharfen Gesetzeswortlauts ist insofern geboten.²⁴

b) Konkurrierende vertragliche Ansprüche

14 Fraglich ist, ob die Geheimnisschutzregeln der §§ 16 ff. auf vertragliche Ansprüche – etwa wegen Verstoßes gegen eine Vertraulichkeitsvereinbarung²⁵ – anzuwenden sind, die aus der Verletzung eines Geschäftsgeheimnisses resultieren.²⁶ Dagegen spricht der Wortlaut des § 16 Abs. 1, nach dem nur Klagen aufgrund der §§ 6 ff. als Geschäftsgeheimnisstreitsachen anzusehen sind. Ebenso deutet die Gesetzesbegründung, wonach der prozessuale Geheimnisschutz „weder für Ansprüche, die auf anderen Gesetzen als dem GeschGehG beruhen, noch für Strafverfahren"²⁷ gelten soll, auf einen zumindest impliziten Ausschluss vertraglicher Ansprüche hin.²⁸ Richtigerweise ist der **Anwendungsbereich** der §§ 16 ff. dennoch **auf vertragliche Ansprüche zu erstrecken**. Dies gilt sowohl für Klageverfahren, in denen vertragliche Ansprüche gemeinsam mit Ansprüchen aus dem GeschGehG geltend gemacht

---

22 *Reinfeld*, § 6 Rn. 11.
23 Büscher/*McGuire*, § 15 GeschGehG Rn. 4.
24 Büscher/*McGuire*, § 15 GeschGehG Rn. 4.
25 *Kalbfus*, WRP 2019, 692, 693.
26 Dafür Büscher/*McGuire*, § 15 GeschGehG Rn. 3; vgl. auch *Kalbfus*, WRP 2019, 692, 693; ähnlich auch BeckOK GeschGehG/*Gregor*, § 16 Rn. 13; *Reinfeld*, § 6 Rn. 12; aA aber *Voigt/Herrmann/Grabenschröer*, BB 2019, 142, 146.
27 BT-Drs. 19/4724, S. 34.
28 AA wohl BeckOK GeschGehG/*Gregor*, § 16 Rn. 13, der darauf verweist, dass die Gesetzesbegründung ausdrücklich nur Ansprüche aus anderen Gesetzen vom Anwendungsbereich ausnimmt.

werden, als auch für Prozesse, in denen vertragliche Geheimnisschutzansprüche isoliert eingeklagt werden.

Werden vertragliche Ansprüche – sei es konkurrierend, sei es im Wege der objektiven Klagehäufung – neben gesetzlichen Ansprüchen gem. den §§ 6 ff. geltend gemacht, finden die prozessualen Geheimnisschutzregeln bereits nach dem Wortlaut des § 16 Abs. 1 auf die Ansprüche aus dem GeschGehG Anwendung. Wäre der Prozessgegner berechtigt, Informationen, die im Zusammenhang mit den vertraglichen Ansprüchen in denselben Rechtsstreit eingeführt werden (müssten), ohne die Beschränkungen der §§ 16 ff. zu offenbaren oder zu verwenden, wäre der prozessuale Geheimnisschutz erheblich entwertet. Der **Schutzzweck der §§ 16 ff.** gebietet daher eine **umfassende Anwendung** des prozessualen Geheimnisschutzes, soweit zum Schutz der betreffenden Information zumindest auch Ansprüche nach dem GeschGehG geltend gemacht werden.[29] Dafür sprechen auch Aspekte der **Prozessökonomie**. Werden vertragliche Ansprüche, die sich aus der Verletzung eines Geschäftsgeheimnisses ergeben, vom Anwendungsbereich der §§ 15 ff. ausgenommen, drohen wegen der divergierenden Zuständigkeitsbestimmungen aufwändige und mit der Gefahr widersprüchlicher Entscheidungen verbundene Parallelverfahren.[30] Weiterhin lässt sich anführen, dass die Verletzung des Verbotstatbestands des § 4 maßgeblich von einer vertraglichen Beziehung zwischen den Parteien abhängen kann und vertragsrechtliche Fragen daher ohne Weiteres im Mittelpunkt der Prüfung der Ansprüche gem. §§ 6 ff. stehen können.[31] Vertragliche Fragen, die bei der Prüfung der §§ 6 ff. inzident beantwortet werden müssen, unterliegen aber unzweifelhaft dem prozessualen Geheimnisschutz. Dass die inzidente Prüfung vertraglicher Fragen im Rahmen eines Anspruchs nach §§ 6 ff. mit einem stärkeren prozessualen Geheimnisschutz verbunden sein soll als die Inzidentprüfung der Geheimnisverletzung im Rahmen eines vertraglichen Anspruchs, leuchtet unter Wertungsgesichtspunkten nicht ein. Auf vertragliche Ansprüche, die konkurrierend mit oder neben Ansprüchen aus §§ 6 ff. eingeklagt werden, sind die prozessualen Geheimnisschutzregeln mithin schon aufgrund einer teleologischen Auslegung des § 16 Abs. 1 und ungeachtet ihres unionsrechtlichen Hintergrunds anzuwenden.

Werden aus der Geheimnisverletzung resultierende **vertragliche Ansprüche isoliert eingeklagt**, gelten die vorstehenden Überlegungen hingegen nicht. Eine Nichtanwendung der §§ 16 ff. auf derartige Fälle birgt weder die Gefahr einer schutzzweckwidrigen Entwertung des prozessualen Geheimnisschutzes insgesamt, noch drohen unerwünschte Parallelverfahren. Bei isolierter Betrachtung der nationalen Regelung gibt der Wortlaut des § 16 Abs. 1 das Auslegungsergebnis vielmehr dahingehend vor, dass die isolierte Geltendmachung vertraglicher Ansprüche nicht als Geschäftsgeheimnisstreitsache iSd. Vorschrift anzusehen ist. Es bliebe danach

---
29 In diese Richtung auch *Reinfeld*, § 6 Rn. 10, nach dem es ausreichen soll, wenn der Kläger zumindest auch Ansprüche aus dem GeschGehG geltend macht.
30 Vgl. BeckOK GeschGehG/*Gregor*, § 16 Rn. 13; H/O/K/*Kalbfus*, § 15 Rn. 5.
31 BeckOK GeschGehG/*Gregor*, § 16 Rn. 13; Büscher/*McGuire*, § 15 GeschGehG Rn. 3.

selbst dann bei dem defizitären Schutzniveau der §§ 172 Nr. 2, 174 Abs. 1 GVG und § 299 Abs. 2 ZPO, wenn die streitgegenständlichen vertraglichen Ansprüche mit dem Vorliegen einer nach § 4 unzulässigen Handlung stehen und fallen.[32] Mit den Vorgaben des Art. 9 Abs. 1 RL ist eine solche Auslegung indes nicht zu vereinbaren. Dieser verlangt das Vorhandensein effektiver Geheimnisschutzmechanismen für sämtliche Rechtsstreitigkeiten, die „den rechtswidrigen Erwerb oder die rechtswidrige Nutzung oder Offenlegung eines Geschäftsgeheimnisses zum Gegenstand" haben, was allein auf vertragliche Ansprüche gestützte Know-how-Verletzungsprozesse ohne Weiteres erfasst.[33] Auch ein Gerichtsverfahren, das sich auf materieller Ebene ausschließlich um vertragliche Ansprüche dreht, kann aus unionsrechtlicher Perspektive im Sinne des Art. 9 Abs. 1 RL den rechtswidrigen Erwerb oder die rechtswidrige Nutzung oder Offenlegung eines Geschäftsgeheimnisses zum Gegenstand haben. Daher ist eine richtlinienkonforme weite Auslegung des § 16 Abs. 1 geboten, in deren Folge aus der Geschäftsgeheimnisverletzung resultierende vertragliche Ansprüche auch im Falle der isolierten Geltendmachung in den Anwendungsbereich des prozessualen Geheimnisschutzsystems einzubeziehen sind.

c) Konkurrierende außervertragliche Ansprüche

17   Entsprechendes gilt, sofern der Geheimnisinhaber ausgehend von der Geheimnisverletzung auf andere gesetzliche Vorschriften als die §§ 6 ff. gestützte Ansprüche etwa aus angemaßter Eigengeschäftsführung oder aus ungerechtfertigter Bereicherung geltend macht.[34] Bereits eine am Schutzzweck der §§ 16 ff. orientierte Auslegung der nationalen Regelung ergibt, dass die §§ 15 ff. jedenfalls dann Anwendung finden, wenn andere **Ansprüche konkurrierend neben den §§ 6 ff.** geltend gemacht werden; in diesem Fall genießt das potenzielle Geschäftsgeheimnis den besonderen prozessualen Schutz der §§ 16 ff. innerhalb des gesamten Rechtsstreits und damit auch im Rahmen der Prüfung anderer aus der Geheimnisverletzung resultierender Ansprüche.[35]

18   Macht der angeblich verletzte Geheimnisträger ausnahmsweise **ausschließlich andere außervertragliche Ansprüche** als jene der §§ 6 ff. geltend, greift diese Erwägung nicht. Auf derartige Klagen sind die §§ 15 ff. jedoch im Wege der richtlinienkonformen Extension zu erstrecken. Denn Art. 9 Abs. 1 RL 2016/942/EU verlangt einen effektiven prozessualen Geheimnisschutz in sämtlichen Fällen, die rechtswidrigen Erwerb oder die rechtswidrige Nutzung oder Offenlegung eines Geschäftsgeheimnisses zum Gegenstand haben.[36] Auf welcher Anspruchsgrundlage der lex causae die im Einzelfall vorgetragenen Ansprüche formal beruhen, ist aus unionsrechtlicher Sicht ohne Belang. Ohne richtlinienkonforme Korrektur blieben

---

32 *Semrau-Brandt*, GRUR-Prax, 2019, 127, 129; *Voigt/Herrmann/Grabenschröer*, BB 2019, 142, 146.
33 Vgl. BeckOK GeschGehG/*Gregor*, § 16 Rn. 10.
34 Vgl. *Kalbfus*, WRP 2019, 692, 693.
35 BeckOK GeschGehG/*Gregor*, § 16 Rn. 11; *Reinfeld*, § 6 Rn. 10.
36 BeckOK GeschGehG/*Gregor*, § 16 Rn. 10; *Kalbfus*, WRP 2019, 692, 693.

die deutschen Geheimnisschutzregeln, die bspw. eine Anwendung auf Ansprüche des allgemeinen Zivilrechts wegen deren formaler Verankerung im BGB nicht vorsehen, hinter den unionsrechtlichen Mindestvorgaben zurück.

d) Anwendbarkeit auf Geschäftsgeheimnisse des Beklagten

Diskutiert wird ferner, ob die §§ 16 ff. auch zum Schutz von Geschäftsgeheimnissen des Beklagten Anwendung finden können.[37] Denn auch der Beklagte kann im Zusammenhang mit seiner prozessualen Rechtsverteidigung vor der Wahl stehen, sein Geschäftsgeheimnis preiszugeben oder von entsprechendem Vortrag abzusehen und die damit verbundenen Prozessnachteile bis hin zu einem an sich ungerechtfertigten Unterliegen in Kauf zu nehmen. Gegen eine Anwendung der §§ 16 ff. spricht dennoch die Legaldefinition der Geschäftsgeheimnisstreitsachen gem. § 16 Abs. 1, die auf die klagweise Geltendmachung von Ansprüchen aus dem GeschGehG Bezug nimmt und Geschäftsgeheimnisse des Beklagten, die im Zusammenhang mit der Verteidigung gegen die Klage relevant werden, nicht erfasst. Zudem eröffnet § 16 Abs. 1 dem Gericht explizit die Kompetenz, „streitgegenständliche Informationen" als geheimhaltungsbedürftig einzustufen. Sprachlich bezieht sich dies allein auf den anspruchsbegründenden Tatsachenvortrag des Klägers.[38] Ebenso lassen sich aber auch Anhaltspunkte dafür finden, dass die **Formulierung des § 16 Abs. 1 lediglich missglückt** ist.[39] Insbesondere sprechen die §§ 16 Abs. 1, 19 Abs. 1 nicht nur von einem Antrag des Klägers, sondern allgemeiner vom Antrag einer Partei.[40] Das danach bestehende Antragsrecht des Beklagten hätte keinen sinnvollen Anwendungsbereich, wenn allein Geschäftsgeheimnisse des Klägers geschützt werden könnten. § 19 Abs. 1 Nr. 1 erlaubt Zugangsbeschränkungen nicht nur zum Schutz von der Klägerseite vorgelegter Dokumente, sondern auch zum Schutz von Dokumenten, die der Beklagte oder Dritte in das Gerichtsverfahren eingeführt hat.[41] Anhaltspunkte für einen entsprechenden Geheimnisschutz zugunsten des Beklagten enthält auch Art. 9 Abs. 1 der Richtlinie,[42] der in diesem Punkt freilich ebenfalls nicht eindeutig ist (vgl. → Rn. 10 f.). Im Hinblick auf den Grundsatz der **prozessualen Waffengleichheit** ist davon auszugehen, dass potenziellen Geschäftsgeheimnissen des Beklagten der Schutz der §§ 16 ff. **jedenfalls in Know-how-Verletzungsverfahren** zugutekommt, in denen **auch der Kläger potenzielle Geschäftsgeheimnisse als geheimhaltungsbedürftig einstufen lassen könnte.**

19

---

37 Vgl. *Kalbfus*, WRP 2019, 692, 694; BeckOK GeschGehG/*Gregor*, § 16 Rn. 21; K/B/F/*Alexander*, § 16 GeschGehG Rn. 10.
38 Büscher/*McGuire*, § 16 GeschGehG Rn. 13 ff.
39 BeckOK GeschGehG/*Gregor*, § 16 Rn. 21; *Kalbfus*, WRP 2019, 692, 694.
40 BeckOK GeschGehG/*Gregor*, § 16 Rn. 21.
41 BeckOK GeschGehG/*Gregor*, § 16 Rn. 21; H/O/K/*Kalbfus*, vor §§ 16–20 Rn. 6.
42 BeckOK GeschGehG/*Gregor*, § 16 Rn. 21.

§ 16   Geheimhaltung

e) Anwendbarkeit auf einstweilige Rechtsschutzverfahren

20   Nach dem Wortlaut des § 16 Abs. 1 ist die Legaldefinition der Geschäftsgeheimnisstreitsachen auf Klageverfahren begrenzt. Einstweilige Rechtsschutzverfahren scheinen dem Anwendungsbereich der §§ 16 ff. danach nicht zu unterliegen.[43] Ihnen kommt im Bereich des Geschäftsgeheimnisschutzes aber ebenfalls eine große Bedeutung zu, da ein **effektiver Schutz betrieblichen Know-hows** oftmals ein kurzfristiges gerichtliches Vorgehen erfordern wird. Probleme des prozessualen Geheimnisschutzes stellen sich hier – abgesehen von Besonderheiten bzgl. der mündlichen Verhandlung – in mit einem Hauptsacheverfahren vergleichbarer Weise. Es dürfte deshalb als reines **Redaktionsversehen** zu werten sein, dass einstweilige Rechtsschutzverfahren dem Wortlaut nach nicht in den Anwendungsbereich der prozessualen Schutzvorschriften fallen. Nicht nur der von Seiten des Gesetzgebers verfolgte Schutzgedanke, der gerade im Bereich des sensiblen Geheimnisschutzes oftmals ein kurzfristiges gerichtliches Einschreiten erfordern wird, legt dieses Verständnis nahe. Auch die Begründung des RefE führt aus, die Vorschrift beziehe sich auf alle „Streitigkeiten, durch die ein Anspruch nach dem GeschGehG geltend gemacht wird".[44] Anhaltspunkte dafür, dass der Gesetzgeber den einstweiligen Rechtsschutz dennoch vom Anwendungsbereich der §§ 15 ff. ausnehmen wollte, fehlen.[45] Im Gegenteil erschiene die in § 16 Abs. 1 ausgesprochene Bezugnahme auf das Hauptsachegericht obsolet, wenn die Vorschrift außerhalb des Hauptsacheverfahrens gar nicht anwendbar wäre.[46] Jedenfalls ist der Anwendungsbereich im Wege der richtlinienkonformen Auslegung auf den Bereich des einstweiligen Rechtsschutzes zu erstrecken, da die Vorgaben des Art. 9 einheitlich für sämtliche Gerichtsverfahren Geltung beanspruchen und eine Differenzierung zwischen Hauptsacheentscheidung und einstweiligem Rechtsschutz, wie sie im Wortlaut des § 16 Abs. 1 angelegt ist, nicht kennen.[47]

21   Ausgehend von der besonderen Natur des prozessualen Geheimnisschutzes wird im Schrifttum indes dafür plädiert, im einstweiligen Verfügungsverfahren in weiterem Umfang von einer **Anhörung** des Antragsgegners **abzusehen**.[48]

f) Anwendbarkeit auf Besichtigungsverfahren

22   Problematisch ist zudem die Anwendbarkeit der §§ 15 ff. auf Besichtigungsverfahren.[49] Da die §§ 15 ff. prinzipiell auf die Durchsetzung von Ansprüchen gem. den

---

43   Zu dieser sprachlichen Unschärfe *Druschel/Jauch*, BB 2018, 1218, 1220; *Kalbfus*, WRP 2019, 692, 693; *Reinfeld*, § 6 Rn. 13.
44   RefE, S. 34; *Druschel/Jauch*, BB 2018, 1218, 1220.
45   BeckOK GeschGehG/*Gregor*, § 16 Rn. 15; H/O/K/*Kalbfus*, § 16 Rn. 14.
46   BeckOK GeschGehG/*Gregor*, § 16 Rn. 15.
47   *Kalbfus*, WRP 2019, 692, 692; vgl. auch BeckOK GeschGehG/*Gregor*, § 16 Rn. 15; *Hauck*, GRUR 2020, 817, 820, die sich für eine analoge Anwendung aussprechen.
48   *Löffel*, WRP 2019, 8, 13.
49   Für analoge Anwendung insoweit *Kalbfus*, WRP 2019, 692, 693; BeckOK GeschGehG/*Gregor*, § 16 Rn. 16; aA aber wohl *Druschel/Jauch*, BB 1794, 1796.

§§ 6 ff. beschränkt sind, die §§ 6 ff. aber keinen spezifischen Besichtigungsanspruch enthalten,[50] kommt der Frage nur dann Bedeutung zu, wenn die Geschäftsgeheimnisverletzung zugleich spezialgesetzliche Besichtigungsansprüche (vgl. etwa § 140c Abs. 3 Satz 2 PatG oder § 19a Abs. 3 Satz 2 MarkenG) auslöst.[51] Zwar handelt es sich mangels formaler Verankerung der streitgegenständlichen Besichtigungsrechte im GeschGehG nicht ohne Weiteres um Geschäftsgeheimnisstreitsachen iSd. Legaldefinition des § 16 Abs. 1. Vor dem Hintergrund der unionsrechtlichen Vorgaben ist aber eine **richtlinienkonforme Extension der §§ 16 ff.** geboten. Denn Art. 9 Abs. 1 RL lässt keine Differenzierung anhand der formalen Anspruchsgrundlagen des mitgliedstaatlichen Sachrechts zu, sondern schreibt ein angemessenes Geheimnisschutzniveau ausnahmslos für sämtliche Gerichtsverfahren vor, die Geschäftsgeheimnisverletzungen zum Gegenstand haben. Methodisch kann die Anwendung der §§ 16 ff. zum Schutz der Geheimhaltungsinteressen des Besichtigungsgläubigers ausnahmsweise auf eine **Analogie** gestützt werden.[52] Das Vorliegen einer planwidrigen Regelungslücke lässt sich vor dem Hintergrund bejahen, dass das Bundesministerium der Justiz und für Verbraucherschutz unter dem 14.1.2020 einen Diskussionsentwurf vorgelegt hat, dessen § 145a PatG die analoge Anwendung der §§ 16 ff. auf Patentstreitsachen anordnet.[53] Die Vergleichbarkeit der Interessenlage folgt daraus, dass betriebliches Know-how des Besichtigungsschuldners in gleichem Maße gefährdet ist wie ein Geschäftsgeheimnis des Beklagten.

Ausgeschlossen ist eine Anwendung der §§ 15 ff. im Bereich der **kartellrechtlichen Ansprüche auf Herausgabe von Beweismitteln** gem. den §§ 33g, 89b GWB. Da bereits der kartellrechtliche § 89b Abs. 7 GWB die gerichtliche Befugnis zur Anordnung von Geheimnisschutzmaßnahmen vorsieht, fehlt es an einer aus unionsrechtlichen Gründen ausfüllungsbedürftigen Regelungslücke. Bei der Konkretisierung des § 89b Abs. 7 GWB kann sich das Gericht aber am Regelungsmechanismus der §§ 16 ff. orientieren.[54]

23

g) Anwendbarkeit auf negative Feststellungsklagen

Die in § 16 Abs. 1 enthaltene Legaldefinition der Geschäftsgeheimnisstreitsachen nimmt expressis verbis darauf Bezug, dass Ansprüche nach dem GeschGehG „geltend gemacht" werden. Sprachlich begrenzt diese Formulierung den Anwendungsbereich des Einstufungsverfahrens auf Aktivprozesse des Anspruchsinhabers. Der damit einhergehende Ausschluss negativer Feststellungsklagen lässt sich jedoch mit dem Schutzzweck der Vorschrift schwerlich vereinbaren. Denn für das Eingreifen des prozessualen Geheimnisschutzes kann die zufällige prozessuale Rollenver-

24

---

50 Vgl. *Druschel/Jauch*, BB 1794, 1796.
51 Vgl. BeckOK GeschGehG/*Gregor*, § 16 Rn. 16, der auf mögliche Ansprüche aus § 809 BGB verweist.
52 *Hauck*, GRUR 2020, 817, 820 f.
53 *Hauck*, GRUR 2020, 812, 820 f.
54 Vgl. K/B/F/*Alexander*, § 16 GeschGehG Rn. 16.

§ 16 Geheimhaltung

teilung hinsichtlich desselben materiellen Anspruchs nicht entscheidend sein. Die §§ 16 ff. sind daher auf negative Feststellungsklagen, mit denen das Nichtbestehen von Ansprüchen gem. den §§ 6 ff. geltend gemacht wird, **analog anzuwenden**.

III. Einstufungsverfahren (Abs. 1)

1. Antragsgebundenheit

25 Nach § 16 Abs. 1 setzt die gerichtliche Einstufung stets den **Antrag einer Partei** voraus,[55] dessen formale Anforderungen sich nach § 20 richten. Insbesondere ist nach § 20 Abs. 3 die **Glaubhaftmachung** der Geschäftsgeheimniseigenschaft durch den Antragsteller erforderlich.[56] Einer besonderen Schutzbedürftigkeit des Geschäftsgeheimnisses im Einzelfall bedarf es nicht.[57] Von der in der Richtlinie optional vorgesehenen Einführung eines amtswegigen Einstufungsverfahrens hat der deutsche Gesetzgeber keinen Gebrauch gemacht.[58] Nach dem Leitbild des GeschGehG ist der Inhaber damit selbst für den Schutz seines Geheimnisses sowie für die Herbeiführung der dazu erforderlichen Maßnahmen verantwortlich. In den betreffenden Gerichtsverfahren wird die Antragstellung daher zu jeder Zeit zu prüfen sein, um mögliche Rechtsnachteile für den Geheimnisinhaber zu vermeiden.[59]

26 Der Antrag kann gem. § 20 Abs. 1 **erstinstanzlich ab Anhängigkeit** des Rechtsstreits, dh. bereits gemeinsam mit der Klageerhebung, gestellt werden, was sich in der Praxis regelmäßig empfehlen wird.[60] Auch eine erstmalige Antragstellung im **Berufungsverfahren** ist zulässig (vgl. § 20 Abs. 6 Nr. 2). Im **Vollstreckungsverfahren** kann ein Einstufungsantrag dagegen **nicht erstmalig** gestellt werden, da das Vollstreckungsorgan nicht mit weitreichenden Prüfungen der Voraussetzungen des § 2 Nr. 1 überlastet werden, sondern der formalisierte Charakter des Vollstreckungsverfahrens gewahrt bleiben soll.[61] Eine bereits im vorausgegangenen Erkenntnisverfahren getroffene Einstufungsentscheidung wirkt gem. § 19 Abs. 3 aber im nachfolgenden Vollstreckungsverfahren fort.

2. Antragsbefugnis

27 Wie sich aus dem Wortlaut des § 16 Abs. 1 („Antrag einer Partei") ergibt, steht die Antragsbefugnis sowohl dem **Kläger** als auch dem **Beklagten** zu. Diese Auslegung wird auch durch den Wortlaut von Art. 9 Abs. 1 der Richtlinie bestätigt, wonach der Antrag einer „interessierten Partei" verlangt wird. Auch der Beklagte, der ein po-

---

55 *Schulte*, ArbRB 2019, 143, 146.
56 *Schulte*, ArbRB 2019, 143, 146.
57 BT-Drs. 19/4724, S. 35; vgl. auch *Ernst*, MDR 2019, 897, 902; BeckOK GeschGehG/*Gregor*, § 16 Rn. 29; H/O/K/*Kalbfus*, § 16 Rn. 16; *Ohly*, GRUR 2019, 441, 450.
58 *Schlingloff*, WRP 2018, 666, 670.
59 *Druschel/Jauch*, BB 2018, 1218, 1222; *Reinfeld*, § 6 Rn. 16.
60 *Reinfeld*, § 6 Rn. 47.
61 Vgl. BT-Drs. 19/4724, S. 37.

tenzielles Geschäftsgeheimnis in den Prozess einführt, kann daher die Einstufung beantragen.

3. Zuständigkeit, Entscheidung und Rechtsmittel

Die Zuständigkeit für die Einstufungsentscheidung obliegt nach § 20 Abs. 6 dem **Gericht der Hauptsache**.[62] Dies ist in erster Instanz das Gericht des ersten Rechtszugs (§ 20 Abs. 6 Nr. 1) sowie im Berufungsverfahren das Berufungsgericht (§ 20 Abs. 6 Nr. 2). Gemäß § 20 Abs. 5 Satz 1 entscheidet das Gericht durch **Beschluss**. Es hat in seiner Entscheidung gem. § 20 Abs. 5 Satz 2 ferner auf die in §§ 16 Abs. 2, 17, 18 geregelten rechtlichen Folgen der Einstufungsentscheidung hinzuweisen. Insbesondere vor dem Hintergrund der Ordnungsmittelbewehrung muss der gerichtliche Einstufungsbeschluss die betreffende Information hinreichend klar identifizieren.[63] Eine vollständige Offenlegung des Geschäftsgeheimnisses ist hierzu indes nicht erforderlich.[64]

28

Ausgehend von dem Wortlaut des § 16 Abs. 1 („kann") wird mitunter vertreten, die Einstufungsentscheidung stehe im **Ermessen des Gerichts**.[65] Indes verfolgt das Einstufungsverfahren den Zweck, dem Geheimnisinhaber ungeachtet der Schutzbedürftigkeit seines Geheimnisses im konkreten Fall zu einem frühestmöglichen Zeitpunkt die zuverlässige Herbeiführung der Schutzanordnung zu ermöglichen. Hiermit wäre es unvereinbar, wenn das Gericht die Einstufungsentscheidung trotz Vorliegen sämtlicher Antragsvoraussetzungen ablehnen könnte. Auch aus den Gesetzesmaterialien ergibt sich kein Anhaltspunkt dafür, dass der Gesetzgeber die Einstufungsentscheidung – etwa mit Blick auf außergewöhnliche Fälle – einer gerichtlichen Einzelfallprüfung anheimstellen wollte. Eine solche Einzelfallprüfung würde die Herbeiführung einer Einstufungsentscheidung iSd. § 16 Abs. 1 aus Sicht des antragstellenden Geheimnisinhabers unvorhersehbar erscheinen lassen und wäre daher geeignet, den Geheimnisinhaber entgegen dem erklärten Zweck des prozessualen Geheimnisschutzes von der Einleitung gerichtlicher Schritte abzuhalten. Der Wortlaut des § 16 Abs. 1 ist deshalb nicht als Ermessenseinräumung, sondern als bloßes **„Befugnis-Kann"** auszulegen. Interpretiert man § 16 Abs. 1 demgegenüber als echte Ermessensvorschrift, so wird das gerichtliche Ermessen bei Vorliegen der Einstufungsvoraussetzungen jedenfalls regelmäßig auf null reduziert sein.[66] Vor dem Hintergrund des Normzwecks des § 16, der den Geheimnisschutz gegenüber den allgemeinen Vorschriften der §§ 174 Abs. 3, 172 Nr. 2 GVG gerade von einer Interessenabwägung im Einzelfall entkoppelt, ist es dem Gericht in jedem Fall verwehrt, die Einstufung mit Verweis auf die fehlende Wichtigkeit der betref-

29

---

62 Vgl. hierzu *Reinfeld*, § 6 Rn. 8.
63 BeckOK GeschGehG/*Gregor*, § 16 Rn. 31.
64 BeckOK GeschGehG/*Gregor*, § 16 Rn. 31.
65 *Kalbfus*, WRP 2019, 692, 694 f.
66 So BeckOK GeschGehG/*Gregor*, § 16 Rn. 30; *Kalbfus*, WRP 2019, 692, 695.

§ 16   Geheimhaltung

fenden Information oder das Überwiegen entgegenstehender Interessen zu versagen.[67]

30   Die stattgebende Einstufungsentscheidung kann gem. § 20 Abs. 5 Satz 4 nicht isoliert, sondern **lediglich gemeinsam mit der Hauptsache angefochten** werden. Gegen einen Beschluss, mit dem die begehrte Einstufung abgelehnt wird, findet gem. § 20 Abs. 5 Satz 5 hingegen die **sofortige Beschwerde** statt.

4. Darlegungsanforderungen

31   Nach dem Wortlaut des § 16 Abs. 1 setzt die Einstufung lediglich voraus, dass die streitgegenständlichen Informationen Geschäftsgeheimnisse darstellen „können".[68] Die Gefahr, dass sich die Einstufungsentscheidung im weiteren Verfahrensverlauf als nicht (mehr) gerechtfertigt erweist, wird hingenommen, da der Stärkung des Geheimnisschutzes, die mit der vorgeschalteten Prima-facie-Prüfung verbunden ist, höheres Gewicht beigemessen wird.[69] Ein **Vollbeweis der Geschäftsgeheimniseigenschaft** ist auf Grundlage des Normtextes jedenfalls nicht erforderlich; er wäre ohne vorherige Anhörung der Gegenseite, die nach § 20 Abs. 1, 2 nicht zwingend vorgesehen ist, praktisch auch nicht zu führen. Gegenstand der gerichtlichen Einstufung ist somit bereits eine Information, die aus Sicht des Gerichts die Voraussetzungen eines Geschäftsgeheimnisses mit überwiegender Wahrscheinlichkeit erfüllt.[70] Die konjunktive Gesetzesformulierung bedeutet damit lediglich eine Absenkung der prozessualen Darlegungs- und Beweisanforderungen; sie erlaubt dem Antragsteller nicht, Schutzmaßnahmen gleichsam „ins Blaue hinein" zu beantragen. Die Wendung ist in systematischem Zusammenhang mit § 20 Abs. 3 zu sehen, der im Antragsverfahren die Glaubhaftmachung der Geschäftsgeheimniseigenschaft verlangt. Ein Geschäftsgeheimnis iSd. § 16 Abs. 1 kann der Kläger nach der Konzeption des nationalen Gesetzgebers somit schon dann geltend machen, wenn er Tatsachen, die die Voraussetzungen des § 2 Nr. 1 erfüllen, nach § 294 ZPO **glaubhaft gemacht** hat.[71] Hierzu gehört insbesondere die Glaubhaftmachung der Geheimhaltungsmaßnahmen, die der Antragsteller zum Schutz der betreffenden Information getroffen hat.[72]

32   Im **Schrifttum** wird in Anbetracht der Formulierung der Richtlinienvorgaben zum Teil **bezweifelt**, dass die **Glaubhaftmachungsanforderungen** des § 294 ZPO den unionsrechtlichen Vorgaben **in ausreichendem Maße Rechnung tragen**.[73] Die betreffenden Autoren verweisen darauf, dass Art. 9 Abs. 1 RL 2016/943/EU die Möglichkeit einer gerichtlichen Einstufung bereits im Falle eines „angeblichen Ge-

---

67 BeckOK GeschGehG/*Gregor*, § 16 Rn. 30.
68 *Druschel/Jauch*, BB 2018, 1218, 12201.
69 K/B/F/*Alexander*, § 16 GeschGehG Rn. 23.
70 Büscher/*McGuire*, § 16 GeschGehG Rn. 11 f.
71 Vgl. hierzu *Alexander*, WRP 2019, 673, 678; BeckOK GeschGehG/*Gregor*, § 16 Rn. 26; Dann/Markgraf, NJW 2019, 17774, 1778; *Kalbfus*, WRP 2019, 692, 694; *Reinfeld*, § 6 Rn. 6.
72 *Reinfeld*, § 6 Rn. 45.
73 *Schlingloff*, WRP 2018, 666, 670; BeckOK GeschGehG/*Gregor*, § 16 Rn. 26.

schäftsgeheimnisses" verlange und insoweit allein auf eine entsprechende Klägerbehauptung abzustellen scheine.[74] Demgegenüber verlange das Beweismaß einer Glaubhaftmachung deutscher prozessrechtlicher Provenienz, dass das Vorliegen der betreffenden Tatsache nach Einschätzung des Gerichts wahrscheinlicher ist als ihr Nichtvorliegen.[75] Daher müssten die Darlegungs- und Beweisanforderungen ggf. in richtlinienkonformer Auslegung abgesenkt werden.[76]

Dieser Ansicht kann indes nicht gefolgt werden (vgl. → § 20 Rn. 18 ff.). So bliebe schon unklar, welches hinter den Anforderungen des § 294 ZPO zurückbleibende Beweismaß stattdessen gelten soll. Wenn bereits die bloße klägerische Behauptung eines Geschäftsgeheimnisses ausreichte, müssten die Gerichte konsequenterweise prozessuale Schutzmaßnahmen nach den §§ 16 ff. auch dann anordnen, wenn nach ihrer Einschätzung mit überwiegender Wahrscheinlichkeit kein schützenswertes Geschäftsgeheimnis vorliegt, dh. die summarische Prima-facie-Prüfung der Voraussetzungen des § 2 Nr. 1 negativ ausfällt. Richtigerweise determiniert der Begriff des „angeblichen Geschäftsgeheimnisses" in Art. 9 Abs. 1 die im Einstufungsverfahren anzulegenden Darlegungs- und Beweisanforderungen nicht. Es handelt sich vielmehr um eine Umschreibung des Umstands, dass die Existenz des prozessual geltend gemachten Geschäftsgeheimnisses zu dem fraglichen Entscheidungszeitpunkt häufig ungesichert ist, zumal sich der Antragsgegner im Regelfall noch nicht einmal zu den prozessualen Behauptungen des Antragstellers äußern konnte. Denn nach dem Schutzzweck der Richtlinie soll der prozessuale Geschäftsgeheimnisschutz bereits ab dem Zeitpunkt der Anhängigkeit des Verfahrens, dh. noch vor der Zustellung der Klage, gewährleistet werden, sodass das Gericht oftmals allein auf der Grundlage des Klägervortrags entscheiden muss. Die verfahrensrechtlich unscharfe Wendung des „angeblichen Geschäftsgeheimnisses" bedeutet deshalb „vom Antragsteller prozessual geltend gemachtes Geschäftsgeheimnis". Diese Lesart wird nicht nur durch die englische Sprachfassung bestätigt, in der – verfahrensrechtlich präziser – vom „alleged trade secret", also dem vom Antragsteller „prozessual behaupteten" (und vom Antragsgegner möglicherweise später bestrittenen) Geschäftsgeheimnis die Rede ist. Auch der deutsche Richtlinientext verwendet im Übrigen das Wort „angeblich" stets im Zusammenhang mit dem (potenziell streitigen) Klägervortrag im Know-how-Verletzungsverfahren.[77]

---

74 *Schlingloff*, WRP 2018, 666, 670.
75 Vgl. BGH, 21.10.2010 – V ZB 210/09, NJW-RR 2011, 136, 137; Saenger/*ders.*, § 294 ZPO Rn. 2, jeweils mwN.
76 *Schlingloff*, WRP 2018, 666, 670; BeckOK GeschGehG/*Gregor*, § 16 Rn. 26.
77 Vgl. Erwgrd. 7 aE: „dass der Inhaber eines Geschäftsgeheimnisses eine Klage wegen angeblichen rechtswidrigen Erwerbs oder angeblicher rechtswidriger Nutzung oder Offenlegung des Geschäftsgeheimnisses durch einen Dritten erhebt"; Erwgrd. 12 aE: „wenn ein Antrag auf in dieser Richtlinie vorgesehene Maßnahmen, Verfahren oder Rechtsbehelfe wegen des angeblichen Erwerbs oder der angeblichen Nutzung und Offenlegung von Geschäftsgeheimnissen zurückzuweisen ist"; Art. 5: „dass ein Antrag ... abgelehnt wird, wenn der angebliche Erwerb oder die angebliche Nutzung und Offenlegung des Geschäftsgeheimnisse ..."; Art. 10 Abs. 1: „dass die zuständigen Gerichte auf Antrag des Inhabers des Geschäftsinhabers eine der folgenden vorläufi-

34 Bei der im Schrifttum diskutierten Frage, welche Angaben dem Kläger ohne unzumutbare Gefährdung des aus seiner Sicht schützenswerten Geheimnisses abverlangt werden können, handelt es sich bei Lichte besehen auch nicht um ein Problem des prozessualen Beweismaßes. Es geht vielmehr um den **Grad der prozessualen Substantiierung des Tatsachenvortrags** des Antragsstellers. Die allgemeinen Substantiierungsanforderungen an die Darlegung einer Geheimnisverletzung können in Anbetracht der besonderen Sensibilität von Geschäftsgeheimnissen sowie vor dem Hintergrund der Irreversibilität ihrer Verletzungen in der gerichtlichen Praxis durchaus **reduziert** werden.[78] Allerdings muss der Vortrag des Antragstellers stets konkret genug sein, um eine Stellungnahme des Gegners zu ermöglichen.[79] Nähere Einzelheiten sind in der Antragsschrift nur dann anzugeben, wenn diese für die Rechtsfolgen von Bedeutung sind.[80] In der Praxis werden die Gerichte sowohl die allgemeinen Darlegungsanforderungen als auch das Beweismaß des § 294 ZPO einzelfallabhängig anpassen können, um das erforderliche Schutzniveau zu gewährleisten. Tendenziell sollten sie hierbei mit Anträgen nach § 16 Abs. 1 großzügig verfahren.[81] Denn während eine unterlassene Einstufung den irreversiblen Geheimnisverlust zur Folge hat, lässt sich eine ungerechtfertigte Einstufung gem. § 20 Abs. 2 Satz 2 ohne Weiteres korrigieren. Die berechtigten Interessen des Prozessgegners werden darüber hinaus durch § 18 Satz 2 Alt. 1 geschützt, der die Schutzwirkungen des § 16 Abs. 2 mit der rechtskräftigen Verneinung der Geschäftsgeheimniseigenschaft nachprozessual entfallen lässt.[82]

IV. Rechtsfolgen der Einstufung (Abs. 2)

1. Offenlegungs- und Nutzungsverbot

35 § 16 Abs. 2 regelt die mit der Einstufung der streitgegenständlichen Information als geheimhaltungsbedürftig verbundenen Rechtspflichten der Verfahrensbeteiligten. Stuft das zuständige Gericht der Hauptsache eine Information als geheimhaltungsbedürftig ein, so sind nach § 16 Abs. 2 alle Personen, die an dem Verfahren beteiligt sind oder Zugang zu den verfahrensinternen Dokumenten besitzen, zur vertraulichen Behandlung verpflichtet. Die Rechtsfolgen der Einstufung ergeben sich nicht aus dem gerichtlichen Beschluss, sondern treten gem. § 16 Abs. 2 **kraft Gesetzes**

---

gen und vorbeugenden Maßnahmen gegen den angeblichen Rechtsverletzer anordnen können"; Art. 10 Abs. 2: „dass die Gerichte … die Fortsetzung der angeblich rechtswidrigen Nutzung eines Geschäftsgeheimnisses…".

78 *Ernst*, MDR 2019, 897, 902.
79 BGH, 20.9.2002 – V ZR 170/01, NJW-RR 2003, 69, 70.
80 BGH, 1.6.2005 – XII ZR 275/02, NJW 2005, 2710, 2711.
81 BeckOK GeschGehG/*Gregor*, § 16 Rn. 26.
82 *Ernst*, MDR 2019, 897, 902.

IV. Rechtsfolgen der Einstufung (Abs. 2) § 16

ein.⁸³ Das Gericht ordnet das **Offenlegungs- und Nutzungsverbot** dementsprechend nicht eigens an, sondern weist lediglich gem. § 20 Abs. 5 Satz 2 auf dieses hin.⁸⁴

Nach dem Gesetzeswortlaut erfasst das Offenbarungs- und Verwendungsverbot in persönlicher Hinsicht zum einen die **Parteien, ihre Prozessvertreter, Zeugen, Sachverständige sowie sonstige Vertreter**. Zum anderen erfassen die Pflichten des § 16 Abs. 2 in gleicher Weise auch die **Gerichtspersonen sowie die Angehörigen und Beschäftigten der Justizverwaltung**.⁸⁵ Die Pflichten des § 16 Abs. 2 treten insoweit neben berufs- und beamtenrechtliche Verschwiegenheitspflichten.⁸⁶ Bei ihrer Verletzung kommen Schadensersatzansprüche und berufs- und beamtenrechtliche Sanktionen in Betracht. Richter, Rechtspfleger und Beamte können die Informationen jedoch selbstverständlich im Bereich ihrer Aufgaben verwenden und diese etwa zur Grundlage eines Beweisbeschlusses machen oder im Urteil auf sie eingehen. Alleine der Geheimnisinhaber wird durch den gerichtlichen Einstufungsbeschluss nicht in seinen Offenlegungs- und Verwendungsrechten beeinträchtigt.⁸⁷

36

Außerhalb des gerichtlichen Verfahrens dürfen die Verpflichteten die als geheimhaltungsbedürftig eingestuften Informationen weder nutzen noch offenlegen. Dies gilt für mündlich wie schriftsätzlich vorgetragene Tatsachen gleichermaßen. Innerhalb der betreffenden Geschäftsgeheimnisstreitsache wird hingegen weder die Offenlegung noch die Verwendung der Information beschränkt.⁸⁸

37

Ab welchem exakten **Zeitpunkt** das Offenlegungs- und Verwendungsverbot des § 16 Abs. 2 eingreift, ist **gesetzlich nicht ausdrücklich geregelt**. Im Schrifttum wird mitunter auf den Zeitpunkt abgestellt, zu dem das Gericht den Betroffenen gem. § 20 Abs. 5 Satz 2 auf die mit dem Einstufungsbeschluss verbundenen Rechtsfolgen hinweist.⁸⁹ Dem Hinweis kommt in Anbetracht seiner systematischen Stellung im Kontext der allgemeinen Verfahrensnorm des § 20 indes keine konstitutive Bedeutung zu. Es handelt sich vielmehr um eine rein formale Ausprägung der gerichtlichen Fürsorgepflicht. Unterbleibt der gerichtliche Hinweis gem. § 20 Abs. 5 Satz 2 trotz erfolgter Einstufung einer Information als geheimhaltungsbedürftig, so folgt daraus nicht, dass der Geheimnisinhaber den Schutz des § 16 Abs. 2 wegen des gerichtlichen Verfahrensfehlers verliert. Denn § 16 Abs. 2 knüpft das Offenlegungs- und Verwendungsverbot explizit an die gerichtliche Einstufung als solche. Maßgeblicher Zeitpunkt für den Eintritt der aus § 16 Abs. 2 resultierenden Rechtspflichten ist daher der Zeitpunkt, zu dem der **Einstufungsbeschluss** (§ 20 Abs. 5 Satz 1) gegenüber den Parteien **rechtlich wirksam** wird.

38

---

83 BeckOK GeschGehG/*Gregor*, § 16 Rn. 36; H/O/K/*Kalbfus*, § 16 Rn. 27; *Kalbfus*, WRP 2019, 692, 695.
84 *Kalbfus*, WRP 2019, 692, 695.
85 H/O/K/*Kalbfus*, § 16 Rn. 34; *Reinfeld*, § 6 Rn. 52.
86 BT-Drs. 19/4724, S. 35; BeckOK GeschGehG/*Gregor*, § 16 Rn. 38.
87 BT-Drs. 19/4724, S. 35; H/O/K/*Kalbfus*, § 16 Rn. 31.
88 BeckOK GeschGehG/*Gregor*, § 16 Rn. 41.
89 So wohl *Reinfeld*, § 6 Rn. 56; vgl. auch BeckOK GeschGehG/*Gregor*, § 16 Rn. 44.

§ 16   Geheimhaltung

39 Die Pflichten des § 16 Abs. 2 knüpfen nicht an den involvierten Personenkreis, sondern an die konkrete Information an.[90] Sie erfassen daher sämtliche innerhalb des Prozesses mit dem potenziellen Geschäftsgeheimnis in Berührung kommende Personen, und zwar ohne Rücksicht auf Art und Zeitpunkt ihres Prozesseintritts. Auch im Falle von **Parteiwechsel oder Parteierweiterung** ist daher die eintretende Partei an eine bereits zuvor erfolgte Einstufungsentscheidung gebunden.[91] Der nachträglich eintretenden Partei wird das Gericht jedoch regelmäßig nach § 20 Abs. 2 Satz 1 Gelegenheit zu geben haben, sich zum Vorliegen eines Geschäftsgeheimnisses zu äußern und so ggf. auf eine **Revidierung** der Einstufungsentscheidung gem. § 20 Abs. 2 Satz 2 hinzuwirken.[92]

40 Der Geheimnisschutz nach § 16 Abs. 2 endet nicht mit dem rechtskräftigen Abschluss des gerichtlichen Verfahrens, sondern nur unter den in § 18 Satz 2 bestimmten Voraussetzungen. Das Offenlegungs- und Nutzungsverbot gilt daher grundsätzlich **unbefristet**.[93]

2. Umfang des Nutzungsverbots

41 Während der Inhalt des Offenlegungsverbots in der Praxis nur selten Probleme bereiten wird, ist hinsichtlich des Nutzungsverbots eine nähere **Konturierung durch die Rechtsprechung** geboten. Denn Umfang und Tragweite der aus § 16 Abs. 2 resultierenden Rechtspflichten werden weder aus dem Normtext noch aus den Gesetzesmaterialien in einem praktisch handhabbaren Detaillierungsgrad deutlich.

42 Aus der gesetzlichen Regelung ergibt sich immerhin, dass der Gegenpartei eine **unmittelbare Nutzung** der als geheimhaltungsbedürftig eingestuften Informationen – grundsätzlich für unbestimmte Zeit, § 18 Satz 1 – innerhalb des eigenen Betriebs **untersagt** ist. Inwiefern aber eine mittelbare Verwendung der Informationen unzulässig ist, bleibt unklar. Praktisch gesehen wird es sich kaum ausschließen lassen, dass etwa ein in das Gerichtsverfahren involvierter Angestellter der Gegenpartei aus den als geheimhaltungsbedürftig eingestuften Informationen Inspiration zieht und diese als Ansatz für eine eigenständige Entwicklung nutzt.[94] In den Fällen mittelbarer Verwendung der als geheimhaltungsbedürftig eingestuften Information wird deshalb eine präzisere Grenzziehung bezüglich der Reichweite des § 16 Abs. 2 durch die Gerichte erforderlich werden.

43 Auch verbietet § 16 Abs. 2 die Verwendung der als geheimhaltungsbedürftig eingestuften Information explizit nur außerhalb des gerichtlichen Verfahrens und lässt damit den Umkehrschluss zu, dass eine **Nutzung** der Information **innerhalb der konkreten Geschäftsgeheimnisstreitsache weiterhin gestattet** sein soll.[95] Die

---

90 H/O/K/*Kalbfus*, § 16 Rn. 28.
91 *Kalbfus*, WRP 2019, 692, 695.
92 *Kalbfus*, WRP 2019, 692, 695.
93 *Reinfeld*, § 6 Rn. 56.
94 Büscher/*McGuire*, § 19 GeschGehG Rn. 21.
95 H/O/K/*Kalbfus*, § 16 Rn. 37; *Kalbfus*, WRP 2019, 692, 695.

konkreten Grenzen erscheinen auch insoweit unklar. Da der Zweck dieser Regelung darin besteht, der anderen Prozesspartei auch nach der gerichtlichen Einstufungsentscheidung nach § 16 Abs. 1 eine unbeschränkte Wahrnehmung sämtlicher prozessualer Verteidigungsmöglichkeiten zu erlauben, bleibt eine Weitergabe der als geheimhaltungsbedürftig eingestuften Information jedenfalls insoweit zulässig, als diese für die Zwecke des konkreten Gerichtsverfahrens erforderlich ist.[96] Zu denken ist etwa an Anwälte, Privatgutachter sowie an relevante Entscheidungsträger (unterhalb der Organebene) innerhalb der betrieblichen Organisation der verpflichteten Partei.[97] Eine dahingehende Auslegung steht mit den unionsrechtlichen Vorgaben in Einklang, auch wenn die Art. 6, 9 der Richtlinie hinsichtlich der Nutzung der Information innerhalb des gerichtlichen Verfahrens keinen entsprechenden Ausnahmetatbestand vorsehen.[98] Vor dem Hintergrund der Art. 47 Abs. 2 EU-Grundrechtecharta und Art. 6 EMRK dürfen aber auch die Richtlinienbestimmungen nicht dazu führen, dem Beklagten durch innerprozessuale Weitergabeverbote in weitem Umfang Verteidigungsrechte abzuschneiden.

3. Ausnahmen

Die Geheimhaltungspflichten betreffen nur solche Informationen, die die Verfahrensbeteiligten nicht bereits außerhalb des Verfahrens erfahren haben.[99] Diese in § 16 Abs. 2 aE statuierte Ausnahme beschränkt die Geheimhaltungspflichten auf solche Informationen, von denen die anderen Verfahrensbeteiligten durch die konkrete Geschäftsgeheimnisstreitsache Kenntnis erlangen. **Nicht erfasst** werden von den Pflichten des § 16 Abs. 2 daher zunächst solche Informationen, die in dem konkreten Streit, aber **vor Einleitung des Gerichtsverfahrens** bekannt geworden sind. Dies folgt aus dem Wortlaut des § 16 Abs. 2 aE, der auf die Kenntniserlangung außerhalb des „Verfahrens" abstellt. Ebenfalls sind gem. § 16 Abs. 2 aE solche Informationen von den Geheimhaltungspflichten ausgenommen, die die Gegenpartei während des laufenden Rechtsstreits, aber **ohne inneren Zusammenhang zu dem Gerichtsverfahren erfährt**. Dies ergibt sich aus dem Zweck des § 16 Abs. 2, der dem Geheimnisinhaber den gefahrlosen Vortrag seiner Geheimnisse innerhalb der konkreten Geschäftsgeheimnisstreitsache ermöglichen soll.

44

Nach dem Wortlaut des § 16 Abs. 2 treffen die in der Vorschrift enthaltenen Verbote den Beklagten auch dann nicht, wenn dieser die Information vor Beginn des Rechtsstreits durch eine den **Verletzungstatbestand des § 4 erfüllende Handlung erlangt** hat.[100] Bei wortlautgetreuer Auslegung würde das Offenlegungs- und Nutzungsverbot dann insbes. für den Beklagten nicht gelten, der etwa wegen der unbefugten Zugänglichmachung und Nutzung des Geschäftsgeheimnisses auf

45

---

96 *Kalbfus*, WRP 2019, 692, 695.
97 *Kalbfus*, WRP 2019, 692, 695.
98 *Kalbfus*, WRP 2019, 692, 695.
99 BeckOK GeschGehG/*Gregor*, § 16 Rn. 42; *Reinfeld*, § 6 Rn. 54; *Schulte*, ArbRB 2019, 143, 146.
100 *Kalbfus*, WRP 2019, 692, 695.

§ 16 Geheimhaltung

Unterlassung in Anspruch genommen wird (§ 4 Abs. 1 Nr. 1, Abs. 2 iVm. § 6). Da ein solches Ergebnis offensichtlich dem Regelungszweck des § 16 Abs. 2 widerspricht, ist der Ausnahmetatbestand in Fällen der vorprozessualen unbefugten Erlangung des Geschäftsgeheimnisses **teleologisch zu reduzieren**.[101] Dem prozessualen Offenbarungs- und Nutzungsverbot des § 16 Abs. 2 unterliegt eine Partei also nur dann nicht, wenn sie von der Information außerhalb der konkreten Geschäftsgeheimnisstreitsache rechtmäßig Kenntnis erlangt hat. Auch in diesem Fall bestehen indes die materiellen Offenlegungs- und Verhaltensschranken des § 4.[102]

46 Die **Rechtsfolgen** des § 16 Abs. 2 entfallen nach der gesetzlichen Regelungskonzeption allein **kraft Gesetzes** und nicht etwa durch eine gerichtliche Entscheidung. Die verpflichtete Prozesspartei kann sich daher unter Umständen erheblichen rechtlichen Unsicherheiten ausgesetzt sehen.[103] In derartigen Fällen kann die anderenfalls erheblich belastete Partei eine **negative Feststellungsklage**, gerichtet auf Feststellung des Nichtbestehens der Pflichten aus § 16 Abs. 2, erheben.[104] Eine **Anfechtung** der Einstufungsentscheidung nach § 20 Abs. 5 Satz 4 unter Berufung auf eine anderweitige Kenntniserlangung ist hingegen **nicht möglich**.[105]

47 Wie aus der negativen Gesetzesformulierung folgt, hat die durch § 16 Abs. 2 verpflichtete Prozesspartei im Streitfall ihre **anderweitige Kenntniserlangung** darzulegen und zu beweisen.[106]

48 Grundsätzlich bestehen die aus § 16 Abs. 2 resultierenden Rechtspflichten auch mit Abschluss des Gerichtsverfahrens fort, § 18 Satz 1. Die **Prozessbeendigung** lässt das Offenlegungs- und Nutzungsverbot gem. § 18 Satz 2 Alt. 1 nur dann entfallen, wenn die Geschäftsgeheimnisentscheidung durch rechtskräftiges Urteil verneint wird. Anderenfalls entfällt das Offenlegungs- und Nutzungsverbot gem. § 18 Satz 2 Alt. 2 nur dann, wenn die streitgegenständlichen Informationen für Personen in den Kreisen, die üblicherweise mit solchen Informationen umgehen, bekannt oder ohne Weiteres zugänglich werden.

V. Akteneinsichtsrecht Dritter (Abs. 3)

49 § 16 Abs. 3 regelt das Akteneinsichtsrecht Dritter und enthält insofern eine Ergänzung zu § 299 Abs. 2 ZPO, der im Übrigen aber weiterhin Anwendung findet. Die Vorschrift ändert – wie ihr Wortlaut klarstellt – nichts an der grundsätzlichen Berechtigung zur Akteneinsicht, die einem Dritten nach § 299 Abs. 2 ZPO im Falle der Glaubhaftmachung eines rechtlichen Interesses zusteht, sofern nicht überwie-

---

101 *Kalbfus*, WRP 2019, 692, 695.
102 BeckOK GeschGehG/*Gregor*, § 16 Rn. 43.
103 *Kalbfus*, WRP 2019, 692, 695.
104 H/O/K/*Kalbfus*, § 18 Rn. 23; *Kalbfus*, WRP 2019, 692, 695.
105 H/O/K/*Kalbfus*, § 16 Rn. 48.
106 H/O/K/*Kalbfus*, § 16 Rn. 49; *Kalbfus*, WRP 2019, 692, 695.

V. Akteneinsichtsrecht Dritter (Abs. 3) § 16

gende Interessen entgegenstehen.[107] Dieses Akteneinsichtsrecht des Dritten wird für den Fall der Anordnung nach § 16 Abs. 1 **eingeschränkt**. Dem Dritten dürfen Akten nur soweit zugänglich gemacht werden, wie der Geschäftsgeheimnisse enthaltende Inhalt unkenntlich gemacht wurde.[108] Dies gilt ohne Rücksicht auf das Gewicht seiner konkreten Interessen an der Einsichtnahme und hängt nicht von einer Interessenabwägung im Einzelfall ab.

Fraglich ist, ob die Bestimmung des § 16 Abs. 3 auch auf das Akteneinsichtsrecht des **Nebenintervenienten** anzuwenden ist. Denn vor dem Hintergrund von Art. 103 Abs. 1 GG ist anerkannt, dass der Nebenintervenient gem. § 299 Abs. 1 ZPO vergleichbar mit einer echten Partei des Hauptprozesses zur Einsichtnahme in den Akteninhalt berechtigt ist.[109] Schon nach herkömmlicher Rechtslage war in der Rechtsprechung indes anerkannt, dass Geheimhaltungsinteressen der Hauptparteien den Anspruch des Nebenintervenienten auf rechtliches Gehör überwiegen und zu einer Beschränkung eines Akteneinsichtsrechts führen können. In diesem Fall kommt nur eine Einsichtnahme in eine redigierte Fassung der Akten in Betracht, aus der geheimhaltungsbedürftige Informationen nicht ersichtlich sind.[110] Diese Grundsätze werden nunmehr durch § 16 Abs. 3 überlagert. Denn Nebenintervenienten werden als bloße Streithelfer nicht Partei des Hauptprozesses, sondern beteiligen sich als Dritte an einem fremden Rechtsstreit[111] und unterfallen dem Wortlaut des § 16 Abs. 3 somit ohne Weiteres. Wird der Beitritt zum Prozess erklärt, nachdem das Gericht eine Einstufung nach § 16 Abs. 1 vorgenommen hat, stünde somit auch dem Nebenintervenienten nur ein beschränktes Akteneinsichtsrecht zu. Eine solche Wortlautauslegung erscheint aber nicht sachgerecht. Anders als ein gänzlich außenstehender Dritter ist der Nebenintervenient über die Interventionswirkung der §§ 68, 74 Abs. 1 ZPO an die Entscheidung des Hauptprozesses gebunden und daher in erhöhtem Maße auf die Gewährung rechtlichen Gehörs angewiesen. Dies gebietet es, den Nebenintervenienten im akteneinsichtsrechtlichen Kontext nicht etwa als Dritten iSv. § 16 Abs. 3, sondern **wie eine echte Prozesspartei zu behandeln**. In regelungssystematischer Hinsicht spricht hierfür auch, dass dem Nebenintervenienten nach allgemeinem Zivilprozessrecht gem. §§ 67, Satz 1, 299 Abs. 1 ZPO das Akteneinsichtsrecht der unterstützten Partei und nicht nur das restriktivere Akteneinsichtsrecht Dritter gem. § 299 Abs. 2 ZPO zusteht.

50

Die Einsichtsbeschränkungen erfassen ihrem Sinn und Zweck nach nicht nur das Einsichtsrecht des § 299 Abs. 2 ZPO, sondern sind gleichermaßen **auf Informationsrechte aus anderen gesetzlichen Grundlagen** wie etwa auf die Auskunftsansprüche des IFG **zu erstrecken**.[112]

51

---

107 Vgl. Saenger/*ders.*, § 299 ZPO Rn. 9.
108 Vgl. BT-Drs. 19/4724, S. 35.
109 Musielak/Voit/*Weth*, § 67 Rn. 3.
110 OLG Düsseldorf, 25.4.2018 – I-2 W 8/18, GRUR-RS 2018, 7036 Rn. 6, 11; Musielak/Voit/ *Weth*, § 67 Rn. 3.
111 Musielak/Voit/*Weth*, § 67 Rn. 2.
112 *Ernst*, MDR 2019, 897, 902.

§ 16 Geheimhaltung

52 Eine Missachtung der Vorgaben ist zwar nicht eigenständig gem. § 17 ordnungsmittelbewehrt. In der unzulässigen Gewährung von Akteneinsicht gegenüber Dritten wird zumeist aber eine **Verletzung der ordnungsmittelbewehrten Pflichten des § 16 Abs. 2** liegen, an die auch das Gericht und seine Bediensteten gebunden sind.[113]

---

113 H/O/K/*Kalbfus*, § 16 Rn. 58; *Kalbfus*, WRP 2019, 692, 698.

§ 17 Ordnungsmittel

Das Gericht der Hauptsache kann auf Antrag einer Partei bei Zuwiderhandlungen gegen die Verpflichtungen nach § 16 Absatz 2 ein Ordnungsgeld bis zu 100 000 Euro oder Ordnungshaft bis zu sechs Monaten festsetzen und sofort vollstrecken. Bei der Festsetzung von Ordnungsgeld ist zugleich für den Fall, dass dieses nicht beigetrieben werden kann, zu bestimmen, in welchem Maße Ordnungshaft an seine Stelle tritt. Die Beschwerde gegen ein nach Satz 1 verhängtes Ordnungsmittel entfaltet aufschiebende Wirkung.

Schrifttum: *Brammsen*, Reformbedürftig! – Der Regierungsentwurf des neuen Geschäftsgeheimnisschutzgesetzes, BB 2018, 2446; *Dann/Markgraf*, Das neue Gesetz zum Schutz von Geschäftsgeheimnissen, NJW 2019, 1774; *Druschel/Jauch*, Der Schutz von Know-how im deutschen Zivilprozess: Der Status quo und die zu erwartenden Änderungen, Teil I: Der derzeitige und zukünftige prozessuale Geheimnisschutz im Know-how-Verletzungsverfahren, BB 2018, 1218; *Dumont*, Happy End für ein Stiefkind? – Regierungsentwurf zur Umsetzung der Know-how-Richtlinie, BB 2018, 2441; *Enders*, Die Rechtsdurchsetzung nach dem neuen Geheimnisschutzgesetz, IPRB 2019, 45; *Kalbfus*, Rechtsdurchsetzung bei Geheimnisverletzungen – Welchen prozessualen Schutz gewährt das Geschäftsgeheimnisgesetz dem Kläger?, WRP 2019, 692; *Keller*, Protokoll der Sitzung des GRUR-Fachausschusses für Wettbewerbs- und Markenrecht zum Referentenentwurf eines Gesetzes zum Schutz von Geschäftsgeheimnissen (GeschGehG) am 25.4.2018 in Berlin, GRUR 2018, 706; *Schlingloff*, Geheimnisschutz im Zivilprozess aufgrund der „Know-how-Schutz"- Richtlinie – Was muss sich im deutschen Prozessrecht ändern?, WRP 2018, 666; *Schregle*, Neue Maßnahmen zum Geheimnisschutz in Geschäftsgeheimnisstreitsachen, Wegbereiter für den effektiven Rechtsschutz?, GRUR 2019, 912; *Würtenberger/Freischem*, Stellungnahme zum Referentenentwurf des Bundesministeriums der Justiz und für Verbraucherschutz – Entwurf eines Gesetzes zur Umsetzung der RL 2016/943/EU zum Schutz von Geschäftsgeheimnissen vor rechtswidrigem Erwerb sowie rechtswidriger Nutzung und Offenlegung, GRUR 2018, 708.

Übersicht

	Rn.		Rn.
I. Vorbemerkung	1	2. Gerichtliche Entscheidung	10
1. Überblick	1	3. Bemessungskriterien	12
2. Rechtspolitische Hintergründe und Kritik	3	4. Rechtsmittel	15
II. Anwendung der Ordnungsmittel	6	III. Verhältnis zu zivil- und strafrechtlichen Sanktionen	16
1. Voraussetzungen	6		

I. Vorbemerkung

1. Überblick

§ 17 schafft unabhängig von einem bestehenden Titel eine eigenständige prozessuale Grundlage für die **Sanktionierung** von Verstößen gegen die Geheimhaltungs- 1 pflicht aus § 16 Abs. 2. Das Gericht kann ein **Ordnungsgeld** in Höhe von bis zu 100.000 EUR sowie **Ordnungshaft** von bis zu sechs Monaten festsetzen. In beiden Fällen ist das Gericht zur sofortigen Vollstreckung befugt.[1] Mit dieser Regelung werden die Art. 6 Abs. 2, 16 RL 2016/943/EU über den Schutz von Know-how umgesetzt, die den Mitgliedstaaten aufgeben, bei Verstößen gegen die Verschwiegenheitspflicht abschreckende, verhältnismäßige und wirksame Sanktionen – insbesondere in Form von Zwangsgeldern – vorzusehen.[2]

2 Die Regelung des § 17 ist erkennbar an § 890 ZPO angelehnt, der die zwangsweise Durchsetzung von Duldungs- und Unterlassungspflichten regelt.[3] Die im Rahmen des § 890 ZPO entwickelten Auslegungsgrundsätze lassen sich daher mutatis mutandis auf § 17 übertragen.[4] Dementsprechend kommt der in § 17 enthaltenen Ordnungsmittelandrohung nicht nur eine **abschreckende Wirkung** zu, die den gem. §§ 16 Abs. 2, 18 Satz 1 Verpflichteten von vornherein von einer Verletzung seiner gesetzlichen Geheimhaltungspflichten abhalten soll.[5] Mittels Ordnungsgeld und Ordnungshaft können bereits erfolgte Verstöße zudem geahndet werden, sodass die Ordnungsmittel insoweit auch eine **repressive Funktion** haben.[6]

2. Rechtspolitische Hintergründe und Kritik

3 Das Gesetzesvorhaben wurde schon frühzeitig nicht zuletzt im Hinblick auf die vorgesehenen Sanktionen **als unzureichend kritisiert**, da zunächst lediglich ein Ordnungsgeld von bis zu 1.000 EUR oder Ordnungshaft bis zu einer Woche vorgesehen war.[7] Insbesondere wurde dem vorgesehenen Höchstmaß die ausreichende Abschreckungswirkung abgesprochen und die Auffassung vertreten, dass eine Regelung gegen Art. 6 Abs. 2, 16 RL 2016/943/EU verstoßen würde.[8] Im Schrifttum wurde deshalb zum einen vorgeschlagen, das zulässige Höchstordnungsgeld in Anlehnung an § 890 Abs. 1 Satz 2 ZPO auf bis zu 250.000 EUR festzulegen. Alternativ wurde eine § 17 Abs. 4 Satz 2 OWiG entsprechende Regelung angeregt, wonach im Einzelfall die gesetzliche Höchstgrenze überschritten werden kann, wenn diese zur Verwirklichung des Zwecks nicht ausreicht.[9]

4 Der nunmehr in § 17 verankerte Ordnungsgeldrahmen von bis zu 100.000 EUR wird in der Literatur zum Teil ebenfalls kritisch gesehen, da er als **zu weitgehend**

---

1 *Reinfeld*, § 6 Rn. 60.
2 BT-Drs. 19/4724, S. 36.
3 BeckOK GeschGehG/*Gregor*, § 17 Rn. 1.
4 BeckOK GeschGehG/*Gregor*, § 17 Rn. 1.
5 BeckOK GeschGehG/*Gregor*, § 17 Rn. 2; H/O/K/*Kalbfus*, § 17 Rn. 2.
6 BeckOK GeschGehG/*Gregor*, § 17 Rn. 2.
7 H/O/K/*Kalbfus*, § 17 Rn. 12; *Keller*, GRUR 2018, 706, 708; vgl. hierzu auch *Dann/Markgraf*, NJW 2019, 1774, 1778; *Kalbfus*, WRP 2019, 692, 695; *Reinfeld*, § 6 Rn. 63.
8 *Druschel/Jauch*, BB 2018, 1218, 1222.
9 Zu den Vorschlägen vgl. *Schlingloff*, WRP 2018, 666, 670; *Würtenberger/Freischem*, GRUR 2018, 708, 712.

empfunden wird. So meint etwa *Brammsen*, die angestrebte Abschreckungswirkung[10] überbetone die praktische Bedeutung derartiger Fälle, die mit ca. fünf Gerichtsverfahren pro Jahr nicht wesentlich ins Gewicht falle.[11] Außerdem wird befürchtet, dass der hohe Sanktionsrahmen die Gerichte auch im Bereich wirtschaftlich weniger bedeutender Geheimnisse zu einer Anpassung der verhängten Ordnungsgelder nach oben hin verleiten könnte.[12] Ungeachtet dieser möglichen praktischen Risiken war der nationale Gesetzgeber aufgrund der Richtlinienvorgaben allerdings gehalten, ein **effektiv abschreckendes Sanktionsregimes** auch für die Fälle vorzusehen, in denen mit dem prozessualen Geheimnisschutz erhebliche wirtschaftliche Belange verbunden sind. Vor diesem Hintergrund erscheint der Ordnungsgeldrahmen des § 17 **nicht überhöht**, zumal die Vorschrift des § 890 ZPO ihrerseits ein gesetzliches Höchstmaß von 250.000 EUR vorsieht.

Freilich sind auch Zahlungssanktionen im Umfang von bis zu 100.000 EUR nicht in allen Fällen geeignet, die wirtschaftliche Attraktivität werthaltiger Geheimnisverletzungen vollständig zu beseitigen.[13] Weitergehende Gewinne werden dem Verletzer indes bereits über die parallel anwendbaren zivilrechtlichen Mechanismen der §§ 6 ff. genommen. Als zusätzliche Sanktion entfaltet der gesetzliche Ordnungsmittelrahmen des § 17 daher regelmäßig ausreichende Abschreckungswirkung. Um iSd. Einzelfallgerechtigkeit eine flexiblere Handhabung der Sanktionsmittel des § 17 in der gerichtlichen Praxis zu erreichen, könnte de lege ferenda allenfalls eine an § 17 Abs. 4 Satz 2 OWiG orientierte Regelung erwogen werden, die zugleich einen moderaten Regelsanktionsrahmen und eine Abweichung nach oben hin für wirtschaftlich besonders bedeutende Fälle zulässt.

II. Anwendung der Ordnungsmittel

1. Voraussetzungen

Für die Verhängung von Ordnungsmitteln nach § 17 genügt die **Offenbarung oder Verwendung eines potenziellen Geschäftsgeheimnisses**, also einer Information, deren Geschäftsgeheimniseigenschaft im vorausgegangenen Einstufungsverfahren nach § 20 Abs. 3 iVm. § 294 ZPO glaubhaft gemacht wurde.[14] Das Sanktionsregime des § 17 setzt also nicht die Verletzung eines tatsächlichen Geschäftsgeheimnisses voraus. Dies ergibt sich aus der gesetzlichen Verknüpfung der Ordnungsmittelsanktion mit der gerichtlichen Einstufung der betreffenden Information als geheimhaltungsbedürftig nach § 16 Abs. 1 sowie den daraus resultierenden Offenbarungs- und Verwendungsverboten des § 16 Abs. 2. Die Ordnungsmittel des § 17 beschrän-

---

10 Vgl. dazu *Enders*, IPRB 2019, 45, 47.
11 *Brammsen*, BB 2018, 2446, 2450.
12 So *Brammsen*, BB 2018, 2446, 2450.
13 Kritisch insoweit *Dumont*, BB 2018, 2441, 2445; *Schregle*, GRUR 2019, 912, 915.
14 *Reinfeld*, § 6 Rn. 60.

ken sich aber nicht auf die Verletzung des § 16 Abs. 2, sondern sanktionieren ebenso eine Verletzung der nachprozessualen Pflichten aus § 18 Satz 1.[15]

7   Nach § 20 Abs. 5 Satz 2 hat das **Gericht** mit der Einstufungsentscheidung **auf die rechtlichen Folgen der §§ 16 Abs. 2, 17, 18 Satz 1 hinzuweisen**. Diese Belehrung hat indes lediglich deklaratorische Bedeutung. Ein Unterbleiben der Belehrung lässt daher sowohl die kraft Gesetzes eintretenden Offenbarungs- und Verwendungsverbote als auch deren Ordnungsmittelbewehrung unberührt. Ein gerichtlicher Verstoß gegen § 20 Abs. 5 Satz 2 ist aber bei der Verschuldensprüfung sowie bei der Bemessung der Ordnungsmittel zu berücksichtigen.[16]

8   Entsprechend den zu § 890 ZPO entwickelten Maßstäben rechtfertigt nicht jeder Verstoß gegen die ordnungsmittelbewehrten Sanktionen die Verhängung von Ordnungsgeld oder Ordnungshaft. Erforderlich ist vielmehr ein **schuldhafter Pflichtenverstoß**.[17] Unzulässig ist die Verhängung von Ordnungsmitteln daher, wenn der Verpflichtete die Einstufungsentscheidung gem. § 16 Abs. 1 schuldlos nicht kannte, wenn ihm – etwa vor dem Hintergrund einer unterlassenen Belehrung gem. § 20 Abs. 5 Satz 2 – die Rechtsfolgen der Einstufungsentscheidung nicht bekannt sein konnten oder wenn er alle zumutbaren Maßnahmen zur Geheimhaltung der Information getroffen hat.[18]

9   Die festgesetzten Ordnungsmittel können grundsätzlich **sofort vollstreckt** werden. Kann das Ordnungsgeld nicht beigetrieben werden, so tritt nach § 17 Satz 2 die Ordnungshaft an seine Stelle. Jedoch hat das Gericht mit der Verhängung des Ordnungsgeldes zu bestimmen, in welchem Maße in diesem Fall die Ordnungshaft zu verbüßen ist.

2. Gerichtliche Entscheidung

10 Zuständig für die Verhängung von Ordnungsmitteln ist gemäß § 17 Satz 1 das **Gericht der Hauptsache**, also nach § 20 Abs. 6 Nr. 1 grundsätzlich das Gericht des ersten Rechtszugs sowie im Berufungsverfahren das Berufungsgericht (§ 20 Abs. 6 Nr. 2).

11 Das Gericht darf die genannten Ordnungsmittel nicht von Amts wegen verhängen. Vielmehr ist nach § 17 Satz 1 stets ein **Antrag einer Partei** erforderlich. Die Wahl des Ordnungsmittels sowie dessen Höhe stehen im **Ermessen** des Gerichts. Ihm steht hierbei sowohl ein Entschließungsermessen hinsichtlich des „Ob" als auch ein Auswahlermessen bzgl. des „Wie" des Ordnungsmittels zu.[19]

---

15 H/O/K/*Kalbfus*, § 17 Rn. 10; *Reinfeld*, § 6 Rn. 62.
16 BeckOK GeschGehG/*Gregor*, § 17 Rn. 4.
17 H/O/K/*Kalbfus*, § 17 Rn. 6; BeckOK GeschGehG/*Gregor*, § 17 Rn. 5 ff.
18 BeckOK GeschGehG/*Gregor*, § 17 Rn. 5 ff.
19 Vgl. hierzu *Reinfeld*, § 6 Rn. 62.

3. Bemessungskriterien

§ 17 ermöglicht die Verhängung eines Ordnungsgeldes von **bis zu 100.000 EUR**. Durch den vergleichsweise hohen Ordnungsgeldrahmen soll der hohen wirtschaftlichen Bedeutung des Geschäftsgeheimnisschutzes Rechnung getragen und zugleich die abschreckende Wirkung des Ordnungsgeldes gestärkt werden.[20]

12

Bei der Bemessung des Ordnungsgeldes ist zu beachten, dass der Verletzer neben den Ordnungsmitteln auch den Ansprüchen des Verletzten aus §§ 6 ff. ausgesetzt ist. Das Ordnungsgeld nach § 17 dient deshalb nicht der Abschöpfung des Verletzergewinns, sondern hat ausschließlich den **Zweck der Abschreckung**. Anwaltlichen Berufsträgern drohen zudem berufsrechtliche Sanktionen.[21]

13

Im Übrigen gelten die zu § 890 ZPO entwickelten Grundsätze. Insbesondere kann wegen des strafähnlichen Charakters der Ordnungsmittel in entsprechender Anwendung auf die **Strafzumessungsgrundsätze des § 40 StGB** zurückgegriffen werden.[22] Neben Art und Schwere des Rechtsverstoßes sowie dessen Folgen sind bei der Ordnungsgeldbemessung daher auch die persönlichen wirtschaftlichen Verhältnisse des Täters zu berücksichtigen.[23] Im Falle mehrerer Rechtsverstöße ist jedoch nicht etwa entsprechend dem Rechtsgedanken der § 53 ff. StGB ein einheitliches Ordnungsgeld zu bilden, sondern jeder Verstoß einzeln zu sanktionieren.[24]

14

4. Rechtsmittel

Gegen die gerichtliche Ordnungsmittelverhängung ist gem. § 793 ZPO die **sofortige Beschwerde** des Betroffenen statthaft.[25] Gemäß § 17 Satz 3 kommt dieser insoweit aufschiebende Wirkung zu, als eine Vollstreckung des verhängten Ordnungsmittels einstweilen unzulässig wird.

15

III. Verhältnis zu zivil- und strafrechtlichen Sanktionen

Die Ordnungsmittel nach § 17 bilden **keine abschließende Sanktion**. Der Geheimnisinhaber kann daneben seine Ansprüche gemäß den §§ 6 ff. geltend machen. Auch strafrechtliche Sanktionen nach § 23 können neben den Ordnungsmitteln gemäß § 17 verhängt werden.[26]

16

---

20 BT-Drs. 19/4724, S. 36.
21 *Keller*, GRUR 2018, 706, 708.
22 BeckOK GeschGehG/*Gregor*, § 17 Rn. 11.
23 H/O/K/*Kalbfus*, § 17 Rn. 15; BeckOK GeschGehG/*Gregor*, § 17 Rn. 11.
24 BeckOK GeschGehG/*Gregor*, § 17 Rn. 12.
25 H/O/K/*Kalbfus*, § 17 Rn. 21; BeckOK GeschGehG/*Gregor*, § 17 Rn. 18.
26 BT-Drs. 19/4724, S. 36; H/O/K/*Kalbfus*, § 17 Rn. 28 ff.

§ 18 Geheimhaltung nach Abschluss des Verfahrens

Die Verpflichtungen nach § 16 Absatz 2 bestehen auch nach Abschluss des gerichtlichen Verfahrens fort. Dies gilt nicht, wenn das Gericht der Hauptsache das Vorliegen des streitgegenständlichen Geschäftsgeheimnisses durch rechtskräftiges Urteil verneint hat oder sobald die streitgegenständlichen Informationen für Personen in den Kreisen, die üblicherweise mit solchen Informationen umgehen, bekannt oder ohne Weiteres zugänglich werden.

Schrifttum: *Kalbfus*, Rechtsdurchsetzung bei Geheimnisverletzungen – Welchen prozessualen Schutz gewährt das Geschäftsgeheimnisgesetz dem Kläger?, WRP 2019, 692.

Übersicht

	Rn.		Rn.
I. Vorbemerkung	1	1. Rechtskräftige Verneinung der Geschäftsgeheimniseigenschaft (Satz 2 Alt. 1)	11
II. Fortbestehen des Offenlegungs- und Nutzungsverbots (Satz 1)	6	2. Anderweitiger Verlust der Geschäftsgeheimniseigenschaft (Satz 2 Alt. 2)	14
III. Ausnahme: Wegfall der Geheimnisqualität (Satz 2)	9		

I. Vorbemerkung

1 § 18 Satz 1 erstreckt die Geheimhaltungspflichten des § 16 Abs. 2 auf den **Zeitraum nach Abschluss des gerichtlichen Verfahrens**. Der Geheimnisinhaber bleibt daher auch nach formell rechtskräftigem Prozessabschluss vor der Weitergabe und Verwendung des Geheimnisses geschützt. Insofern statuiert § 18 Satz 2 jedoch zwei Ausnahmen. Zum einen entfällt der Schutz, wenn die Geschäftsgeheimniseigenschaft durch rechtskräftiges Urteil verneint wird. Zum anderen dürfen die Informationen auch dann weitergegeben werden, wenn sie allgemein bekannt oder ohne Weiteres zugänglich werden.

2 Die Vorschrift setzt Art. 9 Abs. 1 Satz 3 der Richtlinie 2016/943/EU über den Schutz von Know-how um, der eine Ausdehnung der Offenlegungs- und Nutzungsverbote über den Abschluss der konkreten Geschäftsgeheimnisstreitsache hinaus fordert.[1] Die zeitliche Ausdehnung der durch § 16 Abs. 2 begründeten Pflichten ist zur effektiven Ausgestaltung des Geheimnisschutzes in der Tat unentbehrlich. Denn mit den Geheimnisschutzbestimmungen der §§ 16 ff. wäre dem Geheimnisinhaber wenig gedient, wenn die Gegenpartei Geschäftsgeheimnisse nach Abschluss des Gerichtsverfahrens uneingeschränkt offenbaren oder zu eigenen Zwecken ver-

---
1 BT-Drs. 19/4724, S. 36.

wenden dürfte. Der **sachliche Anwendungsbereich** des § 18 ist allerdings **auf Geschäftsgeheimnisstreitsachen iSd. § 16 Abs. 1 beschränkt.** Auch die nachprozessualen Pflichten bleiben deshalb nur im Anschluss an ein Gerichtsverfahren bestehen, das (zumindest auch) Ansprüche wegen einer Verletzung der §§ 2 ff. zum Gegenstand hatte.[2]

Die Vorschrift des § 18 berücksichtigt zugleich die Vorgaben des Art. 7 RL, wonach die Geheimnisschutzmaßnahmen im Hinblick auf die betroffenen Interessen des Beklagten verhältnismäßig sein müssen.[3] § 18 Satz 2 stellt deshalb klar, dass das Nutzungs- und Offenbarungsverbot des § 16 Abs. 2 mit Abschluss des Gerichtsverfahrens jedenfalls dann entfällt, wenn das **Gericht das Vorliegen eines Geschäftsgeheimnisses durch rechtskräftiges Urteil verneint.** Diese Regelung trägt dem summarischen Charakter des Einstufungsverfahrens nach § 16 Abs. 1 Rechnung, der die Einstufung einer Information als geheimhaltungsbedürftig bereits dann zulässt, wenn die streitgegenständlichen Informationen Geschäftsgeheimnisse „sein können". Während zum Schutz des (potenziellen) Geheimnisinhabers im Rahmen des Einstufungsverfahrens noch großzügige Prüfungsmaßstäbe anzulegen sind, gilt dies für die Prüfung der Geschäftsgeheimniseigenschaft im Rahmen der Hauptsacheentscheidung nicht. Wird die Geschäftsgeheimniseigenschaft in diesem Verfahrensstadium verneint, besteht für eine weitere Belastung der Gegenpartei mit den Einschränkungen des § 16 Abs. 2 keine Grundlage mehr. 3

Ferner entfällt die Geheimhaltungspflicht auch dann, wenn die Information in den Kreisen, die üblicherweise mit der betreffenden Art von Informationen umgehen, **bekannt oder ohne Weiteres zugänglich** werden. Die zweite Ausnahme des § 18 Satz 2 greift insoweit die Legaldefinition des Geschäftsgeheimnisses in § 2 Nr. 1 auf und lässt den nachprozessualen Geheimnisschutz entfallen, wenn die Information nicht mehr als Geschäftsgeheimnis zu qualifizieren ist und daher auch nicht mehr dem materiellen Schutz der §§ 4 ff. unterliegt.[4] 4

Entsprechend ihrem Schutzzweck sowie dem Leitbild des GeschGehG, das die Herbeiführung der notwendigen Schutzmaßnahmen stets dem Geheimnisinhaber anheimstellt, steht auch der Schutz des § 18 Satz 1 zur **Disposition der Parteien.** Die Verpflichtungen des § 16 Abs. 2 gelten nach formell rechtskräftiger Prozessbeendigung dann nicht fort, wenn die Parteien, etwa in einem Vergleich, eine abweichende Regelung treffen.[5] 5

---
2 BeckOK GeschGehG/*Gregor*, § 18 Rn. 3; Büscher/*McGuire*, § 16 GeschGehG Rn. 5.
3 Vgl. hierzu Büscher/*McGuire*, § 18 GeschGehG Rn. 4.
4 BeckOK GeschGehG/*Gregor*, § 18 Rn. 6; Büscher/*McGuire*, § 18 GeschGehG Rn. 10; H/O/K/ *Kalbfus*, § 18 Rn. 20.
5 BT-Drs. 19/4724, S. 36.

II. Fortbestehen des Offenlegungs- und Nutzungsverbots (Satz 1)

6 Anknüpfungspunkt des § 18 Satz 1 ist eine gerichtliche Anordnung nach § 16 Abs. 1, durch die im laufenden Verfahren streitgegenständliche Informationen als geheimhaltungsbedürftig eingestuft werden und damit das Offenlegungs- und Nutzungsverbot des § 16 Abs. 2 begründet wird. Darauf aufbauend ordnet § 18 Satz 1 an, dass die **Rechtspflichten des § 16 Abs. 2** auch im Zeitraum **nach Abschluss des gerichtlichen Verfahrens fortgelten**. Auch mit formell rechtskräftiger Beendigung der Geschäftsgeheimnisstreitsache müssen sich die Verfahrensbeteiligten daher an sämtliche angeordneten Nutzungs- und Offenlegungsverbote halten. Nach der Konzeption der §§ 16 Abs. 2, 18 Satz 1 kommt dem mit der gerichtlichen Einstufungsentscheidung gem. § 16 Abs. 1 verbundenen Offenbarungs- und Verwendungsverbot daher eine grundsätzlich **unbefristete Wirkung** zu.[6]

7 § 18 Satz 1 greift nicht nur im Falle eines zusprechenden Urteils ein, sondern auch dann, wenn das Gericht die Geschäftsgeheimniseigenschaft zwar bejaht, die **Klage** in Ermangelung einer tatbestandsmäßigen Verletzungshandlung aber **abweist**.[7] Auch nach Prozessbeendigung durch **Vergleich** bleiben die Offenlegungs- und Nutzungsverbote des § 16 Abs. 2 bestehen, sofern nicht die Parteien etwas anderes vereinbaren.[8] Die Vorschrift gilt indes **nur für solche Personen**, die bereits **im Verlauf des Erkenntnisverfahrens mit dem Geschäftsgeheimnis in Berührung kamen** und schon in diesem Stadium den Pflichten der §§ 16 Abs. 1, 19 Abs. 1 unterlagen. Für Personen, die im Rahmen der Zwangsvollstreckung erstmals mit dem Geheimnis in Berührung kommen, gilt hingegen allein § 19 Abs. 3.

8 Das Offenlegungs- und Nutzungsverbot bleibt auch nachprozessual gemäß § 17 **ordnungsmittelbewehrt**.

III. Ausnahme: Wegfall der Geheimnisqualität (Satz 2)

9 Die zeitliche Ausdehnung des Offenlegungs- und Nutzungsverbots über den konkreten Rechtsstreit hinaus wird aus Gründen der in Art. 7 RL 2016/943/EU betonten Notwendigkeit einer **verhältnismäßigen Berücksichtigung der betroffenen Interessen der Gegenseite** in bestimmten Fällen begrenzt. Insofern übernimmt der nationale Gesetzgeber in § 18 Satz 2 die bereits in Art. 9 Abs. 1 Satz 4 der Richtlinie angelegten Ausnahmetatbestände.

10 Beide Varianten lassen das Offenlegungs- und Nutzungsverbot des § 16 Abs. 2 **kraft Gesetzes** und damit ohne vorherigen Antrag des vormaligen Beklagten entfallen.[9]

---

6 *Reinfeld*, § 6 Rn. 56.
7 Büscher/*McGuire*, § 18 GeschGehG Rn. 7.
8 BT-Drs. 19/4724, S. 36.
9 Büscher/*McGuire*, § 18 GeschGehG Rn. 11.

III. Ausnahme: Wegfall der Geheimnisqualität (Satz 2) § 18

1. Rechtskräftige Verneinung der Geschäftsgeheimniseigenschaft (Satz 2 Alt. 1)

Nach dem ersten in § 18 Satz 2 normierten Ausnahmetatbestand endet die Geheimhaltungspflicht, wenn das Gericht **durch rechtskräftiges Urteil feststellt, dass kein Geschäftsgeheimnis iSd. § 2 Nr. 1 vorliegt**. Während die Geschäftsgeheimniseigenschaft im Einstufungsverfahren nach §§ 16 Abs. 1, 20 Abs. 3 nur summarisch geprüft wird, gilt im Rahmen der Hauptsacheentscheidung der Maßstab des § 286 ZPO. Ungeachtet der vorausgegangenen summarischen Einstufung hat das Prozessgericht bei seiner Entscheidung über das Bestehen des streitgegenständlichen Anspruchs aus §§ 6 ff. inzident über die Geschäftsgeheimniseigenschaft der streitgegenständlichen Information zu befinden. Verneint es diese, so ist die summarische Einstufung nach § 16 Abs. 1 überholt und einer Fortgeltung der Geheimnisschutzpflichten die Grundlage entzogen.

11

Für die gerichtliche Versagung der Geheimnisqualität iSd. § 18 Satz 1 ist es nicht erforderlich, dass die fehlende Geschäftsgeheimniseigenschaft an der Rechtskraft des klageabweisenden Urteils teilnimmt.[10] Es genügt, wenn das Gericht in dem Urteil feststellt, dass die betreffende Information kein Geschäftsgeheimnis iSd. § 2 Abs. 1 ist. Für diese gerichtliche Feststellung **reicht es aus, wenn** in den Entscheidungsgründen ein **Verweis auf die geprüfte und verneinte Geschäftsgeheimniseigenschaft enthalten** ist.[11] Eine solche Klarstellung muss nicht Teil der tragenden Entscheidungsgründe sein, sondern kann auch in einem obiter dictum enthalten sein. Weist das Gericht dagegen die Klage ungeachtet des Vorliegens eines Geschäftsgeheimnisses aus anderen Gründen ab und lässt daher die Frage, ob die Voraussetzungen des § 2 Nr. 1 erfüllt sind, offen, bestehen die Pflichten des § 16 Abs. 2 gem. § 18 Satz 1 nachprozessual fort.[12] Eine gerichtliche Klarstellung der (bestehenden oder fehlenden) Geschäftsgeheimniseigenschaft ist deshalb nicht nur aus Gründen der nachprozessualen Rechtssicherheit wünschenswert. Sie erscheint auch im Hinblick auf die einschneidenden Rechtsfolgen des § 16 Abs. 2 und des Sanktionsregimes des § 17 rechtsstaatlich geboten, wenn das Gericht eine Einstufungsentscheidung nach § 16 Abs. 1 getroffen hat.

12

Endgültige Klarheit kann der Kläger im Wege der **Zwischenfeststellungsklage** (§ 256 Abs. 2 ZPO) sowie der Beklagte durch **Zwischenfeststellungswiderklage** erlangen.[13] Auf diesem Wege lässt sich das Vorliegen eines Geschäftsgeheimnisses rechtssicher und rechtskräftig feststellen.

13

---

10 H/O/K/*Kalbfus*, § 18 Rn. 12 ff.; *Kalbfus*, WRP 2019, 692, 696.
11 *Kalbfus*, WRP 2019, 692, 696.
12 H/O/K/*Kalbfus*, § 18 Rn. 15.
13 Ähnlich auch *Kalbfus*, WRP 2019, 692, 696.

§ 18 Geheimhaltung nach Abschluss des Verfahrens

2. Anderweitiger Verlust der Geschäftsgeheimniseigenschaft (Satz 2 Alt. 2)

14 Nach dem zweiten Ausnahmetatbestand des § 18 Satz 2 entfällt das Offenbarung- und Nutzungsverbot des § 16 Abs. 2 nachprozessual auch dann, wenn die **streitgegenständlichen Informationen** für Personen in den Kreisen, die üblicherweise mit solchen Informationen umgehen, **bekannt oder ohne Weiteres zugänglich werden**. In der Praxis wird die Handhabung dieses Ausnahmetatbestands aufgrund der verwendeten unbestimmten Rechtsbegriffe sowie in Ermangelung einer förmlichen Entscheidung, aus der sich das Eingreifen des Ausnahmetatbestands ergeben würde, mitunter zu Problemen führen. Denn über die Frage, welche Personen „üblicherweise mit solchen Informationen umgehen", wird sich in vielen Fällen ebenso trefflich streiten lassen wie über den Zeitpunkt, ab dem eine Information „ohne Weiteres zugänglich" ist. In Fällen, in denen die Information **während des laufenden Gerichtsverfahrens bekannt** wird, kann der Beklagte den Wegfall der Geschäftsgeheimniseigenschaft und damit der Verpflichtungen aus §§ 16 Abs. 2, 18 immerhin durch **negative Zwischenfeststellungswiderklage** gem. § 256 Abs. 2 ZPO rechtssicher feststellen lassen.[14] Gelangt das Geschäftsgeheimnis erst nach Abschluss des Rechtsstreits an die Öffentlichkeit, entfällt auch diese Option. Der vormalige Beklagte wird daher nicht nur bei unklarer Tatsachengrundlage, sondern in Anbetracht der wertungsoffenen Tatbestandsvoraussetzungen generell gut beraten sein, von einer allzu schnellen nachprozessualen Verwendung oder Offenlegung gerichtlich geschützter Geheimnisse abzusehen. Auch wenn das Geschäftsgeheimnis nachprozessual bis zu einem gewissen Grad in den maßgeblichen Kreisen bekannt wird, dürfte – nicht zuletzt aus anwaltlicher Perspektive – der sicherste Weg regelmäßig darin bestehen, die Rechtspflichten des § 16 Abs. 2 weiterhin zu beachten, um die Verhängung von Sanktionen nach § 17 oder sonstige weitere Auseinandersetzungen zu vermeiden.

15 Umstritten ist, ob der nachprozessuale Schutz des § 18 auch dann entfällt, wenn das **Bekanntwerden** der Information **auf einer rechtswidrigen** und den Verbotstatbestand des § 4 erfüllenden **Handlung des vormaligen Prozessgegners beruht**.[15] Der vormalige Prozessgegner könnte sich dann des nachprozessualen Offenbarungs- und Verwendungsverbots dadurch entledigen, dass er gegen seine aus §§ 18, 16 Abs. 2 resultierenden Verpflichtungen verstößt und eine sowohl prozessrechtlich als auch gem. § 4 materiell unerlaubte Handlung begeht. Für den Wegfall des Geheimnisschutzes auch aufgrund einer Verletzungshandlung nach § 4 wird im Schrifttum angeführt, dass der Wortlaut des § 18 Satz 2 Alt. 2 nicht zwischen verschiedenen Modalitäten des Offenkundigwerdens des Geheimnisses differenziere und es zudem in der Natur der Geheimnisschutzmaterie liege, dass eine – auf welchem Wege auch immer – offenkundig gewordene Information ihren Status als Geheimnis verliere und daher keinen besonderen Geheimnisschutz mehr genieße. Der Verlust der Geschäftsgeheimniseigenschaft aufgrund einer unerlaubten Handlung

---

14 H/O/K/*Kalbfus*, § 18 Rn. 23.
15 Vgl. hierzu Büscher/*McGuire*, § 18 GeschGehG Rn. 9; H/O/K/*Kalbfus*, § 18 Rn. 22.

III. Ausnahme: Wegfall der Geheimnisqualität (Satz 2) § 18

führt nach dieser Ansicht dazu, dass der nachprozessuale Anwendungsbereich des Offenlegungs- und Verwendungsverbots des § 16 Abs. 2 dem materiell-rechtlichen Schutzbereich des § 4 entspricht.[16] Denn sobald die betreffende Information im Nachgang zu einem Gerichtsprozess bekannt oder allgemein zugänglich wird, erfüllt sie die tatbestandlichen Anforderungen eines Geschäftsgeheimnisses iSd. § 2 Nr. 1 lit. a nicht mehr und ist materiell nicht mehr über § 4 geschützt. Insoweit erscheint es durchaus konsequent, nach § 18 Satz 2 auch die prozessualen Schutzpflichten entfallen zu lassen, da es hierfür in Ermangelung eines Geschäftsgeheimnisses iSd. § 2 Nr. 1 lit. a nunmehr an einem materiellen Anknüpfungspunkt fehlt. Indem ein struktureller Gleichlauf zwischen dem prozessualen Schutzniveau des § 18 Satz 1 und dem materiellen Schutzniveau des § 4 geschaffen wird, verliert die Information mit jedem Offenkundigwerden iSd. § 18 Satz 2 Alt. 2 ihren Status als besonders geschütztes Geheimnis iSd. § 2 Nr. 1 lit. a, sodass dem Geheimnisinhaber nur noch Restitutionsansprüche nach §§ 6 ff. bleiben.[17]

Nach anderer Auffassung soll der Ausnahmetatbestand der zweiten Variante des § 18 Satz 2 dagegen nicht erfüllt sein, wenn das Bekanntwerden des Geschäftsgeheimnisses auf einer Verletzungshandlung iSd. § 4 oder einem Verstoß gegen die Rechtspflichten aus § 16 Abs. 2 beruht. Dies folge aus Erwgrd. 27 der Richtlinie, wonach der nachprozessuale Geheimnisschutz nur dann nicht mehr bestehen soll, „wenn die ursprünglich dem Geschäftsgeheimnis unterliegenden Informationen aus Gründen, die nicht der Antragsgegner zu vertreten hat, allgemein zugänglich geworden sind".[18] **16**

Vorzugswürdig ist die erstgenannte Auffassung. Seinem Grundgedanken nach adressiert das prozessuale Geheimnisschutzregime der §§ 16 ff. die Zwangslage des Geheimnisinhabers, der vor der Wahl steht, sein Geheimnis im Prozess preiszugeben oder auf gerichtlichen Rechtsschutz zu verzichten. Mit einer solchen Zwangslage stehen die Fälle, in denen der ehemalige Prozessgegner das geschützte Geheimnis nach Prozessende durch eine gemäß § 4 unzulässige Handlung verletzt, in keinem Zusammenhang. Die **Gefahr einer materiell rechtswidrigen Geheimnisverletzung besteht vielmehr unabhängig von der Einführung des Geschäftsgeheimnisses in den Prozess**. Gegen die materiell unzulässige Erlangung, Offenbarung oder Verwendung des Geschäftsgeheimnisses wird der Geheimnisinhaber durch die **Haftungsregeln der §§ 6 ff. sowie durch die Strafandrohung des § 23** ungeachtet eines vorausgegangenen Rechtsstreits **geschützt**. Ein ergänzendes Offenlegungs- und Verwendungsverbot gemäß § 18 bietet keinen weitergehenden Schutz. Soweit Nutzung und Offenbarung des Geschäftsgeheimnisses dem Prozessgegner schon nach §§ 6 ff., 23 verboten ist, ist der Geheimnisinhaber nicht gezwungen, zwischen schutzloser Preisgabe des Geheimnisses und Rechtsverlust zu wählen. Der hinter den §§ 16 ff. stehende Grundkonflikt besteht nicht. Umgekehrt ist **17**

---
16 Büscher/*McGuire*, § 16 GeschGehG Rn. 10.
17 Büscher/*McGuire*, § 16 GeschGehG Rn. 9; H/O/K/*Kalbfus*, § 18 Rn. 22.
18 K/B/F/*Alexander*, § 18 GeschGehG Rn. 13; BeckOK GeschGehG/*Gregor*, § 18 Rn. 8.

nicht ersichtlich, warum das Geheimnis, über das ein abgeschlossener Rechtsstreit geführt wurde, gegenüber nach § 4 unzulässigen Handlungen einen weitergehenden Schutz genießen soll als ein Geschäftsgeheimnis, das noch nicht Gegenstand eines Rechtsstreits zwischen den Parteien war. Ein intensiverer Schutz ehemals streitgegenständlicher Geschäftsgeheimnisse kann insbes. nicht mit der Erwägung legitimiert werden, das Gericht habe die Information gemäß § 16 als geheimhaltungsbedürftig eingestuft. Denn die Einstufungsentscheidung sagt angesichts ihres summarischen Charakters sowie infolge des Verzichts auf eine konkrete Prüfung der Schutzbedürftigkeit nichts über die Schutzwürdigkeit des Geschäftsgeheimnisses aus.

§ 19 Weitere gerichtliche Beschränkungen

(1) Zusätzlich zu § 16 Absatz 1 beschränkt das Gericht der Hauptsache zur Wahrung von Geschäftsgeheimnissen auf Antrag einer Partei den Zugang ganz oder teilweise auf eine bestimmte Anzahl von zuverlässigen Personen

1. zu von den Parteien oder Dritten eingereichten oder vorgelegten Dokumenten, die Geschäftsgeheimnisse enthalten können, oder
2. zur mündlichen Verhandlung, bei der Geschäftsgeheimnisse offengelegt werden könnten, und zu der Aufzeichnung oder dem Protokoll der mündlichen Verhandlung.

Dies gilt nur, soweit nach Abwägung aller Umstände das Geheimhaltungsinteresse das Recht der Beteiligten auf rechtliches Gehör auch unter Beachtung ihres Rechts auf effektiven Rechtsschutz und ein faires Verfahren übersteigt. Es ist jeweils mindestens einer natürlichen Person jeder Partei und ihren Prozessvertretern oder sonstigen Vertretern Zugang zu gewähren. Im Übrigen bestimmt das Gericht nach freiem Ermessen, welche Anordnungen zur Erreichung des Zwecks erforderlich sind.

(2) Wenn das Gericht Beschränkungen nach Absatz 1 Satz 1 trifft,

1. kann die Öffentlichkeit auf Antrag von der mündlichen Verhandlung ausgeschlossen werden und
2. gilt § 16 Absatz 3 für nicht zugelassene Personen.

(3) Die §§ 16 bis 19 Absatz 1 und 2 gelten entsprechend im Verfahren der Zwangsvollstreckung, wenn das Gericht der Hauptsache Informationen nach § 16 Absatz 1 als geheimhaltungsbedürftig eingestuft oder zusätzliche Beschränkungen nach Absatz 1 Satz 1 getroffen hat.

Schrifttum: *Blome/Fritzsche*, Der Schutz von Geschäftsgeheimnissen im Kartellschadensersatzprozess, NZKart 2019, 247; *Druschel/Jauch*, Der Schutz von Know-how im deutschen Zivilprozess: Der Status quo und die zu erwartenden Änderungen, Teil I: Der derzeitige und zukünftige prozessuale Geheimnisschutz im Know-how-Verletzungsverfahren, BB 2018, 1218; *dies.*, Teil 2: Der derzeitige und zukünftige Geheimnisschutz im vorgelagerten Besichtigungsverfahren, BB 2018, 1794; *Enders*, Die Rechtsdurchsetzung nach dem neuen Geheimnisschutzgesetz, IPRB 2019, 45; *Ernst*, Praxisrelevante Aspekte der Umsetzung der EU Richtlinie 2016/943, MDR 2019, 897; *Hauck*, Geheimnisschutz im Zivilprozess – was bringt die neue EU-Richtlinie für das deutsche Recht?, NJW 2016, 2218; *ders.*, Was lange währt... – Das Gesetz zum Schutz von Geschäftsgeheimnissen (GeschGehG) ist in Kraft, GRUR-Prax 2019, 223; *ders.*, Besichtigungsanspruch und Geheimnisschutz im Patentrecht und (Software-)Urheberrecht nach Inkrafttreten des GeschGehG, GRUR 2020, 817; *Kalbfus*, Die EU-Geschäftsgeheimnis-Richtlinie – Welcher Umsetzungsbedarf besteht in Deutschland?, GRUR 2016, 1009; *ders.*, Rechtsdurchsetzung bei Geheimnisverletzungen – Welchen prozessualen Schutz gewährt das Geschäftsgeheimnisgesetz dem Kläger?, WRP 2019, 692; *Kühnen*, Die Besichtigung im Patentrecht, Eine Bestandsaufnahme zwei Jahre nach „Faxkarte", GRUR 2005, 185; *McGuire*, Know-how: Stiefkind, Störenfried oder Sorgenkind?, Lücken und Regelungsalternativen vor dem Hintergrund des RL-Vorschlags, GRUR 2015, 424; *Müller/Aldick*, Der Geheimnisschutz im Zivilprozess – Vom Gesetzgeber aus den Augen verloren?, ZIP 2020, 9; *Ohly*, Das neue Geschäftsgeheimnisgesetz im Überblick, GRUR 2019, 441; *Schlingloff*, Geheimnisschutz im Zivilprozess aufgrund der „Know-how"-Schutz"-Richtlinie – Was muss sich im deutschen Prozessrecht ändern?, WRP 2018, 666; *Schregle*, Neue Maßnahmen zum Geheimnisschutz in Geschäftsgeheimnisstreitsachen, Wegbereiter für den effektiven Rechtsschutz?, GRUR 2019, 912; *Stadler*, Der Schutz von Unternehmensgeheimnissen im Zivilprozeß, NJW 1989, 1202; *Stadler*, Gerichtliche Verschwiegenheitsanordnungen zum Schutz von Unternehmensgeheimnissen, in: FS Prütting, 2018, S. 559; *Würtenberger/Freischem*, Stellungnahme zum Referentenentwurf des Bundesministeriums der Justiz und für Verbraucherschutz – Entwurf eines Gesetzes zur Umsetzung der RL 2016/943/EU zum Schutz von Geschäftsgeheimnissen vor rechtswidrigem Erwerb sowie rechtswidriger Nutzung und Offenlegung, GRUR 2018, 708.

Übersicht

	Rn.		Rn.
I. Vorbemerkung	1	d) Umfassende Interessenabwägung (Abs. 1 Satz 2)	31
II. Einschränkung der Beteiligungsrechte (Abs. 1)	6	e) Grenzen der gerichtlichen Anordnungsbefugnis (Abs. 1 Satz 3)	37
1. Hintergründe und Überblick	6		
2. Regelungsmechanismus	10	f) Gerichtliche Ermessensentscheidung (Abs. 1 Satz 4)	43
a) Stufenartige Ausgestaltung	10		
b) Zuständigkeit und Verfahren	11	III. Ausschluss der Öffentlichkeit (Abs. 2 Nr. 1)	47
c) Anwendbarkeit auf Streitgenossen und Nebenintervenienten	16	1. Überblick	47
		2. Zuständigkeit und Verfahren	48
3. Beschränkungsmöglichkeiten im Einzelnen	20	3. Verknüpfung mit einer vorausgegangenen Anordnung nach § 19 Abs. 1	51
a) Zugangsberechtigter Personenkreis (Abs. 1 Satz 1 und 3)	20	IV. Beschränkte Akteneinsicht (Abs. 2 Nr. 2)	54
b) Einschränkung des Dokumentenzugangs (Abs. 1 Satz 1 Nr. 1)	24	V. Geheimnisschutz im Zwangsvollstreckungsverfahren (Abs. 3)	55
		1. Konzeption des vollstreckungsbezogenen Geheimnisschutzes	55
c) Einschränkung des Zugangs zur mündlichen Verhandlung (Abs. 1 Satz 1 Nr. 2)	28	2. Anwendungsbereich	56
		3. Verbleibende Regelungslücken	60

I. Vorbemerkung

1 § 19 enthält weitere gerichtliche Geheimnisschutzbefugnisse und bildet neben § 16 Abs. 1, 2 den zweiten tragenden Eckpfeiler des prozessualen Geheimnisschutzsystems. Die Vorschrift vereint – in regelungstechnisch wenig geglückter Weise – verschiedene Maßnahmen für unterschiedliche Verfahrensstadien. Die Regelungen der einzelnen Absätze zielen demgemäß in verschiedene Wirkrichtungen.

I. Vorbemerkung **§ 19**

Von herausragender systematischer Bedeutung ist § 19 Abs. 1. Mit dieser Vorschrift 2
adressiert der deutsche Gesetzgeber erstmals ausdrücklich das prozessuale Grundproblem des Geheimnisschutzes gegenüber der anderen Prozesspartei. Sie setzt eine bereits erfolgte Einstufung der Information als geheimhaltungsbedürftig gem. § 16 Abs. 1 voraus und ermöglicht eine **Begrenzung des Personenkreises, der zur Einsichtnahme in geheimnisbezogene Teile der Prozessakten berechtigt ist** (Nr. 1) und **Zugang zu geheimnisbezogenen Teilen der mündlichen Verhandlung** erhält (Nr. 2). Beschränkungen sind nur zulässig, soweit nach Abwägung aller Umstände das Geheimhaltungsinteresse das Recht der Beteiligten auf rechtliches Gehör auch unter Beachtung ihres Rechts auf effektiven Rechtsschutz und ein faires Verfahren übersteigt. Ein In-camera-Verfahren wird damit indes nicht implementiert. Denn nach § 19 Abs. 1 Satz 3 ist stets zumindest einer natürlichen Person jeder Partei und ihren Prozessvertretern oder sonstigen Vertretern Zugang zu den betreffenden Informationen zu gewähren.

Nicht minder bedeutsam ist die Regelung in § 19 Abs. 2 Nr. 1. Diese baut auf eine 3
vorausgegangene Anordnung nach § 19 Abs. 1 Satz 1 auf und ermöglicht einen erleichterten **Ausschluss der Öffentlichkeit** von der mündlichen Verhandlung. Während ein solcher Ausschluss auf Grundlage der §§ 172 Nr. 2, 174 Abs. 1 GVG bislang nur zum Schutze wichtiger Geschäfts- und Betriebsgeheimnisse zulässig war und zudem eine drohende Verletzung überwiegender schutzwürdiger Interessen voraussetzte, verzichtet § 19 Abs. 2 Nr. 1 auf derartige Zusatzanforderungen. Der Ausschluss der Öffentlichkeit wird somit von dem Kriterium der Wichtigkeit der streitgegenständlichen Information entkoppelt. Das Erfordernis einer umfassenden Interessenabwägung wird dagegen mittelbar beibehalten. Denn § 19 Abs. 1 Nr. 1 lässt den Ausschluss der Öffentlichkeit nur im Nachgang zu einer Anordnung gem. § 19 Abs. 1 zu, die ihrerseits eine umfassende Interessenabwägung voraussetzt.

§ 19 Abs. 2 Nr. 2 regelt wiederum das **Akteneinsichtsrecht** von Personen, die infolge 4
einer Anordnung nach § 19 Abs. 1 vom Zugang zu Prozessakten oder der Teilnahme an der mündlichen Verhandlung ausgeschlossen sind. Die Vorschrift erklärt § 16 Abs. 3 für entsprechend anwendbar und stellt damit klar, dass Angehörigen und Vertretern einer Partei, die infolge einer Anordnung nach § 19 Abs. 1 in ihren **Teilnahmerechten beschränkt** sind, nur nach Unkenntlichmachung der potenziellen Geschäftsgeheimnisse Akteneinsicht gewährt werden darf.

§ 19 Abs. 3 widmet sich schließlich dem Geheimnisschutz im **Zwangsvollstre-** 5
ckungsverfahren. Beruht der zu vollstreckende Titel auf einer Geschäftsgeheimnisstreitsache und wurde die streitgegenständliche Information im Erkenntnisverfahren nach § 16 Abs. 1 als geheimhaltungsbedürftig eingestuft oder wurden die Einsichts- und Teilnahmerechte gem. § 19 Abs. 1 beschränkt, so setzen sich die daraus resultierenden Pflichten in dem nachfolgenden Zwangsvollstreckungsverfahren fort.

II. Einschränkung der Beteiligungsrechte (Abs. 1)

1. Hintergründe und Überblick

6 § 19 Abs. 1 enthält gegenüber der bisherigen Rechtslage ein bemerkenswertes **Novum**. Während sich der prozessuale Geheimnisschutz bislang weitgehend im Ausschluss der Öffentlichkeit von der mündlichen Verhandlung erschöpfte, kann nunmehr auch der **Zugang der Prozessparteien zu streitgegenständlichen Informationen gerichtlich beschränkt werden**.[1] Mit dieser Vorschrift werden Art. 9 Abs. 2 und Abs. 3 der Richtlinie 2016/943/EU über den Schutz von Know-how umgesetzt. Der damit verbundene **Eingriff in die Prozessgrundrechte** der Art. 6 EMRK, Art. 47 Abs. 2 GRCh, Art. 103 Abs. 1 GG wiegt zweifellos schwer, soll aber durch die korrespondierende Stärkung des prozessualen Geheimnisschutzes zugunsten der anderen Partei gerechtfertigt sein.[2] Im Rahmen einer umfassenden grundrechtlichen **Abwägung** gewichtet der Gesetzgeber das Recht des Geheimnisinhabers auf effektiven Rechtsschutz höher als das widerstreitende Recht des Prozessgegners auf rechtliches Gehör.[3] Die Vorschrift geht damit auch über § 16 Abs. 2 hinaus, der den Parteien lediglich die Nutzung und Verbreitung einer als geheimhaltungsbedürftig eingestuften Information untersagt, nicht aber ihre Zugangsrechte zu derartigen Informationen einschränkt.[4]

7 Die Regelung des § 19 Abs. 1 bewirkt indes keinen vollständigen Ausschluss einer Prozesspartei von entscheidungserheblichen Informationen. Denn § 19 Abs. 1 Satz 3 begrenzt die gerichtlichen Geheimnisschutzbefugnisse insoweit, als stets **zumindest einer natürlichen Person jeder Partei und ihren Prozessvertretern oder sonstigen Vertretern uneingeschränkter Zugang zu gewähren** ist. Der Gesetzgeber übernimmt mit dieser Bestimmung die entsprechende Formulierung aus Art. 9 Abs. 2 Satz 4 der Richtlinie und erteilt einem echten **In-camera-Verfahren**, das de facto das höchstmögliche Schutzniveau bieten würde,[5] eine Absage.[6] Wenngleich dieser Kompromiss aus prozessgrundrechtlicher Sicht nachvollziehbar erscheint, schwächt der Verzicht auf einen Totalausschluss der Gegenpartei das Geheimnisschutzniveau spürbar. Denn das Vertrauen des Geheimnisinhabers in die Geheimhaltung durch die Gegenpartei wird regelmäßig erheblich schwächer ausgeprägt sein als etwa das Vertrauen in die Geheimhaltung durch den Prozessbevollmächtigten des Prozessgegners. Dies gilt insbes., wenn dem Gerichtsverfahren eine im vorprozessualen Stadium begangene Geheimnisverletzung durch den Prozessgegner zugrunde liegt.[7]

---

1 *Druschel/Jauch*, BB 2018, 1218, 1219.
2 *Kalbfus*, WRP 2019, 692, 696.
3 H/O/K/*Kalbfus*, § 19 Rn. 2.
4 BT-Drs. 19/4724, S. 36 f.
5 Vgl. hierzu *Stadler*, NJW 1989, 1202, 1204.
6 *Hauck*, GRUR-Prax 2019, 223, 225; *Kalbfus*, WRP 2019, 692, 697; *Ohly*, GRUR 2019, 441, 450.
7 *Schregle*, GRUR 2019, 912, 915.

II. Einschränkung der Beteiligungsrechte (Abs. 1) § 19

Aufgrund der engen Anlehnung an den Richtlinienwortlaut, der ein In-camera-Verfahren nicht zwingend vorschreibt,[8] ist die Regelung des § 19 Abs. 1 sicherlich mit den unionsrechtlichen Vorgaben vereinbar. **Umstritten** ist hingegen, ob Art. 9 Abs. 2 Satz 4 der Richtlinie **vollharmonisierend** wirkt und die Implementierung eines schutzintensiveren **In-camera-Verfahrens damit auch de lege ferenda ausschließt**.[9] Dagegen spricht insbes. Art. 1 Abs. 1 UAbs. 2 RL, der als abweichungsfesten Kern der Richtlinienvorgaben allein das Abwägungserfordernis aus Art. 9 Abs. 3, nicht aber den zugangsberechtigten Personenkreis gem. Art. 9 Abs. 2 nennt.[10] Der Wortlaut des Art. 9 Abs. 2 Satz 4 („muss mindestens eine Person") deutet indes auf eine vollharmonisierende Intention des europäischen Gesetzgebers hin.[11] In diese Richtung weist auch ein Umkehrschluss zu Art. 9 Abs. 2 Satz 3 RL, der expressis verbis Mindestanforderungen aufstellt und den Mitgliedstaaten schutzintensivere Regelungen damit ausdrücklich zugesteht. Von dieser Formulierung als unionsrechtlich gebotenes Minimum weicht der Wortlaut des Art. 9 Abs. 2 Satz 4 erkennbar ab. Gegen einen vollharmonisierenden Regelungscharakter spricht indes die Genese der Richtlinie. Während der ursprüngliche Kommissionsentwurf in Art. 8 Abs. 2 ein In-camera-Verfahren noch vorsah, wurde dieses aufgrund verfassungsrechtlicher Bedenken aus den Mitgliedstaaten letztlich gestrichen.[12] Es liegt vor diesem Hintergrund nahe, dass die Streichung des In-camera-Verfahrens dazu diente, die Mitgliedstaaten nicht zu einer Implementierung verfassungswidriger Normen zu zwingen, nicht aber, ihnen das ursprünglich für geboten erachtete In-camera-Verfahren unionsrechtlich zu verbieten. Da andere Mitgliedstaaten – namentlich Frankreich – die Richtlinienvorgaben im Sinne eines In-camera-Verfahrens umgesetzt haben, wird diese Streitfrage voraussichtlich der EuGH klären müssen.[13]

Ob die Implementierung eines echten In-camera-Verfahrens mit den Prozessmaximen der Mündlichkeit (§ 128 Abs. 1 ZPO) und der Unmittelbarkeit sowie mit den Verfahrensrechten aus Art. 6 EMRK, Art. 103 I GG, Art. 47 GRCh und § 299 ZPO vereinbar gewesen wäre, kann angesichts der zurückhaltenden Herangehensweise des deutschen Gesetzgebers dahinstehen.[14] Für generell unzulässig gehalten werden im deutschen Schrifttum jedenfalls sog. **Black-Box-Verfahren**, bei denen weder

---

8 *Kalbfus*, GRUR 2016, 1009, 1015.
9 Für bloße Mindestvorgabe etwa BeckOK GeschGehG/*Gregor*, § 19 Rn. 4.1; *Kalbfus*, GRUR 2016, 1009, 1016, für unionsrechtliche Unzulässigkeit eines In-camera-Verfahrens hingegen *Druschel/Jauch*, BB 2018, 1218, 1221; *Hauck*, NJW 2016, 2218, 2223; zum Streitstand eingehend Büscher/*McGuire*, § 19 GeschGehG Rn. 7.
10 H/O/K/*Kalbfus*, § 19 Rn. 27.
11 *Hauck*, NJW 2016, 2218, 2223; Büscher/*McGuire*, § 19 GeschGehG Rn. 7.
12 *Müller/Aldick*, ZIP 2020, 9, 14; *Druschel/Jauch*, BB 2018, 1218, 1220; *Ohly*, GRUR 2019, 441, 450; Büscher/*McGuire*, § 19 GeschGehG Rn. 5.
13 BeckOK GeschGehG/*Gregor*, § 19 Rn. 4.1; Büscher/*McGuire*, § 19 GeschGehG Rn. 7.
14 Vgl. etwa BGH, 9.12.2015 – IV ZR 272/15, NJW-RR 2016, 606; *Druschel/Jauch*, BB 2018, 1218, 1220; *Hauck*, NJW 2016, 2218, 2222; Büscher/*McGuire*, § 19 GeschGehG Rn. 7; *McGuire*, GRUR 2015, 424, 430 ff.

§ 19 Weitere gerichtliche Beschränkungen

dem Gericht noch den Parteien die streitgegenständliche Information unmittelbar zugänglich gemacht wird, sondern die Besichtigung auf einen gerichtlichen Sachverständigen beschränkt bleibt.[15]

2. Regelungsmechanismus

a) Stufenartige Ausgestaltung

10 Die Zugangsbeschränkungen des § 19 Abs. 1 sind auf Geschäftsgeheimnisstreitsachen beschränkt, in denen das Gericht zuvor auf Antrag des Geheimnisinhabers eine Einordnung nach § 16 Abs. 1 vorgenommen hat. Der Geheimnisschutz ist somit stufenartig ausgestaltet.[16] Auf der **ersten Stufe stuft das Gericht** ein potenzielles Geschäftsgeheimnis gem. § 16 Abs. 1 **als geheimhaltungsbedürftig ein** und verbietet den Antragsgegnern dadurch sowohl die Offenbarung als auch die Nutzung der Information. Trägt dies den berechtigten Schutzinteressen des Geheimnisinhabers nicht in ausreichendem Maße Rechnung, so kann das Gericht in einem **zweiten Schritt** auch die **Zugangsrechte** der Parteien auf Grundlage des § 19 Abs. 1 **beschränken**.[17] Auf dieser Anordnung baut wiederum § 19 Abs. 2 Nr. 1 auf, der dem Gericht in einem dritten Schritt den Ausschluss der Öffentlichkeit von der mündlichen Verhandlung ermöglicht.

b) Zuständigkeit und Verfahren

11 Zuständig ist nach § 20 Abs. 6 das **Gericht der Hauptsache**, also das Gericht des ersten Rechtszugs (§ 20 Abs. 6 Nr. 1) oder im Berufungsverfahren das Berufungsgericht (§ 20 Abs. 6 Nr. 2).

12 Maßnahmen nach § 19 Abs. 1 setzten stets einen **Antrag des Geheimnisinhabers** voraus, dessen formelle Anforderungen sich nach § 20 Abs. 3, 4 richten. Von der in Art. 9 Abs. 2 Satz 2 RL vorgesehenen Möglichkeit einer amtswegigen Anordnung hat der deutsche Gesetzgeber auch iRd. § 19 keinen Gebrauch gemacht. Entsprechend dem Leitbild des GeschGehG ist der Geheimnisinhaber deshalb nicht nur selbst für den Schutz seines Geheimnisses verantwortlich, sondern muss auch alle dazu erforderlichen gerichtlichen Maßnahmen herbeiführen. Nach §§ 19 Abs. 1 Nr. 1, 20 Abs. 3 ist für eine Anordnung nach § 20 Abs. 3 ein **potenzielles Geschäftsgeheimnis ausreichend**, das der Antragsteller gem. § 20 Abs. 3 iVm. § 294 ZPO im Antragsverfahren **glaubhaft zu machen** hat. Aus anwaltlicher Perspektive wird die Antragstellung in den betreffenden Gerichtsverfahren daher in jedem Verfahrensstadium zu prüfen sein.[18] Im Regelfall wird es sinnvoll sein, die Anträge

---

15 Vgl. hierzu *Blome/Fritzsche*, NZKart 2019, 247, 249; BeckOK GeschGehG/*Gregor*, § 19 Rn. 3; H/O/K/*Kalbfus*, § 19 Rn. 3; *Kalbfus*, WRP 2019, 692, 698; *Müller/Aldick*, ZIP 2020, 9, 13.
16 *Reinfeld*, § 6 Rn. 66.
17 BeckOK GeschGehG/*Gregor*, § 19 Rn. 7.
18 *Druschel/Jauch*, BB 2018, 1218, 1222.

II. Einschränkung der Beteiligungsrechte (Abs. 1) § 19

sowohl nach § 16 Abs. 1 als auch nach § 19 Abs. 1 bereits mit Klageeinreichung zu stellen.[19]

§ 19 Abs. 1 sieht keinen genauen Prozess für die Bestimmung der **zugangsberechtigten Personen** sowie ihrer Anzahl vor. Daher sollte bereits im Antrag konkret angegeben werden, welche Personen Zugang zu den betreffenden Informationen erhalten sollen.[20] Auch Erwgrd. 25 RL deutet an, dass den Parteien insoweit ein **Vorschlagsrecht** zustehen sollte. Ungeachtet dessen steht es dem Gericht frei, die zugangsberechtigte Personenzahl abstrakt festzulegen und die konkrete Auswahlentscheidung den Parteien zu überantworten oder aber die zugangsberechtigten Personen von vornherein selbst auszuwählen.[21] So kann das Gericht etwa besonders fachkundige Mitarbeiter einer Partei zulassen oder sich auf die gezielte Zulassung fachfremder Mitarbeiter (etwa in Form von „Clean Teams") beschränken, um so das Risiko einer gegen § 16 Abs. 2 verstoßenden Verwendung zu mindern.[22] Aus dem Wortlaut des § 19 Abs. 1 Satz 1 („ganz oder teilweise") folgt zudem, dass es dem Gericht offensteht, hinter dem beantragten Schutzniveau zurückzubleiben, wenn die begehrten Beschränkungen zum gebotenen Geheimnisschutz nicht erforderlich sind. Dagegen darf das Gericht das begehrte Schutzniveau nicht überschreiten und den zugangsberechtigten Personenkreis aus eigenem Antrieb enger fassen als im Antrag vorgesehen.[23] Dies ergibt sich aus der Antragsgebundenheit der Maßnahmen, aus dem Rechtsgedanken des § 308 Abs. 1 ZPO sowie aus dem Umstand, dass der nationale Gesetzgeber von der in der Richtlinie vorgesehenen Option amtswegiger Geheimnisschutzanordnungen keinen Gebrauch gemacht hat.[24] Im Rahmen seiner Hinweispflicht aus § 139 Abs. 1 Satz 2 ZPO hat das Gericht aber auf eine sachdienliche Antragstellung durch die Parteien hinzuwirken.[25] 13

Das Gericht entscheidet über den Antrag gem. § 20 Abs. 5 Satz 1 durch **Beschluss**. Nach dem Wortlaut des § 19 Abs. 1 Satz 1 („beschränkt … auf Antrag") steht dem Gericht **hinsichtlich des „Ob" der Zugangsbeschränkung kein Ermessen** zu. Bei Vorliegen der gesetzlichen Voraussetzungen ist die Beschränkung des Dokumenten- und Verhandlungszugangs vielmehr zwingend. Lediglich die genaue **Ausgestaltung** der zur Erreichung des Geheimnisschutzzwecks erforderlichen Maßnahmen stellt § 19 Abs. 1 Satz 4 in das **freie gerichtliche Ermessen**. 14

Hinsichtlich der **Anfechtbarkeit des Beschränkungsbeschlusses** ist wie folgt zu unterscheiden: Die Anordnungen von Zugangsbeschränkungen gem. § 19 Abs. 1 ist nach § 20 Abs. 5 Satz 4 nicht isoliert, sondern für die beeinträchtigte Prozesspartei nur zusammen mit der Hauptsacheentscheidung anfechtbar. Gegen einen Be- 15

---

19 *Ernst*, MDR 2019, 897, 902; *Reinfeld*, § 6 Rn. 66.
20 Büscher/*McGuire*, § 19 GeschGehG Rn. 18.
21 BeckOK GeschGehG/*Gregor*, § 19 Rn. 30 f.
22 Vgl. BeckOK GeschGehG/*Gregor*, § 19 Rn. 31.
23 In diese Richtung Büscher/*McGuire*, § 19 GeschGehG Rn. 18; H/O/K/*Kalbfus*, § 19 Rn. 25.
24 H/O/K/*Kalbfus*, § 19 Rn. 39.
25 H/O/K/*Kalbfus*, § 19 Rn. 39.

schluss, durch den der Antrag nach § 19 Abs. 1 abgelehnt oder eine vorausgegangene Anordnung nach § 19 Abs. 1 aufgehoben wird, steht dem Geheimnisinhaber hingegen die sofortige Beschwerde offen (§ 20 Abs. 5 Satz 5).

c) Anwendbarkeit auf Streitgenossen und Nebenintervenienten

16 Unter dem Gesichtspunkt des effektiven Geheimnisschutzes sind insbes. Konstellationen der – aktiven wie passiven – Streitgenossenschaft sowie der Nebenintervention besonders problematisch. Denn die erhöhte Zahl von Verfahrensbeteiligten birgt für das Geschäftsgeheimnis verstärkte Gefahren der Offenlegung sowie der unbefugten Nutzung. Der offene Wortlaut des § 19 Abs. 1 nennt als Adressaten der gerichtlichen Zugangsbeschränkungen lediglich „Personen" und scheint Streitgenossen und Nebenintervenienten damit in gleicher Weise zu erfassen wie Parteien und ihre Vertreter. Diesen im Wortlaut angelegten Anwendungsbereich zieht die Gesetzesbegründung jedoch in Zweifel. Laut der **Begründung des RegE soll § 19 Abs. 1 entsprechend auf Streitgenossen anzuwenden** sein, **nicht jedoch auf Nebenintervenienten**, weil dies mit dem Ansatz des Geheimnisschutzes kollidiere. Stattdessen soll der Anspruch des Nebenintervenienten auf Gewährung rechtlichen Gehörs durch geeignete Maßnahmen gewahrt werden.[26]

17 Die Erwägungen der Regierungsbegründung erweisen sich hinsichtlich der Beteiligungsrechte von Nebenintervenienten als perplex. Einerseits deutet der Verweis auf einen möglichen Konflikt mit dem materiellen Geheimnisschutz darauf hin, dass die Informationsrechte des Nebenintervenienten engeren Grenzen unterliegen als jene der Hauptpartei.[27] Die Wendung, rechtliches Gehör eines Nebenintervenienten solle durch anderweitige Maßnahmen sichergestellt werden, deutet gar darauf hin, dass der Nebenintervenient im Ausgangspunkt vollständig vom Zugang zu den geheimhaltungsbedürftigen Informationen ausgeschlossen ist. Andererseits hat die vom Gesetzgeber offenbar beabsichtigte Unanwendbarkeit des § 19 Abs. 1 auf Nebenintervenienten gerade den gegenteiligen Effekt. Sie führt nämlich dazu, dass die **Berechtigung des Nebenintervenienten zu Dokumentenzugang und Verhandlungsteilnahme nicht gem. § 19 Abs. 1 Satz 1 Nr. 1, 2 begrenzt werden kann**. Grundsätzlich ist der Nebenintervenient gem. § 67 Hs. 2 ZPO zur Verhandlungsteilnahme sowie zur Akteneinsicht (§ 299 Abs. 1 ZPO) befugt. Könnten diese Rechte nicht gem. § 19 Abs. 1 eingeschränkt werden, stünden dem Nebenintervenienten (im Gegensatz zur bisherigen Rechtslage) weitergehende Informationsrechte zu als der Hauptpartei, deren Angriffs- und Verteidigungsmittel er nach §§ 67 S. 1, 74 Abs. 1 ZPO wahrnimmt.

---

26 BT-Drs. 19/4724, S. 36.
27 In Rspr. und Lit. ist in der Tat anerkannt, dass das Akteneinsichtsrecht des Nebenintervenienten beschränkt werden kann, wenn überwiegende Geheimhaltungsinteressen der Hauptpartei bestehen; vgl. OLG Düsseldorf, 25.4.2018 – I-2 W 8/18, GRUR-RS 2018, 7036 Rn. 11 ff.; Musielak/Voit/*Weth*, § 67 Rn. 3.

II. Einschränkung der Beteiligungsrechte (Abs. 1) § 19

Eine generelle **Unanwendbarkeit des § 19 Abs. 1** oder gar ein Totalausschluss des Nebenintervenienten von Dokumenten und Verhandlung wäre auch **nicht mit den unionsrechtlichen Vorgaben zu vereinbaren**. Art. 9 Abs. 2 RL verlangt die Implementierung der erforderlichen Geheimnisschutzmaßnahmen, wozu gem. Art. 9 Abs. 2 UAbs. 2 lit. a, b insbes. Einschränkungsmöglichkeiten bzgl. des Verhandlungs- und Dokumentenzugangs zählen. Diese Vorgabe ist in persönlicher Hinsicht nicht auf die Zugangsrechte der Parteien beschränkt, sondern erfasst alle am Verfahren beteiligten Personen unabhängig von ihrer prozessualen Stellung. Eine Auslegung des § 19 Abs. 1, in deren Folge die Zugangsrechte des Nebenintervenienten nicht beschränkbar wären, bliebe hinter den unionsrechtlichen Mindestanforderungen zurück. Umgekehrt verstieße auch eine Auslegung, wonach der Nebenintervenient generell vom Dokumenten- und Verhandlungszugang ausgeschlossen ist und sein rechtliches Gehör anderweitig sichergestellt wird, gegen Art. 9 Abs. 3 der Richtlinie, zumal unklar ist, welche sonstigen Maßnahmen zur Sicherung des rechtlichen Gehörs des Nebenintervenienten in Betracht kommen. Art. 9 Abs. 3 RL knüpft die Beschränkung der Rechte der Verfahrensbeteiligten an eine umfassende Interessenabwägung im Einzelfall. Das Abwägungserfordernis wirkt gem. Art. 1 Abs. 1 UAbs. 2 vollharmonisierend und kann – auch gegenüber dem Nebenintervenienten – nicht zugunsten eines höheren Geheimnisschutzniveaus für verzichtbar erklärt werden.

Ungeachtet der kryptischen Regierungsbegründung ist § 19 Abs. 1 vor diesem Hintergrund **auf Nebenintervenienten anzuwenden**. Entsprechend dem Wortlaut der Vorschrift können nach Maßgabe einer umfassenden Einzelfallabwägung auch die Zugangsrechte des Nebenintervenienten auf einen bestimmten Personenkreis begrenzt werden. Dies gilt unabhängig davon, ob der Nebenintervenient auf Seiten des Geheimnisinhabers oder auf Seiten des Prozessgegners beitritt. Denn die Gefahr einer unbefugten Offenlegung oder Nutzung hängt nicht davon ab, ob die Person, der das Geschäftsgeheimnis im Prozess bekannt wird, prozessual den Geheimnisträger oder den präsumtiven Verletzer unterstützt. Umgekehrt ist der Nebenintervenient gem. §§ 68 Hs. 1, 74 Abs. 1 ZPO an die Entscheidung des Hauptprozesses gebunden und muss deshalb gem. Art. 103 Abs. 1 GG gehört werden. Der prozessuale Grundkonflikt zwischen Geheimnisschutz und rechtlichem Gehör ist in der Frage der Nebenintervention ebenso gelagert wie im Hinblick auf die Prozessparteien und daher nach denselben Regeln auszulösen.

3. Beschränkungsmöglichkeiten im Einzelnen

a) Zugangsberechtigter Personenkreis (Abs. 1 Satz 1 und 3)

§ 19 Abs. 1 Satz 1 ermöglicht sowohl die Einschränkung des Dokumentenzugangs (Nr. 1) als auch die Beschränkung des Zugangs zur mündlichen Verhandlung (Nr. 2) auf einen **bestimmten Kreis zuverlässiger Personen**. Ob das gesetzliche Zuverlässigkeitserfordernis durch die einzelnen zutrittsberechtigten Personen erfüllt wird, hat das Gericht im Einzelfall am Maßstab der berechtigten Schutzinter-

§ 19   Weitere gerichtliche Beschränkungen

essen des Geheimnisinhabers sowie der widerstreitenden Interessen des Prozessgegners, insbes. dem Recht auf rechtliches Gehör, zu prüfen. Im Lichte von Art. 9 Abs. 2 UAbs. 3 RL ist der zugangsberechtigte Personenkreis möglichst eng zu fassen.[28] Denn nach der Richtlinie darf der zugangsberechtigte Personenkreis nicht größer sein, als zur Wahrung des Rechts der Verfahrensparteien auf effektiven Rechtsschutz und ein faires Verfahren zwingend erforderlich.

21   Wie sich andeutungsweise aus Erwgrd. 25 ergibt, sollten die zu treffenden Maßnahmen zwar **von den Parteien vorgeschlagen** und insbes. die zugangsberechtigten Personen von Seiten der Parteien benannt werden. Zugleich hat das Gericht die Vorschläge aber einer kritischen Prüfung zu unterziehen, um zu verhindern, dass das Vorschlagsrecht missbräuchlich ausgeübt und der Geheimnisschutz somit entwertet wird.[29] Als Einfallstor für die durch Erwgrd. 25 vorgeschriebene **gerichtliche Missbrauchsprüfung** kann innerhalb der nationalen Regelung der in § 19 Abs. 1 Satz 1 enthaltene Begriff der Zuverlässigkeit dienen.[30] Dieses nicht in der Richtlinie vorgesehene Erfordernis wurde in einem vergleichsweise späten Stadium des Gesetzgebungsverfahrens auf Empfehlung des Rechtsausschusses des Bundestags aufgenommen. Es wurde befürchtet, die Effektivität des prozessualen Geheimnisschutzes könne durch Beteiligung unzuverlässiger Personen untergraben werden.[31] Nach dem Wortlaut des § 19 Abs. 1 Satz 1 handelt es sich aber nicht um ein negatives Tatbestandsmerkmal, das zum Ausschluss von Personen führt, deren Unzuverlässigkeit gem. § 286 ZPO nachgewiesen ist. Vielmehr hat das Gericht **im Einzelfall die geforderte „Zuverlässigkeit" positiv festzustellen.** Freilich sind die Möglichkeiten des Gerichts, die persönliche Integrität einzelner Personen iSd. materiellen Geheimnisschutzes zu überprüfen, naturgemäß beschränkt. Entsprechend der Wertung des § 174 Abs. 1 ZPO wird das Gericht bei Anwälten, Notaren, Gerichtsvollziehern, Steuerberatern oder vergleichbaren Berufsträgern schon aus standesrechtlichen Gründen auf eine erhöhte Zuverlässigkeit schließen dürfen. Im Übrigen muss das Gericht die Parteien hinsichtlich der Zuverlässigkeit der benannten Personen anhören.[32] Treten dabei begründete Zweifel daran auf, dass eine vorgeschlagene Person hinreichende Gewähr für die Vertraulichkeit bietet, hat das Gericht diese abzulehnen bzw. die Partei zu einem Ersatzvorschlag aufzufordern.[33] Der besonderen Gefährdung, die dem streitgegenständlichen Geschäftsgeheimnis durch Einsichtnahme unzuverlässiger Personen droht, ist in Gestalt tendenziell erhöhter Zuverlässigkeitsanforderungen Rechnung zu tragen.[34] Dies bedeutet umgekehrt, dass in der Praxis – ähnlich wie bei den Ablehnungsregelungen der §§ 42, 1036 Abs. 2 ZPO – die Besorgnis der Unzuverlässigkeit, dh. der **bloße Anschein der fehlenden Zu-**

---

28 H/O/K/*Kalbfus*, § 19 Rn. 26.
29 *Kalbfus*, WRP 2019, 692, 697; H/O/K/*Kalbfus*, § 19 Rn. 29.
30 H/O/K/*Kalbfus*, § 19 Rn. 29.
31 BT-Drs. 19/8300, S. 15.
32 H/O/K/*Kalbfus*, § 19 Rn. 29.
33 K/B/F/*Alexander*, § 19 GeschGehG Rn. 13; H/O/K/*Kalbfus*, § 19 Rn. 29.
34 *Reinfeld*, § 6 Rn. 69.

II. Einschränkung der Beteiligungsrechte (Abs. 1) § 19

verlässigkeit, regelmäßig ausreichen wird, um einer bestimmten Person den Zugang zu geschützten Dokumenten und/oder der mündlichen Verhandlung zu verweigern. Treten im Rahmen der Parteianhörung keine berechtigten Zweifel an der Zuverlässigkeit zutage, darf das Gericht trotz der Formulierung des § 19 Abs. 1 Satz 1 als positives Zuverlässigkeitserfordernis von der Zuverlässigkeit der Person ausgehen.

Nach dem Wortlaut des § 19 Abs. 1 Satz 1 kann das Gericht die Beschränkungen sowohl vollständig als auch teilweise aussprechen. Vor dem Hintergrund des aufzulösenden Spannungsverhältnisses zwischen den widerstreitenden Geheimnisschutzinteressen und prozessualen Zugangsrechten besteht insofern ein erheblicher **gerichtlicher Gestaltungsspielraum**, der die Beschränkung der Anordnung auf das im Einzelfall erforderliche Maß ermöglicht.[35] 22

Soweit einzelnen Personen gem. § 19 Abs. 1 Satz 1 der Zugang zu Informationen verwehrt ist, gilt ihnen gegenüber das **Offenbarungsverbot** des § 16 Abs. 2. Zutrittsberechtigte Personen dürfen die erlangten Kenntnisse daher nicht an sie weiterreichen. 23

b) Einschränkung des Dokumentenzugangs (Abs. 1 Satz 1 Nr. 1)

§ 19 Abs. 1 Nr. 1 ermöglicht eine **Einschränkung des Personenkreises**, der Zugang zu Dokumenten erhält, die (angebliche) Geschäftsgeheimnisse enthalten. Die Beschränkung des Dokumentenzugangs ist mit Blick auf die Interessenlage in Know-how-Verletzungsverfahren von besonderer Relevanz und adressiert insofern eine zentrale Schwäche des bisherigen prozessualen Geheimnisschutzes. Denn über die §§ 172 Nr. 2, 174 Abs. 1 GVG sowie § 353d StGB konnte bislang allenfalls die Offenbarung von in der nicht öffentlichen mündlichen Verhandlung zur Sprache gekommenen Tatsachen untersagt werden. Technisch komplexe Betriebsabläufe oder umfangreiche Kundenlisten, die typischerweise schriftsätzlich in den Prozess eingeführt werden, unterlagen diesen Beschränkungen nicht.[36] 24

Nach dem Schutzzweck des § 19 Abs. 1 Satz 1 Nr. 1 beschränkt sich der Dokumentenbegriff nicht etwa auf Unterlagen in Papierform, sondern **erfasst sämtliche in den Rechtsstreit eingeführte Informationsträger**.[37] Die gerichtliche Anordnung hat sich stets auf konkrete Dokumente zu beziehen. Es kommt dabei nicht darauf an, von wem das konkrete Dokument vorgelegt wurde.[38] Dass die betreffenden Dokumente tatsächlich ein Geschäftsgeheimnis enthalten, ist nicht erforderlich.[39] Ausreichend ist ein potenzielles Geschäftsgeheimnis, das im Rahmen eines Einstufungsverfahrens gem. § 16 Abs. 1 glaubhaft gemacht wurde (vgl. §§ 19 Abs. 1 Nr. 1, 20 Abs. 3). Die potenzielle Geschäftsgeheimniseigenschaft wurde im Rah- 25

---

35 BeckOK GeschGehG/*Gregor*, § 19 Rn. 26.
36 Str., vgl. *Stadler*, in: FS Prütting, S. 559, 562 mwN.
37 H/O/K/*Kalbfus*, § 19 Rn. 35.
38 BeckOK GeschGehG/*Gregor*, § 19 Rn. 21.
39 BeckOK GeschGehG/*Gregor*, § 19 Rn. 10.

§ 19 Weitere gerichtliche Beschränkungen

men des Einstufungsverfahrens bereits geprüft und bejaht.[40] Zusätzlich muss im Rahmen des Antragsverfahrens nach § 19 Abs. 1 glaubhaft gemacht werden, dass die betreffende Information in dem Dokument, zu dem der Zugang beschränkt werden soll, enthalten ist.[41] Nach dem Wortlaut des § 19 Abs. 1 Nr. 1 („auf eine bestimmte Anzahl von zuverlässigen Personen") ist zudem nur die **positive Eingrenzung** des einsichtsberechtigten Personenkreises, nicht aber der negative Ausschluss einzelner Personen zulässig.

26 Vollzogen wird die nach § 19 Abs. 1 Nr. 1 beschränkte Dokumenteneinsicht in der Weise, dass der Geheimnisinhaber nach § 20 Abs. 4 mit seinem Antrag **sowohl eine unredigierte als auch eine weitere Fassung ohne Offenbarung des Geschäftsgeheimnisses bei Gericht einzureichen hat**. Im Anschluss an die Zugangsbeschränkung gem. § 19 Abs. 1 Nr. 1 legt das Gericht den unbeschränkt einsichtsberechtigten Personen das unredigierte Dokument vor. In ihren Einsichtsrechten beschränkte Personen dürfen dagegen nur noch Einsicht in die Version nehmen, in der das Geschäftsgeheimnis unkenntlich gemacht ist.

27 Diese Regelung ist strenger als § 16, nach dem lediglich Geschäftsgeheimnisse bzw. die Dokumente, in denen sie enthalten sind, als geheimhaltungsbedürftig gekennzeichnet werden. § 19 Abs. 1 Nr. 1 beschränkt dagegen den Zugang zu den Dokumenten auf bestimmte Personen. Aus **prozessualer Perspektive** handelt es sich um eine begrüßenswerte **Neuerung**, da die §§ 172 Nr. 2, 174 Abs. 1 GVG den Zugang der Verfahrensbeteiligten zu Dokumenten unberührt ließen.[42] Der Kreis der Mitarbeiter des zuständigen Gerichts, die zu den Dokumenten Zugang haben, wird durch die Regelung hingegen nicht berührt.[43] Ausweislich der Begründung des RegE soll § 19 Abs. 1 Nr. 1 auch keine Einschränkung des Zugangs zu von Seiten des Gerichts hergestellten Dokumenten enthalten, die jedoch ihrerseits dem Nutzungs- und Offenlegungsverbot des § 16 Abs. 2 sowie gerichtlichen Anordnungen nach § 19 Abs. 1 unterfallen können.[44]

c) Einschränkung des Zugangs zur mündlichen Verhandlung (Abs. 1 Satz 1 Nr. 2)

28 Nach § 19 Abs. 1 Satz 1 Nr. 2 kann der **Personenkreis beschränkt** werden, der Zugang zur mündlichen Verhandlung erhält, soweit diese potenzielle Geschäftsgeheimnisse betrifft, die zuvor gem. § 16 Abs. 1 als geheimhaltungsbedürftig eingestuft wurden. Auch insoweit reicht es aus, dass der Antragsteller ein potenzielles Geschäftsgeheimnis im Antragsverfahren nach § 20 Abs. 3 iVm. § 294 ZPO glaubhaft macht. Zugleich kann der Zugang zu die Verhandlung betreffenden Aufzeichnungen und zum Protokoll der mündlichen Verhandlung beschränkt werden.[45] Auch

---

40 BeckOK GeschGehG/*Gregor*, § 19 Rn. 11.
41 BeckOK GeschGehG/*Gregor*, § 19 Rn. 10.
42 BT-Drs. 19/4724, S. 37.
43 BT-Drs. 19/4724, S. 37; H/O/K/*Kalbfus*, § 19 Rn. 33.
44 BT-Drs. 19/4724, S. 37.
45 BT-Drs. 19/4724, S. 37.

II. Einschränkung der Beteiligungsrechte (Abs. 1) § 19

diese Vorschrift stellt ein **prozessuales Novum** dar. § 172 Nr. 2 GVG und § 52 Satz 2 ArbGG ermöglichen bislang zwar den Ausschluss der Öffentlichkeit, lassen die Zutrittsrechte der Parteien und ihrer Vertreter aber unberührt. § 172 Nr. 2 GVG setzt ferner voraus, dass es sich bei der betreffenden Information um ein wichtiges Geschäftsgeheimnis handelt, dessen öffentliche Erörterung überwiegende schutzwürdige Interessen verletzen würde. Sowohl bei § 172 Nr. 2 GVG als auch bei § 52 ArbGG steht der Ausschluss der Öffentlichkeit zudem im Ermessen des Gerichts.[46]

Diese Schutzlücken schließt § 19 Abs. 1 Satz 1 Nr. 2, indem er die Ausschlussmöglichkeiten auf die Parteien und ihre Vertreter erstreckt und die Anordnung von der Wichtigkeit des konkreten Geschäftsgeheimnisses entkoppelt. Soweit das Gericht Anordnungen nach § 19 Abs. 1 Satz 1 Nr. 2 trifft, sind die Anwesenheitsrechte **der Parteien** (vgl. etwa § 357 ZPO) **suspendiert**. 29

Nicht aus dem Wortlaut des § 19 Abs. 1 Satz 1 Nr. 2 ergibt sich, ob der Ausschluss von der mündlichen Verhandlung zugleich die **Urteilsverkündung** umfasst.[47] Dafür spricht der Schutzzweck des Öffentlichkeitsausschlusses. Der intendierte Schutz des Geschäftsgeheimnisses würde konterkariert, wenn das Geschäftsgeheimnis von der Verhandlungsteilnahme ausgeschlossenen Personen im Rahmen der Urteilsverkündung zugänglich gemacht werden müsste. Wären gem. § 19 Abs. 1 Satz 1 Nr. 2 von der Verhandlungsteilnahme ausgeschlossene Personen gem. § 173 Abs. 1 GVG grundsätzlich berechtigt, an der Urteilsverkündung teilzunehmen, könnte das Gericht die Öffentlichkeit allenfalls gem. §§ 173 Abs. 2, 174 Nr. 2 GVG zum Schutz wichtiger Betriebsgeheimnisse ausschließen. Angesichts der Beschränkung eines solchen Öffentlichkeitsausschlusses auf wichtige Geschäftsgeheimnisse sowie des diesbezüglichen gerichtlichen Ermessens würde die Erhöhung des Schutzniveaus, die mit der Einführung der §§ 15 ff. einhergeht, über die Hintertür der Urteilsverkündigung erheblich relativiert. 30

d) Umfassende Interessenabwägung (Abs. 1 Satz 2)

Nach § 19 Abs. 1 Satz 2 darf die Beschränkung des Personenkreises nur angeordnet werden, wenn das **Geheimhaltungsinteresse im Rahmen einer umfassenden Güterabwägung überwiegt** und die Anordnung **zum Schutz des Geschäftsgeheimnisses erforderlich** ist.[48] Die Vorschrift ist im Lichte von Art. 9 Abs. 3 der Richtlinie auszulegen, wonach das Gericht bei seiner Entscheidung über die Einschränkung der Beteiligungsrechte der Parteien das Recht auf ein faires Verfahren (Art. 6 EMRK), die legitimen Interessen der Beteiligten sowie den möglichen Schaden der Anordnung bzw. ihrer Ablehnung zu berücksichtigen hat. Es bedarf daher einer umfassenden Güterabwägung im Einzelfall, in die neben der Sensibilität der streitgegenständlichen Information auch die (verfassungs-)rechtlich geschützten Interessen der Parteien sowie verfahrensbeteiligter Dritter einzustellen sind. In die umfas- 31

---
46 BT-Drs. 19/4724, S. 37.
47 BeckOK GeschGehG/*Gregor*, § 19 Rn. 24.
48 BT-Drs. 19/4724, S. 36 f.

§ 19   Weitere gerichtliche Beschränkungen

sende Abwägung sind **auch Belange Dritter einzubeziehen**. Dies kommt im Wortlaut des § 19 Abs. 1 Satz 2, der von Rechten „der Beteiligten" spricht, indes nur unzureichend zum Ausdruck.[49] Sprachlich bleibt die nationale Umsetzungsbestimmung insoweit hinter den Vorgaben aus Art. 9 Abs. 3 der Richtlinie zurück, der explizit verlangt, dass neben den Parteiinteressen auch Belange etwaiger Dritter sowie diesen drohende Schäden im Rahmen der Abwägung berücksichtigt werden. Vor diesem Hintergrund ist § 19 Abs. 1 Satz 2 richtlinienkonform zu korrigieren.[50]

32 Neben der grund- und menschenrechtlichen Bedeutung der Zugangsrechte der Parteien ist in die Interessenabwägung einzustellen, dass das Geheimnis infolge der vorausgegangenen gerichtlichen Einstufung **gem. § 16 Abs. 1 bereits einen gewissen Schutz genießt**. Nur soweit dieser als unzureichend erscheint, kommen weitergehende Maßnahmen nach § 19 Abs. 1 in Betracht.[51] Letztlich ist das Interesse des Geheimnisinhabers an einer Erhöhung des Schutzniveaus durch Ausschluss der Gegenseite, welche angesichts der Unzulässigkeit eines Totalausschlusses (§ 19 Abs. 1 Satz 3) oftmals geringfügig erscheinen wird, gegen die grund- und menschenrechtlich fundierten Zugangsrechte der Gegenseite abzuwägen.

33 Aus der abgestuften Regelungsstruktur des prozessualen Geheimnisschutzes lässt sich nicht der Schluss ziehen, die Interessenabwägung schlage in aller Regel zugunsten des Geheimnisinhabers aus, da bereits vor der Entscheidung nach § 19 Abs. 1 eine Einstufung nach § 16 Abs. 1 erfolgt sei.[52] Denn die Einstufung nach § 16 Abs. 1 setzt keine Interessenabwägung voraus, sondern erfolgt ungeachtet der konkreten Schutzwürdigkeit. Sie präjudiziert die maßgeblich von dem Gewicht der betroffenen Interessen abhängende Abwägungsentscheidung des § 19 Abs. 1 Satz 2 daher nicht.

34 Als maßgebliche Kriterien der Abwägung kommen – ähnlich wie im Rahmen des Düsseldorfer Verfahrens – etwa der **Wert des betroffenen Geheimnisses**, der dem Geheimnisinhaber **drohende Schaden**, die **Wahrscheinlichkeit** einer tatsächlichen Geheimnisverletzung, das **Prozessverhalten** des präsumtiven Verletzers sowie die **Zahl der anderenfalls zugangsberechtigten natürlichen Personen** in Betracht.[53]

35 Die Vorschrift des § 19 Abs. 1 Satz 2 ist im Hinblick auf die **unionsrechtlichen Vorgaben unbedenklich**. Zwar findet Art. 2 UAbs. 3 der Richtlinie, wonach die Beschränkungen nicht weitergehen dürfen als zwingend erforderlich, in der nationalen Umsetzungsvorschrift keine wörtliche Entsprechung.[54] Dies erfordert indes keine Korrektur der Vorschrift im Wege der richtlinienkonformen Auslegung.[55] Vielmehr folgt eine entsprechende Grenze der gerichtlichen Anordnungsbefugnis

---

49 H/O/K/*Kalbfus*, § 19 Rn. 21.
50 H/O/K/*Kalbfus*, § 19 Rn. 21.
51 BeckOK GeschGehG/*Gregor*, § 19 Rn. 12.
52 In diese Richtung aber *Reinfeld*, § 6 Rn. 76.
53 BeckOK GeschGehG/*Gregor*, § 19 Rn. 15.
54 *Kalbfus*, WRP 2019, 692, 697.
55 So aber wohl *Kalbfus*, WRP 2019, 692, 697.

bereits aus dem Abwägungserfordernis des § 19 Abs. 1 Satz 3, da eine nicht erforderliche Schutzmaßnahme nicht mehr von der zugrunde liegenden Interessenabwägung getragen ist.

Das Abwägungserfordernis wird teilweise kritisiert, da es die Beschränkung des zur Verhandlungsteilnahme bzw. zur Dokumenteneinsicht befugten Personenkreises neben der Geschäftsgeheimniseigenschaft von zusätzlichen Voraussetzungen abhängig macht.[56] Stattdessen wird gefordert, nach Einstufung einer Information als Geschäftsgeheimnis gem. § 16 Abs. 1 die Zugangsberechtigung der Gegenseite für den Regelfall **auf eine natürliche Person zu begrenzen**.[57] Ob Beschränkungen auf eine natürliche Person den Parteien eine sachgerechte Prozessführung in sowohl rechtlich als auch technisch komplexen sowie umfangreichen Gerichtsverfahren hinreichend ermöglichen, ist indes fraglich. In Anbetracht von Umfang und Komplexität des Rechtsstreits kann es angezeigt sein, jeweils mindestens einen Prozessbevollmächtigten und zusätzlich eine technisch kundige Person zuzulassen. 36

e) Grenzen der gerichtlichen Anordnungsbefugnis (Abs. 1 Satz 3)

Nach § 19 Abs. 1 Satz 3 muss stets **zumindest der Zugang einer natürlichen Person jeder Partei sowie ihres Prozessbevollmächtigten gewährleistet** sein. Dadurch wird die gerichtliche Anordnungsbefugnis beschränkt und zugleich sichergestellt, dass jeder Partei ausreichendes **rechtliches Gehör** gewährt wird.[58] Zugleich wird klargestellt, dass die Prozessbevollmächtigten der Parteien keinesfalls vom Zugang zu Dokumenten oder Teilen der mündlichen Verhandlung ausgeschlossen werden können. Denn der Prozessbevollmächtigte fungiert als unabhängiges Organ der Rechtspflege, unterliegt den strafbewehrten Verschwiegenheitspflichten der §§ 203, 204 StGB und hat kein wirtschaftliches Eigeninteresse an dem streitgegenständlichen Geschäftsgeheimnis, was ihn typischerweise als vertrauenswürdiger und seine Zulassung als weniger gefährlich erscheinen lässt.[59] Der Zugang des Prozessbevollmächtigten ist im Regelfall auch nicht auf eine natürliche Person beschränkbar; ein in dem ursprünglichen RefE enthaltener Passus wurde im Gesetzgebungsverfahren gestrichen.[60] Infolge der weitergehenden Zugangsrechte der Prozessbevollmächtigten drohen berufsrechtliche Friktionen, soweit einzelne der Partei zuzurechnende natürliche Personen, nicht aber deren Prozessbevollmächtigte in ihren Zugangsrechten beschränkt sind. Man wird in derartigen Fällen eine Suspendierung der anwaltlichen Informationspflichten aus § 11 BORA annehmen 37

---

56 *Würtenberger/Freischem*, GRUR 2018, 708, 712.
57 *Würtenberger/Freischem*, GRUR 2018, 708, 712.
58 BT-Drs. 19/4724, S. 36 f.
59 *Kalbfus*, WRP 2019, 692, 698; H/O/K/*Kalbfus*, § 19 Rn. 32.
60 Vgl. § 18 Abs. 1 Satz 3 des Referentenentwurfs vom 19.4.2018; vgl. dazu auch *Kalbfus*, WRP 2019, 692, 697.

§ 19   Weitere gerichtliche Beschränkungen

müssen, soweit der Rechtsanwalt gegenüber einzelnen natürlichen Personen aus der Sphäre seines Mandanten zur Verschwiegenheit verpflichtet ist.[61]

38   Mit der Regelung des § 19 Abs. 1 Satz 3 hat sich der Gesetzgeber bewusst gegen die im Verlauf der rechtspolitischen Debatte erwogene Implementierung eines echten **In-camera-Verfahrens** entschieden.[62] Aus den dahinterstehenden rechtlichen Erwägungen, namentlich dem Schutz der Verfahrensrechte der anderen Prozesspartei, ergibt sich jedoch, dass der Prozessgegner auf die Mindestzugangsrechte verzichten und einer entsprechenden Anordnung durch das Gericht zustimmen oder die Beteiligungsrechte auf einen Dritten delegieren kann. Verzichten die Parteien freiwillig auf die Wahrnehmung ihrer Verfahrensrechte, bestehen gegen die gerichtliche Anordnung eines In-camera-Verfahrens keine Bedenken.[63]

39   Unklar ist, ob **anstelle der Partei** oder ihrer (nicht notwendigerweise gesetzlichen) Vertreter erforderlichenfalls **ein zur Verschwiegenheit verpflichteter**, im Übrigen aber **unabhängiger Dritter** zugelassen werden kann.[64] Der Wortlaut der Vorschrift („einer natürlichen Person jeder Partei") schließt ein solches Vorgehen zumindest nicht kategorisch aus.[65] Auch würde es das Geheimnisschutzniveau erheblich erhöhen, wenn anstelle eines Parteivertreters ein sog. „**independent agent**" zur unbeschränkten Informationseinsicht zugelassen würde.[66] Es ist aber fraglich, ob § 19 Abs. 1 Satz 3 eine derart weitgehende Einschränkung der Teilnahmerechte der Partei selbst erlaubt. Ausweislich der Gesetzesbegründung soll die Vorschrift das rechtliche Gehör wahren, indem jedenfalls eine natürliche Person aus der Sphäre der Prozesspartei in die Lage versetzt wird, in Kenntnis sämtlicher Tatsachen für die Partei im Prozess vorzutragen.[67] Dieser Zweck lässt sich durch die bloße Einsichtnahme eines unabhängigen Dritten nicht vollständig erreichen. Eine abweichende Beurteilung kann in Anbetracht des Schutzzwecks der Norm hingegen gerechtfertigt sein, wenn sich die betroffene Partei mit der Einsichtnahme eines unabhängigen Dritten an ihrer Stelle einverstanden erklärt und dadurch über den Umfang ihres rechtlichen Gehörs disponiert. Da der nationale Gesetzgeber den Richtlinienwortlaut ohne weitere Modifikationen oder Präzisierungen übernommen hat, obliegt die Klärung dieser Frage letztlich dem EuGH.[68]

---

61 *Schlingloff*, WRP 2018, 666, 670; vgl. auch OLG Karlsruhe, 17.2.2020 – 12 W 24/19, NJW-RR 2020, 446, 447 Rn. 18 (Vorrang einer Geheimhaltungspflicht nach § 174 Abs. 3 GVG gegenüber § 11 BORA als bloßes Satzungsrecht).
62 *Ernst*, MDR 2019, 897, 902; *Reinfeld*, § 6 Rn. 74.
63 H/O/K/*Kalbfus*, § 19 Rn. 27.
64 *Schlingloff*, WRP 2018, 666, 670; zur Zulassung von „independent agents" oder „clean teams" auch *Hauck*, NJW 2016, 2218, 2223; *Schregle*, GRUR 2019, 912, 915.
65 *Schlingloff*, WRP 2018, 666, 670.
66 *Schlingloff*, WRP 2018, 666, 670.
67 BT-Drs. 19/4724, S. 36.
68 *Schlingloff*, WRP 2018, 666, 670.

II. Einschränkung der Beteiligungsrechte (Abs. 1) § 19

40 Zweifelhaft ist, ob § 19 Abs. 1 Satz 3 einer weiteren Anwendung des vor allem im patentrechtlichen Kontext etablierten **Düsseldorfer Verfahrens** entgegensteht.[69] Es handelt sich um eine **Kombination von einstweiliger Verfügung (§§ 935 ff. ZPO) und selbstständigem Beweisverfahren (§§ 485 ff. ZPO)**, mit der im Wege der Besichtigung das Vorliegen einer Schutzrechtsverletzung vor Einleitung eines gerichtlichen Hauptsacheverfahrens geklärt, dem präsumtiven Verletzer zugleich aber adäquater Geheimnisschutz gewährleistet werden soll. Während der Antragsgegner verpflichtet wird, die Besichtigung durch einen gerichtlich bestellten, zur Verschwiegenheit verpflichteten Sachverständigen sowie durch den Verfahrensbevollmächtigten des Antragstellers zu dulden, nimmt der Antragsteller selbst nicht an der Besichtigung teil. Auch das nachfolgend zu erstellende Sachverständigengutachten wird zunächst nicht dem Antragsteller, sondern nur dessen zur Verschwiegenheit verpflichtetem Verfahrensbevollmächtigten ausgehändigt. Über die Einsichtnahme durch den Antragsteller entscheidet das Gericht anschließend anhand einer umfassenden Abwägung.[70]

41 Überschneidungen mit dem Schutzregime der §§ 15 ff. entstehen bei der Anwendung des Düsseldorfer Verfahrens allenfalls punktuell. Denn die spezialgesetzlichen Besichtigungsansprüche,[71] auf denen das Düsseldorfer Verfahren herkömmlich basiert, resultieren nicht aus dem GeschGehG.[72] **Im Anwendungsbereich der §§ 16 ff. scheidet das Düsseldorfer Verfahren grundsätzlich aus**, da das GeschGehG keine eigenständigen Besichtigungsansprüche kennt.[73] Dennoch sind Konstellationen denkbar, in denen auch aus einem potenziellen Verstoß gegen den Verbotstatbestand des § 4 entweder – etwa weil die Geschäftsgeheimnisverletzung mit einer anderen Schutzrechtsverletzung zusammenfällt – **spezialgesetzliche oder aus §§ 809, 810 BGB resultierende Besichtigungsansprüche** folgen. Wendet man die §§ 15 ff. analog oder im Wege der richtlinienkonformen Auslegung auf derartige Besichtigungsverfahren an, so scheint § 19 Abs. 1 Satz 3 den mit dem Düsseldorfer Verfahren verbundenen Totalausschluss des Antragstellers von der Besichtigung in der Tat zu untersagen.

42 Eine Anwendung des Düsseldorfer Verfahrens lässt sich auch in derartigen Fällen indes mit guten Gründen bejahen.[74] Denn hinter § 19 Abs. 1 Satz 3 stehen prozessgrundrechtliche Gewährleistungen zugunsten der in ihren Zugangsrechten be-

---

69 Dagegen wohl *Enders*, IPRB 2019, 45, 46 f.; für Anwendbarkeit dagegen BeckOK GeschGehG/*Gregor*, § 19 Rn. 37 ff.; *Hauck*, GRUR 2020, 817, 818 ff.; vgl. auch *Druschel/Jauch*, BB 2018, 1794, 1795 f.; zweifelnd hingegen BRAK, Stellungnahme 12/2014 und GRUR, Stellungnahme vom 19.3.2014, S. 11.
70 Vgl. BGH, 16.11.2009 – X ZB 37/08, GRUR 2010, 318 ff.; ferner Benkard/*Grabinski/Zülch*, § 140c Rn. 32; *Druschel/Jauch*, BB 2018, 1794, 1796; *Hauck*, NJW 2016, 2218, 2222; *Schlingloff*, WRP 2018, 666, 668.
71 §§ 140c Abs. 3 Satz 2 PatG, 101a Abs. 3 Satz 2 UrhG, 24c GebrMG, 46a Abs. 3 Satz 2 DesignG, 37c Abs. 3 Satz 2 SortG, 9 Abs. 2 HalblSchlG.
72 *Druschel/Jauch*, BB 2018, 1794, 1796.
73 *Druschel/Jauch*, BB 2018, 1794, 1796.
74 Vgl. hierzu eingehend BeckOK GeschGehG/*Gregor*, § 19 Rn. 38.

schränkten Prozesspartei. Konkret gewährleistet § 19 Abs. 1 Satz 3 rechtliches Gehör, indem sie den angeblichen Verletzer davor schützt, durch gerichtliche Anordnung vollständig von entscheidungserheblichen Informationen ausgeschlossen zu werden. Dieser **Schutzzweck gebietet es hingegen nicht**, auch den Verletzten, der zwecks effektiver Durchführung des Besichtigungsverfahrens **freiwillig** auf die persönliche Besichtigung **verzichtet, vor einem Totalausschluss zu bewahren**.[75]

f) Gerichtliche Ermessensentscheidung (Abs. 1 Satz 4)

43 § 19 Abs. 1 Satz 4 stellt die Anordnung der erforderlichen Maßnahmen in das **freie Ermessen des Gerichts**. Insbesondere kann das Gericht gestützt hierauf ergänzende Maßnahmen treffen, soweit es diese nach freiem Ermessen für erforderlich erachtet.[76] Denkbar erscheinen etwa die Auferlegung von Dokumentationspflichten oder die Herausbildung von „Clean Teams".[77] In Betracht kommt auch die Anordnung über § 16 Abs. 2 hinausgehender und gem. § 353d Nr. 2 StGB strafbewehrter Verschwiegenheitspflichten.[78] Indes folgt aus der **prinzipiellen Antragsgebundenheit gerichtlicher Geheimnisschutzanordnungen**, dass das Gericht auch bei der Ausübung seines Ermessens aus § 19 Abs. 1 Satz 4 grundsätzlich an die Anträge der Parteien gebunden und nicht zur Anordnung völlig anderer Maßnahmen befugt ist.[79] Im Rahmen seiner **Hinweismöglichkeiten** gem. § 139 Abs. 1 Satz 2 ZPO kann das Gericht die für sachdienlich erachtete Antragstellung allenfalls anregen.[80]

44 Das gerichtliche Ermessen bezieht sich nach der Formulierung von § 19 Abs. 1 Satz 1 und Satz 4 **nicht auf das „Ob"** der Zugangsbeschränkungen, sondern („im Übrigen") **lediglich auf die konkrete Ausgestaltung** der zur Erreichung des Geheimnisschutzzwecks zu treffenden Maßnahmen sowie auf mögliche ergänzende Anordnungen.[81] Der dahinterstehende Konflikt zwischen den Schutzinteressen des Geheimnisinhabers und den grund- und menschenrechtlich fundierten Zugangsrechten der anderen Prozesspartei, dessen Auflösung die Anordnungen dienen, ist insofern ermessensleitend zu berücksichtigen.

45 Im **freien Ermessen** des Gerichts steht etwa, den Parteien für die **Auswahl der zugangsberechtigten Personen** Vorschläge aufzuerlegen, Angaben über fachliche Qualifikationen und die gesetzlich geforderte „Zuverlässigkeit" einzelner in Frage kommender Personen anzufordern oder den zugelassenen Personen zur Unterstützung einen fachkundigen Dritten an die Seite zu stellen, welcher der Partei eine sachgerechte Verfahrensführung auch in technischer Hinsicht ermöglicht.[82] Wie

---

75 BeckOK GeschGehG/*Gregor*, § 19 Rn. 38; zur Verzichtbarkeit des Mindestzugangsrechts auch H/O/K/*Kalbfus*, § 19 Rn. 27.
76 *Kalbfus*, WRP 2019, 692, 697.
77 *Kalbfus*, WRP 2019, 692, 697.
78 H/O/K/*Kalbfus*, § 19 Rn. 39.
79 K/B/F/*Alexander*, § 19 GeschGehG Rn. 30; H/O/K/*Kalbfus*, § 19 Rn. 39.
80 H/O/K/*Kalbfus*, § 19 Rn. 39.
81 Büscher/*McGuire*, § 19 GeschGehG Rn. 20.
82 BeckOK GeschGehG/*Gregor*, § 19 Rn. 34 f.

sich aus dem Wortlaut des § 19 Abs. 1 Satz 4 ergibt, ist das freie Ermessen des Gerichts zudem nicht auf Anzahl und Identität der zugangsberechtigten Personen beschränkt.

Ergänzend kann das Gericht auch durch entsprechende **Prozessleitungsmaßnahmen** dem Geheimnisinhaber den **umfassenden Vortrag seines Geheimnisses ersparen**, sofern dieser nicht zwingend erforderlich ist.[83] § 139 Abs. 1 Satz 3 ZPO sieht für eine solche Verfahrensstrukturierung nunmehr sogar eine ausdrückliche Rechtsgrundlage vor, mit der die Mitverantwortung des Gerichts an einer sachgerechten, dh. auch die Parteiinteressen wahrenden Klärung des Streitstoffs hervorgehoben wird. 46

III. Ausschluss der Öffentlichkeit (Abs. 2 Nr. 1)

1. Überblick

§ 19 Abs. 2 Nr. 1 **vereinfacht** gegenüber den §§ 169 ff. GVG den **Ausschluss der Öffentlichkeit** von der mündlichen Verhandlung. Die Vorschrift geht über die bisherige Regelung der §§ 172 Nr. 2, 174 Abs. 1 GVG hinaus, die einen Öffentlichkeitsausschluss nur im Falle eines wichtigen Geschäftsgeheimnisses zulassen,[84] sofern durch dessen öffentliche Verhandlung eine Verletzung überwiegender schutzwürdiger Interessen des Geheimnisinhabers zu befürchten ist. § 19 Abs. 1 Nr. 1 **verzichtet auf die Wichtigkeit der betroffenen Information** und ermöglicht daher flächendeckend die nicht öffentliche Verhandlung sämtlicher Geschäftsgeheimnisse iSd. § 2 Nr. 1. Hingegen hält die Vorschrift das bisherige Erfordernis einer umfassenden **Interessenabwägung** zumindest mittelbar aufrecht. Zwar verlangt § 19 Abs. 1 Nr. 1 nicht selbst ein im Einzelfall überwiegendes Schutzinteresse des Geheimnisinhabers. Der Ausschluss der Öffentlichkeit knüpft indes an eine vorausgegangene gerichtliche Anordnung nach § 19 Abs. 1 an, die ihrerseits nur auf Grundlage einer entsprechenden Abwägung ergehen darf. 47

2. Zuständigkeit und Verfahren

Der Ausschluss der Öffentlichkeit von der mündlichen Verhandlung bedarf gem. § 19 Abs. 2 Nr. 1 eines **separaten Antrags** der schutzsuchenden Partei. Da der Ausschluss der Öffentlichkeit an eine vorherige Einschränkung des Informationszugangs der Parteien gem. § 19 Abs. 1 und diese wiederum an eine vorherige Einstufung nach § 16 geknüpft ist, muss der Geheimnisinhaber stets drei voneinander unabhängige Anträge stellen.[85] 48

---

83 BeckOK GeschGehG/*Gregor*, § 19 Rn. 36.
84 Vgl. hierzu *McGuire*, GRUR 2015, 424, 428; *Kalbfus*, WRP 2019, 692, 698.
85 *Schregle*, GRUR 2019, 912, 916.

§ 19 Weitere gerichtliche Beschränkungen

49 Die Entscheidung über den Ausschluss der Öffentlichkeit steht nach dem Wortlaut des § 19 Abs. 2 im **gerichtlichen Ermessen**.[86] Jedenfalls nach Einschränkung des zur Verhandlungsteilnahme befugten Personenkreises gem. § 19 Abs. 1 Satz 1 Nr. 2 wird regelmäßig ein Ausschluss der Öffentlichkeit geboten sein, da die ausgeschlossenen Personen anderenfalls als Teil der Öffentlichkeit zur Verhandlungsteilnahme befugt und ihr Ausschluss entwertet wäre.[87] In Fällen, in denen das Gericht Zugangsbeschränkungen nach § 19 Abs. 1 getroffen hat, wird der ergänzende Ausschluss der Öffentlichkeit mithin der praktische Regelfall sein.[88]

50 Nach dem Wortlaut des § 19 Abs. 2 Nr. 1 („mündliche Verhandlung") erstreckt sich der Ausschluss der Öffentlichkeit grundsätzlich nicht auf die **Urteilsverkündung**, die daher gem. § 173 Abs. 1 GVG öffentlich bleibt. Jedoch kann die Öffentlichkeit gem. §§ 173 Abs. 2, 172 Nr. 2 GVG auch von der Urteilsverkündung gesondert ausgeschlossen werden.[89]

3. Verknüpfung mit einer vorausgegangenen Anordnung nach § 19 Abs. 1

51 Die Vorschrift des § 19 Abs. 2 ist konzeptionell missglückt, soweit der Ausschluss der Öffentlichkeit von der mündlichen Verhandlung von einer vorherigen Beschränkung der Zugangsrechte der Parteien gem. § 19 Abs. 1 abhängig gemacht wird.[90] Durch diesen Regelungsmechanismus werden nämlich Konstellationen denkbar, in denen die Gegenpartei gem. § 16 Abs. 2 Informationen nicht nutzen oder offenbaren darf, diese aber im Rahmen der öffentlichen Verhandlung allgemein bekannt werden.[91] Gleichermaßen können nach § 19 Abs. 1 Vertreter einer Partei vom Zugang zu Informationen ausgeschlossen werden, die zugleich öffentlich verhandelt werden. Zudem sind Fälle denkbar, in denen die berechtigten Schutzinteressen des Geheimnisinhabers eine nicht öffentliche Verhandlung ungeachtet der Zutrittsrechte der anderen Prozesspartei erfordern. Das durch § 19 implementierte **Stufenverhältnis** zwischen einer Beschränkung der Einsichtsrechte der Prozessparteien in einem ersten und dem Öffentlichkeitsausschluss erst in einem zweiten Schritt **geht daher an den praktischen Schutzbedürfnissen vorbei. Sachgerecht wäre vielmehr eine voneinander unabhängige Ausgestaltung** der gerichtlichen Einschränkungsbefugnisse gegenüber den Parteien auf der einen und der Öffentlichkeit auf der anderen Seite gewesen. Durch die Verknüpfung des Öffentlichkeitsausschlusses mit einer vorausgegangenen gerichtlichen Anordnung nach § 19 Abs. 1 wird der prozessuale Geheimnisschutz gegenüber der hergebrachten Regelung des § 172 Nr. 2 GVG an erhöhte Voraussetzungen geknüpft und damit – entgegen der Intention des Reformgesetzgebers – geschwächt.[92]

---

86 H/O/K/*Kalbfus*, § 19 Rn. 42; *Kalbfus*, WRP 2019, 692, 698.
87 *Kalbfus*, WRP 2019, 692, 698.
88 BeckOK GeschGehG/*Gregor*, § 19 Rn. 41; wohl auch H/O/K/*Kalbfus*, § 19 Rn. 42.
89 BeckOK GeschGehG/*Gregor*, § 19 Rn. 48.
90 Krit. insoweit auch *Schregle*, GRUR 2019, 912, 916.
91 *Schregle*, GRUR 2019, 912, 916.
92 Vgl. BeckOK GeschGehG/*Gregor*, § 19 Rn. 44.

IV. Beschränkte Akteneinsicht (Abs. 2 Nr. 2)

§ 19 Abs. 2 Nr. 1 erscheint auch mit Blick auf die **unionsrechtlichen Vorgaben bedenklich**. Denn Art. 9 Abs. 2 Satz 1 der Richtlinie verlangt ganz allgemein die Befugnis der Gerichte, auf Antrag des Geheimnisinhabers die erforderlichen Schutzmaßnahmen zu treffen sowie insbes. den zur Verhandlungsteilnahme berechtigten Personenkreis einzuschränken (Art. 9 Abs. 2 Satz 2 lit. b RL). Dieser Maßgabe wird die deutsche Regelung, die einen isoliert auf Ausschluss der Öffentlichkeit gerichteten Antrag nicht vorsieht, nicht gerecht. Im Schrifttum wird vor diesem Hintergrund zu Recht dafür plädiert, den **Ausschluss der Öffentlichkeit analog § 19 Abs. 2 Nr. 1 auch dann zuzulassen, wenn es an einer vorausgegangenen Beschränkung nach § 19 Abs. 1 fehlt**.[93] Der gebotene Geheimnisschutz gegenüber der Öffentlichkeit lässt sich ebenso durch Rückgriff auf die allgemeinen §§ 172 Nr. 2, 174 Abs. 1, 3 GVG herstellen.[94] Ist der Anwendungsbereich des § 19 Abs. 2 Nr. 1 in Ermangelung einer vorausgegangenen Anordnung nach § 19 Abs. 1 nicht eröffnet, so ist dem Geheimnisinhaber ein auf die allgemeinen Vorschriften gestützter Antrag auf Ausschluss der Öffentlichkeit zuzugestehen. Bei der Beurteilung der nach §§ 172 Nr. 2, 174 Abs. 1 GVG geforderten Wichtigkeit des Geheimnisses sowie bei der gebotenen Interessenabwägung sind wiederum die Wertungen des § 19 sowie das unionsrechtlich vorgeschriebene Schutzniveau zu berücksichtigen.

52

Auch ungeachtet der unionsrechtlichen Vorgaben erscheint die Abhängigkeit eines Ausschlusses der Öffentlichkeit von einer vorausgegangenen Einschränkung des Informationszugangs der Parteien wenig sinnvoll.[95] Sofern beide Schutzanordnungen überhaupt miteinander verknüpft werden sollen, wäre es allenfalls zielführend gewesen, die Zugangsrechte der Parteien umgekehrt erst nach vorherigem Ausschluss der Öffentlichkeit von der mündlichen Verhandlung zu beschränken.[96]

53

IV. Beschränkte Akteneinsicht (Abs. 2 Nr. 2)

§ 19 Abs. 2 Nr. 2 knüpft ebenfalls an eine vorausgegangene Anordnung nach § 19 Abs. 1 an und beschränkt das Akteneinsichtsrecht **für die Personen, die von der Verhandlungsteilnahme oder der Dokumenteneinsicht ausgeschlossen** sind. Für nicht an dem Rechtsstreit beteiligte Dritte hat die Vorschrift keine besondere Bedeutung. Soweit diese gem. § 299 Abs. 2 ZPO ein berechtigtes Interesse glaubhaft machen können und daher zur Akteneinsicht berechtigt sind, beschränkt sich dieses Akteneinsichtsrecht **gem. § 16 Abs. 3 ohnehin auf eine redigierte Fassung** der Akten, in der Passagen, die Geschäftsgeheimnisse enthalten, unkenntlich gemacht sind. **Eigenständige Bedeutung** erlangt § 19 Abs. 2 Nr. 2 aber im Hinblick auf Verfahrensbeteiligte, also auf Prozessbevollmächtigte, Streithelfer oder Vertreter einer Partei, denen nach § 299 Abs. 1 ZPO grundsätzlich ein **unbeschränktes**

54

---

93 BeckOK GeschGehG/*Gregor*, § 19 Rn. 42.
94 Vgl. zur subsidiären Fortgeltung der allgemeinen Regeln neben den §§ 15 ff. BT-Drs. 19/4724, S. 34.
95 *Schregle*, GRUR 2019, 912, 916.
96 *Schregle*, GRUR 2019, 912, 916.

§ 19   Weitere gerichtliche Beschränkungen

Akteneinsichtsrecht zusteht. Denn dieser Personenkreis unterliegt den Einschränkungen des § 16 Abs. 3 nicht, da sie keine „Dritten" im Sinne dieser Vorschrift sind. Wären Verfahrensbeteiligte, die gem. § 19 Abs. 1 Nr. 1, 2 von der Verhandlungsteilnahme bzw. vom Zugang zu Dokumenten ausgeschlossen sind, gem. § 299 Abs. 1 ZPO unbeschränkt zur Akteneinsicht befugt, würde der Schutzzweck des § 19 Abs. 1 Nr. 1, 2 konterkariert. Daher steht solchen Personen gem. §§ 19 Abs. 2 Nr. 2 iVm. § 16 Abs. 3 nur ein beschränktes Akteneinsichtsrecht zu. Im Umfang ihres Ausschlusses von verfahrensbezogenen Informationen werden sie mithin **Dritten iSd. § 16 Abs. 3 gleichgestellt** und sind ebenfalls nur zur Einsichtnahme redigierter Akten befugt, aus denen potenzielle Geschäftsgeheimnisse nicht ersichtlich sind.[97]

V. Geheimnisschutz im Zwangsvollstreckungsverfahren (Abs. 3)

1. Konzeption des vollstreckungsbezogenen Geheimnisschutzes

55 § 19 Abs. 3 erstreckt die Rechtspflichten der §§ 16 ff. auf das nachfolgende Zwangsvollstreckungsverfahren und stellt auf diesem Weg sicher, dass das geschützte Geschäftsgeheimnis auch in diesem Verfahrensstadium ein vergleichbares Schutzniveau genießt. In Gesamtschau mit § 18 bildet die Vorschrift ein **geschlossenes Schutzkonzept für den Zeitraum nach Abschluss des Erkenntnisverfahrens**. § 18 Satz 1 betrifft Personen, die bereits im Verlauf des Erkenntnisverfahrens mit dem Geschäftsgeheimnis in Berührung kommen, und erweitert die diesen obliegenden Offenbarungs- und Verwendungsverbote in zeitlicher Hinsicht. Demgegenüber knüpft § 19 Abs. 3 an Personen an, die **im Rahmen des Zwangsvollstreckungsverfahrens erstmalig mit dem Geschäftsgeheimnis in Berührung kommen**, und erlegt diesen originär dieselben Rechtspflichten auf.[98] Dies kann Parteien, Prozessvertreter, Zeugen und Sachverständige als auch sonstige Personen betreffen.[99]

2. Anwendungsbereich

56 Entsprechend diesem Schutzzweck ist § 19 Abs. 3 nicht auf die Vollstreckung gerichtlicher Urteile beschränkt, sondern gilt für die **Vollstreckung sämtlicher Titel**, die aus einer Geschäftsgeheimnisstreitsache hervorgegangen sind und Ansprüche nach §§ 6 ff. zum Gegenstand haben, wie es insbes. bei der Vollstreckung von Prozessvergleichen (§ 794 Abs. 1 Nr. 1 ZPO) der Fall sein kann. **Nicht erfasst** ist dagegen die Vollstreckung **notarieller Urkunden** (§ 794 Abs. 1 Nr. 5 ZPO), da dem Titel kein Gerichtsverfahren im Sinne einer Geschäftsgeheimnisstreitsache vorausgegangen ist. Auch die Vollstreckung von Kostenfestsetzungsbeschlüssen (§ 794 Abs. 1 Nr. 2 ZPO) ist nicht erfasst, da diese keinen geheimnisbezogenen Inhalt aufweisen.

---

97 BeckOK GeschGehG/*Gregor*, § 19 Rn. 50; H/O/K/*Kalbfus*, § 19 Rn. 46 f.
98 BT-Drs. 19/4724, S. 37 f.; vgl. hierzu *Kalbfus*, WRP 2019, 692, 696; *Reinfeld*, § 6 Rn. 82.
99 BT-Drs. 19/4724, S. 37.

V. Geheimnisschutz im Zwangsvollstreckungsverfahren (Abs. 3) § 19

Angesichts der Parallelität der Interessenlagen sollte § 19 Abs. 3 hingegen **analoge Anwendung auf die staatsgerichtliche Vollstreckung von Schiedssprüchen** finden, wenn das Schiedsgericht im Schiedsverfahren Anordnungen nach §§ 16 ff. (oder vergleichbaren prozessualen Regeln) getroffen hat und der Schiedsspruch nach § 1060 ZPO für vollstreckbar erklärt wurde. Soweit erforderlich, sollte § 19 Abs. 3 auch bereits auf das der Zwangsvollstreckung von Schiedssprüchen vorgeschaltete Vollstreckbarerklärungsverfahren nach § 1060 ZPO selbst analog angewandt werden.[100]

57

§ 19 Abs. 3 ist auch auf die Vollstreckung **ausländischer Urteile** gem. Art. 39 EuGVVO oder gem. §§ 328, 722, 723 ZPO anzuwenden, sofern das zu vollstreckende ausländische Urteil Ansprüche aus der (drohenden) Verletzung von Geschäftsgeheimnissen tituliert und das erkennende Gericht in der Richtlinie vorgesehene Geheimnisschutzanordnungen getroffen hat. Zwar geht der Vollstreckung in solchen Fällen kein Gerichtsprozess mit formalen Anordnungen gem. §§ 16 ff. voraus. Würde dem Geheimnisinhaber aus diesem Grund der Geheimnisschutz im Vollstreckungsverfahren versagt, wäre aber die grenzüberschreitende Vollstreckung und damit die innereuropäische Titelfreizügigkeit empfindlich gestört. Vor dem unionsrechtlichen Hintergrund der §§ 16 ff. kann der Geheimnisschutz im Vollstreckungsverfahren nicht davon abhängen, ob in dem vorausgegangenen Erkenntnisverfahren prozessuale Geheimnisschutzanordnungen nach deutschem GeschGehG oder nach den Umsetzungsvorschriften eines anderen Mitgliedstaats getroffen wurden.

58

Stets setzt § 19 Abs. 3 voraus, dass bereits im Verlauf des vorausgegangenen Gerichtsverfahrens eine Einstufung nach § 16 Abs. 1 oder eine Beschränkung nach § 19 Abs. 1 erfolgt ist. Fehlt es hieran, so kann der Geheimnisinhaber einen entsprechenden **Antrag im Zwangsvollstreckungsverfahren nicht erstmalig stellen**.[101] Jedenfalls im Hinblick auf die Anordnung von Beschränkungen gem. § 19 Abs. 1 erscheint dies ohne Weiteres systemkonform, da die erforderliche Interessenabwägung im streng formalisierten Vollstreckungsverfahren kaum sinnvoll durchführbar wäre.[102] Obwohl die Einstufung nach § 16 Abs. 1 nicht von einer vergleichbaren Interessenabwägung abhängt, leuchtet auch ihr Ausschluss aus dem Vollstreckungsverfahren ein. Denn auch die im Rahmen des Einstufungsverfahrens erforderliche Glaubhaftmachung der Voraussetzungen des § 2 Nr. 1 würde dem Vollstreckungsorgan einen erheblichen materiellen Prüfungsaufwand abverlangen. Die Beschränkung derartiger Prüfungen auf kontradiktorische Hauptsacheverfahren ist deshalb zu begrüßen.

59

---

100 Das Vollstreckbarerklärungsverfahren nach § 1060 ZPO ist kein Verfahren der Zwangsvollstreckung, sondern ein Erkenntnisverfahren eigener Art; BGH, 30.1.2013 – III ZB 40/12, NJW 2013, 3184, 3185 Rn. 10.
101 BT-Drs. 19/4724, S. 37; *Reinfeld*, § 6 Rn. 84.
102 So die Erwägung in BT-Drs. 19/4724, S. 37 f.

3. Verbleibende Regelungslücken

60 Dennoch bestehen gegen die Effektivität des vollstreckungsbezogenen Geheimnisschutzes nach §§ 18, 19 Abs. 3 nachhaltige Bedenken.[103] Denn § 750 Abs. 1 Satz 1 ZPO knüpft den Beginn der Vollstreckung an die **Zustellung des Titels**, der gerade im Falle der Titulierung von Beseitigungs- und Unterlassungsansprüchen (§ 6) eine detaillierte Beschreibung der Verletzungshandlung und damit oftmals eine **faktische Offenlegung des Geschäftsgeheimnisses enthalten** wird.[104] Während § 750 Abs. 1 Satz 2 ZPO unter Umständen eine Titelzustellung ohne Tatbestand und Entscheidungsgründe genügen lässt, kann von der **Zustellung der Urteilsformel** auch in Geschäftsgeheimnisstreitsachen nicht abgesehen werden.[105] Allenfalls soweit die Präzisierung des Geschäftsgeheimnisses für die Vollstreckung nicht unerlässlich ist, kann auf eine nähere Ausführung der Information hier verzichtet werden.[106]

---

103 BeckOK GeschGehG/*Gregor*, § 19 Rn. 54; Büscher/*McGuire*, § 19 GeschGehG Rn. 26.
104 Büscher/*McGuire*, § 19 GeschGehG Rn. 26.
105 BT-Drs. 19/4724, S. 37.
106 BeckOK GeschGehG/*Gregor*, § 19 Rn. 54.

§ 20 Verfahren bei Maßnahmen nach den §§ 16 bis 19

(1) Das Gericht der Hauptsache kann eine Beschränkung nach § 16 Absatz 1 und § 19 Absatz 1 ab Anhängigkeit des Rechtsstreits anordnen.

(2) Die andere Partei ist spätestens nach Anordnung der Maßnahme vom Gericht zu hören. Das Gericht kann die Maßnahmen nach Anhörung der Parteien aufheben oder abändern.

(3) Die den Antrag nach § 16 Absatz 1 oder § 19 Absatz 1 stellende Partei muss glaubhaft machen, dass es sich bei der streitgegenständlichen Information um ein Geschäftsgeheimnis handelt.

(4) Werden mit dem Antrag oder nach einer Anordnung nach § 16 Absatz 1 oder einer Anordnung nach § 19 Absatz 1 Satz 1 Nummer 1 Schriftstücke und sonstige Unterlagen eingereicht oder vorgelegt, muss die den Antrag stellende Partei diejenigen Ausführungen kennzeichnen, die nach ihrem Vorbringen Geschäftsgeheimnisse enthalten. Im Fall des § 19 Absatz 1 Satz 1 Nummer 1 muss sie zusätzlich eine Fassung ohne Preisgabe von Geschäftsgeheimnissen vorlegen, die eingesehen werden kann. Wird keine solche um die Geschäftsgeheimnisse reduzierte Fassung vorgelegt, kann das Gericht von der Zustimmung zur Einsichtnahme ausgehen, es sei denn, ihm sind besondere Umstände bekannt, die eine solche Vermutung nicht rechtfertigen.

(5) Das Gericht entscheidet über den Antrag durch Beschluss. Gibt es dem Antrag statt, hat es die Beteiligten auf die Wirkung der Anordnung nach § 16 Absatz 2 und § 18 und Folgen der Zuwiderhandlung nach § 17 hinzuweisen. Beabsichtigt das Gericht die Zurückweisung des Antrags, hat es die den Antrag stellende Partei darauf und auf die Gründe hierfür hinzuweisen und ihr binnen einer zu bestimmenden Frist Gelegenheit zur Stellungnahme zu geben. Die Einstufung als geheimhaltungsbedürftig nach § 16 Absatz 1 und die Anordnung der Beschränkung nach § 19 Absatz 1 können nur gemeinsam mit dem Rechtsmittel in der Hauptsache angefochten werden. Im Übrigen findet die sofortige Beschwerde statt.

(6) Gericht der Hauptsache im Sinne dieses Abschnitts ist

1. das Gericht des ersten Rechtszuges oder
2. das Berufungsgericht, wenn die Hauptsache in der Berufungsinstanz anhängig ist.

Schrifttum: *Druschel/Jauch*, Der Schutz von Know-how im deutschen Zivilprozess: Der Status quo und die zu erwartenden Änderungen, Teil I: Der derzeitige und zukünftige prozessuale Geheimnisschutz im Know-how-Verletzungsverfahren, BB 2018, 1218; *Ernst*, Praxisrelevante Aspekte der Umsetzung der EU Richtlinie 2016/943, MDR 2019, 897; *Kalbfus*, Rechts-

§ 20 Verfahren bei Maßnahmen nach den §§ 16 bis 19

durchsetzung bei Geheimnisverletzungen – Welchen prozessualen Schutz gewährt das Geschäftsgeheimnisgesetz dem Kläger?, WRP 2019, 692; *McGuire*, Know-how: Stiefkind, Störenfried oder Sorgenkind? Lücken und Regelungsalternativen vor dem Hintergrund des RL-Vorschlags, GRUR 2015, 424; *Schlingloff*, Geheimnisschutz im Zivilprozess aufgrund der „Know-how-Schutz"-Richtlinie – Was muss sich im deutschen Prozessrecht ändern?, WRP 2018, 666; *Schulte*, Ein Überblick über die Regelungen des neuen Geschäftsgeheimnisgesetzes, ArbRB 2019, 143.

Übersicht

	Rn.		Rn.
I. Vorbemerkung	1	IV. Glaubhaftmachung (Abs. 3)	17
II. Zeitpunkt der Anordnungen (Abs. 1)	8	V. Kennzeichnungserfordernisse (Abs. 4)	22
III. Gewährung rechtlichen Gehörs (Abs. 2)	12	VI. Gerichtliche Entscheidung und Rechtsmittel (Abs. 5)	24
1. Zeitpunkt der Anhörung der Gegenpartei	13	1. Gerichtsbeschluss und Hinweispflichten	24
2. Abänderungsbefugnis des Gerichts	15	2. Rechtsmittel	26
		VII. Gerichtszuständigkeiten (Abs. 6).	28

I. Vorbemerkung

1 § 20 ergänzt die gerichtlichen Befugnisse gem. §§ 16 Abs. 1, 19 Abs. 1 um **verfahrensbezogene Detailregelungen**. Insofern hat der nationale Gesetzgeber keine unionsrechtlichen Vorgaben umgesetzt, sondern die nähere Ausgestaltung des unionsrechtlich determinierten Antragsverfahrens an das nationale Prozessrecht angepasst.[1] Die Vorschrift konkretisiert sowohl die Anforderungen an den zur Herbeiführung gerichtlicher Schutzanordnungen erforderlichen Antrag als auch die gegen die gerichtliche Entscheidung statthaften Rechtsbehelfe. In der praktischen Handhabung der prozessualen Geheimnisschutzmechanismen sind die Maßgaben des § 20 trotz ihres eher „technischen" Regelungsgehalts gerade aus Sicht von Antragsteller und Gericht somit von nicht zu unterschätzender Relevanz.

2 § 20 Abs. 1 stellt klar, dass das Prozessgericht bereits **ab Anhängigkeit des Rechtsstreits** befugt ist, ein potenzielles Geschäftsgeheimnis nach § 16 Abs. 1 als geheimhaltungsbedürftig einzustufen oder nach § 19 Abs. 1 den Zugang der Gegenpartei zu geheimnisbezogenen Aktenstücken und Verhandlungsteilen zu begrenzen. Es kommt also nicht auf die Rechtshängigkeit der konkreten Geschäftsgeheimnisstreitsache und damit auf die vorherige Klagezustellung an den Beklagten (§§ 253 Abs. 1, 261 ZPO) an: Das Gericht kann die beantragten Beschlüsse nach §§ 16 Abs. 1, 19 Abs. 1 fassen, **ohne die Gegenseite zuvor anzuhören**.

---

[1] Büscher/*McGuire*, § 20 GeschGehG Rn. 2.

I. Vorbemerkung § 20

Spätestens nach Anordnung der Maßnahme schreibt § 20 Abs. 2 Satz 1 jedoch die **Anhörung** der anderen Partei vor. Dadurch wird einerseits die **Gewährung rechtlichen Gehörs** (Art. 103 Abs. 1 GG) gegenüber dem Betroffenen sichergestellt. Andererseits bestätigt die Regelung, dass die Maßnahmen nach §§ 16 Abs. 1, 19 Abs. 1 bereits unmittelbar nach Klageeinreichung ohne vorherige Anhörung der Gegenseite angeordnet werden können. Dadurch soll dem hohen Schutzbedürfnis sensibler Geschäftsgeheimnisse Rechnung getragen werden, die bereits durch bloße Anhörung der Gegenseite gefährdet oder gar irreversibel verbreitet werden können.[2] Die einseitige Betonung der Interessen des Geheimnisinhabers wird durch § 20 Abs. 2 Satz 2 relativiert, der dem Gericht nach Anhörung der Gegenpartei die Kompetenz zur Aufhebung oder Abänderung der zuvor getroffenen Maßnahme zuspricht. In der Praxis wird das Gericht eine beantragte Anordnung gem. §§ 16 Abs. 1, 19 Abs. 1 daher regelmäßig zunächst erlassen, um bereits zu einem frühen Verfahrenszeitpunkt auf den Schutz des potenziellen Geschäftsgeheimnisses hinzuwirken. Gelingt es dem Beklagten aber in seiner nachfolgenden Anhörung, das Vorliegen der Anordnungsvoraussetzungen zu erschüttern, so wird die Anordnung aufgehoben oder abgeändert. 3

§ 20 Abs. 3 enthält nähere Vorgaben zu den Darlegungsanforderungen für Anträge nach §§ 16 Abs. 1, 19 Abs. 1. Danach wird im Antragsverfahren lediglich die **Glaubhaftmachung** verlangt, dass es sich bei der zu schützenden Information um ein Geschäftsgeheimnis handelt. Mit dem Glaubhaftmachungserfordernis nimmt die Vorschrift auf § 294 ZPO Bezug und verdeutlicht zudem den **summarischen Charakter der Anordnungsverfahren**. Den Antragserfordernissen kommt eine besondere Bedeutung zu, da der nationale Gesetzgeber von der in der Richtlinie optional vorgesehenen Möglichkeit eines amtswegigen Anordnungsverfahrens abgesehen hat und es damit dem Geheimnisinhaber überlässt, selbst für den aus seiner Sicht gebotenen Geheimnisschutz zu sorgen.[3] 4

§ 20 Abs. 4 konkretisiert die im Antragsverfahren vorzulegenden Dokumente. Dem Antragsteller wird die Kennzeichnung derjenigen Passagen auferlegt, die nach seiner Auffassung zu schützende Geschäftsgeheimnisse enthalten. Im Antragsverfahren gem. § 19 Abs. 1 ist zudem eine Fassung vorzulegen, in der die **betreffenden Passagen unkenntlich** gemacht sind, damit die Dokumente sowohl den unbeschränkt Zugangsberechtigten (§ 19 Abs. 1 Satz 3) als auch den von der Einsicht ausgeschlossenen Personen zugänglich gemacht werden können. 5

§ 20 Abs. 5 regelt Einzelheiten bzgl. der **gerichtlichen Beschlussentscheidung** sowie hinsichtlich der statthaften **Rechtsbehelfe**. So darf der Antrag nicht zurückgewiesen werden, ohne dass der Antragsteller zuvor über die Gründe in Kenntnis gesetzt und zu diesen angehört wurde. Damit wird der besonderen Sensibilität von Geschäftsgeheimnissen Rechnung getragen, da dem Geheimnisinhaber nicht ohne 6

---
2 BT-Drs. 19/4724, S. 38.
3 *Druschel/Jauch*, BB 2018, 1218, 1222; *Schlingloff*, WRP 2018, 666, 670.

§ 20 Verfahren bei Maßnahmen nach den §§ 16 bis 19

Vorwarnung der begehrte Schutz versagt wird. Diese Begünstigung des Geheimnisinhabers gegenüber dem präsumtiven Verletzer setzt sich bei der Ausgestaltung der Rechtsbehelfe fort. Hier soll die mit einer – ggf. ungerechtfertigten – Anordnung nach § 16 Abs. 1 oder § 19 Abs. 1 verbundene Beeinträchtigung des Beklagten hinzunehmen sein, solange nur der Schutz des potenziellen Geschäftsgeheimnisses gesichert ist.[4] Dementsprechend kann der Beklagte ihn belastende Schutzanordnungen nicht isoliert, sondern nur zusammen mit der Hauptsacheentscheidung anfechten. Hingegen steht dem klagenden Geheimnisinhaber gegen einen Gerichtsbeschluss, durch den der Antrag auf Erlass einer Schutzanordnung zurückgewiesen wird, gem. § 20 Abs. 5 Satz 5 die sofortige Beschwerde offen.

7 § 20 Abs. 6 stellt schließlich klar, dass die Anordnungskompetenz dem **erstinstanzlich zuständigen Landgericht** sowie im Berufungsverfahren dem **zuständigen Berufungsgericht** zusteht. Implizit geht aus dieser Regelung hervor, dass ein Antrag nach §§ 16 Abs. 1, 19 Abs. 1 auch erstmalig im Berufungsverfahren gestellt werden kann.

II. Zeitpunkt der Anordnungen (Abs. 1)

8 § 20 Abs. 1 bestimmt, dass das Gericht Schutzmaßnahmen nach §§ 16 Abs. 1, 19 Abs. 1 bereits **ab Anhängigkeit des Rechtsstreits** und damit ab Eingang der Klageschrift treffen kann. Daraus folgt, dass der Geheimnisinhaber den Antrag auf gerichtliche Schutzmaßnahmen bereits mit Einreichung der Klageschrift stellen kann.[5] Im Vergleich mit der überkommenen Rechtslage, die Geheimnisschutzanordnungen gem. §§ 172 Nr. 2, 174 Abs. 1 ZPO erst ab Beginn der mündlichen Verhandlung vorsah, **erweitert dies den zeitlichen Schutzumfang erheblich**.[6] Die explizite Anknüpfung an die Anhängigkeit des Rechtsstreits bedeutet zugleich, dass die Rechtshängigkeit der Geschäftsgeheimnisstreitsache sowie die Zustellung der Klageschrift an den Beklagten (§§ 253 Abs. 1, 261 ZPO) nicht erforderlich sind. Da es gem. § 20 Abs. 2 Satz 1 zudem auch einer vorherigen Anhörung des Beklagten im Regelfall nicht bedarf, kann der Geheimnisinhaber, wenn er die Klageerhebung mit dem Antrag auf Erlass einer gerichtlichen Schutzanordnung verbindet, zumeist einen erheblichen Überrumpelungseffekt erzielen.[7] Denn in derartigen Fällen wird der Beklagte von der bereits ergangenen gerichtlichen Schutzanordnung oftmals erst zusammen mit der Klageschrift erfahren.[8]

9 Eine **isolierte Durchführung** des Antragsverfahrens ist gesetzlich **nicht vorgesehen**. Ein Antragsverfahren nach §§ 16 Abs. 1, 19 Abs. 1 ist daher alleine im Rah-

---

4 BT-Drs. 19/4724, S. 38.
5 *Ernst*, MDR 2019, 897, 902; *Reinfeld*, § 6 Rn. 86.
6 Büscher/*McGuire*, § 20 GeschGehG Rn. 1; *McGuire*, GRUR 2015, 424, 428; *Schlingloff*, WRP 2018, 666, 670.
7 *Schulte*, ArbRB 2019, 143, 146.
8 Büscher/*McGuire*, § 20 GeschGehG Rn. 3.

men einer konkreten Geschäftsgeheimnisstreitsache und erst nach deren Anhängigkeit möglich.[9]

Die Klageerhebung als solche kann angesichts ihrer **Bedingungsfeindlichkeit** (§ 253 Abs. 2 Nr. 2 ZPO) nicht an die Bedingung geknüpft werden, dass ein zeitgleich eingereichter Einstufungsantrag gem. § 16 Abs. 1 Erfolg hat.[10] Beabsichtigt das Gericht indes die Ablehnung des Einstufungsantrags, so hat es dem Antragsteller gem. § 20 Abs. 5 Satz 3 vor Klagezustellung Gelegenheit zur Stellungnahme und damit auch zur Anpassung bzw. Rücknahme (§ 269 Abs. 1 ZPO) seiner Klage zu geben.[11]   10

Entsprechend den im Prozesskostenhilfeverfahren anerkannten Grundsätzen wird im Schrifttum dafür plädiert, ein Vorgehen zuzulassen, nach dem die Klagezustellung unter die Bedingung des Erfolgs des mit der Klageeinreichung gestellten Einstufungsantrags gem. § 16 Abs. 1 gestellt wird.[12]   11

III. Gewährung rechtlichen Gehörs (Abs. 2)

Gem. § 20 Abs. 2 Satz 1 soll die Gegenpartei wegen der hohen Sensibilität von Geschäftsgeheimnissen regelmäßig **erst nach der Anordnung einer Maßnahme durch das Gericht** angehört werden. Stellt sich die Anordnung im weiteren Verfahren als unzutreffend heraus, so kann das Gericht diese auf Antrag oder von Amts wegen abändern oder aufheben. Diese gesetzlich angelegte **Verfahrensabstufung** bevorzugt erkennbar die Schutzinteressen des Geheimnisinhabers. Sie rechtfertigt sich durch die Besonderheiten des materiellen Geschäftsgeheimnisschutzes. Denn eine ungerechtfertigte gerichtliche Schutzanordnung lässt sich schnell und ohne größeren Aufwand aus der Welt schaffen, wohingegen ein einmal zu Unrecht offenbartes Geschäftsgeheimnis nicht wiederherzustellen ist.[13]   12

1. Zeitpunkt der Anhörung der Gegenpartei

§ 20 Abs. 2 Satz 1 sichert die Gewährung rechtlichen Gehörs (Art. 103 Abs. 1 GG) zugunsten der Gegenpartei „spätestens nach Anordnung der Maßnahme". Damit bestätigt die Regelung, dass es einer **Gehörsgewährung vor Anordnung der Schutzmaßnahme grds. nicht bedarf**. Dies ist dem hohen Schutzbedürfnis von Geschäftsgeheimnissen geschuldet, die nach einmaligem Öffentlichwerden nicht wiederhergestellt werden und schon durch eine Anhörung der anderen Partei im Einzelfall gefährdet sein können.[14] Die hohe Sensibilität von Geschäftsgeheimnissen wird mithin auch durch die konkrete Verfahrensgestaltung nochmals betont.   13

---

9 BeckOK GeschGehG/*Gregor*, § 20 Rn. 4.
10 BeckOK GeschGehG/*Gregor*, § 20 Rn. 5.
11 BeckOK GeschGehG/*Gregor*, § 20 Rn. 6.
12 BeckOK GeschGehG/*Gregor*, § 20 Rn. 6.
13 Büscher/*McGuire*, § 20 GeschGehG Rn. 4.
14 BT-Drs. 19/4724, S. 38; vgl. auch H/O/K/*Kalbfus*, § 20 Rn. 8; *Reinfeld*, § 6 Rn. 92.

§ 20 Verfahren bei Maßnahmen nach den §§ 16 bis 19

14 Dem Wortlaut zufolge („spätestens") ist eine Anhörung der Gegenseite erst nach Anordnung der Schutzmaßnahme aber nicht zwingend. Die **Verfahrensstrukturierung** steht insoweit **im freien Ermessen des Gerichts**. Ausweislich der Gesetzesbegründung geht der Gesetzgeber jedoch davon aus, dass die Anordnung bereits vor der Gewährung rechtlichen Gehörs wegen des hohen Schutzbedürfnisses des Geheimnisinhabers den praktischen Regelfall bilden dürfte.[15] Eine der Anordnung vorausgehende Anhörung soll nur dann in Erwägung zu ziehen sein, wenn besondere Gründe hierfür sprechen. Beispielhaft führen die Gesetzesmaterialien den Fall auf, dass der genaue Personenkreis bestimmt werden soll, dem Zugang zu den Dokumenten gewährt werden soll.[16]

2. Abänderungsbefugnis des Gerichts

15 § 20 Abs. 2 Satz 2 sieht vor, dass das Gericht Maßnahmen nach Anhörung der anderen Partei abändern oder aufheben kann. Eines Antrags bedarf es insoweit nicht. Die **amtswegige Korrekturbefugnis** ist im Zusammenhang mit dem summarischen Charakter der Anordnungsverfahren gem. §§ 16 Abs. 1, 19 Abs. 1 zu sehen und gleicht dessen klägerfreundliche Ausgestaltung aus. Sie erlaubt dem Gericht eine **jederzeitige Revidierung** seiner ursprünglichen Einschätzung, wenn sich im weiteren Verfahrensverlauf – insbes. durch nachträgliche Anhörung des Beklagten – herausstellt, dass ein Geschäftsgeheimnis voraussichtlich nicht vorliegt.[17] Ohnehin wird der Antragsgegner in der Praxis die begehrte Aufhebung oder Abänderung der Maßnahme zumindest (konkludent) anregen. In geeigneten Fällen sollte er auch im eigenen Interesse klarstellen, ob und ggf. in welcher Form bei primär begehrter Aufhebung der Maßnahme eine hilfsweise Abänderung in Betracht kommt.

16 Vielfach werden dem **Beklagten** im Rahmen seiner nachträglichen Anhörung **nur begrenzte Mittel** zur Verfügung stehen, um **auf eine Aufhebung** bereits ergangener Anordnungen gem. § 20 Abs. 2 Satz 2 **hinzuwirken**. Gerade zu Beginn einer Geschäftsgeheimnisstreitsache wird der präsumtive Verletzer oftmals weder die streitgegenständliche Information noch die sonstigen nach § 2 Nr. 1 für das Vorliegen eines Geschäftsgeheimnisses erforderlichen Umstände derart detailliert kennen, dass er substantiiert zum Nichtvorliegen der Voraussetzungen des § 2 Nr. 1 vortragen könnte. Insbesondere wird dem Antragsgegner oftmals unbekannt sein, welche Geheimhaltungsmaßnahmen iSv. § 2 Nr. 1 lit. b der Antragsteller innerhalb seines Unternehmens tatsächlich getroffen hat. Oftmals ist Gericht und Antragsgegner allein derjenige Tatsachenstoff bekannt, den der Antragsteller im Rahmen des Einstufungsantrags nach § 16 Abs. 1 vorgetragen hat. Das behauptete Vorliegen eines Geschäftsgeheimnisses auf dieser Informationsgrundlage zu bestreiten, wird daher vielfach nicht erfolgreich sein. Zusätzlich erschwert wird der entsprechende

---

15 BT-Drs. 19/4724, S. 38; vgl. hierzu auch *Kalbfus*, WRP 2019, 692, 699.
16 BT-Drs. 19/4724, S. 38.
17 BT-Drs. 19/4724, S. 38, H/O/K/*Kalbfus*, § 20 Rn. 14 ff.

Verteidigungsvortrag des Antragsgegners, wenn der Zugang zu Akten und mündlicher Verhandlung gem. § 19 Abs. 1 Nr. 1, 2 auf – unter Umständen technisch nicht bewanderte – Personen begrenzt ist.[18] Mangels ausreichender Sachkunde der mit vollem Informationszugang ausgestatteten Personen wird der Prozessgegner selbst dann mitunter nur eingeschränkt auf eine Revidierung der Einstufung einer Information als geheimhaltungsbedürftig hinwirken, wenn die im weiteren Verfahrensverlauf zutage tretenden Informationen Zweifel am Vorliegen der Voraussetzungen des § 2 Nr. 1 aufwerfen. Die Gegenpartei ist deshalb darauf angewiesen, dass das Gericht von seiner Aufhebungs- und Abänderungsbefugnis Gebrauch macht, und wird gut beraten sein, im Rahmen der Anhörung auf entsprechende Korrekturen hinzuwirken.

IV. Glaubhaftmachung (Abs. 3)

§ 20 Abs. 3 konkretisiert die im Antragsverfahren nach § 16 Abs. 1, 19 Abs. 1 zu beachtenden **Darlegungs- und Beweisanforderungen**. Danach hat der **Antragsteller das Vorliegen eines Geschäftsgeheimnisses glaubhaft zu machen**. Die Vorschrift ist als Bezugnahme auf § 294 ZPO auszulegen und bedeutet gegenüber § 286 ZPO eine Absenkung des Beweismaßes, sodass es der vollen richterlichen Überzeugung von der Geschäftsgeheimniseigenschaft nicht bedarf. Ausreichend ist vielmehr, dass das Gericht das Vorliegen der von Seiten des Antragstellers behaupteten, den Tatbestand des § 2 Nr. 1 erfüllenden Tatsachen **für wahrscheinlicher erachtet** als ihr Nichtvorliegen. Die hierzu statthaften Beweismittel richten sich nach § 294 ZPO. Einerseits ist neben den Beweismitteln des Strengbeweisverfahrens auch die eidesstattliche Versicherung möglich (§ 294 Abs. 1 ZPO). Andererseits bleibt der Antragsteller auf präsente Beweismittel beschränkt (§ 294 Abs. 2 ZPO). Glaubhaft zu machen ist neben dem wesentlichen Gehalt der als vertraulich einzustufenden Information insbes., inwiefern die Information Gegenstand angemessener Geheimhaltungsmaßnahmen ist (§ 2 Nr. 1 lit. b) und woraus sich ein schutzwürdiges Interesse des Antragstellers an der Geheimhaltung ergibt (§ 2 Nr. 1 lit. c). Eine besondere Wichtigkeit oder Schutzbedürftigkeit ist – anders als noch unter § 172 Nr. 2 GVG – nicht Voraussetzung der Geheimnisschutzmaßnahmen und muss demnach auch nicht im Antragsverfahren vorgetragen und glaubhaft gemacht werden.[19]

Im **Schrifttum** wird in Anbetracht der Formulierung der Richtlinienvorgaben zum Teil bezweifelt, dass die Glaubhaftmachungsanforderungen des § 294 ZPO den **unionsrechtlichen Vorgaben in ausreichendem Maße Rechnung tragen**.[20] Art. 9 Abs. 1 der Richtlinie 2016/943/EU verlange die Möglichkeit einer gerichtlichen Einstufung bereits im Falle eines „angeblichen Geschäftsgeheimnisses" und stelle

17

18

---
18 *Schlingloff*, WRP 2018, 666, 670.
19 BeckOK GeschGehG/*Gregor*, § 20 Rn. 14.
20 *Schlingloff*, WRP 2018, 666, 670; BeckOK GeschGehG/*Gregor*, § 16 Rn. 26.

§ 20   Verfahren bei Maßnahmen nach den §§ 16 bis 19

damit allein auf eine entsprechende Klägerbehauptung ab.[21] Hingegen erfordere eine Glaubhaftmachung iSd. § 294 ZPO, dass das Vorliegen der betreffenden Tatsache nach Einschätzung des Gerichts wahrscheinlicher ist als ihr Nichtvorliegen.[22] Daher müssten die Darlegungs- und Beweisanforderungen ggf. in richtlinienkonformer Auslegung abgesenkt werden.[23]

19   Diese Ansicht ist jedoch beachtlichen Einwendungen ausgesetzt. So bleibt schon **unklar, welches** hinter den Anforderungen des § 294 ZPO zurückbleibende **Beweismaß stattdessen gelten soll**. Die Gerichte müssten konsequenterweise prozessuale Schutzmaßnahmen nach den §§ 16 ff. auch dann anordnen, wenn nach ihrer Einschätzung mit überwiegender Wahrscheinlichkeit kein schützenswertes Geschäftsgeheimnis vorliegt, dh. die summarische Prüfung der Voraussetzungen des § 2 Nr. 1 negativ ausfällt. Dass eine dann weitgehend voraussetzungslose, dh. gleichsam automatische Einstufung einer Information als geheimhaltungsbedürftig nicht der Intention der Richtlinie entspricht, verdeutlicht das in Art. 9 Abs. 1 Satz 1 sowie Abs. 2 Satz 1 RL angesprochene Erfordernis eines „ordnungsgemäß begründeten Antrags".[24] Die an eine ordnungsgemäße Antragsbegründung zu stellenden Anforderungen werden durch die Richtlinie nicht näher konkretisiert und durch das Glaubhaftmachungserfordernis des § 294 ZPO von Seiten des nationalen Gesetzgebers in zulässiger Weise ausgestaltet.[25] Eine richtlinienkonforme Korrektur des im Einstufungsverfahren anzulegenden Beweismaßes ist vor diesem Hintergrund abzulehnen. Richtigerweise determiniert der Begriff des „angeblichen Geschäftsgeheimnisses" in Art. 9 Abs. 1 RL die im Einstufungsverfahren anzulegenden Darlegungs- und Beweisanforderungen nicht. Es handelt sich vielmehr um eine Umschreibung des Umstands, dass die Existenz des prozessual geltend gemachten Geschäftsgeheimnisses zu dem fraglichen Entscheidungszeitpunkt häufig ungesichert ist. Denn nach dem Schutzzweck der Richtlinie soll der prozessuale Geschäftsgeheimnisschutz bereits ab dem Zeitpunkt der Anhängigkeit des Verfahrens, dh. noch vor der Zustellung der Klage, gewährleistet werden, sodass das Gericht – sofern es von einer vorherigen Anhörung des Prozessgegners absieht – allein auf der Grundlage des Klägervortrags entscheiden muss. Die verfahrensrechtlich unscharfe Wendung des „angeblichen Geschäftsgeheimnisses" bedeutet deshalb „vom Antragsteller prozessual geltend gemachtes Geschäftsgeheimnis". Diese Lesart wird nicht nur durch die englische Sprachfassung bestätigt, in der – verfahrensrechtlich präziser – vom „alleged trade secret", also dem vom Antragsteller „prozessual behaupteten" Geschäftsgeheimnis die Rede ist. Auch der deutsche Richt-

---

21 *Schlingloff*, WRP 2018, 666, 670.
22 Vgl. BGH, 21.10.2010 – V ZB 210/09, NJW-RR 2011, 136, 137; Saenger/*ders.*, § 294 ZPO Rn. 2, jeweils mwN.
23 *Schlingloff*, WRP 2018, 666, 670; BeckOK GeschGehG/*Gregor*, § 16 Rn. 26; Büscher/*McGuire*, § 20 GeschGehG Rn. 5.
24 *Kalbfus*, WRP 2019, 692, 699.
25 *Kalbfus*, WRP 2019, 692, 699.

IV. Glaubhaftmachung (Abs. 3) § 20

linientext verwendet im Übrigen das Wort „angeblich" stets im Zusammenhang mit dem (potenziell streitigen) Klägervortrag im Know-how-Verletzungsverfahren.[26]

Bei der im Schrifttum diskutierten Frage, welche Angaben dem Kläger ohne unzumutbare Gefährdung des aus seiner Sicht schützenswerten Geheimnisses abverlangt werden können, handelt es sich bei Lichte besehen auch nicht um ein Problem des prozessualen Beweismaßes, sondern vielmehr um eine **Frage nach dem Grad prozessualer Substantiierung**, welche dem Antragsteller beim Vortrag vermeintlich schützenswerter Informationen abverlangt wird. Die **allgemeinen Substantiierungsanforderungen** an die Darlegung einer Geheimnisverletzung können hierbei in Anbetracht der besonderen Sensibilität von Geschäftsgeheimnissen sowie vor dem Hintergrund der Irreversibilität ihrer Verletzungen durchaus **reduziert** werden.[27] Allerdings muss der Vortrag des Antragstellers stets konkret genug sein, um eine Stellungnahme des Gegners zu ermöglichen.[28] Nähere Einzelheiten sind in der Antragsschrift nur dann anzugeben, wenn diese für die Rechtsfolgen von Bedeutung sind.[29] In der Praxis werden die Gerichte sowohl die allgemeinen Darlegungsanforderungen als auch das Beweismaß des § 294 ZPO einzelfallabhängig anpassen können, um das erforderliche Schutzniveau zu gewährleisten. Eine umfassende Offenlegung des aus Sicht des Antragstellers schützenswerten Geschäftsgeheimnisses gegenüber dem Gericht ist nicht zu verlangen.[30] Dennoch können nähere Angaben nicht per se mit dem Verweis auf deren Geheimhaltungsbedürftigkeit verweigert werden.[31] Der Antragsteller muss Tatsachen jedenfalls in einem **Detaillierungsgrad** darlegen und glaubhaft machen, welcher dem Gericht eine **(summarische) Prüfung der Geschäftsgeheimniseigenschaft** anhand der Voraussetzungen des § 2 Nr. 1 sowie eine mit Ordnungsmitteln durchsetzbare Einstufungsentscheidung gem. § 16 Abs. 1 **ermöglicht**.[32] Tendenziell sollten sie hierbei mit Anträgen nach § 16 Abs. 1 großzügig verfahren.[33] Denn während eine unterlassene Einstufung den irreversiblen Geheimnisverlust zur Folge hat, lässt sich die ungerechtfer-

---

26 Vgl. Erwgrd. 7 aE: „dass der Inhaber eines Geschäftsgeheimnisses eine Klage wegen angeblichen rechtswidrigen Erwerbs oder angeblicher rechtswidriger Nutzung oder Offenlegung des Geschäftsgeheimnisses durch einen Dritten erhebt"; Erwgrd. 12 aE: „wenn ein Antrag auf in dieser Richtlinie vorgesehene Maßnahmen, Verfahren oder Rechtsbehelfe wegen des angeblichen Erwerbs oder der angeblichen Nutzung und Offenlegung von Geschäftsgeheimnissen zurückzuweisen ist"; Art. 5: „dass ein Antrag … abgelehnt wird, wenn der angebliche Erwerb oder die angebliche Nutzung und Offenlegung des Geschäftsgeheimnisse …"; Art. 10 Abs. 1: „dass die zuständigen Gerichte auf Antrag des Inhabers des Geschäftsinhabers eine der folgenden vorläufigen und vorbeugenden Maßnahmen gegen den angeblichen Rechtsverletzer anordnen können"; Art. 10 Abs. 2: „dass die Gerichte … die Fortsetzung der angeblich rechtswidrigen Nutzung eines Geschäftsgeheimnisses…".
27 *Ernst*, MDR 2019, 897, 902.
28 BGH, 20.9.2002 – V ZR 170/01, NJW-RR 2003, 69, 70.
29 BGH, 1.6.2005 – XII ZR 275/05, NJW 2005, 2710, 2711.
30 BeckOK GeschGehG/*Gregor*, § 20 Rn. 15.
31 LG München I, 13.8.2019 – 7 O 3890/19, BeckRS 2019, 18148.
32 BeckOK GeschGehG/*Gregor*, § 20 Rn. 15.
33 BeckOK GeschGehG/*Gregor*, § 16 Rn. 26.

§ 20   Verfahren bei Maßnahmen nach den §§ 16 bis 19

tigte Einstufung gem. § 20 Abs. 2 Satz 2 ohne Weiteres korrigieren. Die berechtigten Interessen des Prozessgegners werden darüber hinaus durch § 18 Satz 2 Alt. 1 geschützt, der die Schutzwirkungen des § 16 Abs. 2 mit der rechtskräftigen Verneinung der Geschäftsgeheimniseigenschaft nachprozessual entfallen lässt.[34]

21   Zur weiteren Rechtsklarheit und Rechtssicherheit kann sicherlich auch die **Bildung von Fallgruppen** beitragen, anhand derer die an den Antrag konkret zu stellenden Anforderungen im Einzelnen handhabbar gemacht werden können.[35] Denn die Anforderungen können sich je nach Art des zu schützenden Geheimnisses unterscheiden.[36] So wird im Hinblick auf Kundenlisten und vergleichbare Geheimnisse regelmäßig von niedrigeren Glaubhaftmachungsanforderungen auszugehen sein als etwa im Hinblick auf diffizile technische Details, die regelmäßig einen wesentlich weiterreichenden Vortrag des Geheimnisinhabers erfordern werden, um dem Gericht eine sachgerechte Einordnung zu ermöglichen.[37]

V. Kennzeichnungserfordernisse (Abs. 4)

22   § 20 Abs. 4 enthält **detaillierte Vorgaben** bzgl. der von der antragstellenden Partei im Zusammenhang mit der Antragstellung **einzureichenden Dokumente**. Bei Anträgen nach § 16 Abs. 1 muss der Antragsteller **diejenigen Ausführungen** in den vorgelegten Dokumenten **kennzeichnen, die** nach seiner Auffassung **Geschäftsgeheimnisse enthalten,** die das Gericht als geheimhaltungsbedürftig einzustufen hat. Auf diesem Wege soll dem Gericht eine gezielte Prüfung der Anordnungsvoraussetzungen erleichtert werden. Im Verfahren der Antragstellung nach § 19 Abs. 1 muss zusätzlich eine **Fassung ohne Preisgabe** von Geschäftsgeheimnissen vorgelegt werden, die eingesehen werden kann. Diese Dokumente sind erforderlich, damit das Gericht einerseits die Abwägungsentscheidung des § 19 Abs. 1 Satz 2 vornehmen und andererseits der Gegenpartei ein auch nach der Anordnung einsehbares Dokument zur Verfügung stellen kann.

23   Entspricht der Geheimnisinhaber diesen Anforderungen nicht, so kann das Gericht grds. **von der Zustimmung des Antragstellers zur Einsicht ausgehen**, es sei denn ihm sind besondere Umstände bekannt, die eine solche Vermutung nicht rechtfertigen.[38] Letzteres wird regelmäßig etwa im Falle einer unzureichenden Antragstellung anzunehmen sein, die den Geheimhaltungswillen des Antragstellers dennoch erkennen lässt. In diesen Fällen darf das Gericht nicht ohne Weiteres vom Einverständnis des Antragstellers mit einer Einsichtnahme durch die Gegenpartei ausgehen, sondern muss den Antragsteller nach § 139 ZPO auf die missachteten Antragserfordernisse **hinweisen**.

---

34 *Ernst*, MDR 2019, 897, 902.
35 *Schlingloff*, WRP 2018, 666, 670.
36 *Schlingloff*, WRP 2018, 666, 670.
37 *Schlingloff*, WRP 2018, 666, 670.
38 BT-Drs. 19/4724, S. 38.

VI. Gerichtliche Entscheidung und Rechtsmittel (Abs. 5)

1. Gerichtsbeschluss und Hinweispflichten

Die gerichtliche Entscheidung über Anträge nach §§ 16 Abs. 1, 19 Abs. 1 ergeht nach § 20 Abs. 5 Satz 1 durch **Beschluss**. Wegen der Tragweite der aus der gerichtlichen Anordnung folgenden Rechtspflichten hat das Gericht die Beteiligten auf die Wirkungen des stattgebenden Beschlusses sowie auf die Folgen eines Verstoßes **hinzuweisen**.[39]   24

Beabsichtigt das Gericht die Zurückweisung des Antrags, so hat es die antragstellende Partei hierauf sowie auf die Gründe für die beabsichtigte Zurückweisung **hinzuweisen** und **unter Setzung einer angemessenen Frist Gelegenheit zur Stellungnahme** zu geben.[40] Während die Zurückweisung erst nach Anhörung des Antragstellers erfolgen darf, ist die andere Prozesspartei nach der Vorstellung des Gesetzgebers während des Antragsverfahrens regelmäßig noch nicht involviert und muss daher grundsätzlich nicht gehört werden.[41]   25

2. Rechtsmittel

Nach § 20 Abs. 5 Satz 4 kann die Anordnung der Geheimhaltungsmaßnahmen gem. §§ 16 Abs. 1, 19 Abs. 1 **nur gemeinsam mit der Hauptsacheentscheidung angefochten** werden. Eine isolierte Anfechtung der Anordnungen ist ausgeschlossen. Der Beklagte ist damit gezwungen, die mit einer – ggf. ungerechtfertigten – gerichtlichen Anordnung verbundenen Folgen während des gesamten erstinstanzlichen Verfahrens hinzunehmen. **Gegen die Zurückweisung** eines entsprechenden Antrags findet nach § 20 Abs. 5 Satz 5 hingegen die **sofortige Beschwerde** statt. Der Geheimnisinhaber wird daher nicht gezwungen, den Prozess in erster Instanz ohne den begehrten Geheimnisschutz fortzuführen. Er kann die gerichtliche Entscheidung zeitnah überprüfen lassen. Dies gilt allerdings nur in erster Instanz. Im **Berufungsverfahren** ist der gerichtliche Beschluss, mit dem der Antrag zurückgewiesen wird, **unanfechtbar**.[42]   26

Durch die **gespaltene Anfechtbarkeit** soll ein an Sinn und Zweck des materiellen Geheimnisschutzes orientierter Rechtsweg gewährleistet und dem Umstand Rechnung getragen werden, dass ein offenkundig gewordenes Geheimnis kaum jemals wieder hergestellt werden kann.[43] Lehnt das Gericht Maßnahmen nach §§ 16 Abs. 1 oder 19 Abs. 1 ab, so gerät das Geheimnis in unmittelbare Gefahr, was einen sofortigen Rechtsbehelf des Geheimnisinhabers erfordert. Insoweit wird der Geheimnisinhaber privilegiert, da die Gegenpartei gegen die Anordnung trotz der damit verbundenen Belastungen erst nach Abschluss des erstinstanzlichen Verfahrens   27

---

39 BT-Drs. 19/4724, S. 38.
40 BT-Drs. 19/4724, S. 38; H/O/K/*Kalbfus*, § 20 Rn. 35.
41 *Reinfeld*, § 6 Rn. 98.
42 *Reinfeld*, § 6 Rn. 99.
43 BT-Drs. 19/4724, S. 38; H/O/K/*Kalbfus*, § 20 Rn. 40.

§ 20   Verfahren bei Maßnahmen nach den §§ 16 bis 19

vorgehen kann. Ausweislich der Regierungsbegründung beruht dies auf einer bewussten Gewichtung der Parteiinteressen. Solange der Schutz des Geschäftsgeheimnisses gewährleistet ist, ist die Beeinträchtigung der anderen Partei hinzunehmen.[44]

VII. Gerichtszuständigkeiten (Abs. 6)

28 Eine Klarstellung hinsichtlich des für den Erlass von Schutzanordnungen nach §§ 16 Abs. 1, 19 Abs. 1 zuständigen Gerichts enthält § 20 Abs. 6. Die Vorschrift bestimmt in Nr. 1 die **Grundsatzzuständigkeit des Gerichts des ersten Rechtszugs** und stellt in Nr. 2 klar, dass entsprechende Anordnungen im Berufungsverfahren dem **Berufungsgericht** obliegen. Implizit ergibt sich daraus, dass es dem Geheimnisinhaber im Grundsatz freisteht, die Einstufung einer Information als geheimhaltungsbedürftig (§ 16 Abs. 1) oder die Beschränkung des einsichtsberechtigten Personenkreises erstmals im Berufungsverfahren zu beantragen.

---

44 BT-Drs. 19/4724, S. 38.

§ 21 Bekanntmachung des Urteils

(1) ¹Der obsiegenden Partei einer Geschäftsgeheimnisstreitsache kann auf Antrag in der Urteilsformel die Befugnis zugesprochen werden, das Urteil oder Informationen über das Urteil auf Kosten der unterliegenden Partei öffentlich bekannt zu machen, wenn die obsiegende Partei hierfür ein berechtigtes Interesse darlegt. ²Form und Umfang der öffentlichen Bekanntmachung werden unter Berücksichtigung der berechtigten Interessen der im Urteil genannten Personen in der Urteilsformel bestimmt.

(2) Bei den Entscheidungen über die öffentliche Bekanntmachung nach Absatz 1 Satz 1 ist insbesondere zu berücksichtigen:

1. der Wert des Geschäftsgeheimnisses,

2. das Verhalten des Rechtsverletzers bei Erlangung, Nutzung oder Offenlegung des Geschäftsgeheimnisses,

3. die Folgen der rechtswidrigen Nutzung oder Offenlegung des Geschäftsgeheimnisses und

4. die Wahrscheinlichkeit einer weiteren rechtswidrigen Nutzung oder Offenlegung des Geschäftsgeheimnisses durch den Rechtsverletzer.

(3) Das Urteil darf erst nach Rechtskraft bekannt gemacht werden, es sei denn, das Gericht bestimmt etwas anderes.

Schrifttum: *Brammsen/Apel*, Die „Anschwärzung", § 4 Nr. 8 UWG, WRP 2009, 1464; *Burhenne*, Der Anspruch auf Veröffentlichung von Gerichtsentscheidungen im Lichte wettbewerblicher Betrachtung, GRUR 1952, 84; *Flechsig*, Zur Zulässigkeit der identifizierenden Urteilsveröffentlichung durch Private im Internet, AfP 2008, 284; *Jauernig*, Dürfen Prozeßbeteiligte in veröffentlichten Zivilentscheidungen genannt werden?, in: FS Bötticher, 1969, S. 219; *Kohler*, Zum Gesetz über den unlauteren Wettbewerb, AcP 88 (1898), 251; *Kolb*, Der Anspruch auf Urteilsbekanntmachung im Markenrecht, GRUR 2014, 513; *Seydel*, Einzelfragen der Urteilsbekanntmachung, GRUR 1965, 650; *Steigüber*, Der „neue" Anspruch auf Urteilsbekanntmachung im Immaterialgüterrecht?, GRUR 2011, 295; *Wronka*, Veröffentlichungsbefugnis von Urteilen, WRP 1975, 644.

Übersicht

	Rn.
I. Regelungsgegenstand	1
1. Unionsrechtlicher Rahmen und vergleichbare Regelungen	1
2. Unionsrechtskonformität	4
3. Rechtsnatur	8
4. Verhältnis zu sonstigen Ansprüchen	10
5. Persönlicher Anwendungsbereich: Aktiv- und Passivseite	13
II. Tatbestandsvoraussetzungen	17
1. Geschäftsgeheimnisstreitsache	17
2. Obsiegende Partei	25
3. Antrag	26
4. Entscheidung des Gerichts	29

§ 21   Bekanntmachung des Urteils

	Rn.		Rn.
5. Interessenabwägung	34	III. Vorläufige Vollstreckbarkeit	
a) Aktivseite	35	und Zeitpunkt	40
b) Passivseite	38	IV. Rechtsfolgen	42

I. Regelungsgegenstand

1. Unionsrechtlicher Rahmen und vergleichbare Regelungen

1   § 21 ermöglicht es dem Berechtigten, die **vollstreckbare gerichtliche Anordnung** der **Bekanntmachung** einer zu seinen Gunsten ergangenen rechtskräftigen Entscheidung in einer Geschäftsgeheimnisstreitsache zu erreichen.[1] § 21 erscheint im Kontext des Geheimnisschutzes zunächst **kontraintuitiv**:[2] Die Bekanntmachung eines Urteils in einer Geschäftsgeheimnisstreitsache[3] trägt das Risiko der Bekanntgabe auch des umstrittenen Geschäftsgeheimnisses in sich. Jedoch sind vergleichbare Regelungen (teilweise seit langem[4]) aus anderen Gesetzen zum Geistigen Eigentum bzw. gewerblichen Rechtsschutz bekannt,[5] wenngleich ihre **praktische Relevanz** bislang auch eher **gering** geblieben ist.[6]

2   Auch die Richtlinie sieht – in weitgehendem Einklang[7] mit der älteren Enforcement-RL 2004/48/EG[8] – eine entsprechende Bestimmung vor. **Art. 15 RL 2016/943/EU** („Veröffentlichung von Gerichtsentscheidungen") lautet wie folgt:

„(1) Die Mitgliedstaaten stellen sicher, dass die zuständigen Gerichte bei Verfahren wegen des rechtswidrigen Erwerbs oder der rechtswidrigen Nutzung oder Offenlegung von Geschäftsgeheimnissen auf Antrag des Antragstellers und auf Kosten des

---

[1] Unter § 17 UWG aF war dies bei (rechtskräftigen) Urteilen über lauterkeitsrechtliche Unterlassungsansprüche ebenfalls möglich, da eine Verletzung des § 17 UWG aF ggf. unter § 3 UWG iVm. § 8 UWG fiel, vgl. (wenn auch ohne Bezug zur Urteilsbekanntmachung) HK-UWG/*Kotthoff/Gabel*, § 17 Rn. 33.
[2] Ähnl. Büscher/*McGuire*, § 21 GeschGehG Rn. 3: „kontraproduktiv".
[3] Zum Begriff § 16 Abs. 1 sowie § 16 Rn. 5 ff.
[4] Vgl. § 23 UWG aF (1909); eingehend GK-UWG/*Teplitzky*, 1. Aufl. 1991, § 23, auch zur historischen Entwicklung (Rn. 1 ff.).
[5] S. nur § 12 Abs. 3 UWG, § 19c MarkenG, § 103 UrhG, § 140e PatG, § 24e GebrMG, § 47 DesignG, § 37e SortSchG, § 9 Abs. 2 HalblSchG iVm. § 24e GebrMG.
[6] Vgl. schon GK-UWG/*Teplitzky*, 1. Aufl. 1991, § 23 Rn. 3; s. auch Büscher/*McGuire*, § 21 GeschGehG Rn. 4.
[7] BeckOK GeschGehG/*Gregor*, § 21 Rn. 3; Büscher/*McGuire*, § 21 GeschGehG Rn. 4.
[8] Deren einschlägiger Art. 15 („Veröffentlichung von Gerichtsentscheidungen") liest sich wie folgt: „Die Mitgliedstaaten stellen sicher, dass die Gerichte bei Verfahren wegen Verletzung von Rechten des geistigen Eigentums auf Antrag des Antragstellers und auf Kosten des Verletzers geeignete Maßnahmen zur Verbreitung von Informationen über die betreffende Entscheidung, einschließlich der Bekanntmachung und der vollständigen oder teilweisen Veröffentlichung, anordnen können. Die Mitgliedstaaten können andere, den besonderen Umständen angemessene Zusatzmaßnahmen, einschließlich öffentlichkeitswirksamer Anzeigen, vorsehen"; zu weiteren europarechtlichen „Schwesterregelungen" BeckOK GeschGehG/*Gregor*, § 21 Rn. 2.

Rechtsverletzers geeignete Maßnahmen zur Verbreitung von Informationen über die betreffende Entscheidung, einschließlich der vollständigen oder teilweisen Veröffentlichung, anordnen können.

(2) Bei jeder Maßnahme gemäß Absatz 1 des vorliegenden Artikels wird die Vertraulichkeit von Geschäftsgeheimnissen gemäß Artikel 9 gewährleistet.

(3) Bei der Entscheidung darüber, ob eine Maßnahme gemäß Absatz 1 angeordnet wird, und bei der Bewertung ihrer Verhältnismäßigkeit berücksichtigen die zuständigen Gerichte gegebenenfalls den Wert des Geschäftsgeheimnisses, das Verhalten des Rechtsverletzers bei Erwerb, Nutzung oder Offenlegung des Geschäftsgeheimnisses, die Folgen der rechtswidrigen Nutzung oder Offenlegung des Geschäftsgeheimnisses und die Wahrscheinlichkeit einer weiteren rechtswidrigen Nutzung oder Offenlegung des Geschäftsgeheimnisses durch den Rechtsverletzer.

Die zuständigen Gerichte berücksichtigen auch, ob die Informationen über den Rechtsverletzer die Identifizierung einer natürlichen Person ermöglichen würden und, falls ja, ob die Veröffentlichung dieser Informationen gerechtfertigt wäre, insbesondere im Lichte des etwaigen Schadens, den eine solche Maßnahme der Privatsphäre und dem Ruf des Rechtsverletzers zufügen kann."

Der **Zweck** dieser Bestimmung wird durch **Erwgrd. 31** näher erläutert, der lautet: 3

„Zur zusätzlichen Abschreckung für potenzielle Rechtsverletzer und zur Sensibilisierung der breiten Öffentlichkeit ist es zweckmäßig, Entscheidungen in Fällen, bei denen es um den rechtswidrigen Erwerb oder die rechtswidrige Nutzung oder Offenlegung von Geschäftsgeheimnissen geht, gegebenenfalls durch öffentlichkeitswirksame Anzeigen zu veröffentlichen, sofern die Veröffentlichung weder mit einer Offenlegung des Geschäftsgeheimnisses verbunden ist noch der Privatsphäre und der Reputation natürlicher Personen auf unverhältnismäßige Weise abträglich ist."

2. Unionsrechtskonformität

§ 21 weist gegenüber Art. 15 der RL *prima facie* **deutliche Abweichungen** in Wortlaut und Umfang auf:[9] 4

– § 21 steht der „obsiegenden Partei" offen (→ Rn. 13 ff.), während Art. 15 der RL nur den „Antragsteller" anspricht.
– In § 21 Abs. 1 Satz 1 wird für die Urteilsbekanntmachung ein „berechtigtes Interesse" verlangt und in Satz 2 die „berechtigten Interessen" der im Urteil genannten Personen zum Abwägungsrahmen ernannt, die Art. 15 der RL jeweils nicht explizit erwähnt.[10]
– § 21 erwähnt nicht ausdrücklich, dass bei allen Maßnahmen im Rahmen der Vorschrift die Vertraulichkeit im gerichtlichen Verfahren (Art. 9 RL) zu wahren ist, wie es Art. 15 Abs. 2 RL festhält.

---

9 K/B/F/*Alexander*, § 21 GeschGehG Rn. 7; H/O/K/*Harte-Bavendamm*, § 21 Rn. 2; BeckOK GeschGehG/*Gregor*, § 21 Rn. 3 bezeichnet daher die Umsetzung sogar – wie sich zeigen wird, übertrieben – als „unvollständig".
10 BeckOK UWG/*Barth*, § 21 GeschGehG Rn. 2.

§ 21   Bekanntmachung des Urteils

- Die Aufzählung der bei der Entscheidung über die öffentliche Bekanntmachung zu berücksichtigenden Abwägungskriterien in § 21 Abs. 3 hat durch das Wort „insbesondere" deutlich gemacht, dass dieser Katalog nicht abschließend ist.[11] In Art. 15 Abs. 2 RL findet das Wort „insbesondere" keine unmittelbare Entsprechung, sodass die dort genannten Kriterien abschließend seien.[12]
- Art. 15 Abs. 3 RL hält weiter fest, dass bei der Entscheidung über die Urteilsbekanntmachung auch zu berücksichtigen ist, ob diese zur Identifizierbarkeit einer natürlichen Person führen kann und ob dies unter Berücksichtigung der Folgen für die betroffene Person gerechtfertigt wäre (man könnte dies – etwas überschießend – anschaulich als „Datenschutzvorbehalt" bezeichnen).

5   Insbes. da Art. 15 Abs. 3 RL zu denjenigen Bestimmungen der Richtlinie gehört, bei deren Umsetzung die Mitgliedstaaten das Schutzniveau weder über- noch unterschreiten dürfen und die insoweit **zwingend** sind,[13] und wegen der aufgezeigten Divergenzen wird teilweise **angezweifelt**, dass § 21 eine **unionsrechtskonforme Umsetzung** ist.[14]

6   Dies ist freilich bei Lichte besehen **nicht der Fall**:
- Unschädlich ist, dass § 21 auf **Aktiv- und Passivseite** anwendbar ist: Dass der zu Unrecht in Anspruch Genommene hier berechtigt ist, berührt nicht den harmonisierten Bereich der Richtlinie.[15]
- Soweit § 21 von „berechtigtem Interesse" spricht, ist dies eine Voraussetzung für die von der RL in Art. 15 in Zusammenschau mit Erwgrd. 31 geforderte **Verhältnismäßigkeit** für eine Urteilsveröffentlichung: Die Durchsetzung von unberechtigten Interessen wäre schikanös und daher auch unverhältnismäßig. Die Abweichung ist also unproblematisch.[16]
- Die Wahrung der Vertraulichkeit im Gerichtsverfahren (§§ 15 ff./Art. 9 RL) bei allen Maßnahmen nach § 21 ist eine **Selbstverständlichkeit**, sodass Art. 15 Abs. 2 RL deklaratorisch ist.
- Auch der **Katalog** in Art. 15 Abs. 3 RL ist **nicht abschließend**,[17] auch wenn ihm nicht das Wort „insbesondere" vorangestellt ist, wie es der deutschen Übung entspricht. In Art. 15 Abs. 3 RL ist die Rede davon, dass die Gerichte bei ihrer Ent-

---

11 S. auch die Gesetzesbegründung in BT-Drs. 19/4725, S. 39.
12 K/B/F/*Alexander*, § 21 GeschGehG Rn. 23; MK-UWG/*Namysłowska*, B.III Art. 15 Richtlinie Rn. 8.
13 Einl. C Rn. 56 ff.; MK-UWG/*Namysłowska*, B.III Art. 15 Richtlinie Rn. 2.
14 So wohl K/B/F/*Alexander*, § 21 GeschGehG Rn. 7; BeckOK GeschGehG/*Gregor*, § 21 Rn. 3.
15 Zutreffend H/O/K/*Harte-Bavendamm*, § 21 Rn. 8 mit dem Hinweis darauf, dass auch die sonstigen Urteilsbekanntmachungsansprüche des deutschen Rechts des Geistigen Eigentums und Lauterkeitsrechts (oben Fn. 5) entsprechend ausgestaltet sind und dies auch sein dürfen; entsprechend auch die Gesetzesbegründung in BT-Drs. 19/4724, S. 39.
16 IE auch BeckOK UWG/*Barth*, § 21 GeschGehG Rn. 2.
17 H/O/K/*Harte-Bavendamm*, § 21 Rn. 22.

scheidung „gegebenenfalls" die folgenden Kriterien berücksichtigen; deren Berücksichtigung ist also nicht zwingend,[18] sondern muss nur nach Lage der Dinge erfolgen. Zudem ist Art. 15 RL, wie auch Erwgrd. 31 verdeutlicht, ausdrücklich vom **Verhältnismäßigkeitsgrundsatz** geprägt. Dieser verträgt sich nicht mit einem abschließenden Kriterienkatalog. Vielmehr muss es möglich sein, alle maßgeblichen Umstände des Einzelfalles in die betreffende Abwägung einzubeziehen.[19]

– Schließlich ist es auch unschädlich, dass der „**Datenschutzvorbehalt**" in Art. 15 Abs. 2 RL sich nicht ausdrücklich in § 21 wiederfindet: Vielmehr sind Belange von durch eine Urteilsbekanntmachung betroffenen dritten Personen iRd. in § 21 gebotenen umfassenden Interessenabwägung ohnehin mit zu berücksichtigen, was selbstverständlich auch deren Persönlichkeitsrechte im Allgemeinen[20] und Datenschutzrechte im Besonderen[21] umfasst. Dies ist in **§ 21 Abs. 1 Satz 2 klargestellt**, wonach die „berechtigten Interessen der im Urteil genannten Personen" zu berücksichtigen sind.[22] „Genannt" meint hier ersichtlich nicht nur namentlich oder sonst eindeutig bezeichnet, sondern „identifizierbar". Eine Entscheidung gänzlich ohne Berücksichtigung des „Datenschutzvorbehalts" des Art. 15 Abs. 2 RL ist also nach § 21 nicht möglich.[23] Ergänzend ist hierzu anzumerken, dass die Veröffentlichungspraxis hinsichtlich von nichtanonymisierten Urteilen in Deutschland ohnehin sehr zurückhaltend ist, sodass die Rechtsprechung hierfür auch sehr sensibilisiert ist: Anders als etwa in den USA, wo nicht nur die vollständige Veröffentlichung von Urteilen üblich ist, sondern diese auch noch in aller Regel nach den Klarnamen der Parteien benannt werden,[24] werden deutsche Gerichtsurteile idR zur Veröffentlichung nur in ano-

---

18 Zum Vergleich zB die englische Sprachfassung: „where appropriate", französische Sprachfassung: „le cas échéant".
19 Ebenso H/O/K/*Harte-Bavendamm*, § 21 Rn. 22; iE, wenn auch ohne Begründung, auch BeckOK UWG/*Barth*, § 21 GeschGehG Rn. 10; BeckOK GeschGehG/*Gregor*, § 21 Rn. 10; Büscher/ McGuire, § 21 GeschGehG Rn. 8. Differenzierend Nebel/Diedrich/*Nebel*, § 21 Rn. 2, der nur zugunsten des Verletzers, nicht aber zugunsten des Geheimnisinhabers weitere Abwägungskriterien zulassen möchte; dies überzeugt freilich nicht, weil dann die Verhältnismäßigkeitsprüfung eine pauschale, angemessene Ergebnisse erschwerende Unwucht aufweisen würde.
20 Dies war im deutschen Recht auch bislang schon anerkannt, vgl. nur *Flechsig*, AfP 2008, 284.
21 Das Datenschutzrecht ist letztlich nur ein Regelungsregime zum Schutz und Ausgleich bestimmter persönlichkeitsrechtlicher Interessen der betroffenen Personen und der verarbeitenden Stellen sowie Dritter, vgl. nur K/B/F/*Alexander*, § 21 GeschGehG Rn. 28; BeckOK GeschGehG/*Gregor*, § 21 Rn. 11.
22 Wohl skeptischer BeckOK GeschGehG/*Gregor*, § 21 Rn. 11.
23 H/O/K/*Harte-Bavendamm*, § 21 Rn. 2 empfiehlt gleichwohl, Art. 15 Abs. 2 RL stets in § 21 Abs. 2 „mit ‚hineinzulesen'", was zur Meidung von Missverständnissen ein plausibler Vorschlag ist.
24 *Jauernig*, in: FS Bötticher, S. 219, 240, auch zu ähnlichen Übungen in anderen europäischen Ländern.

§ 21 Bekanntmachung des Urteils

nymisierter Form abgegeben.[25] Vor diesem Hintergrund entbehrt es auch nicht einer gewissen **Skurrilität**, dass die Unionsgerichte insoweit keine Rücksicht auf die datenschutzrechtlichen Interessen der Beteiligten nehmen, sondern Urteile – ähnlich der US-Praxis – vollständig und nicht anonymisiert publizieren.[26]

7   Folglich ist festzuhalten, dass § 21 eine **unionsrechtskonforme Umsetzung** von Art. 15 RL darstellt.

3. Rechtsnatur

8   Wie auch bei den anderen Tatbeständen zur Urteilsbekanntmachung im Geistigen Eigentum und Lauterkeitsrecht[27] ist fraglich, welche **Rechtsnatur** § 21 hat. Ist es ein zivilrechtlicher Anspruch der betreffenden, obsiegenden Partei (näher Rn. 13 ff.) und insoweit ein besonders ausgeformter Bestandteil ihres Folgenbeseitigungsanspruchs?[28] Handelt es sich um einen generalpräventiv (Abschreckung von Rechtsverletzern) motivierten Anspruch „sui generis"?[29] Oder stellt die Norm – ebenfalls denkbar – eine (generalpräventiv motivierte) spezielle Befugnis des Gerichts dar, das es nur auf Antrag der betreffenden, obsiegenden Partei ausüben darf?

9   **Richtigerweise** wird man weiterhin in § 21 entgegen anderer Ansicht[30] einen **individuellen Anspruch** der betreffenden, obsiegenden Partei sehen müssen, der einen Teil ihres materiellen Anspruchs auf Folgenbeseitigung gegen die andere Partei wegen des unberechtigten Rechtsangriffs bzw. der betreffenden Rechtsverletzung speziell (wenn auch fakultativ) ausgestaltet.[31] **Generalpräventive Aspekte**, wie sie in Erwgrd. 27 der Enforcement-RL und auch in Erwgrd. 31 der RL betont werden,[32]

---

25 Vgl. BVerfG, 26.2.1997 – 6 C 3/96, NJW 1997, 2694 (auch zu einem entsprechenden Anonymisierungsgebot); *Jauernig*, in: FS Bötticher, S. 219.
26 Hierzu auch schon *Jauernig*, in: FS Bötticher, S. 219, 240.
27 S. oben Fn 5.
28 So die traditionelle deutsche Lesart von Urteilsbekanntmachungstatbeständen, s. nur BGH, 8.5.2002 – I ZR 98/00 GRUR 2002, 799, 801 – Stadtbahnfahrzeug; HK-MarkenG/*Jansen*, § 19c Rn. 30; S/H/T/*Thiering*, § 19c Rn. 28; Fromm/Nordemann/*Nordemann*, § 103 UrhG Rn. 13; E/J/F/M/*Eichmann/Jestaedt* § 47 DesignG Rn. 11; *Mes*, § 140e PatG Rn. 4; Schricker/Loewenheim/*Wimmers*, § 103 Rn. 3 mwN.
29 So unter Bezugnahme auf Erwgrd. 27 der Enforcement-RL *Steigüber*, GRUR 2011, 295, 296 f.; Schricker/Loewenheim/*Wimmers*, § 103 Rn. 3; tendenziell, aber differenzierter H/O/K/*Harte-Bavendamm*, § 21 Rn. 4.
30 K/F/B/*Alexander*, § 21 GeschGehG Rn. 14; wohl auch H/O/K/*Harte-Bavendamm*, § 21 Rn. 5; zu § 12 Abs. 3 UWG etwa Ahrens/*Bähr*, Kap. 37 Rn. 3; *Melullis*, Rn. 1208.
31 Ähnl. BeckOK UWG/*Barth*, § 21 GeschGehG Rn. 4; zu § 12 Abs. 3 UWG entsprechend GK-UWG₂/*Feddersen*, § 12 E Rn. 3 mwN; *Burhenne*, GRUR 1952, 84, 86 (zu § 23 UWG aF); ähnl. schon *Kohler*, AcP 88 (1898), 251, 265 f.; zur **Bipolarität** des § 21 hinsichtlich seiner Anwendbarkeit auf Aktiv- und Passivseite sogleich Rn. 13 ff.
32 Nebenbei: Man würde den Unionsgesetzgeber in seinen dogmatischen Ambitionen wohl überschätzen, wenn man ihm unterstellen würde, dass er in (ohnehin nicht verbindlichen, s. Einl. C Rn. 28) Erwgrdn. implizit die Rechtsnatur einer Norm beschreiben würde.

ändern hieran nichts:³³ Dass die öffentlichkeitswirksame Beseitigung von Folgen zB einer Rechtsverletzung immer auch das Potenzial haben, die Öffentlichkeit für derartige Rechtsverletzungen zu sensibilisieren oder mögliche Nachamer einer sanktionierbaren Handlung **abzuschrecken**, ist (notwendige) Nebenfolge, aber nicht (schon gar nicht alleiniger) Zweck einer solchen Maßnahme. Wäre es anders, wäre es konsequent gewesen, die Urteilsbekanntmachung antragsunabhängig in die Hand und das Ermessen des Gerichts zu legen. Dass dies nicht erfolgt ist, macht sehr deutlich, dass der Unionsgesetzgeber ebenfalls davon ausgeht, dass Art. 15 eine individuelle Befugnis der betreffenden Partei regelt, die für sie nachteiligen Folgen im Anwendungsbereich von Art. 15 auf eine spezifische Art beseitigen zu lassen.

4. Verhältnis zu sonstigen Ansprüchen

In enger Verbindung mit der soeben dargestellten Diskussion um die Rechtsnatur von Bestimmungen zu Urteilsbekanntmachungen steht die Frage, wie sich diese zu anderen Ansprüchen verhalten, die dem Anspruchsinhaber ein Recht auf Bekanntmachung einer ihm günstigen Entscheidung einräumen. Die wohl **hM** vertritt hier die Auffassung, dass solche Ansprüche – etwa aus § 6 Satz 1 UWG oder § 1004 BGB³⁴ – zu unterscheiden seien.³⁵ 10

Richtig hieran ist, dass § 21 **keine Spezialität** oder **Priorität** für eine Urteilsbekanntmachung nach dieser Norm postuliert:³⁶ Es bleibt der betreffenden Partei unbenommen, diese auf andere (rechtmäßige) Weise zu erreichen oder durchzusetzen (oder auch das Urteil in rechtmäßiger Weise selbst zu veröffentlichen).³⁷ Umgekehrt bedeutet aber eine erfolgreiche Urteilsbekanntmachung nach § 21 ggf. gleichzeitig ein Erlöschen des entsprechenden Anspruchs durch Erfüllung bzw. Beseitigung einer Tatbestandsvoraussetzung (zB fortwirkende Irritation der Öffentlichkeit): Dieselbe Bekanntmachung wird sich auf Grundlage einer anderen Anspruchsgrundlage nicht mehr erreichen lassen. Daher ist es **vorzugswürdig**, in § 21 die Regelung einer spezifischen Komponente des Folgenbeseitigungsanspruchs „an sich" zu sehen, auf welche Anspruchsgrundlage auch immer er sich stützt.³⁸ 11

---

33 Insoweit ähnl. K/B/F/*Alexander*, § 21 GeschGehG Rn. 8; vgl. auch die mehrere Funktionen der Norm herausstellende Begründung zu § 21, BT-Drs. 19/4724, S. 39.
34 Weitere verwandte Ansprüche: Schadensersatz iVm. dem Anspruch auf Naturalrestitution (§ 249 BGB); Widerrufs bzw. Richtigstellungsansprüche, etwa im Rahmen von § 8 Abs. 1 UWG; Gegendarstellungsanspruch nach den Landespresse- und Mediengesetzen, eingehend zum Verhältnis des Urteilsbekanntmachungsanspruchs zu diesen (im Kontext zu § 12 Abs. 3 UWG) GK-UWG/*Feddersen*, § 12 E Rn. 7 ff. mwN.
35 K/B/F/*Alexander*, § 21 GeschGehG Rn. 14; H/O/K/*Harte-Bavendamm*, § 21 Rn. 14.
36 Vgl. nur H/O/K/*Harte-Bavendamm*, § 21 Rn. 14 mwN.
37 Durchweg unstr., s. schon *Kohler*, AcP 88 (1898), 251, 262 (zu § 13 UWG aF).
38 Ähnl. für den negatorischen Veröffentlichungsanspruch aus § 1004 BGB analog GK-UWG₂/*Feddersen*, § 12 E Rn. 7.

§ 21 Bekanntmachung des Urteils

12 Freilich kann eine Partei eine **Bekanntmachung** des Urteils auch **selbst betreiben** und Form und Inhalt frei wählen. **Problematisch** hierbei ist allerdings, dass diese Partei dann das Risiko trägt, dass die von ihr gewählte Form oder der von ihr gewählte Inhalt der Bekanntmachung eine unlautere geschäftliche Handlung darstellt – etwa, weil sie den Gegner in unangemessener Weise bloßstellt –, die ihrerseits sanktioniert werden kann.[39] Zudem wird sie in diesem Fall in aller Regel die Kosten der Bekanntmachung selbst zu tragen haben und es fehlt der „amtliche" Charakter einer gerichtlich angeordneten Urteilsbekanntmachung, die die Überzeugungskraft erhöhen dürfte.[40]

5. Persönlicher Anwendungsbereich: Aktiv- und Passivseite

13 Der Wortlaut von § 21 legt in der Gesamtschau mit den Vorgaben des Art. 15 der RL (s. oben → Rn. 4 ff.) auf den ersten Blick nahe, dass eine Bekanntmachung nach § 21 nur für die obsiegende **Aktivpartei** zur Verfügung steht, vor allem, da die in Abs. 2 genannten Kriterien im Wesentlichen diese Konstellation betreffen (→ Rn. 35). Dieser erste Eindruck ist indes unzutreffend: **Auch** die **Passivpartei**, der etwa zu Unrecht die Verletzung eines Geschäftsgeheimnisses vorgehalten wurde, kann nach so **einhelliger wie zutreffender Meinung** im (und sei es nur teilweisen)[41] Obsiegensfall einen Antrag nach § 21 stellen, sinnhafterweise zur Meidung eines weiteren Verfahrens im Wege der rechtzeitigen Widerklage.[42]

14 Der Grund dafür, dass § 21 der Aktiv- wie auch der Passivseite zur Verfügung steht, ist zunächst der Grundsatz der prozessualen **Waffengleichheit**.[43]

15 Weiter spricht auch die **Prozessökonomie** dafür, auch der Passivpartei diesen Anspruch zu geben: Die Norm erhöht die Wahrscheinlichkeit, dass die Passivseite diesen Anspruch widerklagend im selben Verfahren geltend macht – etwa wegen Verletzung von § 4 Nr. 2 UWG oder § 823 Abs. 1, 2 BGB iVm. dem Recht am eingerichteten und ausgeübten Gewerbebetrieb[44] –, anstatt einen (freilich weiterhin möglichen)[45] gesonderten Prozess anzustrengen.

---

39 Vgl. nur OLG Karlsruhe, 22.6.1988 – 6 U 200/87, WRP 1989, 40, 43; OLG Koblenz, 8.11.1988 – 6 W 681/88, WRP 1989, 43, 44; OLG Hamm, 7.2.2008 – 1-4 U 154/07, MMR 2008, 750, 751; krit. dazu E/J/F/M/*Eichmann/Jestaedt*, § 47 DesignG Rn. 12.
40 H/O/K/*Harte-Bavendamm*, § 21 Rn. 14 mwN.
41 BT-Drs. 19/4724, S. 39; H/O/K/*Harte-Bavendamm*, § 21 Rn. 9.
42 So die Gesetzesbegründung in BT-Drs. 19/4724, S. 39; aus der Literatur K/B/F/*Alexander*, § 21 GeschGehG Rn. 15; BeckOK UWG/*Barth*, § 21 GeschGehG Rn. 6; BeckOK GeschGehG/*Gregor*, § 21 Rn. 6; H/O/K/*Harte-Bavendamm*, § 21 Rn. 8.
43 H/O/K/*Harte-Bavendamm*, § 21 Rn. 8.
44 Vgl. nur *Brammsen/Apel*, WRP 2009, 1464, 1467.
45 H/O/K/*Harte-Bavendamm*, § 21 Rn. 9.

Nicht antragsbefugt sind hingegen Streithelfer,[46] da diese keine Partei des Rechtsstreits sind[47] und daher nicht selbst über den Streitgegenstand bestimmen können.[48] Insoweit ergeben sich im Kontext des GeschGehG keine Besonderheiten. **16**

II. Tatbestandsvoraussetzungen

1. Geschäftsgeheimnisstreitsache

§ 21 ist **nur** in **Geschäftsgeheimnisstreitsachen** anwendbar. Dies sind gem. der Legaldefinition des § 16 „Klagen, durch die Ansprüche nach diesem Gesetz geltend gemacht werden". **17**

Da das GeschGehG freilich den Geschäftsgeheimnisschutz stärken sollte und zudem die Interessenlage grundsätzlich vergleichbar ist, geht die **herrschende Meinung** mit Recht davon aus, dass „Geschäftsgeheimnissachen" über den Wortlaut des § 16 hinaus grundsätzlich nicht nur Klageverfahren aller Art in der Hauptsache (inklusive Unterlassungs- und negativer Feststellungsklage),[49] sondern auch entsprechende Verfügungsverfahren sind, in denen es um Ansprüche nach dem GeschGehG geht (näher Einl. C und Vor § 15 Rn. 20 ff.).[50] **18**

Die **offenbar herrschende Meinung** nicht nur zu § 21,[51] sondern auch zu den „Schwesterbestimmungen" in anderen Gesetzen zum Geistigen Eigentum und Lauterkeitsrecht,[52] **verneint** heute[53] gleichwohl die **Anwendbarkeit** dieser Bestimmungen zur Urteilsbekanntmachung im **Verfügungsverfahren**. Im Wesentlichen wird hierzu argumentiert, dass die Bekanntmachung – wie auch § 21 Abs. 3 zeigt – nicht für vorläufige, sondern nur für rechtskräftige Entscheidungen möglich sein soll.[54] **19**

---

46 BeckOK UWG/*Barth*, § 21 GeschGehG Rn. 6.
47 S/H/T/*Thiering*, § 19c Rn. 8 unter Verweis auf BGH, 16.12.1980 – VI. ZR 308/79, GRUR 1981, 297 – Anne Frank (dort allerdings ohne Bezug zur Urteilsbekanntmachung).
48 Vgl. nur allg. Stein/Jonas/*Jacoby*, § 67 Rn. 5; MK-ZPO/*Schultes*, § 67 Rn. 16, jeweils mwN.
49 K/B/F/*Alexander*, § 21 GeschGehG Rn. 13; BeckOK UWG/*Barth*, § 21 GeschGehG Rn. 6; H/O/K/*Harte-Bavendamm*, § 21 Rn. 6.
50 AA offenbar OLG München, 8.8.2019 – 29 W 940/19, BB 2019, 2515 m. krit. Anm. *Apel*.
51 BeckOK GeschGehG/*Gregor*, § 21 Rn. 4; K/B/F/*Alexander*, § 21 GeschGehG Rn. 13; H/O/K/*Harte-Bavendamm*, § 21 Rn. 9; implizit wohl auch Büscher/*McGuire*, § 21 GeschGehG Rn. 9.
52 S. nur Fromm/Nordemann/*Nordemann*, § 103 UrhG Rn. 5; HK-UWG/*Ekey*, § 12 Rn. 289; S/H/T/*Thiering*, § 19c Rn. 5; Schulte/*Voß*/*Kühnen*, § 140e Rn. 18; *Flechsig*, AfP 2008, 284 f.
53 Früher war dies anders, s. nur zu § 23 UWG aF RG, 23.2.1937 – II 199/36, GRUR 1938, 443, 447 – Rippketta (Urteilsbekanntmachung jeweils im Verfügungsverfahren *und* im folgenden Hauptsacheverfahren möglich); OLG Stuttgart, 6.7.1955 – 1 U 42/55, WRP 1955, 250, 251; GK-UWG₁/*Teplitzky*, § 23 Rn. 21; *Melullis*, Rn. 1212; *Wronka*, WRP 1975, 644, 646 f.; näher auch MK-UWG/*Schlingloff*, § 12 C Rn. 598 f.
54 HK-MarkenG/*Jansen*, § 19c Rn. 26; Büscher/*Ahrens*, § 12 Rn. 565; Benkard/*Grabinski*/*Zülch*, § 140e Rn. 6; Loth/*Loth*, § 24e Rn. 10.

§ 21 Bekanntmachung des Urteils

20 Diese Auffassung ist **nur richtig**, soweit es um eine (Nicht-)Anwendung der Vorschrift auf **Beschluss**verfügungen[55] geht.[56] Für *Urteils*verfügungen[57] beachtet sie aber nicht hinreichend, dass es auch Urteilsverfügungen gibt, die der Rechtskraft fähig[58] sind.[59] Diese Rechtskraft kann auch endgültig und einem Urteil in der Hauptsache gleichgestellt werden, wenn der Antragsgegner eine **Abschlusserklärung**[60] abgibt. Da die Anforderungen an Abschlusserklärungen zwischenzeitlich höchstrichterlich hinreichend geklärt sind,[61] spricht **nichts dagegen**, dass das betreffende Gericht im Verfügungsurteil für den Fall der Abgabe einer Abschlusserklärung (aufschiebende Bedingung[62]) eine Bekanntgabe nach § 21 zuspricht.[63] Die Klärung der Frage des Eintritts dieser Bedingung als Vollstreckungsvoraussetzung kann dem Vollstreckungsverfahren zugemutet werden.[64] In diesen Fällen steht auch die ersichtliche Aversion des Gesetzgebers, noch nicht rechtskräftige Urteile zu publizieren ([nur] regelmäßiger Ausschluss der vorläufigen Vollstreckbarkeit von Entscheidungen zur Urteilsbekanntmachung, vgl. § 21 Abs. 3), einer Bekanntmachung einer einstweiligen Verfügung nicht entgegen.

21 Weiter wäre es aus Gesichtspunkten der **Prozessökonomie** nicht sinnvoll, wenn man den im Verfügungsverfahren (endgültig[65]) siegreichen Antragsteller auf die Geltendmachung eines materiellrechtlichen Veröffentlichungsanspruchs im Hauptsacheverfahren verweisen würde:[66] Die Akzeptanz einer Urteilsbekanntmachung in

---

55 Diese können lediglich im Wege der Geltendmachung eines materiellen Veröffentlichungsanspruchs mit gerichtlichem Plazid veröffentlicht werden.

56 Beschlüsse sind der formellen Rechtskraft überhaupt nicht fähig, näher zu diesem Aspekt bei § 12 Abs. 3 UWG nur MK-UWG/*Schlingloff*, § 12 Rn. 599; F/B/O/*Büscher*, § 12 B Rn. 190; insoweit hieße es auch, den Wortlaut des § 21, der von „Urteil" spricht, überzustrapazieren, wenn man ihn auch auf Beschlüsse anwendete (vgl. auch den Rechtsgedanken von § 329 ZPO, der konzeptionell zur besonderen Vorsicht bei der Anwendung weiterer auf Urteile bezogener Bestimmungen auf Beschlüsse mahnt, wenn er sie auch nicht ausschließt, vgl. nur MK-ZPO/*Musielak*, § 329 Rn. 14 mwN); aA (weiter) zu § 12 UWG etwa Ohly/Sosnitza/*Sosnitza*, § 12 Rn. 221; aA Ahrens/*Bähr*, Kap. 37 Rn. 35.

57 S. auch zum Folgenden und iE entsprechend Ahrens/*Bähr*, Kap. 37 Rn. 35 ff. zu § 12 Abs. 3 UWG.

58 *Berneke/Schüttpelz*, Rn. 217 ff.

59 Zwar gesehen, aber nicht für durchgreifend gehalten von H/O/K/*Harte-Bavendamm*, § 12 Rn. 7.

60 Begehrt der Gläubiger aber die Veröffentlichung der Abschluss- oder Unterwerfungserklärung selbst, so muss er dies im Wege seines materiellen Folgenbeseitigungsanspruchs durchfechten, vgl. nur BGH, 10.12.1971 – I ZR 65/70, WRP 1972, 252 – Spezialsalz II; *Melullis*, Rn. 1212.

61 Vgl. nur BGH, 2.7.2009 – I ZR 146/07, WRP 2009, 1388 Rn. 14 ff. – Mescher weis; F/B/O/*Büscher*, § 12 B Rn. 164 ff. mwN.

62 Insoweit zutr. G/L/D/*Schwippert*, § 82 Rn. 5; *Teplitzky*, Kap. 26 Rn. 26.

63 *Kühnen*, IV.3 Rn. 400 (zu § 140e PatG); so iE wohl auch F/B/O/*Büscher*, § 12 B Rn. 190.

64 Gegen *Teplitzky*, Kap. 26 Rn. 26.

65 Nebenbei: Da gemäß § 21 Abs. 3 auch Urteile durch das Gericht vor Rechtskraft ausnahmsweise für vorläufig vollstreckbar erklärt werden können, ist auch die im Ansatz vorläufige Natur eines Verfügungsurteils kein entscheidendes Argument gegen seine Einbeziehung in § 21; anders für § 12 Abs. 3 UWG, der insoweit aber gem. seinem Satz 3 strenger ist, etwa G/L/D/*Schwippert*, § 82 Rn. 4.

66 Dies wäre die Konsequenz der hM, vgl. nur H/O/K/*Harte-Bavendamm*, § 12 Rn. 7.

einer Abschlusserklärung wäre nämlich gerade keine Voraussetzung für deren Wirksamkeit.[67] Auch würde der in Erwgrd. 31 der RL ausdrücklich adressierte **Abschreckungszweck** der Urteilsbekanntmachung (zu) **empfindlich** beschränkt, wenn man sie im Verfügungsverfahren pauschal verneinen würde.[68]

Gegen die hier vertretene Auffassung spricht auch nicht, dass § 21 somit möglicherweise einen **weiteren Anwendungsbereich** hätte, als seine „Schwesterbestimmungen" (für die eine entsprechende Auslegung ja ebenfalls weitgehend offensteht),[69] noch, dass das Gesetz von „Kläger" und „Beklagtem" spricht.[70] Gerade letzteres Argument ist auch deshalb nicht überzeugend, weil einerseits nach gängiger Praxis die Parteien im Urteilsverfügungsverfahren ebenfalls als „Verfügungs*kläger*" und „Verfügungs*beklagte*" bezeichnet werden, ohne dass hieran jemand Anstoß nimmt, und andererseits auch die in § 21 zu Grunde liegende Bestimmung in Art. 15 nicht vom „Kläger", sondern – umgekehrt offen – vom „Antragsteller" spricht. 22

Nicht anwendbar ist § 21 hingegen auf (gerichtliche und außergerichtliche) Vergleiche.[71] Einerseits setzt die Norm ein Obsiegen einer Partei in einer kontradiktorischen gerichtlichen Auseinandersetzung zwingend voraus (s. sogleich → Rn. 25), was bei einem Vergleich, bei dem beide Parteien begriffsnotwendig nachgeben, nicht der Fall ist. Andererseits können die Parteien in diesem Fall die Form der öffentlichen Kommunikation zu ihrer Auseinandersetzung und deren Beilegung in den Vergleich aufnehmen. 23

Wie auch bei den anderen prozessualen oder prozessual konnotierten Bestimmungen des GeschGehG, so ist auch bei § 21 weiter **fraglich**, ob er **entsprechend in anderen Verfahren** herangezogen werden kann, in denen Geschäftsgeheimnisse eine Rolle spielen, wenn es in diesen *nicht* um Ansprüche aus dem GeschGehG geht (näher → Einl. C Rn. 57 und Vor § 15 Rn. 7 ff.). Während dies grds. für einzelne Bestimmungen des GeschGehG durchaus interessengerecht sein kann,[72] ist dies für § 21 zu verneinen.[73] Bei den Bestimmungen zur Urteilsbekanntmachung handelt es sich insgesamt um **nicht analogiefähige Sonderregelungen** im jeweiligen Bereich, sodass diese nicht über ihren ihnen materiellrechtlich zugewiesenen Anwendungsbereich hinaus angewendet werden können. 24

---

67 Dass dies den Antragsgegner von der Abgabe einer Abschlusserklärung im Einzelfall abschrecken mag, so G/L/D/*Schwippert*, § 82 Rn. 5 und *Teplitzky*, Kap. 26 Rn. 26, mag sein, ist aber kein Grund, auf die Möglichkeit einer entsprechenden Tenorierung im Verfügungsverfahren ganz zu verzichten.
68 Vgl. entsprechend zu Art. 15 der Enforcement-RL, der, ebenso wie Art. 15 der RL (offener) von „Verfahren" spricht, *Kolb*, GRUR 2014, 513, 515.
69 Im Gegenteil: § 21 hat ja auch in anderer Hinsicht einen ausdrücklich weiteren Anwendungsbereich als etwa § 12 Abs. 3 UWG, da er zB nicht nur Unterlassungsurteile betrifft und ggf. auch für vorläufig vollstreckbar erklärt werden kann.
70 Anders jeweils H/O/K/*Harte-Bavendamm*, § 21 Rn. 7.
71 Für § 19c MarkenG ebenso BeckOK MarkenR/*Eckhartt*, § 19c MarkenG Rn. 2.
72 Vgl. LG München I, 13.8.2019 – 7 O 3890/19, BeckRS 2019, 18148 Rn. 6 f. (zu § 20 Abs. 3); K/B/F/*Alexander*, § 16 GeschGehG Rn. 15; BeckOK GeschGehG/*Gregor*, § 16 Rn. 19.
73 IE K/B/F/*Alexander*, § 21 GeschGehG Rn. 13.

Apel

2. Obsiegende Partei

25 Der Anspruch aus § 21 steht der obsiegenden Partei zu. Dies kann nach zutreffender Auffassung die **Aktiv- wie auch die Passivpartei** sein (näher → Rn. 13 ff.). Bei teilweisem Obsiegen der beteiligten Parteien steht der Anspruch beiden Seiten zu.[74]

3. Antrag

26 Die Geltendmachung von § 21 erfordert schon dem Wortlaut nach zwingend einen Antrag der betreffenden Partei (auch schon oben → Rn. 8 ff.). In diesem hat sie – insoweit **darlegungs- und beweisbelastet** – das berechtigte Interesse darzutun, das für die Urteilsbekanntmachung erforderlich ist.[75]

27 **Gewisse Schwierigkeiten** wirft die **Formulierung** des **Antrags** auf:[76] Einerseits steht die Ausgestaltung der Bekanntmachungsbedingungen im Ermessen des Gerichts, sodass es an sich überhaupt keiner näheren Spezifizierung im Antrag bedarf (§ 253 Abs. 2 Nr. 2 ZPO) und dieser allgemein gehalten werden kann.[77] Andererseits ist es für den Antragsteller empfehlenswert, dem Gericht eine gewisse Hilfestellung zur angestrebten Form (und ggf. auch Inhalt) der Bekanntmachung zu geben. Um das Risiko einer teilweisen Klageanweisung zu vermeiden, das bei einer Formulierung einer konkreten Bekanntmachungsform besteht, ist es zu empfehlen, diese Vorschläge in der Begründung des Antrags zu unterbreiten.[78] Hierbei sollte durchweg deutlich bleiben, dass dies nur Anregungen an das Gericht sind, die dessen Ermessen nicht beschränken sollen, um ggf. ein Teilunterliegen im Wege der Antragsauslegung (Gesamtschau Antragsformel und Begründung) zu vermeiden.

28 **Prozessual** stellt der Antrag auf Urteilsbekanntmachung einen **eigenen Streitgegenstand** dar. Er ist somit auch für den Streitwert eigenständig zu berücksichtigen.[79] Er kann auch durch die in erster Instanz obsiegende Partei auch noch erstmals in der Berufungsinstanz erhoben werden (Anschlussberufung).[80]

---

74 BT-Drs. 19/4725, S. 39; H/O/K/*Harte-Bavendamm*, § 21 Rn. 9; K/B/F/*Alexander*, § 21 GeschGehG Rn. 15.
75 H/O/K/*Harte-Bavendamm*, § 21 Rn. 12; näher hierzu unten Rn. 34 ff.
76 Formulierungsbeispiele etwa bei *Kühnen*, IV.3 Rn. 424 (zu 140e PatG).
77 Vgl. nur BeckOK UWG/*Tavanti/Scholz*, § 12 Rn. 664.
78 H/O/K/*Harte-Bavendamm*, § 21 Rn. 21.
79 Zu beiden Aspekten Cepl/Voß/*Zöllner*, § 3 ZPO Rn. 78; Zöller/*Greger*, § 3 Rn. 17 („Veröffentlichungsbefugnis"); s. auch GK-UWG/*Feddersen*, § 12 E Rn. 6; aus der Rechtsprechung zur Kostenpflichtigkeit bei Zurückweisung zB OLG Frankfurt, 29.11.1954 – 6 W 510/54, GRUR 1955, 450.
80 BGH, 20.11.2011 – I ZR 10/09, GRUR 2011, 831 Rn. 39 – BCC; GK-UWG/*Feddersen*, § 12 E Rn. 6.

4. Entscheidung des Gerichts

Das Gericht hat seine Entscheidung nach dem Gesetzeswortlaut nach **pflichtgemäßem Ermessen** zu treffen.[81] Dieses bezieht sich einerseits auf das „Ob" der Veranlassung der Urteilsbekanntmachung, andererseits – und das in besonderem Maße, da eine bestimmte Form nicht beantragt werden muss (oben → Rn. 27) – auf das „Wie" („Form und Umfang", wobei auch hier eine strikte Trennung beider Kategorien weder möglich noch erforderlich ist[82]). Sind die Voraussetzungen von § 21 zugunsten der beantragenden Partei erfüllt, ist das Ermessen hinsichtlich des „Ob" auf Null reduziert.[83] Die bei der Frage über das „Ob" der Urteilsbekanntmachung zu berücksichtigenden Interessen (unten → Rn. 35 ff.) spielen auch für das „Wie" eine entscheidende Rolle, da dieses in Wechselwirkung mit diesen Interessen steht.[84]   29

Zum „Wie" räumt das Gesetz dem Gericht die Möglichkeit ein, das Urteil selbst oder „Informationen über das Urteil" zur Bekanntmachung vorzusehen (§ 21 Abs. 1 Satz 1). Die **Grenzen** zwischen beiden Möglichkeiten sind insoweit **fließend**, als dass das Gericht auch aussprechen kann, dass nur Teile des Urteils veröffentlicht werden sollen (vgl. auch § 21 Abs. 1 Satz 2, wo für beide Varianten die Entscheidung über „Form und Umfang" dem Gericht überlassen wird); umgekehrt erscheint es auch ohne Weiteres zulässig, eine Zusammenfassung mit einzelnen wörtlichen Passagen des Urteils zu kombinieren.   30

Vor diesem Hintergrund ist es nicht geboten, die beiden Möglichkeiten kategorial strikt auseinanderzuhalten und die Konjunktion „oder", die sie im Gesetzestext verbindet, entsprechend zu deuten.[85] **Entscheidend** ist vielmehr, dass die gestattete Bekanntgabe nach **Form** und **Inhalt** für den Empfängerkreis verständlich ist,[86] dass sie also geeignet ist, den berechtigten Interessen der beantragenden Partei sowie dem berechtigten **Informationsinteresse der Allgemeinheit**[87] zu genügen, ohne dass die berechtigten Interessen der gegnerischen Partei unverhältnismäßig beeinträchtigt werden.[88] **Oberstes Gebot für** die Entscheidung des Gerichts hinsichtlich der Frage, was es zur Bekanntmachung vorsieht – das vollständige Urteil, eine bearbeitete Form des Urteils, eine Zusammenfassung von Teilen oder des ganzen Urteils oder eine Kombination aus diesen Möglichkeiten – ist also die **Verständlichkeit unter Wahrung der Verhältnismäßigkeit**. Da die Allgemeinheit den Rechts-   31

---

81 K/B/F/*Alexander*, § 21 GeschGehG Rn. 15 unter Bezugnahme auf die lauterkeitsrechtliche Entscheidung BGH, 14.4.1961 – I ZR 150/59, WRP 1961, 214; BeckOK GeschGehG/*Gregor*, § 21 Rn. 14; S/H/T/*Thiering*, § 19c Rn. 16; Büscher/*Ahrens*, § 12 UWG Rn. 588; HK-MarkenG/*Jansen*, § 19c Rn. 2, 11; HK-UWG/*Ekey*, § 12 Rn. 297; Fromm/Nordemann/*Nordemann*, § 103 UrhG Rn. 11; Loth/*Loth*, § 24e Rn. 9.
82 H/O/K/*Harte-Bavendamm*, § 21 Rn. 17.
83 BeckOK GeschGehG/*Gregor*, § 21 Rn. 14.
84 H/O/K/*Harte-Bavendamm*, § 21 Rn. 16.
85 Soweit ersichtlich, wird eine solche strikte Trennung auch von niemandem gefordert.
86 H/O/K/*Harte-Bavendamm*, § 21 Rn. 11.
87 S. auch Erwgrd. 31 RL; diesen Aspekt mit Recht betonend H/O/K/*Harte-Bavendamm*, § 21 Rn. 11.
88 Zur insoweit erforderlichen Interessenabwägung s. sogleich Rn. 34 ff.

§ 21 Bekanntmachung des Urteils

streit nicht kennt, wird es regelmäßig sogar erforderlich sein, eine solche Kombination vorzunehmen, um etwa relevante Aspekte, die allein aus der Urteilslektüre nicht verständlich sind, mitzuteilen.[89]

32 Ungeachtet dieser beträchtlichen Spielräume muss das Gericht freilich strikt darauf achten, das Ergebnis des Rechtsstreits durch die von ihm für die Formulierung der Bekanntgabe gewählte Form **nicht zu verfälschen** oder zu verzerren: Dies würde dem Sinn des § 21 zuwiderlaufen.

33 Dem Gericht steht auch die Entscheidung darüber zu, in welchem **Medium** die Bekanntmachung ggf. zu erfolgen hat. Insoweit ist maßgeblich, über welches Medium diejenigen Verkehrskreise erreicht werden können, auf die sich die (ggf. nur angebliche) Geschäftsgeheimnisverletzung ausgewirkt hat;[90] hier ist eine Hilfestellung im Vortrag der antragstellenden Partei besonders relevant, damit das Gericht einschätzen kann, wo sich die Urteilsbekanntmachung konkret auswirken muss. Das Gericht ist bei der Auswahl des betreffenden Mediums nur durch die **Zweckmäßigkeit** beschränkt, neben Periodika (zB Fachmedien, Publikumszeitschriften oder Tageszeitungen) stehen auch Onlinemedien jeder Art, aber – wenn auch eher fernliegend – auch der Rundfunk zur Verfügung.[91] Das Gericht hat hierzu auch Vorgaben zur Häufigkeit der Verbreitung (einmalig oder wiederholt, letzterenfalls auch den maßgeblichen Zeitraum) und das „technische" Format (Länge, Größe, Hervorhebung) zu definieren.[92] Hierbei kann es sinnvoll sein, auch Alternativen anzugeben, falls sich ein Medium weigert, die Bekanntmachung wie ausgeurteilt zu veröffentlichen.[93] Ein Anspruch auf Veröffentlichung gegen ein nicht beteiligtes Medium aus der tenorierten Bekanntmachungsberechtigung hat der Antragsteller selbstverständlich nicht.[94]

5. Interessenabwägung

34 Im Rahmen des Ausübens des richterlichen Ermessens hat das Gericht die **berechtigten Interessen** der Parteien sowie ggf. weiterer von einer Urteilsbekanntmachung betroffener Personen (Datenschutz, oben Rn. 6) und der Allgemeinheit[95] gegeneinander abzuwägen (Verhältnismäßigkeitsprüfung). Insbesondere

---

89 H/O/K/*Harte-Bavendamm*, § 21 Rn. 11.
90 Vgl. nur H/O/K/*Harte-Bavendamm*, § 21 Rn. 11 mwN.
91 S/H/T/*Thiering*, § 19c Rn. 17 f.; HK-MarkenG/*Jansen*, § 19c Rn. 17; E/J/F/M/*Eichmann/Jestaedt*, § 47 DesignG Rn. 8; gegen Veröffentlichung im Internet Büscher/*Ahrens*, § 12 UWG Rn. 569; Fromm/Nordemann/*Nordemann*, § 103 UrhG Rn. 8.
92 Büscher/*Ahrens*, § 12 Rn. 569; HK-MarkenG/*Jansen*, § 19c Rn. 20 f.; HK-UWG/Ekey, § 12 Rn. 298; Fromm/Nordemann/*Nordemann*, § 103 UrhG Rn. 8; Benkard/*Grabinski/Zülch*, § 140e Rn. 5; Busse/Keukenschrijver/*Keukenschrijver/Kaess*, § 140e Rn. 17.
93 H/O/K/*Harte-Bavendamm*, § 21 Rn. 11.
94 Zu § 12 UWG entsprechend GK-UWG/*Feddersen*, § 12 E Rn. 5 mwN.
95 H/O/K/*Harte-Bavendamm*, § 21 Rn. 11 nennt hierzu mit Recht etwa Irreführungsgefahr oder Qualitätsmängel der Verletzerprodukte wegen unzureichend umgesetztem Geschäftsgeheimnis.

(→ Rn. 37) sind hierbei (dem Wortlaut nach zwingend, aber auch zweckmäßigerweise[96]) die in § 21 Abs. 2 genannten Kriterien zu berücksichtigen.

a) Aktivseite

Wie auch in Art. 15 der Richtlinie, so sind auch die in § 21 Abs. 2 genannten Kriterien ersichtlich auf den Fall gemünzt, dass der **Geheimnisinhaber obsiegt**.[97] Hinsichtlich des Anspruchstellers bietet dieser Katalog ohnehin naheliegende Anknüpfungen: 35

- Dass der **Wert des Geschäftsgeheimnisses** beachtet werden soll (§ 21 Abs. 2 Nr. 1), soll gegen die Geltendmachung von Bagatellansprüchen sensibilisieren. Die Gesetzesbegründung verweist darauf, dass neben dem objektiven Wert des Geschäftsgeheimnisses[98] auch der immaterielle Wert berücksichtigt werden soll,[99] was in einem gewissen Widerspruch dazu steht, dass (nur) immateriell werthaltige Geschäftsgeheimnisse nicht im Schutzbereich des GeschGehG stehen (§ 2 Nr. 1 lit. a).[100] Der Hinweis in der Gesetzesbegründung dürfte daher nur insoweit beachtlich sein, als dass er darauf verweist, dass die immateriell nachteiligen Umstände der Geschäftsgeheimnisverletzung (etwa unter Leugnung der Entdeckerstellung des Geschäftsgeheimnisses o. Ä.) berücksichtigungsfähige Interessen sind.
- Auch das *Verhalten des Rechtsverletzers* bei der Erlangung,[101] Nutzung oder Offenlegung des Geschäftsgeheimnisses ist eine klassische Komponente einer Interessenabwägung im deliktsrechtlichen Bereich: Vorsatz wiegt schwerer als (leichte) Fahrlässigkeit, eine gewisse Notlage weniger schwer als Willkür, Schädigungsabsicht schwerer als ökonomisch verständlicher Eigennutz, etc.[102] Auch das „Nachtatverhalten" (Reue, eigene zutreffende Information der relevanten Stellen etc.) kann hier eine gewichtige Rolle spielen.
- Die **Beachtung der Folgen** der rechtswidrigen Nutzung oder Offenlegung des Geschäftsgeheimnisses hat, worauf *Harte-Bavendamm* mit Recht besonders hinweist, sowohl eine individuelle (Auswirkungen auf den Geschäftsgeheimnisinhaber) als auch eine kollektive Ebene (Auswirkungen auf die Allgemeinheit).[103]

---

96 Der zwingend ausgeführte Wortlaut ist deshalb unschädlich, weil er keine bestimmte Gewichtung dieser Aspekte vorschreibt; dass man eine Interessenabwägung in einer Urteilsbekanntmachung sinnvoll durchführen könnte, ohne diese zumindest zu bedenken (auch wenn dies im Einzelfall zur ihrem völligen Zurücktreten führen mag), erscheint fernliegend; kritischer aber H/O/K/*Harte-Bavendamm*, § 21 Rn. 28.
97 H/O/K/*Harte-Bavendamm*, § 21 Rn. 22.
98 H/O/K/*Harte-Bavendamm*, § 21 Rn. 22.
99 BT-Drs. 19/4724, S. 39.
100 Näher Einl. C Rn. 31 ff.; § 2 Rn. 34 ff.
101 Etwa Täuschung des Geheimnis„hüters", vgl. K/F/B/*Alexander*, § 21 GeschGehG Rn. 25, oder Begehung zusätzlicher Straftaten bei der Erlangung, H/O/K/*Harte-Bavendamm*, § 21 Rn. 26, 29.
102 H/O/K/*Harte-Bavendamm*, § 21 Rn. 26.
103 H/O/K/*Harte-Bavendamm*, § 21 Rn. 27.

§ 21   Bekanntmachung des Urteils

Nach den Vorgaben der RL spielen auch letztere eine gewichtige Rolle (vgl. Erwgrd. 31).[104]
– Schließlich spielt auch die **Gefahr weiterer Rechtsverletzungen** eine gewichtige Rolle („Wiederholungsgefahr"). Hierbei sind sowohl spezial- als auch generalpräventive Aspekte zu würdigen (vgl. erneut Erwgrd. 31 RL).[105] Verstöße, die aus faktischen Gründen nur einmalig möglich sind, wiegen etwa weniger schwer als potenzielle Massenverstöße. Wenig publikumswirksame Verstöße sind weniger gravierend, als solche mit breiter „Werbewirkung" für den Verletzer etc. Auch der Schutz vor Marktverwirrungen gehört hierher.

36   Besonders strikt ist in Umsetzung der im GeschGehG implizit (oben → Rn. 6) vorausgesetzten Vorgabe von Art. 15 der Richtlinie zu prüfen, ob im Rahmen der Bekanntmachung natürliche Personen identifiziert und welche Auswirkungen hieraus für diese entstehen könnten.

37   Weitere berücksichtigungsfähige Aspekte sind **alle relevanten Umstände** des Einzelfalles. Hier ist eine auch nur annähernd abschließende Aufzählung nicht möglich. Naheliegend ist neben den bereits angeführten Aspekten etwa auch eine Berücksichtigung der **Dauer**[106] und des **(geografischen) Ausmaßes** der Verletzungshandlung, ob der Geschäftsgeheimnisinhaber durch die Verletzung Kunden verloren hat, etc. Wichtig ist auch, ob die Interessen des Geschäftsgeheimnisinhabers durch Drittveröffentlichungen bereits hinreichend gewahrt wurden.

b) Passivseite

38   Auch für den ebenfalls nach § 21 Antragsberechtigten, zu Unrecht in Anspruch Genommenen (oben → Rn. 13) bietet der Katalog immerhin eine **gewisse Anleitung**:[107]
– § 24 Abs. 2 Nr. 1 (**Wert des Geschäftsgeheimnisses**) lässt sich hier insoweit nutzbar machen, als das die voreilige (unrechtmäßige) Geltendmachung von Bagatellansprüchen verwerflicher ist, als wenn es um hohe Werte geht.
– Auch das **Verhalten des zu Unrecht Ansprüche Geltendmachenden** lässt sich in gedanklicher Entsprechung zu § 24 Abs. 2 Nr. 2 berücksichtigen: Hat er etwa vor der Geltendmachung der Ansprüche eine **Berechtigungsanfrage** versendet oder sich eingehenden Rechtsrat eingeholt, ist dies weniger gravierend, als wenn er direkt „ins Blaue hinein" agiert hat. Auch dass die wissentliche Geltendmachung unberechtigter Ansprüche – zumal in Schädigungsabsicht – eher zum Bedürfnis öffentlicher Klarstellung auf Seite des Anspruchsgegners führt, als irriges Handeln, leuchtet ein.

---

104 S. oben Fn. 85.
105 H/O/K/*Harte-Bavendamm*, § 21 Rn. 27.
106 H/O/K/*Harte-Bavendamm*, § 21 Rn. 29.
107 Zu skeptisch daher H/O/K/*Harte-Bavendamm*, § 21 Rn. 23.

- Soweit § 21 Abs. 2 Nr. 3 die Berücksichtigung der **Folgen der Rechtsverletzung** anmahnt, lässt sich dies auch in der umgekehrten Konstellation (**Folgen der irrigen Bezichtigung für den vermeintlichen Schuldner**) in Ansatz bringen.
- § 21 Abs. 2 Nr. 4 („**Wiederholungsgefahr**") passt insoweit recht zwanglos auf diese Konstellation, wenn man die Wahrscheinlichkeit der Geltendmachung weiterer unberechtigter Ansprüche hier hineinliest.

Somit bleibt hier bei Lichte besehen **lediglich § 21 Abs. 2 Nr. 3 ohne Entsprechung** im Falle der ungerechtfertigten Erhebung von Ansprüchen wegen Geschäftsgeheimnisverletzung. Auch in dieser Konstellation sind weiter sämtliche weiteren relevanten Umstände des Einzelfalles sowie datenschutzrechtliche Belange der betroffenen Personen zu berücksichtigen. 39

III. Vorläufige Vollstreckbarkeit und Zeitpunkt

Gemäß § 21 Abs. 3 darf die Urteilsbekanntmachung **regelmäßig** erst nach **Rechtskraft** des betreffenden Urteils (auch im Verfügungsverfahren, oben → Rn. 19 ff.) bekanntgemacht werden. Insoweit darf also grundsätzlich keine vorläufige Vollstreckbarkeit – auch nicht gegen Sicherheitsleistung – tenoriert werden. Das Gericht kann hier jedoch, falls dies im Rahmen der Interessenabwägung als erforderlich erscheinen sollte, im (dringenden)[108] Ausnahmefall[109] abweichen. Die Richtlinie trifft zur Frage des Bekanntmachungszeitpunkts keine Vorgaben. 40

Die Norm sieht für die Veröffentlichung **keine Höchstfrist** vor. Da der Zeitablauf zwischen Tenorierung und Bekanntmachung aber Einfluss auf die Interessenabwägung haben kann (etwa: ein Geschäftsgeheimnis wird zwischenzeitlich legal offenbart oder sonst irrelevant), kann ein zu langes Zuwarten zu einem Ausschluss des Bekanntmachungsrechts führen.[110] Als absolute Höchstgrenze wird man die sechsjährige Verjährungsfrist in Art. 8 Abs. 2 der Richtlinie zu sehen haben. 41

IV. Rechtsfolgen

Rechtsfolge eines Ausspruchs nach § 21 ist, dass die begünstigte Partei das Recht hat, die Bekanntmachung in der tenorierten Form durchzuführen.[111] Der unterliegenden Partei ist insoweit eine **Duldungs- und Kostentragungspflicht** auferlegt.[112] Sie muss die Bekanntmachung aber nicht selbst durchführen. Dass sie zudem keine 42

---

108 BT-Drs. 19/4724, S. 39.
109 H/O/K/*Harte-Bavendamm*, § 21 Rn. 31.
110 H/O/K/*Harte-Bavendamm*, § 21 Rn. 31.
111 Büscher/*Ahrens*, § 12 UWG Rn. 568.
112 Ihr stehen hiergegen die allgemeinen vollstreckungsrechtlichen Rechtsbehelfe zu Gebote, vgl. *Burhenne*, GRUR 1952, 84, 89 (allerdings zum allgemeinen, materiellen Beseitigungsanspruch); *Seydel*, GRUR 1965, 650 f.

§ 21 Bekanntmachung des Urteils

Bekanntmachung auf von ihr kontrollierten Medien dulden muss, da sie insoweit selbst handeln müsste, mag zwar im Einzelfall unbefriedigend sein, ist aber nach dem Wortlaut der Bestimmung wohl unausweichlich.[113]

---

[113] Zu § 19c MarkenG entsprechend OLG Frankfurt a. M., 9.1.2014 – 6 U 106/13, WRP 2014, 342 – Sportreisen; anders noch die Vorinstanz, LG Frankfurt a. M., 10.4.2013 – 6 O 607/12 (uv.), zu dieser insoweit *Kolb*, GRUR 2014, 513, 516.

§ 22 Streitwertbegünstigung

(1) Macht bei Geschäftsgeheimnisstreitsachen eine Partei glaubhaft, dass die Belastung mit den Prozesskosten nach dem vollen Streitwert ihre wirtschaftliche Lage erheblich gefährden würde, so kann das Gericht auf ihren Antrag anordnen, dass die Verpflichtung dieser Partei zur Zahlung von Gerichtskosten sich nach dem ihrer Wirtschaftslage angepassten Teil des Streitwerts bemisst.

(2) Die Anordnung nach Absatz 1 bewirkt auch, dass

1. die begünstigte Partei die Gebühren ihres Rechtsanwalts ebenfalls nur nach diesem Teil des Streitwerts zu entrichten hat,
2. die begünstigte Partei, soweit ihr Kosten des Rechtsstreits auferlegt werden oder soweit sie diese übernimmt, die von dem Gegner entrichteten Gerichtsgebühren und die Gebühren seines Rechtsanwalts nur nach diesem Teil des Streitwerts zu erstatten hat und
3. der Rechtsanwalt der begünstigten Partei seine Gebühren von dem Gegner nach dem für diesen geltenden Streitwert beitreiben kann, soweit die außergerichtlichen Kosten dem Gegner auferlegt oder von ihm übernommen werden.

(3) Der Antrag nach Absatz 1 ist vor der Verhandlung zur Hauptsache zu stellen. Danach ist er nur zulässig, wenn der angenommene oder festgesetzte Streitwert durch das Gericht heraufgesetzt wird. Der Antrag kann vor der Geschäftsstelle des Gerichts zur Niederschrift erklärt werden. Vor der Entscheidung über den Antrag ist der Gegner zu hören.

Schrifttum: *Asendorf,* Wettbewerbs- und Patentstreitsachen vor Arbeitsgerichten? – Die sachliche Zuständigkeit bei der Verletzung von Betriebsgeheimnissen durch Arbeitnehmer, GRUR 1990, 229; *Bohne,* Streitwertminderung auf Beklagtenseite, GRUR-Prax 2016, 249; *Borck,* Lamento über zwei täterfreundliche Vorschriften, WRP 1987, 429; *Buchmann,* Neuere Entwicklungen im Recht der lauterkeitsrechtlichen Abmahnung, WRP 2012, 1345; *Deutsch,* Die Streitwertbegünstigung nach § 23a UWG für Verbandsklagen, GRUR 1978, 19; *Deutscher Anwaltverein,* Zum Entwurf eines Gesetzes zur Änderung des Gesetzes gegen den unlauteren Wettbewerb, des Warenzeichengesetzes und des Gebrauchsmustergesetzes, AnwBl. 1964, 168; *Eberl,* Zur Verfassungsmäßigkeit der Regelung der Kostenerstattungsansprüche in Patentstreitsachen, NJW 1960, 1431; *Gärtner/Goßler,* Trade secret litigation nun auch in Deutschland – Gedanken zur Umsetzung der Know-how-Richtlinie, MittdtschPatAnw 2018, 204; *Graf Lambsdorff/Kanz,* Verfassungswidrigkeit der Streitwertherabsetzung in Wettbewerbsprozessen, BB 1983, 2215; *Gruber,* Streitwertbegünstigung – Die Beschwerdeberechtigung der einzelnen Prozessbeteiligten, MDR 2016, 310; *ders.,* Verspäteter Antrag auf Streitwertbegünstigung, GRUR-Prax 2017, 57; *ders.,* Ist die Streitwertbegünstigung mit dem Verfassungs- und dem Unionsrecht zu vereinbaren?, GRUR 2018, 585; *ders.,* Streitwertbegünstigung bei vermögenslosen oder überschuldeten Antragstellern, DZWiR 2020, 12; *Haertel,* Kostenrecht im gewerblichen Rechtsschutz: Ausgewählte Probleme,

§ 22 Streitwertbegünstigung

GRUR-Prax 2013, 327; *Hartmann*, Kosten und Wert nach dem neuen Gesetz zum Schutz von Geschäftsgeheimnissen, JurBüro 2019, 339; *Hoeren/Münker*, Die EU-Richtlinie für den Schutz von Geschäftsgeheimnissen und ihre Umsetzung – unter besonderer Berücksichtigung der Produzentenhaftung, WRP 2018, 150; *Kiefer*, Das Geschäftsgeheimnis nach dem Referentenentwurf zum Geschäftsgeheimnisgesetz: Ein Immaterialgüterrecht, WRP 2018, 910; *Köhler*, Das neue Gesetz gegen unseriöse Geschäftspraktiken, NJW 2013, 3473; *Krbetschek/ Schlingloff*, Bekämpfung von Rechtsmissbrauch durch Streitwertbegrenzung?, WRP 2014, 1; *Lütke*, Die neuere Rechtsprechung zu Streitwerten bei der Verletzung von Rechten nach dem UrhG, GRUR-RR 2020, 337; *Mayer*, Die Streitwertminderung nach § 12 Abs. 4 UWG, WRP 2010, 1126; *McGuire*, Der Schutz von Know-how im System des Immaterialgüterrechts – Perspektiven für die Umsetzung der Richtlinie über Geschäftsgeheimnisse, GRUR 2016, 1000; *Mümmler*, Bemerkungen zur Streitwertbegünstigung, JurBüro 1985, 1761; *Ohly*, Das neue Geschäftsgeheimnisgesetz im Überblick, GRUR 2019, 441; *Rehmann*, Antrag auf Streitwertherabsetzung auch nach Urteilsverkündung zulässig, GRUR-Prax 2010, 441; *Schembecker*, Mehrfache Streitwertermäßigung bei Eilverfahren gegen Kleinunternehmer mit geringem Umsatz, GRUR-Prax 2014, 562; *Tetzner*, Das Gesetz zur Änderung des UWG, des WZG und des GebrMG vom 21.7.1965, NJW 1965, 1944; *Ulrich*, Der Streitwert in Wettbewerbssachen, GRUR 1984, 177; *Zuck*, Verfassungsrechtliche Bedenken zu § 53 PatG, § 23a UWG, § 31a WZG, § 17a GbmG, § 247 AktG, GRUR 1966, 167.

Übersicht

	Rn.		Rn.
I. Normzweck und Kontext	1	a) Geschäftsgeheimnisstreitsache	28
1. Regelungsgegenstand	1	b) Partei	31
2. Hintergrund	3	c) Zulässiger Antrag	33
a) Streitwertbemessung	3	d) Erhebliche Gefährdung der wirtschaftlichen Lage durch die Belastung mit den Prozesskosten nach dem vollen Streitwert	35
aa) Wertfestsetzung gemäß Interesse des Anspruchstellers	4		
bb) Unterlassungsansprüche	5		
cc) Sonstige Ansprüche	7	aa) Prozesskosten	35
b) Kostenrisiko	8	bb) Prognose zu Auswirkungen der Kostenlast	36
3. Vorbilder/verwandte Regelungen	10		
a) Inhaltsgleiche Vorschriften	10	cc) Anforderungen an eine erhebliche Gefährdung der wirtschaftlichen Lage	37
b) Streitwertminderung nach § 51 Abs. 3 Satz 1 GKG	11		
c) § 12a ArbGG	16	e) Glaubhaftmachung	46
d) Prozesskostenhilfe	18	2. Weiteres Verfahren	48
4. Praktische Bedeutung	21	a) Anhörung der Gegenseite (§ 22 Abs. 3 Satz 4)	48
II. Richtlinienvorgaben und Historie	22		
1. Unionsrechtliche Vorgaben	22	b) Ermessensentscheidung des Gerichts	49
2. Entwicklung im Gesetzgebungsverfahren zur Richtlinienumsetzung	24		
		aa) Berücksichtigung der Interessen des Prozessgegners	50
III. Anordnung der Herabsetzung des Streitwerts (§ 22 Abs. 1)	27		
1. Tatbestandsvoraussetzungen	27	bb) Erfolgsaussichten der Rechtsverfolgung oder -verteidigung	52

	Rn.		Rn.
cc) Verfahrenssituation	53	VI. Beteiligung des Gegners	
dd) Geringer Streitwert	54	(§ 22 Abs. 3 Satz 4)	74
ee) Ausmaß der Herabsetzung	55	1. Angemessene Stellungnahmemöglichkeit	74
3. Anordnungsfolge	56	2. Keine (analoge) Anwendung	
a) Einseitige Herabsetzung des Streitwerts	56	von § 117 Abs. 2 Satz 2 ZPO	75
b) Kosten des Anordnungsverfahrens	62	VII. Rechtsmittel	77
		1. Streitwertbeschwerde	77
IV. Weitere Anordnungsfolgen (§ 22 Abs. 2)	63	2. Beschwerdeberechtigung	80
1. § 22 Abs. 2 Nr. 1	64	a) Antragsteller	81
2. § 22 Abs. 2 Nr. 2	66	b) Gegenseite	82
3. § 22 Abs. 2 Nr. 3	68	c) Anwälte	83
V. Zulässigkeit des Antrags (§ 22 Abs. 3 Satz 1 bis 3)	70	d) Staatskasse	86
		VIII. Verfassungsmäßigkeit	87
1. Form und Inhalt des Antrags	70	1. Geäußerte verfassungsrechtliche Bedenken	87
2. Zeitpunkt des Antrags	71	2. ... sind unbegründet	89

I. Normzweck und Kontext

1. Regelungsgegenstand

§ 22 enthält eine **Härtefallregelung** zugunsten von finanzschwachen Prozessparteien.[1] Durch eine einseitige, an der jeweiligen wirtschaftlichen Leistungsfähigkeit orientierte Herabsetzung des Streitwerts nach **§ 22 Abs. 1** soll diesen (va. Klein- und Kleinstunternehmen, Existenzgründer) erleichtert werden, die ihnen zustehende Ansprüche nach dem GeschGehG auch gegen finanzstärkere Kontrahenten prozessual durchzusetzen bzw. sich dagegen zu verteidigen.[2] Ohne diese Begünstigung könnte die wirtschaftlich schwächere Partei aufgrund der drohenden Kostenlast durch die im Regelfall hohen Streitwerte möglicherweise davon absehen, gegen einen Rechtsverletzer vorzugehen. Die Vorschrift dient damit dem **Grundsatz der prozessualen Waffengleichheit**.[3] Aufgrund ihrer strengen Voraussetzungen wird sie in der Rechtswirklichkeit indes wohl eher ein Schattendasein fristen. 1

§ 22 Abs. 2 stellt ergänzend dazu klar, dass sich die Begünstigung nicht nur auf zu entrichtende Gerichtskosten, sondern auch auf die Berechnung von anfallenden Anwaltsgebühren sowie auf entstehende Kostenerstattungsansprüche auswirkt, für 2

---

1 BT-Drs. 19/4724, S. 39; H/O/K/*Harte-Bavendamm*, § 22 Rn. 1.
2 K/B/F/*Köhler/Bornkamm/Feddersen*, § 22 GeschGehG Rn. 1 f.; BeckOK GeschGehG/*Gregor*, § 22 Rn. 2; *Reinfeld*, § 6 Rn. 112; *Mayer*, WRP 2010, 1126, 1128 (zu § 12 Abs. 4 UWG aF).
3 BGH, 13.9.2018 – I ZR 26/17, NJW 2018, 3581, 3585 Rn. 48 – Prozessfinanzierer (zu § 12 Abs. 4 UWG); *Krbetschek/Schlingloff*, WRP 2014, 1, 6 (zu § 12 Abs. 4 UWG). Ähnlich BPatG, 24.11.2011 – 3 (ZA) pat 54/10 zu 3 Ni 11/01, GRUR-RR 2012, 132, 133 (zu § 144 PatG).

die nicht begünstigte Partei aber weiterhin der reguläre Streitwert maßgeblich bleibt. § 22 Abs. 3 enthält Vorgaben zum Zeitpunkt und zur Form des Streitwertbegünstigungsantrags.

2. Hintergrund

a) Streitwertbemessung

3 Nach der gebührenrechtlichen Spezialregelung des **§ 51 Abs. 2 GKG** bestimmt sich der (Gebühren-)Streitwert (und gem. § 23 Abs. 1 Satz 1 RVG auch der Gegenstandswert) bei der Geltendmachung von Ansprüchen nach dem GeschGehG nach der sich aus dem Antrag des Klägers für ihn ergebenden Bedeutung der Sache. Da sich im GeschGehG selbst keine speziellen Vorschriften zur Wertfestsetzung finden (wie zB in § 247 Abs. 1 AktG), gelten hierfür und für die daran orientierte Gebührenberechnung die allgemeinen Regeln (§§ 3 ff., §§ 103 ff. ZPO, §§ 22 ff. RVG).[4]

aa) Wertfestsetzung gemäß Interesse des Anspruchstellers

4 Die Wertfestsetzung erfolgt – wie im Lauterkeits- und Immaterialgüterrecht üblich – **nach Ermessen mittels einer individuellen Schätzung**, welcher Wert dem objektiv verstandenen wirtschaftlichen Interesse des Anspruchstellers an der Durchsetzung seiner Ansprüche im Zeitpunkt der Geltendmachung des Anspruchs (vgl. § 4 Abs. 1 ZPO) entspricht.[5] Maßgeblich ist also das Klägerinteresse an der Anspruchsverwirklichung bzw. – bei einer negativen Feststellungsklage – das spiegelbildliche Interesse des Beklagten am Nichtbestehen des Anspruchs. Das Ansetzen von Regelstreitwerten oder sonstige Typisierungsversuche sind iRd. Ermessensausübung nach § 51 Abs. 2 GKG nicht sachgerecht,[6] was zur Folge hat, dass die Streitwerte selbst bei vergleichbaren Fällen erheblich divergieren können. Wertangaben der Prozessparteien (vgl. § 61 Satz 1 GKG, § 253 Abs. 3 Nr. 2 ZPO) kommen zwar eine indizielle Bedeutung zu (insbes. bei übereinstimmenden Angaben), das zuständige Gericht ist daran aber nicht gebunden; es muss Parteischätzungen vielmehr anhand der objektiven Gegebenheiten und unter Heranziehung seiner Erfahrung und der üblichen Wertfestsetzungen in gleichartigen oder ähnlichen Fällen in vollem Umfang selbstständig nachprüfen.[7] Die Streitwertangabe hat sich nach den tatsächlichen Verhältnissen zu richten und steht nicht im Belieben der Parteien; sie ist deswegen vom Gericht bei offensichtlich zu hohen oder niedrigen Angaben zu

---

4 *Hartmann*, JurBüro 2019, 339, 340.
5 BGH, 26.4.1990 – I ZR 58/89, GRUR 1990, 1052, 1053 – Streitwertbemessung; OLG Hamburg, 15.11.2017 – 3 W 92/17, BeckRS 2017, 138659 Rn. 2; *Mayer*, WRP 2010, 1126, 1126 f. (zu § 12 Abs. 4 UWG aF); Hoppe/Oldekop/*Oldekop*, Kap. 5 Rn. 5.
6 BGH, 22.1.2015 – I ZR 95/14, BeckRS 2015, 03109.
7 BGH, 8.10.2012 – X ZR 110/11, GRUR 2012, 1288 Rn. 3 f. – Vorausbezahlte Telefongespräche II; OLG Hamburg, 15.11.2017 – 3 W 92/17, BeckRS 2017, 138659 Rn. 2.

korrigieren.⁸ Das ist schon deswegen geboten, um zu verhindern, dass der Landeskasse zustehende Gerichtsgebühren bewusst vorenthalten werden.⁹

bb) Unterlassungsansprüche

Insbesondere der **Streit- bzw. Gegenstandswert von Unterlassungsansprüchen** bei der Verletzung von Geschäftsgeheimnissen ist allerdings – wie generell im Immaterialgüter- und nicht selten auch im Lauterkeitsrecht – vergleichsweise hoch.¹⁰ Werte zwischen 50.000 und 250.000 EUR sind der Regelfall,¹¹ bisweilen stößt man sogar bis in Millionenhöhe¹² vor. Wesentliche Aspekte bei der Bewertung des Unterlassungsinteresses des Unterlassungsgläubigers sind die Art, der Umfang und die Gefährlichkeit der zu verbietenden Handlung (sog. **Angriffsfaktor**); dieser Gefährdungsgrad ist anhand des drohenden Schadens (va. Umsatzeinbußen, Rufbeeinträchtigung, Marktverwirrung), der Unternehmensverhältnisse (va. Umsatz, Wirtschaftskraft, Marktstellung, Größe), der Marktverhältnisse (va. Intensität des Wettbewerbs zum Verletzten in räumlicher, sachlicher und zeitlicher Hinsicht) und dem Verhalten des (vermeintlichen) Verletzers (va. Grad des Verschuldens, vorheriges und späteres Verhalten sowie Ausmaß, Intensität, Häufigkeit und Auswirkungen möglicher zukünftiger Verletzungshandlungen) in einer wertenden Gesamtschau zu ermitteln.¹³ Im Geschäftsgeheimnisrecht werden insbes. die Bedeutung und der

---

8 OLG Düsseldorf, 15.4.2010 – 2 W 10/10, BeckRS 2010, 19459.
9 OLG Düsseldorf, 10.5.2011 – 2 W 15/11, NJW 2011, 2979, 2980.
10 Ausführlich zum Streit- und Gegenstandswert in den verschiedenen Bereichen des Immaterialgüterrechts B/D/S/*Hirsch*, Teil 4 Kap. 18; zum Lauterkeitsrecht Ahrens/*Büttner*, Kap. 40; zum Markenrecht E/B/F-W/*Ekey*, § 142 Rn. 8 ff.; zum Designrecht E/J/F/M/*Eichmann/Jestaedt*, § 54 DesignG Rn. 1 ff.; zum Urheberrecht *Lütke*, GRUR-RR 2020, 337 ff. Sinngemäß zutreffend, aber ein wenig martialisch *Tetzner*, NJW 1965, 1944, 1947 (zu § 23a UWG aF), wonach derartige Prozesse „mit goldenen Kugeln" geführt werden.
11 Zum GeschGehG OLG Düsseldorf, 21.11.2019 – 2 U 34/19, GRUR-RS 2019, 33225 (100.000 EUR für Unterlassungsverfügung); OLG München, 8.8.2019 – 29 W 940/19, BeckRS 2019, 18308 (50.000 EUR für Unterlassungsverfügung). Zu Verfahren nach §§ 17 ff. UWG aF zB OLG Celle, 19.2.2015 – 13 U 107/09, BeckRS, 13037 (100.00 EUR für Ansprüche auf Unterlassung, Herausgabe, Auskunft und Feststellung der Schadensersatzpflicht); OLG Düsseldorf, 7.12.2010 – 20 U 18/10, BeckRS 2011, 7387 (50.000 EUR für Ansprüche auf Unterlassung, Beseitigung, Auskunft und Schadensersatz); LG Düsseldorf, 1.7.2008 – 4a O 69/08, BeckRS 2012, 3683 (500.000 EUR für Unterlassungsverfügung); LG Köln, 21.1.2010 – 31 O 678/09, BeckRS 2011, 6238 (250.000 EUR für Unterlassungsverfügung); LG München I, 16.12.2014 – 1 HK O 5769/14, BeckRS 2015, 858 (50.000 EUR für Ansprüche auf Unterlassung, Auskunft und Feststellung der Schadensersatzpflicht).
12 Zu Verfahren nach §§ 17 ff. UWG aF zB OLG Koblenz, 4.5.2016 – 9 U 1382/13, GRUR-RS 2016, 133395 (2.500.000 EUR für Ansprüche auf Unterlassung, Auskunft und Feststellung der Schadensersatzpflicht); LG Karlsruhe, 5.8.2011 – 14 O 42/10 KfH III, BeckRS 2011, 141691 Rn. 99 (1.600.000 EUR nur für den Unterlassungsanspruch, insgesamt 4.000.000 EUR).
13 BGH, 26.4.1990 – I ZR 58/89, GRUR 1990, 1052, 1053 – Streitwertbemessung; OLG Hamburg, 15.11.2017 – 3 W 92/17, BeckRS 2017, 138659 Rn. 2; OLG Celle, 23.4.2013 – 13 W 32/13, GRUR-RS 2013, 08318; BeckOK GeschGehG/*Gregor*, § 22 Rn. 11; *Mayer*, WRP 2010, 1126, 1127 f.; *Ulrich*, GRUR 1984, 177, 178 f.; *Haertel*, GRUR-Prax 2013, 327, 327 f.

§ 22 Streitwertbegünstigung

wirtschaftliche Wert des streitgegenständlichen Geschäftsgeheimnisses zu berücksichtigen sein.[14]

6 Wird ein Unterlassungsbegehren in einem **Verfahren des einstweiligen Rechtsschutzes** (→ § 6 Rn. 172 ff.) verfolgt, ist wegen der geringeren Bedeutung gegenüber der Hauptsache (Zweck ist nur die vorläufige Sicherung der Ansprüche) der Streitwert angemessen zu ermäßigen (§ 51 Abs. 4 GKG). Dies führt regelmäßig zu Abschlägen von mindestens 20–25 % in Relation zum Hauptsachestreitwert.[15] Allerdings ist die Praxis der Instanzengerichte dazu recht uneinheitlich.[16]

cc) Sonstige Ansprüche

7 Auch bei den **weiteren Ansprüchen aus dem immaterialgüterrechtlichen Anspruchskanon** ist das Interesse des Anspruchstellers bzw. Klägers zu bewerten. Werden diese Ansprüche – wie zumeist – gemeinsam mit einem Unterlassungsanspruch geltend gemacht, ist es sachgerecht, dass der Unterlassungsanspruch mit etwa 50–75 % des Gesamtstreitwerts bewertet wird und die übrigen 25–50 % des Gesamtstreitwerts auf die Annexansprüche je nach deren Bedeutung aufgeteilt werden.[17] Feste Regeln gibt es insoweit allerdings nur näherungsweise. In der Regel werden die Ansprüche auf **Auskunft und Rechnungslegung** mit ca. 10–30 % des Gesamtstreitwerts[18] bewertet oder es erfolgt, wo dies möglich ist, eine Orientierung an dem Wert des Leistungsanspruchs, der damit vorbereitet werden soll (idR 10–20 % des Werts des Leistungsanspruchs).[19] Werden Auskunftsansprüche unabhängig von weiteren Ansprüchen geltend gemacht, können auch diese mit einem beträchtlichen Streitwert aufwarten, der den Unterlassungsansprüchen kaum nachsteht.[20] Anträge, die auf die **Feststellung der Schadensersatzpflicht** eines Rechtsverletzers gerichtet sind, werden üblicherweise mit einem Wert von 20–25 % des Unterlassungsstreitwerts[21] bzw. 10–15 % des Gesamtstreitwerts[22] taxiert, zuweilen jedoch auch deutlich mehr oder weniger. Für **Rückrufs-, Entfernungs- und Ver-**

---

14 BeckOK GeschGehG/*Gregor*, § 22 Rn. 11.
15 OLG Stuttgart, 10.9.2015 – 2 W 41/15, BeckRS 2016, 07946 Rn. 6; OLG Hamburg, 15.11.2017 – 3 W 92/17, BeckRS 2017, 138659 Rn. 3; BeckOK GeschGehG/*Gregor*, § 22 Rn. 12; E/J/F/M/ *Eichmann/Jestaedt*, § 54 DesignG Rn. 5 (zum Designrecht); B/D/S/*Hirsch*, Teil 4 Kap. 18 Rn. 4.
16 Dazu etwa zum Markenrecht E/B/F-W/*Ekey*, § 142 Rn. 14 f.
17 Mayer/Kroiß/*Nordemann-Schiffel*, Anhang I V Rn. 1 (Markenrecht), Rn. 5 (Patentrecht); *Haertel*, GRUR-Prax 2013, 327.
18 Cepl/Voß/*Zöllner*, § 3 ZPO Rn. 29 mwN; B/D/S/*Hirsch*, Teil 4 Kap. 18 Rn. 24; E/J/F/M/*Eichmann/Jestaedt*, § 54 DesignG Rn. 4 (zum Designrecht); *Haertel*, GRUR-Prax 2013, 327.
19 BeckOK GeschGehG/*Gregor*, § 22 Rn. 14 f.
20 OLG Stuttgart, 8.10.2015 – 2 U 25/15, BeckRS 2016, 7613 (50.000 EUR).
21 BeckOK GeschGehG/*Gregor*, § 22 Rn. 13; Cepl/Voß/*Zöllner*, § 3 ZPO Rn. 45; E/J/F/M/*Eichmann/Jestaedt*, § 54 DesignG Rn. 4.
22 Mayer/Kroiß/*Nordemann-Schiffel*, Anhang I V Rn. 1 (Markenrecht), Rn. 5 (Patentrecht); *Haertel*, GRUR-Prax 2013, 327.

I. Normzweck und Kontext § 22

nichtungsansprüche werden normalerweise 20–25% des Unterlassungsanspruchs[23] bzw. 5–10% des Gesamtstreitwerts[24] angesetzt.

b) Kostenrisiko

Diese hohen Streitwerte haben zur Folge, dass Geschäftsgeheimnisstreitsachen ein vergleichsweise **hohes Kostenrisiko** für die beteiligten Parteien (zur Berechnung von Antwaltsgebühren auch → § 6 Rn. 161 ff.) im Falle eines vollständigen Unterliegens bergen, wie in folgender Tabelle überschlägig und beispielhaft für die anfallenden Gebühren skizziert (Berechnung gem. den zum 1.1.2021 geltenden Gebühren):[25]

8

Streitwert in EUR	Eigene Anwaltsgebühren in EUR	Gegnerische Anwaltsgebühren in EUR	Gerichtsgebühren in EUR	Mindestkostenrisiko insgesamt in EUR
	(1,3 Verfahrensgebühr nach Nr. 3100 VV RVG + 1,2 Terminsgebühr nach Nr. 3104 VV RVG; ohne Auslagen, USt. pp.; nur gerichtliche Vertretung; nur 1. Instanz)	*(1,3 Verfahrensgebühr nach Nr. 3100 VV RVG + 1,2 Terminsgebühr nach Nr. 3104 VV RVG; ohne Auslagen, USt. pp.; nur gerichtliche Vertretung; nur 1. Instanz)*	*(3,0 Gebühren nach KV GKG; ohne Ermäßigung; nur 1. Instanz; ohne sonstige Kosten)*	
10.000	798,20 + 736,80 = 1.535	798,20 + 736,80 = 1.535	798	**3.868**
100.000	2.151,50 + 1.986 = 4.137,50	2.151,50 + 1.986 = 4.137,50	3.387	**11.662**
250.000	3.227,90 + 2.979,60 = 6.207,50	3.227,90 + 2.979,60 = 6.207,50	6.951	**19.366**
500.000	4.600,70 + 4.246,80 = 8.847,50	4.600,70 + 4.246,80 = 8.847,50	11.703	**29.398**

Neben den anfallenden Gebühren, die in höheren Instanzen zudem entsprechend den geltenden Regeln steigen, fallen **weitere Auslagen** der Parteien (zB Reisekosten), der Prozessbevollmächtigten (zB Reisekosten, Auslagenpauschale) und/oder des Gerichts (zB Kosten für eine Beweisaufnahme wie Zeugenentschädigung oder Sachverständigenhonorar) an, die das Kostenrisiko weiter steigern.

9

---

23 BeckOK GeschGehG/*Gregor*, § 22 Rn. 16.
24 *Haertel*, GRUR-Prax 2013, 327.
25 Weitere anschauliche Beispiele bei B/D/S/*Hirsch*, Teil 4 Kap. 18 Rn. 75 ff.

§ 22 Streitwertbegünstigung

3. Vorbilder/verwandte Regelungen

a) Inhaltsgleiche Vorschriften

10   Textlich und inhaltlich ist die Vorschrift nahezu wortlautgetreu **§ 12 Abs. 4 und 5 UWG** nachgebildet, welche sich wiederum an § 23b UWG aF (bis 2004) anlehnen.[26] § 12 Abs. 4 und 5 UWG galten vor dem Inkrafttreten des GeschGehG auch für Rechtsstreitigkeiten über Betriebs- und Geschäftsgeheimnisse nach den alten §§ 17 f. UWG.[27] Inhaltlich entsprechende Regelungen finden sich ferner in den verschiedenen Sonderschutzgesetzen des Gewerblichen Rechtsschutzes (**§ 142 MarkenG, § 54 DesignG, § 144 PatG, § 26 GebrMG, § 11 Abs. 2 HalblSchG**) und ferner im Aktienrecht (**§ 247 Abs. 2 und 3 AktG**).[28] Hinsichtlich der Auslegung des § 22 kann daher auf die zu diesen Vorschriften erarbeiteten Grundsätze zurückgegriffen werden.[29]

b) Streitwertminderung nach § 51 Abs. 3 Satz 1 GKG

11   § 51 Abs. 3 GKG enthält ebenfalls Härtefallregelungen zum Schutze von wirtschaftlich unterlegenen Parteien.[30] Da es sich um unterschiedliche Tatbestände handelt, ist die Regelung **unabhängig von und auch neben § 22 anwendbar**.[31] Ob diese Vorschrift für Geschäftsgeheimnisstreitsachen passend ist, darf unterdessen bezweifelt werden (→ Rn. 26). Eine Kombinierung beider Vorschriften dürfte aber voraussichtlich ohnehin nicht mehr als eine theoretische Möglichkeit bleiben (→ Rn. 42, 53).

12   Nach **§ 51 Abs. 3 Satz 1 GKG** kann der Streitwert in lauterkeitsrechtlichen Angelegenheiten und nach der Neuformulierung des § 51 Abs. 2 GKG im Zuge der Einführung des GeschGehG (→ Rn. 25) auch in Geschäftsgeheimnisstreitsachen[32] (→ Rn. 28) **angemessen gemindert werden, wenn die Bedeutung der Sache für den Beklagten erheblich geringer zu bewerten ist** als der nach § 51 Abs. 2 GKG – also unter Berücksichtigung des Klägerinteresses (→ Rn. 3 ff.) – ermittelte Streitwert.

---

26 Zur – recht kuriosen – Genese der UWG-Vorschriften s. BGH, 13.9.2018 – I ZR 26/17, NJW 2018, 3581, 3585 f. Rn. 49 – Prozessfinanzierer; Teplitzky/*Schwippert*, Kap. 50 Rn. 2; *Krbetschek/Schlingloff*, WRP 2014, 1, 4.
27 H/O/K/*Harte-Bavendamm*, § 22 Rn. 1.
28 Die erste Streitwertbegünstigungsvorschrift wurde 1936 mit § 53 PatG aF eingeführt, dazu Busse/Keukenschrijver/*Keukenschrijver*, § 144 Rn. 1. Im Urheberrecht gibt es keine Streitwertbegünstigung, allerdings für Abmahnungen eine Gebührendeckelung auf 1.000 EUR zur Verhinderung von Missbrauchsfällen (§ 97a Abs. 3 Satz 2 UrhG).
29 Büscher/*McGuire*, § 22 GeschGehG Rn. 5; K/B/F/*Köhler/Bornkamm/Feddersen*, § 22 GeschGehG Rn. 8. Zur historischen Entwicklung von Streitwertbegünstigungsvorschriften *Gruber*, GRUR 2018, 585, 586 f.
30 OLG Zweibrücken, 4.8.2014 – 4 W 46/14, NJW-RR 2014, 1535 Rn. 4.
31 BT-Drs. 19/4724, S. 39; *Reinfeld*, § 6 Rn. 122.
32 Beck-OK KostenR/*Toussaint*, § 51 GKG Rn. 17.

Die Vorschrift bewirkt folglich, dass bei der Streitwertbemessung auch die Interessen des Beklagten einzubeziehen sind. Der Gesetzgeber wollte damit Fälle erfassen, in denen zwar eine für den Kläger erhebliche Beeinträchtigung geltend gemacht wird, die Angelegenheit aber für den in Anspruch genommenen eine Bagatelle darstellt, was va. bei geringfügigen Wettbewerbsverstößen durch Kleinunternehmer der Fall sein wird.[33] Anders als die Streitwertbegünstigungsvorschriften hebt § 51 Abs. 3 Satz 1 GKG nicht auf eine rein wirtschaftliche Betrachtung aus Sicht des Beklagten ab, sondern vergleicht das Interesse des Klägers mit dem des Beklagten, es findet mithin eine **Bewertung und Gewichtung der beiderseitigen Parteiinteressen** statt.[34] Die Interessen des Beklagten, die den Vorfall aus dessen Sicht zu einer Bagatelle machen, müssen nicht zwingend rein wirtschaftlicher Natur sein.[35] Allerdings wird ein sehr geringer Umsatz als gewichtiges Indiz für ein geringes Interesse gewertet.[36]

13

Ergänzend dazu ordnet **§ 51 Abs. 3 Satz 2 GKG** an, dass hinsichtlich Beseitigungs- und Unterlassungsansprüchen entgegen den üblichen Gepflogenheiten (→ Rn. 5) im Zweifel ein **Auffangstreitwert** von 1.000 EUR anzunehmen ist, wenn keine genügenden Anhaltspunkte für die Wertbestimmung vorliegen.

14

Soweit § 51 Abs. 3 GKG eingreift, bewirkt die Vorschrift eine **generelle Minderung des Streitwerts**. Sie wirkt sozusagen „in alle Richtungen", während § 22 nur zu einer einseitigen Streitwertherabsetzung führt (→ Rn. 56).

15

c) § 12a ArbGG

Ausweislich der Gesetzesbegründung soll die Spezialregelung des **§ 12a ArbGG** von einer Streitwertherabsetzung nach § 22 unberührt bleiben.[37] Damit bleibt in Arbeitsrechtssachen die Regel aufrechterhalten, dass für eine obsiegende Partei eine Kostenerstattung bis zum Abschluss des ersten Rechtszugs nicht erfolgt (§ 12a Abs. 1 Satz 1 ArbGG), sondern erst ab der zweiten Instanz (§ 12a Abs. 2 ArbGG). Dieser auf Arbeitnehmerschutzgründen beruhende Ausschluss der Kostenerstattung gilt nicht nur für prozessuale, sondern auch für jedwede materiell-rechtlichen Kostenerstattungsansprüche, also auch für alle vor- und außergerichtlichen Kosten.[38] Im Falle des prozessualen Unterliegens sollen die regelmäßig strukturell unterlegenen Arbeitnehmer nicht auch noch mit Kosten belastet werden.

16

---

33 OLG Stuttgart, 10.9.2015 – 2 W 41/15, BeckRS 2016, 07946 Rn. 18; *Schembecker*, GRUR-Prax 2014, 562.
34 K/B/F/*Köhler/Feddersen*, § 12 UWG Rn. 5.17; *Köhler*, NJW 2013, 3473, 3475.
35 *Bohne*, GRUR-Prax 2016, 249; *Krbetschek/Schlingloff*, WRP 2014, 1, 6.
36 OLG Zweibrücken, 4.8.2014 – 4 W 46/14, NJW-RR 2014, 1535, 1536 Rn. 4 (Monatsumsätze von 167 bzw. 249 EUR).
37 BT-Drs. 19/4724, S. 39.
38 BAG, 25.9.2018 – 8 AZR 26/18, NJW 2019, 2193, 2195 Rn. 25 ff.; *Reinfeld*, § 6 Rn. 124.

§ 22   Streitwertbegünstigung

17   Sind **für Geschäftsgeheimnisstreitsachen die Arbeitsgerichte zuständig** (va. nach § 2 Abs. 1 Nr. 3 lit. d ArbGG),[39] ist das Kostenrisiko bzgl. der außergerichtlichen Kosten für beide Parteien zumindest in der ersten Instanz deutlich geringer, da insoweit nur die eigenen Kosten zu tragen sind.[40] Dies wird bei der Frage der erheblichen Gefährdung der wirtschaftlichen Lage des Antragstellers (→ Rn. 36 ff.) ebenso zu würdigen sein wie bei der Ermessensentscheidung des Gerichts zur Herabsetzung des Streitwerts (→ Rn. 49 ff.).

d) Prozesskostenhilfe

18   Ist die mit einem Prozess verbundene Kostenlast für Prozessbeteiligte voraussichtlich nicht tragbar, können die **zivilprozessualen Regeln über die Prozesskostenhilfe (§§ 114 ff. ZPO)** Abhilfe schaffen. Nach § 114 Abs. 1 Satz 1 ZPO ist einem Beteiligten, der aufgrund seiner persönlichen und wirtschaftlichen Verhältnisse die Kosten der Prozessführung nicht, nur zum Teil oder nur in Raten aufbringen kann, auf Antrag (§ 117 ZPO) Prozesskostenhilfe zu gewähren, wenn die beabsichtigte Rechtsverfolgung oder -verteidigung hinreichende Aussicht auf Erfolg bietet und nicht mutwillig erscheint (§ 114 Abs. 2 ZPO). Die Vorschriften der §§ 114 ff. ZPO sind unabhängig und daher auch **neben § 22 anwendbar**.[41] Infolgedessen kann eine Streitwertherabsetzung auch dann noch erfolgen, wenn der Antragsteller bereits Prozesskostenhilfe erhält.[42] Entsprechendes gilt umgekehrt.[43] Eine erfolgreiche Kombination dieser beiden Instrumente dürfte allerdings eine kaum denkbare Ausnahmekonstellation sein (→ Rn. 42, 53).

19   Sowieso ist das sozialstaatlich motivierte Prozesskostenhilfeverfahren aber in aller Regel nur dann eine Option, wenn eine **natürliche Person** nicht über ausreichende Mittel verfügt, um den Prozess zu bestreiten.[44] **Juristische Personen oder parteifähige Vereinigungen** erhalten Prozesskostenhilfe entweder nur als Partei kraft Amtes (va. Insolvenzverwalter, Testamentsvollstrecker),[45] sofern die verwaltete Vermögensmasse nicht ausreicht und die Kostenaufbringung durch die wirtschaft-

---

39   Nach § 2 Abs. 1 Nr. 3 lit. d ArbGG sind die Arbeitsgerichte für bürgerliche Rechtsstreitigkeiten zwischen (auch ehemaligen) Arbeitnehmern und Arbeitgebern aus unerlaubten Handlungen ausschließlich zuständig, sofern ein innerer Zusammenhang zum Arbeitsverhältnis besteht. Zur Zuständigkeit der Arbeitsgerichte bei Verstößen gegen das GeschGehG *Reinfeld*, § 6 Rn. 26 f.; noch zu Verstößen gegen §§ 17 ff. UWG aF OLG Hamburg, 30.10.2002 – 11 W 43/02, NZA 2003, 935, 935 f.; *Asendorf*, GRUR 1990, 229, 232 ff.
40   *Reinfeld*, § 6 Rn. 126.
41   Büscher/*McGuire*, § 22 GeschGehG Rn. 2; K/B/F/*Köhler/Bornkamm/Feddersen*, § 22 GeschGehG Rn. 11; *Gruber*, DZWiR 2020, 12, 14.
42   BGH, 9.1.1953 – I ZR 79/51, GRUR 1953, 123; H/O/K/*Harte-Bavendamm*, § 22 Rn. 3; BeckOK GeschGehG/*Gregor*, § 22 Rn. 4.
43   Benkard/*Grabinski/Zülch*, § 144 Rn. 3 (zu § 144 PatG).
44   Zur sozialstaatlichen Verwurzelung des „Armenrechts" BVerfG, 3.7.1973 – 1 BvR 153/69, NJW 1974, 229, 230.
45   Weitere Beispiele bei Musielak/Voit/*Fischer*, § 116 Rn. 3.

lich am Rechtsstreit beteiligten Personen (zB Gläubiger, Erben)[46] nicht zumutbar ist (§ 116 Satz 1 Nr. 1 ZPO), oder wenn die Kosten – erstens – weder von der inländischen juristischen Person oder Vereinigung noch von den am Gegenstand des Rechtsstreits wirtschaftlich Beteiligten (zB Gesellschafter, Vorstandsmitglieder)[47] aufgebracht werden können (auch nicht durch Kreditaufnahme)[48] und – zweitens – die Unterlassung der Rechtsverfolgung oder -verteidigung allgemeinen Interessen zuwiderlaufen würde (§ 116 Satz 1 Nr. 2 ZPO). Insbesondere die zweite Voraussetzung, das objektiv zu beurteilende allgemeine Interesse an der Prozessführung, ist faktisch eine wohl kaum zu überwindende Hürde für Vereinigungen und Verbände.[49] Daneben müssen freilich auch die Voraussetzungen des § 114 Abs. 1 und 2 ZPO (→ Rn. 18) erfüllt sein (§ 116 Satz 2 ZPO).[50]

Aufgrund dieser hohen Anforderungen (→ Rn. 19) und da zudem nahezu stets eine juristische Person (GmbH, UG, AG, KGaA, eV, Stiftung etc.) oder eine parteifähige Vereinigung (oHG, KG, Außen-GbR etc.) Inhaberin des Geschäftsgeheimnisses (§ 2 Nr. 2) sein wird (→ § 2 Rn. 140 ff.), ist eine **Prozesskostenhilfe in Geschäftsgeheimnisstreitsachen zwar theoretisch möglich, normalerweise aber ausgeschlossen**. Streitwertbegünstigungsvorschriften – wie hier – sollen diese Lücke füllen.[51]   20

4. Praktische Bedeutung

Wiewohl das durch Streitwertbegünstigungsvorschriften bereitgestellte Einzelfallkorrektiv seine Daseinsberechtigung hat, bleibt es aufgrund der strengen Voraussetzungen für sehr seltene **Ausnahmekonstellationen** reserviert, wie auch die bisherigen Erfahrungen mit den vergleichbaren Vorschriften (→ Rn. 10) zeigen.[52] Oftmals   21

---

46 Weitere Beispiele bei Musielak/Voit/*Fischer*, § 116 Rn. 6; B/L/H/A/G/*Vogt-Beheim*, § 116 Rn. 10.
47 Weitere Beispiele bei Musielak/Voit/*Fischer*, § 116 Rn. 14; B/L/H/A/G/*Vogt-Beheim*, § 116 Rn. 10.
48 OVG Bremen, 16.1.1987 – 1 B 46/86, JurBüro 1987, 770.
49 Sehr krit. dazu Stein/Jonas/*Bork*, § 116 Rn. 24. Ein allgemeines Interesse könnte zB gegeben sein, wenn die Entscheidung für einen größeren Personenkreis oder das Wirtschaftsleben weitreichende Folgen hätte oder die juristische Person wichtige Aufgaben von allgemeinem Interesse nicht mehr erfüllen kann, vgl. Musielak/Voit/*Fischer*, § 116 Rn. 17 f.
50 B/L/H/A/G/*Vogt-Beheim*, § 116 Rn. 23.
51 Büscher/*McGuire*, § 22 GeschGehG Rn. 4; BeckOK GeschGehG/*Gregor*, § 22 Rn. 3.
52 H/O/K/*Harte-Bavendamm*, § 22 Rn. 1; BeckOK GeschGehG/*Gregor*, § 22 Rn. 7; BeckOK UWG/*Tavanti/Scholz*, § 12 Rn. 746 (zu § 12 Abs. 4 UWG); Harte/Henning/*Retzer/Tolkmitt*, § 12 Rn. 907 (zu § 12 Abs. 4 UWG); *Mayer*, WRP 2010, 1126, 1130 (zu § 12 Abs. 4 UWG aF). In der recherchierbaren Rechtsprechung finden sich aus jüngerer Zeit nur wenige Fälle, in denen ein Streitwertabsetzungsantrag erfolgreich war, etwa BPatG, 24.11.2011 – 3 (ZA) 54/10 zu 3 Ni 11/01, GRUR-RR 2012, 132 (von 13.000.000 EUR auf 3.500.000 EUR); BGH, 17.3.2011 – I ZR 183/09, GRUR 2011, 560 (von 120.000 EUR auf 25.200 EUR); BGH, 29.7.2010 – Xa ZR 80/08, BeckRS 2010, 20770 (auf 10.000 EUR; voller Streitwert nicht angegeben); BPatG, 23.7.2010 – 4 Ni 50/07, BeckRS 2010, 20933 (von 10.000.000 EUR auf 1.000.000 EUR) BGH, 23.7.2009 – Xa ZR 146/07, BeckRS 2009, 25819 (von 178.952,16 EUR auf 100.000 EUR);

§ 22 Streitwertbegünstigung

werden Gewerbetreibende auch die im Rahmen der Glaubhaftmachung notwendige Offenlegung ihrer wirtschaftlichen Verhältnisse (→ Rn. 46 f.) scheuen.[53] Es ist deshalb nicht zu erwarten, dass in der Praxis in einem merklichen Umfang von § 22 Gebrauch gemacht werden wird.

II. Richtlinienvorgaben und Historie

1. Unionsrechtliche Vorgaben

22 § 22 ist **nicht unmittelbar unionsrechtlich veranlasst.** Die RL 2016/943/EU enthält keine entsprechende (oder ähnliche) durch den deutschen Gesetzgeber umzusetzende Vorschrift.[54] Dementsprechend wird auch die gebotene richtlinienkonforme Auslegung nur eine untergeordnete Bedeutung haben.[55]

23 Dennoch befördert die Vorschrift die effektive Durchsetzung der Rechte des Rechtsinhabers und **entspricht damit den Zielen der RL 2016/943/EU.**[56] So haben die Mitgliedstaaten nach Art. 6 Abs. 1 RL Maßnahmen, Verfahren und Rechtsbehelfe vorzusehen, die erforderlich sind, um einen ausreichenden Schutz von Geschäftsgeheimnissen zu gewährleisten. Nach Art. 6 Abs. 2 RL müssen diese zudem fair, gerecht, wirksam und ausreichend abschreckend sein und dürfen nicht unnötig kompliziert, kostspielig oder langwierig sein (ähnliches schreibt der – gleichwohl nicht bindende[57] – Erwgrd. 21 RL vor). § 22 dient insbes. der Vermeidung von zu kostspieligen Verfahren. Ferner ist eine abschreckende Wirkung bei einem extremen wirtschaftlichen Ungleichgewicht zwischen zwei Prozessparteien nur möglich, wenn die wirtschaftlich schwächer gestellte Partei nicht fürchten muss, mit unverhältnismäßigen Kosten belastet zu werden, wenn sie ihre Rechte durchsetzen will. Schließlich erwähnt Erwgrd. 21, dass gewährleistet werden muss, dass Gerichte über das Ermessen verfügen, die Interessen der an einem Rechtsstreit beteiligten Parteien gegeneinander abzuwägen, wozu zweifelsohne das Interesse der Verfahrensbeteiligten gehört, nicht von der drohenden Kostenlast erdrückt zu werden.

OLG Düsseldorf, 6.3.2006 – 20 W 145/05, BeckRS 2007, 15895 (von 100.000 EUR auf 50.000 EUR).
53 *Ulrich*, GRUR 1984, 177, 183 (zu § 23a UWG aF).
54 Büscher/*McGuire*, § 22 GeschGehG Rn. 1; BeckOK GeschGehG/*Gregor*, § 22 Rn. 1; H/O/K/*Harte-Bavendamm*, § 22 Rn. 2.
55 K/B/F/*Köhler/Bornkamm/Feddersen*, § 22 GeschGehG Rn. 8.
56 H/O/K/*Harte-Bavendamm*, § 22 Rn. 2.
57 Zur Rechtsnatur und der (fehlenden) Bindungswirkung von Erwgrd. in EU-Rechtsakten EuGH, 19.6.2014 – C-345/13, EuZW 2014, 703, 704 Rn. 31 – Karen Millen Fashions Ltd/Dunnes Stores ua.; grundlegend EuGH, 19.11.1998 – C-162/97, BeckRS 2004, 74578 Rn. 54 – Nilsson ua.; EuGH, 25.11.1998 – C-308/97, BeckRS 2004, 76219 Rn. 30 – Manfredi sowie EuGH, 24.11.2005 – C-136/04, BeckRS 2005, 70929 Rn. 32 – Deutsches Milch-Kontor.

2. Entwicklung im Gesetzgebungsverfahren zur Richtlinienumsetzung

Über die im Kontext des UWG und der immaterialgüterrechtlichen Sonderschutzgesetze bekannte und bewährte Regelung (→ Rn. 10) wurde im Gesetzgebungsverfahren **nicht debattiert**. Die Norm war im RefE noch in § 21 vorgesehen, der RegE übernahm sie ohne Änderungen in § 22.[58] 24

Anlässlich der Einführung des GeschGehG wurden im Gesetzgebungsverfahren auch verschiedene **Vorschriften des GKG** geändert, damit diese nunmehr auch Geschäftsgeheimnisstreitsachen erfassen. Dies betrifft die Regelung zur ermessensabhängigen Streitwertbemessung nach § 51 Abs. 2 GKG (→ Rn. 3 ff.) sowie den Verweis auf die Möglichkeit der Streitwertbegünstigung nach § 51 Abs. 5 GKG.[59] 25

Die Einordnung der Geschäftsgeheimnisstreitsachen (→ Rn. 28) in § 51 Abs. 2 GKG, also in den Kontext von Ansprüchen nach dem UWG, und nicht in § 51 Abs. 1 GKG, der Verfahren mit gewerblichen Schutzrechten betrifft, hat zur Folge, dass auf sie prinzipiell auch **§ 51 Abs. 3 GKG** Anwendung findet (s. schon → Rn. 11 ff.). Diese spezifisch lauterkeitsrechtlich motivierte Regelung ist für Geschäftsgeheimnisstreitsachen indes verfehlt, weil **Bagatellverstöße unter dem GeschGehG kaum denkbar** erscheinen und auch nicht zu erwarten ist, dass Verfahren zum Zwecke der bloßen Erzielung von Anwaltsgebühren geführt werden (→ § 14 Rn. 8, 13).[60] Sie verkennt zudem die Natur des Geschäftsgeheimnisschutzes, dem nach hiesiger Auffassung zumindest annähernd Immaterialgüterqualität zuzugestehen ist (zur indifferenten Rechtsnatur auch → § 1 Rn. 21, § 6 Rn. 6 und § 7 Rn. 23).[61] 26

III. Anordnung der Herabsetzung des Streitwerts (§ 22 Abs. 1)

1. Tatbestandsvoraussetzungen

Der **Tatbestand** des § 22 Abs. 1 verlangt, dass in einer Geschäftsgeheimnisstreitsache (lit. a) eine Partei (lit. b) beim Gericht einen zulässigen Antrag auf Herabsetzung des Streitwerts stellt (lit. c), weil die Belastung mit den Prozesskosten aus dem 27

---

58 BT-Drs. 19/4724, S. 13.
59 BT-Drs. 19/4724 unter Art. 4 Nr. 1 und Nr. 2, S. 15.
60 So auch Büscher/*McGuire*, § 22 GeschGehG Rn. 6. Kritisch auch BeckOK GeschGehG/*Gregor*, § 22 Rn. 10. Zum Anwendungsbereich des § 51 Abs. 3 GKG OLG Zweibrücken, 4.8.2014 – 4 W 46/14, NJW-RR 2014, 1535, 1536; OLG Dresden, 28.11.2014 – 14 W 1015/14, BeckRS 2015, 2675.
61 So auch K/B/F/*Alexander*, § 1 GeschGehG Rn. 14; *Ohly*, GRUR 2019, 441, 445. Ähnlich *Hoeren/Münker*, WRP 2018, 150, 152 („kleines Immaterialgüterrecht"); *Gärtner/Goßler*, MittdtschPatAnw 2018, 204, 206 („Quasi-Schutzrecht"); *McGuire*, GRUR 2016, 1000, 1008 („strukturelle Ähnlichkeit mit den absoluten Schutzrechten"). Für eine Qualifikation als Immaterialgüterrecht *Kiefer*, WRP 2018, 910, 911 ff.

§ 22 Streitwertbegünstigung

vollen Streitwert ihre wirtschaftliche Lage erheblich gefährden würde (lit. d), und dass sie diese erhebliche Gefährdung auch glaubhaft machen kann (lit. e).

a) Geschäftsgeheimnisstreitsache

28 Geschäftsgeheimnisstreitsachen sind alle **Rechtsstreitigkeiten, bei denen die Geltendmachung von Ansprüchen nach dem GeschGehG Verfahrensgegenstand ist** (§ 16 Abs. 1).[62] Dies schließt auch das kontradiktorische Gegenteil ein, wenn mittels negativer Feststellungsklage das Nichtbestehen von Ansprüchen nach dem GeschGehG festgestellt werden soll.[63]

29 Hierbei schadet eine **Normenkonkurrenz** nicht: § 22 findet auch dann Anwendung, wenn sich die klagende Partei auch auf andere Anspruchsgrundlagen stützt, die nicht in den Anwendungsbereich einer Streitwertbegünstigungsvorschrift fallen.[64] Werden zugleich Ansprüche aus Gesetzen geltend gemacht, die über eigene Streitwertbegünstigungsvorschriften verfügen, ergeben sich wegen der identischen Wertungen keine Schwierigkeiten (→ Rn. 10).

30 Möglich ist eine Streitwertbegünstigung nach absolut hM **sowohl im regulären Klageverfahren als auch in Verfahren des einstweiligen Rechtsschutzes**.[65] Nicht anwendbar ist § 22 indessen bei Zwangsvollstreckungsverfahren;[66] ebenso wenig bei der Geltendmachung von Ansprüchen aus einer strafbewehrten Unterlassungsverpflichtungserklärung oder vertraglichen Geheimhaltungsvorschriften.[67] Auch die Gebührenklage eines Rechtsanwalts gegen seinen Mandanten wegen der Bearbeitung einer GeschGehG-Angelegenheit ist keine Geschäftsgeheimnisstreitsache.[68]

---

62 H/O/K/*Harte-Bavendamm*, § 22 Rn. 5; K/B/F/*Köhler/Bornkamm/Feddersen*, § 22 GeschGehG Rn. 9; BeckOK GeschGehG/*Gregor*, § 22 Rn. 17.
63 KG, 3.7.1987 – 5 W 3097/87, GRUR 1988, 148 (zu § 23a UWG aF); H/O/K/*Harte-Bavendamm*, § 22 Rn. 5; *Mayer*, WRP 2010, 1126, 1128 (zu § 12 Abs. 4 UWG aF).
64 OLG Köln, 7.12.1994 – 6 W 91/94, GRUR 1995, 446 (zu § 23a UWG aF); OLG Köln, 30.5.1988 – 6 W 52/88, GRUR 1988, 775 (zu § 23a UWG aF); H/O/K/*Harte-Bavendamm*, § 22 Rn. 5; K/B/F/*Köhler/Feddersen*, § 12 UWG Rn. 5.18 (zu § 12 Abs. 4 UWG); Busse/Keukenschrijver/*Keukenschrijver*, § 144 Rn. 4 (zu § 144 PatG); Teplitzky/*Schwippert*, Kap. 50 Rn. 13 (zu § 12 Abs. 4 UWG); *Mümmler*, JurBüro 1985, 1761, 1763.
65 H/O/K/*Harte-Bavendamm*, § 22 Rn. 5; Büscher/*McGuire*, § 22 GeschGehG Rn. 2; K/B/F/*Köhler/Bornkamm/Feddersen*, § 22 GeschGehG Rn. 9; BeckOK UWG/*Barth*, § 22 GeschGehG Rn. 2; BeckOK GeschGehG/*Gregor*, § 22 Rn. 18. Zu § 12 Abs. 4 UWG K/B/F/*Köhler/Feddersen*, § 12 UWG Rn. 5.19; Teplitzky/*Schwippert*, Kap. 50 Rn. 14. Ferner OLG Köln, 30.5.1988 – 6 W 52/88, GRUR 1988, 775 (zu § 23a UWG aF); aA Bühring/*Braitmayer*, § 26 Rn. 2 (zu § 26 GebrMG).
66 H/O/K/*Harte-Bavendamm*, § 22 Rn. 3; Büscher/*McGuire*, § 22 GeschGehG Rn. 2; Teplitzky/*Schwippert*, Kap. 50 Rn. 13 und *Köhler*, NJW 2013, 3473, 3475 (beide zu § 12 Abs. 4 UWG); *Mümmler*, JurBüro 1985, 1761, 1762 (zu § 23a UWG aF).
67 H/O/K/*Harte-Bavendamm*, § 22 Rn. 3; K/B/F/*Köhler/Bornkamm/Feddersen*, § 22 GeschGehG Rn. 10; K/B/F/*Köhler/Feddersen*, § 12 UWG Rn. 5.18 und Teplitzky/*Schwippert*, Kap. 50 Rn. 13 (beide zu § 12 Abs. 4 UWG).
68 IdS *Mümmler*, JurBüro 1985, 1761, 1763 (für die Gebührenklage eines Patentanwalts).

III. Anordnung der Herabsetzung des Streitwerts (§ 22 Abs. 1)   § 22

b) Partei

Jede Partei eines Rechtsstreits kann **unabhängig von ihrer Parteistellung** einen Antrag nach § 22 stellen, insbes. der Rechtsinhaber wie auch der vermeintliche Rechtsverletzer.[69] Dies gilt auch bei Parteien kraft Amtes, juristischen Personen oder rechtsfähigen Personenvereinigungen.[70] Anders als die Prozesskostenhilfe steht die Streitwertbegünstigung diesen dabei ohne weitere Voraussetzungen (§ 116 Nr. 2 ZPO; dazu → Rn. 19) offen.[71] Der Antrag kann auch von Nebenintervenienten (§§ 66 ff. ZPO) und Streitverkündeten (§§ 72 ff. ZPO) nach einem wirksamen Streitbeitritt gestellt werden;[72] sie gelten – wie bei der Prozesskostenhilfe[73] – in diesem Fall als Partei des Rechtsstreits. Ebenso wenig wie Streitgenossen (§§ 59 ff. ZPO) profitieren jene nicht von einer Streitwertherabsetzung zugunsten der Partei, der sie beigetreten sind, sodass sie selbst einen Herabsetzungsantrag stellen und die Voraussetzungen erfüllen müssen. Angehörigen fremder Staaten kann eine Streitwertbegünstigung auch gewährt werden, wenn die Gegenseitigkeit nicht verbürgt ist.[74]

31

Unanwendbar ist die Vorschrift auf **nicht am Prozess beteiligte Dritte** (zB Gesellschafter einer Partei). Auch die Prozessbevollmächtigten der Parteien sind nicht antragsberechtigt (aber ggf. beschwerdeberechtigt, dazu Rn. 84 ff.).

32

c) Zulässiger Antrag

Die Anordnung der Streitwertherabsetzung erfolgt nicht von Amts wegen, sondern nur nach einem entsprechenden **form- und fristgerechten Antrag einer Partei**.[75] Einzelheiten unter Rn. 71 ff.

33

Der Antrag kann (und muss) **in jeder Instanz** neu gestellt werden.[76] Er kann auch mehrfach gestellt werden, wenn sich die wirtschaftliche Lage des Antragstellers im Laufe des Prozesses verschlechtern sollte (→ Rn. 73). Die Herabsetzung gilt nur für die Instanz, für die sie bewilligt wird (→ Rn. 60).

34

---

69 K/B/F/*Köhler/Bornkamm/Feddersen*, § 22 GeschGehG Rn. 13.
70 *Hartmann*, JurBüro 2019, 339, 340.
71 Zu § 144 PatG: BPatG, 10.4.2013 – 2 Ni 27/11, BeckRS 2013, 8356; Busse/Keukenschrijver/*Keukenschrijver*, § 144 Rn. 10.
72 Zu § 144 PatG: Busse/Keukenschrijver/*Keukenschrijver*, § 144 Rn. 9; *Mes*, § 144 PatG Rn. 8; zu § 26 GebrMG: Bühring/*Braitmayer*, § 26 Rn. 5; s. auch *Hartmann*, JurBüro 2019, 339, 340; *Mümmler*, JurBüro 1985, 1761, 1767.
73 Dazu MK-ZPO/*Wache*, § 114 Rn. 39 mwN.
74 BGH, 12.2.1979 – X ZR 2/76, GRUR 1979, 572 – Schaltröhre (zu § 53 PatG aF); Busse/Keukenschrijver/*Keukenschrijver*, § 144 Rn. 11 (zu § 144 PatG); Bühring/*Braitmayer*, § 26 Rn. 5 (zu § 26 GebrMG).
75 K/B/F/*Köhler/Bornkamm/Feddersen*, § 22 GeschGehG Rn. 12; Busse/Keukenschrijver/*Keukenschrijver*, § 144 Rn. 18 (zu § 144 PatG).
76 H/O/K/*Harte-Bavendamm*, § 22 Rn. 15; BeckOK GeschGehG/*Gregor*, § 22 Rn. 26; E/B/F-W/*Ekey*, § 142 Rn. 20 (zu § 142 MarkenG); *Mayer*, WRP 2010, 1127, 1128 (zu § 12 Abs. 4 UWG aF).

§ 22 Streitwertbegünstigung

d) Erhebliche Gefährdung der wirtschaftlichen Lage durch die Belastung mit den Prozesskosten nach dem vollen Streitwert

aa) Prozesskosten

35 Die **Prozesskosten sind die Kosten des Rechtsstreits** iSd. § 91 ZPO.[77] Es handelt sich mithin um die Gerichtsgebühren und gerichtliche Auslagen sowie die außergerichtlichen Kosten der Prozessparteien (Anwaltsgebühren, Anwaltsauslagen und Parteiauslagen) für die jeweilige Instanz, berechnet nach dem regulären, nicht ermäßigten Streitwert.[78] Die Bezugnahme auf die (gesamten) Prozesskosten an dieser Stelle darf aber nicht zu der Annahme verleiten, dass sich eine gewährte Streitwertherabsetzung auch auf Auslagen auswirken würde. Das ist nicht der Fall (→ Rn. 59 65 f.).[79]

bb) Prognose zu Auswirkungen der Kostenlast

36 Die Prozesskosten (→ Rn. 35) sind zunächst nach § 51 Abs. 2 GKG – ggf. nach § 51 Abs. 3 GKG vermindert (→ Rn. 11 ff.) – zu berechnen (→ Rn. 3 ff.). Auf Basis der so errechneten zu erwartenden Kostenlast für die betroffene Instanz (nicht für alle Rechtszüge zusammen) muss die betroffene Partei darlegen, dass sie bei einer regulären Berechnung des Streitwerts in einem Maße finanziell überfordert werden würde, das zu einer erheblichen Gefährdung ihrer wirtschaftlichen Lage (→ Rn. 37 ff.) führt.[80] Es ist mithin eine **Prognose über die Auswirkungen der Kostenlast auf die wirtschaftliche Lage des Antragstellers** anzustellen.

cc) Anforderungen an eine erhebliche Gefährdung der wirtschaftlichen Lage

37 Zugegeben ist es wünschenswert, dass hinsichtlich des Vorliegens einer erheblichen Gefährdung bei den verschiedenen, aber weitgehend wortlautidentischen Streitwertbegünstigungsvorschriften (→ Rn. 10) auch **möglichst identische Bewertungsmaßstäbe** angelegt werden.[81] Das kann aber nicht bedeuten, dass man aus anderem Kontext unreflektiert (nicht überzeugende) Maßstäbe übernimmt und sich dadurch jeglicher Debatte schlankerhand entledigt. Es ist aber schlechterdings nicht zu leugnen, dass sich die Entwicklung greifbarer Kriterien als diffizil erweist.

38 Betrachtet man die Meinungen zu dieser und anderen Streitwertbegünstigungsvorschriften, werden **sehr strenge Anforderungen an das Bestehen einer wirtschaft-**

---

[77] H/O/K/*Harte-Bavendamm*, § 22 Rn. 6; *Hartmann*, JurBüro 2019, 339, 341.
[78] *Büscher/McGuire*, § 22 GeschGehG Rn. 12; *Ahrens/Büttner*, Kap. 41 Rn. 8 (zu § 12 Abs. 4 UWG); *Hartmann*, JurBüro 2019, 339, 341; *Mümmler*, JurBüro 1985, 1761, 1765; **aA** wohl Harte/Henning/*Retzer/Tolkmitt*, § 12 Rn. 907 (zu § 12 Abs. 4 UWG): nur Gerichts- und Anwaltsgebühren.
[79] OLG München, 8.7.1959 – 11 W 1192/59, GRUR 1960, 79 (zu § 53 PatG aF).
[80] H/O/K/*Harte-Bavendamm*, § 22 Rn. 6.
[81] K/B/F/*Köhler/Bornkamm/Feddersen*, § 22 GeschGehG Rn. 14; BeckOK UWG/*Barth*, § 22 GeschGehG Rn. 3.

III. Anordnung der Herabsetzung des Streitwerts (§ 22 Abs. 1)   § 22

lichen Gefährdung gestellt.[82] Das ist auch grundsätzlich nicht zu beanstanden, weil es eine ausreichende Rechtfertigung braucht, weswegen ausnahmsweise von der Grundregel des § 91 Abs. 1 ZPO (**Kostentragungspflicht des Unterlegenen**) abgewichen werden kann.[83] Es ist völlig richtig, dass allgemeine finanzielle Schwierigkeiten oder Unannehmlichkeiten auf Seiten des Antragstellers hierfür nicht ausreichen, insbes. muss er auch eine kurz- oder mittelfristige Kreditaufnahme zum Zwecke der Prozessführung in Betracht ziehen; dasselbe gilt für andere zumutbare Finanzierungsmöglichkeiten durch Dritte.[84] Auch durchsetzbare Erstattungsansprüche gegenüber Dritten (zB Vorlieferanten) sind als einzusetzende Vermögenswerte zu berücksichtigen.[85] Die begünstigte Partei soll durch die Streitwertbegünstigung nicht gleichsam „schadlos" aus dem Prozess hervorgehen. Vielmehr muss sie nichtsdestoweniger deutliche Einschränkungen, Opfer und Einbußen in Kauf nehmen.[86]

Trotzdem ist zu beobachten, dass die Anforderungen **tendenziell wohl zu streng gehandhabt** werden und damit in Frage steht, ob Streitwertherabsetzungsnormen überhaupt noch ein nennenswerter Anwendungsbereich verbleibt.[87] So wird häufig gefordert, dass für die betroffene Partei ohne eine Streitwertherabsetzung eine existenzielle Gefährdung eintreten muss, ihr müsse die Insolvenz[88] bzw. ein „unzumutbar tiefer Einschnitt in die Vermögenslage"[89] drohen. Das ist aber zu weitgehend und mit dem **Wortlaut der Norm** nicht mehr vereinbar: Die Gefährdung muss (nur) eine „erhebliche" sein. „Erheblich" ist mehr als „durchschnittlich", aber weniger als „existenziell" oder „unzumutbar" oder „untragbar" (wie im nicht mehr geltenden § 12 Abs. 4 UWG aF).[90] Es ist – wohl unstreitig – für das Kriterium einer erheblichen Gefährdung hinreichend, wenn der Partei die Insolvenz droht oder sonstige existenzbedrohende Auswirkungen zu befürchten sind. Notwendig ist dies   39

---

82 H/O/K/*Harte-Bavendamm*, § 22 Rn. 6; Büscher/*McGuire*, § 22 GeschGehG Rn. 8; BeckOK GeschGehG/*Gregor*, § 22 Rn. 21; Teplitzky/*Schwippert*, Kap. 50 Rn. 6 (zu § 12 Abs. 4 UWG); *Tetzner*, NJW 1965, 1944, 1946 (zu § 23a UWG aF).
83 *Bohne*, GRUR-Prax 2016, 249 vermutet, dass die bei den Gerichten zu beobachtende Tendenz einer sehr engen Auslegung des Anwendungsbereichs der Streitwertbegünstigung auch die außergerichtliche Streitbeilegung befördern soll.
84 OLG Stuttgart, 10.9.2015 – 2 W 41/15, BeckRS 2016, 07946 Rn. 10; BeckOK GeschGehG/*Gregor*, § 22 Rn. 21; MK-UWG/*Schlingloff*, § 12 Rn. 644 (zu § 12 Abs. 4 UWG); Teplitzky/*Schwippert*, Kap. 50 Rn. 7 (zu § 12 Abs. 4 UWG); *Mayer*, WRP 2010, 1126, 1130 (zu § 12 Abs. 4 UWG aF).
85 Ohly/Sosnitza/*Sosnitza*, § 12 Rn. 237 (zu § 12 Abs. 4 UWG).
86 H/O/K/*Harte-Bavendamm*, § 22 Rn. 6; MK-UWG/*Schlingloff*, § 12 Rn. 644 (zu § 12 Abs. 4 UWG).
87 So auch Büscher/*McGuire*, § 22 GeschGehG Rn. 8.
88 OLG Stuttgart, 10.9.2015 – 2 W 41/15, BeckRS 2016, 07946 Rn. 10; BeckOK UWG/*Barth*, § 22 GeschGehG Rn. 3; Teplitzky/*Schwippert*, Kap. 50 Rn. 7 (zu § 12 Abs. 4 UWG); *Köhler*, NJW 2013, 3474, 3475 (zu § 12 Abs. 4 UWG).
89 *Mayer*, WRP 2010, 1126, 1130 (zu § 12 Abs. 4 UWG aF).
90 Ähnlich *Hartmann*, JurBüro 2019, 339, 340; Ahrens/*Büttner*, Kap. 41 Rn. 8 (zu § 12 Abs. 4 UWG). IdS auch Kraßer/Ann/*Ann*, § 36 Rn. 61 („geringeres Maß an wirtschaftlicher Bedürftigkeit […] als die Prozesskostenhilfe") (zu § 144 PatG).

§ 22   Streitwertbegünstigung

aber nicht.[91] Der Vermögenseinsatz muss auch nicht bis zur Unzumutbarkeitsgrenze der Prozesskostenhilfevorschriften (§ 115 Abs. 3 ZPO iVm. § 90 SGB XII) erfolgen. Zu großzügig erscheint es wiederum, bereits genügen zu lassen, dass die volle Kostenlast die betroffene Partei von der Rechtsdurchsetzung oder -verteidigung abhalten könnte.[92] Diesem Ansatz ist zudem entgegenzuhalten, dass derartige Überlegungen bzgl. eines Prozesseintritts sich regelmäßig nicht nur an der zu befürchtenden Kostenlast, sondern auch an anderen Faktoren (zB Erfolgsaussichten) orientieren, sodass wohl sehr selten die reine Kostenlast entscheidend sein wird.

40   Es überzeugt ferner nicht, unterschiedliche Maßstäbe an die Darlegung und an die Glaubhaftmachung dahingehend anzulegen, dass die Anforderungen ganz besonders streng gehandhabt werden müssen, wenn der **Beklagte die Streitwertherabsetzung anstrebt**.[93] Eine solche Differenzierung ist dem Wortlaut der Norm fremd, sie eröffnet die Möglichkeit vielmehr für beide Parteien gleichermaßen.[94] Bei derartigen Überlegungen dürfte es zudem weniger um die Parteistellung gehen als eher um die Prozesslage und das an den Tag gelegte Verhalten der Parteien. Dies kann aber nicht zu einer Verschiebung der Maßstäbe bei den Anforderungen an die Gefährdung oder die Glaubhaftmachung führen, sondern ist im Rahmen der Ermessenserwägungen zu berücksichtigen (→ Rn. 48 ff.).

41   Zutreffend ist es, für die Gefährdungslage eine **erhebliche nachteilige Beeinträchtigung der gesamtwirtschaftlichen Lage der Partei** ausreichen zu lassen,[95] dh. dass die drohende Kostenbelastung die Partei für eine nicht unwesentliche Zeit wenigstens an die Grenze des Existenzminimums bringen würde (aber nicht zwingend darunter). Im Hinblick auf Unternehmen kann man insofern darauf rekurrieren, dass die Kostenbelastung zu einer **fühlbaren Beeinträchtigung der Wettbewerbsfähigkeit** der Partei führt und diese sich dadurch für eine längere Zeit im Wettbewerb nicht mehr adäquat behaupten könnte (zB weil kein Produktionsmaterial mehr bestellt werden kann),[96] insbes. wenn dies in der Folge zu spürbaren gesellschaftlichen oder sozialen Verwerfungen (zB Reduzierung der Belegschaft, Engpässe bei der Versorgung der Bevölkerung) führen könnte. Es ist jedoch darauf zu achten, dass die Gefährdung tatsächlich auch eine „erhebliche" ist – zu entfernte Befürchtungen werden dafür nicht genügen. Die **Erheblichkeit** lässt sich in diesem Kontext iSe. mehr als überwiegenden Wahrscheinlichkeit, dass sich die Gefahr verwirklicht (also deutlich mehr als 50 %), verstehen. Wenn die Gefährdungslage so

---

91   Büscher/*McGuire*, § 22 GeschGehG Rn. 8; MK-UWG/*Schlingloff*, § 12 Rn. 644 (zu § 12 Abs. 4 UWG). Zurückhaltender wohl auch Bühring/*Braitmayer*, § 26 Rn. 6 (zu § 26 GebrMG); *Mümmler*, JurBüro 1985, 1761, 1764.
92   Büscher/*McGuire*, § 22 GeschGehG Rn. 11.
93   OLG Stuttgart, 10.9.2015 – 2 W 41/15 BeckRS 2016, 07946 Rn. 9.
94   Gegen unterschiedliche Maßstäbe auch Büscher/*McGuire*, § 22 GeschGehG Rn. 10.
95   MK-UWG/*Schlingloff*, § 12 Rn. 644 (zu § 12 Abs. 4 UWG).
96   Ähnlich Schulte/*Voß*, § 144 Rn. 13 (zu § 144 PatG); Ahrens/*Büttner*, Kap. 41 Rn. 8 (zu § 12 Abs. 4 UWG).

III. Anordnung der Herabsetzung des Streitwerts (§ 22 Abs. 1) § 22

stark ist, dass sie nicht nur spürbare Nachteile verursachen, sondern existenzbedrohend sein könnte, wird auch eine etwas geringere Wahrscheinlichkeit ausreichen.

Eine **Kombination mit anderen prozessualen Instrumenten**, die zu einer Kostenlasterleichterung der finanzschwachen Partei führen, ist zu berücksichtigen. Wenn der Antragsteller bereits Prozesskostenhilfe (→ Rn. 18 ff.) erhält, § 12a ArbGG (→ Rn. 16 f.) eingreift oder der Streitwert nach § 51 Abs. 3 GKG angemessen gemindert wurde (→ Rn. 11 ff.), wird eine erhebliche Gefährdung kaum denkbar sein.[97] 42

Eine Gefährdung setzt voraus, dass die **nachteiligen Auswirkungen erst infolge der drohenden Kostenlast** eintreten. Sie scheidet daher richtigerweise aus, wenn die **betroffene Partei bereits völlig vermögenslos oder überschuldet ist** oder wenn ein nahezu vermögensloses Unternehmen am Wirtschaftsleben überhaupt nicht mehr teilnimmt und auch in Zukunft keine Einkünfte generieren wird. Entstehende Kosten wären in diesen Fällen sowieso nicht beitreibbar, auch nicht bei einem verringerten Streitwert. In derart prekären Lagen besteht daher kein Anspruch auf Streitwertherabsetzung.[98] Definitiv zu schematisch ist allerdings die Annahme, dass bereits ein sehr geringes Stammkapital einer Gesellschaft (zB 1 EUR bei einer UG oder 1 GBP bei einer Limited) gegen eine Teilnahme am Wirtschaftsleben spricht.[99] 43

Maßgeblich für die Gefährdungslage ist die **Lage im Zeitpunkt der Entscheidung** über den Antrag. Die erhebliche Gefährdung muss in diesem Moment (noch) bestehen. 44

Die Gefährdung muss sich auf die **wirtschaftlichen Interessen der Partei** (und nicht von Dritten, zB Gesellschafter der Partei[100]) beziehen. Lediglich zur Vermeidung von Missbrauchsfällen können auch Einkommens- und Vermögensverhältnisse von der Sphäre des Antragstellers zuzurechnenden Dritten (zB Lebenspartner/in) einbezogen werden.[101] Rein rechtliche oder immaterielle Auswirkungen – soweit überhaupt denkbar – genügen nicht.[102] Zu berücksichtigen ist auch nur die finanzielle Belastung und die damit verbundene wirtschaftliche Gefährdung aus dem 45

---

97 Busse/Keukenschrijver/*Keukenschrijver*, § 144 Rn. 13 (zu § 144 PatG); Ahrens/*Büttner*, Kap. 41 Rn. 7 (zu § 12 Abs. 4 UWG).
98 BGH, 3.9.2013 – X ZR 1/13 u. 2/13, GRUR 2013, 1288; BPatG, 10.4.2013 – 2 Ni 27/11, BeckRS 2013, 8356; OLG München, 16.9.2008 – 6 W 1943/08, BeckRS 2008, 141822; BeckOK GeschGehG/*Gregor*, § 22 Rn. 21; Ahrens/*Büttner*, Kap. 41 Rn. 9 (zu § 12 Abs. 4 UWG); Busse/Keukenschrijver/*Keukenschrijver*, § 144 Rn. 12 (zu § 144 PatG); *Tetzner*, NJW 1965, 1944, 1946 (zu § 23a UWG aF). Krit. dazu *Gruber*, DZWiR 2020, 12, 14; zweifelnd auch H/O/K/*Harte-Bavendamm*, § 22 Rn. 6.
99 So aber BPatG, 10.4.2013 – 2 Ni 27/11, BeckRS 2013, 8356 (zu § 144 PatG). Krit. *Gruber*, DZWiR 2020, 12, 14.
100 Zu § 144 PatG: Busse/Keukenschrijver/*Keukenschrijver*, § 144 Rn. 12; Schulte/*Voß*, § 144 Rn. 13; zweifelnd für die BGB-Gesellschaft *Mes*, § 144 PatG Rn. 8.
101 Zu § 144 PatG: Busse/Keukenschrijver/*Keukenschrijver*, § 144 Rn. 15; Schulte/*Voß*, § 144 Rn. 13.
102 *Hartmann*, JurBüro 2019, 339, 341.

konkreten Rechtsstreit, nicht die aus einer Gesamtzahl an zugleich laufenden Verfahren, an denen der Antragsteller beteiligt ist.[103] Bei Parteien kraft Amtes ist das verwaltete Vermögen maßgeblich.[104]

e) Glaubhaftmachung

46 Der Antragsteller muss die erhebliche Gefährdung seiner wirtschaftlichen Lage (s. → Rn. 35 ff.) nach **§ 294 ZPO** durch eidesstattliche Versicherung und/oder präsente Beweismittel glaubhaft machen; einen Amtsermittlungsgrundsatz gibt es insoweit nicht. Für die Glaubhaftmachung gilt nicht das Strengbeweisverfahren und es genügt im Beweismaß bereits eine überwiegende Wahrscheinlichkeit.[105] Die Glaubhaftmachung kann bis zur Entscheidungsreife nachgeholt werden.[106]

47 Eine Glaubhaftmachung idS wird stets die umfassende **Offenlegung der Einkommens- und Vermögensverhältnisse des Antragstellers** erfordern.[107] Das vom Antragsteller vorgelegte Material (zB Steuerbescheid, Konto- und Depotauszüge, Vermögensaufstellung der Bank) ist vom Gericht bilanzkritisch zu würdigen.[108] Nicht ausreichend ist die pauschale Angabe, dass wegen mehrerer parallel zu führender Prozesse eine Gefährdung der wirtschaftlichen Lage eintreten könnte, wenn alle Prozesse verloren gehen.[109] Es kann verlangt werden, glaubhaft zu machen (zB durch eidesstattliche Versicherung), dass keine unmittelbare oder mittelbare Kostenübernahme seitens Dritter erfolgt.[110] Werden **keine Angaben zur Vermögenslage** gemacht oder wird schlicht erklärt, dass ein Antrag stellendes Unternehmen überhaupt keine Umsätze erzielt, liegt es nahe, dass eine Vermögensgefährdung nicht eintreten kann, weil das betreffende Unternehmen überhaupt nicht am Wirtschaftsleben teilnimmt (→ Rn. 43).[111] In solchen Fällen sind glaubhafte Darlegungen nötig, dass alsbald wieder eine wirtschaftliche Tätigkeit entfaltet wird.[112]

---

103 In diesem Sinne *Deutsch*, GRUR 1978, 19, 21 (zu § 23a UWG aF); **aA** wohl Busse/Keukenschrijver/*Keukenschrijver*, § 144 Rn. 12 (zu § 144 PatG).
104 Busse/Keukenschrijver/*Keukenschrijver*, § 144 Rn. 12 (zu § 144 PatG).
105 H/O/K/*Harte-Bavendamm*, § 22 Rn. 7; BeckOK UWG/*Barth*, § 22 GeschGehG Rn. 5.
106 *Hartmann*, JurBüro 2019, 339, 341.
107 OLG Stuttgart, 10.9.2015 – 2 W 41/15, BeckRS 2016, 07946 Rn. 10; H/O/K/*Harte-Bavendamm*, § 22 Rn. 7; Büscher/*McGuire*, § 22 GeschGehG Rn. 17; BeckOK GeschGehG/*Gregor*, § 22 Rn. 23.
108 KG, 19.4.1983 – 5 U 5149/82, GRUR 1983, 595 (zu § 23a UWG aF); BeckOK GeschGehG/ *Gregor*, § 22 Rn. 23.
109 OLG Frankfurt, 25.4.2019 – 6 W 21/19, BeckRS 2019, 10004 Rn. 4.
110 Busse/Keukenschrijver/*Keukenschrijver*, § 144 Rn. 19 (zu § 144 PatG); **aA** E/B/F-W/*Ekey*, § 142 Rn. 18 (zu § 142 MarkenG). In § 23b Abs. 1 Satz 2 UWG aF wurde dieses Erfordernis ausdrücklich geregelt.
111 BPatG, 10.4.2013 – 2 Ni 27/11, BeckRS 2013, 8356 (zu § 144 PatG); ähnlich *Mayer*, WRP 2010, 1126, 1127 (zu § 12 Abs. 4 UWG aF).
112 Ähnlich *Gruber*, DZWiR 2020, 12, 15.

III. Anordnung der Herabsetzung des Streitwerts (§ 22 Abs. 1) **§ 22**

2. Weiteres Verfahren

a) Anhörung der Gegenseite (§ 22 Abs. 3 Satz 4)

Zur Beteiligung der Gegenseite nach § 22 Abs. 3 Satz 4 siehe → Rn. 74 ff. **48**

b) Ermessensentscheidung des Gerichts

Das zuständige Prozessgericht der jeweiligen Instanz (dazu → § 15 Rn. 6 ff.) ist zur **49** Entscheidung über den Streitwertherabsetzungsantrag berufen.[113] **Dabei liegen sowohl das „Ob" der Anordnung als auch das Ausmaß der Herabsetzung im pflichtgemäßen Ermessen** des Gerichts („kann") unter Wägung der Umstände des jeweiligen Einzelfalls.[114] Ein schematisches Vorgehen verbietet sich daher.[115] Eine Streitwertherabsetzung erfolgt auch nicht schon dann, wenn die Glaubhaftmachung der erheblichen Gefährdung der wirtschaftlichen Lage des Antragstellers (→ Rn. 35 ff.) gelingt.[116] Freilich bilden diese Angaben den Ausgangspunkt für die Entscheidungsfindung. Das Gericht hat daneben aber eine Reihe von zusätzlichen Faktoren zu gewichten und miteinander abzuwägen.

aa) Berücksichtigung der Interessen des Prozessgegners

Den glaubhaft gemachten wirtschaftlichen Verhältnissen des Antragstellers sind **50** die **Interessen des Prozessgegners gegenüberzustellen**, insbes. die fehlende volle Erstattung der bei ihm entstehenden Kosten.[117] Zum Interesse des Prozessgegners gehört es zuvörderst, nicht der Leidtragende eines rechtsmissbräuchlichen Vorgehens (s. auch → § 14 Rn. 4) des Antragstellers zu werden. Nicht nur subjektive Rechte, sondern auch Rechtsinstitute und Rechtsnormen finden ihre Schranken im Gebot von Treu und Glauben (§ 242 BGB), sodass eine nach Zweck, Mittel, Ergebnis oder Zweck-Mittel-Relation treuwidrige Inanspruchnahme eines Rechts oder Rechtsinstituts unzulässig ist.[118] Jeder missbräuchliche Rechtsgebrauch verstößt gegen das Gebot von Treu und Glauben.[119] Bei einem **rechtsmissbräuchlichen**

---

113 BeckOK GeschGehG/*Gregor*, § 22 Rn. 24.
114 BT-Drs. 19/4724, S. 39; H/O/K/*Harte-Bavendamm*, § 22 Rn. 8; BeckOK GeschGehG/*Gregor*, § 22 Rn. 30, 32; *Reinfeld*, § 6 Rn. 129; Teplitzky/*Schwippert*, Kap. 50 Rn. 21 (zu § 12 Abs. 4 UWG); *Hartmann*, JurBüro 2019, 339, 342; *Mayer*, WRP 2010, 1126, 1130 (zu § 12 Abs. 4 UWG aF).
115 BGH, 27.1.1994 – I ZR 276/91, GRUR 1994, 385 – Streitwertherabsetzung (zu § 23a UWG aF).
116 Anders als bei der Prozesskostenhilfe (Rn. 19 ff.) besteht insofern also kein Rechtsanspruch des Antragstellers auf Streitwertbegünstigung, dazu *Mümmler*, JurBüro 1985, 1761, 1763.
117 BPatG, 23.7.2010 – 4 Ni 50/07, BeckRS 2010, 20933 (zu § 144 PatG); Büscher/*McGuire*, § 22 GeschGehG Rn. 12.
118 Palandt/*Grüneberg*, § 242 Rn. 40. Zur Anwendung des Grundsatzes von Treu und Glauben im Prozessrecht nur BGH, 14.7.2015 – VI ZR 326/14, NJW 2015, 2965, 2966 f. Rn. 25 mwN; B/L/H/A/G/*Becker*, Einl. III Rn. 54 ff.
119 B/L/H/A/G/*Becker*, Einl. III Rn. 55.

Vorgehen des Antragstellers ist die Streitwertbegünstigung daher in Anlehnung an die §§ 138, 226, 242 BGB zu versagen.[120]

51 Ein Rechtsmissbrauch liegt vor allem dann nahe, wenn sich **objektiv das Gesamtbild eines widersprüchlichen Verhaltens** des Antragstellers ergibt, weil das frühere Verhalten mit dem späteren sachlich unvereinbar ist und die Interessen der Gegenpartei im Hinblick darauf vorrangig schutzwürdig erscheinen.[121] Insoweit ist es zutreffend und erforderlich, dass das **vorprozessuale Verhalten und das Verhalten während des Prozesses der Antragstellerseite** gewürdigt werden, schon um ein leichtfertiges Prozessieren zu verhindern.[122] Widersprüchlich und treuwidrig ist es, wenn der Antragsteller im Vorfeld selbst keine kostenschonenden Maßnahmen ergriffen, sondern in unvernünftiger Weise Kosten verursacht hat.[123] Dies kommt bspw. in Betracht, wenn die Rechtsverfolgung oder -verteidigung offensichtlich völlig aussichtslos ist[124] oder wenn der Beklagte Anlass zur Klage gab, indem er nicht auf eine berechtigte Abmahnung reagierte.[125] In diesem Zusammenhang wird man sich **daran orientieren müssen, wie eine besonnene, auf Kostenersparnis bedachte Partei gehandelt hätte**. Dazu lassen sich ggf. Parallelen zur Mutwilligkeit nach § 114 Abs. 2 ZPO ziehen.[126] Missbräuchlich wird auch das Vorschieben einer mittellosen Partei als „Strohmann" sein.[127]

bb) Erfolgsaussichten der Rechtsverfolgung oder -verteidigung

52 Abgesehen von den Fällen evidenter Aussichtslosigkeit (→ Rn. 51) hat die Entscheidung ohne Berücksichtigung der Frage des möglichen Obsiegens oder Unterliegens der wirtschaftlich schwächeren Partei zu erfolgen. Anders als im Prozess-

---

120 OLG Düsseldorf, 6.3.2006 – 20 W 145/05, BeckRS 2007, 15895 (zu § 142 MarkenG); H/O/K/*Harte-Bavendamm*, § 22 Rn. 8; Harte/Henning/*Retzer/Tolkmitt*, § 12 Rn. 914 (zu § 12 Abs. 4 UWG); Busse/Keukenschrijver/*Keukenschrijver*, § 144 Rn. 16 (zu § 144 PatG); *Tetzner*, NJW 1965, 1944, 1946 (zu § 23a UWG aF).
121 BGH, 14.7.2015 – VI ZR 326/14, NJW 2015, 2965 Rn. 26.
122 BT-Drs. 19/4724, S. 39; OLG Stuttgart, 10.9.2015 – 2 W 41/15, BeckRS 2016, 07946 Rn. 11; H/O/K/*Harte-Bavendamm*, § 22 Rn. 8; BeckOK GeschGehG/*Gregor*, § 22 Rn. 31; **aA** Büscher/*McGuire*, § 22 GeschGehG Rn. 10.
123 OLG Stuttgart, 10.9.2015 – 2 W 41/15, BeckRS 2016, 07946 Rn. 11; Busse/Keukenschrijver/*Keukenschrijver*, § 144 Rn. 16 (zu § 144 PatG); *Tetzner*, NJW 1965, 1944, 1946 (zu § 23a UWG aF).
124 OLG Frankfurt/Main, 6.4.2005 – 6 W 53/05, GRUR-RR 2005, 296 (zu § 142 MarkenG); Teplitzky/*Schwippert*, Kap. 50 Rn. 12 (zu § 12 Abs. 4 UWG); Busse/Keukenschrijver/*Keukenschrijver*, § 144 Rn. 16 (zu § 144 PatG); Ahrens/*Büttner*, Kap. 41 Rn. 11f. (zu § 12 Abs. 4 UWG); *Gruber*, DZWiR 2020, 12, 15; *Mümmler*, JurBüro 1985, 1761, 1766.
125 OLG Stuttgart, 10.9.2015 – 2 W 41/15, BeckRS 2016, 07946 Rn. 9, 11; H/O/K/*Harte-Bavendamm*, § 22 Rn. 8; BeckOK GeschGehG/*Gregor*, § 22 Rn. 31; BeckOK UWG/*Barth*, § 22 GeschGehG Rn. 3.
126 Harte/Henning/*Retzer/Tolkmitt*, § 12 Rn. 914 (zu § 12 Abs. 4 UWG); *Tetzner*, NJW 1965, 1944, 1946 (zu § 23a UWG aF); *Mümmler*, JurBüro 1985, 1761, 1766.
127 KG, 26.1.1979 – 5 U 435/78, WRP 1978, 308, 309 für einen Wettbewerbsverband (zu § 23a UWG aF); Busse/Keukenschrijver/*Keukenschrijver*, § 144 Rn. 16 (zu § 144 PatG); *Mümmler*, JurBüro 1985, 1761, 1767.

III. Anordnung der Herabsetzung des Streitwerts (§ 22 Abs. 1) **§ 22**

kostenhilfeverfahren ist die **Wahrscheinlichkeit des Prozesserfolgs kein relevantes Kriterium**.[128] Das ist in Ermangelung einer dem § 114 Abs. 2 ZPO vergleichbaren Norm nicht diskutabel.

cc) Verfahrenssituation

Ein ermessenslenkender Faktor wird auch die **Verfahrenslage** sein: Stellt die finanzschwache Partei den Antrag auf Streitwertbegünstigung erst zu einem späten Zeitpunkt im Prozess, in dem sich ihr Unterliegen abzeichnet, ist dies ein Indiz dafür, dass der Antrag rechtsmissbräuchlich ist.[129] Eine Widerlegung dürfte in diesen Fällen schwerfallen. Ferner ist berücksichtigen, ob dem Antragsteller bereits Prozesskostenhilfe gewährt wurde (→ Rn. 18 ff.), § 12a ArbGG eingreift (→ Rn. 16 f.) oder der Streitwert bereits nach § 51 Abs. 3 GKG gemindert wurde (oben → Rn. 11 ff.).[130] Dass die antragstellende Partei bereit ist, sich zu vergleichen, schließt die Streitwertbegünstigung nicht aus.[131]   53

dd) Geringer Streitwert

Häufig anzutreffen, aber nicht gerechtfertigt ist die pauschale Annahme, dass eine **Herabsetzung bei ohnehin schon geringen Streitwerten** (bis zu 10.000 EUR; zur Streitwertfestlegung → Rn. 3 ff.) von vornherein ausscheide.[132] Zum einen gibt es sicherlich Sonderkonstellationen, in denen im Einzelfall bereits relativ geringe Streitwerte eine als erheblich empfundene Kostenlast auslösen. Zum anderen gibt der Gesetzeswortlaut für das Bestehen einer derartigen „Schmerzgrenze" keinen Anhaltspunkt. Allerdings wird eine Streitwertherabsetzung bei derart geringen Streitwerten in der Tat die **absolute Ausnahme** bleiben.[133]   54

ee) Ausmaß der Herabsetzung

Fällt die Ermessensentscheidung zugunsten des Antragstellers aus, hat das Gericht den Streitwert **in dem Maße herabzusetzen, in dem das dadurch entstehende Kostenrisiko unter Würdigung aller Umstände des Einzelfalls für den Antrag-   55

---

128 BT-Drs. 19/4724, S. 39; BGH, 27.1.1994 – I ZR 276/91, GRUR 1994, 385 – Streitwertherabsetzung (zu § 23a UWG aF); H/O/K/*Harte-Bavendamm*, § 22 Rn. 8; K/B/F/*Köhler/Bornkamm/ Feddersen*, § 22 GeschGehG Rn. 18; BeckOK GeschGehG/*Gregor*, § 22 Rn. 22; Büscher/ *McGuire*, § 22 GeschGehG Rn. 10; Teplitzky/*Schwippert*, Kap. 50 Rn. 12 (zu § 12 Abs. 4 UWG).
129 *Mayer*, WRP 2010, 1126, 1128 (zu § 12 Abs. 4 UWG aF).
130 Ahrens/*Büttner*, Kap. 41 Rn. 7 (zu § 12 Abs. 4 UWG).
131 Zu § 144 PatG befürwortend Busse/Keukenschrijver/*Keukenschrijver*, § 144 Rn. 17; aA Benkard/*Grabinski/Zülch*, § 144 Rn. 7; Schulte/*Voß*, § 144 Rn. 14.
132 In dieser Richtung OLG Stuttgart, 10.9.2015 – 2 W 41/15, BeckRS 2016, 07946 Rn. 16; OLG Koblenz, 22.2.1988 – 6 W 50/88, GRUR 1988, 474, 475 (zu § 23a UWG aF); LG Halle, 13.2.2017 – 4 O 110/16, BeckRS 2017, 119164 Rn. 7; E/B/F-W/*Ekey*, § 142 Rn. 25 (zu § 142 MarkenG); *Mayer*, WRP 2010, 1126, 1130 (zu § 12 Abs. 4 UWG aF); *Mümmler*, JurBüro 1985, 1761, 1766. Wie hier dagegen Büscher/*McGuire*, § 22 GeschGehG Rn. 9.
133 H/O/K/*Harte-Bavendamm*, § 22 Rn. 6; Ahrens/*Büttner*, Kap. 41 Rn. 8 (zu § 12 Abs. 4 UWG).

§ 22 Streitwertbegünstigung

steller wirtschaftlich noch angemessen erscheint, zugleich aber die glaubhaft gemachte erhebliche Gefährdung (→ Rn. 35 ff.) abgewendet wird.[134] Es gibt diesbezüglich keine Untergrenze zu beachten (zB keine weitergehende Herabsetzung als 50%).[135] Ein gewisses, der Bedeutung des Rechtsstreits für die Parteien angemessenes Kostenwagnis muss aber auch dem Antragsteller noch verbleiben.[136] Das heißt, dass auch nach der Herabsetzung des Streitwerts ein Prozessverlust den Antragsteller kostenmäßig noch empfindlich treffen muss. Es versteht sich von selbst, dass das Gericht nicht über die Reichweite des Antrags des Antragstellers hinausgehen darf (§ 308 Abs. 1 Satz 1 ZPO).[137]

3. Anordnungsfolge

a) Einseitige Herabsetzung des Streitwerts

56 Soweit der Antrag begründet ist, wird der Streitwert (nur) für die den Antrag stellende Prozesspartei entsprechend ihrem Begehren (ggf. nur teilweise) herabgesetzt (→ Rn. 55) und somit ein **Teilstreitwert festgesetzt**.[138] Das Gericht kann in seiner Entscheidung den Teilstreitwert konkret (also zahlenmäßig) beziffern, aus dem sich die Verpflichtung der begünstigten Partei zur Zahlung der Gerichtsgebühren bemisst (dies dürfte die Regel sein),[139] oder die Begünstigung als Prozentsatz oder Bruchteil vom ursprünglichen Streitwert ausdrücken.[140] Es muss aber den vollen Streitwert nach wie vor auch noch festsetzen, weil dieser für alle nicht begünstigten Parteien (auch für etwaige Streitgenossen des Begünstigten, s. → Rn. 31) maßgeblich bleibt.[141]

57 Die Anordnung bewirkt, dass für die begünstigte Partei bei der Berechnung der Verfahrensgebühren nur der durch das Gericht festgelegte Teil des Streitwerts angesetzt werden darf. Einzuzahlende Gerichtsgebühren müssen in der Folge nur aus dem ermäßigten Streitwert gezahlt werden.[142] Für den Prozessgegner bleibt es beim

---

134 Ahrens/*Büttner*, Kap. 41 Rn. 16 (zu § 12 Abs. 4 UWG); ähnlich H/O/K/*Harte-Bavendamm*, § 22 Rn. 8. Strenger wohl K/B/F/*Köhler/Bornkamm/Feddersen*, § 22 GeschGehG Rn. 17; *Köhler*, NJW 2013, 3473, 3475 (zu § 12 Abs. 4 UWG); Götting/Nordemann/*Albert*, § 12 Rn. 403 (zu § 12 Abs. 4 UWG), die jeweils eine Herabsetzung bis auf das „Zumutbare" fordern.
135 Dafür *Mayer*, WRP 2010, 1126, 1130 (zu § 12 Abs. 4 UWG aF), wohl unter (fehlerhafter) Verallgemeinerung von OLG Köln, 7.12.1994 – 6 W 91/94, GRUR 1995, 446.
136 BGH, 23.7.2009 – Xa ZR 146/07, BeckRS 2009, 25824 Rn. 3 (zu § 144 PatG); BPatG, 23.7.2010 – 4 Ni 50/07, BeckRS 2010, 20933 (zu § 144 PatG); BeckOK GeschGehG/*Gregor*, § 22 Rn. 32; Teplitzky/*Schwippert*, Kap. 50 Rn. 22 (zu § 12 Abs. 4 UWG).
137 *Hartmann*, JurBüro 2019, 339, 342.
138 *Reinfeld*, § 6 Rn. 116; *Köhler*, NJW 2013, 3473, 3475 (zu § 12 Abs. 4 UWG).
139 Beispieltenor aus BGH, 23.7.2009 – Xa ZR 146/07, BeckRS 2009, 25824: *„Der Streitwert des Revisionsverfahrens wird auf 178.952,16 € festgesetzt. Die Verpflichtung des Klägers zur Zahlung von Gerichtskosten bemisst sich für das Revisionsverfahren nach einem Streitwert von 100.000,– €."*
140 *Hartmann*, JurBüro 2019, 339, 342; **aA** MK-AktG/*Hüffer/Schäfer*, § 247 Rn. 28 (zu § 247 AktG): Nur Summe, nicht Quote.
141 BeckOK GeschGehG/*Gregor*, § 22 Rn. 3.
142 *Gruber*, DZWiR 2020, 12.

III. Anordnung der Herabsetzung des Streitwerts (§ 22 Abs. 1)   § 22

regulären Streitwert. Es handelt sich mithin nur um eine **einseitige Streitwertherabsetzung**, die zu einem „gespaltenen Streitwert"[143] führt.[144] Das gilt auch im Falle einer Kostenquotelung nach § 92 ZPO.[145]

Die Herabsetzung betrifft **nur den Gebührenstreitwert**.[146] Der Zuständigkeitsstreitwert (§ 23 Nr. 1, § 71 Abs. 1 GVG) bleibt unberührt, ist aber wegen der Eingangszuständigkeit der Landgerichte (→ § 15 Rn. 6 f.) in Geschäftsgeheimnissachen (→ Rn. 28) weitgehend irrelevant.[147] Ebenso unbeeinflusst bleibt der Rechtsmittelstreitwert, etwa für § 511 Abs. 2 Nr. 1 (Zulässigkeit der Berufung ab Beschwer über 600 EUR) oder § 544 Abs. 2 Nr. 1 ZPO (Zulässigkeit der Beschwerde gegen die Nichtzulassung der Revision ab Beschwer über 20.000 EUR).[148]   58

Sonstige, **streitwertunabhängige Auslagen** (zB für eine Beweisaufnahme wie Sachverständigenhonorar oder Zeugenentschädigung) werden von der Herabsetzungsentscheidung nicht beeinflusst.[149] Sie fallen daher in gewöhnlicher Höhe an. Unberührt bleibt ferner die Höhe der ggf. aus der Staatskasse zu erstattenden Rechtsanwaltsgebühren im Falle der Bewilligung von Prozesskostenhilfe (→ Rn. 18 ff.).[150]   59

Der festgesetzte Teilstreitwert gilt **nur für die Instanz**, in der der Antrag (→ Rn. 70 ff.) gestellt wurde.[151] Für eine neue Instanz muss er neu gestellt werden (→ Rn. 34). Es ist demnach denkbar, dass die Entscheidungen beim Durchlaufen des Instanzenzugs unterschiedlich ausfallen können,[152] zumal das Kostenrisiko bei höheren Instanzen natürlich steigt.   60

---

143 BPatG, 24.11.2011 – 3 (ZA) pat 54/10 zu 3 Ni 11/01, GRUR-RR 2012, 132; Busse/Keukenschrijver/*Keukenschrijver*, § 144 Rn. 30 (zu § 144 PatG); Bühring/*Braitmayer*, § 26 Rn. 8 (zu § 26 GebrMG).
144 BeckOK GeschGehG/*Gregor*, § 22 Rn. 2, 38; BeckOK UWG/*Barth*, § 22 GeschGehG Rn. 8; Teplitzky/*Schwippert*, Kap. 50 Rn. 2 (zu § 12 Abs. 4 UWG).
145 BPatG, 24.11.2011 – 3 ZA (pat) 54/10 zu 3 Ni 11/01, GRUR-RR 2012, 132; *Gruber*, GRUR 2018, 585, 586.
146 BT-Drs. 19/4724, S. 39; K/B/F/*Köhler/Bornkamm/Feddersen*, § 22 GeschGehG Rn. 16; *Köhler*, NJW 2013, 3473, 3475 (zu § 12 Abs. 4 UWG). Zu den verschiedenen Streitwertarten Harte/Henning/*Retzer/Tolkmitt*, § 12 Rn. 782 ff.
147 H/O/K/*Harte-Bavendamm*, § 22 Rn. 3; BeckOK GeschGehG/*Gregor*, § 22 Rn. 5; Ohly/Sosnitza/*Sosnitza*, § 12 Rn. 225 (zu § 12 Abs. 4 UWG).
148 H/O/K/*Harte-Bavendamm*, § 22 Rn. 3; BeckOK GeschGehG/*Gregor*, § 22 Rn. 5; Ohly/Sosnitza/*Sosnitza*, § 12 Rn. 225 (zu § 12 Abs. 4 UWG).
149 OLG München, 8.7.1959 – 11 W 1192/59, GRUR 1960, 79 (zu § 53 PatG aF); H/O/K/*Harte-Bavendamm*, § 22 Rn. 6; *Fezer*, § 142 MarkenG Rn. 9 (zu § 142 MarkenG); Busse/Keukenschrijver/*Keukenschrijver*, § 144 Rn. 29 (zu § 144 PatG); *Tetzner*, NJW 1965, 1944, 1947 (zu § 23a UWG aF).
150 BGH, 24.3.1953 – I ZR 131/51, GRUR 1953, 250; *Tetzner*, NJW 1965, 1944, 1947 (zu § 23a UWG aF).
151 BGH, 12.10.1992 – II ZR 213/91, NJW-RR 1993, 222 (zu § 247 AktG); Büscher/*McGuire*, § 22 GeschGehG Rn. 15; *Tetzner*, NJW 1965, 1944, 1946 (zu § 23a UWG aF).
152 LG Halle, 13.2.2017 – 4 O 110/16, BeckRS 2017, 119164 Rn. 8.

§ 22   Streitwertbegünstigung

61   Die aus der Herabsetzung des Streitwerts folgenden finanziellen Wohltaten verbleiben dem Begünstigten endgültig. Anders als bei der Prozesskostenhilfe (→ Rn. 18 ff.) besteht auch bei einer späteren Besserung der wirtschaftlichen Lage nach dem Abschluss des Verfahrens **keine Nachschusspflicht** (vgl. § 120a Abs. 1 Satz 1 ZPO).[153]

b) Kosten des Anordnungsverfahrens

62   Eine **Kostenentscheidung** hinsichtlich des Anordnungsverfahrens ergeht nicht.[154]

IV. Weitere Anordnungsfolgen (§ 22 Abs. 2)

63   Während sich § 22 Abs. 1 im Wesentlichen auf die Zahlung von Gerichtsgebühren bezieht, regelt § 22 Abs. 2 die **weiteren Folgen bei der Anordnung einer Herabsetzung des Streitwerts** in Bezug auf das Anfallen von Anwaltsgebühren sowie auf entstehende Kostenerstattungsansprüche.[155] Die Regelungen gelten für in der Sache anfallende Rechts- und, soweit ausnahmsweise anfallend,[156] Patentanwaltsgebühren gleichermaßen.[157]

1. § 22 Abs. 2 Nr. 1

64   § 22 Abs. 2 Nr. 1 regelt, dass die begünstigte Partei im Falle des (vollständigen) Prozessverlusts die **Gebühren ihres eigenen Anwalts** nur aus dem ermäßigten Streitwert tragen muss. Wird der Antrag abgelehnt, schuldet der Antragsteller die Gebühren aus dem regulären Gegenstandswert. Für die Anwaltsgebühren des Anwalts der begünstigten Partei bei einem Obsiegen gilt § 22 Abs. 2 Nr. 3 (→ Rn. 68 f.).

65   Die Wirkungen des § 22 gelten indes erst ab dem Erlass des Streitwertherabsetzungsbeschlusses. Da die Norm **keine Rückwirkung** entfaltet, kann der Anwalt des Begünstigten bereits vorher entstandene Anwaltsgebühren (zB für eine voraus-

---

153   Harte/Henning/*Retzer/Tolkmitt*, § 12 Rn. 916 (zu § 12 Abs. 4 UWG); Teplitzky/*Schwippert*, Kap. 50 Rn. 19 (zu § 12 Abs. 4 UWG). Krit. *Tetzner*, NJW 1965, 1944, 1947 (zu § 23a UWG aF).
154   *Hartmann*, JurBüro 2019, 339, 342.
155   H/O/K/*Harte-Bavendamm*, § 22 Rn. 9.
156   Patentanwaltskosten sind regelmäßig nur in Patent- (§ 143 Abs. 3 PatG), Gebrauchsmuster- (§ 27 Abs. 3 GebrMG), Design- (§ 52 Abs. 4 DesignG), Sortenschutz- (§ 38 Abs. 3 SortSchG) und Markenstreitigkeiten (§ 140 Abs. 3 MarkenG) erstattungsfähig. Eine Einschaltung eines Patentanwalts wird nur in Betracht zu ziehen sein, wenn schwierige technische Fragen zu untersuchen sind, vgl. OLG Jena, 12.3.2002 – 2 W 45/02, NJW-RR 2003, 105, 106; Musielak/Voit/ *Flockenhaus*, § 91 Rn. 56; Harte/Henning/*Brüning*, Vorbem. zu § 12 Rn. 269.
157   *Gruber*, DZWiR 2020, 12, 12 f.

IV. Weitere Anordnungsfolgen (§ 22 Abs. 2) **§ 22**

gegangene Abmahnung) aus dem vollen Gegenstandswert berechnen.[158] Nicht verringert werden ferner wertunabhängige Gebühren (Pauschalen) oder Auslagen.[159]

2. § 22 Abs. 2 Nr. 2

Ergänzend sieht § 22 Abs. 2 Nr. 2 vor, dass für die begünstigte Partei auch die **zu erstattenden Gerichts- und Anwaltsgebühren der Gegenseite** im Ausmaß des Unterliegens nur aus dem Teilstreitwert zu begleichen sind. **Dasselbe gilt, wenn der begünstigten Partei auf andere Weise die Kosten des Rechtsstreits auferlegt werden oder sie diese übernimmt (zB in einem Vergleich).** Bei einem teilweisen Unterliegen ist die Kostenaufteilung nach §§ 92, 106 ZPO bzgl. der Ausgleichsansprüche der Parteien sowohl für die begünstigte Partei als auch für die nicht begünstigte Partei nur aus dem Teilstreitwert zu berechnen; für den Anwalt der begünstigten Partei gilt aber § 22 Abs. 2 Nr. 3 (→ Rn. 68 ff.).[160] Davon unberührt bleiben wertunabhängige Gebühren (Pauschalen) oder Auslagen. Sie sind in voller Höhe anzusetzen.[161] 66

Der **Anwalt des Gegners** kann seine Gebühren gegen seinen Mandanten (also den Prozessgegner der begünstigten Partei) aber nach dem vollen Streitwert berechnen.[162] Das kann iE dazu führen, dass der Gegner selbst bei einem vollständigen Obsiegen einen Teil der eigenen Anwaltskosten zu tragen hat.[163] Die Streitwertbegünstigung bildet damit eine Ausnahme vom Grundsatz der Kostentragungspflicht des Unterlegenen nach § 91 Abs. 1 ZPO. 67

3. § 22 Abs. 2 Nr. 3

Soweit die von der Streitwertherabsetzung begünstigte Partei im Prozess obsiegt, kann ihr Rechtsanwalt nach § 22 Abs. 2 Nr. 3 bzgl. der **Kostenerstattung vom unterlegenen Prozessgegner** Ersatz aus dem regulären Streitwert, also die vollen Gebühren im eigenen Namen (§ 126 Abs. 1 ZPO; § 32 Abs. 2 RVG) verlangen. Dasselbe gilt, wenn dem Prozessgegner auf andere Weise die außergerichtlichen Kosten auferlegt werden oder er diese übernimmt (zB in einem Vergleich). 68

Gewinnt der Antragsteller den Prozess, können die Gerichtskosten aber im Anschluss von der unterlegenen, nicht begünstigten Partei nicht beigetrieben werden, kann er nach **§ 22 Abs. 1 GKG** als subsidiärer Kostenschuldner herangezogen wer- 69

---

158 *Hartmann*, JurBüro 2019, 339, 341; *Tetzner*, NJW 1965, 1944, 1947 (zu § 23a UWG aF). Ähnlich Teplitzky/*Schwippert*, Kap. 50 Rn. 19a (zu § 12 Abs. 4 UWG); **aA** *Köhler*, NJW 2013, 3473, 3475 (zu § 12 Abs. 4 UWG).
159 *Hartmann*, JurBüro 2019, 339, 341; *Gruber*, DZWiR 2020, 12, 13.
160 BPatG, 24.11.2011 – 3 ZA (pat) 54/10 zu 3 Ni 11/01, GRUR-RR 2012, 132; H/O/K/*Harte-Bavendamm*, § 22 Rn. 13; K/B/F/*Köhler/Feddersen*, § 12 UWG Rn. 5.31 (zu § 12 Abs. 4 UWG); Busse/Keukenschrijver/*Keukenschrijver*, § 144 Rn. 29 (zu § 144 PatG).
161 *Hartmann*, JurBüro 2019, 339, 341; *Gruber*, DZWiR 2020, 12, 13.
162 BeckOK GeschGehG/*Gregor*, § 22 Rn. 36; K/B/F/*Köhler/Feddersen*, § 12 UWG Rn. 5.29 (zu § 12 Abs. 4 UWG); *Reinfeld*, § 6 Rn. 117.
163 *Gruber*, DZWiR 2020, 12, 13; *ders.*, GRUR 2018, 585, 586.

§ 22 Streitwertbegünstigung

den (Antragstellerhaftung). In diesem Fall greift zu seinen Gunsten aber ebenfalls die Streitwertherabsetzung, er haftet nur aus dem Teilstreitwert.[164]

V. Zulässigkeit des Antrags (§ 22 Abs. 3 Satz 1 bis 3)

1. Form und Inhalt des Antrags

70 Der **Streitwertbegünstigungsantrag** kann in einem Schriftsatz an das Gericht gestellt (zB in der Klage- oder Antragsschrift; gem. § 130a ZPO auch elektronisch)[165] oder mündlich[166] vorgebracht werden. Ferner ist eine Antragstellung in Form der Niederschrift (§ 129a ZPO) vor der Geschäftsstelle des zuständigen Gerichts möglich (§ 22 Abs. 3 Satz 3). Der Antrag unterliegt also **keinem Anwaltszwang** (vgl. § 78 Abs. 3 Hs. 2 ZPO).[167] Unscharf formulierte Anträge einer Partei sind zudem nach den geltenden Regeln und unter Zuhilfenahme von § 139 ZPO auslegungsfähig und können umgedeutet (vgl. § 140 BGB) werden.[168] Ein einmal gestellter Antrag kann widerrufen werden.[169] Empfehlenswert und tunlich ist es, den aus Sicht des Antragstellers noch tragbaren Streitwert im Antrag zu beziffern. Es kann aber auch eine unbezifferte Herabsetzung nach dem Ermessen des Gerichts beantragt werden.[170]

2. Zeitpunkt des Antrags

71 Sofern ein Streitwert zu diesem Zeitpunkt bereits festgesetzt oder vom Gericht oder der Geschäftsstelle zumindest zur Grundlage einer Maßnahme gemacht (also „angenommen")[171] wurde – die bloße Streitwertschätzung durch eine Partei (§ 61 Satz 1 GKG) genügt nicht –, ist ein Streitwertherabsetzungsantrag **grundsätzlich nur vor dem Eintritt in die Verhandlung zur Hauptsache** in der jeweiligen Instanz (durch das Stellen der Anträge, § 137 Abs. 1 ZPO) statthaft (§ 22 Abs. 3 Satz 1). Im Verfügungsverfahren kann der Antrag bis zur Verhandlung über den Widerspruch

---

164 BeckOK GeschGehG/*Gregor*, § 22 Rn. 34; BeckOK MarkenR/*Gruber*, § 142 Rn. 33.1 (zu § 142 MarkenG); K/B/F/*Köhler/Feddersen*, § 12 UWG Rn. 5.30 (zu § 12 Abs. 4 UWG); Teplitzky/*Schwippert*, Kap. 50 Rn. 3 (zu § 12 Abs. 4 UWG).
165 BT-Drs. 19/4724, S. 40; K/B/F/*Köhler/Bornkamm/Feddersen*, § 22 GeschGehG Rn. 22.
166 Büscher/*McGuire*, § 22 GeschGehG Rn. 16; *Mayer*, WRP 2010, 1126, 1127 (zu § 12 Abs. 4 UWG aF).
167 BGH, 13.9.2018 – I ZR 26/17, NJW 2018, 3581, 3585 Rn. 47 – Prozessfinanzierer (zu § 12 Abs. 4 UWG); BeckOK UWG/*Barth*, § 22 GeschGehG Rn. 4; *Hartmann*, JurBüro 2019, 339, 341; *Tetzner*, NJW 1965, 1944, 1947 (zu § 23a UWG aF).
168 *Hartmann*, JurBüro 2019, 339, 341. Zur Umdeutung einer „Kostenbeschwerde" in eine Streitwertbeschwerde OLG Zweibrücken, 4.8.2014 – 4 W 46/14, NJW-RR 2014, 1535, 1536 Rn. 1. Dazu ferner LG Halle, 13.2.2017 – 4 O 110/16, BeckRS 2017, 119164 Rn. 1 ff.
169 *Hartmann*, JurBüro 2019, 339, 341.
170 Busse/Keukenschrijver/*Keukenschrijver*, § 144 Rn. 19 (zu § 144 PatG).
171 OLG Stuttgart, 5.3.1982 – 2 W 4/82, WRP 1982, 489, 490 (zu § 23a UWG aF); *Mümmler*, JurBüro 1985, 1761, 1768.

V. Zulässigkeit des Antrags (§ 22 Abs. 3 Satz 1 bis 3) § 22

gestellt werden, sofern eine mündliche Verhandlung stattfindet.[172] Findet keine mündliche Verhandlung statt oder wird der Streitwert erst mit der gerichtlichen Entscheidung erstmals festgesetzt, muss der Antrag innerhalb einer angemessenen Frist nach der Streitwertfestsetzung gestellt werden.[173] Er kann daher auch nach der Urteilsverkündung noch gestellt werden.[174] Eine längere Überlegungszeit ist nicht angezeigt, weil die wirtschaftlich schwache Partei das wirtschaftliche Risiko bereits gekannt hat und die bestehende Rechtsunsicherheit für die Gegenseite zeitnah zu beseitigen ist.[175] Jedenfalls verspätet ist der Antrag, wenn in einem Verfügungsverfahren bereits eine – das Verfahren beendende – Abschlusserklärung abgegeben wurde.[176]

Nach dem Eintritt in die mündliche Verhandlung ist der Antrag nur noch zulässig, wenn der angenommene oder festgesetzte Streitwert nachträglich heraufgesetzt wird (§ 22 Abs. 3 Satz 2). Das kommt nur in Betracht, wenn ein vorher formlos mitgeteilter oder förmlich festgesetzter Kostenstreitwert wirksam nach § 63 Abs. 3 GKG korrigiert wurde (zB wegen einer Veränderung des Streitgegenstands).[177]   72

Richtigerweise sollte ein Antrag aber in **analoger Anwendung des § 22** auch dann noch statthaft sein, wenn sich **während des Prozesses die wirtschaftliche Lage der betroffenen Prozesspartei nachweislich ändert** (zB nach der ersten mündlichen Verhandlung).[178] Dies findet im Wortlaut der Norm zwar keine Stütze, wird aber auch im Kontext von § 12 Abs. 4 UWG so gehandhabt.[179] Dafür spricht auch der Umstand, dass das Gericht eine bereits gewährte Streitwertbegünstigung bis zum Abschluss der Instanz aufheben oder abändern kann, auch zuungunsten des Antragstellers (zB wenn sich die wirtschaftliche Lage des Begünstigten bessert   73

---

172 OLG Koblenz, 27.10.1995 – 6 W 453/95, GRUR 1996, 139, 140; Teplitzky/*Schwippert*, Kap. 50 Rn. 16 (zu § 12 Abs. 4 UWG).
173 BGH, 15.2.1965 – I ZR 61/60, GRUR 1965, 562 – Teilstreitwert; OLG Koblenz, 27.10.1995 – 6 W 453/95, GRUR 1996, 139, 140; Büscher/*McGuire*, § 22 GeschGehG Rn. 16; H/O/K/*Harte-Bavendamm*, § 22 Rn. 14; K/B/F/*Köhler/Feddersen*, § 12 UWG Rn. 5.26 (zu § 12 Abs. 4 UWG); Teplitzky/*Schwippert*, Kap. 50 Rn. 15 (zu § 12 Abs. 4 UWG). Für eine Anwendung der sechsmonatigen GKG-Beschwerdefrist (dazu Rn. 79) *Mümmler*, JurBüro 1985, 1761, 1768.
174 BPatG, 23.7.2010 – 4 Ni 50/07, BeckRS 2010, 20933; *Rehmann*, GRUR-Prax 2010, 441.
175 BGH, 15.2.1965 – I ZR 61/60, GRUR 1965, 562 – Teilstreitwert; BeckOK GeschGehG/*Gregor*, § 22 Rn. 27; *Gruber*, GRUR-Prax 2017, 57.
176 KG, 13.12.2016 – 5 W 244/16, BeckRS 2016, 21394 Rn. 5; H/O/K/*Harte-Bavendamm*, § 22 Rn. 14. Zu anwaltlichen Haftungsrisiken bei einem nicht rechtzeitigen Hinweis auf die Möglichkeit der Streitwertbegünstigung *Gruber*, GRUR-Prax 2017, 57.
177 *Hartmann*, JurBüro 2019, 339, 341.
178 OLG München, 30.1.1991 – 6 W 2832/90, GRUR 1991, 561 (zu § 144 PatG); Büscher/*McGuire*, § 22 GeschGehG Rn. 18; K/B/F/*Köhler/Bornkamm/Feddersen*, § 22 GeschGehG Rn. 21; H/O/K/*Harte-Bavendamm*, § 22 Rn. 15; *Köhler*, NJW 2013, 3473, 3475 (zu § 12 Abs. 4 UWG); *Mümmler*, JurBüro 1985, 1761, 1769; **aA** *Tetzner*, NJW 1965, 1944, 1947 (zu § 23a UWG aF); wohl auch *Mayer*, WRP 2010, 1126, 1127 (zu § 12 Abs. 4 UWG aF).
179 K/B/F/*Köhler/Feddersen*, § 12 UWG Rn. 5.26.

§ 22   Streitwertbegünstigung

oder sich herausstellt, dass die Voraussetzungen dafür nicht vorgelegen haben).[180] Nicht zu verwechseln ist dies allerdings mit dem Fall, dass es der Antragsteller zuvor lediglich unterlassen hat, einen Antrag zu stellen, oder nichts zu seiner Vermögenslage vorgetragen hat (→ Rn. 47); dann ist nämlich gar keine Änderung der Vermögenslage während des Verfahrens eingetreten und eine Begünstigung nicht mehr gerechtfertigt.[181]

VI. Beteiligung des Gegners (§ 22 Abs. 3 Satz 4)

1. Angemessene Stellungnahmemöglichkeit

74   Um dem **Grundsatz auf rechtliches Gehör (Art. 103 Abs. 1 GG)** Rechnung zu tragen, ist die Gegenseite vor der Entscheidung, die wegen der erhöhten Kostenrisiken auch Auswirkungen für sie hat (→ Rn. 67), anzuhören.[182] Dem Gegner ist eine Äußerungsmöglichkeit mit einer angemessenen Frist (im Regelfall mindestens zwei Wochen) einzuräumen.[183] Eine gesonderte Durchführung einer mündlichen Verhandlung ist hierfür aber nicht erforderlich.[184] Es wird vertreten, dass auch die Staatskasse vor der Entscheidung anzuhören ist;[185] dafür spricht die bestehende Beschwerdeberechtigung der Staatskasse (→ Rn. 86), (wohl maßgeblich) dagegen aber der Wortlaut der Norm, der dies nicht hergibt.

2. Keine (analoge) Anwendung von § 117 Abs. 2 Satz 2 ZPO

75   Streitig ist, ob im Hinblick auf die Anhörung der Gegenseite § 117 Abs. 2 Satz 2 ZPO (zumindest analoge) Anwendung findet, weil die antragstellende Partei über ihre Vermögensverhältnisse Auskunft erteilen muss (→ Rn. 47).[186] Hiernach dürfen im Prozesskostenhilfeverfahren (→ Rn. 18 ff.) dem Gegner die entsprechenden **Unterlagen und Belege zur Vermögenslage** normalerweise nur dann zugänglich gemacht werden, wenn der Antragsteller dem zustimmt.

76   Eine direkte Anwendung von § 117 Abs. 2 Satz 2 ZPO scheidet aus, weil es sich nicht um ein Prozesskostenhilfeverfahren handelt. Aber auch **für eine entspre-**

---

180 Zu § 144 PatG: Busse/Keukenschrijver/*Keukenschrijver*, § 144 Rn. 32; Schulte/*Voß*, § 144 Rn. 18; zu § 26 GebrMG Bühring/*Braitmayer*, § 26 Rn. 6; zu § 12 Abs. 4 UWG Teplitzky/*Schwippert*, Kap. 50 Rn. 19.
181 IdS *Mayer*, WRP 2010, 1126, 1127 (zu § 12 Abs. 4 UWG aF).
182 K/B/F/*Köhler/Bornkamm/Feddersen*, § 22 GeschGehG Rn. 22; *Hartmann*, JurBüro 2019, 339, 341.
183 *Hartmann*, JurBüro 2019, 339, 341.
184 BeckOK GeschGehG/*Gregor*, § 22 Rn. 28; Busse/Keukenschrijver/*Keukenschrijver*, § 144 Rn. 26 (zu § 144 PatG).
185 *Mümmler*, JurBüro 1985, 1761, 1769.
186 Dafür K/B/F/*Köhler/Bornkamm/Feddersen*, § 22 GeschGehG Rn. 22; BeckOK UWG/*Barth*, § 22 GeschGehG Rn. 5; E/B/F-W/*Ekey*, § 142 Rn. 24 (zu § 142 MarkenG).

chende Anwendung des § 117 Abs. 2 Satz 2 besteht kein Raum.[187] Die Analogievoraussetzungen sind nicht erfüllt, da es an einer vergleichbaren Interessenlage mangelt. Denn im Prozesskostenhilfeverfahren muss der Gegner vor der Entscheidung des Gerichts nicht angehört werden, er ist kein Beteiligter mit eigenen Verfahrensrechten.[188] Durch das Anhörungsrecht im Streitwertbegünstigungsverfahren soll indes eine effektive Beteiligung des Gegners am Verfahren ermöglicht werden. Das setzt voraus, dass dieser die wirtschaftliche Lage des Antragstellers bewerten und sich dazu äußern kann.

VII. Rechtsmittel

1. Streitwertbeschwerde

Das Gericht entscheidet über den Antrag auf Streitwertbegünstigung im Beschlusswege (§ 329 ZPO). Nach hM wird der Streitwertherabsetzungsbeschluss als Entscheidung nach § 63 GKG angesehen, wodurch als Rechtsmittel nach § 68 GKG die (gebührenfreie) **Streitwertbeschwerde** statthaft ist.[189] Überzeugender erscheint es allerdings, die §§ 63 ff. GKG auf den Beschluss und das Rechtsmittelverfahren nur analog anzuwenden, da die einseitige Streitwertherabsetzung keine Entscheidung zum eigentlichen Streitwert ist, weil dieser für die anderen Prozessbeteiligten unverändert bleibt.[190] IE ergeben sich dadurch aber keine Unterschiede.

77

Eine Beschwerde ist **nicht statthaft**, wenn das OLG den Beschluss erlassen hat (§ 68 Abs. 1 Satz 5 iVm. § 66 Abs. 3 Satz 3 GKG). Es findet demnach auch keine Rechtsbeschwerde (§ 574 ZPO) zum BGH statt,[191] es sei denn, es liegt eine Verletzung des rechtlichen Gehörs[192] vor. Wurde der Streitwert nur vorläufig festgesetzt, besteht für die Beschwerde zudem nur dann ein Rechtsschutzbedürfnis, wenn eine weitere Tätigkeit des Gerichts (zB Zustellung der Klage) von der vorherigen Zahlung (weiterer) Kosten abhängig gemacht wird (§ 63 Abs. 1 Satz 2 iVm. § 67 Abs. 1

78

---

187 So auch BeckOK GeschGehG/*Gregor*, § 22 Rn. 28; BeckOK MarkenR/*Gruber*, § 142 Rn. 18 (zu § 142 MarkenG); zweifelnd ferner Götting/Nordemann/*Albert*, § 12 Rn. 402 (zu § 12 Abs. 4 UWG); indifferent Busse/Keukenschrijver/*Keukenschrijver*, § 144 Rn. 25 (zu § 144 PatG).
188 BGH, 29.4.2015 – XII ZB 214/14, NJW 2015, 1827 f. Rn. 12, 20; Teplitzky/*Schwippert*, Kap. 50 Rn. 1.
189 H/O/K/*Harte-Bavendamm*, § 22 Rn. 15; BeckOK GeschGehG/*Gregor*, § 22 Rn. 29; K/B/F/*Köhler/Feddersen*, § 12 UWG Rn. 5.28 (zu § 12 Abs. 4 UWG); Teplitzky/*Schwippert*, Kap. 50 Rn. 18 (zu § 12 Abs. 4 UWG); *Gruber*, MDR 2016, 310. Zur Zulässigkeit der Streitwertbeschwerde nach § 68 GKG bei der Streitwertherabsetzung etwa OLG Stuttgart, 10.9.2015 – 2 W 41/15, BeckRS 2016, 07946 Rn. 6; OLG Frankfurt, 25.4.2019 – 6 W 21/19, BeckRS 2019, 10004 Rn. 3.
190 So auch BeckOK UWG/*Barth*, § 22 GeschGehG Rn. 6 f.; *Hartmann*, JurBüro 2019, 339, 342. Ferner OLG Hamburg, 14.7.1977 – 3 W 90/77, BeckRS 1977, 01703 Rn. 1 (für die Beschwerde nach § 25 GKG aF).
191 OLG Frankfurt, 25.4.2019 – 6 W 21/19, BeckRS 2019, 10004 Rn. 5.
192 Dazu BGH, 9.3.2006 – IX ZR 37/05, NJW-RR 2006, 791.

GKG).[193] Ein Nichterreichen des Mindestbeschwerdewerts von mehr als 200 EUR (§ 68 Abs. 1 Satz 1 GKG) wird in Geschäftsgeheimnisstreitsachen fernliegen sein. Maßgeblich für die Höhe der Beschwer ist die Differenz der Gebühren nach dem vollen und dem herabgesetzten Streitwert.[194]

79 Die Beschwerde ist innerhalb einer **Frist von sechs Monaten** ab Rechtskraft der Entscheidung oder sonstiger Beendigung des Verfahrens (§ 68 Abs. 1 Satz 3 iVm. § 63 Abs. 3 Satz GKG) einzulegen.

2. Beschwerdeberechtigung

80 Berechtigt zur Einlegung der Streitwertbeschwerde sind **alle Prozessbeteiligten, auf die die Entscheidung über die Herabsetzung des Streitwerts negative Auswirkungen hat**, soweit diese beschwert sind.[195] Dies können abhängig vom Ausgang der Entscheidung der Antragsteller (lit. a), die Gegenseite (lit. b), deren Anwälte (lit. c) oder die Staatskasse (lit. d) sein.[196]

a) Antragsteller

81 Wird der **Antrag des Antragstellers abgelehnt oder diesem nicht in dem Umfang entsprochen**, wie vom Antragsteller beantragt, ist der Antragsteller insoweit beschwert.[197]

b) Gegenseite

82 Wird dem **Antrag des Antragstellers ganz oder teilweise entsprochen**, ist die Gegenseite im Umfang der dadurch zu ihren Lasten entstehenden Gebührendifferenz beschwert.[198] Denn selbst wenn die Gegenseite den Prozess vollständig gewinnt, muss sie dennoch einen Teil der Gebühren tragen, da die Kostenerstattung nur aus dem Teilstreitwert stattfindet (→ Rn. 67).

c) Anwälte

83 Beschwerdeberechtigt sind auch die Anwälte von beiden Parteien, jeweils entweder als Vertreter ihres jeweiligen Mandanten oder alternativ **auch aus eigenem Recht** (§ 126 Abs. 1 ZPO; § 32 Abs. 2 RVG).[199] Maßgeblich für die Frage, ob ein Anwalt

---

193 OLG Frankfurt, 25.4.2019 – 6 W 21/19, BeckRS 2019, 10004 Rn. 3.
194 *Mümmler*, JurBüro 1985, 1761, 1769.
195 LG Halle, 13.2.2017 – 4 O 110/16, BeckRS 2017, 119164 Rn. 11.
196 Allgemein zur Beschwerdeberechtigung *Gruber*, MDR 2016, 310 f.
197 *Gruber*, MDR 2016, 310.
198 *Gruber*, MDR 2016, 310.
199 H/O/K/*Harte-Bavendamm*, § 22 Rn. 15; K/B/F/*Köhler/Feddersen*, § 12 UWG Rn. 5.28 (zu § 12 Abs. 4 UWG); *Gruber*, MDR 2016, 310, 311. Dies gilt auch für Patentanwälte, soweit diese mitwirken, vgl. *Gruber*, MDR 2016, 310, 311.

im eigenen Namen oder für seinen Mandanten Beschwerde einlegt, ist die Formulierung in der Beschwerdeschrift, die ggf. auszulegen ist.[200]

Eine konkrete Beschwer besteht für den **Anwalt des Antragstellers** nur bei einem zu niedrig angesetzten Streitwert.[201] Wird dem Streitwertherabsetzungsantrag nicht stattgegeben, ist er daher nicht beschwert, weil er die vollen Gebühren verlangen kann (→ Rn. 64).[202] 84

Der **Anwalt auf der Gegenseite** ist bei einer Bewilligung der Streitwertherabsetzung nicht unmittelbar beschwert, weil sein Mandant ihm immer noch die vollen Gebühren aus dem nicht herabgesetzten Streitwert schuldet (→ Rn. 67). Allerdings verliert er eine zusätzliche Sicherung für einen Teil seiner Gebührenforderung, wenn sein Mandant den Prozess zwar gewinnt, aber zahlungsunfähig wird.[203] Denn die subsidiäre Kostenhaftung der begünstigten Partei nach § 22 GKG richtet sich nach dem herabgesetzten Streitwert (→ Rn. 69). Dies genügt zur Bejahung der Beschwerdeberechtigung. 85

d) Staatskasse

Schließlich ist durch eine erfolgte Streitwertherabsetzung auch die **Staatskasse beschwert und beschwerdeberechtigt**.[204] Denn dies führt zu einer Verminderung der von der begünstigten Partei zu zahlenden Gerichtskosten.[205] 86

VIII. Verfassungsmäßigkeit

1. Geäußerte verfassungsrechtliche Bedenken ...

Die Verfassungsmäßigkeit von Streitwertbegünstigungsvorschriften wurde **in der Vergangenheit lebhaft debattiert**.[206] Zuletzt erneuerte *Gruber* die Kritik unter Verweis auf die Regelungen zum anwaltlichen Erfolgshonorar (§ 49b Abs. 2 Satz 1 BRAO iVm. § 4a RVG) und die Durchsetzungs-RL 2004/48/EG.[207] 87

---

200 OLG Koblenz, 12.2.2008 – 5 W 70/08, BeckRS 2008, 4611 Rn. 2; OLG Brandenburg, 11.5.2004 – 7 W 5/04, NJW-RR 2005, 80; *Gruber*, MDR 2016, 310, 311.
201 *Gruber*, MDR 2016, 310, 311.
202 Busse/Keukenschrijver/*Keukenschrijver*, § 144 Rn. 34 (zu § 144 PatG).
203 *Gruber*, MDR 2016, 310, 311.
204 Bühring/*Braitmayer*, § 26 Rn. 9 (zu § 26 GebrMG).
205 *Gruber*, MDR 2016, 310, 311. Allgemein zur Beschwerdeberechtigung der Staatskasse B/D/Z/ *Zimmermann*, § 68 GKG Rn. 17.
206 Einen guten Überblick liefert *Zuck*, GRUR 1966, 167 ff. mwN. Siehe ferner zu § 53 PatG aF etwa *Brangsch*, Anm. zu OLG München, Beschl. v. 15.7.1964 – 11 W 1407/63, NJW 1964, 2260; *Eberl*, NJW 1960, 1431; zu § 23a UWG aF *Deutsch*, GRUR 1978, 19, 22; *Borck*, WRP 1987, 429; *Graf Lambsdorff/Kanz*, BB 1983, 2215 ff.; *Deutscher Anwaltverein*, AnwBl. 1964, 168.
207 *Gruber*, GRUR 2018, 585 ff.; zust. *Reinfeld*, § 6 Rn. 119 f.; krit. *Ingerl/Rohnke*, § 142 Rn. 15 f. (zu § 142 MarkenG).

§ 22   Streitwertbegünstigung

88   Die bislang geäußerten **verfassungsrechtlichen Bedenken** konzentrieren sich im Wesentlichen auf eine mögliche Verletzung des allgemeinen Gleichheitssatzes (Art. 3 Abs. 1 GG)[208] bzw. des grundrechtsgleichen und aus dem Rechtsstaatsprinzip und dem Gleichheitssatz folgenden Grundsatzes der prozessualen Waffengleichheit (Art. 20 Abs. 3 GG iVm. Art. 3 Abs. 1 GG)[209] wegen einer ungerechtfertigten Ungleichbehandlung der Prozessparteien im Falle des Obsiegens bzw. Unterliegens im Prozess, der wirtschaftlichen Betätigungsfreiheit (Art. 2 Abs. 1 GG) wegen der zusätzlichen Kostenbelastung der nicht begünstigten Partei oder – mit Blick auf die am Prozess beteiligten Anwälte der Parteien – der Berufsausübungsfreiheit (Art. 12 Abs. 1 GG)[210] oder der Eigentumsgarantie (Art. 14 Abs. 1 Satz 1 GG)[211] wegen der Schmälerung des anwaltliche Einkommens und des Fortbestehens des anwaltlichen Haftungsrisikos in voller Höhe. Teilweise wird gefordert, dass die Kosten für die Prozessfinanzierung vom Staat und nicht von der Anwaltschaft zu übernehmen seien.[212]

2. ... sind unbegründet

89   Freilich handelt es sich bei der Streitwertbegünstigung um ein kontroverses prozessuales Instrument. Sie führt letztlich zu einer teilweisen Prozessfinanzierung durch die nicht begünstigte Gegenseite, obwohl diese den Prozess ggf. gar nicht veranlasst hat und möglicherweise zudem vollständig obsiegt (→ Rn. 67). Das entspricht nicht dem zivilprozessualen Grundsatz, dass die Kostenbelastung einer Partei maßgeblich vom Umfang ihres Prozesserfolgs abhängt (vgl. § 91 Abs. 1 ZPO). Dennoch ist der **hM – einschließlich dem BVerfG – zuzustimmen, dass derartige Streitwertbegünstigungsvorschriften verfassungsrechtlich nicht zu beanstanden sind**.[213] IE rechtfertigt ein wirtschaftliches Ungleichgewicht der Parteien in den durch die Streitwertbegünstigungsvorschriften gezogenen Grenzen eine unterschiedliche Behandlung bzgl. bestehender Kostenrisiken zur Wahrung der prozessualen Waffengleichheit und der Sicherung des Justizgewährungsanspruchs für finanzschwache

---

208 Dazu etwa *Borck*, WRP 1987, 429, 429 f.
209 Zur verfassungsrechtlichen Herleitung des Grundsatzes auf prozessuale Waffengleichheit BVerfG, 3.6.2020 – 1 BvR 1246/20, BeckRS 2020, 10966 Rn. 16.
210 Dazu insbes. *Gruber*, GRUR 2018, 585, 588.
211 Dazu insbes. *Deutscher Anwaltverein*, AnwBl. 1964, 168, 171 („enteignungsgleicher Eingriff"). Zur Belastung der Anwaltschaft ferner *Buchmann*, WRP 2012, 1345, 1353; *Mayer*, WRP 2010, 1126, 1131.
212 *Gruber*, GRUR 2018, 585, 587.
213 BVerfG, 16.1.1991 – 1 BvR 933/90, NJW-RR 1991, 1134 (zu § 23a UWG aF); BVerfG, 28.6.1993 – 1 BvR 1321/90, BeckRS 1993, 08382 (zu § 23b UWG aF); BPatG, 24.11.2011 – 3 (ZA) pat 54/10 zu 3 Ni 11/01, GRUR-RR 2012, 132 (132 f.) (zu § 144 PatG); OLG München, 15.7.1964 – 11 W 1407/63, NJW 1964, 1730 (zu § 53 PatG aF); H/O/K/*Harte-Bavendamm*, § 22 Rn. 1; Benkard/*Grabinski/Zülch*, § 144 Rn. 2 (zu § 144 PatG); Götting/Nordemann/*Albert*, § 12 Rn. 399 (zu § 12 Abs. 4 UWG); Hüffer/Koch/*Koch*, § 247 Rn. 2 (zu § 247 AktG); E/J/F/M/ *Eichmann/Jestaedt*, § 54 DesignG Rn. 9 (zu § 54 DesignG); *Zuck*, GRUR 1966, 167, 169 ff.; *Ulrich*, GRUR 1984, 177, 183 (zu § 23a UWG aF); *Tetzner*, NJW 1965, 1944, 1947 (zu § 23a UWG aF).

Parteien in den hier vorliegenden Konstellationen, in denen Streitwerte typischerweise verhältnismäßig hoch ausfallen. Dieser gesetzgeberische Gedanke, strukturell unterlegenen Parteien die Prozessführung zu erleichtern, findet sich auch in den Vorschriften der §§ 114 ff. ZPO (→ Rn. 18 ff.) und § 12a ArbGG (→ Rn. 16 f.) wieder. Insbesondere § 12a Abs. 1 ArbGG zeigt zudem, dass es im deutschen Recht kein verfassungsmäßig verankertes und unumstößliches Prinzip auf (vollständige) Kostenerstattung gibt. Zudem besteht nach § 22 Abs. 1 GKG ohnehin stets eine subsidiäre Haftung des Antragstellers, selbst im Obsiegensfall. Soweit darauf verwiesen wird, dass mit der Vereinbarung eines anwaltlichen Erfolgshonorars ein ähnlicher Effekt erzielt werden könnte und es daher keiner Streitwertbegünstigung mehr bedürfe,[214] übersieht diese Ansicht, dass damit lediglich die Kostenbelastung der Partei im Hinblick auf die Anwaltsgebühren gesenkt wird; selbst dann kann aber die Belastung mit den Gerichtsgebühren für die Partei noch zu hoch sein. Falls ein Mandat wegen einer Streitwertbegünstigung für einen Anwalt nicht (mehr) einträglich ist, kann er jenes auch ablehnen oder niederlegen. Zudem erscheint die Befürchtung praxisfern, dass ein Mandant nach umfangreicher Tätigkeit eines Anwalts vor der Hauptverhandlung ohne Einschaltung des Anwalts einen Streitwertbegünstigungsantrag stellt.[215]

Resümierend ist unter Ansehung des Vorstehenden festzuhalten, dass **§ 22 mit den geltenden verfassungsrechtlichen Wertungen in Einklang** steht. 90

---

214 *Gruber*, GRUR 2018, 585, 588.
215 Zu derartigen Bedenken *Gruber*, GRUR 2018, 585, 588.

Abschnitt 4
Strafvorschriften

§ 23 Verletzung von Geschäftsgeheimnissen

(1) Mit Freiheitsstrafe bis zu drei Jahren oder mit Geldstrafe wird bestraft, wer zur Förderung des eigenen oder fremden Wettbewerbs, aus Eigennutz, zugunsten eines Dritten oder in der Absicht, dem Inhaber eines Unternehmens Schaden zuzufügen,

1. entgegen § 4 Absatz 1 Nummer 1 ein Geschäftsgeheimnis erlangt,

2. entgegen § 4 Absatz 2 Nummer 1 Buchstabe a ein Geschäftsgeheimnis nutzt oder offenlegt oder

3. entgegen § 4 Absatz 2 Nummer 3 als eine bei einem Unternehmen beschäftigte Person ein Geschäftsgeheimnis, das ihr im Rahmen des Beschäftigungsverhältnisses anvertraut worden oder zugänglich geworden ist, während der Geltungsdauer des Beschäftigungsverhältnisses offenlegt.

(2) Ebenso wird bestraft, wer zur Förderung des eigenen oder fremden Wettbewerbs, aus Eigennutz, zugunsten eines Dritten oder in der Absicht, dem Inhaber eines Unternehmens Schaden zuzufügen, ein Geschäftsgeheimnis nutzt oder offenlegt, das er durch eine fremde Handlung nach Absatz 1 Nummer 2 oder Nummer 3 erlangt hat.

(3) Mit Freiheitsstrafe bis zu zwei Jahren oder mit Geldstrafe wird bestraft, wer zur Förderung des eigenen oder fremden Wettbewerbs oder aus Eigennutz entgegen § 4 Absatz 2 Nummer 2 oder Nummer 3 ein Geschäftsgeheimnis, das eine ihm im geschäftlichen Verkehr anvertraute geheime Vorlage oder Vorschrift technischer Art ist, nutzt oder offenlegt.

(4) Mit Freiheitsstrafe bis zu fünf Jahren oder mit Geldstrafe wird bestraft, wer

1. in den Fällen des Absatzes 1 oder des Absatzes 2 gewerbsmäßig handelt,

2. in den Fällen des Absatzes 1 Nummer 2 oder Nummer 3 oder des Absatzes 2 bei der Offenlegung weiß, dass das Geschäftsgeheimnis im Ausland genutzt werden soll, oder

3. in den Fällen des Absatzes 1 Nummer 2 oder des Absatzes 2 das Geschäftsgeheimnis im Ausland nutzt.

(5) Der Versuch ist strafbar.

(6) Beihilfehandlungen einer in § 53 Absatz 1 Satz 1 Nummer 5 der Strafprozessordnung genannten Person sind nicht rechtswidrig, wenn sie sich auf die

§ 23 Verletzung von Geschäftsgeheimnissen

Entgegennahme, Auswertung oder Veröffentlichung des Geschäftsgeheimnisses beschränken.

(7) ¹§ 5 Nummer 7 des Strafgesetzbuches gilt entsprechend. ²Die §§ 30 und 31 des Strafgesetzbuches gelten entsprechend, wenn der Täter zur Förderung des eigenen oder fremden Wettbewerbs oder aus Eigennutz handelt.

(8) Die Tat wird nur auf Antrag verfolgt, es sei denn, dass die Strafverfolgungsbehörde wegen des besonderen öffentlichen Interesses an der Strafverfolgung ein Einschreiten von Amts wegen für geboten hält.

Schrifttum: *Albrecht*, Der Verletzte im Sinne des § 172 StPO bei Vermögensdelikten zum Nachteil von Kapitalgesellschaften, 2015; *Arians*, Der strafrechtliche Schutz des Geschäfts- und Betriebsgeheimnisses in der Bundesrepublik Deutschland, in: Oehler (Hrsg.), Der strafrechtliche Schutz des Geschäfts- und Betriebsgeheimnisses in den Ländern der Europäischen Gemeinschaft sowie in Österreich und der Schweiz I Bd. 2, 1978, S. 307; *K. Becker*, Der Strafgrund der Verbrechensverabredung gem. § 30 Abs. 2, Alt. 3 StGB, 2012; *Bindschedler*, Der strafrechtliche Schutz wirtschaftlicher Geheimnisse, 1981; *Blume*, Innentäterspionage in innovationsgetriebenen Großunternehmen, 2018; *Böhm/Nestler*, EU-Richtlinie zum Knowhow-Schutz: Quantifizierung des Schadensersatzes, GRUR-Prax 2018, 181; *Bott*, „Grenzenloser" Geheimnisverrat: Der Auslandsbezug bei § 17 UWG, wistra 2015, 342; *ders.*, Verrat und Verräter – Der „größte politische Skandal unserer Zeit" und die Konsequenzen für das Wirtschaftsstrafrecht, in: FS Wessing, 2015, S. 311; *Brammsen*, Die EU-Know-how-Richtlinie 943/2016, §§ 17 ff. UWG und das geplante Geschäftsgeheimnisstrafrecht (§ 23 GeschGehG-RegE), wistra 2018, 449; *ders.*, Einverständnis und Einwilligung, in: FS Yamanaka, 2017, S. 3; *ders.*, Unverhofft kommt doch? Steuer-CD-Handel und das Strafanwendungsrecht der §§ 3–9 StGB, StraFo 2016, 503; *ders.*, Überlegungen zur Struktur der Informationsrechte, in: FS Otto, 2007, S. 1081; *ders.*, Anzeige von Kartellverstößen im Widerstreit mit dem Schutz von Unternehmensgeheimnissen, in: Forschungsinstitut für Wirtschaftsverfassung und Wettbewerb (Hrsg.), Schwerpunkte des Kartellrechts 1992/93, 1994, S. 77; *ders.*, Die Entstehungsvoraussetzungen der Garantenpflichten, 1986; *Brammsen/Apel*, „Kunst kommt von Können…" Zur Auslegung des § 18 Abs. 1 UWG („Vorlagenfreibeuterei"), insbesondere zum „Anvertrauen", WRP 2016, 18; *Brammsen/Ceffinato*, Doppelte Strafmilderung für Bankrottgehilfen?, NZI 2013, 619; *Breitenbach*, Steuer-CDs, 2017; *Brennecke/Ahnseel*, § 17 UWG – Verrat von Betriebs- und Geschäftsgeheimnissen, 2015; *Dann/Markgraf*, Das neue Gesetz zum Schutz von Geschäftsgeheimnissen, NJW 2019, 1774; *Dorner*, Know-how-Schutz im Umbruch, 2013; *Drescher*, Industrie- und Wirtschaftsspionage in Deutschland, 2019; *Edwards*, Die Rechtmäßigkeit von Whistleblowing in der Öffentlichkeit nach der EMRK und nach deutschem Recht, 2017; *Fechner*, Geistiges Eigentum und Verfassung, 1999; *Föbus*, Die Insuffizienz des strafrechtlichen Schutzes von Geschäfts- und Betriebsgeheimnissen nach § 17 UWG, 2011; *Gerigk*, Nachvertragliche Wettbewerbsverbote mit geschäftsführenden Organmitgliedern und Gesellschaftern, 2014; *Greco*, Verwertung von Know-how, 2010; *Hauck*, Wirtschaftsgeheimnisse – Informationseigentum kraft richterlicher Rechtsbildung?, 1987; *Hefendehl*, Alle lieben Whistleblowing, in: FS Amelung, 2009, S. 617; *Heine*, Der staatliche Ankauf von strafbar erlangten Steuer-Daten deutscher Steuerhinterzieher, in: FS Roxin II, 2011, S. 1087; *Henseler*, Datenhehlerei (§ 202 d StGB) bei Rückerlangung von Kundendaten, NStZ 2020, 258; *Herold*, Whistleblower, 2016; *Hiéramente/Wagner*, Strafrechtliche Grenzen der Informationsbeschaffung über (ehemalige) Mitarbeiter der Gegenpartei eines Zivilrechtsstreits, GRUR 2020, 709; *Holtkötter/Nugel*, Die Aufklärung elektronischer Manipulationen von Fahrzeugen im Spannungsfeld zu Betriebsgeheimnissen der Hersteller,

NZV 2018, 201; *Kasiske,* Übungsfall: Leise pfeift der Whistleblower, ZJS 2016, 628; *Kiefer,* Das Geschäftsgeheimnis nach dem Referentenentwurf zum Geschäftsgeheimnisgesetz: Ein Immaterialgüterrecht, WRP 2018, 910; *Kiethe/Groeschke,* Die Durchsetzung von Schadensersatzansprüchen in Fällen der Betriebs- und Wirtschaftsspionage, WRP 2005, 1358; *Klinger,* Die Nebenklage bei strafbaren Wettbewerbsverstößen – strategisches Rüstzeug oder „stumpfes Schwert"?, NZWiSt 2013, 412; *Koch,* Informationsrechte versus aktienrechtliche Verschwiegenheitspflichten, in: FS Schmidt-Preuß, 2018, S. 367; *Koch,* Korruptionsbekämpfung durch Geheimnisverrat? Strafrechtliche Aspekte des Whistleblowing, ZIS 2008, 500; *Kochmann,* Schutz des „Know-how" gegen ausspähende Produktanalysen („Reverse Engineering"), 2009; *Kollrus,* Vergütungspflichten für Vorarbeiten, Präsentationen und Pitches von Werbeagenturen?, MDR 2015, 1105; *Leite,* Whistleblowing und das System der Rechtfertigungsgründe, GA 2021, 190; *Lutterbach,* Die strafrechtliche Würdigung des Whistleblowings, 2010; *McGuire,* Der Schutz von Know-how im System des Immaterialgüterrechts, GRUR 2016, 1000; *Meindl,* Die Selbstverpflichtung im Strafrecht, 1993; *Mitsch,* Strenge Akzessorietät der Teilnahme und andere Merkwürdigkeiten im neuen § 19 UWG, wistra 2004, 161; *ders.,* Untaugliche Bereiterklärung zur Verbrechensbegehung und Bereiterklärung zur untauglichen Verbrechensbegehung, in: FS Maiwald, 2010, S. 539; *Müller,* Der Schutz von Know-how nach dem TRIPS-Übereinkommen, 2003; *Noak,* Wettbewerbsneutrale Absichten und § 17 UWG, wistra 2006, 245; *Ohly,* Das neue Geschäftsgeheimnisgesetz im Überblick, GRUR 2019, 441; *Pfeiffer,* Der strafrechtliche Verrat von Betriebs- und Geschäftsgeheimnissen nach § 17 UWG, in: FS Nirk, 1992, S. 861; *Prinz,* Der Schutz von Betriebs- und Geschäftsgeheimnissen im Informationsfreiheitsrecht, 2015; *Reinbacher,* Die Strafbarkeit des Whistleblowings nach § 17 UWG im Lichte der Geheimnisschutzrichtlinie, KriPoZ 2018, 115; *Rennicke,* Der An- und Verkauf steuerrelevanter Daten, wistra 2020, 135; *Rudkowski,* Geschäftsgeheimnisse des Versicherers, 2012; *Sander,* Schutz nicht offenbarter betrieblicher Informationen nach der Beendigung des Arbeitsverhältnisses im deutschen und amerikanischen Recht, GRUR Int. 2013, 217; *Satzger,* Der Staat als „Hehler"? – Zur Strafbarkeit des Ankaufs rechtswidrig erlangter Bankdaten durch deutsche Behörden, in: FS Achenbach, 2011, S. 447; *Schenkel,* Whistleblowing und die Strafbarkeit wegen Geheimnisverrats, 2019; *Schiemann,* Braucht Deutschland ein Whistleblower-Schutzgesetz? in: FS Wessing, 2015, S. 569; *Schmid,* Der gesetzliche Schutz der Fabrik- und Geschäftsgeheimnisse in Deutschland und im Ausland, 1907; *Schockenhoff,* Geheimnisschutz bei Aktiengesellschaften mit Beteiligung der öffentlichen Hand, NZG 2018, 521; *ders.,* Geheimhaltung von Compliance-Verstößen, NZG 2015, 409; *Sonn,* Strafbarkeit des privaten Entwendens und staatlichen Ankaufs inkriminierender Kundendaten, 2014; *Soppa,* Die Strafbarkeit des Whistleblowers, 2018; *Stekkermeier,* Der Tatentschluss von Mittätern (§ 25 Absatz 2 StGB), 2015; *Stöhr,* Offenlegung von Rechtsverstößen im Aktienrecht, BB 2019, 1286; *Taeger,* Softwareschutz durch Geheimnisschutz, CR 1991, 449; *Thüsing/Rombey,* Nachdenken über den Richtlinienvorschlag der EU-Kommission zum Schutz von Whistleblowern, NZG 2018, 1001; *Trebeck/Schulte-Wissermann,* Die Geheimnisschutzrichtlinie und deren Anwendbarkeit, NZA 2018, 1175; *Triebe,* Reverse Engineering im Lichte des Urheber- und Geschäftsgeheimnisschutzes, WRP 2018, 795; *Ullrich,* Der Schutz von Whistleblowern aus strafrechtlicher Perspektive – Rechtslage de lege lata und de lege ferenda, NZWiSt 2019, 65; *Viskorf,* Informationsschutz im englischen Recht, 2004; *Wawrzinek,* Verrat von Geschäfts- und Betriebsgeheimnissen, 2010; *Weiglin,* Friktionen im Umgang mit europäischen und nationalen Auskunftsrechten nach dem EuGH-Urteil Baumeister, EuZW 2019, 236; *Werner,* Auskunftsansprüche der Öffentlichkeit gegenüber Aktiengesellschaften unter Beteiligung der öffentlichen Hand, NVwZ 2019, 449; *Wicker,* Cloud Computing und staatlicher Strafanspruch, 2016; *Wiedemann/Engbrink,* Rechtliche Auswirkungen des 3D-Drucks auf Immaterialgüterrechte und gewerbliche Schutzrechte, InTeR 2017, 71; *Wiedmann/Seyfert,* Richtlinienentwurf der EU-Kommission zum Whistleblowing, CCZ 2019, 12; *Wiese,* Die EU-Richtlinie über den Schutz vertraulichen Know-hows

§ 23 Verletzung von Geschäftsgeheimnissen

und vertraulicher Geschäftsinformationen, 2018; *Winzer*, Der Schutz von Geschäftsgeheimnissen im Zivilprozess, 2018; *Yamanaka*, Strafrechtsdogmatik in der japanischen Risikogesellschaft, 2008; *ders.*, Einführung in das japanische Strafrecht, 2018; *Zentek*, Präsentationsschutz, WRP 2007, 507; *Zerbes/Pieth*, Whistleblowing – Drei Fälle, drei Strafrechtsordnungen, drei Traditionen des Geheimnisschutzes, in: Rotsch (Hrsg.), Criminal Compliance – Status quo und Status futurus, 2021, S. 465.

Übersicht

	Rn.		Rn.
I. Allgemeines	1	aa) Einverständnis und Einwilligung	51
1. Einführung	1	bb) Zivilrechtliche Überlassungsansprüche	52
2. Bisherige Entwicklung der Strafvorschrift	3	cc) Gesetzliche Auskunfts- und Aussagepflichten	53
3. Praktische Bedeutung	7	dd) Rechtfertigender Notstand (§ 34 StGB)	54
4. Richtlinienkonforme Auslegung	8	ee) Sonderfall: Rechtfertigung für Beihilfehandlungen Medienschaffender, § 23 Abs. 6	56
II. Das Deliktskonzept des § 23 GeschGehG	12	e) Irrtum	57
1. Einleitung	12	aa) Tatbestandsirrtum	58
2. Deliktsordnung (Überblick)	15	bb) Verbotsirrtum	59
3. Deliktsprägendes Rechtsgut und Deliktsnatur	16	f) Vollendung und Versuch der Tat	60
4. Täterkreis und Deliktssystematik	19	aa) Vollendung	60
5. Geltungsbereich	25	bb) Versuch	61
6. Bestimmtheitsgrundsatz (§ 1 StGB)	27	g) Täterschaft und Teilnahme	62
7. Zusätzliche Absichtserfordernisse	29	aa) Täterschaft	62
a) Zur Förderung des eigenen oder fremden Wettbewerbs	30	bb) Teilnahme	64
b) Eigennutz	33	h) Schuld	69
c) Zugunsten eines Dritten	34	i) Konkurrenzen	71
d) Schädigungsabsicht	35	j) Strafrahmen	72
III. Die einzelnen Straftatbestände des § 23 Abs. 1–3 GeschGehG	36	2. Die eigeneröffnete Geheimnishehlerei (§ 23 Abs. 1 Nr. 2)	73
1. Die Betriebsspionage (§ 23 Abs. 1 Nr. 1)	39	a) Objektiver Tatbestand	75
a) Objektiver Tatbestand	40	aa) Täter	76
aa) Täter	41	bb) Vortaten	78
bb) Tatgegenstand	42	cc) Tatgegenstand	81
cc) Tathandlung	43	dd) Tathandlung	83
dd) Tatmodalitäten	45	b) Subjektiver Tatbestand	85
b) Subjektiver Tatbestand	46	aa) Vorsatz	86
aa) Vorsatz	47	bb) Absichtserfordernisse	87
bb) Absichtserfordernisse	48	c) Tatbestandsausnahmen (§ 5)	88
c) Tatbestandsausnahmen (§ 5)	49	d) Rechtswidrigkeit	89
d) Rechtswidrigkeit	50	e) Irrtum	90
		f) Vollendung und Versuch der Tat	91

	Rn.
aa) Vollendung	91
bb) Versuch	93
g) Täterschaft und Teilnahme	96
h) Schuld	97
i) Konkurrenzen	98
j) Strafrahmen	100
3. Der Geheimnisverrat (§ 23 Abs. 1 Nr. 3)	101
a) Objektiver Tatbestand	102
aa) Täter	103
bb) Tatgegenstand	104
cc) Tathandlung	107
dd) Tatzeitpunkt	108
b) Subjektiver Tatbestand	111
aa) Vorsatz	112
bb) Zusätzliche Absichtserfordernisse	113
c) Tatbestandsausnahmen (§ 5)	114
d) Rechtswidrigkeit	115
aa) Einverständnis und Einwilligung	116
bb) Internes Whistleblowing	117
cc) Gesetzliche Auskunfts- und Aussagepflichten	118
dd) Rechtfertigender Notstand, § 34 StGB	119
ee) Strafanzeigen/Externes Whistleblowing	121
ff) Zivilrechtliche Überlassungspflichten	123
gg) Sonderfall: Rechtfertigung für Beihilfehandlungen Medienschaffender, § 23 Abs. 6	124
e) Irrtum	125
aa) Tatbestandsirrtum	126
bb) Verbotsirrtum	127
f) Vollendung und Versuch	128
aa) Vollendung	128
bb) Versuch	129
g) Täterschaft und Teilnahme	130
aa) Täterschaft	130
bb) Teilnahme	132
h) Schuld	137
i) Konkurrenzen	138
j) Strafrahmen	141
4. Die fremderöffnete Geheimnishehlerei (§ 23 Abs. 2)	142
a) Objektiver Tatbestand	143
aa) Täter	144
bb) Vortaten	145
cc) Tatgegenstand	150
dd) Tathandlungen	151
b) Subjektiver Tatbestand	152
c) Tatbestandsausnahmen und Rechtswidrigkeit	153
d) Irrtum	154
e) Vollendung und Versuch der Tat	155
f) Täterschaft und Teilnahme	156
g) Schuld	157
h) Konkurrenzen	158
i) Strafrahmen	159
5. Die Verwertung von Vorlagen (§ 23 Abs. 3)	160
a) Objektiver Tatbestand	162
aa) Täter	163
bb) Tatgegenstand	169
cc) Tathandlung	178
dd) Tatzeitpunkt	181
b) Subjektiver Tatbestand	182
aa) Vorsatz	183
bb) Zusätzliche Absichtserfordernisse	184
c) Tatbestandsausnahmen (§ 5)	185
d) Rechtswidrigkeit	186
e) Irrtum	189
f) Vollendung und Versuch der Tat	190
aa) Vollendung	190
bb) Versuch	191
g) Täterschaft und Teilnahme	192
aa) Täterschaft	192
bb) Teilnahme	193
h) Schuld	195
i) Konkurrenzen	196
j) Strafrahmen	199
IV. Strafschärfende Qualifikationen, Versuch und Beihilfehandlungen von Medienschaffenden (§ 23 Abs. 4–6)	201
1. Strafschärfende Qualifikationen (§ 23 Abs. 4)	201
a) Gewerbsmäßiges Handeln (§ 23 Abs. 4 Nr. 1)	202

§ 23 Verletzung von Geschäftsgeheimnissen

	Rn.		Rn.
aa) Tatbestand	203	ee) Versuchsvollzug	257
bb) Weitere Deliktsvoraussetzungen	204	ff) Täterschaft und Teilnahme	258
c) Geplante fremde Auslandsnutzung (§ 23 Abs. 4 Nr. 2)	208	gg) Konkurrenzen	260
		c) Sich-Bereiterklären (§ 30 Abs. 2 Alt. 1 StGB)	261
aa) Tatbestand	209	aa) Sich-Bereiterklären	262
bb) Weitere Deliktsvoraussetzungen	212	bb) Subjektiver Tatbestand	264
d) Eigene Nutzung im Ausland (§ 23 Abs. 4 Nr. 3)	216	cc) Rechtswidrigkeits- und Irrtumsfragen	266
aa) Tatbestand	217	dd) Vollendete Vorbereitungstat	267
bb) Weitere Deliktsvoraussetzungen	219	ee) Täterschaft und Teilnahme	268
d) Frühere ungeschriebene besonders schwere Fälle	223	ff) Konkurrenzen	270
e) Strafrahmen	224	d) Annehmen eines Erbietens (§ 30 Abs. 2 Alt. 2 StGB)	271
f) Reformbestrebungen	225	aa) Annehmen eines Erbietens	272
2. Versuch (§ 23 Abs. 5)	226	bb) Subjektiver Tatbestand, Rechtswidrigkeits- und Irrtumsfragen	274
3. Beihilfehandlungen von Medienschaffenden (§ 23 Abs. 6)	229	cc) Vollendete Vorbereitungstat	276
a) Entstehungsgeschichte	230	dd) Täterschaft und Teilnahme	277
b) Normzweck und Systematik	231	ee) Konkurrenzen	278
c) Privilegierte Personen	235	e) Verabreden (§ 30 Abs. 2 Alt. 3 StGB)	279
d) Privilegierte Handlungen	237	aa) Verabreden	280
e) Reichweite des Strafbarkeitsausschlusses	238	bb) Subjektiver Tatbestand	281
V. Zusätzliche Haftungserweiterung: Auslandstaten und sog. „versuchte Beteiligung" (§ 23 Abs. 7)	239	cc) Rechtswidrigkeits- und Irrtumsfragen	283
1. Auslandstaten (§ 23 Abs. 7 Satz 1)	240	dd) Vollendete Vorbereitungstat	284
2. Sog. Versuch der Beteiligung (§ 23 Abs. 7 Satz 2)	242	ee) Täterschaft und Teilnahme	285
a) Allgemeines	243	ff) Konkurrenzen	286
aa) Entwicklungsgeschichtlicher Abriss	243	f) Strafbefreiender Rücktritt (§ 31 StGB)	287
bb) Praktische Bedeutung	244	aa) Allgemeines	287
cc) Regelungsgehalt und Rechtsform	245	bb) Systematik	288
dd) Die dialogisch geformte Grundstruktur des § 30 StGB	247	g) Strafe und Strafverfolgung	290
		h) Reformbedarf	291
b) Versuchte Anstiftung (§ 30 Abs. 1 StGB)	250	VI. Strafantrag, § 23 Abs. 8	293
aa) Bestimmen	251	1. Privatseitiger Strafantrag (§ 23 Abs. 8 Alt. 1)	294
bb) Zu bestimmen versucht	253	a) Antragsberechtigter	295
cc) Subjektiver Tatbestand	254	b) Antragsfrist	297
dd) Rechtswidrigkeit und Irrtum	255		

	Rn.		Rn.
c) Antragsform	299	b) Rechtsfolgen der staatsanwaltschaftlichen Entscheidung	312
d) Antragsinhalt	300		
e) Fehlende Antragsrücknahme	303	3. Privatklage (§ 374 Abs. 1 Nr. 7 StPO)	315
2. Strafverfolgung von Amts wegen (§ 23 Abs. 8 Alt. 2)	306	a) Privatklageverfahren	316
a) Voraussetzungen staatsanwaltschaftlicher Strafverfolgung	307	b) Amtsseitige Strafverfolgung	317
		4. Verjährung (§§ 78 ff. StPO)	318

I. Allgemeines

1. Einführung

Der vierte Abschnitt des **GeschGehG** normiert mit seinem abschließenden § 23 die einzige Strafvorschrift des neuen Gesetzes. Anknüpfend an die in § 4 niedergelegten Handlungsverbote sanktioniert sie im Gefolge und unter weitgehender Anlehnung an die vormals in den §§ 17 bis 19 UWG aF verorteten Regelungen ausgewählte Verletzungshandlungen, wenn diese unter Hinzutreten besonderer Absichtsmerkmale vorsätzlich vollzogen werden. Eine nur einfachvorsätzliche oder fahrlässige Begehung ist im Gegensatz zur zivilistischen Auskunfts- und Schadenersatzhaftung der §§ 8, 10 und 12 f. wie bereits im alten Lauterkeitsrecht nicht erfasst. 1

Inhaltlich neu geordnet und um eine besondere Haftungsfreistellung von Beihilfehandlungen bestimmter Personen ergänzt, ist § 23 GeschGehG in **zwei** größere **Regelungskomplexe** unterteilt, die in Wortwahl und Ausformung deutlich eine einseitige Ausrichtung an der ordnungspolitisch verfehlten Adressatentheorie der Verfolgungsbehörden erkennen lassen.[1] Der erste Regelungskomplex benennt in den Abs. 1 bis 3 die nunmehr neu gegliederten eigenständigen Straftatbestände der §§ 17 f. UWG aF sowie in Abs. 4 zusätzliche strafschärfende Qualifikationen. Der zweite Regelungskomplex enthält mit den Abs. 5 bis 8 ergänzende Regelungen wie die Strafbarkeit des Versuchs (Abs. 5), eine spezielle haftungsbefreiende Sonderregelung für Medienschaffende (Abs. 6), Regelungen zu Auslandstaten und zum Versuch der Beteiligung (Abs. 7, zuvor § 19 UWG aF) sowie zum Strafantragserfordernis (Abs. 8).[2] Dergestalt komprimiert und umformuliert hat § 23 die anschauliche Lesbarkeit und Verständlichkeit seiner Vorgängerfassungen zugunsten sanktionszentriert geprägter Ex-post-Verfolgungsansätze und Regelungskonzepte verloren. 2

2. Bisherige Entwicklung der Strafvorschrift

Im Gefolge einer vielhundertjährigen ökonomischen wie auch gesellschaftlichen Entwicklung erstmals im mittelalterlichen Zunftrecht ordnungspolitisch geregelt, 3

---

[1] Strafrechtsnormen sind doppelfunktionale Rechtsnormen, die sich verhaltensverpflichtend sowohl an das Grundrechtssubjekt als auch an die Mitwirkenden entsprechender staatlicher Instanzen richten.
[2] Im Anschluss an K/B/F/*Alexander*, § 23 GeschGehG Rn. 1 ff.

§ 23 Verletzung von Geschäftsgeheimnissen

hat die Ausformung staatsseitiger Sanktionsnormen für Geschäftsgeheimnisverletzungen letztlich erst im Absolutismus frühneuzeitlicher Industrialisierung begonnen und binnen weniger Jahrzehnte bis hin zu nahezu allen europäischen Kleinstaaten ihren Durchbruch gefunden. Vor allem die Vielzahl und Vielfalt der deutschen partikularstaatlichen Regelungen erwies sich einige Jahrzehnte später als nachhaltige Inspirationsquelle, waren sie es doch, die nach dem „Übergang" des preußischen Strafrechts 1851 erst auf den norddeutschen Bund 1870 und wenig später auf das StGB des deutschen Kaiserreiches 1870/1871 mit den **§§ 9 f. UWG 1896** den dort fehlenden Schutz der Geschäftsgeheimnisse „reanimieren" und weiter ausbauen sollten (→ Einl. A Rn. 1 ff.).[3] Damit war der Grundstock für den Geschäftsgeheimnisschutz über einen Zeitraum von mehr als 120 Jahren bis zum Inkrafttreten des GeschGehG im April 2019 fest verordnet, enthielten doch § 9 mit dem Geheimnisverrat des innerbetrieblichen Personals (Abs. 1) und der unbefugten Weitergabe bzw. Verwertung gesetzes- oder sittenwidrig erlangter Geschäftsgeheimnisse (Abs. 2) sowie § 10 mit der versuchten Anstiftung zum Geheimnisverrat gleich drei Tatbestände, die auch im neuen GeschGehG zur „Grundausstattung" des Geschäftsgeheimnisstrafrechts gehören.

4 Als dann die Regelung des § 9 weitestgehend unverändert im Jahr **1909** in **§ 17 UWG aF** übernommen wurde, wurde ihr mit dem entsprechenden Verbot für Lohn- oder Subunternehmer (sog. Vorlagenfreibeuterei)[4] in § 18 UWG aF ein weiterer Straftatbestand aus der Frühphase der Industrialisierung zur Seite gestellt, der zwar für einige Jahrzehnte in Vergessenheit geraten war, nunmehr aber auf Drängen der Spitzen- und Stickereiindustrie eine späte Wiederbelebung erfuhr. Seine danach einsetzende Blütezeit war allerdings nur von kurzer Dauer,[5] um von wenigen Schwankungen abgesehen seither nahezu durchgängig bei einer jährlichen Gesamtsumme von 20–40 Fällen zu verharren. Erst im Gefolge zahlreicher Spionagevorfälle in den 1920er Jahren kam es mit der „**Notverordnung** des Reichspräsidenten zum Schutze der deutschen Wirtschaft" vom **9.3.1932** zu einem weiteren Ausbau des strafrechtlichen Geheimnisschutzes, der auch eigennützige Geheimnisverletzungen pönalisierte, eine Strafschärfung für die Verwertung im Ausland und den untauglichen Bekanntgabeversuch an Informierte in § 18 eingeführte und die dortige Strafdauer auf zwei Jahre erhöhte.[6] Abgesehen von redaktionellen Anpassungen blieb § 17 UWG aF in dieser Form über 50 Jahre in Kraft.

5 Erst im Zuge des **2. WiKG 1986** wurden die Geheimnisschutzvorschriften in den §§ 17 ff. UWG aF im Hinblick auf die veränderten Rahmenbedingungen und Gefährdungslagen einer hochtechnischen und hochindustrialisierten Informationsge-

---

[3] Eingehender zum historischen Schutz von Geschäftsgeheimnissen vor 1896 *Brammsen*, Lauterkeitsstrafrecht, Vor §§ 17–19 Rn. 1 ff.; mit Schwerpunkt auf Wirtschaftsspionage *Drescher*, S. 25 ff.
[4] Eingehender zu ihr *Brammsen*, wistra 2006, 201 ff.; *ders.*, Lauterkeitsstrafrecht, § 18 Rn. 1 ff.
[5] In den wenigen Jahren bis zum ersten Weltkrieg ergingen allein fast zehn einschlägige Reichsgerichtsurteile; vgl. RGSt 44, 152 ff.; 45, 385 f.; 48, 12 ff.; RG, MuW 1910/11, 350; 1911/12, 381; 1912/13, 86; 1912/13, 566 f.; s. auch RGZ 83, 384 ff. – Metallgitterspitzen.
[6] RGBl. I, 121 ff.

sellschaft erweitert und neu gefasst:[7] Die Betriebsspionage wurde zu einer eigenen Tat in § 17 Abs. 2 Nr. 1 UWG aF verselbstständigt, zusammen mit dem Geheimnisverrat (Abs. 1) auch bei einem Handeln zugunsten Dritter unter Strafe gestellt, für beide Tatbestände die Strafbarkeit des Versuchs eingeführt, die Auslandsverwertung als strafschärfendes Regelbeispiel klassifiziert und integriert sowie der separate untaugliche Bekanntgabeversuch des § 18 Abs. 2 UWG aF wieder gestrichen.[8] Hiernach erfolgten bis zum Inkrafttreten des GeschGehG 33 Jahre später keine wesentlichen Änderungen mehr: Die letzten Änderungen im Zuge der **UWG-Gesamtreform 2004** brachten mit der Versuchsstrafbarkeit der Vorlagenfreibeuterei (§ 18 Abs. 2), der vervollständigenden Erstreckung der Auslandstaten auch auf die Geheimnishehlerei und das Vorlagenverbot (§ 17 Abs. 4 Satz 2 Nr. 3 und Abs. 6, § 18 Abs. 4) keine nennenswerten materiellrechtlichen Änderungen,[9] weitere UWG-Novellen (2008, 2015) blieben gleich gänzlich folgenlos.

Gleichwohl lassen sich die vergangenen letzten drei Jahrzehnte nicht als Stagnationsperiode bezeichnen. Zwar beließen die zwischenzeitlich ergangenen Reformvorhaben supranationaler Institutionen mangels materiell-demokratisch legitimierter Strafsetzungskompetenz den strafrechtlichen Geheimnisschutz ungeregelt. Dafür aber waren sie mit ihren Rekursen auf das Instrumentarium multinationaler zivilistischer Übereinkommen letztendlich ungleich erfolgreicher – sie schafften es auf dem Umweg über verschiedene multinationale Abkommen, den zivilen Geheimnisschutz schrittweise international zu etablieren und zu vereinheitlichen.[10] Eingeleitet mit der Stockholmer **Neufassung** der **Pariser Verbandsübereinkunft** zum Schutz des gewerblichen Eigentums von 1967 gelang es zuerst im Gefolge des erfolglosen Modellgesetzes des Europarats zum Schutz von Fabrikations- und Handelsgeheimnissen 1974, sodann unter tatkräftiger Mithilfe des US-amerikanischen United Trade Secrets Act 1985 (**UTSA**) 1994 das **TRIPS-Abkommen** zu implementieren, dessen Art. 39 mit Unterstützung des **WIPO-Modellvorhabens** 1996, des US-Economic Espionage Act 1996 (**EEA**) und des US-Defend Trade Secrets Act 2016 (**DTSA**) schließlich zum maßgeblichen Wegbereiter der **Know-how-RL** 2016/943/EU werden sollte. Ihre Verabschiedung und Umsetzung gaben den Anlass für eine Neuordnung, in deren Folge am Ende auch der neue § 23 konzipiert und etabliert wurde. Das deutsche Geheimnisschutzrecht verlor seine strafrechtliche Zentrierung und wurde akzessorisches Anhängsel eines zivilrechtlichen Stammgesetzes ganz nach den Vorbildern des US-amerikanischen Immaterialgüterrechts.

3. Praktische Bedeutung

Die praktische Bedeutung des früheren lauterkeitsstrafrechtlichen Geheimnisschutzes war – abgesehen von einer kleinen „Blütephase" um den ersten Weltkrieg und

---
7 2. WiKG v. 15.5.1986 (BGBl. I, 721 ff.).
8 Vgl. *Brammsen*, Lauterkeitsstrafrecht, § 17 Rn. 2, § 18 Rn. 3, jeweils mwN.
9 Wie vorstehend.
10 Ausführlicher *Brammsen*, Lauterkeitsstrafrecht, Vor §§ 17–19 Rn. 9 ff. mwN.

seitherigen Finanz- und Wirtschaftskrisen – durchweg sehr gering, waren doch nur selten kleinere bis mittlere dreistellige Fallzahlen pro Jahr zu verzeichnen (→ Einl. A Rn. 7). Ebenso wenig erreichten die über die letzten fünf Jahrzehnte bekannt gewordenen Straftaten weder im durchschnittlichen Einzelfall noch in ihrer Gesamtheit die drittseitig oftmals auf sechs- bis zehnstellig prognostizierten Schadenssummen (→ Einl. A Rn. 8–11). Ihnen liegen offensichtlich Schadensschätzungen zugrunde, die mit einer mindestens fünf- bis zehnfachen Dunkelfeldzahl operieren. Mögen auch die Einschätzungen stark divergieren, lässt sich doch angesichts der neueren globalisierten Wertschöpfungsketten und der alle Bereiche transformierenden Informationstechnologie recht verlässlich konstatieren, dass der strafrechtliche Geschäftsgeheimnisschutz längst in eine neue Expansionsphase eingetreten ist: Hinzukommende Angriffsziele und Angriffsweisen (→ Einl. A Rn. 12 ff.) eröffnen weltweit ein „Entfaltungs- und Gewinnpotenzial", wie es nur in wenigen anderen Geschäftsfeldern anzutreffen ist. Absolute Diskretion ist allerdings auf allen Seiten unentbehrliche „allgemeine Geschäftsbedingung".

4. Richtlinienkonforme Auslegung

8   Mit Erlass der RL 2016/943/EU wurde erstmals ein europaweit geltender einheitlicher Mindeststandard für den gesetzlichen Schutz von Geschäftsgeheimnissen geschaffen. Die Vorgaben der Richtlinie, die von den Mitgliedstaaten bis zum 9.6.2018 umzusetzen waren, sind rein zivilrechtlicher Natur und sehen kompetenzbedingt keine strafrechtlichen Sanktionen für die Verletzung von Geschäftsgeheimnissen vor – Art. 1 UAbs. 2 reglementiert allein zivilistische Ergänzungen seitens der Mitgliedstaaten. Für ihren Anwendungsbereich belässt die Richtlinie daher den Mitgliedstaaten die Möglichkeit, zusätzlich eigenen nationalen strafrechtlichen Schutz (unter Beachtung der Vorgaben des Art. 1 Abs. 1 UAbs. 2 RL 2016/943/EU) zu implementieren.

9   Schon mit der UWG-Novelle 2004 hatte der bundesdeutsche Gesetzgeber die unredliche Erlangung von Kenntnissen und Unterlagen als unlautere Nachahmung erachtet und in § 4 Nr. 9 lit. c eine anverwandte Regelung in das nationale Recht aufgenommen,[11] die im Gefolge der UGP-RL 2005/29/EG von der UWG-Novelle 2015 unverändert in die heutige Mitbewerberschutznorm des § 4 Nr. 3 lit. c UWG überführt wurde.[12] Dergestalt frühzeitig zivilistisch „vorharmonisiert", verwundert es nicht, wenn nun vor dem Hintergrund des **Art. 1 Abs. 1 UAbs. 2 RL 2016/943/EU** für das Strafrecht wie schon zuvor für § 17 UWG aF[13] eine **richtliniengeleitete Ausrichtung** des § 23 angeregt wird.[14] Dem ist entschieden entgegenzutreten: Ein etwaiger Rekurs auf vermeintlich kompetenzvermittelnde Ermächtigungsnormen

---

11   § 4 Nr. 9 lit. c UWG 2004, BGBl. I 2004, 1414, 1414 f.
12   BGBl. I 2015, 2158, 2158 f.
13   *Edwards*, S. 141 f.; K/B/F/*Köhler*, § 17 UWG Rn. 3e; *McGuire*, GRUR 2016, 1000, 1008; *Triebe*, WRP 2018, 795, Rn. 97 f.; *Trebeck/Schulte-Wissermann*, NZA 2018, 1175 f., 1178, 1180.
14   So iE K/B/F/*Alexander*, § 23 GeschGehG Rn. 12.

wie Art. 83 und 325 AEUV trägt schon mangels sachlicher Einschlägigkeit nicht und die angebliche Annex- oder Angleichungskompetenz zur Strafrechts(an-)harmonisierung scheitert neben der wiederum fehlenden Ausübung bereits an deren nirgends ersichtlich dargelegten „Unerlässlichkeit".[15] Da zudem die EU selbst ihre eindeutig fehlende Strafsetzungskompetenz erkannt und ausdrücklich auf eine strafrechtliche „Angleichung" verzichtet hat,[16] erübrigen sich weitere Erörterungen zur Vollharmonisierung bzw. „Angleichungskompetenz".[17] Sie hat zudem keineswegs in sklavischer wortwörtlicher Übereinstimmung zu erfolgen.

Aber auch unabhängig von jeglichen kompetenzrechtlichen Erwägungen bietet die richtlinienkonforme Auslegung der Anwendung und Ausdeutung des § 23 **keinen** tragfähigen **Erkenntnisgewinn**. So **überfrachten** die „angemessenen Geheimhaltungsmaßnahmen" den materiellen Geheimnisbegriff mit den prozessfesten Dokumentationsaufgaben eines Beweiszeichens (→ § 2 Rn. 57 f., 68, 115), das erlaubte „Reverse Engineering" des Art. 3 Abs. 1 lit. a–b **überdehnt** den Zuweisungsgehalt des Sacheigentums (→ § 3 Rn. 46 f.)[18] ebenso wie den der „Nachschöpfungsfreiheit". Auch die neue Fahrlässigkeitshaftung des Art. 4 Nr. 4 und 5 **konterkariert** die apostrophierte „Gemeinfreiheit" der Information[19] in zentralen Bereichen mit substanzleeren situativen Erkundigungs-, Überprüfungs- und Rücksichtsnahmepflichten (→ § 4 Rn. 129 ff.): Deutlich geprägt von einem strafrechtlich inakzeptablen **Fiktionscharakter**[20] zeigen sie ebenso wie einzelne Anspruchsgrundlagen (Art. 12–14) mit ihrer engen Ausrichtung an den Parallelregelungen des Immaterialgüterrechts[21] eine tendenzielle „Verdinglichung",[22] die zur allseits angenommenen wesensmäßigen Eigenartig- und Eigenständigkeit des Geheimnisschutzes in offenem Selbstwiderspruch steht.

10

Angesichts dieser und anderer **Abweichungen** – ua. Freistellung eines „unter den gegebenen Umständen mit einer seriösen (!) Geschäftspraxis" zu vereinbarenden Geheimniserwerbs (Art. 3 Abs. 1 lit. d RL) – erscheint selbst eine minimale strafrechtliche Richtliniendirektive der Art. 2–5 inhaltlich wenig zielführend. Ihre Absolutheit bereitet nicht nur aus strafrechtlicher Sicht gravierende Bedenken. Konturenlose generalklauselartige „Erlangungsrechte" qua jeder „unter den gegebenen Umständen mit einer seriösen Geschäftspraxis vereinbaren Vorgehensweise" sind

11

---

15 *Brammsen*, wistra 2018, 449, 450 f.; *Wiese* S. 9.
16 Arbeitsunterlage der Kommissionsdienststellen zum Kommissionsvorschlag einer Geschäftsgeheimnis-RL v. 28.11.2013 COM (2013) 813 final (DE), S. 6 ff.
17 Insoweit kann auf entsprechende Ausführungen zur strafbaren Werbung des § 16 Abs. 1 UWG verwiesen werden, die hier gleichfalls Gültigkeit beanspruchen können; vgl. *Brammsen*, Lauterkeitsstrafrecht, § 16 Rn. 21 mwN.
18 Vgl. BGH, BeckRS 2016, 17444 Rn. 36; *Brammsen*, Lauterkeitsstrafrecht, § 17 Rn. 17 mwN.
19 Art. 5 lit. a–c bzw. Art. 3 Abs. 1 lit. d, Abs. 2.
20 Strafrechtlich ist nicht nur die damit verbundene Beweislastumkehr inakzeptabel; vgl. *Brammsen*, Lauterkeitsstrafrecht, Vor §§ 17–19 Rn. 14 mwN.
21 Prägnant *Kiefer*, WRP 2018, 910 Rn. 8, 17, 21 ff.; s. auch *Böhm/Nestler*, GRUR-Prax 2018, 181, 182 f.
22 Dazu *Dorner*, S. 171 ff., 406 ff., 513 f.

strafrechtlich unter keinen Umständen zu akzeptieren. Hier wird die rechtsstaatlich gebotene Einzelfallprüfung vorschnell verabsolutierten Verallgemeinerungen „geopfert". **Allenfalls** könnte eine erste **unverbindliche Interpretationshilfe** erwogen werden:[23] Grundgesetzlich bislang erfasste und strafrechtsgeschützte Rechte lassen sich nicht einfach auf dem Wege zivilrechtlich vollharmonisierter Bestimmungen materiell-demokratisch verfassungskonform reduzieren.

II. Das Deliktskonzept des § 23 GeschGehG

1. Einleitung

12 Mit Erlass der RL 2016/943/EU wurde erstmals ein europaweit geltender einheitlicher Mindeststandard für den gesetzlichen Schutz von Geschäftsgeheimnissen geschaffen. Die Vorgaben der Richtlinie, die von den Mitgliedstaaten bis zum 9.6.2018 umzusetzen waren, sind rein zivilrechtlicher Natur und sehen kompetenzbedingt keine strafrechtlichen Sanktionen für die Verletzung von Geschäftsgeheimnissen vor – Art. 1 UAbs. 2 reglementiert allein zivilistische Ergänzungen seitens der Mitgliedstaaten. Demgemäß lässt die Richtlinie den Mitgliedstaaten die Möglichkeit strafrechtlichen Schutzes offen, der allerdings im Anwendungsbereich der Richtlinie (und nur dort) deren Vorgaben des Art. 1 Abs. 1 UAbs. 2 RL 2016/943/EU zu beachten hat.

13 Der deutsche Gesetzgeber hat die Vorgaben der RL 2016/943/EU (mit einiger Verspätung) durch die Schaffung des im April 2019 in Kraft getretenen GeschGehG umgesetzt. Dieses orientiert sich in Aufbau und Regelungstechnik stark an den Vorgaben der Richtlinie und stellt ein primär zivilrechtlich ausgestaltetes Schutzregime auf. Da sich der Gesetzgeber allein schon vor dem historischen Hintergrund der Vorteile (wenn nicht gar der Notwendigkeit: Art. 12, 14 GG) strafrechtlichen Schutzes bewusst war, hat er in § 23 GeschGehG den inhaltlichen Kern der §§ 17–19 UWG aF übernommen – allerdings unter Schaffung einer neuen Normstruktur: Während die §§ 17 ff. UWG aF als klassische doppelfunktionale Rechtsnormen[24] das deliktische Verhalten selbst tatbestandlich konkret benannt hatten, verweisen die Tatvarianten des § 23 bzgl. des objektiven Tatbestands nunmehr weitgehend auf die „sanktionsfrei" deliktisch ausgestalteten (zivilrechtlichen) Handlungsverbote des § 4 GeschGehG. § 23 GeschGehG ist damit nunmehr eine tathandlungsmäßig **zivilrechtsakzessorisch** geprägte (unechte) Blankettnorm.[25]

14 Der geänderten Systematik zum Trotz hat der Gesetzgeber mit der Reform keine inhaltlichen Änderungen des strafrechtlichen Schutzes von Geschäftsgeheimnissen beabsichtigt. So heißt es in der Gesetzesbegründung zum GeschGehG ausdrücklich: „*§ 23 entspricht im Wesentlichen den bisherigen §§ 17 bis 19 UWG, die an-*

---

23 Großzügiger H/O/K/*Harte-Bavendamm*, § 23 Rn. 3; K/B/F/*Alexander*, § 23 GeschGehG Rn. 12.
24 Ihre Konstruktion ist in Fn. 1 erläutert.
25 Hoppe/Oldekop/*Altenburg*, Kap. 1 Rn. 864; MK-StGB/*Hohmann*, § 23 GeschGehG Rn. 3.

II. Das Deliktskonzept des § 23 GeschGehG   § 23

hand der geänderten Anforderungen an das Nebenstrafrecht modernisiert und an die Begriffe des GeschGehG angepasst wurden".[26] Dieses Vorhaben ist indes nicht vollumfänglich geglückt.

2. Deliktsordnung (Überblick)

§ 23 sanktioniert in seinem ersten Regelungskomplex (→ Rn. 2) **ebenso** wie die zuvor in den §§ 17 ff. UWG aF festgesetzten fünf Tatbestände des Geheimnisverrats, der Betriebsspionage, der Geheimnishehlerei, der Vorlagenfreibeuterei und des „Verleitungsdelikts" wiederum nur **fünf** eigenständige Delikte. Zwar ist durch die Einbindung des früheren deliktisch formal verselbstständigten „Verleiten und Erbieten zum Verrat" (§ 19 UWG aF)[27] in die allgemeinen Beteiligungsregelungen des verbrecherischen Vorversuchsstadiums der §§ 30 f. StGB ein Delikt abhandengekommen (§ 23 Abs. 7 Satz 2 GeschGehG). Entgegen dem ersten Anschein ist aber kein neues Delikt hinzugekommen: Die frühere einheitliche Hehlerei des § 17 Abs. 2 Nr. 2 UWG aF ist vielmehr in zwei selbstständige Deliktsvarianten geteilt und als sog. „eigeneröffnete" oder „fremderöffnete" Geheimnishehlerei gesondert geregelt worden. In der Gesamtsumme ist die Anzahl der selbstständigen fünf Deliktstatbestände mithin gleichgeblieben.[28] Dies verdeutlicht die nachstehende **Synopse**.   15

§ 23 GeschGehG	Inhalt der Regelung	vormals
§ 23 Abs. 1 Nr. 1 GeschGehG	Tatbestand „Betriebsspionage"	§ 17 Abs. 2 Nr. 1 UWG
§ 23 Abs. 1 Nr. 2 u. Abs. 2 GeschGehG	Tatbestand „eigeneröffnete Geheimnishehlerei"	§ 17 Abs. 2 Nr. 2 UWG
§ 23 Abs. 2 GeschGehG	Tatbestand „fremderöffnete Geheimnishehlerei"	§ 17 Abs. 2 Nr. 2 UWG
§ 23 Abs. 1 Nr. 3 GeschGehG	Tatbestand „Geheimnisverrat"	§ 17 Abs. 1 UWG
§ 23 Abs. 3 GeschGehG	Tatbestand „Verwertung von Vorlagen"	§ 18 UWG
§ 23 Abs. 4 GeschGehG	Strafschärfungen	§ 17 Abs. 4 UWG
§ 23 Abs. 5 GeschGehG	Versuchsstrafbarkeit	§ 17 Abs. 3 UWG
§ 23 Abs. 6 GeschGehG	Straflosigkeit bestimmter Beihilfehandlungen von Pressevertretern	Keine Entsprechung
§ 23 Abs. 7 Satz 1 GeschGehG	Auslandstaten	§ 17 Abs. 6 UWG
§ 23 Abs. 7 Satz 2 GeschGehG	Vorbereitungshandlungen	§ 19 UWG
§ 23 Abs. 8 GeschGehG	Strafantrag	§ 17 Abs. 5 UWG

---

26 BT-Drs. 19/4724, S. 40.
27 *Brammsen*, Lauterkeitsstrafrecht, § 19 Rn. 4 mwN.
28 IE wie hier bereits *Brammsen*, wistra 2018, 449, 456 ff.; BeckOK GeschGehG/*Hiéramente*, § 23 Rn. 7; *Reinfeld*, § 7 Rn. 6.

§ 23 Verletzung von Geschäftsgeheimnissen

3. Deliktsprägendes Rechtsgut und Deliktsnatur

16 Gelegentlich wird im Rahmen des § 23 auf dessen **Norm-** oder **Schutzzweck**, dh. auf ihren Charakter als Sanktionsnorm bzw. seinen individual- und kollektivrechtlichen Güterschutz verwiesen.[29] Eine solche im Zivilrecht übliche Begriffsverwendung sollte in strafrechtlichen Zusammenhängen vermieden werden. Das Strafrecht kennt weder Norm- oder Schutzzwecke noch Regelungs- oder Schutzziele, sondern nur Angriffs- als reale Schutzobjekte sowie Rechts- bzw. Schutzgüter. Letztere sind das wertfundierte Leitkonstituens einer Strafnorm. Ziele oder Zwecke dagegen können weder eine Wertfunktion wahrnehmen noch deren Normstruktur prägen (→ § 1 Rn. 12 ff.). Ihre Verwendung ist dem Strafrecht fremd.

17 Das deliktsprägende Schutz- bzw. **Rechtsgut** des straftatbestandlichen Schutzgegenstandes (korrekter: Angriffsobjekts) „Geschäftsgeheimnis" (→ § 1 Rn. 6 ff., 11) ist allein das **Vermögen**.[30] Seine von der Eigentumsgarantie des Art. 14 Abs. 1 GG gewährleisteten materiellen Nutzziehungsmöglichkeiten formen ein **inhaltsbeschränktes (= relatives) Informationseigentum** (→ § 1 Rn. 19), dessen Werthaftigkeit als selbstständiges Objekt im alltäglichen Wirtschaftsleben allein von dem Gebrauchswert des Geheimnisses bestimmt wird. Etwaige Allgemeininteressen oder „Schutzzwecke" wie geringere Geheimhaltungskosten, stärkere unternehmerische Innovationskraft, effektivere Kapitalallokation, Lauterkeit des Wettbewerbs oder grenzüberschreitende Kooperation im Binnenmarkt sind allenfalls nachrangige Sekundäreffekte eines Rechtsschutzes, in dessen Mittelpunkt der Bürger steht (→ § 1 Rn. 12 ff., 18).[31]

18 Alle fünf eigenständigen Deliktstatbestände des § 23 haben eine gemeinsame Deliktsnatur: Sie sind allesamt klassische Verletzungsdelikte[32] und zwar Vermögensverletzungsdelikte.[33] Jede unbefugt vollzogene Zugriffshandlung auf ein fremdes Geschäftsgeheimnis reduziert dessen „Substanz" Geheimheit und Verkehrswert,[34] da sie entweder (Erlangen, Offenlegen) den Mitwisserkreis wertmindernd vergrößert oder (Nutzen) dem Inhaber konkretes Einsatz- und Ertragspotenzial entzieht.

---

29 Hoppe/Oldekop/*Altenburg*, Kap. 1 Rn. 866; K/B/F/*Alexander*, § 23 GeschGehG Rn. 1.
30 Bereits zur Vorfassung des UWG *Brammsen*, Lauterkeitsstrafrecht, § 17 Rn. 6. Aktuell wie hier zum GeschGehG: BeckOK GeschGehG/*Hiéramente*, § 23 Rn. 6; BeckOK UWG/*Barth*, § 23 GeschGehG Einl.; K/B/F/*Alexander*, § 23 GeschGehG Rn. 15; *Leite*, GA 2021, 129, 130, 138; MK-StGB/*Hohmann*, § 23 GeschGehG Rn. 1; M/S/W/*Kudlich/Koch*, § 26 Rn. 34.
31 BeckOK GeschGehG/*Hiéramente*, § 23 Rn. 6; BeckOK UWG/*Barth*, § 23 GeschGehG Einl.; Büscher/*McGuire*, § 23 GeschGehG Rn. 3; K/B/F/*Alexander*, § 23 GeschGehG Rn. 16; **aA** Hoppe/Oldekop/*Altenburg*, Kap. 1 Rn. 866.
32 K/B/F/*Alexander*, § 23 GeschGehG Rn. 17; MK-StGB/*Hohmann*, § 23 GeschGehG Rn. 2.
33 Vgl. bereits *Brammsen*, Lauterkeitsstrafrecht, § 17 Rn. 6 mwN; MK-StGB/*Hohmann*, § 23 GeschGehG Rn. 2; unklar K/B/F/*Alexander*, § 23 GeschGehG Rn. 18.
34 Zur Bemessung des wirtschaftlichen Wertes eines Gutes nach dem Verkehrswertverfahren § 2 Rn. 38 ff.

4. Täterkreis und Deliktssystematik

Der Täterkreis des § 23 ist personell uneinheitlich ausgestaltet. Er umfasst sowohl für Jedermann als auch nur für ausgewählte unbefugte sowie für bestimmt qualifizierte befugte Kenntnisnehmer in besonderen Pflichtenpositionen begehbare Delikte. Die Grundkonzeption ist wie folgt: 19

§ 23 Abs. 1 Nr. 1 bestraft Spionagehandlungen, die von **Jedermann** begangen werden können, ohne dass es zuvor irgendeiner Beziehung zu dem betroffenen Unternehmen bedarf (sog. **Allgemeinpflichtdelikte**[35]). § 23 Abs. 1 Nr. 2 und Abs. 2 stellen die Verwertung eines zuvor selbst oder drittseitig rechtswidrig erlangten Geheimnisses unter Strafe (sog. **tatsituationsgebundene Allgemeinpflichtdelikte**[36]). § 23 Abs. 1 Nr. 3 und Abs. 3 sanktionieren die Offenlegung von Geschäftsgeheimnissen durch Beschäftigte und bestimmt geartete Treuhänder (zB Geschäftspartner, Kunden) des betroffenen Unternehmens (sog. **Sonderpflichtdelikte**[37]). Das Gesetz differenziert somit zwischen drei Tätergruppen in umgekehrter Reihenfolge: 20

1. **Sonderpflichtige**, dh. betriebsinterne bzw. betriebsbedingt integrierte Personen, denen der Inhaber des Geschäftsgeheimnisses die Kenntnisnahme eröffnet hat (befugte Mitwisser wie beschäftigte Mitarbeiter, Geschäftspartner oder Kunden); 21
2. **deliktsfundierte Mitwisser**, dh. betriebsexterne wie betriebsinterne Personen, die ihr späteres Nutzen oder Offenlegen eines geheimen Wissens einem eigenen oder drittseitigen rechtswidrigen „Beschaffungsakt" verdanken (hauptsächlich Wettbewerber, aber auch unbefugt agierende Mitarbeiter, Geschäftspartner und Kunden);
3. **alle Personen** aus dem Kreis des *quivis ex populo*, die auf eigenmächtigen unbefugten Zugangswegen Kenntnis von einem fremden Geschäftsgeheimnis erlangen.

---

35 Allgemeinpflichtdelikte sind Delikte, deren Täterstellung von jedem beliebigen Dritten als nicht näher konkretisierter Jedermann allein durch eigenen Handlungsvollzug eingenommen werden kann. Zu ihnen gehören zB die Strafvorschriften der §§ 212, 223, 263, 267, 303 StGB.
36 Tatsituationsdelikte sind Sonderpflichtdelikte iSd. § 28 Abs. 1 StGB. Sie sind handlungsbedingte Allgemeinpflichtdelikte, deren Täterkreis allen Personen offensteht, die auf einem tatbestandlich gesondert benannten Weg ausschließlich anhand rein eigener oder fremder handlungsvermittelter sozialer Personen (sog. Kontaktpositionen) eingenommen bzw. konstituiert werden; komprimiert zu ihrer Konturierung *Brammsen/Ceffinato*, NZI 2013, 619, 622 f. mwN. Zu ihnen gehören zB die Ingerenten, Mitglieder einer Bande, Unfallbeteiligte oder Zeugen; speziell zu den Geheimnisträgern der sog. Geheimnishehlerei des früheren § 17 Abs. 2 Nr. 2 UWG aF und ihren drei Tatalternativen *Brammsen*, Lauterkeitsstrafrecht, § 17 Rn. 110 ff.
37 Sonderpflichtdelikte sind tätercharakterisierende Delikte, die nur von Personen begangen werden können, denen als „besonderes persönliches Merkmal" iSd. § 28 Abs. 1 StGB eine besondere soziale Pflichtstellung mit gemeinwohlbezogenem Interesse „überantwortet" ist. Zu ihnen gehören zB die Amtsträger, Berufsgeheimnisträger oder Treupflichtigen §§ 203 f., 266, 331 ff. StGB. Komprimiert zu ihrer Konturierung Schönke/Schröder/*Eisele*, Vor §§ 13 ff. Rn. 131.

§ 23   Verletzung von Geschäftsgeheimnissen

22   Im Unterschied zu den historisch bedingt eher ungeordnet wirkenden Vorgängerfassungen der §§ 17 ff. UWG aF[38] kennzeichnet § 23 jetzt eine strikt **täterzentrierte Deliktssystematik**, die sich sklavisch an den drei möglichen Zugriffsweisen und ihren drei unterschiedlichen Tätergruppen „kaskadenartig" orientiert. Miteinander kombiniert resultiert daraus die nachstehende Reihenfolge:

23   1. Das **Jedermanndelikt** vollzieht jedes *Erlangen* eines Geschäftsgeheimnisses durch eigenen unbefugten Zugang zu, eigene unbefugte Aneignung oder eigenes unbefugtes Kopieren von Dokumenten, Gegenständen, Materialien, Stoffen oder elektronischen Dateien, die das Geschäftsgeheimnis enthalten oder aus denen sich das Geschäftsgeheimnis ableiten lässt, § 23 Abs. 1 Nr. 1 (sog. „**Betriebsspionage**");

2. **Tatsituationsdelikte** vollziehen das eigene *Nutzen* oder *Offenlegen* eines Geschäftsgeheimnisses, wenn der Täter dieses durch eigene Betriebsspionage (§ 23 Abs. 1 Nr. 2, sog. „eigeneröffnete **Geheimnishehlerei**") oder durch fremde Betriebsspionage bzw. eine beim Geschädigten beschäftigte Person erlangt hat (§ 23 Abs. 2, sog. „fremderöffnete **Geheimnishehlerei**");

3. die **Sonderpflichtdelikte** vollziehen jedes *Nutzen* oder *Offenlegen* eines Geschäftsgeheimnisses, wenn der Täter dieses entgegen bestehender zusätzlicher Nutzungs- und Offenlegungsverbote als eine beim Geschädigten beschäftigte Person (§ 23 Abs. 1 Nr. 3, sog. „**Geheimnisverrat**") oder als externer Treuhänder (§ 23 Abs. 3, sog. „**Vorlagenfreibeuterei**") erlangt hat.

24   Abschließend normiert der **§ 23 Abs. 4** für bestimmte oder alle Fälle des § 23 Abs. 1 und 2 bei Hinzutreten besonderer Merkmale (Auslandsnutzung, Gewerbsmäßigkeit) strafschärfende Qualifikationstatbestände.

5. Geltungsbereich

25   **Räumlich** erstreckt sich der Geltungsbereich des § 23 auf alle rechtsverletzenden Taten, die innerhalb Deutschlands gegen die benannten fünf eigenständigen Deliktstatbestände (→ Rn. 15) begangen werden. Als **Inlandstaten** unterfallen sie den örtlichen und zeitlichen Vorgaben der §§ 2 ff. StGB, während für bestimmte **Auslandstaten** der Strafrechtsschutz der Regelung des § 5 Nr. 7 StGB entsprechend gilt (§ 23 Abs. 7 Satz 1).[39] Auf die dortigen Ausführungen ist an dieser Stelle zu verweisen (→ Rn. 240 f.).

26   **Zeitlich** gilt § 23 erst ab Zeitpunkt des Inkrafttretens des GeschGehG am 26.4.2019, sodass für zuvor begangene Tathandlungen gem. § 8 StGB gemeinhin

---

38   Das seinerzeitige „Grunddelikt" des § 17 Abs. 2 Nr. 1 wurde erst nach Erlass des vormaligen § 9 UWG 1896 und dessen Umstellung 1909 in § 17 fast genau 90 Jahre später eingeführt und zwischen den beiden Haftungstatbeständen des damaligen Geheimnisverrats und der Geheimnishehlerei platziert (Rn. 3, 5).

39   BeckOK GeschGehG/*Hiéramente*, § 23 Rn. 87; Büscher/*Tochtermann*, § 23 GeschGehG Rn. 27; Hoppe/Oldekop/*Altenburg*, Kap. 1 Rn. 870; K/B/F/*Alexander*, § 23 GeschGehG Rn. 13; *Nebel*/Diedrich, § 23 Rn. 64 f.; *Reinfeld*, § 7 Rn. 21.

das seinerzeitige Tatrecht der §§ 17–19 UWG aF anzuwenden ist. Allerdings kennt das deutsche Strafrecht in § 2 Abs. 3 StGB eine sog. Meistbegünstigungsklausel für solche **Altfälle**, nach der für täterbegünstigende Gesetzesänderungen zwischen Tatbeendigung und gerichtlicher Entscheidung das für den Delinquenten und seine Tat günstigste Recht anzuwenden ist.[40] Seine Aufdeckung bereitet im Falle gänzlicher Gesetzesaufhebung als die dann mildeste Variante keinerlei Schwierigkeiten, bei gleichbleibendem Strafrahmen und nur inhaltlicher Erweiterung in Gestalt etwaiger neu hinzukommender Tatbestandsmerkmale dafür umso mehr. Hier bedarf es einer **Kontinuität** des **Unrechtstyps**, an der es in Fällen neuer haftungsbeschränkender „Strafbarkeitsbegrenzungen" wie etwa den zuvor irrelevanten „angemessenen Geheimhaltungsmaßnahmen" zwangsläufig fehlen dürfte. Damit ist dem „altgeschädigten" Geschäftsinhaber neben seinem zivilistischen auch der Strafrechtsschutz des § 23 entzogen[41] – Konsequenz einer Schutzfortschreibung „im Kern",[42] der ihr grundrechtlich gewährleisteter Kern, „den Urhebern und Innovatoren … Nutzen aus ihrer schöpferischen Tätigkeit oder ihren Innovationen zu ziehen"[43], abhandengekommen ist.

6. Bestimmtheitsgrundsatz (§ 1 StGB)

Vor dem Hintergrund des sowohl freiheits- wie grundrechtlich (Art. 49 Abs. 1 GRCh, Art. 103 Abs. 2 GG) als auch strafgesetzlich (§ 1 StGB) gewährleisteten Grundsatzes „nulla poena sine lege" wirft die nunmehr vorgegebene Anbindung des § 23 an die zivilen Handlungsverbote des § 4 die Frage auf, ob die insoweit genutzte Verweisungstechnik noch den Anforderungen des Bestimmtheitsgebots genügt. Zwar hat der Gesetzgeber mit der Nichteinbindung der generalklauselartigen Verbote des § 4 Abs. 1 Nr. 2 und Abs. 2 Nr. 2 in die Strafhaftung zumindest die größten **Zweifelsfälle** beseitigt,[44] doch erscheint das auch ansonsten gern genutzte Instrument der mehrfachen Rückverweisung mittels Verweisungsketten[45] oder der weite Begriffsrahmen des (auch zufällig möglichen)[46] Erlangens im Gegensatz zu der deutlich prägnanteren früheren Wortwahl keinesfalls gänzlich unbedenklich.

27

---

40 MK-StGB/*Hohmann*, § 23 GeschGehG Rn. 15.
41 OLG Oldenburg, Beschl. v. 21.5.2019 – 1 Ss 72/19 (juris); H/O/K/*Harte-Bavendamm*, Einl. A Rn. 283; MK-StGB/*Hohmann*, § 23 GeschGehG Rn. 16; (für Fortgeltung der §§ 17–19 UWG aF) K/B/F/*Alexander*, § 23 GeschGehG Rn. 14; *Reinfeld*, § 7 Rn. 3; (unentschieden) BeckOK GeschGehG/*Hiéramente*, § 23 Rn. 88; Hoppe/Oldekop/*Altenburg*, Kap. 1 Rn. 868 f.; *Dann/Markgraf*, NJW 2019, 1174, 1179.
42 Vgl. BT-Drs. 19/4724, S. 40.
43 Erwgrd. 2 RL 2016/943/EU.
44 IE wie hier ua. Büscher/*Tochtermann*, § 23 GeschGehG Rn. 13; H/O/K/*Harte-Bavendamm*, § 23 Rn. 3, 9, 13; *Nebel*/Diedrich, § 23 Rn. 4.
45 Beispielsweise verweist § 23 Abs. 2 Alt. 2 für die Bestimmung der Vortat auf Abs. 1 Nr. 2, der wiederum auf § 4 Abs. 2 Nr. 1 lit. a verweist, der wiederum auf dessen Abs. 1 Nr. 1 verweist.
46 Erfasst sind auch zufällige Kenntnisnahmen fremder Gesprächsinhalte oder aufoktroyierte Besitzlagen an Geheimnisverkörperungen (→ § 3 Rn. 24).

§ 23   Verletzung von Geschäftsgeheimnissen

28 Entsprechende Bedenken werden gleichwohl nicht geteilt, stehe doch (ggf. unter Berücksichtigung früherer Ausdeutungen) ein ausreichendes Schutzniveau zur Verfügung.[47] Ob damit den **Geboten der Normenklarheit**[48] und der dem Normadressaten „Bürger" eine strafbewehrte Verhaltenspflicht auferlegenden gesteigerten sprachlichen **Eindeutigkeit**[49] hinreichend Genüge getan ist, erscheint äußerst fraglich. Angesichts einer bekanntermaßen relativ großzügigen Rechtsprechung des Bundesverfassungsgerichts[50] ist ein etwas strikteres Beharren auf eine mehr am Gesetzeswortlaut und einem in seinem Alltagsleben nicht immer mit einer passenden Gesetzessammlung ausgestatteten Normadressaten orientierte Normausdeutung wohl zu sophistisch, bietet sie doch nicht die für eine dynamische Rechtsentwicklung gewünschte nötige Flexibilität.

7. Zusätzliche Absichtserfordernisse

29 Neben dem Erfordernis eines vorsätzlichen Verhaltens in Gestalt einer der drei bekannten Vorsatzformen des Dolus directus 1. Grades, des Dolus directus 2. Grades oder des Dolus eventualis[51] bedarf jede eigenständige Tathandlung zusätzlich einer der weiteren absichtsgetragenen Vorgehensweisen eines Handelns zu Zwecken des Wettbewerbs, aus Eigennutz, zugunsten eines Dritten oder zur Schädigung des Unternehmensinhabers.

a) Zur Förderung des eigenen oder fremden Wettbewerbs

30 Zur Förderung des eigenen oder fremden Wettbewerbs handelt der Täter, wenn sein Verhalten objektiv geeignet ist, den Absatz eines Wettbewerbers zugunsten des eigenen oder des Absatzes eines Mitbewerbers zu fördern und er zugleich subjektiv die Absicht hat, zum Nachteil des durch die Tathandlung angegriffenen Mitbewerbers sich oder einem anderen Wettbewerber einen Vorteil zu verschaffen.[52] Dabei können neben dem Wettbewerbszweck durchaus weitere (zB politische, religiös-kirchliche, wissenschaftliche) Zwecke mitverfolgt werden, solange nur Ersterer

---

47 Vgl. H/O/K/*Harte-Bavendamm*, § 23 Rn. 3, 9; Hoppe/Oldekop/*Altenburg*, Kap. 1 Rn. 865; K/B/F/*Alexander*, § 23 GeschGehG Rn. 21; *Reinfeld*, § 7 Rn. 22; zurückhaltender *Ohly*, GRUR 2019, 441, 451.
48 BVerfGE 153, 310 Rn. 73 f.
49 Zur (hier sog. wortsinngebundenen) Orientierungsfunktion des gesetzlichen Straftatbestands statt vieler *Fischer*, StGB, § 1 Rn. 4 mwN.
50 Vgl. nur zuletzt BVerfGE 153, 310 Rn. 79 ff., 88 ff., 105 ff.
51 Erläuterungen der Vorsatzarten ua. bei *Fischer*, StGB, § 15 Rn. 7 ff.; Schönke/Schröder/*Sternberg-Lieben/Schneider*, § 15 Rn. 64 ff.
52 HM; BeckOK GeschGehG/*Hiéramente*, § 23 Rn. 9; H/O/K/*Harte-Bavendamm*, § 23 Rn. 42; Hoppe/Oldekop/*Altenburg*, Kap. 1 Rn. 938; Müller-Gugenberger/*Dittrich*, Kap. 33 Rn. 98; *Reinfeld*, § 7 Rn. 26 f.; s. auch ÖOGH, SSt 36, 208, 212 – Fabrikrezepturen; GRUR Int. 2017, 978, 980; **aA** K/B/F/*Alexander*, § 23 GeschGehG Rn. 43: keine objektive Eignung erforderlich; (so auch zu § 17 UWG aF) GK-UWG/*Wolters*, § 17 Rn. 52; NK-Wiss/*Reinbacher*, § 17 Rn. 36; *Noak*, wistra 2006, 245, 248.

II. Das Deliktskonzept des § 23 GeschGehG **§ 23**

nicht zu völliger Bedeutungslosigkeit bzw. einem rein nebensächlichen Motiv herabsinkt.[53] Der Täter muss den Wettbewerbszweck aber anstreben; ob er dessen Verwirklichung sich als sichere oder nur mögliche Handlungsfolge vorstellt, ist irrelevant.[54]

Handeln zur Förderung des Wettbewerbs scheitert nicht daran, dass der Täter den Wettbewerb nicht schon aktuell bzw. während der Geltungsdauer seines Dienstverhältnisses,[55] sondern erst mit einem weiteren Geschäftspartner oder allein nach seinem Dienstende in Zukunft stattfinden lassen will.[56] Ohne Bedeutung ist auch, ob der Täter die Förderung beabsichtigt[57] oder wer den Wettbewerb betreiben soll (Täter, Mitteilungsempfänger, Wettbewerber).[58]   31

Kein Handeln zur Förderung des Wettbewerbs ist gegeben, wenn rein private Zwecke wie Angeberei, die Suche nach billigen Bezugsquellen für den Privatgebrauch oder rein wissenschaftliche und technische Ausbildungszwecke eindeutig im Vordergrund der Täteraktivitäten stehen.[59] Gleiches gilt für Erkundungen zwecks Aufgabe von Forschungsprojekten oder vollkommen branchenfremder Beratungsorganisationen stellensuchender Arbeitnehmer:[60] Hier wie auch bei vereinbarter Geschäftspartnerschaft von Mitteilungsempfänger und Berechtigtem[61] fehlt es am erforderlichen wettbewerblichen Konkurrenzverhältnis zwischen Kenntnisnehmer und Geheimnissubjekt.[62]   32

---

53 RG, MuW 1929, 18, 20; BGHZ 3, 270, 277 – Constanze I; OLG München, ZUM 2005, 399, 403 f.; GRUR-RR 2004, 145 – Themenplacement; LG München, BeckRS 2015, 00858; s. auch ÖOGH, BeckRS 2013, 08917; BeckOK GeschGehG/*Hiéramente*, § 23 Rn. 10; H/O/K/*Harte-Bavendamm*, § 23 Rn. 42; Hoppe/Oldekop/*Altenburg*, Kap. 1 Rn. 939; MK-StGB/*Hohmann*, § 23 GeschGehG Rn. 55; Müller-Gugenberger/*Dittrich*, Kap. 33 Rn. 98.
54 Wie hier schon zu § 17 UWG aF *Breitenbach*, S. 147; E/R/S/T/*Tsambikakis*, § 18 Rn. 14; G/J/W/ *Krell*, UWG § 17 Rn. 59; s. auch RGSt 51, 184, 189; ÖOGH, SSt 36, 208, 212 – Fabrikrezepturen. Explizit gegen Wissentlichkeit *Noak*, wistra 2006, 245, 248.
55 RGSt 33, 6, 8.
56 RGSt 39, 83, 84; 51, 184, 192; Hoppe/Oldekop/*Altenburg*, Kap. 1 Rn. 938; K/B/F/*Alexander*, § 23 GeschGehG Rn. 43; *Reinfeld*, § 7 Rn. 26.
57 BeckOK GeschGehG/*Hiéramente*, § 23 Rn. 10; (bereits zu § 17 UWG aF) RGSt 32, 27, 29; 33, 6, 8; 39, 83, 86; 51, 184, 190; ÖOGH, SSt 36, 208, 212 – Fabrikrezepturen; ÖOGH, ecolex 2013, 153 m. Anm. *Woller*.
58 RGSt 39, 83, 86; 51, 184, 190 (beide Mitteilungsempfänger); ÖOGH, SSt 2012/41 – Fragenkatalog = ÖOGH, ecolex 2013, 153 m. Anm. *Woller* (Arbeitgeber des Mitteilungsempfängers); H/O/ K/*Harte-Bavendamm*, § 23 Rn. 42; K/B/F/*Alexander*, § 23 GeschGehG Rn. 43.
59 RGSt 32, 27, 28 f.; 51, 184, 186; Hoppe/Oldekop/*Altenburg*, Kap. 1 Rn. 938; K/B/F/*Alexander*, § 23 GeschGehG Rn. 43; MK-StGB/*Hohmann*, § 23 GeschGehG Rn. 55; *Reinfeld*, § 7 Rn. 26.
60 RGZ 92, 132, 135 f.; RG, DJZ 1932, 1150 f.
61 RG, GA 45 (1897), 286 f.
62 Wie hier (zu § 17 UWG aF) E/R/S/T/*Tsambikakis*, § 18 Rn. 14; *Föbus*, S. 140; *Pfeiffer*, in: FS Nirk, S. 861, 876 f. Ebenso zum SteuerCD-Verkauf in Österreich *Zerbes/Pieth*, S. 465, 475 ff.

§ 23 Verletzung von Geschäftsgeheimnissen

b) Eigennutz

33 Handeln aus Eigennutz bedeutet Erstreben eigener Besserstellung.[63] Der tatsächliche Erhalt des angestrebten Vorteils ist genauso irrelevant wie umgekehrt dessen Eintritt bei nicht angestrebter Erlangung.[64] Zusammentreffen mit anderen Beweggründen ist unbedenklich, solange der Eigennutz nicht völlig dahinter zurücktritt, denn reine Neugier genügt nicht.[65] Ohne Bedeutung ist ferner, dass der Vorteil dem Täter statt direkt und unmittelbar nur indirekt oder mittelbar über ein Familienmitglied zugute kommt.[66] Beschränkung auf materielle Vorteile[67] ist nicht vorausgesetzt; ausreichend sind auch immaterielle „Gewinne" etwa in Gestalt verbesserter Bewerbungs- oder Karrierechancen, Zeitersparnis oder sog. sinnlicher Genüsse, wenn letzterenfalls deren Gehalt von nennenswerter Erheblichkeit und einem Vermögensvorteil vergleichbar ist.[68]

c) Zugunsten eines Dritten

34 Zugunsten eines Dritten handelt, wer einen anderen aus ideologischen, wissenschaftlichen oder sonstigen, nicht schon den übrigen benannten Beweggründen (Eigennutz, Schädigungs-, Wettbewerbsabsicht) unterfallenden Motiven heraus begünstigen will.[69] 1986 in § 17 Abs. 1 UWG aF eingefügt, bildet die Drittbegünstigungsabsicht gewissermaßen einen Auffangtatbestand, um insbesondere den Geheimnisverrat an ausländische Nachrichtendienste besser erfassen zu können.[70]

---

63 RGSt 21, 40, 41; 41, 225, 226; OLG Stuttgart, WRP 2019, 387 Rn. 66; OLG Karlsruhe, WRP 2016, 751 Rn. 46; BeckOK GeschGehG/*Hiéramente*, § 23 Rn. 11; H/O/K/*Harte-Bavendamm*, § 23 Rn. 43; Hoppe/Oldekop/*Altenburg*, Kap. 1 Rn. 940; MK-StGB/*Hohmann*, § 23 GeschGehG Rn. 56; *Reinfeld*, § 7 Rn. 28; *Wiese*, S. 75; enger AG Reutlingen, NZWiSt 2015, 117, 118 (erhoffte bessere Bewerberchancen reichen nicht). Zum externen Whistleblowing *Edwards*, S. 140 f.; *Schenkel*, S. 120 f.
64 Vgl. (noch zu § 17 UWG aF) A/L/G/*Loschelder*, Kap. 1 Rn. 106; G/J/W/*Krell*, UWG § 17 Rn. 61; *Wawrzinek*, S. 191.
65 Hoppe/Oldekop/*Altenburg*, Kap. 1 Rn. 940; MK-StGB/*Hohmann*, § 23 GeschGehG Rn. 56; *Nebel*/Diedrich, § 23 Rn. 26.
66 Wie hier OLG Stuttgart, WRP 2019, 387 Rn. 70; Hoppe/Oldekop/*Altenburg*, Kap. 1 Rn. 940; ERST/*Tsambikakis*, § 18 Rn. 15; GK-UWG/*Wolters*, § 17 Rn. 55.
67 Unterbindung von Patentverletzungen: RG, GRUR 1943, 252, 256 – Luftförderanlagen.
68 BGHSt 11, 94, 97; OLG Stuttgart, WRP 2019, 387 Rn. 66; OLG Karlsruhe, WRP 2016, 751 Rn. 46; AG Saarbrücken, wistra 1991, 318, 319: stärkere arbeitsrechtliche Position.
Im Ganzen durchweg unstrittig BeckOK GeschGehG/*Hiéramente*, § 23 Rn. 11; H/O/K/*Harte-Bavendamm*, § 23 Rn. 43; Hoppe/Oldekop/*Altenburg*, Kap. 1 Rn. 940; K/B/F/*Alexander*, § 23 GeschGehG Rn. 44; MK-StGB/*Hohmann*, § 23 GeschGehG Rn. 57; *Nebel*/Diedrich, § 23 Rn. 27; *Reinfeld*, § 7 Rn. 28; restriktiver AG Reutlingen, NZWiSt 2015, 117, 118 m. zutr. Ablehnung *Krell*, NZWiSt 2015, 118, 119.
69 BeckOK GeschGehG/*Hiéramente*, § 23 Rn. 12; Hoppe/Oldekop/*Altenburg*, Kap. 1 Rn. 941; MK-StGB/*Hohmann*, § 23 GeschGehG Rn. 56; Müller-Gugenberger/*Dittrich*, Kap. 33 Rn. 99; *Reinfeld*, § 7 Rn. 29; ablehnend für SteuerCD-Verkauf *Breitenbach*, S. 106 ff.
70 BT-Drs. 10/5058, S. 40; H/O/K/*Harte-Bavendamm*, § 23 Rn. 44; Hoppe/Oldekop/*Altenburg*, Kap. 1 Rn. 941; Müller-Gugenberger/*Dittrich*, Kap. 33 Rn. 99; *Reinfeld*, § 7 Rn. 29.

Einbezogen sind aber auch andere Dritte wie Presse, Nichtregierungsorganisationen (WikiLeaks, Greenpeace, Amnesty), inter- bzw. supranationale Institutionen (EG-Kommission, WTO) oder wissenschaftlich interessierte Personen.[71] Unerheblich ist, ob die intendierte Begünstigung auf Verschaffung materieller oder immaterieller Vorteile gerichtet ist;[72] letzterenfalls gilt das vorstehend zum Eigennutz Gesagte insoweit entsprechend. Eine Einbeziehung von altruistischen Gründen, Strafanzeigen oder Presseweitergaben steht im Streit.[73]

d) Schädigungsabsicht

Schädigungsabsicht hat, wer dem Inhaber des Unternehmens (Geheimnissubjekt) irgendeinen Schaden bzw. Nachteil zufügen – tatsächlicher Eintritt ist irrelevant[74] – will und dies nicht bloß mit Eventualvorsatz für möglich erachtet.[75] Wie in allen vorerörterten Absichtsalternativen (→ Rn. 30, 33) können auch hier andere Beweggründe das Täterverhalten mitmotivieren.[76] Eine Beschränkung der Beschädigungsabsicht auf Vermögensschäden ist nicht gegeben; intendierte immaterielle Schäden wie zB Ehrverletzungen sind ausreichend.[77] Letztere können sich bei „Fremdbeleidigungen" auch auf das Eignerunternehmen vermögensmindernd auf dessen Reputation auswirken.[78]

35

---

71 K/B/F/*Alexander*, § 23 GeschGehG Rn. 45 f.; MK-StGB/*Hohmann*, § 23 GeschGehG Rn. 57; *Reinfeld*, § 7 Rn. 29; *Taeger*, CR 1991, 449, 451; *Soppa*, S. 129; anders zu Whistleblowingplattformen *Edwards*, S. 141 f.; *Schenkel*, S. 123 ff.
72 BeckOK GeschGehG/*Hiéramente*, § 23 Rn. 12; K/B/F/*Alexander*, § 23 GeschGehG Rn. 45; enger *Noak*, wistra 2006, 245, 249: Förderung der Wettbewerbsstellung notwendig.
73 Krit. BeckOK GeschGehG/*Hiéramente*, § 23 Rn. 12; *Reinfeld*, § 7 Rn. 30.
74 Hoppe/Oldekop/*Altenburg*, Kap. 1 Rn. 942; K/B/F/*Alexander*, § 23 GeschGehG Rn. 47; MK-StGB/*Hohmann*, § 23 GeschGehG Rn. 58.
75 RGSt 29, 426, 433; RGZ 92, 132, 136; BeckOK GeschGehG/*Hiéramente*, § 23 Rn. 13; H/O/K/*Harte-Bavendamm*, § 23 Rn. 45; Hoppe/Oldekop/*Altenburg*, Kap. 1 Rn. 942; K/B/F/*Alexander*, § 23 GeschGehG Rn. 47; MK-StGB/*Hohmann*, § 23 GeschGehG Rn. 58; *Nebel*/Diedrich, § 23 Rn. 28; *Reinfeld*, § 7 Rn. 31; für Einbeziehung der Wissentlichkeit M/S/W/*Kudlich/Koch*, § 26 Rn. 42.
76 RGSt 51, 184, 194; BeckOK GeschGehG/*Hiéramente*, § 23 Rn. 13; *Böttger/Dann*, Kap. 8 Rn. 69; H/O/K/*Harte-Bavendamm*, § 23 Rn. 45; MK-StGB/*Hohmann*, § 23 GeschGehG Rn. 58; *Nebel*/Diedrich, § 23 Rn. 28.
77 RGSt 29, 426, 429; LG München, BeckRS 2015, 00858; BeckOK GeschGehG/*Hiéramente*, § 23 Rn. 13; H/O/K/*Harte-Bavendamm*, § 23 Rn. 45; K/B/F/*Alexander*, § 23 GeschGehG Rn. 47; MK-StGB/*Hohmann*, § 23 GeschGehG Rn. 58; *Müller-Gugenberger/Dittrich*, § 33 Rn. 100; *Nebel*/Diedrich, § 23 Rn. 28; *Reinfeld*, § 7 Rn. 40; aA Hoppe/Oldekop/*Altenburg*, Kap. 1 Rn. 942; *Noak*, wistra 2006, 245, 249 (nur Wettbewerbspositionen).
78 Wie hier H/O/K/*Harte-Bavendamm*, § 23 Rn. 45; K/B/F/*Alexander*, § 23 GeschGehG Rn. 47; MK-StGB/*Hohmann*, § 23 GeschGehG Rn. 58; *Reinfeld*, § 7 Rn. 31; aA BeckOK GeschGehG/*Hiéramente*, § 23 Rn. 13; Hoppe/Oldekop/*Altenburg*, Kap. 1 Rn. 942.

III. Die einzelnen Straftatbestände des § 23 Abs. 1–3 GeschGehG

36 Während sich die Tatbestandsvoraussetzung der einzelnen Varianten des § 23 hinsichtlich der Tathandlung recht deutlich voneinander unterscheiden, bestehen hinsichtlich des Angriffsobjekts und des Geschädigten kaum Unterschiede. Gleiches gilt für die in allen Tatvarianten zusätzlich erforderlichen besonderen Täterabsichten in Gestalt eines zielgerichteten Handelns (dolus directus 1. Grades), deren Kreis mit Ausnahme der auf die zwei nachfolgend erstbenannten Alternativen begrenzten Vorlagenfreibeuterei (Abs. 3) bei allen anderen Delikten einheitlich auf die vier Varianten eines Handelns zu Zwecken des Wettbewerbs, aus Eigennutz, zugunsten eines Dritten oder zur Schädigung des Unternehmensinhabers erstreckt ist (→ Rn. 29 ff.). Inhaltlich sind sie mit ihren Vorformen in den §§ 17 ff. UWG aF identisch, hat doch der Gesetzgeber die frühere Variante des Handelns zu Zwecken des Wettbewerbs lediglich in die beiden Unterformen „Förderung des eigenen oder fremden Wettbewerbs" aufgespalten.

37 **Angriffsobjekt** in allen Varianten des § 23 ist stets ein **Geschäftsgeheimnis** im Sinne des § 2 Nr. 1 GeschGehG. Für Einzelheiten ist auf dessen Kommentierung (→ § 2 Rn. 16, 20 ff.) sowie auf den Sonderfall der Vorlagenfreibeuterei (§ 23 Abs. 3)[79] auf die dortige Kommentierung verwiesen (→ Rn. 169 ff.). In beiden Fällen ist bei der Auslegung des § 2 Nr. 1 im Zusammenhang mit § 23 allerdings stets dessen Natur als Strafnorm – und damit einhergehend das **Bestimmtheitsgebot** und das **Analogieverbot** – im Auge zu behalten. Der zivilrechtsakzessorischen Grundausrichtung zum Trotz ist es durchaus denkbar, dass es – bedingt durch die divergierende Amtsermittlungspflicht bzw. Darlegungs- und Beweislast – in Einzelfällen zu abweichenden Ergebnissen hinsichtlich der Geheimnisqualität einer Information kommen kann, je nachdem, ob zivilrechtlicher Schutz (§§ 6 ff.) oder Strafe (§ 23) ansteht.

38 **Geschädigter** im Rahmen von § 23 kann immer nur der Geheimnisinhaber sein, dh. gem. § 2 Nr. 2 jene *„natürliche oder juristische Person, die die rechtmäßige Kontrolle über ein Geschäftsgeheimnis hat"*. Dabei ist die Kontrolle nur dann „rechtmäßig", wenn dem Inhaber das Geschäftsgeheimnis zugeordnet ist, er also zu dessen Ausübung befugt ist (→ § 2 Rn. 146 ff.).[80] Die bloße Wahrung fremder Geheimnisse hat hingegen keine derartige Zuordnung zur Folge, sodass bei der Verletzung von Bankkundendaten nur die geheime Kundenliste der Bank, nicht aber die Bankdaten des Kunden unter den Geschäftsgeheimnisschutz des GeschGehG fällt.[81]

---

79 Bei der Vorlagenverwertung können nur solche Geschäftsgeheimnisse taugliches Angriffsobjekt sein, die gleichzeitig dem Täter „*im geschäftlichen Verkehr anvertraute geheime Vorlagen oder Vorschriften technischer Art*" sind.
80 Büscher/*McGuire*, § 2 GeschGehG Rn. 54 f.
81 *Brammsen*, Lauterkeitsstrafrecht, § 17 Rn. 30 „Bankkunden" mwN.

III. Die einzelnen Straftatbestände des § 23 Abs. 1–3 GeschGehG **§ 23**

1. Die Betriebsspionage (§ 23 Abs. 1 Nr. 1)

Der Tatbestand der Betriebsspionage ersetzt dessen Vorgängerregelung des § 17 **39** Abs. 2 Nr. 1 UWG aF, die 1986 den seinerzeit geltenden strafrechtlichen Geheimnisschutz erstmals über das Offenlegen und Nutzen hinaus auch um das Frühstadium der Kenntniserlangung erweitert hatte. War die damalige Neuerung noch ausgewählten Zugriffsakten vorbehalten, so hat der Gesetzgeber nunmehr die Strafnorm im Gleichklang mit dem entsprechenden zivilrechtlichen Gegenstück des § 4 Abs. 1. Nr. 1 durch deutlichen Rückbezug auf allgemeinere Vorgehensweisen und explizit benannte Zugriffsobjekte neu ausgestaltet. Die frühere Haftungsbegrenzung durch zusätzliche Absichtserfordernisse blieb dagegen ebenso erhalten wie die Begrenzung auf vorsätzliches Vorgehen.

a) Objektiver Tatbestand

Den objektiven Tatbestand der Betriebsspionage verwirklicht, wer iSd. § 4 Abs. 1 **40** Nr. 1 ein Geschäftsgeheimnis durch drei Zugriffsweisen auf fünf fremde Trägerobjekte erlangt – durch unbefugten Zugang zu, unbefugte Aneignung oder unbefugtes Kopieren von Dokumenten, Gegenständen, Materialien, Stoffen oder elektronischen Dateien, die der rechtmäßigen Kontrolle des Inhabers des Geschäftsgeheimnisses unterliegen und die das Geschäftsgeheimnis enthalten oder aus denen sich das Geschäftsgeheimnis ableiten lässt.

aa) Täter

Die Betriebsspionage des § 23 Abs. Nr. 1 ist – insoweit in Übereinstimmung mit der **41** Vorläufernorm des § 17 Abs. 2 Nr. 1 UWG aF[82] – ein personell unbegrenztes Delikt, das von allen und Jedermann begangen werden kann (Allgemein- oder **Jedermanndelikt**).[83] Zu seiner Vollziehung bedarf es weder besonderer Eigenheiten, Fähigkeiten oder sozialer Positionen – vorausgesetzt ist allein das handlungsfundierte Merkmal fehlender eigener (gesicherter) Kenntnis. Mit Ausnahme der Kenntnisinhaber können daher Anteilseigner von Kapitalgesellschaften, Unternehmensbeschäftigte, Freiberufler und andere Selbstständige (auch Handelsvertreter),[84] Amtsträger, öffentlich Bedienstete und sonstige beliebige externe Dritte wie Cloud-Anbieter ein Betriebsspionagedelikt verwirklichen.[85]

---

82 Vgl. *Brammsen*, Lauterkeitsstrafrecht, § 17 Rn. 82 mwN.
83 BeckOK GeschGehG/*Hiéramente*, § 23 Rn. 16; Büscher/*Tochtermann*, § 23 GeschGehG Rn. 11; H/O/K/*Harte-Bavendamm*, § 23 Rn. 11; Hoppe/Oldekop/*Altenburg*, Kap. 1 Rn. 874; K/B/F/*Alexander*, § 23 GeschGehG Rn. 26; MAH/*Witting/Werning*, § 24 Rn. 66; MK-StGB/*Hohmann*, § 23 GeschGehG Rn. 18, 139; *Reinfeld*, § 7 Rn. 40.
84 BGH, NJW 2009, 1420, 1421 – Versicherungsuntervertreter.
85 Vgl. noch zur Vorfassung des § 17 Abs. 2 Nr. 1 UWG aF AG Saarbrücken, wistra 1991, 318; *Brennecke/Ahnseel*, S. 61 f.; E/R/S/T/*Tsambikakis*, § 17 Rn. 23; F/B/O/*Rengier*, § 17 Rn. 52; GK-UWG/*Wolters*, § 17 Rn. 71; *Kiethe/Groeschke*, WRP 2005, 1358, 1364; *Wicker*, S. 246 ff.

§ 23　Verletzung von Geschäftsgeheimnissen

bb) Tatgegenstand

42　Tatgegenstand der Betriebsspionage sind drei bestimmt benannte Arten verkörperter Geschäftsgeheimnisse; zu den Einzelheiten der Begriffsdefinition → § 2 Rn. 7, 17 ff.[86] Dazu hat der Gesetzgeber als weiteres Konkretisierungsattribut die rechtmäßige Kontrollherrschaft des Geheimnisinhabers am geheimnisverkörpernden Zugriffs- bzw. Trägermedium des Geheimnisses aufgenommen (→ § 4 Rn. 8). Auf die diesbezüglichen Erläuterungen ist verwiesen (→ § 4 Rn. 26 ff.). Die Vermengung des strafrechtlichen Geheimnisschutzes mit dem Aspekt des „Sach- oder Speicherbesitzes" ist offenkundig.

cc) Tathandlung

43　Gesetzlich benannte Tat- bzw. Angriffshandlung der Betriebsspionage ist das Erlangen fremder Geschäftsgeheimnisse. Zu seinen Charakteristika und der Exemplifikation ist auf die einschlägigen Erläuterungen zu den erlaubten Handlungen zu verweisen (→ § 3 Rn. 22 ff.), zur Ausdeutung der konkretisierenden Tatmodalitäten „durch unbefugten Zugang, unbefugte Aneignung und unbefugtes Kopieren" auf die entsprechenden Ausführungen zum zivilistischen Verbotstatbestand" des § 4 Abs. 1 Nr. 1 (→ § 4 Rn. 30 ff.). Erfasst ist jeder entsprechende Erhalt unmittelbar eigenen Habens in Form tatsächlicher Verfügungsgewalt ungeachtet inhaltlicher Kenntnis und gar thematischen Verständnisses durch eigenes oder drittseitiges Agieren.

44　Ältere Kommentierungen zur Vorgängerfassung „Sichverschaffen" und „Sich-Sichern"[87] sollten mit erhöhter Aufmerksamkeit überdacht werden. Zwar haben die Entwurfsverfasser in diesem Begriffswechsel keine inhaltliche Änderung erkennen können,[88] gleichwohl sind mit ihm aber einige durchaus relevante Sinnverschiebungen verbunden.[89] Dies betrifft insbesondere die Abkehr von dem strikt vorsatzgeprägten Charakter der zuvorigen Reflexivverben, die nunmehr auch die Strafbarkeit des **zufälligen Erhaltens** allein drittseitig fremdgesteuerter Kenntnisverbreitungen einbezieht,[90] deren Errichtung allgemeiner Beachtungs- und Prüfpflichten gegenüber aufoktroyierten drittseitigen Kenntnisvermittlungen zu den gegenteiligen Bekundungen mangelnder immaterialgüterrechtlicher Qualität[91] in offenem Selbstwi-

---

86　S. auch MK-StGB/*Hohmann*, § 23 GeschGehG Rn. 19 ff.
87　Etwa *Brammsen*, Lauterkeitsstrafrecht, § 17 Rn. 85 f.; GK-UWG/*Wolters*, § 17 Rn. 71; NK-Wiss/*Reinbacher*, § 17 Rn. 56.
88　Vgl. RegE-Begründung zu § 23 Abs. 1 Nr. 1 (S. 42).
89　Vgl. bereits *Brammsen*, wistra 2018, 449, 455; Hoppe/Oldekop/*Altenburg*, Kap. 1 Rn. 877; (zurückhaltender) H/O/K/*Harte-Bavendamm*, § 23 Rn. 121.
90　MK-StGB/*Hohmann*, § 23 GeschGehG Rn. 44, 47 f.; *Brammsen*, wistra 2018, 449, 455; Hoppe/Oldekop/*Altenburg*, Kap. 1 Rn. 879; **aA** BeckOK GeschGehG/*Hiéramente*, § 23 Rn. 17; *Hiéramente/Wagner*, GRUR 2020, 709, 712 f. unter Rekurs auf begriffsfremde Aspekte.
91　Vgl. RegE-Begründung zu § 3 Abs. 1 Nr. 1 (S. 23): „… keine Exklusivrechte … begründet werden sollen"; zu § 4 (S. 25): „… keine subjektiven Ausschließlichkeits- und Ausschließungsrechte vorliegen können …".

derspruch steht. Ihm ist zumindest auf der begrifflichen Ebene der Tathandlung nicht zu entkommen[92] – das Erlangen ist nicht an eigenhändigen Vollzug gebunden. Hinzukommen weitere Fragwürdigkeiten wie die Frage einer Verfestigung bereits grober Kenntnis, deren Einbeziehung die Bedeutungsgehalte von „Haben" bzw. „Verfügen können" und „Rezitieren" sowie „Verstehen" ebenso verwischt wie die angedachte Ausklammerung einer Tatvollendung bei immens aufwändiger Entschlüsselung. Dauerhafter Bestandserhalt des Zugriffobjekts ist anders als präsente Entschlüsselungskompetenz kein Begriffskonstituens, er resultiert aus der Vorsatzbindung des Aneignens (→ Rn. 45). Bloßes Anstreben eines Gleichlaufs zum Sichverschaffen und Sich-Sichern mittels „inhaltsoffener" Allgemeinbegriffe kann zumindestens im Strafrecht divergierende Sinngegebenheiten nicht realiter nivellieren.[93]

dd) Tatmodalitäten

Die Betriebsspionage des § 17 Abs. 2 Nr. 1 a–c UWG aF war nur strafbar, wenn sie mit mindestens einem der drei benannten Tatmittel der Anwendung technischer Mittel, der Herstellung einer verkörperten Wiedergabe des Geheimnisses oder der Wegnahme einer das Geheimnis verkörpernden Sache durchgeführt wurde. Der Gesetzgeber des GeschGehG hat diese Inbezugnahme bestimmter (vornehmlich) technischer Hilfsmittel gestrichen und durch eine Anknüpfung an die konkretisierenden **Handlungsattribute** Zugang, Aneignung und Kopieren ersetzt (→ § 4 Rn. 3 f.). Auf deren Erläuterungen ist verwiesen (→ § 4 Rn. 30 ff.). Jenseits des vorsatzgebundenen Aneignens[94] ist das strafrechtliche Betriebsspionagedelikt damit seiner früheren Prägnanz und Konturen verlustig gegangen. 45

b) Subjektiver Tatbestand

Der Gesetzestatbestand der Betriebsspionage setzt subjektiv ein vorsätzliches und daneben zusätzlich ein Handeln des Täters zu Zwecken des Wettbewerbs, aus Eigennutz, zugunsten eines Dritten oder in der Absicht, dem Inhaber des Unternehmens Schaden zuzufügen, voraus.[95] Eine fahrlässige Begehung ist gesetzlich nicht erfasst, ihr verbleibt nur die zivilistische Haftung. 46

---

92 Rein fiktive Haftungsfreistellungen in Gestalt der Tatbestandsausschlüsse des § 5 sind hier ebenso wenig wie Rechtfertigungsgründe oder (auch additive subjektive) Haftungsvoraussetzungen einzuordnen. Dies gelingt allenfalls bei einem untauglichen Versuch.
93 Wohl großzügiger BeckOK GeschGehG/*Hiéramente*, § 23 Rn. 18 f.
94 Zutreffend MK-StGB/*Schmitz*, Bd. 4 (3. Aufl. 2017), § 242 Rn. 126 ff., 150; s. auch Büscher/*McGuire*, § 4 GeschGehG Rn. 16.
95 Überblick zur Motivation *Drescher*, S. 130 ff., 142 ff.; speziell zur „Innentäterspionage" *Blume*, S. 64 ff.

§ 23 Verletzung von Geschäftsgeheimnissen

aa) Vorsatz

47 Die Betriebsspionage bedarf in allen Ausführungsvarianten eines vorsätzlichen Handelns, § 15 StGB. Vorsatzformen sind der dominant-zielgerichtete Wille und ggf. geringeres konkretes Gefährdungsbewusstsein (dolus directus 1. Grades) genügt, dominant-sicheres Vollzugswissen und geringerer Erfolgswille (dolus directus 2. Grades) oder abgeschwächte Energie und Ernstlichkeit bei bestehendem Gefährdungsbewusstsein (dolus eventualis). Der Vorsatz muss sich auf alle Merkmale des objektiven Tatbestandes in der jeweiligen Tatalternative des § 4 Abs. 1 Nr. 1 erstrecken. Es bedarf entweder der positiven Kenntnis des Täters oder doch zumindest seines Bewusstseins von der konkreten Gefahr, mittels der genannten konkretisierenden Handlungsattribute Zugang zu, Aneignen oder Kopieren von Trägermedien (→ Rn. 42) ein in der Kontrollherrschaft des Inhabers befindliches Geschäftsgeheimnis (→ Rn. 38) zu erlangen.[96]

bb) Absichtserfordernisse

48 Zur Sicherstellung der tatsächlichen Begrenzung der Strafbarkeit auf möglichst eindeutige strafwürdige und strafbedürftige Geheimniserkundungen ist die Tatbegehung an die zusätzlichen Attribute einer besonderen Motivationslage geknüpft, die das Vorgehen des Täters nach außen hin als absichtliche Beziehungsstörung bzw. zielgerichteten Verletzungsakt dokumentieren: ein Handeln zu Zwecken des Wettbewerbs, aus Eigennutz, zugunsten eines Dritten oder zur Schädigung des Unternehmensinhabers bzw. Geheimnissubjekts. Insoweit ist auf → Rn. 29 ff. verwiesen. Für das Reverse Engineering aus wissenschaftlichen oder „detektivischen" Interessen sind keine speziellen (restriktiven) Interpretationen einzelner, mehrerer oder aller Absichtsmerkmale angebracht.[97]

c) Tatbestandsausnahmen (§ 5)

49 Im Zuge der das Gesetzgebungsverfahren in seiner Schlussphase dominierenden Diskussion um einen verbesserten Whistleblower-Schutz (→ § 5 Rn. 3 ff., 7) hat der Gesetzgeber die Einrichtung von Rückausnahmen präferiert, um für die situativgebundenen Verletzungshandlungen ausgewählter Personenkreise eine besondere Haftungsfreistellung in Gestalt fiktiver Tatbestandsausnahmen zu gewährleisten (→ § 5 Rn. 2 ff., 7). Konsequenz dieser zunehmend verbreiteten öffentlich-rechtlichen Regelungstechnik genereller oder spezifischer Ausgrenzungen ist der situative Wegfall des Geheimnisschutzes auf Seiten des Geheimnisinhabers bzw. der Verletzerhaftung des Täters – Letzterer wird quasi sakrosankt (→ § 5 Rn. 14). Derge-

---

[96] Gemeinhin nur den Eventualvorsatz erwähnend: BeckOK GeschGehG/*Hiéramente*, § 23 Rn. 20 f.; BeckOK UWG/*Barth*, § 23 GeschGehG Rn. 5; H/O/K/*Harte-Bavendamm*, § 23 Rn. 38 f.; Hoppe/Oldekop/*Altenburg*, Kap. 1 Rn. 934; K/B/F/*Alexander*, § 23 GeschGehG Rn. 41; MAH/*Witting/Werning*, § 24 Rn. 74; MK-StGB/*Hohmann*, § 23 GeschGehG Rn. 52.
[97] Zweifelnd noch zu § 17 Abs. 2 Nr. 1 UWG aF F/B/O/*Rengier*, § 17 Rn. 42, 61 mwN; s. auch *Kochmann*, S. 126 ff.

III. Die einzelnen Straftatbestände des § 23 Abs. 1–3 GeschGehG **§ 23**

stalt einer materiellrechtlichen Einordnung in das Gegensatzpaar „rechtmäßig-rechtswidrig" entzogen und jeglicher Unbefugtheit entkleidet bedarf ihr Vorliegen oder Fehlen wie im Zivil- auch im Strafrecht bereits auf der Tatbestandsebene einer abschließenden Überprüfung.[98]

d) Rechtswidrigkeit

Der Täter muss das Geheimnis „entgegen § 4 Absatz 1 Nummer 1" durch unbefugten Zugang zu, unbefugtes Aneignen oder Kopieren von bestimmten Trägermedien erlangt haben. Die damit bereits zivilrechtlich implizierte Unbefugtheit der Betriebsspionage ist als Zugriff auf ein fremdes „Haben" auch in den Fällen des § 3 Abs. 1 Nr. 2 und 3, Abs. 2 allgemeines Verbrechens- bzw. Rechtswidrigkeits- und kein Tatbestandsmerkmal.[99] **Unbefugt** im strafrechtlichen Sinn handelt nur, wer den (entäußerten) Geheimhaltungsinteressen des Berechtigten zuwider und ohne einen Rechtfertigungsgrund ein Geheimnis zu seiner Kenntnis bzw. (verkörpert) in seine Verfügungsgewalt bringt, zB durch schriftliche Aufzeichnung oder Computerspeicherung während der Beschäftigungszeit.[100] Fundamentale Umstrukturierungen tradierter strafrechtlicher Deliktskonzeptionen sollten mit der gesetzlichen Neuordnung des zivilistischen Geschäftsgeheimnisschutzes allerdings – soweit ersichtlich – nicht implementiert werden. Zivilistisch verbotene Handlungen fundieren nicht per se strafwürdige und strafbedürftige Straftatbestandsmäßigkeit. Sie bleiben innerhalb ihrer materiellrechtlichen Grenzen, was auch der verbreitete Rekurs auf strukturkonforme Rechtfertigungsgründe prägnant dokumentiert.[101]

50

aa) Einverständnis und Einwilligung

Das **Einverständnis** mit der beliebigen Kenntnisnahme eines unbegrenzten Personenkreises bewirkt den Wegfall der Geheimheit und damit die Tatbestandslosigkeit entsprechender Erkundungsmaßnahmen; auf → § 3 Rn. 66, 132 wird verwiesen.[102] Die Frage nach der Unbefugtheit respektive Rechtfertigung stellt sich daher nicht.

51

---

98 BeckOK GeschGehG/*Hiéramente*, § 23 Rn. 55.1; BeckOK UWG/*Barth*, § 23 GeschGehG Rn. 2; H/O/K/*Harte-Bavendamm*, § 23 Rn. 27; Hoppe/Oldekop/*Altenburg*, Kap. 1 Rn. 944; K/B/F/*Alexander*, § 23 GeschGehG Rn. 48; MK-StGB/*Hohmann*, § 23 GeschGehG Rn. 121; *Nebel*/Diedrich, § 23 Rn. 5; *Reinfeld*, § 7 Rn. 32.
99 *Drescher*, S. 312; MK-StGB/*Hohmann*, § 23 GeschGehG Rn. 121, 154 ff., 159 (alle Fälle des § 3); Müller-Gugenberger/*Dittrich*, Kap. 33 Rn. 109; **aA** (allesamt auf der zivilistischen Basis tatbestandlicher Unbefugtheit § 2 Rn. 104, § 3 Rn. 108) BeckOK GeschGehG/*Hiéramente*, § 23 Rn. 55.1; H/O/K/*Harte-Bavendamm*, § 23 Rn. 28 ff., 40; K/B/F/*Alexander*, § 23 GeschGehG Rn. 48.
100 BGH, GRUR 2003, 453; GRUR 2006, 1044; GRUR 2009, 603 Rn. 15 f. – Versicherungsunter-vertreter; GRUR 2012, 1048 Rn. 17 – MOVICOL.
101 BeckOK GeschGehG/*Hiéramente*, § 23 Rn. 56; BeckOK UWG/*Barth*, § 23 GeschGehG Rn. 2; *Drescher*, S. 312; H/O/K/*Harte-Bavendamm*, § 23 Rn. 31 ff.; Hoppe/Oldekop/*Altenburg*, Kap. 1 Rn. 943; K/B/F/*Alexander*, § 23 GeschGehG Rn. 49; MK-StGB/*Hohmann*, § 23 GeschGehG Rn. 163 ff.; *Reinfeld*, § 7 Rn. 32, 51.
102 Wie hier H/O/K/*Harte-Bavendamm*, § 23 Rn. 32; K/B/F/*Alexander*, § 23 GeschGehG Rn. 49.

§ 23 Verletzung von Geschäftsgeheimnissen

Gleiches gilt weiterhin für den zufälligen Kenntniserwerb, obwohl er in Gegensatz zur Vorläuferfassung des § 17 Abs. 2 Nr. 1 UWG und dessen Tathandlung des Sichverschaffens und Sich-Sicherns nicht an ein eigenes tätergesteuertes informationsbezogenes Verhalten[103] gebunden ist – das Erlangen ist kein Reflexivverb (→ § 4 Rn. 30 f.). Gestützt auf Art. 5 Abs. 1 GG gewährt ihm der § 5 Nr. 1 Tatbestandsfreiheit, sodass es ebenfalls keiner Rechtfertigung bedarf.[104] – Die **Einwilligung** ist eine situativ-singuläre Kenntnisnahmegestattung gegenüber einer bestimmten Person(enzahl) unter grundsätzlicher Aufrechterhaltung der Geheimheit und diesbezüglich bestehender Dispositionsbefugnis des Berechtigten bzw. Geheimnisinhabers.[105] Jeweils singulär nach seinen ausdrücklichen oder konkludenten Zubilligungen[106] bzw. denen seiner entscheidungsbefugten Geheimnisträger zu bestimmen, kann sie entweder nur auf das Erlangen oder auch auf ein anschließendes Nutzen oder (partielles) Offenlegen bezogen sein. Als praktisch wichtigster Rechtfertigungsgrund[107] ist sie ausdrücklich wie konkludent zu entäußern,[108] darf aber nicht durch Täuschung erschlichen oder Gewalt(androhung) abgenötigt sein. Dann ist sie ohne rechtfertigende Wirkung.[109]

bb) Zivilrechtliche Überlassungsansprüche

52 Wirksame zivilrechtliche Ansprüche auf Einräumung oder Überlassung einer geheimen Kenntnis nehmen verbotenen Erlangensweisen des Anspruchsinhabers die Unbefugtheit – es fehlt sowohl an einem rechtswidrigen Vermögensvorteil des Täters als auch an einem rechtswidrigen Vermögensschaden des Berechtigten bzw. Überlassungspflichtigen.[110] Es handelt sich damit um fakultative legale außerordentliche absolute Informationsrechte (s. auch → § 3 Rn. 105 aE).[111] Dies betrifft nicht den „hilfsbereiten" anspruchserfüllenden (kenntnisvermittelnden) Mitarbeiter des Anspruchsgegners (→ Rn. 123).[112]

---

103 Vgl. *Brammsen*, Lauterkeitsstrafrecht, § 17 Rn. 85 f. mwN.
104 Gleiches gilt formalrechtlich de lege lata auch für die Fälle des § 3 Nr. 2 und 3 ungeachtet ihrer divergierenden materiellrechtlichen Rechtsnatur (→ Rn. 8 ff., 44 ff., 90 ff.).
105 Zumeist wird es sich um die Gesamtheit oder einzelne vertretungsberechtigte Gesellschafter oder Organwalter wie GmbH-Geschäftsführer handeln; vgl. auch H/O/K/*Harte-Bavendamm*, § 23 Rn. 32; MK-StGB/*Hohmann*, § 23 GeschGehG Rn. 164.
106 Hypothetische „Erscheinungsformen" werden im Strafrecht nicht durchweg akzeptiert; Lackner/*Kühl*, Vor § 32 Rn. 21a mwN.
107 H/O/K/*Harte-Bavendamm*, § 23 Rn. 32; K/B/F/*Alexander*, § 23 GeschGehG Rn. 49; MK-StGB/*Hohmann*, § 23 GeschGehG Rn. 184.
108 Vgl. *Brammsen*, in: FS Yamanaka, S. 3, 9 f.
109 So auch *Drescher*, S. 312; H/O/K/*Harte-Bavendamm*, § 23 Rn. 32.
110 BayObLG, GRUR 1988, 634 – Überlassungsanspruch; ÖOGH, SSt 42, 129, 132; BAG, BB 1999, 212; *Drescher*, S. 312, 331; juris PK-UWG/*Ernst*, § 17 Rn. 37; Müller-Gugenberger/*Dittrich*, Kap. 33 Rn. 109; zweifelnd H/O/K/*Harte-Bavendamm*, § 23 Rn. 37.
111 Näher zu ihrer Charakterisierung *Brammsen*, in: FS Otto, S. 1081, 1092, 1095; dies verkennen die rechtsökonomisch gestützten Verdinglichungsaspekte von *Dorner*, S. 146 f., 480 ff., 507.
112 Wie hier H/O/K/*Harte-Bavendamm*, § 23 Rn. 37; (zur Vorfassung) GK-UWG/*Wolters*, § 17 Rn. 93; *Ohly*/Sosnitza, § 17 Rn. 29.

III. Die einzelnen Straftatbestände des § 23 Abs. 1–3 GeschGehG **§ 23**

cc) Gesetzliche Auskunfts- und Aussagepflichten

Gesetzliche Auskunfts- und Aussagepflichten (→ Rn. 118) geben eigenmächtigen Geheimniserkundungen keinen Rechtfertigungsgrund, da sie keinen kenntnisvermittelnden Zugriff auf fremde Herrschafts- bzw. Vermögenssphären gestatten.[113] Dies gilt nicht bei richterlich angeordneter Sachverständigenernennung (§§ 404a Abs. 4, 407a Abs. 5 ZPO[114]), zB zur Aufdeckung elektronischer etc. Fahrzeugmanipulationen. Sie ist gerechtfertigt (→ § 3 Rn. 102).   53

dd) Rechtfertigender Notstand (§ 34 StGB)

Rechtfertigender Notstand, § 34 StGB kommt allenfalls in seltenen Ausnahmesituationen in Betracht, etwa bei erheblichen Gefahren für gewichtige höchstpersönliche Individualrechtsgüter.[115] Die Abwägungsgrundsätze zur „Parallelproblematik" beim Geheimnisverrat[116] können keineswegs unbesehen übertragen werden. Dies gilt insbesondere für die „private" Ausspähung von Bankkundendaten zwecks entgeltlicher oder unentgeltlicher Weiterleitung an die zuständigen Steuer- oder Strafverfolgungsinstanzen:[117] Der Unrechtsgehalt dieser und anderer „drittschädigender Beweisbeschaffungsausspähung" ist objektiv wie subjektiv durchaus größer.[118] Auch das Zivilrecht ist bislang bei entsprechenden Abwägungsfragen zur Erlaubtheit etwaiger verdeckter Erkundungsmaßnahmen bei Verdacht auf Schleichwerbung noch nicht großzügiger mit der Annahme überwiegender besonderer öffentlicher Interessen.[119]   54

Der Gesetzgeber hat sich dieser auch für den Geschäftsgeheimnisschutz äußerst umstrittenen Aufgabe einer exakter konturierten Festsetzung rechtfertigender Konstituentia allerdings entzogen und stattdessen unter Bezugnahme auf nur exemplarisch veranschaulichte „berechtigte Interessen" in § 5 eine formal haftungsbefreiende Tatbestandslösung geschaffen, die weiterer rechtlicher Bewertungsvorgaben ungeachtet ihrer materiellrechtlichen Rechtsnatur entbehrt, gleichwohl aber maßgeblich wiederum auf das „Abwägungsprinzip" rekurriert (→ § 5 Rn. 8 ff.). Damit ist zwar in der Sache nichts gewonnen – das „Abwägungsproblem" bleibt als   55

---

113 Wie hier zu § 17 Abs. 2 Nr. 1 UWG aF *Breitenbach*, S. 204; GK-UWG/*Wolters*, § 17 Rn. 91.
114 Instruktiv dazu *Holtkötter/Nugel*, NZV 2018, 201 ff.
115 H/O/K/*Harte-Bavendamm*, § 23 Rn. 33; K/B/F/*Alexander*, § 23 GeschGehG Rn. 49; MK-StGB/*Hohmann*, § 23 GeschGehG Rn. 166; *Reinfeld*, § 7 Rn. 32, 51.
116 Eingehend *Brammsen*, Anzeige S. 77, 91 ff.
117 So iE auch *Heine*, in: FS Roxin II, S. 1087, 1094 f.; großzügiger zuletzt *Rennicke*, wistra 2020, 135, 136 f.
118 Der aufzulösende Verfassungskonflikt hat neben den tangierenden Individualinteressen (zB informationelle Selbstbestimmung, Art. 2 Abs. 1 iVm. Art. 1 Abs. 1 GG, dem Wohnungs- und Eigentumsgrundrecht, Art. 13, 14 GG) eine Vielzahl von Kollektivinteressen (zB Rechtsstaatsprinzip, sozialer Friede, staatliches Strafverfolgungsprimat) als „Angriffsposten" zu berücksichtigen. AA *Schenkel*, S. 199 f. in Verkennung der „Entziehungskomponente" der Betriebsspionage.
119 OLG München, ZUM 2005, 399, 404 f.; GRUR-RR 2004, 145, 147 – Themenplacement; Wandtke/*Blank*, 3.1. Rn. 374.

§ 23 Verletzung von Geschäftsgeheimnissen

solches erhalten –, die strafrechtliche Rechtfertigungsthematik hat sich jedoch erübrigt. Dem freigestellten „Erlanger" ist zwar die rechtliche Qualifizierung seines Verhaltens als rechtmäßig von Rechts wegen qua fictionem verweigert. Im Hinblick auf das erzielte Ergebnis „Straffreiheit" erscheint diese Konsequenz allerdings nicht beachtenswert.

ee) Sonderfall: Rechtfertigung für Beihilfehandlungen Medienschaffender, § 23 Abs. 6

56 Mit § 23 Abs. 6 hat der Gesetzgeber einen besonderen Rechtfertigungsgrund für die Beteiligungshandlungen der gemeinhin als Medienschaffende bezeichneten, in § 53 Abs. 1 Nr. 1 StPO benannten Personen neu aufgenommen, die an einer fremdtäterschaftlich-rechtswidrigen Entgegennahme iSe. Erlangens eines Geschäftsgeheimnisses als Gehilfen mitwirken. Auf die diesbezüglichen Erläuterungen des § 23 Abs. 6 wird weiterführend verwiesen (→ Rn. 229 ff.).

e) Irrtum

57 Bei einem Irrtum des Täters ist zwischen Tatbestands- und Verbotsirrtum und nach hM auf der „Befugnisebene" zusätzlich zwischen Erlaubnistatbestands- und Erlaubnisirrtum zu unterscheiden.

aa) Tatbestandsirrtum

58 Ein gem. § 16 StGB vorsatzausschließender und – mangels fahrlässiger Begehbarkeit der Betriebsspionage – zugleich auch strafausschließender **Tatbestandsirrtum** liegt vor, wenn sich der Täter über das Vorliegen eines Merkmals des objektiven Tatbestandes (zB das Vorliegen eines Geheimnisses oder dessen aufhebende ubiquitäre Freigabe iSe. Einverständnisses, der Zugriffsfolge seines Verhaltens) irrt, einschließlich einer falschen Einschätzung der das Geheimnis prägenden objektiven Werthaltigkeit.[120] Entsprechend einzuordnen wäre auch die Annahme eines Irrtums über das Vorliegen eines Tatbestandsausschlusses gem. §§ 3 und 5, wenn man, wie verschiedentlich vertreten, die dort benannten Fälle in diesem Sinne ausdeutet.[121] Gleiches gilt für den Irrtum über tatsächliche Voraussetzungen einer Befugnisnorm, die bei realer Gegebenheit das Täterverhalten rechtfertigen würde **(Erlaubnistatbestandsirrtum)**; hier ist unabhängig von den gewählten dogmatischen Konstruktionen Strafausschließung gem. § 16 StGB anzunehmen.[122] Letzteres wäre bei entsprechender Ausdeutung auch für die Regelungen des § 3[123] anzunehmen.

---

120 H/O/K/*Harte-Bavendamm*, § 23 Rn. 40; MK-StGB/*Hohmann*, § 23 GeschGehG Rn. 53.
121 Vgl. H/O/K/*Harte-Bavendamm*, § 23 Rn. 27 f.; K/B/F/*Alexander*, § 23 GeschGehG Rn. 48.
122 H/O/K/*Harte-Bavendamm*, § 23 Rn. 40; K/B/F/*Alexander*, § 23 GeschGehG Rn. 49.
123 So etwa MK-StGB/*Hohmann*, § 23 GeschGehG Rn. 154.

III. Die einzelnen Straftatbestände des § 23 Abs. 1–3 GeschGehG   § 23

bb) Verbotsirrtum

Verkennt der Täter auf zutreffend erkannter Tatsachengrundlage eine Zugangsbeschränkung, überdehnt er eine Befugnisnorm oder irrt er über die rechtliche Anerkennung einer von ihm angenommenen Rechtfertigung, ist ein **Verbotsirrtum** iSd. § 17 StGB, letzterenfalls in Gestalt der **Erlaubnisirrtümer** gegeben.[124] Solcher Irrtum führt bei Unvermeidbarkeit zur Straflosigkeit, ansonsten nur zur fakultativen Strafmilderung gem. § 49 Abs. 1 StGB.[125]   59

f) Vollendung und Versuch der Tat

aa) Vollendung

Die Betriebsspionage ist bei mündlichen Kenntnisnahmen (Abhören) mit der faktischen Aufnahme des Gehörten, dem Erlangen der geheimen Kenntnis, ansonsten mit Erhalt des Gewahrsams an bzw. Zugang zur Geheimnisverkörperung, der Stabilisierung zuvoriger unsicherer „Haben-Beziehung" bzw. dem Eintritt der eigenen Verfügungsgewalt über die wissensvermittelnde Vergegenständlichung **vollendet**.[126] Tatsächliches inhaltliches Verstehen oder praktische Kenntnisumsetzungen in Gestalt ge- oder misslungener Gebrauchsmaßnahmen oder Verwertungsakte sind ebenso wenig vorausgesetzt wie etwaige geglückte Motivverwirklichungen. **Beendet** ist das Delikt mit dem Abschluss der vollzogenen Beschaffungsaktivitäten, dh. mit dem Erhalt des Geheimnisses.[127]   60

bb) Versuch

Der Versuch der Betriebsspionage ist gem. § 23 Abs. 5 strafbar. Versuche sind nach der **Legaldefinition** des § 22 StGB Angriffshandlungen, mit denen der Täter „nach seiner Vorstellung von der Tat zur Verwirklichung des Tatbestandes unmittelbar ansetzt". Dazu bedarf es einer entsprechenden Vorstellung des Täters und einer einschlägigen Absicht (→ Rn. 29 ff.) sowie seiner Ausführung von Verhaltensweisen, die das betreffende tatbestandlich geschützte Rechtsgut (hier: „Vermögen" in Gestalt des betreffenden Wirtschaftsgeheimnisses) unmittelbar konkret gefährden (können).[128] Der Versuchsbeginn erfordert die Aufnahme von Erlangungsaktivitäten, die nach Vorstellung des Täters die bisherige Geheimheit durchbrechen werden. Diese sind bei **mündlicher** Kommunikation der Start technischer oder „natürlicher" Abhörvorrichtungen (verdecktes Lauschen unter Ortsanwesenden), bei **schriftlichen** oder **anderen Geheimnisverkörperungen** das Eröffnen von Zugangswegen, das Einschalten technischer Übermittlungs- bzw. Speicherungsgeräte   61

---

124 H/O/K/*Harte-Bavendamm*, § 23 Rn. 40.
125 H/O/K/*Harte-Bavendamm*, § 23 Rn. 40.
126 MK-StGB/*Hohmann*, § 23 GeschGehG Rn. 145. Entschlüsselungskompetenz ist bei verschlüsselten Daten notwendiges Konstituens (→ § 4 Rn. 32).
127 MK-StGB/*Hohmann*, § 23 GeschGehG Rn. 146.
128 Statt vieler *Fischer*, StGB, § 22 Rn. 7 ff. und H/O/K/*Harte-Bavendamm*, § 23 Rn. 69.

§ 23   Verletzung von Geschäftsgeheimnissen

oder der Beginn des betreffenden Herstellungs- oder Entziehungsaktes (Aneignen), zB durch Aufnehmen, Ausdrucken, Filmen, Fotografieren, Kopieren, Scannen usw.[129] – Auch der **untaugliche Versuch** ist strafbar (Erkundung oder Sicherung eines nur vermeintlichen Geheimnisses oder unter Anwendung funktionsunfähiger technischer Mittel).[130] – Strafbefreiender **Rücktritt** richtet sich nach den Regeln des § 24 StGB.

g) Täterschaft und Teilnahme

aa) Täterschaft

62   Die Betriebsspionage des § 23 Abs. 1 Nr. 1 ist ein im Täterkreis weder personal begrenztes noch an besondere Qualifikationen gebundenes Delikt (**Allgemein**- oder **Jedermanndelikt** → Rn. 20, 23).[131] Die Tat kann von allen Personen (Unternehmensbeschäftigten und Nichtbeschäftigten wie Freiberufler, Gewerbetreibende, Kunden, Rentner, Studenten usw.) begangen werden,[132] niemandem ist die Deliktsverwirklichung prinzipiell verschlossen. Dies gilt selbst dann, wenn sie sich durch Vorspiegelung eines Einverständnisses oder einer Einwilligung (→ Rn. 51) des zuständigen Dispositionsbefugten des Irrtums eines Dritten (zB. eines Unternehmensbeschäftigten) bedienen.

63   Die **Täterschaftsformen** sind nicht auf bestimmte Erscheinungsformen begrenzt, sie umfassen sowohl Allein- wie Mit- und mittelbare Täterschaft.[133] Die Beauftragung Dritter zur Dateienkopie begründet trotz detaillierter Tatvorgaben und Täterwillen keineswegs zwingend eigene Täterschaft.[134] Dazu bedarf es sowohl des Ausschlusses teilnehmerschaftlichen Drittverhaltens als auch des positiven Nachweises eigener mit- bzw. mittelbar-täterschaftlicher Mitwirkung. Erlangt der Tatmittler eigene (tatsächliche oder inhaltliche) Kenntnis oder eigene tatsächliche Herrschafts- bzw. Bestimmungsgewalt über eine weiterzuleitende Geheimnisverkörperung, so verwirklicht er bereits das Erlangungsdelikt.

---

129   BeckOK GeschGehG/*Hiéramente*, § 23 Rn. 63; zur Vorfassung des § 17 Abs. 2 Nr. 1 UWG aF *Brammsen*, Lauterkeitsstrafrecht, § 17 Rn. 85 f. mwN.
130   *Drescher*, S. 331; H/O/K/*Harte-Bavendamm*, § 23 Rn. 69.
131   BeckOK GeschGehG/*Hiéramente*, § 23 Rn. 16; *Drescher*, S. 308; Hoppe/Oldekop/*Altenburg*, Kap. 1 Rn. 874; MK-StGB/*Hohmann*, § 23 GeschGehG Rn. 139; *Reinfeld*, § 7 Rn. 40.
132   BeckOK GeschGehG/*Hiéramente*, § 23 Rn. 16; *Drescher*, S. 308; H/O/K/*Harte-Bavendamm*, § 23 Rn. 11; Hoppe/Oldekop/*Altenburg*, Kap. 1 Rn. 874; K/B/F/*Alexander*, § 23 GeschGehG Rn. 26; MK-StGB/*Hohmann*, § 23 GeschGehG Rn. 139; *Reinfeld*, § 7 Rn. 40.
133   BeckOK GeschGehG/*Hiéramente*, § 23 Rn. 16; K/B/F/*Alexander*, § 23 GeschGehG Rn. 80; MK-StGB/*Hohmann*, § 23 GeschGehG Rn. 139.
134   AA zu § 17 Abs. 2 Nr. 1 UWG aF LG Essen, Urt. v. 21.11.2008 – 56 Kls 39/07 Rn. 85 – www.justiz.nrw.de. Zur Abgrenzung zur Anstiftung „qua Einflussnahme" (am Beispiel des § 202a Abs. 1 StGB) BGH, NStZ-RR 2020, 278 Rn. 29 ff.

III. Die einzelnen Straftatbestände des § 23 Abs. 1–3 GeschGehG   **§ 23**

bb) Teilnahme

Jede Person kann sich nach den allgemeinen Vorschriften der §§ 26, 27 StGB an   64
einer fremdhändigen Betriebsspionage beteiligen, auch Unternehmensbeschäftigte,
die als Anstifter oder Gehilfe an einer entsprechenden Haupttat eines „Kollegen"
oder eines externen Dritten mitwirken. Eine Gleichstellungsregelung mit Mittätern,
wie sie das Einheitstäterrecht der §§ 30 OWiG, 12 öst. StGB oder § 830 Abs. 2
BGB vorsieht, kennt das materielle Strafrecht des StGB nicht.

(1) Anstiftung

Anstiftung ist das vorsätzliche (auch konkludente) Bestimmen eines Dritten zu des-   65
sen vorsätzlich rechtswidriger Haupttat, § 26 StGB. Es genügen einfache, selbst
„versteckte" Aufforderungen, wenn der Auffordernde seine Äußerungen auch tatsächlich als Aufforderung und Anstiftungsmittel gewollt hat, die bloße Schaffung
objektiver Tatanreize ohne Kommunikationsakt hingegen nicht.[135] Nicht ausreichend ist die Annahme eines fremden haupttäterschaftlichen Erbietens zur Betriebsspionage, etwa zum unbefugten Beschaffen einer geheimen Rezeptur oder
Kundenliste: Die Initiative muss vom Anstifter ausgehen, ist die Anstiftung doch
eine *intrinsisch* initiierte, die Erbietensannahme (§ 30 Abs. 2 Alt. 2 StGB) hingegen
eine *extrinsisch* initiierte Fremdtätergestellung. Beide Begehungsweisen schließen
sich ungeachtet etwaiger noch abzuklärender Entgelthöhe prinzipiell gegenseitig
aus.[136]

(2) Beihilfe

Beihilfe ist die vorsätzliche Hilfeleistung zu einer vorsätzlich rechtswidrigen   66
Fremdtat, § 27 StGB. Zur Gehilfenschaft reichen wissentlich fördernde und unterstützende Vermittlungstätigkeiten für den Haupttäter,[137] nicht aber die bloße Kenntnisnahme von einem ausgespähten Geheimnis – sie ist ggf. eine eigene täterschaftliche Betriebsspionage des vermeintlichen „Helfers." Spätere, das inhaltliche Verständnis des Haupttäters fördernde oder der Sicherung seiner Kenntnis dienende
gehilfenschaftliche Unterstützungs- bzw. Förderungsaktivitäten nach fremder oder
eigener Kenntniserlangung genügen deshalb nicht: Die „Betriebsspionage" ist zu
diesem Zeitpunkt bereits beendet (→ Rn. 60). Entsprechendes gilt für den anschließenden Erwerb fremdseitig bereits ausgespähter Bankkundendaten (SteuerCDs)[138]
– auch sie kann ggf. eine eigentäterschaftliche Betriebsspionage sein.

§ 23 Abs. 6 enthält einen neu aufgenommenen besonderen Rechtfertigungsgrund   67
für die Beteiligungshandlungen der gemeinhin als Medienschaffende bezeichneten,

---

135 *Fischer*, StGB, § 26 Rn. 3 ff., 7 ff. mwN.
136 So bereits am Beispiel des Geheimnisverrats des § 17 Abs. 2 Nr. 1 UWG aF *Brammsen*, Lauterkeitsstrafrecht, § 17 Rn. 71 mwN.
137 Vgl. Schönke/Schröder/*Heine/Weißer*, § 27 Rn. 15 mwN.
138 Wie hier *Breitenbach*, S. 251; *Satzger*, in: FS Achenbach, S. 447, 457; **aA** *Sonn*, S. 219 ff.,
231 ff., 271 („befugte" Beihilfe gem. §§ 160 ff. StPO).

§ 23 Verletzung von Geschäftsgeheimnissen

in § 53 Abs. 1 Nr. 1 StPO benannten Personen, die an einer fremdtäterschaftlich-rechtswidrigen Entgegennahme iSe. Erlangens eines Geschäftsgeheimnisses als Gehilfen mitwirken. Die Regelung kommt nur bei tatbegleitenden oder -vorbereitenden „investigativen" gehilfenschaftlichen Unterstützungen eines fremdtäterschaftlich-rechtswidrigen Aufdeckens zur Anwendung. Auf die Erläuterungen zu § 23 Abs. 6 wird weiterführend verwiesen (→ Rn. 229 ff.).

(3) Absichten

68 Täterseits setzt die Betriebsspionage des Abs. 1 Nr. 1 das Vorliegen bestimmter tatbestandlich benannter Absichten voraus (→ Rn. 29 ff.). Hierzu hat der Streit um die Mitwirkung der Finanz- bzw. Steuerbehörden bei der Weitergabe von SteuerCDs deutlich werden lassen, dass dieses Haftungserfordernis auf der Teilnehmerseite keine Verwirklichung findet: Eigennutz, Drittbegünstigungs-, Schädigungs- oder Wettbewerbsabsicht sind nämlich nach der hM tatbezogene Merkmale[139] und als solche ungeachtet ihrer strafbegründenden Funktion keine akzessorietätsbegrenzenden besonderen persönlichen Merkmale iSd. § 28 StGB.[140] Strafmilderungen für absichtslos agierende Teilnehmer kommen daher nicht in Betracht.

h) Schuld

69 Wie in vielen anderen Teilen des Strafrechts war die Frage einer schuldhaften Deliktsbegehung auch im Geschäftsgeheimnisrecht weder für die Rechtspraxis noch für die Literatur bislang ein Thema hinlänglicher Bedeutung. Dies gilt nicht nur für die hier erörterte Betriebsspionage des Abs. 1 Nr. 1, sondern auch für die anderen Deliktstatbestände des § 23,[141] dessen Vorfassungen in den §§ 17 ff. UWG aF und sonstige einschlägige, primär nebenstrafrechtlich verortete Vorschriften vornehmlich des Gesellschafts- und Betriebsverfassungsrechts. Ungeachtet geheimnisspezifischer Besonderheiten[142] sollen zumindest die wichtigsten schuldrelevanten Tatbestände benannt werden, um im Zweifelsfall einer etwaigen Schuldminderung oder Schuldausschließung deren Vorliegen oder Nichtvorliegen erwägen bzw. begegnen zu können:

70 Die Schuldunfähigkeit der Kinder und Jugendlichen, insbesondere der jugendlichen Auszubildenden und Praktikanten (§§ 19 StGB und 3 JGG) sowie die Schuldunfähigkeit der seelisch gestörten Personen (§ 20 StGB) und die sog. actio libera in causa, die verminderte Schuldfähigkeit (§ 21 StGB) und aus dem Bereiche des Irrtums der Verbotsirrtum (§ 17 StGB), der sog. Putativnotwehrexzess (§ 33

---
139 Zur Unterscheidung und Konturierung der tat- und täterbezogenen Merkmale statt vieler MK-StGB/*Joecks*, § 28 Rn. 23 ff., 35; Schönke/Schröder/*Heine/Weißer*, § 28 Rn. 15 ff.
140 Wie hier MK-StGB/*Hohmann*, § 23 GeschGehG Rn. 141 f.
141 Allenfalls Hinweise zum Verbotsirrtum des § 17 StGB; vgl. K/B/F/*Alexander*, § 23 GeschGehG, Rn. 50, 58, 76.
142 Ihr Fehlen konstatieren ua. BeckOK GeschGehG/*Hiéramente*, § 23 Rn. 57; BeckOK UWG/*Barth*, GeschGehG § 23 Rn. 2, 23, 33; *Reinfeld*, § 7 Rn. 32 u. passim.

III. Die einzelnen Straftatbestände des § 23 Abs. 1–3 GeschGehG   **§ 23**

StGB) und Irrtum über einen Entschuldigungsgrund des § 35 StGB. Einzubeziehen ist ggf. noch der Gewissenskonflikt des Art. 4 Abs. 1 GG, der nicht über die tatbestandliche Haftungsfreistellung des § 5 einer vorgeordneten objektiven Auflösung zugeführt werden konnte.

i) Konkurrenzen

Betriebsspionage kann je nach den konkreten Tatumständen tateinheitlich oder tatmehrheitlich mit anderen Strafverstößen des Täters zusammentreffen. **Tateinheit** (§ 52 StGB) kommt ua. in Betracht:[143] mit den einschlägigen Staatsschutzdelikten der §§ 96, 98, 99 StGB, dem Ausspähen von Daten (§ 202a StGB)[144] und einer Verletzung der Vertraulichkeit des Wortes (§ 201 StGB), mit Diebstahl (§ 242 StGB), Computerbetrug (§ 263a StGB),[145] Urkundenunterdrückung und – eher selten – Computersabotage (§§ 274 Abs. 1 Nr. 2, 303b Abs. 1 Nr. 2 StGB) sowie den „Beschaffungsvarianten" der §§ 42 Abs. 1 Nr. 2 BDSG, 148 Abs. 1 Nr. 1 (Alt. 1 und 2) TKG. Bei unbefugten Dateikopien sachrückgabewilliger Täter ist Idealkonkurrenz mit Diebstahl und Unterschlagung (§§ 242, 246 StGB) mangels An- bzw. Enteignung oder Zueignungsabsicht ausgeschlossen.[146] **Tatmehrheit** ist möglich hinsichtlich desselben Geheimnisses mit anschließender vorab geplanter Geheimnishehlerei iSv. § 23 Abs. 1 Nr. 2 oder Abs. 2,[147] bei verschiedenen Geheimnissen auch mit Geheimnisverrat gem. § 23 Abs. 1 Nr. 3.[148]

71

j) Strafrahmen

Die Betriebsspionage des Abs. 1 Nr. 1 weist in Übereinstimmung mit ihrer Grundfassung in § 17 Abs. 2 Nr. 1 UWG 1986[149] einen Strafrahmen von alternativ **Freiheitsstrafe** bis zu **drei** Jahren oder **Geldstrafe** auf. Bei einem Handeln in Bereicherungsabsicht ist nach § 41 StGB auch die Verhängung einer Geldstrafe **neben** der Freiheitsstrafe zulässig.[150] Die Betriebsspionage ist ein **Vergehen**, da die gesetzlich angedrohte Strafhöhe nicht das Mindestmaß der Verbrechen von einem Jahr Freiheitsstrafe oder darüber erreicht (§ 12 Abs. 2 iVm. Abs. 1 StGB). Als weitere Tat-

72

---

143 *Drescher*, S. 401, 409; MK-StGB/*Hohmann*, § 23 GeschGehG Rn. 171; Müller-Gugenberger/*Dittrich*, § 33 Rn. 119.
144 Schönke/Schröder/*Eisele*, § 202a Rn. 29 mwN; **aA** Konsumtion des § 202a Abs. 1, *Drescher*, S. 402.
145 BayObLGSt 1990, 88, 90 – Geldspielautomat; MK-StGB/*Hohmann*, § 23 GeschGehG Rn. 171.
146 BayObLG, NJW 1992, 1777, 1778.
147 Für Gesetzeskonkurrenz (Konsumtion, mitbestrafte Vortat, Subsidiarität) BayObLG, JR 1994, 289, 290; OLG Celle, NStZ 1989, 367 f.; *Breitenbach*, S. 197 f.; *Drescher*, S. 406 f.; Müller-Gugenberger/*Dittrich*, § 33 Rn. 119; unklar BGH, BeckRS 2016, 17444 Rn. 38; wie hier MK-StGB/*Hohmann*, § 23 GeschGehG Rn. 168.
148 Für Tateinheit auch hinsichtlich desselben Geheimnisses *Drescher*, S. 333.
149 Komprimiert dazu *Brammsen*, Lauterkeitsstrafrecht, § 17 Rn. 2.
150 GK-UWG/*Wolters*, § 17 Rn. 123.

§ 23   Verletzung von Geschäftsgeheimnissen

folge kann nach der gemeinsamen Reform von Einziehung[151] und Verfall,[152] die in Abwandlung der früheren Rechtsnatur einer Nebenstrafe nunmehr eine dem Bereicherungsrecht entlehnte und ihres repressiven Charakters entkleidete Vermögensabschöpfung in Gestalt einer rein objektiven Rückabwicklung strafrechtswidriger Güterzuordnung implementierte, nur noch eine **Wertersatzeinziehung** gem. §§ 73 ff. StGB verhängt werden.[153] Insoweit wird auf einschlägige Kommentierungen verwiesen.[154]

2. Die eigeneröffnete Geheimnishehlerei (§ 23 Abs. 1 Nr. 2)

73   Der Tatbestand der **eigeneröffneten (besser: unechten)**[155] **Geheimnishehlerei** gem. § 23 Abs. 1 Nr. 2 normiert ein zweiaktig angelegtes Delikt, das den strafrechtlichen Schutz der Geschäftsgeheimnisse auf unbefugte Offenlegungs- und Nutzungshandlungen erstreckt, die einer Kenntnisnahme des Täters zeitlich nachfolgen. Die Vorschrift enthält den **hälftigen** (nunmehr nur zivilistisch festgesetzten) **Normgehalt** der vormals in § 17 Abs. 2 Nr. 2 UWG aF verankerten **Geheimnishehlerei** und erfasst lediglich die selbstverschaffte Kenntnisnahme (gem. § 4 Abs. 1 Nr. 1) als taugliche Vortat;[156] die fremdtäterschaftlich vermittelte (echte) Geheimnishehlerei ist in § 23 Abs. 2 geregelt (→ Rn. 101 ff.).

74   Wie bereits in § 17 Abs. 2 Nr. 2 UWG aF hat der Gesetzgeber diese nicht ganz unkomplizierte Konstruktion eines „**vortatsakzessorischen Anschlussdelikts**" mit einer zu Fehldeutungen Anlass gebenden Beschreibung des deliktsspezifischen Vorverhaltens umgesetzt, die das angriffseröffnende Konstituens der Kenntniserlangung sachlich korrekt an das täterkonkretisierende Merkmal der Verwirklichung eines (mindestens objektiven) Verstoßes gegen § 4 Abs. 1 Nr. 1 knüpft.[157] Während die Tathandlung in § 23 Abs. 1 Nr. 2 selbst beschrieben ist („nutzt oder offenlegt"), verweist das Gesetz hinsichtlich der tauglichen Vortat auf die Ausfüllungsnorm des § 4 Abs. 2 Nr. 1 lit. a, der wiederum auf § 4 Abs. 1 Nr. 1 verweist. Diese **doppelte**

---

151 Vgl. dazu etwa RGSt 60, 53, 55 – Strohhutnähmaschinen.
152 Abl. etwa zu angekauften FIN-Nummern und Halterdaten von Kfz-Unfallwagen LG Freiburg, wistra 2012, 361, 362 (bloße Geschäftschancen, kein unmittelbarer wirtschaftlicher Vorteil einer Geheimnisverwertung).
153 Zu dieser Umwandlung komprimiert B/K/S/T/*Bittmann*, Rn. 49 ff., B/K/S/T/*Köhler*, Rn. 57 ff.
154 Einschlägige kürzere geheimnisspezifische Überblicke bei *Drescher*, S. 517 ff. und Hoppe/Oldekop/*Altenburg*, Kap. 4 Rn. 26 ff.; allgemeiner einführend Schönke/Schröder/*Eser/Schuster*, Vor §§ 73 ff. Rn. 1 ff.
155 Der Begriff „Geheimnis**hehlerei**" ist in Bezug auf § 23 Abs. 1 Nr. 2 unpassend, weil der Täter das Geheimnis zum einen selbst erlangt haben muss, zum anderen kein Verstoß gegen ein Strafgesetz Voraussetzung ist; *Drescher*, S. 317; Hoppe/Oldekop/*Altenburg*, Kap. 1 Rn. 881. Grundvoraussetzung der Sachhehlerei ist die Personenverschiedenheit von Hehler und Vortäter (§ 259: „Sache, die ein anderer gestohlen …") und das Vorliegen einer durch Straftat bemakelten Sache; ähnlich H/O/K/*Harte-Bavendamm*, § 23 Rn. 47. Zur besseren Lesbarkeit wird gleichwohl an der tradierten Bezeichnung der Geheimnishehlerei festgehalten.
156 H/O/K/*Harte-Bavendamm*, § 23 Rn. 13, 47; MK-StGB/*Hohmann*, § 23 Rn. 59.
157 Vgl. bereits *Brammsen*, Lauterkeitsstrafrecht, § 17 Rn. 107.

III. Die einzelnen Straftatbestände des § 23 Abs. 1–3 GeschGehG **§ 23**

Verweisung[158] ist aus der Sicht des Rechtsanwenders problematisch,[159] da sie den strafrechtlichen Begriff der Anschlusstat zivilistisch auflöst, rein objektiv rechtswidrig orientiert und damit eigentlich immaterialgüterrechtlich „ausformt". Neben seiner auffälligen „innergesetzlichen" Verkettung auf der objektiven ist mit zusätzlichen Absichtserfordernissen auf der subjektiven Tatseite der normspezifische Gleichklang in § 23 zwar äußerlich konsequent gewahrt, sachlich aber eine durchaus begründungsbedürftige Haftungserweiterung konstituiert.

a) Objektiver Tatbestand

Den objektiven Tatbestand der eigeneröffneten Geheimnishehlerei gem. § 23 Abs. 1 Nr. 2 verwirklicht, wer nach dem nur objektiv zivilrechtswidrig eigentäterschaftlichen Erlangen eines Geschäftsgeheimnisses entgegen § 4 Abs. 1 Nr. 1 das betreffende Geschäftsgeheimnis entgegen § 4 Abs. 2 Nr. 1 lit. a nutzt oder offenlegt. 75

aa) Täter

Täter der Geheimnishehlerei des Abs. 1 Nr. 2 ist kein beliebiger Dritter oder unkonturierter Jedermann.[160] Dies übergeht die strikt handlungsbedingte Vorformung der Angriffsweisen „Nutzen und Offenlegen" (→ § 3 Rn. 112 ff., 124 ff.; § 4 Rn. 56, 73 f.), die das eigene „Geheimnishaben" zur täterbezogenen Vollzugsvoraussetzung (Verstoß gegen § 4 Abs. 1 Nr. 1) machen. Seine faktische Eigenkenntnis bzw. Sachherrschaft ist aber ein handlungsprägendes **Tätermerkmal**, das den Delinquentenkreis über die vollzugsnotwendige zuvorige Kenntnis- bzw. Herrschaftsnahme objektiv personenbezogen auf Geheimnisträger begrenzt (vertiefend zur gesetzlichen Systematik → § 4 Rn. 55 ff.). Dergestalt zwar nahezu **Jedermann** beliebig offenstehend ist Abs. 1 Nr. 2 deshalb ein den Täterkreis allein über handlungsvermittelte soziale Positionen konkretisierendes sog. allgemeinpflichtiges Tatsituationsdelikt: Täter können nur Personen sein, die durch eigenhändigen Verstoß gegen § 4 Abs. 1 Nr. 1 Kenntnis von dem Geheimnis bzw. Herrschaft über dessen Vergegenständlichung erlangt haben, dh. in bestimmter Weise **qualifizierte Geheimnisträger**.[161] § 23 Abs. 1 Nr. 2 kennzeichnet diese Geheimnishehler über deren zuvoriges „erwerbswidriges" Erlangen. 76

Personell umfasst ihr Kreis demnach nur **rechtsverletzende Geheimnisträger**, die durch eigentäterschaftliches Erlangen (unbefugter Zugang zu, unbefugtes Aneignen und Kopieren) eigene Kenntnis(nahmemöglichkeit) von einem fremden Geheimnis erhalten haben. Dazu gehören sowohl **Außenstehende**, die das Geschäfts- 77

---

158 Hoppe/Oldekop/*Altenburg*, Kap. 1 Rn. 884.
159 BeckOK GeschGehG/*Hiéramente*, § 23 Rn. 22.
160 AA BeckOK GeschGehG/*Hiéramente*, § 23 Rn. 24; *Drescher*, S. 314; H/O/K/*Harte-Bavendamm*, § 23 Rn. 15; Hoppe/Oldekop/*Altenburg*, Kap. 1 Rn. 882; M/S/W/*Kudlich/Koch*, § 26 Rn. 43; K/B/F/*Alexander*, § 23 GeschGehG Rn. 28; *Reinfeld*, § 7 Rn. 51.
161 Vgl. bereits *Brammsen*, Lauterkeitsstrafrecht, § 17 Rn. 109 f. mwN.

§ 23   Verletzung von Geschäftsgeheimnissen

geheimnis durch „klassische" Formen der Industriespionage erlangt haben (bspw. elektronische Ausspähung), als auch **frühere Arbeitnehmer** (zum Begriff → § 4 Rn. 87 ff.) **des Geheimnisinhabers**, die entsprechende Betriebsinterna während ihres Beschäftigungsverhältnisses unter Verstoß gegen vertragliche Pflichten vereinnahmt haben (→ § 4 Rn. 42).[162] **Bloß vertragswidriges Nutzen oder Offenlegen** von Geschäftsgeheimnissen durch ehemalige Beschäftigte nach Beendigung ihres Vertragsverhältnisses ohne verbotenes vorheriges Erlangen iSv. § 4 Abs. 1 Nr. 1 ist **nicht strafbewehrt** – in § 23 finden die (insoweit weitergehenden) zivilrechtlichen Nutzungs- und Offenlegungsverbote des § 4 Abs. 2 Nr. 2 und Nr. 3 keine entsprechende Umsetzung. In Ansehung dessen dürfte der Rückgriff eines ausgeschiedenen Arbeitnehmers auf ursprünglich befugtermaßen überlassene (sofern er nicht zur Rückgabe aufgefordert wird) oder selbst angefertigte Unterlagen strafrechtlich nicht (mehr)[163] zu beanstanden sein.[164] Ob dies allerdings auch für das Nutzen und Offenlegen nur unbewusst fahrlässig erlangter Geheimnisse gleichermaßen gilt, ist allein schon angesichts der damit verbundenen dauerhaften Prüfpflichten zumindest fragwürdig (→ Rn. 74).

bb) Vortaten

78   „Eingangsvoraussetzung" jeden unbefugten Nutzens und Offenlegens eigentäterschaftlich erlangter Geschäftsgeheimnisse ist ein Verstoß gegen § 4 Abs. 1 Nr. 1, mithin deren eigenes Erhalten durch unbefugten Zugang zu, unbefugtes Aneignen oder Kopieren von geheimnisverkörpernden Trägermedien. Der Täter muss den Tatbestand der rechtswidrigen Geheimniserlangung nach **§ 4 Abs. 1 Nr. 1 vollständig erfüllt** haben; dies kann allein- oder mittäterschaftlich (§ 25 Abs. 2), unterstützt durch Gehilfen oder verleitet durch Anstifter geschehen.[165] Bloße Teilnehmerschaft am unbefugten Erlangen Dritter genügt jedoch nicht (→ § 4 Rn. 52). Auch schließt ein „Ausnahmetatbestand" des § 5 eine Täterschaft aus.[166]

79   Hierbei genügt der **bloß objektive Verstoß gegen § 4 Abs. 1 Nr. 1**. Dies stellt eine Verschärfung der Strafbarkeit im Vergleich zur vormaligen Rechtslage unter Geltung des § 17 Abs. 2 Nr. 2 UWG dar, der ausschließlich solche Personen als Geheimnishehler zuließ, die durch bewusst (straf-)rechtswidriges Täterverhalten eigene Kenntnis von einem fremden Geschäftsgeheimnis erhalten hatten.[167] Nunmehr

---

162 H/O/K/*Harte-Bavendamm*, § 23 Rn. 15; MAH/*Witting/Werning*, § 24 Rn. 73; Müller-Gugenberger/*Dittrich*, § 33 Rn. 113, 115; *Reinfeld*, § 7 Rn. 56.
163 Anders die zivilistische Rechtsprechung zu § 17 Abs. 2 UWG aF; vgl. BGH, NJW 2006, 3424, 3425 – Kundendatenprogramm; BGH, NJW 2009, 1420 Rn. 15 – Versicherungsuntervertreter.
164 Wie hier *Drescher*, S. 319 ff.; H/S/H/*Drescher*, 7.9 Rn. 83; *Hiéramente/Wagner*, GRUR 2020, 709, 711 f.; MAH/*Witting/Werning*, § 24 Rn. 73; Müller-Gugenberger/*Dittrich*, § 33 Rn. 113, 115; in diese Richtung auch Büscher/*Tochtermann*, § 23 GeschGehG Rn. 16; aA wohl H/O/K/ *Harte-Bavendamm*, § 23 Rn. 15.
165 H/O/K/*Harte-Bavendamm*, § 23 Rn. 14.
166 H/O/K/*Harte-Bavendamm*, § 23 Rn. 12; *Reinfeld*, § 7 Rn. 57.
167 Statt vieler *Brammsen*, Lauterkeitsstrafrecht, § 17 Rn. 111.

III. Die einzelnen Straftatbestände des § 23 Abs. 1–3 GeschGehG § 23

muss der Täter im Zeitpunkt der Vortatbegehung weder vorsätzlich handeln noch die besonderen Absichtsmerkmale des § 23 aufweisen; vielmehr können auch bloß fahrlässige Verstöße gegen § 4 Abs. 1 Nr. 1 den Täter in die Strafbarkeit führen, wenn er bei der nachfolgenden Nutzungs- oder Offenlegungshandlung die notwendige subjektive Komponente aufweist.[168] Insoweit dürfte auch kein gesetzgeberisches Versehen vorliegen. Denn hätte der Gesetzgeber einen inhaltlichen Gleichlauf mit § 17 Abs. 2 Nr. 2 UWG aF normieren wollen, so wäre in § 23 Abs. 1 Nr. 2 ein Verweis auf § 23 Abs. 1 Nr. 1 – und nicht das bloß objektive Handlungsverbot in § 4 Abs. 2 lit. a – erfolgt.[169] Nachträgliche, zufällige oder gar in Gestalt zivilrechtlicher Auskunftsansprüche bestehende befugte Kenntnisnahmen genügen indes weder den gesetzlichen Anforderungen der unwertvermittelnden „Spionage-" noch denjenigen der strafrechtlichen „Anschlussvortat" (→ § 4 Rn. 41).[170]

Im Gegensatz zum zivilrechtlichen Korrelat der Geheimnishehlerei gem. § 4 Abs. 2 steht im Falle des § 23 Abs. 1 Nr. 2 vor dem Hintergrund des strafrechtlichen **Bestimmtheitsgebotes** nur ein Verstoß gegen § 4 Abs. 1 Nr. 1 – nicht aber gegen die zivilrechtliche „Auffangklausel" des § 4 Abs. 1 Nr. 2 – unter Strafe.[171] Im Übrigen kann hinsichtlich der Einzelheiten zur tauglichen Vortat auf → § 4 Rn. 52 und zur Verwirklichung des Tatbestands des § 4 Abs. 1 Nr. 1 auf die dortigen Ausführungen (→ § 4 Rn. 37 ff.) verwiesen werden. **80**

cc) Tatgegenstand

Tatgegenstand der Geheimnishehlerei sind alle Arten erlangter verkörperter Geschäftsgeheimnisse. Ob sie zum Zeitpunkt der Nutzung und Offenlegung (noch) **verkörpert** sind, ist irrelevant,[172] solange sie es im Zeitpunkt ihres Erlangens waren: Unverkörpert erlangte Geheimnisse sind kein taugliches Angriffsobjekt, ihre nachfolgende Verwertung straffrei (→ § 4 Rn. 29).[173] Auch sind die in § 4 Abs. 1 Nr. 1 benannten Vortaten des § 4 Abs. 2 Nr. 1 lit. a kein objekt-, sondern ein personalbezogenes Merkmal – was unmissverständlich in der gesetzlichen Umschreibung des Entziehungsvorgangs „durch eine eigene Handlung nach Absatz 1 [...] erlangt hat" (→ Rn. 76 f.) zum Ausdruck kommt. **81**

Erlangt sind nur solche Geschäftsgeheimnisse, die der Täter in seiner Verfügungsgewalt hat. Dazu genügt es, wenn er an der verkörperten Sache Gewahrsam begründet hat oder das Geschäftsgeheimnis ihm so zugänglich ist, dass er jederzeit in der **82**

---

168 K/B/F/*Alexander*, § 23 GeschGehG Rn. 27; BeckOK GeschGehG/*Hiéramente*, § 23 Rn. 26.
169 Kritisch zur Ausweitung der Strafbarkeit BeckOK GeschGehG/*Hiéramente*, § 23 Rn. 28 ff.; *Brammsen*, wistra 2018, 449, 455.
170 Zum Zufall: RGSt 30, 251 ff.; zur Befugnis: ÖOGH, SSt 42, 129, 132 sowie BayObLG, GRUR 1988, 634 – Überlassungsanspruch.
171 *Dann/Markgraf*, NJW 2019, 1774, 1778; K/B/F/*Alexander*, § 23 GeschGehG Rn. 21; H/S/H/*Drescher*, 7.9 Rn. 82; H/O/K/*Harte-Bavendamm*, § 23 Rn. 3; *Reinfeld*, § 7 Rn. 22.
172 BeckOK GeschGehG/*Hiéramente*, § 23 Rn. 25.
173 Vgl. Büscher/*Tochtermann*, § 23 GeschGehG Rn. 14.

§ 23   Verletzung von Geschäftsgeheimnissen

Lage ist, dieses selbst zu nutzen oder offenzulegen. Seiner weitergehenden inhaltlichen Kenntnisnahme oder gar seines Verständnisses bedarf es nicht.[174] Für Einzelheiten wird auf die Ausführungen zu → § 4 Rn. 18 ff. verwiesen.

dd) Tathandlung

83   Gesetzlich benannte Angriffshandlungen der eigeneröffneten Geheimnishehlerei sind das Nutzen oder Offenlegen fremder Geschäftsgeheimnisse.[175] **Nutzen** umfasst jede Art der Verwertung, die über das bloße Innehaben, Erhalten oder Sichern des Geheimnisses hinausgeht, bzw. positiv formuliert: Nutzen ist das einsatzorientierte praktische Anwenden bzw. Gebrauchen von einem Etwas (einem Gut, einer Information) iS eines inhaltsbezogen-zweckformen Ein- bzw. Umsetzens seines Ertragspotenzials im Umgang mit Gütern, Informationen, Werkzeugen usw.[176] **Offenlegen** ist jede Preisgabe von Informationen durch Übermitteln iSv. Veröffentlichen ebenso wie durch situativ-singuläres Kundtun gegenüber einem oder mehreren Dritten.[177] Eine Nutzung oder weitere Offenlegung durch den Dritten ist nicht erforderlich, dieser braucht das Geschäftsgeheimnis als solches nicht einmal zu verstehen.[178] Offenlegen kann auch im Wege des **Unterlassens** begangen werden; dies kommt vor allem dann in Betracht, wenn (wie es insbes. für höhere Angestellte die Regel ist) eine vertragliche Pflicht besteht, die Kenntniserlangung durch unbefugte Dritte zu verhindern.[179] Im Übrigen ergeben sich keine Unterschiede zum „Nutzen" oder „Offenlegen" im Rahmen von § 4 Abs. 2 Nr. 1 lit. a, sodass auf dortige Ausführungen (→ § 4 Rn. 53 f.) sowie auf die weitergehenden Erläuterungen zu § 3 Abs. 2 (→ § 3 Rn. 112 ff., 124 ff.) verwiesen wird.

84   Durch das Ersetzen der vormals in § 17 Abs. 2 Nr. 2 UWG aF gebrauchten Tathandlungen „Verwerten" und „Mitteilen" durch „Nutzen" und „Offenlegen" wurde der Anwendungsbereich der Geheimnishehlerei des Abs. 1 Nr. 2 erweitert. Zwar wollte der Gesetzgeber dem sprachlichen Wandel keine inhaltliche Abänderungskraft zuerkennen,[180] dieses Unterfangen ging jedoch fehl.[181] Das „Nutzen" erfasst sowohl gewinnorientiertes, von gewerblichen oder wirtschaftlichen Zwecken geleitetes

---

174 MAH/*Witting/Werning*, § 24 Rn. 71; MK-StGB/*Hohmann*, § 23 GeschGehG Rn. 63.
175 Beispiele auch bei *Reinfeld*, § 7 Rn. 65 ff.; H/O/K/*Harte-Bavendamm*, § 23 Rn. 16 f.
176 K/B/F/*Alexander*, § 4 GeschGehG Rn. 38; MK-StGB/*Hohmann*, § 23 GeschGehG Rn. 64; s. auch H/O/K/*Harte-Bavendamm*, § 23 Rn. 16; Hoppe/Oldekop/*Altenburg*, Kap. 1 Rn. 887; *Reinfeld*, § 7 Rn. 64.
177 H/O/K/*Harte-Bavendamm*, § 23 Rn. 17; Hoppe/Oldekop/*Altenburg*, Kap. 1 Rn. 889.
178 MK-StGB/*Hohmann*, § 23 GeschGehG Rn. 67.
179 H/O/K/*Harte-Bavendamm*, § 23 Rn. 17; MK-StGB/*Hohmann*, § 23 GeschGehG Rn. 143 f.
180 Vgl. BT-Drs. 19/4724, S. 40; H/O/K/*Harte-Bavendamm*, § 23 Rn. 13; Hoppe/Oldekop/*Altenburg*, Kap. 1 Rn. 887.
181 *Brammsen*, wistra 2018, 449, 455; Hoppe/Oldekop/*Altenburg*, Kap. 1 Rn. 887; MK-StGB/*Hohmann*, § 23 GeschGehG Rn. 63.

III. Die einzelnen Straftatbestände des § 23 Abs. 1–3 GeschGehG **§ 23**

„Verwerten"[182] als auch ideelles, politisches usw. Vorgehen.[183] Genau umgekehrt verhält es sich mit dem „Offenlegen", dessen Wortlaut und Sprachgebrauch eine gegenüber dem „Mitteilen" eher engere und damit strafbegrenzende Verwendung eröffnet.[184] So lässt bereits das nunmehr miterfasste Anhören oder Entgegennehmen fremdgesteuerter Mitteilungen deutlich werden, dass zuverlässige „Vortatslösungen" nichts von ihrer großen Praxisrelevanz verlieren werden. Das Verwischen zivil- und strafrechtlicher Denkansätze bietet eben einige leicht zu übersehende Tücken.

b) Subjektiver Tatbestand

Der Gesetzestatbestand der eigeneröffneten Geheimnishehlerei setzt subjektiv ein vorsätzliches und zusätzlich ein Handeln zur Förderung des eigenen oder fremden Wettbewerbs, aus Eigennutz, zugunsten eines Dritten oder in der Absicht, dem Inhaber des Unternehmens Schaden zuzufügen, voraus.   85

aa) Vorsatz

Die Geheimnishehlerei des Abs. 1 Nr. 2 bedarf des vorsätzlichen Handelns, § 15 StGB. Fahrlässige Begehung ist gesetzlich nicht erfasst, ihr verbleibt nur die zivilistische Haftung. Bedingter Vorsatz (zu den Vorsatzformen → Rn. 29, 47) genügt. Der zumindest bedingte Vorsatz[185] muss sich auf den gesamten objektiven Tatbestand einschließlich der gesamten Voraussetzungen – auch etwaiger Absichtserfordernisse – der verwirklichten Vortat (der unbefugten Erlangung des Geschäftsgeheimnisses entgegen § 4 Abs. 1 Nr. 1) erstrecken. Der Tathandlungsvorsatz braucht nicht schon zum Zeitpunkt der Vortat (Kenntniserlangung), sondern erst bei Nutzung oder Offenlegung vorzuliegen.[186] Der Täter muss demnach dabei positive Kenntnis oder doch zumindest das Bewusstsein von der konkreten Gefahr haben, dass er seine Kenntnis von dem betreffenden Geheimnis durch seinen vorsätzlichen Verstoß gegen § 4 Abs. 1 Nr. 1 erlangt hat:[187] Das Strafrecht kennt weder einen zu einem ablaufenden Gefährdungsakt hinzutretenden Vorsatz (dolus superveniens)[188]   86

---

182 *Brammsen*, wistra 2018, 449, 455; Hoppe/Oldekop/*Altenburg*, Kap. 1 Rn. 887; MK-StGB/*Hohmann*, § 23 GeschGehG Rn. 65; *Reinfeld*, § 7 Rn. 64; ähnlich H/O/K/*Harte-Bavendamm*, § 23 Rn. 16, der eine Eingrenzung über die subjektiven Tatbestandsmerkmale vornehmen will.
183 *Brammsen*, Lauterkeitsstrafrecht, § 17 Rn. 129b; H/O/K/*Harte-Bavendamm*, § 23 Rn. 16; Hoppe/Oldekop/*Altenburg*, Kap. 1 Rn. 887; MK-StGB/*Hohmann*, § 23 GeschGehG Rn. 65; Müller-Gugenberger/*Dittrich*, § 33 Rn. 114.
184 *Brammsen*, Lauterkeitsstrafrecht, § 17 Rn. 42a.
185 BeckOK GeschGehG/*Hiéramente*, § 23 Rn. 27; H/O/K/*Harte-Bavendamm*, § 23 Rn. 39; Hoppe/Oldekop/*Altenburg*, Kap. 1 Rn. 934; MAH/*Witting/Werning*, § 24 Rn. 74; MK-StGB/*Hohmann*, § 23 GeschGehG Rn. 68; M/S/W/*Kudlich/Koch*, § 26 Rn. 43; Müller-Gugenberger/*Dittrich*, § 33 Rn. 116.
186 BeckOK GeschGehG/*Hiéramente*, § 23 Rn. 27; *Drescher*, S. 318; K/B/F/*Alexander*, § 23 GeschGehG Rn. 27.
187 MK-StGB/*Hohmann*, § 23 GeschGehG Rn. 69; *Reinfeld*, § 7 Rn. 68.
188 Näher zu ihm *Brammsen*, Garantenpflichten, S. 418 ff.

§ 23 Verletzung von Geschäftsgeheimnissen

noch dessen nachträgliches Auftreten (dolus subsequens)[189] – ebenso wenig wie das Strafgesetz vermögensbezogene Anschlussdelikte mit fahrlässiger Vortat kennt.

bb) Absichtserfordernisse

87 Die besonderen Beweggründe der Drittbegünstigungs-, der Schädigungs- sowie der Wettbewerbsabsicht oder des Eigennutzes müssen bei der Tatbegehung der Nutzung bzw. Offenlegung vorliegen. Zu ihrer Erläuterung wird auf → Rn. 29 ff. verwiesen.

c) *Tatbestandsausnahmen (§ 5)*

88 Entgegen § 23 Abs. 1 Nr. 2 handelt nur, wer ein vortatgemäß-rechtswidrig erlangtes und in seiner „Fruchtziehung bemakeltes" Geheimnis[190] ohne Gestattung des Berechtigten oder sonstige Erlaubnisgründe offenlegt oder nutzt. Der Täter ist mithin nicht strafbar, wenn sein Handeln § 3 unterfällt, er sich auf eine Tatbestandsausnahme gem. § 5 berufen kann[191] oder sein tatbestandskonformes Handeln gerechtfertigt ist. Bezüglich der Tatbestandsausnahmen ist zunächst auf die Ausführungen unter → Rn. 49, 55 verwiesen, vertiefend insbesondere auf die einzelnen Anwendungsfälle des kontrovers diskutierten Whistleblowings.

d) *Rechtswidrigkeit*

89 Ebenfalls zu verweisen ist für die Rechtswidrigkeit und ihr eventuelles Fehlen infolge etwaiger vorliegender Rechtfertigungsgründe auf bereits bei den einschlägigen vor- oder nachstehenden Erläuterungen zu den Zugriffshandlungen des Erlangens, des Offenlegens und des Nutzens. Hier ist zuerst auf die Darstellungen zu den verbotenen Handlungen des § 4 Abs. 2 Nr. 1 lit. a und Abs. 1 Nr. 1 (→ § 4 Rn. 30 ff., 59 ff.), sodann auf diejenigen zu den erlaubten Handlungen des § 3 Abs. 2 (→ § 3 Rn. 98 ff., 109 ff.) zu rekurrieren. Ergänzend können die entsprechenden Ausführungen zur Betriebsspionage des § 23 Abs. 1 Nr. 1 ua. zum **Einverständnis** und zur **Einwilligung**[192] (→ Rn. 51 ff.), zum nachstehenden Geheimnisverrat des § 23 Abs. 1 Nr. 3 (→ Rn. 116) und zur fremderöffneten Geheimnishehlerei des § 23 Abs. 2 (→ Rn. 153) hinzugezogen werden. Sie gelten ggf. situationsangepasst entsprechend. Nennenswerte Einzelfälle sind etwa das Offenlegen im besonderen öffentlichen Interesse,[193] Beweismittelvorlagen im Miterfinderprozess,[194] Nutzungs-

---

189 Vgl. *Brammsen*, Garantenpflichten, S. 408 ff.; Schönke/Schröder/*Sternberg-Lieben/Schuster*, § 15 Rn. 49.
190 Dazu zuletzt BGH, WRP 2018, 424 Rn. 19 ff. und 429 Rn. 16 ff. – Knochenzement I und II.
191 BeckOK GeschGehG/*Hiéramente*, § 23 Rn. 55.17; H/O/K/*Harte-Bavendamm*, § 23 Rn. 7; K/B/F/*Alexander*, § 23 GeschGehG Rn. 48; MK-StGB/*Hohmann*, § 23 GeschGehG Rn. 121; *Reinfeld*, § 7 Rn. 57.
192 Ersterenfalls MAH/*Witting/Werning*, § 24 Rn. 72.
193 OLG München, ZUM 2005, 399, 404 f.; NJW-RR 2004, 767, 769 – Themenplacement.
194 Offenlassend ÖOGH, ÖBl. 1992, 231, 234 – Textildruckmaschinen.

III. Die einzelnen Straftatbestände des § 23 Abs. 1–3 GeschGehG **§ 23**

umstellung von unbefugter Herstellung auf offenkundige Verfahren[195] und schuldrechtliche Kenntnisüberlassungsansprüche (→ Rn. 52).

e) Irrtum

Zunächst wird auf die entsprechenden Ausführungen zur Betriebsspionage des Abs. 1 Nr. 1 verwiesen (→ Rn. 57 ff.). Ein diesbezüglicher Irrtum über das verbotene Erlangen iSd. Abs. 1 Nr. 2 betrifft die kenntniseröffnende Vortat als Merkmal des objektiven Tatbestands, begründet mithin einen Tatbestandsirrtum iSd. § 16 StGB.[196] Gleiches gilt bei einem Irrtum über tatsächlich nicht bestehende Rechtfertigungsgründe bei der Nutzung oder Offenlegung, wenn sich die Fehlvorstellungen des Täters auf die tatsächlichen Voraussetzungen einer Befugnisnorm beziehen.[197] Darüber hinausgehende Fehldeutungen einer Kundgabe- oder Nutzungsbefugnis sind als Verbotsirrtum iSv. § 17 StGB zu qualifizieren.[198] 90

f) Vollendung und Versuch der Tat

aa) Vollendung

Für die Vollendung und Beendigung der verbotenen Vortat **Erlangen** eines Geschäftsgeheimnisses ist auf die Ausführungen zur Betriebsspionage des Abs. 1 Nr. 1 (→ Rn. 60 ff.), für das verbotene **Offenlegen** angesichts seiner weit überwiegenden praktischen Bedeutung auf die deshalb durchgängig erst zum nachfolgenden Geheimnisverrat des Abs. 1 Nr. 3 gegebenen Erläuterungen verwiesen (→ Rn. 107). Beide Beendigungen bedürfen des Eintritts eigener bzw. fremder Verfügungsgewalt,[199] nicht aber das erfolgreiche Ausüben getätigter Kenntnisanwendung. 91

Das **Nutzen** eines Geschäftsgeheimnisses ist ungeachtet etwaiger Gewinnerzielung mit der tatsächlichen praktischen Anwendung bzw. Umsetzung des Geheimen vollendet.[200] Demgegenüber bedarf es zu seiner Beendigung des inhaltsaktivierten Einsatzes im Geschäftsbetrieb bzw. Geschäftsverkehr, etwa durch konkrete Anfrage an ausgespähte oder verratene Kunden/Lieferanten,[201] durch Ausschreibungsgebote unter Berücksichtigung bekannter Mitbietergebote[202] oder durch fertigen Nachbau 92

---

195 RG, GRUR 1937, 559, 561 ff. – Rauchfaßkohlen.
196 H/O/K/*Harte-Bavendamm*, § 23 Rn. 40; **aA** (nur beim Irrtum über tatsächliche Voraussetzungen einer Befugnisnorm) MK-StGB/*Hohmann*, § 23 GeschGehG Rn. 53.
197 H/O/K/*Harte-Bavendamm*, § 23 Rn. 40; K/B/F/*Alexander*, § 23 GeschGehG Rn. 49; MK-StGB/*Hohmann*, § 23 GeschGehG Rn. 53.
198 H/O/K/*Harte-Bavendamm*, § 23 Rn. 40; K/B/F/*Alexander*, § 23 GeschGehG Rn. 50; noch zur Vorfassung des § 17 Abs. 2 Nr. 2 UWG aF *Breitenbach*, S. 402 f. mwN.
199 MK-StGB/*Hohmann*, § 23 GeschGehG Rn. 146.
200 IE wie hier MK-StGB/*Hohmann*, § 23 GeschGehG Rn. 145; Müller-Gugenberger/*Dittrich*, § 33 Rn. 117; Scholz/*Tiedemann/Rönnau*, § 85 Rn. 30.
201 *Brammsen*, Lauterkeitsstrafrecht, § 17 Rn. 139; unklar RG, GRUR 1912, 191, 192 – nur Vollendung?
202 BayObLGSt 1995, 110, 120 – Bieterlisten; MK-StGB/*Hohmann*, § 23 GeschGehG Rn. 146.

§ 23 Verletzung von Geschäftsgeheimnissen

Maschinen, Werkzeuge usw. Ob der Täter seine mit der Tat verfolgten Ziele (Drittbegünstigung, Eigennutz, Inhaberschädigung, Wettbewerbsförderung; → Rn. 30 ff.) erreicht hat, ist irrelevant.

bb) Versuch

93 Der Versuch der Geheimnishehlerei ist gem. § 23 Abs. 5 strafbar; zu Definition und Abgrenzung → Rn. 61. Die tatbestandlich benannte Kenntniserlangung durch eine eigentäterschaftliche Betriebsspionage iSd. Abs. 1 Nr. 1 eröffnet weder den Beginn einer Nutzung noch einen solchen der Offenlegung. Als bloße Vorbereitungshandlung zu einer erst anschließend „ansetzbaren" Geheimnishehlerei des § 23 Abs. 1 Nr. 2 erreicht sie nicht dessen Versuchsstadium.

94 Für das **Offenlegen** erfordert der **Versuchsbeginn** in Bezug auf mündliche Kundgaben die Inangriffnahme einer Entäußerung oder die Verlautbarung einer Verkaufsofferte, bei schriftlichen oder anderen verkörperten Mitteilungen bedarf es des Aufnehmens bzw. der Einleitung des Übermittlungs- bzw. Zusendungsakts.[203] Im Übrigen setzt der Täter unmittelbar zur Tat an, wenn er beginnt, den Schutz des Geschäftsgeheimnisses aufzuheben und es dem Zugriff Dritter preiszugeben.[204] Zum strafbaren **untauglichen Versuch** genügen Kundgaben an „Wissensinsider", nur vermeintlich geheimer (offenkundiger) Informationen oder von erwartungswidrig leerer (zeichenloser) Datenträgern.[205]

95 Ein Aufnehmen von Kenntnisanwendungen oder -umsetzungen eröffnet das **versuchte Nutzen**, wenn es nach Vorstellung des Täters das dem Berechtigten zugeordnete Ertragspotenzial seines geheimen Wissensinhalts unmittelbar konkret gefährdet.[206] Diesen Vorgaben genügen das Einblicknehmen in bzw. Hinzuziehen von Kundenlisten oder Mitbieterangeboten bei der Erstellung von Submissionsofferten, die Anfertigung von Werbeschreiben uä. oder Vorarbeiten bzw. Entwürfe für künftige Fertigungen, Forschungen oder sonstige Geschäftspläne unter Übernahme fremder Vorbilder (Geräte, Produkte, Zeichnungen usw.).[207] Wie das untaugliche Offenlegen (→ Rn. 94) ist auch der entsprechend untaugliche Nutzungsversuch strafbar.

g) Täterschaft und Teilnahme

96 Der Täterkreis der eigeneröffneten Geheimnishehlerei bedarf weder besonderer personaler noch sonstiger Qualifikationen: § 23 Abs. 1 Nr. 2 ist ein handlungsgebundenes Allgemein- oder Jedermanndelikt (→ Rn. 76). Die Täterschafts- und Teilnahmeformen folgen den allgemeinen Grundsätzen der §§ 25 ff. StGB, erfassen

---

203 BeckOK GeschGehG/*Hiéramente*, § 23 Rn. 64; *Reinfeld*, § 7 Rn. 10.
204 MK-StGB/*Hohmann*, § 23 GeschGehG Rn. 150.
205 H/O/K/*Harte-Bavendamm*, § 23 Rn. 69; *Reinfeld*, § 7 Rn. 10.
206 Wie hier BeckOK GeschGehG/*Hiéramente*, § 23 Rn. 65; MK-StGB/*Hohmann*, § 23 GeschGehG Rn. 139.
207 BeckOK GeschGehG/*Hiéramente*, § 23 Rn. 65.

III. Die einzelnen Straftatbestände des § 23 Abs. 1–3 GeschGehG **§ 23**

also auch mittelbare Täterschaft[208] (einschließlich schon bzgl. der Vortat),[209] Anstiftung und bloße Gehilfenschaft.[210] Letzterenfalls sind die insoweit nicht bestehenden Absichtserfordernisse (→ Rn. 68) und der Ausschluss doppelter Strafmilderung gem. §§ 27 und 28 StGB zu beachten.[211] Der neu eingefügten Teilnehmergruppe der sog. „Medienmitarbeiter" des § 23 Abs. 6 eröffnen deren eigentäterschaftlichen „Auswertungsakten" eine bemerkenswert weite gruppenspezifische Haftungsfreistellung (→ Rn. 67, 229 ff.). Klassische „Beihilfeaktivitäten" sind es allerdings nicht (→ Rn. 66).

h) Schuld

Fragen der Schuld bzw. Schuldunfähigkeit und Schuldminderung sind gemeinhin ohne Bedeutung. Insoweit ist auf die Ausführungen zur Betriebsspionage des Abs. 1 Nr. 1 verwiesen (→ Rn. 69 f.). Das dort Gesagte gilt auch für die Geheimnishehlerei des Abs. 1 Nr. 2 entsprechend. 97

i) Konkurrenzen

Die Tatbestände der Geheimnishehlerei und der Betriebsspionage sind unabhängig voneinander, können demnach nur in Tatmehrheit verwirklicht werden (→ Rn. 71).[212] Dies ergibt sich schon daraus, dass die täterschaftliche Begehung der Vortat konstituierend für die Strafbarkeit nach § 23 Abs. 1 Nr. 2 ist. Sofern der Unrechtsgehalt der Geheimnishehlerei den der unbefugten Erlangung des Geheimnisses überwiegt, verdrängt die Geheimnishehlerei auf Konkurrenzebene die Vortat[213] ebenso wie deren verwertungsfundiertes und teilnehmerschaftlich mitwirkendes Begehen. Sind neben der Geheimnishehlerei durch die Betriebsspionage noch andere Straftaten (zB §§ 202a, 242, 246, 263, 263a, 266, 274, 303a u. b StGB) begangen, kommt gemeinhin gleichfalls nur Tatmehrheit, Tateinheit hingegen nur in den (eher seltenen) Fällen sich überschneidender Ausführungshandlungen (bspw. Bestechung) vor.[214] 98

Auf zivilrechtlicher Ebene ist ein konkurrierendes Zusammentreffen mit dem wettbewerbsrechtlichen Nachahmungsverbot des § 4 Nr. 3c UWG zwar möglich, faktisch allerdings angesichts spezieller zusätzlicher tatbestandlicher Anforde- 99

---

208 RG, GRUR 1937, 559, 561 – Rauchfaßkohlen; MK-StGB/*Hohmann*, § 23 GeschGehG Rn. 139.
209 RGSt 38, 108, 111; RG, JW 1927, 2378.
210 BayObLGSt 1995, 110, 120 – Bieterlisten: Täter der „Bestechungsvortat" durch Mitteilen als Verwertungsgehilfe.
211 Wie hier MK-StGB/*Hohmann*, § 23 GeschGehG Rn. 142.
212 Müller-Gugenberger/*Dittrich*, § 33 Rn. 119; so schon zur Vorfassung des § 17 Abs. 2 Nr. 2 UWG aF *Brammsen*, EWiR 2017, 477; GK-UWG/Wolters § 17 Rn. 121.
213 OLG Celle, NStZ 1989, 367, 368; *Brammsen*, Lauterkeitsstrafrecht, § 17 Rn. 142; *Drescher*, S. 317.
214 MK-StGB/*Hohmann*, § 23 GeschGehG Rn. 171; Müller-Gugenberger/*Dittrich*, § 33 Rn. 119; so schon RGSt 33, 354, 356.

§ 23   Verletzung von Geschäftsgeheimnissen

rungen gemeinhin ausgeschlossen. Anders als die Geheimnishehlerei gem. § 23 Abs. 1 Nr. 2 bedarf der Mitbewerberschutz des § 4 Nr. 3c UWG weder eines vorsätzlichen Vorgehens noch weitergehender besonderer Absichtserfordernisse (→ Rn. 85 ff.), dafür aber additiv eines „Anbietens" von (unter Verwendung unredlich erlangter Kenntnis oder Unterlagen nachgeahmter) Waren oder Dienstleistungen. Der Nachahmungstatbestand des § 4 Nr. 3c UWG ist ein (objektiv engerer, subjektiv erweiterter) nachgeordneter Auffang- bzw. Spezialtatbestand,[215] der sich als „verkehrsgebundener" Wettbewerberschutz mit dem Geheimnishehlereidelikt des § 23 Abs. 1 Nr. 2 nur bei anschließender Vertriebstätigkeit[216] „gegenständlich" überschneidet. Die bloße inhaltsbezogene Nutzziehung bzw. Nutzbarmachung „in praxi" (→ Rn. 83) der unredlich erlangten Kenntnis/Unterlagen genügt dafür nicht.[217]

j) Strafrahmen

100   Die Geheimnishehlerei des Abs. 1 Nr. 2 weist wie alle Delikte des § 23 Abs. 1 und 2 einen einheitlichen Strafrahmen von alternativ **Freiheitsstrafe** bis zu **drei** Jahren oder **Geldstrafe** auf. Zur Erläuterung kann auf die vorstehenden einschlägigen Ausführungen zur Betriebsspionage verwiesen werden (→ Rn. 72), die hier entsprechend gelten.

3. Der Geheimnisverrat (§ 23 Abs. 1 Nr. 3)

101   Der Tatbestand des Geheimnisverrats ersetzt dessen Vorgängerregelung des § 17 Abs. 1 UWG aF, der nunmehr im Gefolge seiner zivilistisch geprägten Vorformung als akzessorisch ausgestaltete Strafnorm im Gleichklang mit dem entsprechenden zivilrechtlichen Gegenstück des § 4 Abs. 1 Nr. 2 neu ausgestaltet ist. Groß nennenswerte inhaltliche Umgestaltungen hat der Gesetzgeber nicht vorgenommen. Die frühere Haftungsbegrenzung durch zusätzliche Absichtserfordernisse ist ebenso erhalten geblieben wie die Begrenzung auf vorsätzliches Vorgehen.

a) Objektiver Tatbestand

102   Übereinstimmend mit seiner Vorfassung erfüllt jeder den objektiven Tatbestand des Geheimnisverrats des § 23 Abs. 1 Nr. 3, der als eine bei einem Unternehmen beschäftigte Person ein Geschäftsgeheimnis offenlegt, das ihm im Rahmen und während der Geltungsdauer seines Dienstverhältnisses anvertraut oder zugänglich geworden ist. Im Gegensatz zum zivilistischen Pendant des § 4 Abs. 2 Nr. 3 ist die Vorschrift aber auf einen bestimmten Tatzeitpunkt „während der Geltungsdauer eines Beschäftigungsverhältnisses" (→ Rn. 108 ff.) und einen bestimmt gearteten Personenkreis Schweigepflichtiger (→ Rn. 103) begrenzt. Mit dieser personellen

---
215   Wie hier K/B/F/*Köhler*, § 4 UWG Rn. 3.63.
216   Einschließlich Feilhalten und Werbung; OLG Köln, GRUR-RR 2014, 210, 214.
217   Statt vieler K/B/F/*Köhler*, § 4 UWG Rn. 3.39.

III. Die einzelnen Straftatbestände des § 23 Abs. 1–3 GeschGehG **§ 23**

Beschränkung ist sie als sog. echtes **Sonderpflichtdelikt** (→ Rn. 21, 23) zu identifizieren.[218] Durch den administrativ angelegten Rückbezug auf die umformulierte Neuregelung in § 4 Abs. 1 Nr. 1 und den § 17 Abs. 1 UWG aF ersetzte Neufassung übernimmt sie zudem anstelle des früheren „Mitteilens" und des innezuhabenden „Dienstverhältnisses" das neue „Offenlegen" und das „Beschäftigungsverhältnis",[219] belässt aber ansonsten den gesetzlichen Wortlaut unverändert: Aus dieser Umbenennung sollen sich aber keine inhaltlichen Änderungen ergeben.[220]

aa) Täter

Die „Urfassung" des UWG 1896 hatte als Täter des Geheimnisverrats „Angestellter, Arbeiter oder Lehrling eines Geschäftsbetriebs" benannt (§ 9 Abs. 1). Dieses ist nach der Umstellung in die Folgefassung des § 17 Abs. 1 UWG 1909 bis über den Millenniumswechsel unverändert geblieben. Erst der offensichtlich vom neueren arbeits- und sozialrechtlichen Sprachgebrauch[221] inspirierten, im Zuge der UWG-Reform 2004 eingeführten „Neusprache" gelang der Wechsel zum „**bei einem Unternehmen beschäftigte Person(en)**", der allerdings keine sachlichen Abänderungen bringen sollte.[222] Dieses synonyme Begriffsverständnis führt das nunmehrige GeschGehG fort, was sich am § 3 Abs. 1 Nr. 3 mit dem dort gebrauchten „Arbeitnehmer" und dem „Unternehmensbeschäftigten" in § 23 Abs. 1 Nr. 3 zeigt. Beide Begriffe sind bereits an anderer Stelle definiert und exemplifiziert, sodass auf die dortigen Ausführungen verwiesen werden kann (→ § 4 Rn. 86 ff.).[223] Sie gelten uneingeschränkt auch hier. Das Strafrecht kennt weder eigenständige noch abweichende Definitionen.

103

---

218 Vgl. auch BeckOK GeschGehG/*Hiéramente*, § 23 Rn. 32; *Drescher*, S. 302; Hoppe/Oldekop/*Altenburg*, Kap. 1 Rn. 892; K/B/F/*Alexander*, § 23 GeschGehG Rn. 30; MK-StGB/*Hohmann*, § 23 GeschGehG Rn. 72; M/S/W/*Kudlich/Koch*, § 26 Rn. 45; *Nebel*/Diedrich, § 23 Rn. 26; *Reinfeld*, § 7 Rn. 71.
219 Vgl. § 23 Abs. 1 Nr. 3 RegE-GeschGehG, S. 13 f.
220 Vgl. RegE-Begründung zu § 23 Abs. 1 Nr. 2 und 3 GeschGehG, S. 42.
221 § 4 BPersVG („Beschäftigte im öffentlichen Dienst im Sinne dieses Gesetzes sind die Beamten, Angestellten und Arbeiter einschließlich der zu ihrer Berufsausbildung Beschäftigten sowie Richter…") einerseits und andererseits § 2 Abs. 2 ArbSchG („Beschäftigte sind: 1. die Arbeitnehmerinnen und Arbeitnehmer…, 4. Beamtinnen und Beamte, 5. Richterinnen und Richter…, 6. Soldatinnen und Soldaten"); § 7 Abs. 1 SGB IV: „Beschäftigung ist die nichtselbständige Arbeit, insbesondere in einem Arbeitsverhältnis"; § 1 Abs. 2 Satz 1 LStDV 1990: „Ein Dienstverhältnis … liegt vor, wenn der … Beschäftigte dem Arbeitgeber (öffentliche Körperschaft, Unternehmen, Haushaltungsvorstand) seine Arbeitskraft schuldet".
S. auch BT-Drs. 13/8016, S. 29; § 3 Abs. 1 BDSG; § 5 Abs. 2 EntgTranspG; § 19 Abs. 1 Nr. 1 EStG; § 25 ff. SGB III; § 7 Abs. 1 SGB IV; § 1 SGB VI.
222 BT-Drs. 15/1487, S. 26: „Die Absätze 1 bis 3 entsprechen § 17 Abs. 1–3 UWG aF".
223 Vgl. auch BeckOK GeschGehG/*Hiéramente*, § 23 Rn. 32; *Drescher*, S. 303 f.; H/O/K/*Harte-Bavendamm*, § 23 Rn. 20; Hoppe/Oldekop/*Altenburg*, Kap. 1 Rn. 893 ff.; K/B/F/*Alexander*, § 23 GeschGehG Rn. 32 ff.; MAH/*Witting/Werning*, § 24 Rn. 54; MK-StGB/*Hohmann*, § 23 GeschGehG Rn. 72 ff.; *Nebel*/Diedrich, § 23 Rn. 19 ff.; *Reinfeld*, § 7 Rn. 72 ff.

§ 23 Verletzung von Geschäftsgeheimnissen

bb) Tatgegenstand

104 Tatgegenstand bzw. **Angriffsobjekt** des Geheimnisverrats ist jedes verkörperte oder mündlich vermittelte Geschäftsgeheimnis, das einem unternehmensbeschäftigten Rechtsverletzer „im Rahmen des (scil. **seines) Dienstverhältnisses anvertraut worden oder zugänglich geworden**" ist. Es bedarf demnach einer Kenntnisvermittlung, die zumindest (Mit-)Anlass bzw. (Mit-)Ursprung in dem unternehmensbezogenen Beschäftigungsverhältnis des Täters findet, dh. es muss ein notwendiger (Kausal-)Zusammenhang zwischen der Kenntniserlangung und dem Dienstverhältnis des Täters gegeben sein.[224] Nicht genügen frühere oder zufällige Kenntnisnahmen außerhalb oder unabhängig von der eingegangenen Dienstbeziehung. Ohne kenntnisgeleitete „Erlangungskausalität" erhaltene Geschäftsgeheimnisse sind keine tatbestandlich geschützten Angriffsobjekte.[225] Einer Einbeziehung auch fremder Geschäftsgeheimnisse anderer Unternehmen steht der Gesetzeswortlaut nicht entgegen, erscheint jedoch aufgrund ihrer drittwirkenden Schutzfunktion als beziehungsgeprägte Sonderpflicht äußerst fragwürdig.[226]

(1) Anvertraute Geheimnisse

105 Das **Anvertrauen** ist ein mit einer besonders gesteigerten Erwartungs- und Befolgungsintensität verbundenes Entäußern iSv. Übergeben von Informationen, Sachen oder Personen mit der Erwartung einer interessenwahrenden erhöhten Sorge- und Umgangspflicht. Anvertraut werden können nur bereits existente (nicht: erst noch neu selbst oder drittseitig zu erschaffende) Geheimnisse mittels Kenntnisüberlassung durch ausdrücklich oder konkludent vollzogene, konkrete personalenzentrierte Informations- und Integrationsakte im Hinblick auf eine damit untrennbar verbundene Schweigeverpflichtung (→ Rn. 165 f.).[227] Anerkannt ist darüber hinaus auch die auf Wunsch des Empfängers erfolgende Sonderpflichtenbegründung durch „Einbringung gegen Entgelt" und intrinsisch initiierter Schweigepflicht.[228]

---

224 RGSt 33, 354, 356; BeckOK GeschGehG/*Hiéramente*, § 23 Rn. 33; *Drescher*, S. 304; H/O/K/ *Harte-Bavendamm*, § 23 Rn. 21; Hoppe/Oldekop/*Altenburg*, Kap. 1 Rn. 899; K/B/F/*Alexander*, § 23 GeschGehG Rn. 36; MAH/*Witting/Werning*, § 24 Rn. 55; MK-StGB/*Hohmann*, § 23 GeschGehG Rn. 78; Müller-Gugenberger/*Dittrich*, § 33 Rn. 90; *Reinfeld*, § 7 Rn. 76.
225 BeckOK GeschGehG/*Hiéramente*, § 23 Rn. 33; Böttger/*Dann*, Kap. 8 Rn. 62; *Drescher*, S. 304; K/B/F/*Alexander*, § 23 GeschGehG Rn. 36; MAH/*Witting/Werning*, § 24 Rn. 55; MK-StGB/ *Hohmann*, § 23 GeschGehG Rn. 78; Müller-Gugenberger/*Dittrich*, § 33 Rn. 90. Rechtsvergleichend (vor Erlass der RL 2016/943/EU) *Viskorf*, S. 118.
226 Eine solche zutreffend ablehnend Hoppe/Oldekop/*Altenburg*, Kap. 1 Rn. 900 f.
227 RGSt 13, 60, 62; BeckOK GeschGehG/*Hiéramente*, § 23 Rn. 33; *Drescher*, S. 304 f.; H/O/K/ *Harte-Bavendamm*, § 23 Rn. 21; Hoppe/Oldekop/*Altenburg*, Kap. 1 Rn. 897; K/B/F/*Alexander*, § 23 GeschGehG Rn. 37; MAH/*Witting/Werning*, § 24 Rn. 55; MK-StGB/*Hohmann*, § 23 GeschGehG Rn. 79; Müller-Gugenberger/*Dittrich*, § 33 Rn. 91; *Reinfeld*, § 7 Rn. 76.
228 BeckOK GeschGehG/*Hiéramente*, § 23 Rn. 33; *Drescher*, S. 305; Hoppe/Oldekop/*Altenburg*, Kap. 1 Rn. 899; K/B/F/*Alexander*, § 23 GeschGehG Rn. 37; MK-StGB/*Hohmann*, § 23 GeschGehG Rn. 79; Müller-Gugenberger/*Dittrich*, § 33 Rn. 91; *Reinfeld*, § 7 Rn. 76.

III. Die einzelnen Straftatbestände des § 23 Abs. 1–3 GeschGehG **§ 23**

(2) Zugängliche Geheimnisse

Zugänglichkeit hat demgegenüber eine erheblich erweiterte Bedeutung. Sie bezeichnet die Eröffnung eines breiten Zugriffsspektrums, ermöglicht sie doch das Erlangen eines (nicht anvertrauten)[229] geheimen Wissens, das der Beschäftigte im Rahmen seines Dienstverhältnisses durch eigene garantenpflichtwidrig unterlassene Verhinderung, eigentätige Erkundungs- oder fremde Vermittlungsakte erlangt hat,[230] zB eigene Diensterfindungen gem. §§ 4, 24 ArbNErfG auch bei eigener Unkenntnis des Dienstberechtigten bzw. Geheimnissubjekts[231] oder jenseits des übertragenen Aufgabenbereichs zufällig oder eigenmächtig (zB Betriebsspionage, Diebstahl, Anstiftung zum Geheimnisverrat, Bestechung Dritter) beschaffte Geheimnisse.[232]   **106**

cc) Tathandlung

Der Gesetzgeber hat das frühere Mitteilen in § 17 Abs. 1 UWG aF durch **Offenlegen** ersetzt, damit aber keine inhaltlichen Änderungen verbunden (→ Rn. 102). Die Weitergabe fremder Geschäftsgeheimnisse an Dritte ist demnach die Tat- bzw. Angriffshandlung des Geheimnisverrats. Zu ihren Charakteristika, der Exemplifikation, ihren Empfangsadressaten und ihrem Missdeutungspotenzial ist auf die einschlägigen Erläuterungen zu den erlaubten Handlungen (→ § 3 Rn. 125 ff.), zu den in Frage kommende Verpflichtungen des § 4 Abs. 2 Nr. 3 auf die dortigen Ausdeutungen zu verweisen (→ § 4 Rn. 101 ff.). Erfasst ist jede entsprechende Kenntnisvermittlung durch eigenes oder drittseitig bewirktes Agieren, durch garantenpflichtwidriges Unterlassen oder das Verschaffen unmittelbar eigenen fremden Habens in Form tatsächlicher Verfügungsgewalt über Geheimnismedien (→ Rn. 83) ungeachtet inhaltlich gelungenen Erkenntnistransfers oder gar thematischen Verständnisses.[233]   **107**

---

229 Anvertrautsein und Zugänglichkeit sind Antonyme; aA MK-StGB/*Hohmann*, § 23 GeschGehG Rn. 80.
230 BeckOK GeschGehG/*Hiéramente*, § 23 Rn. 80; H/O/K/*Harte-Bavendamm*, § 23 Rn. 21; Hoppe/Oldekop/*Altenburg*, Kap. 1 Rn. 898; K/B/F/*Alexander*, § 23 GeschGehG Rn. 38; MK-StGB/*Hohmann*, § 23 GeschGehG Rn. 80.
231 BGH, GRUR 1955, 402 f. – Anreißgeräte; GRUR 1977, 539 f. – Prozeßrechner; Böttger/*Dann*, Kap. 8 Rn. 53; H/O/K/*Harte-Bavendamm*, § 23 Rn. 21; MAH/*Witting/Werning*, § 24 Rn. 55; Müller-Gugenberger/*Dittrich*, § 33 Rn. 91; MK-StGB/*Hohmann*, § 23 GeschGehG Rn. 80. Zu den Anforderungen (Dokumentation, Inanspruchnahmefrist etc.) ordnungsgemäßer Diensterfindungen BGH, GRUR 2011, 733 Rn. 16 ff.
232 RGSt 33, 354, 356; BGH, NJW 1984, 239 f. – Stapel-Automat; BGHSt 41, 140, 143 – Angebotsunterlagen; BayObLGSt 1995, 110, 121 – Bieterlisten (Letztere zu § 17 Abs. 2 Nr. 2 UWG); BeckOK GeschGehG/*Hiéramente*, § 23 Rn. 80; Böttger/*Dann*, Kap. 8 Rn. 62; H/O/K/*Harte-Bavendamm*, § 23 Rn. 21; Momsen/Grützner/*Heghmanns*, § 26 Rn. 15; MK-StGB/*Hohmann*, § 23 GeschGehG Rn. 80.
233 MK-StGB/*Hohmann*, § 23 GeschGehG Rn. 67.

Brammsen

§ 23   Verletzung von Geschäftsgeheimnissen

dd) Tatzeitpunkt

108   Das Offenlegungsverbot des 23 Abs. 1 Nr. 3 umfasst nur Kundgaben „**während der Geltungsdauer eines Beschäftigungsverhältnisses**". Eingeführt mit der Vorfassung des Dienstverhältnisses bereits in § 9 Abs. 1 UWG 1896 sollte es den Mitarbeitern nach Ablauf ihrer Dienstzeit ermöglichen, „die in einer Dienststellung gesammelten Erfahrungen und Kenntnisse zu ihrem späteren Fortkommen nutzbringend zu verwenden".[234] Diese Befristung bringt die Kollision der verfassungsrechtlichen Grundfreiheiten der Art. 12 Abs. 1 und 14 Abs. 1 GG in praktische Konkordanz, zeigt darüber hinaus aber auch gemeinwohlfördernde Wirkung[235] (Möglichkeit freien Arbeitsplatzwechsels, Steigerung volkswirtschaftlicher Produktivität durch Wettbewerb und Kenntnisentwicklung). Als solche erfährt sie auch aktuell breite Zustimmung (→ § 1 Rn. 62 f.).[236]

109   Ein **nachvertraglicher Geheimnisverrat** eines Unternehmensbeschäftigten ist ausgeschlossen und selbst unter zusätzlichen Abreden nicht tatbestandlich erfasst.[237] Ein am Fortbestand der Schweigepflicht bestehendes Interesse ehemaliger Mitarbeiter vermag daran nichts zu ändern.[238] Das Offenlegen von Geschäftsgeheimnissen aus früheren Beschäftigungsverhältnissen, die Arbeitnehmer dort während ihrer Dienstzeit befugt erlangt haben, ist nur gesetzeswidrig, wenn die Mitarbeiter sie im Wege einer Betriebsspionage gem. Abs. 1 Nr. 1 **unbefugt** erlangt haben.[239] Das **Zivilrecht** ist insoweit großzügiger; es gewährt aber nur „unter ganz besonderen Umständen" (zB besondere Vertrauensstellung, Wettbewerbsverbot) einen strafrechtlich allerdings irrelevanten,[240] zeitlich verlängerten nachvertraglichen Geheimnisschutz (→ § 1 Rn. 64).[241]

110   Maßstab für die Geltungsdauer der Verschwiegenheitspflicht ist deren **rechtliche**, nicht aber deren tatsächliche **Dauer** des Beschäftigungsverhältnisses.[242] Eine rein

---

234 Regierungsentwurf III v. 3.12.1895 (RT-Drs. 1895/96, Aktenstück Nr. 35, S. 107 f.), Begründung zu §§ 9 und 10, Ziffer 4; auch zit. bei *Schmid*, S. 61.
235 Prägnant zu ihnen *Fechner*, S. 238 ff.; *Hauck*, S. 283 ff., beide mwN.
236 Vgl. bereits RGSt 33, 62, 65; 44, 152, 154 f.; 61, 273 f.; RGZ 65, 333, 337 f. – Pomril; Momsen/Grützner/*Heghmanns*, § 26 Rn. 15.
237 RGSt 44, 152, 154 f.; 75, 75, 80 ff.; RG, GRUR 1939, 706, 708 – Fügemaschine; BGH, GRUR 1955, 402, 404 f. – *Drescher*, S. 304 f.; H/O/K/*Harte-Bavendamm*, § 23 Rn. 23; K/B/F/*Alexander*, § 23 GeschGehG Rn. 40; MAH/*Witting/Werning*, § 24 Rn. 58.
238 RGZ 65, 333, 337 – Pomril; RAG, GRUR 1944, 46, 47 – Analgit.
239 H/O/K/*Harte-Bavendamm*, § 23 Rn. 23; MAH/*Witting/Werning*, § 24 Rn. 58.
240 BeckOK GeschGehG/*Hiéramente*, § 23 Rn. 36; *Reinfeld*, § 7 Rn. 81.
241 RGZ 65, 333, 337 ff. – Pomril; BGHZ 38, 391, 393 ff. – Industrieböden; s. auch BGH, GRUR 1955, 402, 405 – Anreißgerät; GRUR 1983, 179, 181 – Stapel-Automat; BAGE 41, 21 – Thrombosol; *Gerigk*, S. 26 ff., 75 ff., 103 ff., 127 ff.; *Sander*, GRUR Int. 2013, 217, 224 ff.; *Viskorf*, S. 131 ff., 152 ff.
242 RGSt 50, 130 f.; 75, 75, 82 (zu § 266 StGB); BGH, GRUR 1955, 402, 404 – Anreißgerät; BeckOK GeschGehG/*Hiéramente*, § 23 Rn. 36; *Drescher*, S. 304; H/O/K/*Harte-Bavendamm*, § 23 Rn. 23; *Hiéramente/Wagner*, GRUR 2020, 709, 710; Hoppe/Oldekop/*Altenburg*, Kap. 1 Rn. 903; MAH/*Witting/Werning*, § 24 Rn. 58; MK-StGB/*Hohmann*, § 23 GeschGehG Rn. 84;

III. Die einzelnen Straftatbestände des § 23 Abs. 1–3 GeschGehG   **§ 23**

faktische Organschaft ist nach umstrittener Auffassung gleichfalls ausreichend,²⁴³ während umgekehrt eine fristlose Kündigung keine auflösende Wirkung hat – Beschäftigte können sich den Konsequenzen ihres Arbeitsverhältnisses nicht durch unbegründete Eigenkündigung oder vorsätzlich provozierte Arbeitgeberkündigung vor deren rechtlichem Ende strafbefreiend entziehen.²⁴⁴ Ebenso wenig kann eigenmächtiges Nichterscheinen am ersten Diensttag²⁴⁵ oder fortwährendes Wegbleiben ein rechtmäßiges vorzeitiges Erlöschen der strafbewehrten Schweigepflicht bewirken.²⁴⁶

b) Subjektiver Tatbestand

Ebenso wie die Betriebsspionage des Abs. 1 Nr. 1 (→ Rn. 47) bedarf der Geheimnisverrat des Abs. 1 Nr. 3 eines vorsätzlichen und motivbestimmenden Handelns des Täters zur Förderung eigenen oder fremden Wettbewerbs, aus Eigennutz, zugunsten eines Dritten oder in der Absicht, dem Inhaber des Unternehmens Schaden zuzufügen.²⁴⁷ Eine fahrlässige Begehung ist gesetzlich nicht erfasst; hier verbleibt nur die zivilistische Haftung.   **111**

aa) Vorsatz

Dem vorsätzlichen (§ 15 StGB) Geheimnisverrat des Täters unterfallen sämtliche Vorsatzformen (→ Rn. 29, 47) einschließlich des Eventualvorsatzes (dolus eventualis). Erforderlich ist ein dahingehendes tatsächliches Wissen oder ein konkretes Gefährdungsbewusstsein des Täters, ein ihm im Rahmen seines Beschäftigungsverhältnisses bei einem Unternehmen anvertrautes oder sonst zugänglich gewordenes Geschäftsgeheimnis während der Geltungsdauer des Verhältnisses offenzulegen.²⁴⁸   **112**

Reinfeld, § 7 Rn. 81; **aA** (tatsächliche Dauer) K/B/F/*Köhler*, § 17 Rn. 40; *Nebel*/Diedrich, § 23 Rn. 22.
243 K/B/F/*Köhler*, § 17 Rn. 40; Müller-Gugenberger/*Dittrich*, § 33 Rn. 92; (bei Nichtigkeit) GK-UWG/*Wolters*, § 17 Rn. 47; abl. dagegen MK-StGB/*Hohmann*, § 23 GeschGehG Rn. 84.
244 BGH, GRUR 1955, 402, 404 – Anreißgerät; *Drescher*, S. 304; H/O/K/*Harte-Bavendamm*, § 23 Rn. 23; MAH/*Witting/Werning*, § 24 Rn. 58; Müller-Gugenberger/*Dittrich*, § 33 Rn. 92; *Nebel*/Diedrich, § 23 Rn. 22; *Reinfeld*, § 7 Rn. 82.
245 RGSt 50, 130, 131; H/O/K/*Harte-Bavendamm*, § 23 Rn. 23; Müller-Gugenberger/*Dittrich*, § 33 Rn. 92.
246 BGH, GRUR 1955, 402, 404 f. – Anreißgerät; H/O/K/*Harte-Bavendamm*, § 23 Rn. 23; Müller-Gugenberger/*Dittrich*, § 33 Rn. 92.
247 Näher zur Tätermotivation kriminalätiologisch *Blume*, S. 64 ff.; *Drescher*, S. 123 ff.
248 BeckOK GeschGehG/*Hiéramente*, § 23 Rn. 38; *Drescher*, S. 301; H/O/K/*Harte-Bavendamm*, § 23 Rn. 39; Hoppe/Oldekop/*Altenburg*, Kap. 1 Rn. 934; MAH/*Witting/Werning*, § 24 Rn. 60; MK-StGB/*Hohmann*, § 23 GeschGehG Rn. 86; M/S/W/*Kudlich/Koch*, § 26 Rn. 47; Müller-Gugenberger/*Dittrich*, § 33 Rn. 101; *Nebel*/Diedrich, § 23 Rn. 23; *Reinfeld*, § 7 Rn. 83.

§ 23   Verletzung von Geschäftsgeheimnissen

bb) Zusätzliche Absichtserfordernisse

113   Der strafbare Geheimnisverrat des § 23 Abs. 2 Nr. 3 bedarf des Vorliegens tatbestandlich besonders benannter Absichten (dolus directus 1. Grades): Der Täter muss zur Förderung des eigenen oder fremden Wettbewerbs handeln, aus Eigennutz, zugunsten eines Dritten oder in Schädigungsabsicht.[249] Zu ihrer Erläuterung ist auf die vorstehenden Ausführungen zu verweisen (→ Rn. 29 ff.).

c) Tatbestandsausnahmen (§ 5)

114   Im Zuge der das Gesetzgebungsverfahren in seiner Schlussphase dominierenden Diskussion um einen verbesserten Whistleblower-Schutz (→ § 5 Rn. 3 ff., 7) hat der Gesetzgeber die Einrichtung von Rückausnahmen präferiert, um für die situativgebundene Verletzungshandlungen ausgewählter Personenkreise eine besondere Haftungsfreistellung in Gestalt fiktiver Tatbestandsausnahmen zu gewährleisten (→ § 5 Rn. 2 ff., 7). Konsequenz dieser zunehmend verbreiteten öffentlich-rechtlichen Regelungstechnik genereller oder spezifischer Ausgrenzungen ist der situative Wegfall des Geheimnisschutzes auf Seiten des Geheimnisinhabers bzw. der Verletzerhaftung des Täters – Letzterer wird quasi sakrosankt (→ § 5 Rn. 14). Dergestalt einer materiellrechtlichen Einordnung in das Gegensatzpaar „rechtmäßig-rechtswidrig" entzogen und jeglicher Unbefugtheit entkleidet bedarf ihr Vorliegen oder Fehlen wie im Zivil- auch im Strafrecht bereits auf der Tatbestandsebene einer abschließenden Überprüfung.[250]

d) Rechtswidrigkeit

115   Der Täter muss das Geschäftsgeheimnis als unternehmensbeschäftigte Person „entgegen § 4 Absatz 2 Nummer 3" offengelegt haben. Dergestalt **unbefugt** handelt, wer ein solches Geheimnis gegen eine Verpflichtung zur Verschwiegenheit anderen Personen ohne einen allgemeinen Rechtfertigungsgrund eröffnet.[251] Ebenso wie beim unbefugten Erlangen des Abs. 2 Nr. 1 ist daher auch die Unbefugtheit des Geheimnisverrats ein allgemeines Verbrechens- und Rechtswidrigkeits-[252] und nicht wie die Fälle der §§ 3 und 5 ungeachtet ihrer divergierenden materiellrechtlichen Rechtsnatur formalrechtlich als Tatbestandsmerkmal[253] ausgestaltet.

---

249   Für eine Streichung de lege ferenda *Drescher*, S. 301 f.
250   BeckOK GeschGehG/*Hiéramente*, § 23 Rn. 55.1; H/O/K/*Harte-Bavendamm*, § 23 Rn. 27; Hoppe/Oldekop/*Altenburg*, Kap. 1 Rn. 944; K/B/F/*Alexander*, § 23 GeschGehG Rn. 48; MK-StGB/*Hohmann*, § 23 GeschGehG Rn. 121; *Nebel*/Diedrich, § 23 Rn. 5; *Reinfeld*, § 7 Rn. 32.
251   BeckOK GeschGehG/*Hiéramente*, § 23 Rn. 56; *Drescher*, S. 330; MK-StGB/*Hohmann*, § 23 GeschGehG Rn. 163 ff.; M/S/W/*Kudlich/Koch*, § 26 Rn. 49; K/B/F/*Alexander*, § 23 GeschGehG Rn. 49; *Nebel*/Diedrich, § 23 Rn. 29; *Reinfeld*, § 7 Rn. 84.
252   MK-StGB/*Hohmann*, § 23 GeschGehG Rn. 153.
253   So (auf der zivilistischen Basis tatbestandlicher Unbefugtheit → § 2 Rn. 104, § 3 Rn. 108) BeckOK GeschGehG/*Hiéramente*, § 23 Rn. 55.1; H/O/K/*Harte-Bavendamm*, § 23 Rn. 28; K/B/F/*Alexander*, § 23 GeschGehG Rn. 48; *Nebel*/Diedrich, § 23 Rn. 29; **aA** (Rechtfertigungsgründe) MK-StGB/*Hohmann*, § 23 GeschGehG Rn. 154 ff.

III. Die einzelnen Straftatbestände des § 23 Abs. 1–3 GeschGehG   **§ 23**

aa) Einverständnis und Einwilligung

Der bei der Betriebsspionage des Abs. 1 Nr. 1 dargelegten Differenzierung folgend   **116**
(→ Rn. 51) ist auch bei dem Geheimnisverrat das Einverständnis als Tatbestandsausschluss von der rechtfertigenden Einwilligung nach dem Umfang der erklärten Gestattungswirkung zu unterscheiden. Die völlige willentliche Freigabe in Form eines Einverständnisses wird der dispositionsbefugte Geheimnisinhaber gemeinhin nicht gewähren, da sie mit einem vollständigen Wegfall eines Geheimnisses verbunden, mit anderen Worten kein taugliches Angriffsobjekt mehr vorhanden ist: Unternehmensbeschäftigte dürfen ihnen eröffnete Geheimnisse ggf. an ausgewählte interne oder externe Personen weitergeben, nicht aber ad coram publico bekanntmachen. – Die Einwilligung ist demnach der Standardfall betrieblich erlaubter „partiell-situativer" Wissensvermittlung gegenüber einer bestimmten Person(enzahl) unter grundsätzlicher Aufrechterhaltung der Geheimheit (→ § 5 Rn. 86). Als singuläre Exemtion wird sie von der entsprechenden Dispositionsbefugnis des Berechtigten bzw. Geheimnissubjekts gerechtfertigt.

bb) Internes Whistleblowing

Internes Whistleblowing (→ § 5 Rn. 86)[254] ist der Geheimnisverrat schweige-   **117**
pflichtiger „Insider" an betriebliche bzw. nahestehende Kontroll- und Selbststeuerungssysteme zur Aufdeckung von Missständen.[255] Als Sonderform der „klassischen" Einwilligung ist es eine generell-prophylaktisch Mitarbeitern, Geschäftspartnern und anderen Einbezogenen eingeräumte erlaubte Mitwisserschaft bzw. Kundgabe gegenüber bestimmten Kenntnisnehmern (→ § 5 Rn. 86). Fehlt es an der Einrichtung verbandseigener Aufklärungsinstanzen, verbleiben eigentlich nur die allgemeinen Rechtfertigungsgründe. Ihnen hat allerdings der Gesetzgeber mit der fiktiven Vorordnung einer Tatbestandsausnahme in § 5 Nr. 2 quasi den Boden entzogen, um den seiner Ansicht nach gebotenen Whistleblower-Schutz zu verstärken.

cc) Gesetzliche Auskunfts- und Aussagepflichten

Die in der Rechtspraxis wohl bedeutsamste Erscheinungsform eines rechtfertigen-   **118**
den Offenlegungsgrundes sind die gesetzlich eingerichteten Auskunfts- und Aussagepflichten der verschiedensten Gruppen schweigepflichtiger Funktionsträger. Materiellrechtlich durchgängig fundiert in übergeordneten Gemeinwohlinteressen sind sie rechtstechnisch situativ-singulär angelegte Ordnungstatbestände, die unter vorgegebenen Bedingungen ein Offenlegen von Geheimnissen entgegen einer

---

[254] Näher *Hefendehl*, in: FS Amelung, S. 671 ff.; *Herold*, S. 85 ff., 158 ff.; *Koch*, ZIS 2008, 500 ff.; *Lutterbach*, S. 57 ff., alle mwN; *Reinbacher*, KriPoZ 2018, 115, 116 ff.; *Schenkel*, S. 126 ff.; *Schiemann*, in: FS Wessing, S. 569 ff.; *Soppa*, S. 101 ff.; *Thüsing/Rombey*, NZG 2018, 1001 ff.; *Ullrich*, NZWiSt 2019, 65, 68 ff. (primär de lege ferenda).
[255] Tatbestandslosigkeit attestiert ihnen § 5 Nr. 2 GeschGehG.

Schweigepflicht vorgeben.²⁵⁶ Demgegenüber sieht das **Strafrecht** in § 138 StGB für nur wenige benannte Delikte eine entsprechende Anzeigepflicht für Jedermann vor,²⁵⁷ nicht aber eine solche (Unternehmens-)Pflicht zur Aufdeckung bzw. Offenlegung von geheimen **Compliance-Verstößen**.²⁵⁸ Entbunden von ihren Schweigepflichten und damit zu einer Offenlegung verpflichtet werden unternehmensbeschäftigte Geheimnisträger dagegen durch privat- oder öffentlich-rechtliche Mitteilungspflichten (→ § 3 Rn. 133)²⁵⁹ sowie im **Strafprozessrecht**, das ihren zeugenschaftlichen oder gutachterlichen Bekundungen über die Verweigerung eines Schweigerechts (§§ 52 ff., 76 StPO) die Verpflichtung zur Aussage auferlegt.²⁶⁰ Etwaigen unnötigen Weiterverbreitungen kann das Gericht mit den Begrenzungen des GVG und des Prozessrechts entgegenwirken.²⁶¹ Dabei sollten allerdings die unterschiedlichen Prozesszwecke der Straf-, Verwaltungs- und Zivilverfahren sorgfältig beachtet werden, um nicht vorschnell unangebrachten Nivellierungstendenzen auf der Rechtfertigungsebene Vorschub zu leisten. Solcher bedarf insbesondere das allgemeine **Zivilprozessrecht** nicht, gewährt es doch selbst über entsprechende Zeugnis- oder Gutachtenverweigerungsrechte (§§ 383 Nr. 6, 384 Nr. 3, 408 Abs. 1 ZPO) die Einhaltung der Verschwiegenheitspflicht.²⁶² Ob allerdings deren eventuelle Nichtausübungspflicht aus einer materiellrechtlich vereinbarten Schweigepflicht resultiert, erscheint angesichts der Eigenständigkeit öffentlich-rechtlicher Verfahrensrechte nicht unproblematisch.²⁶³

dd) Rechtfertigender Notstand, § 34 StGB

119 § 34 StGB konstatiert dem Geheimnisverräter als selbstständiger Rechtfertigungsgrund ein rechtmäßiges Vorgehen, wenn dieser in Abwehr einer gegenwärtigen Gefahrenlage für ein Rechtsgut und nach Abwägung der widerstreitenden Interessen mit situativ angemessenen Mitteln ein anderes Rechtsgut schützt. Bei einem Geheimnisverrat des Abs. 1 Nr. 3 ist dies etwa bei nicht einholbarer Erlaubnis des Geheimnisinhabers bzw. eines Berechtigten zur Wahrung eigener individueller (zB

---

256 Ua. im Betriebsverfassungs-, Gesellschafts-, Informationsfreiheits-, Presse-, Rechtshilfe- oder Verwaltungsrecht; vgl. etwa BVerfG, NVwZ 2018, 51 Rn. 195 ff.; BVerwGE 151, 348 Rn. 26 ff., 33 ff.; BGH, WRP 2017, 1225 Rn. 46 ff.; OVG Münster, NVwZ 2019, 1060 Rn. 15 ff., 29 ff.; *Koch*, in: FS Schmidt-Preuß, S. 367 ff.; *Kreis*, S. 75 ff. u. passim; *Rudkowski*, S. 47 ff., 80 ff.; *Schockenhoff*, NZG 2018, 521, 524 ff.; *Werner*, NVwZ 2019, 449 ff. Ihren einzelfallbezogenen Anwendungsbereich verkennt LAG Schleswig-Holstein, NZA-RR 2016, 77, 80 Rn. 59 ff. mit abl. Anm. *Brammsen/Schmitt*, 81 ff. Zur Kollision europäischer Schutz- und (auch nationaler) Informationsrechte im Kapitalmarktrecht *Weiglin*, EuZW 2019, 236 ff.
257 H/O/K/*Harte-Bavendamm*, § 23 Rn. 33; MK-StGB/*Hohmann*, § 23 GeschGehG Rn. 165.
258 Statt vieler *Schockenhoff*, NZG 2015, 409, 410 ff.; *Soppa*, S. 137 ff. Zur Offenlegung der AG-Organwalter *Stöhr*, BB 2019, 1286, 1288 ff.
259 S. auch H/O/K/*Harte-Bavendamm*, § 23 Rn. 34.
260 H/O/K/*Harte-Bavendamm*, § 23 Rn. 35; MK-StGB/*Hohmann*, § 23 GeschGehG Rn. 165.
261 In Betracht kommen etwa Ausschluss der Öffentlichkeit, Schweigegebote oder zurückhaltende Befragungen; H/O/K/*Harte-Bavendamm*, § 23 Rn. 35 f.
262 H/O/K/*Harte-Bavendamm*, § 23 Rn. 36; MK-StGB/*Hohmann*, § 23 GeschGehG Rn. 165.
263 Großzügiger H/O/K/*Harte-Bavendamm*, § 23 Rn. 36 mwN.

III. Die einzelnen Straftatbestände des § 23 Abs. 1–3 GeschGehG   **§ 23**

Strafverfolgungs- oder Vermögens-) oder höherrangiger Kollektivinteressen der Fall.[264] Wie auch bei anderen zivil- und öffentlich-rechtlichen Abwägungen (zB §§ 9 Abs. 1 Satz 1 Nr. 3 UIG, 3 Satz 1 Nr. 2c VIG, 72 Abs. 2 Satz 4 GWB) bedürfen dann verschiedenste gewichtige Faktoren und Interessen einer sorgfältigen Abwägung gegeneinander.[265]

Wie schon bei der Betriebsspionage des Abs. 1 Nr. 1 dargelegt (→ Rn. 49) hat sich der Gesetzgeber dieser Aufgabe einer exakter konturierten Festsetzung rechtfertigender Konstituentia auch für den Geheimnisverrat entzogen und stattdessen mit einem Rekurs auf nur exemplarisch veranschaulichte „berechtigte Interessen" eine formal haftungsbefreiende Tatbestandslösung geschaffen, die weiterer rechtlicher Bewertungsvorgaben ungeachtet ihrer materiellrechtlichen Rechtsnatur entbehrt (→ § 5 Rn. 8 ff.). Damit ist auch dem nun freigestellten Geheimnisverräter die rechtliche Qualifizierung seiner Offenlegung als rechtmäßig von Rechts wegen qua fictionem verweigert. Primär interessiert an der erlangten Straffreiheit erscheint ihm diese Finesse allerdings nicht beachtenswert.   120

ee) Strafanzeigen/Externes Whistleblowing

Bei **Strafanzeigen**[266] ist nach repressiven und präventiven Verfolgungsinteressen sowie nach Rechtsgut und Schwere des Rechtsverstoßes zu **differenzieren:** § 34 StGB erfasst nur die Offenlegung gravierenderer Straftaten,[267] nicht aber die entgeltliche Weitergabe von Bankkundenlisten etwaiger Steuerhinterzieher durch Bankbeschäftigte an Finanz- bzw. Steuerbehörden; dem steht bereits die mögliche unentgeltliche Weitergabe entgegen.[268]   121

Dies gilt auch und gerade für das **externe Whistleblowing**. Leider hat sich der Gesetzgeber nicht nur dem vielfach vorgetragenen Wunsch nach einer zurückhaltenden Rechtfertigungslösung[269] bzw. stärkeren Beachtung der Unschuldsvermu-   122

---

264 H/O/K/*Harte-Bavendamm*, § 23 Rn. 33; K/B/F/*Alexander*, § 23 GeschGehG Rn. 49; MK-StGB/*Hohmann*, § 23 GeschGehG Rn. 166; Müller-Gugenberger/*Dittrich*, § 33 Rn. 101a; *Reinfeld*, § 7 Rn. 84.
265 Hilfreiche Veranschaulichungen ua. bei *Prinz*, S. 160 ff., 190 ff.; *Schenkel*, S. 157 ff.; *Wiedmann/Seyfert*, CCZ 2019, 12, 15 ff. Beispielhaft OVG Berlin-Brandenburg, BeckRS 2019, 6733 Rn. 61 ff. und 6738 Rn. 57 ff.
266 Zwischen mutmaßlichen und dem Verdacht auf Straftaten differenzierend MK-StGB/*Hohmann*, § 23 GeschGehG Rn. 167; wie hier H/O/K/*Harte-Bavendamm*, § 23 Rn. 33 f. sowie (zur Vorfassung des § 17 Abs. 1 UWG aF) *Koch*, ZIS 2008, 500, 503; NK-Wiss/*Reinbacher*, § 17 Rn. 43 ff.; *Soppa*, S. 146 ff., 150 f.
267 Eingehend (am Beispiel Kartellverstöße) *Brammsen*, Anzeige, S. 84 ff., 90 ff.; zum früheren Whistleblowing Rotsch/*Rotsch/Wagner*, § 34 C Rn. 21 ff., 29 ff.; *Schenkel*, S. 139 ff.; *Wiese*, S. 77 f.; abl. *Dorner*, S. 466 ff. (aus informationsökonomischer Sicht).
268 Zum Streitstand wie hier *Sonn*, S. 11 ff., 138 ff., 190 ff. mwN; gegenteilig *Breitenbach*, S. 212 ff. mwN.
269 Vgl. etwa *Breitenbach*, S. 226 f.; *Kasiske*, ZJS 2016, 628, 634; K/B/F/*Köhler*, § 17 UWG Rn. 9; NK-Wiss/*Reinbacher*, § 17 Rn. 44, 47 f.; Rotsch/*Lindemann*, § 15 Rn. 36; *Sonn*, S. 186 ff.; *Soppa*, S. 143 ff., 152; *Späth*, S. 393 ff.; *Wiese*, S. 78.

§ 23   Verletzung von Geschäftsgeheimnissen

tung[270] verschlossen. Vielmehr hat er zur Effizienzsteigerung der Strafverfolgung ungeachtet fehlender hinreichender Eignung zur Gefahrenabwehr und unnötiger Prangerwirkung zur gegenseitigen Disziplinierung der Freiheits- und Grundrechtsträger ein wohlmeinendes Überwachungssystem etabliert, das die vielfältigen Widersprüchlichkeiten seiner Errichtung (Ächtung der Abweichung als gewichtiges Konstituens innergesellschaftlicher Einung, Missachtung der materiellrechtlichen Rechtsnatur, konturenlose „berechtigte Interessen", maßstablose Abwägung → § 5 Rn. 88 ff.) vollkommen negiert. Gleichwohl hat sich der Gesetzgeber für ein rein formalrechtlich konzipiertes Regelungsinstrument unverkennbar fiktiven Charakters entschieden, das bis zu seiner verfassungsgerichtlichen Verwerfung Gültigkeit beanspruchen kann. Ob allerdings angesichts der Divergenzen auch zur Rechtfertigungslösung (→ § 5 Rn. 94 ff.) die nunmehr umsetzungsbedürftige Erlaubnislösung des neuen Art. 21 Abs. 7 UAbs. 2 RL 2019/1937/EU (→ § 3 Rn. 106) Bestand haben wird, erscheint fraglich: Tatbestandsausschlüsse haben materiellrechtlich keinen Erlaubnischarakter.

ff) Zivilrechtliche Überlassungspflichten

123   Obliegt es einem Unternehmen bzw. dessen Inhaber, aufgrund einer schuldrechtlichen Verpflichtung dritten Personen ein Geschäftsgeheimnis zu überlassen bzw. dessen Inhalt zu vermitteln, so erfasst dessen Ausführung nicht auch ein entsprechendes Vorgehen seiner Beschäftigten. Von dieser Verpflichtung nicht betroffen ist ihr Offenlegen weiterhin als unbefugter Geheimnisverrat zu qualifizieren: Fremde Kenntnisvermittlungsrechte (→ Rn. 52) begründen unternehmensangehörigen Beschäftigten keine eigenen Mitteilungsrechte.[271] Entsprechendes gilt für Organwalter und deren Offenlegen geheimer unternehmensseitiger Compliance-Verstöße.[272]

gg) Sonderfall: Rechtfertigung für Beihilfehandlungen Medienschaffender, § 23 Abs. 6

124   § 23 Abs. 6 etabliert einen besonderen Rechtfertigungsgrund für Beteiligungshandlungen gemeinhin als Medienschaffende bezeichneter, in § 53 Abs. 1 Nr. 1 StPO benannter Personen, die an einer fremdtäterschaftlich-rechtswidrigen Veröffentlichung eines Geschäftsgeheimnisses als Gehilfen mitwirken. Auf die diesbezüglichen Erläuterungen des § 23 Abs. 6 wird weiterführend verwiesen (→ Rn. 229 ff.).

---

270 Diese deutlich betonend BAG, NJW 2009, 1897 Rn. 62. Angesichts ihrer Ausstrahlungswirkung bis zur Rechtskraft einer Verurteilung wäre eine etwaige zwischenzeitige gerichtliche Haftungsfreistellung des Whistleblowers mehr als nur unbedenklich.
271 H/O/K/*Harte-Bavendamm*, § 23 Rn. 37; LAG Düsseldorf, BB 1960, 523.
272 Weiterführend (auch zu Ausnahmen im Kapitalmarkt- und Börsenrecht) *Schockenhoff*, NZG 2015, 409, 411 ff.

III. Die einzelnen Straftatbestände des § 23 Abs. 1–3 GeschGehG **§ 23**

e) Irrtum

Zur Unterscheidung von Tatbestands- und Verbotsirrtum einerseits und Erlaubnistatbestands- und Erlaubnisirrtum andererseits ist auf die Ausführungen zur Betriebsspionage des Abs. 1 Nr. 1 zu verweisen (→ Rn. 57 ff.).   125

aa) Tatbestandsirrtum

Strafausschließender **Tatbestandsirrtum** beim Geheimnisverrat des Abs. 1 Nr. 3 sind Irrtümer über gesetzliche Tatbestandsmerkmale wie die eigene Beschäftigtenposition, die offenlegende Wirkung seines Verhaltens, das Verkennen tatsächlich gegebenen objektiven Geheimhaltungsinteresses oder Geheimniswertes.[273] Einbezogen ist nach hM der Irrtum über die tatsächlichen Voraussetzungen einer rechtfertigenden Befugnisnorm **(Erlaubnistatbestandsirrtum)**, der eine Strafausschließung gem. § 16 StGB bewirkt.[274]   126

bb) Verbotsirrtum

Bei verkannten Schweigepflichten, überdehnten oder irrtümlich als gesetzlich anerkannt vorgestellten Befugnisnormen liegt ein **Verbotsirrtum** iSd. § 17 StGB bzw. zuletzt ein **Erlaubnisirrtum** vor, der je nach (Un-)Vermeidbarkeit straflos oder fakultativ zu mildern ist.[275]   127

f) Vollendung und Versuch

aa) Vollendung

Seine **Vollendung** erlangt der Geheimnisverrat mit der Preisgabe eines Geheimnisses an eine andere, an mehrere oder an viele Personen. Bei Publikationen kann ggf. Offenkundigkeit eintreten (→ § 2 Rn. 31). Dem anvisierten Empfänger(kreis) muss ein jederzeitiges ungehindertes Aufnehmen, Nutzen oder zumindestens Entschlüsseln der geheimen Daten bzw. Information vermittelt werden, bei mündlicher Kundgabe die tatsächliche Kenntnis, bei einem Transfer von Trägermedien (→ § 4 Rn. 20 ff.) eigene Gewahrsams- oder Verfügungsmacht.[276] Nutzungen an ansonsten verbleibenden Betriebsmitteln oder Produkten genügen,[277] während es hierbei wie sonst auch weder eines tatsächlichen inhaltlichen Verstehens noch einer Ingebrauchnahme bedarf.[278] Nicht ausreichend sind dagegen bloße Briefabsendungen,   128

---

273 H/O/K/*Harte-Bavendamm*, § 23 Rn. 40; MAH/*Witting/Werning*, § 24 Rn. 60; MK-StGB/*Hohmann*, § 23 GeschGehG Rn. 53.
274 Vgl. zur Vorfassung des § 17 Abs. 1 UWG aF *Brammsen*, Lauterkeitsstrafrecht, § 17 Rn. 64 mwN.
275 H/O/K/*Harte-Bavendamm*, § 23 Rn. 40 mwN, auch den Erlaubnisirrtum einbeziehend.
276 Vgl. zur Vorfassung *Brammsen*, Lauterkeitsstrafrecht, § 17 Rn. 68 mwN; MK-StGB/*Hohmann*, § 23 GeschGehG Rn. 145.
277 Schweiz. BGE 103 IV, 283, 284 f.
278 Wie hier MK-StGB/*Hohmann*, § 23 GeschGehG Rn. 145.

§ 23 Verletzung von Geschäftsgeheimnissen

bloße Verkaufsofferten oder eine misslungene Weitergabe (zB wegen Taubheit, schon vor Zustellung zerstörter Trägermedien): Das Offenlegen ist eine erfolgsgebundene Tätigkeit, weshalb nur ein Versuch verbleibt.[279] – Subjektiv bedarf es zur Vollendung keiner gelungenen Motivverwirklichung,[280] auch Irrtümer über den richtigen Empfänger sind unschädlich.[281] **Beendigung** tritt bereits mit materiellem Verstehen der erlangten Kenntnis ein, nicht erst mit deren Ingebrauchnahme oder gelungener eigener Nutzung.[282]

bb) Versuch

129 Der Versuch des Geheimnisverrats ist gem. § 23 Abs. 5 strafbar. Das dazu nötige Handeln des Täters, „nach seiner Vorstellung von der Tat zur Verwirklichung des Tatbestandes unmittelbar" anzusetzen (§ 22 StGB), benötigt eine dahingehende Orientierung einschließlich einer entsprechenden gesetzlichen Absicht sowie der Vornahme von Verhaltensweisen, die die Geheimheit einer Information unmittelbar konkret gefährden (können).[283] Dahingehende Angriffshandlungen erfolgen bei **mündlichen** Mitteilungen vornehmlich durch Verkaufsangebote oder andere sprachliche Offenlegungsinitiativen, bei **schriftlichen** oder anderen **verkörperten** Mitteilungen durch begonnene Übermittlungs- bzw. Zusendungsakte.[284] – Strafbar ist auch der **untaugliche Versuch**, beispielsweise ein Offenlegen an bereits informierte Geheimnisträger oder das versehentliche Versenden vermeintlich geheimer (offenkundiger) Informationen bzw. leerer Blätter oder Datenträger.[285]

g) Täterschaft und Teilnahme

aa) Täterschaft

130 Im Gegensatz zur vorstehenden Betriebsspionage der Nr. 1, die strikt zivilrechtsakzessorisch als Allgemeinpflicht- bzw. Jedermanndelikt ausgeformt ist (→ Rn. 41), können mit den Unternehmensbeschäftigten nur betrieblich integrierte Personen den Geheimnisverrat der Nr. 3 vollziehen. Die Vorschrift normiert demnach ein nachgerade klassisches strafrechtliches **echtes Sonderdelikt** iSd. §§ 14

---

279 Vgl. auch schweiz. BGE 104 IV, 175, 180 f. – Stanley Adams/Hoffmann-LaRoche.
280 So auch zur Vorfassung Erbs/Kohlhaas/*Diemer*, § 17 UWG Rn. 55 und G/J/W/*Krell*, UWG § 17 Rn. 70.
281 Eine wesentliche Kausalabweichung ist nicht gegeben (**aA** RGSt 58, 27 ff.); vgl. *Brammsen*, Lauterkeitsstrafrecht, § 17 Rn. 68 mwN.
282 Wie hier MK-StGB/*Hohmann*, § 23 GeschGehG Rn. 146; **aA** BayObLG, NJW 1996, 268.
283 BeckOK GeschGehG/*Hiéramente*, § 23 Rn. 62; K/B/F/*Alexander*, § 23 GeschGehG Rn. 87; MK-StGB/*Hohmann*, § 23 GeschGehG Rn. 148.
284 BeckOK GeschGehG/*Hiéramente*, § 23 Rn. 62; MK-StGB/*Hohmann*, § 23 GeschGehG Rn. 151; M/S/W/*Kudlich/Koch*, § 26 Rn. 61; *Reinfeld*, § 7 Rn. 10; s. auch schweiz. BGE 104 IV, 175, 181 – Stanley Adams/Hoffmann-La Roche.
285 H/O/K/*Harte-Bavendamm*, § 23 Rn. 69; M/S/W/*Kudlich/Koch*, § 26 Rn. 61.

III. Die einzelnen Straftatbestände des § 23 Abs. 1–3 GeschGehG   § 23

Abs. 1, 28 Abs. 1 StGB.[286] Jeglicher nicht in einem Unternehmen beschäftigten Person ist folglich die Deliktsverwirklichung unmöglich, selbst wenn sie das Geschäftsgeheimnis befugt (zB qua Gesetzes als Amtsträger etc.) oder von einem gutgläubigen Unternehmensbeschäftigten durch Vorspiegelung eines Einverständnisses oder einer Einwilligung (→ Rn. 116) des zuständigen Dispositionsbefugten erlangt hat.[287]

Als **Täterschaftsformen** kommen Allein- wie Mit- oder mittelbare Täterschaft in Betracht.[288] Letzterenfalls bewirkt allerdings ein Offenlegen an den Willensmittler selbst dessen Kenntnis bzw. Verfügungsgewalt die Deliktsvollendung, sodass er beides nicht wie auch immer schon zuvor erhalten haben darf.[289] Die Übermittlungsfunktion muss dem Wissensmittler bzw. Werkzeug verbleiben.   131

bb) Teilnahme

Der Teilnehmerkreis an einem fremdtäterschaftlich begangenen Geheimnisverrat ist personell unbegrenzt. Neben den Arbeitskollegen, Vorarbeitern, Vorgesetzten, Geschäftsführern und anderen gleichfalls im Unternehmen Beschäftigten können sich auch andere interne und externe Nichtbeschäftigte wie Freiberufler, Geschäftspartner, Gesellschafter, Handelsvertreter, Teilhaber, Vertragshändler oder Unternehmensberater nach den allgemeinen Vorschriften der §§ 26, 27, 28 Abs. 1 StGB als Anstifter oder Gehilfe an der fremden Haupttat eines schweigepflichtigen Unternehmensbeschäftigten beteiligen.[290]   132

(1) Anstiftung

Zur Anstiftung kann auf die entsprechenden Ausführungen des Bestimmens zu einer Betriebsspionage der Nr. 1 verwiesen werden (→ Rn. 65), die hier sachlich übereinstimmend gelten. Deliktsspezifische Besonderheiten sind für die Anstiftung zum Geheimnisverrat der Nr. 3 nicht zu verzeichnen, sodass auch „versteckte gewollte" Aufforderungen genügen.   133

---

286 BeckOK GeschGehG/*Hiéramente*, § 23 Rn. 32, 58; Hoppe/Oldekop/*Altenburg*, Kap. 1 Rn. 950; K/B/F/*Alexander*, § 23 GeschGehG Rn. 30; MK-StGB/*Hohmann*, § 23 GeschGehG Rn. 72, 137; M/S/W/*Kudlich/Koch*, § 26 Rn. 95; *Nebel*/Diedrich, § 23 Rn. 30; *Reinfeld*, § 7 Rn. 71.
287 Vgl. LK-StGB/*Schünemann*, § 203 Rn. 159 zur „Parallelvorschrift" des § 203 Abs. 1, 2 StGB. Das dort zur Straflosigkeit der Extraneus-Täterschaft Gesagte gilt auch hier.
288 K/B/F/*Alexander*, § 23 GeschGehG Rn. 80; MK-StGB/*Hohmann*, § 23 GeschGehG Rn. 72, 137.
289 Vgl. *Brammsen*, Lauterkeitsstrafrecht, § 17 Rn. 69 mwN zum Einsatz (un-)eingeweihter Wissensmittler.
290 BeckOK GeschGehG/*Hiéramente*, § 23 Rn. 58; Böttger/*Dann*, Kap. 8 Rn. 61; *Drescher*, S. 302; Hoppe/Oldekop/*Altenburg*, Kap. 1 Rn. 950; K/B/F/*Alexander*, § 23 GeschGehG Rn. 81; MK-StGB/*Hohmann*, § 23 GeschGehG Rn. 140; *Nebel*/Diedrich, § 23 Rn. 30.

§ 23 Verletzung von Geschäftsgeheimnissen

(2) Beihilfe

134 Gleiches gilt für die Beihilfe zum Geheimnisverrat der Nr. 3; insoweit kann auf entsprechende Ausführungen zur Betriebsspionage der Nr. 1 verwiesen werden (auch → Rn. 66). Verbleibt es nicht bei einer sog. notwendigen Teilnehmerschaft, kann bei eigener vorsätzlicher Geheimnisweitergabe, einschlägiger Beschäftigtenstellung und eröffneter Zugänglichkeit auch eigener (mit-)täterschaftlicher Geheimnisverrat in Betracht kommen.

135 Ergänzend ist § 23 Abs. 6 zu erwähnen, der einen neu aufgenommenen besonderen Rechtfertigungsgrund für die Beteiligungshandlungen der gemeinhin als Medienschaffende bezeichneten, in § 53 Abs. 1 Nr. 1 StPO benannten Personen enthält, die an einer fremdtäterschaftlich-rechtswidrigen Veröffentlichung eines Geschäftsgeheimnisses als Gehilfen mitwirken. Er kommt nur bei einer tatbegleitenden oder -vorbereitenden „investigativen" gehilfenschaftlichen Unterstützung fremdtäterschaftlich-rechtswidriger Veröffentlichungen zur Anwendung. Auf die Erläuterungen zu § 23 Abs. 6 wird weiterführend verwiesen (→ Rn. 229 ff.).

(3) Absichten

136 Die im Gefolge des früheren Streits um die Zulässigkeit eines staatlichen SteuerCD-Ankaufs erstmals aufgekommene Diskussion um ein etwaiges teilnehmerseitiges Absichts- und Rechtswidrigkeitserfordernis[291] hat sich erledigt. Ihrer materiellrechtlichen Auflösung ist beim Geheimnisverrat des Abs. 1 Nr. 3 durch die Einführung der Haftungsfreistellungen der §§ 5 Nr. 2 GeschGehG und 202d Abs. 3 StGB nunmehr bereits auf der Tatbestandsebene zumindest vorerst bis zu einer gegenteiligen verfassungsgerichtlichen Entscheidung formalrechtlich der Boden entzogen.

h) Schuld

137 Fragen der Schuld bzw. Schuldunfähigkeit und Schuldminderung sind gemeinhin ohne Bedeutung. Insoweit ist auf die Ausführungen zur Betriebsspionage des Abs. 1 Nr. 1 verwiesen (→ Rn. 68 f.). Das dort Gesagte gilt auch für den Geheimnisverrat des Abs. 1 Nr. 3 entsprechend.

i) Konkurrenzen

138 Wie die Betriebsspionage (→ Rn. 71) so kann auch der Geheimnisverrat den konkreten Tatumständen entsprechend entweder tateinheitlich oder tatmehrheitlich mit anderen Strafverstößen des Täters zusammentreffen. **Tateinheit** (§ 52 StGB) kommt ua. in Betracht:[292] im **Nebenstrafrecht** mit den gleichzeitigen (**nicht**: nach-

---

291 Eingehender dazu *Brammsen*, Lauterkeitsstrafrecht, § 17 Rn. 73 ff. mwN zum seinerzeitigen Streitstand; abschließend *Rennicke*, wistra 2020, 135, 136 f.
292 Vgl. MK-StGB/*Hohmann*, § 23 GeschGehG Rn. 171; Müller-Gugenberger/*Dittrich*, § 33 Rn. 119.

III. Die einzelnen Straftatbestände des § 23 Abs. 1–3 GeschGehG **§ 23**

träglichen) Schweigepflichtverletzungen Unternehmensbeschäftigter und zusätzlichen Verstößen gegen tathandlungskonforme täterqualifizierte Schweigedelikte in ihrer weitergehenden Zusatzfunktion als Aufsichtsrat, GmbH-Geschäftsführer, Liquidator, Prüfer, Rechtsanwalt, staatlich anerkannter Sozialarbeiter oder Sozialpädagoge, Steuerberater oder Vorstand usw. (zB §§ 404 AktG, 120 BetrVG, 85 GmbHG, 333 HGB, 35 SprAuG, 203 StGB).[293] Tateinheitlich zusammentreffen können zudem auch die Qualifikationsvarianten all dieser Funktionsträger (Handeln in Bereicherungs- oder Schädigungsabsicht sowie gegen Entgelt) sowie ungeachtet des abweichenden Rechtsguts das Insiderdelikt des § 148 Abs. 1 Nr. 1 (Alt. 3) TKG, § 119 Abs. 2 Nr. 2 lit. a, Abs. 3 Nr. 3 WPHG und (partiell) des § 42 Abs. 1 BDSG.[294]

Mit den Straftatbeständen des **Kernstrafrechts** kann der Geheimnisverrat des § 23 Abs. 1 Nr. 3 tateinheitlich begangen werden, im Falle eines zeitlichen Auseinanderfallens der Tathandlungen aber auch in Tatmehrheit:[295] bei den Landesverrats- und Staatsschutzdelikten mit den Mitteilungen an ausländische Agenten, geheim- und nachrichtendienstliche Organisationen, Mittelsmänner, Beauftragte usw., §§ 94 ff. und 98 f. StGB,[296] aber auch mit Hausfriedensbruch, Diebstahl,[297] Untreue,[298] Unterschlagung, Betrug,[299] Erpressung,[300] Urkundenunterdrückung[301] oder den Bestechungsdelikten der §§ 299, 330 ff. StGB.[302] Sachlich ausgeschlossen ist Tateinheit mit einem Ausspähen von Daten (§ 202a StGB) wegen der Verschiedenheit erlangender und offenlegender Handlungen,[303] auch für den Anstifter-Empfänger in der „Drittverschaffungsalternative": Teilnahmehandlungen sind angesichts ihrer geringeren und akzessorischen Angriffsintensität kein geeignetes Haupttatsurrogat. **139**

Tatmehrheit (§ 53 StGB). Betriebsspionage und Geheimnishehlerei (§ 23 Abs. 1 Nr. 1, Nr. 2 und Abs. 2) sind „selbstständige, begrifflich und inhaltlich verschiedene Straftaten". Der Geheimnisverrat muss „bereits ... vollendet sein in dem Augenblicke, in dem das Vergehen nach (jetzt: Abs. 1 Nr. 2 oder Abs. 2) begonnen werden **140**

---

293 MK-StGB/*Hohmann*, § 23 GeschGehG Rn. 171.
294 So schon zur Vorfassung des § 17 Abs. 1 UWG aF *Brammsen*, Lauterkeitsstrafrecht, § 17 Rn. 78.
295 Vgl. *Brammsen*, Lauterkeitsstrafrecht, § 17 Rn. 79 mwN zur Vorfassung.
296 KG, openJur 2020, 39321, Rn. 540; *Drescher*, S. 401, 409; Müller-Gugenberger/*Dittrich*, § 33 Rn. 119.
297 RG, MuW 1914/15, 149; Müller-Gugenberger/*Dittrich*, § 33 Rn. 119.
298 RGSt 75, 75, 79; BayObLGSt 1995, 110, 120 – Bieterlisten; Müller-Gugenberger/*Dittrich*, § 33 Rn. 119; s. auch *Bott*, in: FS Wessing, S. 311, 319 ff. (Nichtimplementierung von Compliance-Maßnahmen, Unterlassen eines Strafantrages).
299 Müller-Gugenberger/*Dittrich*, § 33 Rn. 119.
300 Müller-Gugenberger/*Dittrich*, § 33 Rn. 119.
301 RG, MuW 1914/15, 149; RGSt 38, 108, 111.
302 RGSt 33, 354, 356; BGHSt 41, 140, 141 – Angebotsunterlagen; BayObLGSt 1995, 110, 120.
303 AA (Tateinheit) E/R/S/T/*Tsambikakis*, § 17 Rn. 37.

§ 23   Verletzung von Geschäftsgeheimnissen

kann".[304] Unabhängig davon, ob es um ein- und dasselbe Geheimnis[305] oder um verschiedene Geheimnisse geht, ist deshalb immer Tatmehrheit gegeben. Dies gilt auch für eine zuvor eingeplante (von anschließender Verwertungsabsicht getragene) Anstiftung zur Geheimnishehlerei iSv. § 23 Abs. 1 Nr. 2 oder Abs. 2.[306]

j) Strafrahmen

141   Der Geheimnisverrat des Abs. 1 Nr. 3 setzt in Fortführung seiner langjährigen Vorgängerregelung in § 17 Abs. 1 UWG 1909 einen unveränderten Strafrahmen von **Freiheitsstrafe** bis zu **drei** Jahren oder **Geldstrafe** fest. Handelt ein Täter dabei zugleich in Bereicherungsabsicht, so kann wie bei der Betriebsspionage des Abs. 1 Nr. 1 auch hier gem. § 41 StGB eine Geldstrafe **neben** der Freiheitsstrafe ausgesprochen werden. Ebenso wie vorstehend ist für die sonstigen Tatfolgen auf obige Ausführungen zur Betriebsspionage des Abs. 1 Nr. 1 verwiesen (→ Rn. 72).

4. Die fremderöffnete Geheimnishehlerei (§ 23 Abs. 2)

142   Der Gesetzgeber hat die zuvor einheitlich in § 17 Abs. 2 Nr. 2 UWG aF geregelte Geheimnishehlerei in zwei eigene Straftatbestände aufgespalten. Während Abs. 1 Nr. 2 die sog. „eigeneröffnete Geheimnishehlerei" regelt (→ Rn. 73 ff.), stellt Abs. 2 mit der „fremderöffneten Geheimnishehlerei" deren Gegenstück dar.[307] Erfasst ist allein das Nutzen oder Offenlegen eines Geschäftsgeheimnisses, das der Täter durch eine fremde Handlung iSd. Abs. 1 Nr. 2 (eigeneröffnete Geheimnishehlerei) oder iSd. Abs. 1 Nr. 3 (Geheimnisverrat) erlangt hat. Täterschaft eröffnend ist mithin allein fremdvermittelte Kenntnisinhaberschaft, die der straftatbestandsmäßig-rechtswidrige Geheimnisverrat eines schweigepflichtigen Unternehmensbeschäftigten oder die straftatbestandsmäßig-rechtswidrige Betriebsspionage des Weitergebenden bewirkt hat. Die Regelung zeigt gewisse Ähnlichkeiten mit der zivilistischen Geheimnishehlerei drittvermittelter Geschäftsgeheimnisse in § 4 Abs. 3, stellt jedoch strengere Voraussetzungen auf.[308] Hinsichtlich der gesetzlichen Systematik ist im Übrigen auf obige Ausführungen verwiesen (→ Rn. 19 ff.).

---

304   RGSt 31, 93, 95; s. auch RGSt 60, 53, 54 „voneinander unabhängig"; MK-StGB/*Hohmann*, § 23 GeschGehG Rn. 168; Müller-Gugenberger/*Dittrich*, § 33 Rn. 119; **aA** *Breitenbach*, S. 155 f. (Subsidiarität des Abs. 1= jetzt Abs. 1 Nr. 3).
305   Insoweit für Tateinheit *Drescher*, S. 333.
306   Für Gesetzeskonkurrenz (Konsumtion, mitbestrafte Vortat, Subsidiarität) BayObLG, JR 1994, 289, 290; OLG Celle, NStZ 1989, 367 f.; *Breitenbach*, S. 197 f.; *Drescher*, S. 406 f.; unklar BGH, BeckRS 2016, 17444 Rn. 38; wie hier RGSt 60, 53, 54; RG, MuW 1910/11, 62, 63; MK-StGB/*Hohmann*, § 23 GeschGehG Rn. 168; Müller-Gugenberger/*Dittrich*, § 33 Rn. 119.
307   *Brammsen*, wistra 2018, 449, 455; H/O/K/*Harte-Bavendamm*, § 23 Rn. 47; MK-StGB/*Hohmann*, § 23 GeschGehG Rn. 88.
308   BeckOK UWG/*Barth*, § 23 GeschGehG Rn. 19; *Drescher*, S. 313.

III. Die einzelnen Straftatbestände des § 23 Abs. 1–3 GeschGehG   **§ 23**

a) Objektiver Tatbestand

Den objektiven Tatbestand der fremderöffneten Geheimnishehlerei des § 23 Abs. 2 verwirklicht, wer nach einem strafrechtswidrigen Vorverhalten eines Dritten ein Geschäftsgeheimnis nutzt oder offenlegt, das er durch eine fremde Geheimnishehlerei („Handlung nach Absatz 1 Nummer 2") oder einen fremden Geheimnisverrat („Handlung nach Absatz 1 […] Nummer 3") erlangt hat. Im Gegensatz zu § 23 Abs. 1 Nr. 2, deren Vortat ein objektiver Verstoß gegen das zivilistische Handlungsverbot des § 4 Abs. 1 Nr. 1 genügt, setzt § 23 Abs. 2 prinzipiell ein zuvoriges Zuwiderhandeln gegen eine der beiden benannten Strafnormen voraus.[309] Fundiert ist mithin ein strafrechtliches Anschlussdelikt.[310]   143

aa) Täter

Täter kann **Jedermann**[311] sein, solange er das Geheimnis zuvor durch eine der genannten Vortaten eines Dritten erlangt hat.[312] Fehlt eine solche, so ermangelt es folglich bereits an der entsprechenden Täterstellung. Gleiches gilt, wenn der Täter das Geschäftsgeheimnis durch eigene Handlung erlangt: Dann ist der Straftatbestand des Abs. 1 Nr. 2 einschlägig. § 23 Abs. 2 ist mithin im Gefolge des § 17 Abs. 2 Nr. 2 UWG aF ein nachgerade klassisch ausgeformtes strafrechtliches Allgemein- bzw. Tatsituationsdelikt (→ Rn. 76), dessen Täterkreis handlungsbedingt auf kenntnisokkupierende Mitwisser oder prägnanter strafdeliktisch fundierte Mitwisser begrenzt ist.[313] Als solche kommen hier (im Falle des Abs. 1 Nr. 2) **vorwiegend externe Dritte**, daneben aber auch (im Falle des Abs. 1 Nr. 3) **im Unternehmen beschäftigte Personen** in Betracht.[314] Grundsätzlich taugliche Täter sind ferner „unbedachte Mitwisser" (→ § 3 Rn. 24) wie **zufällige Geheimniserwerber**,[315] deren Strafbarkeit es neben der zumeist fehlenden Geheimnisverkörperung auch an der Rechtswidrigkeit und der nötigen zeitgleichen Vorsätzlichkeit ermangelt. Im Übrigen ist auf vorstehende Ausführungen zur eigeneröffneten Geheimnishehlerei verwiesen (→ Rn. 76 f.).   144

bb) Vortaten

Die fremderöffnete Geheimnishehlerei des § 23 Abs. 2 ist nur strafbar, wenn ihr Täter seine Verfügungsmacht über ein fremdes Geschäftsgeheimnis von der Übermitt-   145

---

309 BeckOK GeschGehG/*Hiéramente*, § 23 Rn. 40; BeckOK UWG/*Barth*, § 23 GeschGehG Rn. 21. Eine Erstreckung auf Tathandlungen des § 4 Abs. 3 ist ausgeschlossen; aA K/B/F/*Alexander*, § 23 GeschGehG Rn. 54.
310 *Drescher*, S. 313; K/B/F/*Alexander*, § 23 GeschGehG Rn. 52.
311 Hoppe/Oldekop/*Altenburg*, Kap. 1 Rn. 907.
312 H/O/K/*Harte-Bavendamm*, § 23 Rn. 48; MK-StGB/*Hohmann*, § 23 GeschGehG Rn. 89.
313 Vgl. (auch zur weiteren seinerzeitigen Untergliederung) *Brammsen*, Lauterkeitsstrafrecht, § 17 Rn. 110.
314 Vgl. ersterenfalls *Hiéramente/Wagner*, GRUR 2020, 709, 710 (Offenlegen bei Drittgeheimnis), letzterenfalls MK-StGB/*Hohmann*, § 23 GeschGehG Rn. 89.
315 Zu ihrer früheren Freistellung bereits RGSt, 30, 251 ff.

§ 23　Verletzung von Geschäftsgeheimnissen

lung eines Dritten ableitet, dessen Weitergaben eine strafbare eigeneröffnete Geheimnishehlerei des Abs. 1 Nr. 2 oder einen strafbaren Geheimnisverrat des Abs. 1 Nr. 3 darstellen.[316] Andere Vortatvarianten kennt das Delikt nicht, da der Gesetzgeber die frühere Generalklausel der „sonst unbefugten" Vortat des § 17 Abs. 2 Nr. 2 Alt. 3 UWG aF[317] nicht in das GeschGehG überführt hat.

(1) Die Betriebsspionage des Vortäters, § 23 Abs. 1 Nr. 2

146　Die fremderöffnete Geheimnishehlerei setzt in der Vortatsvariante „Betriebsspionage" voraus, dass der Täter ein Geschäftsgeheimnis von einem Wissensmittler erlangt hat, der seine Kenntnis bzw. Verfügungsmacht eigenen deliktischen Aktivitäten iSd. Abs. 1 Nr. 2, dh. einer eigeneröffneten Geheimnishehlerei verdankt. Deren Verwirklichung wiederum setzt voraus, dass der Vortäter selbst (nicht nur objektiv) gegen § 4 Abs. 1 Nr. 1 verstoßen, das überlassene Geschäftsgeheimnis also durch unbefugten Zugang zu, unbefugtes Aneignen oder Kopieren von geheimnisverkörpernden Trägermedien erlangt hat. Diese **dreifache Verweisung** ist zwar aus Sicht des Rechtsanwenders bedenklich,[318] mehr noch allerdings aus Sicht des normunterworfenen Bürgers wie auch des Gesetzgebers: Sie droht die vielfach vertretenen Theorien strafrechtlicher Spezial- und/oder Generalprävention zunehmend bereits formaliter zu konterkarieren.[319]

147　Der Geheimnishehler des Abs. 2 muss seine Kenntnis bzw. Verkörperungsherrschaft von dem fremdausgespähten Geheimnis in zurechenbarer Weise von seinem Vortäter oder dessen Boten erhalten haben.[320] Eine bloße Kausalität genügt jedoch nicht, verlangt Abs. 2 doch anders als § 4 Abs. 3 statt Erlangen „über eine andere Person" Kenntnisnahme „durch" den Vortäter.[321] Zu einer solchen Kenntnisnahme reicht ebenso wie bei § 23 Abs. 1 Nr. 2 dessen **mündliches** Offenlegen des Geschäftsgeheimnisses; Verkörperungen auf Informationsträger sind nicht erforderlich.[322] Positive Kenntnis von der Strafrechtswidrigkeit der Vortätertat muss der Täter erst zu Beginn seines Nutzens oder Offenlegens, nicht aber schon bei seiner eigenen Kenntniserlangung haben:[323] Das fremdseitige Begründen seiner deliktsfundierten Mitwisserposition ist nicht an kollusives Zusammenwirken mit

---

316　Diesbezügliche Tatbestandsausnahmen (§ 5) und Erlaubnisse (§ 3) führen zum „Wegfall" der Vortat (Rn. 88, 114, 117, 122).
317　Näher zu ihr *Brammsen*, Lauterkeitsstrafrecht, § 17 Rn. 115 ff.
318　BeckOK GeschGehG/*Hiéramente*, § 23 Rn. 40.1.
319　Näher zu den genannten Theorien und ihren Modifikationen statt vieler Schönke/Schröder/*Kinzig*, Vor §§ 38 ff. Rn. 2 ff. mwN.
320　Etwa durch Entgegennahme ihm übermittelter Bauteile, Gerätschaften, Dateien, Kopien, Unterlagen usw.; vgl. OLG Stuttgart, WRP 2019, 387 Rn. 61; BeckOK GeschGehG/*Hiéramente*, § 23 Rn. 41; (Beispiel bei) *Hiéramente/Wagner*, GRUR 2020, 709, 710 ff.
321　BeckOK GeschGehG/*Hiéramente*, § 23 Rn. 41; BeckOK UWG/*Barth*, § 23 GeschGehG Rn. 21; K/B/F/*Alexander*, § 23 GeschGehG Rn. 55. Abweichend § 202d Abs. 1 StGB (dazu *Hiéramente/Wagner*, GRUR 2020, 709, 714 f.).
322　BeckOK GeschGehG/*Hiéramente*, § 23 Rn. 42; *Hiéramente/Wagner*, GRUR 2020, 709, 712.
323　*Brammsen*, Lauterkeitsstrafrecht, § 17 Rn. 114.

III. Die einzelnen Straftatbestände des § 23 Abs. 1–3 GeschGehG § 23

dem kenntnisvermittelnden Vortäter gebunden – Geheimnishehlerei ist kein Perpetuierungsdelikt.[324]

(2) Der Geheimnisverrat des Vortäters, § 23 Abs. 1 Nr. 3

Durch den Geheimnisverrat von Unternehmensbeschäftigten erlangen Dritte eine ihnen das anschließende eigene Angriffsverhalten Nutzen oder Offenlegen ermöglichende Kenntnis bzw. Verkörperungsherrschaft. Ob der Vortäter-Verräter aus eigenem Antrieb, auf Initiative, Anstiftung oder sonstige in- oder externe „Zuspruchshandlung" (zB Abnahmeversprechen) gehandelt hat, ist irrelevant – alle Varianten genügen.[325] Auch Kenntnisweitergaben über Mittelsmänner genügen,[326] nicht jedoch solche durch eigenverantwortlich handelnde „ungesteuerte" Wissensmittler: Die Kundgabe erfolgt hier „über eine andere Person" iSd. § 4 Abs. 3.[327]   148

Ein „verratsbedingtes" Kenntniserlangen liegt nur vor, wenn dem fremden Geheimnishehler spätestens zum Zeitpunkt seines Nutzens oder Offenlegens bewusst war, dass der Verräter den vollständigen Deliktstatbestand eines Geheimnisverrats gem. Abs. 1 Nr. 3 (→ Rn. 102 ff.) inklusive einer der benannten Absichten begangen hat.[328] Vorherige oder nachträgliche Kenntnisnahmen[329] genügen ebenso wenig wie Weitergaben befugt angefertigter Aufzeichnungen oder Verratshandlungen nach dem Ende der Vortäter-Dienstzeit.[330] Gleiches gilt für einen zufälligen oder befugten Kenntniserwerb; als unwertvermittelnde Vortat sind beide Varianten ungeeignet.[331] Das tatbestandliche Erlangen ist dagegen bei entsprechenden Aktivitäten (zB Hören, Sehen) wie auch bei teilnehmerschaftlichen Vortataktivitäten[332] inzwischen zwar gegeben, derartige Verhaltensweisen unterfallen aber ausschließlich § 23 Abs. 1 Nr. 2.   149

---

324 Ebenso wenig wie § 202d StGB; vgl. *Henseler*, NStZ 2020, 258, 260 ff. Das Geheimnis hat an Substanz resp. Geheimheit und damit an Vermögenswert verloren – es ist nicht lediglich „verschoben"; s. auch OLG Karlsruhe, WRP 2016, 751 Rn. 45 (keine Vermögensvortat nötig).
325 Vgl. zur Vorfassung des § 17 Abs. 2 Nr. 2 Alt. 1 UWG aF RG, JW 1929, 2606, 2608 – Sulfatofen; OLG Karlsruhe, RDV 2003, 246 f.
326 Nachw. zur Vorfassung des § 17 Abs. 2 Nr. 2 Alt. 1 UWG aF bei *Brammsen*, Lauterkeitsstrafrecht, § 17 Fn. 631.
327 Vgl. die Nachw. oben Fn. 321.
328 So bereits zur Vorfassung des § 17 Abs. 2 Nr. 2 Alt. 1 UWG aF BGH, GRUR 1977, 539, 541 – Prozeßrechner; Nachw. zum früheren Schrifttum bei *Brammsen*, Lauterkeitsstrafrecht, § 17 Fn. 633.
329 So noch zu § 9 UWG 1896 RG, GA 56 (1909), 221.
330 *Drescher*, S. 318 mwN. Zu § 17 Abs. 2 UWG 1909 RG, GRUR 1939, 308, 312 f.
331 Ersterenfalls nach dem „Wegfall" des Reflexivverbs „Sichverschaffen" nunmehr nicht schon handlungsmäßig, sondern mangels eines auf Geheimniserlangen gerichteten Vorsatzes oder letzterenfalls – wie bspw. auch das erlaubte Erlangen iSd. § 3 – in Ausübung auch grundfreiheitlich gewährleisteter Informationsrechte.
332 Stichwort SteuerCD-Ankauf: Ein Ankäufer erlangt CD-mäßig verkörperte Geheimnisse primär vom Verräter vermittelt; so schon zu § 17 Abs. 2 Nr. 2 Alt. 1 UWG aF *Brammsen*, Lauterkeitsstrafrecht, § 17 Rn. 113.

§ 23   Verletzung von Geschäftsgeheimnissen

cc) Tatgegenstand

150   **Tatgegenstand** ist ein Geschäftsgeheimnis iSd. § 2 Nr. 1 (→ § 2 Rn. 10 ff., 17 ff.). Da es sich bei der ersten Tatvariante (**Betriebsspionage** durch fremde Handlung nach Abs. 1 Nr. 2 lit. a) um die gesetzliche Vorgabe einer Vortat zu § 23 Abs. 2 handelt, ist an dortige Ausführungen anzuknüpfen (→ Rn. 101 ff.). Geschäftsgeheimnisse, die nicht in irgendeiner Form **verkörpert** sind (bzw. es im Zeitpunkt der Erlangung durch den Vortäter waren), unterfallen deshalb mangels tauglicher Anknüpfungs- bzw. Vortat nicht dem § 23 Abs. 2 Alt. 1 (vgl. → Rn. 42, 81). Demgegenüber setzt der Verstoß gegen § 23 Abs. 1 Nr. 3 keine Verkörperung des Geschäftsgeheimnisses voraus (→ Rn. 104). Bei einem **Geheimnisverrat** als Vortat sind daher auch **mündliche** Verteilungsketten tatbestandlich einbezogen.

dd) Tathandlungen

151   Der Geheimnishehler muss das Geschäftsgeheimnis selbst **nutzen** oder **offenlegen**. Für die Tathandlung kann insoweit zunächst auf die Ausführungen in → Rn. 83 f. verwiesen werden.[333] Da § 23 Abs. 2 nicht unmittelbar auf die Regelung § 4 Abs. 1 Nr. 3 verweist, fehlt es an einer direkten Bezugnahme auf die gesetzliche Unbefugtheit der Handlung. Dies ist indes unschädlich, da es bei einer befugten Nutzung oder Offenlegung an der Rechtswidrigkeit der fremdtäterschaftlichen Geheimnishehlerei fehlen wird (→ Rn. 89).

b) Subjektiver Tatbestand

152   Der Täter muss mit (mindestens bedingtem) Vorsatz handeln[334] und zugleich eines der benannten Absichtsmerkmale (→ Rn. 29 ff.), zB Eigennutz oder Handeln zugunsten eines Dritten aufweisen. Insoweit kann zunächst auf die Ausführungen zur eigeneröffneten Geheimnishehlerei verwiesen werden, die hier entsprechend gelten (→ Rn. 86 f.). Zu beachten ist sodann auch hier, dass der Tathandlungsvorsatz zwar nicht schon zum Zeitpunkt der Vortat (Kenntniserlangung) vorzuliegen braucht, sondern erst bei Nutzung oder Offenlegung.[335] Der Täter muss im Rahmen von § 23 Abs. 2 jedoch positive **Kenntnis** oder zumindest das Bewusstsein von der konkreten Gefahr haben, dass seine Kenntnis von dem betreffenden Geheimnis auf einer **fremden** früheren **Straftat** (Geheimnishehlerei iSv. § 23 Abs. 1 Nr. 2 oder Geheimnisverrat iSv. § 23 Abs. 1 Nr. 3) beruht;[336] das bloße Wissen um einen bloß objektiven Verstoß gegen § 4 ist auch hier nicht ausreichend (→ Rn. 86).

---

333   Komprimiert auch MK-StGB/*Hohmann*, § 23 GeschGehG Rn. 92 ff.
334   H/O/K/*Harte-Bavendamm*, § 23 Rn. 49; K/B/F/*Alexander*, § 23 GeschGehG Rn. 56; MK-StGB/*Hohmann*, § 23 GeschGehG Rn. 96.
335   Zu damit verbundenen Beweisproblemen *Drescher*, S. 316 f.
336   BeckOK GeschGehG/*Hiéramente*, § 23 Rn. 43; *Drescher*, S. 316; MK-StGB/*Hohmann*, § 23 GeschGehG Rn. 96.

III. Die einzelnen Straftatbestände des § 23 Abs. 1–3 GeschGehG   § 23

c) Tatbestandsausnahmen und Rechtswidrigkeit

Die fremderöffnete Geheimnishehlerei ist nicht strafbar, wenn das Handeln des Täters gerechtfertigt oder bereits als tatbestandslos haftungsfrei gestellt ist. Obwohl § 23 Abs. 2 keinen unmittelbaren Verweis auf § 4 enthält, sind die allgemeinen Erlaubnisse des § 3 bzw. die Ausnahmen des § 5 unmittelbar anwendbar.[337] Selbst wenn deren Anwendung verneint wird, kommt dennoch zugunsten des Täters eine **analoge Anwendung der §§ 3, 5** in Betracht, zumal deren Ausschluss vom Gesetzgeber kaum intendiert gewesen sein dürfte[338] – sie ist eher eine Folge der unübersichtlichen Gesetzgebungs- und Verweistechnik speziell in § 23. Sind §§ 3, 5 schon beim Vortäter anwendbar, fehlt es bereits an der Verwirklichung des objektiven Tatbestands.[339] Bezüglich des Einverständnisses, der Einwilligung und weiterer Rechtfertigungsgründe ist auf die Ausführungen zur Betriebsspionage, zur eigeneröffneten Geheimnishehlerei und zum Geheimnisverrat § 23 Abs. 1 Nr. 1–3 verwiesen, die hier entsprechend gelten (→ Rn. 50 ff., 89, 150 ff.).[340]

153

d) Irrtum

Zur Einordnung und Unterteilung der Irrtumsarten ist auf die Ausführungen zur Betriebsspionage des Abs. 1 Nr. 1, ergänzend zur eigeneröffneten Geheimnishehlerei des Abs. 1 Nr. 2 verwiesen (→ Rn. 57 ff., 90), die hier entsprechend gelten. Irrtümer über das unbefugte Nutzen oder Offenlegen sowie das Vorliegen eines Geheimnisses sind Tatbestandsirrtümer. Dagegen lässt ein solcher Irrtum des eigeneröffneten Vortäters die nötige rechtswidrige Vortat des Abs. 1 Nr. 1 entfallen. Hier verbleibt dem „Folgetäter" selbst bei einer erkannten Irrtümlichkeit und eigenem Vorsatz der untaugliche Versuch.

154

e) Vollendung und Versuch der Tat

Zur Vollendung und zum Versuch der Tat ist auf die Ausführungen zur eigeneröffneten Geheimnishehlerei des Abs. 1 Nr. 2 verwiesen (→ Rn. 91 ff.),[341] die hier in Abwandlung für den nunmehr fremderöffneten Geheimnishehler entsprechend gelten. Sein zuvoriges eigenes Erlangen ist noch kein Versuchsbeginn (→ Rn. 93).[342]

155

---

337 H/O/K/*Harte-Bavendamm*, § 23 Rn. 48; *Reinfeld*, § 7 Rn. 90; **aA** BeckOK UWG/*Barth*, § 23 GeschGehG Rn. 24.
338 Vgl. BT-Drs. 19/4724, S. 40: „... da durch die Bezugnahme auf die einzelnen Handlungsverbote in § 4 GeschGehG deutlich wird, dass nur eine auch zivilrechtlich rechtswidrige Handlung nach dem GeschGehG unter die Strafvorschriften fallen kann."
339 BeckOK UWG/*Barth*, § 23 GeschGehG Rn. 24.
340 S. auch BeckOK UWG/*Barth*, § 23 GeschGehG Rn. 23.
341 S. auch BeckOK GeschGehG/*Hiéramente*, § 23 Rn. 64 f.; MK-StGB/*Hohmann*, § 23 GeschGehG Rn. 150.
342 Unklar MK-StGB/*Hohmann*, § 23 GeschGehG Rn. 145, der es für die Vollendung scheinbar ausreichen lässt, dass der Täter das Geschäftsgeheimnis erlangt hat. Darin liegt nicht die erforderliche Nutzung/Offenlegung (W/J/S/*Möhrenschlager*, 16. Kap. Rn. 34). Es dürfte sich um ein

§ 23   Verletzung von Geschäftsgeheimnissen

f) Täterschaft und Teilnahme

156 § 23 Abs. 2 ist ebenso wie § 23 Abs. 1 Nr. 2 ein sog. Tatsituationsdelikt (→ Rn. 76, 144). Für die Fragen der Täterschaft und Teilnahme ist deshalb insbesondere auf die „Parallelproblematik" bei der eigeneröffneten Geheimnishehlerei verwiesen (→ Rn. 96), die entsprechend gilt. Dabei ist eigens auch auf die Absichtsthematik zu achten.

g) Schuld

157 Für die Schuld bzw. Schuldunfähigkeit und Schuldminderung ist auf die Ausführungen zur Betriebsspionage des Abs. 1 Nr. 1 verwiesen (→ Rn. 97). Das dort Gesagte gilt auch für die fremderöffnete Geheimnishehlerei des Abs. 2 entsprechend.

h) Konkurrenzen

158 Auf die Ausführungen zur Geheimnishehlerei des Abs. 1 Nr. 2 ist verwiesen (→ Rn. 98 f.). Sie gelten für die fremderöffnete Geheimnishehlerei des Abs. 2 entsprechend.

i) Strafrahmen

159 Für die fremderöffnete Geheimnishehlerei des Abs. 2 ist wie für die vorstehenden Straftaten des Abs. 1 Nr. 1–3 eine einheitliche **Freiheitsstrafe** bis zu **drei** Jahren oder **Geldstrafe** festgesetzt (→ Rn. 100); dortige Ausführungen gelten entsprechend. Auch stellt sich zusätzlich die Frage, ob die hier gesetzlich notwendige Kenntnis von der fremden strafbaren Vortat nicht stärker bei der Strafzumessung berücksichtigt werden sollte.

5. Die Verwertung von Vorlagen (§ 23 Abs. 3)

160 Der Tatbestand der Vorlagenverwertung (bzw. Vorlagenfreibeuterei) ersetzt deren Vorgängerregelung in § 18 UWG aF, der anders als die vorstehenden Straftatbestände des § 23 Abs. 1 und 2 keine eigenständige zivilistische Vorformung in § 4 aufweist. Rechtstechnisch lediglich an dessen breit angelegte Verbotstatbestände des Abs. 2 Nr. 2 und 3 anknüpfend und auf besonders genannte geheime Angriffsobjekte und Täterkreise begrenzt normiert er eine zivilrechtlich nur partiell akzessorisch ausgestaltete Strafnorm, die unverkennbar ihre frühere Vorformung in maßgeblichen Punkten fast sklavisch adaptiert. Die frühere Haftungsbegrenzung auf nur zwei besonders benannte zusätzliche Absichtserfordernisse (Förderung des eigenen oder fremden Wettbewerbs und Eigennutz) ist ebenso erhalten geblieben wie die Begrenzung auf vorsätzliches Vorgehen und der abweichend auf zwei Jahre begrenzte Strafrahmen. Sachlich gleichgeblieben ist auch die nunmehrige Eingliede-

---

Redaktionsversehen handeln. Gemeint dürfte sein, dass der Geheimnishehler das Geheimnis erlangt haben muss.

III. Die einzelnen Straftatbestände des § 23 Abs. 1–3 GeschGehG **§ 23**

rung der zuvor eigenständig geregelten Versuchs- und Auslandstatenstrafbarkeit sowie des Strafantragsrechts in das zivilistisch vorgeformte Regelungskonzept einer für alle selbstständigen Straftaten gemeinsamen Regelung in § 23 Abs. 5–7. Beides bewirkt dennoch bessere Übersichtlichkeit und Normprägnanz, weshalb es ebenso wie die ersatzlose Streichung der beispielhaft früher als „Zeichnungen, Modelle, Schablonen, Schnitte, Rezepte" umschriebenen Angriffsobjekte und deren nunmehrige Zentrierung allein auf Geschäftsgeheimnisse in Gestalt einer Vorlage oder Vorschrift[343] noch gut zu akzeptieren ist.[344]

Ein nennenswerter Innovationsgehalt ist der Neuregelung allerdings nicht zu attestieren. Als einzige hervorzuhebende Abänderung verbleibt nur die Umformung in ein auf „eine bestimmte Kategorie von Geschäftsgeheimnissen"[345] reduziertes klassisches Geheimnisschutzdelikt nach dem Vorbild des Geheimnisverrats. Diese schon zuvor gegebene, nunmehr begrüßenswert deutlich plakativer dokumentierte Einbindung als sog. bloßes Vermögensentziehungsdelikt[346] in die große Deliktsgruppe der **Vermögensdelikte** (→ § 1 Rn. 16 ff.)[347] kontrastiert leider auffällig zur grundlos fortgeführten Strafmilderung von 2 statt 3 Jahren Freiheitsstrafe für besondere anvertraute Geschäftsgeheimnisse, die den tatbestandlichen Anforderungen des Verratsdelikt im neuen Mantel des Abs. 1 Nr. 3 auffallend ähnelt. Ihr sollte angesichts eines sich verändernden, zunehmend anwachsenden Täterkreises (→ Rn. 168) baldmöglichst ein materiellrechtlich tragfähigeres Fundament gegeben werden. 161

a) Objektiver Tatbestand

Den objektiven Tatbestand der Vorlagenverwertung des § 23 Abs. 3 erfüllt jeder Täter, der entgegen § 4 Abs. 2 Nr. 2 oder 3 ein Geschäftsgeheimnis, das eine ihm im geschäftlichen Verkehr anvertraute geheime Vorlage oder Vorschrift technischer Art ist, nutzt oder offenlegt. 162

aa) Täter

Als Täter der Vorlagenverwertung des § 23 Abs. 3 kommt nur eine Person in Betracht, die ein Geschäftsgeheimnis in Gestalt einer („ihm") im geschäftlichen Verkehr anvertrauten „geheimen Vorlage oder Vorschrift technischer Art" innehat. 163

---

343 § 18 UWG aF benannte die Angriffsobjekte noch durchgängig im Plural.
344 S. auch H/O/K/*Harte-Bavendamm*, § 23 Rn. 50.
345 Vgl. RegE-Begründung zu § 23 Abs. 3 GeschGehG (S. 42).
346 Bloße Vermögensentziehungen sind solche Schädigungen fremden Vermögens, die den Berechtigten ohne Anmaßung einer entzogenen Herrschaftsposition ganz oder teilweise um seinen bisherigen ungestörten Besitz an dem Vermögensobjekt bringen; vgl. *Otto*, Strafrecht BT, § 38 Rn. 12.
347 Zum früheren Streit um das (individuelle und/oder kollektive) Rechtsgut der Vorlagefreibeuterei statt vieler *Brammsen*, wistra 2006, 201, 202 f.; *ders.*, Lauterkeitsstrafrecht, § 18 Rn. 5 f. mwN.

§ 23 Verletzung von Geschäftsgeheimnissen

(1) Im geschäftlichen Verkehr

164 Tatbestandlich ist der Täterkreis der Vorlagenfreibeuterei nicht auf bestimmte besondere soziale Positionen beschränkt – der Gesetzgeber hat sich zu ihrer näheren Konturierung auf das wenig bildhafte Attribut des „Anvertrauens" im geschäftlichen Verkehr beschränkt[348] und damit einen bislang anhaltenden Streit um die sachgemäße Einordnung der erfassten Pflichtenträger initiiert. „**Im geschäftlichen Verkehr**"[349] tätig sind allerdings nur erwerbswirtschaftlich tätige Personen, die nach außen hin fremde oder eigene Geschäftszwecke eigeninitiativ fördern bzw. gewerbliche Beziehungen zu Unternehmen herstellen.[350] Dazu bedarf es weder beiderseitiger Geschäftsmäßigkeit,[351] eigener Gewinnerzielungsabsicht, eines Wettbewerbsverhältnisses oder einer wirtschaftlichen Abhängigkeit: Ausreichend sind gewerbliche Beziehungen zu anderen Händlern, Herstellern, Unternehmern, Freiberuflern, anderen Selbstständigen und erwerbswirtschaftlich fungierenden Einrichtungen der öffentlichen Hand.[352] Umstritten ist die Einbeziehung von Endverbrauchern und Privatkunden wie Bauwilligen oder Möbelkäufern.[353] Nicht erfasst sind dagegen mangels eigener selbstständiger Beziehung im Außenverhältnis die innerbetrieblichen Beschäftigungsverhältnisse zu den eigenen Mitarbeitern.[354]

(2) Ihm anvertraut

165 In wörtlicher Übereinstimmung mit der Vorfassung des § 18 UWG bestimmt auch § 23 Abs. 3 als Täter jenen Nutzer oder Offenlegenden eines Geschäftsgeheimnis-

---

348 Hoppe/Oldekop/*Altenburg*, Kap. 1 Rn. 914.
349 Zum Begriff vgl. auch *Brammsen*, Lauterkeitsstrafrecht, § 16 Rn. 116 f. mwN.
350 RGSt 44, 152, 153 f.; 48, 76, 77 f. und 291, 293; 56, 249, 250; BGHSt 43, 271, 274; BGHZ 17, 41; 42, 210, 218; *Brammsen/Apel*, WRP 2016, 18, 22 f.; Büscher/*Tochtermann*, § 23 GeschGehG Rn. 20; H/O/K/*Harte-Bavendamm*, § 23 Rn. 52; K/B/F/*Alexander*, § 23 GeschGehG Rn. 73; MK-StGB/*Hohmann*, § 23 GeschGehG Rn. 100, 117; Müller-Gugenberger/*Dittrich*, § 33 Rn. 121; *Nebel*/Diedrich, § 23 Rn. 44.
351 AA K/B/F/*Alexander*, § 23 GeschGehG Rn. 74.
352 BeckOK GeschGehG/*Hiéramente*, § 23 Rn. 48; *Brammsen*, Lauterkeitsstrafrecht, § 18 Rn. 11; ders./*Apel*, WRP 2016, 18, 23; *Drescher*, S. 323; H/O/K/*Harte-Bavendamm*, § 23 Rn. 52; Hoppe/Oldekop/*Altenburg*, Kap. 1 Rn. 915; MK-StGB/*Hohmann*, § 23 GeschGehG Rn. 117; Müller-Gugenberger/*Dittrich*, § 33 Rn. 121; W/J/S/*Möhrenschlager*, Kap. 16 Rn. 41.
353 Befürwortend: OLG Köln, GRUR 1958, 300 – Leuchtröhrenanlage; LG Frankfurt a. M., CR 2013, 286, 288; *Drescher*, S. 322; H/O/K/*Harte-Bavendamm*, § 23 Rn. 52; Hoppe/Oldekop/*Altenburg*, Kap. 1 Rn. 915; MK-StGB/*Hohmann*, § 23 GeschGehG Rn. 117; Müller-Gugenberger/*Dittrich*, § 33 Rn. 121; W/J/S/*Möhrenschlager*, Kap. 16 Rn. 41; **aA** (inzidenter) RGSt 44, 152, 158; 48, 76, 78 – Schlafzimmermodell; OLG Karlsruhe, WRP 1986, 623, 625 – Architektenpläne; K/B/F/*Alexander*, § 23 GeschGehG Rn. 73; *Reinfeld*, § 7 Rn. 97; *Zentek*, WRP 2007, 507, 515; unentschieden BeckOK GeschGehG/*Hiéramente*, § 23 Rn. 48; MAH/*Witting/Werning*, § 24 Rn. 79.
354 RGSt 44, 152, 153 f.; 48, 12, 13; BeckOK GeschGehG/*Hiéramente*, § 23 Rn. 47; Böttger/*Dann*, Kap. 8 Rn. 61; Büscher/*Tochtermann*, § 23 GeschGehG Rn. 20; *Drescher*, S. 322; Hoppe/Oldekop/*Altenburg*, Kap. 1 Rn. 915; K/B/F/*Alexander*, § 23 GeschGehG Rn. 81; MAH/*Witting/Werning*, § 24 Rn. 77, 79; MK-StGB/*Hohmann*, § 23 GeschGehG Rn. 117; M/S/W/*Kudlich/Koch*, § 26 Rn. 58; Müller-Gugenberger/*Dittrich*, § 33 Rn. 121; *Reinfeld*, § 7 Rn. 98.

III. Die einzelnen Straftatbestände des § 23 Abs. 1–3 GeschGehG **§ 23**

ses, das „eine **ihm** ... anvertraute geheime Vorlage oder Vorschrift technischer Art ist". Das Anvertrautsein ist mithin ein täterbezogenes Tatbestandsmerkmal, das über ein passivisch-personales Attribut (ihm) den Täter als eine besonders qualifizierte Person kennzeichnet.

Anvertrauen ist das einem Dritten[355] personell-integrative Übertragen von Verantwortung in sozialen Beziehungsverhältnissen für Daten, Informationen oder Sachen (hier: geheime Vorlagen oder Vorschriften, ggf. deren Trägermedien → § 4 Rn. 20 ff.) mit der bekundeten und geforderten Erwartung, das überlassene Treugut nach den Vorgaben bzw. unter Wahrung der Interessen des Anvertrauenden zu behandeln bzw. zu verwenden (→ Rn. 105).[356] **Kein** Anvertrauen ist dagegen möglich, wenn das geheime Trägermedium und damit auch das miterfasste Geschäftsgeheimnis ausgestellt, in Verkehr gebracht oder dem Empfänger schon bekannt ist.[357] Nicht anders verhält es sich, wenn Letzterer der eigentliche originäre Schöpfer bzw. Erfinder des Geschäftsgeheimnisses ist:[358] Bekanntes bzw. allgemeinfrei gemachtes Wissen lässt sich selbst ungeachtet etwaiger Abreden nicht mehr zur Interessenwahrung Dritten anvertrauen.[359] Die geheime Vorlage oder Vorschrift muss selbst ein Geschäftsgeheimnis sein (→ Rn. 16 f., 169 ff.).[360] Keine Bedeutung kommt auch der Entäußerungsweise, der rechtlichen Ausgestaltung und dem Stadium der Ge-

166

---

355 Hier: Geheimnis- oder Unternehmensinhaber, aber (auch un-)befugten Beschäftigten, Lizenznehmern, Lohnfertigern usw.; vgl. K/B/F/*Alexander*, § 23 GeschGehG Rn. 70; MK-StGB/*Hohmann*, § 23 GeschGehG Rn. 115; Müller-Gugenberger/*Dittrich*, § 33 Rn. 123; abl. für Zulieferer RG, JW 1939, 426 – Oleingewinnung. Zum unbefugt in fremdem Geschäftsherreninteresse anvertrauenden Kenntnisusurpator vgl. BGHZ 183, 153 Rn. 29.
356 KG, GRUR 1988, 702, 703 – Corporate Identity; OLG Hamm, WRP 1993, 36, 38 – Tierohrmarken; OLG Karlsruhe, WRP 1986, 623, 624 f. – Architektenpläne; BeckOK UWG/*Barth*, § 23 GeschGehG Rn. 16, 30; BeckOK GeschGehG/*Hiéramente*, § 23 Rn. 52; *Drescher*, S. 325; H/O/K/*Harte-Bavendamm*, § 23 Rn. 59; Hoppe/Oldekop/*Altenburg*, Kap. 1 Rn. 920; K/B/F/*Alexander*, § 23 GeschGehG Rn. 70; *Kollrus*, MDR 2015, 1105, 1107; MAH/*Witting/Werning*, § 24 Rn. 81; MK-StGB/*Hohmann*, § 23 GeschGehG Rn. 114; Müller-Gugenberger/*Dittrich*, § 33 Rn. 123; *Nebel*/Diedrich, § 23 Rn. 44; *Reinfeld*, § 7 Rn. 104 f.; *Zentek*, WRP 2007, 507, 513.
357 LG Frankfurt a. M., CR 2013, 286, 288; LG Köln, ZUM 2006, 958, 961; ÖOGH, ÖBl. 2003, 18 f.; BeckOK UWG/*Barth*, § 23 GeschGehG Rn. 31; BeckOK GeschGehG/*Hiéramente*, § 23 Rn. 52; H/O/K/*Harte-Bavendamm*, § 23 Rn. 57 f.; K/B/F/*Alexander*, § 23 GeschGehG Rn. 72; MAH/*Witting/Werning*, § 24 Rn. 81; MK-StGB/*Hohmann*, § 23 GeschGehG Rn. 116; Müller-Gugenberger/*Dittrich*, § 33 Rn. 125; *Reinfeld*, § 7 Rn. 109; W/J/S/*Möhrenschlager*, Kap. 16 Rn. 42; *Wiedemann/Engbrink*, InTeR 2017, 71, 78.
358 *Brammsen/Apel*, WRP 2016, 18 Rn. 31 ff.; *Drescher*, S. 325; K/B/F/*Alexander*, § 23 GeschGehG Rn. 71. Die gegenteilige Rechtsprechung zu § 18 UWG aF (OLG Düsseldorf, BeckRS 2014, 08307; LG Krefeld, BeckRS 2014, 16997) ist durch das neue Zusatzerfordernis eines vollständigen Geheimnischarakters überholt.
359 BGHZ 82, 639; H/O/K/*Harte-Bavendamm*, § 23 Rn. 58; MAH/*Witting/Werning*, § 24 Rn. 81; MK-StGB/*Hohmann*, § 23 GeschGehG Rn. 116; Müller-Gugenberger/*Dittrich*, § 33 Rn. 124.
360 H/O/K/*Harte-Bavendamm*, § 23 Rn. 56; **aA** (eigenes Geschäftsgeheimnis) K/B/F/*Alexander*, § 23 GeschGehG Rn. 61.

§ 23 Verletzung von Geschäftsgeheimnissen

schäftsbeziehungen zu: Anvertraut werden kann mündlich, schriftlich oder konkludent, vor, während oder nach deren Abschluss.[361]

(3) Die strafrechtliche Rechtsnatur der Treupflicht – Sonderpflicht iSd. § 28 Abs. 1 StGB

167 Bereits unter der Geltung des § 18 UWG aF wurde die Vorlagenverwertung häufig als Jedermann- oder Allgemeinpflichtdelikt eingeordnet.[362] Dies widersprach allerdings schon seinerzeit den allgemeinen strafrechtlichen Deliktsklassifizierungen, die in Anknüpfung an die Zuordnung bekannter strafrechtlicher „Anvertrauensdelikte"[363] zu den Sonderpflichtdelikten und unterstützt von der Anerkennung des Anvertrautsein als besonderes persönliches Merkmal iSd. § 28 Abs. 2 StGB[364] eine ebensolche Zugehörigkeit nahe legte.[365] Die zusätzliche Heranziehung der kooperativen Funktion des Anvertrauens als vertrauensstabilisierendes gemeinschaftsbezogenes Charakteristikum aller Sonderpflichtdelikte[366] bildete daher nur noch den Schlusspunkt für einen einsetzenden Wandel, der die Pflichten des „Freibeuters" als klassische Treupflichten identifizieren konnte. Unter der Geltung des neuen § 23 Abs. 4 ist der Sonderpflichtdeliktscharakter iSd. § 28 Abs. 1 StGB inzwischen zunehmend anerkannt,[367] Einordnungen in § 28 Abs. 2 StGB[368] mangels normiertem „Grunddelikts" oder als Allgemein(pflicht)delikt[369] ungeachtet der strafbegründenden Wirkung schlicht fehlgehend.

(4) Täterkreis

168 Ebenso wie der „Gegenpart" des Geheimnisverräters (→ Rn. 105) kennt der Täterkreis der Vorlagenverwertung eine Vielzahl von Funktionsträgern, denen eine betriebsexterne Treuhandschaft obliegt. Das äußerst vielfältige Spektrum einschlägig entschiedener Einordnungen,[370] die hier in Betracht kommen, lässt sich entspre-

---

361 BGH, GRUR 1964, 31, 32 – Petromax II; KG, GRUR 1988, 702, 703 – Corporate Identity; OLG Hamm, NJW-RR 1990, 1380, 1381 – Modellkostüme; BeckOK GeschGehG/*Hiéramente*, § 23 Rn. 52; H/O/K/*Harte-Bavendamm*, § 23 Rn. 59; K/B/F/*Alexander*, § 23 GeschGehG Rn. 70; MK-StGB/*Hohmann*, § 23 GeschGehG Rn. 114; Müller-Gugenberger/*Dittrich*, § 33 Rn. 123; *Reinfeld*, § 7 Rn. 105 f.
362 Vgl. nur GK-UWG/*Wolters*, § 18 Rn. 8; K/B/F/*Köhler*, § 18 UWG Rn. 14; *Ohly*/Sosnitza, § 18 Rn. 3.
363 Ua. §§ 133 Abs. 3, 174 Abs. 1 Nr. 1 u. 2, 174a Abs. 1 u. 2, 180 Abs. 3, 203 Abs. 1 u. 2, 206 Abs. 2 Nr. 1 u. 2, 353b Abs. 1, 356 StGB; § 17 Abs. 1 UWG aF.
364 BGH, NStZ 2014, 13; *Fischer*, StGB, § 246 Rn. 19; Schönke/Schröder/*Bosch*, § 246 Rn. 29.
365 Vgl. *Brammsen*, Lauterkeitsstrafrecht, § 18 Rn. 10 mwN.
366 Zur Charakterisierung der Sonderpflichten(positionen) *Brammsen*, Entstehungsvoraussetzungen, S. 103 ff.
367 Hoppe/Oldekop/*Altenburg*, Kap. 1 Rn. 915; K/B/F/*Alexander*, § 23 GeschGehG Rn. 69; offenlassend BeckOK GeschGehG/*Hiéramente*, § 23 Rn. 58.
368 So MK-StGB/*Hohmann*, § 23 GeschGehG Rn. 99, 138.
369 So *Drescher*, S. 322; M/S/W/*Kudlich/Koch*, § 26 Rn. 58; *Reinfeld*, § 7 Rn. 96.
370 Ausführlicher Rechtsprechungs- und Literaturüberblick zum früheren Recht in *Brammsen*, Lauterkeitsstrafrecht, § 18 Rn. 12 mwN.

III. Die einzelnen Straftatbestände des § 23 Abs. 1–3 GeschGehG **§ 23**

chend innergesellschaftlich ausdifferenzierter „Funktionsfelder" in die Gruppen Endabnehmer, Freiberufler, öffentlich-rechtliche Erwerbswirtschaft, Unternehmer und Wettbewerber unterteilen. Aus ihnen sind stellvertretend hervorzuheben:[371] **Endabnehmer** wie private Bauwillige oder Möbelkäufer,[372] **Freiberufler** (Rechtsanwalt, Steuerberater, Wirtschaftsprüfer) und freiberuflich tätige Berater, Ingenieure oder Programmierer[373] (einschließlich eigenbetrauter Beschäftigter), **Mitarbeiter öffentlich-rechtlicher Wirtschaftsbetriebe** (Messegesellschaften, Sparkassen, Energie-, Kur- und Verkehrsbetriebe),[374] **Unternehmer** und Geschäftsleute wie Arbeitsplatzeinrichter, Designer, Lizenznehmer, Lohnfabrikanten, Vertriebshändler, Wartungs- und Werbefirmen, Zulieferer[375] (auch einschließlich eigenbetrauter Mitarbeiter),[376] sonstige unternehmerisch tätige Geschäftspartner, **Wettbewerber** und Konkurrenten.[377] – Nicht einzubeziehen sind die betriebsintern beschäftigten Personen des Geheimnisinhabers, da sie als eingegliederte Beschäftigte – abgesehen von ausnahmsweise eigenem „Zweitgewerbe" – keiner eigenen „selbstständigen Geschäftstätigkeit" nachgehen.[378]

bb) Tatgegenstand

Tatgegenstand der Vorlagenverwertung sind **Geschäftsgeheimnisse**, die dem Täter   169
im geschäftlichen Verkehr **in Gestalt** geheimer **Vorlagen** oder **Vorschriften** tech-

---

371 Kürzere Zusammenstellungen BeckOK GeschGehG/*Hiéramente*, § 23 Rn. 48; H/O/K/*Harte-Bavendamm*, § 23 Rn. 52; MK-StGB/*Hohmann*, § 23 GeschGehG Rn. 101.
372 OLG Köln, GRUR 1958, 300 – Leuchtröhren; LG Frankfurt a. M., CR 2013, 286, 288; BeckOK GeschGehG/*Hiéramente*, § 23 Rn. 48; *Drescher*, S. 322; H/O/K/*Harte-Bavendamm*, § 23 Rn. 52; **aA** OLG Karlsruhe, WRP 1986, 623, 625 – Architektenpläne; K/B/F/*Alexander*, § 23 GeschGehG Rn. 73; MK-StGB/*Hohmann*, § 23 GeschGehG Rn. 101; Müller-Gugenberger/*Dittrich*, § 33 Rn. 121; *Reinfeld*, § 7 Rn. 97.
373 BeckOK GeschGehG/*Hiéramente*, § 23 Rn. 48; *Drescher*, S. 323; H/O/K/*Harte-Bavendamm*, § 23 Rn. 52; Hoppe/Oldekop/*Altenburg*, Kap. 1 Rn. 915; MAH/*Witting/Werning*, § 24 Rn. 79; MK-StGB/*Hohmann*, § 23 GeschGehG Rn. 101; Müller-Gugenberger/*Dittrich*, § 33 Rn. 123; *Reinfeld*, § 7 Rn. 96.
374 BGHZ 82, 370, 371 f. – Straßendecke II; BeckOK GeschGehG/*Hiéramente*, § 23 Rn. 48; H/O/K/*Harte-Bavendamm*, § 23 Rn. 52; MK-StGB/*Hohmann*, § 23 GeschGehG Rn. 101; Müller-Gugenberger/*Dittrich*, § 33 Rn. 123.
375 BGHZ 17, 41, 51 – Kokillenguß; BGH, GRUR 1960, 554, 556 – Handstrickverfahren; GRUR 1964, 31 – Petromax II; KG, GRUR 1988, 702, 703 – Corporate Identity; OLG Hamm, NJW-RR 1992, 552, 553 – Computer-Arbeitsplatz; WRP 1993, 36, 38 – Tierohrmarken; BeckOK GeschGehG/*Hiéramente*, § 23 Rn. 48; H/O/K/*Harte-Bavendamm*, § 23 Rn. 52; MK-StGB/*Hohmann*, § 23 GeschGehG Rn. 101.
376 RG, GRUR 1939, 733, 735 – Oleingewinnung; H/O/K/*Harte-Bavendamm*, § 23 Rn. 52; MK-StGB/*Hohmann*, § 23 GeschGehG Rn. 101; M/S/W/*Kudlich/Koch*, § 26 Rn. 58.
377 *Drescher*, S. 323; MK-StGB/*Hohmann*, § 23 GeschGehG Rn. 101.
378 RGSt 44, 152, 154 ff.; 48, 12, 13; RG, GRUR 1939, 308, 310 – Filtersteine; BeckOK GeschGehG/*Hiéramente*, § 23 Rn. 48; *Drescher*, S. 322; Hoppe/Oldekop/*Altenburg*, Kap. 1 Rn. 915; MK-StGB/*Hohmann*, § 23 GeschGehG Rn. 102; *Nebel*/Diedrich, § 23 Rn. 44; *Reinfeld*, § 7 Rn. 98.

§ 23 Verletzung von Geschäftsgeheimnissen

nischer Art anvertraut worden sind. Die frühere Exemplifikation „Zeichnungen, Modelle, Schablonen, Schnitte, Rezepte" ist entfallen.

(1) Das sachlich eingeschränkte Geschäftsgeheimnis

170 Im Gegensatz zu früheren Ausdeutungen des § 18 UWG aF[379] bedarf der neugefasste Tatbestand der Vorlagenverwertung nunmehr explizit eines den Vorgaben des § 2 Nr. 1 entsprechend vollständig ausgeformten Geschäftsgeheimnisses.[380] Allein **Geheimheit, wirtschaftliches Ertragspotenzial** und ein umstrittener Geheimhaltungswille sind (zusammen oder teilsepariert) nicht mehr ausreichend,[381] angemessene Geheimhaltungsmaßnahmen und ein berechtigtes Geheimhaltungsinteresse müssen hinzukommen, um die gesetzlichen Anforderungen zu komplettieren.

171 Anders als in allen sonstigen Regelungen des § 23 sind allerdings nicht alle Arten von Geschäftsgeheimnissen gleichermaßen erfasst. In Anlehnung und Teilübernahme des früheren Wortlauts hat der Gesetzgeber im Rückgriff auf „Vorlagen und Vorschriften technischer Art" eine Neuerung vollzogen, die den Kreis der geschützten Geheimnisse nachhaltig abwandelt – nunmehr müssen **geheime Vorlagen und Vorschriften selbst** das Geschäftsgeheimnis sein („… das … **ist**"). Diese ggf. versehentlich eingefügte Konkretisierung des Tatobjekts entfaltet eine begründungsbedürftige (!) Wirkung, entzieht sie doch bislang gesetzlich erfasste Vorlagen und Vorschriften ohne entsprechende Geheimnisqualität iSd. § 2 Nr. 1 gleich gänzlich ihres bisherigen gesetzlichen Schutzes.[382]

(2) Die Begrenzungen: Vorlagen und Vorschriften technischer Art

172 Gesetzlich benannter Schutz- bzw. Tatgegenstand der Vorlagenfreibeuterei des § 23 Abs. 3 sind zumindest vorerst de lege lata nur solche Geschäftsgeheimnisse, die den Kategorien geheimer Vorlagen oder Vorschriften technischer Art angehören.[383] Damit bleiben auch weiterhin jene Geschäftsgeheimnisse ungeschützt, die beiden Gruppen mangels technischer Art oder Verkörperung (→ Rn. 173, 175) nicht zuge-

---

[379] Vgl. etwa RGZ 83, 384, 386 – Metallgitterspitzen; BGH, GRUR 1958, 297, 298 – Petromax; BeckOK UWG/*Kalbfus*, § 18 Rn. 15; GK-UWG/*Wolters*, § 18 Rn. 21; W/J/S/*Möhrenschlager*, Kap. 16 Rn. 42; *Wiese*, S. 72 f., alle mwN.
[380] BeckOK GeschGehG/*Hiéramente*, § 23 Rn. 49; BeckOK UWG/*Barth*, § 23 GeschGehG Rn. 28; Büscher/*Tochtermann*, § 23 GeschGehG Rn. 17; *Drescher*, S. 324; H/O/K/*Harte-Bavendamm*, § 23 Rn. 56; Hoppe/Oldekop/*Altenburg*, Kap. 1 Rn. 919; K/B/F/*Alexander*, § 23 GeschGehG Rn. 61, 67; MK-StGB/*Hohmann*, § 23 GeschGehG Rn. 110; Müller-Gugenberger/*Dittrich*, § 33 Rn. 123; *Nebel*/Diedrich, § 23 Rn. 40; *Reinfeld*, § 7 Rn. 109.
[381] Zum seinerzeitigen Streit um den Geheimnischarakter (und seine Vorgaben) der Vorlagen und Vorschriften zuletzt *Brammsen*, Lauterkeitsstrafrecht, § 18 Rn. 19 mwN.
[382] Prägnant dazu H/O/K/*Harte-Bavendamm*, § 23 Rn. 56.
[383] BeckOK UWG/*Barth*, § 23 GeschGehG Rn. 26; Büscher/*Tochtermann*, § 23 GeschGehG Rn. 17; H/O/K/*Harte-Bavendamm*, § 23 Rn. 51; Hoppe/Oldekop/*Altenburg*, Kap. 1 Rn. 916; MK-StGB/*Hohmann*, § 23 GeschGehG Rn. 103; *Reinfeld*, § 7 Rn. 93.

III. Die einzelnen Straftatbestände des § 23 Abs. 1–3 GeschGehG **§ 23**

ordnet werden können – die kaufmännischen Geheimnisse. Ihrer befürworteten Einbeziehung[384] hat sich der Gesetzgeber jedoch bislang entzogen. Angesichts der zunehmend wachsenden Digitalisierung aller Geschäftsfelder und der ausgedehnten Monetarisierung erarbeiteter Planvorhaben wie Unternehmensgründungen oder Beteiligungen sollte ihre generelle Ausgrenzung zumindest partiell überdacht bzw. erwogen werden. Übernahmen prominenter Geschäftsmodelle wie „Influencerkonzepte" oder „Verkaufskanäle" erscheinen nicht schutzwürdig.[385]

(2.1) Vorlagen

Vorlagen sind erstellte Kopierhilfen, die ihrem Besitzer ein wiederholtes nachbildendes Erstellen von Produkten oder Gütern eröffnen und deshalb Multiplikationseffekte gewährleisten. Als solche müssen sie entweder in abstrakten Zeichnungen skizziert, in Erläuterungen niedergelegt oder in Modellen, Mustern oder Prototypen der Erstellungsanleitung dienen oder einen körperlich fixierten Herstellungsgedanken als gegenständliches Vorbild wiedergeben.[386] Rein mündliche Erläuterungen ohne zusätzliches Veranschaulichungsmaterial sind folglich nicht ausreichend, da sie keine äußerliche Versinnbildlichung des Produkts und seiner Verfahrensschritte gestatten.[387] Auch eine „technische Art" ist nicht erforderlich, da dieses gesetzliche Attribut anders als die vorangestellte Geheimheit nur hintan gefügt und damit singulär auf die Vorlagen bezogen ist.[388] Die nunmehr gesetzlich geforderte Geheimnisqualität erzwingt einen eigenen wirtschaftlichen Wert der geheimen Vorlage, der dem des (isoliert anzusetzenden) Geheimnisses selbst nicht gleichzusetzen ist. Fehlende technische Novität oder Patentierbarkeit sind unbeachtlich, ebenso wie einfache Anwend-, leichte Nachahm- oder etwaige Variierbarkeit ein Ausschlussgrund sind.[389] **Nicht erfasst** hingegen sind banale oder vage Einfälle[390] ebenso wie bloße

173

---

384 H/O/K/*Harte-Bavendamm*, § 23 Rn. 51; offenlassend *Reinfeld*, § 7 Rn. 100; abl. MK-StGB/*Hohmann*, § 23 GeschGehG Rn. 105.
385 OLG München, GRUR 1990, 674, 676; K/B/F/*Alexander*, § 23 GeschGehG Rn. 62; MK-StGB/*Hohmann*, § 23 GeschGehG Rn. 105.
386 RGSt 45, 385; KG, GRUR 1988, 702, 703 – Corporate Identity; BGH, GRUR 1958, 346, 349 – Spitzenmuster; OLG Düsseldorf, BeckRS 2014, 08307; OLG Hamm, NJW-RR 1990, 1380, 1381 – Modellkostüme; BeckOK GeschGehG/*Hiéramente*, § 23 Rn. 50; BeckOK UWG/*Barth*, § 23 GeschGehG Rn. 29; H/O/K/*Harte-Bavendamm*, § 23 Rn. 54; Hoppe/Oldekop/*Altenburg*, Kap. 1 Rn. 917; K/B/F/*Alexander*, § 23 GeschGehG Rn. 62; MK-StGB/*Hohmann*, § 23 GeschGehG Rn. 104; *Nebel*/Diedrich, § 23 Rn. 42; *Reinfeld*, § 7 Rn. 101.
387 H/O/K/*Harte-Bavendamm*, § 23 Rn. 54; Hoppe/Oldekop/*Altenburg*, Kap. 1 Rn. 917; MK-StGB/*Hohmann*, § 23 GeschGehG Rn. 104.
388 BeckOK GeschGehG/*Hiéramente*, § 23 Rn. 50; H/O/K/*Harte-Bavendamm*, § 23 Rn. 53; *Reinfeld*, § 7 Rn. 102.
389 BGH, GRUR 1960, 554, 556 – Handstrickverfahren; KG, GRUR 1988, 702, 703 – Corporate Identity; OLG Hamburg, GRUR-RR 2001, 137, 140 – PM-Regler; BeckOK GeschGehG/*Hiéramente*, § 23 Rn. 50; *Drescher*, S. 325; H/O/K/*Harte-Bavendamm*, § 23 Rn. 54; K/B/F/*Alexander*, § 23 GeschGehG Rn. 63.
390 Wie hier OLG München, GRUR 1990, 674, 676; BeckOK GeschGehG/*Hiéramente*, § 23 Rn. 50; K/B/F/*Alexander*, § 23 GeschGehG Rn. 62.

§ 23   Verletzung von Geschäftsgeheimnissen

Werbevorschläge ohne Erstellungskonzept,[391] Bau- und Gebrauchsanleitungen und Prospekte für Verbraucher bzw. Endabnehmer.[392]

174   Gängige **Beispiele**:[393] Architektenpläne,[394] Computerprogramme,[395] Modelle,[396] Prototypen und Probestücke,[397] Muster,[398] Pläne und (Konstruktions- bzw. Muster-) Zeichnungen,[399] Schablonen[400] und Schnitte.[401] Rezepte unterfallen den Vorschriften technischer Art.

(2.2) Vorschriften technischer Art

175   Vorschriften technischer Art sind positiv zu definieren als mündliche oder schriftliche Erläuterungen oder Vorgaben zur strukturierten Ein- und (ggf. anschließender) Durchführung von Arbeitsschritten oder Prozessen zur Durchführung organisierter erfolgsbezogener Geschehensabläufe,[402] die im Gegensatz zum früheren Recht nunmehr eigenen materiellen Geheimnischarakter und damit wirtschaftlichen Wert aufweisen müssen.[403] Überschneidungen mit Vorlagen sind möglich, da

---

391 Wie hier LG Köln, BeckRS 2009, 87381; LG Mannheim, GRUR-RR 2010, 462, 464 – Thalia; *Brammsen*, Lauterkeitsstrafrecht, § 18 Rn. 15 mwN; **aA** KG, GRUR 1988, 702, 703 – Corporate Identity; *Drescher*, S. 324 f.; K/B/*Alexander*, § 23 GeschGehG Rn. 62; MK-StGB/*Hohmann*, § 23 GeschGehG Rn. 105.
392 ÖOGH, GRUR Int. 1956, 548, 549 – „Flex-Hol"-Kupplung; MK-StGB/*Hohmann*, § 23 GeschGehG Rn. 105.
393 S. auch BeckOK GeschGehG/*Hiéramente*, § 23 Rn. 50.1; *Brammsen*, Lauterkeitsstrafrecht, § 18 Rn. 15; *Drescher*, S. 324 f.; H/O/K/*Harte-Bavendamm*, § 23 Rn. 54; MK-StGB/*Hohmann*, § 23 GeschGehG Rn. 105. Im Gefolge der nunmehrigen gesetzlichen Anbindung an eine eigene Geheimnisqualität ist ergänzend auf § 2 und die dortige Exemplifikation der Geschäftsgeheimnisse zu verweisen (→ Rn. 10). Den obigen Vorgaben entsprechende „Vorlagenbeispiele" können zur näheren Ausdeutung herangezogen werden.
394 OLG Karlsruhe, WRP 1986, 623, 625 – Architektenpläne; OLG Schleswig, GRUR 1980, 1072, 1073 f.
395 MK-StGB/*Hohmann*, § 23 GeschGehG Rn. 105; *Wiedemann/Engbrink*, InTeR 2017, 71, 76, 78.
396 OLG Hamm, MuW 1934, 215, 216 – Modellkatze; NJW-RR 1990, 1380, 1381 – Modellkostüme.
397 RGZ 83, 384, 386 – Metallgitterspitzen; OLG Düsseldorf, BeckRS 2014, 08307.
398 RGSt 48, 76, 77 – Schlafzimmermodell; BGH, GRUR 1958, 346, 349 – Spitzenmuster.
399 RGZ 109, 272, 278 f. – Gerbereimaschinen; BGH, GRUR 1958, 297, 298 f. – Petromax; BGH, GRUR 1960, 554, 556 – Handstrickverfahren; OLG Hamburg, GRUR-RR 2001, 137, 140 – PM-Regler; OLG Hamm, WRP 1993, 36, 38 – Tierohrmarken.
400 BGH, GRUR 1958, 346, 349 – Spitzenmuster.
401 OLG Hamm, NJW-RR 1990, 1380, 1381 – Modellkostüme.
402 RG, GRUR 1942, 352, 354 – Quarzlampe; BGHZ 17, 41, 50 f. – Kokillenguß; 82, 370 – Straßendecke II; BeckOK GeschGehG/*Hiéramente*, § 23 Rn. 51; BeckOK UWG/*Barth*, § 23 GeschGehG Rn. 29; H/O/K/*Harte-Bavendamm*, § 23 Rn. 55; Hoppe/Oldekop/*Altenburg*, Kap. 1 Rn. 918; K/B/*Alexander*, § 23 GeschGehG Rn. 64; MK-StGB/*Hohmann*, § 23 GeschGehG Rn. 106; *Reinfeld*, § 7 Rn. 102.
403 Hoppe/Oldekop/*Altenburg*, Kap. 1 Rn. 919; K/B/*Alexander*, § 23 GeschGehG Rn. 61; MK-StGB/*Hohmann*, § 23 GeschGehG Rn. 107; **aA** (zu § 18 UWG aF) RG, GRUR 1942, 352, 354 ff. – Quarzlampe; BGH, GRUR 1960, 554, 556 – Handstrickverfahren.

III. Die einzelnen Straftatbestände des § 23 Abs. 1–3 GeschGehG **§ 23**

beide Anleitungsformen technische Arbeitsmittel betreffen können.[404] Technische Vorschriften kennzeichnet aber eine stärker auf den Einsatz und Verwendung kombinationsbedürftiger Komponenten und Verfahrensabläufe zentrierte Ausrichtung, Vorlagen hingegen eine eher medienunabhängige Gestaltung im Wege manueller bzw. mechanischer Umsetzung oder Verarbeitung.

Die technische Ausrichtung bedingt allerdings keine wirkungsakzessorische Anlehnung an patent- oder musterschutzfähigen Standards: Leitend ist vielmehr der Umsetzungsaspekt, der einer Einbeziehung auch künstlerischer, wissenschaftlicher oder sonstiger durchdachter Vorgehens- iSv. Verfahrensweisen nicht entgegensteht,[405] umgekehrt aber „erzeugnisloses" Gestalten kaufmännischer oder anderer gewerblicher Vorschriften im Investmentbereich, Marketing, Preisgestaltung oder Vertrieb wie interne Auslieferungs-, Bestell-, Dienst-, Protokoll- und sonstige Formulare ausschließt.[406] Ebenso wenig sind automatisierte Abläufe sowie sächliche oder schriftliche Verkörperungen vorlagenspezifisch gefordert.[407] **Nicht erfasst** sind (parallel zur Vorlage → Rn. 173) Gebrauchsanweisungen für Endbenutzer oder Verbraucher, vage Einfälle ohne konkrete Ausformulierung/Ausgestaltung und direkte produktive Umsetzung[408] sowie in den Handel gebrachte (Kommissions-)Ware.[409] 176

Gängige Beispiele:[410] Brenn- und Mischungsverhältnisse,[411] Computerprogramme,[412] geheime Gebrauchsmuster-,[413] Patent-[414] und sonstige Verfahrensbeschreibungen,[415] künstlerische Anleitungen (Bühnenbauten, Manuskripte, Drehbü- 177

---

404 *Drescher*, S. 324; Hoppe/Oldekop/*Altenburg*, Kap. 1 Rn. 918; K/B/F/*Alexander*, § 23 GeschGehG Rn. 65; MK-StGB/*Hohmann*, § 23 GeschGehG Rn. 108; **aA** (Synonymität) HK-UWG/*Kotthoff/Gabel*, § 18 Rn. 5.
405 *Drescher*, S. 324; H/O/K/*Harte-Bavendamm*, § 23 Rn. 55; MK-StGB/*Hohmann*, § 23 GeschGehG Rn. 106; *Reinfeld*, § 7 Rn. 103; weiter K/B/F/*Alexander*, § 23 GeschGehG Rn. 66; offenlassend *Nebel*/Diedrich, § 23 Rn. 43.
406 RG, MuW 1911/12, 381; ÖOGH, SSt 27, 7, 9 f.; BeckOK GeschGehG/*Hiéramente*, § 23 Rn. 51; H/O/K/*Harte-Bavendamm*, § 23 Rn. 55; pro Einbeziehung de lege ferenda *Müller*, S. 186 f.; abl. *Dorner*, S. 164 ff., 478.
407 BeckOK GeschGehG/*Hiéramente*, § 23 Rn. 51; H/O/K/*Harte-Bavendamm*, § 23 Rn. 55; Hoppe/Oldekop/*Altenburg*, Kap. 1 Rn. 918; K/B/F/*Alexander*, § 23 GeschGehG Rn. 65; *Nebel*/Diedrich, § 23 Rn. 43; *Reinfeld*, § 7 Rn. 103.
408 OLG München, GRUR 1990, 674, 676 – „Forsthaus Falkenau"; LG Köln, BeckRS 2009, 87381; H/O/K/*Harte-Bavendamm*, § 23 Rn. 55; *Reinfeld*, § 7 Rn. 103.
409 ÖOGH, SSt 9, 128, 132 f. – Schleifmittel.
410 *Drescher*, S. 324 f.; MK-StGB/*Hohmann*, § 23 GeschGehG Rn. 106; (zu § 18 UWF aF) *Westermann*, Kap. 4 Rn. 66. Der ergänzende Verweis auf die Exemplifikation des § 2 gilt – entsprechend abgewandelt – auch für „vorlagengerechte" Geschäftsgeheimnisse.
411 OLG Hamburg, NJW-RR 2003, 857, 858 – CA-Aggregate.
412 Vgl. bereits LG Karlsruhe, CR 1990, 592, 595; LG Frankfurt a. M., CR 2013, 286, 288.
413 RG, GRUR 1942, 352, 355 f. – Quarzlampe.
414 BGH, GRUR 1960, 554, 556 f. – Handstrickverfahren; BGHZ 17, 41, 50 f. – Kokillenguß; 82, 370, 372 f. – Straßendecke II.
415 ÖOGH, SSt 26, 152, 156 – Kunststoffschilder; RG, GRUR 1939, 308, 310 – Filtersteine; OLG Hamburg, NJW-RR 2003, 857, 858 – CA-Aggregate.

cher),[416] wissenschaftliche Testbeschreibungen[417] sowie insbesondere die ehemals gesetzlich benannten Rezepte.[418]

cc) Tathandlung

178 Tathandlungen der „Vorlagenfreibeuterei" sind das unbefugte Offenlegen oder Nutzen anvertrauter Vorlagen oder Vorschriften technischer Art. Zu ihren vollzugsspezifischen Merkmalen und Beispielen ist auf die einschlägigen Erläuterungen zu den erlaubten Handlungen zu verweisen (→ § 3 Rn. 112 ff., 124 ff.), zur Ausdeutung der „entgegen § 4 Absatz 2 Nummer 2 oder Nummer 3" erfolgenden Pflichtverletzungen auf die Ausführungen zu den benannten zivilistischen Verbotstatbestanden (→ § 4 Rn. 75 ff., 103 ff.).

(1) Offenlegen

179 Offenlegen ist das entäußernde Bekannt- bzw. Weitergeben einer Information(sverkörperung) an eine, mehrere oder unbestimmt viele Personen, welches eine jederzeit reproduzierbare eigene Kenntnis oder generell freien beliebigen Kenntniszugang vermittelt. Inhaltlichen Verstehens bedarf es nicht, faktisches Haben genügt (→ § 3 Rn. 124 ff.).[419]

(2) Nutzen

180 Nutzen ist ein geschehensgestaltetes inhaltsbezogenes Anwenden bzw. Gebrauchen von Etwas (iSv. Nutzziehen, Nutzbarmachen) in Gestalt eines objektiv zweckkonformen Ein- bzw. Umsetzens (hier: des Erkenntnisgegenstands) „in praxi". Teilidentische Anwendungen in Gestalt kernkonstanter Abwandlungen genügen,[420] sklavisch nachgeahmte Ableitungen von am Markt erhältlichen Waren nicht:[421] Das Anwenden des Täters muss auf der Erstellungsvorlage gründen.

dd) Tatzeitpunkt

181 Das Offenlegen oder Nutzen anvertrauter Vorlagen/Vorschriften technischer Art ist an das Erfordernis eines zur Tatzeit gegebenen Treueverhältnisses gebunden. Es entfällt mit Eintritt allgemeiner ungehinderter Zugänglichkeit infolge faktischer Unmöglichkeit – ohne wertgenerierendes Wissen gibt es kein schutzfähiges Geschäftsgeheimnis (→ § 2 Rn. 29 ff.).[422] Ebenso entzieht eine generelle informatio-

---

416 *Nebel*/Diedrich, § 23 Rn. 43; *Reinfeld*, § 7 Rn. 103.
417 H/O/K/*Harte-Bavendamm*, § 23 Rn. 55; enger K/B/F/*Alexander*, § 23 GeschGehG Rn. 66.
418 RAG, GRUR 1944, 46 – Analgit; ÖOGH, SSt 9, 128, 129, 132 – Schleifmittel.
419 MK-StGB/*Hohmann*, § 23 GeschGehG Rn. 118.
420 BGH, GRUR 1960, 554, 556 – Handstrickverfahren; OLG Hamm, NJW-RR 1990, 1380, 1381 – Modellkostüme; LG Köln, BeckRS 2009, 87381; Müller-Gugenberger/*Dittrich*, § 33 Rn. 126.
421 BGH, GRUR 1958, 346, 349 – Spitzenmuster.
422 IE wie hier RG, GRUR 1942, 352, 354 ff. – Quarzlampe; BGH, GRUR 1960, 554, 556 – Handstrickverfahren; OLG München, NJWE-WettbR 1997, 38, 39 – Parachute-Ventil; LG Frankfurt a. M., CR 2013, 286, 288; BeckOK UWG/*Barth*, § 23 GeschGehG Rn. 31; H/O/K/*Harte-Ba-*

III. Die einzelnen Straftatbestände des § 23 Abs. 1–3 GeschGehG **§ 23**

nelle Gemeinfreigabe oder eine situativ-singuläre Erlaubnis des Berechtigten geheimes Wissen ganz oder teilweise einer Tatbegehung.[423] Entsprechend beenden der vertragsgemäße Ablauf der Treuhänderschaft (zB durch Kündigung oder zeitliche Befristung) oder das Scheitern von Vertragsverhandlungen spätestens den Tatvollzug, wenn die Herrschaftseinräumung durch Rückgabe rückabgewickelt ist. Den tatsächlichen Endzeitpunkt bestimmen die im Einzelfall getroffenen (Vertrags-)Abmachungen.[424]

b) Subjektiver Tatbestand

Der Gesetzestatbestand der „Vorlagenfreibeuterei" setzt in allen Tatvarianten (Offenlegen oder Nutzen von Vorlagen oder Vorschriften) einheitlich sowohl ein vorsätzliches wie auch zusätzlich ein Handeln des Täters zur Förderung des eigenen oder fremden Wettbewerbs oder aus Eigennutz voraus. **182**

aa) Vorsatz

Die „Vorlagenfreibeuterei" bedarf vorsätzlichen Handelns, § 15 StGB; bedingter Vorsatz (zu den Vorsatzformen → Rn. 29, 47) ist ausreichend. Es bedarf demnach entweder der positiven Kenntnis des Täters oder doch zumindest seines Bewusstseins von der konkreten Gefahr, dass er ihm im geschäftlichen Verkehr anvertraute geheime (nicht offenkundige) Vorlagen oder Vorschriften technischer Art während des Bestehens seiner Treuhänderschaft einem Dritten offenlegt oder selbst nutzt.[425] **183**

bb) Zusätzliche Absichtserfordernisse

Die besonderen Beweggründe der Wettbewerbsabsicht oder des Eigennutzes müssen beim Nutzen oder Offenlegen mit dolus directus 1. Grades verwirklicht werden. Zum Merkmal „**zur Förderung des eigenen oder fremden Wettbewerbs**" → Rn. 30 ff.; hier genügt beispielsweise die Nutzung der anvertrauten Vorlage zur Eigenwerbung durch die Veröffentlichung einer Ablichtung in Fachzeitschriften.[426] Beim Merkmal „**aus Eigennutz**" (→ Rn. 33) steht zumeist die Ersparung von Ar- **184**

---

vendamm, § 23 Rn. 58; K/B/F/*Alexander*, § 23 GeschGehG Rn. 67; MK-StGB/*Hohmann*, § 23 GeschGehG Rn. 111; Müller-Gugenberger/*Dittrich*, § 33 Rn. 125; *Reinfeld*, § 7 Rn. 109.

423 Ganz (Tatbestandsausschluss), teilweise (Rechtfertigungsgrund): Zur damit angesprochenen Unterscheidung von Einverständnis und Einwilligung (→ Rn. 51) auch RG, GRUR 1942, 352, 355 f. – Quarzlampe; BGH, GRUR 1960, 554, 556 – Handstrickverfahren; OLG München, NJWE-WettbR 1997, 38, 39 – Parachute-Ventil.

424 RGZ 83, 384, 386 – Metallgitterspitzen; ÖOGH, SSt 8, 169, 172 – Damenmäntel; SSt 26, 152, 156 – Kunststoffschilder.

425 BeckOK GeschGehG/*Hiéramente*, § 23 Rn. 54; MAH/*Witting/Werning*, § 24 Rn. 84; M/S/W/ *Kudlich/Koch*, § 26 Rn. 60; MK-StGB/*Hohmann*, § 23 GeschGehG Rn. 119.

426 OLG Hamm, NJW-RR 1992, 552, 553 – Computer-Arbeitsplatz; s. auch OLG Hamm, MuW 1934, 215, 216 – Modellkatze (Förderung des Wettbewerbs Dritter).

§ 23   Verletzung von Geschäftsgeheimnissen

beit und/oder Kosten im Vordergrund.[427] Die inhaltliche Weite der Drittbegünstigungs- und Schädigungsabsicht (→ Rn. 34 f.) schließt deren Einbeziehung in Anlehnung an die Betriebsspionage oder den Geheimnisverrat des Abs. 1 Nr. 1 oder 3 aus.[428]

c) Tatbestandsausnahmen (§ 5)

185   Wie schon bei den vorstehenden Tatbeständen der Abs. 1 und 2 hat der Gesetzgeber auch bei der Vorlagenverwertung des Abs. 3 Rückausnahmen zur Haftungsfreistellung in Form von Tatbestandsausnahmen eingeführt (→ § 5 Rn. 2 ff., 7). Der damit verbundene Haftungswegfall des Täters ist folglich gleichermaßen bereits auf der Tatbestandsebene zu erörtern,[429] allerdings nur schwer vorstellbar – entsprechend überlassene Vorschriften oder Vorlagen technischer Art dürfen eher den faktischen Umgang (bestimmte Handhabungen oder Verfahrensweisen) und nur äußerst selten das wertbildende Geheimwissen in seiner Zusammensetzung veranschaulichen bzw. nachempfinden lassen.

d) Rechtswidrigkeit

186   Der Täter muss die ihm im geschäftlichen Verkehr anvertrauten Vorlagen oder Vorschriften technischer Art unbefugt bzw. (synonym) „entgegen § 4 Abs. 2 Nummer 2 oder Nummer 3" genutzt oder offengelegt haben. Auch bei der „Vorlagenfreibeuterei" ist die Unbefugtheit ein allgemeines Verbrechens- und damit **Rechtswidrigkeitsmerkmal.**[430] **Unbefugt** (bzw. jetzt „entgegen") handelt nur, wer entsprechend übermittelte Vorlagen oder technische Vorschriften ohne strafrechtlichen Rechtfertigungsgrund und ohne Einverständnis des Berechtigten Dritten zur Kenntnis bringt oder mit inhaltsanwendenden Transaktionsakten „in praxi" umsetzt.[431]

187   Auf die Erläuterungen zur Rechtmäßigkeit nutzender oder offenlegender Tathandlungen wird verwiesen (→ § 3 Rn. 120 ff., 131 ff.); sie gelten beim Nutzen und Offenlegen von Vorschriften und Vorlagen entsprechend. Neben etwaigen partiell-situativen Einwilligungen, einer (bereits die Geheimheit aufhebenden) Gemeinfreigabe, wirksamen zivilistischen Überlassungsansprüchen, gesetzlichen Auskunfts- und Benutzungspflichten usw. ist auch der § 34 StGB zu berücksichtigen, dessen

---

427   BGH, GRUR 1958, 297, 299 – Petromax; OLG Hamm, NJW-RR 1990, 1380, 1381 – Modellkostüme.
428   IE auch Hoppe/Oldekop/*Altenburg*, Kap. 1 Rn. 935; MAH/*Witting/Werning*, § 24 Rn. 84; *Reinfeld*, § 7 Rn. 113; für Einbeziehung de lege ferenda *Drescher*, S. 326.
429   BeckOK GeschGehG/*Hiéramente*, § 23 Rn. 55.1; H/O/K/*Harte-Bavendamm*, § 23 Rn. 60; Hoppe/Oldekop/*Altenburg*, Kap. 1 Rn. 944; MK-StGB/*Hohmann*, § 23 GeschGehG Rn. 121; *Reinfeld*, § 7 Rn. 32.
430   *Drescher*, S. 330; MK-StGB/*Hohmann*, § 23 GeschGehG Rn. 153; **aA** (allesamt auf der zivilistischen Basis tatbestandlicher Unbefugtheit → § 2 Rn. 104, § 3 Rn. 108) BeckOK GeschGehG/*Hiéramente*, § 23 Rn. 55.1; H/O/K/*Harte-Bavendamm*, § 23 Rn. 61; K/B/F/*Alexander*, § 23 GeschGehG Rn. 78.
431   So bereits zu § 18 UWG aF *Brammsen*, Lauterkeitsstrafrecht, § 18 Rn. 15.

III. Die einzelnen Straftatbestände des § 23 Abs. 1–3 GeschGehG **§ 23**

Anwendungsvoraussetzungen allerdings höchst selten (insbesondere bzgl. privater Nutzung) gegeben sein dürften. – **Nicht befugt** (bzw. „entgegen") ist zB der eigenmächtige Treugutgebrauch unter dem Vorwand wirtschaftlicher Wertlosigkeit,[432] die vertragswidrige Weiterbenutzung fremder Vorlagen nach Ablauf einer „Ad-hoc-Abmachung" für ein einmaliges gemeinsames Geschäftsvorhaben oder einer (Know-how-)Lizenzvereinbarung[433] oder eine konkurrenzmäßige Eigenverwertung im Auftrag und für Rechnung Dritter erstellter Konstruktionszeichnungen.[434]

In § 23 Abs. 6 hat der Gesetzgeber einen besonderen Rechtfertigungsgrund für die Beteiligungshandlungen der gemeinhin als Medienschaffende bezeichneten, in § 53 Abs. 1 Nr. 1 StPO benannten Personen neu geschaffen, die an einer fremdtäterschaftlich-rechtswidrigen Entgegennahme iSe. Erlangens eines Geschäftsgeheimnisses als Gehilfen mitwirken. Auf die diesbezüglichen Erläuterungen des § 23 Abs. 6 wird weiterführend verwiesen (→ Rn. 229 ff.). 188

e) Irrtum

Auf die Darstellung der Irrtumsthematik im Rahmen der Betriebsspionage des Abs. 1 Nr. 1 (→ Rn. 57 ff.) wird verwiesen. – Fehlvorstellungen des Täters über die tatsächlichen Voraussetzungen einer Befugnisnorm begründen einen Tatbestandsirrtum iSd. § 16 StGB. Fehldeutungen einer Kundgabe- oder Nutzungsbefugnis wie die Ausdeutung überlassener fehlerhaft hergestellter Waren als Gestattung konkurrenzmäßiger Eigenproduktion sind Verbotsirrtümer iSd. § 17 StGB.[435] 189

f) Vollendung und Versuch der Tat

aa) Vollendung

Vollendung erfährt die Vorlagenverwertung durch Anwendung oder Gebrauch der Vorschrift bzw. Vorlage oder mit verständniseröffnender Kenntniseröffnung an unkundige Dritte.[436] Auf die Ausführungen zu den Hehlereidelikten (→ Rn. 91 f., 155) wird verwiesen. Der tatsächlich geglückten Verwirklichung eines der vom Täter verfolgten Ziele oder Zwecke (Eigennutz, Wettbewerbsförderung) bedarf es auch zur vollzugsabschließenden **Beendigung** nicht.[437] 190

---

432 BGH, GRUR 1960, 554, 556 – Handstrickverfahren.
433 BGHZ 17, 41, 50 f. – Kokillenguß; ÖOGH, SSt 26, 152, 155 f. – Kunststoffschilder. Vertragsgemäßes Know-how-Nutzen des Know-how-Nehmers ist nicht unbefugt; *Greco*, S. 104 ff.
434 Offenlassend ÖOGH, ÖBl. 1992, 109, 113 – Prallbrecher. Zur umgekehrten Situation gemeinsamer Weiterentwicklung OLG Hamm, WRP 1993, 36, 38 – Tierohrmarken; zur eigenmächtigen Verwertung nicht abgenommener Vorfertigungen ÖOGH, Jur. Bl. 1955, 97 – Volksherde.
435 Vgl. RG, MuW 1910/11, 350.
436 MK-StGB/*Hohmann*, § 23 GeschGehG Rn. 145.
437 MK-StGB/*Hohmann*, § 23 GeschGehG Rn. 145. Ebenso bereits zur Vorfassung des § 18 UWG aF *Brammsen*, Lauterkeitsstrafrecht, § 18 Rn. 30; E/R/S/T/*Tsambikakis*, § 18 Rn. 16.

§ 23   Verletzung von Geschäftsgeheimnissen

bb) Versuch

191 Der bereits seit dem UWG 2004[438] strafbare Versuch der Vorlagenverwertung ist im Rahmen der Neuregelung des GeschGehG nunmehr in § 23 Abs. 5 geregelt.[439] Die allgemeine Versuchsregel des unmittelbaren Ansetzens nach der Vorstellung und durch den Täter (§ 22 StGB) gilt mithin unverändert, sodass auf die entsprechenden Ausführungen zum versuchten Nutzen und Offenlegen des Geheimnisverrats und zu den Geheimnishehlereien weiterhin verwiesen werden kann (→ Rn. 93 f., 129, 155). Der auch mögliche untaugliche Versuch[440] ist ebenso wie das allgemeine Rücktrittsrecht des § 24 StGB entsprechend den dortigen Gegebenheiten einbezogen.[441]

g) Täterschaft und Teilnahme

aa) Täterschaft

192 Als **echtes Sonderdelikt** iSd. § 28 Abs. 1 StGB (→ Rn. 167) kann die Vorlagenverwertung des Abs. 3 nur ein vom Treugeber im geschäftlichen Verkehr mit dem Treugut „Vorlagen oder Vorschriften technischer Art" betrauter Treuhänder begehen. Anderen Geschäftspartnern, Kunden, Mitarbeitern, Zulieferern und sonstigen Dritten ist der Deliktsvollzug selbst bei Vorspiegelung eines Einverständnisses oder einer Einwilligung des zuständigen Dispositionsbefugten verschlossen, wenn sie sich eines irrenden Treuhänders oder Unternehmensbeschäftigten bedienen.[442] – Als **Täterschaftsformen** kommen sowohl Allein- wie auch Mit- und mittelbare Täterschaft unter Einsatz (un)eingeweihter Wissensmittler (→ Rn. 131, 156) in Betracht.[443] Auf die zivilistische Besonderheit einer „Zweitverwertung mala fide superveniens" erlangter, rechtswidrig erstverwerteter Vorlagen bzw. technischer Vorschriften iSd. heutigen § 4 Nr. 3 lit. c UWG[444] ist nur ergänzend hingewiesen.

bb) Teilnahme

193 Dritten Personen wie auch den Beschäftigten des Treugebers steht eine Beteiligung an Vorlagenverwertungen der Treuhänder gem. den Vorschriften der §§ 26, 27, 28 Abs. 1 StGB offen.[445] Zu den Beteiligungsformen der Anstiftung und Beihilfe ist auf entsprechende Ausführungen zur Parallelproblematik der Mitwirkung an einem

---

438 BT-Drs. 15/1487, S. 26.
439 Vgl. RegE-Begründung zu § 23 Abs. 5 (S. 42); kritisch dazu *Brammsen*, wistra 2018, 449, 456 f.
440 *Drescher*, S. 331; H/O/K/*Harte-Bavendamm*, § 23 Rn. 69.
441 MK-StGB/*Hohmann*, § 23 GeschGehG Rn. 152.
442 Zur Straflosigkeit der *Extraneus-Täterschaft* vgl. bereits Fn. 287.
443 K/B/F/*Alexander*, § 23 GeschGehG Rn. 80; (fehlerhaft auf § 28 Abs. 2 StGB rekurrierend) MK-StGB/*Hohmann*, § 23 GeschGehG Rn. 138.
444 RGZ 109, 272, 277 f. – Gerbereimaschinen; OLG Hamm, MuW 1934, 215, 216 f. – Modellkatze.
445 K/B/F/*Alexander*, § 23 GeschGehG Rn. 81; MK-StGB/*Hohmann*, § 23 GeschGehG Rn. 140.

III. Die einzelnen Straftatbestände des § 23 Abs. 1–3 GeschGehG **§ 23**

Nutzen bzw. Offenlegen in den Fällen des Abs. 1 Nr. 3 bzw. Abs. 2 (→ Rn. 132 ff., 156) verwiesen.[446]

Ergänzend ist auch hier § 23 Abs. 6 zu erwähnen, der einen neu aufgenommenen besonderen Rechtfertigungsgrund für die Beteiligungshandlungen der gemeinhin als Medienschaffende bezeichneten, in § 53 Abs. 1 Nr. 1 StPO benannten Personen enthält, die an einer fremdtäterschaftlich-rechtswidrigen Veröffentlichung von Geschäftsgeheimnissen in Gestalt geheimer anvertrauter Vorlagen oder Vorschriften technischer Art als Gehilfen mitwirken. Er kommt aber auch hier nur bei einem tatbegleitenden oder -vorbereitenden „investigativen" gehilfenschaftlichen Unterstützen fremdtäterschaftlich-rechtswidriger Veröffentlichungen zur Anwendung, was eher selten der Fall sein dürfte. Auf die Erläuterungen zu § 23 Abs. 6 ist weiterführend verwiesen (→ Rn. 229 ff.). 194

h) Schuld

Fragen der Schuld bzw. Schuldunfähigkeit und Schuldminderung sind gemeinhin ohne Bedeutung. Insoweit ist auf die Ausführungen zur Betriebsspionage des Abs. 1 Nr. 1 verwiesen (→ Rn. 69 f.). Das dort Gesagte gilt auch für die Vorlagenverwertung des Abs. 3 entsprechend. 195

i) Konkurrenzen

Tatmehrheit (§ 53 StGB) ist mit dem Geheimnisverrat des Abs. 1 Nr. 3 hinsichtlich desselben Tatobjekts schon wegen der gegensätzlichen Täterpositionen Unternehmensbeschäftigter – unternehmensexterner Treuhänder grundsätzlich unmöglich.[447] Gleiches gilt für den Fall einer gleichzeitigen eigenen selbstständigen Geschäftsbeziehung des Mitarbeiters zu seinem Dienstherrn, da Abs. 3 kein Anvertrauen „im Rahmen des Dienstverhältnisses" wie Abs. 1 Nr. 3 kennt. Ebenso ist bei beteiligender Mitwirkung am Geheimnisverrat für den „freibeuterischen" Treuhänder Tatmehrheit gegeben.[448] – Tatmehrheit besteht auch mit Abs. 1 Nr. 1, wenn die Betriebsspionage einen bestimmt gearteten eigentäterschaftlich-unbefugten Geheimniszugriff unter Verwirklichung bestimmter Tatmodalitäten bedingen sollte (→ Rn. 71),[449] sowie bei einem vermeintlichen Zusammentreffen mit den Geheimnishehlereien des Abs. 1 Nr. 2 und Abs. 2: Hier steht die tatbestandlich geforderte, vorsätzlich rechtswidrige Kenntnisvermittlung einer etwaigen Tateinheit unüberwindlich entgegen.[450] 196

---

446 S. auch ÖOGH, SSt 8, 169, 170 f. – Damenmäntel (Anstiftung).
447 *Drescher*, S. 333 f.; MK-StGB/*Hohmann*, § 23 GeschGehG Rn. 168; so auch ungeachtet angenommener Rechtsgutsdivergenz RGSt 31, 93, 95.
448 Tateinheit nicht ausschließend Erbs/Kohlhaas/*Diemer*, § 18 UWG Rn. 14.
449 MK-StGB/*Hohmann*, § 23 GeschGehG Rn. 168.
450 So bereits zur Vorfassung des § 18 UWG aF *Brammsen*, Lauterkeitsstrafrecht, § 18 Rn. 34 mwN pro und contra.

§ 23 Verletzung von Geschäftsgeheimnissen

197 **Tateinheitlich** kann die Vorlagenverwertung mit zahlreichen anderen Straftatbeständen konkurrieren: mit der Verletzung der gewerblichen oder geistigen Schutzrechte der §§ 25 GebrMG, 51 GeschmMG, 142 PatG, 106 UrhG sowie der Unterschlagung (§ 246 StGB), dem Betrug (§ 263 StGB) und der Untreue (§ 266 StGB).[451] Ausgeschlossen ist Tateinheit dagegen mit dem Diebstahl (§ 242 StGB) und der Bestechung im geschäftlichen Verkehr (§ 299 Abs. 2 StGB): Die Wegnahme einer Sache wie die angebotene, versprochene oder gewährte Zuwendung für eine Bevorzugung beim Waren- oder Leistungsbezug ist weder ein Nutzen noch ein Offenlegen anvertrauter Vorlagen oder Vorschriften technischer Art.[452]

198 Für das zivilistische Konkurrenzverhältnis zum Nachahmungsverbot des § 4 Nr. 3c UWG ist auf die Ausführungen zur Geheimnishehlerei (→ Rn. 99) verwiesen.

j) Strafrahmen

199 Der Gesetzgeber hat die Strafbewehrung der Vorlagenverwertung ungeachtet ihrer nunmehrigen Erhebung zu einem klassischen Geheimnisschutzdelikt[453] weiterhin gleichbleibend bei **Freiheitsstrafe** bis zu **zwei** Jahren oder **Geldstrafe** belassen. Diese Abweichung von dem sonstigen dreijährigen Strafrahmen der Abs. 1 und 2 erscheint zwar angesichts des nunmehr übereinstimmenden Angriffsobjekts „Geschäftsgeheimnis" und der gleichfalls beziehungsgebundenen = anvertrauten Kenntniserlangung zumindest des Abs. 1 Nr. 3 inkonsequent und einer nachvollziehbaren Begründung bedürftig:[454] Ein auf das Leitbild einer mobilen und kooperativ agierenden Gesellschaft zugeschnittener Geschäftsgeheimnisschutz[455] kann eine solche Privilegierung schwerlich auf die tradierte Ungleichgewichtung betriebsinterner und betriebsexterner Schweigepflichten gründen. Dessen ungeachtet ist auch das Delikt der neuen alten „Vorlagenfreibeuterei" weiterhin ein Vergehen iSd. § 12 Abs. 2 iVm. Abs. 1 StGB.

200 Die zusätzliche Erstreckung der **Strafschärfung** nach dem Vorbild des oder gleich im Abs. 4 (→ Rn. 201 ff.) auch auf besonders qualifizierte Verstöße eines Vorlagenmissbrauchs hat der Gesetzgeber nicht erwogen. Die in ihren Konsequenzen wenig durchdachte Umwandlung der früheren Regelbeispiele in völlig anders ausgeformte Qualifikationstatbestände sollte daher nicht nur auf Auslandstaten begrenzte Einbeziehung sondern besser gleich eine vollständige Rückumwandlung angedacht werden:[456] Sie bietet dem auch gegen neu auftretende gravierende Vollzugsvarianten zu

---

451 MK-StGB/*Hohmann*, § 23 GeschGehG Rn. 171; ebenso zur Vorfassung des § 18 UWG aF *Brammsen*, Lauterkeitsstrafrecht, § 18 Rn. 35 mwN.
452 So bereits zur Vorfassung des § 18 UWG aF *Brammsen*, Lauterkeitsstrafrecht, § 18 Rn. 35 mwN pro und contra.
453 Vgl. RegE-Begründung zu § 23 Abs. 3 (S. 42): „... schützt ... lediglich eine bestimmte Kategorie von Geschäftsgeheimnissen."
454 Dazu bereits *Brammsen*, wistra 2018, 449, 456; zust. H/O/K/*Harte-Bavendamm*, § 23 Rn. 63.
455 Vgl. nur Erwgrd. 3 RL 2016/943/EU.
456 Partielle Anpassungen zumindest für Auslandstaten iSd. § 23 Abs. 4 Nr. 2 präferieren hingegen *Drescher*, S. 333; H/O/K/*Harte-Bavendamm*, § 23 Rn. 63; *Winzer* Rn. 75.

effektivem Güterschutz verpflichteten Strafrecht das nötige flexible tatangemessenschlagkräftige Instrumentarium. – In den Fällen eines in Bereicherungsabsicht handelnden Täters ist neben der Freiheitsstrafe auch Geldstrafe gem. § 41 StGB zulässig. – Für die sonstigen Folgen einer **Wertersatzeinziehung** (§§ 73 ff. StGB) ist auf die Hinweise zur Betriebsspionage des Abs. 1 Nr. 1 zu verweisen (→ Rn. 72).

IV. Strafschärfende Qualifikationen, Versuch und Beihilfehandlungen von Medienschaffenden (§ 23 Abs. 4–6)

1. Strafschärfende Qualifikationen (§ 23 Abs. 4)

Der Straftatbestand des Abs. 4 erhöht den Strafrahmen für die Vergehen des Abs. 1 und 2 auf eine Freiheitsstrafe von fünf Jahren für drei zusätzlich benannte Tatvariationen in Gestalt sog. Qualifikationen, in deren Anwendungsbereich die nicht erwähnte Vorlagenverwertung des Abs. 3 folglich nicht miteinbezogen ist. Die ausgesprochene Strafschärfung[457] ist die einzige Neuregelung des § 23, deren Ausgestaltung ein strafrechtlicher Innovationscharakter zugesprochen werden kann, der die Verwendung des Begriffs „Reform" rechtfertigt. Formte die inhaltsgleiche Vorgängervorschrift des § 17 Abs. 4 UWG aF noch die strafrechtlich auf der Ebene der Strafzumessung angesiedelte Konstruktion der Regelbeispiele als sog. „besonders schwere Fälle" mit lediglich beispielhafter, weder abschließender noch zwingender Wirkung erweiterungsfähig aus,[458] so hat er ihnen nunmehr ohne jede Begründung jedes Gestaltungspotenzial genommen und sie in das „starre Korsett" klassischer Qualifikationsgründe gepresst.[459] Dergestalt bereits materiellrechtlich als eigene selbstständige Straftatbestände ausgebildet erfassen sie zwar immer noch „einheitswahrend" die drei bereits früher (anderslautend) benannten Begehungsvarianten des gewerbsmäßigen Erlangens, Offenlegens oder Nutzens des Täters (Nr. 1), der dem Offenlegenden bewussten fremdtäterschaftlichen Nutzung im Ausland (Nr. 2) und der eigenen Geheimnisnutzung im Ausland (Nr. 3), nunmehr jedoch unter striktem Rekurs auf die einschlägigen zivilistischen Vorgaben des § 4 Abs. 1 und 2 im „Mantel" des § 23 Abs. 1 und 2. Die damit erstrebte Anpassung an das „moderne" Nebenstrafrecht (→ Rn. 14), die auffällig an das administrative Verwaltungsunrecht der früheren Polizeiverordnungen des 19. und das Ordnungswidrigkeitenrecht des 20. Jahrhunderts erinnert, konterkariert leider grundgesetzlich gebotene Normprägnanz und Normstruktur eines freiheitsgebundenen Bürgerstrafrechts nachgeradezu vollkommen.

201

---

457 Ihre konkrete Festsetzung bestimmt sich nach den Gegebenheiten des konkreten Falles gemäß den Vorgaben der §§ 46 ff. StGB; H/O/K/*Harte-Bavendamm*, § 23 Rn. 64.
458 Regelbeispiele sind benannte Strafänderungsgründe ohne Tatbestandsqualität, die den gesetzlichen Strafrahmen erläutern und konkretisieren. Sie sind zu erwägen, wenn Abweichungen vom üblichen deliktischen „Grundfall" unter Berücksichtigung des gesamten Tatbilds die Festsetzung einer erhöhten Strafe indizieren bzw. darlegen; *Brammsen*, Lauterkeitsstrafrecht, § 17 Rn. 145; *Fischer*, StGB, § 46 Rn. 90 ff. mwN.
459 S. auch H/O/K/*Harte-Bavendamm*, § 23 Rn. 64.

§ 23   Verletzung von Geschäftsgeheimnissen

a) Gewerbsmäßiges Handeln (§ 23 Abs. 4 Nr. 1)

202 Der Qualifikationstatbestand des § 23 Abs. 4 Nr. 1 erfasst nur die Deliktstatbestände der in Abs. 1 und 2 geregelten Straftatbestände der Betriebsspionage (→ Rn. 39 ff.), des Geheimnisverrats (→ Rn. 101 ff.) und der beiden Vollzugsvarianten der sog. Geheimnishehlerei (→ Rn. 73 ff. bzw. 142 ff.) als hier sog. Grunddelikte. Sie müssen – ergänzt um das Qualifikationsmerkmal „gewerbsmäßiges Handeln" jeweils auch diesbezüglich – rechtswidrig und schuldmäßig vollständig verwirklicht sein. Andernfalls kommt lediglich ein versuchtes Qualifikationsdelikt in Betracht.

aa) Tatbestand

203 Das gewerbsmäßige Handeln ist kein objektives, sondern ein besonderes persönliches Tatbestandsmerkmal,[460] dessen strafschärfende Wirkung iSd. § 28 Abs. 2 StGB im erhöhten Handlungsunrecht planmäßig erwerbsorientierter deliktischer Vermögenszugriffe gründet. Allgemeinhin definiert als wiederholte Tatbegehung zur beabsichtigten Errichtung einer fortlaufenden Einnahmequelle von einiger Dauer und einigem Umfang kann deshalb bereits eine von einem derartigen Gewinnstreben getragene erstmals ausgeführte Deliktsbegehung den Anforderungen genügen,[461] nicht jedoch allein eine Wiederverkaufsabsicht nach einmaliger wirtschaftlicher Nutzung.[462] Ob sich der Täter dagegen nur eine (von mehreren Neben-) Einnahmequellen verschaffen, kein kriminelles Gewerbe gründen und die Einnahmen nicht aus der eigenen Verwertung des geheimen Wissens erzielen will, ist ohne Bedeutung: Derartige Erwägungen schließen ein gewerbsmäßiges Handeln keineswegs aus,[463] solange sie sich nur auf die Person des Täters und nicht allein auf Dritte beziehen.[464]

bb) Weitere Deliktsvoraussetzungen

204 Das absichtsgebundene[465] gewerbsmäßige Täterhandeln muss alle weiteren Deliktsvoraussetzungen eines rechtswidrigen und schuldhaften Erlangens, Offenlegens oder Nutzens eines Geschäftsgeheimnisses iSd. Abs. 1 und 2 verwirklichen, darf mithin nicht einem Tatbestandsausschluss des § 5 oder einem Irrtum unterliegen,

---

460 BeckOK UWG/*Barth*, § 23 GeschGehG Rn. 35.
461 BGHSt 49, 177, 181; BGH, NJW 1998, 2313, 2314; OLG Karlsruhe, WRP 2016, 751 Rn. 44; BeckOK UWG/*Barth*, § 23 GeschGehG Rn. 35; BeckOK GeschGehG/*Hiéramente*, § 23 Rn. 69; H/O/K/*Harte-Bavendamm*, § 23 Rn. 65; K/B/F/*Alexander*, § 23 GeschGehG Rn. 83; MK-StGB/*Hohmann*, § 23 GeschGehG Rn. 131; *Nebel*/Diedrich, § 23 Rn. 52; *Reinfeld*, § 7 Rn. 34.
462 OLG Köln, NStZ 1991, 585; Hoppe/Oldekop/*Altenburg*, Kap. 1 Rn. 923; *Wawrzinek*, S. 246.
463 BGHSt 1, 383, 384; BGH, NStZ 1998, 89; BGH, wistra 2003, 460, 461; H/O/K/*Harte-Bavendamm*, § 23 Rn. 65; (speziell zu SteuerCD-Ankäufen) *Breitenbach*, S. 339 ff.
464 BGH, NJW 1998, 2913, 2914; MK-StGB/*Hohmann*, § 23 GeschGehG Rn. 131.
465 Zutreffend MK-StGB/*Hohmann*, § 23 GeschGehG Rn. 134. Andere Vorsatzformen genügen mithin nicht.

IV. Strafschärfende Qualifikationen, Versuch und Beihilfehandlungen § 23

sonstwie gerechtfertigt oder schuldmäßig begrenzt sein.[466] Die diesbezüglichen vorstehenden Ausführungen der einschlägig erfassten Delikte sind auf die Deliktsprüfung der Qualifizierung zu erstrecken (→ Rn. 39 ff., 73 ff., 101 ff., 142 ff.) die entsprechend anzuwenden sind. Besonderheiten sind insbesondere beim Versuch, bei der Teilnahme und den Konkurrenzen zu beachten.

Die „Hochstufung" der früheren Regelbeispiele zu eigenständigen Qualifikationstatbeständen erzwingt nunmehr die Auflösung der bislang umstrittenen Problematik versuchter Beispiele.[467] Angesichts des insoweit faktisch problemlos möglichen gleichzeitigen oder umgekehrten unmittelbaren Ansetzens zum versuchten Grund- und Qualifikationsdelikt ist eine weite Ausdehnung des „qualifizierten" Versuchs quasi vorgezeichnet – was eine erheblich höhere Strafzumessung eröffnen würde. **205**

Vorgezeichnet im ungelösten Streit um die Akzessorietätsgrenzen des § 28 StGB über die Unterteilung in täter- oder tatbegrenzende Merkmale usw. und die anschließende Einordnung des gewerbsmäßigen Handelns als besonderes persönliches Merkmal iSd. § 28 Abs. 2[468] ist dessen etwaiges Fehlen beim Teilnehmer strafmildernd zu berücksichtigen. Seine Haftung folgt dann im Erfolgsfall des Haupttäters nur aus dessen jeweiligem Grunddelikt der Abs. 1 und 2 iVm. § 26 oder § 27 StGB. Etwaige besondere Gegebenheiten eigenständiger teilnehmerseitiger Haftungsbegrenzung sind deshalb additiv gesondert zu prüfen. **206**

Qualifikationsdelikt und -versuch verändern im Vergleich zum Grunddelikt die dort benannten Konkurrenzverhältnisse (→ Rn. 71, 98, 138 ff., 158): Qualifikationen verdrängen als lex specialis bei gemeinsamer Verwirklichung im Wege der sog. Gesetzeseinheit[469] das Grunddelikt (hier: Abs. 1 und 2), das damit im Rahmen der Strafbemessung als quasi miteinbezogen wegfällt. **207**

c) Geplante fremde Auslandsnutzung (§ 23 Abs. 4 Nr. 2)

Der Qualifikationstatbestand des § 23 Abs. 4 Nr. 2 erfasst für die Grunddelikte des Offenlegens iSd. Abs. 1 Nr. 2 und 3 sowie Abs. 2 drei Fallkonstellationen, in denen der Täter weiß, dass das von ihm rechtswidrig kundgegebene Geschäftsgeheimnis zu einer fremden Geheimnishehlerei iSd. des Abs. 1 Nr. 2 oder Abs. 2 (→ Rn. 73 ff. bzw. 142 ff.) im Ausland genutzt werden soll. Im Gegensatz zu dem heterogen gefassten Täterspektrum der Nr. 1, das mit Ausnahme der nicht einbezogenen Vorlagenverwertung alle Tätergruppen der festgesetzten Grunddelikte betrifft, gilt die **208**

---

466 Dies gilt selbstverständlich auch für die zu separierende Teilnehmerprüfung.
467 Als allein strafzumessungsrelevante, der abgeschlossenen Deliktsprüfung nachgeordnete Sanktionsparameter sind Regelbeispiele den selbstgesetzten Grundsätzen des Strafrechts folgend eigentlich keiner weiteren eigenen Versuchsfrage zugänglich, ihre Anwendung hat gleichwohl vielfache Befürwortung erfahren; statt vieler BGH, NJW 2020, 2570 Rn. 4 ff.; *Fischer*, StGB, § 46 Rn. 97 ff.; Schönke/Schröder/*Eser/Bosch*, § 22 Rn. 58 f., alle mwN.
468 Befürwortend ua. *Fischer*, StGB, § 28 Rn. 9, Vor § 52 Rn. 61a; Schönke/Schröder/*Heine/Weißer*, § 28 Rn. 23.
469 *Fischer*, StGB, Vor § 52 Rn. 40a; Schönke/Schröder/*Sternberg-Lieben/Bosch*, Vor §§ 52 ff. Rn. 105.

§ 23 Verletzung von Geschäftsgeheimnissen

Nr. 2 nur für den wesentlich engeren Täterkreis schweigepflichtiger Personen. Deren rechtswidrig und schuldmäßig vollständig verwirklichtes Offenlegen wird einheitlich um das zusätzliche Qualifikationsmerkmal ihres Wissens um eine geplante fremde Geheimnishehlerei iSd. des Abs. 1 Nr. 2 oder Abs. 2 im Ausland ergänzt.

aa) Tatbestand

209 Wie das vorstehende Qualifikationsdelikt des gewerbsmäßigen Handelns der Nr. 1 ist auch die auf das Wissen um eine geplante Auslandsverwertung gegründete Qualifikationsmerkmal der Nr. 2 kein objektives, sondern ein subjektives Tatbestandsmerkmal.[470] Die bereits vom UWG-Gesetzgeber 2004 nicht aufgegriffene frühere Erwägung der Bundesregierung[471] (BT-Drs. 13/8368, S. 4), das damalige Regelbeispiel auf die Betriebsspionage des § 17 Abs. 2 Nr. 1 UWG aF auszudehnen, ist vom Gesetzgeber 2019 ebenso wenig erwogen worden wie die diesseits angeregte Erstreckung auf die Vorlagenfreibeuterei des jetzigen Abs. 3.[472]

210 Verwirklichen können das Qualifikationsdelikt des Abs. 4 Nr. 2 nur die Täter eines Geheimnisverrats iSd. Abs. 1 Nr. 3 (→ Rn. 144) oder eines der beiden Geheimnishehlereidelikte des Abs. 1 Nr. 2 und Abs. 2 (→ Rn. 76 ff., 144) durch ein rechtswidriges und schuldhaftes Offenlegen eines fremden Geschäftsgeheimnisses (→ Rn. 212 ff.). Hinzukommen muss jedoch weiterhin, dass sie zum Zeitpunkt des Offenlegens positive Kenntnis („weiß") oder zumindest das Bewusstsein der konkreten Gefahr einer zukünftigen Auslandsverwertung präsent hatten; es bedarf mithin eines dolus directus 2. Grades oder eines Eventualvorsatzes.[473] Dagegen ist es unerheblich, wo, wie und von wem (deutschen Staatsangehörigen oder Ausländern) das Nutzen ausgeübt werden soll und ob ein solches überhaupt tatsächlich passiert: Alle diese Punkte sind ebenso unbeachtlich wie ein bloß nachträglich hinzutretendes Wissen oder ein nur fahrlässiges Kennenmüssen.[474]

211 Eine Beschränkung des Begriffs Ausland auf nur bestimmte Staaten oder die Ausgrenzung von Staatengemeinschaften wie etwa den USA, dem Vereinigten Königreich oder der Russischen Föderation findet in dessen Wortlaut keinen Rückhalt: Ausland ist das klassische Antonym zu Inland. Einbezogen sind daher alle Staatengebilde, auch das der Europäischen Union (EU).[475] Eine Strafrahmendifferenzie-

---

470 BeckOK UWG/*Barth*, § 23 GeschGehG Rn. 36.
471 BT-Drs. 13/8368, S. 4.
472 Vgl. *Brammsen*, wistra 2018, 449, 456; *Drescher*, S. 332 f.
473 BeckOK GeschGehG/*Hiéramente*, § 23 Rn. 70; H/O/K/*Harte-Bavendamm*, § 23 Rn. 66; Hoppe/Oldekop/*Altenburg*, Kap. 1 Rn. 924; MK-StGB/*Hohmann*, § 23 GeschGehG Rn. 132, 134; abl. bzw. unklar zum Eventualvorsatz BeckOK UWG/*Barth*, § 23 GeschGehG Rn. 36; K/B/F/ *Alexander*, § 23 GeschGehG Rn. 84a; *Nebel*/Diedrich, § 23 Rn. 54; *Reinfeld*, § 7 Rn. 35.
474 BeckOK GeschGehG/*Hiéramente*, § 23 Rn. 70; BeckOK UWG/*Barth*, § 23 GeschGehG Rn. 36; H/O/K/*Harte-Bavendamm*, § 23 Rn. 66; MK-StGB/*Hohmann*, § 23 GeschGehG Rn. 132, K/B/F/*Alexander*, § 23 GeschGehG Rn. 84a; *Reinfeld*, § 7 Rn. 35.
475 Vgl. bereits zur Vorfassung des § 17 Abs. 4 UWG aF *Brammsen*, Lauterkeitsstrafrecht, § 17 Rn. 148 mwN zum langjährigen Streitstand.

IV. Strafschärfende Qualifikationen, Versuch und Beihilfehandlungen § 23

rung nach „Art" des Auslands würde den grundfreiheitlich in einem Verbund kooperierender (und konkurrierender) Nationalstaaten gewährleisteten Individualgüterschutz im Vermögensbereich letztlich konterkarieren, wenn den beteiligten Nationalstaaten keine eigene originäre Hoheitsmacht zustehen oder erst vom Verbundkonstrukt abzuleiten sein sollte.[476]

bb) Weitere Deliktsvoraussetzungen

Für die weiteren Deliktsvoraussetzungen des rechtswidrigen und schuldhaften Offenlegens eines Geschäftsgeheimnisses iSd. Abs. 1 Nr. 2 und 3 sowie Abs. 2 ist auf die vorstehenden Ausführungen zur Qualifikation der Nr. 1 zu verweisen (→ Rn. 204 ff.), die mit ggf. tatspezifisch notwendigen Abwandlungen entsprechend gelten. Ihnen sind einige Besonderheiten hinzuzufügen: 212

Nimmt der Geheimnisverräter nur irrtümlich eine geplante Nutzung im Ausland an, so unterfällt sein Handeln (bei Vorliegen der sonstigen Haftungsvoraussetzungen) neben der Haftung aus dem vollendeten Grunddelikt den Regeln des untauglichen Versuchs eines Qualifikationsmerkmals. Beide Taten stehen in Tateinheit.[477] 213

Bei der Teilnahme ist zu beachten, dass das Qualifikationsmerkmal der geplanten Auslandstat fremdtäterschaftlicher Nutzung ein subjektives Tatbestandsmerkmal ist (→ Rn. 147). Subjektive Tatbestandsmerkmale wie Vorsatz, Wissentlichkeit und Eventualvorsatz sind jedoch keine besonderen persönlichen Merkmale iSd. § 28 StGB, sondern sog. tatbezogene Merkmale.[478] Selbst wenn man sie fehlerhafterweise den täterbezogenen Merkmalen zuordnen sollte, wären sie als qualifizierende strafschärfende Merkmale iSd. § 28 Abs. 2 ebenso wie der besondere Rechtfertigungsgrund des § 23 Abs. 6 (→ Rn. 229 ff.) allein bei entsprechendem Gegebensein auf Seiten des Teilnehmers zu berücksichtigen. 214

Bei den Konkurrenzen ist neben der Spezialität des Qualifikationsdelikts (→ Rn. 207) die Vielfalt möglicher konkurrierender neben- und kernstrafrechtlicher Straftatbestände zu beachten (→ Rn. 138 ff.). 215

d) Eigene Nutzung im Ausland (§ 23 Abs. 4 Nr. 3)

Der Qualifikationstatbestand des § 23 Abs. 4 Nr. 3 beschließt den Kreis der gesetzlich verselbstständigten strafverschärften Grunddelikte des § 23 Abs. 1 und 2 mit einer weiteren Variante der Auslandsnutzung – der eigenen Nutzung hier sog. deliktsfundierter Mitwisser (→ Rn. 21). Sie umfasst jene Kenntnishaber und Auslandsnutzer eines fremden Geschäftsgeheimnisses, die ihr Wissen des Geheimnis- 216

---

476 Wie hier BeckOK UWG/*Barth*, § 23 GeschGehG Rn. 36; Hoppe/Oldekop/*Altenburg*, Kap. 1 Rn. 924; MK-StGB/*Hohmann*, § 23 GeschGehG Rn. 132; K/B/F/*Alexander*, § 23 GeschGehG Rn. 84b; *Nebel*/Diedrich, § 23 Rn. 54; *Reinfeld*, § 7 Rn. 35; unentschieden BeckOK GeschGehG/*Hiéramente*, § 23 Rn. 71; H/O/K/*Harte-Bavendamm*, § 23 Rn. 66.
477 Vgl. Schönke/Schröder/*Sternberg-Lieben/Bosch*, § 22 Rn. 73.
478 *Fischer*, StGB, § 28 Rn. 6a.

§ 23   Verletzung von Geschäftsgeheimnissen

ses einem rechtswidrigen Zugriff oder Offenlegen iSd. Abs. 1 Nr. 2 oder Abs. 2 verdanken und es nun selbst nutzen. Dieser erneut reduzierte Täterkreis im Ausland aktiver Eigennutzer ist die mit Abstand kleinste Tätergruppe der qualifizierten Delinquenten. Ihr rechtswidrig und schuldmäßig vollständig verwirklichtes Nutzen ist allein um das zusätzliche Qualifikationsmerkmal eigentäterschaftlichen „Hehlens" im Ausland ergänzt.

aa) Tatbestand

217   Im Unterschied zu den beiden vorstehenden Qualifikationsmerkmalen der Nr. 1 und 2 ist eigene Auslandsnutzung des deliktsfundierten Mitwissers der Nr. 3 ein objektives und kein subjektives Tatbestandsmerkmal.[479] Maßgeblicher unwerterhöhender Faktor ist demnach weder der mit dem unbefugten Kenntnishaben verbundene Unwertgehalt noch die erfolgte Kenntnisnutzung, sondern nur deren exterritoriale Bewirkung jenseits der bundesrepublikanischen Grenzen in einem anderen Land. Die Nr. 3 lässt daher die ursprüngliche Herkunft des vormals rein überindividuell fundierten strafrechtlichen Geheimnisschutzes der absolutistischen Staaten der frühen Neuzeit deutlich erkennen.[480] Zum Begriff Ausland (→ Rn. 211),[481] zum Begriff Nutzen (→ § 3 Rn. 112 ff.).

218   Nr. 3 orientiert sich nicht an der Art der rechtswidrigen Kenntnisnahme. Diese kann vielmehr auf einem eigenen oder fremden Erlangen entgegen § 4 Abs. 1 Nr. 1 oder einem fremden Geheimnisverrat iSd. Abs. 1 Nr. 3 beruhen.[482] Die früher zusätzlich erfassten „sonst unbefugten" Beschaffungsaktivitäten sind durch die neue zivilrechtsakzessorische Ausgestaltung der Betriebsspionage weggefallen. Alleiniges Offenlegen genügt nicht,[483] der Täter muss das Geschäftsgeheimnis im Ausland auch selbst vorsätzlich nutzen.[484] Insoweit ist allerdings keine Eigenhändigkeit gefordert,[485] er kann sich sowohl fremder Gehilfenschaft als auch mitwirkender Kooperationspartner bedienen. Immer allerdings muss das Nutzen auch tatsächlich erfolgt sein; ob es vollständig vollzogen bzw. fehlgeschlagen ist oder verfolgte Absichten verwirklicht hat, ist hingegen irrelevant.[486]

---

479   BeckOK UWG/*Barth*, § 23 GeschGehG Rn. 37.
480   Komprimiert zur seinerzeitigen Dominanz kollektivistischer Schutzaspekte *Brammsen*, Lauterkeitsstrafrecht, Vor §§ 17–19 Rn. 3 mwN; s. auch aktuell § 124 öst. StGB und Art. 267 schweiz. StGB.
481   EU-Staaten sind einbezogen; BeckOK UWG/*Barth*, § 23 GeschGehG Rn. 37; MK-StGB/*Hohmann*, § 23 GeschGehG Rn. 133.
482   H/O/K/*Harte-Bavendamm*, § 23 Rn. 67.
483   So bereits zur Vorfassung des § 17 Abs. 4 UWG aF *Brammsen*, Lauterkeitsstrafrecht, § 17 Rn. 149 mwN.
484   Erfasst sind alle Vorsatzformen, auch Eventualvorsatz; BeckOK UWG/*Barth*, § 23 GeschGehG Rn. 37; MK-StGB/*Hohmann*, § 23 GeschGehG Rn. 134.
485   BeckOK GeschGehG/*Hiéramente*, § 23 Rn. 72.
486   H/O/K/*Harte-Bavendamm*, § 23 Rn. 67; Hoppe/Oldekop/*Altenburg*, Kap. 1 Rn. 925; K/B/F/*Alexander*, § 23 GeschGehG Rn. 84a; MK-StGB/*Hohmann*, § 23 GeschGehG Rn. 133; *Reinfeld*, § 7 Rn. 36; s. auch zur Vorfassung des § 17 Abs. 4 UWG aF *Bott*, wistra 2015, 342, 344.

IV. Strafschärfende Qualifikationen, Versuch und Beihilfehandlungen § 23

bb) Weitere Deliktsvoraussetzungen

Hinsichtlich der weiteren Deliktsvoraussetzungen der rechtswidrigen und schuldhaften Nutzung eines Geschäftsgeheimnisses iSd. Abs. 1 Nr. 2, Abs. 2 ist wiederum auf die vorstehenden Ausführungen zur Qualifikation der Nr. 1 zu verweisen (→ Rn. 204 ff.), die auch hier mit Abwandlungen entsprechend gelten. Ihnen sind als deliktsspezifische Besonderheiten der Geheimnishehlerei hinzuzufügen: 219

Nimmt der Geheimnishehler bei einem Geheimnisverkauf oder einem erstmaligen völlig neuen Gebrauch eines signifikant abgewandelten Geheimnisses im Ausland irrtümlich eine Nutzung an, so unterliegt er einem Tatbestandsirrtum iSd. § 16 StGB. Im zweiten Fall straffrei, unterfällt sein Handeln im ersten Fall (bei Vorliegen der sonstigen Haftungsvoraussetzungen) den Regeln des untauglichen Versuchs des Qualifikationsdelikts: Verkaufen als (nur im Grunddelikt strafbewehrtes) Offenlegen ist kein Nutzen (→ § 3 Rn. 118, 129), grundlegend Verbessertes ein erlaubtes Erlangen und Nutzen (→ § 3 Rn. 33 ff., 39 ff., 114 ff.).[487] 220

Die verbotene Geheimnisnutzung im Ausland ist kein täter-, sondern ein tatbezogenes Merkmal und als solches kein qualifizierendes strafschärfendes Merkmal iSd. § 28 Abs. 2. Eine entsprechende Strafschärfung des Täters wie auch eine solche des Teilnehmers ist mithin ausgeschlossen, ggf. ist der besondere Rechtfertigungsgrund des § 23 Abs. 6 (→ Rn. 229 ff.) auf Seiten des Teilnehmers zu berücksichtigen. 221

Bei den Konkurrenzen ist neben der Spezialität des Qualifikationsdelikts (→ Rn. 207) eine etwaige zusätzliche Verwirklichung konkurrierender sonstiger neben- und kernstrafrechtlicher Nutzungsverbote zu beachten (→ Rn. 215). 222

d) *Frühere ungeschriebene besonders schwere Fälle*

Im Gegensatz zu der früheren Ausgestaltung als besonders schwere Fälle iSd. der Regelbeispiele ist die nunmehrige Qualifikationslösung allein auf die drei vorstehend behandelten Tatvarianten enumerativ beschränkt. Erweiterungen auf andere Fälle wie etwa die SteuerCD-Ankäufe, besonders hohe, uU existenzbedrohende Unternehmensschäden oder auftragsmäßig „betriebsübergreifende" Industriespionage[488] sind damit prinzipiell ausgeschlossen. Ihre Etablierung obliegt allein dem Gesetzgeber, der den dafür notwendigen Weg eines Gesetzgebungsverfahrens beschreiten muss. 223

e) *Strafrahmen*

Wie bereits bei der vorstehenden Neuordnung der Vorlagenfreibeuterei des Abs. 3 hat der Gesetzgeber auch bei der Umgestaltung der Strafschärfungen des § 17 Abs. 4 UWG aF ungeachtet ihrer Erhebung zu Qualifikatstatbeständen weiter- 224

---
487 Vgl. *Fischer*, StGB, § 16 Rn. 12; Schönke/Schröder/*Sternberg-Lieben/Schuster*, § 16 Rn. 6.
488 Zu entsprechenden Ansätzen unter früherem Recht *Brammsen*, Lauterkeitsstrafrecht, § 17 Rn. 150 mwN.

§ 23 Verletzung von Geschäftsgeheimnissen

hin den Strafrahmen gleichbleibend bei **Freiheitsstrafe** bis zu **fünf** Jahren oder **Geldstrafe** belassen. Diese Abweichung ist inkonsequent und einer nachvollziehbaren Begründung bedürftig:[489] Ein auf das Leitbild einer mobilen und kooperativ agierenden Gesellschaft zugeschnittener Geschäftsgeheimnisschutz[490] kann eine solche Höherstufung einer Strafzumessungsregel zum eigenständigen unrechtserhöhten Straftatbestand schwerlich begründen. – Für die sonstigen Tatfolgen ist auf die obigen Ausführungen zur Betriebsspionage des Abs. 1 Nr. 1 verwiesen (→ Rn. 72).

f) Reformbestrebungen

225 Abgesehen von der keinesfalls per se einsichtigen enumerativen Beschränkung allein auf die zuvor benannten drei Regelbeispiele und den Streit um das unmittelbare Ansetzen zum Versuch[491] ist insbesondere die fehlende Einbeziehung der Vorlagenfreibeuterei des § 23 Abs. 3 GeschGehG zu rügen: Sie übergeht deren nunmehrige „Aufwertung" zu einem klassischen Geheimnisschutzdelikt durch die neu eingefügte Anbindung der „Vorlagen oder Vorschriften technischer Art" (→ Rn. 161) an das Erfordernis einer eigenen Geheimniseigenschaft iSd. § 2 Nr. 1. Ihre generelle Ausklammerung aus dem Anwendungsbereich der neuen Qualifikationsvorschriften bedarf anderweitiger tragfähiger materiellrechtlicher Begründung.[492]

2. Versuch (§ 23 Abs. 5)

226 Die Strafbewehrung des Versuchs einer der selbstständigen Straftatbestände des § 23 Abs. 1–4 ersetzt die bisher separierten Strafandrohungen der §§ 17 Abs. 3, 18 Abs. 2 UWG aF durch eine allgemeine Regelung in § 23 Abs. 5.[493] Abgesehen von der Neueinfügung der Qualifikationsdelikte steht die Versuchsstrafbarkeit des GeschGehG demnach ganz in der Tradition des klassischen lauterkeitsstrafrechtlichen Geschäftsgeheimnisschutzes.

227 Die Tatbestandsvoraussetzungen der Versuchsstrafbarkeit (auch des untauglichen Versuchs) und eines eventuellen strafbefreienden Rücktritts sind in §§ 22 ff. StGB geregelt. Danach ist der Versuch eines Vergehens wie der gesamten Geheimnisschutzdelikte des § 23 Abs. 1–4 strafbar, wenn der Täter nach seiner Vorstellung von der geplanten Tat zu deren Begehung unmittelbar ansetzt, § 22 StGB. Dazu bedarf es neben einer ggf. zusätzlich erforderlichen besonderen Absicht[494] eines Verhaltens, das nach seiner Auffassung bei ungestörtem Ablauf konkret geeignet ist,

---

489 Dazu bereits *Brammsen*, wistra 2018, 449, 456; zust. H/O/K/*Harte-Bavendamm*, § 23 Rn. 63.
490 Vgl. nur Erwgrd. 3 RL 2016/943/EU.
491 Den dortigen Problempunkt des hier sog. „doppelseitigen" Ansetzens betont zutreffend K/B/F/*Alexander*, § 23 GeschGehG Rn. 88 mwN. Der damit ggf. zeitlich auf das Ansetzen zum „Zweitakt" verschobene Versuchsbeginn ist dann quasi der „betriebsbedingte Erststart."
492 *Brammsen*, wistra 2018, 449, 456; *Drescher*, S. 332; H/O/K/*Harte-Bavendamm*, § 23 Rn. 63.
493 H/O/K/*Harte-Bavendamm*, § 23 Rn. 68; Hoppe/Oldekop/*Altenburg*, Kap. 1 Rn. 948; K/B/F/*Alexander*, § 23 GeschGehG Rn. 86; *Reinfeld*, § 7 Rn. 10.
494 Zutreffend betont von MK-StGB/*Hohmann*, § 23 GeschGehG Rn. 148.

IV. Strafschärfende Qualifikationen, Versuch und Beihilfehandlungen § 23

ohne weitere Zwischenschritte in die Tatbestandsverwirklichung einzumünden, bzw. mit ihr in einem entsprechenden unmittelbaren engen räumlichen und zeitlichen Zusammenhang steht.[495]

Die einzelnen Deliktsversuche des § 23 Abs. 1–4 sind bei den jeweils in Betracht kommenden einzelnen Straftaten bereits eingehend gesondert erörtert worden. Auf die dortigen Ausführungen zur Betriebsspionage (→ Rn. 61), zur drittseitigen und eigenen Geheimnishehlerei (→ Rn. 93 f., 155), zum Geheimnisverrat (→ Rn. 129), zur Vorlagenverwertung (→ Rn. 191) und zu den Qualifizierungen (→ Rn. 207) ist verwiesen. 228

3. Beihilfehandlungen von Medienschaffenden (§ 23 Abs. 6)

§ 23 Abs. 6 ist eine späte Neuerung aus der Endphase des Gesetzgebungsprozesses, die einem bestimmten Kreis von Medienangehörigen strafrechtliche Rechtfertigung zuerkennt, wenn sie Beihilfehandlungen vornehmen, die sich auf die Entgegennahme, Auswertung oder Veröffentlichung von Geschäftsgeheimnissen beschränken. 229

a) Entstehungsgeschichte

§ 23 Abs. 6 fand erst im Zuge der Ausschussberatungen[496] Eingang und Neuaufnahme in die inhaltlich bereits weitestgehend abgestimmte Gesetzgebungsvorlage. **Auslöser** für diese Neueinfügung war eine im Anhörungsverfahren aufgekommene Befürchtung, der strafrechtliche Schutz von Geschäftsgeheimnissen könne „mögliche Abschreckungseffekte auf Journalisten" nach sich ziehen (→ § 5 Rn. 43).[497] Der Strafbarkeitsausschluss wurde demnach insbesondere eingerichtet, um investigativ handelnde Journalisten nicht von einer aktiven Hilfe für schweigepflichtige Informanden abzuhalten, die ihre Kenntnisse von fragwürdigen Geschäftsgeheimnissen weitergeben bzw. publik machen wollen.[498] In Anlehnung an **§ 353b Abs. 3a StGB** wurde eine § 53 Abs. 1 Satz 1 Nr. 5 StPO nachempfundene Regelung für das Zeugnisverweigerungsrecht von Personen übernommen, „die bei der Vorbereitung, Herstellung oder Verbreitung von Druckwerken, Rundfunksendungen, Filmberichten oder der Unterrichtung oder Meinungsbildung dienenden Informations- und Kommunikationsdiensten berufsmäßig mitwirken oder mitgewirkt haben". Ihnen wird unter der zusätzlichen Prämisse, dass sich ihre Mitwirkungen auf Beihilfehandlungen zu einer Entgegennahme, Auswertung oder Veröffentlichung von Geschäftsgeheimnissen beschränken, ein weiterer gesetzlicher „Strafbefreiungsgrund" gewährt. 230

---

495 H/O/K/*Harte-Bavendamm*, § 23 Rn. 69; K/B/F/*Alexander*, § 23 GeschGehG Rn. 87.
496 BT-Drs. 19/8300, S. 15.
497 BT-Drs. 19/8300, S. 15; Hoppe/Oldekop/*Altenburg*, Kap. 1 Rn. 946.
498 BeckOK GeschGehG/*Hiéramente*, § 23 Rn. 59.2; H/O/K/*Harte-Bavendamm*, § 23 Rn. 71.

§ 23   Verletzung von Geschäftsgeheimnissen

b) Normzweck und Systematik

231 Nach dem Willen des Gesetzgebers soll § 23 Abs. 6 unabhängig von den in § 5 normierten Abwägungselementen Anwendung finden und die in § 5 Nr. 1 geregelte Ausnahme für journalistisches Handeln flankieren.[499] Sachlich als **besonderer Rechtfertigungsgrund** für typisch journalistisch-redaktionelle Tätigkeiten konzipiert,[500] soll diese rechtliche Ausformung eine deutliche Parallele zur Straffreistellung der rechtsverletzenden Offenlegung von Dienstgeheimnissen durch Beamte und andere Geheimnisträger in § 353b Abs. 3a StGB aufweisen, deren Übernahme die Wertungen des Kernstrafrechts auf das Nebenstrafrecht überträgt und so eine Widerspruchsfreiheit der Gesamtrechtsordnung sicherstellt.[501]

232 Dieser Adaption liegen allerdings gleich zwei voneinander unabhängige Fehlkonstruktionen zugrunde, sind beide **Fallkonstellationen** doch allenfalls begrenzt vergleichbar. Allein in der Strafrechtsnorm zudem nur für ausgewählte Beihilfehandlungen zum Rechtfertigungsgrund erhoben (→ Rn. 231), zeigt die Konzeption des Abs. 6 auffällige Gemeinsamkeiten mit der im Strafrecht keineswegs unbestrittenen Lehre der Strafunrechtsausschließungsgründe, die außerhalb des Strafrechts keine rechtfertigende Wirkung entfalten.[502] Hätte der Gesetzgeber des GeschGehG eine Erstreckung auch auf das Zivilrecht intendieren wollen, hätte er zur besseren Ausformung den Regelungsgehalt des § 830 Abs. 2 BGB beachten sowie eine entsprechende Erlaubnisregelung systematisch korrekt in § 3 Abs. 2 integrieren, damit aber seine Anlehnung an die Lehre von der tatbestandlichen Rechtswidrigkeit (→ § 5 Rn. 11) begründen und aufdecken müssen.[503] Hinzu kommt, dass § 353b StGB und § 23 zwar einheitlich Geheimnisverletzungen erfassen, ersterer aber ein singuläres Sonderpflichtdelikt ohne Zusatzstrafbarkeit weiterer Geheimnisverbreitungen für Nicht-Sonderpflichtige ist: § 353b StGB normiert ausschließlich eine zudem rechtsgutsdivergierende Parallelnorm[504] zum Geheimnisverrat des § 23 Abs. 1 Nr. 3.

233 Vor diesem Hintergrund wird der in § 353b Abs. 3a StGB enthaltene Strafbarkeitsausschluss überwiegend als überflüssig angesehen, kennt doch die dortige Entgegennahme, Auswertung oder Veröffentlichung erst nach Vollendung der Haupttat

---

499 BT-Drs. 19/8300, S. 15; Hoppe/Oldekop/*Altenburg*, Kap. 1 Rn. 946; K/B/F/*Alexander*, § 23 GeschGehG Rn. 91.
500 BT-Drs. 19/8300, S. 15; Hoppe/Oldekop/*Altenburg*, Kap. 1 Rn. 945; K/B/F/*Alexander*, § 23 GeschGehG Rn. 89; *Nebel*/Diedrich, § 23 Rn. 62.
501 BT-Drs. 19/8300, S. 15; H/O/K/*Harte-Bavendamm*, § 23 Rn. 70; K/B/F/*Alexander*, § 23 GeschGehG Rn. 90.
502 Komprimiert zu dieser Lehre *Günthers* und ihrem Streitstand Schönke/Schröder/*Sternberg-Lieben*, Vor §§ 32 ff. Rn. 9 mwN pro und contra.
503 Angesichts des öffentlich-rechtlichen Regelungsgehalts des Dienstgeheimnisschutzes des § 353b StGB stellt sich diese Problematik bei dessen „Parallelregelung" im dortigen Abs. 3 nicht in vergleichbarer Weise.
504 Zum Rechtsgut (wichtige öffentliche Interessen) des § 353b statt vieler Schönke/Schröder/*Perron/Hecker*, § 353b Rn. 1 mwN.

IV. Strafschärfende Qualifikationen, Versuch und Beihilfehandlungen § 23

keine sukzessive Beihilfe.[505] Dies gilt allerdings nicht auch im Rahmen von § 23,[506] zumal die bloße Entgegennahme eines Geschäftsgeheimnisses (durch Anhören, Lesen etc.) bereits keine Beihilfehandlung darstellt.[507] Im Gegensatz zu § 353b StGB kennt § 23 in Abs. 1 Nr. 2 und Abs. 2 aber eine zusätzliche Strafbarkeit der Geheimnishehler. Dies wiederum bedeutet, dass eine Strafbarkeit von Journalisten und Medienangehörigen im Rahmen von § 23 für das Auswerten oder Veröffentlichen von Geheimnissen zwar durchaus in Betracht kommt – allerdings schon in Form einer eigentäterschaftlich begangenen Zuwiderhandlung gegen § 23 Abs. 2.[508] Eine etwaige Beihilfestrafbarkeit würde deshalb auf Konkurrenzebene zurücktreten. Die Zulässigkeit einer solchen – eigentäterschaftlichen – Nutzung oder Offenlegung des Geheimnisses durch den Medienschaffenden wiederum richtet sich aber neben § 23 Abs. 6 auch nach den Tatbestandsausnahmen des § 5 Nr. 1 und 2. Da dessen Vorgaben ohnehin in die Anwendungsvoraussetzungen des § 23 Abs. 1–3 einbezogen bzw. hineinzulesen sind,[509] dürfte die **praktische Relevanz des § 23 Abs. 6 gering** bleiben.[510]

Die Entscheidung des Gesetzgebers, der Pressefreiheit mit § 23 Abs. 6 ebenfalls einseitig Vorrang einzuräumen,[511] ohne zugleich an qualitative Mindestanforderungen oder eine Interessenabwägung anzuknüpfen, ist durchaus zweifelhaft (→ § 5 Rn. 52 ff.). Die Erwägungen zur Begründung des Vorrangverhältnisses im Strafprozess[512] lassen sich jedenfalls nicht einfach unbesehen der abweichenden Deliktsnatur übertragen. **234**

c) Privilegierte Personen

Die Privilegierung des Abs. 6 gilt nur für die in § 53 Abs. 1 Satz 1 Nr. 5 StPO genannten Personen. Die Rechtfertigungswirkung ist mithin beschränkt auf Personen, die bei der Vorbereitung, Herstellung oder Verbreitung von Druckwerken, Rundfunksendungen, Filmberichten oder der Unterrichtung oder Meinungsbildung dienenden Informations- und Kommunikationsdiensten berufsmäßig mitwirken oder **235**

---

505 Vgl. Schönke/Schröder/*Perron/Hecker*, § 353b Rn. 21b; Lackner/Kühl/*Heger*, § 353b Rn. 13a mwN.
506 § 23 kennt das dortige Vollendungserfordernis (Schönke/Schröder/*Perron/Hecker*, § 353b Rn. 9, 22) einer konkreten Gefährdung wichtiger öffentlicher Interessen nicht: Seine Tathandlungen sind als rein erfolgsbezogene Verteilungshandlungen allesamt bereits früher vollendet (→ Rn. 60, 91 f., 128, 155, 190).
507 Bei deliktischen Weitergaben handelt es sich um eine sog. notwendige Teilnahme; *Brammsen*, Lauterkeitsstrafrecht, § 17 Rn. 72 mwN.
508 Vgl. bereits *Brammsen*, Lauterkeitsstrafrecht, § 17 Rn. 72, 105, 141 mwN.
509 H/O/K/*Harte-Bavendamm*, § 23 Rn. 71; Hoppe/Oldekop/*Altenburg*, Kap. 1 Rn. 946; *Nebel/Diedrich*, § 23 Rn. 62.
510 BeckOK GeschGehG/*Hiéramente*, § 23 Rn. 60; H/O/K/*Harte-Bavendamm*, § 23 Rn. 71.
511 Zu § 353b StGB vgl. bereits Schönke/Schröder/*Perron/Hecker*, § 353b Rn. 21b.
512 Hierzu KK-StPO/*Bader*, § 53 Rn. 27.

mitgewirkt haben.[513] **Druckwerke** umfassen Bücher, Zeitungen, Zeitschriften und andere Printmedien jeder Art,[514] **Rundfunk** alle Arten von Hör- und Bildfunksendungen, **Filmberichte** keine Spielfilme, sondern nur solche mit Informationswert.[515] Der Unterrichtung oder Meinungsbildung dienender **Informations- und Kommunikationsdienste** sind an Jedermann gerichtete Angebote in Text, Ton oder Bild, die unter Benutzung elektromagnetischer Schwingungen verbreitet werden.[516] Dies umfasst insbesondere Verteilerdienste in Form von Fernsehtext, Radiotext und vergleichbaren Textdiensten sowie Abrufdienste, bei denen Text-, Ton- oder Bilddarbietungen auf Anforderung aus elektronischen Speichern zur Nutzung übermittelt werden; die Regelung zielt insbesondere auf sämtliche Formen der **Internetkommunikation** ab.[517]

236 **Berufsmäßige Mitwirkung** setzt eine über den Gelegenheitsjournalismus hinausgehende (auch nebenberufliche) dauerhafte Tätigkeit voraus.[518] **Vorbereitung** erfasst die Tätigkeit der Rechercheure, Informanten und Gewährsleute, **Herstellung** alle technischen, kaufmännischen und redaktionellen Aktivitäten zur inhaltlichen und technischen Gestaltung des Erzeugnisses und **Verbreitung** alle Handlungen der Zugänglichmachung.[519] Einbezogen sind damit neben Journalisten auch Intendanten, Sendeleiter, Archivare, redaktionelles, kaufmännisches und technisches Personal sowie sonstige Hilfspersonen wie Stenotypisten, Setzergehilfen oder Volontäre.[520] Eine nur einmalige Betätigung genügt nicht.[521]

d) Privilegierte Handlungen

237 Privilegiert sind nur die Entgegennahme, die Auswertung und die Veröffentlichung des Geschäftsgeheimnisses. **Entgegennahme** umfasst alle (nicht notwendig vorsatzgebundenen) Handlungen wie Ab-, An-, Auf- oder Übernahmen usw., die im Zusammenhang mit einem zuvorigen Ein- bzw. Zugang eine tatsächliche Haben-Beziehung zu einem Geheimnis begründen,[522] auf deren Grundlage eine journalistische Berichterstattung zu erwägen bzw. möglich ist.[523] Dies kann neben der physi-

---

513 BeckOK GeschGehG/*Hiéramente*, § 23 Rn. 59.1; BeckOK UWG/*Barth*, § 23 GeschGehG Rn. 40; H/O/K/*Harte-Bavendamm*, § 23 Rn. 70; Hoppe/Oldekop/*Altenburg*, Kap. 1 Rn. 945.
514 KK-StPO/*Bader*, § 53 Rn. 28; Schönke/Schröder/*Perron/Hecker*, § 353b Rn. 21c.
515 KK-StPO/*Bader*, § 53 Rn. 29; Schönke/Schröder/*Perron/Hecker*, § 353b Rn. 21c.
516 Schönke/Schröder/*Perron/Hecker*, § 353b Rn. 21c.
517 KK-StPO/*Bader*, § 53 Rn. 30 mit Einzelheiten; *Rennicke*, wistra 2020, 135, 138.
518 H/O/K/*Harte-Bavendamm*, § 23 Rn. 70; *Rennicke*, wistra 2020, 135, 138; Schönke/Schröder/*Perron/Hecker*, § 353b Rn. 21c.
519 Schönke/Schröder/*Perron/Hecker*, § 353b Rn. 21c; MK-StGB/*Hohmann*, § 23 GeschGehG Rn. 161.
520 MK-StGB/*Puschke*, § 353b Rn. 64.
521 Vgl. *Rennicke*, wistra 2020, 135, 138.
522 Eine rein passive Entgegennahme gibt es nicht (aA Schönke/Schröder/*Perron/Hecker*, § 353b Rn. 21d): An- bzw. Zuhören, Anschauen, Betrachten, Zusehen sind Tätigkeiten eigengesteuert zugewendeter Aufmerksamkeit, die keiner äußerlichen Bewegung bedürfen.
523 So BeckOK UWG/*Barth*, § 23 GeschGehG Rn. 42.

IV. Strafschärfende Qualifikationen, Versuch und Beihilfehandlungen § 23

schen oder digitalen (auch drittseitig vermittelten) Inbesitznahme von Objekten bzw. Dateien, die das Geschäftsgeheimnis enthalten, auch die bloße Kenntnisnahme des Geschäftsgeheimnisses nach fremder mündlicher oder bildlicher Weitergabe sein.[524] **Auswertung** meint das Aufbereiten, Begutachten, Benutzen, Gebrauch machen, Verarbeiten oder Verwerten vorhandener (erhaltener) Informationen, kurzum die Analyse eines Geschäftsgeheimnisses zum Zwecke der Feststellung seiner eventuellen Eignung zu einer journalistischen Berichterstattung. Die Handlung ist aufgrund dieser umwidmenden Zweckbindung keineswegs enger als der Begriff der Nutzung,[525] entzieht sie dem Inhaber doch dessen zuvoriges Nutzungspotenzial zumindest partiell.[526] Ergänzende Recherchehandlungen zwischen der Entgegennahme und Veröffentlichung des Geheimnisses sind ebenfalls einbezogen,[527] während andere bestimmungsgemäße Nutzungen mit anderer Zwecksetzung zur Strafbarkeit als Täter nach § 23 Abs. 1–4 führen.[528] **Veröffentlichung** ist die Publikation eines Druckwerks, einer Rundfunksendung, eines Filmberichts oder ähnlicher Medienformate in dem jeweils anwendbaren Medium (zB Zeitung, Zeitschrift, Rundfunk, Enthüllungs- oder Streamingplattform,[529] Internetseite etc.). Im Übrigen entspricht die **Veröffentlichung** dem Offenlegen gegenüber einem unbegrenzten Personenkreis (→ § 3 Rn. 125, 131 ff.),[530] die damit in der Regel mit der allgemeinen Bekanntheit der Information zum Untergang des Geschäftsgeheimnisses führen wird.[531]

e) Reichweite des Strafbarkeitsausschlusses

Das Pressepriveleg, dessen praktisch wohl wichtigste Bedeutung der etwaige Ausschluss bereits strafprozessualer Ermittlungs- und Untersuchungsmaßnahmen werden dürfte,[532] schließt nicht die Beihilfestrafbarkeit per se aus, sondern ist auf die Entgegennahme, Auswertung oder Veröffentlichung des Geschäftsgeheimnisses beschränkt. Vorherige Aktivitäten, insbesondere solche, die sich auf die **Beschaffung** der Information beziehen (bspw. eine **psychische Beihilfe** durch Bestärkung des Offenlegungswilligen), unterfallen der Strafbarkeit.[533] **Anstiftung** und **mittäterschaftliche Begehung** lässt § 23 Abs. 6 ebenso unberührt wie die Strafbarkeit

238

---

524 BeckOK UWG/*Barth*, § 23 GeschGehG Rn. 42.
525 So aber BeckOK UWG/*Barth*, § 23 GeschGehG Rn. 43.
526 Das journalistische Verwenden geheimer Informationen ist Wertziehung in einem anderen als dem zuvorigen bestimmungsgemäßen Geschäftsfeld.
527 BeckOK UWG/*Barth*, § 23 GeschGehG Rn. 43; Lackner/Kühl/*Heger*, § 353b Rn. 13a; Schönke/Schröder/*Perron/Hecker*, § 353b Rn. 21d.
528 BeckOK UWG/*Barth*, § 23 GeschGehG Rn. 43.
529 BeckOK UWG/*Barth*, § 23 GeschGehG Rn. 43; *Nebel*/Diedrich, § 23 Rn. 63.
530 Vgl. Schönke/Schröder/*Perron/Hecker*, § 353b Rn. 21d.
531 BeckOK UWG/*Barth*, § 23 GeschGehG Rn. 43.
532 H/O/K/*Harte-Bavendamm*, § 23 Rn. 72.
533 BeckOK GeschGehG/*Hiéramente*, § 23 Rn. 60; H/O/K/*Harte-Bavendamm*, § 23 Rn. 72.

§ 23 Verletzung von Geschäftsgeheimnissen

des Täter selbst.[534] Der Ankauf drittseitig unbefugt erlangter Geschäftsgeheimnisse oder deren nachfolgende Veröffentlichung ist daher an den Maßstäben des § 23 Abs. 2 (unter Berücksichtigung der Wertungen von § 5 Nr. 1 und Nr. 2) zu messen.[535]

V. Zusätzliche Haftungserweiterung: Auslandstaten und sog. „versuchte Beteiligung" (§ 23 Abs. 7)

239 § 23 Abs. 7 GeschGehG enthält zwei völlig verschiedene Regelungen, die der Gesetzgeber in separierten Einzelsätzen ungeachtet etwaiger materiellrechtlicher Divergenzen nebeneinander gestellt in einem Absatz zusammengefasst hat: Die Erstreckung des deutschen Strafrechtsschutzes auf bestimmte, im **Ausland** begangene Taten zulasten einheimischer (Konzern-)Unternehmen in Satz 1 und die Sanktionierung von Initiierungsbestrebungen im **Vorversuchsfeld** in Satz 2. Der Hintergrund dieser auf den ersten Blick arg unsystematischen Anordnung ist allerdings recht offensichtlich: Zusammen bezeichnen beide Sätze den **Anfangs-** und den **Endpunkt** und damit das von den vorstehenden Regelungen der Absätze 1–5 komplettierte Spektrum des deutschen Geheimnisschutzes – Satz 1 die Endphase „nachgelagerter" Auslandstaten und Satz 2 die im Projektstadium steckengebliebene Anfangsphase deliktischer Aktivität. Zusammen genommen setzen sie dem strafrechtlichen Geschäftsgeheimnisschutz seinen deliktischen Rahmen.

1. Auslandstaten (§ 23 Abs. 7 Satz 1)

240 § 23 Abs. 7 Satz 1 überführt im Gefolge der früheren Regelungen der §§ 17 Abs. 6, 18 Abs. 4, 19 Abs. 5 UWG aF und deren Vorgängerregelungen[536] den strafrechtlichen Schutz der Geschäftsgeheimnisse für Auslandstaten gegen drei benannte besondere Betriebs- und Unternehmensarten in das GeschGehG. Einbezogen sind alle selbstständigen Straftaten des § 23 Abs. 1–4 einschließlich ihrer Versuchs- und Versuchsvorfeldtaten. Dem Wortlaut der Bezugsnorm des § 5 Nr. 7 StGB folgend gilt damit das deutsche Strafrecht „für im Ausland begangene Verletzungen von Betriebs- oder Geschäftsgeheimnissen eines im räumlichen Geltungsbereich dieses Gesetzes liegenden Betriebs, eines Unternehmens, das dort seinen Sitz hat, oder eines Unternehmens mit Sitz im Ausland, das von einem Unternehmen mit Sitz im räumlichen Geltungsbereich dieses Gesetzes abhängig ist und mit diesem einen

---

534 BeckOK GeschGehG/*Hiéramente*, § 23 Rn. 59; BeckOK UWG/*Barth*, § 23 GeschGehG Rn. 41; H/O/K/*Harte-Bavendamm*, § 23 Rn. 72; Hoppe/Oldekop/*Altenburg*, Kap. 1 Rn. 947; K/B/F/*Alexander*, § 23 GeschGehG Rn. 92; MK-StGB/*Hohmann*, § 23 GeschGehG Rn. 162; *Nebel*/Diedrich, § 23 Rn. 63.
535 Hoppe/Oldekop/*Altenburg*, Kap. 1 Rn. 947.
536 Komprimiert zur Entwicklungsgeschichte der Vorschrift *Brammsen*, Lauterkeitsstrafrecht, § 17 Rn. 171.

V. Auslandstaten und sog. „versuchte Beteiligung" (§ 23 Abs. 7) **§ 23**

Konzern bildet."⁵³⁷ Diese in Ausprägung des sog. Schutzprinzips⁵³⁸ erfolgte Erstreckung der eigenen Staatsgewalt auch auf fremdes Hoheitsgebiet erlaubt innerstaatliche Strafverfolgung ungeachtet tatortspezifischer Gegebenheiten.

Auslandstatenschutz gegen Betriebsspionage, Geheimnisverrat usw. erfahren nur 241
Unternehmen mit hiesigen Geschäfts- oder Produktionsstätten, Unternehmen mit deutschem Sitz sowie ausländische Tochterunternehmen in deutscher Konzernabhängigkeit.⁵³⁹ **Nicht** einbezogen sind „Briefkastenfirmen", selbstständige Auslands- mit entsprechenden Inlandsunternehmen im Gleichordnungskonzern (§ 18 Abs. 2 AktG), Auslandsunternehmen in Inländerhand und im Ausland unverbundene Auslandsunternehmen.⁵⁴⁰ Letzterenfalls ist der Inlandsstrafschutz bei deutschen Inlandstaten zu beachten.⁵⁴¹

2. Sog. Versuch der Beteiligung (§ 23 Abs. 7 Satz 2)

§ 23 Abs. 7 Satz 2 überführt im Gefolge der früheren Regelungen des § 19 Abs. 1–3 242
UWG aF den tradierten deutschen Strafrechtsschutz der Geschäftsgeheimnisse gegen „Vorfeldtaten" in das GeschGehG. Sanktioniert wird in Anlehnung an das „Rahmendelikt" des § 30 StGB keine eigenständige Straftat,⁵⁴² sondern eine (offensichtlich täterschafts- wie versuchskonform ausgestaltete) Strafausdehnungsnorm für vorsätzlich-absichtsgetragene Ankündigungen bzw. Befürwortungen eigener oder fremder künftiger Delikttäterschaft iSd. Abs. 1–4 ungeachtet fehlender tatsächlicher Umsetzung – das Delikt selbst bleibt, ergänzt um eine zusätzliche Rücktrittsregelung entsprechend § 31 StGB, quasi in seiner tätermäßig „fertig" vorgezeichneten Planungsphase „stecken". Formalrechtlich ist das Anwendungsspektrum allerdings allein auf hier sog. „täter- oder teilnehmerschaftliche Vorversuchsstadien" begrenzt.⁵⁴³

a) Allgemeines

aa) Entwicklungsgeschichtlicher Abriss

Allen Gesetzeswerken der (Vor-)Aufklärungszeit und der Partikularstrafrechte un- 243
bekannt verdankt die Strafbewehrung der Vorfeldtaten klassischer Geschäftsgeheimnisdelikte eine erstmalige Normierung der Aufnahme einer eigenständigen

---

537 S. auch *Brammsen*, StraFo 2016, 503, 504.
538 Das Schutzprinzip erlaubt einen von Nationalität und Tatort unabhängigen Strafrechtsschutz für alle Inlandsgüter; K/B/F/*Alexander*, § 23 GeschGehG Rn. 94; MK-StGB/*Hohmann*, § 23 GeschGehG Rn. 178; Schönke/Schröder/*Eser/Weißer*, Vorbem. §§ 3–9 Rn. 21.
539 BeckOK UWG/*Barth*, § 23 GeschGehG Rn. 45; H/O/K/*Harte-Bavendamm*, § 23 Rn. 73; K/B/F/*Alexander*, § 23 GeschGehG Rn. 93; *Nebel*/Diedrich, § 23 Rn. 66 ff.; *Reinfeld*, § 7 Rn. 21.
540 Vgl. *Brammsen*, Lauterkeitsstrafrecht, § 17 Rn. 174 ff. mwN; H/O/K/*Harte-Bavendamm*, § 23 Rn. 73; *Nebel*/Diedrich, § 23 Rn. 66 ff.
541 Dazu *Brammsen*, StraFo 2016, 503, 505 f. (zum SteuerCD-Ankauf).
542 BGHSt 40, 73, 75; *Fischer*, StGB, § 30 Rn. 3; Schönke/Schröder/*Heine/Weißer*, § 30 Rn. 2.
543 Täterschaftlich orientiert sind die Varianten des Abs. 2 Alt. 1 und Alt. 3, teilnehmerschaftlich die Varianten des Abs. 1 und Abs. 2 Alt. 2 StGB.

§ 23 Verletzung von Geschäftsgeheimnissen

Straftat für die versuchte Anstiftung zum Mitarbeiterverrat in § 10 UWG 1896. Einmal etabliert gelang ihr bereits wenige Jahre später mit der Einbeziehung der neuen „Vorlagenfreibeuterei" eine erste Erweiterung und Neunummerierung im § 20 UWG 1909, der dann in der NotVO 1932 eine weitere Erstreckung auf die Geheimnishehlerei des § 17 Abs. 2 UWG 1909 und der weiteren Tatvarianten des Sich-Erbietens, der Erbietensannahme und des Sich-Bereiterklärens folgte. Eine nächste Ausdehnung brachte erst das 2. WiKG 1986 mit der Einbindung der neu aufgenommenen „Betriebsspionage" in § 17 Abs. 2 Nr. 1 UWG aF, die zugleich auch die Rücktrittsregelung des § 31 StGB auf den Deliktstatbestand erstreckte. Die UWG-Reform 2004 stellte anschließend den sachlichen Einklang mit dem kernstrafrechtlichen Gegenstück des § 30 StGB her, dem sie neben der Umbenennung einer Tatgleich noch eine weitere Vorfeldvariante sowie Strafverfolgungsregelungen anhängte. Dergestalt eingeleitet beendete der Gesetzgeber des GeschGehG die schleichende Anpassung an das strafgesetzliche Vorbild mit einer neuen „Entsprechensregelung" – § 20 UWG aF verlor seinen Status als formal eigenständiges Delikt und transformierte mittels Verweis auf die Rahmenregelung der §§ 30, 31 StGB – zu einem bloßen „Unterfall" dieses sog. „Versuchs der Beteiligung."[544]

bb) Praktische Bedeutung

244 Dem früheren Straftatbestand des § 10 bzw. § 19 UWG aF war nur in den ersten beiden Jahrzehnten nach Inkrafttreten des UWG 1896/1909 eine kurze „Blütephase" vergönnt, die nur in der späten Weimarer Zeit kurz revitalisiert werden konnte.[545] In der bundesdeutschen Instanzjudikatur fristete die Vorschrift mit nur wenigen publizierten arbeits- oder zivilgerichtlichen Entscheidungen ein arg kümmerliches Schattendasein.[546] Auch drei bei Staatsanwaltschaften durchgeführte Umfragen ergaben nur wenige Verurteilungen, denen durchweg eine nicht viel höhere Zahl von Einstellungen nach § 170 Abs. 2 StPO und §§ 153, 153a StPO gegenüber standen. Vorschläge zur gänzlichen Aufhebung der Vorschrift können sich daher mit beachtlicher Zuverlässigkeit auch auf schon seit Jahrzehnten konstant verschwindend geringe Fallzahlen stützen.[547]

cc) Regelungsgehalt und Rechtsform

245 Abs. 7 Satz 2 stellt in entsprechender Anwendung des § 30 StGB in dessen zwei Absätzen gleich **vier Verhaltensweisen** unter Strafe: Die versuchte Anstiftung in zwei Varianten (Abs. 1), das Sich-Bereiterklären (Abs. 2 Alt. 1), das Annehmen eines fremden Erbietens (Abs. 2 Alt. 2) und die Verabredung (Abs. 2 Alt. 3) zu einem Ge-

---

544 Ausführlicher zur Gesetzeshistorie *Brammsen*, Lauterkeitsstrafrecht, § 19 Rn. 1 ff. mwN.
545 Detailliertere Nachw. bei *Brammsen*, Lauterkeitsstrafrecht, § 19 Rn. 5.
546 Vgl. etwa ArbG Bochum, BB 1963, 229; LG München, WRP 1978, 571 ff.; LG Karlsruhe, iur 1986, 25 f.; LG Potsdam, VIZ 1995, 250; OLG Celle, BauR 2000, 1069, 1072; s. zudem OLG Celle, GRUR 1969, 548, 549 – Abschaltplatte.
547 Zuletzt *Brammsen*, Lauterkeitsstrafrecht, § 19 Rn. 6, 12 mwN; MK-StGB/*Hohmann*, § 23 GeschGehG Rn. 136.

V. Auslandstaten und sog. „versuchte Beteiligung" (§ 23 Abs. 7)   **§ 23**

schäftsgeheimnisdelikt der Abs. 1–4. Zusätzlich muss der Täter (Akteur) jeweils bei Tatbegehung aus Eigennutz oder zur Förderung eigenen oder fremden Wettbewerbs handeln, erfährt jedoch eine Strafmilderung gem. § 49 Abs. 1 bzw. bei einem grob unverständigen Versuch gem. § 23 Abs. 3 StGB oder im Falle eines Rücktritts entsprechend § 31 StGB Straffreiheit. Die früheren selbstständigen Regelungen zum Strafantrag und Auslandstatenschutz sind weggefallen, da sie sich nunmehr aus den allgemeingültigen Festsetzungen des § 23 Abs. 7 Satz 1 bzw. des Abs. 8 ergeben.

Als geplante „tätergestellende" Teilnahme im „**Deliktsvorfeld**" ohne eine aus Sicht   246
des Mitwirkenden gegebene konkrete Gefährdung fremder Geschäftsgeheimnisse bezieht der „Versuch der Beteiligung" seinen materiellen Unwertgehalt maßgeblich aus dem qualitativen Unwertkern der präsumtiven Begehung seiner urheberschaftlich eingeleiteten bzw. vorbereiteten Begehung. Diese dem deutschen Strafrecht unbekannte Teilnahmeform weist eine auffällige Nähe zur japanischen Theorie der sog. „Komplott-Mittäterschaft"[548] auf, deren hiesiges Zielobjekt das Geschäftsgeheimnis als anvisiertes Vermögensgut ist. Ebenso wie seine zuvorige täterschaftliche Ausformung im „Formaldelikt" des § 19 UWG aF[549] ohne eigene delikts- oder versuchsfundierende materielle Substanz und Strafbarkeit iSd. §§ 22 f. StGB hat die Regelung des § 30 StGB mit einem **Versuch** einer Straftat im herkömmlichen Gesetzessprachgebrauch (§ 22 StGB) **nichts zu tun**.

dd) Die dialogisch geformte Grundstruktur des § 30 StGB

Wie schon die täterschaftliche Vorform des § 19 UWG aF wird auch die Grund-   247
struktur der Bestimmungs- und sonstigen Erklärungsverbote des § 30 StGB von einer mehrgliedrigen Systematik geprägt. Schon in § 20 Abs. 1 und 2 UWG 1932 idealtypisch umgesetzt errichtet sie die angriffsbezogene Systematik einer mehrförmig konzipierten Deliktsvorstufe, die heute neben täter- auch teilnehmerschaftliche Begehungsweisen im täterschaftlichen Vorversuchsfeld voneinander abgrenzt, zueinander in Beziehung setzt und – weiter unterteilt – als einen von Jedermann im deliktischen Vorbereitungsstadium vollziehbaren mittelbaren Gefährdungsakt identifiziert.[550]

(1) Leitmerkmale

Alle Angriffsverhalten, die des § 30 StGB wie die des früheren § 19 UWG aF, formt   248
ein reflexiv paktierender Charakter, dessen konsensuales Element unverkennbar bündnerischer Ausrichtung der Normstruktur ein stark konspiratives Gepräge gibt.

---

548 Näher zu ihr *Yamanaka*, Strafrechtsdogmatik, S. 337, 340 ff.; *ders.*, Einführung, S. 276 ff., jeweils mwN.
549 Formaldelikte sind lediglich formal verselbstständigte Beeinträchtigungen ohne eigenes deliktsspezifisches Rechtsgut(sobjekt), die an andere selbständig angreifbare Delikte anknüpfen; zu ihrer Konturierung *Brammsen*, Lauterkeitsstrafrecht, § 19 Rn. 4, 35 ff.
550 Eingehender zur früheren Entwicklung und Ausdifferenzierung *Brammsen*, Lauterkeitsstrafrecht, § 19 Rn. 8 ff.

§ 23 Verletzung von Geschäftsgeheimnissen

Drei Leitmerkmale fundieren allen Vorgehensweisen eine Einheit vermittelnde und wahrende Ordnung: ein präsumtiver **Zieldeliktstäter**, die präsumtive **Begehungsweise** des geplanten Zieldelikts und die **Motivherkunft** des Mitwirkenden selbst (in § 19 UWG bzw. § 20 UWG 1932 der damalige „Formaltäter"). Haftungsbegründend waren und sind allein haupttatbezogen ausgeführte (heute: auf § 23 Abs. 1–4) Willensentäußerungen, die das Festsetzen einer präsumtiven Täterschaft zur geistigen **Einung** mit anderen bestimmungsmächtigen Vorhabenträgern nutzen und dem geplanten Ausführungsakt eine kollektiv-konsensuale Urheberschaft geben: Die paktierende Absprache mehrstimmger **Projekturheberschaft** ist das konstituierende Angriffsverhalten der täternominierenden Gestellung,[551] die alle „Beteiligungsvarianten" einheitlich als vollendete Ausführung und – über die Verweisung des § 30 Abs. 1 Satz 3 auf § 23 Abs. 3 StGB – auch „untaugliche Beteiligungsversuche" erfassen kann (→ Rn. 61, 93 f., 129, 154 f., 191, 213, 220).[552]

(2) Grundkonzept: Die innergesetzliche Systematik des § 30 StGB

249 Auf der früheren Urheberschaft als geistiger (Mit-)Trägerschaft einer künftigen Haupttat iSd. §§ 17 f. UWG aF basiert auch das heutige **Grundkonzept** des sog. „Beteiligungsversuchs", das § 30 StGB in zwei Absätzen für vier[553] (jeweils um das zusätzliche „Zieldelikt" der Anstiftung zu einer Straftat ergänzte) intrinsisch oder extrinsisch initiierter Vollzugsvarianten umsetzt:[554]

– die **versuchte Anstiftung** (intrinsisch initiierte Fremdtätergestellung), § 30 Abs. 1 StGB;
– das **Sich-Bereiterklären** (extrinsisch oder intrinsisch initiierte Eigentätergestellung), § 30 Abs. 2 Alt. 1 StGB;
– die **Erbietensannahme** (extrinsisch initiierte Fremdtätergestellung), § 30 Abs. 2 Alt. 2 StGB;
– die **Verabredung** (extrinsisch oder intrinsisch initiierte gleichzeitige Eigen- und Fremd-, dh. Mittätergestellung), § 30 Abs. 2 Alt. 3 StGB.

---

551 Zum Streit um den Strafgrund der Tätergestellung komprimiert BGH, NJW 2009, 1221 Rn. 12; Schönke/Schröder/*Heine/Weißer*, § 30 Rn. 1 mwN. Er liegt allein in der gesteigerten Gefährdung des Opfers, das sich hier immer gleich zwei potenziellen, in den Fällen des Abs. 2 Alt. 1 und 3 sogar realiter bestätigten aktuellen „Vollzugsbefürwortern" ausgesetzt sieht.
552 *Fischer*, StGB, § 30 Rn. 3; K/B/F/*Alexander*, § 23 GeschGehG Rn. 98 (nur zu § 30 Abs. 1 Alt. 1 StGB); Schönke/Schröder/*Heine/Weißer*, § 30 Rn. 7 f.; S/S/W/*Murmann*, StGB, § 30 Rn. 16, alle mwN.
553 *Fischer*, StGB, § 30 Rn. 2. Fünf Begehungsvarianten (durch Einbeziehung der verselbständigten Kettenanstiftung) konstatierte zur Vorfassung des § 19 UWG aF GK-UWG/*Wolters*, § 19 Rn. 2.
554 Zur „Parallelkonzeption" der früheren „Täterschaftslösung" des § 19 UWG aF *Brammsen*, Lauterkeitsstrafrecht, § 19 Rn. 13.

V. Auslandstaten und sog. „versuchte Beteiligung" (§ 23 Abs. 7) **§ 23**

b) Versuchte Anstiftung (§ 30 Abs. 1 StGB)

Eine versuchte Anstiftung gem. § 30 Abs. 1 StGB begeht, wer jemanden zu bestimmen versucht, eine Straftat nach § 23 Abs. 1–5 zu begehen oder zu einer solchen Straftat anzustiften, und dabei aus Eigennutz oder zur Förderung eigenen oder fremden Wettbewerbs handelt.[555] Die erstrebte Zieldeliktstat bedarf daher vorab der positiven Feststellung, dass ihre Verwirklichung von dem anvisierten „Bestimmten" weder vollzogen noch versucht, eine der Beteiligung fähige Haupttat iSd. § 26 StGB mithin nicht bewirkt ist.

250

aa) Bestimmen

Gesetzlich benannte Angriffshandlung ist das **versuchte Bestimmen** irgendeines Dritten, eine Straftat gem. § 23 Abs. 1–4 zu begehen oder dazu anzustiften.

251

Das „Bestimmen" wird nicht allseitig anerkannt definiert.[556] Bloßes Verursachen von Tatentschlüssen durch Schaffung tatanreizender Situationen genügt angesichts eröffneter Interpretationsspielräume und mangelnder suggestiv-integrativ paktierender Zieldeliktseinung (→ Rn. 248)[557] ebenso wenig wie bloßes Schweigen bzw. Unterlassen.[558] **Bestimmen** ist mündliches oder schriftliches, ausdrückliches oder konkludentes, unmittelbar beeinflussendes Einwirken auf den Willen einer Person, um in ihr den Entschluss zur Begehung der angesonnenen Tat hervorzurufen.[559] Dieses kann durch Auffordern, Bestechen, Beauftragen, Fragen, Täuschen oder Versprechen geschehen, nicht aber durch Vorabklärung gegebener Kenntnis oder etwaiger Mitwirkungsbereitschaft.[560] Nötig ist die Vermittlung grober Umrisse des Tatobjekts und der Tathandlung, die eine dahingehende Willensbildung des Anzustiftenden gestatten.[561] Zwischenschaltungen Dritter als **Kettenanstiftung** mit bös- oder gutgläubigem Wissensmittler als Werkzeug oder „Mitbestimmer" sind möglich, eigene etwaige Ausführungskompetenzen des Bestimmenden begrifflich nicht geboten.[562]

252

---

555 Ungeachtet der ua. von *Nebel/Diedrich*, § 23 Rn. 60 gerügten irreführenden Anbindung „Täter" (Anstifter sind auch im „Versuchsstadium" keine Straftäter iSd. §§ 22 f., 25 StGB) ist das Absichtserfordernis auf den „Bestimmer" zu beziehen: Gegenteiliges ist angesichts der Vorgaben der „Zieldelikte" des § 23 Abs. 1–4 redundant.
556 Zu den verschiedenen Erklärungsansätzen statt vieler *Fischer*, StGB, § 26 Rn. 3; S/S/W/*Murmann*, StGB, § 26 Rn. 3 ff., jeweils mwN.
557 AA RGSt 32, 308, 312; K/B/F/*Alexander*, § 23 GeschGeHG Rn. 97.
558 Beidem fehlt der handlungsnotwendige Entäußerungsaspekt; *Brammsen*, Lauterkeitsstrafrecht, § 19 Rn. 18; *Fischer*, StGB, § 26 Rn. 3; Schönke/Schröder/*Heine/Weißer*, § 26 Rn. 3 f. mwN.
559 Wie hier (ausführlich) *K. Becker*, S. 41 ff.; (komprimiert) Schönke/Schröder/*Heine/Weißer*, § 26 Rn. 4.
560 *Brammsen*, Lauterkeitsstrafrecht, § 19 Rn. 19; *Fischer*, StGB, § 26 Rn. 6.
561 *Fischer*, StGB, § 26 Rn. 8; Schönke/Schröder/*Heine/Weißer* § 26 Rn. 18; S/S/W/*Murmann*, StGB, § 26 Rn. 13.
562 Zum Ganzen *Brammsen*, Lauterkeitsstrafrecht, § 19 Rn. 22 f.; s. auch K/B/F/*Alexander*, § 23 GeschGeHG Rn. 98; (zur Kettenanstiftung) *wie vor*, Rn. 99; Müller-Gugenberger/*Dittrich*, § 33

§ 23 Verletzung von Geschäftsgeheimnissen

bb) Zu bestimmen versucht

253 Das Bestimmen darf, warum auch immer, **nicht gelingen**:[563] Ob das anvisierte Geheimnis gar keines oder die Vorlage nicht anvertraut, der Angestiftete zu bequem, von Skrupeln geplagt oder schon zuvor tatentschlossen war, ist ebenso ohne Bedeutung wie der Zeitpunkt seiner Entäußerung:[564] Letztere kann vor oder nach Beginn des Geheimnisses erfolgen. Sie muss aber immer dem Anzustiftenden gegenüber entäußert sowie zugegangen sein und objektiv den Sinngehalt seiner Haupttatbefürwortung aufweisen.[565] Rein individuelles „Bestimmungsverständnis" genügt nicht,[566] ist doch das „Bestimmen versuchen" mangels materieller Deliktseigenschaft kein Versuch iSd. §§ 22 f. StGB[567] – es ist dessen Vorstufe auf der „Aliud-Ebene" gesetzlich akzessorischer Teilnehmerschaft. Eine andere Ausdeutung erhebt den absolut untauglichen Versuch nur individuell vorgestellter Straftäterschaft im Geschäftsgeheimnisrecht des GeschGehG quasi zum Grundfall des strafbaren Fehlverhaltens.

cc) Subjektiver Tatbestand

254 Das „Bestimmen zu versucht" setzt vorsätzliches und darüber hinaus ein Handeln aus Eigennutz oder zur Förderung eigenen oder fremden Wettbewerbs voraus. Ersterenfalls genügt bedingter Vorsatz[568] zur tatbestandlich-rechtswidrigen Begehung[569] der Zieldeliktstat (ggf. auch der Kettenanstiftung)[570] wie auch des eigenen Bestimmens.[571] Letzterenfalls ist auf die vorab gegebenen Erläuterungen zu den benannten Absichten verwiesen (→ Rn. 30 ff.): Die reine interne Verfolgung bloßer

---

Rn. 129; *Reinfeld*, § 7 Rn. 15; Schönke/Schröder/*Heine/Weißer* § 30 Rn. 16; S/S/W/*Murmann*, StGB, § 30 Rn. 11.

563 Gelingt es, beginnt der Angestiftete also mit dem Haupttatvollzug, haftet der demnach erfolgreiche Bestimmer als Anstifter gem. § 26 StGB iVm. § 23 Abs. 1–5; *Brammsen*, wistra 2018, 449, 456; H/O/K/*Harte-Bavendamm*, § 23 Rn. 68; Müller-Gugenberger/*Dittrich*, § 33 Rn. 130.

564 Zur Vorfassung des § 19 UWG aF RGSt 39, 321, 324; 48, 12, 16; OLG Celle, GRUR 1969, 548, 549 – Abschaltplatte; aktuell *Fischer*, StGB, § 30 Rn. 13; K/B/F/*Alexander*, § 23 GeschGehG Rn. 98; Müller-Gugenberger/*Dittrich*, § 33 Rn. 130; Schönke/Schröder/*Heine/Weißer* § 30 Rn. 20; S/S/W/*Murmann*, StGB, § 30 Rn. 14.

565 Näher zur anschließenden „Zugangsthematik" *Brammsen*, Lauterkeitsstrafrecht, § 19 Rn. 25, 34 ff. mwN.

566 Zutreffend *Meindl*, S. 221 ff.; *Mitsch*, in: FS Maiwald, S. 539, 545, 554 f.

567 *Brammsen*, Lauterkeitsstrafrecht, § 19 Rn. 25; LK-StGB/*Schünemann*, § 39 Rn. 2; Müller-Gugenberger/*Dittrich*, § 33 Rn. 130.

568 BGHSt 44, 98, 101 f.; RG, MuW 1912/13, 511, 512; K/B/F/*Alexander*, § 23 GeschGehG Rn. 100; *Reinfeld*, § 7 Rn. 19.

569 Daran fehlt es vornherein auf Bekanntgabe patentierter Verfahren oder Erwerb öffentlich verfügbar gemachter Güter gerichtetem Vorgehen; RGSt 39, 321, 325; OLG Celle, GRUR 1969, 548, 549 – Abschaltplatte.

570 So schon zur Vorfassung des § 19 UWG aF RGSt 45, 254, 259 f.; RG, MuW 1911/12, 150 und 1915/16, 28.

571 BGHSt 62, 96 Rn. 14; *Fischer*, StGB, § 30 Rn. 12; Schönke/Schröder/*Heine/Weißer* § 30 Rn. 4.

V. Auslandstaten und sog. „versuchte Beteiligung" (§ 23 Abs. 7) **§ 23**

Lernzwecke ist allerdings, anders als damit erhoffte mögliche Lohnverbesserungschancen, nicht ausreichend.⁵⁷²

dd) Rechtswidrigkeit und Irrtum

Das präsumtive Bestimmen zu einer Straftat nach § 23 Abs. 1–5 muss rechtswidrig 255 versucht sein. Rechtswidrig handelt, wer ohne Einverständnis und Rechtfertigungsgrund Dritten sein Zieldeliktprojekt eröffnen will. Der sog. **Lockspitzel** (agent provocateur) handelt zwar „bestimmungsmäßig" mit Vollendungsvorsatz, ist aber infolge zuvoriger Gestattung des Berechtigten gerechtfertigt, dh. nicht erfasst.⁵⁷³ Auf weitere Erläuterungen zur rechtswidrigen Anstiftung geheimnisverletzender Haupttaten ist verwiesen (→ Rn. 65, 96, 133, 156, 193); dortige Ausführungen zur „Rechtfertigungslage" gelten auch für das „versuchte Bestimmen".

Irrtümliche Nichtannahme einer Förderung fremden Wettbewerbs ist ein „unbe- 256 achtlicher Strafrechtsirrtum",⁵⁷⁴ irrendes „Bestimmen" zu unerkannter „§ 5-Haupttat" aufgrund deren nunmehriger Tatbestandslosigkeit straflos. Weitere mögliche Fälle gescheiterten Bestimmens sind nicht bekannt. Erörtert sind zwar gelungene „irrtümlich-untaugliche" Haupttaten.⁵⁷⁵ Ihre sachgerechte Lösung im allgemeinen Teilnahmerecht (§§ 26, 22 f. StGB) hat jedoch erst die allgemeine Versuchsstrafbarkeit des 2. WiKG 1986 gebracht.

ee) Versuchsvollzug

Das „versuchte Bestimmen" des § 30 Abs. 1 ist im Gegensatz zur Vorfassung des 257 § 19 UWG aF zwar keine Straftat,⁵⁷⁶ aber eine versuchte Tat: Jede eigene oder fremdgestützte (auch Ketten-)Anstiftung ist die „Suche nach einem eigenverantwortlichen Täter" durch eine nach Tätervorstellung unmittelbar erfolgsgeeignete Kundgabe seiner „Deliktsidee Geschäftsgeheimniszugriff". Seine präsumtive Teilhabe an der faktischen Umsetzung des Ideenempfängers ist eine bloß mittelbare, für sich genommen allerdings erfolgsungeeignete und deshalb auch täterakzessorische Rechtsgutsbeeinträchtigung des Anzustiftenden. Der Anstifter ist der Zustimmung signalisierende Inspirator, der Angestiftete der willensfreie „selbstgesteuerte" Realisator bzw. Regisseur. Der Bestimmensversuch ist erst mit tatsächlichem Zugang beim Rezipienten initiiert bzw. versucht „vollzogen" (→ Rn. 253). Ein weitergehendes zuvoriges materiellrechtliches „Versuchsstadium" gibt es nicht – es wäre quasi der Versuch einer „Vorbereitungshandlung" eines Initiators, der schon vor Kenntnisnahme und inhaltlichem Verständnis der angesonnenen Haupttatei-

---

572 *Brammsen*, Lauterkeitsstrafrecht, § 19 Rn. 30 mwN auch zu weiteren gesetzlichen Absichtsfriktionen.
573 IE wie hier Schönke/Schröder/*Heine/Weißer* § 30 Rn. 4 mwN.
574 So bereits RGSt 47, 128, 130.
575 RG, MuW 1929, 3087, 3088; ÖOGH, SSt 12, 147, 148.
576 Es gibt keinen eigengesteuerten Zugriff auf ein fremdes Rechtsgut(sobjekt) iSd. §§ 22 f., 25 StGB.

§ 23   Verletzung von Geschäftsgeheimnissen

nung seitens des Empfängers beendet wäre.[577] Beides erscheint im Bereich bloßer Vergehen wie der Geschäftsgeheimnisdelikte sachlich eher unangemessen, ist doch das bloße Verschaffen faktischen Zugangs noch kein Bestimmen.

ff) Täterschaft und Teilnahme

258   Das „versuchte Bestimmen" des § 30 Abs. 1 ist kein „Täterdelikt" iSd. § 25 StGB, auch wenn § 26 StGB den Anstifter „gleich einem Täter bestraft": Gleich kann man nur sachlich Ungleiches bestrafen – Gleichbehandlung erschafft keine materielle Identität. Gleichwohl kann es durch den Einsatz von „Mitbefürwortern" oder „Übermittlungsboten" faktisch begangen werden, nur eben nicht mit- oder mittelbar-täterschaftlich: ersterenfalls in der Anstiftungsvariante des § 30 Abs. 2 Alt. 3 StGB (→ Rn. 279 ff.), letzterenfalls nur bei fehlender eigener freier Entscheidungsmacht des Tatmittlers über das tatbefürwortend erklärte Bestimmen.[578]

259   Das „nicht zugegangene Versuchen", andere zu „bestimmen", ist als gesetzliche Teilnehmerhandlung mangels eigener einschlägiger Haupttat weder Straftäterschaft noch deren Versuch (→ Rn. 253). Einer **Anstiftung** zur „versuchten Anstiftung" stehen damit eigentlich die gesetzlichen Vorgaben des § 26 StGB entgegen, welche jedoch in extensiver Erhebung des Anstiftungsversuchs zur eigenständigen Straftat überwunden werden.[579] Als gelungene Anstiftung auf Seiten des Erstanstifters ist sie als versuchte Kettenanstiftung zu qualifizieren. **Beihilfe** wird dagegen unter Bezugnahme auf die gesetzliche Straflosigkeit diesbezüglich versuchter Anstiftungen nahezu einhellig abgelehnt.[580]

gg) Konkurrenzen

260   Das „versuchte Bestimmen" wird von der versuchten Verabredung konsumiert,[581] im Erfolgsfall der vom Angestifteten versuchten oder vollendeten Haupttat ist es subsidiär.[582] Ein Zusammentreffen mit eigener versuchter geheimdienstlicher oder landesverräterischer Agententätigkeit gem. §§ 98 f. StGB steht in Tateinheit,[583] ebenso eine Bedrohung (§ 241 StGB) oder eine zusätzliche Nötigung (§ 240 StGB).[584] Das früher mögliche Zusammentreffen mit einer Bestechung im geschäft-

---

577 Vgl. bereits zur Vorfassung des § 19 Abs. 1 UWG aF *Brammsen*, Lauterkeitsstrafrecht, § 19 Rn. 36 mwN.
578 Wie hier zu letzterer Schönke/Schröder/*Heine/Weißer* § 30 Rn. 31; (zu § 19 Abs. 1 UWG aF) *Mitsch*, wistra 2004, 161, 164.
579 Schönke/Schröder/*Heine/Weißer* § 30 Rn. 35; S/S/W/*Murmann*, StGB, § 30 Rn. 12, 27, beide mwN.
580 Schönke/Schröder/*Heine/Weißer* § 30 Rn. 16, 34; S/S/W/*Murmann*, StGB, § 30 Rn. 26.
581 *Fischer*, StGB, § 30 Rn. 25; **aA** (subsidiär) BGHSt 62, 96 Rn. 16 mwN.
582 *Fischer*, StGB, § 30 Rn. 27; Schönke/Schröder/*Heine/Weißer* § 30 Rn. 38; S/S/W/*Murmann*, StGB, § 30 Rn. 30.
583 *Drescher*, S. 409; *Fischer*, StGB, § 30 Rn. 28; Schönke/Schröder/*Heine/Weißer* § 30 Rn. 41.
584 *Fischer*, StGB, § 30 Rn. 29; Müller-Gugenberger/*Dittrich*, § 33 Rn. 134; Schönke/Schröder/*Heine/Weißer* § 30 Rn. 41.

V. Auslandstaten und sog. „versuchte Beteiligung" (§ 23 Abs. 7)   **§ 23**

lichen Verkehr (§ 299 Abs. 2 StGB)[585] hat die „Teilnahmelösung" des Abs. 7 Satz 2 nunmehr ausgeschlossen – der Versuch des § 299 ist nicht strafbar. Gleiches gilt mit Ausnahme der Richterbestechung (§ 334 Abs. 2 Satz 2 StGB) für den Versuch einer Vorteilsgewährung bzw. Bestechung gem. §§ 334 f. StGB: Hier konkurriert lediglich die vollendete Haupttat die „gelungene Anstiftung" (Konsumption).

c) Sich-Bereiterklären (§ 30 Abs. 2 Alt. 1 StGB)

Das „Sich-Bereiterklären" verwirklicht, wer ernsthaft erklärt sowie beabsichtigt, eine Straftat nach § 23 Abs. 1–4 aus Eigennutz oder zur Förderung eigenen oder fremden Wettbewerbs zu begehen oder zu ihr anzustiften, ohne dass es zu deren positiv festgestellter zuvoriger versuchter oder vollendeter Bewirkung gekommen ist.   261

aa) Sich-Bereiterklären

Im Gefolge der vom UWG 2004 vorgenommenen Anpassung des § 19 UWG aF an die Regelung des § 30 Abs. 2 StGB ist das ursprünglich idealtypisch auf das extrinsisch initiierte „Sich-Bereiterklären auf Ansinnen" um die Variante des intrinsisch initiierten „Sich-Erbietens" erweitert und wortgleich benannt worden.[586] Das heutige „Sich-Bereiterklären" fasst demnach zwei unterschiedliche Motivvarianten in einer einheitlichen neutraleren Bezeichnung bei gleichgebliebenem Anwendungsbereich zusammen: sich bereiterklären aus eigenen Antrieb sowie als Annahme einer Aufforderung.[587] Statt der früher dominierenden Ideenherkunft prägt nunmehr der **Zusageaspekt** der Erklärung die begriffliche Ausdeutung.   262

Dergestalt janusköpfig verwendet bestimmen **drei Charakteristika** beide Ausformungen des Sich-Bereiterklärens: Die Entäußerung einer reflexiv-paktierenden Zusicherung gegenüber einem Dritten, deren autonom getroffene Entscheidung[588] und darüber hinaus auch ernsthaft gemeinte Erklärung, eine Straftat nach § 23 Abs. 1–4 zu begehen oder zu einer solchen anzustiften.[589] Zudem ist eine präsumtive Zustimmung bzw. Interessiertheit des Erklärungsempfängers an dem angekündigten Tatvollzug unerlässlich,[590] während sich miterklärte Bedingungen wie er-   263

---

585 *Drescher*, S. 350; Müller-Gugenberger/*Dittrich*, § 33 Rn. 134.
586 Komprimiert zur Umgestaltung *Brammsen*, Lauterkeitsstrafrecht, § 19 Rn. 44.
587 *Fischer*, StGB, § 30 Rn. 14a; K/B/F/*Alexander*, § 23 GeschGehG Rn. 102; Müller-Gugenberger/*Dittrich* § 33 Rn. 132; Schönke/Schröder/*Heine/Weißer*, § 30 Rn. 22; S/S/W/*Murmann*, StGB, § 30 Rn. 20.
588 Fremdbestimmt erzwungene Erklärungen genügen nicht: Sie sind manipulativ und nicht reflexiv (sich) einend.
589 Zur Ernsthaftigkeit als Konstituens BGHSt 62, 96 Rn. 11 f.; BGH, NStZ-RR 2018, 221, 222 f.; *Reinfeld*, § 7 Rn. 16 sowie in Fn. 594 benannte Stimmen. Fehlannahmen genügen nicht; vgl. *Brammsen*, Lauterkeitsstrafrecht, § 19 Rn. 46 mwN.
590 BGH, NJW 2015, 1032 Rn. 102; K/B/F/*Alexander*, § 23 GeschGehG Rn. 102; Schönke/Schröder/*Heine/Weißer*, § 30 Rn. 22.

§ 23 Verletzung von Geschäftsgeheimnissen

wartete Bezahlung oder künftige Kooperation nicht hinderlich auswirken.[591] Die Zusage[592] bedarf ausdrücklicher oder konkludenter mündlicher oder schriftlicher Entäußerung: Offerten und Akzepte sind durch bloßes Schweigen nicht bekundet, sie müssen aber für den Empfänger annahmefähig hinreichend konturiert,[593] ihm verstehbar formuliert und zugegangen,[594] wenn auch von ihm nicht ernst genommen sein.

bb) Subjektiver Tatbestand

264 Der Gesetzestatbestand des Sich-Bereiterklärens bedarf eines vorsätzlichen Anstiftens bzw. Begehens eines präsumtiven Geschäftsgeheimnisdelikts sowie des Handelns zur Förderung eigenen oder fremden Wettbewerbs oder aus Eigennutz.

265 Der Erklärende muss zumindest mit Dolus eventualis neben der erwarteten eigenen oder fremden vorsätzlich-rechtswidrigen Begehung der präsumtiven Haupttat des § 23 Abs. 1–4 die Annahme seines Anerbietens durch Zustimmung des Empfängers wollen oder dessen diesbezügliche Aufforderung annehmen.[595] Beim Sich-Bereiterklären zur Anstiftung (§ 30 Abs. 2 Alt. 2 StGB) genügt sein bedingtes Wollen, wenn der Erklärende sich konkret bewusst ist, dass der vom ihm Angestiftete vorsätzlich rechtswidrig handeln wird. Nicht ernst gemeinten Erklärungen fehlt das objektive Konstituens des vorsatzrelevanten Einungs- und Selbstbindungswillens. Zu den Merkmalen „aus Eigennutz" und „zur Förderung des eigenen oder fremden Wettbewerbs" ist auf deren vorab separierte Darstellung verwiesen (→ Rn. 30 ff.).

cc) Rechtswidrigkeits- und Irrtumsfragen

266 Auf die vorstehenden Ausführungen zum „versuchten Bestimmen" des § 30 Abs. 1 StGB ist verwiesen (→ Rn. 255); sie gelten entsprechend.

dd) Vollendete Vorbereitungstat

267 Das versuchte Sich-Bereiterklären bedarf wie das versuchte Bestimmen des § 30 Abs. 1 StGB (→ Rn. 253) eines kenntnisnahmeeröffnenden Zugangs beim präsumtiven Empfänger.[596] Schriftliche wie mündliche Mitteilungen müssen demnach un-

---

591 RGSt 57, 243, 244.
592 Intrinsisch ist Anbieten, Andienen, Antragen, (Sich)Erbieten, Feilhalten, Unterbreiten, Vorschlagen; extrinsisch das Akzeptieren, Annehmen, Einwilligen, Zustimmen; ambipolar das Inaussichtstellen, Übernehmen, Versprechen, Zusagen, Zusichern.
593 *Fischer*, StGB, § 30 Rn. 14a. Zumindest Tatobjekt und -handlung bedürfen gewisser Konturierung.
594 So auch *K. Becker*, S. 143 ff.; *Mitsch*, in: FS Maiwald, S. 539, 545 f.; S/S/W/*Murmann*, StGB, § 30 Rn. 21; abl. *Reinfeld*, § 7 Rn. 16; Schönke/Schröder/*Heine/Weißer*, § 30 Rn. 22; offenlassend *Fischer*, StGB, § 30 Rn. 15.
595 *Fischer*, StGB, § 30 Rn. 15.
596 Vgl. OLG Celle, NStZ 1991, 82 (zur Parallelbezeichnung in § 99 Abs. 1 Nr. 2 StGB); s. auch die in Fn. 594 benannten Stimmen.

geachtet ihres auch inhaltlichen Verständnisses neben ihrer externen Entäußerung auch tatsächlich in den Herrschaftsbereich bzw. zur Kenntnis des Empfängers gelangen. Ein weitergehender „Versuch" dieses Versuchs ist nicht strafbar.[597]

ee) Täterschaft und Teilnahme

Das Sich-Bereiterklären kann sowohl in seinen beiden intrinsisch oder extrinsisch initiierten Erscheinungsformen nur alleintäterschaftlich begangen werden. Die handlungsbedingt reflexive Willensanbindung an die Person des Erklärenden schließt mittäterschaftliches Vorgehen ebenso aus[598] wie das versuchte Anstiften Dritter zu eben dieser derselben Tat.[599] Hier verbleibt nur Vollzug als Nebentäter oder gemeinsames wechselseitiges „Bereiterklären" durch Verabreden, § 30 Abs. 2 Alt. 3 StGB (→ Rn. 279 ff.). Eine mittelbar-täterschaftliche Ausführung beschränkt sich auf etwaige „Erklärungsboten" (→ Rn. 258):[600] Sich-Bereiterklären setzt keinen direkten personalen Kontakt zum präsumtiven Empfänger voraus, scheitert aber gemeinhin an der fehlenden Entscheidungsmacht des Tatmittlers (→ Rn. 258) hinsichtlich der präsumtiven Haupttat. **268**

Eine **Anstiftung** zum Sich-Bereiterklären ist in beiden Erklärungsvarianten sowohl zur präsumtiven Haupttat als auch zu einer geplanten Kettenanstiftung strafbar, gemeinhin aber nicht näher erörtert. Diesbezügliche Unterscheidungen lassen sich dem Gesetz aber nicht entnehmen.[601] Als Beispiel mag ein abgewandelter Geschehensablauf einer RG-Entscheidung[602] dienen: Beauftragung ehemaliger Beschäftigter von Konkurrenzbetrieben „auf deren Anregung",[603] von jetzigen dort Beschäftigten durch deren Geheimnisverrat Betriebsinterna zu erlangen und zu übermitteln. Ein solches Aufgreifen fremder Vorschläge ist bei deren Initiierungsversuchen eine Anstiftung gem. § 26 StGB.[604] – **Beihilfe** zum Sich-Bereiterklären in Gestalt bloßer Ver- bzw. Übermittlungsdienste ist zwar faktisch möglich, wie das versuchte Bestimmen zur Beihilfe aber nicht strafbar.[605] **269**

---

597 *Fischer*, StGB, § 30 Rn. 22; Schönke/Schröder/*Heine/Weißer*, § 30 Rn. 25; S/S/W/*Murmann*, StGB, § 30 Rn. 27.
598 Wie hier G/J/W/*Krell*, UWG § 19 Rn. 19.
599 Offenlassend (Konkurrenzfrage?) BGHSt 62, 96 Rn. 13 ff., 17.
600 Beihilfezusagen genügen qua Gesetz nicht; *Fischer*, StGB, § 30 Rn. 14; K/B/F/*Alexander*, § 23 GeschGehG Rn. 102.
601 *Fischer*, StGB, § 30 Rn. 23; Schönke/Schröder/*Heine/Weißer*, § 30 Rn. 36; S/S/W/*Murmann*, StGB, § 30 Rn. 26; **aA** NK-StGB/*Zaczyk*, § 30 Rn. 65.
602 RG, JW 1929, 3087, 3088.
603 Das Angebot eigener Anstiftungstätigkeit ist ein intrinsisch initiiertes Sich-Bereiterklären iSd. § 30 Abs. 2 Alt. 1 und 2.
604 Vgl. bereits *Brammsen*, Lauterkeitsstrafrecht, § 19 Rn. 56.
605 BGHSt 14, 156, 157; *Fischer*, StGB, § 30 Rn. 23; Schönke/Schröder/*Heine/Weißer*, § 30 Rn. 34, 36; S/S/W/*Murmann*, StGB, § 30 Rn. 26.

§ 23 Verletzung von Geschäftsgeheimnissen

ff) Konkurrenzen

270 Die versuchte Verabredung und versuchte Anstiftung konsumieren das Sich-Bereiterklären,[606] gegenüber der vollzogenen Haupttat oder der ausgeführten Anstiftung sind beide Varianten subsidiär. Hier wie auch zu weiteren Konkurrenzen gilt das zur versuchten Anstiftung Gesagte entsprechend (→ Rn. 260).

d) Annehmen eines Erbietens (§ 30 Abs. 2 Alt. 2 StGB)

271 Das Annehmen eines Erbietens verwirklicht, wer auf das Angebot eines sich zuvor autonom bereiterklärenden Dritten, eine Straftat nach § 23 Abs. 1–4 zu begehen oder zu ihr anzustiften, ihm gegenüber aus Eigennutz oder zur eigenen oder fremden Wettbewerbsförderung dessen Vorschlag annimmt, den dieser dann entgegen seiner Ankündigung „abredewidrig" doch nicht zu bewirken versucht (→ Rn. 253).

aa) Annehmen eines Erbietens

272 Das Annehmen des Erbietens ist das Ergänzen eines angetragenen Deliktsprojektes eines Anderen durch entgegnende **Zustimmungserklärung** – der Abschuss reflexiv-paktierender Einung durch einfaches Akzept. Das Erbieten annehmen dokumentiert eine sinnaufgreifende Zustimmung, die es nach außen hin als autonom gefassten und ernst gemeinten Integrationsakt ausweist,[607] die eigentliche Umsetzung des Vorhabens aber allein der autonomen Bestimmungs- und Gestaltungsmacht dem Urheber zur Bewirkung überlässt. Seine Vollziehung bietet eine Fülle von Verhaltensweisen,[608] die allesamt mündlich oder schriftlich, ausdrücklich oder konkludent (zB Testangebot) erfolgen können.[609] Begehen durch Unterlassen ist ausgeschlossen, nicht jedoch das Entäußern einer nicht ernst gemeinten „Scheinannahme".[610]

273 Die Erbietensannahme bedarf wie das Sich-Bereiterklären (→ Rn. 263) des Zugangs und der Kenntnisnahme, bloße Entäußerung genügt nicht.[611] Ihren Sinngehalt bestimmt allein die ernst gemeinte Zustimmung zur zugegangenen Zieltatofferte, sodass Irrtümer des Offerenten über die Ernsthaftigkeit der Erbietererklärung oder

---

606 BGHSt 62, 96, Rn. 17 (offenlassend); *Fischer*, StGB, § 30 Rn. 25; (für Subsidiarität) Schönke/Schröder/*Heine/Weißer*, § 30 Rn. 43; S/S/W/*Murmann*, StGB, § 30 Rn. 29.
607 In der Sache unstrittig; *Fischer*, StGB, § 30 Rn. 17; K/B/F/*Alexander*, § 23 GeschGehG Rn. 103; Müller-Gugenberger/*Dittrich*, § 33 Rn. 96; W/J/S/*Möhrenschlager*, Kap. 16 Rn. 48. Von einem Einverständnis bzw. Einverstandensein (so K/B/F/*Alexander*, aaO; *Reinfeld*, § 7 Rn. 17; S/S/W/*Murmann*, StGB, § 30 Rn. 22; Schönke/Schröder/*Heine/Weißer*, § 30 Rn. 23) sollte im Hinblick auf das strafrechtliche Einverständnis besser nicht gesprochen werden: Es fehlt dessen prägende Bestimmungsmacht eines Gutsinhabers.
608 Ua. Abzeichnen, Akzeptieren, Beauftragen, Bejahen, Beipflichten, Bestätigen, Bewilligen, Bezahlen, Billigen, Einwilligen, Entlohnen, Genehmigen, Gutheißen, Zunicken, Zustimmen.
609 *Reinfeld*, § 7 Rn. 17; Schönke/Schröder/*Heine/Weißer*, § 30 Rn. 23.
610 Vgl. BGHSt 62, 96 Rn. 23; Schönke/Schröder/*Heine/Weißer*, § 30 Rn. 28, beide mwN.
611 MAH/*Witting/Werning*, § 24 Rn. 90; **aA** Schönke/Schröder/*Heine/Weißer*, § 30 Rn. 23, 36.

V. Auslandstaten und sog. „versuchte Beteiligung" (§ 23 Abs. 7)   § 23

dessen objektive Vollzugskompetenz unschädlich sind.[612] Auch darf der **Annehmende** deshalb den Gegenstand der angebotenen Zieltat nur in Randbereichen modifizieren; andernfalls erfährt die deklarierte Einung des Offerenten ersatzlosen Wegfall.[613] Zum Einsatz von **Mittelsmännern (Willensmittlern)**, zum Ausschluss fremdgesteuerter (mittelbar-täterschaftlicher) Annahmeerklärungen und zu den unbeachtlichen Hintergründen gescheiterter Zieldeliktsbegehung ist auf die Ausführungen zum „versuchten Bestimmen" verwiesen (→ Rn. 252 f.). Sie gelten entsprechend.

bb) Subjektiver Tatbestand, Rechtswidrigkeits- und Irrtumsfragen

Der Gesetzestatbestand der „Erbietensannahme" setzt ein vorsätzliches sowie ein Handeln des Täters zur Förderung des eigenen oder fremden Wettbewerbs oder aus Eigennutz voraus.   274

Für die subjektive Tatseite ist auf das Sich-Bereiterklären (→ Rn. 264 f.) verwiesen. Das zumindest bedingt vorsätzliche Tatbewusstsein muss sich auf die Erbietensannahme und den Vollzug der Zieldeliktstat durch den Offerenten erstrecken.[614] Daran fehlt es dem agent provocateur.[615] Nicht erklärte Vorbehalte sind unbeachtlich.[616] – Zu den Merkmalen „aus Eigennutz" und „zur Wettbewerbsförderung" → Rn. 30 ff., zu den Rechtswidrigkeits- und Irrtumsfragen" → Rn. 266 zum versuchten Bestimmen.   275

cc) Vollendete Vorbereitungstat

Die Erbietensannahme ist mit ihrem **Zugang** beim Erbieter vollendet[617] und spätestens mit dessen inhaltlicher Zurkenntnisnahme (nicht notwendig auch deren Verständnis) beendet. Auf die Parallelsituation beim versuchten Anstiften des Abs. 1 ist verwiesen (→ Rn. 267). Soweit nach Vorstellung des Annehmenden seine Erklärung den Tatentschluss des Offerenten zumindest mitverursachen soll, ist eine Versuchsstrafbarkeit nach Abs. 1 eröffnet, andernfalls nicht gegeben.[618]   276

---

612 BGHSt 62, 96, Rn. 23; 44, 99, 101 f.; *Fischer*, StGB, § 30 Rn. 17; Müller-Gugenberger/*Dittrich*, § 33 Rn. 132; *Reinfeld*, § 7 Rn. 17; K/B/F/*Alexander*, § 23 GeschGehG Rn. 103; Schönke/Schröder/*Heine/Weißer*, § 30 Rn. 23, 28; S/S/W/*Murmann*, StGB, § 30 Rn. 23; W/J/S/*Möhrenschlager*, Kap. 16 Rn. 48; **aA** (ernst gemeintes Erbieten erforderlich) RGSt 57, 243, 245 ff.; juris PK-UWG/*Ernst*, § 19 Rn. 6.
613 Wie hier A/L/G/*Loschelder*, Kap. 1 Rn. 144. Beispielsweise enthält ein Zustimmung zum offerierten Geheimnisverrat des Abs. 1 Nr. 3 weder ein solches zur Betriebsspionage des Abs. 1 Nr. 1 noch zum Vorlagenmissbrauch des Abs. 3.
614 BGHSt 62, 96, Rn. 23 f.; K/B/F/*Alexander*, § 23 GeschGehG Rn. 103; S/S/W/*Murmann*, StGB, § 30 Rn. 22.
615 Schönke/Schröder/*Heine/Weißer*, § 30 Rn. 28.
616 BGH, NStZ 1998, 403, 404; *Fischer*, StGB, § 30 Rn. 17; Schönke/Schröder/*Heine/Weißer*, § 30 Rn. 28.
617 *Brammsen*, Lauterkeitsstrafrecht, § 19 Rn. 67 mwN; Schönke/Schröder/*Heine/Weißer*, § 30 Rn. 23.
618 BGHSt 62, 96 Rn. 23 mwN; *Fischer*, StGB, § 30 Rn. 22; S/S/W/*Murmann*, StGB, § 30 Rn. 22.

§ 23   Verletzung von Geschäftsgeheimnissen

dd) Täterschaft und Teilnahme

277 Die Erbietensannahme kann wie das Sich-Bereiterklären nur alleintäterschaftlich begangen werden (→ Rn. 268). Anstiftung zur Erbietensannahme ist möglich, Beihilfe nicht;[619] auf die Ausführungen zum Sich-Bereiterklären und versuchten Bestimmen (→ Rn. 259, 269) wird sinngemäß verwiesen.

ee) Konkurrenzen

278 Zur Konsumtion bzw. Subsidiarität der vollzogenen (nicht notwendig beendeten) Zieltat oder einer dahingehenden Anstiftung und zu möglicher Tateinheit mit kernstrafrechtlichen Delikten wird auf das „versuchte Bestimmen" verwiesen; die dortigen Ausführungen (→ Rn. 260) gelten entsprechend.

e) Verabreden (§ 30 Abs. 2 Alt. 3 StGB)

279 Das Verabreden eines Geschäftsgeheimnisdelikts gem. § 23 Abs. 1–4 oder einer Anstiftung dazu verwirklicht, wer mit mindestens einer weiteren Person einvernehmlich vereinbart, das jeweils autonom befürwortete gemeinsame Vorhaben zu vollziehen, und dabei sowohl bedingt vorsätzlich wie auch aus Eigennutz oder zur fremden oder eigenen Wettbewerbsförderung handelt. Zum positiv festgestellten Fehlen der abredewidrig weder versuchten noch vollendeten Bewirkung (→ Rn. 253).

aa) Verabreden

280 Vom UWG 2004 eingefügt in Anlehnung an § 30 StGB[620] ist das Verabreden keine bloße Addition der vorstehenden Varianten des Abs. 2,[621] sondern eher deren Sonderfall: Die beidseitig autonom gefasste Erklärung eigener ernst gemeinter[622] und in ihren wesentlichen Grundzügen festgelegten deliktsbezogenen Urheber- und Projekttäterschaft zumindest zweier Personen,[623] deren gemeinsame eigentäterschaftliche Beteiligung einen ungleich stärkeren Bindungsgrad zum „Deliktspartner"[624] als auch einen wesentlich höheren Gefährdungsgrad für das präsumtive Op-

---

619 *Fischer*, StGB, § 30 Rn. 23; S/S/W/*Murmann*, StGB, § 30 Rn. 26, 28; Schönke/Schröder/*Heine/Weißer*, § 30 Rn. 34, 36.
620 Komprimiert zur UWG-Historie *Brammsen*, Lauterkeitsstrafrecht, § 19 Rn. 72 mwN.
621 Erbietensannahme setzt originäre Ideenurheber voraus, Verabreden produziert sie erst kooperativ.
622 Vgl. BGHSt 62, 96 Rn. 9; BGH, NJW 2009, 1221 Rn. 8; *Fischer*, StGB, § 30 Rn. 18; MAH/*Witting/Werning*, § 24 Rn. 92; S/S/W/*Murmann*, StGB, § 30 Rn. 24; **aA** Schönke/Schröder/*Heine/Weißer*, § 30 Rn. 29 mwN.
623 BGHSt 62, 96 Rn. 9; *Fischer*, StGB, § 30 Rn. 18 f.; K/B/F/*Alexander*, § 23 GeschGehG Rn. 104; *Reinfeld*, § 7 Rn. 18; Schönke/Schröder/*Heine/Weißer*, § 30 Rn. 24; S/S/W/*Murmann*, StGB, § 30 Rn. 24 f.
624 BGHSt 62, 96 Rn. 9; *Brammsen*, Lauterkeitsstrafrecht, § 19 Rn. 73; K/B/F/*Alexander*, § 23 GeschGehG Rn. 104.

V. Auslandstaten und sog. „versuchte Beteiligung" (§ 23 Abs. 7) § 23

fer aufweist (→ Rn. 246).[625] Dergestalt vorgezeichnet als integrativ-absprechendes Kommunizieren ist das zugangsbedürftige[626] Verabreden deren kooperatives Maximum, das mit jeder Willensentäußerung mündlicher, schriftlicher, ausdrücklicher oder konkludenter Art bekundet werden kann,[627] aber auch muss: Die einbezogenen potenziellen Partner müssen auf der Basis der erhaltenen Informationen (ggf. nach interner „Unterredung") die erstrebte Zustimmung erklären können.[628] Beihilfezusagen,[629] offensichtliches Ignorieren und gänzliche Reaktionslosigkeit[630] oder bloße Scheinverabredungen[631] genügen nicht. Verabreden ist nur durch Abmachen, Absprechen, (Sich-)Abstimmen, Aushandeln, Ausmachen, Beschließen, Übereinkommen, Übereintreffen, Vereinbaren, (Sich-)Verschwören, (Sich-)Verständigen und dergleichen zu erbringen – sogar mit einem sich an der Ausarbeitung einer auch drittseitig angedachten Projektierung einer arbeitsteiligen Haupttat beteiligenden omnimodo facturus.[632]

bb) Subjektiver Tatbestand

Das strafbare Verabreden bedarf eines vorsätzlichen und darüber hinaus des Handelns der Mittäter zur Förderung eigenen oder fremden Wettbewerbs oder aus Eigennutz. **281**

Die Verabredenden müssen den nicht notwendig zeitgleich gemeinsam gefassten[633] (zumindest bedingten) Vorsatz haben, zusammen mit ihrem ebenfalls zur Tatbegehung entschlossenen präsumtiven Mittäter die abgesprochene Zieltat unter Einbeziehung seiner zugesagten Aktivitäten miturheberschaftlich zu gehen.[634] Zu den Merkmalen „**zur Förderung eigenen oder fremden Wettbewerbs**" und „**aus Eigennutz**" (→ Rn. 30 ff.). **282**

cc) Rechtswidrigkeits- und Irrtumsfragen

Die Rechtfertigung nur eines Mittäters (zB ein agent provocateur) belässt die Unbefugtheit der anderen Beteiligten unverändert. Verbleibt nur ein Mittäter, ist dessen Irrtum über ein fremdes mittäterschaftliches Mitwirken ein Tatbestandsirrtum **283**

---

625 Eine faktische Realisierbarkeit ist (abgesehen von den Fällen des § 23 Abs. 3 StGB) wie in den anderen Tatalternativen irrelevant.
626 Es gilt das zur versuchten Anstiftung des Abs. 1 Gesagte (→ Rn. 253) entsprechend.
627 LK-StGB/*Schünemann*, § 30 Rn. 61 mwN.
628 Eine Anbindung an äußere Bedingungen ist möglich; BGH, NStZ 2007, 697; S/S/W/*Murmann*, StGB, § 30 Rn. 24; enger *K. Becker*, S. 75 ff., 79 f.; NK-StGB/*Zaczyk*, § 30 Rn. 52.
629 BGHSt 53, 174 Rn. 8; *Brammsen*, Lauterkeitsstrafrecht, § 19 Rn. 74; *Fischer*, StGB, § 30 Rn. 18; Schönke/Schröder/*Heine/Weißer*, § 30 Rn. 24; S/S/W/*Murmann*, StGB, § 30 Rn. 24.
630 Einseitige Kooperation ist Anpassung bzw. Unterwerfung.
631 ZB als agent provocateur oder „Ausführungsunwilliger".
632 Vgl. bereits *Brammsen*, Lauterkeitsstrafrecht, § 19 Rn. 74.
633 Das Verabreden des § 30 Abs. 2 Alt. 3 betrifft das Vorversuchsstadium, nicht eine gemeinsame Tat iSd. § 25 Abs. 2 StGB.
634 BGHSt 62, 96 Rn. 9; *Fischer*, StGB, § 30 Rn. 18; *Reinfeld*, § 7 Rn. 19.

§ 23   Verletzung von Geschäftsgeheimnissen

iSd. § 16 StGB. Auf die Erläuterungen zum versuchten Bestimmen (→ Rn. 255 f.) ist verwiesen.

dd) Vollendete Vorbereitungstat

284   Die Deliktsverabredung ist erst mit **Zugang** bei und **Annahme** eines anderen präsumtiven Mittäters vollendet, sodann bei inhaltlicher Verständnisnahme aller Beteiligten beendet.[635] Eine weitere Vorverlagerung ins Vorversuchsstadium ist nicht gegeben:[636] Das Verabreden kennt keinen separierten Versuch.

ee) Täterschaft und Teilnahme

285   Das Verabreden zu einem Geschäftsgeheimnisdelikt des § 23 Abs. 1–4 oder zu einer entsprechenden Anstiftung ist **nur** in **Mittäterschaft** vollziehbar. Ein Begehen in mittelbarer Täterschaft ist hinsichtlich der Mittäter als „Tatwerkzeug" ausgeschlossen, da diese sich wie auch der „Hintermann" eigenverantwortlich und „ungesteuert" zur gemeinsamen kooperativen Ausführung der präsumtiven Anstiftung bzw. Haupttat entschieden und betätigt haben müssen. Auf die Ausführungen zur versuchten Anstiftung des Abs. 1 (→ Rn. 258 f.) ist verwiesen; sie gelten entsprechend. Der Hinzuziehung etwaiger Mittelsmänner (Willensmittler) in Gestalt von Übermittlungsboten stehen keine Bedenken entgegen:[637] Sie ist selbst bei gleichzeitiger Hinzuziehung unterschiedlicher Personen seitens mehrerer oder aller Komplottanten möglich, Teilnahmen hingegen nur in Form der Anstiftung.[638]

ff) Konkurrenzen

286   Das Verabreden ist eine mittäterschaftsspezifische Kombination aus Sich-Bereiterklären und Annahme eines Erbietens. Es gilt das dazu und zur versuchten Anstiftung Gesagte entsprechend (→ Rn. 260, 270, 278), soweit die jeweiligen Ausgestaltungen auch entsprechend agierende Mittäter betreffen.[639]

f) Strafbefreiender Rücktritt (§ 31 StGB)

aa) Allgemeines

287   Die formalen Teilnehmertaten des § 30 StGB betreffen nur „Abstimmungen" im Vorfeld der präsumtiven Haupttat bzw. Anstiftung. Angesichts der Rücktrittsregelung beim Versuch (§ 24 StGB) und deren „Parallele" beim Vorversuchsstadium im

---

635   *Steckermeier*, S. 134 ff. mwN.
636   *Fischer*, StGB, § 30 Rn. 22; Schönke/Schröder/*Heine/Weißer*, § 30 Rn. 25; S/S/W/*Murmann*, StGB, § 30 Rn. 27.
637   LK-StGB/*Schünemann*, § 30 Rn. 60.
638   *Fischer*, StGB, § 30 Rn. 23; Schönke/Schröder/*Heine/Weißer*, § 30 Rn. 34, 36; S/S/W/*Murmann*, StGB, § 30 Rn. 26, 28.
639   Vertiefend *Fischer*, StGB, § 30 Rn. 25 ff.; Schönke/Schröder/*Heine/Weißer*, § 30 Rn. 34, 36; S/S/W/*Murmann*, StGB, § 30 Rn. 29 ff.

§ 31 hat der Gesetzgeber eine entsprechende Regelung auch in § 20 Abs. 3 UWG 1986[640] eingeführt, um Strafmilderungen auch für Abstandnahmen von vollzogenen Projekttäterschaften zu eröffnen. Im neuen GeschGehG setzt sich daher nur ein langjähriger Trend fort, die Strafzumessung auch am Vollzugsgrad des Delikts zu orientieren. Ihm folgend hat der Gesetzgeber „stufenkonform" einen neuen eigenständigen Unrechtsausschluss[641] für sämtliche aufgeführten Verleitungs- und Erbietensalternativen (seinem Konzept des materiellrechtlichen Unrechts verhaftet)[642] errichtet, ihn allerdings in fehlerhafter Ausdeutung als vermeintliche „Parallelregelung" des § 24 StGB als persönlichen Strafaufhebungsgrund ausgeformt.[643]

bb) Systematik

Die gesetzliche Ausgestaltung der Straffreistellungen des § 31 StGB ist das Spiegelbild der in § 30 zuvor festgesetzten paktierenden Absprachen mehrstimmiger **Projekturheberschaft**. Orientiert an dem Ziel ihrer gelungenen Rückabwicklung bestimmen sie je nach vorstehend erörterter „Täterhandlung" des § 30 Abs. 1 oder Abs. 2 Alt. 1–3 unterschiedliche Abstandnahmen vom zuvorigen Vorhaben: seines freiwillig-eigenbewirkten erfolgreichen „Projektabbruchs" (§ 31 Abs. 1) bzw. freiwilligen und ernsthaften Bemühens bei eigener „Erfolglosigkeit" (§ 31 Abs. 2) sowie je nach betätigter Tatvariante[644] der Alleinfremd- (Abs. 1 Nr. 1), der Alleineigen- (Abs. 1 Nr. 2) und der Alleinfremd- oder Mittätergestellung (Abs. 1 Nr. 3). Dies führt zu einer Ausrichtung am Erfolg bzw. der Erfolglosigkeit der eigenen Rückabwicklungsbestrebungen je nach „Vortat".[645] Zu Einzelfragen ist auf das einschlägige strafrechtliche Schrifttum verwiesen.[646] Hervorzuheben ist hier lediglich die generelle Begrenzung des Anwendungsbereichs auf das „Vorversuchsstadium". Danach gilt allein § 24 Abs. 2 StGB auch hinsichtlich zuvoriger Abstandsbemühungen. **288**

Abschließend bleibt eine Ungenauigkeit anzumerken, die infolge der (hier für vollkommen fehlerhaft erachteten) Ausdehnung des § 23 Abs. 7 Satz 2 auf Haupttat**anstiftungen** virulent werden kann: § 31 StGB regelt einen diesbezüglichen Rücktritt nicht explizit. Zwar wirkt dort eine weniger dem Wortlaut verhaftete Ausdeutung der gesetzestatbestandlichen „**Verbrechenszentrierung**" im Hinblick auf die in **289**

---
640 Art. 4 Ziff. 3b des 2. WiKG v. 15.5.1986 (BGBl. I, 721, 726) und dazu BT-Drs. 10/5058, S. 41: „Da die Absätze 1 und 2 in § 20 … teilweise Tatbestände der versuchten Teilnahme enthalten, wird … insoweit § 31 StGB … entsprechend anwendbar erklärt."
641 Grundlegend NK-StGB/*Zazcyk*, § 31 Rn. 1.
642 Es fehlt an der doppelköpfigen Projektträgerschaft, die den Unterschied zum Alleintäter fundiert (Rn. 247).
643 Diese Einordnung vertretend BGHSt 15, 198; *Fischer*, StGB, § 30 Rn. 2; Schönke/Schröder/*Heine/Weißer*, § 31 Rn. 1; S/S/W/*Murmann*, StGB, § 31 Rn. 1.
644 Zu ihrer Einteilung Rn. 247, 249.
645 Näher zum Ganzen am Beispiel der Vorfassung des § 19 UWG aF *Brammsen*, Lauterkeitsstrafrecht, § 19 Rn. 85 ff.
646 Vgl. etwa *Fischer*, StGB, § 30 Rn. 2a ff.; Schönke/Schröder/*Heine/Weißer*, § 31 Rn. 2 ff.; S/S/W/*Murmann*, StGB, § 31 Rn. 3 ff.

§ 23   Verletzung von Geschäftsgeheimnissen

§ 26 StGB angeordnete tätermäßige Haftungs**gleichstellung** (der Sache nach sowieso, nun aber auch formal-)sprachkonform akzeptabel. Bei der angeordneten entsprechenden Geltung potenzieren sich jedoch die Bedenken angesichts der eindeutigen „**Vergehensqualität**" der in § 23 geregelten Straftaten, lässt sich doch der Haupttatbegriff „Verbrechen" nicht problemlos durch „Vergehensanstiftung" ersetzen, auch nicht bei Fiktionen. Eine begriffliche Klarstellung ist demnach angebracht, sollte sich der Gesetzgeber nicht doch in naher Zukunft zur hier präferierten ersatzlosen Streichung des § 23 Abs. 7 Satz 2 entscheiden: Fiktionen entfalten leicht Friktionen.

g) Strafe und Strafverfolgung

290   Anders als seine Vorgängerregelung in § 19 UWG aF hat die Neufassung in § 23 Abs. 7 Satz 2 ihre deliktische Eigenständigkeit als täterschaftliches Formaldelikt verloren (→ Rn. 242, 248) – sie kennt keinen eigenen Strafrahmen, sondern übernimmt über § 30 Abs. 1 Satz 1 StGB die dort angedrohte Versuchsstrafbarkeit für die „Parallelregelung" für Verbrechensvorbereitungen. Abweichend von der Versuchsstrafe ist eine obligatorische Strafmilderung gem. § 49 Abs. 1 vorgesehen, eine entsprechende Anwendung des § 23 Abs. 3 für den grob unverständigen Versuch und in § 31 StGB eine Straffreistellung für den sog. „Rücktritt vom Versuch der Beteiligung". Ungeachtet der materiellrechtlich unpassenden, gleichwohl aber geltenden Anlehnungen an das Versuchs- und Teilnahmerecht ist daher zur weiteren Erläuterung auf einschlägige Kommentierungen zum Kernstrafrecht zu verweisen. Entsprechendes gilt für die Regelungen des Strafantrags (Abs. 8 Alt. 1 → Rn. 294 ff.),[647] der Strafverfolgung von Amts wegen (Abs. 8 Alt. 2 → Rn. 306 ff.), der Auslandstaten (Abs. 7 Satz 1 (→ Rn. 240 f.),[648] der Privat- und Nebenklagemöglichkeit (→ Rn. 315 ff.) und der Verjährung (→ Rn. 318). Im geheimnisspezifischen Vorbereitungsstadium bieten Strafe und Strafverfolgung keine nennenswerten Besonderheiten: Das Konzept ist zwar sachlich falsch, aber wenigstens überall einheitlich verfehlt angewendet.

h) Reformbedarf

291   Die nunmehrige sklavische Anlehnung der früheren eigenständigen Strafvorschrift des § 19 UWG aF an die nur Verbrechen erfassenden §§ 30, 31 StGB ist schon aus Strafwürdigkeits- und Strafbedürftigkeitsgründen überprüfungsbedürftig. Geheimnisschutzdelikte sind nur Vergehen (§ 12 Abs. 2 StGB) und auch „Anstiftung und versuchte Anstiftung zum Geheimnisdelikt (haben) … einen (abgestuft) **geringeren Unrechtsgehalt** als solche zu einem Verbrechen oder zu deren Verwirklichung

---

647   Dazu schon RG, GRUR 1928, 604, 605 (Antragsberechtigung beim untauglichen Versuch) und RG, MuW 1915/16, 80 (Antragsgegenstand).
648   Zur ausnahmsweisen Ablehnung des besonderen öffentlichen Verfolgungsinteresses Graf/*Temming*, RiStBV Nr. 260a Rn. 5.

als geplanter Haupttäter".⁶⁴⁹ Eine einheitliche oder letzterenfalls unterschiedlich hohe Strafandrohung bedarf daher gesetzgeberischer Begründung statt einfacher pauschalierender „Gleichbehandlung", die zudem noch zu einem **erhöhten** Strafrahmen führen kann.⁶⁵⁰ Allein schon deshalb, aber auch angesichts der nachgewiesenermaßen extrem geringen praktischen Relevanz der Vorschrift (→ Rn. 244) sollte der Gesetzgeber seine unrechtsnivellierende Regelung gleich wieder dem „großen Sarge gesetzlicher Fehlgriffe" überantworten. Gebirge lassen sich auch nicht umgangsmäßig Sanddünen gleichstellen.

Hoffnungen auf Einsichten sind allerdings nicht nur im neueren Strafrecht illusorisch. Hilfreich wäre aus hiesiger Sicht schon die erste Beseitigung wenigstens der gröbsten Missgriffe, als da wären: (1) das in der Verabredungsvariante des Abs. 2 Alt. 3 im Gegensatz zur vollzugsautarken Alleintäterschaft der anderen Handlungsvarianten erheblich erhöhte Gefährdungspotenzial nicht nur für das anvisierte „Opfer" (→ Rn. 246, 280); (2) die einheitlich einbezogene präsumtive Kettenanstiftung des „Letztanstifters", dessen Formaltäterstellung (§ 26 StGB) einen wesentlich geringeren Gefährdungs- bzw. Schweregrad aufweist;⁶⁵¹ (3) der in § 31 StGB nicht geregelte Rücktritt von Haupttatanstiftungen, lässt sich doch der Haupttatbegriff „Verbrechen" angesichts der eindeutigen Vergehensqualität des § 23 nicht einfach durch „Vergehensanstiftung" ersetzen.⁶⁵² Mit ihrer Korrektur wären die permanenten Friktionen fragwürdiger gesetzlicher Fiktionen zumindest vorerst erträglich. Die erstrebte Anpassung an die angeblich abgeänderten Anforderungen des modernen Nebenstrafrechts⁶⁵³ zeigt eben überall ihre verdeckten Tücken. 292

VI. Strafantrag (§ 23 Abs. 8)

Die Neuordnung der Verfolgung geheimnistangierender Straftaten in § 23 Abs. 8 folgt in sklavischer Nachahmung den früheren Vorbildern der §§ 17 ff. UWG aF,⁶⁵⁴ deren Wortlaut lediglich als allgemeingültige Vorgabe rezipiert wird – frei nach dem Motto „Eine für Alles".⁶⁵⁵ Dergestalt unitarisiert gelten die nachfolgenden Ausführungen für alle Delikte und Deliktsstufen des § 23 Abs. 1–7 gleichermaßen. Sie beginnen mit dem Zentralaspekt des privatseitigen Strafantrags (→ Rn. 294 ff.) und dessen möglicher amtsseitiger Ergänzung bzw. Ersetzung in Gestalt staatsanwaltschaftlicher Strafverfolgung (→ Rn. 306 ff.), deren beidseitiges Fehlen das 293

---

649 Vgl. bereits *Brammsen*, wistra 2018, 449, 457.
650 Diese offensichtlich ungeahnte Nebenfolge abgeänderter Deliktsformen verdankt ihre Aufdeckung BeckOK GeschGehG/*Hiéramente*, § 23 Rn. 66.2.
651 Ein mit der Verbrechensanstiftung identischer maximal dreijähriger Regelstrafrahmen ist im Vermögensstrafrecht unangemessen; vgl. *Brammsen*, Lauterkeitsstrafrecht, § 19 Rn. 12 mwN.
652 Vgl. bereits *Brammsen*, Lauterkeitsstrafrecht, § 19 Rn. 90 mwN.
653 Vgl. RegE-Begründung (BT-Drs. 19/4724), S. 41.
654 Komprimiert zur Entwicklungsgeschichte *Brammsen*, Lauterkeitsstrafrecht, § 17 Rn. 152 mwN.
655 Vgl. RegE-Begründung (BT-Drs. 19/4724), S. 43.

§ 23   Verletzung von Geschäftsgeheimnissen

Ende eines jeden Strafverfahrens erzwingt,[656] §§ 206a, 260 Abs. 3 StPO. Mitunter den relativen Antragsdelikten[657] zugeordnet, folgen anschließend als nächste Schritte die Privatklage (→ Rn. 315f.) und das öffentliche Strafverfahren (→ Rn. 317), denen die Fristen des Verjährungsrechts den zeitlichen Rahmen und den Schlusspunkt der Strafverfolgung setzen (→ Rn. 318).

1. Privatseitiger Strafantrag (§ 23 Abs. 8 Alt. 1)

294   Der Strafantrag (§ 77 StGB) ist eine von einem Berechtigten zu erbringende Prozessvoraussetzung,[658] deren Fehlen[659] bzw. Verfristen eine permanente Beachtung bis zur etwaigen Verfahrenseinstellung bedingt.[660] Seine notwendigen Konstituentia sind (a) ein Antragsberechtigter, (b) eine fristgemäße Antragstellung, (c) deren Schriftform, (d) ein entäußerter Verfolgungswille und als „Negativbedingung" (e) eine fehlende Antragsrücknahme.

a) Antragsberechtigter

295   Berechtigt zur Stellung eines Strafantrags sind alle zum Zeitpunkt der Tat[661] einzelne oder mehrere[662] Verletzte (§ 77 Abs. 1 und 4 StGB). Als solche gelten jene Personen, die durch eine Straftat unmittelbar in ihren Rechten an einem in seiner Geheimheit faktisch geminderten Geheimnis als Vermögens- bzw. **Rechtsinhaber**[663] iSd. § 2 Nr. 2 beeinträchtigt sind (→ § 2 Rn. 147ff.): Das Geheimnissubjekt bzw. dessen Eigner, Firmen- und Unternehmensinhaber,[664] Lizenznehmer,[665] andere Nut-

---

656 So bereits RGSt 75, 306, 311; BGHSt 31, 131; s. auch *Drescher*, S. 594; H/O/K/*Harte-Bavendamm*, § 23 Rn. 74; Hoppe/*Oldekop*, Kap. 5 Rn. 129; K/B/F/*Alexander*, § 23 GeschGehG Rn. 108.
657 BeckOK GeschGehG/*Hiéramente*, § 23 Rn. 73, 75; BeckOK UWG/*Barth*, § 23 GeschGehG Rn. 47; *Reinfeld*, § 7 Rn. 116.
658 BGHSt 18, 123, 125; *Drescher*, S. 594; H/O/K/*Harte-Bavendamm*, § 23 Rn. 74; Hoppe/Oldekop/*Schneiderhan*, Kap. 2 Rn. 112; K/B/F/*Alexander*, § 23 GeschGehG Rn. 108; *Nebel*/Diedrich, § 23 Rn. 69; Schönke/Schröder/*Bosch*, § 77 Rn. 6–8.
659 Fristwahrende Nachreichung oder vorzeitige Antragstellung sind zulässig; vgl. *Fischer*, StGB, § 77b Rn. 2; Schönke/Schröder/*Bosch*, § 77 Rn. 45/46, 77b Rn. 1.
660 BGHSt 18, 123, 125; 22, 90, 92. Das Rückwirkungsverbot des § 1 StGB gilt nicht; BGHSt 46, 310, 317.
661 RG, MuW 1914/15, 114; BGHSt 29, 55f.; Schönke/Schröder/*Bosch*, § 77 Rn. 10.
662 RG, JW 1915, 51, 52; *Drescher*, S. 595; K/B/F/*Alexander*, § 23 GeschGehG Rn. 109.
663 BGH, GRUR 1983, 330, 331; RG, JW 1936, 3471; OLG Frankfurt a. M, NJW 2011, 692 Rn. 39ff.; BeckOK GeschGehG/*Hiéramente*, § 23 Rn. 74; BeckOK UWG/*Barth*, § 23 GeschGehG Rn. 48; H/O/K/*Harte-Bavendamm*, § 23 Rn. 75; Hoppe/*Oldekop*, Kap. 5 Rn. 131, 217; K/B/F/*Alexander*, § 23 GeschGehG Rn. 109; MK-StGB/*Hohmann*, § 23 GeschGehG Rn. 175; *Nebel*/Diedrich, § 23 Rn. 69; *Reinfeld*, § 7 Rn. 117.
664 Dies gilt auch für den untauglichen Versuch des § 23 Abs. 3, wenn der vermeintlich Anvertrauende weder betrauender Treugeber noch Verfügungsberechtigter war; vgl. RG, GRUR 1928, 604, 605.
665 RG, JW 1915, 51, 52; BeckOK UWG/*Barth*, § 23 GeschGehG Rn. 48; *Drescher*, S. 595; H/O/K/*Harte-Bavendamm*, § 23 Rn. 75; Hoppe/Oldekop/*Schneiderhan*, Kap. 2 Rn. 118f.; *Reinfeld*, § 7 Rn. 117.

VI. Strafantrag (§ 23 Abs. 8) **§ 23**

zungs- oder Verfügungsbefugte[666] sowie Gemeinschuldner und Insolvenzverwalter.[667]

Neben den Eignern und deren derivaten Ersatzpositionen gibt es bei den Rechtsgebilden der Handels- und Kapitalgesellschaften eine weitere große Gruppe Antragsberechtigter, die für das aktionsunfähige Rechtskonstrukt als Ausführungsinstanz agieren: Die **Organwalter** der juristischen Personen (Geschäftsführer, Vorstände usw.)[668] und die **vertretungsbefugten Gesellschafter** der Sozietäten,[669] daneben aber auch Generalbevollmächtigte,[670] Prokuristen,[671] besondere Vertreter (§§ 30 BGB, 85 Abs. 3 GmbHG), selten Agenten und Handlungsbevollmächtigte.[672] – **Ausgeschlossen** aus dem Kreis der Antragsteller sind künftige Erwerber,[673] Forderungsvermächtnisnehmer,[674] Organwalter fakultativer Bei- oder Verwaltungsräte, Anteilshalter wie Aktionäre,[675] Kommanditisten, auch als Muttergesellschaft,[676] sowie Mitbewerber und Wirtschaftsverbände iSd. § 8 Abs. 3 UWG.[677] 296

b) Antragsfrist

Die Frist für den Strafantrag ist eine Ausschlussfrist,[678] die eine Antragstellung des antragsfähigen[679] Verletzten innerhalb von drei Monaten bedingt (§ 77 Abs. 1 Satz 1 StGB). Handelt es sich bei dem Verletzten um eine juristische Person, so ist deren Antrag von deren Organwalter (zB Geschäftsführer, Vorstand), bei einer Gesamtvertretung durch das Gremium aller Mitglieder des betreffenden Vertretungsorgans zu vollziehen.[680] Sind mehrere Berechtigte vorhanden, so gelten für jeden Betroffenen ggf. eigene Fristverläufe mit unterschiedlichem Fristanfang (§ 77b Abs. 3 StGB), woraus unterschiedliche Fristabläufe resultieren können.[681] 297

---

666 ZB gesetzliche Vertreter wie Liquidatoren.
667 RGSt 33, 433, 434 f.; Hoppe/Oldekop/*Schneiderhan*, Kap. 2 Rn. 118; MK-StGB/*Hohmann*, § 23 GeschGehG Rn. 173.
668 BeckOK GeschGehG/*Hiéramente*, § 23 Rn. 74; Hoppe/*Oldekop*, Kap. 5 Rn. 131; K/B/F/*Alexander*, § 23 GeschGehG Rn. 109; MK-StGB/*Hohmann*, § 23 GeschGehG Rn. 175; Schönke/Schröder/*Bosch*, § 77 Rn. 14.
669 RG, MuW 1913/14, 387, 38; zur GmbH & Co KG Hoppe/*Oldekop*, Kap. 5 Rn. 216.
670 RGSt 21, 231, 232; MK-StGB/*Hohmann*, § 23 GeschGehG Rn. 175.
671 RGSt 15, 144, 146; Schönke/Schröder/*Bosch*, § 77 Rn. 28.
672 Sie bedürfen einer Sondervollmacht; vgl. bereits RGSt 12, 327, 329.
673 Schönke/Schröder/*Bosch*, § 77 Rn. 10.
674 OLG Hamm, BeckRS 2009, 14008 (fehlende Aktivlegitimation).
675 OLG Frankfurt a. M, NJW 2011, 691, 694; **aA** *Albrecht*, S. 48 ff., 107 ff.
676 AA RG, JW 1936, 3471.
677 RGSt 58, 204; *Fischer*, StGB, § 77b Rn. 3; Schönke/Schröder/*Bosch*, § 77 Rn. 28.
678 Fristverlängerung oder Wiedereinsetzungen bei etwaiger Verfristung ist ausgeschlossen; BGH, NJW 1994, 1165, 1166; K/B/F/*Alexander*, § 23 GeschGehG Rn. 113; *Reinfeld*, § 7 Rn. 119.
679 *Fischer*, StGB, § 77 Rn. 10 ff.; K/B/F/*Alexander*, § 23 GeschGehG Rn. 113.
680 RGSt 68, 263, 265; (weiter: auch Willensvertretung oder Bevollmächtigung) BeckOK GeschGehG/*Hiéramente*, § 23 Rn. 77; Hoppe/Oldekop/*Schneiderhan*, Kap. 2 Rn. 117, 120 f. mwN; MK-StGB/*Hohmann*, § 23 GeschGehG Rn. 176.
681 *Fischer*, StGB, § 77b Rn. 8; MK-StGB/*Hohmann*, § 23 GeschGehG Rn. 176; Schönke/Schröder/*Bosch*, § 77b Rn. 5.

§ 23   Verletzung von Geschäftsgeheimnissen

298 Die korrekte Bestimmung des Fristbeginns ist deshalb von zentraler Bedeutung, für die das Gesetz in § 77 b Abs. 2 Satz 1 StGB die maßgebliche Vorgabe setzt: **Fristbeginn** ist der Ablauf des Tages, an dem der Berechtigte von der Tat und der Person des (mutmaßlichen)[682] Täters Kenntnis erlangt. Dazu bedarf es eines Wissens von Tatsachen, die auf die wesentlichen Tatumstände und den Täter, der zwar nicht namentlich bekannt, aber individualisierbar sein muss,[683] in einer Weise schließen lassen, dass einem besonnenen Menschen die Antragstellung zugemutet werden kann.[684] Ohne ausreichende Faktenbasis allein auf vage Vermutungen gestützter fremdseitiger „Geheimnisbesitz" genügt demnach nicht.[685] Frühe Antragsstellungen, ggf. Anzeige „gegen Unbekannt," sind daher bei hinreichend tragfähigem Tatverdacht durchaus zu erwägen.[686]

c) Antragsform

299 § 158 Abs. 2 StPO normiert für den Strafantrag bestimmte **Vorgaben**: (1.) Er muss bei den Amtsgerichten, der Staatsanwaltschaft oder einer anderen Behörde (unter Einschluss der Polizeidienststellen), (2.) in schriftlicher Form oder zu Protokoll der Staatsanwaltschaft gestellt werden und (3.) den Willen zur strafrechtlichen Verfolgung des bezeichneten Täters wegen der in Rede stehenden (auch: unmittelbar bevorstehenden)[687] Tat hinreichend verlässig erkennen lassen.[688] Hinsichtlich der staatsseitigen Bekundung sind folgende Vorgaben zu beachten:[689] Sie kann in Gestalt eines eigenunterzeichneten Polizeiprotokolls geschehen,[690] mittels einer vorgelegten beglaubigten Antragsabschrift,[691] einer dem Absender tatsächlich zuzuordnenden E-Mail,[692] eines (auch Computer-)Telefax[693] oder unterschriebenen Faksimileschreibens.[694] Auch ein Überbringen schriftlicher unterschriebener Anträge

---

682 BeckOK GeschGehG/*Hiéramente*, § 23 Rn. 76; *Fischer*, StGB, § 77 Rn. 25.
683 BayObLG, NStZ 1994, 86; *Fischer*, StGB, § 77b Rn. 5; Hoppe/Oldekop/*Schneiderhan*, Kap. 2 Rn. 115; MK-StGB/*Hohmann*, § 23 GeschGehG Rn. 176; Schönke/Schröder/*Bosch*, § 77b Rn. 9. Teilnehmer werden in den „Täterbegriff" einbezogen.
684 BGHSt 44, 209, 212; *Fischer*, StGB, § 77 b Rn. 4; Schönke/Schröder/*Bosch*, § 77b Rn. 10; s. auch BeckOK GeschGehG/*Hiéramente*, § 23 Rn. 76 f.; H/O/K/*Harte-Bavendamm*, § 23 Rn. 77; Hoppe/Oldekop/*Schneiderhan*, Kap. 2 Rn. 116; *Reinfeld*, § 7 Rn. 118.
685 RGSt 45, 129, 130 f.; BeckOK GeschGehG/*Hiéramente*, § 23 Rn. 76; H/O/K/*Harte-Bavendamm*, § 23 Rn. 77; Hoppe/Oldekop/*Schneiderhan*, Kap. 2 Rn. 115 f.; Schönke/Schröder/*Bosch*, § 77b Rn. 10.
686 H/O/K/*Harte-Bavendamm*, § 23 Rn. 77.
687 BGHSt 13, 363, 365; Schönke/Schröder/*Bosch*, § 77 Rn. 45/46.
688 KG, NStZ 1990, 144; Hoppe/Oldekop/*Schneiderhan*, Kap. 2 Rn. 122; K/B/F/*Alexander*, § 23 GeschGehG Rn. 111 f.; Schönke/Schröder/*Bosch*, § 77 Rn. 36.
689 Zum Ganzen näher Schönke/Schröder/*Bosch*, § 77 Rn. 36 f. mwN.
690 BGH, NStZ 1995, 353.
691 KG, GA 1953, 123 f.
692 *Fischer*, StGB, § 77 Rn. 23; Hoppe/Oldekop/*Schneiderhan*, Kap. 2 Rn. 122; Schönke/Schröder/*Bosch*, § 77 Rn. 36.
693 *Reinfeld*, § 7 Rn. 117; Schönke/Schröder/*Bosch*, § 77 Rn. 36.
694 RGSt 62, 53; Schönke/Schröder/*Bosch*, § 77 Rn. 36.

durch Boten ist möglich,[695] ebenso die Vertretung bei fristgerechter Antragstellung, wenn der Vollmachtsnachweis erst nach Fristablauf erbracht wird.[696] **Ungenügend** sind fernmündliche Anzeigenerstattungen,[697] nur in einem polizeilichen Aktenvermerk dokumentierte mündliche Anzeigen[698] und eine Verwendung von Firmenstempeln ohne Unterschrift.[699]

d) Antragsinhalt

Der Antragsinhalt ist der abschließende Aspekt, dem bei der Abfassung eines Strafantrags verstärkte Sorgfalt gebührt, sind seine Ausführungen doch für den weiteren erfolgreichen Verfahrensablauf von besonderer Bedeutung: Von ihrer Klarheit und Prägnanz hängt die richtige Zentrierung der anschließenden polizei- und staatsanwaltschaftlichen Ermittlungen maßgeblich ab. Den Antrag muss deshalb (ggf. auch unter Hinzuziehung externer schriftlicher Unterlagen) ein kontextuell eindeutiger Wille des Antragstellers prägen, die von ihm beschuldigte Person wegen einer bestimmten Tat strafrechtlich zu verfolgen.[700] Dabei ist im Zweifel die gesamte Tat iSd. § 264 StPO erfasst,[701] die zwar auf bestimmte Straftaten und/oder Beteiligte beschränkt,[702] nicht aber an aufschiebende Bedingungen geknüpft werden kann.[703] 300

Ansonsten ist der Strafantrag an keine bestimmten Vorgaben gebunden. So ist es etwa unerheblich, ob der Antrag nun als Strafantrag oder Strafanzeige[704] bezeichnet ist, solange das Strafverlangen hinreichend verdeutlicht ist: Besonderer Betonung oder gar einer einschlägigen Bezeichnung bedarf es nicht, sodass auch Ausformungen in Gestalt von Privatklageerhebungen oder Anschluss als Nebenkläger akzeptiert werden.[705] Als ungeeignet erachtet wurden bislang dagegen Belastungen im Rahmen von Zeugenaussagen,[706] Anträge auf Sühneverfahren oder Prozesskostenhilfe im Privatklagewege und der Vermisstenmeldung vorgeheftete Formblatt-Strafanzeigen:[707] Ungewöhnliche „Einkleidungen" sollten daher möglichst vermieden werden. 301

---

695 Vgl. Schönke/Schröder/*Bosch*, § 77 Rn. 26.
696 BGH, NStZ 1982, 508; Schönke/Schröder/*Bosch*, § 77 Rn. 30.
697 RGSt 38, 288; BGH, NJW 1971, 903; Schönke/Schröder/*Bosch*, § 77 Rn. 34/35 und 36.
698 OLG Hamm, NJW 1986, 734; BayObLGSt, NStZ 1994, 86; großzügiger NStZ 1997, 453; s. auch Schönke/Schröder/*Bosch*, § 77 Rn. 36 mwN.
699 OLG Celle, GA 1971, 378.
700 BGHSt 59, 278; BGH, WRP 1991, 690, 691; *Kiethe/Groeschke*, WRP 2005, 1358, 1366; K/B/F/*Alexander*, § 23 GeschGehG Rn. 112; Schönke/Schröder/*Bosch*, § 77 Rn. 38.
701 RGSt 62, 83, 89; BGHSt 33, 113, 116; *Fischer*, StGB, § 77 Rn. 27.
702 BGHSt 19, 321; 33, 116; OLG Hamm, NStZ-RR 2012, 308; *Fischer*, StGB, § 77 Rn. 25; Hoppe/Oldekop/*Schneiderhan*, Kap. 2 Rn. 122; Schönke/Schröder/*Bosch*, § 77 Rn. 42 ff.
703 RGSt 14, 96, 97; OLG Oldenburg, MDR 1954, 54, 55; Schönke/Schröder/*Bosch*, § 77 Rn. 41; *Fischer*, StGB, § 77 Rn. 25.
704 BGH, NJW 1992, 2167; A/L/G/*Bukow*, Kap. 6 Rn. 237 ff.; *Fischer*, StGB, § 77 Rn. 24.
705 BGHSt 33, 114, 116; RGSt 8, 209; OLG Düsseldorf, VRS 92, 331, 332; Hoppe/*Oldekop*, Kap. 5 Rn. 222; Schönke/Schröder/*Bosch*, § 77 Rn. 38.
706 BGH bei *Dallinger*, MDR 1974, 13.
707 *Fischer*, StGB, § 77 Rn. 24; Schönke/Schröder/*Bosch*, § 77 Rn. 38.

§ 23   Verletzung von Geschäftsgeheimnissen

302   Die Antragstellung bedarf auch keiner zuverlässigen Kenntnis von der konkreten Tat, sie kann sogar schon vor Tatbeginn erfolgen.[708] Dabei wirken sich etwaige Fehlgriffe oder Versehen nicht auf die Wirksamkeit des Antrags aus, sodass selbst falsche oder fehlende Bezeichnungen des Antrags,[709] falsche Täterbenennungen,[710] fehlerhafte rechtliche Einordnungen der Tat[711] oder Festsetzungsverlangen für bestimmte Strafen bzw. Strafhöhen und dergleichen unbeachtlich sind.[712]

e) Fehlende Antragsrücknahme

303   Neben den vier vorgenannten Entstehungsvoraussetzungen (→ Rn. 295–302) kennt der Strafantrag noch eine zusätzliche **Negativbedingung** – die fehlende Antragsrücknahme. § 77d Abs. 1 StGB gestattet es dem Antragsberechtigten, jederzeit bis zum rechtskräftigen Rechtsfolgenausspruch die Rücknahme des Antrags zu erklären.[713] Gesetzlich nicht an eine Form gebunden,[714] hat sie gegenüber der momentan anhängigen Stelle bzw. Behörde[715] oder nach Anklageerhebung beim zuständigen Gericht zu erfolgen.[716]

304   Inhaltlich muss die Antragsrücknahme die zweifelsfreie **Erkennbarkeit** gewährleisten, dass der Antragsteller[717] oder sein Vertreter im Willen[718] – Tatbeteiligte sind gem. § 77d Abs. 2 Satz 3 StGB ausgeschlossen[719] – an ihrem Wunsch auf Strafverfolgung nicht mehr festhalten wollen.[720] Vertragliche Rücknahmeverpflichtungen sind zulässig, einklag- und vollstreckbar,[721] können jedoch nur hinsichtlich der Kostenfreiheit getroffen werden.[722] Demgegenüber stehen Beschränkungen in gegenständlicher, persönlicher oder rechtlicher Hinsicht (zB auf nur einen Tatbeteiligten) keine nennenswerten Hindernisse entgegen.[723]

---

708   RGSt 51, 63; BGHSt 13, 363, 365; *Fischer*, StGB, § 77b Rn. 2; Schönke/Schröder/*Bosch*, § 77 Rn. 45/46.
709   RG, MuW 1912/13, 569.
710   RGSt 31, 168, 169 f. Anträge gegen Firmen gelten auch den Inhabern gegenüber; RG, MuW 1915/16, 134.
711   BGHSt 6, 155, 156; BayObLGSt 1995, 110, 123 – Bieterlisten; s. auch RG, MuW 1913/14, 387, 388.
712   Schönke/Schröder/*Bosch*, § 77 Rn. 39.
713   OLG Zweibrücken, MDR 1991, 1078; *Fischer*, StGB, § 77d Rn. 7; Schönke/Schröder/*Bosch*, § 77d Rn. 1.
714   RGSt 55, 23, 25; *Fischer*, StGB, § 77d Rn. 2; Schönke/Schröder/*Bosch*, § 77d Rn. 5.
715   OLG Koblenz, GA 1976, 282, 283; *Fischer*, StGB, § 77d Rn. 2; Schönke/Schröder/*Bosch*, § 77d Rn. 5.
716   BGHSt 16, 105, 108; *Fischer*, StGB, § 77d Rn. 2.
717   OLG Hamm, JMBl. NRW 1955, 44, 45; *Fischer*, StGB, § 77d Rn. 3; Schönke/Schröder/*Bosch*, § 77d Rn. 2, 6.
718   BGHSt 9, 149, 154; *Fischer*, StGB, § 77d Rn. 5; Schönke/Schröder/*Bosch*, § 77d Rn. 3.
719   Schönke/Schröder/*Bosch*, § 77d Rn. 4.
720   Schönke/Schröder/*Bosch*, § 77d Rn. 6 mwN.
721   OLG München, MDR 1967, 223; Schönke/Schröder/*Bosch*, § 77d Rn. 6.
722   BGHSt 9, 149, 154; *Fischer*, StGB, § 77d Rn. 3; Schönke/Schröder/*Bosch*, § 77d Rn. 6.
723   *Fischer*, StGB, § 77d Rn. 7 f.; Schönke/Schröder/*Bosch*, § 77d Rn. 9 f.

VI. Strafantrag (§ 23 Abs. 8) § 23

Ist die Antragsrücknahme erst einmal eingegangen, so hat dies schwerwiegende 305
Konsequenzen: Sie ist unwiderruflich und unanfechtbar,[724] auch ein erneuter Strafantrag kann nicht gestellt werden (§ 77b Abs. 1 Satz 3 StGB).[725] Damit liegt jetzt das Verfahrenshindernis des fehlenden Strafantrages vor – das Verfahren ist mit der Kostenfolge des § 470 StPO für den Antragsteller einzustellen, §§ 206a, 260 Abs. 3 StPO.[726] Ein tateinheitlich begangenes Offizialdelikt bleibt allerdings davon unbetroffen: Es ist weiterhin staatsseitig verfolgbar.[727]

2. Strafverfolgung von Amts wegen (§ 23 Abs. 8 Alt. 2)

§ 23 Abs. 8 Alt. 2 gewährt den Staatsanwaltschaften die Befugnis, auch ohne Straf- 306
antrag des Verletzten aus kollektivrechtlichen Erwägungen im besonderen öffentlichen Interesse gegen Geheimnisverrat, Betriebsspionage und Geheimnishehlerei vorzugehen, wenn sie eine solche hoheitlich-amtsseitige Strafverfolgung für geboten erachten.[728] Letztendlich ist die damit eröffnete Verfolgungserweiterung nichts anderes als eine Neubelebung des absolutistischen Geheimnisschutzes der frühen Neuzeit im prozessualen Gewande (→ Einl. A Rn. 3). Dies findet in der besonderen Ermittlungspflicht bei Verdacht auf nachrichtendienstliche Wirtschaftsausspähungen iSd. §§ 94ff. StGB eine prägnante Bestätigung.[729]

a) Voraussetzungen staatsanwaltschaftlicher Strafverfolgung

Die staatsseitige Strafverfolgung durch Staatsanwaltschaften bedarf dreier Voraus- 307
setzungen: **(a)** einen nichtvorliegenden Strafantrag des Verletzten (→ Rn. 295 ff.), **(b)** ein vorliegendes besonderes öffentliches Interesse und **(c)** die positive Verfolgungsentscheidung einer Staatsanwaltschaft. Ermangelt es an einer von ihnen, ist eine amtsseitige Strafverfolgung der Staatsanwaltschaft nach § 23 Abs. 8 Alt. 2 unzulässig. Der Verfahrensfortgang folgt dann den Regeln des Antrags- oder des Privatklageverfahrens (→ Rn. 294 ff., 315 ff.).

Gesetzlich ist der Vorrang des Strafantragsrechts des Berechtigten vorgegeben 308
(„wird nur auf Antrag verfolgt, es sei denn…"). Liegt dementsprechend ein wirksamer **Strafantrag** eines Verletzten vor, unterliegt die dessen ungeachtet aufgenommene bzw. betriebene Strafverfolgung der Staatsanwaltschaft einem Einleitungshindernis, was deren weiteres Vorgehen nach § 376 StPO zur Folge hat

---

724 RGSt 36, 64, 65; K/B/F/*Alexander*, § 23 GeschGehG Rn. 114; *Fischer*, StGB, § 77d Rn. 4; Schönke/Schröder/*Bosch*, § 77d Rn. 8.
725 K/B/F/*Alexander*, § 23 GeschGehG Rn. 114; *Fischer*, StGB, § 77d Rn. 4; Schönke/Schröder/ *Bosch*, § 77d Rn. 8.
726 OLG Hamburg, wistra 2012, 324; *Fischer*, StGB, § 77d Rn. 8; Hoppe/Oldekop/*Schneiderhan*, Kap. 2 Rn. 123; Schönke/Schröder/*Bosch*, § 77d Rn. 7.
727 *Fischer*, StGB, § 77d Rn. 8; Hoppe/*Oldekop*, Kap. 5 Rn. 12; Hoppe/Oldekop/*Schneiderhan*, Kap. 2 Rn. 123.
728 Zum Hintergrund dieser Staatsschutzzentrierung komprimiert *Brammsen*, Lauterkeitsstrafrecht, § 17 Rn. 161.
729 Dazu näher *Drescher*, S. 596, 601.

§ 23   Verletzung von Geschäftsgeheimnissen

(→ Rn. 317).[730] Dagegen wird sie im Falle einer versäumten Antragsfrist zur einzigen verbleibenden Verfolgungsalternative.

309   Das zentrale Konstituens der amtsseitigen Strafverfolgung ist das **besondere öffentliche Interesse** – es vermittelt dem staatsanwaltschaftlichen Vorgehen seine materiellrechtliche Fundierung. Eine nennenswerte Konturierung ist mit seiner Bezeichnung allerdings nicht erreicht, fehlt es doch bereits dem Grundbegriff des „einfachen" öffentlichen Interesses an prägnanten Attributen, Kriterien, Maßstäben usw.[731] Als „Surrogat" für die auch außerhalb des Strafrechts fehlende inhaltliche Bestimmung können die **Exemplifikationen** der Nr. 260a der bundeseinheitlichen **Richtlinien** für das Straf- und Bußgeldverfahren[732] dienen, die auf eine wirtschaftsstrafrechtliche Vorbestrafung des Täters, einen erheblichen drohenden oder eingetretenen Schaden, eine geplante firmenübergreifende Ausspähung oder wirtschaftliche Existenzbedrohung des Verletzten, mithin auf gravierende Fälle deliktischen Handelns rekurrieren.[733] Einfache Fälle nur örtlich bzw. regional relevanter Zugriffe auf kleinere (Handels-, Handwerks- und sonstige) Unternehmen genügen nicht, andererseits sind aber nicht nur „extreme" oder besonders schwerwiegende Beeinträchtigungen eng definierter „öffentlicher Kollektivinteressen" erforderlich.[734]

310   In Betracht kommen:[735] „Angriffe auf material- und/oder zeitaufwendig entwickelte Hochleistungstechnologien (Atom-, Computer-, Luftfahrt-, Raumfahrt-, Rüstungsindustrie, Batterie-, Bio-, Elektro- oder Medizintechnik usw.), Eingriffe in aggregierte Datenbestände (Banken, Versicherungen) oder kenntnismultiplizierende Netzwerksysteme (Internet), geschäfts- bzw. gewerbsmäßig agierende Täter[736] (mit oder ohne nicht notwendig einschlägiger) wirtschaftsstrafrechtlicher Vorbestrafung, auftragsmäßige Industrie- bzw. Branchenspionage, nachrichtendienstliche oder sonstige exterritoriale Verstrickungen bis hin zu geplanten Auslandsverwertungen, hohe Schadenssummen oder existenzbedrohende Auswirkungen für den Verletzten, gesamtvolkswirtschaftlich relevante Drittschädigungen (größere Ar-

---

730   *Drescher*, S. 596 ff.
731   So bereits *Brammsen*, Lauterkeitsstrafrecht, § 17 Rn. 164; idS auch H/O/K/*Harte-Bavendamm*, § 23 Rn. 79; Hoppe/Oldekop/*Schneiderhan*, Kap. 2 Rn. 126 f.
732   RiStBV v. 1.1.1977 idF v. 1.12.1997; zuletzt ÄndBek. v. 26.11.2018, BAnz. AT 30.11.2018 B 31; s. auch BeckOK GeschGehG/*Hiéramente*, § 23 Rn. 79.1; H/O/K/*Harte-Bavendamm*, § 23 Rn. 78; K/B/F/*Alexander*, § 23 GeschGehG Rn. 116; *Meyer-Goßner/Schmitt*, StPO 3. Anh. III Nr. 12, S. 2443, 2519.
733   *Drescher*, S. 595; Hoppe/Oldekop/*Schneiderhan*, Kap. 2 Rn. 127; K/B/F/*Alexander*, § 23 GeschGehG Rn. 116; MK-StGB/*Hohmann*, § 23 GeschGehG Rn. 177; *Nebel*/Diedrich, § 23 Rn. 70; *Reinfeld*, § 7 Rn. 122 ff.
734   *Bott*, in: FS Wessing, S. 311, 321 (erheblicher Schaden: ab 50.000,- Euro); H/O/K/*Harte-Bavendamm*, § 23 Rn. 79 (keine hohe Schwelle). Enger (gravierend) K/B/F/*Alexander*, § 23 GeschGehG Rn. 115.
735   Entsprechende Auflistung schon in *Brammsen*, Lauterkeitsstrafrecht, § 17 Rn. 165.
736   S. auch H/O/K/*Harte-Bavendamm*, § 23 Rn. 79; Hoppe/*Oldekop*, Kap. 5 Rn. 135; *Nebel*/Diedrich, § 23 Rn. 70; *Reinfeld*, § 7 Rn. 124.

beitsplatzverluste, planmäßig verwertete Bieterlisten bei öffentlichen Ausschreibungen uÄ.)."

Die Entscheidung der Strafverfolgungsbehörde zur Amtsverfolgung – erfasst ist die 311
gesamte Tat iSd. § 264 Abs. 1 StPO – steht allein in ihrem pflichtgemäßen Ermessen.[737] Einsatz externer Ermittler,[738] Zurücknahmen oder Wiederaufnahmen sind zulässig.[739] Insoweit können sich nachvollziehbar belegte Schadensberechnungen durchaus als hilfreich erweisen.[740] Formlos gültig bedarf sie weder ausdrücklicher mündlicher noch schriftlicher Erklärung an das Gericht, den oder die Täter oder an den Verletzten.[741] Ebenso wenig ist sie gerichtlich im justizbehördlichen (§§ 23 ff. EGGVG), im verwaltungsrechtlichen Verfahren oder mittels einer Klageerzwingung gem. § 172 Abs. 2 StPO anfechtbar.[742] Ein entgegenstehender Wille des Strafantragsberechtigten hat für die Staatsanwaltschaft und den Ablauf der Antragsfrist keinerlei Auswirkungen.[743] Sie kann auch gegen seinen Strafverfolgungswillen tätig werden.[744]

b) Rechtsfolgen der staatsanwaltschaftlichen Entscheidung

Die Rechtsfolgen der staatsanwaltschaftlichen Verfolgungsentscheidung richten 312
sich nach deren jeweiligem **(a)** positiven oder **(b)** negativen Ausgang.

(a) Bejaht die Strafverfolgungsbehörde das besondere öffentliche Interesse und 313
entschließt sich von sich aus zur Strafverfolgung (Anklage grundsätzlich beim Amtsgericht, § 24 Abs. 1 GVG),[745] steht dem Verletzten ein Anschluss an die öffentliche Klage als **Nebenkläger** frei, §§ 396 Abs. 1, 395 Abs. 1 Nr. 6, Abs. 2 Nr. 2 iVm. 374 Abs. 1 Nr. 7 StPO. Mit Wirksamkeit seiner schriftlich einzureichenden Anschlusserklärung hat er die in § 397 benannten Rechte (auch der erleichterten Akteneinsicht, § 406e Abs. 1 Satz 2 StPO).[746] Zumindest bei Schadensersatzansprüchen ist auch der Weg eines Adhäsionsverfahrens gem. §§ 403 ff. StPO zu erwägen.[747]

---

737 BeckOK GeschGehG/*Hiéramente*, § 23 Rn. 79.
738 Näheres bei Hoppe/Oldekop/*Schneiderhan*, Kap. 2 Rn. 148 ff.
739 OLG Hamburg, NStZ 1986, 81; Hoppe/Oldekop/*Schneiderhan*, Kap. 2 Rn. 132.
740 Hoppe/Oldekop/*Schneiderhan*, Kap. 2 Rn. 128 f.
741 BGHSt 16, 225, 227 f.; Hoppe/Oldekop/*Schneiderhan*, Kap. 2 Rn. 131.
742 BVerfGE 51, 176, 182 ff.; BGHSt 16, 225, 230; BayObLG, NJW 1991, 1765, 1766; Hoppe/Oldekop/*Schneiderhan*, Kap. 2 Rn. 134, 144 ff.; MK-StGB/*Hohmann*, § 23 GeschGehG Rn. 177: Es verbleibt allenfalls der Aufsichtsweg.
743 *Drescher*, S. 595 f., 598; Hoppe/Oldekop/*Schneiderhan*, Kap. 2 Rn. 126; Meyer-Goßner/*Schmitt*, § 376 StPO Rn. 6.
744 BeckOK GeschGehG/*Hiéramente*, § 23 Rn. 80.
745 MK-StGB/*Hohmann*, § 23 GeschGehG Rn. 179.
746 Eingehend *Drescher*, S. 603 ff., 609 ff.; s. auch BeckOK GeschGehG/*Hiéramente*, § 23 Rn. 85; H/O/K/*Harte-Bavendamm*, § 23 Rn. 82; Hoppe/Oldekop/*Schneiderhan*, Kap. 2 Rn. 180 ff., 216 ff.
747 BeckOK UWG/*Barth*, § 23 GeschGehG Rn. 50.

§ 23   Verletzung von Geschäftsgeheimnissen

314   **(b) Verneint** der Staatsanwalt einmal (nur ausnahmsweise zulässig, Nr. 260a Abs. 2 RiStBV)[748] das **besondere** öffentliche Interesse, hat er das Bestehen eines „**einfachen**" öffentlichen Interesses an einer amtsseitigen Strafverfolgung gem. Nr. 86 Abs. 1 RiStBV zu prüfen, da die Geheimnisschutzdelikte des § 23 Privatklagedelikte sind (§ 374 Abs. 1 Nr. 7 StPO).[749] Ist die Feststellung **positiv**, hat er gem. § 376 StPO öffentliche Klage zu erheben (Legalitätsprinzip), die damit zum Offizialdelikt wird.[750] Nr. 86 Abs. 2 RiStBV gibt dafür nicht erschöpfliche **Regelfälle** vor: „Wenn der Rechtsfrieden über den Lebenskreis des Verletzten hinaus gestört und die Strafverfolgung ein gegenwärtiges Anliegen der Allgemeinheit ist (zB wegen des Ausmaßes der Rechtsverletzung, der Rohheit oder Gefährlichkeit der Tat, der niedrigen Beweggründe des Täters oder der Stellung des Verletzten im öffentlichen Leben)" oder ihm „wegen seiner persönlichen Beziehung zum Täter nicht zugemutet werden kann, die Privatklage zu erheben".[751] Ist die Feststellung **negativ**, ist der Verletzte auf den Weg der Privatklage zu verweisen.[752] Wenn ihm die Aufklärung der Straftat nicht oder nur unter großen Schwierigkeiten zuzumuten ist, kann sie (auch zuvor) selbst die erforderlichen Ermittlungen anstellen (Nr. 87 Abs. 2 RiStBV).[753] Bei tateinheitlich oder gesetzeskonkurrierend neben dem Privatklagedelikt des § 23 (→ Rn. 315) zulasten des Verletzten mitverwirklichten Offizialdelikten ist im Ablehnungsfall die Möglichkeit eines Klageerzwingungsverfahrens gem. § 172 StPO eröffnet. Für die einschlägigen Voraussetzungen (Vorschaltbeschwerde, Frist, Form, Antragsinhalt) ist auf verfahrensrechtliche Kommentierungen verwiesen.[754]

3. Privatklage (§ 374 Abs. 1 Nr. 7 StPO)

315   Die Geheimnisdelikte des § 23 sind allesamt Privatklagedelikte iSd. § 374 Abs. 1 Nr. 7 StPO. Erfasst sind sowohl die selbstständigen Straftaten der Abs. 1–4 wie auch die ungeachtet ihrer gesetzlichen Umformung vom eigenständigen Formaldelikt des § 19 UWG aF nunmehr dem „Deliktsrahmen" des § 30 StGB zugeordneten „Versuche der Beteiligung". Alle Ausformungen eines unbefugten Zugriffs auf fremde Geschäftsgeheimnisse können gleichermaßen unabhängig voneinander wie nebeneinander und ggf. auch kooperativ vom Verletzten wie von der Staatsanwaltschaft verfolgt werden: Ersterer im Wege der Privatklage, Letztere amtsseitig im öffentlichen Interesse, ggf. auch im kooperativen Zusammenwirken miteinander.

---

748   Hoppe/Oldekop/*Schneiderhan*, Kap. 2 Rn. 127 (auch zu Ermittlungsproblemen); *Reinfeld*, § 7 Rn. 124.
749   BeckOK UWG/*Barth*, § 23 GeschGehG Rn. 50; H/O/K/*Harte-Bavendamm*, § 23 Rn. 80.
750   H/O/K/*Harte-Bavendamm*, § 23 Rn. 80; Hoppe/Oldekop/*Schneiderhan*, Kap. 2 Rn. 136.
751   Dazu näher Graf/*Kreiner*, RiStBV Nr. 86 Rn. 4 ff.
752   Nur angebracht bei leichten Verstößen und engen Personenkreisen, Nr. 260 Satz 3 RiStBV; *Reinfeld*, § 7 Rn. 128.
753   H/O/K/*Harte-Bavendamm*, § 23 Rn. 80; Hoppe/Oldekop/*Schneiderhan*, Kap. 2 Rn. 137.
754   Komprimiert Hoppe/*Oldekop*, Kap. 5 Rn. 223 ff.; MAH/*Witting/Werning*, § 24 Rn. 223.

VI. Strafantrag (§ 23 Abs. 8) **§ 23**

a) Privatklageverfahren

Privatklageberechtigter ist der Verletzte als zur Stellung des Strafantrages Berech- 316
tigter (§ 77 Abs. 1 StGB); auf die Erläuterungen seiner Antragsberechtigung
(→ Rn. 295 f.) wird verwiesen. Organwalter sind ebenso einbezogen wie betriebszugehörige Betriebsratsmitglieder.[755] Wie schon beim Strafantrag ist auch die Klageberechtigung mehrerer Personen von der Klageerhebung anderer Verletzter unabhängig. Ist das Verfahren allerdings schon eingeleitet, bleibt nur der Beitritt zum
laufenden Verfahren, § 375 Abs. 1 u. 2 StPO. Verfahrenseinzelheiten (Klageerhebung,[756] Akteneinsicht,[757] anwaltschaftliche Beistandschaft oder Vertretung,
Sicherheitsleistung und Prozesskostenhilfe, Ladung und andere Verfahrensrechte,
Rechtsmittel, Klagerücknahme usw.) sind den verfahrensrechtlichen Kommentierungen zu den §§ 374–394 StPO zu entnehmen.[758] Hier bereiten neben den Inhaltsangaben[759] vor allem Fragen des Rechtsschutzes gegen Akteneinsichtsrechte der
„Gegenseite" (beachte Nr. 260b Abs. 2, 3 RiStBV) und etwaige Abwägungen inzwischen zunehmend Probleme.[760] Hier ist wie auch in sonstigen Strafverfahren
eine Anwendung der §§ 16 ff.[761] aufgrund der Andersartigkeit des Strafverfahrens
(keine Ansprüche, keine Parteien) bereits verfahrensrechtlich absolut ausgeschlossen.[762]

b) Amtsseitige Strafverfolgung

Anders als die „strafantragsersetzende" ist die „einfache" amtsseitige Strafverfolgung von Privatklagedelikten nur bei Bejahung „**einfacher**" **öffentlicher Interessen** (§ 376 StPO) zulässig; auf Nr. 260 RiStBV (→ Rn. 314) und diesbezügliche
Ausführungen zum Strafantrag (→ Rn. 295) ist verwiesen. Die Anschlussbefugnis
des Privatklägers an das öffentliche Strafverfahren als Nebenkläger (§§ 395 Abs. 1
Nr. 6, 374 Abs. 1 Nr. 7 StPO) sollte in jedem „Geheimnisverfahren" sorgfältig erwogen und insbesondere bei geplanten Verfahrenseinstellungen sachkundig begleitet werden.[763] Die im pflichtgemäßen Ermessen der Staatsanwaltschaft stehende
Entscheidung zur Annahme bzw. Ablehnung des öffentlichen Interesses bindet das
Gericht und ist lediglich bei einem zugleich mitverwirklichten Offizialdelikt des 317

---

755 Abl. *Westermann*, Kap. 6 Rn. 19.
756 Hilfreiches Muster mit Erläuterungen bei Hoppe/*Oldekop*, Kap. 5 Rn. 207 ff.
757 Hilfreiches Muster mit Erläuterungen bei Hoppe/*Oldekop*, Kap. 5 Rn. 172 ff., 188 ff.
758 Komprimiert Hoppe/*Oldekop*, Kap. 5 Rn. 208 ff., 217 ff.; Meyer-Goßner/*Schmitt*, Vor § 374 ff. StPO.
759 Vgl. zu den Beklagtendaten LG Krefeld, NJW 2005, 3438, 3439 und Hoppe/*Oldekop*, Kap. 5 Rn. 218.
760 Dazu OLG Stuttgart, NJW 2006, 2565 ff.; *Drescher*, S. 605 ff. Vertiefend Hoppe/Oldekop/ *Schneiderhan*, Kap. 2 Rn. 161 ff., 180 ff., 196 ff. mwN; hilfreiches Muster bei Hoppe/*Oldekop*, Kap. 5 Rn. 198 ff.
761 Hilfreiches Antragsmuster mit Erläuterungen bei Hoppe/*Oldekop*, Kap. 5 Rn. 43 ff.
762 Hoppe/Oldekop/*Schneiderhan*, Kap. 2 Rn. 177 ff.; allgemeiner zu gerichtlichen Beschränkungsansätzen *Drescher*, S. 582 ff. mwN.
763 Vgl. *Drescher*, S. 209 ff.; *Klinger*, NZWiSt 2013, 412, 414 ff.

§ 23   Verletzung von Geschäftsgeheimnissen

Täters, nicht aber mit justizbehördlichen (§§ 23 ff. EGGVG) oder klageerzwingenden Verfahren (§ 172 Abs. 2 Satz 3 StPO) anfechtbar.[764] Auf die Ausführungen (→ Rn. 311) und die verfahrensrechtlichen Kommentierungen zu § 376 StPO wird verwiesen.

4. Verjährung (§§ 78 ff. StPO)

318 Die Geheimnisschutzdelikte des Geheimnisverrats, der Betriebsspionage, der Geheimnishehlereien und der Vorlagenverwertung sind mit einer Freiheitsstrafe von bis zu zwei (Abs. 3), ansonsten drei (Abs. 1 und 2), die neuen Qualifikationstatbestände des Abs. 4 von bis zu fünf Jahren bedroht. Damit verjährt ihre **Strafverfolgung** gem. § 78 Abs. 3 Nr. 4 StGB einheitlich in fünf Jahren ab Tatbeendigung (§ 78a StGB).[765] Der Ablauf der Verjährungsfrist kann allerdings durch eine Reihe von prozessualen Maßnahmen wie zB Durchsuchungsandrohungen[766] unterbrochen werden (§ 78c StGB) oder aus bestimmt benannten Gründen auch ruhen (§ 78b StGB). – Die **Strafvollstreckung** verjährt je nach Länge (Anzahl) der tatsächlich verhängten Freiheitsstrafe (bei Geldstrafe der Tagessätze) ab Rechtskraft zwischen drei und zehn Jahren, § 79 Abs. 3 Nr. 3–5 StGB. Ist eine Auslieferung oder Überstellung des Verurteilten nicht möglich, weil er sich in einem Gebiet aufhält, aus dem sie nicht erreicht werden kann, kann das Gericht des ersten Rechtszugs (§ 462a Abs. 2 StPO) auf Antrag der Vollstreckungsbehörde vor Fristablauf eine einmalige Verlängerung durch anfechtbaren Beschluss verfügen, § 79b StGB. Ob mehr- bzw. langjährig von der zuständigen Vollstreckungsbehörde versäumte Auslieferungsersuchen ein Antragshindernis darstellen, ist umstritten.[767]

---

764 BGHSt 16, 225, 230; OLG Nürnberg, ZD 2013, 282 m. Anm. *Schröder*, 284 f.; Graf/*Temming*, RiStBV Nr. 260 Rn. 2 f.; Hoppe/*Oldekop*, Kap. 5 Rn. 225.
765 MK-StGB/*Hohmann*, § 23 GeschGehG Rn. 173.
766 BGH, NJW 1995, 2301, 2302 – Angebotsunterlagen (in BGHSt 41, 140 ff. nicht abgedruckt).
767 Befürwortend OLG Karlsruhe, StV 2019, 609.

Anhang

RICHTLINIE (EU) 2016/943 DES EUROPÄISCHEN PARLAMENTS UND DES RATES

vom 8. Juni 2016

über den Schutz vertraulichen Know-hows und vertraulicher Geschäftsinformationen (Geschäftsgeheimnisse) vor rechtswidrigem Erwerb sowie rechtswidriger Nutzung und Offenlegung

(Text von Bedeutung für den EWR)

DAS EUROPÄISCHE PARLAMENT UND DER RAT DER EUROPÄISCHEN UNION –

gestützt auf den Vertrag über die Arbeitsweise der Europäischen Union, insbesondere auf Artikel 114,

auf Vorschlag der Europäischen Kommission,

nach Zuleitung des Entwurfs des Gesetzgebungsakts an die nationalen Parlamente,

nach Stellungnahme des Europäischen Wirtschafts- und Sozialausschusses[1],

gemäß dem ordentlichen Gesetzgebungsverfahren[2],

in Erwägung nachstehender Gründe:

(1) Unternehmen und nicht kommerzielle Forschungseinrichtungen investieren in den Erwerb, die Entwicklung und die Anwendung von Know-how und Informationen – die Währung der wissensbasierten Wirtschaft, die einen Wettbewerbsvorteil schafft. Diese Investition in die Schaffung und Anwendung intellektuellen Kapitals ist ein bestimmender Faktor für die Wettbewerbsfähigkeit und den Markterfolg der Unternehmen durch Innovation und damit ihre Rendite, die letztlich die Motivation für ihre Forschungs- und Entwicklungstätigkeiten darstellt. Unternehmen wenden unterschiedliche Mittel an, um sich die Ergebnisse ihrer Tätigkeiten im Innovationsbereich anzueignen, wenn eine freie Zugänglichkeit nicht die volle Nutzung ihrer Investitionen in Forschung und Innovation erlaubt. Eines dieser Mittel ist die Nutzung von Rechten des geistigen Eigentums in Form von Patenten, Geschmacksmusterrechten oder Urheberrechten. Ein weiteres Mittel, um sich die Ergebnisse der Innovation anzueignen, ist der Schutz des Zugangs zu Wissen und die Verwertung von Wissen, das für das betreffende Unternehmen von Wert und nicht allgemein bekannt ist. Solch wertvolles Know-how und solche wertvollen Geschäftsinformationen, die nicht offengelegt werden und vertraulich zu behandeln sind, werden als Geschäftsgeheimnis bezeichnet.

(2) Unternehmen schätzen – unabhängig von ihrer Größe – Geschäftsgeheimnisse als genauso wichtig wie Patente und andere Formen von Rechten des geistigen Eigen-

---
[1] ABl. C 226 vom 16.7.2014, S. 48.
[2] Standpunkt des Europäischen Parlaments vom 14. April 2016 (noch nicht im Amtsblatt veröffentlicht) und Beschluss des Rates vom 27. Mai 2016.

tums ein. Sie nutzen Vertraulichkeit als Managementinstrument für unternehmerische Wettbewerbsfähigkeit und Forschungsinnovationen; dabei geht es um ein breites Spektrum von Informationen, das über das technologische Wissen hinausgeht und auch Geschäftsdaten wie Informationen über Kunden und Lieferanten, Businesspläne sowie Marktforschung und -strategien einschließt. Kleine und mittlere Unternehmen (KMU) schätzen Geschäftsgeheimnisse in besonderem Maße und sind stärker auf sie angewiesen. Durch den Schutz eines derart breiten Spektrums von Know-how und Geschäftsinformationen, die eine Ergänzung von oder auch eine Alternative zu Rechten des geistigen Eigentums darstellen können, ermöglichen Geschäftsgeheimnisse den Urhebern und Innovatoren, einen Nutzen aus ihrer schöpferischen Tätigkeit oder ihren Innovationen zu ziehen; sie sind daher von außerordentlicher Bedeutung für die Wettbewerbsfähigkeit der Unternehmen sowie für Forschung und Entwicklung und für die Leistung durch Innovation.

(3) Offene Innovation ist ein Katalysator für neue Ideen, mit denen die Verbraucherbedürfnisse befriedigt und gesellschaftliche Herausforderungen bewältigt werden, der dafür sorgt, dass diese Ideen auf den Markt gelangen. Eine solche Innovation ist ein wichtiger Hebel für die Schaffung neuen Wissens und fördert die Entstehung neuer und innovativer Geschäftsmodelle, die sich auf die Nutzung gemeinsam geschaffenen Wissens stützen. Kooperative Forschung, einschließlich einer grenzüberschreitenden Zusammenarbeit, ist insbesondere wichtig, um den Umfang von Forschung und Entwicklung der Unternehmen im Binnenmarkt zu erhöhen. Die Weitergabe von Wissen und Informationen sollte als grundlegend für die Sicherstellung von dynamischen, positiven und gleichen Geschäftsentwicklungsmöglichkeiten, insbesondere für KMU, angesehen werden. In einem Binnenmarkt, in dem Hindernisse für eine grenzüberschreitende Zusammenarbeit auf ein Minimum reduziert werden und in dem die Zusammenarbeit nicht beeinträchtigt wird, sollten geistige Schöpfungen und Innovationen, Investitionen in innovative Prozesse, Dienstleistungen und Produkte fördern. Ein derartiges Umfeld, das geistige Schöpfungen und Innovationen begünstigt, und in dem die Mobilität der Arbeitnehmer nicht beeinträchtigt wird, ist auch für das Beschäftigungswachstum und für die Steigerung der Wettbewerbsfähigkeit der Wirtschaft in der Union wichtig. Geschäftsgeheimnisse spielen eine wichtige Rolle für den Schutz des Wissensaustauschs zwischen Unternehmen – insbesondere KMU – und Forschungseinrichtungen sowohl innerhalb des Binnenmarkts als auch über dessen Grenzen hinaus im Forschungs- und Entwicklungskontext und in der Innovation. Geschäftsgeheimnisse sind eine der gebräuchlichsten Formen des Schutzes geistiger Schöpfungen und innovativen Know-hows durch Unternehmen, doch werden sie gleichzeitig durch den bestehenden Rechtsrahmen der Union am wenigsten vor rechtswidrigem Erwerb oder rechtswidriger Nutzung oder Offenlegung durch andere Parteien geschützt.

(4) Innovative Unternehmen sind zunehmend unlauteren Praktiken ausgesetzt, die auf eine rechtswidrige Aneignung von Geschäftsgeheimnissen abzielen, wie Diebstahl, unbefugtes Kopieren, Wirtschaftsspionage oder Verletzung von Geheimhaltungspflichten, und ihren Ursprung innerhalb oder außerhalb der Union haben können. Neuere Entwicklungen, wie die Globalisierung, das zunehmende Outsourcing, längere Lieferketten und der verstärkte Einsatz von Informations- und Kommunikationstechnologien, tragen zu einer Erhöhung des von derartigen Praktiken ausgehenden Risikos bei. Der rechtswidrige Erwerb und die rechtswidrige Nutzung oder Of-

fenlegung eines Geschäftsgeheimnisses beeinträchtigen die Fähigkeit der rechtmäßigen Inhaber von Geschäftsgeheimnissen, Vorreiterrenditen aus ihren Innovationsanstrengungen zu erzielen. Ohne wirksame und vergleichbare rechtliche Mittel zum unionsweiten Schutz von Geschäftsgeheimnissen werden Anreize zur Aufnahme grenzüberschreitender Innovationstätigkeiten im Binnenmarkt zunichtegemacht und kann das Potenzial von Geschäftsgeheimnissen als Triebkräfte für Wirtschaftswachstum und Beschäftigung nicht ausgeschöpft werden. Auf diese Weise werden Innovation und Kreativität behindert und gehen die Investitionen zurück, wobei der Binnenmarkt nicht mehr reibungslos funktioniert und sein wachstumsförderndes Potenzial ausgehöhlt wird.

(5) Die auf internationaler Ebene im Rahmen der Welthandelsorganisation unternommenen Anstrengungen zur Lösung dieses Problems haben zum Abschluss des Übereinkommens über handelsbezogene Aspekte des geistigen Eigentums (im Folgenden „TRIPS-Abkommen") geführt. Das TRIPS-Abkommen enthält unter anderem Bestimmungen zum Schutz von Geschäftsgeheimnissen vor rechtswidrigem Erwerb und rechtswidriger Nutzung oder Offenlegung durch Dritte; dabei handelt es sich um gemeinsame internationale Standards. Alle Mitgliedstaaten wie auch die Union als Ganzes sind an dieses durch den Beschluss 94/800/EG des Rates[3] gebilligte Übereinkommen gebunden.

(6) Ungeachtet des TRIPS-Abkommens bestehen zwischen den Rechtsvorschriften der Mitgliedstaaten erhebliche Unterschiede hinsichtlich des Schutzes von Geschäftsgeheimnissen vor rechtswidrigem Erwerb und rechtswidriger Nutzung oder Offenlegung durch andere Personen. Beispielsweise haben nicht alle Mitgliedstaaten nationale Definitionen der Begriffe „Geschäftsgeheimnis" oder „rechtswidriger Erwerb", „rechtswidrige Nutzung" oder „rechtswidrige Offenlegung eines Geschäftsgeheimnisses" eingeführt, so dass sich der Umfang des Schutzes nicht ohne weiteres erschließt und von einem Mitgliedstaat zum anderen variiert. Außerdem fehlt es an Kohärenz hinsichtlich der zivilrechtlichen Rechtsbehelfe, die im Falle eines rechtswidrigen Erwerbs oder der rechtswidrigen Nutzung oder Offenlegung von Geschäftsgeheimnissen zur Verfügung stehen, da nicht in allen Mitgliedstaaten die Möglichkeit einer Unterlassungsverfügung gegen Dritte besteht, die nicht Wettbewerber des rechtmäßigen Inhabers des Geschäftsgeheimnisses sind. Unterschiede zwischen den Mitgliedstaaten existieren auch bei der Behandlung von Dritten, die das Geschäftsgeheimnis in gutem Glauben erworben haben, aber später – bei der erstmaligen Nutzung – erfahren, dass das betreffende Geschäftsgeheimnis zuvor von einer anderen Partei unrechtmäßig erworben wurde.

(7) Zudem unterscheiden sich die nationalen Vorschriften auch danach, ob die rechtmäßigen Inhaber von Geschäftsgeheimnissen die Vernichtung von Produkten, die von Dritten unter rechtswidriger Nutzung von Geschäftsgeheimnissen hergestellt wurden, oder die Rückgabe oder Vernichtung aller Dokumente, Dateien oder Materia-

---

[3] Beschluss 94/800/EG des Rates vom 22. Dezember 1994 über den Abschluss der Übereinkünfte im Rahmen der multilateralen Verhandlungen der Uruguay-Runde (1986–1994) im Namen der Europäischen Gemeinschaft in Bezug auf die in ihre Zuständigkeiten fallenden Bereiche (ABl. L 336 vom 23.12.1994, S. 1).

lien verlangen können, die das rechtswidrig erworbene oder genutzte Geschäftsgeheimnis enthalten oder verkörpern. Darüber hinaus tragen die anwendbaren nationalen Vorschriften zur Schadensersatzberechnung nicht immer dem immateriellen Charakter von Geschäftsgeheimnissen Rechnung, was es schwierig macht, den tatsächlich entgangenen Gewinn oder die unlautere Bereicherung des Rechtsverletzers zu belegen, wenn kein Marktwert für die fraglichen Informationen bestimmt werden kann. Nur wenige Mitgliedstaaten gestatten die Anwendung abstrakter Regeln zur Schadensberechnung auf der Grundlage einer angemessenen Lizenzgebühr, die im Falle einer Lizenzerteilung für die Nutzung des Geschäftsgeheimnisses zu entrichten gewesen wäre. Hinzu kommt, dass viele nationale Vorschriften keinen angemessenen Schutz der Vertraulichkeit eines Geschäftsgeheimnisses für den Fall vorsehen, dass der Inhaber des Geschäftsgeheimnisses eine Klage wegen angeblichen rechtswidrigen Erwerbs oder angeblicher rechtswidriger Nutzung oder Offenlegung des Geschäftsgeheimnisses durch einen Dritten erhebt, wodurch die Attraktivität der bestehenden Maßnahmen und Rechtsbehelfe gemindert und der gebotene Schutz geschwächt wird.

(8) Die Unterschiede bei dem von den Mitgliedstaaten vorgesehenen rechtlichen Schutz von Geschäftsgeheimnissen zeigen, dass Geschäftsgeheimnisse nicht überall in der Union gleichermaßen geschützt sind, was eine Fragmentierung des Binnenmarkts in diesem Bereich und eine Schwächung des allgemeinen Abschreckungseffekts der einschlägigen Vorschriften zur Folge hat. Der Binnenmarkt wird insofern in Mitleidenschaft gezogen, als durch solche Unterschiede die Anreize für Unternehmen reduziert werden, innovationsbezogenen grenzüberschreitenden wirtschaftlichen Tätigkeiten, einschließlich Forschungs- oder Herstellungskooperationen mit Partnern, Outsourcing oder Investitionen in anderen Mitgliedstaaten, nachzugehen, bei denen man auf die Nutzung der als Geschäftsgeheimnis geschützten Informationen angewiesen ist. Grenzüberschreitende, vernetzte Forschung und Entwicklung sowie innovationsbezogene Tätigkeiten, einschließlich des damit zusammenhängenden Herstellungsprozesses und des sich anschließenden grenzüberschreitenden Handels, verlieren in der Union an Attraktivität und werden erschwert, was auch unionsweit zu Innovationsineffizienzen führt.

(9) Darüber hinaus besteht in Mitgliedstaaten mit einem vergleichsweise geringen Schutzniveau ein höheres Geschäftsrisiko, da es leichter ist, Geschäftsgeheimnisse zu stehlen oder auf andere unrechtmäßige Weise zu erwerben. Das führt zu einer ineffizienten Kapitalallokation für wachstumsfördernde Innovationen im Binnenmarkt aufgrund der höheren Ausgaben für Schutzmaßnahmen zur Kompensation des unzureichenden rechtlichen Schutzes in einigen Mitgliedstaaten. Auch leistet es Aktivitäten unfairer Wettbewerber Vorschub, die nach dem rechtswidrigen Erwerb von Geschäftsgeheimnissen die aus diesem Erwerb gewonnenen Produkte im gesamten Binnenmarkt verbreiten könnten. Die Unterschiede zwischen den gesetzlichen Regelungen erleichtern auch die Einfuhr von Produkten aus Drittländern in die Union über Einfuhrstellen mit geringerem Schutzniveau in Fällen, in denen Konzeption, Herstellung oder Vermarktung der Produkte auf gestohlenen oder anderen unrechtmäßig erworbenen Geschäftsgeheimnissen beruhen. Insgesamt sind derartige Unterschiede dem ordnungsgemäßen Funktionieren des Binnenmarkts abträglich.

(10) Es ist angezeigt, auf Unionsebene Vorschriften zur Annäherung der Rechtsvorschriften der Mitgliedstaaten vorzusehen, damit im gesamten Binnenmarkt ein ausreichender und kohärenter zivilrechtlicher Schutz für den Fall des rechtswidrigen Erwerbs oder der rechtswidrigen Nutzung oder Offenlegung eines Geschäftsgeheimnisses besteht. Diese Regeln sollten die Mitgliedstaaten nicht daran hindern, einen weitergehenden Schutz vor rechtswidrigem Erwerb oder vor rechtswidriger Nutzung oder Offenlegung von Geschäftsgeheimnissen vorzuschreiben, sofern die in dieser Richtlinie ausdrücklich festgelegten Regelungen zum Schutz der Interessen anderer Parteien eingehalten werden.

(11) Diese Richtlinie sollte die Anwendung unionsweiter oder nationaler Rechtsvorschriften, nach denen Informationen, darunter Geschäftsgeheimnisse, gegenüber der Öffentlichkeit oder staatlichen Stellen offengelegt werden müssen, unberührt lassen. Ebenso sollte sie die Anwendung der Rechtsvorschriften unberührt lassen, nach denen es staatlichen Stellen gestattet ist, zur Erledigung ihrer Aufgaben Informationen zu erheben, oder der Rechtsvorschriften, nach denen diese staatlichen Stellen einschlägige Informationen an die Öffentlichkeit weitergeben dürfen oder müssen. Dazu gehören insbesondere Rechtsvorschriften über die Offenlegung geschäftsbezogener Informationen durch Organe und Einrichtungen der Union oder nationale Behörden, über die diese gemäß der Verordnung (EG) Nr. 1049/2001 des Europäischen Parlaments und des Rates[4], der Verordnung (EG) Nr. 1367/2006 des Europäischen Parlaments und des Rates[5] sowie der Richtlinie 2003/4/EG des Europäischen Parlaments und des Rates[6] oder gemäß anderen Bestimmungen über den Zugang der Öffentlichkeit zu Dokumenten oder über Transparenzverpflichtungen der nationalen Behörden verfügen.

(12) Diese Richtlinie sollte das Recht der Sozialpartner, – falls nach dem Arbeitsrecht vorgesehen – Kollektivverträge einzugehen, hinsichtlich der Verpflichtung zur Nichtoffenlegung von Geschäftsgeheimnissen oder zur Beschränkung ihrer Nutzung und hinsichtlich der Konsequenzen eines Verstoßes gegen diese Verpflichtung durch die Partei, die ihnen unterworfen ist, nicht berühren. Dies sollte an die Bedingung geknüpft sein, dass ein derartiger Kollektivvertrag nicht die in dieser Richtlinie enthaltenen Ausnahmen einschränkt, wenn ein Antrag auf in dieser Richtlinie vorgesehene Maßnahmen, Verfahren oder Rechtsbehelfe wegen des angeblichen Erwerbs oder der angeblichen Nutzung und Offenlegung von Geschäftsgeheimnissen zurückzuweisen ist.

(13) Diese Richtlinie sollte nicht als Einschränkung der Niederlassungsfreiheit, der Freizügigkeit der Arbeitnehmer oder der Mobilität der Arbeitnehmer, wie sie im

---

[4] Verordnung (EG) Nr. 1049/2001 des Europäischen Parlaments und des Rates vom 30. Mai 2001 über den Zugang der Öffentlichkeit zu Dokumenten des Europäischen Parlaments, des Rates und der Kommission (ABl. L 145 vom 31.5.2001, S. 43).

[5] Verordnung (EG) Nr. 1367/2006 des Europäischen Parlaments und des Rates vom 6. September 2006 über die Anwendung der Bestimmungen des Übereinkommens von Århus über den Zugang zu Informationen, die Öffentlichkeitsbeteiligung an Entscheidungsverfahren und den Zugang zu Gerichten in Umweltangelegenheiten auf Organe und Einrichtungen der Gemeinschaft (ABl. L 264 vom 25.9.2006, S. 13).

[6] Richtlinie 2003/4/EG des Europäischen Parlaments und des Rates vom 28. Januar 2003 über den Zugang der Öffentlichkeit zu Umweltinformationen und zur Aufhebung der Richtlinie 90/313/EWG des Rates (ABl. L 41 vom 14.2.2003, S. 26).

Unionsrecht niedergelegt sind, verstanden werden. Außerdem soll sie die Möglichkeit des Abschlusses von Vereinbarungen über ein Wettbewerbsverbot zwischen Arbeitgebern und Arbeitnehmern gemäß dem geltenden Recht unberührt lassen.

(14) Es ist wichtig, eine homogene Definition des Begriffs „Geschäftsgeheimnis" festzulegen, ohne den vor widerrechtlicher Aneignung zu schützenden Bereich einzuengen. Eine solche Definition sollte daher so beschaffen sein, dass sie Know-how, Geschäftsinformationen und technologische Informationen abdeckt, bei denen sowohl ein legitimes Interesse an ihrer Geheimhaltung besteht als auch die legitime Erwartung, dass diese Vertraulichkeit gewahrt wird. Darüber hinaus sollten solches Know-how oder solche Informationen einen – realen oder potenziellen – Handelswert verkörpern. Solches Know-how oder solche Informationen sollten so verstanden werden, dass sie einen Handelswert verkörpern, zum Beispiel wenn ihr unbefugter Erwerb oder ihre unbefugte Nutzung oder Offenlegung die Interessen der Person, die rechtmäßig die Kontrolle über sie ausübt, aller Voraussicht nach dadurch schädigt, dass das wissenschaftliche oder technische Potenzial, die geschäftlichen oder finanziellen Interessen, die strategische Position oder die Wettbewerbsfähigkeit dieser Person untergraben werden. Die Definition eines Geschäftsgeheimnisses schließt belanglose Informationen und die Erfahrungen und Qualifikationen, die Beschäftigte im Zuge der Ausübung ihrer üblichen Tätigkeiten erwerben, sowie Informationen aus, die den Personenkreisen, die üblicherweise mit derartigen Informationen umgehen, generell bekannt sind bzw. für sie leicht zugänglich sind.

(15) Auch ist es wichtig, die Umstände festzulegen, unter denen ein rechtlicher Schutz von Geschäftsgeheimnissen gerechtfertigt ist. Aus diesem Grund muss definiert werden, welches Verhalten und welche Praktiken als rechtswidriger Erwerb oder rechtswidrige Nutzung oder Offenlegung eines Geschäftsgeheimnisses zu betrachten sind.

(16) Im Interesse von Innovation und Wettbewerbsförderung sollten die Bestimmungen dieser Richtlinie keine Exklusivrechte an als Geschäftsgeheimnis geschütztem Know-how oder als solchem geschützten Informationen begründen. Auf diese Weise sollte die unabhängige Entdeckung desselben Know-hows oder derselben Informationen möglich bleiben. Das „Reverse Engineering" bei einem rechtmäßig erworbenen Produkt sollte als ein rechtlich zulässiges Mittel zum Erwerb von Informationen angesehen werden, es sei denn, dass vertraglich etwas anderes vereinbart wurde. Die Freiheit zum Abschluss derartiger vertraglicher Vereinbarungen kann jedoch rechtlich beschränkt werden.

(17) In einigen Industriezweigen, in denen Urheber und Innovatoren keine Exklusivrechte genießen und in denen sich Innovationen traditionell auf Geschäftsgeheimnisse stützen, ist es mittlerweile ein Leichtes, in Verkehr gebrachte Erzeugnisse mithilfe von „Reverse Engineering" nachzukonstruieren. In diesen Fällen können die genannten Urheber und Innovatoren von Praktiken wie Produktpiraterie oder sklavischen Nachahmungen betroffen sein, die von ihrem Ansehen und ihre Innovationsanstrengungen profitieren. In einigen nationalen Rechtsvorschriften über unlauteren Wettbewerb wird auf diese Praktiken eingegangen. Diese Richtlinie hat zwar nicht zum Ziel, das Recht des unlauteren Wettbewerbs insgesamt zu reformie-

ren oder zu harmonisieren, jedoch sollte die Kommission sorgfältig prüfen, ob in diesem Bereich auf Unionsebene Handlungsbedarf besteht.

(18) Ferner sollten Erwerb, Nutzung oder Offenlegung von Geschäftsgeheimnissen immer dann, wenn sie rechtlich vorgeschrieben oder zulässig sind, als rechtmäßig im Sinne dieser Richtlinie gelten. Das betrifft insbesondere den Erwerb und die Offenlegung von Geschäftsgeheimnissen im Rahmen der Inanspruchnahme des Rechts der Arbeitnehmervertreter auf Information, Anhörung und Mitwirkung gemäß dem Unionsrecht und dem Recht oder den Gepflogenheiten der Mitgliedstaaten sowie im Rahmen der kollektiven Vertretung der Interessen der Arbeitnehmer und der Arbeitgeber einschließlich der Mitbestimmung und den Erwerb oder die Offenlegung von Geschäftsgeheimnissen im Rahmen von Pflichtprüfungen, die gemäß dem Unionsrecht oder dem nationalen Recht durchgeführt werden. Allerdings sollte diese Einstufung des Erwerbs eines Geschäftsgeheimnisses als rechtmäßig die Geheimhaltungspflicht in Bezug auf das Geschäftsgeheimnis oder jegliche Beschränkung der Nutzung des Geschäftsgeheimnisses, die Rechtsvorschriften der Union oder der Mitgliedstaaten dem Empfänger der Information auferlegen, unberührt lassen. Insbesondere sollte diese Richtlinie die Behörden nicht von ihrer Pflicht zur Geheimhaltung von Informationen, die ihnen von Inhabern von Geschäftsgeheimnissen übermittelt werden, entbinden, und zwar unabhängig davon, ob diese Pflichten in Rechtsvorschriften der Union oder der Mitgliedstaaten festgelegt sind. Diese Geheimhaltungspflicht umfasst unter anderem die Pflichten im Zusammenhang mit Informationen, die öffentlichen Auftraggebern im Rahmen der Vergabe öffentlicher Aufträge übermittelt werden, wie sie beispielsweise in der Richtlinie 2014/23/EU des Europäischen Parlaments und des Rates[7], der Richtlinie 2014/24/EU des Europäischen Parlaments und des Rates[8] und der Richtlinie 2014/25/EU des Europäischen Parlaments und des Rates[9] festgelegt sind.

(19) Diese Richtlinie sieht zwar Maßnahmen und Rechtsbehelfe vor, die darin bestehen können, dass die Offenlegung von Informationen verhindert wird, um Geschäftsgeheimnisse zu schützen, doch darf die Ausübung des Rechts auf Freiheit der Meinungsäußerung und Informationsfreiheit, das sich gemäß Artikel 11 der Charta der Grundrechte der Europäischen Union (im Folgenden „Charta") auch auf die Freiheit der Medien und ihre Pluralität erstreckt, keinesfalls eingeschränkt werden, insbesondere was den investigativen Journalismus und den Schutz der journalistischen Quellen anbelangt.

(20) Die in dieser Richtlinie vorgesehenen Maßnahmen, Verfahren und Rechtsbehelfe sollten nicht dazu dienen, Whistleblowing-Aktivitäten einzuschränken. Daher sollte sich der Schutz von Geschäftsgeheimnissen nicht auf Fälle erstrecken, in denen

---

[7] Richtlinie 2014/23/EU des Europäischen Parlaments und des Rates vom 26. Februar 2014 über die Konzessionsvergabe (ABl. L 94 vom 28.3.2014, S. 1).
[8] Richtlinie 2014/24/EU des Europäischen Parlaments und des Rates vom 26. Februar 2014 zur öffentlichen Auftragsvergabe und zur Aufhebung der Richtlinie 2004/18/EG (ABl. L 94 vom 28.3.2014, S. 65).
[9] Richtlinie 2014/25/EU des Europäischen Parlaments und des Rates vom 26. Februar 2014 über die Vergabe von Aufträgen durch Auftraggeber im Bereich der Wasser-, Energie- und Verkehrsversorgung sowie der Postdienste und zur Aufhebung der Richtlinie 2004/17/EG (ABl. L 94 vom 28.3.2014, S. 243).

die Offenlegung eines Geschäftsgeheimnisses insoweit dem öffentlichen Interesse dient, als ein regelwidriges Verhalten, ein Fehlverhalten oder eine illegale Tätigkeit von unmittelbarer Relevanz aufgedeckt wird. Das sollte nicht so verstanden werden, dass die zuständigen Gerichte daran gehindert seien, Ausnahmen von der Anwendung der Maßnahmen, Verfahren und Rechtsbehelfe in den Fällen zuzulassen, in denen der Antragsgegner allen Grund hatte, in gutem Glauben davon auszugehen, dass sein Verhalten den in dieser Richtlinie festgelegten angemessenen Kriterien entspricht.

(21) Im Einklang mit dem Grundsatz der Verhältnismäßigkeit sollten die Maßnahmen, Verfahren und Rechtsbehelfe zum Schutz von Geschäftsgeheimnissen darauf zugeschnitten sein, das Ziel eines reibungslos funktionierenden Binnenmarkts für Forschung und Innovation zu erreichen, indem sie insbesondere vor dem rechtswidrigen Erwerb und der rechtswidrigen Nutzung und Offenlegung eines Geschäftsgeheimnisses abschrecken. Eine solche Zuschneidung dieser Maßnahmen, Verfahren und Rechtsbehelfe sollte die Grundrechte und Grundfreiheiten oder das Gemeinwohl, etwa die öffentliche Sicherheit, den Verbraucherschutz, die öffentliche Gesundheit und den Umweltschutz, nicht gefährden oder untergraben und die Mobilität der Arbeitnehmer nicht beeinträchtigen. Deshalb bezwecken die in dieser Richtlinie festgelegten Maßnahmen, Verfahren und Rechtsbehelfe zu gewährleisten, dass die zuständigen Gerichte Faktoren wie dem Wert eines Geschäftsgeheimnisses, der Schwere des Verhaltens, das zum rechtswidrigen Erwerb oder zur rechtswidrigen Nutzung oder Offenlegung geführt hat, sowie den Auswirkungen dieses Verhaltens Rechnung tragen. Auch sollte sichergestellt sein, dass die zuständigen Gerichte über das Ermessen verfügen, die Interessen der an einem Rechtsstreit beteiligten Parteien und die Interessen Dritter, gegebenenfalls auch der Verbraucher, gegeneinander abzuwägen.

(22) Das reibungslose Funktionieren des Binnenmarkts würde unterminiert, wenn die vorgesehenen Maßnahmen, Verfahren und Rechtsbehelfe dazu genutzt würden, nicht legitime, mit den Zielen dieser Richtlinie unvereinbare Absichten zu verfolgen. Daher ist es wichtig, dass den Gerichten die Befugnis erteilt wird, angemessene Maßnahmen gegenüber Antragstellern zu treffen, die missbräuchlich oder unredlich handeln und offensichtlich unbegründete Anträge stellen, beispielsweise zu dem Zweck, den Marktzugang des Antragsgegners in unbilliger Weise zu verzögern oder zu beschränken oder ihn auf andere Weise einzuschüchtern oder ihm Schwierigkeiten zu bereiten.

(23) Im Interesse der Rechtssicherheit und angesichts der Tatsache, dass von rechtmäßigen Inhabern von Geschäftsgeheimnissen erwartet wird, dass sie in Bezug auf die Wahrung der Vertraulichkeit ihrer wertvollen Geschäftsgeheimnisse und auf die Überwachung von deren Nutzung eine Sorgfaltspflicht wahrnehmen, ist es angemessen, materielle Ansprüche oder die Möglichkeit einer Klageerhebung zum Schutz von Geschäftsgeheimnissen auf einen bestimmten Zeitraum zu beschränken. In den nationalen Rechtsvorschriften sollte zudem klar und unmissverständlich festgelegt werden, wann dieser Zeitraum beginnen und unter welchen Umständen er unterbrochen oder ausgesetzt werden soll.

(24) Angesichts der Möglichkeit, dass die Vertraulichkeit eines Geschäftsgeheimnisses im Verlauf von Gerichtsverfahren nicht gewahrt bleibt, schrecken die rechtmäßi-

gen Inhaber von Geschäftsgeheimnissen häufig davor zurück, zum Schutz ihrer Geschäftsgeheimnisse ein Gerichtsverfahren einzuleiten; dies stellt die Wirksamkeit der vorgesehenen Maßnahmen, Verfahren und Rechtsbehelfe infrage. Daher bedarf es – vorbehaltlich geeigneter Schutzmaßnahmen, die das Recht auf einen wirksamen Rechtsbehelf und ein faires Verfahren garantieren – spezifischer Anforderungen, die darauf abstellen, die Vertraulichkeit eines Geschäftsgeheimnisses, das Gegenstand eines Gerichtsverfahrens ist, im Verlauf des Verfahrens zu wahren. Der entsprechende Schutz sollte auch nach Abschluss des Gerichtsverfahrens und so lange weiterbestehen, wie die Informationen, die Gegenstand des Geschäftsgeheimnisses sind, nicht öffentlich verfügbar sind.

(25) Diese Anforderungen sollten zumindest die Möglichkeit vorsehen, den zum Zugang zu Beweismitteln oder Anhörungen berechtigten Personenkreis zu beschränken – wobei zu bedenken ist, dass alle diese Personen den Geheimhaltungsvorschriften dieser Richtlinie unterliegen sollten – und ausschließlich die nicht vertraulichen Teile von Gerichtsentscheidungen zu veröffentlichen. In Anbetracht der Tatsache, dass Gerichtsverfahren unter anderem hauptsächlich dazu dienen, die Art der Informationen zu bewerten, die Gegenstand eines Rechtsstreits sind, muss dabei sichergestellt werden, dass die Geschäftsgeheimnisse wirksam geschützt werden und gleichzeitig das Recht der Verfahrensparteien auf einen wirksamen Rechtsbehelf und ein faires Verfahren gewahrt bleibt. Der beschränkte Personenkreis sollte daher aus mindestens einer natürlichen Person jeder Partei sowie den jeweiligen Rechtsanwälten der Parteien und gegebenenfalls sonstigen Vertretern bestehen, die nach dem nationalen Recht ausreichend qualifiziert sind, um eine Partei in einem unter diese Richtlinie fallenden Gerichtsverfahren zu verteidigen, zu vertreten oder ihre Interessen wahrzunehmen; all diese Personen sollten Zugang zu den betreffenden Beweismitteln oder Anhörungen haben. Ist eine der Parteien eine juristische Person, so sollte sie eine oder mehrere natürliche Personen, die diesem Personenkreis angehören sollen, vorschlagen können, damit sichergestellt ist, dass sie angemessen vertreten wird, wobei allerdings durch eine ausreichende gerichtliche Kontrolle verhindert werden muss, dass das Ziel, den Zugang zu Beweismitteln und Anhörungen zu beschränken, unterlaufen wird. Diese Schutzklauseln sollten nicht so verstanden werden, dass sich die Parteien im Verlauf des Gerichtsverfahrens von einem Rechtsanwalt oder einem anderen Vertreter vertreten lassen müssen, wenn das nach nationalem Recht nicht erforderlich ist. Auch sollten sie nicht so verstanden werden, dass die Zuständigkeit der Gerichte, gemäß den geltenden Vorschriften und Gepflogenheiten des betreffenden Mitgliedstaats zu entscheiden, ob und in welchem Umfang die zuständigen Gerichtsbediensteten zur Erfüllung ihrer Aufgaben ebenfalls uneingeschränkt Zugang zu den Beweismitteln und Anhörungen erhalten, beschnitten wird.

(26) Der rechtswidrige Erwerb, die rechtswidrige Nutzung oder die rechtswidrige Offenlegung eines Geschäftsgeheimnisses durch einen Dritten könnte verheerende Folgen für den rechtmäßigen Inhaber des Geschäftsgeheimnisses haben, da dieser nach der Offenlegung den Zustand vor dem Verlust des Geschäftsgeheimnisses nicht wiederherstellen kann. Folglich kommt es entscheidend darauf an, rasche, wirksame und zugängliche vorläufige Maßnahmen zur unverzüglichen Beendigung des rechtswidrigen Erwerbs oder der rechtswidrigen Nutzung oder Offenlegung eines Geschäftsgeheimnisses zu treffen, auch in dem Fall, dass es zur Erbrin-

gung von Dienstleistungen genutzt wird. Es kommt entscheidend darauf an, dass eine solche Abhilfe zur Verfügung steht, ohne dass eine Sachentscheidung abgewartet werden muss, wobei das Recht auf Verteidigung und der Grundsatz der Verhältnismäßigkeit gewahrt werden müssen und die Umstände des Einzelfalls zu berücksichtigen sind. In bestimmten Fällen sollte es zulässig sein, es dem mutmaßlichen Rechtsverletzer vorbehaltlich der Hinterlegung einer oder mehrerer Sicherheiten zu gestatten, das Geschäftsgeheimnis insbesondere dann weiterhin zu nutzen, wenn nur geringe Gefahr besteht, dass es in die Öffentlichkeit gelangt. Es sollte außerdem möglich sein, Sicherheiten in ausreichender Höhe zu verlangen, um die dem Antragsgegner durch einen unbegründeten Antrag entstehenden Kosten und Schäden zu decken, insbesondere dann, wenn dem rechtmäßigen Inhaber eines Geschäftsgeheimnisses durch eine zeitliche Verzögerung ein nicht wiedergutzumachender Schaden entstünde.

(27) Aus dem gleichen Grund ist es wichtig, endgültige Maßnahmen vorzusehen, die eine rechtswidrige Nutzung oder Offenlegung eines Geschäftsgeheimnisses auch in dem Fall verhindern, dass das Geschäftsgeheimnis zur Erbringung von Dienstleistungen genutzt wird. Damit solche Maßnahmen wirksam und verhältnismäßig sind, sollten sie – sofern die Umstände eine Befristung erforderlich machen – lange genug gelten, um etwaige geschäftliche Vorteile zu beseitigen, die der betreffende Dritte möglicherweise aus dem rechtswidrigen Erwerb oder der rechtswidrigen Nutzung oder Offenlegung des Geschäftsgeheimnisses gezogen hat. Maßnahmen dieser Art sollten in keinem Fall vollstreckbar werden, wenn die ursprünglich dem Geschäftsgeheimnis unterliegenden Informationen aus Gründen, die nicht der Antragsgegner zu vertreten hat, allgemein zugänglich geworden sind.

(28) Es besteht die Möglichkeit, dass ein Geschäftsgeheimnis auf rechtswidrige Weise für die Entwicklung, Herstellung oder Vermarktung von Produkten oder deren Bestandteilen genutzt werden könnte, die dann im Binnenmarkt Verbreitung finden könnten; dadurch würde den geschäftlichen Interessen des Inhabers des Geschäftsgeheimnisses und dem Funktionieren des Binnenmarkts geschadet. In diesen Fällen ebenso wie in Fällen, in denen das Geschäftsgeheimnis sich erheblich auf die Qualität, den Wert oder den Preis der aus dieser rechtswidrigen Nutzung gewonnenen Endprodukte auswirkt oder die Kosten der Prozesse für ihre Herstellung oder Vermarktung senkt oder diese Prozesse erleichtert oder beschleunigt, ist es wichtig, die Gerichte zu ermächtigen, effektive und geeignete Maßnahmen anzuordnen, um sicherzustellen, dass die betreffenden Produkte nicht auf den Markt gebracht bzw. vom Markt genommen werden. In Anbetracht der globalen Natur des Handels ist es auch erforderlich, dass diese Maßnahmen ein Verbot der Einfuhr dieser Produkte in die Union oder ihrer Lagerung zum Zwecke einer Vermarktung beinhalten. Entsprechend dem Grundsatz der Verhältnismäßigkeit sollten Abhilfemaßnahmen nicht unbedingt die Vernichtung der Produkte zur Folge haben, wenn andere gangbare Möglichkeiten bestehen, wie etwa die Beseitigung der rechtsverletzenden Eigenschaft des Produkts oder eine Verwertung der Produkte außerhalb des Marktes, beispielsweise in Form von Spenden an wohltätige Organisationen.

(29) Eine Person könnte ein Geschäftsgeheimnis ursprünglich in gutem Glauben erworben haben, aber erst zu einem späteren Zeitpunkt – zum Beispiel aufgrund einer entsprechenden Mitteilung des ursprünglichen Inhabers des Geschäftsgeheimnisses – erfahren, dass ihre Kenntnis des betreffenden Geschäftsgeheimnisses auf

Quellen zurückgeht, die dieses Geschäftsgeheimnis auf unrechtmäßige Weise genutzt oder offengelegt haben. Damit in solchen Fällen die vorgesehenen gerichtlichen Abhilfemaßnahmen oder Anordnungen der betreffenden Person keinen unverhältnismäßig großen Schaden zufügen, sollten die Mitgliedstaaten für entsprechende Fälle als alternative Maßnahme die Möglichkeit einer finanziellen Entschädigung für die geschädigte Partei vorsehen. Diese Entschädigung sollte jedoch nicht den Betrag der Lizenzgebühren übersteigen, die bei einer genehmigten Nutzung des betreffenden Geschäftsgeheimnisses für den Zeitraum angefallen wären, für den der ursprüngliche Inhaber des Geschäftsgeheimnisses dessen Nutzung hätte verhindern können. Würde die rechtswidrige Nutzung des Geschäftsgeheimnisses jedoch einen Verstoß gegen andere Rechtsvorschriften als die in dieser Richtlinie enthaltenen darstellen oder zu einer Gefahr für die Verbraucher werden, sollte eine solche rechtswidrige Nutzung nicht gestattet werden.

(30) Damit eine Person, die wusste oder begründeterweise hätte wissen müssen, dass sie ein Geschäftsgeheimnis auf unrechtmäßige Weise erwirbt, nutzt oder offenlegt, aus einem solchen Verhalten keinen Vorteil ziehen kann und gewährleistet ist, dass für den geschädigten Inhaber des Geschäftsgeheimnisses so weit wie möglich die Situation wiederhergestellt wird, in der er sich befunden hätte, wenn es nicht zu einem solchen Verhalten gekommen wäre, ist eine angemessene Entschädigung für den infolge des rechtswidrigen Verhaltens erlittenen Schaden vorzusehen. Die Höhe des dem geschädigten Inhaber des Geschäftsgeheimnisses zuerkannten Schadensersatzes sollte allen relevanten Faktoren Rechnung tragen, so einem Einkommensverlust des Inhabers des Geschäftsgeheimnisses oder einem unlauteren Gewinn des Rechtsverletzers und gegebenenfalls etwaigen dem Inhaber des Geschäftsgeheimnisses entstandenen immateriellen Schäden. In Fällen, in denen es beispielsweise angesichts des immateriellen Charakters von Geschäftsgeheimnissen schwierig wäre, die Höhe des tatsächlich erlittenen Schadens zu bestimmen, käme als Alternative in Betracht, die Schadenshöhe aus Größen herzuleiten wie etwa den Lizenzgebühren, die angefallen wären, wenn der Rechtsverletzer um eine Genehmigung zur Nutzung des betreffenden Geschäftsgeheimnisses ersucht hätte. Bezweckt wird mit dieser alternativen Methode nicht die Einführung einer Verpflichtung zu einem als Strafe angelegten Schadensersatz, sondern die Gewährleistung einer Entschädigung für den Inhaber des Geschäftsgeheimnisses auf objektiver Grundlage unter Berücksichtigung der ihm entstandenen Kosten, z. B. im Zusammenhang mit der Feststellung der Rechtsverletzung und den Nachforschungen. Diese Richtlinie sollte die Mitgliedstaaten jedoch nicht daran hindern, in ihrem nationalen Recht vorzusehen, dass die Schadenshaftung von Arbeitnehmern bei nicht vorsätzlichem Handeln beschränkt wird.

(31) Zur zusätzlichen Abschreckung für potenzielle Rechtsverletzer und zur Sensibilisierung der breiten Öffentlichkeit ist es zweckmäßig, Entscheidungen in Fällen, bei denen es um den rechtswidrigen Erwerb oder die rechtswidrige Nutzung oder Offenlegung von Geschäftsgeheimnissen geht, gegebenenfalls durch öffentlichkeitswirksame Anzeigen zu veröffentlichen, sofern die Veröffentlichung weder mit einer Offenlegung des Geschäftsgeheimnisses verbunden ist noch der Privatsphäre und der Reputation natürlicher Personen auf unverhältnismäßige Weise abträglich ist.

Anhang   RL 2016/943/EU

(32) Die Wirksamkeit der Maßnahmen, Verfahren und Rechtsbehelfe, die den Inhabern von Geschäftsgeheimnissen zur Verfügung stehen, könnte im Falle einer Nichtbefolgung der von den zuständigen Gerichten getroffenen Entscheidungen unterminiert werden. Daher ist sicherzustellen, dass die betreffenden Behörden über geeignete Sanktionsbefugnisse verfügen.

(33) Zur Erleichterung der einheitlichen Anwendung der in dieser Richtlinie vorgesehenen Maßnahmen, Verfahren und Rechtsbehelfe ist es angezeigt, Mechanismen für eine Zusammenarbeit und einen Informationsaustauch zwischen den Mitgliedstaaten einerseits und zwischen den Mitgliedstaaten und der Kommission andererseits vorzusehen, insbesondere durch die Schaffung eines Netzes von Korrespondenzstellen, die von den Mitgliedstaaten benannt werden. Um zu prüfen, ob die Maßnahmen ihren Zweck erfüllen, sollte die Kommission darüber hinaus – gegebenenfalls mit Unterstützung des Amts der Europäischen Union für geistiges Eigentum – die Anwendung dieser Richtlinie und die Wirksamkeit der nationalen Maßnahmen überprüfen.

(34) Diese Richtlinie wahrt die Grundrechte und die Grundsätze, die insbesondere in der Charta anerkannt wurden, namentlich das Recht auf Achtung des Privat- und Familienlebens, das Recht auf Schutz personenbezogener Daten, das Recht auf Freiheit der Meinungsäußerung und Informationsfreiheit, die Berufsfreiheit und das Recht zu arbeiten, die unternehmerische Freiheit, das Eigentumsrecht, das Recht auf eine gute Verwaltung, und insbesondere das Recht auf Zugang zu Dokumenten bei gleichzeitiger Wahrung des Geschäftsgeheimnisses, das Recht auf einen wirksamen Rechtsbehelf und ein faires Verfahren und die Verteidigungsrechte.

(35) Wichtig ist, dass das Recht auf Achtung des Privat- und Familienlebens und den Schutz der personenbezogenen Daten aller Personen gewahrt bleibt, deren personenbezogene Daten vom Inhaber des Geschäftsgeheimnisses bei Maßnahmen zum Schutz eines Geschäftsgeheimnisses eventuell verarbeitet werden oder die an einem Rechtsstreit über den rechtswidrigen Erwerb bzw. die rechtswidrige Nutzung oder Offenlegung von Geschäftsgeheimnissen gemäß dieser Richtlinie beteiligt sind und deren personenbezogene Daten verarbeitet werden. Für die im Rahmen dieser Richtlinie unter Aufsicht der zuständigen Behörden der Mitgliedstaaten und insbesondere der von ihnen bezeichneten unabhängigen öffentlichen Stellen durchgeführte Verarbeitung personenbezogener Daten gilt die Richtlinie 95/46/EG des Europäischen Parlaments und des Rates[10]. Daher sollte diese Richtlinie die in der Richtlinie 95/46/EG niedergelegten Rechte und Pflichten – insbesondere das Recht der betroffenen Person auf Zugang zu ihren personenbezogenen Daten, die verarbeitet werden, sowie auf Berichtigung, Löschung oder Sperrung unvollständiger oder unrichtiger Daten sowie gegebenenfalls die Pflicht zur Verarbeitung sensibler Daten gemäß Artikel 8 Absatz 5 der Richtlinie 95/46/EG – nicht berühren.

---

10 Richtlinie 95/46/EG des Europäischen Parlaments und des Rates vom 24. Oktober 1995 zum Schutz natürlicher Personen bei der Verarbeitung personenbezogener Daten und zum freien Datenverkehr (ABl. L 281 vom 23.11.1995, S. 31).

(36) Da das Ziel dieser Richtlinie, nämlich ein reibungsloses Funktionieren des Binnenmarkts durch die Schaffung eines ausreichenden und vergleichbaren Rechtsschutzes im Binnenmarkt in Fällen des rechtswidrigen Erwerbs oder der rechtswidrigen Nutzung oder Offenlegung eines Geschäftsgeheimnisses, von den Mitgliedstaaten nicht ausreichend verwirklicht werden kann, sondern vielmehr wegen seines Umfangs und seiner Wirkungen auf Unionsebene besser zu verwirklichen ist, kann die Union im Einklang mit dem in Artikel 5 des Vertrags über die Europäische Union verankerten Subsidiaritätsprinzip tätig werden. Entsprechend dem in demselben Artikel genannten Grundsatz der Verhältnismäßigkeit geht diese Richtlinie nicht über das für die Verwirklichung dieses Ziels erforderliche Maß hinaus.

(37) Diese Richtlinie zielt nicht darauf ab, die Vorschriften im Bereich der justiziellen Zusammenarbeit, der gerichtlichen Zuständigkeit oder der Anerkennung und Vollstreckung von Urteilen in Zivil- und Handelssachen zu harmonisieren oder darauf, Fragen des anwendbaren Rechts zu behandeln. Andere Unionsinstrumente, durch die derartige Angelegenheiten ganz allgemein geregelt werden, sollten grundsätzlich weiterhin für den von dieser Richtlinie abgedeckten Bereich gelten.

(38) Diese Richtlinie sollte die Anwendung der Wettbewerbsvorschriften, insbesondere der Artikel 101 und 102 des Vertrags über die Arbeitsweise der Europäischen Union (AEUV), unberührt lassen. Die in dieser Richtlinie vorgesehenen Maßnahmen, Verfahren und Rechtsbehelfe sollten nicht dazu verwendet werden, den Wettbewerb entgegen den Vorschriften des AEUV in unzulässiger Weise einzuschränken.

(39) Diese Richtlinie sollte die Anwendung etwaiger sonstiger relevanter Rechtsvorschriften in anderen Bereichen, einschließlich der Rechte des geistigen Eigentums und des Vertragsrechts, unberührt lassen. Im Falle einer Überschneidung des Anwendungsbereichs der Richtlinie 2004/48/EG des Europäischen Parlament und des Rates[11] mit dem Anwendungsbereich dieser Richtlinie geht diese Richtlinie als Lex specialis der anderen Richtlinie vor.

(40) Der Europäische Datenschutzbeauftragte wurde gemäß Artikel 28 Absatz 2 der Verordnung (EG) Nr. 45/2001 des Europäischen Parlaments und des Rates[12] angehört und hat seine Stellungnahme am 12. März 2014 abgegeben –

HABEN FOLGENDE RICHTLINIE ERLASSEN:

---

11 Richtlinie 2004/48/EG des Europäischen Parlaments und des Rates vom 29. April 2004 zur Durchsetzung der Rechte des geistigen Eigentums (ABl. L 157 vom 30.4.2004, S. 45).

12 Verordnung (EG) Nr. 45/2001 des Europäischen Parlaments und des Rates vom 18. Dezember 2000 zum Schutz natürlicher Personen bei der Verarbeitung personenbezogener Daten durch die Organe und Einrichtungen der Gemeinschaft und zum freien Datenverkehr (ABl. L 8 vom 12.1.2001, S. 1).

Anhang   RL 2016/943/EU

KAPITEL I
Gegenstand und Anwendungsbereich

Artikel 1

Gegenstand und Anwendungsbereich

(1) Diese Richtlinie legt Vorschriften für den Schutz von Geschäftsgeheimnissen vor rechtswidrigem Erwerb, rechtswidriger Nutzung und rechtswidriger Offenlegung fest.

Die Mitgliedstaaten können unter Beachtung der Bestimmungen des AEUV einen weitergehenden als den durch diese Richtlinie vorgeschriebenen Schutz von Geschäftsgeheimnissen vor rechtswidrigem Erwerb, rechtswidriger Nutzung und rechtswidriger Offenlegung vorsehen, sofern gewährleistet ist, dass Artikel 3, Artikel 5, Artikel 6, Artikel 7 Absatz 1, Artikel 8, Artikel 9 Absatz 1 Unterabsatz 2, Artikel 9 Absätze 3 und 4, Artikel 10 Absatz 2, Artikel 11, Artikel 13 und Artikel 15 Absatz 3 eingehalten werden.

(2) Diese Richtlinie berührt nicht

a) die Ausübung des Rechts der freien Meinungsäußerung und der Informationsfreiheit gemäß der Charta, einschließlich der Achtung der Freiheit und der Pluralität der Medien,

b) die Anwendung von Vorschriften der Union oder der Mitgliedstaaten, nach denen die Inhaber von Geschäftsgeheimnissen verpflichtet sind, aus Gründen des öffentlichen Interesses Informationen, auch Geschäftsgeheimnisse, gegenüber der Öffentlichkeit oder den Verwaltungsbehörden oder den Gerichten offenzulegen, damit diese ihre Aufgaben wahrnehmen können,

c) die Anwendung von Vorschriften der Union oder der Mitgliedstaaten, nach denen es den Organen und Einrichtungen der Union oder den nationalen Behörden vorgeschrieben oder gestattet ist, von Unternehmen vorgelegte Informationen offenzulegen, die diese Organe, Einrichtungen oder Behörden in Einhaltung der Pflichten und gemäß den Rechten, die im Unionsrecht oder im nationalen Recht niedergelegt sind, besitzen,

d) die Autonomie der Sozialpartner und ihr Recht, Kollektivverträge gemäß dem Unionsrecht sowie gemäß den Gepflogenheiten und den Rechtsvorschriften der Mitgliedstaaten einzugehen.

(3) Keine Bestimmung dieser Richtlinie darf so ausgelegt werden, dass sie eine Grundlage dafür bietet, die Mobilität der Arbeitnehmer zu beschränken. Was die Ausübung dieser Mobilität anbelangt, so bietet diese Richtlinie insbesondere keinerlei Grund für

a) die Beschränkung der Nutzung von Informationen, die kein Geschäftsgeheimnis im Sinne des Artikels 2 Nummer 1 darstellen, durch die Arbeitnehmer;

b) die Beschränkung der Nutzung von Erfahrungen und Fähigkeiten, die Arbeitnehmer im normalen Verlauf ihrer Tätigkeit ehrlich erworben haben;

c) die Auferlegung zusätzlicher Beschränkungen für Arbeitnehmer in ihren Arbeitsverträgen, die nicht gemäß dem Unionsrecht oder dem nationalen Recht auferlegt werden.

Artikel 2

Begriffsbestimmungen

Für die Zwecke dieser Richtlinie bezeichnet der Ausdruck

1. „Geschäftsgeheimnis" Informationen, die alle nachstehenden Kriterien erfüllen:

    a) Sie sind in dem Sinne geheim, dass sie weder in ihrer Gesamtheit noch in der genauen Anordnung und Zusammensetzung ihrer Bestandteile den Personen in den Kreisen, die üblicherweise mit dieser Art von Informationen umgehen, allgemein bekannt oder ohne weiteres zugänglich sind;

    b) sie sind von kommerziellem Wert, weil sie geheim sind;

    c) sie sind Gegenstand von den Umständen entsprechenden angemessenen Geheimhaltungsmaßnahmen durch die Person, die die rechtmäßige Kontrolle über die Informationen besitzt;

2. „Inhaber eines Geschäftsgeheimnisses" jede natürliche oder juristische Person, die die rechtmäßige Kontrolle über ein Geschäftsgeheimnis besitzt;

3. „Rechtsverletzer" jede natürliche oder juristische Person, die auf rechtswidrige Weise Geschäftsgeheimnisse erworben, genutzt oder offengelegt hat;

4. „rechtsverletzende Produkte" Produkte, deren Konzeption, Merkmale, Funktionsweise, Herstellungsprozess oder Marketing in erheblichem Umfang auf rechtswidrig erworbenen, genutzten oder offengelegten Geschäftsgeheimnissen beruhen.

KAPITEL II
Erwerb, Nutzung und Offenlegung von Geschäftsgeheimnissen

Artikel 3

Rechtmäßiger Erwerb, rechtmäßige Nutzung und rechtmäßige Offenlegung von Geschäftsgeheimnissen

(1) Der Erwerb eines Geschäftsgeheimnisses gilt als rechtmäßig, wenn das Geschäftsgeheimnis auf eine der folgenden Weisen erlangt wird:

a) unabhängige Entdeckung oder Schöpfung;

b) Beobachtung, Untersuchung, Rückbau oder Testen eines Produkts oder Gegenstands, das bzw. der öffentlich verfügbar gemacht wurde oder sich im rechtmäßigen Besitz des Erwerbers der Information befindet, der keiner rechtsgültigen Pflicht zur Beschränkung des Erwerbs des Geschäftsgeheimnisses unterliegt;

c) Inanspruchnahme des Rechts der Arbeitnehmer oder Arbeitnehmervertreter auf Information und Anhörung gemäß dem Unionsrecht sowie gemäß den Rechtsvorschriften und den Gepflogenheiten der Mitgliedstaaten,

d) jede andere Vorgehensweise, die unter den gegebenen Umständen mit einer seriösen Geschäftspraxis vereinbar ist.

Anhang   RL 2016/943/EU

(2) Der Erwerb, die Nutzung oder die Offenlegung eines Geschäftsgeheimnisses gilt insofern als rechtmäßig, als der Erwerb, die Nutzung oder die Offenlegung durch Unionsrecht oder nationales Recht vorgeschrieben oder erlaubt ist.

Artikel 4
Rechtswidriger Erwerb, rechtswidrige Nutzung und rechtswidrige Offenlegung von Geschäftsgeheimnissen

(1) Die Mitgliedstaaten stellen sicher, dass die Inhaber von Geschäftsgeheimnissen berechtigt sind, die in dieser Richtlinie vorgesehenen Maßnahmen, Verfahren und Rechtsbehelfe zu beantragen, um einen rechtswidrigen Erwerb, eine rechtswidrige Nutzung oder eine rechtswidrige Offenlegung ihres Geschäftsgeheimnisses zu verhindern oder eine Entschädigung zu erlangen.

(2) Der Erwerb eines Geschäftsgeheimnisses ohne Zustimmung des Inhabers des Geschäftsgeheimnisses gilt als rechtswidrig, wenn er erfolgt durch

a) unbefugten Zugang zu, unbefugte Aneignung oder unbefugtes Kopieren von Dokumenten, Gegenständen, Materialien, Stoffen oder elektronischen Dateien, die der rechtmäßigen Kontrolle durch den Inhaber des Geschäftsgeheimnisses unterliegen und die das Geschäftsgeheimnis enthalten oder aus denen sich das Geschäftsgeheimnis ableiten lässt;

b) jedes sonstige Verhalten, das unter den jeweiligen Umständen als mit einer seriösen Geschäftspraxis nicht vereinbar gilt.

(3) Die Nutzung oder Offenlegung eines Geschäftsgeheimnisses gilt als rechtswidrig, wenn sie ohne Zustimmung des Inhabers des Geschäftsgeheimnisses durch eine Person erfolgt, von der sich erweist, dass auf sie eine der folgenden Bedingungen zutrifft:

a) Sie hat das Geschäftsgeheimnis auf rechtswidrige Weise erworben.

b) Sie verstößt gegen eine Vertraulichkeitsvereinbarung oder eine sonstige Verpflichtung, das Geschäftsgeheimnis nicht offenzulegen.

c) Sie verstößt gegen eine vertragliche oder sonstige Verpflichtung zur Beschränkung der Nutzung des Geschäftsgeheimnisses.

(4) Ebenfalls als rechtswidrig gilt der Erwerb, die Nutzung oder die Offenlegung eines Geschäftsgeheimnisses, wenn eine Person zum Zeitpunkt des Erwerbs, der Nutzung oder der Offenlegung wusste oder unter den gegebenen Umständen hätte wissen müssen, dass sie unmittelbar oder mittelbar über eine andere Person in den Besitz des Geschäftsgeheimnisses gelangt war, die dieses rechtswidrig im Sinne des Absatzes 3 genutzt oder offengelegt hat.

(5) Das Herstellen, Anbieten oder Inverkehrbringen von rechtsverletzenden Produkten oder die Einfuhr, Ausfuhr oder Lagerung von rechtsverletzenden Produkten für diese Zwecke stellt ebenfalls eine rechtswidrige Nutzung eines Geschäftsgeheimnisses dar, wenn die Person, die diese Tätigkeiten durchführt, wusste oder unter den gegebenen Umständen hätte wissen müssen, dass das Geschäftsgeheimnis rechtswidrig im Sinne des Absatzes 3 genutzt wurde.

Artikel 5

Ausnahmen

Die Mitgliedstaaten stellen sicher, dass ein Antrag auf die in dieser Richtlinie vorgesehenen Maßnahmen, Verfahren und Rechtsbehelfe abgelehnt wird, wenn der angebliche Erwerb oder die angebliche Nutzung oder Offenlegung des Geschäftsgeheimnisses in einem der folgenden Fälle erfolgt ist:

a) zur Ausübung des Rechts der freien Meinungsäußerung und der Informationsfreiheit gemäß der Charta, einschließlich der Achtung der Freiheit und der Pluralität der Medien;

b) zur Aufdeckung eines beruflichen oder sonstigen Fehlverhaltens oder einer illegalen Tätigkeit, sofern der Antragsgegner in der Absicht gehandelt hat, das allgemeine öffentliche Interesse zu schützen;

c) Offenlegung durch Arbeitnehmer gegenüber ihren Vertretern im Rahmen der rechtmäßigen Erfüllung der Aufgaben dieser Vertreter gemäß dem Unionsrecht oder dem nationalen Recht, sofern die Offenlegung zur Erfüllung dieser Aufgaben erforderlich war;

d) zum Schutz eines durch das Unionsrecht oder das nationale Recht anerkannten legitimen Interesses.

KAPITEL III
Maßnahmen, Verfahren und Rechtsbehelfe

Abschnitt 1
Allgemeine Bestimmungen

Artikel 6

Allgemeine Verpflichtung

(1) Die Mitgliedstaaten sehen die Maßnahmen, Verfahren und Rechtsbehelfe vor, die erforderlich sind, um einen zivilrechtlichen Schutz vor rechtswidrigem Erwerb sowie rechtswidriger Nutzung und Offenlegung von Geschäftsgeheimnissen zu gewährleisten.

(2) Die in Absatz 1 genannten Maßnahmen, Verfahren und Rechtsbehelfe:

a) müssen fair und gerecht sein;

b) dürfen nicht unnötig kompliziert oder kostspielig sein und keine unangemessenen Fristen oder ungerechtfertigten Verzögerungen mit sich bringen und

c) sie müssen wirksam und abschreckend sein.

Anhang   RL 2016/943/EU

Artikel 7

Verhältnismäßigkeit und missbräuchliche Klagen

(1) Die in dieser Richtlinie vorgesehenen Maßnahmen, Verfahren und Rechtsbehelfe sind in einer Art und Weise anzuwenden, die

a) verhältnismäßig ist,

b) die Errichtung von Schranken für den rechtmäßigen Handel im Binnenmarkt vermeidet und

c) Gewähr gegen ihren Missbrauch bietet.

(2) Die Mitgliedstaaten stellen sicher, dass die zuständigen Gerichte – auf Antrag des Antragsgegners – im nationalen Recht vorgesehene angemessene Maßnahmen anwenden können, falls eine Klage wegen rechtswidrigen Erwerbs oder rechtswidriger Nutzung oder Offenlegung eines Geschäftsgeheimnisses offensichtlich unbegründet ist und der Antragsteller das Gerichtsverfahren missbräuchlich oder in unredlicher Absicht eingeleitet hat. Diese Maßnahmen können soweit erforderlich die Gewährung von Schadensersatz für den Antragsgegner, die Verhängung von Sanktionen gegen den Antragsteller oder die Anordnung der Veröffentlichung von Informationen über die getroffene Entscheidung nach Artikel 15 umfassen.

Die Mitgliedstaaten können vorsehen, dass die in Unterabsatz 1 genannten Maßnahmen Gegenstand getrennter Gerichtsverfahren sind.

Artikel 8

Verjährungsfristen

(1) Die Mitgliedstaaten legen gemäß diesem Artikel Vorschriften über die Verjährungsfristen für materielle Ansprüche und Klagen auf Anwendung der in dieser Richtlinie vorgesehenen Maßnahmen, Verfahren und Rechtsbehelfe fest.

Die in Unterabsatz 1 genannten Vorschriften legen fest, wann die Verjährungsfrist beginnt, wie lang sie dauert und unter welchen Umständen sie unterbrochen oder ausgesetzt wird.

(2) Die Verjährungsfrist beträgt höchstens sechs Jahre.

Artikel 9

Wahrung der Vertraulichkeit von Geschäftsgeheimnissen im Verlauf von Gerichtsverfahren

(1) Die Mitgliedstaaten stellen sicher, dass die Parteien, ihre Rechtsanwälte oder sonstigen Vertreter, Gerichtsbedienstete, Zeugen, Sachverständige und alle sonstigen Personen, die an einem Gerichtsverfahren beteiligt sind, das den rechtswidrigen Erwerb oder die rechtswidrige Nutzung oder Offenlegung eines Geschäftsgeheimnisses zum Gegenstand hat, oder die Zugang zu Dokumenten haben, die Teil eines solchen Gerichtsverfahrens sind, nicht befugt sind, ein Geschäftsgeheimnis oder ein angebliches Geschäftsgeheimnis zu nutzen oder offenzulegen, das von den zuständigen Gerichten aufgrund eines ordnungsgemäß begründeten Antrags einer interessierten Partei als vertraulich einge-

stuft worden ist und von dem sie aufgrund der Teilnahme an dem Verfahren oder des Zugangs zu den Dokumenten Kenntnis erlangt haben. Die Mitgliedstaaten können ferner die zuständigen Gerichte ermächtigen, solche Maßnahmen von Amts wegen zu ergreifen.

Die in Unterabsatz 1 genannte Verpflichtung besteht auch nach Abschluss des Gerichtsverfahrens weiter fort. Die Verpflichtung endet jedoch, wenn eine der folgenden Situationen eintritt:

a) Im Rahmen einer rechtskräftigen Entscheidung wird festgestellt, dass das angebliche Geschäftsgeheimnis nicht die in Artikel 2 Nummer 1 genannten Kriterien erfüllt, oder

b) im Laufe der Zeit werden die in Frage stehenden Informationen für Personen in den Kreisen, die üblicherweise mit der betreffenden Art von Informationen umgehen, allgemein bekannt oder ohne weiteres zugänglich.

(2) Die Mitgliedstaaten stellen des Weiteren sicher, dass die zuständigen Gerichte auf ordnungsgemäß begründeten Antrag einer Partei spezifische Maßnahmen treffen können, die erforderlich sind, um die Vertraulichkeit eines Geschäftsgeheimnisses oder eines angeblichen Geschäftsgeheimnisses zu wahren, das im Laufe eines Gerichtsverfahrens im Zusammenhang mit dem rechtswidrigen Erwerb oder der rechtswidrigen Nutzung oder Offenlegung eines Geschäftsgeheimnisses genutzt oder auf das in diesem Rahmen Bezug genommen wird. Die Mitgliedstaaten können ferner die zuständigen Gerichte ermächtigen, solche Maßnahmen von Amts wegen zu ergreifen.

Die in Unterabsatz 1 genannten Maßnahmen sehen mindestens die Möglichkeit vor,

a) den Zugang zu von den Parteien oder Dritten vorgelegten Dokumenten, die Geschäftsgeheimnisse oder angebliche Geschäftsgeheimnisse enthalten, ganz oder teilweise auf eine begrenzte Anzahl von Personen zu beschränken;

b) den Zugang zu Anhörungen, bei denen unter Umständen Geschäftsgeheimnisse oder angebliche Geschäftsgeheimnisse offengelegt werden, und zu der entsprechenden Aufzeichnung oder Mitschrift dieser Anhörungen auf eine begrenzte Anzahl von Personen zu beschränken;

c) Personen, die nicht der begrenzten Anzahl von Personen nach den Buchstaben a und b angehören, eine nicht vertrauliche Fassung einer gerichtlichen Entscheidung bereitzustellen, in der die Geschäftsgeheimnisse enthaltenden Passagen gelöscht oder geschwärzt wurden.

Die Anzahl der Personen nach Unterabsatz 2 Buchstaben a und b darf nicht größer sein, als zur Wahrung des Rechts der Verfahrensparteien auf einen wirksamen Rechtsbehelf und ein faires Verfahren erforderlich ist, und muss mindestens eine natürliche Person jeder Partei und ihre jeweiligen Rechtsanwälte oder sonstigen Vertreter dieser Gerichtsverfahrensparteien umfassen.

(3) Bei der Entscheidung über die Maßnahmen gemäß Absatz 2 und der Beurteilung ihrer Verhältnismäßigkeit berücksichtigen die zuständigen Gerichte die Notwendigkeit, das Recht auf einen wirksamen Rechtsbehelf und ein faires Verfahren zu gewährleisten, die legitimen Interessen der Parteien und gegebenenfalls etwaiger Dritter sowie den möglichen Schaden, der einer der Parteien und gegebenenfalls etwaigen Dritten durch die Gewährung oder Ablehnung dieser Maßnahmen entstehen kann.

(4) Jede Verarbeitung personenbezogener Daten gemäß den Absätzen 1, 2 oder 3 erfolgt gemäß der Richtlinie 95/46/EG.

Abschnitt 2
Vorläufige und vorbeugende Maßnahmen

Artikel 10
Vorläufige und vorbeugende Maßnahmen

(1) Die Mitgliedstaaten stellen sicher, dass die zuständigen Gerichte auf Antrag des Inhabers des Geschäftsgeheimnisses eine der folgenden vorläufigen und vorbeugenden Maßnahmen gegen den angeblichen Rechtsverletzer anordnen können:

a) vorläufige Einstellung oder gegebenenfalls vorläufiges Verbot der Nutzung oder Offenlegung des Geschäftsgeheimnisses;

b) Verbot des Herstellens, Anbietens, Vermarktens oder der Nutzung rechtsverletzender Produkte oder der Einfuhr, Ausfuhr oder Lagerung rechtsverletzender Produkte für diese Zwecke;

c) Beschlagnahme oder Herausgabe der mutmaßlich rechtsverletzenden Produkte, einschließlich eingeführter Produkte, um deren Inverkehrbringen oder ihren Umlauf im Markt zu verhindern.

(2) Die Mitgliedstaaten stellen sicher, dass die Gerichte als Alternative zu den in Absatz 1 genannten Maßnahmen die Fortsetzung der angeblich rechtswidrigen Nutzung eines Geschäftsgeheimnisses an die Stellung einer oder mehrerer Sicherheiten knüpfen können, die die Entschädigung des Inhabers des Geschäftsgeheimnisses sicherstellen sollen. Die Offenlegung eines Geschäftsgeheimnisses gegen die Stellung von Sicherheiten darf nicht erlaubt werden.

Artikel 11
Anwendungsbedingungen und Schutzmaßnahmen

(1) Die Mitgliedstaaten stellen sicher, dass die zuständigen Gerichte im Zusammenhang mit den in Artikel 10 genannten Maßnahmen befugt sind, dem Antragsteller aufzuerlegen, alle vernünftigerweise verfügbaren Beweise vorzulegen, um sich mit ausreichender Sicherheit davon überzeugen zu können, dass

a) tatsächlich ein Geschäftsgeheimnis vorliegt,

b) der Antragsteller der Inhaber dieses Geschäftsgeheimnisses ist und

c) das Geschäftsgeheimnis auf rechtswidrige Weise erworben wurde, auf rechtswidrige Weise genutzt oder offengelegt wird oder ein rechtswidriger Erwerb oder eine rechtswidrige Nutzung oder Offenlegung des Geschäftsgeheimnisses droht.

(2) Die Mitgliedstaaten stellen sicher, dass die zuständigen Gerichte bei der Entscheidung über die Gewährung oder Ablehnung eines Antrags und der Beurteilung der Verhältnismäßigkeit den besonderen Umständen des Falls Rechnung tragen müssen, gegebenenfalls einschließlich:

a) des Wertes und anderer spezifischer Merkmale des Geschäftsgeheimnisses,

b) zum Schutz des Geschäftsgeheimnisses getroffene Maßnahmen,

c) des Verhaltens des Antragsgegners bei Erwerb, Nutzung oder Offenlegung des Geschäftsgeheimnisses,

d) der Folgen der rechtswidrigen Nutzung oder Offenlegung des Geschäftsgeheimnisses,

e) der legitimen Interessen der Parteien und Auswirkungen, die die Gewährung oder Ablehnung der Maßnahmen für die Parteien haben könnte,

f) der legitimen Interessen Dritter,

g) des öffentlichen Interesses und

h) des Schutzes der Grundrechte.

(3) Die Mitgliedstaaten stellen sicher, dass die in Artikel 10 genannten Maßnahmen auf Antrag des Antragsgegners aufgehoben oder auf andere Weise außer Kraft gesetzt werden, wenn

a) der Antragsteller nicht innerhalb einer angemessenen Frist, die entweder von dem die Maßnahmen anordnenden Gericht festgelegt wird, sofern dies nach dem Recht des Mitgliedstaats zulässig ist, oder, wenn es nicht zu einer solchen Festlegung kommt, 20 Arbeitstage oder 31 Kalendertage, wobei der längere der beiden Zeiträume gilt, nicht überschreitet, bei dem zuständigen Gericht das Verfahren einleitet, das zu einer Sachentscheidung führt oder

b) die in Frage stehenden Informationen aus Gründen, die dem Antragsgegner nicht zuzurechnen sind, nicht mehr die in Artikel 2 Nummer 1 genannten Kriterien erfüllen.

(4) Die Mitgliedstaaten stellen sicher, dass die zuständigen Gerichte die in Artikel 10 genannten Maßnahmen an die Stellung einer angemessenen Kaution oder die Leistung einer entsprechenden Sicherheit durch den Antragsteller knüpfen können, um eine etwaige Entschädigung des Antragsgegners oder einer etwaigen anderen von den Maßnahmen betroffenen Person sicherzustellen.

(5) Werden die in Artikel 10 genannten Maßnahmen auf der Grundlage von Absatz 3 Buchstabe a des vorliegenden Artikels aufgehoben oder werden sie aufgrund einer Handlung oder Unterlassung des Antragstellers hinfällig, oder wird in der Folge festgestellt, dass kein rechtswidriger Erwerb oder keine rechtswidrige Nutzung oder Offenlegung des Geschäftsgeheimnisses vorlag und auch nicht drohte, so sind die zuständigen Gerichte befugt, auf Antrag des Antragsgegners oder eines geschädigten Dritten anzuordnen, dass der Antragsteller dem Antragsgegner oder dem geschädigten Dritten angemessenen Ersatz für den durch diese Maßnahmen entstandenen Schaden zu leisten hat.

Die Mitgliedstaaten können vorsehen, dass der in Unterabsatz 1 genannte Antrag auf Schadensersatz Gegenstand eines getrennten Gerichtsverfahrens ist.

Anhang RL 2016/943/EU

Abschnitt 3
Maßnahmen aufgrund einer Sachentscheidung

Artikel 12
Gerichtliche Anordnungen und Abhilfemaßnahmen

(1) Die Mitgliedstaaten stellen sicher, dass die zuständigen Gerichte in dem Fall, dass in einer gerichtlichen Sachentscheidung ein rechtswidriger Erwerb, eine rechtswidrige Nutzung oder eine rechtswidrige Offenlegung festgestellt wird, auf Antrag des Antragstellers eine oder mehrere der folgenden Maßnahmen gegen den Rechtsverletzer erlassen können:

a) Einstellung oder gegebenenfalls Verbot der Nutzung oder Offenlegung des Geschäftsgeheimnisses;

b) Verbot des Herstellens, Anbietens, Vermarktens oder der Nutzung rechtsverletzender Produkte oder der Einfuhr, Ausfuhr oder Lagerung rechtsverletzender Produkte für diese Zwecke;

c) geeignete Abhilfemaßnahmen hinsichtlich der rechtsverletzenden Produkte;

d) die Vernichtung der Gesamtheit oder eines Teils der Dokumente, Gegenstände, Materialien, Stoffe oder elektronischen Dateien, die das Geschäftsgeheimnis enthalten oder verkörpern oder gegebenenfalls die Herausgabe der Gesamtheit oder eines Teils dieser Dokumente, Gegenstände, Materialien, Stoffe oder elektronischen Dateien an den Antragsteller.

(2) Zu den in Absatz 1 Buchstabe c genannten Abhilfemaßnahmen zählen

a) der Rückruf der rechtsverletzenden Produkte vom Markt;

b) die Beseitigung der rechtsverletzenden Qualität der rechtsverletzenden Produkte;

c) die Vernichtung der rechtsverletzenden Produkte oder gegebenenfalls ihre Marktrücknahme unter der Voraussetzung, dass der Schutz des in Frage stehenden Geschäftsgeheimnisses durch diese Marktrücknahme nicht beeinträchtigt wird.

(3) Die Mitgliedstaaten können vorsehen, dass ihre zuständigen Gerichte – bei Anordnung einer Entfernung der rechtsverletzenden Produkte aus dem Markt – auf Antrag des Inhabers des Geschäftsgeheimnisses anordnen können, dass die Produkte dem Inhaber des Geschäftsgeheimnisses oder wohltätigen Organisationen übergeben werden.

(4) Die zuständigen Gerichte ordnen an, dass die in Absatz 1 Buchstaben c und d genannten Maßnahmen auf Kosten des Rechtsverletzers durchgeführt werden, es sei denn, es liegen besondere Gründe dafür vor, hiervon abzusehen. Diese Maßnahmen ergehen unbeschadet des etwaigen Schadensersatzes, der dem Inhaber des Geschäftsgeheimnisses möglicherweise aufgrund des rechtswidrigen Erwerbs oder der rechtswidrigen Nutzung oder Offenlegung des Geschäftsgeheimnisses zu zahlen ist.

Artikel 13

Anwendungsbedingungen, Schutzvorschriften und alternative Maßnahmen

(1) Die Mitgliedstaaten stellen sicher, dass die zuständigen Gerichte bei der Prüfung eines Antrags auf Erlass gerichtlicher Anordnungen und von Abhilfemaßnahmen nach Artikel 12 und bei der Beurteilung von deren Verhältnismäßigkeit den besonderen Umständen des Falls Rechnung tragen müssen, einschließlich gegebenenfalls:

a) des Wertes oder anderer spezifischer Merkmale des Geschäftsgeheimnisses,

b) Maßnahmen, die zum Schutz des Geschäftsgeheimnisses getroffen werden,

c) des Verhaltens des Antragsgegners bei Erwerb, Nutzung oder Offenlegung des Geschäftsgeheimnisses,

d) der Folgen der rechtswidrigen Nutzung oder Offenlegung des Geschäftsgeheimnisses,

e) der legitimen Interessen der Parteien und Auswirkungen, die die Genehmigung oder Ablehnung der Maßnahmen für die Parteien haben könnte,

f) der legitimen Interessen Dritter,

g) des öffentlichen Interesses und

h) des Schutzes der Grundrechte.

Falls die zuständigen Gerichte die Dauer der in Artikel 12 Absatz 1 Buchstaben a und b genannten Maßnahmen begrenzen, muss die Dauer ausreichen, um sämtliche kommerziellen oder wirtschaftlichen Vorteile zu beseitigen, die der Rechtsverletzer aus dem rechtswidrigen Erwerb oder der rechtswidrigen Nutzung oder Offenlegung des Geschäftsgeheimnisses gezogen haben könnte.

(2) Die Mitgliedstaaten stellen sicher, dass die in Artikel 12 Absatz 1 Buchstaben a und b genannten Maßnahmen auf Antrag des Antragsgegners zurückgenommen oder ihre Wirkung auf andere Weise entfällt, wenn die fraglichen Informationen aus Gründen, die der Antragsgegner weder unmittelbar noch mittelbar zu vertreten hat, nicht mehr die in Artikel 2 Nummer 1 genannten Voraussetzungen erfüllen.

(3) Die Mitgliedstaaten sorgen dafür, dass die zuständigen Gerichte auf Antrag der Person, der die in Artikel 12 vorgesehenen Maßnahmen auferlegt werden können, anordnen können, dass anstelle der Anwendung dieser Maßnahmen eine Abfindung an den Geschädigten zu zahlen ist, sofern alle folgenden Bedingungen erfüllt sind:

a) Zum Zeitpunkt der Nutzung oder Offenlegung wusste die betreffende Person nicht und hätte unter den gegebenen Umständen nicht wissen müssen, dass sie über eine andere Person in den Besitz des Geschäftsgeheimnisses gelangt ist, die dieses Geschäftsgeheimnis rechtswidrig genutzt oder offengelegt hat;

b) bei Durchführung der betreffenden Maßnahmen würde der betreffenden Person ein unverhältnismäßig großer Schaden entstehen und

c) die Zahlung einer Abfindung an die geschädigte Partei erscheint als angemessene Entschädigung.

Wird anstelle einer Maßnahme gemäß Artikel 12 Absatz 1 Buchstaben a und b ein finanzieller Ausgleich angeordnet, so darf dieser nicht die Höhe der Lizenzgebühren übersteigen, die zu zahlen gewesen wären, wenn die betreffende Person um die Genehmigung ersucht hätte, das in Frage stehende Geschäftsgeheimnis für den Zeitraum zu nutzen, für den die Nutzung des Geschäftsgeheimnisses hätte untersagt werden können.

Artikel 14
Schadensersatz

(1) Die Mitgliedstaaten stellen sicher, dass die zuständigen Gerichte auf Antrag des Geschädigten anordnen, dass ein Rechtsverletzer, der wusste oder hätte wissen müssen, dass er einen rechtswidrigen Erwerb oder eine rechtswidrige Nutzung oder Offenlegung eines Geschäftsgeheimnisses vornahm, dem Inhaber des Geschäftsgeheimnisses einen Schadensersatz leistet, der dem infolge des rechtswidrigen Erwerbs oder der rechtswidrigen Offenlegung oder Nutzung tatsächlich erlittenen Schaden angemessen ist.

Die Mitgliedstaaten können die Haftung von Arbeitnehmern für Schäden begrenzen, die ihren Arbeitgebern durch den rechtswidrigen Erwerb oder die rechtswidrige Nutzung oder Offenlegung eines Geschäftsgeheimnisses entstanden sind, sofern sie nicht vorsätzlich handeln.

(2) Bei der Festsetzung der Höhe des Schadensersatzes gemäß Absatz 1 berücksichtigen die zuständigen Gerichte alle relevanten Faktoren, wie negative wirtschaftliche Folgen, einschließlich entgangener Gewinne des Geschädigten, etwaige durch den Rechtsverletzer erzielte unlautere Gewinne und gegebenenfalls andere als wirtschaftliche Faktoren wie den immateriellen Schaden, der dem Inhaber des Geschäftsgeheimnisses durch den rechtswidrigen Erwerb oder die rechtswidrige Nutzung oder Offenlegung des Geschäftsgeheimnisses entstanden ist.

Alternativ können die zuständigen Gerichte in geeigneten Fällen den Schadensersatz jedoch als Pauschalbetrag festsetzen, und zwar auf der Grundlage von Faktoren wie mindestens dem Betrag der Lizenzgebühren, die der Rechtsverletzer hätte entrichten müssen, wenn er die Genehmigung zur Nutzung des betreffenden Geschäftsgeheimnisses eingeholt hätte.

Artikel 15
Veröffentlichung von Gerichtsentscheidungen

(1) Die Mitgliedstaaten stellen sicher, dass die zuständigen Gerichte bei Verfahren wegen des rechtswidrigen Erwerbs oder der rechtswidrigen Nutzung oder Offenlegung von Geschäftsgeheimnissen auf Antrag des Antragstellers und auf Kosten des Rechtsverletzers geeignete Maßnahmen zur Verbreitung von Informationen über die betreffende Entscheidung, einschließlich der vollständigen oder teilweisen Veröffentlichung, anordnen können.

(2) Bei jeder Maßnahme gemäß Absatz 1 des vorliegenden Artikels wird die Vertraulichkeit von Geschäftsgeheimnissen gemäß Artikel 9 gewährleistet.

(3) Bei der Entscheidung darüber, ob eine Maßnahme gemäß Absatz 1 angeordnet wird, und bei der Bewertung ihrer Verhältnismäßigkeit berücksichtigen die zuständigen Gerichte gegebenenfalls den Wert des Geschäftsgeheimnisses, das Verhalten des Rechtsverletzers bei Erwerb, Nutzung oder Offenlegung des Geschäftsgeheimnisses, die Fol-

gen der rechtswidrigen Nutzung oder Offenlegung des Geschäftsgeheimnisses und die Wahrscheinlichkeit einer weiteren rechtwidrigen Nutzung oder Offenlegung des Geschäftsgeheimnisses durch den Rechtsverletzer.

Die zuständigen Gerichte berücksichtigen auch, ob die Informationen über den Rechtsverletzer die Identifizierung einer natürlichen Person ermöglichen würden und, falls ja, ob die Veröffentlichung dieser Informationen gerechtfertigt wäre, insbesondere im Lichte des etwaigen Schadens, den eine solche Maßnahme der Privatsphäre und dem Ruf des Rechtsverletzers zufügen kann.

KAPITEL IV
Sanktionen, Berichterstattung und Schlussbestimmungen

Artikel 16

Sanktionen bei Nichteinhaltung dieser Richtlinie

Die Mitgliedstaaten stellen sicher, dass die zuständigen Gerichte allen Personen, die es versäumen oder ablehnen, einer der gemäß den Artikeln 9, 10 und 12 erlassenen Maßnahme nachzukommen, Sanktionen auferlegen können.

Im Rahmen der Sanktionen wird unter anderem die Möglichkeit vorgesehen, im Falle einer Nichtbefolgung einer der gemäß den Artikeln 10 und 12 erlassenen Maßnahme wiederholt zu zahlende Zwangsgelder zu verhängen.

Die Sanktionen müssen wirksam, verhältnismäßig und abschreckend sein.

Artikel 17

Informationsaustausch und Korrespondenzstellen

Zur Förderung der Zusammenarbeit, einschließlich des Informationsaustauschs, der Mitgliedstaaten untereinander sowie zwischen den Mitgliedstaaten und der Kommission benennt jeder Mitgliedstaat eine oder mehrere nationale Korrespondenzstellen für alle Fragen nach der Durchführung der in dieser Richtlinie vorgesehenen Maßnahmen. Jeder Mitgliedstaat teilt die Kontaktadressen seiner Korrespondenzstelle(n) den anderen Mitgliedstaaten und der Kommission mit.

Artikel 18

Berichte

(1) Bis zum 9. Juni 2021 erstellt das Amt der Europäischen Union für geistiges Eigentum im Rahmen der Tätigkeiten der Europäischen Beobachtungsstelle für Verletzungen von Rechten des geistigen Eigentums einen ersten Bericht über die Entwicklungen bei dem rechtswidrigen Erwerb, der rechtswidrigen Nutzung und der rechtswidrigen Offenlegung von Geschäftsgeheimnissen im Zuge der Anwendung dieser Richtlinie.

(2) Bis zum 9. Juni 2022 erstellt die Kommission einen Zwischenbericht über die Anwendung dieser Richtlinie und legt diesen dem Europäischen Parlament und dem Rat

vor. Dieser Bericht trägt dem in Absatz 1 genannten Bericht in angemessener Weise Rechnung.

In dem Zwischenbericht werden insbesondere die etwaigen Auswirkungen der Anwendung dieser Richtlinie auf Forschung und Entwicklung, die Mobilität der Arbeitnehmer und die Ausübung des Rechts auf freie Meinungsäußerung und auf Informationsfreiheit untersucht.

(3) Bis zum 9. Juni 2026 bewertet die Kommission die Auswirkungen dieser Richtlinie und legt dem Europäischen Parlament und dem Rat einen Bericht vor.

Artikel 19

Umsetzung

(1) Die Mitgliedstaaten setzen die Rechts- und Verwaltungsvorschriften in Kraft, die erforderlich sind, um dieser Richtlinie bis zum 9. Juni 2018 nachzukommen. Sie teilen der Kommission unverzüglich den Wortlaut dieser Rechtsvorschriften mit.

Bei Erlass dieser Vorschriften nehmen die Mitgliedstaaten in den Vorschriften selbst oder durch einen Hinweis bei der amtlichen Veröffentlichung auf diese Richtlinie Bezug. Die Mitgliedstaaten regeln die Einzelheiten dieser Bezugnahme.

(2) Die Mitgliedstaaten teilen der Kommission den Wortlaut der wichtigsten innerstaatlichen Rechtsvorschriften mit, die sie auf dem unter diese Richtlinie fallenden Gebiet erlassen.

Artikel 20

Inkrafttreten

Diese Richtlinie tritt am zwanzigsten Tag nach ihrer Veröffentlichung im *Amtsblatt der Europäischen Union* in Kraft.

Artikel 21

Adressaten

Diese Richtlinie ist an die Mitgliedstaaten gerichtet.

Geschehen zu Straßburg am 8. Juni 2016.

Im Namen des Europäischen Parlaments

Der Präsident

M. SCHULZ

Im Namen des Rates

Der Präsident

A.G. KOENDERS

Sachverzeichnis

Fettgedruckte Angaben verweisen auf die Paragrafen bzw. Kapitel, magere auf die Randnummern.

Abdingbarkeit (Ausnahmen) **5** 24
Abfindung
- bei Beauftragtenhaftung **12** 51 ff.
Abfindung in Geld **11** 1 ff.
- § 251 BGB **11** 7
- Angemessenheit **11** 28 ff.
- Antrag **11** 32
- Anwendungsbereich **11** 4
- Auskunftsanspruch **11** 7
- Ausübung **11** 32 ff.
- Beweislast **11** 45 ff.
- Darlegungslast **11** 45 ff.
- Entwicklung **11** 3
- Gegenrecht **11** 8 ff.
- Herausgabeanspruch **11** 7
- Höhe **11** 30 ff.
- höhenmäßige Beschränkung **11** 18
- (keine) Anspruchsgrundlage **11** 8 ff.
- Kosten **11** 51
- Lizenz **11** 35 ff.
- mehrere Ansprüche **11** 5
- praktische Bedeutung **11** 13
- Rechtsfolge **11** 33
- Rechtsnatur **11** 8 ff.
- Reformbedarf **11** 14 ff.
- Regelungsgegenstand **11** 2
- Schadensersatzanspruch **11** 7
- tatsächliches Angebot **11** 33
- Unverhältnismäßig großer Nachteil **11** 25 ff.
- (Un)widerruflich **11** 34
- Verhältnis zu § 9 **11** 8 ff., 27, 38 ff.
- Verhältnis zu Aufbrauch- und Umstellungsfristen **11** 42 ff.
- Verschulden **11** 13, 20
- Vertragliche Ansprüche **11** 6
- Vollstreckung **7** 89
- Voraussetzungen **11** 19 ff.
- Wirkung **11** 35 ff.
- Zeitpunkt des Angebots **11** 47
Abgrenzung
- Beseitigung/Unterlassung **6** 58 ff.

Ablaufhemmung
- der Verjährung **13** 6
Abmahnung **Einl. E** 36; **6** 191 ff.; **7** 78
Abnehmerkette s. Endabnehmer
Abschlusserklärung **6** 86, 232 ff.; **22** 71
Abschlussverfahren
- Abschlussschreiben, Abschlusserklärung **6** 228 ff.
Abschreckung s. auch Generalprävention
Absichten (Strafvorschriften) **23** 29 ff.
- Betriebsspionage **23** 48, 68
- des Teilnehmers **23** 68, 136
- eigeneröffnete Geheimnishehlerei **23** 87
- fremderöffnete Geheimnishehlerei **23** 149
- Geheimnisverrat **23** 113
- versuchtes Bestimmen **23** 254
- Verwertung von Vorlagen **23** 184
Absolutes Recht **Einl. C** 7, 34, 51
Absolutismus
- Geheimnisschutz im **Einl. A** 3
Abstraktionsprinzip **Einl. C** 87
Abwendungsbefugnis **6** 128;
  s. auch Abfindung in Geld
- bei Beauftragtenhaftung **12** 51 ff.
Actus contrarius
- Erstbegehungsgefahr; Beseitigungsanspruch **6** 85, 240
AGB s. allgemeine Geschäftsbedingungen
Agent provocateur s. Lockspitzel
Akteneinsicht **Vor §§ 15 ff. A** 5, 11 ff.
- Akteneinsichtsrecht Dritter **16** 49 ff.
- Dritter **Vor §§ 15 ff. A** 11
- in ihren Informationsrechten beschränkte Partei **19** 4, 54 ff.
- Nebenintervenient **Vor §§ 15 ff. A** 13
- Nebenintervention **16** 50
- Strafverfolgung **23** 313, 316

1269

Sachverzeichnis

Aktivlegitimation 6 250; 10 42
– Auskunftsanspruch 8 8
Aktivpartei s. Partei
Akzessorietät
– der Beauftragtenhaftung 12 45
Allgemeine Geschäftsbedingungen
  Einl. C 46, 52
Allgemeines Landrecht für die Preußischen Staaten (1794) Einl. B 3
Allgemeinpflicht 23 20, 23, 41
All-Klausel Einl. E 7
Altfälle 6 308 ff.; 23 26
Anbieten (Produkthehlerei) 4 139
Änderungskosten 11 26
André, Wilhelm Einl. B 19
Aneignung, verbotene 4 34; 23 45
Angemessene Geheimhaltungsmaßnahmen 2 56 ff.
– Angemessenheit 2 102 ff.
– bei Endabnehmern/Kunden 2 99 ff.
– bei Unternehmensbeschäftigten
  2 88 ff.
– beweisrechtliche Begründung
  Einl. F 51
– Beweiszeichen 2 57, 68 f.
– Darlegungs- und Beweislast 2 127
– gegenüber Geschäftspartnern 2 96 ff.
– Geheimhaltungsklauseln 2 90
– individualvertragliche 2 89 ff.
– kollektivrechtliche 2 93 f.
– Kosten der ~ Einl. F 55 ff.
– Maßnahmentrias 2 70 ff., 81 ff.
– Need to Know-Prinzip 2 84, 90
– Non-disclosure-Agreements (NDA)
  2 98, 101
– organisatorische 2 83 ff.
– rechtliche 2 87 ff.
– Reverse-Ausschlussklausel 2 98, 101
– Sachgrund (Schutzaspekte) 2 59 ff.
– Schutzobjekte 2 80
– Strafvorschriften 23 10, 26, 119, 170
– technische 2 86
– verfügungsrechtliche Begründung
  Einl. F 52 ff.
– Vertragsstrafen 2 92, 95, 98
– Wettbewerbsverbote 2 91
– Zuständigkeit für 2 73 ff.
– Zweck der Einl. F 50 ff.

Angemessenheit (Bestimmung)
  2 103 ff.
– Bemessungsverfahren 2 122 ff.
– Bestimmungsfaktoren 2 104 ff., 124 ff.
– Geheimniswert 2 106 ff.
– inhaberschaftliche Einrichtung 2 127
– Kennzeichnungsart 2 117 f.
– Natur der Information 2 110 ff.
– Relevanz für Unternehmen 2 113
– Unternehmensgröße 2 114
– unternehmensspezifische Üblichkeit
  2 115 f.
– vertragliche Vereinbarungen 2 119 f.
Angestellter s. Beschäftigter
Angriffsfaktor 22 5
Angriffsobjekt s. Schutzobjekt,
  Tatgegenstand
Anhörung 7 78
– Streitwertbegünstigung 22 48
Ankündigung
– versuchter Beteiligung 23 242, 263,
  271
Annehmen eines Erbietens
  s. Erbietensannahme
Anonymisierung 21 6
Anreize Einl. F 13 ff.; 21 ff.
– des Marktteilnehmers Einl. F 13 ff.
– durch Reverse Engineering
  Einl. F 69 f.
– Erforderlichkeit Einl. F 25
– wohlfahrtsökonomische Einl. F 21 ff.
– zur Innovation Einl. F 21; 35; 69
Anscheinsbeweis s. Beweislast
Anschluss (Strafvorschriften) 23 301,
  313, 317
Anschlussstat
– Geheimnishehlerei 4 116
– Produkthehlerei 4 132
– Strafbarkeit 23 74, 79, 86, 143
Anspruchsausschluss 9 1 ff.
– berechtigte Interessen Dritter 9 32 f.
– Ermessensspielraum 9 13
– geringe Schutzmaßnahmen 9 24 f.
– geringer Marktwert 9 22 f.
– Gutgläubigkeit 9 28
– öffentliche Interessen 9 34
– Verhalten des Rechtsverletzers
  9 26 ff.

Anspruchsgläubiger 7 19
- Inhaber; mehrere Inhaber 6 31 ff.
Anspruchskanon 6 4
Anspruchsmehrheit
- mehrere Gläubiger 6 35
Anspruchsschuldner 7 19
- Rechtsverletzer 6 37 ff.
Anspruchsziel
- Beseitigung 6 240
Anständige Marktgepflogenheiten (Verstoß) 4 47 ff.
- Business Ethics 4 49
- Exemplifikationen 4 49
Anstifter s. auch Anstiftung, Teilnahme
- Rechtsverletzer 2 152, 156
Anstiftung s. auch Teilnahme
- Betriebsspionage 23 65
- eigeneröffnete Geheimnishehlerei 23 96
- fremderöffnete Geheimnishehlerei 23 156
- Geheimnisverrat 23 133
- Ketten~ 23 252, 254, 257, 292
- Medienschaffende 23 238
- Rücktritt von versuchter 23 287
- sich bereiterklären zur 23 265
- versuchte 23 249 ff.
- Verwertung von Vorlagen 23 193
- zum Sich-Bereiterklären 23 269
- zur Erbietensannahme 23 277
- zur Verabredung 23 285
- zur versuchten 23 259
Antipatentbewegung Einl. B 7 f.
Anti-Plug-Mould Laws Einl. F 81
Antrag
- Antragsfassung; konkrete Verletzungsform, konkrete Verletzungshandlung 6 56, 148 ff.
- Antragsformulierung Urteilsbekanntmachungsanspruch 21 26 ff.
- Straf~ 23 294 ff., 308
Antragsdelikt Einl. B 4, 15, 39, 47
Antragsteller s. auch Partei
Antragstellerhaftung
- Streitwertbegünstigung 22 69
Antragstellung 7 69 ff.
- gattungsmäßige Bezeichnung 7 72
- gesetzeswiederholend 7 70

Anwaltsgebühren
- Streitwertbegünstigung 22 63 ff.
Anwendungsbereich
- GeschGehG 1 1 ff.; 23 8, 12, 288
- internationaler 7 2
- persönlicher Anwendungsbereich der Know-how-RL Einl. C 43, 50
- Rechtfolgen (drohender) Rechtsverletzungen; sachlich; persönlich 6 18
- sachlicher Anwendungsbereich der Know-how-RL Einl. C 29 ff., 43 ff.
Anzeige s. auch Whistleblowing, externes
- gegen Unbekannt 23 298
- Rechtfertigungsgrund 23 121
- Straf~ 23 299 ff.
- strafrechtliche ~pflicht 23 118
- zu Gunsten eines Dritten 23 34
Arbeiter s. Beschäftigter
Arbeitgeber
- Ansprüche gegen den Arbeitnehmer Einl. E 37, 39
- Ansprüche gegen den Betriebsrat Einl. E 64
- Ansprüche gegen den neuen Arbeitgeber Einl. E 40
- berechtigtes Interesse an der Geheimhaltung Einl. E 5, 7, 13, 38
- Betriebsgeheimnis Einl. E 11
- Direktionsrecht Einl. E 45
- Geheimhaltungserklärung Einl. E 52, 53, 55
- Geheimhaltungsmaßnahmen Einl. E 21
- Geheimhaltungspflichten der Arbeitgebervereinigung Einl. E 81
- Geschäftsgeheimnis Einl. E 27, 54
- Strafbarkeitsrisiko Einl. E 27
- Verschwiegenheitsklausel Einl. E 7
- Wettbewerbsverbot Einl. E 7, 12
Arbeitgebervereinigung Einl. E 81
- Geheimhaltungspflicht Einl. E 81
Arbeitnehmer s. Beschäftigte
- All-Klauseln Einl. E 7
- Arbeitnehmervertretung Einl. E 19, 57, 60, 69, 70

Sachverzeichnis

- Begehungsgefahr 6 78
- Begriff 1 54
- Berufsfreiheit Einl. E 12, 36, 38
- Erfahrungswissen 1 60
- Haftung Einl. E 39
- (Haftungs-)Ausnahme 5 101 ff.
- Informationsrechte 1 58 ff.
- Kündigungsrechtsstreit Einl. E 36
- Leistungskontrolle Einl. E 44
- Mitbestimmungsrechte 1 65 ff.
- Nutzungsverbote 4 86 ff.
- Offenlegungsverbote 4 103 ff.
- Pflichten aus dem GeschGehG Einl. E 20
- Private Aufzeichnungen Einl. E 25
- Rechte und Pflichten 1 57 ff.
- Schweigepflichten 4 99 ff., 106
- Strafvorschriften 23 77, 103
- Treuepflicht 1 60; 2 90; 4 93
- unangemessene Benachteiligung Einl. E 6
- Verschwiegenheitspflicht Einl. E 3, 5
- Vertretung 1 55 f., 65 ff., 73 f.
- Vorrang 1 53 ff.
- Whistleblowing Einl. E 41, 45

Arbeitnehmer(vertretungs-)rechte
- erlaubtes Erlangen 3 86 ff.
- fehlende Erlaubnis 4 43 f.
- (Haftungs-)Ausnahme 5 101 ff.
- Mitbestimmungsträger 5 110 ff.
- Teilhaberechte 3 36 ff.
- Unberührtheit 1 57 ff., 65 ff.

Arbeitnehmererfinder 1 58; 2 148; 3 123; 4 77 f., 97, 107 f.

Arbeitnehmerfreizügigkeit Einl. C 44

Arbeitnehmerhaftung 10 33 ff.
- Grundsätze über die beschränkte Arbeitnehmerhaftung 10 35

Arbeitnehmerinteressen Einl. B 11, 31 ff.

Arbeitnehmervertretung Einl. E 1
- Mitbestimmung Einl. E 19, 35, 57

Arbeitsgerichte 12 50

Arbeitsgerichtsverfahren
- Geheimnisschutz Vor §§ 15 ff. A 26 ff.

Arbeitsrecht (Vorrang) 1 51 ff.

Arbeitsrechtssachen
- Kostenerstattung 22 16

Arbeitstheorie (Naturrecht) Einl. B 22 f.

Arbeitsverhältnis Einl. E 1
- Abmahnung Einl. E 36
- AGB Einl. E 25
- All-Klauseln Einl. E 7
- Ansprüche aus dem GeschGehG Einl. E 39
- außerordentliche Kündigung Einl. E 72
- Geheimhaltungsmaßnahmen Einl. E 22
- Geheimhaltungspflichten Einl. E 8, 11, 36, 41, 59
- Loyalitäts- und Rücksichtsnahmepflichten Einl. E 25
- Mitbestimmungsrechte Einl. E 35
- ordentliche Kündigung Einl. E 36
- Pflichtverletzung Einl. E 37, 66, 72
- Schadensersatzansprüche Einl. E 29, 34, 40, 62, 64
- Unterlassungsanspruch Einl. E 40
- Verschwiegenheitspflicht Einl. E 2
- wettbewerbsrechtliche Ansprüche Einl. E 38

Arbeitsvertrag Einl. E 2, 37, 41
- Dispositivität des GeschGehG Einl. E 28 ff.
- Dokumentations- und Appellfunktion Einl. E 10
- Geheimhaltungsverpflichtung Einl. E 55, 80
- individualvertragliche Abrede Einl. E 30
- Nebenpflichtverletzung Einl. E 29
- Pflichtverletzung Einl. E 66
- Rückgabeklausel Einl. E 25
- Schutz- und Rücksichtsnahmepflichten Einl. E 2

Arrow's Information Paradox Einl. F 39

Art. 118 Abs. 1 AEUV Einl. C 3 ff.

Aufbrauchfrist 11 27, 42

Aufdecken von Fehlverhalten 5 62 f., 66 ff., 78 ff.

Auffangstreitwert 22 14

Auffangtatbestand 7 13

Aufrechnungsverbot
– Restschadensersatzanspruch 13 43
Aufsichtsrat Einl. E 60
– Abberufung **Einl. E** 70 f.
– Doppelmandat **Einl. E** 69
– Geheimhaltungspflichten **Einl. E** 67
– Gesellschafterversammlung
  Einl. E 75
– Mandatspflichten **Einl. E** 71
– Pflichtverletzung **Einl. E** 72
– Verschwiegenheitspflicht **Einl. E** 68
Auftragnehmer s. Beauftragter
Auftragserfinder 2 96, 148, 156
Aufwendungsersatzanspruch
– Missbrauchsverbot **14** 37 ff.
Ausforschungsverbot Vor §§ 15 ff. A
15
Ausfuhr rechtsverletzender Produkte
  4 139 f.
Ausführen (Produkthehlerei) 4 139
Auskunftsanspruch Vor §§ 15 ff. A
15 ff.
– Aktivlegitimation **8** 8
– akzessorisch **7** 34
– Anspruchsvoraussetzungen **8** 9 ff.
– Auskunft über Empfänger **8** 27
– Auskunft über Informanten **8** 27
– Hilfsanspruch **8** 1
– Mengen- und Preisangaben **8** 21 f.
– Missbrauchsverbot **14** 24
– Nichterfüllung Auskunftspflicht **8** 35
– Passivlegitimation **8** 8
– Pflicht Belegvorlage **8** 20
– Streitwertbemessung **22** 7
– über rechtsverletzende Produkte **12** 47
– Umfang **8** 15 ff.
– Unverhältnismäßigkeit **8** 41
– Verhältnis zu anderen Ansprüchen **8** 7
– Verjährung **8** 40
– Verletzung Auskunftspflicht **8** 33
Auskunftsanspruch (vorbereitender)
  6 261
Auskunftspflicht 8 33 ff.
– gesetzliche **3** 133
– Haftung bei Verletzung der **12** 55
– strafrechtliche Rechtfertigung **23** 53,
  118, 187
– Verletzung ~ **8** 35 ff.

Auslagen 7 2; **22** 9, 59; **23** 211
Auslandstaten (Strafvorschriften)
  23 239 ff.
– eigene Nutzung **23** 216 ff.
– fremde Nutzung **23** 208 ff.
– für „heimische" Unternehmen
  23 240 f.
– gewerbsmäßige **23** 202 ff.
– Strafschärfung **23** 201, 224
– Versuch **23** 207, 213, 220
Auslegung s. richtlinienkonforme ~
– europarechtskonform **7** 21
– Strafvorschriften **23** 8 ff.
– teleologische **Einl. C** 70
– unionsrechtskonforme **Einl. C** 59, 61,
  64 ff., 68 ff.; **21** 4
– Unterlassungsanspruch **6** 106
Ausnahmen
– Abdingbarkeit (AGB) **5** 24
– Analogie **23** 153
– bei Strafvorschriften **23** 49, 88, 114,
  153, 185
– berechtigtes Interesse **5** 27, 33 ff.
– betriebliche Mitbestimmung **5** 19,
  101 ff., 109 ff.
– Darlegungs- und Beweislast
  5 137 f.
– Duplizität **5** 26 ff.
– Entwicklungsgeschichte **5** 3 ff.
– Grundfreiheiten bzw. Grundrechte
  5 17, 37, 59 f., 104 ff.
– Informations- und Meinungsfreiheit
  5 17, 43 ff., 48 ff.
– „insbesonderes" Interesse **5** 41 f.
– Interessenabwägung **5** 38 ff., 48 ff.,
  61 ff., 84 ff., 108 ff.
– Konnexität **5** 25 ff.
– materielle Rechtsnatur **5** 8 ff., 52 ff.,
  94 ff., 125 ff.
– Normenhierachie **5** 36 ff.
– Normzweck **5** 8 ff.
– Presse- und Medienfreiheit **5** 17, 47
– Privilegierung **5** 6 ff.
– Rechtfertigungsgrund **5** 54, 100, 134
– rechtswidriges Handeln/Verhalten
  5 51, 64 ff., 70 f.
– sonstige legitime Interessen **5** 135 f.
– Vollharmonisierung **5** 21 ff.

1273

Sachverzeichnis

- Whistleblower-Richtlinie (WBRL) **5** 28 ff., 92 f., 138
- Whistleblowing **5** 18, 28 ff., 58 ff.

Aussagepflichten
- gesetzliche **3** 133
- strafrechtliche Rechtfertigung **23** 53, 118, 187

Ausschluss der Öffentlichkeit
- Allgemeines **19** 3 ff., 47
- Interessenabwägung **19** 3
- Verknüpfung mit Anordnung nach § 19 Abs. 1 **19** 51 ff.
- Wichtigkeit der Information **19** 3
- Zuständigkeit und Verfahren **19** 48 ff.

Auswertung Medienschaffender **23** 237

Autonomie der Sozialpartner **1** 42 ff.

Bagatellgrenze Einl. C 34, 35, 38, 76
Bagatellverstöße **22** 26
Bankkundendaten **23** 38, 54, 66
Beauftragtenhaftung **12** 1 ff.
- Abwendungsbefugnis **12** 51 ff.
- Akzessorietät der **12** 45
- als Zurechnungsnorm **12** 1, 46
- Anspruch gegen den Unternehmensinhaber **12** 45 ff.
- Ansprüche infolge der **12** 47 ff.
- Auslegung **12** 15
- bei arbeitsteiligem Vorgehen **12** 3
- bei Verletzung der Auskunftspflicht nach § 8 **12** 2
- Darlegungs- und Beweislast **12** 56 f.
- des Unternehmers **12** 1
- funktionaler Unternehmensbezug **12** 37 f.
- für Hilfspersonen **12** 1
- Gesamtschuldnerschaft bei **12** 48
- in Sonderschutzgesetzen **12** 17
- ohne Exkulpationsmöglichkeit **12** 15
- Parallelvorschriften **12** 15 ff.
- Richtlinienziele **12** 22
- Tatbestandsvoraussetzungen **12** 24 ff.
- Unternehmensübergang **12** 47
- Unternehmenswechsel **12** 47

Beauftragter **12** 27 ff.
- Anspruch gegen den **12** 50

- Auslegung **12** 27
- Begriff **12** 28 f.
- Eingliederung in die Betriebsorganisation **12** 29
- mehrgliedrige Haftungsketten **12** 32
- Rechtsanwalt als **12** 31
- Rechtsverletzung durch **12** 39 f.
- selbstständiger Unternehmer als **12** 29
- Tochtergesellschaft als **12** 30
- Unterbeauftragter **12** 32
- Unterwerfungserklärung des **12** 47
- Unverhältnismäßigkeitseinwand **12** 42
- vorherige Inanspruchnahme **12** 48

Bedingungsfeindlich **11** 34
Beeinträchtigung **6** 50
Beendigung, strafrechtliche **23** 60, 77, 91 f., 128, 190, 318

Befristung
- Unterlassungsanspruch **6** 63
- Unterlassungsgebot **6** 141

Befristungsfeindlich **11** 34
Begehungsgefahr
- Erstbegehungsgefahr, Widerholungsgefahr, Ausräumung der Begehungsgefahr; Beweislast **6** 66 ff., 83 ff., 253 ff.

Begriffsbestimmungen
- Geheimnishehlerei **23** 73
- Geschäftsgeheimnis s. Geschäftsgeheimnisbegriff
- Information **2** 21 ff.
- Inhaber **2** 140 ff.
- Produkt **2** 163 f.
- rechtsverletzendes Produkt **2** 158 ff.
- Rechtsverletzer **2** 150 ff.
- Unzulänglichkeiten **2** 2 f., 182 ff.

Beihilfe s. auch Teilnahme, Beihilfe Medienschaffender
- zum Geheimnisverrat **23** 134 f.
- zur Betriebsspionage **23** 66
- zur eigeneröffneten Geheimnishehlerei **23** 96
- zur versuchten Beteiligung **23** 259, 269, 277, 280

Beihilfe Medienschaffender s. auch Teilnahme
- berufsmäßige Mitwirkung **23** 236
- privilegierte Handlungen **23** 237
- privilegierte Personen **23** 235 f.

- Rechtfertigung **23** 229 ff., 231 ff.
- zum Geheimnisverrat **23** 124, 135
- zur Betriebsspionage **23** 56, 67
- zur Verwertung von Vorlagen **23** 188, 194

Bekanntheit/-gaben 2 29 ff.
- allgemeine **2** 31 ff.
- durch Patentierung **2** 32
- Gemeinfreigaben s. auch Gemeinfreiheit **1** 27 ff.
- Informationsfreiheitsrechte **2** 32

Beklagter s. auch Partei
Belieferungsverbot 10 54
Bemessungsfaktoren
- angemessene Schutzmaßnahmen **2** 104 ff.
- Entwicklungsaufwand **2** 107 f.
- Verkehrswertverfahren **2** 38 ff.
- Wertbemessung **2** 47

Beobachten s. Reverse Engineering
Berechtigtes Geheimhaltungsinteresse 2 128 ff., 135 ff.
- beim rechtswidrigen Geheimnis **2** 138 ff.
- des Geheimnisherrn **2** 134
- Ermittlung **2** 130 ff.
- nachvertragliches Nutzungsverbot **4** 91 ff.
- Strafrechtsrelevanz **23** 50, 126, 170
- **Vor §§ 15 ff. B** 33; **21** 6
- Datenschutzvorbehalt s. Datenschutz
- obsiegende Partei bei Urteilsbekanntmachungsanspruch **21** 35 ff.

Berechtigungsanfrage 21 38
Bereicherung
- des Rechtsverletzers **13** 31
- Wegfall der **13** 42

Bereicherungsausgleich 13 13
Bereicherungsgegenstand 13 28
Berufsausübung
- Berufsfreiheit **Einl. E** 36, 38
- Einschränkung **Einl. E** 12

Berufsfreiheit Vor §§ 15 ff. B 5
Berufung
- Erhebung der Abwendungsbefugnis **11** 47

Beruhen s. rechtsverletzendes Produkt

Beschäftigte 12 25 f.
- Anspruch gegen **12** 50
- Auslegung **12** 26
- Begriff **12** 25
- Rechtsverletzer **4** 88 ff.
- Rechtsverletzung durch **12** 39 f.
- Straftäter **23** 21 ff., 62 ff., 77, 102 ff., 130, 144, 168
- Unverhältnismäßigkeitseinwand **12** 42
- vorherige Inanspruchnahme **12** 48

Beschäftigungsverbot 10 54
Beschäftigungsverhältnis
- Strafvorschriften **23** 108 ff., 164 ff.

Beschlussverfügung s. Waffengleichheit (prozessuale)

Beschränkung des Informationszugangs des Prozessgegners
- Anhörung des Prozessgegners **20** 2 f., 13 ff.
- Antrag, Verfahren **19** 12 ff.
- Auswahl der zugangsberechtigten Personen **19** 13
- Beschränkung des Dokumentenzugangs **19** 24 ff.
- Black-Box-Verfahren **Vor 15** 11; **19** 9
- Düsseldorfer Verfahren **19** 40 f.
- Einreichung einer redigierten Fassung **19** 26; **20** 5
- Einschränkung des Zugangs zur mündlichen Verhandlung **19** 28
- gerichtliche Abänderungsbefugnis **20** 15 f.
- gerichtliches Ermessen **19** 43 ff.
- Grenzen der gerichtlichen Befugnisse **19** 37 ff.
- Grund- und Menschenrechtseingriff **19** 6
- In-camera-Verfahren **Vor 15** 11, 26 f.; **19** 2, 8 f., 38
- Independent agent **19** 39
- Interessenabwägung **19** 31 ff.
- Rechtsmittel **19** 15; **20** 26 ff.
- Regelungsstufen **19** 10
- Streitgenossen und Nebenintervenienten **19** 16 ff.
- unionsrechtliche Abwägungsvorgaben **Vor 15** 10

1275

Sachverzeichnis

- unionsrechtliche Vorgaben **Vor 15** 10; **19** 6
- unionsrechtliche Vorgaben (Gesetzgebungshistorie) **Vor 15** 11
- Vollharmonisierende Wirkung der unionsrechtlichen Vorgaben **19** 8
- Vollstreckungsverfahren **19** 5
- Zeitpunkt der Anhörung **20** 13 f.
- Zugangsberechtigte Personen (Gerichtliche Prüfung) **19** 21
- Zugangsberechtigte Personen (Vorschlagsrecht der Parteien) **19** 21
- Zuständigkeit **19** 11; **20** 28
- Zuverlässigkeit **19** 20 ff.
- Zuverlässigkeit (Anschein der Unzuverlässigkeit) **19** 21
- Zuverlässigkeit (Berufstand als Indiz) **19** 21

Beschwerdeberechtigung
- Streitwertbeschwerde **22** 80 ff.

Beseitigung 7 9, 13
- Antragstellung **7** 69 ff.
- Aufbrauchsfrist **7** 25
- Fortwirkung **7** 26
- Frist **6** 241; **7** 25
- Kosten **7** 28

Beseitigungsanspruch
- gegen den Unternehmer **12** 47
- Missbrauchsverbot **14** 24
- Besichtigungsanspruch **6** 264 ff.; **Vor §§ 15 ff. A** 16, 19 ff.

Besitz 7 11 ff.
- aufoktroyierter **3** 24
- Auseinanderfallen mit Eigentum **7** 41
- Begriff **3** 78
- Dritter **7** 81
- Inhaberschaft **3** 132 f.
- rechtmäßiger **3** 79
- Reverse Engineering bei **3** 71 ff.

Besondere persönliche Merkmale (§ 28 StGB)
- Anvertrauen **23** 167
- Auslandsnutzung **23** 214, 221
- gewerbsmäßiges Handeln **23** 203, 206
- Sonderpflichtmerkmale **23** 167, 192
- Tatsituationsdelikte **23** 20
- Teilnehmerabsichten **23** 68

Bestimmtheitsgebot
- Antrag, Bestimmtheitsgrundsatz **6** 148, 186

Bestimmtheitsgrundsatz 23 27 f., 37

Betriebliche Mitbestimmung s. auch Kollektivarbeitsrecht
- als Ausnahmegrund **5** 19, 101 ff., 109 ff.
- arbeitsrechtlicher Vorrang **1** 53 ff.
- Erlaubnis **3** 1, 13, 48, 86, 89 ff., 94 f.; **4** 44
- Grund- und Freiheitsrechte **5** 104 ff.

Betriebs- und Geschäftsgeheimnisse Einl. E 2, 11
- Aufsichtsratmitglieder **Einl. E** 67
- Begriff **Einl. E** 4, 20
- Betriebsrat **Einf. E** 58, 62
- Geheimhaltungserklärung **Einl. E** 55
- unbefugtes Offenbaren und Verwerten **Einl. E** 65
- Unterrichtspflicht **Einl. E** 48
- Verletzung **Einl. E** 2
- Verschwiegenheitspflicht **Einl. E** 3

Betriebsgeheimnisschutz s. Geschäftsgeheimnisschutz

Betriebsinterna 2 51, 80, 82; **23** 77, 269

Betriebsrat 1 55 f.
- außerordentliche Kündigung **Einl. E** 66, 72
- betriebliche Ordnung **Einl. E** 43
- Doppelmandate **Einl. E** 69
- Gebot der vertrauensvollen Zusammenarbeit **Einl. E** 49, 55
- Geheimhaltungspflicht **Einl. E** 46, 48, 50, 53, 56, 57, 62, 65
- Mitbestimmungsrechte **Einl. E** 41, 42, 43, 44
- Unterlassung der Offenbarung und Verwertung **Einl. E** 62
- verbotene Handlungen **4** 77 f., 107 ff.
- Verschwiegenheitspflicht **Einl. E** 3

Betriebsspionage (Strafvorschriften) 23 39 ff.
- Absichten **23** 48
- Beihilfe Medienschaffender **23** 56
- Einverständnis und Einwilligung **23** 51

1276

Sachverzeichnis

- Irrtum **23** 57 ff.
- Konkurrenzen **23** 71
- Qualifikation **23** 202 ff.
- Rechtswidrigkeit **23** 50 ff.
- Schuld **23** 69 f.
- Strafrahmen **23** 72
- Tatbestandsausnahmen **23** 49
- Täter **23** 41
- Täterschaft und Teilnahme **23** 62 ff.
- Tatgegenstand **23** 42
- Tathandlung **23** 43 f.
- Tatmodalitäten **23** 45
- Versuch **23** 61
- Vollendung **23** 60
- Vorsatz **23** 47 f.

Betriebsvereinbarung(en) **1** 56, 70; **2** 93 f., 120

Betriebsverfassungsrecht **1** 65 ff.

Beweisbeschaffung **6** 260 ff.

Beweiserleichterung
- beim Verrichtungsgehilfen **12** 10

Beweislast **6** 246 ff.; **7** 67 ff.; **11** 46 ff.
- Arbeitnehmervertretungsrechte **3** 101
- Beauftragtenhaftung **12** 56 f.
- bei Ausnahmen **5** 137 f.
- bei Reverse Engineering **3** 87
- Inhaberschaft **2** 140, 179
- Missbrauchsverbot **14** 44
- rechtsverletzendes Produkt **2** 178
- Restschadensersatzanspruch **13** 46 f.
- verbotene Handlungen **4** 142
- wirtschaftlicher Wert **2** 151

Beweissicherung
- Maßnahmen zur **6** 10, 260 ff.

Beweiszeichen
- Geheimhaltungsmaßnahmen **2** 57, 68 f.

Binnenmarkt Einl. C 5, 10, 26, 29 f., 37, 60

Blackbox-Verfahren Vor §§ 15 ff. A 17

Blacklist
- Handlungsverbote **4** 12

Branchenwissen **1** 58
- Inhaberschaft **2** 147
- Wertbestimmung **2** 51

Brunstein, Josef Ludwig Einl. B 12, 22

Bundesgerichtshof (BGH) Einl. B 54, 58, 59

Bundesverfassungsgericht **22** 89

Catch-all-Klausel **2** 90; **4** 63
Cheepest Cost Avoider Einl. F 56
Chemische Industrie Einl. B 12, 20
Chiffren
- homophone Einl. G 15 ff.
- polyalphabetische Einl. G 15 ff.
- Vernam Einl. G 18 f.
- Vigenière Einl. G 16

Clean-Room-Prozess **4** 49
Coase Theorem Einl. F 8
Compliance
- Einstellung neuer Mitarbeiter **11** 23
- Verhinderung von Geheimnisverletzungen **11** 23

Computerprogramme **2** 10; **23** 174, 177

Concurrence Déloyale Einl. B 14

Damme, Felix Einl. B 21, 22, 28
Darlegungs- und Beweiserleichterung **10** 32, 57, 68, 79, 88, 124
- Anspruchsausschluss **9** 36 f.
- Auskunftsanspruch **8** 44

Darlegungslast **7** 67 ff.; **11** 46 ff., s. auch Glaubhaftmachung
- Arbeitnehmervertretungsrechte **3** 95
- Beauftragtenhaftung **12** 56 f.
- bei Ausnahmen **5** 137 f.
- bei Reverse Engineering **3** 87
- Inhaberschaft **2** 140, 179
- Missbrauchsverbot **14** 44
- rechtsverletzendes Produkt **2** 178
- Restschadensersatzanspruch **13** 46 f.
- sekundäre **12** 57; **14** 44; s. auch Beweislast
- verbotene Handlungen **4** 142
- wirtschaftlicher Wert **2** 51

Daten **2** 10, 23, 33, 41 ff., 80, 124, 163, 172; **23** 128, 166, 310

Datenhehlerei (§ 202d StGB) **4** 68, 131; **5** 2, 7

Datenschutz Einl. C 7, 19, 30, 61; **21** 6

Datenschutzbeauftragter
- externer Einl. E 80
- Geheimhaltungspflicht Einl. E 78 ff.
- interner Einl. E 80

1277

Datenschutz-Grundverordnung s. Datenschutz
Datenschutzvorbehalt s. Datenschutz
De minimis s. Bagatellgrenze
Dekompilieren 3 27, 50, 88
Delikt (Strafvorschriften) 23 1 ff.
Deliktsprojekt s. versuchte Beteiligung
Deliktsrecht 6 5
Deliktsrecht (BGB) Einl. B Rn. 51 ff., 61 ff., 72
Deliktsvorfeld 23 246 f.
Deutscher Juristentag Einl. B 12, 38, 58
Deutscher Patentschutzverein Einl. B 19
Deutsches Modell zum Schutz von Geschäftsgeheimnissen Einl. B 61, 64, 70
Diebstahl Einl. B 38
Dienstverhältnis 23 102, 104 ff.
Diffie-Hellman-Schlüsseltausch Einl. G 25 ff.
Dokumentationslast 2 57 f., 70, 84, 90 f.
Dokumente (Erlangungsverbot) 4 22
– Kontrollinhaberschaft 4 26 ff.
Doppelerfindung 3 34
Dreifache Schadensberechnung 10 7, 9, 49 ff.
Dreifache Schadensberechnungsmethode 13 33
Dringlichkeit 6 10, 213 ff., 289
Dringlichkeitsvermutung s. Dringlichkeit
Drittauskunftsanspruch 6 261
Drittvermittelte Informationen 4 117 ff.
DTSA 2 11; 3 3 f.; 4 4; 23 6
Dücko-Geheimverfahren-Urteil (BGH) Einl. B 59
Duldungspflicht 7 81
Duplizität (der Ausnahmen) 5 26 ff.
Durchsetzungsrichtlinie s. Enforcement-RL
Düsseldorfer Verfahren 6 287 ff.; Vor §§ 15 ff. A 22
– Geheimnisschutz Vor §§ 15 ff. A 23 f.

EEA Einl. A 3; 2 11, 22, 34; 3 4; 4 4; 23 6
Effizienz
– Allokationseffizienz Einl. F 6
– Anpassungseffizienz Einl. F 11
– der Vermeidung von Spionage Einl. F 33 ff.
– des GeschGehG Einl. F 20 ff.
– des Reverse Enigneering Einl. F 68 ff.
– dynamische Betrachtungsweise Einl. F 29
– statische Betrachtungsweise Einl. F 29
– von Geheimhaltungsmaßnahmen Einl. F 55 ff.
Eigeneröffnete Geheimnishehlerei (Strafvorschriften) 23 73 ff.
– Absichtserfordernisse 23 87
– Irrtum 23 90
– Konkurrenzen 23 98 f.
– Qualifikation 23 202 ff., 208 ff., 216 ff.
– Rechtswidrigkeit 23 89
– Schuld 23 97
– Strafrahmen 23 100
– Tatbestandsausnahmen 23 88
– Täter 23 76 ff.
– Täterschaft und Teilnahme 23 96
– Tatgegenstand 23 81 f.
– Tathandlung 23 83 ff.
– Versuch 23 93 ff.
– Vollendung 23 91 f.
– Vorsatz 23 86
– Vortat für Fremderöffnungstat 23 146 ff.
– Vortaten 23 78 ff.
Eigennutz (Absicht) 23 33 f., 184
Eigentum 7 11 ff.
– Auseinanderfallen mit Besitz 7 41
– Dritter 7 81
– Grundrecht auf Eigentum Einl. C 3, 59
Eigentumsgarantie (Art. 14 GG, Art. 17 GrCH) 1 19; Vor §§ 15 ff. B 4; 23 17
Einflussbereich 7 13
Einführen (Produkthehlerei) 4 139
Eingriffskondiktion 13 31
Einnahmequelle 23 203

Sachverzeichnis

Einrede
- Anspruchsausschluss **9** 11
- Unterlassungsanspruch **6** 143

Einstweilige Verfügung **7** 73;
s. auch Verfügungsverfahren

Einstweiliger Rechtsschutz
7 73 ff.
- analoge Anwendung von § 12 Abs. 2 UWG **Vor 15** 24 f.
- Anwendbarkeit der Geheimnisschutzregeln **Vor 15** 22 ff.
- Glaubhaftmachung **7** 79
- keine Dringlichkeitsvermutung **Vor 15** 23
- richtlinienkonforme Auslegung **Vor 15** 22
- Schlüssigkeit **7** 77
- Unterlassungsanspruch **6** 172 ff.
- Vollziehung **7** 80
- Zuständigkeit **15** 1

Einverständnis und Einwilligung (Strafvorschriften)
- Annahme eines Erbietens **23** 272
- bei Betriebsspionage **23** 51
- eigeneröffnete Geheimnishehlerei **23** 89
- fremderöffnete Geheimnishehlerei **23** 153
- Geheimnisverrat **23** 116 f., 130
- Verwertung von Vorlagen **23** 186 f.
- Definition und Unterscheidung **3** 66, 141 f.; **23** 51 ff.

Einwegfunktionen **Einl. G** 26
- mit Falltür **Einl. G** 27

Einwendung
- Anspruchsausschluss **9** 8 ff.
- Unterlassungsanspruch **6** 143

Einziehung **7** 66

Einziehung (Strafvorschriften) **23** 72, 200

Elektronische Dateien (Erlangungsverbot) **4** 25
- Kontrollinhaberschaft **4** 26 ff.

Empfänger
- Auskunft über **8** 27 ff.

Endabnehmer **7** 50 f.

Endabnehmer (Vorlagenverwerter) **23** 168

EnforcementRL **Einl. C** 39, 45; **2** 150; **7** 15; **10** 7, 19, 50, 93 ff.; **13** 33; **14** 10; **21** 9

Entdeckung
- Begriff **3** 36 ff.
- eigenständige **3** 33 ff.
- Zufalls ~ **3** 38
- Zweit ~ **3** 43

Enteignung **Einl. C** 59, 66

Entfallen
- Unterlassungsanspruch **6** 144

Entfernung aus den Vertriebswegen
- Abgrenzung zu Rückruf **7** 45
- Antrag **7** 70
- Einstweiliger Rechtsschutz **7** 77
- Erfolg **7** 48
- Glaubhaftmachung **7** 77
- Inhalt **7** 48
- Schlüssigkeit **7** 77
- Verhältnis zu sonstigen Regelungen **7** 61 ff.

Entfernungsanspruch
- gegen den Unternehmer **12** 47
- Missbrauchsverbot **14** 24
- Streitwertbemessung **22** 7

Entgangener Gewinn **10** 7, 49 ff., 57
- abstrakte und konkrete Schadensberechnung **10** 57
- Darlegungs- und Beweiserleichterung **10** 57

Entgegennahme Medienschaffender **23** 237

Entlastungsbeweis **12** 10, 46

Entreicherung **13** 42

Entreicherungseinwand **13** 42

Entwicklung
- Schutz von Know-how und Geschäftsgeheimnissen **6** 12

Entwicklungskosten **2** 79, 111, 114

Entwicklungsunterlagen **2** 10, 27, 79, 82, 177, 190

Erbietensannahme **23** 271 ff., 250
- Täterschaft und Anstiftung **23** 277
- Zustimmung **23** 272

Erfahrungswissen **1** 58

Erfolgshaftung
- des Unternehmers **12** 41, 46

Erfolgspflicht **7** 45

1279

Sachverzeichnis

Erforderlichkeitsprüfung (Ausnahme) 5 112 ff.
Erfüllungsgehilfe 12 5
– Haftung für 12 4 ff.
Erlangen
– Begriff 3 18 ff., 22 ff.
– der Arbeitnehmer(vertretung) 3 90 ff.
– derivatives 3 8, 13, 32, 44 ff.
– durch 3 28 ff., 31
– eigenständiges 3 33 ff.
– erlaubtes 3 17 ff., 96 ff., 110 f.
– Exemplifikation 3 27
– insbesondere 3 17 ff., 29 f.
– nachschöpfendes 3 48 ff.
– Reverse Engineering 3 51 ff.
– Strafvorschriften 23 43 ff., 75 ff., 147 ff.
– verbotenes 4 18 ff., 52 ff., 116 f., 121
– Vollziehung 3 23 ff.
– zufälliges 3 24, 42, 48; 23 44, 51, 79, 104, 144, 149
Erlangtes Etwas 13 28
Erlangungsverbote
– Auffangregelung 4 18, 46 ff.
– Ausnahmen s. Ausnahmen
– „Blacklist" 4 12
– Geheimnishehlerei 4 116 ff.
– kleine Generalklausel 4 18, 46 ff.
– ohne gesetzliche Anordnung 4 44
– ohne Inhaberzustimmung 4 39 ff.
– ohne rechtsgeschäftliche Erlaubnis 4 42 f.
– Rechtfertigungsgründe 4 45
– spezielle 4 19 ff., 37 ff.
– strafbare s. Betriebsspionage, Geheimnishehlerei
– Straftaten 4 47
– Systematik 4 12 ff.
– treuwidrige „Unanständigkeit" 4 47 ff.
– unbefugte Aneignung 4 34
– unbefugter Zugang 4 32 f.
– unbefugtes Kopieren 4 35
– Zufallszeugen 4 41
– Zugriffsobjekte 4 20 ff., 29
Erlaubnis s. auch unbefugt
– Arbeitnehmer(vertretungs)rechte 1 57 ff.; 3 36 ff., 90 ff.
– Ausnahme keine 5 32

– durch Gesetz 3 98 ff.
– durch Rechtsgeschäft 3 104 ff.
– Einverständnis und Einwilligung, s. dort
– erlaubtes Erlangen 3 6 ff., 32 ff., 110 f.
– erlaubtes Nutzen, s. Nutzen
– erlaubtes Offenlegen, s. Offenlegen
– Gestattung, s. dort
– Irrtumsarten (Strafvorschriften) 23 57 ff., 125 ff.
– Rechtfertigungsgründe 3 102 f., 135
– Reverse Engineering 3 44 ff.
– seriöse Geschäftspraxis 3 7, 13 ff., 30, 106 ff.
Erlaubte Handlungen
– allgemeine 3 15 f., 96 ff.
– Analogie 23 153
– Arbeitnehmer(vertretungs)rechte 1 57 ff., 65 ff.; 3 90 ff.
– durch Rechtsgeschäft 3 61 ff., 110 ff.
– Erlangen 3 18 ff., 110 ff.
– Exemplifikationen **Einl. A** 20
– Nutzen 3 112 ff.
– Offenlegen 3 124 ff.
– qua Gesetzes 3 32 ff., 98 ff.
– Reverse Engineering 3 44 ff.
– spezielle 3 13, 17, 28 ff.
Erlöschen
– Unterlassungsanspruch 6 144
Ermessen
– des Gerichts bei Urteilsbekanntmachungsanspruch 21 29 ff.
Ermessen des Gerichts
– Streitwertbegünstigung 22 49
Ersatz des immateriellen Schadens 10 4, 6, 107 ff.
Ersatzvornahme 7 87
Erstbegehungsgefahr 6 74 ff., s. Begehungsgefahr
Erstverletzer 11 17
Erwägungsgrund
– Bedeutung für die Auslegung **Einl. C** 28
Eskalationspyramide (Whistleblowing) 5 85 ff.
EU-Recht Vor §§ 15 ff. **B** 2
EU-Staaten, Ausland 23 211
Existenzgründer 22 1

1280

Sachverzeichnis

Fahrlässigkeit 1 22; 3 24, 52, 115; 4 16 f., 38, 50 f., 114, 125 ff.
– fehlende ~shaftung in Strafvorschriften 23 1, 46, 58, 77, 79, 86, 111, 210
– Sorgfaltspflichten 10 31
Fehlverhalten Einl. C 55
Fehlverhalten (Ausnahmen)
– berufliches 5 72 ff.
– des Geschäftsinhabers 5 69
– sonstiges 5 75 ff.
Formaldelikt (Strafvorschriften) 23 246, 290, 315;
s. auch versuchte Beteiligung
Forschungsdaten 2 10, 39, 44, 103, 108, 123, 175
Forschungsergebnisse
– wirtschaftlicher Wert 2 44
Freiberufler (Vorlagenverwerter) 23 168
Freigabeverfahren
– Düsseldorfer Verfahren 6 288
Freihandelsbewegung Einl. B 7 f.
Freiheitsstrafe s. Strafrahmen, § 23
Freistellung s. Ausnahmen
Fremderöffnete Geheimnishehlerei (Strafvorschriften) 23 2 ff.
– Irrtum 23 154
– Konkurrenzen 23 158
– Qualifikation 23 202 ff., 208 ff., 216 ff.
– Rechtswidrigkeit 23 153
– Schuld 23 157
– Strafrahmen 23 159
– Tatbestandsausnahmen 23 153
– Täter 23 141 ff.
– Täterschaft und Teilnahme 23 156
– Tatgegenstand 23 150
– Tathandlung 23 151
– Vollendung und Versuch 23 155
– Vorsatz 23 152
– Vortaten 23 145 ff.
Freundenstein, Gustav Einl. B 11, 21
Friedlaender, Eugen Einl. B 57
Frist
– Kündigung, fristlose 23 108
– Strafantrags~ 23 294, 297 ff., 308
– Streitwertbeschwerde 22 79

– Verjährungs~ 23 318
Gebrauchsvorteile
– Restschadensersatzanspruch 13 34, 41
Gebührenberechnung 22 3
Gebührenstreitwert 22 58
Gegenrecht 11 8 ff.
Gegenstände (Erlangungsverbot) 4 23
– Kontrollinhaberschaft 4 26 ff.
Gegenstandswert 22 3
Geheimhaltung nach Abschluss des Verfahrens
– Ausschluss durch Vergleich 18 5, 7
– Bekannt- oder Zugänglichwerden der Information Vor 15 9; 18 14 ff.
– Bekanntwerden durch rechtswidrige Handlungen 18 15 ff.
– fortwirkendes Offenlegungs- und Nutzungsverbot Vor 15 9; 18 1 ff., 6 ff.
– Offenbleiben der Geschäftsgeheimniseigenschaft 18 12
– rechtskräftige Verneinung der Geschäftsgeheimniseigenschaft Vor 15 9; 18 11 ff.
– Verneinung eines Geschäftsgeheimnisses durch obiter dictum 18 12
– Wegfall der Geheimnisqualität 18 9
– Wegfall kraft Gesetzes 18 10
– Zwischenfeststellungsklage 18 13
Geheimhaltungserklärung Einl. E 53, 55
Geheimhaltungsklausel
– einfache Einl. E 11
Geheimhaltungsmaßnahmen s. angemessene Geheimhaltungsmaßnahmen
– angemessene Einl. C 48 ff.; Einl. E 20, 26
– Geheimnisinhaber Einl. E 20
– Geheimnisschutzkonzept Einl. E 26
– organistorische, technische, rechtliche Einl. E 21 ff.
– subjektiver Geheimhaltungswille Einl. E 7
– Überwachungseinrichtung Einl. E 44
– unternehmensspezifische 2 115 f.
– Verschwiegenheitspflicht Einl. E 56, 58

1281

Sachverzeichnis

Geheimhaltungspflichten Vor §§ 15 ff.
A 8 ff.; s. auch Schweigepflicht, Verschwiegenheit, Nutzungsverbot
- Arbeitgebervereinigung Einl. E 81
- Arbeitnehmer Einl. E 19 ff.
- Arbeitnehmer(vertretung) 1 58, 63 f., 73 f.
- Arbeitsverhältnisses Einl. E 2 ff., 8 ff.
- Aufsichtsrat Einl. E 67 ff.
- Ausnahmen 5 1 ff., 19, 86, 101 ff.
- Betriebsrat Einl. E 46 ff.
- Datenschutzbeauftragter Einl. E 78 ff.
- Gewerkschaft Einl. E 81
- Jedermannpflicht 23 20, 23, 41, 62, 96, 167, 247
- Mitbestimmungsrechte Einl. E 42 ff.
- Organe Einl. E 73 ff.
- Prüfungspflichten 4 125 ff.
- vereinbarte 2 81, 90 ff., 96 ff., 119; 23 118
- Verstoß gegen Einl. E 36 ff.; 62 ff.; 4 102 ff., 116 f.

Geheimhaltungswille Einl. E 4, 50
- Manifestation Einl. E 7, 20

Geheimnis
- formelles Einl. E 50, 54
- materielles Einl. E 50

Geheimnisbesitz Einl. B 56

Geheimnishehlerei s. auch Nutzungsverbote, Offenlegungsverbote
- Anschlusstat 4 116
- Begriff 23 73
- Darlegungs- und Beweislast 4 142
- eigentäterschaftliche 4 51 ff.
- Exemplifikationen 4 131
- fremdtäterschaftliche 4 114 ff.
- Intermediäre 4 122
- Strafbarkeit 23 73 ff., 142 ff.
- (un)echte 23 73
- Verletzungshandlungen 4 53 f., 102 ff., 121 ff.
- Vortätertaten 4 118 ff.
- Vortatskenntnis 4 123 ff.
- Wissensmittler 4 118 ff., 134

Geheimnisinhaber/Geheimnisherr Einl. E 1, 20, 23
- bei Trägermedien 4 26 ff.
- berechtigtes Interesse 2 128 ff.

- Darlegungs- und Beweislast 2 51, 140, 174
- Eignerschaft 2 141 ff.
- Erwerbszustimmung 4 39, 42
- Exemplifikationen 2 148 ff.
- Fehlverhalten 5 69, 72 ff.
- Geheimhaltungsmaßnahmen Einl. E 20
- Geheimnisschutzkonzept Einl. E 26
- (Gesamt-)Rechtsperson 2 144 f.
- Geschädigter (Strafvorschriften) 23 38, 42, 49, 114
- keine Rechtsverletzer 2 156
- Kontrollinhaberschaft 2 146 ff.
- Konturierung 2 141 ff.
- Maßnahmeneinrichter 2 127
- mehrere 2 144 f.
- ohne Zustimmung des 4 39 ff., 61 ff., 113
- Pflichten des Geheimnisinhabers Einl. E 20 ff.
- rechtswidriges Handeln 5 70 f.
- Zuordnungsendsubjekt 2 143

Geheimnismedien 4 20 ff.

Geheimnisschutz s. Geschäftsgeheimnisschutz
- vertraglicher 6 27 f.

Geheimnisschutz im Zivilprozess
- Defizite der bisherigen Rechtslage Vor 15 2 ff.
- forum shopping Vor 15 18
- Geschäftsgeheimnis als Vorfrage 16 9
- Grundkonzeption der gesetzlichen Regelung Vor 15 14 ff.
- keine Ausstrahlung auf § 174 Abs. 3 GVG Vor 15 16
- rechtspolitische Würdigung Vor 15 26 f.
- Richtlinienwidrige Beschränkung auf „Ansprüche nach diesem Gesetz" Vor 15 19; 16 5 f., 8, 14 ff., 17 ff.
- Richtlinienwidrige Beschränkung auf Geschäftsgeheimnisse des Klägers Vor 15 19; 16 10 f., 19
- sachlicher Anwendungsbereich (Richtlinienkonformität) Vor 15 17 ff.; 16 8 ff.

1282

Sachverzeichnis

- subsidiäre Fortgeltung des allgemeinen Zivilprozessrechts **Vor 15** 16
- unionsrechtliche Vorgaben **Vor 15** 6 ff.
- unionsrechtliche Vorgaben (Anwendungsbereich) **Vor 15** 7 ff.
- unionsrechtliche Vorgaben (inhaltliche Vorgaben) **Vor 15** 9 ff.
- unionsrechtliche Vorgaben (keine überschießende Umsetzung) **Vor 15** 17; **16** 4
- unionsrechtliche Vorgaben (Waffengleichheit) **Vor 15** 8; 16 10 f., 19

Geheimnisschutzkonzept **Einl. E** 26
Geheimnisträger
- strafrechtsrelevante **23** 20, 51, 76 f., 118, 129, 131

Geheimnisverrat (Strafvorschriften) 23 101
- Absichtserfordernisse **23** 113
- anvertraute Geheimnisse **23** 105
- Beihilfe Medienschaffender **23** 124
- Einverständnis und Einwilligung **23** 116
- Irrtum **23** 125 ff.
- Konkurrenzen **23** 138 ff.
- nachvertraglicher **1** 44, 49, 64; **23** 109
- Qualifikation **23** 202 ff., 208 ff.
- Rechtswidrigkeit **23** 115 ff.
- Schuld **23** 137
- Strafrahmen **23** 141
- Tatbestandsausnahmen **23** 114
- Täter **23** 103
- Täterschaft und Teilnahme **23** 130 ff.
- Tatgegenstand **23** 104 ff.
- Tathandlung **23** 107
- Tatzeitpunkt **23** 108 ff.
- Vollendung und Versuch **23** 128 f.
- Vorsatz **23** 112
- Vortat für fremderöffnete Geheimnishehlerei **23** 148 f.
- Whistleblowing **23** 117, 121 f.
- zugängliche Geheimnisse **23** 106

Gehilfe s. auch Beihilfe, Teilnahme
- Rechtsverletzer **2** 152, 156

Geistiges Eigentum **Einl. B** 7, 17 ff., 22 f.; **Einl. C** 47, 48, 61, 63, 68, 81, 84

- Geheimnis als **1** 21; **3** 45 f.; **5** 15
- Geschäftsgeheimnisse als Geistiges Eigentum iSd. Unionsrechts **Einl. C** 3 ff., 14

Geltungsbereich des GeschGehG 23 25 ff.
Geltungsdauer
- Verschwiegenheitspflicht **1** 164; **23** 109 f.

Gemeinfreiheit **1** 27; **2** 26, 31, 58, 136; **4** 127
- Strafvorschriften **23** 10, 166, 181, 187

Generalklausel **3** 11, 13 ff., 102 f.
- kleine ~ (Erlangungsverbot) **4** 46 ff.

Generalprävention **21** 9, 21
Gerichtsgebühren **22** 8 f., 57
Gerichtskostengesetz
- Änderungen im **22** 25 f.

Gerichtsverfahren **Vor §§ 15 ff. B** 41 ff.
Gesamtschuldner
- Beauftragtenhaftung **12** 48

Gesamtstreitwert **22** 7
Geschädigter **23** 38
Geschäftlicher Verkehr **23** 164
Geschäftsbezug, -bezogenheit **2** 37 ff.
- Beziehungsgeheimnisse **2** 40
- Expektanzen **2** 39
- Forschungsergebnisse **2** 39, 44
- Tacit knowledge **2** 42

Geschäftsgeheimnis s. auch Erlangen, Nutzen, Offenlegen
- Begriff, Beweislast **6** 30, 249
- Begriff s. Geschäftsgeheimnisbegriff
- Beruhen auf **2** 162 ff.
- Deliktsrecht des BGB **1** 20 f.
- Einsatzfelder (für rechtsverletzendes Produkt) **2** 171 ff.
- Erlaubte Zugriffe **Einl. A** 16 ff.
- Forschungsergebnisse **2** 44
- Identifizierung, Klassifizierung **2** 73 ff.
- Inhaber **2** 140 ff.
- Kollektivschutz **1** 12 ff.
- Kontrollinhaber (Beispiele) **2** 148 ff.
- Rechtsverletzer **2** 150 ff.
- rechtswidriges, s. dort
- Schutzgut **1** 6 ff., 16 ff.
- Schutzinteresse **2** 133 ff.

1283

Sachverzeichnis

- Tatgegenstand Strafvorschriften 23 42, 81, 104, 150, 169, 172
- (Un-)Bekanntheit 2 25 ff.
- Vermögensschutz 1 16 ff.
- Vorrangregeln 1 23 ff., 38 ff., 42 ff., 51 ff.
- Wert 2 45 ff., 106 ff.
- Wertverlust 2 30

Geschäftsgeheimnisbegriff
- Beispiele/Exemplifikation 2 8 ff.
- Betriebsgeheimnis 2 11
- Beziehungsgeheimnisse 2 40
- des GeschGehG 2 16 ff.
- Geheimhaltungsinteresse 2 128 ff.
- Geheimhaltungsmaßnahmen 2 56 ff.
- Geheimheit 2 25 ff.
- Geschäftsbezogenheit 2 37 ff.
- Information 2 21 ff., 73 ff.
- Know-how 2 13
- Mehrgliedrigkeit 2 12, 15 ff.
- Merkmale 2 20 ff.
- uni 2 15
- Vorformen 2 11 ff.
- wirtschaftlicher Wert 2 34 ff., 45 ff.

Geschäftsgeheimnis-Richtlinie
- Auslegungsdirektive 1 39, 60
- Entstehungsgeschichte 1 4 f.
- Nachrangigkeit 1 1 f.
- Schutzziel 1 6 ff.
- (un)seriöse Geschäftspraxis 3 2, 7, 13 ff., 30, 106 ff.; 4 2, 14, 46 ff.

Geschäftsgeheimnisschutz
- Akteneinsicht **Vor §§ 15 ff. C** 10 ff.
- Akteneinsichtsberechtigte **Vor §§ 15 ff. C** 11
- Angriffsziel **Einl. A** 13 ff.
- Anwendungsbereich 1 1 ff.
- Arbeitnehmerpflichten 1 60 ff.
- Asservierung, separate **Vor §§ 15 ff. C** 9, 12
- Bedeutung des ~ für den Technologietransfer **Einl. F** 32
- Beschlagnahme **Vor §§ 15 ff. C** 4 ff.
- Durchsuchung **Vor §§ 15 ff. C** 4 ff.
- Entwicklung **Einl. A** 1 ff.
- Erlaubte Zugriffe **Einl. A** 16 ff.
- Ermittlungsverfahren **Vor §§ 15 ff. C** 3 ff.

- Forschungsstand **Einl. A** 22 ff.
- Gefahrenquellen **Einl. A** 12 ff.
- Geheimhaltungsmaßnahmen s. angemessene
- Geheimnisherr, s. Geheimnisinhaber
- Hauptverhandlung, außerhalb **Vor §§ 15 ff. C** 2
- Historie **Einl. A** 1 ff.; **Einl. B** 1 ff.; 23 3 ff.
- im Kollektivinteresse 1 12 ff.
- im UWG **Einl. A** 5 f.
- Industriespionage **Einl. A** 14
- Inhaberinteresse 2 128 ff.
- internal investigation **Vor §§ 15 ff. C** 6 ff.
- Internalisierung externer Effekte durch ~ **Einl. F** 21
- Jones Day **Vor §§ 15 ff. C** 6 ff.
- Kontrollinhaber (Beispiele) 2 148 ff.
- materiell-rechtlich **Vor §§ 15 ff. C** 17 ff.
- Mitteilungsverbote über Gerichtsverhandlung **Vor §§ 15 ff. C** 20 f.
- Öffentlichkeit **Vor §§ 15 ff. C** 14 ff.
- öffentlich-rechtlicher 1 23 ff., 38 ff.
- Organigramm 2 73 ff.
- Partikularstaaten **Einl. A** 3 f.
- Privatgeheimnisverrat 1 32 ff.
- Rechtsverletzer 2 150 ff.
- Schadenshöhen **Einl. A** 8 ff.
- Schutzgut/-ziel 1 6 ff.
- Schwächung der Immaterialgüterrechte durch ~ **Einl. F** 26 ff.
- soziale Kosten des **Einl. F** 42 ff.
- Steuergeheimnis **Vor §§ 15 ff. C** 19
- strafrechtlicher 23 1 ff.
- Vorrangregeln 1 23 ff., 38 ff.
- Zeugnisverweigerungsrecht **Vor §§ 15 ff. C** 18 f.
- Zugriffsweisen **Einl. A** 15 f.
- Zunftrecht **Einl. A** 2

Geschäftsgeheimnisstreitsachen 21 17 ff.
- Besichtigungsverfahren 16 22
- einstweilige Rechtsschutzverfahren 16 20
- Einzelfragen 16 12 ff.
- Geschäftsgeheimnisse des Beklagten 16 19

Sachverzeichnis

– isolierte Einklagung vertraglicher Ansprüche 16 16
– konkurrierende Ansprüche 16 5 ff., 14 ff., 17 ff.
– konkurrierende außervertragliche Ansprüche 16 17 ff.
– konkurrierende vertragliche Ansprüche 16 14 f.
– Kostenrisiko 22 8 f.
– Legaldefinition 16 4
– negative Feststellungsklagen 16 24
– Offenlegungsansprüche nach GWB 16 23
– Prozesskostenhilfe 22 18 ff.
– Streitwert 22 3 ff.
– Streitwertbegünstigung s. Streitwertbegünstigung
– Streitwertminderung 22 27
– Umsetzungsvorschriften anderer Mitgliedstaaten 16 13
– Widerklage 16 12
Geschäftspraxis s. seriöse Geschäftspraxis
– seriöse **Einl. C** 53 ff.
Gesetz 3 98 ff.
Gesetz zur Bekämpfung des unlauteren Wettbewerbs (1896) Einl. B 9 ff.
Gesetz zur Bekämpfung des unlauteren Wettbewerbs (1909) Einl. B 41 ff.
Gesetzeszweck 5 7 ff.; 7 16, 43; 23 16
Gesetzgebungskompetenz s. Regelungskompetenz
Gesetzgebungsverfahren
– Beauftragtenhaftung 12 23
– Streitwertbegünstigung 22 24 ff.
Gesetzliche Vertreter 12 6
– Haftung für 12 4
Gestaltungsrecht 11 1
Gestattung 3 8 ff., 98 ff.
– Arbeitnehmer(vertretungs)rechte, s. dort
– durch Gesetz 3 99 ff.
– durch Rechtsgeschäft 3 104 ff.
– Einverständnis und Einwilligung, s. dort

– Generalklausel 3 96 ff.
– Gestattungshelfer 3 81
– internes Whistleblowing 5 82
– kleine Generalklausel 3 13
– Nutzung 3 120 ff.
– Offenlegung 3 131 ff.
– Reverse Engineering 3 44 ff.
– seriöse Geschäftspraxis 3 7, 13 ff., 106 ff.
Gewerbefreiheit Einl. B 7
gewerbliches Handeln
– Strafvorschriften 23 202 ff.
Gewerkschaft Einl. E 17, 81
– Geheimhaltungspflicht **Einl. E** 81
Gezielte Behinderung
– eines Mitbewerbers 14 41
Glaubhaftmachung 2 185; 16 25, 31 ff.; 20 4, 17 ff.
– Streitwertbegünstigung 22 46 f.
Gläubigermehrheit 14 9
Gleichheitssatz
– allgemeiner 22 88
Grenzen
– des Unterlassungsanspruchs 6 122 ff.
Große wettbewerbsrechtliche Generalklausel (§ 1 UWG 1909) Einl. B 52 f.
Grundfreiheiten bzw. Grundrechte
– Duplizität 5 26
– Geltung bei Ausnahmen 5 17, 37, 44 ff., 59 f., 104 ff.
– Interessenabwägung 4 91 ff.
Grundrechte Vor §§ 15 ff. B 3 ff.
– Anspruchsausschluss 9 17, 21
Grundrechtsschutz Vor §§ 15 ff. B 37
Grundsatz der Schadenseinheit 10 127
Grundsätze über die beschränkte Arbeitnehmerhaftung
– innerbetrieblicher Schadensausgleich 10 35, 37
– Verbot der Vermengung 10 98
Grundsätze zur dreifachen Schadensberechnung 10 7, 9, 49 ff.
– Entgangener Gewinn 10 49, 52 ff., 102 ff.
– Lizenzanalogie 10 49, 85 ff., 107 ff.

1285

– Verhältnis der drei Berechnungsmethoden zueinander **10** 97
– Verletzergewinn **10** 49, 59 ff., 104 ff.
Gutgäubiger Dritter **11** 2

Haftung
– Ansprüche gegen den Arbeitgeber Einl. E 27, 39,
– Arbeitnehmer Einl. E 39, 40,
– des Unternehmers
  s. Beauftragtenhaftung
– von Unternehmen **12** 14
Haftungsausdehnungsnorm **12** 44
Haftungsendsubjektivität **2** 143, 149, 152 f.
Haftungsfreistellung **5** 1 ff.
Halbleiterschutz Einl. F 78
Hamburger Brauch
– Vertragsstrafe **6** 93
Handelsvertreter **2** 96; **4** 77 ff., 89 107 f.; **23** 41, 132
Handelswert Einl. C 31 ff.
Handlungspflicht **7** 45
– im Rahmen des Unterlassungsanspruchs **6** 104 ff.
Handlungsverbote
– Ausnahmen **4** 142
– Geheimnishehlerei **4** 114 ff.
– Produkthehlerei **4** 132 ff.
– verbotenes Erlangen **4** 18 ff., 52 ff., 116 f., 121
– verbotenes Nutzen **4** 50 ff., 114 ff., 132 ff.
– verbotenes Offenlegen **4** 50 ff., 99 ff., 134 ff.
Harmonisierung Einl. C 1 ff., 16, 18, 30, 43 ff., 65, 71; **2** 14, 45, 72, 108, 135; **4** 135 f.; **5** 4, 21 ff., 66; **11** 14
– erlaubte Handlungen **3** 2 f., 8, 11, 16
– im Strafrecht **23** 9
Hashing Einl. G 81 f.
Hauptsache
– Verhandlung zur **22** 71
Hemmung
– der Verjährung **13** 6
Herausgabe
– Antrag **7** 69 ff.
– Begriff **7** 37 f.

– Einstweiliger Rechtsschutz **7** 74
– Leistungsort **7** 40
– teilweise **7** 42
– Verhältnis zu Vernichtung **7** 31
– Zweck **7** 30
Herausgabeanspruch
– gegen den Unternehmer **12** 47
– Missbrauchsverbot **14** 24
Herausgabepflicht
– Restschadensersatzanspruch **13** 39
Herrschaftsbereich
– des Geschäftsherrn **12** 9
Herrschaftsmacht **7** 13
Herstellen (Produkthehlerei) **4** 139
Hilfsantrag **11** 50
Hilfspersonen
– Haftung für die Einschaltung von **12** 3
Hinweisgeber s. Whistleblower, Whistleblowing
Home Office Einl. F 62
Homo Oeconomicus Einl. F 4
– Kritik an Einl. F 9 ff.
Hybrid
– Geistiges Eigentum, Lauterkeitsrecht **6** 6

Ihm anvertraut **23** 165
Immaterialgüterrechte Einl. B 22, 57; s. Geistiges Eigentum
– Bedeutung der ~ für den Technologietransfer Einl. F 31
– Exklusivität der Einl. F 14
– Schwächung der ~ durch das GeschGehG Einl. F 26
– Spannungsverhältnis zum GeschGehG Einl. F 13, 23, 26 ff.
Immaterialgüterrechtliches Dilemma Einl. F 29
Immaterialgüterrechtsstatut Einl. C 85 f.
In-camera-Verfahren Vor §§ 15 ff. A 16; Vor §§ 15 ff. B 42, 44
Individualinteresse
– Ausnahmegrund **5** 33 f., 79 f., 86, 106, 130
Individualrecht Einl. B 22, 57

Industriespionage Einl. A 8, 10, 14;
  Einl. F 33 ff.; **23** 77, 223, 310
– Ineffizienz der   Einl. F 33 ff.
– Kosten der   Einl. F 33 ff.
– Verhinderung der   Einl. F 33 ff.
Informant
– Auskunft über   **8** 27 ff.
Informationen
– Begriff   **2** 21 ff.
– Bemessungsfaktoren   **2** 110
– Identifizierung   **2** 73 ff.
– Klassifizierung   **2** 80 ff.
– Kronjuwelen   **2** 80 f.
– schutzsensible   **2** 80
– strategische   **2** 80
Informations- und Quellenschutz   **8** 30
Informationseigentum   **1** 19; **4** 10, 127;
  23 17
Informationsfreiheit   Einl. C 66
– als Ausnahmegrund   **5** 17, 43 ff., 48 ff.
– Nachrangigkeit des ~srechts   **1** 38;
  2 17, 32
– Verbotsbegrenzung   **4** 62, 114, 127
– Vorrangigkeit   **1** 26, 38 ff.
Informationsfreiheitsgesetz (IFG)
  Vor §§ 15 ff. B 10
Informationsfreiheitsrecht   Vor
  §§ 15 ff. B 9 ff.
Informationsträger
– Begriff   **7** 32
– Eigentum an   **7** 33
– Vernichtung oder Herausgabe von   **7** 29
Inhaber   s. Geheimnisinhaber
Inhaberschaft
– derivative   **2** 127, 148 f., 157, 180
– originäre   **2** 127, 148, 157; **3** 13, 32 ff.,
  39
Inländerdiskriminierung   Einl. C 77
Innovationsförderung   **1** 12, 14; **2** 170;
  3 61 f.
Insolvenzverwalter
– Strafantrag   **23** 295
Inter partes
– Missbrauchsverbot   **14** 31
Interesse
– berechtigtes   **5** 27, 33 ff.
– besondere öffentliche – (Strafverfolgung)   **23** 309 ff.

– Geheimhaltungs~   **2** 128 ff.
– „insbesonderes"   **5** 41 f.
– öffentliche (Strafverfolgung)
  23 306 ff., 314 ff.
– sonstige legitime   **5** 135 f.
Interessenabwägung   Einl. C 106; **21**
  34 ff.; s. auch Berechtigtes Interesse
– bei Ausnahmen   **5** 38 ff., 48 ff., 61 ff.,
  84 ff., 108 ff.
– bei Urteilsbekanntmachungsanspruch   **21** 34 ff.
– Strafvorschriften   **23** 54 f., 119 f.,
  121 f., 187
Intermediäre   **2** 157; **4** 122, 137
– Cloudanbieter   **6** 44 ff.
Internationaler Patentkongress (1873)
  Einl. B 19
Inverkehrbringen (Produkthehlerei)
  4 139
Investigativer Journalismus   **8** 30
Irrtum (Strafvorschriften)   **23** 57 ff.,
  90, 125 ff., 154, 189, 204, 220, 255 f.,
  266, 275, 283
– Tatbestands~   **23** 58, 126
– Verbots~   **23** 59, 127
IT-Grundschutz   Einl. G 60 ff.

Journalisten   s. Beihilfe Medienschaffender
Justizgewährungsanspruch   **22** 89

Kaldor-Hicks-Kriterium   Einl. F 7
Karenzentschädigung   Einl. E 12, 14,
  28
Kaufmännisches Wissen
  Vor §§ 15 ff. B 24
Kaufpreis
– Rückerstattung   **7** 47
Kausalität
– haftungsausfüllende   **10** 40
– haftungsbegründende   **10** 28
Kausalitätsvermutung
– beim Verrichtungsgehilfen   **12** 10
(Keine) Flucht in die Unverhältnismäßigkeit   **11** 39
Keller, Jacob   Einl. B 57
Kenntnis
– bei Verjährung   **13** 4

1287

Sachverzeichnis

– nachträgliche Begründung 11 2
Kerckhoffs, Auguste von Nieuwenhaus Einl. G 17
Kerngleich 11 37
Kerntheorie
– Kernbereichslehre, Vollstreckung 6 167
Klageänderung
– Restschadensersatzanspruch 13 48
Klagebefugnis
– Missbrauchsverbot 14 33
Kläger s. auch Partei
Kleinunternehmer 22 1
Know-how
– Begriff 2 13
Know-how-Richtlinie s. Geschäftsgeheimnis-Richtlinie
Kohler, Josef Einl. B 12, 50 f., 57
Kollektivarbeitsrecht 1 2, 42 ff.; 2 93; 3 86 ff.; 5 101 ff.
– Ausnahmegrund 5 24, 33 ff., 60, 79, 106, 115, 136
– des Wettbewerbs 14 8
– Strafverfolgung an 23 309 f.
Kollektivvereinbarung Einl. E 19, 32, 34
– Dispositivität des GeschGehG Einl. E 31 ff.
Kommerzieller Wert s. Handelswert
Kommisionsentwurf Einl. C 16 ff.
Konkordanz s. praktische Konkordanz
Konkurrenzen 6 312 ff.
Konkurrenzen (Strafvorschriften) 23 71, 98, 138 ff., 158, 196 f., 204, 207, 215, 217, 222, 260, 270, 278, 286
– mit UWG-Nachahmungsverbot 23 100, 198
Konkurrenzverhältnis (Geheimnisschutz und Patentschutz) Einl. B 11, 17 ff.
Konnexität 5 25 ff.
Konstruktionen 2 10, 82, 123, 163; 4 63
Kontrolle, rechtmäßige 2 146 ff.
– Geheimnisinhaber 2 147; 23 38
– Inhaberschaft bei Trägermedien 4 26 ff.
– Inhaberspezifikum 2 146

– Lizenznehmer 2 149
– originäre oder derivative 2 148
– Personengesellschaft 2 149
– Rechtsverletzer 2 150 ff.
– Zurechnungszwischensubjekte 2 149
Konzeption 2 172
Kopieren (unbefugtes) 4 35; 23 40 ff., 77 f., 146
Kosten 7 82; 11 51
– Beseitigung; Düsseldorfer Verfahren 6 237, 291 ff.
Kostenentscheidung
– Streitwertbegünstigung 22 62
Kostenerstattung
– Arbeitsrechtssachen 22 16 f.
– Streitwertbegünstigung 22 66 ff.
Kostenerstattungsanspruch 22 63
– Missbrauchsverbot 14 2, 37 ff.
Kostenhaftung
– subsidiäre 22 85
Kostenrisiko 22 8 f., 17
Kostenschuldner
– subsidiärer 22 69
Kostentragung
– Grundsatz der 22 67
Kronjuwelen 2 80 ff.
Kryptanalyse Einl. G 8, 20
Kryptographie Einl. G 8, 11, 12
– auf Systemebene Einl. G 74 f.
– klassisch Einl. G 13 ff.
– modern Einl. G 21 ff.
– praktischer Einsatz im Unternehmen Einl. G 59 ff.
Kryptologie Einl. G 8, 11
Kunden 2 31, 43, 87, 96, 99, 102, 174, 176, 179; 4 83; 23 20 f., 62, 92, 164, 192
Kundendaten 2 10, 42; 4 42, 49, 97, 108, 112, 131, 141
Kundenlisten 2 10, 13, 42; 4 69, 78; 23 38, 121
Kundenschutzklauseln 2 98
Kündigung Einl. E 29, 36
– Abmahnung Einl. E 36
– außerordentliche (Betriebsratsmitglied) Einl. E 66, 70, 72
– der Treuhänderschaft 23 181
– Schweigepflicht bei 23 110

Lagern (Produkthehlerei) 4 139
Langen, Eugen Einl. B 33
Lauterkeitsrecht Einl. C 3 f., 53, 76 ff.
Lead Time Einl. F 24; 76
Learning Curve Einl. F 24
Legitimes Geschäftsgeheimnis
  Einl. C 3, 49
Lex specialis 13 12
Liberalismus Einl. B 3, 4, 45
Lieferantenlisten 2 10, 174; 4 42, 64, 95
Lieferkette
– Auskunftsanspruch 8 15, 43
Lizenanalogie 10 85 ff., 107 ff.
– Fiktive Lizenzgebühr 10 7, 85 ff., 138
– Höhe des Lizenzsatzes 10 91 f.
– Verletzerzuschlag 10 23, 93 ff.
Lizenz
– Lizenzhöhe 11 14, 29
Lizenzgeber
– erlaubte Handlung 3 116, 132
Lizenzgebühr
– angemessene 13 41
Lizenznehmer Einl. C 50
– Anspruchsgläubiger, Prozessstandschaft 6 34, 35
– erlaubte Handlung 3 61, 104, 122, 132
– rechtmäßige Kontrolle des ~ 2 149
– Strafantrag 23 295
– verbotene Handlung 4 63, 78 ff., 112, 121
– Vorlagenverwertung 23 166, 168, 187
Lockspitzel 23 255, 275, 283
Lohnfertiger 4 111, 121; 23 4, 166, 168
Loyalitäts- und Rücksichtsnahmepflichten
– Arbeitsverhältnis Einl. E 2, 25

Makel der Wettbewerbswidrigkeit 10 82, 105
Marketing 2 172
– verbotene Nutzung 4 85, 132
Markrücknahme s. Rücknahme vom Markt
Marktgepflogenheiten s. anständige ~
Marktreife 11 37
Marktversagen Einl. F 8
Massenabmahnung 14 29

Materialien (Erlangungsverbot) 4 24; 23 40, 42
– Kontrollinhaberschaft 4 26 ff.
Materielle Rechtsnatur
– der Ausnahmen 5 8 ff., 52 ff., 94 ff., 125 ff.
Maximalverjährungsfrist 13 5, 9
Medienfreiheit 5 47
Medienschaffende
– Beihilfe ~, s. dort
– Zeugnisverweigerungsberechtigt 23 230, 235 f.
Medium s. Veröffentlichung Urteilsbekanntmachung
Mehrfachabmahnung 14 8
Mehrfachverfolgung 14 29
Mehrfachvertretung
– Kosten 6 162
Meinungsbildungsschutz 23 230, 235
Meinungsfreiheit Einl. C 66; 5 46
– Vorrangigkeit 1 38 ff.
Merkantilismus Einl. B 3 ff., 45
Methodologischer Individualismus Einl. F 4
Mindestharmonisierung Einl. C 18, 24, 43
Missbrauchseinwand 14 35
Missbrauchsschranke s. Missbrauchsverbot
Missbrauchsverbot 6 129; 14 1 ff.
– andere Ersatzansprüche 14 3, 41 ff.
– Ansprüche nach diesem Gesetz 14 23 ff.
– Arbeitnehmer 14 39
– Aufwendungsersatzanspruch 14 37 ff.
– Auslegung 14 17
– Darlegungs- und Beweislast 14 36, 44
– Geltendmachung von Ansprüchen 14 21 f.
– Gesetzgebungsverfahren 14 18 f.
– Kostenerstattung 14 30
– Normziel 14 4 f.
– praktische Bedeutung 14 12 ff.
– Prüfung von Amts wegen 14 36
– Rechtsfolge 14 30 ff.
– Rechtsmissbrauch 14 26 ff.
– Rechtsnatur 14 32 ff.
– Regelbeispiele 14 6

1289

Sachverzeichnis

- Richtlinienvorgaben 14 15 ff.
- sachfremde Motive 14 28
- Unzulässigkeit der Ansprüche 14 30 ff.
- Verhältnis zu § 11 14 14
- Verhältnis zu § 9 Nr. 5 14 14
- Verjährung 14 38
- Verwandte Regelungen 14 4 ff.

Mitarbeiter 6 41; s. Beschäftigter
Mitbestimmung s. betriebliche Mitbestimmung, Kollektivarbeitsrecht
Mitbestimmungsrechte 1 62 ff.
- Betriebsrat Einl. E 41, 42

Miterfinder 2 144, 148; 3 35, 122, 123; 4 68
Mittäter 6 39
Mitwirkende Personen (§ 203 Abs. 4 S. 1 StGB)
- Täterqualifikation 4 57, 73

Mitwirkung
- berufsmäßige 23 236
- ~srecht Nebenkläger 23 313

Mitwisser
- befugte 23 21, 117
- unbedachte 3 24; 23 144
- unbefugte 23 21, 76, 144, 147, 216 f.

Modelle
- Strafvorschriften 23 160, 169, 172 ff., 184
- verbotene Handlung 4 23, 34, 49, 85

Modellgesetz Europarat 1 4; 2 4, 57; 4 3; 23 6
Modellvorhaben Einl. C 78
Modellvorhaben WIPO 4 3; 5 3; 23 6
Motiv s. Absichten
- Herkunft 23 248 f.

Muster 23 173 ff.
- verbotene Handlung 4 23, 34, 39

Muttergesellschaft 12 34

Nachahmungsverbot (§ 4 Nr. 3c UWG)
- Konkurrenzverhältnis 3 85, 116; 4 66; 23 99, 198

Nachforschung(spflichten) 4 122, 125, 127
Nachforschungspflicht 11 22
Nachschusspflicht 22 61
nachvertragliche Treuepflicht 4 89 ff.

Nastelski, Karl Einl. B 59
Naturalrestitution 10 52 ff., 118
Naturrecht Einl. B 22, 60
NDA 2 80, 98, 101; 3 68; 4 79; s. Vertraulichkeitsvereinbarung
- Kosten des Einl. F 61

Nebenklage (Strafvorschriften) 23 301, 313, 317
Need-to-know 2 84, 90
- Kosten des Einl. F 60

Negative Feststellungsklage
- Streitwert 22 4

Negativlisten s. auch Gemeinfreiheit
- Geheimheitsverlust 1 28 f.

Nemo-tenetur-Grundsatz 8 31
Neoklassische Theorie Einl. F 9 f.
Neubeginn
- der Verjährung 13 6

Neue Institutionenökonomik Einl. F 10
Neuheit 2 49
Nicht ohne weiteres zugänglich 2 27 ff.
Non-Disclosure Agrement s. Vertraulichkeitsvereinbarung
Normenhierachie 5 36 ff.
Notstand s. rechtfertigender Notstand
Nutzen
- Begriff 3 113 ff.
- Besonderheiten 3 119
- der „Reverser" 3 61 f., 84 ff.
- der Arbeitnehmer 3 88
- durch Offenlegen? 3 128
- erlaubtes 3 96 ff., 112 ff., 120 ff.
- Exemplifikationen 3 116, 118 f.
- mittelbares 3 114 ff.
- nachvertragliches 3 122
- ohne Ziel- und Zwecksetzung 3 119
- staatlich gestattetes 3 123 f.
- verbotenes 4 50 ff., 114 ff., 132 ff.
- Vollziehung 3 116 ff.

Nutzen (Strafvorschriften) 23 76 ff., 83 f., 147 ff., 180 f., 204, 216 ff.
Nutzung
- faktische Nutzungsmöglichkeit 11 37

Nutzungen 13 40
Nutzungsverbote
- Arbeitnehmer/Beschäftigte 4 86 ff.

– Ausnahmen, s. dort
– bei Vortatwissen 4 123 ff.
– Darlegungs- und Beweislast 4 142
– entgegenstehende Beschränkung
  4 59 ff., 69 ff.
– für Wissensmittler 4 118 ff., 134
– Geheimnishehlerei 4 15 f., 50 ff.,
  114 ff.
– gesetzeswidriges Nutzen 4 65 ff., 77 ff.
– „mittelbare" 4 16 f., 114 ff., 133 ff.
– nach Eigenerwerb 4 15, 50 ff.
– nachvertragliche 4 84 f., 91 ff.
– Nutzzieher 4 81 ff., 121, 135 ff.
– ohne Inhaberzustimmung 4 61 f., 98
– Produkthehlerei 4 17, 132 ff.
– rechtsgeschäftliche Verpflichtung
  4 63 ff., 79 ff.
– strafrechtliche ~,
  s. Nutzen (Strafvorschriften)
– Täter 4 55 ff., 72 ff.
– Tathandlung 4 53 f., 71, 121 ff., 133 ff.
– vertragliche 4 79 ff.
– Zweitverletzer 4 115, 129

Objektive Schadensberechnung
– Verletzergewinn, Lizenzanalogie 10 7,
  13, 49
Obsiegende Partei s. Partei
Offenbarungspflicht 23 118, 187
Offenbarungstheorie (Patentrecht)
  Einl. B 19
Offenkundigkeit 2 26, 31 ff.; **Vor
§§ 15 ff. B** 30 ff.; **23** 89, 94, 128 f., 183
Offenlegen
– ad coram publico 3 61 ff., 132
– Adressaten/Empfänger 3 130
– Begriff 3 124, 126 ff.
– Darlegungs- und Beweislast 3 135
– durch Nutzen 3 128
– durch Unterlassen 23 83
– erlaubtes 3 124 ff., 131 ff.
– Exemplifikationen 3 125
– Freigabe 3 132
– mittelbares 3 127
– privatseitiges 3 132 f.
– staatsseitiges 3 15, 133 f.
– verbotenes 4 50 ff., 99 ff., 134 ff.
– Verkauf als 3 128

– Vollziehung 3 125
Offenlegen (Strafvorschriften) 23
  83 f., 107 ff., 151, 179 f., 210, 237
Offenlegungs- und Nutzungsverbot
– allgemeines 16 1 ff.
– Anhörung des Prozessgegners 20 2 f.,
  12 ff.
– Antragsbefugnis 16 27
– Antragsgebundenheit 16 25 ff.
– Ausnahmen 16 44 ff.
– Bedingungsfeindlichkeit 20 10 f.
– Darlegungsanforderungen (Glaubhaftmachung des Geschäftsgeheimnisses) 16 25, 31 ff.; 20, 4, 17 ff.
– Eintrittszeitpunkt 16 38
– Entscheidung durch Beschluss 16 28;
  20 6, 24 f.
– Ermessen 16 29
– gerichtliche Abänderungsbefugnis
  20 15 f.
– Kennzeichnung von Dokumenten
  20 22 ff.
– Parteiwechsel oder Parteierweiterung 16 39
– Rechtsmittel gegen die Einstufungsentscheidung 16 30; 20 26 ff.
– Richtlinienkonformität der Darlegungsanforderungen 16 32 ff.
– Sanktionierung von Verstößen s. Ordnungsmittel
– Umfang des Nutzungsverbots 16 41 ff.
– verpflichtete Personen 16 36
– Vollstreckungsverfahren 16 26
– Zeitpunkt 20 2, 8
– Zeitpunkt der Anhörung 20 13 f.
– Zuständigkeit für Einstufungsentscheidung 16 28
Offenlegungsverbote
– Arbeitnehmer/Beschäftigte 4 106
– Ausnahmen, s. dort
– bei Vortatwissen 4 123 ff.
– Darlegungs- und Beweislast 4 142
– durch Wissensmittler 4 118 ff., 134
– entgegenstehende Beschränkung
  4 59 ff., 99 ff.
– Geheimnishehlerei 4 16, 50 ff., 114 ff.
– gesetzeswidriges Offenlegen 4 65 ff.,
  105 ff.

1291

Sachverzeichnis

- "mittelbare" 4 16, 114 ff.
- nach Eigenerwerb 4 15, 51 ff.
- nachvertragliche 4 110 ff.
- ohne Inhaberzustimmung 4 61 f., 113 f.
- Produkthehlerei 4 135 ff.
- Schweigepflichten 4 99 ff., 104 ff.
- strafrechtliche s. Offenlegen (Strafvorschriften)
- Täter 4 55 ff., 100 ff., 121 ff.
- Tathandlung 4 53 f., 102 ff., 121 ff.
- Verpflichtungsverstoß 4 63 ff., 103 ff.
- vertragliche 4 110 ff.
- Zweitverletzer 4 115

Öffentliche Güter Einl. F 21
- Nicht-Ausschließbarkeit der Einl. F 21
- Nicht-Rivalität der Einl. F 21, 29

Öffentliche Verfügbarkeit 3 58 ff.;
- s. auch Reverse Engineering

Öffentliches Interesse 11 28
- Strafverfolgung Einl. B 47

Öffentliches Recht
- Vorrangregeln 1 23 ff., 38 ff.
- Wirtschaftsbetriebe des 23 168

Öffentlichkeitsausschluss Vor §§ 15 ff. A 6

Öffentlichkeitsgrundsatz Vor §§ 15 ff. A 6

öffentlich-rechtlicher Geheimnisschutz Vor §§ 15 ff. B 1 ff.

Offizialdelikt 23 305, 314, 317

ohne Zustimmung 4 39 ff., 61 f., 98, 113 f.

Ökonomische Analyse Einl. F 66 ff.; 2 66

Ökonomische Analyse des Rechts Einl. F 1 ff.
- des Entwicklung Einl. F 31
- Faktenabhängigkeit der Einl. F 89 ff.
- Kritik an Einl. F 9 ff., 86
- normative Einl. F 5 ff.
- positive Einl. F 3
- rechtsphilosophische Begründung Einl. F 86 ff.
- Rechtspolitische Konsequenzen der Einl. F 85 ff.

Omnimodus facturus 23 280

One-Time-Pad Einl. G 18 f.

Ordnungsmittel 6 169 ff.
- Bemessungskriterien 17 12 ff.
- gerichtliche Entscheidung 17 10 f.
- gerichtlicher Hinweis 17 7
- Ordnungsgeld 17 1 ff.
- Ordnungshaft 17 1 ff.
- sofortige Beschwerde 17 15
- sofortige Vollstreckbarkeit 17 9
- Verhältnis zu zivil- und strafrechtlichen Sanktionen 17 16
- Verschuldenserfordernis 17 8

Organe 12 12
- Geheimhaltungspflicht Einl. E 73, 75, 76
- juristische Person 6 38
- Organisationsmangel 12 13
- verfassungsgemäß berufene Vertreter als 12 12
- Vorstand als 12 12

Organhaftung 12 11 ff.;
- s. auch Organwalter
- strafrechtliche 23 110, 123, 296 f., 316

Organigramm (Geheimnisschutz) 2 73 ff., 77, 80

Organisationsbereich
- des Geschäftsherrn 12 9

Organisationsmangel
- körperschaftlicher 12 13

Organisationsverschulden 11 23

Organtheorie 12 11

Organwalter
- Compliance-Verstöße 23 118, 123
- Einwilligungsberechtigter 23 51
- privatklageberechtigter 23 316
- Strafantrag 23 296 f.

Ortloff, Hermann Einl. B 10 f., 22, 33, 37, 44

Parallelentwicklung
- Ineffizienz der Einl. F 43 ff.

Parallelschöpfung s. Priorität

Pareto Optimum Einl. F 6

Pariser Verbandsübereinkunft 23 6

Partei 21 4, 13 ff., 25

Partikular(straf)recht
- Geheimnisschutz im Einl. A 3 f.

Passivlegitimation 2 152; 6 251 ff.; 10 43
– Auskunftsanspruch 8 8
Passivpartei s. Partei
Patent Einl. B 7, 17 ff.
Patent(anmeldung) 2 10, 29, 32
– rechtsparallele 4 92, 114, 127, 139
– und Vorlagenverwertung 23 173 ff.
Patentanwalt 6 165; 10 99
Patentanwaltsgebühren 22 63
Patentgesetz für das Deutsche Reich (1877) Einl. B 11, 18 f.
Patentkontroverse Einl. B 7 f., 19
Patentrecht
– Signalfunktion des Einl. F 14
Perpetuierungsdelikt 23 147
Person s. Rechtsperson
Personalabbau Einl. E 55
Personenkreis 2 4, 80, 120, 145, 151; 23 49, 51, 102 f., 114, 237
Persönlichkeitsrecht Einl. B 22, 57
Pflichtenkreis
– des Schuldners beim Erfüllungsgehilfen 12 5
Pläne 2 10, 13, 43, 80, 163, 172; 23 164, 166, 174
Poisonous tree 4 114
Pomril-Entscheidung (RG) Einl. B 54
(Post-)Quanten-Kryptographie Einl. G 40 ff., 85 ff.
Präklusion 11 47
Praktische Konkordanz
– bei Ausnahmen 5 9 ff., 56 f., 91, 96 ff., 113, 121
Präsumptivtat und -täter 23 48; s. auch versuchte Beteiligung
Präventive Abschreckung (Strafrecht) Einl. B 39, 72
Pre-Employment-Screening 2 89
Pressefreiheit 5 47; 23 234
– Vorrangigkeit 1 38 ff.
Preußen Einl. B 7
Priorität Einl. C 51
Privatgeheimnis (§ 203 StGB) 1 32 ff.; 2 42, 60, 139
Privatgeheimnisverrat (§ 203 StGB)
– Vorrangregelung 1 32 ff.

Privatisierung (Geschäftsgeheimnisse) Einl. B 4, 45
Privatklage (Strafverfolgung) 23 315 ff.
Privilegierte
– Handlungen 5 6; 23 235 f.
– Personen 5 8, 53; 23 237 f.
– Rechtfertigung 23 231
Privilegierung s. Ausnahmen
Produkt
– Begriff 2 163
– Beispiele 2 163 f.
– Einflussquote 2 178
– Einsatzfelder 2 171 ff.
– Funktionsweise 2 172
– Herstellungsprozess 2 172
– Konzeption 2 172
– Marketing 2 172
– Merkmale 2 172
– rechtsverletzendes s. dort
– Vertrieb und Werbung 2 175 f.
– Vorlage für 23 173 f.
Produktanalyse 2 30, 148; 3 56 ff.; s. auch Reverse Engineering
Produkthehlerei
– Anschlusstat 4 132
– Darlegungs- und Beweislast 4 142
– eigene Geheimnisnutzung 4 135 ff.
– Exemplifikation 4 141
– Intermediäre 4 137
– Nutzungsweisen 4 138 ff.
– Vortäter 4 133 f.
– Vortatkenntnis 4 140
Produktionsstätten (Auslandstatenschutz) 23 241
Projektstadium 23 239
Projekturheberschaft 23 248, 288; s. auch versuchte Beteiligung
Proozessuale Waffengleichheit s. Waffengleichheit
Propatentbewegung Einl. B 19
Property Rights Einl. F 8, 52 ff.
Prozessgericht 22 49
Prozesskostenhilfe 22 18 ff., 60
Prozessökonomie 21 15, 21
Prozessrechner-Entscheidung 10 9, 14, 51, 107

1293

Sachverzeichnis

Prozessstandschaft
– gewillkürte **6** 35
Prozessstandschaft (Lizenznehmer)
2 149
Prüfungspflichten 4 115, 125 ff.; **23** 10
PVÜ 3 107; **4** 3, 48; **23** 6

Qualifikationen (Strafvorschrift)
23 201 ff.
– eigene Auslandsnutzung **23** 216 ff.
– fremde Auslandsnutzung **23** 208 ff.
– gewerbsmäßiges Handeln **23** 202 ff.
– Strafrahmen **23** 224
– Strafschärfungen **23** 201
– Versuch **23** 207, 213, 220
Quantencomputer Einl. G 40
Quantenkryptographie Einl. G 54
**Quanten-Schlüsseltausch
Einl. G** 54
Quantum Bits Einl. G 45
Quellcode 2 10; **4** 22, 35

Ratsdokument Einl. C 19 ff.
Recht am eingerichteten und ausgeübten Gewerbebetrieb Einl. B 58
– Eingriff in das **14** 41
Rechtfertigender Notstand
– Betriebsspionage **23** 54
– eigeneröffnete Geheimnishehlerei
23 89
– fremderöffnete Geheimnishehlerei
23 153
– Geheimnisverrat **23** 119
– Verwerten von Vorlagen **23** 187
Rechtliches Gehör
– Grundsatz auf **22** 74
Rechtsanwaltsgebühren 22 8 f., 63 ff.
Rechtsfertigungsgründe (Strafrecht)
s. Rechtswidrigkeit
Rechtsfolgenverweisung
– Restschadensersatzanspruch **13** 1, 23 f.
Rechtsfortbildung Einl. B 60
Rechtsgeschäft
– entgegen ~sverpflichtung **4** 42 ff., 59 ff., 63 ff.
– Gestattung durch **3** 104 f.
**Rechtsgeschäftliche Sonderregelung
Einl. E** 1, 19, 28, 30

Rechtsgrundverweisung 13 23
Rechtsgut 1 6 ff.; **23** 16 ff.
Rechtslage
– frühere **7** 9
Rechtsmissbrauch
– im Unionsrecht **14** 16
– Missbrauchsverbot **14** 26 ff.
– Streitwertbegünstigung **22** 50 f.
– Verbot des **14** 4 f., 36
Rechtsmittel
– Streitwertbegünstigung **22** 77 ff.
Rechtsmittelstreitwert 22 58
Rechtsnachfolger
– Beauftragtenhaftung **12** 47
– Begehungsgefahr **6** 73
Rechtsnatur s. auch Ausnahmen
– Treupflicht **23** 167
– Unterlassungsanspruch **6** 65
– Urteilsbekanntmachungsanspruch
21 8 ff.
Rechtsperson
– Geheimnisinhaberschaft **2** 144 ff.
– geschädigte **23** 38
– Kontrollinhaberschaft **2** 148 ff.
– Medienschaffende **23** 230 ff.
– natürliche und juristische **2** 144
– Rechtsverletzer **2** 153; **23** 77
– strafantragsberechtigte **23** 295 ff.
– strafrechtlich schweigepflichtige
23 102 f.
– strafrechtlich verpflichtete **23** 21 ff.
– überlassungspflichtige **23** 123
– unternehmerisch tätige **23** 168
– zeugnisverweigerungsberechtigte
23 230, 235 f.
– Zuordnungsendsubjekt **2** 149
Rechtsschutzbedürfnis 6 56
– Missbrauchsverbot **14** 33, 36
Rechtsstaatsprinzip 22 88
**Rechtsstand vor der Richtlinie
Einl. C** 10 ff.
Rechtsstreitigkeiten
– Kosten der **Einl. F** 47 f.; 58
Rechtsträger 2 99, 128
Rechtsverfolgungskosten 10 56, 77, 99 f.
Rechtsverletzendes Produkt 7 44
– Auskunftsanspruch **8** 11 f.

- Auswirkungsschwelle 2 17, 177 ff.
- „Bemakelung" 2 166 f.
- Beruhen auf Geheimnis 2 162 ff., 167
- Charakteristikum 2 159 ff.
- Einsatzfelder 2 169 ff.
- erhebliches Beruhen 2 177 ff.
- Erheblichkeitsschwelle 2 180
- Herstellung und Vermarktung 11 26
- unbefugte Reduplikation 2 161
- Vorbilder 2 158, 160
- Vortatsprägung 2 165 ff.

Rechtsverletzer
- Beispiele 2 155 ff.
- Betriebsfremde 2 156
- Beziehungsstörer 2 152
- Charakteristika 2 152 ff., 158
- Geschäftspartner 2 156
- intermediäre 2 157
- keine 2 157
- Komplementärbegriff 2 150 f.
- Lizenznehmer 2 156
- mittelbar 11 15 ff., 24
- Mitwisser (interne und externe) 2 156
- natürliche oder juristische Person 2 153
- Strafvorschriften (Täter-Teilnehmer) 23 62 ff., 96, 130 ff., 156, 192 ff., 258 f., 268 f., 277, 285
- Usurpator 2 154

Rechtsverletzung Einl. E 27, 40

Rechtsvorgänger
- Beauftragtenhaftung 12 47

Rechtswahl Einl. C 87 ff.

Rechtswahrer (iSd. § 5)
- keine Rechtsverletzer 2 157

Rechtswidrige Geheimnisse
  s. legitimes Geschäftsgeheimnis
- berechtigtes Geheimhaltungsinteresse 2 138 ff.
- Wertbestimmung 2 52 ff.

Rechtswidriges Handeln/Verhalten
- Ausnahmen 5 51, 64 ff., 70 f.
- straf~ 23 143

Rechtswidrigkeit (Straftaten)
- Betriebsspionage 23 50 ff.
- eigeneröffnete Geheimnishehlerei 23 89

- fremderöffnete Geheimnishehlerei 23 153
- Geheimnisverrat 23 115 ff.
- versuchte Beteiligung 23 255, 266, 275, 283
- Verwertung von Vorlagen 23 186 ff.

Referentenentwurf
- BMJV 6 17

Reformbedarf 7 10 ff.; 11 14 ff.
- Unterlassungsanspruch, Beseitigungsanspruch 6 23 ff.

Regelungsgegenstand
- Anprüche bei Rechtsverletzungen 6 7

Regelungskompetenz Einl. C 2 ff., 17

Regelverjährungsfrist 13 4

Reichsgericht (RG) Einl. B 54, 58

Reichweite
- Unterlassungsanspruch, territorial 6 64

Repräsentanten
- Organhaftung für 12 11

Restschadensersatzanspruch 13 1, 13, 23 ff.
- Anspruchsgrundlage beim 13 13
- Aufrechnungsverbot 13 43
- Auslegung 13 15, 20 f.
- Bereicherungsausgleich 13 13
- Darlegungs- und Beweislast 13 46 f.
- Entreicherung 13 42
- Herausgabepflicht 13 39
- im Immaterialgüterrecht 13 16
- im UWG 13 17
- Klageänderung 13 48
- Nach Verjährungseintritt 13 37
- Normzweck 13 14
- Prüfung von Amts wegen 13 47
- Rechtsfolge 13 38 ff.
- Rechtsfolgenverweisung 13 23 f.
- Rechtsnatur 13 13
- Rechtsverletzung 13 35 f.
- Rechtswidrigkeit 13 36
- spezialgesetzlicher 13 1
- Tatbestandsvoraussetzungen 13 25 ff.
- Verjährung des 13 38, 44 f.
- Verletzergewinn 13 29, 32 f.
- Verschulden 13 36
- Verteidigung gegen Verjärungseinrede 13 13

1295

Sachverzeichnis

- Wertersatz **13** 39
- Zurechnungszusammenhang **13** 32 f.
Reuling, Wilhelm Einl. B 22
Reverse Engineering Einl. C 17 f., 35, 52, 67
- Aufteilung des Gewinns nach **Einl. F** 84
- Begründung **3** 44 ff., 71 ff.
- bei geringer Lead Time **Einl. F** 76
- Beschränkung der Nutzung von Informationen **Einl. F** 83
- Darlegungs- und Beweislast **3** 83
- des Besitzberechtigten **3** 71 ff.
- durch Beobachten **3** 53
- durch Rückbauen **3** 53 ff.
- durch Testen **3** 53
- durch Untersuchen **3** 53
- Einschränkung durch Schutzrechte **Einl. F** 78 f.
- Einschränkungsmechanismen **Einl. F** 78 ff.
- erlaubtes Erlangen **3** 13 f.
- Exemplifikationen **3** 68 ff.
- Herkunft **3** 3 ff.
- in traditionellen Industrien **Einl. F** 75
- Kosten des ~ **Einl. F** 68 ff.
- öffentlich Verfügbares Gut **3** 58 ff.
- Phasen des **Einl. F** 74
- Rückbauverbot **3** 80 ff.
- „Tatobjekt" **3** 55 ff., 74 f.
- Verbote **Einl. F** 80
- Vorgehensweisen **3** 49 ff.
- wohlfahrtsökonomische Beurteilung des **Einl. F** 69 ff.
- Zweck der Erlaubnis des **Einl. F** 67
Rezept(ur) 2 10, 13, 30, 78, 80, 86, 163, 172, 179; **23** 174, 177
Richtlinie Einl. E 28, 57
- Abweichungen **7** 5
- Begriff des Geschäftsgeheimnisses **Einl. E** 30, 32, 33
- konforme Auslegung **7** 49, 51
Richtlinienkonforme Auslegung 5 21 f., 101, 135; **23** 8 ff.
- Beauftragtenhaftung **12** 21
- der Verjährung **13** 7 ff.
Richtlinienziele
- Beauftragtenhaftung **12** 22

Risikobereich
- des Unternehmers **12** 46
RiStBV 23 314, 316 f.
RL 2016/943/EU Einl. A 6, 22; **1** 1, 4, 12, 21, 23, 25, 33, 38, 42, 51, 55, 60; **2** 1, 4 f., 7, 13 ff., 22, 25, 30, 42, 44, 54, 57, 72, 81, 102, 122, 128, 135, 140, 144, 149 f., 158, 165; **3** 1 ff., 5, 13, 18 f., 28, 30, 75, 99, 106, 108; **4** 1 ff.; **5** 62 f., 68, 85, 94, 135, 137; **7** 3 ff., 11 ff., 23, 28, 31, 49, 51, 63, 77; **11** 3, 7, 10, 14 ff., 18, 34, 36, 49; **23** 6, 8 f., 12 f.
RSA-Verfahren Einl. G 31 ff.
Rückbau s. Reverse Engineering
Rückgabe- und Löschpflicht Einl. E 6, 22
- Rückgabeklausel **Einl. E** 25
Rücknahme
- Strafantrags~ **23** 303 ff.
Rücknahme vom Markt
- Antrag **7** 69 ff.
- Begriff **7** 58
- Einschränkung **7** 60
- Relevanz **7** 59
- Verhältnis zu sonstigen Regelungen **7** 61 ff.
- Zwangsvollstreckung **7** 88
Rückruf
- Abgrenzung zu Entfernen **7** 45
- Anspruchsinhalt **7** 46 f.
- Antrag **7** 47, 70
- einstweiliger Rechtsschutz **7** 77
- Form **7** 47
- öffentlicher **7** 47
- Unterlassungsanspruch **6** 98, 107 ff., 187 ff.
- Verhältnis zu sonstigen Regelungen **7** 61 ff.
- Zwangsvollstreckung **7** 87
Rückrufsanspruch
- gegen den Unternehmer **12** 47
- Missbrauchsverbot **14** 24
- Streitwertbemessung **22** 7
Rückschlussinformationen Vor §§ 15 ff. B 26
Rücktritt
- von versuchter Beteiligung **23** 287 ff.

Rückwärtsanalyse s. Reverse Engineering
Rückwirkung Streitwertbegünstigung **22** 65
Sacheigentum **3** 45 f., 61; **4** 127 f.
Sanktionscharakter **10** 3, 20, 93
Schaden
– bei Nichterfüllung Auskunftspflicht **8** 38 f.
Schadensersatz **Einl. E** 29, 34, 40, 62, 64, 66, 75
– bei Nichterfüllung Auskunftspflicht **8** 38 f.
– Ersatzpflicht des Antragstellers (einstweiliger Rechtsschutz) **6** 183 ff.
– GeschGehG **Einl. E** 39
– Restschadensersatz s. Restschadensersatzanspruch
– wettbewerbsrechtlich **Einl. E** 38
– zivilrechtliche Ansprüche **Einl. E** 37
Schadensersatzanspruch
– gegen den Unternehmer **12** 48
– nach Verjährungseintritt s. Restschadensersatzanspruch
– Restschadensersatzanspruch s. Restschadensersatzanspruch
– Verletzung der Auskunftspflicht **12** 55
Schadensschätzung **10** 58, 81, 88, 112, 125, 140
Schädigung
– sittenwidrige vorsätzliche **14** 41
Schädigungsabsicht (Strafvorschriften) **23** 35
Schäffle, Albert Eberhard Friedrich **Einl. B** 8
Schikaneverbot **14** 5
Schmidt, Eberhard **Einl. B** 58
Schöpfung
– Begriff **3** 39 ff.
– Doppel~ **3** 39, 43
– eigenständige **3** 33 ff.
– Mit~ **3** 39
– Nach~ **3** 48 f., 71
– Zweit~ **3** 71
Schuld (Strafvorschriften) **23** 69 f., 97, 137, 157, 195
Schuldverhältnis **12** 7
– gesetzliches **12** 7

– vertragliches **12** 7
Schuler, Friedrich **Einl. B** 57
Schutz von Geschäftsgeheimnissen gegenüber aus dem Unternehmen ausgeschiedenen Arbeitnehmern **Einl. B** 24, 32 ff., 43, 49 f., 54
Schutzgegenstand **Einl. C** 31 ff., 43 ff.
Schutzgut **1** 6 ff., 16 ff.; **23** 16 f.
Schutzkonzept **2** 73 ff.
Schutzlandprinzip **Einl. C** 86
Schutzobjekt
– Angriffsobjekt **1** 6 ff.; **23** 16 f.
Schutzrechtsverwarnung
– unberechtigte **14** 43
Schutzschrift **6** 227
Schutzzwecktrias (§ 1 UWG)
– Geheimhaltungsmaßnahmen **2** 64
Schweigepflicht
– strafrechtliche **23** 102 f.
– zivilistische **4** 99 ff.
Sechsjahresfrist **13** 9, 44
Selbstständigkeit **12** 33
Seligsohn, Julius **Einl. B** 56
Sequester **7** 75 f.
Sequestration s. Verwahrung
Seriöse Geschäftspraxis **3** 13 ff., 106 ff.
– „unseriöse" **4** 47 ff.
Sich-Bereiterklären **23** 261 ff.
– Anstiftung zum **23** 269
– Täterschaft **23** 268
Sicherheitsleistung
– Anspruchsgegner/-schuldner, Anspruchsteller/-gläubiger **6** 175 f., 177 f., 225
Sicherheitsmaßnahmen **2** 81 ff.; **4** 33
Sich-Sichern und Sichverschaffen **23** 44 f., 51
Siemens, Werner v. **Einl. B** 19
SIM-Code **2** 10, 27
Sonderdeliktsrecht s. Deliktsrecht
Sonderpflicht **23** 20 f., 23, 102, 104 ff., 130, 167, 232
Sonderverbindung **12** 7
Souveränität
– der Mitgliedsstaaten s. Subsidiarität
Sozialpartner **1** 2, 42 ff., 46 ff.; **5** 106

1297

Sachverzeichnis

Sozialpartner(schaft)
– Autonomie 1 42 ff.
– Beteiligte 1 46 ff.
Sperrerklärung Vor §§ 15 ff. B 43
Spieltheorie Einl. F 9
Spionage s. Betriebsspionage, Industriespionage
Staatsanwaltschaft
– koordiniertes zivil- und strafrechtliches 6 22
Staatskasse 22 59, 74, 86
Stammgesetz Einl. C 43
Stärkung des fairen Wettbewerbs
– Gesetz zur 14 6
Stoffe (Erlangungsverbot) 4 24;
s. Reverse Engineering
– Kontrollinhaberschaft
4 26 ff.
Strafantrag 23 293 ff.
– Akteneinsicht 23 313
– Berechtigte 23 295 ff.
– ohne Antrag (Staatsanwaltschaft)
23 306 ff.
– privatseitiger 23 294 ff.
Strafanzeigen 23 121
Strafbarkeit Einl. E 27, 40
– Freiheitsstrafe **Einl. E** 65
– Geldstrafe **Einl. E** 65
– Offenbarung **Einl. E** 76, 77
– Strafverfahren **Einl. E** 41
– Whistleblower-Schutz **Einl. E** 61
– Zeugnis- und Aussageverweigerungsrecht **Einl. E** 61
Strafgesetzbuch für das Deutsche Reich (1871) Einl. B 5 f., 10, 26, 28
Strafgesetzbuch für das Königreich Baiern (1813) Einl. B 1
Strafgesetzbuch für den Norddeutschen Bund (1871) Einl. B 6
Strafgesetzbuch für die preußischen Staaten (1851) Einl. B 6
Strafgesetzbücher der deutschen Staaten (Partikularstrafgesetzbücher)
Einl. B 1 ff., 37
Strafmilderung s. Rücktritt
Strafschadensersatz 10 3, 20, 23, 86, 93, 95
– Verletzerzuschlag 10 20, 23, 86, 93, 95

Strafverfolgung
– Akteneinsicht 23 313, 316
– amtsseitige 23 306 ff., 317
– besondere öffentliche Interesse an
23 309 ff.
– einfache öffentliche Interesse 23 317
– Privatklage 23 315 ff.
– privatseitige 23 316
– RiStBV 23 314, 316 f.
Strafvollstreckung
– Verjährung 23 318
Strafvorschriften
– Absichtserfordernisse 23 29 ff.
– Angriffsobjekt 23 37
– Auslandstaten s. dort
– Auslegung (richtlinienkonforme)
23 8 ff.
– Beihilfe Medienschaffender s. dort
– Betriebsspionage s. dort
– Deliktsnatur 23 18
– Deliktsordnung 23 15
– eigeneröffnete Geheimnishehlerei
s. dort
– fremderöffnete Geheimnishehlerei
s. dort
– Geheimnisverrat s. dort
– Geschädigter 23 38
– Privatklage s. dort
– Qualifikationen s. dort
– Rechtsgut 23 17
– Strafantrag s. dort
– Strafverfolgung s. dort
– Synopse 23 15
– Täterkreis 23 19 ff.
– Verjährung 23 318
– versuchte Beteiligung s. dort
– Verwerten von Vorlagen s. dort
Streitgegenstand 6 56, 71, 153 ff.; 7 82
– und Urteilsbekanntmachungsanspruch
21 28
Streithelfer
– fehlende Antragsbefugnis Urteilsbekanntmachung 21 16
Streitwert 6 155 ff., 290; 7 82
– Herabsetzung des ~ s. Streitwertbegünstigung
Streitwertangabe
– Korrektur der 22 4

Streitwertbegünstigung 22 1 ff.
– Abgrenzung 22 10 ff.
– Anhörung 22 48
– Anordnungsfolgen 22 56 ff.
– Antragstellerhaftung 22 69
– Antragszeitpunkt und -form 22 70 ff.
– Anwaltsgebühren 22 63 ff.
– Auslegung 22 10, 22
– Ausmaß der Herabsetzung 22 55
– Beteiligung des Gegners 22 48, 74 f.
– einseitige 22 57
– Ermessen des Gerichts 22 49
– geringer Streitwert 22 54
– Glaubhaftmachung 22 46 f.
– Härtefallregelung 22 1
– Interessen des Gegners 22 50
– Kostenentscheidung 22 62
– Nachschusspflicht 22 61
– Parallelvorschriften 22 10
– Praktische Bedeutung 22 21
– Rechtsmissbrauch 22 50 f.
– Rechtsmittel 22 77 f.
– Rechtsschutzbedürfnis 22 78
– Richtlinienvorgaben 22 22 f.
– Richtlinienziele 22 23
– Rückwirkung 22 65
– Streitwertbemessung 22 3 ff.
– Tatbestandsvoraussetzungen 22 27 ff.
– Teilstreitwert 22 56
– Verfahrenslage 22 53
– Verfassungsmäßigkeit 22 87 ff.
– Verfügungsverfahren 22 71
– Verhältnis zur Prozesskostenhilfe 22 18
– Verhältnis zur Streitwertminderung 22 11, 42, 53
– Wahrscheinlichkeit des Prozesserfolgs 22 52
– Zulässigkeit 22 33 f., 70 f.
– Zuständigkeit des Prozessgerichts 22 49
Streitwertbemessung 22 3 ff.
– Angriffsfaktor 22 5
– Auffangstreitwert 22 14
– Auskunft und Rechnungslegung 22 7
– Einstweiliger Rechtsschutz 22 6
– Gebührenstreitwert 22 3
– Interesse des Anspruchstellers 22 4

– Parteischätzung 22 4
– Regelstreitwert 22 4
– Unterlassungsanspruch 22 5 f.
Streitwertbeschwerde 22 77 ff.
– Beschwerdeberechtigung 22 80
– Frist 22 79
Streitwertminderung 22 11 ff., 27
Subjektives absolutes Recht
 Einl. B 22 f., 55 ff., 59 f.
Subsidiaritätsprinzip
– Unionsrecht Einl. C 39, 65, 86
Subunternehmer
– Haftung für 12 32
Surrogate 13 40
Synopse
– Strafvorschriften 23 15

Tacit knowledge 2 42
– Inhaberschaft 2 147
Tarifdispositivität 1 48 ff.
Tarifvertrag 1 43 ff.
Tarifvertragsparteien
– abweichende Regelungen Einl. E 35
Tatbestandsausschluss s. Ausnahmen
Tateinheit, -mehrheit s. Konkurrenzen
Täter (Strafvorschriften) 23 19 ff., 41, 76 ff., 103, 141 ff., 163 ff., 168, 201, 210, 216, 245 ff.
Täter (Zivilrecht) 4 13, 50 ff., 72 ff., 114 ff., 129; 23 51, 252
Täterschaft (Strafvorschriften) 23 62 ff., 96, 130 ff., 156, 192 ff., 202 ff.
– versuchte Beteiligung 23 258, 268, 277, 285
Tatfrage
– Begehungsgefahr 6 69
Tatgegenstand (Strafvorschriften) 23 42, 81, 104, 150, 169, 172
Tathandlung (Strafvorschriften) 23 36, 43 ff., 83 f., 107, 151, 178 ff., 202 f., 210, 217 f., 250 ff., 262 f., 272 f., 280
Tathandlung (Zivilrecht) s. Handlungsverbote
Tatsituationsdelikt 4 57, 73; 23 20, 23, 76, 144, 156
Tatzeitpunkt (Strafvorschriften) 23 102, 108, 181

Sachverzeichnis

Täuschung 4 33, 43, 61
Technisches Wissen Vor §§ 15 ff. B 25
Teilnahme (Strafvorschriften) 23 64 ff., 96, 132 ff., 156, 193 f., 246, 258 f., 268 f., 277, 285
– Absichten 23 68, 136
– Anstiftung 23 65, 133, 259, 269
– Auslandstat 23 214, 221
– Beihilfe 23 66 ff., 134 f., 259, 269
– Medienschaffende 23 56, 67, 124, 135, 188, 194, 229 ff.
– versuchte Beteiligung s. dort
Teilnahme(täter) (§ 830 Abs. 2 BGB) 4 33, 52
Teilnehmer 6 39
Teilstreitwert 22 56
Teleologische Reduktion
– der Verjährungsvorschriften 13 11
Tenorierung 7 69 ff.
Termingsgebühr(en) 22 8
Territorialitätsprinzip Einl. C 86
Testdaten 2 10, 54, 175
Testen s. Reverse Engineering
Thüringisches Strafgesetzbuch, sog. Einl. B 1
Trägermedien (Geheimniszugriff) 4 21 ff.
Trägermedium 7 2, 8
Transaktionskosten
– der Lizenzerteilung Einl. F 37 ff.
Transformation (Gemeingut) 1 27 ff.; 2 31 ff., 105
Trennungsprinzip s. auch Abstraktionsprinzip
Treu und Glauben 14 4; 22 50
Treu und Glauben (Verstoß) 4 46 ff.
Treugeber 23 192 f.
Treuhänder 23 20, 23, 168, 181, 183, 192 f., 196; s. auch Schweigepflicht
– Rechtsnatur (Strafrecht) 23 167
– Träger einer 2 162; 23 168
Treupflicht s. auch Schweigepflicht
– Rechtsnatur (Strafrecht) 23 167
– Träger einer 2 162; 23 168
Treuverhältnis Einl. B 24, 56
Trilog Einl. C 23 f.

TRIPS Einl. A 6; Einl. C 4, 10 ff., 30, 47, 53, 74 ff.; 1 4; 2 4, 15, 22, 34, 57, 87, 140, 150, 158; 3 3, 107; 4 1, 3, 48, 124; 7 15; 14 10
TRIPS-Übereinkommen 10 16
Trittbrettfahren Einl. F 21, 24; 69

Übergangsfälle s. Altfälle
Übergangsregelung Einl. C 59, 61, 66
Überlassungsanspruch
– Rechtfertigungsgrund 23 52, 89, 123, 187
Überlassungspflicht
– Pflichtträger 23 123
– zivilistische 4 42
Ultimo-Regel 13 4 f.
Umfang erheblicher 2 177 ff.
Umsetzungsspielraum Einl. C 8, 43, 65
Umstellungsfrist 11 27, 42 ff.; s. auch Aufbrauchfrist
Umweltinformation 1 23 ff.; 2 31 f.
Umweltinformationsgesetz (UIG) Vor §§ 15 ff. B 11
Umweltschutz 5 35, 60, 75 ff., 87, 92
Unbefugt (unbefugte Handlung) s. Handlungsverbote
Unbekanntheit (von Geheimnissen) 2 27 ff.
Unberührte Rechtsvorschriften 1 35, 38, 42, 73 f.; 3 87, 90
Unionskompetenz s. auch Regelungskompetenz
Unlauterer Wettbewerb Einl. B 14 f., 26 ff., 73
Unmöglichkeit 6 143
Untauglicher Versuch 23 61, 94 f., 129, 154, 191, 213, 220, 227, 248, 253, 257, 290
Unterbeauftragte
– Haftung für 12 32
Unterlassen 2 162; 23 83, 107, 252, 272
Unterlassungsanspruch
– Angriffsfaktor 22 5
– gegen den Unternehmer 12 47
– Missbrauchsverbot 14 24
– Streitwert 22 5 f.

1300

Unterlassungserklärung
– strafbewehrte; Ausräumung der Wiederhiolungsgefahr **6** 86 ff.
Unterlassungsrückruf s. Rückruf
Unternehmen (Bedeutung und Größe) **2** 113 f.
Unternehmensbeschäftigte **4** 72, 89; **23** 103
Unternehmensbezug **12** 36 ff.; s. Geschäftsbezug
– funktionaler **12** 37 f.
– sekundäre Darlegungslast **12** 57
Unternehmensfreiheit **1** 57
Unternehmensinhaber
– Abwendungsbefugnis des **12** 52 f.
– Anspruch gegen den **12** 24 ff., 45 ff.
– Begriff **12** 33 ff.
– Erfolgshaftung des **12** 41, 46, 49
– Geschäftskreis des **12** 38
– Muttergesellschaft als **12** 34
– Risikobereich des **12** 46
– Schadensersatzanspruch gegen **12** 55
– Verantwortlichkeit des   s. Beauftragtenhaftung
– Verantwortungssphäre des **12** 37
Unternehmenstätigkeit
– Bezug zur   s. Unternehmensbezug
Unternehmensträger s. Unternehmensinhaber
Unternehmensübergang
– Beauftragtenhaftung **12** 47
Unternehmer
– Begriff **12** 33 ff.
– normative Haftungsverantwortung des **12** 15
Unternehmerhaftung s. Beauftragtenhaftung
Untersuchen **3** 49 ff.; s. Reverse Engineering
Untreue Einl. B 38
Unverhältnismäßigkeit
– Grenzen des Unterlassungsanspruchs **6** 126 ff.; **9** 1 ff.
Unverhältnismäßigkeitseinwand
– bei § 12 **12** 42 f.
– durch Beschäftigte oder Beauftragte **12** 42
– durch Unternehmensinhaber **12** 43

Unzulässigkeit
– Missbrauchsverbot **14** 30 ff.
Urteilsbekanntmachungsanspruch
– Folgenbeseitigungsanspruch **21** 11
– Lauterkeitsrecht **21** 10 ff.
Urteilsveröffentlichung **14** 40
Urteilsveröffentlichungsanspruch
  s. Urteilsbekanntmachungsanspruch
UTSA **2** 11, 15, 22, 34, 57; **3** 3; **4** 3; **23** 6

Verabreden s. auch versuchte Beteiligung
– Mittäterschaft **23** 285
– Projekturheberschaft **23** 280
– Schein~ **23** 280
Verbraucherinformationsgesetz (VIG) Vor §§ 15 ff. B 12
Verein Deutscher Ingenieure (VDI) Einl. B 11
Verein zur Wahrung der Interessen der chemischen Industrie Deutschlands Einl. B 12
Verfahrensgebühr(en) **22** 8, 57
Verfahrensrecht Vor §§ 15 ff. B 35 ff.
Verfassungsmäßigkeit
– Streitwertbegünstigung **22** 87 ff.
Verfügungsgrund s. Dringlichkeit
Verfügungsverfahren
– Anwendbarkeit Urteilsbekanntmachungsanspruch **21** 19 ff.
– Streitwertbegünstigung **22** 71
Vergleich
– Unanwendbarkeit Urteilsbekanntmachungsanspruch auf Vergleich **21** 23
Verhaltensökonomik Einl. F 9
Verhaltensunrecht
– Vorgehen **6** 6
Verhältnis
– der Ansprüche des § 7 zueinander **7** 68
– von § 9 zu § 11 **11** 27, 38
Verhältnismäßigkeit **5** 12, 43, 48 f., 61, 81, 91, 108, 113; **7** 22 ff., 39, 52
– Art und Größe des Unternehmens **7** 24
– Eingriffssschwere **7** 24

Sachverzeichnis

- Güterabwägung **7** 22
- milderes Mittel **7** 22
- Schadensumfang **7** 24
- Verschulden **7** 24
- Vollstreckungsverfahren **7** 89
- Prüfung der **9** 16 ff.

Verhältnismäßigkeitsgrundsatz
s. Verhältnismäßigkeitsprinzip

Verhältnismäßigkeitsprinzip Einl. C 19, 56; **21** 6, 29 ff., 34 ff.

Verjährung 6 306 f.; **7** 27; **13** 2 ff.
- Einrede **13** 3
- Hemmung **13** 6
- Modifizierung der **13** 38
- Neubeginn **13** 6
- Restschadensersatzanspruch **13** 19, 44 f.
- Richtlinienkonforme Einschränkung der **13** 10 ff.
- Richtlinienvorgaben zur **13** 7 ff.
- Sechsjahresfrist **13** 9, 44
- Strafvorschriften **23** 318

Verjährungsbeginn 13 45
Verjährungseinrede 13 3
Verjährungsfrist
- sechsjährige **13** 44 f.

Verjährungshöchstfrist 13 7 ff.
Verjährungsregeln 13 2 ff.
Verkehr, geschäftlicher 23 164
Verkehrsfähigkeit 2 38, 40
Verkehrspflichten 4 49, 125, 128; **5** 56;
s. auch Prüfungspflichten

Verkehrsschutz 5 35, 60, 92
Verkehrssicherungspflichten
- Garantenpflichten **4** 125

Verkörperte Geheimnisse 4 14, 21 ff., 34, 70; **23** 42, 45, 50, 60 ff., 78, 81 ff., 104, 146 ff., 172 f.

Verleitung zum Vertragsbruch 4 42, 48, 49

Verletzergewinn 10 59 ff., 104 ff.; **13** 29
- abzugsfähige Kosten des Rechtsverletzers **10** 66 ff.
- Fixkosten **10** 68
- Gemeinkosten **10** 61 ff., 69
- Gewinnabschöpfung **10** 59
- Kausalanteil **10** 62, 80 ff.

- Restschadensersatzanspruch **13** 32 f.
- variable Kosten, variable Gemeinkosten **10** 67, 69

Verletzerzuschlag 10 23, 93 ff.

Verletzung von Geschäftsgeheimnissen s. Auslandstaten, Betriebsspionage, eigen- und fremderöffnete Geheimnishehlerei, Geheimnisverrat, Qualifikationen, versuchte Beteiligung, Verwertung von Vorlagen

Vermögen
- Schutzgut des GeschGehG **1** 16 f., 19; **23** 16 f.
- Verletzungsdelikte **23** 18

Vermögensrecht Einl. B 57
Vermögensschutz Einl. B 24, 56
Vermögensvorteil
- abschöpfbarer **13** 28 ff.
- herauszugebender **13** 40

Vermögenswert 1 16 ff.; **2** 38 ff., 49, 61, 149; **23** 147

Vernichtung
- Antrag **7** 71
- Begriff **7** 36, 54
- einstweiliger Rechtsschutz **7** 75
- Fortwirkung **7** 26
- milderes Mittel **7** 57
- rechtsverletzender Produkte **7** 53 ff.
- teilweise **7** 42
- Unmögichkeit **7** 55
- Verhältnis zu Herausgabe **7** 31
- Verhältnis zu sonstigen Regelungen **7** 61 ff.
- Verhältnismäßigkeit **7** 57
- Zwangsvollstreckung **7** 86
- Zweck **7** 30, 53

Vernichtungsanspruch
- gegen den Unternehmer **12** 47
- Missbrauchsverbot **14** 24
- Streitwertbemessung **22** 7

Veröffentlichung
- Urteilsbekanntmachung **21** 33

Veröffentlichung Medienschaffender 23 237

Veröffentlichungspflicht (Erfindung) Einl. B 19

Verordnung des Reichspräsidenten zum Schutze der Wirtschaft (1932) Einl. B 44 f.
Verrat an das Ausland Einl. B 3 f., 44 f., 47
Verrichtungsgehilfe 12 8 ff.
– Auswahlverschulden 12 8
– Begriff 12 9
– Entlastungsbeweis 12 10
– Haftung für 12 8 ff.
– Instruktionsverschulden 12 8
– Kausalitätsvermutung 12 10
– Überwachungsverschulden 12 8
– Weisungsgebundenheit 12 9
Verschlüsselung
– Advanced Encryption Standard (AES) Einl. G 37
– asymmetrisch Einl. G 24
– Cäsar-Methode Einl. G 13 ff.
– DES-Standard Einl. G 35
– elliptische Kurve Einl. G 33
– Enigma Einl. G 20
– Lorenz Einl. G 20
– private key Einl. G 14
– symmetrische Einl. G 14
– Triple-DES Einl. G 36
Verschulden 11 20 ff.
– Auswahlverschulden 12 8
– Beurteilungszeitpunkt 11 24
– Instruktionsverschulden 12 8
– Maßstab des Immaterialgüterrechts 11 21
– Nachforschungspflicht 11 22
– Organisationsverschulden 11 23
– Überwachungsverschulden 12 8
– Verschuldensunabhängigkeit; Grad des Verschuldens 6 52, 122
Verschuldensprinzip 10 29
Verschuldensunabhängigkeit s. Verschulden
Verschwiegenheit s. Schweigepflichten
Verschwiegenheitsabrede Einl. E 12
– nachvertragliche Einl. E 10
Verschwiegenheitspflicht Einl. E 2 ff., 25, 43, 55, 58, 68 ff.
– Arbeitnehmer Einl. E 5 f.
– Betriebsrat Einl. E 58,

Versuch (Strafvorschriften) 23 61, 93 ff., 129, 155, 191, 207, 226 ff.
– ~svollzug 23 257, 267, 276, 284
Versuch der Beteiligung s. versuchte Beteiligung
Versuchte Beteiligung (Strafvorschrift) 23 242 ff.
– alleintäterschaftliche 23 258, 268, 277, 288
– Annehmen eines Erbietens 23 271 ff.
– Beihilfe zur 23 259, 269, 277, 280
– Formaldelikt 23 246, 290, 315
– mittäterschaftliche 23 285, 288
– Rechtsform 23 246 ff.
– sich bereiterklären 23 261 ff.
– strafbefreiender Rücktritt 23 287 ff.
– Strafe und Strafverfolgung 23 290
– Systematik (Überblick) 23 249
– Verabreden 23 279 ff.
– versuchte Anstiftung 23 250 ff.
Vertragliche Verbote 4 61 ff., 79 ff., 110 ff.
– Reverse Engineering 3 80 ff.
Vertragsstrafe Einl. C 49 ff.; 2 89, 92 ff.; 3 82
– Unterlassungserklärung 6 87 ff.
Vertraulichkeitsvereinbarungen Einl. C 49, 63; Einl. E 23 25, 39, 97; s. a. NDAs
Vertretenmüssen
– nach § 278 BGB 12 4 ff.
Vertrieb und Werbung 2 175 f.
Vertriebswege 7 45 ff.
Verwahrung 7 74
Verwaltungsrecht Vor §§ 15 ff. B 6 ff.
Verwaltungsverfahren Vor §§ 15 ff. B 38 ff.
Verwertung von Vorlagen (Strafvorschrift) 23 160 ff.
– Absichtserfordernisse 23 184
– (ihm) anvertraut 23 165 f.
– im geschäftlichen Verkehr 23 164
– Irrtum 23 189
– Konkurrenzen 23 196
– mala fides superveniens 23 192
– Nachahmungsverbot 23 198
– Rechtswidrigkeit 23 186 ff.
– Schuld 23 195

1303

Sachverzeichnis

- Strafrahmen **23** 199
- Tatbestandsausnahmen **23** 185
- Täter **23** 163 ff., 168
- Täterschaft und Teilnahme **23** 192 ff.
- Tatgegenstand **23** 169 ff., 174, 177
- Tathandlung **23** 178 ff.
- Tatzeitpunkt **23** 181
- Treupflicht **23** 167
- Vollendung und Versuch **23** 190 f.
- Vorlagen **23** 172 ff.
- Vorsatz **23** 183
- Vorschriften technischer Art **23** 175 ff.

Verwertungsverbot
- strafprozessuales **8** 32

Völkerrecht Einl. C 71, 74 ff.

Vollendung
- Strafvorschriften **23** 60, 91 f., 128, 155, 190

Vollharmonisierung Einl. C 8, 65, 71, 73; s. auch Harmonisierung
- Ausnahmen **5** 21 ff.
- erlaubte Handlungen **3** 2, 11

Vollstreckbarkeit
- vorläufige Vollstreckbarkeit **21** 40 f.

Vollstreckung s. Zwangsvollstreckung
- Unterlassung, Beseitigung **6** 61, 166 ff., 244

Vollstreckungsabwehr **11** 49

Vollstreckungsabwehrklage **7** 89

Vollziehung **7** 80
- einstweilige Verfügung **6** 224 ff., 244

Vorabentscheidungsverfahren Einl. C 68

Voraussetzungen
- Geschäftsgeheimnis – Inhaber – Rechtsverletzer (Rechtsfolge) **6** 29 ff.

Vorbereitungsstadium **23** 242, 287 ff.; s. auch versuchte Beteiligung

Vorbereitungstat **23** 257, 267, 276, 284

Vorgehen
- selektiv/Abwägung **6** 49

Vorlagen
- Beispiele **23** 174
- geheime **23** 171
- Nutzen und Offenlegen **23** 178 ff.
- technischer Art **23** 173
- Verwertung von **23** 160 ff.

Vorlagenfreibeuterei s. Verwertung von Vorlagen

Vorlagenmissbrauch Einl. B 41

Vorläufige Vollstreckbarkeit s. Vollstreckbarkeit

Vorprozessuales Stadium
- Abmahnung **Vor 15** 20 f.
- sofortiges Anerkenntnis **Vor 15** 20 f.

Vorsatz **4** 12, 38, 49 ff., 125 ff.
- bei Strafvorschriften **23** 47 f., 86, 112, 152, 183, 210, 214, 254, 265, 282
- Vorsatzformen **23** 29, 47, 86

Vorschriften technischer Art **23** 171, 175 ff.
- Beispiele **23** 177
- Gebrauchsanweisungen **23** 176
- Nutzen und Offenlegen **23** 178 ff.
- Verwertung von ~ **23** 160 ff.

Vorstand
- als Organ **12** 12

Vortaten s. eigen- und fremderöffnete Geheimnishehlerei

Vortäter
- fremderöffnete Geheimnishehlerei **23** 146 ff.

Vortatsakzessorietät **23** 74, 143

Vorversuchsfeld **23** 240 ff.
- Projekturheberschaft **23** 248
- Regelungsstruktur **23** 247 ff.

Vorwegnahme der Hauptsache **7** 73
- Unterlassungsrückruf **6** 117

Waffengleichheit **21** 14
- Grundsatz der prozessualen **22** 1, 88 f.

Waffengleichheit (prozessuale)
- Rechtsprechung BVerfG **6** 206 ff.

Warnfunktion von Schutzmaßnahmen **2** 60 ff.; **3** 72

Wechsel
- Eigentum oder Besitz **7** 34

Weisungsgebundenheit
- des Verrichtungsgehilfen **12** 9

Werbungsmaßnahmen
- als Vorlagen **23** 95, 168, 173
- Geheimnisverletzung durch **4** 132, 139

Wert s. Bagatellgrenze

Sachverzeichnis

Wertbemessung, -bestimmung
s. wirtschaftlicher Wert
- angemessene Schutzmaßnahmen 2 106 ff.
- Verkehrwertverfahren 2 38 ff.

Wertersatz
- Restschadensersatzanspruch 13 39, 41

Wertersatzeinziehung
- Strafvorschriften 23 72, 200

Wettbewerb
- als Schutzzweck 2 64; 23 16 f.

Wettbewerbsfähigkeit 2 47
- Wertbemessungsfaktor 2 47

Wettbewerbsförderung
- Absicht 23 30 ff., 184
- versuchte Beteiligung zur 23 265, 271, 275, 279, 281

Wettbewerbsfreiheit 1 19, 57 f.

Wettbewerbsposition Vor §§ 15 ff. B 33

Wettbewerbsverbote
- Karenzentschädigung Einl. E 12, 14, 28
- nachvertragliche 1 44, 49; 2 89; 4 84 f., 91 ff.; 23 109
- vorvertragliche 4 84, 90

Whistleblower, gutgläubiger 5 68, 82 f.

Whistleblowing Einl. C 17 f., 36, 67
- Aufdeckung durch 5 66 ff.
- bei Fehlverhalten 5 69, 72 ff.
- bei verbotener Handlung 5 64 f.
- Eskalationspyramide 5 85 ff.
- externes 5 87 f.; 23 121 f.
- Grund- und Freiheitsrechte 5 59 f.
- Interessenabwägung 5 61 ff., 84 ff.
- internes 5 86; 23 117
- Konkordanzeinklang 1 40 f.
- Rechtsnatur 5 94 ff.
- Schutzeignung des 5 78 f.
- Sonderregelungen Einl. E 41 ff.
- Stufenmodell (Deeskalation) 5 89 ff.
- Mitbestimmungsrecht Einl. E 45
- Pflicht des Arbeitnehmers Einl. E 45
- Verletzung Geheimhaltungspflicht Einl. E 32

Whistleblowing-Richtlinie
- Ausnahmeregelung 5 28 ff., 92 f.
- Darlegungs- und Beweislast 5 138
- Mindeststandard 5 29

Whitelist (erlaubte Handlungen) 3 11

Widerklage 6 80

Wiederaufleben der Dringlichkeit 6 220

Wiederholungsgefahr 6 81 ff.,
s. Begehungsgefahr
- und Urteilsbekanntmachungsanspruch 21 35, 38

WIPO 1 4; 2 4; 3 4; 4 3; 23 6;
s. Modellvorhaben

Wirtschaftlicher Wert (Geschäftsgeheimnisse) 2 34 ff.
- Geschäftsbezogenheit, s. dort
- Schätzungen 2 54
- Verkehrsfähigkeit 2 38
- Verkehrswertprognose 2 48 ff.
- Wertbemessung 2 45 ff.
- Wertwegfall 2 49

Wirtschaftsprüfervorbehalt Vor §§ 15 ff. A 18

Wissenmüssen 4 114 f., 123 ff., 129, 131, 140; 6 43; 11 21; 23 210

Wissenschaft 5 34, 72, 85

Wissensherrschaft 4 73

Wissensmittler
- im Strafrecht 23 131, 146, 148, 192, 252

Wissensmittler (Strafvorschriften) 23 63, 131, 146, 192, 252, 258, 268, 273, 285

Wohlfahrtsökonomik Einl. F 20 ff.

Zeitaufwand (Zugänglichkeit) 2 30, 91

Zeugnisverweigerungsrecht 23 248 ff.
- Medienschaffende 23 230 ff.

Zufallserwerber
s. Erlangen, zufälliges

Zufallszeugen 4 41

Zugang
- beliebiger 2 27 ff., 84
- Beteiligungsversuch 23 257, 267, 273, 276, 280
- unbefugter 4 32 f.; 23 43 ff., 77 f., 146

1305

Sachverzeichnis

Zugänglichkeit (von Informationen) 2 29 ff.
– fehlende 2 27 ff.
– Patentierung, s. dort
– Reverse Engineering 2 30
– von Geheimnissen (Strafvorschriften) 23 104 ff.
Zugangssichernde Maßnahmen 2 85 f., 95
Zugunsten eines Dritten
– Absicht 23 34
Zuordnung 1 21, 31, 52, 54, 60; 2 37 ff., 61, 134, 141 ff.; 3 47; 4 11; 5 55 ff., 69, 113
Zuordnungsendsubjekt 1 24; 2 99, 134, 143 ff., 152 ff., 157, 161
Zurechnungsnorm 12 4, 46
Zusage
– sich bereiterklären 23 262 f.
– Verabreden 23 280
Zustand
– gegenwärtig rechtswidrig 6 237
Zuständigkeit 6 146 f.
– Anwendungsbereich der Zuständigkeitsregelung 15 3
– Ausnahmen 5 90 f., 110
– ausschließliche Zuständigkeit 15 1 f., 11
– Beschränkung auf Verfahren vor den ordentlichen Gerichten 15 4
– Fehlen eines allg. Gerichtsstands im Inland 15 13
– fliegender Gerichtsstand 15 11 f.
– Geheimnisschutz 2 73 ff., 78, 81
– internationale Einl. C 91 ff.
– internationale Zuständigkeit 15 14 ff.
– internationale Zuständigkeit (Deliktsgerichtsstand) 15 15 ff.
– internationale Zuständigkeit (Doppelfunktionalität) 15 18
– internationale Zuständigkeit (einstweiliger Rechtsschutz) 15 19 ff.
– internationale Zuständigkeit (Hauptsacheverfahren) 15 14 ff.
– internationale Zuständigkeit (LugÜ) 15 17

– Kammer für Handelssachen 15 7
– keine richtlinienkonforme Extension 15 3
– örtliche Einl. C 91 ff.
– örtliche Zuständigkeit 15 8 ff.
– örtliche Zuständigkeit (Konzentrationsermächtigung) 15 21 f.
– örtliche Zuständigkeit (negative Feststellungsklagen) 15 9
– örtliche Zuständigkeit (Staatsvertrag) 15 22
– örtliche Zuständigkeit (Widerklage) 15 10
– sachliche Zuständigkeit 15 6 ff.
– Schiedsgerichtsbarkeit 15 5
– Unwirksamkeit abweichender Gerichtsstandsvereinbarungen 15 2
– Verhängung von Ordnungsmitteln 17 10
Zuständigkeitsstreitwert 22 58
Zustellung
– einstweilige Verfügung 6 226
Zustimmung
– Erbietensannahme 23 272 f.
Zuweisungsgehalt
– Eingriff in den 13 31
Zwangsgeld 7 87
Zwangsvollstreckung 7 84 ff.
– Anwendung auf sämtliche Titel 19 56
– ausländische Urteile 19 58
– Geheimnisschutz im Vollstreckungsverfahren 19 5, 55 ff.
– keine erstmalige Antragstellung 19 59
– Regelungslücken 19 60
– Schiedsspruch 19 57
Zweck
– gemeinsamer Beseitigung/Unterlassung 6 55
– karitativ 7 49
Zweiterfinder 3 61, 86
Zweites Gesetz zur Bekämpfung der Wirtschaftskriminalität (1986) Einl. B 46

Wissenschaftlich fundiert und systematisch

Schwalbe/Zimmer

Kartellrecht und Ökonomie
Moderne ökonomische Ansätze in der europäischen und deutschen Zusammenschlusskontrolle

3., überarbeitete und erweiterte Auflage 2021
Wettbewerb in Recht und Praxis | Handbuch
880 Seiten | geb. | € 179,-
ISBN: 978-3-8005-1721-3

Weitere Informationen

shop.ruw.de/17213

Eingehende und umfassende Übersicht über die Anwendung moderner wirtschaftswissenschaftlicher Methoden und Konzepte in der Fusionskontrolle

Auf neuestem Stand der Rechtsentwicklung

- Umfassende Auswertung der Entscheidungspraxis der Europäischen Kommission und des Bundeskartellamtes, des EuG, EuGH, OLG Düsseldorf und des Bundesgerichtshofs
- Rechtsentwicklung und Entscheidungspraxis der letzten acht Jahre inkl. des am 28.05.2020 ergangenen Urteils des EuG
- Schwerpunktmäßige Behandlung der in der Digitalwirtschaft bestehenden Wettbewerbsprobleme

Autoren

Prof. Dr. rer. pol. **Ulrich Schwalbe** ist Ordentlicher Professor für Mikroökonomik, insbesondere Industrieökonomik, am volkswirtschaftlichen Institut der Universität Hohenheim.

Prof. Dr. iur. **Daniel Zimmer** ist Ordentlicher Professor für Bürgerliches Recht, Handels- und Wirtschaftsrecht sowie Direktor des Center for Advanced Studies in Law and Economics (CASTLE) der Universität Bonn.

www.shop.ruw.de
info@suedost-service.de